Es una obra colectiva realizada por la Redacción de Francis Lefebvre, a iniciativa y bajo la coordinación de la Editorial, en la que han colaborado

D. Mariano Fortuny Zaforteza
(Inspector de Hacienda del Estado)

Dª Ana Plaza Alonso
(Inspectora de Hacienda del Estado)

Dª Clara Sotelo Tasis
(Inspectora de Hacienda del Estado)

Dª Raquel Vázquez Palacios
(Inspectora de Hacienda del Estado)

Colaboraron en ediciones anteriores:
D. Manuel Armijo Torres
(Inspector de Hacienda del Estado)
Dª Susana Arrieta Blanco
(Inspectora de Hacienda del Estado)
Dª Elena de Casso Castillo
(Inspectora de Hacienda del Estado excedente)

Nota.- La Editorial y los colaboradores no aceptarán responsabilidades por las posibles consecuencias ocasionadas a las personas naturales o jurídicas que actúen o dejen de actuar como resultado de alguna información contenida en esta publicación.

LEFEBVRE-EL DERECHO, S.A.
C/ Monasterios de Suso y Yuso, 34. 28049 Madrid
clientes@lefebvre.es
www.efl.es
Precio: 142,48 € (IVA incluido)

ISBN: 978-84-10128-93-4
ISSN: 1888-1106
Depósito legal: M-27535-2024

Impreso en España

¿Cómo actualizar tu Memento?

El servicio Extra Mementos en papel y Actum Fiscal son la solución

1 SERVICIO EXTRA MEMENTOS EN PAPEL

El Memento Inspección de Hacienda 2025-2026 incluye el acceso gratuito en **extramementos.lefebvre.es** a un sistema con el que podrás verificar en cualquier momento si el **contenido de un párrafo** (nº marginal) del Memento **ha sido modificado** por una novedad normativa, doctrinal o jurisprudencial, así como acceder a otros textos que complementan los contenidos del Memento.

2 ACTUM FISCAL

Es el sistema de puesta al día en materia fiscal más potente y eficaz del mercado. El único que te permite acceder de inmediato, no sólo a los textos íntegros de las **novedades normativas, doctrinales y jurisprudenciales** que acaban de producirse, sino también a un análisis riguroso de sus **consecuencias prácticas**, con el mismo rigor de los Mementos, a los que mantiene siempre actualizados.

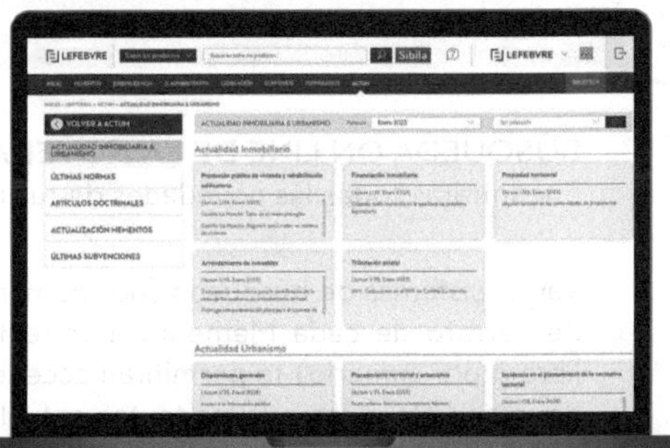

MÁS INFORMACIÓN EN LAS SIGUIENTES PÁGINAS Y EN EL 91 210 80 00

¿Qué es ACTUM Fiscal?

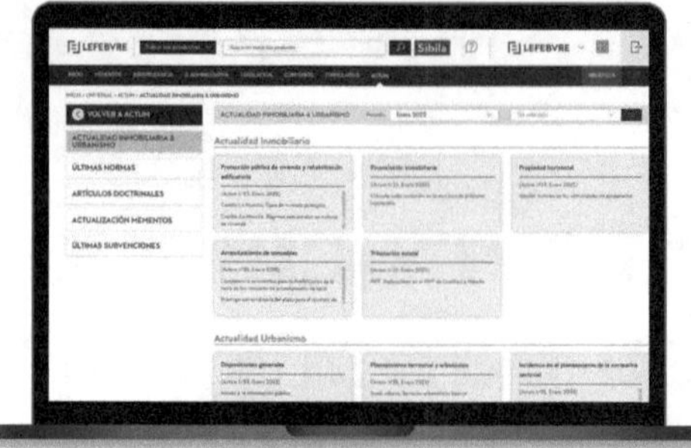

EL SISTEMA DE PUESTA AL DÍA EN MATERIA TRIBUTARIA MÁS POTENTE Y EFICAZ DEL MERCADO.

El único sistema que, al igual que los Mementos, permite conocer rápidamente la actualidad y **acceder de forma directa**, sin rodeos, a un análisis práctico y riguroso de aquellas **novedades normativas, doctrinales o jurisprudenciales** que nos interesan.

ACTUM sintetiza la información, la estructura según su importancia y elimina lo accesorio para que vayas **directamente a lo esencial** de la novedad.

¿Qué permite ACTUM Fiscal?

1 ESTAR INFORMADO DE LA ACTUALIDAD

SISTEMA DE ALERTA VÍA E-MAIL: INMEDIATEZ.
Recibirás periódicamente un e-mail de alerta con los enunciados de las últimas novedades.

CONTENIDOS ON LINE: EXHAUSTIVIDAD.
Desde nuestra web, **lefebvre.es/tienda**, o desde los enunciados de las alertas puedes acceder al análisis detallado de las novedades y a los textos de la fuente que las origina.

2 ACTUALIZAR TUS MEMENTOS

BÚSQUEDA ON LINE DE LA NOVEDAD: FACILIDAD
Encontrarás todas las novedades de tus Mementos en la web de ACTUM.

Varios sistemas de búsqueda (por número de párrafo de cada Memento, por texto libre o por sumario) te permitirán acceder de inmediato a los nuevos textos actualizados de todos tus Mementos.

¿Qué es el servicio gratuito Extra Mementos?

Es un servicio gratuito que ponemos a disposición de los usuarios del Memento Inspección de Hacienda 2025-2026. Entra en **https://extramementos.lefebvre.es**, y podrás:

1. Tomar decisiones con seguridad en todo momento. Allí podrás verificar si el contenido de un párrafo del Memento Inspección de Hacienda 2025-2026 ha sido modificado por una novedad normativa, doctrinal o jurisprudencial.

2. También podrás acceder a información adicional, documentos de interés que por razón de espacio no incluimos en el Memento en soporte papel, así como al análisis de materias de especial relevancia publicadas con posterioridad a la edición del Memento.

¿Cómo funciona esta puesta al día?

1. Una vez consultado el Memento Inspección de Hacienda 2025-2026, para verificar si el contenido de un párrafo concreto se ha visto afectado por una novedad normativa, doctrinal o jurisprudencial, entra en nuestra página web **https://extramementos.lefebvre.es**

2. Busca allí el Memento sobre el que quieres hacer la consulta, en este caso el Memento Inspección de Hacienda 2025-2026, e introduce el número marginal (número que figura en el margen del párrafo del Memento). Al instante comprobarás si el párrafo del Memento ha sido modificado. En caso afirmativo, visualizarás de forma inmediata un breve resumen de la información que la sustituye.

3. También podrás accede a la sección "Descargas Recomendadas" en donde encontrarás un listado de documentos y análisis de interés.

Para acceder a un análisis exhaustivo de la novedad de cada marginal, así como a los textos completos de la norma, doctrina o jurisprudencia origen de la novedad, **ponemos a tu disposición ACTUM**. Encontrarás información detallada en las páginas anteriores.

Inspección de Hacienda

2025-2026

Fecha de edición: 9 de diciembre de 2024

Plan general

Número marginal

Abreviaturas

AEAT	Agencia Estatal de Administración Tributaria
AN	Audiencia Nacional
CC	Código Civil (RD 24-7-1889)
CCAA	Comunidades Autónomas
Const	Constitución Española
CP	Código Penal (LO 10/1995)
CV	Consulta vinculante
D	Decreto
DCGC	Delegación Central de Grandes Contribuyentes
DG AEAT	Dirección General de la Agencia Estatal de Administración Tributaria
DGT	Dirección General de Tributos
Dict	Dictamen
Dir	Directiva
Dpto	Departamento
EDJ	El Derecho Jurisprudencia
Inf	Informe
L	Ley
LEC	Ley de Enjuiciamiento Civil (L 1/2000)
LECr	Ley de Enjuiciamiento Criminal (RD 14-9-1882)
LGT	Ley General Tributaria (L 58/2003)
LGT/1963	Ley General Tributaria (L 230/1963)
LIRNR	Ley del Impuesto sobre la Renta de no Residentes (RDLeg 5/2004)
LIRPF	Ley del Impuesto sobre la Renta de las Personas Físicas (L 35/2006)
LIS	Ley del Impuesto sobre Sociedades (L 27/2014)
LIVA	Ley del Impuesto sobre el Valor Añadido (L 37/1992)
LJCA	Ley Reguladora de la Jurisdicción Contencioso-Administrativa (L 29/1998)
LO	Ley Orgánica
LOPJ	Ley Orgánica del Poder Judicial (LO 6/1985)
LPAC	Ley del Procedimiento Administrativo Común de las Administraciones Públicas (L 39/2015)
LRJSP	Ley de Régimen Jurídico del Sector Público (L 40/2015)
LSC	Ley de Sociedades de Capital (RDLeg 1/2010)
MH	Ministerio de Hacienda
OM	Orden Ministerial
ONIF	Oficina Nacional de Investigación del Fraude
RD	Real Decreto
RDL	Real Decreto Ley
RDLeg	Real Decreto Legislativo
redacc	redacción
Rec	Recurso
Resol	Resolución
RGGI	Reglamento General de Gestión e Inspección (RD 1065/2007)
RGR	Reglamento General de Recaudación (RD 939/2005)
RGRV	Reglamento General de Revisión en Vía Administrativa (RD 520/2005)
Rgto Fac	Reglamento por el que se regulan las obligaciones de facturación (RD 1619/2012)
RIRPF	Reglamento del Impuesto sobre la Renta de las Personas Físicas (RD 439/2007)
RIS	Reglamento del Impuesto sobre Sociedades (RD 634/2015)

RIVA Reglamento del Impuesto sobre el Valor Añadido (RD 1624/1992)
RSAN Reglamento General del Régimen Sancionador Tributario (RD 2063/2004)
TCo Tribunal Constitucional
TEAC Tribunal Económico Administrativo Central
TEAR Tribunal Económico Administrativo Regional
TEDH Tribunal Europeo de los Derechos Humanos
TJUE Tribunal de Justicia de la Unión Europea
TS Tribunal Supremo
TSJ Tribunal Superior de Justicia
UE Unión Europea

PARTE PRIMERA

Actuaciones y procedimiento de inspección

CAPÍTULO 1

Organización de la Inspección

 10

La determinación de los órganos concretos a los que se atribuyen funciones inspectoras corresponde a cada Administración tributaria en desarrollo de sus facultades de organización. Únicamente se exige que las disposiciones que regulen la **competencia en el orden territorial** sean objeto de publicación en el boletín oficial correspondiente (LGT art.83 y 84). 12

SECCIÓN 1

Órganos con competencias inspectoras

 15

La Inspección de los Tributos puede ser analizada desde una **doble perspectiva**: 16
- una perspectiva **procedimental** o actividad encuadrada en la aplicación de los tributos, entendida ésta como conjunto de actividades administrativas dirigidas a la efectiva realización del sistema tributario de las distintas Administraciones; y
- una perspectiva **orgánica** o conjunto de órganos que desarrollan tal actividad como consecuencia de las funciones que tienen encomendadas.

El análisis de la Inspección desde este segundo punto de vista, ha de partir necesariamente de la distinción entre los **tres niveles de Hacienda Pública**: Estatal, Autonómico -con las especialidades propias de las Comunidades de régimen foral- y Local, que derivan de la organización territorial del Estado consagrada en nuestra Constitución.

A. Inspección de los Tributos del Estado

 20

La Inspección de los Tributos está integrada por el conjunto de órganos en el seno de la Administración estatal que tienen encomendadas, entre otras **funciones**, la comprobación e investigación del adecuado cumplimiento de las obligaciones tributarias y la regularización de la situación tributaria de los obligados mediante la práctica de una o más liquidaciones (LGT art.141). 21

Estos órganos forman parte de la **Agencia Estatal de Administración Tributaria** (AEAT), que está integrada en la Secretaría de Estado de Hacienda del Ministerio de Hacienda. La AEAT fue creada por L 31/1990.

La AEAT es una entidad de Derecho Público, con personalidad jurídica y patrimonios propios, que actúa con autonomía de gestión y plena capacidad jurídica, pública y privada, en el cumplimiento de sus fines. Es la organización administrativa responsable, en nombre y por cuenta del Estado, de la aplicación efectiva del sistema tributario estatal y aduanero, y de aquellos recursos de otras Administraciones y Entes Públicos nacionales o de la UE cuya gestión se le encomiende por Ley o por Convenio (L 31/1990 art.103.Uno).

Sus **órganos rectores** son el Presidente, que es el Secretario de Estado de Hacienda y el Director General.

La **estructura central** de la AEAT (Servicios Centrales) está integrada por:

a) Los Departamentos de (OM 2-6-1994 aptdo.primero; OM PRE/3581/2007 art.1):
- Gestión Tributaria;

21 (sigue) - Inspección Financiera y Tributaria;
- Recaudación;
- Aduanas e Impuestos Especiales;
- Informática Tributaria; y
- Recursos Humanos.

Todos ellos dependientes del Director General de la Agencia y con rango de dirección general.

b) El Servicio Jurídico de la Agencia, el Servicio de Auditoría Interna, el Servicio de Gestión Económica, el Servicio de Estudios Tributarios y Estadísticos y el Servicio de Planificación y Relaciones Institucionales.

c) La Delegación Central de Grandes Contribuyentes (DCGC).

Todos ellos dependientes del Director General de la Agencia y con rango de dirección adjunta.

La **estructura periférica** de la AEAT está constituida por las Delegaciones Especiales, en cada una de las Comunidades Autónomas, y las Delegaciones de la Agencia Tributaria, integradas en las primeras y de ámbito provincial. Asimismo, dentro de estas últimas se encuadran las Administraciones de la Agencia Tributaria y las Administraciones de Aduanas e Impuestos Especiales. Las Administraciones de asistencia Digital (ADIs) se integran en las correspondientes Delegaciones Especiales, sin perjuicio de poder desarrollar sus funciones en todo el ámbito nacional (OM 2-6-1994 aptdo.decimotercero) (nº 106).

Debe tenerse en cuenta que (OM 2-6-1994 aptdo.decimotercero.2):

- las Delegaciones Especiales de la Agencia Estatal de Administración Tributaria dependen directamente del Director General de la misma;
- a su vez, los Directores de los distintos Departamentos, en el ejercicio de sus funciones, dirigen a los Delegados Especiales mediante instrucciones y órdenes de servicio.

Precisiones **1)** Expresamente se contempla la posibilidad de la suscripción de **acuerdos de colaboración** entre el Estado y las Comunidades Autónomas para la aplicación de los tributos (LGT art.5.4).

No obstante, en la actualidad no se han suscrito convenios de colaboración en materia de inspección, a diferencia de otras áreas de la aplicación de los tributos, entre las que destaca la de recaudación, sin perjuicio de que puedan desarrollarse actuaciones concretas de colaboración entre la Inspección de los tributos del Estado y la Inspección de los tributos de las Comunidades Autónomas.

2) Corresponden a la AEAT las competencias en materia de aplicación de los tributos derivadas o atribuidas por la normativa sobre **asistencia mutua** (LGT art.5.3).

3) La **Comisión Consultiva de Ética** es un órgano colegiado de apoyo y asistencia al Comité de Dirección de la AEAT, en materia de infraestructura ética y conducta operativa e integridad (AEAT Resol 17-6-21).

Ejemplo La comprobación de la adecuada liquidación del ISD de un sujeto pasivo cuyo causante tuviera su domicilio fiscal en Toledo corresponde a la Inspección de los tributos de la Comunidad Autónoma de Castilla-La Mancha.

La comprobación inspectora dará lugar a una liquidación dictada por la Comunidad Autónoma, debiendo ingresar la deuda derivada de esta liquidación en los plazos establecidos en la LGT art.62.

Si el obligado al pago no efectúa el ingreso en dichos plazos, será la AEAT la que proceda a la recaudación en período ejecutivo de dicha deuda, conforme a lo establecido en el convenio de colaboración suscrito por ambas Administraciones.

ORGANIGRAMA DE LA AGENCIA ESTATAL DE ADMINISTRACIÓN TRIBUTARIA 28

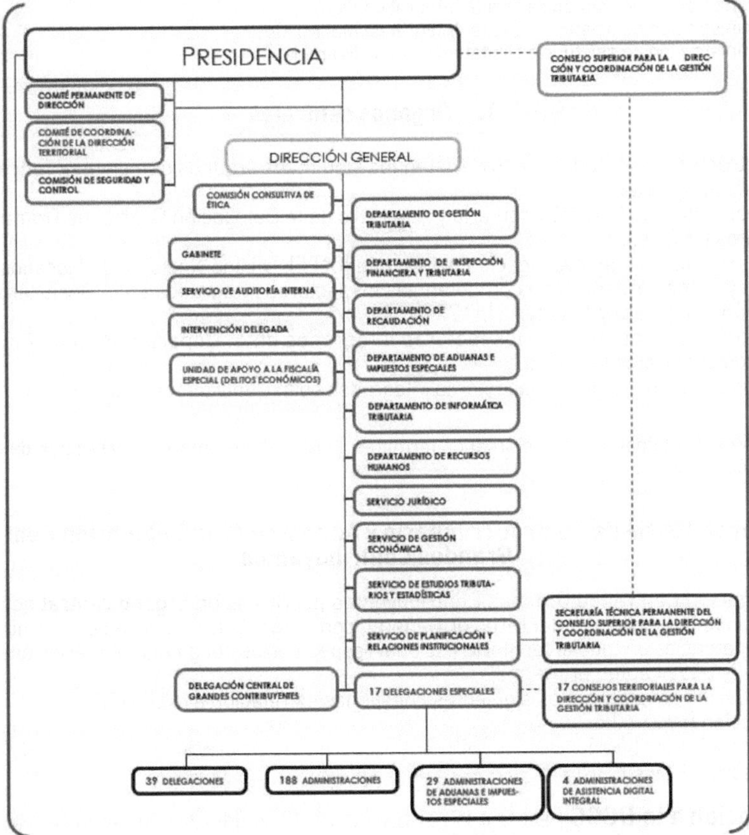

En el presente organigrama, los órganos con competencias en materia de inspección financiera y tributaria son:

a) Departamentos:
- Departamento de Inspección Financiera y tributaria;
- Departamento de Aduanas e Impuestos Especiales.

b) Delegación Central de Grandes Contribuyentes:
- Dependencia de Control Tributario y Aduanero.

c) Delegaciones Especiales de la AEAT:
- Dependencia Regional de Inspección;
- Dependencia Regional de Aduanas e IIEE;
- Dependencia Regional de Gestión Tributaria.

Precisiones Las **Administraciones de asistencia Digital Integral** (ADIs) se integran orgánicamente en la Delegación Especial donde estén establecidas. Están dirigidas e impulsadas por los Delegados Especiales de la Agencia Tributaria, conforme a las directrices y criterios de actuación establecidos por los Departamentos en el ámbito de sus competencias (AEAT Resol 13-1-21 aptdo.15ª redacc AEAT Resol 5-2-24). 29

Les corresponden las siguientes **funciones**:
- información y asistencia no presencial a los contribuyentes;
- apoyo y formación a los empleados públicos que desempeñen labores de información y asistencia en los servicios territoriales, bajo la dirección del Departamento o Servicio competente en función de la materia;
- asistencia en los procedimientos de las áreas de Gestión Tributaria, Recaudación y Aduanas e Impuestos Especiales conforme a las directrices y criterios de actuación establecidos por los departamentos en el ámbito de sus competencias;
- contestación de solicitudes de información formuladas por escrito cuando así se determine por los Departamentos funcionales.

Las Administraciones de asistencia Digital Integral de la AEAT son las siguientes (AEAT Resol 13-1-21 Anexo III redacc AEAT Resol 22-5-23):
- Administración de asistencia Digital Integral de Valencia;
- Administración de asistencia Digital Integral de Vigo;
- Administración de asistencia Digital Integral de Madrid-Getafe;
- Administración de asistencia Digital Integral de Granada.

1. Órganos centrales

30 En la estructura central de la AEAT existen los siguientes órganos que ejercen **funciones** de inspección tributaria:
- la Dependencia de Control Tributario y Aduanero de la Delegación Central de Grandes Contribuyentes (nº 35 s.);
- la Oficina Nacional de Investigación del Fraude (ONIF), Oficina Nacional de Fiscalidad Internacional y demás órganos con competencias inspectoras integrados en el Departamento de Inspección Financiera y Tributaria (nº 75 s.); y
- órganos con competencias inspectoras integrados en el Departamento de Aduanas e Impuestos Especiales (nº 100 s.);
- órganos con competencias inspectoras integrados en el Departamento de Gestión Tributaria (nº 104).

Precisiones Sin la naturaleza de órganos formales, la AEAT ha promovido la **creación de foros de relación** (nº 66).

a. Dependencia de Control Tributario y Aduanero de la Delegación Central de Grandes Contribuyentes

35 La Delegación Central de Grandes Contribuyentes (DCGC) es un **órgano central** de la AEAT que depende directamente del Director General, con rango de Dirección adjunta, y que ejerce sus competencias en todo el territorio nacional respecto a los obligados tributarios adscritos a ella (OM 2-6-1994 aptdo.primero.3).
A continuación se analizan las siguientes cuestiones en relación a la DCGC:
- adscripción (nº 36 s.);
- competencias (nº 50 s.);
- estructura (nº 58 s.).

36 **Adscripción a la DCGC** (AEAT Resol 13-1-21 aptdo.tercero) El estudio de la materia se realiza diferenciando según la adscripción dependa de:
- el volumen de operaciones de la persona jurídica o entidad, o del volumen de información suministrado a la Administración (nº 37 s.);
- de otras circunstancias (nº 40 s.).

37 **Volumen de operaciones o volumen de información suministrado** (AEAT Resol 13-1-21 aptdo.tercero) Deben tenerse en cuenta las siguientes consideraciones:
a) Ámbito de actuación de la DCGC: la DCGC puede ejercer sus funciones y competencias respecto a:
1. Las personas jurídicas y entidades cuyo **volumen de operaciones** a efectos del IVA y, en su caso, del IGIC o del Impuesto sobre la Producción, los Servicios y la Importación en las Ciudades de Ceuta y Melilla haya superado los doscientos millones de euros durante dos ejercicios consecutivos.
Con independencia de su volumen de operaciones, no se incluyen en el ámbito de actuación de la DCGC a las Comunidades Autónomas y Ciudades con Estatuto de Autonomía y a las Entidades Locales, así como a los organismos públicos y demás entidades de derecho público vinculados o dependientes de aquellas, salvo que se adscriban expresamente de acuerdo con lo expuesto en el nº 40 s.
2. Las personas jurídicas y entidades cuyo **volumen de información** suministrado a la AEAT de conformidad con la LGT art.93.1.a (retenedores y obligados a realizar ingresos a cuenta), haya superado los veinte mil registros durante dos ejercicios consecutivos y cuyo ámbito de actuación exceda del de una Comunidad Autónoma o Ciudad con Estatuto de Autonomía.
b) Resolución: la adscripción a la DCGC de los obligados tributarios indicados en la letra a), se ha de realizar por resolución del **titular de la DCGC**.
Esta resolución se debe **notificar** al obligado tributario y debe comunicarse a la Delegación Especial de la AEAT a la que aquél estaba adscrito hasta ese momento.

Cuando cumpliéndose algunos de los requisitos antes señalados que determinarían la adscripción a la DCGC, no se haya producido dicha adscripción, los titulares de los Departamentos de Inspección Financiera y Tributaria, Recaudación y Aduanas e Impuestos Especiales pueden **instar al titular de la Delegación Central**, a través del Servicio de Planificación y Relaciones Institucionales, a efectuar dicha adscripción. Del mismo modo, cuando existan motivos para la **oposición a la adscripción**, los mencionados titulares de los Departamentos pueden plantearlos al titular de la DCGC, quien decidirá sobre la misma.

c) Cese en la adscripción y exclusión. Se produce el **cese** en la adscripción cuando: 38
- el **volumen de operaciones** es inferior a doscientos millones de euros durante dos ejercicios consecutivos, salvo que se cumplan las condiciones en relación al volumen de información suministrada enunciadas en el nº 37 o concurra alguna de las circunstancias del nº 40 s. que justifique la necesidad de que se mantenga la adscripción;
- el **volumen de información** suministrado es inferior a veinte mil registros durante dos ejercicios consecutivos, salvo que se cumplan las condiciones en relación al volumen de operaciones enunciadas en el nº 37 o concurra alguna de las circunstancias del nº 40 s. que justifique la necesidad de que se mantenga la adscripción;
Cuando **dejen de concurrir las circunstancias** que originaron su adscripción a la DCGC y no se encuentran incluidas en ninguno de los supuestos del nº 40 s. que justifiquen el mantenimiento de la adscripción, el titular de la DCGC notificará a las personas jurídicas y entidades correspondientes que quedan **excluidas** de su ámbito de actuación, y se lo comunicará a la Delegación Especial de la AEAT que corresponda por razón del domicilio fiscal de la persona jurídica o entidad.
El titular de la DCGC puede acordar que una persona jurídica o entidad en la que concurran las circunstancias previstas en la letra a) del nº 37 cese en su adscripción a la Delegación Central y sea adscrita a la Delegación Especial correspondiente a su domicilio fiscal. Esta decisión la puede adoptar previa comunicación al titular de la Delegación Especial correspondiente, una vez oídos los titulares de los Departamentos de Inspección Financiera y Tributaria, Recaudación, Aduanas e Impuestos Especiales y Servicio de Planificación y Relaciones Institucionales, los cuales disponen de un plazo de hasta dos días para manifestar su oposición.
Cuando dejen de concurrir las circunstancias que motivaron el **cambio de adscripción**, el titular de la DCGC puede acordar nuevamente que los obligados tributarios se adscriban a la Delegación Central. Estos acuerdos deben notificarse al obligado tributario y comunicarse a la Delegación Especial afectada.

Otras circunstancias (AEAT Resol 13-1-21 aptdo.tercero.2) La DCGC también puede ejercer sus funciones y competencias sobre los obligados tributarios en los que concurra alguna de las siguientes **circunstancias**: 40
- personas físicas cuya renta, a efectos del IRPF correspondiente al último periodo impositivo cuyo plazo de presentación de declaración hubiese finalizado, supere los tres millones de euros, o que el valor de sus bienes y derechos, incluidos los exentos, a efectos del IP supere los 30 millones de euros;
- que ejerzan sus actividades en todo o gran parte del territorio nacional;
- que presenten una posición destacada en un sector económico determinado;
- que tributen en régimen de consolidación fiscal del IS o por el régimen especial del grupo de entidades del IVA, en cuyo caso pueden adscribirse todas o parte de las empresas del grupo;
- que las operaciones que realicen revistan especial importancia o complejidad en el ámbito nacional;
- que se encuentren relacionados con otros obligados tributarios ya adscritos a la DCGC;
- que estén integrados en los supuestos previstos en la L 39/2022 art.56 (ligas profesionales);
- que se trate de entidades aseguradoras en liquidación, cuando esta función sea asumida por el Consorcio de Compensación de Seguros;
- que presenten indicios de la realización de fraudes en los que, por su especial gravedad, complejidad o características de implantación territorial, resulte conveniente la investigación de forma centralizada; o
- que presenten una especial complejidad en cuanto a la gestión recaudatoria, en particular, sociedades interpuestas y negocios simulados;
- cuando, por razones de eficacia, se considere necesaria la continuación de las actuaciones tributarias por la Delegación Central.

En estos casos la adscripción de los obligados tributarios a la DCGC se realiza mediante la **resolución** del titular del Servicio de Planificación y Relaciones Institucionales, a propuesta del titular de la DCGC, y debe notificarse a dicho obligado tributario y a la Delegación Especial a la que aquel estuviera adscrito hasta ese momento. 42

De la misma forma, cuando no concurran circunstancias que justifiquen el mantenimiento de su adscripción a la DCGC, corresponde al titular del Servicio de Planificación y Relaciones Institucionales, a propuesta del titular de la DCGC, acordar que los obligados tributarios queden **excluidos** del ámbito de actuación de dicha Delegación Central. Estas resoluciones se deben notificar al obligado tributario y a la Delegación Especial a la que aquél pasa a estar adscrito desde ese momento.

45 Precisiones El **acuerdo de adscripción** a un órgano de inspección no es un acto que cree derechos u obligaciones para el recurrente o que le cause indefensión, por lo que no es susceptible de recurso (TS 18-10-02, EDJ 51937).

50 **Competencias de la DCGC** (AEAT Resol 13-1-21 aptdo.tercero.3, 5 y 6) Desde el momento en que se notifique al obligado tributario la adscripción, la DCGC ejerce sus competencias sobre dicho obligado tributario respecto a cualquier **concepto impositivo y período** no prescrito. Del mismo modo, desde que se notifique el fin de la adscripción cesará la competencia de la Delegación sobre dicho obligado tributario.

Si en el momento de producirse la adscripción a la DCGC se está **tramitando un procedimiento de inspección**, este continúa hasta su finalización por el órgano de la Delegación Especial del domicilio del obligado tributario.

De la misma forma, los procedimientos que se estén tramitando por esta Dependencia en el momento de producirse el cese en la adscripción del obligado tributario a la DCGC continúan hasta su finalización por la Dependencia de Control Tributario y Aduanero.

52 La adscripción de un obligado tributario a la DCGC atribuye a este órgano la competencia exclusiva para el desarrollo del procedimiento de inspección y demás actuaciones inspectoras sobre ese obligado con las siguientes **excepciones**:

- el Equipo Central de Información de la Oficina Nacional de Investigación del Fraude integrada en el Departamento de Inspección Financiera y Tributaria puede realizar actuaciones de obtención de información sobre obligados tributarios adscritos a la DCGC;
- las Delegaciones Especiales pueden realizar actuaciones de obtención de información, así como ejercer la correspondiente potestad sancionadora en caso de incumplimiento, respecto de obligados tributarios adscritos a la DCGC, siempre que tengan su domicilio fiscal o la sucursal, oficina o local que haya realizado las operaciones objeto de requerimiento en sus respectivos ámbitos territoriales, cuando sea necesario para realizar las funciones que tienen atribuidas; y
- cuando, a los exclusivos efectos del desarrollo de actuaciones inspectoras, se acuerde la adscripción temporal a la Oficina Nacional de Investigación del Fraude o a la Oficina Nacional de Fiscalidad Internacional del Departamento de Inspección Financiera y Tributaria o a la Oficina Nacional de Investigación de Aduanas e Impuestos Especiales de obligados tributarios adscritos a la DCGC, se debe comunicar a ésta el acuerdo de adscripción. Igual comunicación se debe realizar cuando se acuerde la realización directa de actuaciones de control en relación a la Política Agrícola Común por la Oficina Nacional de Investigación de Aduanas e Impuestos Especiales en el ejercicio de sus competencias.

Por otra parte, la DCGC puede efectuar requerimientos de obtención de información a obligados tributarios no adscritos a la misma cuando sea necesario para realizar las funciones que tiene atribuidas.

53 A petición del titular de la Delegación Central de Grandes Contribuyentes (AEAT Resol 24-3-92 disp.adic.2ª):

- el titular del Departamento de Inspección Financiera y Tributaria puede autorizar la colaboración de funcionarios de la **Oficina Nacional de Investigación del Fraude** y de la **Oficina Nacional de Fiscalidad Internacional** en actuaciones propias de equipos de la Dependencia de Control Tributario y Aduanero de la Delegación Central;
- el correspondiente Delegado Especial de la Agencia Tributaria puede autorizar que los funcionarios, **equipos o unidades de Inspección** que sean competentes por razón del domicilio colaboren en las actuaciones de la Dependencia de Control Tributario y Aduanero de la Delegación Central respecto a los obligados tributarios adscritos a ésta;

Asimismo, cuando resulte adecuado para el desarrollo del plan de control tributario, el titular del Departamento de Inspección Financiera y Tributaria puede acordar la **extensión de las competencias** de la Dependencia de Control Tributario y Aduanero o de los equipos integrados en la misma, al ámbito de las Delegaciones Especiales.

Además, está prevista la extensión de las competencias por el titular del Departamento de Inspección Financiera y Tributaria de una Dependencia Regional de Inspección de una Delegación Especial al ámbito de la DCGC (Dependencia de Control Tributario y Aduanero) (AEAT Resol 24-3-92 aptdo.3.3.4).

Precisiones Uno de los objetivos perseguidos con la creación de la DCGC es la **concentración de todas las funciones** de la aplicación de los tributos en un solo órgano de la AEAT, tratándose de grandes contribuyentes (OM EHA/3230/2005 exposición de motivos). No obstante, un obligado tributario adscrito a la DCGC no sólo se relaciona con este órgano de la AEAT, dado que: **54**
a) Las Dependencias integradas en las Delegaciones especiales pueden requerir información a los obligados tributarios adscritos cuando estos tengan en su ámbito territorial de actuación una oficina o local en el que se hayan producido las operaciones a las que se refiere la información requerida y siempre que sea necesario para el ejercicio de sus funciones.
b) El Equipo Central de Información de la Oficina Nacional de Inspección puede, asimismo efectuar requerimientos de obtención de información y ejercer la potestad sancionadora en caso de incumplimiento.
c) Los órganos de recaudación de las distintas Delegaciones especiales pueden remitir requerimientos de obtención de información así como diligencias de embargo sobre créditos o demás derechos que los obligados adscritos a DCGC tengan sobre terceros.

Ejemplos **1)** A, S.A, es una entidad de crédito adscrita a la DCGC. A través de su Dirección Electrónica (ver nº 2487 s.) puede recibir, entre otros requerimientos o comunicaciones: **55**
a) De la DCGC:
- la comunicación de inicio de actuaciones inspectoras de comprobación e investigación relativas al IS, IVA y retenciones a cuenta de uno o varios ejercicios no prescritos. Esta citación deberá ser emitida por un Equipo de Inspección de la Dependencia de Control Tributario y Aduanero de la DCGC;
- un requerimiento para que subsane determinados errores u omisiones detectados en el modelo 198 presentado. Este requerimiento será emitido por una Unidad de Gestión de la Dependencia de Asistencia y Servicios Tributarios de la DCGC;
- una providencia de apremio correspondiente a una liquidación impagada por AJD practicada por una Comunidad Autónoma. Esta providencia se dictará por el Jefe de la Dependencia de Asistencia y Servicios Tributarios de la DCGC.
b) De otros órganos de la AEAT:
- un requerimiento de obtención de información relativo a los movimientos de cuentas corrientes de un cliente de una sucursal en Sevilla. Este requerimiento puede ser remitido por los órganos integrados en la Delegación Especial de la AEAT de Andalucía;
- una providencia de embargo del saldo de la cuenta corriente de un cliente de una sucursal en Toledo. Este requerimiento será emitido por la Dependencia de Recaudación de la Delegación Especial de la AEAT de Castilla-La Mancha;
- una liquidación correspondiente a los derechos a la importación de un bien importado de Estados Unidos a través de la Aduana de Madrid-Barajas. Esta liquidación será dictada por la Administración de Aduanas de Madrid - Aeropuerto o por la Dependencia de Aduanas e Impuestos Especiales de la Delegación Especial de la AEAT de Madrid.
2) A, S.A. es una sociedad con domicilio fiscal en Barcelona cuya actividad es la promoción y venta de apartamentos en zonas costeras. Esta empresa ha experimentado en los últimos años un gran crecimiento, superando su volumen de operaciones a efectos del IVA durante los ejercicios X1 y X2 los 200 millones de euros. Al producirse en el ejercicio X3 una de las circunstancias que puede determinar la adscripción de A, S.A. a la DCGC, su titular debe acordar y comunicar a esta entidad y a la Delegación Especial de la AEAT de Cataluña que la entidad queda adscrita a la DCGC. Las competencias de la DCGC sobre dicho obligado tributario sólo pueden ejercerse desde que se notifica al mismo su adscripción.
El 31-1-X3 se notifica a A, S.A. su adscripción a la DCGC. El 15-1-X3 la Dependencia Regional de Inspección de la Delegación Especial de la AEAT de Cataluña había iniciado un procedimiento de inspección con el objeto de verificar el IS de los ejercicios X1 y X2.
Este procedimiento continúa hasta su finalización por la Dependencia Regional de Inspección de la Delegación Especial de Cataluña.
Una vez finalizado el procedimiento de inspección relativo al IS, el 15-1-X5 se inicia un nuevo procedimiento de inspección por la Dependencia de Control Tributario y Aduanero de la DCGC para comprobar el IS del ejercicio X3. En el curso de dichas actuaciones es necesario realizar distintos requerimientos de obtención de información a varias entidades no adscritas a la DCGC y con domicilio en Barcelona, Madrid y Sevilla.
La Dependencia de Control Tributario y Aduanero de la DCGC puede realizar dichos requerimientos de obtención de información sin que sea preciso, por tanto, requerir la colaboración de las Dependencias Regionales de Inspección de las Delegaciones Especiales de Cataluña, Madrid y Andalucía.

Estructura de la DCGC (AEAT Resol 13-1-21 aptdo.tercero y sexto a octavo) En la estructura se distinguen las siguientes **Dependencias**: **58**
- Dependencia de Control Tributario y Aduanero (nº 60 s.);
- Dependencia de Asistencia y Servicios Tributarios; y
- Dependencia de Gestión de Medios y Recursos.

60 **Dependencia de Control Tributario y Aduanero** (AEAT Resol 13-1-21 aptdo.sexto) Las **actuaciones y procedimientos de inspección**, así como los procedimientos de verificación de datos, comprobación de valores, comprobación limitada y demás **actuaciones de comprobación** con relación a los tributos que integran el sistema tributario estatal y el aduanero corresponden a la Dependencia de Control Tributario y Aduanero, que tiene la consideración de órgano con atribuciones propias de la Inspección de los tributos. Le corresponde, asimismo, el inicio, la tramitación y resolución de los **procedimientos sancionadores** derivados de estas actuaciones, así como los derivados del incumplimiento de las limitaciones a los pagos en efectivo. También le corresponde la ejecución de los acuerdos resultantes de los procedimientos amistosos en materia de imposición directa y llevar a cabo los procedimientos de recuperación de ayudas de Estado.

Esta Dependencia, dirigida por su titular, con la asistencia de uno o varios Adjuntos y de uno o varios Inspectores Jefes, está integrada por los siguientes **equipos y unidades**:

- Equipos Nacionales de Inspección;
- Oficina Técnica;
- Unidad de Control Tributario y Aduanero;
- Unidad de Selección; y
- Equipos de Apoyo Informático.

Precisiones Los procedimientos de verificación de datos, comprobación de valores, comprobación limitadas y demás **actuaciones de comprobación** en el ámbito de la gestión aduanera y de la gestión e intervención de los Impuestos Especiales, relativos a contribuyentes adscritos a la DCGC, no se desarrollan por la Dependencia de Control Tributario y Aduanero, sino por los órganos territoriales de la AEAT.

62 a) **Equipos Nacionales de Inspección**. Las actuaciones de comprobación e investigación propias del procedimiento de inspección atribuidas a la Dependencia de Control Tributario y Aduanero se desarrollan por los Equipos Nacionales de Inspección, sin perjuicio de la realización de otras actuaciones inspectoras así como el inicio y la instrucción de los procedimientos sancionadores que deriven de las mismas. Estos Equipos se definen fundamentalmente por su adscripción total o preponderante a un **sector económico**. Los Equipos Nacionales de Inspección, dirigidos por Jefes de Equipo Coordinadores o Jefes de Equipo, están integrados por los funcionarios que en cada momento se determine por el titular de la Dependencia de Control Tributario y Aduanero, sus Adjuntos o los Inspectores Jefes.

64 b) **Oficina Técnica**. La Oficina Técnica **asesora y apoya** al titular de la Dependencia de Control Tributario y Aduanero y a sus Adjuntos en todas las cuestiones que sean de la competencia de la Dependencia. Le corresponde también el análisis, estudio y propuesta de resolución de los expedientes administrativos que le sean encomendados por el titular de la Dependencia o por sus Adjuntos.

c) **Unidad de Control Tributario y Aduanero**. Esta Unidad desarrolla los procedimientos de **verificación de datos**, comprobación limitada y demás actuaciones de comprobación establecidas por la normativa vigente, así como procedimientos de inspección y los procedimientos sancionadores que se deriven de las actuaciones anteriores (ver nº 2875 s.).

d) **Unidad de Selección**. Esta Unidad se encarga de la realización de las funciones que sean necesarias para la adecuada selección de riesgos. Dicha Unidad, asimismo, puede desarrollar las actuaciones inspectoras que se le encomienden por el titular de la Dependencia de Control Tributario y Aduanero o sus Adjuntos.

e) **Equipos de Apoyo Informático**. Los Equipos de Apoyo Informático desarrollan actuaciones conjuntas y de coordinación de trabajos informáticos con los Equipos Nacionales de Inspección dirigidas a analizar e investigar la estructura de los sistemas informáticos y de las **bases de datos** de los obligados tributarios para el descubrimiento de datos ocultos.

66 Precisiones 1) El **Foro de Grandes Empresas** es un órgano de relación cooperativa dirigido a promover una mayor colaboración entre las grandes empresas y la AEAT, basada en los principios de transparencia y confianza mutua, a través del conocimiento y puesta en común de los problemas que puedan plantearse en la aplicación del sistema tributario.

En el seno de este Foro ha sido aprobado el **Código de Buenas Prácticas Tributarias** que contiene recomendaciones voluntariamente asumidas por la Administración Tributaria y las empresas, tendentes a mejorar la aplicación de nuestro sistema tributario a través del incremento de la seguridad jurídica, la cooperación recíproca basada en la buena fe y confianza legítima entre la Agencia Tributaria y las propias empresas, y la aplicación de políticas fiscales responsables en las empresas con conocimiento del Consejo de Administración.

Sus **actas** son públicas y pueden ser consultadas en la página web de la AEAT.

En 2016 se elaboró un documento de **propuestas** para el **reforzamiento de las buenas prácticas de transparencia fiscal** empresarial de las empresas adheridas al Código de Buenas Prácticas

Tributarias. En dicho documento se señala el tipo de información que las empresas pueden poner a disposición de la AEAT sobre ciertos aspectos de su actividad económica y qué tipo de actuaciones podrá llevar a cabo la AEAT tras recibir dicha información. **66** (sigue)

En 2023 se elaboró un documento de propuestas para la **aportación voluntaria de la documentación sobre operaciones vinculadas** en el seno del Código de Buenas Prácticas Tributarias.

Están **adheridas** al Código de Buenas Prácticas grandes empresas de sectores muy diferentes como el financiero, energético, distribución, automovilístico o servicios profesionales. La decisión de adhesión al Código de Buenas Prácticas Tributarias debe formalizarse a través de un acuerdo del consejo de administración u órgano equivalente de la entidad, que se comunica a la AEAT. De la misma forma puede comunicar en cualquier momento su baja del mismo. La adhesión y baja deben ser a la totalidad del Código, no siendo admisible la adhesión o baja parcial a apartados específicos del mismo.

2) El **Foro de Asociaciones y Colegios de Profesionales Tributarios** se configura como órgano de relación cooperativa entre la AEAT basada en la transparencia y la confianza mutua, de modo que redunde en última instancia en beneficio del contribuyente, favoreciendo y facilitando el cumplimiento voluntario de sus obligaciones fiscales. Dicho foro tiene como **objetivos**:

- profundizar en el conocimiento mutuo entre la AEAT y los profesionales representados en él, en un marco de cooperación, transparencia, rigor técnico, objetividad, proporcionalidad y receptividad;
- aumentar la seguridad jurídica de los contribuyentes, analizando las modificaciones normativas en curso en cada momento, y difundiendo las novedades normativas y los criterios de actuación de la AEAT en su aplicación;
- mejorar la aplicación del sistema tributario, reduciendo cargas fiscales indirectas, fomentando el uso de la administración electrónica en las relaciones de los profesionales del ámbito tributario y los contribuyentes con la AEAT;
- mejorar la prevención y lucha contra el fraude, colaborando en la detección y búsqueda de soluciones respecto a aquellas prácticas fiscales fraudulentas que puedan desarrollarse en los diferentes sectores económicos para prevenir su extensión y en el fomento del rechazo social del fraude fiscal.

La AEAT y el Foro de Asociaciones y Colegios de Profesionales Tributarios aprobaron dos nuevos **Códigos de buenas prácticas**: uno para los profesionales tributarios, y otro para las asociaciones y colegios de profesionales tributarios.

La AEAT ha establecido las **normas de adhesión** al correspondiente Código de buenas prácticas de:

- las asociaciones y colegios de profesionales tributarios: pueden adherirse, mediante acuerdo de los órganos de gobierno, las asociaciones o colegios profesionales que desarrollen toda o parte de su actividad en territorio español (AEAT Informe 17-1-20);
- los profesionales tributarios: pueden adherirse todos aquellos que desarrollen toda o parte de su actividad en territorio español, y sean asociados o colegiados de una asociación o colegio que haya suscrito el Código de Buenas Prácticas (AEAT Informe 17-1-20).

En ambos casos, siempre que se haya obtenido previamente el consentimiento expreso de la organización o del profesional, la AEAT publicará la relación de entidades y profesionales tributarios adheridos al Código de Buenas Prácticas en su **página web**.

3) En 2022 se constituyó el **Foro de Pequeñas y Medianas Empresas** como un espacio de encuentro y diálogo entre la AEAT y las entidades representantes de este colectivo.

El foro tiene como **objetivos**:

- profundizar en el conocimiento mutuo entre las partes, en un marco de cooperación, transparencia, rigor técnico, objetividad, proporcionalidad y receptividad;
- aumentar la seguridad jurídica de pequeñas y medianas empresas, analizando las modificaciones normativas en curso en cada momento, y difundiendo las novedades normativas y los criterios de actuación de la AEAT en su aplicación;
- mejorar la aplicación del sistema tributario, reduciendo cargas fiscales indirectas, fomentando el uso de la administración electrónica en las relaciones de las pequeñas y medianas empresas con la AEAT;
- impulsar el desarrollo de proyectos de digitalización que permitan facilitar la relación entre Agencia Tributaria y pequeñas y medianas empresas;
- mejorar la prevención y lucha contra el fraude, colaborando en la detección y búsqueda de soluciones respecto a aquellas prácticas fiscales fraudulentas que puedan desarrollarse en los diferentes sectores económicos;
- elaborar un Código de Buenas Prácticas de Pequeñas y Medianas Empresas.

4) En 2022 se creó el **Foro de Federaciones y Asociaciones de Trabajadores Autónomos** como un canal de comunicación entre la AEAT y las federaciones y asociaciones representantes de los trabajadores autónomos para impulsar e implantar diversos instrumentos de colaboración.

Se fijan como **objetivos** del foro:

- profundizar en el conocimiento mutuo entre las partes, en un marco de cooperación, transparencia, rigor técnico, objetividad, proporcionalidad y receptividad;
- aumentar la seguridad jurídica de autónomos, analizando las modificaciones normativas en curso en cada momento, y difundiendo las novedades normativas y los criterios de actuación de la AEAT en su aplicación;
- mejorar la aplicación del sistema tributario, reduciendo cargas fiscales indirectas, fomentando el uso de la administración electrónica en las relaciones de los trabajadores autónomos con la AEAT;

- impulsar el desarrollo de proyectos de digitalización que permitan facilitar la relación entre AEAT y autónomos;
- mejorar la prevención y lucha contra el fraude, colaborando en la detección y búsqueda de soluciones respecto a aquellas prácticas fiscales fraudulentas que puedan desarrollarse en los diferentes sectores económicos;
- elaborar un Código de Buenas Prácticas de Trabajadores Autónomos.

5) Se crea el **Foro de Empresas, Instituciones y Entidades Públicas** como un espacio permanente de encuentro y diálogo entre la AEAT y las empresas públicas y demás entidades de la Administración institucional del Estado. En el seno de dicho foro se tratarán cuestiones referidas a materias tributarias y aduaneras de interés común para los integrantes del Foro, destacando:
- mejora de la relación entre la AEAT y las empresas públicas y demás entidades del sector institucional del Estado, y el establecimiento de canales de comunicación fluida y permanente;
- simplificación y favorecimiento del cumplimiento de las obligaciones fiscales;
- estudios de cambios normativos y adaptación a los mismos;
- evaluación de la actuación interna de las organizaciones en relación con la aplicación del sistema tributario y aduanero;
- cuestiones específicas referidas a la aplicación de los tributos y del sistema aduanero en la Administración Institucional del Estado.

b. Órganos con competencias inspectoras integrados en el Departamento de Inspección Financiera y Tributaria

(OM PRE/3581/2007 art.5; AEAT Resol 24-3-2 aptdo.uno a tres)

75 Corresponde al Departamento de Inspección Financiera y Tributaria, entre otras **funciones**, la dirección, planificación y coordinación de la inspección tributaria así como del ejercicio de la potestad sancionadora vinculada a la misma, salvo las actuaciones relativas a los tributos o derechos encomendados a otras áreas funcionales (OM PRE/3581/2007 art.5).

Son **órganos centrales** con competencias inspectoras del Departamento de Inspección Financiera y Tributaria (AEAT Resol 24-3-92 aptdo.uno):
- la Oficina Nacional de Investigación del Fraude (ONIF);
- la Oficina Nacional de Fiscalidad Internacional;
- la Unidad Central de Coordinación en materia de delitos contra la Hacienda Pública; y
- la Unidad de Coordinación de Grupos;
- la Dependencia de Control Tributario y Aduanero de la Delegación Central de Grandes Contribuyentes.

78 ORGANIGRAMA DEL DEPARTAMENTO DE INSPECCIÓN FINANCIERA Y TRIBUTARIA

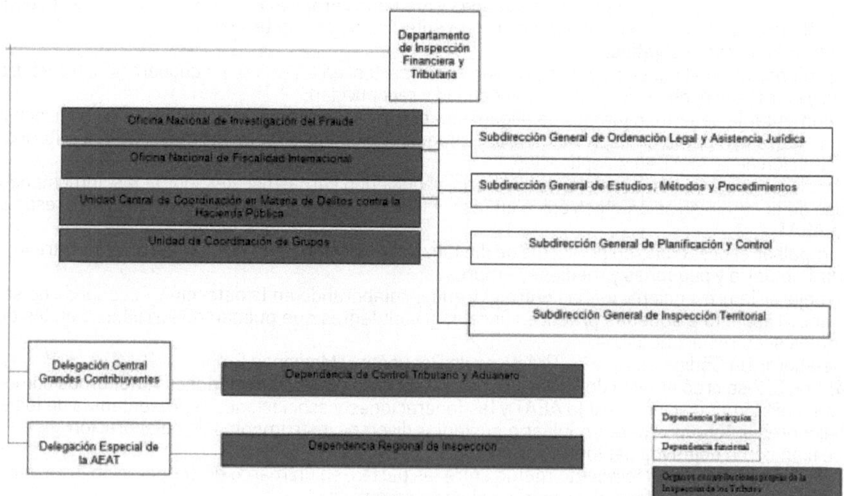

Oficina Nacional de Investigación del Fraude (AEAT Resol 24-3-92 aptdo.dos.1; OM PRE/3581/2007 art.5.1.j y q a u) La ONIF depende del Director del Departamento de Inspección Financiera y Tributaria, correspondiéndole las siguientes **funciones**: 80
- el análisis del fraude fiscal, la elaboración de estudios y propuestas para combatirlo y detectarlo precozmente y la elaboración y sistematización de métodos, protocolos y técnicas de trabajo a utilizar en las actuaciones inspectoras;
- en investigación, el desarrollo de proyectos y programas, la coordinación de las unidades especializadas y la realización directa y coordinación de actuaciones;
- la realización directa de actuaciones de obtención de información, la coordinación de unidades especializadas en la captación de información y las funciones de asistencia mutua internacional, así como los procedimientos sancionadores derivados de dichas actuaciones;
- la realización de funciones de auditoría informática derivadas de actuaciones inspectoras o de auxilio judicial, y la coordinación de las unidades especializadas en dicha materia, así como la emisión de informes en materia de facturación electrónica; y
- la coordinación de las actuaciones que integran el procedimiento inspector, así como la realización directa de dichas actuaciones y los procedimientos sancionadores derivados de ellas.

Además, respecto de los **patrimonios relevantes**, le corresponde, en colaboración con otros órganos del Departamento: la coordinación y el establecimiento de directrices en materia de selección de contribuyentes y de actuaciones a desarrollar en los grupos de programas, el apoyo y colaboración en la selección de contribuyentes y la realización de labores de selección centralizada.

Los **ámbitos de actuación** son, fundamentalmente, dos: 84

a) La captación de **información**. Los datos, informes o antecedentes obtenidos como consecuencia de las actuaciones de obtención de información desarrolladas por este órgano pueden ser utilizados tanto en actuaciones de comprobación e investigación que estén llevando a cabo otros órganos inspectores, como para la elaboración de los estudios y análisis que constituyen parte de sus funciones.

Dentro de estas funciones de captación de información, destacan las realizadas en el ámbito de la asistencia mutua internacional en el marco de los convenios para evitar la doble imposición o de las Directivas europeas.

b) La realización de actuaciones de **investigación**. La normativa vigente sólo define las actuaciones de comprobación e investigación como las actuaciones propias del procedimiento de inspección. La investigación desarrollada por la Oficina Nacional de Investigación del Fraude no se identifica con estas actuaciones que integran el procedimiento de inspección. La ONIF, a través de estas actuaciones de investigación, capta información, la analiza y elabora, con el objeto de decidir el inicio o no de un procedimiento de inspección o de planificar el desarrollo de dicho procedimiento por otros órganos.

Del Jefe de la ONIF dependen el Equipo Central de Información y las Áreas en las que se divide dicha Oficina. El **Equipo Central de Información** es la unidad a la que corresponde el desarrollo de las actuaciones de obtención de información, así como la canalización del intercambio de información con otras Administraciones públicas nacionales, supranacionales o extranjeras, actuando respecto a estas últimas como oficina central de enlace. Las **Áreas** se estructuran, a su vez, en Equipos integrados por los funcionarios que, en cada caso, determine el Jefe de la ONIF, al frente de los cuales debe estar un inspector.

La ONIF puede desarrollar sus actuaciones sobre cualquier obligado tributario. No obstante, para poder iniciar un procedimiento de inspección se exige un **acuerdo de adscripción** temporal del Director del Departamento de Inspección Financiera y Tributaria, que debe ser comunicado al titular de la DCGC si dicho procedimiento se inicia respecto de un obligado tributario adscrito a la misma. Para el desarrollo de las demás funciones propias de la ONIF y, en particular, para el desarrollo de actuaciones de obtención de información, no es necesario acuerdo del Director del Departamento.

Oficina Nacional de Fiscalidad internacional (AEAT Resol 24-3-92 aptdo.dos.2; OM PRE/3581/2007 art.5.1.b), d), j), m), n), u) a w) La Oficina Nacional de Fiscalidad internacional, dependiente del titular del Departamento de Inspección Financiera y Tributaria de la AEAT, tiene atribuidas, entre otras, las siguientes funciones y **competencias**: 86

a) La realización directa de las actuaciones que integran el procedimiento inspector y la iniciación, instrucción y resolución de los procedimientos sancionadores que deriven de estas actuaciones.

b) La programación, impulso y coordinación de las actuaciones inspectoras relacionadas con la fiscalidad internacional, en particular en materia de precios de transferencia y de tributación de no residentes, así como el apoyo a los órganos de inspección financiera y tributaria que realicen dichas actuaciones, pudiendo, a estos efectos, emitir los informes pertinentes.

c) La realización de las siguientes actuaciones:
1. La coordinación de las actuaciones de las unidades especializadas en fiscalidad internacional y de los controles simultáneos con Administraciones tributarias de otros Estados y, en su caso, participación en los mismos.
2. El inicio, la instrucción, incluyendo la posible designación de instructor, y la resolución de los procedimientos amistosos. Además, le corresponde el ejercicio de las funciones propias de la autoridad competente en los procedimientos amistosos en materia de imposición directa, así como los que se refieran a la aplicación de los artículos de los Convenios para evitar la doble imposición que regulan los beneficios empresariales con establecimiento permanente y las empresas asociadas (RD 1794/2008), y también cuando se trata de los mecanismos de resolución de litigios a que se refiere la Dir (UE) 2017/1852, referidos a aquellos que regulen los beneficios empresariales con establecimiento permanente y las empresas asociadas (precios de transferencia) (RD 1794/2008).
Asimismo, le corresponde la coordinación de la ejecución de los acuerdos resultantes de los procedimientos amistosos.
3. La instrucción, incluyendo la posible designación de instructor, de los acuerdos previos de valoración de operaciones entre personas o entidades vinculadas, los de valoración o de calificación y valoración de rentas procedentes de determinados activos intangibles y los de acuerdo sobre operaciones vinculadas con otras Administraciones tributarias, así como informar y establecer las relaciones pertinentes con las Administraciones en el procedimiento para el acuerdo sobre operaciones vinculadas con otras Administraciones tributarias.
4. El establecimiento de criterios y directrices de actuación en los Foros o reuniones internacionales cuando estos se refieran a materias propias de la Inspección financiera y tributaria, así como en relación con la colaboración con Administraciones tributarias de otros Estados y con la asistencia mutua internacional cuando sea competencia de la Inspección financiera y tributaria.
5. La asistencia y apoyo a los órganos de inspección en materia de valoraciones económico-financieras con trascendencia tributaria y, en su caso, emisión de los informes pertinentes sobre dicha materia.

87 Asimismo en materia de **fiscalidad internacional** ejerce las siguientes funciones y competencias, en colaboración con otros órganos del propio Departamento de Inspección Financiera y Tributaria:
a) La elaboración de:
- proyectos de convenios, acuerdos o tratados internacionales o de la normativa de la UE y la asistencia a las reuniones que, en el marco de las relaciones internacionales de la Agencia, le corresponda por razón de la materia;
- propuestas normativas y la colaboración en la elaboración de los proyectos normativos que afecten a su ámbito funcional;
- informes en materia técnico tributaria que no corresponda a otras áreas funcionales, con criterios generales dirigidos a los órganos de inspección para asegurar el tratamiento homogéneo y coordinado de los obligados tributarios, así como cualesquiera otros en dicha materia que le sean solicitados por los Inspectores Jefes;
- recopilaciones de normativa, jurisprudencia y doctrina administrativa así como de documentos que resulten de interés para la realización de funciones inspectoras y la difusión de las mismas.
b) La asistencia y apoyo a las oficinas técnicas;
c) La coordinación y el establecimiento de directrices en materia de selección de contribuyentes y de actuaciones a desarrollar en los grupos de programas, el apoyo y colaboración en la selección de contribuyentes y la realización de labores de selección centralizada;
d) La dirección, impulso y coordinación de planes específicos de inspección;
e) La coordinación de actuaciones inspectoras en las que intervengan órganos competentes en materia de inspección financiera y tributaria de varias Delegaciones Especiales o de alguna de ellas y de la Delegación Central de Grandes Contribuyentes.
La Oficina Nacional de Fiscalidad Internacional, **dirigida** por el Jefe de la misma, con la asistencia de un Adjunto o Adjunta, está **integrada** por las Áreas que en cada caso se determinen. Las **Áreas**, dirigidas por sus respectivos Jefes con la asistencia de uno o varios Adjuntos, están integradas por Equipos formados por los funcionarios que determine el Jefe de la Oficina Nacional de Fiscalidad Internacional, al frente de los cuales está el Inspector de Hacienda que se designe.
Los **Equipos** integrados en las Áreas pueden realizar las actuaciones propias del procedimiento de inspección, previo acuerdo de adscripción del obligado tributario a esta Oficina dictado por el titular del Departamento de Inspección Financiera y Tributaria a propuesta del Jefe de la misma. El inicio y la tramitación de los **procedimientos sancionadores** derivados de las actuaciones inspectoras desarrolladas por los Equipos corresponden a los mismos.

Unidad Central de Coordinación en materia de delitos contra la Hacienda Pública (AEAT Resol 24-3-92 aptdo.tres.1) A la Unidad Central de Coordinación en materia de delitos contra la Hacienda Pública le corresponde, entre otras funciones y sin perjuicio de las propias de los demás Servicios de inspección, la integración y comunicación a la Inspección de los Tributos de **criterios** en materia de delitos contra la Hacienda Pública y el **asesoramiento** a los Servicios de inspección en relación con los expedientes que éstos tramiten, cuando en los mismos pudieran apreciarse indicios de delitos contra la Hacienda Pública. 90

La **intervención** de la Unidad Central de Coordinación en materia de delitos contra la Hacienda Pública puede ser al margen de una actuación inspectora concreta, a través de la emisión de informes o notas que unifiquen criterios para aquellos supuestos en que se aprecien indicios de delito contra la Hacienda Pública, o en relación con un expediente concreto, pudiendo solicitarse su dictamen en cualquier momento anterior a la remisión del expediente al Ministerio Fiscal o la jurisdicción competente.

Unidad de Coordinación de Grupos (AEAT Resol 24-3-92 aptdo.tres.2) A la Unidad de Coordinación de Grupos le corresponde, principalmente: 92

- la planificación de actuaciones inspectoras que vayan a llevarse a cabo cerca de **entidades que tributen** en régimen de tributación consolidada, formen parte de uniones temporales de empresas, agrupaciones de interés económico, o tributen por el régimen especial del grupo de entidades del IVA, para lo cual debe llevar los registros pertinentes;
- la coordinación e impulso de las actuaciones que se practiquen cerca de tales contribuyentes.

El desarrollo de actuaciones de comprobación e investigación con relación a entidades que tributen en el **IS** por el régimen de **tributación consolidada** o, en el **IVA**, por el régimen especial del **grupo de entidades** supone, normalmente, la intervención de distintos Equipos o Unidades que pueden estar o no integrados en el mismo órgano con competencias inspectoras. Sin perjuicio de que el Equipo o Unidad que desarrolle las actuaciones frente a la entidad dominante sea el encargado de coordinar dichas actuaciones en cuanto a los criterios a adoptar en el curso de la comprobación, la Unidad de Coordinación de Grupos, dependiendo directamente del Director del Departamento, planifica el inicio de dichas actuaciones y coordina su desarrollo.

c. Órganos con competencias inspectoras integrados en el Departamento de Aduanas e Impuestos Especiales

Corresponde al Departamento de Aduanas e Impuestos Especiales, entre otras funciones, la dirección, planificación y coordinación de (OM PRE/3581/2007 art.7 redacc OM HAC/89/2024): 100

- la inspección de los tributos y gravámenes que recaigan sobre el **tráfico exterior** y de los recursos propios tradicionales del Presupuesto de la UE, así como el control de las **restituciones** a la exportación;
- la gestión e intervención de los **Impuestos Especiales**, con excepción de la gestión del que recae sobre determinados medios de transporte, que corresponde al Departamento de Gestión Tributaria, así como, con efectos **desde el 15-3-2022**, la gestión del Registro de **Operadores de Tabaco Crudo** y las actuaciones y procedimientos que se deriven del **control** a efectos de lo previsto en la Ley de medidas de prevención y lucha contra el fraude fiscal (L 11/2021 disp.adic.1ª); y
- las funciones atribuidas a la Agencia en materia de **represión del contrabando**.

La unidad central del Departamento de Aduanas e Impuestos Especiales con competencias inspectoras es la **Oficina Nacional de Investigación de Aduanas e Impuestos Especiales**. Corresponde a esta oficina (AEAT Resol 13-1-21 aptdo.segundo.2): 102

a) La investigación centralizada del fraude en materia de aplicación del **sistema aduanero** y de los tributos del ámbito de competencia del Departamento de Aduanas e Impuestos Especiales, incluyendo la coordinación con las Dependencias Regionales de Aduanas e Impuestos Especiales en actuaciones de esta naturaleza.

b) La realización directa de actuaciones inspectoras, así como la realización de actuaciones de control en relación con la **Política Agrícola Común** en el ámbito de las competencias del Departamento de Aduanas e Impuestos Especiales.

c) La realización de actuaciones de **obtención de información**.

d) La dirección, control, coordinación, impulso y, en su caso, ejecución de las investigaciones, del Área de Aduanas e Impuestos Especiales cuando trasciendan el ámbito de la respectiva Delegación Especial de la AEAT o el territorio nacional, o bien se deban **coordinar** con otras Áreas de la AEAT, unidades centrales de otros organismos nacionales o con organismos internacionales o agencias extranjeras, distintas de las investigaciones de competencia de Vigilancia Aduanera.

e) El ejercicio de las actuaciones derivadas del cumplimiento de la normativa de la UE referida a la **asistencia mutua** o de **convenios** en la materia suscritos por España o por la UE o que puedan derivarse de Acuerdos de política comercial firmados por la UE y los Estados miembros o por la primera en ejercicio de sus competencias exclusivas.
f) El inicio, instrucción y resolución de los **procedimientos sancionadores** que se deriven de las actuaciones y procedimientos desarrollados en el ejercicio de las competencias de las letras a) a e), incluidos los procedimientos sancionadores derivados del incumplimiento de las limitaciones a los pagos en efectivo. Esta última competencia se extiende, en su caso, a todos los que hubiesen sido parte en la operación de pago.
La Oficina Nacional de Investigación de Aduanas e Impuestos Especiales dirigida por su titular, asistido por un Adjunto(a), está integrada por las **Áreas** que en cada caso se determinen por el titular del Departamento de Aduanas e Impuestos Especiales.

d. Órganos con competencias inspectoras integrados en el Departamento de Gestión tributaria

(OM PRE/3581/2007; AEAT 13-1-21 aptdo.tercero redacc AEAT Resol 1-2-24)

104 La **Oficina Nacional de Gestión Tributaria** ejerce sus competencias sobre todo el territorio nacional en relación con los procedimientos cuya resolución corresponde a la Dirección del Departamento de Gestión Tributaria. Entre ellos:
a) Al **Área Ejecutiva General** de la citada Oficina le corresponden, entre otras, las actuaciones y procedimientos de gestión e inspección en relación con el ISD cuando las mismas no se encuentren cedidas a las CCAA, ni corresponda su gestión a las Delegaciones de la AEAT de Ceuta y Melilla. También la iniciación, instrucción y resolución de los procedimientos sancionadores que deriven de tales actuaciones o procedimientos, sin perjuicio de las competencias de comprobación e investigación que correspondan a otros órganos en el ámbito de competencias del Departamento de Inspección Financiera y Tributaria o de la Delegación Central de Grandes Contribuyentes.
b) Al **Área de No Residentes** de la citada Oficina le corresponden, entre otras, la gestión y control del IP por obligación real, sin perjuicio de las competencias de comprobación e investigación que correspondan a otros órganos en el ámbito de competencias del Departamento de Inspección Financiera y Tributaria o de la Delegación Central de Grandes Contribuyentes. Asimismo, le corresponde la gestión y el control de las declaraciones y autoliquidaciones en las que se deben declarar y, en su caso, ingresar retenciones e ingresos a cuenta sobre rentas obtenidas sin mediación de establecimiento permanente por obligados tributarios no residentes, sin perjuicio de las competencias de comprobación e investigación que correspondan a otros órganos en el ámbito de competencias del Departamento de Inspección Financiera y Tributaria o de la Delegación Central de Grandes Contribuyentes.
c) A la **Unidad de Recursos y de Relaciones con los Tribunales**, creada con efectos **desde el 9-2-2024**, dependiente del Jefe de la Oficina Nacional de Gestión Tributaria, le corresponden las siguientes funciones:
- la tramitación de los recursos de reposición contra actos dictados por la Oficina Nacional de Gestión Tributaria, así como de las rectificaciones de autoliquidaciones que sean competencia de aquella;
- la tramitación de las suspensiones y custodia de las garantías de los recursos de reposición contra actos dictados por la Oficina Nacional de Gestión Tributaria;
- la ejecución de sentencias y resoluciones que recaigan sobre actos dictados por la Oficina Nacional de Gestión Tributaria;
- la formación de los expedientes que se hayan de enviar a los Tribunales.

Con efectos **desde el 9-2-2024**, cada una de las Áreas y la Unidad de Recursos y de Relaciones con los Tribunales deben estar dirigidas por un Jefe, Inspector de Hacienda, conforme a los criterios que se determinen, y pueden estar integradas por otros Inspectores de Hacienda, por Técnicos de Hacienda, Agentes de la Hacienda Pública y demás personal que en cada momento se determine.

2. Órganos territoriales

105 La Administración periférica de la AEAT está constituida por las **Delegaciones Especiales**, así como por las Delegaciones de la AEAT integradas en aquellas. Las Delegaciones Especiales de la AEAT dependen directamente del Director General, sin perjuicio de la dirección funcional que ejercen los Directores de Departamento sobre las mismas a través de instrucciones y órdenes de servicio (OM 2-6-1994 aptdo.decimotercero).

Las Delegaciones Especiales de la AEAT están integradas por las siguientes **Dependencias Regionales** (AEAT Resol 13-1-21 aptdo.cuarto):
- Dependencia Regional de Inspección;
- Dependencia Regional de Gestión Tributaria;
- Dependencia Regional de Aduanas e Impuestos Especiales;
- Dependencia Regional de Recaudación;
- Dependencia Regional de Relaciones Institucionales;
- Dependencia Regional de Informática Tributaria; y
- Dependencia Regional de Recursos Humanos y Gestión Económica.

Ejercen competencias inspectoras las Dependencias Regionales de Inspección (nº 110 s.), Aduanas e Impuestos Especiales (nº 130) y Gestión Tributaria (nº 135).

Precisiones Con la creación de las **Administraciones de asistencia Digital Integral** (ADIs), la AEAT persigue potenciar el uso de nuevas tecnologías, y priorizar la atención no presencial a los contribuyentes. Estas nuevas Administraciones, dirigidas a prestar servicios de información y asistencia por medios electrónicos, realizan sus actuaciones respecto de contribuyentes de todo el ámbito nacional, por lo que no procede asignarles un ámbito geográfico específico (OM 2-6-1994 aptdo.decimotercero; AEAT Resol 13-1-21 aptdo.decimoquinto redacc AEAT Resol 5-2-24). **106**

a. Dependencias Regionales de Inspección

(RGGI art.59 redacc RD 249/2023; AEAT Resol 24-3-92 aptdo.cuatro)

Competencias de las Dependencias Regionales de Inspección (AEAT Resol 24-3-92 aptdo.cuatro.1, 2 y 3.3) Corresponde a las Dependencias Regionales de Inspección (DRI), además de las **funciones** atribuidas a las distintas unidades en las que se organiza: **110**
- planificar y supervisar las actuaciones de los Servicios de inspección existentes en el ámbito de la respectiva Delegación Especial;
- dirigir y coordinar las actividades de todas las unidades que la integran;
- controlar y asumir la responsabilidad en el cumplimiento de los planes y objetivos establecidos, en coordinación con las demás Dependencias de la Delegación Especial;
- realizar las actuaciones de estudio, informe y asesoramiento en cuestiones de su competencia cuando así se estime necesario;
- ejecutar los acuerdos resultantes de los procedimientos amistosos en materia de imposición directa;
- llevar a cabo los procedimientos de recuperación de ayudas de Estado en supuestos de regularización de los elementos de la obligación tributaria; y
- tramitar y resolver los procedimientos sancionadores derivados del incumplimiento de las limitaciones a los pagos en efectivo, salvo que corresponda a otros órganos.

En cuanto al **ámbito de actuación** hay que distinguir: **111**

a) Obligados tributarios con **domicilio fiscal en el ámbito territorial** de la Delegación Especial en la que esté integrada la Dependencia Regional de Inspección. Las funciones de la DRI se extienden a todos los obligados tributarios con domicilio fiscal en el ámbito de la respectiva Delegación Especial de la Agencia, sobre los que la Dependencia de Control Tributario y Aduanero de la DCGC, la ONIF o la Oficina Nacional de Fiscalidad Internacional no ejerzan su competencia.

Es el domicilio fiscal del obligado tributario al inicio de las actuaciones inspectoras el determinante de la competencia del órgano de la Inspección de los Tributos, sin que el cambio de domicilio fiscal, si dicho criterio es el que determina la competencia del órgano inspector, o de adscripción producido una vez iniciadas las actuaciones inspectoras altere la competencia del órgano actuante. Esta competencia se mantiene incluso cuando las actuaciones deben continuar frente al sucesor o los sucesores del obligado tributario que tengan su domicilio fuera del ámbito territorial de la Delegación Especial.

b) Obligados tributarios con domicilio fiscal **fuera del ámbito territorial** de la Delegación Especial en la que esté integrada la DRI. Las DRI extienden su competencia sobre los siguientes obligados tributarios:

1. Obligados tributarios que concurran en el presupuesto de hecho de una obligación que, sin estar domiciliados en el ámbito territorial de la respectiva Delegación Especial o estando adscritos a la DCGC, comparezcan en las actuaciones o procedimientos iniciados por la DRI con relación a otro obligado tributario con domicilio fiscal en dicho ámbito.

2. Sucesores de personas físicas fallecidas y de personas jurídicas y demás entidades disueltas o extinguidas que, sin estar domiciliados en el ámbito territorial de la respectiva Delegación Especial o estando adscritos a la DCGC, comparezcan en las actuaciones o procedimientos iniciados por la DRI con relación a alguno o algunos de los sucesores con domicilio fiscal en dicho ámbito territorial.
3. Obligados tributarios que estén vinculados en los términos definidos en la LIS art.18.2 con otros obligados tributarios domiciliados en dicho ámbito territorial, sin estar domiciliados en el ámbito territorial de la respectiva Delegación Especial o estando adscritos a la DCGC, cuando proceda la realización de actuaciones o procedimientos coordinados con otras actuaciones o procedimientos iniciados por la DRI frente a alguno o algunos de los obligados tributarios con domicilio fiscal en dicho ámbito.
4. Obligados tributarios no establecidos en el TIVA y sin obligación de nombrar a un representante, salvo que se encuentren domiciliados en Canarias, Ceuta y Melilla, cuando la entrega de bienes o la prestación de servicios se realice en el ámbito de la Delegación Especial.
5. Obligados tributarios que, sin estar domiciliados en el ámbito territorial de la respectiva Delegación Especial, realicen una actividad económica en dicho ámbito, a través de uno o varios locales afectos en los que preste servicio personal asalariado, cuando se estén desarrollando por la DRI actuaciones o procedimientos frente a alguno o algunos de los obligados tributarios, con los que aquellos tengan relación económica, sobre los que tenga competencia. Lo anterior no resultará de aplicación respecto de los obligados tributarios adscritos a la DCGC.
c) La competencia de la DRI puede abarcar, a falta de previsión recogida en las normas de organización específica, las obligaciones tributarias derivadas de los hechos imponibles que correspondan a personas físicas o jurídicas **no residentes y sin establecimiento permanente** en España cuyo representante, responsable, retenedor, depositario o gestor de los bienes o derechos, o el pagador de las rentas del no residente sea un obligado tributario incluido en su ámbito de competencia y, a falta de cualquiera de ellos, cuando radique en dicho ámbito algún inmueble titularidad del obligado tributario no residente.
d) La función de tramitar y resolver los **procedimientos sancionadores** derivados del incumplimiento de las **limitaciones a los pagos en efectivo** (ver nº 110) se extiende a todas las personas o entidades, con domicilio fiscal en el ámbito de la respectiva Delegación Especial de la AEAT, sobre los que la DCGC no ejerza su competencia. Asimismo, puede extender su competencia al resto de las partes intervinientes en la operación objeto del procedimiento sancionador.

112 Siempre que sea necesario para el desarrollo de las funciones atribuidas a las Dependencias Regionales de Inspección en relación con los obligados tributarios a los que extienden su competencia de acuerdo con lo señalado en el nº 111, este órgano inspector puede:
a) Realizar actuaciones de obtención de información, así como ejercer la correspondiente potestad sancionadora en caso de incumplimiento, dirigidas a cualquier obligado tributario con independencia de su domicilio fiscal y de su adscripción.
b) Desarrollar sus actuaciones en todo el territorio nacional.
Asimismo, el Director del Departamento de Inspección Financiera y Tributaria puede acordar la **extensión de las competencias** de la Dependencia Regional de Inspección, o de las unidades integradas en las mismas, de una Delegación Especial al ámbito territorial de otras Delegaciones Especiales o de la DCGC (OM PRE/3581/2007 art.5.2.e; RGGI art.59.4). En virtud de esta autorización, el Director del Departamento de Inspección Financiera y Tributaria puede acordar que:
- una Dependencia Regional de Inspección ejerza sus funciones sobre un obligado tributario no incluido en su ámbito de actuación conforme a lo establecido en las letras a) y b) anteriores. En este supuesto, el inicio, desarrollo y la terminación del procedimiento de inspección mediante la correspondiente liquidación corresponderá a la DRI a la que se refiera el acuerdo de liquidación del Director del Departamento;
- un Equipo o Unidad de una DRI ejerza sus funciones sobre un obligado tributario no incluido en el ámbito de actuación de la DRI en la que se integra, conforme a lo señalado en las letras a) y b) anteriores. En este supuesto, al referirse el acuerdo del Director del Departamento únicamente a un Equipo o Unidad de la Dependencia y no a ésta, el acuerdo de liquidación que ponga término al procedimiento de inspección se dictará por el Jefe de la DRI que corresponda, conforme a lo establecido en las mencionadas letras a) y b).

Precisiones 1) Se rechaza la nulidad de la liquidación por **incompetencia del órgano** actuante por estar incorporado en el expediente la orden de servicio firmada por el Jefe de la Dependencia Regional de Inspección en la que este acordaba la realización de actuaciones inspectoras de alcance parcial sobre un obligado tributario. El Tribunal añade que el posible vicio de incompetencia no fue alegado por el obligado en ninguna de las dos instancias de las reclamaciones económico-administrativas, siendo invocado por primera vez ante la Audiencia Nacional (TS 13-7-09, EDJ 217485). **113**

2) Las actuaciones inspectoras se iniciaron cuando la sociedad tenía su domicilio en Barcelona, aunque, después, cuando se inició el expediente especial de **declaración de fraude**, la sociedad había trasladado su domicilio a Valencia. La accesoriedad e instrumentalidad del expediente de declaración de fraude de ley justifica que haya de entenderse que la competencia territorial para su declaración se determine en función de quien la ostenta en el momento de iniciación de las actuaciones inspectoras, y que, en este caso, haya de entenderse que el Delegado Especial de la AEAT en Cataluña la ostentaba no solo para las actuaciones inspectoras sino también para decidir sobre el fraude de ley correspondiente (TS 22-6-16, EDJ 93277). Existe un **acuerdo** del Director del Departamento de Inspección Financiera y Tributaria de la Agencia Tributaria que extiende la competencia a favor de la DRI de Cataluña para la comprobación con carácter general del IRPF e IVA, tras la petición oportuna y motivada, con la finalidad de facilitar una correcta imputación de las cantidades cobradas por el padre como mediador en dicha operación de compraventa. Tal acuerdo fue incorporado a las actuaciones a requerimiento del TEAR de Baleares, no antes, pero la autorización es anterior al acuerdo de inicio de las actuaciones inspectoras. El actor tuvo conocimiento de la identidad de las autoridades y personal que tramitaban las actuaciones. La queja formal de incompetencia territorial dista mucho de constituir una indefensión material. Y tal autorización pretendía precisamente aclarar las consecuencias fiscales para la parte actora de su intervención en la citada compraventa (TSJ Baleares 8-10-15, EDJ 179662).

3) Nulidad de pleno derecho por **incompetencia territorial** que se estima manifiesta, al no existir controversia alguna acerca de la determinación del domicilio fiscal correcto del obligado tributario al inicio del procedimiento (Murcia), de las actuaciones inspectoras efectuadas por los funcionarios adscritos a la Dependencia Especial de Cataluña, que ordenan la carga en plan del obligado tributario y realizan todas las actuaciones a excepción de dictar el acuerdo de liquidación, no pudiendo ser pues reputadas meras actuaciones de colaboración, lo que afecta igualmente al acuerdo de liquidación, dictado por el órgano que sí era el competente territorialmente (Murcia), puesto que no puede sostenerse éste, cuando es consecuencia de todo un procedimiento inspector que fue llevado a cabo desde su inicio por un órgano no competente y que, por nulo de pleno derecho, debe tenerse por inexistente (TEAC 30-4-14).

4) Las DRI tienen **competencia territorial** para efectuar sus actuaciones en todo el ámbito de las Delegaciones Especiales de la Agencia Tributaria y por ello la de Castilla y León, con sede en Valladolid, tiene potestad territorial para desarrollar sus actuaciones en Palencia (TSJ Castilla y León 21-3-14, Rec 963/10).

5) Estando la **entidad domiciliada en el País vasco** y siendo su **volumen de operaciones** en 2003 inferior a 6 millones de euros, la competencia para realizar las actuaciones correspondientes al IS del 2004 correspondería a la Hacienda Foral de Gipuzkoa, a menos que el cambio de domicilio fiscal fuese ineficaz, cuestión que precisamente defiende la Inspección del Estado. La incompetencia territorial de la Inspección del Estado no deriva de una infracción clara y manifiesta de la normativa aplicable, pues ha precisado de una labor previa de interpretación jurídica sin que concurra por tanto causa de nulidad. Si no se está ante una nulidad de pleno derecho, se está ante una mera anulabilidad o nulidad relativa, cuyo efecto más inmediato supone ordenar la anulación de la liquidación con retroacción de actuaciones, a fin de que se notifique a la Hacienda Foral de Gipuzkoa la decisión de la AEAT sobre la ineficacia del cambio de domicilio, para que esta pueda mostrar su conformidad o no a dicha decisión (AN 18-1-18, EDJ 12234).

6) Los actos de una Administración tributaria, **incompetente** a tenor del domicilio fiscal declarado, que hayan sido anulados en una resolución económico-administrativa firme y considerados por dicha resolución como meramente anulables, interrumpen la **prescripción** del derecho a liquidar, cuando con posterioridad a esas actuaciones tributarias el domicilio fiscal se rectificó con efectos retroactivos (TS 21-3-22, EDJ 528629).

7) Por razones de eficacia, el criterio de la competencia territorial del órgano de Inspección, determinado por el domicilio del obligado tributario, puede alterarse a través de un **acuerdo de extensión de la competencia**, atendiendo a la normativa de organización específica de atribución de competencias de la concreta Administración tributaria siempre que dicha normativa esté publicada; la alteración competencial venga justificada por específicas circunstancias que impidan o dificulten el normal desarrollo de la actuación inspectora; y no resulte posible superar dichos impedimentos o dificultades a través de los mecanismos de colaboración entre los distintos órganos de la administración tributaria, requisitos que deberán ser individual y específicamente motivados en el referido acuerdo de extensión de la competencia.

El acuerdo de extensión no está suficientemente motivado, pues resulta necesaria una motivación referida a la imposibilidad o dificultad funcional de la actuación administrativa inspectora que no tuvo lugar, al limitarse el acuerdo de extensión de la competencia a hacer un genérico llamamiento al Plan General de Control Tributario y a determinadas circunstancias del obligado tributario, referidas a su actividad, empleados o cuentas bancarias. El defecto señalado en el presente caso no convierte la liquidación en nula de pleno derecho sino únicamente en anulable, al no poder considerarse que la falta de competencia territorial fuera manifiesta (TS 17-4-23, EDJ 553465; 21-3-24, EDJ 521990; 23-9-24, EDJ 688438).

114 Ejemplos 1) D. A. ejerció como abogado desde que finalizó la carrera en junio de X1 en Madrid, donde residía habitualmente. A principios del año X4, traslada su domicilio a Guadalajara, donde abre un nuevo despacho, sin perjuicio de mantener sus clientes de Madrid. El 9 de mayo de X6 recibe una citación de la Dependencia Regional de Inspección de Castilla-La Mancha en la que se le comunica el inicio de actuaciones inspectoras de comprobación e investigación en relación con el IRPF de los ejercicios X1, X2, X3 y X4. A principios de junio de X6 decide trasladar de nuevo su domicilio a Madrid.

La Dependencia Regional de Inspección de Castilla-La Mancha es el órgano competente para comprobar la situación tributaria de D. A., incluso en relación con aquellos ejercicios en que no era residente en Guadalajara. El cambio de domicilio a Madrid producido una vez iniciadas las actuaciones inspectoras no supone un cambio de competencia a la Dependencia Regional de Madrid, debiendo continuar y finalizar las actuaciones el órgano que inició el procedimiento.

2) En X4 se quiere comprobar el IRPF del ejercicio X1 de un obligado tributario (A) que falleció a finales de X3. A tenía su domicilio en Madrid y sus herederos, B, C y D tienen su domicilio en Madrid, Segovia y Murcia, respectivamente.

Puede iniciar el procedimiento de inspección la Dependencia Regional de Inspección de la Delegación Especial de la AEAT de Madrid citando a B como sucesor de A. Una vez iniciadas las actuaciones con B deberá comunicarse a C y a D dicho inicio para que puedan personarse en el procedimiento si lo consideran oportuno. En el caso de que C o D comparezcan la Dependencia Regional de Inspección de Madrid deberá continuar las actuaciones con todos los herederos siendo competente para desarrollar dichas actuaciones aunque dos de los obligados tributarios tengan su domicilio fiscal en el ámbito territorial de otras Delegaciones Especiales.

115 **3)** La Dependencia Regional de Inspección de la Delegación Especial de la AEAT de Andalucía inicia un procedimiento inspector para comprobar el IS de una sociedad domiciliada fiscalmente en Sevilla. Esta sociedad ha prestado servicios a obligados tributarios con domicilio fiscal en Barcelona, Madrid y Zaragoza y tiene unas oficinas en Bilbao.

El Inspector Jefe de Andalucía podrá requerir la información que se estime necesaria para desarrollar estas actuaciones a los obligados tributarios domiciliados fuera de su ámbito territorial sin necesidad de requerir la colaboración de las Dependencias Regionales de Inspección de Cataluña, Madrid y Aragón. Asimismo, los funcionarios que estén desarrollando las actuaciones de comprobación e investigación podrán desplazarse a Bilbao para realizar las actuaciones que consideren oportunas sin necesidad de recabar ninguna autorización.

4) La Dependencia Regional de Inspección de la Delegación de la AEAT de Madrid inicia un procedimiento inspector para comprobar el IS y el IVA de una sociedad con domicilio fiscal en Madrid. En el curso de dichas actuaciones se comprueba que esta entidad forma parte de un entramado de sociedades con domicilio fiscal en Barcelona y Sevilla, entre las que no se dan los supuestos de vinculación definidos en la LIS art.18, que han intervenido todas ellas en un fraude organizado para obtener indebidamente devoluciones por el IVA. El Jefe de la Dependencia considera que la comprobación de este entramado de sociedades debe realizarse por el mismo Equipo o Unidad.

El Director del Departamento de Inspección Financiera y Tributaria podrá acordar la extensión de la competencia de la Dependencia Regional de Inspección de Madrid o, simplemente, del Equipo o Unidad integrado en la misma que esté desarrollando las actuaciones, para que pueda iniciar y desarrollar el oportuno procedimiento inspector con relación a todas las entidades implicadas en la trama, aun cuando no tengan su domicilio fiscal en el ámbito territorial de la Delegación Especial de Madrid. Si se acuerda la extensión de la competencia de la Dependencia Regional de Inspección, el procedimiento se desarrollará íntegramente por este órgano, siendo el competente para dictar el acto de liquidación el Inspector Jefe del mismo. Si, por el contrario, sólo se autoriza la extensión de la competencia del Equipo o Unidad, una vez formalizadas las actas por el Jefe del mismo se remitirán a las Dependencias Regionales de las Delegaciones Especiales de la AEAT de Cataluña o Andalucía, para que el Inspector Jefe correspondiente dicte el acuerdo de liquidación que ponga término al procedimiento.

116 **Estructura de las Dependencias Regionales de Inspección** (AEAT Resol 24-3-92 aptdo.cuatro.3.1 y 3.2) Al frente de la Dependencia Regional está el **Jefe** de la misma, o Inspector Regional, que puede estar asistido por uno o varios Inspectores Regionales Adjuntos y éstos, a su vez, por uno o varios Inspectores Coordinadores, quienes podrán, en su caso, depender directamente del Jefe de la Dependencia.

La **sede principal** de la Dependencia Regional coincide con la sede de la Delegación Especial, existiendo otras sedes de la Dependencia en Delegaciones de la AEAT de la demarcación territorial de la correspondiente Delegación Especial. Un Inspector Regional Adjunto o un Inspector Coordinador tiene a su cargo la jefatura del personal de la Dependencia destinado en sede distinta de la principal, sin perjuicio de la superior coordinación del Inspector Regional.

Ejemplo Tomando como ejemplo la Dependencia Regional de Inspección de la Delegación Especial de la AEAT en Andalucía, la sede principal se encuentra en Sevilla y existen otras sedes en las ciudades de Córdoba, Jaén, Granada, Huelva, Cádiz, Málaga y Almería. Al frente de las sedes distintas de la de Sevilla puede encontrarse un Inspector Regional Adjunto o un Inspector Coordinador. Los funcionarios destinados en cada una de estas sedes dependen directamente de dicho Inspector Regional Adjunto o del Inspector Coordinador. 117

En cuanto a su **estructura funcional**, las Dependencias Regionales de Inspección pueden estar integradas por las siguientes **unidades**: 119
- el Área de Inspección (nº 121 s.);
- la Oficina Técnica (nº 124);
- la Unidad de Planificación y Selección (nº 125); y
- la Unidad de Gestión de Grandes Empresas (nº 126).

ORGANIGRAMA DEPENDENCIA REGIONAL DE INSPECCIÓN 120

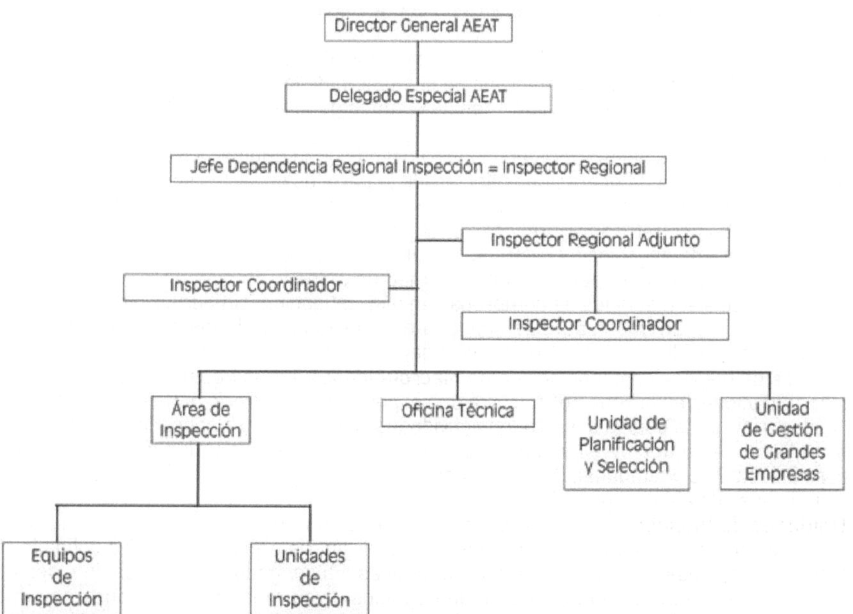

Área de Inspección (AEAT Resol 24-3-92 aptdo.cuatro.3.1 y 4) Esta, a su vez, puede estar integrada por Equipos y Unidades de Inspección que se estimen convenientes. 121

a) Los **Equipos de Inspección** son dirigidos por un Jefe de Equipo, Inspector de Hacienda, pudiendo dichos equipos estar integrados por otros Inspectores de Hacienda, funcionarios del Cuerpo Técnico de Hacienda (Técnicos de Hacienda), Agentes de la Hacienda Pública y demás personal que en cada momento se determine por el Jefe de la Dependencia Regional.

Puede constituirse por acuerdo del Director de Departamento de Inspección Financiera y Tributaria y a propuesta del Delegado Especial afectado, un tipo especial de equipos (conocidos como **Macrounidades**) integrados por el número de Técnicos de Hacienda que en cada caso se determine por el Jefe de la Dependencia, dirigidos por un Inspector de Hacienda. La especialidad de estos Equipos consiste en que las liquidaciones que deriven de las actuaciones de comprobación e investigación que desarrollen los miembros del mismo no se dictan por el Inspector Jefe sino por el Jefe del Equipo por delegación del primero.

b) Las **Unidades de Inspección** están dirigidas por un Jefe de Unidad, funcionario del Cuerpo Técnico de Hacienda, pudiendo estar integradas por otros Técnicos de Hacienda, Agentes de la Hacienda Pública y demás personal que en cada caso determine el Jefe de la Dependencia Regional.

122 La **distribución de competencias** entre los Equipos y Unidades del Área de Inspección de la Dependencia Regional es la siguiente:

a) Equipos de Inspección distintos de los conocidos como Macrounidades. Pueden desarrollar sus actuaciones sobre cualquier obligado tributario sobre el que la Dependencia Regional de Inspección extienda su competencia, si bien su ámbito de actuación preferente está constituido por:

1. Actuaciones de especial dificultad. La especial dificultad de una actuación puede ser originaria o sobrevenida:

- es **originaria** cuando deriva del propio motivo de la selección del contribuyente para su comprobación (operaciones de reestructuración empresarial; tributación en el IS por el régimen de consolidación fiscal; tributación en el IVA por el régimen especial de grupo de entidades; programas calificados como de especial complejidad en el Plan Parcial de Inspección que se integra en el Plan de Control Tributario de cada año);
- es **sobrevenida** cuando las materias que determinan la especial dificultad originaria se pongan de manifiesto durante el desarrollo de la comprobación, así como cuando durante dicho desarrollo se ponga de manifiesto la existencia de simulación, conflicto en la aplicación de la norma o que las cantidades que pudieran ser regularizadas excedan de las cuantías fijadas en el CP art.305.

2. Actuaciones relativas a obligados tributarios cuya **cifra de negocios** o, en su defecto, el **volumen anual de operaciones** declarado en cualquiera de los ejercicios comprobados supere 4.000.000 €, tratándose de actuaciones de alcance general, o 5.700.000 €, tratándose de actuaciones de alcance parcial.

Las actuaciones en las que se aprecie una especial dificultad originaria o en las que la cifra de negocios o el volumen de operaciones declarado supere los importes señalados sólo podrán desarrollarse por Equipos de Inspección. Por el contrario, si las circunstancias que determinan la especial dificultad son sobrevenidas -se aprecian durante la tramitación del procedimiento- o la cifra de negocios o el volumen de operaciones comprobado supera dichas cifras, ello no determina la incompetencia de la Unidad de Inspección que, en su caso, estuviera desarrollando las actuaciones de comprobación e investigación, sin perjuicio de que en estos casos se establezcan unas cautelas adicionales para la firma de las actas que deriven de dichas actuaciones de comprobación e investigación (AEAT Resol 24-3-92 aptdo.ocho.2.c).

b) Equipos de Inspección conocidos como **Macrounidades**. Estos Equipos sólo pueden desarrollar actuaciones en las que no concurra una especial dificultad originaria y que se refieran a obligados tributarios que no desarrollen actividades económicas o a obligados tributarios que, desarrollando este tipo de actividades, su cifra de negocios o volumen de operaciones no supere 2.500.000 €, tratándose de actuaciones de alcance general, o 4.000.000 €, tratándose de actuaciones de alcance parcial.

c) Unidades de Inspección. Las Unidades de Inspección únicamente pueden desarrollar actuaciones que no revistan una especial dificultad originaria y que se refieran a obligados tributarios que no desarrollen actividades económicas o a obligados tributarios que, desarrollando este tipo de actividades, su cifra de negocios o volumen de operaciones no supere 4.000.000 €, tratándose de actuaciones de alcance general, o 5.700.000 €, tratándose de actuaciones de alcance parcial.

123 Pueden existir, por último, determinados Equipos y Unidades del Área de Inspección de la Dependencia Regional que tengan encomendados el desarrollo de **actuaciones especializadas**, entendiendo por tales actuaciones las relativas a delitos contra la Hacienda Pública, actuaciones de investigación, de auxilio judicial, de auditoría informática y actuaciones de fiscalidad internacional. La especialidad de estos Equipos y Unidades no es su estructura o composición, sino el objeto propio de las actuaciones que desarrollan, caracterizándose, asimismo, por poder actuar en el ámbito de distintas Delegaciones Especiales, si bien dependen de la Dependencia Regional de Inspección de la Delegación Especial en la que radique su sede y necesitan la autorización del Director del Departamento cuando desarrollen sus funciones fuera de esta Delegación Especial.

124 **Oficina Técnica** (AEAT Resol 24-3-92 aptdo.cuatro.5) Le corresponde la **asistencia y apoyo** al Inspector Regional en todas aquellas cuestiones relativas a funciones de la Dependencia Regional de Inspección de la que forma parte, además del análisis, estudio y propuesta de resolución de los expedientes administrativos que les sean encomendados por el Jefe de la Dependencia.

La intervención de la Oficina Técnica es especialmente relevante en la tramitación de los procedimientos de inspección en los que se formalicen **actas de disconformidad.** En este caso, las alegaciones dirigidas al Inspector Jefe que normalmente se presentan tras la formalización del acta de disconformidad, son examinadas por la Oficina Técnica de la Dependencia,

elaborando el acuerdo de liquidación que puede ser firmado directamente por el Jefe de la Oficina Técnica si tiene la categoría de Inspector Jefe.
La Oficina Técnica está **integrada** por el Jefe de la misma, Inspectores, Técnicos de Hacienda, Agentes de la Hacienda Pública y demás personal que en cada caso se determine por el Jefe de la Dependencia. El personal de la Oficina Técnica puede radicar en sedes distintas de la que corresponda a la Delegación Especial, en cuyo caso dependerán directamente del Inspector Regional Adjunto o Coordinador al frente de dicha sede, sin perjuicio de la dirección y coordinación que en el ámbito de la Delegación Especial corresponda al Jefe de la Oficina Técnica.

Unidad de Planificación y Selección (AEAT Resol 24-3-92 aptdo.cuatro.6) Corresponde a esta Unidad, entre otras funciones, el apoyo al Inspector Regional en la confección de los **planes de inspección** de la Dependencia, en el control de su cumplimiento y en la realización de estudios y estadísticas de apoyo a la planificación. 125
La Unidad de Planificación y Selección está integrada por el Jefe de la Unidad, Inspectores, Técnicos de Hacienda, Agentes de la Hacienda Pública y demás personal que en cada caso se determine por el Jefe de la Dependencia. El personal de esta Unidad puede radicar en sedes distintas de la que corresponda a la Delegación Especial, en cuyo caso dependerán directamente del Inspector Regional Adjunto o Coordinador al frente de dicha sede, sin perjuicio de la dirección y coordinación que en el ámbito de la Delegación Especial corresponda al Jefe de la Unidad de Planificación y Selección.

Unidad de Gestión de Grandes Empresas (AEAT Resol 24-3-92 aptdo.cuatro.7) Esta Unidad, aun cuando forma parte de la Dependencia Regional de Inspección de la Delegación Especial, ejerce **funciones de gestión tributaria** en relación con los obligados tributarios con domicilio fiscal en el ámbito de la respectiva Delegación Especial que no estén adscritos a la DCGC y en los que concurran alguna de las siguientes **circunstancias**: 126
- que su volumen de operaciones supere la cifra de 6.010.121,04 euros durante el año natural inmediato anterior;
- que así lo ordene el Delegado Especial de la Agencia en atención a la importancia o complejidad de sus operaciones en el ámbito de la Delegación Especial respectiva o por su vinculación o relación con los anteriores o con otros obligados tributarios a los que extienda su competencia la Unidad Regional de Gestión de Grandes Empresas; o
- que se trate de entidades representantes de un grupo que tribute en régimen de consolidación fiscal del IS o de entidades dominantes de un grupo que haya ejercitado la opción al régimen especial avanzado de grupo de entidades en IVA. Estas entidades continuarán adscritas a la Unidad de Gestión de Grandes Empresas, en caso de que dejen de tributar por los citados regímenes especiales y aun cuando no tengan la condición de gran empresa, hasta el año natural siguiente al que se produzca la presentación del modelo de declaración consolidada o agregada del grupo correspondiente al último período de vigencia de los aludidos regímenes.

En la práctica dicho inciso supone extender la **competencia** de estas Unidades, desde el momento en que una empresa deja de tener la consideración de gran empresa, hasta los dos ejercicios siguientes.
De acuerdo con esta **distribución** de competencias, tanto las actuaciones y procedimientos de gestión como los de inspección que se desarrollen sobre estos obligados tributarios se atribuyen por la normativa de organización interna de la AEAT a un mismo órgano, las Dependencias Regionales de Inspección. Por el contrario, tratándose de obligados tributarios en los que no concurran las circunstancias señaladas, las funciones que sobre los mismos ejercen las Dependencias Regionales de Inspección se limitan a las propias de la inspección tributaria, correspondiendo a las Dependencias de Gestión o a las Administraciones de la AEAT el ejercicio de las funciones que integran la gestión tributaria.

b. Dependencias Regionales de Aduanas e Impuestos Especiales

(AEAT Resol 13-1-21 aptdo.tercero redacc AEAT Resol 21-3-22 y quinto a noveno)

Las Dependencias Regionales de Aduanas e Impuestos Especiales de las distintas Delegaciones Especiales de la AEAT, pueden estar constituidas por las siguientes **áreas**: 130
a) Área Regional de **Control e Investigación** de Aduanas e Impuestos Especiales: es el órgano especializado en la realización de, entre otras, las siguientes funciones:
1. La comprobación a posteriori de los tributos sobre el comercio exterior, con independencia de que su ejercicio se realice en el marco de procedimientos de gestión o inspección de los tributos.
2. Las atribuidas a la Inspección de los tributos no comprendidas en el punto 1 anterior, cuya competencia corresponde al Departamento de Aduanas e Impuestos Especiales, salvo las desarrolladas en el marco de la intervención de los Impuestos Especiales.

3. Las de investigación tendentes a determinar modalidades concretas de fraude fiscal y sus métodos de realización, evaluar el riesgo fiscal en relación con actividades o sectores económicos, así como la realización de estudios, análisis y demás actuaciones que permitan la detección de las distintas fórmulas de fraude fiscal, sin perjuicio de que puedan desarrollar otras actuaciones que se les encomienden.
4. Las demás atribuidas a la Inspección tributaria con excepción de las de intervención en materia de Impuestos Especiales de Fabricación.
Dicha área está integrada por Equipos y Unidades de Control y por Equipos de Investigación, por la Oficina Técnica y por la Unidad de Planificación y Selección.
b) Área Regional de **Gestión** e **Intervención** de Impuestos Especiales: integrada por Equipos y Unidades de Aduanas e Impuestos Especiales, le corresponde, entre otras, las funciones propias de las Oficinas Gestoras de Impuestos Especiales radicadas en el ámbito territorial de la Dependencia Regional que no estuviesen atribuidas a la Oficina Nacional de Gestión de Aduanas e Impuestos Especiales, las de gestión de los demás tributos atribuidos a esta Área Regional, y las interventoras en relación con las actividades y locales sujetos a este procedimiento de control, incluyendo las de liquidación tributaria en el marco del procedimiento de inspección tributaria.
c) Área Regional de **Gestión Aduanera**, a la que corresponde, entre otras funciones, la coordinación de las actuaciones de gestión aduanera y de asistencia técnica a las sedes desconcentradas de la Dependencia Regional, con efectos **desde el 26-3-22**, a los Inspectores Regionales adjuntos, o Técnicos Jefes.
d) Área Regional de **Vigilancia Aduanera**, con funciones, entre otras, dirigidas al descubrimiento, la persecución y represión del contrabando y blanqueo de capitales.
e) Área Regional **Químico-Tecnológica**: le corresponde, entre otras funciones, el asesoramiento a las restantes unidades y servicios en actuaciones de inspección, investigación e intervención relacionadas con la composición y características físico-químicas de las mercancías o el control de las operaciones de fabricación.
Los órganos con funciones de inspección de los tributos integrados en las Dependencias Regionales de Aduanas e Impuestos Especiales tienen también competencia para la realización de actuaciones inspectoras y la correspondiente regularización de los incumplimientos detectados relativos a cualquiera de los hechos imponibles del **IVA** que queden afectados por incumplimientos en los Impuestos Especiales o en los tributos que graven el comercio exterior y demás tributos de competencia del Departamento de Aduanas e IIEE (AEAT Resol 13-1-21 disp.adic.1ª).

c. Dependencias Regionales de Gestión Tributaria

(AEAT Resol 13-1-21 aptdo.quinto y séptimo redacc AEAT Resol 1-2-24)

135 Integrados en la Dependencias Regionales de Gestión Tributaria de las Delegaciones Especiales de la AEAT se encuentran los **Grupos de Módulos**.
Estos Grupos tienen el carácter de órgano de inspección, correspondiéndoles la gestión y el control integral de los contribuyentes en régimen de estimación objetiva del IRPF, y de los regímenes especiales simplificado, de la agricultura, ganadería y pesca y del recargo de equivalencia del IVA.
Los Grupos de Módulos pueden radicar en las distintas **sedes** de la Dependencia Regional de Gestión Tributaria, exceptuando las sedes de Navarra y el País Vasco, y desarrollan sus funciones en atención al domicilio fiscal del contribuyente y en todo el ámbito territorial que corresponda a la Delegación Especial en la que se integren.
Los **funcionarios** integrados en estos Grupos tienen los derechos, deberes, prerrogativas y consideración de personal inspector.
Las **resoluciones o liquidaciones** que procedan como consecuencia de las actuaciones de estos Grupos, se adoptan por el Inspector Regional Adjunto o por el Inspector Coordinador titular de la sede en la que se encuentre el Grupo, o bien, en el caso de que el titular de la sede sea un Técnico Jefe de Gestión Tributaria, por el Jefe de la Dependencia Regional o por el Inspector Regional Adjunto o el Inspector Coordinador que designe el Jefe de la Dependencia Regional. Todos estos cargos tienen la consideración de Inspector-Jefe al efecto del ejercicio de las funciones de inspección por parte estos Grupos.

3. Equipos y unidades de inspección. Los Inspectores Jefe

(AEAT Resol 24-3-92 aptdo.cinco y seis)

En los distintos órganos con competencias inspectoras que integran la Inspección de los Tributos del Estado se distinguen, por un lado, los **equipos o unidades** a quienes corresponde fundamentalmente el desarrollo de las actuaciones de comprobación e investigación y, por otro lado, el **Inspector Jefe** al que compete dictar la liquidación por la que se regulariza la situación tributaria del obligado de acuerdo con lo que resulte de dichas actuaciones de comprobación e investigación.

Esta **distinción** entre equipos y unidades de inspección e Inspectores Jefe permite garantizar que la fase de instrucción del procedimiento de inspección y la fase de resolución del mismo se realizan con clara separación entre ambas.

a. Concepto y composición de los equipos y unidades de inspección

(AEAT Resol 24-3-92 aptdo.seis)

En el ámbito de la Inspección de los Tributos del Estado rige el **principio de actuación en equipo**, bajo la dirección y responsabilidad del Jefe del mismo. 145

Los equipos y unidades de Inspección están compuestos por los Inspectores de Hacienda, Técnicos de Hacienda y Agentes de la Hacienda Pública que, en cada caso, se determine.

Las actuaciones de los Equipos y Unidades de Inspección son ordenadas y dirigidas por los **Jefes** de los mismos y son practicadas directamente por los mismos y por los Inspectores de Hacienda y Técnicos de Hacienda integrados en el Equipo o Unidad. Tanto los Jefes de Equipo (Inspector de Hacienda) como los Jefes de Unidad (Técnico de Hacienda) asumen la responsabilidad del cumplimiento de los objetivos encomendados al Equipo o Unidad, distribuyen entre sus miembros las actuaciones a desarrollar y controlan y dirigen la correcta ejecución de las mismas. Los Jefes de Unidad, asimismo, desarrollan personalmente actuaciones inspectoras, en su totalidad o en parte. Por el contrario, los Jefes de Equipo, pueden o no desarrollar personalmente actuaciones inspectoras, dependiendo del órgano en el que esté integrado y del personal que, en cada momento, forme parte del Equipo.

Los **Inspectores** de Hacienda que forman parte de los Equipos desarrollan las actuaciones que les sean encomendadas por el Jefe del mismo, sin establecerse normativamente límite competencial alguno.

Los **Técnicos** de Hacienda integrados en los Equipos y Unidades desarrollan las actuaciones que disponga el Jefe de Equipo o Unidad, si bien la asignación de actuaciones no puede suponer que el Técnico de Hacienda realice la totalidad de las actuaciones de comprobación e investigación previas a la formalización de las actas cuando las actuaciones revistan especial dificultad o se refieran a obligados tributarios que desarrollen actividades económicas cuya cifra de negocios o volumen anual de operaciones declarado en cualquiera de los ejercicios comprobados supere 4.000.000 € (AEAT Resol 24-3-92 aptdo.cuatro.2.2.B), tratándose de actuaciones de alcance general, o 5.700.000 €, tratándose de actuaciones de alcance parcial.

Los **Agentes** de Hacienda Pública integrados en los Equipos y Unidades de Inspección realizan actuaciones meramente preparatorias o de comprobación y prueba de los hechos o circunstancias con trascendencia tributaria.

Precisiones 1) En el desarrollo de las actuaciones inspectoras es posible sustituir al miembro del equipo o unidad que las esté llevando a cabo, sin que la falta de motivación de dicha **sustitución** tenga relevancia, al no causar indefensión alguna al recurrente (AN 17-12-03, EDJ 218451).

2) Para que el **cambio de actuario** pueda dar lugar a la nulidad de la liquidación es necesario que el obligado tributario acredite que dicho cambio le ha provocado algún tipo de perjuicio o indefensión (TS 27-10-10, EDJ 251872).

3) El cambio de actuario durante la tramitación del procedimiento exige comunicar al contribuyente la justa **causa de sustitución** que concurre en cada caso. No obstante, si la falta de motivación no causa indefensión al obligado tributario, la anulación de la liquidación es improcedente (TSJ C.Valenciana 4-11-09, EDJ 337638).

4) La intervención en las actas del inspector de finanzas subsana la posible **falta de competencia** del subinspector actuario (TSJ Asturias 13-1-16, EDJ 1959). Ver también TSJ Asturias 29-6-15, EDJ 177118.

5) La comunicación de inicio de actuaciones y la de ampliación de las mismas, solo fueron firmadas por el Subinspector actuario, quien por sí solo no era competente para actuar frente al obligado tributario, por ser su volumen de operaciones superior a las que puede comprobar en comprobaciones con carácter general. En principio las irregularidades no determinan la anulación del acto si no

se ha producido indefensión, como es el caso. Además, los **vicios de competencia jerárquica** son susceptibles de convalidación por el órgano efectivamente competente, ratificando lo actuado por el órgano inferior (TSJ Murcia 23-2-15, EDJ 29771).

6) Son actos nulos de pleno derecho los dictados por órgano manifiestamente incompetente por razón de la materia o del territorio, no incluyendo, por tanto, los casos de incompetencia por simple razón de **jerarquía funcional**. Ello no significa, tal como ya ha señalado el TS en reiterada jurisprudencia, que los actos acordados por órgano jerárquicamente incompetente no hayan de ser tachados de nulidad; pero se tratará de una **nulidad convalidable** (TEAC 6-2-14).

---

150 Ejemplo A, S.A. es una entidad con domicilio fiscal en Badajoz que en los ejercicios X1 y X2 declaró una cifra de negocios de 4.800.000 € y 2.900.000 €. La Dependencia Regional de Inspección de la Delegación Especial de Extremadura decide comprobar el Impuesto sobre Sociedades de esta entidad correspondiente a los ejercicios X1 y X2, asignando la comprobación el Jefe de la Dependencia a la Unidad de Inspección nº 4. La carga en plan u orden del Inspector Jefe por la que se inician las actuaciones inspectoras no obedece a ninguna de las circunstancias que determinan una especial dificultad en la comprobación (operaciones de reestructuración empresarial, tributación en régimen de consolidación fiscal o de grupo de entidades, programas calificados como de especial dificultad en el Plan Parcial de Inspección). La actuación a desarrollar será de alcance general por cada uno de los ejercicios (supondrá la comprobación en su totalidad del Impuesto sobre Sociedades de los ejercicios X1 y X2 sin limitarse, por tanto, a aspectos concretos).

Al tratarse de una actuación que no reviste en su inicio una especial complejidad, podrá desarrollarse por una Unidad de Inspección (en caso contrario, debía de ser asignada a un Equipo de Inspección). Esta actuación inspectora será dirigida y controlada por el Jefe de Unidad quien además debe desarrollar personalmente, al menos, parte de las actuaciones de comprobación e investigación, pues al superar en el ejercicio X1 la cifra de negocios declarada los 4.000.000 €, no puede asignar la instrucción de este procedimiento inspector íntegramente a cualquiera de los Técnicos de Hacienda que integren su Unidad.

---

b. Inspectores Jefe

(AEAT Resol 24-3-92 aptdo.cinco; AEAT Resol 13-1-21 disp.adic.1ª; AEAT Resol 13-1-21 aptdo.decimoquinto.3; AEAT Resol 13-1-21 aptdo.séptimo.3.2.c)

160 Conforme a lo dispuesto en la normativa de organización interna de la AEAT tienen la consideración de Inspector Jefe:

a) En la **Dependencia de Control Tributario y Aduanero** de la DCGC:
- el titular de la Dependencia, sus Adjuntos y los Inspectores Jefes;
- el titular de la Oficina Técnica y sus Adjuntos;
- el titular de la Unidad de Control Tributario y Aduanero.

b) En la **Oficina Nacional de Fiscalidad internacional** del Departamento de Inspección Financiera y Tributaria: el Jefe, el Jefe Adjunto y los Jefes de Área.

c) En la **Oficina Nacional de Investigación del Fraude** del Departamento de Inspección Financiera y Tributaria: el Jefe, el Jefe Adjunto de la Oficina, los Jefes de Área, los Jefes Adjuntos de Área y el Jefe del Equipo Central de Información.

d) En la **Dependencia Regional de Inspección**: el Jefe de la Dependencia o Inspector Regional, los Inspectores Regionales Adjuntos, los Inspectores Coordinadores y el Jefe de la Oficina Técnica.

e) En el **Área de Aduanas e Impuestos Especiales**: el titular de la Dependencia Regional de Aduanas e Impuestos Especiales, del Área de Control e Investigación y del Área de Gestión e Intervención de los Impuestos Especiales.

f) En el **Área de Gestión Tributaria**: el Jefe de la Dependencia Regional, el Inspector Regional Adjunto y el Inspector Coordinador al efecto del ejercicio de las funciones de inspección por parte de los Grupos de Módulos.

164 Corresponde a los Inspectores Jefes planificar, coordinar y controlar las actuaciones de los equipos y unidades de los correspondientes órganos inspectores. La **distribución de la dirección** de los distintos equipos y unidades que integran los órganos con competencias inspectoras entre los distintos Inspectores Jefes se realiza bien en función de la sede en la que radiquen los mismos, bien en función de los sectores de actividad o grupos de contribuyentes que, normalmente, comprueben dichos equipos y unidades.

Asimismo, corresponde a los Inspectores Jefes, entre otras **funciones**:

a) Ordenar el inicio de las actuaciones de comprobación e investigación, así como su alcance y extensión.

b) Acordar la modificación de la extensión de estas actuaciones, la ampliación o reducción de su alcance, así como la asignación del expediente a un funcionario, equipo o unidad distinto.

c) Dictar las liquidaciones por las que se regularice la situación tributaria del obligado, así como los demás acuerdos que pongan término al procedimiento de inspección y al procedimiento de comprobación limitada.
d) Realizar los requerimientos individualizados de obtención de información, excepto en aquellos casos en que la normativa vigente atribuya dicha competencia a otros órganos.
e) Autorizar el inicio de los expedientes sancionadores en aquellos casos en los que la normativa reglamentaria exija dicha autorización y dictar los actos de imposición de sanción.
f) Realizar actuaciones de comprobación e investigación cuando así lo acuerde el Director del Departamento de Inspección Financiera y Tributaria.
g) Resolver el procedimiento relativo a planes de amortización, planes de gastos correspondientes a actuaciones medioambientales, de inversiones y gastos de las comunidades titulares de montes vecinales en mano común.
h) Iniciar y resolver los procedimientos sancionadores derivados del incumplimiento de las limitaciones a los pagos en efectivo. Asimismo, les corresponderá designar al Jefe de Equipo, Jefe de Unidad o funcionario que deba instruir dichos procedimientos sancionadores.
i) Ordenar el inicio y resolver los procedimientos de recuperación de ayudas de Estado en supuestos de regularización de los elementos de la obligación tributaria.
j) Dictar las liquidaciones de los elementos de la obligación tributaria vinculados con un posible delito contra la Hacienda Pública, así como el acuerdo motivado que justifique la decisión administrativa de la no procedencia de tales liquidaciones.
k) Cualesquiera otras competencias y funciones que les atribuya la normativa legal y reglamentaria y demás disposiciones que sean de aplicación.

Precisiones 1) La competencia para liquidar y sancionar reconocida al Inspector Jefe es susceptible de **delegación** (TS 23-5-06, EDJ 265998). En virtud de esta delegación, los Jefes de Equipos conocidos como Macrounidades dictan los acuerdos de liquidación que ponen término a las actuaciones de comprobación e investigación desarrolladas por los miembros de su Equipo.
2) El **Jefe de la Oficina Técnica** del órgano actuante tiene la condición de Inspector Jefe y, en consecuencia, puede ejercer las competencias que la normativa reconoce a los mismos, entre las que se encuentra la competencia para dictar los actos de liquidación que ponen fin al procedimiento de inspección (AN 13-7-06, EDJ 263560).
3) El Inspector-Jefe adjunto al Jefe de la ONI (órgano sustituido por la Dependencia de Control Tributario y Aduanero de la DCGC) tiene la consideración de **Inspector Jefe**, por lo que se considera competente para dictar la liquidación (TS 17-11-10, EDJ 251852).
4) No cabe apreciar nulidad de las actuaciones al haberse resuelto negativamente el **incidente de recusación** en la misma fecha en la que se ordenó la continuación de las actuaciones (TS 3-2-14, EDJ 7645).
5) Liquidación girada por un **Jefe de la Inspección Territorial con nombramiento extinguido**, de suerte que el citado no podía en modo alguno desempeñar las competencias atribuidas legalmente al órgano del que formaba parte. Tal vicio de legalidad implica la propia inexistencia jurídica de los actos administrativos dictados y estando en presencia del supuesto más grave de nulidad de pleno derecho, pues la actuación del funcionario sin nombramiento carece de validez alguna, por manifiesta y grave incompetencia material del funcionario, en tanto que lleva a cabo unas atribuciones y competencias que le resultaban ajenas y extrañas (TS 16-6-17, EDJ 106588).

Ejemplo Al frente de la Dependencia Regional de Andalucía se encuentra el Inspector Regional, que es asistido por varios Inspectores Jefes Adjuntos e Inspectores Coordinadores. Así, en la sede principal de la Dependencia, Sevilla, además del Jefe de la Oficina Técnica, existen varios Inspectores Jefes Adjuntos responsables cada uno de ellos de un determinado número de equipos y unidades de inspección, distribuidos bien en función del tipo de obligados tributarios o actividades que normalmente comprueben, bien en función del tipo de equipo o unidad de que se trate. Asimismo, al frente de sedes distintas de la principal, como puede ser Almería, puede encontrarse un Inspector Adjunto o un Inspector Coordinador que será el responsable de todos los equipos y unidades con sede en Almería. **166**
Tanto el Jefe de la Dependencia, como los Inspectores Jefes Adjuntos y los Inspectores Coordinadores, tienen la consideración de Inspector Jefe y, en consecuencia, todos ellos podrán dictar las liquidaciones e imponer las sanciones derivadas de los expedientes instruidos por sus equipos o unidades, salvo aquellos expedientes cuya resolución se encomiende, por el Jefe de la Dependencia, al Jefe de la Oficina Técnica, que también tiene la condición de Inspector Jefe.

B. Inspección de los Tributos de las Comunidades Autónomas

170

1. Comunidades Autónomas de régimen común

174 **Potestad tributaria de las Comunidades Autónomas** La Constitución consagra la **autonomía financiera** de las Comunidades Autónomas, sin perjuicio del sometimiento a los principios de coordinación con la Hacienda estatal y de solidaridad entre todos los españoles (Const art.156).

Para hacer efectiva esta autonomía, se reconocen como **recursos** de las Comunidades Autónomas, entre otros, sus propios impuestos, tasas y contribuciones especiales (nº 175), los tributos cedidos total o parcialmente por el Estado (nº 176) y los recargos sobre impuestos estatales (nº 177) (LO 8/1980 art.4).

175 **Impuestos, tasas y contribuciones especiales propios** (LO 8/1980 art.6 a 9) La potestad tributaria de las Comunidades Autónomas se regula en la Ley Orgánica de Financiación de las Comunidades Autónomas (LO 8/1980), y en el Estatuto de cada una de dichas Comunidades. Esta potestad ha de someterse a los límites establecidos en la mencionada Ley Orgánica.

Así, los **tributos** de las Comunidades Autónomas no pueden recaer sobre hechos imponibles gravados por el Estado en el ejercicio de su potestad tributaria originaria y, en particular, tratándose de impuestos, no pueden sujetarse elementos patrimoniales situados, rendimientos originados ni gastos realizados fuera del territorio de la respectiva Comunidad Autónoma, no pueden gravarse negocios, actos o hechos celebrados o realizados fuera de dicho territorio, ni la transmisión o ejercicio de bienes, derechos y obligaciones que no hayan nacido ni hubieran de cumplirse en dicho territorio o cuyo adquirente no resida en él, y, en ningún caso, pueden suponer obstáculo para la libre circulación de personas, mercancías y servicios.

Las Comunidades Autónomas no pueden establecer tributos sobre hechos imponibles gravados por los **tributos locales**, pero sí pueden establecer y gestionar tributos sobre las materias que la legislación del Régimen Local reserve a las Corporaciones locales, pero en este caso deben establecerse medidas de compensación adecuadas para que los ingresos de estas Corporaciones no se vean mermados.

De la misma forma, el **Estado**, en el ejercicio de su potestad tributaria originaria, puede establecer tributos sobre hechos imponibles gravados por las Comunidades Autónomas, pero si esta medida supone una disminución de sus ingresos, debe adoptar las medidas de compensación adecuadas a favor de las mismas.

176 **Tributos cedidos** (LO 8/1980 art.11) Los tributos cedidos son tributos establecidos y regulados por el Estado cuyo producto se atribuye a la Comunidad Autónoma. La cesión puede ser **total**, si se cede la recaudación correspondiente a la totalidad de los hechos imponibles contemplados en el tributo de que se trate, y **parcial**, si se cede la de alguno o algunos de dichos hechos imponibles, o parte de la recaudación correspondiente a un tributo.

La cesión puede afectar a la mayor parte de las figuras tributarias sin **límite** alguno (p.e. IP) o con carácter parcial (p.e. IRPF con el límite máximo del 50%).

177 **Recargos sobre tributos estatales** (LO 8/1980 art.12) Sólo pueden establecerse recargos sobre aquellos **tributos susceptibles de cesión**, excluyendo el Impuesto sobre Hidrocarburos. En el resto de Impuestos Especiales y en el IVA, únicamente cuando tengan competencia normativa en materia de tipos de gravamen.

En ningún caso, estos recargos podrán suponer una minoración en los ingresos del Estado por dichos tributos o desvirtuar la naturaleza de los mismos.

> Precisiones Cuando se entiende vulnerada la prohibición de **doble imposición** (LOFCA art.6), para apreciar la coincidencia o no entre hechos imponibles se hace preciso atender a los elementos esenciales de los tributos que se comparan, al objeto de determinar no sólo la riqueza gravada o materia imponible, que es el punto de partida de toda norma tributaria, sino la manera en que dicha riqueza o fuente de capacidad económica es sometida a gravamen en la estructura del tributo (TCo 122/2012; 210/2012).

178 **Competencias de las Comunidades Autónomas** (LO 8/1980 art.19) En cuanto a la distribución de competencias, la aplicación de los tributos y la potestad sancionadora en relación con **sus propios tributos** corresponde a las Comunidades Autónomas, las cuales disponen de plenas atribuciones para la ejecución y organización de dichas tareas, sin

perjuicio de la colaboración que pueda establecerse con la Administración tributaria del Estado, especialmente cuando así lo exija la naturaleza del tributo.
La delegación en las Comunidades Autónomas de la aplicación de los tributos, la potestad sancionadora, la revisión y la inspección, en su caso, de los **tributos cedidos**, se encuentra regulada en la L 22/2009, por la que se regula el sistema de financiación de las Comunidades Autónomas de régimen común y Ciudades con Estatuto de Autonomía.

En el **ejercicio de estas competencias delegadas** por el Estado, la Inspección de las Comunidades Autónomas debe ajustarse a las normas legales y reglamentarias que regulen las actuaciones inspectoras del Estado en materia tributaria y seguir planes de actuaciones que deben ser elaborados conjuntamente por ambas Administraciones. Cuando estas actuaciones deban desarrollarse fuera del territorio de la Comunidad Autónoma actuante, ésta requerirá la **colaboración** de la Inspección de los Tributos del Estado o de las Comunidades Autónomas competentes por razón del territorio, de conformidad con los planes de colaboración que al efecto deben establecerse. **182**
En todo caso, las Administraciones del Estado y de cada una de las Comunidades Autónomas, entre sí y con las demás Comunidades Autónomas, deben colaborar, tanto en el ejercicio de las funciones propias de la aplicación de los tributos que tengan encomendadas, como en la revisión de los actos dictados en dicho ejercicio. En caso de concesiones administrativas que superen el ámbito de una Comunidad Autónoma corresponde la inspección a la Comunidad Autónoma en cuyo territorio radique el domicilio del concesionario (L 22/2009 art.58).

Cabe, asimismo, la posibilidad de desarrollar **inspecciones coordinadas** entre la Inspección de los Tributos del Estado y la Inspección de los Tributos de las Comunidades Autónomas. Estas actuaciones coordinadas pueden llevarse a cabo en relación con aquellos obligados tributarios que presenten un interés común o complementario para las dos Administraciones tributarias. **184**
La Administración tributaria que proponga la realización de una inspección coordinada debe dirigir un escrito motivado a la otra Administración en el que indique los obligados tributarios, conceptos y periodos que pretende comprobar, así como los conceptos tributarios y periodos que solicita que se comprueben por la otra Administración. Esta última debe comunicar, en el plazo de un mes desde que recibe el escrito, si acepta o no la propuesta. En caso de aceptarse, las actuaciones pueden iniciarse por ambas Administraciones de forma simultánea, en cuyo caso se indica en las comunicaciones de inicio respectivas que se trata de procedimientos coordinados, o en momentos distintos, indicándose en este supuesto que se trata de actuaciones coordinadas en la comunicación que se notifique en último lugar. Cada Administración tributaria desarrolla su actuación o procedimiento de forma independiente, pero al tratarse de actuaciones coordinadas pueden, por un lado, realizarse actuaciones concretas de forma simultánea y, por otro lado, las dos Administraciones tributarias implicadas tienen acceso a toda la información y elementos de prueba obtenidos en los dos procedimientos en cuanto resulten relevantes para el ejercicio de sus respectivas competencias. Al tratarse de procedimientos distintos, finalizan de forma independiente por cada Administración tributaria y las liquidaciones que se practican en cada uno de ellos son, asimismo, recurribles de forma independiente (RGGI art.168).

Precisiones 1) Un supuesto específico es la **aplicación del Impuesto sobre el Patrimonio**, que corresponde, por delegación, a las Comunidades Autónomas. No obstante, las declaraciones relativas al mismo se presentan conjuntamente con las del IRPF, pudiendo los Servicios de Inspección de Tributos del Estado comprobar este impuesto e incoar las oportunas actas con ocasión de las actuaciones inspectoras que lleven a cabo en relación con el último impuesto citado. La tramitación ulterior de dichas actas, junto con la liquidación que ponga fin al procedimiento inspector, corresponderá, por el contrario, a las oficinas competentes de las Comunidades Autónomas. Asimismo, la remisión del expediente que, en su caso, proceda al Ministerio Fiscal, corresponde a la autoridad competente de la Comunidad Autónoma respectiva. Esta distribución de competencias exige que la Administración tributaria del Estado y la de la Comunidad Autónoma colaboren especialmente, facilitándose medios personales, coadyuvando en la inspección e intercambiando toda la información que se derive de las declaraciones y actuaciones efectuadas por la Inspección. **186**
2) La L 22/2009 establece las **condiciones generales de la cesión de los tributos** a las Comunidades Autónomas. El régimen de cesión de tributos del Estado y fijación del alcance concreto y condiciones de dicha cesión, se establece para:
- Cataluña, mediante la L 16/2010;
- Galicia, por la L 17/2010;
- Andalucía, por L 18/2010;
- Asturias, por L 19/2010;
- Cantabria, por L 20/2010;
- La Rioja, por L 21/2010;
- Murcia, por L 22/2010;
- Comunidad Valenciana, por L 23/2010;
- Aragón, por L 24/2010;

- Castilla-La Mancha, por L 25/2010;
- Canarias, por L 26/2010;
- Extremadura, por L 27/2010;
- Baleares, por L 28/2010;
- Madrid, por L 29/2010; y
- Castilla y León, por L 30/2010.

3) Distintas Comunidades Autónomas han creado sus **propias Agencias Tributarias** como entes con personalidad jurídica propia, a los que corresponde gestionar, liquidar, inspeccionar y recaudar los tributos propios de la respectiva Comunidad Autónoma y los tributos cedidos a la misma.

4) La Agencia Tributaria se rige por su legislación específica y únicamente de forma supletoria y, en tanto resulte compatible con la misma, por la **LRJSP**. El acceso, la cesión o comunicación de información de naturaleza tributaria se rige en todo caso por su legislación específica (LRJSP disp.adic.17ª).

2. País Vasco y Navarra

190 La Constitución mantiene expresamente la vigencia de los **derechos históricos** de los territorios forales, esto es, de las Comunidades Autónomas del País Vasco y Navarra (Const disp.adic.1ª). Desde el punto de vista fiscal, estos derechos históricos implican el mantenimiento de un régimen tributario propio en cada una de estas Comunidades, distinto del sistema tributario estatal, que se encuentran regulados en la L 28/1990, por la que se aprueba el **Convenio Económico** entre el Estado y la Comunidad Foral de Navarra, y en la L 12/2002, por la que se aprueba el **Concierto Económico** con la Comunidad Autónoma del País Vasco.

De acuerdo con lo establecido en el Convenio y en el Concierto, Navarra y las Instituciones competentes de los Territorios Históricos pueden mantener, establecer y regular, dentro de su territorio, su régimen tributario. La inspección, al igual que la gestión, liquidación, recaudación y revisión de los tributos que integran su sistema tributario corresponde a la Comunidad Foral de Navarra y a las respectivas Diputaciones Forales en el País Vasco, que ostentan las mismas facultades y prerrogativas que tiene reconocida la Hacienda Pública del Estado.

191 El ejercicio de estas **competencias** debe realizarse respetando, en todo caso, los principios de solidaridad, coordinación, armonización fiscal y colaboración con el Estado, estando obligados la Comunidad Foral de Navarra y los Territorios Históricos del País Vasco a mantener una presión fiscal efectiva global equivalente a la existente en el resto del Estado y a respetar y garantizar la libertad de circulación y establecimiento de personas y la libre circulación de bienes, capitales y servicios en todo el territorio español, sin que se produzcan efectos discriminatorios.

No obstante, no todos los tributos exigidos en el territorio de estas Comunidades Autónomas son regulados y aplicados por las mismas, pues, por un lado, tanto el Concierto como el Convenio reconocen la competencia exclusiva del Estado en determinadas materias y, por otro, sobre determinadas figuras tributarias concurren la Administración estatal y la de la respectiva Comunidad Autónoma en su exacción, gestión e inspección.

Así, y sin perjuicio de que esta concurrencia pueda producirse en otros conceptos impositivos, como son las retenciones sobre rendimientos del trabajo o del capital mobiliario, el Impuesto sobre la Renta de No Residentes, el Impuesto sobre Transmisiones Patrimoniales y Actos Jurídicos Documentados, el Impuesto sobre las Primas de Seguro, y otros impuestos de reciente creación, como el Impuesto sobre las transacciones financieras, el Impuesto sobre determinados servicios digitales, el Impuesto especial sobre los envases de plástico no reutilizables, el Impuesto sobre los gases fluorados de efecto invernadero, y el Impuesto sobre el depósito de residuos en vertederos, la incineración y la coincineración de residuos, destacan, por su importancia, el Impuesto sobre Sociedades y el Impuesto sobre el Valor Añadido.

192 [Precisiones] Las normas adoptadas por las Diputaciones Forales del País Vasco dentro de los límites de las competencias otorgadas a dichas entidades infraestatales por la Constitución Española y las demás disposiciones del Derecho español no tienen **carácter selectivo**, en el sentido del concepto de ayuda de Estado tal como aparece recogido en el Tratado CE art.87.1 (actualmente, Tratado de Lisboa) (TJUE 11-9-08, asuntos acumulados C-428/06, C-429/06, C-430/06, C-431/06, C-432/06, C-433/06 y C-434/06).

193 **IS en el País Vasco** (L 12/2002 art.19) La inspección del Impuesto se realiza por la **Diputación Foral** competente por razón del territorio cuando:

- el sujeto pasivo tenga su domicilio fiscal en el País Vasco;
- se trate de sujetos pasivos cuyo domicilio fiscal radique en Territorio común, su volumen de operaciones en el ejercicio anterior haya excedido de 10 millones de euros, y en dicho ejercicio haya realizado en el País Vasco el 75% o más de su volumen de operaciones.

Sin embargo, corresponde a la Administración del **Estado** la inspección de los sujetos pasivos cuyo domicilio fiscal radique en el País Vasco, su volumen de operaciones en el ejercicio anterior haya excedido de 10 millones de euros y en dicho ejercicio haya realizado en Territorio común el 75% o más de su volumen de operaciones.
Las actuaciones inspectoras se deben ajustar a la **normativa** de la Administración competente, de acuerdo con lo expuesto anteriormente, sin perjuicio de la **colaboración** del resto de las Administraciones.
Si se trata de un contribuyente que tributó al Estado y a las Diputaciones Forales (L 12/2002 art.15), y como consecuencia de las actuaciones inspectoras resultase una deuda a ingresar o una cantidad a devolver que corresponda a ambas Administraciones, el cobro o el pago correspondiente debe ser efectuado por la Administración actuante, sin perjuicio de las compensaciones que entre éstas procedan, debiendo los órganos de la inspección competente comunicar el resultado de sus actuaciones al resto de las Administraciones afectadas (principio de acta única).
Las Administraciones tributarias que no ostenten la competencia inspectora pueden **verificar**, con independencia de dónde se entendieran realizadas, todas las operaciones que pudieran afectar al **cálculo del volumen de operaciones** atribuido por aquellas, a efectos de comunicar lo actuado a la Administración tributaria con competencia inspectora, sin que ello produzca efectos económicos para el contribuyente.
Ver también nº 1750 s. Memento Fiscal Foral 2024.

IVA en el País Vasco (L 12/2002 art.29) La inspección se realiza de acuerdo con los siguientes criterios: 197
a) Sujetos pasivos que deban tributar **exclusivamente** a las Diputaciones Forales o, en su caso, a la Administración del Estado: la realizan las Inspecciones de los Tributos de cada una de dichas Administraciones.
b) Sujetos que deben tributar **en proporción al volumen de sus operaciones** realizadas en Territorio común y en el País Vasco: son aplicables las siguientes reglas:
1. Sujetos pasivos con **domicilio fiscal en Territorio común**: se realiza por los órganos competentes de la Administración del Estado, que regularizan la situación tributaria del sujeto pasivo frente a todas las Administraciones competentes, incluyendo la proporción de tributación que corresponda a las distintas Administraciones.
Si el sujeto pasivo ha realizado en el ejercicio anterior en el País Vasco el 75% o más de sus operaciones totales, o el 100% en el caso de entidades acogidas al régimen especial de grupos de entidades, es competente la Diputación Foral competente por razón del territorio, sin perjuicio de la colaboración de la Administración del Estado.
2. Sujetos pasivos con **domicilio fiscal en el País Vasco**: se realiza por los órganos competentes de la Administración Foral correspondiente al domicilio fiscal, sin perjuicio de la colaboración social de la Administración del Estado, y surte efectos frente a todas las Administraciones competentes, incluyendo la proporción de tributación que corresponda a las mismas.
Cuando se trate de un sujeto pasivo que ha realizado en el ejercicio anterior en Territorio común el 75% o más de sus operaciones es competente la Administración del Estado, sin perjuicio de la colaboración de las Diputaciones Forales.
Cuando resulte una deuda a ingresar o una cantidad a devolver que corresponda a ambas Administraciones, se actúa de forma similar a la establecida para el IS en el nº 193.
3. Es aplicable lo expuesto en el nº 193 en relación a la verificación por las Administraciones tributarias que no ostente la competencia inspectora de las operaciones que pudieran afectar al cálculo del **volumen de operaciones**.

Precisiones La **exacción** de este impuesto corresponde exclusivamente al Estado o a las Diputaciones Forales en función del domicilio fiscal del sujeto pasivo, cuando su volumen de operaciones en el ejercicio anterior no hubiera superado los 10 millones de euros. Si excede de esta cantidad, tributa a ambas Administraciones en proporción al volumen de operaciones realizado en cada territorio durante el ejercicio (L 12/2002 art.27).

IVA en Navarra (L 28/1990 art.34) El Convenio Económico contiene una regulación similar a la del Concierto Económico del País Vasco (nº 197). No obstante, en el supuesto de sujetos pasivos con **domicilio fiscal en Territorio común** que haya realizado en el año anterior en Navarra el 75% o más de sus operaciones totales, es competente la Administración de la Comunidad Foral, salvo que se trate de entidades acogidas al régimen especial de grupos de entidades. 202

203 **IS en Navarra** (L 28/1990 art.23) La inspección se realiza de acuerdo con los siguientes criterios:

a) Sujetos pasivos que deban tributar **exclusivamente** a la Administración de la Comunidad Foral o a la Administración del Estado: se realiza por la Inspección de los tributos de cada una de ellas.

b) Sujetos pasivos que deben tributar **a las dos Administraciones**: las reglas aplicables son las siguientes:

1. Sujetos pasivos con **domicilio fiscal en Territorio común:** la inspección es realizada por los órganos competentes de Territorio común, sin perjuicio de la colaboración entre Administraciones.

No obstante, cuando un sujeto pasivo con domicilio fiscal en Territorio común ha realizado en el ejercicio anterior en Navarra el 75% o más de sus operaciones totales, es competente la Administración de la Comunidad Foral, sin perjuicio de la colaboración entre Administraciones.

2. Sujetos pasivos con **domicilio fiscal en Navarra**: la inspección debe ser realizada por los órganos competentes de la Administración de la Comunidad Foral de Navarra, sin perjuicio de la colaboración entre Administraciones.

No obstante, cuando un sujeto pasivo con domicilio fiscal en Navarra ha realizado en el ejercicio anterior en Territorio común el 75% o más de sus operaciones totales, es competente la Administración de Territorio común, sin perjuicio de la colaboración de la Administración de la Comunidad Foral.

Cuando resulte una deuda a ingresar o una cantidad a devolver que corresponda a ambas Administraciones, se actúa de forma similar a la establecida en el nº 193.

3. Es aplicable lo expuesto en el nº 193 en relación a la verificación por las Administraciones tributarias que no ostente la competencia inspectora de las operaciones que pudieran afectar al cálculo del **volumen de operaciones**.

205 Precisiones Si bien la L 12/2002 art.19 y 29 y la L 28/1990 art.23 y 34 no determinan el momento al que hay que referir los criterios reflejados en los mismos -el del ejercicio que es objeto de comprobación o el momento en que se inician las correspondientes actuaciones inspectoras- han de entenderse referidos al **ejercicio comprobado**, pues la voluntad del legislador parece ser que la Administración competente sea, bien la que fue el sujeto activo del impuesto (IVA en el País Vasco, IS e IVA en Navarra), o bien aquella cuya normativa resultó aplicable (IS en el País Vasco).

Por lo tanto, el volumen de operaciones y el domicilio a los que hacen referencia los artículos señalados son los del ejercicio que se comprueba y no los del inicio del procedimiento inspector y en este sentido se realizan las afirmaciones recogidas anteriormente. Este **domicilio del contribuyente** al iniciarse las actuaciones sí se tendrá en cuenta a efectos de determinar el órgano que dentro de la Inspección de los Tributos del Estado es el competente para desarrollar las actuaciones inspectoras, cuando deba ser la Administración estatal la que compruebe los correspondientes ejercicios de acuerdo con las reglas del Concierto o del Convenio, o bien para determinar el órgano dentro de la misma Inspección que debe colaborar con las Diputaciones Forales o la Comunidad Foral en caso contrario.

208 Ejemplos **1)** Una sociedad anónima tiene su domicilio fiscal en Bilbao. En el año X0 su volumen de operaciones alcanzó los 12 millones de euros, distribuyéndose en este ejercicio sus operaciones de la siguiente forma:

- País Vasco 20%;
- Navarra 20%;
- Territorio común 60%.

En X1 sus operaciones se distribuyeron de la siguiente forma:

- País Vasco 40%;
- Navarra 15%;
- Territorio común 45%.

Se trata de una sociedad cuyo domicilio en el año X1 se encuentra en Bilbao y que en el ejercicio anterior su volumen de operaciones superó los 10 millones de euros, por lo que deberá tributar conforme a lo establecido en el Concierto proporcionalmente a ambas Administraciones (País Vasco, Estado) en función del volumen de operaciones del ejercicio. Cuando, como en este caso, se trata de entidades que tributan conjuntamente en el País Vasco, Navarra y Territorio Común, para la aplicación del Concierto Económico con el País Vasco, Navarra se considera parte del Territorio Común y, de la misma forma, para la aplicación de las disposiciones del Convenio Económico, el País Vasco se considera parte del Territorio Común. Por ello, con relación a Navarra, se trata de una entidad con domicilio en Territorio Común cuyo volumen de operaciones en el ejercicio anterior superó los 10 millones de euros y que, en consecuencia, debe tributar conjuntamente al Estado y a la Diputación Foral de Navarra.

La comprobación del Impuesto sobre Sociedades del ejercicio X1 corresponderá a la AEAT, pues aunque el domicilio fiscal radique en el País Vasco, más del 75% del volumen de sus operaciones en X0 se realizó en Territorio Común, incluyendo a estos efectos Navarra.

2) Una sociedad anónima con domicilio fiscal en Logroño realizó en X0 operaciones por importe superior a 10 millones de euros, realizando en ese ejercicio en Navarra un 15% de sus operaciones, en La Rioja un 50%, y en Aragón el resto. El 1 de enero de X2 cambia su residencia a Navarra, siendo el volumen de operaciones en el año X1, 5 millones de euros. 209
En el año X1 la entidad tributó conjuntamente al Estado y a la Comunidad Foral aunque su domicilio fiscal radicara en territorio común, dado que en X0 su volumen de operaciones excedió de 10 millones de euros. La inspección del IVA corresponde en los supuestos de tributación a ambas Administraciones al Estado cuando en el ejercicio comprobado radicara en el territorio común el domicilio de la entidad o cuando se hubiera realizado en el ejercicio anterior al comprobado más del 75% de las operaciones. En este caso concurren ambas circunstancias: en el ejercicio comprobado -X1- el domicilio se encuentra en Logroño y en el ejercicio anterior al comprobado -X0- más del 75% de las operaciones se han realizado en territorio común -85%-, por lo que la comprobación del IVA del año X1 corresponde a la Dependencia Regional de Inspección de la Delegación Especial de la AEAT en Navarra, salvo que se trate de un obligado tributario adscrito a la DCGC, en cuyo caso corresponde a la Dependencia de Control Tributario y Aduanero de la misma.

Actuaciones inspectoras en el País Vasco y Navarra Todo lo señalado en cuanto a la distribución de competencias inspectoras entre el Estado y las Comunidades Autónomas del País Vasco y Navarra ha de entenderse sin perjuicio del **deber de colaboración** que incumbe a todas ellas. Así, tanto el Convenio como el Concierto establecen que las Administraciones afectadas se facilitarán toda la información que precisen y, en particular, este último prevé que los servicios de inspección deben preparar planes conjuntos de inspección sobre objetivos, sectores y procedimientos selectivos coordinados, así como contribuyentes que hayan cambiado de domicilio y sociedades sujetas a tributación en proporción al volumen de operaciones en el Impuesto sobre Sociedades (L 12/2002 art.4). 210

Las actuaciones inspectoras que, en el ejercicio de sus funciones, haya de realizar la **Administración del Estado**, se llevarán a cabo por la Dependencia Regional de Inspección de la Delegación Especial de la AEAT en el País Vasco y en Navarra o por los correspondientes órganos con competencia en todo el territorio nacional. Por otra parte, las actuaciones comprobadoras e investigadoras que las **Diputaciones Forales** o la Comunidad Foral de **Navarra** deban realizar fuera de su territorio, serán practicadas por la Inspección de los Tributos del Estado o la de las Comunidades Autónomas competentes por razón del territorio cuando se trate de tributos cedidos a las mismas, a requerimiento del órgano competente de dichas Diputaciones o Comunidad Foral. 211

Precisiones **1)** En el Concierto Económico con el **País Vasco** se establece que, cuando la competencia inspectora para **regularizar las operaciones** en los supuestos que se indican a continuación **corresponda a distintas Administraciones**, deben coordinar sus competencias de exacción o inspección con el resto de Administraciones afectadas por la regularización (L 12/2002 art.47 ter): 213
- en las operaciones realizadas entre personas o entidades vinculadas; y
- en la calificación de operaciones de manera diferente a como las haya declarado el contribuyente, cuando ello implique una modificación de las cuotas soportadas o repercutidas en los impuestos indirectos en los que se haya establecido el mecanismo de la repercusión.

2) En el Convenio con **Navarra** se prevé que la Administración tributaria que, en el curso de un procedimiento inspector, considere que el obligado tributario objeto de la comprobación se ha deducido unas **cuotas del IVA indebidamente repercutidas** y cuyo ingreso se ha realizado en otra Administración tributaria, proceda a solicitar información sobre el ingreso de esas cuotas a esta última Administración (L 28/1990 art.46 bis).

3) Cuando las actuaciones de obtención de información hayan de practicarse fuera del territorio foral debe recabarse el auxilio de la Administración estatal o autonómica competente. Al haberse practicado el requerimiento directamente, careciendo de competencia territorial, resulta nulo (TSJ País Vasco 3-2-15, EDJ 35541).

4) Estando la **entidad domiciliada en el País Vasco** y siendo su **volumen de operaciones** en 2003 inferior a 6 millones de euros, la competencia para realizar las actuaciones correspondientes al IS del 2004 correspondería a la Hacienda Foral de Guipúzcoa a menos que el cambio de domicilio fiscal fuese ineficaz, cuestión que precisamente defiende la Inspección del Estado. La incompetencia territorial de la Inspección del Estado no deriva de una infracción clara y manifiesta de la normativa aplicable, pues ha precisado de una labor previa de interpretación jurídica sin que concurra por tanto causa de nulidad. Si no se está ante una nulidad de pleno derecho, se está ante una mera anulabilidad o nulidad relativa cuyo efecto más inmediato supone ordenar la anulación de la liquidación con retroacción de actuaciones, a fin de que se notifique a la Hacienda Foral de Guipúzcoa la decisión de la AEAT sobre la ineficacia del cambio de domicilio, para que esta pueda mostrar su conformidad o no a dicha decisión (AN 18-1-18, EDJ 12234).

5) Cuando se realice una comprobación tributaria a un sujeto pasivo que abone el IS en Territorio común, y que esté a su vez **vinculado** con una entidad que deba tributar conforme a la normativa foral vasca, la AEAT tiene la obligación de notificar la realización de **ajustes de valoración** en

materia de precios de transferencia a la entidad que tributa conforme a la normativa foral (TS 17-9-20, EDJ 660970).
6) Son los indicios, valorados conjuntamente, los que llevan a la decisión de la Junta Arbitral, que fija el domicilio de una sociedad domiciliada en Navarra, toda vez que quien realmente desempeñaba las **tareas directivas** de la sociedad, que llevaba a cabo desde Navarra, tenía en ese territorio su domicilio fiscal, sin que el domicilio de la otra administradora, cuya relevancia en las labores directivas o de gestión era meramente formal, pueda tener la trascendencia que pretende atribuirle la recurrente (TS 8-4-24, EDJ 532537).
7) Si bien no se cuestiona que en el presente caso exista un conflicto entre la Administración del Estado y la Diputación Foral de Bizkaia acerca de la competencia para dirigir **requerimientos de información** a la mercantil, sin embargo, una vez declarada la competencia de la AEAT para practicar los requerimientos, ni de las disposiciones del Concierto Económico ni de las del Reglamento, interpretadas a la luz de aquel, cabe inferir la competencia de la Junta Arbitral para entrar a examinar el contenido de esos requerimientos. Se considera que ha existido un exceso en el ejercicio de su competencia por la Junta Arbitral, al haber declarado que los requerimientos de información realizados por la AEAT se han realizado sin la motivación requerida al efecto por la LGT, por lo que son inválidos. Considera por tanto el Tribunal que se ha infringido el marco jurídico que se ha analizado en esta sentencia (TS 11-4-24, EDJ 538420).

C. Inspección de los Tributos locales

215 Las Haciendas locales deben disponer de los **medios** suficientes para el desempeño de las funciones atribuidas a las corporaciones respectivas -ayuntamientos, diputaciones provinciales, cabildos o consejos- nutriéndose fundamentalmente de los tributos propios y de la participación en los del Estado y de las CCAA (Const art.142).
Para la aplicación de estos tributos, las Haciendas locales ostentan las prerrogativas establecidas legalmente para la Hacienda del Estado, actuando conforme a los procedimientos administrativos correspondientes, incluido el **procedimiento inspector**, de acuerdo con lo establecido en la LGT y en el RGGI, sin perjuicio de las adaptaciones de esta normativa, a través de las correspondientes Ordenanzas fiscales, al régimen de organización y funcionamiento interno propio de las distintas entidades locales, siempre que esta adaptación no contravenga el contenido material de dicha normativa (LHL art.2).

216 En todo caso, en el ejercicio de las distintas **funciones inspectoras** por las Administraciones tributarias de las entidades locales, ha de tenerse presente el **principio de colaboración** entre éstas y la Administración tributaria del Estado y de las Comunidades Autónomas. Así, los servicios de inspección de estas Administraciones han de facilitarse toda la información que mutuamente se soliciten y comunicarse inmediatamente los hechos con trascendencia para la aplicación de los tributos de cualquiera de ellas que se pongan de manifiesto como consecuencia de actuaciones de comprobación e investigación desarrolladas por los mismos.
Por otra parte, las actuaciones inspectoras que hayan de efectuarse **fuera del territorio** de la respectiva entidad local en relación con sus tributos, serán practicadas por los órganos competentes de la correspondiente Comunidad Autónoma cuando deban realizarse en el ámbito territorial de ésta, y por los órganos de la Inspección del Estado o de la Comunidad Autónoma competente por razón del territorio, en otro caso, previa solicitud del Presidente de la respectiva Corporación (RGGI art.167).
Centrando el análisis en las **principales figuras tributarias** de las entidades locales, es preciso hacer referencia a los impuestos exigidos por los ayuntamientos, bien con carácter obligatorio: Impuesto sobre Bienes Inmuebles (nº 220 s.), Impuesto sobre Actividades Económicas (nº 230 s.) e Impuesto sobre Vehículos de Tracción Mecánica (nº 235); bien en aquellos casos en que acuerden su imposición: Impuesto sobre Construcciones, Instalaciones y Obras (nº 240 s.) e Impuesto sobre el Incremento de Valor de los Terrenos de Naturaleza Urbana (nº 245).

Precisiones Son aplicables a las actuaciones inspectoras desarrolladas por un Ayuntamiento las normas legales y reglamentarias que regulan el **plazo** del procedimiento inspector y las consecuencias de su incumplimiento (TSJ Castilla-La Mancha 23-11-05, EDJ 214170).

a. Impuesto sobre Bienes Inmuebles

(LHL art.60 a 77; RDLeg 1/2004 art.19 y 20; OM HAC/2318/2003)

220 El Impuesto sobre Bienes Inmuebles es un tributo directo de carácter real que grava el valor de los bienes inmuebles en los términos establecidos en la Ley de Haciendas Locales.
Es preciso distinguir en este impuesto las competencias de liquidación y recaudación, que corresponden en exclusiva al ayuntamiento, y las competencias propias de la **inspección catastral**, atribuidas a la Dirección General del Catastro y reguladas en la Ley del Catastro

Inmobiliario (RDLeg 1/2004), sin perjuicio de la posible existencia de un convenio de delegación de funciones entre el Catastro y el ayuntamiento o entidad local correspondiente, y de la posibilidad de realizar actuaciones de inspección conjuntas entre la Dirección General del Catastro y los ayuntamientos y demás entidades que ejerzan la gestión tributaria del Impuesto sobre Bienes Inmuebles, a petición de estos últimos.

Las actuaciones de **inspección catastral** pueden ser de comprobación e investigación de los hechos, actos, negocios y demás circunstancias relativas a los bienes inmuebles susceptibles de originar una incorporación o modificación en el catastro inmobiliario, así como de obtención de información, de valoración, de informe y asesoramiento. Las primeras tienen por objeto tanto la comprobación de las declaraciones y comunicaciones que están obligados a presentar los sujetos pasivos de este impuesto, como la investigación de la existencia de hechos, actos o negocios no declarados o comunicados o que lo hayan sido parcialmente. Estas actuaciones se desarrollan conforme a lo dispuesto en la Ley del Catastro Inmobiliario y la LGT y se documentan en comunicaciones, diligencias, actas e informes. Las actuaciones de inspección catastral finalizan con el correspondiente **acto de alteración catastral**, que puede consistir bien en la incorporación de bienes inmuebles en el catastro, bien en la modificación de la descripción de los mismos (RDLeg 1/2004 art.19 y 20). **222**

Estas atribuciones propias de la inspección catastral son ejercidas (OM HAC/2318/2003): **225**
- en la esfera central, por la Subdirección General de Catastros Inmobiliarios, integrada en la Dirección General del Catastro, respecto de todo el territorio nacional, excepto Navarra y País Vasco;
- en la esfera de la Administración periférica de la Hacienda Pública, por las Gerencias Regionales, Territoriales y Subgerencias de las Delegaciones de Economía y Hacienda.

Tienen la consideración de **Inspector Jefe**:
- el Subdirector General de Catastros Inmobiliarios, respecto de las actuaciones desarrolladas directamente por el personal inspector integrado en la Subdirección; y
- los Jefes de Área Regional de Inspección y los Jefes de Área de Inspección de las Gerencias Regionales, Territoriales y Subgerencias de Catastro.

Los órganos del Catastro pueden desarrollar **actuaciones de inspección conjunta** con los ayuntamientos y entidades que ejerzan la gestión tributaria del IBI, a petición de los mismos.

Precisiones La DG Catastro Resol 16-7-07 aprueba los modelos de actas de inspección catastral y los documentos formalizados en actuaciones realizadas por las entidades colaboradoras con ese organismo.

b. Impuesto sobre Actividades Económicas

(LHL art.78 a 91; RD 243/1995 art.18)

El Impuesto sobre Actividades Económicas es un tributo directo de carácter real, cuyo hecho imponible está constituido por el mero ejercicio en territorio nacional de actividades empresariales, profesionales o artísticas, se ejerzan o no en local determinado y se hallen o no especificadas en las tarifas del impuesto. **230**

El IAE se gestiona a partir de su **matrícula**, que está constituida por los censos comprensivos de los sujetos pasivos que ejerzan actividades económicas y no estén exentos del impuesto (RD 243/1995 art.2).

Las competencias en materia de **inspección** del Impuesto les corresponden a los órganos competentes de la Administración tributaria del Estado. No obstante, cuando se trate de cuotas municipales, estas competencias pueden ser **delegadas** por el Ministro de Hacienda en los ayuntamientos, diputaciones provinciales, consejos y cabildos insulares, comunidades autónomas y otras entidades reconocidas por las leyes que lo soliciten.

La **gestión censal** se lleva a cabo por los órganos competentes de la Administración tributaria del Estado, salvo que se delegue en los ayuntamientos, diputaciones provinciales, cabildos o consejos insulares o en las CCAA que lo soliciten, como ocurre, en la práctica, en la mayor parte de los casos. El resultado de estas actuaciones de inspección censal se formalizan en un acta en el que se señalan los elementos necesarios para determinar la cuota y, en su caso, se propone la liquidación que se estime procedente.

Precisiones Las **solicitudes de delegación** deben presentarse antes del 1 de octubre del año anterior a aquel en que haya de surtir efecto, realizándose la delegación mediante OM del ministro competente publicada en el BOE antes del inicio del año natural en que debe surtir efecto (RD 243/1995 art.18). **232**

En cumplimiento de lo expuesto, con efectos desde el 1 de enero de cada año, mediante orden ministerial se relacionan las entidades a las que se ha concedido la delegación, así como aquellas a los que se revoca o que han renunciado a la misma (**para 2024**: OM HFP/1405/2023 -delegación de la inspección- y OM HFP/1390/2023 -delegación de la gestión censal-; **para 2023**: OM HFP/1335/2022 redacc OM HFP/396/2023 -delegación de la inspección- y OM HFP/1334/2022 -delegación de la gestión censal-).

234 Ejemplo La Inspección de los Tributos del Estado, al comprobar el IS o el IRPF de empresarios o profesionales, puede descubrir, bien que el obligado tributario figura dado de alta en un epígrafe distinto de la tarifa del IAE, o bien que, desarrollando distintas actividades, únicamente ha declarado una de ellas a efectos de este impuesto.
Estas circunstancias se reflejan en la oportuna diligencia, pues pueden tener trascendencia en la regularización de los impuestos sobre la renta, sin perjuicio de que se amplíen las actuaciones a la comprobación del IAE y se incoe el acta oportuna por este impuesto, salvo que, como ocurre en la mayoría de los casos, esté delegada su inspección. Si es así, la diligencia formalizada se remitirá al ayuntamiento, diputación provincial, cabildo, consejo insular o Comunidad Autónoma, siendo la Inspección de estas entidades la que, mediante el oportuno procedimiento inspector, practique la liquidación que corresponda.

c. Impuesto sobre Vehículos de Tracción Mecánica

(LHL art.92 a 99)

235 El Impuesto sobre vehículos de Tracción Mecánica es un impuesto exigible con carácter obligatorio. Se trata de un tributo directo que grava la titularidad de los vehículos de esta naturaleza aptos para circular por las vías públicas, cualquiera que sea su clase y su categoría.
La inspección de este impuesto, así como los demás aspectos de su aplicación, corresponde al ayuntamiento del **domicilio** en el que conste el **permiso de circulación** del vehículo.

d. Impuesto sobre Construcciones, Instalaciones y Obras

(LHL art.100 a 103)

240 El Impuesto sobre Construcciones, Instalaciones y Obras es un impuesto indirecto que grava la realización, dentro del término municipal, de cualquier construcción, instalación u obra para la que se exija la obtención de la correspondiente **licencia** de obras o urbanística o para la que se exija presentación de declaración responsable o comunicación previa, siempre que la expedición de la licencia o la actividad de control corresponda al ayuntamiento de la imposición. Sólo es exigible en aquellos casos en los que así se acuerde por la entidad local competente.
Sin perjuicio de que el ayuntamiento pueda exigir este impuesto en régimen de **autoliquidación**, realizando, en su caso, las oportunas actuaciones de comprobación e investigación, normalmente se practica una **liquidación provisional** a cuenta de la que se gire, tras la oportuna comprobación administrativa, una vez finalizada la construcción, instalación u obra. La liquidación provisional a cuenta se practica en función del presupuesto presentado por los interesados, siempre que hubiera sido visado por el colegio oficial correspondiente o, cuando la ordenanza fiscal así lo prevea, en función de los índices o módulos que ésta establezca al efecto. Una vez finalizada la construcción, instalación u obra, y teniendo en cuenta su coste real y efectivo, el ayuntamiento, mediante la oportuna comprobación administrativa, practica, en su caso, la correspondiente liquidación definitiva.

242 Precisiones Practicada por el órgano de gestión tributaria la liquidación definitiva por el ICIO, no es posible iniciar posteriormente un **procedimiento de inspección** en el que se revisa la base imponible al comprobarse que el coste real y efectivo de las obras realizadas era superior al fijado (TS 12-3-15, EDJ 36508).

e. Impuesto sobre el Incremento de Valor de los Terrenos de Naturaleza Urbana

(LHL art.104 a 110)

245 El Impuesto sobre el Incremento de Valor de los Terrenos de Naturaleza Urbana grava el aumento de valor que experimenten determinados terrenos y que se ponga de manifiesto como consecuencia de la transmisión de la propiedad de los mismos por cualquier título o de la constitución o transmisión de cualquier derecho real de goce, limitativo del dominio. Es exigible sólo en aquellos casos en los que la entidad local así lo acuerde.
Salvo que el ayuntamiento establezca el régimen de autoliquidación, los sujetos pasivos están obligados a presentar la declaración de este impuesto, conteniendo los elementos de la relación tributaria imprescindibles para practicar la **liquidación** correspondiente y

acompañando el documento en el que consten los actos o contratos que originen la imposición. **245** (sigue)

Cuando se exija el impuesto por el sistema de **autoliquidación**, el ayuntamiento correspondiente sólo puede comprobar que la misma se ha efectuado mediante la aplicación correcta de las normas reguladoras del impuesto, sin que puedan atribuirse valores, bases o cuotas diferentes de las resultantes de tales normas. No obstante, se reconoce a los ayuntamientos, respecto a dichas autoliquidaciones, la facultad de comprobar los valores declarados por el interesado o el sujeto pasivo a los efectos del supuesto de no sujeción cuando no existe un incremento de valor (LHL art.104.5) y de la regla para evitar la tributación por una plusvalía superior a la obtenida (LHL art.107.5).

Precisiones 1) El **Tribunal Constitucional** ha declarado **inconstitucionales y nulos** ciertos preceptos de la LHL relativos al método de determinación de la base imponible, por contravenir injustificadamente el **principio de capacidad económica** como criterio de la imposición (TCo 182/2021).

El Tribunal reafirma que el principio de que se debe contribuir al sostenimiento de los gastos públicos de acuerdo con la capacidad económica opera respecto de todos los impuestos y se lesiona si quienes tienen una menor capacidad económica soportan una mayor carga tributaria que los que tienen una capacidad superior.

El Tribunal Constitucional aplica el principio de capacidad económica como criterio o parámetro de imposición a la regla de **cuantificación de la base imponible** del IIVTNU.

2) A raíz de la Jurisprudencia del Tribunal Constitucional, **se ha adaptado la normativa** que regula el IIVTNU. Así, se ha introducido un nuevo **supuesto de no sujeción** para los casos en que se constate, a instancia del interesado, que no se ha producido un incremento de valor por diferencia entre los valores de los terrenos en las fechas de transmisión y adquisición; se ha mejorado técnicamente la **determinación de la base imponible** para que refleje en todo momento la realidad del mercado inmobiliario, y se ha introducido una regla de salvaguarda con la finalidad de evitar que la tributación por este impuesto pudiera en algún caso resultar contraria al principio de capacidad económica, permitiendo, a instancia del sujeto pasivo, acomodar la carga tributaria al incremento de valor efectivamente obtenido.

Respecto al nuevo supuesto de no sujeción, el interesado en **acreditar la inexistencia de incremento de valor**, debe declarar la transmisión, así como aportar los títulos que documenten la transmisión y la adquisición. Se entiende por interesados, a estos efectos, las personas o entidades que tienen la consideración del sujetos pasivos del Impuesto (ver nº 12668 Memento Fiscal 2024).

Para constatar la inexistencia de incremento de valor, como **valor de transmisión o de adquisición** del terreno se debe tomar en cada caso el mayor de los siguientes valores, sin que puedan computarse los gastos o tributos que graven dichas operaciones: el que conste en el título que documente la operación o el comprobado, en su caso, por la Administración tributaria.

Cuando lo que se transmite es un inmueble en el que hay **suelo y construcción**, se debe tomar como valor del suelo el que resulte de aplicar la proporción que represente en la fecha de devengo del Impuesto el valor catastral del terreno respecto del valor catastral total. Esta proporción se aplica tanto al valor de transmisión como, en su caso, al de adquisición.

3) El Pleno del Tribunal Constitucional declara la **constitucionalidad de la modificación mediante Real Decreto Ley** (RDL 26/2021) de la LHL para adaptarla a la jurisprudencia del Tribunal Constitucional relativa al IIVTNU (TCo 17/2023; 35/2023; TCo nota informativa 19/2023).

4) Con carácter previo a la sentencia del Tribunal Constitucional, el **Tribunal Supremo** ya se había pronunciado sobre el IIVTNU, estableciendo lo siguiente:

- corresponde al obligado tributario probar la inexistencia de incremento de valor del terreno onerosamente transmitido. Para acreditar que no ha existido la plusvalía gravada por el IIVTNU el sujeto pasivo puede ofrecer cualquier principio de prueba, que al menos indiciariamente permita apreciarla, como es la diferencia entre el valor de adquisición y el de transmisión que se refleja en las correspondientes escrituras públicas, optar por una prueba pericial que confirme tales indicios; o, emplear cualquier otro medio probatorio conforme a la LGT que ponga de manifiesto el decremento de valor del terreno transmitido y la consiguiente improcedencia de girar liquidación por el IIVTNU (TS 9-7-18, EDJ 513434);
- sentado que en la LHL pervive una presunción iuris tantum de existencia de incremento de valor del terreno de naturaleza urbana transmitido, corresponde al sujeto pasivo que alegue que no ha existido dicha plusvalía aportar prueba suficiente que permita concluir que el precio de la transmisión no fue superior al de adquisición del bien. La carga de la prueba de la inexistencia de plusvalía recae sobre el obligado tributario con independencia de la forma concreta en la que el Ayuntamiento haya previsto la gestión del IIVTNU, ya sea por el procedimiento iniciado mediante declaración o por el sistema de autoliquidación (TS 13-2-19, EDJ 509177);
- resulta contraria a Derecho -por implicar un claro alcance confiscatorio- una liquidación del IIVTNU que, aplicando los artículos correspondientes de la LHL, establezca una cuota impositiva que coincida con el incremento de valor puesto de manifiesto como consecuencia de la transmisión del terreno, esto es, que absorba la totalidad de la riqueza gravable, pues la cuota a pagar es superior al incremento patrimonial obtenido por el contribuyente. Las transmisiones en las que no se produzca un incremento de valor o ganancia, no están sujetas al impuesto, de forma que en estos casos, no procede el pago de aquel, teniendo derecho los contribuyentes que lo hayan llevado a cabo a la recuperación de las cuantías pagadas ya sea por venta, herencia o donación (TS 9-12-20, EDJ 742110).

SECCIÓN 2

Derechos y deberes del personal inspector

1. Personal inspector

256 Cada Administración tributaria determina en su normativa de organización específica los puestos de trabajo de los distintos **órganos** con funciones inspectoras que tienen a su cargo el desempeño de tales funciones (RGGI art.169).
En el ámbito de la AEAT tienen la **consideración** de personal inspector, los inspectores, técnicos y agentes de la Hacienda Pública (funcionarios del Cuerpo Superior de Inspectores de Hacienda del Estado, Cuerpo Técnico de Hacienda y Cuerpo General Administrativo de la Administración del Estado, respectivamente), que desempeñen puestos de trabajo en los órganos señalados en nº 30 s. y nº 105 s.
Estos funcionarios tienen las **atribuciones y facultades** propias de la Inspección de los Tributos a los efectos de realizar las actuaciones inspectoras, documentar sus resultados y dictar las liquidaciones u otros actos administrativos que procedan, según las tareas propias de cada puesto de trabajo (RGGI art.61.1; AEAT Resol 24-3-92 aptdo.siete).

258 Junto con el personal destinado en los órganos con funciones inspectoras, tienen también la consideración de personal inspector aquellos funcionarios que desempeñen puestos de trabajos en **órganos con funciones distintas** (recaudación, informática tributaria...) y que intervengan en las actuaciones y procedimientos de inspección de acuerdo con lo regulado en las normas de organización específica de la respectiva Administración tributaria. La consideración de personal inspector de estos funcionarios implica el reconocimiento a los mismos de las facultades que pueden ejercerse en las distintas actuaciones inspectoras (nº 1500 s.) (RGGI art.61.2).
Estos funcionarios, desde el momento de la toma de posesión en los puestos de trabajo que supongan el desempeño de funciones propias de la Inspección de los Tributos o desde el momento en que el órgano competente autorice su intervención en las actuaciones inspectoras conforme a lo dispuesto en las normas de organización específica, gozan de los **derechos y consideraciones** y quedan **sujetos** a los deberes inherentes tanto al ejercicio de la función pública como a los propios de su condición.

Precisiones Los **acuerdos y autorizaciones de colaboración** en virtud de los cuales funcionarios no destinados en órganos con competencias inspectoras, pueden adquirir, aunque sea temporalmente, la condición de personal inspector, se regulan por la AEAT Resol 24-3-92 aptdo.seis.

260 Ejemplo D. A. aprueba la oposición del Cuerpo Superior de Inspectores de Hacienda del Estado el 15 de octubre de X0. El 2 de enero de X1 toma posesión como funcionario en prácticas y tras superar brillantemente el curso en la Escuela de Hacienda Pública toma posesión como Inspector adjunto al Jefe de Unidad en la Dependencia Regional de Inspección de Cataluña el 2 de enero de X2. A lo largo de su carrera administrativa desempeña, entre otros, los siguientes puestos:
- Jefe de Unidad de Recaudación en la Dependencia Regional de Recaudación de Cataluña.
- Vocal del Tribunal Económico-Administrativo Regional de Cataluña.
- Inspector Coordinador en la Subdirección de Inspección Territorial del Departamento de Inspección Financiera y Tributaria.
- Inspector de la Oficina Técnica de la Dependencia de Control Tributario y Aduanero de la DCGC.
- Jefe de la Dependencia Regional de Inspección de Castilla-La Mancha.

D. A. solo tiene la consideración de personal inspector y, en consecuencia, puede ejercer las facultades propias de las actuaciones inspectoras, cuando toma posesión de los siguientes puestos y hasta el cese en los mismos: Inspector adjunto al Jefe de Unidad en la Dependencia Regional de Inspección de Cataluña; Inspector de la Oficina Técnica de la Dependencia de Control Tributario y Aduanero de la DCGC; y Jefe de la Dependencia Regional de Inspección de Castilla-La Mancha.

2. Derechos y consideraciones del personal inspector

Consideración de agentes de autoridad (LGT art.142.4; RGGI art.60.1) Los funcionarios de la Inspección de los Tributos, junto con los de Recaudación y los que realicen actuaciones de comprobación limitada fuera de las oficinas de la Administración tributaria, tienen la consideración de agentes de autoridad. 265
La consideración de estos funcionarios en el ejercicio de actuaciones inspectoras como agentes de autoridad puede tener importantes efectos, incluso en el **orden penal**, para aquellos que ofrezcan resistencia o cometan atentado o desacato contra ellos, de hecho o de palabra, durante actos de servicio o con motivo del mismo (ver nº 1935 s.).

Derecho a recabar la protección y auxilio de las autoridades públicas (LGT art.142.4; RGGI art.60.1) Las autoridades, cualquiera que sea su naturaleza, deben prestar a los funcionarios de la Inspección de los Tributos apoyo, concurso, auxilio y protección para el ejercicio de sus funciones (ver nº 1920). 270
La **denegación del apoyo y concurso** a la Inspección en el ejercicio de sus funciones puede ser considerada como actuación tendente a dilatar, entorpecer o, incluso, impedir las actuaciones inspectoras, dando lugar a las oportunas responsabilidades en el orden sancionador administrativo.

Precisiones Para acreditar su condición de personal inspector y poder hacer efectivos estos derechos y consideraciones, los inspectores, técnicos y agentes de la Hacienda Pública que desempeñan su trabajo en los órganos con atribuciones propias de la Inspección de los Tributos disponen de un **carné identificativo** que se entrega desde el momento de la toma de posesión y hasta que se produce el cese en un puesto de trabajo con funciones inspectoras (ver nº 1925 s.). 271

3. Deberes del personal inspector

La Inspección de los Tributos, como parte integrante de la Administración tributaria, debe servir con objetividad los **intereses generales** y actuar de acuerdo con los **principios** de eficacia, jerarquía, descentralización, desconcentración y coordinación, con sometimiento pleno a la Constitución, a la Ley y al Derecho (LRJSP art.3). 275
A continuación se analizan los siguientes **deberes** del personal inspector:
- trato debido a los obligados tributarios (nº 280);
- información a los obligados tributarios (nº 285);
- deber de secreto y sigilo (nº 290 s.);
- deber de denuncia (nº 300);
- deber de abstención (nº 305 s.).

Trato debido a los obligados tributarios (LGT art.34.1.j y k; RGGI art.180.2 y 4) El personal inspector, en el ejercicio de sus funciones, debe tratar a los obligados tributarios con el debido respeto y consideración, desarrollando las actuaciones que requieran su intervención en la forma que resulte menos gravosa, siempre que no perjudique el cumplimiento de sus obligaciones tributarias. 280
La dirección de las actuaciones inspectoras corresponde a los funcionarios de la Inspección de los Tributos, de forma que es la Inspección la que decide el **lugar, día y hora** en que dichas actuaciones deben practicarse. No obstante, la Inspección debe perturbar lo menos posible el desarrollo normal de las **actividades económicas o laborales** del obligado tributario, siempre que quede garantizado el ejercicio de las facultades que la normativa le reconoce.

Información a los obligados tributarios (LGT art.34.1.ñ y 141) El personal inspector debe informar a los obligados tributarios, al **inicio de las actuaciones de comprobación e inspección**, de la naturaleza y alcance de las mismas, así como de sus derechos y obligaciones tributarias y la forma en que deben cumplir estas últimas. 285
Aunque la LGT incluye entre las actuaciones que suponen el ejercicio de la inspección tributaria la información a los obligados tributarios, estas actuaciones no deben identificarse con las actuaciones de información y asistencia tributaria propias de los órganos de gestión (LGT art.117.1.m).
A diferencia de estas últimas que tienen sustantividad propia, los órganos de Inspección prestan la debida información a los obligados tributarios sólo con ocasión del desarrollo de otras actuaciones inspectoras. Así, a título de ejemplo, en el momento en que se notifica el inicio del procedimiento de inspección, a la comunicación de inicio se acompaña un anexo informativo en el que se indican los principales derechos y obligaciones del contribuyente durante el desarrollo de las actuaciones de comprobación e investigación (ver nº 2990 s.).

290 **Deber de secreto y sigilo** (LGT art.95 redacc L 31/2022 y L 13/2023 y 95 bis; RGGI art.60.4) El personal inspector debe guardar el más estricto y completo sigilo respecto de los **datos, informes o antecedentes** de los que tenga conocimiento en el ejercicio de sus funciones, constituyendo falta disciplinaria muy grave la infracción de este deber, sin perjuicio de las responsabilidades penales o civiles que pudieran derivarse.

Este deber de la Inspección es consecuencia del **carácter reservado** de los datos, informes o antecedentes obtenidos por la Administración tributaria en el desempeño de sus funciones, de forma que sólo pueden ser utilizados para la efectiva aplicación de los tributos o recursos cuya gestión tenga encomendada y para la imposición de las sanciones que procedan.

Estos datos no pueden ser cedidos a terceros, salvo en los casos previstos en la Ley, entre los que destacan:

- la colaboración con los órganos jurisdiccionales y el Ministerio Fiscal en la investigación o persecución de delitos que no sean perseguibles únicamente a instancia de parte;
- la colaboración con otras Administraciones tributarias a efectos del cumplimiento de obligaciones fiscales en el ámbito de sus competencias;
- la colaboración con las Administraciones públicas para la prevención (con efectos **desde el 1-1-2023**), la lucha contra el delito fiscal y contra el fraude en la obtención o percepción de ayudas o subvenciones a cargo de fondos públicos o de la UE, incluyendo, con efectos **desde el 1-1-2023**, las medidas oportunas para prevenir, detectar y corregir el fraude, la corrupción y los conflictos de intereses que afecten a los intereses financieros de la UE;
- con efectos **desde el 26-5-2023**, la colaboración con las entidades responsables de los procedimientos de adjudicación de contratos y concesión de subvenciones vinculadas a la ejecución del Plan de Recuperación, Transformación y Resiliencia, en relación con el análisis sistemático de riesgo de conflicto de interés;
- la colaboración con los jueces y tribunales para la ejecución de resoluciones judiciales firmes.

No obstante existe una **excepción** al carácter reservado de la información obtenida y se habilita a la Administración a publicar los datos de aquellos obligados tributarios que sean deudores de la Hacienda Pública, incluidos los que tengan la condición de deudores al haber sido declarados responsables solidarios (**listado de deudores**), siempre que el importe total de las deudas tributarias y sanciones pendientes de ingreso, incluidas en su caso las que se hubieran exigido tras la declaración de responsabilidad solidaria, supere los 600.000 euros, y que dichas deudas o sanciones no hubiesen sido pagadas transcurrido el plazo original de ingreso en período voluntario salvo que se encontraran aplazadas o suspendidas. En el supuesto de deudas incluidas en acuerdos de declaración de responsabilidad, es necesario que haya transcurrido el plazo de pago de ingreso en período voluntario tras la notificación del acuerdo de declaración de responsabilidad y, en su caso, del acuerdo de exigencia de pago.

Se excluye del listado a los deudores que, antes de la finalización del plazo para formular alegaciones a su inclusión en la lista, paguen (y justifiquen) la totalidad de la cantidad adeudada.

Asimismo, se permite la publicidad de determinados datos personales del condenado o del responsable civil contenidos en fallos de sentencias condenatorias, entre otros, por Delitos contra la Hacienda Pública.

Precisiones El TS matiza la legislación sobre la materia y establece que, a efectos de la **publicidad** de **situaciones de incumplimiento** relevante de las obligaciones tributarias, solo pueden ser incluidas en los **listados** de la LGT art.95 bis aquellas personas físicas o jurídicas que ostenten la condición de deudores a la Hacienda Pública por deudas o sanciones tributarias firmes (TS 25-1-23, EDJ 505829).

El interesado puede alegar ante la Administración que no concurren los requisitos y presupuestos para su inclusión en el listado, invocando en el seno del procedimiento judicial ulterior cualquier motivo, constituya o no una mera cuestión de error de hecho o material, incluidas cuestiones de índole jurídica relacionadas con los requisitos y presupuestos para acordar su inclusión y subsiguiente publicación.

292 Este deber de secreto y sigilo ha de entenderse únicamente en el **ámbito externo** de los órganos encargados de la aplicación de los tributos. Así, cualquier órgano que tenga atribuidas funciones inspectoras puede utilizar los datos, informes y antecedentes obtenidos como resultado de cualesquiera actuaciones inspectoras para el adecuado desempeño de sus funciones, tanto respecto del obligado tributario con el que se hayan desarrollado dichas actuaciones como de otros obligados tributarios. Esta información puede, asimismo, ser comunicada a otros órganos inspectores, así como a los órganos de gestión o recaudación, siempre que pueda ser útil para el ejercicio de sus funciones.

Precisiones 1) Los funcionarios de la Inspección de los Tributos no están obligados a declarar como **testigos** en los procedimientos civiles ni en los penales por delitos perseguibles únicamente a instancia de parte cuando, en ambos casos, no puedan hacerlo sin violar el deber de sigilo que estén obligados a guardar (LECr art.417; RGGI art.60.6). El testigo que tenga por su profesión el deber de guardar secreto respecto de los hechos por los que se le interrogue, tiene la obligación de manifestarlo razonadamente para que el tribunal resuelva lo que proceda en Derecho (LEC art.371). Así, los miembros de la Inspección de los Tributos, en el supuesto de ser citados como testigos y ser preguntados sobre hechos que conozcan por razón de su cargo, deben manifestar su deber de guardar secreto y observar el más estricto y completo sigilo, sin que puedan divulgar tales hechos, salvo que el juez, aun invocando este deber de secreto, les autorice a declarar. 293

2) La actuación como **perito** supone aportar un conocimiento y una experiencia científica o técnica sobre unos hechos ya conocidos en el proceso por el juez y por las partes, por lo que no existe secreto que invocar. La actuación de los peritos en el proceso penal se caracteriza por ser un encargo judicial de carácter personal que se concreta en la obligación de acudir al llamamiento judicial y emitir el informe pericial, salvo que concurra en la persona designada como perito alguna causa legítima que le exonere de este encargo judicial (LECr art.464).

Los funcionarios de la Inspección que actúen como peritos en un proceso penal sólo pueden emitir su informe sobre la base de los datos o hechos acreditados en el mismo. Si estiman necesario acceder a información accesoria disponible en la Administración tributaria, deben solicitar al juez que recabe dicha información de forma concreta.

3) En el ámbito de los **delitos contra la Hacienda Pública**, el hecho de constituir la determinación de la cuota defraudada una cuestión prejudicial de naturaleza administrativa-tributaria que debe resolver el propio órgano jurisdiccional penal, no impide que éste cuente con el informe o dictamen técnico de la Inspección tributaria, que únicamente constituirá un elemento probatorio más a valorar por el tribunal sentenciador. Por otra parte, la actuación como perito de un inspector de Hacienda en un delito fiscal no vulnera el principio de imparcialidad que debe respetarse en la elaboración del informe pericial, dado que la vinculación laboral del mismo con el sector de la Administración que gestiona los intereses afectados por el delito que se enjuicia no genera interés personal en la causa (TS 6-11-00, EDJ 32433; 5-12-02, EDJ 55451).

Deber de denuncia (LGT art.95.3; RGGI art.60.3) Cuando de los datos, informes o antecedentes de los que tenga conocimiento la Inspección en el desarrollo de sus actuaciones se derive la **posible existencia de un delito** no perseguible únicamente a instancia de persona agraviada, debe denunciarlo. En este caso debe deducir el tanto de culpa o remitir al Ministerio Fiscal relación circunstanciada de los hechos que se estimen constitutivos de delito, sin perjuicio de poder iniciar directamente el oportuno procedimiento mediante querella a través del servicio jurídico competente. 300

Asimismo, cuando los funcionarios de la Inspección de los Tributos conozcan en el curso de las actuaciones que desarrollen hechos que pudieran constituir fraudes en la obtención o percepción de **ayudas o subvenciones** a cargo de fondos públicos o de la Unión Europea, los deben hacer constar en diligencia y remitirla al órgano administrativo competente o, en su caso, al Ministerio Fiscal o a la autoridad judicial.

Deber de abstención (LRJSP art.23) Para garantizar la **objetividad e imparcialidad** de los funcionarios que intervienen en los procesos y procedimientos se establecen las figuras de la abstención y la recusación. 305

La abstención se configura como un deber del personal inspector, siendo su contrapartida el derecho del obligado tributario de recusar al funcionario que no se haya abstenido voluntariamente. La abstención consiste en la inhibición del inspector, técnico de Hacienda o agente, en la tramitación y resolución de un procedimiento de inspección en el que, conforme a las normas generales de distribución de competencias, podría intervenir, cuando concurran circunstancias que puedan comprometer su imparcialidad, en interés propio o ajeno, bien beneficiando, bien perjudicando a terceros.

Son **motivos de abstención y recusación** los siguientes:

a) Tener interés personal en el asunto de que se trate o en otro en cuya resolución pudiera influir la de aquél. El interés personal no siempre tiene que ser económico o patrimonial.

b) Ser administrador de sociedad o entidad objeto de la actuación inspectora. Este motivo es difícil que se dé en la práctica atendiendo al régimen de incompatibilidades al que está sometido el personal inspector.

c) Tener cuestión litigiosa pendiente con la persona o entidad objeto de la actuación inspectora. Esta causa de abstención hay que ponerla en relación con la señalada en el número 1, pues deben ser cuestiones litigiosas que afecten a intereses personales del funcionario y no las que deriven de su actuación profesional. La interposición de una denuncia o querella contra el funcionario actuante no es, en sí misma, causa de abstención o recusación.

d) Tener un vínculo matrimonial o situación de hecho asimilable y el parentesco de consanguinidad dentro del cuarto grado o de afinidad dentro del segundo, con cualquiera de

los interesados, con los administradores de entidades o sociedades interesadas y también con los asesores, representantes legales o mandatarios que intervengan en el procedimiento.
e) Tener relación profesional con el interesado o tener amistad íntima o enemistad manifiesta con el mismo.
f) Haber tenido intervención como perito o como testigo en el procedimiento de que se trate.
g) Tener relación de servicio con persona natural o jurídica interesada directamente en el asunto, o haberle prestado en los dos últimos años servicios profesionales de cualquier tipo y en cualquier circunstancia o lugar.
Las causas de abstención y recusación anteriores son **tasadas**.
El personal al servicio de la Administración en quien se dé alguno de los motivos de abstención debe abstenerse de intervenir en el procedimiento y comunicarlo a su superior inmediato quien resolverá lo procedente.

307 Precisiones **1)** Las causas de abstención y recusación son taxativas y no pueden ser aplicadas de forma analógica. No puede ser asimilada la condición de actuario o miembro de un equipo de inspección con la de **perito**, por lo que no puede apreciarse causa alguna de abstención o recusación en el instructor del expediente por el hecho de haber intervenido con anterioridad en el procedimiento de comprobación tributaria (TS 8-4-10, EDJ 92015; 19-4-12, EDJ 93616; AN 22-1-14, EDJ 3459; 23-10-14, EDJ 194795).
2) La solicitud de recusación del actuario por el obligado tributario obliga a paralizar la **tramitación del procedimiento** de inspección hasta que se resuelva expresamente el incidente procedimental (TSJ País Vasco 25-10-10, EDJ 252658).
3) El **alargamiento de la tramitación** del expediente y la **falta** del deber de guardar **sigilo** no son motivos de abstención, sino de reclamación en queja con las posibles consecuencias disciplinarias para los funcionarios (TS 7-10-10, EDJ 251850).
4) La recusación debe tramitarse como **incidente** que suspende la tramitación del procedimiento principal y que, una vez resuelto, no da lugar a recurso administrativo alguno, sin perjuicio de la posibilidad de alegar lo que se estime procedente en el recurso que se interponga contra el acto resolutorio del procedimiento principal (TSJ Murcia 24-10-09, EDJ 268719).
5) Por la **supuesta falta de imparcialidad** del inspector por su animosidad frente al administrador único de la entidad, se invoca una causa de recusación que debe plantearse y ser resuelta en vía administrativa por el pertinente cauce legal, de modo que su simple alegación en la demanda no convierte la actuación inspectora en una vía de hecho. Hay que tener en cuenta que en el acuerdo de inicio del procedimiento sancionador se expresa que el obligado tributario recusó al responsable del equipo actuante, recusación que fue desestimada por acuerdo debidamente notificado (TSJ Madrid 8-3-16, EDJ 52601).

CAPÍTULO 2

Disposiciones generales

500

SECCIÓN 1

Obligados tributarios que deben atender a la Inspección

510

Obligados tributarios (LGT art.35) Son las personas físicas o jurídicas y las entidades a las que la normativa tributaria impone el **cumplimiento de las obligaciones** tributarias. Tienen la consideración de obligados tributarios: 513
- Los sujetos pasivos, como contribuyentes o como sustitutos del contribuyente.
- Los obligados a realizar pagos a cuenta: pagos fraccionados, retenciones e ingresos a cuenta.
- Los obligados a soportar retenciones e ingresos a cuenta.
- Los obligados a repercutir y a soportar la repercusión.
- Los sucesores.
- Los beneficiarios de supuestos de exención, devolución o bonificaciones tributarias, cuando no tengan la condición de sujeto pasivo.
- Aquellos a quienes la normativa tributaria impone el cumplimiento de obligaciones tributarias formales.
- Cuando una ley así lo establezca, las herencias yacentes, comunidades de bienes y demás entidades que, carentes de personalidad jurídica, constituyan una unidad económica o un patrimonio separado susceptible de imposición.
- Los responsables tributarios.
- Aquellos a los que se pueda imponer obligaciones tributarias conforme a la normativa sobre asistencia mutua.

Ante la **concurrencia de varios obligados** tributarios en un mismo presupuesto de una obligación, quedan solidariamente obligados frente a la Administración tributaria al cumplimiento de todas las prestaciones, salvo que la ley disponga expresamente otra cosa (LGT art.35.7). Dicha solidaridad es global y no se refiere exclusivamente al pago o cumplimiento de la obligación. Además, implica que cuando las actuaciones inspectoras son entendidas con uno de ellos son plenamente válidas y sus efectos alcanzan a los demás. 516

La Inspección, en el ejercicio de sus funciones, puede dirigirse frente a los obligados tributarios, debiendo estos atenderla y prestar la debida colaboración (LGT art.142.3; RGGI art.173.1). Dicha acción la ha de dirigir la Inspección frente a aquel obligado tributario que en cada caso ostente la **legitimación pasiva** para intervenir en la actuación inspectora de que se trate, de forma que la actuación con otro obligado va a ser inválida. El obligado tributario puede intervenir en las actuaciones inspectoras directamente o a través de un **representante** (nº 920 s.). La condición de parte de un obligado tributario en un procedimiento inspector u otra actuación inspectora determina su sujeción a unos **deberes específicos de colaboración** cuyo incumplimiento puede ser calificado como resistencia, obstrucción, excusa o negativa y, al mismo tiempo, le hace titular de los derechos que derivan del desarrollo de dicha actuación, tales como el derecho de acceso al expediente o el derecho a formular alegaciones, aportar documentos y ser oído en el correspondiente trámite de audiencia (ver nº 860 s.).

A. Sujetos pasivos y otros obligados tributarios

520 **Contribuyente y sustituto del contribuyente** (LGT art.36) El sujeto pasivo es el obligado tributario que, según la ley, debe cumplir tanto la **obligación tributaria principal** (pago de la cuota tributaria), como las **obligaciones formales** inherentes a la misma.
La condición de sujeto pasivo recae sobre quien debe repercutir la cuota tributaria, salvo que la ley de cada tributo disponga otra cosa.
El sujeto pasivo puede serlo en calidad de contribuyente o de sustituto del contribuyente:
1. El **contribuyente** es el sujeto pasivo que realiza el hecho imponible, esto es, el presupuesto fijado por la ley para configurar cada tributo, y cuya realización origina el nacimiento de la obligación tributaria principal (LGT art.20).
2. El **sustituto del contribuyente** es el sujeto pasivo que, por imposición de la ley, y en lugar del contribuyente, está obligado a cumplir la obligación tributaria principal y las obligaciones formales inherentes a ella. El sustituto puede exigir del contribuyente el importe de las obligaciones tributarias satisfechas, salvo que la ley disponga otra cosa.
Cuando las actuaciones inspectoras se dirijan a la verificación del cumplimiento de la obligación tributaria principal, la Inspección ha de dirigirse necesariamente frente al sujeto pasivo, ya sea como contribuyente o como sustituto del mismo, como único legitimado, salvo que se actúe mediante representante voluntario (nº 1050 s.) o representante legal (nº 920 s.). No obstante, en todo caso, en toda la documentación que se extienda en el curso del procedimiento de inspección y, en especial, en las actas y en las liquidaciones que se deriven de las mismas, es el sujeto pasivo el que debe figurar como el obligado tributario interesado en el procedimiento, sin perjuicio de identificar a la persona con quien se hayan entendido las actuaciones y el carácter con el que ha intervenido.

Precisiones 1) En el **ámbito aduanero**, también tiene la condición de sujeto pasivo el obligado al pago del importe de la deuda aduanera, con arreglo a la normativa aduanera.
2) En el régimen de **tributación conjunta** la falta de notificación del trámite de audiencia a uno de los cónyuges no invalida las actuaciones inspectoras siempre que se haya dado audiencia al otro cónyuge (AN 17-10-02, EDJ 130074).
3) La Administración tributaria no puede girar la liquidación directamente al contribuyente, como sujeto pasivo de la obligación tributaria, en lugar de al sustituto del contribuyente, en aquellos impuestos en los que por imposición de la ley y en lugar del contribuyente, es el **sustituto** quien resulta obligado a cumplir la obligación tributaria principal, así como las obligaciones formales inherentes a la misma (TS 17-2-23, EDJ 515911; 17-11-23, EDJ 753831).

523 **Obligados a realizar pagos a cuenta y obligados en las obligaciones entre particulares resultantes del tributo** (LGT art.23, 37 y 38) La obligación de realizar pagos a cuenta recae sobre las siguientes personas:
a) Obligado a realizar **pagos fraccionados**: Considerado como contribuyente, es aquel a quien la ley de cada tributo impone la obligación de ingresar cantidades a cuenta de la obligación tributaria principal con anterioridad a que esta resulte exigible.
b) **Retenedor**: Es la persona o entidad a quien la ley de cada tributo impone la obligación de detraer e ingresar en la Administración tributaria, con ocasión de los pagos que deba realizar a otros obligados tributarios, una parte de su importe a cuenta del tributo que corresponda a estos. Está obligada a soportar la retención la persona o entidad perceptora de las cantidades sobre las que, según la ley, el retenedor deba practicar retenciones tributarias.
c) Obligado a practicar **ingresos a cuenta**: Es la persona o entidad que satisface rentas en especie o dinerarias y a quien la ley impone la obligación de realizar ingresos a cuenta de cualquier tributo. Por su parte, la obligación de soportar los ingresos a cuenta puede ser impuesta por la ley a las personas o entidades que perciban rentas en especie o dinerarias, y en su caso la repercusión de su importe por el pagador de dichas rentas.
Se consideran obligados en las **obligaciones entre particulares** resultantes del tributo al obligado a repercutir, al obligado a soportar la repercusión, al obligado a soportar la retención y al obligado a soportar los ingresos a cuenta.

Cuando las actuaciones inspectoras se dirigen a la **comprobación de los pagos a cuenta**, se desarrollan frente a los obligados a realizar los pagos fraccionados, los retenedores y los obligados a practicar los ingresos a cuenta.
La Ley confiere al contribuyente el **derecho a deducir** de la obligación tributaria principal el importe de los pagos a cuenta soportados, salvo que la ley propia de cada tributo establezca la posibilidad de deducir una cantidad distinta de tal importe. Así, por ejemplo, en el IRPF se establece la posibilidad de que el perceptor de rentas que deben ser objeto de retención se pueda deducir de la cuota del impuesto la cantidad que debió ser retenida, aun cuando esta sea superior a la efectivamente retenida (LIRPF art.99.5).

La **obligación de repercutir** recae sobre la persona o entidad que, conforme a la ley, deba repercutir la cuota tributaria a otras personas o entidades y que, salvo que la ley disponga otra cosa, va a coincidir con aquel que realiza las operaciones gravadas. **525**
Está **obligada a soportar la repercusión** la persona o entidad a quien, según la ley, se deba repercutir la cuota tributaria y que, salvo que legalmente se disponga otra cosa, va a coincidir con el destinatario de las operaciones gravadas. El repercutido no está obligado al pago frente a la Administración tributaria, pero debe satisfacer al sujeto pasivo el importe de la cuota repercutida.
La obligación de soportar la retención o los ingresos a cuenta únicamente es exigible por el obligado a repercutir, retener o efectuar los ingresos a cuenta, pudiendo acudir a los Tribunales Económico-Administrativos para hacerla efectiva conforme al procedimiento establecido reglamentariamente (LGT art.227.4) (nº 8585 s.). La Inspección, por tanto, no va a actuar frente a los que han de soportar la retención o la repercusión del ingreso a cuenta para verificar y, en su caso, exigir el cumplimiento de estas obligaciones, sin perjuicio de poder desarrollar actuaciones cerca de los mismos en calidad de sujetos pasivos u obligados al cumplimiento de obligaciones tributarias formales, tales como comunicar correctamente datos al pagador de las rentas sometidas a retención o ingreso a cuenta.

Precisiones A título de ejemplo, están tipificadas como **infracciones** tributarias los incumplimientos de (LGT art.204 a 206):
- el deber de sigilo exigido a los retenedores y a los obligados a realizar ingresos a cuenta;
- la obligación de comunicar correctamente los datos al pagador de rentas sometidas a retención ingreso a cuenta; o
- la obligación de entregar el certificado de retenciones o ingresos a cuenta.

La obligación de realizar pagos a cuenta, pese a tratarse de una obligación a cuenta de la obligación tributaria principal que recae sobre el sujeto pasivo, es una **obligación autónoma** de esta última. Esta autonomía determina la independencia de la comprobación de la situación tributaria del obligado a realizar pagos a cuenta de un impuesto de la comprobación de la situación tributaria del sujeto pasivo del mismo. De esta forma, va a ser parte en el procedimiento inspector el retenedor u obligado a efectuar ingresos a cuenta cuyas obligaciones son objeto de comprobación, recayendo sobre él las obligaciones y derechos inherentes a esta condición de parte en el procedimiento. **527**

Precisiones **1)** La comprobación por la Inspección de la obligación de retener o de practicar ingresos a cuenta no requiere del desarrollo de una **actuación paralela de comprobación** e investigación del correcto cumplimiento de las obligaciones tributarias que correspondan a otro obligado tributario distinto, como es el sujeto pasivo del impuesto (TS 8-5-00, EDJ 8257; 27-5-02, EDJ 28454). No obstante, el TS ha matizado la autonomía de la obligación de realizar pagos a cuenta respecto de la obligación tributaria principal estableciendo que la Administración tributaria no puede exigir al retenedor las cantidades que debían haber sido retenidas e ingresadas, si en el momento en que se efectúa la regularización administrativa ya se ha extinguido la obligación tributaria principal sin que el perceptor de los rendimientos se haya deducido las mayores retenciones que pretende liquidar la Administración, sin perjuicio de la posibilidad de exigir los intereses de demora que correspondan, así como la posibilidad de sancionar al retenedor que ha incumplido su obligación (TS 5-3-08, EDJ 48949; 21-5-09, EDJ 134717; 4-11-11, EDJ 281156).
2) Es posible la imposición de **sanción al retenedor** cuando se han dejado de ingresar las cantidades que estaba obligado a retener y autoliquidar, aun cuando ya no pueda exigirse esta retención no practicada, si el perceptor de los rendimientos los ha declarado correctamente y no se ha deducido dicha retención (TS 7-12-09, EDJ 315085; 21-1-10, EDJ 9981). La aplicación de esta doctrina del TS supone la práctica de una liquidación sin cuota a ingresar y la imposición de una sanción sobre el importe la retención no ingresada en su momento.

Obligados al cumplimiento de obligaciones tributarias formales (LGT art.93 redacc L 13/2023; RGGI art.30) Entre las obligaciones tributarias formales destaca la obligación de aportar a la Administración los datos, informes o justificantes con trascendencia tributaria deducidos de las relaciones económicas, profesionales o financieras con terceras personas. La **obligación de suministrar información** a la Administración puede cumplirse con carácter general en la forma y plazos que reglamentariamente se establezcan, o bien a requerimiento individualizado de la **530**

Administración, siendo distinta la actuación de la Inspección frente al obligado a suministrar la información en ambos casos.
Así, cuando se trate de una obligación de suministro de información establecida con carácter general, la Inspección puede desarrollar cerca del obligado una **actuación de comprobación e investigación** dirigida a verificar su correcto cumplimiento, iniciando, si se acredita su incumplimiento, el oportuno expediente sancionador por infracción tributaria del nº 6915 s.
Por el contrario, si se trata de información con trascendencia tributaria que obra en poder de una persona, pero sin que exista la obligación de suministrarla con carácter general de acuerdo con lo previsto en una ley o reglamento, la Inspección va a poder desarrollar frente a la misma una **actuación de obtención de información**, bien en el curso de un procedimiento de inspección o bien al margen de este, con las facultades previstas en el nº 1190 y conforme al procedimiento establecido reglamentariamente, iniciando, asimismo, el oportuno expediente sancionador por infracción tributaria tipificada si el **requerimiento** es desatendido (nº 6936 s. y nº 6977 s.).
Un requerimiento individualizado de **información respecto de un tercero** se puede realizar en el seno de un procedimiento inspector o ser independiente de este. Así, por ejemplo, en el seno de un procedimiento inspector, el actuario puede solicitar de un proveedor, con el fin de disponer de mayor información de la proporcionada por el propio obligado tributario, datos de las ventas efectuadas al obligado inspeccionado.

Precisiones El **deber de colaboración** con la Administración tributaria se impone sin más limitación que la trascendencia tributaria de la información solicitada, así como su obtención por la persona física o jurídica, pública o privada, requerida, bien como consecuencia del cumplimiento de las obligaciones de carácter tributario que pesan sobre ella, bien en mérito a sus relaciones económicas, profesionales o financieras con terceros (TS 17-3-14, EDJ 38930; 22-4-19, EDJ 568301).

B. Sucesores

(LGT art.39 y 40; RGGI art.107 y 108)

570 **Sucesores de personas físicas** (LGT art.39) Las **obligaciones tributarias pendientes** a la muerte de los obligados tributarios se transmiten a los herederos -sin perjuicio de lo que establece la legislación civil en cuanto a la adquisición de la herencia-, y a los legatarios -cuando toda la herencia se distribuya a través de legados y en los supuestos en que se instituyan legados de parte alícuota-.
Las **obligaciones tributarias devengadas** se transmiten a los sucesores, aun en el caso de que a la fecha de la muerte del causante la deuda tributaria no estuviera liquidada, entendiéndose en este caso las actuaciones con cualquiera de los sucesores y debiendo notificarse la liquidación que resulte a todos los interesados que consten en el expediente.
En cuanto a las **sanciones**, por aplicación del principio de personalidad de la pena, no son transmisibles, aunque se hubieran liquidado antes de la muerte del causante, así como tampoco la obligación del responsable (LGT art.41 a 43), salvo que se hubiera notificado el acuerdo de declaración de responsabilidad antes del fallecimiento. Igualmente es aplicable en el caso de los legatarios.
En la **herencia yacente**, corresponde al representante el cumplimiento de las obligaciones tributarias del causante, con quien pueden realizarse o continuarse las actuaciones administrativas que tengan por objeto la cuantificación, determinación y liquidación de las obligaciones tributarias del causante. Si al término de las actuaciones no se conocieran los herederos, las liquidaciones pueden hacerse a nombre de la herencia yacente. La deuda que resulte de la liquidación practicada a nombre de la herencia yacente puede hacerse efectiva con cargo a los bienes integrados en la misma.
Las obligaciones tributarias del causante que sean transmisibles por causa de muerte y las de la herencia yacente, pueden satisfacerse con cargo a bienes de la misma herencia yacente.

573 En función del momento en que se produzca el fallecimiento del obligado tributario cabe distinguir:
a) **Deudas tributarias ya liquidadas** por la Inspección: los herederos son los obligados a ingresar el importe de la deuda resultante de la liquidación practicada, actuando frente a ellos los órganos de recaudación si la misma no se ingresa en el período voluntario de pago.
b) **Procedimientos en curso**: la Inspección debe continuar el procedimiento actuando frente a los herederos que ocupan el lugar del causante como sucesores del mismo.
c) **Procedimientos no iniciados**: la Inspección debe dirigir su acción frente a cualquiera de los herederos del obligado tributario fallecido.

Precisiones El **legatario de parte alícuota**, como sucesor de la deuda tributaria, cuenta con un interés legítimo y, por consiguiente, está legitimado para comparecer en un procedimiento económico-administrativo interpuesto por el causante y pendiente de resolución en el momento

del fallecimiento de este, en el que se discuta la procedencia en Derecho de una deuda tributaria del causante (TS 17-7-23, EDJ 632340).
No obstante, no es posible atribuirle la **condición de sucesor** de las deudas tributarias del causante cuando sea material y jurídicamente imposible hacer efectivo el legado (TS 12-9-22, EDJ 680954).

Actuaciones de la Inspección con los sucesores (RGGI art.107) Las actuaciones o procedimientos de aplicación de los tributos relativos a personas físicas fallecidas deben desarrollarse con sus sucesores. Estas actuaciones o procedimientos **pueden iniciarse con cualquiera** de los sucesores, pero una vez iniciado el procedimiento con uno o varios de ellos, ha de comunicarse esta circunstancia a los demás sucesores conocidos, quienes van a poder comparecer en el procedimiento. Dicha **notificación** tiene por objeto que puedan ejercer su derecho a personarse en el procedimiento ya iniciado. Como el RGGI no fija un plazo para que ejercer ese derecho, se podría comparecer en cualquier momento durante la tramitación del procedimiento de inspección, en cuyo caso el procedimiento debe continuar desde ese momento con todos aquellos que hayan comparecido. 576
La **liquidación** se debe practicar a nombre de todos los sucesores que hayan comparecido en el procedimiento y notificarse a los demás sucesores conocidos, por lo que la Administración debe intentar, a través de los medios a su alcance, localizar a los sucesores con el fin de evitar un posible recurso por falta de notificación a alguno no conocido en el momento de las actuaciones y que aparezca con posterioridad alegando indefensión por no haberle sido notificada la liquidación.
No obstante, cuando en los procedimientos que se desarrollen con los sucesores deba practicarse una **devolución**, a efectos del reconocimiento del derecho y pago o compensación de la devolución, los sucesores deben acreditar la proporción que a cada uno de ellos corresponda. En el caso de la herencia yacente, la devolución se ha de abonar a esta.
Los herederos, al igual que cualquier otro obligado tributario, pueden actuar ante la Inspección directamente o mediante representación especialmente conferida por un poder suficiente.

El **órgano inspector competente** en el caso de un procedimiento inspector relativo a personas físicas fallecidas, cuyas actuaciones se van a desarrollar con los sucesores -que van a ser quienes reciban la comunicación de inicio y con los que se han de entender las actuaciones y se extender las actas-, es la Dependencia Regional de Inspección del domicilio de cualquiera de ellos (AEAT Resol 24-3-92 aptdo. cuatro.2.2). 577
Si en el ámbito territorial de la Dependencia Regional que inicia el procedimiento, se encuentran domiciliados en el momento del inicio de las actuaciones **varios sucesores** de la persona física fallecida, las actuaciones pueden iniciarse con todos ellos o solo con alguno o algunos de ellos. Una vez iniciado el procedimiento con el obligado o los obligados tributarios que se encuentren domiciliados en el ámbito territorial de la Dependencia Regional, el RGGI exige que se comunique dicho inicio a los demás obligados tributarios conocidos, con independencia de donde se encuentren domiciliados. Si los obligados tributarios no tienen su domicilio fiscal en el ámbito territorial de la Dependencia Regional que haya iniciado el procedimiento, esta extiende su competencia sobre aquellos.
En los distintos **documentos** que se formalicen durante la tramitación del procedimiento deben ser identificados los distintos obligados tributarios a los que se haya citado y los que hayan decidido comparecer, sin perjuicio de que las concretas actuaciones que el actuario estime que deban realizarse se practiquen solo con los obligados tributarios que puedan aportar la documentación o facilitar la información que se requiera.
Las **actas** en las que se recojan los resultados de las actuaciones de comprobación e investigación deben formalizarse a nombre de todos los obligados tributarios con los que se esté desarrollando el procedimiento, sin perjuicio de señalar claramente que los obligados tributarios identificados en la cabecera del acta lo son como sucesores. En aquellos casos en los que las actuaciones se desarrollen con más de un obligado tributario, la formalización de un acta de conformidad o con acuerdo va a exigir la **aceptación** de todos ellos (RGGI art.185.3). En el cuerpo del acta se identifican, también, a los demás obligados tributarios conocidos que hayan decidido no comparecer en el procedimiento de inspección, haciendo mención a su condición de obligado tributario solidario, por haber sucedido junto con los otros obligados tributarios identificados en el acta en dicha obligación. Asimismo, se deja constancia de su derecho a recurrir la liquidación que derive del acta y que queda solidariamente obligado al pago de la cuota o cantidad a ingresar que resulte de la misma.
En cuanto a la **liquidación** practicada a nombre de todos los obligados tributarios con los que se haya formalizado el acta, se debe notificar a cada uno de ellos o a su representante. La liquidación, al igual que el acta, es única, estando todos ellos solidariamente obligados al pago de la deuda o cantidad a ingresar que resulte de la misma.

580 Precisiones 1) La LGT hace una remisión general a la **legislación civil** en relación con la adquisición de la herencia (LGT art.39.1), según la cual:

a. El **heredero** es aquel que sucede a título universal y **legatario** el que lo hace a título particular (CC art.660).

b. La **herencia** comprende todos los bienes, derechos y obligaciones de una persona que no se extingan por su muerte (CC art.659) y puede ser aceptada pura y simplemente o a beneficio de inventario (CC art.998).

c. La **aceptación pura y simple** de la herencia, o sin beneficio de inventario, supone que el heredero responde de todas las cargas de la herencia, no solo con los bienes adquiridos en herencia, sino también con los suyos propios (CC art.1003).

d. Hasta que hayan sido pagados todos los acreedores conocidos y los legatarios, se entiende que la herencia aceptada a beneficio de inventario se halla en administración, correspondiendo al administrador la representación de la herencia para ejercitar las acciones que a esta competan y para contestar a las demandas que se interpongan contra la misma. El **administrador de la herencia** puede ser tanto el heredero como cualquier otra persona (CC art.1026).

Asimismo, aunque la LGT no menciona de manera expresa la situación que se genera cuando la herencia es **aceptada a beneficio de inventario**, de conformidad con la legislación civil, el heredero queda obligado a pagar las deudas y demás cargas de la herencia con el límite de los bienes de la misma, no produciéndose confusión entre los bienes particulares del heredero con los que pertenezcan a la herencia (CC art.1023). En estos casos, en el acta y en la liquidación que se practique ha de constar la totalidad de la regularización que proceda, debiendo limitarse el pago de la deuda resultante a su porción hereditaria. La misma limitación resulta aplicable a efectos de la responsabilidad tributaria del legatario o heredero en estos casos, salvo por el importe de los intereses de demora devengados después del fallecimiento.

2) La **responsabilidad** varía en los diferentes casos: en la aceptación pura y simple la responsabilidad es ilimitada; por el contrario, en el caso de beneficio de inventario, la responsabilidad está limitada con el patrimonio heredado. Esta limitación de la responsabilidad no debe confundirse con el hecho de que la Hacienda Pública pueda dirigirse contra cualquiera de los herederos, cualquiera que sea su tipo de aceptación, a efectos de la exigencia de la totalidad de la obligación tributaria, con los límites cuantitativos que pudieran derivarse de lo anteriormente señalado (DGT 3-9-08).

581 **3)** La Inspección no está obligada a dirigirse al llamado a la herencia, si no le consta la **aceptación**, expresa o tácita, durante la tramitación del procedimiento. Son válidas las actuaciones con el **albacea** testamentario (TS 15-3-05, EDJ 55165).

4) La Administración puede dirigir sus actuaciones relativas a la situación tributaria del fallecido solo con una de las herederas -en concreto, la madre de las recurrentes-, dado que en los casos de concurrencia de **varios sujetos pasivos** solidarios en la obligación tributaria, las actuaciones seguidas frente a uno de ellos son válidas y eficaces frente al resto (TSJ Málaga 8-3-05, EDJ 79684).

Por ello, en caso de tributación conjunta y fallecimiento de uno de los cónyuges, deben entenderse con el **cónyuge supérstite** y con los herederos del fallecido (herencia yacente) (TEAC 29-1-99), al no mediar testamento ni declaración de herederos abintestato (AN 14-7-10, EDJ 147326).

5) Los herederos son responsables de las obligaciones tributarias del causante, por lo que a ellos se transmite la obligación de presentar la declaración del causante. En caso de no presentación o presentación incorrecta, a ellos se les liquidan los **intereses de demora y sanción**, como obligados tributarios, sin que se trate de transmisión de responsabilidad (TSJ Cataluña 17-9-96, EDJ 500066).

6) Son válidas las actuaciones inspectoras que han finalizado con la firma de actas de conformidad realizadas con los herederos cuando ha habido por su parte **aceptación tácita** de la herencia, dado que los recurrentes actuaron como sucesores hereditarios ante la Inspección, nombraron representante y presentaron declaraciones en nombre del causante por ejercicios pasados (AN 31-1-01, EDJ 103062).

582 Ejemplo Tras el fallecimiento de un obligado tributario, la Inspección decide comprobar el IRPF del ejercicio X. En el momento de iniciarse las actuaciones la herencia ya ha sido aceptada por los cuatro herederos del causante, A y B residentes en Valencia, C en Alicante y D en Albacete.

La Inspección puede dirigir la comunicación de inicio a cualquiera de los herederos o a todos ellos como sucesores del obligado tributario. Por la Dependencia Regional de Inspección de Valencia se decide iniciar las actuaciones solo con el sucesor A. Una vez iniciadas las actuaciones con A debe comunicarse la existencia de las mismas a B, C y D para que, si lo desean, se personen en el procedimiento. B y C deciden personarse y desde ese momento la Inspección se desarrollará con los tres sucesores, sin perjuicio de que sea la Inspección quien decida en cada caso con quién deben practicarse cada una de las actuaciones. La liquidación que derive del acta se practicará a nombre de los tres sucesores con los que se han desarrollado las actuaciones, si bien además se deberá notificar a D.

620 Sucesores de personas jurídicas y de entidades sin personalidad (LGT art.40)

Pueden señalarse los siguientes supuestos:

1) **Sociedades y entidades con personalidad jurídica disueltas y liquidadas**. Las **obligaciones tributarias pendientes** de las mismas se transmiten a los socios, partícipes o cotitulares,

quedando estos obligados solidariamente a su cumplimiento, hasta el límite del valor de la cuota de liquidación que se les hubiera adjudicado y demás percepciones patrimoniales recibidas en los dos años anteriores a la fecha de disolución que minoren el patrimonio social que debiera responder de las obligaciones, para los casos en que la ley limita la responsabilidad patrimonial de los socios, partícipes o cotitulares (sociedades anónimas, sociedades de responsabilidad limitada y los socios comanditarios de la sociedades comanditarias), e íntegramente para los casos en que la ley no limita la responsabilidad patrimonial de aquellos (sociedades colectivas y los socios colectivos de las sociedades comanditarias), que quedan solidariamente obligados a su cumplimiento.
Las **obligaciones tributarias devengadas** se transmiten a los socios, partícipes o cotitulares, aun en el caso de que, a la fecha de la extinción de la personalidad jurídica de la sociedad o entidad, la deuda tributaria no estuviera liquidada, entendiéndose en este caso las actuaciones con cualquiera de los sucesores.
En el caso de las personas jurídicas, las **sanciones** que puedan proceder por las infracciones cometidas son exigibles a sus sucesores, estuvieran o no liquidadas en el momento de la extinción de la personalidad jurídica de la sociedad o entidad, distinguiéndose entre entidades que limitan (sociedad anónima, sociedad de responsabilidad limitada) o no (sociedad colectiva) la responsabilidad patrimonial de los socios, partícipes o cotitulares, de la misma manera que en el caso anteriormente expuesto de la deuda.

2) **Extinción o disolución sin liquidación de sociedades y entidades con personalidad jurídica**. **623**
Son sucesores de las obligaciones tributarias pendientes de las sociedades mercantiles que se extinguen o se disuelven sin liquidación (fusión, escisión y aportación no dineraria de rama de actividad), las personas o entidades que sucedan o sean beneficiarias de la correspondiente operación. Esta misma norma es aplicable a cualquier supuesto de cesión global del activo y del pasivo de una sociedad y de una entidad con personalidad jurídica.

Precisiones **1)** La ampliación del límite que puede exigirse a los socios o partícipes de las sociedades disueltas y liquidadas incluyendo los **bienes y derechos percibidos en los dos años anteriores** a la disolución, tiene por objeto atacar aquellas actuaciones en fraude de la Hacienda Pública consistentes en repartir el patrimonio existente, una vez nacida la deuda, a los socios a través de operaciones de preliquidación, para dejar paso a una liquidación formal con una cuota inferior a la que hubiera efectivamente correspondido a los socios.
2) Cuando las operaciones de fusión, escisión y aportación no dineraria de rama de actividad implican una **sucesión a título universal** (fusiones y escisiones totales), los derechos y las obligaciones tributarias se transmiten a la entidad adquirente; por el contrario, cuando la sucesión no sea a título universal (escisiones parciales y aportaciones de rama de actividad), únicamente se transmiten los derechos y obligaciones tributarias que se refieran a los bienes y derechos transmitidos (LIS art.84).
3) En la escisión, cuando un elemento del pasivo de la sociedad escindida no se atribuye a alguna sociedad beneficiaria en el **proyecto de escisión** y la interpretación de este no permite decidir sobre su reparto, responden solidariamente de él todas las sociedades beneficiarias (RDL 5/2023 art.65).
Cuando la sociedad beneficiaria incumpla alguna de las obligaciones asumidas, si la sociedad escindida sigue existiendo, la propia sociedad ha de responder hasta el importe de los activos netos que permanezcan en ella; por el contrario, si se ha producido la **extinción** de la sociedad escindida, responden solidariamente de su cumplimiento todas las sociedades beneficiarias, hasta el importe de los activos netos atribuidos a cada una de ellas en la escisión (RDL 5/2023 art.70).
4) En la **comunicación de la Administración Tributaria** a un socio, partícipe o cotitular su calidad de sucesor en las obligaciones tributarias pendientes de la sociedad o entidad se ha de indica si se trata de un supuesto en el que la Ley limita la responsabilidad patrimonial de los socios, partícipes o cotitulares -en cuyo caso debe indicar si le consta que la sociedad está disuelta y liquidada y la limitación de la responsabilidad de los socios, partícipes o cotitulares, y en su caso, los límites a que alcanzaría la responsabilidad de los socios-, o por el contrario, si se trata de un caso de extinción o disolución sin liquidación de la sociedad o entidad en la que no se limita dicha responsabilidad (TS 23-10-23, EDJ 721428).

3) **Disolución de fundaciones o entidades de la LGT art.35.4**. Son sucesores de las obligacio- **626**
nes tributarias pendientes de las fundaciones que se disuelven los destinatarios de los bienes y derechos. En el caso de las entidades de la LGT art.35.4 tales obligaciones se transmiten a los partícipes o cotitulares de las mismas.

Actuaciones de la Inspección en supuestos de liquidación o concurso (RGGI art.108) Durante **630**
el procedimiento de liquidación de una entidad, una vez acordada su disolución, y antes de la extinción de su personalidad jurídica, el obligado tributario que debe atender a la Inspección sigue siendo la entidad a través de los **liquidadores**.

Atendiendo al momento de finalización del procedimiento inspector, la resolución o liquidación se ha de practicar según los siguientes criterios:
- si finaliza **antes de la extinción** de la personalidad jurídica de la entidad: la resolución o liquidación se ha de practicar a nombre de la misma. Los liquidadores están obligados a atender a los órganos de la Administración mientras se prolonga el procedimiento de liquidación;
- si la **extinción** de la personalidad se produce durante la tramitación del procedimiento de aplicación de los tributos: las actuaciones deben continuar desde ese momento con los sucesores (ver nº 570 s.). Los liquidadores deben atender a la Administración si son requeridos para ello, como representantes que fueron de la entidad y custodios, en su caso, de los **libros y documentación** de la misma. Si los libros y la documentación estuviesen depositados en un registro público, el órgano inspector puede examinarlos en dicho registro, pudiendo requerir la comparecencia de los liquidadores cuando fuese preciso para el adecuado desarrollo de las actuaciones.

632 En el caso de **concurso**, en el ámbito específico de las actuaciones inspectoras, hay que distinguir si se han suspendido o no las facultades de administración y disposición del concursado (LCon art.106). En el primer caso, las actuaciones inspectoras se han de entender con el concursado por medio de la administración concursal o con su representante. Sin embargo, en el segundo caso, si el juez no hubiera acordado la suspensión de las facultados de administración o disposición, las actuaciones se han de entender con el concursado o con su representante. No obstante, todas las actuaciones han de ser visadas por la administración concursal.
Las **actas de inspección** deben ser suscritas por el obligado tributario, y debe contar con la autorización o conformidad de la administración concursal. Para que el acta pueda ser de conformidad se requiere que el obligado tributario la suscriba en conformidad y que figure la previa o simultánea autorización o conformidad de la administración concursal respecto a la conformidad con la propuesta de liquidación contenida en el acta de inspección. Por ello, si el día notificado para la firma de las actas no se justifica la autorización o conformidad de la administración concursal para la firma del acta de conformidad, se ha de formalizar el acta como de disconformidad.

633 Precisiones **1)** En el caso de que la declaración de concurso se produzca **durante el curso del procedimiento inspector**, una vez ya iniciado, las actuaciones posteriores a la inscripción en el Registro de la declaración de concurso o a que se tenga conocimiento de esta declaración, deben desarrollarse con las personas que corresponda.
Asimismo, puede ocurrir que durante la tramitación del procedimiento inspector el juez adopte una resolución que afecte a las facultades de administración o disposición del concursado o puede suceder que en el curso del procedimiento inspector se **cese a alguno de los administradores sociales o concursales** y se nombre a una persona distinta. En estos casos, las actuaciones posteriores a la inscripción en el Registro del cambio del tipo de administración concursal o al cese de un administrador y nombramiento de otro nuevo o a que se tenga conocimiento de estas circunstancias, deben desarrollarse con las personas que corresponda. En este sentido, en caso de actuar a través de un representante, la Inspección debe disponer de un poder de representación válidamente otorgado.

635 **2)** La **falta de notificación** de la liquidación practicada a una entidad disuelta al resto de los socios no supone la nulidad de las actuaciones inspectoras dado que la entidad a la que se notificó era socio mayoritario y representante legal de la disuelta (AN 14-10-04, EDJ 188194; TS 2-3-10, EDJ 21737).
3) Es válido el procedimiento inspector dado que el hecho de la presentación ante la Administración tributaria del cese en el IAE no conlleva la disolución de la sociedad, y el **acuerdo de disolución y nombramiento de liquidador** no surtió efectos hasta la inscripción de la escritura correspondiente en el Registro, hecho este que fue posterior a los acuerdos de liquidación del Inspector-Jefe (TSJ Burgos 31-1-05, EDJ 8437).
4) El **liquidador** tiene capacidad de representación para firmar las actas de inspección tres años más tarde de su disolución y liquidación, al actuar no como representante actual de la entidad extinta, sino como representante que lo fue de la misma, con el propósito de determinar cuál era la deuda tributaria para exigírsela a los que fueron socios de la sociedad liquidada (AN 26-6-08, EDJ 125003).
5) La intervención de los liquidadores, o de los representantes de la sociedad, en el procedimiento inspector es entendida como **interlocutores de la sociedad disuelta y liquidada** al haber sido los últimos representantes de la misma y obligados a conservar la documentación contable y libros de la sociedad, resultando válidas las actas incoadas a una entidad tras su disolución y liquidación y que han sido firmadas por su representante (AN 26-3-10, EDJ 33215).
6) No se aprecia indefensión aun cuando el acta y la liquidación fueran extendidas **a nombre de la sociedad disuelta**, dado que los socios conocían las actuaciones que se estaban desarrollando y el alcance de la regularización y reaccionaron en la vía económico-administrativa y en la judicial (TS 6-6-14, EDJ 91217).

7) En caso de **sociedades extinguidas**, las actuaciones se han de entender con los **sucesores** y no con los liquidadores, sin perjuicio de que estos últimos deban comparecer ante la Inspección si son requeridos en cuanto que representantes que fueron de la sociedad extinguida y custodios de su contabilidad. Cuando el procedimiento inspector es iniciado con uno de los sucesores, la falta de comunicación y su entrada a los otros tres sucesores, habiéndose limitado la Inspección a notificarles la liquidación impositiva resultante, les produce una clara indefensión, lo que obliga a anular tanto la resolución impugnada como los acuerdos subyacentes y ordenar la retroacción del procedimiento inspector al momento inmediatamente anterior al trámite de audiencia previo a la formalización del acta (TEAC 25-6-12). En el mismo sentido, AN 9-7-15, EDJ 142256. **636**

8) La **entidad sucesora de la extinguida** por escisión es un obligado tributario por imperativo legal respecto a liquidaciones resultantes del procedimiento de inspección posterior a la extinción (AN 5-3-15, EDJ 28286).

9) Una vez disueltas y liquidadas las **entidades socias de la UTE**, deja de ser sujeto pasivo del IVA y no se le pueden exigir las deudas tributarias pendientes correspondientes a la UTE. Dichas deudas son exigibles a cada uno de los socios de las entidades disueltas y liquidadas hasta el límite del valor de la cuota de liquidación que les corresponda, debiéndose ser comunicada a los mismos la existencia de las actuaciones de comprobación para que puedan comparecer en ellas en defensa de sus derechos e intereses legítimos (TEAC 19-2-14).

C. Responsables de la deuda tributaria

(LGT art.41 a 43)

Los obligados tributarios (nº 513) se configuran como deudores principales, pero junto a ellos la ley configura como responsables solidarios o subsidiarios de la deuda tributaria a otras personas o entidades. **670**

Responsabilidad subsidiaria (LGT art.41 y 43) La regla general es la responsabilidad subsidiaria, pues la responsabilidad solidaria precisa de un precepto legal que expresamente la determine. **673**
El ámbito de la responsabilidad se extiende a la totalidad de la deuda tributaria exigida en **período voluntario**, pero no a las sanciones, salvo las excepciones que se establezcan en las leyes.
Transcurrido el plazo voluntario de pago concedido al responsable sin que se haya realizado el ingreso, se inicia el **período ejecutivo**, con exigencia de los recargos e intereses que procedan.

Responsabilidad solidaria (LGT art.42) Son responsables solidarios de la deuda tributaria las siguientes personas o entidades: **676**
- las que sean causantes o colaboren activamente en la realización de una **infracción** tributaria, extendiéndose también su responsabilidad a la sanción;
- los partícipes o cotitulares de las **herencias yacentes, comunidades de bienes** y demás entidades que, carentes de personalidad jurídica, constituyan una unidad económica o un patrimonio separado susceptible de imposición;
- las que sucedan por cualquier concepto en la titularidad o ejercicio de explotaciones o **actividades económicas**, por las obligaciones tributarias contraídas del anterior titular y derivadas de su ejercicio. Asimismo, la responsabilidad alcanza a las obligaciones derivadas de la falta de ingreso de las retenciones e ingresos a cuenta practicadas o que se hubieran debido practicar.

Precisiones En los supuestos de declaración de responsabilidad solidaria realizados al amparo de la LGT art.42.2.a), es posible derivar, al declarado responsable, una **sanción que no ha adquirido firmeza** en vía administrativa por haber sido impugnada y automáticamente suspendida en período voluntario, sin perjuicio de que la sanción no pueda ser exigida y deba continuar suspendida hasta que sea firme en vía administrativa (TS 8-4-21, EDJ 535830; 5-10-21, EDJ 722426).

Acto de declaración de responsabilidad (LGT art.41; RGGI art.196 redacc RD 117/2024) El procedimiento se inicia mediante un **acto administrativo** en el que, previa audiencia al interesado, se declare la responsabilidad y se determine su alcance y extensión. **679**
Cuando en el curso de un procedimiento inspector el órgano actuante tenga conocimientos de **hechos o circunstancias** que pudieran determinar la existencias de dicha responsabilidad, se ha de dar traslado al órgano de recaudación, que va a poder iniciar un procedimiento para declarar dicha responsabilidad (ver nº 4931 s.).
Si el alcance de la responsabilidad incluye **sanciones,** es necesario el inicio previo del procedimiento sancionador.
En cuanto al **trámite de audiencia** al responsable ha de ser posterior a la formalización del acta al deudor principal y, en su caso, a la propuesta de resolución del procedimiento sancionador al sujeto infractor.

Con carácter general, el **responsable** no va a tener la condición de interesado en el procedimiento de inspección o en el sancionador y se van a tener por no presentadas las alegaciones que formule en dichos procedimientos. Como **excepción**, cuando mediante una norma con rango de ley se recoja la exclusión de la necesidad de un acto administrativo previo a la derivación de la acción administrativa para exigir el pago de la deuda tributaria a los responsables, las actuaciones inspectoras pueden entenderse directamente con el responsable, extendiéndose las actas y practicando las liquidaciones que procedan a nombre del mismo en su calidad de responsable solidario. A título de ejemplo, esto ocurre con la responsabilidad solidaria del pagador de rendimientos devengados sin mediación de establecimiento permanente en el IRNR (LIRNR art.9).

El **acuerdo** de declaración de responsabilidad ha de dictarse con posterioridad al acuerdo de liquidación al deudor principal o, en su caso, de imposición de sanción al sujeto infractor.

680 **Limitación de la responsabilidad** (LGT art.42.1.c y 175.2) En determinados casos la responsabilidad puede limitarse solicitando a la Administración **certificación detallada** de las deudas, sanciones y responsabilidades tributarias derivadas del ejercicio de la actividad. El certificado debe solicitarse con la conformidad previa del titular actual y debe ser expedido por la Administración en el plazo de tres meses desde la solicitud.

La responsabilidad queda limitada a las deudas, sanciones y responsabilidades contenidas en el certificado, quedando el solicitante exonerado de responsabilidad si el certificado no se facilita en el **plazo** mencionado.

Se excluye de la posibilidad de solicitar el mencionado certificado a los adquirentes de elementos aislados, salvo que la adquisición permita continuar la explotación o actividad, y a los adquirentes de **explotaciones o actividades económicas** pertenecientes a un deudor concursado, cuando la adquisición tenga lugar en un procedimiento concursal.

Precisiones A efectos de **limitar la responsabilidad** exigida en la representación, la Administración puede aceptar la valoración que hayan dado las partes a los bienes ocultados y transmitidos, debiéndose entender dicho valor neto de cargas y gravámenes. En estos casos, no es necesaria la comprobación de valores ni la tasación pericial contradictoria (TEAC unif criterio 27-9-18).

D. Entidades que tributan en régimen de grupos

720 Distinguimos en este apartado entre las entidades sometidas al régimen de consolidación fiscal en el **IS** (nº 722 s.) y las entidades acogidas el régimen de grupos en el **IVA** (nº 735 s.).

1. Régimen de consolidación fiscal

722 En las actuaciones inspectoras desarrolladas cerca de **grupos fiscales** hay que distinguir entre la comprobación del IS cuando se opte por el régimen de consolidación fiscal (nº 723 s.), y la comprobación del resto de impuestos que afecten a las entidades del grupo (nº 730).

723 **Impuesto sobre Sociedades** (LIS art.55 a 75) El régimen de consolidación fiscal constituye un régimen de aplicación voluntaria en el que la **entidad representante** del grupo actúa ante la Inspección en nombre de todas las sociedades que lo integran. Dicha entidad es la entidad dominante, cuando sea residente en territorio español, o aquella entidad designada por el grupo, cuando no exista ninguna entidad en territorio español que cumpla los requisitos para tener la condición de dominante. El grupo es el sujeto pasivo del impuesto.

En la comprobación de este impuesto intervienen los siguientes equipos o unidades:

1. La **Unidad de Coordinación de Grupos**, dependiendo del Director del Departamento de Inspección Financiera y Tributaria (AEAT Resol 24-3-92 aptdo. tres). Le corresponde la planificación, impulso y coordinación de las actuaciones inspectoras que se desarrollen cerca de las entidades que tributan en régimen de consolidación fiscal, sin perjuicio de las funciones que correspondan a otros equipos y unidades.

2. El **Equipo Coordinador**, integrado en la Dependencia de Control Tributario y Aduanero de la Delegación Central de Grandes Contribuyentes cuando la entidad representante o cualquiera de las entidades dependientes se hallen adscritas a la misma, y en la Dependencia Regional de Inspección competente por razón del domicilio en los demás supuestos. Este equipo o unidad coordina y fija los criterios para la comprobación de las entidades que formen parte del grupo fiscal.

3. Equipos o unidades encargadas de la **comprobación de las entidades dependientes**.

726 Una vez decidido por el Equipo Coordinador el inicio de las actuaciones inspectoras, lo pone en conocimiento de la Unidad de Coordinación de Grupos. Esta, a su vez, comunica al Equipo Coordinador la relación de funcionarios, equipos o unidades que han de realizar las actuaciones en las entidades dependientes.

Iniciada la actuación inspectora ante el grupo fiscal, mediante comunicación o diligencia de personación dirigida a la **entidad representante** del grupo, el Equipo Coordinador notifica dicho inicio a los equipos o unidades encargados de la comprobación del resto de entidades, así como las líneas y criterios que deben seguirse en dicha comprobación. El resultado final de las actuaciones en las dependientes se documenta en una diligencia, a la que se ha de acompañar un informe, remitiéndose copia de los mismos y de la documentación relevante al Equipo Coordinador para que este pueda extender las actas pertinentes por la comprobación del grupo.

Cuando por los órganos de inspección se comprueba el IS del grupo que tribute en régimen de **consolidación fiscal**, deben atenderle tanto la sociedad representante del grupo como las entidades dependientes (RGGI art.173.1). La tributación por el régimen especial de consolidación fiscal afecta al cómputo del plazo del procedimiento de inspección en cuanto a que es aplicable el plazo de 27 meses (LGT art.150.1).

Precisiones En los **grupos horizontales** -que son aquellos en los que la sociedad dominante del grupo es una entidad no residente en territorio español-, la sociedad dominante ha de designar como representante del grupo a una de las entidades dependientes residente en territorio español. Si no fuese comunicada dicha designación a la Administración, esta puede considerar como representante a cualquiera de ellas. El **cambio del representante** en los grupos fiscales que tributen en régimen de consolidación fiscal en el curso de las actuaciones no va a afectar a la competencia del órgano actuante, dado que las actuaciones relativas al grupo, en su condición de contribuyente, van a continuar por el mismo órgano que las inició.

El mismo criterio se aplica en relación con los grupos fiscales que tributen en el régimen de consolidación fiscal en los que la entidad dominante sea **no residente** en territorio español respecto de los que se produzca un cambio de sociedad representante del grupo.

Otros impuestos Los equipos y unidades encargados de la comprobación de las distintas **sociedades integrantes del grupo fiscal** han de comprobar, asimismo, el resto de los impuestos, extendiendo las correspondientes actas y tramitándose las mismas sin ninguna particularidad respecto del régimen general. El RGGI regula las especialidades del procedimiento de inspección cuando su objeto es comprobar las obligaciones tributarias de entidades que tributen en régimen de consolidación fiscal (nº 4635 s.). 730

Precisiones **1)** Las actuaciones inspectoras llevadas a cabo **sin el conocimiento de la entidad dominante** (actualmente, entidad representante) no tienen eficacia interruptiva de la prescripción (AN 11-11-02, EDJ 136199).

2) No está legitimada la **intervención de un grupo** de sociedades en un procedimiento abierto contra un acta levantada respecto de una sociedad del mismo (TS 20-11-07, EDJ 243133).

3) Es la **fecha de inicio de las actuaciones** con las entidades dominadas, cuando son anteriores al inicio formal del procedimiento con la entidad dominante (actualmente, entidad representante), la que debe ser tenida en cuenta a efectos del cómputo del plazo máximo de duración de las actuaciones inspectoras (TS 22-10-12, EDJ 228237).

2. Régimen de grupo de entidades del IVA

(LIVA art.163 quinquies a 163 nonies)

El régimen de grupo de entidades del IVA es un **régimen optativo** e independiente respecto del régimen de consolidación fiscal del IS. Pese a guardar un gran paralelismo con el del IS, el régimen especial del IVA presenta peculiaridades específicas como son el porcentaje de participación requerido, el hecho de que existe un régimen de opción individual de cada entidad en cuanto a su integración en el grupo y que el grupo no es sujeto pasivo del Impuesto, aunque las obligaciones específicas del régimen recaen sobre el grupo, sino que es la entidad representante del grupo quien debe cumplirlas ante la Administración tributaria. 735

Impuesto sobre el Valor Añadido En cuanto a los **equipos o unidades** de comprobación que intervienen, así como a las actuaciones inspectoras que se pueden realizar respecto a este impuesto, se aplican los mismos criterios previstos a efectos del IS (ver nº 723 s.). 737

Igualmente la aplicación de este régimen especial afecta al cómputo del **plazo del procedimiento** de inspección en cuanto a que resulta aplicable el plazo de 27 meses (LGT art.150.1).

Cuando, junto al régimen especial del grupo de entidades del IVA resulta además aplicable el régimen especial de **consolidación fiscal del IS**, la documentación del procedimiento correspondiente a cada entidad, a efectos de su tramitación, se ha de separar en un expediente por el IVA, otro por el IS y otro más por el resto de obligaciones tributarias objeto del procedimiento inspector.

Los equipos y unidades encargados de la comprobación de las distintas **entidades integrantes del grupo** han de comprobar, asimismo, tanto el IVA relativo a los ejercicios en que no se tributó por el régimen especial como el resto de los impuestos, extendiendo las correspondientes actas y tramitándose las mismas sin ninguna particularidad respecto del régimen general (ver nº 4651 s.).

E. Entidades sin personalidad jurídica

(LGT art.35.4; RGGI art.105.1)

760 Tienen la consideración de obligados tributarios, en las leyes que así se establezca, las herencias yacentes, comunidades de bienes y demás entidades que, carentes de personalidad jurídica, constituyen una unidad económica o un patrimonio separado susceptible de imposición.
Los principales supuestos de entidades sin personalidad jurídica son:
a) **Herencias yacentes**: Corresponde a la situación en que se encuentra la herencia en el período de tiempo que va desde la apertura de la sucesión hasta la aceptación o repudiación de la herencia. En ese período, los bienes y las relaciones jurídicas que se imputaban al causante carecen de un titular definido. La herencia yacente se caracteriza por la provisional indeterminación de su titular puesto que, mientras los llamados a la herencia no acepten esta, no existen propiamente titulares de las correspondientes relaciones jurídicas.
En el ámbito civil, aunque no existe una regulación unitaria, sí hay varios artículos que regulan la misma. Entre otros aspectos, se recoge que el heredero no hace suya la herencia, sus frutos y productos mientras no se produzca la aceptación, aunque los efectos de la aceptación y de la repudiación se retrotraigan al momento de la muerte del causante (CC art.989).
b) **Comunidades de bienes**: Existe una comunidad de bienes cuando la propiedad de una cosa o de un derecho pertenece pro indiviso a varias personas (CC art.392).
Si concurren varios herederos, una vez que estos aceptan la herencia, puede producirse una comunidad de bienes de carácter universal, forzosa y transitoria, mientras se verifica la partición de la herencia, denominada comunidad hereditaria.
Se considera a las comunidades de propietarios en régimen de propiedad horizontal como comunidades de bienes, con ciertas características especiales, en relación a los elementos comunes (CC art.396).
c) **Sociedades civiles carentes de personalidad jurídica**: Las sociedades civiles son aquellas sociedades que desarrollan una actividad no mercantil y no adoptan una de aquellas formas que necesariamente las hace mercantiles (sociedad anónima y sociedad de responsabilidad limitada). Se distinguen dos tipos de sociedades civiles (CC art.1669):
- aquellas que mantienen reservados los pactos sociales, que no van a tener personalidad jurídica y se han de regir por las disposiciones relativas a las comunidades de bienes;
- aquellas que dan publicidad a los pactos sociales, que van a tener personalidad jurídica.

Por lo tanto, las sociedades civiles que carecen de personalidad jurídica son aquellas que mantienen reservados los pactos sociales, que se rigen por las disposiciones relativas a las comunidades de bienes.
d) **Sociedad mercantil irregular**: El contrato de sociedad celebrado con los requisitos esenciales del derecho (consentimiento, objeto y causa) determina la existencia de la sociedad como contrato, con validez y efectos meramente «inter partes», pero la sociedad no adquiere personalidad jurídica hasta que no se inscriba en el Registro Mercantil. La sociedad irregular carece, pues, de personalidad jurídica y, por tanto, no puede contratar frente a terceros. Se le aplican las normas de la sociedad colectiva o, en su caso, de la sociedad civil (LSC art.39).

764 En relación con las actuaciones en caso de las entidades de la LGT art.35.4, debe distinguirse entre la comprobación de las obligaciones que recaen directamente sobre la entidad, de la comprobación de las obligaciones tributarias propias de sus socios o miembros (RGGI art.105.1):
1) Actuaciones de comprobación e investigación que tengan por objeto el adecuado cumplimiento de las **obligaciones tributarias de la entidad**. Se han de desarrollar con quien ostente la representación de la entidad, siempre que resulte acreditada fehacientemente y, de no haberse designado representante, con quien aparentemente ejerza la gestión o dirección y, en su defecto, cualquiera de sus miembros o partícipes (LGT art.45.3). Así, la comunicación que determina el inicio de estas actuaciones, las diligencias que se extiendan durante la tramitación del procedimiento inspector y las actas se han de formalizar, en todo caso, a nombre de la entidad cuya situación tributaria es objeto de comprobación.
También las liquidaciones que en su caso proceda dictar para regularizar la situación tributaria de la entidad se han de practicar a su nombre, sin perjuicio de que los partícipes, miembros o cotitulares respondan solidariamente, y en proporción a sus respectivas participaciones, de la deuda de la entidad.

De la misma forma, los requerimientos de obtención de información que puedan realizarse al amparo de lo establecido en la LGT art.93 se han de dirigir a nombre de la entidad, sin perjuicio de que deban actuar frente a la Inspección las personas señaladas en el nº 985 s.

2) Actuaciones de comprobación e investigación que tengan por objeto el **tributo directo** que grave las rentas obtenidas por las entidades en régimen de atribución de rentas. Estas actuaciones se realizan en el curso del procedimiento de comprobación o investigación que debe ser instruido frente a cada socio, heredero, comunero o partícipe como contribuyente de dicho tributo, sin perjuicio de que puedan utilizarse en el mismo los datos, informes o antecedentes obtenidos en la comprobación de la situación tributaria de la entidad. **766**

Precisiones Se trata de **responsabilidad solidaria** contra los partícipes o cotitulares de las entidades a que se refiere la LGT art.35.4 en proporción a sus respectivas participaciones, respecto a las obligaciones tributarias materiales de dichas entidades (LGT art.42.1.b). Habiendo sido practicada la liquidación a la entidad, si en el período voluntario de pago iniciado con la notificación de dicha liquidación no se efectúa el ingreso de la deuda tributaria, la Administración ha de iniciar un **procedimiento de declaración de responsabilidad** contra los socios, comuneros o partícipes con el objeto de exigirles la deuda no ingresada. Ante el incumplimiento por estas entidades de sus obligaciones tributarias materiales o formales, van a responder solidariamente por el importe total de la sanción los partícipes o cotitulares que hayan sido causantes o hayan colaborado activamente en la comisión de dicha infracción (LGT art.42.1.a).

Ejemplos 1) Entre las rentas declaradas por un obligado tributario, persona física, figuran los ingresos por alquileres correspondientes a diversos inmuebles -viviendas y locales comerciales- de los que es copropietario con otras dos personas, a cuyos efectos tiene constituida una **comunidad de bienes.** Para comprobar el IRPF de este obligado tributario, no es necesario desarrollar con carácter previo una actuación de comprobación o investigación relativa a las obligaciones tributarias propias de la comunidad de bienes. Si el obligado cuya situación tributaria se comprueba no aporta los datos necesarios para comprobar las rentas derivadas de estos alquileres, la Administración tributaria puede dirigirse al representante de la comunidad o a quien aparentemente ejerza la gestión o dirección o, en defecto de estos, a cualquiera de los comuneros para que facilite la información necesaria. De no atender este requerimiento, la entidad va a poder ser sancionada (nº 6977 s.). **770**

La comprobación del IVA devengado por los alquileres de los locales comerciales se va a producir en un procedimiento distinto en el que el obligado a atender a la Inspección es la propia comunidad de bienes a través de su representante. Si las deudas que, en su caso, resulten de las liquidaciones practicadas en el seno de este procedimiento no son ingresadas en período voluntario de pago, van a poder iniciarse los correspondientes procedimientos de declaración de responsabilidad frente a cada uno de los comuneros, respondiendo de la deuda tributaria liquidada a la comunidad en proporción a sus respectivas participaciones.

Los datos, información o antecedentes obtenidos en el procedimiento seguido frente a la comunidad para comprobar el IVA se van a poder utilizar en la regularización del IRPF de los comuneros y al contrario.

2) Una **comunidad de vecinos** alquila una zona común situada en la terraza del edificio para la instalación de una antena de telefonía móvil. La comprobación por la Inspección se va a desarrollar de la siguiente forma: **772**

- Desarrollo de un procedimiento de inspección frente a la comunidad de vecinos como entidad de la LGT art.35.4 para comprobar el IVA devengado en esta prestación de servicios, así como las retenciones e ingresos a cuenta que, en su caso, haya tenido que practicar si ha satisfecho rentas sometidas al IRPF o IS. En el seno de este procedimiento puede, asimismo, verificarse el adecuado cumplimiento de las obligaciones formales que recaen sobre la entidad, tales como las de carácter censal o las específicas del régimen de atribución de rentas. Debe atender a la Inspección el representante de la entidad, la persona que aparentemente ejerza la gestión o dirección y, en su defecto, cualquiera de sus miembros. Las liquidaciones que se practiquen van a ser a nombre de la entidad y, en el supuesto de que no se ingrese la deuda resultante de las mismas, los órganos de recaudación van a poder dirigirse frente a sus miembros o partícipes conforme a lo establecido en la LGT art.42.
- Se han de iniciar frente a los vecinos distintos procedimientos de inspección con el objeto de verificar la adecuada declaración en el IRPF o IS de cada uno de ellos de las rentas atribuidas, o que debieron atribuirse, por la comunidad derivadas de los ingresos del alquiler de la antena de telefonía móvil. La Inspección debe instruir tantos procedimientos como vecinos sean, aunque todos ellos decidan actuar con el mismo representante, sin perjuicio de que el cálculo del importe total de la renta obtenida por la entidad y de los demás conceptos que deben atribuirse a los socios sea común a todos ellos.

F. Entidades en régimen de imputación de rentas

(RGGI art.105.2)

800 Conforme a la normativa actualmente vigente, son entidades obligadas a imputar rentas a sus socios o miembros:
- las **Agrupaciones de interés económico españolas** (LIS art.43);
- las **Agrupaciones europeas de interés económico** (LIS art.44); y
- las **Uniones Temporales de Empresas** (LIS art.45).

Estas entidades no tributan por el IS por la parte de la base imponible imputable a los socios residentes en territorio español, o por la totalidad de la base imponible tratándose de Agrupaciones europeas de interés económico, estando obligadas a imputar a sus socios las bases imponibles, las deducciones y bonificaciones en la cuota y las retenciones e ingresos a cuenta.
La comprobación del adecuado cumplimiento de su obligación de imputar estos conceptos a sus socios o partícipes, así como la comprobación de las demás obligaciones a las que están sujetas de acuerdo con lo dispuesto en la LIS, se han de producir en el seno del procedimiento de comprobación o investigación que se instruya frente a la entidad, debiendo atender su **representante** a los órganos de la Administración tributaria que estén actuando.
Los **socios o miembros** de estas entidades no están legitimados para personarse en el procedimiento instruido frente a la entidad ni para acceder a la documentación que integre el expediente. Solo cuando la Administración inicie el correspondiente procedimiento de comprobación o investigación referido a cada socio o miembro, en el que se tengan en cuenta los resultados de las actuaciones desarrolladas por la entidad, estos van a poder utilizar todos los motivos de oposición que estimen convenientes.

Precisiones En el caso de UTE que tributa en el régimen especial no es necesario tramitar un procedimiento de comprobación administrativa frente a la misma cuando no se cuestiona la base imponible consignada por esta en su declaración, sino únicamente la deducibilidad de determinadas partidas o gastos por alguno de los socios, en concreto el **deterioro de un crédito** tenido por la UTE frente a un deudor con la particularidad de que hay vinculación entre la empresa miembro y dicho deudor. En estos casos, el procedimiento se ha de seguir frente al socio afectado, dado que las condiciones de la deducción de ese gasto deben valorarse en la empresa miembro (TS 19-3-24, EDJ 531041).

805 Ejemplo Para la realización de una infraestructura viaria se crea una Unión Temporal de Empresas formada por tres constructoras. La obra se inicia el 2-1-X1, finalizando el 1-7-X3. El 20-7-X2 la UTE presenta la declaración del IS imputando a sus miembros los conceptos señalados en la LIS art.45. El 1-9-X2, se inician actuaciones para comprobar la declaración presentada por la UTE.
Las empresas constructoras no pueden intervenir en el procedimiento de comprobación instruido frente a la UTE. Si posteriormente frente a cada empresa constructora se inicia un procedimiento de comprobación relativo al IS del ejercicio en el que se ha producido la imputación, es en el seno de este procedimiento donde cada miembro va a poder alegar lo que estime oportuno con relación a su participación de la UTE.
Si el procedimiento de inspección se inicia el 1-7-X6, una vez disuelta la UTE, las actuaciones podrán desarrollarse con cualquiera de las constructoras que participaron en dicha UTE como sucesores de la misma.

G. Concurrencia de varios obligados tributarios

(RGGI art.106)

830 Cuando concurran varios obligados en un mismo presupuesto de una obligación, existe **solidaridad en la obligación tributaria**, es decir, quedan solidariamente obligados frente a la Administración tributaria, salvo las excepciones previstas en la ley.
En estos casos, el procedimiento inspector puede iniciarse con cualquiera de los obligados tributarios. Una vez iniciadas las actuaciones inspectoras, se ha de notificar a los demás obligados tributarios conocidos, quienes van a poder comparecer en el procedimiento. En caso de que dichos obligados tributarios se personen en el procedimiento, este va a seguir siendo **único**, aunque desde dicho momento se ha de desarrollar con todos ellos, sin perjuicio de que las concretas actuaciones instructoras puedan desarrollarse con quien en cada caso estime necesario el órgano inspector.
Las **actas de inspección** deben formalizarse a nombre de todos los obligados tributarios que hayan comparecido en el procedimiento, practicándose, asimismo, la **liquidación** que ponga término al mismo, la cual ha de ser notificada a los demás obligados tributarios que son conocidos pero que no han comparecido en el procedimiento.

Precisiones 1) En relación con la **deuda aduanera**, a la que le resulta aplicable la normativa de la UE, las actuaciones que se realicen con cualquier persona que tenga la consideración de deudores de dicho tipo de deudas van a ser válidas siempre que se haya respetado respecto a dicha persona el procedimiento previsto, aunque puedan existir otros deudores.
2) Aunque haya una intervención exclusiva de uno de los cónyuges en las actuaciones concernientes a una **declaración conjunta** de ambos en el IRPF, tales actuaciones son plenamente válidas y sus efectos alcanzan a ambos contribuyentes (TS 30-6-09, EDJ 143931; 31-5-10, EDJ 133452).
3) Es válida la notificación de la comunicación de inicio del procedimiento de comprobación o investigación o de la liquidación resultante del mismo, expedidas en un único documento a nombre de todos los destinatarios, obligados solidariamente, que convivan en una **misma residencia habitual** de acuerdo con la información de que disponga la Administración tributaria en ese momento, con independencia de que en el acuse de recibo figure solo uno de los destinatarios. En esta situación lo que tiene lugar es una notificación simultánea a todos (TEAC 24-9-20).
4) Aplicando la doctrina fijada por el **Tribunal Supremo** respecto al régimen especial de grupos del IVA (TS 17-3-21, EDJ 519587), el procedimiento a seguir para exigir el pago de la deuda derivada de la tributación en régimen de consolidación fiscal del IS a las **dependientes**, no es el de declaración de responsabilidad tributaria, sino el requerimiento de pago a las entidades integrantes del mismo como deudores solidarios (LGT art.35.7), sin que sea necesaria una declaración de responsabilidad. El acreedor puede dirigirse contra cualquiera de los deudores solidarios, que es lo que respecto de estas obligaciones estipula el Código Civil (TEAC 19-1-23).

Ejemplo Un matrimonio con domicilio fiscal en Cantabria opta por la **tributación conjunta en el IRPF** correspondiente al ejercicio X1. En diciembre de X3 se decide iniciar un procedimiento de inspección para comprobar este impuesto y ejercicio. En esta fecha el matrimonio se ha divorciado, la mujer sigue residiendo en Cantabria, pero el marido ha trasladado su domicilio a Madrid. **833**
Al iniciarse el procedimiento de inspección, la citación de inicio debe ir a nombre de la mujer. Una vez iniciadas estas actuaciones inspectoras se comunica al marido la existencia de las actuaciones para que, si lo estima oportuno, se persone en el procedimiento. Si no hace uso de su derecho, las actuaciones inspectoras deben continuar con la mujer. El acta y la correspondiente liquidación se han de practicar a nombre de la mujer, aunque finalmente la liquidación ha de ser notificada al marido, aunque no se haya personado en el procedimiento.
Aunque el matrimonio se haya divorciado, esto no impide que respecto del ejercicio X1, en que optaron por la tributación conjunta en el IRPF, siga existiendo una responsabilidad solidaria.

H. Obligados tributarios no residentes

(RGGI art.109)

Los **contribuyentes** en el ámbito de los no residentes son los siguientes (LIRNR art.5): **850**
a) Las personas físicas y entidades no residentes en territorio español, que obtengan rentas en él, salvo que sean contribuyentes por el IRPF.
b) A título de reciprocidad, las personas físicas de nacionalidad extranjera que tengan su residencia habitual en España y sean miembros de misiones diplomáticas, miembros de oficinas consulares, delegaciones o representaciones permanentes ante organismos internacionales o delegaciones o misiones de observadores en el extranjero, y los funcionarios en activo que ejerzan en el extranjero cargo o empleo oficial que no tenga carácter diplomático o consular.
c) Las entidades en régimen de atribución de rentas de la LIRNR art.38 (entidades con presencia en territorio español).

En el caso del pagador de rendimientos devengados sin mediación de establecimiento perma- **856**
nente por los contribuyentes de este Impuesto, así como cuando se trate del depositario o gestor de bienes o derechos no afectos a un establecimiento permanente y pertenecientes a personas o entidades residentes en países o territorios considerados como jurisdicciones no cooperativas, las actuaciones de la Administración tributaria pueden entenderse directamente con el **responsable**, al que le resulta exigible la deuda tributaria, sin que sea necesario el acto administrativo previo de derivación de responsabilidad. En los restantes supuestos, la responsabilidad solidaria se ha de exigir en los términos del nº 679 (LIRNR art.9.3).
También responden solidariamente del ingreso de las deudas tributarias correspondientes a los contribuyentes a que se refiere la LIRNR art.10, que operen por mediación de un **establecimiento permanente**, o en los supuestos de **entidades con presencia en territorio español**, (LIRNR art.38), quienes hayan sido designados como sus representantes (LIRNR art.9.4). En relación a la representación de no residentes, ver nº 1090 s.

857 **Actuaciones de la Inspección relativas a no residentes** (RGGI art.109) Las actuaciones inspectoras en el caso de obligados tributarios no residentes difieren en función de que se trate de rentas obtenidas por no residentes que operen en España a través o no de un establecimiento permanente:

1) Si se trata de un no residente que opere en España a través de un **establecimiento permanente**, las actuaciones inspectoras relativas a las obligaciones del no residente se desarrollan con el representante designado por el mismo (nº 1090).

2) Si el no residente **no opera** en España a través de **establecimiento permanente**, las actuaciones pueden realizarse indistintamente con el obligado tributario no residente, el representante designado al efecto y el representante solidario.

Precisiones **1)** La falta de constancia de la notificación de la liquidación al sujeto pasivo no afecta a la validez de la liquidación girada y notificada a la entidad recurrente como **pagadora no residente** y, por tanto, como responsable solidaria (TSJ Cataluña 18-5-07, EDJ 159945).

2) Al establecer la norma la **responsabilidad solidaria** del pagador de los rendimientos obtenidos por sujetos pasivos no residentes sin mediación de establecimiento permanente, sin ser necesario acto administrativo previo de derivación de responsabilidad, pueden entenderse las actuaciones de la Administración tributaria directamente con el responsable (TEAC 2-2-07).

3) El Tribunal Supremo, en el recurso interpuesto contra determinados artículos del RGGI, sobre la alegación relativa a que en el RGGI art.109 se confunde responsabilidad con **representación**, sin que pueda admitirse la atribución al responsable solidario de la representación del obligado tributario no residente que opere sin mediación de establecimiento permanente, se pronuncia en el sentido de que la regulación contenida en la LGT art.47 y RGGI art.109 está vinculada a lo establecido en la LIRNR art.9 y 10, por lo que no existe la confusión que se alega, al distinguir entre los que operan con establecimiento permanente y los que lo hacen sin establecimiento permanente (TS 4-3-09, EDJ 32188).

4) Cuando una entidad no residente realiza una actividad económica en territorio español el incumplimiento del deber de **designación de representante** en territorio español no puede convertirse en un mecanismo de ilocalización del que se obtengan ventajas. Contrariamente, y si esto sucede, debe entenderse que cuando se ha designado un representante para unas actuaciones, la Administración habrá de considerar que ese representante lo es a todos los efectos que puedan resultar relevantes en las relaciones con ella, y en tanto de modo explícito y categórico no se designe otro (TS 18-6-14, EDJ 106476).

I. Derechos y obligaciones de los obligados tributarios

860 La LGT recoge un catálogo de derechos y obligaciones que afectan al obligado tributario en sus relaciones con las Administración tributaria.

862 **Derechos de los obligados tributarios** (LGT art.34) La LGT establece una relación de derechos que los obligados tributarios pueden ejercer en sus relaciones con la Administración tributaria y que tienen incidencia en los distintos procedimientos de inspección, gestión y recaudación realizados por esta. Dicha relación no tiene carácter exhaustivo sino que es abierta. Asimismo, la LGT, contempla una serie de derechos específicos que afectan a los obligados tributarios respecto de los que se tramiten procedimientos sancionadores tributarios (LGT art.208.3).

Seguidamente se examinan los derechos de los obligados tributarios que pueden tener incidencia en los procedimientos y actuaciones inspectoras.

863 **Información y asistencia por la Administración tributaria** (LGT art.34.1.a y 85.1; RGGI art.62) El obligado tributario tiene derecho a ser informado y asistido por la Administración tributaria sobre el **ejercicio de sus derechos y el cumplimiento de sus obligaciones** tributarias.

Se trata de una labor de asistencia en el ámbito tributario cuyo desarrollo corresponde básicamente a los órganos de gestión tributaria, y que tiene su correspondencia con la obligación de la Administración de prestar a los obligados tributarios la necesaria información y asistencia acerca de sus derechos y obligaciones (LGT art.85.1; RGGI art.62).

De entre las actuaciones previstas para el ejercicio del derecho de información asistencia, en el ámbito de las actuaciones inspectoras destacan los **acuerdos previos de valoración** (nº 5320 s.), por medio de los cuales los obligados tributarios tienen derecho a solicitar a la Administración, en determinados casos, la valoración previa y vinculante de elementos determinantes de la deuda tributaria. Dichos acuerdos previos constituyen un instrumento destinado a incrementar la seguridad jurídica del obligado tributario y disminuir la litigiosidad.

El derecho de información y asistencia también tiene su reflejo en el desarrollo de los procedimientos tributarios, y entre ellos el procedimiento inspector (LGT art.85 a 91).

Avales y otras garantías aportadas (LGT art.34.1.c) El obligado tributario tiene derecho a: 864
- el **reembolso del coste** de los avales y otras garantías aportados para suspender la ejecución de un acto o para obtener el aplazamiento o fraccionamiento del pago de una deuda, si dicho acto o deuda es declarado total o parcialmente improcedente por sentencia o resolución administrativa firme, con abono del interés legal sin necesidad de efectuar requerimiento al efecto;
- la **reducción proporcional** de la garantía aportada en los supuestos de estimación parcial del recurso o de la reclamación interpuesta.

Este derecho tiene su correspondencia con la obligación de la Administración de reembolsar el coste de las garantías aportadas para suspender la ejecución de un acto (nº 8955 s.).

La **competencia** para acordar el reembolso del coste de las garantías aportadas para suspender la ejecución de los actos recurridos en reposición recae en el órgano de Inspección que haya dictado el acto declarado improcedente; si se trata de la suspensión de actos recurridos en vía económico administrativa, el reembolso corresponde al órgano recaudatorio.

Lenguas oficiales de las CCAA (LGT art.34.1.d) Los obligados tributarios cuando se relacionan 865
con la **Administración tributaria** tienen derecho a utilizar las lenguas oficiales en el territorio de su Comunidad Autónoma. Si bien la lengua de los procedimientos tramitados por la Administración General del Estado es el castellano, si el obligado tributario **opta** por la lengua cooficial de la Comunidad Autónoma, desde ese momento en el procedimiento tributario correspondiente se ha de utilizar dicha lengua (LPAC art.15).

Estado de tramitación de los procedimientos (LGT art.34.1.e; RGGI art.93) El obligado tributario 866
tiene derecho a conocer el estado de tramitación de los procedimientos en los que sea parte.

En cumplimiento del principio de transparencia, el ejercicio de este derecho requiere que el obligado tributario sea parte en el procedimiento sobre el que solicita la información y que dicho procedimiento esté «en curso».

La **solicitud** de información puede realizarse en cualquier momento del procedimiento, para lo que se requiere que el obligado tributario se identifique (nombre y apellidos o razón social o denominación completa y NIF) y que firme la solicitud. Si esta es realizada por el representante del obligado tributario, aquel debe acreditar su condición de tal.

La información facilitada por la Administración -por el mismo medio utilizado por el interesado, por vía verbal o por vía escrita mediante la presentación de escrito por Registro- debe indicar la fase en que se encuentra el procedimiento, el último trámite realizado y la fecha en que se cumplimentó.

Sobre el **acceso a la información**, los interesados tienen derecho a conocer por medios electrónicos el estado de tramitación de los procedimientos (LPAC art.53.1).

En el ámbito del **procedimiento inspector** destaca el derecho que tiene el obligado tributario a conocer el estado del cómputo del plazo de duración y la existencia de supuestos de suspensión del cómputo del plazo y de extensión del plazo máximo de duración del procedimiento inspector tenidos en cuenta por la Inspección (LGT art.150). Sobre supuestos de suspensión y de extensión, ver nº 3430 s.

Precisiones 1) Mientras que la LPAC art.53 hace referencia a derecho a conocer el estado de tramitación de los procedimientos en los que el ciudadano tenga la condición de «interesado», la LGT requiere que el obligado tributario sea **«parte» en el procedimiento** (LGT art.34.1.e), siendo en este último supuesto más restrictivo debido al carácter reservado de los datos con trascendencia tributaria en los procedimientos tributarios (LGT art.95 redacc L 13/2023).

2) El **acceso por Internet al estado de tramitación** de los expedientes de un obligado tributario se efectúa a través de la Sede Electrónica de la Agencia Tributaria (nº 2331) pinchando en la pestaña «Mis expedientes» y haciendo uso del certificado electrónico, del DNI Electrónico o Cl@ve PIN. Una vez accedido a «Mis expedientes», el obligado tributario puede visualizar los procedimientos tributarios que en este momento tenga en curso (Fecha/Período, el procedimiento de que se trata, el estado de tramitación en que se halla el mismo, la fecha de la última actuación y la referencia del procedimiento). Pinchando en el procedimiento concreto se accede a información más detallada del estado de tramitación, la historia del expediente y a información adicional sobre la tramitación del procedimiento. En dicha información adicional se accede a una ficha que contiene:
- los datos generales del procedimiento (denominación, tipo, materia, objeto y órgano responsable);
- información general del procedimiento (forma de inicio, solicitante, lugar de presentación, documentación, fases del procedimiento, formularios, plazos de resolución, órgano de resolución, recursos);
- información vinculada a la tramitación electrónica;
- normativa aplicable al procedimiento.

Identidad de la autoridad y personal al servicio de la Administración tributaria (LGT art.34.1.f) 867
El obligado tributario tiene derecho a conocer la identidad de las autoridades y personal al servicio de la Administración tributaria bajo cuya responsabilidad se tramitan las actuaciones y procedimientos tributarios en los que tenga la condición de interesado.

Para facilitar el ejercicio de este derecho la Administración tributaria debe proveer al personal a su servicio del **documento acreditativo** de su condición en el desempeño de sus funciones (RGGI art.60.2). Además, para los funcionarios que desempeñen funciones de inspección, la LGT establece la necesidad de acreditar su condición, sin son requeridos para ello, fuera de las oficinas públicas (LGT art.142.4). En este sentido la Agencia Tributaria aprobó el modelo de **tarjeta identificativa** del personal (AEAT Resol 12-12-07).

868 **Certificación y copia de las declaraciones y documentos presentados** (LGT art.34.1.g) El obligado tributario tiene derecho a solicitar certificación y copia de las declaraciones por él presentadas, así como a obtener copia sellada de los documentos presentados ante la Administración.
Para obtener una **copia sellada** de los documentos presentados ante la Administración, aquella debe aportarse junto con los originales para su cotejo, teniendo derecho el obligado a la devolución de dichos originales si no deben obrar en el expediente.
En cuanto a los certificados, su regulación está contemplada en el RGGI art.70 s.

869 **No aportación de los documentos en poder de la Administración actuante** (LGT art.34.1.h) El obligado tributario tiene derecho a no aportar aquellos documentos ya **presentados por él mismo** y que se encuentren en poder de la Administración actuante. Para ello, se exige que el obligado tributario indique el día y el procedimiento en que lo presentó.
Si bien la Inspección en ejercicio de su facultad de examen de la documentación de los obligados tributarios puede obtener copia de documentación de estos, a dicha facultad le resulta aplicable, en cualquier caso, la limitación expuesta (RGGI art.171.2).
En el ámbito de la Administración electrónica, los ciudadanos tienen derecho a no aportar los datos y documentos que obren en poder de las Administraciones públicas, que deben utilizar los medios electrónicos para recabar dicha información (LPAC art.53). En el caso de la Agencia Tributaria, si **otra Administración le solicita** determinados datos o documentos de un obligado tributario debe remitírselos, si bien debe tenerse en cuenta, en cualquier caso, la limitación a la cesión de información con trascendencia tributaria, dado el carácter reservado de dichos datos (LGT art.95 redacc L 13/2023).

870 **Carácter reservado de los datos, informes o antecedentes obtenidos** (LGT art.34.1.i; RGGI art.60.4) Dado el carácter reservado de los datos, informes o antecedentes obtenidos **por la Administración tributaria**, estos solo van a poder ser utilizados para la efectiva aplicación de los tributos o recursos y para la imposición de las sanciones que procedan, sin que puedan ser cedidos o comunicados a terceros, salvo en los supuestos previstos en las leyes (LGT art.95 redacc L 13/2023).
Este derecho se corresponde a su vez con la obligación al más estricto y completo **sigilo** que tiene el personal al servicio de la Administración tributaria, respecto de los datos, informes o antecedentes que conozca por razón de su cargo o puesto de trabajo.
En el ámbito del **procedimiento inspector**, relacionado con el carácter reservado de los datos, se plantea la posibilidad de incorporar a un procedimiento datos obtenidos por la Inspección en otro procedimiento relativo a otro obligado tributario. En este sentido está previsto que los resultados de las actuaciones pueden ser utilizados por el órgano que las haya realizado y por otros órganos de la misma Administración tributaria para el ejercicio de sus funciones respecto del mismo o de otros obligados tributarios.
Se plantea la **posibilidad de conflicto** entre el carácter reservado de los datos con el derecho a la defensa del obligado tributario que conlleva la puesta de manifiesto a este del expediente con la documentación que deba ser tenida en cuenta para efectuar la propuesta y liquidación correspondiente. Sería el caso, por ejemplo, de la utilización en el procedimiento inspector realizado a una entidad de datos de un proveedor suyo, tratándose de datos que fueron obtenidos en otro procedimiento seguido frente a dicho proveedor. Si la entidad inspeccionada para poder ejercer debidamente su derecho a la defensa precisa tener acceso a datos del proveedor y de su clientela, podría plantearse un posible conflicto entre la protección de datos del proveedor y la necesidad de información de la entidad inspeccionada. Con el fin de evitar en la medida de lo posible el conflicto, se contempla la posibilidad de hacer extractos de los justificantes o documentos o utilizar otros métodos que permitan mantener la confidencialidad de aquellos datos que no afecten al obligado tributario (RGGI art.95.1).

871 **Tratamiento con el debido respeto y consideración** (LGT art.34.1.j) El obligado tributario tiene derecho a ser tratado con el debido respeto y consideración por el **personal al servicio de la Administración tributaria**.
El incumplimiento de este derecho del obligado tributario, reconocido con carácter general para cualquier actuación de la Administración pública (LPAC art.13), está considerado como una **falta disciplinaria** grave cuando existe una falta de consideración con los administrados, o leve si se trata de una incorrección con el público (RD 33/1986 art.7.o) y 8.c), respectivamente).

Realización de las actuaciones en la forma que resulte menos gravosa (LGT art.34.1.k) El obligado tributario tiene derecho a que las **actuaciones de la Administración tributaria** que requieran su intervención se lleven a cabo en la forma que le resulte menos gravosa, siempre que ello no perjudique el cumplimiento de sus obligaciones tributarias. 872

En el ámbito del procedimiento inspector está prevista una aplicación específica de este derecho al regularse el lugar en el que deben llevarse a cabo las actuaciones inspectoras. Así, en principio, estas pueden desarrollarse, según determine la Inspección (LGT art.151.1):

a. Donde el obligado tributario tenga su domicilio fiscal.
b. Donde el representante del obligado tenga su domicilio, despacho u oficina.
c. Donde se realicen total o parcialmente las actividades gravadas.
d. Donde exista alguna prueba.
e. En las oficinas de la Administración tributaria.
f. En los lugares señalados en las letras anteriores o en otro lugar, cuando dichas actuaciones se realicen a través de los sistemas digitales previstos en la LGT art.99.9. Para la utilización de dichos sistemas se exige la conformidad del obligado tributario.

No obstante, cuando el obligado tributario sea una **persona con discapacidad** o movilidad reducida la Inspección se debe desarrollar en el lugar, de entre los señalados, que resulte más apropiado a la misma (LGT art.151.6).

Con carácter más general, las actuaciones del procedimiento inspector deben practicarse de forma que se perturbe lo menos posible el desarrollo normal de las actividades laborales o económicas del obligado tributario (RGGI art.180.4).

Precisiones Las actuaciones de la Administración y de los obligados tributarios en los procedimientos de aplicación de los tributos pueden realizarse a través de **sistemas digitales** que, mediante la videoconferencia u otro sistema similar, permitan la comunicación bidireccional y simultánea de imagen y sonido, la interacción visual, auditiva y verbal entre los obligados tributarios y el órgano actuante, y garanticen la transmisión y recepción seguras de los documentos que, en su caso, recojan el resultado de las actuaciones realizadas, asegurando su autoría, autenticidad e integridad (LGT art.99.9).

Formulación de alegaciones y aportación de documentos (LGT art.34.1.l y r) Los obligados tributarios tienen derecho a formular alegaciones y a aportar documentos, que han de ser tenidos en cuenta por los órganos competentes al redactar la correspondiente propuesta de resolución. También tienen derecho a presentar ante la Administración tributaria la documentación que estimen conveniente y que pueda ser relevante para la resolución del procedimiento tributario que se esté desarrollando. 873

Así, los obligados tributarios, en cualquier momento del procedimiento, anterior al trámite de audiencia, tienen derecho a presentar las alegaciones y los documentos que estimen oportuno y que deben ser tenidos por los órganos competentes al redactar la propuesta de liquidación (RGGI art.96.1). La Administración tributaria, por su parte, está obligada a resolver todas las cuestiones que se planteen en un procedimiento (LGT art.103.1).

En el caso de **actas de disconformidad**, en el procedimiento inspector está prevista la posibilidad de un trámite de alegaciones posterior a la propuesta de liquidación (LGT art.157.3; RGGI art.188.1).

Trámite de audiencia (LGT art.34.1.m) El obligado tributario tiene **derecho a ser oído** en el trámite de audiencia. 874

En el trámite de audiencia se pone manifiesto el expediente al obligado tributario para que este alegue lo que estime oportuno. Sobre el trámite de audiencia, ver nº 3995 s.

Información al inicio de las actuaciones de comprobación o inspección (LGT art.34.1.ñ) El obligado tributario tiene derecho a ser informado, al inicio de las actuaciones de comprobación o inspección sobre la **naturaleza y alcance** de las mismas, así como de sus **derechos y obligaciones** en el curso de tales actuaciones y a que las mismas se desarrollen en los plazos previstos en esta ley. 875

En la **comunicación de inicio** de un procedimiento inspector se debe hacer mención, entre otros elementos, al objeto del procedimiento que se inicia, esto es, el desarrollo de actuaciones inspectoras de comprobación e investigación, así como la extensión de las actuaciones y al alcance, general o parcial, de las mismas (RGGI art.87.3 y 178).

Junto con la comunicación de inicio del procedimiento inspector se hace entrega al obligado tributario de una relación de los principales derechos y obligaciones que derivan del inicio de dicho procedimiento.

Formulación de quejas y sugerencias (LGT art.34.1.p) El obligado tributario tiene derecho a formular quejas y sugerencias en relación con el **funcionamiento de la Administración tributaria**. 876

Para velar por la efectividad de los derechos de los obligados tributarios y atender sus quejas producidas por la aplicación del sistema tributario está el **Consejo para la Defensa del Contribuyente**

(LGT art.34.2). Se trata de un órgano colegiado de la Administración del Estado, integrado en el Ministerio de Hacienda. Una de sus principales funciones es la de atender las quejas de los obligados tributarios relacionadas con el funcionamiento de los órganos y unidades administrativas de la Administración del Estado con competencias tributarias (RD 1676/2009 art.3 y 7).
El procedimiento para la tramitación de las quejas y sugerencias está desarrollado en la Resol Secretaría de Estado de Hacienda y Presupuestos 22-7-10.

877 **Contenido de las diligencias extendidas en los procedimientos tributarios** (LGT art.34.1.q) El obligado tributario tiene derecho a que sus **manifestaciones con relevancia tributaria** se recojan en las diligencias extendidas en los procedimientos tributarios.
Uno de los medios a través de los que se documentan las actuaciones de la Administración tributaria son las diligencias (nº 2170 s.). Concretamente en las diligencias se deben hacer constar las manifestaciones con relevancia tributaria realizadas por el obligado tributario, entre las que deben figurar la **conformidad o no** con los hechos y circunstancias que se pongan de manifiesto (RGGI art.98.1.g).

878 **Copia de los documentos del expediente administrativo** (LGT art.34.1.s) El obligado que sea parte en una actuación o procedimiento tributario puede obtener **a su costa** copia de los documentos del expediente administrativo en el trámite de puesta de manifiesto del mismo en los términos previstos en la LGT.
No obstante, se trata de un **derecho limitado** en el caso de que afecte a intereses de terceros, a la intimidad de otras personas o cuando así lo disponga la normativa vigente (LGT art.99.4). Con el fin de conservar la confidencialidad está prevista la posibilidad de hacer extractos de los justificantes o documentos (RGGI art.95.1).
La entrega de las copias de los documentos, previa solicitud del obligado tributario, se hace en papel o en el soporte en el que estén almacenados en el archivo o expediente (medios electrónicos, informáticos o telemáticos), siempre que las disponibilidades técnicas lo permitan (RGGI art.95.4).
El derecho a obtener **copias electrónicas** de los documentos electrónicos que formen de los procedimientos está reconocido en la LPAC art.53.

879 **Acceso a archivos y registros administrativos** (LGT art.99.5) El obligado tributario que haya sido parte en un procedimiento puede acceder a los registros y documentos que formen parte de un **expediente concluido** a la fecha de la solicitud (RGGI art.94).
El acceso a los expedientes tramitados por la Administración tributaria, dado el carácter reservado de los **datos con trascendencia tributaria**, es más restringido que en otros ámbitos de actuación de la Administración en los que el acceso a los archivos y registros es más amplio (LPAC art.53).

880 **Actuación por medio de un representante** (LGT art.46.1) El obligado tributario, salvo en el supuesto de representación legal, puede intervenir en las actuaciones ante la Administración tributaria directamente o a través de un representante. Dicho representante puede ser un **asesor fiscal** (LGT art.46.1; RGGI art.112.7).
Si para el desarrollo de las actuaciones ante la Administración tributaria el obligado tributario designa un representante, la presencia de aquel no resulta necesaria. No obstante, en el **procedimiento inspector** está prevista la posibilidad que, de forma excepcional, se requiera la comparecencia personal del obligado tributario, aun cuando este haya designado un representante (LGT art.142.3).

881 **Horario de desarrollo de las actuaciones** (LGT art.152) Con carácter general, las actuaciones se han de desarrollar en las **oficinas públicas** dentro del horario oficial. Si se realizan en los **locales del interesado**, se debe respetar la jornada de oficina o de la actividad que se realice, si bien de común acuerdo se puede actuar en otras horas o días. No obstante, dichas reglas generales se pueden excepcionar en determinados casos.
Concretamente, en el procedimiento inspector se establece la posibilidad de que en las oficinas públicas se pueda, en determinadas circunstancias, actuar **fuera del horario** de apertura al público. Asimismo, cuando las actuaciones inspectoras se desarrollan en los locales del obligado tributario, también cabe actuar fuera de jornada laboral de la oficina, mediando el consentimiento del obligado tributario o, en determinados supuestos, contando con la preceptiva autorización del órgano competente de la Administración tributaria, que en el caso de la Agencia Tributaria es del Delegado o del Director de Departamento del que dependa el órgano actuante (RGGI art.182). Ver nº 2090 s.

882 **Declaración de oficio de la prescripción** (LGT art.69.2) La prescripción se debe aplicar de oficio sin necesidad de que la invoque o excepcione el obligado tributario.
La prescripción de alguno de los ejercicios objeto del procedimiento inspector impide formular un acta por la obligación tributaria correspondiente al mismo, por lo que el procedimiento

inspector no finaliza con una liquidación sino con un acuerdo del Inspector Jefe (RGGI art.189.4). Ver nº 4600 s.

Precisiones Los **órganos económico-administrativos**, con ocasión de la revisión de un acto de ejecución, pueden declarar de oficio la prescripción sin requerir previamente a la Administración para que acredite la existencia de posibles actos que hayan podido interrumpir la prescripción (TEAC unif criterio 20-3-19).

Inviolabilidad del domicilio (LGT art.113 y 142.2; RGGI art.172.3 redacc RD 249/2023) Cuando en un procedimiento inspector resulte necesario entrar en el domicilio **constitucionalmente protegido** del obligado tributario, la Administración tributaria debe obtener su consentimiento o la correspondiente autorización judicial. Ver nº 1755 s. **883**

Solicitud de que una actuación inspectora pase a tener carácter general (LGT art.149; RGGI art.179) Iniciada una actuación inspectora de comprobación e investigación de **alcance parcial**, el obligado tributario tiene derecho a que la misma tenga carácter general. Ver nº 2905 s. **884**

Obligaciones Dentro de las obligaciones tributarias reconocidas con carácter general en la LGT, la principal hace referencia al pago de la cuota tributaria (LGT art.19), cuya determinación viene establecida en la normativa propia de cada tributo. Además, se contemplan las siguientes: **886**

1. Obligación tributaria de realizar **pagos a cuenta** (LGT art.23): Consiste en satisfacer un importe a la Administración tributaria por el obligado a realizar pagos fraccionados (por ejemplo en IS, LIS art.40), por el retenedor o por el obligado a realizar ingresos a cuenta (por ejemplo, en IRPF, LIRPF art.99 a 101).
2. Obligaciones **entre particulares** resultantes del tributo (LGT art.24): Tiene por objeto una prestación de naturaleza tributaria exigible entre particulares, como la que se genera como consecuencia de actos de repercusión (por ejemplo, en el IVA, LIVA art.88), retención o ingreso a cuenta previstos legalmente. Las actuaciones relativas a dichas obligaciones entre particulares pueden ser objeto de reclamación económico-administrativa (LGT art.227.4).
3. Obligaciones tributarias **pecuniarias accesorias** (LGT art.25 a 28): Consisten en prestaciones pecuniarias que se deben satisfacer a la Administración tributaria y cuya exigencia se impone en relación con otra obligación tributaria, como sucede con el interés de demora y los recargos.
4. Obligaciones **tributarias** (LGT art.29): Son las que, sin tener carácter pecuniario, son impuestas por la normativa tributaria a los obligados tributarios y cuyo cumplimiento está relacionado con el desarrollo de actuaciones y procedimientos tributarios. Entre otras se pueden citar:

- obligación de presentar declaraciones censales en caso de actividades económicas;
- obligación de solicitud y utilización del NIF en relaciones de naturaleza tributaria;
- obligación de presentar declaraciones, autoliquidaciones y comunicaciones;
- obligación de llevar y conservar libros de contabilidad y registros (por ejemplo, libros registros de IVA);
- obligación de expedir y entregar facturas y de su conservación;
- obligación de aportar a la Administración la documentación con trascendencia tributaria cuando sea solicitada por esta;
- obligación de facilitar la práctica de inspecciones y comprobaciones administrativas;
- obligación de los productores, comercializadores y usuarios, de que los sistemas y programas informáticos o electrónicos que soporten los procesos contables, de facturación o de gestión de quienes desarrollen actividades económicas, garanticen la integridad, conservación, accesibilidad, legibilidad, trazabilidad e inalterabilidad de los registros, sin interpolaciones, omisiones o alteraciones de las que no quede la debida anotación en los sistemas mismos; se pretenden evitar los softwares de doble uso (ver nº 7028 s. en relación con el régimen sancionador específico, derivado de la mera producción de estos sistemas o programas, o la tenencia de los mismos sin la adecuada certificación -LGT art.201 bis-);
- obligación de que la aportación o llevanza de libros registros se realice de forma periódica y por medios electrónicos, en aquellos supuestos que se establezcan reglamentariamente (LGT art.29.3; RGGI art.29.1).

En el ámbito de procedimiento inspector, además de la obligación genérica de facilitar la práctica de las inspecciones antes mencionada, las obligaciones de los obligados tributarios se corresponden con las distintas facultades que corresponden a la Inspección (LGT art.142) (ver nº 1500 s.).

J. Capacidad para el pleno ejercicio de derechos y obligaciones. Representación

890

1. Capacidad para el pleno ejercicio de derechos y obligaciones

(LGT art.44)

900 Tienen capacidad para el pleno ejercicio de derechos y obligaciones en el orden tributario, además de las personas que la tengan conforme a derecho, los **menores de edad** y las personas con discapacidad necesitadas de medidas de apoyo (L 8/2021), en las relaciones tributarias derivadas de las actividades cuyo ejercicio les esté permitido por el ordenamiento jurídico, sin asistencia de la persona que ejerza la patria potestad, tutela, curatela, guarda de hecho o defensa judicial.

Precisiones 1) La **capacidad jurídica** es la aptitud para ser titular de derechos y obligaciones, esto es, para ser sujeto activo o pasivo, de relaciones jurídicas. La capacidad para el pleno ejercicio de derechos y obligaciones, es la aptitud para ejercitar los derechos y cumplir los deberes, esto es, para realizar actos que produzcan consecuencias jurídicas.
2) En la atribución de la capacidad para el pleno ejercicio de derechos y obligaciones a las personas con discapacidad necesitadas de medidas de apoyo (L 8/2021) en determinadas relaciones tributarias no distingue entre **mayores o menores** de edad.

905 Respecto a las **causas limitativas** de la capacidad para el pleno ejercicio de derechos y obligaciones, han de tenerse en cuenta las siguientes consideraciones:
1) En relación con la edad, se encuentran las siguientes situaciones:
- el **mayor de edad** disfruta de capacidad para el pleno ejercicio de derechos y obligaciones, siendo capaz para todos los actos de la vida civil, salvo las excepciones establecidas en el Código Civil;
- el **menor de edad no emancipado** carece de capacidad para el pleno ejercicio de derechos y obligaciones, recayendo su representación legal en los padres que ostenten la patria potestad, con exclusión de determinados actos relativos a los derechos de la personalidad, cuando exista conflicto de intereses entre padres e hijo y los relativos a los bienes que estén excluidos de la administración de los padres (CC art.162);
- el **menor de edad emancipado** al cual la emancipación le habilita para regir su persona y bienes como si fuera mayor, pero hasta que llegue a la mayoría de edad precisa del consentimiento de sus padres, y a falta de ambos, de su defensor judicial, en determinados actos -como tomar dinero a préstamo, gravar o enajenar bienes inmuebles y establecimientos mercantiles o industriales u objetos de extraordinario valor-. Sin embargo, el menor emancipado puede comparecer por si solo en juicio (CC art.247).
2) Las limitaciones a la capacidad de obrar de la **persona con discapacidad con medidas de apoyo** vienen determinadas por la resolución judicial de establecimiento de dichas medidas, que ha de fijar los actos que el afectado puede realizar por sí solo (CC art.249 s.).

2. Representación legal

920 **Personas físicas** (LGT art.45.1; RGGI art.110.1) Por las personas físicas que **carezcan de capacidad** para el pleno ejercicio de derechos y obligaciones deben actuar sus representantes legales, mientras que las personas que tengan esta capacidad limitada necesitan la concurrencia de las personas designadas con arreglo a derecho para la validez de sus actos.
Una vez que tales personas adquieran capacidad para el pleno ejercicio de derechos y obligaciones, puede actuar ante la Inspección por sí mismo, incluso en orden a la comprobación de su situación tributaria anterior en que carecía de dicha capacidad, sin perjuicio de que, a requerimiento de la Inspección, deban comparecer quienes ostentaron la representación legal.
La guarda y protección de la persona y bienes de los **menores**, y las medidas de apoyo de las **personas con discapacidad** (L 8/2021), se realizan mediante:
- la patria potestad ejercida por los padres (CC art.156 y 162);
- la tutela (CC art.199 a 234);
- la curatela (CC art.268 a 294);

- el defensor judicial (CC art.235, 236 y 295 a 298);
- la guarda de hecho (CC art.237, 238 y 263 a 267).

En el caso concreto de la **unidad familiar**, al carecer de representante legal por tratarse en realidad de una agrupación económica que carece de personalidad jurídica, susceptible de ser objeto de tributación conjunta, la representación le corresponde a cada uno de sus miembros, atendiendo a sus circunstancias particulares.

En relación con las **personas desaparecidas**, cuando no estén legítimamente representadas ni hayan encomendado la gestión de sus bienes a un apoderado, se ha de designar un defensor del desaparecido (CC art.181). También se prevé la representación de una **persona declarada ausente** (CC art.184).

Precisiones 1) A la **muerte de la persona física**, las obligaciones tributarias pendientes se transmiten a sus herederos o legatarios, no como representantes sino como obligados tributarios (nº 570 s.).
2) La **inscripción** en el Registro Civil del nombramiento del tutor no tiene carácter constitutivo, por lo que tal falta no impide las actuaciones inspectoras con el representante.

Personas jurídicas (LGT art.45.2; RGGI art.110.2 y 3) Por las personas jurídicas deben actuar las personas que ostenten, en el momento en que se produzcan las actuaciones tributarias correspondientes, la **titularidad de los órganos** a quienes corresponda su representación, por disposición de la Ley o por acuerdo válidamente adoptado. La representación de las personas jurídicas se presume a favor de las personas que figuren **inscritas como representantes** en los registros públicos, si bien el representante legal debe acreditar su condición ante la Administración tributaria. 945

La Inspección puede requerir la actuación de las personas que ocupaban los órganos de representación de la sociedad en el momento en que se devengaron o debieron haberse cumplido las correspondientes obligaciones o deberes, si se considera conveniente para facilitar las actuaciones inspectoras. En tal caso, los **antiguos representantes** han de actuar en su propio nombre, sin vincular a la persona jurídica o entidad.

Los **órganos** que representan a la sociedad y su titularidad varían según el tipo de sociedad de que se trate (nº 950 s.).

Sociedad colectiva (RRM art.209.9; CCom art.132) La sociedad colectiva, de tipo personalista, en la que todos los socios responden de las deudas sociales, de forma subsidiaria, personal, ilimitada y solidariamente, se caracteriza porque todos los socios tienen la posibilidad de participar en la gestión social. Figuran en la escritura los socios a quienes se encomienda la administración y representación de la sociedad. 950

Aunque todo socio pueda ser administrador, solo pueden representar a la sociedad los **socios** que hayan sido **autorizados para usar la firma social**. En caso de que la representación se haya conferido en la escritura social a un único socio, la representación es irrevocable, salvo que un mal uso de dicha facultad perjudique la masa común. Únicamente vinculan a la sociedad los actos realizados bajo la firma de la compañía y por persona autorizada para usarla.

Sociedad comanditaria (CCom art.148) La sociedad comanditaria, de tipo personalista, en la que coexisten socios colectivos y socios comanditarios, que responden ilimitada y limitadamente de las deudas sociales respectivamente, solo puede ser representada por los **socios colectivos**, al estar vedado al socio comanditario la realización de acto alguno de administración de los intereses de la compañía, ni aun en calidad de apoderado de los socios gestores. 955

Sociedad anónima (LSC art.1, 23 -redacc L 6/2023-, 210, 214, 215, 233 y 242; RRM art.124 y 145) La sociedad anónima se caracteriza, básicamente, por tener su capital dividido en acciones y por responder únicamente su patrimonio, no el de sus socios, de las obligaciones sociales. Entre las menciones necesarias de los estatutos debe constar la estructura del órgano al que se confía la **administración de la sociedad**, determinando los administradores a quienes se confiere el poder de representación y la gestión y su régimen de actuación; se ha de expresar, además, el número de administradores o, al menos, el número máximo y el mínimo, así como el plazo de duración del cargo. La **estructura del órgano** de administración de la sociedad puede ser: 960

1. Un administrador único, al que corresponde necesariamente el poder de representación.
2. Varios administradores que actúen solidariamente. En este caso, el poder de representación corresponde a cada administrador, sin perjuicio de las disposiciones estatutarias o de los acuerdos de la Junta sobre distribución de facultades.
3. Dos administradores que actúen conjuntamente, que van a ejercer el poder de representación mancomunadamente.
4. Un Consejo de administración integrado por un mínimo de tres miembros. El poder de representación corresponde al propio Consejo, que actuará colegiadamente. Los estatutos, no obstante, pueden atribuir el poder de representación a uno o varios miembros del Consejo a título individual o conjunto.

5. Cuando el Consejo, mediante el acuerdo de delegación, nombre una Comisión ejecutiva o uno o varios consejeros delegados, se ha de indicar el régimen de su actuación.
El **nombramiento** de administradores va a surtir efectos desde el momento de su aceptación, y debe inscribirse en el Registro Mercantil.

961 Precisiones En el caso de un administrador cuyo nombramiento y aceptación **no figuren inscritos** en el Registro Mercantil, pueden darse las siguientes situaciones:
a) Nuevo administrador debidamente nombrado que aún **no ha aceptado el cargo**: las actuaciones (incluidas, en su caso, las notificaciones) se deben efectuar al administrador anterior, cuyo cargo aún está vigente.
b) Nuevo administrador debidamente nombrado y que ha aceptado pero aún **no se ha inscrito** su nombramiento en el Registro Mercantil:
- si no se acredita a la Administración tributaria el nombramiento y aceptación del nuevo administrador, las actuaciones seguidas con los anteriores serán válidas, puesto que el contenido del Registro se presume exacto y válido (RRM art.7). Los actos sujetos a inscripción solo son oponibles a terceros de buena fe desde su publicación en el BORME y la buena fe del tercero se presupone en tanto no se pruebe que conocía el acto sujeto a inscripción y no inscrito (CCom art.21; RRM art.9);
- si se acredita a la Administración tributaria que se ha nombrado nuevo administrador y que ya ha aceptado el cargo, que aún no se ha inscrito, las actuaciones deben entenderse con el nuevo administrador, puesto que ya no es aplicable la presunción de buena fe a que se ha hecho referencia, sin perjuicio de que sean plenamente válidas las notificaciones y actuaciones practicadas previamente.
Si el administrador que consta inscrito manifestase que ya ha cesado del cargo e indica quien es el nuevo administrador, la Administración ha de efectuar las indagaciones pertinentes.

965 **Sociedad de responsabilidad limitada** (LSC art.1, 23 -redacc L 6/2023-, 210, 233 y 242; RRM art.175) La sociedad de responsabilidad limitada, de índole similar a la sociedad anónima, se diferencia de esta básicamente por su carácter cerrado -dado que no pueden transmitirse libremente sus participaciones sociales-, y por estar sometida a un régimen más flexible que esta última.
Entre las menciones necesarias de la escritura de constitución está la determinación del modo concreto en que inicialmente se organiza la administración cuando los estatutos prevean diferentes alternativas, así como la identidad de la persona o personas que se encarguen inicialmente de la administración y de la representación social. En concreto, la **administración de la sociedad** se puede confiar a un administrador único o a varios, que actúen solidaria o conjuntamente, o a un Consejo de administración. En este último caso, los estatutos, o en su defecto, la Junta General, han de fijar el número mínimo y máximo de sus componentes, que no pueden ser inferior a tres ni superior a doce.

970 **Sociedad unipersonal** (LSC art.12 a 17) La sociedad unipersonal de responsabilidad limitada o anónima está constituida por un único socio, sea una persona natural o jurídica, o por dos o más socios cuando todas las participaciones o las acciones hayan pasado a ser propiedad de un único socio. La sociedad unipersonal va a tener los órganos previstos en el **régimen general del tipo social**, sociedad anónima o sociedad de responsabilidad limitada, de que se trate.
Salvo disposición en contrario de los estatutos, pueden ser administradores personas distintas al socio único.

975 **Sociedad en comandita por acciones** (LSC art.1 y 252) La sociedad en comandita por acciones tiene su capital dividido en acciones y al menos uno de sus socios se ha de encargar de la administración de la sociedad y responder personalmente de las deudas sociales como socio colectivo. Los **socios colectivos** son necesariamente administradores de la sociedad y, por tanto, sus representantes.

980 **Otros supuestos** Dada la diversidad de tipo de entidades que existen, a continuación se recogen algunas de las más frecuentes, indicando en cada caso las personas que ostentan su representación:

ENTIDAD	REPRESENTACIÓN	MARCO JURÍDICO
Grupo de sociedades	Entidad representante	LIS art.56
Sociedades de Garantía Recíproca	Consejo de administración	L 1/1994 art.40
Cooperativas	Consejo rector	L 27/1999 art.5
Sociedades y Fondos de inversión	Sociedad gestora	L 35/2003 art.40
Agrupaciones de interés económico	Administradores	L 12/1991 art.13
Fundaciones	Patronato	L 50/2002 art.14 y 15
Fondos de capital- riesgo	Sociedad gestora	L 22/2014 art.30
Mutualidades de Previsión Social	Junta directiva	RD 1430/2002 art.39

Entidades de la LGT art.35.4 (LGT art.45.3) En representación de las herencias yacentes, las comunidades de bienes y las demás entidades que, carentes de personalidad jurídica, constituyan una unidad económica o un patrimonio separado susceptible de imposición, actúa el que la ostente, siempre que resulte acreditada en forma fehaciente; si no hubiera designado representante, se considera como tal al que aparentemente ejerza la gestión o dirección y, en su defecto, cualquiera de sus miembros o partícipes. 985

1) Persona que ostenta la representación: como supuestos de designación con arreglo a derecho cabe citar los siguientes casos:

a) **Herencias yacentes**: al no existir propiamente miembros o partícipes de la herencia yacente ni consecuentemente puede ser designado representante, no resultan de utilidad las reglas generales de la LGT art.45.3. Por tanto, ha de entenderse que mientras la herencia se encuentre yacente, el cumplimiento de las obligaciones tributarias del causante va a corresponder al representante de la herencia yacente (LGT art.39.3).

El testador puede nombrar a uno o más **albaceas**, que van a ostentar la representación de la herencia mientras esta no se haya adjudicado. Están investidos de todas aquellas facultades que se consideren necesarias para cumplir con la voluntad del testador en cuanto a la ultimación de la sucesión hereditaria que expresamente les haya conferido el testador, siempre que no sean contrarias a la ley y, en su defecto, las contempladas en el CC art.902 (CC art.892 y 901).

Por su parte, el juez competente puede proveer, a instancia de parte interesada, durante la formación del inventario y hasta que se produzca la aceptación de la herencia, el nombramiento de un **administrador** (CC art.1020).

b) **Comunidad de propietarios** en régimen de propiedad horizontal: el representante legal es el presidente de la comunidad (L 49/1960 art.13).

c) **Sociedades mercantiles irregulares**: si estas sociedades han iniciado o continuado efectuando las operaciones que les sean propias, se les aplican las normas de la sociedad colectiva (ver nº 950) o, en su caso, de la sociedad civil (LSC art.39).

2) Persona designada por los miembros o partícipes de la entidad: salvo que el representante venga establecido directamente por la normativa específica, va a ejercer la representación la persona designada fehacientemente por los miembros o partícipes de la entidad.

3) Persona que aparentemente ejerza la gestión o dirección de la entidad: para la concreción del término «aparentemente» debe atenderse fundamentalmente a las notas de exteriorización y reiteración. Se consideran **signos identificativos** de la apariencia de la gestión, la suscripción y recepción de documentos y la realización continuada de actuaciones que afectan a la entidad, mientras que no lo sería el supuesto de una persona que únicamente se ha limitado a realizar una gestión aislada y concreta en nombre de la entidad. 986

Si la entidad no hubiera presentado ninguna declaración censal en la que se designe el representante, la notificación de la comunicación de inicio de las actuaciones inspectoras se ha de efectuar, en principio, a la persona que firme las declaraciones tributarias presentadas por la entidad. Resulta válido cualquier **medio de prueba** admisible en Derecho, siendo preferibles aquellas pruebas de carácter documental que permitan acreditar el ejercicio de la gestión y dirección de la entidad (quien suscribe las declaraciones tributarias, quien firma los contratos, quien expide las facturas, quien lleve la contabilidad y registros fiscales, quien es el autorizado en las cuentas bancarias, si el domicilio fiscal de la entidad corresponde con el de alguno de sus miembros, etc.).

4) Cualquiera de los copartícipes o cotitulares de la entidad: en defecto de los criterios anteriores, la norma confiere la cualidad de representante a cualquiera de sus miembros.

Precisiones Las entidades de la LGT art.35.4 deben figurar en el **Censo de Empresarios, Profesionales y Retenedores** cuando desarrollen o vayan a desarrollar en territorio español actividades empresariales o profesionales, abono de rentas sujetas a retención o ingreso a cuenta o adquisiciones intracomunitarias de bienes sujetas al IVA. La información censal incluida en dicho censo comprende el nombre y apellidos o razón social o denominación completa, NIF y domicilio fiscal de cada uno de los miembros o partícipes que formen parte, en cada momento, de tales entidades (excepto para las entidades que tengan la condición de comunidades de propietarios constituidas en régimen de propiedad horizontal), con indicación de sus cuotas de participación y de atribución. Las declaraciones censales de alta y modificación deben incluir dichos datos (RGGI art.3.2, 7.d, 9.2 y 10.2.b). 987

3. Representación voluntaria

(LGT art.46; RGGI art.111)

1050 La necesidad de acudir a la representación está establecida en la Ley (nº 920). Además de ser necesaria la representación para aquellas personas que carecen de capacidad para el pleno ejercicio de derechos y obligaciones o que la tienen limitada, también puede ser otorgada voluntariamente por personas con la citada capacidad por sí mismos, conocida como representación voluntaria.

La representación voluntaria consiste en conceder poder a una persona (representante) para actuar y decidir, dentro de ciertos límites, en interés y por cuenta de otra (representado). El otorgamiento del poder es un **acto unilateral** del representado que justifica la actuación en nombre ajeno y que delimita y concreta las facultades del representante, pudiendo ser nombradas tanto las personas jurídicas como físicas que tengan capacidad para el pleno ejercicio de derechos y obligaciones suficiente.

Se han de tener en cuenta las siguientes particularidades, atendiendo a la **capacidad para el pleno ejercicio de derechos y obligaciones**:

- personas físicas con dicha capacidad: la representación voluntaria es conferida por ellas mismas -por ejemplo, a un asesor fiscal-. Las actuaciones administrativas se han de entender con dicho representante, salvo que se haga manifestación expresa en contrario;
- personas físicas sin dicha capacidad, de las personas jurídicas y de las entidades de la LGT art.35.4: la representación voluntaria puede ser conferida por sus representantes legales cuando sus facultades de representación lo permitan.

Cuando concurran **varios titulares** en una misma obligación tributaria, se presume otorgada la representación a cualquiera de ellos, salvo que se produzca manifestación expresa en contrario.

1052 Precisiones 1) El **asesor fiscal** puede intervenir en los procedimientos tributarios como representante del obligado tributario, si dispone de poder al efecto, o asistiendo al obligado tributario o al representante de este, en cuyo caso es necesario que sea acreditada la conformidad del obligado tributario a que conozca las actuaciones en las que interviene (nº 1190). No obstante, en cualquier caso, el incumplimiento del asesor no exime al sujeto pasivo. En consecuencia, aquel debe responder junto a su cliente de los errores en unas facturas, si no las revisa ni realiza las comprobaciones oportunas (TS 19-5-10, EDJ 84182).

Cuando actúen como representantes, los asesores responden en el ámbito civil respecto del mandante por los daños y perjuicios que le haya ocasionado la inejecución o mala ejecución del mandato (CC art.1718 y 1726). En cuanto a la responsabilidad del asesor fiscal en el orden penal y administrativo, ver nº 5694.

2) Respecto a la **representación plural**, en el caso de que un mismo poderdante conceda varios apoderamientos que concurran en el tiempo, produciéndose una pluralidad de representantes, hay que realizar las siguientes matizaciones:

a) Representación **solidaria**: en este caso cualquiera de los representantes puede realizar individual y separadamente el asunto o negocio encomendado. No obstante, en el caso de la firma de las actas con acuerdo o de conformidad se requiere que no exista discrepancia de ninguno de los representantes solidarios (RGGI art.185.3), dado que su finalidad es evitar la litigiosidad.

b) Representación **mancomunada**: en este caso todos o varios de ellos, según se determine en el apoderamiento, deben participar en el asunto o negocio para que sea válida la representación de manera conjunta frente a terceros. Se requiere que los representantes actúen conjuntamente frente al tercero, pero no es necesario que esta actuación sea simultánea («unitas actus»), sino que es suficiente con que cada uno de los representantes declare su voluntad aunque sea por separado. Si alguno de los representantes actuase de forma separada e independiente de los demás, se produce una infracción de las reglas propias de la representación mancomunada, siendo necesaria la ratificación en tiempo y forma por el representado del acto así realizado para que este produzca efectos.

3) El representante voluntario no está facultado para elegir una **cuenta de abono del ingreso indebido** en ejercicio de su poder de representación distinta de la del obligado tributario o su representante legal, en la medida en que el pago se ha de realizar mediante transferencia o mediante cheque cruzado a la cuenta que el obligado tributario o su representante legal autorizado tengan abierta en una entidad de crédito (DGT CV 31-7-09).

4) En la **unidad familiar**, dado que no puede ser obligada tributaria ni conceder representación, esta recae en los propios miembros, en cuya representación resultan aplicables los cauces generales establecidos. En concreto, cada cónyuge puede nombrar un representante, que puede ser el mismo o distinto del nombrado por el otro cónyuge. Se puede designar como representante al cónyuge, pero no puede atribuirse por sí mismo la representación del otro. No obstante, la normativa tributaria puede establecer que, en los casos de solidaridad en el presupuesto de hecho de la obligación, las actuaciones puedan iniciarse y realizarse con uno solo de ellos, comunicando el inicio al otro para que pueda personarse (LGT art.46.6).

En el caso particular de la **declaración conjunta por IRPF**, supone la asunción por ambos cónyuges del hecho imponible (único) determinante del impuesto y las actuaciones administrativas entendidas con uno de los consortes en el régimen de declaración conjunta son válidas y sus efectos alcanzan a ambos sujetos pasivos (TS 30-6-09, EDJ 205360; 31-5-10, EDJ 133452).

Concesión de la representación (LGT art.46.2 y 3) Se han de distinguir los siguientes supuestos atendiendo a la forma en la que haya sido concedido el poder: 1055

1) Concesión **tácita**: existe una presunción de que ha sido concedida la representación para los actos de mero trámite.

2) Concesión **expresa**: se exige que el poder sea concedido expresamente para interponer recursos o reclamaciones, desistir de ellos, renunciar a derechos, asumir o reconocer obligaciones en nombre del obligado tributario, solicitar devoluciones de ingresos indebidos o reembolsos y en los restantes supuestos en que sea necesaria la firma del obligado tributario en los procedimientos regulados en la LGT Título III, IV y V.

La representación en todos estos casos debe haber sido concedida expresamente, y debe acreditarse por cualquier medio válido en Derecho que deje constancia fidedigna de su existencia, o mediante declaración en comparecencia personal del interesado ante el órgano administrativo competente.

Son válidos los **documentos normalizados** de representación que apruebe la Administración tributaria para determinados procedimientos (ver nº 9540).

En el ámbito tributario todas las actuaciones que supongan un acto dispositivo en la medida en que puedan afectar a los derechos y obligaciones del obligado tributario requieren de un **poder específico**.

Precisiones Queda **debidamente acreditada** la representación en las actuaciones que no consistan en alguno de los actos ya examinados cuando (RGGI art.111.4):
- se haya hecho constar expresamente en la declaración, autoliquidación, comunicación de datos o solicitud que sea objeto del procedimiento;
- resulte de los propios actos o de la conducta observada por el obligado tributario en relación con las actuaciones desarrolladas.

Supuestos en los que se entiende otorgada la representación (RGGI art.111.2) Se entiende otorgada la representación, entre otros, en los siguientes casos: 1065

a) Cuando la representación concedida conste **inscrita** y vigente en un Registro público.

b) Cuando la representación conferida conste en documento público o documento privado, con **firma legitimada** notarialmente. La firma que debe estar legitimada es la del representado. La legitimación de firmas es un testimonio que acredita el hecho de que una firma ha sido puesta en presencia del notario, o el juicio de este sobre su pertenencia a una persona determinada (D 2-6-44 art.256).

c) Cuando se otorgue mediante **comparecencia** personal ante el órgano administrativo competente. El poder «apud acta» puede ser conferido ante el funcionario actuante o que dirija las actuaciones en el momento de otorgarse el poder. Se ha de documentar en diligencia.

d) Cuando comparezca ante la Inspección, en uso de la representación, el apoderado que conste en el **documento de representación normalizado** aprobado por la correspondiente Administración tributaria que se hubiera puesto a disposición de quien otorga la representación (el obligado tributario inspeccionado), respondiendo el representante con su firma de la autenticidad de la de su representado.

e) Cuando la representación conste en documento emitido por **medios electrónicos, informáticos o telemáticos** con las debidas garantías establecidas por la Administración tributaria.

Precisiones En relación con la utilización de apoderamientos inscritos en **registros telemáticos**, la AEAT Resol 18-5-10 regula el Registro y gestión de apoderamientos y el Registro y gestión de las sucesiones y representaciones legales de menores y personas con discapacidad necesitadas de medidas de apoyo para la realización de trámites y actuaciones por Internet ante la Agencia Tributaria.

Documento de representación (RGGI art.111.3) El documento que acredite la representación debe contener, al menos, las siguientes **menciones**: 1085
- identificación del representado: nombre y apellidos o razón social o denominación completa, número de identificación fiscal y domicilio;
- identificación del representante: nombre y apellidos o razón social o denominación completa, número de identificación fiscal y domicilio;
- contenido de la representación, así como la amplitud y suficiencia de la misma;
- lugar y fecha de su otorgamiento;
- firma del representado y, salvo que se trate de un documento público, del representante;
- en el caso de representación voluntaria otorgada por el represente legal del obligado tributario, debe acreditarse la representación legal.

En cuanto al tipo de documentos que han de ser utilizados, la AEAT ha aprobado los **documentos normalizados** que acreditan la representación en los procedimientos iniciados a instancia de los contribuyentes, los procedimientos iniciados de oficio por la Administración tributaria, el procedimiento de inspección y el procedimiento sancionador que pueda derivarse del mismo y para la presentación por medios telemáticos de autoliquidaciones, declaraciones y comunicaciones tributarias.

4. Representación de no residentes

(LGT art.47; LIRNR art.10)

1090 Se considera residentes en España a las siguientes **entidades** (LIS art.8.1):
- las que se hayan constituido conforme a las leyes españolas;
- las que tengan su domicilio social en territorio español; y
- las que tengan su sede de dirección efectiva en territorio español.

Asimismo, se considera residentes en España a las **personas físicas** (LIRPF art.9):
- que permanezcan más de ciento ochenta y tres días, durante el año natural, en territorio español;
- que radique en España el núcleo principal o la base de sus actividades o intereses económicos, de forma directa o indirecta.

Las personas físicas y jurídicas que no reúnan las condiciones anteriores para ser consideradas residentes en territorio español están obligadas, salvo que sean residentes en otro Estado miembro de la UE, a nombrar un **representante con domicilio en territorio español** en los siguientes supuestos:

a) Cuando operen en territorio español mediante **establecimiento permanente**. En caso de incumplimiento de la obligación de nombrar representante, la Administración tributaria puede considerar representante del establecimiento permanente a la persona que figure como tal en el Registro Mercantil. En caso de no haber persona nombrada o inscrita, la Administración tributaria puede considerar representante a quien esté facultado para contratar en su nombre.
No obstante, en el caso de personas o entidades residentes en países o territorios con los que no exista un efectivo intercambio de información tributaria, si se incumple la obligación de nombrar representante, la Administración tributaria puede considerar como tal al depositario o gestor de los bienes o derechos de los obligados tributarios.
En el caso de Estados que formen parte del **Espacio Económico Europeo** que no sean Estado miembro de la Unión Europea, lo anterior no es de aplicación cuando exista normativa sobre asistencia mutua en materia de intercambio de información tributaria y de recaudación (nº 5248 s.).
Esta obligación es, asimismo, exigible a las personas o entidades residentes en países o territorios con los que **no exista un efectivo intercambio de información tributaria** (LGT disp.adic.1ª.3), que sean titulares de bienes situados o de derechos que se cumplan o ejerciten en territorio español, excluidos los valores negociados en mercados secundarios oficiales.

b) Cuando lo establezca **expresamente la normativa**. Así sucede con:
- los casos de prestaciones de servicios, asistencia técnica, obras de instalación o montaje derivados de **contratos de ingeniería** y, en general, de actividades o explotaciones económicas realizadas en España sin mediación de establecimiento permanente (LIRNR art.24.2); y
- las **entidades con presencia en territorio español**, es decir, entidades en régimen de atribución de rentas constituidas en el extranjero, que realizan una actividad económica en territorio español, y toda o parte de esa actividad se desarrolla, de forma continuada o habitual, mediante instalaciones o lugares de trabajo de cualquier índole, o actúa en él a través de un agente autorizado para contratar, en nombre y por cuenta de la entidad (LIRNR art.38).

En defecto de nombramiento de representante, es aplicable el régimen previsto para los establecimientos permanentes.

Entre las obligaciones de los sujetos pasivos del **IVA** está la de nombrar un representante a efectos del cumplimiento de las obligaciones impuestas en la Ley, cuando aquellos no estén establecidos en la Comunidad, salvo que lo estén en Canarias, Ceuta o Melilla, o en un Estado con el que existan instrumentos de asistencia mutua, análogos a los instituidos en la Comunidad (LIVA art.164.uno.7º redacc L 11/2023).

Asimismo, en el **ISD** los contribuyentes por obligación real que no sean residentes en otro Estado miembro de la Unión Europea están obligados a nombrar, antes del fin del plazo de declaración de la adquisición de bienes y derechos en España, una persona física o jurídica con residencia en España para que les represente ante la Administración Tributaria en relación con sus obligaciones por este impuesto. Como excepción, no existe dicha obligación en caso de Estados que formen parte del Espacio Económico Europeo que no sean Estado

miembro de la Unión Europea, cuando exista normativa sobre asistencia mutua en materia de intercambio de información tributaria y de recaudación (RISD art.18.4 redacc RD 249/2023).
c) Cuando, debido a la cuantía y características de la renta obtenida o a la posesión de un bien inmueble, así sea **requerido por la Administración tributaria**.

Precisiones **1)** El nombramiento de representante por los no residentes tiene importantes efectos en cuanto a la determinación del **domicilio fiscal**, teniendo en cuenta que el domicilio de los contribuyentes no residentes en territorio español, a efectos del cumplimiento de sus obligaciones tributarias, va a ser el domicilio fiscal de su representante cuando obtengan rentas derivadas de bienes inmuebles y cuando opere sin establecimiento permanente (LIRNR art.11). **1092**
2) Respecto a la sentencia del **Tribunal Supremo** en el recurso interpuesto contra determinados artículos del RGGI (TS 4-3-09, EDJ 32188), ver nº 857.

5. Representante ante la Inspección

(RGGI art.112)

El obligado tributario, salvo en el supuesto de la representación legal, puede intervenir en las actuaciones inspectoras directamente o a través de un representante. **1120**

Acreditación de la representación y constancia documental (RGGI art.112.1, 2 y 3) Si la comparecencia en el procedimiento inspector se realiza a través de un representante, este debe acreditarse y aportar el documento que le otorga dicha condición en su **primera actuación** ante la Inspección, teniendo que quedar probados su identidad y concepto en el que actúa. **1125**
En cuanto al **representante legal** (nº 920 s.), esta acreditación se puede efectuar, según los casos, mediante certificación del Registro Civil o mediante testimonio de la correspondiente resolución judicial. No obstante, puede considerarse representante a aquellas personas que figuren inscritas como tales en los correspondientes registros públicos (RGGI art.110.3). Por tanto, los órganos de la Inspección pueden verificar la representación legal acudiendo al Registro Civil.
Si no es acreditada dicha representación, el órgano inspector deja constancia en diligencia que el compareciente dice actuar como «**mandatario verbal**» del obligado tributario y se le requiere que acredite documentalmente la representación en la siguiente visita o bien en el plazo de diez días, de ser aquella posterior, advirtiéndole de que la falta de subsanación en plazo supone que se va a tener por no personado al obligado tributario y la actuación por no realizada. La falta de acreditación de la representación, solo permite realizar con el compareciente actuaciones de mero trámite.
Además, se le puede exigir al compareciente la aportación de **datos, informes y antecedentes** para la siguiente visita, teniéndose por no realizado si el compareciente no aporta el poder en el plazo establecido. Mientras no aporte el documento de representación, no se puede facilitar al compareciente ninguna información relativa al obligado tributario, dado el carácter reservado de la información tributaria (LGT art.95 redacc L 13/2023).
Una vez que el compareciente aporta el documento acreditativo de la representación, ha de ser examinada por la Inspección su **suficiencia y alcance**. En el caso de presentación de un modelo normalizado de representación (nº 1085), se verifica que se ajusta al modelo aprobado por la Administración tributaria y que está debidamente cumplimentado; en el caso de poder notarial u otro tipo de representación válida en derecho distinto del modelo normalizado, se comprueba el alcance y suficiencia de la representación -en concreto, se verifica que estén correctamente especificadas las actuaciones inspectoras a las que se refiere la representación, bien haciendo constar los conceptos tributarios y períodos a que se extiende la comprobación, bien mediante la remisión a la comunicación de inicio de las actuaciones-.
Si el representante **no acredita** la representación, el acto de que se trate se va a tener por no realizado o al obligado tributario por no personado, salvo que las actuaciones realizadas en su nombre sean ratificadas por el propio obligado.
Una vez que la representación queda debidamente acreditada o, en su caso presumida, corresponde al obligado tributario representado la **prueba de su inexistencia**. No puede en este sentido alegar como fundamento de la nulidad de lo actuado los defectos por él causados.

Precisiones **1)** Si el nombramiento del administrador **no** consta **inscrito en el Registro Mercantil**, dicho nombramiento va a surtir efectos desde el momento de su aceptación, momento a partir del cual ha de ser inscrito en el Registro Mercantil (LSC art.214 y 215). No obstante, puede ocurrir que el nombramiento no sea inscrito (ver nº 961).
2) Es válido el **poder conferido mediante documento privado**, de forma que si bien sí es necesario una representación expresa para la firma de las actas de inspección, esta no ha de constar necesariamente en documento público o en documento privado con firma legitimada notarialmente (TS 18-2-10, EDJ 53561; 14-5-12, EDJ 97474).

1130 **Falta o insuficiencia de poder** (LGT art.46.7; RGGI art.112.2 y 6) La falta o insuficiencia del poder no impide que se tenga por realizado el acto de que se trate, siempre que dentro del **plazo** de diez días se acompañe el poder o se subsane el defecto, debiendo ser concedido al efecto el plazo citado por el órgano inspector actuante. El cómputo del plazo de los diez días se realiza desde el día siguiente al de la notificación del requerimiento de subsanación que al efecto se haga.

No obstante, se admite la **subsanación** de la falta o insuficiencia del poder del representante con el que se hubiesen practicado las actuaciones cuando el obligado tributario:

- impugne los actos dictados en el procedimiento en el que intervino aquel sin alegar esta circunstancia; o
- ingrese la deuda tributaria derivada de la liquidación, salvo que en este caso la falta o insuficiencia del poder se alegue en el recurso o reclamación que se presente contra la liquidación.

Si, como consecuencia de un **recurso o reclamación** económico-administrativa es anulada la liquidación dictada por el Inspector-Jefe ante la falta o insuficiencia de poder de representación, las actuaciones y pruebas del procedimiento inspector realizadas sin intervención del representante han de conservar su validez, si bien se debe producir la **retroacción de las actuaciones** al momento en que se debió acreditar la representación o se aportó el poder que resulta insuficiente.

Esta validez de las actuaciones y pruebas no resulta aplicable en el caso de los recursos interpuestos en la vía **contencioso-administrativa**, en que hay que estar a lo que dispongan las correspondientes sentencias de los tribunales de justicia.

1132 **Ampliación de la extensión o alcance de las actuaciones del procedimiento inspector** (RGGI art.178) Cuando se inicia un procedimiento inspector se deben delimitar los períodos y conceptos impositivos que se van a analizar y, respecto de estos, se debe indicar si se va a examinar la totalidad o parte de los elementos de la obligación tributaria (ver nº 2865 s.).

Si durante el desarrollo del procedimiento inspector (nº 2885 s.) se produce una ampliación de los períodos y conceptos impositivos objeto de la comprobación, o si esta se extiende a otros elementos de la obligación tributaria además de los inicialmente previstos, lo habitual es que el **poder de representación** inicialmente otorgado no resulte suficiente para amparar la labor del representante en cuanto al ámbito de las nuevas actuaciones, ya que el representado al otorgar el poder de representación inicial lo habrá hecho en base a la extensión y alcance inicialmente comunicado. Por ello resulta preciso la ampliación del poder inicialmente otorgado o la concesión de uno nuevo que permita al representante actuar en nombre y por cuenta del representado.

En estos casos la **comunicación de la ampliación** de actuaciones se notifica directamente al obligado tributario, ya que si se notificara al representante, dicha notificación podría ser inválida al no estar este autorizado para actuar en nombre del obligado tributario por los conceptos y períodos ampliados.

Si el obligado tributario, tras la notificación de la ampliación al representante, presentara **declaración complementaria** por los conceptos o períodos objeto de la ampliación, el ingreso derivado de la misma tendría la consideración de espontáneo, pudiendo ser exigibles los recargos e intereses de demora (LGT art.27), impidiendo la posibilidad de imponer sanciones (LGT art.179.3).

Precisiones Es necesaria la **retroacción de las actuaciones** al momento en que, tras la diligencia de ampliación de actuaciones, debió citarse de nuevo al contribuyente para que ampliara el poder, otorgara otro nuevo y distinto o actuara por sí mismo (TSJ Asturias 20-4-04, EDJ 57491). El hecho de que en la ampliación de las actuaciones haya sido notificada al representante al que se concedió poder de representación para atender la comunicación de inicio de las actuaciones inspectoras de alcance parcial, no afecta a los derechos del recurrente al no verse afectada su facultad de defensa (TSJ Madrid 25-2-08, EDJ 93927).

1135 **Efectos de la representación** (RGGI art.112.4) Las actuaciones de la Inspección de los Tributos desarrolladas con quien comparezca como representante del obligado tributario, se entienden realizadas directamente con el propio **obligado tributario** y produce plenos efectos jurídicos respecto de este.

Por el contrario, las manifestaciones hechas por persona que haya comparecido ante la Inspección **sin poder suficiente**, tienen el valor probatorio que proceda con arreglo a Derecho.

No obstante, no puede excederse de los **límites del apoderamiento**, ya que en ese caso el representado no queda obligado por lo actuado por el representante, salvo que el representado subsane el defecto dentro del plazo de diez días que debe conceder al efecto el órgano administrativo competente.

de actuaciones inspectoras por afectar a derechos del mismo, teniendo en cuenta que el poder ha de ser acreditado desde el primer momento y, en caso contrario, ser subsanada la falta de poder (TS 9-10-09, EDJ 265753).
10) Existe **insuficiencia de poder** de representación, dado que en el poder otorgado no consta ni el impuesto ni el período para el que fue conferido dicho poder (AN 24-3-10, EDJ 33140), a diferencia de lo que ocurre en caso de representación otorgada respecto a la **regularización tributaria** de la sociedad con carácter general, sin especificar ningún ejercicio (TEAC 16-3-05).
Tampoco es válido el documento de representación en el que **no** figura como **otorgante** el recurrente, cuando no se trate de un poder notarial, ni en el documento haya intervenido funcionario público, sin haberse expresado ni las actuaciones inspectoras a las que se refiere ni el ejercicio al que afecta (TSJ Madrid 10-3-10, EDJ 66118).
11) La **representación** debe ser **expresa**. A estos efectos:
- la presencia del representante en **diligencias posteriores** al inicio de las actuaciones no supone una ratificación de una representación tácita (TSJ Madrid 18-5-04, EDJ 97490);
- si la autorización es aportada por la persona que dice ser autorizada y el supuesto autorizante lo desmiente, acreditando pericialmente que la firma que figura en ella no es la suya, la **carga de la prueba** sobre la autenticidad se desplaza a la Administración tributaria (TSJ Cataluña 26-6-08, EDJ 167038).

12) No es válida la notificación de la liquidación practicada al representante del obligado tributario al que había sido **revocada la representación** con conocimiento de la Administración (AN 28-10-04, EDJ 188214), teniendo que ser demostrado de manera fehaciente dicha revocación del poder antes del intento de notificación mediante la exhibición del documento de revocación (TSJ Castilla-La Mancha 1-12-09, EDJ 315204). Por tanto, en estos casos, los intentos de notificación han de realizarse al interesado (TSJ Madrid 22-9-09, EDJ 310141). **1165**
13) Cuando se apodera a **varias personas** para que actúen en nombre de otra, si no se ha optado de manera expresa si la actuación de los representantes se ha de llevar a cabo de manera solidaria o mancomunada, parece que prevalece la idea de la solidaridad (TEAC 22-11-07).
En el caso concreto de dos **administradores mancomunados**, la representación otorgada a efectos de las actuaciones inspectoras la debían haber otorgado ambos y no uno solo (TSJ Madrid 10-5-07, EDJ 77144).
Sin embargo, aunque el obligado tributario alegue que la representación fue otorgada a dos personas con la finalidad de que actuaran mancomunadamente, si la representación fue **indistintamente** otorgada a dos personas físicas, como se desprende del documento acreditativo de aquella, en el que el otorgante emplea una conjunción disyuntiva al consignar las menciones de identidad de los representantes autorizados, va a resultar válida la actuación llevada a cabo por uno solo (AN 30-11-09, EDJ 302398).

14) Aunque las primeras actuaciones se hayan llevado a cabo con un **mero mandatario** que carecía de poder bastante, cuando es nombrado un representante único por las sociedades beneficiarias, en el propio modelo de representación se manifiesta que confirma la validez de todas las actuaciones realizadas desde el inicio de las actuaciones hasta este momento (TEAC 9-6-09). **1170**
15) Es válido el **poder conferido mediante documento privado**, de forma que si bien sí es necesario una representación expresa para la firma de las actas de inspección, esta no ha de constar necesariamente en documento público o en documento privado con firma legitimada notarialmente (TS 18-2-10, EDJ 53561; 14-5-12, EDJ 97474).
16) La normativa vigente no exige un otorgamiento especifico de apoderamiento en el seno del propio **expediente sancionador** en los casos en los que se haya otorgado una representación expresa que se extiende al procedimiento de inspección y al procedimiento sancionador (TS 10-4-19, EDJ 561461).

K. Presencia del obligado tributario en las actuaciones inspectoras

Comparecencia del obligado tributario (LGT art.142.3 y 151.2; RGGI art.173.2) El obligado tributario que haya sido requerido por la Inspección tiene el **deber de personarse** en el lugar, día y hora señalados para la práctica de las actuaciones pertinentes. **1190**
El obligado tributario puede personarse por sí mismo o por medio de su representante (nº 890 s.).
No obstante, la Inspección puede requerir excepcionalmente la **comparecencia personal** del obligado tributario cuando la naturaleza de las actuaciones a realizar así lo exija, pudiendo comparecer acompañado de su representante o de quien estime pertinente. Dado su carácter excepcional, la Inspección debe motivar la concurrencia de aquella circunstancia que le permite exigir la personación directa del obligado.
Entre los casos en los que se podría solicitar la comparecencia personal del obligado tributario se pueden encontrar cuando la Inspección precisara conocer la autenticidad de determinados documentos suscritos por el obligado tributario, dado que la persona más capacitada para

saber si firmó o no un determinado documento es el propio autor de la firma; otro caso podría darse si el representante manifiesta al actuario que desconoce determinada actividad desarrollada por el obligado tributario y solo este en persona puede dar razón de dicha actividad, o si aquel manifiesta que ya no representa al obligado tributario.

1195 El obligado tributario debe aportar o tener a disposición de la Inspección la **documentación** y demás elementos solicitados y prestarle, asimismo, la debida **colaboración** en el desarrollo de sus funciones (LGT art.29.1.g y 142.3). La falta de comparecencia o de colaboración en las actuaciones inspectoras es susceptible de ser sancionable, estando prevista la infracción tributaria por resistencia, obstrucción, excusa o negativa a las actuaciones inspectoras (ver nº 6977 s.).

No obstante, el obligado tributario no tiene que aportar los documentos ya presentados y que se encuentran en poder de la Administración actuante, siempre que el obligado tributario indique el día y el procedimiento en el que los presentó (LGT art.34.1.h).

En caso de personación de la Inspección, sin previa comunicación, en las empresas, oficinas, dependencias, instalaciones o almacenes del obligado tributario, el **deber de asistencia** a la Inspección concierne al obligado tributario o al encargado o responsable de los locales, con quienes se han de entender las actuaciones inspectoras.

Precisiones **1)** En cuanto a la presencia del obligado tributario en las actuaciones inspectoras, la LGT incorpora la posibilidad de que las actuaciones se realicen a través de **sistemas digitales**. Ver lo expuesto en el nº 872.

2) La obligación formal de **aportar a la Administración tributaria** información que el obligado tributario deba conservar en relación con el cumplimiento de las obligaciones tributarias propias o de terceros, así como cualquier dato, informe, antecedente y justificante con trascendencia tributaria, solo podría exigirse en el plazo previsto en la normativa mercantil, o mientras no hubiera expirado el **plazo de prescripción** del derecho para determinar la obligación material vinculada a ella, si este último fuese superior. Al tratarse de una sociedad mercantil, sujeta a la obligación de conservar la documentación concerniente al negocio durante seis años establecido en el Código de Comercio, la obligación formal de aportar información es exigible en los términos señalados en el requerimiento controvertido (TEAC 10-6-20).

3) La facultad excepcional de la inspección de los tributos de requerir la comparecencia personal del obligado tributario, **persona jurídica**, se refiere a quien ostente su representación orgánica, pudiendo dar lugar su incomparecencia sin causa justificada, en el lugar y tiempo que se hubiera señalado, a la infracción tipificada, consistente en resistencia, obstrucción, excusa o negativa a las actuaciones de la Administración tributaria (TS 8-4-24, EDJ 533410).

1198 **Acreditación de la identidad del obligado tributario** Los órganos de Inspección pueden solicitar que la persona que comparece o atiende a la Inspección se identifique, exhibiendo el DNI o tarjeta de residencia, y se puede dejar constancia en diligencia que el obligado tributario ha exhibido, en su caso, el correspondiente **documento de identificación** y que se ha constatado su identidad.

Esta identificación es necesaria para extender las diligencias oportunas, que son documentos públicos que hacen prueba, entre otras, de las personas que han comparecido. Además, se debe constatar si el compareciente es o no el obligado tributario, ya que los datos tributarios son confidenciales y reservados (LGT art.95 redacc L 13/2023), y el personal de la Administración tributaria está sometido al deber de sigilo respecto de terceros.

En los **procedimientos administrativos** de la Administración General del Estado y de sus organismos públicos vinculados o dependientes no se exigirá a quien tenga la condición de interesado, a efectos de comprobación de los datos de identificación personal, la aportación de **fotocopias de documentos de identidad** (DNI y tarjeta equivalente expedida por las autoridades españolas en el caso de extranjeros residentes en España), si bien ello no impide al obligado tributario aportar voluntariamente fotocopia de su documento de identificación.

Aunque haya sido suprimida la exigencia de fotocopias del DNI y de la tarjeta de residencia, ello no obsta para que los **órganos de la Administración del Estado** puedan exigir la exhibición de dichos documentos (RD 522/2006).

SECCIÓN 2

Facultades de la Inspección de los Tributos

 1500

Las actuaciones inspectoras pretenden garantizar el **cumplimiento de los principios** que ordenan el sistema tributario (Const art.31.1; LGT art.3.1). Los principios de capacidad económica, justicia, generalidad, igualdad, progresividad, equitativa distribución de la carga tributaria y no confiscatoriedad tienen por finalidad conseguir la aplicación general y efectiva del mismo, asegurar la equidad en el cumplimiento de los tributos, y obtener los ingresos necesarios para sufragar los gastos y servicios públicos. 1502

Para el cumplimiento de estas importantes funciones, resulta necesario dotar a la Inspección de los tributos de las **facultades** precisas para el correcto ejercicio de las mismas, sin menoscabo de los derechos de los contribuyentes. Las facultades de la Inspección están encaminadas a dotar a los órganos de la Inspección de los **medios necesarios** para comprobar e investigar y, en su caso, regularizar la situación tributaria de los contribuyentes.

Las **facultades** de la Inspección se regulan en la LGT art.142 y en el RGGI art.171, 172 -redacc RD 249/2023- y 173, que incluyen, como la normativa anterior, las facultades de examen de la documentación del obligado tributario, de entrada y reconocimiento de fincas, de exigir la comparecencia del obligado tributario y otras facultades. 1505

Por su parte, la LGT art.142 se refiere a las actuaciones inspectoras, y se ubica dentro de la sección de disposiciones generales de las actuaciones de la inspección, por lo que no atañe exclusivamente a las actuaciones de comprobación e investigación del procedimiento de inspección, sino que se refiere a todo tipo de actuaciones inspectoras (de obtención de información, de comprobación de valores, etc.).

Esta norma no incluye la totalidad de las facultades de que está investida la Inspección para el ejercicio de sus funciones, sino exclusivamente aquellas **facultades específicas** de la misma. No obstante, dispersas en la LGT se encuentran otras facultades que no son específicas de la Inspección, sino comunes con otros órganos de aplicación de los tributos. Así, por ejemplo, la facultad de obtención de información (nº 5010 s.), la documentación de las actuaciones en diligencias con valor de documento público (nº 2170 s.), etc.

Las citadas facultades específicas se justifican y fundamentan en la mayor complejidad de las actuaciones de la Inspección, que incluyen el **descubrimiento de los hechos** que se han ocultado a la Administración tributaria, ya sea no declarándolos o haciéndolo incorrectamente (actuaciones de investigación), y que son las únicas actuaciones de comprobación que pueden tener alcance general dando lugar a liquidaciones definitivas, impidiendo que puedan ser objeto de una nueva comprobación. Las importantes facultades que se atribuyen a la Inspección de los tributos derivan, pues, de la trascendencia de las funciones atribuidas a la misma.

Forma de ejercicio de las facultades (RGGI art.61 y 169.1) Las actuaciones inspectoras se realizan por los funcionarios y demás personal al servicio de la Administración tributaria que desempeñen los correspondientes puestos de trabajo integrados en los órganos con funciones de la Inspección de los tributos, y que se denomina **personal inspector**. 1510

Las normas de organización específica pueden regular la intervención en el desarrollo de las actuaciones y procedimientos de aplicación de los tributos de funcionarios y demás personal al servicio de la Administración tributaria que desempeñen puestos de trabajo en órganos con funciones distintas. Ello permite que **personal de la Administración tributaria** no integrado en la Inspección, con conocimientos especializados en determinadas materias, pueda asistir a los órganos de la Inspección interviniendo en determinadas actuaciones inspectoras. Por ejemplo, si los órganos de la Inspección necesitan para la realización de una determinada actuación de la asistencia de un técnico integrado en el Departamento de Informática.

El ejercicio de las facultades inspectoras debe practicarse de forma que se **perturbe lo menos posible** el desarrollo normal de las actividades laborales o económicas del obligado tributario (RGGI art.180.4). El obligado tributario tiene el derecho a que las actuaciones de la Administración tributaria que requieran su intervención se lleven a cabo en la forma que le resulte menos gravosa, siempre que no perjudique el cumplimiento de sus obligaciones tributarias (LGT art.34.1.k).
Los **funcionarios de recaudación** gozan asimismo de las facultades previstas para la Inspección y pueden adoptar las oportunas medidas cautelares (LGT art.162.1; RGGI disp.adic.14ª).

1515 Precisiones 1) Pueden ejercer determinadas facultades de la Inspección en el desarrollo de actuaciones inspectoras **personas** al servicio de la Administración tributaria que **no** sean **funcionarios** (por ejemplo, un agente de la Hacienda Pública que sea laboral). En concreto, las actuaciones preparatorias y las de comprobación o prueba de hechos o circunstancias con trascendencia tributaria pueden encomendarse al personal al servicio de la Administración tributaria que no tenga la condición de funcionario (RGGI art.169.2). A este respecto, todo el personal al servicio de la Administración tributaria está obligada al más estricto y completo **sigilo** respecto de los datos que conozca por razón de su cargo o puesto de trabajo (LGT art.95.3; RGGI art.60.4).
2) Corresponde a cada **Administración tributaria** de acuerdo con su normativa determinar, en los distintos órganos con funciones inspectoras, los puestos de trabajo que tengan a su cargo el desarrollo de las funciones inspectoras y concretar sus características y atribuciones específicas (RGGI art.169.1).
3) La **solicitud de datos y justificantes** al obligado tributario en el curso de un procedimiento de aplicación de los tributos de que esté siendo objeto, se incardina dentro del ejercicio de las facultades reguladas en ese procedimiento, por lo que no tiene la consideración de requerimiento de información que se contempla en la LGT art.93 redacc L 13/2023 (RGGI art.30.4). Por ello, dichas solicitudes de datos y justificantes no pueden ser objeto de impugnación independiente, sin perjuicio de los recursos que procedan contra el acto administrativo que se dicte en el correspondiente recurso (RGGI art.92.1).
4) En el ejercicio de sus funciones y facultades, los funcionarios de la Inspección son considerados **agentes de la autoridad**. La obstrucción o resistencia a su actuación puede llegar a tener consecuencias penales (CP art.550) en caso de considerarse atentado contra la autoridad (nº 1940).

A. Examen de la documentación de los obligados tributarios

(LGT art.142.1; RGGI art.171)

1550

1. Contenido de la facultad de examen de la documentación

1555 La facultad de examen de la documentación se refiere a las actuaciones inspectoras (LGT art.142.1), por lo que no afecta solo a las actuaciones de comprobación e investigación del procedimiento de Inspección, sino que también resulta aplicable en las actuaciones de obtención de información, de comprobación de valores y demás actuaciones inspectoras que no establezcan ninguna especialidad en esta materia (como las actuaciones de comprobación limitada, que contiene ciertas limitaciones).
Esta facultad inspectora se concreta en el examen de documentos, libros, contabilidad principal y auxiliar, ficheros, facturas, justificantes, correspondencia con trascendencia tributaria, bases de datos informatizadas, programas, registros y archivos informáticos relativos a actividades económicas que deban de facilitarse a la Administración o que sean necesarios para la exigencia de las obligaciones tributarias. Con ello se establece que el obligado tributario está obligado a facilitar la práctica de las comprobaciones que sean necesarias para verificar su situación tributaria, aportando cuantos **documentos o antecedentes** sean precisos para probar los hechos y circunstancias consignados en las declaraciones tributarias.

1560 La facultad de examen de la documentación del obligado tributario constituye uno de los instrumentos básicos para el desarrollo de las actuaciones inspectoras. Esta facultad está directamente relacionada con las correlativas obligaciones impuestas a los **obligados tributarios** de conservar y tener a disposición de la Administración tributaria determinada documentación. A estos efectos, se pueden destacar las siguientes obligaciones tributarias formales:
- Obligación de **llevanza y conservación de documentación soporte** (LGT art.29.2.d): consiste en la obligación de llevar y conservar libros de contabilidad y registros fiscales y los ficheros y

archivos informáticos que les sirvan de soporte. Esta obligación incluye la de facilitar la conversión de los datos a formato legible cuando la lectura o interpretación de los mismos no fuera posible por estar encriptados o codificados.
- Obligación de **expedición y conservación de facturas y otra documentación** (LGT art.29.2.e): consiste en la obligación de expedir y entregar facturas y conservarlas, así como cualquier otro documento y justificante que tengan relación con sus obligaciones tributarias. Esta obligación se desarrolla en el Reglamento por el que se regulan las obligaciones de facturación (Rgto Fac).
- Obligación de **aportación de información a la Administración tributaria** (LGT art.29.2.f): consiste en la obligación de aportar a la Administración libros, registros, documentos o información que el obligado tributario deba conservar en relación con el cumplimiento de las obligaciones tributarias propias o de terceros, así como de cualquier dato, informe, antecedente y justificante con trascendencia tributaria, a requerimiento de la Administración o en declaraciones periódicas.

La efectividad de estas facultades de la Inspección deriva de que el **incumplimiento** de las correspondientes obligaciones tributarias formales por parte de los obligados tributarios constituye infracción tributaria que es castigada por medio de la imposición de **sanciones** tributarias. En concreto, la falta de llevanza o conservación de libros y registros constituye el tipo de la infracción por incumplimiento de obligaciones contables y registrales (nº 7005 s.), la falta de expedición de facturas y de conservación de documentación constituye el tipo de la infracción por incumplimiento de las obligaciones de facturación y documentación (nº 7018 s.), y la falta de aportación de documentación requerida constituye el tipo de la infracción por resistencia, obstrucción, excusa o negativa a las actuaciones de la Administración tributaria (nº 6977 s.). **1565**

Precisiones **1)** La falta de aportación de los libros, registros y demás documentación con trascendencia tributaria requeridos por la Inspección no solo puede suponer la sanción de estas conductas por la infracción de resistencia, obstrucción, excusa o negativa a las actuaciones de la Administración tributaria, sino que también puede determinar la apreciación de incumplimiento sustancial de obligaciones contables, a efectos de la aplicación del método de **estimación indirecta** de bases y cuotas. Pero esta falta de aportación no determina por sí sola la aplicación del régimen de estimación indirecta, que es un régimen subsidiario, ya que su aplicación requiere, además, que con los datos y antecedentes obtenidos en el curso del procedimiento no sea posible determinar completamente la base imponible con el método de estimación directa u objetiva (LGT art.53.1; RGGI art.193.2). **1570**
2) Para impedir que la documentación desaparezca, se destruya o altere o se niegue posteriormente su existencia o exhibición, la Inspección puede adoptar en el procedimiento de inspección las **medidas cautelares** que sean necesarias (nº 3865 s.).

2. Procedimiento para requerir el examen de la documentación

La Inspección puede solicitar que se facilite el examen de la documentación tanto en los escritos de **comunicación** (por ejemplo, en la comunicación de inicio de actuaciones) como por medio de **diligencia**. **1575**
Dado que esta facultad de examen se refiere a los distintos tipos de actuaciones inspectoras, el procedimiento se rige en función del tipo de actuación realizada. Las actuaciones más frecuentes en las que se solicita documentación son las de comprobación e investigación y las de obtención de información, cuya regulación y características son muy diferentes.
a) Los **requerimientos de obtención de información** (LGT art.93 -redacc L 13/2023-, 94 y 95 -redacc L 13/2023-) constituyen actuaciones de aplicación de los tributos de los distintos órganos de la Administración tributaria (Gestión, Inspección y Recaudación). El requerimiento de información a terceros constituye un procedimiento autónomo e independiente y no un acto de trámite de otro procedimiento, por lo que es susceptible de impugnación por el obligado tributario requerido. Para evitar duplicidades, nos remitimos a lo expuesto en el nº 5010 s. en relación a las actuaciones de obtención de información.
b) La facultad de examen de la documentación en las **actuaciones de comprobación e investigación** (LGT art.142.1) es una facultad del funcionario que está desarrollando las actuaciones. El obligado tributario al que se solicita la información o documentación está siendo objeto de un procedimiento de comprobación e investigación, por lo que la solicitud de documentación constituye un acto de trámite del procedimiento de comprobación en curso y no es susceptible de impugnación inmediata e independiente, sin perjuicio de que el interesado pueda alegar lo que estime oportuno a su derecho al recurrir el acto definitivo (la liquidación derivada del acta). Esta facultad se analiza en el nº 1580 s.

1577 Precisiones La facultad de la Administración tributaria en el procedimiento de **comprobación limitada** alcanza el examen de la contabilidad, pero limitándose a constatar la coincidencia entre lo que figure en la misma y la información que obre en poder de la Administración, incluida la obtenida en el procedimiento. El examen de la contabilidad no impedirá ni limitará la ulterior comprobación de las operaciones a que la misma se refiere en un procedimiento de inspección.
En el procedimiento de comprobación limitada, la Administración puede **requerir a terceros** para que aporten información y documentación justificativa con el objeto de comprobar la veracidad de la información que obre en poder de la Administración tributaria, incluida la obtenida en el procedimiento (LGT art.136.2 redacc L 13/2023).

1578 Ejemplo Un obligado tributario recibe un requerimiento de información de la Inspección para aportar una factura a efectos de comprobar la situación tributaria de uno de sus proveedores. Posteriormente, se inicia un procedimiento inspector a ese obligado tributario y se le requiere un contrato para comprobar su situación tributaria.
El requerimiento de la factura es un acto administrativo que el obligado tributario puede recurrir directamente, si lo considera no ajustado a derecho. En cambio, el requerimiento del contrato es un acto de trámite dentro del procedimiento de inspección, que no puede impugnarse de forma autónoma, sino solo al impugnar el acto de liquidación que finalmente se dicte al finalizar el procedimiento inspector.

3. Plazo de la facultad de examen de la documentación

1580 La facultad de examen ha de precisar no solo qué documentación se puede solicitar (nº 1590 s.), sino también durante cuánto tiempo. Con ello se plantea cuál es el plazo en el que los órganos de la Inspección pueden requerir la aportación de la documentación y, en especial, si pueden solicitar documentos y datos contabilizados en períodos en los que ha prescrito el derecho a determinar la deuda tributaria.
Pueden distinguirse los siguientes **supuestos**:
a) Obligaciones formales vinculadas a una **obligación material del propio obligado tributario** (LGT art.70.1): como la finalidad fundamental de las obligaciones formales es que la Administración tributaria pueda comprobar si el obligado tributario cumple correctamente sus obligaciones tributarias materiales, una vez prescrito el derecho de la Administración a determinar la deuda tributaria, dejan de tener sentido las correspondientes obligaciones formales para el propio obligado tributario. Luego, con carácter general se hace coincidir el plazo de prescripción de las obligaciones materiales con el de las obligaciones formales vinculadas a ellas, y la Administración no puede exigir las obligaciones formales una vez prescrita la correspondiente obligación material.
b) Obligaciones referentes a la contabilidad, registros, facturas y justificantes con trascendencia tributaria en **requerimientos para la comprobación de terceros** (LGT art.70.2): estas obligaciones deben conservarse por el obligado tributario y exigirse por la Administración tributaria en el plazo previsto en la normativa mercantil o en el plazo de exigencia de sus propias obligaciones formales a que se refiere la letra a) anterior, si este fuera superior. El plazo de conservación de la documentación contable es de seis años a partir del último asiento realizado en el libro (CCom art.30).
c) Documentación que procede de **ejercicios prescritos** con efectos en periodos no prescritos (LGT art.70.3; LIS art.120.2): la obligación se mantiene durante el plazo de prescripción del derecho a determinar la deuda tributaria afectada por esa operación. Por ello, se establece como salvedad que, para los datos que tengan su origen en operaciones realizadas en períodos impositivos prescritos pero que tengan efectos en periodos no prescritos, la obligación de justificar su procedencia se mantendrá durante el plazo de prescripción del derecho para determinar las deudas tributarias afectadas por la operación correspondiente.
d) Comprobación de **bases, cuotas y deducciones a compensar en periodos sucesivos** (LGT art.66 bis, 70.3 y 106.4; LIS art.26.5): se trata de un supuesto especial del caso anterior. Las bases imponibles negativas obtenidas en un período impositivo pueden compensarse con las rentas positivas obtenidas por el mismo contribuyente durante los períodos siguientes, sin limitación temporal alguna. La procedencia y cuantía de las bases o cuotas compensadas o pendientes de compensar, y de las deducciones aplicadas o pendientes de aplicar que tuvieran su origen en períodos prescritos, puede ser comprobada durante los 10 años siguientes al período impositivo en que se acreditó la base imponible negativa o deducción por primera vez, pero superado el plazo de 10 años desde que se acreditó la base imponible negativa o deducción por primera vez, la Administración solo puede requerir la aportación de las autoliquidaciones en las que se incluyeron las bases, cuotas o deducciones y la contabilidad.

Precisiones Respecto al **derecho a comprobar e investigar**, ver nº 1955 s.

Ejemplos 1) Obligaciones formales vinculadas a una **obligación material del propio obligado tributario**. 1585
El obligado tributario se deduce una factura del año X en la declaración del IS que presentó el 25-7-X+1. Posteriormente, el 10-4-X+3 presenta una declaración complementaria del IS del año X. En principio la Inspección solo podría solicitar esa factura si iniciara la comprobación del IS antes del 26-7-X+5. Pero como el obligado tributario presentó esa declaración complementaria del IS en el ejercicio X+3, la Inspección puede solicitar esa factura en las comprobaciones que se inicien antes del 11-4-X+7.
2) Obligaciones referentes a la contabilidad, registros, facturas y justificantes con trascendencia tributaria en **requerimientos para la comprobación de terceros**.
La Inspección inició la comprobación del sujeto A por el IS del año X el 1-12-X+4. En el curso de la comprobación, el 1-12-X+5, constata que necesita obtener documentación contable sobre determinados pagos del año X, y realiza un requerimiento a la empresa B que es cliente de A. Es posible que la Inspección requiera esa información a B, dado que este tiene que conservar la documentación contable durante al menos 6 años.
3) Documentación que procede de **ejercicios prescritos** con efectos en periodos no prescritos.
Un obligado tributario adquiere en el año X una maquinaria que se amortiza en 10 años. El obligado tributario debe conservar la documentación de la compra de la maquinaria hasta el año X+14. Ello se debe a que ese inmovilizado se amortizará hasta el año X+10 y dicha declaración podrá ser comprobada en los 4 años siguientes.
4) Un obligado tributario adquirió un inmueble en el año X, que vende en el año X+15. Este debe conservar la **documentación de la compra del inmueble** hasta el año X+19. Ello se debe a que el valor de adquisición, necesario para comprobar la ganancia o pérdida patrimonial por la venta del inmueble puede ser comprobada en el año de la venta (x+15) y en los 4 años siguientes.
5) Obligaciones de conservación de documentos referentes a **bases, cuotas o deducciones compensadas o aplicadas** procedentes de **ejercicios prescritos**.
El obligado tributario se compensa en la declaración del IS del año X, presentada el 25-7-X+1, unas bases imponibles negativas procedente de los ejercicios X-11 y X-10. Respecto del año X-11 el contribuyente solo tiene que acreditar la compensación mediante la autoliquidación del IS del año X-11 y la contabilidad de ese ejercicio, pero respecto del año X-10 la Inspección le podrá solicitar que acredite la procedencia y cuantía de la base imponible negativa generada en el año X-10 y aplicada en el año X.

4. Documentos sujetos a examen

(RGGI art.171)

Los órganos de la Inspección pueden examinar, entre otros, los siguientes documentos de los obligados tributarios: 1590
- declaraciones tributarias;
- libros de contabilidad (nº 1600 s.);
- libros registros fiscales (nº 1615 s.);
- facturas y justificantes (nº 1635); y
- otros documentos y datos (nº 1640).

Declaraciones tributarias (RGGI art.171.1.a) Los órganos de la Inspección pueden examinar las declaraciones, autoliquidaciones, comunicaciones de datos o solicitudes presentadas por los obligados tributarios relativas a **cualquier tributo**. 1595

Precisiones 1) Los obligados tributarios tienen el **derecho a no aportar** aquellos documentos ya presentados por ellos mismos y que se encuentren en poder de la Administración actuante, siempre que el obligado tributario indique el día y procedimiento en el que los presentó (LGT art.34.1.h y 99.2).
2) En cualquier caso, la Administración tributaria puede requerir al interesado la **ratificación** de aquellos datos específicos, propios o de terceros, previamente aportados, contenidos en dicha documentación (LGT art.108.4).
Así, si el obligado tributario A que está siendo objeto de comprobación niega la imputación de un ingreso que le ha realizado la empresa B en su **declaración de operaciones con terceros** (modelo 347), la Administración procederá a pedir la ratificación de su declaración a la empresa B. En estos casos, lo normal es que en el requerimiento de ratificación efectuado a B se le solicite también que aporte la documentación justificativa de esa imputación (facturas, contratos, medios de pago, etc.).
3) Para ejecutar una resolución del TEAC, el obligado tributario tiene derecho a no aportar los **documentos** requeridos que ya obraban en el **originario expediente del procedimiento** de inspección objeto de revisión (TS 24-5-12, EDJ 125360; 1-12-14, EDJ 210635).
4) No puede considerarse que la Administración cuente con una determinada información si para obtenerla tiene que acudir a **distintas fuentes dispersas** y realizar una labor de investigación y recopilación (AN 3-10-13, EDJ 199256).

1600 **Contabilidad** (RGGI art.171.1.b) Los órganos de la Inspección pueden examinar la contabilidad de los obligados tributarios, que comprende la contabilidad principal y la auxiliar, los **registros y soportes** contables, incluidas las hojas previas o accesorias que amparen o justifiquen las anotaciones contables.

La obligación de llevanza de contabilidad se concreta tanto en la LIS, para los contribuyentes de la misma, como en la LIRPF, para los contribuyentes que desarrollen actividades empresariales que determinen su rendimiento por estimación directa, disponiendo que la contabilidad se ha de llevar ajustada a lo dispuesto en el Código de Comercio. La contabilidad se lleva a través de una serie de libros, de los cuales unos son obligatorios y otros potestativos.

a) Libros obligatorios: los empresarios deben llevar obligatoriamente los libros de contabilidad que comprenden el libro diario y el libro de inventarios y cuentas anuales.

Todos los libros que deben llevar obligatoriamente los empresarios han de cumplimentarse en soporte electrónico, y presentarse por vía telemática en el Registro Mercantil para su legalización (L 14/2013 art.18).

b) Libros facultativos: aparte de los libros obligatorios los empresarios pueden llevar facultativamente los libros, ficheros o cuadernos auxiliares que estimen oportunos. El más importante de ellos es el libro mayor, en el que constan individualizadamente las cuentas, con sus movimientos y sus saldos. Este libro o fichero (sea de forma manual o automática) lo llevan en la práctica casi todos los sujetos obligados a llevar contabilidad, debido a la importancia que tiene como auxiliar de los libros obligatorios y, en caso de llevarse, existe la obligación de exhibirlo a solicitud de los órganos de la Inspección, aunque se trate de un libro facultativo.

1605 Precisiones **1)** La **obligación de llevanza** de contabilidad se recoge tanto en la normativa mercantil (CCom art.25 s.; LSC art.253 a 284 y en la normativa contable (PGC y PGC PYMES), como en la normativa fiscal (LGT art.29.2.d y f y 142.1; LIS art.120; LIVA art.166 -redacc L 11/2023-).

2) Dentro de la normativa mercantil, el Código de Comercio establece:

- el **secreto contable**, salvo disposición legal en contra (CCom art.32.1). Una de las excepciones a dicho secreto se establece en el procedimiento inspector (LGT art.142.1);
- la obligación de llevar una **contabilidad ordenada y adecuada** a la actividad de la empresa, que permita un seguimiento cronológico de todas las operaciones, así como la elaboración periódica de balances e inventarios (CCom art.25.1).

3) Existe la **obligación de conservar** los libros y justificantes concernientes al negocio debidamente ordenados durante 6 años a partir del último asiento realizado en los libros, salvo lo que se establezca por disposiciones generales o especiales (CCom art.30.1).

4) El **cese de la actividad** económica o la **extinción de la personalidad jurídica** no exime de la obligación de conservar los libros, documentación y justificantes contables durante los plazos establecidos, aunque esta obligación recaerá sobre otras personas o entidades.

En los casos de cese de la actividad por **fallecimiento** del empresario individual, dicha obligación recae en sus herederos.

En los casos de **disolución de sociedad** mercantil, una vez que se haya extinguido la sociedad, se prevé el depósito de los libros de comercio, la correspondencia, la documentación y los justificantes en el Registro Mercantil, salvo que en la escritura de liquidación, los liquidadores hubieran asumido el deber de conservación de dichos libros y documentos durante el plazo de seis años a contar desde la fecha del asiento de la cancelación de la sociedad, o hubiesen manifestado que la sociedad carece de ellos (RD 1784/1996 art.247.cinco). En el caso de que se hayan registrado, esta obligación de conservación le incumbe al registrador mercantil. Dichos libros o documentos deben estar relacionados en la escritura o en instancia con firma legitimada. La responsabilidad de la llevanza y conservación de la contabilidad recae sobre los liquidadores, durante el periodo de liquidación.

5) Los asientos del **libro diario** se llevarán día a día, anotando la operación el día en que se devengan o se producen dichos hechos, pero se puede registrar en la fecha reflejada en el soporte documental justificativo de la operación. Solamente se permite la realización de asientos resúmenes cuando dichos asientos se detallen en otros libros o registros auxiliares. La periodicidad máxima de los asientos resúmenes es trimestral (CCom art.28.2).

6) El **libro de inventarios y cuentas anuales** se abre con el balance inicial detallado de la empresa. Al menos trimestralmente se han de transcribir con sumas y saldos los balances de comprobación. Se transcribirán también el inventario de cierre de ejercicio y las cuentas anuales (CCom art.28.1). Al cierre del ejercicio, el empresario debe formular las cuentas anuales de su empresa, que comprenden el balance, la cuenta de pérdidas y ganancias, un estado que refleje los cambios en el patrimonio neto del ejercicio, un estado de flujos de efectivo y la memoria, de forma que todos estos documentos forman una unidad (CCom art.34.1).

1610 **7)** Existe la **obligación de legalizar** los libros obligatorios (CCom art.27; RD 1784/1996 art.329).

8) Los **agricultores y ganaderos** personas físicas se consideran empresarios a efectos del IRPF, pero no son comerciantes de acuerdo con el CCom, lo que justifica que no tengan obligación de llevar contabilidad.

9) La normativa mercantil establece la obligación de llevanza de otros libros distintos a los contables, que se suelen denominar **libros societarios**, y sirven para registrar determinados aspectos decisivos en la vida societaria. Los principales son:
- el libro o libros de actas de los órganos colegiados, en el que deben inscribirse obligatoriamente todos los acuerdos tomados por la junta general y por el consejo de administración (RRM art.329 s.);
- el libro registro de socios (LSC art.104 y 105);
- el libro de acciones nominativas (LSC art.116);
- en caso de sociedad unipersonal, el libro registro de contratos celebrados con el socio único (LSC art.16.1) y el libro de actas de las decisiones del socio único (LSC art.15.2).

Todos los libros que deben llevar obligatoriamente los empresarios han de cumplimentarse en soporte electrónico, y presentarse por vía telemática en el Registro Mercantil para su legalización (L 14/2013 art.18).

10) Dentro de la **normativa contable**, el PGC y PGC PYMES son de obligado cumplimiento para todas las empresas, cualquiera que sea su forma jurídica, individual o societaria.

11) Todo **empresario** está obligado a llevar la contabilidad en los términos establecidos en el CCom y el PGC, con independencia de las obligaciones fiscales a las que esté sometido por la normativa tributaria (ICAC consulta núm 2, BOICAC núm 6).

12) La normativa tributaria establece la obligación de llevar y conservar los libros de contabilidad, así como los programas, ficheros y archivos informáticos que les sirvan de soporte y los sistemas de codificación utilizados que permitan la interpretación de los datos cuando la obligación se cumpla con utilización de sistemas informáticos, así como la obligación de aportar a la Administración tributaria los libros, registros y documentos que el obligado tributario deba conservar en relación con el cumplimiento de las obligaciones tributarias propias o de terceros (LGT art.29.1.d y f).

13) Las entidades dominantes de los **grupos de sociedades** están obligadas a facilitar a requerimiento de la Inspección la cuenta de pérdidas y ganancias, el balance, el estado que refleje los cambios en el patrimonio neto del ejercicio y el estado de flujos de efectivo de las entidades pertenecientes al grupo que no sean residentes en territorio español, y facilitar los justificantes y antecedentes correspondientes cuando puedan tener trascendencia en relación con el IS (LIS art.120.3).

14) El **retraso en la llevanza** de la contabilidad de más de 4 meses puede constituir una infracción tributaria (LGT art.200.1.e).

Prohibición de software de doble uso (LGT art.29.1.j y 201 bis; RD 1007/2023) La práctica comprobadora de la Administración tributaria tanto de nuestro país como de otros Estados, ha permitido constatar que, en ocasiones, los **sistemas informáticos de contabilidad, facturación y gestión** se diseñan para poder manipular los datos con una finalidad de evasión o defraudación tributaria, llegando a permitir la llevanza de **dobles contabilidades** y facilitando la ocultación de la verdadera realidad económica y tributaria de sus usuarios mediante la alteración o supresión de datos reales y la adición de datos ficticios para obtener un resultado ficticio pero que formalmente parece coherente. Ese tipo de sistemas informáticos pueden integrar módulos o utilidades creados por sus productores con esta finalidad específica. **1612**

En otros casos, existen sistemas informáticos que presentan **vulnerabilidades** que permiten, a otras personas o al propio interesado, la incorporación de otros programas tendentes a permitir la sustitución de los datos reales por otros alterados. Se trata de los llamados **programas de supresión y manipulación de ventas** y otras operaciones o más sencillamente softwares de doble uso. Ante esta situación y en línea con las recomendaciones efectuadas por la OCDE, muchas Administraciones tributarias han implantado normativas tendentes a luchar contra estos programas y establecer medidas de control y seguridad específicas para dificultar este tipo de fraudes.

Desde el 11-10-2021 y al objeto de no permitir la producción, comercialización y tenencia de programas y sistemas informáticos que permitan la manipulación de los datos contables y de gestión, se establece la obligación para los **productores, comercializadores y usuarios** de que los sistemas informáticos o electrónicos que soporten los procesos contables o de gestión empresarial se ajusten a ciertos requisitos que garanticen la integridad, conservación, accesibilidad, legibilidad, trazabilidad e inalterabilidad de los registros.

Es decir, esta regulación prohíbe tanto la producción y comercialización como el uso o la mera tenencia del software de doble uso.

El RD 1007/2023, conocido como Rgto Veri*factu, establece los r**equisitos** que deben adoptar los sistemas y programas informáticos o electrónicos que soporten los procesos de facturación de empresarios y profesionales, y la **estandarización de formatos** de los registros de facturación. Con esta regulación se persigue alinear tales sistemas informáticos con la normativa tributaria para asegurar que toda transacción comercial genere una factura y una anotación en el sistema informático del contribuyente y para impedir la ulterior alteración de tales anotaciones, permitiendo, en su caso, la simultánea o posterior remisión de la información de los mismos a la Administración tributaria. **1613**

El Rgto Veri*factu prevé la posibilidad de que, **voluntariamente**, los obligados tributarios **remitan inmediatamente** a la Administración tributaria, de forma automática y segura por medios electrónicos, todos los registros de facturación generados en sus sistemas informáticos (Sistemas de emisión de facturas verificables o Sistemas Veri*factu), en cuyo caso se entenderá que esos sistemas informáticos ya cumplen por diseño los requisitos técnicos exigidos por la norma (RD 1007/2023 art.15). Si el empresario no opta por dicha posibilidad de remisión automática, los registros de facturación deberán estar a disposición de la Administración tributaria en cualquier momento. En este último caso, la Administración tributaria podrá personarse en el lugar donde se encuentre o se utilice el sistema informático, y podrá exigir el **acceso completo e inmediato** a donde residan los registros de facturación y de eventos, o sus copias seguras, así como su descarga, volcado o copiado y consulta, con los requisitos y límites establecidos en la LGT y el RGGI. Asimismo, podrá requerir y obtener **copia** de los registros de facturación conservados, que deberá ser suministrada en formato electrónico mediante soporte físico o mediante envío automático y seguro por medios electrónicos a la sede electrónica de la Administración tributaria con los requisitos, formalidades y límites establecidos en la LGT y RGGI (RD 1007/2023 art.14).

El **receptor de la factura**, ya sea empresario o consumidor final, podrá proporcionar de forma voluntaria determinada información de la misma a la Administración tributaria facilitando los datos contenidos en el código «QR» de la factura. Esta remisión por parte del receptor le permitirá verificar que la factura recibida ha sido remitida a la Administración tributaria por el emisor de la misma. La Administración tributaria podrá utilizar la información proporcionada por el receptor de la factura para el ejercicio de sus competencias para la aplicación de los tributos. Dicha remisión de información no se considera denuncia pública (RD 1007/2023 art.17).

El Rgto Veri*factu define un **registro de factura**, con un formato y estructura determinados, al que se añaden determinados elementos informáticos de seguridad (hashes encadenados y firma electrónica) que aseguran que dicho registro no podrá ser modificado, después de producido, sin que quede el correspondiente registro de esa modificación (RD 1007/2023 art.10).

Estas obligaciones están definidas, sobre todo, para los productores y comercializadores del software de facturación, que son quienes deberán ofertar a los empresarios sistemas informáticos de facturación adaptados a esta regulación. A estos efectos, se entiende por sistema informático de facturación al conjunto de hardware y software utilizado para expedir facturas.

El Rgto Veri*factu es aplicable a todos los **empresarios** y por todas sus **operaciones** (RD 1007/2023 art.1 y 3), con la excepción de aquellos que ya estén sometidos al Suministro Inmediato de Información (SII) o de los que no tengan la obligación de facturación. Su ámbito territorial es todo el territorio español salvo en los territorios de régimen fiscal foral.

En concordancia con dicha obligación, se establece un **régimen sancionador** específico, derivado de la mera producción de estos sistemas o programas, o la tenencia de los mismos sin cumplir los requisitos exigidos por la citada regulación (LGT art.201 bis).

1614 Precisiones 1) El Rgto Veri*factu establece que los obligados tributarios tienen hasta el 1-7-2025 para adaptarse a estos cambios del software de facturación, si bien los **desarrolladores y fabricantes** de sistemas informáticos deberán tenerlos en el mercado en un plazo de **nueve meses** desde la aprobación de la Orden Ministerial que especifique todos los detalles técnicos del registro.

La OM HAC/1177/2024, que desarrolla las especificaciones técnicas, funcionales y de contenido referidas en el Rgto Veri*factu y en el Rgto Fac, ha entrado en vigor el 29-10-2024. Su publicación supone el inicio del cómputo del plazo máximo de nueve meses en el que los fabricantes y comercializadores de sistemas de facturación para empresarios y profesionales deberán comercializar productos adaptados a la normativa, por lo que dicho plazo finaliza el 29-7-2025. No obstante, este plazo máximo no impide que la comercialización de sistemas informáticos de facturación adaptados pueda iniciarse con mayor antelación, toda vez que los fabricantes y desarrolladores de sistemas de facturación han estado informados del contenido de los anexos técnicos de la Orden Ministerial durante su elaboración.

2) Se prevé que, en el plazo de los nueve meses desde la aprobación de la Orden Ministerial que especifique todos los detalles técnicos del registro, se desarrolle la posibilidad de **integración de los registros** de facturación generados y remitidos a la AEAT por medio de los "Sistemas de emisión de facturas verificables" en el contenido del libro registro de facturas expedidas.

3) El Reglamento Veri*factu es **compatible** con el Proyecto de Reglamento de factura electrónica, actualmente en tramitación por el Ministerio de Economía, Comercio y Empresa con la participación de la Agencia Tributaria. Existen sensibles diferencias entre la normativa de factura electrónica, que afecta a la documentación, conservación y transmisión de estos documentos, y la materia regulada en el Reglamento Veri*factu, que se refiere a los requisitos que deben adoptar los sistemas y programas informáticos o electrónicos que soporten los procesos de facturación de empresarios y profesionales, y la estandarización de sus formatos.

4) Todo sistema informático que se utilice para dar cumplimiento a las obligaciones contenidas en el Rgto Veri*factu debe contar obligatoriamente con una **declaración responsable** de la que quede constancia formal, expedida por la persona o entidad productora, fabricante o desarrolladora del

mismo, que asegure el compromiso por parte de esta de suministrar productos digitales que cumplan con los requisitos establecidos en la LGT y en dicho Rgto. Así certificarán que sus sistemas informáticos se ajustan a las normas y responden a dichos requisitos ante quienes los adquieran o utilicen para dar soporte a sus procesos de facturación (RD 1007/2023 art.13).

5) Las obligaciones establecidas en el Rgto Veri*factu a los obligados tributarios pueden cumplirse materialmente por el **destinatario de la operación o** por **un tercero**, siempre que concurra en este la misma condición de destinatario o tercero a efectos de facturación (RD 1007/2023 art.6).

6) En los Territorios Históricos del **País Vasco** son aplicables los sistemas denominados «Ticket Bai», cuyo funcionamiento es análogo al Veri*factu (NF Araba 13/2021; DF Araba 48/2021).

7) Debido a la aprobación del Rgto Veri*factu, se ha modificado el **Rgto Fac**, en concreto el contenido de las facturas (completas y simplificadas) y los medios de expedición de facturas (ver nº 14837 s. Memento Fiscal 2024).

Registros fiscales (RGGI art.171.1.c) Los órganos de la Inspección pueden examinar los libros registros establecidos por las normas tributarias. **1615**

La **obligación de llevanza** de registros fiscales se establece, con carácter general, en la LGT art.29.2.d. Existen diversos libros registros exigidos por la normativa tributaria, entre los que destacan los libros registros a efectos del IRPF y del IVA.

Obligaciones registrales y requisitos de los libros registros a efectos del IRPF (LIRPF art.104; RIRPF art.68; OM HAC/773/2019) La Orden de referencia establece como novedades respecto de la regulación anterior la obligación de consignar el NIF de la contraparte de la operación en las anotaciones en los libros registros de ventas e ingresos y de compras y gastos, así como la compatibilidad de estos libros como libro fiscal de los impuestos que así lo prevean y, en particular, del IVA, siempre que se efectúen las adiciones necesarias. **1620**

Se pueden destacar los siguientes aspectos:

1) Requisitos formales: todos estos libros registros deberán ser llevados con claridad y exactitud, por orden de fechas, sin espacios en blanco y sin interpolaciones, raspaduras ni tachaduras y se totalizarán, en todo caso, por trimestres y años naturales.

Las anotaciones registrales deberán hacerse expresando los **valores** en euros, debiendo efectuarse la correspondiente conversión por las facturas que se hubiesen expedido en una divisa distinta del euro.

Los contribuyentes que realicen varias actividades deben llevar libros independientes para cada una de ellas.

La **forma de llevanza** de los libros registros puede ser electrónica o no electrónica.

a) Cuando los libros sean llevados por **medios electrónicos o informáticos,** se deberán conservar los programas, ficheros y archivos informáticos que les sirvan de soporte y los sistemas de codificación utilizados que permitan la interpretación de los datos cuando la obligación se cumpla con utilización de sistemas informáticos, así como facilitar la conversión de los datos a formato legible si estuvieran encriptados.

b) En el caso de que los libros **no se lleven en formato electrónico**, será válida la realización de asientos o anotaciones, por cualquier procedimiento idóneo, sobre hojas separadas, que después habrán de ser numeradas y encuadernadas correlativamente para formar los libros.

2) Plazo de las anotaciones registrales: las operaciones que hayan de ser objeto de anotación registral deben hallarse asentadas en los correspondientes libros registros antes de que finalice el plazo para realizar la declaración e ingreso de los pagos fraccionados. No obstante, las operaciones efectuadas por el sujeto pasivo respecto de las cuales no se expidan facturas, deben anotarse en el plazo de 7 días a partir del momento de la realización de las operaciones o de la expedición de los documentos, siempre que este plazo sea menor que el señalado en el apartado anterior.

Las facturas recibidas deben anotarse en el correspondiente libro registro por el orden en que se reciban, y dentro del período impositivo en que proceda efectuar su deducción.

3) Rectificación de las anotaciones registrales: cuando se incurra en algún error u omisión en el registro, debe rectificarse inmediatamente que se advierta, mediante una o varias anotaciones que permitan determinar, para cada período trimestral de liquidación del pago fraccionado correspondiente, la totalidad de los ingresos y gastos del periodo, una vez practicada dicha rectificación.

4) Compatibilidad con otros libros: estos libros registros pueden ser utilizados a efectos del IVA, siempre que se ajusten a los requisitos establecidos por el RIVA. Asimismo, pueden ser utilizados a efectos del IGIC, siempre que lo permita el Decreto Canarias 268/2011 por el que se aprueba el Reglamento de gestión de los tributos derivados del Régimen Económico y Fiscal de Canarias y se ajusten a los requisitos establecidos en él.

5) Obligación de conservación y puesta a disposición de la Administración: los contribuyentes están obligados a conservar, durante el plazo máximo de prescripción, todos los justificantes, facturas y demás documentos acreditativos de las operaciones, gastos, e ingresos de cualquier tipo que hayan sido objeto de reflejo en los libros registros, y a exhibirlos ante los órganos competentes de la Administración tributaria, cuando sean requeridos al efecto.
6) Plazo de conservación: todos los contribuyentes del IRPF, y especialmente los que ejercen una actividad económica, están obligados a conservar, durante el plazo máximo de prescripción, los justificantes y documentos acreditativos de las operaciones, rentas, gastos, ingresos, reducciones y deducciones de cualquier tipo que deban constar en sus declaraciones; a aportarlos conjuntamente con las declaraciones y comunicaciones del impuesto, cuando así se establezca; y a exhibirlos ante los órganos competentes de la Administración tributaria, cuando sean requeridos al efecto (LIRPF art.104.1; RIRPF art.68.1).
7) Modelo de libro-registro: no existe un modelo oficial de libro-registro, siendo posible, además de mediante medios informáticos, que se efectúen las anotaciones en hojas encuadernables. Desde 1998 no hay obligación de diligenciar ante la Administración tributaria los libros-registro obligatorios (DGT 9-8-00).

Precisiones A los efectos de asistir al cumplimiento de las obligaciones tributarias registrales, la AEAT publica en su página web un **formato tipo** de libros registros. Con ello se pretende ofrecer seguridad jurídica y certeza en el contenido mínimo que pueda exigirse sobre los mismos.

1622 **Libros registros obligatorios del IRPF** Dependiendo de la categoría en la que se encuadre su actividad (RIRPF art.68):
1) Actividad empresarial en la **modalidad normal** del método de **estimación directa**:
a. Actividad con carácter mercantil: deben llevar contabilidad ajustada a lo dispuesto en el CCom.
b. Actividad sin carácter mercantil: de acuerdo con el CCom, las obligaciones contables se limitan a la llevanza de los siguientes libros registros:
- Libro registro de ventas e ingresos.
- Libro registro de compras y gastos.
- Libro registro de bienes de inversión.

2) Actividad empresarial en la **modalidad simplificada** del método de **estimación directa**: las obligaciones contables se limitan a la llevanza de los siguientes libros registros:
- Libro registro de ventas e ingresos.
- Libro registro de compras y gastos.
- Libro registro de bienes de inversión.

3) Actividades profesionales en cualquiera de sus modalidades del método de estimación directa: están obligadas a llevar los siguientes libros registros:
- Libro registro de ingresos.
- Libro registro de gastos.
- Libro registro de bienes de inversión.
- Libro registro de provisiones de fondos y suplidos.

4) Actividades económicas (empresariales o profesionales) acogidas al método de **estimación objetiva**: han de llevar un libro registro de bienes de inversión si deducen amortizaciones, y un libro registro de ventas o ingresos por las actividades cuyo rendimiento neto se determine teniendo en cuenta el volumen de operaciones. En cualquier caso, deberán conservar, numeradas por orden de fechas y agrupadas por trimestres, las facturas emitidas, de acuerdo con lo previsto en el Rgto Fac y las facturas o justificantes documentales de otro tipo recibidos. Igualmente, deberán conservar los justificantes de los signos, índices o módulos aplicados de conformidad con lo que, en su caso, prevea la Orden Ministerial que los apruebe.
Se suprime la dispensa de la obligación de llevanza de libros registros a los contribuyentes que lleven contabilidad ajustada a lo dispuesto en el CCom sin así exigírselo la regulación del Impuesto.

Lo anterior se puede resumir en el siguiente cuadro: 1625

LIBROS OBLIGATORIOS (IRPF)	Contab. (CCom) (1)	LIBROS REGISTROS DEL IRPF			
		Ventas e ingresos	Compras y gastos	Bienes de inversión	Provisiones y suplidos
Estimación directa normal:					
Act. empresarial mercantil	SI	-	-	-	-
Act. empresarial no mercantil	-	SI	SI	SI	-
Profesionales	-	SI	SI	SI	SI
Estim. directa simplificada:					
Act. empresarial mercantil	-	SI	SI	SI	-
Act. empresarial no mercantil	-	SI	SI	SI	-
Profesionales	-	SI	SI	SI	SI
Estimación objetiva (2):	-	(3)	-	(4)	-

(1) A efectos fiscales, los contribuyentes que lleven **contabilidad de acuerdo** a lo previsto en el **CCom** no están obligados a llevar los libros registros (RIRPF art.68.10).
(2) En caso de **estimación objetiva**, sin perjuicio de las posibles obligaciones registrales, los contribuyentes deben conservar durante el plazo de prescripción: las facturas emitidas de acuerdo a lo previsto en el Rgto Fac numeradas por orden de fechas y agrupadas por trimestres, las facturas y justificantes de otro tipo recibidos, y los justificantes de los signos, índices o módulos aplicados a la actividad, de acuerdo con lo que prevea la OM que los aprueba.
(3) En estimación objetiva deben llevar **libro registro de ventas o ingresos** los contribuyentes cuyo rendimiento se determine teniendo en cuenta el volumen de operaciones, como ocurre en el caso de actividades agrícolas, ganaderas, forestales y de transformación de productos naturales.
(4) En estimación objetiva, solo deben llevar **libro de bienes de inversión** los contribuyentes que deduzcan amortizaciones.

Libros registros del IVA (LIVA art.166 redacc L 11/2023; RIVA art.62 a 66) Han de tenerse en cuenta las siguientes consideraciones: 1630
a) Los libros registros que se deben llevar con **carácter general** son los de facturas expedidas, de facturas recibidas, de bienes de inversión, y de determinadas operaciones intracomunitarias.
Los empresarios o profesionales y otros sujetos pasivos del Impuesto, que tengan un periodo de liquidación que coincida con el mes natural, deben llevar estos libros a través de la Sede electrónica de la AEAT mediante el suministro electrónico de los registros de facturación (**Suministro Inmediato de Información** -SII-). Asimismo, cualquier sujeto pasivo que lo desee puede solicitar voluntariamente su inclusión en el SII. La opción por la aplicación del SII debe realizarse durante el mes de noviembre anterior al inicio del año natural en el que deba surtir efecto (RIVA art.62.6).
Se habilitan las siguientes **formas para el envío** de esta información (OM HFP/417/2017):
- a través de servicios web, atendiendo al formato y diseño de los mensajes informáticos que consten en la Sede electrónica de la AEAT;
- utilizando el formulario publicado en la Sede electrónica de la AEAT.
La información que se suministra en el SII no son las propias facturas emitidas o recibidas, sino los datos de relevancia tributaria que contienen las mismas, sin perjuicio de algunas variaciones para recoger información que con anterioridad debía necesariamente ser anotada en los libros registro del impuesto, obligación que desaparece para quienes aplican el SII.
El **incumplimiento** de las obligaciones que implica la aplicación del SIII cuenta con unas sanciones específicas (nº 7015).
b) Además, existen algunos **libros específicos** para los **regímenes especiales** de bienes usados, objetos de arte, antigüedades y objetos de colección (RIVA art.51), de agricultura, ganadería y pesca (RIVA art.49.2) y simplificado (RIVA art.40.1).

Precisiones **1)** Los libros registros deben **conservarse en el domicilio fiscal** del obligado tributario, salvo que disponga otra cosa la normativa de cada tributo. Salvo lo dispuesto en la normativa propia de cada tributo, las operaciones que hayan de ser objeto de anotación registral deberán asentarse en los correspondientes registros en el **plazo** de 3 meses a partir del momento de realización de la operación o de la recepción del documento justificativo o, en todo caso, antes de que finalice el plazo establecido para presentar la correspondiente declaración, autoliquidación o comunicación (RGGI art.29.1 y 2). 1632
2) El **retraso** en la llevanza de los registros fiscales de más de 4 meses puede constituir una infracción tributaria (LGT art.200.1.e).
3) No hay obligación de **legalizar o diligenciar** estos libros registros ante la Administración tributaria.
4) Los **libros o registros contables**, incluidos los de carácter informático o electrónico que, en cumplimiento de sus obligaciones contables, deban llevar los obligados tributarios, podrán ser utilizados como **libros registro de carácter fiscal**, siempre que se ajusten a los requisitos que se establecen en el RGGI y en la normativa específica de los distintos tributos (RGGI art.29.3).

5) De acuerdo con la normativa del IVA, el **período de liquidación** coincide con el **mes natural**, cuando se trate de los empresarios o profesionales (RIVA art.71.3):
- cuyo volumen de operaciones durante el año natural inmediato anterior supera los 6.010.121,04 euros;
- que hayan adquirido la totalidad o parte de un patrimonio empresarial o profesional (LIVA art.121.uno 2º párrafo), cuando la suma de su volumen de operaciones del año natural inmediato anterior y la del volumen de operaciones que hubiese efectuado en el mismo período el transmitente de dicho patrimonio mediante la utilización del patrimonio transmitido exceda de 6.010.121,04 euros;
- incluidos en el Registro de Devolución Mensual (REDEME);
- que apliquen el régimen especial del grupo de entidades.
6) Con el **Suministro Inmediato de Información** -SII- la AEAT puede examinar directa e inmediatamente los libros registros del IVA, sin necesidad de requerirlos al obligado tributario. Ello permite una disminución del número de requerimientos de información por parte de la Agencia Tributaria, aquellos cuyo objeto son los Libros registro o datos contenidos en los mismos para comprobar determinadas operaciones.

1635 **Facturas y justificantes** (RGGI art.171.1.d) Los órganos de la Inspección pueden examinar las facturas y justificantes que deban emitir o conservar los obligados tributarios.
La justificación de los **gastos deducibles y las deducciones** correspondientes a operaciones realizadas por empresarios o profesionales se hará de forma prioritaria mediante la factura que cumpla los requisitos señalados en la normativa tributaria; sin perjuicio de ello, la factura no constituye un medio de prueba privilegiado respecto de la existencia de las operaciones, por lo que una vez que la Administración cuestiona fundadamente su efectividad, corresponde al obligado tributario aportar pruebas sobre la realidad de las operaciones (LGT art.106.4).

Precisiones **1)** La obligación de **expedir y entregar** facturas o documentos sustitutivos y **conservar** las facturas, documentos y justificantes que tengan relación con sus obligaciones tributarias se establece en la LGT art.29.2.e y se desarrolla por el Rgto Fac (RD 1619/2012).
2) Los **incumplimientos** de las obligaciones de facturación o documentación pueden constituir infracción tributaria (nº 7018 s.).
3) Los obligados tributarios pueden proceder a la **digitalización certificada** de las facturas, documentos sustitutivos y de cualesquiera otros documentos que conserven en papel que tengan el carácter de originales. Estos documentos digitalizados permiten que el obligado tributario pueda prescindir de los originales en papel que les sirvieron de base (OM EHA/962/2007 art.7).
El procedimiento para la homologación de software de digitalización se establece por la AEAT Resol 24-10-07.
4) Las facturas, que pueden emitirse por cualquier medio, en papel o en formato electrónico, han de **garantizar** a quien las expide la autenticidad de su origen, la integridad de su contenido y su legibilidad desde su fecha de expedición y durante todo el periodo de conservación. Desde el 8-12-2023, la autenticidad del origen y la integridad del contenido de la factura se **presume acreditada** cuando se haya expedido utilizando un sistema o programa informático en conformidad con el RD 1007/2023 (Rgto Fac art.8 redacc RD 1007/2023). Se entiende por **factura electrónica** cualquier factura que se ajuste a lo establecido en el Rgto Fac y haya sido expedida y recibida en formato electrónico. La expedición de la factura electrónica está condicionada a que su destinatario haya dado su conformidad. Las facturas electrónicas deben garantizar la autenticidad del origen y la integridad del contenido, mediante firma electrónica avanzada, intercambio electrónico de datos u otros medios que el interesado haya comunicado a la AEAT con carácter previo a su utilización y haya sido validado por la misma (Rgto Fac art.9 y 10).
5) En el **IVA** la expedición de la factura tiene un significado de especial trascendencia, permitiendo el correcto funcionamiento de su técnica impositiva. A través de la factura se efectúa la repercusión del tributo; y la posesión de aquella, cuando cumple los requisitos establecidos, permite que el destinatario de la operación practique la deducción de las cuotas soportadas. La exigencia de la factura como justificante para el ejercicio del derecho a la deducción de las cuotas del IVA soportado es un requisito de deducibilidad (TS 8-11-04, Rec 6295/99).

1640 **Otros documentos y datos** (RGGI art.171.1.e) Los órganos de la Inspección pueden examinar los documentos, datos, **informes, antecedentes** y cualquier otro documento con trascendencia tributaria.

Precisiones **1)** La LGT art.142.1 se refiere expresamente al examen de la «**correspondencia** con trascendencia tributaria», pero algunos autores se han planteado si se contradice con el derecho al secreto de las comunicaciones postales (Const art.18.3).
2) Las injerencias en el **derecho a la intimidad** personal deben estar consentidas por el titular o previstas por la Ley, perseguir una finalidad legítima y ser proporcionadas. Debe existir un vínculo entre la información personal obtenida y la finalidad perseguida por la injerencia, y se vulnera el derecho a la intimidad personal cuando las condiciones y el alcance del acceso autorizado a la información no respetan el vínculo entre la información personal obtenida y la finalidad perseguida (TCo 196/2004).

3) Constituyen injerencias en el ejercicio del derecho al respeto a la vida privada y familiar garantizado por el Convenio para la protección de los derechos humanos y las libertades fundamentales (CEDH art.8), las **incautaciones de correos electrónicos** realizadas durante las visitas domiciliarias en los locales profesionales o comerciales de una persona física o en los locales de una sociedad mercantil, por lo que solo pueden producirse cuando estén previstas por la ley del Estado y cuando, dentro del respeto del principio de proporcionalidad en la actuación, sean necesarias y respondan efectivamente a objetivos de interés general reconocidos por el Convenio (TEDH 25-2-93, caso Funke; 2-4-15, caso Vinci Construction).
4) No vulnera el derecho a la **inviolabilidad del domicilio** la entrada en el de la sociedad con consentimiento de su representante legal para el examen y copia de la documentación relevante a efectos tributarios obrante en el ordenador de la empresa y en el servidor. Tampoco lesiona el derecho al **secreto de las comunicaciones** el acceso a correos electrónicos almacenados en el ordenador de la empresa y en su servidor. Por último, la actuación administrativa no es desproporcionada cuando se ajusta a los términos de la LGT art.142.1 y 151.3 (TS 14-6-23, EDJ 597168).
5) La doctrina legal del TS en relación con las exigencias de la autorización de acceso y entrada a domicilios constitucionalmente protegidos - sujeción a los principios de necesidad, adecuación y proporcionalidad de la medida-, es extensible a aquellas actuaciones administrativas que, sin entrañar acceso al domicilio constitucionalmente protegido, tengan por objeto el conocimiento, control y tratamiento de la **información almacenada en dispositivos electrónicos** (ordenadores, teléfonos móviles, tabletas, memorias, etc.) que pueda resultar protegida por los derechos fundamentales a la intimidad personal y familiar; al secreto de las comunicaciones y a la protección de datos. Tales exigencias deben ser objeto de un juicio ponderativo por parte del juez de la autorización, debiendo someter la información facilitada por la Administración en su solicitud a un mínimo contraste y verificación (TS 29-9-23, EDJ 701140).
6) El acceso a la información contenida en equipos o repositorios informáticos de datos que se encuentren en un domicilio constitucionalmente protegido o sean accesibles desde este, requiere que el auto que autoriza la entrada en dicho domicilio razone de manera específica la **justificación del acceso** a esa información, con la finalidad de salvaguardar los derechos fundamentales de la Const art.18 que pudieran resultar eventualmente afectados. A estos efectos, debe ponderarse la necesidad y proporcionalidad del acceso a tales datos, su naturaleza, la afección a la actividad empresarial o profesional de los equipos o servidores que los contengan, así como los derechos de su titular, según sea una persona física o jurídica (TS 25-6-24, EDJ 607349).

5. Lugar y forma de examen de la documentación

Lugar del examen de la documentación Se deben distinguir, en función de la docu- **1645**
mentación, los siguientes casos:
a) **Libros de contabilidad y documentos relacionados con la actividad** (LGT art.151.3; RGGI art.174.2.a y b): los órganos de la Inspección solo pueden examinar los originales de esta documentación en el domicilio, local, despacho u oficina del obligado tributario, salvo que consienta su examen en las oficinas públicas. No obstante, las copias de los mencionados libros y documentos se pueden analizar en las oficinas de la Administración (ver nº 2050).
b) **Registros y documentos de la actividad establecidos por normas tributarias y justificantes exigidos por estas** (LGT art.151.4; RGGI art.174.2.c): los registros y demás documentos exigidos por la normativa tributaria y cualquier otro libro, registro o documento de carácter oficial con excepción de la contabilidad mercantil, así como el examen de las facturas o documentos que sirvan de justificante de las operaciones incluidas en dichos libros, registros o documentos (es decir, la documentación que se puede solicitar en los procedimientos de comprobación limitada de acuerdo con la LGT art.136.2.c redacc L 13/2023), se pueden examinar tanto en las oficinas o locales del obligado tributario como requerirse su presentación en las oficinas de la Administración tributaria (ver nº 2070). Los libros registros a que se refiere el SII, que se llevan en la Sede electrónica de la AEAT, pueden ser examinados directa e inmediatamente por la Inspección (nº 1630).
c) **Documentación no relacionada con actividades económicas** (RGGI art.174.2.d): Se puede requerir la presentación en las oficinas de la Administración tributaria correspondiente de los documentos y justificantes necesarios para la debida comprobación de su situación tributaria que no tengan relación con una actividad económica, siempre que estén establecidos o sean exigibles por normas de carácter tributario o se trate de justificantes necesarios para probar los hechos o las circunstancias consignadas en las declaraciones tributarias (ver nº 2050). Por ejemplo, la Administración puede solicitar la justificación de una deducción en el IRPF por donativos.

Precisiones **1)** El examen de los libros de contabilidad y documentos relacionados con la actividad en **1650**
el domicilio, local, despacho u oficina del obligado tributario debe efectuarse en **presencia** del mismo o de la persona que designe (LGT art.151.3).

2) El examen de esta documentación se debe efectuar en el **horario** habitual de la oficina o local del obligado tributario, salvo común acuerdo (LGT art.152).
3) No se exige conceder un **plazo de tiempo** para la exhibición de la documentación contable, al tratarse de información que ha de hallarse a disposición de la Inspección (nº 1679).
4) La **presentación voluntaria** por el obligado tributario de los **libros de contabilidad** ante la Inspección, faculta a esta para examinarlos en sus oficinas y obtener copia de dichos documentos, sin que para ello se requiera autorización del titular, pues la misma se presume implícita en la presentación voluntaria realizada por el interesado (TS 20-3-12, EDJ 44810).
5) El consentimiento del obligado tributario para el examen de la documentación en las oficinas públicas resulta innecesario cuando la intervención, precinto, desprecinto y examen de la documentación se realiza en las dependencias de la Administración, en el contexto de unas **medidas cautelares** en el procedimiento de Inspección, motivadas, proporcionales y ratificadas por la autoridad competente (TSJ Cataluña 31-10-13, EDJ 256499).
6) Si el obligado tributario objeto de comprobación estima que la permanencia de los libros contables en las oficinas de la Administración es excesiva, nada le impide su **reclamación** (AN 1-3-07, EDJ 20047).
7) El examen de la documentación dentro de unas actuaciones inspectoras de **comprobación limitada** no podrá realizarse fuera de las oficinas de la Administración tributaria, salvo en casos de procedimientos aduaneros, para el examen de la contabilidad, comprobaciones censales o relativas a la aplicación de métodos objetivos de tributación (LGT art.136.4 redacc L 13/2023).
8) Ver TS 14-6-23, EDJ 597168 en nº 1640.

1655 **Forma de examen de la documentación** La Inspección puede examinar la información directamente o por medio de copias.
a) **Análisis directo de la documentación:** la Inspección está facultada para analizar directamente la documentación, pudiendo exigir su visualización en pantalla o la impresión de listados de datos archivados en soportes informáticos o de cualquier otra naturaleza (RGGI art.171.2).
La Inspección puede tomar nota de apuntes contables y obtener copia, incluso en soporte electrónico, de cualquier otro documento (LIS art.120.2), así como adoptar medidas cautelares para impedir la desaparición o alteración de la documentación y de cualquier otro medio de prueba.
b) **Obtención y análisis de copias de la documentación en cualquier soporte:** la Inspección asimismo puede obtener copias en cualquier soporte de los datos, libros o documentos a los que se refiere la facultad de examen (RGGI art.171.2). La norma se refiere a cualquier soporte, por lo que incluye fotocopias de documentos, copias en soporte magnético u ópticos, etc.

Precisiones **1)** El RGGI no especifica a quien le corresponde hacerse cargo del **coste de las copias**, pero la LIS art.120.2 señala que es a cargo de la Administración.
En un caso en el que el obligado tributario alegaba que no estaba obligado a **aportar a su cargo las fotocopias** requeridas, el TEAC señaló que pueden pedirse fotocopias en los requerimientos cuando ello no sea desproporcionado respecto a la finalidad perseguida (TEAC 10-9-97). Indica que el cumplimiento de cualquier deber de información puede acarrear gastos para la persona obligada, gastos cuya cuantía puede oscilar en gran medida, desde importes ínfimos hasta cuantías considerables. De ahí que el argumento del obligado tributario, de aceptarse, llevaría al absurdo de oponer a todo requerimiento la excepción que ahora pretende, en el sentido de que su cumplimiento acarrearía gastos, por lo que debe tenerse en cuenta el **principio de proporcionalidad**. Y señala que podría faltar dicha proporcionalidad si, pudiendo obtenerse la información de forma alternativa, la obtención de las copias generase gastos considerables, circunstancias que no concurrían en dicho requerimiento.
2) En un caso en el que el obligado tributario alegaba que no tenía que aportar a su cargo la **copia de un contrato de arrendamiento** requerido por la Administración, se indicó que no existe límite o prohibición, respecto del contenido y alcance de los requerimientos, que impida la exigencia de copias de determinados actos o contratos. Pero cuando la información se obtiene en el momento en que se realizan las actuaciones de comprobación e investigación cerca de los obligados tributarios, las copias serán a cargo de la Administración si es esta quien las solicita al obligado tributario. Asimismo, indica que carecía de consistencia real el argumento del obligado tributario porque se trataba de unos pocos contratos de arrendamiento, compraventa, etc., de manera que para una entidad bancaria que se relaciona directamente con sus clientes y les envía documentos bancarios constantemente, el remitir unas pocas copias no parece que constituya causa grave de presión indirecta (TS 2-6-03, EDJ 49976).
3) La Administración puede solicitar la entrega de **copias de un contrato**, aunque en los mismos se contengan **estipulaciones sin trascendencia tributaria**, por dos razones:
- en cualquier documento de los que puede solicitar la Administración tributaria pueden existir aspectos concretos carentes de directa trascendencia fiscal de forma que, llevado al límite el argumento contrario, bastaría con encontrar en los documentos o elementos de información indivisibles, algún aspecto que careciera, aisladamente considerado, de directa trascendencia tributaria, para que el requerimiento fuera improcedente; y

- puede tenerse en cuenta que el solicitar un documento completo es la única forma de acceder al conocimiento, no solo de que incluye las cláusulas insertas en el mismo, sino también de que no incluye las restantes, cosa que puede ser de inmediato interés para la Administración. Así, por ejemplo, un contrato de seguro con varios apéndices o suplementos, de diversas fechas, en que pueden designarse, entre otras estipulaciones, sucesivos beneficiarios. Solo accediendo a todos ellos puede conocerse quién es titular del derecho a percibir el capital asegurado (TEAC 10-9-97; 4-4-95).

4) No puede invocarse que no se puede acceder al contenido de los ordenadores de la sociedad alegando de modo genérico la vulneración de los datos personales por la existencia de **archivos personales en el ordenador** de la sociedad en aquellos casos en que los obligados tributarios han optado por compartir ordenadores con archivos mixtos pertenecientes a distintas sociedades. Las autoridades fiscales no pueden ver limitadas sus posibilidades de actuación por el hecho de que los obligados tributarios usen los mismos servidores y archivos, incluso cuando esos archivos contengan datos pertenecientes a otros obligados tributarios (TEDH 14-3-13, caso Bernh Larsen Holding y otros v. Noruega).

6. Forma y plazo de aportación de la documentación solicitada

(RGGI art.171.3)

Plazo de aportación Se pueden distinguir dos **clases** de documentación a efectos de las solicitudes de la Administración: documentación que ha de hallarse a disposición inmediata de la Inspección (nº 1676), y resto de documentación a disposición de la Inspección (nº 1679). **1675**

Documentación a disposición inmediata de la Inspección No se requiere la concesión de ningún plazo para su exhibición y aportación, ya que tiene que estar de forma inmediata a disposición del personal de la Inspección. La Inspección puede exigir esa documentación en el momento de la **comparecencia en los locales** del obligado tributario, sin tener que conceder ningún plazo para su exhibición. Si la requiere para su aportación en una **visita posterior**, tampoco tiene que conceder ningún plazo, por lo que puede fijar la visita para el siguiente día hábil. **1676**

La norma no detalla cuál es esa información a disposición inmediata de la Inspección, pero se considera que comprende, al menos, las facturas, la documentación contable y los registros fiscales:

1) Facturas y otros documentos justificativos. La normativa permite que la documentación se conserve por un tercero o fuera del territorio español. En cualquier caso, los diferentes documentos se deben conservar de forma que se garantice el acceso a ellos por parte de la Administración tributaria sin demora, salvo causa debidamente justificada (Rgto Fac art.20). En particular, esta obligación se puede cumplir mediante la utilización de medios electrónicos.

Los empresarios y profesionales tienen la obligación de conservar los documentos acreditativos de las operaciones que realicen. Estas **obligaciones de conservación** se pueden cumplir materialmente por el sujeto pasivo o por un tercero. Cuando esta obligación se cumpla por un tercero, este actúa en todo caso en nombre y por cuenta del obligado tributario, que será el responsable del cumplimiento de estas obligaciones. En los casos en los que el tercero no esté establecido en la Unión Europea, salvo que se encuentre establecido en Canarias, Ceuta o Melilla o en un país con el cual exista un instrumento jurídico relativo a la asistencia mutua, únicamente cabe el cumplimiento de esta obligación a través de un tercero previa comunicación a la AEAT (Rgto Facart.19).

El empresario o profesional puede determinar el lugar de cumplimiento de dicha obligación, a condición de que ponga a disposición del órgano de la Administración tributaria que esté desarrollando una actuación dirigida a la comprobación de su situación tributaria, ante cualquier solicitud de dicho órgano y sin demora injustificada, toda la documentación o información así conservada (Rgto Fac art.22). Cuando la conservación se efectúe fuera de España, tal obligación únicamente se considera válidamente cumplida si se realiza mediante el uso de **medios electrónicos** que garanticen el acceso en línea, así como la carga remota y utilización por parte de la Administración tributaria de la documentación o información así conservada. Si los empresarios o profesionales o sujetos pasivos desean cumplir dicha obligación fuera del citado territorio deben comunicar con carácter previo esta circunstancia a la AEAT.

En cualquier caso, se tiene que facilitar el **acceso sin demora** de la Administración a las facturas y documentos sustitutivos, salvo causa justificada. Habrá que valorar en cada caso qué se considera sin demora y qué se considera causa justificada.

En relación con las **facturas digitalizadas**, para las que se requiere acceso completo y sin demora, se señala que se entiende por acceso, aquel que posibilite una consulta en línea a los datos que permita la visualización de los documentos con todo el detalle de su contenido, la búsqueda selectiva por cualquiera de los datos que deban reflejarse en los libros registro, la copia o descarga en línea en los formatos originales y la impresión a papel de aquellos documentos que sean necesarios a los efectos de la verificación o documentación de las actuaciones de control fiscal (AEAT Resol 24-10-07).

1678 2) **Contabilidad principal y auxiliar**: los libros contables de llevanza obligatoria por parte del obligado tributario, así como sus registros auxiliares, incluidos la visualización de los programas, ficheros y bases de datos informáticas contables, debe encontrarse a disposición inmediata de la Inspección. Los empresarios deben llevar la contabilidad en su domicilio, y ese es el lugar en el que, en principio, deben estar a inmediata disposición de la Inspección para su examen (LGT art.151.3).

3) **Libros registros**: el obligado tributario debe llevar obligatoriamente los registros fiscales, en principio, en su domicilio fiscal (RGGI art.29.1), y deben encontrarse a disposición inmediata de la Inspección.

1679 **Resto de documentación a disposición de la Inspección** (RGGI art.171.3) La Inspección puede requerir la documentación y el obligado tributario está obligado a aportarla, pero si la documentación no se halla a disposición inmediata de la Inspección, se le debe conceder el plazo reglamentario para su aportación.

La Inspección tiene que conceder con **carácter general** un **plazo** de 10 días hábiles, contados desde el día siguiente a la notificación del requerimiento, para atenderlo. Aunque este plazo es generalmente de 10 días, nada impide que la Inspección pueda conceder un plazo mayor, pudiendo tener en cuenta las características de la solicitud y los medios y circunstancias del obligado tributario.

En caso de **reiteración** del requerimiento de esos datos, el plazo concedido es, con carácter general, de 5 días hábiles. Ello se debe a que el obligado tributario ya ha contado anteriormente con un plazo para la búsqueda de dicha documentación.

Precisiones Para obligados tributarios afectados por la **DANA**, ver nº 3337 s.

1680 **Consecuencias del retraso o incumplimiento en la aportación de la documentación requerida** La **negativa** al examen de la documentación por la Inspección puede acarrear las siguientes consecuencias:

- la calificación de la conducta como una infracción tributaria por **resistencia, obstrucción, excusa o negativa** a la actuación de la Administración tributaria (LGT art.203.1.a);
- la presunción de omisión de libros y registros, que puede determinar la apreciación de incumplimiento sustancial de obligaciones contables, a efectos de la aplicación del régimen de estimación indirecta de bases (LGT art.53.1).

Por otra parte, la **aportación tardía** de la documentación solicitada puede dar lugar a la extensión del plazo máximo de duración del procedimiento inspector en determinados casos (nº 3418).

1685 **Forma de aportación de la documentación solicitada** En determinados casos la Administración puede exigir que la información se aporte en soporte informático. Asimismo, se plantean las cuestiones de la aportación de información encriptada y la traducción de documentos.

1690 **Información en soporte informático** Cuando el obligado tributario conserve la información en soporte informático, los órganos de la Inspección pueden exigir que la información se suministre en dicho soporte (LGT art.29.2.f).

Los obligados tributarios pueden llevar y conservar la información en soporte informático, ya sea de forma voluntaria o por venir impuesto por una norma. En concreto, los obligados tributarios que deben presentar **declaraciones por medios telemáticos** tienen que conservar copia de los programas y ficheros que contengan los datos de los que deriven los estados contables y declaraciones.

Los obligados tributarios deben facilitar la conversión de los datos a formato legible cuando la lectura o interpretación de los mismos no fuera posible por estar encriptados o codificados (LGT art.29.2.d). Por ello, no solo están obligados a conservar los soportes informáticos que contengan la información, sino que igualmente han de conservar los **sistemas de codificación** que permitan la interpretación de los datos.

El procedimiento inspector es un procedimiento de carácter fundamentalmente presencial, en el que lo más frecuente es solicitar y obtener directamente la información, documentándola en diligencia. Por eso se establece la posibilidad de que los sujetos obligados a relacionarse con la Administración a través de medios electrónicos puedan **aportar documentación directamente al órgano de Inspección** en el curso de un procedimiento de comprobación o investigación desarrollado con ellos (RGGI art.171.3; RD 1070/2017 disp.trans.única).

No obstante, la norma condiciona esta posibilidad a que sea **admitida por el órgano de Inspección** actuante con el objeto de lograr la eficacia de la actuación administrativa. Esto sucederá, lógicamente, cuando la documentación se le haya requerido por la propia Inspección.

Pero, en el caso de documentación que pretenda aportar el obligado tributario, debe examinarse si puede recibirse directamente o si debe aportarse telemáticamente. Por ejemplo, si el obligado tributario quisiera aportar en papel un determinado libro registro, la Inspección le podría requerir que lo aportara electrónicamente para poder tratarlo informáticamente. En el caso de que se admita su recepción directamente por la Inspección, la norma exime al contribuyente de su remisión electrónica.

Traducción de documentos Se debe distinguir entre la traducción de facturas y la traducción de otros documentos con trascendencia probatoria. **1695**

a) Traducción de **facturas** (LIVA art.164.cuatro redacc L 11/2023; Rgto Fac art.12.2): las facturas pueden expresarse en cualquier lengua. No obstante, cuando sea necesario a los efectos de cualquier actuación de comprobación, la Administración tributaria puede exigir una traducción al castellano o a otra lengua oficial en España. Así, la Administración tributaria, cuando lo considere necesario a los efectos de cualquier actuación dirigida a la comprobación de la situación tributaria del obligado tributario, puede exigir una traducción al castellano, o a cualquier otra lengua oficial, de las facturas correspondientes a entregas de bienes o prestaciones de servicios efectuadas en territorio de aplicación del IVA, así como de las recibidas por los empresarios o profesionales o sujetos pasivos establecidos en dicho territorio.

b) Traducción de **otros documentos** (LGT art.105): la carga de traducir un documento incumbe a quien pretende valerse de dicho medio de prueba, de conformidad con las reglas generales sobre la carga de la prueba. Así, si es el obligado tributario quien presenta y quiere hacer valer un documento redactado en lengua extranjera (gastos, deducciones, exenciones, etc.) debe aportarlo traducido, pues en caso contrario dicho documento carece de valor probatorio y puede ser ignorado por la Administración. Si es la Administración tributaria quien obtiene en el curso de sus actuaciones un documento en lengua extranjera que quiere hacer valer, debe traducirlo cuando se incorpore al expediente si ha de tenerse en cuenta para dictar el acto administrativo correspondiente.

Precisiones **1)** A efectos de determinar la **lengua** de los procedimientos debe distinguirse en función de la Administración que los tramite (LPAC art.15.1): **1700**

a. Tramitados por la **Administración General del Estado**: es el castellano, pero se admite que los interesados que se dirijan a los órganos de esta Administración con sede en el territorio de una Comunidad Autónoma puedan utilizar también la lengua que sea cooficial en ella. En este caso, el procedimiento se debe tramitar en la lengua elegida por el interesado.

Si concurren varios interesados en el procedimiento, y existe discrepancia en cuanto a la lengua, el procedimiento se ha de tramitar en castellano, si bien los documentos o testimonios que requieran los interesados se debe expedir en la lengua elegida por los mismos.

b. Tramitados por las Administraciones de las **Comunidades Autónomas** y de las **entidades locales**: se ha de ajustar a lo previsto en la legislación autonómica correspondiente. La Administración Pública instructora debe traducir al castellano los documentos, expedientes o partes de los mismos que deban surtir efecto fuera del territorio de la Comunidad Autónoma y los documentos dirigidos a los interesados que así lo soliciten expresamente.

2) En relación con los **documentos en lengua extranjera** en materia de asignación del NIF de las personas jurídicas y entidades sin personalidad, la Administración tributaria puede exigir una traducción al castellano u otra lengua oficial, cuando la documentación aportada esté redactada en lengua no oficial (RGGI art.24.5).

3) Respecto de la obligación de traducir o no al castellano la **documentación** que el contribuyente debe facilitar a la Administración tributaria española para justificar una **absorción**, proyectada conforme al derecho mercantil del Estado miembro de residencia de la casa central, para comprobar que reúne las condiciones para ejercitar la opción por el régimen fiscal especial de la LIS, tanto los actos de la Administración como las solicitudes y otros actos del administrado deben constar en castellano, obligación que se extiende a la documentación de la absorción, por lo que deberá acompañarse de la pertinente traducción. El no aportar la traducción constituye un defecto de forma subsanable mediante requerimiento al interesado (DGT CV 23-5-13).

Negativa a cumplir los deberes de información tributaria alegando el derecho a guardar silencio Se plantea si los obligados tributarios pueden ampararse en el derecho a guardar silencio, a no declarar contra sí mismos, a no declararse culpables o a no autoincriminarse para negarse a aportar la documentación requerida por la Inspección en el curso de un procedimiento inspector. Esta cuestión de la eventual colisión entre, de una parte, la exigencia a los contribuyentes de **comunicar y aportar datos** relativos a sus obligaciones y, de otra, el derecho constitucional a **no declarar contra uno mismo** ha sido abordado por el Tribunal Constitucional (TCo 110/1984; 76/1990) y por el Tribunal Europeo de Derechos Humanos. **1702**

El **derecho a la no autoincriminación** se proyecta sobre cualquier acusación penal, entendido el término en sentido amplio como cualquier procedimiento sancionador, de suerte que es esgrimible también en los procedimientos administrativos sancionadores tributarios. Pero, este derecho **no es oponible** respecto a los datos que se obtengan en aquellos procedimientos no conducentes a sancionar, como los de aplicación de los tributos, aun cuando pudieren ser utilizados en procedimientos penales posteriores (TEDH 17-12-96, núm 19187/91; 19-9-00, núm 29522/95).

Por tanto, los **deberes legales de comunicación de datos y justificantes** de la propia situación en orden a la liquidación de las obligaciones tributarias en nada comprometen a la no autoincriminación. No obstante, esta controversia sí podría plantearse en el seno del **procedimiento punitivo posterior** por el uso que pueda hacerse de aquellos datos (TEDH 5-4-12, núm 11633/04).

En cualquier caso, la información obtenida en un procedimiento inspector, aunque fuera coactivamente, puede **utilizarse en un procedimiento administrativo sancionador** cuando:

- la información se obtuviera de terceros o, aunque se hubiera obtenido del sujeto pasivo, podrían haber sido obtenidos con total seguridad de un tercero, como una entidad bancaria; o
- la información obtenida coactivamente del contribuyente se refiera a libros de contabilidad, registros fiscales, facturas y otros documentos que sean de confección y llevanza obligatoria por ley.

1703 Precisiones 1) El derecho a no autoincriminarse es un derecho que puede manifestarse de dos formas distintas, en función de las circunstancias concurrentes:

- de una parte, puede manifestarse como el derecho de todo imputado en un procedimiento punitivo a **no aportar** si no lo desea información autoincriminatoria que le reclame el poder público (TEDH 25-2-93, asunto Funke; 21-12-00, asunto Heaney y McGuinness; 3-5-01, asunto J.B.C. Suiza); y
- de otra, puede concretarse en el derecho de toda persona a que la información que se ha visto **obligada o inducida a aportar** al poder público sin su consentimiento en el curso de cualquier procedimiento no se emplee para fundamentar ulteriormente contra ella una condena penal o una sanción administrativa (TEDH 17-12-96, asunto Saunders; 19-9-00, asunto I.J.L.; 27-4-04, asunto Kansal).

A esta segunda manifestación del derecho a no autoincriminarse se ha referido nuestro Tribunal Constitucional en recurso de amparo interpuesto en materia tributaria (TCo 54/2015), que advierte que, si de acuerdo con la legislación aplicable la declaración ha sido obtenida bajo medios coactivos, esta información no puede ser alegada como prueba en el posterior juicio de la persona interesada, aunque tales declaraciones se hayan realizado antes de ser acusado (TS 26-1-21, Rec 5758/19).

2) La necesaria salvaguarda del derecho a no autoincriminarse no reclama adelantar el inicio del procedimiento tributario sancionador al momento en el que se pueda atribuir al sujeto inspeccionado, más o menos fundadamente, la realización de una infracción tributaria. Reclama que la **información obtenida bajo medios coactivos** -derivado de la LGT art.203- en el procedimiento inspector no sea utilizada posteriormente en el seno del procedimiento tributario sancionador para fundamentar por parte de la Administración tributaria la imposición de cualesquiera de las sanciones posibles al término del procedimiento de inspección. Defender lo contrario supondría desposeer a la Administración tributaria de una facultad de requerir información con trascendencia tributaria que le corresponde en el seno del procedimiento inspector (Const art.31.1) en aras de la supuesta salvaguarda de un derecho fundamental a no autoincriminarse del obligado tributario que no surte efectos en el seno del procedimiento inspector, sino solo en el seno de un procedimiento sancionador (TSJ Castilla-La Mancha 30-6-22, Rec 449/20).

3) La prohibición de utilizar en un procedimiento sancionador los **documentos** obtenidos coactivamente en el procedimiento gestor o inspector, no se extiende, en primer lugar, a los **obtenidos de terceros**, pues en tal caso no está comprometido el derecho a no autoincriminarse, ni a los obtenidos del sujeto pasivo pero que podrían haber sido obtenidos con total seguridad de un tercero, como una entidad bancaria. En segundo lugar, aunque la Administración los haya recabado del sujeto pasivo bajo amenaza de sanción, tampoco se extiende a los **libros de contabilidad**, registros fiscales, facturas y otros documentos, en su caso, de confección y llevanza obligatoria por ley (LGT art.29.2.d), dado que cuando el contribuyente aporta o exhibe los documentos contables pertinentes no está haciendo una manifestación de voluntad (TCo 76/1990). No podrá utilizar para sancionar manifestaciones del sujeto pasivo o bien documentos diferentes de los señalados, que se le haya compelido a aportar en el procedimiento inspector bajo amenaza implícita o explícita de sanción (TSJ Cataluña 13-9-22, Rec 1358/20).

B. Inspección de bienes, elementos y explotaciones

(LGT art.142.1)

1705 Las actuaciones inspectoras pueden realizarse mediante la inspección de bienes, elementos, explotaciones o cualquier otro antecedente o información que sea necesario para la exigencia de las obligaciones tributarias.

La **facultad** de inspección de bienes, elementos y explotaciones suele efectuarse en el seno de un procedimiento de comprobación e investigación o de comprobación de valores:
- el ejercicio de esta facultad corresponde al **funcionario** que está desarrollando las actuaciones correspondientes (inspector, técnico de Hacienda o agente tributario);
- la inspección del bien, elemento o explotación constituye un **acto de trámite** del procedimiento de comprobación en curso, por lo que no es susceptible de impugnación independiente;
- la **desatención**, ya sea total o parcial, de estos requerimientos se encuentra tipificada como resistencia, obstrucción, excusa o negativa a las actuaciones de la Administración tributaria (nº 6977 s.).

La inspección de bienes y elementos es especialmente frecuente en el caso de la inspección de los **Servicios de Aduanas**, como por ejemplo el reconocimiento de mercancías en los recintos aduaneros. **1710**
Asimismo, destaca el control de actividades y locales en el ámbito de los **Impuestos Especiales** de Fabricación (alcoholes y bebidas alcohólicas, hidrocarburos y labores del tabaco). Los servicios de inspección pueden, entre otras facultades, realizar recuentos de existencias cuando lo estimen oportuno (RD 1165/1995 art.51.2). Además, y con independencia de los citados controles, las actividades y locales de las fábricas, depósitos fiscales y almacenes fiscales están sometidas a un control específico por la Intervención de los Impuestos Especiales de Fabricación (RD 1165/1995 art.46). Este régimen de intervención faculta, entre otros, para el control de los productos y materias primas, el control de las operaciones de fabricación o transformación y efectuar recuentos de existencias de materias primas y productos (RD 1165/1995 art.48).
La inspección de bienes y elementos también es característica de las **actuaciones de valoración** (LGT art.57 y 134).

C. Entrada y reconocimiento de fincas

(LGT art.142.2; RGGI art.172 redacc RD 249/2023)

1715

Esta facultad no se limita al procedimiento de inspección, ya que la normativa se refiere expresamente a las actuaciones inspectoras sin hacer ninguna distinción. Por ello, esta **facultad** de entrada resulta aplicable a todo tipo de actuaciones inspectoras, salvo que la normativa específica lo limite expresamente (como es el caso de las actuaciones de comprobación limitada). **1720**
En concreto, en las actuaciones de **valoración de bienes**, tanto muebles como inmuebles, es normalmente precisa la entrada en fincas para proceder al examen y tasación correspondiente.
En las actuaciones de **obtención de información** la jurisprudencia ha considerado que, en principio, la autorización de entrada para ejecutar un requerimiento de información no sería posible, al no constituir la alternativa menos invasiva y gravosa en los derechos fundamentales del interesado, si no se le ha concedido la oportunidad previa de cumplimentarlo, y máxime, si no se ha justificado la conjetura de que el requerimiento no se va a incumplir (TS 23-9-21, Rec 2672/20).

Precisiones En las actuaciones de **comprobación limitada** desarrolladas por los órganos de Inspección, estos no disponen de la facultad de entrada, salvo para el análisis de la contabilidad en los términos del nº 5177 y en los supuestos previstos reglamentariamente para la realización de comprobaciones censales o relativas a la aplicación de métodos objetivos de tributación (LGT art.136.4 redacc L 13/2023; RGGI art.164.2 -redacc RD 117/2024- y 3).

1. Delimitación

(RGGI art.172 redacc RD 249/2023)

La facultad examinada no se limita a permitir el **acceso**, sino que igualmente se refiere al **reconocimiento** de los lugares a los que se accede. **1725**
La **finalidad de la entrada** de la Inspección en los locales, oficinas o establecimientos del obligado tributario es la obtención de elementos de prueba respecto de la producción de hechos

imponibles o supuestos de hecho de las obligaciones tributarias. Por ello, el objeto de la entrada es el examen de la documentación (libros, registros, ficheros y justificantes), de datos informáticos (programas, bases de datos y archivos informáticos) o de la inspección o reconocimiento de bienes, elementos o explotaciones. La facultad de entrada suele ser una facultad instrumental de las facultades de examen de documentación y de inspección de bienes, elementos y explotaciones (nº 1550 s.).
En algunos casos este examen o reconocimiento solo se puede efectuar en los locales u oficinas del obligado tributario. Así, la inspección de mercancías, bienes y explotaciones, o el examen de los libros de contabilidad, salvo que el obligado tributario consienta que se examinen en las oficinas públicas.

2. Persona que debe atender a la Inspección

1730 Esta facultad no está condicionada a ninguna comunicación previa al interesado, por lo que los órganos de la Inspección pueden personarse sin previa comunicación (LGT art.151.2). En estos casos se plantea quién debe atender al personal inspector.
Cuando los órganos de la Inspección se personen sin previa comunicación, el obligado tributario debe atenderla si se hallase presente. En su defecto, deberá colaborar con la Inspección quien ostente su **representación**. En caso de ausencia del obligado tributario y su representante, debe atender a la Inspección el encargado o responsable de la oficina, registro, dependencia, empresa, centro o lugar de trabajo (RGGI art.177.2).
La persona que atiende a la Inspección en ausencia del obligado tributario no lo hace en virtud de una representación presunta, sino en función del **deber de colaboración** con los órganos de la Inspección. Por tanto, no puede sancionarse al obligado tributario por la falta de colaboración de la persona que ha atendido a la Inspección.

3. Jornada y horario de entrada

(LGT art.152)

1735 En el ejercicio de esta facultad de entrada, los órganos de la Inspección deben atenerse a la **jornada laboral** de la oficina o actividad del obligado tributario, salvo que se acuerden otras horas o días con el interesado o que por circunstancias especiales pudiera actuarse fuera de estos días y horas en las condiciones que reglamentariamente se establezcan (ver nº 2105 s.).

4. Lugares en los que la Inspección está facultada para entrar

(LGT art.113 y 142.2; RGGI art.172 redacc RD 249/2023)

1740 Los órganos de la Inspección pueden desarrollar sus actuaciones tanto en las oficinas públicas de la Inspección como fuera de ellas (LGT art.151). La realización de las actuaciones inspectoras en las oficinas de la Administración no plantea problemas respecto al lugar, pero cuando se desarrollan en las **fincas o locales del obligado tributario** se requiere una habilitación específica. Por ello, la normativa tributaria faculta a la Inspección para el acceso, con determinados requisitos y condiciones, a las fincas, locales y demás establecimientos del obligado tributario.
Esta facultad debe efectuarse en las condiciones que reglamentariamente se determinen, y cuando se trate del domicilio constitucionalmente protegido del obligado tributario se requiere el consentimiento del titular o autorización judicial (nº 1755 s.). No todos los lugares tienen el mismo nivel de protección jurídica, por lo que las **condiciones de acceso** difieren en los distintos casos. Por ello, en función de los requisitos y condiciones para el acceso, se pueden distinguir dos grandes grupos de lugares respecto a la facultad de acceso: las fincas, locales y demás establecimientos en general y los domicilios constitucionalmente protegidos.

1745 **Fincas, locales y demás establecimientos que no sean domicilios constitucionalmente protegidos** (LGT art.142.2; RGGI art.172.1, 2-redacc RD 249/2023- y 5) Cuando lo juzguen conveniente para la práctica de cualquier actuación y cumpliendo los requisitos legales correspondientes, los órganos de la Inspección están facultados para entrar en las fincas, locales de negocio y demás establecimientos y lugares donde:
- se desarrollen actividades o explotaciones sometidas a gravamen;
- exista un bien sujeto a tributación;
- se produzca un hecho imponible o supuestos de hecho de las obligaciones tributarias; o
- exista alguna prueba al menos parcial del hecho imponible.

El acceso de la Inspección exige unos **requisitos**: el consentimiento a la entrada o la autorización administrativa correspondiente. El consentimiento a la entrada puede ser expreso o tácito. En caso de **oposición a la entrada** por parte del obligado tributario o del custodio o encargado de la finca (cuando no se trate de un domicilio constitucionalmente protegido) no se exige autorización judicial, pero se precisará de un acuerdo de entrada de la autoridad administrativa competente. Hasta el 24-4-2023, en lugar de un acuerdo de entrada, se precisaba una autorización escrita de la autoridad administrativa competente.

Precisiones 1) En el ámbito de la Agencia Tributaria, el **acuerdo de entrada** en caso de oposición a la entrada es otorgado por el Delegado o Director de Departamento del que dependa el órgano actuante; y en el ámbito de la Dirección General del Catastro, el Director General (RGGI art.172.2 redacc RD 249/2023). **1750**

2) Se admite el **consentimiento tácito** del interesado para la entrada en locales que no constituyan domicilio constitucionalmente protegido, dado que se considera que el obligado tributario o la persona bajo cuya custodia se encuentre la finca o local presta su conformidad a la entrada y reconocimiento cuando ejecute los actos normalmente necesarios que dependan de ellos para que las actuaciones puedan llevarse a cabo (RGGI art.172.5).

Domicilios constitucionalmente protegidos (LGT art.142.2; RGGI art.172.1 y 3 -redacc RD 249/2023-) **1755**

Cuando en el ejercicio de las actuaciones inspectoras sea necesaria la entrada en un domicilio constitucionalmente protegido, los órganos de la Inspección deben disponer del **consentimiento** del interesado o de la correspondiente **autorización judicial** (nº 1810 s.).

La delimitación del concepto de domicilio constitucionalmente protegido, a falta de definición legal, se ha ido efectuando de forma casuística por una copiosa jurisprudencia. La doctrina ha extraído de la jurisprudencia las siguientes características esenciales del concepto de domicilio constitucionalmente protegido:

- **requisito objetivo**: que se trate de un lugar separado de forma inequívoca del entorno físico exterior y de acceso restringido (nº 1765 s.); y
- **requisito subjetivo**: que en el mismo se presente alguna manifestación de la intimidad o de la privacidad (nº 1767 s.).

Por tanto, el domicilio constitucionalmente protegido puede definirse como cualquier lugar delimitado y con acceso restringido en el que permanente u ocasionalmente desarrolle su vida privada una o varias personas, independientemente del título que justifica su permanencia.

Precisiones 1) No existe ninguna norma que defina el **domicilio constitucional protegido**, por lo que se trata de un concepto jurídico que se ha ido construyendo por medio de los pronunciamientos de la jurisprudencia. El **concepto de domicilio** a estos efectos es más amplio que el recogido en la normativa tributaria o en el derecho común (TCo 22/1984; 160/1991; 50/1995; 69/1999). **1760**

El concepto de domicilio constitucionalmente protegido está conectado con el **derecho a la vida privada y a la intimidad**. La jurisprudencia estableció desde el principio la existencia de un nexo de unión entre la inviolabilidad del domicilio y el derecho a la intimidad (TCo 22/1984). La protección constitucional del domicilio es una protección de carácter instrumental que defiende los ámbitos en que se desarrolla la vida privada de la persona. El domicilio constitucionalmente protegido constituye un ámbito de privacidad dentro del espacio limitado que la propia persona elige, inmune a la injerencia de otras personas o de la autoridad pública (TCo 22/1984). El domicilio es un espacio en el cual el individuo vive sin estar sujeto necesariamente a los usos y convenciones sociales y ejerciendo su libertad más íntima (TCo 22/1984; 94/1999; 171/1999; 10/2002). El domicilio implica la existencia de un ámbito propio y reservado frente a la acción y el conocimiento de los demás, necesario, según las pautas de nuestra cultura para mantener una calidad mínima de la vida humana (TCo 22/1984; 231/1988; 233/2005; 89/2006).

2) El domicilio constitucionalmente protegido cuenta con el derecho fundamental a la **inviolabilidad** del domicilio, lo que supone que ninguna entrada o registro podrá hacerse en él sin el consentimiento del titular o resolución judicial (Const art.18.2).

Este derecho se encuentra regulado en la Sección Primera del Capítulo II del Título Primero de la Constitución, por lo que se trata de un **derecho fundamental**, que vincula a todos los poderes públicos. En su calidad de derecho del hombre, el derecho a la inviolabilidad del domicilio corresponde a toda persona, sea nacional o extranjera.

3) El derecho fundamental a la inviolabilidad del domicilio tiene un contenido fundamentalmente negativo, el de garantizar ante todo la facultad del titular de **excluir a otros de ese ámbito** espacial reservado, de impedir o prohibir la entrada o la permanencia en él de cualquier persona y, específicamente, de la autoridad pública para la práctica de un registro (TCo 22/2003; 189/2004; 89/2006). El objeto de protección no es tanto un espacio físico, en sí mismo considerado, sino lo que en él hay de emanación de una persona y de su esfera privada (TCo 22/1984; 69/1999; 189/2004; 209/2007).

4) La **violación** de un domicilio constitucionalmente protegido está tipificada como **delito**.

Estos delitos se contemplan en el CP art.202 a 204, y se ubican en el Capítulo II («Del allanamiento de morada, domicilio de personas jurídicas y establecimientos abiertos al público») del Título X («Delitos contra la intimidad, el derecho a la propia imagen y la inviolabilidad del domicilio»).

En el ámbito tributario además de las consecuencias penales que pudiera acarrear, la violación del domicilio lleva consigo la nulidad de las actuaciones, así como la invalidez de las pruebas que se hayan podido obtener.
5) El **derecho fundamental** a la inviolabilidad del domicilio es objeto de protección a través del procedimiento basado en los principios de preferencia y sumariedad ante los Tribunales ordinarios y, en su caso, a través del recurso de amparo ante el Tribunal Constitucional (Const art.53.2). Los datos y pruebas obtenidos con una entrada no ajustada a derecho se consideran pruebas ilícitamente obtenidas y no pueden ser utilizadas en contra del obligado tributario (LOPJ art.11.2).
6) El derecho a la inviolabilidad del domicilio está reconocido en la mayoría de los ordenamientos jurídicos de nuestro entorno y en las más importantes declaraciones internacionales de derechos. Así, el Pacto Internacional de Derechos Civiles y Políticos de 16-12-1966 art.17, coincidente en su texto con la Declaración Universal de Derechos Humanos art.12, dice que nadie será objeto de injerencias arbitrarias o ilegales en su domicilio.
En el mismo sentido, el Convenio Europeo para la protección de los derechos humanos art.8 permite la **injerencia en la vida privada y en el domicilio**, cuando «esta injerencia esté prevista por la ley y constituya una medida que, en una sociedad democrática, sea necesaria para la seguridad nacional, la seguridad pública, el bienestar económico del país, la defensa del orden y la prevención del delito, la protección de la salud o de la moral, o la protección de los derechos y las libertades de los demás».

1765 **Requisito objetivo** Para que un determinado lugar se considere domicilio constitucionalmente protegido, la jurisprudencia requiere que sea un **lugar separado** de forma inequívoca del entorno físico exterior y de **acceso restringido**. Por faltar este requisito, no pueden considerarse domicilios protegidos los locales o establecimientos abiertos al público, sean de personas físicas o jurídicas, cuando la entrada se efectúe en horario y días de apertura (como bares, cafeterías, restaurantes, tiendas, locales de exposición, etc.). Es decir, la protección no comprende aquellos locales que no son de acceso restringido y en los que, por tanto, no exista limitación o control alguno para el acceso, puesto que en este supuesto no concurre nota alguna de intimidad o de privacidad que justifique la aplicación de aquel derecho fundamental (TS 4-10-94; 18-5-95; 26-6-00).

1767 **Requisito subjetivo** Para que un determinado lugar se considere domicilio constitucionalmente protegido la jurisprudencia requiere que se presente alguna manifestación de la intimidad o de la privacidad en dicho lugar. Se trata de un elemento subjetivo, incorporado por el sujeto ocupante al convertir dicho lugar en reducto de su **intimidad o privacidad**. Este requisito subjetivo se añade al objetivo, dado que un lugar cerrado o de acceso limitado no supone necesariamente la presencia de manifestaciones de la intimidad. El titular de un bien puede cerrarlo, por motivos distintos a proteger su intimidad o privacidad, por ejemplo, con la finalidad de proteger el bien contra posibles robos. En este caso, no actuaría la protección de la inviolabilidad del domicilio, ya que su función es la de proteger el derecho de propiedad.
Por faltar este requisito no se puede considerar domicilio protegido los almacenes, fábricas y locales comerciales, un patio u otros elementos comunes de un edificio, un jardín, un vehículo (salvo que se trate de una caravana o roulotte), un barco destinado exclusivamente a la pesca, etc.

1770 Precisiones **1)** Es irrelevante, en principio, el **título** por el que ocupa el domicilio, por lo que puede ser tanto el de propietario como el de usufructuario, arrendatario, precarista, etc. Este derecho está, pues, ligado a la tenencia o posesión del domicilio, no a su propiedad.
2) No tiene por qué tratarse de un inmueble. Es domicilio inviolable una **embarcación** habitable (TS 13-3-99), y también las roulottes y **autocaravanas**, al tener su parte habitable todo lo necesario para servir de morada a los pasajeros, pero no los restantes vehículos automóviles (TS 23-1-97).
No se pueden considerar domicilios protegidos, por faltar este requisito subjetivo al ser incompatible con la idea de privacidad, aunque se trate de lugares cerrados, los **vehículos** que no sean caravanas o roulottes en las que se desarrolla efectivamente la vida privada de las personas que las ocupan (TS 12-1-00), ni un barco destinado exclusivamente a la pesca (TS 16-12-99).
En el caso del **registro de embarcación** por el Servicio de Vigilancia Aduanera en el que se encontró droga en un doble fondo, se considera que la nave no tenía la consideración de un verdadero domicilio, al faltarle el requisito subjetivo (TS 29-4-11).
3) No depende de su **calificación arquitectónica o urbanística**. Se incluye tanto un chalet o un apartamento, como una choza o una chabola o, incluso, una tienda de campaña o una construcción cerrada y habitada que se encuentre en estado ruinoso (TS 7-6-95; 19-5-99).
Se entiende como domicilio cualquier lugar cerrado en el que pueda transcurrir la vida privada, individual o familiar, o lo que es lo mismo, que sirva de habitación o morada a quien en él vive, estimándose que constituye domicilio o morada, cualquier lugar, cualquiera que sea su condición y característica, donde vive esa persona o una familia, sea propiamente domicilio o simplemente residencia, estable o transitoria, incluidas las **chabolas, tiendas de campaña, roulottes**, etc., comprendidas las habitaciones de un hotel en las que se viva (TS penal 18-11-05, EDJ 213929).

No se requiere que este domicilio esté habitado de forma permanente, su **ocupación** puede ser **temporal u ocasional**, como las segundas residencias utilizadas solo en vacaciones. Igualmente incluye lugares cerrados en los que, aun temporal o accidentalmente, se desarrollen los aspectos íntimos de la vida individual o familiar, como la habitación de un **hotel**, pensión, posada u hostal, aun cuando solo sea utilizada durante unos días (TS 2-10-95; 15-4-98).

4) No se incluyen en el concepto de domicilio aquellos lugares donde no se desarrollan **actos propios de la privacidad**, aunque el titular pueda estar legitimado para no permitir la entrada o permanencia de terceros. El domicilio es el lugar cerrado, legítimamente ocupado, en el que transcurre la vida privada, individual o familiar, aunque la **ocupación** sea **temporal o accidental** (TS penal 6-9-99, EDJ 28237).

El domicilio supone un recinto cerrado de acceso restringido. Pero no todo recinto cerrado merece la consideración de domicilio a efectos constitucionales. Tal concepto y su correlativa garantía constitucional no es extensible a aquellos lugares cerrados que, por su afectación (como ocurre con los **almacenes**, las **fábricas**, las **oficinas** y los **locales** comerciales), tengan un destino o sirvan a cometidos incompatibles con la idea de privacidad (TCo 228/1997).

5) No son domicilios protegidos los lugares que se utilizan para depositar o guardar objetos, en los **1772**
que no se realicen actividades domésticas, salvo que formen parte del edificio como una habitación aneja (TS 10-10-96). Por ejemplo, un **garaje** comunitario (TS 30-6-95), un **trastero** ubicado en un garaje comunitario (TS 4-3-97; 11-6-99), un cobertizo (TS 14-6-95), o una trastienda (TS 24-10-92).

6) Un **trastero** que integra dependencia que se destina a su uso característico propio y no presenta comunicación directa con domicilio, no reúne las condiciones precisas para que sea considerado ámbito de privacidad; y si no consta atisbo de desarrollo de vida privada, no puede considerarse como un domicilio ni por lo tanto se le puede atribuir la protección que a este dispensa la Constitución (TS penal 1-12-16, EDJ 222549).

7) No son considerados domicilios los espacios dedicados a **garaje** propio de un solo titular o familia, cuando no presentan comunicación directa con la vivienda; y, con mayor motivo, los espacios cerrados destinados al estacionamiento de los vehículos de numerosas personas (TS penal 12-5-05, EDJ 96626; 7-10-09, EDJ 234657; 12-5-15, EDJ 81995; 1-12-16, EDJ 222549).

8) No se puede considerar domicilio protegido un corralón, patio común y otros **elementos comunes** de la vivienda (TS 15-5-00).

9) Se vulnera la inviolabilidad del domicilio en el caso de una entrada en un **patio privado** de vivienda unifamiliar, aislado del exterior por una **verja**, sin autorización judicial (TS penal 12-3-18, EDJ 22176).

10) Esta protección constitucional se extiende también a los **despachos profesionales** si reúnen la nota de privacidad y exclusión, pero no si se trata de locales abiertos al público. Por ello si se trata de dependencias que reúnan la nota de privacidad y exclusión de terceros cabrá hacer extensible la protección constitucional, pero si se trata de locales abiertos al público la especial protección no existe (TS 16-6-99).

11) Algunos pronunciamientos han llamado **locales de naturaleza bifronte** a aquellos locales abiertos al público, pero en los que a la vez se encuentran documentos, en soporte informático, tributarios y contables. En estos casos el ordenador se encuentra a la vista del público (por ejemplo, en un bar que tiene el ordenador que lleva la contabilidad detrás de la barra). Han considerado que, aunque el acceso de la Inspección a local es correcto, el acceso al contenido del ordenador requiere el consentimiento del titular o autorización judicial, en cuanto que supone el acceso a los elementos físicos incluidos en el reducto de privacidad de la empresa que permanecen protegidos frente a la intervención de cualquier tercero (TSJ País Vasco 11-5-09, EDJ 177523).

Número de domicilios El domicilio constitucionalmente protegido no tiene por qué ser único **1785**
para cada persona. Se puede disponer de **diversas viviendas o domicilios** a los que se extienda esta protección. Así, por ejemplo, una persona física puede tener una vivienda habitual, una segunda vivienda y un despacho profesional, y todos ellos estarán protegidos por la Const art.18.2.

Domicilio constitucionalmente protegido de las personas jurídicas El núcleo esencial del **1790**
domicilio constitucionalmente protegido es el domicilio en cuanto morada de las personas físicas, al constituir el reducto último de su intimidad personal y familiar. No obstante, el Tribunal Constitucional ha extendido esta protección a las personas jurídicas (TCo 137/1985), si bien precisando que la **intensidad de su protección** es menor que en el caso de las personas físicas, al estar fundamentada en la **privacidad** en vez de en la intimidad personal y familiar (TCo 69/1999). El desarrollo por las personas jurídicas de sus actividades tiene un ámbito de privacidad que normalmente está vedado a terceros y cuya protección debe garantizarse.

El concepto de domicilio constitucionalmente protegido de las personas jurídicas no se identifica necesariamente con el domicilio social ni con el fiscal, y solo se extiende a los espacios físicos que son indispensables para que puedan desarrollar su actividad sin intromisiones ajenas, por constituir el **centro de dirección** de la sociedad o de un establecimiento dependiente de la misma o servir a la **custodia de los documentos** u otros soportes de la vida diaria de la sociedad o de su establecimiento que quedan reservados al conocimiento de terceros (TCo 69/1999).

El centro de dirección de una sociedad está normalmente situado en los locales donde se custodia la **documentación reservada** que resulta necesaria para la adopción de decisiones tanto respecto a la gestión diaria de la empresa como para su planificación y dirección estratégica. Luego tenderán a coincidir los locales vinculados a la dirección de la empresa y donde se lleva y custodia la contabilidad. Por ello, se ha planteado la relación que existe entre el domicilio constitucionalmente protegido de las personas jurídicas y los locales donde se llevan los libros de contabilidad y sus soportes documentales.

Lo anterior es una cuestión sumamente importante para la Inspección de los tributos, ya que una de las facultades fundamentales de la Inspección de los tributos para permitirle comprobar el cumplimiento del deber de contribuir al sostenimiento de los gastos públicos (Const art.31.1) es el examen de los libros y documentación contable del obligado tributario, cuyo examen debe efectuarse en las oficinas de este, salvo consentimiento del obligado tributario para realizarlo en otro lugar. Por lo tanto, si se considera que los locales en los que una sociedad lleva la contabilidad son un domicilio constitucionalmente protegido, la facultad inspectora para el examen de la documentación mercantil y la contabilidad del obligado tributario queda condicionada a la invocación derivada de la intimidad empresarial, en cuyo caso esa facultad solo podría ejercitarse con previa autorización judicial.

El **Tribunal Supremo** ha concluido que un local se constituye en domicilio constitucionalmente protegido de las personas jurídicas por el mero hecho de que en él se lleve la contabilidad y demás documentación reservada de la empresa (TS 23-4-10, EDJ 78804; EDJ 78780; EDJ 78779; EDJ 71296; 24-4-10, EDJ 78781).

1792 De acuerdo con lo anterior se puede distinguir, según que el lugar al que se pretenda acceder esté o no amparado por el derecho fundamental a la inviolabilidad del domicilio, entre:

- lugares **amparados por la protección constitucional**: locales afectos a la dirección de la entidad, o en los que se conserven los documentos o soportes que queden reservados al conocimiento de terceros, debiendo contar con autorización judicial de entrada y registro para el acceso a esos locales en caso de falta de consentimiento del titular; y
- lugares **no amparados** por la protección constitucional: locales abiertos al público durante los días y horas de apertura, y los locales cerrados en los que se desarrollen gestiones ordinarias de la actividad económica (oficinas y locales comerciales, fábricas, talleres, garajes, almacenes, etc.). Para el acceso a esos locales, en caso de falta de consentimiento del titular, basta con que la Inspección disponga del correspondiente acuerdo de entrada.

1795 Precisiones 1) La jurisprudencia ha señalado que la **inviolabilidad** del domicilio es un derecho extensible a las personas jurídicas (TCo 137/1985; TS 19-12-86, EDJ 15458), pero su **ámbito de protección** es menor que el domicilio de las personas físicas por faltar la estrecha vinculación con un ámbito de intimidad en su sentido originario; esto es, el referido a la vida personal y familiar, solo predicable de las personas físicas. La protección constitucional del domicilio de las personas jurídicas y de las sociedades mercantiles, solo se extiende a los espacios físicos que son indispensables para que puedan desarrollar su actividad sin intromisiones ajenas, por constituir el centro de dirección de la sociedad o de un establecimiento dependiente de la misma o servir a la custodia de los documentos u otros soportes de la vida diaria de la sociedad o de su establecimiento que quedan reservados al conocimiento de terceros (TCo 69/1999).

2) La entrada en las dependencias de una empresa sin **advertencia de derechos** al interesado supone una quiebra esencial de la garantía de información para recabar su consentimiento, que de esta forma resulta viciado (TCo 54/2015).

3) La protección en sede constitucional o judicial del domicilio de las personas jurídicas no es un valor aceptado en todos los **países europeos.** Mientras algunos países (como Alemania, Austria e Italia) les reconocen cierta protección, otros (como Francia, Países Bajos e Irlanda) no se la reconocen. La jurisprudencia comunitaria no ha reconocido la protección de la inviolabilidad de las personas jurídicas como un principio común a los derechos de los Estados miembros (TJCE 21-9-1989, asunto Hoechst; 17-10-1989, asunto Dow Chemical Iberica C-97/87; 17-10-1989, asunto Dow Benelux C-85-87).

4) El domicilio de una persona jurídica, un despacho profesional u oficina, un establecimiento mercantil o un local abierto al público, no pueden ser equiparados al domicilio de una persona física. Pero en esos lugares se pueden guardar **documentos** u otros efectos cuyo descubrimiento pueda lesionar la **intimidad de las personas** que sean titulares de los mismos o que sencillamente desempeñen en ellos una actividad laboral, bien entendido que la esfera de la intimidad se puede extender a cualesquiera datos de la vida personal o familiar, incluso a los económicos, de cuyo conocimiento se quiera excluir legítimamente a los extraños (TS penal 30-11-99, EDJ 36960).

5) No puede estimarse producida una vulneración del derecho a la inviolabilidad del domicilio, por el hecho de que la Inspección haya copiado determinados archivos informáticos referentes a **datos de un tercero** (la apelante), que figuraban incluidos en el disco duro de los ordenadores inspeccionados, para lo cual contaron con la expresa autorización de los representantes legales de la empresa inspeccionada (TSJ Granada 21-11-11, EDJ 322468).

5. Forma de acceso

Debe distinguirse entre: **1800**
- entrada en lugares que no son domicilio constitucionalmente protegido (nº 1805);
- entrada en domicilios constitucionalmente protegidos (nº 1810);
- registro de dispositivos informáticos de almacenamiento masivo de información (nº 1865 s.); y
- acceso al contenido de las cajas de seguridad (nº 1868).

a. Acceso a lugares que no son domicilios constitucionalmente protegidos

(LGT art.142.2; RGGI art.172.1, 2 -redacc RD 249/2023- y 5)

Para el desarrollo de las actuaciones inspectoras, el personal inspector puede entrar en las fincas, locales de negocios y demás establecimientos o lugares donde se desarrollen actividades o explotaciones sometidas a gravamen, existan bienes sujetos a tributación, se produzcan hechos imponibles o supuestos de hecho de las obligaciones tributarias o exista alguna prueba de los mismos. La **forma de acceso** a estos lugares depende de si existe o no consentimiento a la entrada por parte del titular o, en su caso, el custodio o encargado de la finca. **1805**

a) Entrada en caso de consentimiento: la conformidad para el acceso a estos lugares puede ser expresa o tácita. Se considera que el consentimiento se ha prestado tácitamente si el interesado o el custodio de las fincas ejecutan los actos normalmente necesarios que de ellos dependan para la entrada o el reconocimiento.

b) Entrada en caso de falta de consentimiento: en caso de oposición a la entrada por parte del obligado tributario o del custodio o encargado de la finca, los órganos de la Inspección precisarán de un acuerdo de entrada de la autoridad competente. En el caso de la Agencia Tributaria, este acuerdo se otorga por el Delegado o el Director de Departamento del que dependa el órgano actuante. El acuerdo de entrada puede ser anterior a la personación, por ejemplo si se prevé que el interesado se va a oponer a la entrada en un lugar no protegido constitucionalmente y se considera que es urgente la realización de las actuaciones.

El acuerdo de entrada es un acto de trámite, por lo que no es susceptible de impugnación independiente. La norma no exige que dicho acuerdo esté motivado.

La entrada en fincas y locales no requiere un **preaviso**, de forma que la Inspección puede personarse sin previa comunicación en las empresas, oficinas, dependencias, instalaciones o almacenes del obligado tributario (LGT art.151.2; RGGI art.177.2).

Las **actuaciones** se entienden con el obligado tributario y, de no estar presente, con el encargado o responsable de los locales (LGT art.151.2). En caso de no estar presente el obligado tributario, el encargado o responsable de los locales debe atender y colaborar con la Inspección (LGT art.151.2; RGGI art.173.2 y 177.2). De no hacerlo, el encargado o responsable podría incurrir en una infracción tributaria.

Precisiones **1)** **Hasta el 24-4-2023**, en lugar de un acuerdo de entrada, se precisaba una **autorización escrita** de la autoridad administrativa competente. **1808**

2) Los **funcionarios de la Inspección** deben acreditar su condición, si son requeridos para ello, cuando actúen fuera de las oficinas públicas.

3) Constituye **infracción tributaria** por resistencia, obstrucción, excusa o negativa a las actuaciones de la Administración tributaria el negar o impedir indebidamente la entrada o permanencia en fincas o locales a los funcionarios de la Administración tributaria o el reconocimiento de locales, máquinas, instalaciones y explotaciones (LGT art.203.1.d). La **negativa a la entrada** no se puede considerar indebida mientras no se haya obtenido y exhibido al interesado el acuerdo de entrada de la autoridad competente.

4) La entrada en establecimientos o lugares que no constituyan domicilio constitucionalmente protegido, por autoridades, funcionarios y fuerzas a quienes está encomendada la persecución y el descubrimiento del **contrabando** (LO 12/1995 disp.adic.1ª), no precisa la autorización escrita (acuerdo de entrada) de la autoridad administrativa para el supuesto de que la persona bajo cuya custodia se encuentren se oponga a su entrada (TEAC 22-11-21).

b. Acceso a domicilios constitucionalmente protegidos

(LGT art.142.2; RGGI art.172.1 y 3 -redacc RD 249/2023-)

1810 Debe diferenciarse entre el acceso con **consentimiento del titular** (nº 1815 s.) y el acceso con **autorización judicial** (nº 1830 s.).

Precisiones La única prueba utilizada para la regularización fue una contabilidad obtenida en una entrada en un domicilio constitucionalmente protegido **sin consentimiento ni autorización judicial** (en el momento de la entrada solo se encontraban los empleados de la sociedad, y consta que cuando llegaron los representantes de la entidad ya se había intervenido la documentación, sin que figure que «a posteriori» hubieran prestado el consentimiento). Ello determina que la prueba se obtuvo ilícitamente, y se proceda a anular la regularización efectuada (AN 24-3-04, EDJ 28327).

1815 **Entrada en domicilios constitucionalmente protegidos con el consentimiento del titular** (LGT art.142.2; RGGI art.172.1, 3 -redacc RD 249/2023- y 5) El **derecho a la inviolabilidad del domicilio** (Const art.18.2) no es un derecho absoluto e ilimitado, sino que puede ceder cuando entre en conflicto con otros derechos constitucionales. Así, la inviolabilidad del domicilio encuentra uno de sus **límites** en el supuesto de la función inspectora, siempre que concurra el consentimiento del interesado o se recabe la correspondiente autorización judicial (TCo 50/1995).

La **normativa administrativa** general establece que cuando las inspecciones requieran la entrada en el domicilio del afectado o en los restantes lugares que requieren autorización del titular, la Administración debe obtener el consentimiento del mismo o, en su defecto, la oportuna autorización judicial (LPAC art.18.3 y 100.3).

La **norma tributaria** establece expresamente que en los procedimientos de aplicación de los tributos en los que sea necesario entrar en el domicilio constitucionalmente protegido de un obligado tributario, la Administración tributaria debe obtener el consentimiento de aquél o la oportuna autorización judicial (LGT art.113 y 142.2).

El **consentimiento** debe prestarse de forma libre y consciente por el interesado. Puede referirse a la entrada en todos los lugares del domicilio o limitar el acceso a unas determinadas dependencias. El consentimiento a la entrada puede ser expreso o tácito. En la práctica, se pueden plantear dudas sobre si se ha otorgado o no el consentimiento tácito. Por ello, lo habitual es que la Inspección lo solicite expresamente y consigne en diligencia en el mismo momento del acceso.

El consentimiento a la entrada debe ser **otorgado por persona capaz**, esto es, mayor de edad (TS 9-11-94, EDJ 8741) y sin restricción alguna en su capacidad de obrar. En supuestos de **discapacidad psíquica** aparente, esté o no declarada judicialmente, no puede considerarse válidamente prestado el consentimiento.

El consentimiento a la entrada debe ser **otorgado de forma consciente y libremente**. Lo cual requiere que no esté invalidado por error, violencia o intimidación de cualquier clase, y que no se condicione a circunstancia alguna periférica, como promesas de cualquier actuación policial, del signo que sean. Si el consentimiento no se produce en las condiciones de serenidad y libertad ambiental necesarias, no se considerará suficiente como consentimiento. La jurisprudencia ha reiterado la necesidad de que la prestación de ese consentimiento se verifique en condiciones que impidan cualquier asomo de presión psicológica que lleve al interesado a abdicar del cuadro de garantías que constitucionalmente otorga la Const art.18.2.

Para que el consentimiento sea válido se requiere que sea **informado**, indicando al interesado el alcance de la actuación de entrada y registro, y la posibilidad de negarse al acceso. La entrada en las dependencias de una empresa sin advertencia de derechos al interesado supone una quiebra esencial de la garantía de información para recabar su consentimiento, que de esta forma resulta viciado. Asimismo, se vulneran las garantías en los casos en que la actuación administrativa no se ajuste a los términos y el alcance para el que se otorgó el consentimiento, quebrando la conexión entre la actuación que se realiza y el objetivo tolerado para el que fue recabado el consentimiento.

El consentimiento, una vez prestado, puede ser revocado en cualquier momento. Si se produce la **revocación** del consentimiento para la permanencia en un domicilio constitucionalmente protegido donde se estén realizando las actuaciones, los funcionarios de la Inspección, antes de finalizar estas, pueden adoptar las **medidas cautelares** que correspondan.

1820 Precisiones 1) La **prestación o denegación del consentimiento** de entrada en un domicilio constitucionalmente protegido no corresponde a los propietarios del inmueble, sino a quienes habitan u ocupan el domicilio.

2) Los **funcionarios** de la Inspección deben acreditar su condición, si son requeridos para ello, cuando actúen fuera de las oficinas públicas.

3) El consentimiento del titular del derecho actúa como fuente de legitimación constitucional de la injerencia en el ámbito de los derechos fundamentales a la inviolabilidad del domicilio. Por ello, el consentimiento eficaz del sujeto particular permite la inmisión en su derecho a la intimidad. Ese consentimiento no precisa ser expreso, admitiéndose también un **consentimiento tácito** (TCo 22/1984; 173/2011). Salvo casos excepcionales, la mera **falta de oposición** a la intromisión domiciliar no puede entenderse como un consentimiento tácito (TCo 209/2007). A la hora de determinar los requisitos de este consentimiento se debe tomar en consideración el contexto en que se produce la intervención injerente (TCo 209/2007).

4) El consentimiento o la conformidad implica un estado de ánimo concreto en virtud del cual la persona interesada, ante la situación también concreta que las circunstancias le presentan, accede al registro porque soporta, permite, tolera y otorga, inequívocamente, que ese acto tenga lugar. Se trata en suma de una **aprobación**, una aquiescencia, un **asentimiento**, una licencia o una venia que soslaya cualquier otra exigencia procedimental (TS penal 7-3-97, EDJ 2121; penal 29-6-99, EDJ 17974; penal 12-4-02, EDJ 10518).

Para que pueda interpretarse como la consciente y voluntaria abdicación del derecho constitucional a la inviolabilidad del domicilio, ha de ser un consentimiento sobre cuyo alcance no puede cernirse **duda** alguna (TS penal 28-10-14, EDJ 221141).

5) En situaciones de convivencia normal y ausencia de conflicto, cada uno de los **cónyuges** o miembros de una **pareja de hecho** está legitimado para prestar el consentimiento para la entrada de un tercero en el domicilio, sin que sea necesario recabar el consentimiento del otro cónyuge, pues la convivencia implica la aceptación de entradas consentidas por otros convivientes. Sin embargo, el consentimiento del titular del domicilio no puede prestarse válidamente por quien se halla, respecto al titular de la inviolabilidad domiciliaria, en determinadas situaciones de contraposición de intereses que enerven la garantía que dicha inviolabilidad representa. Por ello, se vulnera la inviolabilidad del domicilio en el caso del registro practicado por la policía en la habitación del marido, estando los cónyuges **separados**, con el solo consentimiento de la esposa, que estaba del lado de la parte acusadora (TCo 22/2003).

6) El interesado al que se refiere el derecho a la inviolabilidad de su domicilio es la persona cuya intimidad se ve afectada, que puede coincidir o no con el titular o propietario de la vivienda. Es suficiente la presencia de uno de los interesados, siempre que no existan intereses contrapuestos con los de los demás moradores (TS penal 20-7-17, EDJ 150657). En caso de **pluralidad de moradores**, no es necesaria que la autorización parta de todos ellos o que todos se hallen presentes (TS penal 24-6-08; penal 4-11-10, EDJ 246604).

7) No se considera suficiente el consentimiento prestado por un **jardinero** empleado en la entidad 1822
para que los órganos de la Inspección accedan al domicilio de la misma y obtengan datos del ordenador, por lo que se declaran nulas las actuaciones por considerarse que la prueba se obtuvo ilícitamente (AN 4-12-03, EDJ 187673). Tampoco en el caso de consentimiento prestado por un **empleado ocasional** de la entidad (AN 24-10-03, EDJ 187917).

8) Se considera válido el consentimiento para la entrada de la Inspección en un piso que era tanto el domicilio ocasional de una persona física como el domicilio social de algunas sociedades instrumentales, dado por el padre del obligado tributario, que era **apoderado** de las sociedades y que también habitaba el piso (TS 30-5-03, EDJ 30389).

9) Se aprecia consentimiento espontáneo del **representante** de una sociedad que no manifestó oposición, reserva o reticencia alguna a la entrada de los órganos de la Inspección en el domicilio de la entidad (AN 23-3-00, EDJ 11965).

10) El obligado tributario argumenta que solo se prestó autorización al **jefe de administración** de la sociedad para atender a los actuarios, lo que equivaldría a recibir y comunicar con ellos, pero nunca a la exhibición de documentación y, menos aún, a su retirada para examen que realizó la Inspección. Pero no se acoge ese argumento en base a las siguientes argumentaciones:

- existe constancia de la autorización otorgada por los empleados. De haberse excedido estos o de haber interpretado mal lo indicado por el titular de la empresa, estaríamos en todo caso ante un supuesto en que operaría la excepción de buena fe, lo que excluye que la prueba fuera ilícitamente obtenida;
- los autorizados para atender a la Inspección llevaron a cabo actos inequívocos de colaboración dando así muestras de la realidad y amplitud del consentimiento, por lo que nadie pudo pensar que no era tal. No podía exigirse a los actuarios que interpretasen otra cosa cuando permanecieron en las oficinas con la anuencia de esos empleados más allá del horario estrictamente laboral; aportaron algunos de los libros requeridos en soporte informático ofreciéndose a facilitarlos más adelante en papel. Si hubo error en la percepción de los actuarios fue propiciado, alimentado y confirmado por los propios empleados (TS penal 3-5-18, EDJ 57766).

11) Se alega que el consentimiento dado por el administrador de la sociedad era inválido, dado el **carácter mancomunado de la representación** que ostentaba. Pero el administrador no hizo mención alguna de tan relevante circunstancia pese a contar en todo momento con la asistencia técnica de dos asesores fiscales, sino que suscribió todas las diligencias de forma individual y en calidad de administrador, sin matices o precisiones adicionales. No cabe reprochar a los funcionarios de la Administración tributaria que apoyaran su actuación en la confianza que les generó la presencia y el consentimiento de ese representante legal de la mercantil en la sede social, con la presencia de sus asesores, y sin indicar, pudiendo haberlo hecho, la existencia de límites a sus facultades de representación (TS penal 3-5-18, EDJ 57766).

12) En caso de existir **colisión de voluntades** entre varios **administradores** de una sociedad (ya sean solidarios o mancomunados) se debe entender que la voluntad de excluir debe prevalecer sobre la voluntad de admitir el acceso.

1824 **13)** Los actuarios de la Inspección portaban una **autorización administrativa para la entrada** (actualmente, un acuerdo de entrada) que no fue necesario exhibir al ser facilitado el acceso por los socios administradores. La advertencia de derechos lógicamente debía incluir este dato, esto es, que portaban una autorización administrativa para el caso de negativa u oposición del obligado tributario, lo cual nos sitúa en una hipótesis de información manifiestamente insuficiente para recabar el consentimiento, pues la autorización administrativa en modo alguno habilita la entrada en los espacios físicos que constituyen el domicilio de la persona jurídica objeto de protección constitucional. En consecuencia, en este caso se aprecia una quiebra esencial de la garantía de información para recabar consentimiento del interesado, que de esta forma resulta viciado, de lo que se concluye que no hay un consentimiento eficaz para justificar la intromisión domiciliaria en el supuesto contemplado y ello determina la apreciación de la lesión de la Const art.18.2 por la entrada en el domicilio social (TCo 54/2015).

14) En una actuación de la inspección iniciada mediante personación en el domicilio profesional del contribuyente, este fue informado de los preceptos legales y reglamentarios que amparaban la actuación administrativa, por lo que accedió a la entrada, reflejándose todo ello en diligencia. Posteriormente impugnó la actuación, argumentando que era **insuficiente el alcance de la explicación** efectuada por la Inspección y motivo legal para consentir la entrada y registro. La sentencia considera que existió un válido consentimiento a la entrada, señalando que se trataba de un licenciado universitario superior que, aunque lego en derecho, podía conocer el alcance de los preceptos que le fueron leídos sin que conste la pretendida amenaza de requerir a las fuerzas de orden público, cuya intervención, por otro lado no puede reputarse en si misma como anuncio de algo dañino (TS 8-7-16, EDJ 110071).

15) El consentimiento eficaz tiene en todos los casos como presupuesto la garantía formal de la **información expresa y previa**, que debe incluir los términos y alcance de la actuación para la que se recaba el consentimiento. Así, en el ámbito del derecho a la intimidad, se ha apreciado la vulneración de dicha garantía en los casos en que la actuación no se ajusta a los términos y el alcance para el que se otorgó el consentimiento, quebrando la conexión entre la actuación que se realiza y el objetivo tolerado para el que fue recabado el consentimiento (TCo 110/1984; 70/2009).

16) El consentimiento al acceso fue prestado sin que previamente se informara a ninguno de los socios del **derecho que les asistía a oponerse a la entrada,** única forma válida que excusa la necesidad de la autorización judicial, siendo irrelevantes cuantas consideraciones se hacen por la Administración en torno al alcance de la actitud mostrada por los representantes de la empresa que, en su opinión, relevaría a los inspectores actuantes de mostrar la autorización administrativa (el acuerdo de entrada) y de solicitar la judicial (TCo 54/2015). La consecuencia de ello es la nulidad radical o de pleno derecho por vulneración de un derecho fundamental.

17) En un caso en el que se alegaba que si bien la entrada de los inspectores en su domicilio social había sido consentida por la apoderada de la entidad, dicho consentimiento estaba viciado por una **actuación intimidatoria de los funcionarios** de la AEAT actuantes, se señala que, aun admitiendo como probado que estos advirtieran con la posibilidad de recabar, para el concreto ejercicio de su función, el auxilio de fuerzas policiales o de las consecuencias penales de una conducta de ocultación de datos fiscales por parte de los representantes o empleados de la empresa, tales advertencias en modo alguno pueden ser entendidos como intimidatorias, sino tan solo como **advertencias al ciudadano** de las consecuencias que la norma liga a su conducta (TS 17-12-07, EDJ 251671).

1826 **18)** Aunque constituye **infracción tributaria** por resistencia el negar o impedir indebidamente la entrada o permanencia en fincas o locales a los funcionarios de la Administración tributaria (LGT art.203.1.d), el no prestar consentimiento a la entrada en un domicilio constitucionalmente protegido no constituye infracción tributaria por resistencia, dado que no se trata de una conducta «indebida» sino fundamentada en el derecho constitucional a la inviolabilidad del domicilio.

19) Se declaró la nulidad de las actuaciones en el caso de una **entrada** en la que se consideró que fue realizada **sin el consentimiento del titular**, y que los datos obtenidos en dicha entrada fueron los únicos utilizados para los cálculos de la estimación indirecta de bases del IS y del IVA (TS 23-4-10, EDJ 78804, EDJ 78780, EDJ 78779, EDJ 71296; 24-4-10, EDJ 78781).

20) El **consentimiento debe prestarse** de modo libre y estar exento de todo elemento susceptible de provocar o constituir error, violencia, intimidación o engaño porque el interesado debe estar enterado de que puede negarse a autorizar la entrada y registro que se le requiere (TS 1-4-96, EDJ; 4-3-99, EDJ; 18-2-05, EDJ).

21) Respecto de si la entrega previa del **Anexo informativo** (donde constan, entre otras informaciones, la LGT art.113 y 142, pero no se informe explícitamente de que puede oponerse a la entrada) es suficiente para entender que el consentimiento prestado por el representante de la entidad es eficaz y carente de vicio, se trata de una materia eminentemente casuística. Pero, en principio, el consentimiento prestado tras la entrega del anexo informativo sobre derechos y obligaciones del obligado tributario antes de realizarse la inspección, a tenor de las circunstancias del caso, y teniendo en cuenta el contenido de las diligencias firmadas por el representante legal, ha de considerarse un consentimiento prestado de forma libre e informada (TS 3-10-22, Rec 1566/21).

22) En relación al examen de la documentación relevante a efectos tributarios obrante en el **ordenador de la empresa** y en el servidor, ver TS 14-6-23, EDJ 597168 en nº 1640.

Entrada en domicilios constitucionalmente protegidos con autorización judicial (LGT art.142.2; RGGI art.172.1, 3 -redacc RD 249/2023- y 5) Se examina aquí la entrada de los funcionarios de la Inspección en domicilios constitucionalmente protegidos con autorización judicial en el curso de **actuaciones y procedimientos de inspección**. Cuestión distinta se produce cuando los funcionarios de la Inspección intervienen como peritos en un proceso penal, en cuyo caso su actuación se rige por el mandato dado por el juez en el seno del proceso penal y no por las facultades inspectoras. 1830

La autorización judicial se requiere en defecto de consentimiento del obligado tributario para acceder a los domicilios y lugares constitucionalmente protegidos (LGT art.113). La Constitución exige que, a falta de consentimiento, la entrada en domicilio requiera una decisión judicial, pero no prejuzga el orden judicial competente al efecto, y defiere dicha delimitación al plano de la legalidad ordinaria (Const art.18.2).

La **jurisdicción competente** es la contenciosa-administrativa (LOPJ art.91.2; LJCA art.8.6). El órgano competente es el juzgado de lo contencioso-administrativo del lugar donde radique el domicilio cuya entrada se solicita, con independencia del ámbito de competencias territorial (nacional, regional o provincial) del órgano administrativo que solicita la autorización.

A continuación, esta materia se trata atendiendo a los siguientes parámetros:
- solicitud de autorización judicial (nº 1840);
- audiencia previa al interesado (nº 1845);
- condiciones para la autorización de entrada (nº 1846 s.);
- motivación del auto (nº 1850);
- contenido del auto (nº 1855);
- recursos contra el auto (nº 1857);
- otras formas de oposición a la entrada en domicilio por parte de la Inspección (nº 1861);
- documentación del resultado de la entrada (nº 1862); y
- hallazgo casual (nº 1863).

Precisiones 1) La LJCA se limita a establecer la **competencia** de los juzgados de lo contencioso-administrativo, sin contener ninguna norma de procedimiento. 1835

2) La autorización judicial para la entrada no consentida se refiere a los domicilios y a los restantes edificios o lugares cuyo acceso requiera el consentimiento del titular. Por ello, no alcanza solo a los domicilios en sentido estricto, sino también a aquellos lugares en los que se dé la circunstancia que persona determinada o determinable y en virtud de un derecho cierto pueda ejercitar legítimas facultades de **exclusión de terceros** (TSJ Cataluña 30-11-17, EDJ 332495).

3) El **objeto del control judicial** no es el enjuiciamiento de la legalidad de fondo del acto que se trata de ejecutar, pero tampoco se limita a un automatismo formal (TCo 22/1984; 139/2004; 188/2013). El control judicial se refiere, además de que el interesado es, efectivamente, el titular del domicilio para cuya entrada se solicita la autorización, a la necesidad de que el acto de la Administración sea dictado por la autoridad competente, que el acto aparezca fundado en Derecho y necesario para alcanzar el fin perseguido, y, en fin, que no se produzcan más limitaciones que las estrictamente necesarias para la ejecución del acto (TCo 76/1992).

4) En estos casos, el juez no realiza una función propiamente jurisdiccional, sino de **garante de un derecho fundamental**. El examen de la legalidad, necesidad, proporcionalidad, etc., no se realiza por el juez a posteriori de las actuaciones administrativas sino **con carácter previo**: se trata de encomendar a un órgano jurisdiccional que realice una ponderación previa de intereses, antes de que se proceda a cualquier entrada o registro. La autorización judicial constituye un mecanismo de orden preventivo, destinado a proteger el derecho, y no como en otras intervenciones judiciales a reparar una violación previamente producida (TCo 160/1991). De ahí que, para que pueda cumplir esta finalidad preventiva que le corresponde, sea preciso que la resolución judicial que autorice la entrada en el domicilio se encuentre debidamente **motivada** (TCo 188/2013; 160/1991).

5) La **legitimidad constitucional** de la entrada en el domicilio y su registro concedido para el desarrollo de la actividad de la Inspección tributaria ha sido reconocida por la sentencia TCo 50/1995. Con el mismo talante se ha pronunciado el Tribunal Europeo de Derechos Humanos, que considera legitima la intromisión en el domicilio para fines de investigación fiscal (TEDH 25-2-93, núm 10828/1984, caso Funke).

6) Han de expresarse los **indicios existentes** de que se ha cometido un **ilícito**, no bastando la mera sospecha de que se ha cometido, ni que se pretenda satisfacer la necesidad genérica de prevenir o descubrir delitos o ilícitos o se quieran despejar las sospechas sin base objetiva que surjan en la mente de los encargados de la investigación, de manera que la decisión judicial debe exteriorizar las razones fácticas y jurídicas que justifiquen la concurrencia del presupuesto habilitante de la intervención, como lo son la imputación de un ilícito y los datos o hechos objetivos que puedan considerarse indicios en la posible existencia, siendo indispensable la precisión de los indicios (TCo 146/2006).

7) De acuerdo con el **Convenio para la protección de los derechos humanos** y las libertades fundamentales (CEDH art.8), las visitas domiciliarias efectuadas en los locales de empresas deben ser **proporcionadas** al legítimo objetivo perseguido, en el sentido de que solo se autoriza la incautación de aquellos documentos que sean relevantes para la consecución de los objetivos de la investigación, quedando proscritas las pesquisas masivas o indiscriminadas (TEDH 21-12-10, caso Sociedad Canal Plus y otros contra Francia; 2-04-2015, caso Vinci Construction).
8) En la ponderación de los derechos e intereses en juego debe tenerse en cuenta el **principio de proporcionalidad** (TCo 50/1995; TEDH de 25-2-93, caso Funke), que se desenvuelve en dos **niveles**:
- en el de la **decisión**, lo que supone que la autorización solo pueda concederse, primero, cuando la actuación administrativa que motive la entrada tenga amparo en un fin legítimo tutelado por el Ordenamiento jurídico y, segundo, cuando la entrada se plantee como un medio necesario para la consecución de ese legítimo fin, lo que sucederá cuando el acto no pueda ser ejecutado por otra vía menos lesiva o constrictiva del derecho afectado; y
- en el de la **ejecución** de la entrada, lo que obliga a que la resolución adopte las necesarias cautelas para que, sin interferir la acción administrativa, asegure que el derecho constreñido no lo sea más de lo imprescindible.

1840 **Solicitud de la autorización judicial** (LGT art.113) La norma no exige que antes de pedir la autorización judicial se haya solicitado necesariamente al interesado el consentimiento para el acceso, aunque esto sea normalmente lo más habitual. Por ello, la previa **oposición del obligado tributario** a la entrada a los funcionarios de la Inspección **no** es un **requisito necesario**, y los órganos de la Inspección pueden solicitar la autorización judicial sin necesidad de haber recabado previamente el consentimiento de acceso al obligado tributario cuando las circunstancias del caso así lo aconsejen. Así, la LGT establece de forma disyuntiva que, para entrar en el domicilio constitucionalmente protegido de un obligado tributario, la Administración tributaria debe obtener el consentimiento de aquel o la oportuna autorización judicial.
Con efectos desde el 25-4-2023, se ha modificado el RGGI para adaptar su contenido a la reforma operada en la LGT por la L 11/2021. Así, para la entrada y reconocimiento de fincas en los supuestos de oposición del obligado tributario o la persona bajo cuya custodia se encuentren los lugares, se ha sustituido la autorización escrita por un **acuerdo de entrada** del Delegado o Director del Departamento. En los casos en que la entrada o reconocimiento afecte al domicilio constitucionalmente protegido, se ha de incorporar a la autorización judicial -cuando no hay consentimiento del interesado- el acuerdo de entrada emitido por la autoridad competente.

Precisiones **1)** Se ha negado que la autorización judicial para la entrada de la Inspección tributaria en el domicilio personal haya de ser siempre y en todo caso posterior (y **subsidiaria**) al previo requerimiento del consentimiento de su titular y la subsiguiente negativa de este (TCo auto 129/1990).
2) La solicitud y la autorización de entrada requiere como presupuesto la **existencia de un acto administrativo** a ejecutar, que, en principio, habrá de ser un acto resolutorio, aunque son igualmente susceptibles de ejecución otros actos de trámite o de instrucción procedimental (como las inspecciones), cuando la naturaleza de las mismas lo imponga y concurra el resto de requisitos (TCo 50/1995).
3) Las **actuaciones** realizadas por la Inspección con **carácter previo al inicio del procedimiento** para la solicitud de la autorización judicial de entrada y registro son preparatorios del procedimiento de inspección, que no integrantes del mismo y no son susceptibles de procurar el inicio de las actuaciones de comprobación e investigación. Los requerimientos de información realizados no suponen el inicio de un procedimiento inspector, aunque se tenga en cuenta el resultado del requerimiento de información para acordar el posterior procedimiento de investigación o comprobación. Por tanto, los plazos de duración del procedimiento inspector operan de modo autónomo e independiente (TS 7-7-20, Rec 641/18).

1845 **Audiencia previa al interesado** En ocasiones la Administración tributaria solicita que la entrada y registro se autorice sin previo trámite de audiencia al interesado, ya sea por motivos de urgencia o para preservar el efecto sorpresa de la entrada sin el cual la misma podría no tener objeto. En estos casos corresponde al juez sopesar el **principio de eficacia** de la actuación de la Administración pública cuando tutela intereses generales con la protección del domicilio. Por ello, debe estarse a cada caso en concreto.
La **exclusión del automatismo** predicable respecto de las resoluciones judiciales sobre entrada en domicilio supone precisamente la necesidad de esta ponderación por parte del juzgador, de modo que si la actuación administrativa cuya ejecución implica la entrada en un domicilio no admite demora, no será precisa la audiencia previa en cuanto retrase la intervención de la Administración (TSJ Madrid 15-6-99, EDJ 84281).

Precisiones **1) Autorización de la entrada inaudita parte**. Por lo que se refiere a la necesidad o no de audiencia previa al titular del domicilio en la autorización judicial de entrada administrativa, debe partir de la distinción de dos casos según la audiencia previa:
a) No puede perjudicar la eficacia o razón de ser de la medida de entrada (por ejemplo, entradas para actuaciones sobre bienes inmuebles tales como demoliciones de obras o desmantelamiento

de instalaciones ilegales, o precinto de locales cuyo funcionamiento no esté autorizado): en principio, sería necesaria la audiencia previa al interesado.
b) Sí puede perjudicar la medida de entrada. Supuestos en los que el interesado puede realizar alteraciones de las cosas que impidan la efectividad de la medida pretendida (por ejemplo, embargo y precinto de bienes muebles, los cuales pueden ser removidos del lugar en cualquier momento). Solo la autorización de la medida inaudita parte garantiza la razón misma y posibilidad de éxito de la intervención, dado el peligro cierto de eliminación de la documentación que la Administración buscaba (TSJ Castilla-La Mancha 11-2-14, EDJ 22635).
2) Se trata de un procedimiento especial en el que la «cognitio» del órgano judicial está limitada. No se exige un **trámite de audiencia previa** en este procedimiento, siendo así que lo que se pretende es no frustrar la eficacia de la actuación administrativa que se autoriza a ejecutar, lo que sí se podría producir si el interesado conociese la existencia de la autorización con carácter previo (TSJ Asturias 31-7-15, EDJ 282545; 14-3-16, EDJ 37592).
3) No es requisito indispensable para la adopción de la medida de entrada la audiencia previa de la sociedad afectada. Es posible **adoptar medidas cautelares inaudita parte** con motivo justificado, como cuando hay riesgo de que, por el conocimiento previo del administrado, se frustre la finalidad de la actuación mediante la ocultación o destrucción de los datos constitutivos de la infracción tributaria que se trata de averiguar. No hay que esperar ni a la previa negativa del administrado ni al previo conocimiento de la medida (TSJ Cataluña 4-12-15, Rec 75/15; 31-5-12, Rec 34/12).

Condiciones para la autorización de entrada La solicitud de entrada debe estar debida- **1846**
mente justificada y motivar la finalidad, necesidad y proporcionalidad de dicha entrada. Desde finales de 2019 gran parte de la doctrina entendió que la **jurisprudencia** del TS había adoptado una actitud más restrictiva a la hora de apreciar las condiciones para otorgar la autorización de entrada y registro a la Inspección de los tributos (TS 10-10-19, EDJ 710994; 1-10-20, EDJ 667838; 23-9-21, Rec 2672/20).
La nueva línea jurisprudencial indicaba asimismo que la autorización de entrada debía estar conectada con la **existencia de un procedimiento inspector ya abierto** y cuyo inicio se hubiera notificado previamente al sujeto inspeccionado (TS 1-10-20, EDJ 667838). Con posterioridad, el **legislador** efectuó un cambio normativo que eliminó este requisito. En concreto, como consecuencia de los defectos observados por la jurisprudencia anteriormente señalada, el legislador procuró precisar y detallar algunos de esos aspectos mediante la L 11/2021, que modificó tanto la LGT como la LJCA.
Así, se recoge expresamente la posibilidad de que **tanto la solicitud como la autorización** puedan practicarse con **carácter previo** al inicio formal del procedimiento, siempre que el acuerdo de entrada contenga la identificación del obligado tributario, los conceptos y períodos objeto de comprobación y estos se aporten al órgano judicial (LGT art.113; LJCA art.8).
Asimismo, este cambio normativo precisó cuál es el concreto acto administrativo para cuya ejecución se solicita la autorización judicial de entrada y registro. La regulación vigente aclara que se solicita la autorización judicial para la ejecución del acuerdo de entrada en el domicilio, que debe estar debidamente justificada y motivar la finalidad, necesidad y proporcionalidad de dicha entrada (LGT art.113). Este acuerdo de entrada suscrito por la autoridad administrativa competente debe incorporarse a la solicitud de autorización judicial (LGT art.142.2).

Precisiones **1)** Las condiciones que ha venido exigiendo la jurisprudencia se pueden resumir en los **1847**
siguientes puntos:
a) Prohibición de las entradas con fines prospectivos: no cabe la autorización de entrada con fines prospectivos, estadísticos o indefinidos, para ver qué se encuentra, esto es, para el hallazgo de datos que se ignoran, sin identificar con precisión qué concreta información se pretende obtener (TS 1-10-20, EDJ 667838).
b) Carácter excepcional y motivado de la medida: tanto la solicitud de la Administración como el auto judicial han de recoger motivación suficiente de la aplicación excepcional de la medida, sin que quepa presumir de la comprobación administrativa un derecho incondicionado o natural a entrar en el domicilio. Es preciso que el auto judicial motive y justifique la necesidad, adecuación y proporcionalidad de la medida de entrada, sometiendo a contraste la información facilitada por la Administración, que debe ser puesta en tela de juicio, en su apariencia y credibilidad, sin que quepan aceptaciones automáticas, infundadas o acríticas de los datos ofrecidos. Solo es admisible una autorización por auto tras el análisis comparativo de tales requisitos, uno a uno (TS 1-10-20, EDJ 667838).
c) La insuficiencia de la prueba basada exclusivamente en medias o en meros datos estadísticos: con carácter general, no es válida para autorizar la entrada en el domicilio la comparación de la situación supuesta del titular del domicilio con la de otros indeterminados contribuyentes indeterminados, o con la media de sectores de actividad en todo el territorio nacional, sin especificación o segmentación detallada que avale la seriedad de tales fuentes, no bastando con aportar la media o ratio, sino que se debe justificar la fuente de la que proceden los datos o las informaciones utilizadas, así como detallar y explicar los cálculos efectuados y los parámetros de comparación utilizados (TS 1-10-20, EDJ 667838).

No obstante, la pluralidad de indicios o elementos de convicción puede reforzar la justificación de la necesidad de entrada, que con solo los datos estadísticos no resultaría suficiente.
d) Exigencia de cuantificación del importe de la posible deuda tributaria defraudada: la solicitud y la autorización de entrada debe indicar la finalidad de la entrada, con explicación de cuál es el presunto ilícito y cuáles son los concretos indicios que permitan conocer su gravedad, seriedad y entidad avanzando la cuantía del fraude o la deuda tributaria (TS 1-10-20, EDJ 667838).
Dicha cuantificación a priori en el momento de la solicitud, que frecuentemente es al inicio de la comprobación, y cuando precisamente se solicita la entrada para poder probar y cuantificar adecuadamente el presunto incumplimiento, solo puede ser indiciaria y meramente aproximada y con un gran grado de incertidumbre. La razón de ser de esta exigencia sería poder descartar, siquiera indiciaria y anticipadamente, que la cuantía de lo defraudado alcance relevancia penal (cuota defraudada superior a 120.000 euros por concepto y período impositivo). De resultar que ya, ab initio, se conociera que ese presunto ilícito tuviera relevancia penal, entonces el competente para conocerla y tramitar el procedimiento correspondiente sería la jurisdicción penal.
Ello supone que se requeriría estimar de forma desglosada las posibles cuotas defraudadas de los diferentes conceptos y períodos impositivos afectados, lo que complica aún más la estimación y hace que exista una alta probabilidad de que las cuotas finalmente descubiertas se desvíen notablemente de un cálculo efectuado a priori.

1848 **e) No necesidad de audiencia previa**: la audiencia previa y contradictoria del titular del domicilio no es necesaria, ya que ni la autorización judicial es el resultado de un proceso jurisdiccional ni la audiencia se exige expresamente por la normativa aplicable. No obstante, los supuestos de entrada inaudita parte han de ser objeto de expresa fundamentación sobre su necesidad en el caso concreto, tanto en la solicitud de la Administración como, con mayor obligación, en el auto judicial.
f) Principio de subsidiariedad: como contenido mínimo, la autorización debe recoger la finalidad de la entrada y prueba de su necesidad. Se ha de justificar que la entrada y registro es el único medio apto para obtener el fin legítimo perseguido por la Administración, siendo instrumento único por ser infructuosos otros posibles medios o medidas alternativas menos gravosas (principio de subsidiariedad).
g) Ejecución de acuerdo con el principio de proporcionalidad: en la ejecución de la medida ha de concurrir y cumplirse el principio de proporcionalidad, esto es, la idoneidad en la entrada y registro y adecuación al supuesto de hecho analizado por el juez.
h) Caso de comprobación de beneficios fiscales: la Inspección de los tributos no necesitaba entrar en el domicilio de la entidad y hacerse con los datos relativos a esas reinversiones supuestamente indebidas porque le bastaba con solicitar del contribuyente los extremos necesarios de la materialización y, si estos no acreditaban la idoneidad de la misma, rechazarla, incluyendo en el Impuesto sobre Sociedades del ejercicio final para reinvertir (en curso de inspección) lo dotado y no reinvertido. Así, no era necesario sacrificar este derecho fundamental como única forma de garantizar el cumplimiento de todos los requisitos establecidos por la ley en relación con el factor de agotamiento por la razón esencial de que la finalidad de la entrada y registro (constatar la aptitud de la materialización) no era necesaria para que la Administración actuase sus potestades de comprobación e inspección (TS 10-10-19, EDJ 710994).
i) Caso de requerimientos de información: en principio, no puede aceptarse que la notificación de un requerimiento de información (LGT art.93), sea propia o de terceros, entraña la ejecución forzosa de un acto administrativo, ni se plantea alternativa menos invasiva que la de entrar en el domicilio a comunicar el requerimiento o, más bien, a hacerlo innecesario, sin conceder oportunidad previa de cumplimentarlo. Habría bastado requerir al ahora recurrente para que facilitase la información que necesitase la Administración para poder obtenerla, en principio, de una manera menos gravosa e invasiva, máxime si se tiene en cuenta que no cabe la mera suposición o conjetura de que el requerimiento se va a incumplir, y habida cuenta de las severas sanciones que proceden (LGT art.203) en caso de incumplimiento (TS 23-9-21, Rec 2672/20).

1849 **2)** La solicitud y la autorización judicial deben justificar la proporcionalidad de la medida en su triple vertiente: idoneidad, adecuación y proporcionalidad en sentido estricto. Luego el **principio de proporcionalidad** requiere la justificación de los siguientes aspectos:
- la idoneidad de la entrada y registro, que conlleva la justificación de que la entrada y el registro constituye una medida útil para la concreta actuación inspectora;
- la adecuación de la medida, que supone que no exista otra medida sustitutiva más moderada; y
- la proporcionalidad en sentido estricto de la medida, lo que requiere la ponderación de los beneficios de tal medida para el fin perseguido frente al sacrificio de un derecho fundamental de la inviolabilidad del domicilio.

3) La autorización de la entrada y registro requiere también que concurra el **principio de subsidiariedad**, que exige una adecuada constatación de que no hay otras medidas menos incisivas o coercitivas que afecten a un derecho fundamental para lograr la misma finalidad. En caso de existir otros posibles medios o medidas alternativas menos gravosas, debe justificarse que han sido o podrían ser infructuosos.
4) No debe confundirse la solicitud de entrada en un domicilio constitucionalmente protegido con la **intervención de las comunicaciones** de los contribuyentes pues, aunque ambas actuaciones requieran autorización judicial, su objeto es diferente. Una solicitud de entrada en un domicilio

constitucionalmente protegido puede incluir la expresa petición de que se permita el examen o acceso a ordenadores, servidores, bases de datos, archivos informáticos o correos electrónicos con trascendencia tributaria, situados en dicho lugar. De esta manera, autorizada dicha entrada -sea por consentimiento del titular del domicilio o por autorización judicial-, las actuaciones de inspección pueden consistir en el examen de documentos, libros, contabilidad principal y auxiliar, ficheros, facturas, justificantes, correspondencia con transcendencia tributaria, bases de datos informatizadas, programas, registros y archivos informáticos, a tenor de la LGT art.142 (TS 25-6-24, EDJ 607349).

Motivación del auto El auto judicial que autorice o deniegue la entrada consiste en un acto de autorización donde se ponderan las circunstancias concurrentes y los **intereses en conflicto**, público y privado, para decidir en definitiva si merece el sacrificio de este, con la limitación consiguiente del derecho fundamental, por lo que debe estar motivado, para poder ponderar los valores e intereses constitucionales en colisión (TCo 50/1995; 126/1995; 136/2000). 1850

La exigencia legal de motivación cumple una doble **finalidad**:

- evitar la arbitrariedad, al tener que dar una adecuada explicación de la decisión; y
- permitir que el interesado conozca las razones de la resolución para que pueda combatirla por motivos de fondo y con plenas garantías.

Precisiones 1) El auto judicial que autorice la entrada de los órganos de la Inspección debe estar motivado, sin que sea suficiente una **motivación genérica**, dado que en otro caso se produce indefensión (TSJ Cataluña 21-6-96 Rec 902/93).

2) Como consecuencia del principio de proporcionalidad, una denuncia anónima cuyos datos no han sido comprobados con **ningún tipo de verificación** previa no puede dar lugar sin más a que se autorice la entrada y registro (TSJ Cataluña 9-6-00, EDJ 37984).

3) En relación con la existencia de una **denuncia anónima**, la solicitud de entrada no se funda en esta denuncia, sino que a partir de esta se inicia una actuación inspectora. Lo mismo sucedía con las compras efectuadas por funcionarios de la AEAT, que tienen como único objetivo conocer cuál era la manera de actuar de las empresas a las que la denuncia se refiere. Ambas tienen como única finalidad promover el inicio de una investigación o una actuación inspectora, pero la solicitud de entrada no se ampara ni en la denuncia, ni en las venas irregulares efectuadas (TSJ Cataluña 12-11-15, EDJ 253803).

4) Las cuestiones sobre las que el juez de lo contencioso debe realizar la **valoración jurídica** para realizar una adecuada ponderación de los intereses en conflicto y adoptar las debidas **cautelas** para limitar el derecho en la medida estrictamente necesaria, son:

- la titularidad del interesado del domicilio para cuya entrada se solicita;
- que se pretenda la ejecución de un acto con apariencia de legalidad;
- que la entrada en el domicilio es necesaria para aquella;
- que se lleve a cabo de tal modo que no se produzcan más limitaciones al derecho que consagra la Const art.18.2 que las estrictamente necesarias para la ejecución del acto; y
- deben precisarse los aspectos temporales de la entrada (TSJ Madrid 11-11-15, EDJ 250626).

5) No es exigible una exhaustividad completa en las resoluciones judiciales respecto de la motivación del auto de autorización de entrada, siendo suficiente para cumplir con el mandato constitucional la **exposición razonada** que, incluso sucintamente, permita al interesado conocer los motivos que han conducido al órgano judicial a adoptar su decisión a fin de poder discutirla, en su caso, a través de los medios legalmente previstos (TSJ Cataluña 18-12-14, EDJ 269777).

6) Ver TS 25-6-24, EDJ 607349 en nº 1640.

Contenido del auto El Tribunal Constitucional ha señalado que la autorización a la Inspección tributaria para entrar en un domicilio particular debe otorgarse con las **garantías suficientes** y control adecuado, haciendo así posible el equilibrio de los intereses general y particular, y que ha de limitarse el período de duración y el tiempo de la entrada, así como el número de personas que puedan acceder al domicilio, aun cuando no se identifiquen individualmente con carácter previo (TCo 50/1995). 1855

Por lo tanto, el auto judicial, además de la motivación de la medida adoptada (nº 1850), debe incluir como contenido mínimo el siguiente:

- **aspecto subjetivo**: la autoridad o funcionario que ha de practicar la entrada, limitando el número máximo de personas que pueden acompañarlos;
- **aspecto espacial**: datos precisos que permitan identificar el domicilio en el que se ha de practicar la entrada y registro, detallar los locales y zonas registrables, y la identidad del sujeto pasivo de la medida;
- **aspecto temporal**: el tiempo y período máximo de duración de la entrada;
- **aspecto formal**: la referencia a la obligación de comunicar al juez el resultado de la entrada y reconocimiento del domicilio.

Precisiones 1) Se declara nulo y sin efecto alguno el auto judicial que autoriza la entrada a un domicilio, en el que no se concreta ni limita el número máximo de personas autorizadas, no se fijan días concretos, dando un **mandamiento indefinido** en el tiempo y delegando en los órganos de la Inspección la adopción de decisiones privativas del juez. La integridad del derecho fundamental a la

inviolabilidad del domicilio no puede quedar a la discrecionalidad unilateral de la Administración por incidir sobre los valores esenciales y transcendentes de un sistema democrático que se configura como Estado de Derecho (TCo 50/1995).
2) La documentación obtenida como consecuencia de la entrada con autorización judicial en el **domicilio personal del administrador de una sociedad** no puede utilizarse para obtener información relativa a la sociedad (TSJ Cataluña 2-2-98, EDJ 6307).
3) El contenido de la resolución judicial lo era para la **vivienda en su integridad**, sin apartados ni dependencias, lo que permite su registro integral, sin que pueda detenerse la práctica del mismo ante la invocación de la infracción del derecho fundamental a la inviolabilidad del domicilio, ya que ello iría contra el principio de celeridad y podría producir la destrucción u ocultación de pruebas. Cuando un mandamiento para registrar una vivienda no establece restricciones, la autorización comprende la totalidad de la misma, sin compartimentos estancos, y tanto desde el punto de vista de la flagrancia delictiva como de la necesidad de realizar el registro con la celeridad que impone la Ley de Enjuiciamiento Criminal, impide que pueda alegarse por los demás ocupantes de la vivienda la restricción de su derecho fundamental (TS penal 15-2-13, EDJ 24078). El auto de entrada y registro abarca a la totalidad del domicilio, salvo que en la resolución se establezcan restricciones, por lo que la injerencia afectaba también a la habitación que ocupaba su hijo (TS 3-2-15, EDJ 8576).
4) Se entendió contraria al **Convenio Europeo de Derechos Humanos** una orden de registro judicial redactada en términos que autorizaban **de forma general e ilimitada** la búsqueda e incautación de los documentos, ordenadores, discos y otros objetos del demandante que tenían carácter privado (TEDH 3-7-12, caso Robathin contra Austria).
5) La autorización judicial de entrada no exige la **firmeza del acto** que se quiere ejecutar mediante la entrada (TCo 144/1987; 199/1998).

1857 **Recursos contra el auto** (LJCA art.80.1.d) Contra el auto resolutorio de la solicitud de autorización de entrada cabe **recurso de apelación** en un solo efecto. Por tanto, la interposición del recurso de apelación por el interesado no suspende la ejecución del auto ni la realización de la entrada en el domicilio. Ahora bien, si se ejecuta la entrada y se estima el recurso de apelación, la Administración no podrá servirse de los datos y pruebas obtenidos en ella.

Precisiones **1)** El derecho fundamental a la inviolabilidad del domicilio es objeto de protección a través del procedimiento basado en los **principios de preferencia y sumariedad** ante los Tribunales ordinarios y, en su caso, a través del recurso de amparo ante el Tribunal Constitucional (Const art.53.2).
2) Los **datos y pruebas** obtenidos con una entrada autorizada por un auto judicial que se anula, se consideran datos obtenidos ilícitamente y no pueden ser utilizados en contra del obligado tributario (LOPJ art.11.2).
3) La entrada, registro e incautación de documentación por la Administración tributaria en un domicilio, fundada en una **autorización judicial** posteriormente declarada **nula**, obliga a la devolución de la documentación, que no puede utilizarse por la Administración tributaria (TS 25-4-03, EDJ 8953).
4) El interesado tiene hasta tres **vías de acceso diferentes al juez**:
- En el inicio del registro se hizo entrega al actor del auto judicial de autorización de la entrada, y en la misma pieza de autorización de entrada el juez que la autoriza posee competencia para resolver cualquier incidencia que pueda surgir en la ejecución de lo autorizado, tanto a consulta de la Administración como a instancia del interesado. El inspeccionado sabe desde el principio qué juez ha autorizado la entrada y puede personarse y realizar los alegatos que entienda oportunos al respecto acerca de la forma en que se esté ejecutando el registro en relación con la forma en que se haya autorizado;
- cualquier exceso respecto del auto puede también utilizarse como alegato en la impugnación que en su momento se haga de la actuación administrativa misma;
- el interesado puede reaccionar contra el auto mediante la oportuna apelación (TSJ Castilla-La Mancha 11-2-14, EDJ 22635).

5) Los supuestos excesos en la ejecución del auto apelado y presuntas **irregularidades** cometidas durante la entrada y registro no forman parte del objeto del recurso contra el auto judicial, ya que ese no es en el momento procesal oportuno para plantear dichas cuestiones. El objeto de la apelación se circunscribe única y exclusivamente a determinar si la resolución impugnada cumple con los **requisitos exigibles para ser conforme a derecho**, para lo cual hay que examinar las circunstancias concurrentes en el momento en que se adoptó la decisión judicial, sin perjuicio de que, en su caso, pudiera plantearse posteriormente a través del cauce pertinente al examinar el acto administrativo definitivo (TS 2-11-16, EDJ 208932; TSJ Cataluña 30-11-17, EDJ 332495).

1858 **6)** A efectos del recurso, resulta irrelevante el resultado final de las actuaciones inspectoras de entrada y registro. El **ámbito** del recurso del interesado ha de ceñirse a la **razonabilidad de los indicios** que sustenten la solicitud de autorización, con abstracción de los resultados de la misma, de forma que la validez y legitimidad de la autorización ha de ser por completo independiente de sus resultados, pudiendo resultar inválida pese a encontrarse evidencias de la comisión de un ilícito y resulta válida pese a no encontrarse nada o incluso evidencias de conductas del todo ajustadas a derecho (TSJ Cataluña 30-9-16, EDJ 273472).

7) La **declaración de nulidad** de la autorización judicial de entrada y registro de domicilio priva de cobertura jurídica a las actuaciones de la Administración e implica el deber de devolver toda la documentación incautada, así como de destruir cualesquiera copias de ella que obren en poder de la Administración (TS 27-9-21, EDJ 707157; 12-5-22, EDJ 567953).
8) La **insuficiente motivación** del auto judicial no puede ser **subsanada** a posteriori, ni la AEAT puede invocar válidamente su indefensión (CE art.24) por no reflejar la resolución judicial el fundamentado contenido del acuerdo administrativo de entrada (TS 27-9-21, EDJ 707157).
9) Las entradas y registros efectuados por la Inspección al amparo de autorizaciones judiciales que devinieron firmes pero que resultan sobrevenidamente contrarias al criterio del TS 1-10-20, EDJ 667838 (ver nº 1846 s.) por haber sido concedidas con anterioridad al inicio del procedimiento, no conllevan la **ilicitud de las pruebas**, al no operar la regla de exclusión a que se refiere la LOPJ art.11.1. La evolución de la interpretación jurisprudencial no afecta a ningún elemento nuclear del juicio de idoneidad, necesidad y proporcionalidad de la autorización de entrada, sino a un requisito de notificación previa al obligado tributario de la iniciación del procedimiento inspector (TS 9-6-23, EDJ 606853; 9-6-23, EDJ 604103; 12-6-23, EDJ 604191; TEAC 26-6-23; 17-7-23).
10) En caso de considerarse ilícita la entrada en el domicilio constitucionalmente protegido del sujeto pasivo por no haberse obtenido consentimiento debidamente informado, se debe anular la entrada y registro domiciliario y, con ello, todos los ajustes que derivan de la información obtenida o recabada por esa actuación; pero, igualmente, deben mantenerse los ajustes que no se derivan de esa información sino que se han practicado en base a la **información normalmente obtenida** por la Inspección (porque el obligado se lo ha aportado en el curso de las actuaciones) (TEAC 24-5-22).
11) No se considera vulnerado el derecho fundamental a la inviolabilidad del domicilio de una persona jurídica por parte de un **trabajador** que obtiene documentación posteriormente aportada a la Administración en una **denuncia tributaria** y que finalmente desencadena en un inicio por personación con autorización en el domicilio de la sociedad. El trabajador podría haber infringido obligaciones inherentes a su relación laboral o protección de secretos, pero no supondrían ninguna vulneración del derecho fundamental a la inviolabilidad del domicilio. Por ello no es necesario desarrollar el juicio de ponderación al que se refiere el TCo 97/2019 en el caso Falciani (TS 29-5-23, EDJ 582553).

Otras formas de oposición a la entrada en domicilio por parte de la Inspección El recurso contra el auto de entrada no es la única posibilidad de reacción del contribuyente frente a la **1861**
actuación de la Inspección. El obligado tributario a cuyo domicilio accede la Inspección tributaria al amparo de una autorización judicial dispone de las siguientes formas de oponerse a esa actuación:
a) El procedimiento urgente y especial de **protección de derechos fundamentales**, por infracción del derecho a la inviolabilidad del domicilio. Se trata de un procedimiento basado en los principios de preferencia y sumariedad ante los tribunales ordinarios, con intervención de la Fiscalía (LJCA art.114 s.).
b) El recurso ordinario de **apelación**, en sede contencioso-administrativa frente al auto judicial.
c) La **impugnación** del acto administrativo de liquidación, en cuyo expediente deben constar todos los antecedentes relevantes anteriormente mencionados, dispone de todos los cauces ordinarios de recurso administrativo, en los que podrá impugnar, entre otros aspectos, la legalidad de la actuación de entrada y registro de su domicilio, y la validez de las pruebas obtenidas como consecuencia del mismo.

Precisiones **1)** El obligado tributario tiene derecho a tener un pleno acceso a toda la **documentación del expediente judicial** que motivó la resolución judicial de autorización de entrada y registro con ocasión del recurso de apelación contra la resolución judicial, en aras a garantizar la tutela judicial efectiva y el derecho a la defensa. Ello incluye la solicitud completa de la Administración en que se pide sea autorizada la entrada (TS 23-9-21, EDJ 705632; 18-7-22, EDJ 641799).
2) El **interrogatorio de los directivos y empleados** de una empresa en las dependencias de la misma, sin preaviso y al hilo de un registro domiciliario judicialmente autorizado, no vulnera la Const art.18, pero sí el art.24 si se lleva a cabo prescindiendo de los trámites normales de las comparecencias. Dicho interrogatorio supuso una vía de hecho que vulneró el derecho fundamental del obligado tributario a un proceso con todas las garantías y sin indefensión, lo que determina la nulidad de pleno derecho de las pruebas obtenidas de dichos trabajadores (TS 2-7-24, EDJ 605569).
3) No hay impedimento procesal alguno de examinar en derecho la licitud o ilicitud de un auto judicial autorizatorio de la entrada domiciliaria con ocasión de la revisión jurisdiccional de los actos que ponen fin al procedimiento de determinación de la deuda o el sancionador que dimana de tal entrada, aunque ese acto judicial no hubiera sido impugnado por aquél a quien perjudicaba. Si del examen se concluye que la autorización de entrada fue incorrecta y se vulneró el derecho a la inviolabilidad del domicilio, ello no determina de forma unívoca y automática la **nulidad de las pruebas** obtenidas en esa entrada y registro, sino que el Tribunal debe valorar si existe o no una conexión natural y jurídica entre el acto de lesión del derecho fundamental a la inviolabilidad del domicilio y la obtención de pruebas y evidencias que afecten a algún elemento nuclear del juicio de idoneidad, necesidad y proporcionalidad de la autorización de entrada (TS 17-9-24, EDJ 688433).

1862 **Documentación del resultado de la entrada** El resultado de la entrada se formaliza en **diligencia**. En concreto, debe dejarse constancia en diligencia de cualquier incidencia que se produzca en el desarrollo de la actuación, sin perjuicio de que los órganos de Inspección puedan adoptar las **medidas cautelares** que estimen necesarias, de acuerdo con el procedimiento señalado en nº 3865 s. Dichas incidencias serán puestas posteriormente en conocimiento del juez que autorizó la entrada.

El Tribunal Constitucional ha exigido que después de realizarse la entrada, el órgano administrativo cuyos funcionarios han verificado el acceso dé cuenta de su resultado al juzgado que otorgó la autorización (TCo 50/1995). En este sentido, una vez verificada la entrada y registro, se debe comunicar al órgano jurisdiccional que la autorizó las **circunstancias, incidencias y resultados** de las mismas (RGGI art.172.4).

Los **datos y justificantes** obtenidos en una entrada en domicilio protegido constitucionalmente que se efectúe **sin consentimiento de entrada** del interesado ni auto judicial de autorización de entrada válido determina que no sean utilizables en la actuación, como tampoco los que se deriven directa o indirectamente de los mismos.

Precisiones En las actuaciones inspectoras de entrada en domicilio, es habitual que la Inspección extienda **varias diligencias**. En concreto, es frecuente efectuar en la misma actuación de entrada las siguientes diligencias de forma separada:

a. Una para comunicar el **inicio de las actuaciones**; informar de los derechos en relación con la inviolabilidad del domicilio; recabar el consentimiento al acceso al domicilio, constatar que la persona con la que se entiende la Inspección puede dar dicho consentimiento y reflejar, en su caso, el otorgamiento del consentimiento, así como reflejar el horario de oficina del obligado tributario.

b. Otra u otras diligencias que vayan reflejando las **actuaciones** realizadas, y los **justificantes** solicitados y aportados.

c. Una última diligencia en la que se refleja, en su caso, la hora de **salida**, y la posible adopción de **medidas cautelares**.

1863 **Hallazgo casual** (LECr art.579 bis) Son los casos en que el órgano judicial, la policía o el órgano administrativo que actúan con autorización judicial, al desarrollar una entrada y registro en el domicilio o en las oficinas de la persona o entidad investigadas, se encuentran con indicios, elementos u objetos que revelan la posible perpetración de **otros delitos o infracciones**, distintos de las que inicialmente se investigan. Ello supone un descubrimiento inesperado o fortuito de unos presuntos hechos delictivos en un registro que cuenta con una autorización judicial que no cubre esas nuevas pruebas que se encuentran de manera imprevista. Son, pues, aquellos hechos delictivos distintos de los inicialmente investigados que se descubren por casualidad en el curso de la investigación.

La jurisprudencia ha considerado que, en principio, el derecho del Estado a la persecución del delito prevalece frente a los intereses del interesado cuando se cumpla los siguientes requisitos de forma y fondo:

1) **Requisitos formales**: que el hallazgo sea comunicado de forma inmediata al juez, el cual decidirá qué diligencia procede adoptar, que normalmente será o la extensión de la diligencia adoptada o el inicio de una nueva diligencia investigadora. Esta alternativa depende fundamentalmente de que el juez estime si existe o no conexión entre las dos posibles infracciones (la que se venía investigando con anterioridad, y la que se deriva del hallazgo casual).

2) **Requisitos sustantivos**: que la diligencia que se adopte en relación al hallazgo casual cumpla los requisitos exigidos con carácter general en la práctica de este tipo de actuaciones:

- excepcionalidad (que no existan otros medios de investigación que sean menos gravosos para los derechos y libertades fundamentales del individuo);
- proporcionalidad (que de la medida restrictiva de derechos resulte idoneidad, adecuación y proporcionalidad en sentido estricto); y
- especialidad (que la medida se otorgue para una investigación específica y determinada, de modo que la autorización se refiera al concreto objeto de investigación y no a otro, para evitar las diligencias prospectivas genéricas e indiscriminadas).

Precisiones 1) La habilitación para la entrada y registro y la práctica del mismo en forma idónea y proporcionada, permite que un hallazgo casual pueda ser utilizado de forma legítima para una **actuación sancionadora distinta**, la cual habrá de ajustarse a las exigencias y requisitos comunes de toda actuación sancionadora y en la que la empresa afectada podrá ejercer su derecho de defensa en relación con las nuevas actividades investigadas (TS 6-4-16, EDJ 35140).

2) En caso de unos documentos obtenidos en la práctica por la Inspección de los tributos de una entrada y registro autorizada judicialmente para **otros contribuyentes y** a efectos de **otros impuestos**, su validez y utilización contra el afectado por el hallazgo casual depende de la regularidad jurídica de su obtención, tanto en lo referente a la autorización como en la observancia en la práctica de las garantías en favor del comprobado. Los funcionarios de la AEAT debieran haber dado cuenta del registro al Juzgado que lo había autorizado, no como una formalidad legal sino como una garantía constitucional, para que dicho Juzgado ponderara la proporcionalidad en la injerencia con la intervención del material afectante a terceros ajenos y por objeto ajeno a la autorización (TS 14-7-21, EDJ 634921; 26-7-22, EDJ 646831; 6-6-23, EDJ 590212).

c. Registro de dispositivos informáticos de almacenamiento masivo de información

Bajo esta categoría se analizan los siguientes supuestos: 1865
- la regulación de la investigación tecnológica en la LECr (nº 1866); y
- la investigación de sistemas informáticos en el ámbito de las entradas de la Inspección tributaria (nº 1867).

Regulación de la investigación tecnológica en la LECr (LECr art.588 sexies.A a 588 sexies.C) 1866
La LECr se modificó para el fortalecimiento de las garantías procesales y la regulación de las medidas de investigación tecnológica en la persecución de los delitos, para **regular expresamente los medios** de investigación tecnológica. Se descarta que los dispositivos de almacenamiento masivo de información puedan ser considerados como simples piezas de convicción, dado que su capacidad para recoger y conservar datos de muy diferente índole permite que el acceso a los mismos pueda llegar a afectar de manera intensa a diversos derechos fundamentales referentes a la intimidad. Esas investigaciones afectan, en mayor o menor medida, al ámbito de los derechos fundamentales a la intimidad, a la propia imagen, al secreto de las comunicaciones y a la protección de datos personales, garantizados por la Const art.18.
Por ello, la LECr dispone que esos actos de injerencia **requieren** la autorización judicial si no existe consentimiento del titular.
El registro de alguno de los actuales dispositivos de almacenamiento, como los ordenadores o smartphones, puede suponer una intromisión en los **derechos fundamentales del individuo** que supere ampliamente la limitación aislada de cada uno de los derechos comprometidos, justificando de esta manera que se lleve a cabo una ponderación y valoración unitaria de los derechos e intereses que pudieran resultar comprometidos.

Precisiones 1) Para la **correcta aplicación por parte del Ministerio Fiscal** de las disposiciones referentes a la investigación tecnológica, el Fiscal General del Estado dictó la Circ Fiscalía 5/2019, sobre registro de dispositivos y equipos informáticos.
2) La jurisprudencia penal señaló que la ponderación judicial de las razones que justifican, en el marco de una investigación penal, el sacrificio de los derechos de los que es titular el usuario del ordenador, ha de hacerse sin perder de vista la **multifuncionalidad de los datos** que se almacenan en aquel dispositivo. Más allá del tratamiento constitucional fragmentado de todos y cada uno de los derechos que convergen en el momento del sacrificio, existe un derecho al propio entorno virtual (TS 17-4-13, EDJ 342/2013).
3) El TCo ha indicado que los datos que se reflejan en un ordenador personal pueden tacharse de irrelevantes o livianos si se consideran aisladamente, pero si se **analizan en su conjunto**, una vez convenientemente entremezclados, no cabe duda que configuran todos ellos un perfil altamente descriptivo de la personalidad de su titular, que es preciso proteger frente a la intromisión de terceros o de los poderes públicos, por cuanto atañen, en definitiva, a la misma peculiaridad o individualidad de la persona (TCo 173/2011).
4) En un supuesto de registro del **ordenador de un abogado** en el que la medida había permitido el acceso a todos los datos y no únicamente a las carpetas referidas a los clientes que eran objeto de investigación, se consideró violada la Carta Europea de Derechos Humanos art.8 (TEDH 3-7-12, caso Robathin contra Austria).

Investigación de sistemas informáticos en el ámbito de las entradas de la Inspección La LECr y la Circular Fiscalía 5/2019 solo regulan la materia en vía penal. En el ámbito tributario esta materia no se encuentra desarrollada pero, hasta cierto punto, los mismos criterios, principios y garantías resultarían aplicables analógicamente en el registro de equipos informáticos por parte de la Inspección. 1867

Precisiones 1) El Tribunal Supremo tiene pendiente determinar, en aquellos supuestos en los que el titular del domicilio constitucionalmente protegido preste su consentimiento a la entrada en el mismo de la Administración tributaria; o en aquellos casos amparados por autorización judicial al efecto, pero en que no se haya consentido o autorizado, según los casos, el acceso a un dispositivo informático; o la autorización judicial no prevé el acceso al ordenador, si la Const art.18.2 y 3 exige una **autorización judicial específica** para el registro de los equipos informáticos o para la adopción de medidas cautelares como el precinto o incautación, ante la eventual afectación de otros derechos fundamentales distintos del de la inviolabilidad del domicilio (TS auto 26-10-23, EDJ 727706).
2) Ver asimismo las sentencias TS 14-6-23, EDJ 597168 en nº 1640; TS 29-9-23, EDJ 701140 en nº 1640; y TS 25-6-24, EDJ 607349 en nº 1640 y nº 1849.

d. Acceso al contenido de las cajas de seguridad

(LJCA art.8.6; LOPJ art.91.2)

1868 Los Juzgados de lo contencioso-administrativo conocerán de las autorizaciones para la entrada en domicilios y restantes lugares cuyo acceso requiera el consentimiento de su titular, siempre que ello proceda para la **ejecución forzosa de actos de la Administración**.

Las cajas de seguridad no son domicilio constitucionalmente protegido, pero son lugares de acceso restringido y que se encuentran **afectados por los derechos** a la intimidad o privacidad, y para cuyo acceso se requiere el consentimiento del titular o, en su ausencia, autorización judicial. Por ello, la **solicitud y autorización** para el acceso al contenido de las cajas de seguridad alquiladas en entidades financieras se tramitan de forma similar a la autorización para la entrada en domicilio.

Con **carácter previo** a la solicitud de autorización judicial de acceso al contenido de la caja de seguridad, los órganos de Inspección pueden proceder al precinto de la caja de forma motivada si existe riesgo de que desaparezcan pruebas mientras se tramita la solicitud de autorización judicial de acceso al contenido de la caja (LGT art.146).

1869 Precisiones 1) Usualmente, la contratación de las cajas de seguridad, además de la pura finalidad de protección, viene determinada por el deseo o interés de su titular de obviar su conocimiento por terceros, esto es, de preservar aspectos de la intimidad. El **contenido** de una caja de seguridad representa un ámbito propio y reservado frente a la acción y conocimiento de los demás (TCo 173/2011).

2) Las cajas de seguridad, aunque requieren autorización judicial para el acceso a su contenido en caso de falta de consentimiento del titular, no constituyen **domicilio constitucionalmente protegido**, dado que no son lugares aptos para el desarrollo en ellas de la vida privada (TSJ País Vasco 12-7-13, EDJ 308982; TSJ Aragón 3-6-15, EDJ 157577; TSJ Cataluña 16-5-18, EDJ 553345; TSJ C.Valenciana 10-3-21, EDJ 592239).

3) En algún caso se ha considerado que el mero **precinto** de una caja de seguridad afecta al derecho constitucional a la intimidad, en cuanto el precinto sustrae al titular de su derecho o facultad de libre disposición de tales objetos o elementos protegidos por el derecho a la intimidad (TSJ C.Valenciana 22-7-20, EDJ 824250).

4) La medida cautelar consistente en el precinto de una caja de seguridad de dos personas físicas situada en una entidad bancaria, como medida de seguridad, tiene por cobertura la LGT art.146.1 en relación con el RGGI art.181.2. La caja de seguridad alquilada por el inspeccionado en una entidad bancaria no tiene la consideración de domicilio constitucionalmente protegido a efectos de la Const art.18.2. El precinto de la caja de seguridad puede **afectar a la intimidad** personal y familiar del inspeccionado, razón por la que la Administración tributaria deberá razonar y justificar la proporcionalidad, idoneidad y necesidad de esa medida de seguridad que, como tal, será temporal y modificable (TS 4-4-24, EDJ 532607).

5) En caso de la apertura de las cajas de seguridad **situadas en las entidades bancarias**, no se requiere para entrar en la entidad bancaria autorización judicial, sino solo acuerdo de entrada del Delegado correspondiente, dado que no se va a examinar ninguna documentación de la entidad bancaria.

6) Las **personas jurídicas privadas** no son directamente titulares del derecho a la intimidad. Desde la perspectiva del derecho fundamental a la intimidad no resulta necesario obtener autorización judicial o consentimiento del titular para proceder al precinto de una caja de seguridad ubicada en una entidad bancaria por parte de la AEAT en un procedimiento de inspección de tributos (TS 21-3-24, EDJ 528887).

D. Requerimientos de colaboración y comparecencia del obligado tributario

(LGT art.142.3; RGGI art.173)

1870

1875 La Inspección de los Tributos tiene la facultad de exigir la colaboración y la atención del obligado tributario objeto de las actuaciones inspectoras. Junto a esta facultad existe el correspondiente **deber del obligado tributario** de facilitar la práctica de inspecciones y comprobaciones administrativas (LGT art.29.2.g), y, en concreto, de atender a los órganos de la Inspección y prestarles la debida colaboración en el desarrollo de sus funciones (RGGI art.173.1). Se puede distinguir la obligación genérica de colaborar con los órganos de la Inspección y la específica de comparecer ante la Inspección.

Obligación de colaborar con la Inspección (LGT art.29.2.g y 142.3) En relación a la colaboración de los ciudadanos, la normativa administrativa general señala que solo están obligados a facilitar a la Administración informes, inspecciones y otros actos de investigación en los casos previstos por la Ley. Por ello, la LGT regula expresamente la colaboración de los obligados tributarios, estableciendo el deber de estos de atender y prestar la debida colaboración a los órganos de la Inspección, de facilitar la práctica de las actuaciones y de **aportar la información y documentación** con trascendencia tributaria que se les solicite. 1880

Esta colaboración supone, entre otras, aportar la documentación requerida, efectuar aclaraciones sobre las anotaciones contables, traducir a lenguaje legible los documentos y archivos encriptados, asistir sobre el sistema informático utilizado por la empresa, etc.

Entre estos deberes de colaboración también se encuentra el de proporcionar el lugar y los **medios auxiliares** necesarios para el ejercicio de las funciones inspectoras cuando se produzca la personación de la Inspección, previa comunicación o sin ella, en los locales u oficinas del obligado tributario (RGGI art.180.2).

Están obligados a atender a la Inspección todos los **obligados tributarios**: los sujetos pasivos de los tributos, los retenedores, los sucesores de la deuda tributaria, etc. (LGT art.35).

Precisiones **1)** Tratándose de un **grupo de sociedades** que tribute en régimen de consolidación fiscal del IS o en el régimen especial del grupo de entidades del IVA, deben atender a los órganos de la Inspección tanto la sociedad representante del grupo como las entidades dependientes (RGGI art.173.1). 1885

2) Si el personal inspector se persona **sin previa comunicación**, debe atenderle el obligado o su representante si están presentes y, de no estarlo, debe colaborar el encargado o responsable del lugar, ello sin perjuicio de que la Inspección pueda requerir la continuación de las actuaciones en otro momento y pueda adoptar medidas cautelares (RGGI art.173.2).

Obligación de comparecer a requerimiento de la Inspección (LGT art.142.3 y 151; RGGI art.173) De acuerdo con la normativa administrativa general, la comparecencia de los administrados en las oficinas públicas solo es obligatoria si está prevista en una norma con rango de ley, en cuyo caso deberá hacerse constar expresamente en la **citación** el lugar, fecha, hora, los medios disponibles y objeto de la comparecencia, así como los efectos de no atenderla (LPAC art.19). Por ello, la normativa tributaria habilita expresamente a la Inspección para solicitar la comparecencia del obligado tributario. 1890

Con carácter general, el obligado tributario puede optar entre comparecer personalmente o por medio de representante debidamente autorizado pero, excepcionalmente, la Inspección puede requerir la comparecencia personal del propio obligado tributario cuando la naturaleza de las actuaciones así lo exija.

a) Regla general: comparecencia por el **obligado tributario o su representante**. El obligado tributario o su representante deben hallarse presentes en las actuaciones inspectoras cuando a juicio del órgano de Inspección sea preciso para la adecuada práctica de las actuaciones (RGGI art.173.3) y cuando se trate de examinar los libros y documentos (LGT art.151.3), pudiendo este consentir que dicho examen se realice sin su presencia y en las oficinas públicas. Fuera de tales supuestos, el obligado o su representante pueden acudir a las restantes actuaciones siempre que lo deseen. 1891

Cuando sea requerido por los órganos de la Inspección, el obligado tributario ha de comparecer, por sí o por medio de representante, en el **lugar, día y hora** señalados para la práctica de las actuaciones, y debe aportar o tener a disposición de la Inspección la documentación y los demás elementos que le hayan sido solicitados. Excepcionalmente, y de forma motivada, los órganos de la Inspección pueden solicitar la comparecencia personal del obligado tributario, cuando la naturaleza de las actuaciones así lo exija (nº 1190).

Los órganos de la Inspección pueden requerir la comparecencia del obligado tributario en las oficinas de la Inspección o en cualquiera de los lugares en que pueden realizarse las actuaciones inspectoras (LGT art.151; RGGI art.174 y 180.2).

Si las actuaciones inspectoras se han realizado en presencia del obligado tributario, no es necesario establecer ningún **plazo** mínimo para la siguiente comparecencia, por lo que los órganos de la Inspección pueden fijar como día de **reanudación** de las actuaciones el inmediato día hábil siguiente. Pero los requerimientos de comparecencia en las oficinas públicas no realizados en presencia del obligado tributario deben habilitar un plazo mínimo de 10 días, contados desde el siguiente al de la notificación del requerimiento (RGGI art.180.3).

b) Supuesto excepcional: **comparecencia personal del obligado tributario**. Debe contemplarse con un criterio claramente restrictivo, pues la Ley lo contempla como un supuesto excepcional, que solo procede cuando lo exija la naturaleza de las actuaciones a realizar. Así, por ejemplo, cuando se están investigando pruebas que requirieren el testimonio personal del obligado, como el reconocimiento de una firma, o la investigación de facturas presuntamente falsas o sobre la presunta intervención de alguien como persona interpuesta.

1895 Precisiones **1)** Si la Inspección se persona **sin previo requerimiento**, debe atenderle el obligado tributario de estar presente y, en su defecto, el encargado o responsable de la finca o local.
2) La incomparecencia sin causa justificada en el lugar y tiempo señalado constituye **infracción tributaria** por resistencia, obstrucción, excusa o negativa a las actuaciones de la Administración tributaria (LGT art.203.1.c).
3) Si el obligado tributario es una **persona con discapacidad o con movilidad reducida**, la inspección se debe desarrollar en el lugar que resulte más apropiado a la misma (LGT art.151.6).
4) Si se comparece **por representación**, el compareciente ha de disponer de facultades suficientes. Si el compareciente no acredita la representación o no tiene facultades suficientes para intervenir en las actuaciones, los órganos de la Inspección han de considerar al obligado tributario como no personado, sin perjuicio de que pueda acompañarse el **poder** o subsanar el defecto en el plazo de 10 días. Los órganos de la Inspección pueden exigir la **acreditación** de la identidad, carácter y facultades de la persona con quien se realizan las actuaciones (RGGI art.112.1).
5) El obligado tributario puede intervenir en las actuaciones inspectoras asistido por quien considere oportuno en cada momento, de lo que se dejará constancia en el **expediente**, junto con la **identidad del asistente** (RGGI art.112.7). En este caso, la persona que acompaña al obligado tributario no es para representarle, sino para asistirle (contable, informático, asesor, etc.).
6) El representante también puede acudir acompañado de persona que le asista por sus conocimientos en determinada materia (contable, informático, etc.). Ahora bien, debe asegurar que los datos confidenciales que se ponen en conocimiento de esta persona lo son con consentimiento del obligado tributario, para no incumplirse el **deber de sigilo** que corresponde a los órganos de la Inspección. Por ello, si el representante aparece acompañado ha de acreditarse la conformidad del obligado tributario para que conozca las actuaciones en que intervenga (RGGI art.112.7).
7) La firma de **actas de conformidad** tiene naturaleza de renuncia de los derechos que estas implican, ya que en ningún caso el obligado tributario podrá impugnar los hechos y los elementos determinantes de las bases tributarias respecto de las que dio su conformidad, salvo que pruebe haber incurrido en error de hecho. La representación para la suscripción de estas actas debe acreditarse por cualquier medio válido en Derecho que deje constancia fidedigna o mediante comparecencia personal del interesado ante el órgano administrativo competente (TEAC 15-6-06).
8) La facultad excepcional de la Inspección de los tributos de requerir la **comparecencia personal** del obligado tributario, **persona jurídica**, se refiere a quien ostente su representación orgánica, pudiendo dar lugar su incomparecencia sin causa justificada, en el lugar y tiempo que se hubiera señalado, a la infracción por resistencia, obstrucción, excusa o negativa a las actuaciones de la Administración tributaria (TS 8-4-24, EDJ 533410).
9) En relación al **interrogatorio de los directivos y empleados** de una empresa en las dependencias de la misma, sin preaviso y al hilo de un registro domiciliario judicialmente autorizado, ver TS 2-7-24, EDJ 605569 en nº 1861.
10) Para obligados tributarios afectados por la **DANA**, ver nº 3337 s.

E. Solicitud de protección y auxilio de las autoridades públicas

(LGT art.142.4 y 203; RGGI art.60.1)

1910

1915 Los funcionarios de la Inspección tienen la consideración de **agentes de la autoridad** en el ejercicio de sus funciones, a los efectos de las responsabilidades administrativas y penales de quienes ofrezcan resistencia o cometan atentado o desacato contra ellos durante actos de servicio o con motivo del mismo. Estos funcionarios están obligados a **acreditar** su condición si son requeridos para ello fuera de las oficinas públicas.
La normativa tributaria solo establece la condición de agente de autoridad para los funcionarios que desempeñen funciones de inspección (LGT art.142.4), los de recaudación (LGT art.142 redacc L 11/2021; RGR art.10.1) y los funcionarios que realicen actuaciones de comprobación limitada fuera de las oficinas de la Administración tributaria (LGT art.136.4 redacc L 13/2023).
La consideración como agente de la autoridad conlleva dos importantes **efectos**:
- el derecho a obtener el auxilio y protección de las autoridades y funcionarios públicos; y
- la agravación de la responsabilidad, incluso penal, en que incurren quienes atenten contra ellos, les amenacen u obstruyan gravemente su actuación.

Derecho a la protección y auxilio de las autoridades públicas (LGT art.142.4; RGGI art.60.1) Las autoridades y las personas y entidades que ejerzan funciones públicas no solo están obligadas a suministrar al personal de la Inspección los datos, informes y antecedentes con trascendencia tributaria que esta les requiera, sino que, asimismo, deben prestarle el **apoyo, concurso**, auxilio y protección que les sea necesario para el ejercicio de sus funciones. Por lo tanto, el personal inspector puede recabar el auxilio y colaboración que considere precisos de las autoridades competentes y de sus agentes, que habitualmente se tratará de los diversos **cuerpos policiales** (Policía Nacional, Guardia Civil, Policía Autonómica y Policía Local). 1920

En caso de **inobservancia de esta obligación**, el Director del Departamento o los Delegados de la AEAT deben dar traslado de lo actuado a los órganos con funciones de asesoramiento jurídico para que ejerciten, en su caso, las acciones que procedan.

Tarjeta identificativa (RGGI art.60.2) Para acreditar su condición de agente de la autoridad y poder solicitar el auxilio y protección correspondiente, el personal inspector debe disponer de un carné que le permita identificarse como tal. Por ello, cada Administración tributaria debe proveer al personal a su servicio del correspondiente documento acreditativo de su condición. Cuando el personal inspector actúe **fuera de las oficinas públicas** debe acreditar su identidad cuando sea requerido para ello. 1925

Precisiones 1) Los obligados tributarios tienen el derecho a conocer la **identidad de las autoridades y funcionarios** responsables de la tramitación de las actuaciones y procedimientos tributarios en los que tengan la condición de interesados (LGT art.34.1.f). 1930

2) En el caso de la AEAT, la Resol Dpto Aduanas e IIEE 14-3-94 aprobó el modelo de sello de identidad para el personal inspector en el ámbito de ese Departamento, y la Resol DG AEAT de 12-12-07 aprobó el **modelo de tarjeta** para la identificación del personal que tiene atribuidas funciones inspectoras.

Agravación de la responsabilidad de quienes atenten contra ellos (LGT art.203; RGGI art.60.1) Se trata de los efectos respecto de la responsabilidad administrativa y penal de quienes ofrezcan **resistencia** o cometan **atentado o desobediencia** contra ellos, de hecho o de palabra, durante actos de servicio o con ocasión del mismo. 1935

Los efectos en el orden de la **responsabilidad administrativa** es que la resistencia, obstrucción, excusa o negativa a las actuaciones de la Inspección constituyen infracción tributaria (nº 6977 s.).

El RGGI se refiere asimismo a los posibles efectos de **responsabilidad penal** de quienes ofrezcan resistencia o cometan atentado o desacato contra ellos, de hecho o de palabra, durante actos de servicio o con motivo del mismo. Las responsabilidades penales por estos motivos pueden ser las siguientes:

- delito de atentado contra la autoridad, sus agentes y los funcionarios públicos (nº 1940);
- delito de resistencia o desobediencia grave a la autoridad o sus agentes (nº 1945).

Delito de atentado contra la autoridad, sus agentes y los funcionarios públicos (CP art.550 y 551) 1940
Son reos de atentado los que agredieren o, con intimidación grave o violencia, opusieren resistencia grave a la autoridad, a sus agentes o funcionarios públicos, o los acometieren, cuando se hallen en el ejercicio de las funciones de sus cargos o con ocasión de ellas.

Estas conductas serán castigadas con las **penas de prisión** de 1 a 4 años y **multa** de 3 a 6 meses si el atentado fuera contra autoridad, y de prisión de 6 meses a 3 años si el atentado fuera contra los agentes de la autoridad o funcionarios públicos.

Se impondrán las **penas superiores en grado** en determinados casos de especial gravedad (cuando el atentado se comete haciendo uso de armas u otros objetos peligrosos, cuando el acto de violencia ejecutado resulte potencialmente peligroso para la vida de las personas o pueda causar lesiones graves, etc.).

La **conducta** ha de ser dolosa, siendo necesario que concurra un dolo específico de ofender, denigrar o desconocer el principio de autoridad o de la dignidad de la función pública.

Delito de resistencia o desobediencia grave a la autoridad o sus agentes (CP art.556) Serán castigados con la pena de prisión de 3 meses a 1 año o multa de 6 a 18 meses los que resistieren o desobedecieren gravemente a la autoridad o sus agentes en el ejercicio de sus funciones, sin estar comprendidos en el CP art.550 (nº 1940). 1945

La **resistencia** supone una conducta pasiva frente a la oposición activa que implica el atentado, y la **desobediencia grave** supone la existencia de una orden expresa, terminante y clara emanada de la autoridad en el ejercicio de sus funciones y que haya sido puesta en conocimiento del destinatario de la misma mediante un requerimiento formal y directo. Estas conductas solo pueden ser dolosas, ya que requieren el conocimiento del mandato emitido por los agentes de la autoridad y la voluntad de incumplirlo o desobedecerlo.

Precisiones La **consideración de agentes de autoridad** de los funcionarios de la Inspección contenida en el RGGI no vulnera ningún principio penal ni el de legalidad que consagra la Const art.9º.3, al configurarse las normas penales en este punto como una norma en blanco que relega a otros ámbitos jurídicos su perfeccionamiento o concreción. Tal consideración lo es a los efectos de la responsabilidad administrativa y penal de quienes ofrezcan resistencia o cometan atentado o desacato contra ellos, de hecho o de palabra, **en actos de servicio** o con motivo del mismo; es decir, solamente en tales casos tienen la consideración de agentes de la autoridad, y no en los restantes supuestos que contempla el Código Penal (TS 22-1-93, EDJ 382).

F. Otras facultades de la Inspección

1950 El RGGI contempla otra serie de facultades, que se recogen en diversos preceptos.
a) **Dirección de las actuaciones inspectoras** (RGGI art.180.2): la dirección de las actuaciones y procedimientos administrativos corresponde a los órganos competentes de la Administración actuante.
Esta facultad de dirección de las actuaciones se recoge de forma general para el procedimiento de inspección en el RGGI art.180.2, pero se manifiesta de forma más concreta en otras numerosas normas, que recogen **facultades específicas** relacionadas con la dirección de las actuaciones, como las siguientes:
- seleccionar a los obligados tributarios que van a ser objeto de comprobación, dentro de las directrices del Plan de control tributario (RGGI art.170), así como fijar la extensión y alcance de las actuaciones de comprobación e investigación (RGGI art.178).
- decidir el momento de inicio de las actuaciones (RGGI art.177);
- decidir la personación en los locales del interesado, con o sin comunicación previa (RGGI art.177);
- fijación del lugar de desarrollo de las actuaciones (LGT art.151; RGGI art.174);
- fijar el momento de las actuaciones (LGT art.152; RGGI art.182);
- decidir la adopción de medidas cautelares (LGT art.146; RGGI art.181);
- exigir la comparecencia del obligado tributario o su representante;
- determinar el momento de finalización de las actuaciones.

1951 b) **Obtención de información** (LGT art.141): regulada como una función de la Inspección, cabe igualmente contemplarla como una facultad de los órganos de la Administración tributaria. En particular, los órganos de la Inspección están facultados para requerir información con trascendencia tributaria (ver nº 5010 s.).
c) **Adopción de medidas cautelares** (LGT art.146; RGGI art.181): la Inspección de los tributos está facultada para adoptar medidas cautelares en el curso de los procedimientos de inspección. Tales medidas han de tener por objeto el impedir que desaparezcan, se destruyan o se alteren las **pruebas** determinantes de la existencia o cumplimiento de obligaciones tributarias, o que se niegue posteriormente su existencia o exhibición (ver nº 3865 s.).
d) **Solicitud de información a los trabajadores** (RGGI art.173.5.a): es la facultad para recabar información a los trabajadores o empleados sobre cuestiones relativas a las actividades laborales en que participen.
Esta facultad no obliga a los empleados a denunciar a la Inspección las posibles irregularidades de la empresa de las que tengan conocimiento.
Respecto al interrogatorio de los directivos y empleados de una empresa en las dependencias de la misma, sin preaviso y al hilo de un registro domiciliario judicialmente autorizado, ver TS 2-7-24, EDJ 605569 en nº 1861.
e) **Obtención de muestras y fotografías** (RGGI art.173.5.b): es la facultad para realizar mediciones o tomar muestras, así como obtener fotografías, croquis o planos.
La facultad de toma de muestras se da especialmente en el ámbito de Aduanas y de los Impuestos Especiales de Fabricación, aunque no es privativa de ellos. Estas muestras y planos deben realizarse por el personal inspector, no siendo válido el encomendarlo a otras personas (TS 22-1-93, EDJ 382).

1952 f) **Solicitud de dictámenes** (RGGI art.173.5.c): es la facultad para recabar el dictamen de **peritos**. Los funcionarios de la Inspección pueden efectuar los oportunos dictámenes si cuentan con la titulación adecuada.
Los dictámenes periciales se refieren especialmente a las actuaciones de valoración, pero pueden darse en otro tipo de actuaciones (por ejemplo, un peritaje caligráfico, traducciones de lenguas extranjeras, etc.).
Cuando el perito no pertenece a la Inspección, se ha planteado si se incumple el **deber de sigilo** al comunicarle los datos necesarios para la elaboración del informe. Pero el RGGI aclara que cuando sea necesario para la emisión de informes y peritajes solicitados a otros órganos,

personas o entidades, pueden utilizarse los datos obtenidos en el curso de las actuaciones (RGGI art.60.5).
g) **Exhibición de objetos** (RGGI art.173.5.d): es la facultad para exigir la exhibición de objetos determinantes de la exacción de un tributo. Esta facultad está directamente relacionada con la facultad de inspección de bienes, elementos y explotaciones (LGT art.142.1).
h) **Verificación de sistemas de control** (RGGI art.173.5.e y f): es la facultad para verificar los sistemas de control interno de la empresa, cuando pueda facilitar la comprobación tributaria del obligado, y para verificar y analizar los **sistemas y equipos informáticos** mediante los que se lleve a cabo, total o parcialmente, la gestión de la actividad económica.

G. Derecho a comprobar e investigar

(LGT art.66 bis, 70.3 y 115; LIS art.26.5, 31.7, 32.8, 39.6, 120.2 y disp.adic.10ª)

La Administración tributaria está facultada para efectuar las comprobaciones e investigaciones cuya competencia tiene atribuidas, en relación con los **ejercicios no prescritos** objeto de comprobación. Ha de examinarse si, asimismo, puede efectuar comprobaciones e investigaciones respecto de hechos y pruebas que proceden de **ejercicios prescritos**, pero que tienen efectos en periodos no prescritos. 1955
En relación con el derecho de la Administración tributaria a comprobar e investigar actos, negocios u operaciones realizadas en periodos prescritos, se pueden distinguir dos situaciones:
- caso general, en el que el objeto de la comprobación es la **obtención de pruebas**;
- caso especial, en el que se persigue la comprobación y, en su caso, regularización de **cantidades a compensar o deducir** en la base o en la cuota que proceden de ejercicios prescritos (nº 1958 s.).

Caso general de obtención de pruebas El caso general es el relativo al derecho de la Administración a comprobar o investigar operaciones realizadas en un ejercicio prescrito a los meros efectos de obtener pruebas que pueden tener incidencia en un ejercicio no prescrito. Tal es el supuesto, por ejemplo, del cálculo de la **ganancia patrimonial** por la venta de un inmueble, en el que se debe tener en cuenta el valor de enajenación y el de adquisición, siendo frecuente que este último se haya producido en un ejercicio prescrito, sin que ello impida que la Administración pueda solicitarlo. Asimismo, para comprobar si es correcta una **dotación para la amortización** de una maquinaria, es preciso comprobar el valor de adquisición, que habitualmente corresponde a una compra efectuada en un ejercicio prescrito, sin que ello impida que pueda solicitarse el correspondiente contrato. Otro ejemplo sería un **contrato de préstamo** formalizado en un ejercicio prescrito, que puede ser exigido por la Administración a efectos de comprobar los pagos de intereses en los ejercicios no prescritos objeto de comprobación. En todos estos casos, el efecto de la comprobación o investigación de la operación procedente de un ejercicio prescrito tiene meramente una finalidad de obtención de pruebas para comprobar la tributación de los ejercicios no prescritos objeto de comprobación. 1956
Con carácter general, el derecho de la Administración tributaria a comprobar e investigar se regula en la LGT, que dispone que la prescripción de los derechos a liquidar, recaudar y devolver no afecta al derecho de la Administración para realizar comprobaciones e investigaciones (LGT art.66 bis.1). Por lo tanto, el **derecho a comprobar e investigar** no prescribe. La prescripción recae únicamente sobre el derecho a liquidar, no sobre la facultad de investigar y comprobar los hechos con transcendencia tributaria que pueden proyectar sus efectos económicos hacia el futuro. La comprobación no es un derecho o una acción sujeta a prescripción, ya que por sí misma no origina derecho ni acción. La veracidad de los hechos no se ve alterada por el transcurso de tiempo. Así, los **ejercicios prescritos** lo son en cuanto a la posibilidad de que de ellos dimanen obligaciones, pero su comprobación es siempre posible a efectos de su transcendencia en otros ámbitos, por cuanto se trata de derechos o acciones diferentes.
La LGT prevé que la Administración tributaria puede comprobar e investigar los hechos, actos, elementos, actividades, explotaciones, negocios, valores y demás circunstancias determinantes de la obligación tributaria con **origen en ejercicios prescritos**, siempre que tal comprobación o investigación resulte precisa en relación con la de alguno de los derechos que no hubiesen prescrito, o hubieran de surtir efectos fiscales en ejercicios o periodos en los que no hubiera prescrito el derecho de la Administración a liquidar (LGT art.115.1).
En el **ámbito del IS**, la Administración tributaria puede regularizar los importes correspondientes a aquellas partidas que se integren en la base imponible en los períodos impositivos objeto de comprobación, aun cuando los mismos deriven de operaciones realizadas en períodos impositivos prescritos (LIS art.120.2).

Este derecho de la Administración a solicitar pruebas debe ponerse en relación con la correlativa obligación del contribuyente de **conservación de la documentación** justificativa. A este respecto, la obligación de justificar la procedencia de los datos que tengan su origen en operaciones realizadas en períodos impositivos prescritos se debe mantener durante el plazo de prescripción del derecho para determinar las deudas tributarias afectadas por la operación correspondiente (LGT art.70.3); luego, si un dato tiene relevancia para la liquidación de una deuda tributaria no prescrita, la Administración tributaria puede solicitarlo y el obligado tributario tiene la obligación de facilitarlo aunque provenga de ejercicios prescritos.

1957 Precisiones **1)** Es posible comprobar **operaciones realizadas en ejercicios prescritos** que pueden proyectar sus efectos en ejercicios posteriores no prescritos. La comprobación e investigación de la situación tributaria, aunque necesaria para liquidar la deuda tributaria, no está sometida a plazo de prescripción o caducidad alguno y ello porque se trata de un poder de la Administración distinto del de liquidar, que siempre ha estado regulado en un precepto propio respecto del cual la legislación nunca ha establecido expresamente que su ejercicio esté sometido a plazo (TS 5-2-15, EDJ 28191; 26-2-15, EDJ 28199; 23-3-15, EDJ 36511; 16-3-16, EDJ 23272).

2) Tras la modificación introducida en la LGT art.115 por L 34/2015, la Inspección puede calificar como simulado un **negocio jurídico celebrado en un ejercicio prescrito** durante la vigencia de la **LGT de 1963**, pero cuyos efectos se proyectan en ejercicios no prescritos (TS 11-3-24, EDJ 521991). En dicha sentencia, el Tribunal Supremo distingue tres periodos distintos en función de la legislación aplicable en cada momento:

- un primer periodo, en relación con elementos, bases o negocios celebrados o producidos bajo la LGT de 1963, donde es inviable un examen retrospectivo. La Administración no puede comprobar los actos, operaciones y circunstancias que tuvieron lugar en ejercicios tributarios prescritos, anteriores a la entrada en vigor de la actual LGT, con la finalidad de extender sus efectos a ejercicios no prescritos;
- un segundo periodo, respecto de la posibilidad de comprobar negocios realizados en ejercicios prescritos estando ya en vigor la actual LGT. La Administración puede comprobar operaciones o negocios de ejercicios prescritos estando ya en vigor la actual LGT;
- tercer periodo, tras la reforma de la LGT de 2015. La Administración puede comprobar ejercicios prescritos cualquiera que sea el momento en que se realizaron.

La fecha en que tuvo lugar el negocio comprobado como fecha de referencia para determinar el régimen jurídico aplicable a la potestad de comprobación de la Administración sobre ejercicios prescritos, era determinante para la primera y segunda etapa anteriormente referidas, pero no para la etapa en que ya está en vigor la reforma de la L 34/2015, cuyo régimen jurídico resulta diferente y de obligado cumplimiento.

Ejemplo Una sociedad adquiere un activo en el año X1 y lo vende en el año X8, ¿hasta cuándo debe guardar el contrato de adquisición del bien?
La sociedad deberá conservar la documentación de la adquisición hasta que prescriba el derecho de la Administración a comprobar el ejercicio X8. Si la fecha de finalización del plazo de presentación de la declaración del año X8 fuera el 25-7-X9, el obligado tributario debería conservar la documentación hasta el 25-7-X13.

1958 **Caso especial de comprobación de compensación o deducción de bases o cuotas procedentes de ejercicios prescritos** Este caso especial ha planteado abundante polémica y **conflictividad**. A diferencia del supuesto general (nº 1956), no se refiere a la solicitud de datos de operaciones, actos o negocios de ejercicios prescritos, sino a bases, cuotas o deducciones declaradas en un ejercicio prescrito. Se plantea, pues, si la regularización de la cantidad aplicada a compensar o deducir en un ejercicio no prescrito está suponiendo de alguna forma modificar la cuantía determinada a compensar o deducir de un ejercicio prescrito y, por lo tanto, inmodificable.

Por una parte, se ha argumentado que la base, cuota o deducción declarada debió ser comprobada por la Administración en el correspondiente periodo de prescripción desde su declaración, y que habría adquirido firmeza en caso de no hacerlo. Pero, por otra parte, se ha argumentado que la Administración no modifica la cantidad declarada correspondiente al ejercicio prescrito, sino la aplicación de la cantidad correspondiente en el ejercicio no prescrito objeto de comprobación.

La problemática se deriva en buena medida de la gran **divergencia de plazo** que existe actualmente entre el derecho a liquidar y el derecho a compensar.

En relación con el **IS**, se establece con carácter general la posibilidad de la Administración tributaria de comprobar y regularizar operaciones realizadas en períodos prescritos que producen efectos en períodos no prescritos (LIS art.120.2); pero se regula una especialidad en los casos de bases imponibles negativas y de deducciones cuando proceden de ejercicios prescritos. El preámbulo de la LIS justifica esta especialidad señalando que la extensión del plazo de

compensación o deducción de determinados créditos fiscales más allá del plazo de prescripción se acompaña de la limitación del plazo de que dispone la Administración para comprobar la procedencia de la compensación o deducción, que queda reducido a 10 años.
Se ha tratado de **resolver la controversia** existente, en relación con el IS, estableciendo con carácter general que no prescribe la facultad de comprobación e investigación (LIS art.120), pero limitando a diez años esta facultad en el caso específico de la comprobación de bases procedentes de periodos impositivos prescritos (LIS art.26.5). El mismo esquema de **limitación temporal** se traslada a las deducciones para evitar la doble imposición internacional (LIS art.31.7), para evitar la doble imposición económica internacional (LIS art.32.8) y para incentivar la realización de determinadas actividades (LIS art.39.6).
Con posterioridad, se ha regulado esta materia con carácter general en la LGT, con la misma filosofía que en la previa modificación del IS, por lo que ahora esa regulación resulta **aplicable a todos los tributos** y no solo al IS (LGT art.66 bis y 115.1), diferenciando explícitamente entre el derecho a comprobar e investigar y el derecho a liquidar. Con carácter general, la prescripción del derecho a liquidar no afecta al derecho de la Administración a comprobar e investigar, pero se establece una especialidad para la comprobación de las bases o cuotas compensadas o pendientes de compensación o de deducciones aplicadas o pendientes de aplicación, que determina en estos casos una limitación temporal de 10 años. Por lo tanto, la facultad de la Administración tributaria para **comprobar e investigar** las bases imponibles negativas (BIN) y determinadas deducciones declaradas por el obligado tributario se sujeta a un **plazo de prescripción** de 10 años a contar desde el día siguiente a la finalización del plazo establecido para la presentación de la correspondiente autoliquidación.

En la vigente normativa sobre la comprobación de las bases imponibles negativas (BIN) y **1959**
deducciones procedentes de ejercicios prescritos se distingue dos momentos temporales distintos:
1º. Una vez **superado el plazo de 10 años** desde que se acreditó la BIN o deducción por primera vez (LGT art.66 bis.3). La Administración tributaria **no tiene facultades para comprobar e investigar** las BIN y deducciones de ejercicios prescritos, pero la norma establece que el **obligado tributario deberá acreditar** las BIN y deducciones cuya compensación o deducción se aplique, mediante la exhibición de la autoliquidación (o en su caso liquidación) y de la contabilidad, exigiéndose expresamente que los libros de contabilidad hayan sido depositados en el Registro Mercantil dentro del plazo de los 10 años.
En el caso de BIN y deducciones pendientes originadas hace más de 10 años, la exhibición de la **autoliquidación y la contabilidad** son las únicas pruebas que el contribuyente está obligado a aportar a la Administración tributaria para ejercitar su derecho a la compensación o deducción. Desde ese momento, el contribuyente no tiene ya la obligación de conservar ni aportar los oportunos soportes documentales de esa autoliquidación y contabilidad.
Con esta norma se quiere dar seguridad jurídica al contribuyente, señalando de forma precisa que, una vez pasados 10 años, la Inspección ya no puede requerirle la aportación de los oportunos soportes documentales para acreditar las BIN, que queda acreditada con solo exhibir la autoliquidación y la contabilidad depositada en el Registro Mercantil, y sin que la Inspección pueda efectuar ninguna comprobación. De esta forma, el contribuyente no tiene que conservar indefinidamente las facturas y justificantes.
2º. Durante los 10 años siguientes al periodo impositivo en que se acreditó la BIN o deducción por primera vez (LGT art.66 bis.2). La Administración tributaria **puede comprobar e investigar** las BIN y deducciones, aunque haya prescrito el derecho de la Administración a liquidar el periodo en que se generaron, pero se establece una **limitación temporal** regulando un plazo especial de 10 años durante el cual la Administración podrá ejercer dicha facultad. Durante este periodo de 10 años la Inspección dispone de todas las facultades de comprobación, por lo que puede requerir al obligado tributario toda la **documentación y justificación** necesaria para verificar las mismas.
El **cómputo del plazo** de 10 años empieza a contar desde el día siguiente al de finalización del plazo para la presentación de la declaración o autoliquidación correspondiente al ejercicio o período impositivo en que se generó el derecho a la compensación o deducción.
En cualquier caso, el derecho de la Administración a liquidar el **periodo impositivo donde se compensa o deduce** esta BIN o deducción no debe estar prescrito. Así, por ejemplo, si el obligado tributario declaró una BIN hace 9 años, y esta BIN fue compensada íntegramente hace 6 años, la Inspección no puede comprobarla, ya que el periodo en el que se aplicó esa cantidad a compensar ya está prescrito y no puede regularizarse.

1960 Precisiones 1) La LIS art.26.5 incorpora la mención a que el plazo de los 10 años se refiere al derecho de la Administración para iniciar la **comprobación e investigación** de las BIN pendientes de compensación, mientras que la redacción originaria solo hacía mención al derecho de la Administración para comprobar o investigar las BIsN pendientes de compensación.
Por una parte, se modifica la referencia a comprobar o investigar por comprobación e investigación, lo que determina que esta comprobación solo puede ejercitarse en el seno de un **procedimiento de Inspección** (LGT art.145.1) y excluye otro tipo de procedimientos de aplicación de los tributos, como el procedimiento de comprobación limitada. Por otra parte, se añade el término **iniciar,** con la finalidad de determinar el momento final del cómputo del plazo de 10 años. Con la redacción inicial solo se señalaba que dicho plazo se comenzaba a contar desde el día siguiente al de finalización del plazo de presentación de la declaración correspondiente al periodo en el que se generó el derecho a compensar; pero no se indicaba en qué momento finalizaba el cómputo del plazo, por lo que cabía la duda si era cuando se iniciaba el procedimiento de comprobación o cuando se efectuaba la liquidación correspondiente. Con la nueva redacción ya queda claro que se computa hasta el inicio del procedimiento de comprobación e investigación.
2) En relación a la aplicación del **principio de regularización íntegra**, ver TS 7-6-24, EDJ 585403 en nº 1979.

Ejemplos **1)** Se plantea hasta qué fecha podría la Administración comprobar una BIN de 10.000.000 de euros correspondiente al ejercicio X1 de una sociedad (cuyo ejercicio coincide con el año natural) que ha presentado la declaración el 25-07-X2, en los siguientes casos:
a) La BIN todavía está **pendiente de aplicación**. El derecho de la Administración tributaria a iniciar la comprobación de esta BIN del ejercicio X1 finalizaría el 25-07-X12.
b) La sociedad **aplicó íntegramente** la BIN en el ejercicio X3. Si la declaración del ejercicio X3 la presentó el 25-07-X4, la posibilidad de iniciar la comprobación de dicha compensación finalizaría el 25-07-X8.
c) La sociedad **aplicó** la base imponible de la siguiente **forma**: 1.000.000 de euros en X2, 3.000.000 de euros en X3, y 6.000.000 de euros en X4. Hasta el 25-7-X7 podría iniciar la comprobación de la totalidad de los 10.000.000 de euros de la BIN. Entre esa fecha y el 25-07-X8 podría iniciar la comprobación de 9.000.000, es decir, ya no podría comprobar la compensación de 1.000.000 aplicada en el año X2, sino solo lo aplicado en los años X3 y X4. Y desde esa fecha hasta el 25-07-X9 podría iniciar la comprobación de 6.000.000 euros (el importe aplicado en el año X4).
2) Una sociedad, cuyo ejercicio coincide con el año natural, declara una BIN de 1.000.000 euros en el ejercicio X0, y la compensa íntegramente en el ejercicio X5. El 1-06-X8 se inician actuaciones inspectoras respecto de los X3 a X6, y se comprueba que la BIN del año X0 es incorrecta. ¿A qué ejercicio debe referirse la regularización?
La **regularización** debe corresponder al ejercicio X5, que es el año en el que se ha aplicado la BIN, compensando su importe con bases imponibles positivas de ese ejercicio. No puede regularizar el año X0, que se encuentra prescrito.

1961 **Incidencia en el alcance del procedimiento inspector** (LGT art.66 bis.2) En el caso en el que se inicie una **comprobación inspectora de alcance general** respecto de una sociedad que ha aplicado BIN procedentes de ejercicios prescritos, se plantea la cuestión de si el alcance de la comprobación debe hacer referencia a la comprobación de las BIN de los 10 ejercicios anteriores.
La LGT art.66 bis.2 hace referencia al derecho de la Administración para iniciar el procedimiento de comprobación de las bases o cuotas compensadas o pendientes de compensación. Da la impresión de que dicha comprobación debe iniciar un procedimiento específico para ese fin, que sea separado e independiente del procedimiento de comprobación normal. No obstante, seguidamente el referido artículo establece que en el alcance general de un procedimiento inspector se entiende incluida la **comprobación de las BIN**, con lo que queda claro que dicha comprobación se realiza en el seno del procedimiento inspector destinado a la regularización de la situación tributaria del obligado.
La regulación de la LGT incorpora las siguientes reglas respecto de la incidencia de estas comprobaciones en el alcance del procedimiento inspector:
a) Regla general: en los procedimientos de inspección de **alcance general** se entiende incluida, en todo caso, la comprobación de la totalidad de las bases o cuotas pendientes de compensación o de las deducciones pendientes de aplicación, cuyo derecho a comprobar no haya prescrito, por el transcurso de los 10 años anteriormente señalado.
b) Regla especial: en el caso de un procedimiento inspector de **alcance parcial**, en el objeto del procedimiento se debe indicar los ejercicios o períodos impositivos en que se generó el derecho a compensar las bases o cuotas o a aplicar las deducciones que van a ser objeto de comprobación.

Precisiones Ver TS 11-3-24, EDJ 521991 en nº 1957.

Ejemplo Una sociedad, cuyo ejercicio coincide con el año natural, declara bases imponibles negativas (BIN) en cada uno de los años X0 a X9. El 1-06-X11 se inician actuaciones inspectoras respecto de los ejercicios en que no ha prescrito el derecho a liquidar (ejercicios X6 a X9).
Si se trata de un procedimiento inspector de alcance general, su alcance incluirá la comprobación de las BIN consignadas en los ejercicios X0 a X9 sin que haga falta una mención expresa en este sentido en la citación de inicio del procedimiento. Tras dicha comprobación -se haya modificado o no las cantidades aplicadas de BIN procedentes de esos ejercicios prescritos- ya no podrán rectificarse en una comprobación posterior.
Si la inspección quisiera excluir de la comprobación algún período relativo a las BIN, debería indicarlo expresamente en la comunicación de inicio del procedimiento. Así, por ejemplo, si quisiera excluir de la comprobación de las BIN a los ejercicios X0 a X7, debería indicar un alcance parcial en la comunicación de inicio de la comprobación no incluyendo la comprobación de las BIN de los ejercicios X0 a X7.

H. Efecto preclusivo de una previa comprobación administrativa

(LGT art.140.1 y 148.3; RGGI art.128.1)

Cuando la Administración tributaria ha desarrollado una comprobación o investigación de un obligado tributario no puede efectuar una nueva regularización en relación con el mismo objeto (obligación y periodo) ya comprobado, salvo que en el **procedimiento de comprobación o investigación posterior** se descubran nuevos hechos o circunstancias que resulten de actuaciones distintas de las realizadas y especificadas en dicha regularización inicial. Por ello, las facultades y competencias de la Inspección se ven limitadas cuando ha existido una previa comprobación limitada de la misma obligación y periodo. **1962**

Esta **limitación** a la posibilidad de comprobación ulterior, que se denomina efecto preclusivo de la previa comprobación, se recoge en relación con distintos **procedimientos**:

1) Previa comprobación limitada: cuando la Administración tributaria ha desarrollado una comprobación limitada, no podrá efectuar una nueva regularización en relación con el mismo objeto ya comprobado, salvo que en otro procedimiento de comprobación limitada o de inspección posterior se descubran nuevos hechos o circunstancias que resulten de actuaciones distintas de las realizadas y especificadas en dicha resolución (LGT art.140.1).

2) Previa comprobación inspectora ultimada con una liquidación provisional: cuando las actuaciones del procedimiento de inspección hubieran terminado con una liquidación provisional, no podrá regularizarse nuevamente el objeto de las mismas en un procedimiento de inspección que se inicie con posterioridad, salvo que concurra alguna de las circunstancias de la LGT art.101.4.a y exclusivamente en relación con los elementos de la obligación tributaria afectados por dichas circunstancias (LGT art.148.3).

3) Previa rectificación administrativa de una autoliquidación: cuando la Administración tributaria haya acordado la rectificación de algún elemento de la autoliquidación solicitada por el obligado tributario, no podrá efectuar una nueva liquidación en relación con el objeto de la rectificación de la autoliquidación, salvo que en un procedimiento de comprobación o investigación posterior se descubran nuevos hechos o circunstancias que resulten de actuaciones distintas de las realizadas y especificadas en la resolución del procedimiento de rectificación (RGGI art.128.1).

Precisiones **1)** El efecto preclusivo no se extiende únicamente a aquellos elementos tributarios sobre los que se haya pronunciado expresamente la Administración, sino también a cualquier otro **elemento tributario**, comprobado tras el requerimiento de la oportuna documentación justificativa, pero **no regularizado** de forma expresa (TS 16-10-20, EDJ 690900).

2) Padecería la seguridad jurídica proclamada por nuestra Constitución si, realizada una comprobación limitada de un determinado elemento de la obligación tributaria, pese a tener a su disposición todos los datos precisos (por haberlos suministrado el obligado o por contar ya con ellos), la Administración se concentrara solo en alguno de ellos, aprobando la oportuna **liquidación provisional**, para más adelante **regularizar y liquidar de nuevo atendiendo al mismo elemento** de la obligación tributaria, pero analizando datos a los que no atendió pese a poder hacerlo (TS 22-9-14, Rec 4336/12; 30-10-14, Rec 2568/13).

3) No hay posibilidad de que pueda **modificarse la liquidación provisional revisada por un recurso** de reposición vía inspección y a través de una liquidación definitiva que trata sobre los mismos hechos y pronunciamientos jurídicos, salvo por el procedimiento especial de revisión (TS 30-10-14, Rec 2567/13; 3-2-16, Rec 4140/14).

1963 **Requisitos** El efecto preclusivo impide una nueva regularización en relación con el objeto comprobado, salvo que en un procedimiento posterior se descubran nuevos hechos o circunstancias que resulten de actuaciones distintas de las realizadas y especificadas en dicha resolución. Por lo tanto, se debe **analizar** qué se entiende por:
- objeto comprobado (nº 1964);
- descubrimiento de hechos o circunstancias nuevas (nº 1966); y
- actuaciones distintas (nº 1967).

1964 1) **Objeto de la comprobación**: el efecto preclusivo de la comprobación limitada se extiende a su objeto de forma íntegra, con independencia del contenido de la resolución que da lugar a la finalización del expediente. Por ello, el ámbito u objeto de la comprobación al que se refiere este efecto preclusivo comprende los siguientes **elementos**:
- todos los elementos a los que se refiera el alcance de la misma (LGT art.137.2), es decir, si en la **comunicación de inicio** se ha establecido que el alcance de la comprobación se limita al examen de los gastos de un determinado impuesto y ejercicio, pero solo se comprueba parte de ellos, el efecto preclusivo afecta a todos los gastos de ese impuesto y ejercicio, incluidos los gastos sobre los que no se pidió información;
- todos los elementos que resulten de las actuaciones especificadas en la **resolución**, debiendo esta resolución que pone fin al procedimiento de comprobación limitada especificar las actuaciones concretas realizadas (LGT art.139.2.b);
- todos los elementos que resulten de actuaciones realizadas efectivamente en el **desarrollo** del procedimiento, aunque no se hayan especificado en la resolución o el órgano administrativo se haya excedido del alcance de la comprobación.

Por ejemplo, si en la comunicación de inicio se ha establecido que el alcance de la comprobación se limita al examen de las amortizaciones pero también se le requiere información sobre gastos financieros, el efecto preclusivo también se extiende a estos últimos. Por ello, si de las diligencias incoadas o de los requerimientos efectuados en el curso del procedimiento se constata que la Administración se ha **excedido en el alcance** de la comprobación, estos elementos también disfrutan del efecto preclusivo.

Aunque la comprobación tenga carácter parcial, debe considerarse como una actuación de comprobación de **carácter pleno o general** en lo que a los elementos de la obligación tributaria comprobada se refiere.

1965 Precisiones 1) La Administración **no puede autolimitarse** en su labor de comprobación, permitiendo la ulterior reapertura de un proceso inspector por el mismo concepto tributario (AN 5-2-19, Rec 451/15).

2) La Administración tributaria **solo podría ampliar el alcance de sus actuaciones** de comprobación limitada, con motivación singularizada al caso, en el supuesto de que lo comunicara con carácter previo (no simultáneo, ni posterior) a la apertura del plazo de alegaciones, siendo nulo el acto en que se haya acordado esa ampliación en momento simultáneo o posterior a la comunicación al comprobado de la concesión del plazo para puesta de manifiesto y para efectuar alegaciones a la propuesta de liquidación (TS 3-5-22, Rec 5101/20).

3) La **falta de declaración expresa de caducidad** de un procedimiento de comprobación limitada relativo a un determinado concepto (obligación tributaria o elemento de la obligación tributaria) y período determina la invalidez del inicio de un procedimiento de inspección posterior respecto de dicho concepto (obligación tributaria o elemento de la obligación tributaria) y período (TEAC 24-6-20).

4) El objeto son los **hechos, actos, elementos, actividades, explotaciones** y demás circunstancias determinantes de la obligación tributaria y el medio es el **examen de los datos** consignados por los obligados o a disposición de la Administración (TS 22-9-14, Rec 4336/12).

5) El incumplimiento de la obligación de **adecuación del alcance de las actuaciones** a la comprobación efectivamente realizada no es un defecto formal o procedimental, sino una infracción sustantiva de la letra y el espíritu de la ley formal, que se incardina en el ámbito de la L 39/2015 art.48.1, esto es, la anulabilidad del acto, procediendo la **anulación total** de la liquidación en la que se aprecia dicho defecto (TEAC 24-10-23). Conforme a la sentencia del TS 3-5-22, EDJ 566344, el TEAC modifica el criterio de las resoluciones de 22-9-21 y 22-3-22 (validez de la liquidación en la parte no afectada por la extralimitación del alcance) y mantiene el criterio de la improcedencia de la retroacción de actuaciones de aquellas resoluciones.

1966 2) **Actuaciones distintas**: el efecto preclusivo no se produce en caso de **descubrimiento de hechos nuevos** que resulten de actuaciones distintas de las realizadas y especificadas en dicha resolución.

Las actuaciones administrativas previas deben haber finalizado. Por ello, si el **procedimiento previo finaliza por caducidad** (LGT art.139.1.b) no produce efecto preclusivo, pero hasta que el órgano administrativo no notifique al interesado la caducidad del procedimiento de comprobación limitada, no se puede iniciar un procedimiento inspector.

Precisiones 1) Carece de relevancia que la comprobación limitada realizada inicialmente fuera llevada a cabo por los **órganos de gestión**, mientras que la actuación posterior se practicara por la **inspección** (TS 15-6-17, EDJ 106589).
2) No es posible iniciar otro procedimiento de comprobación limitada en relación con el objeto comprobado tras haberse dictado resolución en otro anterior, para **solicitar documentación distinta** a la que fue requerida en el primer procedimiento, sin que existan nuevos hechos o datos que no estuvieran a disposición de la Administración o que esta no pudiera haber solicitado a la contribuyente en la primera comprobación realizada (TS 26-11-20, EDJ 739511).

3) Descubrimiento de hechos o circunstancias nuevas: si por la determinación del objeto de la comprobación, la configuración normativa del mismo y la información disponible en el primer procedimiento, resultan claramente previsibles para la Administración las actuaciones que debe realizar, no será posible una segunda comprobación, salvo que sobrevengan circunstancias nuevas, en el sentido de no previsibles durante la tramitación del procedimiento de comprobación limitada. **1967**

La Administración no puede escudarse en el descubrimiento de hechos nuevos en un procedimiento inspector por el **acceso a la contabilidad mercantil** si en la previa comprobación limitada era evidente que se requería el examen de la contabilidad para la correcta comprobación, en cuyo caso, debería remitirse el expediente a la Inspección (LGT art.139.1.c).

Precisiones 1) No cabe ex novo apreciar nuevos hechos o circunstancias en unas **actuaciones posteriores**, pues dicho concepto no ha sufrido alteración alguna en la situación declarada por el sujeto pasivo y, en consecuencia, no puede hablarse de novedad que haya resultado de su apreciación en una actuación de comprobación posterior (TS 4-3-21, Rec 3906/19).
2) Aun cuando la oficina de gestión **no solicitó ni utilizó determinada documentación**, el hecho de que posteriormente la inspección sí la examinase, no se puede calificar como hecho o circunstancia nueva (AN 3-6-21, Rec 1127/17).
3) Esa novedad debe referirse a hechos o circunstancias que **alterasen en alguna medida relevante** para la determinación del tributo de que se trata el statu quo precedente bajo el cual se efectuó la comprobación limitada (AN 24-10-13, Rec 274/10).
4) Los hechos o circunstancias nuevos han de ser **sobrevenidos**, no siendo tales los que son de nuevo conocimiento para la Administración porque en el segundo procedimiento se hubiera esforzado o indagado en mayor medida (TEAC 3-12-19).

I. Principios que limitan las facultades y potestades de comprobación o investigación

Un principio, a diferencia de una regla, tiene **condiciones de aplicación** abiertas, esto es, ofrecen razones a favor de una determinada solución, aunque el caso puede presentar algunas circunstancias o propiedades que hagan decaer su aplicación. **1968**

De todos estos principios, el de **seguridad jurídica** ha ocupado tradicionalmente un papel relevante por la necesidad de articular un marco estable de confianza con el contribuyente en una materia tan compleja y cambiante como la tributaria pero, recientemente, también han ido tomando protagonismo otros, como el principio de **buena fe**, de **prohibición del enriquecimiento injusto**, y los siguientes que se analizan en detalle por la mayor relevancia que han adquirido en los últimos tiempos:
- de **actos propios** (nº 1969 s.);
- de **confianza legítima** (nº 1972 s.);
- de **regularización íntegra** (nº 1978 s.); y
- de **buena administración** (nº 1982).

1. Principio de los actos propios

Si la Administración lleva a cabo una **comprobación** a un determinado obligado tributario respecto del que ya efectuó una **regularización por el mismo impuesto**, pero de un **ejercicio distinto**, debe aplicar, en principio, el mismo criterio que utilizó en la previa comprobación, salvo que se pruebe que existen hechos o circunstancias distintas o haya variado la normativa o la jurisprudencia. Ello se deriva del principio de actos propios, y determina otra limitación a las facultades y competencias comprobadoras de la Inspección. **1969**

Mientras que el efecto preclusivo se refiere a una sucesión de comprobaciones referentes a idéntica obligación y periodo del mismo obligado tributario (nº 1962 s.), el principio de los actos propios se refiere a los **efectos** de una previa regularización respecto de otras obligaciones del mismo contribuyente.

Las autoridades públicas no pueden defraudar la **confianza legítima** de los particulares derivadas de un previo acto administrativo, que solo vincula si, además de haber generado una situación objetiva de confianza legítima, se mueve dentro del ámbito de la discrecionalidad administrativa, es decir, dentro de las posibles interpretaciones de la norma.
La aplicación de este principio en el ámbito del Derecho administrativo y, en particular, en el Derecho tributario, requiere ciertas **matizaciones y especialidades**, dado que estas ramas del Derecho contienen fundamentalmente normas imperativas y se fundamentan en el interés general. Entre los límites que modulan la aplicación del principio de los actos propios en el ámbito tributario destaca el principio de legalidad.

Precisiones **1)** La aplicación de este principio no se produce de manera tan natural en Derecho administrativo como sucede en el **Derecho privado**, que es el campo de aplicación más típico de dicha doctrina. Y ello se debe a que en el Derecho privado rige fundamentalmente el principio de la autonomía de la voluntad, mientras que la actividad de la Administración está básicamente sujeta al principio de legalidad.
2) No se puede hablar de que la Administración incurre en lesión del principio de no ir contra sus propios actos porque dicho principio solo opera en el marco de **poderes discrecionales o de valoración de conductas**, no en el ámbito de las potestades regladas, de tal forma que si una normativa exige la concurrencia de determinadas circunstancias para otorgar un beneficio fiscal, este no puede concederse si esas circunstancias no se dan en el caso concreto (TS 23-9-09, EDJ 259114).
3) Con la invocación de la doctrina de los actos propios, los recurrentes desconocen que la aplicación de la misma no puede imponerse a la aplicación de **normas de carácter imperativo** como son aquellas de las que la Sala de instancia hizo uso para resolver la cuestión litigiosa (TS 25-5-11, Rec 5261/07).
4) Se considera que el hecho de haber verificado y **aceptado en una previa comprobación la deducibilidad de los intereses** y la validez del negocio jurídico posteriormente cuestionado constituye una declaración de voluntad tácita de admisibilidad de tales negocios que posibilita la aplicación de la doctrina de los actos propios (TS 4-11-13, Rec 3262/12).
5) Con base en el principio de seguridad jurídica y la doctrina de los actos propios, no resulta admisible en nuestro sistema jurídico que, comprobado un ejercicio tributario en el que se **aplica un beneficio fiscal por la reinversión de las ganancias** extraordinarias obtenidas mediante la transmisión de determinados bienes, después en ejercicios sucesivos se niegue la ventaja a las generadas por la enajenación de bienes de la misma naturaleza y ubicación, hurtándoles una condición (la de inmovilizado material) que la propia Administración asumió al comprobar regularizaciones de balances previas (TS 8-6-15, Rec 1307/14).

1970 **Requisitos de aplicación** La aplicación de la doctrina de los actos propios tiene una gran casuística, dado que exige la ponderación de múltiples aspectos. Por ello, independientemente de los límites que puedan establecer las normas imperativas, conviene examinar los principales aspectos a considerar en relación con la aplicación de esta doctrina. Así, la existencia de un acto propio requiere los siguientes requisitos:
a) Que la misma Administración tributaria haya desarrollado con anterioridad una **previa comprobación o actuación** referente al **mismo obligado tributario e impuesto**. No toda actividad genera la transcendencia jurídica y vinculante que pueda acogerse a esta regla. Así, se requiere que esa conducta haya tenido relevancia jurídica encaminada a crear, modificar o extinguir algún derecho y que, por su carácter trascendente o por constituir convención, defina la situación jurídica aplicable.
b) Que dicha manifestación se produzca en **términos concluyentes**, inequívocos, claros y nítidos que sean reveladores de la actitud del sujeto frente a una determinada situación. Este alcance de ordinario no puede tener la simple pasividad o el silencio.
c) Que esa **manifestación previa** proceda de una comprobación en plenitud de las facultades comprobadoras. La doctrina de los actos propios resulta de aplicación en el ámbito tributario, por lo que la Administración tributaria puede cambiar de criterio cuando se trata de cuestiones en la que caben diversas interpretaciones alternativas o de actos discrecionales.
d) Que se refiera a la **misma situación**; es decir, debe tratarse de situaciones idénticas en las que no hayan cambiado las circunstancias y la normativa aplicable sea la misma.

Precisiones **1)** La Administración puede quedar obligada a observar hacia el futuro la conducta que ha seguido en actos anteriores, inequívocos y definitivos, creando, definiendo, estableciendo, fijando, modificando o extinguiendo una determinada relación jurídica. El **principio de buena fe**, junto con el de protección de la confianza legítima, constituyen pautas de comportamiento a las que, al servicio de la seguridad jurídica, las Administraciones públicas, todas sin excepción, deben ajustar su actuación, sin que después puedan alterarla de manera arbitraria (TS 4-11-13, EDJ 220108; 22-6-16, EDJ 93277).
2) Los **actos propios** de la Administración, aun formalizados como tales, **no pueden invocarse** pasando por alto la ley o la jurisprudencia, que han podido sentar sobrevenidamente criterios contradictorios con el postulado en un momento anterior en el tiempo (AN 26-3-15, EDJ 53053). En términos similares, TS 25-5-11, EDJ 103970; 9-3-09, EDJ 32271; AN 30-1-15, EDJ 7090.

3) La doctrina de los actos propios transita sobre un **elemento sustancial** para su acogimiento: que no existan datos nuevos, que la Administración al examinar y calificar en primera instancia las operaciones para desterrar situaciones anómalas, conflictos en la aplicación de la ley o simulación, contó con la totalidad de los datos, no hubo elementos desconocidos u ocultados ni aparecieron a posteriori hechos con relevancia determinante (TS 12-11-14, EDJ 204341).

4) El acuerdo de **fraude de ley** se contradice con las previas actuaciones inspectoras, dado que la empresa ya se había deducido el 100% del dividendo en los ejercicios previamente comprobados y se había admitido que la operación tenía motivos económicos válidos. Se trata del mismo acto al que ahora se le quiere dar una interpretación distinta y entiende que hubo infracción de los principios de confianza legítima, seguridad jurídica y actos propios (TS 6-3-14, EDJ 33340).

2. Principio de confianza legítima

Mientras que el principio de actos propios se refiere a actuaciones previas con el mismo obligado tributario, en este principio el propio contribuyente no ha sido objeto de una previa comprobación por esa cuestión. Pero la Administración tiene limitada su actuación como consecuencia de la **previa fijación de un criterio** en esa materia. Ello se debe a que esta previa conducta administrativa puede crear en los obligados tributarios ciertas expectativas que se verían defraudadas si la Administración las sustituye inesperadamente por una conducta de signo contrario, lo que iría en contra de los principios de buena fe y de confianza legítima. 1972

La normativa general del procedimiento administrativo establece que los actos que se separen del criterio seguido en actuaciones precedentes deben ser **motivados** (LPAC art.35.1.c).

Luego, en principio, si la Administración tributaria ha seguido una determinada actuación respecto a una materia, pero posteriormente considera que esa interpretación era errónea, no se ve impelida a persistir en ese error y seguir manteniendo unas actuaciones contrarias a Derecho, sino que se puede apartar del precedente de forma motivada. Pero en caso de que concurra confianza legítima, puede suceder que la Administración solo pueda cambiar el criterio de futuro -una vez que la Administración manifieste el nuevo criterio o que cambie la jurisprudencia-, pero no pueda **regularizar las conductas previas** de los administrados que se adecuaron al criterio administrativo inicial, aunque se considere incorrecto.

El principio de confianza legítima en relación con la actuación administrativa se puede definir como aquel principio en virtud del cual la Administración pública no puede defraudar las expectativas que han creado sus normas y decisiones en los administrados que adecuaron su conducta a las mismas, sustituyéndolas inesperadamente por otras de signo contrario que les causen un perjuicio.

Precisiones Aun cuando el principio de confianza legítima no aparece mencionado como tal en los tratados constitutivos de la UE, ha sido reconocido como **principio general del Derecho comunitario** por el TJUE y, por ello, debe ser respetado por las instituciones comunitarias y también por los Estados miembros en el ejercicio de los poderes que les confieren las directivas comunitarias (TJCE 29-4-04, asuntos C-487/01 y C-7/02).

Manifestaciones del principio de confianza legítima Este principio tiene dos manifestaciones: la primera está relacionada con los cambios normativos, en tanto que la segunda afecta directamente a los cambios de criterio en la interpretación de las normas. 1973

a) **En relación con los cambios normativos**: esta proyección va dirigida fundamentalmente a la actuación del poder legislativo y a la actividad reglamentaria de la Administración. En este aspecto, el principio de confianza legítima protege la confianza de los ciudadanos que ajustan su conducta económica a la legislación vigente frente a cambios normativos que no sean razonablemente previsibles (entre otras muchas, TCo 82/2009). Ahora bien, la aplicación de dicho principio no impide la actividad de producción normativa, ya que ello supondría la petrificación del ordenamiento, cuestión que ha sido analizada y proscrita en numerosas ocasiones por la jurisprudencia del TS.

b) **En relación con los cambios de criterio en la interpretación de la normativa**: va dirigida a los Tribunales y a la Administración, ofreciendo protección a los contribuyentes frente a los eventuales cambios de criterio tributario. En concreto se orienta a determinar cómo proyectan sus efectos los cambios de criterio que se producen en el ámbito tributario, es decir, si una vez dictados los mismos pueden ser aplicados de una manera retroactiva, con los límites propios de la prescripción, o si por el contrario los mismos solo producen efectos prospectivamente. Esta es la manifestación del principio que aquí interesa.

Requisitos para que el principio de confianza legítima despliegue sus efectos 1974

El TS ha reconocido y aplicado en multitud de pronunciamientos el principio de confianza legítima, pero ha sido también cuidadoso al respecto, exigiendo el cumplimiento de unos requisitos estrictos para su apreciación. Ello se debe a que en esta materia subyace la tensión derivada de la necesidad de conseguir un adecuado **equilibrio entre la legalidad y la seguridad jurídica** como dos valores importantes y necesarios en el desarrollo de un Estado de Derecho. La jurisprudencia ha delimitado una serie de requisitos que permiten acotar la naturaleza, significación, alcance y los efectos del principio, pero destaca que su aplicación debe efectuarse desde las particularidades de cada caso concreto, debiendo ponderarse los intereses en conflicto (interés general e interés individual) que concurran en cada supuesto. En consecuencia, los requisitos que deben darse simultáneamente son:

1) La existencia de **signos externos claros** de la Administración que sean lo suficientemente concluyentes: este principio no puede aplicarse sin actos o signos externos lo suficientemente concluyentes como para generar una razonable convicción en el ciudadano de que existe una voluntad inequívoca de la Administración en el sentido correspondiente y como consecuencia de ello se induzca en aquel un determinado comportamiento (TS 22-3-91, EDJ 3161; AN 17-4-19, Rec 866/16).

En el **ámbito tributario estatal** normalmente estos signos externos claros y suficientemente concluyentes se manifiestan a través de la emisión de criterios por los Centros Directivos que tienen atribuida dicha competencia (Consultas y Resoluciones interpretativas o aclaratorias de la DGT, resoluciones del TEAC), resoluciones interpretativas o aclaratorias del Ministro de Hacienda), así como por la jurisprudencia del TS, sin que se pueda descartar que otra serie de pronunciamientos dictados por la Administración tributaria y los Tribunales pudieran llegar a cumplir con dicho requisito, cuestión esta que deberá ser apreciada atendiendo a las circunstancias concretas que se pudieran dar en cada caso.

Para entender cumplido dicho requisito, en la medida en que se exige que el signo externo haya generado una convicción en el contribuyente en un determinado sentido e inducido un determinado comportamiento, será necesario que aquel tenga conocimiento del mismo, circunstancia que, con carácter general, se producirá a partir de la **publicación del criterio en las bases de datos** correspondientes, pudiendo incluso anticiparse dicho momento, por ejemplo, cuando fuera él mismo el que planteó la consulta a la DGT o fuera parte interesada en la tramitación del recurso correspondiente.

Por otro lado, el hecho de que la Administración competente **no haya regularizado** la situación del contribuyente con anterioridad, o no haya iniciado en relación con los correspondientes hechos imponibles procedimiento de gestión o de inspección, no determina que exista un acto tácito de reconocimiento del derecho del sujeto pasivo del tributo, pues la ausencia de regularizaciones previas no constituye por sí sola un acto concluyente que provoque en el interesado la confianza en que su conducta es respaldada por el órgano competente de la Administración (TS 13-6-18, Rec 2800/17).

En definitiva, la mera falta de comprobación de la Administración no puede generar confianza legítima en el administrado (AN 10-4-13, Rec 652/11).

2) Carácter razonable y legítimo de la confianza, no siendo suficiente cualquier convicción psicológica o mera expectativa: la aplicación de este principio exige que la confianza depositada en la previa actuación administrativa tenga carácter razonable y resulte legítima, de manera que sirvan para orientar la conducta del administrado en cierto sentido, por lo que no basta con que se produzca en el particular beneficiado cualquier tipo de convicción psicológica o impacto emocional (TS 1-2-90, EDJ 929) o una mera actitud de tolerancia (TS 20-3-96, EDJ 5192).

1975 **3)** Existencia de una **conducta final de la Administración inesperada y contradictoria con los actos anteriores**: se requiere, pues, la existencia de una conducta final de la Administración que resulte ser sorprendente e imprevisible al contradecir los actos anteriores. Por consiguiente, la aplicación de este principio exige que se produzca una situación de quiebra de la previsibilidad en el administrado y una vulneración de la buena fe en la actuación de los poderes públicos, que ha de ser efectiva y genere una expectativa protegible.

Por el contrario, no se puede entender la existencia de un cambio de criterio en aquellos **casos en los que no existiera criterio previo**. En estos casos, los nuevos criterios dictados serán susceptibles de ser aplicados retroactivamente con el único límite derivado de la prescripción, pues los mismos no tendrían fecha de entrada en vigor más allá de la del precepto que vienen a interpretar.

4) Existencia de un **perjuicio para los administrados**: para entender aplicable la protección de este principio es necesario que, como consecuencia de dicha convicción, se adopten decisiones económicas o estratégicas que supongan un perjuicio para el administrado directamente vinculado con la conducta de la Administración. El ámbito natural de este principio lo encontramos en el campo de los beneficios fiscales.

En aquellos casos en los que el contribuyente no haya adecuado su conducta al criterio inicial fijado por la Administración, o, habiendo adecuado su conducta no se pueda apreciar la existencia de un perjuicio como consecuencia del mismo, entendemos que no entraría en juego el principio de confianza legítima.

En cualquier caso, procede valorar no solo los perjuicios ocasionados al contribuyente, sino también los que, de signo opuesto, se produzcan en el interés general. Así, la aplicación del principio de confianza legítima requiere la ponderación de todos los intereses en conflicto, tanto el interés individual de quien solicita la protección como el interés general o público.

5) La aplicación de este principio **no puede basarse en la mera expectativa de una invariabilidad de las circunstancias**: este principio no garantiza la perpetuación de la situación existente, la cual puede ser modificada en el marco de la facultad de apreciación de las instituciones y poderes públicos en consideración a las necesidades del interés general. Ni este principio ni el de seguridad jurídica aseguran que las situaciones de ventaja económica que comportan un enriquecimiento que se estima injusto deban mantenerse irreversibles (TS 13-6-18, Rec 2800/17).

6) Requiere **considerar la conducta de ambas partes**: no puede considerarse contraria a la doctrina de los actos propios, la buena fe y la confianza legítima la conducta de una de las partes, sin valorar al mismo tiempo la conducta de la otra parte. La aplicación de este principio de confianza legítima exige que el interesado haya cumplido los deberes y obligaciones que le incumben.

Precisiones Existe confianza legítima del **interesado** en la actuación de la Administración cuando esta lleva a cabo actuaciones lo suficientemente concluyentes como para que aquel **pueda razonablemente entender que la Administración** actúa correctamente, que es lícita la conducta que mantiene con la Administración, que sus expectativas como interesado son razonables y que el interesado haya cumplido los deberes y obligaciones que le incumben en el caso (TS 1-12-03, EDJ 206697).

Consecuencias de la aplicación del principio de confianza legítima Dada la casuística propia de la materia, no es posible responder a esta materia de forma absoluta o general a todas las situaciones en que se plantea esta cuestión. Su **aplicación y alcance** debe atender a las concretas circunstancias que concurran en el caso, debiendo ponderarse los **intereses en conflicto** en cada situación -interés general o interés público e interés individual del que solicita la protección- y teniendo en cuenta también la incidencia del principio de legalidad (TS 3-5-11, Rec 5490/09). **1976**

Así, la jurisprudencia señala que, aunque es posible identificar determinados requisitos generales que acotan la naturaleza, la significación, el alcance y los efectos de tal principio, serán las **características particulares del asunto concreto** las que permitirán determinar si se ha producido, o no, la infracción de la confianza legítima.

Con las cautelas anteriores, en aquellos casos en los que se cumplieran todos los requisitos examinados, el contribuyente gozará de la protección del principio de confianza legítima, de manera que el nuevo criterio solo producirá **efectos prospectivamente**, no afectando por ejemplo a hechos imponibles devengados o situaciones producidas con anterioridad al momento en el que aquel fue dictado.

Por el contrario, en caso de que no se cumplieran los requisitos anteriormente mencionados, el nuevo criterio producirá **efectos retroactivos**, afectando a los hechos imponibles y situaciones devengadas o producidas con anterioridad al momento en el que aquel se dictó.

Precisiones **1)** El principio de confianza legítima impide que los órganos de aplicación de los tributos puedan regularizar conforme al nuevo criterio los **periodos anteriores no prescritos** cuando en ellos el obligado tributario hubiera ajustado su comportamiento a actos o signos externos de esa misma Administración lo suficientemente precisos y concluyentes como para generar una razonable convicción en el obligado tributario sobre la adecuación de su conducta al criterio seguido por dicha Administración (TS 13-6-18, Rec 2800/17). **1977**

2) Un **cambio de criterio** del Tribunal Supremo **que perjudique** al contribuyente únicamente puede aplicarse desde que dicho cambio de criterio se produce, en tanto que ello podría ir en contra de una confianza legítima merecedora de protección jurídica. Si bien en este supuesto no se estima por cuanto no concurría confianza legítima, al haberse producido el cambio de criterio del TS ya cuando el interesado presentó su autoliquidación (TEAC 23-3-22; 11-6-20).

3) El juez ha de constatar si la Administración **se apartó o no de la doctrina administrativa** tras examinar el cumplimiento de los requisitos exigidos en la LGT art.89.1, más en concreto, analizando si existe **identidad** entre los hechos y circunstancias del obligado y los que se incluyan en la consulta, pudiendo, en todo caso, negar la vinculación y mantener la conformidad a derecho del acuerdo de liquidación cuando falte tal identidad y, por imperativo de la propia LGT art.89, cuando se hubiera modificado la legislación o la jurisprudencia aplicable al caso (TS 22-1-24, EDJ 501927).

4) La existencia de **dos criterios sucesivos y opuestos** entre sí del Tribunal Supremo sobre la misma cuestión de interés casacional, plantea un problema relacionado directamente con el principio de protección de la confianza legítima, principio de creación jurisprudencial cuya eficacia depende de las concretas circunstancias de cada caso. La actuación de un obligado tributario conforme a una sentencia de dicho Tribunal presentando su autoliquidación de IRPF sin incorporar los intereses de demora satisfechos por una Administración tributaria como consecuencia de una devolución de ingresos indebidos, quedaría amparada por el principio de protección de la confianza legítima si, posteriormente, tras la publicación de una sentencia del Supremo posterior que considera sujetos al impuesto dichos intereses, la Administración tributaria pretendiera regularizar su situación tributaria con apoyo en esta última sentencia, puesto que no se pueden regularizar situaciones pretéritas, en perjuicio del contribuyente, en las que este aplicó en su autoliquidación el criterio jurisprudencial fijado en una sentencia previa, cuyo criterio era el vigente en el momento de presentación de su autoliquidación y, de acuerdo con la doctrina del TEAC, vinculaba a la Administración tributaria (TEAC 29-5-23).

5) Las sentencias dictadas por el TJUE, interpretando el derecho de la Unión Europea en materia de IVA en una **cuestión prejudicial** planteada por un órgano judicial de otro Estado miembro, tienen efectos ex tunc sobre la Administración tributaria española, a menos que la sentencia hubiera limitado sus efectos. Un **cambio de criterio** adoptado por la DGT en cumplimiento de la jurisprudencia emitida por el TJUE respecto de la aplicación de una exención en el IVA a una determinada prestación de servicios, permite a la Administración regularizar la situación tributaria de los contribuyentes que se hubieran acogido al criterio consolidado anterior respecto de ejercicios no prescritos previos a tal cambio de doctrina. Señala el Tribunal Supremo que los principios de seguridad jurídica se garantizan mediante la prescripción, la firmeza de los actos o la preclusividad, pero no impidiendo la aplicación de un cambio de criterio efectuado por parte del Tribunal. Del mismo modo, indica que tampoco se vulnera el principio de la confianza legítima (TS 26-6-24, EDJ 621594).

3. Principio de regularización íntegra

1978 Este principio, conocido también como de regularización completa, juega un papel creciente en la jurisprudencia del Tribunal Supremo para la consecución de los objetivos constitucionales de **capacidad económica y justicia tributaria**.

La regularización de la situación tributaria del contribuyente debe contemplarse en su conjunto, y debe ser completa, tanto desde los **aspectos** que le perjudican como aquellos que le benefician, si bien tal principio debe quedar enmarcado dentro del **alcance** concreto de la comprobación llevada a cabo: obligación tributaria comprobada, elementos de la misma y ámbito temporal objeto de la comprobación.

Este principio no aparece regulado en la LGT, sino que es una construcción jurisprudencial; no obstante, en ocasiones se ha argumentado que tiene un apoyo normativo en la **obligación de la Administración** tributaria de resolver expresamente todas las cuestiones que se planteen en los procedimientos de aplicación de los tributos (LGT art.103.1).

Este principio plantea la exigencia de asegurar que la Administración sea consistente con la **calificación de los hechos** que ella misma ha realizado, de forma que, si niega el derecho a la deducción de unas cuotas soportadas indebidamente, deberá reconocer, en la medida en que se cumplan los restantes requisitos legales, el derecho a la devolución del ingreso indebido.

Aunque el citado principio ha sido desarrollado fundamentalmente en el ámbito de la **imposición indirecta**, nada impide su aplicación también en los **impuestos directos**. Un ejemplo de aplicación de este principio en la imposición directa se produce cuando, con ocasión de una comprobación inspectora, el obligado tributario advierte que no ha tenido en cuenta en su autoliquidación originaria aspectos que podrían beneficiarle. En estas circunstancias, y en aplicación de este principio, el órgano comprobador ha de tener en consideración esas pretensiones.

Cuando las **comprobaciones son de carácter parcial**, el alcance limitado de la comprobación impide la comprobación de cuestiones distintas de aquellas a las que originariamente alcanzaría el procedimiento. Así, se ha considerado que si el obligado tributario no hizo uso del derecho a solicitar que la actuación inspectora de carácter parcial se ampliase a general (LGT art.149), la regularización inspectora estaría limitada por este alcance parcial. Por consiguiente, si existen efectos positivos que excedan del ámbito de esta comprobación parcial, será necesario instar la rectificación de las autoliquidaciones.

La necesidad de respetar el alcance de las comprobaciones tendrá también consecuencias en las **comprobaciones generales**. En la medida en que un ajuste pueda manifestarse en otro ajuste compensatorio en el mismo contribuyente, pero en un ejercicio que quede fuera del marco temporal de la comprobación general, la Administración tributaria no tiene obligación de alterar el alcance temporal para practicar esta regularización íntegra, y será nuevamente el contribuyente quien deba instar la rectificación de sus autoliquidaciones. No obstante, en ocasiones los Tribunales han exigido trasladar los efectos de una regularización íntegra a ejercicios distintos, considerando que la Administración no puede actuar arbitrariamente y ocasionar una asimetría por la ausencia de un ajuste compensatorio.

Precisiones 1) La aplicación de este principio plantea si el reconocimiento del derecho a la **devolución de ingresos indebidos** debe tener lugar con ocasión del mismo procedimiento de comprobación o si, por el contrario, debe seguirse un procedimiento separado de devolución de ingresos indebidos. La respuesta de los Tribunales ha sido mayoritariamente favorable a que el derecho a la devolución de los ingresos indebidos tenga lugar en el mismo procedimiento. 1979
En caso de regularización íntegra, **no hay necesidad** de desarrollar un **procedimiento autónomo e independiente** para reconocer la devolución cuando, de manera nuclear y principal, las cuestiones a solventar no son sino una consecuencia directa e inmediata de lo que se discutió, analizó y comprobó por la Administración en el seno del procedimiento de inspección (TS 26-5-21, Rec 574/20).
2) Asiste al obligado tributario el derecho a que se reconozcan en la propuesta de regularización aquellos efectos favorables que considere, con independencia de si habían sido declarados previamente en la autoliquidación correspondiente. Así, si el contribuyente inspeccionado solicita la **rectificación de una autoliquidación** que está siendo objeto de comprobación en dicho procedimiento, dicha cuestión debe ser tenida en cuenta en tal procedimiento, dado que carece de sentido que se inicie un procedimiento distinto y separado de este para dilucidar esa rectificación (TS 1-4-19, Rec 5613/17).
3) Las **primeras sentencias** en las que aparece el concepto de regularización íntegra estaban **asociadas a regularizaciones del IVA**, en las que la Inspección de los tributos negaba la deducción de las cuotas soportadas de determinadas operaciones que consideraba no reales. Se señalaba que, si la operación no existía, no procedía la repercusión del impuesto que se había soportado por el contribuyente, y que, si se habían ingresado en la Hacienda Pública, se había producido un ingreso indebido, siendo el beneficiario de la devolución el contribuyente que soportó la repercusión indebida. Se reprochaba a la Administración que actúe a doble cara, siempre favorable a la Administración, negando el derecho a una regularización completa (TS 7-10-15, Rec 2622/13).
4) En supuestos de **repercusión sin que exista sujeción a IVA,** se ha reconocido el derecho a la devolución por parte de quien no solo soportó aquella, sino que se vio sometido a regularización de la deducción efectuada (TS 6-11-14, Rec 3110/12).
5) En el caso de cuotas de IVA no devengadas y, por ende, indebidamente repercutidas, donde previamente se han **minorado las cuotas indebidamente deducidas** por el destinatario y se ha comprobado la procedencia o no de su derecho a la devolución conforme al principio de regularización íntegra, procede a la luz de este principio y de prohibición del enriquecimiento injusto, en sede de quien repercutió indebidamente, la minoración del IVA indebidamente repercutido en la liquidación que se le practique y, en su caso, el simultáneo reconocimiento del derecho a la devolución de las cuotas indebidamente repercutidas a favor de quien las soportó (TEAC 23-5-23).
6) El principio de regularización íntegra exige reconocer en la **liquidación del IS** derivada de un procedimiento inspector el derecho del contribuyente a que se apliquen unas deducciones por medioambiente que no habían sido declaradas originariamente en las autoliquidaciones presentadas (AN 22-5-21, Rec 313/18).
7) En los expedientes en los que se cuestiona la realidad de **operaciones entre sociedades del grupo** o entre las que existe algún tipo de vinculación, que en caso de aplicarse a otros sujetos pasivos intervinientes en la operación les generaría a aquellos un exceso de tributación susceptible de regularización, la Administración debe efectuar una regularización completa y bilateral de la situación, evitando con ello el enriquecimiento injusto (TS 13-11-19, Rec 1675/18).
8) En el caso de una sociedad que autoliquidó el tipo reducido del IS y se le regularizó aplicando el tipo general, alegó que el mayor coste fiscal habría reducido el resultado y, por consiguiente, los dividendos repartidos, por lo que procedía devolver las cantidades retenidas sobre este hipotético exceso de dividendos. Se concluye que no procede pronunciarse sobre cuál sería la consecuencia de una hipotética reordenación de las relaciones económicas que pudiera adoptar la demandante como consecuencia de la inaplicabilidad del régimen de las sociedades patrimoniales, ni ordenar que se adopten por la Administración a partir de **hechos hipotéticos y eventuales** (AN 2-3-16, Rec 72/09).

9) La Administración tributaria pretendía **anticipar la tributación de ingresos** que habían sido **declarados en un ejercicio posterior** por el contribuyente, y este planteó el principio de regularización íntegra. Se concluye que la doble imposición que se produce debe ser eliminada de oficio por la Administración, sin que sea exigible al contribuyente que inste las correcciones (AN 22-1-21, Rec 603/17). 1980
10) Un contribuyente **incorporó una ganancia patrimonial en dos ejercicios**, por considerar que el importe se había recibido en más de un año, y la inspección regularizó imputándola a un único ejercicio. Se concluye que, dado que la Administración tributaria detectó que parte de los rendimientos se habían imputado en otro ejercicio, debió ampliar las actuaciones inspectoras a este otro ejercicio, realizando una regularización completa y evitando una doble imposición indeseable (TS 5-11-12, Rec 4611/10).
11) En las actuaciones de regularización tributaria, la Administración debe tener en consideración todas las consecuencias que, siendo determinantes del correcto cumplimiento de la obligación tributaria, se deriven de sus potestades y funciones de comprobación e investigación sobre ejercicios tributarios prescritos, con independencia de que resulten favorables o desfavorables al contribuyente.

En particular, si la regularización tributaria afectara al importe de bases imponibles negativas, como consecuencia de proyectar sobre un ejercicio no prescrito la apreciación de que una determinada deducción fue indebidamente aplicada en un ejercicio prescrito, la Administración deberá proyectar, asimismo, sobre el ejercicio regularizado, las consecuencias que se deriven de la ausencia de unos ingresos que se hubieran hecho constar indebidamente en esos mismos ejercicios prescritos, siempre que las **deducciones** se encuentren **vinculadas a tales ingresos**, al exigirlo así el principio de regularización íntegra (TS 7-6-24, EDJ 585403).

12) Si se ha considerado inexistente la actividad económica de una sociedad y se han **imputado sus rendimientos al socio** persona física, el principio de regularización íntegra impone a la Administración competente para liquidar el IP que, si asume la anterior consideración para negar la exención de las participaciones en dicha sociedad, tenga también en consideración el impacto que aquello tiene en la **valoración de las participaciones**, como consecuencia de la variación del valor del patrimonio neto (TS 23-7-24, EDJ 627514).

13) El principio de íntegra regularización es aplicable a los supuestos en los que se comprueba por la Administración un hecho imponible -la emisión de informes de auditoría-, imputándolo al ejercicio que corresponde, sin tener en cuenta que el contribuyente ya había **satisfecho el importe** de la deuda, fuera del plazo legal, pero **con carácter previo al inicio de la regularización**. La Administración debe analizar los aspectos desfavorables y favorables para el contribuyente para evitar que se pague dos veces por la misma deuda tributaria, haciendo todo lo posible, de oficio, para evitar ese doble pago, ajustando la deuda única a la realidad de la autoliquidación tardía, sin remitir al sujeto pasivo al inicio de una solicitud para obtener aquello que podía derivar -y reconocerse- del propio procedimiento abierto.

Este principio, en su vertiente procedimental, es aplicable no solo a los procedimientos de inspección sino también a los **procedimientos de gestión tributaria**, incluido el de comprobación limitada, sin que sea admisible remitir al contribuyente, para obtener la devolución de la cantidad doblemente percibida, a un procedimiento nuevo de rectificación de la autoliquidación y devolución de ingresos indebidos totalmente innecesario y contrario a los principios de eficacia, economía y proporcionalidad en la aplicación de los tributos (TS 28-2-23, EDJ 520955).

4. Principio de buena administración

(Carta Derechos Fundamentales UE art.41)

1982 Conforme con este principio, todo ciudadano de la UE y **toda persona física o jurídica** que resida o tenga su domicilio social en un **Estado miembro** tiene derecho a someter al Defensor del Pueblo Europeo los casos de mala administración en la actuación de las instituciones, órganos u organismos de la UE, con exclusión del TJUE en el ejercicio de sus funciones jurisdiccionales. Por tanto, este principio ha sido desarrollado principalmente por la jurisprudencia de la UE.

En el **ámbito doméstico**, no aparece expresamente regulado en la LGT, pero se encuentra inserto en nuestro ordenamiento jurídico (Const art.103.1; LRJSP art.3.1.e), y los Tribunales lo vienen aplicando de forma reiterada en los últimos tiempos, desde que el TS lo configurara en su momento como un derecho de nueva generación.

Normalmente se considera que no se trata de un principio administrativo autónomo, sino que constituye en cierto modo un **concepto colectivo** que incluye diversos principios del Derecho administrativo. En ocasiones, se emplea para referirse a todos aquellos principios característicos de un procedimiento administrativo en un Estado de Derecho.

Este principio supone un amplio deber de diligencia de las autoridades, que incluye el **deber de los funcionarios** de conducir el proceso de forma imparcial y objetiva, subsanar errores u omisiones, procurar evitar las disfunciones derivadas de su actuación, dar a las personas afectadas por una decisión la posibilidad de expresar su punto de vista, motivar de forma clara las decisiones, y adoptar una decisión dentro de un plazo razonable.

Precisiones **1)** El principio de buena administración no consiste en una pura fórmula vacía de contenido, sino que se impone a las Administraciones públicas, de suerte que el **conjunto de derechos que derivan** de este principio (audiencia, resolución en plazo, motivación, tratamiento eficaz y equitativo de los asuntos, buena fe), debe tener plasmación efectiva y llevar aparejado un correlativo elenco de deberes plenamente exigible por el ciudadano a los órganos públicos. Entre estos deberes se encuentra el de **dar respuesta motivada** a las solicitudes que los ciudadanos formulen a la Administración y a que las consecuencias que se anuden a las actuaciones administrativas sean **debidamente explicadas** no solo por razones de pura cortesía, sino para que el sujeto pueda desplegar las acciones defensivas que el ordenamiento jurídico le ofrece (TS 15-10-20, Rec 1652/19).

2) La **dilación no razonable y desproporcionada** en la remisión del expediente para ejecución de la resolución estimatoria del órgano económico administrativo no puede resultar jurídicamente neutral, sino que deberán extraerse las consecuencias jurídicas derivadas (TS 5-12-17, Rec 1727/16; 18-12-19, Rec 4442/18). Así, el Tribunal Supremo considera que esta dilación vulnera el principio de buena administración, y entiende que es imputable a la Administración (TS 14-3-24, EDJ 521995).

3) El **cómputo del plazo** del mes **para ejecutar la resolución** de un TEAR no es desde cuando tuvo entrada en el registro del órgano competente para su ejecución, esto es, la Dependencia Regional de Inspección, como deriva de la literalidad del precepto (RGRV art.66.2), sino desde su entrada en el registro de la AEAT, por ser el que ofrece mayor transparencia y fiabilidad para los terceros (TS 19-11-20, Rec 4911/18).
4) Para la **interposición del recurso de alzada** por la Administración ante el TEAC, es suficiente con la comunicación recibida en la Oficina de Relación con los Tribunales (ORT) o en cualquier otro departamento, dependencia u oficina de la Administración que la haya recibido a los efectos de su ejecución. Por tanto, la resolución devendrá firme si transcurrido el plazo impugnatorio a contar desde tal conocimiento, la Administración no ha interpuesto el referido recurso de alzada (TS 17-6-21, Rec 6123/19)

5) Se exige que las **dilaciones por causa no imputable a la Administración** consten expresamente motivadas en el acuerdo de derivación de responsabilidad a fin de constatar la caducidad del procedimiento, sin que la exigencia de motivación se satisfaga cuando las dilaciones se justifican posteriormente en vía de revisión por el TEAR (TS 15-3-21, Rec 526/20). **1983**
6) Cuando la norma establece un **plazo mínimo y máximo para el trámite de alegaciones**, la Administración goza de discrecionalidad para concretar dicho plazo; pero si cuando la Administración concedió el plazo mínimo sin justificación alguna con relación a las circunstancias del caso, se produjo una ausencia de respuesta por su parte a la petición del contribuyente de una ampliación del plazo, dicha ampliación así obtenida no puede ser entendida como dilación imputable al contribuyente (TS 30-9-19, Rec 6276/17).
7) La **denegación** por la Inspección **de una solicitud de ampliación del plazo** para presentar alegaciones por la razón exclusiva de que su concesión determinaría la superación del plazo de actuaciones inspectoras supone un incumplimiento del deber de motivación que resulta contrario al principio de buena administración y a los principios que informan la ordenación y aplicación del sistema tributario. Se exige una **motivación suficiente** que valore la petición atendiendo a las circunstancias concurrentes y, en especial, si la negativa a la ampliación puede condicionar o dificultar las posibilidades de defensa del interesado (TS 8-7-24, EDJ 617244).
8) Se plantea la impugnación de **liquidaciones del IBI** amparadas en la circunstancia sobrevenida de haberse declarado por sentencia firme que los inmuebles sobre los que se giraron las liquidaciones tenían naturaleza rústica y no urbana, cuando los contribuyentes no habían recurrido la valoración catastral, que había devenido firme y consentida. De acuerdo con el principio de buena administración no basta la mera observancia estricta de procedimientos y trámites, sino que más allá se reclama la plena efectividad de garantías y derechos reconocidos al contribuyente, permitiendo que el sujeto pasivo pueda discutir el valor catastral del inmueble, base imponible del impuesto, aun existiendo la **valoración catastral firme** en vía administrativa (TS 19-2-19, Rec 128/16).
9) En relación con una **sanción** por contrabando de tabaco, se ha fijado como doctrina que la fecha de **inicio del cómputo del plazo máximo de resolución** en el procedimiento sancionador a los efectos de apreciar la existencia o no de caducidad, es la de la notificación de la comunicación de inicio del procedimiento y no desde la fecha de las actuaciones previas, debiéndose entender que la inactividad injustificada de la Administración desde la finalización de aquellas hasta el inicio del expediente sancionador conculca el derecho del interesado a la buena administración en su manifestación de no sufrir dilaciones indebidas y conlleva la nulidad de las posteriores actuaciones llevadas a cabo (TS 4-11-21, Rec 8325/19).

SECCIÓN 3

Lugar y tiempo de las actuaciones inspectoras

(LGT art.151 y 152; RGGI art.90, 174 y 182)

1985

La normativa administrativa general se encuentra recogida en la Ley del Procedimiento Administrativo Común de las Administraciones Públicas -**LPAC**- (L 39/2015-) y en la Ley del Régimen Jurídico del Sector Público -**LRJSP**- (L 40/2015). **1987**
Tal normativa no contiene ninguna regulación sobre el lugar y tiempo de realización de las actuaciones de los procedimientos administrativos. No obstante, en las actuaciones inspectoras son importantes los **actos de instrucción** realizados cerca del obligado tributario, para lo que se dota a los órganos de Inspección de importantes facultades de entrada y registro, lo que determina la trascendencia de los requisitos de tiempo y lugar de este tipo de actuaciones, cuya **vulneración** puede suponer la invalidez de las actuaciones.

A. Lugar

(LGT art.151; RGGI art.174)

1990

1. Ámbito de aplicación

(LGT art.151; RGGI art.174)

1992 La LGT regula esta materia en un artículo titulado «lugar de las actuaciones inspectoras», que se encuentra dentro de la sección dedicada al procedimiento de inspección. La expresión «actuaciones inspectoras» utilizada tanto en la denominación del artículo como en su contenido, denota que esta regulación se aplica a todo tipo de actuaciones inspectoras, y no solo a las del procedimiento de inspección. Además, las **limitaciones** que establece a la facultad de examen de la documentación contable (examen, salvo consentimiento, en los locales del obligado tributario y en presencia del mismo o de persona que este designe) no es lógico que se refieran exclusivamente a las actuaciones de comprobación e investigación y no a otro tipo de actuaciones, como las de obtención de información.

Por lo tanto, pese a la incorrecta ubicación sistemática del citado artículo, su ámbito de aplicación no se refiere solo al procedimiento de inspección sino a todo tipo de actuaciones inspectoras, salvo que tengan alguna **regulación específica**, como ocurre en el caso de las actuaciones de comprobación limitada.

Por otra parte, el **desarrollo reglamentario** deja claro que su ámbito de aplicación se refiere a todo tipo de actuaciones inspectoras.

2. Regla general

(LGT art.151.1; RGGI art.174)

1995 Con carácter general, las actuaciones inspectoras pueden desarrollarse **indistintamente** en los siguientes lugares:

- donde el obligado tributario tenga su domicilio fiscal (nº 2010), o en el lugar donde su representante tenga su domicilio, despacho u oficina (nº 2015);
- donde se realicen total o parcialmente las actividades gravadas (nº 2020);
- donde exista alguna prueba (nº 2025);
- en las oficinas de la Administración tributaria (nº 2005);
- en los lugares anteriores o en otro lugar, cuando dichas actuaciones se realicen a través de los sistemas digitales.

A continuación se analizan tanto los diversos lugares en los que se pueden llevar a cabo las actuaciones inspectoras (nº 2000 s.), como otras cuestiones de carácter general que afectan a las mismas (nº 2030 s.).

Precisiones Las actuaciones de la Administración y de los obligados tributarios en los procedimientos de aplicación de los tributos pueden realizarse a través de **sistemas digitales** que, mediante la videoconferencia u otro sistema similar, permitan la comunicación bidireccional y simultánea de imagen y sonido, la interacción visual, auditiva y verbal entre los obligados tributarios y el órgano actuante, y garanticen la transmisión y recepción seguras de los documentos que, en su caso, recojan el resultado de las actuaciones realizadas, asegurando su autoría, autenticidad e integridad (LGT art.99.9).

a. Lugares de desarrollo de las actuaciones

(LGT art.142.2 y 151.1 y 2)

2000 Al margen de las actuaciones que se realicen a través de **sistemas digitales** (nº 1995), los lugares en los que pueden desarrollarse las actuaciones inspectoras pueden agruparse en **dos grandes grupos**: en las oficinas de la Administración tributaria y fuera de las mismas. En las primeras no se necesita ninguna facultad específica, pero las segundas suponen el acceso a domicilios o a propiedades particulares, para lo que se requiere contar con una facultad específica de entrada.

2005 **Oficinas de la Administración tributaria** (LGT art.34.1.k y 151.1.d) La Administración tributaria debe actuar de forma que la actuación resulte lo menos gravosa posible, por lo que, en principio, debe actuar en las oficinas de la Inspección más próximas al domicilio fiscal del obligado tributario. Para llevar a cabo las actuaciones inspectoras en sus oficinas es necesario que los **elementos** sobre los que hayan de realizarse dichas actuaciones puedan ser examinados en ellas.

Fuera de las oficinas de la Administración tributaria (LGT art.113, 142.2 y 151; RGGI art.172 redacc 249/2023) Para que la Inspección pueda fijar que las actuaciones se van a realizar fuera de las oficinas de la Administración tributaria, se requiere que se cumplan los **requisitos** necesarios para poder acceder a dicho lugar (nº 1740 s.). Por eso, en caso de falta de consentimiento de entrada por parte del interesado, se requiere autorización judicial, si se trata de un domicilio constitucionalmente protegido, o acuerdo de entrada del delegado o del director de departamento del que dependa el órgano actuante en otro caso. 2007
A continuación, se analizan ciertas particularidades relativas a:
- el domicilio constitucionalmente protegido (nº 2010);
- el domicilio fiscal, despacho u oficina del representante del obligado tributario (nº 2015);
- el lugar de realización de las actividades (nº 2020);
- el lugar donde exista alguna prueba (nº 2025).

Domicilio constitucionalmente protegido (LGT art.113 y 151; RGGI art.172 redacc RD 249/2023) Cuando la entrada o reconocimiento afecte al domicilio constitucionalmente protegido de un obligado tributario, se precisa el **consentimiento** del interesado o **autorización judicial**. 2010
El acuerdo de entrada, suscrito por la autoridad competente, debe incorporarse a la solicitud de autorización judicial.
La solicitud de autorización judicial para la ejecución del acuerdo de entrada en el mencionado domicilio debe estar debidamente **justificada** y motivar la finalidad, necesidad y proporcionalidad de dicha entrada.
Para un análisis más exhaustivo, ver nº 1810 s.

Domicilio fiscal, despacho u oficina del representante del obligado tributario (LGT art.151.1.a) 2015
No se exige que el domicilio, despacho u oficina del representante esté situados dentro de la **demarcación territorial** de la Delegación de la Agencia del domicilio del representado. Ahora bien, si ello supone que las actuaciones inspectoras han de realizarse fuera del ámbito territorial del órgano actuante, se requiere la autorización correspondiente.

Lugar de realización de las actividades (LGT art.151.1.b y 2) La Inspección puede personarse, **con o sin previa comunicación**, en las empresas, oficinas, dependencias, instalaciones o almacenes del obligado tributario donde se realicen total o parcialmente las actividades gravadas. 2020

Precisiones 1) En relación con quién deben entenderse los órganos de la Inspección si se personan **sin previa comunicación**, ver nº 1730.
2) En relación con los **deberes de colaboración** de los obligados tributarios respecto del lugar para el ejercicio de las funciones inspectoras en caso de personación de la Inspección, ver nº 1880.

Lugar donde exista alguna prueba (LGT art.151.c) Se trata de una **fórmula de cierre**, que permite la realización de actuaciones en cualquier otro lugar distinto de los anteriores donde puedan obtenerse pruebas, aunque sea de forma parcial, del hecho imponible o del presupuesto de hecho de la obligación tributaria. Puede tratarse de fincas y locales que no pertenezcan al obligado tributario, por ejemplo, locales de un tercero en los que se encuentran almacenadas mercancías, depositados bienes, o donde se encuentra depositada documentación del obligado tributario. 2025

b. Otras cuestiones generales

(LGT art.151.1, 3 y 6; RGGI art.174.1 y 180.2)

Dado los diversos lugares donde se pueden realizar las actuaciones inspectoras, se plantea la duda tanto sobre la posible elección del mismo (nº 2035) como sobre su comunicación al interesado (nº 2040). 2030

Determinación del lugar (LGT art.151.1, 3 y 6; RGGI art.174.1 y 180.2) No se establece **ningún orden de prioridad** entre los lugares de desarrollo de las actuaciones inspectoras (nº 2000 s.), por lo que su fijación se determina discrecionalmente por los órganos de la Inspección. La norma a este respecto es clara, al establecer que las actuaciones inspectoras pueden desarrollarse indistintamente, según determine la inspección en determinados lugares. Asimismo, en el **desarrollo reglamentario** se dispone que pueden desarrollarse en cualquiera de los lugares 2035

establecidos según determinen los órganos de Inspección y que la dirección de las actuaciones corresponde a los órganos de Inspección, que deciden el lugar, día y hora en que deben realizarse las actuaciones.
Así pues, tanto la LGT como el RGGI establecen que la **iniciativa para fijar el lugar** en el que se van a desarrollar las actuaciones inspectoras (nº 2000 s.), corresponde a la Inspección de los Tributos, aunque lo habitual es que se fije de común acuerdo. No obstante, si el obligado tributario es una **persona con discapacidad** o con movilidad reducida, la inspección se desarrolla en el lugar que resulte más apropiado a la misma (nº 2080).
Por otra parte, existen determinadas reglas especiales que obligan a que determinadas actuaciones deban desarrollarse en **lugares específicos**, como es el examen de los originales de la contabilidad del obligado tributario, que debe efectuarse en el domicilio, local, despacho u oficina del obligado tributario, salvo que este consienta su examen en las oficinas públicas (nº 2050 s.).
Por tanto, el lugar en el que han de desarrollarse las actuaciones inspectoras es determinado en cada caso por los órganos de la Inspección, con las limitaciones establecidas por las reglas especiales (nº 2045 s.).

Precisiones Los órganos de la inspección deben fijar el lugar de desarrollo de las actuaciones donde se garantice el **buen fin de la concreta acción inspectora**, y si son varios los que lo permiten, en el lugar que resulte menos gravoso para el obligado tributario (LGT art.34.1.k; RGGI art.180.4).

2040 **Comunicación del lugar** (LGT art.142.3; LPAC art.19) El obligado tributario requerido por la Inspección debe personarse, por sí o por medio de representante, en el lugar, día y hora señalados para la práctica de las actuaciones. Además del lugar, fecha y hora de la comparecencia, en la **citación** debe constar expresamente el objeto de la comparecencia y los efectos de no atenderla. Esta citación inspectora puede efectuarse por medio de comunicación o diligencia.

3. Reglas especiales

(LGT art.151; RGGI art.174.2 y 3)

2045 Se establecen determinadas **limitaciones** a los lugares en donde se pueden desarrollar las actuaciones inspectoras en función del tipo de documentación a examinar (nº 2050 s.), las circunstancias del obligado tributario (nº 2080) o el tipo de actuación inspectora (nº 2085).

Precisiones La Inspección **competente** en función del domicilio fiscal del obligado tributario puede examinar libros, documentos, etc., aunque se refieran a actividades o bienes que radiquen en ámbito territorial distinto al de su competencia. Asimismo, los órganos inspectores **no competentes** en función del domicilio fiscal del obligado pueden actuar, en su caso, en los lugares establecidos tanto en las reglas generales (nº 1995 s.) como en estas reglas especiales que radiquen en ámbito territorial de su competencia (RGGI art.174.3).

2050 **Lugar de examen de la documentación** (LGT art.151.3 y 4; RGGI art.174.2) Como **regla general**, cuando se pretenden examinar libros o documentos relacionados con una **actividad empresarial, profesional**, etc., debe hacerse en el domicilio, local, despacho u oficinas del obligado tributario donde legalmente deban hallarse los libros oficiales de contabilidad, registros u otros documentos. La norma alcanza a los libros y documentación mencionados en la LGT art.142.1: documentos, libros, contabilidad principal y auxiliar, ficheros, facturas, justificantes, correspondencia con trascendencia tributaria, bases de datos informatizadas, programas, registros y archivos informáticos relativos a actividades económicas.
El examen debe efectuarse en presencia del obligado o de la persona que él designe.
No obstante, se establecen determinadas **excepciones** en las que se pueden examinar en las oficinas de la **Administración tributaria**. Así ocurre cuando:
- existe previa conformidad del obligado tributario. La conformidad tiene que constar en diligencia;
- se trata de copias, en cualquier soporte, de los libros y documentos;
- se trata de registros y documentos establecidos por normas de carácter tributario o de los justificantes exigidos por estas (nº 2070);
- no se trata de actividades económicas, y los documentos y justificantes necesarios para la comprobación estén establecidos por normas de carácter tributario o sean justificantes necesarios para probar los hechos o circunstancias consignados en las declaraciones.

2060 Precisiones 1) Aunque la normativa mercantil no regula expresamente el **lugar de llevanza de la contabilidad**, se dispone que el examen de la contabilidad debe realizarse en el establecimiento del empresario, en su presencia o en la de la persona que comisione, debiendo adoptarse las medidas oportunas para la debida conservación y custodia de los libros y documentos (CCom art.33.1). De lo anterior se deduce que los libros de contabilidad deben encontrarse en el lugar en que deben exhibirse, por lo que deben estar a disposición de la Inspección en el establecimiento del empresario.

La contabilidad se puede llevar y conservar tanto en papel como en medios informáticos. En el caso que se lleve la contabilidad por **medios informáticos**, se obliga no solo a conservar los programas que sirvan de soporte, sino también todos aquellos sistemas de codificación que permitan la interpretación de los datos.

2) En los casos de **disolución** de una sociedad mercantil, la responsabilidad recae sobre los liquidadores, durante el periodo de liquidación. Una vez que se haya producido esta y se haya extinguido la sociedad, se prevé el depósito de los libros de comercio, la correspondencia, la documentación y los justificantes en el Registro Mercantil, salvo que en la escritura de liquidación los liquidadores hubieran asumido el deber de conservación de dichos libros y documentos durante el plazo de seis años a contar desde la fecha del asiento de la cancelación de la sociedad, o hubiesen manifestado que la sociedad carece de ellos (RD 1784/1996 art.247.5). En el caso de que se hayan registrado, esta obligación de conservación le incumbe al registrador mercantil.

3) La **comparecencia del obligado tributario** en las oficinas de la Administración tributaria con la documentación contable equivale al consentimiento tácito, ya que la falta de oposición a tal medida, es decir, la falta de expresión de la disconformidad y la concurrencia voluntaria del sujeto pasivo ante las oficinas públicas supone un acto de conformidad con tal medida (AN 3-12-96, EDJ 500028; 26-3-15, EDJ 53056; TS 20-3-12, EDJ 44810).

4) No vulnera el derecho a la inviolabilidad del domicilio, la entrada en el de la sociedad con consentimiento de su **representante legal** para el examen y copia de la documentación obrante en el ordenador de la empresa y en el servidor relevante tributariamente. Tampoco lesiona el derecho al secreto de las comunicaciones el acceso a **correos electrónicos** almacenados en el ordenador de la empresa y en su servidor. La actuación no es desproporcionada cuando se ajusta a los términos de la LGT art.142.1 y 151.3 (TS 14-6-23, EDJ 597168).

Libros y registros exigidos por las normas tributarias (LGT art.136.2.c -redacc L 13/2023- y 151.4; RGGI art.29.1 y 174.2.c) Los órganos de la Inspección pueden requerir la presentación en las **oficinas de la Administración tributaria** para su examen, de los registros y demás documentos establecidos específicamente por normas de carácter tributario (registros, declaraciones, etc.) o de los justificantes exigidos por estas a que se refiere la LGT art.136.2.c (nº 5177). La norma no establece ninguna limitación por el volumen de la documentación a examinar. 2070

Los libros registros deben conservarse en el **domicilio fiscal** de obligado tributario, salvo lo dispuesto en la normativa tributaria, que puede fijar en determinados casos que la aportación y llevanza de los libros registro se deba de efectuar de forma periódica y por **medios telemáticos**.

Así, los sujetos pasivos del IVA con varios establecimientos situados en TIVA, pueden llevar en cada uno de ellos los libros registros, en los que han de anotar por separado las operaciones efectuadas desde dichos establecimientos, siempre que los **asientos resúmenes** de estos se trasladen a los correspondientes libros registros generales que deben llevarse en el domicilio fiscal (RIVA art.62.4).

Los órganos de la Inspección tienen la **opción** de examinar esta documentación en las oficinas públicas o en el domicilio o local del obligado tributario.

Precisiones Los sujetos pasivos del IVA obligados a liquidar el impuesto **mensualmente**, están obligados a llevar los libros registro del impuesto en la sede electrónica de la AEAT, mediante el suministro telemático de los registros de facturación denominado Suministro Inmediato de Información -SII- (RIVA art.62.6). Este sistema supone el suministro electrónico de la facturación en un breve período de tiempo, acercando el momento del registro o contabilización, al de realización efectiva de las operaciones económicas (nº 10994 s. Memento Fiscal 2024). 2072

Personas con discapacidad o movilidad reducida (LGT art.151.6) Si el obligado tributario es una persona con discapacidad o movilidad reducida, la inspección se desarrolla en el lugar que resulte **más apropiado** para el obligado entre los descritos en las reglas generales (nº 1995 s.). 2080

Esta norma se refiere al caso de discapacidad o movilidad reducida del obligado tributario, pero no del **representante**. En este último caso, aunque no se recoge en la norma, lo habitual es que la Inspección valore esta circunstancia. Dada la finalidad de la norma, si el obligado tributario con discapacidad o movilidad reducida actúa por medio de representante, los lugares que resulten más apropiados son cualquiera de los establecidos en las reglas generales (nº 1995 s.), por lo que no rige ninguna limitación.

Actuaciones inspectoras de comprobación limitada (LGT art.136.4 redacc L 13/2023) La Inspección de los tributos puede realizar actuaciones de comprobación limitada (nº 5170 s.). Las comprobaciones limitadas tienen restricciones respecto a las **facultades**, por lo que las liquidaciones en las que pueden finalizar son siempre provisionales. Además, tienen limitaciones respecto al lugar de las actuaciones, ya que solo pueden realizarse en las oficinas de la Administración tributaria, salvo las que procedan según la normativa aduanera o para realizar comprobaciones censales, o las relativas a la aplicación de métodos objetivos de tributación. 2085

Desde el **26-5-2023**, también pueden realizarse fuera de las oficinas de la Administración tributaria aquellas actuaciones de comprobación limitada que procedan para el examen de la contabilidad.

B. Tiempo

(LGT art.152; RGGI art.90 y 182)

2090 La LGT regula el horario de las actuaciones en la sección dedicada al procedimiento de inspección, señalando que pueden desarrollarse fuera de la jornada y sin el consentimiento del obligado tributario, en los términos reglamentariamente establecidos, cuando las circunstancias de las actuaciones lo exijan. Esta habilitación reglamentaria se circunscribe, pues, al procedimiento de inspección, y no a otras actuaciones inspectoras (requerimientos de información, actuaciones de valoración al margen de un procedimiento inspector, etc.). Por eso, en la regulación del horario de las actuaciones inspectoras se distinguen dos **casos**:

a) Las **actuaciones del procedimiento de inspección** (LGT art.152.3; RGGI art.182). Su peculiaridad reside en que, de acuerdo con la habilitación de la LGT se permite actuar fuera de la jornada de trabajo de la oficina pública cuando lo requieran las circunstancias de las actuaciones, así como actuar fuera de la jornada laboral de la oficina o actividad del obligado tributario, con autorización del Delegado o Director del Departamento correspondiente (exigida **si no hay consentimiento** del obligado tributario), cuando se considere necesario para que no desaparezcan, se destruyan o alteren elementos de prueba o se requiera una especial celeridad.

b) Las **actuaciones inspectoras distintas** del procedimiento de inspección (RGGI art.90). Se deben realizar dentro de la jornada de trabajo de la oficina pública o de la jornada laboral de la oficina o actividad, y solo se admite actuar fuera de la jornada laboral en caso de consentimiento del obligado tributario.

Los días y horas en los que pueden desarrollarse las actuaciones inspectoras se determinan en función del **lugar** en el que se desarrollan las actuaciones: oficinas públicas (nº 2095 s.), locales del obligado tributario (nº 2105 s.), y otros lugares (nº 2120). También se analiza la fijación del horario (nº 2125).

2095 **Oficinas de la Administración tributaria** (LGT art.152.1; RGGI art.90 y 182) Si la actuación inspectora tiene lugar en sus propias dependencias u otras oficinas públicas, ha de ajustarse al **horario oficial** de apertura al público y, en todo caso, dentro de la jornada de trabajo vigente. Así, se permite que se efectúen actuaciones en las oficinas públicas **fuera del horario** de atención al público siempre que se realice dentro de la jornada de trabajo vigente. Así, si el horario de apertura al público fuera de 9 a 14 horas y la jornada de trabajo de los funcionarios fuera de 8 a 15:30 horas, se puede continuar la comparecencia después de las 14 horas y dentro de la jornada de trabajo, en vez de citar al obligado tributario para el siguiente día hábil.

Aunque la normativa solo se refiere al horario de las actuaciones, de la misma se deduce que las actuaciones deben efectuarse en los **días hábiles** de trabajo, que son los únicos que cuentan con horario de apertura y jornada de trabajo.

Precisiones 1) El **carácter hábil o inhábil** de los días se atiene al calendario de fiestas laborales de ámbito nacional, junto con el calendario de las autonómicas y locales.
2) En el ámbito administrativo los **sábados** son días inhábiles (LPAC art.30.2).

2100 **Regla especial** (LGT art.152.3; RGGI art.182.1) Se permite que reglamentariamente se establezcan reglas especiales cuando las circunstancias de las actuaciones lo exijan. Esta habilitación solo se ha utilizado para las actuaciones del procedimiento inspector, pero no se ha contemplado para otro tipo de actuaciones inspectoras. Así, las actuaciones del **procedimiento inspector** en las oficinas de la Administración tributaria pueden realizarse fuera de los días y horas señalados (nº 2095) cuando lo requieran las circunstancias de dichas actuaciones o medie el consentimiento del obligado tributario.

Precisiones 1) El caso de **consentimiento** no plantea mayores dificultades, pero el supuesto de que «lo requieran las circunstancias de las actuaciones» plantea problemas al tratarse de un concepto jurídico indeterminado, y no quedar claro si se trata de un acto recurrible o no.
2) No se regula el **mutuo consentimiento** como supuesto para que pueda actuarse fuera de los días y horas anteriores para las demás actuaciones inspectoras (obtención de información, valoración, etc.), lo cual no parece lógico.

2105 **Locales del interesado** (LGT art.152.2; RGGI art.182.2) Si la Inspección actúa en los locales del interesado, debe observarse la **jornada laboral** de la oficina o el local en el que se desarrolle la actividad, salvo acuerdo entre las partes para actuar en otros días y horas.

La regla anterior se puede exceptuar por **mutuo acuerdo**. Es lógico que la norma permita la posibilidad de actuar fuera de los días u horas anteriores si ambas partes están interesadas en ello. Los motivos que pueden aconsejar elegir un horario distinto pueden ser múltiples, como, por ejemplo, no afectar al desarrollo normal de la actividad.
Así, como **regla general** los órganos de la Inspección deben actuar en los días y horas en los que se realizan las actividades de la empresa. Por ejemplo, si se trata de una actividad de feria o atracciones que solo opera en días festivos o de una discoteca o local de espectáculos que solo abre en horario nocturno, las actuaciones inspectoras desarrolladas en esos locales deben adecuarse a dichos días y horas de actividad, salvo acuerdo en contrario.

Reglas especiales (LGT art.152.3; RGGI art.182.2) Se permite que reglamentariamente se establezcan reglas especiales cuando las circunstancias de las actuaciones lo exijan. Esta habilitación solo se ha utilizado para las actuaciones del procedimiento inspector. Por eso las actuaciones del **procedimiento inspector** pueden realizarse fuera de la jornada laboral de oficina o de la actividad cuando medie el consentimiento del titular o cuando, sin mediar este consentimiento pero con autorización previa del órgano competente de la Administración tributaria, se considere necesario para que no desaparezcan, se destruyan o alteren elementos de prueba o las circunstancias del caso requieran que las actuaciones inspectoras se efectúen con una especial celeridad. **2110**
Cuando se disponga de autorización judicial para la entrada en el **domicilio constitucionalmente protegido** del obligado tributario, los días y horas de las actuaciones deben ajustarse a lo que disponga dicha autorización (RGGI art.90.3).

Precisiones 1) El caso de consentimiento no plantea mayores dificultades, pero los otros supuestos plantean problemas al tratarse de un **concepto jurídico indeterminado**, y no quedar claro si se trata de un acto recurrible o no. **2115**
2) En el caso de la AEAT, el **órgano competente** para otorgar la autorización es el Delegado o el Director de Departamento. El obligado tributario puede pedir copia de la autorización.
3) En la AEAT, es frecuente que los **Delegados Especiales deleguen** en los Delegados de la Agencia la competencia para la realización de actuaciones inspectoras fuera de la jornada laboral en caso de que se cumplan los requisitos para ello y no medie el consentimiento del obligado tributario, respecto de los equipos y unidades de inspección de la correspondiente Delegación. Lógicamente, esta situación no se produce en las Delegaciones Espaciales uniprovinciales. Dicha delegación se efectúa de acuerdo con lo dispuesto en la LRJSP art.9.
4) No puede entenderse que exista una imposición de actuaciones fuera del **horario laboral**, si se iniciaron en tal horario, aunque se alargaron más allá del mismo (AN 2-3-07, EDJ 22086).

Otros lugares Las actuaciones inspectoras también pueden desarrollarse en el **domicilio fiscal** del obligado tributario o su representante o en otros lugares en los que existan pruebas del hecho imponible, que pueden ser lugares en los que no exista una actividad económica. Estos supuestos no se encuentran regulados, y lo normal es su fijación de común acuerdo. **2120**

Determinación del tiempo de las actuaciones (RGGI art.180.2) La dirección de las actuaciones corresponde a los **órganos de Inspección**, cuyos funcionarios deciden el lugar, día y hora en que deben realizarse las actuaciones. **2125**
Por eso, los órganos de la Inspección pueden elegir el día y hora del desarrollo de las actuaciones, dentro de los días y horas señalados (nº 2095). Pero para actuar **fuera de dichos días y horas** se requiere el consentimiento del interesado, o en caso del procedimiento de inspección, que concurran los requisitos excepcionales establecidos reglamentariamente y se obtenga la autorización correspondiente (nº 2110).

Precisiones Los órganos de la Inspección deben fijar el lugar y horario de desarrollo de las actuaciones donde se garantice el **buen fin de la concreta acción inspectora**, y si son varios los que lo permiten, deben elegir la forma que resulte menos gravosa para el desarrollo normal de las actividades laborales o económicas del obligado tributario (LGT art.34.1.k; RGGI art.180.4).

SECCIÓN 4

Documentación de las actuaciones inspectoras

(LGT art.99.7 y 143)

2130

2132 Las actuaciones inspectoras, al igual que el resto de actuaciones de la Administración tributaria en los procedimientos de aplicación de los tributos, se documentan en comunicaciones, diligencias e informes. Las **actas** son documentos específicos de una de las distintas clases de actuaciones inspectoras: las actuaciones de comprobación e investigación. Tradicionalmente se ha conferido a las actas una especial relevancia en el procedimiento de inspección, por ser el documento en el que se refleja el resultado de las actuaciones de comprobación e investigación, regulándose incluso de forma más pormenorizada que el acto de liquidación que pone fin al procedimiento.

Precisiones 1) La LPAC ha generalizado la **tramitación electrónica** de los expedientes administrativos (nº 2315 s.). La exposición de motivos de dicha norma señala que un funcionamiento íntegramente electrónico de la Administración no solo sirve mejor a los principios de eficacia y eficiencia, al ahorrar costes a ciudadanos y empresas, sino que también refuerza las garantías de los interesados.
2) Los **actos administrativos** se han de producir por escrito a través de medios electrónicos, a menos que su naturaleza exija otra forma más adecuada de expresión y constancia (LPAC art.36.1).

A. Comunicaciones

(LGT art.99.7 y 143; RGGI art.97)

2135

2140 **Concepto** (LGT art.99.7) Las comunicaciones son los documentos a través de los cuales la Inspección de los tributos se relaciona unilateralmente con cualquier persona en el ejercicio de sus funciones.
A través de las comunicaciones la Inspección:
- pone **hechos o circunstancias en conocimiento** del obligado tributario (inicio de un procedimiento, ampliaciones de plazo, inicio trámite de audiencia, cambio de actuario, etc.);
- efectúa los **requerimientos** que sean necesarios a cualquier persona o entidad (requerimientos de obtención de información, de comparecencia en las oficinas públicas, para subsanar los defectos advertidos en la documentación aportada por el obligado, etc.).
El contenido propio de las comunicaciones puede incorporarse al de las diligencias que se extiendan (nº 2170 s.). Así, si las circunstancias o hechos se ponen de manifiesto o los requerimientos se efectúan **en presencia del obligado tributario**, normalmente, se extiende una diligencia y no se entrega una comunicación al obligado tributario.

2141 Precisiones 1) Existen actuaciones inspectoras que únicamente se documentan a través de las comunicaciones remitidas por el órgano inspector. Este es el caso de las actuaciones de **obtención de información**, en las que el requerimiento se documenta en una comunicación en la que ha de identificarse claramente la documentación requerida y el plazo concedido para atender dicho requerimiento. Sin embargo, en otras actuaciones, como las propias del procedimiento inspector, en las que es habitual su desarrollo en presencia del obligado tributario, su documentación exige la formalización de diligencias, sin perjuicio de que también se emitan las comunicaciones que se consideren necesarias.
2) En el curso de un procedimiento de inspección, pueden emitirse, entre otras, las siguientes **comunicaciones**:
- de **inicio** del procedimiento de inspección o citación;
- donde se documentan **requerimientos de documentación** no realizados en presencia del obligado tributario;

- la suspensión del **cómputo del plazo** del procedimiento, salvo que dicha comunicación pueda perjudicar la realización de investigaciones judiciales (nº 3355 s.). También la concurrencia de circunstancias que determinen la extensión del plazo del procedimiento (nº 3410 s.);
- la apreciación de las circunstancias que determinan que el **plazo del procedimiento** sea de 27 meses y no de 18 si así se hizo constar en la comunicación de inicio (nº 3320 s.);
- la puesta en conocimiento del obligado tributario del **cambio de equipo** o unidad al que se haya atribuido el desarrollo de la comprobación;
- puesta de manifiesto del **expediente** y de la fecha para la firma de las actas;
- del **cumplimiento del plazo** del procedimiento inspector con indicación de las obligaciones y períodos por los que continúa el procedimiento (RGGI art.184.3).

Contenido (LGT art.150.2; RGGI art.87.3 y 4 y 97) Las comunicaciones deben contener, **al menos**, los siguientes datos: **2145**
a) El **lugar y fecha** de su expedición. El lugar es, normalmente, el de las oficinas del órgano inspector que emite la comunicación.
b) La **identificación** de la persona o entidad a la que se dirige, a quien se pone en conocimiento un hecho determinado o se efectúa un requerimiento.
c) El **lugar** al que se dirige.
d) Los **hechos o circunstancias** que se comunican o el requerimiento que se efectúa.
e) El **órgano** que la expide e identificación y firma de la persona que la emite. Este último requisito es de gran relevancia, pues permite conocer al destinatario de la documentación si se ha emitido o no por el órgano competente.
Cuando se comunique el **inicio de un procedimiento** debe indicar, asimismo:
a) La **naturaleza** del procedimiento que se inicia (requerimiento de obtención de información, actuación de comprobación limitada, procedimiento de inspección, entre otros).
b) El **objeto del procedimiento**, con indicación de las obligaciones tributarias y períodos a los que afecta.
c) El **requerimiento** que, en su caso, se formula al obligado tributario y **plazo** que se concede para su contestación o cumplimiento.
d) El **efecto interruptivo** del plazo legal de prescripción. La mención expresa de que mediante la comunicación se interrumpe el plazo legal de prescripción del derecho de la Administración a determinar la deuda tributaria mediante la oportuna liquidación o a imponer las sanciones que proceda, es un requisito exigido por la norma reglamentaria. No obstante, su incumplimiento no permitiría negar el efecto interruptivo de la comunicación, siempre que conste su notificación al obligado tributario y en la misma se refleje un acto tendente a ejercer los derechos cuyo plazo de prescripción pretende interrumpirse.
e) En su caso, la indicación de la **finalización de otro procedimiento** cuando dicha finalización se derive del inicio del nuevo procedimiento. La LGT contempla expresamente la posibilidad de que el procedimiento de devolución, el de verificación de datos y el de comprobación limitada finalice por el inicio de otro procedimiento en el que las facultades de comprobación de la Administración sean más amplias.
f) El **plazo aplicable** al procedimiento.

Las comunicaciones remitidas en el desarrollo de actuaciones inspectoras normalmente contienen también las siguientes **advertencias**: **2147**
- el **incumplimiento** del requerimiento contenido en la comunicación puede ser constitutivo de resistencia, obstrucción, excusa o negativa a las actuaciones de la Administración tributaria (nº 6977 s.);
- la **extensión** de la duración del procedimiento inspector cuando el obligado tributario aporta de forma tardía documentación que le ha sido previamente requerida o aporte documentación una vez apreciada la necesidad de aplicar el método de estimación indirecta (nº 3418);
- la existencia de **circunstancias sobrevenidas** que determinan que el **plazo** pase a ser de 27 meses en lugar de 18 (nº 3338).

Precisiones **1)** Si los requerimientos contenidos en la comunicación se hacen **sin la presencia del obligado tributario**, se debe conceder un plazo no inferior a 10 días, contado desde el siguiente al de su notificación, para que comparezca, aporte la documentación o atienda el requerimiento efectuado. **2150**
En las **reiteraciones** de aportación de documentación que no deba hallarse a disposición inmediata de la Administración, con carácter general el plazo es de 5 días hábiles (RGGI art.171.3).
2) En relación con el **inicio del procedimiento de inspección** mediante comunicación, ver nº 2945 s.
3) La falta de cita expresa de la LGT art.127 y RGGI art.153 en el acuerdo de inicio del procedimiento inspector, no implica la falta de validez de la finalización del **procedimiento de devolución** derivada de la normativa reguladora de cada tributo, toda vez que su finalización deriva de la propia ley (TS 8-1-24, EDJ 500815).

2155 **Formalización** (RGGI art.97.3 y 185.2) Ninguna norma obliga a que las comunicaciones se extiendan en un **modelo preestablecido**, aunque se deben producir a través de medios electrónicos con carácter general (LPAC art.36.1). No obstante, la Administración tributaria y en especial la Inspección de los tributos de la AEAT, sí suele utilizar determinados modelos de comunicación, especialmente para el inicio de las actuaciones de comprobación e investigación.

Las comunicaciones deben incorporarse al expediente y son **firmadas** por el mismo actuario que las remite con las siguientes salvedades:

- la comunicación de **inicio del procedimiento de inspección**, que se firma por el funcionario o los funcionarios que vayan a firmar las actas;
- los **requerimientos de obtención de información**, que se firman por el actuario que las remita, pero únicamente como el funcionario que refleja por escrito la orden del órgano competente para realizar dicho requerimiento, que es el Inspector-Jefe (LPAC art.36.2).

Las comunicaciones, una vez firmadas por el funcionario o funcionarios competentes, han de ser objeto de **notificación** a los obligados tributarios con arreglo a Derecho (nº 2400 s.).

2160 Precisiones 1) Si las comunicaciones se refieren a **requerimientos relativos al obligado tributario**, deben firmarse por el personal inspector que esté interviniendo o participe en las actuaciones en cuestión, con la **excepción** de:

- requerimiento a **autoridades sometidas al deber de informar y colaborar**. Si se dirigen a juzgados y tribunales, al Servicio Ejecutivo de la Comisión de Prevención del Blanqueo de Capitales e Infracciones Monetarias, o a la Comisión de Vigilancia de Actividades de Financiación del Terrorismo se deben realizar directamente por el superior jerárquico del órgano inspector que pretenda obtener la información (RGGI art.56);
- procedimiento para realizar determinados **requerimientos a entidades dedicadas al tráfico bancario o crediticio**. En estos casos se requiere que el órgano inspector antes de formular la petición obtenga la autorización bien del Delegado de la AEAT (si los órganos inspectores están adscritos a las Dependencias Regionales de Inspección o a la Delegación Central de Grandes Contribuyentes) bien del Director del Departamento de Inspección Financiera y Tributaria (si los órganos inspectores dependen directamente del mismo) (RGGI art.57).

2) Están **obligados a relacionarse electrónicamente** con la Administración y por tanto a recibir sus notificaciones por medios electrónicos determinados sujetos (nº 2494). A diferencia de la regulación tributaria (RD 1363/2010), en estos casos no se precisa una notificación previa para la aplicación efectiva del régimen de notificaciones electrónicas (nº 2485 s.). Así lo ha entendido la doctrina administrativa (TEAC 22-1-21; 25-1-21).

2165 **3)** En el procedimiento de inspección no se prevé la **comunicación telefónica** como medio de comunicación con el obligado tributario. La comunicación en el sentido técnico utilizado en la normativa es un documento que debe estar firmado por el actuario o por el Inspector-Jefe y que ha de ser notificado por cualquier medio que permita tener constancia de la recepción y de la fecha e identidad del acto notificado (TSJ Baleares 14-1-97, EDJ 500073; TS 17-10-17, EDJ 215432).

4) No es necesario comunicar la **ampliación del alcance de las actuaciones** mediante una diligencia, pues las comunicaciones son los medios documentales mediante los cuales la Inspección puede poner en conocimiento de los obligados tributarios cualquier hecho o circunstancia (TSJ C.Valenciana 11-3-05, EDJ 94571).

5) La no mención expresa del efecto de la **interrupción de la prescripción** del impuesto y ejercicios objeto de comprobación no puede ser considerada como un vicio invalidante de la comunicación, pues este efecto no deriva del contenido de la comunicación, sino de la propia LGT (TSJ Madrid 31-3-08, EDJ 51720).

B. Diligencias

(LGT art.99.7 y 107; RGGI art.98 y 99)

2170

1. Concepto

(LGT art.99.7)

2175 Las diligencias son **documentos públicos** que extiende la Inspección de los Tributos para:

- hacer constar los **hechos** que resultan de la apreciación personal del funcionario que las suscribe;

- recoger las **manifestaciones** del obligado tributario o de la persona con la que se entienden las actuaciones inspectoras, siempre que dichas manifestaciones tengan relevancia tributaria (LGT art.34.1.q);
- poner hechos o circunstancias **en conocimiento** del obligado tributario o efectuarle **requerimientos**, al poderse incorporar a las diligencias el contenido propio de las comunicaciones.
Las diligencias no pueden contener **propuestas de liquidación**. Son los documentos por los que se incorporan al expediente los hechos que fundamentan la propuesta de liquidación, pero esta propuesta no se formula en una diligencia, sino en un acta.

Precisiones Las diligencias y las actas son los únicos documentos extendidos por la Inspección de los Tributos que tienen la **naturaleza** de documento público. El acto de liquidación regulariza la situación tributaria del obligado partiendo de los hechos acreditados en el expediente, pero carece de efecto probatorio alguno.

2. Contenido

(RGGI art.98)

Contenido mínimo (RGGI art.98.1 y 99.2) El contenido **necesario** de toda diligencia es el siguiente: 2180

a) El **lugar y fecha** de su expedición. La diligencia se extiende en el lugar donde se practique la actuación inspectora que esté documentando (nº 1990 s.).

b) La **identificación y firma** del funcionario que la extiende, que puede ser electrónica. En la diligencia debe identificarse de forma completa el funcionario que interviene, pues solo tiene el valor propio de los documentos públicos si se extiende por un funcionario del órgano competente en el ejercicio de sus funciones. La firma del funcionario es, asimismo, requisito para su validez.

c) La **identificación y firma de la persona** con la que se entienden las actuaciones, así como el carácter o representación con el que interviene. Las actuaciones que integran el procedimiento de inspección y que se documentan en las diligencias no siempre tienen que desarrollarse con el obligado tributario. Por eso es necesario identificar la persona que interviene en cada actuación y señalar si interviene en representación del obligado tributario o en nombre propio. Respecto a los casos en que la persona no quiere o no puede firmar, ver nº 2216.

d) La **identificación del obligado tributario** al que se refiere la actuación que se esté desarrollando. Así, si la diligencia documenta la visita de la Inspección de los Tributos a los locales del obligado tributario inspeccionado, debe identificarse este, aunque las actuaciones se hayan desarrollado con otras personas. Si la diligencia documenta una actuación de obtención de información, debe identificarse el obligado tributario al que se dirige el requerimiento.

e) El **procedimiento o actuaciones** en cuyo curso se expide. Las diligencias pueden extenderse 2181
en cualquier tipo de actuaciones inspectoras, ya sean de comprobación e investigación, de obtención de información, de valoración, etc. Es necesaria su formalización cuando en el procedimiento de que se trate se realicen actuaciones en presencia del obligado tributario o de cualquier otra persona obligada a atender a la Inspección. La naturaleza esencialmente contradictoria del procedimiento inspector determina que la práctica totalidad de las actuaciones que integran el mismo se documenten en diligencias.

f) Los **hechos y circunstancias** que se hagan constar. Han de ser hechos y circunstancias que resulten de la constancia personal del actuario. Si se trata de hechos y circunstancias **relatados** por las personas con las que se entiendan las actuaciones se recogen como manifestaciones de los mismos.

Esta **distinción** es de gran relevancia, por ser distintos los efectos probatorios en uno y otro caso. El carácter de documento público de la diligencia determina que se entiendan probados los hechos reflejados en la misma que resulten de la constancia personal del actuario. Tratándose de hechos o circunstancias relatados por otras personas, los efectos de estas manifestaciones son los propios de una confesión, o una prueba testifical, siempre que la diligencia aparezca debidamente firmada por la persona con la que se entiendan las actuaciones (nº 2225).

g) Las **manifestaciones** con relevancia tributaria realizadas por el obligado tributario. La normativa reconoce el derecho de los obligados tributarios a que sus manifestaciones con relevancia tributaria sean recogidas en las diligencias extendidas en los procedimientos tributarios (nº 877). Por tanto, la Inspección de los tributos no debe reflejar en diligencia cualquier manifestación del obligado tributario, sino únicamente aquellas que tengan relevancia tributaria, sin perjuicio del derecho del obligado tributario a presentar durante la tramitación del procedimiento y, en particular, durante el trámite de audiencia o de alegaciones, los documentos que estime oportunos.

2185 **Contenido adicional** (RGGI art.98.2) Los **hechos y circunstancias** que, entre otros, pueden hacerse constar en diligencia son:

a) La **iniciación de la actuación o procedimiento**. Cuando las actuaciones inspectoras se inician por la personación de la Inspección en las oficinas, locales o domicilio del obligado tributario sin previa comunicación, esta actuación se recoge en una diligencia que debe incluir el contenido propio de la comunicación de inicio del procedimiento de inspección. En este caso, los efectos de la formalización de la diligencia y de la notificación de la comunicación de inicio coinciden (nº 2980).

b) Las **comunicaciones y requerimientos** que se realicen a los obligados tributarios. Si la Inspección de los Tributos estima necesario poner en conocimiento del obligado tributario cualquier hecho o circunstancia o efectuarle cualquier **requerimiento** y este o su representante se halla en su presencia, no le remite una comunicación, sino que incorpora a la diligencia que extienda al finalizar la actuación con el obligado tributario, los hechos o circunstancias que deban ser comunicados o el requerimiento que considere necesario realizar. Las diligencias son el medio documental usual para efectuar los requerimientos de documentación o información al propio obligado tributario en el seno del procedimiento de inspección. Solo cuando el obligado tributario o su representante no se encuentren en presencia de la Inspección, los hechos que se considere necesario poner en conocimiento del obligado tributario o el requerimiento se incorporan a una comunicación.

c) Los **resultados de las actuaciones de obtención de información**. Las actuaciones de obtención de información pueden desarrollarse directamente en los locales, oficinas o domicilio de la persona o entidad en cuyo poder se hallen los datos correspondientes, o mediante requerimiento para que tales datos, informes, antecedentes y justificantes con trascendencia tributaria sean remitidos o aportados a la Administración tributaria. En el primer caso y cuando el obligado tributario no se limita a remitir los datos y documentación requeridos, sino que los aporta personándose en las oficinas de la Inspección, se extiende la oportuna diligencia en la que se documenta la visita inspectora o la comparecencia del obligado tributario.

2190 **d)** La **adopción de medidas cautelares** en el curso del procedimiento y la descripción de estas. En la diligencia que debe extenderse se hace constar sucintamente las **circunstancias** que determinan la adopción de la medida y se comunica al obligado tributario su derecho a formular alegaciones. Esta diligencia debe extenderse en el mismo momento en el que se adopte la medida cautelar, salvo que no sea posible por causas no imputables a la Inspección, en cuyo caso se extiende lo antes posible y se remite una copia al obligado tributario (nº 3980 s.). La adecuada **documentación** de la medida cautelar mediante la extensión de la diligencia es un requisito fundamental para que el Inspector-Jefe pueda valorar si esta se ha adoptado conforme a lo dispuesto en la normativa aplicable.

e) Los **hechos resultantes de la comprobación** de las obligaciones. Se debe hacer constar en diligencia los hechos determinantes de la obligación tributaria o de su cuantificación que sea conveniente documentar para su incorporación al respectivo expediente administrativo. No obstante, hay que tener en cuenta que, salvo que se trate de hechos que resulten de la **constancia personal** del actuario o de manifestaciones del propio obligado tributario, la incorporación de un hecho a una diligencia no determina, por sí misma, que dicho hecho se considere probado. Estos hechos que se reflejan en las diligencias con el objeto de facilitar su incorporación al respectivo expediente deben estar debidamente soportados por otros medios probatorios que formen parte del expediente. En la diligencia solo han de recogerse los hechos resultantes de la comprobación, y no los resultados de la aplicación de la norma a dichos hechos. Las **calificaciones jurídicas** y las propuestas de liquidación resultantes de las mismas son el contenido propio de las actas y de los actos de liquidación, pero no de las diligencias.

f) La **representación** otorgada mediante declaración en comparecencia personal del obligado tributario ante el órgano administrativo competente. Una forma de acreditar la representación en el curso de las actuaciones inspectoras es mediante el **poder apud acta** (presencial). El obligado tributario y la persona a la que se quiere apoderar comparecen personalmente ante el funcionario de inspección y manifiestan en su presencia su voluntad de conferir la representación y la aceptación de esta. Estas manifestaciones de los comparecientes se recogen por la Inspección en una diligencia que es firmada por el funcionario, el obligado tributario y el representante (nº 1050 s.). Esta diligencia, por su naturaleza de **documento público**, hace prueba de la personación del obligado tributario y de la persona que va a actuar como su representante ante el actuario, así como de que el primero ha declarado en presencia del actuario su voluntad de apoderar al segundo para actuar en el procedimiento de inspección.

Contenido relativo a otro procedimiento (RGGI art.98.3) Pueden hacerse constar en diligencia los **hechos y circunstancias** determinantes de la iniciación de otro procedimiento o que deben ser incorporados en otro ya iniciado, en particular: 2195

a) Las acciones u omisiones que pueden ser constitutivos de **infracciones tributarias**. La diligencia en que se haga constar la conducta del obligado tributario tipificada por la ley como infracción tributaria se incorpora al procedimiento sancionador, en el que se analiza la existencia o no de culpabilidad en dicha conducta y en el que, en su caso, se cuantifica la sanción a imponer.

En el procedimiento de inspección normalmente no se formalizan diligencias dirigidas específicamente a su incorporación al **procedimiento sancionador**, ya que la posible conducta constitutiva de infracción tributaria resulta de las actas en las que se contiene la propuesta de liquidación. Por eso, se incorporan al procedimiento sancionador las actas y la totalidad de los documentos, incluidas las diligencias, que sustentan los hechos recogidos en dichas actas. No obstante, si en el seno del procedimiento de inspección se ponen de manifiesto hechos que puedan ser constitutivos de infracciones tributarias distintas de aquellas que determinan un perjuicio económico a la Hacienda Pública, este hecho se documenta en una diligencia con el objeto de incorporarla, junto con cualquier otro medio de prueba referido al mismo, al procedimiento sancionador. La **tramitación** de este procedimiento sancionador puede corresponder, incluso, al mismo actuario que esté desarrollando el procedimiento inspector, pero ha de incoarse necesariamente un procedimiento distinto y separado para sancionar la conducta puesta de manifiesto en el procedimiento inspector. Asimismo, es necesario reflejar el hecho constitutivo de infracción tributaria en una diligencia cuando la **competencia para sancionar** corresponda a otro órgano distinto del actuante, al que se le remite formalmente dicha diligencia.

b) Las acciones u omisiones que pueden ser constitutivos de **delitos** no perseguibles únicamente a instancia de la persona agraviada. Entre los deberes de la Inspección figura la obligación de poner en conocimiento de la autoridad judicial o del Ministerio Fiscal los hechos que conozca en el curso de sus actuaciones y que puedan ser constitutivos de este tipo de delitos. Estos hechos se hacen constar en diligencia que se remite por medio de la autoridad competente al Ministerio Fiscal o al órgano judicial que corresponda. Esta diligencia, como documento público, tiene el valor probatorio que corresponda en el seno del proceso penal que, en su caso, se instruya. 2196

c) La identificación de quienes puedan ser **responsables solidarios o subsidiarios** de la deuda y de la sanción tributaria, así como las circunstancias y antecedentes que pudieran ser determinantes de la responsabilidad. Los órganos de Inspección solo son **competentes** para dictar el acto declarativo de responsabilidad durante el período voluntario de pago de la deuda o sanción exigida al obligado tributario. Normalmente, el acto de declaración de responsabilidad se dicta por los órganos de Recaudación. No obstante, en numerosas ocasiones el supuesto de hecho determinante de la responsabilidad se pone de manifiesto durante el desarrollo del procedimiento inspector. En estos casos, los órganos de Inspección deben recoger en diligencia las circunstancias o hechos que determinen dicha responsabilidad, y remitir esta diligencia a los órganos de Recaudación competentes para que tramiten el procedimiento en el que se declara la responsabilidad que corresponda.

Esta **colaboración** entre los órganos con competencias inspectoras y los órganos de recaudación es cada vez mayor, dado que:

- en el curso del procedimiento de inspección puede quedar **acreditado** en numerosas ocasiones los supuestos de hecho que determinan la existencia de una responsabilidad solidaria o subsidiaria; y
- la **remisión** al órgano de recaudación competente para declarar la responsabilidad de los hechos determinantes de la misma, documentados en las oportunas diligencias, permite a la Administración acortar la tramitación de este procedimiento y dirigirse a los responsables inmediatamente después de la falta de pago del deudor principal.

d) Los hechos determinantes de la iniciación de un procedimiento de **comprobación del domicilio fiscal**. En el desarrollo de actuaciones de comprobación e investigación relativas a otras obligaciones tributarias puede ponerse de manifiesto que el obligado ha declarado incorrectamente su domicilio fiscal o que no ha declarado su cambio. En estos casos, las circunstancias que acrediten dónde radica realmente el domicilio fiscal del obligado tributario se reflejan en una diligencia que se remite al Administrador, Delegado o Director de Departamento competente, según los casos, para iniciar el procedimiento de comprobación del domicilio fiscal, pues dicha competencia no corresponde a los órganos de la Inspección de los Tributos. 2200

e) Los hechos que puedan constituir **infracción de la legislación mercantil, financiera u otras**. La diligencia en la que se reflejen los mismos es remitida a la autoridad administrativa o judicial competente (Dirección General de Seguros, CNMV, etc.).
No obstante, hay que tener en cuenta el **carácter reservado de los datos** con trascendencia tributaria, de forma que los datos, informes o antecedentes obtenidos por la Inspección de los Tributos en el ejercicio de sus funciones solo pueden ser cedidos o suministrados a terceros en los supuestos previstos en la Ley, sin que dichos supuestos amparen la comunicación a los respectivos órganos supervisores de cualquier infracción administrativa (nº 290).
f) Los hechos que puedan ser **trascendentes para otros órganos** de la misma o de otra Administración: hechos determinantes de la exacción de tributos cedidos a las Comunidades Autónomas o de tributos locales, hechos que pongan de manifiesto la incorrección de los datos catastrales, etc. En este caso, no rige la limitación señalada en el número anterior, ya que la normativa ampara que la información obtenida por la Inspección actuante sea remitida a cualquier otra Administración tributaria siempre que pueda resultar útil para el ejercicio de sus funciones (nº 2255).
g) El resultado de las actuaciones de comprobación realizadas con entidades dependientes integradas en un **grupo fiscal**, que tribute en régimen de consolidación fiscal en IS o, en el régimen especial de grupos en IVA. La comprobación del IS de un grupo fiscal se realiza en el mismo procedimiento de inspección en el que se comprueban las obligaciones tributarias de la entidad dominante. En cada entidad dependiente se comprueban las obligaciones tributarias que le correspondan como contribuyente y se realizan las actuaciones de colaboración que se estimen oportunas respecto de la tributación del grupo por el régimen de consolidación fiscal. El resultado de estas actuaciones de colaboración se documenta en una diligencia que se remite al órgano que esté desarrollando las actuaciones de comprobación e investigación de la entidad dominante y del grupo fiscal (nº 4624 s.). También deben documentarse en diligencia la comprobación del IVA de las entidades dependientes integradas en un grupo que tributó por el Régimen Especial de Grupo de Entidades (nº 4651 s.).

2201 Precisiones **1)** El contenido de las diligencias en las que se recoge el resultado de las actuaciones de comprobación realizadas con las **entidades dependientes** de un grupo que tribute en el régimen de consolidación fiscal en el IS o el régimen especial de grupos en IVA, conocidas como diligencias A04, se separa del contenido normal de la diligencia (nº 4610).
2) Con la generalización de la firma electrónica, las diligencias quedan incorporadas al **expediente electrónico** de forma automática. En estos casos se elimina la digitalización del documento para su incorporación al expediente.
3) La Inspección debe limitarse a documentar en diligencia los hechos puestos de manifiesto en la comprobación, sin que puedan incorporarse a la misma propuestas de liquidación. Por el contrario, las **manifestaciones de obligado tributario** que deben recogerse en diligencia pueden referirse tanto a hechos como a la aplicación de la norma.
4) La diligencia no contiene **propuesta de regularización** de la situación tributaria del contribuyente. Es un documento preparatorio de las actas (AN 3-12-96, EDJ 500028; TSJ C.Valenciana 24-7-02, EDJ 98412).
5) Deben **constar** de modo pormenorizado y concreto los **hechos y circunstancias** en las diligencias en los que se documenten, para que el contribuyente conozca suficientemente estos hechos que determinan la regularización propuesta en el acta (TSJ C.Valenciana 21-7-10, EDJ 278853).

2205 **6)** A título de **ejemplo**, se documentan en diligencia:
- los hechos que afecten a la comprobación del **IVA a la importación** que se pongan de manifiesto en el seno de un procedimiento desarrollado por la Dependencia Regional de Inspección, para su remisión a la Dependencia de Aduanas e Impuestos especiales;
- los hechos puestos de manifiesto en el seno de un procedimiento de inspección desarrollado por la AEAT que afecten a la comprobación del **IAE** competencia de una entidad local, para su remisión a esta última;
- los hechos puestos de manifiesto en el seno de un procedimiento de inspección desarrollado, por ejemplo, por la Dependencia Regional de Inspección de Madrid, que afecten a un obligado tributario con **domicilio fiscal** en Oviedo, para su remisión a la Dependencia Regional de Inspección de Asturias;
- los hechos puestos de manifiesto en un procedimiento de inspección desarrollado por la AEAT que tengan trascendencia para la **Inspección de Trabajo**, para su remisión a esta última;
- los hechos puestos de manifiesto en un procedimiento de inspección que afecten a un obligado tributario domiciliado en la Unión Europea, en el marco de **intercambio espontáneo de información** recogido en las Directivas comunitarias, para su remisión a la oficina de enlace del país correspondiente;
- la concurrencia de **circunstancias sobrevenidas** que determinan que el plazo de procedimiento sea de 27 meses y no de 18 meses cuando así se informa en las comunicaciones de inicio del procedimiento inspector notificadas;
- la concurrencia de circunstancias que determinan la **suspensión o la extensión del plazo** del procedimiento.

3. Formalización

(RGGI art.99)

No se condiciona la validez de las diligencias a que se extiendan conforme a un **modelo** previamente establecido. No obstante se dispone que, siempre que sea posible, sí se utilicen dichos modelos. 2215
La Inspección de los Tributos del Estado normalmente extiende sus diligencias en papel del órgano actuante (p.e. Oficina Nacional de Investigación del Fraude, Dependencia de Control Tributario y Aduanero, Dependencia Regional de Inspección ...) en el que:
- se identifica en la parte superior el **obligado tributario** al que se refieren las actuaciones que se documentan en la diligencia;
- se identifica a la **persona** con la que se desarrollan las actuaciones y el carácter con el que interviene;
- se identifica, cuando es posible, el **objeto de la diligencia**: de notificación, de comprobación de obligaciones formales, etc.;
- se incluye un **párrafo introductorio** con el siguiente contenido: «En... a las... horas del día... de... de... constituida la Inspección de los Tributos en... y en presencia de... se extiende la presente diligencia con el objeto de...»;
- se señalan los hechos que resultan de la constancia personal del actuario y las **manifestaciones** de la persona con la que se entiendan las actuaciones y, en su caso, se efectúan los requerimientos y las comunicaciones que se consideren oportunas;
- se indica el **carácter de documento público** que tiene la diligencia y su extensión por duplicado;
- se consignan las **firmas** del compareciente y del actuario, que puede ser mediante firma electrónica, dando cumplimiento a la LPAC, que prevé que se han de emitir preferentemente a través de **medios electrónicos**.
De cada diligencia debe extenderse al menos dos ejemplares; uno de ellos debe ser entregado al compareciente. En el caso de que se haya suscrito mediante firma electrónica, la entrega del ejemplar puede sustituirse por la entrega de los datos necesarios para su acceso por medios electrónicos adecuados.

La **firma del actuario** es esencial para poder acreditar que se trata de un documento emitido por un funcionario competente en el ejercicio de sus funciones, y así reconocer los efectos probatorios oportunos. 2216
La **firma del obligado tributario** acredita que el mismo tiene conocimiento del contenido de la diligencia y, si no hace observación alguna al respecto, que está conforme con los hechos reflejados en la misma y que acepta como propias las manifestaciones que en la diligencia se señala que ha realizado el obligado tributario.
La **negativa o la imposibilidad de firmar** de la persona con la que se entienden las actuaciones se hace constar en la diligencia, haciéndole entrega del ejemplar correspondiente. En este caso, aunque no figure la firma de la diligencia, esta, como documento público, hace prueba de que se le ha entregado una copia al obligado tributario, por lo que se le da por notificado de su contenido. Si, suscribiendo o no la diligencia, el compareciente se niega a recibir un ejemplar de la misma o, a recibir los datos necesarios para su acceso por medios electrónicos se debe, asimismo, hacer constar, considerándose dicha negativa un rechazo a efectos de entenderse notificado su contenido, de acuerdo con el régimen general previsto en la LGT, conforme al cual el rechazo de la notificación por el interesado o su representante implica que se tenga por efectuada la misma.
En la documentación en diligencia de **actuaciones sin presencia de persona** alguna, la diligencia es firmada únicamente por el actuario mediante firma electrónica. En este caso, la Inspección debe remitir un ejemplar de la misma al obligado tributario o ponérsela de manifiesto junto con el resto del expediente en el trámite de audiencia.
En cuanto a la **tramitación** de las diligencias, si solo producen efectos en el procedimiento inspector en que se han formalizado, deben incorporarse necesariamente al expediente, con el objeto de acreditar los hechos resultantes de la comprobación que finalmente se recogerán en las actas.
Si en la diligencia se recogen hechos o circunstancias que pueden tener **trascendencia en otro procedimiento** de aplicación de los tributos o sancionador, se remite una copia de la misma al órgano competente para su tramitación.

4. Valor probatorio

(LGT art.107)

2225 Las diligencias son **documentos públicos** y, como tales, hacen prueba de los hechos que motiven su formalización, salvo que se acredite lo contrario. Si el actuario recoge en diligencia un hecho o circunstancia que resulte de su apreciación personal (por ejemplo, que un archivador contiene determinada documentación, que no responde nadie en el domicilio del obligado tributario, que el compareciente se niega a firmar la diligencia), estos hechos se consideran probados mediante la incorporación al expediente de la diligencia en la que se recogen. No obstante, no se trata de una prueba que no admita otra en contrario o que tenga un valor superior a otro tipo de pruebas. El **obligado tributario** puede alegar y aportar los elementos que estime oportunos para desvirtuar los hechos que consten en la diligencia correspondiendo en un primer momento al órgano competente para liquidar, y con posterioridad a los tribunales, valorar libremente las distintas pruebas incorporadas al expediente.

Este valor probatorio existe siempre que la diligencia haya sido extendida por el **funcionario competente** (el actuario integrado en el equipo o unidad al que el Inspector-Jefe haya ordenado la realización de las actuaciones) en el ejercicio de sus funciones. Por eso, basta con que la diligencia esté firmada por el funcionario que la emite para que tenga el valor probatorio de los documentos públicos, sin que sea necesaria la firma del obligado tributario, ni de otro funcionario que actúe como testigo.

No obstante, la **aceptación mediante firma** por el obligado tributario de los hechos reflejados en la diligencia conlleva que al valor probatorio propio de los documentos públicos se una el valor de la confesión, de forma que el interesado solo puede rectificar dichos hechos o las manifestaciones recogidas en la diligencia mediante prueba de haber incurrido en error de hecho al aceptarlos (nº 3135 s.). Por eso, si el obligado tributario no acepta la descripción de los hechos que recoge el funcionario en la diligencia o considera que las manifestaciones reflejadas en la misma no son exactas, debe manifestar su **disconformidad** con el contenido de la diligencia. La disconformidad con el contenido de la diligencia no altera su naturaleza de documento público, pero evita considerar que los hechos o manifestaciones consignadas en la misma resulten de la confesión del propio obligado tributario.

2226 Precisiones 1) El valor probatorio de las diligencias se mantiene aunque el obligado tributario manifieste su **disconformidad** a la propuesta de regularización formulada en el acta (TSJ Sevilla 26-7-02, EDJ 78317).

2) Cabe **prueba en contrario** respecto a los hechos reflejados en una diligencia, pero si el obligado tributario no hace esfuerzo probatorio alguno para desvirtuar los mayores ingresos comprobados reflejados en la diligencia, es procedente la liquidación fundamentada en la misma (TEAF Gipuzkoa 28-4-05).

3) El actuario se limitó a integrar en la base imponible las partidas que el propio sujeto pasivo admitió haber consignado erróneamente como gastos, sin que deba estimarse el argumento de indefensión alegado por el mismo, al ser datos declarados por él, y sin que sea admisible que la **firma de las diligencias** solo supone que el contribuyente se da por notificado de su contenido, al ser estas documentos públicos y hacer prueba de lo que en ellas se contiene (TS 17-7-08, EDJ 144041).

4) El **valor probatorio** de las diligencias debe medirse a la luz del principio de libre valoración de la prueba, teniendo en cuenta que el valor probatorio solo puede referirse a los hechos comprobados directamente por el funcionario, quedando fuera de su alcance las calificaciones jurídicas, los juicios de valor o las simples apreciaciones que los Inspectores consignen (TCo 76/1990).

5) Es válida la diligencia redactada por agentes de la **Guardia Civil** ya que estos, como miembros de las Fuerzas y Cuerpos de Seguridad del Estado, tienen encomendada la realización de los servicios y actuaciones encaminadas al descubrimiento de las infracciones tipificadas en la normativa que rige los II.EE. -RD 1165/1995 art.120- (TSJ Extremadura 12-5-14, EDJ 77931).

6) Cada diligencia emitida por el órgano de inspección no tiene por qué referirse a todos y cada uno de los ejercicios a los que la comprobación inspectora se extiende, a los Impuestos a los que alcanza o a un tema concreto para que las mismas tengan un carácter interruptivo de la prescripción en cada ejercicio. Las diligencias hay que enmarcarlas dentro de una **actuación global** de comprobación definida en la citación de inicio de aquella, en cuanto a ejercicios e Impuestos (TS 27-2-09, EDJ 50792).

C. Informes

(LGT art.99.7 y 143.1; RGGI art.100)

 2235

1. Concepto

(LGT art.99.7)

A diferencia de las comunicaciones y las diligencias, los informes no tienen por objeto hacer constar hechos o circunstancias o efectuar requerimientos. Mediante los informes el funcionario que los emite efectúa **juicios o valoraciones** sobre las consecuencias jurídicas de los hechos acreditados en el expediente. Los informes normalmente persiguen que el órgano competente para resolver disponga de todos los elementos de juicio necesarios para dictar una resolución ajustada a derecho. En el procedimiento inspector, los informes tienen por objeto, fundamentalmente, desarrollar los motivos que determinan la propuesta de liquidación que se incorpora al acta. 2240

2. Contenido

Los informes no se sujetan a un **modelo** preestablecido. No obstante, normalmente en todo informe puede diferenciarse: 2245
- un **encabezamiento**, en el que se indica el objeto del informe, se identifica el obligado tributario al que se refiere, el órgano emisor del informe y el órgano al que se dirige;
- los **hechos** que determinan la emisión del informe;
- los **fundamentos jurídicos** o el resultado de aplicar las normas a los hechos anteriores o el juicio que emite el funcionario que suscribe el informe;
- las **conclusiones** que sintetizan los fundamentos o valoraciones anteriores.

3. Clases

(LGT art.99.7; LPAC art.80; RGGI art.100)

Pueden distinguirse tres **clasificaciones** de los informes emitidos por los órganos de la Inspección de los Tributos: 2250
- informes emitidos a petición de terceros (nº 2255) o de oficio (nº 2260);
- informes preceptivos (nº 2265 s.) y no preceptivos (nº 2297);
- informes vinculantes y no vinculantes (nº 2300).

Emitidos a petición de terceros (LGT art.95 redacc L 13/2023; RGGI art.100.1 y 197.2) La Inspección de los tributos puede emitir los informes que le sean solicitados por otros órganos de la Administración tributaria, por otras Administraciones públicas y por los poderes legislativo y judicial, siempre que se fundamente la conveniencia de solicitarlos y cuyo **objeto** sean materias de carácter económico, financiero, jurídico o técnico que estén relacionadas con el ejercicio de sus funciones. 2255
Tanto en el caso de informes solicitados por **otros órganos de la propia AEAT** (solicitud de informe por los órganos del área de Gestión o Recaudación) como en las solicitudes de informes provenientes de órganos ajenos a la AEAT, la Inspección de los tributos debe limitarse en sus actuaciones de informe o asesoramiento a emitir su **juicio sobre las cuestiones planteadas** en la solicitud, partiendo de los datos que obren en su poder o que le comunique el órgano solicitante. Si con los datos reflejados en la petición de informe la Inspección no puede formarse un juicio sobre la cuestión planteada, solo pueden obtenerse estos datos adicionales mediante el desarrollo de actuaciones de obtención de información o iniciando, en su caso, un procedimiento de inspección.
Tratándose de informes solicitados por **órganos ajenos a la AEAT**, ha de tenerse en cuenta en estas actuaciones de informe el límite impuesto por el carácter reservado de los datos con trascendencia tributaria. La Inspección de los tributos puede emitir informe sobre diversas materias relacionadas con el ejercicio de sus funciones siempre que no implique la cesión de datos al margen de los supuestos legalmente previstos (entre otros, colaboración con otras Administraciones tributarias, colaboración con la Inspección del Trabajo y Seguridad Social, colaboración con las comisiones parlamentarias de investigación, etc., nº 290).

Entre los informes que pueden solicitar a la Inspección de los Tributos órganos ajenos a la AEAT, cabe señalar los solicitados por los Tribunales Económico-Administrativos, siempre que se consideren convenientes o necesarios para resolver la reclamación. En este caso, el Tribunal debe dar traslado de este informe, emitido normalmente por el órgano que dictó el acto impugnado, al obligado tributario, para que pueda presentar **alegaciones** al mismo (LGT art.235.3).

2256 Precisiones En determinadas **actuaciones de comprobación limitada** desarrolladas por los órganos de Gestión, estos pueden estimar necesario solicitar informe a los órganos de Inspección. Así, en la comprobación de una solicitud de devolución del IVA, puede solicitarse informe a la Inspección de los Tributos antes de dictar la resolución. En este caso, el órgano de Inspección ha de limitarse a fundamentar y justificar la aplicación de la normativa a los hechos que se describan en la petición de informe.

Si la Inspección considera que los datos reflejados en la petición no son suficientes para emitir el informe, la normativa contempla la posibilidad de que el procedimiento de comprobación limitada finalice mediante el inicio de un **procedimiento de inspección**, que, a su vez, finalizará mediante la formalización de las actas y el oportuno acto de liquidación.

Lo que no está previsto ni en la Ley ni en el Reglamento es que en estas actuaciones de informe y asesoramiento se ejerzan **facultades propias de otras actuaciones**, tales como las de comprobación e investigación o las de obtención de información.

2260 **Emitidos de oficio** Dentro de esta primera clasificación puede distinguirse, a su vez, los informes emitidos por la Inspección de los tributos por exigirlo una norma legal o reglamentaria y los informes no preceptivos, que pueden emitirse siempre que se consideren necesarios para la aplicación de los tributos. Esta subdivisión es coincidente con la segunda de las clasificaciones.

2265 **Preceptivos** (LGT art.15, 157, 158 y 159; RGGI art.100.2, 189, 192, 193 y 194; RSAN art.32) La normativa señala los siguientes informes que han de emitirse preceptivamente:
- estimación indirecta de bases o cuotas;
- hechos constitutivos de infracción tributaria (nº 2275);
- delitos contra la Hacienda Pública (nº 2280);
- comprobación de obligaciones formales (nº 2290); y
- declaración de conflicto en la aplicación de la norma (nº 2295).

2270 **Estimación indirecta de bases o cuotas** (LGT art.158.1; RGGI art.100.1 y 193.6) El informe que debe emitirse cuando resulte aplicable el método de estimación indirecta (nº 4688 s.), que ha de ser razonado, debe contener la siguiente **información**:

a. Las **causas** determinantes de la aplicación de este método de determinación de la base imponible.

b. La situación de la **contabilidad** y registros obligatorios del obligado tributario.

c. La justificación de los **medios elegidos** para la determinación de las bases, rendimientos o cuotas.

d. Los **cálculos** y estimaciones efectuados.

Cuando el acta en el que se recoja la propuesta de regularización resultante de la aplicación del método de estimación indirecta se suscriba en **disconformidad**, y se decida elaborar un informe de disconformidad, puede elaborarse un único informe en el que se recojan estas circunstancias, además del desarrollo de los fundamentos de derecho en los que se base la propuesta.

Precisiones El método de estimación indirecta de bases o cuotas es un método de aplicación subsidiaria respecto a los métodos de estimación directa y objetiva, por lo que se exigen en su aplicación unos **requisitos adicionales de motivación**, especialmente de las causas determinantes de la necesidad de aplicar este método subsidiario y la de los medios utilizados para estimar indirectamente la base imponible. La no emisión de este informe puede determinar la anulación de la liquidación dictada a partir de la base imponible estimada de forma indirecta, al haberse incumplido los requisitos adicionales de motivación.

2275 **Infracción tributaria** (RGGI art.100.2) Es preceptivo el informe cuando se recojan en diligencia hechos o conductas que puedan ser constitutivos de infracción tributaria y no corresponda al mismo órgano la tramitación del procedimiento sancionador. Normalmente, el **inicio y tramitación del procedimiento sancionador** que pueda incoarse como consecuencia de las conductas puestas de manifiesto como consecuencia de las actuaciones inspectoras corresponde al mismo equipo o unidad que haya desarrollado estas actuaciones. No obstante, el inicio y tramitación de dicho procedimiento puede corresponder a otro órgano distinto del actuante en aquellos casos en los que este no sea territorial o funcionalmente competente o cuando se trate de procedimientos sancionadores para la imposición de sanciones no pecuniarias. En estos supuestos, el equipo o unidad que haya desarrollado las actuaciones inspectoras debe recoger en diligencia los hechos que puedan ser constitutivos de infracción tributaria, señalando en un informe complementario la posible calificación de estos hechos atendiendo a las disposiciones que sean aplicables, y remitir la diligencia junto con el informe al órgano competente para acordar el inicio del expediente sancionador.

Delito contra la Hacienda Pública (LGT art.250 s.; RGGI art.100.2 y 197 bis a 197 sexies; RSAN art.32) Si la Inspección de los tributos estima en las conductas puestas de manifiesto durante la tramitación del procedimiento inspector **indicios** de delito contra la Hacienda Pública, debe pasar el tanto de culpa a la jurisdicción competente o remitir el expediente al Ministerio Fiscal y: 2280
- con **carácter general** practica liquidación conforme a lo dispuesto en el nº 7738 s.;
- en los **supuestos excepcionales** (nº 7768 s.) no se practica liquidación y la inspección se abstiene de continuar el procedimiento administrativo mientras la autoridad judicial no dicte sentencia firme, tenga lugar el sobreseimiento o el archivo de las actuaciones, o se produzca la devolución del expediente por el Ministerio Fiscal (nº 5584 s.).

Precisiones 1) Para poder remitir un expediente al Ministerio Fiscal o a la autoridad judicial competente, el órgano competente para dicha remisión (Delegado o Director del Departamento) debe contar necesariamente con el **informe del actuario** que esté desarrollando las actuaciones y con el **informe del Servicio Jurídico de la AEAT**. Los demás informes que puedan solicitarse a otros órganos tales como la Unidad Central de Coordinación en Materia de Delitos contra la Hacienda Pública, integrada en el Departamento de Inspección Financiera y Tributaria, no son preceptivos. No obstante, ninguno de estos informes tiene carácter vinculante para el órgano competente para adoptar la decisión de remitir el expediente al Ministerio Fiscal o al juez.
2) Los informes relativos a la posible **remisión del expediente** al Ministerio Fiscal o a la autoridad judicial no se trasladan al obligado tributario con carácter previo a dicha remisión, pero sí deben incorporarse al expediente, al que tendrá acceso el obligado tributario en el momento del trámite de audiencia, si finalmente se decide la continuación de las actuaciones administrativas.
3) La **apreciación de indicios de delito** contra la Hacienda Pública puede tener lugar en cualquier momento, con independencia de que se hubiera dictado liquidación administrativa o, incluso impuesta la sanción. En estos casos, las propuestas de liquidación y de sanción quedan sin efecto. Asimismo, se suspenden las liquidaciones y sanciones ya impuestas, en espera de la decisión que se adopte en la vía penal.

Comprobación de obligaciones formales (RGGI art.189.5 y 192) Cuando el objeto del procedimiento de inspección es verificar el adecuado cumplimiento de una obligación formal (presentación de declaraciones periódicas en cumplimiento del deber de información, cumplimiento de obligaciones de facturación, llevanza y conservación de la contabilidad y registros fiscales, etc.) el **resultado de las actuaciones de comprobación e investigación** no se recoge en un acta, sino en una diligencia a la que se acompaña, si se ha detectado algún incumplimiento, un informe en el que el actuario realiza las valoraciones jurídicas que considere oportunas de los hechos reflejados en la diligencia. 2290
El acta no es documento idóneo para documentar los resultados de las actuaciones de comprobación e investigación relativas a obligaciones formales, pues se trata de un documento que ha de incorporar en todo caso una propuesta de liquidación, lo que no es posible respecto a una obligación formal, al tratarse de obligaciones no pecuniarias. Por eso, el resultado de las actuaciones de comprobación de una obligación formal se documenta en una **diligencia** en la que se reflejan los hechos comprobados que, junto con el oportuno informe, se incorporará, en su caso, al expediente sancionador que se inicie.

Declaración de conflicto en la aplicación de la norma (LGT art.15 y 159; RGGI art.194) Existe conflicto en la aplicación de la norma tributaria cuando se evite total o parcialmente la realización del hecho imponible o se minore la base o deuda tributaria mediante la realización de **actos o negocios** que sean notoriamente artificiosos o impropios para la consecución del resultado obtenido, y que de los mismos no resulten otros efectos jurídicos o económicos relevantes, distintos del **ahorro fiscal** y de los efectos que se hubieran obtenido con los actos o negocios usuales o propios. 2295
La **apreciación** de un posible conflicto en la aplicación de la norma corresponde normalmente al equipo o unidad que esté desarrollando las actuaciones inspectoras.
Para que se pueda declarar su existencia, es necesario el previo informe favorable de la Comisión consultiva. Trimestralmente se deben publicar los informes de la Comisión consultiva en los que se haya apreciado conflicto en la aplicación de la norma tributaria.

Precisiones Para un estudio en detalle ver nº 4870 s.

Facultativos o no preceptivos (LGT art.99.7; RGGI art.100.1 y 167) La Inspección puede emitir de oficio los informes que estime necesarios para la aplicación de los tributos. Estos informes pueden ir dirigidos al órgano competente para resolver dentro de una **misma dependencia** 2297

inspectora, como el informe emitido por las Unidades de Planificación y Selección en el que se motiva la propuesta de inclusión en plan de un obligado tributario dirigida al Inspector-Jefe.
Normalmente, estos informes se emiten cuando se trasladan a **otros órganos** de la AEAT o a otra Administración tributaria hechos puestos de manifiesto durante las actuaciones inspectoras que pueden tener trascendencia en el ejercicio de las funciones del órgano al que se comunican los datos. Entre otros, los **supuestos** contemplados son:
- colaboración con **otras Administraciones tributarias**. Los resultados de las actuaciones inspectoras que puedan tener trascendencia tributaria para otras Administraciones tributarias se documentan en diligencia, a la que puede acompañarse un informe que se remite al órgano competente de dicha Administración; y
- colaboración con **otros órganos de la AEAT**. La Inspección de los tributos debe comunicar a otros órganos de la AEAT los datos que puedan ser útiles para el ejercicio de sus respectivas funciones. Asimismo, debe comunicar aquellos datos que pueden determinar el inicio de un procedimiento de aplicación de los tributos distinto del procedimiento de inspección. En estos casos, si se considera necesario, a la diligencia en que se recojan dichos datos se acompaña un informe en el que pueden realizarse las valoraciones jurídicas que se estimen oportunas.
Al margen de las actuaciones de colaboración señaladas, la Inspección de los tributos puede, asimismo, emitir informe dirigido a **otros órganos no integrados en la AEAT**, tales como los Tribunales Económico-Administrativos. Las reclamaciones interpuestas ante estos Tribunales deben dirigirse al órgano administrativo que dictó el acto. Este escrito de interposición se debe remitir al tribunal competente en el plazo de un mes junto con el expediente correspondiente, al que puede incorporarse un informe si se estima conveniente (nº 8768).

2298 Ejemplo En el curso de un procedimiento inspector relativo al IS se comprueba que la entidad A S.A. dejó de ingresar 12.000 €. En dichas actuaciones de comprobación e investigación se pone de manifiesto que el domicilio real de la entidad es distinto del declarado y que existen determinados activos no contabilizados, así como que la sociedad se dedujo determinadas cantidades en concepto de gastos en investigación y desarrollo (I+D).
Las circunstancias relativas al **domicilio real** de la entidad se deben reflejar en una diligencia y remitirse al órgano competente para acordar el inicio del procedimiento de comprobación del domicilio fiscal, que puede ser el Administrador, Delegado o Director de Departamento en función de dónde se encuentre el domicilio declarado y aquel al que se pretende promover su traslado, así como de la adscripción del obligado tributario.
Asimismo, la existencia de **activos no contabilizados** debe hacerse constar en diligencia y remitirla al órgano de recaudación a quien corresponda, en su caso, la tramitación del procedimiento de apremio si la entidad no satisface la cuota que se liquide finalmente en período voluntario de pago. Si la Inspección de los tributos considera oportuno emitir una opinión o valoración jurídica de estos hechos reflejados en la diligencia, debe recogerla en un informe complementario pues en las diligencias solo pueden hacerse constar hechos o manifestaciones del obligado tributario o de la persona con la que se entiendan las actuaciones.
Para determinar si la deducción practicada por gastos en investigación y desarrollo es procedente, el actuario puede solicitar informe a cualquier otro funcionario de la misma dependencia que, por su titulación como ingeniero o similar, cuente con los conocimientos técnicos necesarios para emitir un dictamen sobre la materia.

2299 **Actas de disconformidad** (LGT art.157.2; RGGI art.188 redacc RD 249/2023) En todas las actas, ya sean de conformidad, disconformidad o con acuerdo, se ha de recoger necesariamente los **elementos esenciales** del hecho imponible o presupuesto de hecho de la obligación tributaria y de su atribución al obligado tributario, así como los fundamentos de derecho en los que se base la regularización. No obstante, tratándose de actas de disconformidad, en las que el obligado tributario no acepta la propuesta contenida en el acta, se debe hacer constar expresamente esta circunstancia en el acta. Se puede acompañar un informe del actuario cuando sea necesario completar la información recogida en el acta.
Si se elabora este informe, se entrega al obligado tributario de forma conjunta con el acta (nº 4435 s.) y tiene una **doble función**, pues permite al obligado tributario ejercer de una forma más eficaz su derecho de defensa en el trámite de alegaciones posterior al acta y, al mismo tiempo, permite al Inspector-Jefe disponer de todos los elementos de juicio necesarios para dictar la resolución que ponga término al procedimiento de inspección.

2300 **Vinculantes y no vinculantes** Salvo disposición expresa en contrario, los informes son facultativos y no vinculantes. Así, tanto los informes que emitan los equipos y unidades que realizan actuaciones instructoras dirigidos al Inspector-Jefe, como los informes dirigidos a otros órganos integrados en la Administración tributaria o ajenos a esta, son un elemento más a tener en cuenta por el órgano competente para resolver, pero no determinan en ninguno de los supuestos señalados en los párrafos anteriores el sentido de esta resolución.

Precisiones Sí existen informes emitidos por otros órganos que son vinculantes para la Inspección de los tributos. Así, son **vinculantes**:
- El informe emitido por la Comisión consultiva en los supuestos de **conflicto en la aplicación de la norma**. Este informe es preceptivo (la Inspección debe solicitar necesariamente su emisión) y vinculante (la Inspección no puede separarse de lo declarado por la Comisión consultiva en el informe sobre la existencia o no de conflicto en la aplicación de la norma) (LGT art.15 y 159; RGGI art.194).
- El informe emitido por el Ministerio de Ciencia, Innovación y Universidades relativo al cumplimiento de los **requisitos científicos y tecnológicos** exigibles para calificar las actividades del sujeto pasivo como investigación y desarrollo o como innovación. Este informe sólo se emite si así lo decide el obligado tributario, pero en el caso de emitirse, su contenido es vinculante para la Inspección de los tributos (LIS art.35.4).

D. Actas

(LGT art.143 y 144; RGGI art.176 y 185)

Las actas son los **documentos públicos** que extiende la Inspección de los tributos con el fin de recoger el resultado de las actuaciones de comprobación e investigación, proponiendo la regularización que estime procedente de la situación tributaria del obligado o declarando correcta la misma. **2305**
Como en cualquier otro procedimiento administrativo, en el procedimiento inspector, una vez concluida la fase de instrucción y puesto de manifiesto el expediente, ha de redactarse la **propuesta de resolución**. No obstante, en el procedimiento de inspección el documento en el que se recoge dicha propuesta reviste una especial relevancia pues tiene la naturaleza de documento público, lo que supone que hacen prueba de los hechos que motivan su formalización, salvo que se acredite lo contrario (nº 4105 s.).

Precisiones **1)** La **especial trascendencia** de las actas en el procedimiento de inspección deriva de la distribución de competencias prevista en la redacción originaria del anterior Reglamento General de la Inspección de los Tributos (RD 939/1986), de acuerdo con la cual los órganos de Inspección únicamente proponían la liquidación que estimaban oportuna tras las actuaciones de comprobación e investigación, correspondiendo a los órganos de Gestión dictar la liquidación. La importancia de la formalización de las actas en el procedimiento de inspección se mantiene incluso en la **regulación actual**, aunque se trate de un simple acto de trámite. En este sentido destaca que tanto la LGT como el RGGI regulan el contenido de las actas mientras que no se hace referencia al contenido de la liquidación o acto resolutorio del procedimiento de inspección. **2306**
2) Las actas no solo pueden suscribirse mediante **firma** manuscrita, sino también mediante firma electrónica.
3) El informe ampliatorio es un documento que se emite con el objeto de ampliar y razonar jurídicamente la propuesta de regularización contenida en el acta, por lo que **no goza de la presunción de certeza** de las actas y diligencias, sin perjuicio de que sea un elemento más que integra el expediente, susceptible por ser valorado por el Tribunal respecto a los hechos descritos en el mismo (TSJ Madrid 30-9-08, EDJ 268856).

E. Actos de liquidación y otros acuerdos resolutorios

(LGT art.101 y 143; RGGI art.175, 189 y 190)

En la LGT, al regular la **documentación de las actuaciones inspectoras**, únicamente se refiere a las comunicaciones, diligencias y actas. No menciona el acto de liquidación que es el acto por el que finaliza el procedimiento de inspección, ni los acuerdos resolutorios que ponen fin a otras actuaciones inspectoras distintas de las propias del procedimiento de inspección. El RGGI, por el contrario, sí hace referencia a los actos de liquidación y demás actos resolutorios al establecer las normas generales relativas a la documentación de las actuaciones inspectoras. **2310**
El **acto de liquidación** es el acuerdo adoptado por el Inspector-Jefe a la vista de la propuesta contenida en el acta y de las alegaciones formuladas por el obligado tributario así como del resto de la documentación incorporada al expediente que pone término al procedimiento de inspección (nº 4475 s.).
No obstante, las actuaciones del procedimiento de inspección, si bien son las más importantes, no son las únicas actuaciones desarrolladas por la Inspección de los tributos. El acto que ponga fin a estas **actuaciones distintas de las del procedimiento de inspección** se documenta, según proceda, en diligencias, informes o en acuerdos resolutorios distintos de los acuerdos de liquidación, como por ejemplo, en los procedimientos para la aprobación de propuestas de valoración previa de operaciones, gastos, retribuciones y criterios de imputación temporal (nº 5315 s.).

SECCIÓN 5

Expedientes y documentos electrónicos

(LGT art.96; LPAC; LRJSP; RD 203/2021; RGGI art.58 y 82 a 86)

2315

A. Utilización de nuevas tecnologías

2318

1. Regulación de la Administración electrónica

(LGT art.96; RGGI art.58 y 82 a 86)

2320 En la actualidad, la **regulación** de la Administración electrónica principalmente se recoge en la LPAC, la LRJSP y reglamentariamente por el RD 203/2021. Además, son relevantes, con especial referencia a la Agencia Tributaria, entre otras, las siguientes:
- L 25/2013 de impulso de la factura electrónica;
- RGGI art.115 bis, en relación con las notificaciones a través de medios electrónicos;
- Rgto UE/910/2014 relativo a identificación electrónica y los servicios de confianza para las transacciones electrónicas en el mercado interior y por el que se deroga la Dir 1999/93/CE;
- RD 4/2010 por el que se regula el Esquema Nacional de Interoperabilidad en el ámbito de la Administración electrónica;
- RD 311/2022, por el que se regula el Esquema Nacional de Seguridad;
- OM HAC/1398/2003 por la que se establecen los supuestos y condiciones en que puede hacerse efectiva la colaboración social en la gestión de los tributos, y se extiende ésta expresamente a la presentación telemática de determinados modelos de declaración y otros documentos tributarios;
- OM EHA/2784/2009 por la que se regula la interposición telemática de las reclamaciones económico-administrativas y se desarrolla parcialmente la LGT disp.adic.16ª sobre utilización de medios electrónicos, informáticos y telemáticos en las reclamaciones económico-administrativas;
- OM PRE/878/2010 por la que se establece el régimen del sistema de Dirección Electrónica (actualmente integrada en el RD 203/2021);
- OM HAP/2194/2013 por la que se regulan los procedimientos y las condiciones generales para la presentación de determinadas autoliquidaciones y declaraciones informativas de naturaleza tributaria;
- OM HAP/800/2014 por la que se establecen normas específicas sobre sistemas de identificación y autenticación por medios electrónicos con la Agencia Estatal de Administración Tributaria;
- OM HAP/1949/2014 por la que se regula el Punto General de Acceso General de la Administración General del Estado y se crea su sede electrónica;
- OM PCM/1382/2021, que regula el Registro Electrónico General en el ámbito de la Administración General del Estado; y
- Resol AEAT 28-12-09 por la que se crea la sede electrónica y se regulan los registros electrónicos de la AEAT.

2321 Precisiones 1) La **derogada** L 11/2007 (LAE), de acceso electrónico de los ciudadanos a los Servicios Públicos, supuso un **hito decisivo** en la regulación jurídica del uso de los medios tecnológicos en el ámbito de las Administraciones Públicas, al ser la primera norma legal con carácter básico que ha regulado de forma sistemática y exhaustiva este importante proceso. Las previsiones contenidas en la LAE fueron desarrolladas por el actualmente derogado RD 1671/2009, de acceso electrónico de los ciudadanos a los servicios públicos.

2) Las siguientes actuaciones y procedimientos se rigen por su **normativa específica** y, supletoriamente, por lo dispuesto en la LPAC:

- las actuaciones y procedimientos de **aplicación de los tributos** en materia tributaria y aduanera, así como su revisión en vía administrativa;
- las actuaciones y procedimientos **sancionadores** en materia tributaria y aduanera.

2. Principios generales de la Administración electrónica

(LRJSP art.2 y 4; RD 2003/2021 art.2)

Los principios generales que rigen la Administración Electrónica son los siguientes, incluyéndose además algunos resultantes del ordenamiento en su conjunto: **2325**

- Respeto a la protección de **datos de carácter personal**, al honor y a la intimidad personal y familiar.
- **Igualdad**, no pudiendo el uso de medios electrónicos implicar la existencia de restricciones o discriminaciones para quienes se relacionen con las Administraciones por otros medios.
- **Accesibilidad** a la información y a los servicios por medios electrónicos de acuerdo la normativa vigente en esta materia, a través de sistemas que permitan obtenerlos de manera segura y comprensible.
- **Legalidad**, a efectos del mantenimiento de la integridad de las garantías jurídicas de los ciudadanos ante las Administraciones públicas.
- **Cooperación interadministrativa** para garantizar tanto la interoperabilidad de los sistemas y soluciones adoptados como, en su caso, la prestación conjunta de servicios. En particular, garantía del reconocimiento mutuo de los documentos electrónicos y de los medios de identificación y autenticación.
- **Seguridad** en la utilización de los medios electrónicos por las Administraciones Públicas.
- **Proporcionalidad** para exigir las garantías y medidas de seguridad adecuadas a la naturaleza y circunstancias de los distintos trámites y actuaciones.
- **Responsabilidad y calidad** en la veracidad y autenticidad de las informaciones y servicios ofrecidos a través de los medios electrónicos.
- **Neutralidad** tecnológica y de adaptabilidad al progreso de las técnicas y sistemas de comunicaciones electrónicas.

3. Derechos y obligaciones de los ciudadanos

(LPAC art.12, 13 y 14)

La LPAC reconoce a los ciudadanos, entre otros: **2327**

- el derecho a **comunicarse** con las Administraciones Públicas a través de un Punto de Acceso General electrónico de la Administración (nº 2328 s.);
- el derecho a ser **asistido** en el uso de medios electrónicos en sus relaciones con las Administraciones Públicas (nº 2328);
- el derecho y la obligación en ciertos casos a **relacionarse** con las Administraciones Públicas por medios electrónicos (nº 2329 s.).

Asistencia en el uso de medios electrónicos (LPAC art.12) Las Administraciones Públicas deben garantizar que los interesados puedan relacionarse con la Administración Pública por medios electrónicos, para lo que han de poner a su disposición los canales de acceso necesarios, sistemas y aplicaciones que sean precisos. **2328**

Respecto a aquellos interesados **no obligados a relacionarse electrónicamente** con la Administración (nº 2329), tienen derecho, si así lo solicitan, a que la Administración Pública les asista en el uso de medios electrónicos, especialmente en lo referente a la identificación y firma electrónica, presentación de solicitudes a través del registro electrónico general y obtención de copias auténticas.

Si alguno de estos interesados **no dispone de los medios electrónicos necesarios**, su identificación o firma electrónica en el procedimiento administrativo puede ser válidamente realizada por un funcionario público mediante el uso del sistema de firma electrónica del que esté dotado para ello. En este caso, es necesario que el interesado que carezca de los medios electrónicos necesarios se identifique ante el funcionario y preste su consentimiento expreso para esta actuación, de que debe dejar constancia.

Asimismo, la Administración General del Estado, las Comunidades Autónomas y Entidades Locales deben disponer de un registro u otro sistema actualizado donde consten los **funcionarios habilitados para la identificación y firma**. Estos registros y sistemas deben ser interoperables y estar interconectados con los de las restantes Administraciones Públicas, a efectos de comprobar la validez de las citadas habilitaciones.

2329 **Derecho y obligación de relacionarse electrónicamente con las Administraciones Públicas** (LPAC art.14) Las **personas físicas** pueden elegir y modificar en todo momento si se comunican con las Administraciones Públicas para el ejercicio de sus derechos y obligaciones a través de medios electrónicos o no, salvo que estén obligadas a relacionarse de esta forma con las Administraciones Públicas.

En todo caso, están **obligados** a relacionarse a través de medios electrónicos con las Administraciones Públicas, los sujetos que se relacionan en el nº 2494.

La obligación de relacionarse electrónicamente con la Administración Pública opera en **doble dirección**, tanto cuando es el interesado el que se dirige a una Administración Pública, como cuando es esta última la que se dirige al administrado. Esta obligación supone que quienes han de dirigirse a la Administración lo deben realizar por medios electrónicos.

Debe tenerse en cuenta que la **relación electrónica** comprende tanto las notificaciones como la presentación de documentos y solicitudes a través de registro y este ámbito resulta aplicable en el ámbito de la AEAT, salvo cuando exista normativa específica aplicable a las actuaciones y procedimientos tributarios y aduaneros. La presentación de declaraciones y autoliquidaciones no se ve afectada por la LPAC, pues rige su normativa específica (LPAC disp.adic.1ª).

2330 Precisiones 1) Si un sujeto obligado a relacionarse electrónicamente con las Administraciones Públicas presenta una **solicitud presencialmente**, las Administraciones Públicas le ha de requerir para que la subsane a través de su presentación electrónica. A estos efectos se toma como fecha de presentación de la solicitud aquella en la que se haya realizado la subsanación (LPAC art.68.4). No se tienen por presentados en los registros aquellos documentos e información cuyo régimen especial establezca otra forma de presentación (LPAC art.16.8).

Esta previsión **no es aplicable** en el ámbito de la AEAT en cuando afecta a las actuaciones y a los procedimientos de aplicación de los tributos o sancionadores en materia tributaria y aduanera y existe norma específica en esta materia (LPAC disp.adic.1ª). En el **ámbito tributario y aduanero** rige la normativa específica (LGT) que prevé que el incumplimiento de la obligación de presentar electrónicamente las autoliquidaciones, declaraciones u otros documentos con trascendencia tributaria puede ser constitutivo de infracción tributaria (nº 6937 s.), si bien la presentación se tiene por realizada.

2) Los obligados tributarios **inscritos en el Registro de Grandes Empresas**, están obligados a presentar electrónicamente toda su documentación con trascendencia tributaria, si bien pueden presentarse presencialmente, cuando atendiendo a la naturaleza del trámite o procedimiento concreto, o a una imposibilidad técnica, así se precise (OM HAP/2194/2013 art.18.2).

3) Los sujetos obligados a relacionarse electrónicamente con la Administración que aportan los documentos directamente a la **inspección actuaria**, en caso de que estos sean admitidos, no deben remitirlos de forma electrónica (RGGI art.171.3).

4) El Tribunal Supremo ha fijado como **doctrina jurisprudencial** que no es ajustado a Derecho imponer a los obligados tributarios la obligación de relacionarse electrónicamente con la Administración, recogida en OM HAC/277/2019, al establecerse de manera general para todos los obligados tributarios sin determinar los supuestos y condiciones que lo justifiquen por razones de capacidad económica, técnica, dedicación profesional u otros motivos. Hay que tener en cuenta que constituye una excepción al derecho de los ciudadanos, reconocido en la LGT art.96.2, a ejercer sus derechos y cumplir con sus obligaciones a través de técnicas y medios electrónicos, informáticos o telemáticos con las garantías previstas en cada procedimiento (TS 11-7-23, EDJ 632415).

No obstante, con posterioridad y a efectos del **IRPF**, se ha introducido una modificación de la Ley del impuesto para recoger que se puede establecer la obligación de presentación por medios electrónicos siempre que la Administración tributaria asegure la atención personalizada a los contribuyentes que precisen de asistencia para el cumplimiento de la obligación (LIRPF art.96.5 redacc RDL 8/2023).

4. Sede electrónica y portal de Internet

(LRJSP art.38 y 39; RD 203/2021 art.5 a 12)

2331 Los ciudadanos pueden relacionarse electrónicamente con las Administraciones Públicas a través de la sede electrónica y el portal de Internet.

Se trata de los **puntos de acceso electrónico** desde los cuales los ciudadanos pueden ejercer sus derechos y desde donde pueden desenvolverse los procedimientos y actuaciones electrónicas de carácter administrativo. En concreto:

a) **Portal de Internet**: es el punto de acceso electrónico cuya titularidad corresponde a una Administración Pública, organismo público o entidad de Derecho Público que permite el acceso a través de Internet a la información publicada y, en su caso, a la sede electrónica correspondiente.

b) **Sede electrónica**: es aquella dirección electrónica, disponible para los ciudadanos a través de redes de telecomunicaciones, cuya titularidad corresponde a una Administración Pública, o bien a uno o varios organismos públicos o entidades de Derecho Público en el ejercicio de sus competencias. Utilizan para identificarse y garantizar una comunicación segura con las mismas certificados reconocidos o cualificados de autenticación de sitio web o medio equivalente. La sede electrónica consiste, pues, en una **página web** cualificada que permite la comunicación jurídica con los ciudadanos en soporte electrónico. Esta página web está dotada de condiciones especiales de identificación, seguridad y responsabilidad, garantizando una información veraz, actualizada y completa. De manera subordinada a la sede electrónica principal pueden existir subsedes electrónicas, directamente accesibles desde la dirección electrónica de la sede electrónica principal.

Desde el 8-11-2024, las sedes electrónicas en el **Ministerio de Hacienda** se regulan en la OM HAC/1223/2024 y pasan a estar asociadas al Punto de Acceso General electrónico (PAGe) de la Administración General del Estado. Entre ellas, destacan:

a) Sede Electrónica Central del **Ministerio de Hacienda** (SECMH). En esta sede se alojan las siguientes sedes electrónicas asociadas al PAGe:

1. Sede Electrónica asociada de la Secretaría General de Fondos Europeos.
2. Sede Electrónica asociada del Tribunal Administrativo Central de Recursos Contractuales.
3. Sede electrónica asociada de la Intervención General de la Administración del Estado (IGAE).

Asimismo, se aloja la Sede Electrónica asociada del Instituto de Estudios Fiscales, mediante la firma del correspondiente instrumento de adhesión.

b) Sede Electrónica de la **Dirección General de Tributos**.

c) Sede Electrónica de los **Tribunales Económico-Administrativos del Estado**.

d) Sede Electrónica de la **Dirección General del Catastro**.

La sede electrónica de la **AEAT** se regula en la Resol AEAT 28-12-09, y abarca la totalidad de los órganos de la AEAT y a la totalidad de las actuaciones y procedimientos a los que extiende su competencia.

Precisiones **1)** La sede electrónica está sujeta a unos **requisitos formales** de creación, tiene unos contenidos mínimos obligatorios y está sujeta a exigencias especiales de seguridad y accesibilidad. En especial, está sujeta a unos **principios** de transparencia, publicidad, calidad, seguridad, disponibilidad, accesibilidad, neutralidad, interoperabilidad y responsabilidad. **2332**

2) Para garantizar al ciudadano que está en la sede electrónica de una Administración Pública, y que nadie ha realizado una suplantación de páginas, se utiliza el **dominio reservado** a los organismos administrativos (.gob.es) y el certificado de sede, que garantizan la identificación de la misma. Dicho certificado garantiza también el establecimiento de conexiones seguras para que exista la confidencialidad necesaria en los datos que se intercambien los ciudadanos con la sede electrónica.

3) Desde la sede electrónica de una Administración se puede acceder a su **Registro electrónico**, que permite la recepción y remisión de solicitudes, escritos y comunicaciones.

5. Registros electrónicos

(LPAC art.16 y 31; RD 203/2021 art.37 a 40; AEAT Resol 28-12-09)

Los registros electrónicos son otra de las figuras clave de la Administración electrónica. A través de ellos los ciudadanos pueden presentar solicitudes, escritos y comunicaciones a la Administración pública. A estos efectos, las Administraciones públicas están obligadas a crear registros electrónicos a través de la correspondiente norma jurídica. **2333**

El Registro electrónico del **Ministerio de Hacienda** se regula en la OM HAP/547/2013. Permite, entre otros, presentar solicitudes de revisión de disposiciones administrativas y actos nulos de pleno derecho cuyo conocimiento corresponda al citado Ministerio, presentación de consultas tributarias escritas, etc.

Por su parte, el registro electrónico de la **AEAT** se regula en la Resol AEAT 28-12-09X28122009/1 aptdo.Séptimo . Este Registro, a través de las aplicaciones informáticas habilitadas, admite:

a) Documentos electrónicos normalizados o formularios correspondientes a servicios, procedimientos y trámites que se especifiquen en la sede electrónica de la Agencia Tributaria, cumplimentados de acuerdo con formatos preestablecidos y presentados directamente o a través de una sede compartida.

b) Cualquier documento electrónico distinto de los mencionados en el apartado anterior dirigido a cualquier órgano de la Agencia Tributaria.

c) Reclamaciones económico-administrativas interpuestas contra actos y actuaciones de la Agencia Tributaria o de cualquiera de sus órganos.

d) Solicitudes, escritos y comunicaciones de la competencia del Consejo para la Defensa del Contribuyente.

2334 El **acceso al registro electrónico** se efectúa a través de una sede electrónica, que requiere un funcionamiento continuado, ya que deben permitir la presentación de solicitudes, escritos y comunicaciones todos los días del año durante las veinticuatro horas.
A efectos de fecha de presentación para el cumplimiento de los plazos de determinados trámites, por razones de seguridad jurídica y uniformidad, se aplica el **horario oficial** del lugar donde tenga su sede el órgano administrativo titular de la sede electrónica.
En el momento de la presentación de un documento o escrito en un Registro electrónico, se emite automáticamente un **recibo electrónico** consistente en una copia auténtica del escrito, solicitud o comunicación presentada, incluyendo la fecha y hora de presentación y el número de entrada en el registro.

Precisiones 1) La **hora oficial** para la sede electrónica de la AEAT es única y se corresponde con la hora de la España peninsular, aunque se acceda a la sede desde las Islas Canarias.
2) En relación con los **días inhábiles** ante el registro electrónico, se establece que el titular de la sede electrónica desde la que se encuentra accesible el registro debe precisar los días declarados inhábiles a los efectos de la Ley.
3) La **recepción en un día inhábil** para el órgano o entidad se entiende efectuada en el primer día hábil siguiente, a partir del cual se inicia el cómputo del plazo para resolver, salvo que una norma permita expresamente la recepción en día inhábil.

2335 **Registro electrónico en la LPAC** (LPAC art.16 y 31) Cada Administración debe disponer de un **Registro Electrónico General** en el que se hace el correspondiente asiento de todo documento que sea presentado o que se reciba en cualquier órgano administrativo, Organismo público o Entidad vinculada o dependiente a estos. También se pueden anotar en el mismo, la salida de los documentos oficiales dirigidos a otros órganos o particulares.
Los **Organismos públicos vinculados** o dependientes de cada Administración (la AEAT entre ellos) pueden disponer de su propio registro electrónico plenamente interoperable e interconectado con el Registro Electrónico General de la Administración de la que depende.
El **Registro Electrónico General** de cada Administración funciona como un portal que facilita el acceso a los registros electrónicos de cada Organismo. Tanto el Registro Electrónico General de cada Administración como los registros electrónicos de cada Organismo deben cumplir con las garantías y medidas de seguridad previstas en la legislación en materia de protección de datos de carácter personal.
Las **disposiciones de creación** de los registros electrónicos se deben publicar en el diario oficial correspondiente y su texto íntegro debe estar disponible para consulta en la sede electrónica de acceso al registro. En todo caso, las disposiciones de creación de registros electrónicos han de especificar el órgano o unidad responsable de su gestión, así como la fecha y hora oficial y los días declarados como inhábiles.
En la **sede electrónica de acceso** a cada registro ha de figurar la relación actualizada de trámites que pueden iniciarse en el mismo. Los asientos se anotan respetando el orden temporal de recepción o salida de los documentos, e indican la fecha del día en que se produzcan.
El registro electrónico de cada Administración u Organismo debe garantizar la constancia, en cada asiento que se practique, de un número, epígrafe expresivo de su naturaleza, fecha y hora de su presentación, identificación del interesado, órgano administrativo remitente, si procede, y persona u órgano administrativo al que se envía y, en su caso, referencia al contenido del documento que se registra. Para eso se emite automáticamente un recibo consistente en una copia autenticada del documento de que se trate, incluyendo la fecha y hora de presentación y el número de entrada de registro, así como un recibo acreditativo de otros documentos que, en su caso, lo acompañen, que garantice la integridad y el no repudio de los mismos.

2336 Los **documentos** que los interesados dirijan a los órganos de las Administraciones Públicas pueden presentarse en el registro electrónico de la Administración u Organismo al que se dirijan, así como en los restantes registros electrónicos de cualquiera de los sujetos del sector público (LPAC art.2.1).
Los registros electrónicos de todas y cada una de las Administraciones han de ser plenamente interoperables, de modo que se garantice su compatibilidad informática e interconexión, así como la transmisión telemática de los asientos registrales y de los documentos que se presenten en cualquiera de los registros.
Los **documentos presentados de manera presencial** ante las Administraciones Públicas deben ser digitalizados, de acuerdo con lo previsto en la normativa, por la oficina de asistencia en materia de registros en la que hayan sido presentados para su incorporación al expediente administrativo electrónico, devolviéndose los originales al interesado, sin perjuicio de aquellos supuestos en que la norma determine la custodia por la Administración de los documentos presentados o resulte obligatoria la presentación de objetos o de documentos en un soporte específico no susceptibles de digitalización.

Reglamentariamente, las Administraciones pueden establecer la obligación de presentar determinados documentos por medios electrónicos para ciertos procedimientos y colectivos de personas físicas que, por razón de su capacidad económica, técnica, dedicación profesional u otros motivos quede acreditado que tienen acceso y disponibilidad de los medios electrónicos necesarios.
Las Administraciones Públicas deben hacer pública y mantener actualizada una relación de las **oficinas** en las que se presta asistencia para la presentación electrónica de documentos.
En el **ámbito administrativo general**, no aplicable en el ámbito tributario dado que las actuaciones y procedimientos de aplicación de los tributos se rigen por su normativa específica, no se tienen por presentados en el registro aquellos documentos e información cuyo régimen especial establezca otra forma de presentación (como es la electrónica). En el **ámbito de la AEAT**, la presentación en papel cuando resulta obligatoria la presentación electrónica se admite, si bien dicha conducta puede resultar sancionable (nº 6937 s.).

Precisiones Los documentos de los interesados **no obligados** a relacionarse electrónicamente con la Administración pueden presentarse en: **2337**
- registro electrónico de la Administración u Organismo al que se dirijan;
- oficinas de correos, en la forma reglamentariamente prevista;
- representaciones diplomáticas u oficinas consulares de España en el extranjero;
- oficinas de asistencia en materia de registros. En este caso se procede con carácter general a su digitalización y devolución del original al interesado (ya no se precisa presentar copia); y
- cualquier otro que se establezca en la normativa vigente.

Cómputo de plazos en los registros administrativos (LPAC art.31) El registro electrónico de cada Administración u Organismo se rige, a efectos de cómputo de los plazos, por la fecha y hora oficial de la sede electrónica de acceso, que debe contar con las medidas de seguridad necesarias para garantizar su integridad y figurar de modo accesible y visible. **2338**
El **funcionamiento del registro** electrónico se rige por las siguientes reglas:
a) Permite la **presentación** de documentos todos los días del año durante las veinticuatro horas.
b) A los efectos del cómputo de plazo fijado en **días hábiles**, y en lo que se refiere al cumplimiento de plazos por los interesados, la presentación en un día inhábil se entiende realizada en la primera hora del primer día hábil siguiente salvo que una norma permita expresamente la recepción en día inhábil. Los documentos se consideran presentados por el orden de hora efectiva en el que lo fueron en el día inhábil.
Los documentos presentados en el día inhábil se reputan anteriores, según el mismo orden, a los que lo fueran el primer día hábil posterior.
c) El **inicio del cómputo de los plazos** que hayan de cumplir las Administraciones Públicas viene determinado por la fecha y hora de presentación en el registro electrónico de cada Administración u Organismo. En todo caso, la fecha y hora efectiva de inicio del cómputo de plazos debe ser comunicada a quien presentó el documento.
La sede electrónica del registro de cada Administración Pública u Organismo determina, atendiendo al ámbito territorial en el que ejerce sus competencias el titular de aquella y al calendario laboral oficial, los días que se consideran **inhábiles**. Este es el único calendario de días inhábiles que se aplica a efectos del cómputo de plazos en los registros electrónicos, sin que resulte de aplicación a los mismos los días inhábiles en el municipio o Comunidad Autónoma en que resida el interesado, si es hábil en la sede del órgano administrativo.

6. Medios de identificación y sistemas de firma electrónica

(LPAC art.9, 10, 11 y disp.adic.8ª; RD 203/2021 art.15 s.)

Con carácter general, solo es necesaria la **identificación electrónica**, y se exige la **firma electrónica** cuando deba acreditarse la voluntad y consentimiento del interesado. **2339**
Se establece, con carácter básico, un conjunto mínimo de categorías de medios de identificación y firma a utilizar por todas las Administraciones.
Para realizar cualquier actuación prevista en el procedimiento administrativo, con carácter general, es suficiente con la **acreditación previa** por los interesados de su identidad a través de cualquiera de los medios de identificación previstos en la ley.
No toda actuación administrativa requiere **firma de los interesados**, siendo su uso obligatorio en los siguientes casos:
- formular solicitudes;
- presentar declaraciones responsables o comunicaciones;
- interponer recursos;
- desistir de acciones; y
- renunciar a derechos.

2340 **Medios de identificación** (LPAC art.9) Las Administraciones Públicas están obligadas a verificar la identidad de los interesados en el procedimiento administrativo, mediante la comprobación de su nombre y apellidos o denominación o razón social, según corresponda, que consten en el Documento Nacional de Identidad o documento identificativo equivalente.

Los medios de identificación de los interesados pueden agruparse en dos grandes grupos: los presenciales y los no presenciales.

a) Medios de **identificación presencial**. El principal instrumento para la identificación presencial es el Documento Nacional de Identidad (**DNI**).

La normativa reguladora del DNI lo define como el documento público que acredita la auténtica personalidad de su titular, constituyendo justificante completo de la identidad de la persona (RD 1153/2005). Los tres elementos de identificación que contiene el DNI son los rasgos físicos contenidos en la imagen facial, la huella dactilar de la persona y la firma manuscrita. El Ministerio del Interior, a través de la Dirección General de la Policía, garantiza que estos tres elementos corresponden a su titular.

El DNI incorpora suficientes elementos de seguridad que hacen difícil su falsificación. La mayoría de los países de la Unión Europea no disponen de un documento análogo, debiendo utilizar otros instrumentos emitidos por organizaciones públicas o privadas.

El **DNI electrónico (DNIe)** incluye además un microchip que permite su utilización como instrumento de identificación en relaciones no presenciales. Para ello incorpora dos certificados electrónicos y sus correspondientes claves privadas, uno para verificar digitalmente la identidad del titular y otro para realizar firma electrónica, por lo que sirve para acreditar la identidad de una persona tanto en relaciones presenciales como no presenciales.

2341 **b)** Medios de **identificación no presencial (electrónica)**. Los interesados pueden identificarse electrónicamente ante la Administración a través de los siguientes **sistemas**:

1. Sistemas basados en certificados electrónicos cualificados de **firma electrónica** expedidos por prestadores incluidos en la «Lista de confianza de prestadores de servicios de certificación».

2. Sistemas basados en certificados electrónicos cualificados de **sello electrónico** expedidos por prestadores incluidos en la «Lista de confianza de prestadores de servicios de certificación».

3. Cualquier otro sistema que las Administraciones públicas consideren válido en los términos y condiciones que se establezca, siempre que cuenten con un **registro previo** como usuario que permita garantizar su identidad y previa comunicación a la Secretaría General de Administración Digital del Ministerio de para la Transformación Digital y de la Función Pública.

Cada Administración Pública puede determinar si solo admite alguno de estos sistemas para realizar determinados trámites o procedimientos, si bien la admisión de alguno de los sistemas de identificación previstos en la letra c) conlleva la admisión de todos los previstos en las letras a) y b) anteriores para ese trámite o procedimiento. En todo caso, la aceptación de alguno de estos sistemas por la Administración General del Estado va a servir para acreditar frente a todas las Administraciones Públicas, salvo prueba en contrario, la identificación electrónica de los interesados en el procedimiento administrativo.

2342 Precisiones **1)** El **sistema Cl@ve**, sistema de identificación, autenticación y firma electrónica común para todo el Sector Público Administrativo Estatal (OM PRE/1838/2014; Dirección de Tecnologías de la Información y las Comunicaciones Resol 14-12-15).

2) En el **ámbito de la AEAT** se establecen normas específicas sobre sistemas de identificación y autenticación por medios electrónicos con la AEAT (OM HAP/800/2014).

3) La AEAT, como otras Administraciones, está haciendo uso de la **firma biométrica** (firmas manuscritas digitales en tabletas) para la firma electrónica de documentos por los interesados con quienes se entienden las actuaciones. Este tipo de firma mantiene la garantías jurídicas y valor probatorio de la firma avanzada.

4) Las condiciones de uso de la firma electrónica **no criptográfica** tienen como finalidad complementar los sistemas de firma criptográfica sencilla, permitiéndose también el uso de este sistema a todos los usuarios registrados en Cl@ve (SG de Administración Digital Resol 14-7-17).

2343 **Sistemas de identificación de las Administraciones públicas** (LRJSP art.40) Las Administraciones Públicas pueden identificarse mediante el uso de un **sello electrónico** basado en un certificado electrónico reconocido o cualificado que reúna los requisitos exigidos por la legislación de firma electrónica. Estos certificados electrónicos incluyen el número de identificación fiscal y la denominación correspondiente, así como, en su caso, la identidad de la persona titular en el caso de los sellos electrónicos de órganos administrativos.

La **relación de sellos electrónicos** utilizados por cada Administración Pública, incluyendo las características de los certificados electrónicos y los prestadores que los expiden, debe ser

pública y accesible por medios electrónicos. Además, cada Administración Pública debe adoptar las medidas adecuadas para facilitar la verificación de sus sellos electrónicos.
Se entiende identificada la Administración Pública respecto de la información que se publique como propia en su portal de Internet.

Sistemas de firma electrónica (LPAC art.10; LRJSP art.42 y 43) Los sistemas de firma electrónica que pueden utilizar los ciudadanos son los recogidos en el nº 2341. 2344
Cuando así lo disponga expresamente la normativa reguladora aplicable, las Administraciones Públicas pueden admitir los **sistemas de identificación** (nº 2340 s.) como sistema de firma cuando permitan acreditar la autenticidad de la expresión de la voluntad y consentimiento de los interesados.
Cuando los interesados utilicen un sistema de firma de los previstos, su **identidad** se entiende ya acreditada mediante el propio acto de la firma.
Asimismo, se regula con cierta flexibilidad la firma electrónica de los **empleados públicos**, correspondiendo a cada Administración pública la provisión a su personal de sistemas de firma electrónica. Estos sistemas pueden identificar de forma conjunta al titular del puesto de trabajo o cargo y a la Administración u órgano en la que presta sus servicios. Por razones de seguridad pública los sistemas de firma electrónica pueden referirse solo al número de identificación profesional del empleado público.
Un método de firma electrónica del personal de especial interés es el **Código Seguro de Verificación (CSV)**, que es un sistema de firma electrónica vinculado a la Administración pública, órgano o entidad y, en su caso, a la persona firmante del documento, que permite comprobar la integridad del documento mediante el acceso a la sede electrónica correspondiente.
En las actuaciones automatizadas se admite la utilización del sello electrónico o del CSV.

Precisiones **1)** El **CSV** supone que los documentos administrativos firmados por este sistema contienen un código generado electrónicamente y que se hace constar en los propios documentos emitidos, de forma que permite contrastar la integridad del documento en la sede electrónica o sede electrónica asociada correspondiente mediante un procedimiento de verificación directo y gratuito para las personas interesadas (RD 203/2021 art.21) 2345
2) El CSV es el sistema de firma seguido actualmente por la **AEAT** y en la expedición de certificados del Catastro. Por eso el uso de firma electrónica avanzada por los funcionarios que realizan las actuaciones es en la práctica residual.

7. Actuaciones automatizadas

(LRJSP art.41 y 42; LGT art.96.3 y 100.2; RGGI art.84 y 85)

Se entiende por actuación administrativa automatizada cualquier acto o actuación realizada íntegramente a través de **medios electrónicos** por una Administración Pública en el marco de un procedimiento administrativo y en la que no hay intervención directa de ningún empleado público. 2347
En caso de actuación administrativa automatizada debe establecerse previamente el órgano u **órganos competentes**, según los casos, para la definición de las especificaciones, programación, mantenimiento, supervisión y control de calidad y, en su caso, auditoría del sistema de información y de su código fuente. Asimismo, se ha de indicar el órgano que debe ser considerado responsable a efectos de impugnación.
Tradicionalmente, los actos administrativos se dictan por el titular del órgano administrativo competente, sin perjuicio de la que puedan utilizarse medios informáticos para ayudar a la tramitación. Pero la actuación automatizada de la Administración pública prescinde de la figura del órgano competente, y es la aplicación o el **sistema informático** el que emite el acto administrativo. En estos casos, se sustituye la figura del órgano competente para dictar el acto por la del órgano responsable de la programación y supervisión del sistema de información y la del responsable a efectos del recurso que corresponda.
La admisión de las actuaciones administrativas automatizadas supone un cambio importante en los procedimientos administrativos. Por una parte, implica la utilización de un **sistema de autentificación** directamente vinculado al órgano actuante, ya que carece de sentido la utilización de la firma de una persona física que no tiene intervención alguna en el proceso. Para ello se ha acudido al concepto de sello electrónico y al código seguro de verificación (CSV). De este modo pueden ser identificados los órganos actuantes y sus titulares, a efectos de garantizar el ejercicio de su competencia.

Precisiones **1)** Se atribuye con carácter general la **definición de las especificaciones** de las actuaciones automatizadas de la Agencia a los Departamentos de la AEAT y la programación, mantenimiento, supervisión y control de calidad al Departamento de Informática Tributaria 2348

(OM PRE/3581/2007 art.8.1.n y q). Dentro de dicho departamento recientemente se ha creado el Centro de Ciberseguridad y Protección de Datos de la AEAT y la Unidad Central de Sistemas de Atención al Contribuyente (AEAT Resol 1-2-24).
2) La dirección de la AEAT ha ido aprobando resoluciones que han tenido por objeto la **aprobación de las aplicaciones informáticas** que se van a utilizar para la producción de las actuaciones administrativas automatizadas de la AEAT (p.e., la obtención de determinados certificados electrónicos, la generación de diligencias de embargo de cuentas bancarias presentadas por medios telemáticos, etc.).

8. Documentos electrónicos y sus copias

(LGT art.96.5; LPAC art.26, 27 y 36.1; RD 203/2021 art.46 s.; RGGI art.82 a 86)

2350 **Concepto** Un documento electrónico es cualquier **información** en forma electrónica, archivada en un soporte electrónico según un formato determinado y susceptible de identificación y tratamiento diferenciado. En el caso de **documentos administrativos electrónicos** adicionalmente debe ser admitido en el Esquema Nacional de Interoperabilidad y normativa correspondiente, y la información haber sido generada, recibida o incorporada por las Administraciones Públicas en el ejercicio de sus funciones sujetas a Derecho administrativo.
Los documentos electrónicos de los ciudadanos normalmente van firmados electrónicamente por estos, pero no se exige que estén firmados electrónicamente para ser considerados documento electrónico.
Las Administraciones Públicas deben emitir los **documentos administrativos** por escrito, a través de medios electrónicos, a menos que su naturaleza exija otra forma más adecuada de expresión y constancia.
Los **actos administrativos** se deben producir por escrito a través de medios informáticos, a menos que su naturaleza exija otra forma más adecuada de expresión y constancia.
Son **requisitos de validez** de los documentos administrativos electrónicos:
a) Contener **información** de cualquier naturaleza archivada en un soporte electrónico según un formato determinado susceptible de identificación y tratamiento diferenciado.
b) Disponer de los **datos de identificación** que permitan su individualización, sin perjuicio de su posible incorporación a un expediente electrónico.
c) Incorporar una **referencia temporal** del momento en que han sido emitidos.
d) Incorporar los **metadatos** mínimos exigidos (nº 2353).
e) Incorporar las **firmas electrónicas** que correspondan de acuerdo con lo previsto en la normativa aplicable. Como **excepción**, no requieren firma electrónica los documentos electrónicos emitidos por las Administraciones Públicas que se publiquen con carácter meramente informativo, así como aquellos que no formen parte de un expediente administrativo, aunque es necesario identificar el origen de estos documentos.
Se consideran válidos los documentos electrónicos que, cumpliendo estos requisitos, sean trasladados a un tercero a través de medios electrónicos.

2351 **Autenticidad, integridad y conservación de los documentos electrónicos** (LPAC art.10 y 17; RD 203/2021 art.11.2.f, 54 y anexo; AEAT Resol 28-12-09; AEAT Resol 4-2-11) La utilización de medios y soportes electrónicos debe enfrentarse con los problemas de la autenticidad, integridad y conservación de los documentos. Para eso, han de basarse en **soluciones técnicas** adecuadas que permitan dotar de seguridad jurídica a este tipo de actuaciones, entre las que destaca la firma electrónica.
En los documentos electrónicos la garantía de su autenticidad requiere un **mecanismo específico** para acreditarla, que son los sistemas de códigos o firmas electrónicas, previamente aprobadas y publicadas en el boletín oficial correspondiente.
En cuanto a la **integridad** del documento, se trata también de un requisito de validez que se concreta en que se impida de manera segura la manipulación del contenido del acto administrativo dictado. Supone que pueda ser advertida cualquier modificación del contenido del documento.
La **conservación** del documento electrónico no afecta a su eficacia inmediata, si bien constituye un presupuesto para el adecuado ejercicio de las funciones administrativas y, llegado el caso, para la defensa de los derechos de los interesados. La misma no solo implica que se adopten las medidas técnicas y organizativas que impidan la destrucción o deterioro de los archivos, sino que también exige que los sistemas de gestión de la información utilizados por la correspondiente Administración pública sean compatibles con las aplicaciones anteriores y permitan la recuperación de los datos almacenados en el pasado.

Para cada documento electrónico de la **AEAT** se utilizan dos tipos de códigos:
- el **Código Seguro de Verificación (CSV)**, que garantiza la autenticidad del documento. El CSV es un metadato asociado al documento electrónico, que no se puede modificar, y consiste en una secuencia de 16 caracteres;
- la **huella electrónica (hash)**, que garantiza la integridad del documento electrónico. Se trata de una secuencia de caracteres que se obtiene informáticamente por medio de un algoritmo, de forma que si se aplica ese algoritmo a un documento siempre se obtenga la misma secuencia de caracteres. En caso de que se modifique en algún extremo el contenido del documento electrónico se obtiene una secuencia de caracteres distinta, lo que permite comprobar si el documento ha sido alterado.

Metadatos (LPAC art.26.2.d y 27.3; RD 203/2021 art.50 y anexo; SE Función Pública Resol 19-7-11 aptdo.V) Un metadato es un dato que define y describe otros datos. Existen diferentes tipos de metadatos según su aplicación. **2353**

El metadato **de gestión de documentos** es la información estructurada o semiestructurada que hace posible la creación, gestión y uso de documentos a lo largo del tiempo en el contexto de su creación. Los metadatos de gestión de documentos sirven para identificar, autenticar y contextualizar documentos, y del mismo modo a las personas, los procesos y los sistemas que los crean, gestionan, mantienen y utilizan.
Una vez asociado un metadato a un documento electrónico, no se puede modificar salvo que se observe un error u omisión o que se trate de un metadato que exija actualización.
Como ejemplos de metadatos se pueden citar el tipo de procedimiento y tipo de trámite a que va asociado un determinado documento, el tipo de documento, el ejercicio y período, el idioma, etc. La asociación de metadatos a los documentos electrónicos aportados por los ciudadanos se realizada por el órgano u organismo actuante.
Asimismo, a los documentos electrónicos se asocia la información relativa a la firma del documento y a su referencia temporal. La **referencia temporal** admite dos modalidades:
a) **Marca de tiempo**, que asigna por medios electrónicos la fecha y, en su caso, la hora a un documento electrónico.
b) **Sello electrónico cualificado de tiempo**, que asigna por medios electrónicos una fecha y hora a un documento electrónico, con la intervención de un prestador cualificado de servicios de confianza que asegure la exactitud e integridad de la marca de tiempo del documento. Los sellos electrónicos de tiempo no cualificados son asimilables a todos los efectos a las marcas de tiempo.

Conservación, destrucción y archivo de documentos originales (LRJSP art.46; RD 203/2021 art.53 y 54) Existe la obligación de conservación de los **documentos electrónicos originales** por parte de los órganos emisores de los documentos administrativos electrónicos o receptores de los documentos privados electrónicos, salvo en determinadas excepciones. Por lo tanto, es posible destruir documentos electrónicos con la observancia de los mismos requisitos exigibles con carácter general para los documentos en papel. **2355**

Además, se regulan los supuestos en los que la Administración puede destruir los **documentos originales en papel** de los que se haya realizado copia electrónica auténtica. Por eso, la Administración puede destruir, salvo que una norma legal o reglamentaria establezca un deber de conservación específico, el documento origen siempre que previamente se hubieran obtenido imágenes electrónicas de documentos mediante procesos de digitalización que garanticen su integridad.
Todos los documentos utilizados en las **actuaciones administrativas** se almacenan por medios informáticos. El **archivo informático** ha de cumplir dos requisitos:
- un formato (el original u otro) que asegure la identidad e integridad de la información necesaria para reproducirlo;
- los soportes deben contar con medidas de seguridad que garanticen la integridad, autenticidad, confidencialidad, calidad, protección y conservación de los documentos almacenados.

Precisiones Cada Administración debe mantener un **archivo electrónico único** donde se archiven los documentos de procedimientos finalizados (LPAC art.17).

Copias electrónicas de documentos (LPAC art.27; RD 203/2021 art.47 y 48; AEAT Resol 4-2-11 aptdo.Tercero) Tiene la consideración de **copia auténtica** de un documento público administrativo o privado la realizada, cualquiera que sea su soporte, por los órganos competentes de las Administraciones Públicas en las que quede garantizada la identidad del órgano que ha realizado la copia y su contenido. Las copias auténticas tienen la misma validez y eficacia que los documentos originales. **2357**

Para **garantizar la identidad y contenido** de las copias electrónicas o en papel y, por tanto, su carácter de copias auténticas, las Administraciones Públicas deben ajustarse a lo previsto en el Esquema Nacional de Interoperabilidad, el Esquema Nacional de Seguridad y sus normas técnicas de desarrollo, así como a las siguientes **reglas**:
a) Las copias electrónicas de un **documento electrónico** original o de una copia electrónica auténtica, con o sin cambio de formato, deben incluir los metadatos que acrediten su condición de copia y que se visualicen al consultar el documento.
b) Las copias electrónicas de documentos **en soporte papel** o en otro soporte no electrónico susceptible de digitalización, requieren que el documento haya sido digitalizado y deben incluir los metadatos que acrediten su condición de copia y que se visualicen al consultar el documento.
Se entiende por **digitalización**, el proceso tecnológico que permite convertir un documento en soporte papel o en otro soporte no electrónico en un fichero electrónico que contiene la imagen codificada, fiel e íntegra del documento.
c) Las **copias en soporte papel de documentos electrónicos** requieren que en las mismas figure la condición de copia y deben contener un código generado electrónicamente u otro sistema de verificación, que permita contrastar la autenticidad de la copia mediante el acceso a los archivos electrónicos del órgano u Organismo público emisor.
d) Las copias en soporte papel de **documentos originales** emitidos en dicho soporte se proporcionan mediante una copia auténtica en papel del documento electrónico que se encuentre en poder de la Administración o bien mediante una puesta de manifiesto electrónica conteniendo copia auténtica del documento original.

2358 A estos efectos, las Administraciones deben hacer públicos, a través de la sede electrónica correspondiente, los **códigos seguros de verificación** u otro sistema de verificación utilizado.
Los interesados pueden solicitar, en cualquier momento, la expedición de **copias auténticas** de los documentos públicos administrativos que hayan sido válidamente emitidos por las Administraciones Públicas. La solicitud se debe dirigir al órgano que emitió el documento original, debiendo expedirse, salvo las excepciones derivadas de la aplicación de la Ley de transparencia, acceso a la información pública y buen gobierno (L 19/2013 art.14, 15 y 18), en el plazo de quince días a contar desde la recepción de la solicitud en el registro electrónico de la Administración u Organismo competente.
Las Administraciones Públicas están obligadas a expedir copias auténticas electrónicas de cualquier documento en papel que presenten los interesados y que se vaya a incorporar a un **expediente administrativo**.
Cuando las Administraciones Públicas expidan copias auténticas electrónicas, debe quedar expresamente así indicado en el documento de la copia.
Las copias en papel de documentos públicos administrativos emitidos por medios electrónicos por la **Agencia Tributaria** llevan impreso un Código Seguro de Verificación (CSV), indicando expresamente que puede verificar la autenticidad del documento mediante dicho código accediendo a la sede electrónica de la Agencia Tributaria.

2359 Precisiones 1) Con carácter general, las Administraciones Públicas están obligadas a **no requerir documentos ya aportados** por los interesados, elaborados por las Administraciones Públicas o documentos originales, salvo las excepciones contempladas en la Ley. Por tanto, el interesado puede presentar con carácter general copias de documentos, ya sean digitalizadas por el propio interesado o presentadas en soporte papel (LPAC art.28).
2) La expedición de copias auténticas de **documentos públicos notariales**, registrales y judiciales, así como de los diarios oficiales, se rige por su legislación específica.

9. Expediente electrónico

(LPAC art.70; RD 203/2021 art.51 y 52)

2360 **Concepto** (LPAC art.53 y 70) El expediente administrativo es el **conjunto ordenado** de documentos y actuaciones que sirven de antecedente y fundamento a la resolución administrativa, así como las diligencias encaminadas a ejecutarla. Su **formato** es electrónico.
Los expedientes se forman mediante la **agregación ordenada** de documentos, pruebas, dictámenes, informes, acuerdos, notificaciones y demás diligencias que formen parte del mismo, así como un índice numerado de todos los documentos que contenga cuando se remita. Asimismo, debe constar en el expediente copia electrónica certificada de la resolución adoptada.
Es admisible que un mismo documento forme parte de distintos expedientes electrónicos, por ejemplo, el aviso de recibo de una notificación que puede ser útil en varios procedimientos.
No forma parte del expediente administrativo la información que tenga carácter auxiliar o de apoyo, como la contenida en aplicaciones, ficheros y bases de datos informáticas, notas,

borradores, opiniones, resúmenes, comunicaciones e informes internos o entre órganos o entidades administrativas, así como los juicios de valor emitidos por las Administraciones Públicas, salvo que se trate de informes, preceptivos y facultativos, solicitados antes de la resolución administrativa que ponga fin al procedimiento.
Los expedientes electrónicos que tengan que ser objeto de **remisión** o puesta a disposición deben cumplir una serie de reglas:
- deben enviarse completos, foliados, autenticados y acompañados de un índice, asimismo autenticado, de los documentos que contengan. Este índice garantiza la integridad del expediente electrónico y permite su recuperación siempre que sea preciso;
- debe garantizarse su interoperabilidad sujetándose a lo establecido en el Esquema Nacional de Interoperabilidad y en las correspondientes Normas Técnicas de Interoperatividad.
Los ciudadanos tienen **derecho** a acceder electrónicamente a sus expedientes para conocer el estado de tramitación de sus procedimientos. Asimismo, tienen derecho a obtener copias de los documentos electrónicos que formen parte del expediente.

No obstante, esto no supone que el contribuyente tenga acceso en todo momento a los docu- **2361**
mentos del expediente durante la tramitación de un **procedimiento inspector**. Al igual que lo que ocurre en los expedientes en soporte papel, el obligado tributario solo puede acceder a su visualización («vista») desde el momento procedimental oportuno, que normalmente es desde la puesta de manifiesto. Desde ese momento puede visualizar y/o descargar los documentos del expediente electrónico. El índice electrónico se genera cuando el actuario quiera efectuar una «Vista» de documentos para cualquier fin (especialmente, para la puesta de manifiesto del expediente).
Está establecida la posibilidad de sustituir a todos los efectos legales la remisión del expediente electrónico por la puesta a disposición, teniendo el interesado derecho a obtener copia del mismo, lo que permite simplificar los trámites y ahorrar costes.

En el **ámbito de la AEAT**, los obligados tributarios pueden acceder, a través del área personal **2362**
de la sede electrónica de la Agencia, a las aplicaciones: «Mis expedientes», «Mis notificaciones», «Mis datos censales» y «Mis documentos pendientes de firma». Para acceder a cualquiera de los dichos apartados resulta preciso disponer de DNI, DNI electrónico o de un certificado electrónico válido expedido por cualquier entidad autorizada:
- «**Mis expedientes**» permite el acceso a los procedimientos cuya tramitación hubiera iniciado la AEAT con posterioridad a 1-1-2010. Se trata de la «ventana» de la sede electrónica por la que el ciudadano puede acceder a consultar los estados por los que va atravesando un expediente. Permite al ciudadano ejercitar los derechos referidos a la consulta electrónica del estado de tramitación de su expediente y a la obtención de copia electrónica de los documentos electrónicos que obran en su expediente y realizar los trámites y consultas permitidos. La **información** que se ofrece se refiere al estado en que se encuentra el expediente, es decir, las fechas de los trámites relevantes y el órgano que lo tramita. Así, una vez que se haya accedido a dicho apartado el obligado tributario, respecto de cada procedimiento que tenga abierto puede acceder a la información sobre: Fecha /período, procedimiento, estado de tramitación, fecha de la última actuación e identificación del expediente. Es posible la realización de los trámites y las consultas previstas.
- «**Mis notificaciones**» permite consultar las comunicaciones emitidas por la AEAT, así como los distintos actos que se consideran notificados (nº 2485 s.).
- «**Mis datos censales**» permite acceder a los datos identificativos del obligado tributario que figuran en los archivos de la Agencia tributaria: nombre y apellidos, NIF, datos del domicilio fiscal, lugar y fecha de nacimiento, sexo, estado civil, y si se está obligado o no a recibir notificaciones electrónicas. El obligado tributario puede solicitar la modificación o rectificación de los datos censales.
- «**Mis documentos pendientes de firma**» para la firma de documentos por parte de contribuyentes desde la sede electrónica de la Agencia Tributaria.

Tramitación de procedimientos por medios electrónicos (LPAC art.16, 36, 40 s., 70, 71, 75, **2363**
80, 83 y 88) La Ley impone una tramitación de los procedimientos administrativos electrónica e incorpora a las fases de iniciación, ordenación, instrucción y finalización del procedimiento el uso generalizado y obligatorio de medios electrónicos. Igualmente, incorpora la regulación del expediente administrativo estableciendo su formato electrónico y los documentos que deben integrarlo.
Respecto a la **forma de los actos administrativos**, los mismos se producen por escrito a través de medios electrónicos, a menos que su naturaleza exija otra forma más adecuada de expresión y constancia.

Del análisis de las distintas **fases del procedimiento** administrativo reguladas, cabe extraer las siguientes conclusiones en relación a su tramitación electrónica:
a) **Inicio del procedimiento**. Los procedimientos pueden iniciarse de oficio o a instancia del interesado. Los procedimientos de oficio se inician de forma electrónica al ser la forma general de los actos administrativos impuesta por la LPAC.
En los procedimientos iniciados a instancia del interesado se distinguen dos situaciones:
- que el interesado sea un obligado a relacionarse electrónicamente con la Administración, en cuyo caso el inicio es electrónico;
- que el interesado sea una persona física no obligada a relacionarse electrónicamente con la Administración, en cuyo caso puede iniciar el procedimiento si lo desea mediante la presentación presencial de documentos. Los documentos presentados en papel se digitalizan.
b) **Ordenación del procedimiento**. El expediente administrativo tiene formato electrónico. El procedimiento se impulsa de oficio en todos sus trámites y a través de medios electrónicos.
c) **Instrucción del procedimiento**. Los actos de instrucción se realizan de oficio y a través de medios electrónicos, por el órgano que tramita el procedimiento, sin perjuicio del derecho de los interesados a proponer las actuaciones que requieran su intervención o constituyan trámites legal o reglamentariamente establecidos.
Los **informes** se emiten a través de medios electrónicos.
El órgano al que corresponda la resolución del procedimiento, cuando la naturaleza de este lo requiera, puede acordar un período de **información pública**. La información pública se publica en el Diario Oficial correspondiente, debiendo estar en todo caso disponible a través de medios electrónicos en la sede electrónica.
d) **Resolución del procedimiento**. Sin perjuicio de la forma y lugar señalados por el interesado para la práctica de las notificaciones, la resolución del procedimiento se dicta electrónicamente y garantiza la identidad del órgano competente, así como la autenticidad e integridad del documento que se formalice.
e) **Notificación**. Las notificaciones se practican preferentemente por medios electrónicos y, en todo caso, cuando el interesado resulte obligado a recibirlas por esta vía.

B. Expediente electrónico en el procedimiento inspector

2365 El expediente electrónico no constituye un mero mecanismo de archivo de documentación, sino que es el soporte de los documentos que integran el propio expediente desde el momento de su generación u obtención en formato electrónico o desde que se produce la digitalización de los documentos disponibles en papel.
En el **área de Inspección de la AEAT**, obligatoriamente deben formarse expedientes electrónicos para todos los procedimientos inspectores. En consecuencia, todos los documentos en soporte papel que deban integrarse en el expediente de inspección deben necesariamente escanearse por la Inspección mediante la aplicación correspondiente para transformarlos en documentos electrónicos que se integren en el expediente electrónico.

2366 **Incorporación de documentos al expediente** Los medios de incorporación de documentos al expediente electrónico de Inspección pueden ser los siguientes:
- La incorporación al expediente de los **documentos administrativos** firmados electrónicamente se produce de forma automática. Así, por ejemplo, la Orden de Carga en Plan del obligado tributario o los acuerdos de liquidación dictados por el Inspector Jefe con el que habitualmente finaliza el procedimiento inspector.
- La incorporación de **documentos catalogados** se refiere a la incorporación de aquellos documentos que constan previamente en el catálogo de documentos electrónicos. Por ejemplo, los documentos que ya obren otros expedientes electrónicos, o los documentos que reciba el órgano inspector a través del Registro electrónico de la AEAT.
- La incorporación por el actuario de los **ficheros electrónicos** obtenidos en el procedimiento inspector. Por ejemplo, los documentos electrónicos aportados por el obligado tributario o por un tercero, o los confeccionados por el órgano inspector con relevancia para el expediente.
- La incorporación de **documentos en papel** obtenidos en el curso del procedimiento. En este caso la incorporación al expediente electrónico requiere su previa digitalización con el procedimiento y aplicaciones informáticas establecidas al efecto en la Agencia Tributaria.

2368 **Formación del expediente electrónico del procedimiento de inspección** En la formación del expediente electrónico de inspección se pueden distinguir las siguientes fases de tramitación:
- inicio (nº 2369);
- desarrollo (nº 2370 s.); y
- finalización (nº 2373).

Precisiones Los **expedientes sancionadores** se forman en términos similares.

Inicio La formación del expediente electrónico de un procedimiento de inspección se inicia a partir de la firma electrónica del Inspector-Jefe de la Carga en Plan de un determinado obligado tributario, si bien el inicio del procedimiento inspector, propiamente dicho, no acontece hasta la notificación al obligado tributario de la comunicación de inicio. **2369**

Desarrollo La tramitación de un expediente electrónico sustituye a todos los efectos a la tramitación del tradicional expediente en papel. La documentación electrónica es la única que constituye el expediente. La vista del expediente electrónico es el que se pone a disposición del obligado tributario en el trámite de audiencia, y el que se remite a los Tribunales. **2370**

El expediente electrónico de Inspección está formado, cuando proceda, por los siguientes **documentos**:

1. La orden de **Carga en Plan de Inspección**, firmada por el Inspector-Jefe, y, en su caso, sus modificaciones.
2. Los documentos relativos a la **competencia del órgano actuante** en aquellos casos en los que sea distinta de la correspondiente al domicilio fiscal. Así, por ejemplo, la notificación del acuerdo de adscripción de un obligado tributario a la Delegación Central de Grandes Contribuyentes.
3. Las declaraciones y autoliquidaciones relativas a los **conceptos tributarios y períodos** objeto de regularización.
4. el documento acreditativo de la **representación**.
5. La **comunicación de inicio** del procedimiento inspector, así como, en su caso, la relativa a la ampliación o reducción de su alcance.
6. Las **diligencias** extendidas por el actuario a lo largo del procedimiento inspector, numeradas de forma correlativa.
7. Las **comunicaciones** realizadas al obligado tributario a lo largo del procedimiento inspector.
8. Los **escritos** que el obligado tributario haya presentado.
9. Los **ficheros** obtenidos o elaborados por la Inspección durante la instrucción del procedimiento.
10. La **documentación aportada** por el obligado tributario u obtenida por la Inspección durante las actuaciones inspectoras (libros de contabilidad, libros registros, facturas, etc.).
11. Los **requerimientos de información** realizados a terceros.
12. La información obtenida de **Registros y Organismos Públicos** con trascendencia en las actuaciones realizadas.
13. Los **informes emitidos por otros órganos** que tengan trascendencia en la regularización.
14. Cualquier **otra documentación** no incluida en los números anteriores y que afecte a la regularización.

A diferencia del tradicional expediente que se formaba en papel en que foliaba de forma manual, el expediente electrónico no se pagina, sino que su foliado se realiza mediante la generación automática de un índice electrónico que refleja la **concatenación ordenada** de las huellas digitales y códigos electrónicos de los documentos electrónicos que componen dicho expediente. **2371**

En el **trámite de audiencia** se pone de manifiesto el expediente al obligado tributario con el fin de que este pueda alegar lo que estime oportuno. En dicho trámite el obligado tributario puede obtener copia de los documentos que integran el expediente. Dicha **puesta de manifiesto** puede realizarse de forma electrónica, a través de la sede electrónica de la AEAT, para lo que resulta preciso que el obligado tributario disponga de DNI electrónico, de un certificado electrónico válido expedido por cualquier entidad autorizada o Cl@ve PIN. En la sede electrónica de la Agencia Tributaria hay varias **rutas de acceso a la puesta de manifiesto** electrónicas.

Una vez se accede a la puesta de manifiesto electrónica, se deben cumplimentar las casillas del NIF, nombre del obligado tributario, así como la del **CSV**, tras lo que se puede acceder a la documentación que integra el expediente ordenada con su índice. En el procedimiento inspector, el CSV para la puesta de manifiesto electrónica del expediente se comunica bien mediante diligencia suscrita con el obligado tributario en la que se establece que se procede a la apertura del trámite de audiencia o mediante un documento expreso de puesta de manifiesto del expediente electrónico en el que el CSV se imprime en el pie de página de la primera hoja. Además, el CSV de un documento de la AEAT garantiza, mediante el cotejo en la sede electrónica de la AEAT, la integridad el documento.

Precisiones El **CSV** que figura al final de la comunicación de inicio únicamente corresponde al acto de acuerdo de inicio, no identifica el procedimiento.

Finalización Una vez finalizado el trámite de audiencia, el expediente electrónico se completa por parte del actuario con: **2373**

1. La diligencia de **trámite de audiencia** y/o el documento de puesta de manifiesto.

2. Las **alegaciones** presentadas por el obligado tributario.
3. Las **actas** de inspección incoadas.
4. Los **informes** que, en su caso, procedan.

Al expediente electrónico se incorporan, si existen, las alegaciones presentadas por el obligado tributario tras la firma de las actas, así como los acuerdos de liquidación dictados por el Inspector-Jefe.

Una vez finalizado el procedimiento inspector, se procede al cierre del expediente electrónico, de forma que ya no se pueden incorporar al mismo más documentos.

2375 **Acceso electrónico de los contribuyentes a sus expedientes** A través de la sede electrónica de la AEAT los obligados tributarios pueden acceder a las aplicaciones: Mis expedientes, Mis notificaciones, Mis datos censales y Mis documentos pendientes de firma (nº 2361 s.), para lo que se requiere que el obligado tributario disponga de DNI electrónico, de un certificado electrónico válido expedido por cualquier entidad autorizada o Cl@ve PIN. Para determinadas notificaciones basta con poseer un número de referencia.

En el **apartado «Mis expedientes»** de la sede electrónica el contribuyente, identificado con un certificado electrónico, el DNIe o Cl@ve PIN, puede acceder a los procedimientos tributarios. En el caso de las **actuaciones inspectoras**, se puede acceder, entre otros, a los siguientes tipos de expedientes:

- procedimientos de comprobación e investigación;
- procedimientos sancionadores;
- procedimientos iniciados a solicitud del contribuyente.

En cada uno de ellos el obligado tributario accede a la información sobre el estado en que se encuentra el procedimiento. Además, en fase de revisión de los actos dictados por la Inspección en la propia AEAT, se puede acceder a los expedientes de **recurso de reposición** y de los procedimientos especiales de revisión (revisión de actos nulos de pleno derecho, declaración de lesividad, revocación y rectificación de errores). También en cada uno de ellos el obligado tributario puede acceder a conocer el estado en que se encuentra el procedimiento.

SECCIÓN 6

Notificaciones

(LGT art.109 a 112, 177 sexies y 208.3; LPAC art.40 s.; RGGI art.114, 115 y 115 bis; RD 1363/2010)

2400

2405 La notificación es un **acto administrativo** unilateral y formal a través del cual la Administración se comunica con el destinatario del acto o resolución y del que depende la **eficacia jurídica** de dicho acto, pues el acto despliega todos sus efectos a partir de su notificación. Por tanto, la notificación es la comunicación formal de un acto administrativo, de la que se hace depender su eficacia. El acto administrativo válido puede no ser eficaz si su eficacia está supeditada a su notificación y la misma no se ha producido.

Sus **características** son:

- se trata de actos administrativos distintos e independientes del acto notificado;
- de carácter procedimental y formal;
- con finalidad de comunicación;
- constituyen una condición de eficacia del acto comunicado;
- suponen una garantía para el administrado y un deber para la Administración.

A partir de la notificación de un acto, el interesado tiene conocimiento del mismo, iniciándose los plazos para su impugnación.

La valoración de la correcta práctica de las notificaciones se ha de efectuar desde el prisma de los derechos y principios constitucionales, y especialmente del derecho a la **tutela judicial efectiva** e interdicción de la indefensión, y del principio de eficacia.

La **carga de la prueba** de la notificación corresponde a la Administración, que debe acreditar que la misma ha sido efectuada. La justificación de la notificación ha de incorporarse al expediente administrativo.
La notificación de determinados actos y actuaciones de la Administración tributaria, entre los que se encuentra el acuerdo de inicio del procedimiento inspector, determina la interrupción de los plazos de **prescripción** para liquidar la deuda tributaria y para imponer las sanciones derivadas de la misma.

A las notificaciones en materia tributaria les son de aplicación las **normas** administrativas generales, con las especialidades previstas en la propia normativa tributaria. **2410**
Este mismo régimen de notificación se aplica en los procedimientos sancionadores por infracción de las **limitaciones de pagos en efectivo** (nº 7964 s.). Aunque el procedimiento para imponer estas sanciones es el procedimiento sancionador administrativo, no el tributario, el régimen de notificaciones en dicho procedimiento es el previsto en la LGT (L 7/2012 art.7.Tres.1).
Cuando, en el marco de la **asistencia mutua**, la Administración tributaria reciba una petición de notificación de documentos por parte de la autoridad competente de otro Estado o de entidades internacionales o supranacionales, es aplicable el régimen de notificación regulado con carácter general en la LGT, con algunas especialidades (LGT art.177 sexies).
La LGT contiene **especialidades** en materia de:
- lugar de práctica de las notificaciones (nº 2525);
- personas legitimadas para recibir las notificaciones (nº 2545 s.);
- notificación por comparecencia (nº 2555).
Estas normas resultan de aplicación tanto a los **procedimientos de aplicación de los tributos** como al procedimiento sancionador, pues este último debe garantizar al afectado el derecho a ser notificado de los hechos que se le imputen, de las infracciones que tales hechos puedan constituir y de las sanciones que, en su caso, se le pudieran imponer.
Igualmente estas disposiciones se aplican a los **procedimientos de revisión** en vía administrativa, con las especialidades previstas para las reclamaciones económico-administrativas en sus normas reguladoras (LGT art.214.2). Así, en el ámbito de las reclamaciones económico-administrativas, todos los actos y reclamaciones que afecten a los interesados o pongan término en cualquier instancia a una reclamación económico-administrativa deben ser notificados (nº 8743 s.).

Precisiones **1)** Las notificaciones son instrumentos del conocimiento por los interesados de los actos de la Administración, siendo su **finalidad** la de lograr que el contenido del acto llegue realmente a conocimiento de su natural destinatario, en toda su integridad sustantiva y formal, y en una fecha indubitada, que permita efectuar sin dificultad el cómputo del plazo previsto, a fin de que el interesado pueda actuar válidamente en defensa de su derecho (TS 14-10-92, EDJ 9997). **2415**
2) La notificación consiste en una comunicación formal del acto administrativo de que se trate, de la que se hace depender la eficacia de aquel, y constituye una garantía tanto para el administrado como para la propia Administración. Para el administrado, en especial, porque le permite conocer exactamente el acto y, en su caso, impugnarlo. La notificación no es, por tanto, un requisito de validez, pero sí de **eficacia del acto** y solo desde que ella se produce comienza el cómputo de los plazos de los recursos pertinentes (dies a quo). Como mecanismo de garantía está sometida a determinados requisitos formales, de modo que las **notificaciones defectuosas** no surten, en principio, efectos, salvo que se convaliden, produciendo entonces los efectos pertinentes (TS 19-10-89, EDJ 9269; 3-3-92, EDJ 2037; 30-4-97, EDJ 3340).
3) La notificación, como acto de comunicación a los interesados de las resoluciones que afecten a sus derechos e intereses, tiene como objeto poner en conocimiento de las personas a quienes pueda afectar el contenido de una decisión administrativa. Esta es la finalidad primaria y esencial de las notificaciones, que los interesados se enteren de lo que ha resuelto la Administración, por eso las **notificaciones defectuosas**, esto es, las que no reúnen los requisitos que exige la normativa, surten efecto desde la fecha en que se hace manifestación expresa en tal sentido o se interpone el recurso procedente, ya que en estos supuestos la Ley presume que el interesado tiene cabal conocimiento de la resolución dictada. Por tanto, lo decisivo en esta materia es que los interesados conozcan el contenido de las resoluciones administrativas que puedan afectar a su esfera jurídica (TS 7-2-96, EDJ 52423).
4) La notificación es un **acto administrativo autónomo e independiente** del acto notificado. Los actos administrativos y su notificación son institutos muy estrechamente vinculados pero diferentes, cuyos requisitos y efectos no son comunes necesariamente, lo que lleva a la afirmación de principios de que la legalidad o la ilegalidad de un acto no comporta necesariamente la de su notificación y viceversa (TS 16-1-96, EDJ 414). El acto de notificación es de naturaleza autónoma e independiente del acto notificado, por lo que este conserva su validez, si reúne los requisitos legales para ello, aunque se anule el acto de notificación (TS 20-5-80, EDJ 12748; 20-4-92, EDJ 3816).
5) No cabe atribuir efectos interruptivos de la **prescripción** a notificaciones o publicaciones que adolezcan de cualesquiera defectos formales o carezcan de eficacia (TS 28-12-96, EDJ 9742).

2416 6) El **acceso a los recursos** previstos por la Ley integra el contenido propio del derecho a la tutela judicial efectiva (TCo 96/1993). La ausencia o incorrecta notificación impide a los interesados conocer en qué medida un acto administrativo puede afectarles y contrastar la actuación administrativa con el ordenamiento jurídico, lo que les puede causar indefensión (TS 25-2-94, EDJ 1727). Las formalidades que deben incluir las notificaciones no son elementos accesorios, y el rigor en la regulación de la práctica de las notificaciones no supone un exagerado formalismo, sino que constituyen verdaderas garantías de los interesados para conseguir la interdicción de la indefensión y el **derecho a la tutela judicial efectiva**, por lo que su omisión, una vez denunciada formalmente por el interesado, implica la falta de eficacia de la notificación incorrectamente practicada, si no se rectifica (TS 27-10-93, EDJ 9627; 13-2-97, EDJ 1801; 17-2-97, EDJ 1546; 14-7-97, EDJ 7409).

7) No es posible declarar con carácter absoluto la nulidad de todas las notificaciones defectuosas, pues se ha de tener presente el interés público, la seguridad jurídica y la del tráfico jurídico, cuyos principios demandan que no se demore la eficacia de los actos administrativos y se paralice su firmeza si no es por causa justificada, como lo es la **defensa y garantía de los administrados** de buena fe, pero no el arbitrio de los particulares que, conscientes del error cometido por la Administración, o bien ignorantes de él, pero habiendo decidido consentir el acto notificado, sin embargo, posteriormente, pretenden su anulación alegando el error, conocido tiempo atrás, e intranscendente para su defensa en virtud de su libre aquietamiento a la decisión administrativa adoptada (TS 19-5-81, EDJ 5752).

8) Se considera correcta una notificación recogida por un empleado de una sociedad distinta de la destinataria con domicilio sensiblemente coincidente y el mismo administrador y socio común. No toda deficiencia en la práctica de notificaciones implica una vulneración del derecho a la tutela judicial efectiva, pues los criterios generales han de valorarse atendiendo a las circunstancias concurrentes de cada caso, de modo que la **seguridad jurídica** ha de modularse, sin indefensión para nadie, por el juego de la equidad y economía procesal (TS 22-3-97, EDJ 6000; 29-7-00, EDJ 30040).

9) La **carga de la prueba** de la realización de la notificación corresponde a la Administración. Las notificaciones son actuaciones administrativas que han de constar, necesariamente, en el expediente y que solo a la Administración incumbe acreditarlo, sin que pueda hacerse cargar a los administrados con la probanza del hecho negativo de no haberse practicado (TS 17-11-01, EDJ 52455).

10) Si la Administración hace uso de una **notificación telefónica** para ponerse en contacto con alguno o alguno de sus administrados, debe afrontar un primer problema de prueba del contenido de lo notificado, pues la normativa se refiere a las notificaciones que contienen el texto íntegro del acto pero omiten alguno de los demás requisitos (TS 17-10-17, EDJ 215432).

A. Actos objeto de notificación

(LPAC art.40; LGT art.102.4; RSAN art.25.6)

2420 La Administración debe notificar a los interesados aquellas resoluciones y actos administrativos que afectan a sus derechos e intereses.

Son objeto de notificación los actos:

- **definitivos** o resolutorios;
- de **trámite cualificados**, entendiendo por estos últimos aquellos que impiden la continuación del procedimiento o generan indefensión.

Como regla general, no se notifican los actos de trámite simples, ni los actos internos de la Administración.

Se prevé que reglamentariamente puedan establecerse supuestos en los que no sea preceptiva la **notificación expresa**, siempre que la Administración así lo advierta por escrito al obligado tributario o a su representante, por ejemplo, en el acuerdo de liquidación y el acuerdo sancionador en determinados supuestos en los que el interesado presta su conformidad a la propuesta de resolución.

La conformidad prestada por el obligado tributario determina:

- en el caso de las **actas de conformidad**, una vez transcurrido el plazo de un mes desde la incoación del acta sin que haya habido ninguna actuación, se entiende dictado y notificado el acuerdo de liquidación conforme a la propuesta recogida en el acta (RGGI art.169.3);
- en el caso de las **actas con acuerdo**, el plazo en que se entiende producida y notificada la liquidación y, en su caso, impuesta la sanción es, una vez transcurrido el plazo de diez días contados desde el día siguiente a la firma del acta con acuerdo (RGGI art.186.7).

En el procedimiento sancionador la conformidad a la **propuesta de sanción** tiene los mismos efectos que la conformidad dada a un acta, esto es, se entiende acordada y notificada la sanción conforme a la propuesta, por el mero transcurso del plazo de un mes desde la conformidad sin que medie ninguna nueva actuación.

2425 Además de las notificaciones tácitas reseñadas, también prevé la normativa algunos supuestos de **notificaciones presuntas** como son:

- la notificación por anuncios o por comparecencia, que tiene carácter subsidiario;

- la notificación de las liquidaciones sucesivas de los tributos de cobro periódico por recibo, en los que una vez notificada la liquidación correspondiente al alta en el respectivo registro, padrón o matrícula, pueden notificarse colectivamente las sucesivas liquidaciones mediante edictos que así lo adviertan (LGT art.102.3).

Precisiones En el caso de las **actas con acuerdo y de conformidad**, la liquidación se entiende dictada si, transcurrido el plazo de 10 días hábiles (actas con acuerdo) o de un mes (actas de conformidad), el Inspector-Jefe no ha confirmado expresamente, rectificado u ordenado completar actuaciones (RGGI art.186.7 y 187.3).

Ejemplos Es necesario determinar en qué día acaba el plazo que tiene el **Inspector-Jefe** para realizar una actuación, teniendo en cuenta que no puede ser un **día inhábil** (LPAC art.30). Si ese plazo acaba en día inhábil (sábado, domingo o festivo), el último día de ese plazo siempre se va a tener que trasladarse al siguiente hábil. Una vez determinado, para saber qué día se entiende dictada la liquidación solo hay que sumar un día más a esa fecha y es indiferente que ese día sea hábil o inhábil. 2426

1) Acta de conformidad firmada el martes 9-5-20X0:
- El plazo del mes empieza a computar el miércoles 10-5-20X0. El último día que el Inspector jefe tiene para actuar sería el viernes 9-6-20X0, que es hábil, luego no sufre variación.
- La liquidación debe entenderse confirmada tácitamente el sábado 10-6-20X0 (aunque sea día inhábil no se cambia la fecha).
Último día para realizar actuaciones: viernes 9-6-20X0.
Fecha de confirmación tácita: sábado 10-6-20X0.

2) Acta de conformidad firmada el miércoles 10-5-20X0:
- El plazo del mes empieza a computar el jueves 11-5-20X0. Teóricamente el último día que el Inspector-Jefe tendría para actuar sería el 10-6-20X0. Como el 10-6 es sábado y el 11 domingo (días ambos inhábiles), el último día para actuar se pasa al lunes 12-6-20X0.
- La liquidación debe entenderse confirmada tácitamente el martes 13-6-20X0 (en este caso el día de confirmación tácita es hábil).
Último día para realizar actuaciones: lunes 12-6-20X0.
Fecha de confirmación tácita: martes 13-6-20X0.

Actos a notificar en las fases del procedimiento (LGT art.99.7, 102, 109, 130, 133 y 139; RGGI art.87, 171, 177, 180, 183 y 185) Con carácter general se han de notificar a los interesados las resoluciones y actos administrativos que afecten a sus derechos e intereses. 2430

En las actuaciones y procedimientos de inspección se deben notificar a los interesados los siguientes **documentos**:
- las comunicaciones, sin perjuicio de su incorporación al contenido de las diligencias que se extiendan;
- las diligencias que se extiendan;
- las propuestas de regularización y las de resolución de los procedimientos;
- las liquidaciones y acuerdos de resolución de los procedimientos;
- cualquier otro documento del procedimiento que ponga fin al mismo o respecto del que la falta de notificación pueda producir perjuicio irreparable o indefensión a los interesados.

Para cada una de las fases del procedimiento inspector y sancionador, se señalan en particular determinados actos que deben ser notificados al interesado en cuanto afectan a sus derechos e intereses.

Fase de inicio (LGT art.147, 149, 150 y 209.1; RGGI art.177) Tanto el procedimiento inspector como el procedimiento sancionador en materia tributaria se inician de oficio, si bien el procedimiento inspector se inicia además a petición del obligado tributario cuando iniciado un procedimiento de alcance parcial, el obligado solicita la ampliación del alcance a general (nº 2905 s.), y se decide iniciar un procedimiento separado al inicial de carácter parcial. 2435

La fecha de la notificación del **acuerdo de inicio** es la que determina la fecha a partir de la cual se computa el plazo máximo de duración del procedimiento, y tiene efectos interruptivos de la prescripción del derecho a liquidar y sancionar. Este plazo máximo de duración del procedimiento es de seis meses en el caso del procedimiento sancionador (nº 7215 s.) y de 18 o 27 meses para los procedimientos inspectores según concurran determinadas circunstancias, sin que pueda ser ampliado; en la comunicación de inicio del procedimiento inspector se debe informar al obligado tributario del plazo que le resulte aplicable (nº 3320 s.).

El **procedimiento inspector** puede iniciarse:
- mediante **comunicación** notificada al obligado tributario para que se persone en el lugar, día y hora que se le señale y tenga a disposición de la Inspección o aporte la documentación y demás elementos que se estimen necesarios;
- mediante **personación** sin previa comunicación en la empresa, oficinas, dependencias, instalaciones, centros de trabajo o almacenes del obligado tributario o donde exista alguna prueba de la obligación tributaria, aunque sea parcial. En este caso el inicio puede documentarse

en una **diligencia**. Esta forma de inicio no impide que deba notificarse la comunicación de inicio, pero la fecha que debe tenerse en cuenta para el cómputo del plazo es la del día de la personación.

El **procedimiento sancionador** se inicia mediante la notificación del acuerdo del órgano competente.

2440 **Fase de instrucción** (LGT art.149, 153 s., 210.4 y 253; RGGI art.55.2, 96, 98, 178, 180 y 194.1) En esta fase también se dictan actos sujetos a notificación. Entre otros actos, se han de notificar en el **procedimiento inspector**: el acuerdo de ampliación del alcance de las actuaciones, las comunicaciones y diligencias que documenten circunstancias que afecten al plazo del procedimiento, los requerimientos de información a sus destinatarios, la puesta de manifiesto del expediente y el trámite de audiencia, la remisión del informe a la Comisión consultiva en los casos de conflicto en la aplicación de la norma. En los casos en que se aprecien indicios de delito contra la Hacienda Pública y proceda practicar liquidación de los elementos vinculados a delito se han de notificar la propuesta de liquidación vinculada a delito y la liquidación vinculada a delito.

Finalizada la instrucción, el órgano inspector ha de incoar y notificar el acta o las actas que recojan la propuesta de regularización o que declaren correcta la situación tributaria del obligado.

En el **procedimiento sancionador**, igualmente, una vez concluida la instrucción, se debe formular y notificar la propuesta de resolución al presunto infractor, indicándole la puesta de manifiesto del expediente y concediéndole un trámite de audiencia por un plazo de quince días.

2445 **Fase de terminación** (LGT art.104.2; RGGI art.185) Se entiende que el procedimiento concluye en la fecha en que se notifica el acto administrativo de **resolución** del mismo. A efectos de entender cumplida la obligación de notificar dentro del plazo máximo de duración del procedimiento y de computar el plazo de resolución, es suficiente acreditar que se ha realizado un intento de notificación que contenga el texto íntegro de la resolución.

En el caso de sujetos obligados o acogidos voluntariamente a recibir notificaciones por **medios electrónicos**, la obligación de notificar dentro del plazo máximo de duración de los procedimientos se entiende cumplida con la puesta a disposición de la notificación en la sede electrónica de la Administración tributaria o en la dirección electrónica habilitada única.

En los supuestos de **conformidad del obligado tributario** con la propuesta de resolución, se exonera de la obligación de notificar el acuerdo de resolución de forma expresa (nº 2420).

B. Plazo

(LPAC art.40, 41 y 43; LGT art.104.2)

2450 La normativa general tributaria no regula esta materia, por lo que se debe acudir a la norma administrativa general conforme a la cual toda notificación debe ser cursada en el **plazo** de diez días a partir de la fecha en que el acto haya sido dictado. Su incumplimiento constituye una irregularidad no invalidante.

La práctica de la notificación debe dejar constancia fehaciente del **momento** en que se lleva a cabo, de su fecha y hora.

Para el **cómputo del plazo** máximo de duración del procedimiento debe considerarse la fecha del intento de notificación debidamente acreditado, no la fecha de envío. No obstante, en el caso de sujetos obligados o acogidos voluntariamente a recibir notificaciones por medios electrónicos, la obligación de notificar dentro del plazo máximo de duración de los procedimientos se entiende cumplida con la puesta a disposición de la notificación en la sede electrónica de la Administración tributaria o en la dirección electrónica habilitada única. Esta misma previsión se aplica a las notificaciones electrónicas de la Administración.

2452 Precisiones 1) El plazo de diez días para notificar es un plazo obligatorio para la Administración que se computa desde la **fecha** de emisión del acto y que responde al principio de impulsión de oficio (LPAC art.71). Al no especificarse, ha de entenderse que se trata de días hábiles.

2) Si se comunica el **inicio de un procedimiento** de comprobación o investigación de un tributo y período y ese mismo día presenta e ingresa en el banco una declaración complementaria del tributo y período citado, se considera un ingreso a cuenta si consta que la comunicación se efectuó en una hora anterior, pero se debe considerar una declaración voluntaria si no consta la hora de la comunicación.

3) La **notificación fuera del plazo** de los diez días establecido al efecto, no conlleva la nulidad de la notificación, ya que la realización de las actuaciones fuera del plazo establecido solo implica su **anulabilidad** cuando así lo impone la naturaleza del término o plazo -actualmente LPAC art.48.3- (TS 8-11-81, EDJ 7342; 25-4-94, EDJ 3614; 17-2-97, EDJ 1546; TEAC 22-5-03).

4) Cuando no consta fehacientemente la **fecha de la notificación**, hay que atenerse a las manifestaciones de los interesados sobre el conocimiento que tuvieran del acto. Al no constar la fecha en que fue llevada a cabo la notificación debe estarse a aquella en la cual el interesado se dio por enterado (TS 27-11-95, EDJ 7897; 20-2-96, EDJ 566).

C. Contenido

(LPAC art.40)

Toda notificación debe contener: 2455

a) El texto íntegro de la **resolución**. No es válida la notificación que recoge un resumen o extracto del acto. La notificación debe contener no solo la decisión o parte dispositiva, sino también la parte expositiva y su motivación, cuando conste el texto íntegro de las mismas.
b) La indicación de si el acto pone **fin a la vía administrativa**. La omisión de esta circunstancia no produce la invalidez de la notificación si se han hecho constar los recursos procedentes.
c) La expresión de los **recursos** que procedan, órgano ante el que hubieran de presentarse y plazo para interponerlos, con independencia de que los interesados puedan ejercitar cualquier otro que estimen procedente.
Las notificaciones **defectuosas**, que contienen el texto íntegro del acto, pero omiten alguna de las demás menciones señaladas (indicación de si el acto es definitivo o no en vía administrativa y recursos procedentes), son susceptibles de convalidación, y surten efecto a partir de la fecha en que el interesado realiza actuaciones que suponen el conocimiento del contenido y alcance de la resolución o acto objeto de la notificación, o interponga cualquier recurso que proceda.
Las Administraciones Públicas pueden adoptar las medidas que consideren necesarias para la **protección de los datos personales** que consten en las resoluciones y actos administrativos, cuando estos tengan por destinatarios a más de un interesado.

Precisiones **1)** Las **liquidaciones tributarias** se han de notificar con expresión de (LGT art.102.2): 2460
- la identificación del obligado tributario; aunque la norma no lo recoja expresamente, ha de indicarse también el concepto impositivo y el período objeto de regularización;
- los elementos determinantes de la cuantía de la deuda tributaria;
- su motivación, cuando no se ajusten a los datos consignados por el obligado tributario o a la aplicación o interpretación de la normativa realizada por el mismo, con expresión de los hechos y elementos esenciales que las originen, así como de los fundamentos de derecho;
- los medios de impugnación que puedan ser ejercidos, órgano ante el que hayan de presentarse y plazo para su interposición;
- el lugar, plazo y forma en que debe ser satisfecha la deuda tributaria;
- su carácter provisional o definitiva.

2) Las **notificaciones defectuosas** pueden serlo:
- por defecto (de forma o de contenido esenciales) en el acto notificado, en cuyo caso no cabe la convalidación de la notificación defectuosa;
- por vicios en el procedimiento de notificación. Los vicios en el procedimiento de notificación se entienden subsanados desde que el interesado realice actuaciones que supongan el conocimiento del acto notificado o desde que interponga el recurso que proceda. No cabe subsanación cuando el objeto del recurso es la propia notificación defectuosa.

3) La **notificación es inválida**, salvo que se produzca su convalidación, en los casos de falta de expresión de recursos, de indicación del recurso improcedente, de falta o incorrecta indicación del órgano ante el que ha de interponerse y de falta o incorrecta indicación del plazo de interposición.
4) La indicación del **plazo** de interposición de los recursos no puede ser genérica. En el caso de falta o incorrecta indicación del mismo, los tribunales han optado a veces por declarar la nulidad de la notificación para que se vuelva a practicar la notificación con indicación de los recursos procedentes, y otras veces por conocer directamente el fondo del asunto por razones de celeridad y economía procesal y para no añadir dilaciones en perjuicio de los recurrentes.
5) Es suficiente con que la notificación recoja los **recursos ordinarios**, quedando abierta la posibilidad del interesado de interponer cualquier otro recurso que estime procedente.
6) La indicación del **órgano** ante el que ha de presentarse el recurso debe ser concreta y precisa, no bastando una remisión genérica.

7) Cualquier **insuficiencia, confusión o duda** sobre la realización de la notificación, las personas a las que se practicó o la fecha en que se produjo, obliga a tenerla por inexistente (TS 8-7-96, EDJ 7253; AN 19-5-18, EDJ 60525). 2465
El hecho de que no se pueda conocer exactamente si la notificación se hizo o no dentro del plazo de diez días previsto, es una circunstancia que no afecta a la validez del acto, ni a la eficacia de la notificación, ni justifica que el cómputo del plazo para recurrir se deba contar solo a partir del momento en que el interesado realice actuaciones que supongan el conocimiento del contenido y alcance del acto, porque la notificación contenía el texto íntegro de la liquidación, informaba de los recursos

que cabía presentar contra la misma y expresaba los distintos elementos previstos en la normativa (TSJ Aragón 11-5-16, EDJ 141515).

8) La notificación defectuosa no siempre produce vulneración del derecho a la tutela judicial efectiva (Const art.24), sino solamente cuando impide el **cumplimiento de su finalidad**, tendente a comunicar la resolución de forma que permita mantener las alegaciones o formular los recursos previstos en el ordenamiento jurídico frente a dicha resolución (TCo 78/1999).

Lo relevante en las notificaciones no es tanto que se cumplan las previsiones legales sobre cómo se llevan a efecto las notificaciones, sino llevar al conocimiento de sus destinatarios los actos y resoluciones al objeto de que estos puedan adoptar la conducta procesal que consideren conveniente a la defensa de sus derechos e intereses. Y por eso, constituyen elemento fundamental del núcleo de la tutela judicial efectiva. Por tanto, una notificación en formato **archivo PDF** con varias páginas en blanco es irregular y adolece de defectos esenciales (TS 15-11-17, EDJ 243608).

9) Se ordena retrotraer las actuaciones para que la **liquidación** sea debidamente motivada y notificada en un caso en que en la liquidación notificada solo se indicaba la base tributaria y el importe de la liquidación, sin indicar el concepto tributario, el tipo aplicado, ni los restantes elementos integrantes de la deuda tributaria, los cuales constan en una hoja no notificada (TS 24-6-02, EDJ 35999; 8-3-99, EDJ 2477).

10) La **notificación defectuosa** que omite el contenido íntegro de la liquidación, limitándose a hacer constar la cantidad a ingresar, no puede convalidarse aunque el sujeto pasivo se dé por notificado, interponga recurso o pague la liquidación, cuando precisamente lo que se hace es impugnar la notificación, pues en otro caso nunca se podrían combatir los defectos de una notificación sin convalidarla (TS 12-3-99, EDJ 4838; 21-11-83, EDJ 6119; 3-5-94, EDJ 3905; 23-10-95, EDJ 6312).

11) Para entender concluso un procedimiento administrativo dentro del plazo máximo que la ley le asigna, basta el **intento de notificación** por cualquier medio legalmente admisible, practicado con todas las garantías legales aunque resulte frustrado, y siempre que quede constancia del mismo en el expediente (TS 17-11-03, EDJ 171954).

12) En la notificación constaban expresamente los recursos pertinentes, así como el plazo y órgano ante el que cabía la interposición, con lo que quedaba perfectamente determinado si la resolución era o no **definitiva en vía administrativa**, ya que esta circunstancia depende exclusivamente de la posibilidad o no de promover contra el acto un recurso administrativo (TS 17-2-97, EDJ 1546; 23-7-99, EDJ 21020). No afecta a la validez de la notificación el hecho de que no constara expresamente si el acto ponía o no fin a la vía administrativa, pues en el mismo se señalaba que cabía interponer contra el mismo reclamación económico administrativa ante el TEAR en el plazo que citaba. Tampoco cabe apreciar invalidez por el hecho de no concretarse el TEAR ante el que recurrir, pues dado que todas las actuaciones se practicaron en Madrid, donde también tenía su domicilio la entidad y se había fijado el lugar a efectos de notificaciones, y puesto que existe un Tribunal Regional en cada Comunidad Autónoma, no podía existir duda sobre el Tribunal al que se refería el acuerdo (TS 12-4-07, EDJ 32853). En términos similares, TSJ Cataluña 13-6-03, EDJ 194852.

2466 **13)** Los **errores** en los que incurre la Administración al indicar en vía administrativa un recurso improcedente, no pueden perjudicar al actor que interpone dicho recurso (TS 7-2-94, EDJ 985). El administrado no debe sufrir las consecuencias del error al que la Administración pueda inducirle en la elección de los recursos utilizables (TS 14-6-96, EDJ 5325; 22-12-96, EDJ 10866).

14) La indicación de los recursos que proceden, no se integra en el **contenido decisorio** del acto, sino que representa una simple información al interesado que no está obligado a seguir si entiende que es otro el recurso procedente (TS 20-1-99, EDJ 730; 19-2-96, EDJ 675).

15) Es defectuosa la notificación que al mencionar el recurso pertinente se remitió de una manera genérica a los **órganos competentes de la jurisdicción** contencioso administrativa (TS 27-2-90, EDJ 2190; 10-3-92, EDJ 2308).

16) Una notificación defectuosa, salvo que se convalide -y entonces solo desde la convalidación- no surte efectos, impidiendo la **validez** de las actuaciones administrativas subsiguientes si se han desarrollado sin que el administrado o contribuyente tenga oportunidad de ejercer la defensa procedente, como consecuencia del defecto apreciado en el acto de comunicación (TS 10-1-08, EDJ 5036).

Los efectos de la notificación se despliegan desde la fecha en que el recurrente se manifiesta notificado y no desde aquélla en que presenta su reclamación efectuando dicha manifestación (TSJ C.Valenciana 16-12-14, EDJ 285265).

17) En los procedimientos en los que se lleva a cabo una **comprobación de valor** debe concederse al obligado tributario la posibilidad de corregir esos valores fijados por la Administración Tributaria a través de una tasación pericial contradictoria. Es preciso que en la notificación del acto se informe de instarla con carácter previo al recurso o reclamación, su omisión determina que se aplique el régimen previsto para las notificaciones irregulares: no afectan a la validez del acto notificado, pero sí determina el dies a quo en el que debe correr el plazo legalmente establecido para la impugnación; en este caso para solicitar la tasación pericial contradictoria (TS 22-5-18, EDJ 9099).

18) No hay duda de la concreta entrega y recogida de la resolución notificada y el recurrente no niega su recepción. Si, pese a los vicios de cualquier gravedad en la notificación, puede afirmarse que el interesado llegó a conocer el acto o resolución por cualquier medio y, por lo tanto, pudo defenderse frente al mismo, o no lo hizo exclusivamente por su negligencia o mala fe, no cabe alegar lesión alguna de las garantías constitucionales, dado el **principio antiformalista** y el principio general de **buena fe** que rigen en esta materia (TS 23-11-23, EDJ 759303).

D. Medios de notificación

(LPAC art.41 a 43; RGGI art.114, 115 bis; RD 1363/2010)

 2470

Condiciones generales para la práctica de notificaciones administrativas (LPAC art.41) Las notificaciones administrativas se practican **preferentemente por medios electrónicos** y, en todo caso, cuando el interesado resulte obligado a recibirlas por esta vía. 2472
No obstante, las Administraciones pueden practicar las notificaciones por **medios no electrónicos** en los siguientes supuestos:
a) Cuando la notificación se realice con ocasión de la **comparecencia espontánea** del interesado o su representante en las oficinas de asistencia en materia de registro y solicite la comunicación o notificación personal en ese momento.
b) Cuando para **asegurar la eficacia** de la actuación administrativa resulte necesario practicar la notificación por entrega directa de un empleado público de la Administración notificante.
Como **excepción**, en ningún caso se efectúan por medios electrónicos las siguientes notificaciones:
1. Aquellas en las que el acto a notificar vaya acompañado de elementos que no sean susceptibles de **conversión** en formato electrónico.
2. Las que contengan **medios de pago** a favor de los obligados, tales como cheques.
Con independencia del medio utilizado, las **notificaciones son válidas** siempre que permitan tener constancia de su envío o puesta a disposición, de la recepción o acceso por el interesado o su representante, de sus fechas y horas, del contenido íntegro, y de la identidad fidedigna del remitente y destinatario de la misma. La acreditación de la notificación efectuada se incorpora al expediente.
Los interesados que **no estén obligados a recibir notificaciones electrónicas**, pueden decidir y comunicar en cualquier momento a la Administración Pública, mediante los modelos normalizados que se establezcan al efecto, que las notificaciones sucesivas se practiquen o dejen de practicarse por medios electrónicos.

Reglamentariamente las Administraciones pueden **establecer la obligación** de practicar electrónicamente las notificaciones para determinados procedimientos y para ciertos colectivos de personas físicas que, por razón de su capacidad económica, técnica, dedicación profesional u otros motivos quede acreditado que tienen acceso y disponibilidad de los medios electrónicos necesarios. 2473
Adicionalmente, el interesado puede identificar un dispositivo electrónico y/o una dirección de correo electrónico que servirán para el envío de los **avisos de notificaciones**, pero no para la práctica de notificaciones. Con esta medida se busca garantizar el conocimiento de la puesta a disposición de las notificaciones, siempre que esto sea posible. Con independencia de que la notificación se realice en papel o por medios electrónicos, las Administraciones Públicas deben enviar un aviso al dispositivo electrónico y/o a la dirección de correo electrónico del interesado que este haya comunicado, informándole de la puesta a disposición de una notificación en la sede electrónica de la Administración u Organismo correspondiente o en la dirección electrónica habilitada única. La falta de práctica de este aviso no impide que la notificación sea considerada plenamente válida.

En los **procedimientos iniciados a solicitud del interesado**, la notificación se practica por el medio señalado al efecto por aquel. Esta notificación es electrónica en los casos en los que exista obligación de relacionarse de esta forma con la Administración. 2474
Cuando no sea posible realizar la notificación de acuerdo con lo señalado en la solicitud, se practica en cualquier lugar adecuado a tal fin, y por cualquier medio que permita tener constancia de la recepción por el interesado o su representante, así como de la fecha, la identidad y el contenido del acto notificado.
En los **procedimientos iniciados de oficio**, a los solos efectos de su iniciación, las Administraciones Públicas pueden recabar, mediante consulta a las bases de datos del Instituto Nacional de Estadística, los datos sobre el domicilio del interesado recogidos en el Padrón Municipal.
Cuando el interesado o su representante **rechace la notificación** de una actuación administrativa, se hace constar en el expediente, especificándose las circunstancias del intento de notificación y el medio, dando por efectuado el trámite y siguiéndose el procedimiento.
Cuando el interesado fuera notificado por **distintos cauces**, se toma como fecha de notificación la de aquella que se hubiera producido en primer lugar.

La LPAC distingue entre las notificaciones por medios electrónicos (nº 2485 s.) y las notificaciones en papel (nº 2517 s.).

2476 Precisiones 1) En la **sede electrónica de la AEAT** está operativa la suscripción al **servicio de avisos informativos** para aquellos que deseen adherirse al mismo. Se ha suscrito a dicho servicio de manera automática a los obligados tributarios que estaban dados de alta en el sistema de avisos de notificaciones, pero no a los que estaban únicamente dados de alta en avisos de recaudación o de renta.
En relación con la **suscripción** al mismo, cabe distinguir:
a. El usuario **persona física** puede comunicar un número de teléfono móvil o una dirección de correo electrónico a través de los cuales puede, si así lo desea, recibir avisos de las notificaciones emitidas por la Agencia Tributaria (LPAC art.41).
Para acceder a este servicio voluntario debe disponer de Cl@ve PIN, certificado electrónico o DNI electrónico o de su número de referencia (obtenido a través del Servicio RENØ).
El aviso que reciba el usuario en ningún caso tiene la consideración de notificación. El usuario puede acceder a su notificación a través de la Sede electrónica de la Agencia Tributaria, o desde la dirección electrónica habilitada única. Sin perjuicio de lo anterior se envía la notificación por correo postal.
En el supuesto de que, por motivos técnicos, no sea posible realizar el aviso, no impide que la notificación sea considerada plenamente válida.
El texto del aviso que recibe el usuario, en caso de suscribirse a este servicio es: «La Agencia Tributaria ha emitido una notificación dirigida al NIF XXX». Por motivos de seguridad, solo se muestran algunos dígitos del NIF.
b. En el caso de **personas jurídicas** y entidades sin personalidad jurídica, los obligados a relacionarse electrónicamente con las Administraciones Públicas reciben un aviso de la existencia de una notificación pendiente en la dirección electrónica habilitada única, siempre que hayan comunicado un número de teléfono móvil o una dirección de correo electrónico.

2477 2) Aunque una entidad esté obligada, por su naturaleza mercantil, a recibir la notificación de unos actos por vía electrónica, la Administración puede acudir a la **notificación no electrónica** por razones de **eficacia** de la actuación administrativa, como es el caso, ya que el plazo de prescripción del IS estaba muy próximo, y aún se debía dar un periodo de alegaciones al obligado tributario (TEAC 20-7-22) En términos similares, TEAC 18-5-22.
3) Dado que la entidad había admitido que se practicasen las notificaciones **en papel**, y no habiendo duda de que tuvo pleno conocimiento de la resolución sancionadora notificada por esa vía, no cabe tachar de inválida tal notificación por haberse practicado de ese modo (TS 15-11-22, EDJ 739221; 14-12-22, EDJ 767249).

1. Notificación electrónica

(LGT art.96; LPAC art.43; RD 203/2021 art.41 a 45; RGGI art.115 bis; RD 1363/2010)

2485 A nivel de **normativa administrativa general** las notificaciones por medios electrónicos se han de practicar:
- mediante **comparecencia** en la sede electrónica de la Administración u Organismo actuante (nº 2489);
- a través de la **dirección electrónica habilitada única** (nº 2487 s.); o
- mediante **ambos sistemas**, según disponga cada Administración, organismo público o entidad de derecho público vinculado o dependiente.

Las notificaciones por medios electrónicos se entienden **practicadas** en el momento en que se produzca el acceso a su contenido.
Cuando la notificación por medios electrónicos sea de carácter obligatorio, o haya sido expresamente elegida por el interesado, se entiende **rechazada** cuando hayan transcurrido diez días naturales desde la puesta a disposición de la notificación sin que se acceda a su contenido. El interesado puede identificar un dispositivo electrónico (por ejemplo, un número de móvil) y/o una dirección de correo electrónico para recibir avisos del envío de notificaciones (nº 2473).
Se entiende cumplida la obligación de notificar dentro del plazo máximo de duración de los procedimientos con la **puesta a disposición de la notificación** en la sede electrónica de la Administración u Organismo actuante o en la dirección electrónica habilitada única.
Los interesados pueden **acceder a las notificaciones** desde el Punto de Acceso General electrónico de la Administración, que funciona como un portal de acceso. Actualmente está operativo el Punto de Acceso General de la Administración General del Estado.

Las **personas físicas** pueden elegir en todo momento si se comunican con las Administraciones Públicas para el ejercicio de sus derechos y obligaciones a través de medios electrónicos o no, salvo que estén obligadas a relacionarse a través de medios electrónicos con las Administraciones Públicas. Se puede modificar en cualquier momento el medio elegido para comunicarse con las Administraciones Públicas.

Precisiones 1) En determinadas circunstancias, puede entenderse vulnerado el **derecho a la tutela judicial efectiva** cuando, ante lo infructuoso de las comunicaciones practicadas por vía electrónica, la Administración no despliega una conducta tendente a lograr que las mismas lleguen al conocimiento efectivo del interesado, pudiendo utilizar para ello medios distintos a la notificación electrónica (TCo 147/2022). **2486**
2) En las siguientes circunstancias, la Administración debe asegurarse de la **recepción de la notificación electrónica** (AN 9-2-24, EDJ 510733):
- se detecta un fallo en el sistema (AN 23-12-09, EDJ 302356);
- la notificación de inclusión obligatoria en el sistema ha sido defectuosa o existen dudas razonables de su eficacia (AN 7-1-16, EDJ 6222);
- existen actos realizados por la Administración que pueden suscitar en el administrado la confianza en que la notificación se realizará de una determinada manera (AN 21-2-22, EDJ 518811).

Notificación a través de la dirección electrónica habilitada única (DEHú) (RD 203/2021 art.44.1; OM PRE/878/2010) En el ámbito de la Administración General del Estado son válidos los sistemas de notificación electrónica a través de dirección electrónica habilitada única (en adelante, **DEHú**), siempre que se cumplan los siguientes **requisitos**: **2487**
- que se acredite la fecha y hora en que se produce la puesta a disposición del interesado del acto objeto de notificación;
- que se posibilite el acceso permanente de los interesados a la dirección electrónica correspondiente, a través de una sede electrónica o de cualquier otro modo;
- que se acredite la fecha y hora de acceso a su contenido, momento a partir del cual se entiende practicada a todos los efectos legales;
- que se posean mecanismos de autenticación para garantizar la exclusividad de su uso y la identidad del usuario.

La Dirección Electrónica Habilitada única se aloja en la sede electrónica del Punto de Acceso General electrónico (PAGe) de la Administración General del Estado, y su gestión corresponde al Ministerio para la Transformación Digital y de la Función Pública (RD 203/2021 art.7), estando dicho sistema a disposición de todos los órganos y organismos públicos vinculados o dependientes de la Administración General del Estado que no establezcan sistemas de notificación propios.

En las notificaciones electrónicas **voluntarias**, los ciudadanos pueden solicitar la apertura de esta dirección electrónica, que tiene vigencia indefinida, excepto en los supuestos en que se solicite su revocación por el titular, por fallecimiento de la persona física o extinción de la personalidad jurídica, que una resolución administrativa o judicial así lo ordene o por el transcurso de tres años sin que se utilice para la práctica de notificaciones, supuesto en el que se inhabilita esa dirección electrónica, comunicándose así al interesado.

En los casos de notificaciones electrónicas **obligatorias**, la dirección electrónica habilitada única es asignada de oficio y tiene vigencia indefinida.

El estado del **trámite de notificación** en la Dirección Electrónica Habilitada única se sincroniza automáticamente con la sede electrónica o sede electrónica asociada en la que, en su caso, la notificación también se haya puesto a disposición del interesado.

La AEAT se ha adherido al sistema de notificación en dirección electrónica habilitada única en sus notificaciones electrónicas obligatorias (nº 2492).

Precisiones 1) La **dirección electrónica habilitada única (DEHú)** sirve para la recepción de las notificaciones administrativas que por vía telemática pueda practicar la Administración General del Estado y sus Organismos Públicos. Asociada a la dirección, su titular dispone de un **buzón electrónico** en el que recibe las notificaciones de los organismos y procedimientos correspondientes. Las notificaciones no se envían, por tanto, a ninguna cuenta de correo electrónico particular. **2488**
2) Es preciso **acceder periódicamente**, como mínimo una vez cada 10 días, al buzón de notificaciones de la DEHú. Cuando, existiendo constancia de la puesta a disposición transcurran diez días naturales sin que se acceda a su contenido, se entiende que a partir de dicho momento la notificación ha sido válidamente practicada (se equipara al rechazo de la notificación por el interesado), salvo que de oficio o a instancia del destinatario se compruebe la imposibilidad técnica o material del acceso.
3) El **acceso a la DEHú** puede ser realizado directamente por el obligado tributario o mediante un apoderado con poder expreso para recibir dichas notificaciones electrónicas del órgano emisor de la Administración General del Estado. En ambos casos es necesaria la autenticación de los interesados.

4) El **apoderamiento** para recibir notificaciones o comunicaciones electrónicas de la AEAT puede ser otorgado a una o varias personas, tanto físicas como jurídicas (DG AEAT Resol 18-5-10).
5) La práctica de notificaciones en la dirección electrónica única no impide que la Administración tributaria posibilite que los interesados puedan tener acceso electrónicamente al **contenido de las actuaciones** en la sede electrónica correspondiente con los efectos propios de la notificación por comparecencia.

2489 **Notificación por comparecencia electrónica** (RD 203/2021 art.45) La notificación por comparecencia electrónica consiste en el acceso por el interesado, debidamente identificado, al contenido de la actuación administrativa correspondiente a través de la **sede electrónica del órgano** u organismo público actuante.
Para que la comparecencia electrónica produzca los **efectos de notificación** se requiere que reúna las siguientes **condiciones**:
a) Con carácter previo al acceso a su contenido, el interesado es **informado** de que la comparecencia y acceso al contenido, el rechazo expreso de la notificación, o bien la presunción de rechazo por haber transcurrido el plazo de diez días naturales desde la puesta a disposición de la notificación sin acceder al contenido de la misma da por efectuado el trámite de notificación y se continuará el procedimiento.
b) El **sistema de información** correspondiente debe dejar constancia de dicho acceso con indicación de fecha y hora.
El **estado del trámite** de notificación en la sede electrónica o sede electrónica asociada se sincroniza automáticamente con la Dirección Electrónica Habilitada única si la notificación también se ha puesto a disposición del interesado en aquella (nº 2487 s.).

2490 Precisiones **1)** La **notificación por comparecencia electrónica** se caracteriza por tener carácter voluntario. El interesado o su apoderado deben autenticarse en la sede electrónica antes de acceder al contenido de la notificación, debiendo aparecer un aviso informando que el acceso supone la práctica de la notificación.
2) En casos de **dobles notificaciones** debido a la utilización de distintos medios, electrónicos o no electrónicos, se entiende producidos todos los efectos jurídicos derivados de la notificación, incluido el inicio del plazo de interposición de los recursos que procedan, a partir de la primera de las notificaciones correctamente practicada. Por tanto, cuando la notificación por comparecencia electrónica se produzca en una fecha anterior a la notificación del mismo acto por otro medio, electrónico o no, se tiene efectuada la notificación en la fecha en que se produjo la notificación en la sede electrónica del órgano u organismo correspondiente, al ser anterior.
3) A diferencia de la notificación mediante Dirección Electrónica Habilitada única (notificación por transcurso de diez días), en la notificación por comparecencia electrónica no se produce **ningún efecto por no acceder** a ella.

2491 **Notificaciones electrónicas tributarias** (RGGI art.115.bis) El régimen de notificaciones electrónicas se regula por **remisión** a la LPAC y a su normativa de desarrollo, sin perjuicio de las especialidades que reglamentariamente se puedan establecer en materia tributaria no solo mediante Real Decreto sino también a través de Orden Ministerial.
Las **especialidades** a efectos tributarios están reguladas en el RD 1363/2010, donde se establecen los supuestos de notificaciones y comunicaciones administrativas obligatorias por medios electrónicos en el ámbito de la AEAT. Dos son los sistemas de notificación electrónica válidos:
- mediante dirección electrónica habilitada única (DEHú); y
- por comparecencia electrónica a través de la sede electrónica (AEAT Resol 28-12-09).

Precisiones **1)** Aunque el contribuyente **no esté obligado** a recibir notificaciones por medios electrónicos, se tiene por notificado el acto cuando el interesado tiene conocimiento material del mismo por acceso voluntario a la Sede Electrónica de la AEAT y se acredita documentalmente tal circunstancia (TEAC unif criterio 22-1-21).
2) Constituye acreditación suficiente de la **suscripción voluntaria** al Servicio de Notificaciones Electrónicas el propio acuse de recibo o certificado de notificación en la Dirección Electrónica Habilitada única de cada acto en concreto (ya sea acreditativo del acceso efectivo en plazo, como de la falta de él) cuando contenga como información remitida por el prestador del citado Servicio, dicha suscripción voluntaria. Si **no resulta acreditada** por la AEAT la mencionada suscripción, y el interesado no está obligado a recibir las notificaciones por dicha vía, debe tenerse por válidamente notificado el acto, si el obligado tributario accede electrónicamente a su contenido por comparecencia en la Sede Electrónica de la AEAT, o por acceso efectivo a la Dirección Electrónica Habilitada única, constando acreditadas tales circunstancias en el documento normalizado correspondiente emitido por la AEAT a partir de los datos facilitados por el prestador del mencionado Servicio (TEAC 17-7-23).
3) Desde el **1-1-2023**, la AEAT se desconectó de la DEH. Por eso, se utiliza en todas las ocasiones el término Dirección electrónica habilitada única (DEHú), aunque la normativa o la jurisprudencia a las que se esté refiriendo el epígrafe sean anteriores al 2-4-2021 (fecha de entrada en vigor del RD 203/2021, nº 2487).

Notificaciones electrónicas obligatorias (NEO) emitidas por la AEAT (RD 1363/2010) La AEAT ha regulado el desarrollo normativo del régimen de asignación de la dirección electrónica habilitada única así como su funcionamiento y extensión al resto de la Administración tributaria estatal. Su análisis se realiza en el nº 2496 s. 2492

Precisiones Es preciso **acceder periódicamente** (como mínimo una vez cada 10 días) al buzón de notificaciones de la DEHú. Existe la posibilidad de suscribirse al servicio de avisos de notificaciones, operativo en la sede electrónica de la AEAT (nº 2473).

Obligados a relacionarse a través de medios electrónicos con las Administraciones Públicas (LPAC art.14) Están obligados, en todo caso, a relacionarse a través de medios electrónicos con las Administraciones Públicas: 2494

a) Las **personas jurídicas**.
b) Las **entidades sin personalidad jurídica**. Entre estas se incluyen las comunidades de bienes, las herencias yacentes y las comunidades de propietarios.
c) Quienes ejerzan una **actividad profesional** para la que se requiera **colegiación** obligatoria, para los trámites y actuaciones que realicen con las Administraciones Públicas en ejercicio de dicha actividad profesional. En todo caso, dentro de este colectivo se entienden incluidos los notarios y registradores de la propiedad y mercantiles.
d) Los **representantes** de un interesado que esté obligado a relacionarse electrónicamente con la Administración.
e) Los **empleados de las Administraciones Públicas** para los trámites y actuaciones que realicen con ellas por razón de su condición de empleado público, en la forma en que se determine reglamentariamente por cada Administración.

No es necesario la previa **notificación** por la Administración para su eficacia, no obstante, la AEAT emite una carta informativa sobre esta obligación a los sujetos.

Reglamentariamente, las Administraciones pueden establecer la obligación de relacionarse con ellas a través de medios electrónicos para determinados procedimientos y para ciertos colectivos de personas físicas que, por razón de su capacidad económica, técnica, dedicación profesional u otros motivos, quede acreditado que tienen acceso y disponibilidad de los medios electrónicos necesarios.

Precisiones El **ámbito subjetivo** de los sujetos obligados a relacionarse electrónicamente con la Administración Pública es más amplio que el contemplado para recibir notificaciones electrónicas obligatorias de la AEAT (nº 2496). Quedan así incluidos, los representantes de obligados a relacionarse electrónicamente con la Administración, los notarios y registradores y todo tipo de personas jurídicas y entidades sin personalidad jurídica.

Obligados a recibir de la AEAT notificaciones y comunicaciones por medios electrónicos (RD 1363/2010 art.4) Están obligados a recibir por medios electrónicos las comunicaciones y notificaciones administrativas que en el ejercicio de sus competencias les dirija la AEAT: 2496

- las sociedades anónimas (entidades con NIF que empiece por la letra A);
- las sociedades de responsabilidad limitada (entidades con NIF que empiece por la letra B);
- las personas jurídicas y entidades sin personalidad jurídica que carezcan de nacionalidad española (NIF que empiece por la letra N);
- los establecimientos permanentes y sucursales de entidades no residentes en territorio español (NIF que empiece con la letra W);
- las uniones temporales de empresas (entidades cuyo NIF empieza por la letra U); y
- las entidades cuyo NIF empiece por la letra V y se corresponda con uno de los siguientes tipos: Agrupación de interés económico, Agrupación de interés económico europea, Fondo de pensiones, Fondo de capital riesgo, Fondo de inversiones, Fondo de titulización de activos, Fondo de regularización del mercado hipotecario, Fondo de titulización hipotecaria o Fondo de garantía de inversiones.

Asimismo, con independencia de su personalidad o forma jurídica, también están obligadas las personas y entidades que se encuentren en alguna de estas **circunstancias**:

a) Inscritas en el Registro de grandes empresas.
b) Hayan optado por la tributación en el régimen de consolidación fiscal del IS.
c) Hayan optado por la tributación en el Régimen especial del grupo de entidades del IVA.
d) Inscritas en el Registro de devolución mensual del IVA.
e) Los representantes aduaneros y los que presenten declaraciones aduaneras por vía electrónica.

Precisiones No existe una total **identidad subjetiva** entre el colectivo de los obligados a relacionarse a través de medios electrónicos con las Administraciones Públicas (nº 2494) y las personas y entidades obligadas a recibir de la AEAT notificaciones y comunicaciones por medios electrónicos. Por 2497

tanto, se pueden distinguir dos colectivos de obligados a recibir notificaciones electrónicas de la AEAT:
a) Los obligados por exigencia de la LPAC (nº 2494).
b) Los obligados por la normativa tributaria.
A ambos colectivos le son aplicables las especialidades previstas en la normativa tributaria (por ejemplo, días de cortesía, la exclusión con matizaciones o las excepciones a la obligación de utilizar medios electrónicos).

2498 **Comunicación de la inclusión en el sistema de dirección electrónica habilitada única** (RD 1363/2010 art.5) La AEAT debe notificar a los sujetos obligados a recibir notificaciones o comunicaciones electrónicas su inclusión en el sistema; esta obligación no opera en aquellos sujetos obligados a relacionarse electrónicamente con la Administración (nº 2494). Cuando resulte preceptiva, esta notificación se efectúa por los **medios no electrónicos** y en los lugares y formas previstos en la LGT para notificaciones (nº 2525 s.). Adicionalmente, la Agencia Tributaria incorpora estas comunicaciones en su **sede electrónica** (https://sede.agenciatributaria.gob.es/) a los efectos de que puedan ser notificadas a sus destinatarios mediante comparecencia electrónica.
En los supuestos de alta en el **Censo de Obligados Tributarios**, la notificación de la inclusión en el sistema de dirección electrónica habilitada única se puede realizar junto a la correspondiente a la comunicación del NIF que le corresponda.
Cuando se practique la notificación de la inclusión en el sistema de dirección electrónica habilitada única, por medios electrónicos y no electrónicos, se entienden producidos todos los efectos a partir de la primera de las notificaciones correctamente efectuada.

Precisiones 1) En relación con la **DEHú** y la DEH en el ámbito de la AEAT, ver nº 2491.
2) Hasta que no se comunica a un obligado tributario su inclusión en este sistema de notificación electrónica obligatoria, este régimen no le es aplicable, salvo que voluntariamente haya optado por el mismo o bien se trate de obligados a relacionarse electrónicamente con la Administración (nº 2494). En la comunicación de inclusión en este sistema, se debe dar pie de **recurso** al interesado, el cual puede interponer recurso de reposición o reclamación económico-administrativa contra dicho acuerdo.
3) La **carga de la prueba** de la práctica de comunicación de inclusión en el sistema de dirección electrónica habilitada única corresponde a la Administración.
4) La notificación efectuada a través de dirección electrónica habilitada **antes de la comunicación al interesado** de su inclusión obligatoria en el sistema de dirección electrónica habilitada (actualmente DEHú) no resulta válida, aunque se reúnan los requisitos establecidos para su inclusión (TEAC 2-7-15). No obstante, debe tenerse en cuenta lo indicado en el nº 2499.

2499 **5)** Desde el 2-10-2016, no es exigible a la AEAT la **obligación de notificar la inclusión** en el sistema de dirección electrónica habilitada (actualmente DEHú, nº 2491) a las siguientes personas:
a) Las **personas jurídicas** y entidades sin personalidad jurídica que tengan la forma de sociedad anónima o de responsabilidad limitada, las que carezcan de nacionalidad española, los establecimientos permanentes y sucursales de entidades no residentes, las uniones temporales de empresas, así como las agrupaciones de interés económico, de interés económico europeas, los fondos de pensiones, de capital riesgo, de inversiones, de titulización de activos, de regularización del mercado hipotecario, de titulización hipotecaria o fondos de garantía de inversión cuando revistiendo cualquiera de estas formas su NIF empiece por la letra V (RD 1363/2010 art.4.1).
b) Las personas jurídicas y entidades sin personalidad jurídica no incluidas en la letra a) anterior, que cumplan alguno de los siguientes requisitos (RD 1363/2010 art.4.2):
- estar inscritas en el Registro de grandes empresas;
- haber optado por el régimen de consolidación fiscal;
- haber optado por el régimen especial del grupo de entidades;
- estar inscritas en el Registro de devolución mensual; o
- tener la condición de representantes aduaneros.

c) Las **personas físicas** que, reuniendo alguno de los requisitos del apartado b) anterior, estén obligadas a relacionarse a través de medios electrónicos conforme a las normas administrativas generales (nº 2494).
La obligación de notificar la inclusión en el sistema de dirección electrónica habilitada (actualmente DEHú) se mantiene, desde el 2-10-2016, respecto de aquellas personas físicas que, reuniendo los requisitos del apartado b) anterior, no están incluidas por la norma administrativa general entre las personas obligadas a relacionarse a través de medios electrónicos con las administraciones públicas -nº 2494- (TEAC 25-1-21).

2501 **Exclusión del sistema de dirección electrónica habilitada única** (RD 1363/2010 art.4.3) El incluido en el sistema será excluido del mismo cuando dejen de concurrir en él las circunstancias que determinaron su inclusión, siempre que así lo solicite expresamente mediante una **solicitud** específica presentada por medios electrónicos en la sede electrónica de la AEAT.

La AEAT dispone del **plazo para resolver sobre la solicitud** de un mes. En el caso de que el acuerdo sea estimatorio, debe contener la fecha desde la que es efectiva la exclusión del sistema y ha de notificarse en el lugar señalado con este propósito por el interesado o su representante o, en su defecto, en la dirección electrónica habilitada única de uno u otro. La **fecha de efectividad** de la exclusión no puede exceder de un mes desde la fecha en que se hubiere dictado la resolución.
En el caso de que el acuerdo sea **denegatorio**, ha de notificarse en el lugar señalado por el interesado o su representante salvo que se trate de obligados a relacionarse electrónicamente con la Administración o, en su defecto, debe ponerse en el plazo de un mes a disposición del obligado en la dirección electrónica habilitada única de uno u otro.
A **falta de resolución** expresa en plazo de un mes a la solicitud de exclusión, se entiende que, a partir del vencimiento de dicho plazo, el obligado deja de estar incluido en el sistema de notificación en dirección electrónica habilitada única. Esta exclusión tiene la misma eficacia que si se hubiera dictado resolución estimatoria en plazo. No obstante, si siguen concurriendo las circunstancias determinantes de la inclusión en el sistema de notificación en dirección electrónica habilitada única, la AEAT pueda notificar al obligado su nueva inclusión en dicho sistema si la misma resulta preceptiva.

Precisiones En relación con la **DEHú** y la DEH en el ámbito de la AEAT, ver nº 2491.

Obligación de utilizar medios electrónicos (RD 1363/2010 art.3) Las personas y entidades obligadas a recibir notificaciones y comunicaciones electrónicas de la AEAT y que hayan recibido la comunicación de inclusión en dicho sistema de notificación cuando la misma resulta preceptiva, están obligadas a recibir por medios electrónicos las comunicaciones y notificaciones que efectúe la AEAT en sus actuaciones y procedimientos tributarios, aduaneros y estadísticos de comercio exterior y en la gestión recaudatoria de los recursos de otros Entes y Administraciones Públicas que tiene atribuida o encomendada. 2503
No obstante, en los siguientes supuestos la AEAT puede practicar las **notificaciones por medios no electrónicos**, en los lugares y formas previstos en la LGT (nº 2525 s.):
a) Cuando la comunicación o notificación se realice con ocasión de la **comparecencia espontánea** del obligado o su representante en las oficinas de la AEAT y solicite la comunicación o notificación personal en ese momento. Esta opción no corresponde al obligado cuando concurran las circunstancias previstas en el apartado b) siguiente.
b) Cuando la comunicación o notificación electrónica resulte **incompatible** con la inmediatez o celeridad que requiera la actuación administrativa para asegurar su eficacia.
c) Cuando las comunicaciones y notificaciones hubieran sido puestas a disposición del prestador del servicio de **notificaciones postales** para su entrega a los obligados tributarios con antelación a la fecha en que la AEAT tenga constancia de la comunicación al obligado de su inclusión en el sistema de dirección electrónica habilitada única.
Si en algunos de estos supuestos la AEAT llegara a practicar la comunicación o notificación por medios electrónicos y no electrónicos, se entienden producidos todos los efectos a partir de la primera de las comunicaciones o notificaciones correctamente efectuada.

Precisiones **1)** Son **razones de eficacia** de la actuación administrativa, las que permiten no acudir a la notificación electrónica cuando esta resulte incompatible con la inmediatez o celeridad que requiere la actuación administrativa para asegurar su eficacia. 2504
La Exposición de Motivos del RD 1363/2010 señala que este supuesto se encuentra relacionado con la inevitable demora que conlleva el transcurso de los diez días que concede la normativa para acceder a la comunicación o notificación electrónica desde su puesta a disposición en la dirección electrónica habilitada única. La concesión de ese plazo en ocasiones puede impedir realizar en el tiempo debido las actuaciones de la Administración tributaria perjudicando con ello, o incluso eliminando, la eficacia del acto de que se trate.
Este resultado se produciría en todos aquellos casos en los que la Administración tributaria tuviera que practicar por vía electrónica una comunicación o notificación para la realización de actuaciones que, con arreglo a la norma que las regula, tienen un **carácter inmediato** o deben realizarse con una celeridad tal que resulta incompatible con una demora de diez días para la práctica de la notificación. Esa demora, señala la Exposición de Motivos, resultaría todavía más injustificable cuando la notificación no electrónica puede practicarse de forma inmediata y personal al obligado tributario o a su representante que se encuentran en contacto de forma presencial con la Administración tributaria como ocurre, por ejemplo, en el curso de las actuaciones de comprobación o inspección.
2) El que un contribuyente esté incluido en el sistema de notificación en dirección electrónica habilitada única no impide que el **inicio de un procedimiento inspector** tenga lugar mediante la personación de la inspección, pues la normativa faculta a la inspección a personarse sin previa comunicación en las empresas, oficinas, dependencias o almacenes del obligado tributario, entendiéndose las actuaciones con él o con el encargado o responsable de los locales (nº 2020).
3) Cuando en la notificación se respetan las formalidades establecidas normativamente siendo su única finalidad la de garantizar que el acto o resolución llegue a conocimiento del interesado, se

debe partir en todo caso de la **presunción iuris tantum** de que el acto ha **llegado a conocimiento del interesado** tempestivamente; presunción que cabe enervar por el interesado de acreditar suficientemente que, pese a su diligencia, el acto no llegó a su conocimiento o lo hizo en una fecha en la que ya no cabía reaccionar contra el mismo, o bien que, pese a no haber actuado con la diligencia debida (se excluyen los casos en que se aprecie mala fe), la Administración tributaria tampoco ha procedido con la diligencia y buena fe que le resultan reclamables. La notificación personal realizada por el TEAC en el domicilio fiscal del recurrente no es nula por no haberse realizado de modo electrónico: es un defecto formal que no le ocasionó una indefensión real y efectiva a la interesada (AN 9-12-22, EDJ 770828).

2506 **Excepciones a la notificación en dirección electrónica habilitada única** (RD 1363/2010 art.3.4)
En ningún caso se efectúan en la dirección electrónica habilitada única las siguientes comunicaciones y notificaciones:

a) Aquellas en las que el acto a notificar vaya acompañado de elementos que no sean susceptibles de **conversión** en formato electrónico.

b) Las que, con arreglo a su normativa específica, deban practicarse mediante **personación** en el domicilio fiscal del obligado o en otro lugar señalado al efecto por la normativa o en cualquier otra forma no electrónica.

c) Las que contengan **medios de pago** a favor de los obligados (cheques).

d) Las dirigidas a las siguientes **entidades de crédito**:

- entidades adheridas al procedimiento para efectuar por medios telemáticos el embargo en cuentas;
- que actúen como entidades colaboradoras en la gestión recaudatoria de la AEAT, en el desarrollo del servicio de colaboración;
- entidades adheridas al procedimiento electrónico para el intercambio de ficheros entre la AEAT y las entidades de crédito, en el ámbito de las obligaciones de información a la Administración tributaria relativas a extractos normalizados de cuentas corrientes.

e) Las que deban practicarse con ocasión de la participación por medios electrónicos en **procedimientos de enajenación** de bienes desarrollados por los órganos de recaudación de la AEAT.

Precisiones En relación con la **DEHú** y la DEH en el ámbito de la AEAT, ver nº 2491.

2508 **Días de cortesía** (RD 1363/2010 disp.adic.3ª; OM EHA/3552/2011) Los obligados tributarios que estén incluidos, con carácter obligatorio o voluntario, en el sistema de dirección electrónica habilitada única en relación con la AEAT pueden señalar un **máximo de 30 días** en cada año natural durante los cuales la Agencia Tributaria no puede poner notificaciones a su disposición en la dirección electrónica habilitada única.

El **retraso en la notificación** derivado de la designación realizada por el obligado tributario según lo señalado se considerará dilación no imputable a la Administración (RGGI art.104.h).

No obstante, cuando resulte incompatible con la inmediatez o celeridad que requiera la actuación administrativa para asegurar su eficacia, la AEAT puede practicar las notificaciones por los medios no electrónicos y en los lugares y formas previstos por la LGT (nº 2525 s.).

Los **términos** en los que los obligados tributarios pueden ejercitar esta posibilidad es la siguiente:

a) El señalamiento de los días debe realizarse obligatoriamente en la **sede electrónica** de la AEAT.

b) Estos días pueden señalarse por los obligados tributarios que se encuentren incluidos en el sistema de dirección electrónica habilitada única (**ámbito subjetivo**), ya sea con carácter obligatorio o de forma voluntaria, si bien, en este último caso, el señalamiento solo surte efectos respecto de aquellos procedimientos a los que se encuentren suscritos. También lo pueden realizar aquellas personas que figuren en el **registro de apoderamientos** de la AEAT, de una forma global, como apoderados para la recepción de notificaciones del obligado tributario destinatario de las mismas, en relación con el registro y gestión de apoderamientos y el registro y gestión de las sucesiones y de las representaciones legales de menores, y personas con discapacidad necesitadas de medidas de apoyo para la realización de trámites y actuaciones por Internet ante la Agencia Tributaria.

c) Para los obligados tributarios incluidos con **carácter obligatorio** en el sistema de dirección electrónica habilitada única (nº 2496), el señalamiento de estos días comprende las notificaciones en relación con actuaciones y procedimientos tributarios, aduaneros y estadísticos de comercio exterior y en la gestión recaudatoria de los recursos de otros Entes y Administraciones Públicas que tiene atribuida o encomendada.

Para los obligados tributarios adheridos al sistema de dirección electrónica habilitada única con **carácter voluntario**, el señalamiento de los citados días afecta a las notificaciones correspondientes al conjunto de procedimientos a los que se encuentren suscritos.

d) El **límite** se ha establecido en un máximo de 30 días naturales por año natural, siendo estos días de libre elección y sin necesidad de tener que agrupar un número mínimo de los mismos. 2509
El obligado tributario que a lo largo del año natural sea incluido con carácter obligatorio en el sistema de dirección electrónica habilitada única o proceda a darse de alta voluntariamente para ser notificado a través de dicha dirección electrónica en determinados procedimientos, puede disfrutar de la totalidad de los 30 días naturales del año natural en curso, sin necesidad de prorratear los días por el período del año natural restante.
Los días en los que no se ponen a disposición del obligado tributario notificaciones en la dirección electrónica habilitada única se deben solicitar con una **antelación** mínima de siete días naturales al primer día en que vaya a surtir efecto y, una vez señalados, pueden ser objeto de modificación mediante solicitud expresa que deja sin efecto el período inicialmente elegido, con los mismos límites respecto al número máximo de días anuales por obligado tributario y antelación mínima indicados.
e) El **retraso en la notificación** derivado del señalamiento de los días en los que no se ponen notificaciones en la dirección electrónica habilitada única se considera dilación no imputable a la Administración. Por tanto afecta al procedimiento sancionador tributario pero no a los procedimientos inspectores.
El señalamiento de estos días afecta exclusivamente a las notificaciones que pudieran haberse efectuado en los días señalados. En ningún caso estos días se descuentan del cómputo de los plazos que se hayan iniciado por haberse producido la notificación con anterioridad al primero de los días señalados.

Precisiones **1)** Los días de cortesía no cabe confundirlos con los **períodos de no actuación** que puede solicitar el obligado tributario en el procedimiento inspector y que determinan una extensión de su plazo (nº 3412 s.). Ambos períodos son independientes, autónomos. Los días de cortesía no determinan una extensión del plazo del procedimiento inspector. En el procedimiento inspector no resultan de aplicación ni los períodos de interrupción justificada ni las dilaciones por causa no imputable a la Administración (nº 3338). 2510
2) El **apoderado para recibir notificaciones** también puede señalar los días en los que la Administración Tributaria no puede poner a disposición de los obligados tributarios notificaciones en la dirección electrónica habilitada única.
El apoderamiento para la recepción de notificaciones implica el consentimiento del poderdante a la utilización de medios electrónicos para la práctica de notificaciones por parte de la Agencia Tributaria, cuando la notificación se practique al representante, así como para que el apoderado pueda señalar los días en los que la Agencia Tributaria no pueda poner notificaciones a disposición del poderdante en la dirección electrónica habilitada única, de conformidad con la normativa reguladora de las notificaciones electrónicas.
3) Es válida la notificación del acuerdo de liquidación a través de un **agente tributario**, por razones de eficacia de la actuación administrativa, en un supuesto en el que se habían solicitado días de cortesía, no resultando posible la notificación electrónica (TEAC 18-5-22).

Procedimientos iniciados a solicitud del interesado (LPAC art.41.3; RD 1363/2010 art.3.5) Las notificaciones correspondientes a procedimientos iniciados a solicitud del interesado en los que este o su representante hayan señalado un **lugar para notificaciones distinto de la dirección electrónica** habilitada única de uno u otro, se practican en el lugar señalado por el interesado o su representante. Cuando, tras dos intentos, no sea posible efectuar la notificación en el lugar señalado por el interesado o su representante por causas no imputables a la Administración, la AEAT puede practicar la notificación en la dirección electrónica habilitada única del representante o del interesado si aquel no la tuviese o este no actuase por medio de representante. 2512
No obstante, si el interesado es un obligado a relacionarse electrónicamente con la Administración, la notificación se practica por medios electrónicos y no por el medio o lugar señalado por este.

Precisiones La notificación efectuada en la dirección electrónica habilitada (actualmente DEHú, nº 2491) en el Servicio de Notificaciones Electrónicas no es válida, en tanto que nos encontramos ante un procedimiento iniciado a solicitud del interesado, y en el que expresamente ha señalado, tanto en la solicitud inicial, como en el encabezamiento del recurso de reposición, y con anterioridad incluso a la notificación de la comunicación de inclusión obligatoria en el sistema de dirección habilitada, un **lugar para practicar las notificaciones distinto** de la dirección electrónica habilitada, sin que conste que la Administración haya efectuado al menos dos intentos en la dirección señalada por el reclamante sin que haya sido posible efectuar la notificación, antes de acudir al sistema de notificación electrónica (TEAC 17-11-15).

Práctica de las notificaciones (RD 1363/2010 art.6) El acceso a las notificaciones practicadas por la AEAT se puede efectuar por los sujetos obligados: 2513
- mediante el acceso a su **DEHú** (nº 2487), previa autenticación del obligado o su apoderado;

- así como **mediante enlace desde la sede electrónica de la AEAT**, identificándose mediante un sistema de firma electrónica conforme con la política de firma electrónica y certificados en el ámbito de la Administración General del Estado.
Las personas jurídicas y entidades sin personalidad pueden acceder con el sistema de firma electrónica correspondiente a la persona jurídica o entidad, así como con el de las personas que hayan acreditado su representación con la correspondiente inscripción en el Registro de apoderamientos de la AEAT.
En el caso de **otorgamiento de poder**, debidamente inscrito en el Registro de apoderamientos de la AEAT, para la recepción electrónica de comunicaciones y notificaciones el acceso a la dirección electrónica habilitada única puede realizarse tanto por el interesado como por su representante, debiendo acreditarse este último con su correspondiente sistema de firma electrónica.
En el caso de personas o entidades autorizadas a presentar **declaraciones aduaneras**, las correspondientes comunicaciones y notificaciones se dirigen a la dirección electrónica habilitada única del titular de la autorización.
Los **efectos de la notificación en la DEHú** se producen en el momento del acceso al contenido del acto notificado, o bien, si este acceso no se efectúa, por el transcurso del plazo de 10 días naturales desde su puesta a disposición en dicha dirección. Transcurrido el plazo indicado, la notificación se entiende practicada y así constará en el buzón electrónico.
La **permanencia en el buzón** de la DEHú de todas las comunicaciones y notificaciones es de 30 días naturales. Durante ese período, si han sido leídas, se puede visualizar por completo su contenido cuantas veces se precise. Con posterioridad a este plazo, solo se pueden consultar en la sede electrónica de la Agencia Tributaria.
La AEAT certifica la notificación de un acto a través de la DEHú, conforme a la información que le remite el prestador del servicio de DEHú. Esta certificación, que se genera de manera automatizada, incluye la identificación del acto notificado y su destinatario, la fecha en la que se produjo la puesta a disposición y la fecha del acceso a su contenido o en que la notificación se ha considerado rechazada por haber transcurrido el plazo legalmente establecido de diez días naturales desde su puesta a disposición.

2514 Precisiones 1) Si a un contribuyente se le notifica de esta forma la comunicación de inicio del procedimiento inspector, es desde la fecha en que se entienda notificada la comunicación cuando comience el **cómputo del plazo** para la tramitación del expediente y la fecha efectiva de interrupción de la prescripción en materia tributaria.
2) El **acceso a la DEHú** puede ser realizado directamente por el obligado tributario o mediante apoderado con poder expreso para recibir notificaciones telemáticas de la Agencia Tributaria. En ambos casos es necesaria la autenticación de los interesados.
3) Pueden practicar las notificaciones por **medios no electrónicos** cuando estas hubieran sido puestas a disposición del prestador del servicio postal para su entrega con antelación a la fecha en que la AEAT tenga constancia de la comunicación al obligado de su inclusión en el sistema de dirección electrónica habilitada (actualmente DEHú, nº 2491), lo que no ocurre en este caso (TSJ Sevilla 19-3-18, EDJ 108478).
4) Se aprecia defecto en una notificación por **edictos** realizada a un contribuyente dado de alta en el sistema de notificación electrónica (TSJ C.Valenciana 16-2-18, EDJ 94858).
5) El recurso debe entenderse interpuesto en plazo ya que debido a un **virus informático** no realizó una copia del certificado digital de FNMT, que fue eliminado con el formateo del ordenador. Para acreditar las causas ajenas a su voluntad, se aporta certificado del técnico informático, por formatear ordenador y reinstalación de software infectado por virus y de la solicitud del nuevo certificado digital (TSJ Murcia 29-12-17, EDJ 302011).
La obligación de la Administración Tributaria se concreta en la utilización de **estándares abiertos** y de uso generalizado entre los ciudadanos, no es causa justificativa de no haber conocido la notificación, que el sistema operativo MAC se encontraba desactualizado (TSJ Madrid 24-5-17, EDJ 155825).

2515 6) Los efectos de no haber atendido una comunicación electrónica en una dirección habilitada e indubitadamente conocida por el destinatario no son diferentes de los que habría ocasionado, por ejemplo, una carta que se hubiera recibido por correo postal ordinario y no se abriera por causa anudada a la **falta de voluntad** o de diligencia de su receptor. Desde una perspectiva puramente «metajurídica», podría comprenderse el descuido del interesado no familiarizado con estas nuevas formas de comunicación electrónica que deja transcurrir varios días sin atender las notificaciones practicadas en la DEH, pero no sería fácilmente trasladable a una AIE como la que recurre, por causa que no fuera debida a su propia negligencia o inobservancia de su deber o, al menos, a dificultades técnicas o materiales en la recepción del correo a las que no se alude en la demanda (TS 11-12-17, EDJ 256476; AN 20-6-16, EDJ 89173; 29-6-17, EDJ 154744).
7) Aunque el interesado carecía de **certificado electrónico**, la AEAT le había comunicado previamente la inclusión en el sistema de notificación electrónica, por lo que se considera válida dicha notificación (TSJ C.Valenciana 7-11-17, EDJ 313965).

8) Estar acogido al sistema de notificación obligatoria electrónica, como es el caso, implica que deben recibirse mediante ese sistema electrónico todas las notificaciones que se reciban de la AEAT. Sin embargo, en el procedimiento de inspección que se revisa, se ha utilizado por la Inspección de **forma aleatoria y alternativa** tanto el sistema de notificación electrónica como el sistema de notificación personal a través de agente tributario (AN 18-7-17, EDJ 155767).

9) La Administración no tiene obligación de reiterar o recordar la **comunicación de inclusión** en el sistema DEH y sus efectos, siempre que se haya producido correctamente. Basta la primera notificación de inclusión en el sistema (AN 25-9-17, EDJ 205227). 2516

10) El **administrador único** que ha obtenido del organismo certificador competente un certificado de firma electrónica que le habilita para actuar telemáticamente en representación de una persona jurídica no necesita aportar, mientras esté vigente dicho certificado, un poder de representación de la sociedad con motivo de cada actuación concreta ante la Administración (TS 28-9-21, EDJ 717657; 25-10-21, EDJ 725941; 27-1-22, EDJ 502780).

2. Notificaciones en papel

(LPAC art.42)

Reglas generales (LPAC art.30, 41.7, 42 y 44) Todas las notificaciones que se practiquen en papel han de ser puestas a disposición del interesado en la sede electrónica de la Administración u Organismo actuante para que pueda acceder al contenido de las mismas de forma voluntaria. 2517

Cuando la notificación se practique en el **domicilio** del interesado, de no hallarse presente este en el momento de entregarse la notificación, puede hacerse cargo de la misma cualquier persona mayor de catorce años que se encuentre en el domicilio y haga constar su identidad. Si nadie se hiciera cargo de la notificación, se hace constar esta circunstancia en el expediente, junto con el día y la hora en que se intentó la notificación.

Si no ha resultado exitoso el primer intento de notificación, los requisitos que debe cumplir el **segundo intento de notificación** son:

- debe hacerse dentro de los **tres días siguientes**. Dado que los plazos expresados en días se cuentan a partir del día siguiente, el mismo día no se puede realizar el segundo intento, esto es, debe producirse en un día distinto, no siendo válidos los intentos realizados el mismo día (TEAC 11-12-12);
- si el primer intento de notificación fue antes de las **15:00 horas**, el segundo intento se tiene que producir después de las 15:00 horas y viceversa;
- debe haber un **margen** de tres horas entre ambos intentos de notificación.

Si el segundo intento también resulta **infructuoso**, se procede en la forma prevista para las notificaciones infructuosas (nº 2519).

Cuando el interesado acceda al contenido de la notificación en **sede electrónica**, se le ofrece la posibilidad de que el resto de notificaciones se puedan realizar a través de medios electrónicos.

De entre los diversos **medios** posibles para la práctica de la notificación en papel merecen especial atención las notificaciones por correo con acuse de recibo (nº 2520 s.) y en apartados postales (nº 2524). El ámbito de las actuaciones inspectoras se rige por las normas comunes aplicables a las notificaciones en materia tributaria (nº 2400 s.).

Las notificaciones por medio de **empresas de mensajería privadas** carecen de la presunción de veracidad que tienen las efectuadas por Correos.

Ejemplo Si el primer intento tiene lugar a las 13 horas del día X, el segundo intento deberá tener lugar dentro de los 3 días siguientes y a partir de las 16 horas de cualquiera de ellos, cumpliéndose así los requisitos (que fuera a partir de las 15 horas y existiendo un margen de tres horas dentro de los 3 días siguientes). 2518

Precisiones 1) Es **nula** la notificación no firmada por el interesado o por persona no identificada (TS 19-2-92, EDJ 1533).

2) Se ha de entender por **horas distintas** a los efectos de la notificación, las que se practican en distintas franjas horarias, como pueden ser, mañana, tarde, primeras horas de la mañana o de la tarde (TS 10-11-04, EDJ 174213).

3) Se consideran como **medios no admisibles** de notificación: el envío postal ordinario que se entrega en los casilleros domiciliarios (TS 17-6-91, EDJ 6440), el teléfono (TCo 105/1993; 176/1998; TS 11-6-90, EDJ 6172) y la notificación verbal (TS 15-3-94, EDJ 2393).

4) El **intento de notificación culmina**, a efectos de entender notificado en plazo el acto, en la fecha en que se llevó cabo el mismo, no en el momento en que la Administración recibe la devolución del envío en el que conste la notificación infructuosa (TS 3-12-13, EDJ 257029).

5) En **actuaciones anteriores** del mismo procedimiento administrativo la entidad había admitido que se practicasen las notificaciones en papel, y no habiendo duda de que la recurrente tuvo pleno conocimiento de la resolución sancionadora notificada por esa vía, no cabe tachar de inválida tal notificación por haberse practicado de ese modo (TS 20-7-22, EDJ 642898).

6) Cuando el **segundo intento de notificación** en papel en el domicilio del interesado se ha efectuado transcurrido el plazo de tres días previsto legalmente, se considera que es suficiente y eficaz el único intento de notificación practicado en papel en el domicilio del interesado, y que la obligación de la Administración de notificar dentro del plazo máximo de duración del procedimiento, se entiende cumplida con el único intento de notificación practicado (TS 23-12-22, EDJ 792587).

2519 **Ámbito tributario** (RGGI art.114) Se prevé que cuando no haya sido posible efectuar la notificación al obligado tributario o a su representante por **causas no imputables a la Administración**, han de constar en el expediente las circunstancias del intento de notificación. Debe dejarse constancia expresa del rechazo de la notificación por el destinatario o su representante, de que el destinatario está ausente o de que consta como desconocido en su domicilio fiscal o en el lugar designado al efecto para realizar la notificación.

Cuando la notificación se lleva a cabo por algún miembro de la Administración tributaria, una vez realizados **dos intentos de notificación infructuosos**, de acuerdo con las reglas indicadas (nº 2517), siempre que resulte posible, se deja aviso de llegada en el correspondiente casillero domiciliario, indicándole en la diligencia que se extienda por duplicado, la posibilidad de personación ante la dependencia a fin de hacerle entrega del acto, plazo y circunstancias relativas al segundo intento de notificación. Mediante este aviso se pretende facilitar al obligado tributario que tenga conocimiento del intento de comunicación con él por parte de la Administración tributaria antes del envío de la notificación mediante boletín oficial. Este aviso de llegada se deja a efectos exclusivamente informativos, sin que tenga ninguna otra trascendencia en el ámbito de los procedimientos tributarios.

Las notificaciones en papel se deben publicar también en la **Sede Electrónica de la AEAT**. En este caso, la notificación en Sede electrónica solo se produce si se accede voluntariamente al contenido de la misma. Así, no cabe entender rechazada la notificación, y por tanto notificada, por el transcurso de un plazo como sí ocurre en la dirección electrónica habilitada única (nº 2513). En caso de que se produzca la notificación en papel y a través de la Sede Electrónica, tiene efectos jurídicos la primera que se practique.

2520 **Notificación por correo con acuse de recibo** (LPAC art.42; L 43/2010 art.22.4; RD 1829/1999 art.39 s.)

A las notificaciones por correo se les aplica el **régimen jurídico** de las notificaciones en materia tributaria; deben además cumplir lo dispuesto en el desarrollo reglamentario de la prestación de los servicios postales sobre la admisión y entrega de notificaciones de órganos administrativos. Por tanto, han de respetar las normas relativas al lugar de la notificación, forma de practicarse, persona legitimada para recibir o rehusar la notificación e intentos de notificación.

La regulación del Servicio postal universal, distingue entre la notificación que se realiza por el operador al que se ha encomendado la prestación del **servicio postal universal**, y la efectuada por los **restantes operadores**. El operador público Correos y Telégrafos S.A. (operador designado) tiene el derecho especial de entregar notificaciones de órganos administrativos y judiciales, con constancia fehaciente de su recepción, sin perjuicio de lo dispuesto en la LPAC.

Debe cumplirse el régimen establecido en relación a la admisión y entrega de **notificaciones de órganos administrativos** del que destacan las siguientes consideraciones:

a) La **entrega de notificaciones de órganos administrativos** realizada por el operador al que se ha encomendado la prestación del servicio postal universal tiene como efecto la constancia fehaciente de su recepción, sin perjuicio de que los demás operadores realicen este tipo de notificaciones en el ámbito no reservado, cuyos efectos se rigen por las normas de Derecho privado.

b) La **admisión de notificaciones** por el operador al que se ha encomendado la prestación del servicio postal universal requiere que el envío tenga el siguiente **contenido**: ha de constar la palabra «Notificación», y, debajo de ella y en caracteres de menor tamaño, el acto a que se refiera (citación, requerimiento, resolución) y la indicación «Expediente núm...» o cualquier otra expresión que identifique el acto a notificar. Estos envíos deben ir acompañados del documento justificativo de su admisión.

c) La entrega de notificaciones a las **personas jurídicas privadas** se debe realizar al representante de estas, o bien, a un empleado de la misma, haciendo constar en la documentación del empleado postal y, en su caso, en el aviso de recibo que acompaña a la notificación, su identidad, firma y fecha de la notificación, estampando, asimismo, el sello de la empresa.

2521 d) En el caso de las **personas jurídicas públicas** pueden entregarse en su Registro general, bastando, en este caso, la estampación del correspondiente sello de entrada en los documentos a notificar.

e) Respecto a la posible recepción de la notificación por el **menor de edad**, solo se indica que ha de tratarse de persona que haga constar su identidad y el DNI. Si el menor está en posesión del DNI podría firmar la recepción de la notificación. La LPAC, exige que el menor tenga al menos 14 años (LPAC art.42).
f) Se distingue entre supuestos de **notificación con uno o dos intentos** de entrega:
1. Notificaciones con **dos intentos de entrega**. Si el interesado o su representante **rehúsan la notificación** y se niegan a firmar, es necesario acudir a un segundo intento de notificación en hora distinta en los tres días siguientes (nº 2517).
En los casos en que **nadie pueda hacerse cargo de la notificación**, el operador ha de hacerlo constar en su documentación y en el aviso de recibo que acompañe a la notificación, debiéndose practicar un segundo intento. Si este también resulta infructuoso se ha de consignar en la documentación y en el aviso de recibo, junto con el día y hora del segundo intento. Tras los dos intentos, el operador del servicio postal universal debe depositar en lista las notificaciones durante un **plazo** de un mes, así como dejar al destinatario aviso de llegada en su casillero domiciliario. En dicho aviso se indica el lugar y plazo de permanencia en lista de la notificación, así como las circunstancias del segundo intento de notificación.

2. Notificaciones con **un intento de entrega**. Solo es exigible un intento de entrega en los siguientes **casos**: **2522**
- la notificación es rehusada o rechazada por el interesado o su representante, y hacen constar esta circunstancia por escrito con su firma, identificación y fecha, en la documentación del empleado del operador postal;
- dirección incorrecta;
- destinatario desconocido;
- destinatario fallecido;
- cualquier causa de análoga naturaleza a las expresadas, que haga objetivamente improcedente el segundo intento de entrega.

En estos casos, el operador postal debe hacer constar en la documentación correspondiente la **causa** de la no entrega, fecha y hora de la misma, circunstancias que se han de indicar en el aviso de recibo que, en su caso, acompañe a la notificación. En supuesto de rechazo de la notificación se entiende por válidamente efectuada la misma, no así en los restantes supuestos.
La notificación por **correo certificado con acuse de recibo** es uno de los medios de notificación más frecuente utilizado por la Administración, especialmente para las notificaciones masivas. No obstante, en el ámbito de la Inspección de los tributos buena parte de las notificaciones se realizan directamente por los órganos de inspección. En las notificaciones por correo con acuse de recibo es necesario que en el acuse de recibo o en la documentación del operador postal conste la fecha, identificación completa del receptor, número del DNI o del documento que lo sustituya y la firma del interesado o persona que pueda hacerse cargo de la notificación.
La plena **identificación del receptor** de la notificación se cumple cuando consta el nombre completo y/o número del DNI del receptor. También cuando consta en el acuse de recibo una referencia unívoca. La identificación por medio de la firma solo es posible si resulta claramente legible o, en algunos casos, si con dicha firma se han recibido con anterioridad notificaciones no discutidas. La jurisprudencia también ha admitido la identificación cuando se estampa el sello de la empresa en el acuse de recibo (TS 12-2-03, EDJ 2219; TSJ Cataluña 11-10-01, EDJ 70225). No es preciso dejar constancia del parentesco o de la razón de la permanencia en el domicilio por el tercero.

Precisiones **1)** Para la validez de las notificaciones administrativas se requiere su práctica por envío certificado con acuse de recibo, no resultando suficiente la practicada por **correo certificado normal**, que no ofrece garantía de la identidad del acto notificado, ni de las demás circunstancias que exige la normativa de la notificación administrativa (TS 14-11-89, EDJ 10165). **2523**
2) En el caso de notificaciones a personas jurídicas en su **domicilio social** o en el lugar designado por las mismas para notificaciones, ha de presumirse con carácter general que el que conste en el acuse de recibo el **sello de la entidad** destinataria de la misma es porque la persona que disponía del sello lo hacía por encargo de la empresa y le estaba encomendada la función de recibir las notificaciones a ella dirigidas, siendo por tanto irrelevante que la firma del empleado receptor de la notificación sea ilegible, salvo prueba fehaciente de la interesada de la falta de autenticidad de dicho sello o la sustracción o uso abusivo del mismo (TEAC 16-9-04).
3) Si la Administración no acredita que se introdujera en el buzón del recurrente el **aviso de llegada** tras intentar infructuosamente por dos veces la notificación, se considera que es improcedente la notificación. Procede retrotraer el procedimiento al momento en que se realizó incorrectamente la notificación (TSJ Madrid 17-7-08, EDJ 175825; TSJ Cataluña 20-6-16, EDJ 167011).
4) La notificación fue válida y la interposición de la reclamación lo fue fuera del plazo legal; la persona que se identificó como **amiga** del contribuyente acudió a la oficina apoderada por este, haciendo entrega del aviso, cuya posesión legitimaba a la compareciente frente a los empleados del servicio postal (TSJ Sevilla 7-4-17, EDJ 187852).

5) Cuando la notificación se hace a través del servicio de correos, se debe dejar un **aviso de llegada** al destinatario en el correspondiente casillero domiciliario, debiendo constar en el mismo, la dependencia y plazo de permanencia en lista de la notificación, y las circunstancias relativas al segundo intento de entrega, sin que este deber formal pueda sustituirse con igual fuerza probatoria con la mención de «no retirado» (TS 18-10-22, EDJ 721330).

2524 **Notificación en apartado postal** (RGGI art.114.2) En el supuesto de notificaciones en apartados postales establecidos por el operador al que se haya encomendado la prestación del **servicio postal universal**, el envío se deposita en el interior de la oficina y puede recogerse por el titular del apartado o por la persona autorizada expresamente para retirarlo. La notificación se entiende practicada por el transcurso de diez días naturales desde el depósito del envío en la oficina.

Así, el apartado postal es un auténtico medio de notificación.

En los **procedimientos iniciados a instancia del interesado** la utilización de este medio de notificación requiere que el interesado lo haya señalado como preferente en el correspondiente procedimiento.

Precisiones Es válida la notificación en un apartado de correos siempre y cuando se cumplan determinados requisitos en su recepción, como son la acreditación de la **persona** que se hace cargo de la notificación, la fecha y el contenido del acto (TEAC 27-9-95).

E. Lugar de notificación

(LGT art.110; RGGI art.114.4)

2525 **Notificaciones nacionales** (LPAC art.41.3; LGT art.110) Se distinguen dos **supuestos**, según se trate de procedimientos iniciados de oficio o a instancia del interesado:

a) En los **procedimientos iniciados a solicitud del interesado**, la notificación se practica en el lugar señalado a tal efecto por el obligado tributario o su representante o, en su defecto, en el domicilio fiscal de uno u otro. Cuando se trate de obligados a relacionarse electrónicamente con la Administración (nº 2329), la notificación se practica electrónicamente, no pudiendo optar el interesado por su notificación en papel.

b) En los procedimientos **iniciados de oficio** (como el procedimiento inspector y el sancionador), la notificación puede practicarse, además de en el domicilio fiscal del obligado tributario o de su representante, en el centro de trabajo, en el lugar donde se desarrolla la actividad económica o en cualquier otro adecuado a tal fin.

La Administración debe intentar **notificar preferentemente** en el lugar señalado por el interesado, también en los procedimientos iniciados de oficio, cuando la designación del lugar de notificaciones no suponga un obstáculo, un retraso o un inconveniente para el fin de las actuaciones administrativas.

2526 Precisiones **1)** En los procedimientos iniciados a solicitud del interesado, el domicilio señalado por este a efectos de notificaciones es el que ha de seguir la Administración. Este domicilio puede no coincidir con su domicilio social, por preferir que se hagan las notificaciones a sus asesores fiscales o jurídicos, o bien que se hagan en **domicilio distinto** de aquel en que se elaboran los escritos, que para nada cuentan ante la Administración ni ante los Tribunales (TS 10-3-86, EDJ 1827).

2) En materia de comunicación de los actos administrativos rige el **principio de libre designación** por los ciudadanos y personas jurídicas de un domicilio o lugar concreto, por su exclusiva conveniencia, diferente del domicilio social o fiscal, para la notificación de actuaciones administrativas concretas, que las Administraciones han de atender salvo que la defensa del interés público lo impidiera (TS 10-6-00, EDJ 20968).

3) Es válida la notificación de la resolución en domicilio distinto al señalado a efectos de notificaciones. La notificación fue correctamente realizada en el **domicilio social y fiscal** de la entidad recurrente, al haber tenido la entidad conocimiento de otras notificaciones realizadas en este mismo domicilio (AN 29-9-08, EDJ 192674).

4) Es válida la notificación practicada en el **domicilio del administrador**, dado que la sociedad estaba de baja en su domicilio social, sin que pueda alegar la pérdida de la condición de administrador por caducidad del nombramiento, ya que el transcurso del plazo del nombramiento no produce el cese automático, siendo necesario el acceso al Registro Mercantil de los acuerdos de cese o nuevos nombramientos (AN 12-3-07, EDJ 14468).

5) No puede confundirse el domicilio de una sociedad y el de su consejero delegado. No es válida la notificación a la sociedad dirigida a nombre y **domicilio del consejero delegado**. Además, en las actuaciones inspectoras previas la Administración se dirigió al domicilio de la sociedad (TSJ Madrid 26-3-08, EDJ 144699).

6) Se tiene por bien hecha la notificación realizada al **empleado de una empresa distinta a la destinataria** de la notificación pero situada en el mismo edificio, en la medida en que constan en el expediente otras dos notificaciones recogidas por dicha persona, respecto de las cuales el

recurrente se tuvo por notificado y realizó los trámites oportunos, sin que denunciara irregularidad alguna en cuanto a la notificación (TSJ Madrid 28-4-08, EDJ 77986).
7) La Administración se encuentra obligada a practicar las notificaciones en el **domicilio del representante acreditado**, sin que sea posible realizarlas directamente en el domicilio del obligado tributario (TSJ Madrid 27-5-24, EDJ 600985).

Notificaciones en el extranjero (LGT art.177 sexies; RGGI art.114.4) En el marco de la **asistencia mutua**, los actos administrativos dictados en España por la Administración tributaria pueden ser notificados en el territorio de otro Estado mediante la asistencia de la autoridad competente de ese Estado. 2528
Estas notificaciones producen los mismos **efectos** que si se hubiesen realizado conforme a la normativa española, sin más requisito que la comunicación recibida de la autoridad requerida de que se ha efectuado la notificación solicitada.
Estas notificaciones se deben **acreditar** mediante la incorporación al expediente de la notificación o de la comunicación a la autoridad competente española de la notificación efectuada por dicho Estado conforme a su propia normativa. Estas notificaciones acreditadas se tienen por válidamente efectuadas.
En los casos en que se haya solicitado asistencia a otro Estado, si en el plazo de dos meses desde el envío de la solicitud de notificación **no se ha podido realizar la notificación** en el extranjero o la Administración tributaria no ha recibido respuesta de la autoridad requerida respecto a la fecha de notificación del documento al destinatario, la Administración puede proceder a la notificación por comparecencia (nº 2555 s.).
Si en estos supuestos se produjese una **doble notificación** del acto, se considera como fecha de notificación la correspondiente a la efectuada en primer lugar.

Precisiones Si bien hay una regulación específica sobre cómo deben llevarse a cabo las notificaciones para que estas sean válidas en España, reglamentariamente se permite que una **notificación efectuada en otro país**, de acuerdo con las normas sobre notificaciones de ese país, sea válida en España aunque las regulaciones sobre notificaciones sean distintas en ambos países. Así, por ejemplo, aunque en España es preciso que cuando se notifique un documento en el domicilio del obligado tributario, se identifique al receptor, si de acuerdo con la normativa de otro país dicha identificación no es preceptiva, cuando se remita a España la notificación o la comunicación de dicha notificación efectuada en el otro país, de acuerdo con su normativa, dicha notificación tiene validez aquí. 2529

Domicilio fiscal (LGT art.48) El domicilio fiscal es el lugar de localización del obligado tributario en sus relaciones con la Administración tributaria. Se distingue entre domicilio de las personas físicas y jurídicas: 2530
a) Persona física. El domicilio fiscal de las personas físicas es el lugar donde tienen su residencia habitual. Si las personas físicas desarrollan principalmente **actividades económicas**, la Administración tributaria puede considerar que su domicilio fiscal se halla en el lugar donde esté efectivamente centralizada la gestión administrativa y la dirección de las actividades desarrolladas, y si no puede establecerse dicho lugar, se entiende que el domicilio fiscal se halla en el lugar donde radica el mayor valor del inmovilizado en el que se realizan las actividades económicas.
b) Persona jurídica. El domicilio fiscal de las personas jurídicas es su domicilio social, siempre que en él esté efectivamente centralizada su gestión administrativa y la dirección de sus negocios. Si no se da la circunstancia, se entiende situado en el lugar en el que se realice dicha gestión o dirección. En defecto de los anteriores criterios, el domicilio fiscal es el del lugar donde radica el mayor valor del inmovilizado.

Precisiones **1)** El domicilio fiscal de las **herencias yacentes, comunidades de bienes** y demás entidades que, carentes de personalidad jurídica, constituyen una unidad económica o un patrimonio separado, susceptibles de imposición, se determina aplicando las reglas del domicilio fiscal de las personas jurídicas. 2532
2) El domicilio fiscal de las personas o entidades **no residentes** en España, se determina según lo establecido en la normativa reguladora de cada tributo. En defecto de regulación, el domicilio es el del representante con domicilio en territorio español. Cuando la persona o entidad no residente en España opera mediante **establecimiento permanente**, el domicilio es el que resulte de aplicar las reglas del domicilio fiscal de las personas físicas y de las personas jurídicas.

Cambio de domicilio fiscal (LGT art.48.3; RGGI art.10 -redacc RD 249/2023 y RD 117/2024- y 17) El domicilio fiscal y su cambio, debe ser **comunicado** por el obligado tributario a la Administración tributaria, no surtiendo efectos el cambio frente a la Administración tributaria hasta que no se comunica. No obstante, los **procedimientos iniciados de oficio** antes de la comunicación de dicho cambio, pueden continuar tramitándose por el órgano correspondiente al domicilio inicial, siempre que las notificaciones derivadas de dichos procedimientos se realicen en el domicilio 2534

fiscal del obligado tributario o el lugar donde se desarrolle la actividad económica o en cualquier otro adecuado a tal fin.
La **notificación** a la Administración del cambio de domicilio tiene lugar:
a) En el caso de **personas jurídicas, empresarios, profesionales o retenedores**, mediante la presentación de la declaración censal: modelo 036.
b) En el caso de **personas físicas** que no se hallan en los casos anteriores, mediante la presentación de la declaración o solicitud de devolución por el IRPF, así como mediante la presentación del modelo 030.

2535 Precisiones **1)** Es obligación del sujeto pasivo declarar su domicilio fiscal, sin que le sea exigible a la Administración la realización de comprobaciones al respecto, ni oponible el cambio no comunicado. La modificación en el **padrón municipal** no supone por sí misma la del domicilio fiscal ni sustituye a la declaración tributaria prevista en la LGT (TSJ Cataluña 15-3-07, EDJ 29309).
2) Es ineficaz frente a la Administración autonómica, que es la que realizó la notificación, la comunicación del cambio de domicilio fiscal a través del **modelo 037** de la AEAT (TEAC 24-9-08).
3) Se rechaza que la **notificación edictal** lesione el derecho a la tutela judicial efectiva (Const art.24.1) en ocasiones en las que se ha modificado el domicilio sin comunicarlo a la Administración tributaria siempre y cuando la Administración haya actuado a su vez con la diligencia y buena fe exigibles (TS 21-1-10, EDJ 9978; 7-5-09, EDJ 92424).
4) Se considera que debió intentarse la notificación personal en el **domicilio en Francia** que constaba en el modelo 211 (retenciones en la adquisición de bienes inmuebles a no residentes sin establecimiento permanente), para lo cual la Administración Tributaria española sí tenía la facultad de solicitar la colaboración de las autoridades francesas (TSJ Cataluña 6-7-17, EDJ 207710).
5) La demandante se trasladó a un piso en Madrid, dándose de alta en el padrón municipal y causando baja correlativa en el municipio de Padrón. Posteriormente comunicó el cambio de domicilio fiscal al presentar la autoliquidación del IRPF. Respecto a la valoración de los hechos a partir de los cuales la AEAT consideró que la recurrente residía en Padrón, y no en Madrid, los indicios manejados por la Administración para desvirtuar la declaración de la demandante en punto a su domicilio fiscal, no tienen por sí mismos la fuerza de convicción necesaria. Pero tampoco los dos indicios que el tribunal considera aisladamente más sólidos (**domicilio consignado en las escrituras y consumos** de electricidad y agua), ni aún acompañados por los previamente calificados aisladamente como equívocos, pero con eventual alcance corroborador (AN 31-1-24, EDJ 516885).

F. Legitimación para recibir la notificación

(LPAC art.7, 40, 41 y 42; LGT art.111; RGGI art.106, 108 y 114.3)

2545 El **destinatario** de la notificación es el interesado al que el acto objeto de la notificación afecta en sus derechos e intereses. También puede recibir la notificación el representante del interesado.
La notificación realizada al interesado o a su representante surte efectos, aun en el caso de que sea rechazada por estos. Esto es, el **rechazo de la notificación** solo produce los efectos de la notificación cuando lo realiza el obligado tributario o su representante. Es intrascendente el lugar donde se produzca el rechazo. El rechazo por un tercero no produce los efectos de la notificación.
En el caso de **pluralidad de interesados**, se pueden distinguir dos supuestos:
a) Procedimientos iniciados **a solicitud del interesado**. Cuando una pluralidad de interesados suscriba la solicitud, escrito o comunicación, las notificaciones se deben efectuar al representante o interesado que expresamente hayan señalado y, en su defecto, al que figure en primer término.
b) Procedimientos iniciados **de oficio**. En los casos de solidaridad en el presupuesto de hecho de la obligación, las actuaciones y procedimientos pueden realizarse con cualquiera de los obligados tributarios que concurran en el presupuesto de hecho de la obligación objeto de las actuaciones o procedimientos. Una vez iniciado el procedimiento de comprobación o investigación, se debe comunicar esta circunstancia a los demás obligados tributarios conocidos, que pueden comparecer en el procedimiento. La resolución o liquidación que se dicte se realiza a nombre de los que hayan comparecido y se notifica a los demás obligados tributarios conocidos.
Si el destinatario es un **menor o persona con discapacidad** necesitada de medidas con apoyo, el sujeto receptor es su representante legal.
Si el destinatario es una **entidad**, el sujeto receptor es quien legalmente ostente la representación (normalmente el administrador), sin perjuicio de la validez de la notificación a terceros, en los casos en que sea legalmente posible. Si la entidad está **inactiva o ilocalizada**, se notifica al último administrador, en su calidad de representante de la entidad.
En el supuesto de las Uniones Temporales de Empresas (**UTE**), se debe notificar al representante o apoderado único de la UTE.

En los casos de **situaciones concursales**, las notificaciones se deben dirigir al concursado cuando el juez no hubiera acordado la suspensión de sus facultades de administración y disposición, si bien se ha de notificar paralelamente una copia al administrador concursal, en otro caso (concursado con facultades suspendidas) las notificaciones se han de dirigir a los administradores concursales. **2546**
El destinatario o su representante legal pueden designar un **representante voluntario** para recibir la comunicación. El cónyuge del obligado tributario no se considera, por este solo hecho, representante voluntario de este último.
En determinados supuestos están legitimados para recibir las notificaciones no solo el obligado tributario o su representante, sino también **terceras personas** que se hacen cargo de la notificación con el fin de entregársela al destinatario. Así, cuando la notificación se practica en el domicilio fiscal del obligado tributario o su representante o en otro lugar señalado al efecto por uno u otro, de hallarse **ausentes** en el momento de la entrega, también están legitimados para la recepción:
- **cualquier persona** que se halle en dicho lugar o domicilio y haga constar su identidad, exigiéndose como mínimo la edad 14 años en el receptor;
- los **empleados** de la comunidad de vecinos o de propietarios donde radica el lugar señalado a efectos de notificaciones o el domicilio fiscal del obligado o su representante (vigilantes, portero, etc.).
Fuera de estos supuestos no es válida la notificación a terceras personas, sin perjuicio de que, si el interesado se da por notificado, se entienda producida la notificación desde la fecha en que se dé por notificado.

Si en el momento de la entrega de la notificación se tiene conocimiento del **fallecimiento o extinción de la personalidad jurídica** del obligado tributario, se hace constar esta circunstancia y la Administración debe comprobar tal extremo. En estos casos, cuando la notificación se refiere a la resolución de un procedimiento, esta actuación se considera como un intento de notificación válido a los efectos de entender cumplida la obligación de notificar dentro del plazo máximo de duración de los procedimientos, si bien se debe efectuar la notificación a los **sucesores** del obligado tributario. **2547**
En relación a la notificación a los sucesores, hay que distinguir:
- **personas fallecidas**: la notificación se efectúa a los herederos o legatarios, haciendo constar que se recibe la notificación en calidad de sucesor. Las **herencias yacentes** están obligadas a relacionarse con la Administración a través de medios electrónicos (nº 2494);
- **sociedades absorbidas**: la notificación se ha de dirigir a la sociedad absorbente o a la sociedad resultante de la fusión, en cuanto sucesora de la primera;
- **entidades liquidadas y extinguidas**: la notificación se realiza a los socios, en cuanto sucesores de la misma.

Ejemplo Se decide iniciar sendos procedimientos inspectores a una sociedad y a uno de sus socios (el socio mayoritario). A la sociedad se le notifica a través de medios electrónicos y se entrega la comunicación de inicio del procedimiento relativa al socio en el domicilio social de la sociedad, quedando identificado el trabajador que las recibe. **2548**
La **notificación a la sociedad** sería válida, no así la relativa al **socio mayoritario**, pues respecto al mismo se trata de una notificación recibida fuera de su domicilio por un tercero. No obstante, si el socio atiende a la comunicación de inicio y se persona ante la Inspección, se entiende notificado al menos desde la fecha de la personación, dado que la notificación ha alcanzado su fin, quedando subsanada la notificación inicialmente defectuosa.

Precisiones **1)** No existe una obligación de los **terceros** de recibir la notificación, se trata de una facultad que pueden elegir libremente. Tampoco se trata de un supuesto de presunción de representación. El tercero puede hacerse cargo de la notificación, si así lo decide, en cuyo caso se compromete a hacerla llegar en plazo a su destinatario, incurriendo en responsabilidad frente a este en caso contrario. **2549**
En estos casos no se exige que se comunique el grado de parentesco o relación que le une con el destinatario, ni que justifique la razón de la permanencia en el domicilio.
Así, no es válida la notificación realizada a un **vecino**, pues ni es empleado de la comunidad ni se encuentra en el domicilio del destinatario.
2) Se entiende vulnerado el derecho de acceso a la jurisdicción en un supuesto de notificación de la liquidación tributaria y de un acuerdo de comprobación de valores a la **gestoría** presentadora del documento (TCo 46/2008).
3) En el caso de **comunidades de propietarios**, la representación la ostenta su presidente (TS 29-11-89, EDJ 10710).
4) La recepción de la notificación electrónica, mediante visualización de la misma, por la persona que actuaba en representación de la **sociedad administradora del concurso** debe considerarse válida y eficaz (TSJ Aragón 1-2-17, EDJ 50647).

La renuncia del administrador del concurso se ha producido con la **resolución** del Juzgado y no con la presentación de la solicitud por parte del interesado (TSJ C.Valenciana 28-11-17, EDJ 337388).
5) Es válida la notificación en el domicilio del representante legal, donde la recibió la **esposa** después de intentar la notificación en el lugar y a la persona designada y en el domicilio del representante voluntario (AN 23-1-17, EDJ 5655).
6) Aunque el Presidente del Consejo tenía su **cargo vencido** continuaba en funciones, que no cesaron hasta que se reunió la siguiente Junta General, por eso lo notificado es válido y eficaz (TSJ Cataluña 12-2-15, EDJ 53900).

2550 7) Es válida la notificación realizada mediante entrega en el servicio o unidad administrativa destinada a **registro general** de una entidad, aunque no resulte identificado el empleado que la desempeña (TS 11-12-01, EDJ 64953).
8) Es válida la notificación en la que consta la correcta y plena identificación de la persona que recibió la notificación, así como la **relación de dependencia** con la expresión «criada». La certificación de la Seguridad Social de que dicha persona no estaba dada de alta como empleada del hogar en el domicilio del recurrente no demuestra que ese día no hubiera una persona que con tal identidad aceptara la diligencia con el funcionario de correos y manifestara, como motivo de su presencia en el domicilio, el que era «criada» (TS 7-4-01, EDJ 9816; 10-1-97, EDJ 106; 2-12-91, EDJ 11418).
9) La notificación practicada en el domicilio del interesado a un tercero que acredite su identidad tiene **efectos irreversibles** una vez realizada, de forma que no cabe la devolución de la copia del acto por la persona que ha recibido la notificación, indicando que no ha podido localizar al destinatario del acto (TEAC 10-11-05).
10) El hecho de que en la notificación no se indique la **relación del receptor con el destinatario** no constituye un defecto invalidante (TSJ Madrid 4-4-08, EDJ 84750).

2551 11) Es inválida la notificación realizada a quien ya no es administrador de la sociedad. Sí es válida la notificación posterior realizada a la **apoderada** en el domicilio de esta, ante la imposibilidad de efectuar la notificación en el domicilio fiscal de la entidad, por constituir el domicilio del anterior administrador (TEAC 29-5-08).
12) Es válida la notificación recogida por **trabajadores de la empresa** en su sede social, incluso cuando los mismos no estuvieran dados de alta en la Seguridad Social (TEAC 11-6-08).
13) La liquidación provisional a una **entidad disuelta** no fue notificada correctamente, pues en el expediente constaba la comparecencia de la entidad sucesora y en los diversos escritos presentados se hizo constar un nuevo domicilio a efectos de notificaciones (TEAC 13-3-08).
14) Es válida la notificación recibida por el **vigilante del domicilio** (TS 27-11-08, EDJ 282555).
15) El **presentador del documento** no tiene por eso la condición de mandatario o representante del interesado. No es válida la notificación realizada a dicho tercero. En este sentido el TCo 113/2006 declaró inconstitucional la LITP art.56.3 que atribuía la condición de mandatario al presentador del documento (TCo 46/2008).
16) La notificación realizada únicamente a uno de los **herederos** no se entiende realizada a todos (TSJ Castilla-La Mancha 4-3-16, EDJ 27576).

G. Notificación por comparecencia

(LGT art.112; RGGI art.115; OM EHA/1843/2011)

2555 Si la notificación al obligado tributario o a su representante no ha podido realizarse por causas no imputables a la Administración tributaria, habiéndose intentado al menos por dos veces en el domicilio fiscal, debe hacerse constar en el expediente las circunstancias de los **intentos de notificación**. Cuando el destinatario consta como **desconocido** en el domicilio o lugar designado, es suficiente con un solo intento de notificación.
En estos casos, la notificación se realiza por comparecencia, de forma que se cita al obligado o a su representante para ser notificados mediante comparecencia a través de **anuncios**, que se publican, por una sola vez para cada interesado en el BOE.
La **publicación** en el BOE se efectúa los lunes, miércoles y viernes de cada semana. Estos anuncios pueden exponerse asimismo en la oficina de la Administración tributaria correspondiente al **último domicilio fiscal** conocido. Si este radicase en el **extranjero**, el anuncio se puede exponer en el consulado o sección consular de la embajada correspondiente.
En la publicación debe constar la relación de notificaciones pendientes con indicación del obligado tributario o su representante, el procedimiento que las motiva, el órgano competente de su tramitación y el lugar y plazo en que el destinatario de las mismas debe comparecer para ser notificado.

2558 La **comparecencia**, en todo caso, debe tener lugar en el **plazo** de quince días naturales, contados desde el siguiente al de la publicación del anuncio en el correspondiente boletín oficial. Transcurrido dicho plazo sin haberse producido la comparecencia del obligado tributario o de

su representante, la notificación se entiende producida a todos los efectos legales el día siguiente al del vencimiento del plazo señalado.
El **obligado tributario o su representante**, que comparezcan en el citado plazo de quince días, puede:
a) Recibir la notificación correspondiente, en cuyo caso se deja constancia de la misma en diligencia en la que ha de constar la firma del compareciente.
b) Rehusar el recibir la notificación. El rehúse ha de documentarse en diligencia y produce los efectos de la notificación, es decir, la notificación se entiende efectuada.
Cuando el inicio de un procedimiento o cualquiera de sus trámites se entienden notificados por no haber comparecido el obligado tributario o su representante, se le tiene por notificado de las **sucesivas actuaciones** y diligencias de dicho procedimiento, si bien tiene derecho a comparecer en cualquier momento del procedimiento. Las **liquidaciones** que se dicten en el procedimiento deben ser notificadas de acuerdo con lo establecido en las reglas generales. Por tanto, si en un procedimiento inspector la comunicación de inicio se practica de esta forma por la incomparecencia del obligado o su representante, puede continuarse el mismo sin que haya de practicarse ninguna notificación al interesado hasta el momento de la notificación del acuerdo de liquidación que se dicte.

Precisiones **1)** Para recurrir a la notificación por comparecencia es necesario que no haya sido posible notificar por **causas no imputables** a la Administración tributaria. Por eso, antes de proceder a la notificación por comparecencia la Administración ha de hacer los esfuerzos necesarios para localizar al contribuyente, dejando constancia de ello en el expediente (TS 20-4-07, EDJ 32868; TEAC 25-2-16). **2559**
2) El inicio del **procedimiento sancionador** habrá de ser objeto de notificación efectiva al obligado tributario, y en caso de que los intentos de notificación resulten infructuosos, se debe acudir a la notificación por comparecencia.
3) No es aplicable a los contribuyentes en **notificación electrónica obligatoria** (nº 2496), pues aunque el sujeto no comparezca ante la inspección, se deben realizar por medio de notificación electrónica las notificaciones de los actos del procedimiento inspector en que así proceda.
4) La notificación por comparecencia es el remedio último, al que solo se debe acudir una vez agotadas las otras modalidades de más garantía, y existir **constancia formal** de haber intentado practicarlas. Es preciso que el acuerdo de tener a la persona en ignorado paradero se funde en un criterio de razonabilidad, que lleve a la convicción de la inutilidad de aquellos otros medios normales de comunicación (TCo 150/2008).
5) Es improcedente acudir a la notificación por edictos cuando habiéndose optado por la notificación mediante **carta certificada**, esta se devuelve por el Servicio de Correos por haber caducado, pero no consta incorporado al expediente un certificado de dicho Servicio que acredite la fecha y circunstancias de los intentos fallidos en repartos consecutivos, así como la hora en que se hizo entrega del aviso de llegada (TS 12-12-97, EDJ 21523; TSJ Castilla-La Mancha 25-9-00, EDJ 60380).
6) Se considera improcedente la notificación edictal cuando los intentos de notificación personal se practicaron en el número anterior de la misma calle del obligado tributario, cuando el mismo había señalado en su declaración de IRPF el nuevo número asignado a su vivienda tras la **alteración de la numeración** sufrida por su calle (TSJ Madrid 20-6-08, EDJ 175741). En término similares, TSJ Canarias 19-2-11, EDJ 245169.

7) Si la administración hace uso de la notificación mediante la publicación en el BOE, debe remitir un **expediente** lo suficientemente ordenado, donde puedan identificarse con claridad los intentos de notificación infructuosos cumpliendo las exigencias de la LGT, de modo que sea posible justificar el empleo del método de notificación que menos garantía ofrece para el recurrente, como es la notificación edictal (AN 6-2-23, EDJ 515285). **2560**
8) La falta de constancia de la **hora** de realización de los intentos de notificación no tiene efecto invalidante sobre la notificación edictal (TSJ Madrid 30-9-08, EDJ 268928).
9) En el caso de **notificación a los herederos** de una liquidación de un obligado fallecido, si hay varios herederos y no se puede notificar personalmente a uno de ellos hay que intentarlo con los otros antes de acudir a la notificación edictal con el primero (TS 19-1-02, EDJ 2484).
10) Notificación por comparecencia en **procedimientos iniciados a instancia de parte** en los cuales el interesado ha señalado expresamente un lugar para la práctica de la notificación. Conforme a la jurisprudencia, una vez intentada la notificación dos veces en el lugar designado sin que haya podido efectuarse (un único intento en caso de desconocido), es necesario, antes de acudir a la notificación por comparecencia, agotar otras posibilidades por la Administración, en concreto acudir al domicilio fiscal, cuando resulte sencillo acceder, sin esfuerzo alguno a ese domicilio, bien porque este se hallaba en el propio expediente, bien porque cabía acceder al mismo mediante la simple consulta en las propias bases de datos de la Administración actuante (TEAC 25-2-16).

2561 **11)** En el caso de los **no residentes sin establecimiento permanente**, la Administración no solo está obligada a intentar las notificaciones en los inmuebles o domicilios que le consten en territorio español, sino que también está obligada, antes de proceder a la notificación edictal, a acudir a los medios de cooperación internacional previstos, con el fin de realizar las notificaciones de forma eficaz para asegurarse de la efectividad del conocimiento de sus actos (TEAC 25-2-16; TSJ Illes Balears 16-6-15, EDJ 114467).

12) Si una vez intentada la notificación, el destinatario resultara **desconocido** en el domicilio o lugar habilitado a tal fin, será suficiente un solo intento de entrega y no procede exigir, para considerar válido ese intento de notificación personal, que se deje además aviso de llegada en el buzón o casillero domiciliario del destinatario, pues este figura en el mismo como desconocido (TEAC 25-2-16).

13) Siendo conocido en el domicilio en el que tuvieron lugar los dos intentos de notificación, la Administración no estaba obligaba, resultando desconocido en otro domicilio, a practicar **diligencias de averiguación** de otro distinto (TS social 5-10-23, EDJ 708161).

CAPÍTULO 3

Procedimiento de inspección

(LGT art.145 a 157; RGGI art.177 a 192)

Entre las funciones administrativas desarrolladas por la inspección tributaria destacan aquellas dirigidas a: 2576
- la **investigación** de hechos con relevancia tributaria para el descubrimiento de los que sean ignorados por la Administración; y
- las dirigidas a la **comprobación** de la veracidad y exactitud de las declaraciones presentadas por los obligados tributarios.

El ejercicio de estas funciones se realiza a través del procedimiento de inspección.

En el desarrollo del procedimiento inspector cabe distinguir tres momentos o **fases principales**: 2580
- la iniciación de las actuaciones de comprobación e investigación;
- el desarrollo o fase de instrucción, que se extiende hasta la formalización del acta y que incumbe al funcionario, equipo o unidad al que el inspector jefe haya ordenado la práctica de las mismas; y
- la fase de resolución o terminación, en la que corresponde al inspector jefe -en su caso asistido por la Oficina Técnica-, dictar el acto de liquidación que ponga término al procedimiento de inspección.

En el ámbito de la Inspección, antes de iniciarse las actuaciones propias del procedimiento inspector acerca de determinados contribuyentes, se lleva a cabo una serie de actuaciones de **planificación**, destinadas a la selección de aquellos (nº 2586 s.).

SECCIÓN 1

Actuaciones previas a la iniciación. Planificación de las actuaciones inspectoras

(RGGI art.170)

A. Planificación de las actuaciones inspectoras

Para la comprobación de los supuestos de hecho con relevancia jurídica tributaria, la Administración tributaria dispone de unos recursos limitados. Con el fin de racionalizar y optimizar dichos recursos de una forma más eficaz y dar debido cumplimiento al logro de unos determinados objetivos, se realiza una planificación previa de las actuaciones que se van a desarrollar. 2587

La planificación, que abarca tanto las estrategias como los objetivos generales de las actuaciones inspectoras, se concreta en el conjunto de **planes y programas** sobre cuya base los órganos inspectores deberán desarrollar su actividad. Para la realización de dichos planes se parte del examen y análisis, entre otros, de sectores económicos, de áreas de actividad, y de concretas operaciones y relaciones jurídico-tributarias.

Entre los **instrumentos** de planificación de que dispone la Administración tributaria para lograr una mayor eficacia en el control que se realiza por la inspección destacan el Plan de Control Tributario y el Plan de Inspección, que constituye una desagregación de aquel.

2595 **Plan de control tributario** (LGT art.116) La Administración tributaria está legalmente obligada a elaborar anualmente un Plan de Control Tributario.
Este Plan constituye el principal mecanismo de **planificación anual** en el que se establecen las actuaciones a desarrollar en el ámbito del control tributario. Dicho control, entendido en un sentido amplio, comprende desde la actividad de verificación de los incumplimientos menos complejos hasta la actividad de investigación, descubrimiento y represión de las formas más sofisticadas de fraude, así como la que tiene por finalidad el cobro de las deudas tributarias no ingresadas de forma voluntaria.
En el ámbito de la **Agencia Tributaria** (AEAT) el Plan de Control Tributario afecta a las distintas áreas funcionales en ella integradas, dedicadas al control del sistema tributario:
- Inspección Financiera y Tributaria;
- Aduanas e Impuestos Especiales;
- Gestión Tributaria;
- Recaudación.
Las **directrices generales** del Plan de Control Tributario de los últimos años están recogidas en:

Año	Resol AEAT
2020	AEAT Resol 21-1-20
2021	AEAT Resol 19-1-21
2022	AEAT Resol 26-1-22
2023	AEAT Resol 6-2-23
2024	AEAT Resol 21-2-24

2600 Precisiones En el esquema de las **directrices generales**, que se publican en el BOE con el fin de hacer públicos los criterios básicos que informan el Plan de Control, para el **año 2024** las áreas de riesgo se agrupan en cinco grandes ámbitos:
1. Información y asistencia.
2. Prevención de los incumplimientos. Fomento del cumplimiento voluntario y prevención del fraude.
3. La investigación y las actuaciones de comprobación del fraude tributario y aduanero.
4. Control del fraude en la fase recaudatoria.
5. Colaboración entre la AEAT y las Administraciones tributarias de las CCAA.

2610 **Planes de inspección** (RGGI art.170) El Plan de Inspección, integrado dentro del Plan de Control Tributario, está basado en criterios de riesgo fiscal, oportunidad, aleatoriedad u otros que se estimen pertinentes.
La elaboración de dicho Plan es **anual** y se efectúa sobre la base de las directrices del Plan de Control Tributario, sin perjuicio de las propuestas que puedan formular los diversos órganos territoriales de la inspección (p.e., los órganos integrados en las Dependencias Regionales de Inspección).
Este Plan se configura así como el principal eslabón en las tareas de planificación de las actuaciones a desarrollar por la **Inspección de los tributos**. A través del mismo se establecen los programas de actuación, ámbitos prioritarios y directrices que sirven para seleccionar a los obligados tributarios respecto de los que iniciarán actuaciones inspectoras durante el año.
Concretamente, en el ámbito de la **Inspección Financiera y Tributaria** de la AEAT, los planes de Inspección de los órganos de la Inspección corresponden a:
- la Dependencia de Control Tributario y Aduanero de la Delegación Central de Grandes Contribuyentes;
- la Oficina Nacional de Investigación del Fraude;
- la Oficina Nacional de Fiscalidad Internacional; y
- las Dependencias Regionales de Inspección.

2620 **Adscripción de obligados tributarios** Una vez determinados los obligados tributarios que hayan de ser objeto de **comprobación**, estos se adscriben a los distintos funcionarios, unidades o equipos de inspección. La determinación de los obligados tributarios que van a ser objeto de comprobación, en ejecución del Plan de inspección por los órganos de inspección, se lleva a cabo por el inspector jefe.

Ha de tenerse en cuenta que la planificación no está destinada únicamente a una correcta organización interna de los servicios de inspección, también a dar cumplimiento al principio de **seguridad** de los administrados en orden a los criterios seguidos para decidir quienes han de ser destinatarios de las actuaciones inspectoras. La existencia de los planes de inspección constituye una **garantía** para el obligado tributario, ya que cualquier iniciativa de la Inspección ha de encontrar justificación en los propios planes.

Carácter abierto del Plan: revisión y modificación (RGGI art.170.4 y 6) El carácter **anual** de las tareas de planificación inspectora no debe conducir a la errónea conclusión de que el Plan de Inspección es un instrumento cerrado en el propio ejercicio al que se refiere. **2625**

Si bien la planificación inspectora está establecida con periodicidad anual, no le resulta ajena la necesidad de dotar de continuidad a las actuaciones sobre **sectores económicos** determinados, en los que sea oportuno consolidar la presencia de los órganos de comprobación, por incidir de forma significativa en la prevención de incumplimientos tributarios.

Además, el análisis de la planificación debe realizarse de forma coherente con la **continuidad interanual** de actuaciones inspectoras, e incluso de los programas en que estas vienen ordenadas. Así, los trabajos de planificación de Inspección se deben entender inmersos en la planificación de medio plazo establecida por la Agencia Tributaria para el cumplimiento de los fines que le son propios: optimizar la gestión del sistema tributario, facilitar el cumplimiento tributario voluntario y luchar contra los incumplimientos.

En fin, los planes de inspección **no** son **inalterables**, sino que está prevista la posible revisión y modificación de los que estén en curso de ejecución. Así, si en el año en que se está ejecutando el Plan de Inspección se detectaran determinadas operaciones que conllevan comportamientos fraudulentos para la Hacienda Pública, aunque dicha situación no estuviera contemplada en la planificación previa, se podría adaptar el Plan de Inspección a la misma.

Precisiones **1)** El Plan de Inspección constituye una actuación organizativa de los Servicios de Inspección, sin que guarde ninguna relación con el procedimiento para la generación de actos administrativos. Dicho Plan no presupone la atribución de competencias para los inspectores actuarios, ni generan derechos subjetivos a favor del contribuyente, sino que son **reglas internas** para la distribución de funciones entre órganos y funcionarios integrados en los Servicios de Inspección (TEAC 17-12-03). **2630**

2) La Inspección, a raíz de una **investigación patrimonial** ordenada por un órgano judicial, estima procedente regularizar la situación tributaria de una entidad. Dicha actuación no fue arbitraria ni supone un quebranto del principio de objetividad, sin que tampoco se vea afectada por que la entidad no estuviera incluida en los planes de inspección, al no agotar estos las posibilidades de actuación de los actuarios (TSJ Madrid 16-4-04, EDJ 97653).

3) Los actos concretos de **inclusión** de los contribuyentes en los planes de inspección son reservados y confidenciales, si bien los contribuyentes disponen de elementos de juicio (directrices y criterios) para apreciar cualquier causa o motivo que haya podido viciar la correspondiente decisión de incluirlos en el plan de inspección, alegación que podrán efectuar cuando se inicien las actuaciones inspectoras (TS 4-10-04, EDJ 152709; AN 30-9-09, EDJ 235793).

Selección de obligados tributarios objeto de actuaciones inspectoras Dentro de cada programa concreto, y de acuerdo con los perfiles establecidos por el Plan de Inspección del ejercicio, el paso siguiente consiste en seleccionar los obligados tributarios que, en concreto, van a ser objeto de la **comprobación inspectora**. **2635**

Esta tarea la realiza la **Unidad de Planificación y Selección** de contribuyentes de la Dependencia de Inspección.

Dicha unidad ejecuta anualmente las instrucciones que llegan de los Servicios Centrales para la comprobación de contribuyentes.

Los órganos de selección, bajo la dirección del inspector jefe, decidirán el **equipo o la unidad de Inspección** a la que se debe cargar un determinado contribuyente en función de los siguientes factores:

- La planificación y distribución del trabajo entre las unidades de Inspección que anualmente realiza el inspector jefe.
- El sector de actividad al que está adscrito, en su caso, el equipo o unidad de Inspección.
- La carga de trabajo del equipo o unidad.

Funciones y competencia de la Unidad de Planificación y Selección (AEAT Resol 24-3-92 aptdo.cuatro.6) Corresponde a dicha unidad el desempeño de las siguientes funciones: **2645**

- La asistencia al inspector regional en la confección de los **planes de inspección** de la Dependencia, en el control de su cumplimiento y en la realización de estudios y estadísticas de apoyo a la planificación.

- La captación de datos, el análisis, contraste y verificación de la información obtenida por la Dependencia por cualquier medio, así como la valoración de los **resultados** obtenidos en estas operaciones en orden a su trascendencia tributaria.
- La determinación sectorial o individual de los **contribuyentes** respecto de los que se considere conveniente el inicio de actuaciones de comprobación e investigación.

Si bien la labor fundamental de esta unidad está encaminada al desarrollo de las actuaciones precisas para la adecuada planificación de las actuaciones, selección de contribuyentes y control del cumplimiento de los planes y programas, con carácter excepcional y por necesidades del servicio, esta unidad puede llevar a cabo actuaciones de **comprobación e investigación** como las desarrolladas por los equipos y unidades integrados en el área de Inspección de las dependencias regionales.

La Unidad de Planificación y Selección extiende su competencia al ámbito territorial de las **Delegaciones Especiales** de la AEAT en las que las dependencias de Inspección estén integradas.

Asimismo, en la Dependencia de Control Tributario y Aduanero, integrada en la **Delegación Central de Grandes Contribuyentes**, está la Unidad de Selección con competencia en todo el territorio nacional (AEAT Resol 13-1-21 aptdo.sexto).

2650 Precisiones **1)** De acuerdo con lo expuesto, el ámbito de la planificación, desde la fijación de las líneas generales hasta su máxima concreción, respondería al siguiente **esquema**:

A. Plan de Control Tributario: principal mecanismo de planificación anual de la Administración tributaria en el que se establecen las actuaciones a desarrollar en el ámbito del control tributario. Dicho Plan incluye las directrices generales, mediante la determinación de las áreas de riesgo fiscal (objeto de publicación en el BOE).

B. Plan de Inspección: constituye la desagregación del Plan de Control Tributario en el ámbito de la Inspección. Establece los perfiles de riesgo y recoge los criterios precisos para seleccionar los obligados tributarios sobre los que se van a desarrollar las actuaciones por la Inspección de los Tributos.

C. Planes de los distintos órganos que llevan a cabo las actuaciones de comprobación e investigación. Concreción de los obligados tributarios que van a ser objeto de actuaciones inspectoras.

D. Adscripción a funcionario, equipo o unidad de los obligados tributarios que van a ser objeto de comprobación.

2) El **acuerdo del inspector jefe** por el que se adscribe un obligado tributario, que va a ser objeto de comprobación, a un funcionario, equipo o unidad, tiene el carácter de acto de mero trámite, sin que sea susceptible de recurso o reclamación económico-administrativa (RGGI art.170.8). El motivo por el que un contribuyente «se carga en Plan de Inspección» es exclusivamente el hecho de haber sido programada la comprobación del colectivo, actividad o perfil de riesgo al que el mismo pertenece. El acto de **inclusión en un plan de inspección** no pone fin a ningún procedimiento ni causa indefensión. Es por ello que no resulta posible impugnarlo de forma autónoma y desvinculada del procedimiento de inspección subsiguiente (TS 20-10-00, EDJ 47557; 19-6-08, EDJ 147643; AN 10-6-10, EDJ 115162). Es decir, la impugnación de tal acto de trámite puede válidamente efectuarse al recurrir la resolución administrativa que pone fin al procedimiento inspector (TSJ C.Valenciana 20-5-10, EDJ 167835).

3) El hecho de que **otros contribuyentes** en la misma o análoga situación no sean objeto de inspección, no atenta al principio constitucional de igualdad respecto del inspeccionado, dada la dificultad de establecer el término de comparación que le sirve de referencia. La Inspección Fiscal tiene que obrar sobre un conjunto de datos, incluidos los resultados de la propia inspección en las distintas etapas de su labor, haciendo prácticamente imposible que otros contribuyentes se encuentren en idénticas circunstancias de forma que se pueda apreciar una vulneración del **principio de igualdad** (TCo 110/1984).

2670 **4)** No existe obligación de incorporar el **documento** que acredite la inclusión en un plan de inspección o, en su caso, la **autorización** del inspector jefe si la inspección se realiza sin sujeción a un plan previo, al tratarse de actos de trámite, de carácter reservado y confidencial que no afectan a los derechos subjetivos del contribuyente. Se trata de medidas referentes al funcionamiento interno de la Administración. Tampoco hay obligación de incorporar el acuerdo del órgano competente que determina el carácter parcial de las actuaciones, únicamente existe la obligación de comunicar el alcance de las actuaciones de comprobación en la comunicación de inicio de las actuaciones inspectoras (TEAC 15-10-04).

5) Cuando la selección de contribuyentes se realiza en aplicación de un plan de inspección, la referencia al mismo sirve de motivación al acto de inicio del procedimiento, aunque en caso de resultar necesaria una **labor de selección adicional** para especificar la identificación del contribuyente elegido, dentro de los criterios del plan, ha de fundamentarse dicha labor, dado que el contribuyente tiene derecho a conocer los motivos de inicio de la inspección (TS 3-4-08, EDJ 48978).

6) No puede entenderse infringido precepto tributario alguno al constituir la actuación de la Administración continuación del procedimiento desencadenado por **la presentación de la declaración** del sujeto pasivo, excluyéndose un inicio arbitrario de las actuaciones inspectoras (AN 18-2-10, EDJ 13104). Aun no constando la orden del inspector jefe, siendo competente el actuario y no habiéndose acreditado que la realización de las actuaciones de comprobación sea arbitraria o exista en su iniciación desviación de poder, no puede concluirse la nulidad del procedimiento (TSJ Cataluña 21-11-07, EDJ 260757).

7) Existen determinados casos en que, aun sin hallarse incluido el contribuyente en un plan de inspección ni constar orden motivada del inspector jefe para la iniciación de las actuaciones inspectoras, existen determinadas peculiaridades en los **actos del contribuyente** con trascendencia tributaria que son suficientes para justificar el porqué de las actuaciones inspectoras. Así, la venta de una farmacia justifica la puesta de marcha del mecanismo de la inspección (TSJ C.Valenciana 7-2-07, EDJ 21524).

8) La simple omisión en el expediente de la **documentación** relativa al **inicio** del procedimiento inspector (inclusión del obligado tributario en plan de inspección u orden del inspector jefe) no puede comportar consecuencias invalidantes salvo que se pruebe que la selección de un determinado contribuyente se realizó al margen de la normativa establecida (TS 29-9-08, EDJ 185081).

9) La falta de una orden expresa y motivada del inspector jefe en el expediente no conlleva automáticamente un efecto anulatorio, pues existen otros modos válidos de iniciación del procedimiento de inspección, como es el de la inclusión del contribuyente en un Plan, deduciéndose de la mera lectura de la orden de carga y de la comunicación del inicio de las actuaciones inspectoras, que en este caso la **inclusión del contribuyente en el Plan** se ajustó a las exigencias legales (AN 5-3-15, EDJ 42592).

10) Aunque se acredite la ausencia de todo acto de legitimación del inicio (orden motivada superior o ejecución de un plan específico), no por ello estaríamos ante un supuesto de nulidad, pues la competencia decisoria permanece en manos del propio jefe, que con el acto de liquidación habría convalidado, en su caso, esa inicial falta de autorización, pues si los **vicios de competencia jerárquica** son susceptibles de **convalidación** por parte del órgano efectivamente competente, ratificando lo actuado por el órgano inferior, con mayor intensidad jugará el principio de conservación de los actos cuando el órgano inferior, en este caso el inspector actuario, no ostente competencia directa para dictar actos administrativos, sino que sus atribuciones concluyen en la función comprobadora preparatoria a la postre del ejercicio de la competencia propiamente dicha (AN 3-2-15, EDJ 8704).

11) La planificación de la Inspección no constituye una garantía de procedimiento, sino una estrategia de organización con la que se trazan los objetivos de la labor inspectora en el ejercicio de acuerdo con una planificación racional que excluye la arbitrariedad. No es precisa una **notificación individual de la orden de carga**, sin perjuicio de que la existencia misma del Plan permita al inspeccionado comprobar si está dentro de esos objetivos o se trata de una utilización desviada de la potestad de comprobación (TSJ Sevilla 13-3-15, EDJ 108379). **2672**

12) La sustitución en la comunicación de la **entidad disuelta y liquidada** por sus socios o sucesores no requiere una nueva orden de carga (TSJ Asturias 23-9-14, EDJ 184080).

13) No hay que confundir los **motivos** de la inclusión del contribuyente en un **plan de inspección** con el objeto o alcance general de esa actuación predeterminado por el acuerdo de iniciación, que delimita la actuación del inspector pero cuyo contenido o significado no puede fijarse a priori, sino a resultas de los datos que se vayan aportando en el curso de la investigación (TSJ País Vasco 14-7-14, EDJ 187352). El programa que motiva la selección de los obligados tributarios a inspeccionar y figura en la orden de carga en el plan de inspección no predetermina cual haya de ser el alcance de las actuaciones inspectoras, que se hará constar en la comunicación de inicio (TS 19-2-20, EDJ 511682; 29-4-21, EDJ 548442).

14) En relación a la **elaboración anual** de los planes de inspección, el Tribunal Supremo entiende que el plazo reglamentario (RGGI art.170.5) está dirigido a ordenar la actividad de la propia Administración y es, por tanto, una **norma** interna de **carácter organizativo**, cuyo incumplimiento solo determina una irregularidad no invalidante. Se deben distinguir dos actuaciones distintas con unos tiempos distintos: la selección del contribuyente que es incluido, mediante la orden de carga en plan, en un determinado Plan Anual, y la iniciación del procedimiento de inspección (TS 27-11-17, EDJ 256478; 2-7-20, EDJ 598586).

15) El TEAC considera que, aunque los planes de inspección se elaboran anualmente, si se emite una **orden de carga en plan** y el inicio del procedimiento de inspección no se realiza ese mismo año, no resulta preciso una nueva orden de carga (TEAC 9-5-17; 8-2-18).

16) Una vez que existe y se acredita la **orden del Inspector Jefe**, si la misma no aparece convenientemente motivada, nos encontramos ante un vicio del acto administrativo cuyo carácter o naturaleza invalidante se encuentra en función de que tal irregularidad tenga efectiva trascendencia material, de manera que el éxito del motivo impugnatorio pasa porque el recurrente alegue (y aporte, al menos, un principio de prueba) que la actuación inspectora obedece a una desviación de poder, un móvil discriminatorio u otro de naturaleza espuria (TS 15-10-12, EDJ 225995).

Publicidad de los planes de inspección (LGT art.116; RGGI art.170.7) El **carácter secreto** de los planes de inspección es una cuestión que no puede analizarse separadamente del problema de la naturaleza jurídica que se les atribuye. **2675**

El análisis de la cuestión varía en función de que se considere que los Planes constituyen normas atributivas de **competencias**, o simplemente sean meras disposiciones internas u organizativas desprovistas de todo carácter jurídico:

• Si los planes de inspección tienen el carácter de **norma jurídica**, resulta innegable la necesidad de dar publicidad a los mismos, como ocurre con cualquier norma jurídica.

• Por el contrario, si constituyen meras **normas internas**, de carácter organizativo y no jurídico, resulta aplicable el carácter secreto de los mismos.
La LGT se decanta por la segunda de las posibilidades expuestas, al expresar el **carácter reservado** del Plan de Control Tributario, sin perjuicio de que se hagan públicos los criterios generales que lo informan.
De forma más explícita, el RGGI contempla el carácter reservado de los planes de inspección, los medios informáticos de tratamiento de información y los demás sistemas de selección de los obligados tributarios, al recoger que estos no serán objeto de publicidad o de comunicación ni de puesta de manifiesto a los obligados tributarios. La limitación va más allá de los propios obligados tributarios y se excluye su comunicación incluso a otros órganos administrativos ajenos a aquellos dedicados a la aplicación de los tributos. De dicha regulación se deduce con claridad que el contenido de dichos planes no será público ni objeto de publicación.

2680 Los planes constituyen técnicas organizativas de planificación, y contienen esencialmente instrucciones de servicio y directrices que se imparten a los órganos de la Inspección, señalándoles las pautas generales que deben seguir en sus actuaciones inspectoras. Se evita así que cada órgano de la Inspección actúe unilateralmente, y sujeto a su solo arbitrio, pues no hay que olvidar que la Administración Tributaria constituye una organización estructurada de modo jerárquico (Const art.103.1).
Esta **naturaleza interna** de los planes de inspección da coherencia al carácter reservado que el RGGI predica de los mismos y tiene su justificación en que el conocimiento público de los mismos podría afectar gravemente a la eficacia de la actuación inspectora, al hacer previsibles sus actuaciones respecto de los contribuyentes.
El carácter secreto del Plan de Control Tributario se matiza, al recoger la posible publicidad de los **criterios generales** que lo informan, para conocimiento general de todos los contribuyentes.
Si el legislador hubiera querido dar plena publicidad al contenido de los planes de inspección, solo tendría que haberlo dispuesto así de forma expresa; al limitar la publicidad a una parte, debe entenderse que el resto, es decir, toda concreción o detalle que pueda afectar de manera significativa a la eficacia de la actuación de la Administración tributaria, se mantiene bajo el principio de reserva o secreto.
La publicidad de los criterios inspiradores del Plan de Inspección consagrados en la LGT se plasma en la publicación en el BOE de la **Resolución** de la Dirección General de la AEAT que anualmente se realiza, y exclusivamente en ella (nº 2595 s.).

2685 Precisiones **1)** Los planes de inspección constituyen el **programa de actividades** que se propone realizar la Inspección durante un año o ejercicio económico, pudiendo ser todo lo reservado que se quiera, sin que ello suponga la violación del Convenio de 28-1-1981 sobre «protección de las personas respecto al tratamiento automatizado de datos de carácter personal», hecho en Estrasburgo el 28-1-1981 y ratificado por España el 27-1-1984, que reconoce el derecho de toda persona física a conocer la existencia de sus datos o informaciones de carácter personal obrantes en cualquier organismo público (TS 22-1-93, EDJ 382).
2) Los planes de inspección tienen **carácter reservado**, pues lo contrario dejaría inerme a la Inspección de Hacienda, por cuanto enterados los contribuyentes que van a ser objeto en el año de que se trata de actuaciones de comprobación e investigación, procederían inmediatamente a presentar las correspondientes declaraciones complementarias o las principales no presentadas (TS 20-10-00, EDJ 47557).
3) El carácter reservado de los planes de inspección hace innecesaria la notificación al contribuyente del **acuerdo de inclusión** en un concreto Plan de Inspección (AN 2-10-03, EDJ 120003).
4) La **publicidad anticipada** de los planes de inspección podría frustrar la actuación inspectora. No existe ninguna razón que impida al administrado conocer «a posteriori» las concretas razones por las que tuvo lugar la actuación inspectora de la que derivó la liquidación que se le practicó (AN 11-3-03, EDJ 253237).
5) Los planes de inspección tienen por objeto **delimitar las actuaciones** a realizar durante un determinado período de tiempo y **seleccionar** los obligados tributarios objeto de las mismas. El secreto de los planes imposibilita el control de los criterios de selección, dado que la normativa vigente no permite fundamentar el derecho subjetivo del contribuyente a cerciorarse de que la actuación de comprobación de que está siendo objeto obedece a criterios de selección estrictamente objetivos (AN 13-5-04, EDJ 313177).
6) A partir de la vigencia de la Ley de Derechos y Garantías de los Contribuyentes (L 1/1998) continuaron siendo **reservados y confidenciales** los actos concretos de inclusión de los contribuyentes en los planes sectoriales y desagregados de Inspección, si bien los contribuyentes dispondrán de nuevos elementos de juicio precisos (directrices y criterios) para apreciar cualquier causa o motivo que haya podido viciar la correspondiente decisión de incluirlos en el respectivo plan de inspección (AN 30-9-09, EDJ 235793).

Colaboración entre administraciones en el ámbito de la planificación La técnica coordinadora, desde la perspectiva de la planificación, se orienta a garantizar una aplicación del sistema tributario que permita dar debido cumplimiento, en condiciones básicas de igualdad, al deber constitucional de contribuir (Const art.149.1). Debe **impedir desviaciones** importantes de una Comunidad Autónoma a otra en la ejecución de una misma normativa que, de otro modo, podría producirse, habida cuenta del margen de discrecionalidad de que dispone la Administración en el momento de elaborar los planes. 2695

Especial relevancia adquiere la colaboración entre la Administración tributaria estatal y las de las respectivas Comunidades Autónomas en la gestión, liquidación, recaudación e inspección de los tributos.

En este sentido, la relación de las Comunidades Autónomas con la Administración tributaria del Estado se efectúa a través de las actuaciones desarrolladas por el Consejo Superior para la Dirección y Coordinación de la Gestión Tributaria y los Consejos Territoriales para la Dirección y Coordinación de la Gestión Tributaria (nº 2705).

En cuanto a la **planificación coordinada** entre las Administraciones, se establece un marco de referencia de las cuestiones comunes en dicha materia, destacando la participación de las Administraciones tributarias autonómicas y de la Agencia Tributaria en los procesos de planificación llevados a cabo a través de los mencionados Consejos.

Consejo Superior para la Dirección y Coordinación de la Gestión Tributaria (L 22/2009 art.65) 2700
Es el órgano colegiado integrado por representantes de la Administración tributaria del Estado y de las CCAA y Ciudades con Estatuto de Autonomía encargado de coordinar la gestión de los tributos cedidos. Este órgano tiene importantes **funciones** de informe, propuesta y asesoramiento, entre las que destacan la de informar, antes de su aprobación, el Plan de Objetivos de la Agencia Tributaria de cada año y el seguimiento del Plan Anual de Objetivos. Dicho Plan incluirá el Plan General Autonómico de la Agencia Tributaria, resultado de la agregación de los planes correspondientes de cada una de las CCAA.

Otra función importante en materia de planificación es el diseño de las líneas básicas de determinados programas a incluir en los **planes de control tributario** en relación con los **tributos cedidos**, y acordar las directrices para la ejecución de actuaciones coordinadas en determinados programas incluidos en los planes de control, sin perjuicio de las competencias propias de cada Administración tributaria.

Consejos Territoriales para la Dirección y Coordinación de la Gestión Tributaria (L 22/2009 2705
art.66) Son órganos colegiados integrados por representantes de la Administración tributaria del Estado y de la Comunidad Autónoma o Ciudad con Estatuto de Autonomía, encargados de coordinar la gestión de los tributos cedidos en su respectivo ámbito territorial.

En materia de planificación, corresponde a estos Consejos desarrollar y concretar los programas incluidos en los planes de control tributario mencionados en el nº 2700, así como diseñar y planificar la ejecución de actuaciones coordinadas en determinados programas, siguiendo las directrices del Consejo Superior. Dentro de esta colaboración entre Administraciones, en el ámbito de la Inspección está prevista la preparación de **planes de inspección coordinados** en relación con los tributos cedidos, sobre objetivos y sectores determinados, así como sobre contribuyentes que hayan cambiado su residencia o domicilio fiscal (L 22/2009 art.61.2.b).

Sin perjuicio de que las CCAA dispongan de plena autonomía para elaborar sus propios planes de inspección respecto de los tributos cedidos, cuando se hayan aprobado **planes conjuntos** de actuaciones inspectoras, las distintas Administraciones tributarias deberán adecuar sus respectivos planes de inspección a los criterios generales establecidos en aquellos (RGGI art.170.9).

En relación con las inspecciones coordinadas con las Comunidades Autónomas, ver nº 184.

Precisiones 1) Entre los principales ámbitos de colaboración entre Administraciones tributarias, destaca el de la planificación coordinada entre ellas de las actuaciones de **control del fraude** en relación con los tributos cedidos. 2710

2) En materia de tributos cedidos cabe distinguir:

a) Tributos **completamente cedidos**, es decir aquellos en los que las competencias gestoras de control están íntegramente en manos de las Comunidades Autónomas. Así sucede con el ITP y AJD, el ISD y la Tasa sobre el Juego.

b) Tributos **totalmente cedidos**, pero respecto de los cuales se conserva algún tipo de **competencia gestora en el Estado**. Es el caso del Impuesto sobre el Patrimonio, en que la competencia inspectora está compartida entre las CCAA y el Estado.

c) Tributos **parcialmente cedidos**, en los que las Comunidades Autónomas no asumen ninguna función gestora o inspectora. Se trataría del IVA, el IRPF y los Impuestos Especiales de Fabricación.

B. Denuncia

(LGT art.114; L 2/2023)

2730

2732 La denuncia constituye un instrumento de **colaboración social voluntaria** en defensa del interés general, a través del que el administrado puede colaborar en el objetivo común de una mayor justicia impositiva a través de una aplicación generalizada de las leyes tributarias.
Mediante la denuncia se ponen en conocimiento de la Administración tributaria hechos o situaciones que pueden ser constitutivos de **infracciones tributarias** o tener trascendencia para la aplicación de los tributos.
La denuncia se configura así como un **derecho del ciudadano**, no como una obligación. Frente a supuestos en que la norma establece la obligación de denunciar determinados hechos, cual es el caso de los ilícitos penales (LECr art.259 y 262), no existe ninguna obligación de denuncia de las presuntas infracciones administrativas del ordenamiento tributario.
El ejercicio del derecho a la denuncia es independiente del cumplimiento del **deber de colaborar** con la Administración a que se refieren la LGT art.93 -redacc L 13/2023- y 94.
Al referirse la LGT a «hechos o situaciones» establece una serie de elementos objetivos, excluyendo de la denuncia cualquier clase de opiniones o juicios de valor que pudiera efectuar el denunciante.

2735 **Elementos de la denuncia** La normativa tributaria no establece la **forma** en que debe presentarse una denuncia. Habitualmente las denuncias se presentan por escrito, si bien al no disponerse nada sobre el particular, nada obsta a que las mismas se puedan presentar de forma verbal, en cuyo caso el funcionario competente que atienda al denunciante debe dejar constancia mediante diligencia de sus manifestaciones.
Las **vías de presentación** de la denuncia tributaria son las siguientes:
a) De forma **presencial** en la Delegación o Administración de la AEAT más cercana al domicilio y, en general, en cualquier oficina de la AEAT. También puede ser remitida por correo.
En la Sede electrónica de la AEAT (sede.agenciatributaria.gob.es) está disponible en el apartado «Colaborar con la Agencia Tributaria», pestaña «denuncias/denuncia tributaria», un **modelo** genérico para el caso de tramitación presencial de denuncias tributarias, en el que constan los datos del denunciado, los relativos a la denuncia (motivo, descripción hechos y pruebas) y los del denunciante.
b) De forma **electrónica** a través de la Sede electrónica de la AEAT (sede.agenciatributaria.gob.es).
Existe la posibilidad de presentar varios **tipos de denuncia**:
- denuncia tributaria, para comunicar a la Agencia Tributaria hechos o situaciones que puedan ser constitutivos de infracciones tributarias o de contrabando o tener trascendencia para la aplicación de los tributos; dentro de estas existen varios modelos para la presentación on-line con datos específicos para cada caso:
• Denuncia ordinaria.
• Denuncia de facturas y tickets no declaradas.
• Denuncia de software de ocultación de ventas.
• Denuncia de comercio electrónico y fraude web.
• Denuncia de alquiler de inmuebles.
• Denuncia tributaria por infracción de la normativa de la UE.
- denuncia de pagos en efectivo, para comunicar a la AEAT el incumplimiento de la limitación a los pagos en efectivo con un importe superior a 1.000 euros o 10.000 si la persona que realiza el pago es una persona física, no empresario, sin domicilio fiscal en España; o
- denuncia Vigilancia Aduanera, para comunicar cualquier hecho o circunstancia relacionado con un delito o infracción de contrabando y dentro de las denuncias tributarias.
En todos los modelos de denuncia on-line se señalan con un asterisco los campos que son de cumplimentación obligatoria.
La **presentación on-line** puede realizarse haciendo uso del certificado electrónico, DNI electrónico de identificación, Clave PIN o sin identificación.

2740 Nada establece la norma sobre la **documentación que debe acompañar** a la denuncia, al objeto de fundamentar los hechos o situaciones objeto de la misma. Aunque la normativa tributaria no exige para la validez de la denuncia la presentación de ningún tipo de documentación o

prueba, el denunciante puede adjuntar la documentación que estime oportuna sobre los hechos a que se refiere la denuncia. En este sentido, resulta aconsejable que la denuncia contenga el mayor número de datos conocidos que sean necesarios para la identificación, por el órgano inspector, de las personas denunciadas, tales como: nombre y dos apellidos o denominación social en el caso de personas jurídicas, NIF, domicilio, razón social, etc.
La Administración tributaria no puede proporcionar ninguna información al denunciante respecto de la posible investigación de los **datos** consignados en la **denuncia**. Ello es debido a que la Ley le obliga a guardar el más estricto sigilo respecto de los datos, informes y antecedentes obtenidos en el desempeño de sus funciones.
El denunciante no puede considerase como persona interesada en la actuación administrativa que se inicie a raíz de la denuncia, ni legitimada para interponer recursos o reclamaciones en relación con los resultados de las mismas. Además, no tiene derecho al abono de una **participación en** las posibles **sanciones** tributarias que puedan imponerse a los denunciados.

Precisiones Entre las posibles denuncias que se pueden comunicar a la AEAT está el denominado **Canal interno de información Ley 2/2023** que está destinado a la comunicación de infracciones realizadas por el personal de la AEAT. A través del mismo se encauza la comunicación de información relativa a conductas o comportamientos del personal de la AEAT contrarias al ordenamiento jurídico, de acuerdo con la L 2/2023. Este canal no sirve para la tramitación de quejas por el mal funcionamiento de los servicios de la AEAT, para el que existe el cauce establecido a través del Consejo para la Defensa del Contribuyente.

La denuncia en el procedimiento inspector (LGT art.114.2) La denuncia pública constituye un **acto previo a la iniciación** del procedimiento de inspección, por el que un ciudadano pone determinados hechos en conocimiento de la Administración que podrá, en su caso, iniciar de oficio el correspondiente procedimiento. **2750**
En caso de inicio de un procedimiento inspector, es el **acuerdo** del órgano competente (**inspector jefe**) el que determina el comienzo de dicho procedimiento, pudiendo tal acuerdo adoptarse como consecuencia de diversos hechos, entre los que figura la denuncia.
De lo expuesto resulta que la norma no establece la necesidad de iniciar un procedimiento inspector por la mera presentación de cualquier denuncia por un particular.

Precisiones En el caso de un antiguo trabajador de una entidad que presenta una **denuncia tributaria** en la que pone de manifiesto la comisión de infracciones tributarias (utilización de una contabilidad paralela a la oficial, existencia de ventas ocultas y pagos de sobresueldos no reflejados en las nóminas), acompañándola de documentación a la que accedió cuando trabajaba en la empresa y, como consecuencia de esta denuncia, se inician actuaciones inspectoras contra la entidad, se plantea ante el TS la posible entrada o registro ilegítimo en el domicilio de la misma. El TS concluye que no se produce entrada ilegítima puesto que el trabajador estaba legítimamente en el domicilio social por tener allí su centro de trabajo y tampoco hubo registro ilegítimo puesto que este tenía conocimiento y poseía los datos y documentos por razón de las tareas o funciones encomendadas por su empleador. Por tanto, las pruebas no se obtuvieron violentando los derechos o libertades fundamentales. No obstante, el trabajador podría haber infringido las obligaciones inherentes a su relación laboral, normas sobre protección de secretos, entre otras (ver nº 2755), pero estas infracciones no suponen ninguna vulneración del derecho fundamental a la inviolabilidad del domicilio (TS 29-5-23, EDJ 582553).

Tramitación de la denuncia (LGT art.114.2) Recibida una denuncia, se remite al **órgano competente** para realizar las actuaciones pertinentes. **2752**
Se debe examinar su contenido, valorar los indicios aportados y, en su caso, contrastarlos con la información que obre en poder de la Inspección. Dicho examen permite al inspector jefe tomar una decisión sobre la **iniciación** o no de un procedimiento inspector. Existe discrecionalidad en cuanto a la apreciación por la Inspección de la existencia de fundamento de la denuncia, para lo que resulta precisa una labor de examen para determinar si aquella tiene o no relevancia y si existen indicios suficientes de veracidad de los hechos imputados.
Se pueden iniciar las actuaciones pertinentes, en caso de existir tales indicios, o se puede acordar el **archivo** de la denuncia cuando se considere infundada, o cuando no se concreten o identifiquen suficientemente los hechos o personas denunciadas. Si bien la finalidad de la denuncia pública es la colaboración con la Administración facilitando datos e informaciones que esta puede desconocer y que le permitan perseguir el fraude fiscal en beneficio del interés general, en ocasiones el denunciante no actúa con este fin sino que, por motivos diversos (rencores, enemistades, venganzas, etc.), puede pretender usar a la Inspección como ariete frente al denunciado. Por ello, la Administración debe adoptar las **cautelas** necesarias para evitar dichas situaciones y asegurarse de la veracidad de las denuncias. De ahí el archivo antes mencionado, con el fin de proteger los derechos del denunciado ante denuncias de escaso contenido o fundamento.

Cuando a la denuncia se incorporan **documentos** con el fin de apoyar los hechos allí reflejados, en ocasiones puede plantearse la duda sobre la forma en que se han obtenido dichos documentos, no resultando sencillo el apreciar si los datos y pruebas aportadas por el denunciante han sido obtenidas de forma ilícita, especialmente en el caso de denuncias anónimas.

2755 Precisiones **1)** Un caso de datos y pruebas obtenidos ilícitamente en el ámbito tributario sería, por ejemplo, el del empleado que, tras ser despedido de la empresa en que trabaja, presenta denuncia contra esta adjuntando **documentos contables** de la misma a los que tuvo acceso por razón de su trabajo. En el ámbito penal está tipificado como delito la revelación de secretos ajenos de los que tenga conocimiento por razón del oficio o sus relaciones laborales (CP art.199.1).

2) Otro ejemplo sería el caso del **profesional** que, tras prestar sus servicios a un cliente, presenta una denuncia contra el mismo a raíz de las desavenencias surgidas entre ambos, adjuntando datos que obtuvo en base al secreto profesional. Penalmente se tipifica como delito el caso del profesional que, incumpliendo su obligación de sigilo y reserva, divulgue los secretos de otra persona (CP art.199.2).

3) Sobre las consecuencias de utilizar **pruebas** obtenidas ilícitamente, ver nº 3175.

4) La **ilegitimidad de la denuncia** no arrastra la nulidad del posterior procedimiento inspector, siempre y cuando la resolución que recaiga no se fundamente exclusivamente en la información facilitada por la ilegítima denuncia. Si la resolución de la AEAT no tuviera otra base que la documentación ilegalmente obtenida por el denunciante, dichas pruebas no podrían servir de fundamento a dicha resolución. En este caso la Inspección, prescindiendo de la documentación facilitada por el denunciante, formuló **requerimiento de información** a una entidad pública, quien remitió la misma. La resolución impugnada se fundamenta en actuaciones y documentos recabados directamente por la Inspección. La falta de información sobre la identidad del denunciante hasta el momento de la conclusión del procedimiento carece de relevancia por cuanto no causó indefensión alguna (TSJ Baleares 24-1-03, EDJ 76876).

5) En la **comunicación de inicio** de las actuaciones inspectoras el obligado tributario no fue informado de la existencia de una denuncia. Sin embargo, a petición suya, la Administración le comunicó dicha circunstancia, la identidad del denunciante, la fecha de la denuncia y el contenido de la misma, y que los documentos incorporados a la denuncia fueron excluidos del expediente. La inicial falta de comunicación no produjo indefensión (TSJ Aragón 30-9-04, EDJ 254875).

6) No invalida la denuncia, ni convierte en inciertos los hechos denunciados que se corroboran por la actuación de la inspección, que reconoció la existencia de operaciones no contabilizadas, la circunstancia de que los denunciantes de la doble contabilidad fueran **dos trabajadores** que pudieran tener pleitos pendientes con la sociedad (AN 12-12-01, EDJ 103079).

2770 **Denunciante** (LGT art.114.3 y 232.2.c) La LGT no contiene ninguna referencia sobre quién puede realizar una denuncia ante la Administración, ni sobre la necesidad de **identificación** del denunciante, hecho este que parece no impedir la posibilidad de efectuar **denuncias anónimas**.

Si bien siempre resulta preferible que el denunciante esté identificado, dicha identificación en ocasiones puede resultar difícil de llevar a cabo. Así sucede cuando hay denuncias presentadas fuera de los registros de los órganos administrativos a las que van dirigidas, como las presentadas por correo o ante cualquier otra oficina pública (LPAC art.16).

El hecho de que no conste la identidad del denunciante no debe ser obstáculo para el examen y análisis de la documentación por la Inspección y, en su caso, que se inicien las correspondientes actuaciones de comprobación e investigación.

El denunciante **no** tiene la condición de **interesado** en el procedimiento inspector que pueda llegar a iniciarse como consecuencia de su denuncia, sin que tenga por tanto derecho a tener acceso al expediente administrativo ni a que se le informe del resultado de las actuaciones practicadas. Tampoco está legitimado para interponer **recursos** o reclamaciones en relación con los resultados de dichas actuaciones. De forma expresa se contempla la carencia de legitimidad del denunciante para interponer **reclamaciones económico-administrativas**.

El denunciante sí tiene derecho a recibir una **comunicación** de la Administración tributaria en que se le indique que su denuncia ha sido debidamente tramitada. Pero dado que la LGT obliga a la Administración tributaria a guardar el más estricto y completo sigilo respecto de los datos, informes o antecedentes obtenidos en el desempeño de sus funciones, salvo en determinados casos tasados entre los que no se encuentra la comunicación de datos a los denunciantes (LGT art.95 -redacc L 31/2022 y L 13/2023- y 95 bis), no se le puede ofrecer al denunciante ninguna información con relación a la posible investigación de los datos consignados en el escrito de denuncia.

2775 **Denunciado** Si tras el examen pertinente de la denuncia se inician las correspondientes **actuaciones de comprobación**, se plantea la cuestión de si el obligado tributario denunciado tiene derecho en dicho momento a conocer el motivo por el que ha sido objeto de selección para una actuación de comprobación e investigación. En este sentido debe destacarse el «carácter reservado» de los sistemas de selección de los obligados tributarios que vayan a ser objeto de actuaciones inspectoras, y que estos no serán objeto de publicidad, de comunicación, ni de puesta de manifiesto a los obligados tributarios (RGGI art.170.7).

La Administración Tributaria no tiene obligación de poner en conocimiento del obligado tributario las **actuaciones** relacionadas con la denuncia, **previas** al inicio del procedimiento de comprobación.
Con carácter general no existe obligación legal de poner en conocimiento del interesado, en el momento de iniciar el procedimiento inspector, ni durante su desarrollo, los **motivos** por los cuales se ha acordado su inicio. En este sentido la LGT, al regular los derechos del obligado, contempla el derecho de este a ser informado al inicio de las actuaciones de la naturaleza y alcance de las mismas, sin que se haga ninguna referencia al motivo por el que se ha acordado dicho inicio (LGT art.34.1.ñ).

El trámite de **audiencia** es el momento en que el obligado tributario que ha sido parte en el procedimiento tributario puede tener acceso a los registros y documentos que forman parte del expediente, momento en que además podrá obtener, a su costa, copia de los documentos (LGT art.99.5; RGGI art.95.1 y 96.1). **2785**
En cuanto a si el órgano inspector, cuando a raíz de una denuncia haya desarrollado el correspondiente procedimiento inspector, tiene obligación o no de incorporar al expediente el **escrito de denuncia** y, en consecuencia, ponerlo de manifiesto al interesado, debe señalarse que la denuncia no forma parte del expediente administrativo (LGT art.114.2).
Sí debe formar parte del expediente la **documentación aportada** por el denunciante, que haya sido utilizada en el desarrollo de las actuaciones inspectoras y vaya a ser tenida en cuenta a la hora de formular la propuesta de regularización (RGGI art.96.1).
El obligado tributario denunciado, habiendo sido este el motivo de su inclusión en plan de inspección, se halla en la misma situación que cualquier otro obligado tributario que ha sido objeto de una inspección, de forma que, en cualquier momento anterior al trámite de audiencia o en dicho trámite, tiene la posibilidad de **alegar** lo que estime oportuno y aportar los documentos u otros elementos de juicio que estime precisos para rebatir los hechos recogidos por la Inspección, sin que el hecho de la denuncia le ocasione indefensión alguna.

En cuanto a la comunicación al denunciado de la **identidad del denunciante**, no existe obligación por parte de la Administración de suministrar su identidad, salvo que el denunciante accediera a que se aportara dicho dato o el denunciado demostrara que dicha denegación le procuraría **indefensión**. **2790**
En principio, solo en aquellos casos en que se origine la indefensión del denunciado, este puede conocer la identidad del denunciante, la cual habrá de constar en el expediente para su identificación al tiempo de formalizar su denuncia y habrá de ser puesta de manifiesto al denunciante.
No obstante, existirán casos en que el denunciante no pueda ser debidamente identificado, tal y como acontecerá cuando se haya presentado una denuncia en la que no resulte posible la identificación por tratarse de una **denuncia anónima**, posibilidad esta que no está excluida en la actual regulación de esta cuestión (LGT art.114).
En cualquier caso, la falta de identificación no será obstáculo para el examen y análisis de tal documentación por la Inspección. Asimismo, la actuación de la Inspección de los tributos se efectuará con total independencia de las controversias legales que puedan suscitarse entre denunciante y denunciado.

Precisiones 1) La denegación por la Administración de entregar al denunciado una **copia de la denuncia** es ajustada a derecho ya que -salvo en casos excepcionales en que al denunciado se le cause indefensión probada, impidiéndole de manera cierta y real el adecuado despliegue de cuantos medios de prueba disponga- los denunciantes tienen un interés subjetivo en que se mantenga la confidencialidad de su identidad, teniendo en cuenta, además, el interés público inherente a la eficacia en la gestión de los tributos, a cuyo fin coadyuva la denuncia que decaería notablemente ante la posibilidad de que esa identidad fuera accesible por el sujeto denunciado (TEAC 17-3-05). **2795**
2) El TSJ Cataluña 17-9-09, EDJ 251934 ha establecido los siguientes criterios sobre **denuncias anónimas**:
- Las denuncias anónimas solo podrán dar lugar al inicio de actuaciones inspectoras cuando los hechos aparezcan muy fundados y tras la ponderación de la intensidad ofensiva, la proporcionalidad, conveniencia de la investigación y de la legitimidad con la que se pretenda respaldar las imputaciones.
- Debe ser objeto de especial y específica motivación en la orden escrita al respecto del inspector jefe para hacer así factible el control jurisdiccional exigido constitucionalmente (Const art.106.1).
- No puede caber duda de que la conciliación entre eficacia inspectora, garantías constitucionales y menor perturbación posible en la vida de los ciudadanos exige el mayor rigor en el examen de las denuncias anónimas, en la motivación del eventual acuerdo de inicio de actuaciones y en el control jurisdiccional posterior.

3) El inicio de las actuaciones inspectoras tuvo lugar como consecuencia de la denuncia presentada por el hermano de uno de los socios, según indica la propia entidad recurrente, si bien en el acuerdo de inicio de las actuaciones solo consta «por orden del inspector jefe», señalando como motivos de la orden discrepancias entre la cifra de negocios declarada en el IS y la base imponible del IVA. No puede estimarse **falta de motivación** cuando es la propia recurrente quien reconoce saber el motivo por el que se investiga a la sociedad (TSJ Cataluña 7-7-09, EDJ 225434).

2797 **Comunicaciones L 2/2023 de protección al informante (canal externo)** (L 2/2023)

Este tipo de comunicaciones no constituyen denuncia tributaria. Esta Ley es transposición al derecho español de la Dir (UE) 2019/1937 y tiene como **finalidad** la protección de las personas que, en un contexto laboral o profesional, detecten infracciones penales o administrativas graves o muy graves y las comuniquen mediante una serie de mecanismos.

Su propósito es **luchar contra la corrupción** y otros ilícitos e irregularidades de relevancia para el Ordenamiento de la UE, entre las que se encuentran todas las que se refieren a delitos e infracciones administrativas graves o muy graves contra la Hacienda Pública (L 2/2023 art.2.1.b).

A través de la Sede electrónica de la AEAT (sede.agenciatributaria.gob.es), en el apartado «colaborar con la Agencia Tributaria», pestaña «Comunicaciones Ley 2/2023 de protección al informante. Canal externo» se puede efectuar esta **comunicación** cuando tenga contenido tributario y se haya obtenido en un contexto laboral o análogo.

En este caso, se exige la **identificación completa** del informante y la acreditación documental de su relación con el informado de entre las distintas alternativas que se ofrecen (empleado público, trabajador por cuenta ajena, autónomo, accionista, partícipe o persona perteneciente al órgano de administración, dirección o supervisión de una empresa, o de persona que trabaja para o bajo la supervisión y la dirección de contratistas, subcontratistas o proveedores).

La L 2/2023 contempla diversas **medidas de protección** al informante (L 2/2023 art.35 s.) y regula la figura de la Autoridad Independiente del Informante (L 2/2023 art.42 s.).

Precisiones A diferencia de la denuncia tributaria, la comunicación de información dentro del ámbito de la L 2/2023 precisa que se trate de **informantes** que trabajen en el sector privado o público y que hayan obtenido la información sobre infracciones en un contexto laboral o profesional. Así, se citan, p.e., a las personas que tengan la condición de empleado público o trabajadores por cuenta ajena (L 2/2023 art.3).

SECCIÓN 2

Iniciación

2800

2805 El inicio del procedimiento de inspección, en los términos establecidos en la LGT y el RGGI, determina que el obligado tributario está sujeto, en el curso de las actuaciones de comprobación e investigación que se van a desarrollar, a una serie de **obligaciones y de derechos** de los cuales deberá ser debidamente informado.

Al inicio de las actuaciones deberá ser informado, asimismo, de la naturaleza y alcance de las actuaciones.

A. Modos de iniciación

(LGT art.98.1)

2810 La iniciación de los procedimientos tributarios puede ser **de oficio** (nº 2815) o **a instancia del obligado tributario** (nº 2825).

De modo específico con respecto al procedimiento de inspección, está previsto su inicio bien de oficio, bien a petición del obligado tributario, cuando esté siendo objeto en este último caso de unas actuaciones de inspección de **carácter parcial** (LGT art.147).

1. Iniciación de oficio

(RGGI art.87.1)

El inicio del procedimiento de oficio se produce como consecuencia de la ejecución de los **planes de inspección** de los distintos órganos con competencias inspectoras. 2815

La iniciación de oficio de un procedimiento inspector requiere la existencia de un previo **acuerdo** del órgano competente (inspector jefe), por propia iniciativa, como consecuencia de orden superior o a petición razonada de otros órganos.

La **selección** de los obligados tributarios y su inclusión en los mencionados planes se efectúan por la Unidad de Planificación y Selección (nº 2635).

La **inclusión en plan** puede tener lugar bien en el momento en que estos se elaboran siguiendo los criterios recogidos en los planes parciales de inspección (nº 2610) integrados en el Plan de Control Tributario (nº 2595) de cada Administración tributaria o bien una vez que el plan esté en curso de ejecución. Los planes de inspección son, por tanto, susceptibles de modificación y ampliación en función de la información disponible durante el ejercicio al que se refiera el mismo.

Precisiones 1) Los **requerimientos de obtención de información** dirigidos a los obligados tributarios y relativos al cumplimiento de sus propias obligaciones tributarias no suponen el inicio de un procedimiento inspector, aunque se tenga en cuenta el resultado del requerimiento de información para acordar el posterior procedimiento de investigación o comprobación, ya que se está, por regla general, en presencia de actuaciones distintas y separadas. En consecuencia, los plazos de duración del procedimiento inspector operan de modo autónomo e independiente de la fecha en que se hubiera cursado el requerimiento de información (TS 8-4-19, EDJ 563406; 22-4-19, EDJ 568301). 2818

2) Es compatible el desarrollo simultáneo de varios procedimientos de inspección respecto de todos los obligados tributarios que sean parte en una **operación vinculada** (TS 18-5-20, EDJ 556141; TEAC 25-10-21).

En el caso de que la Administración inicie **procedimientos de inspección separados** a los distintos contribuyentes implicados en operaciones vinculadas, esta puede regularizar la situación de las personas o entidades vinculadas al obligado tributario en cuya sede se ha realizado la corrección valorativa, sin que resulte exigible que la liquidación practicada al mismo haya adquirido firmeza. Las normas procedimientales contenidas en la LIS/04 art.16.9 (actualmente, LIS art.18.12) y RIS art.21, concretamente el requisito de la firmeza de la liquidación, son de aplicación solo respecto a los supuestos en que se inicie un procedimiento de inspección para comprobar las operaciones vinculadas respecto de una sola de las partes implicadas, en los que será necesario esperar a la firmeza de la liquidación practicada para proceder a la regularización de la situación de las personas o entidades vinculadas al obligado tributario por razón de tal operación (TS 30-1-23, EDJ 505726; 22-7-24, EDJ 626377).

Ejemplos 1) La Dependencia Regional de Inspección de la Delegación Especial de la AEAT de Andalucía comprueba, a través del oportuno procedimiento de inspección, el Impuesto sobre Sociedades del ejercicio X de A SA. 2820

En el curso de dichas actuaciones descubre ventas no contabilizadas ni declaradas, sin que tampoco haya consignado las compras del material correspondiente a las mismas. La Inspección comprueba que estas adquisiciones se realizaron a Z SA, sociedad con domicilio fiscal en Barcelona, poniendo en conocimiento estas circunstancias a la Dependencia Regional de Inspección de la Delegación de Cataluña.

El Jefe de esta última podrá, tras analizar, en su caso, la información disponible en la Dependencia relativa a este obligado tributario, acordar la **inclusión** de Z SA **en plan**, mediante la firma de la correspondiente orden de servicio, con el objeto de iniciar las actuaciones de comprobación e investigación dirigidas a verificar la adecuada declaración de las ventas realizadas a A SA.

2) Por el Departamento de Inspección Financiera y Tributaria se comunica a la Dependencia Regional de Inspección de la Delegación Especial de la AEAT de Galicia un listado de contribuyentes con domicilio fiscal en el ámbito de dicha Dependencia Regional que han realizado operaciones con una entidad residente en Madrid, siendo los importes declarados tanto por unos como por la otra muy dispares.

El Jefe de la Dependencia Regional acuerda la **inclusión en plan**, a la vista de la información disponible, de aquellos contribuyentes del listado remitido que estima que concentran un mayor riesgo fiscal, con el objeto de iniciar las actuaciones de comprobación e investigación.

2. Iniciación a solicitud del obligado tributario

(LGT art.149; RGGI art.88)

2825 En el procedimiento inspector no se puede hablar, en puridad, de un inicio del procedimiento a instancias del obligado tributario, dado que se requiere que previamente se hayan iniciado actuaciones de **comprobación e investigación** respecto de dicho obligado tributario para que este pueda solicitar la ampliación de las ya iniciadas.

Si no se han iniciado actuaciones respecto de un obligado tributario, este no puede solicitar que mediante un procedimiento inspector se compruebe el adecuado cumplimiento de sus obligaciones fiscales. La Ley atribuye únicamente a la Administración tributaria la determinación de los concretos obligados tributarios cuya situación va a ser objeto de comprobación en cada ejercicio, si bien sujetándose a los correspondientes planes y programas de actuaciones inspectoras.

Ello no obstante, el procedimiento inspector se puede iniciar a petición del obligado tributario únicamente en un concreto supuesto. Todo obligado tributario que esté siendo objeto de una actuación de **inspección de carácter parcial** puede solicitar a la Administración que dicha actuación tenga carácter general respecto al tributo y, en su caso, períodos afectados por la misma, sin que esta solicitud interrumpa las actuaciones en curso.

La iniciación a instancia del obligado tributario mediante autoliquidación, declaración, comunicación o solicitud (LGT art.98; RGGI art.88) no resulta de aplicación al procedimiento inspector, estando esta posibilidad prevista fundamentalmente para los **procedimientos de gestión tributaria** (así, procedimiento de devolución -RGGI art.122 s.-; procedimiento de rectificación de declaraciones -RGGI art.126 s.-).

2835 Precisiones Puede ocurrir que, a raíz de una comunicación de un obligado tributario respecto de otro obligado tributario, se acaben realizando actuaciones de comprobación e investigación respecto de este último. Es el caso de la **denuncia**, dado que, si bien la existencia de una denuncia pública no determina el inicio de actuaciones inspectoras de comprobación e investigación si, una vez analizada junto con los documentos y antecedentes así como la información disponible en relación con el obligado tributario al que se refiere la denuncia, existen indicios de veracidad en los hechos imputados, se podrá iniciar el procedimiento de inspección (ver nº 2730 s.).

2840 Ejemplo La sociedad A va a ser objeto de adquisición por la sociedad B. Con el fin de conocer las posibles contingencias fiscales de la sociedad A, la sociedad B solicita a la Administración tributaria que antes de formalizar la adquisición se lleve a cabo una inspección de los ejercicios no prescritos de la sociedad A, aportando a tal fin un documento firmado por los Administradores de esta última en la que muestran su conformidad con dicha petición.

En este caso no se iniciaría la comprobación inspectora de la sociedad A, aun contando con la conformidad de los representantes de esta, dado que el procedimiento inspector no se puede iniciar **a petición** de ningún obligado tributario; solo se puede solicitar la ampliación del alcance de las actuaciones ya iniciadas.

2845 **Solicitud de inspección de carácter general** (LGT art.149.2 y 3; RGGI art.179.1 y 2) Se trata del único supuesto en el que el procedimiento inspector se puede iniciar **a petición del obligado tributario**.

La solicitud del obligado tributario de una inspección de carácter general debe formularse en el **plazo** de 15 días desde la notificación del inicio de las actuaciones de alcance parcial. Esta solicitud debe referirse a los **tributos y ejercicios** afectados por la actuación previamente iniciada por la Inspección con alcance parcial, de forma que no cabe una solicitud referida solo a alguno o algunos de los tributos o períodos incluidos en la citación inicial.

La solicitud puede formularse mediante **escrito** dirigido al inspector jefe o haciéndolo constar directamente al actuario, quien debe recogerlo en diligencia y trasladar la solicitud al inspector jefe.

Si la solicitud se ha formulado en plazo y concurren las circunstancias legalmente previstas, el inspector jefe debe atenderla.

El inspector jefe puede decidir que la inspección de alcance general se realice:

- bien mediante la **ampliación** del alcance del procedimiento (alcance parcial) ya iniciado (ver nº 2870);
- bien mediante el inicio de un **procedimiento distinto**.

En este último caso, la iniciación del procedimiento de inspección sí obedecería a la petición del obligado tributario, pero en cualquier caso con la limitación antes expuesta.

Cabe también la **inadmisión** de la solicitud (nº 2852).

2848 **Ampliación del alcance del procedimiento** (LGT art.149) Si el inspector jefe acuerda que la inspección de alcance general se va a realizar mediante la ampliación del alcance parcial del procedimiento ya iniciado, a efectos del cómputo del **plazo** máximo de duración del **procedimiento inspector** (nº 3310 s.) se tomará, como referencia para dicho cómputo, la fecha de notificación del inicio de las actuaciones de alcance parcial, dado que la ampliación del alcance no supone el inicio de un procedimiento distinto.

Inicio de un procedimiento distinto (LGT art.149.3) Si el inspector jefe decide iniciar una actuación distinta de alcance general, esta estará sometida al **plazo** de duración del **procedimiento inspector** (nº 3310 s.), computándose dicho plazo desde el momento en que se notifique al obligado tributario el inicio de la nueva actuación. **2850**
La Ley fija un plazo máximo de 6 meses desde que se formuló la solicitud para el **inicio** de la inspección de alcance general. El incumplimiento de este plazo determina que las actuaciones inspectoras de carácter parcial no interrumpan la **prescripción** del derecho de la Administración a determinar la deuda tributaria mediante la oportuna liquidación en el seno de una comprobación de alcance general.

Inadmisión de la solicitud (LGT art.179.3) Únicamente está prevista la inadmisión de la solicitud cuando no se cumplan los **requisitos** mencionados en nº 2845: **2852**
- solicitud en el plazo de los 15 días desde la notificación de inicio;
- abarcar los tributos y ejercicios afectados por la actuación previamente iniciada.

Dicha inadmisión debe estar motivada y notificarse al obligado tributario. Contra el acuerdo del inspector jefe por el que se declare la inadmisión de la petición de ampliación de la comprobación el obligado tributario no puede interponer **recurso** de reposición ni **reclamación** económico-administrativa. Ello no obsta a que en el recurso o reclamación económico-administrativa que se interponga contra la **liquidación** que se dicte el obligado tributario alegue lo que estime oportuno respecto a la petición que fue desestimada.

Ejemplos **1)** El 1 de septiembre de X5 se cita al obligado tributario A para comprobar los rendimientos de capital mobiliario declarados en el IRPF del año X1. **2855**
El 10 de septiembre manifiesta ante el inspector actuario que solicita que dicha inspección tenga alcance general.
El 30 de noviembre el inspector jefe acuerda que se inicie una nueva actuación por el IRPF del ejercicio X1 de alcance general, encomendándoselo a otra Unidad de Inspección distinta de la que realiza la comprobación parcial. El inicio de esta inspección de alcance general no se produce hasta el 3 de julio de X6.
Al haber transcurrido más de seis meses desde que se solicitó que la inspección tuviera alcance general, en esta fecha ya ha prescrito el derecho de la Administración para determinar la deuda tributaria correspondiente al IRPF del ejercicio X1, pues las actuaciones practicadas con alcance parcial no interrumpen la **prescripción** para comprobar e investigar el mismo tributo y período con carácter general (LGT art.149).
2) El 1 de septiembre de X5 se cita al obligado tributario A para comprobar los rendimientos de capital mobiliario declarados en el IRPF correspondientes a los ejercicios año X1, X2 y X3.
El 10 de septiembre manifiesta ante el inspector actuario que solicita que dicha inspección tenga alcance general solo respecto del ejercicio X2.
La solicitud del obligado tributario se inadmite por el inspector jefe, dado que la solicitud debe referirse al tributo (IRPF) y periodos afectados por la comprobación de alcance parcial (X1, X2 y X3).

B. Extensión y alcance de las actuaciones

2860

Las actuaciones que se desarrollan a lo largo del procedimiento inspector deben estar referidas a una serie de **períodos y conceptos impositivos** respecto a los cuales los órganos de inspección pueden examinar la totalidad o parte de los elementos de la obligación tributaria. **2862**

1. Extensión

(RGGI art.178.1)

La extensión de las actuaciones del procedimiento inspector hace referencia a los **conceptos impositivos**, que pueden ser uno o varios (así, IRPF, IS, IVA, etc.) y a los **períodos impositivos** o de liquidación (así, ejercicios 2021, 2022 y 2023) que van a ser objeto de la comprobación en el seno del mencionado procedimiento. **2865**
Las obligaciones tributarias que en concreto van a ser comprobadas en el procedimiento inspector deben **comunicarse** al obligado tributario al inicio de las actuaciones (LGT art.147.2).

2867 Precisiones 1) El objeto del procedimiento inspector debe ser definido en la propia comunicación de inicio de actuaciones mediante la extensión y alcance del mismo, siendo en concreto en la extensión, donde el órgano inspector se ha limitado en sus facultades de comprobación, al definir la extensión del procedimiento como **comprobación censal**. El procedimiento de comprobación censal presenta una finalidad y unas atribuciones de comprobación distintas a las perseguidas con las actuaciones que han sido desarrolladas sobre el obligado tributario, dirigidas a comprobar la veracidad de las operaciones realizadas con una serie de entidades, por lo que no constituye el cauce procedimental idóneo para la comprobación de hechos que van más allá de la constatación de la veracidad de los datos censales (TEAC 17-6-14).

2) La jurisprudencia ha mantenido que las actuaciones para comprobar el cumplimiento de los requisitos exigidos para la aplicación de **regímenes tributarios especiales** han de ser actuaciones inspectoras y seguirse, necesariamente, a través del procedimiento inspector (TS 23-3-21, EDJ 519304). No obstante, con efectos 1-1-2023, se incluye dentro de la gestión tributaria el ejercicio de las funciones administrativas dirigidas al reconocimiento y comprobación de estos regímenes tributarios especiales (LGT art.117.1.c).

2. Alcance

(LGT art.148)

2870 Respecto de los conceptos impositivos y períodos que se van a comprobar (extensión), el alcance de las actuaciones del procedimiento de inspección hace referencia a la **amplitud de la verificación** que se va a llevar a cabo en relación con cada uno de dichos conceptos y períodos.

Las actuaciones del procedimiento inspector pueden tener alcance **general** (nº 2872) o **parcial** (nº 2875).

Al inicio del procedimiento no solo se debe indicar la **extensión** de las actuaciones (nº 2865), sino que además debe señalarse el carácter parcial o general de tales actuaciones (LGT art.147.2; RGGI art.178.4).

Cuando el procedimiento de inspección se extienda a distintas obligaciones tributarias o períodos, debe determinarse el alcance general o parcial respecto de cada obligación y período comprobado.

Tratándose de actuaciones de alcance parcial, la **comunicación** al obligado tributario de lo que va a ser el objeto del procedimiento puede hacerse bien concretando los elementos de la obligación tributaria que va a comprobar o bien por vía negativa, excluyendo los que no se van a comprobar, lo que supone que todo lo no excluido va ser objeto del procedimiento.

2871 Precisiones 1) La Inspección de los tributos quiso iniciar, y desarrolló de facto, un procedimiento de comprobación e investigación. Sin embargo, ocultó tales extremos al **obligado tributario**, quien inexplicablemente **no fue informado** ni del alcance del procedimiento (parcial sobre el IRPF), ni de su finalidad (verificar la existencia o no de estructura empresarial suficiente que pudiera justificar la facturación de los ejercicios a comprobar), ni de ninguno de los derechos anudados a aquél, habiéndose prescindido pues total y absolutamente del previo procedimiento de inspección de comprobación e investigación (TSJ Valladolid 7-1-16, EDJ 1715).

2) El TEAC adapta su criterio a la jurisprudencia del Tribunal Supremo (TS 4-3-21, EDJ 512491; 23-3-21, EDJ 519441) y considera que, si bien la **modificación del alcance inicial** de actuaciones, sin que exista un acuerdo expreso notificado al obligado tributario, ha de calificarse como un defecto procedimental invalidante que causa indefensión y la anulación del acto, no conlleva, como venía manteniendo la doctrina administrativa hasta ahora, la retroacción de actuaciones (TEAC 22-9-21. Además, matiza el TEAC que esa **anulación** del acto es **total** y no parcial como venía manteniendo hasta ahora (TEAC 24-10-23). Asimismo, el alcance inicial no solo puede modificarse a instancia de parte sino también **de oficio** cuando en el curso del procedimiento se pongan de manifiesto razones que lo aconsejen y el acuerdo se adopte de forma motivada (TSJ Madrid 18-7-19, EDJ 674273).

3) Los **efectos preclusivos** de una resolución que pone fin a un procedimiento de comprobación limitada se extienden no solo a aquellos elementos tributarios sobre los que se haya pronunciado expresamente la Administración tributaria sino también a cualquier otro elemento tributario comprobado tras el requerimiento de la oportuna documentación justificativa, pero no regularizado de forma expresa (TS 16-10-20, EDJ 690900).

4) La existencia de hechos nuevos que la Administración pueda descubrir que procedan de actuaciones distintas a las realizadas es lo que puede motivar una **nueva regularización** sobre el mismo objeto. Por lo tanto, iniciar un procedimiento sobre un objeto ya previamente comprobado buscando nuevos elementos sobre los que regularizar no es acorde al espíritu de la norma (TEAC 24-9-20).

2872 **Alcance general** (RGGI art.178.2) El alcance general supone que la comprobación se refiere a la totalidad de los elementos del concepto impositivo y período comprobado. La **regla general** es que las actuaciones de comprobación e investigación sean de alcance general.

Precisiones 1) En los procedimientos de inspección de alcance general, respecto de obligaciones tributarias y períodos cuyo derecho a liquidar no se encuentren prescritos, se entiende incluida, en todo caso, la comprobación de las bases o cuotas pendientes de compensación (**bases imponibles negativas**) o de las **deducciones pendientes** de aplicación cuyo derecho a comprobar no haya prescrito (10 años a contar desde el día siguiente a aquel en que finalice el plazo reglamentario establecido para presentar la declaración o autoliquidación correspondiente al ejercicio o periodo impositivo en que se generó el derecho a compensar dichas bases o cuotas o a aplicar dichas deducciones) (LGT art.66 bis).
2) Si se lleva a cabo un procedimiento de inspección de alcance general respecto de un determinado concepto tributario, en el alcance del procedimiento está incluida la comprobación e investigación de las obligaciones materiales, pero también las **obligaciones formales** que imponga ese concepto tributario, por lo que las previas actuaciones de regularización de la situación tributaria del obligado interrumpen el plazo de prescripción para sancionar, en su caso, tanto los incumplimientos de obligaciones materiales como los eventuales incumplimiento de obligaciones formales (TEAC 19-2-15).

Alcance parcial (RGGI art.178.3) Las actuaciones de comprobación e investigación pueden tener carácter parcial en los siguientes **casos**: **2875**
1. Cuando no afecten a la totalidad de los elementos de la obligación tributaria en el período de comprobación.
2. Cuando se refieran al cumplimiento de los requisitos exigidos para la obtención de beneficios o incentivos fiscales.
3. Cuando tengan por objeto la comprobación del régimen tributario aplicable.
4. Cuando tengan por objeto la comprobación de una solicitud de devolución (nº 2878).
Fuera de los casos expuestos, las actuaciones de comprobación e investigación no pueden tener alcance parcial.

Precisiones 1) En los procedimientos de inspección de alcance general, respecto de obligaciones tributarias y períodos cuyo derecho a liquidar no se encuentren prescritos, se entiende incluida, en todo caso, la comprobación de las bases o cuotas pendientes de compensación (**bases imponibles negativas**) o de las **deducciones pendientes** de aplicación cuyo derecho a comprobar no haya prescrito (nº 2872). En los procedimientos de alcance parcial, a efectos de dicha comprobación, se debe hacer mención expresa de los ejercicios o periodos impositivos en el que se generó el derecho a compensar las bases o cuotas o aplicar las deducciones que van a ser objeto de comprobación (LGT art.66 bis.2). **2876**
2) Para que la Administración tributaria (en su conjunto, es decir, tanto los órganos de Gestión tributaria, como la Inspección) pueda dictar una **nueva liquidación** sobre materias ya comprobadas previamente de forma limitada, se deben expresar los **nuevos elementos o circunstancias** tenidos en cuenta en la nueva comprobación (sea esta total o parcial). Su omisión provoca la invalidez de la liquidación practicada por la Inspección (TSJ Valladolid 11-5-15, EDJ 78654).
3) El inicio de actuaciones limitadas referidas a la comprobación de ajustes y resultados contables supone que no cabe extender la regularización de modo que se produzcan cambios en el sistema de tributación o imputación o la aplicación del régimen de transparencia fiscal. La realización de ese **cambio en el sistema de liquidación** obliga a comprobar todos los ajustes fiscales y todas las anotaciones contables con el fin de determinar el cumplimiento o no de los requisitos que permiten la aplicación que pretende la Administración del régimen de transparencia fiscal (AN 22-5-14, EDJ 77038).

Solicitud de devolución En este caso, la comprobación se debe limitar a constatar que el contenido de la declaración, autoliquidación o solicitud presentada se ajusta formalmente a lo anotado en la contabilidad, registros y justificantes contables o extracontables del obligado tributario. **2878**
El caso aquí reflejado hace referencia, fundamentalmente, a las devoluciones del **Impuesto sobre el Valor Añadido**. Este caso ampara la mera constatación de que lo declarado coincide con los datos que constan en los libros y que estos tienen el correspondiente soporte documental (facturas). Una actuación inspectora que fuera más allá de este contraste precisaría de una ampliación del alcance de las actuaciones.

Ejemplos **Ejemplos de actuaciones de alcance parcial.** **2880**
1) La comprobación **no** afecta a la **totalidad** de los elementos de la obligación tributaria en el período de comprobación.
En la comunicación de inicio de un procedimiento inspector en el que se va a comprobar el IRPF del ejercicio X1, se señala que la comprobación se va a limitar a las **ganancias y pérdidas patrimoniales** derivadas de venta de inmuebles.
2) La comprobación se refiere al cumplimiento de los requisitos exigidos para la obtención de **beneficios o incentivos** fiscales.

En la comunicación de inicio de un procedimiento inspector en el que se va a comprobar el IRPF del ejercicio X1, se señala que la comprobación se va a limitar a la **deducción por inversión en vivienda habitual**.
3) Cuando tengan por objeto la comprobación del **régimen tributario** aplicable.
En la comunicación de inicio de un procedimiento inspector en el que se va a comprobar el IVA del ejercicio X1, se señala que la comprobación se va a limitar a la comprobación de si resulta de aplicación al obligado tributario el **régimen especial de la agricultura, ganadería y pesca**.
4) Cuando tengan por objeto la comprobación de una solicitud de **devolución**. A raíz de la solicitud de devolución del IVA correspondiente al ejercicio X3, formulada por el obligado tributario en la **autoliquidación** del IVA correspondiente al último período del año X3, en la comunicación de inicio del procedimiento inspector se señala que la comprobación se va a limitar a constatar la procedencia de atender la solicitud de devolución efectuada.

2882 **Liquidaciones** (LGT art.101.3.a y 4) Las liquidaciones derivadas de una actuación de comprobación e investigación de **alcance parcial** tienen la consideración de **provisionales** (nº 4506 s.).
Las actuaciones de comprobación e investigación de **alcance general** darán lugar a **liquidaciones definitivas**, si bien pueden recogerse en liquidaciones de carácter provisional, en caso de que concurra alguno de los supuestos previstos en nº 4512 s.

2883 Ejemplo En el curso de un procedimiento de inspección relativo al IS del ejercicio X1, la Inspección comprueba que no se han declarado determinadas operaciones realizadas en el mismo, incrementando la base imponible declarada en el importe de las mismas.
La sociedad alega que dichas operaciones fueron incluidas en la declaración correspondiente al ejercicio X2, por lo que se decide ampliar el objeto del procedimiento inspector a este ejercicio, si bien con alcance parcial, al pretender comprobar únicamente lo alegado por el obligado tributario.
Tras las oportunas comprobaciones se dicta liquidación por el ejercicio X2, reconociendo el derecho del obligado tributario a la devolución de las cantidades indebidamente ingresadas con sus correspondientes intereses, como consecuencia de las operaciones que debieron ser declaradas el ejercicio anterior.
Esta **liquidación** tiene carácter **provisional**, pues se ha practicado en un procedimiento inspector en el que no se ha comprobado la totalidad de los elementos de la obligación tributaria. Sin embargo, la LGT art.148.3 dispone que los elementos comprobados -las operaciones devengadas en el ejercicio anterior- no pueden ser regularizadas nuevamente en un procedimiento inspector posterior, salvo que concurran alguna de las circunstancias legalmente previstas en la LGT art.101.4.a.
En este caso, si la entidad decide recurrir la liquidación del ejercicio X1 por no estar conforme con el criterio del devengo mantenido por la Inspección, concurrirá una de dichas circunstancias -la disminución de la base imponible en el ejercicio X2 se produce en función del incremento de la base imponible correspondiente al ejercicio X1-, por lo que la liquidación del ejercicio X2 podrá ser revisada en función de lo que finalmente señalen los tribunales respecto a la liquidación recurrida, siempre que no hubiera prescrito el derecho de la Administración tributaria para determinar la deuda tributaria.

3. Modificación de la extensión o del alcance

2885 Tanto el alcance como la extensión de las actuaciones de comprobación e investigación -conceptos y ejercicios a los que se refiere- pueden ser modificados a lo largo del procedimiento.
Esta modificación puede producirse:
- por la Administración;
- a instancia del obligado tributario (nº 2905).

2890 **Modificación de la extensión o del alcance por la Administración** (RGGI art.178.5)
Cuando existan razones que así lo aconsejen, puede limitarse o ampliarse tanto el alcance como la extensión de las actuaciones inspectoras de comprobación e investigación.
a) Limitación. Iniciada una actuación con **alcance general**, puede limitarse la comprobación en el curso de la misma a alguno o algunos de los elementos de la obligación tributaria, pasando a tener carácter parcial (ver nº 2895 ejemplo 1).
De la misma forma, las actuaciones iniciadas con **alcance parcial**, por referirse a algunos elementos de la obligación tributaria, pueden limitar aún más su alcance, si existen razones que aconsejen no extender la comprobación a todos los elementos señalados en la citación inicial (ver nº 2895 ejemplo 2).
Esta limitación puede afectar no solo al alcance de las actuaciones iniciadas en relación con cada concepto y período, sino, también, a la **extensión** de los propios conceptos y períodos que constituyen el objeto del procedimiento (ver nº 2897).

b) Ampliación. La ampliación del alcance de las actuaciones puede suponer el cambio del alcance de **parcial a general** (nº 2899 ejemplo 1), o bien la ampliación del alcance de una actuación de carácter **parcial** sin dejar de serlo (nº 2899 ejemplo 2). Asimismo, si en el curso del procedimiento se pone de manifiesto la conveniencia o necesidad de comprobar otros conceptos y períodos no incluidos en la citación inicial, puede acordarse la extensión del objeto del procedimiento en curso a dichos conceptos y períodos (nº 2901).

En ambos supuestos el **acuerdo** por el que se modifica el alcance o extensión de las actuaciones inspectoras debe ser notificado al obligado tributario.

En cuanto a la **competencia** para acordar la modificación, corresponde a los inspectores jefes tanto la relativa a la extensión como a la ampliación o reducción de su alcance (AEAT Resol 24-3-92 aptdo.5.2).

En consecuencia, en aquellos casos en los que los actuarios consideren conveniente modificar el alcance o la extensión de las actuaciones fijado en la orden de servicio del inspector jefe y en la comunicación de inicio de las actuaciones notificada al obligado tributario, deberán elevar una **propuesta** debidamente justificada al inspector jefe quien, si lo considera procedente, acordará dicha modificación. La modificación acordada por el inspector jefe, en el caso de que suponga una ampliación del alcance o la inclusión de nuevos conceptos y períodos en el objeto de la comprobación, será notificada al obligado tributario, indicando que si desea actuar por medio de **representante** debe aportar un nuevo documento en que se acredite dicha representación en relación con las actuaciones ampliadas.

Precisiones Los eventuales **efectos preclusivos** que pudieran proyectar unas actuaciones previas sobre otras posteriores, conforman un derecho del contribuyente frente a la Administración y, correlativamente, el deber de esta de proveer su garantía. Cuando no se haya ejercitado ese derecho ante la Administración tributaria, corresponde al interesado en la vía de revisión la carga de acreditar el alcance material, tanto de un previo procedimiento de comprobación e investigación de carácter parcial, como de una previa solicitud de rectificación de su autoliquidación relativa a un determinado elemento de la obligación tributaria, en relación a un concepto y período impositivo concretos, de cara a oponer los efectos preclusivos de tales actuaciones, frente a un posterior procedimiento de regularización de carácter general para determinar si en el procedimiento posterior se aplican elementos tributarios del procedimiento inicial (TS 3-11-22, EDJ 733459).

Ejemplo **Ejemplos de limitación del alcance de actuaciones.** **2895**

1) De general a parcial:

En la comunicación de inicio de un procedimiento inspector se señala que la comprobación se centrará en el IRPF del ejercicio X1. Tras haberse iniciado las actuaciones, y a la vista de las mismas, por la Inspección se decide limitar el alcance de la comprobación únicamente a las **ganancias patrimoniales**.

2) De parcial a parcial:

En la comunicación de inicio de un procedimiento inspector se señala que la comprobación se centrará en el examen de los rendimientos de la actividad económica y del capital mobiliario del IRPF del ejercicio X1. Tras haberse iniciado las actuaciones, y a la vista de las mismas, por la Inspección se decide limitar el alcance de la comprobación únicamente a los **rendimientos de la actividad económica**.

Ejemplo de limitación de la extensión de las actuaciones. **2897**

En la comunicación de inicio de un procedimiento inspector se señala que la comprobación se centrará en el IRPF ejercicios X1, X2 y X3. Tras haberse iniciado las actuaciones, y a la vista de las mismas, por la Inspección se decide limitar la extensión de la comprobación únicamente al IRPF de los **ejercicios X2 y X3**.

Ejemplos de ampliación del alcance de actuaciones. **2899**

1) De parcial a general:

En la comunicación de inicio de un procedimiento inspector se señala que la comprobación se centrará en la comprobación de los rendimientos del capital inmobiliario del IRPF del ejercicio X1. Tras haberse iniciado las actuaciones, y a la vista de las mismas, la Inspección decide ampliar el alcance de la comprobación a **todo el IRPF X1**.

2) De parcial a parcial:

En la comunicación de inicio de un procedimiento inspector se señala que la comprobación se centrará en el examen de los rendimientos del capital mobiliario del IRPF del ejercicio X1. Tras haberse iniciado las actuaciones, y a la vista de las mismas, la Inspección decide ampliar el alcance de la comprobación además de a los rendimientos del capital mobiliario, a los derivados de la **actividad económica**.

Ejemplo de ampliación de la extensión de las actuaciones. **2901**

En la comunicación de inicio de un procedimiento inspector se señala que la comprobación se centrará en el IRPF ejercicio X1. Tras haberse iniciado las actuaciones, y a la vista de las mismas, la Inspección decide ampliar la comprobación al IRPF de los **ejercicios X2 y X3**.

2905 Modificación de la extensión o del alcance a instancia del obligado tributario

(LGT art.149) Iniciadas unas actuaciones de comprobación e investigación de **alcance parcial**, el obligado tributario tiene derecho a que dichas actuaciones tengan carácter general. La Inspección puede atender la solicitud del contribuyente iniciando una nueva actuación o ampliando el alcance de la ya iniciada (ver nº 2845 s.). No obstante, el obligado tributario no puede solicitar la modificación de la extensión de las actuaciones inspectoras, esto es, no puede solicitar que se comprueben **conceptos o períodos impositivos** distintos de los incluidos en la comunicación de inicio del procedimiento inspector.

2910 Precisiones 1) Si el acuerdo de modificación del alcance o del objeto de las actuaciones supone una ampliación de los mismos, y el obligado tributario está actuando mediante representante, deberá aportarse un nuevo **poder de representación**, que ampare la actuación del representante en relación con los nuevos elementos de la obligación tributaria, o los nuevos conceptos y ejercicios que van a ser comprobados.

2) Tanto si se amplía la extensión o el alcance de las actuaciones de oficio por la Administración, como si se efectúa como consecuencia de la solicitud del obligado tributario, el **plazo** máximo de **duración de las actuaciones** cuyo alcance se amplía sigue siendo el de 18 o 27 meses computados desde la citación inicial. Otra cuestión es que en un procedimiento inspector al que inicialmente resulta aplicable el plazo de 18 meses, a raíz de la extensión de las actuaciones, se extienda a un ejercicio en el que concurre alguna de las circunstancias que permite aplicar el plazo de 27 meses (nº 3324 s.), en cuyo caso el procedimiento inspector pasará, de forma sobrevenida, a tener una duración de 27 meses.

3) La **ampliación** de las actuaciones a otros ejercicios económicos de un determinado impuesto, respecto de los inicialmente objeto de comprobación, está prevista en el RD 939/1986 -actualmente derogado por RD 1065/2007-, sin exigir el precepto una expresa indicación de las circunstancias por la que se entiende procedente la ampliación de las actuaciones. La falta de **mención expresa** de los efectos que la actuación inspectora supone en relación con la prescripción del impuesto y los ejercicios objeto de comprobación no constituye un vicio invalidante de los actos impugnados, pues tales efectos no derivan de su comunicación sino de la propia LGT (TSJ C.Valenciana 11-3-05, EDJ 94571).

4) Existe un **único procedimiento** de comprobación e investigación, que comienza desde la fecha de notificación de la comunicación de inicio, independientemente de que, con posterioridad, se amplíe o limite el alcance de las actuaciones (TEAC 7-2-03).

2926 **5)** En una investigación de datos relativos a **ejercicios prescritos** que afectan a declaraciones correspondientes a ejercicios no prescritos, la prescripción extintiva queda circunscrita al derecho de la Administración para liquidar, exigir el pago e imponer sanciones, no existiendo previsión alguna de prescripción de la facultad de análisis de operaciones cuando tengan repercusión en ejercicios no prescritos. La Inspección tiene la posibilidad de **comprobar** los elementos que afectan a las declaraciones vigentes, fijando los datos en los que se asientan, sin que pueda extenderse a los ejercicios prescritos cuya modificación es legalmente imposible (AN 21-7-05, EDJ 173173; TSJ Asturias 13-3-06, EDJ 73894).

6) Las facultades de comprobación e investigación de la Administración tributaria son instrumentales del derecho a la determinación de la deuda tributaria, de manera que si este derecho tiene un plazo concreto de prescripción, dicho plazo prescriptivo necesariamente afecta a la facultad de comprobación, que por ello ha de quedar limitado a los **ejercicios no prescritos** en la fecha de inicio de las actuaciones inspectoras (TSJ C.Valenciana 12-7-05, EDJ 137703).

7) Las actuaciones inspectoras deben alcanzar a la **íntegra y completa regularización** de la situación tributaria del sujeto pasivo inspeccionado (AN 18-2-04, EDJ 28137; 14-6-04, EDJ 155499). Asimismo, el procedimiento de inspección debe efectuar una regularización íntegra de la situación del contribuyente, en aquello que le favorezca y en lo que le perjudique, sin poder remitir los aspectos favorables a procedimientos ulteriores que deba iniciar el contribuyente (TEAC 28-9-06).

8) No resulta procedente la **paralización** de las actuaciones de comprobación por la solicitud de una entidad de su ampliación a otros ejercicios (AN 18-4-02, EDJ 130095).

9) La **falta** de un **acuerdo** autorizando la limitación del alcance de las actuaciones inspectoras, no invalida el acta incoada, pero obliga a considerar como general el alcance de dichas actuaciones, teniendo la liquidación derivada de aquélla carácter de definitiva (TEAC 19-6-02).

10) El acto administrativo de ampliación de las actuaciones es un **acto de trámite** no recurrible de forma independiente de la liquidación que ponga término a las mismas (TS 28-4-01, EDJ 28566).

11) La comisión de un **error en la citación de inicio** en cuanto al carácter de las actuaciones, al haberse notificado el inicio de actuaciones de carácter parcial y posteriormente se practica acta definitiva por el IVA, no produce indefensión, dado que dicha comunicación de inicio ponía de manifiesto que las actuaciones inspectoras iban a comprobar e investigar la totalidad de los elementos de la obligación tributaria en los períodos de comprobación.

Distinto sería el caso que las mencionadas actuaciones hubieran concluido con la práctica de una liquidación provisional cuando realmente se hubiera llevado a cabo una comprobación de la totalidad de los elementos de la obligación tributaria (TEAC 11-6-08).

12) El **principio de regularización íntegra** obliga a que, si una regularización tributaria afecta al importe de bases imponibles negativas que provienen de ejercicios prescritos, pero se compensan en otros no prescritos, la Administración debe proyectar sobre los no prescritos las consecuencias beneficiosas para el contribuyente detectadas en los mismos ejercicios comprobados (TS 7-6-24, EDJ 585403).

C. Citación y personación de la Inspección

El inicio del procedimiento de inspección puede tener lugar: **2940**
- mediante **comunicación escrita** previa (nº 2945 s.); o
- **personándose la Inspección** en el domicilio, empresa, oficinas, dependencias, instalaciones, centros de trabajo o almacenes del obligado tributario o donde exista alguna prueba de la obligación tributaria, sin previa comunicación (nº 2980 s.).

En ambos casos, en el momento del inicio de las actuaciones del procedimiento inspector, el obligado tributario debe ser **informado** sobre la naturaleza y alcance de las actuaciones y sobre los derechos y obligaciones que le corresponden en el curso de tales actuaciones (ver nº 2990).

Asimismo, cabe destacar el derecho que asiste al contribuyente a conocer la **identidad** de las autoridades y personal al servicio de la Administración tributaria, bajo cuya responsabilidad se tramitan las actuaciones y procedimientos tributarios (LGT art.34.1.f).

Iniciación mediante comunicación escrita previa (LGT art.99.7; RGGI art.177) Las comunicaciones son los **documentos** mediante los cuales la Administración notifica al obligado tributario, entre otras circunstancias, el inicio del procedimiento de inspección. **2945**

La comunicación de inicio o citación del procedimiento de inspección puede ser de dos tipos:

a) Comunicación para una **posterior personación** de la Inspección en el lugar, día y hora que se le señale, normalmente los locales de la empresa, teniendo a disposición de la Inspección la documentación y los demás elementos que se estimen necesarios.

Entre la fecha de notificación de la citación y la de personación de la Inspección en los locales de la empresa debe transcurrir un **plazo** no inferior a 10 días, contados a partir del día siguiente al de la notificación de dicha comunicación de inicio (RGGI art.87.4).

b) Comunicación notificada al obligado tributario para que se persone en las **oficinas de la Inspección** en el lugar, día y hora que se le señale, aportándole la documentación y demás elementos que se estimen necesarios.

Entre la fecha de notificación de la citación y la de comparecencia del obligado tributario en las oficinas de la Inspección debe transcurrir un **plazo** no inferior a 10 días, contados a partir del día siguiente al de la notificación de dicha comunicación de inicio (RGGI art.87.4).

En ambos supuestos, a efectos del cómputo del plazo, se tomarán en consideración los días hábiles (LPAC art.30).

Precisiones **1)** El incumplimiento del citado plazo sí determinará la **ineficacia** de la **solicitud** formulada en la comunicación de inicio, dado que la incomparecencia o la falta de aportación de la documentación solicitada no podrá ser sancionada. El defecto quedará subsanado si el obligado tributario comparece y aporta la documentación solicitada; en caso contrario no podrá ser sancionado y será preciso formular una nueva solicitud. **2950**

No obstante, el incumplimiento del plazo mínimo de 10 días no afecta a la **validez** de las **actuaciones** inspectoras que se han notificado (TEAC 28-5-97), dado que este vicio de tramitación no hace nula ni anulable la actuación administrativa.

2) El **período mínimo de 10 días** a efectos del cómputo del plazo, debe mediar entre la notificación de la comunicación de inicio de las actuaciones y la comparecencia, pero no a partir de dicha comparecencia (TSJ Galicia 31-3-10, EDJ 80210).

3) La notificación del acuerdo de inicio de las actuaciones de comprobación e inspección es defectuosa, porque se practicó un único intento de comunicación, en el que se constató el **fallecimiento del representante** designado por la entidad, y se acudió directamente a la vía edictal. El fallecimiento del representante de la compañía no equivale, sin más, a la de destinatario desconocido a la que se refiere la ley (AN 6-3-14, EDJ 30228).

4) Desde la entrada en vigor de la LPAC, la posibilidad de la AEAT de efectuar notificaciones electrónicas a los sujetos a los que se refiere la LPAC art.14.2, no puede depender de la previa notificación de su inclusión en el **sistema de notificaciones electrónicas (NEO)**, no siendo ya exigible a la AEAT la obligación de notificar la inclusión en el sistema de dirección electrónica habilitada a aquellas personas que estén obligadas a relacionarse a través de medios electrónicos con las Administraciones Públicas (TEAC 22-1-21).

Contenido de las comunicaciones (LGT art.98.2; RGGI art.97) Las comunicaciones tributarias deben contener mención expresa de, al menos, los siguientes **datos**: **2955**
- Lugar y fecha de su expedición.

- Nombre y apellidos o razón social o denominación completa y NIF de la persona o entidad a la que se dirige y, en su caso, de la persona que lo represente.
- Lugar al que se dirige.
- Hechos o circunstancias que se comunican o contenido del requerimiento que se realiza mediante la comunicación.
- Órgano que la expide, nombre y apellidos y firma de la persona que la emite.

La **firma** de la comunicación de inicio corresponde al jefe del equipo o unidad al que el inspector jefe haya asignado la comprobación del obligado tributario.

En aquellos supuestos en los que sea previsible la **asignación de firma** a los inspectores de Hacienda o a los técnicos de Hacienda integrados en los equipos o unidades, la comunicación de inicio será suscrita, además de por el jefe de equipo o unidad, por el inspector de Hacienda o técnico de Hacienda citados.

2960 **Contenido de la comunicación de inicio** (LGT art.150.2; RGGI art.87) Cuando la comunicación sirve para notificar al obligado tributario el inicio de una **actuación o procedimiento**, como es el caso de la comunicación de inicio del procedimiento inspector, dicha comunicación, además de los datos expuestos en nº 2955 debe cumplir el siguiente **contenido mínimo**:

- Procedimiento que se inicia.
- Conceptos impositivos y períodos que van a ser objeto del procedimiento.
- Alcance de las actuaciones inspectoras en relación con cada uno de ellos.
- La interrupción del plazo de prescripción del derecho de la Administración para determinar la deuda tributaria mediante la oportuna liquidación y del plazo de prescripción para imponer sanciones en relación con los hechos que se pongan de manifiesto en el curso del procedimiento de inspección.
- Plazo de duración del procedimiento.
- La documentación que el obligado debe aportar o tener a disposición de la Inspección.
- Lugar, día y hora señalados para las actuaciones.

Junto con este contenido mínimo, normalmente en la comunicación de inicio de las actuaciones inspectoras de comprobación e investigación, se incluye esta **otra información**:

- las consecuencias de la falta de atención al requerimiento contenido en la misma (posible aplicación de las responsabilidades y sanciones);
- modo de actuar en caso de no poder atender la citación en el plazo señalado en la misma (posibilidad de solicitar aplazamiento);
- otros efectos distintos de la interrupción de la prescripción que derivan del inicio de las actuaciones, como es que el ingreso de deudas tributarias pendientes efectuado con posterioridad a la recepción de la comunicación tendrán el carácter de ingresos a cuenta respecto del importe de la liquidación que en su caso se practique (ver nº 3025 s.);
- normativa aplicable;
- anexo con los derechos y obligaciones que asisten al obligado tributario en el seno de las actuaciones inspectoras;
- modelo normalizado de representación aprobado por la AEAT para que el obligado tributario actúe desde el primer momento mediante representante si así lo desea. Dicho modelo se puede consultar en sede.agenciatributaria.gob.es.

En dicho **modelo de representación**, en el encabezamiento, se incluye una casilla en la que, junto con los datos identificativos del obligado tributario, figura un número de referencia. Este número de referencia viene a personalizar el modelo de representación. Cuando por la Inspección se remite al obligado tributario la comunicación de inicio de actuaciones de comprobación e investigación, esta se identifica con un número de referencia. Por la Inspección únicamente se admitirá la validez de la representación otorgada cuando esta lo haya sido en el mismo modelo que se remitió con la comunicación de inicio, identificado por el mencionado número.

2970 **Notificación** (RGGI art.97.3) Las comunicaciones, una vez firmadas por la Inspección, son notificadas al **obligado tributario** con arreglo a derecho (nº 2400) y se incorporan al expediente.

El inicio del procedimiento inspector tiene lugar con la notificación de la **comunicación de inicio**, produciéndose a partir de esta fecha los efectos derivados de dicho inicio, sin perjuicio de que la primera actuación tenga lugar con posterioridad, cuando comparezca el obligado tributario en las oficinas públicas, o cuando se persone la Inspección en el lugar señalado al efecto.

2975 Precisiones Cuando la comunicación no vaya dirigida al obligado tributario directamente, debe hacerse constar que la calificación de **interesado** deriva de la condición de heredero, legatario, sociedad absorbente, partícipe en entidades disueltas y liquidadas, o al último administrador de entidades inactivas pero no liquidadas o de sociedades ilocalizadas.

Personación de la Inspección sin previa comunicación (LGT art.151.2; RGGI art.87.2 y 177.2) **2980**
El **inicio del procedimiento** de inspección puede tener lugar mediante la personación de los actuarios, sin previa comunicación, en la empresa, oficinas, dependencias, instalaciones, centros de trabajo o almacenes del obligado tributario o donde exista alguna prueba al menos parcial de la obligación tributaria.
En este caso las actuaciones se entenderán con el **interesado** si se halla presente, o bien con el encargado o responsable de tales lugares.
El inicio de las actuaciones mediante personación se documenta en **diligencia** en la que se recogerán, además de los resultados de la primera actuación desarrollada, las menciones propias de la comunicación de inicio señaladas en nº 2960.
En el caso de inicio del procedimiento inspector mediante personación, no resulta preciso que se conceda el **plazo** mínimo de 10 días que está previsto para los casos de inicio mediante comunicación remitida al obligado tributario (nº 2945). La comprobación podría iniciarse en el mismo momento de la personación de la Inspección, por ejemplo, en los locales de la empresa.
Cuando la personación del actuario se efectúe en el **domicilio** constitucionalmente protegido del obligado tributario, ver requisitos en nº 3015 y nº 1755 s.

Precisiones 1) El acto administrativo de notificación del inicio de actuaciones inspectoras es un **acto de trámite** que no determina la imposibilidad de continuar el procedimiento ni decide directa ni indirectamente sobre el fondo del asunto, ni produce efectos perjudiciales para el interesado. La oposición al mismo debe alegarse con motivo de la impugnación de la resolución que ponga fin al procedimiento (TSJ Asturias 9-6-04, EDJ 70141). **2985**
2) Es válida la notificación de la comunicación de inicio del procedimiento de comprobación o investigación o de la liquidación resultante del mismo, expedida en un único documento a nombre de todos los destinatarios, obligados solidariamente, que convivan en una misma residencia habitual de acuerdo con la información de que dispone la Administración tributaria en ese momento, con independencia de que en el acuse de recibo figure solo uno de los destinatarios. En esta situación lo que tiene lugar es una **notificación simultánea** a todos (TEAC 24-9-20).
3) Las actuaciones se iniciaron por personación de los funcionarios competentes, notificándose a uno de los **empleados** que trabaja para la sociedad y se entregó el anexo informativo sobre derechos y obligaciones, aunque posteriormente acudiera la administradora y no se lo entregaran de nuevo. No se aprecia vicio alguno en la prestación del consentimiento (TSJ Asturias 17-2-14, EDJ 20256).

D. Información al inicio de las actuaciones

Al inicio de las actuaciones del procedimiento de inspección, el obligado tributario tiene derecho a ser informado de: **2990**
- la naturaleza y alcance de las actuaciones (nº 2995 s.);
- los derechos y obligaciones en el curso de las mismas (nº 3000 s.).

Naturaleza y alcance de las actuaciones (RGGI art.87.2) Tanto la comunicación de inicio como la diligencia extendida en la personación de la Inspección sin previa comunicación, han de señalar claramente que el objeto del procedimiento que se inicia es el desarrollo de actuaciones inspectoras de **comprobación e investigación** con la finalidad de comprobar el adecuado cumplimiento de sus obligaciones y deberes para con la Hacienda Pública. **2995**
El obligado tributario tiene derecho a conocer desde el momento en que se inician las actuaciones inspectoras la **extensión** de las actuaciones, así como el **alcance** general o parcial de las mismas, sin perjuicio de que tanto la extensión como el alcance de estas actuaciones pueda ser objeto de modificación a lo largo del procedimiento (nº 2865 s.).

Precisiones 1) Las actuaciones de comprobación e investigación realizadas **antes de la comunicación formal del inicio** de las mismas son una irregularidad que no supone la nulidad del pleno derecho de las actuaciones, al no haber causado indefensión al interesado, pero han de tomarse en consideración a efectos del cómputo del plazo máximo de duración de las actuaciones (TS 26-5-14, EDJ 81726). **2997**
2) No es posible, y supone una irregularidad invalidante, que al inicio de las actuaciones se ponga en conocimiento del recurrente que las actuaciones van a referirse a la disminución del resultado contable y resulte que se produzcan cambios en el sistema de tributación o imputación o la aplicación del régimen de transparencia fiscal. La realización de ese **cambio en el sistema de liquidación** obliga a comprobar todos los ajustes fiscales y todas las anotaciones contables con el fin de determinar el cumplimiento o no de los requisitos que permiten la aplicación que pretende la Administración del régimen de transparencia fiscal. La **orden de carga en Plan** define el impuesto, el ejercicio y el motivo de la inspección (actuaciones de comprobación) y la liquidación ha superado estos límites, por lo que debe afirmarse que se ha producido indefensión derivada de esta extralimitación (AN 26-6-14, EDJ 99710).

3) La parte actora alega que se ha regularizado un **ejercicio económico** (2001 a 2002) distinto del señalado en la orden de carga del plan y en la comunicación de inicio de las actuaciones de comprobación e investigación (ejercicio 2000 a 2001), y que no se le ha solicitado información del ejercicio regularizado. Se trata de un mero **error material**, que no ha producido ningún tipo de indefensión a la parte actora, puesto que desde el inicio de las actuaciones de la Inspección ha conocido el objeto y alcance de las mismas, y ha alegado lo que ha estimado pertinente, tanto en vía administrativa como judicial, sin que el error en el número del ejercicio regularizado le haya originado confusión alguna (TS 30-5-16, EDJ 75292).

4) La **comunicación de inicio** del procedimiento inspector a efectos de dar por **finalizado otro procedimiento** de aplicación de los tributos -en este caso, el de devolución derivada de la normativa del tributo- debe contener las indicaciones del RGGI art.87.3, 97 y 153, entre otras, las indicación de la finalización de otro procedimiento de aplicación de los tributos cuando dicha finalización se derive de la comunicación de inicio del procedimiento que se notifica.

Ahora bien, la falta de cita expresa de la LGT art.127 o RGGI art.153 en el acuerdo de inicio del procedimiento inspector no conlleva la falta de validez de la finalización del procedimiento anterior, puesto que esta finalización deriva de la propia ley (TS 8-1-24, EDJ 500815).

3000 **Derechos y obligaciones en el curso de las actuaciones** (LGT art.34 y 147) Junto con la citación, o bien en el momento de la personación de la Inspección en las oficinas o dependencias del obligado tributario, se hace entrega al obligado tributario de una relación de los principales derechos y obligaciones que derivan del inicio del procedimiento de inspección:

3005 **Derechos** **a)** A ser informado al inicio de las actuaciones de comprobación e investigación sobre la **naturaleza y alcance** de las mismas, así como de sus **derechos y obligaciones** en el curso de tales actuaciones.

b) A conocer la **identidad** de las autoridades y personas bajo cuya responsabilidad se va a tramitar el procedimiento de inspección.

c) A solicitar, en los 15 días siguientes a su inicio, que las actuaciones de comprobación e investigación de **carácter parcial** tengan carácter general respecto del tributo y ejercicio afectados por la actuación.

d) A ser tratado con el debido **respeto y consideración** por el personal al servicio de la Administración tributaria, así como a promover la recusación de los actuarios (L 40/2015 art.24).

e) A actuar personalmente o por medio de **representante**, con el que se entenderán las sucesivas actuaciones administrativas, si no se hace manifestación en contrario.

f) A que la inspección se desarrolle en el **lugar** más apropiado para el obligado tributario cuando este fuese una persona con discapacidad o movilidad reducida (LGT art.151.1 y 6).

g) A que las actuaciones inspectoras que requieran su intervención se lleven a cabo en la forma que resulte **menos gravosa**, siempre que ello no perjudique el cumplimiento de sus obligaciones tributarias.

h) A rehusar la presentación de los **documentos** que no resulten exigibles por la normativa tributaria y de aquellos que hayan sido previamente presentados por ellos mismos y que se encuentren en poder de la Administración tributaria actuante, siempre que el obligado tributario indique el día y procedimiento en que los presentó.

3010 **i)** A que sus manifestaciones con relevancia tributaria se recojan en **diligencia** y recibir un ejemplar de las mismas, así como de las **actas** que se extiendan.

j) A conocer el **estado de tramitación** del procedimiento.

k) A formular **alegaciones** y aportar documentos que serán tenidos en cuenta al redactar la propuesta de resolución.

l) A ser oído en el trámite de **audiencia** previo a la firma de las actas de conformidad o disconformidad y a obtener **copia** de los documentos que integren el expediente durante el desarrollo de dicho trámite.

m) A que se respeten las previsiones legales relativas a la entrada en el domicilio del obligado tributario (LGT art.113) y en relación con los lugares a los que tiene acceso la inspección (LGT art.142.2).

n) A que las actuaciones del procedimiento inspector concluyan en el **plazo** legalmente establecido (ver nº 3310 s.).

ñ) Al **carácter reservado**, en los términos legalmente previstos, de los datos, informes o antecedentes obtenidos por la Administración tributaria.

o) A relacionarse con la Administración tributaria para ejercer sus derechos y cumplir sus obligaciones, a través de **medios electrónicos**, informáticos o telemáticos (LPAC art.14).

Precisiones La Inspección de los tributos quiso iniciar, y desarrolló de facto, un procedimiento de comprobación e investigación. Sin embargo, ocultó tales extremos al **obligado tributario**, quien inexplicablemente **no fue informado** ni del alcance del procedimiento (parcial sobre el IRPF), ni de su finalidad (verificar la existencia o no de estructura empresarial suficiente que pudiera justificar la facturación de los ejercicios a comprobar), ni de ninguno de los **derechos** anudados a aquél, habiéndose prescindido pues total y absolutamente del previo procedimiento de inspección de comprobación e investigación (TSJ Valladolid 7-1-16, EDJ 1715). **3012**

Obligaciones (LGT art.142) **a)** Facilitar la **práctica** de las actuaciones de comprobación e investigación. **3015**
b) Poner a disposición de la Inspección, para su examen, **documentos**, libros, contabilidad, ficheros, facturas, justificantes, correspondencia con trascendencia tributaria, bases de datos informatizadas, programas, registros y archivos informáticos relacionados con actividades económicas, así como la inspección de bienes, elementos, explotaciones y cualquier otro antecedente o información que sea necesario para la exigencia de las obligaciones tributarias. Tratándose de registros y documentos establecidos por **normas de carácter tributario** o de los justificantes exigidos por estas, podrá requerirse su presentación en las oficinas de la Administración tributaria para su examen.
c) Permitir la **entrada de la Inspección**, en las condiciones fijadas reglamentariamente, en las fincas, locales de negocio y demás establecimientos y locales en que se desarrollen actividades o explotaciones sometidas a gravamen, existan bienes sujetos a tributación, se produzcan hechos imponibles o supuestos de hecho de las obligaciones tributarias o exista alguna prueba de los mismos. Cuando sea necesario entrar en el **domicilio** constitucionalmente protegido del obligado tributario, deberán observarse las previsiones del nº 1755 s.
d) Atender a la Inspección y prestar la debida **colaboración** en el ejercicio de sus funciones.
e) **Personarse** por sí o por medio de representante, en el lugar, día y hora señalados para la práctica de las actuaciones y aportar o tener a disposición de la Inspección la documentación y demás elementos solicitados.
f) **Comparecer personalmente** cuando la naturaleza de las actuaciones a realizar así lo exija y se requiera de forma motivada por la Inspección.
g) **Ratificar** aquellos datos específicos, propios o de terceros, contenidos en los documentos previamente aportados.

Precisiones **1)** No resulta conforme la liquidación practicada por la Inspección dado que en ningún momento se comunicó al recurrente que las actuaciones inspectoras alcanzarían al **ejercicio** objeto de la liquidación. Al inicio de las actuaciones de comprobación e investigación los contribuyentes han de ser informados de su naturaleza y alcance, así como de sus derechos y obligaciones en el curso de las mismas (TSJ Aragón 7-2-05, EDJ 126434). **3020**
2) La falta de remisión del **anexo informativo de los derechos** y obligaciones del contribuyente no supone que le haya causado indefensión al mismo, dado que no le ha impedido la defensa de sus intereses legítimos a través de las alegaciones al acta y en el posterior recurso de reposición (TEAC 25-6-08).
3) La facultad excepcional de la inspección de requerir la **comparecencia personal** del obligado tributario, persona jurídica, se refiere a quien ostente su representación orgánica, pudiendo dar lugar su incomparecencia sin causa justificada en el lugar y tiempo que se hubiera señalado a la infracción por resistencia, obstrucción, excusa o negativa a las actuaciones de la Administración tributaria (LGT art.203.1) (TS 8-4-24, EDJ 533410).

E. Efectos de la iniciación

3025

3027 El **inicio** del procedimiento de inspección debidamente notificado al obligado tributario, bien mediante comunicación para que este se persone en el lugar, día y hora que se señale, o bien mediante personación de la Inspección en la empresa, produce una serie de **efectos** en el ámbito tributario de dicho obligado.

Precisiones La **falta de notificación de inicio** a alguno de los obligados solidarios conocidos con quien no se inició el procedimiento de comprobación o investigación, a fin de que puedan comparecer en él si lo desean, constituye un defecto formal de ese único procedimiento iniciado por la Administración, que determina la anulación de la liquidación con retroacción de actuaciones a fin de subsanar la deficiencia que genera tal indefensión.

La falta de notificación **de la liquidación final** a alguno de los obligados solidarios conocidos, que no quiso comparecer en el procedimiento de comprobación o investigación, no determina la anulación de la liquidación notificada a los restantes. El obligado puede impugnar la liquidación en reposición o en vía económico-administrativa desde el momento en que tenga conocimiento de su existencia. Si la Administración, ante la falta de pago por el obligado al que se notifica la liquidación, notificara la **providencia de apremio** al obligado a quien no se notifica, éste último puede impugnar dicha providencia sobre la base de la falta de notificación de la liquidación (TEAC 24-9-20).

1. Interrupción del plazo de prescripción del derecho a liquidar

(LGT art.68.1.a)

3030 El derecho de la Administración para determinar las deudas tributarias mediante la oportuna liquidación prescribe a los **4 años** (LGT art.66.a). No obstante, el plazo de prescripción del mencionado derecho se puede interrumpir por cualquier acción de la Administración tributaria realizada con conocimiento formal del obligado tributario conducente, entre otras, a la regularización, comprobación, inspección y liquidación de todos o parte de los elementos de la obligación tributaria que proceda, aunque la acción se dirija inicialmente a una obligación tributaria distinta como consecuencia de la incorrecta declaración del obligado tributario.

Así pues, el **inicio del procedimiento inspector**, cuyo objeto es la comprobación e investigación del adecuado cumplimiento de las obligaciones tributarias y en el que se practican las liquidaciones pertinentes para regularizar, en su caso, la situación tributaria del obligado (LGT art.145.1), constituye una actuación de la Administración tributaria que interrumpe el plazo de prescripción del derecho de la Administración para determinar deudas tributarias.

Precisiones **1)** Declarada la **caducidad** de un **expediente** iniciado por declaración, los actos del mismo, incluyendo la declaración, no interrumpen el plazo de prescripción, por lo que sólo puede reiniciarse el procedimiento si no ha transcurrido el plazo legalmente establecido (TS 25-11-19, EDJ 739645).

2) La Inspección inició sendos procedimientos respecto de los **cónyuges**, pero solo notificó a uno de ellos el inicio del procedimiento. El inicio del procedimiento inspector respecto del esposo que no fue notificado del mismo, no produce el efecto de la interrupción de la prescripción, lo que permite apreciar en este caso la prescripción de la deuda liquidada (TSJ Castilla-La Mancha 22-11-05, EDJ 230507).

3) El **principio de estanqueidad tributaria** exige que en la diligencia que se extienda se concrete el impuesto y periodo a que la misma se refiere. Este principio impide que la eficacia interruptiva de una diligencia referida a un impuesto de un ejercicio sea también efectiva para otros impuestos del mismo ejercicio; con mayor razón tratándose del mismo impuesto referido a distintos ejercicios. En el caso concreto, la diligencia de inicio de comprobación alcanza exclusivamente al IS, ejercicio 1997, debiendo desplegar las diligencias extendidas en la actuación de comprobación sus efectos interruptores de la prescripción en relación tan solo con tal concepto impositivo y ejercicio (TS 7-2-14, EDJ 11088).

4) La prescripción del **derecho a liquidar** es independiente de la prescripción del **derecho** de la Administración para **exigir el pago**, de tal forma que los actos que interrumpen la primera no se extienden a la acción de cobro. Es por ello que puede prescribir la acción de cobro estando vivo el derecho a determinar la deuda tributaria en sede de los procedimientos revisores en curso. Sin embargo, para que se produzcan dichos efectos resulta preciso que la deuda tributaria no se halle suspendida (TS 7-6-17, EDJ 106586).

5) Las actuaciones administrativas encaminadas a la liquidación de la modalidad de Actos Jurídicos Documentados del ITP y AJD no interrumpen la prescripción del derecho a liquidar la modalidad de Transmisiones Patrimoniales del mismo impuesto; se consideran **distintos impuestos** por más que ambos se encuentren regulados en el mismo texto normativo. Y cuando se trata de impuestos distintos, solo la **actuación errónea** de la Administración basada en una incorrecta declaración del obligado tributario produce efecto interruptivo de la prescripción y no, por el contrario, cuando la causa de la equivocación sea otra distinta de la expresada (TS 27-1-16, EDJ 2261).

6) El plazo para iniciar un **nuevo procedimiento** de inspección tras una resolución totalmente estimatoria de las pretensiones de los obligados tributarios por razones sustantivas o de fondo, anulando totalmente el acto impugnado, es el de prescripción, teniendo en cuenta el límite de la reiteración del vicio y la «reformatio in peius». No resulta aplicable el plazo de la LGT art.150.5 (actualmente, LGT art.150.7) puesto que no se trata de un caso de retroacción -estimación en parte del previo recurso o reclamación por razones formales- ni de un caso de ejecución -estimación en parte del previo recurso o reclamación por razones sustantivas, que confirma en parte el acto impugnado- (TEAC 22-7-20).

7) El cómputo del plazo de prescripción para exigir la obligación de pago a los **responsables solidarios** no puede ser interrumpido por actuaciones realizadas frente al deudor principal o frente al obligado respecto de cuyas deudas se deriva la responsabilidad, salvo en aquellos casos en que la interrupción se dirija a quien previamente ha sido declarado responsable pues, hasta que se adopte el acto formal de derivación, no cabe hablar en sentido propio de obligado tributario ni de responsable o responsabilidad. Asimismo, existe una correlación entre la facultad para declarar la derivación de responsabilidad solidaria y la de exigir el pago al declarado responsable (acciones distintas y sucesivas), porque los hechos interruptivos son diferentes en uno y otro caso, de forma que el carácter interruptivo de actuaciones recaudatorias solo es apto y eficaz para la exigencia de cobro al responsable de la deuda ya derivada (TS 29-2-24, EDJ 511317). **3031**

8) El acto dirigido a la **declaración de responsabilidad** no es un acto recaudatorio y, en consecuencia, ni la interposición del recurso o reclamación contra el acuerdo de derivación de responsabilidad ni la resolución del mismo interrumpen el plazo de prescripción del derecho de la Administración a exigir el pago de la deuda derivada al responsable (TEAC 18-9-24).

9) El **dies ad quem** en el cómputo del plazo de 4 años de prescripción se realiza de fecha a fecha, con independencia de que el último día del mismo sea hábil o inhábil (TS 17-4-24, EDJ 539344).

2. Interrupción del plazo de prescripción para imposición de sanciones

(LGT art.189.2 y 3)

3035 El plazo de que dispone la Administración para imponer sanciones tributarias es de **4 años**. La interrupción del plazo legal de prescripción para imponer dichas sanciones se produce no solo por cualquier acción de la Administración tributaria, con conocimiento formal del interesado, conducente a la imposición de las mismas, sino también por el inicio del procedimiento inspector. Cualquier acción administrativa, y el procedimiento inspector lo es, destinada a la regularización de la situación tributaria del obligado tributario interrumpe el plazo para imponer las sanciones que pudieran derivarse de dicha regularización.

La LGT establece, como norma general, la **tramitación separada** del procedimiento sancionador respecto de los de aplicación de los tributos, entre los que se encuentra el procedimiento inspector, salvo que el obligado tributario renuncie a dicha tramitación separada o se esté ante un supuesto de actas con acuerdo (LGT art.208). La justificación de que, aún tratándose de procedimientos distintos y que se tramitan de forma separada, el inicio del procedimiento inspector interrumpa el plazo de prescripción para imponer sanciones, hay que buscarla en la íntima conexión que existe entre ambos procedimientos.

Tratándose de infracciones tributarias que generan un **perjuicio económico**, como es, por ejemplo, el caso de la infracción por dejar de ingresar la deuda tributaria o la de obtener indebidamente devoluciones, estas no se pueden delimitar y, en su caso, fijar la sanción que pudiera corresponderles, hasta que las actuaciones realizadas en el seno de un procedimiento inspector están prácticamente ultimadas. Dado que ambos procedimientos tienen un plazo máximo de duración (nº 3310 s. y nº 7215 s.) y el sancionador tiene, a su vez, una fecha límite para su iniciación (nº 7112), si el inicio del procedimiento inspector no interrumpiera la prescripción del plazo de que dispone la Administración para imponer sanciones, y esta interrupción únicamente aconteciera con el inicio del propio procedimiento sancionador, cuando se iniciara este último resultaría habitual que no se pudieran imponer sanciones respecto de algún período, aún cuando, según la norma, concurrieran los elementos para sancionar, dado que habría prescrito la posibilidad de sancionar.

3040 Precisiones 1) En un procedimiento inspector, el **acuerdo de liquidación** dictado dentro del plazo máximo establecido, o **fuera** de dicho **plazo máximo** pero dentro del periodo de prescripción de la infracción, sí posee virtualidad para interrumpir la prescripción para imponer sanciones; sin embargo, el acuerdo de liquidación dictado fuera del plazo de finalización del procedimiento, y una vez transcurrido el de prescripción, pierde su virtualidad interruptiva (TS 10-6-20, EDJ 575787).
2) Si se lleva a cabo un procedimiento de inspección de **alcance general** respecto de determinado concepto tributario, en el alcance del procedimiento está incluida no solo la comprobación e investigación de las obligaciones materiales, sino también de las **obligaciones formales** que imponga ese concepto tributario, por lo que las previas actuaciones de regularización de la situación tributaria del obligado interrumpirán el plazo de prescripción para sancionar, en su caso, tanto los incumplimientos de obligaciones materiales como los eventuales incumplimientos de obligaciones formales (TEAC unif criterio 19-2-15).

3045 Ejemplo Comprobación a una entidad que presenta declaraciones mensuales por IVA, ejercicio X1. Se comunica el inicio del procedimiento inspector el 12 de enero del año X5. Las actas de inspección se firman el 14 de septiembre del mismo año y la liquidación se dicta el 4 de octubre y se notifica el día siguiente.
La LGT fija como fecha límite de inicio una vez transcurridos seis meses desde la notificación de la liquidación. En el presente caso, el procedimiento sancionador se podría iniciar hasta el día 5 de abril de X6. Para iniciar este procedimiento resulta preciso que el procedimiento inspector esté lo suficientemente avanzado para poder conocer el posible tipo infractor y la base de la posible sanción. Lo habitual es que el procedimiento sancionador se inicie una vez ultimada la comprobación. Suponiendo que el procedimiento sancionador se iniciara el mismo día de la firma del acta, 14 de septiembre, si el procedimiento inspector iniciado el día 12 de enero no interrumpiera la prescripción del plazo de que dispone la Administración para imponer sanciones, el 14 de septiembre estaría prescrito el derecho a sancionar las infracciones correspondientes a los 7 primeros meses del año X1.

3. Carácter no espontáneo de declaraciones o autoliquidaciones presentadas tras el inicio del procedimiento inspector

(LGT art.27 y 87.5)

3050 La presentación por el obligado tributario de declaraciones o autoliquidaciones fuera de plazo **sin** que exista un **previo requerimiento** por parte de la Administración tributaria excluye la posibilidad de imponer las sanciones que hubieran podido corresponder.
Así, el obligado tributario que voluntariamente regularice su situación tributaria o subsane las declaraciones o autoliquidaciones, presentadas con anterioridad de forma incorrecta, **no** incurrirá en **responsabilidad** por las infracciones tributarias cometidas con ocasión de la presentación de aquellas (LGT art.179.3).
Dicha posibilidad exige que no haya habido un previo requerimiento de la Administración tributaria, teniendo tal consideración cualquier actuación administrativa realizada con conocimiento formal del obligado tributario con el fin de reconocer, regularizar, comprobar, inspeccionar, asegurar o liquidar una deuda tributaria.
Además, para excluir la posible imposición de sanciones, se exige también que las autoliquidaciones extemporáneas identifiquen expresamente el **período impositivo de liquidación** al que se refieren, debiendo contener únicamente los datos relativos a dicho período.

3055 Si el obligado tributario efectúa el ingreso de deudas tributarias pendientes, con posterioridad a la **notificación** de la comunicación correspondiente, o al inicio de cualquier otro modo de las actuaciones de comprobación e investigación, el ingreso realizado tiene meramente carácter de **a cuenta** sobre el importe de la liquidación derivada del acta que se incoe, sin que esta circunstancia impida la apreciación de las infracciones tributarias e imposición de las sanciones que pudieran corresponder.
Desde el día siguiente al que se efectúe el ingreso no se devengarán **intereses** sobre la cantidad ingresada.
El inicio de un procedimiento inspector no solo provoca el efecto señalado respecto de las declaraciones que supongan un ingreso, sino que también tiene incidencia en cuanto a la posible aplicación de las sanciones que correspondan a las infracciones cometidas por incumplimiento de alguna **obligación de información**. Así, las declaraciones informativas presentadas con posterioridad a dicho inicio de las actuaciones inspectoras no impedirán la imposición de las sanciones que pudieran corresponder.

Precisiones 1) Notificada debidamente la **comunicación de inicio** de actuaciones inspectoras, la declaración complementaria posterior y el pago correspondiente no excluyen la imposición de la sanción (TSJ Cataluña 20-1-16, EDJ 32335). 3060

2) La solicitud de **rectificación de una autoliquidación** realizada por el contribuyente una vez iniciado un procedimiento inspector (del que tiene cumplida noticia y cuya incoación le fue notificada) ha de ser tenida en cuenta por la Administración, que debe dar respuesta motivada a la procedencia o no de la misma antes de adoptar la decisión correspondiente en el seno de tal procedimiento de comprobación e inspección. Tal petición no implica, sin embargo, que la Administración deba estar indefectiblemente a los datos rectificados por el contribuyente, pues la actividad exigible a la Administración en este caso es responder a la procedencia de la rectificación a tenor de las alegaciones formuladas por el interesado (TS 16-10-19, EDJ 711112).

3) El concepto de **requerimiento previo** ha de entenderse en sentido amplio, de tal forma que es posible excluir el recargo por presentación extemporánea cuando, a pesar de no mediar requerimiento previo en sentido estricto, la presentación extemporánea de la autoliquidación puede haber sido inducida por el conocimiento de hechos relevantes reflejados en un acta de conformidad relativa a un determinado ejercicio de un impuesto, suscrita con anterioridad a la presentación de dichas autoliquidaciones, que además corresponden a determinados periodos de un ejercicio anterior del mismo impuesto. En esas condiciones, se puede considerar que se han realizado actuaciones administrativas conducentes a la regularización o aseguramiento de la liquidación de la deuda tributaria. En cambio, no se excluye el recargo cuando las autoliquidaciones extemporáneas se presentaron antes de la suscripción del acta de conformidad en la que se documentan las actuaciones inspectoras referidas a un ejercicio anterior (TS 15-2-22, EDJ 511047).

Ejemplos 1) Por la Inspección se cita, el 1 de junio de X4 a un obligado tributario para la comprobación del Impuesto sobre Sociedades (IS) relativo a los ejercicios X1 y X2. 3065

El ingreso efectuado el 4 de junio de X4 por dicho obligado mediante una declaración complementaria respecto del IS, ejercicio X1, al haberse efectuado tras el inicio de un procedimiento inspector, pierde el carácter de ingreso espontáneo, hecho este que no impediría la imposición de las sanciones que sobre este ingreso resultaran procedentes.

2) La Inspección cita, el 1 de junio de X4 a un obligado tributario para la comprobación del IS relativa a los ejercicios X1 y X2.

El ingreso efectuado el 4 de junio de X4 por dicho obligado mediante una declaración complementaria respecto del Impuesto sobre Sociedades por el ejercicio X1, implica que una vez finalizadas las actuaciones inspectoras, en la liquidación dictada el 13 de mayo de X5, si resultara cuota a ingresar por el Impuesto sobre sociedades de X1, únicamente se liquidarán intereses de demora hasta el 4 de junio de X4.

3) Un obligado tributario que debe presentar declaraciones trimestrales por IVA, no presenta las declaraciones correspondientes al segundo, tercer y cuarto trimestre del ejercicio X1. 3067

En junio del X2, sin que haya habido ningún requerimiento de la Administración tributaria, presenta declaración extemporánea correspondiente al cuarto trimestre del X1, incluyendo en dicha declaración los datos correspondientes a los tres trimestres no declarados.

Dicha presentación extemporánea sin requerimiento previo no excluiría la posibilidad de la Administración tributaria de imponer, en su caso, las sanciones pertinentes, dado que al incluir en la declaración del cuarto trimestre los datos de 3 trimestres se incumple el requisito de la LGT art.27.4, dado que si bien se identifica el período impositivo de liquidación al que se refiere la declaración extemporánea (4T) en la misma no solo se contienen los datos relativos a dicho período, sino que además se incluyen los de los otros dos trimestres (2T y 3T).

Para evitar la posible imposición de sanciones el obligado tributario debería haber presentado una declaración por cada trimestre (2T, 3T y 4T).

4. No inicio del procedimiento de devolución

(RGGI art.87.5)

Las declaraciones o autoliquidaciones tributarias que presente el obligado tributario una vez iniciado el procedimiento inspector, en relación con las **obligaciones tributarias y períodos** objeto de dicho procedimiento, no pueden suponer el inicio de un procedimiento de devolución. 3070

El procedimiento de devolución se inicia a instancia del obligado tributario (RGGI art.123):

- mediante la presentación de una autoliquidación de la que resulte una cantidad a devolver;
- mediante la presentación de una solicitud;
- mediante la presentación de una comunicación de datos.

Precisiones 1) El hecho de que las declaraciones presentadas tras el inicio del procedimiento inspector no supongan el inicio de un procedimiento de devolución no impide que, una vez iniciado dicho procedimiento de devolución, tras el examen de la documentación presentada por el obligado tributario y su contraste con los datos y antecedentes que obren en su poder, la Administración decida iniciar un procedimiento inspector y que del mismo resulte una **cantidad a devolver**. 3075

2) Si a raíz de la petición de una devolución formulada por el obligado tributario, a la vista de los datos y antecedentes, la Administración decide iniciar un procedimiento inspector, y del mismo resulta una cantidad a devolver mayor que la solicitada, a efectos del cálculo de los **intereses de demora** que se deben abonar al obligado tributario se toma como límite el importe de la devolución solicitada (RGGI art.125.2). En el caso de que se acuerde la devolución en un procedimiento inspector, a efectos del cálculo de intereses, no se computan los períodos de no actuación solicitados por el obligado tributario (RGGI art.150.4) ni los de períodos de extensión del plazo (RGGI art.150.5).

5. Finalización de procedimientos de gestión tributaria

3076 Cuando se ha iniciado un procedimiento de gestión tributaria y con posterioridad se inicia un procedimiento de inspección, que incluya el **objeto** de dicho procedimiento de gestión, ello supone que se dé por finalizado el procedimiento de gestión inicial. Así sucede en el caso del procedimiento de devolución (LGT art.127), del procedimiento de verificación de datos (LGT art.133) y del procedimiento de comprobación limitada (LGT art.139). De esta forma se evita que, respecto de la misma persona y obligación tributaria, la Administración tributaria esté desarrollando dos procedimientos distintos y a cargo de órganos distintos.

Cuando el obligado tributario inicie un procedimiento de **rectificación de autoliquidación** (RGGI art.126 a 129), y se acuerde el inicio de un procedimiento inspector que incluya la obligación tributaria a la que se refiere el procedimiento de rectificación, este finaliza con la notificación del inicio del procedimiento inspector (RGGI art.128.3). Esta situación puede darse con cierta habitualidad en el caso de que la solicitud de rectificación se refiera al Impuesto sobre Sociedades y que para atenderla resulte necesario examinar documentación de carácter contable a la que no puede accederse en el seno del procedimiento de rectificación de autoliquidaciones, para lo cual se debe iniciar el correspondiente procedimiento de comprobación.

3078 Precisiones **1)** La comunicación de inicio de un procedimiento inspector que incluya el objeto de una **comprobación limitada previa**, pone fin al procedimiento de comprobación limitada siempre que la notificación de dicho inicio se produzca antes de que haya caducado el procedimiento. En estos casos, la finalización del procedimiento de comprobación limitada no requiere un acuerdo expreso de finalización (como en los casos de caducidad y resolución expresa), sino tan solo que la comunicación de inicio del procedimiento inspector incluya el objeto de la comprobación previa (TEAC 23-3-21). En sentido contrario, la falta de declaración expresa de caducidad de un procedimiento de comprobación limitada relativo a un determinado concepto (obligación tributaria o elemento de la obligación tributaria) y período, determina la invalidez del inicio de un procedimiento de inspección posterior respecto de dicho concepto y período (TEAC 24-6-20).

Declarada la terminación de un procedimiento de comprobación limitada por el inicio de un procedimiento inspector, la **solicitud de declaración de caducidad** que realiza el interesado en el curso del procedimiento, y que es contestada por la Administración trasladándole que se había declarado ya terminado el procedimiento de comprobación por inicio del inspector, no es impugnable ante los órganos económicos administrativos, sin que la inadmisibilidad acordada suponga la denegación del derecho al contribuyente (TS 3-11-21, EDJ 734534).

2) La Administración tributaria no puede iniciar un procedimiento inspector de alcance general tras la realización de un procedimiento de comprobación limitada respecto al mismo concepto impositivo y período y que finalizó con resolución expresa. No puede justificarse la realización de **dos procedimientos de comprobación** sobre el mismo sujeto, impuesto y ejercicio en el hecho de que la **primera** comprobación es «meramente **formal**» y la **segunda** una comprobación de los **requisitos sustantivos** para la devolución del impuesto, sin que existan nuevos hechos o datos que no estuvieran a disposición de la Administración o que esta no pudiera haber solicitado al contribuyente en la primera comprobación (TEAC 22-11-21).

6. Carácter no vinculante de las consultas presentadas tras el inicio del procedimiento inspector

(LGT art.89.1 y 2)

3080 Las contestaciones a las consultas tributarias efectuadas por los obligados tributarios tienen efectos vinculantes para la Administración tributaria.

El inicio de un procedimiento inspector supone la **pérdida del carácter vinculante** de las consultas tributarias escritas que plantee el obligado tributario con posterioridad a dicho inicio, respecto a cuestiones relacionadas con el objeto o tramitación de dicho procedimiento.

Ahora bien, los criterios de la consulta vinculante sí deben aplicarse al obligado inspeccionado si quien formula la misma es un obligado tributario que no está en comprobación inspectora y en el caso que plantea existe **identidad** con los **hechos y circunstancias** que concurren en el obligado inspeccionado, puesto que los órganos de la Administración tributaria encargados de

la aplicación de los tributos (p.e., los órganos de inspección) deben aplicar los criterios contenidos en las consultas tributarias escritas a cualquier obligado, siempre que exista identidad entre los hechos y circunstancias de dicho obligado y los que se incluyen en la contestación a la consulta.
Cuando la consulta la formulan **colegios profesionales**, cámaras oficiales, organizaciones patronales, sindicatos, asociaciones de consumidores, asociaciones o fundaciones que representen intereses de personas con discapacidad, asociaciones profesionales y organizaciones profesionales, su contestación no tiene efectos vinculantes para los miembros o asociados que en la fecha en que se plantee la consulta estén siendo objeto de un procedimiento de inspección respecto de cuestiones planteadas en la propia consulta (LGT art.88.3; RGGI art.68.2).

Precisiones El órgano judicial que controla la legalidad de un acuerdo de liquidación debe analizar, cuando así se denuncie, si el órgano liquidador se apartó de la **doctrina administrativa** vigente en la fecha de la liquidación y que le vinculaba -conforme a la LGT art.89.1-. Con independencia de lo anterior, dado que las consultas tributarias no vinculan al órgano judicial, por su función constitucional, debe entrar a enjuiciar, en todo caso, si la liquidación es o no conforme al ordenamiento jurídico (TS 22-1-24, EDJ 501927; 25-1-24, EDJ 503688).

7. Determinación de la competencia del órgano inspector

(RGGI art.59.3 redacc RD 249/2023)

La determinación de la **competencia territorial** del órgano inspector en el momento de inicio del procedimiento viene configurada en función del domicilio o la adscripción que en dicho momento tenga el obligado tributario. El domicilio fiscal determinante de la competencia del órgano actuante es el que corresponde al inicio de las actuaciones, incluso respecto de obligaciones anteriores. Si una vez iniciado el procedimiento se produce un **cambio de domicilio** o de adscripción, este hecho no altera la competencia del órgano inspector. Esta competencia se mantiene aún cuando las actuaciones deban continuar con los sucesores del obligado tributario que tengan su domicilio fuera del ámbito territorial del órgano actuante. **3081**

Precisiones 1) Si el obligado tributario estableció y comunicó su domicilio fiscal en Las Palmas y la Administración no lo modificó, la Dependencia regional de Inspección de la Delegación Especial de Canarias es el órgano competente para la tramitación y resolución del procedimiento de comprobación. El hecho de que la Inspección pueda iniciar, con posterioridad al inicio del procedimiento inspector, la **comprobación del domicilio fiscal**, no altera la competencia inicialmente fijada de acuerdo con el domicilio fiscal existente al inicio de las actuaciones inspectoras (AN 4-3-11, EDJ 14640). **3083**
2) El Director del Departamento de Inspección Financiera y Tributaria puede acordar la **extensión de las competencias** de una Dependencia Regional de Inspección o de las unidades integradas en la misma (ver nº 112).

8. Inicio del plazo máximo de resolución del procedimiento inspector

(LGT art.150.2)

El procedimiento inspector tiene un plazo máximo de duración (nº 3310 s.). Así, la **notificación de inicio del procedimiento** inspector indica la fecha que debe tomarse en consideración para el cómputo del plazo máximo de duración del mismo. **3085**

Precisiones 1) La interrupción de la prescripción se produce por la notificación de la comunicación de inicio de las actuaciones inspectoras. La comunicación de la **continuación de las actuaciones** con otro inspector no es sino una consecuencia obligada del cambio de inspector por traslado del anterior, que incide exclusivamente en el ámbito interno del funcionamiento de la Inspección (AN 24-3-04, EDJ 28230). **3090**
2) **Notificación defectuosa** de la comunicación de inicio de las actuaciones inspectoras al no realizarse de forma individual y omitirse cuál es la relación que tiene el receptor con el destinatario de la notificación y el carácter con el que actuaba, lo que invalida la misma. La notificación defectuosa surtirá efecto a partir de la fecha en que la interesada realice actuaciones que supongan el conocimiento del contenido y alcance de la misma, como es en este caso la intervención del representante en las sucesivas diligencias habidas ante la Inspección, así como la presentación de documentos relacionados con las transmisiones objeto de comprobación (TSJ Castilla y León 24-9-04, EDJ 144239).
3) La anulación de una liquidación tributaria por causa de **anulabilidad** no deja sin efecto la interrupción del plazo de prescripción producida anteriormente por consecuencia de las actuaciones realizadas ante los Tribunales Económicos Administrativos, manteniéndose dicha interrupción con plenitud de efectos (TS 19-4-06, EDJ 253308).

9. Obligaciones tributarias conexas

(LGT art.68.9)

3097 El inicio del procedimiento inspector constituye una actuación de la Administración tributaria que interrumpe el plazo de prescripción del **derecho de la Administración para determinar deudas tributarias** (nº 3030). Esta interrupción se completa con el caso de las obligaciones tributarias conexas que se definen como las obligaciones en las que alguno de sus elementos resultan afectados o se determinan en función de los correspondientes a **otra obligación o período distinto**.

Se trata de aquellos casos en los que la regularización de un elemento de una obligación tributaria tiene incidencia directa en la forma de tributación de otra obligación tributaria distinta, de otro Impuesto, de otro periodo, si bien del **mismo obligado tributario**. En estos casos ambas obligaciones tienen una conexión que determina que lo que ocurra con una de ellas afecta necesariamente a la otra.

La normativa referida a las obligaciones tributarias conexas clarifica las **actuaciones** que pueden desarrollar tanto la Administración tributaria como el obligado tributario. Así:

a) Las **actuaciones de comprobación o investigación** respecto de una obligación tributaria interrumpen el derecho a liquidar de la Administración y el derecho a solicitar la oportuna devolución del mismo obligado tributario, en aquellos casos en los que la aplicación del criterio administrativo en los períodos, ejercicios o conceptos no incluidos en la comprobación determine una menor tributación.

De esta forma se garantiza que el obligado tributario pueda solicitar la rectificación de sus autoliquidaciones para aplicar el criterio administrativo una vez finalizadas las actuaciones de comprobación o investigación.

b) Los **recursos o reclamaciones** que el obligado tributario interponga contra la liquidación administrativa interrumpen, igualmente, el derecho a liquidar de la Administración y el derecho a solicitar la oportuna devolución del mismo obligado tributario en aquellos casos en los que la aplicación del criterio administrativo, si es finalmente confirmado por los tribunales, en otros períodos, ejercicios o conceptos determine una menor tributación.

Con ello se garantiza que el obligado tributario que siendo coherente con sus propios actos no solicita la rectificación de sus autoliquidaciones, al haber recurrido la liquidación practicada por la Administración que con posterioridad podría conllevar una menor tributación, mantenga vivo su derecho a solicitar dicha rectificación si los tribunales acaban confirmando el criterio administrativo.

c) En aquellos casos en los que el obligado tributario recurra la liquidación y al mismo tiempo solicite la **rectificación de sus autoliquidaciones**, la Administración tributaria debe aplicar el criterio reflejado en la liquidación aunque esté siendo objeto de reclamación o recurso y reconocer la devolución que corresponda a favor del obligado tributario. La liquidación en la que se reconozca esta devolución será provisional, de forma que si finalmente los tribunales estiman el recurso interpuesto por el obligado tributario, cabrá exigir el reintegro de dicha devolución sin necesidad de acudir a los procedimientos especiales de revisión, mediante la práctica de una nueva liquidación, garantizando la nueva regulación esta posibilidad independientemente del tiempo durante el que se haya prolongado la vía de recurso.

Para la incidencia de la regulación de las obligaciones conexas en la **ejecución** ver nº 8916.

Precisiones 1) La regulación de las obligaciones tributarias conexas resulta aplicable en aquellos casos en que la interrupción del plazo de prescripción del derecho de la Administración para determinar la deuda tributaria mediante la oportuna liquidación se haya producido a partir del 12-10-2015. En el caso de procedimientos ya iniciados **con carácter previo al 12-10-2015**, cualquier acto con virtualidad interruptiva de la prescripción del derecho a liquidar que se realice a lo largo del procedimiento a partir de dicha fecha va a producir a su vez la interrupción del derecho a liquidar y a solicitar las devoluciones derivadas de la normativa del tributo y las devoluciones de ingresos indebidos de las obligaciones tributarias conexas. No obstante, es necesario tener en cuenta que la interrupción del derecho a liquidar de una obligación solo produce la interrupción del derecho a liquidar y a solicitar las devoluciones derivadas de la normativa del tributo y las devoluciones de ingresos indebidos de las obligaciones tributarias conexas si esos derechos no están ya prescritos en el momento en el que se produce la interrupción (L 34/2015 disp.trans.única.3).

3099 2) La regulación de las obligaciones tributarias conexas únicamente aborda la problemática desde el punto de vista de un único obligado tributario. No se regula el caso de las **obligaciones conexas con un tercero**, dejando sin resolver cuestiones relacionadas por ejemplo con el **IVA** y con las **retenciones e ingresos a cuenta**. En estos casos, los obligados tributarios para los que puede resultar una menor tributación derivada de una actuación administrativa frente a otro obligado tributario (IVA repercutido-IVA soportado, retenedor-retenido) no siempre conocerán el criterio administrativo al desarrollarse las actuaciones con un obligado tributario distinto, por lo que existen

mayores probabilidades de que en el momento en que tengan conocimiento de dicho criterio, ya haya prescrito su derecho a solicitar la devolución que corresponda.
Tratándose de obligados tributarios distintos, tampoco se resuelve el caso en que habiendo sido reconocida a un obligado tributario (B), en una liquidación provisional practicada por la Administración, una menor tributación que deriva de la aplicación del criterio administrativo aplicado a otro obligado tributario (A), este obligado tributario (A) interpone recurso o reclamación contra la liquidación de la que deriva una deuda a ingresar, una menor devolución o una menor cantidad a compensar. En este caso, una vez adquiere firmeza la liquidación provisional resultante a devolver (de B) y no recurrida, no queda garantizado el derecho de la Administración a practicar una nueva liquidación que sustituya a la provisional en el caso de que finalmente se estime la reclamación o recurso de A y así poder exigir el reintegro de la cantidad resultante de la menor tributación imputada inicialmente a B.
Una excepción a lo expuesto está prevista para las **operaciones vinculadas** (LIS art.18). Para este tipo de operaciones, sí está prevista la aplicación de la obligación tributaria conexa. Así, cuando, tras la pertinente comprobación de una operación vinculada, la Administración tributaria practica una liquidación a un obligado tributario, la LIS habilita para que el propio obligado tributario (A) o las demás personas o entidades vinculadas afectadas por dicha liquidación (B) interpongan recurso o reclamación contra dicha liquidación. Es decir que otros obligados tributarios (B) pueden recurrir la liquidación practicada a un obligado tributario distinto (A), siempre que exista vinculación. Esta interposición de recurso o reclamación interrumpirá el plazo de prescripción del derecho de la Administración a efectuar las oportunas liquidaciones al obligado tributario (A) y a las demás personas vinculadas (B), a quienes se comunicará dicha interrupción, iniciándose de nuevo el cómputo de dicho plazo cuando la liquidación practicada por la Administración haya adquirido firmeza.

Ejemplos 1) En el ejercicio X4 se desarrolla un procedimiento inspector respecto a un obligado tributario. Como resultado de la comprobación, la Inspección concluye que los ingresos declarados en X1, X2 y X3 corresponden al ejercicio X0: **3100**
- Ejercicio X0: a ingresar.
- Ejercicios X1, X2 y X3: a devolver.

Las autoliquidaciones de los ejercicios X1, X2 y X3 han sido presentadas por el obligado tributario y están siendo comprobadas junto con el ejercicio X0. Se dicta un acto de liquidación separado por cada ejercicio.
El obligado tributario recurre solo la liquidación del ejercicio X0 de la que resulta deuda a ingresar y no plantea recurso respecto de las liquidaciones a devolver correspondientes a los ejercicios X1, X2 y X3. El recurso frente a la liquidación del ejercicio X0 y las actuaciones realizadas con conocimiento formal del obligado tributario en el curso del mismo interrumpen el derecho a liquidar los ejercicios X1, X2 y X3.
Si los tribunales resuelven el recurso contra la liquidación del ejercicio X0 en el año X7 y la acaban anulando total o parcialmente, cabría exigir el reintegro de las devoluciones reconocidas por los ejercicios X1, X2 y X3.

2) En el ejercicio X4 se desarrolla un procedimiento inspector respecto a un obligado tributario. **3101**
El resultado de la comprobación es que los ingresos declarados en X1, X2 y X3 corresponden al ejercicio X0:
Ejercicio X0: a ingresar.
Ejercicios X1, X2 y X3: a devolver.
Las autoliquidaciones de los ejercicios X1, X2 y X3 no están siendo objeto de un procedimiento inspector. Las actuaciones de comprobación e investigación correspondientes al ejercicio X0 interrumpen el plazo de prescripción del derecho a liquidar y del derecho a solicitar la devolución correspondiente a los ejercicios X1, X2 y X3.
a) El obligado tributario recurre la liquidación del ejercicio X0 y, siendo coherente con su propio criterio de considerar correcta las imputaciones de ingresos declaradas en los ejercicios X1, X2 y X3, **no solicita la rectificación de las autoliquidaciones** de dichos ejercicios.
El recurso contra la liquidación del ejercicio X0 y las actuaciones realizadas con conocimiento formal del obligado tributario en el curso del mismo interrumpen el derecho de la Administración a liquidar y el derecho del obligado tributario a solicitar la devolución de los ingresos indebidos de los ejercicios X1, X2 y X3, por lo que se mantiene vivo el derecho a solicitar la rectificación de las autoliquidaciones hasta que la liquidación del ejercicio X0, objeto de recurso, sea firme.
b) El obligado tributario recurre la liquidación del ejercicio X0 y, al mismo tiempo adoptando posiciones contrapuestas, **solicita la rectificación de las autoliquidaciones** de los ejercicios X1, X2 y X3. En este caso la Administración tributaria debe rectificar las autoliquidaciones atendiendo a lo solicitado por el obligado tributario y aplicarse el criterio administrativo aunque esté siendo objeto de recurso, pero se advertirá en la liquidación que se practique que el recurso o reclamación contra la liquidación del ejercicio X0 y las actuaciones realizadas con conocimiento formal del obligado tributario en el curso del mismo interrumpen la prescripción del derecho a liquidar de los ejercicios X1, X2 y X3. Si los tribunales resuelven el recurso contra la liquidación en el año X7 y se anula la liquidación del ejercicio X0 cabría exigir el reintegro de las devoluciones reconocidas por los ejercicios X1, X2 y X3.

3102 3) En el ejercicio X2 se desarrolla un procedimiento inspector respecto a un obligado tributario. El resultado de la comprobación es que los gastos declarados en el ejercicio X1, deben ser objeto de amortización e imputarse por partes iguales de los ejercicios X1 a X4:
- Ejercicio X1: minoración de gastos.
- Ejercicios X2, X3 y X4: incremento de gastos.
En el momento de dictarse la liquidación del ejercicio X1 aún no se han presentado las autoliquidaciones de los ejercicios X2, X3 y X4 o de alguno de ellos.
El obligado tributario recurre la liquidación del ejercicio X1 pero aplica el criterio administrativo objeto de recurso en los ejercicios X2, X3 y X4.
Si los tribunales resuelven el recurso contra la liquidación en el año X10, la anulación de la liquidación administrativa correspondiente al ejercicio X1 considerando correcta la imputación del gasto en su totalidad al ejercicio X1, más allá del plazo de cuatro años desde la finalización del plazo de presentación de las autoliquidaciones de los ejercicios X2, X3 y X4, la Administración tributaria podría practicar una liquidación en la que se aplique en los ejercicios X2, X3 y X4 el criterio fijado finalmente por el tribunal eliminando el gasto que el obligado tributario incluyó en dichos ejercicios, siguiendo el criterio inicialmente fijado por la Administración.

10. Cantidades pendientes de compensación o deducción

(LGT art.119.4)

3107 En la liquidación derivada de un procedimiento de inspección, se pueden aplicar las cantidades que el obligado tributario tenga pendientes de compensación o deducción, pero no aquellas cantidades que **ya hubieran sido aplicadas** inicialmente por el obligado tributario a otro ejercicio distinto del comprobado. El momento al que se va a atender para determinar si el obligado tributario tiene cantidades pendientes de compensar o deducir es el inicio del procedimiento, de forma que lo que se libere después por haber deshecho las opciones tomadas en su día no se va a poder compensar con el resultado de la comprobación.

3108 Precisiones 1) La **finalidad** de esta regulación es evitar que los obligados tributarios que al inicio del procedimiento de aplicación de los tributos hubieran deducido o compensado ya las cantidades que tuvieran pendientes, mediante una **declaración complementaria** deshagan la compensación o deducción realizadas en algún ejercicio posterior y soliciten la compensación o deducción de esas cantidades en el ejercicio en el que se está realizando la comprobación. Con ello, únicamente deberían pagar un recargo por presentación extemporánea de la declaración, pero compensarían las cantidades resultantes del procedimiento de aplicación de los tributos con las que hubieran liberado mediante la presentación de la declaración complementaria, con lo que evitarían en ese ejercicio una **sanción** por dejar de ingresar y la posibilidad de incurrir, en su caso, en un delito fiscal.
2) Se plantea si la Administración puede **comprobar** los saldos a compensar de IVA que provienen de **periodos de liquidación prescritos** pero que se aplican en otros no prescritos. Tras la entrada en vigor de la L 34/2015, la Administración tributaria puede comprobar e investigar en el ámbito del IVA los saldos a compensar en los términos de la LGT art.66 bis.2. Dicha posibilidad no se extiende a aquellos casos en los que la regularización del período cuyo resultado es a compensar ha sido anulada (por prescripción o motivo distinto) sin que se practique una nueva liquidación en tiempo hábil, conforme al procedimiento legalmente establecido y salvando los defectos que el órgano revisor estimó concurrentes en la liquidación anulada (TEAC 9-6-20).
3) No es posible aplicar en los **ejercicios comprobados** importes pendientes de ejercicios anteriores que ya han sido aplicados por la entidad en ejercicios posteriores a los comprobados, aunque estos últimos estén incluidos en el alcance de las actuaciones (TEAC 29-5-23).

SECCIÓN 3

Desarrollo

3110

3112 En la fase de desarrollo del procedimiento inspector se llevan a cabo las actuaciones precisas para comprobar el adecuado **cumplimiento** de las obligaciones tributarias y obtener las **pruebas** que permitan formular la propuesta de regularización de la situación tributaria del obligado

tributario. Para desarrollar tales actuaciones, la LGT otorga a la Inspección una serie de facultades (ver nº 1500 s.) así como la posibilidad de adoptar las medidas cautelares necesarias para asegurar los medios de prueba.
Las actuaciones propias del procedimiento inspector deben desarrollarse en un determinado **plazo**, teniendo su incumplimiento una serie de consecuencias que afectan al propio procedimiento (nº 3310 s.).
Cuando la Inspección considere que se han obtenido los datos y pruebas necesarios para fundamentar la propuesta de regularización o considerar correcta la situación del obligado tributario, se concede el trámite de **audiencia** previo a la extensión de las actas.

I. Tramitación del procedimiento inspector

(RGGI art.180)

Durante el curso del procedimiento inspector, los actuarios que lleven a cabo las actuaciones deben obtener los **datos y pruebas** necesarios que les permitan fundamentar la regularización que se practicará al obligado tributario o declarar correcta su situación tributaria. **3115**
La **dirección** de las actuaciones inspectoras corresponde a los órganos de Inspección. Estos son los que en cada momento deben decidir cuales son las labores a desarrollar, fijando lugar, día y hora en que deben llevarse a cabo.
La Inspección puede requerir al **obligado tributario** que se desplace a las oficinas de la Administración tributaria, o bien fijar la comparecencia en cualquiera de los demás lugares aptos para desarrollar las actuaciones (LGT art.151).
En caso de comprobación de una **actividad económica**, es a la Inspección a quien corresponde señalar si las actuaciones se desarrollan en las oficinas de la Administración tributaria o en locales del obligado tributario.
No obstante esta atribución a los órganos de inspección de la facultad de dirigir las actuaciones, estos deben procurar en todo momento perturbar lo menos posible el desarrollo de las actividades laborales o económicas del obligado tributario.

La Inspección se puede **personar** en el domicilio fiscal del obligado tributario, en las oficinas, dependencias, instalaciones o almacenes, bien mediando previo aviso, a través de una comunicación remitida con carácter previo al obligado tributario en la que se le indica tal circunstancia, o bien sin que exista dicha comunicación previa. **3120**
En cualquiera de las dos situaciones, cuando los órganos de inspección lleven a cabo dicha personación, el obligado tributario debe prestar la debida **colaboración** y proporcionar un lugar y medios auxiliares necesarios para el ejercicio de las funciones inspectoras.
Si en el momento de dicha personación no estuviese el obligado tributario o su representante, en su defecto, deben colaborar en las actuaciones inspectoras cualquiera de las personas encargadas o responsables del lugar (nº 1190 s.).
Tras las actuaciones realizadas en presencia del obligado tributario, la Inspección, en su caso, redactará una **diligencia** en la que se reflejará el resultado de las mismas, dejando constancia de los hechos y circunstancias. En dicha diligencia se puede fijar el lugar, día y hora de **reanudación** de las actuaciones, pudiendo ser el siguiente día hábil.
No obstante, cuando se fije que la siguiente comparecencia se llevará a cabo en las **oficinas** de la Administración tributaria, sin que el obligado tributario o su representante estén presentes, se debe otorgar un plazo mínimo de 10 días, contados a partir del día siguiente al que se extienda la diligencia. Aunque el RGGI no lo especifica, a efectos del cómputo del plazo, los días deben entenderse como días hábiles.

Precisiones 1) Tanto el lugar (oficinas de la Administración, locales del obligado tributario u otros) como el día y hora en que se van a desarrollar las actuaciones se fijan, de forma habitual, **de común acuerdo** entre la Inspección y el obligado tributario o su representante. **3130**
2) Las actuaciones que se realicen a través de **sistemas digitales** (videoconferencia o sistema similar) requieren la conformidad del obligado tributario en relación con su uso y con la fecha y hora de su desarrollo (LGT art.99.9).

II. La prueba en el procedimiento inspector

(LGT art.105 a 108)

3135

3137 Las normas sobre prueba -incardinadas en el Título III de la LGT (aplicación de los tributos), Capítulo II (normas comunes sobre actuaciones y procedimientos tributarios)- son aplicables a los **procedimientos de revisión** en vía administrativa (procedimientos especiales de revisión, recurso de reposición y reclamaciones económico-administrativas) si bien se prevé alguna especialidad para las reclamaciones económico-administrativas (LGT art.214).
En los procedimientos tributarios son de aplicación las normas que sobre medios y valoración de prueba se contienen en el Código Civil (CC art.1216 s., que integran el capítulo V del Título I del Libro IV titulado «De la prueba de las obligaciones», en aquellos preceptos no derogados por la LEC), y en la Ley de Enjuiciamiento Civil (LEC art.281 s.), salvo que la ley establezca otra cosa (LGT art.106.1).

1. Concepto y objeto de la prueba

3140 La prueba puede ser entendida de dos maneras, bien como un medio o actividad, bien como un fin o resultado.
En su acepción de medio, se emplea el término prueba para referirse a los **procedimientos o recursos** empleados para demostrar un hecho (así, se habla de la prueba documental, la prueba indiciaria, etc.).
En su acepción de fin o resultado, por prueba se entiende la **demostración** de un hecho del que depende la existencia de un derecho.
La norma parece referirse a esta acepción finalista de la prueba, al señalar que en el curso del procedimiento inspector se han de realizar las actuaciones necesarias para la **obtención de los datos y pruebas** que sirvan para fundamentar la regularización de la situación tributaria del obligado tributario o para declararla correcta (RGGI art.180).
La prueba tiene como objeto los **hechos** que guardan relación con la tutela jurídica que se pretende obtener en un proceso, afectando tanto a su existencia como a su valoración (LEC art.281). Sin embargo, no son objeto de prueba las normas jurídicas salvo, en su caso, la costumbre y el derecho extranjero (LEC art.281.2).

3142 Hay determinados hechos respecto de los cuales **no se exige una actividad probatoria** o esta requiere una menor intensidad, como son:
a. Los hechos **notorios** (LEC art.281.4): Se excluyen de prueba aquellos hechos que gocen de notoriedad absoluta y general. El problema está en determinar cuándo concurre dicha notoriedad.
b. Los hechos **admitidos** (LEC art.281.3): En el proceso civil, los hechos admitidos por las partes están exonerados de prueba. Este principio resulta, sin embargo, más discutible en el ámbito administrativo y, por tanto, en el tributario. Así, no cabe entender que la conformidad prestada o el reconocimiento de los hechos incorporados a las declaraciones, autoliquidaciones u otros documentos presentados por el obligado tributario, o que este haga constar o reconozca en las diligencias o actas de la inspección, permita excluir la actividad probatoria, sino que significa que aquel queda vinculado a esos hechos admitidos, no ya solo en virtud de la teoría de los actos propios, sino también por imperativo de la ley (LGT art.107, 108.4 y 144), salvo que el obligado pruebe que incurrió en error de hecho al reconocer los hechos. En consecuencia, la aceptación de los hechos por el interesado solo comporta una facilidad probatoria a la Administración, pero no la exonera de su comprobación o verificación (LGT art.120.2).
c. Los hechos **probados en vía judicial**: Las normas del procedimiento administrativo no contienen ninguna previsión al respecto. La declaración de hechos probados de una sentencia firme no conlleva en todo caso que los órganos judiciales deban aceptar mecánicamente los hechos declarados por otra jurisdicción, sino que una distinta apreciación de los hechos ha de ser motivada (TS 18-2-05, EDJ 55175).
Sin embargo, en el **ámbito tributario**, cuando los procedimientos hayan sido precedidos por un previo pronunciamiento penal, sí existe una sujeción a los hechos que los jueces y tribunales hayan declarado probados. Así se prevé expresamente en la LGT en supuestos en que se

haya apreciado la existencia de indicios de delito contra la Hacienda Pública y en los que, tras remitirse el expediente a la vía penal, se acuerde en dicha vía la inexistencia de delito de defraudación. En estos casos se han de continuar las actuaciones inspectoras con sujeción a los hechos declarados probados por los órganos jurisdiccionales (LGT art.250.2 y 251.3).
La vinculación a los hechos probados en vía judicial se da tanto en las **sentencias absolutorias** como en los **autos de sobreseimiento** libre, pero no ocurre lo mismo con los autos de sobreseimiento provisional, pues estos últimos no producen efecto de cosa juzgada y además no contienen un relato de hechos probados, sino al contrario, un relato de hechos no probados. Este criterio ha sido reconocido por la jurisprudencia, entre otras en TS 7-7-11, EDJ 155426; 28-11-11, EDJ 282192; 20-11-14, EDJ 223350.
La Inspección de los tributos se rige por el procedimiento inquisitivo o de **investigación de oficio** (LPAC art.75) y debe practicar de oficio todas aquellas pruebas que resulten necesarias para la comprobación de los elementos integrantes de la obligación tributaria y su valoración, hayan sido declarados o no por el obligado tributario.

La obtención y el desarrollo de las pruebas debe ajustarse a los procedimientos establecidos y respetar los **derechos y garantías** del contribuyente. Así, si en el desarrollo de la actividad probatoria se considera necesaria la entrada y reconocimiento en una finca, es necesaria la autorización correspondiente de no mediar consentimiento del interesado. **3145**
Por otro lado, el obligado tributario puede aportar pruebas en el procedimiento inspector que se tendrán en cuenta al elaborar la propuesta de resolución. La LGT señala entre los derechos y garantías de los obligados tributarios (LGT art.34.l), m) y r):
- el derecho a formular **alegaciones** y a aportar documentos que serán tenidos en cuenta por los órganos competentes al redactar la correspondiente propuesta de resolución;
- el derecho a ser oído en el trámite de **audiencia**, en los términos previstos en la LGT;
- el derecho a presentar ante la Administración tributaria la **documentación** que estime conveniente y que pueda ser relevante para la resolución del procedimiento que se esté desarrollando.

Respecto al **momento** en que se pueden aportar pruebas, no se podrá incorporar al expediente más documentación acreditativa de los hechos, una vez realizado el trámite de audiencia o el de alegaciones en su caso, salvo que se demuestre la imposibilidad de haberla aportado antes de la finalización de dicho trámite y siempre que se aporten antes de dictar resolución (RGGI art.96.4). No obstante, este precepto se ha matizado por la jurisprudencia, ponderándolo y buscando el equilibrio entre el principio de abuso procesal (CC art.7.2) y el principio de tutela judicial efectiva (Const art.24). Ver nº 3156.

Precisiones **1)** En relación a los datos, documentos o pruebas relacionados con las circunstancias que hayan motivado la aplicación del método de **estimación indirecta**, ver nº 4798. **3150**
2) Respecto a la prueba en los **procedimientos de revisión**, la LGT art.214, se remite a las normas comunes de los procedimientos de aplicación de los tributos.
3) En el ámbito de las **reclamaciones económico-administrativas** (LGT art.236), la proposición y momento para la práctica de la prueba será el trámite de alegaciones o, inicialmente, el escrito de interposición. La forma de practicar las pruebas de naturaleza personal como la testifical, la pericial o interrogatorio de parte, será la declaración efectuada en acta ante notario o en presencia del secretario del tribunal o funcionario en que delegue. No se podrá denegar la prueba sobre hechos relevantes pero no se tendrá en cuenta si es impertinente en relación al asunto debatido (RGRV art.57).
4) En el **recurso de alzada ordinario**, la prueba ha de unirse al escrito de interposición, siendo solo admisible la que no se hubiese podido practicar en primera instancia si ya se estuvo personado en ella.
5) La LPAC, aplicable con carácter supletorio en el procedimiento inspector, regula la **aportación de documentación** por los interesados en el procedimiento administrativo (LPAC art.28).
6) Se considera un derecho fundamental el de utilizar las **medidas de prueba** pertinentes en cualquier tipo de proceso en el que el ciudadano se vea involucrado (AN 14-1-03, EDJ 251051).
7) La disolución de una entidad no residente se rige por la legislación del lugar de su domicilio, es por ello que el **derecho extranjero** ha de ser objeto de prueba como si de un hecho se tratase (TEAC 31-1-08).
8) Se deniega la incorporación como prueba pericial de un dictamen emitido por un catedrático de derecho tributario, pues el **dictamen** solo se refería al **derecho aplicable**. La aplicación del derecho no constituye un hecho y por lo tanto no puede ser objeto de prueba (TS 20-1-06, EDJ 2843).

9) Si en el procedimiento penal no ha existido **pronunciamiento alguno** acerca de los hechos probados o dejados de probar, no produce ningún tipo de vinculación, ni positiva ni negativa, en relación con las actuaciones inspectoras seguidas por sus incumplimientos fiscales, ni impide su continuación (AN 17-10-02, Rec 201/00). **3155**
10) Tras una **sentencia** absolutoria dictada en **proceso penal** por delito contra la Hacienda Pública, la Administración puede considerar un hecho como probado si resulta acreditado por los medios

de prueba admitidos en los procedimientos tributarios, aun cuando el mismo hecho haya sido declarado no probado por la sentencia penal por inobservancia de las normas procesales (AN 30-6-08, EDJ 121462).

11) En el caso de una **sentencia absolutoria** penal, la vinculación a los hechos probados únicamente permite a la Administración tributaria la regularización tributaria del sujeto pasivo dentro de los límites cuantitativos fijados en la sentencia (AN 21-6-12, EDJ 124106).

3156 **12)** La prueba sobre la existencia de un **derecho material** no puede desvirtuarse por el incumplimiento de un **requisito formal** (TS 20-4-17, EDJ 45074).

13) Al configurarse la **vía revisora administrativa** como un cauce de perfil cuasi jurisdiccional, hay que aplicar a esta vía la jurisprudencia que señala que el recurso contencioso-administrativo no constituye una nueva instancia de lo resuelto en vía administrativa, sino un auténtico proceso, autónomo e independiente, en el que resultan aplicables los derechos y garantías constitucionales reconocidos y en donde pueden invocarse nuevos motivos o fundamentos jurídicos no invocados en vía administrativa, con posibilidad de proponer prueba y aportar documentos que no fueron presentados ante la Administración para acreditar la pretensión originariamente deducida (TS 24-6-15, EDJ 122684). No obstante, se establecen dos límites: la buena fe y la proscripción del abuso del derecho. Además, la actitud abusiva o malintencionada debe constatarse en el expediente y probarse por el órgano competente.

Por lo tanto, si en Derecho tributario el **recurso de reposición** es entendido como uno de los medios de revisión en vía administrativa, debe ser posible, también en este procedimiento, llevar a cabo la práctica de prueba acompañando el contribuyente los documentos que estime necesarios al escrito de interposición (TS 10-9-18, EDJ 556679; 21-2-19, EDJ 516350).

14) El contribuyente puede aportar a los tribunales económico-administrativos documentos y pruebas que no aportó en el procedimiento de comprobación, pero ha de tratarse de documentos y pruebas que acrediten de modo completo lo que en el procedimiento inspector no resultó acreditado, sin que sea preciso que el tribunal despliegue una **actividad de investigación** que le está vedada (TEAC 2-11-17).

2. Carga de la prueba

(LGT art.105)

3160 La teoría de la carga de la prueba determina cuál de las partes ha de suministrar la prueba en el procedimiento y quién sufre las consecuencias negativas de la falta de prueba. La carga de la prueba es un principio supletorio para el caso en el que las partes no hayan desarrollado actividad probatoria, dentro de sus posibilidades. Tiene importancia únicamente en los casos de falta o insuficiencia de prueba, pues determina a quien perjudica y quien se beneficia de dicha insuficiencia probatoria.

En el procedimiento inspector, como en todos los procedimientos de aplicación de los tributos, quien quiera hacer valer su **derecho** debe probar los **hechos** constitutivos del mismo.

Los obligados tributarios cumplen su deber de probar si designan de modo concreto los elementos de prueba **en poder** de la Administración Tributaria. Esta designación no puede ser genérica, sino que ha de efectuarse con concreta designación de los medios de prueba.

No obstante, el **principio de investigación de oficio** de la Administración obliga a la Inspección a buscar la verdad material aunque la carga de la prueba recaiga sobre el obligado tributario, es decir, aun cuando la carga de la prueba perjudique al obligado tributario.

Por tanto, a la Inspección le corresponde la prueba de la realización del hecho imponible y demás elementos determinantes o que sirvan para cuantificar la obligación, la prueba de los hechos extintivos o impeditivos del derecho reclamado, incluso de los que sean favorables al contribuyente aunque no fueran alegados por este. El **obligado tributario** ha de probar los hechos que invoque como impeditivos del nacimiento de la obligación tributaria o los causantes de su extinción, así como la concurrencia de los requisitos necesarios para poder beneficiarse de una exención, bonificación o beneficio fiscal.

Son reiterados los pronunciamientos judiciales del Tribunal Supremo que sientan la doctrina de que, en el ámbito tributario, la prueba de la existencia del hecho imponible y de su magnitud económica, son carga de la Administración, mientras que al contribuyente le corresponde acreditar los hechos que le favorecen, tales como exenciones, bonificaciones, deducciones de la cuota, requisitos de deducibilidad de gastos, etc. (TS 8-11-04, EDJ 192490; 11-2-10, EDJ 14257; 8-11-12, EDJ 248734).

No se ha de confundir la carga de la prueba con la **presunción de legalidad** de los actos administrativos. De acuerdo con el principio de legalidad, los actos administrativos se presumen válidos y son inmediatamente ejecutivos, desplazándose la carga de accionar al administrado; el desplazamiento de la carga de accionar no implica un desplazamiento paralelo de la carga de la prueba, pues cada parte soporta la carga de probar los datos que constituyen el supuesto de hecho de la norma cuyas consecuencias jurídicas invoca a su favor.

Precisiones 1) No puede afirmarse de modo taxativo que la **posesión** de un determinado **documento justificativo de un gasto** libere totalmente al sujeto pasivo que pretende su deducción de aportar, en su caso, medios de prueba adicionales (DGT CV 23-6-08). 3165

2) La **falta de elementos probatorios** ha de perjudicar a quien, estando obligado legalmente a conservar y aportar prueba, omite el cumplimiento de dicha obligación (AN 17-7-06, EDJ 276804).

3) Corresponde a quien pretende la deducción acreditar tanto la existencia del gasto como su naturaleza y finalidad o, lo que es lo mismo, la conexión existente entre el gasto realizado y la generación de rendimientos. Por lo que hace al requisito de la **justificación del gasto**, la realidad debe ir acompañada de una prueba con la acreditación de esos gastos mediante algo más que un mero **apunte contable**, porque así lo exige la LGT al atribuir la prueba de los hechos constitutivos de un derecho a aquel que lo alega (AN 4-2-08, EDJ 51470).

4) El **recurso contencioso** administrativo no constituye una nueva instancia de lo resuelto en vía administrativa, sino que se trata de un auténtico proceso, autónomo e independiente de la vía administrativa, en el que resultan aplicables los derechos y garantías constitucionales reconocidos, y en donde pueden invocarse nuevos motivos o fundamentos jurídicos no invocados en vía administrativa, con posibilidad de proponer prueba y aportar documentos que no fueron presentados ante la Administración para acreditar la pretensión originariamente deducida, aunque se mantenga la necesidad de la previa existencia de un acto expreso o presunto, salvo que se trate de inactividad material o de vía de hecho de la Administración, y no quepa introducir nuevas cuestiones o pretensiones no hechas valer en la vía administrativa. Por tanto, no existe inconveniente alguno en que el obligado tributario que no presentó en el procedimiento inspector determinadas pruebas que fundaban su pretensión, las presente posteriormente en vía judicial (TS 20-6-12, EDJ 161201). 3166

5) En vía judicial la recurrente aporta como **prueba documental** facturas que no habían sido aportadas previamente ni en sede de gestión ni en la vía administrativa de recurso. El Tribunal está obligado a su admisión y a dar una respuesta razonada y motivada sobre su valoración; en caso contrario, se vulnera el derecho fundamental a la tutela judicial efectiva en su versión del derecho a la valoración de la prueba. Por lo tanto, cabe en sede de revisión admitir documentación no aportada en sede de gestión (TS 27-7-21, EDJ 653348).

Principios de normalidad y disponibilidad En la carga de la prueba se han de tener en cuenta los principios de normalidad y de disponibilidad o mayor facilidad de la prueba. 3170

Conforme al **principio de normalidad**, si se dan los hechos constitutivos del derecho, se considera que no concurren hechos impeditivos, extintivos o excluyentes, salvo que se aleguen o prueben.

Respecto a la **disponibilidad** o facilidad de la prueba, debe atribuirse a cada parte la carga de la prueba que, conforme a la experiencia, le resulte más asequible o cercana, de tal forma que cuando para una de las partes resulte más fácil que para la otra el acreditar un hecho, la necesidad de probar se traslade a quien tiene mayor facilidad para ello (LEC art.217.7).

Este principio de facilidad de la prueba se aplica en aquellos hechos que por su naturaleza especial o carácter negativo, no pueden ser demostrados por la parte a quien perjudican sin grandes dificultades. La doctrina y jurisprudencia habla de prueba diabólica para referirse a la **prueba de hechos negativos**, dada su dificultad o imposibilidad, por lo que la carga de la prueba recae en estos casos sobre la parte que tiene mayor facilidad para ello.

En los **procedimientos sancionadores** pesa en todo caso sobre la Administración la carga de la prueba de la culpabilidad del presunto infractor. En el ámbito sancionador rige el derecho a la presunción de inocencia correspondiendo a la Administración la prueba de la infracción.

Precisiones 1) Al obrar la mayoría de la **documentación** relativa al parentesco, así como las sentencias de divorcio, en poder de la actora, es a esta a quien correspondía aportar esta documentación como prueba acreditativa de tales extremos (TSJ Madrid 14-4-16, EDJ 112338).

2) El criterio interpretativo para las **notificaciones practicadas a tercera persona** en un lugar distinto al señalado por el obligado tributario o por su representante, y que tampoco sea el domicilio fiscal de uno u otro, establece que: a) ha de presumirse que el acto no llegó a conocimiento tempestivo del interesado y le causó indefensión; b) la presunción admite prueba en contrario cuya carga recae sobre la Administración; c) la prueba se considera cumplida cuando se acredite suficientemente que el acto llegó a conocimiento del interesado (TS 11-4-19, EDJ 562506).

3. Prueba ilícita

(LOPJ art.11.1; LEC art.287)

Las pruebas obtenidas, directa o indirectamente, violentando los **derechos o libertades fundamentales** no surten efectos. 3175

La Constitución no contiene ninguna norma expresa sobre la ilicitud de las pruebas. No obstante, el TCo afirma en sus pronunciamientos que aunque la prohibición de valorar las pruebas obtenidas con vulneración de derechos fundamentales sustantivos no se halla proclamada en un precepto constitucional que explícitamente la imponga, ni tiene lugar inmediatamente en virtud del derecho sustantivo originariamente afectado, expresa una **garantía** objetiva e

implícita en el sistema de los derechos fundamentales, cuya vigencia y posición preferente instaurada por la Constitución, exige que los actos que los vulneren carezcan de eficacia probatoria en el proceso.
Así pues, la ineficacia de la prueba solo se produce cuando se vulneran derechos o libertades fundamentales (Const art.15 a 29).
Las pruebas obtenidas mediante la comisión de un delito, pero sin vulnerar derecho fundamental alguno, son válidas.
La **nulidad** de la prueba ilícita impide su subsanación o convalidación.
La norma se refiere a las pruebas ilícitas obtenidas **directa o indirectamente**. La referencia a las pruebas obtenidas indirectamente vulnerando derechos y libertades fundamentales refleja la teoría de los frutos del árbol envenenado o teoría de los efectos reflejos, que impiden la admisión de las pruebas derivadas directa o indirectamente de la violación de un derecho fundamental. La ilicitud de la prueba afecta también a aquellas obtenidas indirectamente o derivadas de otra prueba ilícita. Se produce una contaminación de las pruebas posteriores salvo que no exista una relación causal entre la prueba ilícita y las pruebas derivadas. Esta desconexión se da cuando se trata de un «hallazgo inevitable» o un «hallazgo casual».

3180 Precisiones 1) El problema de la admisibilidad de la prueba ilícitamente obtenida se perfila como una encrucijada de intereses, debiéndose optar entre la necesaria procuración de la **verdad** en el proceso y la garantía de las **situaciones subjetivas** de los ciudadanos. Estas últimas pueden ceder ante la primera exigencia cuando su base sea estrictamente infraconstitucional, pero no cuando se trata de derechos fundamentales que traen su causa directa o indirectamente de la norma primera del ordenamiento (TCo 114/1984).
2) No se incluyen en los derechos y libertades fundamentales, ni el derecho de **propiedad** (Const art.33) ni la **posesión**. Las pruebas obtenidas vulnerando estos derechos -sin perjuicio de la responsabilidad penal que derive de las mismas-, sí tendrían eficacia.
3) Cuestión distinta de las pruebas ilícitamente obtenidas son las **pruebas rechazadas** en un procedimiento por incumplimiento de requisitos procesales. En este caso no se trata de una prueba ilícitamente obtenida, sino de su incorporación irregular a un determinado procedimiento por incumplimiento de los requisitos procesales. En estos casos es posible que la prueba se incorpore a otro procedimiento distinto que cuente con unas normas procedimentales diferentes.

3195 **4)** Si bien la regla general es la prohibición de valoración ex art.24.2 Const de todo elemento probatorio que pretenda deducirse a partir de un hecho vulnerador del derecho fundamental al **secreto de las comunicaciones**, sin embargo, los derechos fundamentales no son ilimitados ni absolutos. Por ello, en supuestos excepcionales se admite que, pese a que las pruebas de cargo se hallaban naturalmente enlazadas con el hecho constitutivo de la vulneración del derecho fundamental en cuanto derivaba del conocimiento adquirido a partir del mismo, eran jurídicamente independientes de él y, por tanto, se reconocen como válidas y aptas para enervar la presunción de inocencia (TCo 81/1998).
5) La valoración de las pruebas obtenidas con **vulneración** de **derechos fundamentales** implica una ignorancia de las garantías propias del proceso y en virtud de su contradicción con un derecho fundamental y, en definitiva, con la idea de un proceso justo, debe considerarse prohibida por la Constitución (TCo 81/1998; 114/1984; TEDH 12-7-88, asunto Schenk contra Suiza).
6) La entrada y registro en el **domicilio** de la entidad no es válida si el consentimiento no lo presta el titular, sino un empleado; se considera que la ilicitud de la entrada determina la invalidez del resultado de las actuaciones inspectoras (AN 27-4-06, EDJ 55617).
Son **hallazgos casuales** los documentos que afectan al recurrente, por haber sido obtenidos en la práctica de una entrada y registro autorizada para otros contribuyentes. Su validez y utilización depende de la regularidad jurídica de su obtención, tanto en lo referente a la autorización, como en la observancia en la práctica de las garantías en favor del comprobado (TS 23-11-21, EDJ 760286).
7) No se considera ilícita aquella prueba cuya única conexión jurídica con el vicio determinante de la lesión del derecho a la **inviolabilidad del domicilio** es la valoración que se hace sobre la autorización judicial firme, a la luz de la evolución de la interpretación jurisprudencial acerca de uno de los requisitos para acceder a la solicitud de autorización de entrada (TS 1-3-24, EDJ 511340; TEAC 24-7-24).

3205 **Validez de las pruebas aportadas por el denunciante** (LOPJ art.11) La validez de las pruebas aportadas por el denunciante se cuestiona cuando el denunciante las ha obtenido de alguna forma ilícita. Pueden distinguirse tres supuestos:
• Pruebas obtenidas mediante la comisión de un **delito** pero sin vulnerar ningún derecho fundamental. Estas pruebas serían válidas.
• Pruebas obtenidas con vulneración de algún **derecho fundamental** de la persona. Estas pruebas no son válidas.
• Pruebas lícitas obtenidas indirectamente de una **prueba ilícita**. Estas pruebas tampoco serían válidas en cuanto pruebas derivadas indirectamente de la vulneración de un derecho fundamental.

Ante el conocimiento de la posible comisión de un delito no perseguible únicamente a instancia de parte, la Administración tributaria tiene la obligación de denunciarlo al **Ministerio Fiscal** o al órgano judicial competente (LGT art.95.3; LECr art.262).
El conflicto sobre la validez de las pruebas del denunciante se ha planteado en ocasiones en que el inicio de las actuaciones inspectoras tiene como origen una conducta ilícita, como puede ser un delito de **descubrimiento y revelación de secretos** (CP art.197 s.). Estos delitos se recogen en el CP como delitos contra la intimidad, la propia imagen y la inviolabilidad del domicilio, derechos fundamentales reconocidos en Const art.18. Si el inicio del procedimiento inspector tiene su origen en la información obtenida mediante la comisión de este delito, el procedimiento sería nulo.

Precisiones La posible **ilegalidad de la denuncia**, por ser anónima, no afecta ni priva de eficacia a las posteriores actuaciones de investigación realizadas por la inspección conformes a derecho que configuraron la existencia de pruebas esenciales, estas sí con plenitud de efectos, para regularizar la situación del recurrente. Por tanto, los elementos tenidos en cuenta por la inspección han sido los obtenidos directamente por ella y los aportados por el propio recurrente, por lo que el hecho de que la denuncia pudiera ser ilegal, no afectó al resultado de la misma (TSJ C.Valenciana 27-5-05, EDJ 141993).

4. Medios de prueba y normas de valoración de la prueba

(LGT art.106 a 108; LEC art.299 a 386)

3210

En el procedimiento inspector, como en todos los procedimientos tributarios, se aplican las normas sobre medios y valoración de la prueba contenidas en el CC y LEC, salvo que la ley establezca otra cosa (ver nº 3137). 3212
Las pruebas o informaciones suministradas por **otros Estados o entidades internacionales** o supranacionales en el marco de la asistencia mutua pueden incorporarse, con el valor probatorio que proceda, al procedimiento que corresponda (LGT art.106.2).

Precisiones La LEC derogó las normas relativas a los medios de prueba del CC que tenían un carácter procesal, quedando vigentes prácticamente en su totalidad los preceptos relativos a la prueba documental (CC art.1216 a 1230, excepto art.1226).

Medios de prueba (LEC art.299) La LEC admite como medios de prueba: 3215
- Interrogatorio de las partes.
- Documentos públicos (nº 3248).
- Documentos privados (nº 3265).
- Dictamen de peritos (nº 3285).
- Reconocimiento judicial.
- Interrogatorio de testigos.
- Medios de reproducción de la palabra, el sonido y la imagen, así como los instrumentos que permiten archivar y conocer o reproducir la palabra, datos, cifras y operaciones matemáticas llevadas a cabo con fines contables o de otra clase, relevantes para el proceso.
- Cualquier otro medio distinto de los anteriores que permitan obtener certeza sobre hechos relevantes, adoptándose las medidas que resulten en su caso necesarias.

La LEC no considera a las **presunciones** (nº 3290) como un medio de prueba, sino como un mecanismo para la fijación de hechos relacionados con la prueba.
No existe una **lista tasada** de medios de prueba, admitiéndose cualquier medio admisible en derecho que permita obtener certeza sobre los hechos relevantes.
Las pruebas han de ser pertinentes, necesarias, procedentes y útiles.

Valoración de la prueba Existen en los ordenamientos jurídicos dos sistemas de valoración de las pruebas: 3220
- El sistema de prueba **legal** o tasada: el valor de la prueba lo determina la ley. Este sistema se fundamenta en el principio de seguridad jurídica.
- El sistema de **libre apreciación** de la prueba: se deja con carácter general al órgano decisorio la libre apreciación o valoración de las pruebas.

En nuestro Derecho rige el principio de libre valoración de la prueba. Este principio viene unido al principio de **valoración conjunta** de la prueba, practicada conforme a las reglas de la sana crítica. La apreciación conjunta de la prueba impide dar prevalencia a un medio de prueba sobre los demás, y supone que cada prueba se valora en función de todas las demás.

3225 Precisiones 1) En algunas ocasiones la normativa tributaria señala medios de prueba que se consideran **prioritarios** o más usuales y convenientes, pero sin establecerlos como medios de prueba tasados.
2) La carga de probar la existencia de una mayor base imponible que la declarada corresponde a la Administración, sin que pueda obviarse que no existe un sistema de prueba tasada, sino que rige el **principio de libre valoración de la prueba**, sin que se otorgue un valor preferente a unos medios de prueba sobre otros (AN 14-1-03, EDJ 251051).
3) Es arbitraria aquella ponderación probatoria que o bien carece de **motivación**, cuando esta es necesaria para evidenciar el proceso lógico que lleva a una determinada conclusión, especialmente en la prueba de presunciones, o bien la motivación que incorpora resulta irrazonable o no resiste la «sana crítica» a que ha de sujetarse el juzgador como límite insoslayable en el ejercicio de sus facultades de valoración de los medios de prueba, por conducir a resultados inverosímiles (TS 1-7-05, EDJ 113647).
4) La información de las **bases de datos** de la **AEAT** no puede ser utilizada como dato sin haber sido contrastada, siendo válida la técnica del muestreo (AN 20-11-17, EDJ 272081).
5) La **afectación** no puede quedar acreditada exclusivamente por un mero acto formal de declaración del obligado tributario afectando el bien a la actividad, sino que exige de una actividad material que permita comprobar dicha afectación, por mínima que sea la actividad desplegada (TEAC 26-1-17).

3230 6) La **inversión de la carga** de la prueba alegada se rechaza por ser contraria al ordenamiento jurídico porque ignora: la presunción de certeza de las declaraciones tributarias; el principio de que quien haga valer un derecho debe probar los hechos constitutivos del mismo; que los presupuestos de una exención deben probarse por quien pretenda aplicarla; la obligación de la Inspección de recabar la totalidad de los elementos fácticos con trascendencia para la liquidación a practicar, y de actuar en todo caso cerca del sujeto pasivo si procede la regularización tributaria; y el principio de facilidad o accesibilidad de la prueba (TS 11-10-04, EDJ 159819).
7) Como prueba del grado de utilización del vehículo en la actividad se aportan una declaración jurada de los socios y un certificado del acta de la sociedad donde se refleja el acuerdo de adquisición del vehículo. Estas pruebas son insuficientes porque la **declaración jurada** no es un medio probatorio de los admitidos en la LEC y el acuerdo de adquisición no tiene relevancia para acreditar la utilización del turismo (TSJ La Rioja 24-3-03, EDJ 266045).
8) Es consolidada la jurisprudencia que afirma la validez de la **valoración conjunta** de los medios de prueba, sin que sea preciso exteriorizar la valoración que al Tribunal le merezca cada concreto medio de prueba obrante en el expediente administrativo o de la aportada o practicada en vía judicial. En este sentido, el TCo ha declarado que «la Constitución no garantiza el derecho a que todas y cada una de las pruebas aportadas por las partes del litigio hayan de ser objeto de un análisis explícito y diferenciado por parte de los jueces y tribunales a los que, ciertamente, la Constitución no veda ni podría vedar la apreciación conjunta de las pruebas aportadas» (TS 11-11-15, EDJ 216421).
9) En los casos de **asignaciones por manutención**, se debe alterar la regla general de la carga de la prueba, puesto que conforme a las obligaciones formales legalmente impuestas al retenedor-pagador y el deber de declaración del contribuyente, la Administración debe tener en su poder la totalidad de los datos necesarios para determinar si deben ser o no excluidos dichos gastos; además, a la misma corresponde probar la exclusión conforme a los principios de facilidad y disponibilidad de la prueba (TS 21-10-20, EDJ 698514).

a. Prueba documental

(LEC art.299)

3235 En el procedimiento inspector, la prueba documental goza de una mayor prevalencia respecto a otros medios de prueba, en la medida en que los actos y actuaciones del procedimiento se exteriorizan en documentos.
Ni el CC ni la LEC contienen un concepto de documento, si bien separan a efectos de prueba los documentos en dos clases: documentos **públicos** (nº 3248 s.) y documentos **privados** (nº 3265 s.). Se definen y enumeran en la LEC art.317 s. los documentos públicos, limitándose a definir de forma negativa los documentos privados, señalándose que son aquellos documentos que no son documentos públicos (LEC art.324).
Los documentos pueden contener declaraciones de **voluntad** y declaraciones de **conocimiento**. Determinada la autenticidad de un documento que incorpora declaraciones de conocimiento, lo que ha de tenerse por cierto es la declaración, esto es, que una persona ha efectuado una determinada declaración, pero no necesariamente que lo declarado sea verdadero.

Precisiones En las declaraciones de conocimiento de los **documentos públicos** solo tienen valor probatorio pleno los hechos que motivan la formalización del documento y que resulten de la constancia personal del funcionario que lo suscribe. Así, las manifestaciones o declaraciones de los particulares por el hecho de formalizarse en una escritura pública no demuestran su veracidad; únicamente demuestran que esa persona manifiesta ese hecho en la fecha del documento. 3237

Documentos electrónicos (LPAC art.26 a 28) Tradicionalmente se entendía como requisito esencial del documento el de la representación en **papel** del pensamiento, si bien esta concepción ha de entenderse superada. 3239

Actualmente, la norma tributaria se refiere a los documentos emitidos, cualquiera que sea su **soporte**, por medios electrónicos, informáticos o telemáticos por la Administración tributaria, o los que esta emita como copias de originales almacenados por estos mismos medios, así como las imágenes electrónicas de los documentos originales o sus copias.

Estos documentos electrónicos tienen la misma **validez y eficacia** que los documentos originales, siempre que quede garantizada su autenticidad, integridad y conservación y, en su caso, la recepción por el interesado, así como el cumplimiento de las garantías y requisitos exigidos por la normativa aplicable (LGT art.96.5).

La norma administrativa, de aplicación supletoria, regula:

- la emisión de documentos por las Administraciones Públicas, estableciendo que los documentos administrativos se han de emitir por escrito, a través de medios electrónicos, a menos que su naturaleza exija otra forma más adecuada de expresión y constancia;
- la validez y eficacia de las copias realizadas por las Administraciones Públicas, y entre ellas las de las copias electrónicas de documentos electrónicos originales o de una copia electrónica auténtica, de documentos en soporte papel o en otro soporte no electrónico, así como las copias en soporte papel de documentos electrónicos.

En relación con los documentos electrónicos, ver nº 2350 s.

La Orden EHA/962/2007 desarrolla determinadas disposiciones sobre **facturación telemática** y conservación electrónica de facturas.

Con carácter general, y salvo que la normativa reguladora de los distintos tipos de documentos establezca lo contrario, no todos los documentos exigen la **firma**. Así, no requieren firma electrónica los documentos electrónicos emitidos por las Administraciones Públicas que se publiquen con carácter informativo, y aquellos que no formen parte de un expediente administrativo.

Precisiones **1)** La Ley del régimen jurídico del sector público prevé el uso del **sello electrónico** y del **código seguro de verificación** (en adelante CSV) para la actuación administrativa automatizada. A su vez, contempla la firma electrónica del personal al servicio de las Administraciones Públicas (L 40/2015 art.42 y 43).

2) Con efectos **a partir del 2-4-2021**, entraron en vigor las previsiones contenidas en la LPAC relativas al registro electrónico de apoderamientos, registro electrónico, registro de empleados públicos habilitados, punto de acceso general electrónico de la Administración y archivo único electrónico (L 39/2015 disp.final 7ª).

En la misma fecha, y para completar los elementos que conforman el marco jurídico para el funcionamiento electrónico de las Administraciones Públicas, entró en vigor el Reglamento de actuación y funcionamiento del sector público por medios electrónicos (RD 203/2021).

Fotocopias La jurisprudencia ha reconocido el valor probatorio de las fotocopias **autenticadas**. 3241

Respecto a las fotocopias **no cotejadas**, al pronunciarse sobre la posible falsedad documental de las mismas, la jurisprudencia ha señalado que el documento original transmite su imagen a la reproducción fotográfica pero no le transmite también su naturaleza jurídica, en cuanto esta viene determinada por la concurrencia de una serie de factores que no se dan en el momento de la reproducción, como es el posterior de su autenticación.

La **falsedad** en una fotocopia no autenticada no puede homologarse analógicamente a la falsedad en un documento de la naturaleza que tenga el original. Desde esta óptica, las fotocopias no dejarían de tener carácter de documentos privados (ver nº 3265 s.).

Precisiones La LPAC, aplicable con carácter supletorio al procedimiento inspector, regula los **documentos aportados por los interesados** en el procedimiento administrativo, y prevé al respecto lo siguiente:

- la no exigencia por las Administraciones a los interesados de la presentación de documentos originales, salvo que, con carácter excepcional, la normativa reguladora aplicable establezca lo contrario; no obstante, los interesados se deben responsabilizar de la veracidad de los documentos presentados;
- las copias que aporten los interesados tienen eficacia exclusivamente en el ámbito de la actividad de la Administración Pública;
- la Administración puede solicitar de forma motivada el cotejo de las copias aportadas por el interesado, para lo cual puede requerir la exhibición del original.

3243 **Falsedad documental** (CP art.390 s.) La falsedad documental consiste en **alterar documentos** de manera que puedan servir para probar algo distinto de la verdad. La falsedad ha de recaer sobre un elemento esencial del documento, es decir, sobre aquellos que el documento debe probar.

El Código Penal tipifica penalmente la conducta de la **autoridad o funcionario** público que, en el ejercicio de sus funciones, comete falsedad (CP art.390.1):

1º Alterando un documento en alguno de sus elementos o requisitos de carácter esencial.

2º Simulando un documento en todo o en parte, de manera que induzca a error sobre su autenticidad.

3º Suponiendo en un acto la intervención de personas que no la han tenido, o atribuyendo a las que han intervenido en él declaraciones o manifestaciones diferentes de las que hubieran hecho.

4º Faltando a la verdad en la narración de los hechos (este último apartado se conoce como «falsedad ideológica»).

La falsedad cometida por **particulares** en un documento público, oficial o mercantil, solo se refiere a los tres primeros números anteriores (CP art.392). En consecuencia, el particular que se limita a faltar a la verdad en la narración de los hechos consignados en el documento público, oficial o mercantil, cometerá una falsedad no punible por la norma penal.

La jurisprudencia ha matizado el alcance del apartado 4º citado. Así, considera que cuando se falta a la verdad en algún o algunos extremos de un documento, la conducta no sería penalmente sancionable al encuadrarse en el apartado 4º referenciado. Sin embargo, cuando el documento refleja un **acto o realidad inexistente**, sí que existe una conducta penalmente sancionable, en cuanto la misma se subsume en el apartado 2º citado y no en el 4º (TS 29-1-03, EDJ 2108).

Por tanto, si la Inspección detecta la existencia de **facturas** emitidas en las que se haya falseado alguna de sus partes (destinatario, importe, etc.) pero en las que exista una operación subyacente real, no habrá delito de falsedad documental. Sí se podrá apreciar delito cuando las facturas reflejen operaciones totalmente inexistentes o simuladas; en estos casos la inspección debe poner los hechos en conocimiento de la jurisdicción penal.

A este respecto debe tenerse en cuenta que, al tratarse el delito de falsedad de un delito menos grave, **prescribe** a los cinco años, salvo que concurra con un delito conexo que tenga un plazo de prescripción mayor, en cuyo caso será este último plazo de prescripción el aplicable.

El cómputo del plazo de prescripción se inicia el día en que se consuma el delito, esto es, cuando se haya cometido la infracción. No obstante, cabe la posibilidad de que la presunta falsedad documental detectada por la inspección responda a la modalidad de **delito continuado** (CP art.74), en cuyo caso el plazo de prescripción comienza a computarse desde el día en que se cometa la última infracción.

3245 **Facturas falsas** La **falsedad** de las facturas debe acreditarse por la Administración. Respecto a la incidencia de las mismas, difiere en el receptor y el emisor de las facturas:

a) El **receptor** puede haber concurrido en delito de **defraudación** si se dan todos los elementos de dicho delito. De no concurrir indicios de delito de defraudación, la inspección puede regularizar su situación tributaria exigiéndole el importe de la cuota tributaria correspondiente a los importes deducidos o devueltos improcedentemente con sus intereses de demora e iniciar, si procede, el correspondiente procedimiento sancionador. En el procedimiento sancionador la factura falsa podrá constituir **medio fraudulento** a efectos de la calificación de la infracción (ver nº 5870 s.).

b) El **emisor** de las facturas falsas, con independencia de que su conducta pueda ser constitutiva de delito de falsedad documental, si colabora en la comisión del delito de defraudación tributaria imputable al receptor de dichas facturas, puede ser partícipe como **cooperador necesario** en dicho delito (TS 3-2-05, EDJ 68337). Si no existe ilícito penal puede incoarse procedimiento sancionador por incumplimiento de las obligaciones de facturación (LGT art.201).

La **denuncia** ante la jurisdicción **penal** por delito de falsedad documental no paraliza el procedimiento inspector (RSAN art.33). En cuanto al **procedimiento sancionador**, la limitación del principio «non bis in idem» o de no concurrencia de sanción administrativa y penal ante una identidad de sujetos, hechos y fundamento supone:

• En cuanto al **emisor** de facturas falsas, la imposibilidad de iniciar o la **suspensión** si ya se ha iniciado dicho procedimiento sancionador por la infracción prevista en la LGT art.201.

• En cuanto al **receptor** de las facturas, objeto de denuncia de falsedad, solo existirá la triple identidad (sujetos, hechos y fundamentos) en la aplicación del criterio de calificación de **medios fraudulentos**, lo que no impide la iniciación y resolución del correspondiente procedimiento sancionador siempre que no se tengan en cuenta medios fraudulentos por el hecho del empleo de facturas falsas o falseadas.

Precisiones 1) El **valor probatorio de las facturas** es equiparable al del resto de los documentos privados; aun siendo incompleto o incorrecto no tiene por qué carecer de relevancia cuando mediante otros medios se corrobora su contenido, en virtud de la llamada apreciación conjunta de la prueba (TSJ Castilla y León 10-12-07, EDJ 323499).

2) Los acusados no realizaron una alteración parcial de datos en el documento sino una **alteración total del contenido del documento**, confeccionaron y firmaron documentos íntegramente falsos, referidos a operaciones ficticias con el fin de engañar a la Hacienda Pública y retirar un IVA. Estos hechos se subsumen en la conducta tipificada en el CP art.390.1.2 (TS 11-3-04, EDJ 13196).

Documentos públicos (LEC art.299 y 317; CC art.1216) Son documentos públicos los autorizados por un notario o empleado público competente, con las solemnidades requeridas por la Ley. **3248**

A efectos de **prueba**, se consideran documentos públicos:

1) Las resoluciones y diligencias de **actuaciones judiciales** de toda especie y los testimonios que de las mismas expidan los letrados de la Administración de Justicia (anteriormente Secretarios Judiciales).

2) Los autorizados por **notario** con arreglo a derecho.

3) Los intervenidos por **corredores de comercio** colegiados y las certificaciones de las operaciones en que hubiesen intervenido, expedidas por ellos con referencia al Libro Registro que deben llevar conforme a Derecho (actualmente existe un cuerpo único de notarios que integra a los notarios y a los corredores de comercio colegiados).

4) Las certificaciones que expidan los **registradores** de la propiedad y mercantiles de los asientos registrales.

5) Los expedidos por **funcionarios públicos** legalmente facultados para dar fe en lo que se refiere al ejercicio de sus funciones.

6) Los que, con referencia a **archivos y registros** de órganos del Estado, de las Administraciones públicas o de otras entidades de Derecho Público, sean expedidos por funcionarios facultados para dar fe de disposiciones y actuaciones de aquellos órganos, Administraciones o entidades. En este apartado pueden incluirse los certificados tributarios, que producen los efectos que en ellos se hace constar y los que prevé la normativa que los regula (RGGI art.70 a 75).

Los **documentos extranjeros** se consideran públicos a efectos de prueba cuando se les atribuya dicha consideración en virtud de tratados o convenios internacionales o leyes especiales y, en particular, cuando cumplan los requisitos exigidos en el país de origen y cuenten con la legalización o apostilla correspondiente en España (LEC art.323).

Precisiones Un **certificado de residencia fiscal** emitido por la autoridad fiscal de un estado tiene el valor probatorio de un documento público. No obstante, su carácter de documento público no le otorga prevalencia sobre otras pruebas; por sí solo no basta para enervar una valoración probatoria conjunta, vinculando al Juez tan solo respecto al hecho de su otorgamiento y su fecha (TS 9-2-16, EDJ 6032).

Documentos notariales Son documentos públicos autorizados por notario: **3250**

- las escrituras públicas;
- las actas notariales.

Las **escrituras públicas** tienen como contenido propio las declaraciones de voluntad, los actos jurídicos que implican prestación de consentimiento, los contratos y negocios jurídicos.

Las **actas notariales** tienen como contenido la constatación de hechos o la percepción que de los mismos tenga el notario, siempre que por su índole no puedan calificarse de actos y contratos, así como sus juicios y calificaciones.

Los notarios dan fe -en las escrituras públicas y en aquellas actas que por su índole especial lo requieran- de que conocen a las partes o de haberse asegurado de su **identidad** por los medios supletorios establecidos en las leyes y reglamentos (L 28-5-1862).

El notario redacta escrituras matrices, interviene pólizas, extiende y autoriza actas, expide copias, testimonios, legitimaciones y legalizaciones y forma protocolos y libro-registros de operaciones.

La **escritura matriz** es la original que redacta el notario sobre el contrato o acto sometido a su autorización, firmada por los otorgantes, los testigos y el notario.

Es **primera copia** el traslado de la escritura matriz que tiene derecho a obtener por primera vez cada uno de los otorgantes.

Las **pólizas** intervenidas tienen como contenido exclusivo actos y contratos de carácter mercantil y financiero que sean propios del tráfico habitual y ordinario de, al menos, uno de sus otorgantes, quedando excluidos de su ámbito los demás actos y negocios jurídicos, especialmente los inmobiliarios.

El **protocolo** recoge ordenadamente las escrituras matrices autorizadas durante un año. En el Libro-Registro figuran por su orden, separada y diariamente, todas las operaciones en que hubiesen intervenido.

Los interesados pueden obtener de las escrituras y actas notariales **copias** auténticas, simples y testimonios.
Las copias auténticas tienen la fuerza probatoria que corresponde a los documentos públicos. Los testimonios reflejan una parte del documento original. Respecto a las copias simples, la jurisprudencia les atribuye fuerza probatoria en los casos en que es reconocida o no se impugna por las partes.

3252 **Documentos del Registro Mercantil** (RRM art.7 a 9 y 77) El Registro Mercantil (RM) es **público**; la publicidad se realiza mediante certificación o por medio de nota informativa de todos o alguno de los datos contenidos en el asiento respectivo.
La **certificación** es el único medio de acreditar fehacientemente el contenido de los asientos del Registro.
El contenido del RM se presume exacto y válido. Los asientos del RM están bajo la salvaguarda de los Tribunales y producirán **efectos** mientras no se inscriba la declaración judicial de su inexistencia o nulidad.
Las inscripciones en el RM pueden tener carácter obligatorio o voluntario. La inscripción no convalida los actos y contratos que sean **nulos** con arreglo a las Leyes.
La declaración de inexactitud o nulidad de los asientos del RM no perjudica los **derechos de terceros** de buena fe adquiridos conforme a Derecho.
La **oponibilidad** frente a terceros del contenido del RM no opera desde la fecha del asiento registral sino desde la publicación en el Boletín Oficial del Registro Mercantil, si bien tampoco resulta oponible el acto inscrito en los 15 días siguientes a la publicación respecto a los terceros de buena fe.
La **competencia** del Registro viene dada por el domicilio del sujeto a inscribir.

Precisiones La inscripción en el RM de la revocación de un **poder de representación** no perjudica a terceros de buena fe sino trascurridos 15 días desde la publicación en el BORM del acto de revocación.

3254 **Documentos del Registro de la Propiedad** (LH art.1, 8, 9, 222 -redacc L 11/2023- y 223) El Registro de la Propiedad tiene por objeto la inscripción o anotación de los actos y contratos relativos al dominio y demás derechos reales sobre **bienes inmuebles**.
Los Registros de la Propiedad son públicos para quienes tengan interés conocido en averiguar el estado de los bienes inmuebles o derechos reales inscritos.
Las inscripciones o anotaciones se practican en el Registro de la Propiedad en cuya **circunscripción territorial** radiquen los inmuebles.
El Registro de la Propiedad sigue un sistema de **folio real** y no de folio personal, de forma que a cada bien se le dedica uno o varios folios del Libro de Inscripciones. Cada finca tiene desde su primera inscripción un número diferente y correlativo.
La inscripción de los actos y contratos relativos a la propiedad de bienes inmuebles, o la constitución, modificación, transmisión o extinción de derechos reales sobre bienes inmuebles **no** es **obligatoria** con carácter general y salvo determinadas excepciones, como la hipoteca o el derecho de superficie. Sin embargo, una vez inscrito el dominio, rige el principio de **tracto sucesivo**, en virtud del cual no puede acceder al Registro de la Propiedad quien no traiga causa de un titular previamente inscrito.
La publicidad del Registro de la Propiedad se puede realizar:
• Mediante **exhibición** directa de los libros en la oficina del Registro.
• Mediante **nota simple** informativa sin garantía de transcripción.
• Mediante **certificación** extendida por el Registrador, que bien puede recoger el texto íntegro del asiento o bien puede limitarse a determinadas circunstancias de los mismos. Las certificaciones son los documentos emitidos por los registradores que tienen el valor probatorio de los **documentos públicos**.
Se presume -con fuerza de presunción iuris tantum, según el TS- que los derechos reales existen y pertenecen a su titular en la forma determinada por los asientos respectivos (LH art.38).

3256 **Valor probatorio de los documentos públicos** (CC art.1218, 1219 y 1230) Los documentos públicos hacen prueba, aún contra tercero, del **hecho** que motiva su otorgamiento y de la **fecha** de este. También hacen prueba contra los **contratantes** y sus causahabientes, en cuanto a las declaraciones que en ellos hayan hecho los primeros.
Nuestro sistema de libre apreciación y valoración conjunta de la prueba (nº 3220), impide atribuir al documento público un **valor superior** a los demás medios de prueba. El contenido del documento público debe contrastarse con las demás pruebas; cabe la falsedad o el error en la consignación de las declaraciones de un documento público.
El carácter público del documento solo garantiza que las **manifestaciones** en él contenidas han sido realizadas por las partes, pero no la verdad intrínseca de dichas declaraciones.

Las **escrituras** hechas para desvirtuar otra **anterior** entre los mismos interesados solo producen efecto contra tercero cuando el contenido de aquellas hubiese sido anotado en el registro público competente o al margen de la escritura matriz y del traslado o copia en cuya virtud haya procedido el tercero.
Los **documentos privados** hechos para alterar lo pactado en escritura pública no producen efecto contra tercero.

Precisiones 1) Se considera que la Inspección de los tributos, en cumplimiento de su obligación de probanza, ha aportado una serie de pruebas con las que desvirtuar lo reflejado en la **contabilidad** del contribuyente y en las **escrituras públicas** de compraventa de inmuebles; tales pruebas han consistido en declaraciones de los compradores que manifestaron haber satisfecho un precio superior al que figura en los contratos y escrituras, apoyadas por diversos documentos consistentes en extractos de movimientos de cuentas bancarias, fotocopias de cheques y expedientes de pólizas de préstamos de los compradores (AN 14-1-03, EDJ 251051). **3258**
2) Ver TS 9-2-16 en el nº 3248.

Valor probatorio de las actas y diligencias de la Inspección de los tributos (LGT art.107 y 144) **3260**
Las diligencias y actas extendidas por la Inspección de los tributos tienen naturaleza de **documentos públicos** y hacen prueba de los hechos que motivan su formalización, salvo que se acredite lo contrario.
Los hechos contenidos tanto en las diligencias como en las actas de inspección y aceptados por los obligados tributarios **se presumen ciertos** y solo podrán rectificarse por estos mediante prueba de que incurrieron en **error de hecho**.
Las actas y diligencias pueden contener tanto hechos y manifestaciones aceptados por el obligado tributario, como hechos no aceptados por el obligado tributario ni fijados por otros medios de prueba que la mera afirmación del actuario.
Los **hechos aceptados** por los **interesados** ante la Inspección recogidos en diligencia o en acta (actas de conformidad o con acuerdo), hacen prueba contra su autor en aquello que les perjudique, salvo que demuestren que existió error de hecho en dichas manifestaciones o confesiones. Este rechazo de los hechos aceptados se limita a los supuestos de error acreditado, en cuanto suponen contravenir el principio de que nadie puede ir contra sus propios actos.
Las diligencias o actas aceptadas por el interesado tienen el valor propio de la **confesión extrajudicial**.
Respecto de las **declaraciones de conocimiento** que realiza el **funcionario** que dicta la diligencia o incoa el acta, gozan del valor probatorio de los documentos públicos. Por tanto, hacen prueba del hecho al cual se refieren, siempre que haya sido constatado previa y directamente por el funcionario, y de su fecha.
Dado el principio de libre apreciación y **valoración conjunta de la prueba** (nº 3220), las actas y diligencias pueden valorarse como insuficientes para acreditar un hecho; asimismo pueden ser desvirtuadas por otros medios de prueba.

Precisiones 1) El valor probatorio de las actas no se extiende a las operaciones de **interpretación y aplicación** de las normas. **3262**
2) La fuerza probatoria de las actas y diligencias afecta únicamente a los **hechos** que le consten directa y personalmente al funcionario que los suscribe por conocimiento propio, es decir, lo que el actuario ha hecho, visto u oído.
3) Respecto al valor probatorio de las actas y diligencias de la Inspección en el proceso penal por **delito de defraudación**, ver nº 7590 s.
4) Partiendo de la **presunción de veracidad** de la documentación inspectora y conforme a las reglas de la carga de la prueba, correspondía a la parte recurrente acreditar que no realizaba una actividad económica (TS 22-9-11, EDJ 234123).
5) Prestada la **conformidad** por el obligado tributario o su representante, no cabe apartarse de esa conformidad y las posibilidades de impugnación del contenido del acta son limitadas, porque los hechos y elementos determinantes de la deuda tributaria consignados en el acta y admitidos por el obligado se presumen ciertos, aunque pueden ser rectificados si se prueba la concurrencia de un error de hecho, lo que no impide alegar la discrepancia jurídica con respecto a las apreciaciones de este tipo que se contengan en el acta (AN 24-1-24, EDJ 504185).

Documentos privados (LEC art.299 y 324 a 326; CC art.1225 a 1230) La LEC define a los documentos privados de forma negativa como aquellos que **no** se hallan en ninguno de los casos del precepto que regula las clases de documentos **públicos**. **3265**
Entre los documentos privados están los contratos, libros de contabilidad, facturas, albaranes, pólizas de seguros, cheques, pagarés, letras de cambio, etc.
Respecto a su valor probatorio, están sujetos a la **libre valoración** por el órgano resolutorio. Al no ser extendidos por funcionarios públicos que les presten autenticidad, deben ser reconocidos o adverados.

Una vez reconocidos hacen prueba plena entre las partes. Aún no reconocidos y adverados, se les puede asignar a los documentos privados un valor probatorio considerando el conjunto de elementos probatorios y, especialmente, si no se ha alegado su falsedad.
El documento privado, reconocido legalmente, tiene el mismo valor que la escritura pública entre los que lo hubiesen suscrito y sus causahabientes.
No todo documento privado exige la **firma** de al menos una de las partes, pero cuando así sea, dicha firma determina su valor probatorio.
Si una de las partes alega la **falsedad** de un documento privado, puede acudirse a un cotejo pericial de letras o cualquier otro medio de prueba que resulte pertinente al efecto.
Las diferencias entre el valor probatorio de los documentos públicos y privados afectan a su autenticidad y al alcance de su fuerza probatoria.
Desde el punto de vista de la **autenticidad**, mientras los documentos públicos son auténticos por sí mismos, la autenticidad de los documentos privados ha de ser probada, bien por reconocimiento de su autor o por cotejo de letras.
Respecto al **alcance probatorio**, mientras en los documentos privados se circunscribe a las personas que lo han suscrito y sus causahabientes, el documento público hace prueba de la fecha y del hecho que motiva su otorgamiento frente a todos.
El documento privado solo hace prueba **frente a terceros** de la fecha desde:
- el día en que se haya incorporado o inscrito en un registro público;
- la muerte de cualquiera de los que firmaron; o
- desde el día en que se entreguen a un funcionario público por razón de su oficio.

Los asientos, registros y papeles privados únicamente hacen prueba contra el que los ha **escrito** en todo aquello que conste con claridad, pero el que quiera aprovecharse de ellos ha de aceptarlos en la parte que le perjudiquen.
Los documentos privados hechos para **alterar** lo pactado en escritura pública, no surten efectos frente a terceros.

3267 **Libros y registros contables** (CC art.1228; LGT art.53 y 200) La contabilidad y los registros contables son **documentos privados** sujetos a las reglas generales de libre apreciación y valoración conjunta de la prueba (nº 3220).
Tiene relevancia jurídica-tributaria, especialmente en la determinación de los hechos y base imponible en el **IS**.
Los asientos, registros y papeles privados únicamente hacen prueba contra el que los ha escrito en todo aquello que conste con claridad, pero el que quiera aprovecharse de ellos ha de aceptarlos en la parte que le perjudique.
La contabilidad hace prueba contra su autor, produciendo los mismos efectos de la **confesión**.
Los libros de contabilidad solo prueban la existencia del asiento, no el hecho al que el asiento se refiere.
En algún supuesto excepcional, como indicio probatorio de un **hecho negativo** de difícil o imposible prueba (p.e., un préstamo sin interés en que se ha de desvirtuar la presunción de onerosidad de las prestaciones de capital), el hecho de que no figure en la contabilidad cargo alguno en concepto de intereses se ha reconocido como prueba suficiente.
En todo caso, la mera contabilización de un **gasto** no prueba su realidad, ni su necesidad, siendo necesario aportar a la Inspección de tributos el correspondiente justificante de la anotación contable.
El **incumplimiento** de la **obligación de llevanza** de la contabilidad o de los libros o registros puede llevar:
- A la aplicación del método de estimación indirecta si el incumplimiento es sustancial y la Inspección no puede disponer de los datos necesarios para la determinación completa de la base imponible.
- A la calificación de la infracción tributaria que pudiera derivarse, como de grave o muy grave. Se calificará como muy grave si estas anomalías son sustanciales y se consideran medios fraudulentos (LGT art.184).
- A la sancionabilidad de la conducta por infracción tributaria de incumplimiento de obligaciones contables y registrales.

El incumplimiento del requisito de **legalización** de libros no supone ausencia de contabilidad, sino el incumplimiento de los requisitos formales establecidos por la ley. Constituye infracción tributaria la autorización de libros y registros sin haber sido diligenciados o habilitados por la Administración cuando la normativa tributaria o aduanera exigen dicho requisito.

Precisiones 1) El hecho de que las cuentas anuales estén verificadas por auditor y que su informe no contenga salvedades no añade valor probatorio a los libros de contabilidad, dado que el objeto de la **auditoría de cuentas** es verificar si las mismas ofrecen la imagen fiel y no la verificación de la corrección de los registros contables (TS 24-5-10, EDJ 113340; 3-6-10, EDJ 140085; 16-2-12, EDJ 30356).

2) El hecho de que pueda existir una **opinión favorable del auditor** de cuentas, sin salvedades, a las cuentas anuales de la mercantil, no se puede equiparar, ni implica «per se» que las declaraciones fiscales presentadas por esta sean correctas.
Las diferencias entre una auditoría de cuentas anuales y una Inspección de Hacienda son:
1. Su objeto es distinto: Análisis de las cuentas anuales de la mercantil en relación con la normativa contable, en un caso, y verificación de la situación tributaria en relación con las normas fiscales correspondientes, en otro.
2. Su fin es diferente: Evaluar el grado de fiabilidad de las cuentas anuales, en un caso, y examinar y, en su caso, corregir la tributación de la mercantil de acuerdo con los criterios específicos establecidos en la Ley de cada Impuesto, en otro.
3. Las personas que desarrollan dichas actividades son también distintas: Auditores que ejercen su actividad libremente, aunque sometidos a unos requisitos, frente a funcionarios del Estado.
4. Su alcance es diferente: En auditoría se utilizan técnicas de muestreo sin que se haga un análisis exhaustivo, operación por operación, de la actividad desarrollada por la empresa, mientras que la Inspección realiza un análisis con mayor profundidad del conjunto de operaciones realizadas.
En conclusión, un Informe favorable de auditoría es simplemente una **opinión de un experto** en la materia contable, al que no se puede atribuir mayor valor probatorio que el que tienen los documentos mercantiles-contables, valor al que se refiere el CCom art.31 (TEAC 27-5-24).
3) La Inspección debió haber utilizado la **estimación indirecta** para determinar la base imponible, porque consta que solo contó con parte de la documentación contable y fiscal de la entidad inspeccionada. El recurrente no pudo aportar el resto de la **documentación** porque le fue **sustraída**, lo cual denunció (TSJ C.Valenciana 16-5-06, EDJ 296728).
4) Se admiten los libros de contabilidad debidamente legalizados como medio de prueba para acreditar el período impositivo al que debe resultar imputable la **renta presunta** derivada de deudas inexistentes registradas en contabilidad, rechazando que puedan ser excluidos bajo el argumento de que no reflejan la imagen fiel de la entidad. Si la contabilidad está legalizada y se lleva correctamente (salvo el registro del pasivo ficticio), puede ser elemento de prueba del momento en que se generó la renta así como del período impositivo al que resulte imputable (TS 5-10-12, EDJ 221481; TEAC 21-3-13).

Facturas (LGT art.106.3 y 4; Rgto Fac; OM EHA/962/2007) La Ley propia de cada tributo puede exigir **requisitos formales** de deducibilidad para determinadas operaciones que tengan relevancia en la cuantificación de la obligación tributaria. **3269**
Los **gastos deducibles y las deducciones** que se apliquen, cuando procedan de operaciones realizadas por empresarios o profesionales, deben justificarse de forma prioritaria mediante la factura entregada por el empresario o profesional que haya realizado la correspondiente operación que cumpla los requisitos señalados en la normativa tributaria.
Sin perjuicio de lo anterior, de forma explícita, la LGT recoge doctrina y jurisprudencia consolidada, que entiende que la factura no constituye un medio de prueba privilegiado respecto de la **existencia de las operaciones**, por lo que una vez que la Administración cuestiona fundadamente su efectividad, corresponde al obligado tributario aportar pruebas sobre la realidad de las operaciones. De esta forma se evitan las dudas interpretativas sobre el posible carácter privilegiado de las facturas como medios de prueba.
No obstante, la factura es un documento privado que puede valorarse y contrastarse con **otros medios** de prueba, por lo que la Inspección podrá verificar la efectividad o falsedad de la factura. La factura no prueba por sí sola la necesidad de un gasto ni la afectación del mismo a la actividad; en la mayoría de los casos se deducirá de la naturaleza de las operaciones, pero en otros casos deberá ser probada por el interesado. Así ocurre, por ejemplo, con los gastos de representación (viajes, comidas, etc.), en los que habrá de valorarse si su cuantía es razonable en función de las circunstancias concretas del caso.
En los casos en que el interesado **no** dispone de **factura** completa, se ha de distinguir su tratamiento en función del impuesto:
• En **IRPF** e **IS**, aunque no se disponga de factura completa, si queda acreditada la efectividad del gasto y su afectación a la actividad, se admite la deducibilidad del gasto.
• En **IVA**, sin embargo, al ser un impuesto formalista cuya Ley reguladora exige para la deducibilidad del impuesto la posesión de factura completa y su contabilización, no es posible dicha deducibilidad en tanto no se disponga de factura con todos los requisitos exigidos por la normativa del Impuesto.
Las facturas pueden expedirse en **papel** y en formato **electrónico**.

Precisiones **1)** Se ha de diferenciar la trascendencia que tiene la factura desde el punto de vista de su eficacia probatoria en los procedimientos tributarios y el especial significado de la misma a efectos del **IVA**. La factura en el IVA no es un mero medio de prueba, es un **requisito de deducibilidad** establecido por la normativa comunitaria y por la Ley (TS 8-11-04, EDJ 192492). **3271**
2) La realidad de la prestación de los servicios es muy distinta de la formalidad de emitir una factura por una sociedad existente en el Registro Mercantil y con NIF; es la entidad que deduce las cuotas quien ha de acreditar la realidad de la prestación. La Administración no ha de probar la inexistencia de las prestaciones, hecho que, al ser negativo, es de problemática o imposible probanza. En

materia de acreditación de gastos, mientras la declaración de ingresos tiene una trascendencia social positiva, porque el contribuyente no va a declarar ingresos que no percibe, los **gastos deducibles** en cambio, de signo contrario al incremento de la deuda tributaria, requieren para su aceptación que se acrediten fehacientemente por cuanto comprometen un interés público (TS 26-7-94, EDJ 7108). Por eso, la incumbencia probatoria recae sobre quien pretende disminuir el importe de la deuda tributaria a través de una relación de gastos deducibles (TEAC 28-4-09; 11-9-17).

b. Prueba testifical en el ámbito tributario

(LEC art.299)

3275 La prueba testifical se refiere a la declaración prestada por personas que **no** son **parte** en el procedimiento, sobre hechos que han presenciado y que son objeto de controversia.

Se diferencia de la **confesión** en que la declaración se efectúa por personas que no son parte en el procedimiento. Respecto a la prueba **pericial**, se diferencia de esta en que no se requiere especiales conocimientos científicos, artísticos o prácticos.

La **valoración** de las declaraciones de testigos se realiza conforme a las reglas de la sana crítica, teniendo en cuenta la razón de ciencia que hayan dado, las circunstancias que en ellos concurran y los resultados de las pruebas practicadas. Rige en nuestro ordenamiento el principio de la libre apreciación y la valoración conjunta de la prueba (nº 3220).

En muchos casos, la prueba testifical en los procedimientos tributarios se documenta en **diligencia**, a la que suelen acompañarse certificados, facturas, contratos u otros documentos, por lo que se contará con otros medios de prueba.

Como supuestos de testimonios en el ámbito tributario se pueden citar:

• Los informes emitidos por los actuarios de la **Inspección**, bien a instancia de otros órganos o por venir exigidos por la normativa vigente.

• Los datos, informes, antecedentes y justificantes con trascendencia tributaria obtenidos en virtud de las obligaciones de **información** (LGT art.93 redacc L 13/2023).

• Los datos proporcionados por los **denunciantes**.

• La información recabada por la Inspección de los **trabajadores o empleados** sobre cuestiones relativas a las actividades en que participen (RGGI art.173.5.a).

En ocasiones, la prueba testifical ha sido alegada por el interesado, en otras por la Inspección tributaria. Así, se admite la validez de una liquidación tributaria girada a un sujeto pasivo sobre la base de los **datos obtenidos de terceros**, sin que ello suponga indefensión, siempre que al sujeto pasivo se le dé la oportunidad de alegar lo que estime conveniente en defensa de su derecho, para poder desvirtuar los datos que obran en poder de la Administración.

3277 Precisiones **1)** La Inspección realiza requerimientos a los **compradores de pisos** para, junto con la aportación de justificantes de **medios de pago**, acreditar que los precios de venta de los inmuebles fueron superiores a los consignados en las escrituras públicas de venta. Estos últimos precios son los consignados en la contabilidad y en las autoliquidaciones del contribuyente. El contribuyente alega que las declaraciones prestadas por los compradores no se ajustaron a las previsiones de la LEC para la prueba testifical. La sentencia señala que no nos hallamos ante una prueba judicial, por lo que el procedimiento previsto en la LEC para la prueba testifical no es aplicable al procedimiento de aplicación de los tributos (AN 14-1-03, EDJ 251051).

2) Las **manifestaciones** realizadas **por un tercero** en un procedimiento inspector deben ser calificadas como de prueba testifical. Las manifestaciones del tercero deben ser objeto de contradicción por el sujeto pasivo para que este último pueda ejercitar con garantía su derecho a la defensa (TSJ Madrid 25-5-04, EDJ 101106).

3) Se **denuncia** la existencia de doble contabilidad por **trabajadores de la entidad** inspeccionada. Los trabajadores tenían un pleito pendiente con la entidad. Es intrascendente que concurran en los mismos las causas de tacha de los testigos. Los hechos denunciados se corroboraron por la inspección, que reconoció la existencia de operaciones no contabilizadas, y por el propio representante de la empresa, que dio su conformidad a las actas de liquidación (AN 12-12-01, EDJ 103079).

c. Dictamen de peritos

(LEC art.299 y 335)

3285 Las **condiciones** para la admisibilidad de este medio de prueba son:

- Que verse sobre cuestiones de hecho.
- Que esos hechos sean relevantes en el asunto.
- Que para conocer o apreciar dichos hechos, resulte necesario o conveniente conocimientos científicos, artísticos, técnicos o prácticos.

Se ha de garantizar no solo la idoneidad del perito, sino también su **objetividad e imparcialidad**.

En la normativa tributaria se hace referencia a este medio de prueba en los preceptos dedicados a la **comprobación de valores** (LGT art.57, 134 y 135; RGGI art.157 s.).

La **valoración** de este medio de prueba se realiza conforme a las reglas de la sana crítica. Por tanto es de libre apreciación.
Como supuestos de actuación pericial en el **procedimiento inspector** se pueden citar entre otros:
a. El dictamen pericial para el cotejo de firmas.
b. El dictamen pericial en supuestos de aplicación del método de estimación indirecta, cuando se precise la concurrencia de un experto para la estimación de rendimientos.
c. En la comprobación de valores, en la tasación pericial contradictoria.

Precisiones 1) La circunstancia de que un **economista** pueda presentar un informe en vía económico-administrativa, sustraído al conocimiento de la Administración tributaria, en el que se reflejan salidas de dinero de determinadas sociedades del causante a su favor, nada puede probar, al tratarse de una prueba documental integrante del expediente administrativo que no reúne las garantías propias de cualquier dictamen pericial, que debe realizarse conforme a la LEC art.335 s. (TSJ Cataluña 11-10-17, EDJ 271321).
2) Resultan especialmente significativos los **informes de valoración** intermedia de obra elaborados por una entidad tasadora a los efectos de valorar el inmueble para obtener una garantía hipotecaria, en la medida en que certifican un aumento de la productividad del mismo (TEAC 27-5-24).

5. Presunciones en materia tributaria

(LGT art.108)

Las presunciones constituyen un mecanismo para la **fijación de los hechos** relacionados con la prueba; no constituyen un verdadero medio de prueba. **3290**
La presunción consiste en tener por cierto un hecho (hecho presunto) a partir de la fijación de otro distinto (el hecho incidente o base). El hecho base debe acreditarse por cualquier medio de prueba.
Las presunciones se clasifican en legales y simples.

Presunciones legales (LGT art.108) Son las establecidas por la normativa; pueden clasificarse en dos tipos: **3292**
1) Presunciones **absolutas** o «iuris et de iure». Son aquellas presunciones que no admiten prueba en contrario. En cuanto a su establecimiento, quedan sujetas al principio de **reserva de ley.**
2) Presunciones **relativas** o «iuris tantum». Son aquellas presunciones que admiten prueba en contrario. Pueden establecerse por norma legal o reglamentaria.
En **materia tributaria** las presunciones legales son «iuris tantum» o relativas, salvo que una norma de rango legal les atribuya el carácter de absoluta o «iuris et de iure».
Las presunciones legales no producen una **inversión de la carga de la prueba** sino una modificación en el objeto de la prueba. La presunción conduce a que el hecho que ha de acreditarse es el hecho base.
Tratándose de presunciones relativas, una vez demostrado el hecho base, la parte no favorecida por la presunción puede aportar y proponer los medios de prueba que estime oportunos para destruir la certeza del hecho presunto.
La LGT recoge una presunción iuris tantum relativa a la **titularidad de bienes y derechos**. En virtud de dicha presunción, la Administración tributaria puede considerar como titular de cualquier bien, derecho, empresa, servicio, actividad, explotación o función a quien figure como tal en un registro fiscal o en otros de carácter público, salvo prueba en contrario.

Precisiones Frente a la presunción «iuris tantum» de la existencia de un **incremento no justificado** de patrimonio, el contribuyente no aporta elementos de juicio que permitan desvirtuarla, por lo que la liquidación girada resulta procedente (AN 1-3-07, EDJ 16310). **3294**

Presunciones simples (LGT art.108.2) Las presunciones simples u «hominis» son aquellas que se fundamentan en un juicio lógico. Se trata de una prueba por **indicios**. **3296**
Para que estas presunciones no establecidas por las normas sean admisibles como medio de prueba, es indispensable que entre el hecho demostrado y aquel que se trata de deducir haya un **enlace preciso y directo** según las reglas del criterio humano.
De conformidad con la **doctrina** del **TEAC** tal enlace se da cuando concurren los siguientes requisitos:
- seriedad, es decir, que exista un auténtico nexo o relación entre el hecho conocido y la consecuencia extraída que permita considerar a esta como extremadamente posible dentro de un orden lógico;

- precisión, es decir, que el hecho o hechos conocidos estén plena y completamente acreditados y sean claramente reveladores del hecho desconocido que pretende demostrarse; y
- concordancia entre todos los hechos conocidos, los cuales deben conducir a la misma conclusión.

3298 Precisiones 1) La prueba por indicios es habitualmente utilizada para probar supuestos de **simulación** y constituye un medio de prueba que se ha admitido incluso en el **orden penal**, con capacidad para destruir la presunción de inocencia (ver nº 7610 s.).
2) Acreditada la existencia de unos **pagos por los compradores** de las viviendas en cuantía superior al precio declarado, la Administración hizo uso del mecanismo de la presunción, a fin de concluir que entre el hecho probado (la existencia de determinados pagos) y el hecho que se pretendía probar (que el beneficiario de dichos pagos era el sujeto pasivo) existía el enlace preciso y directo exigido por el precepto. Para la válida utilización de las presunciones es necesario que concurran los siguientes **requisitos**: que aparezcan acreditados los hechos constitutivos del indicio o hecho base; que exista una relación lógica precisa entre tales hechos y la consecuencia extraída; y que esté presente el razonamiento deductivo que lleva al resultado de considerar probado o no el presupuesto fáctico contemplado en la norma para la aplicación de su consecuencia jurídica (AN 14-1-03, EDJ 251051).
3) En la prueba por **indicios** nos encontramos con una serie de hechos que deben estar acreditados, que separadamente pueden no significar nada pero que, **considerados en su conjunto**, llevan a una determinada conclusión mediante un razonamiento lógico. En el caso concreto existen, al menos, tres hechos acreditados:
- la imposibilidad por parte del sujeto pasivo de justificar la realidad de los servicios a que se refieren las facturas cuestionadas;
- todas las facturas son por el mismo importe a pesar de referirse a servicios diferentes y cada uno de los emisores de las mismas ha presentado sus facturas y por un importe acorde con la participación del 25% de cada socio;
- existe vinculación entre cada uno de los emisores de las facturas y el receptor.
Todo ello pone de manifiesto para la Administración tributaria que ha existido un reparto encubierto de beneficios, sin que ni siquiera pueda entenderse que se trate de un posible rendimiento del trabajo (TSJ Murcia 21-5-08, EDJ 248319).
4) Al encontrarse en este caso no solo ante una liquidación sino también ante una **sanción tributaria**, de acuerdo con la jurisprudencia del Tribunal Supremo, para que pueda admitirse la prueba de indicios deben cumplirse los requisitos constitucionales y jurisprudenciales exigidos para esta prueba en el **proceso penal**. Así, desde el punto de vista formal se requiere que se expresen los hechos que se consideran probados y que son el fundamento de la deducción o inferencia, y que se recoja el razonamiento a través del cual, partiendo de los indicios, se ha llegado a la convicción, mientras que desde el punto de vista material es necesario que los indicios estén plenamente acreditados, que sean plurales o excepcionalmente uno de singular potencia acreditativa, que sean concomitantes al hecho que se pretende probar y que estén interrelacionados reforzándose entre sí, amén de que la inducción o inferencia sea razonable conforme a las reglas de la lógica y de la experiencia y no exista una explicación alternativa (TEAR La Rioja 1-8-12).
5) En cuanto a las **ventas ocultas** efectuadas, a falta de prueba directa, se presumen por las compras y el ramo de comercio, utilizándose un sistema de estimación indirecta. De los comerciantes del ramo se ha tomado en consideración las compras consumidas y el ingreso de explotación declarado (TSJ Castilla-La Mancha 7-3-16, EDJ 60323).
6) Resulta totalmente pertinente tomar como prueba indiciaria el reconocimiento por parte del único cliente del recurrente de la falta de **veracidad** de los **trabajos** y correspondientes **facturas**, circunstancia esta acreditada por la inspección (TSJ Asturias 26-4-17, EDJ 86950).
7) La existencia del **control efectivo de la sociedad** sobre la que recae la prohibición de disponer puede justificarse mediante la prueba indiciaria o presunciones no establecidas legalmente.
Las relaciones familiares son un elemento esencial para acreditar el control efectivo de una sociedad por parte del grupo familiar, o de uno de sus integrantes en beneficio de todos. Así, a partir de hechos demostrados -deuda tributaria cierta, relación familiar directa del deudor con el resto de partícipes de la sociedad, deudor que ocupa el cargo de administrador pasando a ser sustituido por otros miembros del grupo familiar (hijos), manteniendo la autorización para operar con algunas cuentas bancarias-, se establece una presunción de control efectivo, con la que evidentemente aquéllos tienen «un enlace preciso y directo según las reglas del criterio humano», tal y como exige la LGT art.108.2 (TEAC 24-9-19; 28-1-20).
8) La **prueba directa** es el procedimiento probatorio consistente en la observación inmediata del hecho al que se refiere el enunciado. Generalmente, el hecho que se pretende probar mediante prueba directa surge sin necesidad de raciocinio del medio o la fuente de prueba.
La **prueba indirecta** es el procedimiento probatorio que permite llegar al hecho que se prueba a partir de otros, mediante un proceso inferencial.
El TC ha reiterado que la prueba de cargo puede ser por indicios siempre que se cumplan los siguientes requisitos (TEAC 22-5-24):
- la prueba indiciaria debe partir de hechos plenamente probados; y
- los hechos constitutivos de delito deben deducirse de esos hechos probados a través de un proceso mental razonado y acorde con las reglas del criterio humano.

9) Los datos o sospechas de los que parte la Inspección son de **escasa relevancia**, a efectos de partir de ellos para determinar la conclusión a la que se pretende llegar, en el sentido de que la actora conocía la existencia de la trama defraudadora y participaba en ella como empresa distribuidora, ya que no se cumplen los requisitos legales exigidos para la prueba de indicios en la LGT art.108, en relación con la jurisprudencia que lo desarrolla, teniendo en cuenta, además, que ni tan siquiera en el acuerdo de liquidación se hace referencia a que se esté empleando por la Administración la prueba de indicios para determinar la base de la regularización efectuada (TSJ Madrid 18-10-23, EDJ 739289).

Certeza de las autoliquidaciones, declaraciones y demás documentos presentados por los obligados tributarios (LGT art.108.4) Los **datos y elementos de hecho** consignados en las autoliquidaciones, declaraciones, comunicaciones y demás documentos presentados por los obligados tributarios se presumen ciertos para ellos y solo pueden rectificarse por los mismos mediante prueba en contrario. 3300

No cabe entender que el reconocimiento de los hechos incorporados a las declaraciones, autoliquidaciones u otros documentos presentados por el obligado tributario permita excluir la actividad probatoria de la Administración, sino que significa que aquel queda **vinculado** a esos hechos admitidos, no ya solo en virtud de la teoría de los actos propios, sino también por imperativo legal, salvo que el obligado pruebe que incurrió en error de hecho al reconocer los hechos. En consecuencia, la aceptación de los hechos por el interesado solo comporta una facilidad probatoria a la Administración, pero no la exonera de su comprobación o verificación.

También se presumen ciertos los datos incluidos en declaraciones o contestaciones a **requerimientos** en cumplimiento de la obligación de suministro de información (LGT art.93 -redacc L 13/2023- y 94) y que vayan a utilizarse en la regularización de la situación tributaria de otros obligados tributarios. Sin embargo, si dicho obligado tributario alega la inexactitud o falsedad de los mismos deberán ser contrastados; para ello, podrá exigirse al declarante que ratifique y aporte prueba de los datos relativos a terceros incluidos en las declaraciones presentadas.

Precisiones **1)** La norma tributaria (LGT art.180.4) impone a quien se equivoca en los hechos consignados en su declaración tributaria la carga de probar el **error de hecho**, si quiere obtener el reconocimiento administrativo de su equivocación. No obstante, es tarea de la Administración tributaria delimitar y cuantificar dicho error ejercitando al efecto sus potestades de comprobación (TSJ C.Valenciana 29-3-17, EDJ 94275).

2) En el **modelo 840** la entidad consignó por error una superficie del local muy superior a la dedicada a la actividad. Adjunta como prueba recibo del IBI, donde consta la referencia catastral, y consulta descriptiva y gráfica del catastro, donde se indica la superficie total del inmueble y su distribución. Resulta evidente que existió un error de transcripción al hacer constar los metros, deslizándose un cero más a la hora de hacer el cálculo de los mismos (TSJ C.Valenciana 11-5-15, EDJ 140623).

3) La **escritura de subsanación-rectificación** por si sola no sirve para acreditar el error alegado, pues es precisa la prueba suficiente del error. Si bien la escritura de rectificación constituye uno de los medios de prueba apto para acreditar la existencia de un error de hecho en una escritura anterior, el solo otorgamiento de esta escritura no es suficiente para entender probada la incorrección de los datos de la escritura anterior. El notario autorizante solo da fe de los datos que suministran los intervinientes, recayendo sobre quien afirma la existencia del error la carga de demostrar el mismo (TSJ C.Valenciana 4-5-15, EDJ 140630).

4) La mercantil pagadora presenta el **modelo 190** y la Administración imputa al contribuyente los rendimientos del trabajo que aparecen como percibidos. Al no ser el contribuyente quien presenta la declaración tributaria, este ni reconoce dichos ingresos ni se vincula en los términos de la LGT art.108.4. En este supuesto la carga de la prueba recae sobre la Administración, que debe probar los hechos en que se apoya la liquidación (TSJ C.Valenciana 1-7-16, EDJ 147963).

5) La LGT art.108.4 no es una norma procesal en **materia de prueba** que dispense a la Administración de demostrar los hechos contenidos en las declaraciones tributarias si son controvertidos por un tercero, sino un recurso de orden técnico para dar virtualidad y eficacia a lo declarado y vincular con ello al declarante en su acto propio de manifestación de voluntad, de la que solo podrá desdecirse en casos excepcionales y tasados, fundados en el error de hecho (TS 21-12-22, EDJ 799646).

6) Queda acreditado que el contribuyente desconocía en el momento de la autoliquidación el adecuado valor catastral del bien, **destruyendo la presunción** iuris tantum de veracidad de las autoliquidaciones presentadas (TSJ C.Valenciana 29-5-23, EDJ 623006).

Distribución lineal de la cuota anual (LGT art.108.5) En el caso de obligaciones tributarias con **periodos de liquidación inferior al año**, se puede realizar una distribución lineal de la cuota anual que resulte entre los periodos de liquidación correspondientes siempre que concurran las siguientes circunstancias: 3302

- imposibilidad para la Administración Tributaria, en base a la información obrante en su poder, de atribuirla a un periodo de liquidación concreto conforme a la normativa reguladora del tributo; y

- no justificación por el obligado tributario, requerido expresamente a tal efecto, de la procedencia de un reparto temporal diferente.

Precisiones Esta presunción se reproduce de forma específica en la **estimación indirecta** (nº 4700).

III. Duración del procedimiento inspector

(LGT art.150)

3310

3312 En los siguientes puntos se desarrolla y analiza la regulación que sobre la duración del procedimiento inspector, con las modificaciones introducidas por la L 11/2021 desde el 11-7-2021 con la finalidad de mejorar la lucha contra el fraude. En el ámbito del procedimiento inspector, esta ley incorporó un nuevo supuesto de suspensión, derivado de la aplicación de determinados instrumentos dirigidos a facilitar la cooperación y coordinación de las administraciones tributarias del Estado con las administraciones forales (nº 3390 s.).

3315 Precisiones 1) Sobre la jurisprudencia relativa a **dilaciones e interrupciones justificadas**, ver nº 2459 s. y nº 2462.1 s. Memento Procedimientos Tributarios 2024-2025.
2) Respecto a los obligados tributarios afectados por la **DANA**, ver nº 3337 s.

1. Plazo de duración de las actuaciones inspectoras

(LGT art.150.1)

3320 Se exponen a continuación las circunstancias que determinan si el plazo de duración de las actividades inspectores es el plazo general (nº 3322), o el plazo especial (nº 3324 s.), las medidas específicas como consecuencia de la DANA (nº 3337), así como la reglas para su cómputo (nº 3338 s.).

Precisiones Lo dispuesto en la LGT, a excepción de las normas relativas a los recargos por declaración extemporánea, es aplicable respecto de los tributos que integran la **deuda aduanera** prevista en la normativa de la UE, en tanto no se oponga a la misma (LGT disp.adic.20ª). Ello resulta compatible con el sistema de fuentes previsto en la LGT que señala que los tributos se rigen por lo dispuesto en la LGT, teniendo primacía sobre esta lo previsto en la Const, en los tratados y convenios internacionales y en las normas de la UE (LGT art.7).
Así, en materia de deuda aduanera en los procedimientos de aplicación de los tributos, los efectos del incumplimiento del plazo máximo para dictar resolución y de la falta de resolución son los previstos en la normativa de la UE. No son, por tanto, de aplicación los efectos previstos, entre otros, en LGT respecto a los plazos de resolución y efectos de la falta de resolución expresa (LGT art.104) o los **plazos de duración del procedimiento inspector** (LGT art.150). Si en la normativa de la UE no se ha previsto el efecto del silencio administrativo, este es siempre negativo. La caducidad del procedimiento solo puede declararse si transcurre el plazo máximo previsto en la normativa de la UE para notificar la deuda al obligado tributario.

3322 **Plazo general de duración** (LGT art.150.1) Las actuaciones del procedimiento de inspección se deben llevar a cabo en un plazo máximo de **18 meses**. Por tanto, entre el inicio y la finalización de las actuaciones del procedimiento inspector, no puede mediar un período superior a los 18 meses, salvo que concurra alguna de las circunstancias que permiten aplicar el plazo especial del nº 3324, con la salvedad prevista para el supuesto de concurrencia de alguno de los supuestos de suspensión del cómputo de dicho plazo (nº 3355 s.).

Precisiones 1) Se trata de un **plazo máximo** de duración sin que resulte preciso que el procedimiento inspector deba finalizar en dicho plazo, pudiendo finalizar antes una vez concluidas las actuaciones.
2) Respecto a los obligados tributarios afectados por la **DANA**, ver nº 3337 s.

3324 **Plazo especial de duración** (LGT art.150.1) Además del plazo general de duración del procedimiento inspector (nº 3322), se establece un plazo especial de **hasta 27 meses** cuando concurra alguno de los **supuestos** siguientes relativos a la cifra anual de negocios del obligado tributario (nº 3326) o a la integración en un grupo de sociedades (nº 3330) en cualquiera de las obligaciones tributarias o períodos objeto de comprobación. Además, debe tenerse en cuenta que existe una regla especial aplicable cuando se esté comprobando a varias personas o entidades vinculadas (nº 3334).

Precisiones 1) Se trata de un **plazo máximo** de duración sin que resulte preciso que el procedimiento inspector deba finalizar en dicho plazo, pudiendo finalizar antes una vez concluidas las actuaciones.
2) Respecto a los obligados tributarios afectados por la **DANA**, ver nº 3337.

Cifra anual de negocios (LGT art.150.1) El plazo máximo de duración del procedimiento inspector es de hasta **27 meses** cuando, en cualquiera de las obligaciones tributarias o períodos objeto de comprobación, la cifra anual de negocios del obligado tributario es igual o superior a la requerida para **auditar sus cuentas** (actualmente, 5.700.000 euros -LSC art.263-). 3326
No obstante, deben tenerse en cuenta que, en relación con las **fundaciones**, una de las circunstancias que determina la obligación de auditar sus cuentas es que el importe neto de su volumen anual de ingresos por la actividad propia más, en su caso, el de la cifra de negocios de su actividad mercantil, sea superior a 2.400.000 euros (L 50/2002 art.25.5.a). Por lo tanto, el importe de la cifra de negocios que se debe considerar cuando se inicien actuaciones inspectoras en relación con una fundación para determinar si está sujeta al plazo general o especial de duración del procedimiento es de 2.400.000 euros.

Precisiones 1) La condición de que la cifra anual de negocios debe ser igual o superior a una determinada cantidad, ha de cumplirse respecto al **ejercicio** o ejercicios que son objeto de actuaciones inspectoras, no al ejercicio en el que se desarrollan dichas actuaciones. 3328
2) La **cifra de negocios** comprende los importes de la venta de los productos y de la prestación de servicios u otros ingresos correspondientes a las actividades ordinarias de la empresa, deducidas las bonificaciones y demás reducciones sobre las ventas así como el IVA, y otros impuestos directamente relacionados con la mencionada cifra de negocios, que deban ser objeto de repercusión (CCom 35.2).
3) La cifra de negocios que se debe tener en cuenta para determinar el plazo del procedimiento es la cantidad **declarada**, no la comprobada.

Grupo de sociedades (LGT art.150.1) El plazo máximo de duración del procedimiento inspector es de hasta 27 meses cuando, en cualquiera de las obligaciones tributarias o períodos objeto de comprobación, el obligado está integrado en un grupo sometido al régimen de **consolidación fiscal del IS** o al régimen especial de **grupo de entidades del IVA** que esté siendo objeto de comprobación inspectora. 3330
Ver, también, los supuestos de vinculación en el nº 3334.

Ejemplos 1) El 1-4-X4 se notifica el inicio de un procedimiento inspector a una entidad que forma parte de un grupo de sociedades que ha optado por el régimen especial de consolidación fiscal del IS y, de forma simultánea, se está instruyendo un procedimiento inspector dirigido a comprobar este impuesto respecto del grupo. El procedimiento inspector tendrá un plazo máximo de duración de 27 meses por lo que debe concluir como máximo el 30-6-X6. 3332
2) El 1-4-X6 se notifica el inicio de un procedimiento inspector a una entidad que es la entidad dominante de un grupo de entidades del IVA que ha optado por el régimen especial. El procedimiento inspector tendrá un plazo máximo de duración de 27 meses por lo que debe concluir como máximo el 30-6-X8.

Supuestos de vinculación (LGT art.150.1) Cuando se esté comprobando a varias personas o entidades vinculadas y en alguna de ellas concurra cualquiera de los supuestos citados en el nº 3326 y en el nº 3330, también resulta de aplicación el plazo especial de duración del procedimiento, respecto de todas las personas vinculadas objeto de comprobación. 3334
Pueden producirse dos **circunstancias**:
1. En el momento de iniciarse un procedimiento con una entidad X, que no reúne las circunstancias para aplicar el plazo especial de duración del procedimiento, ya se ha iniciado un procedimiento con una vinculada Y que sí las reúne y ese procedimiento no ha finalizado. En este caso, se aplica el plazo especial de duración al procedimiento de la entidad X, del que se informará en la comunicación de inicio.
2. En el momento de iniciarse un procedimiento con una entidad X, que no reúne las circunstancias para aplicar el plazo especial de duración del procedimiento, no se ha iniciado ningún procedimiento con la vinculada Y que sí las reúne. Si mientras se está tramitando el procedimiento seguido con X se inicia otro con la vinculada Y, el plazo del procedimiento seguido con la entidad X, si bien se le comunicó que era el plazo general de duración, tras el inicio del procedimiento respecto de Y pasa a ser el plazo especial desde la notificación de la comunicación de inicio, lo que se debe poner en conocimiento de la entidad X.

Precisiones Existe vinculación en supuestos previstos en la **normativa del IS** (LIS art.18.2). Para apreciar que concurre esta circunstancia es necesario que se hayan iniciado distintos procedimientos de inspección en relación con dos o más de estas personas o entidades vinculadas y que respecto de todas o de alguna de ellas concurra alguna de las circunstancias que permiten aplicar el plazo especial de duración del procedimiento.

3336 Ejemplo Se notifica a una entidad Y el inicio de un procedimiento inspector para comprobar el IS correspondiente a los ejercicios X1 y X2. Como dicha entidad tiene una cifra anual de negocios de 6.000.000 euros, el plazo máximo de duración del procedimiento inspector será de 27 meses. Asimismo, se inicia otra comprobación respecto de una sociedad Z, vinculada con la anterior, cuya cifra anual de negocios es de 3.000.000 euros. La existencia de vinculación entre ambas entidades supone que a la entidad Z también se le aplicará el plazo máximo de 27 meses para realizar las actuaciones inspectoras.

3337 **Medidas específicas como consecuencia de la DANA** (RDL 6/2024; RDL 7/2024) Atendiendo a las dificultades que la situación excepcional generada por la DANA entraña para cumplir ciertas obligaciones tributarias y trámites en los procedimientos tributarios, se establecen determinadas medidas dirigidas a facilitar el cumplimiento de las referidas obligaciones.
Estas medidas son **aplicables** a los obligados tributarios cuyo volumen de operaciones en 2023 no hubiera superado los 6.010.121,04 euros, así como aquellos que no desarrollen actividades económicas cuando, a 28-10-2024, tuvieran bien su domicilio fiscal, bien su establecimiento de explotación o bienes inmuebles afectados a su actividad ubicado en cualquiera de los municipios o áreas afectadas por la DANA (RDL 6/2024 Anexo).
También se aplican, en las mismas condiciones, a los **grupos de entidades** en el IVA y a grupos de declaración consolidada en el IS cuya entidad dominante o representante, o cualquiera de sus dependientes esté domiciliada o tenga su establecimiento de explotación o bienes inmuebles declarados afectados a su actividad en un municipio afectado por la DANA.
Asimismo, se aplican a las obligaciones tributarias y trámites regulados por la LGT y sus reglamentos de desarrollo que se deban cumplir con las **Comunidades Autónomas y Entidades Locales** que tengan relación con los municipios afectados por la DANA, aunque no cumplan los requisitos establecidos (RDL 7/2024 art.10).
Las medidas adoptadas, para los obligados tributarios mencionados, en relación con los procedimientos tributarios son las siguientes (RDL 6/2024 art.8 redacc RDL 7/2024):
1) Ampliación de plazos: Se amplían hasta el 30-1-2025:
- los plazos de **presentación e ingreso** de las declaraciones y autoliquidaciones tributarias cuyo vencimiento se encuentre entre el 28-10-2024 y el 31-12-2024.
- los plazos para **atender requerimientos**, diligencias de embargo y solicitudes de información con trascendencia tributaria, para formular alegaciones ante actos de apertura del trámite de alegaciones o de audiencia dictados en procedimientos de aplicación de los tributos, sancionadores o de declaración de nulidad, devolución de ingresos indebidos, rectificación de errores materiales y de revocación y demás procedimientos de revisión que no hayan concluido el 28-10-2024. Si el plazo otorgado por la norma fuera superior, se aplica este. En cualquier caso, si el obligado tributario atiende el trámite correspondiente, este se entiende realizado;
- los plazos para **interponer recursos** de reposición o reclamaciones económico-administrativas contra actuaciones de la AEAT o referidas a tributos o derechos aduaneros gestionados por esta relativos a obligados tributarios que reúnan los requisitos exigidos, que no hayan finalizado el 28-10-2024. Si el plazo otorgado por la norma general es superior, se aplica este.
Las medidas de extensión de plazos **no son de aplicación** a (RDL 6/2024 art.17):
- la autoliquidación de los regímenes especiales aplicables a los sujetos pasivos que presten servicios a personas que no tengan la condición de sujetos pasivos;
- que efectúen ventas a distancia de bienes;
- que efectúen ciertas entregas interiores de bienes;
- a la declaración recapitulativa de operaciones intracomunitarias; ni
- a las declaraciones de intercambio de bienes dentro de la UE (intrastat).
2) Cómputo de plazos: El período que media entre el 28-10-2024 y el 30-1-2025 no computa a efectos del **plazo máximo de duración** de los procedimientos de aplicación de los tributos, sancionadores y de revisión tramitados por la AEAT ni de recuperación de las ayudas de Estado. La Administración sí puede impulsar, ordenar y realizar los trámites imprescindibles, los internos y aquéllos que no generen nuevos trámites a cumplimentar por los obligados tributarios.
Este período no computa a los efectos de los plazos de prescripción, de recuperación de ayudas de Estado ni de los plazos para iniciar el procedimiento sancionador.

3337.1 **3)** Suspensión de **plazos procesales** (RDL 6/2024 disp.adic.10ª; RDL 7/2024 disp.adic.12ª redacc RDL 8/2024; RDL 8/2024 art.28): Se suspenden e interrumpen los plazos previstos en las leyes procesales para todos los órdenes jurisdiccionales en los órganos judiciales con

sede en la provincia de Valencia, desde el 30/10/2024 al 1-12-2024. A efectos de su cálculo, no se tiene en consideración el plazo que ha transcurrido previamente, es decir, vuelven a computarse desde su inicio.
Esta suspensión no se aplica:
a) En la **jurisdicción penal**, a los procedimientos de habeas corpus, a las actuaciones encomendadas a los servicios de guardia, a las actuaciones con detenido, a las órdenes de protección, a las actuaciones urgentes en materia de vigilancia penitenciaria y a cualquier medida cautelar en materia de violencia sobre la mujer o menores.
b) El procedimiento para la protección de los **derechos fundamentales de la persona**.
c) Los procedimientos de **conflicto colectivo** y para la tutela de los **derechos fundamentales y libertades públicas**.
d) La autorización judicial para el **internamiento no voluntario** por razón de trastorno psíquico.
e) La adopción de medidas o disposiciones de **protección del menor**.
Mientras se encuentren suspendidos los plazos procesales, quedan a su vez suspendidos los plazos de **prescripción y caducidad** de cualesquiera acciones y derechos correspondientes a aquellos cuyo domicilio radique en alguno de los municipios del anexo, o que deba ejercitarse con carácter imperativo en sus partidos judiciales (RDL 6/2024 disp.adic.12ª; RDL 7/2024 disp.adic.12ª.5 redacc RDL 8/2024).
A su vez, se acuerda la **ampliación de plazos** para el anuncio, preparación, formalización e interposición de recursos contra sentencias y demás resoluciones que, conforme a las leyes procesales, pongan fin al procedimiento y que hubieran sido notificadas durante la suspensión de plazos, así como los que se comuniquen dentro de los 20 días hábiles siguientes al levantamiento de la suspensión (hasta el 13-1-2025, LO 6/1985 art.183 y 184). Estos procedimientos quedarán ampliados por un plazo igual al previsto para el anuncio, preparación, formalización o interposición del recurso en su correspondiente ley reguladora.
4) Duración máxima de los **procedimientos económico-administrativos**: Para los obligados tributarios (en este caso no es necesario que cumplan los requisitos establecidos anteriormente) con domicilio en alguno de los municipios afectados por la DANA (RDL 6/2024 Anexo) las resoluciones que pongan fin a los procedimientos económico-administrativos -a los efectos del plazo máximo de duración del procedimiento- se entenderán notificadas cuando se acredite un intento de notificación entre el 28-10-2024 y el 30-1-2025. No obstante, el plazo para **recurrir** la resolución no se inicia hasta que finalice dicho período o hasta que se produzca la notificación si esta se produce con posterioridad.
5) Los **vencimientos de los plazos de pago** se extienden hasta el 5-2-2025, tanto en período voluntario como ejecutivo, así como los vencimientos de los plazos de ingreso y de las fracciones de los acuerdos de aplazamiento y fraccionamiento concedidos, que no hayan concluido a fecha 7-11-2024. Si el plazo otorgado por la norma general es mayor, se aplica este.
6) Aplazamiento del ingreso de la deuda tributaria: se concede el **aplazamiento del ingreso** de la deuda tributaria correspondiente a las declaraciones-liquidaciones y autoliquidaciones cuyo plazo de presentación e ingreso finalice desde el 28-10-2024 al 30-1-2025, ambos inclusive, siempre que el importe de la deuda cuyo aplazamiento se solicita no supere los 50.000 euros.
Las **condiciones** del aplazamiento son:
- durante un plazo de 24 meses; y
- sin devengo de intereses de demora durante los primeros 6 meses.

Este aplazamiento es **aplicable** a determinadas deudas tributarias que no pueden ser objeto de aplazamiento o fraccionamiento (LGT art.65.2); concretamente a las retenciones e ingresos a cuenta a las derivadas de tributos que deban ser repercutidos a los pagos fraccionados del IS.

Cómputo del plazo (LGT art.150.2; RGGI art.103 y 104) El **inicio del cómputo** del plazo del procedimiento inspector se produce en la fecha en que se notifica al obligado tributario el inicio de dicho procedimiento. En la comunicación de inicio debe informarse al obligado tributario del plazo que le resultará aplicable (el general o el especial). 3338
En el caso de que las circunstancias por la que resulta de aplicación el **plazo especial** de duración (nº 3324 s.), se aprecien durante el desarrollo de las actuaciones inspectoras, el plazo aplicable es el plazo especial y se computa desde la notificación de la comunicación de inicio. Dicha circunstancia debe ponerse en conocimiento del obligado tributario.
Si bien a efectos del cómputo del plazo de los procedimientos de aplicación de los tributos, se establece que los periodos de **interrupción justificada** y las **dilaciones** por causa no imputable a la Administración no se incluyen en el cómputo del plazo de resolución (LGT art.104.2), no obstante, no resultan de aplicación tales períodos de interrupción y dilación al procedimiento inspector, al tener este una especial regulación en materia de plazos.

El plazo de duración del procedimiento inspector es **único para todas las obligaciones tributarias y períodos** que constituyan el objeto de dicho procedimiento, aunque las circunstancias para la determinación del plazo solo afecten a alguna de las obligaciones o períodos incluidos en el mismo, a excepción del supuesto de desagregación recogido en el nº 3401.

Precisiones Si se producen circunstancias sobrevenidas que permitan la **ampliación del plazo** máximo de duración, debe informarse a los afectados en el momento más inmediato a aquel en el que la Administración conozca las circunstancias determinantes de la ampliación del plazo (TEAC 22-4-24; 19-7-24).

3340 La **finalización de las actuaciones** del procedimiento de inspección se entiende producida en la fecha en que se notifique, o se entienda notificado, el acto o actos administrativos resultantes de las mismas.

De forma habitual este acto es la **liquidación**, si bien cabe la posibilidad de que en el procedimiento inspector no se formalice ningún acta ni se dicte liquidación alguna. En estos casos en que no proceda la formalización de un acta, el procedimiento inspector finaliza mediante acuerdo del inspector jefe (RGGI art.189.4). Ver nº 4616.

A los efectos de entender cumplida la **obligación de notificar** dentro del plazo máximo de duración del procedimiento inspector, resulta suficiente acreditar que se ha realizado un intento de notificación que contenga el texto íntegro de la resolución o resoluciones.

En el caso de sujetos obligados o acogidos voluntariamente a recibir notificaciones practicadas a través de **medios electrónicos**, a efectos de entender cumplida la obligación de notificar dentro del plazo máximo de duración del procedimiento, basta con la puesta a disposición de la notificación en la sede electrónica de la Administración tributaria o en la dirección electrónica (LPAC art.43.3; RD 203/2021 art.45.3).

Precisiones **1)** Es preciso distinguir cuando una **resolución se entiende notificada** con efectos generales, por ejemplo, para interponer recurso, que será cuando se produzca el acceso a su contenido, de cuando se entiende cumplida la obligación de notificar dentro del plazo máximo de duración del procedimiento (regla especial), que será con la puesta a disposición de la notificación en la sede electrónica de la Administración u Organismo actuante o en la dirección electrónica, sin que sea necesario el acceso a su contenido (TS 10-11-21, EDJ 734494).

2) Las personas o entidades obligadas a recibir comunicaciones y **notificaciones** administrativas **por medios electrónicos** se regulan en la LPAC art.14.2 y RD 203/2021 art.3.

3) Con independencia de que la notificación se realice en papel o por medios electrónicos, las administraciones públicas, organismos públicos o entidades de derecho público vinculados o dependientes envían al interesado o, en su caso, a su representante, **aviso** informativo de la puesta a disposición de la **notificación**, bien en la dirección electrónica, bien en la sede electrónica o sede electrónica asociada de la Administración u Organismo o Entidad o en ambas. No obstante, la falta de práctica de este aviso, de carácter meramente informativo, no impide que la notificación se considere plenamente válida (RD 203/2021 art.43).

4) El hecho de que se dictase un primer acuerdo de liquidación sin tener en cuenta las alegaciones del contribuyente no convierten al segundo acuerdo de liquidación (que corrige esa omisión) en inexistente o ajeno al procedimiento inspector. Cualquiera que sea la calificación jurídica que se otorgue a la **segunda liquidación**, esta es la que pone fin al procedimiento, la que lo resuelve y abre al interesado la vía impugnatoria correspondiente y la que determina el dies ad quem del cómputo del plazo de duración de las actuaciones de comprobación (TS 19-9-23, EDJ 688237).

3342 La **notificación del acto administrativo** resultante de las actuaciones del procedimiento inspector se entiende producida en distintos momentos, atendiendo al **tipo de acta** que se suscriba:

1) Actas con acuerdo (LGT art.155.5; RGGI art.186.7): una vez firmada, el órgano competente para liquidar (Inspector jefe) dispone de un plazo de 10 días hábiles, contados a partir del día siguiente al de la fecha del acta, para notificar al obligado tributario una liquidación que rectifique los errores materiales. Si no se produce dicha rectificación, la liquidación se entiende dictada y notificada el día siguiente al referido plazo de 10 días, conforme a la propuesta contenida en el acta (nº 4265 s.).

2) Actas de conformidad (LGT art.156.3; RGGI art.187.3): una vez firmada, el órgano competente para liquidar (Inspector jefe) dispone de un plazo de un mes, contado a partir del día siguiente al de la fecha del acta, para notificar al obligado tributario un acuerdo con alguno de los siguientes contenidos (ver nº 4365 s.):

a. Rectificar errores materiales: directamente se notifica el acuerdo de liquidación al obligado tributario.

b. Ordenar completar el expediente mediante la realización de las actuaciones complementarias: se deja sin efecto el acta, circunstancia que se ha de notificar al obligado tributario, y se realizan las actuaciones procedentes, dictándose nueva acta que sustituye a la anteriormente formalizada.

c. Confirmar la propuesta de liquidación contenida en el acta: directamente se notificará el acuerdo de liquidación al obligado tributario.
d. Estimar que en la propuesta de liquidación ha existido error en la apreciación de los hechos o indebida aplicación de las normas jurídicas: se dicta el acuerdo de rectificación conforme a los hechos aceptados en el acta por el obligado tributario, concediéndole un plazo de 15 días para que formule alegaciones. Tras dicho plazo se dicta la liquidación correspondiente, que se notificará al obligado tributario.
Si no se produce la notificación de alguno de dichos acuerdos en el plazo indicado, la liquidación se entiende dictada y notificada al día siguiente del plazo del mes, conforme a la propuesta contenida en el acta.
Todas las actuaciones que tengan su causa en cualquiera de los motivos enumerados anteriormente, deben realizarse dentro del plazo máximo de duración del procedimiento inspector. No obstante, debe tenerse en cuenta que el plazo del mes será objeto de suspensión, en los supuestos b y d, cuando resulte infructuoso el intento de notificación del acuerdo (nº 3378).
3) Actas de disconformidad (LGT art.157.3; RGGI art.188 redacc RD 249/2023): el obligado tributario puede formular alegaciones en el plazo de 15 días contados a partir de la fecha en que se haya extendido el acta o desde la notificación de la misma. El inspector jefe puede, en su caso, acordar la práctica de actuaciones complementarias y dictar la liquidación que proceda,que se notifica al interesado, siendo este el momento de la finalización del procedimiento (ver nº 4435 s.). En caso de que el inspector jefe no considere procedente rectificar la propuesta ni realizar actuaciones complementarias, debe dictar la liquidación dentro del plazo máximo del procedimiento.

El **calendario de días inhábiles** a efectos de cómputo de plazos debe ser publicado antes del comienzo de cada año por la Administración General del Estado y por las Administraciones de las Comunidades Autónomas, comprendiendo este último los días inhábiles de las entidades que integran la Administración local correspondiente a su ámbito territorial, a las que será de aplicación. **3344**
Cuando un día fuese hábil en el municipio o Comunidad Autónoma en que reside el interesado, e inhábil en la sede del órgano administrativo, o a la inversa, se considera inhábil en todo caso.

Precisiones **1)** Salvo que una ley o el Derecho de la UE contemple otro cómputo, cuando los **plazos** se expresan **por días**, se entiende que éstos son hábiles, excluyéndose del cómputo los sábados, los domingos y los declarados festivos (LPAC art.30.2). **3345**
2) Los **plazos** contemplados en la LGT que comienzan en la misma fecha de producción de un acto o su notificación (como es el inicio del procedimiento inspector) y que se computan por **meses**, finalizan en el día correspondiente al mismo ordinal que el de la notificación de inicio del procedimiento, en el mes correspondiente (TS 4-4-17, EDJ 34036; TEAC 19-2-19).
Si el último día del plazo fuera inhábil, se entiende prorrogado el plazo al primer día hábil siguiente (LPAC art.30.5).
3) Las resoluciones que aprueban el **calendario de días inhábiles** en el ámbito de la Administración General del Estado a efectos del cómputo de plazos se recogen en el siguiente cuadro (a fecha de cierre de esta edición no se ha publicad o la resolución que aprueba el calendariode días inhábiles para el año 2025):

Año	Resolución de la Secretaría de Estado de Función Pública
2021	Resol 4-12-20
2022	Resol 24-11-21
2023	Resol 1-12-22
2024	Resol 16-11-23

4) En los supuestos en los que se solicita autorización judicial para la entrada en domicilio, las actuaciones realizadas con carácter previo al inicio de un procedimiento de inspección tributaria, que se produce mediante su comunicación formal al obligado tributario, no deben considerase actuaciones inspectoras a efectos del cómputo del plazo de duración máxima regulado en la LGT art.150.1. Se trata de **actos preparatorios** del procedimiento de inspección y no forman parte del mismo, por lo que no son susceptibles de procurar el inicio de las actuaciones de comprobación e investigación (TS 7-7-20, EDJ 598587). **3346**
5) Se inician las actuaciones de carácter parcial correspondientes a un Impuesto, ampliándose con posterioridad el alcance de las mismas a otros conceptos y ejercicios. Existe una única actuación inspectora que se encauza a través de **un único procedimiento inspector**. A efectos del cómputo del plazo máximo de duración del procedimiento inspector, se debe considerar como fecha de inicio la de comunicación inicial (TS 14-5-15, EDJ 88077).

6) Para el cómputo del plazo de 12 meses (actualmente 18 o 27 meses) de duración del procedimiento inspector no se debe acudir a la L 30/1992 art.48.4 -actual L 39/2015 art.30.4-, relativo al **plazo para interponer recursos**, pues una cosa es el plazo para la interposición de un recurso, cuyo cómputo se inicia el día siguiente al de la notificación del acto administrativo que se impugna, y otra es el cómputo del plazo de 12 meses de duración del procedimiento inspector, cuyo cómputo se inicia el mismo día en que comienza el procedimiento (AN 22-4-10, EDJ 49057).
7) Fijado un plazo para la realización de las actuaciones inspectoras, advertido el sujeto pasivo con carácter general y al comienzo de estas, sobre las consecuencias del incumplimiento de sus obligaciones de comparecer o de aportar los documentos requeridos, no ha de reiterarse en cada uno de los **requerimientos y diligencias** (TS 20-7-15, EDJ 130385)
8) A efectos del cumplimento del plazo de duración del procedimiento inspector, la existencia de un **intento de notificación** se acredita con haber puesto a disposición el contenido del acto en la dirección electrónica al efecto (notificación por medios electrónicos), sin que pueda hacerse depender el cumplimiento de un plazo por parte de la Administración de la voluntad del interesado de acceder o no al contenido del acto (TEAC 12-1-17).

3348 Ejemplos **1)** El día 15 de junio se firma un **acta con acuerdo**. El plazo de los 10 días (hábiles) en los que el inspector jefe puede notificar una liquidación rectificando los errores materiales que pudiera contener el acta, se extiende desde el día 16 hasta el día 29 de junio (se añaden 4 días al tenerse que descontar 4 días no hábiles) entendiéndose dictada y notificada de forma tácita la liquidación, en defecto de tal acuerdo, el 30 de junio.
2) El día 15 de junio se firma un **acta de conformidad**. El plazo del mes en el que el inspector jefe puede notificar alguno de los acuerdos citados en el nº 3342, se extiende desde el 16 de junio hasta el 15 de julio, ambas fechas incluidas, entendiéndose dictada y notificada de forma tácita la liquidación en defecto de tales acuerdos el 16 de julio.

2. Suspensión del cómputo del plazo del procedimiento

(LGT art.150.3)

3355 A continuación analizamos los supuestos de suspensión previstos legalmente (nº 3360 s.), así como ciertas cuestiones de procedimiento comunes a los mismos (nº 3395 s.).

Precisiones Para obligados tributarios afectados por la **DANA**, ver nº 3337 s.

a. Supuestos de suspensión

(LGT art.150.3)

3360 La lista de períodos de suspensión del cómputo del plazo del procedimiento inspector es **tasada** sin que, en consecuencia, pueda considerase ningún supuesto distinto de los contemplados en un texto legal. Concretamente se establecen los siguientes:
- remisión al Ministerio Fiscal cuando no se practique liquidación (nº 3362 s.);
- orden de paralización por un juez o tribunal (nº 3366 s.);
- conflicto de competencias ante juntas arbitrales (nº 3370 s.);
- conflicto en la aplicación de la norma tributaria (nº 3374 s.);
- notificación infructuosa de propuesta de resolución, liquidación u orden de completar en actas de conformidad (nº 3378 s.);
- solicitud de pronunciamiento de la CNMV sobre el régimen especial de tributación en el IS de una institución de inversión colectiva (nº 3382 s.);
- fuerza mayor (nº 3386 s.);
- comunicación a las Administraciones afectadas en los supuestos previstos en la L 12/2002 art.47 ter (Concierto económico del País Vasco) y L 28/1990 art.46 bis (Convenio económico Comunidad Foral de Navarra) (nº 3390 s.).

3362 **Remisión al Ministerio Fiscal** (LGT art.150.3.a) El cómputo del plazo del procedimiento inspector se suspende por la remisión del expediente al Ministerio Fiscal o a la jurisdicción competente en aquellos casos en que por la Administración tributaria se estima que la infracción cometida por el obligado tributario puede ser constitutiva de **delito contra la Hacienda Pública**, sin que se practique liquidación.
La suspensión del cómputo del plazo tiene **efectos** desde la remisión hasta la fecha en que tenga entrada en el registro de la Administración tributaria la devolución del expediente por el Ministerio Fiscal o la resolución judicial por no apreciarse la existencia de delito.
Puede ocurrir que la Administración tributaria, tras haber pasado el tanto de culpa a la jurisdicción competente o remitido el expediente al Ministerio Fiscal por haber apreciado la existencia de acciones u omisiones que pudieran ser constitutivas de delito contra la Hacienda Pública, deba, con posterioridad, iniciar o continuar el procedimiento administrativo, por no

haberse apreciado tal existencia, bien porque la autoridad judicial hubiera dictado sentencia firme en la que no se aprecie la existencia de delito, ordenado el sobreseimiento o el archivo de las actuaciones, bien porque se hubiera producido la devolución del expediente por el Ministerio Fiscal. La continuación del procedimiento administrativo debe realizarse por el tiempo que reste hasta el plazo máximo de duración del procedimiento inspector o en el plazo de 6 meses si este es superior (LGT art.251.3).

Precisiones 1) En caso de practicarse **liquidación** no procedería la aplicación de esta causa de suspensión (ver nº 7738.1 s.).
2) La **pendencia** del **proceso penal** en el que se dilucidaba si el cónyuge de la recurrente debía satisfacer la cuota tributaria correspondiente a su esposa, producía el efecto reflejo de impedir a la Administración dirigirse contra la recurrente mientras el TS se pronunciaba al respecto. Las actuaciones inspectoras estaban suspendidas a la espera de la decisión que los órganos judiciales tomaran respecto a una cuestión que resultaba determinante de las facultades de la Administración para continuar aquellas frente a la recurrente, razón por la cual la suspensión de las actuaciones se encontraba justificada, produciendo el efecto suspensivo del plazo de prescripción tributaria propio de estas actuaciones (TS 19-6-17, EDJ 135213).
3) En el transcurso de un procedimiento inspector en el que se ha superado el plazo máximo de duración, la Inspección remite las actuaciones al Ministerio Fiscal (dentro del plazo de prescripción) que, tras las comprobaciones oportunas, dicta auto de sobreseimiento. El TS considera que la remisión de las actuaciones al Ministerio Fiscal o a la Jurisdicción penal tiene efecto autónomo de **interrupción de la prescripción**, aunque se realice en el seno de unas actuaciones inspectoras que han superado el plazo de duración máximo de las actuaciones previsto legalmente. La reanudación del cómputo de plazo de prescripción de la acción tributaria para liquidar se produce con la comunicación de la firmeza del auto de sobreseimiento por parte de la autoridad judicial a la Abogacía del Estado, representante de la Administración tributaria en el procedimiento penal, pues normativamente así se establece (TS 6-5-24, EDJ 556349).

Ejemplo El 1-4-X1 se notifica el inicio de un procedimiento inspector cuyo plazo de duración es de 18 meses y, durante su tramitación, la Administración tributaria remite el 1-7-X2 el expediente al Ministerio Fiscal por la posible existencia de delito contra la Hacienda Pública. El Ministerio Fiscal interpone la correspondiente querella ante el juzgado correspondiente. **3364**
El caso se sobresee mediante auto del juez, al considerar que el obligado tributario no ha realizado ninguna conducta que sea constitutiva de delito contra la Hacienda Pública, por lo que debe continuar el procedimiento administrativo.
Una vez que el expediente ha tenido entrada en el registro de la Administración tributaria competente (1-10-X4), la inspección dispone de hasta 6 meses para concluir el procedimiento, porque el plazo que restaba del procedimiento (3 meses) es inferior a dicho plazo de 6 meses.

Orden de paralización por un juez o tribunal (LGT art.150.3.b) El cómputo del plazo del procedimiento inspector se suspende por la recepción de una comunicación de un órgano jurisdiccional en la que se ordene la suspensión o paralización respecto de determinadas obligaciones tributarias o elementos de las mismas de un procedimiento inspector en curso. **3366**
La suspensión del cómputo del plazo tiene **efectos** desde la recepción de la comunicación hasta la fecha en que tenga entrada en el registro de la Administración tributaria el documento de cese de la suspensión.

Ejemplo Una vez iniciado un procedimiento inspector frente a un obligado tributario, se recibe comunicación judicial de paralización de las actuaciones inspectoras, dado que el obligado tributario, a raíz de una operación policial por blanqueo de capitales, figura como imputado en una causa penal abierta, cuyo resultado puede tener incidencia en la futura regularización de su situación tributaria. **3368**
Constituye un período de suspensión del cómputo del plazo del procedimiento inspector, el período desde la recepción de la comunicación judicial de paralización de las actuaciones hasta la recepción en el registro de la Administración tributaria de la resolución penal del caso, o de la comunicación de continuación de las actuaciones.

Conflicto de competencias ante juntas arbitrales (LGT art.150.3.c) El cómputo del plazo del procedimiento inspector se suspende por el planteamiento de un conflicto de competencias ante las juntas arbitrales (normativa relativa a las Comunidades Autónomas, L 28/1990, del Convenio Económico entre Estado y la Comunidad Foral de Navarra, y la L 12/2002, del Concierto Económico con el País Vasco). Cuando surge un conflicto las Administraciones afectadas lo deben notificar a los interesados y aquellas deben abstenerse de cualquier actuación ulterior. **3370**
La suspensión del cómputo del plazo tiene **efectos** desde el planteamiento del conflicto o recepción de la comunicación del mismo hasta la fecha en que tenga entrada en el registro de la Administración tributaria el documento de cese de la suspensión (la resolución dictada por la respectiva junta arbitral).

3372 Ejemplo El 1 de abril se inicia un procedimiento inspector respecto de un obligado tributario residente en La Rioja. El 1 de julio se plantea por una Diputación Foral un conflicto de competencias ante la junta arbitral por entender esta que la residencia del obligado tributario está en el País Vasco. El 3 de julio se recibe la comunicación del conflicto en el registro de la Administración de La Rioja. El 1 de octubre la junta arbitral dicta resolución señalando que el domicilio del obligado tributario está en La Rioja. Dicha resolución entra en el registro de la Administración tributaria el 10 de octubre. El período de suspensión comprende desde el 3 de julio al 10 de octubre.

3374 **Conflicto en la aplicación de la norma tributaria** (LGT art.150.3.d) El cómputo del plazo del procedimiento inspector se suspende por la notificación al interesado de la remisión del expediente de conflicto en la aplicación de la norma tributaria a la **Comisión consultiva**.
La suspensión del cómputo del plazo tiene **efectos** desde la comunicación al interesado de la remisión del expediente a la Comisión consultiva hasta la fecha en que tenga entrada en el registro de la Administración tributaria el informe emitido por dicha Comisión, con el límite máximo del plazo que tiene para emitir dicho informe. Este plazo es de tres meses, prorrogable por uno más mediante acuerdo motivado; es decir, la Comisión puede contar con un plazo total de cuatro meses (LGT art.159.1).

3376 Ejemplo El 15-11-X5 se inicia un procedimiento inspector para comprobar el IS correspondiente al ejercicio X1. Durante el desarrollo del procedimiento, el órgano inspector entiende que concurren las circunstancias para considerar que existe conflicto en la aplicación de la norma tributaria respecto de uno de los negocios objeto de comprobación realizado por el obligado tributario y, tras el oportuno plazo de alegaciones concedido al obligado tributario, remite el expediente al inspector jefe junto con el informe en el que pone de manifiesto que concurren las circunstancias antes mencionadas.
El 1-3-X6 el Inspector jefe notifica al obligado tributario que ha solicitado a la Comisión consultiva el preceptivo informe sobre la procedencia o no de declaración de conflicto en la aplicación de la norma tributaria. La petición de informe se remitió a la Comisión consultiva el 28-2-X6. Dicha Comisión remite el informe solicitado el 3-7-X6, una vez excedido el plazo de tres meses. La comprobación puede estar suspendida de forma justificada desde el 1-3-X6 (fecha de notificación de la petición del informe) hasta el 31-5-X6 (3 meses). A partir de esa fecha vuelve a computar el plazo de duración del procedimiento.

3378 **Notificación infructuosa** (LGT art.150.3.e) El cómputo del plazo del procedimiento inspector se suspende por el intento de notificación al obligado tributario de la propuesta de resolución o de liquidación o del acuerdo dictado por el inspector jefe por el que se ordena completar actuaciones en el caso de actas de conformidad (nº 3342).
La suspensión del cómputo del plazo tiene **efectos** desde que se haya realizado un intento de notificación hasta la fecha en que dicha notificación se haya producido.

Precisiones A la vista de lo anterior, **da lugar a la suspensión** del cómputo del plazo del procedimiento el intento de notificación de:
- el acuerdo de rectificación con trámite de alegaciones en el caso de que se hubiera firmado un acta de conformidad o de disconformidad (ver nº 4400 s. y nº 4452 s., respectivamente);
- el acuerdo por el que se ordena completar el expediente, en relación con las actas de conformidad (ver nº 4407 s.);
- el acta de disconformidad, cuando el obligado tributario no comparezca y haya que notificarla (ver nº 4435);
- la propuesta de liquidación vinculada a delito (LGT art.250).
Por otra parte, **no da lugar a la suspensión** del cómputo del plazo el intento de notificación de:
- el acuerdo por el que se ordena completar el expediente tras la firma del acta de disconformidad (nº 4460 s.);
- el acta inicialmente prevista para ser tramitada como acta con acuerdo, puesto que no se cumplirían los presupuestos de ese tipo de acta y se tramitaría un acta de disconformidad (LGT art.155.4).

3380 Ejemplos **1)** El 5 de septiembre se intentan notificar, en el domicilio del obligado tributario, las actas de inspección firmadas únicamente por el actuario en disconformidad por no haber comparecido el obligado. Ante la ausencia del obligado tributario del mismo, no se consiguen notificar las actas hasta el 10 de septiembre. El período desde el primer intento de notificación constituye un supuesto de suspensión del cómputo del plazo máximo de duración del procedimiento.
2) El 1 de marzo se firma un acta de conformidad que recoge la propuesta de liquidación derivada de las actuaciones de comprobación e investigación desarrolladas frente al obligado tributario. El inspector jefe, una vez examinada el acta de conformidad, considera que deben completarse las actuaciones con el fin de documentar y motivar adecuadamente la propuesta formulada.

El 10 de marzo se intenta notificar en el domicilio del obligado tributario el acuerdo del inspector jefe que ordena completar el expediente mediante la realización de actuaciones complementarias y deja sin efecto el acta firmada.
El acuerdo del inspector jefe no se consigue notificar al obligado tributario hasta el 30 de marzo, por encontrarse ausente de su domicilio. Los 20 días desde el primer intento de notificación constituyen un supuesto de suspensión del plazo máximo de suspensión del procedimiento.

Solicitud de pronunciamiento de la CNMV sobre el régimen de una institución de inversión colectiva (L 23/2005 disp.adic.3ª) Cuando en el curso de un procedimiento inspector la Administración tributaria considera que se han producido incumplimientos por parte de una institución de inversión colectiva que determinan la pérdida del **régimen especial** de tributación previsto en el **IS**, debe comunicarlo a la CNMV. Esta ha de pronunciarse sobre la improcedencia de incoar expediente de revocación o suspensión o dictará acuerdo declarando o no la suspensión o revocación en el plazo de seis meses desde que la comunicación haya tenido entrada en cualquiera de los registros de la Comisión. 3382
La **suspensión del cómputo del plazo** tiene efectos durante el tiempo que transcurra entre la comunicación efectuada por la Administración tributaria y la recepción por esta del pronunciamiento o acuerdo de la CNMV, con un límite de 6 meses. El transcurso de dicho plazo de 6 meses sin que se haya producido el pronunciamiento o el acuerdo de la Comisión habilita a la Administración tributaria para dictar el acto de liquidación que proceda, si bien las calificaciones que lo motiven solo tendrán efectos tributarios. No obstante, si la **ejecución del acuerdo** de la Comisión resultara suspendida, el período de suspensión abarcará hasta la finalización de la suspensión del acuerdo.

Precisiones Con efectos a partir del 1-1-2022, se habilita a la Administración tributaria para comprobar el cumplimiento de las reglas para determinar el número mínimo de socios -100 conforme a la L 35/2003 art.9 redacc L 6/2023- a los efectos de que una **SICAV** pueda aplicar el tipo de gravamen del 1% (LIS art.29.4.a)).

Ejemplo Durante el desarrollo de actuaciones inspectoras frente a una institución de inversión colectiva, la Inspección, considerando que pueden concurrir uno de los supuestos que supondría la revocación de la autorización concedida en su día, remite el 1-4-X1 una solicitud a la CNMV para que se pronuncie sobre la posible revocación. El 1-12-X1 se recibe en la Administración tributaria el pronunciamiento de la CNMV. 3384
La comprobación puede estar suspendida de forma justificada desde el 1-4-X1 (fecha de remisión de la solicitud a la CNMV) hasta el 30-9-X1, fecha a partir de la cual vuelve a computar el plazo de duración del procedimiento, pues el período de suspensión tiene un límite de 6 meses.

Fuerza mayor (LGT art.150.3.g) El cómputo del procedimiento inspector se suspende por la concurrencia de alguna causa de fuerza mayor que obligue a la Administración a suspender sus actuaciones. 3386
La suspensión del cómputo del plazo tiene **efectos** durante el tiempo de duración de la causa de fuerza mayor. Para que concurra la causa de fuerza mayor se exige que la situación no haya podido preverse o que, estando prevista, fuera inevitable. Se trata de sucesos totalmente insólitos o extraordinarios que, aunque no imposibles, físicamente no son los que puede calcular una conducta prudente.

Precisiones **1)** La fuerza mayor debe examinarse en su singularidad en cada caso concreto, debiendo deducirse del **conjunto de circunstancias** que motiven el hecho o acontecimiento que, excediendo a la voluntad del obligado, lo determinan a quebrantar la obligación que le corresponde.
2) El procedimiento estuvo suspendido por fuerza mayor 72 días por el **accidente de tráfico** que sufrió el administrador único y representante de la empresa. No cabe entender que la finalización de la suspensión se produjo con el alta médica, sino que se ha de estar a la fecha de entrada en el Registro de la Administración Tributaria del alta médica y la solicitud de reanudación del procedimiento (TSJ Castilla-La Mancha 23-11-23, EDJ 783242).

Ejemplo En el seno de un procedimiento inspector se fija un determinado día para la aportación por parte del obligado tributario de diversa documentación. 3388
La comparecencia del obligado tributario no tiene lugar el citado día, sino al cabo de unos días, señalando el obligado que el día inicialmente fijado tuvo lugar un incendio que destruyó parte de las instalaciones de su empresa. Dicho incendio afectó fundamentalmente al almacén y a administración, habiendo desaparecido toda la documentación contable.
No obstante, el obligado tributario manifiesta que tienen contratado con una empresa especializada un servicio a través del cual se guarda una copia de toda la documentación. El obligado tributario considera que en 2 meses podrá disponer de toda la documentación necesaria para poder continuar con la comprobación inspectora.
El período de 2 meses se puede considerar un supuesto de suspensión por causa de fuerza mayor.

3390 **Coordinación de competencias inspectoras entre Administraciones** (LGT art.150.3.f) Cuando corresponda a distintas Administraciones la competencia inspectora para regularizar las operaciones en determinados supuestos, dichas Administraciones deben coordinar sus competencias de exacción o inspección con el resto de Administraciones afectadas por la regularización. Concretamente, se recogen determinados supuestos de coordinación en el Concierto económico con el País Vasco (nº 3392) y en el Convenio económico entre el Estado y la Comunidad Foral de Navarra (nº 3394).

3392 **Concierto económico del País Vasco** (L 12/2002 art.47 ter) La Administración foral del País Vasco y la central están obligadas a coordinar su competencia inspectora para regularizar las operaciones en supuestos de:
- operaciones realizadas entre personas o entidades vinculadas;
- calificación de operaciones de manera diferente a como las haya declarado el contribuyente cuando ello implique una modificación de las cuotas soportadas o repercutidas en los impuestos indirectos en los que se haya establecido el mecanismo de la repercusión.

En estos supuestos es obligatorio **comunicar a las otras Administraciones** los elementos de hecho y fundamentos de derecho de la regularización que entienda procedente, abriéndose unos plazos para la resolución del conflicto planteado.

Para evitar que dichos plazos puedan perjudicar el procedimiento inspector existe un supuesto de suspensión del cómputo del plazo, que abarca desde el momento de la comunicación a las Administraciones afectadas de los elementos de hecho y los fundamentos de derecho de la regularización, hasta que transcurran los plazos legalmente establecidos.

La suspensión **finaliza** cuando transcurra el plazo de dos meses sin que se hubiesen formulado observaciones por las Administraciones afectadas, cuando se hubiese llegado a un acuerdo sobre las observaciones planteadas en el seno de la Comisión de Coordinación y Evaluación Normativa, o cuando se puedan continuar las actuaciones de acuerdo con lo previsto en la L 12/2002 art.47 ter.4.

3394 **Convenio económico Comunidad Foral de Navarra** (L 28/1990 art.46 bis) Cuando en el curso de un procedimiento inspector, la Administración actuante considere que el obligado tributario objeto de la comprobación se ha deducido unas cuotas del IVA indebidamente repercutidas y cuyo ingreso se habría realizado en otra Administración tributaria, debe solicitar información sobre el ingreso de esas cuotas a esta última Administración.

La Administración requerida, en el plazo de dos meses desde la recepción de la solicitud, debe **comunicar a la Administración solicitante** si se ha producido o no el ingreso de las cuotas. La falta de comunicación en plazo conlleva que la Administración solicitante entienda que las cuotas de IVA no han sido ingresadas.

Si la Administración requerida confirma el ingreso de las cuotas de IVA, la Administración solicitante finaliza el procedimiento inspector ante el obligado tributario.

Para evitar que dichos plazos puedan perjudicar el procedimiento inspector existe un supuesto de suspensión del cómputo del plazo, que abarca desde el momento de la comunicación a la Administración afectada por la solicitud de información hasta que transcurran los plazos legalmente establecidos.

En este supuesto, cuando la comprobación no se limite a las cuotas de IVA, procede la **desagregación** de plazos del procedimiento (ver, nº 3401 s.).

Ejemplo Durante el desarrollo de actuaciones inspectoras frente a una entidad, la Inspección comprueba la posible deducción indebida de cuotas de IVA cuyo ingreso se habría realizado en la Administración Foral.

El 1-3-X1 la Inspección solicita información a la Administración Foral sobre el ingreso o no de dichas cuotas.

Transcurrido el plazo de dos meses sin que se hubiese recibido comunicación alguna, la Inspección considera que las cuotas de IVA no han sido ingresadas y se reanudan las actuaciones.

La comprobación respecto al IVA puede estar suspendida de forma justificada desde el 1-3-X1, fecha de remisión de la solicitud a la Administración Foral, hasta el 30-4-X1, fecha a partir de la cual vuelve a computar el plazo de duración del procedimiento.

---

b. Cuestiones de procedimiento

(LGT art.150.3)

3395 Se analizan a continuación ciertas cuestiones que han de tenerse en cuenta cualquiera que sea la causa que dé lugar a la suspensión del plazo de duración del procedimiento inspector: la imposibilidad de que la Inspección pueda realizar alguna actuación en relación con el procedimiento suspendido (nº 3397); la información que se debe facilitar al obligado tributario (nº 3399); y la desagregación de plazos del procedimiento (nº 3401 s.).

Téngase en cuenta además, que durante la tramitación del procedimiento inspector cabe la posibilidad de que coexistan determinados periodos de suspensión del cómputo del plazo, con otros que supongan la extensión de plazo derivado de **días de no actuación a solicitud del obligado tributario** (nº 3412 s.).

Imposibilidad de realizar actuaciones respecto al procedimiento suspendido 3397
(LGT art.150.3) Durante el período de suspensión, salvo cuando concurra la circunstancia de intento de notificación al obligado tributario (nº 3378 s.), la Inspección no puede realizar ninguna actuación en relación con el procedimiento suspendido, sin perjuicio de que se deban contestar las **solicitudes previamente efectuadas** al obligado tributario o a terceros.
No obstante, la Administración puede continuar el procedimiento inspector respecto de aquellos períodos, obligaciones tributarias o elementos de estas que no se encuentren afectados por la causa de suspensión (**desagregación**, nº 3401).
Los períodos de suspensión del plazo no se incluyen en el cómputo del **plazo de resolución** del procedimiento inspector. Una vez finalizada la suspensión, el procedimiento continuará por el período que reste. Debe tenerse en cuenta que en el supuesto de remisión del expediente al Ministerio Fiscal (nº 3362 s.) el plazo es el que reste, o 6 meses si este último es superior (LGT art.251.3).

Información al obligado tributario (LGT art.150.3) Al obligado tributario, a efectos informativos, se le deben **comunicar** los períodos, obligaciones tributarias o elementos de estas que se encuentran afectados por la suspensión del cómputo del plazo y aquellos respecto de los que continúa por no verse afectado por dicha suspensión, salvo que puedan perjudicarse **investigaciones judiciales**. Dicha excepción de comunicación debe motivarse en el expediente. 3399

Desagregación de plazos del procedimiento (LGT art.150.3) Salvo cuando se dé la circunstancia de intento de notificación (nº 3378 s.), si concurre alguno de los supuestos de suspensión durante el período de la misma, la Inspección no puede realizar ninguna actuación en relación con el procedimiento suspendido, sin perjuicio de que se deban contestar las solicitudes previamente efectuadas al obligado tributario o a terceros. No obstante, la Administración puede **continuar el procedimiento** inspector respecto de aquellos **períodos, obligaciones tributarias o elementos** de estas que no se encuentren afectados por la causa de suspensión. 3401
Desde el momento en que concurra la circunstancia de la suspensión, y puedan continuarse respecto de parte de las actuaciones, a los solos efectos del cómputo del período máximo de duración, se desagregarán los plazos distinguiendo entre la parte del procedimiento que continúa y la parte que queda suspendida. A partir de dicha desagregación cada una de las partes del procedimiento se rige por sus propios motivos de suspensión y extensión del plazo.

Precisiones La desagregación del plazo no va a alterar el plazo inicial o sobrevenido de 27 meses. El **procedimiento** sigue siendo **único**, solo que, a los solos efectos del cómputo del plazo, este se desagrega. El único efecto de la desagregación es que desde ese momento cada parte del procedimiento se rige por sus propios motivos de suspensión y extensión del plazo.

Ejemplo El 10-6-X4 se iniciaron actuaciones de comprobación e investigación de una entidad relativa al IS por los ejercicios X1 y X2. El 10-11-X4 se recibe una comunicación judicial de paralización de las actuaciones inspectoras relativas al ejercicio X2, al figurar dicha entidad como imputada en una causa penal abierta, cuyo resultado puede tener incidencia en la futura regularización de su situación tributaria relativo al ejercicio X2. 3403
Dado que la suspensión únicamente afecta al ejercicio X2, se desagrega parte del procedimiento inspector, continuando las actuaciones respecto al ejercicio X1, que finalizan mediante liquidación notificada a la entidad el 1-10-X5 (dentro del plazo de los 18 meses).
Con fecha 10-12-X5 se recibe comunicación judicial en la que se comunica que se pueden continuar las actuaciones administrativas. El período que abarca del 10-11-X4 al 10-12-X5 constituye un período de suspensión.
Tras la recepción de la comunicación se reanudan las actuaciones respecto al ejercicio X2, que finalizan mediante notificación de la liquidación correspondiente el 10-10-X6, dentro del plazo máximo de duración del procedimiento inspector de 18 meses (del 10-6-X4 al 10-11-X4 -5 meses-; y del 11-12-X5 al 10-10-X6 -10 meses-).

3. Extensión del plazo de duración del procedimiento inspector

(LGT art.150.4 y 5)

Los **supuestos** de extensión del plazo máximo de duración del procedimiento inspector previstos por la norma se clasifican en: 3410
- períodos de no actuación solicitados por el obligado tributario (nº 3412 s.);
- aportación tardía de la documentación solicitada (nº 3418 s.).

3412 **Periodos de no actuación solicitados por el obligado tributario** (LGT art.150.4; RGGI art.184) El obligado tributario puede solicitar uno o varios períodos en los que la Inspección no podrá actuar frente a él quedando, asimismo, suspendido el plazo para atender los requerimientos que se le hayan efectuado. Se establece un **límite** para estos períodos, ya que no pueden exceder, en su conjunto, de 60 días naturales para todo el procedimiento, y supone la extensión del período máximo de duración del mismo. El órgano actuante puede denegar la solicitud si no se encuentra suficientemente justificada o si se aprecia que puede perjudicar el desarrollo de las actuaciones.
La solicitud de un período de no actuación por parte del obligado tributario debe cumplir una serie de requisitos:
- efectuarse antes de la apertura del trámite de audiencia;
- ser por un mínimo de 7 días (naturales);
- efectuarse directamente ante el órgano actuante con anterioridad a los 7 días naturales previos al inicio del periodo al que se refiere la solicitud;
- justificarse la concurrencia de las circunstancias que lo aconsejen; y
- no perjudicar el desarrollo de las actuaciones.

La **solicitud** que cumpla los requisitos señalados y se presente en plazo, se entiende automáticamente concedida por el período solicitado. No obstante, mediante notificación expresa, comunicada antes de que se inicie el periodo solicitado, se puede conceder un plazo distinto al solicitado por el obligado tributario.
En caso de no cumplirse los requisitos señalados, el órgano actuante puede denegar la solicitud, mediante notificación expresa comunicada antes de que se inicie el periodo solicitado.
La solicitud por un **período inferior a 7 días** se entiende automáticamente denegada.
La denegación de la solicitud no puede ser objeto de recurso o reclamación económico-administrativa.
Durante la tramitación del procedimiento inspector cabe la posibilidad de la coexistencia de determinados **períodos de suspensión** del cómputo del plazo (nº 3360 s.) con otros que suponen la extensión de plazo derivado de días de no actuación a solicitud del propio obligado tributario.

3414 Precisiones 1) Cuando el obligado tributario solicite uno o varios periodos en los que no se realicen actuaciones inspectoras (extensión del plazo) la paralización de actuaciones, a diferencia de los supuestos de suspensión, se limita al propio obligado tributario, no respecto de **terceros** con los que el órgano inspector puede seguir realizando actuaciones.
En cuanto a la atención a los requerimientos efectuados al obligado tributario también tienen un tratamiento distinto respecto a los supuestos de **suspensión**, pues en estos últimos el obligado tributario debe atender los requerimientos que se le hubieran formulado con anterioridad a la suspensión, mientras que durante el período o períodos de no actuación con el obligado tributario, queda suspendido el plazo para atender los requerimientos que se le hayan formulado al obligado tributario.
2) En el caso de los obligados tributarios incluidos en el sistema de dirección electrónica (RD 1363/2010 disp.adic.3ª), se establecen los denominados **días de cortesía**: un máximo de 30 días en cada año natural durante los cuales no se podrán poner notificaciones a disposición del obligado tributario en la dirección electrónica.
Ni la LGT ni el RGGI dicen nada respecto a la compatibilidad o incompatibilidad de estos días de cortesía con la solicitud de extensión de plazo del procedimiento inspector, si bien debe señalarse que se trata de períodos con finalidades y efectos distintos.

3416 Ejemplos 1) El 1-9 se ha producido una causa de **suspensión** cuya fecha de finalización es el 30-10. El obligado, antes de la concurrencia de la causa de suspensión, había solicitado que del 16-8 al 14-9 (30 días naturales) no actuara la Inspección y se había accedido a la petición. Hay solapamiento de días de suspensión y de no actuación del 1-9 al 14-9.
El plazo se extiende por los días que han transcurrido hasta la suspensión (de 16-8 al 31-8: 16 días naturales) y no se puede actuar con el obligado tributario durante esos días. Una vez que empieza la suspensión (1-9), no se extiende el plazo del procedimiento como consecuencia de los días de no actuación solicitados, ya que la suspensión no permite actuar ni con el obligado tributario ni con terceros.
2) El 1-9 se ha producido una causa de **suspensión** cuya fecha de finalización es el 30-10. La causa de suspensión solo afecta a uno de los elementos de la obligación tributaria, de forma que a partir del 1-9 se desagrega el plazo del procedimiento:
a. El obligado ha solicitado días de no actuación de la Inspección del 1-8 al 30-8 (30 días naturales). No existe solapamiento de días de suspensión y de no actuación. Se extiende el plazo del procedimiento 30 días como consecuencia de esta petición. Cuando se produzca la desagregación de plazo, cada parte tendrá sus propios motivos de suspensión y de extensión, partiendo de que el plazo del procedimiento se ha extendido 30 días.

b. El obligado ha solicitado días de no actuación de la Inspección del 16-8 al 14-9 (30 días naturales). Existe solapamiento de días de suspensión y de no actuación del 1-9 al 14-9:
- en la parte no afectada por la suspensión, el plazo se extiende 30 días y de 16-8 al 14-9 no se puede actuar con el obligado tributario;
- en la parte afectada por la suspensión el efecto es el mismo que en el ejemplo 1.
Cuando se produzca la desagregación del plazo, cada parte tendrá sus propios motivos de suspensión y de extensión.

Aportación tardía de documentación solicitada (LGT art.150.5) El plazo máximo de duración del procedimiento inspector se extiende en los siguientes supuestos: 3418

a) Cuando el obligado tributario manifiesta que **no tiene o no va a aportar la información** o documentación solicitada o no la aporta íntegramente en el plazo máximo concedido en el tercer requerimiento. El plazo máximo de duración del procedimiento inspector se extiende:
- Regla general: por un período de tres meses, si se aporta la información o documentación solicitada antes de la formalización del acta.
- Regla especial: por un período de seis meses, si dicha aportación posterior se realiza tras la formalización del acta y determina que el inspector jefe, a la vista de lo aportado, acuerde la práctica de actuaciones complementarias.

En ambos supuestos, se requiere que la aportación de la mencionada documentación se realice una vez transcurrido al menos **9 meses** desde el inicio del procedimiento. Se considera que si la aportación de la documentación se produce dentro de dicho período temporal, el órgano de inspección dispone de margen temporal suficiente para adecuar la regularización a la nueva documentación aportada.

b) Cuando tras dejar constancia la Inspección de la apreciación de las circunstancias determinantes de la aplicación del **método de estimación indirecta** (nº 4720 s.), se aporten datos, documentos o pruebas relacionados con dicha circunstancia. En este caso el plazo máximo de duración del procedimiento inspector se extiende por un período de seis meses.
Para la aplicación de este supuesto **no** se requiere que la aportación de la documentación se realice transcurridos al menos **9 meses** desde el inicio del procedimiento.

Precisiones **1)** Este supuesto se podría aplicar, por ejemplo, en aquellos casos en los que la aportación de los datos, documentos o pruebas suponga el **cambio de régimen de estimación** de la base imponible o suponga la modificación de la cuantía de la base inicialmente estimada, o cuando se aporte un volumen tal de documentación que justifique la necesidad de disponer de más tiempo en el procedimiento para su examen. 3420

2) En un procedimiento inspector, en los supuestos de devoluciones derivadas de la normativa de cada tributo o de ingresos indebidos, en el cálculo del **interés de demora** no se computan ni los días de no actuación a petición del obligado tributario (nº 3412 s.) ni los períodos de extensión del plazo derivados de la aportación tardía de documentación (LGT art.31.2 y 32.2). Asimismo, no se computan los referidos días en el caso de devoluciones acordadas en un procedimiento inspector RGGI art.125.4 redacc RD 249/2023). Antes del 11-7-2021 sí se computaban estos días.

3) La concurrencia de las circunstancias que determinan la extensión del plazo es ajena a los motivos del inspeccionado y su colaboración. La ley da por supuesto el **retraso** y con carácter **automático**, es decir, con independencia de la causa de la aportación tardía, la diligencia de la Inspección y el mayor o menor retraso generado.
Además, aun cuando las circunstancias habilitantes concurran en más de una ocasión a lo largo del procedimiento, la **extensión** solo puede aplicarse una vez (TEAC 19-12-22).

4) La extensión de plazo por aportación tardía de documentación procede, una vez acreditadas las circunstancias exigidas (nº 3418), de forma **automática y objetiva**, sin necesidad de motivar la concurrencia de ninguna otra circunstancia subjetiva (TEAC 19-12-22).

5) El **requerimiento de la información** relativa a la aportación del Libro Diario con cuentas no genéricas, sino individuales de clientes y proveedores, fue realizado transcurridos 14 meses y 21 días desde el inicio de actuaciones, con lo que no puede ser válida la extensión del plazo de inspección, ya que su aportación necesariamente se iba a producir transcurridos aquellos nueve meses (TSJ Murcia 22-2-24, EDJ 517441).

4. Efectos del incumplimiento del plazo

(LGT art.150.1 y 6)

El incumplimiento del plazo máximo de duración del procedimiento inspector tiene una serie de consecuencias respecto de las obligaciones tributarias pendientes de liquidar en relación a: la caducidad del procedimiento inspector (nº 3427); la prescripción del derecho de la Administración a determinar las deudas tributarias mediante una liquidación (nº 3430 s.); los ingresos realizados hasta la primera actuación realizada después del incumplimiento del citado plazo (nº 3436); los intereses de demora (nº 3440). 3425

3427 **Caducidad del procedimiento inspector** (LGT art.150.6) Aunque se haya incumplido el plazo máximo de duración del procedimiento inspector, este incumplimiento no determina que se produzca su caducidad. La no caducidad supone que, una vez excedido el plazo máximo para su conclusión, no se debe iniciar un nuevo procedimiento inspector, sino que este debe **continuar hasta su finalización**.

Precisiones La no caducidad del procedimiento inspector supone una **especialidad** de este procedimiento frente a otros procedimientos de aplicación de los tributos, en los que constituye uno de los posibles modos de terminación de los mismos (LGT art.100.1). Así, por ejemplo, el procedimiento iniciado mediante declaración (LGT art.130.b), el de verificación de datos (LGT art.133.1), o el de comprobación limitada (LGT art.139.1).

3430 **Derecho de la Administración a determinar las deudas tributarias mediante liquidación** (LGT art.150.6; RGGI art.184.3) El incumplimiento del plazo máximo de duración del procedimiento inspector deja sin efecto la **interrupción del plazo legal de prescripción** del derecho de la Administración para determinar las deudas tributarias mediante la oportuna liquidación, efecto que había generado el inicio de las actuaciones inspectoras desarrolladas. No obstante, en estos casos, la prescripción se entiende interrumpida, de nuevo, en el momento en que se realicen actuaciones con posterioridad a la finalización del plazo máximo de duración del procedimiento inspector y con conocimiento formal del obligado tributario. Esta nueva interrupción tiene efectos interruptivos de la prescripción respecto de las obligaciones tributarias y períodos objeto de la comprobación inspectora que no hubieran prescrito como consecuencia del incumplimiento del plazo máximo de duración del procedimiento.

El obligado tiene **derecho a ser informado** sobre los conceptos y períodos a que alcanzan las actuaciones que vayan a realizarse tras la finalización del plazo máximo de duración de las actuaciones inspectoras. Así, si tras exceder el plazo máximo de duración del procedimiento inspector ha prescrito el derecho de la Administración para liquidar algún ejercicio respecto de aquellos que fueron inicialmente objeto de comprobación inspectora, se debe comunicar al obligado tributario que la inspección no afecta a ese ejercicio prescrito.

3432 Precisiones **1)** Tras el incumplimiento del plazo de duración, el procedimiento inicial ha dejado de producir efectos interruptivos. Por eso, la **reanudación de la prescripción** exige que se comunique al destinatario los conceptos y períodos a que alcanzan las actuaciones que vayan a practicarse. Sin esa comunicación no se reinicia la prescripción (TS 23-5-16, EDJ 68738). La falta de **actuación formal** de la Inspección poniendo en conocimiento del obligado tributario la reanudación de las actuaciones, invalida la capacidad interruptiva de las actuaciones inspectoras (TS 22-12-16, EDJ 232504; 12-7-17, EDJ 146479; TEAC 23-3-21). Este criterio se aplica independientemente de la clase de acta de que se trate (AN 24-1-24, EDJ 504185). No puede ser asumida por la sala la alegación que subyace en la postura de la Administración, consistente en que cualquier actuación inspectora realizada con posterioridad a la finalización del plazo máximo de duración de las actuaciones inspectoras implica una **reanudación tácita** que conlleva la interrupción de la prescripción, pues ello sería contrario a la limitación del plazo legalmente establecida (AN 11-12-14, EDJ 222863).

No cualquier **actuación posterior** al cumplimiento del plazo previsto para la realización de las actuaciones inspectoras interrumpe la prescripción, sino que debe de tratarse de una actuación que ponga de manifiesto una clara voluntad de reanudar el procedimiento y que informe al contribuyente, de manera clara, precisa y completa de los conceptos y períodos a los que van a alcanzar las actuaciones que van a realizarse después de tal actuación (TS 23-3-18, EDJ 26747).

Una **diligencia de ampliación de plazo** emitida en un momento temporal en el que la Inspección no considera prescritas las actuaciones, es una diligencia más del procedimiento, de modo que no es un acto formal cuya finalidad sea la reanudación de unas actuaciones. Dicha diligencia de ampliación no viene dirigida a reparar unas actuaciones realizadas fuera de plazo, lo que requiere un acto formal, que en el presente caso no concurre (TS 24-3-17, EDJ 27099). En el mismo sentido, a la **liquidación provisional** notificada dentro del plazo «original» de prescripción, derivada del acta previa incoada en el curso de las actuaciones, mediante la que se regularizan parte de los elementos del hecho imponible, no puede otorgarse eficacia como «acto interruptivo» de la prescripción del derecho a liquidar ni considerarse como un acto de «reanudación formal de actuaciones» (TEAC 11-6-20).

Sin embargo, cuando la Inspección ha superado el plazo de duración del procedimiento inspector, a efectos de la interrupción de la prescripción, las **actas de disconformidad** constituyen un acto de reanudación formal de las actuaciones inspectoras que permiten al obligado tributario conocer los conceptos y períodos a que alcanzan las actuaciones (AN 28-12-17, EDJ 316076; TEAC 5-4-18).

2) Una vez excedido el plazo máximo de duración del procedimiento, se produce una reanudación formal de las actuaciones inspectoras. La reanudación de la actuación inspectora ha de someterse también a la **limitación de duración máxima**, pues, por un lado, no puede ser diferente la consecuencia de la reanudación a la de iniciación de un nuevo procedimiento inspector y, por otro, es patente que la duración del procedimiento no puede quedar al arbitrio de la Inspección, con grave detrimento del principio de seguridad jurídica (TS 21-5-15, EDJ 86891).

3) El **dies ad quem** en el cómputo del plazo de 4 años de prescripción se realiza de fecha a fecha, con independencia de que el último día del mismo sea hábil o inhábil (TS 17-4-24, EDJ 539344).
4) La **falta de comparecencia** del obligado tributario al procedimiento no puede suponer que su duración quede en manos de la Administración y que no se respeten los límites temporales que el legislador ha fijado para la terminación de los procedimientos iniciados de oficio (AN 23-11-16, EDJ 247439).
5) La fecha a la que ha de estarse para comprobar la **potestad de la Administración para determinar la deuda tributaria**, una vez superado el plazo legalmente previsto para la tramitación del procedimiento inspector, con la consiguiente pérdida del efecto interruptivo de la prescripción derivado del inicio de las actuaciones inspectoras es, en todo caso, la de notificación del acuerdo de liquidación, y no la correspondiente a la interposición de un ulterior recurso o reclamación (TS 29-6-22, EDJ 627932; 6-7-22, EDJ 627798; 8-11-22, EDJ 740536).
6) Se plantea si las actuaciones del procedimiento inspector concluyen con la notificación del acuerdo de liquidación dictado **prescindiendo de las alegaciones formuladas por el obligado tributario** dentro del plazo legalmente conferido para ello o si, por el contrario, concluyen con la notificación del posterior acto administrativo en el que se da respuesta a tales alegatos. El Tribunal Supremo resuelve que la fecha a tener en cuenta a los efectos de la interrupción del plazo de prescripción es el de la notificación del acto de respuesta a las alegaciones (TS 18-5-20, EDJ 559670).

Ejemplo El 3-2-X5 se comunica al obligado tributario el inicio de actuaciones de comprobación e investigación respecto del IS e IVA por los ejercicios X1 y X2. El 5-8-X6 el procedimiento inspector no ha concluido. En dicha fecha se comunica la continuación de las actuaciones. Tras exceder el plazo máximo de duración del procedimiento inspector, este debe continuar con la comprobación de los períodos no prescritos (IS e IVA del ejercicio X2). La actuación realizada el 5-8-X6 produce efectos interruptivos de la prescripción tanto respecto del IVA como del IS. 3434

Ingresos realizados por el obligado tributario (LGT art.150.6) Tienen carácter de espontáneos los ingresos realizados desde el inicio del procedimiento hasta la primera actuación practicada con posterioridad al incumplimiento del plazo máximo de duración del procedimiento inspector, y que hayan sido **imputados** por el obligado tributario al tributo y período objeto de las actuaciones inspectoras. Al tratarse de ingresos realizados con carácter espontáneo, se excluye la aplicación del **régimen sancionador**. 3436

Ejemplo El 1-6-X4 se iniciaron unas actuaciones de comprobación e investigación de una entidad relativas al IS por los ejercicios X1 y X2. El 10-6-X4 la entidad presenta una declaración complementaria por el IS del ejercicio X1. El 20-12-X5 las actuaciones no han finalizado. Tras exceder el plazo máximo de duración del procedimiento, el 25-12-X5 la entidad presenta una nueva declaración complementaria por el IS del ejercicio X2, teniendo lugar la siguiente actuación inspectora el 30-12-X5. 3438
El hecho de que se haya incumplido el plazo de duración del procedimiento inspector supone que, sobre las cantidades ingresadas mediante declaraciones complementarias, no se pueda imponer sanción alguna, dado que dichos ingresos, tras el incumpliendo del plazo, adquirieron el carácter de espontáneos, y dicho carácter impide la imposición de sanciones (nº 5567 s.).

Intereses de demora (LGT art.150.6) No se exigen intereses de demora desde que se supera el plazo máximo de duración de las actuaciones del procedimiento inspector hasta su finalización. Se sigue la regla general de no exigencia de intereses de demora desde el momento en que la **Administración incumpla, por causa imputable a ella**, alguno de los plazos establecidos en la LGT para resolver (LGT art.26.4). 3440

Ejemplo El 8-1-X4 se iniciaron actuaciones de comprobación e investigación de una entidad relativa al IS por los ejercicios X1 y X2. El 7-7-X5 las actuaciones no han finalizado. Tras el incumplimiento del plazo máximo de duración del procedimiento inspector, el 20-7-X5 se realizan nuevas actuaciones inspectoras. El 7-7-X5 es el último día que la Inspección puede computar intereses en la liquidación que practique. 3442

5. Retroacción de actuaciones

(LGT art.150.7)

Cuando una resolución judicial o económico-administrativa aprecie **defectos formales** y ordene la retroacción de las actuaciones inspectoras, estas deben finalizar en el período que reste entre el momento al que se retrotraigan las actuaciones hasta la conclusión del plazo máximo de duración del procedimiento inspector, salvo que tal período fuera inferior a 6 meses, en cuyo caso las actuaciones inspectoras finalizarán en 6 meses. A efectos del cómputo del plazo de 6 meses se ha de tener en cuenta la fecha de recepción del expediente por el órgano inspector competente para ejecutar la resolución. 3450

Por la nueva liquidación que ponga fin al procedimiento se exigen **intereses de demora**. La fecha de inicio del cómputo es la que hubiera correspondido a la liquidación anulada (fecha de finalización del plazo establecido para el pago en período voluntario de la obligación tributaria objeto de regularización) y la fecha final es el momento en que se dicte la nueva liquidación.

3452 El plazo por retroacción de actuaciones también resulta aplicable, en el caso de procedimientos inspectores en que se haya pasado el tanto de culpa al Ministerio Fiscal o a la jurisdicción competente por estimar la Administración tributaria que la infracción cometida por el obligado tributario pudiera ser constitutiva de **delito contra la Hacienda Pública** y no se hubiera practicado liquidación, cuando deban reanudarse las actuaciones por no apreciarse la existencia de delito.

El procedimiento reanudado debe finalizar en el plazo que media desde que el órgano competente para la continuación del procedimiento reciba la resolución judicial o el expediente devuelto por el Ministerio Fiscal, hasta la finalización del período que reste hasta completar el período máximo de duración, o en el de seis meses, si este último fuera superior (ver nº 7768.1 s.).

3454 Precisiones **1)** En aquellos casos en que **no** se puede **concretar el momento temporal** al que deban retrotraerse las actuaciones, parece que la fecha del trámite de audiencia, previo a la firma de las actas, sería el momento adecuado para efectuar el cómputo.

2) Las actuaciones tendentes a cumplir con la orden de retroacción de actuaciones son calificadas como **actuaciones inspectoras**, matizándose que es distinto del procedimiento inspector originario que culminó con los acuerdos posteriormente anulados. Respecto al dies ad quem, a la fecha de **inicio del cómputo del plazo** de seis meses, el momento al que se ha de estar es el de la fecha de la efectiva recepción del expediente devuelto por parte de la respectiva Administración tributaria, no cuando se notifica al obligado tributario el inicio del referido procedimiento (AN 2-7-14, EDJ 105387).

El plazo debe computarse desde que se recibe la resolución por la Dependencia de Inspección, que resulta competente para continuar el procedimiento, y no desde que se recibe por la **ORT**, ya que en tal momento el fallo no puede llevarse a efecto, al carecer la misma de competencia para ejecutar (TEAC unif criterio 23-4-19; 31-1-23).

3) Ante un supuesto de anulación de una liquidación por **razones sustantivas o de fondo**, la Administración, al ejecutar esa resolución y dictar una nueva liquidación, está obligada por el plazo previsto en el LGT art.150.5 redacc original. Aunque el plazo máximo que establecía dicho precepto estaba previsto para los casos de anulación por razones formales que determinasen la retroacción de las actuaciones, al no recoger la LGT ninguna disposición sobre el plazo que se ha de respetar cuando la anulación lo sea por razones sustantivas o de fondo, el TS cubre esta **laguna legal** mediante una interpretación analógica del LGT art.150.5 redacc original (TS 27-3-17, EDJ 27097; AN 24-3-17, EDJ 42209).

4) Tras la anulación total de una liquidación tributaria por **vicio sustantivo**, cabe la práctica de una nueva liquidación iniciándose por la Administración un nuevo procedimiento de inspección, si lo considera necesario, dictándose el nuevo acuerdo de liquidación en el ejercicio de la potestad tributaria que le corresponde, teniendo como límites que su potestad no haya prescrito, la reformatio in peius y la reincidencia o contumacia en el mismo error. La Administración, en aplicación del principio general de conservación de actos y trámites (LPAC art.51; RGRV art.66.2), podrá incorporar en el nuevo procedimiento los actos y trámites no afectados por la causa de anulación (TS 13-5-24, Rec 24/23).

5) Constituye un **vicio de nulidad** la reanudación del procedimiento administrativo estando pendiente de resolución el proceso penal (TS 21-11-16, EDJ 208913).

6) En el supuesto de que se inicie un nuevo procedimiento de inspección después de que se haya dictado una resolución o **sentencia** que **estima totalmente** las pretensiones del obligado tributario, el plazo aplicable es el de prescripción y no el regulado para la retroacción de actuaciones (TEAC 13-7-17).

7) En un supuesto de retroacción de actuaciones si el vicio que dio lugar a la anulación se produjo con la **comunicación de inicio**, se reponen las actuaciones a este momento, siendo a partir de ahí desde donde tiene que realizarse el cómputo del plazo restante. En este caso, como se retrotrae al inicio, tendría la Administración doce meses para concluir el procedimiento (18 meses para los procedimientos iniciados a partir 12-10-2015), no resultando aplicable el plazo de 6 meses al ser este inferior (AN 29-11-17, EDJ 270589).

8) El desfase temporal -de 3 meses- entre la notificación del acuerdo de retroacción del TEAC al interesado y a la AEAT, sin justificación, vulnera el **principio de buena administración**, por lo que procede reparar los derechos vulnerados y los perjuicios sufridos por el contribuyente, considerando la dilación como imputable a la Administración (TS 14-3-24, EDJ 521995).

9) Tras la resolución del TEAC ordenando la retroacción de las actuaciones por un defecto de motivación en la valoración de bienes inmuebles que sirve de base a la liquidación del IS, el mismo TEAC entiende que la **retroacción** debe efectuarse al **momento** que se realizó la actuación procedimental causante de indefensión, esto es, la valoración inmotivada. Así, se debe retrotraer al primer momento en que el contribuyente tuvo fehaciente conocimiento de la valoración defectuosa, al ser ese el momento a partir del que el contribuyente pudo presentar alegaciones (TEAC 24-6-24).

Ejemplo El 1-4-X1 se dicta una resolución económico-administrativa por la que se ordena al órgano inspector retrotraer actuaciones, con el fin de subsanar el trámite de audiencia previo a las actas. Dicho trámite debería haberse realizado cuando habían transcurrido 16 meses de la comprobación. 3459

La resolución tuvo entrada en el órgano de inspección el 20-4-X1. La Inspección debe retrotraerse al final del mes decimosexto de la comprobación y, en principio, dispondría de dos meses para concluir las actuaciones. No obstante, al restar un período inferior a seis meses, rige este último plazo.

El cómputo del plazo de seis meses se inicia el 20-4-X1, fecha de recepción de la resolución, no el 1-4-X1, fecha en que se dictó la resolución.

IV. Medidas cautelares en el procedimiento de Inspección

(LGT art.146; RGGI art.181)

3865

Concepto de las medidas cautelares (LGT art.146; RGGI art.181) La posibilidad de adoptar medidas cautelares constituye una concreta manifestación de la potestad de **autotutela** reconocida a la Administración, cuyo ejercicio aparece condicionado tanto desde el punto de vista sustantivo como del formal. 3867

Esta posibilidad aparece contemplada en diversos preceptos de la norma: responsabilidad tributaria (LGT art.41.5), garantías de la deuda tributaria (LGT art.81), procedimiento de inspección (LGT art.146), procedimiento de recaudación (LGT art.162.1), medidas cautelares en caso de entrada en domicilio (RGGI art.172.4 y 5) y procedimiento sancionador (LGT art.210.3).

Existe tanto la posibilidad de adoptar medidas cautelares para asegurar el cobro de la **deuda tributaria** como para la **conservación de documentación** y otros elementos de prueba. Las segundas, que ahora se examinan, son las que corresponden a los órganos de Inspección. En este sentido, se les faculta para adoptar las medidas cautelares necesarias para impedir que desaparezcan, se destruyan o alteren las **pruebas** determinantes de la existencia o cumplimiento de obligaciones tributarias o que se niegue posteriormente su existencia o exhibición.

Las **características** generales de las medidas cautelares son las siguientes: 3870
- su objeto es garantizar o asegurar los medios de prueba;
- han de estar motivadas;
- son medidas excepcionales y temporales;
- son medidas provisionales, por lo que deben levantarse si desaparecen las circunstancias que justificaron su adopción;
- han de ser proporcionales al fin que se persiga o al daño que se pretenda evitar;
- no pueden causar perjuicio de difícil o imposible reparación.

Estas medidas se aplican sobre los **medios de prueba**, entre los que pueden encontrarse mercancías o productos sometidos a gravamen, así como libros, registros, documentos, archivos, locales o equipos electrónicos de tratamiento de datos que puedan contener la información que se pretende asegurar.

Precisiones Para la adopción de las medidas cautelares, la Inspección puede recabar el **auxilio y colaboración** que se consideren precisos de las autoridades competentes y sus agentes (LGT art.142.4; RGGI art.181.3).

Finalidad de las medidas cautelares (LGT art.146; RGGI art.181) La finalidad de las medidas cautelares en el seno del procedimiento de Inspección es impedir que desaparezcan, se destruyan o alteren las pruebas determinantes de la existencia o cumplimiento de las obligaciones tributarias o que se niegue posteriormente su existencia o exhibición, es decir, el aseguramiento de los elementos de prueba. Por lo tanto, las medidas cautelares persiguen garantizar la **localización** de la documentación, así como su **conservación** en el estado en que se encuentra en el momento en que se adopta dicha medida, para garantizar que esos medios de prueba se presenten en su estado original en las actuaciones futuras. 3875

Se trata, pues, de medidas dirigidas a asegurar las pruebas que los órganos de la Inspección van a utilizar para fundamentar la regularización de la situación tributaria del contribuyente.

Precisiones El **evitar** que desaparezcan o se alteren elementos de prueba es también causa justificada para ampliar el horario de las actuaciones inspectoras (RGGI art.182.2.b), circunstancia esta que, en algún caso, podría llegar a evitar la necesidad de adoptar medidas cautelares.

3880 **Ámbito de aplicación de las medidas cautelares** (LGT art.146) La norma examinada se ubica dentro del procedimiento de Inspección, por lo que se refiere exclusivamente a las actuaciones de **comprobación e investigación**. Por ello, estas medidas no pueden adoptarse en el curso de otro tipo de actuaciones inspectoras, como las de comprobación limitada, las de obtención de información o las de valoración, ni en el desarrollo de los procedimientos de Gestión.

Los funcionarios de la Inspección pueden adoptar también medidas cautelares en el curso de los procedimientos **sancionadores** (LGT art.210.3).

Precisiones 1) Por su parte, los órganos de **Recaudación** están facultados para adoptar medidas cautelares para asegurar o efectuar el cobro de la deuda (LGT art.162.1; RGR art.10.1).
2) Se consideran **medidas provisionalísimas**, aquellas medidas adoptadas antes del inicio del procedimiento. Este tipo de medidas cautelares solo se prevén en el derecho administrativo general en los casos de urgencia inaplazable y para la protección provisional de los intereses implicados (LPAC art.56.2). Con carácter general, no parece que concurra el requisito de urgencia inaplazable antes del inicio de un procedimiento inspector para la adopción de estas medidas cautelares de aseguramiento de la prueba.

1. Tipos de medidas cautelares de Inspección

(LGT art.146.1; RGGI art.181)

3885 Los funcionarios de la Inspección están legalmente facultados para adoptar medidas cautelares de aseguramiento de la prueba. Estas medidas pueden consistir, en su caso, en el precinto (nº 3890), depósito (nº 3895) o incautación (nº 3900) de las mercaderías o productos sometidos a gravamen, así como de libros, registros, documentos, archivos, locales o equipos electrónicos de tratamiento de datos que puedan contener la información de que se trate.

Por lo tanto, se efectúa una **enumeración abierta** de los principales tipos de medidas cautelares de aseguramiento de la prueba.

Las medidas de precinto, depósito e incautación **no son excluyentes entre sí**, sino que pueden simultanearse o combinarse entre sí. En concreto, la norma señala expresamente que los elementos depositados o incautados pueden ser previamente precintados. Así, por ejemplo, normalmente procede el precinto antes de la incautación si el volumen de documentación incautada es elevado y no puede clasificarse y detallarse en el momento de la adopción de las medidas cautelares, o si se incautan ficheros informáticos que se alega incluyen datos personales no patrimoniales que posteriormente deben desglosarse en presencia del obligado tributario.

Precisiones Las reglas procesales para la autorización judicial de entrada en domicilio constitucionalmente protegido y la doctrina legal vinculada -principios de necesidad, adecuación y proporcionalidad de la medida- resultan de aplicación a la **entrada y registro al «lugar digital»**, es decir, a la diversidad de datos que pueden guardarse en un sistema informático o dispositivo electrónico (TS 29-9-23, EDJ 701140).

3890 **Precinto** (RGGI art.181.2 y 181.6) El precinto se realiza mediante la **ligadura sellada** o por cualquier otro medio que permita el cierre o atado de libros, registros, equipos electrónicos, sobres, paquetes, cajones, puertas de estancias o locales u otros elementos de prueba, a fin de que no se abran sin la autorización y control de los órganos de Inspección.

El obligado tributario debe **respetar** el precinto realizado por los órganos de la Inspección, de forma que el elemento probatorio precintado se conserve hasta la siguiente visita de la Inspección en la que se proceda a su análisis. El quebrantamiento de la medida cautelar constituye una infracción de resistencia, obstrucción, excusa o negativa a las actuaciones de la Administración tributaria (ver, nº 7002).

Los funcionarios de la Inspección deben dejar constancia en **diligencia del precinto**, detallando de forma precisa los concretos bienes precintados y el lugar donde se encuentran, e informando al interesado de las responsabilidades en las que incurre en caso de quebrantamiento del mismo.

Esta medida cautelar se **extingue** con la apertura de los precintos, que debe efectuarse por los funcionarios de la Inspección y, salvo que exista una causa debidamente justificada, en presencia del obligado tributario.

Precisiones 1) La posible lesión del **derecho a la intimidad** no se produce con el precinto de la información obtenida, sino con el acceso efectivo a la misma. La aprehensión de información y archivos no lesiona el derecho a la intimidad hasta el momento en que afecta al núcleo de ese derecho, es decir, mediante la apertura de los archivos y acceso a la información (TCo 292/2000). No obstante, en algún caso se ha considerado que el mero precinto de una **caja de seguridad** afecta al derecho a la intimidad, en cuanto el precinto sustrae al titular de su derecho o facultad de libre disposición de tales objetos o elementos protegidos por ese derecho (TSJ C.Valenciana 22-7-20, EDJ 824250).
2) La **selección y copia de archivos** concretos de un ordenador para proceder al precinto del fichero obtenido, supone conocer la estructura y denominación de los directorios y carpetas del disco duro y otra información no pública, lo que conlleva una intromisión incontenida en el ámbito domiciliario de la sociedad. Estas actuaciones, sin autorización judicial y con expresa oposición a la entrada, vulneran el derecho fundamental a la inviolabilidad del domicilio, no por el lugar físico donde se desarrollan, sino específicamente porque el acceso al contenido del ordenador supone una vulneración de la privacidad de la empresa (TSJ País Vasco 11-5-09, EDJ 177523).
3) No puede apreciarse una eventual **manipulación o modificación** de la documentación, cuando la misma fue colocada en una caja sellada y firmada y se acordó su apertura ante el obligado tributario, quedando mientras tanto en poder de la Inspección (TSJ Cataluña 27-4-17, EDJ 152899).
4) El precinto de una **caja de seguridad** en una entidad bancaria, sin autorización judicial ni consentimiento del contribuyente, no afecta al domicilio constitucionalmente protegido. En relación con el derecho a la intimidad, se debe distinguir entre las personas físicas -titulares del mismo- y las personas jurídicas -que no disponen de tal derecho-. En consecuencia, como el precinto de la caja de seguridad puede afectar a la intimidad personal y familiar de la persona física, la Administración debe razonar y justificar la proporcionalidad, idoneidad y necesidad de esta medida de seguridad, que debe ser temporal y modificable (TS 21-3-24, EDJ 528887; 4-4-24, EDJ 532607).

Depósito (RGGI art.181.2 y 181.4) El depósito consiste en poner los elementos de prueba señalados en el nº 3890 bajo la **custodia** o guarda de persona física o jurídica que se determine por la Administración. **3895**
Los documentos u objetos depositados pueden ser previamente precintados y deben trasladarse a los locales o recintos del depositario.
El RGGI solo detalla que el depositario puede ser tanto una persona física como jurídica, sin efectuar más precisiones. Lo normal es que el depositario sea un tercero, pero la norma no impide que se designe depositario al propio obligado tributario. Si se trata de un **tercero**, este debe aceptar el depósito.
En el caso de depósito de bienes embargados, si el depositario es una empresa dedicada habitualmente al depósito o un tercero que ofrezca garantías de seguridad y solvencia, sus relaciones con la Administración se rigen por la legislación de **contratos de las Administraciones públicas** en los aspectos no expresamente previstos por la norma tributaria (RGR art.94.4).
Los funcionarios de la Inspección deben dejar constancia en **diligencia** de la identidad del depositario, de su aceptación expresa y de que ha quedado advertido sobre el deber de conservar a disposición de la Inspección el objeto o documento entregados y sobre las responsabilidades en que pudiera incurrir en caso de incumplimiento.
El depósito se **extingue** cuando, de acuerdo con la Inspección, el depositario entrega los medios de prueba custodiados a la Inspección para que los analice o, en su caso y de acuerdo con la Inspección, los restituye al interesado, lo que deberá reflejarse en diligencia.

Precisiones 1) El RGGI no contiene ninguna especificación al respecto, por lo que pueden plantearse dudas sobre si el propio obligado tributario puede **oponerse** a ser designado depositario o si constituye un depósito necesario. **3897**
Respecto al depósito de los **bienes embargados** en el procedimiento de **recaudación**, los bienes pueden depositarse en los recintos o locales del propio obligado cuando así se considere oportuno o cuando se trate de bienes de difícil transporte o movilidad, en cuyo caso se debe proceder al precinto o a la adopción de las medidas que aseguren su seguridad e integridad, quedando el obligado sujeto a los deberes y responsabilidades del depositario, y que en ese caso el depósito se considerará necesario sin que pueda oponerse el obligado (RGR art.94.3.e).
2) Solo pueden ser **objeto de depósito**, que se constituye desde que el depositario recibe la cosa ajena con la obligación de guardarla y restituirla, las cosas muebles (CC art.1758 y 1761).
3) El depósito es necesario cuando se hace en cumplimiento de una **obligación legal** (CC art.1781.1).
4) El depositario está obligado a **custodiar y conservar** con la diligencia debida los bienes depositados y a devolverlos cuando sea requerido para ello (RGR art.95.1). Si la cosa depositada se encontrara cerrada y sellada, el depositario debe restituirla en la misma forma (CC art.1769).
5) El depositario, salvo que sea el propio obligado tributario, tiene derecho a la **retribución** convenida por la prestación de sus servicios y al reembolso de los gastos que haya soportado por razón del depósito, cuando no estén incluidos en la retribución (RGR art.96.1).

3900 **Incautación** (RGGI art.181.2) La incautación consiste en la **toma de posesión** de elementos de prueba de carácter mueble por los funcionarios de la Inspección. Los documentos u objetos incautados pueden ser previamente precintados.

Los órganos de la Inspección deben adoptar las medidas que fueren precisas para la conservación de los elementos incautados en el mismo estado en que se encontraban, siendo en su caso la Administración responsable de la pérdida o deterioro producido en los mismos con arreglo a las normas generales del depósito.

En la **diligencia** de incautación la Inspección debe detallar el estado en el que se encuentran los objetos incautados en el momento de la adopción de la medida cautelar, pudiendo acompañar fotografías de los bienes a estos efectos.

La incautación se **extingue** con la devolución al interesado de los bienes incautados, que la Inspección refleja en diligencia. Si el interesado aprecia que los bienes restituidos han sufrido algún menoscabo, puede manifestar en esa diligencia las concretas pérdidas o deterioros que aprecie.

3905 Precisiones 1) En principio, el examen de los libros originales de contabilidad debe efectuarse en los locales, oficinas o dependencias del obligado tributario, en presencia del mismo o de la persona que designe (nº 1645). No obstante, aunque el examen de la documentación en las oficinas públicas requiere el **consentimiento del obligado tributario**, dicho consentimiento resulta innecesario cuando la intervención, precinto, desprecinto y examen de la documentación se realiza en el contexto de unas medidas cautelares motivadas, proporcionales y ratificadas por la autoridad competente (TSJ Cataluña 1-12-16, EDJ 277737).

2) La incautación de los **libros y documentos contables** únicamente debe estar dirigida al aseguramiento de estos medios de prueba, no a facilitar su examen en las oficinas de la Inspección. Un caso claro en el que procede la incautación es cuando la Inspección descubre una contabilidad paralela, dado que en caso contrario lo normal es que desaparezcan o se alteren.

3) Es normal la incautación de **facturas o documentos** que se consideran **falsos**, ya que la constatación de la autenticidad o no del documento puede requerir realizar pruebas que requieren contar con el original.

4) Cuando en una **entrada en domicilio** con autorización judicial se hace necesario examinar un gran volumen de información, siendo imposible su análisis en la actuación de entrada, se procede a la incautación y precinto de la documentación que potencialmente pudiera tener interés para la comprobación. Posteriormente, en las oficinas de la Inspección, se levanta el precinto y se analiza en presencia del obligado tributario la documentación incautada.

2. Límites de la adopción de medidas cautelares

(LGT art.146)

3910 Dado el carácter excepcional y discrecional de estas actuaciones, su carácter provisional y la exigencia de proporcionalidad, se establece un conjunto de limitaciones o **condiciones** para la adopción de las medidas cautelares. Así, se establece que las medidas cautelares adoptadas por los órganos de la Inspección en el curso del procedimiento de Inspección han de ser proporcionadas al fin que persigan (nº 3915) y no pueden producir un perjuicio de difícil o imposible reparación al obligado tributario (nº 3920). Deben tener carácter temporal (nº 3930) y estar suficientemente motivadas (nº 3935).

La adopción de medidas cautelares de aseguramiento de la prueba requiere la existencia de **razones o motivos** para temer que, de no adoptarse estas medidas, puede resultar imposible en el futuro la práctica de la prueba, como consecuencia de que esta puede desaparecer, ser destruida o alterada.

3915 **Proporcionalidad de las medidas cautelares** (LGT art.146.2) El principio de proporcionalidad opera como límite a la facultad de la Administración de adoptar medidas cautelares. Supone que deben adoptarse aquellas medidas que resulten **menos gravosas** para el obligado tributario siempre que sean suficientes para asegurar el elemento de prueba de que se trate.

El contenido de este principio se establece en consideración a la relación entre medio y fin (requisitos de idoneidad o adecuación de la medida) y a la ausencia de medios menos drásticos para conseguir la finalidad perseguida (requisito de necesidad).

El requisito de **necesidad** de la medida no es absoluto, sino que está en relación con las alternativas disponibles que permitan asegurar la prueba. No se cumple esta exigencia si existe una alternativa menos gravosa y de igual eficacia para conseguir la finalidad perseguida. Por lo tanto, no pueden adoptarse medidas que sean más gravosas para el interesado que lo estrictamente necesario para conseguir la finalidad de aseguramiento perseguida.

El requisito de **adecuación** exige una relación de medio a fin, en la que se consideren los objetivos de la medida y los perjuicios que puede ocasionar la misma a los obligados tributarios.

La exigencia de proporcionalidad es una limitación que no resulta de fácil valoración, por tratarse de un concepto difícil de delimitar, en la que no se pueden establecer reglas generales «a priori» que lo acoten, y por afectar a una materia compleja, en la que deben conjugarse la salvaguarda de los derechos de la Administración tributaria y el mínimo perjuicio posible al desarrollo normal de las actividades del obligado tributario.

Precisiones 1) Aunque el principio de proporcionalidad no está recogido expresamente en la Constitución, su aplicación ha sido una constante en la jurisprudencia (TCo 26/1981; 37/1989; 113/1989; 66/1995; 207/1996; 186/2000). La medida objeto de control que integra el **test de proporcionalidad** requiere cumplir tres requisitos: a) la idoneidad, entendida como aptitud o adecuación de la medida objeto de control para conseguir la finalidad perseguida; b) la necesidad, entendida como ausencia de alternativas menos gravosas para la consecución con igual eficacia de la finalidad perseguida; y c) la proporcionalidad en sentido estricto, es decir, que la medida objeto de control sea proporcionada o equilibrada por derivarse de la misma más beneficios o ventajas para el interés general que perjuicios sobre otros bienes o valores en conflicto.
2) Aunque la medida cautelar, referida a una caja de seguridad, hubiese sido denegada con anterioridad, la Administración puede solicitarla de nuevo si aporta nuevos datos o indicios. Lo relevante es que haya una variación de las circunstancias que se tuvieron en cuenta en la primera solicitud. Asimismo, debe tenerse en cuenta la **proporcionalidad de la medida** en función de los fines pretendidos y de las circunstancias de la inspección (TSJ Murcia 31-1-24, EDJ 511492).

No causar perjuicios de difícil o imposible reparación (LGT art.146.2) En ningún caso se adoptarán medidas que puedan producir un perjuicio de difícil o imposible reparación. Se trata de una concreción del requisito anterior, dado que una medida que causa este tipo de perjuicios **no** puede considerarse **proporcionada**. **3920**

Precisiones 1) La expresión «perjuicios de difícil o imposible reparación» es un **concepto jurídico indeterminado** que ha venido siendo tradicional de la tutela cautelar y que debe delimitarse en función de las concretas circunstancias concurrentes. De acuerdo con esta jurisprudencia, su alegación y prueba corresponde con carácter general al obligado tributario, y en general no se reputan como tales perjuicios los daños o perjuicios económicos, dada la solvencia en grado máximo que ostenta la Administración. **3925**
2) La generación de perjuicios de reparación imposible o difícil, dada la relación instrumental de la medida cautelar con la efectividad del **derecho a la tutela judicial efectiva**, debe entenderse como situación impeditiva o gravemente obstaculizadora de la efectividad de disfrute de un derecho fundamental (TCo 14/1992).

Duración temporal de las medidas (LGT art.146; LPAC art.56.5) Las medidas cautelares son medidas **provisionales**, por lo que no pueden extenderse indefinidamente y se encuentran limitadas temporalmente a los fines de aseguramiento de las pruebas obtenidas en un determinado procedimiento de Inspección. **3930**
Este requisito supone la concreción del requisito de proporcionalidad en el ámbito temporal, de forma que la medida solo debe persistir el **tiempo imprescindible** para obtener la finalidad perseguida. Fuera de ese ámbito temporal la medida resulta desproporcionada e injustificada y debe levantarse por la Administración.
El obligado tributario puede solicitar en cualquier momento el **levantamiento o modificación** de una medida cautelar adoptada justificando que ha dejado de ser necesaria. En todo caso, las medidas cautelares se alzan o modifican, de oficio o a instancia de parte, cuando aparezcan circunstancias sobrevenidas o que no pudieron ser tenidas en cuenta en el momento de su adopción.
Las medidas cautelares de aseguramiento se **extinguen** cuando surta efectos la resolución administrativa que ponga fin al procedimiento.

Exigencia de motivación (LGT art.146.1) Para dotar de garantías a estas actuaciones, máxime teniendo en cuenta su carácter discrecional y excepcional, se exige expresamente su motivación. **3935**
La motivación debe abarcar la **procedencia** de la adopción de la medida, mediante la exposición de las circunstancias concretas del caso que justifiquen el peligro de alteración o destrucción de las pruebas, y la motivación de la **proporcionalidad** de la medida, en función del tipo de medida adoptada y su duración. Esta motivación resulta necesaria no solo para la adopción de la medida, sino también para su conservación, dado su carácter temporal, de forma que si desaparecen las circunstancias que motivan la medida, esta debe levantarse. Ver nº 3965.
La motivación debe referirse fundamentalmente al «periculum in mora», que en este ámbito se concreta en el peligro de **alteración o destrucción** de pruebas.

3. Procedimiento para la adopción de medidas cautelares

(RGGI art.181.4 y 5)

3940 El procedimiento para la adopción de las medidas cautelares cuenta con importantes peculiaridades. Se trata de unas medidas de carácter **instrumental** dentro del procedimiento de Inspección.

Además, dado que su finalidad es evitar el peligro de que desaparezcan o se alteren determinados medios de prueba, debe adoptarse nada más se conozca la existencia de las pruebas correspondientes sin esperar a la tramitación de un procedimiento en cuya conclusión ya podrían haber desaparecido las pruebas, y dejado sin sentido a las medidas a adoptar.

Pero, por otra parte, para conseguir una mayor objetividad y ponderación en la adopción de esta medida, se requiere la posterior **ratificación**, en su caso, de la medida adoptada por el órgano con funciones liquidadoras.

Es después de la adopción de la medida cautelar y antes de su posible ratificación cuando el obligado tributario puede presentar las **alegaciones** que considere oportunas, tanto sobre la necesidad de la medida, como sobre la ponderación de la misma y sobre la existencia de posibles perjuicios de difícil o imposible reparación. El carácter inquisitivo del procedimiento inspector y la finalidad de aseguramiento de pruebas de las medidas determina que no proceda una audiencia al obligado previa a la adopción de la medida, pero en cambio se establece que será oído por el órgano competente para liquidar a la hora de ratificar las medidas cautelares adoptadas por el actuario.

3942 La adoptación de las medidas cautelares se efectúa mediente **diligencia**, en la que se recogen las circunstancias y la finalidad que han determinado su adopción, aspectos que son imprescindibles para que el obligado tributario disponga de los elementos oportunos para poder efectuar sus alegaciones.

La diligencia no contiene, pues, la **motivación** de la medida cautelar (nº 3935), ya que en dicho documento solo se han de reflejar hechos y no fundamentaciones jurídicas, y aún no se han efectuado las alegaciones del obligado tributario (nº 3960).

La motivación de la medida cautelar se efectúa en el **acuerdo** del inspector jefe en el que se ratifica, modifica o levanta la medida cautelar, a la vista de las alegaciones del interesado.

3945 **Adopción de las medidas cautelares** (LGT art.142.4; RGGI art.60.1, 181.1 y 181.3) La **competencia** para adoptar las medidas cautelares corresponde al funcionario de la Inspección que desarrolle las actuaciones de comprobación o investigación, aunque estas medidas deben ser ulteriormente ratificadas, modificadas o levantadas por el órgano con funciones de liquidación.

En la adopción de las medidas cautelares los funcionarios de la Inspección pueden solicitar la **protección y auxilio** necesario de las autoridades públicas.

Precisiones Las medidas cautelares se adoptan normalmente en el curso de un acceso a un local o domicilio. En el caso de tratarse de un **domicilio constitucionalmente protegido**, se plantean dos supuestos (RGGI art.172):

a) Acceso con autorización judicial: la Inspección puede adoptar las medidas cautelares que estimen necesarias en sede domiciliaria y, una vez finalizados la entrada y reconocimiento, se debe comunicar al órgano judicial que autorizó la entrada las circunstancias, incidencias y resultados de su actuación.

b) Acceso previo consentimiento del titular, que posteriormente es revocado: los funcionarios deben abandonar los lugares en que se estén desarrollando las actuaciones, sin perjuicio de poder adoptar previamente las medidas cautelares necesarias.

3950 **Documentación** (RGGI art.98.2.c y 181.4) Las medidas cautelares deben documentarse en **diligencia,** en la que se debe hacer constar la medida cautelar adoptada, el inventario de los bienes precintados, depositados o incautados, las circunstancias y finalidad que determinan la adopción de la medida cautelar y la información al obligado tributario del derecho a formular alegaciones.

El **momento de la extensión** de la diligencia es el mismo de la adopción de la medida cautelar, salvo que no pueda efectuarse por cualquier causa no imputable a la Administración tributaria, en cuyo caso debe extenderse lo antes posible y remitirse copia al interesado.

Así, en el caso de producirse una conducta amenazadora o violenta del obligado tributario que impida la extensión de la diligencia en el momento en el que se adopta la medida, se debe diligenciar la medida adoptada lo antes posible y remitir copia de la misma al obligado tributario por cualquier medio admitido en Derecho.

Esta notificación debe efectuarse a la mayor celeridad posible, dado que el plazo de 15 días para ratificar o levantar la medida no se computa desde la notificación de la adopción de la medida cautelar, sino desde su adopción.

Precisiones 1) Cuando el objeto del precinto, depósito o incautación esté constituido por una masa tal de documentos que resulte imposible, inoperante o muy difícil el inventario de cada uno de tales documentos, procederá introducirlos en uno o más **recipientes** (archivadores, cajas, bolsas, paquetes, armarios, etc.) que deberán precintarse para su posterior apertura en presencia del obligado tributario, si quisiera estar presente, previa convocatoria que al efecto se le formule. En este caso, la descripción de la medida se referirá a cada uno de los recipientes continentes de los documentos, haciendo constar que el contenido de los mismos consiste, precisamente, en documentos varios. **3955**
2) La documentación puede trasladarse a las oficinas de la Inspección sin necesidad de consentimiento del interesado en el caso de **incautación** en el contexto de unas medidas cautelares motivadas, proporcionales y ratificadas por la autoridad competente. Lo importante del **precinto** es que la documentación intervenida permanezca incólume y sin posibilidad alguna de modificación por parte de la Administración tributaria, hasta el momento del posterior desprecinto y examen de la misma en presencia del representante del obligado tributario (TSJ Cataluña 31-10-13, EDJ 285877).
3) En la diligencia debe constar la **descripción** de los documentos u objetos precintados, depositados o incautados, que debe ser lo más precisa posible (número de serie, matrícula, número de protocolo, etc.) con la finalidad de identificarlos de forma plena y completa. Asimismo, se debe indicar, en su caso, la ubicación exacta del objeto precintado o depositado.
4) En caso de adopción de cualquiera de las medidas cautelares debe informarse al obligado tributario de su **derecho a formular alegaciones** ante el Inspector-Jefe en el plazo de los cinco días siguientes al de la notificación de la medida cautelar.

Alegaciones del interesado (RGGI art.181.5) Las alegaciones frente a la medida cautelar adoptada por el órgano inspector que desarrolla las actuaciones, las puede formular el obligado tributario frente al inspector jefe en el **plazo** improrrogable de 5 días, contados desde el día siguiente al de la notificación de la medida cautelar. **3960**
El obligado tributario, además de cuestiones formales, puede alegar tanto sobre la necesidad de la medida, como sobre la ponderación de la misma y sobre la existencia de posibles perjuicios de difícil o imposible reparación.
El plazo concedido al obligado tributario es muy reducido y, además, **improrrogable**. Ello se debe al carácter de las medidas cautelares, así como al reducido plazo que dispone el órgano competente para liquidar para acordar la ratificación o levantamiento de la medida.
Ahora bien, dado el carácter provisional de la medida parece razonable, aunque la norma no lo señale expresamente, que si desaparecen o se modifican las **circunstancias** que motivaron la adopción de la medida, el obligado tributario pueda alegarlo en cualquier momento de la vigencia de la medida, para solicitar que se levante o modifique la medida adoptada, si no lo hacen de oficio los órganos de la Inspección.

Ratificación, modificación o levantamiento de las medidas adoptadas (RGGI art.181.5) La **competencia** para ratificar, modificar o levantar la medida cautelar corresponde al órgano competente para liquidar, que en el caso de la AEAT es el inspector jefe. Para ello debe valorar la necesidad y proporcionalidad de la medida, así como la verificación del cumplimiento de los requisitos legalmente establecidos. **3965**
Esta decisión se efectuará a la vista de la diligencia en la que se adopte la medida cautelar (nº 3950) y las posibles alegaciones del obligado tributario (nº 3960), por medio de **acuerdo** debidamente motivado.
Por lo tanto, la **motivación** propiamente dicha de la medida cautelar se contiene en este acuerdo y no en la diligencia en la que se adopta provisionalmente la medida.
El acuerdo dictado debe **notificarse** al obligado tributario.

Precisiones El **plazo** para dictar este acuerdo es de 15 días «desde su adopción», por lo que este plazo no se cuenta desde el día siguiente a la adopción de la medida, sino desde el mismo día de la adopción. Esta regla se aplica incluso si la notificación de la medida cautelar no se produce simultáneamente a su adopción, sino posteriormente. **3970**
La fecha de **finalización** de este plazo parece referirse al día en que se dicta el acuerdo correspondiente y no a la fecha en la que se notifica al obligado tributario.

Acto de trámite no impugnable separadamente (LGT art.227.2; RGGI art.181.5) Las medidas cautelares adoptadas en el procedimiento de inspección constituyen **actos de trámite** del procedimiento y no aparecen contemplados entre los actos susceptibles de reclamación económico-administrativa. **3975**
La norma establece expresamente que las medidas cautelares no puede ser objeto de **recurso o reclamación** económico-administrativa, sin perjuicio de que se pueda plantear la procedencia o improcedencia de la medida cautelar en los recursos o reclamaciones que, en su caso, puedan interponerse contra la resolución que ponga fin al procedimiento de inspección.

4. Finalización de las medidas cautelares

3980 **Levantamiento de las medidas cautelares** (RGGI art.181.6) Las medidas cautelares son unas medidas excepcionales y temporales. Por ello determina la norma que las mismas se levantarán tan pronto como desaparezcan las **circunstancias** que justificaron su adopción (ver nº 3965).

El **precinto** (nº 3890) suele ser una medida muy pasajera y se levanta, salvo causa debida justificada, con su liberación por los funcionarios de la Inspección en presencia del obligado tributario, o la persona que este designe.

La **incautación** (nº 3900) y el **depósito** (nº 3895) finalizan con la devolución del bien incautado o depositado al obligado tributario, una vez que la Inspección haya analizado los elementos de prueba objeto del aseguramiento.

Cuando se produzca el levantamiento de las medidas cautelares adoptadas, la **documentación** de esta circunstancia se realiza mediante diligencia.

Precisiones Constituye causa justificada para efectuar el **desprecinto sin** la **presencia del interesado** que este desatienda reiteradamente las citaciones de la Inspección para que se persone con el objeto de proceder al levantamiento de la medida cautelar.

3985 **Consecuencias del incumplimiento de las medidas cautelares** La forma normal de finalización de las medidas cautelares consistirá en el **levantamiento** de las mismas por parte de los funcionarios de la Inspección. Pero puede ocurrir que se violenten las medidas cautelares adoptadas. Esta situación puede darse fundamentalmente en el caso de los precintos de los objetos o locales que queden en poder de los interesados; su **quebrantamiento** puede tener consecuencias en el orden penal o administrativo sancionador sin que puedan simultanearse penas, de acuerdo con el principio «non bis in idem» (L 40/2015 art.31).

3990 Precisiones **1)** El quebrantamiento del precinto puede constituir también la **infracción tributaria** por resistencia, obstrucción, excusa o negativa a las actuaciones de la Administración tributaria (ver, nº 7002).

2) El quebrantamiento de los precintos puede constituir un **delito de resistencia o desobediencia** grave a la autoridad o a sus agentes en el ejercicio de sus funciones (CP art.556) estando sancionado con penas de prisión de tres meses a un año o multa de seis a dieciocho meses para las personas que, sin incurrir en atentado contra la autoridad, sus agentes o funcionarios públicos, cometan resistencia o desobedezcan gravemente a la autoridad o sus agentes en el ejercicio de sus funciones. Para ello es preciso que la conducta sea dolosa, que la desobediencia sea grave y que incumpla una orden o mandato específico. Por ello se exige que los órganos de la Inspección adviertan previamente al obligado tributario de las consecuencias legales (incluida la posible responsabilidad penal) que pueden seguirse del quebrantarse el precinto (TS 19-11-90, EDJ 10477).

3) La apertura de **diligencias penales** por un posible delito de resistencia o desobediencia como consecuencia de la violación del precinto no determina la paralización del procedimiento inspector en cuyo seno tuvo lugar la infracción, ya que el objeto del proceso penal es materialmente distinto del objeto del procedimiento inspector, sin que puedan producirse interferencias entre uno y otro (LECr art.114).

5. Garantías en la cadena de custodia de la prueba

3992 La **cadena de custodia** constituye el conjunto de diligencias del procedimiento mediante las cuales se identifican el objeto, los instrumentos o efectos de la infracción o delito y se refleja documentalmente el «iter» o proceso investigador al que aquéllos son sometidos, de manera que queda garantizada la identidad entre el objeto inicialmente obtenido (precintado, depositado, incautado) y el objeto finalmente investigado e informado.

Se define como la garantía de autenticidad e indemnidad de los **elementos probatorios**, ya que supone acreditar la forma en la que se efectuan las tareas de recogida, traslado, manipulación y almacenamiento de los objetos de prueba hasta su análisis, asegurando la inalterabilidad de las fuentes de prueba.

La cadena de custodia constituye la garantía de que las evidencias que se analizan son las mismas que las recogidas durante la investigación, de tal forma que, si por la naturaleza de la actuación o por las técnicas que hayan de aplicarse para la recogida, inspección, análisis o depósito hubieran de producirse alteraciones en el estado original de las muestras o efectos intervenidos, esta circunstancia debe constatarse en las actuaciones.

Las pruebas aportadas al procedimiento deben reunir todas las garantías, lo contrario conllevaría una vulneración del derecho a la presunción de inocencia y a un proceso justo. La **infracción** de la cadena de custodia afecta a la verosimilitud de la prueba pericial y, en consecuencia, a su legitimidad y validez para servir de prueba de cargo en el proceso.

Precisiones 1) La garantía de la cadena de custodia en la prueba, que ha sido examinada fundamentalmente en el ámbito penal, debe darse en todo el **procedimiento administrativo**, si bien resulta especialmente relevante en el caso de las medidas cautelares. 3994
2) La cadena de custodia es especialmente importante en la obtención de **datos informáticos** en las entradas y registros de domicilios. En esos casos, procede detallar en diligencia y de forma precisa, entre otras cuestiones, la incautación de los ficheros obtenidos en el registro, su precinto, las garantías a que se someten (como los «hash» o huellas digitales) o el tratamiento proporcionado a los datos para obtener los resultados del informe.
3) La eventual **ruptura** de la **cadena de custodia** puede producir efectos sobre la fiabilidad y autenticidad de las pruebas e influenciar en la vulneración de los derechos a un proceso con todas las garantías y a la presunción de inocencia, puesto que resulta imprescindible descartar la posibilidad de que la falta de control administrativo o jurisdiccional sobre las piezas de convicción del delito pueda generar un equívoco (TS 18-12-13, EDJ 283229).
Para examinar esta ruptura no es suficiente la alegación de dudas genéricas sobre la cuestión, sino que es necesario que la parte que la cuestione precise en qué momentos, a causa de qué actuaciones o en qué medida se ha producido tal interrupción (TS 11-6-20, EDJ 575418).
4) Las **irregularidades** en la **cadena de custodia** (no mención de algún dato de consignación obligatoria, o ausencia de documentación exacta de alguno de los pasos) pueden despertar dudas sobre la autenticidad o indemnidad de la fuente de prueba. Por lo tanto, no es una cuestión de nulidad o inutilizabilidad, sino de fiabilidad (TS 3-3-14, EDJ 50752).
5) La cadena de custodia solo se comprende desde que los agentes públicos intervienen un objeto hasta que se procede a su análisis o eventual examen en la fase de instrucción. No se refiere, en ningún caso, a la **fase previa** a la **intervención** de los **agentes públicos** (TS 27-5-15, EDJ 93142).

V. Trámite de audiencia

A lo largo del procedimiento inspector el obligado tributario puede formular las **alegaciones** que estime oportunas. 3996
Una vez que la Inspección dispone de la información necesaria para formular, en su caso, la correspondiente propuesta de regularización de la situación tributaria del obligado tributario y antes de proceder a extender las correspondientes actas, de conformidad o disconformidad, se debe dar el preceptivo **trámite de audiencia**, en el que se pondrá de manifiesto el expediente al obligado tributario con el fin de que este pueda alegar lo que estime oportuno.
En dicho trámite el obligado tributario puede obtener **copia** de los documentos que integran el expediente.

1. Alegaciones

(LGT art.34.1.l)

El obligado tributario tiene derecho a formular alegaciones y a aportar los documentos que estime oportunos, que deberán ser tenidos en cuenta por la Inspección a la hora de elaborar la correspondiente **propuesta de regularización**. 4000
Este derecho, recogido en la LGT, se refiere a las alegaciones formuladas por el obligado tributario previas a la propuesta de regularización. El obligado tributario puede presentar alegaciones en **cualquier momento** del procedimiento inspector anterior al trámite de audiencia o aprovechando dicho trámite pero, en cualquier caso, antes de que se formule por la Administración tributaria la propuesta de regularización.
Así pues, con anterioridad al trámite de audiencia, el obligado tributario tiene el derecho a presentar alegaciones, pero el acceso al expediente y el derecho a obtener **copia** de los documentos que lo integran (LGT art.34.1 s.) se lleva a cabo en el trámite de audiencia (LGT art.99.4).

El mencionado derecho que tiene el obligado tributario de que sus alegaciones y documentos presentados deban ser tenidos en cuenta por la Inspección al elaborar la propuesta de regularización, implica que el órgano de inspección debe **manifestarse** en dicha propuesta sobre tales argumentaciones y documentos, indicando si se han estimado o no las mismas. 4002

La LGT también contempla, en el seno del procedimiento inspector, la posibilidad de un trámite de alegaciones posterior a la propuesta de regularización; es el caso de las **actas de disconformidad**. En este supuesto el obligado tributario dispone de un plazo de 15 días para formular alegaciones ante el inspector jefe (ver nº 4446).
Asimismo, tratándose de expedientes **sancionadores**, la LGT prevé un trámite de alegaciones posterior a la formulación de la propuesta de resolución (ver nº 7188 s.).

Precisiones Se declara la **nulidad de pleno derecho**, por indefensión material, de la liquidación practicada al haberse privado al contribuyente de la posibilidad de un ejercicio efectivo de su derecho a la defensa, en la medida en que no se valoraron -en el momento en el que procedía- ni las alegaciones previas al acta ni las alegaciones previas a la liquidación. La Administración debe esperar el tiempo necesario para asegurar que las alegaciones formuladas por el obligado tributario no han sido presentadas el último día del plazo por correo postal (TS 12-9-23, EDJ 688237).

2. Procedimiento. Excepciones

4005 Con carácter general, la audiencia al interesado está constitucionalmente recogida (Const art.105.c).
En el ámbito administrativo el trámite de audiencia está regulado en la LPAC art.82.
En el específico ámbito tributario el trámite de audiencia constituye el momento del procedimiento inspector en que el obligado tributario puede hacer efectivo el **derecho a ser oído** (LGT art.34.1.m) y tiene **acceso a los documentos** que figuren en el expediente (LGT art.99.4) de modo que, una vez conocido el contenido de este, el obligado tributario pueda valorar si la propuesta de la Administración tributaria está lo suficientemente fundamentada a efectos de decidir si presta conformidad o si se muestra disconforme con la misma.

4007 Cuando el órgano de inspección estime que dispone de los datos y las pruebas necesarias para fundamentar la propuesta de regularización o para considerar correcta la situación tributaria del obligado, debe notificar la **apertura** del trámite de audiencia, trámite que es previo a la formalización de las actas de conformidad o disconformidad (RGGI art.96 y 183).
Durante dicho trámite se produce la **puesta de manifiesto** del expediente al obligado tributario, con el fin de que este pueda:
- obtener copia de los documentos que integran el mismo;
- aportar nuevos documentos o justificantes; y
- efectuar las alegaciones que estime pertinentes (ver nº 4050).

Precisiones Se establece una limitación temporal a la hora de **aportar documentación** por parte del obligado tributario. Una vez realizado el trámite de audiencia no se pueden incorporar al expediente más documentación acreditativa de los hechos, salvo que se demuestre la imposibilidad de haberla aportado antes de la finalización de dicho trámite y, en todo caso, siempre que dicha documentación se aporte antes de dictar resolución (RGGI art.96.4).
No obstante lo expuesto, los tribunales han reconfigurado dicha limitación: la LGT art.239.2 en conexión con la LPAC art.112 y la LJCA art.56.1 no permiten que las cuestiones suscitadas por los interesados sean rechazados por el TEA por el mero hecho de que no fueron previamente planteadas ante los órganos de la Inspección de los tributos (TS 21-2-19, EDJ 516350). Ver nº 3156.

4008 **Formas de realizar el trámite** (RGGI art.96 y 183) La puesta de manifiesto del expediente se puede efectuar mediante la **visualización física** del expediente en las oficinas de la Inspección, obteniendo copias en papel de los documentos que se soliciten y presentando las alegaciones a través del Registro. También está prevista la posibilidad de utilizar los **medios electrónicos** para la práctica del trámite de audiencia, así como el derecho a obtener copia electrónica de los documentos que formen parte del procedimiento en los que tenga el obligado tributario condición de interesado (LPAC art.53). En estos casos la entrega de la documentación se realiza en soporte electrónico y la presentación de alegaciones a través de un registro telemático. El **expediente electrónico** permite obtener copia electrónica de los documentos que forman parte del expediente directamente a través de internet.

4010 **Plazo** (LPAC art.82.2) El trámite de audiencia se lleva a cabo justo antes de la redacción de la **propuesta de regularización** (actas) y por un plazo no inferior a 10 días ni superior a 15.
Se trata de **días hábiles** y se cuentan a partir del día siguiente al de la pertinente comunicación.
Dentro del plazo establecido, nada se regula sobre si la **presencia** del obligado tributario o de su representante debe limitarse a un solo día o si puede personarse, dentro del plazo, durante varios días. Ningún precepto impide esta última posibilidad.

Precisiones 1) Cuando los **plazos** se señalen **por días**, se entiende, salvo que una ley disponga otra cosa, que se trata de días hábiles y a efectos del cómputo de los días hábiles se excluyen los sábados, domingos y festivos (LPAC art.30.2).
2) Para obligados tributarios afectados por la **DANA**, ver nº 3337 s.

Ampliación del plazo (LPAC art.32; RGGI art.91) El plazo concedido puede ser objeto de **ampliación** a petición del obligado tributario por un período que no exceda de la mitad de dicho plazo. **4012**
La concesión por el órgano inspector de la ampliación de plazo solicitado puede ser expresa o tácita:
- La ampliación se entenderá **automáticamente concedida** por la mitad del plazo inicialmente fijado con la presentación en plazo de la solicitud.
- La notificación **expresa** de la concesión de la ampliación, que debe hacerse antes de la finalización del plazo inicialmente fijado, puede establecer un plazo de ampliación distinto e inferior al de la mitad del plazo mencionado.

La **denegación** de la ampliación debe hacerse de forma expresa y, en todo caso, antes de la finalización del plazo que se pretende ampliar.
El acuerdo de concesión o denegación de la ampliación no es susceptible de **recurso o reclamación** económico-administrativa, sin perjuicio de que el obligado tributario, en el correspondiente recurso o reclamación contra la liquidación que en su día se dicte, alegue lo que estime oportuno sobre dicha cuestión.

Precisiones 1) En virtud de los principios que informan la ordenación y aplicación del sistema tributario y el de buena administración, se desprende que la **denegación de la ampliación del plazo** de alegaciones exige una motivación suficiente que valore la petición atendiendo a las circunstancias concurrentes, por lo que no es discrecional de la Administración (TS 8-7-24, EDJ 617244).
2) No existe indefensión en la **denegación de la ampliación del plazo de audiencia** de 10 días sin que aleguen los perjuicios sufridos a consecuencia de dicha denegación (AN 29-9-08, EDJ 175675).

Nuevo trámite de audiencia En el caso de que el obligado tributario hubiera efectuado **alegaciones** o aportado **documentos** que hicieran preciso completar las actuaciones que se daban ya por concluidas, una vez llevadas a cabo las actuaciones pertinentes será preciso dar debido cumplimiento a un nuevo trámite de audiencia para que el obligado tributario tenga cabal conocimiento de lo realizado por la Inspección tras sus alegaciones o nuevos elementos de prueba aportados. **4015**

Puesta de manifiesto del expediente (RGGI art.96 y 183) En todo caso, cuando el actuario estime que las actuaciones de comprobación e investigación han concluido, comunicará al obligado tributario mediante diligencia la puesta de manifiesto del expediente y dará así cumplimiento al **trámite de audiencia**. Ante esta comunicación el obligado tributario y a la vista del expediente puede: **4020**
- efectuar las alegaciones y, en su caso, aportar los documentos que estime oportunos;
- renunciar a formular alegaciones y a presentar nuevos documentos.

Esta **renuncia** a su vez puede ser expresa o tácita.
En la renuncia **expresa** el obligado tributario manifiesta su decisión de no efectuar alegaciones ni aportar nuevos documentos o justificantes (LPAC art.82.3; RGGI art.96.2), dándose así por realizado el trámite de audiencia y sin que haya necesidad de esperar al transcurso del plazo fijado, para que se puedan elaborar las actas de inspección. De dicha manifestación de renuncia debe quedar constancia en el expediente.
La renuncia **tácita** concurre cuando el obligado tributario no formula alegación alguna. En este último caso resulta preciso esperar al transcurso del plazo establecido para proceder a redactar la correspondiente propuesta de regularización.

Excepciones al trámite de audiencia (LGT art.99.8; RGGI art.96 y 183) Se establecen excepciones a la obligatoriedad de dar cumplimiento al trámite de audiencia previo a la propuesta de regularización. Se puede prescindir de ese trámite en determinados supuestos. Algunos de estos supuestos afectan a los procedimientos de aplicación de los tributos, mientras que hay un supuesto específico del procedimiento inspector. **4025**
Los supuestos en que se puede prescindir del trámite de audiencia que afectan, en general, a los procedimientos de **aplicación de los tributos** son:
a) Cuando no figure en el procedimiento ni sean tenidos en cuenta en la resolución otros **hechos** ni otras **alegaciones** y **pruebas** que las presentadas por el obligado tributario. Esta situación es difícil que se dé en el procedimiento inspector (RGGI art.96.3).
b) Cuando en las normas reguladoras del procedimiento está previsto un trámite de alegaciones **posterior** a la propuesta de regularización (ver nº 4030).

Precisiones En el procedimiento inspector está previsto un trámite de alegaciones posterior en el supuesto de firma de **actas de disconformidad** y, si bien en un principio esta previsión permitiría prescindir del trámite de audiencia (LGT art.99.8), el precepto que regula las actas de disconformidad recoge, expresamente, la obligación de conceder un trámite de audiencia previo a la firma del acta (LGT art.157.1).

4030 **Actas con acuerdo** (LGT art.99.8) El supuesto específico en que se puede prescindir del trámite de audiencia y que únicamente afecta al **procedimiento inspector** concurre cuando se suscriben actas con acuerdo.

La justificación para permitir prescindir de este trámite está en la propia naturaleza de las actas con acuerdo. Este tipo de actas se configuran como un mecanismo que debe permitir **reducir la conflictividad** en el ámbito tributario.

Se alcanza un acuerdo entre la Administración y el obligado tributario. El acuerdo abarca a los elementos de la deuda tributaria y a la sanción que, en su caso, pudiera corresponder. Dado que existe un acuerdo entre las partes, no resulta necesario que el obligado tributario tenga acceso al expediente, con el fin de aportar ningún documento ni realizar alegación alguna inmediatamente antes de la firma del acta.

En los supuestos mencionados la no celebración de dicho trámite constituye una posibilidad, sin que se impida dar cumplimiento al mismo si así se considera oportuno por la Administración tributaria.

4032 **Delito contra la Hacienda Pública** (LGT art.251 y 253; RGGI art.197 ter y 197 quater) Cuando la Administración aprecie la existencia de indicios de delito contra la Hacienda Pública y proceda la práctica de una **liquidación vinculada a delito**, no se prevé la concesión de un trámite de audiencia previo a la propuesta, si embargo se regula un trámite de audiencia posterior de 15 días (nº 7590 s.).

No obstante, cuando la Administración tributaria aprecie la existencia de indicios de delito contra la Hacienda Pública y **no** proceda la práctica de liquidación vinculada a delito por concurrir alguna de las excepciones legalmente establecidas (LGT art.251.1) no se prevé la concesión ni de un trámite de audiencia ni de alegaciones al obligado tributario (nº 7590 s.).

4035 **Firma de las actas** (RGGI art.183) En la **notificación** de la apertura del trámite de audiencia por el órgano inspector se puede fijar el lugar, fecha y hora para la firma de las actas.

Una vez concluido el trámite de audiencia, el órgano inspector trasladará al inspector jefe, previa valoración de las alegaciones que, en su caso, se hubieran efectuado, las **propuestas de regularización** de la situación tributaria del obligado.

En el caso de que el actuario no concediera al obligado tributario el trámite de audiencia, sin concurrir ninguno de los supuestos antes citados, las normas nada establecen sobre las consecuencias de dicho incumplimiento.

4040 Precisiones **1)** La existencia o no del trámite de audiencia debe evaluarse desde la perspectiva de la posible **indefensión** que esta supresión puede ocasionar al interesado (TSJ C.Valenciana 3-10-05, EDJ 203761).

La omisión del trámite de audiencia en un procedimiento no sancionador no es, por si misma, causa de nulidad de pleno derecho, sino que solo puede conducir a la anulación del acto en aquellos casos en los que tal omisión haya producido la indefensión material y efectiva (AN 15-10-15, EDJ 202675).

2) El no señalamiento de **plazo** para evacuar el trámite de audiencia constituye una mera irregularidad no invalidante (TSJ Asturias 13-3-06, EDJ 73894).

3) El trámite de audiencia no es aplicable a la liquidación de un **recargo** al que la propia LGT le confiere carácter automático (TSJ Madrid 6-5-04, EDJ 101102; TSJ Asturias 13-3-06, EDJ 73894).

4) La reclamante exige que le sea entregada una especie de **pre-propuesta o borrador del acta**, pero dicha exigencia carece de base legal o reglamentaria alguna, dado que la ley solo exige que antes de redactar la propuesta de resolución (acta) se pongan de manifiesto a los interesados el expediente, circunstancia esta que se cumple con el trámite de audiencia (TEAC 25-6-08; 22-10-09).

5) Durante el trámite de audiencia se presenta escrito con **nueva documentación** que es examinada por la Inspección. Tras las nuevas investigaciones se da cuenta al actor de las investigaciones realizadas y se le exhiben sus resultados entregando copia de una serie de documentos solicitados por el interesado. No procede un segundo trámite de puesta de manifiesto del expediente antes de la firma de las actas (TSJ Castilla-La Mancha 15-4-10, EDJ 84444).

6) En el trámite de audiencia no se hizo saber al contribuyente cuales eran las **circunstancias y datos** que motivaban la actuación del órgano gestor. Dicho defecto no puede equipararse a una omisión total y absoluta del procedimiento como causa de nulidad. El reclamante había formulado recurso de reposición y con anterioridad había presentado alegaciones en relación con el fondo del asunto (TSJ Andalucía 12-1-09, EDJ 89363).

7) La existencia misma de un trámite de audiencia previo a la propuesta de liquidación, separado y distinto del trámite de alegaciones posterior a la misma, no puede considerarse como causante de indefensión material por el mero hecho de que en ese trámite previo el obligado no disponga de todos los **elementos de juicio necesarios** para combatir una regularización/liquidación que, en realidad, todavía no ha tenido lugar (TSJ Valladolid 4-5-15, EDJ 78588).

8) Es **nula de pleno derecho**, por indefensión material, la liquidación practicada al haberse privado al contribuyente de la posibilidad de un ejercicio efectivo de su derecho a la defensa, en la medida en que no se valoraron -en el momento en el que procedía- ni las alegaciones previas al acta ni las alegaciones previas a la liquidación. La Administración debe esperar el tiempo necesario para asegurar que las alegaciones formuladas por el obligado tributario no han sido presentadas el último día del plazo por correo postal (TS 12-9-23, EDJ 688237).

3. Acceso del obligado tributario al expediente

(LGT art.99; RGGI art.95 y 96)

Con ocasión del trámite de audiencia es cuando el obligado tributario tiene acceso al expediente y cuando puede obtener **copia**, a su costa, de los documentos que lo integran. 4050
Al expediente deben incorporarse las actuaciones realizadas, todos los elementos de **prueba** que obren en poder de la Administración y los **informes** emitidos por otros órganos.
Asimismo, debe incluirse en el mismo las **alegaciones** y los **documentos** que los obligados tributarios hayan presentado en cualquier momento anterior al trámite de audiencia y que serán tenidos en cuenta por el órgano inspector al formalizar las actas.
Con anterioridad al trámite de audiencia, el obligado tributario no puede exigir el acceso a la información que figure imputada a su nombre en las **bases de datos** de la Administración tributaria, dado que si bien se establece el derecho al acceso a los datos de carácter personal incluidos en ficheros automatizados, se limita este derecho al recoger la posibilidad de los responsables de los ficheros de la Hacienda Pública de denegarlo (LO 15/1999 art.23.2).

El derecho que tiene el obligado a obtener copia de los documentos que consten en el expediente tiene una serie de **limitaciones**, cuando: 4053
- afecte a intereses de terceros;
- afecte a la intimidad de otras personas;
- así lo disponga la normativa vigente.

Así, cuando el **documento** de que se trate afecte al sujeto objeto de la comprobación, pero también a los intereses o a la intimidad de terceros, puede excluirse del trámite de audiencia, no resultando exigible que el documento en cuestión afecte exclusivamente a este tercero.
Con el fin de mantener la confidencialidad de los datos que no afecten al obligado tributario, está prevista la posibilidad de entregarle extractos de los justificantes o documentos.
La copia de los documentos que desee obtener el obligado tributario, que deberán ser satisfechas por él, se entregarán en las oficinas de la Inspección, recogiéndose por esta en **diligencia** la relación de los documentos cuya copia se entrega, el número de folios y su recepción por el obligado tributario.

El trámite de audiencia para la puesta de manifiesto del expediente se puede efectuar mediante la **visualización física** del expediente en las oficinas de la Inspección, obteniendo copias en papel de los documentos que se soliciten y presentando las alegaciones a través del Registro, o por **medios electrónicos** que supone la entrega al interesado de la documentación en soporte electrónico y la presentación de alegaciones a través de un registro telemático. 4054
Los obligados tributarios pueden acceder a la documentación del expediente formado a raíz del procedimiento inspector a través de la sede electrónica de la AEAT. Sobre el **expediente electrónico**, ver nº 2360 s.

Precisiones El principio general del Derecho de la Unión del respeto del **derecho de defensa** debe interpretarse en el sentido de que cuando un sujeto pasivo no ha tenido la posibilidad de acceder, en el marco de procedimientos administrativos nacionales de inspección y de determinación de la base imponible del IVA, a la información que figura en su expediente administrativo y que fue tenida en cuenta en la adopción de una resolución administrativa por la que se le imponen obligaciones fiscales adicionales, y el órgano jurisdiccional que conoce del asunto comprueba que, sin esa irregularidad, el procedimiento podría haber dado lugar a un resultado distinto, tal principio exige la anulación de dicha resolución (TJUE 4-6-20, asunto C-430/19).

Ejemplo Se efectúa un requerimiento de información a la empresa «A» sobre las ventas efectuadas al obligado tributario «X», que está siendo objeto de la actuación de comprobación en cuyo seno se enmarca la petición. 4056
En la contestación la empresa «A» no solo aporta información referida a ese obligado tributario sino que también lo hace respecto de otros.
La Inspección debería extractar la documentación que afecta al obligado tributario y que el mismo tiene derecho a conocer, ya que en caso contrario se produciría indefensión. Así se lograría no vulnerar los intereses o la intimidad de terceros afectados por el documento y evitar la indefensión del contribuyente.

SECCIÓN 4

Terminación

4100

4102 Dentro de la fase de terminación, se regula tanto la formalización de las actas como la fase de resolución propiamente dicha, que corresponde al inspector jefe.
La **formalización de las actas**, como documentos en los que se recogen los resultados de las actuaciones de comprobación e investigación y se propone la regularización que se estima procedente, podía haber sido incluida en la fase de tramitación o instrucción más que en la de terminación, distinguiéndose así claramente entre las actuaciones de comprobación o investigación que corresponden al funcionario, equipo o unidad de inspección (actuarios) y las actuaciones de liquidación que corresponden al inspector jefe, apoyado por la Oficina Técnica (nº 140 s.).

Precisiones La LGT en la subsección dedicada a la terminación del procedimiento de inspección, únicamente regula el contenido y las clases de actas y su tramitación (LGT art.153 a 157). No existe referencia a la liquidación como acto que pone fin, con carácter general, al procedimiento de inspección. No obstante, reglamentariamente se ha suplido esta carencia regulando las distintas formas de **terminación del procedimiento** inspector y, en especial, las liquidaciones derivadas de las actas de inspección (RGGI art.189 s.).

I. Actas de Inspección

4105

A. Concepto

(LGT art.143 y 144)

4106 Las actas son **documentos públicos** que extiende la Inspección de los tributos con un doble objeto:
- recoger el resultado de las actuaciones de comprobación e investigación;
- proponer la regularización que se estime procedente de la situación tributaria del obligado o declarar correcta la misma.

Dos son, por tanto, las **notas** que caracterizan a las actas de la Inspección:
- su naturaleza de documentos públicos; y
- su carácter de propuesta de resolución del procedimiento de inspección.

4108 **Las actas como documentos públicos** (LGT art.144.1; CC art.1216) La normativa otorga a las actas extendidas por la Inspección de los tributos la naturaleza de documentos públicos. Son documentos públicos los autorizados por empleado público competente con las solemnidades requeridas por la ley.
Por tanto, para que pueda reconocerse el carácter de documento público las actas deben reunir los **requisitos formales** establecidos en la LGT y el CC, entre los que destaca el tener que estar firmadas por el funcionario competente de acuerdo con las normas de organización interna de la Administración tributaria que esté actuando (nº 4225 s.).

Precisiones 1) Actualmente, no se exige la extensión de las actas en un **modelo oficial**.
2) La **competencia para la firma** de las actas se establece en las normas de organización interna de cada Administración tributaria. Para la Inspección de los tributos integrada en la AEAT, esta competencia se fija en la AEAT Resol 24-3-92. En relación con la Delegación Central de Grandes Contribuyentes habría que estar a la AEAT Resol 13-1-21.

Valor probatorio de las actas (LGT art.144) La naturaleza de documentos públicos de las actas determina que estas hagan **prueba** de los hechos que motiven su formalización, salvo que se acredite lo contrario. **4109**

Existe, por tanto, una **presunción de veracidad** de los hechos reflejados en las actas, siempre que resulten de la constancia personal del funcionario que las suscriba. Se trata de una presunción de veracidad que admite prueba en contrario y que se refiere únicamente a los elementos de hecho de los que tenga conocimiento directo el actuario y no a cualquier otro hecho o a los juicios de valor o consideraciones jurídicas contenidos en las mismas.

En este sentido, hay que distinguir en el acta dos **partes** claramente diferenciadas:

- los **hechos** o circunstancias puestos de manifiesto como consecuencia de las actuaciones de comprobación e investigación desarrolladas por la Inspección de los tributos; y
- las **consecuencias jurídicas** de dichos hechos que determinan la propuesta de regularización de la situación tributaria del obligado o, lo que es igual, el resultado de la aplicación de la norma a los hechos comprobados en el curso del procedimiento de inspección.

Junto con el valor probatorio de las actas derivado de su consideración de documentos públicos, las **manifestaciones o hechos aceptados por los interesados** en las actas tienen el valor de una confesión. Por eso hacen prueba contra el obligado tributario en aquello que le perjudique, salvo que acredite por los medios que considere oportunos que lo manifestado no es cierto y que, en consecuencia, incurrió en un error al realizar dichas manifestaciones. **4110**

Al igual que en el caso anterior, los efectos probatorios de la **aceptación del contenido** del acta y, por tanto, de la firma de un acta de conformidad o con acuerdo, solo se refieren a los hechos reflejados en la misma y no a sus consecuencias jurídicas (nº 3260).

Precisiones **1)** Las actas se distinguen claramente de las diligencias. Las **diligencias** únicamente reflejan hechos que han sido comprobados durante el procedimiento. En ellas no debe incorporarse ningún juicio de valor o calificación. Las actas contienen tanto los hechos como la valoración o calificación jurídica de dichos hechos. No obstante, en el acta deben distinguirse claramente entre los hechos y su calificación jurídica, pues el valor probatorio de las actas solo se refiere a los primeros.

2) Es criterio jurisprudencial del Tribunal Supremo (TS 27-11-99, EDJ 39990):

a) Que las **declaraciones de conocimiento** del inspector contenidas en las actas gozan de presunción de veracidad por tratarse el acta de un documento público emitido por un empleado público competente en el ejercicio de sus funciones y con las solemnidades requeridas legalmente. Se trata de una presunción iuris tantum y no iuris et de iure, por lo que admite prueba en contrario.

b) Que en cuanto a los **hechos** recogidos en un **acta de conformidad**, el contribuyente no puede rechazarlos porque supondría ir contra sus propios actos, salvo que acredite su error al aceptarlos.

c) Que el **valor probatorio** de las actas solo puede referirse a los hechos comprobados directamente, quedando fuera las calificaciones jurídicas, los juicios de valor o las simples opiniones que corresponden enjuiciar, en todo caso, a los Tribunales.

3) La presunción de veracidad de los hechos que motiven la formalización de las actas de inspección no es contraria a la Constitución, dado que no supone vulneración del principio de **presunción de inocencia**. Se trata de un primer medio de prueba sobre los hechos que constan en las actas cuyo valor ha de examinarse atendiendo al principio de libre valoración de la prueba que rige en nuestro ordenamiento. Por otra parte, este valor probatorio solo puede referirse a los hechos comprobados directamente por el funcionario, quedando fuera de su alcance las calificaciones jurídicas (TCo 76/1990).

4) Para que opere la presunción de certeza de los hechos recogidos en las actas, estos deben ser **completos y claros**. El valor probatorio de la conformidad reflejada en un acta solo afecta y alcanza a los hechos, sin que dicha presunción pueda extenderse a cuestiones jurídicas que pueden ser discutidas sin limitación por el sujeto pasivo (AN 2-10-03, EDJ 147617).

5) Los requisitos para que opere la **presunción de veracidad** de los hechos recogidos en las actas son: **4113**

- que el hecho se haya recogido de forma precisa en el acta;
- que el acta se haya extendido conforme a las leyes por la Inspección de los tributos;
- que el hecho reflejado resulte de una situación constatada directa y personalmente por el actuario.

No obstante, esta presunción no altera la regla sobre la carga de la prueba, correspondiendo a la Administración incorporar al expediente las pruebas en las que funda la liquidación (TSJ Cataluña 28-2-07, EDJ 29325).

6) La **presunción de certeza** de las actas se refiere solo a los hechos que son susceptibles de percepción directa por el inspector, o a los inmediatamente deducibles de aquellos o acreditados por medios de prueba consignados en la propia acta, sin que se reconozca esta presunción de certeza a las simples apreciaciones jurídicas, cuando se refiera a hechos que se localizan temporalmente en el pasado (TS 18-9-08, EDJ 166744).

7) El reconocimiento de los hechos que se produce con la firma del acta en conformidad no supone el reconocimiento de la **culpabilidad**, pues aunque se acepte la realización de un hecho antijurídico, es necesario, en todo caso, analizar la culpabilidad de la conducta del obligado tributario (TSJ Cataluña 3-4-08, EDJ 73654).

4118 **Las actas como propuestas de resolución del procedimiento de inspección** (RGGI art.185) Las actas que extiende la Inspección de los tributos en el curso de un procedimiento de inspección son **actos de mero trámite**. La extensión del acta no supone la terminación del procedimiento de inspección, sino simplemente la finalización de la fase instructora que corresponde desarrollar al actuario, equipo o unidad de inspección.

En estos documentos se recogen los resultados de dichas actuaciones instructoras o **actuaciones de comprobación e investigación** y se propone la regularización que el actuario estima procedente a la vista de dichos resultados.

El acto de **liquidación** dictado por el inspector jefe es el acto resolutorio que pone fin al procedimiento de inspección, siendo el acta una mera propuesta de resolución del mismo.

Puede, por tanto, distinguirse dos **fases** dentro del procedimiento inspector:

- una fase instructora, que termina con la formalización de las actas; y
- una fase resolutoria, en la que no se realizan nuevas actuaciones de investigación y comprobación, que finaliza con el acto de liquidación, que pone término al procedimiento de inspección.

Dos son las principales **consecuencias** de la naturaleza de las actas como actos de mero trámite:

- su inimpugnabilidad (nº 4119 s.); y
- la no aplicación del principio de reformatio in peius (nº 4122 s.).

4119 **Inimpugnabilidad** (LGT art.222 y 227; RGGI art.185.4) Son solo susceptibles de recurso de reposición o reclamación económico-administrativa los **actos de trámite** que decidan, directa o indirectamente, el fondo del asunto o pongan término al procedimiento.

Las actas no deciden la regularización que debe ser practicada ni ponen fin al procedimiento inspector, limitándose a ser una **mera propuesta** del acto que resuelve el procedimiento, que es la liquidación. Es el inspector jefe el que, a la vista del acta, de las alegaciones presentadas por el obligado tributario y de la documentación que obre en el expediente, decide sobre el fondo del asunto al dictar el acto de liquidación, poniendo término al procedimiento inspector. Así, las actas no pueden ser objeto de **recurso** de reposición o **reclamación** económico-administrativa, sin perjuicio de los recursos o reclamaciones que procedan contra las liquidaciones que deriven de las mismas.

4120 Precisiones 1) Tanto en las actas de conformidad como en las actas con acuerdo se indican los **recursos o reclamaciones** que pueden interponerse, no contra el acta que se notifica con la firma, sino contra las liquidaciones tácitas que pueden derivarse de las mismas si en el plazo de un mes, para las actas de conformidad, o de 10 días para las actas con acuerdo, no se notifica acuerdo dictado por el inspector jefe con el contenido señalado en el nº 4280 y nº 4375. En ambos casos, la liquidación tácita se entiende producida al día siguiente de la finalización de dicho plazo, pudiendo interponerse los recursos o reclamaciones a partir del día siguiente a aquel en que se produzca la liquidación tácita.

Asimismo, el hecho de entregar junto con el acta de conformidad o con acuerdo las **cartas de pago** para efectuar el ingreso de la deuda que derive de las mismas, no significa que el acta haya puesto fin al procedimiento de inspección. Estas cartas de pago se entregan junto con el acta porque, normalmente, en estos casos, el acto de liquidación se entiende dictado de forma tácita por el transcurso de los plazos señalados. Por eso, aunque la carta de pago se entregue a la firma del acta, el plazo para pagar la deuda derivada de la misma no se inicia hasta el día siguiente del plazo del mes o de 10 días, según se trate de un acta de conformidad o con acuerdo.

2) Si el obligado tributario suscribe un **acta de conformidad** y antes del transcurso del mes contado desde el día siguiente al de la formalización del acta presenta **alegaciones**, la regulación reglamentaria parece indicar que dicho escrito no produce efecto alguno, sin perjuicio del derecho del obligado a recurrir la liquidación que finalmente resulte del acta.

No obstante, el RGGI art.187.4 no parece impedir que el inspector jefe dicte un acto expreso de liquidación en el que se tengan en cuenta las alegaciones presentadas por el obligado tributario, pero siempre que la presentación de estas alegaciones no perjudique el procedimiento sometido a un plazo máximo de resolución.

4122 **No aplicación del principio de reformatio in peius** Al contener las actas simples propuestas de liquidación, el inspector jefe, como órgano competente para liquidar, puede proceder a la **rectificación** de su contenido sin limitación alguna. Como **excepción**, en las actas con acuerdo solo cabe rectificar la propuesta contenida en la misma por apreciar la existencia de errores de hecho (nº 4300).

De esta forma, si el inspector jefe considera que en la propuesta de liquidación contenida en el acta existe **error** en la apreciación de los hechos o indebida aplicación de las normas jurídicas, o considera que debe completarse el expediente por estar deficientemente instruido, puede rectificar la propuesta de liquidación contenida en el acta e, incluso, dejarla sin efecto y proceder a la **devolución del expediente** al actuario para que realice las actuaciones que procedan.

De la rectificación de la propuesta contenida en el acta o de las actuaciones complementarias que ordene practicar el inspector jefe puede resultar una **regularización más desfavorable** para el obligado tributario que la propuesta inicialmente dada por el actuario. No puede, por tanto, identificarse la revisión de las actas de conformidad que debe realizar el inspector jefe, ni la fase de alegaciones ante el mismo en las actas de disconformidad, como una vía de impugnación contra la liquidación propuesta en el acta, sin que, en consecuencia, sea aplicable a las liquidaciones practicadas por el mismo el principio de interdicción de la reformatio in peius.

Precisiones **1)** El acta de inspección es un **acto de mero trámite**, pudiendo el inspector jefe modificar la propuesta contenida en la misma, sin que dicha modificación pueda ser considerada reformatio in peius (TEAC 7-11-97). **4124**
2) Las actas de inspección no tienen carácter de acto administrativo resolutorio. Son simples propuestas cuyo contenido liquidatorio no vincula al inspector jefe. No obstante, este no puede introducir **elementos nuevos** en la liquidación que no resulten de las actuaciones documentadas en el acta y por eso se le habilita para que pueda acordar completar el expediente con las actuaciones que procedan (TS 9-10-99, EDJ 34040; 14-9-00, EDJ 30047).
3) El acto impugnado en un **recurso** es la liquidación derivada del acta y no la propia acta, al ser esta un simple acto preparatorio de la liquidación (TSJ Madrid 25-3-04, EDJ 31259).
4) Las actas no tienen el carácter de **acto administrativo**, por lo que no son impugnables ni administrativa ni jurisdiccionalmente, ni menos aún pueden ser objeto de los procedimientos especiales de revisión regulados en la LGT. Las actas son documentos públicos, pero de ellas no nacen las obligaciones tributarias, sino de los actos administrativos de liquidación que dicte el inspector jefe (TS 24-3-10, EDJ 84270).

B. Contenido y requisitos formales de las actas

La normativa regula el **contenido mínimo** de las actas de la Inspección de los tributos y los requisitos formales que deben reunir las mismas como documentos públicos en los que se recogen los resultados de las actuaciones de comprobación e investigación y se propone la regularización de la situación tributaria del obligado al que se refiere la comprobación inspectora. **4130**

1. Contenido de las actas de inspección

(LGT art.153; RGGI art.176.1 y 2)

Las actas que documentan el resultado de las actuaciones inspectoras deben contener las siguientes menciones: **4132**
- lugar y fecha de formalización (nº 4134);
- identificación del obligado tributario y de la persona con la que se entienden las actuaciones (nº 4136 s.);
- nombre y apellidos de los funcionarios que la suscriben (nº 4140);
- circunstancias que afectan al cómputo del plazo máximo de duración del procedimiento de inspección (nº 4142 s.);
- elementos esenciales del hecho imponible y de su atribución al obligado tributario, así como los fundamentos de derecho en los que se basa la regularización (nº 4146 s.);
- presentación o no de alegaciones (nº 4155);
- propuesta de liquidación que proceda por la que, en su caso, se regulariza la situación tributaria del obligado (nº 4158 s.);
- carácter provisional o definitivo de la liquidación que derive del acta (nº 4165 s.);
- la conformidad o disconformidad del obligado tributario con la regularización y con la propuesta de liquidación (nº 4170);
- los trámites del procedimiento posteriores al acta (nº 4174 s.);
- existencia o inexistencia, en opinión del actuario, de indicios de la comisión de infracciones tributarias (nº 4180 s.); y
- situación de los libros o registros obligatorios (nº 4190 s.).

Lugar y fecha de formalización (LGT art.153.a) Las actas de la Inspección de los tributos, al igual que el resto de las actuaciones inspectoras, pueden formalizarse (LGT art.151.1): **4134**
a) En el domicilio fiscal del obligado tributario o en el domicilio fiscal, despacho u oficina de su representante.
b) Donde se realicen total o parcialmente las actividades gravadas (oficinas, sucursales, establecimientos del obligado tributario, etc.).
c) En las oficinas de la Administración tributaria.

d) En los lugares señalados en las letras anteriores o en otro lugar, cuando dichas actuaciones se realicen a través de los sistemas digitales previstos en la LGT art.99.9. La utilización de dichos sistemas para la firma del acta requiere de la conformidad del obligado tributario
Las demás actuaciones inspectoras pueden asimismo desarrollarse en **cualquier lugar** donde exista una prueba, aunque sea parcial, del hecho imponible o del presupuesto de hecho de la obligación tributaria.
No obstante, la **formalización** de las actas no es propiamente una actuación instructora, sino un acto en el que se documentan los resultados de dichas actuaciones, por lo que no parece que se pueda citar al obligado tributario para la firma de las actas en aquellos lugares en los que exclusivamente exista alguna prueba del hecho imponible.
En cuanto a la **fecha** de formalización, este es un dato que debe figurar en todos los documentos que extiende la Inspección, ya sean actas, diligencias, comunicaciones e informes. En el caso de las actas, esta fecha determina el inicio, al día siguiente de su formalización, del plazo de quince días para presentar alegaciones ante el inspector jefe (actas de disconformidad) o del inicio del plazo de un mes o 10 días que ha de transcurrir para que se entienda tácitamente dictado el acto de liquidación (actas de conformidad y con acuerdo).

Precisiones **1)** Normalmente, las actas se formalizan en las **oficinas de la Administración tributaria**, citando previamente al contribuyente para que comparezca para proceder a su firma.
2) Las actas de la Inspección de los tributos del Estado se confeccionan utilizando medios informáticos, de forma que solo se permite la **impresión del acta** en su versión definitiva en la fecha fijada para su firma.
3) En el caso de firmarse las actas a través de **sistemas digitales**, en el lugar de formalización de las actas figura, en el caso de la AEAT, la Sede electrónica.

4136 **Identificación del obligado tributario y su representante** (LGT art.153.b) En el acta debe identificarse de **forma completa** al obligado tributario, esto es, a la persona física o jurídica o a la entidad a la que la normativa tributaria impone el cumplimiento de la obligación tributaria que es objeto de regularización. El obligado tributario que ha de identificarse es, por tanto:
a) El **sujeto pasivo** de los distintos impuestos a los que se refiere la comprobación (fundamentalmente, en el ámbito de la Inspección de los tributos del Estado, IRPF, IS, IRNR e IVA).
b) El **retenedor** o el obligado a practicar ingresos a cuenta de rendimientos del trabajo; de actividades económicas; de premios y determinadas ganancias patrimoniales e imputaciones de renta; del arrendamiento o subarrendamiento de inmuebles urbanos; del capital mobiliario; retenciones e ingresos a cuenta del IRNR, etc.
c) El **sucesor** de los anteriores, tratándose de obligados tributarios fallecidos o de sociedades extinguidas en el momento en que se formalizan las actas.
Para identificar correctamente al **obligado tributario** es necesario indicar:
- nombre y apellidos o razón social completa;
- número de identificación fiscal;
- domicilio fiscal.
En la identificación del obligado tributario hay que tener en cuenta las distintas especialidades señaladas en el nº 510 s.
Así, tratándose de actuaciones desarrolladas con **cotitulares del hecho imponible** o **sucesores** de personas físicas, deben identificarse todos aquellos que hayan intervenido en el procedimiento inspector, señalándose, en el caso de los sucesores, el obligado tributario al que han sucedido. Asimismo, cuando se regularice la situación tributaria de una sociedad disuelta y liquidada o que haya sido absorbida por otra o se haya escindido totalmente, el obligado tributario al que se formaliza el acta es la persona o entidad que haya sucedido a la sociedad ya desaparecida, sin perjuicio de señalar su carácter de obligado tributario «como sucesor de...».
De la misma forma que las actuaciones de comprobación e investigación no pueden desarrollarse con una persona o entidad que ya no existe en el momento de desarrollarse dichas actuaciones, los documentos que recogen los resultados de la comprobación han de formalizarse con la persona o entidad que haya sucedido a esta en todas sus relaciones jurídicas, incluidas las propias de la obligación tributaria.

4137 En el supuesto de actuaciones en las que se ha comprobado la situación tributaria de obligados que carezcan de **capacidad para el pleno ejercicio de sus derechos y obligaciones**, aunque las actuaciones se hayan desarrollado con su representante legal o el representante voluntario nombrado por el mismo, es el obligado tributario que carece de esta capacidad el que debe ser debidamente identificado como tal obligado en el acta, sin perjuicio de identificar, asimismo, a la persona que haya atendido a la Inspección como la persona con la que se entienden las actuaciones.

Por último, en las actas que documenten el resultado de la comprobación del IS de un grupo que tribute en el régimen de **consolidación fiscal** (nº 4624), debe identificarse el grupo como contribuyente del impuesto.
En las actas referidas a la comprobación del régimen especial del **grupo de entidades del IVA** (nº 4651 s.), debe identificarse a la entidad dominante, al no tener, en este caso, el grupo la consideración de sujeto pasivo de este impuesto. No coincide, por tanto, en este punto la comprobación del grupo a efectos del IS y la comprobación del grupo de entidades en el IVA. No obstante, en la práctica no existen diferencias reales, pues aunque se identifique en el IS como sujeto pasivo al Grupo número xx/xx, este carece de personalidad, por lo que las actuaciones se practican y las actas se formalizan con la entidad representante.

Precisiones Dado que la **entidad dominante** puede ser una entidad **no residente** en territorio español, la entidad representante es la que resulta sujeta al cumplimiento de las obligaciones tributarias materiales y formales.
Son entidades representantes la entidad dominante residente en territorio español, o la entidad designada como tal cuando no exista ninguna entidad residente en territorio español que cumpla los requisitos para ser considerada dominante.

Identificación del representante (LGT art.153.b) En cuanto a la persona con la que se entienden las **actuaciones**, que es la que firma el acta en el momento de su formalización, se ha de indicar: 4138
- nombre y apellidos;
- número de identificación fiscal; y
- carácter o representación con que interviene en dichas actuaciones.

La representación de la persona que firma el acta debe resultar debidamente **acreditada** en el expediente, tanto si se trata de una representación legal en el supuesto de personas jurídicas, entidades de la LGT art.35.4 o personas físicas que carezcan de capacidad para el pleno ejercicio de sus derechos y obligaciones, como si se trata de un representante voluntario nombrado por el obligado tributario o por su representante legal.
Si el obligado tributario ha designado a un representante para que actúe en su nombre sin limitación alguna en el procedimiento de inspección, la Inspección de los tributos no puede exigir la **comparecencia personal** del obligado tributario para la firma de las actas, salvo que concurra alguna circunstancia específica que permita exigir dicha comparecencia (LGT art.142.3).

Precisiones **1)** Es válida la representación otorgada en **documento privado** en la que consta expresamente la autorización, entre otras actuaciones, para la firma de las actas. Por otra parte, al invocar el obligado tributario por primera vez el defecto de representación en sede jurisdiccional, su actuación en la vía administrativa ratificó tácitamente la representación de la persona que firmó las actas (TS 22-12-10, EDJ 279646).
2) La firma de las actas por solo uno de los **cónyuges** que integraban la unidad familiar no puede alegarse como motivo de nulidad por el otro cónyuge que sí firmó el acta y que recurre la liquidación derivada de la misma (TSJ Andalucía 18-5-09, EDJ 330237).
3) Ante la formalización del acta solo a los cónyuges sin incluir como obligado tributario al **hijo** que en el momento de la firma del acta ya es **mayor de edad**, se señala que, si bien en el encabezado del acta no se incluye al hijo como obligado tributario, en el cuerpo de la misma se hace constar con toda claridad que se trata de tributación conjunta y que la unidad familiar está formada por los cónyuges y un hijo. Por otra parte, en el informe ampliatorio y en la liquidación derivada del acta sí se incluye expresamente al hijo como obligado tributario. No se aprecia, por tanto, que se haya colocado a los obligados tributarios en una situación de indefensión, por lo que no procede la anulación de la liquidación por el defecto formal en el que ha incurrido el acta (TS 25-2-10, EDJ 19216).

Nombre y apellidos de los funcionarios que la suscriben (RGGI art.176.1.a) En las actas que extiende la Inspección de los tributos debe figurar no solo la **firma** del funcionario o funcionarios que formaliza el acta sino también su identificación por su **nombre y apellidos**. 4140
Aunque no se exija en la LGT ni en el RGGI, normalmente se señala también el número con el que se identifican los actuarios en el ejercicio de sus funciones.
La identificación del funcionario y su firma son requisitos esenciales para acreditar que el acta se ha extendido por el funcionario competente, de acuerdo con lo establecido en las normas de organización interna.

Precisiones Los actas contienen en su primera página un **cajetín** en el que debe figurar necesariamente:
- el concepto tributario y el período que es objeto de regularización;
- los datos del obligado tributario (nombre o razón social, NIF y domicilio);
- los datos del acta (lugar y fecha de formalización; y nombre, apellidos y número de identificación de los actuarios).

Además, se asigna un **número específico** a cada acta formalizada, que se consigna en la parte superior derecha de la primera página.

4142 **Circunstancias que afectan al cómputo del plazo máximo de duración del procedimiento de inspección** (LGT art.150; RGGI art.176.1.b) En el acta se consignan las distintas circunstancias que han influido en el **cómputo** de dicho plazo máximo de duración (nº 3310 s.).
Son circunstancias que afectan al cómputo del plazo:
- la **fecha de inicio** de las actuaciones así como el plazo que resulta aplicable (18 o 27 meses);
- los períodos de **suspensión** del cómputo del plazo, especificando si se ha producido desagregación;
- las circunstancias que suponen la **extensión del plazo máximo** de duración del procedimiento (solicitud por el obligado tributario de períodos en los que la inspección no puede efectuar actuaciones y la aportación de información, documentación, datos o pruebas, nº 3410 s.).

Precisiones En el caso de actas en las que se regularice alguno de los tributos que integran la **deuda aduanera** se debe consignar, junto con la fecha de inicio, que la duración de las actuaciones discurre dentro del plazo máximo para la notificación de la deuda aduanera al obligado tributario, que es de tres años a contar desde la fecha de nacimiento de dicha deuda -Rgto UE/952/2013 art.103.1- (LGT disp.adic.20ª).

4146 **Elementos esenciales del hecho imponible y fundamentos de derecho** (LGT art.153.c) La **regularización** propuesta en el acta debe estar suficientemente motivada, lo que exige que se señalen claramente tanto los hechos comprobados durante la tramitación del expediente, como sus consecuencias jurídicas.
En cuanto a los **hechos**, destacan la referencia a la actividad económica desarrollada, en su caso, por el obligado tributario así como el resumen de las declaraciones presentadas por el mismo en relación con los conceptos impositivos y períodos a los que se refiere el acta.
Debe indicarse, asimismo, si se han practicado **liquidaciones provisionales anteriores** por los órganos de Gestión tributaria o por la propia Inspección de los tributos y, en todo caso, los elementos del hecho imponible o del presupuesto de hecho de la obligación tributaria que son objeto de regularización en el procedimiento inspector que se está tramitando. Todos estos hechos y circunstancias deben hallarse debidamente acreditados en el expediente administrativo en el que se integra el acta.
En cuanto a los fundamentos de derecho en los que se base la regularización, en el acta se han de señalar las **normas jurídicas** que resulten aplicables y la **calificación** jurídica de los hechos anteriores que resulte de la aplicación de dicha normativa.
Los hechos y su calificación jurídica deben ser recogidos de forma claramente diferenciada, pues en el caso de que el acta se firme en conformidad, el contribuyente se encuentra vinculado por los hechos que en su momento aceptó, pero no por la calificación jurídica que dé la Administración a estos hechos. Esta puede ser discutida en cualquier recurso o reclamación que pueda interponerse contra la liquidación derivada del acta.

4150 Precisiones 1) La exposición de los hechos y su calificación jurídica, sin perjuicio de que pueda ser desarrollada en un informe ampliatorio tratándose de actas de disconformidad, debe permitir al obligado tributario conocer todos los **motivos** que determinan la propuesta de regularización.
2) Los **elementos esenciales** del hecho imponible son aquellos distintos de los elementos naturales -los que cada hecho imponible lleva normalmente consigo- y distintos de los accidentales -que solo existen cuando se señalan expresamente- y que en el caso del IRPF son la obtención de rentas, su origen, cuantía, sujeto pasivo u obligado tributario y la determinación del período impositivo. En todo caso, es suficiente la **motivación** contenida en el acta si en la misma se expresan los hechos y circunstancias que conducen a la regularización propuesta de forma que permitan al interesado conocer los elementos que componen el hecho imponible y efectuar la oportuna impugnación (AN 10-2-05, EDJ 139576).
3) No puede entenderse cumplido el requisito de consignar en el acta los elementos esenciales del hecho imponible y de su atribución al sujeto pasivo con la mera expresión genérica de que **no** existe **coincidencia** entre la **base declarada y la comprobada** y la fijación de la cifra resultante de la comprobación, sin indicación alguna del origen y causas de esta diferencia y, por lo tanto, del incremento de la base (TS 27-4-98, EDJ 2795; AN 2-10-03, EDJ 147617).
4) Procede anular la liquidación derivada del acta porque en la misma no se hace ninguna mención a las **causas** por las que no procede incluir entre los gastos declarados las cantidades que se reflejan en la misma, sin explicitar si eran razones fácticas o jurídicas las que impedían admitir dichos gastos declarados (TSJ C.Valenciana 31-5-05, EDJ 203681).

4152 5) No es posible apreciar **indefensión** por la insuficiente motivación del acta al alegar el obligado tributario este defecto formal tras desarrollar ampliamente su argumentación en contra de los motivos de fondo que sustentan la liquidación (TSJ C.Valenciana 21-7-10, EDJ 278853).
6) De la lectura del acta se desprende cuáles son las razones de hecho y de derecho fundamentadoras de la regularización, sin que pueda apreciarse una **insuficiente motivación** del acta por el hecho de que esta (que es necesariamente sucinta en sus valoraciones fácticas y jurídicas) se remita al informe ampliatorio para precisar las circunstancias recogidas en la misma (TSJ País Vasco 11-10-10, EDJ 252651).

7) El acta relativa a **retenciones a cuenta** de los rendimientos de trabajo no consigna los elementos esenciales del presupuesto de hecho de la obligación tributaria, pues únicamente alude de modo genérico al pago de dietas, sin especificar las causas de tales abonos ni los conceptos por los que fueron satisfechos, lo que impide comprobar la sujeción de tales pagos al impuesto y determinar, en consecuencia, la obligación de pagar retenciones (TSJ Madrid 4-2-04, EDJ 14380).

8) El acta recoge los elementos esenciales del hecho imponible y de su atribución al sujeto pasivo cuando en la misma se exponga de **modo pormenorizado y concreto** los elementos del hecho imponible, debidamente circunstanciados, que determinan los aumentos de la base imponible o las modificaciones de las deducciones, reducciones, bonificaciones, etc., de modo que el contribuyente pueda conocer debidamente los hechos que acepta en el acta de conformidad, o los que niega en las de disconformidad (TS 17-7-08, EDJ 144041).

9) Un acta extendida a un **grupo de sociedades** puede motivarse por referencia a las actas y diligencias que documentan las actuaciones inspectoras desarrolladas con cada una de las entidades integrantes del grupo (TS 18-6-08, EDJ 119012).

10) El actuario hizo constar, entre otras circunstancias, los distintos conceptos e importes a los que se atuvo la regularización practicada por la Inspección, siendo estos desarrollados en el **informe ampliatorio**. Se concluye, por tanto, que el obligado tributario tuvo suficiente conocimiento de los elementos que componen el hecho imponible y de las operaciones realizadas por la Inspección en la determinación de los conceptos liquidados, por lo que no puede apreciarse indefensión (TS 7-6-10, EDJ 290538).

Alegaciones (LGT art.34.1.l y m; RGGI art.176.1.c) Las actas también deben expresar la **presentación o no** de alegaciones por el obligado tributario durante el procedimiento o en el trámite de audiencia y, en el caso de haberlas presentado, su **valoración** por el funcionario que suscribe el acta. 4155

La LGT incluye el derecho del obligado tributario a formular alegaciones en **cualquier momento** del procedimiento y, en todo caso, en el **trámite de audiencia** previo a la propuesta de resolución. Este trámite específico para la presentación de alegaciones se concede por un plazo no inferior a diez días ni superior a quince, una vez que el órgano actuante considere que se han obtenido todos los datos y pruebas necesarios para fundamentar la propuesta de regularización y con carácter inmediatamente anterior a la formalización de las actas.

En el acta debe hacerse constar expresamente si el obligado tributario ha hecho uso o no de estos **derechos** y, si se han presentado alegaciones, estas deben ser valoradas, de forma que el funcionario que formaliza el acta debe indicar en la misma si dichas alegaciones se aceptan o no y, en el caso de no estimarse, los motivos que fundamentan su decisión.

En todo caso, hay que tener en cuenta que la valoración jurídica que haga el funcionario que suscribe el acta de las alegaciones presentadas por el obligado tributario no vincula al inspector jefe como órgano competente para dictar la liquidación por la que se pone término al procedimiento inspector.

Precisiones Estas alegaciones que puede presentar el obligado tributario son, únicamente, a la vista de la documentación incorporada en el expediente en la que, en principio, no se deduce cuál va a ser la regularización propuesta en el acta. Por ello, es usual la **renuncia** expresa a este trámite de alegaciones o, simplemente, que no se haga uso del mismo, presentándose en el caso de que el acta se firme en disconformidad, las alegaciones que se estimen oportunas ante el inspector jefe.

No obstante, entre los compromisos asumidos por la AEAT en el Código de Buenas Prácticas Tributarias en el marco del Foro de Grandes Empresas, se incluye el relativo a la **comunicación al obligado tributario**, con carácter previo a la firma del acta, de los conceptos que vayan a ser objeto de regularización, así como una cuantificación aproximada de la liquidación que resultaría con los datos disponibles hasta el momento. De esta forma, si se conoce, aunque sea de forma aproximada, el contenido de la propuesta que se va a reflejar en el acta, puede ejercerse de una forma más eficaz el derecho a presentar alegaciones con carácter previo a su formalización.

Propuesta de liquidación (LGT art.145.1 y 153.d) La LGT parece distinguir entre propuesta de regularización y propuesta de liquidación. No obstante, en las actas no existen dos **apartados diferenciados**, referidos uno a la propuesta de regularización y otro a la propuesta de liquidación que formula el actuario. 4158

Ambos conceptos están íntimamente unidos pues, en el seno del procedimiento inspector se procede, en su caso, a la regularización de la situación tributaria del obligado mediante la práctica de una o varias liquidaciones.

La **diferencia** radica en que el acta siempre contiene una propuesta de liquidación, pero no siempre dicha liquidación determina la regularización de la situación tributaria del obligado. Si una vez desarrolladas las actuaciones de comprobación e investigación, el actuario considera correcta la situación tributaria del obligado, la propuesta de liquidación que refleja el acta coincide con la autoliquidación presentada por el obligado tributario. Por el contrario, si en dichas actuaciones se han constatado hechos no declarados o incorrectamente declarados por el obligado tributario, mediante la liquidación propuesta en el acta se regulariza su situación tributaria, siendo la cuota a ingresar la diferencia entre la resultante de la liquidación propuesta por el actuario y la autoliquidada por el obligado tributario.

4160 No obstante, aunque el actuario considere que la autoliquidación presentada por el obligado tributario deba ser corregida, de la propuesta de liquidación contenida en el acta no siempre resulta una **cantidad a ingresar**. Entre otros supuestos, de la regularización propuesta en el acta puede no derivar una cantidad a ingresar, cuando:
- en la liquidación propuesta por la Inspección se incluyen elementos del hecho imponible que suponen una **rectificación** de la autoliquidación **a favor** del obligado tributario (minoraciones de ingresos, reconocimiento de gastos no declarados, compensaciones de cantidades pendientes en la base o en la cuota, etc.);
- se corrigen elementos de la autoliquidación presentada por el obligado tributario que no inciden en la cuota del ejercicio comprobado sino en **ejercicios posteriores** (correcciones de saldos pendientes de compensar en la base o en la cuota de ejercicios futuros);
- de la liquidación propuesta resulta una **cantidad menor a devolver** de la solicitada por el obligado tributario y aún no devuelta en supuestos en los que el inicio del procedimiento de inspección ha puesto fin a un procedimiento previo de devolución (LGT art.127).

4165 **Carácter provisional o definitivo de la liquidación** (LGT art.101.3 y 4; RGGI art.176.1.d) En el caso de liquidación provisional han de hacerse constar las **circunstancias** que determinan dicho carácter y los elementos de la obligación tributaria a que se haya extendido la comprobación.
Son **definitivas** las liquidaciones practicadas en el procedimiento inspector previa comprobación e investigación de la totalidad de los elementos de la obligación tributaria. Por eso, las actas que recojan los resultados de actuaciones de comprobación e investigación de alcance general contienen, en principio, propuestas de liquidación definitivas y así debe indicarse expresamente en el cuerpo del acta.
No obstante, existen determinadas circunstancias que permiten calificar como **provisionales** las liquidaciones dictadas en el seno de un procedimiento de inspección de alcance general. Si concurren estas circunstancias, deben identificarse claramente en el acta, así como el carácter provisional de la liquidación propuesta en la misma (nº 4506 y nº 4512).
El efecto que deriva de la calificación de la liquidación contenida en el acta como provisional es la posibilidad de practicar con posterioridad una **nueva liquidación** referida al mismo concepto tributario y ejercicio, con las limitaciones señaladas en el nº 4490 s.

4167 Precisiones **1)** Actualmente se distinguen **tres tipos de actas** en función de su **tramitación** (conformidad, disconformidad o con acuerdo) sin clasificar, a su vez, estas actas según el carácter provisional o definitivo de la liquidación propuesta en la misma. No obstante, aunque no influya en la calificación del acta, esta circunstancia ha de hacerse constar expresamente como parte del contenido necesario de la misma.
2) Las liquidaciones de la **deuda aduanera** tienen carácter provisional mientras no transcurra el plazo máximo previsto en la normativa de la UE para su notificación al obligado tributario, independientemente del procedimiento de aplicación de los tributos del que se haya derivado dicha liquidación. Las actas que contengan propuestas de liquidación en esta materia se deben referir al carácter provisional de las mismas (LGT disp.adic.20ª).
3) El **inspector jefe** puede modificar la calificación de la liquidación provisional propuesta en el acta como definitiva, sin que esta modificación perjudique al obligado tributario, ya que con ello se impiden liquidaciones posteriores (TS 24-3-10, EDJ 84270).
4) Se confirma el carácter provisional de la liquidación practicada al obligado tributario A por su estrecha relación con el obligado tributario B y la posible trascendencia en la situación tributaria de A de los **procedimientos judiciales** que habían de recaer en los procesos penales que se estaban tramitando en ese momento frente a B (TS 8-10-09, EDJ 321781).

4170 **Conformidad o disconformidad con la regularización y propuesta de liquidación** (LGT art.153.e) La conformidad o disconformidad del obligado tributario determina el tipo o **modelo de acta** que se suscribe.
Si el obligado tributario **acepta** expresamente la propuesta de liquidación, se suscribe un acta de conformidad o con acuerdo.
Si, por el contrario, no acepta la propuesta recogida en el acta, manifiesta expresamente su **disconformidad** con la misma o, compareciendo el día fijado para la formalización del acta decide no firmarla o directamente no comparece, el actuario extiende un acta de disconformidad (nº 4260 s.).
El obligado tributario debe manifestar su conformidad o disconformidad con la propuesta de liquidación contenida en el acta, aunque dicha propuesta de liquidación no determine la regularización de su situación tributaria por entender la Inspección que esta es correcta. En

este caso no se puede presumir la conformidad del obligado tributario, pues este puede considerar que la autoliquidación presentada ha dado lugar a un ingreso indebido o de cualquier otra forma ha perjudicado sus derechos.
Una vez **manifestada la conformidad**, el obligado tributario no puede revocarla (nº 4421).

Precisiones En caso de actas de conformidad y con acuerdo incoadas en materia de **deuda aduanera**, la conformidad con la propuesta supone la manifestación del obligado tributario de haber ejercido el derecho a formular observaciones previsto en la normativa comunitaria (Rgto UE/952/2013 art.22.6 y 29).

Trámites posteriores al acta (LGT art.153.f) El acta es el documento en el que se recoge el resultado de las **actuaciones de comprobación e investigación** y se propone la liquidación que el actuario estime procedente. **4174**
Con el acta finaliza la fase del procedimiento de inspección denominada desarrollo y comienza la fase de terminación, que culmina en la liquidación dictada por el inspector jefe. Los trámites de esta segunda fase de terminación o resolución difieren en función del **tipo de acta** suscrita y deben indicarse expresamente en la misma.
En el caso de **actas de conformidad y con acuerdo**, se ha de señalar expresamente que el acto de liquidación se entiende dictado al día siguiente de la finalización del plazo de un mes o diez días respectivamente, si en ese plazo no se notifica al obligado tributario un acuerdo del inspector jefe con alguno de los contenidos previstos en la Ley y el Reglamento. Tratándose de actas **de disconformidad**, en el cuerpo del acta se señala que el obligado tributario dispone de un plazo de quince días para presentar las alegaciones que estime oportunas, tras el cual se le notifica el acuerdo de liquidación del inspector jefe.

La indicación de los trámites subsiguientes al acta se debe a que el acta es una mera propuesta de resolución que no pone término al procedimiento y contra la que no cabe, en consecuencia, interponer recurso o reclamación (nº 4225). No obstante, tratándose de **actas de conformidad y con acuerdo**, al poder entenderse dictada la liquidación por el inspector jefe de forma tácita, es necesario indicar en las mismas los recursos o reclamaciones que, en su caso, pueden interponerse contra esta liquidación, órgano ante el que hubieran de presentarse y plazo para interponerlos. **4176**

Precisiones Los **plazos establecidos por días** se entienden que son hábiles, excluyéndose del cómputo los sábados, los domingos y los declarados festivos. En el caso de los plazos por meses si el último día del plazo es inhábil, se entiende prorrogado al primer día hábil siguiente (LPAC art.30).

Indicios de la comisión de infracciones tributarias (LGT art.153.g y 208) El **objeto del procedimiento** de inspección es comprobar e investigar el adecuado cumplimiento de las obligaciones tributarias y regularizar la situación tributaria del obligado mediante la práctica de una o varias liquidaciones. **4180**
Si de esta regularización resultan conductas que pueden ser constitutivas de **infracción tributaria**, solo pueden ser sancionadas en el procedimiento sancionador que en su caso se inicie, que se tramita de forma separada del procedimiento inspector previamente instruido.
No obstante, aunque se traten de procedimientos distintos que han de tramitarse de forma separada, no son plenamente independientes, pues existen varios **puntos de conexión** entre ambos procedimientos entre los que destacan:
- la interrupción de la prescripción para imponer sanciones por el inicio del procedimiento de inspección (LGT art.189.3);
- el plazo máximo de inicio del procedimiento sancionador, de forma que este no puede iniciarse transcurridos seis meses (hasta el 10-7-2021, tres meses) desde que se hubiese notificado o se entendiese notificada la liquidación que pone término al procedimiento de inspección (LGT art.209.2);
- la posibilidad de incorporar al procedimiento sancionador los datos, pruebas o circunstancias que obren o hayan sido obtenidos en el procedimiento de inspección (LGT art.210.2);
- la expresión en el acta de la existencia o inexistencia, en opinión del actuario, de indicios de la comisión de infracciones tributarias.

El **funcionario** o funcionarios que suscriben el acta y que han desarrollado las actuaciones de comprobación e investigación, deben reflejar en la misma si aprecian o no indicios de que la conducta del obligado tributario puesta de manifiesto como consecuencia de la regularización pueda ser calificada como infracción tributaria. **4185**
Esta mención necesaria en las actas implica un **juicio sobre la culpabilidad** de la conducta del obligado tributario, sin perjuicio de que dicho juicio no sea, en todo caso, determinante o no del inicio del procedimiento sancionador, ni de lo que finalmente se resuelva en el mismo.

De esta forma, si el actuario considera que existen indicios de la comisión de una infracción tributaria, esta apreciación implica normalmente que va a proceder a acordar el **inicio del procedimiento sancionador** en el curso del cual se realizarán las actuaciones que resulten necesarias para determinar si existen o no responsabilidades susceptibles de sanción, resolviendo finalmente el inspector jefe lo que estime oportuno a la vista de la propuesta formulada en la instrucción del procedimiento y de los documentos, pruebas y alegaciones que obren en el expediente.

Por el contrario, el hecho de que en el acta se haga constar que a juicio del actuario **no existen indicios** de la comisión de una infracción, no impide que el inspector jefe pueda ordenar el inicio del procedimiento sancionador, siempre que el acuerdo de inicio se notifique al obligado tributario antes de que transcurran seis meses (hasta el 10-7-2021, tres meses) desde la notificación de la liquidación o desde la fecha en que esta se entienda notificada tácitamente.

4188 Precisiones La existencia o no de indicios de comisión de infracciones tributarias ha de incluirse necesariamente en las actas de conformidad y disconformidad. En las **actas con acuerdo** no se incluye esta mención, dado que si el actuario considera que la conducta del obligado tributario es sancionable, incorpora al acta directamente la propuesta de imposición de sanción, siendo el único supuesto en el que la propuesta de liquidación y de sanción se incluyen en el mismo documento.

4190 **Situación de los libros o registros obligatorios** (RGGI art.176.2) En aquellos casos en los que el obligado tributario esté sujeto a **obligaciones contables o registrales** que afecten al concepto impositivo y período al que se refiere el acta, debe hacerse constar en la misma cuál es la situación de dichos libros o registros, indicándose si se han apreciado o no defectos o anomalías que puedan incidir en la resolución del procedimiento inspector o en la existencia y calificación de posibles infracciones tributarias.

La indicación de las **deficiencias** apreciadas en la llevanza o conservación de la contabilidad o los libros exigidos por las normas fiscales debe realizarse cuando las mismas sean de tal entidad que puedan tener trascendencia en la resolución del procedimiento de inspección, así como cuando puedan calificarse como **infracción** tributaria (nº 7005 s.) o incidir en la calificación de otras infracciones tributarias, aunque en este último caso dichas deficiencias no afecten a la propuesta de regularización.

Esta referencia necesaria a las posibles responsabilidades que pueden derivar de los hechos constatados en el procedimiento inspector pone de manifiesto, tal como se ha indicado en nº 4180, que el **procedimiento inspector y el sancionador** que pueda derivarse del mismo no son independientes, aunque se tramiten de forma separada.

Tanto esta mención, como la referida a la existencia, en opinión del actuario, de indicios de comisión de infracciones tributarias obligan al instructor del procedimiento de inspección a hacer una **primera valoración** sobre las posibles responsabilidades del obligado tributario, que constituyen el contenido propio del procedimiento sancionador regulado en la LGT.

4192 Precisiones El supuesto más claro en el que las deficiencias contables o registrales detectadas tienen incidencia en la resolución del procedimiento de inspección es el caso en que dichas **anomalías impiden la estimación directa de la base** imponible y hacen necesario acudir al método de estimación indirecta. En este supuesto no es suficiente con indicar estas anomalías en el acta, sino que deben detallarse y justificar su efecto en la propuesta de regularización en el informe específico que ha de emitirse con ocasión de la aplicación del régimen de estimación indirecta.

2. Requisitos formales de las actas

(RGGI art.176)

4195 La LGT únicamente califica las actas como documentos públicos y regula su contenido mínimo, sin exigir ningún tipo de requisito formal. Por su parte el RGGI fija el **número** de actas que deben formalizarse en cada procedimiento de inspección. Por último, a cada acta se le asigna un número de identificación único que aparece en el extremo superior derecho de la primera página.

Precisiones Actualmente, ya no existe la obligación de que las actas deban extenderse necesariamente en **modelos oficiales** aprobados por cada Administración tributaria.

4208 **Número de actas que deben formalizarse en cada procedimiento de inspección** (RGGI art.176.3) El procedimiento de inspección puede extenderse a una o varias obligaciones y períodos impositivos o de liquidación (nº 2860 s.).

Si en el seno del procedimiento se han comprobado **distintos conceptos** tributarios (IVA, IRPF, retenciones, etc.), aunque el procedimiento sea único y el desarrollo de las actuaciones se refiera indistintamente a las diferentes obligaciones tributarias comprobadas, ha de formularse, al menos, una propuesta de resolución o acta distinta por cada concepto tributario.

Por el contrario, si en relación con cada concepto tributario se han comprobado **distintos períodos impositivos** o de declaración, el funcionario que debe firmar las actas puede decidir si extiende:
- una **única acta** respecto todo el ámbito temporal objeto de la comprobación; o
- tantas **actas**, como máximo, como **períodos** impositivos o de declaración comprobados.
En el primer caso, el acta incluye tantas propuestas de liquidación como ejercicios o períodos de liquidación comprobados, si bien la **deuda** resultante del acta se determina mediante la suma algebraica de las deudas que resulten de cada una de estas liquidaciones.

Precisiones 1) Cuando el acta se refiera a **distintos períodos impositivos** o de declaración, en la carta de pago, si se trata de un acta con acuerdo o de conformidad, aparece un importe único, desglosado en cuota e intereses de demora en el cajetín que se incluye en la parte final del acta. No obstante, esas cuantías no corresponden a una única propuesta de liquidación, sino a tantas propuestas como períodos hayan sido comprobados. Así, el cálculo de los **intereses de demora** debe efectuarse de forma individualizada para cada obligación tributaria, atendiendo a la fecha de la finalización del correspondiente plazo de declaración e ingreso. De esta forma, aunque usualmente se haga referencia a la liquidación derivada del acta, en muchas ocasiones habría que hacer referencias a las liquidaciones derivadas del acta, si bien se recogen todas ellas en un único acto administrativo dictado por el inspector jefe. **4210**
2) Las propuestas de liquidación contenidas en el acta deben obedecer al **período de liquidación del impuesto** que resulte aplicable en cada caso. Procede la anulación de la liquidación derivada de un acta relativa al IVA en la que la propuesta de liquidación se había referido al período anual, en lugar de al mensual o trimestral aplicable. Pueden dictarse nuevas liquidaciones que sustituyan a la anulada por cada uno de los períodos de declaración que sean aplicables (TEAC 29-6-10; 24-11-10).
3) En un acuerdo de liquidación en el que se regulariza la situación tributaria referida a un período de comprobación comprensivo de **varios períodos de liquidación** (IVA trimestral/mensual), y la regularización consiste, para cada uno de los períodos, en la modificación de los saldos pendientes de compensación declarados y/o en la determinación de una cuota a ingresar superior a la ingresada con las autoliquidaciones, junto con los correspondientes intereses de demora, la cuantía de la reclamación viene determinada por la regularización de mayor importe referida a cada período de liquidación, sin que proceda la suma de todas las consignadas en el acuerdo (TEAC 25-10-11).

Ejemplo El 2 de enero de X3 se inicia un procedimiento inspector para verificar el adecuado cumplimiento de sus obligaciones tributarias por la sociedad A, S.A. **4212**
En la comunicación de inicio se indica que las actuaciones inspectoras se van a extender al IS ejercicios X0 y X1, IVA y Retenciones e ingresos a cuenta por los trimestres 1, 2, 3 y 4 de los años X0 y X1.
El resultado de estas actuaciones de comprobación e investigación debe recogerse en, al menos, tres actas, una por cada concepto tributario (IS, IVA y Retenciones).
No obstante, el actuario puede decidir formalizar tantas actas como obligaciones tributarias comprobadas, en cuyo caso se extenderían 2 actas por el IS, 8 actas por IVA -una por cada período comprobado- y 8 por Retenciones, o, finalmente, agrupar los ejercicios o períodos comprobados de cada uno de los conceptos tributarios en tantas actas como estime procedente.
En el caso de que en una misma acta se recoja más de un ejercicio o período de liquidación, las propuestas de liquidación contenidas en la misma deben formularse de forma independiente por cada período.
Así, por ejemplo, si se decide formalizar una única acta por todo el IVA del ejercicio X0, en la misma se deben incluir cuatro propuestas de liquidación, una por cada trimestre, de las que resultan las correspondientes cuotas a ingresar o a devolver junto con sus intereses de demora a favor de la Administración en el primer caso y del obligado tributario en el segundo.
No obstante, la deuda a ingresar que derive del acta, o la devolución que se ordene como consecuencia de la misma, es única y se calcula mediante la suma algebraica (cantidades a ingresar menos, en su caso, cantidades a devolver) del resultado de cada una de dichas propuestas de liquidación.

C. Clases de actas

(LGT art.154; RGGI art.185 s.)

La normativa distingue tres clases de actas a efectos de su tramitación: **4215**
- actas con acuerdo;
- actas de conformidad; y
- actas de disconformidad.
La **suscripción** de un tipo u otro de acta depende de que exista un acuerdo de la Administración tributaria con el obligado tributario o de que, no existiendo este acuerdo, el obligado tributario acepte expresamente o no la propuesta de regularización formulada en el acta.

Si bien las **diferencias** esenciales entre las actas con acuerdo, de conformidad o disconformidad son los trámites del procedimiento posteriores a cada una de estas actas, existen otras diferencias destacables como son:

• En las actas con acuerdo, la necesidad de **autorización** previa o simultánea del **inspector jefe** para proceder a la firma del acta y la posibilidad de incluir en el acta la propuesta de sanción que, en su caso, proceda.

• Los **efectos probatorios** de la conformidad con los hechos reflejados en un acta en la que el obligado tributario haya prestado su conformidad.

• La posibilidad de acompañar las actas de disconformidad con un **informe** del actuario en el que se complete la información contenida en el acta. Este informe era preceptivo hasta el 10-7-2021.

• Los efectos en la cuantificación de la **sanción** que, en su caso, se imponga por los hechos reflejados en el acta. La firma de un acta de conformidad o con acuerdo determina una reducción del importe de la sanción, respectivamente, de un 30% y un 65% -hasta el 10-7-2021, del 50%-.

No obstante, dado que las principales **diferencias** entre los tres modelos de actas se reflejan en su tramitación, el análisis detallado de cada una de ellas se realiza en el nº 4260 s.

D. Formalización de las actas

(RGGI art.185)

4225 Se entiende por formalización de las actas el **acto** por el cual el funcionario competente y, en su caso, el obligado tributario al que se refieren las actuaciones de comprobación e investigación, proceden a la firma del documento público en el que se recoge el resultado de estas actuaciones y se propone, en su caso, la oportuna regularización.

En la formalización de las actas hay que distinguir el momento en que procede dicha formalización (nº 4228 s.) y su firma (nº 4235 s.).

1. Momento de formalización de las actas

(LGT art.155.3; RGGI art.185.1)

4228 Las actas recogen los resultados de las actuaciones de comprobación e investigación y contienen la **propuesta de regularización** que el actuario estima procedente.

Por eso, la formalización o firma de las actas ha de efectuarse una vez que el órgano actuante da por **concluidas** las actuaciones de comprobación e investigación por entender que obran en su poder los datos y las pruebas necesarias para fundamentar la propuesta de regularización o para considerar correcta la situación tributaria del obligado.

Este momento lo fija el **órgano de Inspección** que esté actuando, en el marco de sus facultades de dirección e impulso del procedimiento, si bien sometido a las siguientes limitaciones:

a) Autorización del inspector jefe para proceder a la firma de un **acta con acuerdo**, autorización que puede concederse simultáneamente a la firma del acta.

b) Si la competencia para dictar el acto de liquidación corresponde a una **Administración tributaria distinta** a la que ha realizado las actuaciones, autorización expresa y con carácter previo a la firma del acta del inspector jefe de la Administración tributaria que haya realizado las actuaciones.

En todo caso, antes de proceder a la firma del acta ha de concederse al obligado tributario un **trámite de audiencia** por un plazo no inferior a 10 días ni superior a 15, en el que se pone de manifiesto el expediente, que incluye las actuaciones realizadas, todos los elementos de prueba que obren en poder de la Administración, los informes emitidos por otros órganos, en su caso, y las alegaciones y documentos que el obligado tributario haya podido presentar en cualquier momento anterior al trámite de audiencia. No obstante, el obligado tributario puede manifestar su renuncia al trámite de audiencia, que ha de ser reflejada en la oportuna diligencia, siendo posible en este caso firmar las actas sin necesidad de dejar transcurrir este plazo de alegaciones.

4229 **Actas del Impuesto sobre el Patrimonio** (L 22/2009 art.55 s.) El supuesto de competencia para dictar el acto de liquidación por una **Administración tributaria distinta** a la que ha realizado las actuaciones (nº 4228 letra b) corresponde al caso de las actas del Impuesto sobre el Patrimonio. La normativa atribuye a las **Comunidades Autónomas**, por delegación del Estado, la competencia para dictar los actos de liquidación que procedan por el Impuesto sobre el Patrimonio.

No obstante, se prevé que los órganos de **Inspección del Estado** pueden comprobar este impuesto con ocasión de las actuaciones inspectoras que lleven a cabo en relación con el IRPF. En este caso, la Inspección de los tributos del Estado puede formalizar las actas que resulten de dicha comprobación, pero dichas actas deben ser remitidas al órgano inspector de la correspondiente Comunidad Autónoma, por ser este el competente para liquidar.
Si el inspector jefe de la Administración tributaria estatal, como superior jerárquico del equipo o unidad que ha realizado las actuaciones, no está de acuerdo con la propuesta incluida en el acta, no puede formular ningún **reparo** a la misma, pues los trámites posteriores a la firma del acta se desarrollan por la Administración tributaria de la Comunidad Autónoma.
La exigencia de una **autorización o visado previo** por parte del inspector jefe del acta que vaya a formular el Equipo o Unidad evita que se trasladen a la Comunidad Autónoma competente para dictar el acto de liquidación propuestas en las que el inspector jefe aprecie cualquier error o una deficiente instrucción del expediente.

2. Firma de las actas

(RGGI art.185.2 y 3)

Las actas son firmadas en todo caso por el **funcionario** competente conforme a lo dispuesto en las normas de organización interna de la Administración tributaria actuante. 4235
También deben ser firmadas por el **obligado tributario** o la persona que comparezca en su representación, excepto en los siguientes supuestos, en los que son firmadas solo por el funcionario:
- el obligado tributario no sabe o no puede firmar (nº 4237);
- el obligado tributario, compareciendo en el lugar y hora fijados para la firma de las actas, se niega a suscribirlas (nº 4240);
- el obligado tributario no comparece en el lugar y fecha señalados para su firma (nº 4242).

Las actas pueden **suscribirse** mediante firma manuscrita o mediante firma electrónica. Si el acta se suscribe con firma manuscrita, de cada acta se entrega un ejemplar al obligado tributario, que se entiende notificada por la firma. En caso de suscripción mediante firma electrónica, la entrega del ejemplar se puede sustituir por la entrega de los datos necesarios para su acceso por medios electrónicos adecuados.

El obligado tributario no sabe o no puede firmar (RGGI art.185.2) Debe hacerse constar esta circunstancia en el **acta** y **entregar un ejemplar** de la misma al obligado tributario. 4237
Esta circunstancia no impide que se formalice un acta de conformidad, siempre que el obligado tributario así lo manifieste.
La **ausencia de la firma** del obligado tributario en este caso solo plantea un problema de prueba, tanto de la conformidad con la propuesta si el obligado tributario la ha aceptado, como de la debida notificación del acta.
No obstante, hay que tener en cuenta la naturaleza de **documento público** de las actas, así como de la diligencia que en su caso puede extenderse en la comparecencia del obligado tributario para la firma de las actas y sus efectos probatorios. En este sentido, si el actuario recoge en el acta o en una diligencia que se extienda simultáneamente que el obligado tributario manifiesta su conformidad, así como las circunstancias que impiden que el obligado tributario firme el acta, esta manifestación hecha en presencia del funcionario actuante se presume cierta salvo que se acredite lo contrario, atendiendo a la naturaleza de documentos públicos de las actas y diligencias (nº 3220 y nº 3260).

Negativa a suscribir el acta (RGGI art.185.2) Si el obligado tributario, **compareciendo** en el lugar y hora fijados para la firma de las actas, se niega a suscribirlas, debe formalizarse necesariamente un acta de disconformidad. 4240
Las actas se entienden notificadas con la firma del obligado tributario, por eso, si el obligado se niega a suscribir las actas, se producen los **efectos** propios del rechazo a la notificación: el acta se entiende notificada, independientemente de que el obligado acepte o no recibir un ejemplar de la misma (LGT art.111).
La negativa del obligado tributario a suscribir el acta, así como la negativa a recibir un ejemplar de las mismas, debe hacerse constar expresamente en estas.

Incomparecencia (RGGI art.185.2) Si el obligado tributario no comparece en el lugar y fecha señalados para la firma del acta, al igual que en el supuesto anterior, debe formalizarse necesariamente en disconformidad. 4242

Uno de sus ejemplares ha de ser **notificado** conforme a lo dispuesto en la LGT y el tiempo transcurrido entre el intento de notificación al obligado tributario del acta hasta que se consiga efectuar la misma, suspende el cómputo del plazo de procedimiento de inspección (LGT art.150.3.e).

Dicha notificación puede ser **personal** o, cuando proceda, por **medios electrónicos** (nº 2485 s.).

Si no es posible efectuar esta notificación personal, debe citarse al obligado tributario o a su representante para ser notificados por comparecencia mediante **anuncios** publicados en el BOE.

Por último, si el inicio del procedimiento o cualquiera de sus trámites se han entendido notificados por no haber comparecido el obligado tributario o su representante tras ser citados por Boletín, el acta se entiende notificada el mismo día en que se extienda, sin que, a estos efectos, sea necesaria una nueva citación edictal (LGT art.112.3).

4245 **Competencia para la firma de las actas** (AEAT Resol 24-3-92; 13-1-21) La competencia para la firma de las actas en el ámbito de la **Administración tributaria del Estado** está regulada en las normas de organización interna, pudiéndose distinguir en función del órgano de inspección que haya desarrollado las actuaciones, conforme a los epígrafes siguientes.

4246 **Oficina Nacional de Investigación del Fraude** (AEAT Resol 24-3-92 aptdo.ocho.2.a) Cuando las actuaciones de comprobación e investigación se desarrollen por los equipos integrados en la Oficina Nacional de Investigación del Fraude, la firma de las actas en las que se documenten corresponde al **jefe del equipo** que haya realizado las actuaciones.

4247 **Oficina Nacional de Fiscalidad Internacional** (AEAT Resol 24-3-92 aptdo.ocho.2.b) Cuando las actuaciones de comprobación e investigación se desarrollen por los equipos integrados en la Oficina Nacional de Fiscalidad Internacional, la firma de las actas en las que se documenten corresponde al **jefe del equipo** que haya realizado las actuaciones.

4248 **Dependencias Regionales de Inspección de las Delegaciones Especiales de la AEAT** (AEAT Resol 24-3-92 aptdo.ocho.2.c) Tratándose de actuaciones de comprobación desarrolladas por los equipos o unidades integrados en las Dependencias Regionales de Inspección de las Delegaciones de la AEAT, la firma de las actas corresponde, como regla general, al **jefe del equipo o unidad** al que el inspector jefe haya asignado dicha comprobación.

No obstante, la normativa de organización interna distingue varios **supuestos específicos** para la firma de las actas en las Dependencias Regionales de Inspección:

4249 1º) Actuaciones desarrolladas por **unidades de Inspección** (a cargo de un funcionario del **Cuerpo Técnico** de Hacienda), en las que concurran alguna de las siguientes circunstancias:

a) Actuaciones en las que se haya apreciado alguna circunstancia de **especial dificultad sobrevenida**. Estas circunstancias son:

- que se hayan realizado operaciones de reestructuración empresarial (las operaciones reguladas en el régimen especial del IS -LIS art.76 s.-);
- que resulte aplicable el régimen de tributación consolidada del IS (LIS art.55 s.);
- que resulte aplicable el régimen especial del grupo de entidades del IVA (LIVA art.163 quinquies s.);
- que el obligado tributario esté incluido en alguno de los programas calificados cada año como de especial dificultad en el Plan Parcial de Inspección;
- que se aprecie la existencia de simulación (LGT art.16);
- que se aprecie la existencia de conflicto en la aplicación de la norma (LGT art.15);
- que la cuantía que vaya a ser regularizada exceda de las cuantías fijadas en la regulación del delito por defraudación tributaria (CP art.305).

b) Actuaciones en las que la **cifra de negocios** o, en su defecto, el volumen anual de operaciones comprobado en cualquiera de los ejercicios regularizados, **supere 4.500.000 euros** en actuaciones de alcance general o 5.700.000 euros en actuaciones de alcance parcial.

En estos casos, el acta ha de ser firmada por el **jefe de la unidad** que haya desarrollado las actuaciones y por el **inspector** de Hacienda al que el Jefe de la Dependencia Regional de Inspección atribuya la supervisión de estas actuaciones. Dicha **supervisión** supone un análisis detallado del contenido de la propuesta de regularización que va a incluirse en el acta y los documentos, pruebas y alegaciones que obren en el expediente, pudiendo el inspector requerir del jefe de unidad las precisiones que estime necesarias. Tras esta revisión del expediente, el inspector al que se le haya encomendado la supervisión de las actuaciones puede ordenar que se realicen actuaciones complementarias. Si el inspector supervisor no está de acuerdo con la propuesta de regularización sometida a su consideración tras la realización de estas nuevas actuaciones, asume él la firma de las actas que documenten la propuesta de regularización que estime procedente, que se redactarán de acuerdo con sus instrucciones.

2º) Actuaciones realizadas en su totalidad por un **inspector** de Hacienda o un **técnico** de Hacienda **distinto del jefe de equipo o unidad**, respectivamente, y a los que no se les haya asignado expresamente la firma de las actas resultantes de dichas actuaciones. **4250**
Al no haberse producido la asignación de firma (nº 4251), debe firmar las actas el **jefe de equipo o unidad**, sin perjuicio de que pueda, asimismo, figurar en ellas la firma del funcionario que haya desarrollado la totalidad de las actuaciones.
3º) Actuaciones desarrolladas por los equipos de inspección **integrados exclusivamente por funcionarios del Cuerpo Técnico** de Hacienda, conocidos como «macrounidades» (AEAT Resol 24-3-92 aptdo.cuatro.4.2.1).
La firma de las actas corresponde al **técnico** o técnicos de Hacienda que hayan desarrollado las actuaciones. Estos equipos se caracterizan no solo por la especialidad de su composición (todos sus miembros, salvo el jefe de equipo, son funcionarios del Cuerpo Técnico de Hacienda), sino por la forma de desarrollar las actuaciones. Estas son realizadas en su totalidad por uno o varios miembros del equipo, correspondiéndoles a los mismos la firma de las actas, siendo el jefe del equipo el que, por delegación del inspector jefe, dicta los actos de liquidación derivados de las mismas.

4º) En los supuestos de **asignación de firma** (AEAT Resol 24-3-92 aptdo.ocho.3). **4251**
La firma de las actas corresponde al **funcionario** al que se le haya **asignado**. La normativa de organización interna de la Inspección de los tributos de la AEAT permite que el jefe de equipo o unidad a quien corresponde, con carácter general, la firma de las actas, asigne esta firma a los inspectores y técnicos de Hacienda que hayan realizado la totalidad de las actuaciones documentadas en dichas actas. El otorgamiento de la asignación de firma implica que el jefe de equipo o unidad expresa su conformidad con el contenido de las actas.
Tratándose de **técnicos** de Hacienda, las normas de organización interna fijan tres **limitaciones** en las que no es posible la asignación de la firma:
a) Si el funcionario al que se pretende asignar **no** ha desarrollado la **totalidad de las actuaciones** de comprobación e investigación. Los técnicos de Hacienda no pueden realizar la totalidad de las actuaciones (es necesaria, por tanto, la intervención del jefe de equipo o unidad) cuando:
- las actuaciones revistan especial dificultad;
- las actuaciones se refieran a obligados tributarios que desarrollen actividades económicas cuya cifra de negocios o volumen anual de operaciones declarado en cualquiera de los ejercicios comprobados supere 3.500.000 euros, tratándose de actuaciones de alcance general, o 5.700.000 euros, tratándose de actuaciones de alcance parcial.
b) Aun habiendo realizado el técnico de Hacienda la **totalidad de las actuaciones** de comprobación e investigación, cuando:
- se aprecie en el expediente alguna circunstancia que determine una especial dificultad sobrevenida (nº 4248);
- las actuaciones se refieran a obligados tributarios que desarrollen actividades económicas cuya cifra de negocios o volumen anual de operaciones comprobado en cualquiera de los ejercicios regularizados supere 4.000.000 euros, tratándose de actuaciones de alcance general, o 5.700.000 euros, tratándose de actuaciones de alcance parcial.
c) Tienen que ser funcionarios que **no ocupen puestos de entrada** en el correspondiente equipo o unidad.
Tratándose de funcionarios pertenecientes al **Cuerpo de Inspectores** de Hacienda del Estado no rigen estas limitaciones, siendo posible la asignación por el jefe de equipo de la firma de las actas siempre que dicho funcionario haya realizado la totalidad de las actuaciones que se documenten en dichas actas.

El **momento de la asignación de firma** debe ser anterior o simultánea a la suscripción del acta y se ha de adjuntar a esta. Es el jefe de equipo o unidad al que corresponde, en principio, la firma de las actas el que debe asignar dicha firma al funcionario integrante de su equipo o unidad que haya desarrollado la totalidad de las actuaciones de comprobación e investigación. La asignación de la firma de las actas exige que el jefe de equipo o unidad analice con carácter previo y de forma detallada el contenido de la propuesta de regularización, los documentos, pruebas y alegaciones incorporados al expediente, pudiendo requerir del actuario las precisiones que estime necesarias. Si tras estas aclaraciones, el jefe de equipo o unidad no está conforme con la propuesta de regularización sometida a su consideración, no otorgará la asignación de firma. **4252**

Precisiones La **falta** del documento de **asignación de firma** al subinspector (técnico de Hacienda) queda subsanada por el visto bueno del jefe de la unidad (TSJ Galicia 24-4-07, EDJ 72731).

4255 **Dependencia de Control Tributario y Aduanero de la Delegación Central de Grandes Contribuyentes** (AEAT Resol 13-1-21 sexto.3) La firma de las actas en las que se recojan los resultados de las actuaciones de comprobación e investigación desarrolladas por los Equipos Nacionales de Inspección corresponde a los **jefes de equipo** coordinadores o jefes de equipo.

No obstante, estos pueden asignar la firma de las actas a los **inspectores** integrados en el equipo que hubieran realizado de manera efectiva las actuaciones de comprobación e investigación, reservándose en este caso el visto bueno a la propuesta de regularización que vaya a incluirse en el acta. Esta asignación de firma no puede realizarse en el caso de las propuestas de liquidación de los elementos de la obligación tributaria vinculados con un posible delito contra la Hacienda Pública o con un posible delito de contrabando.

4257 Cuadro recapitulativo de la competencia para la firma de actas

Tipo de equipo o unidad	Límite competencial del equipo o unidad	Límite competencial del actuario (para la realización de la totalidad de las actuaciones)	Firma de las actas		
			Jefe equipo/unidad	Actuario sin asignación de firma	Actuario con asignación de firma
Equipo de Inspección (el jefe de equipo ha de ser inspector de Hacienda. Los actuarios miembros del Equipo pueden ser inspectores o técnicos de Hacienda).	Pueden desarrollar sus actuaciones sobre cualquier obligado tributario a los que extienda su competencia la Dependencia Regional de Inspección.	Jefe de equipo: pueden desarrollar sin limitación de ningún tipo la totalidad de las actuaciones previas a las actas.	Firma las actas en todo caso, salvo que acuerde la asignación de firma al actuario.		
		Actuario inspector de Hacienda: pueden desarrollar la totalidad de las actuaciones previas a las actas, si así se lo encomienda el jefe de equipo.		Actuario inspector de Hacienda: firma las actas junto con el jefe de equipo cuando haya realizado la totalidad de actuaciones y no se haya asignado la firma.	Actuario inspector de Hacienda: firma las actas en solitario cuando se le asigne la firma. Es posible asignación firma siempre que haya realizado la totalidad de las actuaciones.
		Actuario técnico de Hacienda: No pueden desarrollar la totalidad de las actuaciones si: • Revisten especial dificultad. • El volumen declarado actividad económica supera: - 3,5 MM general. - 5,7 MM parcial.		Actuario técnico de Hacienda: firma las actas junto con el jefe equipo cuando haya realizado la totalidad de actuaciones y no se haya asignado la firma.	Actuario técnico de Hacienda: Firma las actas en solitario cuando se le asigne la firma. Es posible la asignación de firma siempre que haya realizado la totalidad actuaciones y: • No haya especial dificultad sobrevenida. • El volumen comprobado de actividad económica no supera: - 4 MM general. - 5,7 MM parcial. No ocupe puesto de entrada.
Unidad de inspección		Jefe de unidad: pueden desarrollar todas las actuaciones previas a las actas dentro de la competencia de la unidad.	Firma las actas en todo caso, salvo que acuerde la asignación de firma al actuario. Se exige, asimismo, la firma del inspector supervisor si: • Existe especial dificultad sobrevenida. • El volumen comprobado actividad económica supera: - 4,5 MM general. - 5,7 MM parcial.		
(Tanto el jefe de unidad como los actuarios son técnicos de Hacienda)	No pueden desarrollar actuaciones. • Que revistan especial dificultad. • Relativas a actividades económicas en las que el volumen declarado supera: - 4 MM general. - 5,7 MM parcial.	Actuario técnico de Hacienda: No pueden desarrollar la totalidad de las actuaciones si revisten especial dificultad o si el volumen declarado de actividad económica supera 3,5 MM tratándose de actuaciones de alcance general.		Firma las actas junto el jefe de unidad cuando haya realizado la totalidad actuaciones y no se haya asignado la firma.	Firma las actas en solitario cuando se le asigne la firma. Es posible la asignación de firma siempre que haya realizado la totalidad actuaciones y: • No haya especial dificultad sobrevenida. • El volumen comprobado actividad económica no supera: - 4 MM general. - 5,7 MM parcial. • No ocupe puesto de entrada.
Equipo de inspección macrounidad (El jefe de equipo es inspector de Hacienda y los actuarios son todos técnicos de Hacienda)	No pueden desarrollar actuaciones • Que revistan especial dificultad. • Relativas a actividades económicas en las que el volumen comprobado supere: - 2,5 MM general. - 4 MM parcial.	Los técnicos de Hacienda integrados en estos equipos pueden desarrollar todas las actuaciones previas a las actas dentro de la competencia del equipo.	No firma las actas. Dicta los actos de liquidación por delegación del inspector jefe.	Firma siempre las actas sin necesidad de asignación de firma.	

4258 Ejemplo A, S.L. es una sociedad cuyo volumen de operaciones en el ejercicio X0 fue 3.800.000 €, superando los 4.000.000 € a partir de dicho ejercicio. En el ejercicio X3 se va a proceder a comprobar con alcance general el IS del ejercicio X0. La sociedad tiene su domicilio fiscal en Madrid.
La comprobación de esta sociedad puede asignarse tanto a un equipo como a una unidad de Inspección de la Dependencia Regional de Inspección de Madrid, pues su volumen de operaciones en X0 no supera los 4.000.000 y no concurre ninguna circunstancia que determine la calificación de las actuaciones como de especial complejidad (no tributa en régimen de consolidación fiscal en el IS, ni en el régimen especial del Grupo de Entidades en IVA, no ha sido objeto de una operación de reestructuración empresarial que vaya a ser comprobada, ni está incluida en alguno de los supuestos calificados como de especial complejidad en el Plan Parcial de Inspección aprobado para el ejercicio X3).
Si las actuaciones se asignan a un **equipo de inspección**, el jefe del mismo solo puede acordar que se desarrollen íntegramente por uno de los actuarios de su equipo si se trata de un inspector de Hacienda. Si el actuario es técnico de Hacienda, puede colaborar en el desarrollo de las actuaciones, pero no puede llevarlas a cabo en su totalidad sin la intervención del jefe de equipo, dado que se trata de una comprobación de alcance general y el volumen de operaciones en el ejercicio comprobado supera los 3.500.000 €.
El jefe de equipo decide encomendar íntegramente el desarrollo de la actuación a uno de sus actuarios que es inspector de Hacienda. Una vez finalizada la comprobación se constata que el volumen de operaciones en el ejercicio X0 fue 4.750.000 €, pues la sociedad había ocultado parte de sus ingresos. Al tratarse de un actuario inspector de Hacienda, si el jefe de equipo le asigna la firma, firma el acta en solitario, independientemente del volumen de operaciones comprobado y de las circunstancias que se hayan puesto de manifiesto durante la tramitación del expediente.
Si el volumen de operaciones declarado en el ejercicio X0 hubiera sido 3.400.000 € en lugar de 3.800.000 €, el jefe de equipo podría encomendar el desarrollo íntegro del procedimiento de inspección a un actuario técnico de Hacienda (sin exigirse, por tanto, su intervención en ninguna de las actuaciones a desarrollar con el contribuyente). Sin embargo, el jefe de equipo no podría asignarle la firma del acta si el volumen de operaciones comprobado superase los 4.000.000 € o durante la tramitación del expediente se hubiera puesto de manifiesto alguna circunstancia que determine su calificación como de especial complejidad. En este caso, es necesario que el jefe de equipo firme, junto con el actuario, las actas.

II. Tramitación de las actas

4260

4261 La normativa solo distingue tres tipos de actas a efectos de su tramitación: actas con acuerdo, conformidad y disconformidad.
No obstante, las **diferencias** entre estos tres tipos de actas no solo hacen referencia a los trámites posteriores a la firma del acta sino también al propio contenido de las mismas, a los efectos de su suscripción en la imposición de la sanción que, en su caso proceda, a los posibles recursos que caben contra las liquidaciones derivadas de las mismas e, incluso, tratándose de actas con acuerdo, a los supuestos en los que cabe formalizar un acta de esta naturaleza.

A. Actas con acuerdo

(LGT art.155; RGGI art.186)

4265 Las actas con acuerdo se configuraron como un instrumento para reducir la conflictividad en el ámbito tributario.
No obstante, la **eficacia** de este mecanismo se ha visto limitada por la posibilidad de su suscripción solo en los supuestos concretos señalados en la ley, así como las limitaciones en los recursos que cabe interponer contra los actos de liquidación y de imposición de sanción que derivan de estas actas.
El estudio de este tipo de actas requiere el **análisis de**:
- los supuestos en los que procede su formalización (nº 4268 s.);
- el contenido del acta (nº 4280 s.);
- los requisitos (nº 4300 s.);
- su tramitación (nº 4315 s.); y
- los recursos que proceden contra las liquidaciones y sanciones derivadas de las actas con acuerdo (nº 4355 s.).

1. Supuestos en los que procede la formalización de un acta con acuerdo

(LGT art.155.1 y 2.a)

4268 Se limita la posibilidad de llegar a un acuerdo con la Administración tributaria en el curso de un procedimiento de inspección a los supuestos en los que, para la elaboración de la propuesta de regularización contenida en el acta, sea necesaria alguna de las siguientes **circunstancias**:

a) Concretar la aplicación de conceptos jurídicos indeterminados (nº 4270).

b) Apreciar los hechos determinantes para la correcta aplicación de la norma al caso concreto (nº 4272).

c) Realizar estimaciones, valoraciones o mediciones de datos, elementos o características relevantes para la obligación tributaria que no puedan cuantificarse de forma cierta (nº 4274).

En los tres supuestos señalados es posible llegar a un acuerdo que se refleje en la formalización de un acta de este tipo.

No obstante, el funcionario que suscribe el acta no tiene plena libertad en este ámbito, pues la **firma** de un acta con acuerdo requiere la autorización previa o simultánea del inspector jefe como superior jerárquico de dicho funcionario y, al mismo tiempo, órgano competente para liquidar.

Asimismo, ha de tenerse en cuenta que la determinación del concepto jurídico indeterminado, la apreciación de los hechos determinantes o la estimación, medición o valoración efectuada debe estar **fundamentada**. La existencia de un acuerdo con el obligado tributario no exime de la necesaria fundamentación de la propuesta de resolución contenida en el acta.

4270 **Conceptos jurídicos indeterminados** (LGT art.155.1) Son conceptos jurídicos indeterminados aquellos cuyo contenido no es definido en la norma y que, por lo tanto, debe ser **concretado** en cada supuesto en el que la Administración entienda que resultan aplicables.

No obstante, no puede afirmarse que la Administración y el obligado tributario tengan plena libertad para fijar en cada caso el **contenido** de un concepto jurídico indeterminado, pues este viene condicionado por actos administrativos anteriores en los que haya sido aplicado y, fundamentalmente, por los pronunciamientos de los tribunales que revisan estos actos.

Precisiones 1) Frente a los supuestos en que una proposición normativa se encuentra definida en todos sus elementos, la técnica de los conceptos jurídicos indeterminados obliga a la Administración a alcanzar en cada caso concreto una **solución justa** mediante la valoración de las circunstancias concurrentes. En cuanto al administrado, si la solución adoptada por la Administración se encuentra razonada y entra dentro de lo razonable, aquel se ve obligado a soportar las consecuencias que deriven de la actuación administrativa (TS 22-9-08, EDJ 173237).

2) El concepto **trascendencia tributaria** que determina la obligación de aportar los datos requeridos por la Administración, es un concepto jurídico indeterminado cuyo significado puede determinarse atendiendo al propio contenido de las distintas normas que regulan este deber de suministro de información (TS 7-6-03, EDJ 40898).

3) El **importe real** al que se remite la ley del IRPF para fijar el importe de las ganancias y pérdidas patrimoniales constituye un concepto jurídico indeterminado, sin perjuicio de que la ley pueda limitarlo en parte (TS 18-7-08, EDJ 131364).

4272 **Apreciación de los hechos determinantes** (LGT art.155.1) Este supuesto es el que plantea mayores dificultades, pues la aplicación de las normas exige, en todo caso, concretar previamente los hechos sobre los que dichas normas van a desplegar sus efectos.

Una posible interpretación de este supuesto es que el acuerdo de la Administración y el obligado tributario verse sobre alguno de los elementos de hecho de la obligación tributaria en relación con los que exista una especial **dificultad de prueba**.

No obstante, del desarrollo reglamentario de la regulación de las actas con acuerdo se desprende que la firma de un acta de este tipo no excluye la necesidad de una **actividad instructora previa** por parte de la Administración de la que se obtengan los datos y antecedentes en los que se fundamente la propuesta de regularización contenida en el acta. La liquidación derivada del acta con acuerdo no puede sustentarse únicamente en la aceptación de los hechos por el obligado tributario.

Precisiones Con la interpretación propuesta la finalidad puede conseguirse, asimismo, simplemente con la extensión de un acta de conformidad, ya que esta hace **prueba** de los hechos reflejados en la misma y aceptados por el obligado tributario. No obstante, la diferencia esencial es la posibilidad de prueba en contrario en los dos supuestos de firma de un acta de conformidad o con acuerdo:

- en la firma de un **acta de conformidad** cabe prueba en contrario siempre que el obligado tributario acredite, mediante la aportación de otras pruebas que contradigan los hechos reflejados en el acta, que cometió un error al aceptarlos;

- si los hechos se reflejan en un **acta con acuerdo**, solo cabe ir en contra de los mismos alegando la existencia de vicios en el consentimiento en un recurso contencioso-administrativo, sin que quepa impugnar la liquidación derivada del acta con acuerdo en la vía económico-administrativa.

Datos, elementos o características relevantes que no pueden cuantificarse de forma cierta (LGT art.155.1) A diferencia del supuesto anterior en que el acuerdo se refiere a la identificación de los hechos sobre los que va a aplicarse la norma, en este supuesto los hechos están debidamente concretados pero existen dificultades para proceder a su **cuantificación o valoración**. Es en este ámbito donde las actas con acuerdo pueden tener una mayor virtualidad en la práctica, mediante la realización de estimaciones, valoraciones o mediciones de datos, elementos o características relevantes para la obligación tributaria que no puedan cuantificarse de forma cierta. Dado que en numerosas ocasiones el **valor de mercado** de los bienes y derechos no puede determinarse con absoluta certeza, la Administración y el obligado tributario concretan dicho valor mediante un acuerdo en lugar de acudir a un tercero para la fijación de dicho valor a través del procedimiento de tasación pericial contradictoria (LGT art.57). 4274

El fundamento es el mismo: acordar someterse a la decisión de un tercero o fijar un valor directamente las partes involucradas y acordar someterse al mismo. La diferencia esencial es la obligación para la Administración de uno y otro acuerdo. Así, mientras que la Administración debe someterse al procedimiento de tasación pericial contradictoria siempre que lo inste el obligado tributario, no está, por el contrario, obligada a llegar a un acuerdo con el obligado tributario en un procedimiento de inspección que se refleje en un acta de este tipo.

Precisiones De las tres circunstancias previstas para poder formalizar un acta con acuerdo, en los **procedimientos inspectores** en los que se ha utilizado este mecanismo, la que ha tenido un uso más intensivo ha sido la referida a estimaciones, valoraciones o mediciones de datos, elementos o características relevantes para la obligación tributaria que no puedan cuantificarse de forma cierta.
La aplicación de esta circunstancia se ha plasmado:
- en cuanto a las **estimaciones**, lo han sido de gastos, ingresos o directamente de los rendimientos de la actividad, mediante el uso principalmente del régimen de estimación indirecta; y
- en cuanto a las **valoraciones**, se han aplicado a inmuebles, relacionados con operaciones vinculadas u operaciones societarias de fusión, escisión y disolución, a participaciones sociales y a operaciones vinculadas para el cálculo de ingresos/gastos.

2. Contenido del acta con acuerdo

(LGT art.155.2)

Además de las **menciones** que necesariamente deben recogerse en cualquier acta (nº 4132 s.), el acta con acuerdo ha de incluir necesariamente el siguiente contenido: 4280
- fundamento (nº 4282);
- propuesta de regularización (nº 4284);
- propuesta de sanción (nº 4286 s.);
- conformidad del obligado tributario con la totalidad del contenido del acta (nº 4288); y
- fecha de la autorización, depósito o garantía (nº 4290).

Fundamento (LGT art.155.2.a) El acta con acuerdo ha de recoger el fundamento de la aplicación, estimación, valoración o medición realizada. 4282

El funcionario que suscribe el acta no debe limitarse a señalar que existe un **acuerdo** con el obligado tributario en el que se basa la propuesta de regularización, sino que debe fundamentar, aunque sea sucintamente, cómo se ha llegado a dicho acuerdo.

Esta necesaria fundamentación permite al **inspector jefe** decidir si autoriza o no la suscripción del acta.

Precisiones En el acta con acuerdo debe indicarse el **supuesto** que permite concluir un acuerdo con el obligado tributario. Es necesario concretar el contenido de un concepto jurídico indeterminado, concretar los hechos a los que ha de aplicarse la norma o realizar mediciones, estimaciones o valoraciones. Asimismo, ha de concretarse la fundamentación de las estimaciones, valoraciones y/o mediciones de datos realizadas.

Propuesta de regularización (LGT art.155.2.b) El acta ha de expresar los **elementos** de hecho, fundamentos jurídicos y cuantificación de la propuesta de regularización. 4284

Este contenido no es propio solo de las actas con acuerdo sino también de las actas de conformidad y disconformidad. No obstante, su mención expresa en la LGT despeja cualquier duda sobre la posibilidad de que el acuerdo entre la Administración y el obligado tributario permita prescindir de la debida **motivación** de la propuesta de liquidación contenida en el acta.

La especialidad de este tipo de actas es que la fijación de los hechos, la aplicación de determinadas normas (aquellas que contienen conceptos jurídicos indeterminados) y las valoraciones o estimaciones que determinan la cuantificación de la propuesta de regularización, pueden sustentarse en un acuerdo con el obligado tributario que, en todo caso, debe estar fundamentado, de acuerdo con lo señalado en el nº 4282.

4286 **Propuesta de sanción** (LGT art.155.2.c) En el acta han de recogerse los elementos de hecho, fundamentos jurídicos y cuantificación de la propuesta de sanción que en su caso proceda.
La suscripción de un acta con acuerdo implica necesariamente la **renuncia a la tramitación separada** del procedimiento sancionador que, en su caso, proceda incoar como consecuencia de los hechos reflejados en la misma.
En estos casos no existe un **acuerdo expreso de inicio** del procedimiento sancionador, sino que este se entiende iniciado con la suscripción del acta con acuerdo.
El procedimiento sancionador se tramita de **forma abreviada** incluyendo en la misma acta la propuesta de sanción que proceda, teniendo en cuenta los elementos y pruebas obtenidos en el correspondiente procedimiento de inspección (nº 7084 s.).
El acto del inspector jefe, que se entiende dictado de forma tácita al día siguiente del transcurso del plazo de 10 días (nº 4346), incluye tanto el acto de liquidación como el de imposición de sanción.

Precisiones 1) En las actas con acuerdo se incluye la propuesta de sanción. A diferencia de las actas de conformidad y disconformidad en las que el actuario solo expresa si concurren o no indicios de la comisión de infracciones tributarias, en el acta con acuerdo, si se entiende que la conducta del obligado tributario es **sancionable**, se recogen todos los elementos propios de la propuesta de imposición de sanción: hechos que se consideran sancionables, norma en la que se tipifica la infracción tributaria cometida, culpabilidad del obligado tributario y cuantificación de la sanción propuesta.
2) La formulación en un mismo documento de la propuesta de liquidación y la propuesta de imposición de sanción está amparada por la posibilidad de **renuncia a la tramitación separada** del procedimiento sancionador recogida con carácter general para cualquier procedimiento de aplicación de los tributos (LGT art.207). No obstante, a diferencia de las actas con acuerdo, en los **demás supuestos** en los que el obligado tributario renuncie a la tramitación separada del procedimiento sancionador existe un acuerdo expreso de inicio de este procedimiento y, aunque la instrucción es conjunta, la propuesta de imposición de sanción se formula de forma separada, aunque simultánea, a la propuesta de liquidación. Por el contrario, de un acta con acuerdo deriva un único acto administrativo en el que se practica la liquidación y se impone la sanción.
3) A efectos del **cómputo de plazos**, los días son hábiles, descontándose sábados, domingos y festivos (LPAC art.30.2).
4) Cuando exista acuerdo con el obligado tributario, la **sanción** que se propone en el acta con acuerdo se reduce en un 65% (LGT art.187.1.d y 188). Esta **reducción**, que hasta la reforma incorporada por la L 11/2021 era del 50%, no es compatible con la reducción por ingreso en período voluntario de pago prevista por la LGT art.188.3.
La reducción practicada se exige en los supuestos en los que se interponga **recurso** contencioso-administrativo contra la liquidación o la sanción o cuando, habiéndose aportado **aval** o certificado de seguro de **caución** en lugar de depósito, no se ingresen las cantidades derivadas del acta en el plazo voluntario de pago (LGT art.62.2) o en los plazos señalados en el acuerdo de aplazamiento o fraccionamiento que se hubiera concedido por la Administración tributaria.

4288 **Conformidad con la totalidad del contenido** (LGT art.155.2.d) La suscripción de un acta con acuerdo supone la **aceptación** por el obligado tributario no solo de la propuesta de liquidación por la que se regularice su situación tributaria, sino también de la propuesta de sanción que se incluya en la misma. Supone, asimismo, la manifestación de la formalización del acuerdo con la Administración en los términos reflejados en el acta.

Precisiones 1) En el texto del acta con acuerdo la **mención a la conformidad** se incorpora en términos similares a los siguientes: «El obligado tributario manifiesta su conformidad con la totalidad del contenido del presente acta, extendiéndose, por tanto, dicha conformidad expresamente al fundamento de la aplicación/estimación/valoración/medición realizada y a los elementos de hecho, fundamentos jurídicos y cuantificación de la propuesta de liquidación... y de sanción contenidas en el acta». En este apartado se debe indicar el carácter provisional o definitivo de la liquidación cuya propuesta se incorpora en el acta.
Si el tributo regularizado fuese alguno de los que integran la **deuda aduanera**, se debe incluir en este apartado que el obligado tributario manifiesta su conformidad con la totalidad del contenido del acta, extendiéndose, por tanto, dicha conformidad expresamente al fundamento de la aplicación/estimación/valoración/medición realizada y a los elementos de hecho, fundamentos jurídicos y cuantificación de la propuesta de liquidación provisional y de sanción contenidas en el acta. Con dicha conformidad el obligado tributario manifiesta haber ejercido el derecho a formular observaciones previsto en la normativa comunitaria (Rgto UE/952/2013 art.22.6 y 29).

2) Ni las **actas con acuerdo** ni las valoraciones a efectos de otros tributos conllevan una **vinculación** a la Administración, salvo que:
- procedan de la misma Administración;
- lo que se esté valorando sea física y jurídicamente la misma cosa; y
- que la valoración que se acepta e incorpora esté suficientemente motivada (TS 15-10-20, EDJ 685506).

La eficacia de las actas con acuerdo no es la de ser un elemento probatorio, sino la de formalizar una convención, perfeccionada por quienes las suscriben, por la que éstos transigen una determinada solución para las cuestiones en las que están enfrentados y para conjurar así esa situación de incertidumbre de la que se viene haciendo mención. Lo anterior no es incompatible con la posibilidad de que las actas con acuerdo sean propuestas como elemento probatorio en los procedimientos que sean tramitados por una **Administración distinta** de aquélla que suscribió tal acta con acuerdo, pero sin que necesariamente tengan eficacia probatoria en esos otros procedimientos. Las actas con acuerdo pueden ser utilizadas, no como **prueba** autónoma en sí misma, sino como elemento para confirmar o fortalecer la verosimilitud de las pruebas directas presentadas por el interesado (TS 17-2-20, EDJ 516253).

Fecha de la autorización. Depósito o garantía (RGGI art.176.1.e) El acta con acuerdo ha de mencionar la fecha en que el **inspector jefe** ha otorgado la preceptiva autorización y los datos identificativos del depósito o garantía constituidos por el obligado tributario. **4290**
Los dos requisitos son esenciales para la formalización del acta. Sin la autorización del inspector jefe, el actuario no puede firmar un acta en la que se formaliza un acuerdo con el obligado tributario. Por otra parte, la no constitución del depósito o la garantía se identifica con el desistimiento del obligado tributario de la formalización del acta con acuerdo.

Precisiones En el acta se recoge la fecha en la que el inspector jefe ha **autorizado la firma** del acta con acuerdo -que puede coincidir con la fecha del acta- así como la fecha en que se ha aportado la garantía exigida para suscribir el acta y los datos identificativos de la misma. **4292**

3. Requisitos de las actas con acuerdo

(LGT art.155.3)

Para que proceda la firma de un acta con acuerdo es necesario que concurra alguno de los **supuestos** señalados en el nº 4268 s. **4300**
Pero la concurrencia de estos supuestos no es suficiente para que el funcionario competente para la firma del acta y el obligado tributario decidan formalizar un acta con acuerdo. Es necesario que concurran, además, los siguientes requisitos de **carácter formal**:
a) Autorización del órgano competente para liquidar (nº 4302).
b) La constitución de un depósito, aval o seguro de caución, de cuantía suficiente para garantizar el cobro de las cantidades que puedan derivarse del acta (nº 4304 s.).

Autorización del órgano competente para liquidar (LGT art.155.3.a) Esta autorización puede ser **previa o simultánea** a la suscripción del acta con acuerdo. La **fecha** en que se otorga dicha autorización debe constar en el cuerpo del acta. **4302**
A diferencia de lo previsto en las actas de conformidad y de disconformidad -en las que el **inspector jefe** como órgano competente para liquidar interviene tras la firma del acta-, en las actas con acuerdo no se produce una separación tan clara entre la fase de instrucción y de resolución del procedimiento, ya que la propuesta de resolución no puede formularse si no existe autorización del inspector jefe.
Esta intervención previa del inspector jefe está justificada por las limitaciones impuestas por la ley para rectificar la propuesta contenida en el acta, ya que el inspector jefe solo puede separarse de la misma y dictar un acto expreso de liquidación cuando exista un **error material**. Si la ley no hubiera establecido la necesaria autorización del inspector jefe para la firma del acta con acuerdo, habría supuesto la atribución de la **competencia liquidadora** en la práctica al equipo o unidad que haya desarrollado las actuaciones de comprobación e investigación.

Precisiones Esta autorización no puede identificarse con la prevista para la firma de las actas del Impuesto sobre el Patrimonio (nº 4229). En estas, la autorización del inspector jefe no deriva de su competencia como órgano liquidador, pues dicha competencia corresponde a la respectiva Comunidad Autónoma, sino que supone el ejercicio de sus competencias de dirección y control como superior jerárquico del actuario que va a firmar el acta. En las actas con acuerdo, el **fundamento de la autorización previa** es su competencia para dictar el acto de liquidación, dado que la LGT equipara prácticamente el acta con dicha liquidación, al permitir su rectificación solo cuando concurran errores materiales.

4304 **Depósito, aval o seguro de caución** (LGT art.155.3.b) Se requiere la constitución de un depósito o aval de carácter solidario de entidad de crédito o sociedad de garantía recíproca o certificado de seguro de caución, de **cuantía suficiente** para garantizar las cantidades que puedan derivarse del acta.

El acta no puede firmarse si el obligado tributario no acredita previamente de forma fehaciente la **constitución** del depósito o la garantía cuyos datos identificativos deben figurar en el cuerpo del acta.

Dicha constitución se **acredita** de la siguiente forma:

• Tratándose de **depósito**, mediante la aportación del correspondiente justificante de constitución del mismo en la Caja General de Depósitos o en cualquiera de sus sucursales.

• Tratándose de la constitución de **garantía**, mediante la aportación del certificado de la entidad de crédito, sociedad de garantía recíproca o entidad aseguradora. Esta garantía debe ser de duración indefinida y permanecer vigente hasta que se produzca la extinción de la deuda y, en su caso, la sanción cuyo pago garantiza.

4306 **Importe** (LGT art.155.3.b) El importe del depósito o el importe garantizado ha de ser **suficiente** para garantizar el cobro de las cantidades que puedan derivarse del acta. Para su **determinación** hay que distinguir en función de que el obligado tributario decida constituir un depósito o aportar una de las garantías señaladas (nº 4304):

a) En el caso de constitución del **depósito**, una vez confirmadas las propuestas de liquidación -y, en su caso, sanción- contenidas en el acta, el depósito realizado se aplica automáticamente al pago de dichas cantidades, por lo que su importe debe coincidir con la suma de ambos conceptos (deuda liquidada -cuota e intereses- y sanción).

b) Si el obligado tributario decide aportar **aval** o certificado de **seguro de caución**, debe efectuar el ingreso de las cantidades derivadas del acta en los plazos establecidos para el período voluntario (LGT art.62.2). Estas garantías se ejecutan si el obligado tributario no ingresa la deuda y la sanción derivada del acta con acuerdo dentro del plazo voluntario de ingreso. En este caso, la **falta de ingreso** en período voluntario determina la liquidación del recargo de apremio, por lo que la garantía debe cubrir asimismo el 20% de las cantidades reflejadas en el acta, dado que si es necesaria su ejecución es porque el obligado tributario no ha efectuado su ingreso ni durante el período voluntario de pago ni una vez iniciado el procedimiento de apremio.

4308 Precisiones **1)** Para la **constitución de un depósito** en la Caja General de Depósitos, las Delegaciones de Economía y Hacienda expiden una carta de pago **modelo 060**. Para la cumplimentación de este modelo debe tenerse en cuenta que como constituyente debe figurar el obligado tributario, que en las normas que imponen la constitución de este depósito, debe figurar el código 0255 que es el código que tiene asignado la Dirección del Tesoro para las actas con acuerdo, y en cuanto a la finalidad, debe constar que es la constitución de depósito para la firma de acta con acuerdo. Con dicha carta de pago el contribuyente se debe dirigir a cualquier entidad colaboradora en donde realiza el ingreso. El banco valida el documento por el importe del ingreso realizado y este documento es el que presenta el contribuyente ante la Inspección, incorporándose el número de registro del depósito al texto del acta.

2) Existe un **modelo normalizado de aval** para garantizar el cobro de las deudas derivadas de las actas con acuerdo (AEAT Resol 28-2-06).

3) Para obligados tributarios afectados por la **DANA**, ver nº 3337 s.

4. Tramitación de las actas con acuerdo

4315 **Necesidad de actividad instructora previa a la firma del acta** (RGGI art.186.1) La LGT solo exige para la firma del acta con acuerdo que exista **autorización** del inspector jefe (nº 4302) y que se haya constituido el **depósito** o la **garantía** (nº 4304), por lo que, concurriendo estos requisitos, puede procederse a la formalización del acta en cualquier momento del procedimiento inspector.

Tampoco se ha establecido a nivel reglamentario la exigencia de que haya transcurrido un determinado **plazo** desde el inicio de las actuaciones inspectoras para que la Administración y el obligado tributario puedan formalizar un acuerdo del que derive la propuesta de liquidación. No obstante, la regulación reglamentaria de las actas con acuerdo parece exigir en todo caso una actividad instructora previa a la firma del acta, al señalar que la concurrencia de alguno de los supuestos que permiten llegar a un acuerdo debe derivar de los **datos y antecedentes** obtenidos en las actuaciones de comprobación e investigación. Esta fase instructora previa es, en todo caso, necesaria para cumplir con el doble requisito de la fundamentación del acuerdo y la motivación del acta.

Iniciativa para llegar a un acuerdo (RGGI art.186.1) La regulación de las actas con acuerdo contenida en la LGT permite afirmar que la formalización de un acuerdo con el obligado tributario es en todo caso una **facultad** y no una obligación para la Administración. **4318**
Así, a diferencia de lo previsto para las actas de conformidad o disconformidad en las que la formalización de un tipo u otro de acta depende exclusivamente de la voluntad del obligado tributario, tratándose de un acta con acuerdo la ley contempla la firma de este tipo de actas como una posibilidad que depende de la **voluntad de la Administración y del obligado**. Así, no se ha de llegar necesariamente a un acuerdo siempre que deban aplicarse conceptos jurídicos indeterminados, sea necesaria la apreciación de los hechos para la correcta aplicación de la norma o deban realizarse estimaciones o valoraciones de elementos que no puedan cuantificarse de forma cierta (nº 4270 s.).
Este carácter potestativo de la firma de las actas con acuerdo se ve reforzado por el hecho de que la falta de suscripción de un acta de este tipo no puede ser motivo de **recurso** o **reclamación** contra las liquidaciones derivadas de actas de conformidad o disconformidad (LGT art.155.7).
La firma de un acta con acuerdo no puede, por tanto, reconocerse como un derecho del obligado tributario en la tramitación del procedimiento inspector. Incluso cabría afirmar, partiendo de la regulación reglamentaria de este tipo de actas, que es la Administración la que debe abrir las posibles **negociaciones** al establecer que es esta la que pone en conocimiento del obligado tributario la existencia de alguno de los supuestos que permite llegar a un acuerdo.
No obstante, teniendo en cuenta el derecho general de los obligados tributarios a formular **alegaciones** y aportar los **documentos** que estime oportunos en cualquier momento del procedimiento inspector, no puede negarse la posibilidad de que sea el obligado tributario el que manifieste en primer lugar su voluntad de llegar a un acuerdo con la Administración, pero esto no obliga a la Administración a iniciar la tramitación de un acta con acuerdo.

Proceso de fijación del acuerdo (RGGI art.186.2) Una vez que se constate la concurrencia de alguno de los supuestos que permiten alcanzar un acuerdo, el RGGI parece distinguir una **fase previa** a la firma del acta al hacer referencia a las actuaciones necesarias para fijar los posibles términos del acuerdo, previendo incluso de forma expresa la posibilidad de que el obligado tributario formule una propuesta de acuerdo. **4325**
No obstante, ni la ley ni el reglamento exige documentar estas actuaciones que necesariamente han de preceder a la formalización del acuerdo.

Solicitud de autorización del inspector jefe (RGGI art.186.2 y 6) Una vez que el equipo o unidad que está desarrollando las actuaciones y el obligado tributario han fijado los términos del posible acuerdo, el primero debe solicitar la correspondiente autorización al inspector jefe para la firma del acta. En dicha solicitud de autorización debe indicarse claramente el **contenido del acuerdo**, así como la propuesta de liquidación y, en su caso, de sanción que van a ser incluidas en el acta, pues una vez firmada el inspector jefe solo puede rectificar los errores materiales que aprecie en la misma. A diferencia de la tramitación de las actas de conformidad o disconformidad, en las actas con acuerdo la supervisión y control por el inspector jefe de la propuesta de regularización es previa a su formalización y notificación al obligado tributario. **4328**
No obstante, dado que en la solicitud de la autorización se deben incluir todos los elementos del acuerdo y de las propuestas de liquidación y sanción que resulten de los mismos, aunque estas no se formalicen hasta la firma del acta, es evidente que son conocidos previamente por el obligado tributario.
La **fecha** para la firma del acta puede ser comunicada al obligado tributario sin necesidad de que previamente el inspector jefe haya autorizado dicha firma. No obstante, la citación para la firma del acta con acuerdo está siempre condicionada a que llegada dicha fecha exista la autorización del órgano competente para liquidar. La autorización del inspector jefe debe adjuntarse al acta.
En el momento en que se comunican al obligado tributario el **lugar y la fecha** para la firma del acta se comunican, asimismo, los datos necesarios para que pueda constituir el depósito o formalizar el aval o el seguro de crédito de caución que garanticen el pago de las cantidades que puedan derivarse del acta con acuerdo.

Precisiones 1) La tramitación de las actas con acuerdo podría considerarse similar a la de las actas de conformidad si identificamos la solicitud de autorización como la propuesta de regularización y el acta autorizada por el inspector jefe con la liquidación. La diferencia fundamental es que la **solicitud de autorización** es un mero **acto de trámite interno** que no se notifica al obligado tributario y que únicamente pone de manifiesto la posibilidad de llegar formalmente a un acuerdo con el obligado tributario. Este acuerdo no se formaliza hasta la firma del acta, por lo que hasta ese momento **4330**

el obligado tributario puede decidir no acordar nada con la Administración -aunque haya realizado el depósito o constituido la garantía- y, de la misma forma, la Administración puede decidir la no formalización del acta, incluso cuando exista la autorización del inspector jefe.
2) El **desistimiento** por parte del **obligado tributario** está expresamente previsto reglamentariamente, si bien solo hasta el momento en que debe constituirse la garantía. Sin embargo, nada impediría que este desistimiento se produzca hasta el mismo momento de la firma del acta.
3) Ni la LGT ni el RGGI contemplan la posibilidad del **desistimiento** por parte de la **Administración**, pero tampoco lo rechazan expresamente. Teniendo en cuenta que el inspector jefe solo autoriza la firma del acta y no ordena su formalización, el acta podría no firmarse, incluso una vez autorizada. Aunque el RGGI señala expresamente que la no formalización de un acta con acuerdo no puede alegarse en los recursos que se interpongan contra la liquidación que finalmente se dicte, la no firma del acta con acuerdo una vez autorizada por el inspector jefe debería poder justificarse de alguna forma.

4333 **Constitución del depósito o formalización de la garantía** (RGGI art.186.5 y 6) Fijada la fecha para la firma del acta y comunicados los datos necesarios para la formalización del depósito o la garantía, el obligado tributario debe **acreditar** dicha formalización en los términos señalados en el nº 4304.
En el acta deben reflejarse los **datos identificativos** del depósito o la garantía.
Si el obligado tributario decide formalizar **aval o seguro de crédito de caución**, el documento en que se formalice dicha garantía se constituye a disposición del inspector jefe sin perjuicio de que, en el caso de que haya de ejecutarse por no haberse efectuado el ingreso en período voluntario de pago, dicho documento se ponga a disposición del órgano de recaudación competente. Si el **ingreso** de las cantidades derivadas del acta se efectúa dentro del período voluntario de pago, el inspector jefe devuelve de oficio el documento en que se formalice la garantía al obligado tributario.
La **no acreditación** de la constitución del depósito o la formalización de la garantía por el obligado tributario, antes de la fecha fijada para la firma del acta con acuerdo, se equipara con la manifestación de su voluntad de no firmar el acta. No obstante, si el obligado tributario mantiene su voluntad de formalizar el acta puede solicitar un **aplazamiento** de la fecha fijada para la firma.

4336 **Firma del acta con acuerdo** (RGGI art.186.8) A diferencia de lo previsto para la firma de las actas de conformidad y disconformidad, en las actas con acuerdo no existe un plazo de **alegaciones** previo a la firma del acta.
Una vez **fijados los términos del acuerdo**, puede procederse directamente a la firma del acta, siempre que en ese momento se disponga de la autorización del inspector jefe y quede acreditado la constitución del depósito o la garantía (nº 4300 s.).
En aquellos casos en los que el **acuerdo no se refiera a todos los elementos** de la obligación tributaria que son regularizados, simultáneamente a la firma del acta con acuerdo se formaliza un acta de conformidad o disconformidad, en función de que el obligado tributario acepte o no la regularización no reflejada en el acta con acuerdo.
En el acta de conformidad o disconformidad se recogen todos los elementos de la **obligación tributaria** objeto de regularización, incluidos aquellos a los que se refiere el acuerdo con el obligado tributario. De la **cuota** resultante de la liquidación propuesta en esta acta se deduce la cuota resultante de la liquidación propuesta en el acta con acuerdo.

4340 Si el obligado tributario solo **acepta parcialmente** la regularización que no deriva del acuerdo formalizado con la Inspección, junto con el acta con acuerdo se formaliza al mismo tiempo un acta de conformidad y otra de disconformidad. En este caso, el acta con acuerdo y el acta de conformidad recogen únicamente los elementos de la obligación tributaria a los que se refieren el acuerdo y cuya regularización acepta el obligado tributario, respectivamente.
El acta de disconformidad recoge la totalidad de los elementos de la obligación tributaria regularizados. De la **cuota** resultante de la propuesta de liquidación contenida en esta acta se deducen las cuotas cuya liquidación se proponen en las actas con acuerdo y de conformidad.
No obstante, la **conformidad parcial** del obligado tributario con los demás elementos de la obligación tributaria distintos de los reflejados en el acta con acuerdo solo determina la formalización de un acta de conformidad y otra de disconformidad cuando de la propuesta derivada de los hechos a los que el obligado tributario presta su conformidad no resulta una deuda a devolver. Si se da este supuesto, se formaliza una única acta de disconformidad que incluye todos los elementos regularizados de la obligación tributaria y de la que se deduce la cuota contenida en el acta con acuerdo.

Si en el procedimiento inspector han intervenido **distintos obligados tributarios** por tratarse de un supuesto de cotitularidad en el hecho imponible o sucesión de personas físicas o jurídicas (RGGI art.106 y 107), la firma de un acta con acuerdo exige la aceptación de todos los obligados tributarios que hayan comparecido en el procedimiento.

Precisiones El RGGI no contempla el supuesto de un **acuerdo** que solo afecte a una parte de los elementos regularizados y del que resulte una **cantidad a devolver**. No es posible reconocer una cantidad a devolver para inmediatamente después exigir su reintegro en el acta de conformidad o disconformidad en la que se recoja la regularización total de la situación tributaria del obligado tributario. No obstante, hay que tener en cuenta que la suscripción de un acta con acuerdo no es un derecho del obligado tributario, por lo que, en la práctica, en estos casos la Administración opta por la firma de un acta de conformidad. **4341**
Para las **actas de conformidad** sí se contempla expresamente este supuesto, señalándose que en este caso debe formalizarse un único acta de conformidad en la que se hacen constar los elementos regularizados de la obligación tributaria a los que el obligado tributario presta su conformidad, a efectos de la aplicación de la reducción de la sanción del 30%. El fundamento de esta solución es que no es posible dictar una liquidación a cuenta de otra (la derivada del acta de conformidad a cuenta de la derivada del acta de disconformidad) con signo negativo.

Ejemplo Como consecuencia de las actuaciones de comprobación e investigación desarrolladas con relación a la entidad A, S.A. por el Impuesto sobre Sociedades, ejercicio X0, la Inspección considera que deben regularizarse los siguientes hechos: **4342**
- Se ha cedido el uso de un inmueble a una entidad vinculada sin declarar ingreso alguno por dicha cesión. El órgano actuante considera que el valor de mercado de esta operación es aproximadamente 6.000 €.
- Se han descubierto ventas no declaradas por importe de 3.000 €.
- Existen determinados gastos que el órgano inspector considera no deducibles por importe de 4.000 €.

Con relación a la valoración de la operación con la entidad vinculada, el órgano actuante considera que puede alcanzarse un acuerdo con el obligado tributario por el que se fije como valor 5.000 €, atendiendo a la situación del inmueble y otras características del mismo puestas de manifiesto por el obligado tributario.
El actuario solicita autorización al inspector jefe para la firma de un acta con acuerdo y comunica al obligado tributario los datos necesarios para que constituya el depósito o formalice la garantía.
Respecto a los demás elementos de la regularización que va a ser propuesta por el actuario, el obligado tributario acepta únicamente la parte relativa a las ventas ocultas.

Llegada la fecha fijada para la firma de las actas, con relación al IS X0 deben formalizarse 3 actas distintas: **4344**
a) Un acta con acuerdo en la que la liquidación propuesta incluye únicamente la parte correspondiente a la operación vinculada. La deuda derivada de esta acta asciende a 5.000 € × 0,25 = 1.250 € más los correspondientes intereses de demora.
b) Un acta de conformidad en la que se propone la liquidación correspondiente a las ventas no declaradas. La deuda derivada de esta acta asciende a 3.000 € × 0,25 = 750 € más los correspondientes intereses de demora.
c) Un acta de disconformidad en la que se incluyen todos los elementos de la obligación tributaria que son objeto de regularización (operación vinculada, ventas ocultas y gastos no deducibles).
La liquidación propuesta tiene en cuenta todos los incrementos de la base imponible, pero de la cuota que resulte se deduce la cuota derivada de los elementos regularizados en el acta con acuerdo y de conformidad: (5.000 + 3.000 + 4.000) × 0,25 - (1.250 + 750) = 3.000 - 2.000 = 1.000 € a los que habrá que añadir los correspondientes intereses de demora.

Liquidación y acuerdo de imposición de sanción (RGGI art.186.7) El inspector jefe, que es el órgano competente para liquidar, dispone de un plazo de 10 días hábiles contados desde el día siguiente al de la firma del acta para notificar al obligado tributario un acuerdo expreso en el que se rectifiquen los posibles **errores materiales** que aquel aprecie en el acta con acuerdo. De no producirse tal **notificación** en dicho plazo, la liquidación y, en su caso, el acuerdo de imposición de sanción derivados del acta con acuerdo, se entienden dictados de forma tácita y notificados al día siguiente. **4346**
No cabe, por tanto, otro **reparo** a las propuestas contenidas en el acta distinto de la existencia de un error material. Por eso, si el inspector jefe considera que el acta con acuerdo no reúne alguno de los requisitos exigidos por la LGT o por el RGGI (nº 4268 s. y nº 4300 s.), que las circunstancias objeto de regularización no encajan en alguno de los tres supuestos en los que se puede formalizar un acta con acuerdo (nº 4268 s.), que existe algún error en la apreciación de los hechos o una indebida aplicación de la norma o, incluso, que debe completarse el expediente por entender que la instrucción ha sido defectuosa, estos posibles reparos se hacen con carácter previo a la firma del acta y se reflejan en la negativa a autorizar la formalización del acta con acuerdo.

Para que sea posible este **control previo**, se exige que en la solicitud de autorización se identifiquen los términos del acuerdo y se señale claramente cuál es la regularización que va a ser propuesta en el acta. En la práctica esto supone remitir al inspector jefe un borrador del acta que, en el caso de autorizarse su suscripción, debe coincidir con la que finalmente se firme.

4348 Si el obligado tributario ha constituido un **depósito**, transcurridos los 10 días contados desde el siguiente a la firma del acta, dicho depósito se aplica a las cantidades derivadas del acta (la deuda liquidada y, en su caso, la sanción impuesta). En este caso, no es necesario acompañar al acta con acuerdo el documento de ingreso o carta de pago para efectuar el ingreso de las cantidades reflejadas en la misma.
Si el obligado tributario ha formalizado un **aval** de carácter solidario con entidad de crédito o ha aportado un certificado de **seguro de caución**, con la notificación de la liquidación y de la sanción se inicia el período voluntario de pago, entregándose junto con el acta las cartas de pago necesarias para efectuar el ingreso. En este caso, el obligado tributario puede solicitar dentro del período voluntario de pago el **aplazamiento o fraccionamiento** de la deuda liquidada y, en su caso, la sanción impuesta, siempre que ofrezca como garantía aval o certificado de seguro de caución cuyos datos identificativos consten en el cuerpo del acta.

4350 Precisiones Con la finalidad de evitar que las posibles **dificultades de tesorería** del obligado tributario sean un obstáculo para la firma de un acta con acuerdo, se permite el aplazamiento o fraccionamiento pero siempre que se cumplan las siguientes **condiciones** (LGT art.155.5):
- que el aplazamiento o fraccionamiento se solicite dentro del período voluntario de pago;
- que dicho aplazamiento o fraccionamiento se garantice con aval de carácter solidario de entidad de crédito o sociedad de garantía recíproca o certificado de seguro de caución.

4352 **Rectificación de errores materiales** (RGGI art.186) Si el inspector jefe dicta **liquidación expresa** rectificando los errores materiales apreciados en la propuesta, hay que distinguir en función de que el obligado tributario haya constituido el depósito o formalizado la garantía y, al mismo tiempo, que el importe liquidado sea superior o inferior al propuesto:
• **Depósito**:
- si el importe liquidado es **inferior** al derivado de la propuesta contenida en el acta, se aplica el depósito a la liquidación y se libera el resto;
- si el importe es **superior**, se aplica el depósito al pago de la deuda y se entrega al obligado tributario carta de pago junto con la liquidación expresa por la diferencia no cubierta por el depósito. Esta cantidad adicional debe ser ingresada en el período voluntario de pago que se inicia con la comunicación de la liquidación expresa (LGT art.62.2). Si no se efectúa el ingreso en período voluntario, se exige por la vía de apremio, sin que esta falta de ingreso afecte a la validez de la liquidación derivada del acta, ni tenga ningún efecto en la reducción de la sanción, en su caso, impuesta.
• **Aval** o certificado de seguro de **caución**: tanto si la liquidación es superior como si es inferior al importe propuesto en el acta, se entrega junto con la misma un documento de ingreso por el importe correspondiente a la liquidación que sustituye a los entregados junto con el acta.
Si finalizado el plazo voluntario de pago, el obligado tributario **no** ha efectuado el **ingreso** ni solicitado aplazamiento o fraccionamiento, el órgano de recaudación competente procede a ejecutar la garantía. En el caso de que esta sea insuficiente por ser superior el importe liquidado respecto al derivado de la propuesta contenida en el acta, continúa el procedimiento de apremio por la parte no garantizada. En este supuesto la falta de pago de este importe adicional no garantizado tampoco tiene efecto en la liquidación derivada del acta ni en la cuantificación de la sanción impuesta.

5. Recursos contra las liquidaciones y actos de imposición de sanción derivados de actas con acuerdo

(LGT art.155.6)

4355 La reducción de la conflictividad perseguida con la introducción por la LGT de este tipo de actas se logra por una doble vía:
a) La **aceptación del contenido** del acta con acuerdo que supone su firma, tanto por parte de la Administración como del obligado tributario. Al igual que ocurre en las actas de conformidad, la aceptación por el obligado tributario de los hechos consignados en el acta tiene el valor de una confesión respecto a aquello que le perjudique, con la dificultad que supone desvirtuar en un recurso posterior los hechos a los que se refiere dicha confesión.
b) Limitación de las **vías de recurso**. La suscripción de un acta con acuerdo supone la **renuncia** por parte del obligado tributario a los recursos o reclamaciones reconocidos con carácter general en la vía administrativa (recurso de reposición ante el mismo órgano que dicta el acto

y reclamaciones económico-administrativas ante los TEAR y, en su caso, el TEAC), así como la renuncia a los procedimientos especiales de revisión, con excepción del procedimiento de revisión de actos nulos de pleno derecho (nº 8070 s.).
Asimismo, esta limitación en las vías de recurso se extiende a la revisión en vía **contencioso-administrativa**, pues solo cabe interponer un recurso de este tipo por la existencia de vicios en el consentimiento.

Precisiones 1) La liquidación y el acto de imposición de sanción derivados de un acta con acuerdo es un acto que pone fin a la vía administrativa, al no ser posible la interposición de ningún recurso o reclamación en esta vía contra el mismo. El procedimiento de **nulidad de pleno derecho** no es un recurso administrativo sino un procedimiento especial de revisión, que requiere dictamen previo del Consejo de Estado y que solo procede en los supuestos previstos en la LGT (nº 8070 s.). **4360**
2) Son **vicios del consentimiento** el error, la violencia, la intimidación y el dolo (CC art.1265).
Para que estas causas puedan considerarse como vicios que invalidan el consentimiento prestado precisan:
• El **error** debe recaer sobre lo sustancial del objeto del contrato o las condiciones que lo motivaron (CC art.1266).
• La **violencia** supone que para conseguir el consentimiento se haya empleado una fuerza irresistible (CC art.1267).
• La **intimidación** existe cuando a una de las partes contratantes se le provoca el temor racional y fundado de sufrir un mal. Este mal debe ser inminente, grave y debe referirse a su persona o a su cónyuge, descendientes o ascendientes (CC art.1267).
• El **dolo** precisa de un propósito de engaño y supone inducir a una parte, mediante palabra o maquinaciones insidiosas, a celebrar un contrato que de otra forma no lo hubiera realizado. Debe ser grave y no haberse utilizado por las dos partes contratantes (CC art.1269 y 1270).
3) Las **limitaciones en la revisión** de las liquidaciones derivadas de las actas con acuerdo no operan solo frente al obligado tributario sino también para la **Administración**. Así, esta no puede hacer uso de los procedimientos especiales de revisión regulados en la LGT (nº 8060 s.), excepto de la declaración de nulidad de pleno derecho (nº 8070 s.). No puede, por tanto, rectificar los errores materiales que puedan apreciarse una vez dictada tácitamente la liquidación, ni declarar la lesividad de esta liquidación o acordar su revocación.

B. Actas de conformidad

4365

1. Supuestos en los que procede la formalización de un acta de conformidad

(LGT art.156.2; RGGI art.187.1 y 2)

La formalización de un acta de conformidad solo procede cuando el obligado tributario **acepte íntegramente** la propuesta de regularización reflejada en el acta y dicha conformidad se haga constar expresamente en la misma. **4366**
Si el obligado tributario **no acepta íntegramente** la propuesta de regularización, se deben formalizar dos actas, una de conformidad y otra de disconformidad, relacionadas entre sí:
- en el acta de **conformidad** se incluyen los elementos regularizados de la obligación tributaria a los que el obligado tributario presta su conformidad;
- en el acta de **disconformidad** se incluye la totalidad de los elementos regularizados de la obligación tributaria -los aceptados y aquellos con los que no está conforme el obligado tributario-. De la cuota cuya liquidación se propone en esta segunda acta de disconformidad se deduce la cuota derivada del acta de conformidad.

No obstante, existe una **excepción** a la obligación por parte de la Administración de formalizar dos actas en los supuestos de conformidad parcial: solo se formaliza una única acta de disconformidad en aquellos casos en los que de la propuesta de liquidación derivada de los hechos a los que el obligado tributario presta su conformidad resulte una **deuda a devolver**. **4368**
En este supuesto, en el acta de disconformidad deben indicarse cuáles son los elementos de la obligación tributaria cuya regularización acepta el obligado tributario con el objeto de aplicar la reducción del 30% por conformidad a la sanción que pueda proceder por esta parte de la regularización.

Precisiones En caso de prestarse conformidad parcial, no constituye vicio de **nulidad** la suscripción de una única acta de disconformidad en la que se incluyan todas las regularizaciones. Se trata de una irregularidad no invalidante (TEAC 2-3-17).

4370 Ejemplos 1) En el curso del procedimiento inspector en el que se ha comprobado el IS, ejercicio X0 de la entidad A, S.A. se ponen de manifiesto las siguientes circunstancias:
- La entidad dedujo indebidamente gastos por importe de 1.000 €.
- No se declararon ventas por importe de 4.000 €.
- No se declararon dotaciones por amortización debidamente contabilizadas por importe de 500 €.

A, S.A. acepta la regularización relativa a los gastos y a las amortizaciones pero no admite que se ocultaran ventas por importe de 4.000 €.
En este caso se formalizan dos actas:
- Una de conformidad, en la que se incluyen exclusivamente los gastos deducidos indebidamente y la amortización no deducida. La liquidación propuesta en esta acta determina una cuota de (1.000 - 500) × 0,25 = 125 €, más los correspondientes intereses de demora.
- Un acta de disconformidad, que incluye la totalidad de los elementos de la obligación tributaria regularizados. La liquidación propuesta en el acta determina una cuota de (1.000 - 500 + 4.000) × 0,25 = 1.125 €, de la que se deduce la cuota cuya liquidación se propone en el acta de conformidad, 1.125 - 125 = 1.000 €, calculándose sobre esta cuota los correspondientes intereses de demora.

4372 2) Mismo ejemplo que el del nº 4370, pero suponiendo que la amortización no deducida es de 2.000 € en lugar de 500 €.
En este caso solo se formaliza un acta de disconformidad, en la que la liquidación propuesta determina una cuota de (1.000 - 2.000 + 4.000) × 0,25 = 750 €, más los correspondientes intereses de demora. Si en este último caso también se formalizaran dos actas, las liquidaciones propuestas serían las siguientes:
- Acta de conformidad: (1.000 - 2.000) × 0,25 = 250 € a devolver al obligado tributario.
- Acta de disconformidad: (1.000 - 2.000 + 4.000) × 0,25 - (-250) = 750 + 250 = 1.000 €, en la que se exigiría la cuota a ingresar resultante de la regularización completa de la situación tributaria del obligado tributario y el reintegro de la devolución reconocida en el acta de conformidad por el ajuste practicado a favor del mismo.

La obligación de formalizar una sola acta en la que se recoja la totalidad de la regularización practicada evita que se reconozca el derecho a una devolución cuando del conjunto de la regularización resulta una cantidad a ingresar (RGGI art.187.2.b). No obstante, en este caso debe indicarse en la única acta de disconformidad formalizada cuáles son los elementos de la obligación tributaria cuya regularización acepta el obligado tributario, con el objeto de que si su conducta se considera sancionable, la parte de la sanción correspondiente a estos elementos pueda beneficiarse de la reducción por conformidad del 30%.
3) La sociedad anónima A, S.A. presentó la autoliquidación por el IS del ejercicio X0 solicitando una devolución de 10.000 €. Con el objeto de comprobar la devolución solicitada se inicia un procedimiento de inspección de alcance parcial en el que se pone de manifiesto que:
- existen gastos no deducibles por importe de 15.000 €;
- no se han declarado ventas por importe de 10.000 €.

La sociedad acepta la regularización en lo referente a los gastos no deducibles pero no presta su conformidad con relación a las ventas no declaradas.
En este caso solo se formaliza un acta de disconformidad de la que resulta el siguiente importe a devolver: - 10.000 + (15.000 + 10.000) × 0,25 = - 3.750 €.
En este acta debe indicarse los hechos que acepta el obligado tributario.
Si se formalizara un acta de conformidad y otra de disconformidad, las liquidaciones derivadas de las mismas serían las siguientes:
Acta de conformidad A01: - 10.000 + 15.000 × 0,25 = - 6.250 €.
Acta de disconformidad A02: - 10.000 + (15.000 + 10.000) × 0,25 - (-6.250) = 2.500 €.
De la liquidación derivada del acta de disconformidad derivaría una deuda a ingresar de 2.500 € que corresponde al exceso de devolución reconocido en la liquidación derivada del acta de conformidad respecto de la devolución que procede teniendo en cuenta todos los elementos regularizados.

2. Contenido y requisitos de las actas de conformidad

(LGT art.153.f y 156.2; RGGI art.187.1 y 5)

4375 El contenido de las actas de conformidad es el señalado con carácter general en el nº 4132 s., incluida la suficiente motivación de la regularización propuesta en la misma.
Como **menciones específicas** de estas actas pueden señalarse las siguientes:
a) La manifestación de la conformidad con la **propuesta de regularización** que formula la Inspección de los tributos.

El acta de conformidad incluye la manifestación de la conformidad en **términos** similares a los siguientes: «El obligado tributario presta su conformidad a la propuesta de liquidación... que antecede, extendiéndose su aceptación a los hechos recogidos en el acta y a todos los demás elementos determinantes de dicha liquidación». Lo único que debe indicarse es el carácter provisional o definitivo de la liquidación cuya propuesta se incorpora en el acta. Si la aceptación es parcial o el obligado tributario pretende introducir cualquier matiz en su conformidad con la propuesta de liquidación, no se formaliza un acta de conformidad sino de disconformidad.

Si el tributo regularizado fuese alguno de los que integran la **deuda aduanera**, se incluye en este apartado que el obligado tributario manifiesta su conformidad a la propuesta de liquidación provisional contenida en el acta y a todos los demás elementos determinantes de dicha liquidación. Con dicha conformidad el obligado tributario manifiesta haber ejercido el derecho a formular observaciones previsto en la normativa comunitaria (Rgto UE/952/2013 art.22.6 y 29).

b) Los **recursos** que proceden contra el acto de liquidación derivado del acta, órgano ante el que han de presentarse y plazo para interponerlos. Dado que la liquidación derivada del acta de conformidad puede entenderse dictada de forma tácita, es necesario que el texto del acta contenga toda la información exigida en la notificación del acuerdo de liquidación.

De la misma forma, en aquellos casos que de la propuesta contenida en el acta resulta una **deuda a ingresar**, junto con el ejemplar del acta se entregan al obligado tributario las cartas de pago necesarias para efectuar el ingreso de la deuda tributaria, que puede entenderse liquidada de forma tácita.

Precisiones 1) La firma de un acta de este tipo supone la aceptación no solo de los hechos recogidos en el acta, sino también de todos los demás elementos determinantes de la liquidación. Los **efectos de la aceptación de los hechos** son claros: estos se presumen ciertos y solo pueden ser desvirtuados mediante la prueba de que el obligado tributario incurrió en un error de hecho al aceptarlos. **4380**

En cuanto a la expresión «los demás elementos determinantes de dicha liquidación» distintos de los hechos, tiene que referirse al resultado de aplicar las normas jurídicas a estos hechos. No obstante, esta aceptación no supone ninguna limitación respecto a la **impugnabilidad** del acto de liquidación que derive del acta de conformidad, por lo que no cabe señalar ningún efecto de la misma, a diferencia de la aceptación de los hechos. En este sentido, no puede identificarse el acta de conformidad con un acta con acuerdo, en la que su firma no solo tiene efectos en cuanto a la acreditación de los hechos reflejados en la misma, sino también en cuanto a la posibilidad de discutir la aplicación de las normas jurídicas a dichos hechos (nº 4355 y nº 4418).

2) Tanto en las actas de conformidad como en las de disconformidad es obligado exponer de modo pormenorizado y concreto los elementos del hecho imponible que determinan los aumentos de la base imponible o las modificaciones de las deducciones, reducciones, bonificaciones, etc., de modo que el obligado tributario conozca debidamente los **hechos** que acepta en las actas de conformidad o que rechaza en las de disconformidad, sin que pueda admitirse que la aceptación prestada por el contribuyente en las primeras subsane los defectos formales de omisión del detalle necesario en la determinación de las modificaciones propuestas por los actuarios (TS 10-5-00, EDJ 15527).

3) Para que el interesado conozca las causas o motivos en que se funda la actividad de la Administración, es necesario que el **contenido del acta** recoja los elementos esenciales del hecho imponible y de su atribución al sujeto pasivo y los hechos y circunstancias con trascendencia tributaria que hayan resultado de las actuaciones inspectoras o referencia a las diligencias donde se hayan hecho constar.

Las actas deben contener, en todo caso, los datos necesarios para **evitar la indefensión** del contribuyente. Solo con conocimiento de los antecedentes que permitan la identificación y comprensión de los hechos que se aceptan, relatados con cierta generalidad puede decirse que la conformidad a los hechos consignados en el acta se ha prestado con conocimiento de causa (TS 17-3-08, EDJ 25645).

4) La **falta de motivación** del acta es un defecto formal y, en consecuencia subsanable. En aquellos supuestos en los que se anule el acta por un defecto de motivación y el Tribunal ordene formalizar una nueva acta debidamente motivada, la Inspección debe limitarse a cumplir lo ordenado por el Tribunal sin que, en fase de ejecución, pueda realizar actuaciones complementarias (TSJ C.Valenciana 9-7-10, EDJ 167849).

5) No puede entenderse como una especie de **confesión de culpabilidad** el que el obligado tributario admita los hechos al suscribir en conformidad el acta. Una cosa es que se reconozca el dato objetivo y la procedencia de la regularización practicada y otra que la declaración o autoliquidación que se regulariza se realizara sin error y con la intención que se exige para que la conducta pueda ser considerada infracción constitutiva de sanción (TS unif doctrina 22-12-16, EDJ 232494).

6) Cuando se firma un acta de conformidad, no pueden ser objeto de discusión, en caso de recurso, los **datos objetivos**, como pueden ser las fechas que sirven para delimitar las **dilaciones**. Ello sin perjuicio de que se puedan analizar las cuestiones jurídicas que determinan la conformidad a derecho de una circunstancia considerada como susceptible de producir que determinados lapsos de tiempo no deban computarse a efectos de duración de las actuaciones (TEAC 15-12-20). **4381**

7) Resulta procedente la incoación de un **procedimiento sancionador** por el incumplimiento de las **obligaciones formales** exigibles, cuando tales obligaciones se refieran a conceptos y ejercicios tributarios objeto de un único procedimiento de inspección tributaria que finaliza mediante acta de conformidad relativa al cumplimiento de las obligaciones materiales, sin regularización del inspeccionado, y un informe sobre las obligaciones formales incumplidas. No es contrario a la doctrina de los actos propios ni a los principios de confianza legítima y buena administración. La conclusión del procedimiento inspector sin regularización en relación con las obligaciones materiales, no conlleva necesariamente la imposibilidad de apreciar el incumplimiento de las obligaciones formales, que también son objeto del procedimiento (TS 15-2-23, EDJ 513149).

3. Firma de las actas de conformidad

(LGT art.156.1)

4382 Con carácter previo a la firma del acta de conformidad, se concede el trámite de **audiencia** al interesado para que este alegue lo que convenga a su derecho. Este trámite se notifica al obligado tributario cuando el órgano inspector considere que ha obtenido los datos necesarios para fundamentar la propuesta de regularización o para considerar correcta la situación tributaria del obligado. Este trámite tiene una **duración** no inferior a 10 días ni superior a 15 y durante el mismo el obligado tributario puede acceder al expediente y presentar las alegaciones que estime oportunas. El obligado tributario puede solicitar la ampliación de este plazo, así como manifestar su decisión de no efectuar alegaciones ni aportar nuevos documentos ni justificantes, en cuyo caso se tiene por realizado el trámite (nº 3995 s.).
Se trata de un trámite previo a la firma del acta y, en consecuencia, a la notificación de la propuesta de resolución, en la que el obligado tributario presenta las alegaciones que estime oportunas a la vista, únicamente, del contenido del expediente que se le ponga de manifiesto. Las **alegaciones** que se presenten en este trámite se dirigen al actuario que esté desarrollando el procedimiento y deben ser valoradas por él mismo en la propia acta.
En la misma notificación de apertura del trámite de audiencia puede fijarse el lugar, fecha y hora para la firma de las actas.

Precisiones **1)** El Código de Buenas Prácticas Tributarias en el marco del Foro de Grandes Empresas contempla el compromiso de la AEAT de dar a conocer al obligado tributario cuáles son los **elementos fundamentales de la regularización** que se va a proponer en el acta con carácter previo al trámite de audiencia, con el objeto de facilitar al obligado tributario su derecho a presentar alegaciones y a ser oído en dicho trámite.
2) Para obligados tributarios afectados por la **DANA**, ver nº 3337 s.

4384 **Concurrencia de varios obligados tributarios** (RGGI art.106, 107 y 185.3) En ocasiones las **actuaciones inspectoras** pueden desarrollarse frente a varios obligados tributarios. Se trata de los supuestos de cotitularidad en el hecho imponible comprobado (tributación conjunta en el IRPF), y los supuestos de sucesión en la obligación tributaria tanto de personas físicas como jurídicas.
En estos casos, las actuaciones inspectoras pueden iniciarse frente a cualquiera de las personas o entidades que se encuentran **solidariamente obligadas** frente a la Administración, pero una vez iniciadas dichas actuaciones, debe comunicarse a los demás obligados tributarios conocidos su existencia al objeto de que aquellos que lo deseen se personen en el procedimiento. En tal supuesto, las actuaciones continúan con todos los obligados que se hayan personado, formalizándose, cuando estas actuaciones concluyan, una única acta a nombre de todos ellos.
Para que esta acta sea de **conformidad**, se exige la aceptación de todos los obligados tributarios que hayan comparecido en el procedimiento.
Si alguno de ellos no acepta la propuesta de regularización contenida en el acta o no comparece en la fecha fijada para su firma, el acta es necesariamente de **disconformidad**.

Precisiones La extensión en este caso de un acta de conformidad exige la **firma** exclusivamente de los **obligados tributarios comparecientes** y no de todos los obligados tributarios que concurran en la obligación tributaria a la que se refiere el procedimiento inspector. Así, a título de ejemplo, en la comprobación del IS de una sociedad disuelta y liquidada que en el momento de su disolución tenía 10 socios, el procedimiento de inspección puede iniciarse frente a cualquiera de ellos y, una vez iniciado, debe comunicarse esta circunstancia a los demás socios que conozca la Inspección para que comparezcan en las actuaciones. Si la Inspección solo ha identificado a seis de los socios y de estos solo comparecen cuatro, las actuaciones de comprobación e investigación se desarrollan con estos cuatro, siendo necesaria la firma solo de estos si se quiere extender un acta de conformidad. No obstante, para que la aceptación de los hechos y de la propuesta de regularización que supone la firma del acta de conformidad surta efectos frente a todos los obligados tributarios, debe quedar acreditado en el expediente que se ha notificado debidamente a todos la existencia del procedimiento inspector y su derecho a comparecer en el mismo.

Representación (LGT art.46.2) En cuanto a la representación necesaria para la firma de las actas de conformidad en nombre del obligado tributario, es cuestión vinculada a la calificación de la firma de este tipo de actas como un acto de renuncia a derechos. 4386
La LGT exige, para la realización de determinados **actos cualificados** en nombre del obligado tributario, que la representación se acredite por cualquier medio válido en derecho que deje constancia fidedigna o mediante declaración en comparecencia personal del interesado ante el órgano administrativo competente.
La LGT considera válidos a estos efectos los **documentos normalizados** de representación que apruebe la Administración tributaria para determinados procedimientos.
Uno de aquellos actos cualificados, además de interponer recursos o reclamaciones, desistir de ellos o asumir o reconocer obligaciones, es la **renuncia a derechos**. Frente al criterio reiteradamente manifestado por la Administración, según el cual la firma de un acta de conformidad no supone la renuncia a ningún derecho por parte del obligado tributario, los Tribunales han declarado que la especial relevancia de las actas de conformidad suponen efectivamente un acto de renuncia a derechos o expectativas, por lo que se exige para su **suscripción** un poder de representación explícito y su acreditación por alguno de los medios señalados en la LGT para la realización de este tipo de actos en nombre del obligado tributario.

Precisiones 1) El Tribunal Supremo califica las actas de conformidad como un acto de **renuncia a derechos** o expectativas, que le otorga cierta naturaleza transaccional, atendiendo a la especial trascendencia, en cuanto a la acreditación de los hechos consignados en la misma, que solo pueden ser impugnados si se acredita que al aceptarlos se incurrió en un error de hecho. Esta especial naturaleza transaccional determina que sea exigible para la firma de las actas un **poder de representación expreso** (CC art.1713). 4388
En los casos examinados por el Tribunal Supremo no constaba la acreditación de la representación ni con poder bastante mediante documento público o privado con firma legitimada notarialmente o comparecencia ante el órgano administrativo competente, ni siquiera con otro documento en el que se apoderase al supuesto representante para la firma de las actas de conformidad de forma expresa. Esta falta de representación determina la anulación de la liquidación derivada del acta, sin perjuicio de reponer las actuaciones al momento previo a la notificación del acta al obligado tributario (TS 10-6-05, EDJ 108852; 30-11-06, EDJ 345662).
2) En cuanto a la **acreditación de la representación** para la firma de las actas mediante documento privado suscrito por el autorizante y el representante y relativo a «cuantas diligencias y actas extienda la inspección» (documento normalizado utilizado por la Inspección), es válida la representación cuando el representante actúa en virtud de apoderamiento suscrito en **modelo normalizado** que incluye la suscripción de todo tipo de actas, sin que sea necesario otro tipo de poder para suscribir las actas de conformidad. Si bien la firma de un acta de conformidad implica una renuncia a derechos, la exigencia de la LGT de un documento público o privado con firma legitimada notarialmente, es una forma ad probationem de la representación, que excluye la prueba por presunciones, y no una forma ad solemnitatem o exigida como constitutiva, requiriéndose únicamente que el mandato sea expreso, de conformidad con lo establecido en la normativa civil -CC art.1713- (TSJ Cataluña 19-9-07, EDJ 243711).
3) No cabe dudar que el representante del contribuyente firmara el acta de conformidad así como la propuesta de sanción con un poder de representación suficiente (el modelo de representación ofrecido por la Inspección), que ha sido **ratificado tácitamente** en las actuaciones posteriores por el obligado tributario al recurrir la liquidación y la sanción sin cuestionar la representación. Se alega por primera vez esta cuestión en vía contencioso-administrativa (TSJ Valladolid 24-4-15, EDJ 86433).

4. Tramitación de las actas de conformidad

(RGGI art.187.3)

Tras la firma del acta de conformidad, el inspector jefe, como órgano competente para dictar la liquidación que ponga término al procedimiento de inspección, dispone del plazo de un mes para notificar un acuerdo que contenga alguna de las **decisiones** siguientes: 4390
a) **Confirmar expresamente** la propuesta de liquidación contenida en el acta (nº 4396).
b) **Dictar** expresamente la **liquidación** para así corregir errores materiales apreciados en la propuesta contenida en el acta (nº 4398).
c) **Dictar un acuerdo** por el que se rectifican los errores en la apreciación de los hechos o en la aplicación de las normas jurídicas detectados en la propuesta de liquidación (nº 4400 s.).
d) Dejar sin efecto el acta de conformidad incoada y ordenar **completar el expediente** mediante la realización de las actuaciones que procedan (nº 4407 s.).
Si no se notifica en plazo ninguno de dichos acuerdos, se **confirma tácitamente** la propuesta de liquidación contenida en el acta.

4392 **Confirmación tácita de la propuesta de liquidación** (RGGI art.187.3) Si en el plazo de un mes, contado a partir del día siguiente al de la fecha del acta, no se ha notificado al obligado tributario un acuerdo del inspector jefe con el contenido previsto en nº 4396, nº 4398, nº 4400, nº 4407, la liquidación se entiende **dictada y notificada** conforme a la propuesta formulada por el actuario el día siguiente de la finalización de dicho plazo.

La confirmación tácita del acta no excluye su **revisión** por el inspector jefe. El acta es simplemente una propuesta de liquidación, sin perjuicio de que, por disposición expresa de la ley, en este caso se produzca una resolución tácita cuyo contenido coincide con el recogido en el acta. Dicha resolución es competencia y responsabilidad del inspector jefe, por lo que en los supuestos de confirmación tácita del acta este asume su contenido.

4394 Precisiones **1)** La LGT establece que este mes ha de computarse desde el día siguiente a la fecha del acta. Así, por ejemplo, si el 2 de abril se firma el acta de conformidad, el plazo del mes se computa desde el 3 de abril y finaliza el 2 de mayo (o, si fuese inhábil, siguiente día hábil -LPAC art.30-), por lo que si durante este plazo no se notifica al obligado tributario ningún acuerdo del inspector jefe, el 3 de mayo se entiende dictada y notificada la liquidación conforme a la propuesta contenida en el acta, siendo indiferente que ese día sea sábado, domingo o festivo. El obligado tributario puede interponer recurso de reposición o reclamación económico-administrativa en el plazo de un mes contado a partir del día siguiente al de la notificación de la liquidación, es decir, desde el 4 de mayo hasta el 3 de junio incluido, o inmediato hábil posterior. En cuanto al plazo para ingresar la deuda liquidada, al entenderse notificada la liquidación el 3 de mayo, debe ingresarse desde este día hasta el 20 de junio (período voluntario de pago) o, si este no fuera hábil, hasta el inmediato hábil siguiente.
2) La LGT y el RGGI exigen que el acuerdo del inspector jefe se notifique dentro del plazo del mes para que no se entienda dictada la liquidación de forma tácita. Aunque dicho acuerdo sea dictado dentro de este plazo, si no se notifica en el plazo del mes, la Administración tiene que acudir a los procedimientos especiales de revisión para dejar sin efecto el acto de liquidación derivado del acta.
No obstante, si lo que se pretende notificar es una **nueva propuesta** (nº 4400) o la orden de **completar** las **actuaciones** (nº 4407) y esta no pudiera practicarse por causa no imputable a la Administración tributaria en el plazo de un mes, se suspende el cómputo del plazo por intento de notificación hasta el momento en que se logre practicar la notificación (LGT art.150.3.e).

4396 **Confirmación expresa de la propuesta de liquidación** (RGGI art.187.3.a y 191.2) El inspector jefe puede dictar acto expreso de liquidación conforme a la propuesta contenida en el acta siempre que este se **notifique** dentro del **plazo** del mes contado desde el día siguiente a la fecha del acta, pues de lo contrario la liquidación se entiende dictada una vez transcurrido dicho plazo.

No obstante, aunque la LGT y el RGGI hacen referencia a la confirmación de la propuesta de liquidación, esta debe rectificarse en cuanto al cálculo de los **intereses de demora**.

En el caso de las actas de conformidad los intereses de demora se calculan hasta el día en que debe entenderse dictada la liquidación por transcurso del plazo legalmente establecido. Si el inspector jefe decide adelantar la liquidación, los intereses de demora han de calcularse únicamente hasta el día en que se dicta expresamente esta liquidación.

Junto con el acto expreso de liquidación se entregan al obligado tributario nuevas **cartas de pago**, computándose tanto los plazos de ingreso como los de recurso atendiendo a la fecha en la que se notifica este acto de liquidación.

Precisiones Que el inspector jefe pueda dictar un acto expreso de liquidación aunque en el mismo se limite a confirmar la propuesta contenida en el acta, es indispensable en ocasiones para **adelantar** en el tiempo la **resolución del procedimiento** de inspección y respetar así el plazo máximo de duración.

4398 **Liquidación expresa con rectificación de errores materiales apreciados en la propuesta** (RGGI art.187.3.a) El inspector jefe puede dictar expresamente la liquidación corrigiendo los errores materiales apreciados en la propuesta contenida en el acta. En este caso, el acto de liquidación dictado por el inspector jefe no coincide con el propuesto por el actuario al entender el primero que en dicha propuesta existe algún error material.

Al igual que en el supuesto del nº 4396, junto con el acto expreso de liquidación, se entregan al obligado tributario nuevas **cartas de pago**, computándose tanto los plazos de ingreso como los de recurso atendiendo a la fecha en la que se notifica este acto de liquidación.

Esta liquidación expresa puede determinar una mayor o una menor cuota que la consignada en el acta, calculándose los **intereses de demora** solo hasta la fecha en que esta se dicte.

No obstante, el que se entienda dictada la liquidación de forma tácita al día siguiente de la finalización del plazo del mes no impide que el inspector jefe rectifique los errores materiales contenidos en la liquidación, pero para corregir estos errores una vez dictada la liquidación debe ajustarse al procedimiento especial de revisión (nº 8215 s.).

Acuerdo rectificando errores en la apreciación de los hechos o en la aplicación de las normas (RGGI art.187.3.b) El inspector jefe puede dictar un acuerdo por el que se rectifican los errores en la apreciación de los hechos o en la aplicación de las normas jurídicas detectados en la propuesta de liquidación. En este supuesto el inspector jefe considera que el **expediente** está **correctamente instruido** y que no es, por tanto, necesario realizar nuevas actuaciones instructoras. No obstante, no confirma la liquidación propuesta por el actuario porque considera que este ha valorado erróneamente las pruebas incorporadas al expediente, resultando unos hechos distintos de los que el actuario considera probados, o bien ha aplicado erróneamente las normas jurídicas a dichos hechos. 4400

El acuerdo rectificativo debe **notificarse** antes del transcurso del mes contado desde el día siguiente a la firma del acta de conformidad. En el mismo se incluye la nueva propuesta de liquidación una vez corregidos dichos errores, concediéndole al obligado tributario para que formule **alegaciones** un plazo de 15 días.

Transcurrido el plazo de alegaciones, el inspector jefe debe dictar expresamente la liquidación que corresponda.

Precisiones 1) Este es el único supuesto en el que se contempla la posibilidad de que el obligado tributario **revoque su conformidad**, ya que la rectificación puede ser tanto a favor como en contra del mismo (RGGI art.187.4). No obstante, hay que tener en cuenta que el acuerdo del inspector jefe no deja sin efecto el acta, por lo que esta mantiene su vigencia como **documento público** en el que se recogen los hechos resultantes de las actuaciones que integran la instrucción del procedimiento inspector. El mantenimiento de la vigencia del acta implica, a su vez, el mantenimiento de sus **efectos probatorios**, tanto como documento público como respecto a los hechos aceptados por el obligado tributario con su firma. Asimismo, al no suponer este acuerdo del inspector jefe la anulación del acta de conformidad, la **sanción** que, en su caso, se imponga por los hechos reflejados en el acta se beneficia de la reducción del 30%, aunque el obligado tributario presente alegaciones a la nueva propuesta de liquidación formulada por el inspector jefe. En este sentido, la revocación de la conformidad a la que se hace referencia parece identificarse únicamente con el derecho del obligado tributario a presentar alegaciones respecto a la nueva propuesta notificada por el inspector jefe. 4402

2) El acuerdo por el que el inspector jefe rectifica la propuesta contenida en el acta se debe, normalmente, a que considera que se ha producido una **indebida aplicación de la norma**. Si la discrepancia entre el instructor y el órgano competente para liquidar radica en la apreciación de los hechos, con carácter general se ordena completar las actuaciones para incorporar nuevas pruebas al expediente (nº 4407 s.).

3) En el caso de **notificación infructuosa** en el plazo previsto, el plazo del mes se suspende por el intento de notificación hasta que se produzca efectivamente la notificación (LGT art.150.3).

4) Para obligados tributarios afectados por la **DANA**, ver nº 3337 s.

Ejemplo El 2 de enero de X2 se inicia un procedimiento de inspección para comprobar el IRPF del ejercicio X0 del obligado tributario D. A. 4405

En el curso de las actuaciones de comprobación e investigación se pone de manifiesto que D. A. no declaró determinados ingresos obtenidos en distintos cursos impartidos en la misma empresa en la que trabaja.

El 1 de junio de X2 se formaliza un acta de conformidad en la que se propone la regularización de la situación tributaria de D. A. incluyendo estos mayores ingresos como rendimientos de actividades económicas.

Tras revisar el acta, el inspector jefe considera que las rentas obtenidas por los cursos deben ser calificados como rendimientos del trabajo personal en lugar de rendimientos de actividades económicas, por lo que el 28 de junio de X2 se notifica a D. A. un acuerdo del inspector jefe en el que se señala dicha calificación incorrecta y se incluye la propuesta de liquidación que resulta de la adecuada calificación de dichas rentas.

D. A. puede formular las alegaciones que estime oportunas con relación a la nueva propuesta de liquidación en el plazo de quince días hábiles contados desde el 29 de junio. Dichas alegaciones pueden atacar la calificación jurídica que realiza el inspector jefe, pero para poder discutir el hecho de haber obtenido determinados ingresos debe acreditar que al aceptarlos incurrió en un error de hecho.

Una vez transcurrido este plazo de alegaciones y dentro del plazo general de 18 meses (o, en su caso, 27 meses) computados desde el inicio del procedimiento de inspección, el inspector jefe debe dictar acto expreso de liquidación a la vista, en su caso, de las alegaciones presentadas por el obligado tributario.

En este acto expreso de liquidación, se rectifica, asimismo, el cálculo de los intereses de demora respecto a la liquidación propuesta en el acta, pues el período de devengo se extiende hasta la fecha en que se dicte dicho acto expreso por el inspector jefe.

Acuerdo ordenando nuevas actuaciones (RGGI art.187.3.c) El inspector jefe puede dictar un acuerdo dejando sin efecto el acta de conformidad incoada y ordenando **completar el expediente** mediante la realización de las actuaciones que procedan. En este caso, el inspector jefe 4407

considera que el expediente está deficientemente instruido y que deben realizarse nuevas actuaciones de comprobación e investigación para fundamentar la propuesta de liquidación mediante la que se regularice la situación tributaria del obligado.
En el **plazo** del mes contado desde el día siguiente a la formalización del acta se notifica al obligado tributario que la misma queda sin efecto y que el equipo o unidad debe continuar las actuaciones de comprobación e investigación en los términos señalados por el inspector jefe.
Este acuerdo supone que el procedimiento vuelve a la fase de **instrucción** y que, una vez completadas las actuaciones, vuelve a concederse al obligado tributario un nuevo **trámite de audiencia** en el que el obligado tributario puede examinar el expediente, formalizándose nueva acta (con acuerdo, de conformidad o disconformidad) que sustituye a todos los efectos al acta de conformidad previamente formalizada y que se tramita según su naturaleza.

4410 Precisiones 1) El acuerdo del inspector jefe por el que se ordena completar las actuaciones debe indicar **qué aspectos** del expediente deben ser completados y puede, incluso, señalar qué actuaciones concretas deben realizarse.
2) El acuerdo del inspector jefe deja **sin efecto** el acta y, en consecuencia, los efectos tanto probatorios como los relativos a la reducción de la posible sanción, derivados del acta inicialmente formalizada.
3) El acuerdo del inspector jefe por el que se ordena completar las actuaciones no es un **acto de trámite cualificado** en el sentido de decidir el fondo del procedimiento o de poner término al mismo (TSJ Madrid 30-5-13, EDJ 103463).
4) Ver también el nº 4402, precisión 3.
5) Para obligados tributarios afectados por la **DANA**, ver nº 3337 s.

4412 Ejemplo El 1 de enero de X2 se inicia un procedimiento inspector con el objeto de comprobar el IS del ejercicio X0 de la entidad A, S.A. dedicada a la fabricación y venta al por mayor de calzado.
El 1 de diciembre se formaliza un acta de conformidad por este concepto y ejercicio en la que se pone de manifiesto que la entidad no declaró los ingresos obtenidos por la fabricación y venta de una línea de calzado deportivo.
Al revisar el acta, el inspector jefe considera que el actuario no ha tenido en cuenta los gastos que el obligado ha incurrido en la fabricación de los productos cuyas ventas no se han declarado.
El 20 de diciembre se comunica a A, S.A. que el acta de conformidad queda sin efecto y que el actuario debe completar las actuaciones con objeto de comprobar la existencia y cuantía de dichos gastos.
Estas actuaciones complementarias deben desarrollarse de forma que pueda formalizarse la nueva acta que sustituya a la anterior y dictarse y notificarse la liquidación que ponga término al procedimiento inspector antes de que finalice el plazo del procedimiento de inspección, de 18 o 27 meses, según el caso.

5. Efectos de la firma de un acta de conformidad

(LGT art.156.4; RGGI art.187.4)

4415 La firma de un acta de conformidad tiene efectos tanto en la impugnabilidad de las liquidaciones derivadas de la misma (nº 4418) como en la cuantificación de las sanciones que, en su caso, se impongan en el procedimiento sancionador derivado de las mismas (nº 4425 s.).
Asimismo se va a analizar qué ocurre cuando se revoca la conformidad antes de que se haya dictado o se entienda dictado el acto de liquidación (nº 4421).

4418 **Impugnación de las liquidaciones derivadas de las actas de conformidad** (LGT art.144.2 y 156.5) La LGT no establece ninguna **limitación** para recurrir las liquidaciones derivadas de las actas de conformidad, a diferencia de lo señalado para las actas con acuerdo (nº 4355).
El obligado tributario puede, por lo tanto, interponer **recurso** de reposición o **reclamación** económica-administrativa contra la liquidación derivada del acta de conformidad, en el plazo de un mes contado desde el día siguiente a la fecha en que esta liquidación se notifique o se entienda notificada.
No obstante, ha de tenerse en cuenta que los **hechos** reflejados en el acta de conformidad han sido aceptados por el obligado tributario, por lo que solo pueden ser rectificados en la vía de recurso si este prueba con posterioridad que al aceptarlos incurrió en error de hecho.
No existe, por el contrario ninguna especialidad en cuanto a la impugnación de la **liquidación** derivada del acta de conformidad por motivos distintos a cuestiones de hecho, como puede ser el incumplimiento de los requisitos mínimos de motivación de la liquidación o la indebida aplicación de las normas a los hechos reflejados en el acta.

Precisiones 1) La LGT reconoce la naturaleza de documento público no solo a las actas sino también a las diligencias. Aunque se firme el acta en disconformidad, si los hechos que determinan la regularización han sido reflejados en **diligencias aceptadas** por el obligado tributario, se produce la misma dificultad de prueba que cuando la liquidación deriva de un acta de conformidad.
2) No cabe cuestionar el **calendario de dilaciones** imputables al contribuyente que se aceptó por el interesado en el acta de conformidad (TSJ Sevilla 12-6-14, EDJ 206756). En el mismo sentido, ver nº 4380, precisión 6.

Revocación de la conformidad (RGGI art.187.4) Con **carácter general**, las actas de inspección no pueden ser objeto de recurso o reclamación, sin perjuicio de los que procedan contra las liquidaciones tributarias resultantes de las mismas (nº 4119). 4421
En particular, y con relación a las actas de conformidad, el obligado tributario no puede revocar la conformidad manifestada en el acta, sin perjuicio de su derecho a recurrir la liquidación resultante de esta.
De esta forma, si el obligado tributario **antes de que transcurra el plazo del mes** contado desde el día siguiente a la fecha de la firma del acta de conformidad o antes de que reciba el acuerdo del inspector jefe confirmando expresamente la propuesta de liquidación (nº 4396); con liquidación expresa rectificando errores materiales apreciados en la propuesta (nº 4398); con acuerdo rectificando errores en la apreciación de los hechos o en la aplicación de las normas (nº 4400); o con un acuerdo ordenando nuevas actuaciones (nº 4407), manifiesta expresamente ante la Inspección su **disconformidad** con la propuesta de liquidación recogida en el acta o presenta **alegaciones** frente a dicha propuesta, cabe entender que la tramitación del acta de conformidad continúa conforme a lo previsto en la LGT y en el RGGI, sin perjuicio de que la Inspección deba informar al obligado tributario de su derecho a recurrir la liquidación que finalmente derive del acta o, incluso, calificar este escrito, una vez que dicha liquidación se haya dictado expresa o tácitamente, como recurso de reposición.
No obstante, **otra posible interpretación** de la regulación reglamentaria que establece la imposibilidad de revocar la conformidad manifestada en el acta, es que dicha revocación antes de que se dicte o se entienda dictado el acto de liquidación no afecta a los efectos probatorios que tiene la aceptación de los hechos reflejados en el acta (LGT art.144.2), pero sí influye en la tramitación de la misma, de forma que en este caso es necesario que el inspector jefe dicte liquidación expresa en la que se valoren las alegaciones presentadas por el obligado tributario.

Efectos en la cuantificación de la sanción consecuencia de la liquidación derivada del acta de conformidad (LGT art.187.1.d, 188.1 y 206 bis.6) En los supuestos de conformidad se **reduce en un 30%** la cuantía de las sanciones pecuniarias que procedan por la comisión de las infracciones consistentes en: 4425
- dejar de ingresar la totalidad o parte de la deuda tributaria;
- no presentar o presentar incorrectamente declaraciones;
- solicitar u obtener indebidamente devoluciones;
- acreditar partidas positivas o negativas o créditos tributarios aparentes;
- no imputar o imputar incorrectamente bases imponibles, rentas, deducciones, bonificaciones y pagos a cuenta por entidades sometidas a un régimen de imputación de rentas; y
- la infracción en supuestos de conflicto en la aplicación de la norma tributaria.

Esta reducción solo requiere que el sujeto infractor manifieste su conformidad mediante la **firma de un acta** de este tipo con la propuesta de liquidación que formule la Inspección, sin que, por tanto, sea necesario para beneficiarse de la misma que se acepte la propuesta de imposición de sanción que se dicte en el procedimiento sancionador derivado del acta de conformidad. Tampoco se exige, a diferencia de la reducción aplicable del 65% de las actas con acuerdo o de la reducción por conformidad y pago de la sanción del 40%, que se ingrese el importe resultante de la firma del acta para que resulte aplicable la reducción del 30% por la firma del acta en conformidad.
En el mismo sentido, la reducción practicada solo es exigible en los casos en los que se interponga **recurso o reclamación** contra la liquidación que ponga término al procedimiento de inspección.

Precisiones 1) Pueden distinguirse tres aspectos distintos en el valor probatorio de las actas de conformidad: a) la **declaración de conocimiento** que realiza el funcionario que formaliza el acta, que goza de la presunción de veracidad (CC art.1218); b) los **hechos** aceptados por el obligado tributario al suscribir el acta, que no pueden ser rechazados, pues supondría atentar contra el principio según el cual nadie puede ir contra sus propios actos, a no ser que pruebe que incurrió en notorio error al aceptar tales hechos; c) la interpretación y aplicación de las **normas** contenida en el acta de conformidad, a las que no se extienden las presunciones de veracidad anteriores (TS 9-5-98, EDJ 5174). 4427

La **liquidación** derivada de un acta de conformidad es atacable por el contribuyente en todo lo relativo a la interpretación y aplicación de normas jurídicas, porque las presunciones señaladas no se extienden a estas normas y esta es una materia que en virtud del derecho constitucional a la tutela judicial efectiva corresponde en última instancia decidir a los Tribunales de Justicia (TS 4-6-07, EDJ 70246).
2) La conformidad prestada por el contribuyente no libera de la obligación de hacer constar en el acta todos los datos necesarios para la adecuada **motivación** de la propuesta de liquidación, pudiendo en este caso impugnarse la liquidación derivada del acta alegando la indefensión que causa esta omisión (TS 10-5-00, EDJ 15527).
3) En aquellos casos en los que se formalicen simultáneamente **dos actas**, una de conformidad y otra de disconformidad, por aceptar el obligado tributario solo parcialmente la propuesta de regularización, la liquidación derivada del acta de conformidad es recurrible autónomamente, de forma que, aunque tenga carácter provisional, si no se interpone recurso de reposición o reclamación económico-administrativa en plazo, dicha liquidación deviene firme.
Los hechos aceptados en las diligencias y actas se presumen ciertos y solo pueden ser rectificados por el obligado tributario mediante prueba de que incurrió en **error de hecho**, error que se equipara al numérico o de cuenta y, en todo caso, excluye los que no sean de comprobación directa e inmediata (TSJ Cantabria 27-1-98, EDJ 65357).

C. Actas de disconformidad

(LGT art.157; RGGI art.188 redacc RD 249/2023)

4435

1. Supuestos en los que procede la formalización de un acta de disconformidad

(RGGI art.188.1)

4436 La firma de un acta de disconformidad procede en los siguientes **casos**:
a) Cuando el obligado tributario o su representante manifieste su disconformidad con la **propuesta de regularización** que formule la Inspección de los tributos como resultado de las actuaciones de comprobación e investigación desarrolladas.
b) Cuando el obligado tributario **no acepte** expresamente la propuesta de regularización contenida en el acta, aunque no concrete los motivos por los que no manifiesta su conformidad.
En el ámbito del procedimiento inspector, a diferencia de otros procedimientos de comprobación, no cabe la conformidad tácita. Por eso la formalización de un acta de conformidad exige que el obligado tributario acepte expresamente la propuesta de regularización, y si no se da esa conformidad expresa, necesariamente el acta es de disconformidad.
c) Cuando el obligado tributario, compareciendo en la fecha fijada para la formalización del acta, se **niegue a suscribirla**. En este caso, se considera rechazada la notificación de forma personal por el obligado tributario o su representante, teniéndose por efectuada la misma (RGGI art.185.2; LGT art.111.2).
d) Cuando el obligado tributario **no comparezca** en la fecha fijada para la firma de las actas. En este caso, el acta de disconformidad debe notificarse por alguno de los medios previstos en la LGT. El tiempo transcurrido desde el intento de notificación del acta hasta la fecha de notificación de la misma produce la suspensión del cómputo del plazo del procedimiento de inspección (nº 3378 s.).

Precisiones La regulación de la formalización de las actas contempla asimismo la posibilidad de que el acta no se firme, no porque el obligado tributario se niegue a ello, sino porque **no sepa o no pueda firmarlas** (RGGI art.185.2).
En este supuesto no se establece la obligación de formalizar un acta de disconformidad tal como se prevé para los casos en los que el obligado tributario no comparezca o se niegue a firmar el acta. Por eso, si el obligado tributario manifiesta **verbalmente** que acepta la propuesta de regularización formulada por la Inspección, puede formalizarse un acta de **conformidad** en la que se hace constar la circunstancia que impide al obligado tributario firmar el acta. En este caso, la falta de la firma del obligado tributario puede determinar un problema de prueba si posteriormente este niega que manifestara su conformidad.

2. Contenido de las actas de disconformidad

(RGGI art.188.2 redacc RD 249/2023)

Las actas de disconformidad deben reunir todas las menciones señaladas en el nº 4130 s. y pueden ir acompañadas de un **informe ampliatorio** cuando sea preciso completar la información recogida en el acta. Este informe del actuario, en caso de elaborarse, ha de entregarse al obligado tributario. 4442

En cuanto a la concreción de los **motivos** que determinan la disconformidad del obligado tributario, este puede señalarlos expresamente para que sean recogidos de forma sucinta en el acta o bien puede manifestar simplemente su disconformidad y alegar con posterioridad, dentro del plazo de los 15 días contados a partir del día siguiente a la suscripción o notificación del acta, lo que convenga a su derecho.

Precisiones 1) En el acta de disconformidad pueden indicarse cuáles son los **motivos** que determinan la **disconformidad** del obligado tributario, pero normalmente estos se exponen en el escrito de alegaciones dirigido al inspector jefe. 4444

2) Es posible emitir un único informe que abarque **varios ejercicios** comprobados, especialmente en un supuesto complejo que afecta a todos los ejercicios comprobados y que, incluso, determina la conveniencia de la emisión de un solo informe, de forma que no se han limitado las posibilidades de defensa del obligado tributario (AN 26-7-01, EDJ 38628).

3) En el cuerpo del acta, que es lo que conoce y acepta o rechaza el sujeto pasivo, deben **explicitarse los diversos elementos**, tanto económicos como jurídicos, de los que se deriva el incremento de patrimonio que comprende la regularización, sin que el informe ampliatorio convalide la ineficacia del acta (TSJ C.Valenciana 24-1-03, EDJ 48104).

4) Existe en el acta un **defecto de motivación**, pero puede subsanarse mediante el informe que acompaña al acta, siempre que no se produzca indefensión (TS 18-9-08, EDJ 166744).

3. Tramitación de las actas de disconformidad

(LGT art.157.1; RGGI art.188.3 -redacc RD 249/2023- y 4)

Tras la firma del acta de disconformidad o su notificación se abre un plazo de 15 días, contados a partir del día siguiente a dicha firma o notificación, durante el cual el obligado tributario puede formular las **alegaciones** que estime oportunas dirigidas al inspector jefe como órgano competente para liquidar. 4446

La existencia de este plazo de alegaciones posterior al acta permitiría prescindir del **trámite de audiencia** previo a la misma (LGT art.99.8). No obstante, se ha mantenido expresamente este trámite, por lo que existen **dos plazos** específicos para que el obligado tributario presente alegaciones, uno previo y otro posterior al acta.

Las **diferencias** entre ambos plazos radican en que el primero es un plazo común de alegaciones y de puesta de manifiesto del expediente durante el cual el obligado tributario puede examinar el mismo y obtener las copias que estime necesarias de la documentación que integra dicho expediente.

Por el contrario, durante los 15 días siguientes a la firma del acta de disconformidad o a su notificación únicamente puede presentar alegaciones, sin que se ponga, de nuevo, de manifiesto el expediente.

Por otra parte, las alegaciones que se presenten en el trámite de audiencia previo al acta van dirigidas al **actuario**, quien debe valorarlas, aunque sea de forma sucinta, en la propia acta. Por contra, las alegaciones que puedan formularse tras la firma o notificación de un acta de disconformidad van dirigidas al **inspector jefe** y deben valorarse en el acto de liquidación que finalmente se dicte.

Una vez transcurrido el plazo de alegaciones posterior a la firma o notificación del acta de disconformidad, el inspector jefe, a la vista del acta y, en su caso, del informe y alegaciones presentados puede **acordar**: 4448

a) Dictar el acto de liquidación (nº 4450).
b) Rectificar la propuesta de liquidación (nº 4452 s.).
c) Ordenar que se complete el expediente (nº 4460 s.).

Precisiones 1) El **acto de liquidación** derivado de un acta de disconformidad siempre ha de ser expreso, se hayan presentado o no alegaciones por el obligado tributario tras la firma del acta. No cabe, por tanto, la confirmación tácita como en las actas con acuerdo y en las actas de conformidad.

2) Los tribunales económico- administrativos no pueden rechazar la resolución de **cuestiones suscitadas** por los interesados, por el mero hecho de que no fueron previamente planteadas (alegaciones al acta de disconformidad) ante los órganos de la Inspección de tributos. Solo es posible excluir la actividad probatoria en sede económico-administrativa en los casos de mala fe o abuso de derecho (TS 21-2-19, EDJ 516350).

3) La Administración no puede denegar una solicitud de **ampliación de plazo de alegaciones** con fundamento exclusivo en que su concesión determinaría la superación del plazo máximo de duración del procedimiento. La resolución administrativa de denegación debe ser expresa y motivada. El Tribunal Supremo exige que la valoración que debe efectuar la Inspección incida sobre las circunstancias concretas concurrentes y sobre si la denegación de la ampliación solicitada dificultaba las posibilidades de defensa del interesado. Respecto a los efectos que provoca la **falta de motivación** habrá de estarse a las circunstancias concurrentes, en particular, para valorar si se ha producido indefensión al contribuyente (TS 8-7-24, EDJ 617244).
4) Para obligados tributarios afectados por la **DANA**, ver nº 3337 s.

4450 **Dictar el acto de liquidación** (RGGI art.188.3 redacc RD 249/2023) El inspector jefe puede acordar dictar el acto de liquidación conforme a la propuesta contenida en el acta o bien separándose de dicha propuesta, siempre que la rectificación afecte a cuestiones alegadas por el obligado tributario o se trate de corregir los errores materiales apreciados en la misma.
Ni la LGT ni el RGGI fijan un **plazo** contado desde la finalización del plazo de alegaciones para que el inspector jefe dicte el acto de liquidación, por lo que este puede producirse en cualquier momento siempre que se notifique o se intente su notificación en el plazo de duración máxima del procedimiento inspector.

Precisiones **1)** Es requisito necesario la motivación de los actos administrativos de liquidación, que está íntimamente ligado con el **derecho de defensa** del contribuyente. En este marco, no se aprecia indefensión cuando se utiliza el informe complementario por el órgano liquidador para contestar las alegaciones formuladas en el trámite de audiencia y se remite este informe, junto con el resto del expediente administrativo, al órgano revisor (TEAC 5-7-17).
2) Tras el cambio de criterio del TEAC, el dies ad quem del **cómputo de plazo** de duración de las actuaciones inspectoras debe ser la fecha en que se notifique, o se tenga por notificado, el informe en el que se dan respuesta a las alegaciones del obligado tributario (TEAC 16-7-18).

4452 **Rectificar la propuesta** (RGGI art.188.3 redacc RD 249/2023) En aquellos casos en los que el inspector jefe considere que en el acta existe un **error** en la apreciación de los hechos o una indebida apreciación de la norma, debe comunicar al obligado tributario un acuerdo por el que se rectifica la propuesta de liquidación contenida en el acta para que en el plazo de 15 días efectúe alegaciones, siempre que la rectificación afecte a cuestiones no alegadas por el obligado tributario. Transcurrido este plazo el inspector jefe debe dictar la liquidación que corresponda.
El obligado tributario puede, durante el plazo de 15 días que se le concede, decidir no presentar alegaciones y manifestar expresamente su **conformidad** con la nueva propuesta de liquidación. Esta conformidad no altera la naturaleza del acta, por lo que sigue tramitándose como acta de disconformidad lo que a su vez implica que el inspector jefe debe en todo caso dictar acto expreso de liquidación. No obstante, al haber manifestado el obligado tributario su conformidad con anterioridad a la liquidación, se permite aplicar la reducción del 30% del importe de la **sanción** que, en su caso, proceda por los hechos puestos de manifiesto en dicha acta (RSAN art.7).
Si la rectificación de la propuesta obedece a **cuestiones ya alegadas** por el obligado tributario durante la tramitación del expediente, el inspector jefe puede directamente notificar la liquidación sin necesidad de dar nuevo trámite de alegaciones, independientemente de que dicha rectificación suponga una mayor o menor deuda que la derivada de la liquidación propuesta en el acta. Por lo tanto, si la rectificación afecta a **cuestiones nuevas** no planteadas hasta ese momento, o a cuestiones planteadas durante la tramitación del expediente pero respecto de las que el obligado tributario ha guardado silencio, debe notificarse el acuerdo de rectificación y conceder el plazo de alegaciones de 15 días.

4453 Precisiones **1)** La regulación plantea varias dificultades:
- En primer lugar, qué ha de entenderse por **cuestión alegada** por el obligado tributario, en el sentido de si es necesario que se trate de una cuestión que haya sido tratada expresamente por el obligado tributario en cualquier escrito de alegaciones presentado durante la tramitación del procedimiento o si, por el contrario, es suficiente que se trate de una cuestión respecto de la que el obligado tributario haya hecho alguna manifestación en cualquier diligencia incorporada al expediente. Una interpretación garantista es que solo es posible notificar directamente el acto de liquidación, sin conceder previamente un nuevo trámite de alegaciones, en aquellos casos en los que el obligado tributario no solo haya tenido la oportunidad de presentar alegaciones (lo que exige que no se trate de una cuestión nueva), sino que, además, haya hecho uso efectivo de este derecho y haya presentado alegaciones referidas concretamente a la cuestión que rectifica el inspector jefe.
- La segunda dificultad se plantea en aquellos casos en los que claramente **no** procede **notificar el acuerdo de rectificación** y conceder un plazo de alegaciones, porque el inspector jefe se limita a estimar alguna o algunas de las alegaciones presentadas por el obligado tributario. En estos supuestos surge la duda de si el obligado tributario podría exigir conocer la nueva propuesta de liquidación para manifestar, en su caso, su conformidad (RSAN art.7). La solución puede ser distinta en función de que los elementos de la regularización respecto a los que el obligado tributario

pretende manifestar su conformidad ante el inspector jefe, pudieran haber sido o no recogidos en un acta de conformidad formalizada simultáneamente con el acta de disconformidad cuya propuesta de liquidación se rectifica.

2) Solo resulta necesario dar un **nuevo trámite de audiencia** cuando se produzca una alteración esencial de la propuesta contenida en el acta para evitar la indefensión. El acto de liquidación puede ampliar y alterar la fundamentación jurídica sin necesidad de una nueva audiencia (TSJ Cataluña 26-9-14, EDJ 221048).

3) Tras la firma de un acta en disconformidad en el procedimiento de inspección, el Inspector jefe modifica la propuesta contenida en la misma, estimando en parte las alegaciones del contribuyente y dictando la liquidación correspondiente. Dentro del plazo para recurrir el obligado manifiesta su conformidad con esa liquidación y su intención de no recurrir, y efectivamente no recurre. Iniciado el procedimiento sancionador con posterioridad al vencimiento del plazo de recurso contra la liquidación, procede reconocer al contribuyente la **reducción por conformidad**, ya que prestó su conformidad en el primer momento procesal que pudo (TEAC 8-6-17).

4) Para obligados tributarios afectados por la **DANA**, ver nº 3337 s.

Ordenar que se complete el expediente en cualquiera de sus extremos (RGGI art.188.4) En aquellos casos en los que el inspector jefe considere que el expediente está **deficientemente instruido** o que, atendiendo a lo alegado por el obligado tributario, es necesario realizar cualquier tipo de **actuación complementaria**, notifica al interesado el acuerdo por el que se ordena al actuario que realice estas nuevas actuaciones. **4460**

Una vez completado el expediente, el actuario decide si:

a) Considera necesario la **modificación** de la propuesta de liquidación inicialmente formulada, en cuyo caso, se deja sin efecto el acta de disconformidad incoada y se formaliza nueva acta que sustituye a todos los efectos a la anterior.

Esta acta se tramita según corresponda en función de que el obligado tributario manifieste o no su conformidad con la nueva propuesta de regularización.

b) Es correcto el **mantenimiento** de la propuesta de liquidación contenida en el acta de disconformidad. En este caso, se concede al obligado tributario un plazo de 15 días contados desde el día siguiente a la notificación de la apertura de dicho plazo, para que pueda examinar el expediente y formular las alegaciones que estime oportunas.

Una vez recibidas las alegaciones o concluido el plazo concedido para su realización, el inspector jefe dicta el acto de liquidación que corresponda.

Precisiones **1)** En aquellos casos en los que el inspector jefe considere que deben realizarse **actuaciones** instructoras **complementarias**, existe una diferencia sustancial en función de que el acta formalizada sea de conformidad o disconformidad. **4465**

Si el acta es de **conformidad**, el acuerdo del inspector jefe por el que se ordena completar actuaciones supone en todo caso la anulación del acta, de forma que tras la realización de estas actuaciones complementarias ha de formalizarse necesariamente una nueva acta que sustituye a la inicial, aunque la propuesta de regularización contenida en la nueva acta que se formalice coincida con la inicial.

Por el contrario, cuando el acta inicialmente formalizada es un acta de **disconformidad**, el acuerdo del inspector jefe por el que se ordena completar las actuaciones no deja sin efecto el acta formalizada. Es el actuario quien, tras la realización de estas actuaciones, decide si mantiene la propuesta y, por tanto, el acta inicial o si esta debe ser sustituida por otra, procediendo solo en este segundo caso la anulación de la primera acta y la formalización de una nueva que puede ser de conformidad o disconformidad en función de que el obligado tributario acepte o no la nueva propuesta de liquidación. Si decide rectificar la propuesta de liquidación, al ser necesaria la formalización de una nueva acta, el resultado de las actuaciones complementarias se ha de poner de manifiesto junto con el resto del expediente en el trámite de alegaciones que ha de concederse previo a la firma de la nueva acta.

2) El inspector jefe puede ordenar que se complete el expediente **tantas veces** como considere necesario. El único límite es que la liquidación que finalmente se dicte se notifique dentro del plazo máximo de resolución del procedimiento. Así, si el actuario decide formalizar una **nueva acta**, esta sigue la tramitación oportuna y, tanto si es de conformidad como si es de disconformidad, puede acordarse nuevamente que se complete el expediente. Y en aquellos casos en los que el actuario decida mantener la propuesta inicial, se establece que, una vez recibidas las alegaciones o concluido el plazo para su realización, el inspector jefe dicta el acto administrativo que corresponda, que es en la mayoría de los casos el **acto de liquidación** que ponga término al procedimiento, pero nada impide que pueda ser un acuerdo por el que se ordene nuevamente completar el expediente.

3) El acta de disconformidad debe contener los elementos esenciales del hecho imponible, aunque sea por referencia al contenido de las diligencias (TSJ Sevilla 2-3-02, EDJ 130244) y su atribución al sujeto pasivo, de forma que en la misma han de consignarse las **circunstancias fácticas** y los preceptos que determinan la propuesta de regularización, sin perjuicio de que en el informe ampliatorio o complementario se desarrolle de forma concreta los motivos de la regularización (TS 13-6-05, EDJ 113659). **4470**

4) La **motivación** de las actas debe referirse a los elementos esenciales del hecho imponible que hayan sido objeto de regularización y no a los elementos a los que no se haya extendido la comprobación o a los comprobados que no sean objeto de regularización (TSJ C.Valenciana 1-10-07, EDJ 240001).
5) La **omisión del trámite de alegaciones** una vez completadas las actuaciones de acuerdo con lo ordenado por el inspector jefe, en el caso concreto analizado no ha producido indefensión al obligado tributario porque la orden de ampliación de actuaciones se limitaba a que el expediente fuera puesto de manifiesto al obligado tributario, al haberse omitido el trámite de alegaciones previo al acta. Una vez cumplimentado este trámite, el actuario emite un informe en el que se limita a ratificar la propuesta de liquidación formulada en el acta (TEAC 24-7-08).
6) El principio de la **prohibición de la reformatio in peius** es aplicable cuando se conoce en primera o en única instancia del recurso interpuesto contra un acto derivado de la aplicación de los tributos. Sin embargo, la modificación que realiza el inspector jefe de la propuesta liquidatoria contenida en el acta de disconformidad no es una resolución a un recurso ni a una reclamación, ya que en ese momento no existe siquiera un acto administrativo impugnable.
En el caso analizado, el inspector jefe corrige en el acto de liquidación el error material apreciado en el acta consistente en deducir una cantidad como correspondiente a una liquidación provisional, cuando dicha cantidad realmente era de cero euros. Así, no cabe hablar de la existencia de reformatio in peius provocada por el acuerdo de liquidación, puesto que este es el acto administrativo impugnable, y no cabe duda de que no empeora ninguna situación creada con anterioridad por el simple hecho de que no existía liquidación antes de dictar dicho acuerdo (TEAC 10-9-08).
7) Para obligados tributarios afectados por la **DANA**, ver nº 3337 s.

III. Liquidaciones derivadas de las actas

4475

4476 El **objeto del procedimiento de inspección** es comprobar e investigar el adecuado cumplimiento de las obligaciones tributarias, procediéndose en el mismo a la regularización, en su caso, de la situación tributaria del obligado mediante la práctica de una o varias liquidaciones (LGT art.145.1).
No obstante, aunque no se proceda a la regularización de la situación tributaria del obligado por considerar la Inspección que la misma es correcta, también procede dictar en el seno del procedimiento inspector una liquidación, si bien en este caso coincide con la consignada por el obligado tributario en su declaración.
La liquidación es, por tanto, el acto administrativo que pone **término** normalmente al procedimiento de inspección, sin perjuicio de que quepan otras formas de terminación.

A. Concepto, contenido y órgano competente para dictar la liquidación

(LGT art.101 y 102)

4478 **Concepto** (LGT art.101 y 115.2) La liquidación es el acto resolutorio mediante el cual la Administración tributaria determina el importe de la **deuda tributaria** o de la cantidad que, en su caso, resulte a devolver o a compensar de acuerdo con la normativa tributaria.
Para la práctica de las liquidaciones la Administración tributaria puede utilizar los **datos** consignados por los obligados en las autoliquidaciones, declaraciones, comunicaciones, solicitudes o cualquier otro documento presentado por los mismos, así como los datos obtenidos en el ejercicio de sus potestades y funciones de comprobación e investigación. La Administración tributaria no está obligada a ajustar las liquidaciones a los datos consignados por los obligados tributarios en dichos documentos o declaraciones.
Asimismo, la Administración tributaria, al dictar las liquidaciones, puede efectuar la **calificación** de los hechos, actos o negocios realizados por el obligado tributario con independencia de la previa calificación que este hubiera dado a los mismos e interpretar y aplicar las normas separándose de la interpretación y aplicación que hubiera hecho el obligado tributario, resultando de aplicación lo dispuesto con carácter general sobre la calificación, conflicto en la aplicación de la norma tributaria y simulación.

Contenido (LGT art.102) El contenido mínimo de la liquidación no se encuentra regulado ni en la LGT ni en el RGGI. 4480

En este sentido, destaca la regulación tan detallada del contenido de las **actas** (nº 4130 s.), que son una simple propuesta de resolución y la falta de regulación del contenido mínimo del acto por el que se pone término al procedimiento de inspección.

No obstante, al regular la **notificación** de las liquidaciones tributarias, la LGT sí hace referencia al contenido de las mismas. Las liquidaciones, al igual que los demás actos administrativos que afecten a los derechos e intereses de los interesados, deben ser notificados, debiéndose indicar:

a) El **obligado tributario** al que se refiere la liquidación.

b) Los **elementos determinantes** de la cuantía de la deuda tributaria, esto es, las operaciones de cuantificación realizadas.

c) La **motivación** de las mismas cuando no se ajusten a los datos consignados por los obligados tributarios o a la aplicación o interpretación de la normativa realizada en las autoliquidaciones presentadas por los mismos. Esta motivación comprende tanto los elementos de hecho descubiertos o rectificados por la Inspección, como la calificación y aplicación de la normativa que realice la misma, que se recoge en los fundamentos de derecho que correspondan.

d) Los **recursos** que quepan frente a la liquidación, el órgano ante el que hayan de presentarse y plazo para su interposición.

e) El lugar, plazo y forma en que debe ser satisfecha la deuda tributaria, acompañándose normalmente a la liquidación los **documentos de pago** necesarios para hacer efectiva la deuda tributaria liquidada.

f) El **carácter** provisional o definitivo de la liquidación que se notifica.

Precisiones 1) Aunque no es obligatoria la utilización de un modelo oficial de liquidación, en el ámbito del Estado sí suelen utilizarse modelos normalizados elaborados mediante la utilización de **herramientas informáticas** en los que pueden distinguirse la siguiente estructura: 4485

- **Encabezamiento**, en el que se identifica al obligado tributario al que se refiere la liquidación practicada, el concepto tributario y período, la fecha de la liquidación, el acta de la que deriva y la identidad de los actuarios que han desarrollado las actuaciones de comprobación e investigación.
- **Antecedentes de hecho**, en los que se exponen determinadas circunstancias con trascendencia tributaria comprobadas por la Inspección (actividad desarrollada por el obligado tributario, situación de la contabilidad y los libros registro, declaraciones presentadas, existencia o no de liquidaciones provisionales anteriores por el mismo impuesto y ejercicio...), distintas circunstancias relativas al desarrollo de la comprobación (fecha y modo de inicio de las actuaciones, identificación de la persona que ha actuado frente a la Inspección, duración de las actuaciones y circunstancias que han incidido en su cómputo, alegaciones presentadas por el obligado tributario...) y, por último, los hechos o elementos de la obligación tributaria puestos de manifiesto durante la comprobación que van a ser objeto de regularización, así como la regularización propuesta por el funcionario que suscribe las actas.
- **Fundamentos de derecho**, en los que se analizan cada uno de los motivos de regularización propuestos por el actuario, así como las alegaciones presentadas, en su caso, por el obligado tributario y cualquier otra cuestión que el inspector jefe considere que derive del expediente.
- Cuantificación de la **deuda tributaria** o de la cantidad a devolver o ingresar. En el acuerdo de liquidación se explicitan los cálculos que determinan tanto la cantidad a ingresar o a devolver o compensar, como los intereses de demora que, en su caso, procedan.
- **Recursos** y reclamaciones que quepan contra el acuerdo de liquidación.

2) Los requisitos de **motivación** exigidos a las actas de conformidad, disconformidad o con acuerdo son trasladables al acto de liquidación, incluso con una mayor exigencia, al ser este el acto susceptible de recurso o reclamación. En este sentido, ver la doctrina que sobre la motivación recoge el nº 4450, precisión 1.

3) El Tribunal Supremo entiende nula de pleno derecho una **liquidación practicada sin valorar las alegaciones** del contribuyente. En este caso, las alegaciones tras el acta se presentaron en tiempo y forma, pero recibidas por la Administración después de haber dictado el acto de liquidación. En el acta de disconformidad tampoco se valoraron las alegaciones ni los documentos aportados por el obligado tributario en el trámite de audiencia, que fueron recibidos por la Administración una vez concluido este. En la liquidación se valoraron las anteriormente presentadas en el trámite de audiencia. En tales circunstancias, debe presumirse la existencia de una indefensión material, incumbiendo acreditar a la Administración, en consecuencia, que la misma no se produjo (TS 12-9-23, EDJ 688237).

Competencia para dictar el acto de liquidación (AEAT Resol 24-3-92; AEAT Resol 13-1-21) Las normas de organización interna de cada Administración tributaria son las que determinan el órgano competente para dictar la liquidación que ponga término al procedimiento de inspección. 4487

En el ámbito de la competencia del Departamento de Inspección Financiera y Tributaria de la AEAT, cabe distinguir en función del órgano que haya desarrollado las actuaciones de comprobación e investigación:

a) Equipos integrados en la **Oficina Nacional de Investigación del Fraude**. Son competentes para practicar la liquidación todos aquellos que tienen la consideración de inspector jefe (Jefe de la ONIF, Jefe Adjunto, Jefes de Área y Jefes Adjuntos de Área, Jefe del Equipo Central de Información) si bien el Jefe del Equipo Central de Información no practica liquidación alguna al no desarrollar su equipo actuaciones de comprobación e investigación.

b) Equipos integrados en la **Oficina Nacional de Fiscalidad Internacional**. Son competentes para practicar la liquidación todos aquellos que tienen la consideración de inspector jefe: el Jefe, el Jefe Adjunto y los Jefes de Área.

c) Equipos y Unidades integrados en las **Dependencias Regionales de Inspección**. Son competentes para practicar la liquidación todos aquellos que tienen la consideración de inspector jefe: el Jefe de la Dependencia Regional de Inspección o Inspector Regional, los Inspectores Regionales Adjuntos, los Inspectores Coordinadores y el Jefe de la Oficina Técnica. Todos son competentes para dictar la liquidación derivada de las actuaciones desarrolladas por cualquier equipo o unidad de la Dependencia.

En función del número de equipos y unidades de cada Dependencia y de su ámbito territorial, se distribuyen los expedientes a liquidar por cada inspector jefe. Así, si la Dependencia Regional tiene distintas **sedes**, el jefe de la Dependencia puede decidir que el Regional Adjunto o Coordinador al frente de cada una de ellas dicte todas las liquidaciones de los expedientes instruidos por los equipos o unidades de dicha sede o solo las derivadas de las actas de conformidad, de forma que las liquidaciones derivadas de las actas de disconformidad se dicten por el propio Inspector Regional o por el Jefe de la Oficina Técnica. De la misma forma hay que tener en cuenta que la competencia de la Dependencia Regional se extiende a todo el ámbito territorial de la Dependencia Regional de Inspección, por lo que el Inspector Regional Adjunto o Inspector Coordinador al frente de una sede puede dictar las liquidaciones derivadas de actas formalizadas por los equipos o unidades de otras sedes distintas.

Tratándose de las actuaciones desarrolladas por los equipos conocidos como «**macrounidades**», la competencia para dictar el acto de liquidación corresponde al inspector jefe. No obstante, las liquidaciones que ponen término a los procedimientos instruidos por los funcionarios integrados en estos equipos se dictan por el jefe de equipo (que no tiene consideración de inspector jefe) por delegación del inspector jefe del que dependa.

d) Equipos integrados en la **Dependencia de Control Tributario y Aduanero** de la Delegación Central de Grandes Contribuyentes. Pueden dictar el acto de liquidación derivado de las actuaciones desarrollas por estos Equipos, el Jefe de la Dependencia, sus Adjuntos, los inspectores jefes (para los que la denominación del puesto coincide con su condición), el titular de la Oficina Técnica y sus Adjuntos, y el titular de la Unidad de Control Tributario. Las liquidaciones derivadas de las actas de disconformidad son dictadas por el Jefe de la Oficina Técnica y sus Adjuntos y las demás liquidaciones que procedan por los inspectores jefes, pero nada impide que el Jefe de la Dependencia de Control Tributario y Aduanero dicte el acto de liquidación, aunque esta circunstancia no suela producirse en la práctica. El titular de la Unidad de Control Tributario y Aduanero solo dicta las liquidaciones derivadas de las actuaciones desarrolladas por los miembros de su unidad.

B. Clases de liquidaciones

(LGT art.101; RGGI art.190)

4490 La LGT distingue dos tipos de liquidaciones -provisionales y definitivas- sin señalar los elementos diferenciadores entre las mismas.

Se entiende por liquidaciones **definitivas** aquellas que no pueden ser rectificadas en un procedimiento de aplicación de los tributos posterior, sin perjuicio de lo que resulte de los recursos o reclamaciones que el obligado tributario interponga contra las mismas, o de la tramitación de alguno de los procedimientos especiales de revisión regulados en la LGT (nº 4500).

Por el contrario, son liquidaciones **provisionales** aquellas que pueden ser rectificadas, con las limitaciones que se indican a continuación, en el seno de un procedimiento de aplicación de los tributos posterior sin necesidad de acudir a los procedimientos especiales de revisión (nº 4504 s.).

4493 Precisiones 1) El carácter definitivo o provisional de una liquidación no ha de confundirse con la **firmeza** o no de la misma. Una liquidación es firme cuando no cabe recurso contra la misma, bien porque el obligado tributario ha dejado pasar los plazos sin hacer uso de su derecho a interponer el oportuno recurso o reclamación, bien porque se han agotado las posibles vías de recurso tanto en la vía administrativa como en la judicial. Por otra parte, tratándose de liquidaciones provisionales, la posibilidad de rectificar esta liquidación o de dictar una nueva sobre el mismo concepto y período en el seno de un procedimiento de aplicación de los tributos posterior es independiente de la firmeza o no de dicha liquidación provisional.

2) Los **recursos o reclamaciones** que caben frente a las liquidaciones son los mismos, independientemente de su carácter provisional o definitivo, así como las facultades de revisión de los órganos encargados de la tramitación de estos recursos o reclamaciones.

3) Las liquidaciones de la **deuda aduanera**, cualquiera que sea el procedimiento de aplicación de los tributos en que se hayan practicado, tienen carácter provisional mientras no transcurra el plazo máximo previsto en la normativa de la UE para su notificación al obligado tributario. Ese carácter provisional no impide en ningún caso la posible regularización posterior de la obligación tributaria si así se desprende de la normativa de la UE (LGT disp.adic.20ª.1.a).

4) El principio general que inspira la actuación de la Inspección de los tributos es la investigación completa y definitiva del hecho imponible de que se trate, y en cambio es excepcional la comprobación e investigación parcial. La circunstancia de que el acta formalizada dé lugar a una **liquidación definitiva** en lugar de provisional, como se hace constar en la misma, no afecta en absoluto a los hechos consignados en la misma ni a la validez de la propuesta de liquidación (TS 23-4-09, EDJ 92436).

5) La **liquidación definitiva** notificada una vez excedido el plazo máximo de duración de las actuaciones inspectoras es inválida, al haberse notificado una vez transcurrido el plazo original de prescripción del derecho a liquidar, y ello como consecuencia de la pérdida de efectos interruptivos de la prescripción de las actuaciones inspectoras, de acuerdo con la LGT art.150.2 redacc original, sin que se haya producido tampoco la reanudación formal de las actuaciones. A estos efectos, a la **liquidación provisional** notificada dentro del plazo original de prescripción derivada del acta previa incoada en el curso de dichas actuaciones, mediante la que se regularizan solo parte de los elementos del hecho imponible, no puede dársele eficacia como acto interruptivo de la prescripción del derecho a liquidar ni considerarse como un acto de reanudación formal de actuaciones (TEAC 29-6-20).

Ejemplos **1)** La Administración tributaria tramita un procedimiento de comprobación limitada para verificar la devolución solicitada por Don A. en el cuarto trimestre de X1 por IVA y, simultáneamente, un procedimiento de inspección de alcance general para verificar el IRPF del ejercicio X0. **4495**

Don A. interpone reclamación económica-administrativa tanto contra la liquidación provisional dictada en el procedimiento de comprobación limitada, como contra la liquidación definitiva dictada en el procedimiento de inspección. En ambos casos, el órgano económico-administrativo debe resolver todas las cuestiones alegadas por el obligado tributario y las demás que plantee el expediente, sin que las posibilidades que tiene de anular total o parcialmente la liquidación u ordenar la retroacción de las actuaciones estén condicionadas por el carácter provisional o definitivo de la liquidación.

Así, si en el caso del IRPF el Tribunal estima parcialmente la reclamación y anula la liquidación ordenando practicar una nueva que se ajuste a lo dispuesto en la resolución, el órgano que dictó la liquidación debe ejecutar la resolución del Tribunal y dictar una nueva liquidación en sustitución de la anulada, aunque esta tuviera carácter definitivo.

2) Continuando con el ejemplo anterior, tras dictarse la liquidación provisional por el IVA 4T X1 que pone término al procedimiento de comprobación limitada, puede iniciarse un procedimiento de inspección de alcance general por el mismo impuesto y período. En este procedimiento de inspección se debe dictar una liquidación definitiva que rectifique, con determinados límites, o complete la provisional, con independencia de que esta liquidación sea o no firme.

1. Liquidaciones definitivas

(LGT art.101.3)

Son liquidaciones definitivas: **4500**

a) Las dictadas en el seno del **procedimiento de inspección** previa comprobación e investigación de la totalidad de los elementos de la obligación tributaria, salvo que concurran alguno de los supuestos señalados en el nº 4512.

b) Las liquidaciones distintas de las señaladas en la letra anterior, a las que la normativa tributaria otorgue tal carácter. Son, por tanto, liquidaciones dictadas en un procedimiento de **aplicación de los tributos** distinto del procedimiento de inspección o en un procedimiento de inspección de alcance parcial, que por expresa disposición de la normativa tributaria no pueden ser rectificadas en un procedimiento de aplicación de los tributos posterior.

Precisiones Para que una liquidación dictada en un procedimiento distinto del inspector o en un procedimiento de inspección que **no** alcance a la **totalidad de los elementos** de la obligación tributaria tenga carácter definitivo, debe contemplarlo expresamente la normativa tributaria. La LGT deja abierta la posibilidad de que otra norma de rango legal, o la propia Administración en ejercicio de la potestad reglamentaria, limiten las posibilidades de revisión en vía de gestión de las liquidaciones tributarias en aras de una mayor seguridad jurídica.

2. Liquidaciones provisionales

(LGT art.101.4)

4504 Son liquidaciones provisionales, al margen de los supuestos concretamente previstos en la normativa tributaria:
- las dictadas en **cualquier procedimiento** de aplicación de los tributos **distinto del procedimiento de inspección** (procedimiento iniciado mediante declaración, procedimiento de devolución iniciado mediante autoliquidación, procedimiento de verificación de datos, de comprobación de valores, de comprobación limitada, etc.);
- las dictadas en procedimientos de inspección de **alcance parcial** (nº 4506 s.);
- las dictadas en procedimientos de inspección de **alcance general** en los que concurren las circunstancias específicas contempladas en el nº 4512 s.; y
- las dictadas en procedimientos de inspección referidas a los elementos de la obligación tributaria que se encuentren vinculados con el posible delito contra la Hacienda Pública (nº 4572).

a. Liquidaciones provisionales dictadas en procedimientos de inspección de alcance parcial

(LGT art.101.4.b, 148.3 y 149; RGGI art.190.6)

4506 Se trata de liquidaciones provisionales por no haber sido comprobados todos los elementos de la obligación tributaria. La normativa tributaria prevé la posibilidad de que las actuaciones del procedimiento de inspección no afecten a la totalidad de los elementos de la obligación tributaria (nº 2870 s.).

En este caso, y siempre que el contribuyente no haga uso de su derecho a solicitar que la inspección tenga alcance general, puede iniciarse con posterioridad un **nuevo procedimiento** de inspección con el objeto de verificar los elementos de la obligación tributaria no comprobados en las actuaciones iniciales de alcance parcial.

La liquidación dictada en el procedimiento de inspección de alcance parcial es necesariamente provisional, pues cabe **otra liquidación posterior** respecto al mismo impuesto y ejercicio si finalmente se inicia una nueva actuación inspectora.

En este caso, el carácter provisional de la liquidación se debe a que puede ser **completada**, no rectificada, en un procedimiento de inspección posterior. Los **elementos** de la obligación tributaria **comprobados e investigados** en el curso de las actuaciones de alcance parcial y a los que se refiere la liquidación provisional, no pueden ser regularizados de nuevo en el procedimiento de inspección que se inicie con posterioridad, salvo que se trate de elementos determinados en función de obligaciones tributarias no comprobadas, o elementos no comprobados (nº 4516 y nº 4530), y exclusivamente en relación con los elementos del hecho imponible afectados por dichas circunstancias.

La liquidación que se dicte en el **segundo procedimiento** de inspección incorpora como parte de la misma los elementos regularizados en la liquidación provisional y el importe resultante de esta liquidación provisional se deduce de la cantidad liquidada en el procedimiento de inspección posterior.

4507 Precisiones 1) Una forma más clara de denominar a este tipo de liquidaciones sería **liquidaciones parciales**, en lugar de provisionales. Cuando se comprueba parte de los elementos de la obligación tributaria es posible volver a comprobar y liquidar esta misma obligación tributaria pero con el objeto de completar la comprobación inicial y no de modificarla. No obstante, estas liquidaciones parciales pueden ser, a su vez, provisionales por haberse determinado los elementos en función de obligaciones tributarias no comprobadas, o ser elementos no comprobados (nº 4516 y nº 4530). En este caso, la liquidación parcial podría no solo ser completada en un procedimiento inspector posterior, sino también rectificada.

2) Tienen el carácter de provisional las liquidaciones que se dicten cuando no se pueda finalizar la comprobación de los elementos de la obligación tributaria cuando sea consecuencia de no haberse obtenido los **datos** solicitados a **terceros** o debido a que no se hayan recibido los **datos**, informes, dictámenes o documentos solicitados a **otra Administración**, en cuyo supuesto la regularización se puede realizar con los nuevos datos que se hayan podido obtener y los que se deriven de la investigación de los mismos. Por lo tanto, la Administración puede practicar liquidación provisional con los datos disponibles y dictar una nueva liquidación si finalmente se consigue la información inicialmente solicitada.

3) Una vez realizadas actuaciones inspectoras previas de carácter parcial, la posibilidad de iniciar un **segundo procedimiento** queda condicionada por la regularización que se practicó en el primero. De esta forma, no se pueden regularizar elementos que ya se regularizaron o que pudieron haberlo sido, de acuerdo con el objeto y alcance de las actuaciones (TEAC 26-1-17).

4) Una regularización en un **procedimiento de comprobación abreviada o limitada** tiene efectos preclusivos, no siendo posible una nueva liquidación en un procedimiento inspector posterior si no se descubren nuevos hechos o circunstancias que resulten de actuaciones distintas. Los procedimientos de comprobación posteriores a otros de comprobación limitada pueden dar un resultado final de la liquidación distinto de estos, siempre que los elementos alterados en los nuevos procedimientos no hubieran sido comprobados en los procedimientos anteriores. La existencia de aquellas liquidaciones anteriores no exime al obligado tributario de su obligación de acreditar en el nuevo procedimiento otros elementos que no fueron objeto de comprobación con anterioridad (TEAC 20-2-13).

Ejemplo El 2 de enero de X2 se inicia un procedimiento de inspección con el objeto de comprobar el IS del año X0 de la entidad A, S.A. El tipo aplicable del IS es del 25%. 4508

Tal como se indica en la comunicación de inicio del procedimiento de inspección, las actuaciones inspectoras tienen alcance parcial, limitándose al examen de la deducción por gastos de I+D.

Como resultado de estas actuaciones, el 30 de julio de X2 el inspector jefe dicta una liquidación provisional en la que se minora de 6.000 € a 1.500 € las deducciones practicadas por la entidad por entender que la diferencia obedece a conceptos que no originan el derecho a esta deducción.

De la liquidación provisional practicada resulta una cuota a ingresar de 4.500 €.

El 3 de diciembre de X2, la entidad recibe una nueva comunicación de inicio del procedimiento inspector en la que se indica que se va a comprobar el IS del año X0 con alcance general.

En el curso de dichas actuaciones se comprueba que la entidad ha ocultado ventas por importe de 3.000 €, ha consignado indebidamente como gastos distintas partidas por importe de 4.000 € y que existen excesos de amortización por importe de 1.000 €. La liquidación que pone término a este procedimiento de inspección debe incluir los elementos regularizados en el mismo y los elementos regularizados en el procedimiento de inspección iniciado el 2 de enero de X2, deduciéndose de la cuota que resulte la cuota liquidada previamente con carácter provisional:

Base imponible declarada	200.000,00
Incrementos en la base imponible	3.000,00 + 4.000,00 + 1.000,00
Base imponible comprobada	208.000,00
Cuota íntegra comprobada	52.000,00
Minoración deducciones	4.500,00
Cuota líquida comprobada	56.500,00
Cuota resultante de liquidaciones previas	-4.500,00
Ingresado en la autoliquidación	-50.000,00
Cuota resultante liquidación	2.000,00

Durante el desarrollo del procedimiento inspector de alcance general se descubren nuevos hechos que ponen de manifiesto que la deducción por I+D debería reducirse en 500 € más del importe minorado en la actuación previa de alcance parcial. 4510

Aunque la liquidación dictada en el primer procedimiento de inspección tenga carácter provisional, los órganos de inspección no pueden regularizar de nuevo este concepto en el segundo procedimiento.

Si la Inspección considera que debe rectificarse la deducción inicialmente comprobada tiene que acudir al procedimiento de declaración de lesividad para poder rectificar la liquidación provisional.

b. Liquidaciones provisionales dictadas en un procedimiento de alcance general

(LGT art.101.4)

Se trata de liquidaciones dictadas en un procedimiento de inspección de alcance general que son provisionales por concurrir alguna de las circunstancias previstas en la propia LGT. En este segundo grupo de liquidaciones provisionales, los órganos de inspección han comprobado la totalidad de los elementos de la obligación tributaria, pero concurren determinadas circunstancias que hacen que la liquidación practicada en el curso de dicha comprobación pueda ser **rectificada** con posterioridad sin necesidad de acudir a los procedimientos especiales de revisión, o bien la liquidación solo se refiere a parte de los elementos de la obligación tributaria, pese a dictarse en un procedimiento de alcance general. 4512

Precisiones La **ausencia** en el expediente administrativo d**e documentación** que acredite la concurrencia de alguna de las causas previstas normativamente que permiten la práctica de liquidaciones provisionales, no supone la anulación de la liquidación provisional sino la calificación de tal liquidación como definitiva (TEAC 21-10-24).

4514 **Liquidaciones provisionales que pueden ser rectificadas con posterioridad** (LGT art.101.4.a) Cabe distinguir, a su vez, dos supuestos:
- los elementos de la obligación tributaria vienen determinados por otras obligaciones no comprobadas (nº 4516 s.);
- los elementos de la obligación tributaria no están comprobados (nº 4530 s.).

4516 **Elementos de la obligación tributaria determinados en función de otras obligaciones no comprobadas** (LGT art.101.4.a; RGGI art.190.2) En este supuesto los órganos de inspección han comprobado la **totalidad de los elementos** de la obligación tributaria, pero alguno de dichos elementos se determina en función de los elementos de otras obligaciones tributarias distintas que no han sido comprobadas o que, a pesar de haber sido comprobadas, han sido regularizadas mediante una liquidación de carácter provisional o una liquidación definitiva que se encuentre pendiente de algún recurso. Los elementos de la obligación tributaria comprobados o investigados pueden regularizarse en un **procedimiento** inspector **posterior** exclusivamente en relación con los elementos de la obligación tributaria que resulten afectados por las circunstancias que determinan la provisionalidad de la liquidación (RGGI art.190.6).

4517 Reglamentariamente se recogen una serie de **supuestos** en los que la liquidación es provisional por este motivo. Estos supuestos no constituyen una lista cerrada y son los siguientes:
a) Liquidaciones dictadas respecto del **IRPF**, Impuesto sobre la Renta de no Residentes (**IRNR**) o Impuesto sobre el Patrimonio (**IP**), en tanto no se hayan comprobado las autoliquidaciones del mismo **año natural** por el IP y el impuesto sobre la renta que proceda.
El carácter provisional de las liquidaciones a las que se refiere este supuesto obedece a la función censal y de control del IP respecto de los impuestos que gravan la renta de las personas físicas.
b) Liquidaciones dictadas respecto del **IRNR** en tanto no se haya comprobado el impuesto directo del pagador de los correspondientes rendimientos. El ingreso que supone la tributación por el IRNR conlleva normalmente un gasto para el pagador residente en su impuesto directo (IS o IRPF). La liquidación respecto del IRNR puede ser rectificada cuando se compruebe el gasto declarado por el pagador.

4518 **c)** Liquidaciones dictadas con relación a alguna o algunas de las **personas o entidades vinculadas** que se estén comprobando en tanto no se haya finalizado la comprobación de todas ellas.
Cuando se tramiten simultáneamente **distintos procedimientos** de inspección respecto a personas o entidades que se puedan considerar vinculadas (LIS art.18; LIVA art.79.cinco), puede ocurrir que alguno de estos procedimientos deba finalizar mediante la oportuna liquidación antes de que se haya ultimado la comprobación de todas las personas o entidades entre las que exista vinculación. En estos casos, si durante la comprobación de las demás personas o entidades vinculadas se ponen de manifiesto circunstancias que afecten al obligado tributario respecto del que ya se ha practicado la liquidación, esta liquidación puede ser rectificada sin necesidad de acudir a los procedimientos especiales de revisión por su carácter provisional.
Esta circunstancia no concurre cuando las entidades vinculadas formen un grupo que haya optado por la aplicación del régimen especial de **consolidación fiscal**. El supuesto contemplado en el RGGI parte de la existencia de distintos procedimientos instruidos, o que pueden ser instruidos, con relación a cada una de las entidades vinculadas, mientras que en el régimen de consolidación fiscal se desarrolla un único procedimiento dirigido al grupo como contribuyente, aunque las actuaciones puedan llevarse a cabo con las distintas entidades integradas en el grupo. Por eso, cuando se ponga fin a este procedimiento dictándose la liquidación al grupo, no quedan pendientes otros procedimientos relativos al IS respecto a las entidades que forman parte del mismo.

4520 **d)** Liquidaciones en las que se produzca la **anulación o modificación de la deuda tributaria** inicialmente autoliquidada como consecuencia de la regularización de algunos de los elementos de la obligación tributaria porque deban ser imputados a otros obligados tributarios o a un tributo o período distinto del regularizado, siempre que la liquidación resultante de esta imputación no haya adquirido firmeza.
Este supuesto se produce en numerosas ocasiones cuando los órganos de inspección rectifican los criterios de **imputación temporal** de ingresos o gastos utilizados por el obligado tributario al que se refiere la comprobación por no resultar ajustados a la normativa aplicable.
Así, en los casos en los que el obligado tributario haya declarado en el ejercicio 0 gastos que debían haber sido imputados al ejercicio 1 y ambos ejercicios están siendo comprobados, de la liquidación practicada por el ejercicio 0 resulta una **cuota a ingresar** con sus respectivos intereses de demora, mientras que en la liquidación practicada por el ejercicio 1 resulta el reconocimiento de un **ingreso indebido** con sus correspondientes intereses de demora. Si el obligado

tributario recurre únicamente la liquidación a ingresar correspondiente al ejercicio 0, la liquidación a devolver por el ejercicio 1 deviene firme. No obstante, al tener carácter provisional, si la primera liquidación es anulada total o parcialmente por el órgano que conozca del recurso, la liquidación a devolver puede ser rectificada de acuerdo con lo resuelto por el tribunal, exigiéndose el reintegro de las cantidades que hayan sido devueltas.
Las liquidaciones relacionadas entre sí en estos términos normalmente se refieren al mismo obligado tributario, pero también puede tratarse de liquidaciones en las que se regularizan elementos de la obligación tributaria por ser imputables a **obligados tributarios distintos**.
Tratándose del mismo obligado tributario y extendiéndose las actuaciones inspectoras a los distintos ejercicios afectados por la regularización, no sería necesario calificar la liquidación como provisional si los distintos ejercicios ser regularizaran en un único acto de liquidación. En este caso, por un lado, la deuda a ingresar resulta de la suma algebraica de las cantidades a ingresar y a devolver y, por otro, si el Tribunal estima el recurso o reclamación, esta decisión afecta tanto al ejercicio en el que resulta una cuota a ingresar, como el que resulta una cantidad a devolver. Pero esta solución no es posible en el caso de que se regularicen elementos de la obligación tributaria imputables a distintos obligados tributarios.

Precisiones 1) En relación con el gravamen del **Impuesto sobre el Patrimonio**, ver nº 4229. 4522
2) La Administración está facultada para dictar liquidaciones provisionales que tienen su causa en **liquidaciones de períodos anteriores**, aunque tales liquidaciones no hayan adquirido firmeza por haber sido impugnadas en ulteriores vías revisoras e incluso se haya suspendido su ejecución en dichas vías. Este criterio no resulta afectado por lo dispuesto en la LGT art.68.9 y los posibles efectos interruptores de la prescripción que tuviera el inicio de la comprobación respecto de otros períodos impositivos (TEAC 23-5-23).

Ejemplos En un procedimiento de inspección relativo al Impuesto sobre Sociedades de un grupo que tributa en régimen de consolidación fiscal se comprueba que una de las sociedades (B, S.A.) no cumple los requisitos para formar parte del grupo.
En la declaración del Impuesto sobre Sociedades del grupo se habían deducido dotaciones a provisiones correspondientes a la sociedad que es excluida del grupo.
La Inspección de los tributos práctica liquidación al grupo eliminando dichas dotaciones.
Al mismo tiempo, en el procedimiento inspector desarrollado respecto a B, S.A. se practica una liquidación en la que se reconocen dichas dotaciones como mayor gasto.
El grupo recurre la liquidación practicada ante el TEAC. Si dicha reclamación es estimada y se anula la liquidación practicada al grupo, el carácter provisional de la liquidación practicada a B, S.A. permite sustituirla por otra en la que se aplique el criterio fijado por el Tribunal y, en consecuencia, se exija el reintegro de las cantidades, en su caso, devueltas a B, S.A. como consecuencia de la liquidación inicial.

Elementos de la obligación tributaria no comprobados (LGT art.101.4; RGGI art.190.3 y 6) Se trata de liquidaciones que pueden ser rectificadas con posterioridad por existir elementos de la obligación tributaria cuya comprobación con carácter definitivo **no** ha sido **posible**, en los términos establecidos reglamentariamente. Así, los elementos de la obligación tributaria, comprobados e investigados, pueden regularizarse en un **procedimiento inspector posterior** exclusivamente en relación con los elementos de la obligación tributaria que resulten afectados por las circunstancias que determinan la provisionalidad de la liquidación. 4530
Los **supuestos** tasados en los que la liquidación dictada es provisional por esta causa son:
a) Existencia de reclamación judicial o proceso penal (nº 4532).
b) No obtención de datos solicitados a terceros o a otra Administración (nº 4536).
c) Comprobación de devoluciones (nº 4538).
d) Impuestos Especiales (nº 4544).

a) Cuando exista una **reclamación judicial o un proceso penal** que afecte a los hechos comprobados. 4532
El procedimiento inspector debe suspenderse en aquellos casos en los que se estime que los hechos puestos de manifiesto durante la tramitación del mismo puedan ser constitutivos de **delitos** contra la Hacienda Pública y no proceda practicar liquidación (nº 7768.1 s.) y cuando el órgano jurisdiccional ordene la **paralización** del mismo (LGT art.68.1 y 150.3.b).
Al margen de estos dos supuestos, aunque durante el desarrollo de las actuaciones inspectoras se esté tramitando una reclamación judicial o un proceso penal en el que se estén dilucidando los mismos hechos que están siendo objeto de comprobación inspectora, la ley no impone a la Administración la obligación de paralizar su procedimiento, por lo que este puede continuar hasta su finalización mediante el oportuno acto de liquidación. No obstante, dicha liquidación tiene carácter provisional dado que la instrucción judicial puede poner de manifiesto circunstancias no descubiertas por la Inspección durante la tramitación de su procedimiento por ser sus facultades más limitadas que las del órgano jurisdiccional. Si, efectivamente, en el

curso de dicha instrucción judicial resultan acreditados hechos distintos de los que motivan la liquidación practicada por la Inspección, esta puede ser rectificada o completada sin necesidad de acudir a un procedimiento especial de revisión atendiendo a su carácter de liquidación provisional. Ver ejemplo en el nº 4548.

4536 **b)** Cuando no haya sido posible finalizar la comprobación por no haberse obtenido los **datos solicitados a terceros o** por no haberse recibido los datos, informes, dictámenes o documentos que hayan sido solicitados **a otra Administración**.
En el curso del procedimiento de inspección, una de las principales facultades de la Inspección de los tributos para obtener los datos necesarios para comprobar la situación tributaria del obligado es requerir dichos datos a las personas o entidades que hayan realizado con el obligado tributario las operaciones con trascendencia tributaria objeto de comprobación. También es posible que sea necesaria la solicitud de información a otras Administraciones.
En numerosas ocasiones es difícil estimar el **plazo** en que la información requerida va a ser obtenida por la Inspección o, incluso, si dicha información va a obtenerse finalmente.
En estos casos, el procedimiento de inspección finaliza mediante la práctica de la oportuna liquidación, si bien la LGT y el RGGI califican esta liquidación como provisional, con el objeto de que pueda ser rectificada o completada si finalmente se obtienen los datos requeridos en tanto no haya prescrito el derecho de la Administración para liquidar.
La calificación de la liquidación como provisional solo debería producirse en aquellos casos en los que sea previsible obtener la información requerida del tercero o de otras Administraciones una vez dictada la liquidación. Para ello, la Administración debería **reiterar los requerimientos** realizados e iniciar el correspondiente procedimiento sancionador si dichos requerimientos no son atendidos. Sería discutible, a título de ejemplo, calificar una liquidación como provisional cuando el tercero que no ha atendido el requerimiento está ilocalizable o, tratándose de una sociedad, se ha extinguido y no se localizan a sus sucesores.

4538 **c)** Cuando el objeto del procedimiento de inspección sea comprobar la procedencia de la **devolución** derivada de la normativa propia de cada tributo que haya sido solicitada por el obligado tributario, siempre que las actuaciones inspectoras se hayan limitado a verificar que el contenido de la autoliquidación se ajusta formalmente a la contabilidad, registros o justificantes contables o extracontables del obligado tributario (RGGI art.178.3.c).
La normativa contempla dos supuestos distintos en los que las actuaciones inspectoras tienen alcance parcial (LGT art.148):
- cuando no afecten a la totalidad de los elementos de la obligación tributaria en el período objeto de comprobación;
- en los supuestos señalados reglamentariamente.
Entre estos supuestos se incluyen las actuaciones que tengan por objeto la comprobación de una solicitud de devolución, siempre que dichas actuaciones se limiten a verificar que el contenido de la **autoliquidación** se ajusta formalmente a la contabilidad, registros o justificantes contables o extracontables del obligado tributario.
Las liquidaciones practicadas como consecuencia de estas actuaciones inspectoras de alcance parcial tienen carácter provisional, pudiendo ser sustituidas con posterioridad o completadas por las liquidaciones que se dicten en un procedimiento de inspección posterior en el que se compruebe en profundidad la situación tributaria del obligado.
Estas actuaciones de alcance parcial en las que se limitan las facultades de comprobación de la Inspección de los tributos solo pueden tener por objeto la verificación de solicitudes de devolución derivadas de la normativa propia de los distintos tributos. Se trata de **comprobaciones de carácter formal**, al limitarse la Inspección de los tributos a verificar que lo declarado por el obligado tributario coincide con lo reflejado en la contabilidad, en los distintos registros exigidos por la norma fiscal o en los justificantes, fundamentalmente facturas, que respalden dichas anotaciones. Son actuaciones similares a las desarrolladas por los órganos de gestión en los procedimientos de comprobación limitada, pero que se encuadran en un procedimiento de inspección.

4544 **d)** Cuando las liquidaciones se practiquen como consecuencia de actuaciones de comprobación e investigación desarrolladas por los servicios de intervención en materia de **impuestos especiales**.
Como resultado de los controles practicados por la Intervención permanente puede regularizase el tratamiento tributario de las operaciones concretas objeto de control bajo este régimen.

4546 Precisiones Los supuestos en los que la liquidación es provisional por no haber sido posible una comprobación definitiva de los distintos elementos de la obligación tributaria son **supuestos tasados**. Por eso, no es suficiente señalar en la liquidación que no ha sido posible esa comprobación definitiva, sino que ha de señalarse claramente las **circunstancias** que concurren en el expediente de las recogidas en la normativa y que permiten calificar la liquidación como provisional. Si, recurrida la liquidación, los tribunales consideran que dichas circunstancias no están acreditadas, no determina la anulación de la liquidación, sino simplemente su consideración como liquidación definitiva.

Ejemplo La Inspección de los tributos inicia actuaciones respecto a los obligados tributarios A, S.A., B, S.A. y C, S.A. para comprobar el IVA de los cuatro trimestres del ejercicio X0. 4548

En el curso de dichas actuaciones se verifica que las tres entidades conforman una trama con el objeto de defraudar a la Hacienda Pública mediante la obtención indebida de devoluciones por el IVA.

Se remiten las actuaciones al Ministerio Fiscal por entender que existe un posible delito contra la Hacienda Pública absteniéndose de practicar liquidación debido a que se produce una de las circunstancias previstas en la LGT art.251, pero este decide devolver el expediente relativo a A, S.A. al no apreciar respecto a este obligado tributario indicios de delito.

El procedimiento inspector relativo a la comprobación del IVA de A, S.A. continúa hasta su terminación mediante la oportuna liquidación.

No obstante, dado que el juez está analizando las operaciones realizadas por B, S.A. y C, S.A., incluidas las realizadas con A, S.A., la liquidación que se dicta en el procedimiento inspector que debe continuar por haber devuelto el expediente el Ministerio Fiscal es provisional con el objeto de poder ajustarla a los nuevos hechos o circunstancias que, en su caso, se reflejen en la resolución o sentencia judicial que finalmente se dicte en el proceso penal seguido frente a B, S.A. y C, S.A.

La misma situación se produciría cuando se remiten al Ministerio Fiscal o a la Jurisdicción competente solo las actuaciones relativas a un concepto impositivo (IS, por ejemplo) y no a otro (IVA), por no superar la cuota estimada para este último los 120.000 €. Si de la instrucción penal resultan hechos que afectan directamente a la comprobación del IVA, la liquidación que se haya practicado puede ser rectificada para tener en cuenta estos hechos.

Referencia solo a parte de los elementos de la obligación tributaria comprobados (LGT art.101.4.b; RGGI art.190.4) Se trata de una serie de supuestos en los que, pese a tratarse de liquidaciones dictadas en el curso de un procedimiento de inspección de **alcance general**, tienen carácter provisional por referirse solo a parte de los elementos de la obligación tributaria comprobados. 4550

Estos supuestos, en los que siempre existe **más de una liquidación** referida a la misma obligación tributaria, siendo al menos una de ellas de carácter provisional, son los siguientes:

a) Cuando el **acuerdo** con el obligado tributario por el que se concretan la aplicación de conceptos jurídicos indeterminados, se aprecian los hechos determinantes de la obligación tributaria o se realizan estimaciones, valoraciones o mediciones de elementos relevantes para la obligación tributaria, no incluya la totalidad de los elementos que son regularizados en el curso del procedimiento de inspección. 4552

En estos casos se formaliza un **acta con acuerdo** en la que se incluye propuesta de liquidación referida a los elementos de la obligación tributaria a los que se refiere el acuerdo y un acta de conformidad o disconformidad en la que se incluyen todos los elementos de la obligación tributaria que son regularizados (nº 4336).

La liquidación propuesta en el acta con acuerdo tiene carácter provisional dado que debe integrarse en la liquidación definitiva que finalmente se dicte mediante la que se regularicen la totalidad de los elementos de la obligación tributaria objeto del procedimiento de inspección.

b) Cuando la **conformidad** del obligado tributario no se refiera a toda la propuesta de regularización formulada por la Inspección de los tributos. 4554

Al igual que en el supuesto anterior, en este caso se formaliza un **acta de conformidad** en la que se incluyen los elementos de la obligación tributaria cuya regularización acepta el obligado tributario y un **acta de disconformidad** en la que se incluyen la totalidad de los elementos de la obligación tributaria que son regularizados.

La liquidación propuesta en el acta de conformidad es provisional al incluirse en la que simultáneamente se propone con carácter definitivo en el acta de disconformidad (nº 4366).

c) Cuando se haya planteado un supuesto de **conflicto en la aplicación de la norma** y no constituya el objeto único de la regularización. 4556

Las circunstancias que determinan la posible existencia de un conflicto en la aplicación de la norma (LGT art.15) pueden no afectar a la totalidad de los elementos de la obligación tributaria que está siendo comprobada en el curso de un procedimiento de inspección.

Si como consecuencia de estas actuaciones de comprobación e investigación se pone de manifiesto que existen **otros elementos** de la obligación tributaria que deban ser regularizados, distintos de aquellos en los que se aprecie un posible conflicto en la aplicación de la norma, puede

formalizarse un acta -con acuerdo, de conformidad o disconformidad, según proceda- en la que se proponga la regularización de estos elementos de forma separada a los afectados por la declaración de dicho conflicto (LGT art.159.5).
En este caso, la liquidación propuesta en esta acta es provisional al tener que incluirse en la que finalmente se dicte una vez se determine la existencia o no de conflicto en la aplicación de la norma.

4558 **d)** Cuando las actuaciones de comprobación e investigación finalicen en relación con parte de los elementos de la **obligación tributaria**, siempre que esta pueda ser **desagregada**.
Durante el desarrollo de un procedimiento de inspección puede ocurrir que las actuaciones instructoras relativas a los distintos elementos que integran la obligación tributaria no finalicen de forma simultánea.
La **complejidad** de determinados elementos de la obligación tributaria, la **falta de colaboración** del obligado tributario o de terceros, pueden determinar que sea necesario prolongar el procedimiento de inspección, aunque ya existen otros elementos de la obligación tributaria que han sido verificados y que pueden ser regularizados de forma separada.
En este caso, puede dictarse una liquidación en la que se regularicen estos elementos, continuando el procedimiento de inspección hasta que finalice de forma completa la comprobación. Esta liquidación es provisional por tratarse de una regularización parcial que debe completarse mediante la liquidación que finalmente se dicte una vez comprobados todos los elementos de la obligación tributaria.

4560 **e)** Cuando se realice una **comprobación de valores** de la que resulte una deuda a ingresar y en el mismo procedimiento de inspección se regularicen otros elementos de la misma obligación tributaria (nº 5135 s.).
Las actuaciones de comprobación de valores realizadas en el curso de un **procedimiento de inspección** deben ajustarse a lo dispuesto en los artículos de la LGT y el RGGI en los que se regula el procedimiento de comprobación de valores y la tasación pericial contradictoria, con las únicas especialidades del plazo de duración y de las facultades que pueden ejercerse en dichas actuaciones que son los propios del procedimiento de inspección.
Cabe, por tanto, promover la **tasación pericial contradictoria** como medio de corrección del valor fijado por la Inspección en el plazo de un mes desde la notificación de la liquidación efectuada de acuerdo con los valores comprobados administrativamente (nº 5150).
La presentación de la solicitud de tasación pericial contradictoria tiene importantes **efectos**:
- la suspensión de la ejecución de la liquidación;
- la suspensión del plazo para interponer recurso o reclamación contra la misma;
- la suspensión del plazo para iniciar el procedimiento sancionador que, en su caso, se derive de la liquidación o, si este se había iniciado, del plazo máximo para la terminación del procedimiento sancionador; y
- si la sanción ya se hubiera impuesto y como consecuencia de la tasación pericial contradictoria se dictara una nueva liquidación, se anula la sanción y se impone otra teniendo en cuenta la nueva liquidación.

La liquidación derivada exclusivamente de la comprobación de valores es provisional, al tener que integrarse en la liquidación que finalmente se dicte por la totalidad de los elementos de la obligación tributaria que son objeto de regularización.
No obstante, solo se permite esta liquidación provisional, referida únicamente a los valores comprobados administrativamente, cuando de la misma resulte una **deuda a ingresar** (RGGI art.190.4.c).
En aquellos casos en que existan **otros elementos** de la obligación tributaria que son objeto de regularización, distintos de los regularizados como consecuencia de las actuaciones de comprobación de valor, estos últimos han de regularizarse en una liquidación separada, con el objeto de que si el obligado tributario decide promover la tasación pericial contradictoria, la **suspensión** automática de la deuda que derive de la misma y el plazo para su impugnación afecte únicamente a la regularización practicada como consecuencia de la comprobación de valores. La liquidación que integre la totalidad de la regularización también tendrá el carácter de provisional, pero únicamente a los efectos de tener en cuenta las consecuencias que de la comprobación de valores puedan resultar en esta liquidación.
Si de la liquidación resulta una cantidad **a devolver**, la liquidación es única aunque la regularización no se refiera solo a la comprobación de valores. En estos casos, si el obligado tributario no está de acuerdo con el valor comprobado y decide promover la tasación pericial contradictoria, se suspende el **plazo** para ingresar la deuda liquidada y para interponer recurso o reclamación, aunque la tasación afecte solo parcialmente a la liquidación.

f) Cuando por un mismo concepto y periodo existan elementos en los se aprecie **delito** contra la Hacienda pública y otros que no, se deben dictar dos liquidaciones, una vinculada a delito y otra liquidación derivada del acta de inspección. Ambas liquidaciones tienen carácter provisional (nº 4572 y nº 7590). **4564**

Precisiones **1)** La LGT define estos supuestos de liquidaciones provisionales como aquellos en los que procede formular distintas propuestas de liquidación en relación con **una misma obligación tributaria**. No obstante, la regularización completa de la obligación tributaria no se produce por agregación de distintas liquidaciones parciales sino que en todos estos supuestos, junto con la liquidación provisional referida a parte de los elementos de la obligación tributaria, existe una **liquidación** normalmente de carácter **definitivo** (sin perjuicio de que pueda ser provisional, si se trata de actuaciones de alcance parcial o si concurre alguna de las circunstancias señaladas en el nº 4514 s.) practicada simultáneamente o con posterioridad a la liquidación provisional en la que se regularizan la totalidad de los elementos de la obligación tributaria, incluidos los recogidos en la liquidación provisional. Se exceptúan aquellos supuestos en los que la inspección realice una **comprobación de valores** con deuda a ingresar que no suponga el único elemento a regularizar; la segunda liquidación en la que se tengan en cuenta todos los elementos de la obligación tributaria también será provisional. **4566**

2) En esta liquidación se cuantifica de forma completa la **cuota tributaria**, si bien para determinar la cantidad a ingresar por el obligado tributario como consecuencia de la misma hay que deducir tanto la cuota autoliquidada, en su caso, por el obligado tributario, como la resultante de la liquidación provisional dictada previa o simultáneamente en la que se regularizan solo parte de los elementos de la obligación tributaria.

3) Estas liquidaciones provisionales son **liquidaciones parciales** (nº 4506) dictadas en un procedimiento de inspección de alcance general que, precisamente por su alcance general, no finaliza hasta que no se dicte la liquidación definitiva en la que se integra la liquidación provisional.

4) La Administración solo está obligada a **desagregar** parte de los elementos del **hecho imponible**, dictando, en consecuencia, una liquidación de carácter provisional, en el supuesto en que el acuerdo o la conformidad no se refiera a la totalidad de la obligación tributaria regularizada.

5) Aunque en la liquidación definitiva que ponga término al procedimiento inspector, se integren los elementos regularizados en la liquidación provisional, se trata de **dos liquidaciones distintas**, con sus respectivos plazos de recurso o reclamación y de ingreso de la deuda tributaria resultante de los mismos.

6) Los distintos supuestos previstos reglamentariamente son liquidaciones provisionales porque solo afectan a determinados elementos de la obligación tributaria. Son, en este sentido, liquidaciones parciales que deben ser completadas por otra liquidación posterior en la que se integran (nº 4507). El actuario puede, incluso, proponer de forma simultánea la liquidación provisional parcial y la liquidación definitiva en la que aquella se integra. Así, en los supuestos de **acuerdo o conformidad parcial**, normalmente en la misma fecha en que se formaliza el acta de conformidad o con acuerdo de la que deriva la liquidación provisional, se formaliza el acta de disconformidad en la que se propone la regularización completa de la situación tributaria del obligado tributario mediante una liquidación definitiva. Las liquidaciones derivadas de las actas no coinciden en el tiempo por los diferentes trámites que siguen unas y otras, pero la liquidación definitiva que ponga término al procedimiento de inspección no se demora mucho respecto a la liquidación provisional. Una vez dictada la liquidación definitiva, ya no puede practicarse una nueva liquidación por la misma obligación tributaria.

Ejemplo Durante el desarrollo de un procedimiento de inspección en el que se comprueba el IVA del primer trimestre del año X0 de la entidad A S.A., se verifica que existen determinadas entregas de bienes y prestaciones de servicios que no han sido declaradas por el obligado tributario, así como cuotas soportadas que la Inspección considera no deducibles. **4568**

La determinación del importe de una de dichas entregas de bienes no declaradas está pendiente de que el cliente aporte la factura y los justificantes de los medios de pago empleados.

No obstante, al haber sufrido este último un incendio en sus oficinas, solicita un aplazamiento de un mes para atender el requerimiento de la Inspección.

En este caso, dado que las actuaciones de comprobación e investigación han concluido en relación con los demás elementos de la obligación tributaria, puede dictarse una liquidación provisional por estos, sin perjuicio de que el procedimiento de inspección deba continuar hasta que finalice de forma completa la comprobación.

Teniendo en cuenta los siguientes datos:

Autoliquidado:

IVA devengado	2.000,00
IVA deducible	1.000,00
Ingresado	1.000,00

Cuotas devengadas por las entregas de bienes y prestaciones de servicios no declaradas y comprobadas definitivamente: 500,00.

Cuotas soportadas no deducibles: 200,00.

4570 La liquidación provisional es la siguiente:

IVA devengado	2.500,00
IVA deducible	(800,00)
A ingresar	1.700,00
Ingresado autoliquidación	(1.000,00)
A ingresar liquidación provisional	700,00

Una vez que se compruebe finalmente el importe de la operación pendiente del requerimiento de obtención de información, se debe dictar la liquidación definitiva referida a la totalidad de los elementos de la obligación tributaria. Si el importe finalmente comprobado asciende a 300, dicha liquidación definitiva sería la siguiente:

IVA devengado	2.800,00
IVA deducible	(800,00)
A ingresar	2.000,00
Ingresado autoliquidación	(1.000,00)
Ingresado liquidación provisional	(700,00)
A ingresar liquidación definitiva	300,00

Si el obligado tributario no acepta ninguno de los elementos regularizados, debe **recurrir la liquidación** provisional y la definitiva en sus respectivos plazos. De esta forma, si no interpone recurso o reposición contra la liquidación provisional en el plazo de un mes computado desde el día siguiente a su notificación, esta liquidación deviene firme, sin que cuando se notifique la liquidación definitiva, se abra un nuevo plazo de recurso en lo relativo a los elementos regularizados en la liquidación provisional.

c. Delito contra la Hacienda Pública

(LGT art.101.4.c y 250.2)

4572 En aquellos casos en que se aprecie **indicios** de delito contra la Hacienda Pública, la Administración continúa la tramitación del procedimiento y procede a dictar liquidación de los elementos de la obligación tributaria objeto de comprobación, separando aquellos elementos que se encuentren vinculados con el posible delito contra la Hacienda Pública de aquellos que no lo estén. La liquidación vinculada a delito es en todo caso provisional (nº 7738.1 s.).

Precisiones Por lo tanto, cuando por un mismo concepto y periodo existan **elementos** en los que se aprecie delito contra la Hacienda pública y otros en los que no, se deben dictar dos liquidaciones, una vinculada a delito y otra liquidación derivada del acta de inspección. Ambas liquidaciones serán provisionales, tanto la liquidación vinculada a delito (LGT art.101.4.c)), como la liquidación que se derive del acta de inspección (RGGI art.190.4.d).

C. Liquidación de los intereses de demora

(LGT art.26, 31 y 32; RGGI art.191)

4575 El interés de demora es exigible, entre otros supuestos, cuando finalice el plazo establecido para la presentación de una **autoliquidación** sin que haya sido presentada o cuando haya sido presentada incorrectamente.

Por eso, las liquidaciones dictadas en el seno del procedimiento de inspección mediante las que se regulariza la situación tributaria del obligado tributario incluyen, además de la determinación de la **cuota tributaria**, la cuantificación de los intereses de demora devengados.

En esta cuantificación debe especificarse las **bases** de cálculo sobre las que se aplican los tipos de interés de demora (nº 4577), los **tipos** de interés y las **fechas** de comienzo y finalización de los períodos de devengo (nº 4581 s.).

Asimismo se va a analizar el caso en que los intereses de demora se devengan por resultar una cantidad a devolver (nº 4592 s.).

Precisiones 1) El devengo de los intereses de demora a cargo de la Hacienda Pública comienza desde que se **notifica la resolución judicial** que condena en primera instancia al pago de cantidad líquida, sin perjuicio de que el momento de la exigibilidad de dichos intereses sea el de firmeza de dicha sentencia (TCo 209/2009).

2) No existe norma tributaria que reconozca el derecho al abono de intereses sobre intereses a favor del particular. El **anatocismo** es una figura excepcional, que debe estar expresamente prevista para poder ser aplicada (TEAC 28-2-13).

Base y tipo (LGT art.26.3 y 6) La base de cálculo del interés de demora es el **importe no ingresado** en plazo o la cuantía de la **devolución** cobrada improcedentemente. **4577**

En cuanto al tipo de interés, es el establecido en la **Ley de Presupuestos Generales** del Estado. Si esta ley no fija el tipo del interés de demora, es el interés legal del dinero incrementado en un 25%. En los dos casos, el tipo del interés de demora es el vigente en cada momento a lo largo del período en el que resulte exigible.

Fecha de comienzo del período de devengo La fecha de comienzo del período de devengo es el día siguiente a la finalización del plazo de presentación de la **declaración o autoliquidación**, en los casos de falta de ingreso, y el día en que se obtuvo la **devolución**, en los casos en los que se haya cobrado improcedentemente una devolución. **4581**

Fecha de finalización del período de devengo (RGGI art.191.2) La fecha de finalización del período de devengo es el día en que se dicte o se entienda dictada la **liquidación**. **4583**

En el momento en que se formalizan las actas no se conoce necesariamente esta fecha, por lo que se regula la fecha final de cómputo que ha de tenerse en cuenta para la propuesta de liquidación de los intereses de demora, distinguiendo en función del **tipo de acta** formalizada:

a) Actas **con acuerdo**. Los intereses de demora se calculan hasta el día en que debe entenderse dictada la liquidación, que es al día siguiente de la finalización del plazo de 10 días contados desde el siguiente a la fecha del acta.

b) Actas de **conformidad**. Los intereses de demora se calculan hasta el día en que debe entenderse dictada la liquidación, que es el día siguiente de la finalización del plazo de un mes contado desde el día siguiente a la formalización del acta.

c) Actas de **disconformidad**. Los intereses de demora se calculan hasta la conclusión del plazo establecido para formular alegaciones, que es 15 días contados desde el siguiente a la fecha del acta.

Estas fechas de finalización del período de devengo de los intereses de demora pueden no coincidir con la **liquidación** por ser esta anterior (liquidaciones derivadas de actas con acuerdo o de conformidad) o posterior (liquidaciones derivadas de actas de conformidad o de disconformidad). En este caso, en el acto de liquidación debe corregirse el cálculo de los intereses de demora fijando como fecha final del período de devengo la fecha de la liquidación.

Cuando la liquidación que ponga término al procedimiento de inspección se dicte una vez transcurrido el **plazo máximo** de duración del mismo, el cálculo de los intereses de demora se realiza tomando como fecha final del período de devengo la fecha del final de dicho plazo máximo de duración (LGT art.150.6.c).

Precisiones Debe precisarse que, de una correcta interpretación del RGGI art.191, puede concluirse que el cómputo del interés de demora en las liquidaciones derivadas de **actas de disconformidad** se ha de extender hasta la fecha en que se dicte la liquidación y no hasta la fecha de finalización del plazo de alegaciones. Por lo tanto, el RGGI art.191.1 contiene la norma para el cómputo del interés de demora exigible al practicar la liquidación tributaria tras el procedimiento inspector; mientras que el RGGI art.191.2 contiene la norma para el cálculo de los intereses de demora devengados que, a modo de anticipo, habría que incluir en la elaboración de la propuesta contenida en el acta (TEAC 15-9-10; 8-3-11).

Ejemplo El 1 de julio de X se formaliza un acta de conformidad por el IRPF del ejercicio X-2. **4585**

De la liquidación propuesta en el acta resulta una cuota a ingresar de 1.000 €. En el acta se incluye la siguiente propuesta de liquidación de los intereses de demora:

Base de cálculo: 1.000 €.

Fecha inicio devengo: Día siguiente a la finalización del plazo de presentación de la autoliquidación del IRPF X-2: 1 de julio de X-1.

Fecha final devengo: Día en el que se entiende dictada la liquidación (día siguiente a la finalización del plazo de un mes contado desde el día siguiente a la firma del acta): 2 de agosto de X.

Tipo de interés: suponemos que entre el 1 de julio y el 31 de diciembre de X-1 el tipo de interés fue del 4,375%, y entre el 1 de enero y el 2 de agosto de X, del 3,75%.

Cálculo de intereses de demora en el acta: (1.000 × 4,375% × 184/365) + (1.000 x 3,75% × 215/366) = 44,08.

La cuantificación de los intereses de demora en la liquidación depende de la fecha en que esta se produzca.

Así, si el inspector jefe:

- Dicta liquidación expresa conforme a la propuesta contenida en el acta el 15 de julio de X. El cálculo de los intereses de demora en esta liquidación debe tomar como fecha final de devengo esta última y no el 2 de agosto de X.
Cálculo de intereses de demora en la liquidación: (1.000 × 4,375% × 184/365) + (1.000 × 3,75% × 197/366) = 42,23.

- Notifica al obligado tributario el 15 de julio de X que existe en la propuesta una indebida aplicación de la norma, dictando la liquidación conforme a la nueva propuesta el 15 de septiembre de X. En esta liquidación el cálculo de los intereses de demora debe tomar como fecha final de devengo el 15 de septiembre de X y no el 2 de agosto de X.
Cálculo de intereses de demora en la liquidación: (1.000 × 4,375% × 184/365) + (1.000 × 3,75% × 259/366) = 48,59.

4592 **Cantidad a devolver** (RGGI art.191.4) Si de la liquidación dictada en el procedimiento de inspección resulta una cantidad a devolver, la liquidación de los intereses de demora varía en función de la **naturaleza de la devolución** reconocida en dicha liquidación.

4593 **Devolución de ingresos indebidos** (LGT art.32) Los intereses de demora se calculan sobre la **cantidad indebidamente ingresada**, desde la fecha en que se haya realizado el ingreso indebido hasta la fecha en la que se practica la liquidación.
Una vez ordenado el pago de la devolución, se realiza una **liquidación** de intereses de demora **complementaria** hasta la fecha en que se produce dicha orden.
En relación con el cómputo de los intereses, con carácter general, no se computan en el procedimiento las dilaciones por causa no imputable a la Administración. Igualmente, en el caso particular de que se acuerde la devolución en un procedimiento de inspección, no se computan los periodos de no actuación solicitados por el obligado tributario (LGT art.150.4), ni los periodos de extensión como consecuencia de incumplimientos o retrasos del obligado tributario en la aportación de documentación (LGT art.150.5).

Precisiones **1)** Cuando lo que motiva los excesivos **pagos fraccionados** no es la mecánica del Impuesto, sino el erróneo cálculo de la base para determinar los mismos, estos pagos se califican como ingresos indebidos, generando intereses de demora desde que se producen, es decir, desde la fecha del pago fraccionado (TEAC 22-9-21).
2) Un pago fraccionado debidamente autoliquidado en aplicación de las normas reguladoras del impuesto es indebido cuando proceda su devolución, si la autoliquidación del ejercicio arroja una cuota inferior a lo así pagado, como consecuencia del recálculo del deterioro de los valores en las participadas, reconocido por la Administración en el marco de actuaciones inspectoras. Esta **devolución del ingreso excesivo**, hecho en el momento del **pago fraccionado**, se rige, en cuanto al devengo de intereses, por la LGT art.32 (TS 31-5-24, EDJ 578424).
3) A las devoluciones que deriven de **ajustes temporales** liquidados por la propia Administración ha de darse un tratamiento igual al de las devoluciones de ingresos indebidos, debiendo generar intereses desde la finalización del plazo para la presentación de la autoliquidación, ya que el supuesto de hecho no encaja con las devoluciones derivadas de la normativa del tributo de la LGT art.31 (TS 5-7-15, EDJ 295086).
4) La cantidad que se devuelve en virtud de la **rectificación de una autoliquidación** -corolario de unas actuaciones inspectoras que finalización con la suscripción de un acta con acuerdo en la que se reconoce una deducción no aplicada por el contribuyente-, devenga intereses de demora desde el fin del plazo de presentación de la autoliquidación, puesto que nos encontramos con la devolución de un ingreso indebido (TS 28-1-21, EDJ 504571).
5) A los efectos de la devolución de los ingresos indebidos (LGT art.32), materializada en una cantidad consistente en los intereses devengados entre la fecha en que se efectuó el ingreso de los pagos fraccionados -en virtud de la LIS disp.adic.14ª declarada inconstitucionalidad por el TCo 78/2020- y la de su devolución (intereses de demora), la Administración tributaria abonará el **interés** de esa cantidad (**de los intereses de demora**), desde la fecha en que se hubiese realizado el ingreso indebido hasta la fecha en que proceda a su pago, con independencia de que, con anterioridad a la fecha de la expresada sentencia hubiera devuelto los pagos fraccionados mínimos (principal) por la mecánica propia del impuesto (LGT art.31), al resultar la liquidación inferior a lo ingresado (TS 13-5-24, EDJ 566144).

4594 **Devolución derivada de la normativa propia del tributo** (LGT art.31; RGGI art.125.2 y 4 -redacc RD 249/2023-) Los intereses de demora se calculan sobre el importe de la devolución solicitada en la **autoliquidación**, desde la fecha en que se produzca el transcurso de seis meses desde la presentación de la autoliquidación hasta la fecha en la que se practica la liquidación.
Una vez **ordenado el pago** de la devolución se realiza una liquidación de intereses de demora complementaria hasta la fecha en que se produce dicha orden.
Cuando en este tipo de devoluciones, como consecuencia de las actuaciones inspectoras se reconozca una **mayor devolución** que la solicitada por el obligado tributario en su autoliquidación, el límite de la base de cálculo de los intereses de demora es la cantidad solicitada.
Este **límite** se recoge reglamentariamente de forma expresa, si bien puede deducirse de lo dispuesto en la LGT, a cuyo tenor el abono de intereses de demora por las mayores devoluciones derivadas de la normativa propia de cada tributo que resulten de las solicitudes de rectificación de autoliquidaciones o autoliquidaciones rectificativas presentadas por el obligado tributario,

solo procede si no se ordena el pago de dicha devolución en el plazo de seis meses contado desde la presentación de la solicitud de rectificación o autoliquidación rectificativa (LGT art.120.3 redacc L 13/2023).
En relación con el **cómputo** de los intereses, no se computan las dilaciones en el procedimiento por causa no imputable a la Administración. Igualmente, en el caso en que se acuerde la devolución en un procedimiento de inspección, no se computan los periodos de no actuación solicitados por el obligado tributario (LGT art.150.4), ni los periodos de extensión como consecuencia de incumplimientos o retrasos del obligado tributario en la aportación de documentación (LGT art.150.5).

Precisiones 1) Si se **regularizan distintos ejercicios** o períodos de declaración en un **mismo acto administrativo** y en unos resultan cantidades a ingresar y en otros a devolver, el cálculo de los intereses de demora debe hacerse de forma separada por cada cuota a ingresar o devolución reconocida, sin perjuicio de que el importe total a ingresar resultante de la liquidación se determine mediante la suma algebraica de las cantidades correspondientes a los distintos períodos o ejercicios. **4596**
2) En el **IRNR**, las **devoluciones** solicitadas sobre la base de la improcedencia de la cuantía retenida constituyen devoluciones derivadas de la normativa, generando, la falta de respuesta de la Administración, un crédito a favor del solicitante (silencio positivo). El Tribunal Supremo, ante la falta de pronunciamiento de la Administración, reconoce el derecho del contribuyente a utilizar la **vía de la inactividad** prevista por la norma contenciosa (LJCA art.29 -ejecución de actos-) para materializar la devolución (TS 4-3-22, EDJ 525102).
3) Los periodos de **interrupción justificada** y las **dilaciones** en el procedimiento de inspección por causa no imputable a la Administración tributaria se han de tomar en cuenta en la fijación del «dies ad quem» o fecha de finalización del periodo de devengo de los correspondientes intereses de demora (TS 15-7-21, EDJ 640692).
4) En el caso de **devoluciones** derivadas de la normativa de cada tributo reconocidas en el seno del procedimiento inspector, **sin previa solicitud** del obligado tributario (ya sea con su autoliquidación o con una solicitud de rectificación de autoliquidación), no procede abonar intereses de demora sobre el importe de las devoluciones que se acuerde (TEAC 17-2-10).

IV. Otras formas de terminación del procedimiento de inspección

(RGGI art.189)

El objeto del procedimiento de inspección es comprobar e investigar el adecuado cumplimiento de las obligaciones tributarias procediendo en el mismo, en su caso, a la **regularización** de la situación tributaria del obligado mediante la práctica de una o varias liquidaciones (LGT art.145). **4600**
La **liquidación** es, por tanto, la forma normal de terminación del procedimiento inspector, tanto si en el mismo se procede a regularizar la situación tributaria del obligado por haber detectado algún incumplimiento, como si se declara correcta la misma, coincidiendo en este último caso la liquidación practicada por la Administración con la reflejada por el obligado tributario en su autoliquidación.
No obstante, cuando el objeto del procedimiento de inspección es la comprobación de una **obligación tributaria formal**, así como en las actuaciones de comprobación e investigación relativas al régimen de **tributación consolidada** del IS desarrolladas con las entidades dependientes (nº 4610), la forma normal de terminación del procedimiento de inspección no es la liquidación. Finalmente se van a analizar otras formas excepcionales de terminación del procedimiento (nº 4612 s.).

Obligaciones tributarias formales (RGGI art.189.1 y 5) Las obligaciones tributarias formales son aquellas que no tienen carácter pecuniario y, por tanto, no pueden ser cuantificadas mediante una liquidación (LGT art.29). **4607**
En estos casos el procedimiento de inspección finaliza mediante:
• El **acto de alteración catastral**. Cuando se compruebe la correcta presentación por los obligados tributarios de las declaraciones catastrales, si en el curso del procedimiento de inspección se detecta algún incumplimiento, este finaliza mediante al acto de alteración catastral dictado por el órgano competente por el que se incorporan bienes inmuebles al catastro o se altera la descripción de los bienes ya incorporados (nº 220 s.).
• **Diligencia o informe**, cuando se comprueben otras obligaciones formales o, en el caso de la verificación de las declaraciones catastrales, cuando no se detecte en las mismas ningún incumplimiento.

El procedimiento inspector dirigido a la verificación del adecuado cumplimiento de una obligación tributaria formal finaliza mediante una diligencia en la que se reflejan los **hechos** que hayan sido comprobados durante el desarrollo del procedimiento a la que se acompaña, en su caso, un **informe** en el que se valoran jurídicamente dichos hechos.
Si en dichos documentos se pone de manifiesto el indebido cumplimiento de la obligación tributaria formal, se incorporan al procedimiento sancionador que debe iniciarse para imponer la **sanción** que, en su caso, corresponda, o se remite al órgano competente para dictar otros acuerdos de gestión tributaria, distintos de la liquidación, como puede ser la baja en el registro de operadores intracomunitarios o la revocación del NIF.

4610 **Tributación consolidada del IS y régimen de grupo de entidades IVA** (RGGI art.189.2)
La comprobación del IS en las entidades dependientes integradas en un grupo que tribute por el régimen de consolidación fiscal o del IVA en las entidades dependientes en régimen especial de grupo de entidades finaliza, en lo que se refiere a estos impuestos, mediante la formalización de una **diligencia** en la que se recogen los hechos puestos de manifiesto o comprobados en el curso del mismo relativos a la declaración individual presentada por cada entidad.
Esta diligencia se remite al equipo inspector que esté desarrollando las actuaciones inspectoras con la entidad representante, que es el que formaliza el **acta** del grupo por el IS de la que se deriva la correspondiente liquidación (nº 4624).

Precisiones 1) Con la **diligencia** formalizada a las **entidades dependientes** se pone término a las actuaciones relativas al IS o IVA, según el caso, realizadas con dichas entidades, pero el procedimiento inspector dirigido a verificar el **IS** de un grupo de entidades que tribute en régimen de consolidación fiscal o el IVA en régimen especial de grupo de entidades, no finaliza hasta que se dicta el acto de liquidación al grupo como contribuyente del IS o a la entidad dominante en el grupo de entidades de IVA.
2) Cuando se estén comprobando **otros conceptos tributarios**, distintos del IS en régimen de consolidación fiscal o del IVA en régimen de grupos, en las entidades dependientes, el procedimiento inspector debe finalizar mediante la oportuna liquidación.
3) Las diligencias en las que se recogen los resultados de la comprobación en las entidades dependientes, no solo contienen hechos, sino también, en numerosas ocasiones, calificaciones jurídicas. Estas diligencias sustituyen en cierta medida el acta que se formalizaría de haber tributado la entidad dependiente por el régimen general del impuesto.

4612 **Formas excepcionales de terminación del procedimiento** (RGGI art.189.3 y 4) Junto con estas formas normales de terminación del procedimiento de inspección existen otras formas que pueden ser calificadas como excepcionales, pues solo proceden cuando concurren determinadas **circunstancias** que impiden la práctica de la liquidación o la formalización de la oportuna diligencia o informe.

4614 **Inicio de un procedimiento de comprobación limitada** (RGGI art.189.3) Solo es posible esta forma de terminación cuando el objeto del procedimiento de inspección sea la comprobación e investigación de la aplicación de **métodos objetivos de tributación** y en el desarrollo del mismo se constate que no es aplicable el régimen de determinación de la base imponible utilizado por el obligado tributario por el incumplimiento de los requisitos establecidos en la normativa específica.
Si, de acuerdo con lo dispuesto en las normas de organización específica, la unidad que está tramitando este procedimiento solo puede actuar sobre obligados tributarios a los que resulten aplicables los métodos objetivos de tributación, no puede continuar el procedimiento inspector, pero sí puede ultimar dicha comprobación utilizando **otro procedimiento** para el que sea competente como es el procedimiento de comprobación limitada.
En este caso, dado que las facultades que pueden ejercerse en un procedimiento de inspección son más amplias que las reconocidas en el procedimiento de comprobación limitada, solo pueden incorporarse a este último los **documentos** y demás **pruebas** cuyo examen pueda realizarse de acuerdo con la normativa reguladora del procedimiento de comprobación limitada (RGGI art.101.6).

Precisiones Las **Unidades de Módulos** tienen competencias de gestión tributaria y de inspección respecto de todos los contribuyentes potencialmente sometidos a los regímenes de estimación objetiva, esto es, respecto de todos los contribuyentes que no incurren en causa de exclusión de tales regímenes, con independencia de que renuncien o no a ellos (AEAT Resol 19-2-04 -actualmente derogada por AEAT Resol 13-1-21-).
Para la aplicación de esta regla de atribución de competencias no es que el contribuyente esté tributando efectivamente por un **régimen de estimación objetiva**, sino que se encuentre dentro del ámbito de aplicación de dicho régimen por no estar incurso en ninguna causa de exclusión. Las Unidades de Módulos tendrán competencia en relación con dicho contribuyente durante todo el tiempo en que se encuentre dentro de dicho ámbito de aplicación, tanto si se ha producido la renuncia desde el inicio de la actividad como si ya han transcurrido varios ejercicios desde el

momento en que se produjo la renuncia. Quedan bajo la competencia de la Unidad de Módulos, por tanto, todos los renunciantes mientras en ellos se den los elementos que los mantengan incluidos en el ámbito de aplicación del correspondiente régimen de estimación objetiva (TEAC 24-5-18).

Acuerdo del órgano competente para liquidar (RGGI art.189.4) En el desarrollo de un procedimiento de inspección pueden ponerse de manifiesto **circunstancias excepcionales** que impidan formular una propuesta de liquidación relativa a la obligación tributaria que está siendo objeto de comprobación. **4616**

En estos casos, el equipo o unidad que esté tramitando el procedimiento debe emitir un **informe** en el que consten los hechos y las circunstancias que determinen esta forma de terminación del procedimiento y, si el órgano competente para liquidar está de acuerdo con lo señalado en este informe, el procedimiento finaliza mediante un acuerdo emitido por el mismo en el que se especifican dichos hechos y circunstancias y los fundamentos jurídicos de su decisión.

Los **supuestos** recogidos reglamentariamente a título de ejemplo son:

- Prescripción del derecho a determinar la deuda tributaria mediante la oportuna liquidación.
- Hechos no sujetos a la obligación comprobada.
- Obligado tributario no sujeto a la obligación comprobada.

CAPÍTULO 4

Disposiciones especiales del procedimiento inspector

4620

SECCIÓN 1

Actuaciones con grupos, personas o entidades vinculadas y entidades sin personalidad jurídica

4622

A. Actuaciones con entidades integradas en grupos fiscales

4624 Los grupos de entidades tienen la posibilidad, cumpliendo determinados requisitos, de tributar en el IS mediante el **régimen especial de consolidación fiscal** (LIS art.55 a 75; RIS art.47). Es un régimen **voluntario** en el que las entidades que integran el grupo fiscal no tributan por el régimen individual, sino de manera conjunta mediante una declaración-liquidación del IS consolidada, sin perjuicio de que siguen estando sujetas a la obligación de presentar su declaración del IS, pero sin ingresar la cantidad resultante, ya que el ingreso se efectúa de manera conjunta en la declaración consolidada. Se entiende por régimen individual de tributación el que correspondería a cada entidad en caso de no ser de aplicación el régimen de consolidación fiscal.

Se pueden distinguir dos **tipos** de grupos fiscales denominados:

a) Grupos fiscales **verticales**, cuando la entidad dominante es residente en territorio español. Se entiende por grupo fiscal el conjunto de entidades residentes en territorio español que tienen la forma de sociedad anónima, de responsabilidad limitada y comanditaria por acciones, así como las fundaciones bancarias, cuando cumplen determinados requisitos (LIS art.58). Por tanto, no comprende a otro tipo de formas jurídicas, como los casos de sociedad colectiva o de sociedad comanditaria simple.

b) Grupos fiscales **horizontales**, cuando la entidad con personalidad jurídica que tiene la consideración de entidad dominante (respecto de dos o más entidades dependientes) es no residente en territorio español y no resida en un país o territorio calificado como jurisdicción no cooperativa y se encuentre sujeta y no exenta a un Impuesto idéntico o análogo al Impuesto sobre Sociedades español. En ese caso, el grupo fiscal está constituido por todas las entidades dependientes que cumplan los requisitos previstos (LIS art.58.3).

En las **comprobaciones** de las entidades que tributan en consolidación fiscal se debe distinguir la comprobación del IS (nº 4635 s.) de la comprobación del resto de impuestos que afecten a las entidades del grupo (nº 4650), si bien previamente se van a analizar cuestiones comunes a ambos tipos de comprobación (nº 4625 s.).

Precisiones 1) Los grupos de sociedades se contemplan en la legislación mercantil a efectos de la formalización de **cuentas anuales** consolidadas (CCom art.42).

2) En base a la jurisprudencia comunitaria (TJUE 12-6-14, asuntos acumulados C-39/13, C-40/13 y C-41-13) se ha admitido la posibilidad de aplicar el régimen de consolidación fiscal a **grupos horizontales** en ejercicios iniciados antes del 1-1-2015 cuando la dominante es una entidad no residente, sin necesidad de cumplir el requisito de adopción del acuerdo de opción por el régimen con anterioridad al período impositivo en el que se va a aplicar por primera vez (TEAC 8-3-18).

3) Se entiende por **régimen individual de tributación** el que correspondería a cada entidad en caso de no ser de aplicación el régimen de consolidación fiscal (LIS art.55.2).
4) El **modelo de declaración-liquidación** del IS de los grupos fiscales es el modelo 220 (OM HAC/495/2024).
5) El ámbito de aplicación del régimen solo alcanza al IS, existiendo para el **IVA un régimen propio de grupo de entidades** (ver nº 4651 s.). Se trata de regímenes independientes, si bien se ha tratado de aproximar su regulación (nº 4654).
6) Para un estudio más amplio del **régimen y sus condiciones**, ver nº 6000 s. Memento Impuesto sobre Sociedades 2024.
7) Para obligados tributarios afectados por la **DANA**, ver nº 3337.

1. Cuestiones comunes

4625

4626 **Contribuyente y representante del grupo fiscal** (LIS art.56.1 y 2; RGGI art.59.5 y 195.1) Este régimen considera al grupo como contribuyente del impuesto. Aunque el grupo fiscal se considera el contribuyente en el IS, la ausencia de personalidad jurídica del grupo no le permite que cumpla por sí mismo con las obligaciones tributarias derivadas de este régimen, por lo que debe nombrarse a una de las entidades del grupo como **representante** legal del mismo para ejercer los derechos y cumplir las obligaciones del grupo con la Hacienda Pública.
La entidad representante del grupo fiscal es la entidad dominante si esta reside en territorio español (supuesto de grupos verticales), o la entidad del grupo fiscal que se designe cuando no exista ninguna entidad en territorio español que cumpla los requisitos para tener la consideración de dominante (supuesto de grupos horizontales), sin que en este caso exista ningún criterio de prevalencia en la elección de las distintas sociedades del grupo.
La **denominación** de entidad dominante y entidades dependientes solo son aplicables a los grupos fiscales verticales. Una denominación más genérica, que sirve tanto para los grupos verticales como horizontales, consiste en distinguir entre entidad representante y las entidades dependientes que no son representante del grupo.
En los grupos fiscales **horizontales**, en los casos de **falta de comunicación** de la entidad que ostenta la condición de representante del grupo la Administración tributaria puede considerar como representante a cualquiera de las entidades integrantes del mismo. Adicionalmente, la comunicación del **cambio de la entidad representante** una vez iniciado el procedimiento de comprobación no determina el cambio de órgano inspector actuante, si bien las actuaciones sucesivas relativas al grupo se entienden con la nueva entidad representante.
El representante del grupo fiscal es el que está sujeto al cumplimiento de las **obligaciones tributarias** materiales y formales que se derivan del régimen. Ver también el nº 5645.

Precisiones **1)** El grupo de sociedades no está legitimado para **intervenir en un procedimiento** abierto contra acta levantada a una sociedad del mismo, dado que no se deriva de modo directo e inmediato perjuicio alguno para el grupo en sí mismo (TS 20-11-07, EDJ 243133).
2) En general, el contribuyente del IS es la persona jurídica que obtiene las rentas, sin perjuicio de las excepciones legales establecidas para aquellas entidades que se les considera contribuyentes a pesar de no tener personalidad jurídica. El grupo fiscal no tiene personalidad jurídica, pero la norma expresamente lo considera sujeto pasivo del IS (LIS art.7 y 56).
3) Todas las entidades del grupo (dominante, si es residente, y dominadas) mantienen la condición de contribuyentes del IS respecto al cumplimiento de sus obligaciones tributarias derivadas del régimen individual de tributación por el IS. Por ello, están obligadas a **presentar su declaración individual del IS**, pero sin que de ello se derive el pago o devolución de la deuda tributaria que resulta de la autoliquidación practicada.

4627 **Responsable tributario** (LIS art.57; LGT art.42.1.a y 181.1.d) Se deben distinguir los siguientes **supuestos**:
a) Responsabilidad del pago de la **deuda tributaria consolidada**. Se establece una responsabilidad solidaria de todas las entidades del grupo respecto del pago de la deuda tributaria del mismo (cuota, recargos exigibles e intereses de demora). La razón es la ausencia de personalidad jurídica del grupo fiscal. Por eso, si la entidad representante no hace efectivo el pago de la deuda tributaria en plazo voluntario, la Administración tributaria puede dirigirse contra

cualquiera de las entidades que integran el grupo en el período impositivo del que deriva esa deuda, con independencia de la proporción de la base imponible que corresponda a esa entidad respecto de la base imponible consolidada.

b) Responsabilidad del pago de las **sanciones**. Corresponde a la entidad representante del grupo fiscal. No obstante, sería posible la responsabilidad solidaria de una entidad dependiente que no sea representante del grupo fiscal, si se demostrara que fue la causante o colaboró activamente en la realización de la infracción tributaria.

Precisiones **1)** La Administración tributaria podría llegar a **exigir el pago de la deuda tributaria del grupo a una entidad** del mismo que no haya generado deuda alguna en su régimen de tributación individual en ese período impositivo.

2) Procede exigir a la sociedad que fue dominante de un grupo de entidades ya extinguido, el pago de la deuda tributaria de una sociedad **dominada declarada en concurso**, cuando esa sociedad dominada se encontraba ya excluida del citado grupo por la situación de concurso, y sin que se requiera tramitar un procedimiento que la declare responsable (TS 17-3-21, EDJ 519587).

3) Aplicando la doctrina fijada por el Tribunal Supremo respecto al régimen especial de grupos del IVA (TS 17-3-21, EDJ 519587), el procedimiento a seguir para exigir el pago de la **deuda** derivada de la tributación en régimen de consolidación fiscal de IS a las **sociedades dependientes** del grupo fiscal, no es el de declaración de responsabilidad tributaria, sino el requerimiento de pago a las entidades integrantes del mismo como deudores solidarios según la LGT art.35.7, sin que sea necesaria una declaración de responsabilidad (TEAC 14-9-23).

Interrupción del plazo de prescripción del IS del grupo fiscal (LGT art.68.1.a; RGGI art.195.3; LIS art.56.4) El plazo de prescripción del IS del grupo fiscal se interrumpe por cualquier actuación de comprobación e investigación respecto del IS realizada: **4629**

- con la entidad **dominante** o representante del grupo; o
- con cualquiera de las entidades **dependientes**, siempre que la entidad dominante o representante tenga conocimiento formal de dichas actuaciones.

Número de procedimientos de inspección (RGGI art.195.1 y 2) El procedimiento de inspección de la dominante o representante y del grupo fiscal es único, e incluye la comprobación e investigación de las obligaciones tributarias de ambos. **4630**

Asimismo, se efectúa un único procedimiento de inspección con cada **entidad dependiente** distinta de la representante que sea objeto de comprobación, que debe incluir la comprobación de las obligaciones tributarias derivadas del régimen de tributación individual del IS (p.e. obligaciones de presentar la declaración individual del IS y de llevar los libros contables y la documentación justificativa, pero no incluye las obligaciones materiales de ingreso, devolución o compensación de la deuda tributaria, que corresponden al grupo) y las demás obligaciones tributarias objeto del procedimiento (IVA, retenciones, etc.), así como las actuaciones de colaboración respecto a la tributación del grupo por el régimen de consolidación fiscal.

Documentación del procedimiento respecto a cada entidad dependiente distinta de la representante (RGGI art.98.3.g y 195.5) A efectos de su tramitación el **expediente** se desglosa en: **4632**

- uno relativo al **IS**, en el que se incluye la diligencia resumen sobre el resultado de las actuaciones de comprobación realizadas con otras entidades dependientes integradas en el grupo, que se remite al Equipo Coordinador; y
- otro relativo a las **demás obligaciones tributarias** objeto del procedimiento (IVA, retenciones, etc., que son obligaciones que corresponden a las entidades dependientes).

Documentación del procedimiento respecto a la entidad representante (RGGI art.195.6) A efectos de su tramitación el **expediente** se desglosa en: **4633**

- uno relativo al **IS** del grupo fiscal, que incluye las diligencias resumen recibidas (nº 4632); y
- otro relativo a las **demás obligaciones tributarias** objeto del procedimiento (IVA, retenciones, etc., de la entidad representante).

2. Comprobación del IS de entidades que tributan en consolidación fiscal

(RIS art.47.3; RGGI art.98.3.g, 189.2 y 195)

Órgano competente En relación con la competencia pare efectuar estas comprobaciones se debe distinguir, por una parte, la competencia para comprobar al grupo fiscal en sí mismo y a la entidad representante de grupo y, por otra, la competencia para comprobar a cada una de las entidades dependientes distintas del representante del grupo. **4635**

Es competente para la **comprobación e investigación** de las entidades integradas en los grupos que tributan según el régimen especial del IS de consolidación fiscal el órgano de la AEAT

que corresponda de acuerdo con sus normas de estructura orgánica. De acuerdo con dichas normas ese órgano es la Dependencia de Control Tributario y Aduanero de la DCGC (nº 35 s.), cuando la entidad dominante o cualquiera de las dependientes se hallen adscritas a la misma, y la Dependencia Regional de Inspección competente por razón del domicilio del grupo fiscal (nº 110 s.) en los demás supuestos.
Para la comprobación de las **entidades dependientes** la competencia corresponde a la Dependencia Regional de Inspección del domicilio fiscal de la entidad, salvo que se encuentre adscrita a la DCGC.
En este tipo de comprobaciones intervienen distintos órganos de la Inspección de los Tributos de la AEAT. En concreto, los **equipos o unidades** que intervienen son:
• La Unidad de Coordinación de Grupos, dependiente del Director del Departamento de Inspección Financiera y Tributaria, al que corresponde la planificación, impulso y coordinación general de las actuaciones inspectoras que se desarrollen respecto de las entidades que tributan en régimen de consolidación fiscal (AEAT Resol 24-3-92 aptdo.tres.2).
• El Equipo Coordinador, integrado en la dependencia competente, que comprueba el grupo y la entidad dominante o representante del grupo, y le corresponde decidir el momento de inicio y finalización de la actuación inspectora ante el grupo fiscal, comprobar las eliminaciones, ajustes e incorporaciones, así como coordinar y fijar los criterios para la comprobación del IS de las entidades que formen parte del grupo fiscal.
• Los equipos o unidades encargadas de la comprobación de las entidades dependientes que no son representantes del grupo fiscal.

4636 **Planificación de la comprobación de los grupos fiscales** (Dpto Inspección Financiera y Tributaria Instr 2/2006 aptdo.segundo) Dadas las características de los grupos fiscales y el hecho de que la competencia para la comprobación e investigación puede recaer en equipos o unidades con diferentes ámbitos competenciales, resulta imprescindible una adecuada planificación y coordinación de estas actuaciones inspectoras.
Los Jefes de Dependencia remiten las propuestas de grupos a incluir en el plan de inspección del año siguiente a la **Unidad de Coordinación de Grupos**. Esta Unidad elabora la propuesta definitiva, de acuerdo con los criterios del Plan de control tributario, y la eleva al Director del Departamento de Inspección Financiera y Tributaria para su aprobación.

Precisiones 1) Corresponde al **Departamento de Inspección Financiera y Tributaria** la programación, impulso y coordinación de actuaciones inspectoras relativas a entidades que tributen en régimen de consolidación fiscal en el IS (OM PRE/3581/2007 art.5.1.o).
2) A la **Unidad de Coordinación de Grupos** del Departamento de Inspección Financiera y Tributaria le corresponde la planificación de las actuaciones inspectoras que vayan a llevarse a cabo cerca de entidades que tributen en régimen de declaración consolidada, a cuyo efecto llevará los registros pertinentes. Asimismo, le corresponderá la coordinación e impulso de las actuaciones que se practiquen cerca de tales contribuyentes, sin perjuicio de las funciones que en el mismo sentido correspondan a los restantes órganos de inspección (AEAT Resol 24-3-92 aptdo.Tres.2.a).
3) La **Delegación Central de Grandes Contribuyentes** (DCGC) puede ejercer sus funciones y competencias, entre otros, respecto a los obligados tributarios que tributen en régimen de consolidación fiscal del IS, en cuyo caso podrán adscribirse todas o parte de las empresas del grupo (AEAT Resol 13-1-21 aptdo.Tercero.2.d).

4638 **Inicio de las actuaciones** (Dpto Inspección Financiera y Tributaria Instr 2/2006 aptdo.quinto) Una vez que el Equipo Coordinador decide el inicio de las actuaciones inspectoras, lo pone en conocimiento de la Unidad de Coordinación de Grupos. Esta comunica al Equipo Coordinador la relación de funcionarios, equipos o unidades que realizarán las actuaciones en las entidades dependientes.
Iniciada la actuación inspectora ante el grupo fiscal mediante comunicación o diligencia de personación, dirigida a la **entidad dominante** como representante del grupo o a la entidad representante en el caso de grupos horizontales (nº 4624), el Equipo Coordinador comunica dicho inicio a los equipos o unidades encargados de la comprobación de las entidades dependientes que no sean la representante del grupo, así como las líneas y criterios que deben seguirse en dicha comprobación.
Recibida esta comunicación, los equipos o unidades deben iniciar las actuaciones sobre las **entidades dependientes** que no sean la representante del grupo mediante comunicación en la que tienen que hacer constar los períodos impositivos que les afectan como miembros del grupo, sin perjuicio de la posible comprobación de otros períodos en los que no hayan tributado en régimen de consolidación fiscal.
Estas actuaciones tienen **carácter preferente** respecto de las entidades dependientes, con el objeto de que finalicen en el plazo previsto por el Equipo Coordinador.

Plazo máximo de duración del desarrollo de las actuaciones (LGT art.150.1.b, y 2 a 5; RGGI art.195) Cuando el obligado tributario esté integrado en un grupo el **plazo máximo** de duración del procedimiento inspector es de 27 meses, siempre que el grupo esté siendo objeto de comprobación inspectora. 4640

Si mientras se está tramitando el procedimiento seguido con la entidad dependiente se inicia el procedimiento respecto del grupo, el plazo del procedimiento seguido con la citada entidad dependiente, aunque se le haya comunicado que era de 18 meses, pasa a ser de 27 meses desde la notificación de la comunicación de inicio, lo que se debe poner en conocimiento de la entidad dependiente.

Este plazo de duración se puede **extender** en determinados casos. En concreto, se establece que el obligado tributario puede solicitar antes de la apertura del trámite de audiencia, uno o varios **períodos** durante los cuales la Inspección no puede realizar actuaciones con el obligado tributario, que no pueden exceder en su conjunto de 60 días naturales para todo el procedimiento. Así, las entidades integradas en el grupo fiscal pueden solicitar hasta 60 días naturales para cada uno de sus procedimientos.

Las **circunstancias** que determinen la extensión del plazo que se produzcan en el curso de un procedimiento seguido con cualquier entidad del grupo afectan al plazo de duración del procedimiento seguido con la entidad representante y del grupo fiscal, siempre que la entidad representante tenga conocimiento formal de ello. La concurrencia de dichas circunstancias no impide la continuación de las actuaciones inspectoras relativas al resto de entidades integrantes del grupo. Este período de extensión se calcula para la entidad representante y el grupo teniendo en cuenta los períodos no coincidentes solicitados por cualquiera de las entidades integradas en el grupo fiscal. Pero el período por el que se extiende el plazo de resolución del procedimiento de la entidad representante y del grupo no puede exceder en su conjunto de 60 días naturales.

Asimismo, el plazo del procedimiento inspector se puede **suspender** en los supuestos expresamente previstos en la normativa con carácter general (nº 3360 s.).

Precisiones **1)** Si se comprueba el régimen de consolidación fiscal de un grupo, la **citación** deber ser a la entidad representante del grupo y a las entidades dependientes del mismo que se desee comprobar. Para eso, se cita en primer lugar a la entidad representante, e inmediatamente se cita a las entidades dependientes que también van a ser objeto de la comprobación. 4642

2) En una **comprobación general** del grupo fiscal, no es necesario citar y comprobar a todas las entidades dependientes del grupo. Es frecuente no citar a las entidades pequeñas en las que no se aprecie riesgo fiscal. Pero la liquidación efectuada al grupo en una comprobación de alcance general debe ser en principio definitiva, por lo que las entidades del grupo no comprobadas ya no pueden ser inspeccionadas posteriormente por los períodos a los que se refería la inspección.

3) Una de las comprobaciones inspectoras que se efectúa en la inspección de los grupos fiscales es la comprobación del **perímetro del grupo fiscal**, es decir, la comprobación de si todas las entidades que aplican este régimen especial cumplen los requisitos para acogerse al mismo, y si existen entidades que deben tributar en este régimen, pero han tributado individualmente. Por eso, la comprobación puede suponer la inclusión o exclusión de entidades del grupo fiscal.

4) El **plazo** de la comprobación de todas las entidades del grupo es el mismo, 27 meses, independientemente del volumen de su cifra de negocios de cada una de ellas. Se debe a que la comprobación del grupo fiscal debe ser unitaria y conjunta.

5) Lo habitual es que la comprobación inspectora referente a los grupos fiscales no se limite a la comprobación del IS, sino que se refiera también a **otras obligaciones tributarias** (IVA, retenciones, etc.). Como el plazo de duración del procedimiento inspector es único para todas las obligaciones y períodos que constituyen el objeto del procedimiento inspector, la comprobación de las obligaciones tributarias distintas del IS se rigen también por el mismo plazo único de 27 meses, independiente del volumen de la cifra de negocios de la entidad.

6) Para obligados tributarios afectados por la **DANA**, ver nº 3337.

Ejemplos **1)** Si varias entidades dependientes del grupo solicitan que no se efectúen actuaciones durante los 31 días del mes de agosto, se trata de un período coincidente que solo se computa una vez, por lo que solo se considera una extensión de 31 días. 4643

Si se comunica formalmente a la entidad representante del grupo ese período de no actuación solicitada por las entidades dependientes, se considera un período de extensión de 31 días para la entidad representante y el grupo fiscal, aunque esta no hubiera solicitado ningún período de no actuación.

2) Una entidad dominante solicita un período de no actuación de 31 días naturales entre el 1 y el 31 de marzo, la entidad dependiente B solicita un período de no actuación de 60 días naturales, entre el 1 de abril al 29 de mayo, y la entidad dependiente C solicita un período de no actuación de 60 días naturales, entre el 1 de mayo y el 29 de junio.

Los períodos de extensión de las entidades dependientes se comunican a la entidad dominante. Las entidades dependientes tienen derecho a su período de no actuación de 60 días. Durante

estos períodos de no actuación la Inspección sí puede actuar con el resto de entidades integrantes del grupo que no han solicitado un período de no actuación.
La entidad dominante solo ha solicitado un período de no actuación de 31 días. Pero si se le comunica formalmente se le debe añadir los períodos no coincidentes solicitados por las entidades dependientes. En este caso el período no coincidente de las solicitudes de las entidades dependientes asciende a 90 días naturales, comprendidos desde el 1 de abril hasta el 29 de junio. Pero como máximo solo se le puede computar en conjunto una extensión de 60 días naturales. Por eso, se le computan a la entidad representante y al grupo una extensión de 60 días naturales.

4645 **Finalización de las actuaciones de comprobación** (RGGI art.98.3.g, 189.2 y 195.5.a; Dpto Inspección Financiera y Tributaria Instr 2/2006 aptdo.séptimo) El resultado final de las actuaciones en las **entidades dependientes** que no sean representantes del grupo se documenta en una diligencia resumen (A04), a la que se debe acompañar un **informe** remitiéndose copia de los mismos y de la documentación relevante al Equipo Coordinador para que este pueda extender las actas pertinentes por la comprobación del grupo.
Con carácter previo a la firma de las actas a extender al grupo fiscal por el Equipo Coordinador, se debe poner de manifiesto a la entidad dominante o representante del grupo fiscal en el **trámite de audiencia** el expediente del IS correspondiente al grupo fiscal seguido con la entidad dominante o representante del grupo fiscal y con cada una de las entidades dependientes.

Precisiones En caso de que se aprecie que concurre un supuesto de **conflicto en la aplicación** de la norma tributaria por parte de una entidad dependiente de un grupo que tribute en el régimen especial de consolidación fiscal, el procedimiento para declarar el conflicto debe ser único y no se tramita con la entidad dependiente, sino con la entidad representante del grupo fiscal, como representante del grupo.

4646 **Liquidación del IS** (LGT art.101) El carácter de la liquidación que ponga término al procedimiento de inspección relativo al IS de los grupos fiscales que tributen en régimen de consolidación fiscal, depende del **alcance de las actuaciones** inspectoras determinado en la comunicación de inicio y, en su caso, sus posteriores modificaciones:
a) Las actuaciones inspectoras tienen alcance **parcial** si la comunicación de inicio lo señala expresamente, sea porque la comprobación se va a limitar a determinadas operaciones o elementos concretos de la obligación tributaria o porque la comprobación alcanza solo a parte de las entidades integrantes del grupo. En este caso la liquidación es provisional.
b) Las actuaciones inspectoras tienen alcance **general** cuando la comunicación de inicio no especifica dicho alcance o cuando señala expresamente que este es general, aunque la comprobación se haya centrado en parte de las entidades integrantes del grupo. En este caso la liquidación es **definitiva**, salvo:
- que alguno de los elementos de la obligación tributaria se determine, a su vez, en función de los elementos de otras obligaciones que no hubieran sido comprobadas o que hubieran sido regularizadas mediante liquidación provisional o definitiva no firme; o
- que alguno de los elementos de la obligación tributaria no hubiera podido comprobarse con carácter definitivo durante el procedimiento.

Precisiones **1)** Si en la **comunicación de inicio** se informa al obligado tributario que las actuaciones inspectoras tienen alcance general o no se señala su alcance, la liquidación que pone término a estas actuaciones es una liquidación definitiva, aunque atendiendo al plazo máximo de duración del procedimiento inspector y los medios humanos y materiales disponibles, la comprobación se haya centrado en parte de las entidades integrantes del grupo (TEAC 16-2-06).
2) La Inspección puede iniciar una actuación de carácter parcial cuando la comprobación no va a alcanzar a todas las entidades integrantes del grupo. No obstante, lo más frecuente es que la comprobación se desarrolle con carácter general, aunque no se comprueben algunas **entidades dependientes**, que resultan menos significativas cuantitativamente y en las que no se aprecia riesgo fiscal (TEAC 18-1-06).

4647 **Sanciones tributarias** (LGT art.181.1.d; LIS art.61.4) Se considera **sujeto infractor** a la entidad representante del grupo en régimen de consolidación fiscal. Luego, en régimen de consolidación fiscal, el único responsable de la infracción es la entidad representante del grupo, sin que puedan derivarse responsabilidades al resto de las entidades que integran el mismo (DGT 29-3-96). Por eso, la apertura de expediente sancionador, derivado de la comprobación del régimen de consolidación fiscal, cuando proceda, se realiza a la entidad representante como sujeto infractor.
La LIS contiene una **infracción tributaria grave específica**, cuyo sujeto infractor es la entidad representante, cuando las entidades que se deben integrar sucesivamente en el grupo fiscal no adopten los acuerdos de integración en el grupo fiscal.

Precisiones Las **entidades que se integren posteriormente** en el grupo fiscal deben cumplir las obligaciones de adoptar el acuerdo de integración en el grupo fiscal, dentro de un plazo que finaliza el día en que concluya el primer período impositivo en el que deban tributar en el régimen de consolidación fiscal. El incumplimiento de esta obligación determina una infracción tributaria grave de la entidad representante, sancionada con multa pecuniaria fija de 20.000 euros por el primer período impositivo en que se haya aplicado el régimen sin cumplir este requisito y de 50.000 euros por el segundo y siguientes, pero no impide la efectiva integración en el grupo de las entidades afectadas. Esta sanción puede reducirse por pronto pago (ver nº 7037).

3. Comprobación de otros impuestos de los grupos fiscales

(LGT art.150.1.b.2º)

En los demás tributos distintos del IS, las entidades integrantes del grupo tributan **independientemente**, como cualquier otro sujeto pasivo. Por eso, los equipos y unidades de inspección encargados de la comprobación de las entidades integrantes del grupo fiscal, junto al IS del mismo, comprueban la situación tributaria de dichas entidades por otros conceptos tributarios, así como por el IS relativo a los ejercicios en los que no formen parte del grupo, y que se hayan incluido en la comunicación de inicio del procedimiento. **4650**

Por estas actuaciones, dichos equipos y unidades deben extender las correspondientes **actas**, que se tramitan sin ninguna particularidad respecto al régimen general.

La **comunicación de inicio** de actuaciones puede ser única para el IS y para el resto de obligaciones tributarias.

El plazo incrementado de 27 meses de los obligados tributarios integrados en un grupo fiscal objeto de comprobación se aplica a todos los tributos a los que alcance el procedimiento inspector, al tratarse de un **procedimiento único** para cada una de las entidades comprobadas.

Por los incumplimientos de estas obligaciones tributarias, estas entidades son, en su caso, los **sujetos infractores**.

B. Actuaciones con entidades en régimen especial de grupo de entidades en el IVA (REGE)

4651

Pueden aplicar este régimen (LIVA art.163 quinquies a 163 nonies; RIVA art.61 bis a 61 sexies), los empresarios o profesionales que formen parte de un grupo de entidades. Se considera como grupo de entidades el formado por una entidad dominante y sus entidades dependientes, que se hallen firmemente **vinculadas** entre sí en los **órdenes financiero, económico y de organización**, siempre que las sedes de actividad económica o establecimientos permanentes de todas y cada una de ellas radiquen en el territorio de aplicación del Impuesto (LIVA art.163 quinquies.uno). **4652**

Se trata de un **régimen voluntario**, y es necesario distinguir entre las obligaciones individuales de las entidades (dominante y dependientes) integradas en el grupo, que deben cumplirse por cada una de ellas, y las obligaciones específicas del grupo, que deben cumplirse por la **entidad dominante** como representante del grupo.

Las **entidades integrantes** del grupo deben cumplir las obligaciones de los sujetos pasivos del IVA propias del régimen general (expedir y entregar facturas, llevar la contabilidad y los libros registros etc.). Entre estas obligaciones, está la presentación de sus declaraciones individuales (modelo 322), pero no proceden a ingresar o solicitar la compensación o devolución correspondiente, siendo el grupo quien agrega y compensa los saldos de las diversas entidades del grupo, que presenta la entidad dominante como representante del grupo (modelo 353) (LIVA art.163 nonies).

Precisiones **1)** Las entidades que apliquen el REGE responderán solidariamente del **pago de la deuda tributaria** derivada de este régimen especial (LIVA art.163.nonies.Seis). **4654**

2) El REGE puede aplicarse a **entidades no mercantiles** que tengan la consideración de empresarios o profesionales en el IVA, como, por ejemplo, AIE y UTE.

3) Si bien la regulación del REGE en el IVA se ha aproximado lo máximo posible a la del régimen de **consolidación fiscal** del IS (nº 4635 s.), se trata de regímenes optativos e independientes en su aplicación. Pese a presentar un gran paralelismo, cabe destacar, entre otras, las siguientes **diferencias**:

- el **porcentaje de participación** requerido, y como consecuencia los perímetros del régimen de consolidación y el REGE de las entidades integrantes pueden no ser coincidentes;

- la **integración** en un grupo de entidades para la aplicación del REGE se realiza mediante opción individualizada, mientras que en el régimen de consolidación fiscal del IS es obligatorio para todas aquellas entidades que cumplan con las exigencias legales para formar parte del grupo;
- el **contribuyente** del régimen de consolidación fiscal es el grupo, mientras que en el REGE son sujetos pasivos las entidades que lo integran, no siendo el grupo de entidades sujeto pasivo del IVA.

Cumpliéndose los requisitos, se puede **optar simultáneamente** por los regímenes de grupo fiscal y del REGE, si bien hay que tener en cuenta que pueden producirse ciertas distorsiones, dado que, por ejemplo, los perímetros de ambos grupos pueden diferir, sucediendo, incluso, que la dominante de ambos grupos no sea la misma entidad.

4) Para un estudio más amplio del **régimen y sus condiciones**, ver nº 4800 s. Memento IVA 2024.

1. Especialidades de la comprobación del régimen especial de grupo de entidades en el IVA

(LIVA art.163 nonies.ocho; RIVA art.61 sexies)

4657 Las actuaciones y procedimientos dirigidos a la comprobación del adecuado cumplimiento de las obligaciones específicas de este régimen especial se desarrollan con la **entidad dominante** del grupo de entidades, como representante del mismo, sin perjuicio de que las entidades dependientes deban también atender a la Administración tributaria en el desarrollo de dicha comprobación.

La entidad dominante asume una posición prevalente en relación al resto de entidades del grupo, le corresponden determinadas **obligaciones materiales** y formales específicas del régimen especial y además constituye el sujeto sobre el que se extiende la liquidación única derivada del procedimiento de comprobación que se desarrolla ante el grupo de entidades. No obstante, esto debe conciliarse con el carácter de sujeto pasivo que mantiene cada entidad integrante del grupo, sin que el grupo de entidades sea más que un conjunto de sujetos pasivos a quienes la entidad dominante representa en relación con la aplicación del REGE. Por eso la regulación del IVA pretende que el resultado sea equivalente al de considerar al grupo como un sujeto pasivo único, aunque realmente no se considere al grupo como sujeto pasivo.

4658 **Órgano competente** (AEAT Resol 13-1-21 aptdo.Tercero.2.d; AEAT Resol 24-3-92 aptdo.cuatro.2.1) Es competente para la **comprobación e investigación** del grupo de entidades la Dependencia de Control Tributario y Aduanero de la DCGC, cuando la sociedad dominante o cualquiera de las sociedades dependientes se hallen adscritas a la misma o cuando se produzca su adscripción a dicho órgano (nº 35 s.), y la Dependencia Regional de Inspección competente por razón del domicilio (nº 110 s.) en los demás supuestos. A este respecto, la DCGC puede ejercer sus funciones y competencias, entre otros, respecto a los obligados tributarios que tributen por el REGE, en cuyo caso podrán adscribirse todas o parte de las empresas del grupo.

En la comprobación del REGE intervienen los siguientes **equipos o unidades**:
- La **Unidad de Coordinación de Grupos**, dependiente del Director del Departamento de Inspección Financiera y Tributaria, al que corresponde la planificación, impulso y coordinación de las actuaciones inspectoras que se desarrollen respecto de las entidades que tributan por el REGE (AEAT Resol 24-3-92 aptdo.tres.2).
- El **Equipo Coordinador**, integrado en la dependencia competente, que comprueba el grupo de entidades y la sociedad dominante, y le corresponde decidir el momento de inicio y finalización de la actuación inspectora ante el grupo de entidades, señala las directrices generales para la comprobación del IVA de las entidades del grupo y coordina el desarrollo de las actuaciones.
- Los **equipos o unidades** encargadas de la comprobación de las entidades dependientes, que realizan actuaciones de colaboración con el Equipo Coordinador encargado de la comprobación del grupo de entidades.

4659 **Planificación de la comprobación de los grupos de entidades** (Dpto Inspección Financiera y Tributaria Instr 2/2006 aptdo.segundo) Dadas las características de los grupos de entidades y el hecho de que la competencia para la comprobación e investigación puede recaer en equipos o unidades con **diferentes ámbitos competenciales**, resulta imprescindible una adecuada planificación y coordinación de estas actuaciones inspectoras.

Los Jefes de Dependencia remiten las **propuestas de los grupos de entidades** a incluir en el plan de inspección del año siguiente a la Unidad de Coordinación de Grupos. Esta Unidad elabora la propuesta definitiva, de acuerdo con los criterios del Plan de control tributario, y la eleva al Director del Departamento de Inspección Financiera y Tributaria para su aprobación.

Precisiones **1)** Corresponde al **Departamento de Inspección Financiera y Tributaria** la programación, impulso y coordinación de actuaciones inspectoras relativas a entidades que tributen en el REGE (OM PRE/3581/2007 art.5.1.o).

2) A la **Unidad de Coordinación de Grupos** del Departamento de Inspección Financiera y Tributaria le corresponde la planificación de las actuaciones inspectoras que vayan a llevarse a cabo cerca de entidades que tributen por el REGE, a cuyo efecto llevará los registros pertinentes. Asimismo, le corresponde la coordinación e impulso de las actuaciones que se practiquen cerca de tales contribuyentes, sin perjuicio de las funciones que en el mismo sentido correspondan a los restantes órganos de inspección (AEAT Resol 24-3-92 aptdo.Tres.2.a).

Número de procedimientos de inspección (RIVA art.61 sexies.1 y 2) La **comprobación** de la entidad dominante y del grupo de entidades se realiza en un único procedimiento, que incluye la comprobación de las obligaciones tributarias del grupo y de la entidad dominante objeto del procedimiento. **4660**

En cada **entidad dependiente** que sea objeto de comprobación como consecuencia de la comprobación de un grupo de entidades se desarrolla un único procedimiento. Dicho procedimiento incluye la comprobación de las obligaciones tributarias que se derivan del régimen de tributación individual del IVA y las demás obligaciones tributarias objeto del procedimiento e incluye actuaciones de colaboración respecto de la tributación del grupo por el REGE.

Inicio de las actuaciones Una vez que el Equipo Coordinador decide el inicio de las actuaciones inspectoras, lo pone en conocimiento de la Unidad de coordinación de grupos. Esta comunica al Equipo Coordinador la relación de funcionarios, equipos o unidades que van a realizar las actuaciones en las entidades dependientes. **4661**

Iniciada la actuación inspectora ante el grupo de entidades mediante comunicación o diligencia de personación dirigida a la **entidad dominante** como representante del grupo, el Equipo Coordinador comunica dicho inicio a los equipos o unidades encargados de la comprobación de las entidades dependientes, así como las líneas y criterios que deben seguirse en dicha comprobación.

Recibida esta comunicación, los equipos o unidades deben iniciar las actuaciones sobre las **entidades dependientes** del grupo mediante comunicación en la que tienen que hacer constar los períodos impositivos que les afectan como miembros del grupo, sin perjuicio de la posible comprobación de otros períodos en los que no hayan tributado por el REGE.

Estas actuaciones tienen **carácter preferente** respecto de las entidades dependientes, con el objeto de que finalicen en el plazo previsto por el Equipo Coordinador.

Plazo máximo de duración del desarrollo de las actuaciones (LGT art.150.1.b.2º y 2 a 5; RIVA art.61 sexies.4) Este plazo es de 27 meses cuando el obligado tributario esté integrado en un grupo de entidades, siempre que el grupo esté siendo objeto de comprobación inspectora. **4662**

Si mientras se está tramitando el procedimiento seguido con la **entidad dependiente** se inicia el procedimiento respecto del grupo, aunque inicialmente se le comunicó un plazo máximo del procedimiento de 18 meses, pasa a ser de 27 meses desde la notificación de la comunicación de inicio, lo que se debe poner en conocimiento de la entidad dependiente.

Este plazo de duración del procedimiento inspector puede ser objeto de **extensión** en determinados casos. En concreto, el obligado tributario puede solicitar antes de la apertura del trámite de audiencia, uno o varios períodos durante los cuales la Inspección no puede realizar actuaciones con el obligado tributario, que no pueden exceder en su conjunto de 60 días naturales para todo el procedimiento. Así, las entidades integradas en el grupo pueden solicitar hasta 60 días naturales para cada uno de sus procedimientos.

Las **circunstancias** que determinan la extensión del plazo del procedimiento inspector que se produzcan en el curso de las actuaciones seguidas con cualquier entidad del grupo afectan al plazo de duración del procedimiento seguido con la entidad dominante y del grupo de entidades, siempre que la entidad dominante tenga conocimiento formal. La concurrencia de dichas circunstancias no impide la continuación de las actuaciones relativas al resto de entidades integrantes del grupo.

El **período de extensión** se calcula para la entidad dominante y el grupo teniendo en cuenta los períodos no coincidentes solicitados por cualquiera de las entidades integradas en el grupo de entidades. Las sociedades integradas en el grupo de entidades pueden solicitar hasta 60 días naturales para cada uno de sus procedimientos, pero el período por el que se extiende el plazo de resolución del procedimiento de la entidad dominante y del grupo no puede exceder en su conjunto de 60 días naturales.

Asimismo, el plazo del procedimiento inspector puede ser objeto de **suspensión** en los supuestos establecidos en la normativa con carácter general (nº 3360 s.).

Precisiones Para obligados tributarios afectados por la **DANA**, ver nº 3337.

4662.1 **Documentación del procedimiento** (RIVA art.61 sexies.5 y 6) A efectos de la tramitación, la documentación del procedimiento seguido con cada **entidad dependiente** se desglosa en:
- un expediente relativo al IVA, en el que se incluye la diligencia resumen (A04). Esta diligencia se remite al Equipo Coordinador, que es el órgano que esté desarrollando las actuaciones de comprobación de la entidad dominante y del grupo de entidades;
- otro expediente relativo a las demás obligaciones tributarias objeto del procedimiento (IS, retenciones, etc.).

La documentación del procedimiento seguido con la **entidad dominante** del grupo se desglosa en:
- un expediente relativo al IVA del grupo de entidades, que incluye las diligencias resumen de las entidades dependientes;
- otro expediente relativo a las demás obligaciones tributarias objeto del procedimiento (IS, retenciones, etc.).

4663 **Finalización de las actuaciones de comprobación** (RGGI art.98.3.g, 189.2 y 195.5; RIVA art.61 sexies.5) El resultado final de las actuaciones en las **entidades dependientes** se documenta en una diligencia resumen (A04), a la que se acompaña un informe, remitiéndose copia de los mismos y de la documentación relevante al Equipo Coordinador para que este pueda extender las actas pertinentes por la comprobación del REGE.

Cuando junto al REGE resulte aplicable el régimen especial de **consolidación fiscal** del IS, la documentación del procedimiento de inspección correspondiente a cada entidad se desglosa, a efectos de su tramitación en un expediente relativo al IVA, un expediente relativo al IS y un expediente relativo al resto de obligaciones tributarias objeto del procedimiento.

Con carácter previo a la firma de las actas a extender a la entidad dominante, el Equipo Coordinador debe ponerle de manifiesto en el **trámite de audiencia** el expediente del IVA seguido con la misma y con cada una de las entidades dependientes. Las **actas y liquidaciones** que se deriven de la comprobación del REGE deben practicarse a nombre del grupo de entidades y se extienden a la entidad dominante, haciendo constar el nombre de esta, ya que es dicha entidad la que representa al grupo y quien comparece en las actuaciones.

4664 **Interrupción del plazo de prescripción** (LGT art.68.1.a; RIVA art.61 sexies.3) El plazo de prescripción del IVA del grupo de entidades se interrumpe en los siguientes **supuestos**:

a) Por cualquier actuación de comprobación realizada con la **entidad dominante** del grupo respecto al IVA.

b) Por cualquier actuación de comprobación relativa al IVA realizada con cualquiera de las **entidades dependientes**, siempre que la entidad dominante del grupo tenga conocimiento formal de dichas actuaciones.

2. Régimen sancionador y recargo por declaración extemporánea

(LGT art.180 y 181; LIVA art.163 nonies.Cinco, Seis y Siete)

4665 A continuación, se analizan los siguientes aspectos, distinguiendo entre:

1) El **régimen sancionador**, debiéndose diferenciar entre infracciones por:

a. Incumplimiento de las **propias obligaciones tributarias**: tanto la entidad dominante como cada una de las entidades dependientes del grupo de entidades deben cumplir las obligaciones generales reguladas en el IVA (LIVA art.164 redacc L 11/2023), excepción hecha del pago de la deuda tributaria o de la solicitud de compensación o devolución. Cada entidad miembro del grupo de entidades responde de las infracciones derivadas del incumplimiento de sus propias obligaciones tributarias, de acuerdo con el régimen sancionador ordinario.

b. Incumplimientos específicos que se derivan del **REGE**: la normativa del IVA establece unas obligaciones materiales y formales específicas que se derivan del REGE, que debe cumplir la entidad dominante, como representante del grupo de entidades ante la Administración tributaria (nº 7041).

La entidad dominante es el **sujeto infractor** de los incumplimientos materiales y formales de las obligaciones específicas del REGE, incluidas las obligaciones derivadas del ingreso de la deuda tributaria, de la solicitud de compensación o de la devolución resultante de la declaración-liquidación agregada correspondiente al grupo de entidades, siendo responsable de la veracidad y exactitud de los importes y calificaciones consignadas por las entidades dependientes que se integran en la declaración-liquidación agregada. Las demás entidades que apliquen el REGE responderán solidariamente del pago de estas sanciones (LIVA art.163.nonies.Siete).

Se tipifica como **infracción tributaria grave** de la entidad dominante las infracciones de las siguientes obligaciones específicas del REGE:
- la no llevanza o conservación de sistemas de información avanzada (nº 7041.5); y
- las inexactitudes u omisiones en el sistema de información avanzada (nº 7041.6).

2) El **recargo por presentación extemporánea**: la presentación de una **autoliquidación individual** positiva fuera de plazo sin requerimiento previo por parte de una entidad integrante del grupo determina la aplicación del recargo por presentación extemporánea. En este caso el recargo solo se aplica sobre la autoliquidación individual, sin que pueda aplicarse un nuevo recargo en la dominante por la presentación del **modelo del grupo** (modelo 353) como consecuencia de la traslación al mismo de la cuantía de la declaración individual. Y únicamente procede aplicar recargo sobre la autoliquidación agregada cuando la extemporaneidad afecte a esta autoliquidación y no se derive meramente de las autoliquidaciones individuales de las entidades integrantes del grupo, siendo responsable en tal caso la entidad dominante de su ingreso.

Precisiones **1)** La entidad dominante no tiene la obligación de determinar los resultados de las declaraciones individuales de las entidades del grupo, que es una obligación de cada una de las entidades integrantes del grupo, por lo que las infracciones en la calificación y cuantificación de las operaciones de las **declaraciones individuales** de las entidades dependientes constituyen conductas imputables solo a ellas, sin que el principio de responsabilidad personal de la pena permita su atribución a la entidad dominante (TEAC 15-7-16). **4665.1**

2) La presentación sin requerimiento previo de una autoliquidación **fuera de plazo** a ingresar por parte de una entidad dependiente acogida al REGE, tiene como consecuencia la aplicación del régimen de recargos e intereses por presentación extemporánea de la autoliquidación (TEAC unif criterio 19-7-12).

Asimismo, las entidades que apliquen el REGE responden de las infracciones derivadas de los incumplimientos de sus propias obligaciones tributarias.

3. Comprobación de otros impuestos

(RIVA art.61 sexies.2)

Los **órganos** de inspección tributaria que desarrollen las actuaciones sobre la entidad dominante y las entidades dependientes pueden comprobar e investigar, junto al IVA correspondiente al REGE, la situación tributaria por otros conceptos tributarios, así como por el IVA relativo a ejercidos en los que no tributen por dicho régimen especial. **4666**

La **comunicación de inicio** de actuaciones puede ser única para el IVA y para el resto de obligaciones tributarias, incluido el IS en régimen de consolidación fiscal.

C. Actuaciones con personas o entidades vinculadas

4667

Es frecuente que varias sociedades estén sometidas al dominio y dirección de otra sociedad. En este caso, los precios fijados entre ellas pueden no ajustarse a lo que sería el **valor de mercado** entre partes independientes. Es lo que se conoce como **precios de transferencia** (LIS art.18; RIS art.13 a 36). **4667.1**

Estos precios de transferencia pueden provocar un **desplazamiento artificial de los beneficios** desde unas sociedades a otras y causar, en su caso, una disminución de la tributación. Supone una ventaja que altera las condiciones que deben presidir un mercado de libre competencia. Repercute también en la recaudación impositiva, cuando estos precios son convenidos con la finalidad de minimizar la carga fiscal.

Esta posibilidad de que las entidades intenten desplazar sus beneficios cobra especial importancia en el caso de las **sociedades multinacionales** que, mediante los precios de transferencia, podrían intentar situar los beneficios en países con una fiscalidad menos exigente, alterando la soberanía en la que se debería haber tributado por esa renta.

La regulación de las operaciones vinculadas tiene como **finalidad** evitar las transferencias de renta entre personas o entidades ocasionadas por la valoración de las operaciones a precios distintos a los de mercado, implicando este hecho una minoración o diferimiento en la tributación.

La **regla de valoración** de estas operaciones es el valor de mercado que, es aquel que en condiciones normales se acordaría entre partes independientes en condiciones que respeten el principio de libre competencia («arm's length principle»), que constituye la regla esencial en materia de precios de transferencia. No importa si la valoración convenida entre las partes vinculadas determina o no una tributación inferior o un diferimiento del impuesto en territorio español. Esto no constituye una **presunción iuris tantum**, sino que se trata de una regla de valoración que debe aplicarse imperativamente por mandato legal.

4667.2 La **interpretación** de la regulación de las operaciones vinculadas debe realizarse en concordancia con las Directrices de Precios de Transferencia de la OCDE, y con las recomendaciones del Foro Conjunto de Precios de Transferencia de la UE, en la medida en que no contradigan lo expresamente señalado en dicha regulación.

En las **operaciones internas** no se puede producir un exceso de tributación por los ajustes de las operaciones vinculadas realizados por la Administración tributaria, dado que la norma establece el ajuste bilateral. Por eso, en el ámbito interno la valoración administrativa no puede determinar una tributación por el IS, IRNR o IRPF, sobre una renta superior a la efectivamente derivada de la operación teniendo en cuenta el conjunto de las personas o entidades que han intervenido en la operación sujeta a dichos impuestos. Así, si la Administración comprueba que hubiera procedido valorar a precio de mercado una operación vinculada de un período, pero ha **prescrito** el derecho a liquidar dicho período para la otra parte vinculada, no puede efectuarse el ajuste. Lo mismo ocurre si esa valoración no tiene efectos para la otra entidad por haber alcanzado firmeza la liquidación, salvo que la Administración declare dicha liquidación lesiva para el interés público y la impugne en vía contencioso-administrativa (LGT art.218).

Pero cuando una de las entidades vinculadas reside en el **extranjero**, la Administración española realiza el ajuste con independencia de que se pueda producir una doble imposición económica internacional. No obstante, los procedimientos amistosos constituyen un mecanismo que pretenden solucionar dicho exceso de tributación.

Para un estudio más extenso de este régimen ver el nº 2358 s. Memento Impuesto sobre Sociedades 2024.

4667.3 Precisiones **1)** El régimen de operaciones vinculadas es aplicable también en los ámbitos del **IRPF** y del **IRNR**, dado que la normativa reguladora de estos impuestos remite a la LIS (LIRPF art.41; LIRNR art.15.2).

2) Las reglas de valoración de las operaciones vinculadas cumplen fundamentalmente una **función antielusiva** que tiende a deshacer las consecuencias perjudiciales que para la Hacienda Pública se ocasiona por razón de la vinculación de las entidades o personas intervinientes, y pretende, asimismo, asegurar un marco nacional e internacional de libre competencia, para lo que es necesario establecer mecanismos con el objeto de neutralizar los efectos perniciosos que tiene en el mercado y en el ámbito tributario de los Estados, la realización de operaciones por entidades vinculadas por un precio muy superior o muy inferior al precio que fija el mercado (TS 12-7-12, EDJ 161215).

3) El régimen de las operaciones vinculadas trata de evitar **transferencias de renta** entre empresarios vinculados utilizando transacciones con precios distintos a los normales de mercado, para disminuir artificialmente los beneficios y, con ello, la tributación (TS 28-3-07, EDJ 32854).

4) La aplicación de la regulación de las operaciones vinculadas no aparece supeditada a la calificación de la operación concreta como **fraudulenta**, sino que lo esencial es la constatación fehaciente de que la operación entre partes vinculadas se ha realizado en condiciones ajenas a la libre competencia (TS 18-7-12, EDJ 154844).

4668 **Determinación del valor de mercado: análisis de comparabilidad** (LIS art.17 y 18.1 y 4; RIS art.17)

El valor de mercado es aquel que hubiera sido **acordado** entre partes independientes en condiciones que respeten el principio de libre competencia.

Para la determinación de ese valor de mercado deben compararse las **circunstancias** de las operaciones vinculadas con las circunstancias de operaciones entre personas o entidades independientes que pudieran ser equiparables, efectuando un análisis de comparabilidad de operaciones equivalentes. Luego, los principales **factores** que determinan, en cada caso, el método de valoración más adecuado son el grado de comparabilidad, la naturaleza de la operación y la información sobre las operaciones equiparables.

Para determinar si se trata de **operaciones equiparables** se tendrán en cuenta: las características específicas de los bienes o servicios objeto de las operaciones vinculadas, las funciones asumidas por las partes en relación con las operaciones (identificando los riesgos asumidos y ponderando los posibles activos utilizados), los términos contractuales de los que se deriven las responsabilidades, riesgos y beneficios asumidos por cada parte contratante, las características de los mercados y demás circunstancias económicas que puedan afectar a las operaciones vinculadas, las estrategias empresariales, y cualquier otra circunstancia que sea relevante y sobre la que el contribuyente haya podido disponer razonablemente de información

(como la incidencia de las decisiones de los poderes públicos, la existencia de sinergias, etc.). Las operaciones serán equiparables cuando no existan entre ellas diferencias significativas en las circunstancias anteriores que afecten al precio o al margen de la operación, o dichas diferencias puedan eliminarse efectuando los ajustes de comparabilidad necesarios.
Al respecto, el Tribunal Supremo señala (TS 9-12-11, EDJ 306626; 19-10-16, EDJ 190775), que la **fijación de un precio** de mercado, con el que poder comparar el posible precio de transferencia, es tarea harto difícil, dado que frecuentemente las transacciones entre sociedades vinculadas son tan peculiares que no existe un mercado claramente definido de las mismas en el ámbito de las empresas independientes. No obstante, para concretar un precio de mercado son necesarias las siguientes **premisas**:
1. Hay que tomar como referencia el mismo mercado en términos geográficos, dado que en la fijación de los precios intervienen no sólo la oferta y la demanda que del producto contemplado pueda existir, sino que también influyen otros factores de muy variada índole como puede ser el nivel de renta per cápita, el grado de desarrollo económico, el régimen político, la situación de monopolio u oligopolio en que se suministre el producto en cuestión, etc., cuya concurrencia determina la formación de un precio para un producto en el país de que se trate, precio que, en la gran mayoría de los casos, será diferente del que exista en los demás países para el mismo producto.
2. Las operaciones que se comparan han de referirse a una mercancía igual o similar.
3. Las transacciones comparadas tienen que tener un volumen equivalente, dado que el precio de un bien está en función del número de operaciones que del mismo se realicen, generalmente, en un mayor volumen de operaciones el precio será inferior al que se fije para una operación aislada.
4. El tramo en el que se realicen las operaciones comparadas ha de ser el mismo pues los precios varían según que la transacción se haya efectuado entre fabricante y mayorista, mayorista y minorista, o minorista y consumidor final.
5. Por último, las operaciones comparadas han de ser realizadas en el mismo período de tiempo.

Precisiones **1)** El análisis de comparabilidad forma parte de la **documentación específica** que debe cumplimentar el contribuyente (RIS art.16.1.b.3º). **4668.1**
2) Cuando las operaciones vinculadas que realice el contribuyente se encuentren estrechamente ligadas entre sí, hayan sido realizadas de forma continua o afecten a un conjunto de productos o servicios muy similares, de manera que su **valoración independiente no resulte adecuada**, el análisis de comparabilidad se efectúa teniendo en cuenta el conjunto de dichas operaciones.
3) El grado de comparabilidad, la naturaleza de la operación y la información sobre las operaciones equiparables constituyen los principales factores que determinarán el **método de valoración más adecuado**.
4) Cuando, a pesar de no existir datos suficientes, se haya podido determinar un **rango de valores** que cumpla razonablemente el principio de libre competencia, teniendo en cuenta el proceso de selección de comparables y las limitaciones de la información disponible, se pueden utilizar medidas estadísticas para minimizar el riesgo de error provocado por **defectos en la comparabilidad**.
A este respecto, la AEAT ha emitido una Nota sobre diversas cuestiones relativas al rango de plena competencia en materia de precios de transferencia, y que incluye un anexo en el que se recoge un caso práctico a mero título ejemplificativo (AEAT Nota 24-2-21).
5) Se causaría indefensión al interesado si, en la valoración de operaciones vinculadas, la Inspección no pone a disposición los antecedentes documentales (p.e., por considerar que la información tributaria obtenida de otros obligados tributarios es reservada y no puede cederse a terceros). Se trata de la cuestión conocida como la **improcedencia de los comparables secretos**. A este respecto, los Comentarios de las Directrices de Precios de Transferencia de la OCDE, señalan que la Administración tributaria no puede aplicar un método de determinación de precios de transferencia sobre la base de datos que no se pudieran revelar al contribuyente, dado que este no podría defenderse adecuadamente (TEAC 5-9-13; 3-10-13).
6) El uso del método comparativo no exige que se analicen operaciones concretas efectuadas por empresas independientes para determinar las diferencias con la realizada por la entidad demandante. Si ello fuera así, la aplicación de la norma sería prácticamente imposible, pues exigiría que se encontrasen operaciones realizadas en el mercado de naturaleza análoga, las analizara en su integridad y cotejara sus diferencias con la que ahora nos ocupa. Lo que el método comparativo exige es que, a tenor de las reglas de la experiencia y en los términos ordinarios de funcionamiento del mercado, pueda efectivamente constatarse, por los **datos objetivos de que se dispone**, que una determinada **actividad**, por lo gravoso de sus consecuencias para una sociedad vinculada a otra u otras, no hubiera sido realizada si no concurriera la mencionada vinculación (TS 18-7-12, Rec 3779/09).

4668.2 **Métodos de valoración** (LIS art.18.4) Para determinar el valor de mercado se puede aplicar cualquiera de los siguientes métodos:

a) Precio libre comparable de mercado: se compara el precio del bien o servicio en una operación entre personas o entidades vinculadas con el precio de un bien o servicio idéntico o de características similares en una operación entre personas o entidades independientes en circunstancias equiparables, efectuando, si fuera preciso, las correcciones necesarias para obtener la equivalencia y considerar las particularidades de la operación.

b) Coste incrementado: se incrementa el valor de adquisición o coste de producción del bien o servicio en el margen habitual en operaciones idénticas o similares con personas o entidades independientes o, en su defecto, el margen que personas o entidades independientes aplican a operaciones equiparables, efectuando, si fuera preciso, las correcciones necesarias para obtener la equivalencia y considerar las particularidades de la operación.

c) Precio de reventa minorado: se minora del precio de venta de un bien o servicio el margen que aplica el propio revendedor en operaciones idénticas o similares con personas o entidades independientes o, en su defecto, el margen que personas o entidades independientes aplican a operaciones equiparables, efectuando, si fuera preciso, las correcciones necesarias para obtener la equivalencia y considerar las particularidades de la operación.

d) Distribución del resultado: se asigna a cada persona o entidad vinculada que realice de forma conjunta una o varias operaciones la parte del resultado común derivado de dicha operación u operaciones, en función de un criterio que refleje adecuadamente las condiciones que habrían suscrito personas o entidades independientes en circunstancias similares (como pueden ser los riesgos asumidos, los activos implicados y las funciones desempeñadas por las partes relacionadas). Luego, este método permite distribuir el resultado global teniendo en cuenta la participación que cada una de las entidades vinculadas ha tenido en su obtención.

e) Margen neto operacional: se atribuye a las operaciones realizadas con una persona o entidad vinculada el resultado neto, calculado sobre costes, ventas o la magnitud que resulte más adecuada en función de las características de las operaciones idénticas o similares realizadas entre partes independientes, efectuando, cuando sea preciso, las correcciones necesarias para obtener la equivalencia y considerar las particularidades de las operaciones.

f) Otros métodos: cuando no resulte posible aplicar ninguno de los cinco métodos anteriores, se permite utilizar otros métodos y técnicas de valoración generalmente aceptados, que respeten el principio de libre competencia.

4668.3 Precisiones 1) El **valor de mercado** determinado a efectos del IS, IRPF o IRNR no produce **efectos respecto a otros impuestos**, salvo disposición expresa en contrario. Asimismo, el valor a efectos de otros impuestos no produce efectos respecto del valor de mercado de las operaciones entre personas o entidades vinculadas del IS, IRPF o IRNR, salvo disposición expresa en contrario (LIS art.18.14).

2) La norma no establece actualmente ninguna **preferencia o jerarquía** en los cinco métodos de valoración, sino que en cada situación concreta deberá justificarse, con base en las circunstancias de las operaciones y el análisis de comparabilidad, cuál es el método que resulta más idóneo al caso.

3) En cuanto al precio libre comparable de mercado, en caso de que exista un **mercado organizado** en el que los precios son públicos, se determina de forma relativamente sencilla, ya que basta con adaptar ese valor de mercado a la operación realizada por el contribuyente teniendo en cuenta las particularidades de la operación (lugar, tiempo, volumen de la operación, etc.). En **otro caso**, ese precio puede determinarse de otras operaciones equivalentes realizadas por el contribuyente con sujetos independientes o, incluso, de operaciones similares efectuadas por otras entidades con sujetos independientes.

4) Puede considerarse como valor de mercado el **incremento de los gastos en un margen de beneficios**, cuando ese método es aplicable a otras operaciones con terceros no vinculados (DGT 28-10-97).

5) Las **valoraciones efectuadas a otros efectos por una Comunidad Autónoma** no tiene la consideración de valor de mercado a efecto de las operaciones vinculadas del IS (DGT 12-6-02).

6) En el caso de **acciones no cotizadas** el valor más aproximado y representativo del valor de mercado es el valor teórico, pese a sus limitaciones, en cuanto no tiene en cuenta la existencia de plusvalías o minusvalías tácitas, pero que pueden considerarse si quedan acreditadas (TS 27-9-13, EDJ 192516).

4669 **Documentación e información** (LIS art.18.3; RIS art.13 a 16) Íntimamente ligado a la comprobación e inspección de las operaciones vinculadas se encuentra la documentación e información de estas operaciones. En este sentido, para justificar que las operaciones efectuadas se han **valorado por su valor de mercado**, las personas o entidades vinculadas deben mantener a disposición de la Administración tributaria, de acuerdo con principios de proporcionalidad y suficiencia, la siguiente documentación, que se divide en tres partes:

- la documentación específica del contribuyente;

- la documentación específica del grupo al que pertenezca el obligado tributario; y
- la documentación país por país para los grupos cuya dominante resida en territorio español.

Las obligaciones documentales se refieren al **período impositivo** en el que el contribuyente haya realizado la operación vinculada. Cuando la documentación elaborada para un período impositivo continúe siendo válida en otros posteriores, no es necesaria la elaboración de nueva documentación, sin perjuicio de que deban efectuarse las adaptaciones que sean necesarias.

La normativa prevé **excepciones** a la obligación de presentar la documentación específica. La obligación de documentación alcanza a las dos partes que intervienen en la operación, por lo que, aunque una esté excluida de dicha obligación, la otra parte debe valorar si cumple o no los requisitos a nivel individual para ser excluida de esta obligación.

Con carácter general la documentación tiene un **contenido simplificado** en relación con las personas o entidades vinculadas cuyo importe neto de la cifra de negocios sea inferior a 45 millones de euros, aunque con **excepciones** para las siguientes operaciones:
- las de los contribuyentes del IRPF que desarrollen actividades en módulos con entidades vinculadas;
- las de transmisión de: negocios, de acciones o participaciones de entidades no admitidas a negociación en mercados regulados de valores o que se negocien en jurisdicciones no cooperativas, y de inmuebles;
- sobre activos intangibles.

Precisiones 1) Entre las **fuentes de información** para la selección y obtención de comparables se encuentran las Bases de datos de acceso público. En numerosos países se establece la obligación de las empresas de hacer públicas las cuentas anuales, por lo que diversas empresas especializadas han construido bases de datos que contienen información contable normalizada a las que se puede acceder electrónicamente previo pago o suscripción. Entre las más utilizadas se encuentran AMADEUS, ORBIS y SABI. Estas bases de datos permiten seleccionar y filtrar la información en función de diversos parámetros.

La Administración tributaria dispone de información en sus bases de datos respecto a las empresas que declaran en España, pero la **utilización de dicha información** tiene carácter reservado de acuerdo con la normativa tributaria (LGT art.95 redacc L 31/2022 y L 13/2023) y la de protección de datos (LO 3/2018, por lo que se plantean problemas para facilitarlas a otros contribuyentes (terceros) para fundamentar los ajustes de valoración.

2) Al objeto de obtener una mayor seguridad jurídica sobre la valoración de las operaciones vinculadas, los contribuyentes pueden solicitar un **acuerdo previo de valoración** de las operaciones vinculadas a la Administración tributaria, de forma que esta determine la valoración de las operaciones efectuadas entre personas o entidades vinculadas con carácter previo a la realización de esas operaciones (nº 5330 s.).

3) Para un estudio más extenso de la **documentación** de las operaciones vinculadas ver nº 2389 s. Memento Impuesto sobre Sociedades 2024.

1. Procedimiento para la comprobación del valor normal de mercado

(LIS art.18.10, 12 y 14; RIS art.19)

La **aplicación** de las reglas de valoración sobre operaciones vinculadas exige que se trate efectivamente de operaciones realizadas entre partes vinculadas, y que la valoración dada por las partes a dichas operaciones difiera del valor de mercado. Una vez comprobado que resulta aplicable dicha regla, la Administración tributaria debe utilizar un método de valoración correcto y seguir el procedimiento legalmente establecido para aplicar el valor de mercado. **4670**

En este sentido, se analizan por separado:
- la comprobación y práctica de la liquidación al obligado tributario (nº 4671 s.); y
- la interposición de recursos o reclamaciones (nº 4675 s.).

Las **características** fundamentales de la comprobación de las operaciones vinculadas son:

a) Los **ajustes de las operaciones vinculadas** son ajustes bilaterales. La Administración tributaria quedará vinculada por las correcciones que realice de las operaciones vinculadas en relación con el resto de personas o entidades vinculadas.

b) La comprobación de las operaciones vinculadas se llevará a cabo en el seno del **procedimiento iniciado** respecto del obligado tributario cuya situación tributaria sea objeto de comprobación, entendiéndose las actuaciones exclusivamente con dicho obligado tributario.

c) La liquidación practicada al obligado tributario inspeccionado como consecuencia de la comprobación de las operaciones vinculadas podrá ser **impugnada** por este así como por las demás personas o entidades vinculadas afectadas por las correcciones de esas operaciones, a cuyos efectos deberá notificarse esas correcciones también a estas últimas personas o entidades (nº 4675).

d) La **firmeza** de la liquidación determinará su eficacia y firmeza frente a las demás personas o entidades vinculadas. Se prevé que, una vez firme la **liquidación administrativa** que realice la corrección valorativa, solo se tenga que regularizar a las demás partes vinculadas afectadas si estas no han efectuado dicha regularización por sí mismas (nº 4681).
e) Las **reglas específicas de la regularización** de las operaciones vinculadas resultan aplicable respecto de las personas o entidades vinculadas afectadas por la corrección que sean contribuyentes del IS, IRPF e IRNR, sin perjuicio de lo previsto en los tratados y convenios internacionales que hayan pasado a formar parte del ordenamiento interno.
f) No se puede instar la **tasación pericial contradictoria** para la comprobación del valor de una operación vinculada (nº 4676).
g) Las **correcciones** practicadas de las operaciones vinculadas no determinarán la **tributación por el IS, IRPF o IRNR** de una renta superior a la efectivamente derivada de la operación para el conjunto de las personas o entidades que la hubieran realizado, teniendo en cuenta para esta comparación aquella parte de la renta que no se integre en la base imponible por resultar de aplicación algún método de estimación objetiva.
h) Salvo disposición expresa en contrario, se establece la **estanqueidad** del valor de mercado determinado a efectos del IS, IRPF e IRNR, respecto de otros impuestos, y viceversa. Esto impide, por ejemplo, que se pueda trasladar al ámbito de las operaciones vinculadas el valor en aduana, el valor a efectos del ITP y AJD o del ISD.
i) Se habilita a la Administración a efectuar **recalificaciones** de la naturaleza jurídica de las operaciones vinculadas objeto de comprobación. Así, aunque el alcance del procedimiento inspector se limite a la comprobación de alguna operación vinculada, no solo se puede corregir la valoración de la operación, sino también, en su caso, recalificarla (por ejemplo, considerar que se trata de una retribución de fondos propios en vez de fondos ajenos) o considerarla simulada, sin que suponga que la Inspección se esté excediendo del alcance de la comprobación.
j) Se prevé un **régimen sancionador** por incumplimiento de las obligaciones de elaboración y conservación de la documentación de las operaciones vinculadas (nº 7036 s.).

4670.1 Precisiones **1)** El procedimiento de comprobación del valor normal de mercado en las operaciones vinculadas es **aplicable** respecto de las personas o entidades vinculadas afectadas por la corrección que sean contribuyentes del IS, del IRPF o del IRNR, sin perjuicio de lo previsto en los tratados y convenios internacionales que hayan pasado a formar parte del ordenamiento interno. No cabe entender aplicable al IVA este procedimiento; la remisión que realiza la normativa del IVA a la LIS se refiere solo al concepto de valor de mercado y no al procedimiento para su comprobación (LIVA art.79.Cinco).
Los contribuyentes afectados por tratados y convenios internacionales pueden acudir al **procedimiento amistoso** (nº 5260) o, en su caso, al procedimiento arbitral para eliminar la posible doble imposición generada por la corrección (nº 5290).
2) Los **criterios del PGC** determinan que las operaciones con empresas vinculadas se contabilizan por su valor de mercado, por lo que el contribuyente no puede contabilizar por un valor distinto y después efectuar un ajuste extracontable en el IS. Así es siempre la Administración tributaria, y no los propios contribuyentes, quien puede realizar la corrección de valor de las operaciones vinculadas.
3) El **PGC** recoge el tratamiento de las operaciones vinculadas dentro de las Normas de Registro y Valoración (NRV). Así, la norma relativa a Operaciones entre empresas del grupo establece que los elementos objeto de la transacción se contabilizarán en el momento inicial por su valor razonable (PGC NRV 21ª).
Por su parte, el Marco Conceptual (MC) de la Contabilidad define el **valor razonable** como el importe al que puede ser intercambiado un activo o liquidado un pasivo, entre partes interesadas y debidamente informadas, que realicen una transacción en condiciones de independencia mutua, y añade que, con carácter general, el valor razonable se calculará por referencia a un valor fiable de mercado (PGC MC aptdo.6).
Por tanto, respecto a la obligación de valorar a precio de mercado de las operaciones vinculadas coinciden sustancialmente la norma contable y la fiscal. Luego, en principio, el **ajuste que debe hacer la empresa** debe de ser un ajuste contable, salvo en casos excepcionales en que el precio razonable contable y el fiscal puedan diferir por la forma de determinación.
4) No estamos ante un problema de precios de transferencia cuando el objeto de la discusión es la **validez o licitud** del conjunto de las operaciones realizadas, y no si su valoración es adecuada o no (TS 12-2-15, EDJ 17273).
5) La regla de las operaciones vinculadas no significa que el contribuyente deba realizar un **ajuste extracontable** en su declaración del IS para adecuar su base imponible al valor de mercado de las operaciones vinculadas, pues eso supondría reconocer un previo incumplimiento contable que la norma fiscal no puede amparar. El ajuste lo practica en fase de comprobación la Administración tributaria cuando determine que el valor pactado difiere del de mercado (TS 28-3-12, EDJ 60096).

6) El que la Inspección pudiera haber considerado correcta la valoración dada por otros obligados tributarios en otras operaciones vinculadas no significa que haya dado un trato discriminatorio a la recurrente, toda vez que lo que deriva de la realización de esas operaciones es la obligación de que sean valoradas por su valor normal de mercado, lo que puede concurrir en unos casos y no en otros, no pudiendo aceptarse la existencia de una situación idéntica ya que el término de **comparación** ofrecido por la recurrente se refiere a diferentes operaciones realizadas por distintas personas físicas y entidades, sin perjuicio de lo cual hay que añadir que la igualdad solo cabe dentro de la legalidad y que las resoluciones administrativas carecen de eficacia vinculante para los órganos jurisdiccionales (TSJ Madrid 14-12-16, EDJ 241863).

a. Comprobación y práctica de la liquidación al obligado tributario

(LIS art.18.12.1º; RIS art.19)

La comprobación de valor se ha de llevar a cabo en el seno de un procedimiento de inspección iniciado respecto al **obligado tributario** cuya situación va a ser objeto de comprobación, por lo que, sin perjuicio de que haya que realizar determinadas actuaciones respecto a las demás entidades o personas vinculadas, como notificaciones a efectos de que los interesados puedan interponer recursos o reclamaciones, el órgano de inspección ha de entenderse solo con dicho obligado tributario, sin que durante el procedimiento de inspección se dé entrada a las mencionadas personas o entidades vinculadas. **4671**

En cualquier caso, las actuaciones con las **demás personas o entidades vinculadas** se realizan una vez practicada la liquidación al obligado tributario.

Por lo tanto, el procedimiento de comprobación del valor de mercado es único y se desarrolla exclusivamente con el obligado tributario objeto de comprobación. La totalidad del procedimiento de inspección (la iniciación, tramitación, formalización del acta y liquidación) se efectúa únicamente con el obligado tributario al que se regulariza, y solo en trámites posteriores como la impugnación, pueden intervenir otros obligados tributarios afectados.

En un procedimiento inspector de comprobación de operaciones vinculadas la Administración solo se entiende con el obligado tributario objeto de citación, no con la otra u otras partes vinculadas, pero ello no impide que la **Inspección pueda iniciar comprobaciones simultáneas** con las diversas personas o entidades vinculadas (TEAC unif criterio 8-9-16).

En el **contenido del acta** que se incoe y de la posterior liquidación resultante se debe incluir, por una parte, la justificación del método de valoración aplicado entre los contemplados en la normativa (nº 4668.2) y, por otra parte, los motivos que determinan la corrección de la valoración realizada por el obligado tributario.

Cuando se trate de una comprobación de **alcance general** en la que el objeto único de la regularización sea la corrección valorativa, se ha de practicar una liquidación definitiva.

Cuando la comprobación de las operaciones vinculadas **no sea el único objeto de la regularización**, se incoará un acta de carácter provisional relativa a la corrección valorativa, y simultáneamente se formalizará un acta distinta que incluya la totalidad de lo comprobado, que se minorará en la cuantía de la cuota resultantes de la primera acta. En estos casos, la segunda acta tendrá carácter provisional respecto de las posibles consecuencias que de la comprobación de valores pueda resultar en dicha liquidación (LGT art.101.4.b; RGGI art.190.4.c; RIS art.19.1).

Precisiones **1)** En el caso de las **comprobaciones sociedad-socios**, es frecuente que la Inspección inicie comprobaciones simultáneamente con la sociedad y los socios. **4672**

2) Tras la inspección y regularización simultánea a **una sociedad y su socio**, la Administración interpuso recurso de alzada solo contra la resolución que afecta al socio. La **bilateralidad** es un principio rector de los ajustes por operaciones vinculadas. Lo contrario, esto es, la parcialidad del ajuste, supone encontrarnos ante situaciones de doble imposición y, de facto, generadoras de un enriquecimiento injusto de la Administración. En caso de comprobaciones simultaneas a ambas partes de la operación vinculada, la impugnación únicamente de la resolución que afectaba a una de las partes resulta incongruente con el carácter bilateral del ajuste, ya que para la otra parte la resolución deviene firme (TEAC 2-2-21).

La asimetría derivada de la ruptura de la bilateralidad provoca, de forma automática, que la tributación de la operación vinculada, conjuntamente considerada, no encuentre acomodo en nuestro ordenamiento jurídico, produciendo situaciones bien de doble imposición y de enriquecimiento injusto para la Hacienda Pública, bien de una imposición notoriamente inferior a la pretendida por la norma (TEAC 28-6-22).

3) Cuando la Administración ha seguido **procedimientos de inspección separados** a los distintos contribuyentes implicados en operaciones vinculadas, la Administración tributaria pueda regularizar la situación de las personas o entidades vinculadas al obligado tributario en cuya sede se ha realizado la corrección valorativa, sin resultar exigible que la liquidación practicado al mismo haya adquirido firmeza (TS 6-6-22, EDJ 599915).

4) Si el **servicio** que presta una persona física a su sociedad vinculada y el que presta tal sociedad vinculada a terceros independientes es **sustancialmente el mismo**, cuando se trata de la prestación de un servicio intuitu personae y la sociedad vinculada carece de medios para realizar la operación, si no es a través de la necesaria e imprescindible participación de la persona física -no aportando valor añadido (o siendo este residual) a la labor de la persona física-, es acorde con la metodología de operaciones vinculadas considerar que la contraprestación pactada por esta segunda operación es el precio de mercado del bien o servicio de que se trate. Asimismo, se considera acorde con la metodología de operaciones vinculadas, que la contraprestación pactada por esta segunda operación -la que liga a la sociedad vinculada con el tercero independiente- es una **operación no vinculada comparable**, no siendo necesario incorporar una corrección valorativa por el mero reconocimiento de la existencia de la sociedad, y ello sin perjuicio de las correcciones que en aplicación del método del precio libre comparable proceda realizar por los gastos fiscalmente deducibles que se centralizan en la sociedad (TS 21-6-23, EDJ 604334). En términos similares, ya se había manifestado con anterioridad el TEAC 2-3-16.

4672.1 **5)** El inicio y desarrollo del procedimiento de inspección frente al obligado tributario únicamente interrumpe los plazos de **prescripción** para liquidar las deudas tributarias de dicho contribuyente, pero hasta ese momento no se ha desarrollado ninguna actuación interruptiva frente al resto de las partes que han intervenido en la operación vinculada. La interrupción de la prescripción respecto de las demás partes vinculadas se produce cuando se les notifica la liquidación, al objeto de que puedan personarse o promover las vías de revisión. Si se consumase la prescripción para liquidar las deudas tributarias frente a las restantes partes de la operación vinculada que han permanecido ajenas al procedimiento de inspección inicial, ya no resultaría posible efectuar el ajuste bilateral (LIS art.18.10).

Si en el momento de la liquidación de la entidad comprobada ya ha prescrito el derecho a liquidar o devolver a la otra parte vinculada afectada por la operación, esta situación determinaría la imposibilidad de realizar regularización alguna a ninguna de las partes de la operación vinculada.

6) La regulación reglamentaria de las operaciones vinculadas fue impugnada, solicitando los recurrentes al Tribunal Supremo que instara **cuestión de inconstitucionalidad**, entre otras cuestiones, respecto a la falta de intervención de las demás partes vinculadas en el procedimiento inspector seguido frente al obligado tributario. El Tribunal Supremo lo desestimó, argumentando que en el procedimiento tributario seguido contra un obligado tributario no existe, a priori, derecho a intervenir de un tercero (TS auto 8-2-11, EDJ 13676).

Ejemplo En una comprobación de carácter general del IS la Inspección corrige la valoración correspondiente a una operación vinculada, no admite la deducibilidad fiscal de determinados gastos declarados y reduce determinadas deducciones en cuota. La documentación de estos ajustes es la siguiente:
- en una liquidación de carácter **provisional** se recogería la regularización de la corrección valorativa de la operación vinculada; y
- en una liquidación **definitiva** se regularizaría la situación íntegra del obligado tributario correspondiente al IS del ejercicio, si bien del resultado final se deduciría lo ya regularizado en la liquidación provisional correspondiente a la corrección valorativa.

4673 **Ajuste secundario** (LIS art.18.11; RIS art.20) Cuando se pactan **valores diferentes a los de mercado** entre entidades vinculadas, se producen dos efectos:

1) Efecto principal: determina una mayor renta en una de las partes y otra menor en la otra parte vinculada en el mismo período impositivo u otro posterior. Por eso, con el ajuste principal la norma evita que se trasladen beneficios o pérdidas de unas personas vinculadas a otras mediante la utilización de precios de transferencia.

2) Efecto secundario: es el desplazamiento patrimonial que se produce entre las partes. El denominado ajuste secundario pretende dar el correcto tratamiento fiscal a esta transferencia de patrimonios entre los sujetos que intervienen en la operación que no se valoró de acuerdo con los precios de mercado. Su tratamiento tributario se realiza teniendo en consideración la naturaleza de las rentas puestas de manifiesto como consecuencia de la existencia de la diferencia entre el valor de mercado y valor pactado entre las partes.

La diferencia entre el valor convenido y el valor de mercado tendrá para las partes vinculadas el tratamiento fiscal que corresponda a la naturaleza de las rentas puestas de manifiesto como consecuencia de la existencia de dicha diferencia.

Con carácter general, la **calificación de las rentas** derivadas del ajuste secundario es la siguiente:

a) Cuando la **diferencia es a favor del socio**, se considera que:
- en la parte de renta que se corresponde con el porcentaje de participación, tiene la consideración de participación en beneficios para el socio y de retribución de los fondos propios para la entidad;

- en la parte de renta que no se corresponde con el porcentaje de participación tiene la consideración de retribución de los fondos propios para la entidad y de utilidad percibida por la condición de accionista, miembro o partícipe para el socio.
Por tanto, el ajuste secundario no tiene la consideración de gasto deducible en la entidad al ser considerada la renta en su totalidad como una retribución de los fondos propios. El socio debe integrar toda la renta en su base imponible, pero puede aplicar la exención por doble imposición interna por la parte de renta imputable correspondiente al porcentaje de participación.
b) Cuando la diferencia es **a favor de la entidad**, se considera que:
- en la parte de renta que se corresponde con el porcentaje de participación, tiene la consideración de aportación del socio o partícipe a los fondos propios de la entidad, y aumento del valor de adquisición de la participación para el socio;
- en la parte de renta que no se corresponda con el porcentaje de participación, tiene la consideración de renta a integrar en la base imponible para la entidad, y de liberalidad no deducible para el socio. Si la entidad es no residente, la renta tiene la consideración de ganancia patrimonial.
La calificación de la renta del ajuste secundario puede ser distinta a la señalada si los obligados tributarios acreditan que la causa que existe detrás de las operaciones realizadas es diferente a las citadas. Luego las anteriores calificaciones se entienden como una **presunción iuris tantum**, que puede ser destruida con prueba en contrario.
No obstante, no se aplica el ajuste secundario cuando se proceda a la **restitución patrimonial** entre las personas o entidades vinculadas. Para eso, el contribuyente debe justificar dicha restitución antes de que se dicte la liquidación.

Precisiones **1)** Las **causas** por las que se realizan unas mismas operaciones pueden resultar variadas y complejas, por lo que es imposible que la LIS o el RIS puedan dar solución a todas las posibilidades de calificación de una renta. Por eso la normativa señala que la diferencia tiene «con carácter general el siguiente tratamiento» (LIS art.18.11), que enlaza con la norma según la cual la calificación de la renta puesta de manifiesto por la diferencia entre el valor de mercado y el valor convenido, puede ser distinta de la prevista, cuando se acredite una causa diferente. La norma posibilita que se acuda a la causa de las operaciones vinculadas, con independencia de la calificación previa que pudiera resultar del tratamiento general. 4674
2) El Reglamento del IS ha llevado a sus últimas consecuencias los efectos derivados de la calificación fiscal del ajuste secundario al establecer que, cuando la obligación de retener o ingresar a cuenta tenga su origen en el ajuste secundario, la **base de la retención** la constituye la diferencia entre el valor convenido y el valor de mercado (RIS art.64.7; en el ámbito del IRPF y del IRNR se hace idéntica mención -RIRPF art.93.6; RIRNR art.13.5-).
3) La **restitución patrimonial**, como mecanismo de evitación del ajuste secundario, requiere que el obligado justifique que se ha producido de manera efectiva, esto es, en un acto independiente, voluntario y destinado a este fin (TEAC 25-4-23).

b. Interposición de recurso o reclamación

(LIS art.18.12.2º; RIS art.19.2)

Si el obligado tributario objeto de comprobación interpusiera recurso o reclamación contra la liquidación provisional practicada, la Administración **notifica** dicha liquidación y la existencia del procedimiento revisor a las demás personas o entidades vinculadas afectadas para que puedan personarse en el correspondiente procedimiento, y presentar las oportunas alegaciones (LGT art.223.3 y 232.3). 4675
Si el obligado no ejerciera ese derecho, transcurridos los plazos oportunos la Administración notifica la liquidación practicada a las demás personas o entidades vinculadas afectadas, para que aquellos que lo deseen puedan optar de forma conjunta por interponer recurso o reclamación. Su interposición interrumpe el plazo de prescripción del derecho de la Administración tributaria a efectuar las oportunas liquidaciones al obligado tributario y a las demás personas o entidades afectadas, a quienes se comunica dicha interrupción. Dicho plazo empieza a contar de nuevo cuando la valoración practicada por la Administración haya adquirido firmeza.
Respecto de las **demás personas o entidades vinculadas**, para poder realizar el ajuste correspondiente, hay que esperar a que sea firme la liquidación provisional practicada al obligado, ya que es entonces cuando se produce la «eficacia y firmeza» del valor comprobado respecto a ellas. Una vez firme, la Administración efectúa las regularizaciones que correspondan, salvo que dichas regularizaciones se hayan efectuado por la propia persona o entidad vinculada afectada.

Ejemplos 1) En la comprobación del IS del obligado tributario A se regulariza la valoración de una operación con las entidades vinculadas B y C, que supone un incremento de cuota en A de 500. Dicho ajuste supone una menor cuota por importe de 200 tanto en B como en C.
Se notifica la liquidación también a las partes vinculadas B y C y transcurren los plazos de recurso o reclamación (1 mes) sin que se impugne.
Como la liquidación no se ha impugnado, la valoración deviene firme, y la Administración debe practicar el ajuste correspondiente en las declaraciones del IS de B y C, procediendo, en su caso, a efectuar la devolución de ingresos indebidos correspondiente.
2) El 3-10-X1 se dicta liquidación del IS ejercicio X0, del obligado tributario A, y el 25-10-X1 se interpone recurso o reclamación, que se resuelve y adquiere firmeza el 20-1-X3.
La interposición de la reclamación o recurso (por el propio obligado tributario o por todas o alguna de las personas o entidades vinculadas) supone que desde esta fecha (25-10-X1) queda interrumpido el plazo de prescripción del derecho de la Administración para liquidar al obligado tributario (A).
A partir de la firmeza de la reclamación o recurso (20-1-X3) volvería a computarse el plazo de prescripción para, en su caso, practicar liquidación al obligado tributario con el fin de adaptar la liquidación al fallo de los tribunales. La peculiaridad de la LIS consiste en que frente a la situación común en que un recurso del propio obligado tributario A interrumpe el derecho de la Administración para liquidarle (LGT art.66.a y 68.1.b), en este caso el motivo de interrupción de la prescripción que afecta a A es no solo su propio recurso, sino también el recurso de alguna, o de todas, las personas o entidades vinculadas (B o C).
La justificación de esta especialidad radica en que se trata del análisis de una operación entre personas o entidades que tienen una vinculación.

4676 **Procedencia de tasación pericial contradictoria** La normativa no permite instar la tasación pericial contradictoria (TPC) para la comprobación del valor de una operación vinculada (LIS art.18.12.6º).
A este respecto, se aprecia un cambio de filosofía en esta materia, que se refleja en la **terminología**. La anterior regulación se refería a la comprobación de valor, a las correcciones valorativas, a la valoración practicada y a la firmeza de la valoración, mientras que en la vigente se evita el término valoración y se refiere a la comprobación de las operaciones vinculadas, a las correcciones que procedan, a la liquidación practicada y a la firmeza de la liquidación. Se considera, pues, que en las operaciones vinculadas no se trata de un mero ajuste valorativo, sino de una **corrección fiscal** que debe ajustarse a una muy específica normativa tributaria, de acuerdo con los criterios de comparabilidad y métodos que deben regirse por las directrices establecidos por la OCDE, y que no pueden realizarse, sin más, por cualquier perito, utilizando las técnicas, criterios y métodos generalmente aceptados para otras finalidades distintas.

2. Ajuste derivado de la corrección valorativa en las demás partes vinculadas

(LIS art.18.10; RIS art.19.3)

4681 El ajuste en la valoración no puede tener como resultado un exceso de imposición en España por lo que corresponde realizar la corrección a todas las partes intervinientes en la operación vinculada.
El correspondiente **ajuste bilateral** a las demás personas o entidades vinculadas no es inmediato, sino que hay que esperar a la firmeza de la valoración contenida en la liquidación practicada al obligado tributario.
Respecto al **sujeto obligado** a efectuar el ajuste valorativo se deben distinguir dos casos:
a) Puesto que la regularización realizada por la Administración debe ser tenida en cuenta por los contribuyentes en las declaraciones que se presenten tras la firmeza de la liquidación, en los períodos respecto a los que todavía **no se ha presentado la correspondiente declaración**, corresponde a los propios obligados aplicar el valor comprobado. Así, por ejemplo, si el ajuste inicial consistió en el aumento del valor de un determinado inmueble, debe aplicar una mayor dotación para amortización en los ejercicios sucesivos.
b) En el período impositivo cuyo plazo de liquidación hubiera finalizado en el momento en que se produzca la **firmeza de la liquidación** al obligado tributario, es la Administración la que efectúa el ajuste bilateral a las demás partes afectadas, salvo que estas hubieran ya efectuado la referida regularización con carácter previo. Esto se realiza mediante la práctica de una liquidación o, en su caso, de una autoliquidación (o de una liquidación derivada de una solicitud de rectificación de la autoliquidación) correspondiente al último período impositivo cuyo plazo de declaración e ingreso hubiera finalizado en el momento en que se produzca tal firmeza.
En caso de impuestos en los que **no exista período impositivo**, la regularización se realiza mediante la práctica de una liquidación correspondiente al momento en que se produzca la firmeza de la liquidación o, en su caso, de una autoliquidación (o de una liquidación derivada de una solicitud de rectificación de la autoliquidación) practicada al contribuyente.

En caso de impuestos en los que **existen períodos impositivos,** esta regularización debe comprender todos aquellos que estén afectados por la corrección llevada a cabo por la Administración tributaria, derivada de la comprobación de la operación vinculada. A estos efectos se calcula la cuota de cada período afectado aplicando la **normativa** de dicho período y teniendo en cuenta el valor comprobado, y se calculan los correspondientes intereses de demora. En esta liquidación se tienen en consideración los efectos correspondientes al valor comprobado y firme respecto de todos y cada uno de los períodos impositivos afectados por la corrección valorativa llevada a cabo por la Administración tributaria e incluye, en su caso, los correspondientes intereses de demora

La regularización incluye, en su caso, los correspondientes **intereses de demora**, que se calculan:

- **desde** la finalización del plazo establecido para la presentación de la autoliquidación de cada uno de los períodos impositivos en los que la operación vinculada haya surtido efectos. Pero si la regularización da lugar a una devolución y la autoliquidación se presentó fuera de plazo, se calcula desde la fecha de la presentación extemporánea de la autoliquidación; y
- **hasta** la fecha en que se practica la liquidación o, en su caso, la autoliquidación, correspondiente al período impositivo en que la regularización de dicha operación es eficaz frente a las demás personas o entidades vinculadas.

Para la práctica de las correspondientes liquidaciones, la Inspección puede ejercer las facultades establecidas con carácter general -nº 1500 s.- (como el examen de la documentación contable), y realizar las actuaciones de obtención de información que sean necesarias.

Si el **ajuste inicial** al obligado tributario fue negativo, el ajuste bilateral en las demás personas o entidades vinculadas da lugar a un ingreso. Y si el ajuste inicial al obligado tributario fue positivo, el ajuste bilateral en las demás personas o entidades vinculadas da lugar a una devolución o a la correspondiente base imponible negativa. Cuando el ajuste en un período genere bases imponibles negativas que sean susceptibles de ser compensadas en alguno de los siguientes períodos afectados, se realiza dicha compensación.

Las personas o entidades afectadas que puedan invocar un **tratado o convenio internacional**, pueden acudir al procedimiento amistoso o al procedimiento arbitral para eliminar la posible doble imposición (LIS art.18.12.5º).

Precisiones 1) En caso de que **no exista período impositivo**, se debe practicar una liquidación correspondiente al momento en que se produzca la firmeza de la liquidación efectuada al obligado tributario. Este sería el supuesto de los **establecimientos permanentes** cuya actividad en territorio español consista en obras de construcción, instalación o montaje con una duración que exceda de seis meses, actividades o explotaciones económicas de temporada o estacionales, o actividades de exploración de recursos naturales (LIRNR art.18.4). **4682**

2) Una vez firme la valoración administrativa, los obligados tributarios deben aplicar el valor comprobado en las declaraciones de los **períodos impositivos siguientes** a aquel al que se refiera la regularización administrativa cuando la operación vinculada produzca efectos en ejercicios sucesivos, como sucede, por ejemplo, cuando proceda la aplicación de una mayor dotación para amortización, como consecuencia de que el ajuste inicial consistió en el aumento del valor de un determinado inmueble.

Ejemplos 1) Se regulariza la valoración de una operación vinculada en el IS de la entidad A y adquiere firmeza el 1-12-X1. El ajuste valorativo en las demás entidades vinculadas se debe realizar por la Administración en la liquidación correspondiente al IS del ejercicio X0, cuyo plazo de declaración, en el caso general, abarcaría desde el 1 al 25-7-X1. **4683**

2) En el ejercicio X0 la sociedad A vende a las sociedades vinculadas B y C, por partes iguales, un inmueble. Tras la comprobación del IS de dicho ejercicio de la sociedad A, la Inspección dicta una liquidación provisional el 20-10-X1 en la que resulta una cuota a ingresar de 1.000 al aumentar el valor del inmueble transmitido.

La liquidación se recurre y finalmente es confirmada por los tribunales adquiriendo firmeza el 30-9-X3.

La entidad B revendió su parte en el ejercicio X0, y presentó un IS de dicho ejercicio con una cuota a ingresar de 800. Si la sociedad B hubiera aplicado como valor de adquisición del inmueble el valor fijado en la liquidación practicada a la sociedad A, en lugar del valor pactado, le hubiera resultado una cuota a ingresar de solo 300.

La entidad C continúa siendo propietaria en X3 de su parte del inmueble adquirido a la sociedad A, y ha ido practicando la amortización correspondiente sobre el valor pactado. Si hubiera calculado la amortización teniendo en cuenta como valor de adquisición el valor fijado en la liquidación practicada a la sociedad A en vez del valor pactado, la base imponible resultante del IS se hubiera minorado en 100 en cada uno de los ejercicios X0 y siguientes.

Se debe determinar el ejercicio y la cuantía de los ajustes en las sociedades B y C, suponiendo que su ejercicio social coincide con el año natural, de forma que declaran el IS del 1 al 25 de julio. Cuando la liquidación practicada a la sociedad A haya adquirido firmeza, el 30-9-X3, la Administración tributaria debe practicar a las sociedades B y C un ajuste en la liquidación de sus

IS, que corresponderán al ejercicio X2, dado que es el último período impositivo cuyo plazo de declaración e ingreso ha finalizado a la citada fecha de firmeza.
Los **resultados de los ajustes** son los siguientes:
a) Ajustes en la **entidad B**: la sociedad declaró una cuota a ingresar de 800 cuando solo debió ingresar 300 de acuerdo con el verdadero valor de mercado. Por lo tanto, en la liquidación del IS del X2 resulta una cuota de 500 a devolver, más los correspondientes intereses de demora desde la finalización del plazo de presentación de la declaración correspondiente a X0 hasta la fecha de la liquidación.
b) Ajustes en la **entidad C**: en la liquidación del IS del X2 se incorporan los ajustes pertinentes de acuerdo con los datos que deberían haberse declarado en X0, X1 y X2 si se hubiera declarado conforme al valor resultante de la liquidación practicada a la sociedad A, y teniendo en cuanta la normativa de cada período.
- Suponiendo que la sociedad C hubiera declarado **bases imponibles positivas** en los ejercicios X0, X1 y X2, el ajuste consistiría en la minoración por importe de 100 en cada uno de ellos, dando lugar a la devolución, junto con los correspondientes intereses de demora.
- Suponiendo que la sociedad C hubiera consignado **bases imponibles negativas** de 70 y 80 en los ejercicios X0 y X1, respectivamente, y una base imponible positiva de 300 en el ejercicio X2 (tras la compensación de las base imponibles negativas de los años anteriores), se incrementarían las base imponibles negativas declaradas en 100 en cada ejercicio y en la declaración del X2 se compensarían los 200 de los dos ejercicios anteriores y se aplicarían los 100 del propio X2, con lo que resultaría una base imponible de 0, dando lugar a la devolución de la cuota que se hubiera ingresado en X2, con sus correspondientes intereses de demora.
Por su parte, y mientras proceda la amortización del inmueble adquirido, la sociedad C debe tener en cuenta, a efectos de la pertinente dotación a la amortización, el valor del inmueble resultante de la liquidación practicada a la sociedad A en las declaraciones del IS correspondientes a los ejercicios X3 y siguientes.

3. Régimen sancionador

(LIS art.18.13)

4684 La normativa del IS contempla unas infracciones y sanciones **específicas** por incumplimiento de las obligaciones de documentación de las operaciones vinculadas, diferenciando según que la Administración realice o no correcciones valorativas (ver nº 7036 s.).

Precisiones Se desestimó la **cuestión de inconstitucionalidad** promovida en relación con las infracciones tributarias graves por no aportar la documentación de operaciones vinculadas y por declarar en determinados impuestos un valor diferente al normal de mercado (LIS/04 art.16.2 y 10), dado que la normativa contenía los elementos esenciales de la conducta antijurídica y fijaba de forma exhaustiva las consecuencias sancionadoras que conlleva la comisión de la infracción, cumplimiento la exigencia de ley formal y de predictibilidad (TCo 145/2013).

D. Actuaciones con entidades sin personalidad jurídica y sus miembros

(LGT art.35.4, 42.1.a y b y 45.3; RGGI art.105 y 178.3)

4685 Las actuaciones de comprobación e investigación de las entidades sin personalidad jurídica (nº 760 s.) y de sus socios o miembros, a los que se atribuyen las rentas de la entidad, se efectúan normalmente **de forma simultánea**. Además, la comprobación de las entidades sin personalidad jurídica presenta una serie de peculiaridades que conviene destacar.
En este tipo de comprobaciones lo habitual es notificar la **comunicación de inicio** de actuaciones de comprobación o investigación simultáneamente a la entidad y a sus miembros. Normalmente, todas las actuaciones se efectúan por el mismo equipo o unidad de inspección. Cuando no es posible (por ejemplo, por corresponder algunos de los obligados tributarios a distinta Delegación Especial), las actuaciones de los distintos órganos inspectores deben efectuarse de forma coordinada.
Si se inician actuaciones de comprobación sobre un obligado tributario que resulta ser miembro de una entidad de la LGT art.35.4 y no se está comprobando a dicha entidad, la comprobación debe efectuarse con alcance parcial, excluyendo la comprobación de las atribuciones de rentas procedentes de la entidad en régimen de atribución de rentas.
Por consiguiente, en estos casos se debe distinguir según se trate de la comprobación o investigación de las **obligaciones tributarias** de:
a) La **entidad** de la LGT art.35.4: la comprobación por la AEAT de las obligaciones materiales (IVA -la comprobación del IGIC corresponde a la Comunidad Autónoma de Canarias-, retenciones, etc.) y formales de la entidad se han de desarrollar con quien tenga su representación legal. Por eso, la comunicación de inicio de las actuaciones, las diligencias que se extiendan

durante el desarrollo de las actuaciones, las actas que se incoen y las liquidaciones que se practiquen, se deben formalizar a nombre de la entidad sin personalidad jurídica cuya situación tributaria es objeto de comprobación.
En caso de **impago** de las liquidaciones por la entidad se puede tramitar el procedimiento de responsabilidad solidaria en la deuda tributaria de los partícipes o cotitulares de la entidad en proporción a sus respectivas participaciones, sin perjuicio de la responsabilidad solidaria de quienes causen o colaboren activamente, en su caso, en la realización de la infracción tributaria.

b) Los **miembros** de la entidad relativas a las rentas obtenidas por la entidad en régimen de atribución de rentas: los entes de la LGT art.35.4 no son sujetos pasivos a efecto del IRPF ni del IS, porque las rentas de estas entidades sin personalidad jurídica se atribuyen directamente a sus miembros o partícipes. Las rentas ocultadas por estas entidades (ventas ocultas, gastos no deducibles, etc.) tienen incidencia en las declaraciones de sus miembros, ya que deben atribuirse en proporción a sus respectivas participaciones. Estas actuaciones deben desarrollarse con los miembros o partícipes de la entidad, como obligados tributarios respecto de su impuesto personal sobre la renta. **4686**
En estos **procedimientos** pueden utilizarse los datos, informes y antecedentes obtenidos en el desarrollo de las actuaciones de comprobación o investigación de las obligaciones propias de la entidad sin personalidad jurídica (por ejemplo, libros, registros fiscales, facturas, etc. de la entidad). Por eso, lo más habitual es que simultáneamente se inicien actuaciones de comprobación con la entidad sin personalidad jurídica (por IVA, retenciones, etc.) y respecto de sus miembros o partícipes (especialmente, por las atribuciones de rentas a efectos del IRPF).
Estas actuaciones se desarrollan con cada uno de los miembros que sean objeto de comprobación, sin más especialidad que la posibilidad de utilizar los datos, informes o antecedentes obtenidos en el desarrollo de las actuaciones de **comprobación o investigación con la entidad**.
A este respecto, suele ser conveniente efectuar una **diligencia resumen** de las actuaciones referentes a la entidad en la que se comprendan todos los datos referentes a los datos consignados en sus libros y registros y los comprobados que sean necesarios para la atribución de rendimientos, retenciones y deducciones a sus miembros, así como las participaciones de cada uno de los miembros en los distintos ejercicios objeto de comprobación, junto con la documentación que lo justifique, para poder incorporar una copia al expediente de cada uno de los miembros que sean objeto de comprobación. En relación a las sanciones, ver el nº 6145.

Precisiones La **declaración informativa anual** de Entidades en régimen de atribución de rentas (modelo 184) incluye la identificación de los socios, herederos, comuneros o partícipes, así como el importe de las rentas obtenidas por la entidad y de la renta atribuible a cada uno de sus miembros por cada fuente de renta (OM HAP/2250/2015).

SECCIÓN 2

Método de estimación indirecta

 4688

Existen tres métodos para cuantificar las obligaciones tributarias, es decir, para determinar la base imponible, cuota y retenciones (LGT art.50.2). El método de aplicación general es la estimación **directa.** La estimación **objetiva** se utiliza solo en los supuestos previstos por la Ley teniendo, en todo caso, carácter voluntario para los obligados tributarios. Ambos métodos son aplicados por el contribuyente. **4689**
La estimación **indirecta** es un método subsidiario, aplicable por los órganos de inspección cuando no dispongan de los datos necesarios para la determinación completa de la base imponible, como consecuencia de alguna de las circunstancias fijadas en la LGT (nº 4720).

A. Características

(LGT art.50.3 y 4 y 53.1 y 158; RGGI art.193.2)

4690

4691 El método de estimación indirecta se caracteriza por proporcionar una **cuantificación aproximada** de la base imponible, de la cuota y de las retenciones cuando la Administración no puede determinarlas de forma completa utilizando los métodos de estimación objetiva o directa. Este método ha sido considerado por la jurisprudencia como la **llave de cierre** del sistema tributario, de forma que, ante la ausencia de datos y elementos que permitan determinar de forma precisa y cierta la base imponible, es necesario acudir a parámetros de medición indirectos, pues la alternativa sería dejar sin someter a tributación determinados hechos imponibles, premiando, en definitiva, al contribuyente por su falta de colaboración en el cumplimiento de sus obligaciones tributarias (TSJ Cataluña 30-6-99, EDJ 84118).

4692 **Subsidiariedad** (LGT art.50.4 y 53.1; RGGI art.193.2) Es la **principal característica** de este método. Es decir, solo procede su aplicación en aquellos casos en los que los órganos de inspección no disponen de los datos necesarios para la determinación completa de la base imponible.
Al tratarse de un régimen subsidiario de la estimación directa y objetiva, se exige la **motivación** de su aplicación en cada caso concreto (AN 16-12-02, EDJ 130077).

4693 Precisiones **1) No** procede la aplicación del método de **estimación indirecta:**
- cuando, ante el descubrimiento por la Inspección de ingresos superiores a los derivados de las declaraciones presentadas, el obligado tributario manifiesta el **origen** de los mismos en las diligencias extendidas a lo largo del procedimiento (TEAC 28-4-00);
- por existir **anomalías contables** en el reflejo del precio de unos inmuebles, cuando la Inspección podía haber determinado los rendimientos partiendo de los datos contabilizados, los reflejados en las escrituras y los aportados por los compradores (TS 15-12-08, EDJ 244002);
- cuando la Inspección podría determinar la base imponible en el IVA mediante la eliminación de los supuestos de inclusión del IVA soportado de aquellas operaciones sin contenido económico a través de los procedimientos de **comprobación documental y testifical** (TSJ Burgos 18-2-11, EDJ 10792);
- cuando se comprueba el IVA sobre la base de las **declaraciones trimestrales** realizadas por la entidad inspeccionada, con los datos en poder de la Administración, y requiriendo la remisión de facturas y otros datos a los **clientes y proveedores** que aparecían en el modelo 347 (AN 21-7-08, EDJ 132559);
- cuando La Administración tributaria ha desplegado una actividad probatoria a través de los **requerimientos de información con terceros** pudiendo así determinar la realidad de las ventas y medios de pago utilizados, lo que, en unión del resto de documentos, ha permitido establecer el importe de los ingresos obtenidos y gastos justificados (TSJ Asturias 30-5-16, EDJ 108495). En términos parecidos, TSJ Las Palmas 20-12-16, EDJ 290907;
- solo por el hecho de que el obligado tributario no pueda aportar la **documentación justificativa** de determinados gastos en los que afirma haber incurrido (TSJ Burgos 19-2-10, EDJ 14513).
2) La determinación de la base imponible de un tributo mediante el régimen de estimación indirecta de bases imponibles no implica necesariamente que ese mismo régimen deba ser utilizado en las actuaciones relativas a **otro tributo**, si es posible la liquidación sin acudir al régimen de estimación indirecta (TEAC 19-2-15).

4695 **Actividad investigadora previa** (LGT art.50.4 y 53.1; RGGI art.193.2) El carácter subsidiario del método de estimación indirecta exige que su aplicación sea precedida, en todo caso, de una actividad investigadora por parte de la Administración.
Solo cabe acudir a la estimación indirecta cuando, tras las oportunas **actuaciones de comprobación e investigación**, quede acreditado que los elementos y datos disponibles no permiten determinar exactamente el importe de la base imponible.
No obstante, la **imposibilidad de determinar de forma completa** la base imponible como requisito necesario para acudir a la estimación indirecta no debe entenderse como una imposibilidad absoluta pues, desde un punto de vista teórico, las amplias facultades reconocidas a la Administración para la comprobación e investigación del cumplimiento de las obligaciones tributarias siempre permitirían la cuantificación completa de la base imponible. Asimismo, en el otro extremo, tampoco puede identificarse la imposibilidad de determinar de forma completa la base imponible con la dificultad en la obtención de los datos necesarios para ello.

Precisiones 1) La estimación indirecta permite, tras investigar la actividad económica del inspeccionado, **suplir las insuficiencias** producidas en la estimación directa, integrando las bases imponibles a partir de diversos hechos y datos, incluidos los obtenidos de otros sujetos pasivos dedicados a similar actividad (TS 19-7-02, EDJ 32945). 4696

2) No puede ampararse la aplicación de este método de estimación indirecta en la insuficiencia de la **actividad investigadora** de la Administración (TS 17-10-98, EDJ 28356).

3) Debido a la existencia de gastos registrados que no correspondían a **servicios reales**, la inspección consideró aplicable el régimen de estimación indirecta en el IS. Sin embargo, en el IVA se limitó a minorar el IVA deducible en el soportado en las facturas cuya realidad no ha sido acreditada. Estas actuaciones no son incompatibles ni atentan a la seguridad jurídica. Está justificada la estimación indirecta. Las entidades emisoras carecen de estructura empresarial, no tienen imputaciones, por lo que no han podido prestar los servicios (TSJ Madrid 25-4-17, EDJ 153331).

4) La Inspección ha seguido los pasos necesarios para la acreditación de que la actividad económica real de la recurrente no se correspondía con las bases imponibles declaradas. Es decir, ha probado que los ingresos declarados no guardaban relación con los gastos de la actividad -que satisfacen terceros-, con las provisiones que se residencian en sociedades del grupo sin operativa económica o que debiendo refacturar no lo hacen, o cuando la entidad abona nóminas y provisiones de la actividad de restaurante que se dice que gestiona otra. Ante tales indicios sobre la **irrealidad de los ingresos y gastos consignados** en los libros contables, así como el desvío constante de flujos a otras empresas del grupo, queda acreditada la causa para acudir al régimen de estimación indirecta (TSJ Cataluña 22-12-23, EDJ 790884).

5) Si el **obligado ofrece a la inspección la posibilidad de analizar** detalladamente la contabilidad efectivamente llevada por la empresa, así como las cuentas anuales correspondientes a los ejercicios, y ese examen no se ha producido, no ha sido por causas imputables a la actora, sino a la propia Inspección. La Inspección no considera procedente analizar esos datos para determinar la correcta base imponible del impuesto por el amplio volumen de operaciones efectuadas por el obligado tributario que impide o, al menos dificulta gravemente, la determinación directa. La concurrencia de tal circunstancia, que puede llevar consigo un **mayor esfuerzo y/o mayor exigencia temporal y de medios** a la inspección, en modo alguno puede ser equiparada a la imposibilidad de realizar la liquidación oportuna través del método de estimación directa (TSJ Castilla-La Mancha 22-3-21, EDJ 573855).

Cuantificación de la base imponible (LGT art.53.1; RGGI art.193) El método de estimación indirecta se aplica cuando la Administración no puede determinar de forma completa la base imponible, por lo que de la aplicación de este método siempre resulta una **cuantificación aproximada o incompleta** de la misma. 4698

Para realizar esta cuantificación puede utilizarse cualquier **dato**, antecedente, índice, módulo o signo que permita reconstruir de la forma más aproximada posible la base imponible.

La única **limitación** a la que está sometida la Administración tributaria al estimar indirectamente una base imponible es que debe ajustarse a aquellos medios o instrumentos que permitan obtener un alto índice de probabilidad en la determinación de la misma, rechazando aquellos que no sean relevantes o que no acrediten, ni siquiera de forma indirecta, la existencia del hecho imponible o su valoración.

Es la Administración la que debe decidir en cada caso cuál es el **medio** que permite esta cuantificación lo más aproximada posible al importe real de la base imponible. No obstante, existe alguna **excepción** respecto a contribuyentes que hayan renunciado al método de estimación objetiva en el IRPF o sujetos pasivos del IVA que hayan renunciado al régimen simplificado (ver nº 4766).

Precisiones Mediante la aplicación del régimen de estimación indirecta, no resulta posible determinar la **cifra real y exacta** de ingresos obtenidos por el obligado tributario durante el período comprobado como consecuencia de la actividad profesional. Pero una vez concluido que concurren los presupuestos que legitiman a la Administración para la aplicación de este régimen, esta falta de precisión es imputable al propio contribuyente, quien con su incumplimiento generalizado, hizo imposible a la Inspección obtener los datos necesarios para liquidar por el régimen de estimación directa o por el de estimación objetiva que fuere procedente (TEAC 26-6-23). 4699

Período de liquidación inferior al año (LGT art.158.5) En el caso de tributos con períodos de liquidación inferior al año, como ocurre con el IVA cuyos períodos de liquidación son mensuales o trimestrales, como lo normal es que la estimación de las bases, cuotas o rendimientos se haga de forma anual, esta se puede distribuir linealmente entre los períodos de liquidación correspondientes, salvo que el obligado tributario justifique que procede un reparto temporal diferente. 4700

Precisiones La posibilidad de una distribución lineal de la cuota anual (IVA) no solo está prevista en el ámbito de la estimación indirecta. Con carácter más general en el caso de **presunciones tributarias**, se establece que se puede realizar una distribución lineal de la cuota anual que resulte entre los períodos de liquidación correspondientes (mensual o trimestral) cuando la Administración tributaria no pueda, conforme a la información obrante en su poder, atribuirla a un período de liquidación concreto conforme a la normativa reguladora del tributo, y el obligado tributario, requerido expresamente a tal efecto, no justifique que procede un reparto temporal diferente (LGT art.108.5).

4702 **Alcance** (LGT art.50.3 y 158) La LGT únicamente remite a la Ley propia de cada tributo para el establecimiento de los supuestos en los que sea de aplicación el método de estimación objetiva. De lo anterior se deduce que para la aplicación de la estimación indirecta no es necesario que esta se contemple expresamente en la normativa reguladora de los distintos **tributos**, como método de determinación de la base imponible, cuando concurra alguna de las circunstancias previstas en el nº 4720 s. y la Administración no pueda determinarla de forma completa. No obstante, las Leyes de los principales tributos contemplan expresamente el método de estimación indirecta (LIRPF art.16; LIS art.10; LIVA art.81).

Expresamente se prevé la aplicación de la estimación indirecta tanto en el ámbito de la **imposición directa** (nº 4704) como en la **imposición sobre el consumo** (nº 4706).

4704 **Imposición directa (IS, IRPF)** (LGT art.158.4) Se pueden determinar por el método de estimación indirecta las ventas y prestaciones, las compras y gastos o el rendimiento neto de la actividad. Puede referirse únicamente a las **ventas y prestaciones**, si las compras y gastos que figuran en la contabilidad o en los registros fiscales se consideran suficientemente acreditados. Es decir, se entiende que procede estimar también los gastos deducibles, que no están justificados ni contabilizados.

Asimismo, puede referirse únicamente a las **compras y gastos** cuando las ventas y prestaciones resulten suficientemente acreditadas.

Ningún **gasto** correspondiente a un ejercicio regularizado por medio de estimación indirecta puede ser objeto de deducción en un período distinto.

Precisiones 1) En ocasiones se oculta parte de los **ingresos** pero se declaran todos los gastos. En estos casos, es frecuente que los ingresos se calculen en función de las compras y gastos declarados y contabilizados.

2) Lo único que impide la aplicación del método de estimación directa para la determinación de la base imponible es la **falta de fehaciencia** de la documentación de las **compras** efectuadas por la comunidad de bienes en los ejercicios litigiosos, por lo que este es el único elemento que ha de integrarse por vía de estimación indirecta (TSJ País Vasco 21-7-16, EDJ 182258).

4706 **Imposición sobre el consumo (IVA)** (LGT art.158.4) Se puede determinar por el método de estimación indirecta la base y la cuota repercutida, la cuota que se estima soportada y deducible o ambos importes. La cuota que se considera **soportada y deducible** se calcula estimando las cuotas que corresponderían a los bienes y servicios que serían normalmente necesarios para la obtención de las ventas o prestaciones correspondientes, pero solo en la cuantía en la que se aprecie que se ha repercutido el impuesto y que este ha sido soportado efectivamente por el obligado tributario. Si la Administración tributaria no dispone de información que le permita apreciar la repercusión de las cuotas, corresponde al obligado tributario aportar la información que permita identificar a las personas o entidades que le repercutieron el impuesto y calcular su importe.

La estimación de los **gastos y cuotas** soportadas plantea problemas, derivados del incumplimiento de los requisitos formales de facturación y registro. Es frecuente que en estos casos de operaciones ocultas, el obligado tributario haya adquirido los bienes o servicios sin soportar IVA, por lo que no parece razonable que se pueda deducir un impuesto que no ha satisfecho. En este caso, la cuota estimada solo sería deducible si la Administración obtuviera datos o indicios que demostraran que el obligado tributario ha soportado efectivamente el IVA correspondiente, de forma que solo es deducible en la parte en la que demuestre esta circunstancia.

Ninguna cuota soportada correspondiente a un ejercicio regularizado por medio de estimación indirecta puede ser objeto de deducción en un período distinto.

4708 Precisiones 1) La estimación indirecta ha de ser una **estimación completa** de bases, rendimientos o cuotas. La Inspección ha de estimar no solo los componentes positivos de estas bases o cuotas, sino también los negativos. En el IVA la obligación de estimar el impuesto soportado se contempla expresamente (LIVA art.81). No obstante, este artículo ha sido interpretado por la Administración entendiendo que el mismo no establece la obligación de estimar unas cuotas de IVA soportado de la misma forma que puede estimarse una cifra de gasto en el impuesto que grave su beneficio, sino que solo deben deducirse del Impuesto devengado estimado las cuotas que correspondan a adquisiciones de bienes y servicios efectivamente realizados, y no estimados, y que se demuestre que fueron realmente soportadas por el obligado tributario, pues en ningún caso puede deducirse una cuota de IVA que no haya sido soportada. Teniendo en cuenta que la deducción de las cuotas soportadas en el IVA está sujeta a requisitos formales muy estrictos, la interpretación administrativa persigue que no se produzca un trato peor para el sujeto pasivo que simplemente incumple estos requisitos formales, que para el sujeto pasivo cuyo grado de incumplimiento determina la necesidad de estimar indirectamente el IVA deducible. Es justamente esta interpretación la recogida en normativa general tributaria (LGT art.158.4 segundo párrafo).

2) En situaciones en las que, efectivamente, se hayan adquirido bienes o servicios por los que, efectivamente de nuevo, se haya soportado el IVA, la aplicación del método de estimación indirecta de bases imponibles ha de comprender, en lo que al IVA se refiere, tanto el devengado como el soportado deducible, como así imponen los preceptos antes referidos. Por el contrario, en caso de que no se puedan **acreditar las adquisiciones** por las que se pretende soportado el tributo, al igual que en aquellas otras situaciones en las que, existiendo dichas compras, no exista un IVA soportado por las mismas, por razón de su carácter fraudulento, habrá de descartarse la deducción de este impuesto no soportado (TEAC 24-6-20).

Carácter no sancionador Las **circunstancias** que determinan la aplicación de este método son circunstancias objetivas (nº 4720 s.), sin que sea necesario analizar si en la conducta del obligado tributario existe algún tipo de negligencia. **4710**

La aplicación de este método se realiza en el curso del procedimiento de inspección sin limitación alguna de los **derechos y garantías** reconocidos al obligado tributario en dicho procedimiento y sin que el hecho de haber determinado indirectamente las bases o cuotas suponga una agravación de las sanciones que procedan por las conductas puestas de manifiesto en la regularización.

Todo, sin perjuicio de que la circunstancia que haya impedido a la Inspección la determinación completa de las bases o cuotas pueda calificarse como **infracción** tributaria en el procedimiento sancionador que, en su caso, se incoe.

Precisiones **1)** Sin perjuicio de que la aplicación de este régimen no tiene, en principio, ninguna connotación sancionadora, en el ámbito del **IS** se contempla como una causa determinante de la pérdida del régimen de consolidación fiscal la concurrencia en alguna entidad del grupo fiscal de alguna de las circunstancias que, de acuerdo con lo establecido en la LGT, determinen la aplicación del régimen de estimación indirecta (LIS art.73.1). De la misma forma, en el **IVA** se incluye como causa determinante de la pérdida del derecho al régimen especial del grupo de entidades (LIVA art.163 septies.Uno.1ª).

2) El carácter no sancionador de este método de determinación de la base imponible se ha visto reforzado al incluir la normativa, entre las circunstancias que permiten su aplicación, un supuesto que excluye la responsabilidad del obligado tributario: la desaparición o destrucción por causa de **fuerza mayor** de los libros y registros contables o de los justificantes de las operaciones anotadas en los mismos (TS 22-1-93, EDJ 382).

B. Supuestos de aplicación

(LGT art.53.1; RGGI art.193.3 y 4)

Este método de **estimación indirecta** exige que se de alguna de las siguientes **circunstancias**: **4720**

- falta de presentación de declaraciones o presentación de declaraciones incompletas o inexactas (nº 4722 s.);
- resistencia, obstrucción, excusa o negativa a la actuación inspectora (nº 4728 s.);
- incumplimiento sustancial de las obligaciones contables o registrales (nº 4735 s.); y
- desaparición o destrucción, aun por causa de fuerza mayor, de los libros y registros contables o de los justificantes de las operaciones anotadas en los mismos (nº 4760 s.).

No obstante, la **concurrencia** de estas circunstancias no determina por sí sola la aplicación del método de estimación indirecta. Solo si la Administración no dispone de los datos y antecedentes necesarios para determinar la base de forma completa procede su estimación indirecta. En caso contrario, son aplicables los métodos de estimación directa u objetiva, según proceda.

Precisiones **1)** La aplicación del método de estimación indirecta puede ser procedente porque se den de forma acumulativa **varias de las circunstancias** señaladas, sin que pueda determinarse cuál de ellas es la prevalente, pero siempre que la consecuencia sea la imposibilidad de determinar de forma completa la base imponible.

2) Acudir al régimen de estimación directa o indirecta no es una **elección** del contribuyente, por lo que si quedan sin deducirse determinados gastos, obedece a la propia carga probatoria que pesa sobre la mercantil (TSJ Valladolid 11-3-16, EDJ 44392).

1. Falta de declaración o declaración incompleta o inexacta

(LGT art.53.1.a)

Este supuesto se reconduce en numerosas ocasiones a los analizados en los nº 4728 (resistencia, obstrucción, excusa o negativa) y nº 4735 (incumplimiento sustancial de obligaciones contables o registrales), dado que, ante la falta de presentación de declaraciones o la presentación de declaraciones incompletas o inexactas se requerirán al obligado tributario los datos y antecedentes que permitan comprobar las bases imponibles que debían haber sido declaradas. **4722**

En aquellos casos en los que el obligado tributario no atienda el requerimiento o en los que los **documentos** aportados no permitan determinar de forma completa las bases imponibles, será de aplicación el método de estimación indirecta.

4724 Precisiones 1) La falta de presentación de la **autoliquidación** no es suficiente para aplicar la estimación indirecta de bases tributarias. A este comportamiento del contribuyente debe ir aparejada la imposibilidad de determinar la base del tributo de que se trate (TSJ Granada 28-9-98, EDJ 500036).
2) El acta e informe ampliatorio justifican la aplicación del método de estimación indirecta en la presentación inexacta de declaraciones en relación con el **módulo personal asalariado**, único al que se aplica el mismo, y al incumplimiento de la documentación justificativa de los módulos. Con la documentación con que cuenta la Administración, esta no puede calcular la base imponible ni en estimación directa ni en módulos, pues en ambos casos no cuenta con el dato esencial del número de trabajadores ni tampoco se aportan los datos relativos a los pagos efectuados a los empleados que ayudaron en la actividad (TSJ C.Valenciana 7-12-11, EDJ 359317).

2. Resistencia, obstrucción, excusa o negativa a la actuación inspectora

(LGT art.53.1.b y 203.1; RGGI art.193.3)

4728 El concepto de resistencia a efectos de la aplicación del método de estimación indirecta coincide con la conducta tipificada como **infracción** por resistencia, obstrucción, excusa o negativa. Así, se considera que existe resistencia, obstrucción, excusa o negativa a la actuación inspectora cuando el obligado tributario, debidamente notificado al efecto, haya realizado **actuaciones** tendentes a dilatar, entorpecer o impedir las actuaciones de comprobación e investigación. Incurren en este supuesto, las conductas señaladas en el nº 6977.
No obstante, aunque en numerosas ocasiones la conducta del obligado tributario suponga la aplicación del método de estimación indirecta y al mismo tiempo determine la incoación del oportuno expediente sancionador, no siempre coinciden estos efectos.
Puede ocurrir que, a pesar de la resistencia a la actuación inspectora, la Inspección de los Tributos obtenga de **terceras personas** los datos necesarios para determinar de forma completa la base imponible por el método de estimación directa o, en su caso, objetiva.
Asimismo, puede ser necesario aplicar el método de estimación indirecta por no disponer la Inspección de los datos necesarios para la determinación completa de las bases imponibles como consecuencia de alguna de las circunstancias señaladas en el nº 4728, sin que la conducta del obligado tributario sea sancionable por no existir **culpabilidad**. Así, por ejemplo, cuando el obligado tributario no pueda aportar por algún motivo justificado los documentos, antecedentes, libros y registros y demás documentación con trascendencia tributaria, la base imponible debe estimarse indirectamente aunque no proceda la imposición de sanción.
En cualquier caso, se trate o no de una infracción sancionable, solo si habiendo sido suficiente la actividad investigadora de la Inspección no se consigue obtener los datos necesarios, se acudiría a la estimación indirecta.

4732 Precisiones 1) Concurre resistencia, obstrucción, excusa o negativa a la actuación inspectora en los siguientes supuestos:
- la resistencia manifiesta de la entidad inspeccionada a la labor inspectora, negando la **exhibición de los justificantes** de recaudación encontrados y su cotejo con los asientos contables y las facturas (TSJ Castilla-La Mancha 2-12-04, EDJ 225161);
- la falta de atención por el obligado tributario a las reiteradas **peticiones** de la Inspección relativas a la documentación contable de la entidad, aunque el obligado tributario alegue que la petición es contraria a Derecho, o que es imposible atenderla por las dificultades derivadas de tratarse de un grupo en el que se encontraban integradas más de 100 entidades (TS 8-10-09, EDJ 265748);
- la falta reiterada de **comparecencia** y de aportación de documentación (TSJ Madrid 23-5-13, EDJ 103483);
- cuando el representante se niega a facilitar las **fichas de clientes**, y manifiesta su desconocimiento del lugar en que se encontraban las correspondientes a los ejercicios fiscales reclamados. Si bien no disponía de los documentos tributarios propiamente dichos, sí podría haber contribuido a aportar los suficientes datos para efectuar la liquidación (TSJ Asturias 9-11-11, EDJ 279987);
- la **inatención a las citaciones** y requerimientos (AN 4-2-10, EDJ 10522);
- el propio obligado tributario, según determinados sujetos requeridos, ha instado a sus clientes a que no atendieran los **requerimientos de información** de la Inspección, obstruyendo una vez más de esta forma el buen desarrollo de la comprobación (TSJ Madrid 17-11-21, EDJ 802090).
2) Ante la negativa de la obligada a facilitar la **información individualizada** de perceptores y sumas atribuibles a cada uno de ellos, la Administración no tuvo otro mecanismo para liquidar que acudir a métodos indirectos, estimativos (AN 4-2-09, EDJ 12381).

3. Incumplimiento sustancial de las obligaciones contables o registrales

(LGT art.53.1.c; RGGI art.193.4)

Se entiende que existe en los siguientes **casos**: 4735

a) Cuando el obligado tributario incumpla la obligación de **llevanza de la contabilidad** o de los libros registro establecidos en las disposiciones fiscales. Se presume su omisión cuando no se exhiban a requerimiento de los órganos de inspección (nº 4738 s.).

b) Cuando la contabilidad no recoja fielmente la **titularidad** de las actividades, bienes o derechos (nº 4745).

c) Cuando los libros o registros contengan **omisiones**, **alteraciones o inexactitudes** que oculten o dificulten gravemente la constatación de las operaciones realizadas (nº 4748 s.).

d) Cuando aplicando las técnicas o criterios generalmente aceptados a la documentación facilitada por el obligado tributario, no pueda verificarse la **declaración** o determinarse con exactitud las bases o rendimientos objeto de comprobación (nº 4753 s.).

e) Cuando la **incongruencia probada** entre las operaciones contabilizadas o registradas y las que debieran resultar del conjunto de adquisiciones, gastos u otros aspectos de la actividad permita presumir que la contabilidad o los libros registro son incorrectos (nº 4755 s.).

Precisiones **1)** El incumplimiento sustancial de las obligaciones contables y registrales a efectos de la aplicación del método de estimación indirecta, no coincide exactamente con la **infracción** tributaria tipificada por incumplir obligaciones contables y registrales (nº 7005 s.), ni con el concepto de anomalías sustanciales en la contabilidad y en los libros o registros establecidos por la normativa tributaria como circunstancia determinante de la calificación de algunas infracciones tributarias (nº 5872 s.).

2) Al no concurrir una **base indiciaria suficiente y unívoca**, no se puede llegar racionalmente a la conclusión de que la contabilidad del recurrente estaba absolutamente falseada y sin que puedan descartarse otras versiones o hipótesis equiparables en su credibilidad. Así pues, no se daban las circunstancias que habilitaran legalmente a la estimación indirecta de las bases tributarias (TSJ C.Valenciana 21-2-22, EDJ 593585).

No llevanza de la contabilidad o de los libros registro (RGGI art.193.4.a) Se equipara el incumplimiento de la obligación de llevanza de la contabilidad o de los libros registro con la **negativa** del obligado tributario a su **exhibición**. No obstante, este supuesto es normalmente reconducible al de resistencia, obstrucción, excusa o negativa a la actuación inspectora (nº 4728 s.). 4738

De esta forma, si los **libros existen** pero el obligado tributario se niega a aportarlos o impide su examen por la Inspección de los Tributos, procede la estimación indirecta de bases o cuotas cuando como consecuencia de esta resistencia a la actuación inspectora no se obtengan los **datos necesarios** para la determinación completa de las mismas. Así, la no llevanza de contabilidad no determina en todo caso la estimación indirecta de las bases o cuotas, ya que si la documentación aportada por el obligado tributario en el desarrollo de las actuaciones inspectoras (facturas, certificados de retenciones, etc.) permite cuantificar de forma completa dichas bases o cuotas, no procede la aplicación de este método subsidiario.

Por otro lado, no es necesario un **incumplimiento absoluto** de la obligación de llevanza y conservación de la contabilidad y los libros registros establecidos en disposiciones fiscales para poder acudir a este método indirecto. El incumplimiento parcial de esta obligación determina la necesidad de estimar indirectamente la base imponible si, en cada caso y en función de las circunstancias concurrentes, queda acreditada la imposibilidad de la cuantificación exacta de la base imponible.

Precisiones **1)** Es **aplicable** el método de **estimación indirecta** en los siguientes supuestos: 4740

- entidad que no aportó los **libros auxiliares** en los que constaban el detalle de los resúmenes anotados en el libro diario y en el de inventarios y balances, aunque la entidad aportara estos últimos libros (TS 10-2-03, EDJ 3712);
- no conservación de los libros de **inventarios y balances**, ni el libro registro de **facturas recibidas** (AN 21-2-96, EDJ 500071);
- el obligado tributario no lleva los preceptivos **libros registros** durante los ejercicios comprobados, y no ha aportado la totalidad de las **facturas** de compras y ventas, ni documentación contable alguna justificativa de las operaciones (AN 18-2-02, EDJ 17199);
- el obligado tributario no lleva **libros registros** de ingresos y gastos de su actividad profesional de abogado y, además, la Inspección no ha podido examinar ninguna **factura** emitida ni recibida, justificativa de los ingresos obtenidos y de los gastos incurridos en el ejercicio de la actividad profesional, a pesar de las reiteradas solicitudes efectuadas por la misma (TS 17-9-09, EDJ 234694).

2) La aplicación del método de estimación indirecta no puede fundamentarse exclusivamente en el incumplimiento de obligaciones contables, sino que es preciso, además, que como consecuencia de dicho incumplimiento no puedan conocerse con exactitud los datos necesarios para la estimación completa de la base imponible. Si la Inspección descubre **elementos no contabilizados** pero puede determinar directamente la base imponible con los datos que disponga, no sería correcta la utilización del método de estimación indirecta (TSJ C.Valenciana 2-2-01, EDJ 67663).

4745 **Titularidad de los bienes y de las operaciones** (RGGI art.193.4.b) En este caso los **libros de contabilidad existen**, pero en ellos se registran bienes y operaciones cuya titularidad corresponde a distintos obligados tributarios.
Si las anotaciones se han realizado de forma que la Inspección no puede diferenciar claramente cuáles corresponden a la actividad desarrollada por cada empresario o profesional, y esta deficiencia tampoco puede ser subsanada mediante los **justificantes** aportados, es necesario estimar indirectamente la base imponible o las cuotas de los conceptos impositivos que se estén comprobando.

4748 **Omisiones, alteraciones o inexactitudes en la contabilidad** (RGGI art.193.4.c) No cabe acudir **automáticamente** a la estimación indirecta por el hecho de que exista cualquier omisión o inexactitud en la contabilidad. Así, si se comprueba que el obligado tributario no ha contabilizado determinadas ventas o que el precio consignado es inferior al realmente satisfecho, pero la Inspección puede identificar exactamente estas operaciones omitidas o comprobar el precio por el que se han realizado, la base imponible se determina directamente mediante la adición de las operaciones o los mayores importes comprobados.
Las omisiones o inexactitudes tienen que ser de tal entidad, que **impidan verificar** la situación tributaria del obligado mediante los registros y documentos aportados, es decir, que obliguen a descartar la contabilidad, registros y documentos facilitados como medio de prueba.

4750 Precisiones Procede la **estimación indirecta**:
- al no coincidir los ingresos determinados en las máquinas registradoras y los contabilizados en el **libro registro**, no haberse contabilizado la compra de algunos productos y existir algunas **facturas duplicadas** (AN 22-7-99, EDJ 84269);
- ante la ausencia de datos identificativos en los **tickets** emitidos por el obligado tributario, el carácter ininteligible de algunos de ellos, así como por la falta de emisión de tales tickets durante una parte del ejercicio comprobado (TSJ Asturias 21-3-02, EDJ 130208);
- por la imposibilidad de conocer los **datos necesarios** para la estimación completa de la base imponible, especialmente en relación a las **compras** efectuadas, la no contabilización por el actor de la totalidad de las ventas y las incongruencias existentes entre las cifras de ingresos y compras consignadas en las declaraciones presentadas y las que figuraban en los libros registros, a lo que hay que añadir la falta de colaboración del obligado tributario durante la tramitación de las actuaciones (TS 13-3-09, EDJ 56385).

4753 **Información insuficiente** (RGGI art.193.4.d) A diferencia de los supuestos anteriores, en este caso el obligado tributario **conserva** los libros de contabilidad y los libros registros exigidos por la normativa tributaria y en los mismos no se observan omisiones o alteraciones.
No obstante, esta contabilidad aparentemente correcta no permite determinar de **forma completa** la base imponible o cuota porque, o bien no ofrece información suficiente (por ejemplo, anotaciones mensuales que no aparecen desglosadas en otros libros o documentos), o bien no puede comprobarse la realidad de los asientos o anotaciones realizados en dichos libros o registros (no aportación de facturas o documentos justificativos).

4754 Precisiones Es aplicable la **estimación indirecta** cuando:
- se han presentando los libros obligatorios para un negocio, pero son de **imposible comprobación** por no justificar una parte esencial de las compras, y dándose la falta de comparecencia para aportar la documentación requerida, es imposible que la Inspección pueda conocer con exactitud los datos contables y hacer una determinación de la base imponible de forma directa (TS 18-6-08, EDJ 161766);
- en las dos cuentas cuestionadas, reflejadas en el Libro Diario de la entidad, todos los movimientos que se especifican son **mensuales**, sin que sea posible conocer su **individualidad** por ausencia de contabilidad auxiliar que la explique (TSJ Granada 5-12-17, EDJ 326420).

4755 **Incongruencia probada** (LGT art.108.2; RGGI art.193.4.e) Se produce cuando existe diferencia entre las operaciones contabilizadas o registradas y las que debieran resultar del conjunto de adquisiciones, gastos u otros aspectos de la actividad que permite presumir que la **contabilidad** o los **libros** registro son **incorrectos**.
El obligado tributario aporta a los órganos de inspección una contabilidad formalmente correcta, pero que no se corresponde con los demás datos internos obtenidos de la propia empresa. Las discordancias deben producirse comparando la contabilidad con los datos internos del propio obligado tributario, y no con datos de terceros.
En este caso, la Inspección no comprueba directamente la existencia de operaciones concretas no contabilizadas o contabilizadas incorrectamente, pero las **discordancias** entre los datos reflejados en la contabilidad, y los que deberían resultar analizando otros datos derivados de la actividad del obligado tributario (existencias finales en unidades físicas, consumo de materiales en el proceso productivo, transporte contratado...), permiten presumir que la contabilidad no es correcta.

Para que se admita esta **presunción** como prueba es necesario que dichas discordancias o incongruencias estén demostradas de forma directa (que no se trate, a su vez, de presunciones) y que tengan entidad suficiente para poder deducir el hecho que se pretende demostrar (la incorrección de la contabilidad).

Precisiones 1) Procede aplicar el método de estimación indirecta al existir una incongruencia probada entre las operaciones contabilizadas y las que deberían resultar del conjunto de las **adquisiciones aportadas** (TSJ Aragón 13-7-92, EDJ 500006). 4757
2) No puede determinarse de forma completa la base imponible al existir incumplimientos contables puestos de manifiesto por las diferencias entre lo anotado por **compras de harina** y lo aportado en facturas e imputado a los proveedores, incongruencia entre las compras de levadura aportadas en facturas y la final elaboración de la harina aportada al pan, insuficiencia de la documentación soporte de los gastos declarados con la consiguiente inadecuación en el cálculo de los rendimientos netos, etc. (TSJ C.Valenciana 29-1-94, EDJ 500027).
3) Las incongruencias probadas entre las operaciones contabilizadas de ventas y las adquisiciones de **envases** y de **materias** primas, suponen un incumplimiento sustancial de las obligaciones contables, que permite determinar la base imponible en régimen de estimación indirecta (TS 23-4-08, EDJ 73189).
4) Aunque se aportan los Libros Registros de IVA y las facturas emitidas y recibidas, individualmente consideradas, las ventas de productos determinan un resultado positivo, mientras que el estudio global de las referidas ventas acarrea márgenes negativos y erráticos, quedando probada la incorrección de la documentación aportada, si bien no en su aspecto formal sino de fondo y contenido, pues no se recogen la totalidad de los **ingresos obtenidos** (AN 10-7-08, EDJ 132549).
5) Procede la aplicación del método de estimación indirecta dado que el obligado tributario no aporta documentación de los cuatro primeros meses del ejercicio, se aprecia una importante disparidad entre las cantidades resultantes de las declaraciones y las que figuran en el **resumen anual aportado** que, por otra parte, no está respaldado por documento alguno, lo que hace dudar, razonablemente, a la Inspección de la fiabilidad de tal documentación (TS 28-6-10, EDJ 206798).

6) No se contabilizaron la totalidad de las **compras** realizadas y se han apreciado incongruencias contabilizadas y registradas, o desvío de fondos, lo que justifica suficientemente la aplicación del método indirecto (TSJ Asturias 16-11-17, EDJ 261227). 4758
7) En el acta se justifica la utilización del método de estimación indirecta por la falta de congruencia entre diarios de **pesca**, notas de venta y facturas de pesca, que imposibilita conocer la realidad de los ingresos (TSJ Galicia 11-10-17, EDJ 220793).
8) La procedencia del método de estimación indirecta deriva del hecho de que la contabilidad, su inventario, no permite saber su **volumen real de actividad**: no solo hay divergencias referidas a las cantidades (mercaderías) compradas y vendidas, sino que existen mercaderías no contabilizadas; o incluso productos adquiridos para cuadrar el inventario que posteriormente desaparecen del mismo, física y contablemente (TSJ Valladolid 14-10-16, EDJ 212456).
9) Destaca la discordancia de los asientos del Libro Diario con los movimientos de las **cuentas de caja y bancarias** y del mismo Libro y los listados de cobros (no de recibos emitidos) además de su insuficiente justificación (TSJ País Vasco 21-7-16, EDJ 182258).

4. Desaparición o destrucción de libros y registros contables

(LGT art.53.1.d)

En este supuesto el obligado tributario ha cumplido su obligación de llevanza pero no de **conservación** de la contabilidad. 4760
Los libros y registros contables, así como los **justificantes** de las operaciones anotadas existían pero en el momento de la comprobación no pueden ser aportados a la Inspección porque han desaparecido o se han destruido.
La existencia o no de **culpabilidad** del obligado tributario en la desaparición o destrucción de estos libros o registros no afecta a la aplicación del método de estimación indirecta. Aun en aquellos supuestos en los que la desaparición o destrucción de los libros y registros es ajena totalmente a la voluntad del obligado tributario (robos, incendios, inundaciones...), la Inspección debe comprobar las declaraciones presentadas por el obligado tributario, de forma que si los datos anotados en esos libros o registros no pueden obtenerse por otros medios, es de aplicación el método de estimación indirecta.

Precisiones El contenido del libro registro de facturas emitidas aportado no se pudo contrastar con las ventas registradas en caja por el incumplimiento sustancial de **conservación de los tiques**, que son los únicos justificantes de las ventas realizadas. Por tanto, es correcta la aplicación del método de estimación indirecta (TSJ Aragón 21-9-16, EDJ 191610). 4762

C. Medios y fuentes de estimación

(LGT art.53.2 y 158.3)

4765 1) Los **medios** para determinar las bases o rendimientos por el método de estimación indirecta son los siguientes:

a. Aplicación de los **datos y antecedentes** disponibles que sean relevantes al efecto.

b. Utilización de aquellos elementos que indirectamente acrediten la existencia de los bienes y de las rentas, así como de los ingresos, ventas, costes y rendimientos que sean normales en el respectivo **sector económico**, atendidas las dimensiones de las unidades productivas o familiares que deban compararse en términos tributarios.

c. Valoración de las magnitudes, índices, módulos o datos que concurran en los respectivos obligados tributarios, según los datos o antecedentes que se posean en **supuestos similares** o equivalentes.

Como regla general, no se establece un **orden de prelación** en la aplicación de estos medios, pudiendo ser, incluso, utilizados conjuntamente. No obstante, respecto a la estimación objetiva en el IRPF y el régimen simplificado en el IVA, ver nº 4766.

2) Las **fuentes** de los datos y antecedentes que pueden utilizarse para la aplicación del método de estimación indirecta son:

- signos índices y módulos establecidos para el método de estimación objetiva (nº 4766);
- datos económicos y del proceso productivo procedentes del propio obligado tributario (nº 4767 s.);
- datos procedentes de estudios estadísticos (nº 4775 s.); y
- datos procedentes de una muestra efectuada por la inspección (nº 4780 s.).

4765.1 Precisiones En este régimen de estimación, la Administración puede utilizar una serie de medios que se caracterizan por la atribución a la misma de un **cierto margen de apreciación** de datos y antecedentes, así como elementos indiciarios, además de la facultad de valoración de signos, índices o módulos que permitan determinar la base imponible. El carácter subsidiario del método de estimación indirecta exige no solo la justificación de que procede hacer uso de él en un procedimiento concreto, sino también la **motivación** de los elementos de estimación concretamente empleados en cada supuesto, en orden a la determinación de la base imponible (AN 9-10-08, EDJ 213064).

4766 **Signos, índices o módulos** (LGT art.53.2.c y 158.3.a) Los índices, módulos o **datos objetivos** que concurren en el obligado tributario son utilizados en la determinación indirecta de la base imponible siempre que permitan la cuantificación más aproximada de la misma.

No obstante, existen ciertos supuestos en los que la Inspección debe tener en cuenta **preferentemente** estos signos, módulos y demás datos objetivos para la determinación de la base imponible, en concreto, en los casos en que los obligados tributarios hayan renunciado al método de estimación objetiva. Cabe citar como supuestos en los que ya se recogía a nivel legal esta mención preferente a los citados signos, índices o módulos:

a) En la estimación indirecta de la base imponible del **IRPF** cuando se trate de obligados tributarios que hayan renunciado a la aplicación del método de estimación objetiva (LIRPF art.16.3).

b) En la estimación indirecta de las cuotas devengadas del **IVA** cuando se trate de obligados tributarios que hayan renunciado a la aplicación del régimen especial simplificado (LIVA art.123.Dos).

Todo, sin perjuicio de que, **acreditada la existencia de rendimientos** o de cuotas devengadas por un importe superior al que resulta de la aplicación de los signos, índices o módulos, el rendimiento o las cuotas a integrar sean las realmente comprobadas.

En estos casos, aunque para determinar la base imponible se apliquen los signos, índices o módulos establecidos para la estimación objetiva, no deja de ser una estimación indirecta de la base imponible o de la cuota, por lo que la Inspección debe señalar claramente cuáles son las **circunstancias** que le impiden disponer de los datos necesarios para la aplicación del método de estimación directa.

4767 **Datos económicos y del proceso productivo procedentes del propio obligado tributario** (LGT art.53.2.a y 158.3.b) Los datos del propio sistema productivo del contribuyente se contemplan como uno de los medios más frecuente de obtención de datos en este tipo de estimaciones en la práctica.

Cuando no se tienen datos del contribuyente de un ejercicio, pueden utilizarse datos de ejercicios anteriores o posteriores al regularizado en los que disponga de información que se considere **suficiente y fiable**. En especial, puede utilizarse información correspondiente al momento de desarrollo de la actuación inspectora, que puede considerarse aplicable a los ejercicios anteriores, salvo que se justifique y cuantifique, por la Inspección o por el obligado tributario, que procede efectuar ajustes en dichos datos.

Cuando el método de estimación indirecta se aplique a la cuantificación de operaciones de **características homogéneas** del obligado tributario y este no aporte información al respecto, aporte información incorrecta o insuficiente o se descubra la existencia de incorrecciones reiteradas en una muestra de dichas operaciones, la Inspección puede regularizarlas por muestreo. En estos casos, puede aplicarse el promedio que resulta de la muestra a la totalidad de las operaciones del período comprobado, salvo que el obligado tributario acredite la existencia de causas específicas que justifiquen su improcedencia.
Los pronunciamientos de los tribunales sobre esta cuestión no han sido claros, de forma que algunas resoluciones y sentencias han venido admitiendo la posibilidad de utilizar la técnica del muestreo y otras no.

Precisiones **1)** En la determinación de la base imponible del IRPF de un obligado tributario que desarrolla la actividad de elaboración y venta de artículos de panadería y bollería, puede tomarse como referencia la harina comprada en los períodos comprobados, su racional utilización en la elaboración de pan y artículos de bollería, sus **mermas y rendimientos** según tarifas de precios de la Consellería correspondiente y los gastos generales y deducibles (TSJ C.Valenciana 29-1-94, EDJ 500027). **4769**

2) Para la estimación del IVA de una actividad de elaboración de productos de charcutería pueden utilizarse los datos proporcionados por los **proveedores** de aditivos, así como los partes que el veterinario remite a la Consejería para determinar los cerdos sacrificados, y a partir de estos datos obtener la cantidad de productos elaborados (AN 21-2-96, EDJ 500071).

3) En la estimación indirecta de la base imponible del IRPF de un obligado tributario titular de un restaurante puede tomarse en consideración el **número teórico de facturas emitidas** (comparando el número que figura impreso en la factura y el número que resulta de la caja registradora al totalizar las consumiciones realizadas). A este número teórico de facturas se le descuentan las contabilizadas y se aplica un coeficiente corrector por posibles errores cometidos al manipular la caja a fin de obtener el número estimado de facturas emitidas, al que se le calcula un precio medio ponderado por factura, extraído de las propias facturas aportadas por el sujeto pasivo (AN 22-7-99, EDJ 84269).

4) Los procedimientos a utilizar por la Inspección para determinar la base imponible por el régimen de estimación indirecta no deben estar supeditados a los datos que puedan resultar de la **documentación y contabilidad irregular** que pudiera haber llevado el sujeto pasivo, sin perjuicio de su utilización cuando pudiera ser relevante para la cuantificación de la base imponible (TS 20-9-01, EDJ 47484). En términos similares, TSJ Navarra 30-7-01, EDJ 55390, y TSJ Cataluña 23-11-15, EDJ 253898. **4770**

5) No existe contradicción en la aplicación del método de estimación directa conforme a los datos de la **contabilidad B**, ya que esta contabilidad oculta sí alcanza a probar el volumen real de ventas de la parte recurrente. Aunque existieron anomalías contables, las mismas no imposibilitaban, ni dificultaban gravemente conocer la estimación completa de las bases imponibles del sujeto pasivo y de las cuotas a los efectos de liquidar el IVA, al haber sido aprehendida la contabilidad real de la sociedad (TSJ Cataluña 30-6-17, EDJ 207648).

6) Es posible estimar la base imponible de un año atendiendo a los **datos de años anteriores** disponibles, aunque estén prescritos, siempre que sobre los mismos se apliquen índices correctores fiables (TSJ Navarra 30-7-01, EDJ 55390).

7) Para determinar la base imponible por el método de estimación indirecta, se parte del **libro del IVA soportado** (coincidente con el libro de compras), para tomar como gastos las correspondientes bases imponibles, eliminación de las adquisiciones de inmovilizado y de la parte de las cuotas de leasing correspondientes a la recuperación del coste del bien; muestreo de justificantes sobre tal libro, y agregación de los gastos que no conllevan IVA, tales como los de personal, seguridad social, dotaciones a amortizaciones o tributos (AN 6-10-08, EDJ 206754).

8) La Inspección estima la base imponible partiendo de los datos del propio obligado tributario comprobados y de los antecedentes de la actividad. Se analiza el contenido de las **facturas emitidas y recibidas**, comprobando el precio al que se facturan los materiales al cliente, y comparándolo con el precio de compra que figura en la factura recibida del proveedor, para calcular el margen sobre compras obtenido por la sociedad. Aplicando dicho margen al volumen total de materiales consumidos en el ejercicio, obtiene la facturación total por este concepto (TSJ País Vasco 20-9-10, EDJ 248682).

9) La falta de información fiable sobre el importe de los servicios prestados por la recurrente, es suplida por la Inspección acudiendo al análisis de los **cobros realizados con tarjeta** a fin de obtener un precio medio aplicable a la totalidad de certificados emitidos. Lo cierto es que no existe mejor antecedente que el que proporciona la vida interna del obligado tributario cuyas bases se estiman indirectamente (TSJ Sevilla 19-6-17, EDJ 188052). **4771**

10) Es correcto el cálculo utilizado para la determinación de la base imponible, en el que se parte de los resultados de las comprobaciones realizadas con los **compradores de viviendas**. Se considera como ventas comprobadas el resultado de añadir a las ventas contabilizadas, en primer lugar, los importes reconocidos en diligencia por los compradores citados o aquellos otros importes que resultan de los indicios (AN 17-3-16, EDJ 36575).

11) La Administración ha utilizado datos y antecedentes que extrae de la documentación facilitada por la entidad mercantil, lo que no conlleva que estemos ante una estimación directa puesto que se trata de datos que no permiten una cuantificación directa sino indirecta al no poder verificarse con exactitud la realidad de los costes y gastos imputables a las **operaciones con terceros no socios**. Esto es debido a que la entidad no discrimina debidamente los elementos que afectan a estas operaciones con terceros, de las que afectan a los socios. Y lo mismo ocurre respecto a la contabilidad, puesto que se trata de determinar elementos que solamente podrían haberse hecho de manera directa si la sociedad hubiera separado los costes de cada operación (TSJ Extremadura 17-11-15, EDJ 226829).

4775 **Datos procedentes de estudios estadísticos** (LGT art.53.2.b y 158.3.c) Se regula la posibilidad de utilizar los datos procedentes de estudios del sector efectuados por **organismos públicos u organizaciones privadas** de acuerdo con técnicas estadísticas adecuadas y se establecen sus requisitos. Así, se indica que dichos estudios deben referirse al **período** objeto de regularización y que se debe identificar la fuente de los estudios, a efectos de que el obligado tributario pueda argumentar lo que considere adecuado a su derecho en relación con los mismos.

Asimismo se establece la posibilidad de que en esta cuantificación se utilicen los elementos que indirectamente acrediten la existencia de los bienes y de las rentas, así como de los ingresos, ventas, costes y rendimientos que sean normales en el sector económico al que pertenezca la actividad comprobada, siempre que esos datos del sector se corrijan atendiendo a las **dimensiones** de las unidades productivas o familiares que deban compararse en términos tributarios.

4777 Precisiones **1)** No es conforme a derecho el procedimiento seguido para calcular por el método de estimación indirecta la base imponible porque se ha partido de un muestreo que se ha realizado tomando los **productos existentes en el año de desarrollo de la actuación inspectora**, algunos de los cuales no existían en los años regularizados, no se han tenido en cuenta las posibles mermas y el margen se ha aplicado sobre el precio de compra, incluyendo impuestos, cuando en el sector existía una Orden Ministerial que fijaba el margen sobre el precio de venta sin impuestos (AN 20-1-00, EDJ 389).

2) Es correcto utilizar en la estimación de la base imponible índices representativos de los márgenes normales de los productos en la actividad de farmacia, resultando estos índices de los **estudios económicos sectoriales** realizados por los organismos competentes (TSJ Asturias 21-3-02, EDJ 130208).

3) En el caso, la discrepancia reside en el **porcentaje entre ventas y las compras consumidas** y demás gastos. En el sector del actor, que se desarrolla en el epígrafe 673.2 del IAE «otros cafés y bares», la correlación entre ambas magnitudes es muy alta, pero la proporción que se refleja en las declaraciones de los contribuyentes es del 92,29% y del 92,55% para los ejercicios 2010 y 2011 respectivamente, dejando un margen de beneficio ciertamente escaso. Por eso, obteniendo un resultado más creíble, se utilizan los criterios de la «Encuesta Anual de Servicios (CNAE-2009) del INE» y se considera que la suma de compras consumidas y gastos soportados representan el 70% de las ventas (TSJ Sevilla 17-7-17, EDJ 187937).

4780 **Datos procedentes de una muestra efectuada por la inspección** (LGT art.53.2.b y 158.3.d; RGGI art.193.5) Es posible utilizar los datos de una muestra obtenida por los órganos de la Inspección sobre empresas, actividades o productos con características relevantes que sean **análogas o similares** a las del obligado tributario, y se refieran al mismo año. Se debe identificar la muestra y la fuente de los datos.

Los datos pueden proceder de una **fuente ajena** a la Administración tributaria. La Inspección debe identificar la muestra elegida, de forma que se garantice su adecuación a las características del obligado tributario, y señalar el Registro Público o fuente de la que se obtuvieron los datos.

En caso de que los datos utilizados procedan de la **propia Administración tributaria**, se deben utilizar métodos que permitan preservar el carácter reservado de los datos tributarios de terceros sin perjudicar el derecho de defensa del obligado tributario. En particular, se deben disociar los datos de forma que no pueda relacionarse entre sí:

- la **identificación** de los sujetos contenidos en la muestra;
- los datos contenidos en sus **declaraciones tributarias** que sirvan para el cálculo de los porcentajes o promedios empleados para la determinación de las bases, los cálculos y estimaciones efectuados.

En este caso, la Administración ha de indicar las características conforme a las cuales se ha seleccionado la muestra elegida como la actividad que desarrollan, su ubicación temporal y espacial o el intervalo al que corresponde su volumen de operaciones.

Estas circunstancias son importantes en la medida en que el interesado puede **impugnar la regularización** por falta de idoneidad de la muestra tomada para efectuar los cálculos.

Precisiones 1) La Inspección considera correctos los gastos declarados por el obligado tributario, y estima los ingresos partiendo de los **márgenes brutos corrientes en el sector**, calculados a partir de un estudio hecho por el propio Colegio de farmacéuticos, el margen que resulta de la comprobación realizada por la Unidad de Inspección a otro contribuyente de la misma actividad y del mismo ejercicio, cuyas actas fueron firmadas en conformidad, y el margen a que se refiere la OM 26-7-1988 (farmacias). Por último, para obtener una mejor adecuación a la realidad se partió de las compras declaradas, y se aplicó como margen la media aritmética de los tres factores anteriormente descritos. Deben confirmarse los cálculos efectuados por la Inspección que no han sido desvirtuados por el obligado tributario (TS 13-3-09, EDJ 56385). **4781**
2) Para determinar la base imponible por el método de estimación indirecta pueden utilizarse el **margen bruto sobre compras** obtenido de las ventas, compras y rendimientos netos que figuran en expedientes instruidos por la Inspección a otros contribuyentes del mismo sector económico y que aceptaron las propuestas de regularización resultantes de los mismos (TS 9-1-92, EDJ 109).
3) La elección del método de estimación es, desde luego, opcional para la Administración, su **desarrollo** no. Y eso es lo que aquí se ha cuestionado. La muestra de 930 elementos de la que se obtiene el índice a aplicar incluye elementos o negocios no similares a los (o al) inspeccionado en grado muy significativo del 30% aproximadamente, que obliga al rechazo (TSJ Navarra 22-6-17, EDJ 229183). En términos similares se ha indicado que si no se determina la correspondencia entre los datos utilizados y los del obligado tributario al amparo de un **derecho al secreto** que no tiene por qué ser violentado con la aportación de una información suficiente, no necesariamente detallista, provoca una situación de indefensión que conduce a que se anulen las liquidaciones impugnadas (TSJ Sevilla 22-9-09, EDJ 297614).
4) Los resultados obtenidos en una muestra en la que se utiliza el número de personas que figuran como trabajadores en el **modelo 190**, sin considerar el tiempo durante el que hayan trabajado en el año (plantilla media), no puede considerarse representativo de un resultado fiable (TSJ Valladolid 23-9-16, EDJ 194450).

5) Aunque es cierto que la Administración tributaria no identifica nominalmente las empresas elegidas para la muestra, sí ha **justificado** suficientemente el medio elegido para la determinación de los rendimientos en orden a garantizar su adecuación a las características de la actividad desarrollada por el sujeto pasivo, es decir, empresas dedicadas a la misma actividad en el ámbito de la misma Comunidad Autónoma, que tributan en el IRPF en estimación directa simplificada, que no tienen personal empleado y que declaran un importe de compras/pagos similar al de aquel. Esos datos son bastantes para que el sujeto pasivo hubiera podido presentar los de otras empresas que cumpliendo los parámetros dichos fueran determinantes de un índice de rendimiento inferior al obtenido por la Inspección (TSJ Valladolid 17-10-16, EDJ 206855). **4782**
6) El muestreo o estudio comparativo resulta determinante a efectos de la fijación de los ingresos íntegros de la actividad del contribuyente, al ser un estudio comparativo entre profesionales del mismo epígrafe y con las mismas características. Por eso, debería habérsele dado **trasladado** con el fin de que pudiera contrarrestarlo y, por supuesto, realizar las alegaciones oportunas e incluso aportar o proponer otro muestreo similar. En el expediente no consta tal estudio, por lo que se sitúa al contribuyente en una clara indefensión. Se aprecia, por eso, falta de motivación del acuerdo de liquidación (TSJ C.Valenciana 20-11-14, EDJ 274417; 27-3-15, EDJ 107115).

D. Procedimiento

(LGT art.53, 56, 150.5 y 158; RGGI art.193)

La aplicación del método de estimación indirecta no exige un **acto administrativo** previo que declare la necesidad de acudir al mismo. **4785**
Es el funcionario, equipo o unidad que esté desarrollando las actuaciones de comprobación e investigación el que decide si procede la aplicación de este método subsidiario, una vez que haya verificado que con los **datos obtenidos** en el curso del procedimiento inspector no es posible determinar la base imponible por el método de estimación directa por concurrir alguna de las circunstancias señaladas en el nº 4720 s.
Estas circunstancias, así como que la Inspección ha desarrollado una **actividad investigadora** suficiente sin obtener resultados que permitan la determinación completa de la base imponible, deben quedar suficientemente acreditadas en el expediente.

En el método de estimación indirecta, las bases o rendimientos pueden determinarse aplicando datos y antecedentes disponibles que sean relevantes al efecto, utilizando aquellos elementos que indirectamente acrediten la existencia de los bienes, rentas e ingresos normales en el respectivo sector económico, atendiendo a términos de comparación de unidades productivas o familiares similares, y valorando magnitudes, índices, módulos o datos que concurran en los obligados tributarios. **4786**

El **alcance general** del método de estimación indirecta permite considerar aplicable este método no solo para la determinación de las bases imponibles sino también para la determinación de la cuota íntegra e incluso de las retenciones. Al señalar los **medios** que pueden ser utilizados en el método de estimación indirecta, la norma habla de bases o rendimientos, aunque no pueda estimarse el importe de la cantidad a ingresar por retenciones sí cabría aplicar este método para el cálculo de los rendimientos sujetos a retención, y para el de la base determinante del tipo de retención.

También es posible su **aplicación parcial**, de forma que solo se determinen indirectamente parte de los elementos de la obligación tributaria comprobada. Así, si se trata de un obligado tributario que desarrolla distintas actividades económicas y se dan las circunstancias del nº 4720, pero solo en relación con alguna de ellas, únicamente procede la estimación indirecta de la parte de la base imponible que corresponda a los rendimientos derivados del desarrollo de esta actividad.

4787 El obligado tributario a lo largo de la tramitación del procedimiento, y especialmente en el trámite de audiencia, previo al acta, y en el de alegaciones, posterior a las actas de disconformidad, puede manifestar lo que estime oportuno, en cuanto a la **procedencia de la aplicación** de este método subsidiario de determinación de la base imponible, así como en relación con las estimaciones efectuadas por el actuario.

Asimismo, puede plantearse la conformidad o no a derecho de la determinación de la base imponible o de las cuotas realizada por el método de estimación indirecta en los **recursos** y **reclamaciones** que procedan contra las liquidaciones que pongan fin al procedimiento inspector. No cabe recurso autónomo contra la aplicación del método de estimación indirecta.

4790 **Órganos competentes** (LGT art.53 y 158) La estimación indirecta es un método de determinación de la base imponible aplicable por la Administración, sin que se concreten los órganos competentes.

No obstante, la regulación de los aspectos procedimentales de la aplicación de este método se incluye como una disposición especial dentro de la regulación del procedimiento de inspección.

En consecuencia, solo procede la aplicación de este método en el curso de las actuaciones de **comprobación e investigación** desarrolladas por los órganos de inspección, y no en el seno de otros procedimientos de comprobación como pueden ser la comprobación limitada o la verificación de datos.

4791 Precisiones 1) El requisito exigible no es que el método de estimación indirecta se aplique por un órgano que tenga la naturaleza de órgano inspector, sino que se realice en un procedimiento de inspección. De esta forma, no resulta aplicable este método en las actuaciones de **comprobación limitada** o en las actuaciones de **alcance parcial** que se limitan a constatar que la autoliquidación presentada se ajusta formalmente a lo anotado en la contabilidad, registros y justificantes, aunque dichas actuaciones se desarrollen por órganos con competencias inspectoras.

2) La exigencia de incardinar el método de estimación indirecta en un procedimiento inspector deriva directamente de su carácter de **método subsidiario**, que solo puede ser aplicado cuando la Administración tributaria no pueda determinar la base imponible de forma completa. Esta imposibilidad no se puede acreditar en el seno de un procedimiento en el que los órganos actuantes tengan facultades limitadas de comprobación.

4792 **Informe razonado** (LGT art.158; RGGI art.193.6) Sólo existe una especialidad en la tramitación del procedimiento inspector, cuando es aplicable el método de estimación indirecta, y es la necesidad de acompañar a las **actas incoadas** por la Inspección un informe razonado sobre:

a) Las causas determinantes de la aplicación del método de estimación indirecta.

b) La situación de la contabilidad y registros obligatorios del obligado tributario.

c) La justificación de los medios elegidos para la determinación de las bases, rendimientos o cuotas.

d) Los cálculos y estimaciones efectuados en virtud de los medios elegidos.

Cuando las **actas** en las que se recoja la propuesta de regularización que resulte de la aplicación del método de estimación indirecta sean suscritas en **disconformidad**, puede elaborarse un único informe en el que, además de desarrollarse los fundamentos de derecho en los que se basa dicha propuesta, se exponen las anteriores circunstancias.

4794 Precisiones La **omisión del informe** que debe emitirse cuando resulte aplicable el método de estimación indirecta, supone un grave defecto de las actuaciones inspectoras al privar al contribuyente del conocimiento de los datos necesarios para impugnar la liquidación resultante, colocándole en situación de indefensión (TS 28-1-98, EDJ 168; 22-3-99, EDJ 10320).

Plazo máximo (LGT art.150.5) Cuando durante el desarrollo del procedimiento inspector el obligado tributario manifieste que no tiene o no va a aportar la **documentación solicitada** o no la aporta íntegramente en el plazo concedido en el tercer requerimiento, su **aportación posterior** determinará la **extensión del plazo** máximo de duración del procedimiento inspector por un período de tres meses, siempre que dicha aportación se produzca una vez transcurrido al menos nueve meses desde su inicio. No obstante, la extensión será de seis meses cuando la aportación se efectúe tras la formalización del acta y determine que el órgano competente para liquidar acuerde la práctica de actuaciones complementarias. 4798

Asimismo, el plazo máximo de duración del procedimiento inspector se extiende por un período de seis meses cuando tras dejar constancia de la apreciación de las circunstancias determinantes de la aplicación del método de estimación indirecta, se aporten datos, documentos o pruebas relacionados con dichas circunstancias.

Ejemplo El 16 de enero se inician actuaciones de comprobación e investigación a una entidad por el Impuesto sobre Sociedades. En la visita desarrollada el día 20 de febrero se solicita la aportación de los libros de contabilidad. En diligencia extendida el 15 de marzo el obligado tributario manifiesta que no puede aportar los libros de contabilidad al haberlos extraviado. Ante esta situación la Inspección decide realizar las actuaciones pertinentes para aplicar el método de estimación indirecta, dejando constancia de dicha circunstancia. El 15 de julio, durante el trámite de audiencia previo a la firma de las actas, el obligado tributario aporta los libros de contabilidad, al encontrarlos tras haberlos dado por perdidos. 4800

La aportación de dicha documentación produce una extensión del plazo de duración del procedimiento de seis meses.

SECCIÓN 3

Interpretación, calificación, simulación y conflicto en la aplicación de la norma

(LGT art.12 a 16)

4810

La LGT contiene una serie de normas que se refieren a la interpretación de las normas tributarias, la calificación, la prohibición de la analogía, el conflicto en la aplicación de la norma tributaria y la simulación. 4811

Las principales **medidas antielusión de carácter general** son la calificación, la declaración de conflicto y la simulación, ya que se trata de figuras jurídicas que permiten a la Administración tributaria evitar la elusión fiscal mediante negocios anómalos.

Junto a estas medidas, existen otras de **carácter específico**, establecidas en las leyes de los distintos tributos, con la finalidad de que las normas de los tributos se configuren mejor técnicamente o de facilitar a la Administración la prueba de los hechos que fundamentan la obligación tributaria.

Precisiones **1)** Aunque la posición mayoritaria entiende que es necesario que existan **cláusulas generales antiabuso** en el ámbito tributario, algunos autores consideran preferible que la lucha contra la elusión fiscal se realice mediante medidas normativas específicas, modificando la regulación legal cuando se vayan produciendo nuevas operaciones. Esta posición da mayor seguridad jurídica, pero incide negativamente en los principios de igualdad, generalidad y justicia tributaria, y supone que la Administración tributaria siempre iría con retraso hasta que se promulgara una regla antielusión específica para luchar contra cada uno de los nuevos tipos de fraude que fueran surgiendo. En cualquier caso, la **normativa de la UE** exige la existencia de una norma general contra las prácticas tributarias abusivas (nº 4909).

2) El examen de la figura de los **negocios anómalos** es una materia especialmente compleja, en la que existen fuertes discrepancias entre los autores y en las diversas resoluciones y sentencias que han analizado los casos que se han ido planteando. Aunque desde el plano teórico las distintas figuras jurídicas de negocios anómalos están nítidamente diferenciadas, en su aplicación práctica es normal que se superpongan y difuminen sus contornos hasta el punto de resultar muy compleja su deslinde. Esta superposición no es un mero problema teórico, dado que acarrea consecuencias prácticas muy importantes: el procedimiento administrativo aplicable para declarar su existencia puede diferir y, además, puede pasarse de considerar que no existe sanción a llegar a considerar que existe delito fiscal.

3) Se ha planteado la posibilidad de aplicar como norma antielusiva la **normativa internacional** (en concreto el modelo CDI art.9 relativo a la imposición de empresas asociadas). Y aunque en un primer momento el TS avaló esta teoría (TS 18-7-12, EDJ 154844), posteriormente afirmó que no es posible prescindir de operaciones realizadas entre partes vinculadas a las que cabía atribuir valor de mercado, acudiendo sin más a la aplicación directa del convenio correspondiente, por lo que resulta necesario para efectuar esa recalificación la aplicación de una cláusula general antiabuso interna (TS 31-5-16, EDJ 78149).

A. Interpretación de las normas

(LGT art.12; CC art.3.1)

4812 El ordenamiento jurídico está compuesto por un conjunto muy numeroso de normas que pretenden regular la realidad social. Como primer problema a la hora de aplicar las normas jurídicas está el de **identificar qué norma resulta aplicable** a un determinado caso. Seguidamente surgen dos problemas:

- averiguar el sentido y alcance de los preceptos aplicables (interpretación de la norma); y
- adaptar el mandato abstracto contenido en la norma a las circunstancias concretas del caso planteado (calificación del acto o negocio).

En realidad, la interpretación de la norma no es una actividad previa a la **calificación** de los negocios, hechos u operaciones de acuerdo con las normas, dado que en la práctica no se puede separar el enjuiciamiento de los hechos del estudio de la norma jurídica.

La interpretación jurídica es el **conjunto de operaciones lógicas** en virtud de las cuales se determina, en cada caso concreto, cuál es el mandato contenido en una determinada norma. Supone, pues, averiguar el sentido y alcance de las palabras que integran la norma y analizar el contenido semántico de la proposición que expresa aquella. Por tanto, el objetivo de la interpretación es la averiguación del sentido del precepto, pero tal sentido ha de hallarse a través del texto de la norma, que constituye el objeto de la interpretación.

4812.1 **Clases de interpretación** La doctrina distingue la interpretación por su origen y por sus resultados:

1) Por su **origen**:

a) Interpretación auténtica: es la dada, en su caso, por el mismo legislador en las exposiciones de motivos de normas promulgadas.

b) Interpretación usual: es la realizada por los tribunales de justicia.

c) Interpretación doctrinal: es la propuesta por los tratadistas.

2) Por el **resultado**:

a) Interpretación literal: aquella que no se aparta de la letra de la ley.

b) Interpretación declarativa: aquella que aclara o precisa el valor dado a las palabras conforme al sentido normativo, y puede ser:

- lata (si a una palabra que tiene diversos significados se le da el más amplio o extenso); y
- estricta (si se le da el más estricto o limitado).

c) Interpretación crítica o correctiva: aquella que corrige el sentido literal de la ley para que concuerde con el espíritu del texto. En realidad, el intérprete no puede corregir el contenido de la ley, solo puede extender o restringir su formulación literal para adecuarla a su contenido o intención (ratio). Esta interpretación puede ser:

- restrictiva (cuando se reduce el alcance de la letra de la ley para excluir ciertos supuestos); y
- extensiva (cuando se amplía el alcance de la letra de la ley para comprender otros supuestos). Las normas prohibitivas, las sanciones y las limitativas de la capacidad de obrar y del libre ejercicio de los derechos no son susceptibles de interpretación extensiva.

4812.2 **Criterios de interpretación** Las normas tributarias se interpretan de la misma forma que el resto de las normas jurídicas, sin contar con ninguna especialidad, dado que la LGT dispone que las normas tributarias se han de interpretar con arreglo a lo dispuesto en el CC art.3.1.

En concreto, el CC determina que las normas se han de interpretar según el sentido propio de sus palabras, en relación con el contexto, los antecedentes históricos y legislativos y la realidad social del tiempo en que han de ser aplicadas, atendiendo fundamentalmente al espíritu y finalidad de aquellas. Los criterios que recoge son los siguientes:

a) Criterio **literal o gramatical**: interpretación de la norma según el sentido propio de sus palabras. La interpretación pretende averiguar el sentido de una norma para poder aplicarla, pero dicho sentido ha de hallarse a través de las palabras por las que se expresa la norma.

Por ello, la interpretación literal es el punto de partida de cualquier averiguación del significado de una norma.
El legislador debe procurar que los textos sean lo más claros posible, dado que el **principio de seguridad jurídica** se opone a los términos ambiguos, imprecisos o incorrectos que crean inseguridad. Pero acomodar una norma abstracta a la diversidad de la concreta realidad social en constante evolución no es totalmente posible. Por ello, la interpretación literal no basta casi nunca como criterio interpretativo porque una palabra frecuentemente no tiene un sentido unívoco, sino que puede tener distintos significados, en cuyo caso se debe averiguar cuál de ellos se ha querido utilizar para la norma, utilizando los demás criterios.
b) Criterio **lógico-sistemático**: interpretación de la norma en relación con el contexto. Las normas no se encuentran aisladas, sino que están integradas en el seno de un conjunto de disposiciones trabadas o relacionadas entre sí con una coherencia interna. Por ello, una norma no debe interpretarse aisladamente, debe ponerse en relación con el resto del ordenamiento jurídico y, en especial, del texto normativo en que se incardina para obtener una interpretación coherente y armónica. Por ello, el mismo término, según el contexto en que se emplee, puede tener un significado diferente.
Dado que el ordenamiento jurídico debe entenderse como un todo coherente, este criterio proscribe las interpretaciones que conduzcan a la contradicción o al absurdo. Esta lógica del Derecho es la lógica de lo razonable y justo, por lo que no siempre coincide con la pura lógica matemática.
c) Criterio **histórico**: interpretación de la norma en relación con los antecedentes históricos y legislativos. Este criterio tiene por objeto conocer la problemática a la que la norma trataba de dar solución y los criterios directivos para la resolución de la cuestión. Para ello se acude a los antecedentes históricos (es decir, las características y evolución de la institución, que son un producto eminentemente histórico) y a los antecedentes legislativos (dado que la implantación de una norma o la modificación de una existente tratan de solucionar algún problema que quiere resolver el legislador, cuyo conocimiento hará más fácil la interpretación del verdadero sentido de la norma).
d) Criterio **sociológico**: interpretación de la norma en relación con la realidad social del tiempo en que han de ser aplicadas. Las normas surgen en una determinada situación social y, a veces, deben aplicarse en otras circunstancias muy distintas. Este criterio permite acomodar los preceptos jurídicos a circunstancias surgidas con posterioridad a su promulgación. Trata, pues, de evitar que la aplicación de la ley vaya contra la realidad social en cada momento histórico. Este criterio viene a ser el contrapeso del criterio histórico, dado que no basta conocer para qué se dictó una norma concreta, sino también si las nuevas circunstancias consienten o no que permanezca invariable su sentido originario. Se trata de un criterio especialmente delicado cuya utilización requiere mucha prudencia, al menos mientras no se consolida la jurisprudencia.
e) Criterio **teleológico o finalista**: consiste en la interpretación de la norma atendiendo fundamentalmente al espíritu y finalidad de la norma. Con la expresión **espíritu de la norma** se hace referencia a que las normas se encuentran animadas de una fuerza que sobrepasa el tenor literal de sus palabras, e impone la necesidad de realizar una interpretación teleológica de la norma. Ello supone que la norma debe interpretarse en el sentido que mejor responda a la consecución del resultado que se quiere alcanzar. Se trata de la ratio legis, que no es sino el por qué y el para qué de la norma, su espíritu y finalidad. La doctrina entiende que más que tratarse de un criterio de interpretación, la determinación del espíritu y finalidad de la norma es el **resultado** que debe buscarse mediante la interpretación: la averiguación del sentido de la norma. Por ello, este criterio se considera como el elemento fundamental de la interpretación.

Principios y valores constitucionales El intérprete de una norma debe tener en cuenta que, además de los criterios de interpretación, existen una serie de pautas o valores superiores de orden material que pueden **acotar o circunscribir el significado de la norma**. Estos criterios o valores superiores se identificaban tradicionalmente como los principios generales del Derecho, de los cuales el CC predica su carácter informador del ordenamiento jurídico (CC art.1.4). **4812.3**

Precisiones **1)** Se considera que las normas deben ser interpretadas de la forma más favorable para la **efectividad de los derechos fundamentales** y de conformidad con la Constitución (TCo 112/1989).
2) El **texto constitucional** es el contexto al que han de referirse todas las normas a efectos de su interpretación y aplicación por los órganos judiciales (TCo 253/1988).

4812.4 **Interpretación de los términos** (LGT art.12.2) Es necesaria también la correcta comprensión de los términos o palabras que componen la proposición normativa. La interpretación parte del texto de la norma, formado por términos o palabras, que a veces tienen un sentido polisémico o no unívoco. A este respecto, la LGT establece que en tanto no se definan por la normativa tributaria, los términos empleados en sus normas se han de entender conforme a su **sentido jurídico, técnico o usual**, según proceda. Por lo tanto, pueden darse dos situaciones:

1) Que la **norma tributaria defina expresamente los términos** aplicables: el ordenamiento tributario puede formular autónomamente sus propias definiciones jurídicas y calificaciones en aquellos supuestos en los que se considere necesario. Así, es frecuente que la norma tributaria defina determinados términos «a efectos de la ley», de tal forma que delimita de forma precisa el alcance del término jurídico recogido en la norma tributaria. En estos casos, la definición legal es la que debe tenerse en cuenta en la interpretación.

2) En **defecto de tal definición legal**: este es el caso más problemático. Se refiere a tres tipos de sentidos que no llega a definir:

- el sentido jurídico (el que resulte de las demás ramas del ordenamiento jurídico: Derecho civil, mercantil, hipotecario, etc.);
- el sentido técnico (el que resulta del lenguaje propio de una ciencia, arte u oficio no jurídica, habitual de la ciencia económica); y
- el sentido usual (el que de manera común y frecuente se usa o practica por la generalidad de las personas, para cuya determinación se suele recurrir al Diccionario de la Lengua de la Real Academia Española).

4812.5 **Conceptos jurídicos indeterminados** Aunque cualquier término o concepto puede dar lugar a problemas de interpretación, resultan especialmente complejos tratándose de los denominados conceptos jurídicos indeterminados. La norma jurídica puede emplear términos con mayor o menor precisión para describir una determinada situación práctica. Así, una norma puede decir, por ejemplo, que la mayoría de edad se produce cuando se alcance la madurez psíquica o que se obtiene a los 18 años, que debe efectuarse un determinado trámite en un plazo razonable más breve posible o en un plazo de un mes desde determinado suceso, que se aplica el interés de mercado en un determinado momento o que se aplica el tipo del interés del 6%. El legislador puede utilizar un concepto indeterminado por diversas **razones**: la imposibilidad de concretar de forma más precisa el concepto por la propia naturaleza del mismo (p.e., los conceptos de buena fe, diligencia, culpa, etc.), por imprecisión al redactar la norma, la conveniencia de permitir la adecuación de la norma a una situación cambiante, etc.

Los conceptos jurídicos indeterminados son aquellos que tratan de **supuestos de la realidad** que no admiten una cuantificación o determinación rigurosa, pero que permiten ser precisados en el momento de su aplicación, por lo cual solo admiten una única solución justa en su aplicación en cada caso concreto. Por ello, la utilización de un concepto jurídico indeterminado no equivale a permitir una actividad discrecional de la Administración. En el caso de una **actuación discrecional**, la Administración puede elegir libremente entre distintas opciones permitidas por la norma en función de criterios de oportunidad o economía, mientras que en caso de un concepto jurídico indeterminado la Administración debe elegir la única solución que, tras el análisis concreto de la situación, se adapte a la norma, siendo esta decisión susceptible de impugnación administrativa y judicial.

La posibilidad del legislador de utilizar conceptos jurídicos indeterminados está reconocida por el Tribunal Constitucional pero, ya que puede pugnar con el criterio de seguridad jurídica, se exigen determinadas **condiciones para la admisibilidad** de estos conceptos en la legislación administrativa:

a) Su razonabilidad, que su aplicación no sea ajena a criterios lógicos, técnicos o de experiencia, de modo que permitan predecir de modo razonable las consecuencias jurídicas de su realización.

b) Su control, de forma que lo actos de aplicación puedan ser sometidos a la revisión judicial para apreciar su correcta aplicación.

Precisiones La jurisprudencia constitucional considera aplicable estos conceptos incluso en **materia penal y sancionadora,** tan influida por los principios de seguridad jurídica, legalidad y tipicidad (TCo 62/1982; 69/1989; 149/1991).

B. Calificación en el ámbito tributario

(LGT art.13 y 115.2)

La interpretación y la calificación son dos tareas básicas dentro de la aplicación de las normas jurídicas, ya que la aplicación de cualquier norma requiere determinar cuál es su sentido y comprobar si se ha realizado el **supuesto de hecho** que la misma prevé. 4815

Por eso, una vez desentrañado el sentido de una norma (interpretación), procede examinar si la misma resulta aplicable al caso concreto (calificación). Para eso previamente ha de encontrarse la **norma aplicable**, lo que no está exento de dificultad. Esta búsqueda exige examinar numerosos preceptos, pues no existe ninguna norma que sea independiente y completa, sino que todas se encuentran relacionadas y deben examinarse en el contexto del ordenamiento jurídico en su conjunto.

La necesidad de la calificación deriva de que las normas regulan la realidad de una forma general y abstracta, pero deben aplicarse a unos **hechos y situaciones** que son reales y concretas. Por eso, la calificación supone constatar si los hechos concretos encajan en el presupuesto normativo, esto es, requiere verificar si los hechos reales pueden o no subsumirse en los presupuestos de hecho previstos, en términos abstractos, por la norma.

La calificación es una labor compleja, especialmente cuando existen **conceptos jurídicos indeterminados**.

Precisiones La calificación tiene especial relevancia en el ámbito tributario porque los **obligados tributarios** deben realizar por sí mismos, en sus autoliquidaciones, las operaciones de calificación y cuantificación necesarias para determinar e ingresar el importe de la deuda tributaria (LGT art.120.1). Es decir, la calificación de los presupuestos de hecho del tributo se efectúa normalmente de forma previa por los obligados tributarios, que dan a los negocios jurídicos la forma y denominación que desean. No obstante, si la administración considera que se ha hecho de forma incorrecta, puede recalificar estas operaciones, con efectos exclusivamente en el ámbito tributario, para adaptarlas a su verdadera naturaleza.

Criterios jurídicos (LGT art.13) La calificación siempre se sustenta sobre bases jurídicas, ya que los **hechos, actos o negocios** tienen naturaleza jurídica desde el momento en que el ordenamiento jurídico los introduce en una determinada norma y les atribuye una consecuencia jurídica. 4817

La calificación en el **ámbito tributario** se rige por los mismos principios, por lo que las obligaciones tributarias deben exigirse con arreglo a la naturaleza jurídica del hecho, acto o negocio realizado, cualquiera que sea la forma o denominación que los interesados le hayan dado, y prescindiendo de los defectos que puedan afectar a su validez.

Esta regulación, tras señalar que la calificación se realiza con criterios jurídicos, contiene dos indicaciones que se analizan a continuación:

- forma o denominación (nº 4819); y
- defectos del negocio jurídico (nº 4820 s.).

Forma o denominación (LGT art.13) Si la Administración tuviera que pasar forzosamente por la denominación utilizada por los particulares sería muy fácil eludir el impuesto. 4819

Por eso la calificación se puede utilizar en determinados casos como medida antifraude. De acuerdo con el **principio antinominalista** recogido por la jurisprudencia, los hechos, actos y negocios deben calificarse según su verdadera naturaleza jurídica, con independencia de la forma o denominación que le hayan dado los interesados (entre otras, TS 7-7-87, EDJ 5449; 3-5-93, EDJ 4108; 21-5-97, EDJ 4128).

Defectos del negocio jurídico (LGT art.13) En la calificación se ha de prescindir de los defectos que pudieran afectar a la validez del acto o negocio realizado. Con esta mención, se pretende evitar que el **nacimiento de la obligación tributaria** quede al arbitrio de las partes, que pueden, simplemente, concluir el acto o negocio con un defecto que podría determinar su anulación, pero que no llegaría a producirse por no ejercitarse la correspondiente acción. 4820

En este caso, el gravamen está justificado si se ha manifestado la correspondiente **capacidad económica**. Si posteriormente se produce la anulación de acto o negocio, procede la desaparición del gravamen y la devolución correspondiente.

Precisiones 1) La calificación de los negocios jurídicos ha de fundarse en el **contenido obligacional** convenido (TS 25-6-08, EDJ 131377). 4821

2) La **verdadera intención de las partes** es determinante de la correcta calificación de un contrato, y la correcta calificación de un contrato ha de hacerse, no en razón del resultado que, por unas u otras circunstancias, haya llegado a producirse, sino en función del verdadero fin jurídico (actual o potencial) que los contratantes pretendían alcanzar con el mismo o, lo que es igual, la verdadera intención que los contratantes tuvieron al celebrarlo (TS 9-10-08, EDJ 227787). En este sentido, la verdadera voluntad de los contratantes ha de deducirse de los actos de las partes, coetáneos y posteriores a la celebración del contrato (TS 21-10-10, EDJ 233386; TEAC 20-10-16).

3) El principio de calificación impone que el aplicador de la ley haya de calificar el acto o negocio, de acuerdo con su verdadera **naturaleza jurídica**, atendiendo a su contenido y a sus prestaciones y efectos jurídicos, sin tener que atenerse a la forma o denominación dadas por las partes, con el fin de comprobar si se ha dado realmente la operación contemplada por la norma tributaria (TS 3-6-10, EDJ 153140).
4) La calificación consiste en caracterizar en términos jurídicos una **situación fáctica** para reconducirla a alguna de las categorías tipificadas en las normas tributarias; en otras palabras, consiste en fijar los hechos realmente acaecidos para compararlos con la hipótesis abstracta prevista en la norma (TS 13-1-11, EDJ 8473).

4822 **5)** Respecto a los **seguros a prima única**, procede la regularización basada en la calificación, aunque no se haya señalado expresamente, frente a la postura del TEAC que venía utilizando la figura del negocio indirecto (TS 8-6-02, EDJ 23967).
6) No se confirma la calificación efectuada por la Administración como donación onerosa de un **préstamo sin intereses** y con un plazo de devolución muy dilatado, ya que dicha calificación supondría no interpretar en sentido jurídico un acto ajustado en todo a las previsiones establecidas para el préstamo en el Código Civil (TS 8-6-02, EDJ 25995; 28-9-02, EDJ 37312; 24-5-03, EDJ 35191).
7) El propietario de un importante paquete de acciones obtuvo un préstamo de una entidad bancaria con la **garantía pignoraticia** de dichas acciones. Seguidamente **donó** las acciones a su mujer e hijos que se subrogaron en la deuda garantizada mediante la prenda, y posteriormente vendieron las acciones recibidas a una entidad a cambio de un precio que se utilizó para amortizar el préstamo. Se califica la operación como donación modal y el obligado tributario tributa por el incremento de patrimonio del IRPF como operación lucrativa (TEAC 28-2-96).

4824 **Calificación por parte de la Administración** (LGT art.115.2) La **labor de calificación** se realiza por todos los operadores jurídicos al aplicar las normas. En la práctica la realizan fundamentalmente los obligados tributarios y los órganos de la Administración tributaria, sin perjuicio de que los conflictos que se planteen sean resueltos en última instancia por los jueces y tribunales (Const art.117).
En el desarrollo de las funciones de **comprobación o investigación**, la Administración tributaria ha de calificar los hechos, actos o negocios realizados por el obligado tributario, con independencia de la previa calificación que este hubiera dado a los mismos. Si la Administración tributaria entiende que la calificación original efectuada por el obligado tributario no ha sido ajustada a Derecho puede recalificar el supuesto de hecho de forma correcta para evitar la elusión del tributo.
La calificación realizada por la Administración tributaria produce **efectos** exclusivamente en el ámbito tributario, con independencia de las consecuencias que la posible invalidez de los actos o negocios realizados pueden tener en las relaciones jurídico privadas entre las partes o con terceros.
La aplicación de la calificación no requiere seguir ningún **procedimiento** especial, sino que se efectúa de forma motivada en las actas y liquidaciones tributarias de acuerdo con el procedimiento general. No obstante, si se produce el conflicto en la aplicación de la norma tributaria o simulación, se rige por lo establecido en su regulación (nº 4870 s. y nº 4835 s. respectivamente).
La **liquidación practicada** conlleva la exigencia de los intereses de demora correspondientes y si se aprecia la existencia de culpa en la conducta regularizada, procede imponer la sanción tributaria que corresponda.

4825 Precisiones **1)** En caso de que proceda la aplicación de la figura del fraude a la ley tributaria, la Administración no puede limitarse a aplicar la calificación, pues la **potestad de calificación** no tiene el alcance virtualmente universal que la Inspección le atribuye, en su propio interés, sino un valor más reducido. La potestad de calificación de la Administración no se trata de una alternativa a la declaración de fraude de ley, de manera que cuando concurran los requisitos para iniciar el correspondiente procedimiento de fraude de ley, este no puede soslayarse ni ser objeto de dispensa acudiendo a la potestad de calificación (TS 3-7-14, EDJ 115827).
2) La **potestad de calificación** no puede ser entendido como una habilitación a la Administración para interpretar, sin limitación alguna, la naturaleza de los negocios jurídicos, especialmente cuando vienen formalizados en escritura pública otorgada por Notario y han pasado sin reparos el filtro del Registro de la propiedad (AN 24-4-08, EDJ 69652).
3) Es erróneo considerar que la potestad de calificación constituye una **vía procedimental alternativa** para la Administración cuando el conjunto negocial pudiera ser incardinado en la figura del conflicto en la aplicación de la norma tributaria (AN 1-4-13, EDJ 33779).
4) El principio de calificación no se configura como un principio cuya aplicación pueda ser directamente **exigida por el obligado** y que le permita alterar la calificación que en su día le dio a la operación realizada, con las consecuencias inherentes a efectos tributarios (TEAC 25-6-09). En términos similares, invocando el **principio de buena fe** e interdicción del abuso del derecho -CC art.7-, que impide que la libertad de la que se dispone para configurar los contratos celebrados y las cláusulas en ellos incluidas sea usada, en perjuicio de terceros, mediante denominaciones falsas, oscuras o equívocas -CC art.1288- (TEAC 1-12-11).

5) La Inspección considera que un préstamo participativo suscrito con una sociedad participada al 99,99% realmente oculta una aportación al capital por parte de la prestamista, y califica los intereses como dividendos. Pero el TSJ entiende que la Administración se ha **extralimitado** en el ejercicio de la potestad de calificación que, si bien le habilita para analizar la naturaleza jurídica del hecho, acto o negocio, cualquiera que sea la forma o denominación, en aras a gravar la riqueza que realmente se ponga de manifiesto, no le habilita ni para recalificar ni para obtener un mayor gravamen del negocio analizado (TSJ País Vasco 30-12-16, EDJ 282784). **4826**

6) El hecho de que una operación haya sido **calificada mercantilmente** como una escisión y como tal haya sido inscrita en el Registro Mercantil, no implica que deba aplicarse a la misma el régimen especial de reorganizaciones empresariales de la normativa del IS si no se cumplen los requisitos fiscales. El control de legalidad encargado a los Registradores mercantiles no alcanza a la normativa fiscal (TEAC 8-1-15).

7) La calificación del **contrato de trabajo** como relación laboral especial de alta dirección, y no como trabajador común a efectos del IRPF se efectúa mediante el análisis global de las circunstancias que rodean al trabajador. En concreto, se califica no en función del nombre o de su estatus jerárquico, sino de acuerdo con las funciones que desempeña y de las muy amplias facultades y poderes de que dispone para ese desempeño, las cuales son propias de un alto directivo, y no de un trabajador muy cualificado (TEAC 8-6-17).

8) No son suficientes las potestades de calificación para que la Inspección de los tributos pueda desconocer actividades económicas formalmente declaradas por personas físicas, atribuir las rentas obtenidas y las cuotas del IVA repercutidas y soportadas a una sociedad que realiza la misma actividad económica que aquellas, por considerar que la **actividad económica realmente realizada** era única y correspondía a esa sociedad, bajo la dirección efectiva de su administrador y, finalmente, **recalificar como rentas del trabajo personal** las percibidas por las mencionadas personas físicas. Las instituciones no han sido creadas por el legislador de manera gratuita, ni puestas a disposición de los servidores públicos de manera libre o discrecional, sino solo en la medida en que se cumplan los requisitos establecidos en cada una de ellas. Pretender que la calificación tributaria (LGT art.13) permite eso sería otorgar al precepto un poder expansivo incompatible con el resto de la regulación legal, pues haría innecesaria la presencia de otras figuras, como el conflicto en la aplicación de la norma o la simulación (TS 2-7-20, Rec 1429/18).

9) No es correcto utilizar la potestad de calificación para regularizar la minoración de cuotas de IVA soportadas por las facturas de agentes o representantes de jugadores de fútbol entendiendo, como hizo la Administración, que la transacción monetaria entre club y agente implica que el agente está prestando un servicio al jugador y el club paga ese servicio al agente por cuenta del jugador. La Administración no se limita a calificar el negocio realizado y declarar las consecuentes obligaciones tributarias, sino que aísla el flujo económico de ese negocio, y lo sitúa en **otro esquema negocial paralelo** que, se dice, es el realmente querido por las partes como causa de la prestación de pago que origina las obligaciones tributarias (TS 23-2-23, EDJ 519836). **4827**

10) No es correcto calificar como reducción de capital con devolución de aportaciones a los efectos del IRPF las operaciones consistentes en la adquisición en autocartera de determinados valores representativos del capital de una sociedad y, subsiguientemente, una reducción de capital con amortización de aquellos valores. La Administración prescinde por completo del negocio jurídico en cuyo cumplimiento las partes (socio transmitente y sociedad adquirente) afirman haber realizado sus respectivas prestaciones, en particular la compra de las acciones, y en la que se conecta ese negocio jurídico con la posterior **amortización de acciones y reducción del capital social**. La propia Administración estatal tributaria atribuye en su argumentación al negocio jurídico de transmisión de acciones, puesto en relación con otras actuaciones previas y posteriores, una finalidad notoriamente artificiosa o impropia del resultado obtenido y que de su utilización no se desprenden efectos jurídicos o económicos distintos del ahorro fiscal, que son las características que se atribuyen al conflicto en la aplicación de la norma tributaria. La Administración ha operado bajo la apariencia de una operación de calificación frente a un supuesto de conflicto en la aplicación de la norma tributaria, sin seguir el procedimiento que para este tipo de situaciones previene la normativa -LGT art.15- (TS 24-7-23, EDJ 636296).

11) Excede de la potestad de calificación cuando la Inspección procede a la **reclasificación** de tres negocios, con causa lícita y real (suscripción de un préstamo, ampliación de capital y posterior venta de participaciones), como un único contrato de mandato, lo que supone la imposibilidad de deducción en el IS de las pérdidas generadas en la transmisión de las participaciones, al ser imputadas únicamente a una entidad, pese a haber sido descartado por la comisión consultiva que el citado negocio jurídico tuviese un resultado notoriamente artificioso o impropio, rechazando en consecuencia la existencia de conflicto en la aplicación de la norma tributaria (TS 19-9-24, EDJ 681441).

12) La Administración cuando analiza si concurre o no el criterio que determina la residencia fiscal en España durante los ejercicios comprobados, consistente en tener su sede de dirección efectiva en territorio español, constituye una operación de **mera calificación «primaria»**, limitada a la constatación de los hechos que son presupuesto de la aplicación de la norma sobre residencia fiscal de las personas jurídicas. En este caso, la Administración concluye que, al no concurrir el presupuesto de hecho necesario, no existe sede de dirección efectiva en territorio español, por lo que no puede considerarse que tenga su residencia fiscal en España. Por tanto, no puede confundirse con la potestad de calificación jurídica de la LGT art.13, que versa sobre la distinta calificación de un negocio jurídico y que resulta obviamente ajena al uso de la facultad de la LGT art.15 (TS 28-10-24, EDJ 729675).

C. Simulación en el ámbito tributario

(CC art.1276; LGT art.16)

1. Concepto de simulación

4835 La simulación es un concepto propio de la Teoría General del Derecho que puede producirse en cualquier **negocio jurídico**. El Código Civil no regula específicamente la simulación, aunque la menciona en diversos artículos (CC art.767, 1276 y 1301). Han sido la jurisprudencia y la doctrina las que han delimitado esta figura, existiendo un amplio consenso respecto a la misma.

Para la **jurisprudencia** del TS, existe contrato simulado cuando varias personas se ponen de acuerdo para aparentar la celebración de un determinado contrato y en realidad no quieren celebrar ninguno (**simulación absoluta**) o desean encubrir otro distinto (**simulación relativa**), bien en su naturaleza (p.e., se quiere donar -negocio disimulado- y se exterioriza una compraventa -negocio simulado-), bien en su objeto (precio diferente) o en los sujetos (contratos con persona interpuesta), bien en cualquiera de los demás elementos, incluso accidentales (simulación de condición o plazo).

La simulación constituye, una anomalía o vicio en la vida de los contratos que, en principio, es aplicable a cualquiera de ellos (arrendamiento, compraventa, donación, permuta, etc.). Lleva implícita la **finalidad de engañar**, pues la apariencia falsamente creada tiene por objeto hacer creer a otras personas que algo existe cuando no hay nada o hay otra cosa diferente.

En principio, el concepto de **contrato simulado** no encierra indefectiblemente la idea de ilicitud. Si bien lo normal es que con la apariencia de contrato se persiga dañar a otra persona o violar la Ley, lo cierto es que al amparo de la libertad de contratación (CC art.1255) es posible la existencia de contratos simulados lícitos, porque la finalidad engañosa que persiguen así lo sea, como puede suceder, por ejemplo, cuando se aparentan contratos por vanidad, por razones publicitarias o para librarse de reclamaciones injustas pero molestas (TS 18-2-91, EDJ 1674).

Por tanto, se puede definir la simulación como un acuerdo para aparentar un negocio con fines de engaño. Consiste básicamente en la **confección artificiosa** de una apariencia destinada a velar la realidad que la contradice.

4836 **Elementos de la simulación** Los elementos característicos de la simulación que se deducen de la definición del nº 4835 son los siguientes.

a) Acuerdo. La simulación requiere un acuerdo (concierto simulatorio) entre dos o más personas previo o simultáneo al negocio simulado.

Este acuerdo pretende la modificación o destrucción de los efectos del negocio simulado, por lo que también se le denomina **contradeclaración**. Se produce por acuerdo entre las partes (negocio bilateral) o de acuerdo el declarante con el destinatario (negocio unilateral recepticio).

Este acuerdo no se puede separar del negocio simulado, y suele ser verbal, lo que dificulta la prueba de la simulación.

b) Apariencia de un negocio. En la simulación se aparenta un negocio a través de una declaración engañosa que es deliberadamente disconforme con la voluntad.

Esta divergencia entre lo que se aparenta y lo querido internamente tiene que ser consciente, diferenciándose así del error obstativo. El negocio que se aparenta puede no existir (simulación absoluta) o ser distinto del realmente realizado (simulación relativa).

c) Finalidad de engaño. La finalidad que pretende esta declaración aparente es engañar u ocultar el negocio real a terceras personas. Esa apariencia engañosa pretende ocultar la verdad, por lo que en la simulación siempre se produce una ocultación de la realidad a terceros. No debe confundirse con la intención de violar una norma legal. El fin perseguido por las partes podría ser lícito, por ejemplo, evitar la notoriedad, pero normalmente la simulación sirve de instrumento para defraudar o cometer un acto ilícito, y pretende violar la Ley.

4837 El **motivo** («causa simulationis») no es realmente un elemento de la simulación, ya que esta no es necesariamente ilícita ni fraudulenta. No debe confundirse la intención de engañar con la intención de dañar. A estos efectos, hay que distinguir entre:

- simulación **lícita** (p.e., cuando una persona quiere engañar a un pariente pedigüeño fingiendo una disminución patrimonial, una persona jactanciosa simula la adquisición de una finca para dar la impresión de riqueza o un industrial simula grandes partidas para dar publicidad a un producto).
- simulación **ilícita**. Es el supuesto normal. Se dirige a dañar a terceros o violar la Ley (p.e., defraudar a los acreedores o a Hacienda).

Precisiones 1) La apariencia engañosa de un negocio en que consiste la simulación expone siempre una **ocultación de la realidad** a los terceros a los que se pretende engañar. No obstante, la mera ocultación no es suficiente para definir la simulación. La doctrina considera que la ocultación no es un elemento definitorio de la simulación, e insiste en la importancia del acuerdo simulatorio, que supone la voluntad común de las partes sobre el carácter meramente aparente de las declaraciones de voluntad que realizan.
2) La simulación lleva implícita la **finalidad de engañar**, pues la apariencia falsamente creada tiene por objeto hacer creer a otras personas que algo existe donde no hay nada o hay otra cosa diferente. Por eso lo normal es que con la apariencia de contrato se persiga dañar a otra persona o violar la Ley (TS 18-2-91, EDJ 1674). Ver también TEAC 7-11-06; 17-3-10.

Vicio que aqueja a los negocios simulados Existen dos posiciones doctrinales respecto del vicio que aqueja a los negocios simulados: **4839**
a) Simulación como **vicio del consentimiento**: esta es la posición tradicional de la doctrina, que señala la divergencia entre lo que se declara (externamente) y lo que se quiere (internamente). Pero la doctrina más moderna suele señalar que no existe realmente vicio en el consentimiento, ya que se declara justamente lo que se quiere declarar, y el consentimiento no se presta con error, violencia, intimidación ni dolo.
b) Simulación como **vicio de la causa**: es la posición más moderna, que señala que en el negocio simulado no existe causa (simulación absoluta) o la declarada es falsa (simulación relativa), de forma que la simulación equivale a la causa inexistente o falsa.
Se fundamenta en que la expresión de una **causa falsa** en los contratos da lugar a su nulidad, si no se prueba que están fundados en otra causa verdadera y lícita (CC art.1276).
El tratamiento causal de la simulación requiere distinguir entre:
- la **causa objetiva** del tipo de negocio utilizado, que es la función socio-económica de cada tipo de negocio; y
- la **causa subjetiva**, que es el motivo interno concreto por el que se ha realizado el negocio.
A título de ejemplo, en un contrato de **compra-venta,** la causa en sentido objetivo es siempre el intercambio de una cosa por un precio, pero la causa en sentido subjetivo, es el motivo concreto o fin práctico perseguido por quienes celebran el negocio.

Precisiones 1) Normalmente se ha considerado la **causa de los contratos** en sentido objetivo, pero se ha recurrido a la causa en sentido subjetivo o a soluciones intermedias para atacar negocios anómalos o efectuados con una finalidad ilícita o abusiva (TS civil 19-11-90, EDJ 10446; civil 29-3-93, EDJ 3093). En la práctica es frecuente que los tribunales no distingan cuál es el vicio concreto del contrato o que argumenten conjuntamente que el contrato carece tanto de causa como de voluntad negocial. **4840**
2) Un negocio simulado trata de una **cobertura formal**, pura apariencia, carente de causa y de voluntad negocial, urdida únicamente con la finalidad de encubrir los contratos subyacentes de compraventa de terrenos y donación parcial de su importe, para poder así eludir los tributos correspondientes a estos negocios jurídicos reales de compraventa y donación bajo el manto de la simulación (TS Penal 28-11-03, EDJ 186744).
3) La simulación contractual se produce cuando no existe la causa que nominalmente expresa el contrato, sin que se oponga a la apreciación de la simulación el que el contrato haya sido incluso documentado ante **fedatario público** (TEAC 7-11-06).
4) Para apreciar la existencia de un negocio simulado debe probarse suficientemente la simulación, esto es, los **elementos integrantes de su concepto** (declaración deliberadamente disconforme con la auténtica voluntad de las partes y finalidad de ocultación a terceros, en este caso a la Administración tributaria). La simulación es un hecho cuya carga de la prueba corresponde a quien lo afirma, de modo que la causa simulandi debe acreditarla la Administración que la alega (TS 20-9-05, EDJ 165934).

Clases de simulación El criterio de clasificación más habitual es el que distingue entre simulación absoluta y simulación relativa, criterio aceptado por la doctrina y la jurisprudencia (TS civil 22-3-01, EDJ 2322): **4842**
a) Simulación **absoluta**. Las partes han pretendido aparentar un negocio (negocio aparente o simulado) que en la realidad no existe.
b) Simulación **relativa**. Un negocio real (disimulado) se oculta bajo el negocio aparente (simulado).
En principio, la simulación relativa puede recaer sobre el objeto o naturaleza del contrato (p.e., se quiere donar y se finge una compraventa fingiendo el pago del precio), el sujeto (p.e., un contrato con la interposición ficticia de un testaferro) u otros elementos del negocio (simulación de las condiciones del contrato, en la fecha, el precio vil o excesivo, etc.).
En la simulación relativa el negocio simulado puede encubrir **uno o varios negocios disimulados** (p.e., una compraventa simulada podría encubrir un arrendamiento de local y una opción de compra).

Una de las **dificultades** que se plantea en este tipo de simulación, es determinar la medida en que los elementos del negocio simulado, no afectados por la falsedad, se comunican o pertenecen al disimulado.

Precisiones La **esencia** de la simulación radica en la divergencia entre la causa real y la declarada, y puede ser absoluta, lo que sucede cuando tras la apariencia creada no existe causa alguna, o relativa, que se da cuando tras la voluntad declarada existe una causa real de contenido o carácter diverso, esto es, cuando tras el negocio simulado existe otro que es el que se corresponde con la verdadera intención de las partes (TS unif doctrina 25-6-10, EDJ 124108).

4846 Ejemplos 1) **Simulación absoluta**:
- la simulación en la prestación de servicios inexistentes para deducirse cantidades en el IVA y el IS (factura falsa);
- la simulación de arrendamiento de vivienda a un familiar para no tributar por vivienda desocupada;
- la simulación de realización de una actividad económica por el cónyuge del empresario para distribuir los ingresos y así reducir la progresividad del impuesto o no exceder de los límites para aplicar el método de estimación objetiva (módulos);
- el testaferro que finge ser el propietario de un bien para que no se impute al verdadero titular;
- la simulación de una compra-venta para aparentar ser insolvente y no pagar a los acreedores.

2) **Simulación relativa**: compra-venta sin que se pague precio, que encubre una donación a un familiar.

4852 **Ámbito tributario** (LGT art.16) No existe un concepto específico de simulación en el ámbito tributario, el concepto es el mismo que el del Derecho común. Por eso la normativa se limita a señalar sus **efectos** en dicho ámbito.

Para la mayor parte de la doctrina, la simulación tributaria no procede respecto a determinados **elementos del contrato** (p.e., el precio, la fecha, las modalidades y pactos accesorios). En concreto, respecto al precio excesivo o vil efectivamente satisfecho no supone una simulación negocial a efectos tributarios, ya que esta circunstancia se resuelve mediante otros mecanismos de corrección (valor de mercado de las operaciones vinculadas, presunciones, etc.).

Asimismo, parte de la doctrina entiende que la simulación tributaria es una aplicación específica de la **calificación**, al consistir en la demostración de la inexistencia de un negocio seguida de la calificación de los hechos efectivamente realizados de acuerdo a su verdadera naturaleza jurídica.

4856 Precisiones 1) En la perspectiva fiscal, las operaciones han de tratarse teniendo en cuenta la repercusión que se ha producido en el patrimonio del sujeto pasivo. Lo relevante es descubrir el **mecanismo elusivo**, la verdadera intención o móvil de los intervinientes, el negocio subyacente, que dote de real entidad al fenómeno económico que se pretendía ocultar o encubrir para subsumirlo en la normativa fiscal a propósito (TS 15-11-11, EDJ 270628; 24-11-11, EDJ 308026).

2) En relación con las operaciones de **venta o transmisión de acciones** se ha considerado que existe simulación, entre otros, en los siguientes supuestos:
- las realizadas por socios personas físicas a una sociedad efectuadas con la única finalidad de poder diferir en el tiempo el gravamen de unos incrementos de patrimonio generados en operaciones de venta al contado. Se somete a gravamen el verdadero negocio realizado por las partes, prescindiendo de las ventas intermedias simuladas (TEAC 26-10-01);
- la transmisión de acciones mediante **precio aplazado** a una sociedad interpuesta de la que también son socios, produciéndose una transmisión posterior a otra sociedad mediante precio al contado. Se considera que se ha llevado a cabo una venta con precio al contado (TS 20-9-05, EDJ 165934);
- cuando la venta se produce a final de año por un valor muy inferior al de adquisición, y seguidamente se vuelven a adquirir por su valor inicial, consiguiéndose una **disminución patrimonial ficticia** con la que compensa un incremento obtenido en el ejercicio siguiente (TEAC 21-12-01);
- las realizadas entre los accionistas de una sociedad de inversión mobiliaria con **cotización en Bolsa** perteneciente a un grupo familiar y sus familiares o sociedades controladas por los accionistas, realizadas a través del sistema de aplicaciones, con la intermediación de un único agente y que no se correspondían con los precios normales de mercado (TEAC 23-1-02);
- en una **compra apalancada** o «Leveraged Buy-Out» (LBO), al quedar acreditado que los socios, de común acuerdo y con la finalidad de procurar un considerable ahorro fiscal, habían creado la apariencia de un negocio jurídico (compra venta de participaciones) pero realmente lo que había ocurrido es que habían obtenido una retribución por la participación en los fondos propios (TS 24-2-16, EDJ 13044; 24-2-16, EDJ 10896);
- la transmisión onerosa de las **acciones pignoradas**, al tratarse de un negocio de carácter mixto en el que, por un lado, se genera un incremento lucrativo por la diferencia entre el importe del préstamo subrogado y el valor de las acciones donadas y, por otro lado, un incremento oneroso por la diferencia entre el coste de adquisición de las acciones donadas y el préstamo (TS 14-3-05, EDJ 62610).

3) Asimismo, se considera que existe simulación: 4857
- en un **contrato de opción de compra** de un terreno, porque en ningún momento se demostró su existencia y su importe se ingresó con talones que volvieron parcialmente a caja (TEAC 9-7-98);
- en los supuestos de **sociedades interpuestas**, como ocurre cuando una entidad transmite a otra un terreno y el mismo día y ante el mismo notario el terreno se transmite por un importe muy superior por la segunda entidad a una tercera, vinculada con la primera. Se considera que solo existe una transmisión de la primera entidad a la última por un precio determinado en la segunda escritura (AN 24-9-01, EDJ 38117);
- en la **cesión del usufructo temporal o venta con pacto de recompra** por entidades financieras de obligaciones bonificadas a favor de entidades que pueden aplicar la bonificación fiscal de las rentas del capital (TSJ Navarra 17-1-03, EDJ 266102). No había medios en la entidad para financiar las operaciones, ni constancia documental de las mismas (compra de cédulas, cobro de intereses, reventa), ni acreditación en las pólizas intervenidas de la identidad del vendedor inicial y del comprador inicial (TS 25-10-04, EDJ 174177);
- en un **préstamo** entre un padre y su hijo cuando encubre una donación, habiendo sido formalizado en escritura pública (TSJ Asturias 27-7-04, EDJ 125839);
- en la venta de maquinaria a empresas del grupo a **precios muy superiores a los de mercado** con la finalidad de encubrir una transferencia de fondos a otras empresas del grupo con fines de elusión fiscal, por lo que no procede la devolución del IVA soportado. Se aplican las normas de operaciones vinculadas y se sanciona por la infracción cometida (TEAC 2-3-05).

4) En relación con las **sociedades profesionales** para la prestación de los servicios, se ha considerado que existe simulación cuando: 4858
- los servicios los presta la persona física (abogado) y no su sociedad, al carecer de medios materiales y personales (distintos del socio) para realizar los **servicios jurídicos** facturados (TS 16-9-15, EDJ 161600);
- realmente la sociedad profesional no tiene causa, sino que es un **instrumento de cobro** y de ocultación de la realidad de prestación por persona física, sin empleados, sin estructura (TS 17-12-19, Rec 6108/17), es decir, no se admite la utilización de una sociedad para facturar a otra los servicios que realiza una persona física, sin intervención de dicha sociedad instrumental, siendo un simple medio para cobrar los servicios con la única finalidad de reducir la imposición directa del socio profesional (AN 22-11-18, EDJ 660488).

Culpabilidad Dado que la simulación tributaria requiere una **intencionalidad** (acuerdo para crear una apariencia para engañar a la Administración tributaria), se considera que supone una actuación dolosa. La jurisprudencia actual entiende que la simulación es consustancial al dolo. Si la Inspección aprecia simulación y la **cuota defraudada** es mayor de 120.000 euros, el expediente debe remitirse necesariamente al Ministerio Fiscal o al Juez. 4859

Precisiones **1)** En una regularización como simulación absoluta referente a un contrato de **arrendamiento financiero** (lease-back) en la que no se produjo ninguna disposición del dinero, ni la empresa de leasing perdió la disponibilidad del mismo, habiendo sido instrumentada la operación de venta y posterior arrendamiento financiero con opción de compra a través de una cadena de pagarés, con **vencimientos sincrónicos** con las cuotas a satisfacer por el arrendamiento, se anula la sanción por considerar que no concurre la culpabilidad, al no haber existido ningún tipo de ocultación ni de anomalías contables y no haber quedado patente la voluntariedad (AN 23-3-06, EDJ 33348).
2) No es admisible que si la Inspección califica el negocio como simulado (que supone engaño y ocultación y, por tanto, dolo) no lo remita al Ministerio Fiscal cuando la cuota defraudada supere el importe fijado como delito. La Inspección consideró que no existió ánimo defraudatorio, debido a la complejidad de la norma, la existencia de varios pronunciamientos administrativos y la necesidad de varios cambios normativos para aclarar la cuestión. A la vista de eso, se critica el escaso rigor y laxitud con el que la Inspección emplea las categorías jurídicas, y entiende que todo supone reconocer que no hay simulación, sino una **interpretación razonable o un conflicto en la aplicación de la norma tributaria**, en las que no procedía sanción (TS 16-12-14, EDJ 253942).
3) Estimada la existencia de actos o negocios simulados (LGT art.16.3), procede, en su caso, la imposición de sanciones, sin que una **interpretación razonable de la norma**, amparada en el LGT art.179.2.d, que excluye la responsabilidad, resulte operativa (TS 21-9-20, Rec 3130/17; 15-10-20, Rec 4328/18; 22-10-20, Rec 4786/18).
4) Ante el recurso presentado por la anulación de la sanción impuesta pese a confirmar la existencia de simulación, el TS concluye que la simulación, sea objetiva o subjetiva, sea absoluta o relativa, siempre incorpora el dolo o intención entre sus elementos constitutivos, **excluyéndose la comisión culposa o negligente** y, desde luego, el **error invencible de prohibición** (inconciliable con la simulación). Por tanto, si el Tribunal considera que el contribuyente, frente a la falta de ingreso, actuaba en la creencia de obrar correctamente, y que no procede la sanción, no debe considerar que se trata de un negocio simulado (TS 9-6-22, Rec 5747/20).
5) Conforme al deber de congruencia en la motivación, si los elementos que concurren son calificados de delito, la Administración no puede imponer la **sanción** correspondiente a la infracción administrativa sobre la base de una pretendida posición subsidiaria de la negligencia respecto al dolo (TS 13-2-20, Rec 3285/18).

2. Procedimiento para declarar la simulación tributaria

(LGT art.16)

4860 En el **ámbito civil** se obliga a los terceros a destruir la apariencia creada acudiendo a los juzgados y tribunales mediante la acción de simulación, mientras que en el ámbito tributario la calificación la efectúa directamente la propia Administración tributaria.

La simulación en el **ámbito tributario** se declara por la Administración tributaria mediante el correspondiente acto de liquidación. Luego, se permite que la simulación, a los exclusivos efectos tributarios, pueda declararse por la Administración tributaria sin ningún procedimiento especial. Lo normal es que se realice en el procedimiento de inspección, pero no se impide que pueda apreciarse en otro tipo de procedimiento, como puede ser la comprobación limitada.

4862 **Prueba de la simulación** (LGT art.16; CC art.1282) La **carga** de la prueba de la existencia de la simulación corresponde a la Administración tributaria. Habida cuenta de que la simulación constituye la confección artificiosa de una apariencia destinada a velar la realidad que la contradice, es obvio que la prueba de la simulación encierra una gran dificultad, pues en el negocio simulado suelen concurrir todos los requisitos externos que constituyen la apariencia jurídica y, por tanto, la prueba ha de basarse en presunciones que fundamenten la convicción de la existencia del negocio simulado. La propia jurisprudencia civil destaca las dificultades prácticas de la prueba directa y plena de la simulación por el natural empeño que ponen las partes en hacer desaparecer los vestigios de la misma y por aparentar que el contrato es cierto y efectivo reflejo de la realidad. Esto hace preciso acudir a la prueba indirecta de las **presunciones**, que consisten en una labor intelectual a través de la cual quien debe calificar su existencia, partiendo de un hecho conocido llega a dar con otro que no lo era, en este caso, la existencia de simulación. Esto supone la existencia de uno o varios hechos básicos completamente acreditados, y que entre estos y la simulación exista un enlace preciso y directo según las reglas del criterio humano, aun cuando quepa alguna duda acerca de su absoluta exactitud, ya que la presunción no es una fuente de certeza sino de probabilidad.

Se considera que la prueba de la simulación se basa normalmente en la prueba **indirecta o indiciaria**, que consiste en una labor intelectual a través de la que quien aplica la norma, partiendo de un hecho probado, llega a dar por conocido otro que no lo era. La prueba indiciaria requiere que entre el hecho probado y el que se pretende deducir exista un enlace preciso y directo según las reglas del criterio humano.

La simulación debe deducirse de la **conducta significativa** de las partes en relación con las circunstancias en las que se produce. Así, para juzgar de la intención de los contratantes, debe atenerse principalmente a los actos de estos, coetáneos o posteriores al contrato (CC art.1282). Lo anterior no impide que se deban considerar también los anteriores, como señala la doctrina y la jurisprudencia.

4864 Precisiones 1) Existen dificultades prácticas de la prueba directa y plena de la simulación por el natural empeño que ponen los contratantes en hacer desaparecer su rastro y aparentar que el contrato es cierto y efectivo reflejo de la realidad (TS civil 2-11-88, EDJ 8630; 13-6-06, EDJ 253407; civil 18-3-08, EDJ 48894), por lo que se hace necesario normalmente acudir a la **prueba indirecta o indiciaria**. En el mismo sentido, TEAC 7-3-03; 7-11-06.

2) El hecho de que el negocio se haya formalizado en **documento público** no impide la apreciación de la simulación, ya que la fe notarial solo hace prueba de que se hicieron realmente las manifestaciones que se recogen en la escritura, pero no que se correspondan con la realidad (TS civil 2-6-83, EDJ 3304; civil 1-7-88, EDJ 5751; civil 31-12-98, EDJ 30725).

3) La simulación tiene un componente fáctico sometido a la **apreciación o valoración de los Tribunales** de instancia, y el resultado de esa valoración es una cuestión de hecho, y su constatación es facultad de aquellos, no siendo revisable en casación salvo que se demuestre que es ilógica (TS 20-9-05, Rec 6683/00).

4866 **Efectos de la declaración de simulación tributaria** (LGT art.16.1 y 3) En los actos o negocios en los que exista simulación, el **hecho imponible** gravado es el efectivamente realizado por las partes. En caso de simulación relativa referente a la naturaleza del acto o negocio, se aplican las obligaciones tributarias que corresponden al acto o negocio disimulado mientras que, en el caso de simulación absoluta, se aplican las que correspondan a la situación que se ha pretendido ocultar.

En el **ámbito tributario**, la simulación declarada por la Administración tiene exclusivamente efectos en dicho ámbito, sin que afecte a la validez de los actos y negocios en el ámbito civil.

La **declaración de nulidad** del negocio jurídico simulado, anulando los efectos jurídicos del negocio entre las partes o con terceros, corresponde a la jurisdicción ordinaria.

La liquidación practicada como consecuencia de la **regularización tributaria** del negocio simulado conlleva la exigencia de los intereses de demora correspondientes.

Precisiones 1) En el caso de simulación, lo aparentado, pero no real, es **nulo**. Por eso, si la simulación es absoluta, no hay nada válido; sin embargo, si la simulación es relativa, es nulo, lo simulado, pero el negocio real disimulado es válido si tiene causa verdadera y lícita (TS civil 9-5-08, EDJ 3853). **4867**
2) La simulación es consustancial al **dolo** por lo que, en la práctica, la calificación de simulación tributaria debe ir vinculada a la tramitación de una infracción administrativa o delito fiscal (TS 9-6-22, Rec 5747/20). Ello no impide que la sanción pueda ser impugnada con todas las garantías y que pudiera llegar a ser anulada (por prescripción, incompetencia, falta de motivación, etc.).

D. Declaración de conflicto en la aplicación de la norma

(LGT art.15 y 159; RGGI art.194)

4870

1. Concepto y requisitos

(LGT art.15.1)

Existe conflicto en la aplicación de la norma tributaria cuando se evita total o parcialmente la realización del hecho imponible o se minora la base o la deuda tributaria mediante actos o negocios que, individualmente o en su conjunto, sean **notoriamente artificiosos o impropios** para la consecución del resultado obtenido, siempre que de su utilización no resulten efectos jurídicos o económicos relevantes, distintos del ahorro fiscal y de los efectos que se hubieran obtenido del negocio usual o propio. **4871**

Precisiones La doctrina suele distinguir entre: **4872**
- **elusión** fiscal: no se infringe la ley tributaria, sino que se soslaya su aplicación; y
- **evasión** fiscal: se vulnera directamente la normativa fiscal mediante la ocultación.

Requisitos (LGT art.15.1) La aplicación de esta figura exige que concurran los siguientes requisitos: **4874**
a) **Carácter artificioso o impropio**. Se requiere que los actos o negocios realizados sean notoriamente artificiosos o impropios para la consecución del resultado obtenido, considerados de forma individual o en su conjunto.
El carácter artificioso o impropio es un **concepto jurídico indeterminado** de difícil delimitación. Requiere comparar el negocio usual o propio con el efectivamente realizado, y constatar que este último resulta insólito para la consecución de su fin propio o que se utiliza forzando su finalidad específica.
Lo más habitual es que los negocios anómalos consistan en operaciones complejas, que solo cobran sentido cuando se contemplan de modo conjunto, de ahí que no proceda normalmente considerar los actos y negocios de forma aislada.
b) **Efectos jurídicos o económicos irrelevantes**. Junto con lo anterior se requiere que de la utilización de estos actos o negocios no resulten efectos jurídicos o económicos tributarios relevantes, distintos del **ahorro fiscal** y de los efectos que se habrían obtenido con los actos o negocios usuales o propios.
Si el ahorro fiscal no se liga a un acto artificioso o impropio se trata de un caso de planificación fiscal o de **economía de opción**. La existencia de un motivo económico válido es fundamental para diferenciar entre la economía de opción y la elusión.

Precisiones En el **régimen especial de fusiones**, escisiones y aportaciones de activos y canje de valores del IS (LIS art.89.2), de acuerdo con el Derecho comunitario, existe una cláusula específica antielusión que utiliza una fórmula que resulta semejante a este requisito exigido por la figura del conflicto, pues requiere también la existencia de motivos económicos válidos. En concreto, la normativa del IS establece que no se aplica este régimen cuando la operación realizada tenga como principal objetivo el fraude o la evasión fiscal, y, en particular, no se aplica cuando la operación no se efectúe por motivos económicos válidos, tales como la reestructuración o la racionalización de las actividades de las entidades que participan en la operación, sino con la mera finalidad de conseguir una ventaja fiscal. **4876**

Diferencias con el fraude de ley La figura del conflicto en la aplicación de la norma ha **sustituido** al fraude de ley tributario (LGT/1963). Ambas son **medidas antiabuso** de carácter general. **4878**
a) Algunos autores entienden que ambas figuras tienen idéntica **naturaleza jurídica** y que su principal diferencia está en que el fraude de ley tributario se establecía en términos subjetivos, exigiendo la prueba de la intención de eludir el tributo, mientras que el conflicto en la aplicación de la norma se conceptúa en términos objetivos. Así, la nota esencial diferenciadora entre

el fraude de ley y el conflicto en la aplicación de la norma tributaria es que en el primero se exigía la intencionalidad en la elusión del tributo, mientras que en el conflicto se centra en el resultado, al que se exigen dos requisitos: carácter artificioso y ausencia de efectos relevantes distintos del ahorro fiscal (nº 4874). Con esto se pretendería evitar el elemento subjetivo de muy difícil prueba. En conclusión, la diferencia es fundamentalmente probatoria.
b) Otros autores entienden que su naturaleza jurídica no coincide, aunque se aproxime, ya que el legislador quiso expresamente separarse del fraude de ley, que es una figura general del ordenamiento jurídico (CC art.6.4), creando una figura distinta. Resaltan que en la norma antielusión del fraude de ley lo fundamental era una excepción a la aplicación extensiva o analógica de las normas tributarias, cuando el defraudador pretendía ampararse en una **norma de cobertura**, dictada con una finalidad distinta y que producía efectos equivalentes, para no aplicar la norma que se pretendía eludir.
En cualquier caso, dado que ambas figuras tienen la misma **finalidad** (antielusión) y se refieren al mismo **ámbito** (regla antifraude general cuando las operaciones no son simuladas), en la práctica normalmente se considera que se refieren a los mismos supuestos. Lo que concuerda con que el régimen transitorio considere que, respecto a los mismos hechos, se debe aplicar una u otra figura en función del momento temporal en el que estos hayan tenido lugar (LGT disp.trans.3ª.3).

4879 Precisiones 1) El conflicto en la aplicación de la norma tributaria se configura de **forma objetiva**, al no exigirse ninguna prueba de la intención del obligado tributario, a diferencia de la figura anterior del fraude de ley tributario.
2) La figura del fraude de ley tributario incidía en la **comparación** de normas (una de cobertura y otra que ha sido eludida), mientras que el conflicto en la aplicación de la norma tributaria lo hace en la comparación de negocios jurídicos en sí mismos (su artificiosidad y sus efectos).
3) Se considera que se trata de una operación en fraude de ley y, por ello, que resulta improcedente la deducción de unos **gastos financieros de un préstamo** recibido por una filial española de su matriz residente en los Países Bajos, para financiar la adquisición de un paquete mayoritario de acciones de otra entidad no residente del mismo grupo, dado que la operación solo tenía una finalidad fiscal o tributaria, y carecía de cualquier motivo económico válido que justificara la adquisición de las acciones de otra participada del grupo (TS 9-2-15, EDJ 13041). En el mismo sentido, TS 12-2-15, EDJ 17273; 19-7-16, EDJ 110819.

4881 **Diferencias con la economía de opción** En una economía de libre mercado, los ciudadanos pueden adoptar las decisiones que consideren oportunas mientras no estén prohibidas por la Ley. Dentro de estos límites, los sujetos pueden planificar su conducta y las decisiones que tomen pueden depender de múltiples factores (financieros, estratégicos, de oportunidad, etc.), entre los que se encuentra la **elección de la alternativa** que suponga un menor pago de impuestos.
Pero la tendencia natural de los contribuyentes a tratar de minimizar su carga fiscal puede conducir a la creación de ingeniosas e inusuales **creaciones jurídicas** que permiten conseguir los resultados prácticos deseados con menor tributación que los actos o negocios jurídicos usuales que son los que razonablemente ha contemplado el legislador en la elaboración de las normas tributarias. Ello exige distinguir entre los supuestos de elusión fiscal y de economía de opción. A estos efectos, se pueden distinguir dos grandes **grupos** de posibles opciones tributarias.
a) Las opciones expresamente establecidas por la **normativa** (p.e., el obligado tributario puede optar entre constituir una sociedad, tributar como empresario individual en estimación directa o en régimen de estimación objetiva; puede optar entre comprar un bien y aplicar la correspondiente amortización o efectuar un contrato de arrendamiento financiero de dicho bien, etc.). La elección de cualquiera de las alternativas es siempre válida, por lo que el contribuyente puede elegir la que le suponga un menor coste fiscal.

4882 **b)** Las opciones no establecidas por la normativa que el obligado tributario configura recurriendo a **uno o varios negocios**. En este caso resulta difícil establecer la línea divisoria «a priori» entre una conducta legítima y la que incurre en fraude de ley o conflicto en la aplicación de la norma. La conducta del obligado tributario es ilícita si abusa de la configuración jurídica aprovechando de forma más o menos artificiosa las imperfecciones, imprecisiones o lagunas normativas para eludir la tributación que le hubiera correspondido. En otro caso su conducta es correcta, aunque se consiga un ahorro fiscal.
Por eso existe acuerdo generalizado en que la **planificación fiscal** es una posibilidad totalmente legítima y que los ciudadanos tienen derecho a buscar las alternativas fiscales menos gravosas (TCo 46/2000). El ahorro fiscal es legítimo mientras no se produzca un abuso de las posibilidades de conformación jurídica, la forma no resulte anómala en relación con el fin perseguido por las partes y no se atente contra el espíritu de la Ley. En la práctica, se trata de una delimitación difícil que debe realizarse caso por caso.

Precisiones 1) Para que las dificultades de interpretación de las normas tributarias no dificulten las posibilidades de planificación fiscal, la normativa establece ciertos mecanismos para disminuir la **incertidumbre interpretativa**: consultas vinculantes, acuerdos previos de valoración, etc. **4883**
2) En el mismo día en que disuelve la sociedad de gananciales, pasando al régimen de separación de bienes, un matrimonio vende las fincas urbanas adjudicadas, quedando, por ser **adjudicaciones de bienes gananciales**, exentas del IIVTNU (actualmente es un supuesto de no sujeción). Dado que los cónyuges pueden modificar su régimen económico matrimonial cuando les convenga, se admite como un supuesto de economía de opción, aunque sea tácita y provenga de los errores del legislador fiscal, señalando que el contribuyente puede aprovecharse de una exención (actualmente, no sujeción) establecida por la Ley, aunque se produzca la exoneración total del impuesto, por el discutible uso que se hace en la norma de los conceptos jurídico-tributarios (TS 30-3-99, EDJ 8765).

3) Es enteramente lícita la **utilización de las normas fiscales** con la finalidad de abonar menos impuestos, siempre que se utilicen figuras contractuales auténticas y no se trate de eludir el pago de los impuestos procedentes (TS 24-5-03, EDJ 35191). **4884**
4) La llamada **economía de opción** solo puede concurrir en aquellos casos en los que el ordenamiento jurídico abre al sujeto distintas posibilidades de actuación, a las que podría acomodar la suya propia en función de sus particulares intereses y expectativas. Resulta indiferente, desde la perspectiva del ordenamiento, que el particular se decante por una u otra de las alternativas posibles, todas legítimas (TS 27-1-10, EDJ 9955; 22-3-12, EDJ 69812; 20-9-12, EDJ 225991).

2. Procedimiento para declarar el conflicto en la aplicación de la norma

(LGT art.15.2, 159 y disp.trans.3ª.3; RGGI art.194)

Para que la Administración tributaria pueda declarar el conflicto en la aplicación de la norma tributaria se requiere el **previo informe** favorable de la Comisión consultiva correspondiente. El informe evacuado por la Comisión consultiva vincula al órgano de inspección sobre la existencia o no de conflicto en la aplicación de la norma tributaria. **4890**
Este procedimiento solo puede aplicarse por los **órganos de inspección** (no por los órganos de gestión ni recaudación) y se configura como un incidente dentro del procedimiento de inspección. Por eso se regula como una disposición especial del procedimiento de Inspección.

Comisión consultiva (LGT art.159.1; RGGI art.194.4) La Comisión consultiva está formada por dos **representantes** del órgano competente para contestar las consultas tributarias escritas, uno de los cuales ha de actuar como Presidente, y por dos representantes de la Administración tributaria actuante. **4891**

Precisiones 1) En el ámbito de competencias del Estado, la Comisión consultiva está compuesta por dos representantes de la **Dirección General de Tributos** del Ministerio de Hacienda designados por resolución del Director general de Tributos, uno de los cuales actúa como presidente con voto de calidad. **4892**
Cuando el conflicto afecte a las normas dictadas por las **Comunidades Autónomas** en materia de tributos cedidos, los representantes se designan por resolución del titular del órgano competente para contestar consultas tributarias escritas.
2) Los representantes de la Administración tributaria actuante son:
- en el caso de la **AEAT**, dos representantes designados por el Director de Departamento correspondiente (Inspección Financiera y Tributaria o Aduanas e Impuestos Especiales);
- en el caso de **CCAA**, dos representantes de la Administración tributaria autonómica; y
- en el caso de **entidades locales**, dos representantes de la entidad local.

Uno de los dos representantes de la administración tributaria actuante puede ser el **órgano de inspección** que tramita el procedimiento, o el órgano competente para liquidar.

Remisión del expediente a la Comisión consultiva (LGT art.159.1, 2 y 3; RGGI art.194.1 y 2) Cuando el **órgano de inspección** que tramita el procedimiento actuante estime que concurren las circunstancias para entender que existe conflicto en la aplicación de la norma tributaria (nº 4874), se lo comunica al obligado tributario, concediéndole un plazo de 15 días, contados desde el siguiente a la notificación de la apertura de dicho trámite, para presentar **alegaciones** y aportar pruebas o proponer las que estime procedentes. **4894**
Una vez recibidas las alegaciones y, en su caso, practicadas las pruebas procedentes, el órgano de inspección que tramita el procedimiento debe emitir un **informe** sobre la concurrencia o no de las circunstancias antes mencionadas, que se remite, junto con el expediente, al órgano competente para liquidar:
- Si el órgano competente para liquidar estima que no concurren dichas circunstancias, devuelve el expediente al órgano actuante, y el procedimiento inspector continúa sin que se aprecie ninguna interrupción justificada por esta causa.

- Si el órgano competente para liquidar estima que concurren dichas circunstancias, debe remitir el expediente completo a la Comisión consultiva. La fecha de notificación al obligado tributario del envío a la Comisión consultiva supone el inicio del período de suspensión del procedimiento inspector (nº 4896).

Precisiones Los casos en los que la Administración tributaria ha venido apreciando conflictos en la aplicación de la norma se han referido básicamente a supuestos del **IS** correspondientes a la deducción de gastos financieros intragrupo por adquisiciones de participaciones intragrupo y a supuestos de **IVA** consistentes en estructuras abusivas tipo Halifax.

4895 **Emisión del informe por la Comisión consultiva** (LGT art.159.4; RGGI art.194.3) La Comisión consultiva dispone de un **plazo máximo** de tres meses desde que se le remita el expediente. Este plazo se puede ampliar en un mes más, mediante acuerdo motivado de la Comisión consultiva. Si la Comisión consultiva decide la **ampliación del plazo** de tres meses que tiene para emitir el informe en un mes más, debe notificarlo al obligado tributario y dar traslado al órgano de inspección.
El informe emitido por la Comisión consultiva se comunica al inspector-jefe, quien ordena su **notificación** al obligado tributario y la continuación del procedimiento de inspección.

4896 **Suspensión del procedimiento inspector por conflicto en la aplicación de la norma** (LGT art.150.3.d y 159.3; RGGI art.194.2 y 5) Se establece un supuesto de suspensión del cómputo del plazo de duración del procedimiento inspector desde la notificación al interesado de la remisión del expediente de conflicto en la aplicación de la norma tributaria a la Comisión consultiva. En la **comunicación** al obligado tributario se detallan los períodos, obligaciones tributarias o elementos de estas que se encuentran suspendidos y aquellos otros respecto de los que se continúa el procedimiento por no verse afectados por dichas causas de suspensión.
La Administración tributaria debe continuar el procedimiento respecto a los elementos no afectados por el conflicto y practicar la correspondiente **liquidación**, absteniéndose de actuar respecto de la parte del procedimiento que se encuentra suspendida, sin perjuicio de que se deban contestar las **solicitudes** previamente efectuadas al obligado tributario o a terceros. Una vez finalizada la suspensión, el procedimiento continúa por el plazo que reste.
A los solos efectos del **cómputo del período máximo** de duración, desde el momento de la remisión del expediente de conflicto a la Comisión consultiva se desagregan los plazos distinguiendo entre la parte del procedimiento que continúa y la que queda suspendida, y desde entonces cada parte del procedimiento se rige por sus propios motivos de suspensión y extensión del plazo.
La suspensión finaliza cuando tenga entrada en el registro de la correspondiente Administración Tributaria el **informe** de la Comisión consultiva. Pero este plazo de suspensión no puede exceder del plazo máximo para la emisión del informe (nº 4895).

4898 **Declaración de conflicto en la aplicación de la norma tributaria** (LGT art.15.2 y 159.7) Corresponde a la **Inspección de los Tributos** declarar la procedencia de declaración del conflicto en la aplicación de la norma, aunque siempre vinculada por el preceptivo informe previo dictado por la Comisión consultiva.
El **informe** de la Comisión consultiva y los demás actos dictados en aplicación de este procedimiento no son susceptible de **recurso** o **reclamación** independiente, aunque puede plantearse su procedencia en los recursos y reclamaciones interpuestos contra los actos y liquidaciones dictados como consecuencia de la declaración del conflicto.

Precisiones 1) Es posible declarar en fraude de ley una operación realizada en **ejercicio prescrito** si como consecuencia de dicha operación se producen efectos tributarios en ejercicios no prescritos (TS 5-2-15, EDJ 28191; 23-3-15, EDJ 36511). La misma doctrina resultaría aplicable al caso de conflicto en la aplicación de la norma tributaria.
2) Los Tribunales Económico-Administrativos no pueden establecer la **retroacción de actuaciones** para ordenar que se abra un procedimiento de conflicto en la aplicación de la norma, pues la falta de apreciación por la Inspección de la posible concurrencia de las circunstancias configuradoras de dicha figura no puede calificarse como un defecto formal generador de indefensión (TEAC 31-1-13).

4900 **Publicación de los informes de conflicto** (LGT art.206 bis.1 y 2; RGGI art.194.6) Constituyen infracción tributaria la falta de ingreso en plazo, la obtención y solicitud indebida de devoluciones y la determinación o acreditación improcedente de partidas o créditos tributarios, pero exclusivamente cuando se acredite la existencia de igualdad sustancial entre el caso objeto de regularización y aquellos otros supuestos en los que se hubiera establecido criterio administrativo y este hubiese sido hecho público para general conocimiento antes del inicio del plazo para la presentación de la correspondiente declaración o autoliquidación. Ese criterio administrativo se fija por los **informes preceptivos** de declaración de conflicto emitidos por la Comisión consultiva (nº 4890 s.).

En este sentido, **trimestralmente** se deben publicar los informes de la Comisión consultiva en los que se haya apreciado la existencia de conflicto en la aplicación de la norma tributaria. En el ámbito de competencias del Estado se publican en la sede electrónica de la AEAT, salvo que se trate de tributos cuyo órgano competente para la emisión de las consultas tributarias por escrito se integre en otras Administraciones tributarias, en cuyo caso deben publicarse a través del medio que las mismas señalen. Debido al **carácter reservado** de los datos tributarios (nº 5115 s.), en dichas publicaciones se debe guardar la debida reserva en relación a los sujetos afectados. Por eso los informes se publican blanqueando los datos identificativos de los obligados tributarios, así como cualquier otra información de permita su identificación.

Informes de la Comisión Consultiva La publicación de los conflictos se incluye en la **página web de la AEAT**, en el apartado de Normativa y criterios interpretativos, epígrafe Doctrina y criterios interpretativos, subepígrafe Conflictos en la aplicación de la norma tributaria. **4900.1**

Los conflictos publicados por la AEAT hasta el cierre de este Memento, de manera resumida, son los siguientes:

- **Conflicto nº 1: IS: No deducibilidad de los gastos financieros derivados del préstamo intragrupo**. Caso de meras operaciones de reordenación intragrupo, sin que se haya visto alterada la estructura ni el funcionamiento del GRUPO y sin que la creación de la sociedad española X y la posterior adquisición de sendas filiales operativas (española y portuguesa), haya tenido un sentido económico distinto de la generación del préstamo intragrupo y los consiguientes gastos financieros en sede de la sociedad española X. Dichas operaciones carecían de efectos jurídicos o económicos relevantes, al margen de permitir la generación de gastos deducibles en el IS español, dado que no existían necesidades de financiación reales, sino que éstas se han creado artificiosamente, por medio de la asignación de participaciones sociales intragrupo (Informe Comisión consultiva sobre conflicto en la aplicación de la norma, Conflicto nº 1).
- **Conflicto nº 2. IS: No deducibilidad de pérdidas derivadas de ampliación de capital de una filial francesa suscrita por el obligado tributario**. Caso de sociedad limitada española que realizó un conjunto artificioso de operaciones realizadas todas ellas en el mismo día con la única finalidad de deducir en el IS una pérdida considerable derivada de la participación en una entidad de la que a su vez se transmite el 90% de la misma. Se considera notoriamente artificioso e impropio que el contribuyente realice una inversión tan importante con el fin de sanear las pérdidas acumuladas por la entidad en la que participa al 100% y que ha acumulado principalmente como consecuencia de un proceso de reconversión de entidad fabricante a entidad distribuidora, si su intención es transmitir inmediatamente el 90% de la misma, asumiendo así una cuantiosa pérdida que solo puede comprenderse en caso de que quien la asuma pueda recuperar la inversión en periodos futuros a través de los beneficios que obtenga la entidad ya saneada y reconvertida. Dicha operación no produce efectos jurídicos o económicos relevantes, más allá del ahorro fiscal y de los que se obtendrían en el caso de que Matriz alamana hubiera asumido directamente la capitalización de la filial francesa, pues es dicha entidad matriz quien, gracias a las operaciones societarias indicadas, se convierte en propietaria del 90 % de la entidad y, en consecuencia, tiene derecho a participar en tal proporción de sus beneficios futuros (Informe Comisión Consultiva sobre conflicto en la aplicación de la norma, Conflicto nº 2).
- **Conflicto nº 3. IVA: Actividades exentas con interposición artificiosa sociedad para deducción del IVA soportado. Estructuras abusivas de IVA tipo Halifax**. Caso en el que la intervención de la entidad interesada en el proceso de construcción del complejo de una escuela, fue como entidad interpuesta sin actividad real, y obedeció estrictamente a salvar de forma impropia la imposibilidad de deducir y, en última instancia, recuperar las cuotas de IVA soportadas en la construcción del edificio por la fundación, promotor, titular y usuario natural de tales instalaciones (Informe Comisión Consultiva sobre conflicto en la aplicación de la norma, Conflicto nº 3).
- **Conflicto nº 4. Retenciones IRNR: Retenciones e ingresos a cuenta del IRNR sobre intereses satisfechos a una entidad holandesa del Grupo: Beneficiario efectivo**. En este caso, una sociedad española satisfizo importantes intereses financieros a otra empresa del grupo con domicilio declarado en los Países Bajos y está participada en un 100% por la matriz del grupo residente en EEUU, habiendo sido declarados estos intereses por la sociedad española como «exentos» del IRNR, al considerar que se trataba de rendimientos obtenidos por residentes en otro Estado miembro de la UE con motivo de la cesión a terceros de capitales propios (LIRNR art.14.1.c). La Inspección comprobó que la sociedad holandesa es una entidad instrumental sin presencia real en los Países Bajos, actuando como un mero «mediador de facto» de las rentas, al carecer de sustancia económica, por lo que no resultaría aplicable la exención declarada por el obligado tributario. Asimismo, las actuaciones inspectoras determinaron que el beneficiario efectivo de las rentas es la matriz del Grupo, residente en EEUU. Luego, la operativa ha consistido en interponer, entre la sociedad española pagadora de las rentas y la

sociedad estadounidense beneficiaria efectiva de las mismas, a una entidad con domicilio en la UE, que no tiene sustancia económica, ni otra actividad que no sea la recepción de préstamos de la sociedad norteamericana y la concesión de préstamos a la sociedad española. Procede la regularización, exigiendo la retención aplicable en el Convenio entre España y Estados Unidos (Informe Comisión Consultiva sobre conflicto en la aplicación de la norma, Conflicto nº 4).

4900.2 - **Conflicto nº 5. IVA: Estructuras abusiva de IVA tipo Halifax en caso de arrendamientos turísticos.** Se considera que se han distorsionado las finalidades que son propias de los negocios jurídicos empleados, y que la intervención de la entidad filial de la interesada, quien recibe en arrendamiento los pisos y apartamentos que luego explota mediante su alquiler a terceros, obedece estrictamente a salvar de forma impropia la imposibilidad de deducir y, en última instancia, recuperar las cuotas de IVA soportadas en la adquisición y obras realizadas en los inmuebles adquiridos por sociedad matriz propietaria (Informe Comisión Consultiva sobre conflicto en la aplicación de la norma, Conflicto nº 5).

- **Conflicto nº 6 y 6 bis. IVA: Estructura abusiva de IVA tipo Halifax, en el que se ha regularizado tanto a la entidad arrendadora como a la arrendataria.** En el caso de actividades declaradas exentas con interposición artificiosa sociedad para deducción del IVA soportado. Se declara como conflicto en la aplicación de la norma la interposición artificiosa de una sociedad Y, como propietaria y arrendadora de las instalaciones en las que ejerce la actividad de enseñanza la entidad X, actividad sujeta y exenta de IVA. Fijándose en el contrato de arrendamiento un precio notoriamente reducido dadas las características de dichas instalaciones, que impide al arrendador Y sufragar la totalidad de los gastos y soportando, además, Y los gastos que por contrato corresponderían al arrendatario X. Tras el análisis de las circunstancias concurrentes, la comisión consultiva concluye que la operativa obedece en exclusiva a una finalidad de orden fiscal, y que se han distorsionado las finalidades que son propias de los negocios jurídicos empleados, de suerte que la intervención de Y obedece estrictamente a salvar de forma impropia la imposibilidad de deducir y, en última instancia, recuperar las cuotas de IVA soportadas en los gastos y obras realizadas en el inmueble donde se ubica el colegio Z, explotado por la entidad X (Informe Comisión Consultiva sobre conflicto en la aplicación de la norma, Conflicto nº 6 y 6 bis).

- **Conflicto nº 7. IVA: Interposición artificiosa de una comunidad de bienes para obtener devoluciones de IVA soportado en actividades exenta. Estructura abusiva de IVA tipo Halifax.** Caso de interposición de una comunidad de bienes como arrendadora de unos locales, de forma sobrevenida en un momento cercano a la finalización de la obra de reforma de los mismos. Los locales se arriendan por un valor inferior al de mercado a una persona física, uno de los dos comuneros de dicha Comunidad, que desarrolla una actividad profesional exenta de IVA que no origina el derecho a la deducción. Se concluye que los negocios jurídicos celebrados son notoriamente artificiosos y que de su celebración no resulta ningún efecto jurídico o económico relevante, distinto del ahorro fiscal que se deriva de la deducción íntegra de las cuotas soportadas de IVA por la reforma y acondicionamiento de los locales afectos exclusivamente a la actividad exenta de la persona física (Informe Comisión Consultiva sobre conflicto en la aplicación de la norma, Conflicto nº 7).

- **Conflicto nº 8. IRNR: Transmisión de participación en filial utilizando una cadena de transmisiones entre sociedades del grupo.** Se declara que existe conflicto en un caso de transmisión por parte de una sociedad estadounidense de su filial española a través de una cadena de operaciones entre sociedades del grupo realizadas el mismo día y con diferencia de pocos minutos, eludiendo la tributación de la plusvalía obtenida amparándose en lo dispuesto en el Protocolo del Convenio entre el Reino de España y los Estados Unidos de América para evitar la doble imposición y prevenir la evasión fiscal respecto de los impuestos sobre la renta (Informe Comisión Consultiva sobre conflicto en la aplicación de la norma, Conflicto nº 8).

- **Conflicto nº 9. IS: Gastos financieros derivados de un préstamo destinado a la devolución de una prima de emisión.** Se declara que existe conflicto en relación con un conjunto de operaciones societarias que, en el contexto de la transmisión de una parte de una sociedad a un grupo inversor independiente, y que implican la interposición de varias sociedades y la generación de una prima de emisión cuya inmediata devolución parcial se financia con un préstamo soportado por el grupo español. Se concluye que, de los actos impropios o artificiosos realizados por el contribuyente, no deriva ningún efecto jurídico o económico relevante distinto del ahorro fiscal obtenido y pretendido, consistente en la deducción de los gastos financieros generados por la parte del préstamo que se destinó a la devolución de la prima de emisión generada (Informe Comisión Consultiva sobre conflicto en la aplicación de la norma, Conflicto nº 9).

- **Conflicto nº 10. IVA: Interposición artificiosa de una sociedad para la deducción del IVA soportado en caso de actividad educativa**. Supuesto de creación e interposición artificiosa de una entidad que lleva a cabo la construcción de un complejo educativo y la adquisición del mobiliario necesario para arrendarlo a otra entidad vinculada, sin derecho a la deducción del IVA soportado, para su explotación como colegio en aplicación de un método educativo especial. Se concluye que, de las condiciones antieconómicas del contrato de arrendamiento, se aprecia una falta de finalidad económica en las operaciones realizadas más allá del ahorro fiscal que deriva de la inmediata deducción de las cuotas de IVA soportadas en la construcción del complejo educativo (Informe Comisión Consultiva sobre conflicto en la aplicación de la norma, Conflicto nº 10). 4900.3
- **Conflicto nº 11. IVA: Desdoblamiento artificioso de la actividad de enseñanza de idiomas en dos sociedades para la deducción del IVA soportado**. Supuesto de creación simultánea de dos sociedades por parte de unos mismos socios, con el fin de que una de ellas arriende los locales donde se desarrolla la actividad de enseñanza y asuma las obras necesarias para su acondicionamiento junto con otros costes y los ceda a la otra sociedad, prestándole además otros servicios, para que esta última ejerza la actividad de enseñanza de idiomas (actividad exenta en IVA). Se concluye que la operativa seguida no reporta efecto jurídico, económico u organizativo relevante distinto del evidente provecho obtenido en el ámbito tributario, que se traduce en la posibilidad de la deducción del IVA soportado correspondiente al arrendamiento, acondicionamiento y al equipamiento con mobiliario y electrónica de los dos locales en los que se desarrollaba la actividad de enseñanza de idiomas, que de otra manera no hubiera sido posible al realizar una actividad exenta en IVA (Informe Comisión Consultiva sobre conflicto en la aplicación de la norma, Conflicto nº 11).
- **Conflicto nº 12. IVA: Interposición artificiosa de una sociedad para la deducción del IVA soportado en caso de arrendamiento de vivienda a particular**. Supuesto de interposición artificiosa de una entidad, con el fin de arrendar la entidad propietaria de dos viviendas contiguas y amuebladas juntos con sus anejos a la entidad interpuesta, para que sea esta última entidad quien, a su vez, ceda el uso de las viviendas amuebladas a un particular vinculado con el obligado tributario. El obligado tributario se deduce las cuotas soportadas derivadas de los inmuebles afectándolas al arrendamiento a la entidad interpuesta, que de otra manera no hubiera sido posible al destinarse a una actividad de arrendamiento de vivienda a una persona física, exenta en IVA (Informe Comisión Consultiva sobre conflicto en la aplicación de la norma, Conflicto nº 12).
- **Conflicto nº 13 y 13 bis. IVA: Interposición de sociedad familiar para la indebida deducción del IVA soportado en una operación de compraventa de inmuebles.** La operativa diseñada consiste, en primer lugar, en la separación de dos socios de una sociedad, mediante la transmisión de sus participaciones a la sociedad, pactando el cobro de forma aplazada. En segundo lugar, se acuerda una operación de venta de inmuebles por dicha sociedad a una sociedad interpuesta familiar de la que son titulares los transmitentes de las participaciones y sus hijos, determinándose el pago igualmente de forma aplazada y acogiéndose la sociedad transmitente al régimen especial de criterio de caja de IVA. En relación con la entidad compradora, la operativa descrita le permite deducir improcedentemente el IVA que gravaba la operación de transmisión de los inmuebles. En cuanto a la vendedora, la operativa descrita tiene como único efecto relevante la aplicación indebida del régimen especial del criterio de caja (Informe Comisión Consultiva sobre conflicto en la aplicación de la norma, Conflicto nº 13 y 13 bis).
- **Conflicto nº 14. IVA: Interposición artificiosa de una sociedad para la deducción de cuotas de IVA soportado en un caso de desarrollo e implementación de una plataforma necesaria para prestar un servicio financiero exento**. Supuesto de interposición artificiosa de una entidad, para deducir las cuotas de IVA soportadas en la adquisición de bienes y servicios para el desarrollo de una plataforma tecnológica, necesaria para prestar el servicio financiero exento, conforme a la LIVA art.20.Uno.18º, realizado por otra entidad. Se concluye que se han distorsionado las finalidades que son propias de los negocios jurídicos empleados, y que la intervención de la entidad que se interpone, obedece estrictamente a salvar de forma impropia la imposibilidad de deducir las cuotas soportadas de IVA (Informe Comisión Consultiva sobre conflicto en la aplicación de la norma, Conflicto nº 14).

- **Conflicto nº 15. IVA: Inclusión artificiosa de una opción de compra en un contrato de arrendamiento de inmueble para la deducción de cuotas de IVA soportado en el caso de arrendamiento de un inmueble a una persona física por la sociedad promotora bajo su control**. Supuesto de inclusión artificiosa de una opción de compra en un contrato de arrendamiento de una vivienda por parte de la promotora de la misma, celebrado con su socio, con el único fin de permitir la deducción de las cuotas soportadas por la sociedad en la construcción, acondicionamiento y mantenimiento de la vivienda, destinada al disfrute personal del socio y de su familia. La inclusión de la opción de compra en el contrato de arrendamiento determina que 4900.4

4900.4 (sigue) este pase a estar sujeto y no exento y, por lo tanto, permite la deducción de las cuotas soportadas en la adquisición de bienes y servicios destinados a la vivienda señalada (Informe Comisión Consultiva sobre conflicto en la aplicación de la norma, Conflicto nº 15).

- **Conflicto nº 16 y 16 bis. IRPF: Interposición de sociedad familiar para la aplicación indebida de la regla especial de imputación temporal de operaciones a plazos o con precio aplazado**. Las operaciones consisten, en primer lugar, en la separación de dos socios de la entidad mediante la transmisión de sus participaciones a la sociedad, pactando el cobro de forma aplazada y acogiéndose a la regla especial de imputación temporal de operaciones a plazo o con precio aplazado. Simultáneamente, se acuerda una operación de venta de inmuebles por aquella sociedad a una sociedad familiar de la que son titulares los transmitentes de las participaciones y sus hijos, determinándose el pago igualmente de forma aplazada. Se concluye que se han distorsionado las finalidades que son propias de los negocios jurídicos empleados, debiendo regularizarse la situación tributaria de la obligada tributaria exigiendo las cuotas de IRPF devengadas en el periodo impositivo en el que se realizó la operación de transmisión de las participaciones por los socios a la entidad al tratarse de una única operación realizada al contado, sin que quepa la aplicación del régimen de imputación temporal de operaciones a plazo o de precio aplazado. Esta misma operación es objeto de análisis en el IVA, en los informes de la Comisión consultiva sobre conflicto en la aplicación de la norma nº 13 y nº 13 bis (nº 4900.3) (Informe Comisión Consultiva sobre conflicto en la aplicación de la norma, Conflicto nº 16 y nº 16 bis).
- **Conflicto nº 17. IVA: Interposición artificiosa de una sociedad para la deducción de cuotas de IVA soportado derivadas de la construcción de un centro sociosanitario para desarrollar una actividad sanitaria.** Supuesto de interposición artificiosa de una entidad, para deducir las cuotas de IVA soportadas en la construcción de un centro sociosanitario, necesario para prestar la actividad sanitaria exenta, conforme a la LIVA art.20.Uno.2º, realizada por otra entidad. Se concluye que se han distorsionado las finalidades que son propias de los negocios jurídicos empleados, y que la intervención de la entidad que se interpone, obedece estrictamente a salvar de forma impropia la imposibilidad de deducir y, en última instancia, recuperar las cuotas de IVA soportadas en la construcción y acondicionamiento de los centros sociosanitarios (Informe Comisión Consultiva sobre conflicto en la aplicación de la norma, Conflicto nº 17).
- **Conflicto nº 18. IS: Reducción de capital con devolución de aportaciones en especie, materializando pérdidas latentes que compensan las plusvalías obtenidas por la transmisión a terceros de otros elementos patrimoniales**. Supuesto en el que el contribuyente, SOC 1, lleva a cabo una reducción de capital con devolución de aportaciones en especie a su socio único PF 1, que le permite materializar pérdidas latentes que compensan plusvalías obtenidas en el mismo ejercicio por la transmisión a terceros de otros elementos patrimoniales. Se concluye que la operación realizada tiene como único efecto el ahorro fiscal y no responde a la alegada finalidad de proveer de liquidez a PF 1, pues afecta precisamente a aquellos elementos patrimoniales que incorporan una minusvalía latente y que la entidad ha intentado, sin éxito, transmitir en el mercado. Los elementos transmitidos siguen estando a disposición de PF 1, no han sido transportados, no han sido destinados a usos distintos, las gestiones para su conservación y para intentar su venta en subasta siguen siendo realizadas por las mismas personas antes y después de la operación y, del análisis de las circunstancias en los períodos impositivos posteriores, hasta la actualidad, se pone de manifiesto que tampoco han sido transmitidos a terceros más que en una pequeña parte. En consecuencia, de la operación efectuada no se desprenden efectos jurídicos o económicos relevantes distintos del ahorro fiscal (Informe Comisión Consultiva sobre conflicto en la aplicación de la norma, Conflicto nº 18).
- **Conflicto nº 19. IVA: Interposición artificiosa de una sociedad para la deducción de cuotas de IVA soportado derivadas de la reforma de un local en el caso de una actividad sanitaria**. Supuesto en el que una Fundación inicia la actividad de alquiler de locales industriales, ajena hasta entonces a sus objetivos y finalidades que no son otros que la actividad sanitaria. Adquiere un local que es objeto de reforma y acondicionamiento como consultorio para arrendarlo a la sociedad A, creada a tal efecto y participada íntegramente por la Fundación (ambas entidades vinculadas comparten domicilio fiscal y social, gerente, medios humanos y materiales y actividad sanitaria), por un precio que carece de sentido económico y que de ninguna manera se ajusta al valor de mercado. Se concluye que se han distorsionado las finalidades que son propias de los negocios jurídicos empleados, y que la intervención de las dos entidades vinculadas, la Fundación y sociedad A, obedece estrictamente a salvar de forma inadmisible la imposibilidad de deducir y, en última instancia, recuperar las cuotas de IVA soportadas en las obras realizadas en el local por parte de la Fundación (Informe Comisión Consultiva sobre conflicto en la aplicación de la norma, Conflicto nº 19).

Efectos de la declaración de conflicto en la aplicación de la norma (LGT art.15.3) 4901
En las **liquidaciones** que se realicen como resultado de aplicar esta figura se debe exigir el tributo de acuerdo con la norma tributaria correspondiente a los actos o negocios usuales o propios o eliminando las ventajas fiscales obtenidas.
Asimismo, se liquidan los **intereses de demora** correspondientes. El conflicto en la aplicación de la norma tiene efectos declarativos. El período de cómputo de los intereses es, en principio, el plazo desde la finalización del plazo voluntario de pago y la fecha en que se practica la liquidación derivada del conflicto.

Posibilidad de sancionar el conflicto (LGT art.15.3, 179.2.d y 206 bis) En caso de regularización por conflicto en la aplicación de la norma tributaria hay tipificada una infracción. Pero esta norma limita considerablemente los casos en los que se puede sancionar. Ello se debe a que la **regularización fundamentada en una declaración** de conflicto en la aplicación de la norma tributaria podría atentar contra la seguridad jurídica, legalidad y tipicidad, al no quedar claramente determinada por la ley la conducta a sancionar («lex certa»). 4902
Por ello, se establece expresamente que esa infracción solo procede cuando **se acredite la existencia** de una igualdad sustancial entre la operación que se analice y otras operaciones sobre las cuales ya se haya pronunciado la Comisión consultiva declarando conflicto en la aplicación de la norma (nº 6703 s.), y se haya hecho pública para general conocimiento antes del inicio del plazo para presentar la correspondiente autoliquidación (nº 4900).
Tras la publicación del conflicto, ya no podría considerarse que concurre diligencia debida en el cumplimiento de las obligaciones tributarias si el obligado tributario utiliza esa estructura u otra sustancialmente similar. Esto permite luchar contra **conductas artificiosas y sofisticadas de planificación fiscal** reiteradas que buscan la elusión, al tiempo que consigue la seguridad jurídica que requiere cualquier régimen sancionador.

Precisiones 1) La posibilidad de sanción se incorpora con la modificación de la L 34/2015, en un entorno distinto a nivel internacional guiada por los proyectos de la OCDE sobre **BEPS** -Base Erosion and Profit Shifting- (ver nº 5247.2). 4903
Además, prácticas similares eran calificadas como abusivas por la mayor parte de los países de la **OCDE**, algunos de los cuales las sancionaban con infracciones específicas (como Francia, Estados Unidos y Nueva Zelanda) y otros les aplicaban el régimen sancionador general (como Reino Unido).
Además, a nivel de la UE, la **Directiva ATAD** establece una norma anti-elusión de carácter general en el IS y en su Preámbulo señala que no debería impedirse a los Estados miembros aplicar sanciones cuando sean aplicables las normas generales (nº 4907).
2) Las conductas en **fraude de ley** fueron consideradas no sancionables (TCo 120/2005), afirmando que no sería posible considerar la existencia de delito fiscal en los casos de fraude de ley tributaria por ser una aplicación análoga del tipo penal que resulta lesiva del derecho a la legalidad penal (Const art.25.1), y por poder resultar imprevisibles para sus destinatarios. De acuerdo con algunas opiniones esto mismo resultaría aplicable al conflicto, mientras que otros opinan que la sanción es posible ya que su naturaleza difiere de la del fraude de ley, y la regulación de la sanción que se efectúa es previsible, al exigir una igualdad sustancial con otro supuesto previo en el que se haya establecido criterio administrativo y se haya hecho público, por lo que no atentaría contra la seguridad jurídica.
3) Una regularización tributaria basada en la declaración de un conflicto en la aplicación de la norma (LGT art.15) puede determinar la **inadmisión de la solicitud de tramitación de un procedimiento amistoso**, con base en el CDI España-Alemania art.24(TS 22-9-21, Rec 6432/19).

E. Normativa y jurisprudencia europea

4905

1. Impuesto sobre Sociedades

Directiva ATAD (Dir (UE) 2016/1164) Los Estados miembros de la UE sufren importantes pérdidas de ingresos debido a las **prácticas de planificación fiscal abusiva** de algunas empresas multinacionales. Entre otras cosas, implica que otros contribuyentes tienen que asumir una carga fiscal mayor. Además, una solución uniforme a escala de la UE para este problema será más eficaz que la actuación individual que emprendan los Estados miembros por separado, dado que las diferencias en las normas de los distintos Estados miembros pueden crear resquicios adicionales para los planificadores fiscales abusivos o debilitar la eficacia de las normas de otros países. Por otra parte, la **diversidad de soluciones** podría aumentar la inseguridad, así como la carga administrativa que soportan las empresas. 4907

La UE, en el contexto de la búsqueda de soluciones comunes y a la vez flexibles que se ajusten a las conclusiones de los trabajos BEPS de la OCDE (nº 5247.2 s.), presentó el denominado **Paquete ATAP** (Anti-Tax Avoidance Package). Estas medidas están destinadas a desalentar las prácticas de elusión fiscal y garantizar una fiscalidad justa y eficaz en la UE, de manera suficientemente coherente y coordinada, y consagran el **objetivo** de garantizar que los beneficios sean gravados por la jurisdicción fiscal en donde se generen. Como esas normas tienen que incorporarse a 28 sistemas nacionales del IS, se circunscribe a las nociones de carácter general por medio de Directiva, de forma que los **elementos específicos** de su aplicación se dejan en manos de los Estados miembros.
Dentro de esas medidas se encuentra la conocida como Directiva ATAD (Anti-Tax Avoidance Directive o Directiva anti-abuso, Dir (UE) 2016/1164). Esta Directiva ha sido modificada en lo que se refiere a las asimetrías híbridas con terceros países (Dir (UE) 2017/952, conocida como ATAD2), que trata de operaciones en las que se produce desimposición o doble deducción de gastos como consecuencia de calificaciones jurídicas dispares en varios territorios, que ha sido traspuesta al ordenamiento interno mediante la L 5/2022, cuya entrada en vigor se produjo (salvo lo previsto en determinados artículos) con efectos a partir del 11-3-2022. Ver nº 5247.4.

4908 Aunque el objetivo del proyecto BEPS y del Plan de Acción de la Comisión son básicamente coincidentes, se trata de medidas que tienen distinto valor político y jurídico. Las **medidas de la OCDE** que no tienen la consideración de estándares mínimos no son de obligada adopción y, además, la adopción de los estándares mínimos no está sujeta a control judicial. En cambio, las **medidas de la UE** inscritas en la Directiva anti-abuso deben ser obligatoriamente transpuestas al ordenamiento jurídico interno, bajo el control del TJUE.
La Directiva ATAD se aplica a todos los contribuyentes sujetos al IS en uno o varios Estados miembros, incluidos los establecimientos permanentes. Recoge cinco medidas anti-elusión que se configuran como **estándares mínimos de protección del IS** frente a estructuras y transacciones de planificación fiscal agresiva que tengan el objeto de erosionar bases imponibles:
- normas relativas a la **limitación de los intereses**, que está relacionada con la Acción 4 de BEPS;
- normas sobre **imposición de salida**;
- norma general contra las **prácticas abusivas**;
- normas relativas a las **sociedades extranjeras controladas**, que se encuentra relacionada con la Acción 3 de BEPS; y
- normas sobre **asimetrías híbridas**, que está relacionada con la Acción 2 de BEPS.

La Directiva ATAD contiene una **regulación de carácter mínimo** que puede ser rebasada por los Estados miembros y se expresa en términos de principios más que de normas precisas, excepto por lo que se refiere a las asimetrías híbridas.

4909 **Norma general contra las prácticas abusivas** (Dir 2016/1164/UE art.6) Las normas generales contra las prácticas abusivas se incluyen en los sistemas impositivos para hacer frente a las prácticas fiscales abusivas que no han sido abordadas a través de disposiciones específicas, pero no impiden la aplicación de las **normas específicas** de lucha contra el fraude. El obligado tributario tiene derecho a elegir la estructura más eficaz para sus operaciones comerciales desde el punto de vista fiscal, pero debe tratarse de operaciones con motivos económicos válidos.
Es importante garantizar la **aplicación uniforme** de estas normas generales dentro de la UE. Así, esta norma persigue que exista en todos los Estados miembros de la UE una **cláusula general anti-elusión** a efectos fiscales alineada con el test de artificiosidad/motivos económicos válidos desarrollado por la jurisprudencia del TJUE. Esta cláusula anti-elusión se refiere únicamente a los montajes con mera finalidad fiscal, es decir, a las operaciones artificiales y que no reflejan una realidad económica, al no contar con una sustancia y racionalidad comercial.
La norma general contra prácticas abusivas establece que no se tienen en cuenta en el IS ningún mecanismo o serie de mecanismos que falseen los datos y circunstancias pertinentes, en los que uno de sus propósitos principales sea la obtención de una **ventaja fiscal** que desvirtúa el objeto o la finalidad de la normativa tributaria aplicable. El **test de contraste** para descartar la artificiosidad o falseamiento del mecanismo, transacción o estructura, consiste en la existencia de razones comerciales válidas que justifiquen su existencia.
Muchos países ya disponían de una **cláusula doméstica anti-abuso general**, bien basada en el fraude de ley (abuse of law) o en el principio de la sustancia sobre la forma (substance over form). Se trata de una materia extremadamente sensible en la que la tradición y cultura jurídica de los distintos Estados miembros no es ni mucho menos homogénea.
Nuestro ordenamiento tributario ya contiene una norma general anti-abuso ajustada al test de artificiosidad/motivos económicos válidos, por lo que puede considerarse ya **transpuesta** en nuestro ordenamiento tributario por el conflicto en la aplicación de la norma tributaria (nº 4870 s.). Nuestra norma anti-abuso general no se limita al IS, sino que resulta aplicable a cualquier tributo.

En relación con el **régimen sancionador**, la Directiva ATAD guarda silencio, pero su Preámbulo señala que no debería impedirse a los Estados miembros aplicar sanciones cuando sean aplicables las normas generales.

Precisiones Para que una **restricción a la libertad de establecimiento** pueda estar justificada por motivos de lucha contra prácticas abusivas, el objetivo específico de tal restricción debe ser oponerse a comportamientos consistentes en crear montajes puramente artificiales, carentes de realidad económica, con el objetivo de eludir el impuesto normalmente adeudado (TJUE 12-9-06, asunto Cadbury Schweppes C-196/04).

Beneficiario efectivo y la polémica sobre la interpretación dinámica de los Convenios 4910 Para evitar abusos, es frecuente que los convenios para evitar la doble imposición (CDI) establezcan que el régimen más favorable establecido en el CDI solo se aplicará si el perceptor de los cánones, intereses o dividendos es el **beneficiario efectivo** de las rentas.
Con ello se pretende que no disfruten del beneficio fiscal contemplado en el CDI aquellos residentes fiscales en sus respectivos países que obran como meros receptores de las rentas, es decir, como meras entidades de tránsito de las rentas hacia otros países. Se trata de evitar que, mediante la simple **interposición de un sujeto instrumental** se canalicen las rentas con el único fin de obtener una ventaja fiscal.
En esta línea, se expone que sería contradictorio con los objetivos e intenciones del CDI que el Estado de la fuente concediera una **desgravación o exención del impuesto** a un residente de un Estado contratante que, sin tener calidad de agente o mandatario, actuara simplemente como intermediario de otra persona que de hecho es el beneficiario de la renta aplicada (Comentarios MC OCDE art.4.1).
Por los motivos expuestos, el informe del Comité de Asuntos Fiscales encargado de los «Convenios de doble imposición y utilización de sociedades instrumentales» llega a la conclusión de que una **sociedad instrumental no puede ser considerada** normalmente como beneficiario efectivo si, pese a ser el propietario de hecho a efectos prácticos, cuenta con poderes muy restringidos que la convierten, con respecto a la renta en cuestión, en un mero fiduciario o administrador que actúa por cuenta de las partes interesadas.
En los **CDI suscritos con anterioridad al reconocimiento** por la OCDE de la figura del beneficiario efectivo no se hace mención a la citada figura. No obstante, parte de la doctrina entendió que esa figura resultaba aplicable, considerando que los CDI deben interpretarse, en la medida de lo posible, de conformidad con el espíritu de los Comentarios al Modelo Convenio OCDE. A esa posición se la denomina **interpretación dinámica** de los CDI, y pretende adaptar la exégesis de los preceptos convencionales, en especial los que están vigentes de manera muy prolongada en el tiempo, a las realidades jurídicas, sociales o tecnológicas que no se pudieron prever al momento de su concertación.
La jurisprudencia admitió en algunos casos la aplicación de la figura del beneficiario efectivo no recogida en el CDI con base en la interpretación dinámica de los CDI. Pero los últimos pronunciamientos han considerado que los Comentarios al Modelo Convenio OCDE tienen una mera **función interpretativa**, y que no procede en ningún caso entender que la Administración pueda apelar a reglas puramente prácticas o técnicas, pero no jurídicas, como son las insertas en dichos Comentarios, para soslayar deliberadamente el contenido de un CDI, lo que únicamente podría hacerse a través de las vías de reforma que el propio instrumento prevea, y tras su incorporación a nuestro ordenamiento interno.

Precisiones **1)** En algunas ocasiones, el TS hizo uso de la interpretación dinámica (TS 11-6-08, EDJ 185083; 9-2-16, EDJ 6012), aunque los **Comentarios al Modelo Convenio OCDE** que inspiran normalmente la redacción de los CDI no son fuentes normativas que condicionen o vinculen el criterio de los Tribunales (TS 19-10-16, EDJ 190775; 21-2-17, EDJ 12033), siendo meras recomendaciones a los Estados, asignándoles un valor interpretativo (TS 18-7-12, Rec 3779/09). 4911
2) Además del requisito de residencia, en los convenios se recoge expresamente que el residente sea el **beneficiario efectivo** de los dividendos, tratándose de evitar un uso abusivo del convenio mediante la utilización de personas o entidades interpuestas. No obstante, muchos convenios no admiten la aplicación de esta figura con base en la **interpretación dinámica**, como ocurre con el CDI Suiza (TS 23-9-20, EDJ 671985; AN 18-6-21, EDJ 616441) y con el CDI Países Bajos (AN 18-6-21, EDJ 6441).
3) No tienen la condición de beneficiario efectivo aquellos sujetos que jurídicamente actúan **por cuenta de un tercero**, pues el hecho de actuar por cuenta ajena supone que no están obteniendo ese rendimiento para sí (AN 18-7-16, EDJ 111108).

2. Impuesto sobre el Valor Añadido

4912 La **jurisprudencia de la UE** señala que la UE y los Estados miembros deben combatir el fraude y toda actividad ilegal que afecte a los intereses financieros de la UE mediante medidas que deben tener un efecto disuasorio y ser capaces de ofrecer una protección eficaz en los Estados miembros y en las instituciones (TFUE art.325).
La lucha contra el fraude, la evasión fiscal y los eventuales abusos es un objetivo reconocido y promovido por la Directiva IVA (Dir 2006/112/CE), y el TJUE ha declarado reiteradamente que los justiciables no pueden prevalerse de las normas del derecho de la Unión de **forma abusiva o fraudulenta**. Corresponde a las autoridades y a los tribunales nacionales denegar el derecho a la deducción en IVA cuando resulte acreditado, mediante elementos objetivos, que este derecho se invoca de forma fraudulenta o abusiva.
En este sentido, el TJUE ha elaborado una jurisprudencia sobre la **prohibición de prácticas abusivas** en la aplicación de normas del IVA, estableciendo que su puesta en juego exige la presencia de dos **circunstancias**:
- por un lado, que las operaciones de que se trate, a pesar de la aplicación formal de los requisitos establecidos en la Directiva IVA y de la norma nacional, tengan como resultado la obtención de una **ventaja fiscal** cuya concesión sería contrario al objetivo perseguido por tales disposiciones y,
- por otro lado, que de un conjunto de elementos objetivos resulte que la **finalidad esencial** de esas operaciones se limita a obtener dicha ventaja fiscal.

Los sujetos pasivos tienen libertad para elegir las estructuras organizativas y los modos de realizar las operaciones que estimen más apropiados para sus actividades económicas y para limitar sus cargas fiscales. Por consiguiente, el principio de prohibición de las prácticas abusivas que se aplica en el ámbito del IVA, prohíbe únicamente los **montajes puramente artificiales**, carentes de realidad económica, efectuados con el fin de lograr una ventaja fiscal cuya concesión sería contraria a los objetivos de la Directiva IVA (TJUE 21-2-06, asunto Halifax C-255/02; 20-6-13, asunto Newey C-653/11). En caso de prácticas abusivas, las operaciones implicadas deben ser redefinidas para restablecer la situación a cómo habría sido de no haber existido esas operaciones abusivas.

4913 Por lo que respecta al **fraude**, según jurisprudencia reiterada del TJUE, debe denegarse el derecho a la deducción de las cuotas soportadas de IVA no solo cuando el propio sujeto pasivo haya cometido un fraude de IVA, sino también cuando se acredite objetivamente que el sujeto pasivo a quien se entregaron los bienes o se prestaron los servicios en que se base el derecho a deducción **sabía o debería haber sabido** que, mediante la adquisición de esos bienes o servicios, participaba en una operación que formaba parte de tal fraude cometido con anterioridad basta para considerar que ese sujeto pasivo participó en dicho fraude y para privarlo del derecho a deducción, sin que sea necesario acreditar siquiera la existencia de un riesgo de pérdida de ingresos fiscales (TJUE 6-12-12, asunto Bonik C-285/11; 1-12-22, asunto Aquila Part Prod Com C-512/21). Ese sujeto pasivo debe ser considerado, a efectos de la Directiva IVA, **partícipe** en el fraude o facilitador de este, con independencia de si obtiene o no un beneficio de la reventa de los bienes o de la utilización de los servicios en el marco de las operaciones gravadas que realice posteriormente.
Las **autoridades nacionales** están obligadas a denegar el derecho de deducción cuando el sujeto pasivo supiera o debiera haber sabido que la operación formaba parte de un fraude. Así, en las conocidas como **fraude carrusel** si, empleando el grado de diligencia razonablemente exigible según las circunstancias, el operador no tiene, ni ha podido tener conocimiento del fraude, conserva su derecho a deducir el IVA soportado por la adquisición efectuada en dicha cadena comercial; por el contrario, si sabía o debía haber sabido que, mediante su adquisición, participaba en una operación que formaba parte de un fraude en el IVA, dicho operador debe ser considerado cómplice en el fraude y no debe ser autorizado a deducir el IVA soportado (TJUE 12-1-06, asuntos acumulados C-354/03, C-355/03 y C-484/03; 6-7-06, asuntos acumulados C-439/04 y C-440/04). Este conocimiento debe acreditarlo la Administración tributaria mediante datos objetivos.
Dicha exigencia tiene por objetivo obligar a los sujetos pasivos a completar todas las diligencias que puedan exigírseles razonablemente en cualquier operación económica para cerciorarse de que las operaciones que efectúan no los llevan a participar en un fraude fiscal. Para alcanzar dicho objetivo, la **denegación** del derecho a deducir no ha de limitarse a la parte proporcional de las cantidades pagadas en concepto de IVA devengado que corresponda al importe que es objeto del fraude, puesto que de ser así los sujetos pasivos únicamente se verían incentivados a adoptar las medidas adecuadas para limitar las consecuencias de un posible fraude, pero no las que permiten asegurarse de que las operaciones que efectúan no los llevan a participar en un fraude fiscal o facilitarlo. En consecuencia, debe denegarse íntegramente el derecho a la

deducción del IVA soportado al adquirente de un bien, aunque, por ejemplo, en una fase anterior a dicha adquisición, haya sido objeto de una operación fraudulenta que solo afecta a parte de la cuota del IVA que el Estado tenga derecho a recaudar, cuando el adquirente sabía o debería haber sabido que dicha adquisición previa estaba vinculada con un fraude (TJUE 24-11-22, asunto Finanzamt M C-596/21).

El derecho a la deducción, a la exención o a la devolución del IVA debe denegarse, aunque no existan disposiciones del Derecho nacional que prevean tal denegación, cuando resulte **acreditado** que el sujeto pasivo sabía o debería haber sabido que, mediante la operación realizada, participaba en un fraude en el IVA. Dicha denegación también procede cuando el fraude se comete en un Estado miembro distinto de aquel en el que el sujeto pasivo realizó la operación y solicitó esos derechos y aunque el sujeto pasivo haya cumplido, en este último Estado miembro, los requisitos formales establecidos para poder acogerse a los mismos (TJUE 18-12-14, asuntos acumulados C-131/13, C-163/13 y C-164/13). 4914

Esto no significa que el sujeto pasivo esté obligado a optar por la estructura que suponga un mayor pago del IVA. Al contrario, tiene **derecho a la elección** de la estructura organizativa y los modos de realizar las operaciones que estime más apropiados para sus actividades económicas y para limitar las cargas fiscales de su actividad de modo que limite su deuda fiscal (TJUE 21-2-06, asunto Halifax C-255/02; 21-2-08, asunto Part Service C-425/06; 22-12-10, asunto Weald Leasing C-103/09; 22-12-10, asunto RBS Deutschland Holdings C-277/09).

El Derecho de la Unión no se opone a que, en el marco de un procedimiento administrativo, la Administración tributaria, con el fin de constatar la concurrencia de una práctica abusiva en materia de IVA, pueda utilizar pruebas obtenidas en el marco de un **procedimiento penal paralelo** aún no concluido, respecto del mismo sujeto, siempre que se respeten los derechos garantizados por el Derecho de la Unión, y en especial por la Carta de los Derechos Fundamentales de la Unión Europea (TJUE 17-12-15, asunto WebMindlicenses C-419/14).

SECCIÓN 4

Declaración de responsabilidad

4915

A. Concepto de responsabilidad tributaria

(LGT art.41, 42 y 43)

La normativa regula la responsabilidad tributaria tanto en sus aspectos materiales (sujetos responsables, extensión de la responsabilidad, etc.), como procedimentales (procedimiento a desarrollar frente a los responsables y sucesores, nº 4930 s.). 4916

Responsables tributarios (LGT art.41.1) Son responsables de las **deudas tributarias** las personas físicas o jurídicas o entidades sin personalidad jurídica que, por mandato legal, se colocan junto a los deudores principales, pero no los desplazan ni ocupan su lugar. 4918

Las notas **características** del instituto del responsable son (TS 10-2-14, EDJ 11076):

a) Se trata de un **tercero** que se coloca, como así lo dice la ley, junto al sujeto pasivo o deudor principal del tributo, pero, a diferencia del sustituto, no lo desplaza de la relación tributaria ni ocupa su lugar, sino que se añade a él como deudor, detentando una especie de obligación accesoria de garantía, de manera que habrá dos deudores del tributo, aunque por motivos distintos y con régimen jurídico diferenciado.

b) Debido a esa coexistencia de deudores, el responsable, que no es en ningún caso sujeto pasivo del impuesto, solo viene obligado a las **prestaciones materiales** del tributo, a su pago, pero sin quedar vinculado, como lo están los sujetos pasivos, al resto de prestaciones formales que integran el instituto tributario.

c) Su existencia se establece por mandato de la **ley**, reafirmando así el necesario carácter legal de las diferentes figuras subjetivas tributarias.

d) El responsable puede ser **solidario o subsidiario**, siendo subsidiario si la ley no dispone expresamente lo contrario. Lo característico del responsable es que se coloca junto al sujeto pasivo para responder del pago del tributo, sea en su defecto (si es subsidiario) o en su mismo plano (si es solidario).

Precisiones La responsabilidad es una medida de **aseguramiento del crédito** (TS 16-5-91, EDJ 5152), que puede utilizar la Administración en caso de impago del deudor principal cuando lo disponga una norma con rango de Ley. Por ello, la Ley puede declarar responsables, solidaria o subsidiariamente, de la deuda tributaria a otras personas junto a los sujetos pasivos deudores principales.

4920 **Responsabilidad solidaria y subsidiaria** (LGT art.41.2 y 5, 175 y 176; RGGI art.196 redacc RD 117/2024; RGR art.61.2 y 124.5 redacc RD 117/2024) La **falta de pago del deudor principal** en período voluntario es requisito común a la exigencia de responsabilidad, tanto solidaria como subsidiaria.

En cambio, el responsable subsidiario goza del llamado **beneficio de excusión**, por lo que antes de hacerse cargo de la deuda, puede exigir que el acreedor acredite la insolvencia del deudor principal y de los eventuales responsables solidarios. Luego, solo se puede exigir al responsable subsidiario el pago de la deuda del deudor principal si previamente se ha declarado **fallido** a este y, en su caso, a los responsables solidarios.

Salvo precepto legal expreso en contrario, la responsabilidad es subsidiaria.

Precisiones **1)** Si existen **bienes identificables en el patrimonio del deudor principal**, ha de realizarse una estimación de lo que vale el activo, ya que solo conforme a esta diferencia (lo que vale una cosa menos lo que se debe), se puede determinar si vale la pena realizar o no el activo, es decir, si es o no aplicable el RGR art.61 y se ha realizado de forma correcta la declaración de fallido (TEAC unif criterio 17-2-22; 30-5-18).

2) En supuestos de responsabilidad tributaria en cadena, la **derivación de la responsabilidad subsidiaria** constituye un presupuesto de hecho habilitante de la subsiguiente derivación de responsabilidad solidaria a los efectos de que el declarado responsable por alguna de las circunstancias previstas en la LGT art.42.2 pueda impugnar el acto de derivación de su responsabilidad con fundamento en la improcedencia de la previa derivación de responsabilidad subsidiaria respecto de un tercero, por inexistencia de declaración de fallido del deudor principal (TS 25-1-22, Rec 2297/18).

3) Frente a la previa declaración de fallida sociedad ante el impago de deudas tributarias, se notifica a los administradores la incoación de los procedimientos de declaración de responsabilidad tributaria subsidiaria. Posteriormente, se inician los actos de incoación de los procedimientos de declaración de responsabilidad tributaria de la LGT art.42.2.a) como responsables solidarios. A los efectos de una eventual derivación de responsabilidad, es exigible como **obligados tributarios** no solo a los deudores principales sino a «otros obligados», entre los que se incluyen a los responsables. Se refiere al responsable no como a quien la ley sitúa junto al deudor principal para hacer frente al pago de la deuda por este impagada de la LGT art.41.1, sino ante un responsable que la ley califica como tal por la relación mantenida con los bienes susceptibles de ser embargados, por lo tanto, con independencia de quién sea el «deudor principal» y del total importe de la deuda que deja de pagar (TS 10-7-19, EDJ 673058; TEAC 16-11-22).

4) La declaración de fallido del deudor principal es meramente formal cuando presente un **déficit de motivación** o de razonamientos de tal magnitud, en relación con la ausencia o insuficiencia de patrimonio del obligado principal para hacer frente a la deuda tributaria, que prive a dicha declaración de todo contenido material, equiparándola a su inexistencia (TS 24-7-24, EDJ 657174).

4921 **Alcance de la responsabilidad** (LGT art.41.3 y 4, 42 y 43) El **pago** se le requiere al responsable en las mismas condiciones con que asume su obligación el deudor principal, pudiendo ingresar en período voluntario y sin recargo alguno. Si el responsable no ingresa en el período voluntario que se le ha concedido, se le exige el recargo de apremio correspondiente.

Conforme con el principio de **personalidad de la pena** que rige en el Derecho tributario sancionador, con carácter general, salvo las excepciones establecidas en la ley, la responsabilidad solo se extiende a la deuda exigida en período voluntario, sin alcanzar a las sanciones ni al recargo de apremio del deudor principal. Para que la responsabilidad tributaria alcance a las sanciones del deudor principal, se requiere que el responsable haya intervenido de alguna forma en el acto ilícito que dio lugar a la sanción o se derive de una omisión negligente de sus funciones. Estos supuestos están expresamente previstos por la Ley.

En los supuestos de declaración de responsabilidad solidaria realizados al amparo de la LGT art.42.2.a es posible derivar al declarado responsable solidario una sanción que no ha adquirido firmeza en vía administrativa por haber sido impugnada y, por ende, automáticamente suspendida en período voluntario, sin perjuicio de que la sanción no pueda ser exigida y deba continuar suspendida hasta que sea firme en vía administrativa. En los supuestos en los que contra el acuerdo de imposición de sanción se interponga **recurso de reposición o cualquier otro** procedente en derecho, el periodo ejecutivo se ha de iniciar con la firmeza de la sanción en vía administrativa, lo que determinará el órgano competente para dictar el acuerdo de derivación de responsabilidad (TS 5-10-21, EDJ 722426).

En concreto, son supuestos de responsabilidad que se extienden a las sanciones:

a) Responsabilidad **solidaria**:

- quienes sean causantes o colaboren **activamente** en la comisión de la infracción tributaria;

- quienes **sucedan en la titularidad o ejercicio de explotaciones** o actividades económicas y no hubieran solicitado previamente el certificado de deudas, sanciones y responsabilidades tributarias pendientes del anterior titular;
- quienes sean causantes o colaboren en la **ocultación o transmisión** de bienes o derechos del obligado al pago con la finalidad de impedir la actuación de la Administración tributaria, o incumplan culposamente las órdenes de embargo, o colaboren o consientan en el levantamiento de un embargo.

b) Responsabilidad **subsidiaria**: **4922**
- los **administradores**, de hecho o de derecho, de una sociedad o entidad que cometa infracciones tributarias, cuando no hubieran realizado los actos necesarios que sean de su incumbencia para el cumplimiento de la obligación tributaria, o hubieran consentido el incumplimiento por quienes de ellos dependen, o hubieran adoptado acuerdos que posibilitaran las infracciones;
- los **administradores concursales y liquidadores** que tenga atribuidas funciones de administración, en relación con las sanciones impuestas a la sociedad con posterioridad a la situación concursal;
- quienes tengan el **control efectivo de personas jurídicas** o en las que concurra una voluntad rectora común con estas, cuando resulte acreditado que las personas jurídicas han sido creadas o utilizadas de forma abusiva o fraudulenta para eludir la responsabilidad patrimonial universal frente a la Hacienda Pública y exista unicidad de personas o esferas económicas, o confusión o desviación patrimonial;
- personas o entidades de las que los **obligados tributarios tengan el control efectivo** o en las que concurra una voluntad rectora común con dichos obligados tributarios, por las obligaciones tributarias de estos, cuando resulte acreditado que tales personas o entidades han sido creadas o utilizadas de forma abusiva o fraudulenta como medio de elusión de la responsabilidad patrimonial universal frente a la Hacienda Pública, siempre que concurran, ya sea una unicidad de personas o esferas económicas, ya una confusión o desviación patrimonial.

Los supuestos más habituales en los que se detecta la existencia de una responsabilidad tributaria en el curso de las actuaciones de la Inspección suele ser la referente a los **administradores de las personas jurídicas**, que puede ser: **4923**
- **solidaria**, si se constata que el administrador es el causante o ha colaborado activamente en la realización de la infracción tributaria;
- **subsidiaria**, si no concurre la circunstancia anterior, pero se constata que el administrador, de hecho o de derecho, no ha realizado los actos necesarios que son de su incumbencia para el cumplimiento de las obligaciones tributarias, hubiera consentido el incumplimiento por quienes de ellos dependen o hubieran adoptado acuerdos que posibilitaran las infracciones, o bien si la persona jurídica hubiera cesado en sus actividades sin que el administrador hubiera hecho lo necesario para el pago de las obligaciones tributarias pendientes en el momento del cese o hubiera adoptado acuerdos o tomado medidas causantes del impago.

Precisiones **1)** Para un **análisis más exhaustivo** de los responsables tributarios en general, ver el nº 1296 s. Memento Procedimientos Tributarios 2024-2025; para los responsables de las sanciones tributarias, ver nº 5710 s. de esta obra. **4924**
2) La obligación del responsable no se transmite al **heredero**, salvo que se hubiera notificado el acuerdo de derivación antes del fallecimiento (LGT art.39.1).
3) Para el caso de **pluralidad de responsables**, la deuda puede exigirse íntegramente a cualquiera de ellos (LGT art.35.7).
4) La responsabilidad subsidiaria de los **administradores** alcanza:
- a quienes tuvieran la condición de administradores al cometerse la infracción, aunque posteriormente se hubiera producido el **cese de su cargo**. La imputación de responsabilidad es consecuencia de los deberes normales en un gestor, siendo suficiente la concurrencia de la mera negligencia, es decir, cuando existe una dejación de sus funciones y de su obligación de vigilancia del cumplimiento de las obligaciones fiscales de la sociedad, al existir un nexo causal entre dichos administradores y el incumplimiento de los deberes fiscales por parte del sujeto pasivo, que es la sociedad (TS unif doctrina 31-5-07, EDJ 127540; unif doctrina 20-5-10, EDJ 133457; 18-11-15, EDJ 225347; AN 12-12-23, EDJ 795773).
La **acreditación** del cese a efectos de apreciar la responsabilidad subsidiaria por las infracciones de la sociedad, puede realizarse por medios de prueba distintos de la inscripción en el Registro Mercantil (TS unif doctrina 14-6-07, EDJ 70267);
- a un administrador de hecho con el cargo **caducado**, que tiene la facultad de convocar la junta para que nombren un sucesor, aunque hubiera actuado sin intención. La Administración no está obligada a intentar encontrar responsables solidarios, debiendo indicar en su caso el interesado aportar el nombre del posible responsable solidario y datos suficientes para justificar una apariencia de responsabilidad (TS 7-3-16, EDJ 15751).

Cuando con la **impugnación** de un acuerdo de derivación de responsabilidad subsidiaria del administrador que posibilita la infracción tributaria de la sociedad, es declarada la disconformidad a derecho de la resolución por la que se impone una sanción a la deudora principal, debe **anularse** íntegramente la derivación de responsabilidad, al verse afectada la infracción tributaria (deuda y la sanción) y, en consecuencia, haber decaído el presupuesto habilitante de la derivación de responsabilidad tributaria (TS 16-5-24, EDJ 566143).
En estos casos, la Agencia Tributaria no puede derivar responsabilidad a todo aquel que sea miembro del consejo de administración de una sociedad, solo por el hecho de pertenecer al mismo y sin dar una cierta explicación de su **conducta, o de su omisión**, que implique culpa o negligencia y de la que se derive en la imposibilidad de cobro de las deudas tributarias derivadas (AN 24-10-23, EDJ 2019; 18-10-23, EDJ 816081).

4925 **5)** La responsabilidad subsidiaria de los **liquidadores** de personas jurídicas no es una responsabilidad objetiva, sino que exige falta de diligencia en el cumplimiento de las obligaciones del liquidador (TS 12-12-13, EDJ 259005).
6) La **reducción por conformidad** en los supuestos de declaraciones de responsabilidad en cuyo alcance se incluyan sanciones, resulta aplicable con carácter retroactivo a las declaraciones de responsabilidad que no han alcanzado firmeza. Esta reducción ha de hacerse sobre el importe de la sanción que originariamente se haya exigido al obligado tributario sin minorar su importe por los ingresos a cuenta que haya podido realizar el declarado responsable o cualquier otro obligado que concurra, de manera solidaria, en el mismo presupuesto de hecho (TEAC 31-3-16).
7) A efectos de la **justificación** de la derivación de responsabilidad solidaria de las deudas tributarias de una empresa a uno de sus empleados, como consecuencia de la coincidencia en el tiempo de la iniciativa de emprendimiento de este último, no es suficiente la existencia de una sucesión de hecho ni la adquisición de activos de la deudora principal, sino que es necesario que quede demostrado, de manera contundente, que además de compartir actividad, personal y relaciones comerciales, existió una intención de fraude y una continuidad efectiva de la actividad económica, lo cual no se produjo, unido al hecho de que el cese de la actividad de la sociedad ocurrió después del inicio de su propia actividad empresarial (AN 19-3-24, EDJ 545514).
8) Se considera que procede la derivación de responsabilidad solidaria, con la requerida intencionalidad, cuando un tercero, mediante una transmisión onerosa, adquiere un bien o un derecho de un deudor, ingresándose así en el **patrimonio del deudor**, en sustitución de lo enajenado, otro bien u otro activo fácilmente ocultables (p.e., transmisión de un bien inscrito en un registro público a cambio de dinero en efectivo o participaciones sociales, exigiéndose en el responsable la existencia de «sciencia fraudes», es decir, una conciencia o conocimiento de que se puede producir un perjuicio a la Hacienda Pública) (TEAC 18-4-23).

4926 **Prescripción** (LGT art.67.2 y 68.8) La prescripción de la responsabilidad se produce en el **plazo** general de cuatro años, iniciándose el cómputo del mismo:
a) Para los **responsables solidarios** y como regla general, al día siguiente a la finalización del plazo de pago en período voluntario original que corresponda al deudor principal. No obstante, si los hechos que constituyan el presupuesto de la responsabilidad se producen con posterioridad al plazo antes señalado, el plazo de prescripción se inicia a partir del momento en que tales hechos hubieran tenido lugar.
b) En el caso de la **responsabilidad subsidiaria**, la fecha inicial del cómputo del plazo de prescripción coincide con el día de notificación de la última actuación recaudatoria realizada frente al deudor principal o frente a cualquiera de los responsables solidarios.
Los efectos de la **interrupción** del plazo de prescripción para un obligado tributario se extienden a todos los demás obligados, incluidos los responsables.
La prescripción **ganada** por el deudor principal o los responsables solidarios beneficia a los responsables subsidiarios. Pero la impugnación de la derivación a favor de uno de ellos no paraliza las actuaciones de cobro frente a los demás.
La **suspensión** del plazo de prescripción del derecho a exigir el pago de la deuda tributaria por litigio, concurso u otras causas legales, respecto del deudor principal o de alguno de los responsables, causa el mismo efecto al resto de los sujetos solidariamente obligados al pago.

Precisiones **1) No interrumpen** la prescripción de la acción de declaración de la responsabilidad solidaria dictada al amparo de la LGT art.42.2 a), las actuaciones dirigidas contra el deudor principal u otros obligados ya declarados, ni la declaración de concurso del deudor principal (TS 14-10-22, EDJ 721323; TEAC unif criterio 13-12-22).
2) Constituye acto interruptivo de la prescripción del derecho de la Administración para exigir el pago de su crédito a la deudora principal, al existir una clara **voluntad de cobro por parte de la Administración** Tributaria, ante la existencia de un acto expreso dirigido el requerimiento de forma efectiva para la recaudación de la deuda tributaria, especificándose las deudas pendientes de pago y se conmina al obligado tributario a designar los bienes que forman parte de su patrimonio con los que puedan satisfacerse, advirtiéndose en el propio requerimiento que su falta de atención dará lugar a la ejecución subsidiaria de sus bienes, lo que constituye también un conjunto de acciones (embargo, subasta) dirigidas al cobro (TEAC 19-5-23).

B. Procedimiento para la declaración de responsabilidad

4930

1. Procedimiento general

(LGT art.41.5, 174 -redacc L 13/2023-, 175 y 176; RGR art.124 -redacc RD 117/2024-; RGGI art.196 -redacc RD 117/2024-)

Desde el 26-5-2023, la **competencia** para iniciar el procedimiento de declaración de responsabilidad y para dictar el acto administrativo de declaración de responsabilidad corresponde al órgano de recaudación. Cuando en el curso del procedimiento de inspección el **órgano actuante** tenga conocimiento de hechos o circunstancias que pudieran determinar la existencia de responsables (nº 4916 s.), desde el 12-2024, se ha de dar traslado al órgano de recaudación. 4931

La **derivación de la acción** administrativa para exigir el pago de la deuda tributaria a los responsables requiere un acto administrativo en el que, previa audiencia al interesado, se declare su responsabilidad y se determine su alcance y extensión, salvo que una norma con rango de Ley disponga otra cosa.

La responsabilidad puede ser declarada en **cualquier momento posterior** a la práctica de la liquidación o a la presentación de la autoliquidación, salvo que la Ley disponga otra cosa.

Cuando el alcance de la responsabilidad incluya las **sanciones**, el inicio del procedimiento de declaración de responsabilidad requiere que se haya iniciado previamente el procedimiento sancionador.

En caso de **responsabilidad subsidiaria**, se requiere la previa declaración de fallido del deudor principal y, si los hubiera, de los responsables solidarios.

Precisiones **1)** Una norma con rango de Ley puede excluir la necesidad de dictar el **acto de derivación** en determinados supuestos. Este es el caso de los responsables del IRNR cuando el pagador de rendimientos sea sin establecimiento permanente (LIRNR art.9.3). 4932

2) Aunque la **falta de pago** del deudor principal en el período voluntario de pago original es requisito imprescindible para requerir el pago al responsable solidario o subsidiario, la declaración de responsabilidad puede realizarse con carácter previo a la constatación de la falta de pago.

Se trata del **período voluntario de pago original**, dado que las vicisitudes acaecidas frente al deudor principal como suspensiones, aplazamientos o fraccionamientos, no deben proyectarse sobre el procedimiento seguido con el responsable.

Presupuestos de la derivación de responsabilidad (LGT art.41.5, 175 y 176) El acto de declaración de responsabilidad y, en caso de responsabilidad subsidiaria, la declaración de fallido del deudor principal y de los posibles responsables solidarios se configuran como una «condictio iuris» para la **exigibilidad** de la deuda, pero la obligación «ex lege» del responsable surge con la realización del presupuesto de hecho establecido por la ley. 4933

Para que el responsable adquiera la condición de **obligado al pago** se deben dar tres requisitos:

a) Presupuesto de la responsabilidad: se haya producido el supuesto de hecho que configura la responsabilidad, una vez devengada la obligación tributaria para el obligado principal.

b) Notificación del acto de declaración de responsabilidad: la derivación de la acción administrativa para exigir el pago de la deuda tributaria a los responsables requiere un acto administrativo en el que, previa audiencia al interesado por un plazo de quince días, se declare su responsabilidad, determinando su alcance y extensión, salvo que una norma con rango de ley disponga otra cosa. Dicho acto debe notificarse al responsable.

c) Exigencia de la responsabilidad: en cualquier caso, se tiene que requerir el pago al responsable o deudor principal y la falta de pago por su parte es condición imprescindible para poder exigir el pago al responsable. No obstante, se recoge una distinción entre la declaración de la responsabilidad y su exigencia según se trate de procedimientos para exigir la responsabilidad solidaria o subsidiaria:

1. **Responsabilidad solidaria**: basta con que haya transcurrido el plazo de pago voluntario original sin que se haya ingresado. No obstante, cuando la responsabilidad haya sido declarada y notificada al responsable en cualquier momento **anterior** al vencimiento del período voluntario de pago original de la deuda que se deriva, basta con requerirle el pago una vez transcurrido dicho período; en los demás casos, una vez **transcurrido** el período voluntario de pago original de la deuda que se deriva, el órgano competente ha de dictar acto de declaración de responsabilidad que se notifica al responsable.

2. **Responsabilidad subsidiaria**: se requiere que los órganos de recaudación hayan finalizado el procedimiento de apremio contra el deudor principal y, en su caso los responsables solidarios, y los hayan declarado fallidos. A partir de ese momento, la Administración tributaria ha de dictar acto de declaración de responsabilidad, que se notifica al responsable subsidiario.

4934 **Declaración de responsabilidad** (LGT art.41.2, 5 y 6 y 176; RGR art.61.2 y 124.4 y 5 redacc RD 117/2024)

Las características del procedimiento de declaración de responsabilidad tributaria son:

a) Carácter **contradictorio** del procedimiento de declaración de responsabilidad: la derivación de la acción para exigir el pago a los responsables requiere un **acto administrativo** en el que se dé audiencia al interesado, se declare su responsabilidad y se determine su alcance. Dicho acto ha de notificarse expresando los elementos esenciales de la liquidación.

No obstante, existe la posibilidad de que una norma con rango de Ley establezca la **exclusión** de la necesidad de dictar el acto de derivación. Tal posibilidad existe en el IRNR respecto del responsable pagador de rendimientos sin establecimiento permanente (LIRNR art.9.3).

b) Con **carácter general** la responsabilidad es subsidiaria, salvo precepto legal expreso en contrario.

c) Beneficio de **excusión** del responsable subsidiario: consiste en el derecho a exigir que el acreedor (la Administración tributaria) acredite la insolvencia del deudor principal y de los eventuales responsables solidarios antes de poderle exigir el pago ya que la omisión en el expediente de la previa declaración de fallido del obligado tributario principal y, en su caso, de todos los responsables solidarios, determina la anulación del acto de derivación. Esto hace que la subsidiariedad resulte más favorable que la solidaridad.

d) **Momento** desde el que puede declarase la responsabilidad: salvo que la ley disponga expresamente otra cosa, la responsabilidad puede ser declarada en cualquier momento posterior a la práctica de la liquidación o a la presentación de la autoliquidación para asegurar el cumplimiento de las deudas tributarias.

No obstante, es posible que la Administración tributaria, eventualmente y con anterioridad a la declaración expresa de responsabilidad, adopte medidas cautelares.

e) Adquisición por el responsable de los **derechos de impugnación** del deudor principal: el responsable no solo puede alegar y recurrir cualquier motivo referente al supuesto de hecho de la responsabilidad, sino también sobre los conceptos y cuantías de la liquidación efectuada al obligado tributario principal que se le exige.

f) Derecho de **reembolso**: el responsable tributario tiene derecho de reembolso frente al deudor principal en los términos previstos en la legislación civil.

4935 Precisiones **1)** El responsable no es un **infractor** ni la responsabilidad una sanción, lo cual permite accionar en vía de regreso frente al primer y verdadero deudor, como ocurre con las **instituciones de garantía**, que es la verdadera naturaleza de la responsabilidad (TSJ Asturias 7-4-14, EDJ 56638).

2) La **suspensión con garantías** solo beneficia al responsable con el que se acuerda y no a los demás responsables solidarios por la misma deuda (TEAC unif criterio 23-3-18).

3) El responsable subsidiario tiene derecho de **acceso a todos los documentos** que obren en el expediente administrativo de quien fuera parte en el proceso principal (TS 3-4-18, EDJ 39105).

4) En el momento de investigación de los créditos del deudor principal la Administración debe constatar si los mismos son realizables de manera inmediata, y una vez comprobado que no lo son, declarar fallido al deudor principal. Posteriormente, los órganos de recaudación pueden vigilar la posible **solvencia sobrevenida** de los obligados al pago declarados fallidos, y proceder a la rehabilitación de los créditos si se diera la circunstancia dentro del período de prescripción (TEAC unif criterio 30-5-18).

5) Cuando los datos que ofrezca el expediente o de los aportados por los interesados puede llegarse a la convicción razonable de que existen **suficientes elementos de juicio** que hubieran debido determinar la integración y eventual declaración de responsables solidarios, esta es obligada para la Administración con anterioridad a la posible exigencia de la responsabilidad subsidiaria (TEAC 17-7-23).

6) La declaración de responsabilidad subsidiaria no exige en todos los casos agotar previamente todas las posibilidades de declaración de responsabilidad solidaria, sino únicamente **agotar los indicios** de esta y, en el caso de que concluya que no procede declarar ninguna responsabilidad de este tipo, puede declarar, sin más trámites, la responsabilidad subsidiaria que aprecie (TS 22-4-24, EDJ 556285).

7) La declaración de fallido del deudor principal no requiere para su validez de la expresión cuantitativa del **carácter parcial de la insolvencia**, sin perjuicio de que el acuerdo de declaración de responsabilidad subsidiaria sí debe incorporar la identificación precisa del alcance de la deuda objeto de derivación, y especificar, en su caso, el alcance parcial de la misma. La constatación suficiente de la situación de insolvencia del deudor no requiere que se agoten todos los trámites del periodo ejecutivo con respecto de todas y cada una de las deudas, sino que puede obtenerse como resultado de las actuaciones ejecutivas y/o de comprobación e investigación realizadas con respecto de alguna de las deudas (TS 22-12-22, EDJ 793873).

Iniciación y tramitación del procedimiento (RGGI art.196.1 redacc RD 117/2024; RGR art.124.1 redacc RD 117/2024) El procedimiento de declaración de responsabilidad se inicia mediante acuerdo del órgano de recaudación, que debe ser **notificado** al interesado. Salvo que una norma con rango de ley establezca otra cosa, es preciso emitir dentro del procedimiento un **acto administrativo** en el que, previa audiencia al interesado por un plazo de quince días, se declare la responsabilidad y se determine su alcance y extensión. 4946
Además, es en este trámite cuando el responsable puede dar su **conformidad** expresa a la sanción impuesta, en aras a que le sea aplicada la correspondiente reducción.
Con anterioridad a dicho trámite, puede el interesado realizar las **alegaciones** que estime pertinentes y aportar la documentación que considere necesaria.

Precisiones 1) Cuando en un procedimiento de recaudación seguido frente al deudor principal o a un responsable solidario se determine su baja provisional por **insolvencia** (LGT art.76.1), los órganos de recaudación pueden proceder a la declaración de **fallido** de aquellos a los efectos de la declaración de responsabilidad subsidiaria (RGR art.124.4 redacc RD 117/2024). 4948
2) Con **anterioridad a la declaración de responsabilidad**, la Administración puede adoptar medidas cautelares, así como realizar actuaciones de investigación (LGT art.41.5).

Finalización del procedimiento (LGT art.174.4 y 5; RGGI art.196.3 redacc RD 117/2024) La forma normal de terminación es por medio del acuerdo de declaración de responsabilidad (nº 4954 s.). Existen, no obstante, otras formas de terminación (ver nº 4962). 4952

Terminación por acuerdo de declaración de responsabilidad (LGT art.104.2 y 174.4, 5 y 6; RGGI art.196.3 redacc RD 117/2024; RGR art.124.1 redacc RD 117/2024) El **acuerdo** de declaración de responsabilidad se ha de dictar con posterioridad al acuerdo de liquidación al deudor principal o, en su caso, de imposición de sanción al sujeto infractor. 4954
Debe ser **motivado** y debe notificarse a los responsables con el siguiente contenido:
a) Texto íntegro del acuerdo declarando la responsabilidad con indicación del presupuesto de hecho habilitante y las liquidaciones a las que alcanza dicho presupuesto.
b) Medios de impugnación que pueden ser ejercitados contra dicho acto, órgano ante el que hubieran de presentarse y plazo para interponerlos.
c) Lugar, plazo y forma en que deba ser satisfecho el importe exigido al responsable. Se debe otorgar un período voluntario de pago.
En el **recurso o reclamación** contra el acuerdo de derivación de responsabilidad puede impugnarse el presupuesto de hecho habilitante y las liquidaciones a las que alcanza dicho presupuesto, sin que como consecuencia de la resolución puedan revisarse las liquidaciones firmes para otros obligados, sino únicamente el importe de la obligación del responsable (TS 19-1-23, EDJ 503229).
El **plazo máximo** para notificar la resolución del procedimiento es de 6 meses. En el supuesto de responsabilidad asociada a una liquidación vinculada a delito (RGR art.124 bis redacc RD 117/2024), este plazo se entiende suspendido desde la presentación de la denuncia o querella hasta la imputación formal de los encausados (LGT art.258.7).
Para que dicho acuerdo resulte **válido** se requiere que concurra cualquiera de las siguientes circunstancias:
- que se acredite al menos un **intento de notificación** que contenga el texto íntegro del acuerdo antes de la finalización de dicho plazo voluntario de ingreso otorgado al deudor principal; o
- que se haya efectuado la **puesta a disposición de la notificación** del acuerdo en la sede electrónica de la Administración tributaria o en la dirección electrónica antes de la finalización del citado plazo voluntario de ingreso otorgado al deudor principal. En otro caso, el procedimiento de declaración de responsabilidad se da por concluido sin más trámites.
Además, el procedimiento de declaración de responsabilidad debe resolverse en el **plazo máximo** de seis meses, que se computa desde el inicio del procedimiento de declaración de responsabilidad hasta la notificación del acuerdo de declaración de responsabilidad, o la realización de un intento acreditado de notificación que contenga el texto íntegro de la resolución, o la puesta a disposición de la notificación en la sede electrónica de la Administración tributaria o en la dirección electrónica.

El acto de declaración de responsabilidad debe ser **motivado** y debe notificarse a los responsables con el siguiente contenido: 4955
a) Texto íntegro del acuerdo declarando la responsabilidad, con indicación del presupuesto de hecho habilitante y las liquidaciones a las que alcanza dicho presupuesto.
b) Medios de **impugnación** que pueden ser ejercitados contra dicho acto, órgano ante el que han de presentarse y plazo para interponerlos.
En el recurso o reclamación contra el acuerdo de declaración de responsabilidad puede impugnarse el presupuesto de hecho habilitante y las liquidaciones a las que alcanza dicho

presupuesto, pero advirtiendo que en ningún caso pueden revisarse como consecuencia de estos recursos o reclamaciones las liquidaciones que hubieran adquirido firmeza, sino únicamente el importe de la obligación del responsable.
No obstante, los medios de impugnación que pueden ser ejercitados tanto contra la liquidación como contra la derivación de responsabilidad, al tratarse de actos recurribles autónomamente (TS 22-12-93, EDJ 11797).
c) Lugar, plazo y forma en que debe ser satisfecho el **importe** exigido al responsable. Se debe otorgar un período voluntario de pago. Al responsable se le requiere el pago en las mismas condiciones que tenía el deudor principal, pudiendo ingresar en período voluntario y sin recargo alguno. Si no ingresa en dicho período, el responsable debe satisfacer también el recargo de apremio, pero por su propia conducta.
La **motivación** es un requisito esencial del acto, y debe contener la indicación del presupuesto de hecho habilitante, señalando los criterios jurídicos esenciales en los que se fundamenta la derivación de responsabilidad.
Desde el momento en que se recibe notificación del acto de declaración de responsabilidad se confieren al responsable todos los **derechos** del deudor principal, pudiendo impugnar tanto la liquidación como la propia derivación de responsabilidad. De esta posibilidad quedan excluidos los responsables solidarios que por culpa o negligencia incumplan las órdenes de embargo, que solo pueden impugnar el alcance global y no las liquidaciones.

4957 Precisiones **1)** El requisito de la **motivación** en los supuestos de responsabilidad subsidiaria, exige que la Administración tributaria pruebe que ha agotado el procedimiento de recaudación contra el deudor principal y contra los responsables solidarios, y que haya buscado la existencia de estos, de forma que, omitir en el expediente de derivación la mención de que no existen deudores solidarios determina la anulación del acto de derivación (TEAC 13-5-98).
2) Se produce **indefensión** si no se determinan y notifican los elementos esenciales de la liquidación, y si no se especifica el período al que se refiere la misma, pero no se exige la trascripción íntegra de las actas y liquidaciones originales (TEAC 26-7-95; 7-10-99).
3) El acto administrativo que declare la responsabilidad debe determinar su **alcance** -expresando si es subsidiaria o solidaria- y su **extensión** -señalando los elementos de la deuda tributaria a los que se extiende la responsabilidad (cuota, intereses, recargos y sanciones) y el importe de esta, y, cuando se refiera a sanciones, debe motivar las circunstancias que acreditan el dolo o la culpa- (TS 30-9-93, EDJ 8541).

4958 **4)** La existencia previa de la **liquidación practicada al deudor principal** es un requisito esencial del procedimiento de declaración de la responsabilidad, por lo que, habiéndose dictado el acuerdo de declaración de la responsabilidad solidaria con anterioridad, procede su anulación (TEAC 20-12-06; AN 11-2-08, EDJ 58817).
5) El plazo de notificación máximo de la resolución es el fijado por la normativa reguladora del correspondiente procedimiento, y no puede exceder de seis meses. Al tratarse de un procedimiento de derivación de responsabilidad, iniciado de oficio, si se ha excedido de esos seis meses, se produce la **caducidad** del procedimiento. Pero las actuaciones realizadas en el curso de un procedimiento caducado, así como los documentos y otros elementos de prueba obtenidos en dicho procedimiento, conservan su validez y eficacia a efectos probatorios en otros procedimientos iniciados o que puedan iniciarse con posterioridad en relación con el mismo u otro obligado tributario. La **prescripción** de las acciones frente al deudor principal abarca todo el tiempo que transcurra hasta la notificación de la derivación de responsabilidad, a diferencia de la prescripción de las acciones a ejercitar contra el responsable, que se abre con el acto de derivación de responsabilidad, siempre que la prescripción no se hubiese producido con anterioridad (AN 20-5-13, EDJ 72636).

4959 **6)** Aunque el deudor principal haya prestado su **conformidad** a las actas en nombre de la sociedad, esto no impide que los sujetos declarados responsables puedan discutir acerca de las deudas tributarias o sanciones que se derivan, ya que se trata de personas distintas según consta en el propio Registro Mercantil. La conformidad prestada por un tercero no puede ser considerada acto propio de quien no la ha prestado (TCo 85/2006).
7) La **negativa del órgano judicial** de entrar a conocer sobre las cuestiones que la parte actora plantea en relación con la deuda que se deriva vulnera el derecho fundamental de acceso a la jurisdicción y, por lo tanto, a la tutela judicial efectiva (TCo 140/2010).
8) En la responsabilidad por sucesión en la titularidad de una empresa, ante la conducta pasiva del deudor principal frente a las pretensiones liquidatorias o recaudatorias administrativas, al responsable se le deriva es la **responsabilidad de pago** de una deuda, frente a la cual y desde el mismo instante en que se le traslada, se abre la oportunidad tanto de efectuar el pago en periodo voluntario como de reaccionar frente a la propia derivación de responsabilidad, así como frente a la deuda cuya responsabilidad de pago se exige (TCo 39/2010).

9) El responsable tiene **plenas facultades de impugnación** respecto del presupuesto de hecho y aquellas liquidaciones, sin que tales facultades queden excepcionadas o puedan limitarse por la circunstancia de ser el declarado responsable administrador de la sociedad cuando aquellas liquidaciones o acuerdos fueron adoptados. Además, tal interpretación se extiende también a los supuestos en los que las **liquidaciones o los acuerdos sancionadores hubieran ganado firmeza**, supuesto en el que tales disposiciones solo resultan intangibles para los obligados principales, pero no para quienes, como responsables, tienen a su alcance las plenas facultades impugnatorias antes mencionadas (TS 7-11-19, EDJ 726170; 27-11-23, EDJ 763819).

Otras formas de terminación del procedimiento (LGT art.104.5; RGGI art.196.3 redacc RD 117/2024; RGR art.124.3 redacc RD 117/2024) El procedimiento de declaración de responsabilidad iniciado por la Inspección se da por **concluido sin más trámite**, sin perjuicio de que con posterioridad pueda iniciarse un nuevo procedimiento por los órganos de recaudación, cuando concurra alguna de las siguientes **circunstancias**: **4962**

- que no se acredite al menos un intento de notificación que contenga el texto íntegro del acuerdo antes de la finalización de dicho plazo voluntario original de ingreso otorgado al deudor principal; o
- que no se haya efectuado la puesta a disposición de la notificación del acuerdo en la sede electrónica de la Administración tributaria o en la dirección electrónica antes de la finalización del citado plazo voluntario de ingreso otorgado al deudor principal.

En ese caso, las actuaciones realizadas en el curso del procedimiento inicial y los documentos y pruebas obtenidos, conservan su validez y eficacia a efectos probatorios en relación con el mismo u otro responsable. De acuerdo con el **principio de conservación** de los actos, conservan su validez las actuaciones realizadas y los documentos y demás pruebas obtenidas en el procedimiento inicial.

Precisiones La traslación jurídica de la obligación de pago al responsable exige un procedimiento autónomo, de modo que el alcance de la responsabilidad se convierte en deuda propia del responsable, en la que van a poder estar incluidas deudas por retenciones no ingresadas, liquidaciones y sanciones de tercero. Por lo tanto, a partir del **momento de la notificación del acuerdo de derivación de responsabilidad**, el responsable puede impugnar la legalidad de la deuda no ingresada, o solicitar su aplazamiento/fraccionamiento de pago, incluidas las retenciones no ingresadas por un tercero, el retenedor, si su situación económico financiera le impide el pago de la deuda de forma transitoria. El responsable no tiene la obligación de retener e ingresar los rendimientos abonados, sino que es responsable de la deuda de un tercero, en este caso el retenedor (TEAC unif criterio 27-2-20).

2. Especialidades de la declaración de responsabilidad

Como excepción a la regla general (nº 4946 s.), es posible la derivación de responsabilidad sin acto previo de declaración de responsabilidad cuando una norma con rango de Ley así lo prevea. Solo en estos supuestos el responsable tiene la condición de **interesado** en el procedimiento inspector o sancionador de las deudas que se derivan, pudiendo formular alegaciones en dichos procedimientos. **4965**

Un caso en el que la Ley excluye la necesidad de dictar el acto de derivación es el de los **responsables del IRNR** cuando se trate del pagador de rendimientos sin establecimiento permanente (LIRNR art.9.3).

En estos supuestos especiales, las **actuaciones** de comprobación e investigación pueden realizarse directamente con el responsable.

CAPÍTULO 5

Otras actuaciones inspectoras

5000

La Inspección, junto a las tradicionales **funciones inspectoras** (comprobación e investigación, liquidación, obtención de información, comprobación de valores, informe y asesoramiento) ha de desempeñar aquellas otras que legalmente le vengan atribuidas. Tales funciones, no exclusivas, van a verse compartidas en múltiples ocasiones con otros órganos de gestión y recaudación. 5005

SECCIÓN 1

Actuaciones de obtención de información

5010

A. Obtención de información por suministro y captación

(LGT art.93 a 95; RGGI art.30 a 58)

Las **potestades de la Administración** tributaria para obtener información económica, profesional o financiera de unos obligados tributarios respecto de otros, constituyen uno de los instrumentos básicos para el ejercicio de sus funciones y, en particular, para el adecuado cumplimiento de las **funciones inspectoras**. A este respecto, la Ley incluye entre sus funciones la realización de actuaciones de obtención de información relacionadas con la aplicación de los tributos (LGT art.141.c). 5015

Dentro de ese apartado, encontramos los **requerimientos de información**, que pueden efectuarlos tanto los órganos de Inspección tributaria, como los de gestión y recaudación.

La potestad de la Administración tributaria para obtener información con trascendencia tributaria tiene su reflejo correlativo en la **obligación de facilitar la información** por los obligados tributarios, bien con carácter general de suministro periódico (declaraciones informativas), o bien de forma individualizada a requerimiento de la Administración (requerimientos de obtención de información). A este respecto, se establecen determinadas obligaciones tributarias formales a determinados contribuyentes: llevanza y conservación de libros contables y registros fiscales, expedición y conservación de facturas, documentos y justificantes relacionados con las obligaciones tributarias, la obligación de aportar esta información a la Administración tributaria cuando esta lo requiera, etc. (LGT art.29).

Precisiones 1) En relación con la obtención de **información internacional**, ver nº 5246 s. 5016

2) El fundamento del deber de colaboración con la Administración tributaria se encuentra en el **deber de contribuir** consagrado en la Const art.31.1 (TCo 110/1984; 76/1990; 50/1995).

3) Los datos requeridos han de presentar contenido tributario, no siendo exigibles los datos que afecten a la **intimidad de las personas**. La Administración tributaria, solo puede investigar aquellos hechos o circunstancias respecto de los que, o bien ha nacido ya un hecho imponible, o bien es seguro que va a nacer, pues en caso contrario únicamente existe una posibilidad o simple expectativa, y los datos no tendrán trascendencia tributaria (TS 7-6-03, EDJ 40898).

4) La obligación de información a la Administración tributaria no es una obligación absoluta, sino que tiene unos **límites**, en tanto que el ejercicio de esta facultad por parte de la Administración

autorizada supone, con más o menos intensidad, una incisión en derechos e intereses de los afectados tutelados jurídicamente, incluso a nivel constitucional, como el derecho a la intimidad. La dificultad está en determinar la medida en que el **derecho a la intimidad** ha de ceder frente al deber de prestar información con relevancia fiscal. Para ello, es preciso comprobar en cada caso concreto si se han respetado los límites sustantivos y procedimentales a través de los cuales ha de canalizarse la obtención de la información, y si el quebranto de valores y derechos constitucionalmente protegidos está justificado (TS 28-11-13, EDJ 256914).
5) El **derecho a la intimidad** constitucionalmente garantizado en relación con un área espacial o funcional de la persona precisamente en favor de la salvaguarda de su privacidad, que ha de quedar inmune a las agresiones exteriores de otras personas o de la Administración Pública, no puede extenderse de tal modo que constituya un instrumento que imposibilite o dificulte el deber constitucional de todo ciudadano de contribuir al sostenimiento de los gastos públicos a través del sistema tributario, de acuerdo con su capacidad económica (TCo auto 23-7-86).
6) La jurisprudencia ha distinguido las obligaciones de información **a priori**, de carácter general y previa a las actuaciones inspectoras (suministro) y **a posteriori**, una vez iniciadas las actuaciones inspectoras (TS 26-9-07, EDJ 175297; 10-1-08, EDJ 5036).
7) La Inspección de Hacienda puede solicitar información sobre los **clientes** de las empresas sin necesidad de vincularlo a inspecciones y comprobaciones sobre la situación tributaria de sujetos pasivos determinados (TS 13-1-11, EDJ 5209).
8) La obligación de suministrar información cuando se refiere a **terceros distintos del sujeto requerido** tiene sustantividad propia, con carácter autónomo y principal de la obligación de suministrar información, y no como mero acto de trámite, por lo que es susceptible de impugnación independiente en vía económico-administrativa (TEAC 11-2-99).
9) El requerimiento formulado en el curso de unas actuaciones de comprobación respecto del obligado titular de las cuentas autorizadas no decide directa ni indirectamente el fondo del asunto, ni prejuzga ni pone fin al procedimiento, que concluirá con la **liquidación**, acto este último que resulta impugnable y donde el reclamante va a poder aducir cuantos motivos e irregularidades haya podido apreciar en el requerimiento de información (AN 16-12-10, EDJ 265947).
10) Resulta improcedente un requerimiento de información relativo a datos que se encuentran incorporados a un **proceso penal**, dado que no se sabía si, al tiempo del requerimiento, se habían terminado ya las actuaciones penales o continuaban abiertas, y en este caso, la causa prejudicial penal tiene preferencia en su tramitación, y que, en todo caso, podría suponer una violación del secreto de las actuaciones penales (TS 5-5-11, EDJ 79176).

5018 **Sujetos obligados** (LGT art.93.1 redacc L 13/2023) Están obligadas a proporcionar a la Administración tributaria toda clase de datos, informes, antecedentes y justificantes con trascendencia tributaria relacionados con el cumplimiento de sus **propias obligaciones tributarias** o deducidos de sus relaciones económicas, profesionales o financieras **con otras personas**, las personas físicas o jurídicas, públicas o privadas, así como las entidades sin personalidad jurídica contempladas en la LGT art.35.4. En particular:
- los retenedores y los obligados a realizar ingresos a cuenta, por los pagos dinerarios o en especie realizados;
- las sociedades, asociaciones, colegios profesionales u otras entidades que realicen el cobro de honorarios profesionales o de derechos derivados de la propiedad intelectual, industrial, de autor u otros por cuenta de sus socios, asociados o colegiados;
- las personas o entidades (incluidas las bancarias, crediticias o de mediación financiera) que legal, estatutaria o habitualmente realicen la gestión o intervención en el cobro de honorarios profesionales o en el de comisiones por las actividades de captación, colocación, cesión o mediación en el mercado de capitales;
- las personas o entidades depositarias de dinero en efectivo o en cuentas, valores u otros bienes de deudores a la Administración tributaria en período ejecutivo, están obligadas a informar a los órganos de recaudación y a cumplir los requerimientos efectuados por los mismos;
- desde el 3-5-2021, las personas y entidades que, por aplicación de la normativa vigente, conocieran o estuvieran en disposición de conocer, la identificación de los beneficiarios últimos de las acciones, respecto a dicha identificación.
- desde 26-5-23, las entidades o personas jurídicas deben comunicar sus titulares reales (L 10/2010 art.4.2).

5020 **Clases** (LGT art.93.2; RGGI art.30) Las **obligaciones de información** se articulan de dos formas, que la doctrina denomina tradicionalmente como (TEAC 10-2-20):
a) **Suministro**: viene establecida por disposiciones de carácter general y a priori, que regulan las formas, los modelos y los plazos (normalmente periódicos) para suministrar la información. El deber de informar debe atenderse sin que la Administración inste a su cumplimiento, por venir ya establecido en norma legal o reglamentaria, como ocurre en el caso de las **declaraciones informativas** (modelo 190 de retenciones del trabajo, modelo 347 de declaración anual de operaciones con terceros, modelo 349 de declaración recapitulativa de operaciones intracomunitarias, etc.). Ver nº 5022 s.

b) **Captación**: debe cumplirse como consecuencia de un **requerimiento individualizado**, aunque no exista obligación de su declaración por suministro.
Si un obligado tributario ha declarado un dato en una declaración informativa, no se le puede solicitar nuevamente la aportación de ese mismo dato, dado que tiene derecho a no aportar aquellos **documentos ya presentados** por ellos mismos y que se encuentren en poder de la Administración actuante, siempre que el obligado tributario indique el día y procedimiento en el que los presentó (LGT art.34.1.h). No obstante, la Administración puede pedirle la **ratificación** de dichos datos (LGT art.99.2 y 108.4; RGGI art.92.2).
Por otra parte, nada impide que la **Inspección** pueda solicitar precisiones, ampliaciones o especificaciones respecto de los datos previamente declarados (AN 26-3-01, EDJ 103086; TEAC 9-2-94; 26-9-97). Así, por ejemplo, en relación con una operación consignada por el obligado tributario en la declaración de operaciones con terceros del modelo 347 (suministro de información), se puede requerir ampliación y justificación de la misma (captación de información), como su desglose, facturas, contratos, albaranes, medios de pago, etc. Ver nº 5030 s.

Precisiones 1) El ordenamiento tributario español establece una amplia red informativa a disposición de la Administración tributaria, obtenida por suministro y captación, para permitir que la selección y comprobación del cumplimiento de las obligaciones tributarias sea más eficiente, de forma que se puedan detectar las **áreas de riesgo fiscal** y se pueda luchar mejor contra la elusión y el fraude fiscal.
2) La **declaración anual de operaciones con terceros** no vulnera los derechos constitucionales al secreto profesional, a la intimidad ni a la igualdad (TS 12-11-87, EDJ 8254).
3) La jurisprudencia ha distinguido las **obligaciones de información a priori**, de carácter general y previa a las actuaciones inspectoras (información por suministro), **y a posteriori**, una vez iniciadas las actuaciones inspectoras (información por captación) (TS 26-9-07, EDJ 175297; 10-1-08, EDJ 5036).
4) La obligación de información con trascendencia tributaria, que es una carga que pesa sobre la generalidad de los sujetos de derecho, no es más que una concreta **manifestación de la colaboración social** en la aplicación de los tributos, que hunde sus raíces en el deber general de contribuir de la Const art.31.1. Este deber general de colaboración social se encauza por dos vías: la «información por suministro» de carácter general en los supuestos estandarizados previamente contemplados en las normas, y la «información por captación» propia de los requerimientos individualizados, que pueden efectuarse en cualquier momento posterior a la realización de las operaciones (TS 20-10-14, EDJ 191967; 18-2-15, EDJ 20796).

Suministro Las principales **declaraciones informativas** a utilizar en el cumplimiento de las obligaciones de información son las siguientes: **5022**

Modelo	Concepto	Orden
038	Declaración informativa. Relación de operaciones realizadas por entidades inscritas en registros públicos.	OM HAC/66/2002
156	Declaración informativa. Resumen anual de cotizaciones de afiliados y mutualidades a efectos de la deducción por maternidad.	OM HAC/3580/2003
159	Declaración anual de consumo de energía eléctrica.	OM HAC/672/2024
165	Declaración informativa de certificaciones individuales emitidas a los socios o participaciones de entidades de nueva o reciente creación.	OM HAP/2455/2013
170	Declaración informativa anual de operaciones realizadas por los empresarios o profesionales adheridos al sistema de gestión de cobros a través de tarjetas de crédito o débito.	OM EHA/97/2010
171	Declaración informativa anual de imposiciones, disposiciones de fondos y de los cobros de cualquier documento.	OM EHA/98/2010
172, 173	Declaración informativa sobre saldos en monedas virtuales y sobre operaciones con monedas virtuales.	OM HFP/887/2023
179	Declaración informativa trimestral de la cesión de uso de viviendas con fines turísticos.	OM HAC/612/2021
180	Declaración informativa. Resumen anual de retenciones e ingresos a cuenta sobre rendimientos procedentes del arrendamiento de inmuebles urbanos.	OM 20-11-2000
181	Declaración informativa de préstamos y créditos y operaciones financieras relacionadas con bienes inmuebles.	OM EHA/3514/2009

5022 (sigue)

Modelo	Concepto	Orden
182	Declaración informativa de donativos, donaciones y aportaciones recibidas y disposiciones realizadas.	OM EHA/3021/2007
184	Declaración informativa anual de entidades en régimen de atribución de rentas.	OM HAP/2250/2015
185	Declaración informativa mensual de los órganos y entidades gestores de la Seguridad Social y Mutualidades.	OM HAC/96/2003
186	Suministro de información relativa a nacimientos y defunciones.	OM HAC/539/2003
187	Declaración informativa sobre acciones y participaciones representativas del capital o del patrimonio de las instituciones de inversión colectiva y resumen anual de retenciones e ingresos a cuenta del IRPF, IS e IRNR en relación con las rentas o ganancias patrimoniales obtenidas como consecuencia de las transmisiones o reembolso de esas acciones y participaciones.	OM HAP/1608/2014
188	Declaración informativa. Resumen anual de retenciones e ingresos a cuenta sobre rentas o rendimientos del capital mobiliario procedentes de operaciones de capitalización y de contratos de seguros de vida o invalidez	OM 17-11-1999
189	Declaración informativa anual sobre valores, seguros y rentas.	OM EHA/3481/2008
190	Declaración informativa. Resumen anual de retenciones e ingresos a cuenta sobre rendimientos del trabajo y de actividades económicas, premios y determinadas ganancias patrimoniales e imputaciones de renta.	OM EHA/3127/2009
192	Declaración informativa anual de operaciones con Letras del Tesoro.	OM 4-10-2001
193	Declaración informativa. Resumen anual de retenciones e ingresos a cuenta de IRPF sobre determinados rendimientos del capital mobiliario y sobre determinadas rentas del IS e IRNR (establecimientos permanentes).	OM EHA/3377/2011
194	Declaración informativa. Resumen anual de retenciones e ingresos a cuenta del IRPF, IS e IRNR (establecimientos permanentes) sobre rendimientos del capital mobiliario y rentas derivadas de la transmisión, amortización, reembolso, canje o conversión de cualquier clase de activos representativos de la captación y utilización de capitales ajenos.	OM 18-11-1999
195	Declaración informativa trimestral de cuentas u operaciones cuyos titulares no han facilitados el NIF a entidades de crédito en el plazo establecido.	OM 21-12-2001
196	Declaración informativa. Resumen anual de retenciones e ingresos a cuenta sobre rendimientos del capital mobiliario y rentas obtenidas por la contraprestación derivada de cuentas en toda clase de instituciones financieras. Declaración de personas autorizadas y de saldos en cuenta de toda clase de instituciones financieras.	OM EHA/3300/2008
198	Declaración informativa anual de operaciones con activos financieros y de otros valores mobiliarios.	OM EHA/3895/2004
199	Declaración informativa anual de identificación de las operaciones con cheques de las entidades de crédito.	OM 21-12-2001
231	Declaración de información país por país (CBC/DAC4).	OM HFP/1978/2016
232	Declaración informativa de operaciones vinculadas y de operaciones y situaciones relacionadas con países o territorios calificados como paraísos fiscales.	OM HFP/816/2017
233	Declaración informativa por gastos en guarderías o centros de educación infantil autorizados.	OM HAC/1400/2018
234	Declaración informativa de determinados mecanismos transfronterizos de planificación fiscal.	OM HAC/342/2021
235	Declaración de información de actualización de mecanismos transfronterizos comercializables.	OM HAC/342/2021

5022 (sigue)

Modelo	Concepto	Orden
236	Declaración de información de la utilización de determinados mecanismos transfronterizos de planificación fiscal.	OM HAC/342/2021
270	Resumen anual de retenciones e ingresos a cuenta del gravamen especial sobre los premios de determinadas loterías y apuestas.	OM/HAP/2368/2013
280	Declaración informativa anual de Planes de Ahorro a Largo Plazo	OM HAP/2118/2015
281	Declaración informativa trimestral de operaciones de comercio de bienes corporales realizadas en la Zona Especial Canaria sin que las mercancías transiten por territorio canario.	OM HFP/1285/2023
282	Declaración informativa anual de ayudas recibidas en el marco del Régimen Económico y Fiscal de Canarias y otras ayudas de Estado derivadas de la aplicación del derecho de la Unión Europea	OM HAP/296/2016
289	Declaración informativa anual de cuentas financieras en el ámbito de asistencia mutua.	OM HAP/1695/2016
290	Declaración informativa anual de cuentas financieras de determinadas personas estadounidenses (FATCA)	OM HAP/1136/2014
291	Declaración informativa sobre el IRNR, cuentas de no residentes sin establecimiento permanente.	OM EHA/3202/2008
294	Declaración informativa. Relación individualizada de los clientes perceptores de beneficios distribuidos por Instituciones de Inversión Colectiva españolas, así como de aquellos por cuenta de los cuales la entidad comercializadora haya efectuado reembolsos o transmisiones de acciones o participaciones.	OM EHA/1674/2006
295	Declaración informativa. Relación anual individualizada de los clientes con la posición inversora en las Instituciones de Inversión Colectiva españolas, referida a fecha 31 de diciembre del ejercicio, en los supuestos de comercialización transfronteriza de acciones o participaciones en Instituciones de Inversión Colectiva españolas.	OM EHA/1674/2006
296	Declaración informativa. Resumen anual de retenciones e ingresos a cuenta del IRNR, sin establecimiento permanente.	OM EHA/3290/2008
345	Declaración informativa de planes, fondos de pensiones y sistemas alternativos, de Mutualidades de Previsión Social, Planes de Previsión Asegurados, Planes Individuales de Ahorro Sistemático, Planes de previsión Social Empresarial y Seguros de Dependencia, y de partícipes y aportaciones y contribuciones.	OM HFP/823/2022
346	Declaración informativa anual de subvenciones, indemnizaciones o ayudas derivadas del ejercicio de actividades agrícolas, ganaderas o forestales.	OM 8-8-2001
347	Declaración informativa anual de operaciones con terceras personas.	OM EHA/3012/2008
349	Declaración informativa recapitulativa de operaciones intracomunitarias.	OM EHA/769/2010
611	Declaración Informativa. Pagos en metálico del impuesto que grava los documentos negociados por entidades colaboradoras.	OM 12-11-2001
616	Declaración Informativa. Pagos en metálico del impuesto que grava la emisión de documentos que lleven aparejada acción cambiaria o sean endosables a la orden.	OM 12-11-2001
720	Declaración informativa sobre bienes y derechos situados en el extranjero (nº 5025).	OM HAP/72/2013
721	Declaración informativa trimestral de operaciones de comercio de bienes corporales realizadas en la Zona Especial Canaria sin que las mercancías transiten por territorio canario.	OM HFP/886/2023

5025 Precisiones La normativa española sobre las obligaciones de información de **bienes en el extranjero** fue declarada **contraria al Derecho de la UE** en diversos aspectos, al disponer que el incumplimiento o cumplimiento extemporáneo de esta obligación informativa (TJUE 27-1-22, asunto C-788/19):
- suponía la determinación de unas ganancias patrimoniales no justificadas por el valor de esos activos sin posibilidad de ampararse en la prescripción (imprescriptibilidad);
- se sancionaba esa falta de ingreso con una multa proporcional del 150% sobre dicha ganancia patrimonial;
- se sancionaba ese incumplimiento formal con unas multas de cuantía fija cuyo importe no guarda proporción alguna con las sanciones previstas para infracciones similares en un contexto puramente nacional, y cuyo importe total no está limitado.

No obstante, la obligación informativa en sí misma, se ha considerado ajustada a derecho. Para **adaptar la normativa** al Derecho de la UE, fue modificada la regulación interna (LGT disp.adic.18ª), que ha anulado la imprescriptibilidad (por lo que las posibles ganancias no justificadas se regirán por el régimen general de la LIRPF art.39.1), y el régimen sancionador agravado, por lo que las infracciones materiales y formales derivadas del incumplimiento del modelo 720, se sancionarán por el régimen ordinario.

5030 **Captación de información** (RGGI art.55 a 57) Los requerimientos individualizados de información de terceros pueden realizarse en el curso de un procedimiento de aplicación de los tributos o ser independientes del mismo. Estos requerimientos pueden efectuarse en cualquier momento posterior a la realización de las operaciones relacionadas con los datos y antecedentes requeridos. El requerimiento debe indicar la **forma** en que el obligado tributario requerido debe aportar la información y el **plazo** concedido para ello.

El término «individualizado» que se refiere a estos requerimientos de información no significa que solo se pueda solicitar información de una persona o entidad, sino que se trata de un **requerimiento singular y no general** dirigido a un determinado obligado tributario objeto del requerimiento. Por ello, por ejemplo, la Administración tributaria puede efectuar un requerimiento individualizado a una entidad bancaria solicitando la relación de los titulares de tarjetas visa oro que superen determinado volumen de operaciones en un determinado ejercicio.

5032 Precisiones **1)** Las **actuaciones de obtención de información** pueden desarrollarse directamente en los locales, oficinas o domicilio de quien disponga de la información o a través de requerimientos para que los datos, informes, antecedentes o justificantes se remitan a la Administración. Las actuaciones pueden realizarse por propia iniciativa del órgano actuante o a solicitud de otros órganos administrativos o jurisdiccionales, en los supuestos de colaboración reglamentariamente previstos (RGGI art.30.3).

2) Esta obligación no solo se refiere a proporcionar a la Administración tributaria datos, informes y antecedentes, sino también **justificantes** (LGT art.93.1 redacc L 13/2023).

3) La **falta injustificada de atención** a los requerimientos debidamente notificados constituye una infracción tributaria por resistencia, obstrucción, excusa o negativa a la actuación de la Administración tributaria (nº 6977 s.).

4) La **individualización** no viene referida al contenido del requerimiento sino al modo de operar de la Administración y a la singularidad del destinatario (TS 7-2-00, EDJ 1009; 26-11-08, EDJ 227794; AN 8-3-94, Rec 207112/90; 11-7-95, Rec 331/92).

5) La **necesidad de individualización** se refiere a la entidad a la que se dirige el requerimiento y no a los datos solicitados respecto a los que únicamente se exige que estén especificados y sean conocidos por el requerido como consecuencia del ejercicio de su actividad (TEAC 25-6-09).

6) Los órganos de recaudación solo pueden practicar los requerimientos de información con trascendencia tributaria que estén relacionados o vinculados al ejercicio de las competencias que tienen atribuidas legalmente, limitándose a la información en relación con las deudas determinadas, vencidas y líquidas, cuyo cobro le haya sido encomendado. Por tanto, resulta inválido el requerimiento genérico de recaudación en el que se solicita la relación de titulares de **contrato de alquiler de cajas de seguridad**, así como de las personas autorizadas para su apertura, con expresión de su número y localización física (TS 14-11-11, EDJ 277172; 21-6-12, EDJ 140450).

En cambio, resultan ajustados a Derechos esos requerimientos de contratos de alquiler de cajas de seguridad realizados por la Inspección (TEAC 2-11-17).

5037 La realización de actuaciones de obtención de información relacionadas con la aplicación de los tributos constituye una de las **funciones de la Inspección** de los Tributos (LGT art.141.c). Cuando se requieran datos del propio obligado, tal petición no implica el inicio de un procedimiento de comprobación o investigación. Si los datos requeridos lo son respecto del propio obligado y en el curso de un procedimiento de **aplicación de los tributos** de que esté siendo objeto, entonces la solicitud no tiene la naturaleza de requerimiento de información, sino que se trata del ejercicio de las facultades de **examen de la documentación** previstas en la LGT art.142.1.

Los requerimientos individualizados pueden efectuarse en el curso de un procedimiento de aplicación de los tributos o ser independientes de este (RGGI art.30.3), por lo que se debe distinguir entre:
- El examen de informes, antecedentes y justificantes en el curso de actuaciones de comprobación e investigación.
- Actuación de obtención de información autónoma de otras actuaciones, realizada con independencia de las de comprobación.
Los requerimientos de información se pueden efectuar por propia iniciativa de los órganos de Inspección o a solicitud de otros órganos administrativos o jurisdiccionales o a petición de otros Estados o entidades internacionales o supranacionales en el marco de la asistencia mutua.

Precisiones **1)** Los requerimientos que estén relacionados con el cumplimiento de las obligaciones tributarias de la persona requerida no suponen el inicio de un procedimiento de comprobación e investigación. **5040**
Dado que la LGT art.93.1 redacc L 13/2023 permite que los requerimientos de información se refieran a los datos, informes, antecedentes y justificantes relacionados con el cumplimiento de las propias obligaciones del requerido, esto significa que, a efectos de solicitar determinados datos referentes a la situación tributaria del **propio obligado tributario**, no es imprescindible iniciar un procedimiento de inspección, sino que puede hacerse también con un requerimiento de información. No obstante, dicho requerimiento no supone la interrupción de la prescripción de los tributos a los que se refiere la información ni los demás efectos del inicio del procedimiento inspector (nº 3025 s.).
Estos requerimientos al propio obligado tributario pueden tener **funciones de selección**, para determinar si se inicia o no una actuación inspectora frente al mismo. Pero no podrían servir para efectuar labores de comprobación que no computen en el **plazo máximo de duración** del procedimiento.
2) Las solicitudes de datos, informes y justificantes al obligado tributario objeto de un procedimiento de inspección constituye el ejercicio de la facultad de **examen de la documentación** de la LGT art.142.1, y no un requerimiento de obtención de información (RGGI art.30.4).
3) La obtención de información es una función atribuida tradicionalmente a la Inspección de los Tributos y actualmente también a los órganos de Gestión tributaria y de Recaudación, de ahí que la LGT lo regule dentro de las disposiciones generales de la **aplicación de los tributos** (ver nº 5042).
4) No cabe admitir que, cuando deba pedirse información a las autoridades de otros Estados con objeto de regularizar la situación tributaria de la entidad inspeccionada, y a fin de burlar el plazo máximo señalado por el legislador para las actuaciones inspectoras, la Administración realice actuaciones de requerimiento de información antes de la comunicación formal del inicio del procedimiento. En ese caso, a efectos de computar el plazo máximo de duración del procedimiento, el inicio del procedimiento inspector se entiende producido con el requerimiento de información (TS 26-5-14, EDJ 81726).

Órganos competentes Los órganos competentes lo determinan las normas de organización interna (LGT art.84; RGGI art.59 redacc RD 249/2023). En el ámbito de la AEAT, la competencia para realizar los requerimientos de obtención de información corresponde a los siguientes órganos: **5042**
1) Ámbito Central. Esta función la realiza principalmente el Equipo Central de Información (ECI), cuyas competencias son las siguientes:
a) Órgano encargado de la canalización de intercambio de información con otras Administraciones públicas nacionales, supranacionales o extranjeras. Actúa como oficina central de enlace (nº 5252), en comunicación directa con oficinas similares de otros países (AEAT Resol 24-3-92 Dos.1).
b) Competencia nacional. Puede requerir en todo el territorio español, incluidos los Territorios Forales, así como ejercer la correspondiente potestad sancionadora en caso de incumplimiento.
La Administración tributaria española carece de competencia para efectuar un requerimiento individualizado de información a una entidad no establecida en España, que no tiene ningún vínculo o criterio de conexión con el territorio español determinante de la existencia de una relación jurídico-tributaria, por lo que no está sujeta al ordenamiento jurídico interno.
2) Delegación Central de Grandes Contribuyentes (DCGC). Sus órganos son competentes para realizar actuaciones de obtención de información, así como para ejercer la correspondiente potestad sancionadora en caso de incumplimiento, respecto de obligados tributarios no adscritos a la misma, cuando sea necesario para realizar las funciones que tiene atribuidas (AEAT 13-1-21 Tercero.5).
Los Inspectores Jefes de la Dependencia de Control Tributario y Aduanero son los competentes para realizar los requerimientos individualizados de obtención de información, excepto en aquellos casos en los que la normativa vigente atribuya dicha competencia a otros órganos (AEAT 13-1-21 Sexto.2.d).

3) Ámbito territorial. Las Dependencias Regionales de Inspección (DRI) de la AEAT son competentes para realizar actuaciones de obtención de información, así como para ejercer la correspondiente potestad sancionadora en caso de incumplimiento respecto de cualquier obligado tributario con independencia de su adscripción y su domicilio fiscal, cuando sea necesario para realizar las funciones que tienen atribuidas (AEAT Resol 24-3-92 Cuatro.3.3.2).
Su competencia para el requerimiento de dicha información es a nivel nacional, no regional y ha de ser realizada por el Inspector Jefe, excepto en los casos en los que la normativa vigente atribuya dicha competencia a otros órganos (AEAT Resol 24-3-92 Cinco.2.d).
No obstante, dicha competencia suele efectuarse **de forma verbal**, quedando la constancia escrita del acto en la comunicación del requerimiento, firmada por el actuario, haciendo constar que se realiza «por orden» del Inspector Jefe (LPAC art.36.2).

Precisiones **1)** El poder tributario no puede ser ejercicio de manera directa cuando su ejercicio exceda del ámbito territorial en el que este se asienta. En este sentido, al carecer de **competencia territorial**, la Diputación Foral de Vizcaya no podía requerir directamente a los obligados tributarios con domicilio fiscal fuera del territorio foral, sino solicitar la colaboración de la Administración tributaria del Estado para que esta efectuara el requerimiento (TS 29-6-16, EDJ 94023).
2) Se anula por falta de competencia territorial un requerimiento individualizado de información de la Oficina Nacional de Investigación del Fraude (ONIF) a una **entidad** que **no está establecida** en España y que no tiene ninguna relación jurídico-tributaria con la Administración española por la que pueda considerarse obligado tributario. En estas circunstancias, la obtención de información debe canalizarse a través de los instrumentos de asistencia mutua relativos al intercambio de información (TEAC 18-5-22).
3) La Oficina Nacional de Investigación del Fraude (ONFI) es un órgano central de la AEAT cuya competencia alcanza a todo el territorio nacional, alcanzando al **País Vasco** en todo lo que no se encuentre reservado a las Diputaciones Forales. Así, es competente incluso para emitir requerimientos individualizados de información a sujetos pasivos que contribuyan exclusivamente a la Hacienda Foral (TEAC 29-1-09).
4) La **Junta Arbitral del Concierto Económico** puede decidir si la AEAT tiene competencia para practicar los requerimientos de información, pero, una vez reconocida la competencia, no puede entrar a decidir sobre los requisitos que han de cumplir los requerimientos, que es una cuestión que debe resolverse en el seno de la relación jurídica entre la AEAT y el obligado tributario, derivada de tales requerimientos (TS 11-4-24, EDJ 538420).

B. Requisitos de los datos solicitados y límites del deber de informar

(LGT art.3.2 y 93)

5045 La obligación de información se establece con una gran amplitud, pero cuenta con determinados requisitos que configuran los límites del deber de informar. En concreto, la información requerida debe tener trascendencia tributaria, derivarse de sus relaciones económicas (nº 5050), estar en poder del requerido (nº 5053), no incumplir el principio de proporcionalidad (nº 5055), no encontrarse amparada por ninguna limitación legal (nº 5057) y no estar prescrita (nº 5060 s.).

5047 **Información con trascendencia tributaria** (LGT art.93.1 redacc L 13/2023) Los datos, informes o antecedentes requeridos deben tener trascendencia para la aplicación de los tributos. Se trata de un **concepto jurídico indeterminado** que debe examinarse en cada caso concreto, de acuerdo con los criterios establecidos por la jurisprudencia.
La **jurisprudencia** ha entendido que tiene trascendencia tributaria toda información que se encamine de forma directa o indirecta a la aplicación efectiva de los tributos, y que la utilidad de esta información puede ser potencial o hipotética.
La información es de **utilidad directa** cuando la información solicitada se refiere a hechos imponibles, es decir, a actividades, titularidades, actos o hechos a los que la Ley anuda un gravamen. En estos casos la relevancia de la información suele ser evidente, en cuyo caso, resulta suficiente para motivar la trascendencia tributaria la mera mención de los elementos de información que se demandan y de las normas que fundamenten jurídicamente el requerimiento.
La información es de **utilidad indirecta** cuando la información solicitada se refiere a datos colaterales que puedan servir de indicio a la Administración para buscar hechos imponibles presuntamente no declarados o, sencillamente, para guiar después la labor inspectora hacia ciertas y determinadas personas. En estos casos, la información solicitada puede tener una utilidad potencial, indirecta o hipotética encaminada a la aplicación efectiva de los tributos; puede ser que la relevancia tributaria no resulte evidente, por lo que no baste para motivar la transcendencia tributaria la simple relación de los datos requeridos y la cita de las normas habilitadoras, y deba ponerse de relieve la transcendencia tributaria para una adecuada motivación del requerimiento.

Precisiones 1) El deber de colaboración con la Administración tributaria tiene como límite infranqueable el que los datos requeridos tengan trascendencia tributaria (TS 24-7-99, EDJ 29284; 3-2-01, EDJ 29825). La trascendencia tributaria de la información requerida supone que ha de conducir directa o indirectamente a la **aplicación de los tributos**, pudiendo ser su utilidad indirecta, potencial o hipotética (TS 3-2-01, EDJ 29825; 7-6-03, EDJ 1651; AN 16-5-90; TSJ País Vasco 19-6-95, Rec 1718/94; TEAC 23-2-94; 12-2-09). **5048**

2) La trascendencia tributaria se define como la cualidad de aquellos hechos o actos que puedan ser útiles a la Administración para averiguar si ciertas personas cumplen o no con la **obligación de contribuir** al sostenimiento de los gastos públicos establecida en la Const art.31.1 (TS 12-11-03, EDJ 136270; AN 8-3-94, Rec 207112/90; 11-7-95, Rec 331/92).

3) Se considera información con trascendencia tributaria:

- la relación de personas y entidades agraciadas en **sorteos** (AN 6-2-87);
- los datos de los titulares de **seguros contra daños**, sobre toda clase de bienes muebles de carácter especial o suntuario (TS 26-11-08, EDJ 227794).

4) Se anula un requerimiento efectuado a una empresa de telecomunicaciones para que aporte relación nominal de **abonados a telefonía móvil**, al apreciarse falta de trascendencia tributaria y ser una solicitud indiscriminada y no selectiva (TS 12-11-03, EDJ 136270).

Asimismo, se anula un requerimiento en el que se solicita a una entidad de telecomunicaciones la identificación de los abonados y su facturación anual, al no ser individualizado, dado el alto número de abonados, y carecer de trascendencia tributaria, por el bajo volumen medio de facturación (AN 30-3-98, EDJ 15427).

5) Se considera que tiene trascendencia tributaria el requerimiento a entidades bancarias de los **abonos en cuenta** por importe total anual **superior a 3.000 euros** (TS 3-11-11, EDJ 281152; 20-11-14, EDJ 207388).

6) Es conforme a Derecho que la Administración pida información acerca de los **titulares de seguros de capital diferido**, los fondos con los que se adquirieron y la identidad del beneficiario, procediendo la entrega de copias de los contratos, aunque en los mismos se contengan estipulaciones sin trascendencia tributaria (TEAC 10-9-97).

7) En relación con las **tasaciones inmobiliarias**, resulta improcedente el requerimiento genérico de información dirigido a una sociedad de tasación interesando datos a una sociedad de tasación sobre las tasaciones efectuadas, inmuebles afectados e identificación de los solicitantes, sin concreción de su trascendencia tributaria y no referido a extremos o actividades de terceros (TS 29-1-15, EDJ 8597). Por tanto, al no tener dichas tasaciones relevancia tributaria per se, la Inspección ha de motivar especialmente los requerimientos relativos a las mismas que realice (TS 23-10-14, EDJ 188275).

8) Sí tienen trascendencia tributaria el requerimiento de información a los **agentes de la propiedad inmobiliaria** sobre **precios de venta ofertados**, al no verse vulnerado el secreto profesional, al tratarse de datos patrimoniales no confidenciales que la agencia inmobiliaria facilita a los demandantes de inmuebles (TS 3-2-01, EDJ 734; 3-2-01, EDJ 733; 3-2-01, EDJ 180).

9) Tiene trascendencia tributaria el **informe emitido por una entidad financiera** con carácter previo a la **concesión del préstamo** en relación con la solvencia de uno de sus clientes, dado que para llegar a su conclusión la entidad utiliza datos de carácter económico, tanto en relación con la obtención de rentas como con la tenencia de patrimonio (TEAC 31-1-13; AN 26-10-15, EDJ 216019). **5049**

10) Tiene trascendencia tributaria la solicitud de información a entidad bancaria en relación a **operaciones de caja con billetes de 500 euros** o superiores a cierto importe (TS 28-11-2013, EDJ 256914; 7-2-14, EDJ 11083).

11) Tiene trascendencia tributaria el requerimiento de información a entidad financiera relativa a la identificación de las **cuentas bancarias** que en un ejercicio determinado han tenido un importe total anual por **suma de apuntes** en el haber por cuantía superior a determinada cantidad (TS 2-10-14, Rec 722/12; 23-10-14, Rec 593/12; 7-11-14, Rec 2181/12; 13-11-14, Rec 727/12; 20-11-14, Rec 3073/12; TEAC 5-6-14).

12) Tiene trascendencia tributaria la información sobre el **censo de titulares de tarjetas** de crédito (TEAC 23-9-87).

13) Tiene trascendencia tributaria evidente un requerimiento de información a sociedad gestora de **tarjetas de crédito** en relación con operaciones llevadas a cabo por titulares de tarjetas de crédito que superen un **importe total anual** superior a determinada cantidad (TS 15-12-14, EDJ 223341; 18-2-15, EDJ 17272; 22-4-15, EDJ 69622).

14) Tiene trascendencia tributaria un requerimiento de información a entidad aseguradora sobre **titulares de póliza multirriesgo** (TS 19-6-09, EDJ 229040).

15) Tiene trascendencia tributaria los datos de los titulares de **seguros contra daños**, sobre toda clase de bienes muebles de carácter especial o suntuario (TS 26-11-08, EDJ 227794).

16) Tiene trascendencia tributaria la relación de **titulares de contratos de alquiler de cajas** de seguridad (TEAC 16-4-08; 18-11-08; 17-12-08; 2-11-17).

17) Tiene trascendencia tributaria la relación de **talonarios de pagarés** de cuentas corrientes (TS 6-2-07, EDJ 8568; 19-2-07, EDJ 13442).

18) Tiene trascendencia tributaria la identificación de los **titulares últimos de las entidades no residentes** que, en la actualidad o en el pasado, son o han sido los socios directos de la entidad requerida, solicitando la aportación del Libro registro de socios en el que se hiciera constar la titularidad originaria y las sucesivas transmisiones de las participaciones sociales (TEAC 2-6-15).
19) Tiene trascendencia tributaria un requerimiento de información en relación a la **compra de viviendas** (TEAC 19-2-15).
20) Se deniega la solicitada información relativa a la **participación de abogados y procuradores en procedimientos** judiciales, siguiendo la estrategia de actuación definida en el Plan Anual de Control Tributario y Aduanero de la AEAT. Se señala que el requerimiento no podía ampararse en la modalidad de información por suministro, al no encontrarse regulado ese caso reglamentariamente, y que se trataba de un requerimiento individualizado que no se ajusta a las pautas de objetividad que debe «concurrir individualizadamente en cada uno de los seleccionados» de acuerdo con las directrices del Plan de Control Tributario correspondiente (TS 13-11-18, EDJ 630707; AN 16-2-23, EDJ 518254; 29-6-23, EDJ 630169).

5049.1 **21)** Sobre el **significado y alcance** del concepto jurídico indeterminado de «**trascendencia tributaria**» se señala que la información puede solicitarse en cuanto sirva, tenga eficacia o sea útil en la aplicación de los tributos, y la norma no se refiere a la comprobación e investigación de una determinada relación tributaria, sino que busca habilitar para recabar información, tanto de particulares como de organismos, para cuanto conduzca a la aplicación de los tributos (TS 12-3-09, EDJ 32203; 3-12-09, EDJ 300059; 21-6-12, EDJ 140450; 3-11-11, EDJ 281152).
22) La **utilidad de la información puede ser «directa»**, cuando la información solicitada se refiere a hechos imponibles, o sea, a actividades, titularidades, actos o hechos a los que la Ley anuda el gravamen, o «indirecta», cuando la información solicitada se refiere sólo a datos colaterales, que puedan servir de indicio a la Administración para buscar después hechos imponibles presuntamente no declarados o, sencillamente, para guiar después la labor inspectora hacia ciertas y determinadas personas. La utilidad puede ser potencial o hipotética (TS 14-3-07, EDJ 21038; 3-11-11, EDJ 281152; 20-10-14, EDJ 191967; 11-3-15, EDJ 28204).
23) La obligación de información tributaria permite amparar todo requerimiento que venga referido a datos de contenido económico que, de forma directa o interrelacionados con otros, revelen signos de **capacidad económica** que puedan desencadenar, en el futuro, actuaciones de comprobación por parte de la Administración (TS 18-10-12, EDJ 233832).
24) Para que un requerimiento de información sea válido, se exige que la información solicitada tenga trascendencia tributaria, no atente contra el honor o la intimidad personal y familiar, y esté motivado. No se aprecia la trascendencia tributaria en un requerimiento recibido por una entidad aseguradora respecto de los servicios facturados en los años 2010 y 2011, que solicitaba la **relación de pacientes asistidos y/o asegurados** a los que se haya prestado servicio (TEAC 4-12-18).

5050 **Información derivada de relaciones económicas** (LGT art.93.1 redacc L 13/2023) Los datos, informes o antecedentes solicitados deben derivar del cumplimiento de las **propias obligaciones tributarias** o deducirse de sus relaciones económicas, profesionales o financieras **con otras personas**.
En el caso de las **autoridades** sometidas al deber de informar no se exige este requisito, y basta con que tengan trascendencia tributaria.
El deber de información tributaria de que se trata sobre datos ajenos afecta tanto a los que pueden considerarse como **depositarios de datos** de primer nivel como a los depositarios de datos de ulterior nivel, siempre que el conocimiento proceda de relaciones económicas, profesionales o financieras y no de relaciones de otra índole.

Precisiones Se pueden pedir los datos a personas que eventualmente pueden disponer de datos con trascendencia tributaria, aunque su conocimiento proceda de relaciones tenidas con personas distintas de los obligados tributarios, siempre que las relaciones fuentes de conocimiento sean de naturaleza económica, profesional o financiera. Por ejemplo, en el supuesto de un requerimiento practicado a una entidad emisora de una tarjeta de crédito en relación con los titulares de **tarjetas de crédito y débito** gestionadas y que hayan realizado pagos a través de dicho sistema, por importe total anula igual o superior a 30.000 euros (TS 18-2-15, EDJ 20796; 18-2-15, EDJ 17272).

5053 **Información sobre la que existe obligación de llevanza y conservación** (LGT art.29.2.f y 99.2) Los obligados tributarios tienen la **obligación de aportar** a la Administración tributaria, cuando esta lo requiera, libros, registros, documentos o información que debe conservar en relación con el cumplimiento de las obligaciones tributarias propias o de terceros.
El obligado tributario puede **rehusar la presentación** de documentos que no resultan exigibles por la normativa tributaria, así como de aquellos previamente presentados por ellos mismos y que se encuentran en poder de la Administración tributaria actuante.
Por lo tanto, puede solicitarse la aportación de justificantes que se encuentren o deban encontrarse en poder de la persona o entidad requerida. Si no es obligatorio conservar la información que se requiere, no es posible que se sancione su falta de aportación.

No se podría sancionar a un particular (no empresario o profesional) que no conserva una factura, al no existir norma que le obligue a ello.

Precisiones 1) El antiguo **administrador** de una empresa en suspensión de pagos (actualmente, concurso de acreedores) puede oponerse al requerimiento de información que se le formula, si ya no custodia la contabilidad (TEAC 8-2-02).
2) Es improcedente un requerimiento efectuado a una sala de **bingo** sobre **premios** de determinadas cantidades satisfechos a sus clientes al no existir norma alguna que imponga a los empresarios de bingo la obligación de conservar dicha documentación, dado que el premio se efectuaba contra la presentación del cartón correspondiente sin más requisitos (TSJ Cantabria 18-10-02, EDJ 65014).

Principio de proporcionalidad (LGT art.3.2) La obligación de atender los requerimientos debe considerarse en relación al principio de la proporcionalidad. La proporcionalidad supone la adecuación de la información que se requiere a los **fines** de aplicación de los tributos y a los **medios** con que cuenta el obligado tributario para suministrar dicha información. Por lo tanto, la proporcionalidad de un requerimiento exige que los datos solicitados resulten de utilidad para los fines de aplicación de los tributos y que, entre las diversas alternativas disponibles, se elija la que **menor coste o dificultad** suponga para los afectados, siempre que ello no perjudique el cumplimiento de las obligaciones tributarias. 5055
Se exige que concurra una relación lógica entre la importancia, directa o potencial, de la información solicitada para la aplicación de los tributos y la posibilidad para el requerido de cumplimentarla sin acudir a medios extraordinarios, así como la inexistencia de otros cauces por los que la información pueda ser obtenida. Consecuencia del principio de proporcionalidad es que la información requerida no se encuentre ya en posesión de la Administración.

Precisiones 1) Están proscritas las injerencias arbitrarias o desproporcionadas en el **derecho a la intimidad** de las personas (TS 24-7-99, EDJ 29284). Aunque no se diga expresamente, la Administración ha de atemperar el requerimiento de información al principio de proporcionalidad que irradia sobre toda la actuación administrativa, limitando los extremos solicitados al fin expresado en la aplicación estricta de los tributos (TS 3-2-01, EDJ 29760; 26-9-07, EDJ 175297). 5056
2) Se considera desproporcionado un requerimiento dirigido a todos los ciudadanos que han contraído matrimonio en un determinado período en relación con las cantidades satisfechas a los **locales de celebración** de bodas (TSJ Asturias 13-1-03, EDJ 76730).
3) El requerimiento de información sobre **talonarios de pagarés** de cuentas corrientes remitido por una entidad bancaria a empresas no atenta contra el principio de proporcionalidad, ya que la informatización de la información no permite sostener que pueda generar dificultades excesivas a efectos de hacer demasiado gravoso el cumplimiento de la información requerida (TS 6-2-07, EDJ 8568).
4) Los requerimientos a entidades financieras sobre la totalidad de las personas físicas y jurídicas titulares de establecimientos mercantiles adheridos al sistema de **cobro mediante tarjetas** de crédito y débito que operaban con dichas entidades se anularon por resultar una medida desproporcionada por su carácter global, generalizado e indiscriminado (TEAC 8-11-07). También se consideró desproporcionado cuando el requerimiento se limitó a aquellos sujetos cuya facturación total anual superaba los 6.000 euros anuales (TEAC 25-6-08).
5) El requerimiento a una entidad bancaria de información relativa a **cuentas bancarias con abonos superiores a tres millones de euros**, aunque se refiera a una pluralidad elevada de datos, no por ello debe considerarse que infringe el principio de proporcionalidad, ya que se trata de un principio de carácter relativo que debe ser examinado en cada caso concreto, teniendo en cuenta las características y condiciones de la entidad requerida, y que resulta proporcionado a una entidad bancaria con importantes medios materiales y, particularmente, informáticos (TS 7-11-14, EDJ 201350; TEAC 14-3-08).
6) Solamente han de solicitarse aquellos extremos que sirvan al objeto de la norma, es decir, a la **aplicación estricta de los tributos**, en cuanto el principio de proporcionalidad demanda el menor sacrificio posible de los administrados (TS 7-2-14, EDJ 11083).
7) En el supuesto de información relativa a **cuentas bancarias** con suma de apuntes en el haber por importe superior a 3.000.000 de euros, se considera que el modelo 196 (resumen anual de retenciones e ingresos a cuenta del IRPF, IS y del IRNR) contiene información distinta y que nada tiene que ver con la con la solicitada a través del requerimiento (TS 3-11-11, EDJ 281152).
8) Para comprobar si una medida **restrictiva de un derecho fundamental** supera el juicio de **proporcionalidad**, es necesario constatar si cumple los requisitos o condiciones siguientes:
- si es susceptible de conseguir el objetivo propuesto (juicio de idoneidad);
- si es necesaria, en el sentido de que no exista otra medida más moderada para la consecución de tal propósito con igual eficacia (juicio de necesidad);
- si la misma es ponderada o equilibrada, por derivarse de ella más beneficios o ventajas para el interés general que perjuicios sobre otros bienes o valores en conflicto (juicio de proporcionalidad en sentido estricto) (TCo 186/2000).

9) Se anula el requerimiento de la AEAT al Consejo General del Poder Judicial de información con trascendencia tributaria de los años 2014 a 2016 relativa a la **participación de abogados y procuradores** en todos los procedimientos judiciales (como fecha de inicio de su intervención en el procedimiento, importe en litigio e identificación del cliente), por entender que los **planes de control tributario** de la AEAT de 2016 y 2017 no justificaban de forma general una solicitud global de información a la totalidad del colectivo de la abogacía. La lectura de ambos planes pone de manifiesto que, para que un requerimiento de información dirigido a uno o varios profesionales pueda considerarse amparado por el plan, debe concurrir individualmente en cada uno de los seleccionados signos externos de riqueza que no sean acordes con su historial de declaraciones de renta o patrimonio preexistentes (TS 13-11-18, EDJ 630707; TEAC 14-2-19).

5057 **Información no amparada por ninguna limitación legal** (LGT art.93.4 y 5) La LGT establece determinadas limitaciones específicas en caso de los funcionarios y de los profesionales.

Los **funcionarios públicos**, incluidos los **profesionales oficiales** (notarios, registradores, etc.), están obligados a colaborar con la Administración tributaria, salvo en los siguientes casos de información amparada por **secreto**:

- El secreto del contenido de la correspondencia y de las comunicaciones, salvo resolución judicial (Const art.18.3).
- El secreto de los datos confidenciales suministrados a la Administración con una finalidad exclusivamente estadística (L 12/1989 art.13.2).
- El secreto del protocolo notarial relativo a testamentos y codicilos (L 28-5-1862 art.34 y 35), así como a las actas de reconocimiento de hijos y cuestiones matrimoniales, con excepción de las referentes al régimen económico de la sociedad conyugal.

La obligación de información de los **demás profesionales** (los no oficiales) no alcanza a los datos privados no patrimoniales que conozcan por razón del ejercicio de su actividad, cuya revelación atente al honor, intimidad personal y familiar de las personas. Tampoco alcanza a aquellos datos confidenciales de sus clientes que los defensores, asesores, abogados y procuradores conozcan como consecuencia de la prestación de sus servicios.

5058 Precisiones **1)** Los profesionales no pueden invocar el **secreto profesional** para impedir la comprobación de su situación tributaria.

2) La a declaración informativa sobre **mecanismos transfronterizos potencialmente agresivos**, reconoce el deber de secreto profesional a los efectos de esa obligación de información a quienes tuvieran la consideración de intermediarios de acuerdo con dicha normativa (abogados, asesores, etc.) y presten un asesoramiento neutral relacionado con el mecanismo que se limite únicamente a evaluar su adecuación a la normativa aplicable (nº 5256.36).

3) La **finalidad** de la norma que impide invocar el secreto profesional para impedir la comprobación de su propia situación tributaria, es impedir que el secreto profesional pueda convertirse en un valladar infranqueable para impedir la actuación de la Administración tributaria en orden a la fiscalización o inspección de estos sujetos (TSJ Castilla-La Mancha 2-6-03, EDJ 127898).

4) No se entienden comprendidos en el secreto profesional ni la identidad de los clientes ni los **honorarios** satisfechos; en concreto, los datos relativos a la relación patrimonial recíproca entre cliente y asesor. Estos datos deben figurar en el libro de ingresos profesionales, de obligada llevanza y exhibición a la Inspección (TCo 110/1984).

5) Los **auditores de cuentas** deben atender los requerimientos que tengan por objeto aportar los estados financieros de una entidad mercantil. No se puede oponer el secreto profesional frente a quienes estén autorizados por Ley como la Inspección de Hacienda (TS 7-6-03, EDJ 40898; AN 1-4-15, EDJ 70886).

6) El secreto del auditor solo afecta a los datos que no incorpore a su informe (TEAC 5-10-94). Los **informes de auditoría** carecen de carácter confidencial porque la ley dota a los mismos de una esencial vocación de publicidad (TEAC 14-1-00).

7) El **secreto médico** es una modalidad del secreto profesional, por lo que no atenta a la intimidad personal pretender conocer la identidad de los pacientes y los honorarios satisfechos, sin que se acceda a la historia clínica, diagnósticos, etc. (TS 2-7-91, EDJ 7126).

8) No vulnera el secreto profesional un requerimiento dirigido a un **protésico dental** sobre facturación y albaranes realizados para un odontólogo, aunque se pide información de los pacientes, no se pregunta sobre los trabajos y tratamientos realizados (TSJ Cataluña 5-5-05, EDJ 97032).

La información solicitada al protésico dental hace referencia únicamente a la **identificación de pacientes**, sin hacer referencia a ningún tipo de exploración, diagnóstico, enfermedad, tratamiento o intervención sufrida por el mismo, por lo que no debe considerarse que esté incluida en la excepción del secreto profesional (TEAC 25-3-99).

9) No vulnera el secreto profesional de un **abogado**, ni el conocimiento de sus clientes y de las cantidades pagadas en concepto de **honorarios** (TS 13-6-90, EDJ 6311), ni tampoco la solicitud de información relativa a los servicios de asesoramiento fiscal referidos a determinadas facturas, materias a las que afecta y personas a las que se refieren, al ser considerados datos de carácter patrimonial y no privados, cuya revelación pudiera atentar al honor o a la intimidad personal y familiar de las personas (AN 19-1-09, EDJ 12433).

Por tanto, el abogado no está obligado a facilitar datos de **carácter estrictamente personal**, íntimo, no patrimonial o confidencial de sus clientes, ajenos al contenido tributario que sirve de base para la solicitud de la información (AN 20-10-11, EDJ 245005).

10) En el secreto profesional no se comprende la **identidad de los clientes** ni los honorarios satisfechos (TS 30-10-96, Rec 6269/91), por lo que no vulnera el secreto profesional el simple conocimiento del nombre del cliente y cantidades por él pagadas en concepto de honorarios.

11) No afecta a la intimidad personal el requerimiento por parte de la Inspección tributaria municipal a una **empresa eléctrica** sobre datos de potencia instalada de uno de sus clientes (TS 11-3-00, EDJ 4944). **5059**

12) El concepto de **secreto de las comunicaciones** que figura en la Constitución, no cubre sólo el contenido de la correspondencia o las comunicaciones, sino también otros aspectos de la misma, como, por ejemplo, la identidad subjetiva de los **interlocutores o de los corresponsales** (TCo 114/1984).

Sí vulnera el secreto de las comunicaciones el requerimiento de información efectuado a una operadora de telecomunicaciones en el que se solicita la identificación de las llamadas entrantes y salientes (AN 10-10-13, EDJ 194004).

La restricción del derecho al secreto de las comunicaciones se produce en un sentido de control y observación, y no propiamente de impedimento a las comunicaciones, por lo que su violación se extiende tanto al conocimiento del **contenido** de las mismas, como a la identidad de los **interlocutores** (TS penal 8-2-97, EDJ 934).

13) El Convenio europeo para la protección de los derechos humanos y de las libertades fundamentales (CEDH art.8) reconoce expresamente la posibilidad de que pueda resultar violado el **secreto de las comunicaciones** por el empleo de un artificio técnico, como el llamado «comptage» o «**recuento**», que permite registrar cuáles han sido los números telefónicos marcados sobre un determinado aparato, aunque no el contenido de la comunicación misma (TEDH 2-8-84, núm 8691/79).

14) El **secreto periodístico**, que supone la protección de las fuentes de información, es una de las condiciones básicas para la libertad de prensa. Sin ella se socavaría el importante papel de la prensa como instrumento de control y vigilancia de lo público. Por ello, ordenar la revelación de su fuente de información a un periodista no sería compatible con el Convenio Europeo, a menos que la misma estuviera justificada por la exigencia predominante del interés público (TEDH 27-3-96, núm 17488/90).

15) El requerimiento de información a un **colegio privado** sobre las facturas relativas a la escolarización, transporte, comedor y actividades extraescolares de los hijos menores del contribuyente, así como los medios de pago usados, no vulnera sus derechos fundamentales a la intimidad y a la protección de datos de carácter personal, no quedando excluida de la potestad de inspección y comprobación tributaria, dado el predominio del carácter económico de dicha información, la cual es relevante para establecer la capacidad económica del padre (TS 13-7-16, EDJ 108885).

Obligación de información no prescrita (LGT art.70) Las obligaciones de suministro de información deben cumplirse en el plazo previsto en la normativa mercantil o en el plazo de exigencia de las propias obligaciones formales si este último fuera superior. **5060**

Esta regla se refiere al caso en el que la Administración tributaria requiere información a una persona o entidad para comprobar la situación tributaria **de otra persona o entidad**, es decir, se refiere a la prescripción del deber de colaboración de la LGT art.93.

Esta norma establece el período que corresponde a la obligación de suministro de la información. Pero para poder aportar esta información debe existir previamente una obligación de conservar la documentación correspondiente. Por ello, se refiere simultáneamente a las obligaciones de conservación y de suministro de la información de los **libros de contabilidad, registros fiscales, facturas** y demás justificantes relativos a sus obligaciones tributarias.

Para determinar el plazo de prescripción de estas obligaciones de información debe distinguirse según que el **obligado tributario** requerido esté obligado o no a llevar contabilidad:

a) No obligados a llevar contabilidad: el plazo establecido por la normativa mercantil solo resulta aplicable a quienes están obligados a llevar contabilidad, que básicamente son las sociedades mercantiles y los empresarios individuales. Esta obligación no resulta exigible a los particulares, a las personas físicas dedicadas a la agricultura ni a los profesionales.

En estos casos, el plazo aplicable es el plazo de exigencia de sus propias obligaciones formales, es decir, las obligaciones formales pueden exigirse mientras no haya expirado el plazo de prescripción del derecho para determinar la correspondiente obligación tributaria sustantiva. Con carácter general, este plazo es de cuatro años desde la presentación de la declaración, pero se puede interrumpir (presentación de declaraciones complementarias, inicio de una actuación de comprobación, etc.).

b) Obligados a llevar contabilidad por la normativa mercantil: los empresarios tienen la obligación de conservar los libros, correspondencia, documentación y justificantes correspondientes a su negocio, debidamente ordenados, durante seis años, a partir del último asiento **5061**

realizado en los libros, salvo lo que se establezca por disposiciones generales o especiales (CCom art.30.1).
La doctrina mercantil señala que la existencia de soportes documentales constituye una premisa de la llevanza de contabilidad, por lo que toda anotación contable debe quedar justificada documentalmente, y que el ámbito objetivo del deber de conservación no se circunscribe a los documentos contables, sino que abarca a toda la documentación de la empresa.
Este plazo comienza a computar a partir del **último asiento realizado en los libros**, que no debe entenderse como el último asiento de la totalidad de los libros de contabilidad de la empresa, dado que entonces el plazo para conservar los documentos y justificantes comenzaría a computar desde la extinción de la empresa. Por ello, el cómputo del plazo se inicia a partir del último asiento realizado en los libros referido a la operación a la que se refiera el justificante. En función del tipo de operación, las reglas para iniciar el cómputo del plazo son las siguientes:
1. **Ingresos y gastos**: el asiento inicial es la operación de venta o la compra del bien o servicio, y el último asiento en relación con esa operación coincide con la regularización con abono o cargo a la cuenta de resultados del ejercicio, efectuada normalmente el último día del ejercicio económico.
2. Operaciones con el **inmovilizado, préstamos, operaciones plurianuales**, etc.: se siguen realizando asientos mientras dure la operación (amortizaciones, pagos de intereses, etc.) hasta que se produzca la baja en la contabilidad del bien (por venta, destrucción, etc.) o se finalice la operación, momento en el cual comienza a computar el plazo de los seis años de conservación de la documentación.
Con carácter general, este plazo de prescripción de seis años desde último asiento realizado correspondiente a la operación establecido por la normativa mercantil es superior al plazo de cuatro años que la normativa fiscal establece para la conservación de las propias obligaciones formales. Pero en algunas ocasiones, este último plazo puede superar a aquél, como consecuencia de que el plazo de conservación de las propias obligaciones se haya interrumpido por el inicio de un procedimiento de comprobación o investigación o que el obligado tributario haya presentado una declaración complementaria.

5063 Precisiones 1) La circunstancia de que el **período de conservación** de documentación a efectos de los deberes de colaboración sea de seis años y el **período de prescripción** para determinar la deuda de un obligado tributario sea de cuatro años, se debe a que la comprobación de la deuda tributaria puede extenderse durante el período de la comprobación con efectos interruptivos de la obligación tributaria comprobada. Ello justifica que el plazo de conservación y suministro de información de terceros tenga que ser superior al plazo general de prescripción de la obligación tributaria sustantiva.
2) Se ha interpretado que la obligación de informar no se halla limitada por la prescripción tributaria, sin perjuicio de la falta de obligación de conservar **documentación comercial** más allá de los seis años establecido en las normas mercantiles (AN 15-10-96, Rec 363/92; TEAC 10-9-97).

C. Procedimientos de obtención de información

5064

5065 La normativa tributaria distingue dos tipos fundamentales de procedimientos de requerimiento individualizado de información:
- un procedimiento **general** (nº 5066 s.);
- un procedimiento especial para el caso de solicitud de información sobre movimientos de cuentas y operaciones de **entidades bancarias y crediticias** (nº 5080 s.).
Además, se han establecido determinadas especialidades para los requerimientos a **autoridades públicas** (nº 5100 s.).
Los procedimientos de requerimiento individualizado de obtención de información no finalizan con una resolución, sino con el cumplimiento de la obligación requerida (LGT art.100.1).

Precisiones Para obligados tributarios afectados por la **DANA**, ver nº 3337.

1. Procedimiento general de obtención de información
(LGT art.93.1 redacc L 13/2023; RGGI art.55)

Sujetos obligados (LGT art.93.1 redacc L 13/2023) Las **personas físicas o jurídicas**, públicas o privadas, están obligadas a facilitar a la Administración tributaria toda clase de datos, informes, antecedentes y justificantes con trascendencia tributaria relacionados con el cumplimiento de sus propias obligaciones tributarias o deducidos de sus relaciones económicas, profesionales o financieras con otras personas. Junto con los anteriores, también se encuentran obligadas las entidades siguientes: **herencias yacentes, comunidades de bienes y demás entidades** que, carentes de personalidad jurídica, constituyan una unidad económica o un patrimonio separado susceptible de imposición. 5066

Precisiones La solicitud de información al obligado tributario respecto de sus **propias obligaciones tributarias** no supone, en ningún caso, el inicio de un procedimiento de inspección (RGGI art.30.3). Por lo tanto, los requerimientos respecto a las propias obligaciones tributarias siempre se realizan al margen de un procedimiento de inspección. Ello es lógico, dado que la solicitud de información al obligado tributario en el curso de un procedimiento de inspección no constituye un requerimiento de información, sino la facultad de examen de la documentación (LGT art.142.1).
Los **requerimientos a terceros**, pueden efectuarse en el curso de un procedimiento de inspección o ser independientes de este.

Ámbito temporal (LGT art.93.2) Los requerimientos individualizados pueden efectuarse en cualquier momento posterior a la realización de las **operaciones** relacionadas con los datos o antecedentes requeridos. Por lo tanto, puede solicitarse información sobre operaciones realizadas, aunque aún no haya finalizado el plazo de declaración tributaria de las correspondientes operaciones. 5067

Inicio del procedimiento El procedimiento se inicia con la emisión del requerimiento por parte del **órgano competente**, el cual se determina por las normas de organización interna (nº 5042). En el caso de la AEAT, en el ámbito del Departamento de Inspección Financiera y Tributaria se atribuye la competencia para la realización de los requerimientos a los Inspectores Jefes (AEAT Resol 24-3-92; 13-1-21). Habitualmente esta competencia la ejerce el Inspector Jefe de forma verbal, siendo los actuarios que desarrollan las actuaciones quienes firman el requerimiento de obtención de información «por orden» de aquel, de acuerdo con lo dispuesto en la LPAC art.36.2. 5068

Contenido de los requerimientos de información (RGGI art.55.1) Es obligado que tales requerimientos sean **notificados** a la persona requerida, y deben incluir la siguiente información: 5069
- Nombre y apellidos o razón social o denominación completa, así como el NIF del obligado tributario que debe suministrar la información.
- Período de tiempo a que se refiere la información.
- Datos relativos a los hechos respecto de los que se requiere la información.

Plazo para atender el requerimiento (RGGI art.55.2) En los requerimientos de información se ha de conceder un plazo **no inferior** a 10 días, contados a partir del día siguiente al de la notificación, para aportar la información. 5070
Si los requerimientos los formulan **órganos de inspección o recaudación**, cuando lo justifique la naturaleza de los datos a obtener, y el órgano actuante se limite a examinar la documentación que deba estar a su disposición, entonces la obtención de los datos se puede iniciar inmediatamente. Si la documentación no tuviera que estar a disposición, entonces es preciso que se conceda un plazo de 10 días como mínimo.

Precisiones **1)** El plazo mínimo de 10 días para atender el requerimiento se refiere a **días hábiles**, y se computa desde el día siguiente a aquel en que se produzca la notificación del requerimiento (LPAC art.30.2 y 3).
2) Se trata de un plazo mínimo, por lo que se puede **ampliar** atendiendo a la cantidad y dificultad de la obtención de la información requerida. Por ello, el plazo para la atención del requerimiento debe figurar expresamente en el contenido del requerimiento.
El obligado tributario requerido puede solicitar la ampliación del plazo inicialmente concedido para atender el requerimiento, ampliación que no puede exceder de la mitad del plazo inicial (LPAC art.32; RGGI art.91).
3) De los principios que informan la ordenación y aplicación del sistema tributario y el de buena administración se desprende que la **denegación de la ampliación del plazo** de alegaciones exige una motivación suficiente que valore la petición atendiendo a las circunstancias concurrentes, por lo que no es discrecional de la Administración (TS 8-7-24, EDJ 617244).

5071 **Motivación del requerimiento** Se plantea si el acto administrativo por el que se requiere la información debe ser motivado. En relación a esta motivación se debe tener en cuenta que la Administración tributaria está sometida al **deber de sigilo**, por lo que no puede dar información confidencial sobre el sujeto al que se refiere la información requerida. Por ello, la Administración tributaria no puede informar sobre el tipo de actuaciones y de comprobaciones que está efectuando al sujeto al que se refiere la información. Por otra parte, la justificación del requerimiento se fundamenta básicamente en la **trascendencia tributaria** de la información requerida, pero dicha circunstancia normalmente resulta evidente del propio contenido del requerimiento (facturas, medios de pago, etc.). Además, los requerimientos de información no figuran en la relación tasada de actos administrativos que precisan motivación expresa (LPAC art.35). Por todo ello, con carácter general, basta con que se contenga la referencia a los preceptos que fundamentan el requerimiento de información, fundamentalmente la LGT art.93 y 94.

5072 Precisiones **1)** La Administración no está obligada jurídicamente a exponer, formando parte de la motivación del requerimiento, la **finalidad** concreta del mismo. A este respecto, existe gran semejanza de los requerimientos de la Administración tributaria con los de los órganos policiales, y estos no tienen que justificar y exponer la motivación de las actuaciones ni la finalidad concreta de las mismas. Se considera motivación suficiente la citación de los preceptos legales (TS 2-6-03, EDJ 49976).

2) Ha de entenderse como suficiente motivación del acto, la cita en el requerimiento de las **normas** que fundamentan jurídicamente la obligación de hacer que constituye el objeto del requerimiento (TEAC 10-10-03; 10-7-08; 12-2-09).

3) La **trascendencia tributaria** ha de resultar de los antecedentes incorporados al propio expediente para posibilitar la defensa del obligado tributario y la revisión, en su caso, del expediente. Si la trascendencia tributaria resulta evidente no se exige justificación alguna en el requerimiento (TEAC 22-9-99; 12-2-09).

4) La trascendencia tributaria de la información relativa a **cuentas bancarias y activos financieros** resulta de su propia naturaleza, por lo que no necesita justificación expresa (TEAC 30-4-99).

5) Cuando la trascendencia tributaria del requerimiento de información es evidente, no es necesario motivar dichos requerimientos con referencia a un **procedimiento concreto**; sin embargo, hay otros supuestos en los que la trascendencia tributaria no resulta del expediente, resultando necesario su justificación expresa (TEAC 7-11-03).

6) El requerimiento queda suficientemente justificado cuando se señala la necesidad de la información solicitada para el **desarrollo de las actuaciones** que tienen encomendadas los servicios de la Agencia Tributaria (AN 1-2-10, EDJ 6992).

7) En el requerimiento de información a entidad aseguradora sobre titulares de **póliza multirriesgo** queda reflejada, sin necesidad de mayores explicaciones o razonamientos, la trascendencia tributaria de la información solicitada debido a sus especiales características, por reflejar un importante nivel económico de las personas que tienen suscritas pólizas de las características requeridas, incluso incidiendo especialmente en determinados impuestos como el IP o IRPF. El requisito de la motivación se cumple en este caso y su contenido resulta suficiente para delimitar la trascendencia tributaria del requerimiento. El hecho de añadir al requerimiento de forma expresa que la trascendencia tributaria se concreta en algunos impuestos, nada añadiría a la justificación que el propio requerimiento incorpora en los concretos datos que se solicitan (TS 19-6-09, EDJ 229040).

5073 **8)** La normativa no obliga a la Administración a una motivación exhaustiva, sino que basta con que sea una **motivación suficiente y adecuada** para que la entidad requerida tenga pleno conocimiento de lo pretendido por la Administración (TS 7-11-14, EDJ 201350).

9) Los requerimientos constituyen actos administrativos no limitativos de derechos subjetivos que definen una obligación de hacer, y, salvo que su trascendencia tributaria no sea evidente, es suficiente motivación del acto la **cita de las normas que lo fundamentan** jurídicamente (TS 26-9-07, EDJ 175297).

10) En general es suficiente como motivación la cita a las normas que fundamentan jurídicamente la obligación, sin que sea necesario indicar la **finalidad concreta de la información**, dado que la evidencia de la trascendencia tributaria de la información requerida hace innecesaria una motivación expresa de la misma (TEAC 25-6-09).

11) En un requerimiento de información de la Inspección sobre la vigencia de **contratos de alquiler de cajas de seguridad**, se considera que la naturaleza de los datos requeridos conlleva implícitamente la motivación de la trascendencia tributaria de la información solicitada (TEAC 2-11-17).

12) El contenido del requerimiento a un **Colegio de Abogados** de informes referentes a las minutas de sus colegiados por costas procesales refleja sin necesidad de mayores explicaciones o razonamientos, y por ende motiva la trascendencia tributaria de la información solicitada, respecto de la cual se manifiesta que resulta necesaria para las actuaciones que tiene encomendada la Inspección de los tributos (TEAC 18-9-18).

13) La solicitud de información a una **entidad de tasación inmobiliaria** sobre las tasaciones realizadas durante determinados ejercicios es una información que, a diferencia de los datos bancarios, no tiene en sí misma trascendencia tributaria. Resulta indudable que la información sobre tasaciones inmobiliarias puede tener trascendencia tributaria, otra cosa es que la tenga «per se» (TS 20-10-14, EDJ 191967; 11-3-15, EDJ 28204).

Cumplimiento del requerimiento (LGT art.100.1) La finalización del procedimiento se produce con la atención del requerimiento o, en su caso, con su **incumplimiento**. 5074
El incumplimiento del plazo del requerimiento notificado está tipificado como una **infracción tributaria** por resistencia, obstrucción, excusa o negativa a las actuaciones de la Administración tributaria (nº 6977 s.).

Efectos del requerimiento sobre el plazo de una posterior comprobación al propio obligado tributario En general, un requerimiento previo efectuado al obligado tributario es un procedimiento distinto y autónomo del eventual procedimiento de comprobación o investigación que posteriormente se pueda efectuar a ese mismo obligado tributario (RGGI art.30.3). 5075
Estos requerimientos a los propios obligados tributarios a los que se refiere la información solicitada no se tratan de actuaciones de comprobación e investigación, sino de una **actuación previa de selección y planificación**, para detectar aquellos individuos de un colectivo que tienen un mayor riesgo fiscal y se seleccionan para su ulterior comprobación. Pero, si estos requerimientos sobrepasan este ámbito de planificación y selección y su finalidad es obtener las **pruebas fundamentales** en las que se basa la posterior comprobación y regularización, el plazo de la tramitación de la actuación de requerimiento podría pasar a formar parte del plazo de duración del posterior procedimiento de comprobación o investigación.

Precisiones 1) La totalidad de las **actuaciones** de comprobación e investigación se realizaron **antes de la comunicación formal del inicio** de las mismas, lo que constituye una irregularidad que no supone la nulidad del pleno derecho de las actuaciones al no haber causado indefensión al interesado, pero que han de tomarse en consideración a efectos del cómputo del plazo máximo de duración de las actuaciones (TS 26-5-14, EDJ 81726).
2) Los requerimientos individualizados de obtención de información que efectúen las **unidades de módulos** en el ejercicio de sus funciones de control integral de los contribuyentes que tributan en métodos objetivos de tributación, solicitando a los requeridos datos y justificantes en relación con el cumplimiento de sus propias obligaciones tributarias, no suponen el inicio de un procedimiento de comprobación o investigación, incluso cuando la Administración solicite la aportación y/o el obligado tributario aporte documentación acreditativa de la información requerida. Estos requerimientos de información no interrumpen el plazo de prescripción de la Administración para determinar las deudas tributarias mediante la oportuna liquidación (TEAC 23-1-14).
3) Se toma como **fecha de inicio del procedimiento** de comprobación limitada, a efectos de determinar su fecha de caducidad, la de solicitud de una información que, tras ser aportada, motiva la liquidación posterior que se apoya expresa y únicamente en dicha documentación, cuando no puede englobarse en las obligaciones genéricas de aporte de información de la LGT art.93 (TEAC 13-1-16; 23-1-14).
4) Las **actuaciones de obtención de información** desarrolladas por la Inspección tributaria son distintas tanto de las actuaciones de investigación y comprobación, y ello con independencia de que también puedan realizarse requerimientos de información a terceros en el curso de un procedimiento de aplicación de los tributos. Por lo tanto, los requerimientos de información realizados por la Inspección en el ámbito de las actuaciones de obtención de información no están sujetos al **plazo máximo de duración** de la LGT art.150 (TEAC 2-3-17).
5) Las actuaciones realizadas por la Inspección con carácter previo al inicio del procedimiento para la solicitud de la autorización judicial de entrada y registro son **preparatorios del procedimiento de inspección**, que no integrantes del mismo, y no son susceptibles de procurar el inicio de las actuaciones de comprobación e investigación. Los requerimientos de información realizados no suponen el inicio de un procedimiento inspector, aunque se tenga en cuenta el resultado del requerimiento de información para acordar el posterior procedimiento de investigación o comprobación, ya que se está, por regla general, en presencia de actuaciones distintas y separadas. En consecuencia, los plazos de duración del procedimiento inspector operan de modo autónomo e independiente de la fecha en que se hubiera cursado el requerimiento de información (TS 7-7-20, EDJ 598587).

Recursos contra el requerimiento El **obligado tributario requerido** puede impugnar los requerimientos de información, primero en vía económico-administrativa y seguidamente en vía contencioso-administrativa. 5076

Precisiones 1) La mera interposición de un recurso no supone la **suspensión** del acto administrativo impugnado (LPAC art.39). Por ello, se pueden plantear tres situaciones al impugnar un requerimiento de información: 5077
- se solicita la suspensión: en tanto no recaiga la resolución de la pieza separada de suspensión, se suspende cautelarmente el requerimiento de información;
- no se solicita la suspensión y se atiende el requerimiento: la Administración tributaria pude utilizar inmediatamente la información obtenida, salvo que como resultado de la impugnación se anule el requerimiento, en cuyo no podría utilizase la información con carácter retroactivo;

- no se solicita la suspensión y no se atiende el requerimiento: la Administración tributaria puede reiterar el requerimiento y, en su caso, imponer la correspondiente sanción por su incumplimiento (nº 5074), y eventualmente puede realizar una ejecución forzosa del mismo.

2) Solo está legitimado para impugnar el requerimiento el **destinatario** del mismo, pero no el sujeto inspeccionado al que se refiere la información solicitada, que solo puede combatirlo con ocasión del recurso o reclamación que interponga contra la liquidación, al ser para él un acto de trámite (TS 23-10-01, EDJ 49722; AN 11-3-02, EDJ 17324).

3) El requerimiento de información formulado **al propio inspeccionado** dentro del procedimiento de comprobación es un acto de trámite no recurrible (AN 9-4-98, EDJ 61313). Si se formula a un tercero, este sí que puede recurrir.

4) Un **requerimiento** de información a una entidad bancaria es un acto de trámite no **recurrible** independientemente por el sujeto inspeccionado, pero sí, en su caso, por la entidad financiera (TS 23-10-01, EDJ 49722).

5) La **ausencia** de comunicación, en el propio requerimiento de información, de las **posibilidades de impugnación** del mismo, no produce indefensión si, a pesar de ella, este ha sido recurrido (TEAC 17-1-07).

6) Los requerimientos de información son recurribles en vía económico-administrativa, y previamente impugnables en **reposición** (TEAC 28-2-90; 10-4-96). Constituye un acto administrativo con entidad propia, no adjetiva, que concreta e individualiza el deber general de suministrar información, por lo que supone una obligación principal y autónoma. No puede ser considerado como un mero acto de trámite y, en consecuencia, es un acto reclamable en la **vía económico-administrativa** (TEAC 23-9-87; 10-11-93).

7) Las actuaciones de obtención de información tienen **sustantividad propia** distinta de las de gestión o inspección llevadas a cabo ante el sujeto pasivo a quien la información pueda referirse. Se inadmite la reclamación por falta de interés legítimo del vendedor del inmueble para la interposición de reclamación, dado que el conocimiento por la Administración de los datos no afecta a sus intereses hasta que los mismos son incorporados a un expediente de gestión o inspección (TEAC 19-2-15).

8) El requerimiento de información constituye un acto administrativo con entidad propia, no adjetiva, que concreta e individualiza el deber general de suministrar información de terceros y define una obligación de hacer. Este acto administrativo declarativo formal no puede ser considerado de mero trámite y, en consecuencia, reúne las características precisas para ser calificado como **acto reclamable en la vía económico-administrativa**, conceptuación jurídica que ineludiblemente, obliga a exigir la constancia de su justificación o de los motivos por los que se emite para que así, por los órganos encargados en su caso del examen de su adecuación a Derecho, puede ejercitarse con plenitud su función (TEAC 6-2-14; 3-7-14).

2. Procedimiento especial de obtención de información bancaria

(LGT art.93.3; RGGI art.57)

5080 Las entidades dedicadas al tráfico bancario o crediticio están también obligadas a proporcionar a la Administración tributaria cuantos datos, informes y antecedentes con trascendencia tributaria se deduzcan de sus relaciones económicas o financieras. El incumplimiento de los deberes de información no puede ampararse en el **secreto bancario**.

En concreto, los órganos de inspección y de recaudación pueden hacer en el ejercicio de sus funciones requerimientos individualizados relativos a los **movimientos de cuentas** corrientes, depósitos de ahorro y a plazo, cuentas de préstamos y créditos y demás operaciones activas y pasivas de bancos, cajas de ahorro, cooperativas de crédito y cuantas entidades se dediquen al tráfico bancario o crediticio.

La investigación que se realice puede afectar al **origen y destino** de los movimientos o de los cheques u otras órdenes de pago, pero en estos casos no puede exceder de la identificación de las personas y de las cuentas en las que se encuentre dicho origen y destino.

No obstante, se establecen algunas reglas procedimentales especiales en función de la naturaleza de esta información (nº 5085 s.).

5082 Precisiones **1)** Este procedimiento se delimita por dos factores:

- **requisito subjetivo**: el requerimiento ha de dirigirse a entidades bancarias o crediticias;
- **requisito objetivo**: el requerimiento debe referirse a movimientos de cuentas corrientes, depósitos de ahorro y de plazo, cuentas de préstamos y créditos o demás operaciones activas o pasivas.

2) La diferencia fundamental con el **procedimiento general** (nº 5066 s.) se refiere a las mayores exigencias del procedimiento especial, con la finalidad de dotarle de mayores garantías, dado que la información sobre los movimientos de las cuentas bancarias afecta más directamente a la intimidad del obligado tributario, al permitir una radiografía de todos sus ingresos y gastos. Estas mayores garantías se concretan especialmente en requerir el consentimiento del afectado o la autorización previa del órgano competente de la Administración tributaria.

3) Los **órganos de gestión** tributaria nunca pueden efectuar requerimientos de información sobre movimientos de cuentas bancarias ni sobre el origen o destino de dichos movimientos.

4) Cuando los **órganos de Inspección** tramiten el procedimiento de comprobación limitada no pueden efectuar requerimientos sobre información de movimientos financieros (LGT art.136.3).
5) No hay en nuestro ordenamiento una consagración explícita y reforzada del **secreto bancario**, por lo que no ampara la negativa a suministrar información sobre los movimientos de las cuentas (TCo 110/1984; TS 29-7-83).
6) Para que pueda entenderse que la información relativa a los movimientos de las cuentas bancarias afecta al **ámbito de la intimidad** constitucionalmente protegido (Const art.18.1), es necesario que concurran los siguientes requisitos:
- que exista un fin constitucionalmente legítimo, como es el deber de sostener los gastos públicos de la Const art.31.1;
- que la intromisión en el derecho esté prevista en la Ley (en este caso, LGT art.93.3);
- que, como regla general, la injerencia en la esfera de privacidad constitucionalmente protegida se acuerde previamente mediante resolución judicial motivada. Este requisito solo se exige como regla general pero, a diferencia de otras medidas restrictivas de derechos fundamentales (como, por ejemplo, la entrada y registro del domicilio, etc.), respecto a las restricciones del derecho a la intimidad en la Constitución no existe reserva absoluta de previa resolución judicial.

Por tanto, no se exige constitucionalmente que sea el Juez el que tenga que autorizar esta medida limitativa, por lo que, siempre que la Ley así lo habilite, va a poder ser autorizado por la autoridad competente (TCo 234/1997; 233/2005).

Especialidades del procedimiento de obtención de información bancaria (LGT art.93.3; RGGI art.57) Su característica fundamental consiste en que se exige la **previa autorización** del órgano de la Administración tributaria que reglamentariamente se determine o el **consentimiento** del obligado tributario (nº 5090). **5085**

Estos requerimientos podrían efectuarse al margen de un procedimiento de inspección (o de recaudación), ya que solo se exige que se efectúen «en el ejercicio de las funciones de inspección o recaudación». En cualquier caso, esta posibilidad debería ser excepcional y justificada.
El sujeto al que se refiere la información solicitada no solo puede ser el titular de la cuenta, sino también los **autorizados en la cuenta** dado que la normativa se refiere a titulares o autorizados. Ello permite investigar si una persona está manejando fondos que coloca formalmente a nombre de una persona o entidad interpuesta.

Precisiones **1)** En los casos de **cuentas indistintas o conjuntas** y depósitos de titularidad plural, la petición de información sobre uno de los titulares implica la disponibilidad de todos los datos y movimientos de la cuenta u operación. Sin embargo, no puede utilizarse la información frente a otro titular sin seguir los trámites propios de este procedimiento especial (RGGI art.57.4).
2) La solicitud de autorización para la obtención de información de movimientos de cuentas y operaciones bancarias debe motivar, en términos concretos, las razones que aconsejan el **requerimiento directo** a la entidad, así como la procedencia, en su caso, de no notificar dicho requerimiento al obligado tributario (TS 14-1-10, EDJ 9975).

Entidades y operaciones a que se refiere este procedimiento especial (LGT art.93.3) Este procedimiento especial resulta aplicable a bancos, cajas de ahorro, cooperativas de crédito, y cuantas entidades se dediquen al **tráfico bancario o crediticio**, por lo que no resulta aplicable a otro tipo de entidades financieras (sociedades y agencias de valores, gestoras de fondos de pensiones, gestoras de fondos de inversión, etc.) ni a las entidades de seguros. **5087**

Tampoco resulta necesario este procedimiento cuando se requiere a una entidad bancaria un dato no relativo a **movimientos de cuentas bancarias**, como la dirección de un cliente, el titular o el autorizado de una cuenta, el saldo a final de año de una cuenta, el importe de los intereses satisfechos por una cuenta, etc.

Precisiones **1)** No resulta aplicable el procedimiento especial de requerimiento de información sobre cuentas bancarias para obtener información sobre **pólizas de seguros** (TS 27-11-99, EDJ 44601; 7-2-00, EDJ 1009). **5089**
2) El requerimiento formulado a una **entidad aseguradora** solicitando información acerca de los talleres de reparación de automóviles a los que haya satisfecho retribuciones por reparaciones a los asegurados es conforme a Derecho (TS 15-2-03, EDJ 3732).
3) Solo se garantiza con el procedimiento especial aquellas informaciones que afecten a la **intimidad de las personas**, no incluyéndose en ella las informaciones que los bancos deban suministrar periódicamente y las que el sujeto debe incluir en sus declaraciones e impuestos personales (TS 29-3-99, EDJ 9725), al igual que la información referida a la simple identificación de la cuenta bancaria (TS 28-2-06, EDJ 29254; 13-11-99, EDJ 38063).
Por tanto, solo afecta a movimientos de cuentas, depósitos, etc., pero no a las **cesiones de créditos**, pues para éstas, las entidades bancarias se encuentran obligadas por el procedimiento general de la LGT (TS 29-3-99, EDJ 9725; 16-10-99, EDJ 36278).
4) El requerimiento de información referida a datos para la identificación de las personas que efectúan movimientos de efectivo con **billetes de 500 euros** con un ámbito temporal circunscrito a fechas concretas y determinadas, no se refiere a movimientos de cuentas, por lo que no resulta necesaria autorización ni informe alguno, sino que se ajusta a lo establecido para requerimientos

individualizados. No se trata de requerimientos que soliciten información de las personas o entidades que simplemente se encuentren en una situación determinada en relación con el destinatario de aquéllos, sino de información referida a determinadas operaciones que por su perfil y circunstancias tienen una trascendencia tributaria subyacente (TEAC 10-7-08).
5) El TS rechaza la tesis de que solo es preciso el procedimiento especial de obtención de información bancaria cuando conocido un cheque por la Administración se pretende conocer su origen y destino, pero no cuando conocido dicho origen y destino lo que se desconozca sean los **medios de pago**. A esta conclusión llega el TS partiendo de un sofisma cual es confundir el origen y destino de una operación bancaria con el origen y destino del medio de pago utilizado en una operación (TS 1-7-03, EDJ 50018).
6) En el requerimiento de información a una entidad bancaria respecto a los titulares de contratos de **alquiler de cajas de seguridad**, la naturaleza de los datos conlleva implícitamente la motivación y trascendencia tributaria (TEAC 22-10-08). Si tal requerimiento se efectúa en fase recaudatoria, la trascendencia de los datos solicitados ha de examinarse en relación con la finalidad de hacer efectivo el cobro de la deuda ya liquidada, por lo que se ha entendido que en estos casos no procede tal requerimiento cuando no haya sido identificado al obligado tributario ni la finalidad de dicha petición (AN 10-5-10, EDJ 88107; TS 16-7-12, EDJ 154819; 21-6-12, EDJ 140450).
7) Un requerimiento de información a una entidad financiera sobre **identificación de titulares de cuentas** corrientes en que se habían ingresado determinados cheques requiere autorización previa (TS 28-2-06, EDJ 29254).
8) Un requerimiento de información a una entidad financiera sobre identificación de titulares de cuentas corrientes en que se habían ingresado determinados cheques, y sobre identificación de personas que habían cobrado determinados **cheques**, solo requiere autorización previa para el primer supuesto, en que se investiga la titularidad de cuentas bancarias, pero no necesaria en el segundo (TS 13-11-99, EDJ 38063).
9) Un requerimiento de información que solicita no solo la identificación del librador de los cheques o del propietario de los fondos que fueron posteriormente utilizados en la adquisición de determinados activos financieros, sino también la **identificación de tales operaciones o activos**, así como de la numeración, titulares y autorizados, en su caso, de cuentas bancarias, requiere la previa autorización (TS 18-6-06, EDJ 253310).
10) El requerimiento de información a entidad financiera relativa a la identificación de las cuentas bancarias que en un ejercicio determinado han tenido un **importe total anual por suma de apuntes** en el haber por cuantía superior a determinada cantidad no requiere el procedimiento especial de cuentas bancarias (TS 7-11-14, EDJ 201350; 20-11-14, EDJ 207388).

5090 **Autorización o consentimiento previos** (RGGI art.57.1) Estos requerimientos pueden solicitarse directamente a los **obligados tributarios** afectados, titulares o autorizados, o dirigirse a las **entidades bancarias o crediticias**, sin que sea preciso notificar este requerimiento al obligado tributario al que se refiere la información requerida. Para poder solicitar la información a la entidad bancaria o crediticia es necesario obtener el consentimiento del obligado tributario o la autorización del órgano competente de la Administración tributaria.
La **solicitud de autorización** al órgano competente debe estar debidamente justificada y motivar en términos concretos las razones que aconsejan el requerimiento directo a la entidad, así como la procedencia, en su caso, de no notificar dicho requerimiento al obligado tributario.

Precisiones **1)** La autorización habilita para solicitar los **datos** de movimientos de cuentas y operaciones financieras, así como los requerimientos posteriores relativos a la documentación soporte de los mismos. También permite identificar a las personas o entidades a las que se refieran el origen y destino de los movimientos, cheques u órdenes de pago o abono, aunque los cheques hubieran sido sustituidos o tuvieran su origen en otros del mismo o diferente importe.
2) La autorización del Delegado o del Director de Departamento para solicitar información de entidades de crédito supone un **acto declarativo** de obligaciones para estas, que pueden recurrir. Pero el obligado tributario afectado no puede hacerlo ya que para él se trata de un **acto de trámite** que solo puede recurrir al hacerlo contra la liquidación que, en su caso, se gire (TS 23-10-01, EDJ 49722).

5091 En el ámbito de la Agencia Tributaria, el **órgano competente** para otorgar la autorización es el Director de Departamento o los Delegados de la Agencia de los que dependa el órgano actuante que solicita la autorización.
En la AEAT, es frecuente que los Delegados Especiales deleguen en los Delegados de la Agencia la competencia para la autorización de los requerimientos de obtención de información a entidades dedicadas al tráfico bancario o crediticio a que se refiere el RGGI art.57.1, respecto de los equipos y unidades de inspección de la correspondiente Delegación. Lógicamente, esta situación no se produce en las Delegaciones Especiales uniprovinciales. Dicha delegación se efectúa de acuerdo con lo dispuesto en la LRJSP art.9.

5093 **Requerimiento individualizado** (RGGI art.57.2 y 3) Debe notificarse a la persona o entidad bancaria o crediticia requerida, y en él se deben precisar las cuentas u operaciones objeto del requerimiento (datos identificativos del cheque u orden de pago de que se trate, identificación

del número de la cuenta bancaria, etc.), los **obligados tributarios** afectados y, en su caso, el **alcance temporal** al que se refiere el requerimiento. Las actuaciones pueden extenderse a los documentos y demás antecedentes relacionados con los datos solicitados.
Ha de indicarse también el modo en que van a practicarse las **actuaciones**: bien solicitando que se aporten los datos requeridos mediante la correspondiente certificación; bien mediante personación de la Inspección para examinar los documentos necesarios.

Aportación de la información (RGGI art.57.2 y 3) La persona o entidad requerida debe aportar los **5095** datos en el **plazo** otorgado para ello que no puede ser inferior quince días, contados a partir del día siguiente al de la notificación del requerimiento. Idéntico plazo debe concederse, desde la notificación del requerimiento hasta la personación de la Inspección, si se opta por esta fórmula.
El requerimiento va a poder solicitar la aportación de los datos en **soporte informático** de acuerdo con los formatos de uso generalizado.

Precisiones Con el objeto de adaptar los requerimientos de información bancaria a las nuevas tecnologías y reducir los costes de gestión y las cargas fiscales indirectas que soportan las entidades requeridas, se han regulado las condiciones para el desarrollo de un **procedimiento electrónico para el intercambio de ficheros** entre la AEAT y las entidades de crédito respecto de la información relativa a los extractos normalizados de cuentas corrientes (AEAT Resol 16-12-08). Se trata de un sistema al que pueden acogerse voluntariamente las entidades de crédito que lo deseen, cumpliendo las condiciones establecidas en dicha disposición.

3. Requerimientos a autoridades sometidas al deber de informar y colaborar

(LGT art.94; RGGI art.56)

Se encuentran sometidas al deber de informar y colaborar, las autoridades, cualquiera que **5100** sea su naturaleza; los titulares de los órganos del Estado, de las CCAA y de las entidades locales; los organismos autónomos y las entidades públicas empresariales; las cámaras y corporaciones, colegios y asociaciones profesionales; las mutualidades de previsión social; las demás entidades públicas incluidas las gestoras de la Seguridad Social y quienes, en general, ejerzan **funciones públicas**. La norma contiene una pormenorizada y casi exhaustiva relación de obligados públicos, para finalizar en una cláusula final de cierre.
En este caso, tales autoridades se encuentran obligadas a suministrar a la Administración tributaria cuantos datos, informes y antecedentes con trascendencia tributaria recabe esta, ya sea mediante disposiciones de carácter general o a través de requerimientos concretos.
Del mismo modo, han de prestar a la Administración tributaria y a sus agentes **apoyo, concurso, auxilio y protección** para el ejercicio de sus funciones.

Precisiones 1) El deber de colaboración de las autoridades públicas va más allá del establecido para los **demás obligados tributarios**, dado que no se limita a facilitar los datos y justificantes requeridos, sino que también les exige cooperar en el desarrollo de las funciones de la Inspección, prestando a la Administración tributaria el apoyo, concurso, auxilio y protección necesarios para el desarrollo de sus funciones.
2) La especialidad de este procedimiento respecto del **procedimiento general** (nº 5066 s.) se limita a la autoridad competente para efectuar el requerimiento. Se establece que el requerimiento se ha de realizar directamente por el superior jerárquico del órgano actuante que pretenda obtener la información.

Los **partidos políticos, sindicatos y asociaciones empresariales** están sometidos a las mis- **5102** mas obligaciones de información.
Los **juzgados y tribunales** deben facilitar a la Administración tributaria, de oficio o a requerimiento de la misma, cuantos datos con trascendencia tributaria se desprendan de las actuaciones judiciales de las que conozcan, respetando, en su caso, el secreto de las diligencias sumariales.
Por su parte, el Servicio Ejecutivo de la Comisión de Prevención del Blanqueo de Capitales e Infracciones Monetarias (SEPBLAC), la **Comisión de Vigilancia de Actividades de Financiación del Terrorismo** y la Secretaría de ambas Comisiones, deben facilitar a la Administración tributaria cuantos datos con trascendencia tributaria obtengan en el ejercicio de sus funciones, de oficio, con carácter general, o mediante requerimiento individualizado (nº 7822). Los órganos de la Administración tributaria pueden utilizar la información suministrada para la regularización de la situación tributaria de los obligados tributarios, sin que sea necesario efectuar el requerimiento individualizado relativos a movimientos de cuentas bancarias (nº 5093). El órgano competente para realizar estos requerimientos es el Director general o de departamento correspondiente.

5105 **Procedimiento** (RGGI art.56) El RGGI contempla las especialidades de los requerimientos que se efectúen a determinadas autoridades sometidas al deber de informar y colaborar.
En concreto, se refiere a los juzgados y tribunales, al Servicio Ejecutivo de la Comisión de Prevención del Blanqueo de Capitales e Infracciones Monetarias (SEPBLAC), a la Comisión de Vigilancia de Actividades de Financiación del Terrorismo y a la Secretaría de ambas Comisiones. En estos supuestos, el órgano actuante que pretenda requerir la información tiene que dirigir una **solicitud** debidamente justificada al **órgano competente** para realizar el requerimiento. Tales órganos son respectivamente los directores generales de Departamento o los delegados de la AEAT tratándose de juzgados y tribunales, y los Directores de Departamento en el otro supuesto.

5107 Precisiones 1) Los **juzgados y tribunales** pueden facilitar información de oficio, cuando en el marco de los procesos que tramiten tengan conocimiento de alguna operación no regularizada fiscalmente, o a requerimiento de la Administración tributaria, si bien estos requerimientos de información cuentan con una limitación específica dado que se debe respetar el secreto de las diligencias sumariales (LGT art.94.3).
2) El intercambio de información entre el **SEPBLAC** y la AEAT se encuentra desarrollado en el Convenio de colaboración entre ambos de 5-7-06, que designa como interlocutores, respectivamente, a la Dirección Adjunta del SEPBLAC y a la Oficina Nacional de Investigación del Fraude. El intercambio de información puede realizarse previa solicitud o de forma espontánea.
3) El intercambio de información entre el **Consejo General del Notariado** y la AEAT se encuentra desarrollado en el Convenio de colaboración entre ambos de 19-6-07 que designa como interlocutores, respectivamente, al Órgano de Colaboración Tributaria y a la Oficina Nacional de Investigación del Fraude.
4) La regulación del intercambio de información entre las **Comunidades Autónomas** y la AEAT (LGT art.94.1 y 95.1.b) se completa con lo dispuesto en la Ley por la que se regula el sistema de financiación de las CCAA de régimen común y Ciudades con Estatuto de Autonomía (L 22/2009 art.61). El procedimiento de intercambio de información se desarrolla en la OM 18-11-1999, que señala como órganos de enlace y comunicación de la AEAT a los Delegados y al Departamento de Informática Tributaria.
5) El intercambio de información entre las **Haciendas Forales** y la AEAT se regulan en el Concierto Económico con la Comunidad Autónoma del País Vasco (L 12/2002 art.4.3, 45 y 46) y en el Convenio Económico con la Comunidad Foral de Navarra (L 28/1990 art.5.1, 44 y 46). La Administración tributaria del Estado tiene la facultad de requerir directamente a obligados tributarios forales cuando la información que pueden aportar afecte a obligados tributarios domiciliados en Territorio común (TS 24-7-99, EDJ 29284). Sin embargo, no cabe que las Haciendas Forales requieran a obligados tributarios domiciliados en Territorio común, al circunscribirse su ámbito competencial a los Territorios históricos del País Vasco y Navarra, por lo que deben solicitar la colaboración de la AEAT para que esta efectúe el requerimiento y les remita la información obtenida.
6) La Inspección puede obtener información mediante la personación de sus agentes en los **juzgados y tribunales** para tomar nota de las partes en los procesos, sus representantes procesales y la cuantía de los pleitos, al tratarse de datos que no afectan a la intimidad de las personas (TS 16-4-98, EDJ 2493).
7) Acordado el **registro domiciliario** por un Juez de Instrucción e **incautada la documentación** que se entiende oportuna para la investigación de los hechos punibles objeto de las diligencias penales, el mismo tiene la obligación de remitir a la Agencia Tributaria todos los datos que estime necesarios cuando comprueba que de los mismos pueden derivarse irregularidades tributarias cometidas tanto por la persona física o jurídica investigada en dichas diligencias, como de cualesquiera otras que tengan relación con ella, máxime teniendo en cuenta que en este caso está acreditada la coincidencia de algunos socios en dichas sociedades (TSJ Murcia 4-4-16, EDJ 44089).

D. Carácter reservado de la información tributaria y deber de sigilo

(LGT art.95; RGGI art.60.3 a 6)

5115 Los datos, informes y antecedentes obtenidos por la Administración tributaria en el desarrollo de sus funciones tienen carácter reservado y solo pueden ser utilizados para la efectiva aplicación de los tributos o recursos cuya gestión tiene encomendada y para la imposición de sanciones, sin que puedan ser **cedidos o comunicados a terceros**, salvo en los casos establecidos por la norma, que son (LGT art.95.1 redacc L 13/2023):
- los órganos jurisdiccionales y el Ministerio Fiscal: para la investigación o persecución de delitos que no sean perseguibles únicamente a instancia de persona agraviada;
- otras Administraciones tributarias: para el cumplimiento de obligaciones fiscales en el ámbito de sus competencias;

- la Inspección de Trabajo y la Seguridad Social y con las entidades gestoras y servicios comunes de la seguridad Social: para la lucha contra el fraude en la cotización y recaudación de cuotas del sistema de Seguridad Social y contra el fraude en la obtención y disfrute de prestaciones a cargo de dicho sistema, así como para la determinación del nivel de aportación de cada usuario en las prestaciones del Sistema Nacional de Salud;
- las Administraciones públicas: para la lucha contra el delito fiscal y contra el fraude en la obtención o percepción de ayudas o subvenciones a cargo de fondos públicos o de la UE. Incluyendo las medidas oportunas para prevenir, detectar y corregir el fraude, la corrupción y los conflictos de intereses que afecten sus intereses financieros;
- las comisiones parlamentarias de investigación: para el ejercicio de sus funciones en el marco legalmente establecido;
- los órganos jurisdiccionales o el Ministerio Fiscal: para la protección de los derechos e intereses de los menores y personas con discapacidad necesitadas de medidas de apoyo (L 8/2021);
- el Tribunal de Cuentas: para el ejercicio de sus funciones de fiscalización de la AEAT;
- los jueces y tribunales: para la ejecución de resoluciones judiciales firmes. La solicitud judicial de información va a exigir resolución expresa en la que, previa ponderación de los intereses públicos y privados afectados en el asunto de que se trate y por haberse agotado los demás medios o fuentes de conocimiento sobre la existencia de bienes y derechos del deudor, se motive la necesidad de recabar datos de la Administración tributaria;
- el Servicio Ejecutivo de la Comisión de Prevención del Blanqueo de Capitales e Infracciones Monetarias, la Comisión de Vigilancia de Actividades de Financiación del Terrorismo y la Secretaria de ambas Comisiones: para el ejercicio de sus respectivas funciones;
- órganos o entidades de Derecho público encargados de la recaudación de recursos públicos no tributarios: para la correcta identificación de los obligados al pago y con la Dirección General de Tráfico para la práctica de las notificaciones a los mismos, dirigidas al cobro de tales recursos;
- las Administraciones públicas: para el desarrollo de sus funciones, previa autorización de los obligados tributarios a que se refieren los datos suministrados;
- la Intervención general de la Administración del Estado: para el ejercicio de sus funciones de control de la gestión económico-financiera, el seguimiento del déficit público, el control de subvenciones y ayudas públicas y la lucha contra la morosidad en las operaciones comerciales de las entidades del Sector Público;
- la Oficina de Recuperación y Gestión de Activos: para la localización, mediante la cesión de los datos, informes y antecedentes necesarios, de los bienes y derechos susceptibles de ser embargados o decomisados en un determinado proceso penal, previa acreditación de esta circunstancia; y
- la colaboración con las entidades responsables de los procedimientos de adjudicación de contratos y concesión de subvenciones vinculadas a la ejecución del Plan de Recuperación, Transformación y Resiliencia, en relación con el análisis sistemático de riesgo de conflicto de interés.

Precisiones **1)** El carácter reservado de estos datos no va a impedir la **publicidad** de los mismos cuando esta se derive de la normativa de la UE (LGT art.95.4). **5117**
2) La cesión de información en el ámbito de la **asistencia mutua** se ha de regir según lo dispuesto en la LGT art.177 ter (LGT art.95.6) (nº 5248.2 s.).
3) Si una Administración, para el ejercicio de las funciones que le son propias, solicita de la AEAT la **cesión de datos tributarios**, tal cesión será con fines tributarios. Si es para el ejercicio de otras potestades ajenas a las tributarias y no hay una norma legal que lo prevea, deberá contar con la previa autorización del interesado (TS 21-3-23, EDJ 538462; 1-3-23, EDJ 519779).

Los **resultados de las actuaciones** pueden ser utilizados por el órgano que las haya realizado y por otros órganos de la misma Administración tributaria en orden al adecuado desempeño de sus funciones respecto del mismo o de otros obligados tributarios, pero la información obtenida solo puede comunicarse a quienes por razón de sus competencias intervengan en el procedimiento. **5118**

Por consiguiente, es posible legalmente incorporar a un expediente de comprobación e inspección los **datos obtenidos en otras actuaciones referidas a terceros**, siempre que ello sea necesario para regularizar la situación tributaria del obligado sujeto a actuaciones de comprobación. Por ejemplo, si la Inspección comprueba, que una persona o entidad que carece de elementos materiales y humanos productivos, ha emitido facturas falseadas a una sociedad, en la regularización de esta última la Inspección puede utilizar los datos que demuestran el carácter falseado de la facturación obtenida de su proveedor ficticio. El derecho a la protección de datos personales del proveedor debe ceder ante la legítima y necesaria utilización de

esos datos por parte de la Administración tributaria en el expediente inspector del tercero que, además, tendría derecho a conocer los datos utilizados en la regularización por la Administración para poder hacer valer su derecho a la defensa.
Pero, sólo deben incorporarse los datos de terceros que sean **necesarios y pertinentes**. A este respecto, se pueden blanquear datos de terceros que resulten confidenciales y no sea necesario incorporar al expediente, o hacer extractos de documentos para preservar el carácter reservado de los datos que no afecten al obligado tributario (RGGI art.95.1), en cuyo caso debe advertirse al interesado del motivo legal de esa reserva y la posibilidad de solicitar que le sean facilitados completos, si justifica que la falta de conocimiento completo de los datos merma sus posibilidades de defensa.
El carácter reservado de la información obtenida por la Administración tributaria conlleva que esta tiene que adoptar las medidas necesarias que garanticen la **confidencialidad** de la información tributaria y su uso adecuado, y que las autoridades y funcionarios que tengan conocimiento de estos datos, informes o antecedentes se encuentran obligados al más estricto y completo **sigilo**. Con independencia de las responsabilidades penales o civiles en que pudieran incurrir, la infracción del deber de sigilo tiene siempre la consideración de falta disciplinaria muy grave.
No obstante, si la Administración tributaria aprecia la **posible existencia de un delito** no perseguible únicamente a instancia de persona agraviada, ha de deducir el tanto de culpa o remitir al Ministerio Fiscal relación circunstanciada de los hechos que se estimen constitutivos de delito. También puede iniciar directamente el oportuno procedimiento mediante querella a través del Servicio Jurídico competente.

Precisiones 1) Debido a este carácter reservado de la información tributaria, se establece que los funcionarios y el personal al servicio de la Administración tributaria no están obligados a declarar como **testigos** en los procedimientos penales por delitos perseguibles únicamente a instancia de parte ni en los civiles, cuando no pueda hacerlo sin violar el deber de sigilo.
2) Cualquier ciudadano tiene derecho a obtener información de las **comunicaciones realizadas a otras Administraciones públicas** de sus datos de carácter personal (TS 7-7-09, EDJ 151039).

SECCIÓN 2

Actuaciones de comprobación de valor

(LGT art.57, 134 y 135; RGGI art.157 a 162)

5125

5126 Sin perjuicio de lo establecido en la normativa de cada tributo, los órganos de inspección pueden comprobar el **valor de las rentas, productos, bienes y demás elementos** de la obligación tributaria conforme a los medios de comprobación de valor señalados en nº 5130, con las siguientes **excepciones**:
1. Cuando el obligado tributario haya declarado de acuerdo con el **valor comunicado** al efecto por la Administración tributaria con carácter previo a la adquisición o transmisión de bienes inmuebles. Esta información previa tiene efectos vinculantes durante un plazo de tres meses desde su notificación, siempre que se haya solicitado antes de la finalización del plazo de autoliquidación y se hayan proporcionado datos verdaderos y suficientes a la Administración tributaria (LGT art.90; RGGI art.90). Sin embargo, esto no impide la comprobación por la Administración tributaria de los elementos de hecho y circunstancias manifestados por el obligado tributario.
2. Cuando el obligado tributario haya declarado conforme al **valor publicado** por la Administración actuante.
Las actuaciones de comprobación pueden desarrollarse por los órganos de inspección a iniciativa propia o a petición de otros órganos de la misma u otra Administración tributaria. Los órganos inspectores pueden también practicar estas actuaciones a petición de las Comunidades Autónomas respecto de los tributos que tengan cedidos (RGGI art.197.1).
Estas actuaciones se regulan de forma unitaria para todos los órganos de aplicación de los tributos, y puede referirse a cualquier elemento de cuantificación de la base, tipo y cuota.
No son actuaciones de comprobación de valores aquellas en las que el valor de las rentas, productos, bienes o elementos de la obligación tributaria venga determinado directamente por una norma.

La facultad de comprobación de valores no la pierde la Administración en los casos en que los valores se hayan fijado en **ejercicios prescritos** si sus efectos se extienden a ejercicios no prescritos.
Para la valoración de **operaciones vinculadas**, reguladas específicamente en la normativa del IS, ver nº 4667 s.

Unidad del valor fiscal La cuestión de si la valoración a efectos de un impuesto de un bien u operación concreta debe vincular a efectos de **otro impuesto** distinto, viene planteando polémica manteniéndose, por un lado, la posición que considera que debe surtir efectos en el otro tributo (principio de unidad de la valoración) y, por el contrario, la que considera que no debe surtir efectos (principio de estanqueidad). La jurisprudencia ha ido oscilando en esta cuestión: **5127**
a. **Principio de estanqueidad**: los distintos impuestos que integran el sistema tributario deben tener un funcionamiento autónomo, como si fueran compartimentos estancos, separados o independientes. Se argumenta que en muchos tributos se ofrecen normas específicas tanto en el aspecto material como en el procedimental, que avalan que cada tributo se rige por su propia lógica interna, y que el legislador puede configurar libremente cada uno de los tributos. El Tribunal Supremo ha aceptado el principio de estanqueidad en diversas sentencias (TS 27-11-96, EDJ 9279; 25-6-98, EDJ 18712; 30-3-99, EDJ 7991). La doctrina administrativa ha apoyado dicho principio (TEAC 5-4-95; 19-1-07).
b. **Principio de unidad**: la Administración no puede actuar de forma desarticulada entre sus distintos órganos; lo contrario supondría que la Administración estaría actuando contra sus propios actos. Asimismo, se argumenta que los impuestos deben estar coordinados en un sistema tributario de acuerdo con lo dispuesto en la Const art.31.1, y no como figuras aisladas y descoordinadas. El TS ha aceptado este principio en diversas sentencias (TS 30-11-09, EDJ 288599; 11-12-09, EDJ 321790). En concreto, admite el efecto vinculante de una operación cuantificada a efectos de valor de aduanas en relación con la valoración a efectos del IS.
c. **Posición intermedia**: ambos principios tienen importantes argumentos jurídicos a su favor, debiendo ser analizado caso por caso. La tesis de la unidad del valor fiscal solo debe mantenerse siempre que lo permita la configuración de los diferentes impuestos y no existan reglas especiales de valoración. En el caso del principio de estanqueidad, debe ser valorado caso por caso atendiendo al concepto y método de valoración de cada tributo, al procedimiento de valoración empleado por cada tributo y a la Administración valoradora. El TS (TS 15-1-15, EDJ 2122; 21-12-15, EDJ 244146) considera que no es obstáculo para la aplicación del principio de unicidad de valores el hecho de que estemos ante actuaciones administrativas distintas, cuando una de ellas es la estatal y la otra es una Comunidad Autónoma en relación con un impuesto estatal que ha sido cedido al ámbito autonómico.
Se entiende que uno y otro principio **no rigen de forma absoluta**, entre otras razones, porque su interpretación maximalista provocaría situaciones imposibles, al ser uno y otro, bajo esta premisa extrema, antagónicos, y por ende, inconciliables entre si (AN 25-5-17, EDJ 128012; TEAR Canarias 31-8-22).

Precisiones 1) En un arrendamiento financiero de un inmueble, se discute la facultad de la Administración de comprobar la valoración dada al suelo y a la edificación habiendo sido fijadas por arrendador y arrendatario en ejercicios prescritos. Ante un caso como este, una cosa es que no se puedan revisar los ejercicios prescritos, y otra distinta, que la Administración tenga que pasar por **decisiones de terceros** que por afectar a ejercicios prescritos no puedan ser revisadas, pero siguen produciendo efectos en el hecho imponible sobre ejercicios no prescritos. Por tanto, no puede entenderse aplicable la doctrina de los actos propios por dos razones: por un lado, porque esta doctrina requiere que los actos hayan sido dictados por la Administración- lo que no sucede en este caso-; por otro lado, porque el hecho de que la Administración no haya comprobado dicho acto dentro del periodo prescriptivo no convierte al acto en un acto propio de la Administración en virtud de la prescripción, sino en un acto no susceptible de modificación por la Administración, lo que es una cosa diferente (TS 19-11-08, EDJ 272367; 18-2-09, EDJ 16851). **5128**
2) Es preciso distinguir entre lo que es **comprobar** y **cuantificar** un valor, sobre todo si esta cuantificación tiene lugar mediante los datos suministrados por el propio contribuyente. El TEAC ha señalado que no es correcto identificar la comprobación de valores con aquella actividad dirigida a cuantificar un valor que ha sido acogido como tal por la norma para configurar o proyectar un determinado tributo (TEAC 26-9-02). No cabe por tanto solicitar la tasación pericial contradictoria cuando no exista una comprobación de valor, por ser la valoración una consecuencia directa de la aplicación de una norma (TSJ Galicia 17-9-08, EDJ 210342).
3) El método de **estimación por referencia** no es adecuado por su generalidad y falta de relación con el bien concreto. La carga de la prueba de que el valor declarado se corresponde con el valor real le corresponde a la Administración, para lo cual ha de practicar una comprobación directa del inmueble sometido a valoración (TS 23-5-18, EDJ 98212); no es obligatorio que el obligado tributario deba promover tasación pericial contradictoria para desvirtuar el valor comprobado por la Administración (TS 19-6-18, EDJ 508839; 27-6-23, EDJ 616451).

5129 **4)** El valor real cuando de segundas y posteriores transmisiones de **VPO** se trata, viene configurado, no por el precio máximo de venta del bien transmitido, que es una magnitud de referencia a no sobrepasar, sino por el valor del bien que se asemeja al valor de mercado (TSJ Granada 28-3-17, EDJ 76870).

5) En la comprobación inspectora referida a la aplicación del **régimen especial FEAC** (fusiones escisiones, aportaciones de activos y canje de valores) no es preciso seguir el procedimiento de valoración de operaciones vinculadas. Aunque la entidad aportante y beneficiaria son vinculadas no se trata de valorar transacción alguna, sino de aplicar o no el régimen especial (AN 12-5-17, EDJ 98319).

6) Aceptada una valoración a los efectos del ITP y AJD y, en aplicación del **principio de unidad o unicidad administrativa**, no puede practicarse otra distinta en relación con la misma enajenación para el IS, teniendo en cuenta que la base imponible en ambos impuestos es determinada de manera equivalente, sin que el hecho de que la primera valoración haya sido practicada por una Administración autonómica afecte en este sentido, teniendo en cuenta que la Comunidad Autónoma actúa como delegada para la gestión, inspección y valoración de un tributo cedido (TS 23-4-85, EDJ 2331; 9-12-13, EDJ 257881). En el mismo sentido, TEAC 14-5-19.

A. Medios de comprobación de valores

(LGT art.57.1; RGGI art.158)

5130 Se contemplan los siguientes medios de comprobación del valor de las rentas, productos, bienes y demás elementos de la obligación tributaria:

a) **Capitalización o imputación** de rendimientos al porcentaje que señale la ley de cada tributo.

b) Estimación por referencia a los valores que figuran en los **registros oficiales de carácter fiscal**. Esta puede consistir en la aplicación de los coeficientes multiplicadores que se determinen y publiquen por la Administración tributaria competente, a los valores que figuren en el registro oficial de carácter fiscal que se tome de referencia a efectos de la valoración de cada tipo de bien. En el caso de bienes inmuebles, el registro oficial de carácter fiscal que se toma como referencia a efectos de determinar los coeficientes multiplicadores para la valoración de dichos bienes es el Catastro Inmobiliario.

La aplicación de este medio de valoración exige que la metodología técnica utilizada para el cálculo de los coeficientes multiplicadores, los coeficientes resultantes de dicha metodología y el período de tiempo de validez hayan sido aprobados y publicados por la Administración que vaya a aplicarlos. En el ámbito de las competencias del Estado esta aprobación se realizará mediante Orden del Ministro de Hacienda.

c) **Precios medios de mercado**: la Administración tributaria competente puede aprobar y publicar la metodología o el sistema de cálculo empleado para la determinación de dichos precios medios, así como los valores resultantes. En el ámbito estatal esta aprobación se realizará mediante orden del titular del Ministerio de Hacienda.

5132 d) **Cotizaciones** en mercados nacionales y extranjeros.

e) Dictamen de **peritos** de la Administración. La utilización de este medio requiere que dicho perito tenga titulación suficiente y adecuada al tipo de bien a valorar.

Si la valoración se refiere a un bien o derecho individualizado se han de hacer constar las características físicas, económicas y jurídicas que de acuerdo con la normativa aplicable hayan de considerarse para determinar el valor del bien o derecho.

f) Valor asignado a los bienes en las pólizas de contratos de **seguro**.

g) Valor asignado para la **tasación** de las fincas hipotecadas en cumplimiento de lo previsto en la legislación hipotecaria.

h) Precio o valor declarado correspondiente a **otras transmisiones** del mismo bien, teniendo en cuenta las circunstancias de estas y realizadas dentro del plazo de un año desde la fecha del devengo del impuesto en el que surta efecto, y siempre que se mantengan las circunstancias de carácter físico, jurídico y económico determinantes de dicho valor.

i) Cualquier **otro medio** que se determine en la ley propia de cada tributo.

5133 Precisiones **1)** La norma de cada tributo va a ser la que regule la **aplicación de los medios de comprobación** señalados. La ley de un tributo puede establecer como medio de comprobación del valor referido a dicho tributo exclusivamente uno o varios de los medios de comprobación contemplados en la LGT.

2) Las valoraciones obtenidas de la aplicación de los medios de valoración señalados pueden corregirse o confirmarse mediante la **tasación pericial contradictoria**, la cual va a poder ser promovida cualquiera que sea el procedimiento en que se realice la comprobación de valores (ver nº 5150 s.).

3) Se permite la **colaboración social** en relación con la elaboración de estudios e informes relativos a los siguientes medios de valoración: método de estimación por referencia a los valores que figuren en los registros oficiales de carácter fiscal y precios medios de mercado (LGT art.92).
4) Uno de los supuestos en que se puede formalizar un **acta con acuerdo** se refiere a aquellos procedimientos de inspección, en los que para poder elaborar la propuesta de regularización sea preciso realizar una estimación, valoración o medición de datos, elementos o características relevantes para la obligación tributaria que no puedan cuantificarse de forma cierta (nº 4274 s.).
5) Constituyen dos medios de valoración distintos el **valor de mercado** y el valor determinado por la aplicación de determinados coeficientes a aquel que figura en un registro oficial (TS 9-4-02, EDJ 9951).

6) Se considera correcta la regularización practicada tras la comprobación de valor de un **leasing inmobiliario** al haberse atenido a los métodos de valoración previstos en la LGT, en concreto, al método de estimación por los valores que figuren en los registros oficiales de carácter fiscal y el dictamen de peritos. El método de valoración del bien (suelo y edificación) consistió en tomar como referencia su valor catastral y aplicar, en sentido inverso, los coeficientes de actualización aprobados por las distintas Leyes de Presupuestos para obtener el valor en el año objeto de comprobación. Obtenida la proporción en ese año entre el valor del suelo y la construcción, se traslada a las cuotas de leasing pagadas en el año comprobado. De estas cuotas se deduce el importe no amortizable (la correspondiente al suelo) (TS 18-2-09, EDJ 16851). **5134**
7) Se considera procedente la valoración de **acciones** utilizada por la Inspección que procedió a determinar el **precio de mercado** de la acción basándose en el valor de mercado de los activos subyacentes de la sociedad transmitente, constituidos por una serie de fincas y terrenos. Estos terrenos fueron valorados a la fecha de transmisión de las acciones por el Servicio Técnico de Valoraciones de la Delegación de la AEAT y conforme a dicha valoración se procedió a incrementar la base imponible declarada por la entidad por la diferencia existente entre el valor normal de mercado calculado por la Administración y el precio de venta declarado convenido por las partes (TEAC 3-4-08).
8) El **dictamen de peritos** de la Administración es uno de los medios de comprobación previstos en la LGT que puede emplearse sin que resulte preciso justificar la razón por la cual no se acude a otro medio de comprobación (TSJ Madrid 15-2-08, EDJ 37960). Este debe realizarse por un perito con titulación suficiente de forma motivada e individualizada, tras un examen del bien y no por remisión a unos valores de mercado determinados previamente de forma genérica por la DGT. Si el sistema utilizado es el de **precios de mercado**, es necesario expresar cuáles han sido las transacciones concretas que se han tomado de referencia para valorar el bien de que se trata por comparación con otros de características semejantes, especificando las circunstancias por las que se considera que existe tal semejanza (TSJ Murcia 25-4-08, EDJ 176649). Los **inspectores de Hacienda** son peritos idóneos para valorar una empresa o negocio de farmacia (TEAC 11-6-92).
9) La LGT no establece preferencia de ninguno de los medios de comprobación previstos en la LGT art.57, estableciéndose que cualquier propuesta de valoración que resulte ha de ser motivada. En el caso concreto de utilización del valor asignado para la **tasación de fincas hipotecadas** en cumplimiento de lo previsto en la legislación hipotecaria, no se requiere carga adicional, lo cual significa que no es necesario que sea justificado previamente que el valor asignado para la tasación de las fincas hipotecadas coincide con el valor ajustado a la base imponible del impuesto, ni la existencia de ningún elemento de defraudación que deba corregirse (TS 7-12-11, EDJ 298268).
10) La titulación de **agente de la propiedad inmobiliaria** resulta suficiente para determinar el «valor de venta» salvo cuando para determinar ese valor se acuda a valoraciones urbanísticas en las que hayan de aplicarse criterios de tal naturaleza, dado que la formación específica de estos profesionales no abarca aspectos técnicos en esta materia (AN 8-11-17, EDJ 270440).
11) Si la Administración tributaria yerra una sola vez en la realización de sus actuaciones de liquidación, no pierde automáticamente la posibilidad de enmendar su error, puede **volver a liquidar** subsanando el defecto apreciado, en este caso concreto, en la designación del perito (AN 8-11-17, EDJ 270440).
12) La oficina gestora debe motivar su corrección del valor de manera singularizada, de manera que, además de la constatación del transcurso de un plazo inferior a un año entre la adquisición de la finca, y la posterior transmisión del mismo bien, deberá justificar adicionalmente si se han mantenido o no las circunstancias de carácter físico, jurídico y económico del bien objeto de **transmisiones sucesivas** para poder proceder a la regularización (TEAR Murcia 31-5-21).
13) Teniendo en cuenta que el valor asignado para la tasación de las **fincas hipotecadas** en cumplimiento de lo previsto en la legislación hipotecaria es un medio de comprobación, solo puede conducir a la conclusión de que la administración podrá acudir a dicho medio cuando en esta conste reflejado el valor de mercado del bien en la fecha de transmisión, y solo en dicho caso. Pero lo que no es posible, es identificar el valor de real del bien con el de tasación hipotecaria (TSJ Málaga 4-3-24, EDJ 643189).
14) La valoración realizada por la Inspección es genérica e inadecuada, no refleja la concreta situación del **traspaso del estanco** ni su real valor de mercado, la consultora utilizada por la Administración aporta precios de ofertas de Internet, pero no los precios de venta finales, sin aproximarse a la zona en la que se produjo el traspaso, además de no valorar ni actualizar el precio de adquisición del estanco (TSJ C.Valenciana 7-2-24, EDJ 537349).

15) No se ha acreditado el error de la póliza de seguro en lo atinente al valor asignado en la misma a la **embarcación** valorada, ni ha aportado pruebas de entidad suficiente para desvirtuar el valor asignado por la Administración (TSJ Canarias 22-9-23, EDJ 829803).
16) A los efectos de fijar el valor de mercado para determinar la base imponible en el **Impuesto Especial sobre Determinados Medios de Transporte**, cuando estemos en presencia de medios de transporte usados, el valor asignado al bien en la póliza de contrato de seguro podrá prevalecer sobre el precio fijado en el contrato privado de compraventa cuando la correspondencia del resultado del método de comprobación con el valor de mercado esté debidamente justificada en el acuerdo de liquidación (TS 28-10-22, EDJ 728757).

B. Procedimiento de comprobación de valores

(LGT art.103.3 y 134; RGGI art.160 y 172)

5135 La comprobación de valores puede ser el único **objeto del procedimiento**, o puede realizarse como una **actuación concreta** en los siguientes **procedimientos**: el iniciado mediante declaración; comprobación limitada o de inspección.
En los supuestos en que las actuaciones de valoración se desarrollen en el seno de otro procedimiento, se aplican a las mismas las normas reguladoras del procedimiento para la comprobación de valores, salvo lo relativo al **plazo máximo de resolución**, que va a ser el del procedimiento que se esté tramitando. Además, si esta no se realiza por el órgano que tramita el procedimiento, el valor comprobado se ha de incorporar al procedimiento del que trae causa.
En las actuaciones de comprobación de valor realizadas en un procedimiento inspector, la Inspección actúa investida de todas sus facultades.

Precisiones El **valor en aduanas** se determina de acuerdo con lo dispuesto en la normativa de la Unión Europea, no siendo de aplicación la comprobación de valores prevista en la LGT art.134 y 135 (LGT disp.adic.20ª).

5137 **Inicio** (LGT art.134.1) El procedimiento de comprobación de valores como **procedimiento independiente** puede iniciarse por la Inspección actuante mediante una comunicación, o cuando cuente con datos suficientes mediante la notificación conjunta de las propuestas de valoración y liquidación.
La comprobación de valores desarrollada en el seno de **otro procedimiento**, como el procedimiento inspector, puede iniciarse mediante una solicitud de que se realice la actuación, cuando corresponda a otro órgano distinto, o al menos debe reflejarse documentalmente en el procedimiento, cuando corresponda al mismo órgano. No se exige su notificación al obligado tributario, pero nada impide que se produzca, recogiéndose en una diligencia o comunicación dentro del procedimiento inspector.

Precisiones **1)** Con independencia de la forma en que se inicie y el medio de comprobación utilizado, la Administración debe motivar en la **comunicación de inicio** de un procedimiento de comprobación de valores las razones que justifican su realización y, en particular, la causa de la discrepancia con el valor declarado en la autoliquidación y los indicios de una falta de concordancia entre el mismo y el valor real (TS 23-1-23, EDJ 503251).
2) La solicitud del **dictamen de peritos** para verificar el valor del bien supone el inicio de un procedimiento de comprobación de valores, y en ese momento se deberá notificar su incoación al interesado (TS 1-3-24, EDJ 513694).

5138 **Desarrollo** (LGT art.134.2; RGGI art.160.1 y 2 y 172) En el procedimiento, la Inspección puede examinar los **datos** que estén en su poder, los consignados por los obligados tributarios en sus declaraciones, así como los **justificantes** presentados o que requiera al efecto.
La Inspección actuante debe notificar a los obligados tributarios las actuaciones que precisen de su colaboración. Los obligados deben facilitar a la Inspección la práctica de dichas actuaciones.
En particular el órgano actuante puede:
- efectuar requerimientos al obligado tributario o a terceros a fin de obtener la información necesaria para realizar la valoración;
- efectuar el examen físico y documental de los bienes y derechos objeto de valoración. A estos efectos va a poder ejercer su facultad de entrada y reconocimiento de fincas. Cuando se trate del domicilio protegido constitucionalmente, si el obligado se niega a permitir la entrada en el mismo, se precisa autorización judicial.

En el **dictamen de peritos**, cuando se trate de bienes singulares o de bienes de los que no puedan obtenerse todas sus circunstancias relevantes en fuentes documentales contrastadas, resulta necesario el reconocimiento personal del bien a valorar por el perito. No obstante, la negativa del poseedor del bien a dicho reconocimiento exime del cumplimiento de este requisito. Ello evita que el obligado acuda a la inviolabilidad del domicilio para impedir el reconocimiento personal del perito.

Precisiones 1) El **reconocimiento personal** del bien que se valora constituye una regla general imperativa e inexcusable, cuya excepción *ad casum* ha de ser rigurosamente justificada (TS 21-1-21, EDJ 502377; AN 18-2-21, EDJ 513954). 5139

2) Cuando se trata de la valoración del perito de la administración de una **finca rústica**, se precisa la visita *in situ*, salvo que se justifique lo contrario, no bastando que se refleje por dicho perito en su informe que se han empleado, como fuente de información, los datos contenidos en una aplicación o base informática de carácter técnico, como puede ser el Sistema de Información Geográfica de Parcelas Agrícolas (SIGPAC) u otras semejantes, máxime cuando no existe constancia suficiente en las actuaciones de la utilización de tales aplicaciones o bases informáticas (TS 30-10-23, EDJ 729311; 4-7-23, EDJ 616506; 12-6-23, EDJ 604064).

Terminación (LGT art.134.3; RGGI art.160.3 y 4) Si el valor determinado por la Inspección es distinto del declarado por el obligado tributario, aquélla ha de notificar al obligado tributario simultáneamente: 5140

- la propuesta de regularización; y
- la propuesta de valoración debidamente motivada, con expresión de los medios y criterios empleados.

A fin de dar cumplimiento a la obligación de **motivación** de los actos de comprobación de valor, el RGGI exige que la **propuesta de valoración** contenga expresamente:

- La normativa aplicada y el detalle de su aplicación.
- En la estimación por referencia a los valores que figuren en los registros oficiales de carácter fiscal, la especificación del valor tomado como referencia y los parámetros, coeficientes y demás elementos de cuantificación utilizados para determinar el valor.
- En la utilización de precios medios de mercado, la adaptación de los estudios de precios medios de mercado y del sistema de cálculo al caso concreto.
- En los dictámenes de peritos, los elementos de hecho que justifican la modificación del valor declarado, así como la valoración asignada. En el supuesto de bienes inmuebles se debe hacer constar expresamente el módulo unitario básico aplicado, con expresión de su procedencia y el modo en que se haya determinado, así como todas las circunstancias relevantes, como son entre otras la superficie, y la antigüedad, en la medida en que se hayan considerado para la determinación del valor comprobado, con expresión concreta tanto de su incidencia en el valor final como de la fuente de su procedencia.

La **notificación** de la propuesta de regularización abre un plazo de **alegaciones**, transcurrido el cual la Inspección ha de notificar la regularización que proceda a la que debe acompañar la valoración realizada. 5142

Si las actuaciones de comprobación de valor no se desarrollan en el seno de un procedimiento inspector, sino como un procedimiento autónomo, el **plazo** máximo para notificar la valoración y en su caso la liquidación es el general de seis meses (LGT art.104).

La valoración administrativa sirve de base a la **liquidación provisional** que se practique, sin perjuicio de que pueda iniciarse un procedimiento de verificación de datos, de comprobación limitada o de inspección respecto de otros elementos de la obligación tributaria.

Cuando la comprobación de valores se realice en un procedimiento inspector y se regularicen otros elementos de la obligación tributaria, se han de dictar dos liquidaciones provisionales, una como consecuencia de la comprobación de valores, y otra que incluya la totalidad de lo comprobado. Esta última tiene carácter provisional respecto de las posibles consecuencias que de la comprobación de valores puedan resultar en dicha liquidación (RGGI art.190.4.c).

Los obligados tributarios no pueden interponer recurso o reclamación independiente contra la valoración, pero sí pueden promover la tasación pericial contradictoria (nº 5150 s.) o plantear cualquier cuestión relativa a la valoración con ocasión de los recursos o reclamaciones que interpongan contra el acto de regularización.

Precisiones 1) Las valoraciones practicadas por la Administración, además de ser emitidas por funcionario idóneo para ello, deben ser fundadas, lo que equivale a expresar los criterios, elementos de juicio o datos tenidos en cuenta para determinar el valor a que se refieren, pues en otro caso se produce una **situación de indefensión** para el sujeto pasivo que carece de medios para combatirla (TS 25-10-95, EDJ 5772). 5144

2) La **obligación de motivación** de los actos de valoración, no puede entenderse cumplida si se guarda silencio o se consignan meras generalizaciones sobre los criterios de valoración o solo referencias genéricas a los elementos tenidos en cuenta mediante fórmulas repetitivas. La comprobación de valores debe ser individualizada de manera que el contribuyente al que se notifica pueda conocer sus fundamentos técnicos y prácticos (TS 12-5-97, EDJ 5981; 24-3-03, EDJ 11910; 25-3-04, EDJ 25629).

3) La **omisión de la notificación** del resultado del expediente de comprobación de valores constituye un vicio procesal susceptible de acarrear la nulidad de la liquidación girada como consecuencia de la nueva base notificada (TS 28-7-93; 3-12-99).

4) El deber de los **peritos** de la Administración es comprobar en cada caso los bienes, describirlos y facilitar a los órganos administrativos y jurisdiccionales los antecedentes de hecho suficientes para admitir o rechazar las valoraciones. Mientras no se cumplan estas garantías por desconocimiento de los datos e imposibilidad de analizar y contrastar la valoración, esta ha de rechazarse (TS 12-11-99, EDJ 40687).
5) La **falta de motivación** de la valoración constituye un defecto formal que da lugar a la retroacción de las actuaciones, sin que pueda hablarse de nulidad radical (TS 8-11-96; 29-11-96). La anulación de una comprobación de valores por falta de motivación no impide que la Administración actuante pueda volver a practicarla siempre que no haya transcurrido el plazo de prescripción (TS 22-9-08, EDJ 173151).
6) Sobre la concreta cuestión de la **impugnabilidad** de la comprobación de valores practicada en el curso de una inspección tributaria, de manera anticipada e independiente al conjunto de las actuaciones que concluyen con la correspondiente liquidación, se ha pronunciado el TS en distintas sentencias (TS 19-12-01; 22-3-02; 21-3-03). El acto de comprobación de valores es un acto de trámite necesario para determinar la base imponible y facilitar la práctica de la liquidación. Existen dos posibles modalidades de impugnación del acto de comprobación de valores: una, la general, que consiste en recurrir dicho acto de trámite, a partir de la notificación del acto administrativo de liquidación, y no antes, como uno de los posibles motivos de impugnación de dicha liquidación; otra, que debe estar prevista y regulada legalmente, que permite la impugnación previa y separada del acto de comprobación de valores.
7) Se debe respetar la **coetaneidad** de la valoración, no respetándose la misma si se utilizan datos posteriores a la realización del hecho imponible (TEAC 2-4-03; TSJ Cataluña 26-4-18, EDJ 510245).
8) No se admite la alegación de la Administración de que al dedicarse el contribuyente a la construcción conocía el precio de mercado, por lo que la remisión genérica que el dictamen del perito de la Administración hace a los precios de mercado supone que la comprobación de valores está suficientemente motivada. No existe ninguna norma que ampare la pretendida **excepción subjetiva** a la regla general de motivación de toda comprobación de valores (TSJ Andalucía 5-5-08, EDJ 217836).
9) Para obligados tributarios afectados por la **DANA** ver nº 3337.

5147 **Efectos de la valoración** (LGT art.134.4 y 5) En los supuestos en que la ley establezca que el valor comprobado produce efectos respecto de **otros obligados tributarios**, la Administración tributaria que ha valorado queda vinculada por el valor comprobado en relación a los demás interesados. La ley de cada tributo puede establecer la obligación de notificar a dichos interesados para que puedan recurrir la misma o promover la tasación pericial contradictoria.
Si el valor comprobado se aplica en un **procedimiento posterior** aplicado a otros obligados tributarios, estos pueden impugnar la valoración o promover la tasación pericial contradictoria.
Si de la **impugnación** o de la **tasación pericial contradictoria** promovida por un obligado tributario resulta un valor distinto, este valor va a resultar aplicable a los restantes obligados tributarios a los que fuese de aplicación dicha valoración por la misma Administración que realizó la comprobación de valor, sin perjuicio de la facultad de dichos obligados para recurrir, en su caso, la valoración o promover la tasación pericial contradictoria.

Precisiones Un mismo bien o derecho no debe tener un valor real y definitivo distinto, para la misma Administración, y en consideración a la misma fecha, solo por afectar a uno u otro de los obligados tributarios, por tanto, se considera de preferente aplicación la **regla sobre extensión del valor comprobado** (TSJ Madrid 31-3-23, EDJ 565133).

C. Tasación pericial contradictoria

(LGT art.135; RGGI art.161 y 162)

5150 **Iniciación** (LGT art.135.1; RGGI art.161.1) Los interesados pueden promover la tasación pericial contradictoria dentro del **plazo** del primer **recurso o reclamación** que proceda contra la liquidación efectuada de acuerdo con los valores comprobados administrativamente. Cuando la normativa tributaria lo prevea, también puede promoverse contra el acto de comprobación de valores debidamente notificado.
En el seno de un **procedimiento inspector**, el momento de instar la tasación pericial contradictoria no es durante el período de alegaciones posterior a la firma del acta, sino una vez notificada la liquidación derivada de la misma y durante el plazo para interponer recurso o reclamación contra dicha liquidación.
Si la normativa propia del tributo así lo prevé, el interesado puede **reservarse** este derecho cuando considere que la notificación no contiene expresión suficiente de los datos y motivos tenidos en cuenta para elevar los datos declarados, y alegue esta falta de motivación en un recurso de reposición o reclamación económico-administrativa (actualmente solo se recoge en relación al **ITP y AJD** -RITP art.120-). En este caso, el plazo para promover la tasación pericial

contradictoria se cuenta desde la firmeza en vía administrativa del acuerdo que resuelva el recurso o reclamación interpuesto.
Se entiende que los obligados tributarios promueven únicamente la tasación pericial contradictoria, si los **motivos de oposición a la valoración** solo se refieren a la cuantificación de sus elementos técnicos, tales como el módulo unitario básico, la depreciación por antigüedad o los coeficientes y cifras en que se concretan las demás circunstancias consideradas en la cuantificación, salvo que el obligado tributario manifieste de forma expresa su voluntad de no promover la tasación pericial contradictoria pero sí de impugnar el acto administrativo.
En cuanto a los **efectos** de la iniciación, la presentación de la tasación pericial contradictoria o la reserva del derecho a promoverla determina la suspensión de la ejecución de la liquidación (automática y sin garantía) y del plazo para interponer recurso o reclamación contra la misma.

Las solicitudes de tasación pericial contradictoria que sean presentadas van a producir los siguientes efectos en el **procedimiento sancionador**: **5151**
a) Si a la fecha de solicitud de la tasación pericial contradictoria no hubiese sido iniciado el procedimiento sancionador, se suspende el inicio de este. Una vez concluido el procedimiento de tasación pericial contradictoria, se ha de proceder a practicar la liquidación correspondiente y su notificación al obligado tributario. El plazo de tres meses previsto para iniciar el procedimiento sancionador (LGT art.209.3), va a empezar a computarse a partir de la notificación de dicha liquidación.
b) Si a la fecha de solicitud de la tasación pericial contradictoria ya se hubiese iniciado el procedimiento sancionador, se ha de suspender el plazo máximo para la terminación del procedimiento sancionador. Una vez concluida la tasación pericial contradictoria, se ha de dictar nueva liquidación que se ha de notificar al obligado tributario. El cómputo del plazo máximo de resolver el procedimiento se ha de reanudar a partir de la notificación de dicha liquidación.
c) Si a la fecha de solicitud de la tasación pericial contradictoria ya se hubiese dictado acuerdo de imposición de sanción, se ha de proceder a anular esta última. Una vez practicada la nueva liquidación, de acuerdo con los valores que resulten de la tasación pericial contradictoria y realizada la notificación, se ha de dictar un nuevo acuerdo sancionador teniendo en cuenta el importe de la nueva liquidación.

Precisiones **1)** La consecuencia derivada del incumplimiento por la Administración del **plazo máximo de resolución** del procedimento no es propiamente la caducidad, sino que implica la desaparición del efecto suspensivo que la tasación provoca en el procedimiento tributario principal (TEAC 17-5-21). **5151.1**
2) No está contemplado el derecho de reserva a promover la tasación pericial contradictoria en el **IS** (TEAC 25-7-07).
3) La impugnación por **motivos jurídico formales** debe preceder a la tasación pericial. La tasación pericial contradictoria es un último derecho del contribuyente y no la única manera de combatir la tasación comprobadora de la base realizada por la Administración que antes ha de cumplir con su obligación de fundar suficientemente los valores a los que ha llegado. En la comprobación de valores, la Administración no se puede limitar a incluir un texto estereotipado que trata de justificar los valores obtenidos, sino que se han de expresar las razones concretas, los criterios especiales y los elementos de juicio tenidos en cuenta para llegar al valor comprobado (TS 12-12-11, EDJ 299891).
4) La determinación del valor de transmisión de las participaciones sociales de una **entidad no cotizada**, efectuada por aplicación de las reglas de valoración contenida en LIRPF, no constituye una comprobación de valor en la que se empleen los medios de comprobación de la LGT, por lo que no resulta de aplicación la normativa de la tasación pericial contradictoria ni es admisible su utilización en corrección de la liquidación tributaria resultante (TS 12-1-24, EDJ 501951).

Tramitación (LGT art.135.2 y 3; RGGI art.161) En el supuesto en que la comprobación de valor se haya efectuado por un medio distinto del dictamen de peritos de la Administración, resulta necesaria la valoración realizada por un **perito de la Administración**. A estos efectos, el órgano competente debe remitir a los servicios técnicos correspondientes una relación de los bienes y derechos a valorar. En el plazo de quince días, el personal con título adecuado a la naturaleza de los mismos ha de formular por duplicado la correspondiente **hoja de aprecio**, en la que deben constar el resultado de la valoración realizada y los criterios utilizados. **5152**
La valoración del perito de la Administración se ha de notificar al obligado tributario. En los casos en que la comprobación de valores se haya efectuado mediante dictamen de peritos de la Administración, esta valoración es la que ya figura en el expediente.
En la **notificación de la valoración** del perito de la Administración al obligado tributario, se le concede un plazo de 10 días, contados a partir del día siguiente al de la notificación de la valoración, para que proceda al nombramiento de un perito que debe tener título adecuado a la naturaleza de los bienes y derechos a valorar.
Transcurrido el plazo de 10 días sin que se haya designado perito por el obligado tributario, se entiende que desiste de su derecho a promover la tasación pericial contradictoria dándose por

terminado el procedimiento. En este caso, la liquidación que se dicte ha de tomar el valor comprobado utilizado en la liquidación inicial y no va a poder promoverse una nueva tasación pericial contradictoria.

5154 Una vez **designado el perito por el obligado tributario**, se le ha de entregar la relación de bienes y derechos a valorar para que, en el plazo de un mes desde el día siguiente al de la recepción de la relación, formule la hoja de aprecio que debe estar motivada.
Si transcurre el plazo del mes sin que se haya presentado la valoración, se entiende que el obligado tributario desiste de su derecho a promover la tasación pericial contradictoria dándose por terminado el procedimiento. Además, la liquidación que se dicte ha de tomar el valor comprobado utilizado en la liquidación inicial y no va a poder promoverse una nueva tasación pericial contradictoria.
Si la diferencia entre el valor determinado por el perito de la Administración y la tasación practicada por el perito designado por el obligado tributario, considerada en valores absolutos, es igual o inferior a 120.000 euros y al 10% de dicha tasación, la tasación del perito del obligado tributario va a servir de base para la liquidación. Si la diferencia es superior a 120.000 euros o al 10% de la tasación aportada por el perito del contribuyente, debe designarse un **perito tercero**.

5156 Cada Administración tributaria competente ha de solicitar en el mes de enero de cada año a los distintos **colegios, asociaciones o corporaciones profesionales** legalmente reconocidos el envío de una lista de colegiados o asociados dispuestos a actuar como peritos terceros. Se elige por sorteo uno de cada lista, efectuándose las designaciones por orden correlativo, en función de la naturaleza de los bienes o derechos a valorar.
En caso de no existir colegio, asociación o corporación profesional competente por la naturaleza de los bienes o derechos a valorar o peritos dispuestos a actuar como peritos terceros, se ha de solicitar al **Banco de España** la designación de una sociedad de tasación inscrita en el correspondiente registro oficial.
La Administración tributaria competente puede establecer honorarios estandarizados para los peritos terceros.
Resulta necesaria la **aceptación** de la designación por el perito elegido por sorteo. Esta aceptación determina la aceptación de los honorarios aprobados por la Administración.
El perito tercero puede exigir que con carácter previo al desempeño de su tarea se realice provisión del importe de sus **honorarios** mediante depósito en el Banco de España o en el organismo público que determine cada Administración tributaria, en el plazo de 10 días. La falta de depósito por cualquiera de las partes supondrá la aceptación de la valoración realizada por el perito de la otra, cualquiera que fuera la diferencia entre ambas valoraciones.

5158 Una vez aceptado el nombramiento por el perito tercero, se le ha de entregar la relación de los bienes y derechos a valorar y las copias de las hojas de aprecio de los peritos anteriores (el perito de la Administración y el del obligado tributario). En el **plazo** de un mes, contado desde el día siguiente al de la entrega, debe confirmar alguna de las valoraciones anteriores o realizar una nueva valoración con los límites del valor declarado y el valor comprobado inicialmente por la Administración tributaria.
Si el perito tercero no emite la **valoración** en el citado plazo del mes, se va a poder dejar sin efecto su designación sin perjuicio de las responsabilidades que resulten exigibles por la falta de emisión del dictamen en plazo. Si se dejase sin efecto la designación, se debe notificar esta circunstancia al perito tercero y al obligado, procediéndose a la liberación de los depósitos de sus honorarios y al nombramiento de otro perito tercero por orden correlativo.

Precisiones 1) La valoración efectuada por el perito tercero se entrega a la Administración tributaria competente y se comunica al obligado tributario a quién se concede un plazo de 15 días para justificar el **pago de los honorarios** a su cargo si los hubiera. En su caso, se ha de autorizar la disposición de la provisión de los honorarios depositados.
Los honorarios del perito del obligado tributario debe satisfacerlos el obligado tributario. Los gastos del tercer perito serán abonados por el obligado tributario cuando la diferencia entre la tasación practicada por el perito tercero y el valor declarado, considerada en valores absolutos, supere el 20% del valor declarado; en caso contrario, los gastos del tercer perito corresponderán a la Administración, teniendo derecho el obligado tributario a ser reintegrado de los gastos ocasionados por el depósito previo de los honorarios del tercer perito.
2) Al designar la Agencia Tributaria al perito tercero, es posible que elija a un perito perteneciente al colegio de economistas de una **provincia distinta** de la del domicilio del interesado, dado que la LGT solo alude a «colegios, asociaciones o corporaciones profesionales legalmente reconocidos», sin especificar nada al respecto sobre el ámbito territorial (TEAR Cantabria 26-11-14).
3) Para poder entender **desistido** al obligado tributario debería haberse puesto en conocimiento la relación de bienes no solo al perito, sino también a los interesados, puesto que de otra forma la consecuencia (desistimiento) de una inacción de un tercero (el perito) resulta desproporcionada (AN 8-7-21, EDJ 668774).

Terminación (RGGI art.162) El procedimiento de tasación pericial contradictoria termina: 5160
1) Por la entrega de la **valoración** efectuada por el **perito tercero** en la Administración tributaria.
2) Por el **desistimiento del obligado tributario**, entendiéndose producido el mismo por la falta de designación de perito en el plazo de 10 días, así como por la falta de presentación en el plazo de un mes de la valoración del perito por él designado.
3) Por **no** ser necesaria la designación del **perito tercero** por ser la diferencia entre el valor determinado por el perito de la Administración y la tasación del perito designado por el obligado tributario, considerada en valores absolutos, igual o inferior a 120.000 euros y al 10% de dicha tasación. En este caso, la liquidación que se dicte ha de tomar la valoración que resulta de la tasación efectuada por el perito del obligado tributario y no va a poder realizarse una nueva comprobación de valor por la Administración tributaria sobre los mismos bienes y derechos.
4) Por la falta de **depósito de honorarios** por cualquiera de las partes. La falta de depósito supone la aceptación de la valoración realizada por el perito designado por la otra parte, cualquiera que fuera la diferencia entre ambas valoraciones. La liquidación que se dicte ha de tomar este valor; no va a poder promoverse una nueva tasación pericial contradictoria por parte del obligado tributario, ni la Administración va a poder efectuar una nueva comprobación de valor sobre los mismos bienes y derechos. Además, impide que el contribuyente pueda cuestionar en la **vía judicial** el hecho del valor que ha servido de base al acuerdo de liquidación (TS 16-4-24, EDJ 539347).
5) Por **caducidad** (LGT art.104.3). La liquidación que en este caso se dicte ha de tomar el valor comprobado que sirvió de base a la liquidación inicial y no va a poder promoverse nuevamente la tasación pericial contradictoria.
La notificación de la liquidación tiene los efectos en el **procedimiento sancionador** recogidos en el nº 5151.

Finalizado el procedimiento, la Administración tributaria competente debe notificar en el plazo de un mes la **liquidación** que corresponda a la valoración que deba tomarse como base, así como la liquidación de los **intereses de demora** correspondientes. 5162
El **incumplimiento** de este **plazo** de un mes para notificar la liquidación determina que no se exijan intereses de demora desde que se produzca dicho incumplimiento.
La notificación de la liquidación determina el inicio del plazo de **ingreso en período voluntario** de la deuda, así como el del cómputo del plazo para interponer el **recurso o reclamación** económico-administrativa contra la liquidación para el caso de que dicho plazo se hubiera suspendido por la presentación de la solicitud de tasación pericial contradictoria.
La práctica de la tasación pericial en vía administrativa en la que se haya fijado un nuevo valor por el tercer perito, no impide que el sujeto pasivo pueda solicitar una nueva prueba pericial en el proceso jurisdiccional.

Precisiones **1)** La tasación pericial contradictoria forma parte del procedimiento administrativo de comprobación de valores, por lo que no tiene sentido pretender la aplicación de las normas de la LEC que regulan la **prueba de peritos**. El dictamen emitido por el tercer perito forma parte del procedimiento tributario en el que se subsume el expediente de comprobación de valores, sin que nada tengan que ver las normas relativas a la práctica de la prueba en los juicios declarativos (TS 19-1-96, EDJ 5389). 5165
2) Si el interesado impugna la valoración efectuada por la Administración y, simultáneamente solicita la tasación pericial contradictoria, goza de **preferencia para la tramitación** la tasación pericial contradictoria, ya que, si la comprobación de valores recurrida en vía administrativa o contenciosa fuese declarada conforme a Derecho, ya no se podría posteriormente instar la tasación pericial contradictoria (TS 14-6-02, EDJ 25971). Se exceptúan los casos en que la impugnación se refiera a **defectos en la motivación** de la valoración y el interesado se reserve el derecho a promover la tasación pericial contradictoria.
3) La aceptación por parte de la Administración y del sujeto pasivo del evalúo que haga el tercer perito, dentro del procedimiento de tasación pericial contradictoria, tiene efectos exclusivamente en el ámbito administrativo, pero no en el jurisdiccional, dado que el interesado está plenamente legitimado para recurrir en **vía contenciosa-administrativa** el resultado de la tasación pericial contradictoria administrativa, que culmina en un acto de comprobación del valor real, susceptible de impugnación (TS 23-9-00, EDJ 35190). En el mismo sentido, los Tribunales contenciosos no pueden promover la tasación pericial contradictoria que no fue solicitada en el procedimiento administrativo (AN 30-10-05, Rec 100/01).
4) Las **valoraciones** de los peritos deben ser **fundadas**. No es imprescindible un informe pericial exhaustivo, basta con que exponga los criterios y datos utilizados debidamente ponderados, de manera que el contribuyente pueda contrastarlos con sus apreciaciones y discrepar si procede (TS 4-10-95, EDJ 8201).

Obligar al contribuyente a acudir a la tasación pericial contradictoria, de costoso e incierto resultado, para discutir la comprobación de valores, cuando ni siquiera se conocen las razones de la valoración propuesta por la Hacienda, colocaría a los ciudadanos en una situación de indefensión frente a posibles errores de los peritos de la Administración, a cuyas tasaciones no alcanza la **presunción de legalidad** de los actos administrativos (TS 24-3-03, EDJ 11910; TSJ Madrid 15-2-08, EDJ 37960).

5) En la vía judicial, los **jueces y tribunales** no están obligados a admitir sin más el informe del perito tercero. La valoración de este informe se hará conforme a las normas de valoración de la prueba, esto es, según las reglas de la sana crítica. En la vía contenciosa-administrativa se pueden utilizar todos los medios de prueba admitidos por el ordenamiento, lo que supone la posibilidad de proponer la práctica de la prueba de peritos para revisar la tasación pericial contradictoria practicada por la Administración (TS 19-1-96, EDJ 5389; AN 24-4-08, EDJ 69662).

5166 **6)** Con ocasión de la solicitud de la tasación pericial contradictoria no puede la **Administración** tributaria proceder al nombramiento de un **nuevo perito** que valore el bien en una cuantía superior a la originariamente fijada por su primer perito. Se aplica en esta materia la prohibición de la reformatio in peius (TS 14-7-82; TSJ Baleares 10-3-98, EDJ 7252).

7) Hay que distinguir entre la obligación de parte de designar perito, y el compromiso por este frente a la parte que le designa de emitir un informe. Su incumplimiento tendrá las consecuencias correspondientes frente a esta, pero ello no impide que la **ausencia de informe** despliegue sus efectos, en cuanto carga procesal impuesta a la parte. Dado que el perito fue nombrado por la parte, le correspondía a esta estar pendiente de que el informe fuera emitido y entregado por su perito (TSJ Cantabria 5-9-08, EDJ 213557).

8) En la valoración de un contrato de arrendamiento financiero el contribuyente discute el método utilizado, pero no insta la tasación pericial contradictoria al considerarla innecesaria, porque lo que discute no es el valor del suelo y de lo construido sino la proporción entre ellos. Se confirma la exigencia de tasación pericial contradictoria porque para la determinación de la **proporción entre suelo y edificación** es necesario la valoración de los precios del suelo y lo construido (TS 19-11-08, EDJ 272367).

9) La tasación pericial contradictoria ha de considerarse procedente para combatir tanto la comprobación de valores que haya servido de base a una liquidación tributaria, como aquella otra que haya dado sustento y contenido a un acto de declaración de **responsabilidad tributaria**. En consecuencia, es necesario informar en la notificación del acto declarativo de la responsabilidad solidaria, que haya estado precedido de una comprobación de valores, de la posibilidad impugnatoria que comporta la tasación pericial contradictoria, con carácter previo al recurso o reclamación económico-administrativa. La omisión de esta información tiene los efectos de las notificaciones irregulares: no afecta a la validez del acto controvertido notificado, pero sí determinan el dies a quo en el que debe empezar a correr el plazo legalmente establecido para la impugnación, en este caso, para solicitar la tasación pericial contradictoria (TS 22-5-18, EDJ 90933).

10) El incumplimiento del plazo de notificación en la resolución (LGT art.104.1), no determina el **silencio positivo** (LGT art.104.3), ni en cualquier caso, que se acepte la valoración propuesta por el perito del obligado tributario (TS 17-1-19, EDJ 503397).

11) El hecho de que la liquidación dictada haya tomado como valor de los bienes el asignado por el perito tercero no excluye el **control pleno de su legalidad** por los Tribunales, pudiendo los contribuyentes alegar los motivos de impugnación que consideren oportunos, sin merma o limitación alguna (TS 23-1-23, EDJ 503224).

SECCIÓN 3

Actuaciones inspectoras de comprobación limitada

(LGT art.136 a 140; RGGI art.163 a 165)

5170

5172 La realización de actuaciones de comprobación limitada se incluye tanto como función de Gestión (LGT art.117.1.h) como de Inspección tributaria (LGT art.141.h; RGGI art.197.6).

Estas actuaciones tienen un carácter intermedio entre el procedimiento de verificación de datos y el procedimiento de inspección puesto que las facultades que puede ejercitar la Administración tributaria son más amplias que en aquel, pero más reducidas que en este.

En el ámbito de **Gestión tributaria** este es el procedimiento con mayores facultades de comprobación de que dispone, y en el ámbito de **Inspección** viene a sustituir a las anteriores comprobaciones abreviadas. Se trata de un procedimiento más propio de los órganos de Gestión tributaria, que suele tener un carácter masivo y un tratamiento muy informatizado. Su empleo en el ámbito de la Inspección no es habitual, y se circunscribe normalmente a actuaciones rápidas en las que ya se dispone de información como resultado de otras actuaciones previas. El desarrollo reglamentario es muy escueto, quedando diversas materias de este procedimiento sin desarrollar.

A. Objeto y limitaciones de la comprobación limitada

(LGT art.115.2 y 136)

Objeto de las actuaciones de comprobación limitada (LGT art.115.2 y 136.1) En el procedimiento de comprobación limitada la Administración tributaria puede **comprobar** los hechos, actos, elementos, actividades, explotaciones y demás circunstancias determinantes de la obligación tributaria, y ha de **calificar** los hechos, actos o negocios realizados por el obligado tributario con independencia de la previa calificación que este hubiera dado a los mismos. 5175

Precisiones **1)** Se trata exclusivamente de una actividad de comprobación, que **no** comprende las **actuaciones de investigación**, que consisten en descubrir hechos no declarados o declarados incorrectamente y que son exclusivas del procedimiento de Inspección (LGT art.145.3). No obstante, incluye la comprobación de los no declarantes (RGGI art.163.c).
2) El objeto de las actuaciones de comprobación limitada no se limita a las obligaciones tributarias materiales, sino que también puede referirse a las **obligaciones tributarias formales**, y en especial a las obligaciones censales (LGT art.136.4).

Actuaciones que pueden ejercerse en el procedimiento de comprobación limitada (LGT art.136.2 redacc L 13/2023) Como indica la propia denominación del procedimiento, las actuaciones que se puede realizar están limitadas y son las siguientes: 5177

1. Examen de los **datos consignados por los obligados tributarios** en sus declaraciones y de los justificantes presentados o que se requieran al efecto. Se trata de información aportada por el propio obligado tributario, ya sea en declaraciones tributarias o tras su requerimiento individualizado.
2. Examen de los **datos y antecedentes en poder de la Administración tributaria** que pongan de manifiesto la realización del hecho imponible o del presupuesto de una obligación tributaria, o la existencia de elementos determinantes de la misma no declarados o distintos a los declarados por el obligado tributario. Esta información puede coincidir o diferir con la declarada, en su caso, por el obligado tributario. En este último caso puede tratarse de hechos imponibles nuevos no declarados, que pueden regularizarse por medio de este procedimiento.
3. Examen de los **registros y demás documentos** exigidos por la normativa tributaria y de cualquier otro libro, registro o documento de carácter oficial, así como el examen de las facturas o documentos que sirvan de justificante de las operaciones incluidas en dichos libros, registros o documentos. Entre los libros que se pueden requerir se encuentran los libros registros exigidos por el IRPF: libro-registro de ventas e ingresos, de compras y gastos y de bienes de inversión (RIRPF art.68) y por el IVA: libro-registro de facturas expedidas, de facturas recibidas, de bienes de inversión, de determinadas operaciones intracomunitarias, etc. (RIVA art.62 y 68), y otros libros, registros o documentos de carácter oficial (como, por ejemplo, las declaraciones a la Seguridad Social).

Además, y desde el 26-5-2023, se habilita la posibilidad de comprobar la **contabilidad mercantil**, a los efectos de constatar la coincidencia entre lo que figure en la misma y la información que obre en poder de la Administración tributaria. El análisis de la contabilidad, se realiza con carácter general donde legalmente deban hallarse los libros de contabilidad o documentos, no obstante, se regulan las siguientes **excepciones**:

a) Con conformidad del obligado tributario recogida en diligencia, en las **oficinas de la Administración tributaria**, o en cualquier otro lugar que se acuerde.
b) Si se hubieran obtenido copias en cualquier soporte, podrán examinarse en las oficinas de la Administración tributaria.

Cuando el examen de la contabilidad se realice en el **domicilio**, local, despacho u oficina del **obligado tributario**, los órganos competentes tienen las facultades propias de los órganos de inspección establecidas para los supuestos de entrada y reconocimiento de fincas (RGGI art.172).

También asumen facultades propias de estos órganos, cuando se requiera información que no deba hallarse a **disposición inmediata** de la Administración tributaria o cuando los sujetos estén obligados a relacionarse por **medios electrónicos** (RGGI art.171.3).

El examen de la contabilidad no va a impedir ni limitar la **ulterior comprobación** de las operaciones a que la misma se refiere en un procedimiento de inspección.
4. **Requerimientos a terceros**, para que aporten información y documentación justificativa para comprobar la veracidad de la información que obre en poder de la Administración tributaria, incluida la obtenida en el procedimiento (con anterioridad a 26-5-2023, se hacía referencia a los requerimientos a terceros para que aportaran la información que se encontraban obligados a suministrar con carácter general o para que la ratificaran mediante la presentación de los correspondientes justificantes).

5178 Precisiones 1) En las actuaciones de comprobación limitada y de inspección, las **facturas** aportadas deben ser originales. El obligado tributario debe conservar las facturas, documentos y justificantes que tengan relación con sus obligaciones fiscales - LGT art.29.2.e- (DGT CV 13-11-06).
2) El procedimiento de comprobación limitada es un procedimiento idóneo para llevar a cabo una **comprobación de valor**, tanto cuando ésta sea su único objeto, como cuando la comprobación de valor constituya una actuación concreta dentro de una comprobación más amplia del hecho imponible, al estimar el órgano gestor que pudiera derivarse del expediente alguna cuestión adicional y de naturaleza distinta de la mera comprobación del valor declarado (TEAC 10-12-18).
3) Los órganos de gestión están facultados para fijar la base imponible del IRPF mediante el método de estimación directa y emitir la liquidación tributaria resultante cuando, en un procedimiento de comprobación limitada, se detecte, dentro de los límites del mismo, la improcedencia de aplicación del método de **estimación objetiva**, puesto que este no es un régimen tributario especial (TS 5-2-24, EDJ 504436).
4) La comprobación del cumplimiento de los requisitos exigidos para la obtención de beneficios o incentivos fiscales y devoluciones tributarias es una **función compartida** entre los órganos de gestión e inspección, por lo que no existe exclusividad en la misma por parte de la Inspección (TS 21-3-24, EDJ 524036).

5180 **Limitaciones de la comprobación limitada** (LGT art.136.2 a 4 redacc L 13/2023) Este procedimiento no solo regula en sentido positivo cuales son las únicas actuaciones que pueden desarrollarse en el mismo, sino que asimismo señala expresamente en sentido negativo algunas actuaciones que en ningún caso se pueden desarrollar en este procedimiento. En concreto, en el transcurso de un procedimiento de comprobación limitada la Administración no puede llevar a cabo las siguientes actuaciones:
1. En ningún caso se puede requerir a terceros **información sobre movimientos financieros**, pero puede solicitarse al propio obligado tributario la justificación documental de operaciones financieras que tengan incidencia en la base o en la cuota de una obligación tributaria.
2. Las actuaciones de comprobación limitada no pueden realizarse fuera de las **oficinas de la Administración tributaria**, salvo las que procedan según la normativa aduanera o en los supuestos previstos reglamentariamente al objeto de realizar comprobaciones censales o relativas a la aplicación de métodos objetivos de tributación, en cuyo caso los funcionarios que desarrollen dichas actuaciones tienen reconocidas las siguientes **facultades**:
a) Posibilidad de entrar en las fincas, locales de negocio y demás establecimientos o lugares en que se desarrollen actividades o explotaciones sometidas a gravamen, existan bienes sujetos a tributación, se produzcan hechos imponibles o supuestos de hecho de las obligaciones tributarias o exista alguna prueba de los mismos, con las facultades a que se refiere el nº 1715 s.
b) Consideración como **agentes de la autoridad** a los funcionarios que desarrollan estas actuaciones, debiendo acreditar su condición si son requeridos para ello (LGT art.142.4; RGGI art.60.1). Esta consideración les permite solicitar la protección y el auxilio necesario a las autoridades públicas para la realización de sus funciones.

5181 Precisiones 1) Desde el 12-10-2015, se permitía la **revisión de la contabilidad mercantil** solo si el obligado voluntariamente y sin requerimiento previo la aportaba en el curso de un procedimiento de comprobación limitada para la simple constatación de determinados datos de que dispone la Administración. Desde **26-5-2023**, se reconoce esa posibilidad a la Administración (nº 5177).
2) La Administración puede determinar a través de un procedimiento de comprobación limitada el valor teórico y el valor de capitalización, a partir de los datos de balance y cuenta de resultados contenidos en las declaraciones del IS de la entidad participada, para regularizar una **ganancia patrimonial** derivada de la transmisión de **valores no cotizados** siempre que se cumplan dos condiciones:
a) que el obligado tributario no cuestione los datos del balance y la cuenta de resultados contenidos en las declaraciones del IS de los que se ha servido la Administración para determinar los valores; y
b) que las pruebas aportadas, por su naturaleza, no exijan ni directa ni indirectamente análisis o examen alguno de la contabilidad de la entidad participada (TEAC unif. criterio 10-5-18).
3) La selección por la Administración para el ejercicio de sus facultades de un procedimiento distinto al legalmente debido, conduce a la **nulidad de pleno derecho** de los actos administrativos (TS 23-3-21, EDJ 520989).

B. Inicio del procedimiento

(LGT art.137; RGGI art.87.3, 97.1 y 163)

Forma de inicio (LGT art.137.1; RGGI art.163) El procedimiento de comprobación limitada se inicia **de oficio** por acuerdo del órgano competente. El RGGI contiene una **lista abierta** de casos en los que puede iniciarse este procedimiento, indicando que se puede iniciar, entre otros, en los siguientes supuestos: 5185

1. Cuando en relación con las autoliquidaciones, declaraciones, comunicaciones de datos o solicitudes presentadas por el obligado tributario, se adviertan errores en su contenido o discrepancias entre los datos declarados o justificantes aportados y los elementos de prueba que obren en poder de la Administración tributaria.

2. Cuando en relación con las autoliquidaciones, declaraciones, comunicaciones de datos o solicitudes presentadas por el obligado tributario se considere conveniente comprobar todos o algún elemento de la obligación tributaria.

3. Cuando de acuerdo con los antecedentes que obren en poder de la Administración, se ponga de manifiesto la obligación de declarar o la realización del hecho imponible sin que conste la presentación de la autoliquidación o declaración tributaria.

Precisiones Las actuaciones de comprobación de valores sobre bienes que radiquen fuera del territorio de la Administración tributaria competente, realizadas mediante colaboración solicitada a los servicios de **gestión tributaria** de otras Comunidades Autónomas, suponen el inicio del procedimiento de comprobación de limitada (TS 8-3-23, EDJ 548078; 21-7-23, EDJ 636300).

Comunicación del inicio (LGT art.137.2; RGGI art.87.3 y 97.1) El inicio de las actuaciones de comprobación limitada debe notificarse a los obligados tributarios mediante comunicación que tiene que expresar la naturaleza y alcance de las mismas e informar sobre sus **derechos y obligaciones** en el curso de tales actuaciones. 5187

La expresión de la **naturaleza** de las actuaciones consiste en indicar que se trata de un procedimiento de comprobación limitada, y el **alcance** en señalar el concepto impositivo y período y las concretas discrepancias, errores u elementos que van a ser objeto de comprobación. El procedimiento de comprobación limitada puede referirse a varios períodos de liquidación (nº 5202). No obstante, lo normal es que se refiera a un único ejercicio económico, al tratarse habitualmente de procedimientos masivos tramitados por campañas.

Además, la comunicación de inicio debe contener **otras menciones**: lugar y fecha de su expedición; nombre y apellidos o razón social y NIF de la persona o entidad a la que se dirija; lugar al que se dirige; órgano que la expide y nombre y apellidos y firma de la persona que la emite; procedimiento que se inicia; expresión de las obligaciones y periodos a que se refiere el procedimiento; requerimientos que, en su caso, se formulan y plazo para atenderlo; indicación del efecto interruptivo de la prescripción; en su caso, propuesta de resolución o liquidación; y, en su caso, indicación de que finaliza otro procedimiento de verificación de datos con el mismo objeto.

Con carácter previo a la apertura del plazo de alegaciones, la Administración tributaria con motivación singularizada al caso, puede acordar la **ampliación o reducción del objeto de las actuaciones**, acuerdo que debe notificarse al obligado tributario (RGGI art.164.1; TS 3-5-22, EDJ 566344). La ampliación o reducción del alcance de las actuaciones debe efectuarse por medio de un acuerdo motivado, por lo que se deben justificar las razones que han determinado la ampliación o reducción del objeto del procedimiento.

Si la Administración tributaria cuenta con los datos suficientes para formular la **propuesta de liquidación**, en la comunicación de inicio del procedimiento puede notificarse dicha propuesta. En ese caso no va a existir propiamente una fase de instrucción.

Precisiones **1)** El incumplimiento de la obligación de adecuación del **alcance de las actuaciones** a la comprobación efectivamente realizada constituye una infracción sustantiva que conlleva la anulación total -y no parcial- de la liquidación en la que se aprecie el defecto (TEAC 24-10-23). 5188

2) La Administración tributaria solo puede ampliar el alcance de una comprobación limitada si lo comunica antes de abrir el **plazo de alegaciones**. Cualquier ampliación realizada de forma simultánea o posterior será nula (TS 30-9-24 EDJ 698373).

Efectos del inicio del procedimiento Los efectos que produce el inicio del procedimiento de comprobación limitada son los siguientes: 5190

- **Interrupción** del plazo legal de **prescripción** del derecho de la Administración tributaria para determinar la deuda tributaria en cuanto al tributo y período impositivo a los que se refiera aquélla (LGT art.68.1.a).
- Interrupción del plazo legal de prescripción para imponer las sanciones tributarias que puedan derivarse de la regularización de la situación tributaria del obligado (LGT art.189.3.a).

- Los ingresos relativos al período y objeto de comprobación efectuados por el obligado tributario con posterioridad a la notificación del inicio del procedimiento tienen el carácter de **ingreso a cuenta** y no impiden, en su caso, la aplicación de las correspondientes sanciones tributarias. Los intereses de demora correspondientes al ingreso efectuado con posterioridad a la notificación del inicio del procedimiento se calculan hasta el día anterior a aquél en el que se realizó el ingreso (RGGI art.87.5).
- Las contestaciones a las **consultas tributarias** escritas que plantee el obligado tributario respecto a cuestiones relacionadas con el objeto o tramitación del procedimiento no tienen efecto vinculante para la Administración tributaria (LGT art.89.2).
- La finalización, en su caso, del **procedimiento de devolución** iniciado mediante autoliquidación, solicitud o comunicación de datos (LGT art.127).

C. Tramitación del procedimiento

(LGT art.138; RGGI art.164)

5195 **Instrucción** (LGT art.138.1 y 2) Las actuaciones deben documentarse en las **comunicaciones y diligencias** (LGT art.99.7 y RGGI art.97 a 99).
Los obligados tributarios deben atender a la Administración tributaria y prestarle la debida colaboración en el desarrollo de sus funciones. El obligado tributario que hubiera sido requerido ha de personarse en el lugar, día y hora señalados para la práctica de las actuaciones, y aportar la documentación y demás elementos solicitados. La **comparecencia ante la Administración tributaria** puede efectuarse por medio de representante (LGT art.46.1; RGGI art.111 y 112).
El **lugar** de las actuaciones, será con carácter general las oficinas de la Administración tributaria. No obstante, cuando el procedimiento de comprobación limitada incluya comprobaciones censales o la aplicación de métodos objetivos de tributación que requieran el **examen físico** de hechos o circunstancias objeto de comprobación, las actuaciones pueden realizarse en las oficinas, despachos, locales y establecimientos del obligado tributario, y los órganos competentes dispondrán de las facultades de entrada y reconocimiento de fincas (nº 1715 s.), así como de la consideración de agente de la autoridad (LGT art.142.4; RGGI art.60.1). En su caso, la **contabilidad** debe ser examinada en el domicilio, local, despacho u oficina del obligado tributario, en presencia del mismo o de la persona que designe, salvo que: aquel consienta su examen en las oficinas públicas o se haya obtenido copia en cualquier soporte (LGT art.136.2.c redacc L 13/2023; RGGI art.164.2 redacc RD 117/2024).
En cualquier momento del procedimiento anterior al trámite de audiencia, los interesados pueden presentar **alegaciones** y aportar los documentos para que sean tenidos en cuenta por el órgano competente al redactar la correspondiente propuesta de liquidación.

5196 Precisiones 1) El incumplimiento del **deber de atender a la Administración tributaria** y prestarle la debida colaboración puede constituir una infracción tributaria por resistencia, obstrucción, excusa o negativa a las actuaciones de la Administración tributaria (LGT art.203).
2) El **horario** de las actuaciones se rige por lo dispuesto en el RGGI art.90.
3) El órgano instructor puede solicitar la **ratificación de datos de terceros** cuando el obligado tributario alegue su inexactitud o falsedad. El obligado tributario debe efectuar la alegación de la inexactitud o falsedad de los datos imputados por terceros en el plazo de 15 días, contados desde el día siguiente a la puesta de manifiesto por la Administración tributaria mediante comunicación o diligencia (LGT art.99.2 y 108.4; RGGI art.92.2).

5198 **Propuesta de resolución y trámite de alegaciones** (LGT art.138.3; RGGI art.164.4) Con carácter previo a la resolución, la Administración tributaria debe comunicar al obligado tributario la propuesta de resolución o liquidación para que, en un **plazo** de 10 días, contados a partir del día siguiente al de la notificación de la propuesta, pueda alegar lo que convenga a su derecho y aporte aquella documentación que entienda necesaria para la mejor defensa de sus intereses.
Se puede prescindir del trámite de alegaciones cuando la resolución contenga manifestación expresa de que no procede regularizar la situación tributaria como consecuencia de la comprobación realizada.

Precisiones 1) La fase de instrucción siempre termina en una **propuesta de liquidación**. Por ello, aunque el procedimiento lo desarrolle un órgano de inspección, nunca termina en un acta.
2) Para obligados tributarios afectados por la **DANA** ver nº 3337.

D. Terminación del procedimiento

(LGT art.139; RGGI art.165)

Este procedimiento debe desarrollarse en el **plazo máximo de duración** de seis meses (LGT art.104.1). El procedimiento de comprobación limitada finaliza por resolución expresa, por caducidad (nº 5205) o por inicio de un procedimiento de inspección con el mismo objeto (nº 5207). **5200**

Precisiones Para obligados tributarios afectados por la **DANA** ver nº 3337.

Terminación por resolución expresa (LGT art.139.1 y 2) La Ley exige resolución expresa con independencia de que se entienda correcto el cumplimiento de la obligación tributaria objeto de la comprobación, o bien, sea necesario regularizar mediante la práctica de una liquidación provisional. **5201**

El **contenido mínimo** de la resolución es el siguiente:

- obligación tributaria o elementos de la misma y ámbito temporal objeto de la comprobación;
- especificación de las actuaciones concretas realizadas;
- realización de hechos y fundamentos de derecho que motiven la resolución;
- liquidación provisional, o en su caso, manifestación expresa de que no procede regularizar la situación tributaria como consecuencia de la comprobación realizada.

Las **liquidaciones** que se practiquen siempre tienen carácter provisional (LGT art.101.4), sin perjuicio del efecto preclusivo de las comprobaciones efectuadas (nº 5210).

En relación con cada obligación tributaria objeto del procedimiento puede dictarse **una única resolución** respecto de todo el ámbito temporal comprobado a fin de que la deuda resultante se determine mediante la suma algebraica de las liquidaciones referidas a los distintos períodos impositivos o de liquidación comprobados (RGGI art.164.5). Así, por ejemplo, si el alcance del procedimiento de comprobación limitada se refiere a la comprobación de los tres últimos trimestres del año 200x del IVA, no se faculta para realizar una única liquidación global de los tres trimestres. Debe practicarse una liquidación por cada uno de los periodos de liquidación trimestral, pero se pueden incluir en la misma resolución los tres trimestres y determinar una deuda tributaria global que resulte de la suma algebraica de las tres liquidaciones. **5202**

Si la liquidación resulta a ingresar debe incluir los **intereses de demora** hasta el día en que se acuerde la resolución, y si resulta una cantidad a devolver debe incluir los correspondientes intereses de demora a favor del obligado tributario (LGT art.31 y 32).

Precisiones Las **liquidaciones provisionales** se diferencian de las definitivas en que estas se practican previa comprobación completa del hecho imponible y de su valoración, lo que requiere que la Administración tributaria cuente con todos los datos y elementos de juicio necesarios. Por ello, las liquidaciones provisionales no producen una vinculación definitiva ni para el obligado tributario ni para la Administración, que puede rectificarlas mediante un nuevo pronunciamiento, mediante la actividad de comprobación o investigación, en tanto no haya transcurrido el período de prescripción (TS 11-6-98, EDJ 8253). No obstante, los hechos ya examinados en el procedimiento de comprobación limitada tienen un **efecto preclusivo**, salvo que se descubran nuevos hechos o circunstancias que resulten de actuaciones distintas de las realizadas (nº 5210). **5204**

Terminación por caducidad (LGT art.104 y 139.1) Se produce una vez transcurrido el **plazo de seis meses** sin que se haya notificado resolución expresa. La caducidad no impide que la Administración tributaria pueda iniciar de nuevo este procedimiento dentro del plazo de prescripción. **5205**

Precisiones **1)** A los solos efectos de entender cumplida la **obligación de notificar** la resolución dentro del plazo máximo de duración del procedimiento es suficiente con acreditar que se ha realizado un intento de notificación que contenga el texto íntegro de la resolución. En el caso de sujetos obligados o acogidos voluntariamente a recibir notificaciones practicadas a través de medios electrónicos, la obligación de notificar dentro del plazo máximo de duración de los procedimientos se ha de entender cumplida con la puesta a disposición de la notificación en la Sede Electrónica de la Administración Tributaria o en la dirección electrónica habilitada.

2) En cuanto al cómputo del plazo de caducidad no se toman en consideración los períodos de **interrupción justificada** ni las **dilaciones** por causa no imputable a la Administración (LGT art.104.2).

3) La caducidad no produce por sí misma la **prescripción** de los derechos de la Administración tributaria para determinar la deuda tributaria, pero sin **declaración expresa** de caducidad del procedimiento iniciado, las actuaciones realizadas con posterioridad se entienden practicadas en el seno del mismo procedimiento, caducado y sin virtualidad interruptiva de la prescripción (TEAC 9-4-19).

5207 **Terminación por el inicio de un procedimiento inspector** (LGT art.139.1; RGGI art.101.6)

El procedimiento de comprobación limitada termina por el inicio de un procedimiento inspector que incluya el objeto de la comprobación limitada, siempre que la notificación del procedimiento inspector se produzca dentro del plazo de los seis meses de duración máxima del procedimiento.

A los solos efectos de entender cumplida la obligación de notificar dentro del plazo de seis meses la terminación del procedimiento de comprobación limitada, será suficiente que se realice dentro del citado plazo un **intento de notificación** de la comunicación de inicio del procedimiento de inspección.

Precisiones 1) Se plantea si para que se entienda terminado el procedimiento de comprobación limitada se exige necesariamente la comunicación formal de su finalización junto con la **comunicación del inicio del procedimiento de inspección**, o si se entiende producida automáticamente por imposición normativa con la mera comunicación del inicio del procedimiento de inspección. En este sentido, cuando un procedimiento de comprobación limitada finaliza por el inicio de un procedimiento inspector, la comunicación de inicio de este último debe contener la indicación de la finalización de aquel (RGGI art.87.3.f).

2) No está previsto que el obligado tributario pueda pedir **ampliación de las actuaciones** para que la comprobación limitada tenga carácter general, a diferencia de lo que ocurre en el procedimiento inspector (LGT art.149).

3) Sin **declaración expresa de caducidad** de un procedimiento de gestión tributaria iniciado mediante declaración, relativo a un determinado concepto tributario (obligación tributaria o elemento de la obligación tributaria) y período impositivo, no es posible iniciar un ulterior procedimiento de inspección respecto de dicho concepto tributario (obligación tributaria o elemento de la obligación tributaria) y período impositivo (TS 29-9-23, EDJ 702138; 21-9-23, EDJ 694522). De igual forma en un procedimiento de **comprobación limitada** (TEAC unif. criterio 24-6-20).

E. Efectos de la regularización practicada

(LGT art.140)

5210 Los efectos de la regularización practicada en el procedimiento de comprobación limitada son los siguientes:

a) La Administración tributaria **no** puede efectuar una **nueva regularización** en relación con la obligación tributaria, o elementos de esta, objeto de la comprobación, salvo que en un procedimiento de comprobación limitada o inspección posterior se descubran **nuevos hechos o circunstancias** que resulten de actuaciones distintas de las realizadas y especificadas en dicha resolución.

De esta forma, se impide que la Administración pueda modificar el resultado de una comprobación limitada sin acudir a un procedimiento especial de revisión. Su fundamento se encuentra en el principio de seguridad jurídica, de forma que no se pueda reabrir lo ya comprobado, salvo que se refiera a hechos o circunstancias que no se encontraban en el ámbito de la comprobación inicial o se trate de hechos o circunstancias nuevos que han aparecido con posterioridad. Se trata, pues, de un **efecto preclusivo** de las liquidaciones provisionales resultantes de los procedimientos de comprobación limitada, salvo que aparezcan hechos nuevos.

b) Los hechos y los elementos determinantes de la deuda tributaria respecto de los que el obligado tributario o su representante haya prestado **conformidad expresa** no pueden ser impugnados salvo que pruebe que incurrió en **error de hecho**. Así, el obligado tributario no puede ir en contra de su voluntad válidamente manifestada, estando vinculado por la conformidad expresada.

5212 Precisiones 1) En la medida en que se acredite que determinados **gastos** ante la Administración **no** han sido **admitidos** por esta en un procedimiento de comprobación limitada, la Administración tributaria solo podría considerarlos practicando un nuevo procedimiento de comprobación limitada en virtud de **nuevos hechos o circunstancias** que resulten de actuaciones distintas de las realizadas y especificadas en la resolución correspondiente (DGT CV 1-6-10).

2) Si tras un procedimiento de comprobación limitada se realiza una comprobación inspectora sobre el mismo ejercicio, concepto y elementos sin especificar en el acta ni en la liquidación la existencia de nuevos hechos o circunstancias que se han tenido en cuenta a efectos de practicar la liquidación derivada de la segunda comprobación, no se desvirtúa el **efecto preclusivo** de la primera liquidación, y procede declarar la nulidad de la segunda liquidación practicada (TEAC 20-12-07; AN 7-11-23, EDJ749642).

3) En las liquidaciones provisionales, en ocasiones, la Administración practica liquidaciones sin conocer la realidad completa de los hechos imponibles, de su valoración y de los requisitos posteriores exigibles legalmente y se reserva la facultad de llevar a cabo las comprobaciones y valoraciones precisas para adoptar una **liquidación definitiva** que la vincula. En cambio, la firmeza o no firmeza es la posibilidad de que esos mismos actos, provisionales o definitivos, sean susceptibles

de revisión por los interesados mediante los correspondientes recursos administrativos o jurisdiccionales (TS 19-6-00, EDJ 21710).
4) Finalizado un procedimiento de comprobación limitada cuya liquidación fue anulada por el TEAR, la Administración inicia otro procedimiento, también de comprobación limitada y con la misma **finalidad**, que es comprobar la inversión del préstamo hipotecario en la construcción de la vivienda habitual, aunque referido a los dos ejercicios anteriores. En este caso, aunque la documentación requerida sea la misma no puede decirse que el segundo procedimiento tenga el mismo **objeto**, por lo que no existe efecto preclusivo (TSJ Murcia 10-5-18, EDJ 514083).
5) El **efecto preclusivo** no se extiende únicamente a aquellos elementos tributarios sobre los que se haya pronunciado expresamente la Administración, sino también a cualquier otro elemento tributario, comprobado tras el requerimiento de la oportuna documentación justificativa, pero no regularizado de forma expresa (TS 16-10-20, EDJ 690900; 28-9-23, EDJ 701331).
6) Se cierra la posibilidad de que la Administración, frente a una inicial liquidación provisional, pueda, sin la concurrencia de hechos nuevos o circunstancias desconocidas, abrir de nuevo la posibilidad de que un mismo ejercicio y unos mismos hechos, sean de nuevo comprobados y liquidados. La jurisprudencia está modificando la tradicional distinción entre **liquidaciones provisionales y definitivas**, de tal modo que las primeras también tendrán carácter definitivo si, practicadas al amparo de un procedimiento de comprobación limitada, no se revelan hechos nuevos, desconocidos o ignorados por la Administración en que se justifique el inicio de un nuevo y posterior procedimiento de comprobación e investigación (AN 19-1-23, EDJ 506723).

SECCIÓN 4

Comprobación de obligaciones tributarias formales

5220

5221 Las obligaciones tributarias formales son aquellas que, sin tener carácter pecuniario, son impuestas por la normativa tributaria o aduanera a los obligados tributarios. Por lo tanto, son obligaciones autónomas, de **carácter no pecuniario** consistentes en un hacer, no hacer o soportar, que resultan necesarias para el efectivo desenvolvimiento de la actividad administrativa.
El **sujeto** sobre quien recaen las obligaciones formales puede tener o no la condición de deudor del tributo; pero, por el mero hecho de tener que cumplir obligaciones tributarias formales, ya es obligado tributario (LGT art.35.3).
Las obligaciones tributarias formales (nº 886) están sometidas al **principio de reserva de ley**, pero se prevé su desarrollo reglamentario para concretar las circunstancias relativas a su cumplimiento.
La comprobación del cumplimiento de las obligaciones formales pueden realizarlo:
- los **órganos de gestión tributaria** (LGT art.117.1.e): dicho control puede realizarse en el seno de los procedimientos de verificación de datos y de comprobación limitada, o en actuaciones independientes de dichos procedimientos, encontrándose la comprobación censal, la comprobación del domicilio fiscal, el control de la presentación de declaraciones y de otras obligaciones tributarias;
- los **órganos de inspección** (LGT art.145.1): en este caso el control puede realizarse por medio del procedimiento de inspección, cuyo objeto es la comprobación e investigación del adecuado cumplimiento de las obligaciones tributarias, tanto materiales como formales. Estas últimas son objeto de análisis en la presente sección.

5222 **Prescripción de las obligaciones formales** (LGT art.70.1 y 3) Las obligaciones formales son obligaciones **accesorias o instrumentales** respecto de la obligación tributaria principal y solo pueden exigirse mientras no haya prescrito la obligación material de la que traen causa. Es decir, con carácter general, las obligaciones formales siguen a la obligación material en cuanto se refiere a la prescripción. Ello resulta plenamente lógico, dado que las obligaciones formales son obligaciones instrumentales de la obligación tributaria principal, referente al pago del tributo. Por ello, si desaparece esta última, carece de fundamento el mantenimiento de las obligaciones formales. Así, una vez que prescriba el derecho a determinar la deuda tributaria mediante la liquidación de un tributo, dejan de ser exigibles las obligaciones formales establecidas para garantizarlo.

En cuanto a la prescripción, las obligaciones tributarias referentes a la liquidación de los tributos prescriben a los cuatro años contados desde el día siguiente a la finalización del plazo de presentación de la correspondiente declaración. Este **plazo** de prescripción puede verse afectado por interrupciones, dilaciones o suspensiones, según el procedimiento en curso. Por lo tanto, la norma tributaria no establece un plazo de prescripción específico para las obligaciones formales del propio obligado tributario, sino que estas se encuentran vinculadas a la vigencia de las obligaciones tributarias a las que sirven de justificación.

5223 En la mayoría de las operaciones el ejercicio en el que se efectúa y documenta la operación (compra, venta, etc.) coincide con el período impositivo, tal y como contempla la regla general. No obstante, algunas operaciones tienen repercusión a lo largo de períodos dilatados de tiempo y sus efectos tributarios afectan a **varios ejercicios**. En estos casos, la LGT exige que la justificación de estas operaciones se mantenga durante el plazo de prescripción del derecho para determinar las deudas tributarias afectadas por la operación correspondiente, aunque la operación provenga de un ejercicio prescrito fiscalmente. A modo de ejemplo, así ocurre con las siguientes operaciones:

• Compra de una maquinaria con una vida útil de diez años que se amortiza fiscalmente durante ese período: la documentación se debe conservar fiscalmente al menos durante el plazo de prescripción desde la última amortización de la depreciación de dicho inmovilizado. Además, en el caso de cualquier **inmovilizado** debe conservarse la documentación justificativa de la compra, dado que en el momento de la venta debe tenerse en cuenta como valor de adquisición para determinar la ganancia o pérdida por la venta del mismo.

• Contrato de **préstamo** de cinco años de duración: debe conservarse a efectos fiscales al menos el período de prescripción desde la última cuota del préstamo.

• **Contratos de tracto sucesivo** que afectan a varios períodos anuales: resulta lógico que se exija la conservación de la documentación correspondiente por el período de prescripción correspondiente al último ejercicio en el que dicha operación tenga efectos fiscales.

En estos casos, la Administración tributaria no puede **rectificar las liquidaciones** de los períodos impositivos que se encuentran prescritos, pero sí que puede regularizar los períodos no prescritos en los que tienen efectos operaciones anteriores que afectan a varios ejercicios. Así, por ejemplo, si una maquinaria adquirida hace seis años se está amortizando de forma incorrecta, no se pueden regularizar los ejercicios prescritos, pero sí los períodos no prescritos objeto de comprobación, aunque la operación de compra de la maquinaria provenga de un período prescrito.

Existen algunas reglas específicas, como la establecida para la justificación de las **bases, cuotas o deducciones** procedentes de ejercicios prescritos y que están **pendientes de compensar**, aplicar o deducir (nº 1973 s.).

En relación con la prescripción de las obligaciones de suministro de información para la comprobación de las **obligaciones tributarias de terceros**, ver nº 5060.

Precisiones Para obligados tributarios afectados por la **DANA** ver nº 3337.

A. Control censal, revocación y rehabilitación del NIF y comprobación del domicilio

5225 Los **órganos de Inspección** pueden comprobar e investigar el adecuado cumplimiento de las obligaciones tributarias materiales y formales, entre las que se encuentran las obligaciones relativas al censo. Sin embargo, los procedimientos para la rectificación del censo o del domicilio fiscal y para la revocación del NIF son **procedimientos gestores**. Por ello, las comprobaciones inspectoras en esta materia finalizan en diligencias o informes que se remiten, en su caso, a los órganos competentes para que puedan iniciar y resolver los correspondientes procedimientos de rectificación. Asimismo, en la tramitación de estos procedimientos, se puede solicitar informe de los órganos de Inspección.

5227 **Control censal** (RGGI art.144.4 -redacc RD 249/2023- y 146.1.a) Las Administraciones tributarias requieren un censo tributario para el adecuado seguimiento del cumplimiento de las obligaciones tributarias, siendo competentes cada una de ellas para disponer de su propio **censo** (RGGI art.2.1).

En el ámbito de la competencia del Estado, la gestión de los censos tributarios y los registros que lo integran corresponde a la AEAT, existiendo los siguientes (RGGI art.3 redacc RD 117/2024):

a) Censo de obligados tributarios.

b) Censo de empresarios, profesionales y retenedores, que forma parte del Censo de obligados tributarios. El obligado tributario debe comunicar a la Administración tributaria las altas,

bajas y modificaciones en el Censo de empresarios, profesionales y retenedores mediante la presentación de la declaración censal. Forma parte de este registro, el de extractores de depósitos fiscales de productos incluidos en los ámbitos objetivos de los Impuestos sobre el Alcohol y Bebidas Derivadas o sobre Hidrocarburos.
c) Registro de operadores intracomunitarios (ROI), que forma parte del Censo de empresarios, profesionales y retenedores.
d) Registro de devolución mensual del IVA, que forma parte del Censo de empresarios, profesionales y retenedores.
e) Registro de grandes empresas, que forma parte del Censo de empresarios, profesionales y retenedores.
f) Registro territorial de los Impuestos Especiales de fabricación.
g) Registro de operadores de plataforma extranjeros no cualificados y Registro de otros operadores de plataforma obligados a comunicar información.
Las actuaciones de comprobación censal se pueden efectuar tanto por los órganos de gestión como por los de inspección, pero la posible **rectificación censal** es un procedimiento gestor.

En el ámbito de inspección destacan en esta materia las comprobaciones relativas al cumplimiento de las condiciones para encontrarse de **alta** en el Registro de operadores intracomunitarios (ROI) y en el Registro de devolución mensual del IVA, relacionadas fundamentalmente con las actuaciones frente a las presuntas tramas y redes organizadas de defraudación del IVA en operaciones intracomunitarias. Se puede acordar la **baja cautelar** en los citados registros mediante acuerdo motivado del Delegado o del Director de Departamento competente de la AEAT, previo informe del órgano proponente en los siguientes supuestos (RGGI art.144.4 redacc RD 249/2023): **5229**
1. Cuando en una actuación o procedimiento tributario se constate la inexistencia de la actividad económica o del objeto social declarado o de su desarrollo en el domicilio comunicado, o que en el domicilio fiscal no se desarrolla la gestión administrativa y la dirección efectiva de los negocios.
2. Cuando el obligado tributario hubiera resultado desconocido en la notificación de cualquier actuación o procedimiento de aplicación de los tributos.
3. Cuando se constate la posible intervención del obligado tributario en operaciones de comercio exterior, intracomunitario o relativas a productos incluidos en los ámbitos objetivos de los Impuestos sobre el Alcohol y Bebidas Derivadas o sobre Hidrocarburos de las que se derive el incumplimiento de la obligación tributaria o la obtención indebida de beneficios o devoluciones fiscales en relación con el IVA (tramas de IVA).
La baja cautelar se convierte en definitiva cuando se tramita el procedimiento gestor de rectificación censal del obligado tributario. Los órganos de gestión pueden proceder a la **rectificación de oficio de la situación censal**, sin necesidad de instruir el procedimiento de rectificación censal, con base en los resultados de unas previas actuaciones o procedimientos de inspección (RGGI art.145 y 146 redacc RD 249/2023).

Precisiones **1)** Cuando son los **órganos de inspección** los que llevan a cabo las comprobaciones censales, los hechos se deben documentar en diligencias y emitir el informe correspondiente (ver nº 5234).
2) El procedimiento de **comprobación censal** se ha de limitar a la verificación de la inexistencia de discrepancias entre la realidad jurídica y económica de la actividad y su reflejo censal, no puede extenderse al conocimiento de aquellos datos y elementos (tales como cuentas bancarias, información de clientes y proveedores, etc.) cuya investigación sería precisa para disponer de elementos probatorios suficientemente indicativos de la falsedad de las facturas expedidas. En estos casos está prevista la posibilidad de iniciar un procedimiento de comprobación limitada o de inspección (TEAC 17-7-14).

Ejemplo Si en un **procedimiento de inspección** se regulariza la situación tributaria de un obligado tributario que presentó una declaración censal indicando que tributa por el régimen simplificado del IVA y que no presenta declaraciones de retenciones, al comprobarse que debe tributar en el régimen ordinario del IVA al no cumplir los requisitos del régimen simplificado y que tiene obligación de retener e ingresar las retenciones de sus trabajadores, se puede rectificar de oficio su situación tributaria respecto al IVA y retenciones. **5231**

Revocación y rehabilitación del NIF (LGT art.29.2.b y disp.adic.6ª; RGGI art.18 a 28 y 147 -redacc RD 117/2024-) El adecuado seguimiento del cumplimiento de las obligaciones tributarias requiere la correcta identificación de los obligados tributarios, que es un elemento esencial de los censos tributarios. Para ello, la normativa tributaria establece la obligación de solicitar y utilizar el Número de Identificación Fiscal (en adelante NIF). **5232**
En concreto, toda persona física o jurídica, así como las entidades sin personalidad deben tener un NIF para sus relaciones de naturaleza o con trascendencia tributaria, el cual ha de

ser facilitado por la **Administración General del Estado**, ya sea de oficio o a instancia del interesado.
Las actuaciones de **comprobación** del NIF se pueden efectuar en el curso de las actuaciones de comprobación censal o en las demás actuaciones y procedimientos de aplicación de los tributos, por lo que esta comprobación la puede efectuar tanto los órganos de Gestión como los de Inspección.

Precisiones 1) En particular, quienes entreguen o confíen a **entidades de crédito** fondos, bienes o valores en forma de depósitos u otras análogas, recaben de aquellas créditos o préstamos de cualquier naturaleza o realicen con ellas cualquier otra operación financiera deben comunicar previamente su NIF a dicha entidad.
2) Las entidades de crédito no pueden librar **cheques** contra la entrega de efectivo, bienes, valores u otros cheques sin la comunicación del NIF del tomador, quedando constancia del libramiento y de la identificación del tomador, a excepción de los cheques librados contra una cuenta bancaria.
3) El incumplimiento de las obligaciones relativas a la utilización del NIF y de otros números o códigos establecidos por la normativa tributaria o aduanera constituye **infracción** tributaria (LGT art.202).

5233 **Causas de revocación** (RGGI art.147 redacc RD 117/2024) La Administración tributaria puede revocar el NIF asignado, cuando en el curso de las actuaciones de comprobación censal o en las demás actuaciones y procedimientos de comprobación o investigación se acredite alguna de las siguientes circunstancias:
a) Que las personas o entidades a las que se haya asignado un **NIF provisional** no aporten en el plazo reglamentariamente establecido o, en su caso, en el plazo otorgado en el requerimiento que se les efectúe la documentación necesaria para obtener el NIF definitivo, salvo que justifiquen debidamente la imposibilidad de su aportación; que concurran los supuestos para la **baja en el índice** de entidades del IS (LIS art.119); y que durante un período superior a un año y, después de realizar al menos tres intentos de **notificación**, hubiera resultado imposible la práctica de notificaciones al obligado tributario en el domicilio fiscal o cuando se hubieran dado de baja deudas por insolvencia durante tres períodos impositivos o de liquidación (RGGI art.146.1.b, c y d redacc RD 249/2023).
b) Que se hubiera comunicado a la Administración tributaria el desarrollo de **actividades económicas inexistentes**.
c) Que la sociedad haya sido constituida por uno o varios **fundadores** sin que en el plazo de tres meses desde la solicitud del NIF se inicie la actividad ni los actos ordinarios preparatorios para el ejercicio efectivo de la misma, salvo que se acredite la imposibilidad de realizarlos en dicho plazo.
En los supuestos en los que se constituye una entidad con la finalidad específica de la posterior **transmisión a terceros** de sus participaciones, acciones y demás títulos representativos de los fondos propios, sin realizar actividad económica alguna hasta dicha transmisión (RGGI art.4.2.l), el inicio del cómputo de dicho plazo comienza desde que se haya presentado la declaración censal de modificación (RGGI art.12.2).
d) Que se constate que un mismo capital ha servido para constituir una **pluralidad de sociedades**, de forma que se deduzca que no se ha producido el desembolso mínimo exigido por la normativa aplicable.
e) Que se comunique el desarrollo de actividades económicas, de la gestión administrativa o de la dirección de los negocios, en un **domicilio aparente o falso**, sin que se justifique la realización de dichas actividades o actuaciones en otro domicilio diferente.
f) Que se constate el incumplimiento durante cuatro ejercicios consecutivos de la obligación de depositar las cuentas anuales en el Registro Mercantil.
g) Que concurra la baja cautelar prevista en LGT disp.adic.25ª.6.
Las actuaciones de comprobación realizadas por los órganos de Inspección en esta materia finalizan, en su caso, en un informe en el que se propone que se remita al órgano competente la tramitación del procedimiento de revocación del NIF.

5234 **Procedimiento de revocación del NIF** (RGGI art.147 redacc RD 117/2024) Cuando queda acreditada la concurrencia de alguna de las causas del nº 5233, los órganos de gestión tributaria competentes por razón de territorio o adscripción deben comunicar al interesado el **inicio del procedimiento** de revocación del NIF. Por ello, si las causas de revocación se aprecian en un procedimiento de Inspección, esta debe emitir un informe al respecto, adjuntando las pruebas necesarias, y remitirlo al órgano gestor competente para que este pueda iniciar el procedimiento de revocación.
El acuerdo de revocación ha de requerir la **previa audiencia** al obligado tributario por un plazo de 10 días, contados a partir del día siguiente al de la notificación de la apertura de dicho plazo, salvo que este se incluya en la propuesta de resolución. En ese supuesto, como en el procedimiento de rectificación censal, ya se dispone de un trámite de audiencia, no es necesario un

trámite de audiencia separado para la revocación del NIF (RGGI art.145.3). El **plazo máximo** de duración de este procedimiento, iniciado de oficio, es el plazo general de seis meses (LGT art.104.1).
Finalmente, el acuerdo de revocación debe ser **notificado** al interesado. Asimismo, debe publicarse en el BOE, a efectos de que sea conocido por los terceros que se pueden ver afectados (tales como entidades bancarias, registros públicos, etc.).

Efectos de la revocación del NIF (LGT disp.adic.6ª.4; RGGI art.147.5, 6 y 7) Los efectos de la publicación en el **BOE** de la revocación del NIF son los siguientes: **5234.1**
1. Con carácter general, determina la pérdida de validez a **efectos identificativos** de dicho número en el ámbito fiscal.
2. Determina, asimismo, que las **entidades de crédito** no realicen cargos o abonos en las cuentas o depósitos bancarios en que consten como titulares o autorizados los titulares de dichos números revocados, salvo que se rehabilite dicho número o se asigne un nuevo NIF.
3. Los **notarios** deberán abstenerse de autorizar cualquier instrumento público relativo a declaraciones de voluntad, actos jurídicos que impliquen prestación de consentimiento, contratos y negocios jurídicos de cualquier clase.
4. Se prohíbe el acceso a cualquier **registro público**, incluidos los de carácter administrativo. En caso de entidades, la revocación además del cierre registral, obliga al registro público en que esté inscrita a extender una **nota marginal** en la hoja abierta a la entidad en la que ha de constar que, en lo sucesivo, no va a poder ser realizada inscripción alguna que afecte a esta, salvo que se rehabilite dicho número o se asigne un nuevo NIF. Excepcionalmente se admiten los trámites imprescindibles para la cancelación de la correspondiente nota marginal.
Esta revocación no va a impedir a la Administración tributaria exigir el cumplimiento de las obligaciones tributarias pendientes.
5. Que no pueda ser emitido el **certificado** de estar al corriente de las obligaciones tributarias (RGGI art.74).
6. La **baja** en el Registro de Operadores Intracomunitarios (ROI), Registro de devolución mensual del IVA, registros territoriales dispuestos en la normativa reguladora de los Impuestos Especiales, del registro territorial del Impuesto sobre Gases Fluorados de Efecto Invernadero, de extractores de depósitos fiscales de productos incluidos en los ámbitos objetivos de los Impuestos sobre el Alcohol y Bebidas Derivadas o sobre Hidrocarburos (nº 5227).
No obstante, la admisión de las autoliquidaciones, declaraciones, comunicaciones o escritos en los que conste un NIF revocado queda condicionada a su rehabilitación (nº 5234.2) o, en su caso, a la obtención de un nuevo NIF.

Rehabilitación del NIF revocado (RGGI art.147.8 redacc RD 117/2024) Tras haber sido revocado un NIF, la Administración tributaria puede rehabilitarlo mediante acuerdo que debe ser publicado en el BOE. Si transcurridos tres meses no existe **resolución expresa** de la solicitud de rehabilitación, esta va a entenderse denegatoria. **5234.2**
Estas solicitudes solo son tramitadas cuando se acredite que han desaparecido las **causas** que motivaron la revocación y, en caso de sociedades, además se comunique quienes ostentan la **titularidad del capital**, con identificación completa de sus representantes legales, el domicilio fiscal, quiénes tienen la consideración de titulares reales de la entidad, así como documentación que acredite cuál es la actividad económica que la sociedad va a desarrollar. En caso contrario, la solicitud se archiva.
Si la revocación es consecuencia del incumplimiento durante cuatro ejercicios consecutivos de la obligación de depositar las cuentas anuales en el Registro Mercantil, la rehabilitación del NIF solo será posible si se constata la subsanación de ese incumplimiento.

Precisiones **1)** En el caso de las **sociedades «durmientes»**, creadas por algunos intermediarios no para realizar ninguna actividad, sino para venderlas -normalmente el capital social aportado de acuerdo con la escritura de constitución es seguidamente retirado, descapitalizando la sociedad, para con esos mismos fondos constituir otras sociedades-, lo que se pretende es ocultar quienes son los nuevos propietarios, siendo así utilizadas frecuentemente como interpuestas en las tramas y redes de defraudación del IVA y de los Impuestos Especiales. Para eliminar la opacidad de este tipo de sociedades, la Administración puede revocar el NIF, y si alguna persona la quiere adquirir posteriormente para realizar alguna actividad, debe comunicar a la Administración tributaria la nueva titularidad del capital y la actividad a la que se va a dedicar para poder rehabilitar el NIF.
2) Ante la falta de **veracidad del objeto social** es procedente la denegación de los NIF solicitados, ya que las sociedades han sido constituidas con la única pretensión de ser transmitidas posteriormente a terceros, en el sentido de que no concuerda con la realidad ya que no se tiene intención de llevar a cabo actividad alguna (TEAC 20-1-10).

5235 **Comprobación del domicilio fiscal** (LGT art.48; RGGI art.148 a 152) Cada Administración tributaria puede comprobar y rectificar el domicilio fiscal declarado por los obligados tributarios en relación con los tributos cuya gestión le competa y con arreglo al procedimiento que se fije reglamentariamente. Corresponde a la **Agencia Tributaria** la comprobación del domicilio fiscal en el ámbito de los tributos del Estado, incluidos los tributos cedidos.

5236 **Determinación del domicilio fiscal** (LGT art.48) El domicilio fiscal de cada persona es el siguiente:

a) **Personas físicas**: el lugar donde tengan su residencia habitual. No obstante, para las personas físicas que desarrollen principalmente **actividades económicas**, en los términos que reglamentariamente se determinen, la Administración tributaria puede considerar como domicilio fiscal el lugar donde esté efectivamente centralizada la gestión administrativa y la dirección de las actividades desarrolladas. Si no puede establecerse dicho lugar, prevalece aquél donde radique el mayor valor del inmovilizado en el que se realicen las actividades económicas.

b) **Personas jurídicas**: su domicilio social, siempre que en él esté efectivamente centralizada su gestión administrativa y la dirección de sus negocios, y en otro caso, se ha de atender al lugar en el que se lleve a cabo dicha gestión o dirección. Cuando no pueda determinarse el lugar del domicilio fiscal de acuerdo con los criterios anteriores, prevalece aquel donde radique el mayor valor del inmovilizado.

El conocimiento cierto del domicilio fiscal real del contribuyente es de gran importancia para la Administración tributaria, dado que sirve para establecer el **lugar de comunicación** con él, para determinar la Administración competente y por sus consecuencias en la financiación territorial (TS 4-2-10, EDJ 16419).

Los problemas fundamentales que pueden plantearse a este respecto son los siguientes:

- obligados tributarios **ilocalizados**: el obligado tributario no declara ningún domicilio;
- obligados tributarios **deslocalizados**: se declara un domicilio que no corresponde con el real.

Las causas de la deslocalización pueden ser diversas, destacando aquellas que pretenden conseguir una menor tributación por razón del territorio, y aquellas en las que se pretende dificultar la práctica de las actuaciones administrativas de comprobación o inspección, así como la obtención de las pruebas correspondientes.

5237 Precisiones **1)** Aunque es importante la voluntad o intención del sujeto pasivo de establecerse en un sitio determinado, no resulta suficiente. Esa voluntad debe corroborarse por actos posteriores que ratifiquen la realidad de ese cambio de domicilio del negocio. Por ello, lo determinante del domicilio fiscal efectivo son los **datos objetivos** (domicilio fiscal real) y no la mera voluntad de los socios o administradores (domicilio fiscal electivo).

2) La **gestión administrativa y dirección de los negocios** supone el ejercicio de las facultades de dirección necesarias para el desarrollo diario y habitual de la actividad empresarial, esto es, como gestión directiva. La titularidad de estas facultades, por regla general, se suele compartir por un conjunto de personas que forman el equipo de personal de alta dirección de la empresa y que tienen atribuidas las potestades de decisión y de contratación que permiten el funcionamiento ordinario del negocio.

3) Si bien los datos declarados del domicilio fiscal se presumen ciertos, la Administración puede comprobar su **veracidad y exactitud** (LGT art.108.4).

4) Una empresa **dependiente** que desarrolla por sí misma su gestión administrativa y gerencial mantiene su individualidad para determinar su domicilio fiscal. Pero si por propia decisión determina que esas funciones se lleven a cabo por la matriz o por otra entidad del **grupo**, la gestión y dirección efectiva deben localizarse donde se efectúen por la entidad facultada para desarrollar tales tareas.

5) La regla del **mayor valor del inmovilizado** es una regla subsidiaria, por lo que solo puede aplicarse si no se consigue determinar por otros medios como es el lugar de la efectiva gestión administrativa y dirección de los negocios. Por ello, solo se suele utilizar en sociedades con nula o muy poca actividad. En caso de utilizarse debe referirse a valores de mercado, sin que sea correcto, por ejemplo, que se pretenda comparar valores de mercado de unos bienes con valores catastrales o contables de otros bienes.

6) El domicilio fiscal es un concepto **indisponible** (AN 20-10-07, Rec 197/06), **imperativo** (AN 20-6-05, EDJ 335117), de ius cogens (TSJ País Vasco 28-4-06, EDJ 99091). El obligado tributario puede elegir libremente dónde establece la efectiva sede de la gestión administrativa y la dirección de los negocios, pero no puede pretender fijar libremente el domicilio fiscal en un lugar distinto al de la gestión y dirección de la empresa.

7) El domicilio fiscal es un concepto relacionado pero autónomo e independiente del domicilio social, y sirve para determinar el lugar de localización del obligado tributario en sus relaciones con la Administración tributaria y que determina el sometimiento a las normas y obligaciones tributarias en razón del territorio (TS 4-2-10, EDJ 16419). Por ello, el cambio de domicilio fiscal no se ve afectado por el contenido del **Registro Mercantil** ni de los **Estatutos Sociales** (TSJ País Vasco 28-4-06, EDJ 99091).

8) La declaración simultánea de **diversos domicilios**, faculta a la Administración para actuar a través del órgano que resulte competente en cualquiera de ellos (TEAC 18-3-03).

Prueba del lugar del domicilio fiscal (RGGI art.149.3) La determinación del domicilio fiscal es una cuestión probatoria. El RGGI se refiere de forma genérica a los elementos probatorios a efectos de la comprobación del domicilio fiscal, estableciendo que se realizará de acuerdo con los datos comunicados o declarados por el propio obligado tributario, con los datos que obren en poder de la Administración, con los datos y justificantes que se requieran al propio obligado tributario o a terceros, así como mediante el examen físico y documental de los hechos y circunstancias en las oficinas, despachos, locales y establecimientos del obligado tributario; a estos efectos, los órganos competentes tendrán las facultades de entrada en fincas previstas en el RGGI art.172. **5239**
Por lo tanto, el RGGI se limita a enunciar una relación genérica de posibles fuentes que proporcionan medios de prueba, pero sin especificar **medios de prueba concretos**, dado el carácter casuístico de la materia.

Los principales elementos probatorios para determinar el domicilio fiscal que han considerado los **tribunales** en sus sentencias son los siguientes: **5240**
1. Para las **personas jurídicas**: entre los elementos de prueba para la determinación de la sede efectiva de gestión administrativa y dirección de los negocios se suelen destacar los siguientes lugares:
a) El de **contratación general**: lugar donde se verifique normalmente la contratación general de la empresa, sin perjuicio de la que es propia y característica de las sucursales. Corresponde al lugar donde se suscribe la contratación con clientes y proveedores, donde se emiten la mayor parte de las facturas y se reciben y archivan las facturas recibidas, donde se tramitan las solicitudes de compras y ventas, donde se contrata al personal de la empresa, donde se gestionan los cobros y pagos de dichos contratos, etc.
Teniendo en cuenta que la realización de estas funciones se ejerce normalmente con el apoyo de medios personales y materiales, la ubicación de estos también debe ser tenida en cuenta. En concreto, el lugar donde se encuentre la mayoría de la plantilla con funciones de administración, marketing, personal, contabilidad, asesoramiento legal, etc. Asimismo, puede resultar significativo el lugar donde se encuentran abiertas las cuentas corrientes utilizadas por la empresa en su gestión diaria u ordinaria, al mostrar donde se realizan normalmente las actividades habituales de la empresa. Otros indicios son el lugar que corresponde al teléfono y fax de la empresa y aquel en donde se publicita en las páginas amarillas, etc.
b) El de **llevanza permanente de la contabilidad**: lugar donde se lleva la contabilidad de la empresa, se emiten la mayor parte de las facturas, se centralizan las declaraciones fiscales, se recibe, controla, archiva y custodia la información económica, financiera, patrimonial y tributaria de la empresa, y donde se encuentra la mayoría de la plantilla con funciones de contabilidad.
c) **Domiciliación de los administradores o gerentes**: por regla general, las funciones de gestión directiva de una empresa se suelen compartir por un conjunto de personas que forman el equipo de personal de alta dirección de la empresa, y no sólo por la cúpula de la jerarquía directiva. A estos efectos, se puede destacar lo siguiente:
- lugar de reunión del consejo de administración: resulta relevante el lugar donde se reúna el consejo de administración de la sociedad, pero no lo suele ser el lugar de celebración de la junta general ordinaria, ya que esta no es un órgano de gestión y dirección de la sociedad, sino que sus competencias son básicamente censurar la gestión social, aprobar las cuentas del ejercicio anterior y resolver sobre la aplicación del resultado;
- domicilio de los consejeros: se debe tener en cuenta el lugar de residencia, tanto del presidente del consejo de administración como de los consejeros, en el momento del devengo del impuesto, excluyendo en su caso a los que residan fuera del territorio español. Si se encuentran dispersos, se ha de considerar el lugar en el que se encuentren el mayor número, siempre que sea un número adecuado para el debido ejercicio de la dirección del negocio.

2. Para las **personas físicas**: entre los elementos de prueba que, con carácter general, pueden tenerse en cuenta para determinar la residencia habitual se encuentran los siguientes: **5241**
a) Los **certificados de empadronamiento** del ayuntamiento, aunque no constituye ninguna prueba absoluta, sino que solo se trata de una presunción que admite prueba en contrario. A diferencia del padrón, los meros certificados de residencia de los ayuntamientos carecen de eficacia probatoria salvo que conste la razón de ciencia o fuente de conocimiento en la que se basan.
b) Las **declaraciones testificales**, pero deben especificar el período de tiempo al que se refieren y dejar claro que la permanencia en el domicilio es permanente y habitual y no meramente temporal u ocasional.

c) Vivienda con recibos de **suministros** continuados superiores a los meros consumos mínimos.
d) Municipio donde se desarrolla la **actividad laboral, empresarial o profesional** del obligado tributario.

Precisiones Los indicios manejados por la Administración para desvirtuar la declaración de la demandante respecto a su domicilio fiscal no tienen por sí mismos la fuerza de convicción necesaria. Pero tampoco los dos indicios que se han considerado aisladamente más sólidos, esto es, domicilio consignado en las **escrituras y consumos de electricidad y agua**, ni aún acompañados por los previamente calificados aisladamente como equívocos, pero con eventual alcance corroborador, permiten avalar la conclusión de la resolución de la AEAT que originariamente se impugnaba (AN 31-1-24, EDJ 516885).

5242 **Procedimiento para la comprobación del domicilio fiscal** (RGGI art.148 a 152) En el procedimiento para la comprobación y, en su caso, rectificación del domicilio fiscal se atribuye la **competencia** para la iniciación y resolución de este procedimiento al órgano que se establezca en la norma de organización interna.

La comprobación del domicilio fiscal en el ámbito de los **tributos del Estado**, incluso los cedidos, corresponde a la AEAT.

Las **fases** de dicho procedimiento son las siguientes:

1. **Iniciación**: se produce de oficio, por iniciativa del órgano competente o a solicitud de cualquier otro órgano, acompañando un informe con los antecedentes que se consideren relevantes. Es frecuente que este informe-propuesta se efectúe por un órgano de la Inspección.

2. **Tramitación**: el órgano gestor que tramite el expediente debe solicitar un informe al órgano a cuyo ámbito territorial se promueva el nuevo domicilio, salvo que ya figure en el expediente por haber promovido el inicio del procedimiento. Si la comprobación del domicilio fiscal puede dar lugar al cambio de domicilio fiscal a una Comunidad Autónoma diferente, se debe notificar esta circunstancia a las Administraciones tributarias de las Comunidades Autónomas afectadas para que en el plazo de 15 días, contados desde el día siguiente al de la notificación de la apertura de dicho plazo, puedan solicitar que el expediente se tramite con las especialidades de los procedimientos iniciados a solicitud de una Comunidad Autónoma (RGGI art.152).

Una vez tramitado el expediente se formula propuesta de resolución que ha de ser notificada al obligado tributario para que, en el plazo de 15 días, contados a partir del día siguiente al de la notificación de dicha propuesta, pueda alegar y presentar los documentos y justificantes que estime oportunos.

3. **Finalización**: el procedimiento puede finalizar por caducidad o por resolución. La resolución que ponga fin al procedimiento debe ser motivada, y el plazo para su notificación es de seis meses. La resolución adoptada confirma o rectifica el domicilio declarado y debe ser comunicada a los órganos implicados de la AEAT y notificada a las Administraciones tributarias afectadas y al obligado tributario.

5244 Precisiones **1)** Las principales normas sobre **competencia** en el ámbito de la **organización interna** de la AEAT son la OM PRE/3581/2007, la Dpto. Gestión Tributaria Resol 17-12-07, la Dpto. Inspección Financiera y Tributaria Resol 17-12-07 y la AEAT Resol 13-1-21.

2) Existen ciertas particularidades procedimentales en el caso de las Haciendas Forales que se regulan en el Concierto Económico con la Comunidad Autónoma del País Vasco (L 12/2002 art.43) y en el Convenio Económico con la Comunidad Foral de Navarra (L 28/1990 art.43).

3) El inicio de este procedimiento no impide la **continuación de los procedimientos** de aplicación de los tributos iniciados de oficio o a instancia del interesado que se encuentren en tramitación.

4) Durante los tres años siguientes a la fecha de notificación del acuerdo de rectificación del domicilio fiscal, las **comunicaciones de cambio de domicilio fiscal** a otra Comunidad Autónoma efectuadas por el obligado tributario tienen el carácter de mera solicitud y deben acompañarse de los medios de prueba que acrediten la alteración de las circunstancias que motivaron la resolución. Si en el plazo de un mes desde dicha solicitud no se notifica un acuerdo confirmando o denegando el cambio o iniciando un nuevo procedimiento de comprobación del domicilio fiscal, el cambio de domicilio tendrá efectos frente a la Administración tributaria.

5) Las Dependencias de Inspección no son competentes ni para iniciar, ni para resolver estos procedimientos, competencia que corresponde a los delegados, y en su caso a los directores de departamento. Además, al tratarse de un procedimiento de naturaleza gestora su tramitación corresponde a los **órganos de gestión** tributaria y no a los de inspección (salvo en el caso de las Unidades de Gestión de Grandes Empresas respecto de los obligados tributarios adscritos a las mismas). No obstante, la actuación de los **órganos inspectores** en esta materia suele ser muy relevante:

- es frecuente que el inicio del procedimiento se acuerde a solicitud de los órganos de inspección, emitiendo un informe en el que se detallan las pruebas de que el domicilio fiscal efectivo es distinto del declarado;
- aunque no se inicia a solicitud de la Inspección, es habitual que se solicite un informe a los órganos de inspección, a efectos de realizar las pruebas oportunas para documentar el domicilio efectivo del obligado tributario.

Por consiguiente, las labores de la Inspección en esta materia son fundamentalmente actuaciones tendentes a la prueba del domicilio efectivo del obligado tributario. Dichas actuaciones finalizan en un informe, que se ha de acompañar de las diligencias (RGGI art.98.3) y demás pruebas que permitan determinar el domicilio fiscal efectivo del obligado tributario.
En este sentido se pronuncia el TEAC al establecer que, si el órgano competente para iniciar y resolver el procedimiento de comprobación del domicilio fiscal es el Delegado Especial de la Agencia Estatal de Administración Tributaria, no puede sostenerse que el procedimiento de cambio de domicilio haya sido iniciado a través de un informe previo realizado por la Dependencia Regional de Inspección (TEAC 6-2-14).
6) Una vez la Administración comprueba y rectifica el domicilio, cualquier cambio posterior se reconoce como una **solicitud de cambio**, debiendo de ser la Administración en este caso la que acepte o rechace. Es decir, en ese caso sí debe ser autorizado el cambio (DGT CV 29-9-22).

B. Comprobación de otras obligaciones formales

(RGGI art.192)

Entre las diversas obligaciones formales establecidas por la normativa tributaria, se pueden destacar la obligación de presentar declaraciones, la obligación de llevar y conservar libros de **contabilidad y registros**, y la obligación de expedir y entregar **facturas** o documentos sustitutivos y conservar las facturas, documentos y justificantes. **5245**
El desarrollo reglamentario de la comprobación de las obligaciones formales por los **órganos de Inspección** se contempla escuetamente en el RGGI.
La comprobación de las obligaciones tributarias formales puede efectuarse en el curso de un procedimiento de inspección referente a la comprobación de los tributos o en un procedimiento de inspección cuyo alcance se limite exclusivamente a una o varias obligaciones tributarias formales. En el primer caso, su tramitación se ajusta al procedimiento inspector general.
Cuando el objeto del procedimiento de inspección sea exclusivamente la comprobación del cumplimiento de las obligaciones tributarias formales, una vez finalizada la comprobación debe darse audiencia al obligado tributario por un plazo de 15 días, contados desde el siguiente al de la notificación. Tras la finalización de este trámite, se debe documentar el resultado de las actuaciones en diligencia o informe.
Si se constata un **incumplimiento de la obligación formal**, la diligencia o informe correspondiente debe incorporarse al expediente sancionador que se inicie como consecuencia del procedimiento sancionador.

SECCIÓN 5

Asistencia mutua

5246

La **tributación internacional** se encuentra inmersa en un contexto de cambios especialmente intensos en los últimos años. La agresiva planificación fiscal llevada a cabo por determinadas multinacionales ha obligado a los países a buscar soluciones coordinadas para hacer frente a este problema común. **5247**
El **escenario actual** se caracteriza por la globalización de la economía, el alto nivel de movilidad de capitales, la creciente liberalización de los mercados financieros y eliminación de mecanismos de control de cambios, la comercialización de instrumentos financieros cada vez más complejos, el creciente número de transacciones transfronterizas, el gran aumento de la movilidad de los contribuyentes sujetos a distintos sistemas tributarios, la desmaterialización de las operaciones y la desintermediación económica, provocada por el comercio electrónico y el uso del «dinero electrónico»; todos ellos factores que pueden facilitar determinadas prácticas tributarias irregulares.
De esta forma el fraude y la evasión fiscal transfronterizos son actualmente uno de los principales motivos de preocupación, tanto en el ámbito de la Unión Europea como a nivel mundial, por lo que cada vez resulta más necesario que los Estados tengan que recurrir a la colaboración entre ellos para garantizar el cumplimiento de las normas tributarias. Esta colaboración

requiere que se arbitren sistemas de asistencia mutua entre las Administraciones tributarias y, en especial, entre los Estados miembros de la Unión Europea. Tales **instrumentos jurídicos de colaboración** se refieren a cuestiones como el intercambio de información tributaria, la presencia de agentes de un Estado en las oficinas de la Administración tributaria de otro, el desarrollo de controles simultáneos, la realización de notificaciones administrativas en otros Estados o la asistencia en la recaudación de créditos tributarios. Dada su transcendencia, el intercambio de información ha sido objeto de regulación desde diferentes niveles normativos: nacional, europeo e internacional, no siempre de forma homogénea, lo que ha provocado una cierta complejidad en su aplicación, aunque se trate generalmente de fórmulas complementarias.

5247.1 Las **iniciativas de la OCDE** han sido esenciales para establecer unos estándares comunes de exigencia de transparencia internacional, teniendo en cuenta que la falta de un intercambio efectivo de información es uno de los elementos fundamentales que permiten la proliferación de prácticas fiscales perjudiciales.

La **falta de transparencia e intercambio de información** constituye el criterio determinante para calificar a determinados países o jurisdicciones como jurisdicciones no cooperativas. De esta forma, los principios de transparencia, intercambio de información y competencia leal en materia tributaria se han convertido en el nuevo paradigma de la fiscalidad internacional.

Los **estándares de transparencia** descansan sobre tres criterios:

- la generalización del suministro de información tributaria previa solicitud de otro Estado, sin que quepa oponer el secreto bancario o la inexistencia de interés alguno en facilitarla por parte del Estado requerido;
- el intercambio de toda aquella información previsiblemente relevante para la correcta aplicación del sistema tributario del Estado requirente; y
- la confidencialidad de la información suministrada, con la finalidad de proteger los derechos e intereses de los contribuyentes afectados.

Estos estándares de transparencia se incorporaron al **Modelo de Acuerdo sobre intercambio de información en materia tributaria** de la OCDE de 18-4-2002. Este Modelo no es un instrumento jurídicamente vinculante, sino un ejemplo de «soft law», pero su fuerza reside en que contiene las obligaciones mínimas de transparencia e intercambio de información que deben cumplir las «jurisdicciones no cooperativas» cooperativos a los efectos de no sufrir medidas defensivas por parte de los Estados miembros de la OCDE, por lo que ha impulsado la firma de numerosos **acuerdos bilaterales** específicos, denominados comúnmente TIEA (Tax Information Exchange Agreements).

Los proyectos de transparencia fiscal global y los de lucha contra la erosión de bases imponibles y traslado de beneficios, cuyas fuentes de producción principales serían la OCDE (Plan de Acción BEPS) y la UE (Plan de Acción de la Comisión), suponen limitar la soberanía fiscal de los Estados en aras de la consecución de una coordinación de los sistemas fiscales nacionales, que se enfocan hacia un estándar global de competencia fiscal internacional transparente, del que se deriva un mejor cumplimiento de las obligaciones fiscales por parte de los contribuyentes multinacionales.

5247.2 **El Plan de Acción BEPS de la OCDE** Hasta fechas relativamente recientes la preocupación fundamental de la OCDE y otros organismos internacionales era la eliminación de la **doble imposición**. La prolongada crisis de 2008 golpeó severamente las economías de los países occidentales, reflejada en la caída del empleo y de la producción, y también a sus sistemas de protección social, provocando un gran malestar social. La crisis económica y la erosión de las bases imponibles como consecuencia de la planificación fiscal agresiva o abusiva internacional, especialmente de las empresas multinacionales, ha hecho imprescindible un reforzamiento efectivo de la cooperación entre las distintas Administraciones tributarias nacionales, lo cual ha propiciado una importante reacción de los gobiernos de los países de la OCDE y del G20, que ha desencadenado una intensificación del impulso de los organismos internacionales en la lucha contra el fraude y la evasión fiscal. Esto ha supuesto un **cambio** en el contexto internacional.

Tras el informe BEPS del año 2013 («Base Erosion and Profit Shifting», erosión de la base imponible y deslocalización de beneficios) y la posterior publicación del «Plan de Acción» con quince medidas, ha cambiado radicalmente el paradigma de la fiscalidad internacional. El 16-9-2014 se publicaron los 7 primeros informes, habiendo sido concluidos los restantes en octubre de 2015. Con esto, la OCDE trata de rediseñar un **nuevo paradigma** para evitar las deficiencias, lagunas e incoherencias del marco fiscal global, instándose a los Estados a que acuerden los cambios necesarios de las reglas tributarias internacionales. El Plan BEPS ha supuesto un punto de inflexión en la forma de enfocar y valorar los desafíos fiscales que plantea la globalización.

Precisiones Las **medidas o acciones BEPS** eran las siguientes:
Acción 1: Hacer frente a los desafíos fiscales que plantea la economía digital.
Acción 2: Neutralizar los efectos de los dispositivos híbridos.
Acción 3: Reforzar las normas sobre transparencia fiscal internacional.
Acción 4: Limitar la erosión de la base imponible vía deducción de intereses y otros pagos financieros.
Acción 5: Incrementar la eficiencia de las medidas para contrarrestar las prácticas fiscales perjudiciales, teniendo en cuenta la transparencia y la sustantividad.
Acción 6: Impedir el abuso de los convenios para evitar la doble imposición (CDI).
Acción 7: Impedir la evitación deliberada de la condición de establecimiento permanente.
Acciones 8 a 10: Garantizar que los resultados en materia de precios de transferencia tengan correspondencia con la creación de valor.
Acción 11: Establecer métodos para la recopilación y análisis de datos sobre erosión de la base imponible, traslado de beneficios y medidas para abordar esta cuestión.
Acción 12: Requerir a los contribuyentes que comuniquen sus mecanismos de planificación fiscal agresiva.
Acción 13: Nuevo análisis de la documentación sobre precios de transferencia.
Acción 14: Hacer más efectivos los mecanismos para la resolución de controversias (procedimientos amistosos).
Acción 15: Desarrollar un instrumento multilateral para la aplicación de las medidas desarrolladas.

Perteneciendo los informes BEPS a la categoría jurídica de las **recomendaciones**, pueden ser clasificados en los siguientes grupos: **5247.3**

a) **Estándares mínimos**. Tienen auténtico valor político, por cuanto los países de la OCDE se han comprometido a incorporarlos a sus respectivos ordenamientos tributarios. Existe un acuerdo de los países de la OCDE y del G20 para someter los estándares mínimos a un seguimiento selectivo respecto de su adopción y aplicación. Por ello, están llamadas a concretarse en normas fiscales jurídico-positivas. Asimismo, tienen un valor interpretativo respecto de las normas nacionales que hayan sido aprobadas en atención a los mismos. Se puede distinguir entre estándares mínimos nuevos (acciones 5, 6, 13 y 14) y la actualización y mejora de los estándares mínimos preexistentes (acciones 7 a 10).

b) **Metodologías comunes y mejores prácticas**. Solo tienen un valor técnico, y representan una recomendación para la mejor configuración de los sistemas fiscales. No obstante, se espera que las metodologías comunes pudieran llegar a convertirse en el futuro en estándares mínimos. Las metodologías comunes comprenden las acciones 2 y 4; y las mejores prácticas (acciones 3 y 12) son directrices basadas en las mejores prácticas de la transparencia fiscal internacional y la información sobre planificación fiscal agresiva.

En tanto no esté concluido un convenio o instrumento multilateral para su aplicación, las acciones del Plan BEPS no tienen fuerza normativa. La OCDE se ha centrado fundamentalmente en el **intercambio de información rogado** o previa solicitud, consiguiendo progresos muy importantes en la aceptación de unos estándares internacionales mínimos sobre la materia. Pero el intercambio rogado ha mostrado una efectividad limitada en la lucha contra el fraude internacional, lo que explica que se haya potenciado el intercambio automático, auspiciado por los EEUU (FACTA), también en el seno de la UE. El **intercambio automático** supone la transmisión, de forma sistemática y periódica, de información en masa, lo que ayuda a detectar casos de incumplimiento fiscal incluso cuando la Administración tributaria carece de indicios previos de fraude, disuadiendo a los contribuyentes de incumplir sus obligaciones tributarias y redundando en una mayor justicia tributaria.

El paquete ATAP y las directivas DAC La UE, en el contexto de la búsqueda de soluciones comunes y a la vez flexibles que se ajusten a las conclusiones de los trabajos BEPS de la OCDE, presentó el 28-1-2016 el Paquete ATAP («Anti-Tax Avoidance Package»). Su **objetivo** es prevenir la planificación fiscal abusiva, aumentar la transparencia y crear un entorno más justo para las empresas en la UE. Dentro de esas medidas se han adoptado las directivas anti-abuso y las relativas a la cooperación administrativa (nº 5247.5). **5247.4**

1. Las **directivas anti-abuso** o directivas ATAD («Anti-Tax Avoidance Directive») comprenden:

a) La Dir (UE) 2016/1164, por la que se establecen normas contra las prácticas de elusión fiscal que afecten directamente al funcionamiento del mercado interior (conocida como directiva ATAD 1). Las **medidas anti-elusión** que incorpora esta directiva son:
- norma relativa a la limitación de los intereses (Dir (UE) 2016/1164 art.4);
- imposición de salida («Exit-tax») (Dir (UE) 2016/1164 art.5);
- norma general contra las prácticas abusivas (Dir (UE) 2016/1164 art.6);
- norma relativa a las sociedades extranjeras controladas-transparencia fiscal internacional («Controlled Foreing Corporations» o «CFC») (Dir (UE) 2016/1164 art.7 y 8); y
- asimetrías híbridas (Dir (UE) 2016/1164 art.9).

La norma general contra las prácticas abusivas se entiende ya traspuesta en nuestro ordenamiento tributario con la figura del conflicto en la aplicación de la norma tributaria (nº 4870 s.).
b) La Dir (UE) 2017/952, que modifica la Dir (UE) 2016/1164, conocida como ATAD2, respecto de **asimetrías híbridas**, que trata de operaciones en las que se produce desimposición o doble deducción de gastos como consecuencia de calificaciones jurídicas dispares en varios territorios, que ha sido traspuesta al ordenamiento interno mediante la L 5/2022, cuya entrada en vigor se produjo (salvo lo previsto en determinados artículos) con efectos a partir del 11-3-2022.

5247.5 **2.** La **directiva de cooperación administrativa** se conoce con el nombre de DAC («Directive on Administrative Cooperation»). La DAC ha sido modificada en siete ocasiones, todas ellas con la finalidad de incrementar la transparencia respecto de la información con trascendencia fiscal dentro de la Unión. La redacción inicial suele conocerse como DAC o DAC 1, y las sucesivas modificaciones, añadiendo un número que indica la redacción correspondiente. Comprende las siguientes:
- Dir 2011/16/UE, relativa a la cooperación administrativa en el ámbito de la fiscalidad, conocida como **DAC 1** (nº 5252).
- Dir 2014/107/UE, que modifica la Dir 2011/16/UE para establecer la obligación de intercambio automático de información sobre cuentas financieras en el ámbito de la fiscalidad de la Unión, conocida como **DAC 2** (nº 5256.4 s.).
- Dir (UE) 2015/2376, que modifica la Dir 2011/16/UE para establecer el intercambio automático y obligatorio de información sobre acuerdos tributarios previos y APA transfronterizos, conocida como **DAC 3** (nº 5256.17 s.).
- Dir (UE) 2016/881, que modifica la Dir 2011/16/UE para establecer el intercambio automático y obligatorio de los informes país por país de las multinacionales, conocida como **DAC 4** (nº 5256.21 s.).
- Dir (UE) 2016/2258, que modifica la Dir 2011/16/UE en lo que se refiere al acceso de las autoridades tributarias a la información contra el blanqueo de capitales, conocida como **DAC 5** (nº 7806).
- Dir (UE) 2018/822, que modifica la Dir 2011/16/UE en lo que se refiere al intercambio automático y obligatorio de información en relación con los mecanismos trasfronterizos sujetos a comunicación de información, conocida como **DAC 6** (nº 5256.33 s.).
- Dir (UE) 2021/514, que modifica la Dir 2011/16/UE para introducir nuevas obligaciones de presentación de informes e intercambio de información sobre las ventas realizadas a través de plataformas digitales, conocida como **DAC 7** (nº 5256.62 s.).
- Dir (UE) 2023/2226, que modifica la Dir 2011/16/UE, con el fin de potenciar y mejorar el intercambio de información e incluir en su ámbito de aplicación nuevas categorías de ingresos y activos, como el dinero electrónico y los criptoactivos, conocida como **DAC 8** (nº 5256.84).

Precisiones **1)** La Dir (UE) 2023/2226 (DAC 8), entró en vigor el 13-11-2023. Los Estados miembros deben **adoptar y publicar**, a más tardar, el 31-12-2025, salvo algunas excepciones, las disposiciones legales, reglamentarias y administrativas necesarias para dar cumplimiento a lo establecido en la misma.
2) La Dir (UE) 2023/2226 **no sustituye** otras obligaciones más amplias derivadas del Rgto (UE) 2023/1114 relativo a los mercados de criptoactivos (**Reglamento MiCA**).

5247.6 Las anteriores medidas, tanto de la OCDE como de la UE, contienen mecanismos sustantivos, formales y procedimentales para luchar contra el fraude y la elusión fiscal. Aquí nos limitaremos a examinar las medidas que tienen que ver con el procedimiento y con obligaciones formales de información.
Seguidamente se analiza la **asistencia mutua** distinguiendo los siguientes casos:
1) Supuestos generales de asistencia mutua: intercambio de información (nº 5248.2 s); controles simultáneos (nº 5249); presencia de funcionarios de un Estado en otro (nº 5249.1); inspecciones conjuntas (nº 5249.2); y asistencia en las notificaciones (nº 5249.3).
2) Supuestos específicos:
- Información sobre cuentas financieras (nº 5256 s.).
- Información sobre acuerdos tributarios previos y APA con efectos transfronterizos (nº 5256.16 s.).
- Intercambio de información país por país (nº 5256.20 s.).
- Declaración de determinados mecanismos transfronterizos de planificación fiscal (nº 5256.32 s.).
- Intercambio de información comunicada por los operadores de plataformas (nº 5256.62 s.).
- Intercambio de información por los proveedores de servicios de criptoactivos (nº 5256.84 s.).

A. Regulación interna de la asistencia mutua

(LGT art.177 bis a 177 septies; RGGI art.198 a 207)

La LGT incorpora los principios y las normas jurídicas generales que regulan las actuaciones de la Administración tributaria por aplicación en España de la normativa sobre asistencia mutua entre los Estados miembros de la Unión Europea o en el marco de los convenios para evitar la doble imposición o de otros convenios internacionales. **5248**

La asistencia mutua es el conjunto de acciones de **asistencia, colaboración, cooperación** y otras de naturaleza análoga que el Estado español preste, reciba o desarrolle con la Unión Europea y otras entidades internacionales o supranacionales, y con otros Estados en virtud de la normativa sobre asistencia mutua entre los Estados miembros de la Unión Europea o en el marco de los convenios para evitar la doble imposición o de otros convenios internacionales.

La asistencia mutua puede comprender la realización de actuaciones ante obligados tributarios (LGT art.1.2).

A las actuaciones que la **Administración tributaria** realice como consecuencia de solicitudes de asistencia recibidas les resulta de aplicación lo establecido con carácter general en la LGT, con las especialidades contenidas en el capítulo sobre asistencia mutua.

Las **comunicaciones** que la Administración tributaria entable con otros Estados o entes en virtud de la normativa sobre asistencia mutua, se han de llevar a cabo a través de los medios establecidos, en cada caso, en la normativa que regule la asistencia. En su defecto, dichas comunicaciones se han de efectuar preferentemente por medios electrónicos, informáticos y telemáticos (LGT art.177 septies; RGGI art.207).

Precisiones **1)** En virtud del RDL 20/2011 se produjo la **trasposición** a nuestro Derecho interno de la Dir/2010/24/UE, referente a la asistencia mutua, introduciéndose modificaciones en la LGT y en el RGGI a este respecto.

2) Corresponden a la **AEAT** las competencias en materia atribuidas por la normativa sobre asistencia mutua (LGT art.5.3), no teniendo atribuidas competencias ni las CCAA ni las entidades locales.

3) Entre otros, tienen la consideración de **obligados tributarios** aquellos a los que se pueda imponer obligaciones tributarias conforme a la normativa sobre asistencia mutua (LGT art.35.6).

4) Las actuaciones de naturaleza análoga a las establecidas por la LGT para interrumpir la **prescripción** en el ámbito interno, producen los efectos interruptivos de la prescripción cuando se realicen en otro Estado en el marco de la asistencia mutua, aun cuando dichos actos no produzcan efectos interruptivos semejantes en el Estado en el que materialmente se realicen (LGT art.68.5).

5) La **aplicación de los tributos** comprende las actividades administrativas dirigidas a la información y asistencia a los obligados tributarios, a la gestión, inspección y recaudación, y las actuaciones de los obligados en el ejercicio de sus derechos o en cumplimiento de sus obligaciones tributarias, así como el ejercicio de esas actividades administrativas y actuaciones de los obligados que se realicen en el marco de la asistencia mutua. Por ello, se considera aplicación de los tributos el ejercicio de las actividades y actuaciones realizadas en el ámbito de la normativa sobre asistencia mutua (LGT art.83.1 y 177 bis.2).

6) Las **pruebas** o informaciones suministradas por otros Estados o entidades internacionales o supranacionales en el marco de la asistencia mutua pueden ser incorporadas, con el valor probatorio que proceda, al procedimiento que corresponda (LGT art.106.2).

7) Se consideran **sujetos infractores**, entre otros, a los obligados tributarios conforme a la normativa sobre asistencia mutua (LGT art.181.1.g).

8) A los incumplimientos derivados de actuaciones en España de **funcionarios extranjeros** realizadas en el marco de la asistencia mutua les resulta de aplicación lo establecido respecto de la infracción por resistencia, obstrucción, excusa o negativa a las actuaciones de la Administración tributaria (LGT art.203.7).

9) Teniendo en cuenta que son obligaciones tributarias aquellas que se deriven de la normativa sobre asistencia mutua, en caso de su incumplimiento por los obligados tributarios, pueden imponerse las **sanciones** tributarias establecidas en la ley (LGT art.29 bis).

10) Teniendo en cuenta que es considerado como derecho de la Hacienda Pública de naturaleza pública todo **crédito de otro Estado** o entidad supranacional o internacional respecto del que se ejerzan las acciones de asistencia, colaboración, cooperación y otras de naturaleza análoga que preste el Estado español en ejercicio de dicha asistencia mutua, los créditos gestionados dentro de este ámbito van a conservar su naturaleza jurídica originaria conforme a la normativa española y les va a ser de aplicación el régimen jurídico regulado en la LGT y L 47/2003 (LGT disp.adic.17ª).

11) La asistencia mutua participa de la naturaleza jurídica de las **relaciones internacionales** a las que se refiere la Const art.149.1.3ª (LGT art.1.2).

A continuación, se van a analizar las actuaciones derivadas de la normativa sobre asistencia mutua que afectan a las actuaciones y procedimientos de Inspección, sin olvidar que la asistencia mutua también se regula en el ámbito de la **recaudación** (LGT art.177 octies a 177 quaterdecies). **5248.1**

En concreto, las **materias** de asistencia mutua que afectan a la inspección son las siguientes:
a) Intercambio de información (nº 5248.2).
b) Controles simultáneos (nº 5249).
c) Presencia de funcionarios de un Estado en otro Estado en las actuaciones de asistencia (nº 5249.1).
d) Inspecciones conjuntas (nº 5249.2).
e) Asistencia en las notificaciones (nº 5249.3 s.).

Precisiones 1) Entre las **funciones administrativas** atribuidas a la Inspección, se encuentran aquellas que deriven de la normativa sobre asistencia mutua, sin perjuicio de las competencias que puedan atribuirse a otros órganos de la Administración tributaria (RGGI art.199).
2) Con carácter general, las **solicitudes** efectuadas por otros Estados o entidades internacionales o supranacionales que hayan sido recibidas conforme a la normativa sobre asistencia mutua, no están sujetas a acto alguno de reconocimiento, adición o sustitución por parte de la Administración tributaria española, salvo que dicha normativa establezca otra cosa, sin perjuicio de la subsanación que de las mismas pueda instarse por parte de dicha Administración (RGGI art.200).

1. Intercambio de información

(LGT art.177 ter; RGGI art.201 a 206)

5248.2 La Administración tributaria puede prestar y recibir información en casos de asistencia mutua.
1) Transmisión de información a otros Estados miembros. La Administración tributaria puede facilitar a otros Estados o a entidades internacionales o supranacionales los datos, informes o antecedentes obtenidos en el desempeño de sus funciones, siempre que la cesión tenga por objeto la aplicación de tributos de titularidad de esos Estados o entidades, en los términos y con los límites establecidos en la normativa sobre asistencia mutua, sin perjuicio de que el Estado o entidad receptora de la información pueda utilizarla para otros fines cuando así se establezca en dicha normativa.
Cuando la Administración tributaria deba proporcionar documentación a otro Estado o entidad en cumplimiento de las obligaciones de asistencia mutua, la autoridad competente española puede oponerse motivadamente a aportar la **documentación original**, salvo que la normativa sobre asistencia mutua disponga otra cosa.
Respecto a las **formas de intercambio** de información, la Administración tributaria puede facilitar información a otros Estados o entidades en el marco de la asistencia mutua de las siguientes formas:
a) Previa solicitud de asistencia mutua de la autoridad competente del otro Estado o entidad, cualquiera que sea la naturaleza o la finalidad de dicha solicitud. Corresponde a la AEAT la competencia para el cumplimiento de las peticiones de asistencia mutua de otro Estado o entidad internacional o supranacional. Recibida una petición, la AEAT puede requerir la colaboración necesaria del órgano correspondiente, según el objeto de la asistencia, quien está obligado a practicar los trámites o actuaciones derivadas de dicha colaboración.
Cuando la colaboración consista en el **suministro de datos, informes**, dictámenes, valoraciones o documentos, el órgano correspondiente debe remitir dicha información en el plazo máximo de tres meses, salvo que la normativa sobre asistencia mutua establezca un plazo inferior a seis meses para la prestación de la asistencia. En este caso, la AEAT ha de señalar un plazo para suministrar la información no superior a la mitad del establecido en la normativa sobre asistencia mutua para dar cumplimiento a la obligación de asistir al Estado o entidad requirente. Si el órgano correspondiente no se hallase en condiciones de responder a la solicitud en el plazo señalado, ha de informar a la mayor brevedad posible al órgano competente de la AEAT de los motivos que le impiden hacerlo, así como de la fecha en la que considera que va a poder proporcionar una respuesta.
b) De forma automática en relación con determinadas categorías de información a otro Estado o entidad internacional o supranacional y de acuerdo con lo dispuesto en la normativa sobre asistencia mutua. En este caso, dicha información se ha de comunicar, en todo caso, al órgano competente de la AEAT para su remisión al otro Estado o entidad.
c) De forma espontánea en cumplimiento de la normativa sobre asistencia mutua cuando pueda ser útil al otro Estado o entidad. Cuando en virtud de la normativa sobre asistencia mutua proceda el suministro espontáneo de información por parte de la Administración tributaria a otro Estado o entidad internacional o supranacional, cualquier órgano que disponga de información que se considere de utilidad a ese Estado o entidad, la ha de comunicar de forma motivada al órgano competente de la AEAT a efectos de su transmisión al Estado o entidad interesados.

Precisiones 1) La Administración tributaria ha de realizar las **actuaciones necesarias** para obtener la información solicitada, incluso cuando esta no sea precisa para la determinación de sus tributos internos. A tal efecto, la Administración puede utilizar cualquiera de los mecanismos de obtención de información regulados en esta Ley. 5248.3
2) La Administración tributaria puede **oponerse o autorizar expresamente**, en los términos establecidos en la normativa sobre asistencia mutua, que la información facilitada sea transmitida a un tercer Estado o entidad internacional o supranacional.
3) El intercambio espontáneo de información tributaria **entre autoridades** de los Estados miembros resulta admisible cuando pueda presumirse que la información es relevante para conocer una disminución injustificada de patrimonio (TJUE 13-4-2000, asunto C-420/98).

2) Recepción de información de otros Estados. Todas las solicitudes de asistencia mutua a otros Estados o Entidades internacionales o supranacionales deben ser tramitadas a través del órgano competente de la AEAT, teniendo la información suministrada carácter reservado (nº 290 s.), lo que significa que la **cesión a terceros** solo es posible si la normativa del Estado o entidad que ha facilitado la información permite su utilización para fines similares, salvo que la normativa sobre asistencia establezca otra cosa. 5248.4
En cuanto al **procedimiento** de cesión de esta información, los aspectos a destacar son los siguientes (RGGI art.203):
a) A efectos de determinar si la información suministrada a la Administración tributaria española por otro Estado o entidad internacional o supranacional puede ser cedida a terceros (nº 290 s.) o a un tercer Estado o entidad internacional o supranacional, el órgano competente de la AEAT ha de recabar una autorización para proceder a dicha cesión del Estado o entidad que suministró la información.
b) La solicitud de autorización se puede formular en el momento en el que se solicita la asistencia o con posterioridad a la recepción de la información.
c) No se podrá efectuar la cesión hasta que no se haya obtenido la autorización expresa del Estado o entidad que suministró la información.
d) La cesión se ha de ajustar a los términos contenidos en la autorización.

2. Controles simultáneos

(LGT art.177 quater redacc L 13/2023)

Son controles simultáneos las actuaciones realizadas de acuerdo con otro u otros Estados con el objeto de intercambiar la información obtenida en relación con personas o entidades que sean de **interés común o complementario** para los Estados intervinientes. La Administración tributaria puede participar, junto con las autoridades competentes de otros Estados, en controles simultáneos, en los términos establecidos en la normativa sobre asistencia mutua. Esta participación de los funcionarios, puede ser por medios electrónicos. 5249
A los **intercambios de la información** obtenida en dichos controles simultáneos les será de aplicación lo dispuesto en el nº 5248.2 s.

3. Presencia de funcionarios de un Estado en otro Estado

(LGT art.177 quater 1 y 2 redacc L 12/2023)

Se permite que, en el desarrollo de las actuaciones de asistencia a otros Estados, puedan estar presentes, o participar por medios de comunicación electrónicos, **funcionarios designados** por el Estado requirente, previa autorización de la autoridad competente española o previo acuerdo entre los Estados. 5249.1
En relación con la **normativa aplicable**, la actuación de funcionarios de otros Estados en España debe realizarse de conformidad con la normativa española, sin perjuicio de la normativa de asistencia mutua que resulte de aplicación.
Asimismo, en el marco de **peticiones de asistencia** efectuadas por la AEAT, los funcionarios designados por la autoridad competente española pueden estar presentes en otros Estados o participar a través de medios de comunicación electrónicos.

4. Inspecciones conjuntas

(LGT art.177 quinquies redacc L 13/2023)

En el ámbito de la asistencia mutua, desde el 1-1-2024, es posible que dos o más Estados realicen inspecciones conjuntas. Son actuaciones inspectoras que se realizan por la Administración tributaria de forma conjunta con otro u otros Estados, en relación con personas o entidades de **interés común o complementario** para los Estados intervinientes, de acuerdo con la normativa de asistencia mutua que resulte de aplicación. 5249.2

En relación con la **normativa aplicable**, con carácter general resulta aplicable la normativa española que regula las actuaciones de inspección con las particularidades que se establezcan, salvo que las actuaciones se desarrollen fuera de España, en cuyo caso deben aplicarse las disposiciones del Estado miembro donde se desarrollen. Los **funcionarios de los otros Estados** intervinientes en la inspección conjunta pueden participar en las actividades derivadas de dichas inspecciones llevadas a cabo en territorio español con sujeción a la legislación española en los términos establecidos en las normas de asistencia mutua. En particular, pueden recabar manifestaciones del obligado tributario y examinar los documentos a los que se refiere la LGT (nº 1550 s.).

Para facilitar el desarrollo práctico de las inspecciones conjuntas, la Administración tributaria española y los Estados miembros participantes deben acordarlas y coordinarlas previamente, incluyendo lo relativo al **régimen lingüístico**. A estos efectos, la AEAT debe designar un representante que se debe encargar de las relaciones con el otro u otros Estados intervinientes y de supervisar y coordinar las actividades que se desarrollen en España. En las actividades de la inspección conjunta desarrolladas en España, los obligados tributarios tendrán los derechos y obligaciones reconocidos por la normativa española.

Una de las **especialidades** de estas actuaciones es que las conclusiones de la inspección conjunta deben documentarse, en su caso, en un **informe final** que debe notificarse a los obligados tributarios en el plazo de 60 días naturales desde su emisión. Dicho informe recogerá los hechos y circunstancias relevantes de la inspección conjunta y el régimen tributario aplicable a los mismos, en los que exista acuerdo entre los Estados intervinientes, y que deben ser tenidos en cuenta en posteriores procedimientos tributarios seguidos por la Administración tributaria española. Asimismo, es posible que el informe final recoja otras cuestiones sobre las que no se hubiera alcanzado un acuerdo entre los Estados, que pueden no ser tenidas en cuenta en los procedimientos posteriores a las actuaciones de inspección conjunta.

Precisiones Cuando las actuaciones de los funcionarios españoles se desarrollen en **otro Estado miembro**, estos solo pueden ejercer las competencias conferidas conforme a la normativa española.

5. Asistencia en la notificación

(LGT art.177 sexies)

5249.3 Se puede distinguir entre las notificaciones en el extranjero de **actos dictados** en España, y la notificación en España de actos dictados en el extranjero:

a) Los actos dictados por la **Administración tributaria española** pueden, en el marco de la asistencia mutua, ser notificados en el territorio de otro Estado mediante la asistencia de la autoridad competente de ese Estado. En los casos en que se haya solicitado asistencia a otro Estado, si en el plazo de dos meses desde el envío de la solicitud de notificación no se ha podido realizar la notificación en el extranjero o la Administración tributaria no ha recibido respuesta de la autoridad requerida respecto a la fecha de notificación del documento al destinatario, la Administración puede proceder a la notificación por comparecencia (nº 2555 s.).

Precisiones 1) Esas notificaciones producen los mismos efectos que si se hubiesen realizado conforme a la **normativa española**, sin más requisito que la comunicación recibida de la autoridad requerida de que se ha efectuado la notificación solicitada.

2) Si se produjese una **doble notificación** del acto (en el otro Estado y una notificación por comparecencia), se considera como fecha de notificación la correspondiente a la efectuada en primer lugar.

5249.4 **b)** Cuando la Administración tributaria española reciba una petición de notificación de documentos por parte de la **autoridad competente de otro Estado** o Entidad en el marco de la asistencia mutua, resulta aplicable el régimen de notificación regulado en la LGT.

Precisiones 1) La notificación puede efectuarse, en su caso, además de en los lugares establecidos en el nº 2525 s., en el **lugar** que a estos efectos señale la autoridad extranjera.

2) En los supuestos en los que no sea posible la notificación al interesado por **causas no imputables a la Administración tributaria** e intentada bien en el domicilio fiscal o bien en el lugar señalado a estos efectos por la autoridad extranjera, resulta de aplicación lo dispuesto en la notificación por comparecencia (nº 2555 s.).

3) Los documentos objeto de notificación han de ser remitidos al destinatario en la **lengua** en la que sean recibidos por la Administración tributaria, salvo que la normativa sobre asistencia mutua establezca otra cosa.

B. Regulación internacional de la asistencia mutua

Dentro del ámbito internacional, la regulación de la asistencia mutua requiere que se realice una distinción entre la colaboración desarrollada en el ámbito de la UE (nº 5250.1 s.), de aquella que ha sido desarrollada con terceros países (nº 5255 s.). 5250

1. Colaboración administrativa en el ámbito de la UE

La normativa comunitaria ha insistido en el **intercambio automático de información** como pilar y eje de la lucha contra la elusión fiscal transfronteriza, la planificación fiscal agresiva y la competencia fiscal perjudicial. 5250.1
La **normativa comunitaria** contempla diversas formas de cooperación administrativa en el ámbito fiscal, en función de las distintas materias:

Materia	Reglamento
IVA (nº 5250.2 s.)	Rgto UE/904/2010
Impuestos Especiales	Rgto UE/389/2012
Aranceles aduaneros	Rgto CE/515/1997
Impuestos directos (IRPF, IP y otros) (nº 5252 s.)	Dir 2011/16/UE
Asistencia en materia de cobro de créditos correspondientes a determinados derechos y otras medidas	Dir 2010/24/UE

a. Colaboración en el IVA en el ámbito de la UE

(Rgto UE/904/2010)

El IVA es un impuesto armonizado a nivel de la UE en el que resulta especialmente relevante el establecimiento de un sistema común de intercambio de información entre los Estados miembros con el objeto de garantizar la correcta aplicación de este impuesto. La norma comunitaria establece procedimientos para que las **autoridades competentes** de los Estados miembros puedan cooperar e intercambiar entre ellas toda la información que pudiera ser útil para calcular correctamente el IVA, controlar su correcta aplicación, especialmente con respecto a las transacciones intracomunitarias, y luchar contra el fraude en el ámbito de este impuesto, siendo sus preceptos de aplicación directa e inmediata. 5250.2
El Rgto UE/904/2010 es la norma comunitaria principal. Pretende establecer un contacto más inmediato entre los servicios nacionales encargados de la cooperación administrativa, a fin de lograr una cooperación más eficaz y rápida, estableciéndose la fijación de unas oficinas centrales de enlace con competencias precisas. En España, la oficina central de enlace es el **Equipo Central de Información**, adscrito a la Oficina Nacional de Investigación del Fraude (ONIF).
Permite, también, designar **servicios de enlace** y funcionarios competentes para intercambiar directamente información. Así cuando un servicio de enlace o un funcionario competente efectúen o reciban una solicitud de asistencia o una respuesta a una solicitud de asistencia, han de informar de ello a la oficina central de enlace de su Estado miembro conforme a las condiciones por este establecidas.
No obstante, su contenido no afecta a la ejecución de obligaciones más amplias en materia de asistencia mutua resultantes de otros actos jurídicos, incluidos posibles acuerdos bilaterales o multilaterales. Cuando los Estados miembros lleguen a **acuerdos bilaterales** sobre cuestiones contempladas en dicho Reglamento deben informar de ello a la Comisión con la mayor brevedad quien, a su vez, ha de informar a los demás Estados miembros.
Entre las medidas de cooperación administrativa y de lucha contra el fraude recogidas en dicho Reglamento se encuentran las siguientes:
- intercambio de información (nº 5250.3 s.);
- almacenamiento e intercambio de información específica (nº 5251);
- solicitud de notificación administrativa (nº 5251.1);
- presencia en las oficinas de la Administración y durante las investigaciones administrativas (nº 5251.2);
- controles simultáneos (nº 5251.3);
- información sobre sujetos pasivos (nº 5251.4); y
- Eurofisc (nº 5251.5).

5250.3 **Intercambio de información** (Rgto UE/904/2010 art.7 y 54) Dentro del intercambio de información hay que analizar distintos aspectos:
- el intercambio de información con previa solicitud y sin previa solicitud, encontrándose en este último caso además el intercambio automático y espontáneo (nº 5250.4 s.);
- la información de retorno sobre la información recibida (nº 5250.7);
- el intercambio de información con terceros países (nº 5250.8); y
- las condiciones en las que se ha de producir el intercambio de la información (nº 5250.9).

5250.4 **Tipos de intercambio de información** (Rgto UE/904/2010 art.7 a 15) La diferencia entre los distintos tipos de información se basa en si existe solicitud previa o si por el contrario, no existe solicitud previa (nº 5250.6) Si existe **solicitud previa**:
A) Intercambio de información previa solicitud y de investigaciones administrativas. A efectos de atender a la solicitud de información formulada, la autoridad requerida debe efectuar, si procede, las investigaciones administrativas necesarias para obtener la información correspondiente y, en ocasiones, especialmente cuando el sujeto pasivo no está establecido en el Estado miembro en el que se devenga el impuesto, para combatir el fraude en el ámbito del IVA.
Para obtener la información o llevar a cabo la investigación administrativa solicitada, la autoridad requerida ha de proceder como si actuase por cuenta propia o a instancia de otra autoridad de su propio Estado miembro. Estas solicitudes pueden ser de **dos tipos**:
- investigaciones administrativas realizadas por el Estado requerido; e
- investigaciones administrativas realizadas conjuntamente (nº 5250.5).
1. Investigación administrativa realizada por el Estado requerido (Rgto UE/904/2010 art.7.4): La solicitud de información puede incluir una solicitud motivada de que se realice una investigación administrativa específica. En caso de que resulte necesario, la autoridad requerida lleva a cabo dicha investigación, concertadamente con la autoridad requirente. Si la autoridad requerida considera que la investigación administrativa no es necesaria, ha de informar inmediatamente a la autoridad requirente de los motivos que la han llevado a adoptar esa postura.
No obstante, con carácter particular, una solicitud de investigación sobre los importes declarados por un sujeto pasivo establecido en el Estado miembro de la autoridad requerida y sujetos al IVA en el Estado miembro de la autoridad requirente solo puede ser **rechazada** por los siguientes motivos (Rgto UE/904/2010 art.54):
a) Si el número y la naturaleza de las peticiones de información realizadas dentro de un plazo específico por la autoridad requirente imponen una **carga administrativa desproporcionada** a la autoridad requerida; y si la autoridad requirente no ha agotado las fuentes habituales de información que hubiera podido utilizar, según las circunstancias, para obtener la información solicitada sin arriesgar el resultado buscado.
b) Si requiere llevar a cabo investigaciones o comunicar informaciones sobre un caso particular cuando la legislación o la práctica administrativa del Estado miembro que debiera proporcionar la información **no autoriza al Estado** miembro a efectuar estas investigaciones, ni a recoger o a utilizar esta información para las propias necesidades de ese Estado miembro.
c) Si el Estado miembro requirente no puede, por **motivos jurídicos**, facilitar este tipo de información, en cuyo caso el Estado miembro requerido ha de comunicar a la Comisión las razones de la negativa.
d) Si la transmisión de informaciones condujese a **divulgar un secreto** comercial, industrial o profesional, o un procedimiento comercial, o una información cuya divulgación fuese contraria al orden público.
e) Si la autoridad requerida ya hubiera proporcionado a la autoridad requirente **información sobre el mismo sujeto** pasivo obtenida como resultado de una investigación administrativa realizada en un período previo inferior a dos años.
En los casos b) c) y d) en ningún caso va a poder interpretarse que se autoriza la negativa a facilitar información sobre un sujeto pasivo identificado a efectos del IVA exclusivamente por el hecho de que esa información obre **en poder de un banco** u otra entidad financiera, un representante o una persona que actúe en calidad de intermediario o agente fiduciario, o porque esté relacionada con la participación en el capital de una persona jurídica.

5250.5 **2. Investigación administrativa realizada conjuntamente** (Rgto UE/904/2010 art.7.4 bis): Para el control de las entregas transfronterizas es posible llevar a cabo investigaciones administrativas conjuntas que permitan a funcionarios de dos o más Estados miembros formar un único equipo y participar activamente en una determinada investigación administrativa. Se persigue garantizar la correcta aplicación del régimen del IVA y evitar la duplicación de las tareas y cargas administrativas de las autoridades tributarias y las empresas.
Cuando las autoridades competentes de al menos dos Estados miembros consideren necesario proceder a una investigación administrativa sobre los importes declarados por un

sujeto pasivo establecido en el Estado miembro de la autoridad requerida y sujetos al IVA en el Estado miembro de la autoridad requirente, y presenten una solicitud motivada común que contenga **indicios o pruebas de riesgos de fraude o evasión** del IVA, la autoridad requerida no puede negarse a realizar dicha investigación, salvo por los motivos previstos en las letras a) a d) anteriores.
En caso de que el Estado miembro requerido ya posea la información solicitada, la transmitirá a los Estados miembros requirentes, y si estos la consideran insuficiente, informarán al Estado miembro requerido para que lleve a cabo la investigación administrativa.
Con carácter general, las solicitudes de información y de investigaciones administrativas se han de transmitir mediante un **formulario normalizado**, salvo que la autoridad requirente explique los motivos que hagan inapropiado su uso. Por lo tanto, aunque lo normal es el intercambio de información mediante formulario normalizado, se permite transmitir información por medios distintos, bien cuando se considere que otros medios son más apropiados y se haya convenido su utilización, bien cuando la información se haya recibido de un tercer país.
Los **documentos originales** solo se han de facilitar cuando las disposiciones vigentes en el Estado miembro en el que la autoridad requerida tenga su sede no se opongan a ello (Rgto UE/904/2010 art.8 y 9.2).
Respecto del **plazo** de comunicación, se dispone que la autoridad requerida ha de comunicar la información lo antes posible y, a más tardar, tres meses después de la fecha de recepción de la solicitud. No obstante, cuando la información en cuestión ya esté a disposición de la autoridad requerida, el plazo se reduce a un mes como máximo. Para determinadas categorías de **casos especiales**, la autoridad requerida y la autoridad requirente pueden acordar plazos distintos. Si la autoridad requerida no puede responder a la solicitud en el plazo previsto, tiene que informar inmediatamente por escrito a la autoridad requirente de los motivos que le impiden respetar este plazo y de cuándo considera probable que pueda responder (Rgto UE/904/2010 art.10 a 12).

B) Intercambio de información sin solicitud previa. La autoridad competente de cada Estado miembro ha de transmitir, sin solicitud previa y por medio de formularios normalizados, la información referida en el reglamento a la autoridad competente de cualquier otro Estado miembro interesado, en las situaciones siguientes (Rgto UE/904/2010 art.13): **5250.6**
- cuando la imposición deba tener lugar en el Estado miembro de destino y la información facilitada por el Estado miembro de origen sea necesaria para la eficacia del **sistema de control** del Estado miembro de destino;
- cuando un Estado miembro tenga motivos para creer que se ha cometido o puede haberse cometido una **infracción** de la legislación sobre el IVA en otro Estado miembro;
- cuando exista un **riesgo de pérdidas de ingresos fiscales** en el otro Estado miembro.
Hay **dos tipos** de intercambio de información sin solicitud previa (Rgto UE/904/2010 art.14 y 15):
1. **Intercambio automático**. La autoridad competente de cada Estado miembro debe proceder a un intercambio automático de información que permita a cada Estado miembro de consumo determinar si los sujetos pasivos no establecidos en su territorio declaran y pagan correctamente el IVA devengado por servicios de telecomunicaciones, de radiodifusión y de televisión y servicios electrónicos.
2. **Intercambio espontáneo**. Las autoridades competentes de los Estados miembros han de comunicar, por intercambio espontáneo, a las autoridades competentes de los demás Estados miembros la información cuya cesión no pueda rechazarse, que no haya sido transmitida mediante el intercambio automático de la que tengan conocimiento y que, en su opinión, les pueda ser de utilidad.

Información de retorno (Rgto UE/904/2010 art.16) Cuando la autoridad competente facilite información, puede solicitar a la autoridad competente que reciba la información que envíe información de retorno sobre la información recibida, para lo cual esta última debe enviar sin dilación dicha información, sin perjuicio de la normativa relativa al secreto fiscal y a la protección de datos aplicable en su Estado miembro y siempre que no suponga cargas administrativas desproporcionadas. **5250.7**

Relaciones con terceros países (Rgto UE/904/2010 art.50) Respecto al intercambio de información con terceros países, se pueden distinguir: **5250.8**
1. **Comunicaciones de terceros países**. Cuando un tercer país comunique información a la autoridad competente de un Estado miembro, este puede transmitírsela a las autoridades competentes de los Estados miembros susceptibles de verse afectados por ella y, en cualquier caso, a los que la soliciten, siempre que lo permitan las modalidades de asistencia establecidas con ese específico tercer país.

2. **Comunicaciones a terceros países**. Las autoridades competentes pueden comunicar a terceros países, respetando sus disposiciones internas aplicables, la información obtenida cuando se cumplan las siguientes condiciones:
- la autoridad competente del **Estado miembro del que procede** la información ha dado su consentimiento para que se lleve a cabo dicha comunicación; y
- el **tercer país interesado** se haya comprometido a proporcionar la cooperación necesaria para reunir todos los elementos de prueba del carácter irregular de las operaciones que parezcan ser contrarias a la legislación sobre el IVA.

5250.9 **Condiciones aplicables al intercambio de información** (Rgto UE/904/2010 art.51, 52, 55 y 56) Siempre que sea posible, la información se ha de transmitir por **vía electrónica**.
Las solicitudes de asistencia, incluidas las solicitudes de notificación, y la documentación aneja pueden ser formuladas en cualquier **idioma** acordado entre la autoridad requirente y la autoridad requerida. Cualquier información que se transmita o recopile está amparada por el secreto oficial y goza de la protección que la legislación nacional del Estado miembro que la haya recibido otorgue a la información de la misma naturaleza, así como por las disposiciones correspondientes aplicables a las autoridades de la Unión.
La información puede utilizarse para los siguientes **fines**:
a) Para determinar la liquidación, la recaudación o el control administrativo de los **impuestos** con el fin de establecer la base imponible.
b) Para determinar **otros cánones**, cotizaciones e impuestos.
c) En relación con **procedimientos judiciales** que puedan dar lugar a sanciones, emprendidos como consecuencia del incumplimiento de la legislación fiscal, sin perjuicio de la normativa general y de las disposiciones legales que regulen los derechos de los demandados y los testigos de dichos procedimientos. No obstante, la autoridad competente del Estado miembro que facilite la información permitirá que esta se utilice en el Estado miembro de la autoridad requirente con otros fines si, en virtud de la legislación del Estado miembro de la autoridad requerida, la información puede utilizarse para fines similares.
Cuando la autoridad requirente considere que las informaciones que recibió de la autoridad requerida pueden ser útiles a la autoridad competente de un **tercer Estado miembro**, puede transmitírselas, informando de ello por adelantado a la autoridad requerida. La autoridad requerida puede supeditar la transmisión a su acuerdo previo.
Los organismos competentes del Estado miembro de la autoridad requirente pueden utilizar los **informes, declaraciones** y cualquier otro documento, copia autenticada o extracto de estos obtenidos por agentes de la autoridad requerida como elementos de prueba, del mismo modo que los documentos equivalentes transmitidos por otra autoridad de su propio país.

Precisiones Desde el 1-1-2024, la información sobre el **Sistema Electrónico Central de Información sobre Pagos** (CESOP), solo podrá utilizarse para los fines anteriormente señalados, y cuando haya sido verificada mediante referencia a otra información tributaria que esté a disposición de las autoridades competentes de los Estados miembros (Rgto UE/904/2010 art.55.1bis).

5251 **Almacenamiento e intercambio de información específica** (Rgto UE/904/2010 art.17 y 18 a 21) Para el correcto funcionamiento del sistema del IVA son indispensables el almacenamiento y transmisión electrónica de determinados datos. Por ello, es necesario que los Estados miembros tengan unas **bases de datos** que permita a las autoridades competentes de los Estados miembros el rápido acceso automatizado a unos datos mínimos de los diferentes operadores y sus operaciones intracomunitarias.
En concreto, todo Estado miembro debe almacenar en un sistema electrónico la **información** recogida en el Rgto UE/904/2010 art.17. Esta información ha de estar disponible durante un **plazo** mínimo de cinco años y los Estados miembros han de velar para que se mantenga completa y actualizada. Dicha información se ha de incorporar sin tardanza en el sistema electrónico.
Cada Estado miembro ha de proporcionar a la autoridad competente de cualquier otro Estado miembro **acceso automatizado** a la información almacenada.

Precisiones A partir de 1-1-2025, se **amplía la información** que debe almacenarse en un sistema electrónico (Rgto UE/904/2010 art.17).

5251.1 **Solicitud de notificación administrativa** (Rgto UE/904/2010 art.25 a 27) La autoridad requerida ha de notificar al destinatario todos los actos y decisiones que emanen de la autoridad competente relativos a la aplicación de la legislación sobre el IVA en el territorio del Estado miembro donde la autoridad requirente tenga su sede.
En cuanto al **contenido**, las solicitudes de notificación deben mencionar el objeto del acto o de la decisión que haya que notificar, indicando el nombre, la dirección y cualquier otra información pertinente para la identificación del destinatario. La autoridad requerida ha de informar sin demora a la autoridad requirente del curso dado a la petición de notificación y, en particular, de la fecha en la que el acto o la decisión haya sido notificado al destinatario.

Presencia en las oficinas de la Administración y durante las investigaciones administrativas (Rgto UE/904/2010 art.28.1, 2 y 2 bis) Por acuerdo entre la autoridad requirente y requerida y de conformidad con las modalidades fijadas por esta última, se establecen las siguientes formas de presencia y participación en las actuaciones de funcionarios de otros Estados miembros: 5251.2

a) **Presencia de funcionarios autorizados de otro Estado miembro**. Pueden estar presentes los funcionarios autorizados por la autoridad requirente en los siguientes lugares, con la finalidad de intercambiar información:

- en las oficinas de las autoridades administrativas del Estado miembro requerido, o en cualquier otro lugar donde dichas autoridades desempeñen sus funciones, debiendo facilitar copia de la documentación cuando se tenga acceso a la misma;
- en las investigaciones administrativas llevadas a cabo en el territorio del Estado miembro requerido con la finalidad de intercambiar la información.

En este caso, son **exclusivamente** los funcionarios de la autoridad requerida los que realizan las investigaciones administrativas. Los funcionarios de la autoridad requirente no han de ejercer la facultad de control que se reconoce a los funcionarios de la autoridad requerida. No obstante, pueden tener acceso a los mismos locales y documentos que estos últimos, por mediación de los funcionarios de la autoridad requerida y únicamente a efectos de la investigación administrativa en curso.

b) **Participación de funcionarios autorizados de otro Estado miembro**. Los funcionarios autorizados por la autoridad requirente pueden participar en las investigaciones administrativas llevadas a cabo en el territorio del Estado miembro requerido a fin de recabar e intercambiar la información. Esas investigaciones se realizan conjuntamente por los funcionarios de las autoridades requirente y requerida, bajo la autoridad y conforme con la legislación del Estado miembro requerido.

Los funcionarios de las **autoridades requirentes** tienen acceso a las mismas instalaciones y documentos y ejercen las mismas facultades de control que los funcionarios del Estado miembro requerido, pero únicamente a los efectos de la investigación administrativa. Las autoridades participantes pueden acordar redactar un informe común de la investigación.

En todos estos casos, los funcionarios de la autoridad requirente personados en otro Estado miembro deben poder presentar en todo momento un **mandato escrito** en el que conste su identidad y su condición oficial.

Controles simultáneos (Rgto UE/904/2010 art.29 y 30) Los Estados miembros pueden acordar la realización de controles simultáneos cuando consideren que dichos controles resultan más eficaces que los efectuados por un único Estado miembro. Cualquier Estado miembro ha de identificar de manera independiente a los **sujetos pasivos** que tiene la intención de proponer para que sean objeto de control simultáneo, e informar a las autoridades competentes de los otros Estados miembros que se verían afectados por esos controles simultáneos, justificando su elección y especificando el período durante el cual deberían llevarse a cabo esos controles. 5251.3

La autoridad competente del Estado miembro que reciba la propuesta para un control simultáneo ha de comunicar a la autoridad homóloga su aceptación o denegación motivada, en el plazo de dos semanas a partir de la recepción de la propuesta y, a más tardar, en el plazo de un mes.

Cada una de las autoridades competentes de los Estados miembros afectados tiene que designar a un **representante** como responsable de dirigir y coordinar dicho control.

Información sobre los sujetos pasivos (Rgto UE/904/2010 art.31) Las autoridades competentes de cada Estado miembro deben velar por que a las personas que efectúan entregas intracomunitarias de bienes o prestaciones intracomunitarias de servicios y a las personas que, siendo sujetos pasivos no establecidos, prestan servicios, se les permita obtener confirmación por vía electrónica de la validez del **número de identificación a efectos del IVA** de una persona determinada, así como el nombre y dirección correspondientes. 5251.4

Cada Estado miembro ha de confirmar por **medios electrónicos** el nombre y la dirección de la persona que tiene asignado el número de identificación a efectos del IVA, de conformidad con sus respectivas normas nacionales en materia de protección de datos.

A partir de **1-1-2025**, cada Estado miembro debe confirmar por medios electrónicos que el sujeto pasivo al cual se ha asignado el número de identificación individual (Dir 2006/112/CE art.284.3) es una **pequeña empresa** beneficiaria de la franquicia. La confirmación debe incluir el nombre del Estado o Estados miembros en que el sujeto pasivo se acoge a la franquicia.

Eurofisc (Rgto UE/904/2010 art.33, 34 y 36) Con el fin de promover y facilitar una cooperación multilateral y descentralizada que permita luchar de forma rápida contra tipos específicos de **fraude transfronterizo**, se establece en todos los Estados miembros una red descentralizada, 5251.5

denominada Eurofisc, que permite actuar en cortos periodos de tiempo contra las redes y realizar actuaciones coordinadas en todos los Estados miembros afectados por el fraude. Permite a las Administraciones tributarias de los Estados miembros intercambiar alertas tempranas para combatir el fraude en el IVA, coordinar el intercambio rápido de información en las áreas temáticas en las que sea operativo el Eurofisc y coordinar el trabajo de los funcionarios de enlace, así como la acción de seguimiento.
Los Estados miembros han de participar en los **ámbitos de trabajo** de Eurofisc de su elección y, una vez que hayan decidido participar en un ámbito de trabajo lo han de hacer activamente en el intercambio multilateral y en el tratamiento y análisis conjuntos de información específica sobre fraude transfronterizo con los demás Estados miembros participantes, así como en la coordinación de cualquier acción de seguimiento. La información intercambiada debe ser confidencial (nº 5250.9).
Las autoridades competentes de cada Estado miembro designan al menos un **funcionario de enlace** de Eurofisc, que debe poder consultar, intercambiar, tratar y analizar toda la información necesaria con celeridad, y coordinar todas las acciones de seguimiento. Sin embargo, esta coordinación no implica el derecho a exigir acciones específicas de investigación al Estado miembro participante.
Para reforzar la lucha contra el fraude del IVA se permite que los coordinadores de los ámbitos de trabajo de Eurofisc soliciten **información específica** de la Agencia de la Unión Europea para la Cooperación Policial (Europol) y de la Oficina Europea de Lucha contra el Fraude (OLAF).

b. Colaboración en la aplicación de los impuestos directos en el ámbito de la UE

(Dir 2011/16/UE redacc Dir (UE) 2023/2226)

5252 La DAC 1 (nº 5247.4) potencia el **intercambio automático de información** al considerarlo el medio más eficaz para mejorar la correcta evaluación de los impuestos en situaciones transfronterizas y la lucha contra el fraude fiscal. Establece que los Estados miembros se comuniquen automáticamente la información disponible sobre determinadas categorías de renta obtenidas por personas (físicas y entidades) con domicilio en otro Estado miembro: rendimientos del trabajo dependiente, remuneraciones de administradores y consejeros, productos de seguro de vida no cubiertos por otras directivas, pensiones, propiedad de bienes inmuebles y rendimientos inmobiliarios.
Establece normas y procedimientos de **cooperación** entre los países de la Unión Europea relevantes para la administración y la ejecución de las leyes nacionales en el ámbito de la fiscalidad. Dentro de las materias que trata, se encuentra el intercambio de información (nº 5252.1 s.) y otras modalidades de cooperación administrativa (nº 5253 s.).
El **ámbito de aplicación** de la Directiva de cooperación es en principio general y referido a todo tipo de impuestos percibidos por los Estados miembros o sus subdivisiones territoriales o administrativas (estatal, autonómica o local). No obstante, se refiere principalmente a la imposición sobre la renta y el patrimonio, ya que no incluye aquellos impuestos ya cubiertos por otras normas específicas de la Unión Europea (IVA, Impuestos Especiales, aranceles aduaneros, cotizaciones obligatorias a la Seguridad Social).
El mecanismo de cooperación fiscal articulado por esta Directiva tiene **carácter administrativo**, por lo que no regula una cooperación o asistencia judicial en materia penal, que se rige por otras normas.
La Directiva de cooperación es una regulación de mínimos, que no impide a los Estados miembros establecer una mayor cooperación con otros Estados miembros o con terceros Estados. En este caso, por aplicación de la **cláusula de nación más favorecida** a favor de los Estados miembros de la UE, el Estado miembro que haya concedido una cooperación más amplia a un tercer país no puede negarse a ofrecer esa misma cooperación a otro Estado miembro que desee participar en dicha cooperación mutua más amplia (Dir 2011/16/UE art.19).
La Directiva pretende establecer un contacto más inmediato entre los servicios nacionales encargados de la cooperación administrativa, a fin de lograr una cooperación más eficaz y rápida, habiéndose fijado unas oficinas centrales de enlace con competencias precisas. Permite también designar **servicios de enlace** y funcionarios competentes para intercambiar directamente información. En España su oficina central de enlace a efectos del intercambio de información es la AEAT.

5252.1 **Intercambio de información** (Dir 2011/16/UE art.5 a 10) Son tres las **modalidades** clásicas de intercambio de información previstas:
- Intercambio previa solicitud (nº 5252.2 s.);

- Intercambio automático obligatorio (nº 5252.7); e
- Intercambio espontáneo (nº 5252.8).

Intercambio de información previa solicitud (Dir 2011/16/UE art.5 a 7) Dentro de este tipo de intercambio de información analizamos: 5252.2

1. Principio de subsidiariedad. El intercambio de información previa petición consiste en el intercambio basado en una solicitud efectuada por otro Estado miembro de una concreta información relacionada con la aplicación de los tributos que se encuentran dentro del ámbito objetivo de la Directiva, tras haber agotado las fuentes de información ordinarias que le permite su ordenamiento interno.

2. Plazos de contestación (Dir 2011/16/UE art.7). La autoridad requerida comunicará la información solicitada lo antes posible y, a más tardar, en el plazo de tres meses a partir de la fecha de recepción de la solicitud. Sin embargo, cuando la autoridad requerida no se halle en condiciones de responder a la solicitud en el plazo establecido, informará a la autoridad requirente de inmediato y, en cualquier caso, en el plazo de tres meses a partir de la recepción de la solicitud, de los motivos que le impiden hacerlo, así como de la fecha en la que considera factible responder a la solicitud. El plazo no podrá superar los seis meses a partir de la fecha de recepción de la solicitud. No obstante, si la autoridad requerida ya dispusiera de dicha información, esta se comunicará en un plazo de dos meses a partir de dicha fecha.

Al objeto de determinar el cómputo de plazos, la autoridad requerida ha de **acusar recibo** por medios electrónicos a la autoridad requirente, inmediatamente si es posible y, en cualquier caso, antes de trascurrir siete días hábiles a contar desde la recepción de la solicitud. Si hubiera alguna **deficiencia en la solicitud** o se requiriese información adicional, se le ha de comunicar en el plazo de un mes a la autoridad requirente, quedando en suspenso el plazo de contestación hasta que se reciba la información adicional.

La Administración requerida debe aplicar las medidas nacionales necesarias para poder obtener la información requerida, aun cuando no precise esa información a efectos de aplicar su propio sistema fiscal.

3. Investigaciones administrativas (Dir 2011/16/UE art.6) La autoridad requerida se encargará de llevar a cabo cualquier investigación administrativa que sea necesaria para obtener la información. 5252.3

El Estado requirente tiene la posibilidad de solicitar motivadamente que se realice una investigación administrativa. Esta solicitud **no vincula al Estado requerido**, que únicamente tiene obligación de informar inmediatamente a la autoridad requirente de los motivos que le llevan a decidir el inicio o no de la comprobación.

A fin de obtener la información o llevar a cabo la investigación administrativa solicitadas, la autoridad requerida aplicará los **mismos procedimientos** que si actuase por propia iniciativa o a instancias de otra autoridad de su propio Estado miembro.

Cuando así lo solicite específicamente la autoridad requirente, la autoridad requerida comunicará los **documentos originales** siempre y cuando las disposiciones vigentes en el Estado miembro de la autoridad requerida no se opongan a ello.

4. Pertinencia previsible de la información solicitada (Dir/2011/16/UE art.5 bis) La información solicitada por un Estado miembro a otro debe ser previsiblemente pertinente para una comprobación fiscal. Con el fin de garantizar la eficacia de los intercambios de información y evitar **denegaciones injustificadas** de las solicitudes, así como para aportar seguridad jurídica tanto para las Administraciones tributarias como para los contribuyentes, la Directiva ha delimitado claramente el criterio de pertinencia previsible acordado internacionalmente. 5252.4

Se establece que la información solicitada es previsiblemente pertinente cuando, en el momento en que se presenta la solicitud y de conformidad con su legislación nacional, la autoridad requirente considera que existe una posibilidad razonable de que la información solicitada sea pertinente para los asuntos fiscales de uno o varios contribuyentes, ya sea identificados por nombre o de otra manera, y esté justificada a efectos de la investigación. Con el fin de **demostrar la pertinencia** previsible de la información solicitada, la autoridad requirente facilitará a la autoridad requerida, al menos, la **información** siguiente:

- los **fines fiscales** para los que se pide la información;
- una especificación de la **información solicitada** para la administración o el control del cumplimiento de su legislación nacional.

Cuando la solicitud se refiera a un **grupo de contribuyentes** que no pueden ser identificados de forma individual, la autoridad requirente facilitará a la autoridad requerida, al menos, la siguiente información:

- una descripción detallada del grupo;
- una explicación de la legislación aplicable y de los hechos conforme a los cuales hay motivos para creer que los contribuyentes del grupo no han cumplido la legislación aplicable;

- una explicación sobre el modo en que la información solicitada ayudaría a determinar el cumplimiento de la legislación por parte de los contribuyentes del grupo, y en su caso
- los hechos y circunstancias relacionados con la participación de un tercero que haya contribuido activamente al posible incumplimiento de la legislación aplicable por parte de los contribuyentes del grupo.

5252.5 Precisiones 1) La norma comunitaria no atribuye al **contribuyente** de un Estado miembro el **derecho a ser informado** sobre la solicitud de asistencia que dirige dicho Estado a otro Estado miembro con el fin de verificar los datos facilitados por el contribuyente. Tampoco el derecho a participar en la formulación de la solicitud enviada al Estado miembro requerido, ni el derecho a tomar parte en el examen de testigos efectuado por este último Estado (TJUE 22-10-13, asunto C-276/12).

2) La **pertinencia previsible** de la información solicitada por un Estado miembro a otro constituye un requisito que debe cumplir la solicitud de información para que el Estado miembro requerido esté obligado a tramitarla y, en consecuencia, un requisito de legalidad de la decisión de requerimiento dirigida por este Estado miembro a un administrado y de la medida sancionadora impuesta a este último por no atender dicha decisión (TJUE 16-5-17, asunto C-682/15).

3) La decisión por la que la autoridad competente de un Estado miembro obliga a una persona que posee información a facilitársela, con el fin de tramitar una solicitud de intercambio de información, debe ser considerada como referida a **información previsiblemente pertinente** a los efectos de la Dir 2011/19/UE, si en la solicitud de información y el requerimiento subsiguiente se indica la información solicitada, detallando la identidad de la persona que posee la información, la del contribuyente investigado y el período al que se refiere la solicitud de intercambio de información. Esta información es considerada pertinente si está **delimitada** por criterios personales, temporales y materiales, incluso si no se identifican contratos, facturas y pagos de manera precisa, siempre que se demuestre su relación con la investigación (TJUE 6-10-20, asunto C-245/19).

4) La autoridad requirente dispone de un **margen de discrecionalidad** para evaluar la pertinencia previsible de la información solicitada, pero no por ello puede solicitar a la autoridad requerida información que carezca absolutamente de pertinencia para su investigación. La autoridad requerida debe controlar que la **motivación de la solicitud** de información que ha recibido de la autoridad requirente es suficiente para concluir que la información en cuestión no carece de toda pertinencia previsible, habida cuenta de la identidad del contribuyente sometido a la investigación que ha originado dicha solicitud, de las necesidades de tal investigación y, en su caso, la identidad del tercero que tenga en su poder la información.

En el mismo sentido, la autoridad requirente no puede solicitar información a la autoridad requerida a efectos de una **investigación aleatoria**. Dado que el riesgo de una investigación aleatoria es especialmente elevado cuando la solicitud de información se refiere a un grupo de contribuyentes no identificados individualmente y por su nombre, a fin de acreditar que no se trata de «echar las redes» («fishing expedition») para obtener información pese a no haber identificado individualmente a los contribuyentes de que se trata, el Estado miembro requirente tiene que demostrar mediante explicaciones claras y suficientes que está llevando a cabo una investigación específica sobre un grupo limitado de personas y no una mera investigación de supervisión fiscal general, y que dicha investigación se justifica por sospechas fundadas de incumplimiento de una obligación legal concreta (TJUE 25-11-21, asunto C-437-19).

5252.6 **5)** La **identidad de la persona** sometida a examen o investigación constituye uno de los elementos que debe contener necesariamente la motivación de la solicitud de información para que la autoridad requerida pueda establecer que la información solicitada no resulta carente de toda pertinencia previsible, pero, habida cuenta de la creciente complejidad de las operaciones financieras y jurídicas existentes, una interpretación de ese concepto que equivaliese a prohibir cualquier solicitud de información que no se refiera a personas nominal e individualmente identificadas por la autoridad requirente podría privar al instrumento de cooperación que constituye la solicitud de información de su efecto útil y sería, pues, contrario al objetivo de la lucha contra el fraude y la evasión fiscal internacional que se persigue. Por tanto, de una interpretación literal, contextual y teleológica del **concepto de identidad** de la persona sometida a examen o investigación se desprende que dicho concepto no se limita al nombre y los demás datos personales, sino que también es válida la identificación por medio de un conjunto de cualidades o características distintivas que permiten identificar a la persona o personas sometidas a comprobación (TJUE 25-11-21, asunto C-437-19).

En el mismo sentido, en el caso de un **grupo de contribuyentes** sometido a examen o investigación. Debe precisarse el conjunto común de cualidades o características distintivas de las personas que lo integran, de modo que la autoridad requerida pueda proceder a su identificación; segundo, a explicar las obligaciones fiscales específicas a que están sujetas esas personas; y, tercero, a exponer las razones por las que se sospecha que dichas personas han incurrido en las omisiones o infracciones que constituyen el objeto de ese examen o de esa investigación.

5252.7 **Intercambio automático obligatorio de información** (Dir 2011/16/UE art.8 redacc Dir (UE) 2023/2226) Se define como la comunicación sistemática a otros Estados miembros de **información preestablecida**, sin solicitud previa, y a intervalos regulares de tiempo fijados con anterioridad.

La información que se envía a la autoridad competente del otro Estado es la que se disponga en relación con los residentes de ese otro Estado, respecto de las siguientes categorías de **rentas y elementos patrimoniales**:
a) Rendimientos de trabajo dependiente.
b) Honorarios de director.
c) Rendimientos de productos de seguros de vida no incluidos en el ámbito de otros instrumentos jurídicos de intercambio de información de la UE.
d) Pensiones.
e) Propiedad de bienes inmuebles y rendimientos inmobiliarios.
f) Cánones.
g) A partir de 1-1-2026, los ingresos derivados de dividendos no custodiados distintos de los ingresos por dividendos exentos del IS con arreglo a la Directiva relativa al régimen fiscal común aplicable a las sociedades matrices y filiales de los Estados miembros diferentes (Dir 2011/96/UE art.4 a 6).
La calificación de las rentas y de los elementos patrimoniales se efectúa con arreglo a la **legislación interna** del Estado miembro que comunica la información.
En cada Estado miembro, la **oficina central de enlace** predeterminada recoge la información de la base de datos de esa Administración tributaria, y la trasmite a las oficinas centrales de enlace de los otros Estados miembros. La información se envía por medios electrónicos mediante un formato normalizado.
En cuanto al **plazo**, la comunicación de la información se ha de efectuar como mínimo una vez al año, y a más tardar seis meses después del final del ejercicio presupuestario del Estado miembro durante el cual se recabó la información.

Precisiones **1)** En materia de intercambio de información automática y obligatoria, la Dir 2011/16/UE art.8.3 bis se refiere a las **cuentas bancarias** (nº 5256 s.) y la Dir 2011/16/UE art.8 bis redacc Dir (UE) 2023/2226 a los **acuerdos previos** con efecto transfronterizo y los acuerdos previos sobre precios de transferencia («tax rulings»).
Con **efectos 1-1-2026**, la Dir (UE) 2023/2226 (DAC 8) que modifica la Dir 2011/16/UE refuerza las disposiciones de la Directiva relativas a la información que debe comunicarse o intercambiarse recogiendo otras categorías de ingresos y activos, como el dinero electrónico y los criptoactivos (nº 5256.84 s.).
2) En relación con el **NIF**, para los períodos impositivos que comiencen el 1-1-2024 o en una fecha posterior, los Estados miembros deben procurar incluir el NIF para residentes expedido por el Estado miembro de residencia en la comunicación de información (Dir 2011/16/UE art.8). En este sentido, y con el fin de que los Estados miembros puedan cotejar la información recibida con los datos de las bases de datos nacionales, mejorar la capacidad para identificar a los contribuyentes pertinentes y evaluar correctamente los impuestos correspondientes**, a partir de 1-1-2028 o de 1-1-2030**, dependiendo del tipo de renta o materia objeto de información, los Estados miembros deberán adoptar las medidas necesarias para que se incluya el NIF de las personas físicas o entidades sobre las que se haya informado, en la **comunicación de la información** en el contexto de los intercambios relacionados con las categorías de renta y capital que están sujetas al intercambio automático y obligatorio de información, las cuentas financieras, los acuerdos previos con efecto transfronterizo y los acuerdos previos sobre precios de transferencia, los informes país por país, los mecanismos transfronterizos sujetos a comunicación de información, la información sobre los vendedores en plataformas digitales y los criptoactivos (Dir 2011/16/UE art.27 quater redacc Dir (UE) 2023/2226).

Intercambio espontáneo (Dir 2011/16/UE art.9 y 10) Se define como el intercambio no sistemático de información a otro Estado miembro, en cualquier momento y sin previa solicitud. El intercambio de información por las Administraciones tributarias es **obligatorio** en los siguientes casos: **5252.8**
a) Cuando la autoridad competente de un Estado miembro tenga razones para presumir que existe una reducción o una **exención anormal** de impuestos en otro Estado miembro.
b) Cuando un contribuyente obtiene en un Estado miembro una reducción o exención fiscal que produciría un **aumento de impuestos** o una sujeción al impuesto en otro Estado miembro.
c) Cuando las operaciones entre un contribuyente de un Estado miembro y un contribuyente de otro Estado miembro se efectúen a través de uno o más países de tal modo que supongan una **disminución de impuestos** en uno u otro Estado miembro o en los dos.
d) Cuando la autoridad competente de un Estado miembro tenga razones para suponer que existe una disminución del impuesto como consecuencia de **transferencias ficticias de beneficios** dentro de grupos de empresas.
e) Cuando en un Estado miembro, como consecuencia de las informaciones comunicadas por la autoridad competente de otro Estado miembro, se recojan informaciones que puedan ser útiles para el **cálculo de impuestos** en ese otro Estado miembro.

Se establece una **cláusula de cierre** facultativa mediante la cual se permite a los Estados miembros intercambiar espontáneamente cualquier información de la que dispongan y que pueda ser útil para otro Estado miembro.
En cuanto al **plazo**, se fija un mes para proceder a la transmisión de la información en aquellos casos en que tal envío resulte obligatorio. El plazo se computa desde la fecha en la que se dispuso de la información. La Administración receptora debe remitir acuse de recibo de forma inmediata y, en todo caso, en el plazo de siete días hábiles desde su recepción.

5253 **Otras modalidades de cooperación administrativa** (Dir 2011/16/UE art.11 a 15) Dentro de la cooperación administrativa, existen varias modalidades en las que puede ser llevada a cabo:
- presencia de funcionarios de otros Estados en las oficinas de la Administración y la participación en investigaciones administrativas a través de medios electrónicos (nº 5253.1);
- controles simultáneos (nº 5253.2);
- inspecciones conjuntas (nº 5253.3);
- notificación administrativa (nº 5253.4);
- información de retorno (nº 5253.5); e
- intercambio de buenas prácticas y experiencia (nº 5253.6).

5253.1 **Presencia en las oficinas de la Administración y participación a través de medios de comunicación electrónicos** (Dir 2011/16/UE art.11) La autoridad competente del Estado miembro requirente puede solicitar a la autoridad competente del Estado miembro requerido que los **funcionarios designados** para intercambiar información por el Estado requirente, actuando de conformidad con las modalidades de procedimiento establecidas por el Estado requerido:
a) Estén **presentes en las oficinas** en que lleven a cabo su cometido las autoridades administrativas del Estado miembro requerido durante las investigaciones administrativas llevadas a cabo en el territorio del Estado miembro requerido.
b) Participen en las investigaciones administrativas llevadas a cabo por el Estado miembro requerido a través de **medios de comunicación electrónicos**, cuando proceda. En este caso, pueden entrevistar a personas y examinar registros con arreglo a las disposiciones procedimentales establecidas por el Estado miembro requerido.
La autoridad requerida responderá a la solicitud en un **plazo** de 60 días a partir de la recepción de la solicitud para confirmar su aceptación o comunicar su denegación motivada a la autoridad requirente.
Cuando la información solicitada figure en documentos a los que tengan acceso los funcionarios de la autoridad requerida, deberán facilitarse **copias** a los funcionarios de la autoridad requirente.
En caso de que la persona bajo investigación se niegue a **respetar las medidas** de inspección adoptadas por los funcionarios de la autoridad requirente, la autoridad requerida considerará que dicha negativa equivale a una negativa frente a sus propios funcionarios.
Los funcionarios desplazados deben poder presentar, en todo momento, un **mandato escrito** en el que consten su identidad y cargo.

5253.2 **Controles simultáneos** (Dir 2011/16/UE art.12) Cuando dos o más Estados miembros acuerden efectuar, cada uno en su propio territorio, controles simultáneos de dos o más personas, que sean de **interés común o complementario** para ellos. El Estado que pretenda iniciar este procedimiento ha de señalar las personas que tiene la intención de proponer que sean objeto de control simultáneo, notificándolo a las autoridades competentes de los demás Estados miembros afectados, motivando su propuesta y especificando el período durante el que deberían llevarse a cabo estos controles. Cada Estado miembro afectado ha de decidir si desea participar en esos controles, confirmándolo o denegándolo motivadamente, en el **plazo** de 60 días a partir de la recepción de la propuesta.

5253.3 **Inspecciones conjuntas** (Dir 2011/16/UE art.12 bis) La autoridad competente de uno o más Estados miembros puede solicitar a la autoridad competente de otro u otros Estados miembros que se lleve a cabo una inspección conjunta. La autoridad requerida debe responder a la solicitud en un **plazo** máximo de 60 días desde su recepción, aceptando la solicitud o denegándola por motivos justificados.
Las autoridades requirente y requerido llevarán a cabo las inspecciones conjuntas de forma previamente acordada y coordinada, en particular en lo relativo al **régimen lingüístico**, y de conformidad con la legislación y los requisitos procedimentales del Estado miembro en el que se realicen las actividades de inspección conjunta. La autoridad competente de todo Estado miembro en el que tengan lugar las actividades de una inspección conjunta designará a un **representante** encargado de supervisar y coordinar la inspección conjunta en dicho Estado miembro.

Los **derechos y obligaciones** de los funcionarios de los Estados miembros que participen en la inspección conjunta, cuando estén presentes en actividades realizadas en otro Estado miembro, se determinarán de conformidad con la legislación del Estado miembro en el que tengan lugar dichas actividades de inspección conjunta. Además, los funcionarios de otro Estado miembro no ejercerán ninguna competencia que exceda las que les confiere la legislación de su Estado miembro.
El Estado miembro en el que se realicen las actividades de la inspección conjunta adoptará las **medidas** necesarias para:
1. Permitir que los funcionarios de otros Estados miembros que participen en las actividades de la inspección conjunta realicen las **entrevistas y el examen de los registros** junto con los funcionarios del Estado miembro en el que tengan lugar las actividades de la inspección conjunta, con sujeción a las disposiciones procedimentales establecidas por el Estado miembro en el que tengan lugar dichas actividades.
2. Garantizar que las **pruebas recopiladas** durante las actividades de la inspección conjunta puedan evaluarse, también en lo relativo a su admisibilidad, en las mismas condiciones jurídicas aplicables a una inspección realizada en ese Estado miembro en la que únicamente participen funcionarios de dicho Estado miembro, en particular en el transcurso de todo proceso de reclamación, revisión o recurso.
3. Asegurar que la persona o personas sometidas a una inspección conjunta o que se hayan visto afectadas por ella tengan los mismos **derechos y obligaciones** aplicables a una inspección en la que solo participen funcionarios de ese Estado miembro, en particular en el transcurso de todo proceso de reclamación, revisión o recurso.
Cuando las autoridades competentes de dos o más Estados miembros realicen una inspección conjunta, se esforzarán por acordar los hechos y circunstancias pertinentes a ella, así como por llegar a un acuerdo sobre la situación fiscal de la persona o personas inspeccionadas según los resultados de la inspección conjunta. Las conclusiones de la inspección conjunta se integrarán en un **informe final**, en el que se reflejarán los asuntos en los que las autoridades competentes hayan llegado a algún acuerdo.
Se informará a la persona o personas inspeccionadas del **resultado de la inspección** conjunta, aportando una copia del informe final, en un plazo de 60 días a partir de la emisión del informe final.

Notificación administrativa (Dir 2011/16/UE art.13) Se establece la posibilidad de que se solicite el auxilio de otro Estado miembro para proceder a realizar notificaciones de actos y decisiones en materias fiscales cubiertas por esta norma. En las **solicitudes de notificación** se ha de mencionar el objeto del acto o de la decisión que se haya de notificar, el nombre y la dirección del destinatario y cualquier otra información que pueda facilitar su identificación. **5253.4**
La notificación se ha de efectuar conforme a los **procedimientos** establecidos en el país de recepción de la solicitud de cooperación. La autoridad requerida ha de informar sin demora a la autoridad requirente de su respuesta y, en particular, de la fecha en la que el acto o la decisión hayan sido notificados al destinatario.
No obstante, solo se puede recurrir a este sistema cuando el Estado de origen de la notificación no sea capaz de notificar conforme a su normativa o cuando dicha notificación pueda suponer **dificultades desproporcionadas**, es decir, cuando estos medios se hayan mostrado insuficientes. En la práctica este sistema es residual teniendo en cuenta que la Directiva permite que la autoridad competente de un Estado miembro pueda notificar cualquier documento por correo certificado o por vía electrónica directamente a una persona establecida en el territorio de otro Estado miembro.

Información de retorno (Dir 2011/16/UE art.14) Un Estado puede solicitar al Estado que ha requerido la información que le comunique el resultado de la utilización de la información facilitada por el mismo en los casos de intercambio de **información espontánea** y previa petición. El Estado receptor de esas informaciones debe comunicar el resultado de la utilización de la información en el **plazo** de tres meses desde el momento en que conozca dicho resultado. **5253.5**

Intercambio de buenas prácticas y experiencia (Dir 2011/16/UE art.15) Se trata de evaluar la **cooperación administrativa** que se lleve a cabo conforme a lo regulado en la Directiva y poner en común las prácticas realizadas, con la participación directa de la Comisión, y compartir su experiencia con objeto de mejorar dicha cooperación elaborando, cuando lo estimen oportuno, normas en los ámbitos afectados. **5253.6**

Condiciones y límites de la cooperación administrativa (Dir 2011/16/UE art.16, 17, 20 y 25 bis) 5254

En la propia Directiva se recogen una serie de condiciones o límites que han de ser respetados en materia de cooperación administrativa en materia fiscal, con el objetivo de proteger los intereses de los administrados y evitar que sean vulnerados sus derechos. Son los siguientes:
- carácter secreto de la información y fines para los que puede ser utilizada (nº 5254.1);

- valor probatorio de la información (nº 5254.2);
- principio de subsidiariedad (nº 5254.3);
- límites al intercambio de información (nº 5254.4);
- formularios normalizados y formatos electrónicos (nº 5254.5); y
- protección de datos (nº 5254.6).

5254.1 **Carácter secreto de la información y fines para los que puede ser utilizada** (Dir 2011/16/UE art.16.1 a 4 redacc Dir (UE) 2023/2226) Cualquier información que se trasmita está amparada por el **secreto oficial** y goza de la protección que el derecho nacional del Estado miembro que la haya recibido otorgue a la información de la misma naturaleza. La información **solo puede ser utilizada** para la aplicación de los impuestos a que se refiere el ámbito de aplicación de la Directiva (Dir (UE) 2011/16 art.2) así como al IVA, otros impuestos indirectos, los derechos de aduana y la lucha contra el blanqueo de capitales y contra la financiación del terrorismo, conforme a la normativa nacional que corresponda, y también para la asistencia mutua en materia de cobro de créditos tributarios, para las contribuciones obligatorias en el ámbito de la Seguridad Social y en los procedimientos judiciales en los que pueda haber lugar a penas por incumplimientos fiscales.

Además, se prevé la posibilidad de que la información y documentación aportada pueda ser **utilizada para otros fines** distintos a los fiscales, siempre que medie permiso de la autoridad que la ha entregado. El permiso se ha de conceder si la información puede utilizarse con fines semejantes en el Estado que la facilita. La autoridad competente de cada Estado miembro podrá comunicar a los demás Estados miembros una **lista de fines** para los cuales también podrá usarse la información y documentación de conformidad con su legislación nacional, sin necesidad de autorización expresa. También podrá utilizarse la información y documentación sin la autorización expresa para cualquier fin previsto por un acto basado en el Tratado de Funcionamiento de la Unión Europea (TFUE art.215) y compartirlos a tal fin con la autoridad competente encargada de la adopción de medidas restrictivas en el Estado miembro afectado.

Si un Estado miembro ha recibido información que estima que puede interesar a un tercer Estado, puede transmitírsela, siempre que se haga conforme a los procedimientos previstos en la Directiva y se informe al Estado de origen de la información (intercambios triangulares de información). El Estado de origen puede oponerse en el **plazo** de quince días naturales desde la recepción de la comunicación. Si el tercer Estado que recibe la información quisiera utilizarla para fines distintos a los que son objeto de la Directiva debería solicitar autorización al Estado de origen de los documentos.

Precisiones En el marco del ejercicio del control jurisdiccional por un juez del Estado miembro requerido, tal juez debe tener acceso a la solicitud de información dirigida por el Estado miembro requirente al Estado miembro requerido. En cambio, el administrado no dispone de un **derecho de acceso** a la totalidad de esta solicitud de información, que sigue siendo un documento secreto. A fin de defender plenamente su causa en relación con la falta de pertinencia previsible de la información solicitada, basta con que disponga de la información a que se refiere la Dir 2011/16 art.20.2 (TJUE 16-5-17, asunto C-682/15).

5254.2 **Valor probatorio de la información** (Dir 2011/16/UE art.16.5) Los órganos competentes del Estado requirente pueden utilizar como pruebas, en las mismas condiciones que la información obtenida, los **informes**, las declaraciones y cualquier otro documento, copia autenticada o extracto de estos obtenido por la autoridad requerida y transmitidos a la autoridad requirente. El valor probatorio de la información proveniente de otro Estado miembro se equipara al de la información que tenga su origen en el propio Estado receptor de la misma.

Precisiones **1)** La Directiva comunitaria no regula el extremo relativo a determinar en qué condiciones puede el contribuyente cuestionar la **exactitud de la información** transmitida por el Estado miembro requerido y no impone ninguna exigencia particular en lo que atañe al contenido de la información transmitida. Incumbe exclusivamente a los Derechos nacionales fijar las correspondientes normas (TJUE 22-10-13, asunto C-276/12).

2) En el caso de información suministrada por las autoridades tributarias de otros Estados en el marco de la asistencia mutua, no se está ante una información que figura en un registro fiscal u otro de carácter público (LGT art.108.3), por lo que no resulta aplicable la **presunción de titularidad**. Tampoco la **presunción de certeza** sobre datos y elementos de hecho consignados en las autoliquidaciones, declaraciones, comunicaciones y demás documentos presentados por los obligados tributarios (LGT art.108.4), por lo que no procede exigir a la Administración tributaria española que requiera de las autoridades tributarias de los otros Estados la ratificación de la información que previamente han remitido, pues no se trata de datos incluidos en declaraciones tributarias de otro obligado tributario o de contestaciones a requerimientos en cumplimiento de la obligación de suministro de información (nº 5256.62 s.). Por lo tanto, si el obligado tributario al que se refiere la información suministrada alega su falsedad o inexactitud, rigen las normas generales sobre medios y valoración de la prueba y, entre otros, los principios de valoración conjunta de la prueba practicada y facilidad probatoria o proximidad a los medios de prueba (TEAC 2-12-15).

Principio de subsidiariedad Antes de acudir a los mecanismos de colaboración la autoridad que solicita la información ha tenido que agotar sus **fuentes internas** de obtención de información. En consecuencia, solo se puede acudir a este instrumento en el caso de que los datos solicitados no puedan obtenerse a través de los mecanismos arbitrados en el Estado requirente o cuando el empleo de estos últimos afecte negativamente a los fines de la investigación. 5254.3

Límites al intercambio de información (Dir 2011/16/UE art.17) La regla general es la obligación de facilitar el intercambio de información, siempre que la autoridad requirente haya agotado las **fuentes habituales** de información que podría utilizar y ello no suponga arriesgarse a afectar negativamente a la investigación. No obstante, existen una serie de **límites**: 5254.4

a) Pueden oponerse **causas de legalidad**, en el sentido de que la autoridad requerida no tiene obligación de llevar a cabo investigaciones o de recopilar la información solicitada si ello infringe su legislación.

b) Atendiendo al **principio de reciprocidad**, el Estado miembro requerido puede negarse a facilitar la información si el Estado miembro requirente no puede facilitarle información similar por motivos legales.

c) El Estado miembro requerido puede negarse a comunicar la información en caso de que ello suponga la divulgación de un **secreto comercial, industrial** o profesional, de un procedimiento comercial, o de una información cuya divulgación sea contraria al interés público.

A estos efectos, queda excluido el **secreto bancario**. No se admite que sea denegada la información solicitada amparándose en que se encuentra en poder de un banco u otra entidad financiera, un representante o una persona que actúa en calidad de intermediario o agente fiduciario, o porque esté relacionada con la participación en el capital de una persona (Dir 2011/16/UE art.18.2).

En cualquiera de esos casos, la autoridad requerida deberá informar a la autoridad requirente de los **motivos de denegación** de la solicitud de información.

Para obtener la información solicitada, cuando no concurra ninguna de las limitaciones antes señaladas, el Estado requerido ha de aplicar los **procedimientos** que tenga establecidos en su ordenamiento interno, aun cuando no precise de tal información para sus propios fines fiscales.

Formularios normalizados y formatos electrónicos (Dir 2011/16/UE art.20 -redacc Dir (UE) 2023/2226-21.1 y 4) Se ha aprobado un régimen de formularios normalizados y formatos electrónicos para facilitar el intercambio de información entre países que cuentan con **distintas lenguas y normativas procedimentales**, conforme a los cuales las solicitudes de intercambio de información previa solicitud y las respuestas a las mismas, así como todos los documentos que se generen durante el procedimiento (como los acuses de recibo, las solicitudes de información general adicional o las declaraciones de incapacidad o denegación, etc.) se han de tramitar siempre que sea posible mediante estos formularios adoptados por la Comisión. 5254.5

Los formularios normalizados van a poder ir acompañados de **informes, declaraciones** o cualquier otro documento, así como de copias autenticadas o extractos de los mismos. Las solicitudes y el resto de documentación se han de formular en cualquier lengua acordada entre las dos autoridades, requirente y requerida. No obstante, las solicitudes han de ir acompañadas de traducción en la lengua oficial, o en una de las lenguas oficiales del Estado miembro de la autoridad requerida, solo en casos especiales en que la autoridad requerida motive su solicitud de traducción.

En la medida de lo posible, la información comunicada se ha de facilitar por **medios electrónicos**, utilizando la red común de comunicación (CCN) desarrollada por la Unión Europea para asegurar todas las transmisiones por vía electrónica entre autoridades competentes en materia de aduanas y fiscalidad.

Protección de datos (Dir 2011/16/UE art.25 redacc Dir (UE) 2023/2226) Todos los intercambios de información de la Directiva de cooperación administrativa están sometidos al Rgto (UE) 2016/679. 5254.6

En relación con la seguridad de los datos, se establece la relativa a la **violación de la seguridad de los datos**, que se concibe como toda violación que ocasiona la destrucción, pérdida, alteración o cualquier incidente de acceso, divulgación o utilización inadecuada o no autorizada de información, como consecuencia de actos ilícitos, dolosos, negligentes o accidentales (Dir 2011/16/UE art.3). Esta definición se acompaña de un **procedimiento normativo** a adoptar en caso de que se detecte una violación de seguridad de los datos proporcionados.

Recursos y sanciones (Dir 2011/16/UE art.25 bis redacc Dir (UE) 2023/2226) La legislación de un Estado miembro puede imponer sanciones pecuniarias a un obligado tributario que se niega a facilitar información en el marco de un **intercambio de información** entre autoridades tributarias. En este caso, el sujeto sancionado puede impugnar no solo la legalidad, cuantía y proporcionalidad de la sanción impuesta, sino también la legalidad del requerimiento de información de cuyo incumplimiento deriva la sanción. Las **sanciones** serán efectivas, proporcionadas y disuasorias. 5254.7

Precisiones 1) La persona a la que se haya efectuado el requerimiento de información puede impugnar la pertinencia previsible del requerimiento efectuado. La **pertinencia previsible** de la información solicitada por un Estado miembro a otro Estado miembro constituye un requisito que debe cumplir la solicitud de información para que el Estado miembro requerido esté obligado a tramitarla y, en consecuencia, un requisito de legalidad de la decisión de requerimiento dirigida por este Estado miembro a un administrado y de la medida sancionadora impuesta a este último por no atender dicha decisión. De acuerdo con el principio de tutela judicial efectiva, un administrado al que se le ha sancionado por no atender un requerimiento de información en el marco de la Dir 2011/16/UE puede impugnar la legalidad del requerimiento de información, y no solo la sanción que deriva de su incumplimiento (TJUE 16-5-17, asunto C-682/15).
2) El derecho a la **tutela judicial efectiva** se opone a que la legislación de un Estado miembro que regula el procedimiento de intercambio de información previa solicitud (Dir 2011/16/UE) impida al tercero requerido que posee información interponer un recurso contra una decisión por la que la autoridad competente de ese Estado miembro le obliga a proporcionar dicha información, con el fin de tramitar una solicitud de intercambio de información procedente de la autoridad competente de otro Estado miembro. Sin embargo, no se opone a que esa legislación impida **interponer recurso** contra dicha decisión, al contribuyente sometido a la investigación que originó esa solicitud de información, así como a los terceros afectados por la información en cuestión (TJUE 6-10-20, asuntos C-245/19 y C-246/19).

2. Colaboración administrativa con otros países no miembros de la UE

5255 La colaboración administrativa con otros países no incluidos en el ámbito de la UE se articula a través de:
- convenios para evitar la doble imposición (nº 5255.1); y
- acuerdos de intercambio de información suscritos por España (nº 5255.3).

Existen también **mecanismos multilaterales** de cooperación administrativa, entre los que destacan el Convenio de asistencia administrativa mutua en materia fiscal promovido por el Consejo de Europa y la OCDE (nº 5255.4 s.).

5255.1 **Convenios para evitar la doble imposición (CDI)** La mayoría de los convenios suscritos por España siguen el Modelo de Convenio de la OCDE que incluye la regulación del intercambio de información (Modelo Convenio OCDE art.26), de forma que las autoridades competentes de los Estados contratantes se han de intercambiar la información que pueda ser relevante no solo para la aplicación de lo dispuesto en el Convenio, sino también para la aplicación de su propio sistema tributario. La información facilitada en virtud de la aplicación del mecanismo de colaboración regulado en el Convenio goza de la misma **protección** que la conferida a la información obtenida internamente en cada Estado contratante y solo puede ser comunicada a otras personas u organismos que sean competentes para la aplicación del respectivo sistema tributario.
En cuanto a los **límites de la obligación de información**, se establece que los Estados contratantes no están obligados a adoptar medidas contrarias a su legislación o a sus prácticas administrativas para obtener la información requerida por el otro Estado contratante, ni deben suministrar información que suponga revelar secretos comerciales o que sea contraria al orden público, sin que pueda desatenderse la petición por el hecho de que la información obre en poder de una entidad de crédito. Asimismo, es irrelevante que la información requerida por el otro Estado contratante carezca de interés para la aplicación del sistema tributario interno del Estado requerido.
En aplicación de los distintos Convenios suscritos por España con otros países, si se recibe una **solicitud de información** y esta obra en poder de la Administración tributaria española debe facilitarse; si la información no está en poder de la Administración tributaria, debe obtenerse a través de las oportunas actuaciones de obtención de información (LGT art.93).

Precisiones 1) En relación con los CDI en materia de renta y patrimonio que **España** tiene suscritos y en vigor (ver nº 7959 Memento Fiscal 2024).
2) Los **Comentarios** al articulado del Modelo Convenio OCDE representan la interpretación de las Administraciones de los diferentes países de la OCDE, pudiéndose considerar casi como una interpretación auténtica de los CDI (TS 15-7-02, EDJ 32987; 18-5-05, EDJ 96663).
3) No se permiten los **requerimientos de información de carácter genérico** que no hacen referencia alguna a un obligado tributario, sino que están destinadas a detectar bolsas o supuestos de fraude fiscal, conocidos como «fishing expeditions» o «echar las redes». Los Comentarios al artículo 26 del Modelo de convenio señalan que para que se entienda que un requerimiento referente a un **colectivo de personas** que no se identifican individualizadamente cumple el estándar de pertinencia previsible, y no se trata de un caso de «fishing expeditions», se requiere que el Estado requirente proporcione una detallada descripción del grupo, y además que se precisen: los específicos hechos y circunstancias que han conducido al requerimiento, la explicación de la ley aplicable, los

fundamentos fácticos y la razón que lleva a creer que los contribuyentes del grupo del que se solicita la información han incumplido la ley, así como la exposición de que el requerimiento de información podría ayudar para determinar el cumplimiento por los contribuyentes del grupo. Entre otros aspectos, resulta necesario que la autoridad requirente haya agotado las **fuentes habituales de información** que podría utilizar. Así, a título de ejemplo en el que se considera que se cumple el estándar de pertinencia previsible, se encuentra el caso de una entidad que comercializa productos financieros en otro Estado usando información engañosa que sugiere que el producto financiero está exceptuado de gravamen, y que el Estado requirente ha descubierto ya que, de los varios contribuyentes residentes que han sido investigados, todos ellos han eludido el impuesto correspondiente, y ha utilizado todos los medios nacionales posibles para obtener la identificación de los residentes que han invertido en ese producto, incluyendo información en el requerimiento del estado de la investigación.

4) Los Estados no pueden ir «a la caza de información» o solicitar información que probablemente no sea pertinente para esclarecer los asuntos fiscales de un contribuyente determinado. Al contrario, tiene que existir una **posibilidad razonable** de que la información solicitada resulte pertinente (TJUE 16-5-17, asunto C-682/15).

Acuerdos de intercambio de información (AII) Son acuerdos bilaterales por los que los Estados contratantes se comprometen a prestarse asistencia en el intercambio de información en materia fiscal. Existe un **Modelo de acuerdo de intercambio de información** aprobado por la OCDE en 2002. **5255.3**

El objeto de los acuerdos de intercambio de información se define de forma amplia si bien no amparan las peticiones de información genéricas que no estén relacionadas con una investigación en curso («fishing expeditions»).

Se contempla el **principio de subsidiariedad** de forma que solo se puede acudir a este mecanismo cuando no es posible obtener la información internamente, así como el **principio de reciprocidad** conforme al cual un Estado contratante no puede requerir al otro Estado la información que no pueda obtener o comunicar conforme a su propia normativa interna.

No puede oponerse a la petición de información de uno de los Estados contratantes la existencia del **secreto bancario** en el Estado requerido, si bien para las peticiones referidas a datos que obren en poder de entidades financieras se exige que existan indicios de fraude.

Los Estados contratantes están obligados a adoptar las medidas pertinentes para obtener la información requerida por el otro Estado. En el ámbito normativo interno español, estas medidas se concretan en las actuaciones de **obtención de información** (nº 5015 s.). En términos similares a los previstos en la normativa comunitaria vigente en esta materia, los acuerdos de intercambio de información regulan la presencia de funcionarios del otro Estado contratante en el desarrollo de las actuaciones inspectoras, pudiendo incluso examinar la documentación o entrevistar a los obligados tributarios, siempre que exista el consentimiento del Estado competente.

Precisiones **España** tiene suscritos, acuerdos de intercambio de información, entre otros países, con Bahamas, Andorra o Aruba.

Convenio de asistencia administrativa mutua en materia fiscal (Convenio de asistencia administrativa mutua en materia fiscal art.1) El Convenio de asistencia administrativa mutua en materia fiscal, hecho en Estrasburgo el 25-1-1988, es de aplicación para España desde el 1-1-2013. **5255.4**

Las partes de ese Convenio se comprometen a la asistencia mutua administrativa en materia tributaria, que comprende las siguientes **materias**:

a) El intercambio de información, incluidas las inspecciones tributarias simultáneas y la participación en inspecciones tributarias realizadas en el extranjero.

b) La asistencia en la recaudación, incluidas las medidas cautelares.

c) La notificación de documentos.

Las partes han de proceder al **intercambio de la información** que pueda ser pertinente para la Administración o la aplicación de sus legislaciones internas relativas a los impuestos a que se refiere el Convenio.

Tipos de intercambio de información (Convenio de asistencia administrativa mutua en materia fiscal art.5 a 7) **5255.5**

Se regulan tres tipos de **intercambio de información**:

1. **Previa solicitud**. A solicitud del Estado requirente, el Estado requerido le ha de proporcionar la información correspondiente concerniente a una persona o a una transacción determinada. Si la información disponible en los ficheros de datos tributarios del Estado requerido no bastase para permitirle satisfacer la solicitud de información, dicho Estado debe adoptar todas las medidas necesarias para proporcionar al Estado requirente la información solicitada.
2. **Automático**. Con respecto a categorías de casos y, de conformidad con los procedimientos que establezcan de común acuerdo, dos o más partes han de intercambiar automáticamente la correspondiente información.

3. **Espontáneo**. Una parte ha de comunicar, sin previa solicitud, la información de la que tenga conocimiento en las siguientes circunstancias:
- cuando la primera parte tenga motivos para suponer que existe una pérdida en la recaudación en la otra parte;
- cuando un obligado tributario obtenga, en la primera parte, una reducción o exención tributaria que va a originar, respecto de esa persona, un incremento de los impuestos o la sujeción a impuestos en la otra parte;
- cuando un obligado tributario de una parte y un obligado tributario de otra parte realicen negocios a través de uno o más países, de tal manera que puede resultar una disminución del impuesto en una u otra parte o en ambas;
- cuando una parte tenga motivos para suponer que puede resultar una disminución del impuesto por las transferencias ficticias de beneficios en el seno de grupos de empresas;
- cuando la información comunicada a una parte por otra parte permita a la primera de ellas recabar información que puede ser útil para establecer una obligación tributaria en la segunda parte.

5255.6 **Inspecciones tributarias simultáneas** (Convenio de asistencia administrativa mutua en materia fiscal art.8)
Se contempla la posibilidad de realizar inspecciones tributarias simultáneas a solicitud de una parte, entendiéndose por esta toda inspección realizada en virtud de un acuerdo por el que dos o más partes convienen en **verificar simultáneamente**, cada una en su territorio, la situación tributaria de una o más personas en la cual tengan ambas partes un interés común o conexo, con vistas a intercambiar la información pertinente así obtenida. A solicitud de una de ellas, dos o más partes se han de consultar para determinar los casos que deberán ser objeto de una inspección tributaria simultánea, así como los procedimientos que habrán de seguirse. Cada parte interesada decidirá si desea o no participar, en un caso determinado, en una inspección tributaria simultánea.

5255.7 **Inspecciones tributarias en el extranjero** (Convenio de asistencia administrativa mutua en materia fiscal art.9)
A solicitud de la autoridad competente del Estado requirente, la autoridad competente del Estado requerido puede autorizar a **representantes** de la autoridad competente del Estado requirente para que estén presentes en la parte apropiada de la inspección tributaria en el Estado requerido. Si se acepta la solicitud, la autoridad competente del Estado requerido ha de comunicar lo antes posible a la autoridad competente del Estado requirente la fecha y el lugar del control, la autoridad o el funcionario designado para realizarlo y los procedimientos y condiciones exigidos por el Estado requerido para la realización de dicha inspección. Todas las decisiones relativas a la realización de la inspección tributaria son competencia del Estado requerido.

5255.8 **Asistencia en las notificaciones** (Convenio de asistencia administrativa mutua en materia fiscal art.17 y 20.1 y 2)
A solicitud del Estado requirente, el Estado requerido ha de notificar a los destinatarios los **documentos**, incluidos los relativos a las decisiones judiciales, que emanen del Estado requirente y que se refieran a un impuesto contemplado en el Convenio.
El Estado requerido ha de proceder a la **notificación**:
a) Según las formas prescritas en su legislación interna para la notificación de documentos de naturaleza idéntica o análoga.
b) En la medida de lo posible, según la forma particular solicitada por el Estado requirente, o según la forma más parecida a esta que su legislación interna prevea.
Si la notificación del documento se realiza de conformidad con lo previsto en este Convenio, **no** se exige que vaya acompañado de la **traducción** correspondiente; no obstante, cuando haya constancia de que el destinatario no conoce la lengua en la que esté redactado el documento, el Estado requerido ha de hacer lo necesario para que se realice una traducción o se elabore un resumen del mismo en su lengua oficial o en una de sus lenguas oficiales. Igualmente, se puede solicitar al Estado requirente que el documento se traduzca o se acompañe de un resumen en una de las lenguas oficiales del Estado requerido, del Consejo de Europa o de la OCDE.
En cuanto a la **respuesta a la solicitud de asistencia**:
- si se atiende, el Estado requerido ha de informar lo antes posible al Estado requirente de las medidas adoptadas y del resultado de la asistencia;
- si se rechaza, el Estado requerido ha de informar lo antes posible al Estado requirente de esa decisión, así como de sus motivos.

5255.9 **Otras consideraciones generales y especiales** (Convenio de asistencia administrativa mutua en materia fiscal art.21, 22.1 y 2, 25 y 27) El contenido del Convenio se ha de interpretar en el sentido de que limite los **derechos y garantías** otorgados a las personas por la legislación o la práctica administrativa del Estado requerido, no pudiendo ser impuesto a este último lo siguiente:
a) Adoptar **medidas incompatibles** con su propia legislación o con su práctica administrativa, o con la legislación o la práctica administrativa del Estado requirente.

b) Adoptar medidas que considere **contrarias al orden público**.
c) Suministrar información que **no pueda obtenerse** con arreglo a su propia legislación o práctica administrativa o con arreglo a la legislación o práctica administrativa del Estado requirente.
d) Suministrar información que **revele un secreto** comercial, industrial o profesional o un procedimiento comercial, o información cuya comunicación sea contraria al orden público.
e) Prestar asistencia administrativa en el caso y en la medida en que considere que la imposición fiscal en el Estado requirente es **contraria a los principios fiscales** generalmente admitidos o a las disposiciones de un convenio para evitar la doble imposición o de cualquier otro convenio que haya concluido con el Estado requirente.
f) Prestar asistencia administrativa para aplicar o ejecutar una disposición de la legislación fiscal del Estado requirente, o cumplir con una obligación relacionada con la misma, que diese lugar a una **discriminación** entre un nacional del Estado requerido y los nacionales del Estado requirente que se encuentren en la misma situación.
g) Prestar asistencia administrativa si el Estado requirente no ha agotado todas las **medidas razonables previstas** por su legislación o su práctica administrativa, a menos que el recurso a dichas medidas diese lugar a dificultades desproporcionadas.
h) Prestar asistencia administrativa para la recaudación en los casos en que la carga administrativa resultante para dicho Estado sea claramente una **carga desproporcionada** con respecto a las ventajas que puedan suponer para el Estado requirente.

5255.10 Si el Estado requirente solicita información conforme al Convenio, el **Estado requerido** ha de utilizar los poderes de que dispone para obtener la información solicitada, aunque no la necesite para sus propios fines fiscales.
En ningún caso las disposiciones del Convenio pueden interpretarse en el sentido de que permiten que un Estado requerido se niegue a comunicar información únicamente porque quien la posea sea un banco, otra entidad financiera, un mandatario o una persona que actúe en condición de agente o de administrador fiduciario, o porque esa información esté vinculada con los derechos de propiedad de una persona.
La información obtenida por aplicación del Convenio se han de mantener en **secreto** y protegida en las mismas condiciones que la información obtenida en aplicación de la legislación de la parte requirente. Dicha información solo se ha de comunicar a las personas o autoridades (incluidos los tribunales y los órganos administrativos o de control) que intervengan en el establecimiento, percepción o cobro de los impuestos, en los procedimientos o acciones penales relativos a dichos impuestos, en la determinación de los recursos concernientes a los mismos o en el control de lo anterior. Solo las personas o autoridades mencionadas pueden utilizar esa información, y únicamente para los citados fines. No obstante, podrán comunicarla en audiencias públicas de tribunales o en resoluciones judiciales relativas a dichos impuestos.
Las solicitudes de asistencia y las respuestas a las mismas han de ser redactadas en una de las **lenguas oficiales** de la OCDE o del Consejo de Europa o en cualquier otra lengua que las partes interesadas acuerden bilateralmente.
Las posibilidades de asistencia previstas en el Convenio no pueden limitar las contenidas en los **convenios internacionales** u otros acuerdos que existan o puedan existir entre las partes interesadas u otros instrumentos que se refieran a la cooperación en materia tributaria, ni se van a ver limitadas por ellas.

C. Obligaciones de información y de diligencia debida relativas a cuentas financieras en el ámbito de la asistencia mutua

5256 El nuevo estándar global de intercambio de información de cuentas financieras a nivel mundial viene definido por el «Common Reporting Standard» **(CRS)** de la OCDE, instrumentado a través del Acuerdo Multilateral entre Autoridades Competentes (MCAA) sobre intercambio automático de información de cuentas financieras (MCAA-CRS), hecho en Berlín el 29-10-2014. Este Acuerdo multilateral ha sido firmado por múltiples países, asumiendo la UE el estándar CRS en la DAC 2 (nº 5247.4). No obstante, no ha sido suscrito por EEUU, que se centra en una estrategia propia concretada en la norma FATCA.

1. Obligaciones de identificación e información de conformidad con la FATCA

5256.1 El Acuerdo entre el Reino de España y los Estados Unidos de América para la mejora del cumplimiento fiscal internacional y la implementación de la Foreign Account Tax Compliance Act-FATCA -(Acuerdo España-EEUU 14-5-13)- (Ley de cumplimiento tributario de cuentas extranjeras), hecho en Madrid el 14-5-2013, establece un sistema de **intercambio automático** de información con fines tributarios en el ámbito de la asistencia mutua. En concreto se establece:

a) La obligación de las instituciones financieras españolas de **identificar las cuentas** cuya titularidad o control correspondan a entidades o personas residentes o de ciudadanía estadounidense.

b) La obligación de suministrar **anualmente** a la Administración tributaria española información sobre dichas cuentas financieras, para que puedan transmitirse automáticamente a las Autoridades fiscales estadounidenses.

Dicho Acuerdo, por su propia naturaleza jurídica, es directamente **vinculante** y de obligado cumplimiento.

Por **reciprocidad**, este sistema va a permitir a la AEAT obtener información de forma periódica de las cuentas bancarias que posean entidades o personas españolas en EE.UU.

5256.2 En **España**, la normativa interna establece que resulta aplicable a las obligaciones de información y de diligencia debida de la FATCA la imposibilidad de realizar cargos, abonos u otras operaciones por incumplimiento del cliente de su obligación de identificación de la residencia y la obligación de conservación de la documentación durante cinco años (LGT disp.adic.22ª. 5 y 6).

En relación con el intercambio de información y diligencia debida establecidas en la FATCA, se ha de presentar el **modelo 290**, relativo a la declaración informativa anual de cuentas financieras de determinadas personas estadounidenses (OM HAP/1136/2014 art.13). El **plazo** de presentación de la declaración informativa se ha de realizar entre el 1 de enero y el 31 de mayo de cada año en relación con la información financiera relativa al año inmediato anterior.

Las **obligaciones** de las instituciones financieras españolas afectadas por el Acuerdo son las siguientes (OM HAP/1136/2014 art.3):

- obligación de identificar conforme a las normas de diligencia debida las cuentas estadounidenses sujetas a comunicación de información;
- obligación de comunicar anualmente a la AEAT la información que se establece en el Acuerdo sobre dichas cuentas;
- obligación de comunicar a la AEAT el nombre de toda institución financiera no participante a la que haya efectuado pagos y el importe total de los mismos;
- obligación de registrarse ante el organismo de la Administración tributaria estadounidense (IRS) y obtener el número de identificación correspondiente denominado «GIIN» (Global Intermediary Identification Number); y
- obligación, en determinados casos, de retener el 30% sobre el importe de los pagos de fuente estadounidense que efectúen a instituciones financieras no participantes.

En relación con las **pruebas documentales**, se exige que las declaraciones que resulten exigibles a las personas que ostenten la titularidad o el control de las cuentas financieras y demás información utilizada en cumplimiento de las obligaciones de información y de diligencia debida establecidas en el Acuerdo entre España y EEUU para la mejora del cumplimiento fiscal internacional y la implementación de la FATCA, deberán estar a disposición de la Administración tributaria hasta la finalización del quinto año siguiente a aquel en el que se deba suministrar la información respecto de las citadas cuentas. Esta disposición también resultará de aplicación respecto de las obligaciones de información y de diligencia debida (LGT disp.adic.22ª.6 y 8).

5256.3 Precisiones 1) La FATCA persigue combatir el fraude fiscal cometido por las personas con residencia fiscal en EEUU que pretenden ocultar determinados **rendimientos financieros** mediante la utilización de cuentas «off-shore» abiertas con instituciones financieras extranjeras (IFE), para lo cual se establece que las IFE que tengan clientes sujetos a obligación personal de contribuir en los EEUU deben suministrar automáticamente información a la Administración tributaria estadounidense, la «Internal Revenue Service» (IRS). En caso de no hacerlo, la IFE queda sujeta a una retención del 30% de todos los rendimientos de fuente norteamericana que se satisfagan a cualquier entidad extranjera.

Dadas las numerosas críticas que ha recibido la FATCA, posteriormente se adoptó un nuevo enfoque intergubernamental. En concreto, EEUU acordó conjuntamente con Reino Unido, Alemania, Francia, Italia y España sustituir estas obligaciones por un sistema de **intercambio automático de información** anual respecto de las cuentas que posean residentes de estos países en instituciones financieras estadounidenses y viceversa. Como resultado de esto se publicó el Modelo de Acuerdo Intergubernamental de 26-7-2012, acordado por el Gobierno de EEUU de forma conjunta con los países anteriormente señalados, que supuso la base para los posteriores **acuerdos bilaterales**

necesarios para incorporar la FATCA a cada una de estas cinco jurisdicciones, y que fue el modelo para otros Estados. El Acuerdo consiste en sustituir la obligación de información y retención de instituciones financieras nacionales ante los EE.UU por un planteamiento intergubernamental, de tal manera que sean las Agencias tributarias de cada país las que se relacionen con las entidades financieras de cada estado, y se sustituya el sistema de retención por un sistema de información automático entre administraciones fiscales.
2) El ejercicio 2014 fue el primero en el que se realizó intercambios de información con EEUU, contenida en el **modelo 290**.
3) Si una institución financiera española obligada a comunicar información recogida en la FATCA determina que no mantiene ninguna cuenta estadounidense sujeta a comunicación de información después de haber aplicado los procedimientos de diligencia debida o que únicamente mantiene cuentas consideradas como **productos exentos**, no está obligada a presentar el modelo 290, si bien sigue estando sujeta al cumplimiento del resto de obligaciones, en particular, la de registrarse ante el organismo de la Administración tributaria estadounidense.
4) El **registro** ante el organismo de la Administración tributaria estadounidense por parte de las instituciones financieras españolas es obligatorio con carácter general para todas aquellas entidades que tienen la consideración de institución financiera española obligada a comunicar información. Sin embargo, no están obligadas a registrarse las entidades identificadas en el Anexo II (fondos de pensiones, instituciones de inversión colectiva, etc.). En concreto, dicho registro se ha de realizar por medios telemáticos en la página Web que el Organismo de Administración Tributaria estadounidense (IRS) establezca al efecto.

2. Obligaciones de identificación e información de conformidad con la DAC 2 y el Estándar CRS

(Dir 2011/16/UE; LGT disp.adic.22ª redacc L 13/2023; RGGI art.37 bis)

La DAC 2 (nº 5247.4) supone una extensión del ámbito de aplicación del intercambio automático de información, más allá de las cinco **categorías de renta** previstas inicialmente por la DAC 1, abarcando también intereses, dividendos, plusvalías derivadas de la venta de activos financieros, cualquier renta generada en relación con los activos mantenidos en una cuenta financiera, cualquier importe respecto del cual la entidad financiera sea el obligado o deudor, y los saldos en cuentas. En este ámbito, la regulación de las obligaciones de las instituciones financieras de identificar la residencia de las personas que ostenten la titularidad o el control de determinadas cuentas financieras y de informar se ajusta a lo recogido en la DAC 2 y el MCAA-CRS. **5256.4**
La incorporación en España del estándar CRS derivado del MCAA firmado por España y la transposición de la DAC 2 se realizaron al mismo tiempo, incorporando la LGT disp.adic.22ª a través de la L 34/2015. Además, algunos párrafos de la misma también resultan de aplicación en la implementación de la norma FATCA.
De conformidad con lo anterior, a nivel interno, se han establecido las **obligaciones de las instituciones financieras** de identificar la residencia de los titulares de determinadas cuentas financieras y de suministrar información a la Administración tributaria respecto de las mismas en el ámbito de la asistencia mutua (nº 5256.7 s.). Asimismo, se establece la obligación de las personas que ostenten la titularidad o el control de las **control de las cuentas financieras** de identificar su residencia fiscal ante las instituciones financieras en las que se encuentren abiertas las citadas cuentas (nº 5256.6).

Precisiones **1)** Tomando como punto de partida el Modelo de Acuerdo Intergubernamental negociado con los Estados Unidos conjuntamente por Alemania, España, Francia, Italia y Reino Unido, estos mostraron su intención de extender el **intercambio automático de información** al mayor número posible de países o jurisdicciones mediante el anuncio de un proyecto piloto común de intercambio de información fiscal de carácter multilateral, automático y estandarizado. A raíz de esta iniciativa, la OCDE recibió del G-20 el mandato de basarse en el citado modelo de acuerdo intergubernamental para elaborar una norma única internacional para el intercambio automático de información fiscal sobre cuentas financieras, para lo cual desarrolló un sistema conocido como «Estándar para el Intercambio Automático de Información sobre Cuentas Financieras en Materia Tributaria», basado en los procedimientos de declaración y diligencia debida que se definen en el Common Reporting Standard o CRS (Estándar Común de Declaración). **5256.5**
En consecuencia, la OCDE publicó en 2014 el **Modelo de Acuerdo para la Autoridad Competente y un Estándar Común de Declaración**. Dicho Acuerdo supone la obligación de las instituciones financieras de identificar las cuentas cuya titularidad o control corresponde a residentes en países o jurisdicciones firmantes y de suministrar anualmente a la Administración tributaria la información sobre dichas cuentas financieras, en ambos casos conforme a los procedimientos regulados en el Common Reporting Standards (o CRS). El instrumento normativo que permite la adopción de este sistema se encontraría en el Convenio de Asistencia Administrativa Mutua en Materia Fiscal art.6, hecho en Estrasburgo el 25-1-1988 -el cual fue modificado por el Protocolo de enmienda hecho en

París el 27-5-2010-, que permite el intercambio automático de información en materia tributaria entre los Estados firmantes. Sobre estas bases, se firmó el 29-10-2014 en Berlín el Acuerdo Multilateral de Autoridades Competentes (AMAC) sobre Intercambio Automático de Información de Cuentas Financieras, por un total de 51 países y jurisdicciones (entre ellos, España). Desde dicha fecha han ido sumándose distintas jurisdicciones. El AMAC establece la obligación de las instituciones financieras españolas de identificar las cuentas cuya titularidad o control corresponde a residentes en países o jurisdicciones firmantes y de suministrar anualmente a la Administración tributaria española la información sobre dichas cuentas financieras, en ambos casos conforme a los procedimientos regulados en el CRS. El citado Acuerdo constituye un instrumento multilateral, si bien sus efectos operan bilateralmente.

Posteriormente, la Dir 2014/107/UE (**DAC 2**) modificó la Dir 2011/16/UE, por lo que se refiere a la obligatoriedad del intercambio automático de información en el ámbito de la fiscalidad. Dicha modificación amplió el ámbito de la información que los Estados miembros están obligados a intercambiar entre sí, alineando dichas obligaciones con las contenidas en el «Estándar común de intercambio automático de información sobre cuentas financieras en materia tributaria» elaborado por la OCDE. De esta forma, se iguala el alcance de la **cooperación administrativa** entre Estados miembros y terceros Estados y se minimizan los costes de cumplimiento por parte de las instituciones financieras, que han de utilizar una normativa común de identificación y declaración de cuentas financieras. Asimismo, este intercambio de información también puede realizarse con cualquier otro país o jurisdicción con el cual España haya celebrado un acuerdo en virtud del cual el país o jurisdicción deba facilitar la información con el que exista reciprocidad en el intercambio de información.

El estándar CRS y la DAC 2 responden al mismo esquema, pero tienen ciertas **diferencias con el modelo FATCA**. El punto de conexión que determina la obligación de informar sobre los titulares de las cuentas financieras es la residencia en el caso del CRS, mientras que el FATCA considera la nacionalidad (US persons). En el sistema FATCA las instituciones financieras extranjeras deben estar registradas ante la Administración tributaria americana para obtener un número de identificación de intermediario, mientras que en el estándar CRS no se requiere ningún registro especial.

2) Con efectos **a partir de 1-1-2026**, la Dir (UE) 2023/2226 **(DAC 8)** que modifica la Dir 2011/16/UE, incluye las últimas modificaciones del Estándar común de comunicación de información de la OCDE, incluida la integración de las disposiciones sobre el **dinero electrónico y monedas digitales** de los bancos centrales, que figura en la parte II del Marco de Intercambio de Información sobre Criptoactivos de la OCDE, y la ampliación del alcance del intercambio automático de información por lo que respecta a los acuerdos previos con efecto transfronterizo a determinados acuerdos relativos a personas físicas (Dir (UE) 2023/2226).

Para dar cabida a nuevos productos y entidades afectadas, la DAC 8 amplía algunas **definiciones** previstas en el CRS (DAC 2): **institución de depósito**, para incluir a toda entidad que mantiene dinero electrónico o monedas digitales de banco central en beneficio de los clientes, y la de cuenta de depósito incluye las cuentas que representen el dinero electrónico mantenido en beneficio de los clientes y las que contengan una o varias monedas digitales de banco central en beneficio de un cliente; **activo financiero**, para incluir a los criptoactivos sujetos a comunicación de información; y **entidad de inversión**, para incluir las actividades de inversión, reinversión o negociación en criptoactivos sujetos a comunicación de información.

5256.6 Obligaciones de los titulares de las cuentas (LGT disp.adic.22ª.5 y 8) Las personas que ostenten la titularidad o el control de las cuentas financieras están obligadas a identificar su **residencia fiscal** ante las instituciones financieras en las que tengan abiertas sus cuentas.

En caso de **incumplimiento**, además de la aplicación del régimen específico de infracciones y sanciones, si no se aporta dicha identificación en el plazo de noventa días desde que se hubiera solicitado la apertura de la cuenta, la institución financiera no podrá realizar cargos, abonos, ni cualesquiera otras operaciones en dicha cuenta hasta el momento de su aportación.

5256.7 Obligaciones de las instituciones financieras (LGT disp.adic.22ª.1 a 5 y 7 7 redacc L13/2023; RGGI art.37 bis) A nivel reglamentario, la incorporación del estándar CRS y la transposición de la DAC 2 se han llevado a cabo en **dos fases**:

a) Se recoge la obligación de información acerca de **cuentas financieras** en el ámbito de la asistencia mutua (RGGI art.37 bis); y

b) Se establece la obligación de identificar la **residencia fiscal** de las personas que ostenten la titularidad o control de determinadas cuentas financieras y de informar acerca de las mismas en el ámbito de la asistencia mutua (RD 1021/2015).

Las instituciones financieras deben identificar la residencia de las personas que ostenten la **titularidad o control** de determinadas cuentas financieras, y suministrar información a la Administración tributaria respecto de tales cuentas.

Con carácter **previo al suministro** de la información, las instituciones financieras están obligadas a comunicar a cada persona física titular de las cuentas financieras que la información sobre sus cuentas ha de comunicarse a la Administración tributaria y ser transferida al Estado miembro que corresponda con arreglo a la DAC 2 y los acuerdos internacionales establecidos.

Dicha comunicación debe realizarse antes del 31 de enero del año natural siguiente al primer año en que la cuenta sea una cuenta sujeta a comunicación de información. Asimismo, la institución financiera debe facilitar a la persona física con suficiente antelación toda la información que esta tenga derecho a recibir para que pueda ejercer su derecho a la **protección de sus datos personales** y, en cualquier caso, antes de que la información por ella recopilada sea suministrada a la Administración tributaria.
En cuanto al **incumplimiento** de estas obligaciones y sus correspondientes sanciones, la falta de aportación a la institución financiera, en el plazo de noventa días desde que se hubiese solicitado la apertura de la cuenta, de la declaración de la residencia fiscal de quienes ostenten la titularidad o el control de las cuentas financieras, determina la imposibilidad de realizar cargos, abonos, ni cualesquiera otras operaciones en la misma hasta el momento de su aportación.

Precisiones La DAC 2 establece las normas sobre **comunicación de información y diligencia debida** que deben aplicar las instituciones financieras obligadas a comunicar información para que los Estados miembros puedan comunicar la información mediante intercambio automático (Dir 2014/107/UE anexo I). Por su parte, la DAC 8 recoge **nuevas normas** de diligencia debida en el marco de CRS a efectos de determinar las personas que ejercen el control del titular de la cuenta o cuando la institución financiera no pueda obtener una declaración respecto de una cuenta nueva en tiempo oportuno para poder cumplir sus obligaciones de diligencia debida y de comunicación de información en relación con el período de referencia en el cual se haya abierto la cuenta (Dir (UE) 2011/16 Anexo I redacc Dir (UE) 2023/2226).

Las instituciones financieras están obligadas a presentar una **declaración informativa** sobre cuentas financieras abiertas en aquellas cuando concurran las circunstancias especificadas en la normativa sobre asistencia mutua que, en cada caso, resulte de aplicación. Deben identificar la residencia o, en su caso, nacionalidad de las personas que, en los términos establecidos en dicha normativa, ostenten la titularidad o el control de las mismas, conforme a las normas de diligencia debida. La información a suministrar comprende la que se deriva de la normativa sobre asistencia mutua y, en todo caso, la identificación completa de las cuentas y el nombre y apellidos o razón social o denominación completa y, en su caso, NIF o análogo, de dichas personas. Esta obligación de información resulta exigible por primera vez en el momento en que así se establezca en la norma de asistencia mutua que resulte de aplicación. La declaración informativa tiene carácter anual y se efectuará en la forma, lugar y plazo que se determine mediante OM (RD 1021/2015 art.4). A estos efectos, la OM HAP/1695/2016 aprobó el **modelo 289**, de Declaración informativa anual de cuentas financieras en el ámbito de la asistencia mutua. Las normas relativas a estas obligaciones de identificación e información deben interpretarse conforme a los Comentarios de la OCDE al Modelo de Acuerdo para la Autoridad Competente y al Estándar común de comunicación de información (RD 1021/2015 disp.adic.2ª). Se han establecido además una serie de **normas de diligencia debida** que deben observar las entidades financieras para cumplir con su obligación de información (RD 1021/2015 Anexo). Con efectos para las declaraciones informativas que haya que presentar a partir de 1-1-2022 respecto de la información relativa al año inmediato anterior, las instituciones financieras deben presentar el modelo 289 aun cuando tras la aplicación de dichas normas de diligencia debida concluyan que no existen cuentas sujetas a comunicación de información (RD 1021/2015 art.4). **5256.8**

Precisiones **1)** Con el fin de dar cumplimiento a las exigencias de identificación de la residencia fiscal y de información, la OM HAP/1695/2016 introdujo algunas **modificaciones** en determinadas órdenes que regulan el procedimiento y condiciones de presentación de algunas autoliquidaciones, declaraciones, comunicaciones, etc., entre las que destacan:
- OM EHA/3496/2011, para permitir la acreditación de la condición de no residente sin establecimiento permanente en España y la residencia fiscal en otro país a los efectos de la excepción de la obligación de **comunicar el NIF** en las operaciones con entidades de crédito por no residentes;
-OM EHA/3202/2008, para permitir en el modelo 291 la acreditación de la condición de no residente sin establecimiento permanente en España y la residencia fiscal en otro país a los efectos de la excepción de la **obligación de retener** sobre los rendimientos de las cuentas de no residentes;
- OM HAP/1136/2014, por la que se regulan determinadas cuestiones relacionadas con las obligaciones de información y diligencia debida establecidas en el acuerdo entre España y los EEUU, con la finalidad de homogeneizar el **plazo de presentación** de ambas declaraciones informativas derivadas de la asistencia mutua (modelos 290 y 289), entre el 1 de enero y el 31 de mayo de cada año en relación con la información financiera relativa al año inmediato anterior.
2) Se actualizan los **listados de países y jurisdicciones** con los que se debe intercambiar información anual de cuentas financieras en el ámbito de la asistencia mutua a efectos del modelo 289, y los que tienen la consideración de jurisdicción participante (RD 1021/2015 anexo sección VIII D.4), para adaptarla a la situación actual de los países comprometidos al intercambio de información en el ámbito de la asistencia mutua (OM HAP/1695/2016 anexos I y II redacc OM HFP/1397/2023).

5256.9 Asimismo se establecen una serie de obligaciones en el **ámbito de la asistencia mutua**, incorporando al ordenamiento interno las obligaciones de comunicación de información a la Administración tributaria sobre cuentas financieras y los procedimientos de diligencia debida que deben aplicar las instituciones financieras en la obtención de dicha información para que, a su vez, la Administración tributaria pueda intercambiar la información recibida, de forma automática, con la Administración correspondiente del país o jurisdicción de residencia fiscal de las personas que ostenten la titularidad o el control de la cuenta financiera (RD 1021/2015 art.3 y 4):

a) **Obligación de identificar la residencia fiscal**. Las instituciones financieras deben identificar la residencia fiscal de las personas que ostenten la titularidad o el control de cuentas financieras.

b) **Obligación de información**. Las instituciones financieras residentes en España (salvo las sucursales ubicadas fuera de nuestro territorio y las sucursales ubicadas en España de las instituciones financieras no residentes) están obligadas a presentar una declaración informativa cuando las personas titulares o que controlen las cuentas financieras sean **residentes fiscales** en:

- otro Estado miembro de la UE, cualquier territorio al que se aplique la Dir 2011/16/UE en relación a la obligatoriedad del intercambio automático de información en el ámbito de la fiscalidad, o cualquier otro país o jurisdicción con el que la UE haya celebrado un acuerdo que obligue al mismo a facilitar información sobre cuentas financieras;
- otro país o jurisdicción respecto del cual haya surtido efectos el Acuerdo Multilateral entre Autoridades Competentes sobre Intercambio Automático de Información de Cuentas Financieras con el que exista reciprocidad en el intercambio de información; y
- cualquier otro país o jurisdicción con el que España haya celebrado un acuerdo que obligue al mismo a facilitar la información sobre cuentas financieras, con el que exista reciprocidad en el intercambio de información.

Precisiones La obligación de identificación de titulares y personas que ejercen el control sobre las cuentas a los **residentes en cualquier país o jurisdicción**, se extiende con independencia de que el Reino de España se haya comprometido o no a intercambiar información con dicho territorio; además, se incorporan a nuestro ordenamiento jurídico los **procedimientos de identificación** de titulares y personas que ejercen el control sobre las cuentas (normas de diligencia debida) y de declaración de dicha información sobre la base del sistema CRS (RD 1021/2015).

5256.10 **Obligaciones de conservación de la documentación** (LGT disp.adic.22ª.6) Las pruebas documentales, las declaraciones que resulten exigibles a las personas que ostenten la titularidad o el control de las cuentas financieras y demás información utilizada en cumplimiento de las obligaciones de información y de diligencia debida, deben estar **a disposición de la Administración** tributaria hasta la finalización del quinto año siguiente a aquel en el que se deba suministrar la información respecto de las citadas cuentas.

Se establece así una especie de **plazo de caducidad** en relación a la conservación de la documentación a que se refiere esta obligación.

D. Otros mecanismos de intercambio de información

5256.15 El **Plan de Acción BEPS** incorpora otros mecanismos de intercambio de información entre los que se encuentran los relativos a los acuerdos previos transfronterizos, el intercambio de información país por país o la declaración de esquemas de planificación fiscal. Todos ellos tienen como finalidad evitar comportamientos fiscales de riesgo y han sido adoptados por la normativa europea a través de las DAC, y en algunos casos recogidos por la normativa interna.

La DAC o DAC 1 (Dir 2011/16/UE) ha sido objeto de una serie de modificaciones para dar cabida a nuevas iniciativas en el ámbito de la transparencia fiscal a escala de la Unión. Con ello se pretende que las autoridades tributarias de los Estados miembros dispongan de un conjunto más amplio de **herramientas de cooperación** para detectar y combatir los distintos tipos de fraude fiscal, evasión fiscal y elusión fiscal (nº 5247.5).

1. Intercambio de información sobre rulings y APAs con efectos transfronterizos

5256.16 A través de la acción 5 de BEPS se impulsa el intercambio de información en relación con los **acuerdos previos** tributarios («tax rulings») y los acuerdos previos sobre precios de transferencia (APAs) **transfronterizos**. Su objetivo es mejorar la transparencia de los acuerdos entre Administraciones tributarias y contribuyentes, fomentando el intercambio de las decisiones administrativas que puedan implicar un riesgo BEPS.

Normativa UE (Dir (UE) 2015/2376 art.8 bis) La formulación de acuerdos tributarios previos es una práctica común, tanto a nivel mundial como en la Unión, dado que permite clarificar la legislación fiscal para los contribuyentes, lo que puede fomentar la inversión y el cumplimiento de la ley, proporcionar seguridad al mundo empresarial y facilitar la aplicación coherente y transparente de la ley; pero, cuando se refieren a **estructuras creadas con fines fiscales**, estos acuerdos pueden conducir en ciertos casos a un bajo nivel de imposición sobre rentas artificialmente elevadas en el país que los ha formulado, modificado o renovado, dejando por el contrario rentas imponibles artificialmente reducidas en los demás Estados afectados. Por otra parte, el **intercambio espontáneo de información** sobre estos acuerdos se ve obstaculizado por una serie de dificultades prácticas importantes, como la facultad de apreciación que tiene el Estado miembro que formula el acuerdo para decidir qué otros Estados miembros deben ser informados. **5256.17**

Por ello, la Dir (UE) 2015/2376 -conocida como DAC 3- modificó la Directiva de cooperación administrativa en el ámbito de la fiscalidad (Dir 2011/16/UE) -conocida como DAC o DAC 1- para conseguir una mayor transparencia, mediante el **intercambio obligatorio y automático** de información sobre los acuerdos previos con efectos transfronterizos y los acuerdos previos de precios de transferencia (Dir 2011/16/UE art.8 bis y 8 ter).

La autoridad competente del Estado miembro en el que se haya formulado, modificado o renovado un **acuerdo previo con efecto transfronterizo o** un acuerdo previo **sobre precios de transferencia** después del 31-12-2016, debe comunicar, mediante intercambio automático, la información correspondiente a las autoridades competentes de todos los demás Estados miembros, así como a la Comisión Europea.

El intercambio automático de información sobre los acuerdos previos con efecto transfronterizo debe ampliarse a los acuerdos relativos a **personas físicas** cuando el importe de la transacción o serie de transacciones del acuerdo previo con efecto transfronterizo supere un umbral específico. También deben comunicarse automáticamente los acuerdos previos con efecto transfronterizo que determinan si una persona es **residente o no** a efectos fiscales en el Estado miembro que formula tal acuerdo.

No obstante, **no deben intercambiarse** los acuerdos previos con efecto transfronterizo relativos a la tributación en origen de los rendimientos del trabajo dependiente, honorarios de director y pensiones de los no residentes, excepto si el importe de la transacción o serie de transacciones del acuerdo previo con efecto transfronterizo supera el umbral específico (Dir (UE) 2023/2226/UE art.8 bis.4).

El intercambio de información se efectuará sin demora después de que se hayan formulado, modificado o renovado los acuerdos previos con efecto transfronterizo o los acuerdos previos sobre precios de transferencia, y, a más tardar, en el **plazo** de tres meses a partir del final del semestre del año natural durante el cual se hayan formulado, modificado o renovado tales acuerdos. Asimismo, debe informarse sobre ese tipo de acuerdos formulados, modificados o renovados en los cinco años anteriores a 1-1-2017 (en el caso de los acuerdos formulados, modificados o renovados entre el 1-1-2012 y el 31-12-2013, siempre que los mismos sigan siendo válidos a 1-1-2014). Esta información debió ser comunicada antes de 1-1-2018.

Ámbito del intercambio automático de información (Dir (UE) 2015/2376 considerando 6 y 11) El ámbito del intercambio automático de estos acuerdos abarca todas las formas que pueda adoptar el acuerdo, con independencia de su carácter vinculante o no y del modo en que se formule; es decir, el ámbito de aplicación es lo suficientemente amplio como para cubrir una gran variedad de situaciones, entre las que se incluyen: **5256.18**

- los acuerdos o decisiones unilaterales previos sobre precios de transferencia;
- los acuerdos o decisiones bilaterales o multilaterales previos sobre precios de transferencia;
- los acuerdos o decisiones que determinen la existencia o ausencia de un establecimiento permanente;
- los acuerdos o decisiones que determinen la existencia o ausencia de hechos con un efecto potencial en la base imponible de un establecimiento permanente;
- los acuerdos o decisiones que determinen la situación fiscal en un Estado miembro de una entidad híbrida relacionada con un residente de otra jurisdicción; y
- acuerdos o decisiones sobre la base de valoración en un Estado miembro de la depreciación de un activo adquirido por una empresa del grupo en otra jurisdicción.

Por razones de seguridad jurídica y bajo ciertas condiciones, **se excluye** del intercambio automático de información los acuerdos previos bilaterales o multilaterales sobre precios de transferencia celebrados con terceros países según el marco de los tratados internacionales existentes con ellos, cuando las disposiciones de dichos tratados no permitan la divulgación a terceros países de la información recibida con arreglo al tratado correspondiente.

5256.19 **Información a comunicar** (Dir 2011/16/UE art.8 bis.6, 7 y 10 redacc Dir (UE) 2023/2226) La información que debe ser comunicada por un Estado miembro debe incluir:

a) La **identificación de la entidad**, y en su caso, del grupo al que pertenece, y la identificación de la persona física al que se refiera el acuerdo previo con efecto transfronterizo que vaya a comunicarse porque el importe de la transacción o transacciones supere el umbral específico o porque el acuerdo determine que es residente o no a efectos fiscales en el Estado miembro que lo formula.

b) Un **resumen del contenido** del acuerdo que incluya una descripción de la actividad empresarial o las transacciones pertinentes y cualquier otra información que pueda ayudar a la autoridad competente a evaluar un posible riesgo fiscal, que no constituya divulgación de un secreto comercial, industrial o profesional ni de un procedimiento comercial, ni de una información cuya divulgación sea contraria al interés público.

c) Las **fechas de formulación**, modificación o renovación del acuerdo.

d) La fecha de inicio y de finalización del **período de validez** del acuerdo.

e) El **tipo de acuerdo**.

f) El **importe** de la transacción a que, en su caso, se refiera el acuerdo.

g) La descripción del **conjunto de criterios** utilizados y la identificación del método utilizado, en su caso, para valorar los precios de transferencia.

h) La lista de los demás **Estados miembros**, en su caso, que pudieran verse afectados por el acuerdo.

i) La identificación de cualquier entidad y de aquellas **personas físicas** al que se refiera el acuerdo previo con efecto transfronterizo que se comuniquen porque el importe de la transacción o transacciones supere el umbral específico o porque el acuerdo determine si la persona física es residente o no a efectos fiscales en el Estado miembro que lo formula, en los otros Estados miembros que pudiera verse afectada por el acuerdo (indicando con qué Estados miembros están vinculadas las personas afectadas).

j) La indicación de si la **información comunicada** se basa en el propio acuerdo o en la solicitud que dio lugar a la formulación de tal acuerdo.

Para facilitar el intercambio de esa información, la Comisión adoptará las disposiciones prácticas necesarias para su aplicación, incluidas las medidas para normalizar la comunicación de la información.

Los Estados miembros pueden solicitar **información adicional**, incluido el texto completo del acuerdo.

A efectos de **retroalimentación**, los Estados miembros deben enviar una vez al año información sobre el intercambio automático de información a los demás Estados miembros interesados (Dir (UE) 2015/2376 considerando 15).

2. Intercambio de información país por país

5256.20 La acción 13 de BEPS relativa a documentación del informe país por país («Country by Country Report» o «CbC Report») supone una reacción frente a políticas fiscales agresivas de algunos **grupos multinacionales**, para que paguen sus impuestos de forma equitativa en el país donde realmente obtengan sus beneficios, a través de la transparencia y el intercambio automático de información en materia tributaria.

Esta acción parte de un triple enfoque sobre la documentación de los **precios de transferencia** que se debe facilitar a las Administraciones tributarias:

a) El **archivo maestro** («master file»), que contiene información estandarizada correspondiente a todos los miembros del grupo multinacional.

b) El **archivo local** («local file»), que recoge las operaciones significativas del contribuyente local.

Estos dos archivos son elaborados por las respectivas empresas y aportados a sus respectivas autoridades tributarias.

c) El **informe país por país** («CbC Report»), que contiene cierta información acerca de la distribución mundial de los beneficios y los impuestos pagados, junto con determinados indicadores de la ubicación de la actividad económica dentro del grupo multinacional.

Este informe se presenta en una única jurisdicción, la de **residencia de la entidad matriz**, y posteriormente es objeto de intercambio automático a favor de los restantes Estados en los que residan las unidades integrantes del grupo multinacional.

España firmó en París el Acuerdo Multilateral entre Autoridades Competentes para el intercambio de información «país por país» (CbC MCAA) el 27-1-2016, que establece las normas y procedimientos necesarios para la implementación de la acción 13 BEPS por parte de las autoridades competentes de las jurisdicciones y, así, permitir intercambiar automáticamente la información país por país, presentada anualmente por un grupo multinacional a las autoridades fiscales de la jurisdicción de residencia fiscal de la entidad, con las autoridades fiscales de todas las jurisdicciones en las que opera ese grupo multinacional.

a. Normativa UE

(Dir (UE) 2016/881 considerando 2, 3, 7, 12 y 13)

La Dir (UE) 2016/881 -conocida como DAC 4- ha modificado la Directiva de cooperación administrativa en el ámbito de la fiscalidad (Dir 2011/16/UE) -conocida como DAC o DAC 1- para introducir el intercambio automático y obligatorio de información entre las autoridades tributarias sobre los **informes país por país de las empresas multinacionales** (Dir 2011/16/UE art.8 bis bis). **5256.21**

Los grupos de empresas multinacionales, al operar en distintos países, tienen la posibilidad de utilizar prácticas de **planificación fiscal agresiva** a las que no pueden recurrir las empresas nacionales. Esto puede suponer que las empresas estrictamente nacionales pueden verse afectadas soportando una carga fiscal más elevada que dichos grupos multinacionales, así como que los Estados miembros pueden sufrir pérdidas de ingresos y se plantea el riesgo de que los países compitan entre sí para atraer a grupos de empresas multinacionales ofreciéndoles más ventajas fiscales.

Las autoridades tributarias de los Estados miembros precisan de **información** sobre la estructura, política de precios de transferencia y las operaciones internas dentro y fuera de la Unión de los grupos de empresas multinacionales, tanto para detectar si las empresas han recurrido a prácticas que tengan por efecto trasladar artificialmente rentas a entornos fiscalmente favorables, como para poder reaccionar frente a las prácticas fiscales perniciosas mediante cambios en la legislación o efectuando evaluaciones de riesgo y auditorías fiscales adecuadas.

Para garantizar el buen funcionamiento del mercado interior, la Unión ha de velar por una **competencia leal** entre grupos de empresas multinacionales de la Unión y de fuera de la Unión cuando una o varias de sus entidades estén radicadas en la Unión. Ambos grupos deben estar sujetos, pues, a la obligación de comunicar información.

El intercambio automático obligatorio de los informes país por país entre los Estados miembros debe incluir en cada caso la comunicación de un conjunto definido de datos básicos que sea accesible para aquellos Estados miembros en los que, atendiendo a los datos del informe país por país, una o varias entidades del grupo de empresas multinacionales tengan su residencia a efectos fiscales o estén sujetas al pago de impuestos en relación con la actividad económica desarrollada a través de un establecimiento permanente de un grupo de empresas multinacionales. La Directiva garantiza que en toda la UE se recopile la **misma información** y se facilite oportunamente a las Administraciones tributarias.

Para minimizar los costes y las cargas administrativas, tanto para las Administraciones tributarias como para los grupos de empresas multinacionales, la normativa debe estar en consonancia con la evolución internacional y, en especial, con el «Plan de acción BEPS» de la OCDE.

Ámbito de aplicación de la obligación (Dir 2011/16/UE art.8 bis bis.1) Cada Estado miembro adoptará las medidas necesarias para exigir que la «**entidad matriz última**» de un grupo de empresas multinacionales que tenga su residencia a efectos fiscales en su territorio, o cualquier otra «entidad que comunica información» de acuerdo con la Dir 2011/16/UE anexo III, presente un informe país por país con respecto a su ejercicio fiscal a efectos de comunicación de información en un **plazo** de doce meses a partir del último día del ejercicio fiscal del grupo de empresas multinacionales. **5256.22**

Condiciones del intercambio de información (Dir 2011/16/UE art.8 bis bis.2 y 4) La autoridad competente del Estado miembro en el que se haya recibido el informe país por país lo comunicará mediante intercambio automático a cualquier otro Estado miembro en el que una o varias entidades constitutivas del grupo de empresas multinacionales de la entidad que comunica información tengan su residencia a efectos fiscales o estén sujetas al pago de impuestos en relación con la actividad económica desarrollada a través de un establecimiento permanente. **5256.23**

La comunicación tendrá lugar en un **plazo** de quince meses a partir del último día del ejercicio fiscal del grupo al que se refiera el informe país por país.

5256.24 **Contenido del informe país por país** (Dir 2011/16/UE art.8 bis bis.3) En el informe país por país, los grupos de empresas multinacionales deben facilitar cada año y para cada territorio fiscal en el que operen:

a) **Información agregada** relativa a: el importe de los ingresos, los beneficios o pérdidas antes del impuesto sobre la renta; el impuesto sobre la renta pagado; el impuesto sobre la renta devengado; el capital declarado; los resultados no distribuidos; el número de empleados; y los activos materiales distintos del efectivo.

b) La **identificación** de cada entidad del grupo que opere en un determinado territorio fiscal, así como la indicación de la naturaleza de su actividad o actividades económicas principales.

El intercambio automático de información sobre el informe país por país se llevará a cabo utilizando el **formulario** normalizado de la Dir 2011/16/UE anexo III.

5256.25 **Utilización de la información** (Dir 2011/16/UE art.16.6 redacc Dir (UE) 2016/881) En línea con la OCDE, la información país por país es útil para evaluar con carácter global el riesgo de precios de transferencia y los riesgos relacionados con la erosión de la base imponible y el traslado de beneficios, pero no constituye, por sí sola, una prueba concluyente de que los precios de transferencia no son adecuados. Es por ello que no sustituye a un **análisis detallado** de precios de transferencia de operaciones y precios concretos, realizado sobre la base de un análisis completo funcional y de comparabilidad.

La información del informe país por país comunicada entre los Estados miembros se utilizará a fin de **evaluar los riesgos** asociados a precios de transferencia particularmente elevados y otros riesgos relacionados con erosión de la base imponible y el traslado de beneficios, incluida la evaluación del riesgo de incumplimiento de las normas aplicables sobre precios de transferencia por parte de los miembros del grupo de empresas multinacionales, así como para poder realizar análisis económicos y estadísticos. No obstante, los **ajustes** de los precios de transferencia realizados por las autoridades tributarias del Estado miembro receptor no se basarán en esta información intercambiada. Sin embargo, no está prohibido utilizar esa información comunicada como base para **indagaciones ulteriores** acerca de los acuerdos sobre precios de transferencia del grupo de empresas multinacionales o acerca de otras cuestiones fiscales en el transcurso de una inspección fiscal.

5256.26 **Sanciones por incumplimiento** (Dir 2011/16/UE art.25 bis redacc Dir (UE) 2023/2226) Para garantizar la eficacia de la Directiva, los Estados miembros deben establecer sanciones contra el incumplimiento de las normas nacionales de aplicación que sean efectivas, proporcionadas y disuasorias.

b. Normativa interna: información y documentación país por país

(RIS art.13 y 14)

5256.27 **Sujetos obligados a informar** (RIS art.13.1) En función de que una entidad tenga la consideración de dominante o dependiente, se debe distinguir:

1. **Entidad dominante**: las entidades residentes en territorio español que tengan la condición de dominantes de un grupo y no sean al mismo tiempo dependientes de otra residente o no residente, deben presentar la información país por país en los doce meses siguientes a la finalización del período impositivo.

2. **Entidad dependiente**: la Administración tributaria también puede requerir la información país por país a aquellas entidades dependientes, directa o indirectamente, de una entidad no residente en territorio español que no sea al mismo tiempo dependiente de otra o a establecimientos permanentes de entidades no residentes, siempre que se produzca alguna de las siguientes **circunstancias**:

a) No existir una obligación de **información país por país** en términos análogos a la prevista en el RIS respecto de la referida entidad no residente, en su país o territorio de residencia fiscal.

b) Para los períodos impositivos iniciados desde el 1-1-2020, que, existiendo un **acuerdo internacional** en el sentido de la Dir (UE) 2016/881, con el país o territorio en el que resida fiscalmente la entidad no residente, no exista un acuerdo de intercambio automático de información entre autoridades competentes, respecto de dicha información, con el citado país o territorio. Para períodos anteriores a la fecha señalada, solo se exigía que no existiera un acuerdo de intercambio automático de información, respecto de dicha información, con el país o territorio en el que residiera fiscalmente la entidad no residente.

c) Que existiendo un **acuerdo de intercambio automático** de información respecto de esta información con el país o territorio en el que resida fiscalmente la entidad no residente, se haya producido un incumplimiento sistemático del mismo que haya sido comunicado por la

Administración tributaria española a las entidades dependientes o a los establecimientos permanentes residentes en territorio español antes de que finalice el período impositivo al que se refiere la información.
No obstante, **no hay obligación de aportar la información** por esas entidades dependientes o establecimientos permanentes en territorio español cuando el grupo multinacional haya designado para que presente la referida información a una entidad dependiente del grupo que sea residente en un Estado miembro de la UE, o bien cuando la información haya sido ya presentada en su territorio de residencia fiscal por otra entidad no residente nombrada por el grupo como subrogada de la entidad matriz a efectos de dicha presentación. Si se trata de una entidad subrogada con residencia fiscal en un territorio fuera de la UE, debe cumplir las condiciones previstas en la normativa comunitaria sobre cooperación administrativa en el ámbito de la fiscalidad (Dir 2011/16/UE anexo III sección II).
Si hay **varias entidades dependientes** residentes en territorio español, y una de ellas hubiera sido designada o nombrada por el grupo multinacional para presentar la información, será esta la obligada a dicha presentación, excepto cuando la entidad designada o nombrada no pudiera obtener toda la información necesaria para presentar la información país por país.
Para los períodos impositivos iniciados a partir de 1-1-2020, la entidad residente en territorio español o el establecimiento permanente en territorio español obligados a presentar la información país por país, deben solicitar a la entidad no residente la información correspondiente al grupo. Si la entidad no residente se negara a suministrar todo o parte de dicha información, la entidad residente en territorio español o el establecimiento permanente en territorio español debe presentar la información de que dispongan y notificar esta circunstancia a la Administración tributaria.
Cualquier entidad residente en territorio español que **forme parte de un grupo** obligado a presentar esta información, debe comunicar a la Administración tributaria la identificación y el país o territorio de residencia de la entidad obligada a elaborar esta información, debiendo realizar esta comunicación antes de que finalice el período impositivo al que se refiere esa información.

Exención de la obligación de información (RIS art.14.1) La información país por país únicamente es exigible a las entidades dominantes residentes en territorio español cuando el importe neto de la **cifra de negocios** del conjunto de entidades que formen parte del grupo, en los doce meses anteriores al inicio del período impositivo, sea al menos de 750 millones de euros. **5256.28**

Contenido de la información país por país (RIS art.14.2 y 3) La información país por país se presenta en euros y debe comprender, respecto del período impositivo de la entidad dominante, de forma agregada, por cada país o jurisdicción, la siguiente información: **5256.29**
- ingresos brutos del grupo, distinguiendo entre los obtenidos con entidades vinculadas o con terceros;
- resultados antes del Impuesto sobre Sociedades o Impuestos de naturaleza idéntica o análoga al mismo;
- impuestos sobre Sociedades o Impuestos de naturaleza idéntica o análoga satisfechos, incluyendo las retenciones soportadas;
- impuestos sobre Sociedades o Impuestos de naturaleza idéntica o análoga al mismo devengados, incluyendo las retenciones;
- importe de la cifra de capital y otros resultados no distribuidos en la fecha de conclusión del período impositivo;
- plantilla media;
- activos materiales e inversiones inmobiliarias distintos de tesorería y derechos de crédito;
- lista de entidades residentes, incluyendo los establecimientos permanentes y actividades principales realizadas por cada una de ellas;
- otra información que se considere relevante y una explicación, en su caso, de los datos incluidos en la información.

Modelo de declaración (OM HFP/1978/2016 art.4) La información se declara a través del **modelo 231**, «Declaración de información país por país». **5256.30**
Este modelo se debe presentar por vía electrónica a través de Internet, según las condiciones y el procedimiento previsto con carácter general para las declaraciones informativas (OM HAP/2194/2013), con algunas excepciones específicas, como la no obligación de generar previamente un fichero con la declaración a transmitir.

Precisiones Desde el 28-5-2024, las personas físicas, también pueden realizar la presentación del modelo 231 mediante el **sistema Cl@ve** (OM HAP/2194/2013 art.12.a) 2º redacc OM HAC/495/2024).

5256.31 **Sanciones por incumplimiento** (LIS art.18.13) El estudio de la materia se efectúa en nº 7036 s.

3. Obligación de declarar ciertos esquemas o mecanismos fiscales transfronterizos de carácter potencialmente agresivo

5256.32 La acción 12 de BEPS se refiere a la posibilidad de utilizar mecanismos de declaración obligatoria de **esquemas de planificación fiscal** con el objeto de que las Administraciones tributarias dispongan de información rápida y eficaz sobre comportamientos fiscales que puedan presentar un riesgo para, en su caso, reaccionar frente a los mismos a través de actuaciones administrativas o modificaciones normativas.

España firma el Acuerdo Multilateral entre Autoridades competentes sobre intercambio automático de información relativa a los mecanismos de elusión del Estándar común de comunicación de información y las estructuras extraterritoriales opacas el 9-9-2023. El mismo se dirige contra los **asesores profesionales** y otros profesionales que continúen diseñando, comercializando o prestando asistencia para la implantación de mecanismos y estructuras extraterritoriales que pueden ser utilizados por los contribuyentes incumplidores para eludir la comunicación de la información pertinente a la administración tributaria de su Jurisdicción de residencia en el marco, entre otros, del Estándar común de comunicación de información.

Desde el 26-5-2023, las personas o entidades que tengan la consideración de **intermediarios fiscales** u obligados tributarios interesados, tienen que cumplimentar también la obligación de información relativa a los mecanismos transfronterizos definidos en el Acuerdo. En el mismo se recoge la información que debe intercambiarse con la Jurisdicción o Jurisdicciones de residencia fiscal de un contribuyente sujeto a comunicación de información, el procedimiento y los plazos a tener en cuenta y algunas definiciones de conceptos aplicables, entre ellas, la de mecanismo sujeto a comunicación de información o contribuyente sujeto a comunicación de información.

a. Normativa UE

(Dir (UE) 2018/822 considerando 2, 3 y 6)

5256.33 El intercambio automático y obligatorio de información en relación con los mecanismos transfronterizos sujetos a comunicación de información, se ha articulado a nivel de la Unión a través de la Dir (UE) 2018/822 -conocida como **DAC 6**-, que modifica la Dir 2011/16/UE sobre cooperación administrativa en el ámbito de la fiscalidad.

La DAC 6 se enmarca dentro del proyecto BEPS promovido por el G20 y la OCDE, que propone una serie de acciones para luchar contra la elusión fiscal internacional, entre las que se encuentra «exigir a los contribuyentes que revelen sus mecanismos de planificación fiscal agresiva» (Proyecto BEPS acción 12).

Estas nuevas obligaciones de información surgen de la necesidad de los Estados miembros de proteger sus bases imponibles nacionales de la erosión producida por estructuras de **planificación fiscal agresiva**. Habitualmente, dichas estructuras consisten en mecanismos que abarcan varias jurisdicciones y que trasladan los beneficios imponibles a regímenes fiscales más favorables, o que tienen por efecto la reducción de la factura fiscal global del contribuyente. La comunicación de información sobre estos mecanismos, cuando afecten a más de una jurisdicción, aporta resultados positivos adicionales cuando se intercambia información de forma automática entre los Estados miembros.

Esta Directiva persigue que los Estados miembros obtengan información completa y pertinente sobre los mecanismos fiscales potencialmente agresivos que les permitan reaccionar rápidamente ante las prácticas fiscales nocivas y colmar las lagunas existentes mediante la promulgación de legislación o la realización de análisis de riesgos adecuados y de auditorías fiscales, con el objetivo de contribuir de forma eficaz a los esfuerzos por crear un **entorno de equidad tributaria** en el mercado interior europeo incrementando las posibilidades de lograr un **efecto disuasorio** respecto de la realización de mecanismos de planificación fiscal agresiva.

Precisiones 1) La DAC 6 **entró en vigor** el 25-6-2018 y concedió a los Estados un plazo hasta el 31-12-2019 para su trasposición, determinando que la normativa de trasposición sería aplicable a partir del 1-7-2020 (Dir (UE) 2018/822 art.2), sin perjuicio de que los sujetos obligados debieran informar de los mecanismos que hubieran comenzado a ejecutarse a partir de la entrada en vigor de la DAC 6, para lo que deberían presentar una declaración cuyo plazo concluiría el 31-8-2020. No obstante, ante la situación creada por el Covid-19 y las dificultades generadas para el cumplimiento de los plazos, la DAC fue modificada para permitir a los Estados su diferimiento, de tal modo que fueron facultados para ampliar hasta el 28-2-2021 el plazo para declarar los mecanismos cuya primera fase se hubiera ejecutado entre el 25-6-2018 y el 30-6-2020, autorizando, además, al Consejo para prorrogar el referido período de diferimiento por otros tres meses (Dir 2011/16/UE art.8 bis ter.12 y 27 bis y 27 ter).

2) La obtención de información por parte de los Estados sobre los mecanismos de planificación fiscal agresiva tiene una **doble finalidad**:
- disuadir a los interesados de su puesta en práctica; y
- suministrar a los Estados los elementos de juicio necesarios para adoptar las medidas legislativas que procedan para controlar y, en su caso, combatir tales prácticas.
3) Como el principal objetivo de la DAC 6 se centra en garantizar el correcto funcionamiento del mercado interior, solo regula lo necesario para alcanzar ese objetivo, circunscribiéndose a operaciones transfronterizas. No obstante, los Estados miembros pueden adoptar medidas nacionales adicionales de comunicación de información de naturaleza similar. En ese sentido, la **información adicional** no debe comunicarse automáticamente a los demás Estados miembros, aunque podría intercambiarse en caso de ser solicitada o de manera espontánea.
4) A fin de facilitar el intercambio automático de información y de propiciar un uso eficiente de los recursos, los intercambios deberían efectuarse a través de la **red común de comunicación** desarrollada por la Unión.
5) El ámbito material de esta obligación se extiende a todos los **impuestos**, salvo los excepcionados por la propia Directiva, esto es, el Impuesto sobre el Valor añadido, los Impuestos Especiales y los aranceles.
6) Cuando concurra en otro Estado miembro alguno de los criterios de conexión que determine una **obligación múltiple de información**, el sujeto obligado estará exento de presentar la declaración ante la Administración tributaria nacional siempre que disponga de prueba fehaciente de la presentación de la declaración en el otro Estado miembro.

Mecanismos de planificación que deben declararse Para que un esquema tenga que ser declarado se requiere que concurran dos elementos: **5256.34**
- que el esquema o mecanismo tenga una dimensión transfronteriza; y
- que concurra alguna de las señas distintivas previstas en la Dir 2011/16/UE anexo IV.

Precisiones **1)** Los mecanismos de planificación fiscal agresiva presentan una complejidad creciente y están permanentemente evolucionando para hacer frente a las medidas adoptadas por las autoridades tributarias para contrarrestarlos. Por ello, en vez de definir el concepto de planificación fiscal agresiva, se ha considerado más eficaz tratar de detectar los mecanismos de planificación fiscal potencialmente agresiva mediante la elaboración de una lista de las características y elementos de las operaciones que presenten claros indicios de elusión o fraude fiscales. A estas indicaciones se les denomina **señas distintivas**, y se contienen en la Dir 2011/16/UE anexo IV. De esta forma, la DAC 6 obliga a poner en conocimiento de la Administración tributaria aquellas operaciones transfronterizas que, por presentar alguna de las señas distintivas, entrañen un riesgo potencial de elusión fiscal (Dir (UE) 2018/822 considerando 9).
2) Aunque las operaciones en las que concurran señas distintivas no tienen que ser «per se» fraudulentas, suelen trasladar los beneficios a regímenes fiscales más favorables o reducen la carga fiscal global, lo que supone una **menor recaudación** por parte de los Estados; de ahí la importancia de tener un conocimiento precoz de tales operaciones que les permita establecer las medidas oportunas.
3) Que las autoridades tributarias **no reaccionen** frente a a un mecanismo del que hayan recibido información, no implica la aceptación de la validez del mismo (Dir (UE) 2018/822 considerando 2).

Sujetos obligados a declarar (Dir 2011/16/UE art.3.21 y 22 y 8 bis ter.5 redacc Dir (UE) 2023/2226) La DAC 6 impone a los intermediarios fiscales, y en ciertos casos a los obligados tributarios, la obligación de comunicar a la Administración los mecanismos transfronterizos potencialmente agresivos en los que intervengan. Los sujetos obligados a declarar son: **5256.35**
a) **Intermediarios**. Son los principales sujetos obligados a declarar. La DAC 6 ofrece una definición muy amplia de intermediario, en cuanto que no solamente se le otorga esa calificación a quienes tienen una intervención directa en el diseño, comercialización, organización, puesta a disposición o ejecución del mecanismo, sino también a quien simplemente ayuda, asiste o asesora respecto de cualquiera de las actuaciones indicadas. Por ello, se puede distinguir entre intermediarios de primer nivel e intermediarios de segundo nivel, aunque ambos están sujetos a idéntica obligación de declarar.
b) **Contribuyentes interesados**. Los contribuyentes están obligados a declarar el mecanismo transfronterizo en dos supuestos concretos:
- cuando no existen intermediarios por haber sido diseñado el mecanismo por el propio interesado;
- cuando el intermediario quede dispensado del deber de declarar en virtud del secreto profesional y comunique esta circunstancia al contribuyente.

Dispensa de la obligación de declarar (Dir 2011/16/UE art.8 bis ter.5 redacc Dir (UE) 2023/2226) Puede quedar dispensado del deber de notificar la obligación de comunicación de información: **5256.36**
1. El **intermediario** en virtud del secreto profesional. A estos efectos, la DAC 6 faculta a los Estados miembros para dispensar de la obligación de declarar a los profesionales cuando la información a suministrar vulnere la prerrogativa de secreto profesional en virtud del Derecho

nacional. Para que las Autoridades tributarias sigan percibiendo la información sobre estos mecanismos, se traslada la obligación de comunicación al contribuyente que se beneficie del mecanismo.
2. El **abogado** que actúa como intermediario, sujeto a secreto profesional, a cualquier otro intermediario que no sea su cliente. Para que las autoridades tributarias sigan percibiendo la información sobre estos mecanismos, se traslada la obligación de comunicación de información a los demás intermediarios no sometidos al secreto profesional y, a falta de tales intermediarios al contribuyente que se beneficie del mecanismo.
Los intermediarios eximidos de esta obligación, han de conservar **prueba fehaciente** de que la declaración ha sido presentada conforme a las reglas legalmente aplicables por otros intermediarios obligados o por el propio obligado tributario.

Precisiones **1)** El TJUE declara **contraria al Derecho de la UE** la obligación de comunicación establecida en la DAC 6 que impone al abogado que actúa como intermediario, cuando está exento de la obligación de comunicación de información, por estar sujeto al secreto profesional, la obligación de notificar sin demora sus obligaciones de comunicación de información a cualquier otro intermediario que no sea su cliente. El Tribunal consideró que esta obligación supone una injerencia en el derecho al respeto de las comunicaciones entre los abogados y sus clientes garantizado por la Carta de los Derechos Fundamentales de la Unión Europea (TJUE 8-12-22, asunto C-694/20).
2) La facultad de los Estados miembros de sustituir la obligación de comunicar información por la obligación de notificación, está prevista únicamente para las personas que ejercen su actividad profesional con uno de los títulos mencionados en la (Dir 98/5/CE art.1.2,a). No se extiende, por tanto, a otras **profesiones no reguladas**, como la de asesor fiscal, que no reúnen tales características, aunque estén habilitados por los Estados miembros para ejercer la representación en juicios ante los tribunales. Por tanto, solo se excluye del deber de comunicación a aquellos profesionales que tienen la condición de abogados (TJUE 29-7-24, asunto C-623/22).

5256.37 **Contenido de la declaración** (Dir 2011/16/UE art.8 bis ter.14 redacc Dir (UE) 2023/2226) El contenido de la declaración a presentar comprende, básicamente, los siguientes **aspectos**:
- identificación de los intermediarios, que no sean los intermediarios exentos de la obligación de comunicación de información debido al secreto profesional, y de los contribuyentes interesados;
- información pormenorizada sobre las señas distintivas que hacen que el mecanismo transfronterizo deba comunicarse;
- resumen del contenido del mecanismo transfronterizo y una descripción de los mecanismos pertinentes y cualquier otra información que pueda ayudar a la autoridad competente a valorar un posible riesgo fiscal, que no revele secretos comerciales, industriales o profesionales o un procedimiento comercial, o una información cuya revelación sea contraria al interés público;
- fecha de inicio de su ejecución;
- información pormenorizada de las disposiciones nacionales que constituyen la base del mecanismo transfronterizo;
- su valor; y
- determinación de los Estados y de las personas a las que pueda afectar.

5256.38 **Plazo de la declaración** (Dir 2011/16/UE art.8 bis ter.1) Si el obligado es un **intermediario**:
- que ha tenido una **intervención directa** en el mecanismo o, en su caso, el **contribuyente**, en los treinta días siguientes a aquél en que se ponga a disposición para su ejecución, en que sea ejecutable o en que se haya realizado la primera fase de su ejecución; lo que ocurra primero.
- que simplemente ayudó o prestó **asistencia o asesoramiento**, en los treinta días desde el siguiente a aquél en que llevó a cabo su actuación.

Precisiones **Contenido** de la declaración (nº 5256.37).

5256.39 **Sanciones por incumplimiento** (Dir 2011/16/UE art.25 bis redacc Dir (UE) 2023/2226) Para garantizar la eficacia de la Directiva, los Estados miembros deben establecer sanciones contra el incumplimiento de las normas nacionales de aplicación que sean efectivas, proporcionadas y disuasorias.

b. Normativa interna

(LGT disp.adic.23ª y disp.adic.24ª redacc L 13/2023; RGGI art.45 a 49 bis redacc RD 117/2024; OM HAC/342/2021; OM HAC/266/2024)

5256.40 La trasposición de la DAC 6 (Dir (UE) 2018/822) se ha llevado a cabo mediante la introducción en la LGT, con efectos a partir del 31-12-2020, de las disp.adic.23ª y 24ª por L 10/2020, y su posterior desarrollo a través de la inclusión en el RGGI de una nueva subsección «Obligaciones de

información de los mecanismos transfronterizos de planificación fiscal» (RGGI art.45 a 49 bis), en la que se contienen **tres obligaciones de declaración** de los mecanismos transfronterizos potencialmente agresivos:
a) La **obligación general** de declararlos (nº 5256.41 s.).
b) La obligación de informar sobre la **actualización** de los mecanismos transfronterizos comercializables (nº 5256.54).
c) La obligación de informar sobre la **utilización en España** de los mecanismos transfronterizos sujetos a declaración (nº 5256.55).
La propia LGT desarrolla asimismo un **régimen sancionador** específico asociado al incumplimiento de estas obligaciones de información (LGT disp.adic.23ª.4 y 24ª.3).
Tras la suscripción por parte de **España** del Acuerdo Multilateral entre Autoridades Competentes sobre intercambio automático de información relativa a los mecanismos de elusión del Estándar común de comunicación de información y las estructuras extraterritoriales opacas y sus Normas tipo de comunicación obligatoria de información para abordar mecanismos de elusión del Estándar común de comunicación de información y estructuras extraterritoriales opacas en el seno de la OCDE, se modifica el régimen de los mecanismos transfronterizos de planificación fiscal incorporándose la obligación de información de determinados mecanismos de planificación en el ámbito de dicho Acuerdo Multilateral (RGGI art.49 ter redacc RD 117/2024) y en otros acuerdos internacionales suscritos con el mismo objetivo (nº 5256.56 s.).

Precisiones **1)** La L 10/2020, de trasposición de la DAC 6 al ordenamiento interno, **se aplica** a los mecanismos transfronterizos sujetos a comunicación cuya obligación haya surgido, conforme a la Directiva señalada, a partir del 1-7-2020, sin perjuicio de que aquellos cuya primera fase de ejecución se haya realizado entre el 25-6-2018 y el 30-6-2020 deban ser también objeto de declaración en los plazos establecidos reglamentariamente (L 10/2020 disp.trans.única). Al respecto, la OM HAC/342/2021 disp.trans.1ª señala que los mecanismos transfronterizos cuya primera fase de ejecución se haya realizado entre las fechas señaladas, deben ser objeto de declaración en el plazo de treinta días naturales siguientes a partir del 14-4-2021 (fecha de entrada en vigor de dicha orden ministerial).
2) Como consecuencia de la introducción de esta nueva obligación informativa, se aprueba el **modelo 239** que deberá presentarse por vía electrónica a través de Internet (OM HAC/266/2024). Desde el 28-5-2024, las personas físicas, también pueden realizar la presentación de este modelo mediante el **sistema Cl@ve** (OM HAP/2194/2013 art.12.a) 2º redacc OM HAC/495/2024).
3) La AEAT puede **publicar** en su sede electrónica, a efectos meramente informativos, los mecanismos transfronterizos de planificación fiscal más relevantes que hayan sido declarados, incluyendo, en su caso, la información relativa al régimen, la clasificación o la calificación tributaria que en cada caso les corresponda (RGGI art.49 bis).

Obligación general de información de determinados mecanismos de planificación fiscal potencialmente agresivos (LGT disp.adic.23ª y disp.adic.24ª redacc L 13/2023; RGGI art.45 a 47 117/2024; OM HAC/342/2021) El régimen general de la obligación de declarar a la Administración tributaria española mecanismos transfronterizos determina su ámbito objetivo y subjetivo de aplicación (nº 5256.45 s.). **5256.41**

Ámbito objetivo (RGGI art.45.2, 3, 6 y 47) El ámbito objetivo se delimita por la concurrencia de los siguientes **elementos**: **5256.42**
- la existencia de un mecanismo;
- que tenga la consideración de transfronterizo;
- que concurra en él una de las señas distintivas establecidas; y
- que presente algún punto de conexión para determinar la competencia de la Administración tributaria española.

Por **mecanismo** -concepto que carece de arraigo en nuestro ordenamiento-, ha de entenderse cualquier acuerdo, negocio jurídico, esquema u operación. Varios mecanismos pueden aparecer integrados en uno solo y un solo mecanismo puede presentarse dividido en varias fases o partes, sin que alcancen la consideración de mecanismo los pagos efectuados, a menos que tengan sustantividad propia y sin perjuicio de la obligación de declararlos como parte de aquél en cuya ejecución se verifiquen.
Se considera **transfronterizo** un mecanismo, cuando afecte a dos Estados, siempre que concurra en él alguna de las siguientes circunstancias:
a) Que los participantes no sean residentes en el mismo Estado.
b) Que haya al menos un participante que resida simultáneamente en más de un Estado.
c) Que al menos uno de los participantes tenga un establecimiento permanente en otro Estado y el mecanismo forme parte de la actividad económica del mismo.
d) Que al menos uno de los participantes desarrolle una actividad en otro Estado, de la que forme parte el mecanismo, sin ser residente ni tener establecimiento permanente en él.

e) Que el mecanismo pueda tener repercusiones sobre la determinación del titular real o sobre el intercambio automático de información.

5256.43 Para que nazca la obligación de declarar el mecanismo, es preciso que concurra al menos una de las señas distintivas que se contienen en la Dir 2011/16/UE anexo IV. Se tienen en cuenta las siguientes **reglas**:

1. Señas distintivas generales vinculadas al criterio del beneficio principal: para que el criterio del beneficio principal pueda ser tomado en consideración, es necesario que concurra que el principal efecto o uno de los principales efectos que una persona puede esperar razonablemente del mecanismo, teniendo en cuenta todos los factores y circunstancias pertinentes, sea la obtención de un ahorro fiscal.

Se considera que se produce un **ahorro fiscal** cuando: se minora la deuda mediante la reducción de la base o de la cuota, así como su diferimiento; se evita total o parcialmente la realización del hecho imponible; o se generan bases, cuotas, deducciones o créditos fiscales que en el futuro puedan ser deducibles o compensados. Cuando se produzca la participación en un mecanismo de varias **empresas asociadas**, la concurrencia del ahorro fiscal habrá de determinarse respecto del conjunto de ellas, sea cual fuere el Estado en el que tributen.

2. Demás señas distintivas: en el resto de señas distintivas, la obligación de declarar viene determinada solamente por la concurrencia de las siguientes señas distintivas específicas vinculadas:

- a las operaciones transfronterizas;
- al intercambio automático de información;
- a la titularidad real;
- vinculadas a los precios de transferencia.

5256.44 El mecanismo transfronterizo en el que concurra alguna de las señas distintivas establecidas (nº 5256.43) habrá de ser declarado a la Administración tributaria española cuando en el **intermediario** concurra alguno de los siguientes **criterios de conexión** (RGGI art.45.6):

a) Que sea residente fiscal en España.

b) Que facilite los servicios de intermediación respecto del mecanismo desde un establecimiento permanente situado en nuestro país.

c) Que se hubiera constituido en España o se rija por la legislación española.

d) Que esté registrado en un colegio o asociación profesional española relacionada con servicios jurídicos, fiscales o de asesoría.

En el caso de que la obligación de declarar incumba no a un intermediario sino al propio **obligado tributario** interesado, la declaración habrá de presentarse en España si tiene aquí su residencia fiscal, es titular de un establecimiento permanente situado en España que se beneficie del mecanismo, obtiene rentas o beneficios en nuestro país relacionados con el mecanismo o, finalmente, realiza alguna actividad en España de la que forma parte el citado mecanismo.

En cualquier caso, cuando exista obligación de presentar declaración en distintos Estados, el obligado a ello quedará dispensado de hacerlo en España si acredita de forma fehaciente haber cumplido con su obligación en otro Estado.

5256.45 **Ámbito subjetivo** (RGGI art.45.4 y 5) La Dir (UE) 2018/822 (DAC 6) obliga a declarar los mecanismos transfronterizos potencialmente agresivos a los intermediarios y, excepcionalmente, en ausencia o exoneración de ellos, a los contribuyentes interesados.

a) Intermediarios. Cualquier persona o entidad, con independencia de su profesión o actividad (asesores, gestores, contables, abogados, intermediarios financieros, etc.), que lleven a cabo el diseño, comercialización, organización, puesta a disposición o la gestión de la ejecución de un mecanismo transfronterizo potencialmente agresivo, quedan sujetos al deber de declararlo.

Junto a estos intermediarios **principales**, también se impone el deber de declarar a los intermediarios **secundarios**, que son aquellas personas o entidades que no llevan a cabo las actuaciones indicadas, sino que, simplemente, ayudan, asisten o asesoran respecto de ellas. No obstante, para alcanzar la condición de intermediario secundario no basta con una simple ayuda, asistencia o asesoramiento relacionado con un mecanismo transfronterizo, sino que, además, es necesario que el sujeto sepa o que razonablemente quepa suponer que sabe, que con su actuación está contribuyendo de algún modo a diseñar, comercializar, organizar, poner a disposición o ejecutar un mecanismo transfronterizo sujeto al deber de comunicación. Para valorar la concurrencia o no de este último elemento subjetivo hay que estar a los hechos y circunstancias de cada caso particular, a tenor de la información disponible y de la experiencia y conocimientos necesarios para diseñar, comercializar, organizar, poner a disposición o ejecutar un mecanismo transfronterizo sujeto al deber de comunicación.

b) Obligado tributario interesado. En defecto de intermediario obligado a declarar el mecanismo, ya sea por ausencia del mismo o por quedar dispensado por el deber de secreto, será el obligado tributario interesado el que habrá de proceder a presentar la correspondiente declaración, teniendo tal consideración la persona o entidad a cuya disposición se ha puesto el mecanismo, aquella que se dispone a ejecutarlo o, finalmente, la que ha ejecutado la primera fase.

Precisiones **1)** De acuerdo con esta normativa, los intermediarios quedan obligados a informar si detectasen los indicios de planificación fiscal agresiva tasados en la Directiva (nº 5256.43) incluyendo, entre otros, la **remuneración del intermediario** en función del ahorro fiscal obtenido a través del mecanismo de planificación, así como la adquisición de **empresas en pérdidas** para aprovechar las mismas fiscalmente o aquellas situaciones en las que los pagos efectuados constituyen **gasto deducible** para el pagador, a pesar de lo cual no se someten a gravamen o se gravan de forma limitada en el perceptor existiendo vinculación entre pagador y perceptor. **5256.46**

2) En el supuesto de concurrencia de **varios obligados tributarios interesados** respecto de un mismo mecanismo, en primer lugar, debe presentar la declaración quien acordó el mecanismo con el intermediario y, en segundo, quien gestione su ejecución.

3) Para poder considerar obligado a comunicar el mecanismo a un **intermediario secundario**, es fundamental la información de la que ha dispuesto y los conocimientos y la experiencia relacionados con operaciones transfronterizas potencialmente agresivas, de tal modo que si la información de que dispone es parcial o incompleta y, en cualquier caso, si el profesional carece de experiencia y conocimientos en materia de tributación internacional, no es un intermediario a los efectos de la DAC 6, aunque la carga de la prueba de estas circunstancias recaiga sobre él. Será la propia persona que ha asesorado, asistido o ayudado, la que tendrá que acreditar, presentando a tal efecto las oportunas **pruebas**, que no sabía o no cabía razonablemente suponer que sabía que estaba implicada en un mecanismo transfronterizo sujeto a comunicación de información, haciendo referencia a tales efectos a todos los hechos y circunstancias pertinentes, así como a la información disponible y a su experiencia y conocimientos en la materia.

4) En los supuestos de **multiplicidad de obligados**, tanto en caso de concurrencia de intermediarios como de obligados tributarios interesados, la presentación de la declaración por uno de ellos conforme a los criterios legalmente establecidos excepciona del deber de declaración a los demás.

5) Si el mecanismo transfronterizo potencialmente agresivo lo ha diseñado el **departamento fiscal** del obligado tributario interesado o un **abogado** que ostente la condición de trabajador del mismo, no existirá intermediario obligado alguno sujeto al deber de declarar, pues el mecanismo ha sido diseñado por el propio contribuyente.

6) Si dentro de un **grupo de sociedades** existe un centro de servicios compartidos que se hace cargo del asesoramiento de las entidades que lo forman o es la sociedad matriz la que lo lleva a cabo respecto de sus filiales, estas tendrán la consideración de intermediarios fiscales obligados.

7) El cumplimiento de los deberes de información establecidos no constituirá, conforme al régimen jurídico aplicable, violación de las restricciones sobre **divulgación de información** impuestas por vía contractual o normativa, no implicando para los sujetos obligados ningún tipo de responsabilidad respecto del obligado tributario interesado titular de dicha información (LGT disp.adic.23ª redacc L 13/2023).

8) Aunque el RGGI tiene el mismo concepto de intermediario que la DAC 6, en lugar de utilizar el término «contribuyente interesado», utiliza el de «**obligado tributario interesado**», dado que el término «contribuyente» utilizado en la Directiva desborda el concepto de contribuyente de la LGT, en la medida en que existen señas distintivas, como las relativas al intercambio de información y titularidad real, que no exigen necesariamente la existencia de los elementos materiales de un tributo.

Dispensa de la obligación de informar (LGT disp.adic.23ª.2 y 24ª.1 y 2 redacc L 13/2023; RGGI art.45.4 redacc RD 117/2024) El abogado, asesor, etc. que tenga una intervención directa en el diseño, la organización o la ejecución de un mecanismo fiscal potencialmente agresivo o, simplemente, el que asesore sobre cualquiera de esos aspectos, adquiere automáticamente la condición de intermediario y, por lo tanto, en principio, quedaría obligado a poner en conocimiento de la Administración tributaria el citado mecanismo. No obstante, la Dir (UE) 2018/822 (DAC 6) faculta a los Estados para que dispensen a los **intermediarios** de la obligación de declarar los mecanismos potencialmente agresivos cuando dicha obligación vulnere la prerrogativa de secreto profesional en virtud del Derecho nacional de dicho Estado miembro (Dir 2011/16/UE art.8 bis ter.5 redacc Dir (UE) 2023/2226). **5256.47**

Por consiguiente, se reconoce el secreto profesional de los intermediarios previendo que, en caso de dispensa, la obligación de informar recaiga sobre el obligado tributario. No obstante, se limita ese derecho del secreto profesional con la finalidad de evitar un uso injustificado e incorrecto del mismo que sirva para sortear la obligación de informar sobre dichas prácticas. En concreto, se limita el secreto profesional a aquellos intermediarios que presten un **asesoramiento neutral** con el único objetivo de evaluar la adecuación del mecanismo a la normativa aplicable, sin procurar ni facilitar la implantación de esa planificación fiscal. Por ello, no quedan amparados por el citado secreto profesional aquellos intermediarios que diseñen, comercialicen, organicen o gestionen la ejecución de un mecanismo transfronterizo de planificación

fiscal, así como tampoco los intermediarios que asesoren para procurar o facilitar la aplicación de un mecanismo de planificación fiscal, esto es, aquellos intermediarios que diseñen o participen de alguna manera en el diseño del referido mecanismo de planificación fiscal.
El intermediario obligado por el deber de secreto profesional podría quedar liberado del mismo mediante **autorización** comunicada de forma fehaciente por el obligado tributario interesado.
El intermediario obligado, ya sea un intermediario principal o secundario, queda **exonerado de la obligación** de declarar la operación transfronteriza potencialmente agresiva en dos supuestos concretos:
1. Cuando esté amparado por el **secreto profesional**. En este caso, el intermediario dispone de un plazo de 5 días, contados desde el siguiente al nacimiento de la obligación de declarar, para comunicar fehacientemente tal circunstancia a su cliente, ya sea intermediario u obligado tributario interesado, mediante la remisión del modelo aprobado por el Departamento de Gestión Tributaria de la AEAT (nº 5256.52).
2. Cuando existan **varios intermediarios** obligados a declarar y la **declaración** haya sido **presentada por uno de ellos**. En este caso, los demás intermediarios quedan exonerados si conservan una prueba fehaciente de dicha presentación. El intermediario que presentó la declaración dispone de un plazo de 5 días a partir del siguiente a dicha presentación para comunicar fehacientemente tal circunstancia al resto de intermediarios y al obligado tributario interesado de acuerdo con el modelo aprobado por el Departamento de Gestión Tributaria de la AEAT (nº 5256.52).

5256.48 Precisiones **1)** El requisito de la **prueba** fehaciente de presentación de la obligación por otro intermediario se entiende cumplido si se posee la comunicación fehaciente que debe remitir al resto de intermediarios y, en su caso, obligados tributarios.
2) La obligación de presentar la declaración cuando concurren v**arios intermediarios** es idéntica para todos, sin que exista preferencia de unos sobre otros; por tanto, mientras uno cualquiera de ellos no haya cumplido con su obligación, todos quedan sujetos a dicha presentación.
3) El TJUE declara contraria al derecho de la UE la obligación impuesta a los intermediarios amparados por el **secreto profesional** de notificar el ejercicio de dicho secreto al resto de intermediarios que no son sus clientes (TJUE 8-12-22, asunto C-694/20). El secreto profesional de los abogados se contempla en la LOPJ art.542.3, el RD 135/2021 art.21 s. y el Código Deontológico de la Abogacía Española art.5. La **divulgación** de información sometida al secreto profesional puede acarrear el reproche disciplinario (RD 135/2021 art.119 s.) e, incluso, el reproche penal (CP art.199.2). La normativa tributaria se refiere al secreto profesional en relación con la obligación de **información tributaria** (LGT art.93.5).
La **dispensa de la obligación** de información, basada en el secreto profesional, solo se aplica a los profesionales que ejercen con títulos mencionados en la Dir 98/5/CE, específicamente a los abogados. Esta dispensa no se extiende a otros profesionales, que no reúnen tales características, aunque estén habilitados por los Estados miembros para ejercer la representación en juicios ante los tribunales (TJUE 29-7-24, asunto C-623/22).

5256.49 **Nacimiento de la obligación de presentar la declaración** (RGGI art.46.3) El nacimiento de la obligación de declarar se produce:
1. Para los **intermediarios primarios**, en el primero de los siguientes momentos: el día siguiente al de la puesta a disposición, el día siguiente a aquél en que el mecanismo sea ejecutable o el momento en que se realice la primera fase de ejecución.
2. Para los intermediarios **secundarios**, el día siguiente a aquél en el que facilitaron la ayuda, asistencia o asesoramiento que los convierte en tales intermediarios.
3. Para los **obligados tributarios interesados** que resulten obligados como consecuencia de la exención del intermediario derivada del secreto profesional, en el momento en que reciban la comunicación que preceptivamente debe remitirles el intermediario exento.

Precisiones **1)** El nacimiento de la obligación de declarar de los intermediarios **primarios** se produciría:
- Para los **mecanismos normalizados que puedan ser ejecutados** por distintos contribuyentes sin necesidad de adaptaciones sustanciales para ello, el día siguiente al de su puesta a disposición.
- Para aquellos mecanismos normalizados que, sin embargo, **requieran** para su ejecución **de alguna modificación relevante**, el día siguiente a aquel en que sean ejecutables.
- Para los mecanismos carentes de estructura normalizada alguna, es decir, los **mecanismos «a medida»**, en el momento en que se haya realizado la primera fase de su ejecución.
2) La **puesta a disposición** se produce cuando el intermediario transmite y el obligado tributario interesado adquiere de forma definitiva el servicio que ha determinado la consideración del primero como intermediario. Por ello, para probar la puesta a disposición, basta cualquier documento que acredite dicha adquisición, tales como hojas de aceptación, informes o facturas.
3) Un mecanismo es **ejecutable** cuando está en condiciones de ser ejecutado por el obligado tributario interesado.

4) Se entiende realizada la **primera fase de la ejecución** de un mecanismo cuando se ponga en práctica generando algún efecto jurídico o económico.
5) Cuando el **obligado tributario interesado** deba presentar la declaración **en ausencia de intermediario**, el RGGI no precisa el momento del nacimiento de la obligación de declarar del interesado, por lo que se debe acudir a la DAC 6, que señala con carácter general que el nacimiento de la obligación se produce en el día siguiente a la puesta a disposición del mecanismo, a aquel en que sea ejecutable o en que se haya efectuado la primera fase de ejecución, lo que primero ocurra (Dir 2011/16/UE art.8 bis ter.7). No obstante, como en este caso el mecanismo ha sido diseñado por el mismo obligado y no existe intermediario, no habrá puesta a disposición, por lo que lo primero que ocurrirá será el momento en que resulte ejecutable.

Contenido de la declaración (RGGI art.49.2) El RGGI reitera lo dispuesto en la DAC 6, dejando su concreción y desarrollo a la Orden ministerial que aprueba los correspondientes modelos de declaración (OM HAC/342/2021). No obstante, añade lo siguiente: **5256.50**
- La declaración debe incluir el **número de referencia** asignado al mecanismo por aquella Administración ante la que haya sido declarado por primera vez.
- Por **valor del efecto fiscal** habrá que entender el resultado producido por el mecanismo, medido en términos de deuda tributaria, que deberá incluir, en su caso, el ahorro fiscal en los términos del RGGI art.47.2, por lo que, además de la minoración de la deuda tributaria derivada de la reducción actual de la base o la cuota, habrá que incluir también la generación de créditos que permitan su minoración futura, así como, incluso, su simple diferimiento.

Modelo y plazo de presentación de la declaración (RGGI art.46.4; OM HAC/342/2021) La declaración de información de mecanismos transfronterizos se presenta a través del **modelo 234**, de forma telemática, con carácter general, en los 30 días naturales siguientes al nacimiento de la obligación. **5256.51**

Precisiones 1) Para los mecanismos que hayan **comenzado a ejecutarse entre el 25-6-2018 y el 30-6-2020**, la declaración debió presentarse en el plazo de 30 días naturales siguientes a partir del 14-4-2021 (fecha de entrada en vigor de la Orden Ministerial que desarrolla la obligación de declararlos) (OM HAC/342/2021 disp.trans.1ª).
2) Los mecanismos sujetos a comunicación cuya **obligación de declaración** se produjo **entre el 1-7-2020 y el 13-4-2021**, debieron declararse en el plazo de treinta días naturales siguientes a partir del 14-4-2021 (OM HAC/342/2021 disp.trans.2ª).

Modelos de comunicación entre los intervinientes (LGT disp.adic.24ª redacc L 13/2023; RGGI art.45.4.b y 5 redacc RD 117/2024; AEAT Resol 8-4-21 redacc Resol 8-5-24) Con carácter adicional a la OM HAC/342/2021, la Resolución señalada aprueba los modelos de comunicaciones entre los intervinientes y partícipes en los mecanismos transfronterizos de planificación fiscal objeto de declaración. **5256.52**
1. Modelo de comunicación del **intermediario eximido de la obligación de informar** de determinados mecanismos transfronterizos de planificación fiscal **por el deber de secreto profesional**: resulta aplicable a aquellos intermediarios que no estén obligados a presentar la declaración, ya que la cesión de la información vulnera el régimen jurídico del deber de secreto profesional, salvo autorización del obligado tributario interesado. El intermediario eximido ha de comunicar dicha circunstancia en un **plazo** de cinco días contados a partir del día siguiente al nacimiento de la obligación de información a sus clientes, ya sean otros intermediarios que intervengan en el mecanismo o los propios obligados tributarios interesados.
2. Modelo de comunicación de **presentación de la declaración informativa** de determinados mecanismos transfronterizos de planificación fiscal **por un intermediario que determina la exención de presentación del resto de intermediarios**: se aplica a aquellos intermediarios que no estén obligados a presentar la declaración cuando, existiendo varios intermediarios, la declaración haya sido presentada por uno de ellos. El intermediario eximido debe conservar prueba fehaciente de que la declaración ha sido presentada conforme a las reglas legalmente aplicables por otros intermediarios obligados. El intermediario que proceda a presentar la declaración debe comunicarlo a los otros intermediarios que intervengan en el mecanismo en el **plazo** de cinco días contados a partir del día siguiente a su presentación.
3. Modelo de comunicación de **presentación de la declaración informativa** de determinados mecanismos transfronterizos de planificación fiscal **por un obligado tributario interesado** que determina la exención de presentación del resto de obligados tributarios interesados: se aplica a aquel obligado tributario interesado que, estando obligado a presentar la declaración, quede exento de la obligación si prueba que dicha declaración ha sido presentada por otro obligado tributario interesado. El citado obligado tributario interesado que hubiera presentado la declaración debe comunicarlo a los otros obligados tributarios interesados en el **plazo** de cinco días contados a partir del día siguiente a su presentación.

Precisiones 1) En todos los casos, al ser una obligación de **información entre particulares**, el obligado que presente la declaración debe remitirla a los otros obligados, sin que deba dirigirse a la Administración tributaria.
2) Resultan válidos aquellos formularios o comunicaciones que, ajustados al contenido del modelo que aprueba la Resolución, respondan a un **formato** diferente.

5256.53 **Sanciones por incumplimiento** (LGT disp.adic.23ª.4 y24ª.3 redacc L 13/2023) La LGT desarrolla un régimen sancionador **específico** asociado al incumplimiento de las obligaciones de información sobre mecanismos transfronterizos de planificación fiscal y de las obligaciones entre particulares derivadas de la obligación de información de los mecanismos transfronterizos de planificación fiscal.

5256.54 **Obligación de información de actualización de los mecanismos transfronterizos comercializables** (RGGI art.48; OM HAC/342/2021) Junto a la obligación general de declarar los mecanismos de planificación fiscal potencialmente agresivos (nº 5256.41 s.), la DAC 6 (Dir (UE) 2018/822) establece otras **dos obligaciones** relacionadas con tales mecanismos, una vez que los mismos han sido declarados:
a) Comunicar las **actualizaciones** realizadas por los intermediarios sobre los mecanismos comercializables.
b) Declarar la **utilización en España** de los mecanismos transfronterizos por parte de los obligados tributarios interesados.
Así pues, una vez que un mecanismo transfronterizo comercializable, es decir, aquel que es diseñado, comercializado, ejecutable o puesto a disposición sin ningún tipo de adaptación sustancial, ha sido declarado por un intermediario, este debe presentar una **declaración trimestral** de actualización del mismo. Dicha declaración exime de presentar una declaración individual por cada nueva puesta a disposición del mecanismo comercializable inicialmente declarado.
En la declaración deben constar los siguientes **datos**:
- la identificación, a través de su número de referencia, del mecanismo a cuya actualización corresponde la declaración, así como de los intermediarios y obligados interesados;
- la fecha de puesta a disposición y de realización de la primera fase de ejecución;
- el Estado de residencia de intermediarios y obligados y cualquier otro a que pueda afectar el mecanismo; y
- la identificación de cualquier otra persona residente en un Estado miembro que pueda verse afectada por el mecanismo, especificando aquellos otros con los que esté vinculada.
El modelo a través del cual se cumplimenta la declaración de actualización del mecanismo es el **modelo 235**, cuya presentación se efectúa de forma telemática, en el **plazo** del mes natural siguiente a la finalización del trimestre natural en el que se hayan puesto a disposición mecanismos transfronterizos comercializables con posterioridad al mismo mecanismo originariamente declarado.

5256.55 **Obligación de información de la utilización de los mecanismos transfronterizos de planificación** (RGGI art.49; OM HAC/342/2021) Los obligados tributarios interesados que utilicen en España un mecanismo sujeto al deber general de declarar, deben presentar ante nuestra Administración tributaria una declaración anual sobre dicha utilización, sea cual fuere el Estado ante el que se presentó dicha declaración general.
Un mecanismo se entiende **utilizado en España** cuando el obligado tributario interesado:
1. Tenga en nuestro país su residencia fiscal o un establecimiento permanente que se beneficie del mecanismo.
2. Obtenga rentas o genere beneficios en España estando el mecanismo relacionado con dichas rentas o beneficios.
3. Realice una actividad en España estando el mecanismo incluido dentro de dicha actividad.
En la declaración deben constar los siguientes **datos**:
- la identificación de los intermediarios y de los obligados tributarios interesados;
- la identificación del mecanismo transfronterizo originariamente declarado, a través del número de referencia asignado al mecanismo en la primera declaración;
- la fecha en la que se ha utilizado el mecanismo transfronterizo;
- cualquier dato que hubiera sido modificado en la utilización del mecanismo respecto de los que se hubieran contenido en la declaración originaria del mismo; y
- el valor del efecto fiscal derivado del mecanismo en el año al que se refiere la declaración.
Se entiende por **valor del efecto fiscal** el resultado producido en España, en términos de deuda tributaria, del mecanismo declarado, que debe incluir, en su caso, el ahorro fiscal determinado conforme a lo previsto en el RGGI art.47.2 (ver nº 5256.50).
La declaración se presenta en el **modelo 236**, de forma telemática, con carácter general, durante el último trimestre del año natural siguiente a aquel en el que se haya producido la utilización en España de los mecanismos transfronterizos que hayan debido ser previamente declarados.

Obligación de información de los mecanismos de elusión del Estándar común de comunicación de información y las estructuras extraterritoriales opacas 5256.56

(LGT disp.adic.23ª redacc L 13/2023; RGGI art.49 ter redacc RD 117/2024; OM HAC/266/2024) Tras la suscripción por parte de España del Acuerdo Multilateral entre Autoridades Competentes sobre intercambio automático de información relativa a los mecanismos de elusión del Estándar común de comunicación de información y las estructuras extraterritoriales opacas, y sus Normas tipo de comunicación obligatoria de información para abordar mecanismos de elusión del Estándar común de comunicación de información y estructuras extraterritoriales opacas en el seno de la OCDE, se hace necesario modificar el régimen jurídico de la obligación de información sobre mecanismos transfronterizos de planificación fiscal con el objeto de posibilitar que la Administración tributaria española pueda disponer de la **información necesaria** para proceder al intercambio de los mecanismos que eluden el Estándar común de comunicación de información y las estructuras extraterritoriales opacas regulado por dicho acuerdo. Con tal propósito, se incorpora una nueva obligación que comprenda dicha información.

El **régimen jurídico** de esta obligación de información es el previsto en el RGGI art.45 a 47 (nº 5256.41 s.), interpretado conforme a las Normas tipo de comunicación obligatoria de información para abordar Mecanismos de elusión del Estándar común de comunicación de información y las Estructuras extraterritoriales opacas y su comentario de la OCDE, con las **especificidades** recogidas en el RGGI art.49 ter.

Ámbito objetivo (RGGI art.49 ter.3 redacc RD 117/2024) Se delimita por los mecanismos transfronterizos respecto de los que concurra alguna de las **señas distintivas** relativas a mecanismos de elusión del Estándar común de comunicación de información de cuentas financieras y a las estructuras extraterritoriales opacas a las cuales se refieren las Normas tipo. Para que nazca la obligación de declarar el mecanismo, sólo es preciso que concurra la seña distintiva a la que se refiere el RGGI art.47.5 (nº 5256.43), con las especificidades recogidas en el RGGI art.49 ter. 5256.57

Precisiones 1) A los efectos de apreciar la concurrencia de la seña distintiva no será imprescindible que concurra necesariamente alguna de las condiciones referidas en el RGGI en relación con las **señas distintivas específicas** relativas al intercambio automático de información y titularidad real (RGGI art.47.5).

2) A estos efectos, tiene la consideración de **mecanismo de carácter transfronterizo** aquellos que afecten a un obligado tributario interesado que sea residente fiscal en una jurisdicción respecto de la que haya surtido efectos el Acuerdo Multilateral entre Autoridades competentes sobre intercambio automático de información relativa a los Mecanismos de elusión del Estándar común de comunicación de información y las estructuras extraterritoriales opacas cuando dicho mecanismo tenga alguna consecuencia sobre el intercambio automático de información de cuentas financieras o la identificación de la titularidad real.

Ámbito subjetivo (LGT disp.adic. 23ª.1 redacc L 13/2023; RGGI art.49 ter.1 y 4 y 5 redacc RD 117/2024) Están obligados a presentar declaración en el ámbito del Acuerdo multilateral aquellos en los que concurra cualquiera de los siguientes **criterios de conexión**: 5256.58

a) Que sea residente fiscal en España.

b) Que facilite los servicios de intermediación respecto del mecanismo desde un establecimiento permanente situado en nuestro país.

c) Que se hubiera constituido en España o se rija por la legislación española.

d) Que tenga en España su sede de dirección efectiva. En particular, cuando esté registrado en un colegio o asociación profesional española relacionada con servicios jurídicos, fiscales o de asesoría.

Cuando **no exista intermediario obligado** a la presentación de la declaración en una jurisdicción respecto de la que haya surtido efectos el Acuerdo multilateral, los obligados tributarios interesados estarán obligados a presentar la declaración a la Administración tributaria española competente cuando residan fiscalmente en España.

Dispensa de la obligación de informar (LGT disp.adic.23ª.2 redacc L 13/2023; RGGI art.49 ter.4.b redacc RD 117/2024) No están obligados a presentar la declaración los intermediarios: 5256.59

1. Cuando la obligación de informar vulnere la prerrogativa de **secreto profesional** o cuando existiendo varios intermediarios la declaración haya sido presentada por uno de ellos (ver nº 5256.47);

2. Cuando la información haya sido **previamente comunicada** en los términos legalmente exigidos a la Administración tributaria española;

3. Cuando hayan prestado sus servicios de intermediación del mecanismo desde un **establecimiento permanente** situado en otra jurisdicción respecto de la que haya surtido efectos el Acuerdo multilateral, y hayan comunicado la información ante la Administración tributaria de dicha jurisdicción; o

4. Cuando se hayan **constituido en España** o se rija por la legislación española y sean residentes o tengan su sede de dirección efectiva en otra jurisdicción respecto de la que haya surtido efectos el Acuerdo multilateral, y hayan comunicado la información ante la Administración tributaria de dicha jurisdicción.

5256.60 **Contenido de la declaración** (RGGI art.49 ter.6 redacc RD 117/2024) La declaración debe recoger, además del contenido establecido en el nº 5256.37, toda jurisdicción en la que el mecanismo se ha puesto a disposición para su ejecución. Esta información, a efectos del régimen de infracciones y sanciones específico, constituye un **conjunto de datos**, en relación con cada uno de los mecanismos que deban ser objeto de declaración.

5256.61 **Modelo y plazo de presentación de la declaración** (RGGI art.49.ter redacc RD 117/2024; OM HAC/266/2024) La declaración se presenta en el **modelo 239** que atiende a las especialidades del contenido y detalle de la información a intercambiar en la obligación informativa sobre determinados mecanismos de planificación fiscal en el ámbito del Acuerdo multilateral. La presentación se realiza de forma telemática, en el **plazo** de 30 días naturales posteriores al nacimiento de la obligación (ver nº 5256.49).

Este modelo es **exigible** respecto de aquellos mecanismos transfronterizos sujetos a comunicación cuya obligación nazca a partir del 23-3-2024.

4. Intercambio de información comunicada por los operadores de plataformas

(Dir (UE) 2021/514)

5256.62 Los modelos de negocio tradicionales basados en la presencia física están evolucionando rápidamente hacia una **presencia digital**, produciéndose una deslocalización en los nuevos modelos de negocio que complica la trazabilidad y la detección de los hechos imponibles por parte de las autoridades tributarias, con importantes implicaciones fiscales. Además, la **dimensión transfronteriza** de los servicios que se ofrecen a través del uso de plataformas ha creado un entorno complejo, en el que puede resultar difícil aplicar las normas fiscales y garantizar el cumplimiento de las obligaciones tributarias. Esto resulta especialmente problemático cuando las rentas o las bases imponibles se perciben a través de plataformas digitales establecidas en otra jurisdicción. Para paliar este problema, algunos Estados miembros habían impuesto una obligación unilateral de comunicación de información, que planteaba el problema de la falta de normalización de la información y que genera una carga administrativa adicional para los operadores de plataformas, ya que se veían obligados a cumplir varias normas nacionales de comunicación de información. Además, se ha considerado que la comunicación de información relacionada con la actividad pertinente aportaría resultados positivos adicionales si la información también se transmitiera a los Estados miembros que pudieran tener derecho a gravar las rentas obtenidas. Por todo ello, la UE ha considerado necesario imponer una obligación de comunicación de información a los operadores de plataformas.

a. Normativa UE

(Dir (UE) 2021/514)

5256.63 La Directiva de cooperación administrativa en el ámbito de la fiscalidad (Dir 2011/16/UE) ha sido modificada por la Dir (UE) 2021/514 -conocida como DAC 7-, para introducir nuevas obligaciones de presentación de informes e intercambio de información sobre las **ventas realizadas a través de plataformas digitales**. En concreto, se ha incluido un nuevo artículo referente al intercambio automático obligatorio de información comunicada por los operadores de plataformas (Dir 2011/16/UE art.8 bis quater) y se ha incorporado un nuevo anexo sobre el procedimiento de diligencia debida, requisitos de comunicación de información y otras normas para operadores de plataformas (Dir 2011/16/UE anexo V).

Las plataformas deberán recopilar y verificar la **información de los vendedores** que utilizan su plataforma para vender sus bienes y prestar sus servicios y remitirla a las autoridades fiscales. Con ello se persigue tratar de conseguir un reparto más equitativo de la carga tributaria y que los ingresos sean gravados en los Estados miembros donde se produzcan. La comunicación de información sobre una actividad comercial incluye el arrendamiento de bienes inmuebles, los servicios personales, la venta de bienes y el arrendamiento de cualquier medio de transporte.

Precisiones 1) Por **plataforma** se entiende cualquier software, incluidos los sitios web o parte de ellos y las aplicaciones (incluidas las de los teléfonos móviles) que permitan a los vendedores ponerse en contacto con los usuarios para llevar a cabo con ellos una actividad pertinente de forma directa o indirecta.
2) Se entiende por **actividad pertinente** cualquier actividad realizada con contraprestación que constituya arrendamiento de bienes inmuebles, servicios personales, venta de bienes o arrendamiento de cualquier medio de transporte.

La obligación de comunicación de información abarca tanto las **actividades transfronterizas** como las no transfronterizas, con el fin de garantizar la eficacia de las normas sobre comunicación de información, el correcto funcionamiento del mercado interior, la igualdad de condiciones y el principio de no discriminación. **5256.64**
Esta obligación de comunicación de información se aplica con independencia de la **condición jurídica del vendedor**, dado el uso generalizado de plataformas digitales en el ejercicio de actividades comerciales, tanto por parte de particulares como de entidades.
A efectos de la simplificación y de la reducción de los **costes de cumplimiento**, se ha establecido que los operadores de plataformas comuniquen las rentas obtenidas por los vendedores a través del uso de la plataforma digital en un único Estado miembro.
Dada la naturaleza de las plataformas digitales, y con la finalidad de garantizar la igualdad de condiciones entre todas las plataformas digitales e impedir la competencia desleal, esta obligación de comunicación de información se aplica también a los **operadores de plataforma extranjeros**, es decir, a aquellos operadores de plataformas que lleven a cabo actividades comerciales en la Unión, pero no sean residentes a efectos fiscales, no se hayan constituido ni estén administrados, ni tengan su establecimiento permanente en un Estado miembro. Para ello, se exige a los operadores de plataforma extranjeros que se registren y comuniquen la información en un único Estado miembro para poder operar en el mercado interior. La Directiva permite que los operadores de plataforma autorizados de territorios no pertenecientes a la Unión comuniquen información equivalente sobre los vendedores sujetos a comunicación de información únicamente a las autoridades tributarias del territorio no perteneciente a la Unión, las cuales, a su vez, enviarán dicha información a las Administraciones tributarias de los Estados miembros.
Los Estados miembros deben tomar las medidas necesarias para garantizar la aplicación de esta Directiva, y determinar el **régimen sancionador** aplicable a las infracciones de las disposiciones nacionales adoptadas con arreglo a esta Directiva, las cuales deben ser efectivas, proporcionales y disuasorias.

Con arreglo a los procedimientos de diligencia debida y los requisitos de comunicación de información aplicables (Dir 2011/16/UE anexo V), la **autoridad competente** del Estado miembro en que haya tenido lugar la comunicación de información comunicará mediante intercambio automático a la autoridad competente del Estado miembro en que el vendedor sujeto a comunicación de información sea residente y, en cualquier caso, cuando el vendedor sujeto a comunicación de información preste servicios de arrendamiento de bienes inmuebles, a la autoridad competente del Estado miembro en que se ubican los bienes inmuebles, la siguiente información sobre cada **vendedor sujeto a comunicación de información** (Dir 2011/16/UE art.8 bis quater.2) redacc Dir (UE) 2023/2226): **5256.65**
- el nombre, la dirección del domicilio social y el NIF del operador;
- el nombre y los apellidos o razón social, la «dirección principal», cualquier NIF, el número de registro de la empresa, el número de identificación a efectos del IVA y la fecha de nacimiento (si es persona física) del vendedor sujeto a comunicación de información;
- el identificador de la cuenta financiera a la que se paga o abona la contraprestación;
- la información sobre cada Estado miembro en que el vendedor sujeto a comunicación de información es residente;
- la contraprestación total pagada o abonada durante cada trimestre del período de referencia y el número de actividades pertinentes para las que se ha pagado o abonado; y
- todas las tasas, comisiones o impuestos retenidos o cobrados por el operador de plataforma durante cada trimestre del período de referencia;
- el identificador del servicio de identificación y el Estado miembro de asignación, si el operador de plataforma obligado a comunicar información se basa en una confirmación directa de la identidad y la residencia del vendedor a través de un servicio de identificación que un Estado miembro o la Unión ponen a disposición para determinar la identidad y la residencia fiscal del vendedor.

En el caso de que el vendedor sujeto a comunicación de información preste servicios de **arrendamiento de bienes inmuebles**, se debe comunicar información adicional sobre:
- la dirección de cada bien inmueble comercializado;

- la contraprestación total pagada o abonada durante cada trimestre del período de referencia y el número de actividades pertinentes realizadas respecto de cada bien inmueble comercializado; y
- de conocerse, el número de días que se ha alquilado cada bien inmueble comercializado durante el período de referencia y el tipo de cada bien inmueble comercializado.
Estas comunicaciones deben efectuarse utilizando el **formulario electrónico** normalizado en el **plazo** de 2 meses a partir del final del período de referencia.
Se entiende por **período de referencia** el año natural respecto del cual se lleva a cabo la comunicación de información (Dir 2011/16/UE anexo V).

b. Normativa interna

(LGT disp.adic.25ª redacc L 13/2023; RGGI art.54 ter redacc RD 117/2024; OM HAC/72/2024)

5256.66 La Dir (UE) 2021/514 (DAC 7), por la que se modifica la Dir (UE) 2011/16 relativa a la cooperación administrativa en el ámbito de la fiscalidad, tiene como principales objetivos mejorar el marco existente para el intercambio de información y la cooperación administrativa en la Unión Europea, así como **ampliar la cooperación administrativa** a ámbitos nuevos, con el fin de abordar los desafíos que plantea la digitalización de la economía y ayudar a las administraciones tributarias a recaudar los impuestos de una forma mejor y más eficiente. En este sentido, se establece una nueva obligación de información respecto de los operadores de las plataformas digitales.
Asimismo, en un contexto internacional de fortalecimiento de los mecanismos de intercambio de información, hay que tener en cuenta la suscripción por parte de España del Acuerdo Multilateral entre Autoridades Competentes para el intercambio automático de información sobre la renta obtenida a través de plataformas digitales en el ámbito de la OCDE, así como otros acuerdos internacionales suscritos con el mismo objetivo. En este sentido, a efectos de facilitar a las jurisdicciones firmantes el intercambio de información bajo dicho Acuerdo Multilateral, se ha aprobado en el seno de la OCDE un Modelo de **Reglas de comunicación de información** por parte de operadores de plataformas respecto de los vendedores en el ámbito de la economía colaborativa y la economía de trabajo esporádico (Modelo de Reglas), sustancialmente similar al contenido de la DAC 7, en particular, a las normas y procedimientos de diligencia debida de su anexo.
Las entidades consideradas **operadores de plataforma** obligados a comunicar información deben:
- cumplir las obligaciones de suministro y registro y de suministro de información en el ámbito de la asistencia mutua (nº 5256.67 s. y nº 5256.80 s. respectivamente); y
- aplicar las normas y procedimientos de diligencia debida (nº 5256.77 s.).
Las personas o entidades que tuvieran la consideración de **vendedores** deben cumplir las obligaciones derivadas de la aplicación de las normas y procedimientos de diligencia debida (nº 5256.77 s.).
Además, se regula el **régimen sancionador** concerniente a los diferentes ámbitos materiales relativos a la obligación (nº 5256.82).

Precisiones Los **términos** utilizados en el RD 117/2024, así como en su normativa de desarrollo, tienen, conforme a lo dispuesto en la Dir (UE) 2011/16 anexo V redacc Dir (UE) 2023/2226, y el Acuerdo Multilateral entre Autoridades competentes sobre intercambio automático de información relativa a ingresos obtenidos a través de plataformas digitales en el ámbito de la OCDE, el significado contenido en su anexo, salvo que la normativa establezca otra cosa.

5256.67 **Obligación de información de determinadas actividades por los operadores de plataformas** ((LGT disp.adic.25º redacc L 13/2023; RGGI art.54 ter redacc RD 117/2024) Los operadores de plataforma obligados deben declarar a la Administración tributaria determinada información relativa a las actividades efectuadas por los vendedores sujetos a comunicación de información desarrollada a través de la plataforma en la que operan.

5256.68 **Ámbito subjetivo** (RGGI art.54 ter.3 redacc RD 117/2024) Está obligado a presentar la declaración a la Administración tributaria española cualquier operador de plataforma, salvo los excluidos, que se encuentre en alguna de las siguientes situaciones:
a) **Operador de plataforma que tenga criterios de conexión con España.** Cuando el operador de plataforma sea residente fiscal en España o, no siendo residente fiscal en España ni en ningún otro Estado miembro, cumpla alguno de los siguientes **criterios de conexión**:
- que se hubiera constituido con arreglo a la legislación española;
- que tenga su sede de dirección, incluida su dirección efectiva, en España; o
- que tenga un establecimiento permanente en España y no sea un operador de plataforma cualificado externo a la Unión, excepto cuando la determinación del operador de plataforma

obligado se efectúe conforme a las Normas tipo de comunicación de información por operadores de plataformas respecto de los vendedores en el ámbito de la economía colaborativa y la economía de trabajo esporádico y por encargo.

b) **Operador de plataforma de países terceros**. Cuando el operador de plataforma no cumpla ninguno de los criterios de conexión en un Estado miembro, pero que:

- facilite la realización de una actividad pertinente por parte de vendedores sujetos a comunicación de información residentes en un Estado miembro o que conlleve el arrendamiento o cesión temporal de uso de bienes inmuebles ubicados en un Estado miembro;
- no sea un operador de plataforma cualificado externo a la Unión; y
- siempre que dicho operador se hubiera registrado en España.

No obstante lo anterior, no existe obligación de facilitar información con respecto a las denominadas **actividades pertinentes cualificadas** objeto de un acuerdo de cualificación vigente entre autoridades competentes, que prevea el intercambio automático de información equivalente con un Estado miembro sobre los vendedores sujetos a comunicación de información residentes en ese Estado miembro.

Cuando la determinación del operador de plataforma obligado a informar a que se refiere el párrafo anterior sea conforme a las Normas tipo de comunicación de información por parte de operadores de plataformas respecto de los vendedores en el ámbito de la economía colaborativa y la economía de trabajo esporádico y por encargo y no cumpla ninguno de los criterios de conexión en una **Jurisdicción socia**, aquel deberá presentar la declaración a la Administración tributaria española cuando facilite la realización de una actividad pertinente por parte de vendedores residentes en España o que conlleve el arrendamiento de bienes inmuebles ubicados en España, salvo que hubiera presentado la declaración en otra jurisdicción socia.

Precisiones 1) Cuando los operadores cumplan alguno de los criterios de **conexión en España** y en otro Estado miembro o «Jurisdicción socia» pueden elegir presentar la declaración ante la Administración tributaria española, previo registro en España y notificándolo, en su caso, al otro Estado miembro o Jurisdicción socia.

2) El operador de plataforma obligado debe **informar a cada vendedor** persona física sujeto a comunicación de información que la información sobre el mismo, será suministrada a la Administración tributaria y transferida al Estado que corresponda. Asimismo, debe facilitar a la persona física con suficiente antelación toda la información que esta tenga derecho a recibir para que pueda ejercer su derecho a la **protección de sus datos** personales y, en cualquier caso, antes de que la información por él recopilada sea suministrada a la Administración tributaria (LGT disp.adic.25ª.8 redacc L 13/2023).

Dispensa de la obligación de informar (RGGI art.54 ter.2 redacc RD 117/2024) No están sujetos a la obligación de información los **operadores de plataforma cualificados** externos a la Unión, cuyas actividades pertinentes son, en su totalidad, actividades pertinentes cualificadas que son objeto de un intercambio automático de información. **5256.69**

Precisiones En relación con el significado de los **términos** utilizados, ver nº 5256.66

Vendedores sujetos a comunicación de información (RD 117/2024, Anexo Sección I.B.3) La obligación de comunicación de información recae sobre el **vendedor activo**, es decir, aquel que realiza una actividad pertinente durante el período de referencia o que recibe el pago o abono de una contraprestación en relación con una actividad pertinente durante el período de referencia, distinto de un vendedor excluido, que sea residente en un Estado miembro de la Unión Europea o en una Jurisdicción socia, o que dé en arrendamiento o cesión temporal de uso bienes inmuebles ubicados en un Estado miembro o en una Jurisdicción socia. **5256.70**

Se excluye de la obligación de información al calificado como **vendedor excluido**, es decir, al vendedor en el que concurra alguna de las siguientes circunstancias:

- que sea una **entidad estatal**;
- que sea una entidad cuyo **capital social** se negocia regularmente en un mercado de valores reconocido o una entidad vinculada a una entidad cuyo capital se negocia regularmente en un mercado de valores reconocido;
- que sea una entidad a la que el operador de plataforma haya facilitado, en el período de referencia, más de 2.000 actividades pertinentes a través de **arrendamientos o cesiones temporales de uso** con respecto a un bien inmueble comercializado; o
- al que el operador de plataforma haya facilitado, mediante la **venta de bienes**, menos de treinta actividades pertinentes, por las que el importe total de la contraprestación pagada o abonada no haya superado los 2.000 euros durante el período de referencia.

5256.71 **Contenido de la declaración** (RGGI art.54 ter.1 y 4 redacc RD 117/2024) Los operadores de plataforma deben comunicar a la Administración tributaria diversos datos relativos a las operaciones en las cuales intermedian. La información puede clasificarse en tres bloques de información:
1. Relativa a la **plataforma y el operador de la plataforma**. Datos identificativos (denominación social y NIF) y Estado miembro o jurisdicción socia de cumplimiento de la obligación cuando se cumpla alguno de los criterios de conexión en más de un Estado miembro o Jurisdicción socia.
2. Sobre los **vendedores** que realicen actividades pertinentes en la plataforma. Datos identificativos (entre otros, el nombre o razón social, dirección principal, NIF), el identificador de la cuenta financiera a la que se paga o abona la contraprestación, el Estado miembro o Jurisdicción socia en que el vendedor es residente, la contraprestación pagada, y todas las comisiones, fianzas, tarifas, tributos y otras cantidades análogas retenidas o cobradas por el operador de plataforma.
3. Adicional sobre los **bienes inmuebles** objeto de arrendamiento o cesión a través de la plataforma. Datos sobre la dirección de cada bien inmueble comercializado y el número de referencia catastral o equivalente si se conoce, así como el número de días arrendado o cedido y el tipo de cada bien si se conoce.
El operador de plataforma que pueda demostrar que la misma información ha sido **comunicada por otro operador**, debe presentar la declaración informativa, únicamente, con los datos relativas a su identificación y la del operador que haya suministrado el resto de información.

5256.72 **Declaración negativa** (RGGI art.54.ter.2 redacc RD 117/2024) Los operadores de plataforma excluidos, que puedan demostrar que el modelo empresarial de su plataforma no tiene vendedores sujetos a comunicación de información deben presentar **anualmente** una declaración negativa comunicando a la Administración tributaria española su condición de operador de plataforma excluido.
A efectos de esta obligación, se define como **operador excluido**, al operador de plataforma que haya demostrado por adelantado y con una periodicidad anual, a satisfacción de la Administración tributaria española, a la que de lo contrario tendría que haber comunicado la información, que el conjunto del modelo empresarial de la plataforma es tal que no tiene vendedores sujetos a comunicación de información.

5256.73 **Modelo y plazo de presentación de la declaración** (RGGI art.54 ter.6 y 7 redacc RD 117/2024; OM HAC/72/2024) La información se declara a través del **Modelo 238** «Declaración informativa para la comunicación de información por parte de operadores de plataformas».
El **plazo** para presentar la declaración será durante el mes de enero del año natural siguiente a aquel en el que el vendedor haya sido identificado como vendedor sujeto a comunicación de información.

5256.77 **Normas y procedimientos de diligencia debida** (RD 117/2024 art.1 a 3) A efectos de que los operadores de plataforma puedan cumplir con esta obligación de información respecto de la Administración tributaria, se establecen ciertas normas y procedimientos de diligencia debida dirigidas a obtener, verificar y determinar la información relativa a los vendedores. Por tanto, los **operadores de plataforma** han de aplicar los procedimientos de diligencia debida, y los **vendedores** deben cumplir las obligaciones derivadas de su aplicación.

5256.78 **Obtención y verificación de la información** (RD 117/2024 art.4 a 8) A efectos de la obtención de los datos que han de comunicar los operadores a la Administración tributaria, estos deberán implantar los correspondientes procedimientos de diligencia debida desde una **doble perspectiva**:
1. Desplegar una actividad de obtención y recopilación de **datos identificativos** de los vendedores que utilicen las plataformas que ellos operan; y
2. Verificar los datos, alcanzando especial importancia el esclarecimiento de la **residencia del vendedor**, por cuanto dicha identificación determina los Estados miembros de la Unión Europea u otras jurisdicciones a los cuales se les transmitirá la información.
Un operador de plataforma obligado a comunicar información puede elegir realizar los procedimientos de diligencia debida únicamente con respecto a los **vendedores activos** (nº 5256.70).
Para cumplir las normas y procedimientos de diligencia, los operadores obligados pueden **servirse de un tercero**, sin que ello excluya la responsabilidad del operador por el cumplimiento de sus obligaciones de diligencia debida.
En el contexto de diligencia debida, un elemento previo a comprobar es la determinación de los **vendedores no sujetos a revisión**, esto es, aquellos considerados como vendedores excluidos (nº 5256.70). A tal efecto se utilizan dos instrumentos dependiendo de la base de la exclusión:
- la propia configuración de la entidad excluida, pública o cotizada, la verificación se puede efectuar a través de la información públicamente disponible o confirmada por la propia entidad;

- la configuración de la actividad desarrollada por el vendedor, el análisis puede basarse en los registros disponibles por el operador.

La verificación de la **corrección de la información** se puede efectuar, con carácter general, utilizando aquella que estuviera en los propios archivos del operador. No obstante, la comprobación de los **números de identificación fiscal** puede realizarse a través de cualquier interfaz electrónica gratuita puesta a disposición por un Estado miembro o por la propia Unión Europea, así como por una «Jurisdicción socia» o la OCDE. Además, en determinados supuestos puede utilizarse la información y documentos de que disponga el operador en sus registros de búsqueda. Cuando el operador tenga motivo para creer que cualquier elemento de información puede ser incorrecto, debe solicitar al vendedor su rectificación y acreditación mediante documentos o información que sean correctos y procedan de fuentes independientes.

En el caso de que la actividad desplegada por el vendedor sea el arrendamiento o cesión temporal de **uso de bienes inmuebles**, es necesario además identificar la localización concreta del bien inmueble, por cuanto el operador de la plataforma comunicará la información obtenida en estos casos al Estado miembro o Jurisdicción socia de residencia del vendedor y al Estado miembro o Jurisdicción socia donde estuviera localizado dicho bien inmueble.

El **plazo** para realizar el procedimiento será antes del 31 de diciembre del año natural respecto del cual se lleva a cabo la comunicación. No obstante, se establecen las siguientes **excepciones**:

a) Respecto de la información relativa a vendedores que ya estuvieran **registrados en la plataforma** el 1 de enero de 2023 o en la fecha en que una entidad se convierte en un operador de plataforma obligado a comunicar información, deberán realizarse a más tardar el 31 de diciembre del segundo período de referencia;

b) En relación con vendedores cuya información hubiera sido obtenida y verificada conforme a las **normas de diligencia debida** en los 36 meses anteriores sin que hubiera motivos para dudar de su incorrección, puede basarse en los procedimientos de diligencia debida realizados con respecto a dichos períodos de referencia previos.

Obligación de registro de las operadoras de plataforma (OM HAC/72/2024) El cumplimiento de la obligación de registro se efectúa a través del **Modelo 040**, «Declaración censal de alta, modificación y baja en el Registro de operadores de plataforma extranjeros no cualificados y en el Registro de otros operadores de plataforma obligados a comunicar información». **5256.80**

El **plazo** de presentación de la declaración varía en función de si se trata de:

- una **declaración de alta**, con el inicio de la actividad como operador de plataforma;
- una declaración **de modificación**, un mes desde que se hayan producido los hechos que originan su presentación; y
- una declaración **de baja**, un mes desde que se cese en su actividad o no se reúnan los requisitos para estar obligado.

El operador de plataforma ha de comunicar cualquier **cambio de la información** proporcionada en el registro de alta o en la última modificación efectuada. El modelo debe presentarse de forma electrónica; para ello, el operador de plataforma debe disponer de número de identificación fiscal y un certificado electrónico reconocido; no obstante, se permite la presentación por apoderados o colaboradores.

Obligación de conservar documentación (LGT disp.adic.25ª.7 redacc L 13/2023) Las declaraciones que resulten exigibles a los obligados, las pruebas documentales, los registros y cualquier información utilizada para aplicar los procedimientos de diligencia debida y para cumplir las obligaciones de registro y suministro de información deben conservarse y mantenerse **a disposición de la Administración** tributaria durante los 10 años siguientes a la finalización del período de referencia, esto es, el año natural al que corresponde el suministro de información. **5256.81**

Sin perjuicio de las facultades de comprobación e investigación de las obligaciones de registro y suministro de información conforme a las normas generales de la LGT, la Administración tributaria podrá comprobar e investigar el cumplimiento de las normas y procedimientos de diligencia debida que deban aplicar los operadores de plataforma obligados.

Sanciones por incumplimiento (LGT disp.adic.25ª.2 y 3 redacc L 13/2023; RGGI art.54 ter redacc RD 117/2024) La regulación del régimen sancionador derivado del incumplimiento de la obligación de suministro de información (nº 5256.67 s.), de las normas y procedimientos de diligencia debida (nº 5256.77 s.) y del incumplimiento de la obligación de registro (nº 5256.80 s.) queda sometida a lo dispuesto en la LGT con las especialidades establecidas. **5256.82**

5. Intercambio de información por los proveedores de servicios de criptoactivos

(Dir 2011/16/UE art.8 bis quinquies y anexo VI redacc Dir (UE) 2023/2226)

5256.84 El uso de **medios alternativos de pago e inversión,** plantean nuevos riesgos de evasión fiscal. La Dir (UE) 2023/2226 (**DAC 8**), modifica la Dir 2011/16/UE, al objeto de potenciar y mejorar el intercambio de información incluyendo nuevas categorías de ingresos y activos, como los criptoactivos y sus usuarios en las normas relativas a la comunicación e intercambio de información. De esta forma, se incluye una nueva obligación de intercambio automático de información comunicada por los proveedores de servicios de criptoactivos obligados a comunicar información, y se establecen las normas que deben aplicarse (nº 5256.87 s.).

El **plazo de transposición** a la normativa interna es hasta el 31-12-2025. Las obligaciones de la Directiva, con carácter general, serán de **aplicación el 1-1-2026**, si bien algunas medidas de la DAC 8 contemplan plazos de aplicación diferentes (Dir (UE) 2023/2226 art.2).

Precisiones En la esfera internacional, el **Marco de Información sobre Criptoactivos de la OCDE** que figura en la parte I del documento «Marco de intercambio de información sobre criptoactivos y modificación del Estándar común de comunicación de información» aprobado por la OCDE el 26-8-2022, tiene por objeto introducir una mayor transparencia fiscal con respecto a los criptoactivos y a la comunicación de información sobre estos. Las normas de la Unión deben tener en cuenta el marco elaborado por la OCDE a fin de aumentar la eficacia del intercambio de información y reducir la carga administrativa. Al **aplicar la DAC 8**, los Estados miembros deben utilizar (Dir (UE) 2023/2226 considerando 9):

- los Comentarios al modelo de acuerdo para el organismo competente, que figura en el documento «Normas internacionales de intercambio automático de información en materia fiscal. Marco de intercambio de información sobre criptoactivos y actualización de 2023 del Estándar común de comunicación de información», publicado por la OCDE el 8-6-2023; y
- el Marco de Intercambio de Información sobre Criptoactivos de la OCDE como fuente de ilustración o interpretación y para garantizar la coherencia en la aplicación en los distintos Estados miembros.

5256.85 **Proveedores de servicios de criptoactivos** (Dir (UE) 2023/2226 consideración 14 y 17; Dir 2011/16/UE art.8 bis quinquies.1 y 7) Esta obligación aplica a:

1. Proveedores de servicios de criptoactivos regulados y autorizados por el Reglamento europeo sobre el mercado de criptoactivos -MiCA- (Rgto (UE) 2023/1114) quienes podrán ejercer su actividad a través del **régimen de pasaporte** y están obligados a informar únicamente en el Estado miembro en el que estén autorizados.

2. Operadores de criptoactivos que no están autorizados por el Reglamento europeo sobre el mercado de criptoactivos. En este caso, y con el fin de cumplir los requisitos de comunicación de información, estos operadores tienen la obligación de **registrarse** dentro de la Unión en un único Estado miembro cuya autoridad competente le asignará un número de identificación individual.

5256.86 **Criptoactivos sujetos a comunicación de información** (Dir (UE) 2023/2226 consideración 14)

Los criptoactivos sujetos a comunicación de información conforme la DAC 8 son aquellos que pueden utilizarse con **fines de pago o inversión**. La interpretación general de lo que constituye un criptoactivo es muy amplia, incluye también los criptoactivos emitidos de manera **descentralizada**, las criptomonedas estables, incluidas las **fichas de dinero electrónico** (Rgto (UE) 2023/1114 art.3.7), y determinados criptoactivos no fungibles (**NFT**). Bajo ese contexto, los criptoactivos que puedan utilizarse con fines de pago o inversión serán objeto de comunicación de información.

Por tanto, los proveedores de servicios de criptoactivos obligados a comunicar información deben considerar **caso por caso** si los criptoactivos no pueden utilizarse con fines de pago e inversión, teniendo en cuenta las **exenciones** previstas en el Rgto MiCA (Rgto (UE) 2023/1114), en particular, en relación con una red limitada y determinadas fichas de servicio.

Precisiones Se entiende por **criptoactivo** toda representación digital de un valor o de un derecho que puede transferirse y almacenarse electrónicamente, mediante la tecnología de registro distribuido o una tecnología similar (Dir 2011/16/UE anexo sección IV A.1; Rgto (UE) 2023/1114 art.3.1.5).

5256.87 **Información a comunicar** (Dir 2011/16/UE art.8 bis quinquies.3, 6, 11 y anexo VI redacc Dir (UE) 2023/2226)

Los proveedores de servicios de criptoactivos obligados a comunicar la información, deben recopilar y verificar la información necesaria **sobre sus usuarios**, aplicando para tal fin los procedimientos de diligencia debida establecidos. La autoridad competente de cada Estado miembro debe comunicar los siguientes datos identificativos:

1. **Usuario sujeto a comunicación**: nombre, domicilio, Estado miembro de residencia, NIF y fecha de nacimiento. En el caso de **entidades**, la relativa a una o varias personas que ejerzan el control, sujetas a comunicación de información: nombre, domicilio, Estado miembro de

residencia y NIF de la entidad y de las personas que ejercen el control, además de, respecto de estas últimas, también la fecha de nacimiento y sus funciones por las que ejerce el control.
2. **Proveedor de servicio de criptoactivos** obligado a comunicar información: nombre, domicilio, NIF y número de identificación individual si está disponible, y el identificador de entidad jurídica a nivel mundial.
3. **Criptoactivo** sujeto a comunicación de información con respecto al cual el proveedor de servicios de criptoactivos obligado a comunicar información haya realizado operaciones sujetas a comunicación de información durante el año civil pertinente u otro período de referencia pertinente, cuando proceda: nombre, importe bruto agregado pagado y recibido, número agregado de unidades y número de operaciones sujetas a comunicación de información.
La comunicación se realizará utilizando un **formulario electrónico** normalizado (Dir 2011/16/UE art.20.5), en un **plazo** de nueve meses a partir del final del año civil con el que estén relacionados los requisitos de comunicación de información aplicables a los proveedores de servicios de criptoactivos, a partir del 1 de enero de 2026.
La información a comunicar debe abarcar tanto las **operaciones transfronterizas** como las nacionales, a fin de garantizar la eficacia de las normas sobre comunicación de información, el correcto funcionamiento del mercado interior, la igualdad de condiciones y el respeto del principio de no discriminación (Directiva (UE) 2023/2226 art.13).
Al objeto de fomentar la cooperación administrativa con **territorios no pertenecientes a la Unión**, y con el fin de evitar que se comunique y transmita la información correspondiente más de una vez, los operadores de criptoactivos que cumplan determinadas condiciones deben estar autorizados únicamente a comunicar información sobre los usuarios de criptoactivos residentes en la Unión a las autoridades tributarias de un territorio no perteneciente a la Unión en la medida que (Dir (UE) 2023/2226 considerando 19):
- la información comunicada se corresponda con la información requerida por la DAC 8; y
- en que exista un acuerdo de cualificación vigente entre autoridades competentes con tal territorio no perteneciente a la Unión.
A su vez, el **territorio cualificado** no perteneciente a la Unión comunicaría dicha información a las administraciones tributarias de los Estados miembros en los que residan los usuarios de criptoactivos.
En este sentido y con el fin de anotar la información que deba comunicarse sobre esta materia, debe crearse, a más tardar el 31-12-2025, un **registro de operadores de criptoactivos** (nº 5256.85) accesible para las autoridades competentes de todos los Estados miembros (Dir 2011/16/UE art.8 bis quinquies 7).

Sanciones por incumplimiento (Dir (UE) 2023/2226 considerando 42) Para garantizar el correcto **5256.88**
cumplimiento de las normas, los Estados miembros deben establecer el régimen de sanciones aplicables a cualquier **infracción** relativas al intercambio automático y obligatorio de información comunicada por los proveedores de servicios de criptoactivos obligados a comunicar información, y deben adoptar todas las medidas necesarias para garantizar su aplicación.
Las **sanciones** deben ser efectivas, proporcionadas y disuasorias.

SECCIÓN 6

Procedimiento de recuperación de ayudas de Estado

(Rgto (UE) 2015/1589 art.16; LGT art.260 a 271)

5257

Las ayudas de Estado son **consideradas** aquellas ayudas otorgadas por los Estados mediante fondos estatales, o bajo cualquier forma, que falseen o amenacen falsear la competencia, favoreciendo a determinadas empresas o producciones, en la medida que afecten a los intercambios comerciales entre Estados miembros (TFUE art.107.1).
Para que una ayuda pueda ser considerada de Estado se requiere la concurrencia de las siguientes **circunstancias**:
a) Transferencia de **recursos estatales**, en su más amplio sentido, pudiendo proceder de cualquier autoridad del Estado (nacional, regional o local), ya sea directamente o a través de una institución u organismo de carácter público o incluso privado. En cuanto a la forma que ha de revestir la transferencia, puede ser a través de subvenciones, reducción de tipos de interés, garantías de crédito, beneficios fiscales, etc.

b) La empresa ha tenido que obtener mediante dicha ayuda una **ventaja económica** especial que no habría obtenido en el desarrollo normal de su actividad.
c) Gozan de un carácter selectivo, en el sentido de que no se aplican a la generalidad de las empresas, sino a un **grupo** de las mismas que cumplen con una serie de requisitos establecidos por el Estado en cuestión (p.e., selectividad en función del sector o del área geográfica).
d) Ha de tener **repercusiones sobre la competencia** y los intercambios comerciales entre los Estados miembros, lo cual se produce cuando el beneficiario de la misma desarrolla cualquier tipo de actividad económica y opera en un mercado en el que existen intercambios comerciales entre los Estados miembros, con independencia de la naturaleza jurídica de dicho beneficiario.
Adicionalmente, a continuación se analiza lo siguiente:
- la **prohibición** general de ayudas de Estado (nº 5257.1);
- **excepciones** a dicha prohibición, ya que en algunos supuestos se ha admitido la compatibilidad de las citadas ayudas con el mercado interior (nº 5257.2); y
- **decisiones** de la Comisión Europea respecto de la recuperación de estas ayudas (nº 5257.3).

5257.1 **Prohibición general de las ayudas de Estado** (TFUE art.107) Las ayudas de Estado, con carácter general, son incompatibles con el **mercado interior**.
Esto es así puesto que la Comisión Europea es garante, fundamentalmente a través de la **Dirección General de la Competencia**, de la competencia efectiva y el libre comercio entre los Estados miembros en condiciones equitativas, que se podrían ver afectados por la utilización indiscriminada de medidas selectivas por parte de los Estados miembros para favorecer o proteger a determinadas empresas o grupos de empresas en función de criterios de política económica estrictamente nacionales, al margen de los intereses comunes de la Unión Europea y del respeto de las libertades fundamentales del Tratado.
No obstante, esta regla general se ha visto excepcionada en algún supuesto (nº 5257.2).

5257.2 **Excepciones a la prohibición** El TFUE establece las siguientes categorías de ayudas compatibles con el mercado interior:
1) Medidas siempre compatibles (TFUE art.107.2): se trata de medidas que, pese a falsear la competencia y afectar a los intercambios comerciales, se declaran compatibles con el mercado comunitario. A este respecto, son compatibles con el mercado interior:
a) Ayudas de carácter social concedidas a los consumidores individuales, siempre que se otorguen sin discriminaciones basadas en el origen de los productos.
b) Ayudas destinadas a reparar los perjuicios causados por desastres naturales o por otros acontecimientos de carácter excepcional.
c) Ayudas concedidas con objeto de favorecer la economía de determinadas regiones de la República Federal de Alemania, afectadas por la división de Alemania, en la medida en que sean necesarias para compensar las desventajas económicas que resultan de tal división.
2) Medidas compatibles en la medida en que así lo determine la Comisión (TFUE art.107.3): para que sean compatibles con el mercado interior, deben ser analizadas previamente por la Comisión, quien va a determinar si existe justificación suficiente para que se puedan conceder. Son las siguientes:
a) Ayudas destinadas a favorecer el desarrollo económico de regiones en las que el nivel de vida sea anormalmente bajo o en las que exista una grave situación de subempleo, así como el de las regiones ultraperiféricas, entre ellas Canarias, habida cuenta de su situación estructural, económica y social.
b) Ayudas para fomentar la realización de un proyecto importante de interés común europeo o destinadas a poner remedio a una grave perturbación en la economía de un Estado miembro.
c) Ayudas destinadas a facilitar el desarrollo de determinadas actividades o de determinadas regiones económicas, siempre que no alteren las condiciones de los intercambios en forma contraria al interés común.
d) Ayudas destinadas a promover la cultura y la conservación del patrimonio, cuando no alteren las condiciones de los intercambios y de la competencia en la Unión en contra del interés común.
e) Demás categorías de ayudas que determine el Consejo por decisión, tomada a propuesta de la Comisión.
3) Medidas compatibles por circunstancias excepcionales (TFUE art.108.2): a petición de un Estado miembro, el Consejo puede decidir, por unanimidad, que la ayuda que ha concedido o va a conceder dicho Estado sea considerada compatible con el mercado interior, cuando circunstancias excepcionales justifiquen dicha decisión. La **justificación** de la necesidad de la medida debe ser aportada por el Estado en cuestión y ser juzgada suficiente por el Consejo por unanimidad.

Precisiones El Reglamento General de Exención por Categorías (Rgto (UE) 2023/1315) establece un marco normativo que permite, para determinadas categorías de ayudas, que los Estados miembros puedan **concederlas directamente** sin tener que notificar a la Comisión Europea y sin recibir su aprobación previa, siempre que cumplan los requisitos del TFUE. Esto les permite conceder la ayuda sin demora y solo informar a la Comisión de la ayuda otorgada a posteriori. Las categorías y tipos de medidas de ayuda cubiertas incluyen, entre otras, ayudas regionales, ayudas a pymes, ayudas para investigación y desarrollo y ayudas al medio ambiente.

Decisiones de la Comisión Europea (Rgto (UE) 2015/1589 art.16.1 y 3) Cuando se considera que una ayuda es ilegal, la Comisión Europea exige que el **Estado miembro** interesado tome todas las medidas necesarias para obtener del beneficiario la recuperación de la ayuda. No obstante, la Comisión no va a exigir dicha recuperación si ello fuera contrario a un principio general del Derecho comunitario. **5257.3**

Las decisiones de la Comisión Europea exigiendo la recuperación de ayudas de Estado son **obligatorias** en todos sus términos para sus destinatarios -afectando a todos los órganos de ese Estado, incluidos sus tribunales-, por lo que el Estado miembro al que se dirige la decisión de recuperación de ayuda de Estado está obligado a ejecutarla. En la recuperación de ayudas de Estado, la Administración de cada Estado miembro actúa como ejecutor de una decisión que le viene impuesta por la Comisión Europea.

La **normativa comunitaria** no establece ningún procedimiento para proceder a la recuperación de las ayudas de Estado, sino que encomienda a los procedimientos de derecho interno, siempre que permitan la ejecución inmediata y efectiva de la decisión de la Comisión, sin perjuicio del Derecho comunitario.

Asimismo, le compete al ordenamiento jurídico nacional de cada Estado miembro la designación del órgano que corresponde para la ejecución de las decisiones de recuperación.

Precisiones **1)** La realización de las actuaciones necesarias para la ejecución de las decisiones de recuperación de ayudas de Estado que afecten al ámbito tributario corresponde a la **Administración tributaria**, que actúa como ejecutor de una decisión que le viene impuesta por la Comisión Europea.

2) El Estado debe lograr **restablecer** la situación existente con anterioridad al disfrute de la ayuda sin dilación.

3) Se requiere que la ejecución de las decisiones de recuperación de ayudas de Estado sea **efectiva e inmediata** (TJCE 12-5-05, asunto C-415/03).

4) La ejecución de las decisiones de recuperación supone la posibilidad de modificar **actos administrativos firmes**, incluso con fuerza de cosa juzgada, tal y como ha establecido el TJUE.

5) En caso de que la comprobación incluya otras cuestiones diferentes a la recuperación de la ayuda, procede que se separen en **liquidaciones diferentes** aquellos elementos a los que se refiera la decisión y aquellos que no estén vinculados a la misma.

6) Dentro del proceso de recuperación es muy importante el factor tiempo. No obstante, los Estados miembros tienen libertad para elegir, con arreglo a su Derecho nacional, los medios por los que pueden aplicar las decisiones de recuperación. Las medidas que se adopten deben ajustarse plenamente a la decisión de recuperación, que deben dar lugar a la **recuperación real y efectiva** de las cantidades debidas y no deben aplicarse los procedimientos nacionales que no cumplan las condiciones establecidas en el Rgto 659/1999/CE art.14.3 -actualmente Rgto (UE) 2015/1589 art.16.3- (TJCE 6-10-05, asunto C-276/03).

7) Cuando el Tribunal de Justicia de la Unión Europea declare nula una decisión de la Comisión Europea, que haya declarado que una ayuda otorgada por un Estado miembro es incompatible con el mercado interior y, en consecuencia, ilegal, acordando la recuperación de la ayuda, las autoridades del Estado miembro interesado no pueden adoptar medidas irreversibles tendentes a la ejecución inmediata y efectiva de tal Decisión Comunitaria, aunque sí están habilitadas para acordar, si existieren elementos de juicio suficientes para ello, **medidas provisionales** de aseguramiento que garanticen el efectivo cumplimiento de la ulterior Decisión de la Comisión Europea (TS 29-1-20, EDJ 506122).

1. Aspectos generales del procedimiento de recuperación de ayudas de Estado

Se consideran **aplicación de los tributos** (LGT art.260.2): **5258**

a) El ejercicio de las actividades administrativas necesarias para la ejecución de las decisiones de recuperación de ayudas de Estado que afecten al ámbito tributario.

b) Las actuaciones de los obligados en el ejercicio de sus derechos o en cumplimiento de sus obligaciones tributarias derivados de dichas decisiones (LGT art.260.2).

Salvo las especialidades propias de estos procedimientos, resultan aplicables las **disposiciones generales** sobre aplicación de los tributos contenidas en la LGT (por ejemplo, las normas generales de representación, etc.).

A continuación se analizan las cuestiones relevantes en esta materia:
- competencia (nº 5258.1);
- prescripción (nº 5258.2);
- efectos de la ejecución de la decisión de recuperación (nº 5258.4);
- imposibilidad de aplazamiento o fraccionamiento de la recuperación (nº 5258.5); y
- recursos contra el acto de ejecución (nº 5258.6).

Precisiones Para facilitar la comprensión de esta materia, la Comisión Europea ha publicado una Comunicación en la que explica las **normas y procedimientos** de la UE por las que se rige la recuperación de las ayudas estatales, así como la forma para garantizar que los Estados miembros cumplan sus obligaciones en la materia. Esta comunicación no crea ni modifica ningún derecho u obligación de los establecidos en la normativa vigente hasta la fecha (Comunicación Comisión 2019/C 247/01).

La Comunicación está dirigida a las autoridades de los Estados miembros encargadas de aplicar las decisiones por las cuales la Comisión ordena la recuperación de las ayudas estatales («decisiones de recuperación»). Mediante dicha comunicación se asiste a los Estados miembros en sus responsabilidades a la hora de garantizar la correcta aplicación de las normas en materia de ayudas estatales, fomentando una mejor cooperación entre la Comisión y los Estados miembros de forma que permita reducir el número de procedimientos de infracción. Además, se pretende contribuir a la consecución de una aplicación rigurosa de la política de competencia, al subsanar las distorsiones de la competencia que socavan la igualdad de condiciones en el mercado interior.

Entre los diversos aspectos que se analizan en la mencionada Comunicación destacan:

1.- Principios generales. Entre otros:
- La Comisión tiene la competencia exclusiva para apreciar la compatibilidad de las medidas de ayuda con el mercado interior, si bien dicha evaluación está sujeta a la revisión por los tribunales.
- El objeto de la recuperación es restablecer la situación que existía en el mercado interior antes de que se pagara la ayuda. Además, la recuperación abarca los intereses sobre el importe de la ayuda concedida ilegalmente.
- El principio de cooperación leal entre la Unión Europea y los Estados miembros implica que la Comisión y los Estados miembros deben cooperar de buena fe en todas las fases de los procedimientos de ayuda estatal.
- La recuperación de la ayuda estatal no es una sanción ni supone un enriquecimiento sin causa para el Estado miembro, sino la consecuencia lógica de la constatación de que la ayuda es ilegal.
- La existencia de circunstancias excepcionales que hagan absolutamente imposible que un Estado miembro ejecute la decisión de recuperación es la única situación reconocida por el Tribunal de Justicia como justificación del incumplimiento de dicha decisión por el Estado miembro.
- La obligación de recuperación solo se cumple cuando el Estado miembro ha recuperado efectivamente el importe de la ayuda incompatible, incluidos los intereses de recuperación.

2.- Funciones de la Comisión y del Estado miembro.

Tanto la Comisión como los Estados miembros deben desempeñar un papel esencial en la aplicación de las decisiones de recuperación y contribuir a la aplicación efectiva de la política de recuperación.

3.- Ejecución de la decisión de recuperación.

Si la Comisión concluye que una ayuda ya concedida es incompatible con el mercado interior y ordena su recuperación, el Estado miembro deberá suprimirla y recuperarla, en su caso, en el plazo fijado por la Comisión.

4.- Litigios ante los órganos jurisdiccionales nacionales.

La ejecución de las decisiones de recuperación puede dar lugar a litigios ante los órganos jurisdiccionales nacionales. Hay dos categorías principales de litigios relacionados con la recuperación:
1) acciones interpuestas por la autoridad de recuperación por las que se solicite una orden judicial que obligue a devolver la ayuda a todo beneficiario reacio a proceder a su devolución; y
2) acciones interpuestas por los beneficiarios que impugnen la orden de recuperación, incluidas medidas individuales para garantizar la recuperación.

5.- Consecuencias de la no aplicación de una decisión de recuperación de la Comisión.

Cuando el Estado miembro no haya cumplido una decisión de recuperación y no haya podido demostrar la existencia de una imposibilidad absoluta de cumplirla, la Comisión puede incoar un procedimiento de infracción.

5258.1 **Competencia** (LGT art.5.1 y 260.1) La competencia para la realización de las actuaciones necesarias para la ejecución de las decisiones de recuperación de ayudas de Estado que afecten al ámbito tributario corresponde a la **Administración tributaria**, la cual actúa como ejecutor de una decisión que le viene impuesta por la Comisión Europea, debiendo ajustarse a la normativa comunitaria reguladora de la materia, en particular a los principios de ejecución inmediata y efectiva de la decisión (Rgto (UE) 2015/1589 art.16).

5258.2 **Prescripción** (LGT art.262) Las notas características de la prescripción son las siguientes:
1) **Plazo**. Prescribe a los diez años el derecho de la Administración para determinar y exigir el pago de la deuda tributaria que, en su caso, resulte de la ejecución de la decisión de recuperación.

2) **Cómputo** del plazo. Empieza a contar desde el día siguiente a aquel en que la aplicación de la ayuda de Estado, en cumplimiento de la obligación tributaria objeto de regularización, hubiese surtido efectos jurídicos conforme a la normativa tributaria.
3) **Interrupción** del plazo. Se interrumpe:
- por cualquier actuación de la Comisión o de la Administración tributaria a petición de la Comisión que esté relacionada con la ayuda de Estado;
- por cualquier acción de la Administración tributaria, realizada con conocimiento formal del obligado tributario, conducente al reconocimiento, regularización, comprobación, inspección, aseguramiento y liquidación de la deuda tributaria derivada de aquellos elementos afectados por la decisión de recuperación, o a la exigencia de su pago; o
- por cualquier actuación fehaciente del obligado tributario conducente a la liquidación o pago de la deuda tributaria o por la interposición de los recursos procedentes.
4) **Suspensión** del plazo. Se suspende durante el período de tiempo en que la decisión de recuperación sea objeto de un procedimiento ante el TJUE.

Precisiones **1)** Los principios de primacía y eficacia del Derecho de la UE significan que los Estados miembros y los beneficiarios de las ayudas no pueden invocar el principio de seguridad jurídica, al que responden las instituciones de la **caducidad y la prescripción**, para limitar la recuperación en caso de supuesto conflicto entre el Derecho nacional y el Derecho de la Unión Europea. El Derecho de la Unión Europea prevalece y las normas nacionales deben dejarse sin aplicar o interpretarse de manera que se preserve la eficacia del Derecho de la UE (TS 11-7-24, EDJ 615849).
2) Respecto a los obligados tributarios afectados por la **DANA**, ver nº 3337 s.

Efectos de la ejecución de la decisión de recuperación (LGT art.263) Cuando existiese una **resolución o liquidación previa** practicada por la Administración tributaria en relación con la obligación tributaria afectada por la decisión de recuperación de la ayuda de Estado, la ejecución de dicha decisión ha de determinar la modificación de la resolución o liquidación, aunque sea firme. Como ha establecido el TJUE, la ejecución de las decisiones de recuperación permite modificar actos administrativos firmes, incluso con fuerza de cosa juzgada. El procedimiento a seguir en los supuestos en que existe regularización de la obligación tributaria se trata en nº 5258.9 s. 5258.4
En cuanto a los **intereses de demora**, se han de regir por lo dispuesto en la normativa de la Unión Europea (Rgto 794/2004/CE art.9 a 11).
De acuerdo con dicha normativa, el cálculo de los intereses de demora se rige por los siguientes **criterios**:
- el tipo de recuperación es un tipo de interés compuesto;
- se obtiene de la suma de 100 puntos básicos a un tipo de interés básico que se publica periódicamente en el Diario Oficial de Unión Europea; y
- el interés básico se determina por años naturales, tomando como referencia el vigente a la fecha en que se inicie el cómputo de cada año. Las cantidades pendientes de recuperación devengan intereses desde la fecha en que se pusieron a disposición de los beneficiarios hasta la de su recuperación.
Por ello, **no resulta aplicable** lo establecido en la **LGT** respecto de la no exigencia de intereses de demora desde que se incumple el plazo máximo de duración del procedimiento. A este respecto, la recuperación de ayudas de Estado se rige por la normativa comunitaria, que solo remite a la normativa nacional en relación con el procedimiento, pero no respecto de la cuantificación de la ayuda ni sus intereses.

Imposibilidad de aplazamiento o fraccionamiento de la recuperación (LGT art.65.2.d) Las deudas resultantes de la ejecución de decisiones de recuperación de ayudas de Estado no pueden ser objeto de aplazamiento o fraccionamiento. Las solicitudes de aplazamiento o fraccionamiento que se refieran a estas recuperaciones serán objeto de **inadmisión**, como sucede con el resto deudas tributarias no susceptibles de aplazamiento o fraccionamiento. 5258.5

Recursos contra el acto de ejecución (LGT art.264) La resolución o liquidación derivada de la ejecución de la decisión de recuperación es susceptible de recurso de reposición y, en su caso, de reclamación económico-administrativa, en los términos previstos en la LGT. 5258.6
Si la resolución o liquidación se somete a revisión, sólo cabe la **suspensión** de la ejecución de los actos administrativos mediante la aportación de garantía consistente en depósito de dinero en la Caja General de Depósitos.

Precisiones Para obligados tributarios afectados por la **DANA**, ver nº 3337 s.

2. Procedimiento de recuperación de ayudas de Estado: supuestos

(LGT art.260.3 y 265 a 271; RGGI art.208)

5258.8

Son tres los procedimientos de ejecución de decisiones de recuperación: en función de la naturaleza de los elementos de la obligación tributaria a los que se refiere la decisión, dependiendo de si la ejecución de la decisión influye o no en la **cuantificación o liquidación de la deuda** tributaria, así como aquellos cuyo **origen** no se encuentra en una decisión de la Comisión Europea.

Además, las decisiones de recuperación también se pueden **ejecutar** a través del procedimiento de inspección cuando al obligado tributario se le compruebe también por otras obligaciones u otros elementos de la obligación distintos de aquellos que constituyen el objeto de la decisión de recuperación. En este caso, si la comprobación incluye otras cuestiones diferentes a la recuperación de la ayuda, procede que se separe en liquidaciones diferentes aquellos elementos a los que se refiera la decisión de recuperación y aquellos otros que no estén vinculados a la misma.

a. Existe regularización de los elementos de la obligación tributaria

(LGT art.265 a 268)

5258.9 **Alcance y duración del procedimiento** (LGT art.265) Una vez adoptada la decisión de recuperación de la ayuda por la Comisión Europea, se deben practicar las actuaciones pertinentes con el fin de revisar la obligación tributaria afectada, realizando los ajustes que permitan recuperar las cantidades aplicadas. La aplicación de procedimiento de recuperación en supuestos de regularización de los elementos de la obligación tributaria afectados por la decisión de recuperación, se ha de limitar a la comprobación de aquellos elementos de la obligación a los que se refiere dicha decisión.

Las **actuaciones** que puede realizar la Administración tributaria están limitadas a:

a) El examen de los datos consignados por los obligados tributarios en sus declaraciones y de los justificantes presentados o que se requieran al efecto.

b) El examen de los datos y antecedentes en poder de la Administración tributaria.

c) El examen de los registros y demás documentos exigidos por la normativa tributaria y de cualquier otro libro, registro o documento de carácter oficial, incluida la contabilidad mercantil, así como el examen de las facturas o documentos que sirvan de justificante de las operaciones incluidas en dichos libros, registros o documentos.

d) Los requerimientos de información a terceros.

El órgano actuante puede realizar estas actuaciones en las oficinas de la Administración tributaria o fuera de las mismas, resultando aplicables a las actuaciones de este procedimiento de recuperación las reglas previstas en los nº 1740 s. y nº 1990 s.

La documentación analizada y las actuaciones desarrolladas en el seno de este procedimiento se entienden efectuadas a los solos efectos de determinar la **procedencia** de la recuperación de la ayuda de Estado, sin que impida ni limite la ulterior comprobación de los mismos hechos o documentos, como ocurre, por ejemplo, a raíz de un procedimiento inspector (LGT art.265.4).

Por otra parte, resulta de aplicación el plazo general de **notificación de la resolución** de seis meses (LGT art.104.1). Dicho plazo se ha de contar desde la fecha de notificación del acuerdo de inicio. El **incumplimiento** del plazo máximo de duración del procedimiento de recuperación se rige por las siguientes especialidades:

a) Dicho incumplimiento no determina la **caducidad** del procedimiento, que ha de continuar hasta su terminación. El hecho de que no caduque supone que, una vez excedido el plazo máximo para su conclusión, no se debe iniciar un nuevo procedimiento inspector, sino que este debe continuar hasta su terminación.

b) No se va a considerar interrumpida la prescripción como consecuencia de las actuaciones administrativas desarrolladas durante dicho plazo. En estos casos, la **prescripción** se ha de entender de nuevo interrumpida en el momento en que se realicen actuaciones con posterioridad a la finalización del plazo máximo de duración del procedimiento. La realización de actuaciones con conocimiento formal del obligado tributario después de transcurrido el plazo máximo de duración tiene efectos interruptivos de la prescripción.

Precisiones Para los obligados tributarios afectados por la **DANA**, ver nº 3337 s.

Órganos competentes (LGT art.260.1 y 266.1; AEAT Resol 24-3-92 aptdo. cuatro, cinco y ocho; 13-1-21 aptdo. tercero y decimoquinto -redacc AEAT Resol 5-2-24-; 13-1-21 aptdo. sexto) Es función de la Administración tributaria la realización de las actuaciones necesarias para la **ejecución de las Decisiones** de recuperación de ayudas de Estado que afecten al ámbito tributario. Las normas de organización específica de la Administración tributaria deben determinar el órgano competente para llevar a cabo dicho procedimiento. Así: **5258.10**

1) Corresponde a las **Dependencias Regionales de Inspección** de las Delegaciones Especiales de AEAT llevar a cabo los procedimientos de recuperación de ayudas de Estado en supuestos de regularización de los elementos de la obligación tributaria para aquellos obligados tributarios respecto de los que la DCGC no ejerza su competencia. Dicha competencia se refiere tanto a la Inspección Financiera y Tributaria como a la de Aduanas e Impuestos Especiales, cada una en su ámbito.

2) Corresponde a la **Dependencia de Control Tributario y Aduanero** llevar a cabo los procedimientos de recuperación de ayudas de Estado en supuestos de regularización de los elementos de la obligación tributaria respecto de obligados tributarios adscritos a la DCGC.

Tanto en el ámbito de las Dependencias Regionales de Inspección (Financiera y Tributaria y Aduanas e Impuestos Especiales) como de la DCGC, la firma del acuerdo de inicio y la propuesta de liquidación de los procedimientos tramitados por Equipos o Unidades corresponde a los **Jefes** de los mismos, mientras que corresponde a los **Inspectores Jefe** ordenar el inicio y la resolución de estos procedimientos de recuperación.

Inicio del procedimiento (LGT art.266; RGGI art.208.1) El procedimiento de recuperación en supuestos de regularización de los elementos de la obligación tributaria afectados por la decisión se inicia **de oficio** por la Administración tributaria, la cual debe establecer en sus normas de organización específica el órgano competente para desarrollar este procedimiento (ver nº 5258.10). **5258.11**

La **notificación** a los obligados tributarios del acuerdo de inicio del procedimiento debe realizarse mediante comunicación que debe incluir la naturaleza y alcance de las actuaciones. En concreto, se debe informar al obligado tributario sobre los derechos y obligaciones que le pueden afectar en el curso de tales actuaciones.

Cuando respecto a un mismo obligado tributario se deban efectuar actuaciones en relación con **diferentes decisiones de recuperación**, se puede iniciar un único procedimiento para la ejecución de todas ellas. Si ya se hubiese iniciado un procedimiento de recuperación, en el seno del mismo se pueden realizar las actuaciones de ejecución de otras decisiones de recuperación que afecten a la misma obligación tributaria.

El procedimiento puede ser iniciado mediante la notificación de la **propuesta de liquidación**, cuando los datos en poder de la Administración tributaria sean suficientes para formular dicha propuesta, lo que va a permitir acelerar la tramitación en esos supuestos.

Instrucción del procedimiento (LGT art.267; RGGI art.208.2 a 4) Las actuaciones del procedimiento de recuperación en supuestos de regularización de los elementos de la obligación tributaria afectados por la decisión se han de documentar en las **comunicaciones y diligencias** expuestas en el nº 2130 s. **5258.12**

Los obligados tributarios deben atender a la Administración tributaria y prestar la **debida colaboración** en el desarrollo de sus funciones. El obligado tributario que hubiera sido requerido debe personarse en el lugar, día y hora señalados para la práctica de las actuaciones y debe aportar o tener a disposición de la Administración la documentación y demás elementos solicitados.

En cuanto a las **alegaciones**, con carácter previo a la práctica de la liquidación provisional, la Administración tributaria debe comunicar al obligado tributario la propuesta de liquidación para que, en un plazo de diez días, alegue lo que convenga a su derecho.

Una vez concluido el plazo de alegaciones posterior a la firma de la propuesta de liquidación, el Inspector Jefe dictará el **acto de liquidación** que proceda a la vista de la propuesta, de las alegaciones presentadas, en su caso, por el obligado tributario y de la documentación que obre en el expediente. No obstante, el Inspector Jefe puede acordar:

a) **Rectificar** la propuesta de liquidación por considerar que ha existido error en la apreciación de los hechos o indebida aplicación de la norma jurídica. En este caso ha de notificarse al obligado tributario un acuerdo de rectificación de la propuesta y conceder un plazo de 10 días de alegaciones cuando la rectificación en los casos señalados afecte a cuestiones no alegadas por el obligado tributario durante la tramitación del procedimiento. Transcurrido dicho plazo se dictará la liquidación que corresponda.

b) **Ordenar completar** el expediente en cualquiera de sus extremos. Una vez realizadas estas actuaciones complementarias, el órgano actuante puede decidir modificar la propuesta de liquidación o mantener la propuesta formulada en la propuesta de liquidación. En el primer

caso, se deja sin efecto la propuesta formulada inicialmente y se incoa una nueva propuesta de liquidación que sustituye a todos los efectos a la anterior. Si por el contrario el actuario considera, a la vista del resultado de las actuaciones complementarias realizadas, que debe mantenerse la propuesta inicial, se pondrá de manifiesto de nuevo el expediente al obligado tributario por un plazo de 10 días, contados a partir del día siguiente al de la notificación de la apertura de dicho trámite, tras el cual el Inspector Jefe dictará el acuerdo que corresponda que deberá ser notificado.
Se puede **prescindir del trámite de alegaciones** cuando, tras la comprobación realizada, la resolución señale que no procede regularizar la situación tributaria.

Precisiones Respecto a los obligados tributarios afectados por la **DANA**, ver nº 3337 s.

5258.13 **Terminación del procedimiento** (LGT art.268; RGGI art.208.3) El procedimiento de recuperación en supuestos de regularización de los elementos de la obligación tributaria afectados por la decisión debe terminar de alguna de las siguientes formas:
a) Por **resolución expresa** del órgano competente para liquidar (Inspector Jefe), a la vista de la propuesta de liquidación y, en su caso, de las alegaciones presentadas por el obligado tributario, que debe incluir, al menos, el siguiente contenido: los elementos de la obligación tributaria afectados por la decisión de recuperación y ámbito temporal objeto de las actuaciones, la relación de hechos y fundamentos de derecho que motiven la resolución, y la liquidación provisional o, en su caso, manifestación expresa de que no procede regularizar la situación tributaria como consecuencia de la decisión de recuperación.
Dicho acto de resolución deberá ser notificado al obligado tributario.
b) Por el **inicio de un procedimiento inspector** que incluya el objeto del procedimiento de recuperación.
Respecto de cada obligación tributaria que sea objeto de un procedimiento de recuperación podrá dictarse una única resolución que abarque todo el ámbito temporal objeto de la decisión de recuperación, a fin de que la deuda resultante se determine mediante la suma algebraica de las liquidaciones referidas a los distintos períodos impositivos o de liquidación comprobados (RGGI art.208.6).
Dicha previsión normativa posibilita que la **firma de la resolución** se realice mediante:
- una **única** resolución respecto de todo el ámbito temporal objeto de la comprobación, que incluya tantas liquidaciones como ejercicios o períodos de liquidación comprobados, si bien la deuda resultante de la resolución se determina mediante la suma algebraica de las deudas que resulten de cada una de dichas liquidaciones; o
- **tantas** resoluciones como períodos impositivos o de declaración comprobados.
En el caso de **tramitación simultánea** de un procedimiento de recuperación de ayudas de Estado y de un procedimiento inspector, las liquidaciones que se dicten derivadas de ambos procedimientos tendrán el carácter de provisionales o definitivas que corresponda según lo dispuesto en la LGT (RGGI art.208.5).

Precisiones 1) En las actuaciones de un procedimiento de recuperación dentro de los supuestos en los que existe regularización de los elementos de la obligación tributaria frente a entidades que tributen en **régimen de consolidación fiscal**, resultará de aplicación lo dispuesto en el RGGI sobre comprobación en un procedimiento inspector de entidades que tributan en este régimen (nº 4624 s.), salvo el apartado relativo a los periodos de extensión del plazo del procedimiento inspector (RGGI art.208.7).
2) En el **ámbito de la deuda aduanera** resulta de aplicación la regulación expuesta respecto de los trámites de audiencia o de alegaciones de acuerdo con las especialidades establecidas por la normativa de la UE en relación al derecho a ser oído (RGGI disp.adic.17ª).

5258.14 **Retroacción** (LGT art.268.3) Cuando una resolución judicial aprecie **defectos formales** y ordene la retroacción de las actuaciones administrativas, estas deben finalizar en el período que reste desde el momento al que se retrotraigan las actuaciones hasta la conclusión del plazo de seis meses previsto en la LGT art.104 o en el plazo de tres meses, si este último fuera superior. El citado plazo se ha de computar desde la recepción del expediente por el órgano competente para la reanudación del procedimiento de recuperación de ayudas de Estado.

b. No existe regularización de la obligación tributaria

(LGT art.269 a 271)

5258.15 **Alcance y duración del procedimiento** (LGT art.269 y 271.1) En este caso no se procede a la regularización de ninguna obligación tributaria, a diferencia del procedimiento previsto en nº 5258.9 s.

Para la **ejecución de la decisión** de recuperación, el órgano competente tiene las facultades que se reconocen a la Administración tributaria en materia de recaudación para asegurar o efectuar el cobro de la deuda tributaria (ver nº 1500 s.).
Se establece un **plazo máximo** de duración del procedimiento de recuperación, cuando no implica la regularización de una obligación tributaria, de cuatro meses contados desde la fecha de notificación al obligado tributario del inicio del procedimiento, salvo que la decisión de recuperación establezca un plazo distinto.

Órganos competentes (LGT art.260.1; AEAT Resol 27-5-23 aptdo. tercero y cuarto; 13-1-21 aptdo. séptimo) **5258.16**
Los órganos competentes se organizan de la forma siguiente:
1) Corresponde a las **Dependencias Regionales de Recaudación** de las Delegaciones Especiales de la AEAT la función de llevar a cabo los procedimientos de recuperación de ayudas de Estado en supuestos que tengan origen exclusivamente en actos de recaudación y a los que sea aplicable lo dispuesto en la LGT Título VII Capítulo III, siempre que se trate de obligados tributarios respecto de los que la DCGC no ejerza su competencia. En concreto, es función de:
- los titulares de las **Delegaciones Especiales** de la AEAT: dictar, en relación con los actos que hubiese acordado previamente en el ejercicio de sus competencias o aquellos otros que hubiesen sido dictados por los titulares de las Delegaciones de la AEAT, las resoluciones que procedan en el seno de los procedimientos de recuperación de ayudas de Estado, relativos a los contribuyentes que estén adscritos a la Delegación Especial, cuando tengan su origen exclusivamente en actos de recaudación a los que sea de aplicación lo dispuesto en la LGT Título VII capítulo III, a propuesta del Jefe de Equipo Regional de Recaudación al que se atribuya la tramitación, salvo que se trate de actos que hubiesen sido dictados por el titular del Departamento de Recaudación o que la competencia corresponda al titular de la Dependencia Regional de Recaudación;
- el titular de la **Dependencia Regional de Recaudación**: dictar las resoluciones que procedan en el seno de los procedimientos de recuperación de ayudas de Estado, relativos a los contribuyentes que estén adscritos a la Delegación Especial, en aquellos supuestos que tengan origen exclusivamente en actos de recaudación a los que sea de aplicación lo dispuesto en la LGT Título VII Capítulo III, salvo que se trate de actos que hubiesen sido dictados por el titular del Departamento de Recaudación o que la competencia corresponda al titular de la Delegación Especial; y
- los **Jefes de Equipo Regionales de Recaudación**, previa designación por el titular de la Dependencia Regional de Recaudación, iniciar y tramitar los procedimientos de recuperación de ayudas de Estado que tengan origen exclusivamente en actos de recaudación a los que sea de aplicación lo dispuesto en la LGT Título VII Capítulo III, así como elevar al titular de la Dependencia Regional de Recaudación o al titular de la Delegación Especial las propuestas de resolución que resulten procedentes, sujetándose en este último caso a la previa supervisión del titular de la Dependencia Regional de Recaudación.
2) Corresponde a la Dependencia de Asistencia y Servicios Tributarios llevar a cabo los procedimientos de recuperación de ayudas de Estado en supuestos que tengan origen exclusivamente en actos de recaudación y a los que sea aplicable lo dispuesto en la LGT Título VII, capítulo III respecto de obligados tributarios adscritos a la DCGC. Concretamente, es función de:
- el titular de la **Dependencia de Asistencia y Servicios Tributarios**: dictar las resoluciones que procedan en el seno de los procedimientos de recuperación de ayudas de Estado, relativos a los contribuyentes que estén adscritos a la DCGC, en aquellos supuestos que tengan origen exclusivamente en actos de recaudación y a los que sea de aplicación lo dispuesto en la LGT Título VII Capítulo III, salvo que la competencia para dictar dichos actos de recaudación hubiese correspondido al titular del Departamento de Recaudación o al de la DCGC. En este último supuesto, será el titular de la DCGC el competente para dictar la resolución que proceda; y
- los **Equipos Nacionales de Recaudación**, iniciar y tramitar los procedimientos de recuperación de ayudas de Estado de acuerdo con lo dispuesto en la LGT Título VII Capítulo III que tengan origen exclusivamente en actos de recaudación, así como elevar al titular de la Dependencia de Asistencia y Servicios Tributarios las propuestas de resolución que resulten procedentes.

Inicio del procedimiento (LGT art.270) El procedimiento de recuperación cuando no implica la regularización de una obligación tributaria se inicia **de oficio** por la Administración tributaria. **5258.17**
La **notificación** a los obligados tributarios del acuerdo de inicio del procedimiento debe llevarse a cabo mediante comunicación que debe incluir la naturaleza de las actuaciones y ha de contener la **propuesta de resolución**. Se debe informar al obligado tributario sobre los derechos y obligaciones que le pueden afectar en el curso de tales actuaciones.

5258.18 **Instrucción del procedimiento** (LGT art.270) Tras la comunicación de inicio que contiene la propuesta de resolución, la Administración tributaria debe conceder al obligado tributario un plazo de diez días para que realice las **alegaciones** según convenga a su derecho.

Precisiones Respecto a los obligados tributarios afectados por la **DANA**, ver nº 3337 s.

5258.19 **Terminación del procedimiento** (LGT art.271) El procedimiento de recuperación termina por **resolución expresa** de la Administración tributaria, que debe incluir, al menos, el siguiente contenido:
- el **acuerdo de modificación**, en el sentido de la decisión de recuperación, de la resolución previamente dictada por la Administración o, en su caso, manifestación expresa de que no procede modificación alguna como consecuencia de la decisión de recuperación;
- la relación de **hechos y fundamentos de derecho** que motiven la resolución; y
- la **liquidación** en el supuesto de que la ejecución de la decisión de recuperación determine la exigencia de deuda tributaria, en particular, procedente del devengo de intereses de demora conforme a lo establecido en la LGT art.263.2.

5258.20 **Retroacción** (LGT art.271.3) Cuando una resolución judicial aprecie **defectos formales** y ordene la retroacción de las actuaciones administrativas, estas deben finalizar en el período que reste desde el momento al que se retrotraigan las actuaciones hasta la conclusión del plazo de cuatro meses, o en el plazo de dos meses, si este último fuera superior. El citado plazo se ha de computar desde la recepción del expediente por el órgano competente para la reanudación del procedimiento de recuperación de ayudas de Estado.

c. Supuestos cuyo origen no es una Decisión de la Comisión Europea

(LGT art.260.3)

5258.21 Cuando en cumplimiento del Derecho de la UE resulte procedente exigir el reintegro de cantidades percibidas en concepto de ayudas de Estado que afecten al ámbito tributario, y dicha recuperación no derive de una Decisión de la Comisión Europea, se aplica el mismo régimen que el previsto en la LGT para la ejecución de decisiones de recuperación (nº 5258 s.).
En esta situación estarían las denominadas **ayudas de finalidad regional** en las que corresponde al Estado miembro realizar el control del ajuste a la legalidad del disfrute de aquellas por parte de los obligados tributarios. Entre otras, se encuentran las ayudas regionales de funcionamiento o de inversión prevista en el Rgto UE/651/2014.
En el ámbito nacional, entre estas ayudas estarían las propias del **Régimen Económico y Fiscal de Canarias**. Al amparo de dicho Régimen, entre las ayudas regionales de funcionamiento estarían:
a) El régimen especial de las empresas productoras de bienes corporales regulado en la L 19/1994 art.26.
b) Los incentivos de la Zona Especial Canaria regulados en la L 19/1994 art.43 a 46.
c) La reserva para inversiones en Canarias (L 19/1994 art.27.4.B bis, C y D).
d) Las exenciones de entregas interiores del Arbitrio sobre Importaciones y Entregas de Mercancías en las Islas Canarias (L Canarias 4/2014 art.2.4).
e) Las ayudas al transporte de mercancías comprendidas en el ámbito del RD 147/2019, sobre compensación al transporte marítimo y aéreo de mercancías no incluidas en el Tratado Constitutivo de la Comunidad Europea anexo I, con origen o destino en las Islas Canarias.
En cuanto a las **ayudas regionales a la inversión**, estarían incluidos:
- los incentivos a la inversión (L 19/1994 art.25);
- el régimen de deducción por inversiones en Canarias (L 20/1991 art.94) y otras deducciones (L 19/1994 disp.adic.13ª y 14ª); y
- la reserva para inversiones en Canarias (L 19/1994 art.27.4.A y B).

Precisiones En cuanto al **Régimen Especial de las Illes Balears** (RDL 4/2019), el seguimiento y control de la acumulación de las ayudas obtenidas en virtud de los incentivos aplicables en el marco del mismo, así como de aquellos otros, cualquiera que sea su naturaleza, que tengan la consideración de ayudas de Estado se realizará, en el ámbito de la Administración del Estado, por la AEAT en cuanto a las materias propias de su competencia, sin perjuicio de las que correspondan a otros órganos u organismos del Estado y a otras Administraciones Públicas. En este sentido, la AEAT tiene competencias para regularizar las ayudas obtenidas en cuantía superior a la debida por aplicación de las disposiciones vigentes (RD 710/2024 art.31).

SECCIÓN 7

Procedimientos amistosos

5260

5261 Los procedimientos amistosos constituyen un mecanismo de solución de conflictos entre dos **Administraciones tributarias** cuando la actuación de una o de ambas Administraciones produce, o es susceptible de producir una imposición no conforme con el Convenio para evitar la Doble Imposición (en adelante, CDI) suscrito entre ambos Estados, o puede producir una doble imposición.
La **adaptación de la normativa europea** en la normativa interna sobre procedimientos amistosos se encuentra, principalmente, en el Reglamento de procedimientos amistosos en materia de imposición directa (RD 1794/2008). Para completar la trasposición de la Dir (UE) 2017/1852 al ordenamiento interno en el ámbito de los mecanismos de resolución de litigios fiscales de la Unión Europea, se han aprobado el RDL 3/2020, el RD 399/2021 y recientemente la L 13/2023.

Precisiones 1) Se establecen diversas reglas sobre el **régimen transitorio** en materia de procedimientos amistosos que buscan completar la adecuada transposición de la Dir (UE) 2017/1852. Inicialmente se reguló en el RDL 3/2020 disp.trans.8ª, que ha sido derogado por la L 13/2023. La posterior adaptación se recoge en el RD 399/2021, que establece que los procedimientos amistosos iniciados antes del 10-6-2021, se rigen por la normativa anterior a dicha fecha hasta su conclusión, salvo lo dispuesto a continuación (RD 399/2021 disp.trans.única, ver nº 5305) y recientemente en la L 13/2023, que ha establecido que los procedimientos amistosos iniciados antes del 6-2-2020 (fecha de entrada en vigor de la redacción otorgada por el RDL 3/2020), se han de regir por la normativa anterior a dicha fecha hasta su conclusión, salvo algunas excepciones (LIRNR disp.trans.3ª.1 redacc L 13/2023).
En cuanto a regulación de los mecanismos de resolución de aquellos litigios con **otros Estados miembros de la Unión Europea** prevista en la LIRNR disp.adic.1ª.2 redacc L 13/2023, resulta aplicable a toda solicitud de inicio de dichos mecanismos que se haya presentado a partir del 1-7-2019 respecto de cuestiones objeto de un procedimiento amistoso que se refieran a rentas o patrimonio obtenidos en un ejercicio fiscal que se haya iniciado el 1-12018 o con posterioridad a esta fecha. Asimismo, y siempre que así se acuerde con las autoridades competentes de los Estados miembros afectados, la regulación de tales mecanismos se ha de aplicar a toda solicitud de inicio que se haya presentado a partir del 1-7-2019 respecto de cuestiones objeto del procedimiento amistoso que incluyan rentas o patrimonio obtenidos antes y después del 1-1-2018, teniendo en este caso que estar prevista en el convenio o tratado internacional aplicable la posibilidad de constituir una comisión consultiva (LIRNR disp.trans.3ª.2 redacc L 13/2023).
2) Cuando el problema consiste en que, con el **ajuste** realizado en España, se produce doble imposición porque no se ha realizado el correlativo ajuste en Suiza, el procedimiento adecuado para la resolución de esta fricción es el amistoso, y en tal sentido se debe interpretar la expresión de la norma estatal cuando afirma que «la solicitud es fundada» (AN 28-3-17, EDJ 51304).
3) El recurrente reprocha a la Administración no haber acudido al procedimiento amistoso, pero lo cierto es que tampoco él promovió su iniciación y estaba **legitimado** para hacerlo. La Administración entendió que no era necesario acudir al procedimiento amistoso, y si la recurrente pensaba que lo era, lo que debió hacer es **promover la tramitación** de dicho procedimiento y, en su caso, impugnar la negativa (AN 24-9-20, EDJ 699678).

A. Marco jurídico

(LIRNR disp.adic.1ª -redacc L 13/2023-; RD 1794/2008)

5262 Cuando surgen conflictos con Administraciones de otros Estados en la aplicación de los convenios y tratados internacionales se han de resolver de acuerdo con los procedimientos amistosos previstos en los propios convenios o tratados.
Asimismo, es aplicable a los mecanismos de resolución de aquellos litigios con otros Estados miembros de la UE que se deriven de los convenios y tratados internacionales por los que se dispone la **eliminación de la doble imposición** de la renta y, en su caso, del patrimonio a que se refiere la Dir (UE) 2017/1852. A estos efectos, desde el 26-5-2023, el acuerdo alcanzado de ha de aplicar, con independencia del plazo previsto en el derecho interno.

Se fijan una serie de reglas, entre las que se encuentran las siguientes:
1. La aplicación del acuerdo alcanzado entre ambas Administraciones en el ámbito de un procedimiento amistoso se ha de realizar una vez que el acuerdo adquiera **firmeza**.
El acuerdo adquiere firmeza en la fecha de recepción de la última notificación de las autoridades competentes comunicando, a las autoridades competentes del resto de los Estados afectados, la aceptación por parte de las personas interesadas del contenido del mismo, y su renuncia al derecho a recurrir respecto de los elementos de la obligación tributaria que hayan sido objeto del procedimiento amistoso, en su caso. Si los recursos ya se han iniciado, el acuerdo únicamente adquiere firmeza cuando la persona afectada aporte pruebas, a las autoridades competentes de los Estados miembros afectados, de que se han tomado medidas para poner fin a dichos procedimientos respecto de los elementos de la obligación tributaria que hayan sido objeto del procedimiento amistoso.
2. No puede interponerse **recurso** alguno contra los citados acuerdos, sin perjuicio de los recursos previstos contra el acto o actos administrativos que se dicten en aplicación de dichos acuerdos.
3. El ingreso de la deuda va a quedar **suspendido** automáticamente a instancias del interesado cuando se garantice su importe y los recargos que pudieran proceder en el momento de la solicitud de la suspensión, si bien dicha suspensión no va a resultar posible mientras se pueda solicitar la suspensión en vía administrativa o jurisdiccional. Si los procedimientos amistosos no se refieren a la totalidad de la deuda, la suspensión se ha de limitar al importe afectado por los procedimientos amistosos;
4. Las **garantías** admisibles para obtener la suspensión automática son exclusivamente las siguientes: depósito de dinero o valores públicos, aval o fianza de carácter solidario de entidad de crédito o sociedad de garantía recíproca o certificado de seguro de caución.
5. En el caso de que se simultanee un procedimiento amistoso previsto en los convenios o tratados internacionales con un **procedimiento de revisión** (LGT art.213 a 249), se debe suspender el procedimiento de revisión, exclusivamente respecto de los elementos de la obligación tributaria que sean objeto del procedimiento amistoso, hasta la finalización de este último.
6. Los procedimientos a que se refiere la LIRNR disp.adic.1ª redacc L 13/2023 se rigen por su **normativa** específica y supletoriamente, en cuanto resulte aplicable, por la normativa tributaria.
En desarrollo de lo anterior, ha sido aprobado el Reglamento de procedimientos amistosos en materia de imposición directa (RD 1794/2008) que distingue las siguientes **clases de procedimientos**:
- los procedimientos previstos en los CDI aplicables en España, cuando una persona considere que las medidas adoptadas por uno o ambos Estados implican o pueden implicar una imposición que no esté de acuerdo con el convenio (nº 5269 s.); y
- los procedimientos regulados en el Convenio Europeo de Arbitraje (CDI 90/436/CEE) (en adelante, Convenio 23-7-1990), relativo a la supresión de la doble imposición en caso de corrección de beneficios de empresas asociadas (nº 5290 s.);
- los mecanismos de resolución de aquellos litigios con otros Estados miembros de la UE que se deriven de los convenios y tratados internacionales por los que se dispone la eliminación de la doble imposición de la renta y, en su caso, del patrimonio a que se refiere la Dir (UE) 2017/1852 (nº 5305 s.) (RD 1794/2008 art.1).

5263 Precisiones 1) Existe una remisión a la **vía reglamentaria** respecto al desarrollo de la regulación del procedimiento para la resolución de estos procedimientos amistosos, para la aplicación del acuerdo resultante, así como para la cuestión de la suspensión del ingreso de la deuda.
2) Existen diferencias en la regulación prevista en relación con los procedimientos amistosos previstos en el Convenio 23-7-1990 y los CDI suscritos entre España y otros Estados: mientras en el primero se prevé un plazo para que los afectados se pongan de acuerdo para eliminar la **doble imposición** y, en caso contrario, se prevé la emisión de un dictamen obligatorio para ambos, salvo que se acuerde algo distinto; en los segundos, no hay obligación de resolver ni plazo concreto para resolverlo, no resultando obligatorio llegar a un resultado sino tener la voluntad de alcanzarlo, pese a que en el RD 1794/2008 art.13 sea recogida la posibilidad de que en el convenio aplicable se prevea la creación de una comisión consultiva.
3) En el contexto de un riesgo de doble imposición internacional, una regularización tributaria basada en la declaración de un **conflicto en la aplicación de la norma** (LGT art.15 - antiguo fraude de ley tributaria-), puede determinar -sobre la base de considerar que se discute la aplicación de una norma general antiabuso interna-, la inadmisión de la solicitud de tramitación de un procedimiento amistoso (TS 22-9-21, EDJ 707031), sin que se esté ante un supuesto de subcapitalización necesario para la aplicación del Convenio 23-7-1990 art.6 y 8 relativo a la supresión de la doble imposición en caso de corrección de los beneficios de empresas asociadas (Convenio de Arbitraje de la Unión) (TS 22-9-21, EDJ 707031).

B. Órgano competente

(RD 1794/2008 art.2)

Con carácter general, la competencia se encuentra atribuida a la Dirección General de Tributos (en adelante, DGT). 5264
No obstante, como **excepción**, la competencia es atribuida a la Agencia Estatal de la Administración Tributaria (en adelante, AEAT) respecto a:
- los procedimientos regulados en el Convenio 23-7-1990; y
- los procedimientos previstos en los CDI aplicables en España para eliminar las imposiciones no acordes al convenio, cuando se refieran a aquellos que regulen los beneficios empresariales con establecimiento permanente y las empresas asociadas (precios de transferencia);
- los mecanismos de resolución de litigios a que se refiere la Dir (UE) 2017/1852, cuando se refieran a aquellos que regulen los beneficios empresariales con establecimiento permanente y las empresas asociadas (precios de transferencia).
En los casos de los procedimientos amistosos que sean de **competencia conjunta**, la DGT actúa como órgano coordinador.

Agencia Estatal de la Administración Tributaria Dentro de la AEAT hay que determinar las competencias que le corresponden a cada una de los siguientes Departamentos u Delegaciones: 5265

DEPARTAMENTO O DELEGACIÓN	COMPETENCIAS
a) **Departamento de Inspección Financiera y Tributaria**	
	✓El **inicio**, la **instrucción**, incluyendo la posible designación de **instructor**, y la **resolución** de los procedimientos amistosos.
- Oficina Nacional de Fiscalidad Internacional	✓**Coordinación** de los procedimientos amistosos.
	✓Funciones propias de la autoridad competente en los procedimientos regulados en el Convenio 23-7-1990 y previstos en los CDI suscritos entre España y otro Estado, y en el caso de los mecanismos de resolución de litigios a que se refiere la Dir (UE) 2017/1852 cuando, en ambos casos, se refieran a la aplicación de los artículos de los CDI que regulan los **beneficios empresariales** con establecimiento permanente y las empresas asociadas (AEAT Resol 24-3-92 aptdo.dos.2).
b) **Delegación Central de Grandes Contribuyentes**	
Dependencia de Control Tributario y Aduanero	✓**Ejecución de los acuerdos** resultantes de los procedimientos amistoso cuando afecte a obligados tributarios adscritos a la misma (AEAT Resol 13-1-21 aptdo.sexto.2).
c) **Delegaciones Especiales de la AEAT**	
Dependencias Regionales de Inspección	✓ **Ejecución de los acuerdos** resultantes de los procedimientos amistoso respecto de los obligados tributarios incluidos en el ámbito de su competencia (AEAT Resol 24-3-92 aptdo.cuatro.1).

Precisiones La información detallada sobre las **autoridades competentes** figuran en la página **web de la AEAT**: https://sede.agenciatributaria.gob.es/Sede/otros-procedimientos-tributarios/otros/procedimiento-amistoso-competencia-aeat_/nota-sobre-autoridades-competentes-espana-amistosos.html

C. Régimen de los procedimientos

Dentro del análisis de los procedimientos amistosos se han de distinguir atendiendo a la norma que los regula: 5268
- procedimientos previstos en los CDI aplicables en España para eliminar las imposiciones no acordes con el Convenio (nº 5269 s.);
- procedimientos regulados en el Convenio 23-7-1990 (nº 5290 s.);
- mecanismos de resolución de litigios a que se refiere la Dir (UE) 2017/1852 (nº 5305 s.);

Sin embargo, deben tenerse en cuenta una serie de **disposiciones comunes** a todos ellos:
- derechos y deberes del obligado tributario (nº 5268.1);
- simultaneidad con un procedimiento de revisión (nº 5268.2);
- relación entre los distintos procedimientos amistosos (nº 5268.3).

5268.1 **Derechos y deberes del obligado tributario** (RD 1794/2008 art.3) Los obligados tributarios deben **facilitar a las Administraciones tributarias**, de forma exacta y completa, los datos, informes, antecedentes y justificantes necesarios para solucionar el caso en el plazo concedido para ello.

Los obligados tributarios tienen derecho a iniciar los procedimientos previstos, a ser informados del estado de tramitación y a ser oídos para exponer su caso.

5268.2 **Simultaneidad con un procedimiento de revisión** (RD 1794/2008 art.4) En el caso de concurrencia de un procedimiento amistoso previsto en los convenios o tratados internacionales con un procedimiento de revisión (LGT art.213 a 259), se prevé expresamente la **suspensión** del procedimiento de revisión respecto de los elementos de la obligación tributaria que sean objeto del procedimiento amistoso hasta su finalización (LIRNR disp.adic.1ª.7). En el mismo sentido se prevé en el ámbito jurisdiccional (L 29/1998 disp.adic.9ª.2).

Se **exceptúa**n de esta regla general, los siguientes supuestos:

1. Aquellos en los que la existencia de sanciones excluya el acceso a la **fase arbitral del procedimiento amistoso**, si se ha recurrido la sanción en vía administrativa. En este caso, se impide el acceso a la comisión arbitral del procedimiento amistoso hasta que recaiga resolución firme en vía administrativa o judicial en relación de la sanción (LIRNR disp.adic.1ª.8).
2. Los casos de recursos administrativos o judiciales contra sanciones del Convenio 23-7-1990, en los procedimientos tramitados al amparo del **Convenio Europeo de Arbitraje**. En estos casos, se suspende la tramitación del procedimiento amistoso hasta que recaiga resolución firme en vía administrativa o judicial en relación con la sanción (LIRNR disp.adic.1ª.9).

En ambos supuestos, tienen la consideración de sanciones a estos efectos las señaladas en el nº 5290.

Dado que se suspende el procedimiento de revisión, la autoridad competente debe **comunicar la admisión del inicio del procedimiento amistoso** al órgano administrativo o jurisdiccional que esté conociendo del procedimiento de revisión que afecte a los elementos de la obligación tributaria que son objeto del procedimiento amistoso hasta la finalización de este último.

Precisiones Procede la **suspensión** del curso de los autos desde que se inicie el procedimiento amistoso en materia de imposición directa a que se refiere la LIRNR disp.adic.1ª, hasta que finalice dicho procedimiento amistoso (AN 2-12-19, EDJ 836163).

5268.3 **Relación entre los distintos procedimientos amistosos** (RD 1794/2008 art.5) El obligado tributario debe indicar en la solicitud de inicio el o los procedimientos amistosos que le resultan aplicables.

Si el obligado tributario, durante la tramitación de un procedimiento amistoso distinto del referido a mecanismos de resolución de litigios del nº 5305 s., presenta una solicitud de inicio relativo a la **misma cuestión**, el procedimiento en curso finaliza desde la fecha de la primera recepción de dicha solicitud por cualquiera de las autoridades competentes de los Estados miembros afectados. El **nuevo procedimiento** se entiende iniciado en esta misma fecha.

1. Procedimientos previstos en los CDI aplicables en España para eliminar las imposiciones no acordes con el Convenio

5269 Son procedimientos que inicia un **obligado tributario** cuando considera que un Estado ha adoptado una medida que provoca una imposición no conforme con el convenio, sobre la base del Modelo Convenio de la OCDE (principalmente, Modelo Convenio OCDE art.25), si bien en cada caso concreto, se ha de cumplir lo que disponga el convenio respectivo en la materia.

Los procedimientos amistosos, según hayan sido iniciados ante las diferentes autoridades, presentan una serie de **particularidades** según se trate de:
- procedimiento amistoso iniciado ante las autoridades competente españolas por acciones de la Administración tributaria española (nº 5270 s.);
- procedimiento amistoso iniciado ante las autoridades competentes de otro Estado por acciones de la Administración tributaria española (nº 5280 s.);
- procedimiento amistoso iniciado ante las autoridades competentes de otro Estado por acciones de la Administración tributaria de ese otro Estado (nº 5284 s.);
- procedimiento iniciado ante las autoridades competentes españolas por acciones de la Administración tributaria de otro Estado (nº 5288).

Iniciado ante autoridades competentes españolas por acciones de la Administración tributaria española (RD 1794/2008 art.7 a 17) Se pueden distinguir tres **fases** diferenciadas del procedimiento: 5270
- inicio (nº 5271 s.);
- desarrollo (nº 5274);
- terminación (nº 5276).

Inicio (RD 1794/2008 art.7 a 11) Este procedimiento se inicia mediante **solicitud del obligado tributario**, residente en España en el sentido definido por el correspondiente convenio, cuando considera que la Administración tributaria española ha adoptado una medida que implica o puede implicar para ella una imposición que no conforme con el convenio. Dicha solicitud ha de reunir los siguientes **requisitos**: 5271
- nombre completo, domicilio, número de identificación fiscal y demás datos necesarios para identificar a la persona que presenta la solicitud y a las demás partes implicadas en las transacciones objeto de examen;
- identificación de la Administración tributaria extranjera competente;
- mención del artículo del convenio que el obligado tributario considera que no se ha aplicado correctamente y la interpretación que el propio obligado tributario da a ese artículo; se exige que se explique el motivo por el cual el obligado tributario considera que existe una cuestión objeto del procedimiento;
- identificación de los períodos impositivos o de liquidación afectados;
- descripción detallada de los hechos y circunstancias relevantes relativos al caso. Se deben incluir los datos correspondientes a las relaciones, situaciones o estructura de las operaciones entre las personas afectadas, las cuantías relevantes para el procedimiento amistoso en las monedas de los Estados afectados, así como la naturaleza y la fecha de realización de las actuaciones origen de la cuestión objeto del procedimiento, incluido, si procede, el detalle de la misma renta percibida en el otro Estado afectado y de la inclusión de dicha renta en la base imponible en dicho Estado, y los detalles del impuesto exigido o que se exigirá en relación con dicha renta en el otro Estado afectado;
- identificación de los recursos administrativos o judiciales interpuestos por el solicitante o por las demás partes implicadas, así como cualquier resolución que hubiera recaído sobre la misma cuestión;
- indicación de si el obligado tributario ha presentado una solicitud con anterioridad en el marco de un procedimiento amistoso regulado en el RD 1794/2008 ante cualquiera de las autoridades competentes implicadas sobre la misma cuestión u otra similar;
- declaración en la que se haga constar si la solicitud incluye alguna cuestión que pueda considerarse que forma parte de un procedimiento de acuerdo previo de valoración o de algún procedimiento similar;
- compromiso por parte de la persona que solicita el inicio a responder lo más completa y rápidamente posible a todos los requerimientos hechos por la Administración tributaria y a tener a disposición de la Administración tributaria la documentación relativa al caso;
- fecha y firma de la persona que solicita el inicio o de su representante.

La solicitud para iniciar el procedimiento, dirigida a la autoridad competente, debe presentarse antes de la finalización del **plazo** que disponga el respectivo convenio, contado a partir del día siguiente al de la notificación del acto de liquidación o equivalente que ocasione o pueda ocasionar una imposición no conforme con las disposiciones del convenio.

Además, al escrito de solicitud de inicio debe acompañarse de la siguiente **documentación**:
- copia de todos los documentos justificativos de la información que debe incluirse en la solicitud indicada anteriormente;
- en relación con los ajustes por operaciones vinculadas, la documentación exigida en el RIS art.21;
- copias del acto de liquidación, de su notificación y de los informes de los órganos de inspección o equivalentes en relación con el caso, caso de existir;
- copia de cualquier resolución o acuerdo emitido por la Administración del otro Estado que afecte a este procedimiento;
- acreditación de la representación, en caso de que se actúe por medio de representante.

El escrito dirigido a la autoridad competente debe presentarse en el **registro** general de la Administración a la que pertenezca la autoridad competente. Se debe **acusar recibo** de la solicitud de inicio a la persona que la ha presentado en el plazo de dos meses a partir de la fecha en que aquella haya tenido entrada en su registro, así como **informar** de esta recepción a las autoridades competentes de los demás Estados afectados en el plazo de cuatro semanas a partir de esa misma fecha.

5272 Se recoge la posibilidad de llevar a cabo la **subsanación** de la solicitud de inicio si la autoridad competente lo considera preciso. En el plazo de tres meses desde la fecha en que la solicitud de inicio haya tenido entrada en su registro, se puede requerir al solicitante que subsane los errores o complete la documentación incorporada a la solicitud. Además, se pueden solicitar **aclaraciones** para resolver cualquier duda que se plantee en el examen de la documentación citada, así como cualquier información adicional. El obligado tributario solicitante dispone de un plazo de tres meses, contado desde el día siguiente al de la notificación del requerimiento, para aportar la documentación o subsanar los errores. La falta de atención del requerimiento conlleva el archivo de las actuaciones y se va a tener por no presentada la solicitud.

La autoridad competente dispone de un **plazo** de seis meses desde la fecha de la recepción de la solicitud, o de la información o documentación aportada a raíz del requerimiento, para acordar la **admisión o inadmisión** de la solicitud de inicio. La decisión se debe notificar al obligado tributario y a las autoridades competentes de los demás Estados afectados. En el caso de que no haya sido notificada ninguna decisión al respecto, opera el silencio positivo considerándose por tanto admitida la solicitud.

En los siguientes supuestos en los que la **autoridad española** competente considere que la solicitud es fundada se entiende que se produce el **inicio** de un procedimiento amistoso:

- cuando por si misma pueda encontrar una solución;
- cuando, aunque no pueda encontrar por sí misma una solución, le comunique a la autoridad competente del otro Estado que se ha admitido el inicio del procedimiento dentro del plazo, adjuntando la documentación del caso.

Por el contrario, entre los supuestos de **denegación** de forma motivada del inicio del procedimiento amistoso se encuentran los siguientes:

- que no exista un convenio aplicable con artículo relativo al procedimiento amistoso;
- que la solicitud se haya presentado fuera del plazo regulado en el convenio o se presente por persona no legitimada;
- que no proceda iniciar un procedimiento amistoso por ser una cuestión de derecho interno y no una divergencia o discrepancia en la aplicación del convenio;
- que la solicitud se refiera a la apertura de un nuevo procedimiento sobre una cuestión que ya hubiera sido objeto de otro procedimiento amistoso planteado con anterioridad por el mismo obligado tributario y sobre el cual se hubiese alcanzado un acuerdo entre ambas autoridades competentes o sobre el que hubiera desistido el obligado tributario;
- que el requerimiento de subsanación y de completar la información haya sido contestado en plazo, pero no se entiendan subsanados los defectos o aportada la documentación requerida.

Precisiones Una regularización tributaria basada en la declaración de un **conflicto en la aplicación de la norma** previsto en la legislación doméstica puede determinar, sobre la base de considerar que se discute la aplicación de una norma general antiabuso interna, la inadmisión de la solicitud de tramitación de un procedimiento amistoso interpretado a la luz del CDI España-Alemania art.24 (TS unif doctrina 22-9-21, EDJ 707031).

5274 **Desarrollo** (RD 1794/2008 art.2, 12 y 13) Con carácter general, la **instrucción** del procedimiento le corresponde a la DGT, salvo en los casos de aplicación de los CDI que regulan los beneficios empresariales con establecimiento permanente y las empresas asociadas, que corresponde a la AEAT, en concreto a la Oficina Nacional de Fiscalidad Internacional (AEAT Resol 24-3-92 aptdo.dos.2). En aquellos casos en los que la instrucción la corresponda de manera conjunta a la DGT y a la AEAT, la **coordinación** la corresponde a la DGT. La posición española se ha de fijar conjuntamente por las dos autoridades competentes.

Para la fijación de la **posición española**, la autoridad competente puede solicitar la documentación y los informes que considere pertinentes que deben ser remitidos en el plazo de tres meses. Si se solicita **información adicional** por la autoridad competente, el obligado tributario dispone de un plazo de 10 días para su aportación, salvo que se especifique un plazo distinto en el requerimiento. Este plazo puede ampliarse en cinco días a solicitud del obligado tributario. La falta de atención del requerimiento puede determinar la terminación del procedimiento.

La autoridad competente española ha de elaborar una **propuesta inicial** sobre el caso que se debe comunicar a la autoridad competente del otro estado. Las autoridades competentes pueden intercambiar tantas propuestas como sean necesarias para intentar alcanzar u acuerdo.

Cuando el convenio prevea la creación de una **comisión consultiva**, si no se alcanza un acuerdo en el período establecido en el mismo, el obligado tributario puede solicitar la constitución de dicha comisión consultiva por las autoridades competentes para que adopte una decisión sobre las cuestiones pendientes. Dicha comisión se ha de regir por lo previsto en el CDI respectivo y por los requisitos que se pacten de forma bilateral en aquellos convenios en los que se regule su existencia. Las autoridades competentes, a la vista de la decisión de la comisión consultiva, han de alcanzar un acuerdo sobre todas las cuestiones planteadas en el caso.

Terminación (RD 1794/2008 art.14 a 17) Se recogen varios supuestos por los que se puede entender terminado el procedimiento: 5276

1) Desistimiento. Los obligados tributarios pueden desistir del procedimiento mediante escrito dirigido a la autoridad competente con el cual se va a dar por finalizado el procedimiento y se va a acordar el archivo de las actuaciones. Cuando existan varios obligados tributarios, el desistimiento va a afectar solo a aquellos que lo hubiesen formulado.

El acuerdo de **archivo de actuaciones** se debe comunicar a la autoridad competente del otro Estado.

2) Acuerdo de la **autoridad competente española**. El procedimiento amistoso puede terminar mediante acuerdo de dicha autoridad, cuando considere que por sí misma puede encontrar una solución (RD 1794/2008 art.11.3.a), de acuerdo con lo previsto en relación con los acuerdos entre las autoridades competentes de los Estados implicados (nº 5277).

3) Acuerdo entre las **autoridades competentes de los Estados implicados**. En estos casos los acuerdos pueden consistir a su vez en: 5277

a) **No eliminación de la doble imposición** o la imposición no acorde con el convenio. Este acuerdo se ha de referir a alguna de las siguientes causas:

- los actos objeto del procedimiento no puedan modificarse por haber prescrito conforme a la normativa interna y el convenio aplicable;
- las autoridades competentes mantengan distintas interpretaciones del Convenio por divergencias en las legislaciones internas respectivas;
- el obligado tributario no facilite la información y documentación necesaria para solucionar el caso o cuando se produzca la paralización del procedimiento por causas atribuibles al mismo;
- el obligado tributario no acepte el acuerdo de eliminar la doble imposición o la imposición no acorde con el convenio;
- existencia de una sentencia firme de un tribunal español u otra decisión equivalente de un tribunal de otro estado afectado, siempre que se cumplan determinadas condiciones.

Contra el acuerdo de terminación del procedimiento no puede interponerse recurso alguno, sin perjuicio de los **recursos** que procedan contra el acto o actos administrativos que se dicten en aplicación de dichos acuerdos.

b) **Eliminación de la doble imposición** o la imposición no acorde con el convenio. Dicho acuerdo se aplica siempre que, en el plazo de sesenta días naturales a partir del día siguiente a su notificación, se produzca la **aceptación** del acuerdo por el obligado tributario y renuncie a su derecho a recurrir o desista de los recursos pendientes que pudiera tener presentados respecto a las cuestiones solucionadas por este procedimiento.

El acuerdo que alcancen las autoridades se debe notificar al obligado tributario.

Se considera que el obligado tributario ha **rechazado** el acuerdo entre autoridades competentes, cuando aquel, tras su notificación:

- formaliza un escrito en el que queda constancia de su disconformidad con el contenido del acuerdo;
- no acepta expresamente el contenido del mismo en el plazo de sesenta días naturales a partir del día siguiente a la notificación del acuerdo;
- no renuncia al derecho a recurrir respecto de las cuestiones solucionadas por el procedimiento amistoso o, en su caso, no se desiste de los recursos pendientes en el plazo de sesenta días naturales a partir del día siguiente a la notificación del acuerdo.

La autoridad competente debe comunicar este rechazo a las autoridades competentes de los demás Estados afectados, y considerar el caso cerrado.

La aplicación del acuerdo alcanzado se realiza una vez que el acuerdo adquiera **firmeza**, que se produce en la fecha de recepción de la última notificación de las autoridades competentes comunicando a las autoridades competentes del resto de los Estados afectados la aceptación por parte de las personas interesadas del contenido del mismo y su renuncia al derecho a recurrir. Si los recursos ya se hubieran iniciado, el acuerdo adquiere firmeza una vez que la persona afectada aporte pruebas de que se han tomado medidas para poner fin a dichos procedimientos (LIRNR disp.adic.1ª.3).

El acuerdo entre las autoridades competentes no sienta **precedente**.

Una vez que el acuerdo adquiere firmeza ha de ser comunicado en el plazo de un mes a la Administración tributaria española competente para que lleve a cabo su **ejecución**, que puede ser de oficio o a instancia del interesado. 5278

El **órgano competente** para la ejecución en el ámbito de la Inspección es la Dependencia de Control Tributario y Aduanero adscrita a la Delegación Central de Grandes Contribuyentes o las Dependencias Regionales de Inspección.

La ejecución del acuerdo por la Administración tributaria española competente se ha de realizar mediante la práctica de una **liquidación** por cada período impositivo objeto del procedimiento amistoso, teniendo en cuenta la normativa vigente en cada uno de los períodos. Como excepción, en los impuestos en los que no exista un período impositivo, la aplicación del acuerdo se ha de realizar mediante la práctica de una liquidación correspondiente al momento del devengo de cada hecho imponible objeto del procedimiento amistoso. No obstante, la Administración tributaria puede dictar un único acto con todas las liquidaciones derivadas del procedimiento amistoso a fin de que la cantidad resultante se determine mediante la suma algebraica de dichas liquidaciones.
Si en relación con la misma obligación tributaria objeto del procedimiento amistoso existiese una **liquidación previa** practicada por la Administración tributaria española, la ejecución del acuerdo va a determinar la modificación, o en su caso, anulación de dicha liquidación.
En la liquidación resultante de la ejecución del acuerdo son exigibles los **intereses de demora** devengados sobre la deuda derivada de dicha ejecución.

5280 **Iniciado ante autoridades competentes de otro Estado por acciones de la Administración tributaria española** (RD 1794/2008 art.18) Se pueden distinguir las siguientes **fases** del procedimiento:
- inicio (nº 5281);
- desarrollo y terminación (nº 5282).

5281 **Inicio** (RD 1794/2008 art.18.1 y 2) Están **legitimados** para solicitar el inicio de este procedimiento:
- cualquier persona que sea residente en ese otro Estado en el sentido definido por el convenio y que considere que las medidas adoptadas por la Administración española implican o pueden implicar para ella una imposición que no esté de acuerdo con las disposiciones del citado convenio;
- las personas nacionales del otro Estado que consideren que se ha producido un supuesto de discriminación en el sentido definido en los propios convenios.
La autoridad competente española puede:
- **rechazar** la admisión de la solicitud en los casos recogidos en el nº 5272;
- formular los requerimientos de **subsanación y mejora** (nº 5272) desde la fecha en que tenga conocimiento de la presentación de la solicitud.

5282 **Desarrollo y terminación** (RD 1794/2008 art.18.3 y 20) Resultan aplicables las mismas reglas recogidas en el nº 5274 s., con la única particularidad de que cuando el procedimiento amistoso se haya iniciado en el otro Estado, la autoridad competente española debe comunicar a la otra autoridad competente la fecha de recepción de la documentación relacionada con el caso. Dicha fecha es la de inicio del cómputo del período para poder acceder a la comisión consultiva.

5284 **Iniciado ante autoridades competentes de otro Estado por acciones de la Administración tributaria de ese otro Estado** (RD 1794/2008 art.19 a 21) Se pueden distinguir las siguientes **fases** del procedimiento:
- inicio (nº 5285);
- desarrollo y terminación (nº 5286).

5285 **Inicio** (RD 1794/2008 art.19.1) Están **legitimados** para solicitar el inicio de este procedimiento cualquier persona que sea residente en el otro Estado en el sentido definido por el correspondiente convenio y que considere que las medidas adoptadas por la Administración tributaria del citado Estado implican o pueden implicar para ella una imposición que no esté de acuerdo con las disposiciones del citado convenio.
La autoridad competente española puede:
- **rechazar** la admisión de la solicitud por alguna de las causas del nº 5272;
- formular los requerimientos de **subsanación y mejora** (nº 5272) desde la fecha en que tenga conocimiento de la presentación de la solicitud.

5286 **Desarrollo y terminación** (RD 1794/2008 art.19.2, 20 y 21) Resultan aplicables las mismas reglas recogidas en el nº 5274 s., teniendo en cuenta las siguientes particularidades:
- cuando el procedimiento amistoso se haya iniciado en el otro Estado, la autoridad competente española debe comunicar a la otra autoridad competente la fecha de **recepción de la documentación** relacionada con el caso, dado que dicha fecha va a ser la de inicio del cómputo del período para poder acceder a la comisión consultiva;
- una vez recibida la propuesta del otro Estado, la autoridad competente española debe elaborar su **posición** sobre el caso que se ha de comunicar a la autoridad competente del otro Estado. Para ello, la autoridad competente puede solicitar la documentación y los informes que se consideren pertinentes, los cuales tienen que ser remitidos en un plazo de tres meses desde la recepción de la solicitud.

Iniciado ante autoridades competentes españolas por acciones de la Administración tributaria de otro Estado (RD 1794/2008 art.22) Están **legitimadas** para solicitar el inicio de este procedimiento las siguientes personas: 5288
- cualquier persona residente en España en los términos recogidos en el convenio y que considere que las medidas adoptadas por la Administración tributaria del otro Estado implican o pueden implicar para ella una imposición que no esté de acuerdo con las disposiciones del citado convenio;
- las personas de nacionalidad española que consideren que se ha producido un supuesto de discriminación en el sentido definido en los propios convenios.

En cuanto a las **reglas generales** aplicables al inicio, desarrollo y terminación del procedimiento, ver nº 5271 s.

No obstante, en este caso también se prevé que, una vez recibida la propuesta del otro Estado, la autoridad competente española debe elaborar su **posición** sobre el caso, siendo aplicable lo expuesto al respecto en el nº 5286.

2. Procedimientos regulados en el Convenio Europeo de Arbitraje

(Convenio 23-7-1990; RD 1794/2008 art.23 a 36)

Estos procedimientos resultan aplicables cuando, a efectos impositivos, los resultados incluidos en los **beneficios de una empresa** de un Estado contratante también se encuentran incluidos o se van a incluir probablemente en los beneficios de una empresa de otro Estado contratante, no habiéndose respetado los principios previstos en el Convenio 23-7-1990 art.4. No se tramita este procedimiento, si las empresas de las que se trate, mediante actos que den lugar a una corrección de los beneficios, han sido objeto de una **sanción grave**, en los términos del citado Convenio, con carácter firme. En España tienen esta consideración las siguientes penas y sanciones (LIRNR disp.adic.1ª.10): 5290
- las penas por delitos contra la Hacienda Pública (CP art.305 y 305 bis);
- las sanciones por las infracciones a que se refiere la LGT art.191, 192 y 193 cuando concurra algún criterio de calificación de la LGT art.184;
- las sanciones por infracciones establecidas por la LIS art.18.13.2ª, cuando concurra algún criterio de calificación de la LGT art.184. A estos efectos, las referencias en esta última disposición a las declaraciones deben entenderse realizadas a la documentación de precios de transferencia.

Por el contrario, no tienen tal consideración, las sanciones impuestas por infracción derivada de la presentación de **documentación incompleta** cuando no dificulten gravemente la cuantificación o determinación del valor de mercado.

En el caso de que se trate de **sanciones no firmes**, el procedimiento, una vez iniciado, queda suspendido automáticamente por la interposición de cualquier recurso o reclamación en vía administrativa o en vía contencioso-administrativa contra las sanciones impuestas, desde la interposición del primer recurso que proceda hasta que se dicte resolución o sentencia firme que resuelva con carácter definitivo si procede o no la imposición de la sanción.

El obligado tributario está obligado a comunicar a la autoridad competente, en el **plazo** de un mes, tanto la interposición del recurso como la resolución o sentencia definitiva, contado desde el día siguiente al de la interposición o al de la notificación de la resolución o sentencia, respectivamente.

Se han de distinguir entre los siguientes procedimientos atendiendo a la autoridad ante la que se han iniciado:
- procedimiento iniciado ante las autoridades competente españolas por acciones de la Administración tributaria española (nº 5292 s.);
- procedimiento iniciado ante las autoridades competentes de otro Estado por acciones de la Administración tributaria española (nº 5298 s.);
- procedimiento iniciado ante las autoridades competentes de otro Estado por acciones de la Administración tributaria de ese otro Estado (nº 5302);
- procedimiento iniciado ante las autoridades competentes españolas por acciones de la Administración tributaria de otro Estado (nº 5303).

Iniciado ante autoridades competentes españolas por acciones de la Administración tributaria española (RD 1794/2008 art.24 a 33) Se pueden distinguir tres **fases** diferenciadas del procedimiento: 5292
- inicio (nº 5293);
- desarrollo (nº 5295);
- terminación (nº 5296).

5293 **Inicio** (RD 1794/2008 art.24 a 29) Este procedimiento es iniciado por las **empresas residentes** y los **establecimientos permanentes** situados en el territorio español de una empresa residente en otro Estado miembro que haya suscrito el Convenio 23-7-1990 y que se encuentre en alguna de estas situaciones (Convenio 23-7-1990 art.4):
- cuando una empresa de un Estado contratante participe directa o indirectamente en la **dirección**, el **control o** el **capital** de una empresa de otro Estado contratante, o las mismas personas participen directa o indirectamente en la dirección, el control o el capital de una empresa de un Estado contratante y de una empresa de otro Estado contratante. Si las dos empresas, en sus relaciones comerciales o financieras se encuentran vinculadas por condiciones acordadas o impuestas que difieran de las que se acordarían entre empresas independientes, los beneficios que se hubiesen podido tener por una de las empresas si no se hubiesen dado dichas condiciones, se van a poder incluir y ser gravados consecuentemente;
- cuando una empresa de un Estado contratante ejerciere su actividad en otro Estado contratante a través de un **establecimiento permanente** que esté situado en este último. A dicho establecimiento permanente le son atribuidos los beneficios que hubiese podido realizar si hubiera constituido una empresa diferente que hubiera ejercido idénticas o análogas actividades en condiciones idénticas o análogas y que hubiera tratado con total independencia con la empresa de la que fuere establecimiento permanente.

Dicho procedimiento se ha de iniciar mediante **solicitud**, consistente en un escrito dirigido a la autoridad competente, el cual se ha de presentar antes de que haya transcurrido el **plazo** de tres años contados desde el día siguiente al de la notificación del acto de liquidación tributaria o medida equivalente que produzca o pueda producir doble imposición. Dicha solicitud ha de reunir los **requisitos** del nº 5271 -a excepción del relativo a la mención del artículo del convenio que el obligado tributario considera que no se ha aplicado correctamente y la interpretación que el propio obligado tributario da a ese artículo-, debiéndose además indicar en este caso si los Estados contratantes están afectados.

Además, al escrito de solicitud de inicio debe acompañarse la **documentación** del nº 5271, junto con la descripción por parte de la empresa de las razones que le amparan para sostener que no se han respetado los principios establecidos en el Convenio 23-7-1990 art.4 y la comunicación de si se ha impuesto una sanción aunque no tenga carácter definitivo. En el caso de que la **sanción** se haya impuesto con posterioridad a la solicitud de inicio, el obligado tributario debe comunicar a la autoridad competente, en el plazo de un mes, la imposición de la sanción aunque no tenga carácter definitivo.

5294 Se recoge la posibilidad de llevar a cabo la **subsanación** de la solicitud de inicio si la autoridad competente lo considera preciso en las mismas condiciones que las recogidas en el nº 5272.

Se entiende que procede el **inicio** del procedimiento amistoso en los siguientes supuestos, al considerar la **autoridad española** competente que la solicitud es fundada (RD 1794/2008 art.28.2):
- cuando por si misma pueda encontrar una solución;
- cuando, aunque no pueda encontrar por sí misma una solución, le comunique a la autoridad competente del otro Estado que se haya admitido el inicio del procedimiento dentro del plazo, adjuntando la documentación del caso. Asimismo, se tiene que señalar la **fecha** de inicio del cómputo del período de dos años para alcanzar un acuerdo, transcurrido el cual, si las autoridades competentes no han alcanzado un acuerdo, se ha de constituir la comisión consultiva.

La decisión de **admisión** se ha de notificar al obligado tributario, en la que se ha de indicar igualmente la fecha de inicio del período de dos años.

Por el contrario, entre los supuestos de **denegación** de forma motivada del inicio del procedimiento amistoso se encuentran los siguientes (RD 1794/2008 art.28.1):
- cuando no se cumplan los principios recogidos en el Convenio 23-7-1990 art.4;
- cuando la solicitud no se haya presentado dentro de los límites temporales recogidos en el Convenio 23-7-1990 o se presente por persona no legitimada;
- cuando se haya impuesto con carácter firme una sanción grave en los términos definidos en el Convenio 23-7-1990. En España tienen esta consideración las penas y sanciones señaladas en el nº 5290.

No obstante, cuando se interponga **recurso** administrativo o contencioso-administrativo, el inicio del cómputo del período de dos años o su interrupción se empieza a contar a partir de la fecha en que sea firme la resolución dictada en última instancia en el marco de esos recursos (Convenio 23-7-1990 art.7).

5295 **Desarrollo** (RD 1794/2008 art.24 y 30 a 32) Con carácter general, la **instrucción** del procedimiento le corresponde a la AEAT, en concreto a la Oficina Nacional de Fiscalidad Internacional (RD 1794/2008 art.2; AEAT Resol 24-3-92 aptdo.dos.2).

La autoridad competente en España debe elaborar una **propuesta española inicial** sobre el caso, y comunicársela a la autoridad competente del otro Estado.
Si las autoridades competentes no llegan a un acuerdo por el que se evite la doble imposición en el plazo de dos años, contado a partir de la fecha en que se inicie su cómputo, esto es, la fecha de notificación del acto de liquidación tributaria o medida equivalente; o la fecha en la que la autoridad competente recibe la solicitud de inicio acompañada de toda la información y documentación, han de constituir una **comisión consultiva** (nº 5274) que se va a encargar de emitir un dictamen sobre la forma de suprimir la doble imposición dentro del plazo de los seis meses siguientes a la fecha en que haya sido consultada. A estos efectos, se considera como fecha de consulta, la fecha a partir de la cual la comisión ha recibido toda la documentación e información relevante de los Estados implicados.
En su caso, las autoridades competentes pueden acordar un período diferente, con la aprobación de las empresas asociadas interesadas.

Terminación (RD 1794/2008 art.24 y 33) Con carácter general, se regula en los mismos términos previstos para los procedimientos previstos en los CDI aplicables en España para eliminar las imposiciones no acordes al convenio, tanto a efectos de las causas (nº 5276) -a excepción de la causa de terminación que se refiere al acuerdo entre las autoridades competentes de los Estados implicados (nº 5277)-, como del acuerdo y sus efectos (nº 5278). **5296**
En el caso concreto de la causa de terminación que hace referencia al **acuerdo común entre las autoridades competentes** de los Estados implicados de eliminar la doble imposición, se ha de llevar a cabo mediante una decisión que garantice la supresión de la doble imposición en un plazo de seis meses contado a partir de la fecha en que la comisión consultiva haya emitido el dictamen. El acuerdo adoptado puede apartarse del dictamen de la comisión consultiva. No se admite la interposición de recurso alguno contra el acuerdo de las autoridades competentes ni, en su caso, contra el dictamen, sin perjuicio de los recursos que procedan contra el acto o actos administrativos que se dicten en aplicación de dicho acuerdo o dictamen.

Iniciado ante autoridades competentes de otro Estado por acciones de la Administración tributaria española (RD 1794/2008 art.34) Se pueden distinguir las siguientes **fases** diferenciadas del procedimiento: **5298**
- inicio (nº 5299);
- desarrollo y terminación (nº 5300).

Inicio (RD 1794/2008 art.4 y 34.1 y 2) Este procedimiento se inicia a solicitud las **empresas residentes** del otro Estado miembro y los **establecimientos permanentes** situados en el territorio del otro Estado miembro de una empresa residente en otro Estado miembro siempre y cuando el otro Estado miembro haya suscrito el Convenio 23-7-1990 y que se encuentren, además de en las situaciones del nº 5293, en aquellas en la que la empresa considere que no se han respetado los principios del Convenio 23-7-1990 art.4, con independencia de los recursos previstos en el derecho interno de los Estados contratantes de que se trate, y presente su caso a la autoridad competente del Estado contratante del que fuere un residente o en el que se hallare situado su establecimiento permanente (Convenio 23-7-1990 art.4 y 6). **5299**
La autoridad competente española puede **rechazar** la admisión de la solicitud en los casos previstos en el nº 5294.

Desarrollo y terminación (RD 1794/2008 art.34.3) Con carácter general, el desarrollo y terminación de este procedimiento se rige por las mismas reglas aplicables al procedimiento iniciado ante las autoridades competentes españolas por acciones de la Administración tributaria española (nº 5274), con alguna **especialidad** en lo referente a la comisión consultiva y a la terminación del procedimiento mediante acuerdo de no eliminación de la doble imposición o la imposición no acorde con el convenio cuando los actos objeto del procedimiento no puedan modificarse por haber prescrito, o cuando las autoridades competentes mantengan distintas interpretaciones del convenio por divergencias en las legislaciones internas respectivas (nº 5277). **5300**

Iniciado ante las autoridades competentes de otro Estado por acciones de la Administración tributaria de ese otro Estado (RD 1794/2008 art.35) En relación con el **inicio** del procedimiento, ver nº 5299. **5302**
En cuanto al **desarrollo y ejecución** del procedimiento, ver nº 5274 s., excepto lo relativo a la comisión consultiva y a la terminación del procedimiento mediante acuerdo de no eliminación de la doble imposición o la imposición no acorde con el convenio cuando los actos objeto del procedimiento no puedan modificarse por haber prescrito, o cuando las autoridades competentes mantengan distintas interpretaciones del convenio por divergencias en las legislaciones internas respectivas (nº 5277). Asimismo, se aplican las especialidades del RD 1794/2008 art.21 y 31 a 33 (ver nº 5286 y nº 5295 s.).

5303 **Iniciado ante las autoridades competentes españolas por acciones de la Administración tributaria de otro Estado** (RD 1794/2008 art.36) Resultan aplicables las mismas reglas previstas para el **inicio, desarrollo y terminación** del procedimiento iniciado ante las autoridades competentes españolas por acciones de la Administración tributaria española (nº 5293 s.), excepto lo relativo a la autoridad española que elabora una propuesta inicial sobre el caso (nº 5295). Asimismo, se aplican las **especialidades** del RD 1794/2008 art.21 -posición española, nº 5286-.

3. Mecanismos de resolución de litigios fiscales en la Unión Europea

(RD 1794/2008 art.37 a 57)

5305 Recogido en la Dir (UE) 2017/1852, y traspuesto a nuestro ordenamiento con efectos 10-6-2021, el procedimiento se divide en las siguientes **fases**:
- inicio (nº 5306 s.);
- desarrollo (nº 5310 s.);
- terminación y ejecución (nº 5313 s.).

Precisiones **1)** Los procedimientos amistosos iniciados **antes del 10-6-2021**, se rigen por la normativa anterior a dicha fecha hasta su conclusión, salvo lo dispuesto a continuación (RD 399/2021 disp.trans.única):

a. La regulación de los mecanismos de resolución de aquellos litigios con otros Estados miembros de la Unión Europea a que se refiere la LIRNR disp.adic.1ª.2, es aplicable a las solicitudes de inicio de mecanismos presentadas a partir de 1-7-2019, respecto a cuestiones objeto de un procedimiento amistoso que se refieran a rentas o patrimonio obtenidos en un ejercicio fiscal iniciado el **1-1-2018** o con posterioridad a esa fecha.

b. Siempre que así se acuerde con las autoridades competentes de los Estados miembros afectados, la regulación de tales mecanismos es aplicable a toda solicitud de inicio que se haya presentado **a partir del 1-7-2019** respecto de cuestiones objeto del procedimiento amistoso que incluyan rentas o patrimonio obtenidos antes y después del 1-1-2018. En este último supuesto, se exige que en el convenio o tratado internacional esté prevista la posibilidad de constituir una comisión consultiva.

c. A los **procedimientos pendientes** de terminación a fecha de 10-6-2021, les resulta de aplicación lo dispuesto en el RD 1794/2008 art.16.4 y 5, respecto a la aceptación o rechazo del acuerdo entre autoridades competentes por el obligado tributario (nº 5277).

2) Respecto al **IRNR** y al objeto de completar la adecuada transposición de la Dir (UE) 2017/1852, se ha establecido un régimen transitorio según el cual, los procedimientos amistosos **iniciados antes del 6-2-2020**, se regirán por la normativa anterior a dicha fecha hasta su conclusión, salvo algunas excepciones -nº 5261- (LIRNR disp.trans.3ª).

5306 **Inicio** (RD 1794/2008 art.37 a 40) Está **legitimado** para solicitar el inicio de este mecanismo todo obligado tributario que sea persona residente en España u otro Estado miembro, cuya tributación se vea afectada directamente por las medidas adoptadas por España o por otro u otros Estados miembros, que impliquen o puedan implicar una imposición no acorde con las disposiciones de los convenios o tratados internacionales aplicables a España por los que se dispone la eliminación de la doble imposición de la renta y, en su caso, del patrimonio.

El obligado tributario debe presentar la **solicitud** en el plazo de tres años desde el día siguiente a la notificación del acto de liquidación o medida equivalente que implique o pueda implicar una imposición no acorde con las disposiciones de los convenios o tratados internacionales aplicables a España por los que se dispone la eliminación de la doble imposición de la renta y, en su caso, del patrimonio.

5307 El inicio de este procedimiento se rige por las mismas reglas aplicables al procedimiento amistoso iniciado ante las autoridades competentes españolas por acciones de la Administración tributaria española (nº 5271 s.) con las siguientes **especialidades**:

a) El obligado tributario debe **dirigir la solicitud**, simultáneamente y con la misma información, al resto de las autoridades competentes afectadas. Como excepción, cuando se trate de obligados tributarios que sean particulares o no sean una empresa grande y no formen parte de un grupo grande (RD 1794/2008 art.57), la solicitud de inicio puede presentarse únicamente a la autoridad competente española, que en el plazo de dos meses contados a partir de la fecha de la entrada en su registro de dicha solicitud, debe enviar simultáneamente una notificación a las autoridades competentes de los demás Estados miembros afectados.

b) En la notificación entre autoridades competentes, la autoridad competente ha de informar asimismo de la **lengua** o lenguas que se propone utilizar en sus comunicaciones durante los procedimientos pertinentes.

c) El solicitante que reciba un requerimiento de **subsanación o mejora** debe enviar simultáneamente a las autoridades competentes de los demás Estados afectados una copia de su respuesta. Cuando el obligado tributario sea un particular o no sea una empresa grande y no forme parte de un grupo grande, la citada respuesta puede presentarse únicamente a la autoridad competente española, que en el plazo de dos meses a partir de la entrada en su registro de la misma, debe enviar una notificación simultáneamente a las autoridades competentes de los demás Estados miembros afectados, junto con una copia de la información presentada.
La falta de atención en plazo de un requerimiento de subsanación puede determinar la terminación del mecanismo.
Se considera que ha sido **denegado el inicio** del mecanismo por un Estado miembro afectado en los siguientes supuestos:
a) Cuando la decisión denegatoria de la autoridad competente no pueda ser recurrida de conformidad con la normativa nacional del Estado miembro afectado al que pertenezca.
b) Cuando se dicte resolución administrativa o judicial de carácter firme que confirme la decisión denegatoria de la autoridad competente.

En caso de denegación del inicio de mecanismo por al menos uno de los Estados miembros afectados, pero no por todos, el obligado tributario puede solicitar a las autoridades competentes de los Estados miembros afectados la constitución de la **comisión consultiva**, si bien dicha solicitud, a presentar en el plazo de cincuenta días naturales, solo puede efectuarse cuando se cumplan las siguientes **condiciones**: **5308**
- que no pueda interponerse un recurso por haberse agotado el plazo correspondiente;
- que no haya recurso pendiente;
- que el obligado tributario haya renunciado formalmente a su derecho a recurrir; y
- si el inicio ha sido denegado por resolución administrativa o judicial de carácter firme que confirme la decisión denegatoria de la autoridad competente, que dicha resolución no tenga carácter vinculante para la autoridad competente.

La comisión consultiva se debe constituir en el plazo de ciento veinte días naturales a partir de la entrada en el registro de la autoridad competente de dicha solicitud y, una vez creada, su presidente debe comunicarlo al obligado tributario.
La comisión consultiva debe adoptar una **decisión** relativa a la admisión de inicio en el plazo de seis meses a partir de la fecha de su constitución, y notificarla a las autoridades competentes en un plazo de treinta días naturales a partir de su adopción.
Si la comisión consultiva confirma que se cumplen todos los requisitos para la admisión de inicio, el mecanismo se inicia a solicitud de cualquiera de las autoridades competentes. La autoridad competente que solicite el inicio debe proceder a notificarlo a la comisión consultiva, a las demás autoridades competentes afectadas y al obligado tributario.
Si ninguna de las autoridades competentes solicita que se inicie el procedimiento amistoso en el plazo de sesenta días naturales a partir de la fecha de notificación de la decisión de la comisión consultiva, esta emitirá un dictamen sobre el modo de resolver la cuestión objeto del procedimiento.

Precisiones 1) La definición como persona interesada supone que los **establecimientos permanentes** de entidades residentes en otro Estado miembro de la UE no pueden presentar una solicitud de procedimiento amistoso utilizando este procedimiento (Dir (UE) 2017/1852 art.2.1.d; MC OCDE art.3). **5309**
2) Para evitar dilaciones innecesarias, dentro de la Guía de procedimientos amistosos publicada por la AEAT se recomienda que, aunque no exista obligación, se presente la **solicitud** de inicio **simultáneamente ante todas las autoridades competentes**. En la página web de la OCDE están disponibles los datos de contacto de todas las autoridades competentes en materia de procedimientos amistosos.

Desarrollo (RD 1794/2008 art.41 a 51) El inicio de este procedimiento se rige por las mismas reglas aplicables al procedimiento amistoso iniciado ante las autoridades competentes españolas por acciones de la Administración tributaria española (nº 5274) con la siguiente especialidad: el obligado tributario que reciba un **requerimiento** de la autoridad competente de un Estado relativa a **documentación e informes**, debe enviar simultáneamente a las autoridades competentes de los demás Estados miembros afectados una copia de su respuesta. Como excepción, si el obligado tributario es un particular o no es una empresa grande y no forma parte de un grupo grande, puede presentar la citada respuesta únicamente a la autoridad competente española, que debe enviar una notificación simultáneamente a las autoridades competentes de los demás Estados miembros afectados, junto con una copia de la información presentada, en el plazo de dos meses a partir de la entrada en su registro de la misma. **5310**
Si las autoridades competentes de los Estados miembros afectados deciden **admitir el inicio** y no pueden por sí mismas encontrar una solución, han de intentar solucionar la cuestión objeto

del procedimiento de **mutuo acuerdo**, en el plazo de dos años a partir de la última notificación de cualquiera de los Estados miembros afectados relativa a la admisión de inicio. Es posible prorrogar dicho plazo por un período de hasta un año a solicitud, por escrito y de forma motivada, de una autoridad competente a las demás autoridades competentes de los Estados miembros afectados.

5311 Cuando las autoridades competentes de los Estados afectados no hayan alcanzado un acuerdo sobre la manera de resolver de mutuo acuerdo la cuestión objeto del procedimiento dentro del plazo señalado en el nº 5310, la autoridad competente informa al obligado tributario, indicando los motivos de la **imposibilidad de alcanzar un acuerdo**.
En este caso, el obligado tributario puede solicitar a la autoridad competente, en el plazo de cincuenta días naturales, la constitución de una **comisión consultiva**. Esta comisión se debe constituir en el plazo de ciento veinte días naturales a partir de la entrada en el registro de la autoridad competente de dicha solicitud. Una vez creada, su presidente debe comunicarlo al obligado tributario
La autoridad competente ha de **denegar el acceso a la comisión** consultiva cuando:
1. Se hayan impuesto, con carácter firme, las **penas y sanciones** a las que se refiere la LIRNR disp.adic.1ª.10. En el caso español tienen dicha consideración las penas y sanciones señaladas en el nº 5290.
2. Una cuestión objeto del procedimiento no conlleva **doble imposición**. En este caso, la autoridad competente informa sin demora al obligado tributario y a las autoridades competentes de los otros Estados miembros afectados.
La comisión consultiva puede solicitar al obligado tributario y a la autoridad competente cualquier **información, pruebas o documentos**. Sin embargo, la autoridad competente se puede negar a facilitar dicha información en cualquiera de los casos siguientes:
- la obtención de la información requiere la realización de medidas administrativas que sean contrarias al Derecho interno;
- no puede obtenerse información en virtud del Derecho interno;
- la información atañe a secretos comerciales, empresariales, industriales o profesionales o a procedimientos comerciales;
- la divulgación de información es contraria al orden público.
Además, los obligados tributarios pueden, previa solicitud y con el consentimiento de las autoridades competentes de los Estados miembros afectados, **comparecer o hacerse representar** ante la comisión correspondiente, debiendo hacerlo si esta así lo solicitase. También, cuando así lo acuerden las autoridades competentes de los Estados miembros afectados, el obligado u obligados tributarios pueden facilitar a la comisión cualesquiera información, pruebas o documentos que puedan ser pertinentes para la decisión.

5312 La comisión debe emitir por escrito un **dictamen**, en el **plazo** de seis meses desde la fecha de su creación, dirigido a las autoridades competentes de los Estados miembros afectados. Este plazo puede prorrogarse tres meses cuando se considere que la cuestión objeto del procedimiento es de tal índole que necesitará de más de seis meses para emitir un dictamen, debiéndose informar de dicha prórroga a las autoridades competentes de los Estados miembros afectados y a los obligados tributarios.
La comisión respectiva adopta su dictamen por **mayoría simple** de sus miembros. Si no se lograra la mayoría, el voto del presidente será dirimente para la adopción del dictamen definitivo. El presidente comunicará el dictamen a las autoridades competentes.

Precisiones La autoridad competente puede convenir con las autoridades competentes de los demás Estados miembros afectados la constitución de una **comisión de resolución alternativa**, en lugar de una comisión consultiva. Esta comisión puede tener la forma de comité con carácter permanente (Dir (UE) 2017/1852 art.10).

5313 **Terminación y ejecución** (RD 1794/2008 art.52 a 56) El procedimiento amistoso puede terminar por alguna de las siguientes **causas**:
a) Por **desistimiento** de la persona que solicitó el inicio del procedimiento amistoso. La persona que solicitó el inicio del procedimiento amistoso presenta simultáneamente a todas las autoridades competentes de los Estados miembros afectados, una notificación escrita de dicho desistimiento. Dicha notificación pone fin con efecto inmediato a todos los procedimientos.
La autoridad competente debe informar sin demora a las autoridades competentes de los demás Estados miembros afectados de la recepción de una notificación de desistimiento.
Como excepción, cuando el obligado tributario es un **particular** o no es una **empresa grande** y no forma parte de un **grupo grande**, el desistimiento puede presentarse únicamente a la autoridad competente española, que en el plazo de dos meses a partir de la entrada de dicho desistimiento en su registro, enviará una notificación simultáneamente a las autoridades competentes de los demás Estados miembros afectados.

b) Por inexistencia o desaparición de la cuestión **objeto del procedimiento**. Esto supone que se ponga fin de forma inmediata a todos los procedimientos, encontrándose obligada la autoridad competente a informar al obligado tributario de esta situación y de las razones generales de la misma.
c) Por falta de atención reiterada, por parte del obligado tributario, de los **requerimientos de información** adicional durante el procedimiento amistoso realizados por cualquier autoridad competente de cualquiera de los Estados afectados, previa consulta con la autoridad competente de los otros Estados.
d) Por **sentencia firme** de un tribunal español o por cualquier otra decisión equivalente de un Tribunal de otro Estado afectado, siempre que se cumplan las siguientes condiciones:
- que dicha sentencia o decisión equivalente se refiera a los elementos de la obligación tributaria que hayan sido objeto del procedimiento amistoso;
- que, en virtud del Derecho nacional del Estado cuyos tribunales han dictado la sentencia o decisión equivalente, la autoridad competente quede vinculada por dicha decisión.
e) Por **acuerdo de la autoridad competente española**, cuando considere que la solicitud es fundada y puede por sí misma encontrar una solución.

f) Por **acuerdo entre las autoridades competentes** de los Estados miembros afectados. Cuando la comisión consultiva o la comisión de resolución alternativa hayan emitido un dictamen, el acuerdo entre las autoridades competentes debe alcanzarse en el **plazo** de seis meses contados a partir de la notificación de dicho dictamen. En caso contrario, las autoridades competentes quedarán vinculadas por el dictamen de la comisión. **5314**
La autoridad competente ha de notificar al obligado tributario el acuerdo alcanzado en el plazo de treinta días naturales. El obligado tributario puede aceptarlo o rechazarlo.
El acuerdo es **vinculante** para la autoridad competente siempre que el obligado tributario acepte el contenido del mismo. No obstante, dicho acuerdo no sienta **precedente**.
El acuerdo puede ser objeto de **publicación** íntegra, si así lo han convenido las autoridades competentes de los Estados miembros afectados, previo consentimiento de los obligados tributarios. Cuando las autoridades competentes o el obligado tributario de que se trate no hayan dado su consentimiento a la publicación íntegra de dicho acuerdo, se publica un resumen de dicho acuerdo.
La autoridad competente debe remitir al obligado tributario la información que haya de hacerse pública con arreglo a lo expuesto anteriormente antes de su publicación. En el plazo de sesenta días naturales a partir de la recepción de tal información, el obligado tributario puede solicitar la no publicación de cualquier información que ataña a secretos comerciales, empresariales, industriales o profesionales o a procedimientos comerciales, o que sea contraria al orden público.
Las autoridades competentes notificarán a la Comisión Europea la información que haya de publicarse. Asimismo, deben también comunicar a los Estados miembros afectados las **causas de terminación** pertinentes.
La **ejecución** del acuerdo se rige por las mismas reglas aplicables al procedimiento amistoso iniciado ante las autoridades competentes españolas por acciones de la Administración tributaria española (nº 5278).

SECCIÓN 8

Otras actuaciones

5315

A. Acuerdos previos de valoración

(LGT art.91; RIRPF disp.adic.2ª; RIS art.21 a 36 y 38 a 44; RD 1776/2004 art.3; RGGI art.197.5)

5320 Las actuaciones previas de valoración constituyen un instrumento a través del cual la Administración presta a los obligados tributarios **información y asistencia** acerca de sus derechos y obligaciones (LGT art.85).

Estos acuerdos previos contribuyen a incrementar la seguridad jurídica del contribuyente y a disminuir la litigiosidad.

Los obligados tributarios tienen derecho a solicitar a la Administración tributaria, cuando las leyes o los reglamentos propios de cada tributo así lo prevean, la **valoración previa y vinculante** de rentas, productos, bienes, gastos y demás elementos determinantes de la deuda tributaria.

Son por tanto las leyes y reglamentos de cada tributo las que han de prever y regular la aprobación de acuerdos previos de valoración.

La **solicitud** de acuerdo previo de valoración debe presentarse por escrito, antes de la realización del hecho imponible o, en su caso, en los plazos que fije la normativa de cada tributo -pudiendo ser fijado un plazo distinto por cada normativa-.

La solicitud debe ir acompañada de la propuesta de valoración formulada por el obligado tributario. No existe un intercambio de propuestas entre el interesado y la Administración.

La Administración puede comprobar los elementos de hecho y las circunstancias declaradas por el obligado tributario.

El **acuerdo** de la Administración se ha de emitir por escrito y en el mismo se indicará la valoración, el supuesto de hecho al que se refiere, el impuesto al que se aplica y su carácter vinculante conforme al procedimiento y en los plazos establecidos en las normas de cada tributo.

La **falta de contestación** en plazo de la Administración tributaria implica la aceptación de los valores propuestos por el obligado tributario. No obstante, y dada la remisión existente a la normativa de cada tributo, puede que esta establezca el silencio negativo para los supuestos de falta de resolución en plazo.

5322 En cuanto a los **efectos** del acuerdo previo de valoración, este vincula a la Administración tributaria que lo haya dictado, quedando obligada a aplicar los valores expresados en el mismo en tanto no se modifique la legislación o varíen significativamente las circunstancias económicas que fundamentaron la valoración. El acuerdo tiene un **plazo máximo de vigencia** de tres años, salvo que la normativa que lo establezca fije un plazo distinto.

El **carácter vinculante** del acuerdo previo depende por tanto de la estabilidad de:

1. Las condiciones legales; la modificación de la normativa hace cesar su vigencia.
2. Las circunstancias económicas en que se haya fundamentado la valoración; la variación sustancial de estas circunstancias también hace cesar la vigencia del acuerdo. Esta variación sustancial constituye un concepto jurídico indeterminado que ha de apreciarse de forma discrecional y motivada por la Administración.

En cuanto a la **impugnabilidad** de estos acuerdos, los obligados tributarios no pueden interponer recurso alguno contra los acuerdos previos de valoración. Sí que pueden recurrir el acto o actos administrativos dictados posteriormente en aplicación del acuerdo previo de valoración.

5324 Se contempla la aprobación de acuerdos previos de valoración en los siguientes **supuestos**:

1) **IRPF**, para la valoración previa de las retribuciones en especie del trabajo personal a efectos de la determinación del correspondiente ingreso a cuenta (nº 5325 s.).

2) **IS**, para:

- la valoración previa de operaciones efectuadas entre personas o entidades vinculadas (nº 5330 s.);

- la valoración previa de gastos correspondientes a proyectos de investigación científica o de innovación tecnológica (nº 5360 s.); y
- la valoración o calificación y valoración de rentas procedentes de determinados activos intangibles (nº 5370 s.).

3) **IRNR**, para la valoración de los gastos de dirección y generales de administración imputables al establecimiento permanente (nº 5385).

En los casos citados, los cuales se van a desarrollar a continuación, la norma reglamentaria atribuye la **competencia** para informar, instruir y resolver los procedimientos respectivos al Departamento de Inspección Financiera y Tributaria de la AEAT (OM PRE/3581/2007 art.5).

También se recoge un cuadro resumen de los efectos del transcurso del plazo máximo de resolución de los procedimientos en acuerdos previos de valoración (**silencio administrativo**, nº 5388).

Precisiones 1) Aunque se denomina acuerdo, se trata de un **acto administrativo** sujeto a aceptación del obligado tributario para que produzca sus efectos.
2) Los acuerdos previos de valoración se denominan también **APA**, el acrónimo de la denominación en inglés (Advanced Pricing Agreement).
3) Las estipulaciones del acuerdo previo de colaboración, no tiene la condición de requerimiento previo a los efectos de los recargos por **declaración extemporanea** sin requerimiento previo (TEAC 22-9-21; 24-10-22).

Acuerdos previos de valoración de las retribuciones en especie del trabajo 5325

(RIRPF disp.adic.2ª) Las personas o entidades obligadas a efectuar **ingresos a cuenta** como consecuencia de los rendimientos del trabajo en especie que abonen, pueden solicitar a la Administración tributaria que valore dichas rentas conforme a las reglas del IRPF, a los solos efectos de determinar el importe del ingreso a cuenta correspondiente.

La **solicitud** ha de presentarse por escrito antes de la entrega de bienes o prestación de servicios a que se refiera. El escrito ha de contener al menos:
- la identificación del solicitante;
- la identificación y descripción de las entregas de bienes o prestaciones de servicios cuya valoración se solicita;
- la propuesta de valoración del solicitante, con indicación de la regla de valoración aplicada y de las circunstancias económicas tomadas en consideración.

La Inspección puede examinar la documentación presentada y requerir a los solicitantes aquellos datos, informes, antecedentes y justificantes que tengan relación con la propuesta.

Los solicitantes, en cualquier momento anterior al trámite de audiencia, pueden presentar las alegaciones y aportar los **documentos y justificantes** que estimen oportunos. Asimismo, pueden proponer la práctica de las **pruebas** que entiendan pertinentes. La Inspección puede practicar las pruebas que estime necesarias.

Tanto la Inspección como los solicitantes pueden solicitar la emisión de **informes periciales** relativos al contenido de la propuesta de valoración.

Una vez instruido el procedimiento y, antes de la elaboración de la propuesta de resolución, la Inspección ha de poner de manifiesto el expediente a los solicitantes en el que se han de incluir las conclusiones de las pruebas efectuadas y los informes solicitados, a fin de que puedan formular las **alegaciones** y presentar los documentos y justificantes que estimen convenientes en el plazo de 15 días. 5326

El procedimiento debe finalizar en el **plazo máximo** de 6 meses, contados desde la fecha en que la solicitud haya tenido entrada en cualquiera de los Registros del órgano administrativo competente o desde la fecha de subsanación de la misma a requerimiento de la Inspección. La falta de resolución en plazo implica la aceptación de los valores propuestos por el solicitante.

La **resolución** del procedimiento puede:
- aprobar la propuesta formulada inicialmente en la solicitud;
- aprobar otra propuesta alternativa presentada por los solicitantes en el curso de procedimiento;
- desestimar la propuesta de los solicitantes.

La resolución ha de ser motivada y, en el caso de que se apruebe, ha de contener las siguientes **especificaciones**:
a) Lugar y fecha de formalización.
b) Identificación de los solicitantes.
c) Descripción de las operaciones.
d) Descripción del método de valoración, indicando sus elementos esenciales, el valor o valores que derivan del mismo, así como las circunstancias económicas que se consideran básicas en su aplicación, destacando las hipótesis fundamentales.
e) Período al que se refiere la propuesta, que no podrá exceder de tres años.

f) Motivos por los que la Inspección aprueba la propuesta.
g) Carácter vinculante de la valoración.

5328 **Expediente electrónico** En la **Sede electrónica de la AEAT**, en el apartado de Beneficios fiscales y autorizaciones (IRPF), se pueden realizar los siguientes **trámites** de este procedimiento:
- presentación de solicitud o comunicación;
- contestación de requerimientos;
- presentación de alegaciones; y/o
- aportación de documentos o justificantes.

Precisiones 1) Respecto a los **expedientes y documentos electrónicos**, ver nº 2315 s.
2) Respecto a la obligación de **relacionarse a través de medios electrónicos** con las Administraciones Públicas, ver nº 2494 s.

5330 **Valoración previa de operaciones entre personas o entidades vinculadas** (RIS art.21 a 36) Respecto a las propuestas para la valoración previa de operaciones efectuadas entre personas o entidades vinculadas cabe destacar los aspectos recogidos a continuación.

5332 **Actuaciones previas** (RIS art.21) Las personas o entidades vinculadas que pretendan solicitar a la Administración tributaria (Departamento de Inspección de la AEAT) que determine el valor de mercado de las operaciones efectuadas entre ellas, en condiciones que respeten el principio de libre competencia, pueden presentar una **solicitud previa**, en la que deben de hacer constar los siguientes datos:
- la identificación de las personas o entidades que vayan a realizar las operaciones;
- la descripción sucinta de las operaciones objeto del mismo;
- los elementos básicos de la propuesta de valoración que se pretende formular.

La Administración tributaria debe analizar esta solicitud previa, para lo cual puede recabar las aclaraciones que estime oportunas de los interesados. Tras este análisis, ha de comunicar a los interesados la **viabilidad** o no del acuerdo previo de valoración.

5334 **Solicitud** (RIS art.22 y 23) Las personas o entidades vinculadas pueden presentar la solicitud de un acuerdo previo de valoración de las operaciones entre personas o entidades vinculadas con carácter previo a la realización de estas. Dicha solicitud podrá comprender la determinación del valor de mercado de las rentas estimadas por operaciones realizadas por un contribuyente con un establecimiento permanente en el extranjero, en aquellos supuestos en que así esté establecido en un convenio para evitar la doble imposición internacional que le resulte de aplicación.

La solicitud debe incluir los siguientes **datos**:
- propuesta de valoración fundamentada en el principio de libre competencia;
- descripción del método propuesto;
- análisis seguido para determinar el valor de mercado.

La solicitud debe ser suscrita por los solicitantes, que deben acreditar ante la Administración que las **demás personas o entidades vinculadas** que vayan a realizar las operaciones cuya valoración se solicita conocen y aceptan la solicitud de valoración.

5335 La documentación presentada únicamente tiene efectos en relación al procedimiento de aprobación del acuerdo previo de valoración correspondiente y va a ser exclusivamente utilizada respecto del mismo.

Los funcionarios que intervienen en el procedimiento tienen la obligación de guardar **secreto y sigilo** respecto de los documentos y demás información que conozcan en el curso del mismo.

La aportación de la documentación exigida en el procedimiento a los sujetos pasivos no les exime del cumplimiento de sus obligaciones formales establecidas en la LGT art.29 o en otra norma, en cuanto puede afectar a la documentación del RIS art.21.

En los casos de **desistimiento, caducidad o desestimación** de la propuesta se ha de devolver la documentación presentada.

5336 **Tramitación** (RIS art.24 y 27; OM PRE/3581/2007 art.5) El órgano inspector encargado de la tramitación del procedimiento ha de examinar la documentación presentada y puede requerir de los obligados tributarios los datos, informes, antecedentes y justificantes que guarden relación y estime convenientes. También puede solicitar **explicaciones o aclaraciones** adicionales sobre la propuesta presentada.

5338 **Terminación** (RIS art.25.1 a 4 y 7 y 27; OM PRE/3581/2007 art.5) La resolución que finaliza el procedimiento puede:
a) Aprobar la propuesta formulada por los obligados tributarios.
b) Aprobar con la aceptación del obligado tributario otra propuesta de valoración distinta a la inicialmente presentada.

c) Desestimar la propuesta de valoración presentada.
El **acuerdo** previo de valoración se debe formalizar en un documento que ha de contener al menos las siguientes **menciones**:
- lugar y fecha de su formalización;
- identificación de los obligados tributarios a los que se refiere la propuesta;
- conformidad de los obligados tributarios con el contenido del acuerdo;
- descripción de las operaciones objeto de la propuesta;
- elementos esenciales del método de valoración e intervalos de valores que, en su caso, se derivan del mismo;
- períodos impositivos o de liquidación a los que se aplica el acuerdo y la fecha de entrada en vigor del mismo; y
- asunciones críticas cuyo acaecimiento condiciona la aplicabilidad del acuerdo en los términos recogidos en el mismo.
La **resolución desestimatoria** de la propuesta debe recoger la identificación de los obligados tributarios y los motivos de la desestimación.
El procedimiento debe finalizar en el plazo seis meses. Transcurrido este **plazo** sin que se haya producido resolución expresa, la propuesta se entiende desestimada. Se invierte así el régimen del silencio administrativo previsto con carácter general para los acuerdos previos de valoración en la LGT.
El **desistimiento** de cualquiera de los obligados tributarios determinará la terminación del procedimiento.
La **competencia** le corresponde al Director del Departamento de Inspección Financiera y Tributaria.

Recursos (RIS art.26) El acuerdo resolutorio del procedimiento no es recurrible, sin perjuicio de **5340**
que sí puedan impugnarse los **actos de liquidación** que se dicten posteriormente en aplicación del mismo. Esta regla se aplica también respecto del acto presunto desestimatorio.

Efectos (RIS art.25.5, 6 y 8) La Administración tributaria y los obligados tributarios deben aplicar **5342**
la **propuesta aprobada**.
La Inspección de Tributos, en sus actuaciones de **comprobación e investigación**, ha de comprobar:
- que los hechos y operaciones descritas en la propuesta aprobada se corresponden con los efectivamente habidos;
- la correcta aplicación de la propuesta aprobada.
Si de la comprobación resulta que los hechos y operaciones descritos en la propuesta aprobada no se corresponden con la realidad o que se está aplicando incorrectamente la propuesta aprobada, la Inspección de los Tributos ha de proceder a regularizar la situación tributaria de los sujetos pasivos.
El acuerdo ha de surtir efectos respecto de las operaciones realizadas con posteridad a la fecha en que se apruebe. El propio acuerdo ha de determinar los **períodos impositivos** en los que va a tener validez, sin que pueda exceder de los cuatro períodos impositivos siguientes al vigente en la fecha de aprobación del acuerdo.
En el acuerdo también se va a poder determinar que sus efectos alcancen a las operaciones realizadas en períodos impositivos anteriores, siempre que no estuviera prescrito el derecho de la Administración a determinar la deuda tributaria mediante la oportuna liquidación ni se hubiera dictado liquidación firme que recaiga sobre las operaciones objeto de solicitud.

Acuerdos con las Administraciones de otros Estados (RIS art.31 a 36; OM PRE/3581/2007 art.5) El **5344**
procedimiento para la celebración de acuerdos con otras Administraciones tributarias se rige por las normas previstas para los acuerdos previos de valoración de operaciones con personas o entidades vinculadas (nº 5330 s.), con las siguientes especialidades:
a) Inicio del procedimiento: cuando los obligados tributarios soliciten que la propuesta formulada se someta a la consideración de otras Administraciones tributarias del país o territorio en el que residan las personas o entidades vinculadas, la Administración tributaria (Departamento de Inspección Financiera y Tributaria de la AEAT) ha de valorar la procedencia de iniciar dicho procedimiento. La desestimación del inicio del procedimiento debe motivarse, no pudiendo ser impugnada.
Si la Administración tributaria (Departamento de Inspección Financiera y Tributaria de la AEAT) en el curso de un procedimiento previo de valoración, considera oportuno someter el asunto a la consideración de otras Administraciones tributarias que pudieran resultar afectadas, lo debe de poner en conocimiento de las personas o entidades vinculadas. La aceptación por parte del obligado tributario es requisito previo a la comunicación a la otra Administración.

La solicitud de inicio debe ir acompañada de la documentación prevista para el inicio del procedimiento de aprobación de acuerdos previos de valoración de operaciones entre partes vinculadas (nº 5334).

b) Tramitación: en el curso de las relaciones con otras Administraciones tributarias, las personas o entidades vinculadas están obligados a facilitar cuantos datos, informes, antecedentes y justificantes tengan relación con la propuesta de valoración.

Los obligados tributarios pueden participar en las actuaciones encaminadas a concretar el acuerdo, cuando así lo convengan los representantes de ambas Administraciones tributarias.

La propuesta de acuerdo de las Administraciones tributarias se debe comunicar a los sujetos interesados, cuya aceptación es un requisito previo a la firma del acuerdo entre las Administraciones implicadas.

La oposición a la propuesta de acuerdo determina la desestimación de la propuesta de valoración.

5345 **c) Resolución**: en caso de aceptación de la propuesta de acuerdo, el Director de Inspección Financiera y Tributaria ha de suscribir el acuerdo con las otras Administraciones tributarias. Debe darse traslado de una copia del mismo a los interesados.

d) Órgano competente: corresponde al Departamento de Inspección Financiera y Tributaria de la AEAT informar, instruir el procedimiento, y establecer las relaciones pertinentes con las Administraciones. El titular de dicho Departamento debe iniciar y resolver el procedimiento y suscribir el acuerdo con la otra Administración tributaria.

e) Solicitud de otra Administración tributaria: cuando otra Administración tributaria solicite a la Administración tributaria la iniciación de un procedimiento dirigido a suscribir un acuerdo para la valoración de operaciones realizadas entre personas o entidades vinculadas se han de observar los trámites y requisitos señalados anteriormente en cuanto resulten de aplicación.

Precisiones A diferencia de lo que ocurre en los acuerdos previos de valoración de personas o entidades vinculadas con carácter general, aquí lo que se produce es una **negociación** entre los distintos Estados a los que le pueda afectar este acuerdo bilateral o multilateral.

5346 **Información sobre la aplicación del acuerdo para la valoración de las operaciones efectuadas con personas o entidades vinculadas** (RIS art.28) Los contribuyentes han de presentar conjuntamente con la **declaración del IS, IRPF o IRNR** un informe escrito relativo a la aplicación del acuerdo previo de valoración aprobado en el que deben constar los siguientes **datos**:

1. Las operaciones realizadas en el período impositivo o de liquidación al que se refiere la declaración a las que ha sido de aplicación el acuerdo previo.
2. Los precios o valores a los que se han realizado las operaciones anteriores como consecuencia de la aplicación del acuerdo previo.
3. Descripción de las variaciones significativas de las circunstancias económicas que se entienden básicas en la aplicación del método de valoración contenido en el acuerdo, si las hubiese.
4. Operaciones del período impositivo o de liquidación similares a aquellas a las que se refiere el acuerdo previo, los precios a los que han sido realizadas y la descripción de las diferencias existentes respecto a las operaciones comprendidas en el ámbito del acuerdo previo.
5. Información que se determine en el propio acuerdo.

En los acuerdos firmados con **otras Administraciones**, la documentación que debe presentar el contribuyente anualmente va a ser la que se derive del propio acuerdo.

5348 **Modificación del acuerdo de valoración** (RIS art.29) El acuerdo previo de valoración puede ser modificado en el supuesto de **variación significativa de las circunstancias económicas o tecnológicas** existentes en el momento de su aprobación para adecuarlo a las nuevas circunstancias.

La **iniciativa** de modificación corresponde tanto de oficio como a instancia de los contribuyentes. La solicitud de modificación ha de ser suscrita por las personas o entidades solicitantes, que deben acreditar ante la Administración que las demás personas o entidades vinculadas que vayan a realizar las operaciones cuya valoración se solicita conocen y aceptan la solicitud de modificación.

El **desistimiento** de cualquiera de ellas determina la terminación del procedimiento de modificación.

El **expediente de modificación** debe contener la siguiente documentación:

- justificación de la variación significativa de las circunstancias económicas; y
- modificación que resulta procedente.

Si el expediente de modificación es **iniciado por los contribuyentes**, el Director del Departamento de Inspección Financiera y Tributaria, una vez examinada la documentación presentada, y una vez trascurrido el trámite de audiencia concedido por un plazo de quince días a los contribuyentes, ha de dictar la correspondiente resolución, que puede: 5349

a) Aprobar la modificación formulada por el contribuyente.

b) Aprobar, con la aceptación del contribuyente, una propuesta de valoración que difiera de la inicialmente presentada.

c) Desestimar la modificación propuesta, confirmando o dejando sin efecto el acuerdo previo de valoración inicialmente aprobada.

Si el expediente de modificación es **iniciado por la Administración tributaria** debe notificarse el contenido de la propuesta a los contribuyentes, quienes en un plazo de un mes desde la notificación pueden:

a) Aceptar la modificación.

b) Formular una modificación alternativa, debidamente justificada.

c) Rechazar la modificación, con indicación de los motivos para ello.

Una vez examinada la documentación por la Inspección, el Director del Departamento de Inspección Financiera y Tributaria de la AEAT ha de dictar **resolución motivada**, en la que va a poder:

- aprobar la modificación, si los contribuyentes la han aceptado;
- aprobar la modificación alternativa, con la aceptación de los contribuyentes;
- dejar sin efecto el acuerdo por el que se aprobó la propuesta inicial de valoración; o
- declarar la continuación de la aplicación de la propuesta de valoración inicial.

Cuando medie un acuerdo con **otra Administración tributaria**, la modificación del acuerdo previo de valoración requiere la previa modificación del acuerdo alcanzado con dicha Administración, debiéndose seguir el procedimiento establecido para los acuerdos con otras Administraciones tributarias (nº 5344 s.).

La **aprobación de la modificación** o de la modificación alternativa tiene los efectos previstos para los acuerdos previos de valoración en relación a las operaciones que se realicen con posterioridad a la solicitud de modificación o, en su caso, a la comunicación de propuesta de modificación. 5351

La **resolución** por la que se deja sin efecto el acuerdo previo de valoración inicial determina la extinción de los efectos del acuerdo aprobado en relación a las operaciones que se realicen con posterioridad a la solicitud de modificación o, en su caso, a la comunicación de propuesta de modificación.

La **desestimación de la modificación** presentada por los obligados tributarios determina:

- la confirmación de los efectos previstos para el acuerdo de valoración aprobado, cuando no quede probada la variación significativa de las circunstancias económicas;
- la extinción de los efectos del acuerdo previo de valoración, respecto de las operaciones que se realicen con posterioridad a la desestimación, en los restantes casos.

El procedimiento debe **finalizar** en el plazo de seis meses.

Transcurrido dicho plazo sin resolución expresa, la propuesta de modificación se entiende desestimada.

La resolución que pone fin al procedimiento de modificación o el acto presunto desestimatorio no es **recurrible**. Sin embargo sí son recurribles los actos de liquidación que puedan dictarse en su aplicación.

Prórroga del acuerdo previo de valoración (RIS art.30) Los contribuyentes pueden solicitar la prórroga de la validez del acuerdo de valoración que hubiera sido aprobado. 5353

En relación a la **solicitud** de prórroga han de tenerse en cuenta los siguientes aspectos:

- debe presentarse antes de los seis meses previos a la finalización del plazo de validez del acuerdo previo;
- ha de acompañarse de la documentación que se considere conveniente para justificar que las circunstancias puestas de manifiesto en la solicitud original no han variado;
- debe ser suscrita por las personas o entidades que suscribieron el acuerdo previo cuya prórroga se solicita, quienes deben acreditar que las demás personas o entidades vinculadas que vayan a realizar las operaciones conocen y aceptan la solicitud de prórroga.

La **Inspección** dispone de un plazo de seis meses para examinar la documentación presentada, solicitar cualquier información y documentación adicional que precise y notificar a los obligados tributarios la prórroga o no del plazo de validez del acuerdo. La Inspección también puede solicitar la **colaboración** del obligado tributario.

Transcurrido el plazo de seis meses sin haberse notificado la prórroga del plazo de validez del acuerdo de valoración previa, la solicitud se considera desestimada.

La resolución por la que se acuerde la prórroga del acuerdo o el acto presunto desestimatorio no es recurrible, sin perjuicio de los **recursos y reclamaciones** que puedan interponerse contra los actos de liquidación que puedan dictarse.

5355 **Expediente electrónico** En la **Sede electrónica de la AEAT**, en el apartado de Beneficios Fiscales y Autorizaciones (Varios Impuestos), se pueden realizar los siguientes **trámites** de este procedimiento:
- presentación de solicitud o comunicación;
- contestación de requerimientos;
- presentación de alegaciones; y/o
- aportación de documentos o justificantes.

Respecto a los expedientes y documentos electrónicos, ver nº 2315 s.

Precisiones 1) En el marco del **Foro de Grandes Empresas** (nº 66 s.) se creó un Grupo de trabajo sobre precios de transferencia, habiendo finalizado sus trabajos en 2012. Entre otros, los objetivos del grupo se concretaron en incentivar la firma de acuerdos previos de valoración, así como la difusión de una serie de criterios generales. En materia de acuerdos previos de valoración los **criterios** son los siguientes:

a) **Estanqueidad de la documentación aportada** por los contribuyentes en el procedimiento de valoración de operaciones vinculadas, no pudiendo ser utilizada la documentación presentada por los contribuyentes en un acuerdo previo de valoración respecto a otros procedimientos. Los actuarios implicados en la instrucción de los acuerdos previos de valoración y los encargados de la formación y custodia de los expedientes deberán prestar especial atención a la no incorporación de la información o documentación. Además, en los casos de desistimiento o desestimación la información debe devolverse al contribuyente.

b) **Desistimiento** de un acuerdo previo de valoración como criterio de selección de contribuyentes, en el sentido de que no puede ser dicho desistimiento por sí solo ser utilizado como indicador de riesgo para la comprobación de las operaciones vinculadas, tal y como recomienda la OCDE.

c) Tramitación simultánea del procedimiento de valoración previa de operaciones vinculadas y los **procedimientos de comprobación**. Ambos procedimientos tienen objetos distintos y son independientes. Los procedimientos de comprobación afectan a ejercicios pasados y los acuerdos previos de valoración a ejercicios futuros. No obstante, puede darse el caso de que se solicite un acuerdo previo de valoración sobre una operación que afecte a varios periodos y que esté siendo objeto de comprobación para ejercicios pasados. Se pueden simultanear en el tiempo ambos procedimientos en los siguientes casos:
- acuerdo previo de valoración presentado con posterioridad al inicio de un procedimiento inspector:
• ha cambiado el modelo de negocio o de forma significativa la atribución de funciones y riesgos entre las partes, aunque sean las mismas transacciones;
• el acuerdo previo de valoración tiene como objeto transacciones extraordinarias o puntuales que no se han producido en los períodos objeto de comprobación;
- acuerdo previo de valoración presentado antes del inicio del procedimiento inspector: puede finalizarse el acuerdo previo de valoración si se encuentra muy avanzado.

No obstante, la decisión debe tomarse caso a caso.

2) En relación con la utilización obligatoria de los **medios electrónicos** con las Administraciones Públicas, ver nº 2494 s.

5360 **Valoración previa de gastos correspondientes a proyectos de investigación científica o de innovación tecnológica** (RIS art.38) Las personas o entidades que tengan el propósito de llevar a cabo actividades de investigación científica o de innovación tecnológica pueden solicitar a la Administración tributaria (Departamento de Inspección Financiera y Tributaria de la AEAT) la valoración, de acuerdo con las normas del IS y, con carácter previo y vinculante, de los gastos relativos a dichas actividades que se consideren susceptibles de disfrutar de la **deducción** por actividades de investigación y desarrollo e innovación tecnológica (LIS art.35).

La **solicitud** ha de presentarse por escrito antes de efectuarse los gastos correspondientes y la misma debe incluir:
- la identificación de la persona o entidad solicitante;
- la identificación y descripción del proyecto a que se refiere la solicitud, indicando las actividades concretas a realizar, los gastos en los que se incurrirá para la ejecución de las mismas y el período de tiempo en el que se realizarán dichas actividades; y
- la propuesta de valoración de los gastos con indicación de la regla de valoración aplicada y las circunstancias económicas que hayan sido tomadas en consideración.

La Inspección ha de examinar la citada documentación, pudiendo requerir al solicitante los datos, informes, antecedentes y justificantes relacionados con la solicitud. Asimismo, tanto la Inspección como el solicitante pueden solicitar o aportar **informes periciales** que versen sobre el contenido de la propuesta de valoración. También pueden proponer la práctica de las **pruebas** que entiendan pertinentes por cualquiera de los medios admitidos en Derecho.

Finalizada la instrucción del procedimiento y antes de la formulación de la propuesta de resolución, la Inspección lo pondrá de manifiesto al solicitante, junto con el contenido y las conclusiones de las pruebas practicadas y los informes solicitados, para que pueda formular las **alegaciones** y presentar los documentos y justificantes que considere oportunos en un plazo de quince días.

Precisiones 1) Como se trata de un acuerdo previo, la **solicitud** únicamente debe incluir los **gastos** a partir del momento de presentación de la solicitud. Si el proyecto se ha iniciado ya, deben identificarse los gastos en los que se ha incurrido y los gastos en los que se va a incurrir a partir de la fecha de la solicitud.
2) Para la **emisión del informe**, el ministerio competente puede solicitar informe a una de las entidades acreditadas ante la ENAC (Entidad Nacional de Acreditación). La **competencia** para emitir informes motivados corresponde al:
- Director General del Centro para el Desarrollo Tecnológico Industrial (CDTI), cuando se trate de proyectos que previamente hayan sido financiados como consecuencia de su presentación a cualquiera de las líneas de apoyo financiero a proyectos empresariales que gestiona dicho Centro;
- Director General del Instituto para la Diversificación y Ahorro de la Energía (IDAE), cuando se trate de proyectos sobre eficiencia energética y el uso racional de la energía, así como de apoyo a la diversificación de las fuentes de abastecimiento y el impulso de la utilización de las energías renovables.

Resolución y plazo De acuerdo con lo dispuesto en la LIS, los sujetos pasivos, a efectos de la solicitud a la Administración tributaria de la adopción de este tipo de acuerdos previos de valoración, pueden aportar **informe motivado** emitido por el ministerio competente o por un organismo adscrito al mismo relativo a la identificación de los gastos que pueden ser imputados a las actividades de investigación y desarrollo. Dicho informe tiene carácter vinculante para la Administración tributaria (LIS art.35.4). 5362

El **acuerdo resolutorio** puede:
- aprobar la propuesta formulada inicialmente por el solicitante;
- aprobar otra propuesta alternativa presentada por el solicitante en el curso del procedimiento; o
- desestimar la propuesta presentada.

La resolución ha de motivarse en todo caso, y, en el supuesto de ser aprobatoria, ha de contener la valoración realizada por la Inspección, de acuerdo a las normas del IS, con indicación de los gastos y de las actividades concretas a que se refiere, así como del método de valoración utilizado, con indicación de sus elementos esenciales. También ha de indicar el **plazo de vigencia** del acuerdo de valoración.
La resolución la firma el Director del Departamento de Inspección Financiera y Tributaria de la AEAT (OM PRE/3581/2007 art.5).

El procedimiento debe finalizar en el **plazo** máximo de seis meses, a contar desde la fecha en que la propuesta haya entrado en cualquiera de los registros del órgano administrativo competente o desde la fecha de subsanación de la misma a requerimiento de la Administración. El incumplimiento de dicho plazo implica la aceptación de los valores propuestos por el contribuyente. 5363

La resolución que se dicte no es recurrible. No obstante, en los recursos y reclamaciones que puedan interponerse contra los **actos de liquidación**, se puede alegar que se efectúen como consecuencia de la aplicación de los valores establecidos en la resolución.
Siempre que no se modifique la legislación o varían significativamente las circunstancias económicas que fundamentaron la resolución, la Administración tributaria debe aplicar la **valoración de los gastos** que resulte de la misma durante su plazo de vigencia.
La **documentación** aportada por el solicitante tiene efectos únicamente en relación a este procedimiento. Los funcionarios que intervienen en el procedimiento deben guardar estricto **secreto y sigilo** riguroso respecto a los documentos y otra información que conozcan en el curso del mismo.

Expediente electrónico En la **Sede electrónica de la AEAT**, en el apartado de Beneficios Fiscales y Autorizaciones (Impuesto sobre Sociedades), se pueden realizar los siguientes **trámites** de este procedimiento: 5365
- presentación de solicitud o comunicación;
- contestación de requerimientos;
- presentación de alegaciones; y/o
- aportación de documentos o justificantes.

Respecto a los expedientes y documentos electrónicos, ver nº 2315 s.

Precisiones 1) Es obligatoria la tramitación electrónica del procedimiento de solicitud de emisión de informes motivados relativos al cumplimiento de **requisitos científicos y tecnológicos** a efectos de la aplicación e interpretación de deducciones fiscales por actividades de investigación y desarrollo e innovación tecnológica, cuya emisión sea competencia del Centro para el Desarrollo Tecnológico Industrial (OM ECC/2326/2015).

2) En relación con la utilización obligatoria de los **medios electrónicos** con las Administraciones Públicas, ver nº 2494 s.

5370 **Valoración o calificación y valoración de rentas procedentes de determinados activos intangibles** (RIS art.39 a 44; OM PRE/3581/2007 art.5) Las personas o entidades que tengan la intención de realizar las operaciones susceptibles de acogerse a la reducción de las rentas procedentes de determinados activos intangibles (LIS art.23), pueden solicitar al Departamento de Inspección Financiera y Tributaria un **acuerdo previo de valoración** de los ingresos procedentes de la cesión de los activos intangibles y de los gastos asociados a los mismos, así como de las rentas generadas en la transmisión.

Asimismo, pueden solicitar un acuerdo previo de calificación y valoración que debe comprender la **calificación** de los activos como pertenecientes a alguna de las categorías previstas en la LIS, y la valoración de los ingresos y gastos asociados a los mismos, así como de las rentas generadas en la transmisión.

5371 **Inicio** (RIS art.39) La **solicitud** debe ser escrita, con carácter previo a la realización de las operaciones que motiven la aplicación de la citada reducción. En cuanto a su contenido, como mínimo, se ha de incluir lo siguiente:

- identificación de solicitante y cesionarios;
- descripción del activo que pretende ser objeto de cesión o transmisión;
- en su caso, descripción del derecho de uso o explotación que se pretende establecer, así como la duración del mismo;
- cuando lo que se pretenda es la calificación y valoración, se debe incluir una calificación motivada de los activos a los efectos de LIS art.23;
- propuesta de valoración de los ingresos y de los gastos asociados a la cesión del activo, o de las rentas generadas en su transmisión con indicación del valor de adquisición y transmisión. Se debe describir el método o criterio de valoración aplicado y las circunstancias económicas que hayan sido tenidas en cuenta; y
- cualquier otra información o documentación que pueda ser relevante para la adopción de la decisión por parte de la Administración tributaria.

Se puede **inadmitir** a trámite de manera motivada cuando se produzca alguna de las circunstancias siguientes:

a) Que la propuesta carezca manifiestamente de fundamento para determinar el valor de los ingresos procedentes de la cesión de los activos y de los gastos asociados, o bien de las rentas generadas en la transmisión, o la calificación del activo como apto.

b) Que se hubiesen desestimado propuestas de valoración, o de calificación y valoración, sustancialmente iguales a la propuesta realizada.

La **documentación** presentada solo puede ser utilizada y tener efectos en relación con el procedimiento del acuerdo previo.

La aportación de la documentación exigida en el procedimiento no exime a los contribuyentes de las **obligaciones formales** que les incumben de acuerdo con lo establecido en LGT art.29.

La documentación aportada ha de ser devuelta en los casos de desistimiento, archivo, inadmisión o desestimación de la propuesta.

Precisiones Dentro de los activos intangibles cuya **cesión** genera las rentas a las que se le puede aplicar la reducción se encuentran las patentes, modelos de utilidad, certificados complementarios de protección de medicamentos y de productos fitosanitarios, dibujos y modelos legalmente protegidos, que deriven de actividades de investigación y desarrollo e innovación tecnológica, y software avanzado registrado que derive de actividades de investigación y desarrollo (LIS art.23.1).

5372 **Tramitación** (RIS art.40) La Administración tributaria ha de examinar la solicitud junto con la **documentación** presentada y puede solicitar aclaraciones sobre la misma, así como que se aporten datos, informes, antecedentes y justificantes relacionados con la propuesta.

El instructor ha de solicitar **informe vinculante** a la DGT, en relación con la calificación de los activos a efectos de la aplicación de dicha reducción. La DGT, si lo considera oportuno, puede solicitar opinión no vinculante al respecto al ministerio competente.

El informe de la DGT se ha de emitir en el **plazo** máximo de 3 meses y se ha de comunicar al órgano solicitante. Este plazo no computa en el plazo máximo para resolver previsto en el nº 5373.

Terminación (RIS art.41) La competencia para resolver los acuerdos previos le corresponde al Director del Departamento de Inspección Financiera y Tributaria. 5373
La **resolución** que se adopte va a poner fin al procedimiento del acuerdo previo de valoración y puede:
1) Aprobar la propuesta de valoración presentada por el contribuyente.
2) Aprobar una propuesta de valoración alternativa, para lo cual es necesaria la aceptación del contribuyente.
3) Desestimar la propuesta de valoración presentada.
La resolución que finalice el procedimiento del acuerdo previo de calificación y valoración puede contener la **calificación** de:
- los activos como no aptos a efectos de la reducción de las rentas procedentes de determinados activos intangibles;
- los activos como aptos y aprobar la propuesta de valoración presentada por el contribuyente;
- los activos como aptos y aprobar otra propuesta alternativa, con la aceptación del contribuyente; y
- los activos como aptos y desestimar la propuesta de valoración formulada por el contribuyente.
El acuerdo previo de valoración, o de calificación y valoración, tiene **carácter** vinculante, con el siguiente **contenido** mínimo:
• lugar y fecha de su formalización;
• identificación y NIF del contribuyente;
• conformidad del contribuyente con el contenido del acuerdo;
• descripción de la operación a la que se refiere la propuesta;
• si se trata de un acuerdo previo de calificación y valoración, calificación motivada de los activos a los efectos de la reducción;
• valoración que se derive del acuerdo, con indicación de los elementos esenciales del método de valoración empleado, así como las circunstancias económicas que deban entenderse básicas en orden a su aplicación; y
• circunstancias temporales del acuerdo, es decir, plazo de vigencia del acuerdo y fecha de entrada en vigor.

En caso de **desestimación** de la propuesta de valoración, o de calificación y valoración, se debe incluir junto con la identificación del contribuyente los motivos por los que la Administración tributaria desestima la misma. 5374
El solicitante puede **desistir** de la solicitud presentada y determinar la terminación del procedimiento.
El procedimiento debe finalizar en el **plazo** máximo de 6 meses. De no haberse producido la notificación de la resolución expresa en dicho plazo, la propuesta puede entenderse desestimada.
No es posible **recurrir** la resolución que ponga fin al procedimiento o la desestimación presunta, sin perjuicio de los recursos y reclamaciones que puedan interponerse contra los actos de liquidación que en su día se dicten.
En cuanto a los **efectos**, la valoración y, en su caso, calificación, que resulte de la resolución van a ser vinculantes para la Administración tributaria y el contribuyente, que deben aplicarla durante su plazo de vigencia, siempre que no varíen significativamente las circunstancias económicas que fundamentaron dicha calificación y valoración.
La Administración tributaria puede proceder a la **comprobación** de que los hechos y operaciones descritos en la propuesta aprobada se corresponden con los realmente acaecidos y que la propuesta aprobada ha sido correctamente aplicada. La Inspección de los Tributos ha de proceder a regularizar la situación tributaria de los contribuyentes, cuando se compruebe que los hechos y operaciones descritos en la propuesta aprobada no se corresponden con la realidad, o que la propuesta aprobada no ha sido aplicada correctamente.

Modificación del acuerdo (RIS art.43) El acuerdo puede ser modificado cuando se produzca una variación significativa de las **circunstancias económicas** que han determinado la valoración, con el objeto de adecuarlo a las nuevas circunstancias económicas. 5375
El procedimiento de modificación se va a poder iniciar **de oficio o a instancia de los contribuyentes**. En caso de inicio de oficio, la competencia le corresponde al Director del Departamento de Inspección Financiera y Tributaria. En caso de inicio a instancia de parte, la solicitud de modificación debe ser presentada por la persona o entidad solicitante con la siguiente información:
- justificación de la variación significativa de las circunstancias económicas; y
- modificación de la valoración que, en virtud de dicha variación, resulta procedente.

El solicitante va a poder **desistir** de su pretensión y ello va a determinar la terminación del procedimiento.
La Administración tributaria va a poder solicitar a los contribuyentes, en cualquier momento, **aclaraciones** sobre la propuesta, así como datos, informes, antecedentes y justificantes que tengan relación con la propuesta.

5376 Si el procedimiento de modificación ha sido iniciado **a instancia de parte**, el contribuyente va a disponer de un trámite de audiencia por un plazo de 15 días. El Director del Departamento de Inspección Financiera y Tributaria, una vez examinada la documentación presentada, ha de dictar resolución motivada, con alguno de los siguientes contenidos:
a) Aprobar la modificación de valoración del contribuyente.
b) Aprobar una propuesta de valoración alternativa, que va a precisar de la aceptación del contribuyente.
c) Desestimar la modificación formulada por el contribuyente, confirmando o dejando sin efecto la propuesta de valoración inicialmente aprobada. No obstante, no afecta a la calificación de los activos, realizada en el acuerdo previo de calificación y valoración inicial.
Cuando, por el contrario, haya sido iniciado **de oficio**, el contenido de la propuesta se ha de notificar al contribuyente para que, en el plazo de un plazo de un mes a partir del día siguiente al de la notificación:
- se acepte la modificación;
- se formule justificadamente una modificación alternativa; y
- sea rechazada motivadamente la modificación.
Tras ser examinada la documentación presentada, el Director del Departamento de Inspección Financiera y Tributaria ha de dictar **resolución motivada**, que puede:
• aprobar la modificación, previa aceptación del contribuyente;
• aprobar la modificación alternativa formulada por el contribuyente;
• dejar sin efecto el acuerdo por el que se aprobó la propuesta inicial de valoración, sin que afecte a la calificación de los activos en el supuesto de un acuerdo previo de calificación y valoración inicial; o
• declarar la continuación de la aplicación de la propuesta de valoración inicial.

5377 En cuanto al **plazo**, el procedimiento debe finalizar en el plazo de 6 meses. De no notificarse resolución expresa en dicho plazo, la propuesta de modificación puede entenderse desestimada.
La resolución que ponga fin al procedimiento de modificación no es **recurrible**, sin perjuicio de los recursos y reclamaciones que puedan interponerse contra los actos de liquidación que puedan dictarse.
Por último, la aprobación de la modificación va a tener **efectos vinculantes** para la Administración tributaria y el contribuyente desde la solicitud de la modificación o, en su caso, desde la comunicación de propuesta de modificación.
La resolución por la que se deje **sin efecto la valoración inicial** contenida en el acuerdo previo de valoración inicial, o de calificación y valoración inicial, va a determinar, respecto de la valoración, la extinción de los efectos previstos en el nº 5374, desde la solicitud de la modificación o, en su caso, desde la comunicación de propuesta de modificación.
La **desestimación** de la modificación formulada por el contribuyente va a determinar:
- la confirmación de los efectos previstos en el nº 5374, cuando no quede probada la variación significativa de las circunstancias económicas; y
- la extinción de los efectos previstos en el nº 5374, desde la desestimación.

5378 **Prórroga** (RIS art.44) El contribuyente va a poder solicitar a la Administración tributaria que se prorrogue el plazo de validez del acuerdo de valoración, o de calificación y valoración, que hubiera sido aprobado.
Dicha **solicitud** debe presentarse antes de los 6 meses previos a la finalización de dicho plazo de validez y debe acompañarse de la documentación que considere conveniente para justificar que las circunstancias puestas de manifiesto en la solicitud original no han variado.
La Administración tributaria dispone de un **plazo** de 6 meses para examinar la documentación presentada, y notificar a los contribuyentes la prórroga o no del plazo de validez del acuerdo previo de valoración, o de calificación y valoración. Si en dicho plazo no se ha notificado la prórroga del plazo de validez del acuerdo previo de valoración, o de calificación y valoración, la solicitud va a poder ser considerada desestimada. La Administración puede solicitar al contribuyente cualquier información y documentación adicional, así como su colaboración.
No cabe **recurrir** la resolución por la que se acuerde o se deniegue la prórroga o el acto presunto desestimatorio, sin perjuicio de los recursos y reclamaciones que puedan interponerse contra los actos de liquidación que en su día puedan dictarse.

Expediente electrónico En la **Sede electrónica de la AEAT**, en el apartado de Beneficios Fiscales y Autorizaciones (Impuesto sobre Sociedades), se pueden realizar los siguientes **trámites** de este procedimiento: 5380
- presentación de solicitud o comunicación;
- contestación de requerimientos;
- presentación de alegaciones; y/o
- aportación de documentos o justificantes.

Respecto a los expedientes y documentos electrónicos, ver nº 2315 s.

Precisiones En relación con la utilización obligatoria de los **medios electrónicos** con las Administraciones Públicas, ver nº 2494 s.

Valoración de los gastos de dirección y generales de administración imputables al establecimiento permanente (RD 1776/2004 art.3) Los contribuyentes que operan en España mediante establecimiento permanente pueden someter al Departamento de Inspección Financiera y Tributaria de la AEAT propuestas para la valoración de la parte de los gastos de dirección y generales de administración que corresponda al establecimiento permanente y sean deducibles para la **determinación de la base imponible** del mismo. Las propuestas deben fundamentarse en la aplicación de los criterios de imputación establecidos en la normativa del impuesto. 5385

La **tramitación y resolución** de las solicitudes se debe efectuar de acuerdo con el procedimiento establecido para los acuerdos previos de valoración de las operaciones entre entidades vinculadas regulado en el RIS (ver nº 5330 s.), con la peculiaridad de que al tiempo de presentar su propuesta el contribuyente debe aportar la siguiente **documentación**:
- descripción de los gastos de dirección y generales de administración incluidos en la propuesta;
- identificación de los gastos imputables al establecimiento permanente y los criterios y módulos de reparto aplicados; y
- existencia de propuestas estimadas o en curso de tramitación ante Administraciones tributarias de otros Estados.

Cuadro resumen de los efectos del transcurso del plazo máximo de resolución de los procedimientos 5388

Tipo de acuerdo previo de valoración	Sentido del silencio administrativo
Retribuciones en especie del trabajo	Positivo
Operaciones entre personas o entidades vinculadas	Negativo
Gastos de proyectos de investigación o innovación	Positivo
Valoración o calificación y valoración de rentas provenientes de determinados activos intangibles	Negativo
Gastos de dirección y administración imputables al establecimiento permanente	Negativo

B. Aprobación de criterios de imputación temporal diferentes al devengo

(RIS art.1; RIRPF art.7.1; OM PRE/3581/2007)

Aquellas entidades que utilicen contablemente un criterio de imputación temporal de **ingresos y gastos** distinto al del devengo, pueden solicitar al Departamento de Inspección Financiera y Tributaria de la AEAT para que dicho criterio tenga eficacia fiscal. 5390

La solicitud pueden presentarla no sólo los **sujetos pasivos del IS** en que se den las circunstancias citadas, sino también los **contribuyentes del IRPF** que desarrollen actividades económicas.

La **solicitud** debe contener:
- la descripción de los ingresos y gastos afectados por el criterio de imputación temporal, especificándose su naturaleza y su importancia en el conjunto de las operaciones del contribuyente;
- la descripción del criterio de imputación temporal cuya eficacia fiscal se pide. En caso de tratarse de un criterio de obligado cumplimiento ha de especificarse la norma contable que establezca dicha obligación;

- la justificación de la adecuación del criterio de imputación temporal propuesto a la imagen fiel que deben proporcionar las cuentas anuales y la explicación de su incidencia sobre el patrimonio, la situación financiera y los resultados del contribuyente; y
- la descripción de la incidencia, a efectos fiscales, del criterio de imputación temporal.

La solicitud ha de presentarse al menos seis meses antes de la conclusión del primer período impositivo respecto del que se pretenda que tenga efectos, pudiendo el contribuyente desistir de la misma.

La Inspección puede recabar del contribuyente cuantos datos, informes, antecedentes y justificantes considere necesarios.

El contribuyente, en cualquier momento anterior al trámite de audiencia, puede presentar las **alegaciones** y aportar los documentos y justificantes que estime oportunos.

Instruido el procedimiento, y antes de la redacción de la propuesta de resolución, se ha de poner de manifiesto al contribuyente el trámite de **audiencia** para alegaciones durante un plazo de quince días.

5392 El **acuerdo resolutorio** que ponga fin al procedimiento puede:

a) Aprobar el criterio de imputación temporal de ingresos y gastos solicitados por el contribuyente.

b) Desestimar el criterio de imputación temporal de ingresos y gastos solicitado por el contribuyente.

La resolución ha de estar motivada.

El procedimiento tiene un **plazo máximo de duración** de seis meses, transcurrido el mismo sin haberse producido resolución expresa, se entiende aprobado el criterio de imputación temporal de ingresos y gastos utilizado por el contribuyente.

El plazo de seis meses **inicia su cómputo** desde la fecha en que tenga entrada la solicitud en cualquiera de los Registros del órgano administrativo competente (Departamento de Inspección Financiera y Tributaria de la AEAT) o desde la fecha de subsanación de la misma a requerimiento de dicho órgano.

5394 Precisiones **1)** La aplicación de un criterio distinto del de devengo debe suponer una mejora de la **imagen fiel** y, en todo caso, debe ser analizada con un **criterio restrictivo** por la Administración tributaria (TEAC 18-12-98). La norma ya contempla determinados supuestos en los que se excepciona el criterio de devengo en determinadas circunstancias a favor del criterio de caja, por lo que, fuera de las mismas, deben concurrir circunstancias excepcionales que permitan adoptar dicho criterio.

2) Debe admitirse la propuesta sobre el criterio de imputación temporal rechazada en su momento conforme a distintas circunstancias, entre las que se citan: que el **criterio de caja** es el que mejor se adecúa a las actividades profesionales y a las necesidades de financiación de la entidad, que cumple el principio de imagen fiel del patrimonio así como las previsiones del CCom, que no queda ningún ingreso ni gasto sin computar, que se correlacionan ingresos y gastos, que es un criterio mantenido desde la constitución de la entidad y que se aplica a la totalidad de la cuenta de resultados (AN 9-10-08, EDJ 213040).

3) El **cómputo del plazo** para considerar que la solicitud de un criterio de imputación temporal de ingresos y gastos en el IS distinto al del devengo se considera aprobada por **silencio administrativo** debe comenzar desde la fecha de entrada de la solicitud en cualquier órgano administrativo competente, aunque no sea el encargado de su resolución (AN 16-12-10, EDJ 265944).

5395 **Expediente electrónico** En la **Sede electrónica de la AEAT**, en el apartado de Beneficios Fiscales y Autorizaciones (Impuesto sobre Sociedades), se pueden realizar los siguientes **trámites** de este procedimiento:

- presentación de solicitud o comunicación;
- contestación de requerimientos;
- presentación de alegaciones; y/o
- aportación de documentos o justificantes.

Respecto a los expedientes y documentos electrónicos, ver nº 2315 s.

Precisiones En relación con la utilización obligatoria de los **medios electrónicos** con las Administraciones Públicas, ver nº 2494 s.

C. Aprobación de planes especiales de amortización

(RIS art.7)

5400 Los contribuyentes pueden proponer a la Administración tributaria un plan para la amortización de los elementos patrimoniales del **inmovilizado** material, intangible o inversiones inmobiliarias.

Solicitud (RIS art.7.2 y 3) Debe contener los siguientes **datos**: 5402
- descripción de los elementos patrimoniales objeto del plan especial de amortización, con indicación de la actividad a la que se hallen adscritos y su ubicación;
- método de amortización que se propone, indicando la distribución temporal de las amortizaciones que se deriven del mismo;
- justificación del método de amortización propuesto;
- precio de adquisición o coste de producción de los elementos patrimoniales;
- fecha en la que deba comenzar la amortización de los elementos patrimoniales;
- para los elementos patrimoniales en construcción, se ha de indicar la fecha prevista en que debe comenzar la amortización.

La solicitud ha de presentarse dentro del período de construcción de los elementos patrimoniales o de amortización, pudiendo el contribuyente **desistir** de la misma.

Órgano competente (RIS art.7.11; AEAT Resol 24-3-92 aptdo.5; 13-1-21 aptdo.5) Son competentes para **instruir y resolver** el expediente los órganos de la AEAT a los que corresponda de acuerdo con sus normas de estructura orgánica. 5405

Cuando se trate de un contribuyente **no adscrito a la Delegación Central de Grandes Contribuyentes** es competente el Inspector Jefe de la Dependencia Regional de Inspección que corresponda conforme al domicilio fiscal del obligado tributario.

En el caso de contribuyentes **adscritos** a la Delegación Central de Grandes Contribuyentes es competente para la resolución del procedimiento el titular de la Delegación Central.

Tramitación (RIS art.7.4 y 5) La Administración tributaria puede recabar del contribuyente cuantos datos, informes, antecedentes y justificantes considere necesarios. 5406

El contribuyente puede presentar las **alegaciones** y aportar los **documentos** y justificantes que estime pertinentes en cualquier momento del procedimiento anterior al trámite de audiencia.

Una vez instruido el procedimiento, e inmediatamente antes de redactar la propuesta de resolución, se debe **poner de manifiesto** al contribuyente, el cual dispone de un plazo de quince días para formular las alegaciones y presentar los documentos y justificaciones que estime pertinentes.

Resolución (RIS art.7.6, 7, 8 y 10) La resolución que ponga fin al procedimiento debe ser **motivada** y puede: 5408
- aprobar el plan de amortización formulado por el contribuyente;
- aprobar un plan alternativo de amortización formulado por el contribuyente en el curso del procedimiento, con la aceptación del mismo; o
- desestimar el plan de amortización del contribuyente.

El procedimiento debe **finalizar** antes de tres meses contados desde la fecha en que la solicitud haya tenido entrada en cualquiera de los registros del órgano administrativo competente o desde la fecha de subsanación de la misma a requerimiento de dicho órgano.

Transcurrido este plazo de tres meses sin haberse producido una resolución expresa, se ha de entender **aprobado** el plan de amortización formulado por el contribuyente.

Efectos (RIS art.7.8 y 10) Los efectos del plan de amortización aprobado se producen en los **períodos impositivos** que finalicen tras la presentación del mismo, salvo que expresamente se establezca una fecha distinta. Además, los planes de amortización aprobados van a poder ser aplicados a aquellos otros elementos patrimoniales de idénticas características cuya amortización vaya a comenzar antes del transcurso de 3 años contados desde la fecha de notificación del acuerdo de aprobación del plan de amortización, siempre que se mantengan sustancialmente las circunstancias de carácter físico, tecnológico, jurídico y económico determinantes del método de amortización aprobado. 5409

Resulta necesaria la **comunicación** de dicha aplicación a la AEAT con anterioridad a la finalización del período impositivo en que deba surtir efecto.

Modificación del plan (RIS art.7.9) Los planes de amortización aprobados pueden ser modificados **a solicitud del contribuyente**, observándose las normas previstas para su aprobación. Dicha solicitud se debe presentar dentro de los tres primeros meses del período impositivo en el cual deba surtir efecto dicha modificación. 5410

Expediente electrónico En la **Sede electrónica de la AEAT**, en el apartado de Beneficios Fiscales y Autorizaciones (Impuesto sobre Sociedades), se pueden realizar los siguientes **trámites** de este procedimiento: 5412
- presentación de solicitud o comunicación;
- contestación de requerimientos;
- presentación de alegaciones; y/o
- aportación de documentos o justificantes.

Respecto a los expedientes y documentos electrónicos, ver nº 2315 s.

Precisiones En relación con la utilización obligatoria de los **medios electrónicos** con las Administraciones Públicas, ver nº 2494 s.

D. Aprobación de planes de gasto correspondientes a actuaciones medioambientales

(RIS art.10 y 12; OM PRE/3581/2007)

5415 Los sujetos pasivos pueden **someter** a la Administración tributaria un plan de gastos correspondientes a actuaciones medioambientales.

5416 **Solicitud** (RIS art.10.2 y 3) En ella se deben hacer constar los siguientes **datos**:
- descripción de las obligaciones del contribuyente o compromisos adquiridos por el mismo para prevenir o reparar daños sobre el medio ambiente;
- descripción técnica y justificación de la necesidad de la actuación a realizar;
- importe estimado de los gastos correspondientes a la actuación medioambiental y justificación del mismo;
- criterio de imputación temporal del importe estimado de los gastos correspondientes a la actuación medioambiental y la justificación del mismo; y
- fecha de inicio de la actuación medioambiental.

Con carácter general, la solicitud se debe **presentar** dentro de los tres meses siguientes a la fecha de nacimiento de la obligación o compromiso de la actuación medioambiental.
El contribuyente puede **desistir** de la solicitud formulada.

5418 **Órgano competente** (RIS art.12; AEAT Resol 24-3-92 aptdo. 5; 13-1-21 aptdo. 5) Es competente para **instruir y resolver** el expediente el órganos de la AEAT que corresponda de acuerdo con sus normas de estructura orgánica.
Cuando se trate de un contribuyente **no adscrito a la DCGC** es competente el Inspector Jefe de la Dependencia Regional de Inspección que corresponda conforme al domicilio fiscal del obligado tributario.
En el caso de contribuyentes **adscritos** a la DCGC es competente para la resolución del procedimiento el titular de la Delegación Central.

5420 **Tramitación** (RIS art.10.4 y 5) La Administración tributaria puede requerir del contribuyente los datos, informes, antecedentes y justificantes que considere oportunos.
El contribuyente puede presentar las **alegaciones** y aportar los **documentos** y justificantes que estime pertinentes, en cualquier momento del procedimiento anterior al trámite de audiencia.
Instruido el procedimiento, e inmediatamente antes de redactar la propuesta de resolución, se debe **poner de manifiesto** al contribuyente, el cual dispone de un plazo de quince días para formular las alegaciones y presentar los documentos y justificaciones que estime pertinentes.

5422 **Resolución** (RIS art.10.6 y 7) La resolución que pone fin al procedimiento debe ser **motivada** y puede optar por cualquiera de las siguientes posibilidades:
- aprobar el plan de gastos formulado por el contribuyente;
- aprobar un plan alternativo de gastos formulado por el contribuyente en el curso del procedimiento, que debe contar con su aceptación;
- desestimar el plan de gastos formulado por el contribuyente.

El procedimiento debe **finalizar** en el plazo de tres meses. Transcurrido dicho plazo sin haberse notificado una resolución expresa, se entiende aprobado el plan de gastos formulado por el contribuyente.

5424 **Modificación** (RIS art.10.8) Los planes de gastos correspondientes a actuaciones medioambientales aprobados pueden modificarse a solicitud del contribuyente observándose el procedimiento fijado para su aprobación. Dicha **solicitud** ha de presentarse dentro de los tres primeros meses del **período impositivo** en el cual deba surtir efecto la modificación.

5426 **Expediente electrónico** En la **Sede electrónica de la AEAT**, en el apartado de Beneficios Fiscales y Autorizaciones (Impuesto sobre Sociedades), se pueden realizar los siguientes **trámites** de este procedimiento:
- presentación de solicitud o comunicación;
- contestación de requerimientos;
- presentación de alegaciones; y/o
- aportación de documentos o justificantes.

Respecto a los expedientes y documentos electrónicos, ver nº 2315 s.

Precisiones En relación con la utilización obligatoria de los **medios electrónicos** con las Administraciones Públicas, ver nº 2494 s.

E. Aprobación de planes especiales de inversiones y gastos de las comunidades titulares de montes vecinales en mano común

(RIS art.11 y 12)

Los contribuyentes pueden presentar planes especiales de inversiones y gastos, cuando prueben que las inversiones y gastos deben efectuarse necesariamente en un **plazo** superior al general de cuatro años previsto en la LIS art.112.1. 5430

Solicitud (RIS art.11.2 y 3) Debe contener los siguientes **datos**: 5432
a) Descripción de:
- los gastos, inversiones y sus importes realizados dentro del plazo de cuatro años previsto en la LIS art.112.1;
- las inversiones o gastos pendientes objeto del plan especial;
- el plan temporal de realización de la inversión o gasto;
- las circunstancias específicas que justifican el plan especial de inversiones y gastos.
b) Importe efectivo o previsto de las inversiones o gastos del plan.

El plan especial de reinversión se debe **presentar** antes de la finalización del último período impositivo a que se refiere la LIS art.112.1, es decir, en el cuarto período impositivo posterior a aquel en que se realizó el gasto o la inversión.

El contribuyente puede **desistir** de la solicitud formulada.

Órgano competente (RIS art.12; AEAT Resol 24-3-92 aptdo. 5; 13-1-21 aptdo. 5) Es competente para **instruir y resolver** el expediente el órganos de la AEAT que corresponda de acuerdo con sus normas de estructura orgánica. 5434

Cuando se trate de un contribuyente **no adscrito a la Delegación Central de Grandes Contribuyentes** es competente el Inspector Jefe de la Dependencia Regional de Inspección que corresponda conforme al domicilio fiscal del obligado tributario.

En el caso de contribuyentes **adscritos** a la Delegación Central de Grandes Contribuyentes es competente para la resolución del procedimiento el titular de la Delegación Central.

Tramitación (RIS art.11.4 y 5) La Inspección puede recabar del contribuyente cuantos datos, informes, antecedentes y justificantes sean necesarios. Es preceptivo recabar informe de los organismos de las **Comunidades Autónomas** que tengan competencia en materia forestal en las que tenga su domicilio fiscal el contribuyente. 5436

El contribuyente puede presentar las **alegaciones** y aportar los **documentos** y justificantes que considere oportunos en cualquier momento del procedimiento anterior al trámite de audiencia.

Instruido el procedimiento, e inmediatamente antes de redactar la propuesta de resolución, se debe **poner de manifiesto** al contribuyente para que en un plazo de quince días pueda formular las alegaciones y presentar los documentos y justificaciones que estime pertinentes.

Resolución (RIS art.11.6 a 8) La resolución que ponga fin al procedimiento debe ser **motivada** y puede: 5438
- aprobar el plan especial formulado por el contribuyente;
- aprobar un plan especial alternativo formulado por el contribuyente en el curso del procedimiento, con la aceptación del mismo; o
- desestimar el plan especial formulado por el contribuyente.

El procedimiento debe finalizar en el plazo de tres meses. Transcurrido dicho plazo sin haberse notificado una resolución expresa, se entiende aprobado el plan especial.

En el supuesto de **incumplimiento** total o parcial del plan, el contribuyente debe regularizar su situación tributaria, teniendo en cuenta la inversión o gasto propuesta y la efectivamente realizada.

Expediente electrónico En la **Sede electrónica de la AEAT**, en el apartado de Beneficios Fiscales y Autorizaciones (Impuesto sobre Sociedades), se pueden realizar los siguientes **trámites** de este procedimiento: 5440
- presentación de solicitud o comunicación;
- contestación de requerimientos;

- presentación de alegaciones; y/o
- aportación de documentos o justificantes.

Respecto a los expedientes y documentos electrónicos, ver nº 2315 s.

Precisiones En relación con la utilización obligatoria de los **medios electrónicos** con las Administraciones Públicas, ver nº 2494 s.

F. Resolución de solicitudes de autorización de sistemas de facturación electrónica

(Rgto Fac art.10.1.c; OM EHA/962/2007 art.3; OM PRE/3581/2007)

5450 El Reglamento por el que se regulan las obligaciones de facturación contempla la remisión electrónica de facturas. Entre los sistemas para garantizar la **autenticidad de origen** y la **integridad del contenido** de las facturas electrónicas se encuentran los medios propuestos previamente por los interesados para este fin, una vez sean validados por la AEAT. Para ello, deberán solicitar autorización a la AEAT indicando los elementos que permitan garantizar los extremos antes citados.

La **competencia** para la validación de otros medios de facturación electrónica se atribuye al Director del Departamento de Inspección Financiera y Tributaria (OM PRE/3581/2007 art.5).

A continuación, se desarrollan los elementos fundamentales del sistema para la autorización de sistemas de facturación electrónica a propuesta del contribuyente.

5452 **Solicitud** (OM EHA/962/2007 art.3.1, 2, y 6) Ha de dirigirse al Director del Departamento de Inspección Financiera y Tributaria de la AEAT y puede ser **presentada** por los empresarios o profesionales o cualquier otra persona o entidad obligada a la expedición de facturas o documentos sustitutivos establecida o residente en España.

La solicitud debe incluir una descripción de los elementos o medios que se proponen aplicar para garantizar la autenticidad de origen y la integridad de contenido de los documentos electrónicos remitidos, con el fin de que estas garantías puedan ser verificadas por la Administración Tributaria en cualquier momento ulterior a su remisión durante el plazo que resulte de lo dispuesto al efecto por la LGT.

Los **elementos o medios de control** utilizados no están sujetos a priori a ninguna restricción conceptual ni tecnológica, pero sí se exige que estén detallados por el solicitante y puestos a disposición del destinatario o de una entidad tercera que actúe como tercera parte de confianza del sistema, en cuyo caso, esta entidad tercera debe de ser identificada en la solicitud.

Los medios y elementos de control han de ser **accesibles** a la Administración tributaria durante el plazo exigido con carácter general en la LGT a fin de que esta última pueda verificar las propiedades de autenticidad de origen e integridad de contenido de los documentos.

Si la solicitud presentada no contiene los elementos precisos para verificar el cumplimiento de los requisitos exigidos normativamente, el solicitante puede ser requerido para que, en el plazo de diez días contados a partir del día siguiente al de la notificación del requerimiento, proceda a **subsanar los defectos** de que adolezca, indicándosele que de no hacerlo se le tendrá por desistido procediéndose al archivo de la solicitud sin más trámite. Cuando el requerimiento de subsanación es atendido en plazo, pero no se entiende que subsane los defectos observados, el Director de Inspección Financiera y Tributaria de la AEAT ha de acordar la denegación de la solicitud, notificándose dicho acuerdo al interesado.

5454 **Tramitación** (OM EHA/962/2007 art.3.3) En la tarea de verificación del contenido de la solicitud, el Departamento de Inspección Financiera y Tributaria puede recabar aquella **información** que considere necesaria para comprobar la exactitud de lo declarado por el solicitante, así como efectuar las **comprobaciones** que estime precisas.

5456 **Resolución** (OM EHA/962/2007 art.3.4 y 3.5) Una vez verificado el cumplimiento de los requisitos exigidos, el Director de Inspección Financiera y Tributaria ha de acordar la autorización o denegación del sistema propuesto por el solicitante:

a) **Autorización**: debe asignarse una referencia identificativa a la misma. La resolución ha de describir las condiciones en que se entiende concedida la autorización.

b) **Denegación**: se debe motivar la causa que impide la autorización.

El acuerdo que dicte el Director de Inspección Financiera y Tributaria es **recurrible** en alzada ante del Director General de la AEAT.

El **plazo** de resolución del procedimiento es de seis meses.

De acuerdo con dicha Orden, se considera desestimada la solicitud por **silencio** administrativo si en el plazo referido no hubiera finalizado la verificación o el Director de Inspección Financiera y Tributaria no hubiera dictado resolución expresa.

No obstante, hay que tener en cuenta lo establecido por el RDL 8/2011 en relación con el sentido del silencio administrativo. Según dicha norma, el vencimiento del plazo mencionado sin notificación de resolución expresa, legitima a los interesados para entender estimada su solicitud (RDL 8/2011 art.26 y Anexo I).

Expediente electrónico En la **Sede electrónica de la AEAT**, en el apartado de Beneficios Fiscales y Autorizaciones (Facturación y Libros registros), se pueden realizar los siguientes **trámites** de este procedimiento: **5458**
- presentación de solicitud o comunicación;
- contestación de requerimientos; presentación de alegaciones y/o aportación de documentos o justificantes.

Respecto a los expedientes y documentos electrónicos, ver nº 2315 s.

Precisiones En relación con la utilización obligatoria de los **medios electrónicos** con las Administraciones Públicas, ver nº 2494 s.

G. Ejecución de resoluciones administrativas o judiciales

(RGGI art.197.8)

Se atribuye a los órganos de inspección la competencia para desarrollar las actuaciones que sean necesarias a fin de ejecutar las resoluciones administrativas y judiciales, pudiendo, en su caso, ejercer las facultades previstas en la LGT art.142 y realizar las actuaciones de **obtención de información** pertinentes. **5460**

No obstante, cuando las mencionadas resoluciones hayan ordenado la **retroacción de actuaciones**, estas se han de desarrollar de acuerdo con lo dispuesto en la LGT art.150.7 (nº 8919 s.).

PARTE SEGUNDA

Régimen sancionador y actuaciones inspectoras

CAPÍTULO 6

Principios y disposiciones generales

 5500

La LGT regula la **potestad sancionadora** en materia tributaria de forma autónoma y separada de la aplicación de los tributos, no solo en el aspecto material de esta potestad, sino también en el procedimental. 5505

En cuanto al **aspecto material** de la potestad sancionadora destaca la exclusión de las sanciones del concepto de deuda tributaria (LGT art.58.3), sin perjuicio de que en su recaudación se apliquen las normas sobre actuaciones y procedimiento de recaudación contenidas en el capítulo V, título III («La aplicación de los tributos»), del citado texto legal (LGT art.160 a 177). Sobre el **aspecto procedimental**, ver nº 7050 s.

SECCIÓN 1

Normativa aplicable

La potestad sancionadora en materia tributaria se encuentra regulada en la LGT distinguiendo, junto con los principios que rigen esta materia, las disposiciones generales aplicables a las infracciones y sanciones tributarias, la tipificación de las principales infracciones con sus correspondientes sanciones y la regulación del procedimiento sancionador en materia tributaria o cauce por el que se hace efectiva esa potestad (LGT art.178 a 212). Estas disposiciones se desarrollan en el Reglamento General del Régimen Sancionador Tributario -**RSAN**- (RD 2063/2004). 5510

Resultan, asimismo, aplicables con **carácter supletorio** las normas administrativas: LPAC (L 39/2015), donde se regulan las disposiciones sobre el **procedimiento administrativo común** y las **especialidades en materia sancionadora** y, LRJSP (L 40/2015), donde se regula los **principios generales de la potestad sancionadora**.

Por último, en la regulación del régimen sancionador tributario hay que tener en cuenta las leyes propias de cada tributo en las que se tipifican **infracciones específicas** (entre otras, LIS art.18; LIVA art.170 y 171).

SECCIÓN 2

Principios de la potestad sancionadora

 5515

Los principios inspiradores del orden penal son de aplicación, con ciertos matices, al derecho administrativo sancionador al ser ambos manifestación del ordenamiento punitivo del Estado (TCo 18/1981; 76/1990; 56/1998). 5516

No cabe establecer diferencias sustanciales entre la naturaleza del **delito contra la Hacienda Pública** y la **infracción tributaria administrativa**, dado que el bien jurídico protegido en ambos casos es el interés general en la realización del deber de contribuir al sostenimiento de los gastos públicos (Const art.31).

A. Principio de legalidad

(LGT art.8 y 178)

5520 La Constitución prohíbe la imposición de sanción alguna por acciones u omisiones que en el momento de producirse no constituyan delito, falta o infracción administrativa según la **legislación vigente** en aquel momento (Const art.25.1).

Pese a la vaguedad del término utilizado en el texto constitucional (legislación vigente), el Tribunal Constitucional ha vinculado desde un primer momento el principio de legalidad en materia sancionadora y el principio de **reserva de ley**. Por tanto, nadie puede ser sancionado si no es conforme al ordenamiento jurídico vigente en cada caso y, además, las infracciones y sanciones tributarias han de regularse necesariamente por norma con rango de ley formal (TCo 207/1990).

La LGT recoge, asimismo, el principio de reserva de ley al exigir la regulación, en todo caso, por ley del establecimiento y modificación de las infracciones y sanciones tributarias.

No obstante, el propio Tribunal Constitucional ha concretado la intensidad del principio de reserva de ley en materia sancionadora administrativa al señalar que no excluye la posibilidad de que las leyes contengan remisiones a **normas reglamentarias**, siempre que tales remisiones no permitan una regulación independiente y no claramente subordinada a la ley (TCo 100/2003; 16/2004). Cabe, por consiguiente, desarrollo reglamentario en la regulación legal de las infracciones y sanciones tributarias, pero ha de limitarse a ser un mero complemento de esta última y no debe suponer la deslegalización de la materia reservada.

5521 Precisiones **1)** El principio de legalidad implica una **doble garantía**: una de carácter material y absoluta que se refiere a la necesidad de la predeterminación de las conductas ilícitas y de las correspondientes sanciones, y otra de carácter formal que hace referencia al rango necesario de las normas tipificadoras de esas conductas y sanciones (TS 17-3-08, EDJ 25655).

2) El principio de legalidad alcanza no solo a la habilitación para sancionar, sino también a la necesidad de **previa tipificación** de las infracciones y a la fijación de las sanciones a imponer (TS 27-7-95, EDJ 24382).

5522 Ejemplo La LGT define la ocultación y los medios fraudulentos como circunstancias determinantes de la calificación de algunas de las infracciones tributarias tipificadas en la misma ley (LGT art.184). El RSAN completa la definición de estas circunstancias aclarando determinados supuestos en los que se puede apreciar ocultación, así como conceptos utilizados en la ley tales como asientos, registros o importes falsos o contabilización en cuentas incorrectas (RSAN art.4).

Existen, no obstante, otros artículos de este texto reglamentario cuyo contenido difícilmente puede considerarse un simple desarrollo o complemento de la LGT. Así ocurre cuando se señalan los supuestos en los que procede la **reducción por conformidad** (30% -LGT art.188.1.b-) en los procedimientos de inspección (RSAN art.7.2):

- formalización de un acta de conformidad;
- conformidad con la rectificación de la propuesta contenida en el acta que acuerde el inspector jefe;
- manifestación expresa de la conformidad antes que se dicte el acto administrativo de liquidación en los casos en los que se haya suscrito un acta de disconformidad.

Sin embargo, respecto al último supuesto señalado, hay que destacar que la LGT solo prevé la aplicación de la reducción del 30% de la sanción en aquellos casos en los que se haya suscrito un acta de conformidad, sin contemplar la posibilidad de que el Reglamento introduzca nuevos supuestos (LGT art.187.1.d).

B. Principio de tipicidad

(LGT art.178)

5525 El principio de tipicidad, que se traduce en la exigencia de **predeterminación normativa** de las conductas ilícitas y de las sanciones correspondientes, está íntimamente vinculado al principio de legalidad contenido en la Const art.25.1. Así, para poder sancionar la conducta de un obligado tributario, es necesario que exista no solo una norma con rango de ley que califique la conducta como **infracción tributaria**, sino que la previsión normativa se realice de forma que permita identificar, sin ofrecer dudas interpretativas, cuál es la conducta sancionable, describiéndola de forma clara y precisa.

Junto a la tipificación de las acciones y omisiones que constituyen infracciones tributarias, el **principio de seguridad jurídica**, que adquiere especial relevancia en el ámbito sancionador, requiere que estén claramente definidas las sanciones que puedan corresponder a cada una de las infracciones tributarias. Esta exigencia no excluye la posibilidad de fijar la sanción entre unos límites mínimos y máximos, concretándose en cada supuesto específico conforme a unos criterios de graduación también previstos por la norma.

Precisiones 1) Dada la gran cantidad de obligaciones y deberes exigidos en la multiplicidad de normas que integran el ordenamiento tributario (en especial, las **obligaciones tributarias de carácter formal**), hay que resaltar que puede ocurrir que si su incumplimiento no se incluye en ninguna de las específicas conductas tipificadas como infracción en la LGT, la obligación o deber de que se trate quede vacío de contenido. **5527**
2) No se puede sancionar por el **mero incumplimiento** de obligaciones tributarias. La decisión de sancionar debe estar soportada no por juicios de valor ni afirmaciones generalizadas, sino por datos de hecho suficientemente expresivos y detallados, con descripción individualizada, incluso, de las operaciones que puedan entenderse acreedoras de sanción (TS 6-6-08, EDJ 97539; TSJ Granada 5-2-01, EDJ 102971).
3) En el ejercicio de su potestad administrativa sancionadora la Administración actuante no responde, propiamente, al ejercicio de una **potestad administrativa** de esencia o de tendencia discrecional, sino predominantemente reglada para la aplicación a cada caso concreto del marco normativo sancionador preestablecido con carácter general en el ordenamiento jurídico sancionador aplicable (TSJ Extremadura 3-11-22, EDJ 744797).
4) La exigencia en el ámbito sancionador de la legalidad y derivadamente de la tipicidad remite a la **existencia de una ley** que sea anterior al hecho sancionado -lex previa- y que describa un supuesto de hecho estrictamente determinado -lex certa- (AN 17-2-00, EDJ 117310).

C. Principio de responsabilidad

(LGT art.179)

El estudio del principio de responsabilidad comprende el análisis del **elemento subjetivo** de la infracción tributaria o culpabilidad (nº 5535 s.), y el de los supuestos en que las acciones y omisiones tipificadas en las leyes no dan lugar a **responsabilidad** por infracción tributaria (nº 5545 s.). **5530**

1. Culpabilidad

(LGT art.179 y 183.1)

De acuerdo con el principio de responsabilidad, solo pueden ser sancionadas por los hechos constitutivos de infracciones tributarias las personas físicas y jurídicas y las herencias yacentes, comunidades de bienes y demás entidades que, carentes de personalidad jurídica, constituyan una unidad económica o un patrimonio separado susceptible de imposición (LGT art.35.4) que resulten responsables de tales hechos. **5535**
El principio de responsabilidad tiene su reflejo inmediato en el propio **concepto de infracción** tributaria, definida como toda acción u omisión dolosa o culposa con cualquier grado de negligencia, tipificada y sancionada como tal en las leyes.
La prohibición de un sistema sancionador objetivo que deriva de los principios consagrados en la Constitución implica que en toda infracción puedan identificarse dos **elementos** diferenciados:
a) Elemento **objetivo** o conducta definida como tal infracción en la ley.
b) Elemento **subjetivo** o culpabilidad, que comporta la relación entre la conducta y el sujeto al que resulta imputable. Si bien no existe una definición legal de este elemento, sí pueden señalarse como **circunstancias determinantes** de aquella las siguientes:
- imputabilidad o capacidad de culpabilidad. No puede actuar culpablemente quien no tenga capacidad de obrar en el momento de cometer la infracción;
- posibilidad de conocer la antijuridicidad del hecho;
- posibilidad de evitar la conducta antijurídica o exigencia de un comportamiento distinto.

Asimismo, dentro del concepto genérico de culpabilidad cabe diferenciar distintos **grados** o formas: **5540**
a) Dolo: existe conciencia y voluntad de realizar el hecho tipificado como infracción. Su existencia en la conducta del sujeto infractor puede determinar la intervención del orden jurisdiccional penal, siempre que se superen los límites cuantitativos de defraudación previstos en el Código Penal (ver nº 7612 s.).
b) Culpa: puede ser, a su vez:
- culpa **grave**: concurre cuando se omite la diligencia más elemental;

- culpa **leve** o simple **negligencia**: existe cuando se omite el cuidado exigible al hombre medio. Es la que ofrece mayores dificultades en su apreciación. La jurisprudencia relaciona este concepto con una actuación contraria al deber de respeto y cuidado de la norma.
En todo caso, para determinar la existencia de la omisión del deber de cuidado exigible al obligado tributario es necesario partir de los datos o circunstancias objetivas que resultan acreditados en cada expediente, dada la dificultad de la prueba directa de la intención o elemento psicológico de la conducta que se pretende sancionar.
En el acto de imposición de sanción deben señalarse los elementos de la conducta del sujeto infractor en los que la Inspección funda la existencia de responsabilidad, de manera que pueda deducirse de los mismos la existencia de dolo o la negligencia del obligado tributario. Corresponde, por tanto, a la Administración, la **carga de la prueba** de la responsabilidad, y solo puede afirmarse que la ausencia de culpabilidad debe ser acreditada por el infractor cuando previamente se haya justificado la existencia tanto del elemento objetivo como del elemento subjetivo de la infracción.

5542 Precisiones **1)** El concepto de **negligencia** se liga al descuido, a la actuación contraria al deber objetivo de respeto y cuidado del bien jurídico protegido por la norma, que no es otro que los intereses de la Hacienda Pública y, a través de ellos, el progreso social y económico del país. La negligencia que permite apreciar la existencia de una infracción tributaria no exige como elemento determinante un claro ánimo de defraudar sino un **cierto desprecio o menoscabo de la norma**, una lasitud en el cumplimiento de los deberes impuestos por la misma (TEAC 14-3-07).
2) En el acuerdo sancionador debe estar **motivada** de forma específica la existencia de culpabilidad, de forma que el órgano revisor pueda fundamentar un juicio razonable sobre su concurrencia (TS 15-10-09, EDJ 259124; TEAC 21-5-15).
3) La utilización de la expresión «analizadas las circunstancias concurrentes la conducta del obligado tributario ha sido negligente sin que se aprecie ninguna causa de exoneración de la responsabilidad» no supone motivar suficientemente el elemento subjetivo de la culpabilidad en una resolución sancionadora; resulta una **fórmula generalizada y estereotipada** que no es motivación suficiente para apreciar la culpabilidad del presunto infractor (TEAC 18-2-16).
4) Se exige de la Administración una **motivación especifica de la culpabilidad** del obligado que justifique la imposición de la sanción, siendo esta quién debe demostrar la ausencia de diligencia del obligado tributario y no el obligado el que deba probar su inocencia, pues ello supondría invertir la **carga de la prueba** (TS 28-4-16, EDJ 59290; 10-7-07, EDJ 152430).
5) Se anula la sanción por existir **discrepancias razonables** que excluyen la culpabilidad del recurrente al resultar aplicables preceptos reglamentarios que remiten a interpretaciones muy dudosas de las retenciones procedentes y por no motivar la resolución sancionadora de modo específico la concurrencia de la culpabilidad del contribuyente, limitándose a señalar normas generales (AN 1-2-07, EDJ 11628).

5543 **6)** El poder público no puede imponer, sin vulnerar el principio de culpabilidad que deriva de la Constitución, una sanción a un obligado tributario por sus **circunstancias subjetivas** (aunque se trate de una persona jurídica, tenga grandes medios económicos, reciba o pueda recibir el más competente de los asesoramientos y se dedique habitual o exclusivamente a la actividad gravada por la norma incumplida), si puede entenderse como **razonable** la **interpretación** que ha mantenido de la disposición controvertida, aunque errónea (TS 4-11-10, EDJ 246638; 18-11-10, EDJ 279626). En cada supuesto y, con independencia de las circunstancias subjetivas, hay que ponderar si la discrepancia entre el sujeto pasivo y la Hacienda Pública se debe o no a la diversa, razonable y, en cierto modo, justificada interpretación que uno y otra mantienen sobre las normas aplicables (TS 18-11-10, EDJ 279626).
7) Tratándose de un supuesto en el que la cuota dejada de ingresar obedece a excesos de amortizaciones, no es posible calificar la conducta del obligado tributario como culpable cuando no se han **identificado los concretos supuestos de hecho** a que se refiere, pues ello impide analizar siquiera si efectivamente se trata de cuestiones controvertidas o incluso de una razonable interpretación de la norma (TS 2-7-09, EDJ 217533).
8) No puede entenderse como una especie de **confesión de culpabilidad**, la admisión por el obligado tributario de los hechos al suscribir un **acta en conformidad**. Una cosa es que se reconozca el dato objetivo y la procedencia de la regularización practicada, y otra que la declaración o autoliquidación que se regulariza se realizara sin error y con la intención que se exige para que la conducta pueda ser considerada infracción merecedora de sanción (TS unif criterio 22-12-16, EDJ 232494).
9) El principio constitucional de presunción de inocencia (Const art.24.2) no permite que la Administración Tributaria razone la **existencia de culpabilidad por exclusión** o, dicho de manera más precisa, mediante la afirmación de que la actuación del obligado tributario es culpable porque no se aprecia la existencia de una discrepancia interpretativa razonable o la concurrencia de cualquiera de las otras causas excluyentes de la responsabilidad. El hecho de que se haya tenido que iniciar y tramitar un procedimiento inspector para descubrir los hechos, en nada incide sobre el elemento culpabilidad que es anterior al procedimiento y ajeno en su existencia a que haya o no procedimiento al efecto (TEAC 20-7-17).

10) La necesaria salvaguarda del derecho a no **autoincriminarse** reclama que la información que ha sido obtenida bajo medios coactivos en el procedimiento inspector (concurriendo la coacción legal que se deriva de la LGT art.203), no sea utilizada posteriormente en el procedimiento tributario sancionador para enervar la presunción de inocencia del obligado tributario (TS 23-7-20, EDJ 618863).
11) El rechazo de una notificación de un **requerimiento de información** como consecuencia de no acceder a su contenido supone que puede concurrir el elemento subjetivo necesario al efecto de imponer una sanción (TEAC 21-5-21).
12) La **simulación negocial**, en tanto se oriente a la defraudación o evasión fiscal mediante un abuso de las formas jurídicas lícitas y admisibles, es siempre dolosa si se la examina desde el punto de vista sancionador (TS 3-6-21, EDJ 596756).
13) En la impugnación de una sanción es posible realizar un **análisis de liquidación** de la que deriva, aunque esta sea firme, en la medida que la regularización que contiene sustenta la infracción que se sanciona y fija la base de la sanción y fija la base de la sanción impuesta, en aras a verificar la concurrencia del elemento objetivo de la sanción impuesta (TEAC 24-11-22; TS 23-9-20, EDJ 671986).

2. Ausencia de responsabilidad

(LGT art.179.2 y 3)

Dentro de los supuestos de ausencia de responsabilidad por infracción tributaria, se puede diferenciar entre aquellos donde no existe culpabilidad (nº 5550 s.) y, aquellos en los que sí existe (nº 5565 s.). **5545**

Inexistencia de culpabilidad (LGT art.179.2) **No** cabe apreciar **culpabilidad** en los siguientes supuestos: **5550**
a) Acciones u omisiones realizadas por quienes **carezcan de capacidad** para el pleno ejercicio de derechos y obligaciones en el orden tributario. Este supuesto deriva directamente de la no concurrencia de uno de los elementos constitutivos de la culpabilidad, la imputabilidad o capacidad de culpabilidad, como ocurre, por ejemplo, cuando la conducta tipificada como infracción se atribuye a un menor de edad o a una persona con discapacidad necesitada de medidas de apoyo. En tales casos, se señala como sujetos infractores, no a los obligados tributarios, sino a sus representantes legales (LGT art.181.1.f).
b) Concurrencia de **fuerza mayor**. Al vincularse la culpabilidad a la omisión de la diligencia necesaria para prever y evitar la conducta tipificada como infracción, la existencia de una causa de fuerza mayor excluye cualquier tipo de responsabilidad. Se consideran causas de fuerza mayor aquellos sucesos que no hubieran podido preverse o que, previstos, fueran inevitables (CC art.1105).
c) Acciones u omisiones derivadas de una **decisión colectiva**, para quienes hubieran salvado su voto o no hubieran asistido a la reunión en que se adoptó la misma. En base a lo expuesto respecto a la capacidad para el pleno ejercicio de derechos y obligaciones en el ámbito tributario, puede afirmarse que este supuesto tiene escasa aplicación práctica, ya que el sujeto infractor es la propia entidad y no las personas físicas que integran los órganos de decisión de la misma.
d) Actuación del obligado tributario amparada en una **interpretación razonable** de la norma. Por interpretación razonable se entiende la que está respaldada por una fundamentación objetiva, sin que, a tal efecto, sea suficiente cualquier tipo de alegación contraria a la postura sostenida por la Administración.
En todo caso, y aunque la LGT no lo exija expresamente, el obligado tributario debe haber presentado una declaración veraz y completa, haciendo constar todos los datos necesarios para la determinación de la deuda tributaria, salvo en aquellos casos en los que el incumplimiento de este requisito esté amparado por la propia interpretación razonable de la norma por él invocada.
No se entiende, salvo prueba en contrario, que existe diligencia debida en el cumplimiento de las obligaciones tributarias ni interpretación razonable de la norma cuando se produzcan los supuestos a que se refiere la infracción en supuestos de conflicto en la aplicación de la norma tributaria (nº 6703 s.).

e) Actuación del obligado tributario **ajustada a los criterios** manifestados por la **Administración** Tributaria en publicaciones y comunicaciones escritas, así como en la contestación a la consulta formulada por otro obligado tributario, siempre que entre sus circunstancias y las mencionadas en la contestación a la consulta exista una igualdad sustancial que permita entender aplicables tales criterios y estos no hayan sido modificados. **5554**
La **contestación a las consultas** tributarias escritas presentadas, siempre que estas se hayan formulado con los requisitos establecidos al efecto (ver nº 13059 Memento Fiscal 2024) y en

tanto no se modifique la legislación o la jurisprudencia aplicable al caso o se alteren las circunstancias, antecedentes y demás datos recogidos en el escrito de la consulta, tiene efectos vinculantes para la Administración, no solo con relación al consultante, sino también con relación a cualquier otro obligado tributario, cuando exista identidad entre los hechos y circunstancias de este y los que se incluyan en la contestación de la consulta (LGT art.89).
Cuando no exista tal identidad, la Administración no está obligada a ajustar la regularización que, en su caso, estime procedente, a los criterios reflejados en la contestación a la consulta. Pero si, pese a no concurrir la aludida identidad, existe una igualdad sustancial en las circunstancias y los criterios plasmados en la contestación a la consulta de que se trate no han sido modificados, no procede la imposición de sanción alguna, pues la actuación del obligado tributario no puede ser calificada como negligente.
En cuanto a los **criterios** manifestados por la Administración en sus **publicaciones y comunicaciones escritas** (LGT art.86 y 87), a diferencia de los manifestados en las contestaciones a consultas, no son vinculantes para la Administración. Por ello, puede separase de aquellos exigiendo la cuota e intereses de demora que estime procedentes en cada caso. Sin embargo, la conducta del obligado tributario no puede ser objeto de sanción cuando se ajuste a aquellos criterios, pues habrá actuado conforme a una interpretación, en todo caso, razonable, por ser la recogida o facilitada por la propia Administración. Sí puede ser sancionable cuando los criterios invocados hayan sido modificados o superados en contestaciones a consultas o resoluciones posteriores incluidas en las mismas publicaciones o cuando tales criterios no resulten en modo alguno aplicables por referirse a circunstancias o hechos distintos de los que concurren en la situación del obligado tributario en cuestión.
f) Acciones u omisiones imputables a una deficiencia técnica de los **programas informáticos facilitados por la Administración Tributaria** para el cumplimiento de las obligaciones tributarias. En estos casos no cabe apreciar la culpabilidad necesaria para calificar las acciones u omisiones como infracción tributaria, dado que el error del obligado tributario en la cumplimentación de su declaración ha sido ocasionado por la propia Administración, sin que pueda exigírsele mayor diligencia que ajustarse a los propios programas proporcionados por esta.

5556 Precisiones **1)** Las **disposiciones interpretativas o aclaratorias** dictadas por los órganos encargados de la emisión de consultas tributarias escritas son vinculantes para los órganos de la Administración Tributaria encargados de la aplicación de los tributos (LGT art.12.3).
2) Los **cambios de criterio** del TS y del TEAC vinculan a toda la Administración Tributaria desde que el cambio se produce. La Administración queda obligada a aplicar el nuevo criterio, sin que pueda regularizar situaciones pretéritas en las que los obligados tributarios hubieran aplicado el criterio administrativo vigente en el momento de presentación de su declaración (TEAC 23-6-22). No obstante, el TS permite la «**aplicación retroactiva**» siempre que esta se fundamente y pueda ser objeto de control judicial (TS 1-3-22, EDJ 521494).
3) La comisión de **errores de derecho** en las liquidaciones no debe ser materia sancionable, en la medida en que el error sea razonable y la norma ofrezca **dificultades en su interpretación**, siempre que el obligado tributario haya presentado una declaración completa (TS 7-10-98, EDJ 27372; AN 15-10-07, EDJ 185119).
4) La no aplicación o **desconocimiento de la norma** no puede invocarse como error de derecho que impida la imposición de sanción (TSJ Cantabria 27-1-98, EDJ 65357). Sin embargo, la **avanzada edad** de la recurrente, impide apreciar la negligencia, o el ánimo defraudatorio, necesarios para imponer una sanción tributaria (TSJ Cataluña 15-3-07, EDJ 29309).
5) La exclusión de la responsabilidad por la existencia de una **interpretación razonable de la norma** no opera de modo automático, sino que ha de ser ponderada caso por caso en función de las circunstancias concurrentes (TEAC 27-2-04). No existe esa interpretación razonable cuando se aprecie la existencia de **actos o negocios simulados** (TS 21-9-20, EDJ 686949).

5558 **6)** No puede justificarse la imposición de una sanción en la falta de concurrencia de las causas de exoneración previstas en la LGT/1963 art.77.4 (actualmente LGT art.179.2), entre otras razones, porque este precepto no agota todas las posibles **causas de exclusión** de culpabilidad (TS 18-11-10, EDJ 265240).
7) La contestación de una **consulta tributaria** escrita vincula a los **ayuntamientos**, en su calidad de órgano o entidad de la Administración Tributaria de las entidades locales encargada de la aplicación de los tributos (DGT CV 27-7-18). No lo hace si esta se ha presentado una vez iniciado un procedimiento o recurso (DGT 14-11-18).
8) No es sancionable la conducta del obligado tributario porque a la fecha de presentación de la declaración no existía una doctrina jurisprudencial clara sobre la materia, sin que el obligado tributario estuviera **obligado a presentar una consulta** y sin que la Inspección hubiera manifestado nada al respecto en comprobaciones de ejercicios anteriores (TS 9-2-11, EDJ 10670).

9) Con relación a los **programas de gestión o de contabilidad** que utilizan las empresas:
- no procede apreciar culpabilidad en la conducta del obligado tributario cuando dejó de ingresar parte de la deuda tributaria como consecuencia de la existencia de un error en el programa informático elaborado por otra entidad en la determinación del tipo medio (TSJ Murcia 11-3-98, EDJ 40737);
- no todo error en el programa informático que sirve de ayuda en la confección de la declaración justifica el error en esta. Depende de la facilidad para detectarlo o del alcance del mismo. Si un simple repaso a la declaración hubiera permitido apreciar que se dedujeron indebidamente las retenciones practicadas sobre determinados productos financieros, el defecto en el programa informático no impide apreciar la existencia de culpabilidad en la conducta del obligado tributario (TSJ Cataluña 16-10-00, EDJ 62069).

Existencia de culpabilidad (LGT art.179.3) En los supuestos que se analizan a continuación se excluye la imposición de sanción cuando, incluso siendo **negligente** la actuación del obligado tributario, se regularice voluntariamente su situación tributaria (nº 5567) o se subsanen las declaraciones, autoliquidaciones, comunicaciones de datos o solicitudes presentadas con anterioridad de forma incorrecta (nº 5570). **5565**

Precisiones En todo caso, la regularización de la situación tributaria o la subsanación de las declaraciones presentadas debe realizarse antes de la **notificación de un requerimiento** de la Administración para el cumplimiento de la obligación o de la **notificación del inicio de un procedimiento** de comprobación o investigación o de un procedimiento sancionador (RSAN art.2).

Regularización voluntaria Entre los supuestos de regularización voluntaria pueden distinguirse los siguientes: **5567**
a) Supuestos en los que no cabe la imposición de sanción por **no** concurrir el **elemento objetivo de la infracción** (LGT art.27, 179.3, 191 y 192). La LGT tipifica como infracción tributaria la conducta consistente en dejar de ingresar dentro del plazo establecido en la normativa de cada tributo la totalidad o parte de la deuda tributaria que debiera resultar de la correcta autoliquidación del tributo, salvo que se regularice con arreglo a la LGT art.27 (LGT art.191). Por lo tanto, en aquellos casos en los que el obligado tributario no declara ni ingresa de forma negligente la totalidad de la deuda tributaria, pero con posterioridad presenta una **autoliquidación extemporánea sin requerimiento previo**, no procede la imposición de sanción por estar expresamente excluida esta conducta del tipo de la infracción consistente en dejar de ingresar la totalidad o parte de la deuda tributaria.
Cuando la regularización voluntaria no reúne los requisitos establecidos en la LGT art.27.4 sí puede apreciarse la existencia de una infracción tributaria, calificándose, en todo caso, como leve. Estos **requisitos** son:
- presentación de una declaración en la que se identifique expresamente el período de liquidación a la que la misma se refiere;
- que la declaración contenga únicamente los datos referidos a ese período.
Tampoco existe infracción tributaria por no presentar de forma completa y correcta declaraciones o documentos necesarios para practicar liquidaciones cuando se regularice conforme a lo dispuesto en la LGT art.27 (LGT art.192).

En los supuestos en que voluntariamente el obligado tributario regularice su situación tributaria, aunque no cabe la imposición de sanciones, procede la exigencia de: **5568**
- los **recargos** por presentación extemporánea sin requerimiento previo de declaraciones o autoliquidaciones, calculados sobre el importe a ingresar que resulte de la autoliquidación extemporánea o de la liquidación derivada de la declaración extemporánea (nº 13640 s. Memento Fiscal 2024). Estos recargos se reducen en un 25%, siempre que se realice el ingreso total del importe restante del recargo en período voluntario de pago y se realice el ingreso total del importe de la deuda resultante de la autoliquidación extemporánea al tiempo de su presentación o en el plazo o plazos fijados en el acuerdo de aplazamiento o fraccionamiento concedido con garantía de aval o seguro de crédito de caución.
Se excluye la posibilidad de exigencia de recargos cuando, tras una regularización practicada por la Administración que no haya conllevado sanción, el obligado tributario en el plazo de 6 meses (con completo reconocimiento y pago de las cantidades resultantes), presente declaración o autoliquidación de otros periodos por mismo concepto impositivo, donde se regularice unos hechos o circunstancias idénticos a los regularizados por la Administración;
- en su caso, la liquidación de **intereses de demora** (ver nº 13622 s. y nº 13646 s. Memento Fiscal 2024).

b) Supuestos en los que, habiéndose cometido una **infracción**, la regularización voluntaria por el obligado de su situación tributaria **excluye la sanción** (LGT art.27, 179.3 y 193). Es el caso de la infracción tributaria por obtener indebidamente devoluciones derivadas de la normativa de cada tributo (LGT art.193). En su tipo no se excluyen expresamente los supuestos en los que se **5569**

reintegre voluntariamente la devolución mediante la presentación de una declaración extemporanea. No obstante, la regularización voluntaria de su situación por el obligado tributario impide sancionar la infracción cometida, sin perjuicio de la liquidación de los recargos e intereses que procedan conforme a lo dispuesto en la LGT art.27.

Precisiones Los recargos por declaración extemporánea sin requerimiento previo no tienen naturaleza sancionadora. No constituyen una manifestación del **ius puniendi** del Estado. Sin embargo, la exigencia del recargo por retraso en el cumplimiento de la obligación de declarar no puede prescindir de una manera absoluta de la voluntariedad del contribuyente (AN 11-4-19, EDJ 578432).

5570 **Subsanación** (LGT art.179.3 y 198.2) En los supuestos en los que, habiéndose cometido una **infracción no determinante de perjuicio económico** como consecuencia de la presentación de forma incorrecta de una declaración o autoliquidación, se presente posteriormente fuera de plazo sin requerimiento previo una autoliquidación o declaración complementaria o sustitutiva de la anterior no cabe imponer sanción por aquella presentación incorrecta, pero sí por la presentación tardía de la nueva declaración. En estos casos no existe una exclusión total de la **sanción**, sino una **atenuación** de la misma (ver nº 6915 s.).

Precisiones **1)** Si la inclusión de **cuotas de IVA** en declaraciones posteriores a las correspondientes a su devengo no se considera conducta sancionable con anterioridad a la modificación introducida en la LGT/1963 por la L 25/1995, tampoco puede considerarse con posterioridad a esta modificación, ya que esta ley no introdujo ningún cambio sustancial en la materia ni incorporó un nuevo tipo infractor. Procede, en su caso, la exigencia de los recargos por declaración extemporánea (TS 23-9-10, EDJ 219349).
2) No obstante, ni el derecho de la UE, ni los principios constitucionales que rigen el ejercicio de la potestad sancionadora en el ámbito tributario, quedan vulnerados por la posibilidad de la imposición de una sanción que castiga el **diferimiento de la declaración** de la cuota del IVA devengada y repercutida a un trimestre posterior, con inobservancia de los requisitos exigidos normativamente, aunque esto suponga una multa por importe superior a lo que debería abonar el contribuyente por el **recargo por declaración extemporánea** sin requerimiento previo cuando, no resulta posible la aplicación del recargo por voluntad propia del sujeto pasivo (TS 31-10-22, EDJ 728786).

5574 Ejemplos **1)** Un obligado tributario presenta el 15 de junio la declaración del IRPF solicitando una devolución de 1.000 €. El 15 de septiembre, **antes de obtener la devolución** y sin haber sido notificado ningún requerimiento administrativo, presenta una **declaración complementaria** incluyendo mayores rendimientos de capital mobiliario que los declarados en un principio por importe de 3.000 €. Como resultado de esta declaración complementaria ingresa 300 €.
Si concurre el elemento subjetivo o culpabilidad, podrían existir dos infracciones tributarias, dejar de ingresar la totalidad de la deuda tributaria que debiera resultar de la autoliquidación por 300 € (LGT art.191) y solicitar indebidamente devoluciones derivadas de la normativa del IRPF por 1.000 € (LGT art.194). No obstante, la regularización voluntaria del obligado tributario produce los siguientes efectos:
- no procede sancionar la falta de ingreso en plazo de los 300 € al no haberse cometido la infracción tipificada en la LGT art.191. Se exige un recargo del 3% sobre el importe con exclusión de los intereses de demora devengados (LGT art.27);
- no procede la imposición de sanción del 15% de la devolución indebidamente solicitada de acuerdo con lo dispuesto en la LGT art.198.2, sin perjuicio de la sanción que resulte respecto de lo declarado fuera de plazo.
2) Mismos datos que en nº 1), pero la regularización se produce una vez **obtenida la devolución**. En este caso de la liquidación complementaria resulta una deuda a ingresar de 1.300 € (1.000 € por el reintegro de la devolución indebidamente obtenida y 300 € por la cantidad dejada de ingresar). La regularización voluntaria del obligado tributario produce los siguientes efectos:
- no procede sancionar por la falta de ingreso de la deuda tributaria de 300 €, ya que al regularizar su situación tributaria el obligado tributario conforme a la LGT art.27, no realiza la acción tipificada como infracción en la LGT art.191. La Administración Tributaria debe liquidar el recargo y, en su caso, los intereses de demora, que procedan en función del retraso computado desde la finalización del plazo de declaración e ingreso;
- no procede sancionar por la obtención indebida de la devolución por importe de 1.000 €, ya que, aun cuando el obligado tributario ha realizado la conducta tipificada como infracción en la LGT art.193, la regularización voluntaria excluye su responsabilidad (LGT art.179.3). En este caso procede, asimismo, la liquidación de los recargos previstos en la LGT art.27 y de los intereses de demora, computándose el retraso desde la fecha en la que se obtuvo indebidamente la devolución. El resultado práctico en ambos casos es el mismo: no procede la imposición de sanción sino la liquidación de los recargos por declaración extemporánea. No obstante, conceptualmente ambos supuestos no coinciden pues en el primer caso es un supuesto de falta de tipicidad mientras que el segundo es un supuesto de exclusión de responsabilidad.

D. Principio de proporcionalidad

(LGT art.178)

Este principio debe informar la actuación administrativa en materia sancionadora tanto en la tipificación legal de las infracciones y sus correspondientes sanciones, como en la aplicación de las normas a cada caso concreto, de manera que se guarde la debida correspondencia entre la gravedad de la infracción cometida y la sanción impuesta. **5580**

Desde esta segunda perspectiva, el principio de proporcionalidad encuentra su reflejo en las normas relativas a la **graduación de las sanciones**, de manera que una misma infracción puede ser sancionada de forma distinta en función de las circunstancias concurrentes en cada caso. No obstante, tanto la definición contenida en la LGT de los criterios de graduación (nº 5950 s.), como la regulación de su aplicación en cada caso concreto, elimina cualquier tipo de discrecionalidad o libertad de valoración en el ejercicio por la Administración de su potestad sancionadora.

Precisiones No se produce vulneración del principio de proporcionalidad en la sanción prevista por **resistencia** en el procedimiento inspector. A pesar de la severidad de la sanción legalmente prevista, no se observa la concurrencia de un **desequilibrio** patente y excesivo o irrazonable entre la sanción y la finalidad de la norma, ni cabe apreciar tampoco incoherencia o exceso en relación con la sistemática de la propia LGT. La forma de cálculo de la sanción no puede calificarse como irrazonable y, además, se establecen determinados elementos correctores de la multa resultante, al fijarse un tope legal máximo a su cuantía y al permitir su minoración en caso de colaboración voluntaria del infractor antes de la culminación del procedimiento administrativo (TCo 74/2022).

Ejemplos **1)** Se establece una sanción del 50% al 100% para la infracción tributaria por dejar de ingresar la deuda tributaria que debiera resultar de una autoliquidación cuando esta sea grave (LGT art.191.3). La determinación del porcentaje concreto de la multa a imponer en cada caso se realiza incrementando el porcentaje mínimo conforme a los **criterios de comisión repetida** de infracciones tributarias y de **perjuicio económico** para la Hacienda Pública. La LGT, por un lado, define concretamente qué ha de entenderse por comisión repetida y por perjuicio económico (en el primer caso, vinculándolo a la concurrencia de una serie de circunstancias y, en el segundo caso, identificándolo con la relación existente entre la base de la sanción y la cuantía total que hubiera debido ingresarse en la autoliquidación) y, por otro, determina el porcentaje de incremento en los distintos supuestos que se puedan plantear (LGT art.187.1). **5582**

El régimen sancionador vigente garantiza, por tanto, una gran seguridad jurídica en su aplicación, ya que no permite ningún margen de discrecionalidad en la actuación administrativa al cuantificar las sanciones procedentes. No obstante, garantizar la seguridad jurídica puede dificultar la aplicación del principio de proporcionalidad, pues las infracciones de gravedad distinta se sancionan con la misma multa.

2) La Administración Tributaria comprueba la situación tributaria de dos obligados tributarios A y B que desarrollan una actividad económica en régimen de **comunidad de bienes**. De la comprobación resulta que los dos socios no incluyeron en sus autoliquidaciones del IRPF del ejercicio N ingresos obtenidos en el ejercicio de su actividad por importe de 20.000 €. De la liquidación practicada a A resulta una cuota a ingresar de 3.500 € y de la liquidación practicada a B una cuota a ingresar por importe de 3.450 €. Los dos socios habían sido previamente sancionados por dejar de ingresar parte de la deuda tributaria correspondiente al IRPF de ejercicios anteriores, en virtud de resolución firme en vía administrativa. A había sido sancionado en dos ocasiones, como consecuencia de una infracción grave y otra muy grave, y B había sido sancionado como consecuencia de la comisión de una infracción muy grave. La sanción a imponer a los dos obligados tributarios asciende a 50% + 25% = 75% (LGT art.187.1), sin que la Administración Tributaria tenga ningún margen de discrecionalidad para incrementar la sanción de A o disminuir la de B.

E. Principio de no concurrencia

(LRJSP art.31; LGT art.180)

Contenido del principio de no concurrencia (LRJSP art.31; LGT art.180) El principio de no concurrencia de sanciones o regla del **non bis in idem**, implica la imposibilidad de sancionar los hechos que hayan sido sancionados penal o administrativamente en los casos en los que exista identidad de sujeto, hecho y fundamento. **5584**

Este principio, que encuentra su **base** en el derecho a la legalidad penal (Const art.25.1), supone la prohibición de castigar doblemente tanto en el ámbito de las sanciones penales como en el de las administrativas, así como la interdicción de la compatibilidad de penas y sanciones administrativas cuando concurra la triple identidad señalada (sujetos, hechos y fundamento).

Precisiones 1) No puede entenderse vulnerado el principio de non bis in idem cuando se sancione doblemente una acción u omisión imputable a una misma persona si han sido vulnerados **bienes jurídicos diferentes** tutelados por normas también distintas.

2) Este principio adquiere especial relevancia en el ámbito sancionador tributario, dada la similitud entre los **tipos penales** y las infracciones administrativas, así como la posibilidad de considerar la misma conducta como infracción tributaria o como criterio de graduación o de calificación de una infracción distinta.

3) En un supuesto en que una resolución del TEA aprecie **defectos formales** y se ordene la retroacción de actuaciones, si la resolución se limita a anular el acuerdo sancionador como consecuencia exclusiva de la anulación, por motivos formales, de la liquidación de la que traía causa la sanción, sin efectuar ningún otro pronunciamiento en relación con la sanción, la dimensión procedimental del principio non bis in idem se opone al inicio de un nuevo procedimiento sancionador y a una nueva sanción con relación al mismo obligado tributario y por los mismos hechos (TS 15-1-24, EDJ 501976).

4) La anulación de una liquidación con **retroacción de actuaciones** por haberse producido indefensión provoca, a su vez, que se vea afectada la instrucción del procedimiento sancionador que había incorporado formalmente datos, pruebas y circunstancias procedentes del procedimiento de liquidación. Por ello, debe anularse la sanción con retroacción de actuaciones al momento de incorporarse formalmente al procedimiento sancionador los citados datos, pruebas y circunstancias procedentes del procedimiento de liquidación. Esto no implica que deba iniciarse un nuevo procedimiento sancionador (que impide la dimensión procedimental del principio non bis in ídem como ha sido interpretado por la TS 15-1-24, EDJ 501976), sino solo su retroacción al momento de incorporación al mismo del resultado que, en su caso, se obtenga del procedimiento de liquidación retrotraído (TEAC 20-3-24).

5586 **Posible concurrencia de penas y sanciones administrativas** (LGT art.250.2) La LGT regula la posible concurrencia de penas y sanciones administrativas incidiendo especialmente en el contenido procedimental del principio objeto de análisis: la **preferencia de la jurisdicción penal** sobre la potestad administrativa sancionadora. Para hacer efectivo el derecho del ciudadano a no ser sancionado dos veces, las actuaciones administrativas han de ceder ante las actuaciones penales, de forma que desde el momento en que la Administración estime que la acción u omisión del obligado tributario puede ser constitutiva de delito contra la Hacienda Pública, debe abstenerse de iniciar o, en su caso, continuar el procedimiento sancionador cuando se aprecien indicios de delito y en consecuencia se pase el tanto de culpa a la jurisdicción competente o remita el expediente al Ministerio Fiscal. En caso de haberse iniciado un procedimiento sancionador, de no haber concluido este con anterioridad, esta conclusión se entiende producida cuando se pase el tanto de culpa a la jurisdicción competente o se remita el expediente al Ministerio Fiscal, sin perjuicio de la posibilidad de iniciar un nuevo procedimiento sancionador en los casos de no haberse apreciado la existencia de delito.

Si la autoridad judicial entiende probada la **existencia del delito**, la sentencia condenatoria impide la imposición de sanción administrativa (contenido material del principio non bis in ídem), pero si se produce la **devolución del expediente** por el Ministerio Fiscal o finalmente existe una sentencia absolutoria o se declara el sobreseimiento o el archivo de las actuaciones judiciales, la Administración Tributaria inicia, cuando proceda, el procedimiento sancionador ajustándose, en todo caso, a los hechos que hayan sido declarados probados por los tribunales.

5587 Precisiones 1) La regla general es que la Administración liquide, con carácter provisional, las cuotas que puedan verse afectadas por el delito y continúe con el procedimiento recaudatorio. De esta manera, la sola existencia del proceso penal no paraliza la **acción de cobro**. No obstante, la acción de cobro puede paralizarla el juez siempre que el pago de la deuda se garantice o se puedan producir perjuicios de difícil o imposible reparación.

La decisión final sobre la cantidad defraudada y sobre la existencia de delito le corresponde al orden penal. La Administración debe, en su caso, corregir o anular la liquidación que se haya practicado conforme a lo determinado en el orden penal.

La excepción es que no se practique esta liquidación en determinados supuestos tasados en la norma. En este caso, la Administración se debe abstener de iniciar o continuar el procedimiento y debe pasar el tanto de culpa a la jurisdicción competente. El procedimiento queda suspendido.

2) En nuestro ordenamiento tributario, al contrario de lo que ocurre con los supuestos de denuncia de **delito contra la Hacienda Pública**, no se prevé en norma alguna la paralización del procedimiento administrativo de inspección, cuando lo que se denuncie es **otro tipo de delito**, como en este caso, en el que existen indicios de un posible delito de falsedad documental (TEAC 30-10-06).

3) La **interdicción constitucional** de apertura o reanudación de un procedimiento sancionador cuando se ha dictado una resolución sancionadora firme, no se extiende a cualquier procedimiento sancionador, sino tan solo respecto de aquellos que, tanto en atención a las características del procedimiento (su grado de complejidad) como a las de la sanción que sea posible imponer en él (su naturaleza y magnitud) pueden equiparse a un proceso penal, a los efectos de entender que el sometido a un procedimiento sancionador de tales características se encuentra en una situación

de sujeción al procedimiento tan gravosa como la de que se halla sometido a un proceso penal. Se admite la posibilidad de continuar con el procedimiento administrativo de liquidación tributaria después de haberse dictado una sentencia absolutoria con tal de que se respeten los hechos que el tribunal penal hubiese considerado probados, por lo que es posible la **calificación diferente de unos mismos hechos** como consecuencia de la aplicación de normativas diferentes, ya que lo único que establece, en base al principio «non bis in ídem» es la prohibición de dos sanciones, no la de dos pronunciamientos sobre los mismos hechos (TEAC 22-9-16).

4) Un obligado tributario acreditó en la declaración de determinados ejercicios unas **bases imponibles negativas** a compensar en ejercicios futuros, que se consideraron improcedentes en un procedimiento de comprobación sobre los ejercicios y por la que fue sancionado. Posteriormente, el obligado tributario las volvió a incorporar como pendientes de compensación en la declaración de un ejercicio posterior. Esta segunda conducta es susceptible de ser nuevamente sancionada, partiendo de la concurrencia del elemento subjetivo de la culpabilidad, sin que la nueva sanción deba minorarse en el importe de la primera. No resulta de aplicación el principio de non bis in idem porque no se trata de sancionar dos veces por la misma conducta. Se trata, en cambio de, **realizada dos veces la conducta tipificada** como infracción, sancionarla dos veces (TEAC 8-3-18). 5588

5) En un procedimiento inspector se están investigando diversos tributos y períodos. En alguno de ellos se aprecian circunstancias que pueden ser constitutivas de **delito** contra la Hacienda Pública. En cambio, por otros y por los mismos hechos, se consideran **irregularidades administrativas** y no son remitidos al Ministerio Fiscal. Siendo de aplicación la normativa previa a la L 34/2015, la Administración se ha de abstener de seguir el procedimiento administrativo, que es único, en cuyo alcance se comprenden aquellos conceptos (TEAC 16-3-17).

Posible duplicidad de sanciones administrativas (LGT art.180.1) El problema surge principalmente con la **doble consideración** de determinadas conductas como infracción independiente y como criterio de graduación o circunstancia determinante de la calificación de una infracción. Así, entre otros supuestos, la llevanza incorrecta de los libros o registros es considerada tanto una **infracción tributaria** (nº 7005 s.), como un elemento que determina la **calificación de otras infracciones** distintas, tales como la consistente en dejar de ingresar en plazo la totalidad o parte de la deuda tributaria resultante de una autoliquidación (nº 6120 s.). 5590

Ante esta doble consideración de unos mismos hechos, no cabe la sanción autónoma de aquella conducta que haya sido tenida en cuenta en la imposición de una sanción por una conducta distinta. Puede entenderse que la sanción impuesta por esta última absorbe el desvalor de la primera. Este principio ha sido recogido en el RSAN de forma más amplia que en la propia LGT. Así, si bien la LGT hace referencia a aquellas conductas que deban aplicarse como criterios de graduación o de calificación de otra infracción, el RSAN establece que no procede la imposición de sanción por el incumplimiento de obligaciones contables o por el incumplimiento de la obligación de conservar facturas, justificantes o documentos, en aquellos casos en que deba imponerse al sujeto infractor una sanción por alguna de las infracciones previstas en la LGT art.191 a 197, en relación con las operaciones afectadas por los incumplimientos, aun cuando estas últimas no se califiquen como graves o muy graves por la existencia de dichos incumplimientos formales (RSAN art.16.3 y 17.3).

Precisiones 1) El contribuyente sancionado por solicitar indebidamente devoluciones, beneficios o incentivos fiscales (LGT art.194.1) o por determinar o acreditar improcedentemente partidas positivas o negativas o créditos tributarios aparentes (LGT art.195.1), puede ser declarado **responsable solidario** respecto de la sanción impuesta a otro contribuyente como autor de una infracción muy grave por incumplimiento de sus obligaciones de facturación (LGT art.42.1.a). Los ilícitos tributarios de LGT art.194.1 y 195.1 y 201.3 responden a un distinto fundamento y no se produce vulneración del non bis in ídem (TS 17-9-20, EDJ 660999).

2) Una misma acción u omisión que deba aplicarse como **criterio de graduación** de una infracción o como circunstancia que determine la calificación de una infracción como grave o muy grave no puede ser sancionada como infracción independiente. Sí cabría aplicar a una misma persona la sanción prevista para la infracción muy grave tipificada por incumplir las obligaciones de facturación o documentación (LGT art.201.1 y 3), simultáneamente a la infracción por dejar de ingresar la deuda tributaria de una autoliquidación (LGT art.191), cuando esta es calificada como leve o grave, sin que el empleo de las facturas falsas haya servido para la calificación o graduación (TS 5-11-20, EDJ 715499).

Ejemplo Lo dispuesto en la LGT art.180.1 impediría sancionar a un obligado tributario por el incumplimiento de **obligaciones contables** siempre que el citado incumplimiento permitiera calificar la infracción por dejar de ingresar como grave o muy grave, lo que solo ocurre cuando la incidencia de la llevanza incorrecta de los libros o registros represente un porcentaje superior al 10% de la base de la sanción. Si la incidencia es inferior, lo dispuesto en la LGT no impediría sancionar al obligado tributario tanto por dejar de ingresar (LGT art.191) como por los incumplimientos contables comprobados (LGT art.200). Sin embargo, el RSAN art.16.4 impide esta posibilidad al establecer que no se incurre en responsabilidad por el incumplimiento formal cuando 5591

se sancione el dejar de ingresar la parte de la deuda tributaria que derive de las operaciones no contabilizadas, independientemente de la calificación que merezca esta infracción.
La misma solución se contempla para la infracción por incumplir **obligaciones de facturación o documentación** (LGT art.201), ya que el RSAN art.17.3 impide sancionar por el incumplimiento de la obligación de conservar facturas, justificantes o documentos cuando se imponga al mismo sujeto infractor una sanción por las infracciones previstas en la LGT art.191 a 197 con relación a las operaciones afectadas por el citado incumplimiento, aun cuando este no opere como elemento determinante de la calificación de la infracción que es sancionada.

5592 **Conducta tipificada como más de una infracción tributaria** El principio non bis in idem también impide sancionar doblemente una **misma conducta** cuando se encuentre tipificada como más de una infracción tributaria.

Precisiones Se configura como infracción el incumplimiento de obligaciones tributarias mediante la realización de actos o negocios cuya regularización se hubiese efectuado mediante la figura del **conflicto en la aplicación de la norma** (LGT art.15). Para ello, es necesario que hayan resultado acreditadas alguna de las circunstancias recogidas en el nº 6703.3 (LGT art.206 bis). Se prevé expresamente que las infracciones y sanciones reguladas en la LGT art.206 bis son incompatibles con las que corresponderían por dejar de ingresar (LGT art.191), obtener indebidamente devoluciones (LGT art.193), solicitar indebidamente devoluciones (LGT art.194) y determinar o acreditar improcedentemente partidas positivas o negativas o créditos tributarios aparentes (LGT art.195).

5595 Ejemplo Por un lado, la expedición de **facturas** o documentos sustitutivos **con datos falsos** o falseados es una infracción tributaria sancionable con multa proporcional del 75% del importe de la operación que haya originado la infracción (LGT art.201.3). Por otro lado, la **repercusión improcedente en factura**, por personas que no sean sujetos pasivos del **IVA**, de cuotas impositivas, sin que se haya procedido al ingreso de las mismas constituye una infracción cuya sanción asciende al 100% de las cuotas indebidamente repercutidas, con un mínimo de 300 € por cada factura o documento sustitutivo en el que se produzca la infracción (LIVA art.170 y 171).
Tratándose de una persona que no sea sujeto pasivo del IVA, por no tener la condición de empresario o profesional, la repercusión improcedente en factura de cuotas impositivas puede suponer la emisión de una factura falsa. El principio non bis in idem no permite sancionar esta conducta como infracción tributaria tipificada por la emisión de una factura falsa y, al mismo tiempo, como infracción tributaria específica del IVA. Esta doble calificación de una misma conducta como infracción tributaria debe resolverse acudiendo a las normas de derecho penal.

5598 **Concurrencia de varias acciones u omisiones constitutivas de varias infracciones** (LGT art.180.2) La realización de varias acciones u omisiones constitutivas de varias infracciones posibilita la imposición de las sanciones que procedan por todas ellas. En este caso, no resulta aplicable el principio non bis in ídem, pues falta la identidad de hecho y fundamento. Se trata de **acciones distintas** (por ejemplo, las de las infracciones consistentes en dejar de ingresar en plazo la totalidad o parte de la deuda tributaria derivada de una autoliquidación y en solicitar indebidamente devoluciones), siendo, asimismo, distinto el fundamento de la sanción (perjuicio económico efectivamente causado a la Hacienda Pública y perjuicio que puede llegar a producirse si se estima la solicitud de devolución presentada, respectivamente).
Se trata realmente de un **concurso de infracciones** que la LGT resuelve declarando la procedencia de sancionar todas ellas de forma independiente.

5600 Precisiones **1)** No vulnera el principio de non bis in idem el hecho de que la conducta del sujeto sea tipificada como infracción en la LGT/1963 art.79.a y d (actualmente, LGT art.191 y 195), pues no se trata de un único **hecho punible** sino de dos: dejar de ingresar la totalidad o parte de la deuda tributaria y determinar o acreditar improcedentemente partidas positivas o negativas o créditos de impuestos (TSJ Cantabria 17-1-97, Rec 479/96).
2) Cuando en la misma fecha concurre la presentación fuera de plazo de varias declaraciones sin perjuicio económico correspondientes a **distintas obligaciones tributarias**, cabe la posibilidad de, en su caso, apreciar varias infracciones, siendo posible la imposición de las sanciones que procedan por todas y cada una de ellas (TEAC unif. criterio 27-9-12).
3) Sancionada la persona o entidad por incumplir su obligación de practicar retención sobre las rentas satisfechas, las **retenciones objeto de sanción** en sede pagadora no deben minorar la base de la sanción a imponer, en su caso, al perceptor de las rentas/obligado a soportar la retención. No se vulnera el principio de non bis in idem (TEAC 7-5-15).
4) Cuando se ha anulado una sanción por haber sido anulada la liquidación de la que trae causa, y es posible emitir una liquidación posterior sobre el mismo concepto y ejercicio, el que pueda dictarse la correspondiente sanción o ello vulnere el **principio non bis in ídem en su vertiente procedimental**, depende de la naturaleza del defecto que haya causado la anulación de la liquidación, pues de ello va a depender, también, el carácter del pronunciamiento anulatorio de la sanción (TEAC 5-11-15). No obstante, la **doctrina** fijada en esa resolución ha sido **corregida** tanto por el TS como el TEAC. Así, el TS 15-1-24, EDJ 501976 señaló que, en aquellos supuestos en los que se anula el

acuerdo sancionador como consecuencia de la anulación, por motivos formales, de la liquidación de la que traía causa la sanción sin pronunciarse sobre la sanción ni indicar a la Administración la forma de ejecutar, no cabe el inicio de un nuevo procedimiento sancionador en relación con el mismo obligado tributario y por los mismos hechos, por el principio de non bis in idem en su dimensión procedimental. El TEAC, siguiendo la jurisprudencia del TS, **cambia** parte de la **doctrina anterior**, para aquellos supuestos en los que se produce una retroacción de actuaciones tras haber sido anulada una liquidación por motivos formales, anulándose, igualmente, la sanción. De esta manera, el TEAC entiende que la anulación de una liquidación con retroacción de actuaciones por haberse producido indefensión provoca, a su vez, que se vea afectada la instrucción del procedimiento sancionador que había incorporado formalmente datos, pruebas y circunstancias procedentes del procedimiento de liquidación. Por ello, debe **anularse** la **sanción** con retroacción de actuaciones al momento de incorporarse formalmente al procedimiento sancionador los citados datos, pruebas y circunstancias procedentes del procedimiento de liquidación. Esto no implica que deba iniciarse un nuevo procedimiento sancionador, vedado por la interpretación que el TS hace del principio de non bis in idem, sino solo su retroacción al momento de incorporación al mismo del resultado que, en su caso, se obtenga del procedimiento de liquidación retrotraído (TEAC 20-3-24; 20-3-24).

Ejemplo Si un obligado tributario **no presenta en plazo una declaración informativa**, procede la sanción de 20 € por dato o conjunto de datos referidos a una misma persona o entidad que hubiera debido incluirse en la declaración con un mínimo de 300 € y un máximo de 20.000 € (LGT art.198). 5603

Si, requerido por la Administración, el obligado tributario presenta la **declaración** de forma **incompleta**, inexacta o con datos falsos, como consecuencia de la comisión de esta segunda infracción, procede, además de la sanción impuesta por no presentar en plazo la declaración, una nueva sanción del 2% del importe de las operaciones no declaradas o de 200 € por cada dato o conjunto de datos, en función de que esa declaración tenga o no por objeto datos expresados en magnitudes monetarias (LGT art.199).

Por último, si requerido para que subsane los defectos advertidos en la declaración presentada, el obligado tributario **no atiende el requerimiento** de la Administración, procede una nueva sanción de 300 € si realiza actividades económicas (LGT art.203).

La posibilidad de imponer tres sanciones distintas obedece a que se trata de **tres incumplimientos distintos**: no presentar en plazo la declaración, presentar una declaración incorrecta y no atender el requerimiento de la Administración.

Compatibilidad con intereses de demora y recargos del período ejecutivo (LGT 5605
art.180.3) Las sanciones derivadas de la comisión de infracciones tributarias resultan compatibles con la exigencia del interés de demora (ver nº 13622 s. Memento Fiscal 2024) y de los recargos del período ejecutivo (ver nº 13648 s. Memento Fiscal 2024). Esta compatibilidad deriva de la **naturaleza indemnizatoria** y no sancionadora de los componentes de la deuda tributaria mencionados. Así, tanto el interés de demora como los recargos del período ejecutivo tienen por objeto resarcir los daños causados a la Administración por no haber dispuesto de la cantidad que le era debida durante un tiempo determinado o por el coste que supone recaudar ejecutivamente lo que tenía que haber sido ingresado de forma voluntaria.

F. Principio de irretroactividad

(Const art.9.3; LRSJP art.26; LGT art.10.2 y 178)

Según el principio de irretroactividad, son aplicables las disposiciones sancionadoras vigentes 5610
en el momento de producirse los hechos tipificados como infracción tributaria.

Como **excepción**, se permite la aplicación retroactiva del régimen de infracciones y sanciones tributarias si resulta más favorable para el interesado.

La aplicación de esta excepción exige que, cada vez que se produce un cambio normativo del régimen de infracciones y sanciones, se analice al imponer la sanción de que se trate cuál de las dos normativas, la vigente cuando se cometió la infracción y la vigente cuando la misma se sanciona, resulta más favorable para el sujeto infractor, y que la Administración Tributaria aplique esta última.

Precisiones 1) La LGT estableció un **régimen transitorio** que obligaba a la **aplicación retroactiva del** 5612
régimen sancionador contenido en la misma siempre que resultara más favorable para el sujeto infractor y la sanción impuesta no hubiera adquirido firmeza. La **revisión de las sanciones no firmes** correspondía a los órganos administrativos en los procedimientos sancionadores que se tramitaran y a los órganos revisores administrativos y judiciales que estuvieran conociendo de las reclamaciones y recursos, previa audiencia al interesado (LGT disp.trans.4ª).

2) Se ha establecido un **régimen transitorio** en relación con los **nuevos porcentajes de reducción** para las actas con acuerdo (que pasa del 50% al 65%) y los supuestos de pronto pago (que pasa del 25% al 40%), siendo también de aplicación a las sanciones acordadas con anterioridad al 11-7-2021, siempre que esta no haya sido recurrida y no haya adquirido firmeza. Además, con carácter excepcional y contraviniendo la regla general, también se aplica la reducción del 40%

cuando, desde el 11-7-2021 y antes del 1-1-2022, el interesado acredite el desistimiento del recurso interpuesto contra la sanción y, en su caso, de aquel interpuesto contra la liquidación de la que deriva la sanción, e ingrese el importe restante de la sanción dentro del plazo voluntario de pago (LGT art.62.2) abierto con la notificación que realice la Administración tras acreditar el desistimiento (L 11/2021 disp.trans.1ª.2).

3) La comparación entre las posibles normativas aplicables ha de hacerse en bloque, no fragmentariamente, de forma que si la nueva normativa establece un **criterio de graduación** no previsto en la normativa vigente en el momento en que se cometió la infracción, este criterio ha de tenerse en cuenta para determinar si la sanción resultante de la nueva normativa es o no más favorable que la derivada del régimen anterior (TSJ Sevilla 4-2-08, EDJ 213737).

4) De acuerdo con los principios del Derecho Penal, la comparativa ha de hacerse **infracción por infracción**. En este sentido, si en un único expediente sancionador se sancionan varias conductas, se debe comparar el resultado de aplicar el nuevo régimen sancionador y el régimen vigente en el momento en que se cometieron las infracciones de forma independiente en cada conducta constitutiva de infracción.

5) La LGT debe aplicarse, en su caso, solo para la determinación de la cuantía de la sanción y no respecto de la calificación o de la procedencia de la imposición de la misma, pues el hecho de que se contemple un tratamiento más beneficioso para las sanciones impuestas con anterioridad, no implica una **retroactividad de la ley** en su conjunto (AN 28-5-07, EDJ 69199).

5614 Ejemplo Como consecuencia de las actuaciones de comprobación e investigación desarrolladas en relación con una entidad por el IS del año 2003 y el IVA de los cuatro trimestres del mismo año se formalizaron dos actas. En el acta relativa al IVA se pone de manifiesto que el obligado tributario dejó de ingresar las siguientes cantidades:

1 T: 2.500 €
2 T: 1.000 €
3 T: 4.000 €
4 T: 6.000 €

y que las sanciones que corresponderían conforme a la LGT/1963 y la LGT son las siguientes:

	1 T	2 T	3 T	4 T	Total
LGT/1963	1.500	650	2.000	3.600	7.750
LGT	1.250	500	2.600	3.600	7.950

La sanción total a imponer será: 1.250 + 500 + 2.000 + 3.600 = 7.350 €.

SECCIÓN 3

Elementos personales

5615

I. Sujetos infractores

(LGT art.181.1)

5620 Son posibles sujetos infractores no solo las **personas físicas**, sino también las **jurídicas** y las **entidades carentes de personalidad jurídica** que constituyan una unidad económica o un patrimonio separado susceptible de imposición y que, de acuerdo con la ley propia de cada tributo, tengan la consideración de obligados tributarios.

Precisiones La configuración de estas entidades y de las personas jurídicas como sujetos infractores en el ámbito sancionador tributario se separa del esquema seguido en el **ámbito penal** hasta la modificación introducida en el Código Penal por la LO 5/2010, que incorpora por primera vez en el ámbito penal la exigencia de responsabilidad a las **personas jurídicas**. Desaparece, así, una de las principales diferencias existentes hasta el momento entre el Derecho sancionador administrativo, en el que se reconocía la responsabilidad de las personas jurídicas, y el Derecho Penal. No obstante, siguen existiendo diferencias, ya que en el ámbito sancionador administrativo también pueden ser sujetos infractores las entidades carentes de personalidad jurídica, siempre que la normativa les atribuya la condición de obligados tributarios.

A. Clases

5625

1. Contribuyentes y sustitutos de los contribuyentes

(LGT art.36 y 181.1.a)

El **sujeto pasivo** es el obligado a cumplir tanto la obligación tributaria principal como las obligaciones formales inherentes a la misma. 5628

Existen dos **clases** de sujeto pasivo:

- el contribuyente, que es el sujeto pasivo que realiza el hecho imponible (por ejemplo, la persona física que obtiene la renta en el IRPF);
- el sustituto del contribuyente, que es el sujeto pasivo que, por imposición de la ley y en lugar del contribuyente, está obligado a cumplir la obligación tributaria principal y las obligaciones formales inherentes a la misma (por ejemplo, en el ámbito de los IIEE, el representante fiscal del depositario autorizado).

Los contribuyentes y sustitutos de los contribuyentes, al ser los obligados tributarios sobre los que recae la **obligación tributaria principal**, son los sujetos activos de las principales infracciones tributarias, tales como dejar de ingresar en plazo la deuda tributaria que debiera resultar de una autoliquidación (nº 6120 s.), incumplir la obligación de presentar de forma completa y correcta las declaraciones o documentos necesarios para que la Administración practique liquidaciones (nº 6290 s.), o solicitar u obtener indebidamente devoluciones (nº 6345 s.).

Asimismo, al resultar obligados al cumplimiento de las **obligaciones formales** inherentes a la obligación tributaria principal, pueden ser sujetos activos de otras infracciones tributarias tales como la no presentación de declaraciones informativas (nº 6915 s.), el incumplimiento de las obligaciones contables o registrales (nº 7005 s.) o la resistencia, obstrucción, excusa o negativa a las actuaciones de la Administración Tributaria (nº 6977 s.).

2. Retenedores y obligados a ingresar a cuenta

(LGT art.37 y 181.1.b)

El **retenedor** es la persona o entidad obligada a detraer e ingresar en la Administración Tributaria una parte del importe de los pagos que deba realizar a otros obligados tributarios, a cuenta del tributo que corresponda a estos. 5635

El **obligado a practicar ingresos a cuenta** es la persona o entidad que, con ocasión del pago de rentas en especie a otros obligados, debe realizar el ingreso de determinados importes a cuenta del tributo que corresponda a estos.

Pese a tratarse en ambos casos de pagos a cuenta del tributo que debe satisfacer otro obligado tributario, las obligaciones de practicar retenciones e ingresos a cuenta son **distintas** de la **obligación de satisfacer el tributo** en cuestión. Por lo tanto, la consideración como infracción del incumplimiento por el retenedor o el obligado a realizar ingresos a cuenta debe analizarse de forma independiente de la conducta del sujeto pasivo del tributo a cuenta del cual deben practicarse e ingresarse en la Administración Tributaria las retenciones e ingresos a cuenta.

En cuanto a las **infracciones** de las que los retenedores y obligados a ingresar a cuenta pueden ser sujetos activos, cabe señalar, entre otras, las siguientes:

- dejar de ingresar las cantidades retenidas o que se hubieran debido retener o ingresos a cuenta (nº 6167 s.);
- no presentar o presentar incorrectamente el resumen anual de retenciones e ingresos a cuenta (nº 6915 s.);
- incumplir el deber de sigilo que les es exigible y el deber de entregar el certificado de retenciones o ingresos a cuenta (LGT art.204 y 206). Estas infracciones son específicas de estos obligados tributarios.

5638 Precisiones 1) El **Tribunal Supremo** ha reconocido expresamente la posibilidad de sancionar la conducta del obligado tributario que no ha cumplido debidamente su obligación de retener, aun cuando no pueda exigirse el ingreso de la retención no practicada cuando ya se ha **satisfecho la obligación tributaria principal**. No obstante, plantea dificultades sancionar una conducta consistente en dejar de ingresar la totalidad o parte de la deuda tributaria cuando ya no es posible exigir el ingreso de la cantidad no ingresada. Para sancionar esta conducta es necesario ajustarse al literal de tipo infractor previsto en la LGT art.191, que solo excluye la infracción en aquellos casos en los que la regularización de la situación tributaria se efectúa ajustándose a los requisitos formales exigidos en la LGT art.27 (ingreso mediante declaración complementaria en la que solo se incluyan los conceptos omitidos en la declaración original), circunstancias que no concurren en este supuesto.
Sí es posible sancionar al retenedor que no ha ingresado las retenciones a cuenta del IRPF cuando la **cuota de la liquidación** girada por la Administración en concepto de retenciones es cero, siendo la **base de la sanción** las retenciones no practicadas que debieran haberse realizado (TS 1-10-20, EDJ 672015).
2) Para apreciar el **perjuicio económico** para la Hacienda no es preciso relacionar la omisión de ingreso de la retención con la repercusión que esta omisión pueda tener en el marco de otro impuesto (TS 22-1-00, EDJ 8277).
3) El TS no reconoce plenamente la naturaleza autónoma de la obligación tributaria de realizar pagos a cuenta (TS 27-2-07, EDJ 21031; 5-3-08, EDJ 48949). De acuerdo con estas sentencias, referidas a retenciones no practicadas y no ingresadas, el cobro por parte de la Administración Tributaria de la retención que no fue practicada implica un **enriquecimiento injusto** para la misma en la medida en que en la autoliquidación de los perceptores de las rentas ya ha sido cobrada la citada retención no practicada, al no haber sido deducida de la cuota declarada. Cualquiera que sea la naturaleza de la retención (obligación accesoria de otra principal, obligación dependiente de otra, obligación en garantía del cumplimiento de otra) no es posible su permanencia cuando se ha cumplido la obligación tributaria principal. No obstante, el Tribunal considera que nada impide que la Administración Tributaria pueda exigir al retenedor los **efectos perjudiciales** (intereses y sanciones que el retenedor pueda merecer) que para ella se hayan producido por el hecho de no haberse practicado la retención o haberse practicado por una cuantía inferior a la procedente. Por lo tanto, el TS niega la posibilidad de que la Administración exija las retenciones no practicadas y no deducidas por los perceptores de las rentas sujetas a retención, pero admite expresamente la posibilidad de sancionar la falta de ingreso de las retenciones que debían haber sido practicadas, independientemente de cuál haya sido la conducta del obligado tributario.
4) Regularizada por la Administración la situación tributaria de un obligado a retener, que no ha practicado las retenciones a que estaba obligado, o las ha practicado por un importe inferior al debido, y no resultando exigible el pago de la liquidación, pues la exigencia de este pago da lugar, o puede dar lugar, a un enriquecimiento injusto de la Administración, no procede anular automáticamente la **sanción** que deriva de esa regularización al retenedor, sino que, por el contrario, puede mantenerse esa sanción, siempre que concurran los demás elementos precisos para ello, en particular la acreditación del elemento subjetivo de la culpabilidad del obligado a practicar la retención. La infracción cometida es la tipificada en LGT art.191.1, siendo la base de la sanción la cantidad a ingresar que en su momento debió consignarse en la autoliquidación por retenciones que debió presentar el obligado a retener (TEAC unif. criterio 26-6-12).

3. Obligados al cumplimiento de obligaciones tributarias formales

(LGT art.29 y 181.1.c)

5640 Son obligaciones tributarias formales las que, sin tener carácter pecuniario, son **impuestas por la normativa** tributaria o aduanera a los obligados tributarios, deudores o no del tributo, y cuyo cumplimiento está relacionado con el desarrollo de actuaciones o procedimientos tributarios o aduaneros.
Además de las restantes que puedan legalmente establecerse, los obligados tributarios deben cumplir las siguientes **obligaciones**:
a) Presentar **declaraciones censales** por las personas o entidades que desarrollen o vayan a desarrollar en territorio español actividades u operaciones empresariales y profesionales o satisfagan rendimientos sujetos a retención.
b) Solicitar y utilizar el **NIF** en sus relaciones de naturaleza o con trascendencia tributaria.
c) Presentar **declaraciones**, autoliquidaciones y comunicaciones.
d) Llevar y conservar **libros de contabilidad y registros**, así como los programas, ficheros y archivos informáticos que les sirvan de soporte y los sistemas de codificación utilizados que permitan la interpretación de los datos cuando la obligación se cumpla con utilización de sistemas informáticos.
e) Expedir y entregar **facturas** o documentos sustitutivos y conservar las facturas, documentos y justificantes que tengan relación con sus obligaciones tributarias.
f) Aportar a la Administración Tributaria libros, registros, **documentos o información** que el obligado tributario deba conservar en relación con el cumplimiento de las obligaciones

tributarias propias o de terceros, así como cualquier dato, informe, antecedente y justificante con trascendencia tributaria, a requerimiento de la Administración o en declaraciones periódicas.
g) Facilitar la práctica de **inspecciones y comprobaciones** administrativas.
h) Entregar un **certificado de las retenciones** o ingresos a cuenta practicados a los obligados tributarios perceptores de las rentas sujetas a retención o ingreso a cuenta.
i) Obligaciones de esta naturaleza que establezca la **normativa aduanera**.
Las disposiciones reglamentarias pueden regular las **circunstancias** relativas al cumplimiento de las obligaciones tributarias formales. En particular, se determinar los casos en los que la **aportación** o llevanza de los libros registro se deba efectuar de forma periódica y telemática.

Existen numerosas obligaciones formales inherentes a otras obligaciones tributarias de carácter material. En este caso, son sujetos infractores los sujetos pasivos o los retenedores u obligados a efectuar ingresos a cuenta. Estos obligados pueden ser sujetos activos, entre otras, de las infracciones consistentes en el incumplimiento de obligaciones contables y registrales (nº 7005 s.), incumplimiento de la obligación de facturación o documentación (nº 7015 s.) e incumplimiento de la correcta utilización del NIF (LGT art.202). **5642**
No obstante, las **obligaciones formales** también pueden recaer sobre **otras personas** o entidades que, sin estar sujetas a ninguna obligación de carácter material, deben atender a la Administración Tributaria, como las personas físicas y jurídicas y entidades obligadas a proporcionar a la Administración Tributaria datos, informes, antecedentes y justificantes con trascendencia tributaria en virtud de **obligaciones de información** (LGT art.93 redacc L 13/2023).
Estos obligados tributarios pueden ser **sujetos activos**, entre otras, de las infracciones consistentes en no presentar en plazo las declaraciones informativas exigidas con carácter general (nº 6915 s.), o en presentar dichas declaraciones de forma incompleta o incorrecta o en no atender los requerimientos individualizados de obtención de información de la Administración Tributaria (nº 6937 s.).

Precisiones La LGT no califica con menor gravedad las conductas consistentes en el incumplimiento de **obligaciones formales** respecto de las infracciones derivadas del incumplimiento de la **obligación material** de ingreso. Cada infracción tipificada en la LGT es calificada como infracción leve, grave o muy grave en función del grado de reproche que la conducta le ha merecido al legislador y las circunstancias concurrentes, pero no atendiendo a si se trata de un incumplimiento de carácter material o formal.

4. Entidad representante

(LIS art.55 y 56; LIVA art.163 nonies; LGT art.181.1.d y h)

En el **régimen de consolidación fiscal del IS**: **5645**
- el grupo fiscal es el sujeto pasivo del IS;
- la entidad representante está sujeta al cumplimiento de las obligaciones materiales y formales que deriven de este régimen;
- la entidad representante y las sociedades dependientes están igualmente sujetas a las obligaciones tributarias que se deriven del régimen de tributación individual, salvo el pago de la deuda tributaria.

La condición de **sujeto infractor** recae sobre la entidad representante del grupo fiscal en el régimen de consolidación fiscal, por lo que la sanción que proceda imponer por el incumplimiento de las obligaciones propias de este régimen especial no recae sobre el sujeto pasivo sino sobre su representante, siendo esta, por otra parte, la única responsable del pago de la sanción, frente a la responsabilidad solidaria de todas las sociedades del grupo del pago de la deuda tributaria.
No obstante, debe destacarse que las distintas sociedades que integran el grupo, entidad representante y dependientes, pueden ser sujetos infractores si incumplen las obligaciones propias del régimen tributario individual (excepción hecha del pago de la deuda), que específicamente recaen sobre ellas.

En el régimen especial del **grupo de entidades en el IVA**: **5646**
- el grupo fiscal, a diferencia del régimen de consolidación fiscal, no tiene la consideración de sujeto pasivo del impuesto;
- la entidad dominante ostenta la representación del grupo de entidades ante la Administración Tributaria, debiendo cumplir en tal concepto las obligaciones tributarias materiales y formales específicas que derivan de este régimen especial;
- la entidad dominante y las entidades dependientes deben cumplir las obligaciones que derivan del régimen general, excepción hecha del pago de la deuda tributaria o la solicitud de compensación o devolución.

La entidad dominante es el **sujeto infractor** en los incumplimientos materiales y formales de las obligaciones específicas del régimen especial del grupo de entidades, así se recoge expresamente en la LGT.
A diferencia del régimen de consolidación fiscal en el IS, las participadas que apliquen este régimen especial responden solidariamente del pago de las **sanciones** impuestas a la entidad dominante.

5647 Precisiones **1)** La **LIS y la LGT** han optado por considerar sujeto infractor a la entidad representante (antes dominante) y no al sujeto pasivo que es el grupo fiscal. No obstante, se podía haber considerado sujeto infractor al grupo como sujeto pasivo de este régimen especial, pues la LGT no vincula la condición de sujeto infractor a la existencia de **personalidad jurídica**; así, se considera sujeto infractor a las entidades en régimen de atribución de rentas (nº 5660 s.), tengan o no personalidad jurídica.
2) En el caso de declaraciones del **IVA** por el Régimen Especial de Grupo de Entidades, únicamente se considera sancionable la conducta consistente en haber deducido improcedentemente cuotas soportadas por parte de una de las entidades dependientes. El procedimiento sancionador se inició con la entidad dominante del grupo y la sanción se impuso a la misma entidad dominante, por el hecho de ser ella la obligada a presentar las autoliquidaciones agregadas y a efectuar el ingreso de la deuda tributaria resultante o determinar el saldo pendiente de compensación. Este acuerdo sancionador (previo a la reforma de la L 11/2021) atenta contra el **principio de responsabilidad personal** que rige en el Derecho sancionador, por el que las consecuencias de la infracción y, singularmente, la sanción, no pueden ser exigidas más que a quienes con su comportamiento han causado la lesión constitutiva de la infracción. Este criterio tiene cabida en la LIVA art.163 nonies.Tres, por el que, cada entidad integrante del Grupo está obligada a presentar **autoliquidaciones periódicas individuales**, sin realizar el pago de la deuda tributaria ni solicitar compensación o devolución y la dominante, además, debe presentar las **autoliquidaciones periódicas agregadas del grupo**, procediendo, en su caso, al ingreso de la deuda tributaria o a la solicitud de compensación o devolución, pero no tiene obligación de determinar los resultados de las autoliquidaciones individuales, obligación que sí corresponde a cada una de las entidades que integran el grupo (TEAC 15-7-16).

5648 Ejemplo En la **comprobación del IS** de un grupo de sociedades que tributa en régimen de consolidación fiscal y las retenciones de cada una de estas sociedades se obtienen los siguientes datos:

	CUOTA A INGRESAR POR RETENCIONES		BASE IMPONIBLE DEL IS	
	Declarado	Comprobado	Declarado	Comprobado
Sociedad A/ Representante	1.000	1.000	90.000	90.000
Sociedad B	2.000	3.000	180.000	270.000
Sociedad C	1.500	2.000	140.000	180.000
Grupo			410.000	540.000

Por las cantidades dejadas de ingresar por retenciones son sujetos infractores la sociedad B y la sociedad C. Por la cuota dejada de ingresar como consecuencia de la incorrecta declaración de la base imponible del IS es sujeto infractor la sociedad A como dominante del grupo.

5. Entidades obligadas a imputar o atribuir rentas a sus socios o miembros

(LGT art.181.1.e)

5655 Pese a que se mencionan de forma conjunta como posibles sujetos infractores a las entidades obligadas a imputar rentas y a las entidades en régimen de atribución de rentas, al tratarse de regímenes tributarios claramente diferenciados, las consecuencias en el ámbito sancionador del incumplimiento de las obligaciones que recaen sobre las entidades no coinciden, por lo que han de analizarse de forma separada.

a. Entidades obligadas a imputar rentas a sus socios o miembros

(LIS art.43 a 47)

5658 Son entidades obligadas a imputar rentas a sus socios o miembros las agrupaciones de interés económico españolas (AIE) y europeas (AIEE) y las uniones temporales de empresas (UTE).
Este **régimen especial** se caracteriza, principalmente, por las siguientes **notas**:
a) No tributan por el **IS** por la parte de la base imponible imputable a sus socios residentes en territorio español (AIE y UTE) o por la totalidad de la base imponible (AIEE).

b) Deben **imputar** a sus **socios** residentes en **territorio español**:
- las bases imponibles, positivas o negativas, obtenidas por tales entidades;
- las deducciones y bonificaciones en la cuota a las que tenga derecho la entidad;
- las retenciones e ingresos a cuenta correspondientes a la entidad.

El **incumplimiento** o cumplimiento parcial o incorrecto de estas obligaciones determina que sean sujetos activos de las infracciones consistentes en imputar incorrectamente o no imputar bases imponibles, rentas o resultados (nº 6675 s.) e imputar incorrectamente deducciones, bonificaciones y pagos a cuenta (nº 6690 s.). No obstante, como sujetos pasivos que son del IS y de otros impuestos como el IVA, pueden ser responsables de otras infracciones tributarias, tanto por el incumplimiento de obligaciones materiales -falta de ingreso de la cuota del IS correspondiente a la base imponible no imputable a los socios no residentes o falta de ingreso de la cuota de IVA (nº 6120 s.)-, como formales -ausencia de presentación de la declaración resumen anual en el IVA (nº 6915 s.)-.

En cuanto a la posibilidad de sancionar a los **socios o miembros** de estas entidades por no ingresar la cuota derivada de la no imputación o la imputación incorrecta de las bases, deducciones, bonificaciones, retenciones o ingresos a cuenta, si se sigue el mismo criterio que el mantenido para los socios o miembros de las antiguas sociedades transparentes, esto es, cabe concluir que **únicamente se sanciona la conducta de la entidad y no la del socio**. Esta interpretación se ve reforzada por el hecho de que la LGT art.191 solo hace referencia a los socios o miembros de las entidades en régimen de atribución de rentas y no a los socios de las entidades obligadas a imputar rentas (TEAC 26-2-97; 23-7-97).

b. Entidades obligadas a atribuir rentas a sus socios o miembros

(LIRPF art.86 a 90)

Características del régimen (LIRPF art.87, 89 y 90) Tienen la consideración de entidades en régimen de atribución de rentas las sociedades civiles no sujetas al IS, las herencias yacentes, comunidades de bienes y demás entidades que, carentes de personalidad jurídica, constituyan una unidad económica o un patrimonio separado susceptible de imposición (LGT art.35.4), así como las entidades constituidas en el extranjero cuya naturaleza jurídica sea idéntica o análoga a la de las constituidas de acuerdo con las leyes españolas. **5660**

Estas entidades **no** están **sujetas al IS**, sino que deben atribuir las rentas que obtengan a sus socios, herederos, comuneros o partícipes de acuerdo con las reglas establecidas en la LIRPF (ver nº 276 s. Memento Fiscal 2024).

Existen determinadas **obligaciones de información** específicas de este régimen especial:
- el representante de la entidad, o sus miembros contribuyentes por el IRPF o IS en el caso de entidades constituidas en el extranjero, deben presentar una declaración informativa relativa a las rentas a atribuir a sus socios, herederos, comuneros o partícipes, residentes o no en territorio español;
- las entidades en régimen de atribución de rentas deben notificar a sus socios, herederos, comuneros o partícipes la renta total de la entidad y la renta atribuible a cada uno de ellos.

Por otra parte, en cuanto entidades carentes de personalidad jurídica que constituyen una unidad económica o un patrimonio separado susceptible de imposición, las entidades obligadas a atribuir rentas a sus socios o miembros pueden ser **sujetos pasivos de otros impuestos** distintos de los impuestos directos sobre la renta, tales como el IVA, el IAE y demás impuestos locales, estando, asimismo, obligadas a practicar e ingresar retenciones e ingresos a cuenta. Como tales sujetos pasivos y obligados a practicar e ingresar retenciones e ingresos a cuenta, responden de las infracciones que puedan cometer con relación a los citados impuestos y obligaciones tributarias.

Ejemplo Una **comunidad de vecinos** obtiene unos ingresos por el alquiler de parte de la fachada del edificio para la colocación de una valla publicitaria. La comunidad de vecinos no repercute el IVA, pero sí comunica puntualmente a cada vecino la parte de los ingresos que les corresponde. La comunidad de vecinos es sujeto infractor por la infracción tipificada en la LGT art.191 (dejar de ingresar la totalidad o parte de la deuda tributaria) al no declarar el IVA devengado por el alquiler. Asimismo, los vecinos que no incluyan en su declaración del IRPF la parte que les corresponde por el alquiler, son sujetos pasivos infractores por dejar de ingresar parte de la deuda tributaria (nº 5668). **5663**

Infracciones y sanciones propias del régimen de atribución de rentas Hay que distinguir el régimen sancionador de los socios, herederos, comuneros o partícipes y el régimen sancionador de la propia entidad (nº 5670 s.). **5665**

5668 **Régimen sancionador de los socios, herederos, comuneros o partícipes** (LGT art.191.1) La LGT incluye las entidades en régimen de atribución de rentas en la enumeración de sujetos infractores junto con las entidades obligadas a imputar rentas a sus socios o miembros. No obstante, a diferencia de lo que sucede con estas últimas (nº 5658), no establece una infracción determinante de perjuicio económico específica para las entidades en régimen de atribución. Sí contiene, por el contrario, una referencia expresa a los socios o miembros de estas entidades cuando tipifica como infracción el dejar de ingresar la deuda tributaria que debiera resultar de una autoliquidación, incluyendo como un supuesto concreto sancionable como tal la **falta de ingreso total o parcial de la deuda tributaria de los socios**, herederos, comuneros o partícipes derivada de las cantidades no atribuidas o atribuidas incorrectamente por las entidades en régimen de atribución (nº 6145).

Por tanto, la **no atribución** o la **atribución incorrecta** por las entidades en régimen de atribución de rentas a sus socios, miembros o partícipes de bases imponibles, rentas, resultados, bonificaciones o pagos a cuenta no se tipifica específicamente como infracción determinante de perjuicio económico a la Hacienda Pública, optando claramente el legislador por **sancionar a los socios** por las cuotas de sus impuestos personales dejadas de ingresar como consecuencia de esta incorrecta atribución, siempre que concurra en ellos culpabilidad, incluso en grado de simple negligencia.

5670 **Régimen sancionador de la entidad** (LGT art.198 y 199; LIRPF art.90.1 y 3) En cuanto a las infracciones de las que pueden ser sujetos activos estas entidades por el incumplimiento de las obligaciones específicas de este régimen, cabe distinguir:

a) No presentación o presentación incorrecta de la **declaración informativa de rentas a atribuir a sus socios**, herederos, comuneros o partícipes, residentes o no en territorio español. Esta conducta puede constituir **tres infracciones distintas**:

- la no presentación en plazo de la declaración (nº 6915 s.);
- la presentación de la declaración de forma incompleta o inexacta (nº 6937 s.);
- la acreditación improcedente de partidas a compensar o deducir en la base imponible o en la cuota de declaraciones de terceros (nº 6455 s.). Esta infracción puede cometerse en aquellos casos en los que la entidad en régimen de atribución de rentas consigne mayores gastos deducibles, bases de deducciones o importes de retenciones e ingresos a cuenta de los que realmente corresponden a sus socios o partícipes.

Por otra parte, si bien en principio se atribuye a la entidad la obligación de presentar la declaración informativa, es el **representante** de la entidad el que debe cumplir esta obligación o sus miembros contribuyentes por el IRPF o sujetos pasivos del IS, en el caso de entidades constituidas en el extranjero. Por tanto, es el representante o, en su caso, los miembros de la entidad, los que tienen la consideración de sujetos infractores si no presentan o presentan incorrectamente la declaración informativa (ver nº 290 Memento Fiscal 2024).

5673 **b)** No notificar o notificar incorrectamente a sus socios o partícipes la **renta total de la entidad** y la **renta atribuible** a cada uno de ellos en los términos establecidos reglamentariamente. Esta obligación se configura como una **obligación entre particulares** resultante de la aplicación de este régimen especial del IRPF. A diferencia de lo previsto para otras obligaciones de la misma naturaleza, tales como la obligación de comunicar correctamente los datos al pagador de rentas sometidas a retención o ingreso a cuenta y la obligación de entregar el certificado de retenciones e ingresos a cuenta, su incumplimiento no está expresamente tipificado como infracción tributaria ni en la normativa del IRPF ni en la LGT.

Por ello, para poder sancionar la omisión de esta notificación o la realización de la misma omitiendo datos o con datos falsos o inexactos, esta conducta debe incluirse en alguna de las infracciones expresamente tipificadas en la LGT (nº 6100 s.).

5675 De las distintas **infracciones tipificadas en la LGT** cabe señalar que no es aplicable lo dispuesto sobre:

- la incorrecta imputación o la no imputación de bases imponibles, rentas o resultados por las entidades sometidas a un régimen de imputación de rentas (nº 6675 s.) y de la incorrecta imputación de deducciones, bonificaciones y pagos a cuenta por las entidades sometidas a un régimen de imputación de rentas (nº 6690 s.), pues no se refiere a las entidades en régimen de atribución de rentas;
- la no presentación en plazo de declaraciones sin que se produzca perjuicio económico (nº 6915 s.) y sobre la presentación incorrecta de declaraciones sin que se produzca perjuicio económico (nº 6937 s.), pues esta notificación entre particulares no puede ser considerada declaración tributaria;

- el incumplimiento de obligaciones contables y registrales (nº 7005 s.) y de las obligaciones de facturación o documentación (nº 7018 s.), pues esta obligación de notificar determinada información a los socios o partícipes no es una obligación contable o registral, ni una obligación de facturación o documentación.
Por todo ello, parece deducirse que el **incumplimiento** de esta obligación es difícilmente sancionable.

No obstante, la **notificación** por la entidad a sus miembros de **mayores gastos deducibles** por cada fuente de renta o de mayores bases de las **deducciones o retenciones** e ingresos a cuenta que los realmente atribuibles a cada uno de ellos, sí puede ser sancionada como infracción tributaria consistente en determinar o acreditar improcedentemente partidas positivas o negativas o créditos tributarios aparentes (nº 6455 s.), al igual que ocurre con la presentación incorrecta de la declaración que ha de contener esos mismos datos, siendo en este supuesto el sujeto infractor la propia entidad por recaer directamente sobre ella, y no sobre su representante, esa obligación. **5678**
En todo caso, la falta de notificación o la notificación incorrecta de las entidades en régimen de atribución de rentas a sus miembros no excluye automáticamente la responsabilidad de estos por las infracciones que puedan cometer como consecuencia del traslado de tales datos a sus propias declaraciones. No obstante, es la Administración Tributaria la que, como en cualquier otra infracción, debe acreditar que el contribuyente no actuó con la diligencia precisa al cumplimentar sus obligaciones tributarias, atendiendo a las circunstancias de cada caso concreto.

6. Representantes

Representante legal de obligados que carezcan de capacidad de obrar (LGT art.45.1 y 181.1.f) Por las personas que carezcan de la capacidad para el pleno ejercicio de derechos y obligaciones en el orden tributario deben actuar sus representantes legales. Así, cuando se pretenda comprobar la situación tributaria de un **menor de edad** o de una **persona con discapacidad** necesitada de medidas de apoyo, los órganos de Inspección deben desarrollar las actuaciones de comprobación e investigación con la persona que ostente la representación legal en ese momento del obligado tributario. Cuando este alcance la mayoría de edad o cese la causa de discapacidad determinante de medidas de apoyo, debe atender a la Inspección, personalmente o mediante representante voluntario, incluso cuando las actuaciones inspectoras se refieran a ejercicios en los que carecía de capacidad de para el pleno ejercicio de derechos y obligaciones. **5685**
En cuanto a las posibles **infracciones** cometidas en esos ejercicios, el obligado tributario no responde de ellas (nº 5550). No obstante, las conductas constitutivas de tales infracciones son sancionables, en su caso, en la persona que fue representante legal del obligado tributario en el momento en que se cometieron.
El principio de personalidad de la sanción es el que determina la responsabilidad del representante del obligado tributario que carezca de capacidad de obrar, al impedir que recaigan sobre este las consecuencias de la conducta típica y culpable de su representante. Ahora bien, la LGT únicamente menciona entre los sujetos infractores al **representante legal** del obligado que carece de capacidad de obrar, pues solo en este concurre la causa de exclusión de responsabilidad a la que se ha hecho referencia (nº 5550). No ocurre lo mismo en los supuestos de representación voluntaria (nº 5690), ni en los de representación de personas jurídicas o de herencias yacentes, comunidades de bienes y demás entidades que, carentes de personalidad jurídica, constituyan una unidad económica o un patrimonio separado susceptible de imposición (nº 5692); en estos casos, son sujetos infractores esas entidades, aunque deban actuar a través de sus representantes legales.

Precisiones Respecto a la **capacidad** para el pleno ejercicio de derechos y obligaciones y representación, ver también nº 890 s.

Representación voluntaria (LGT art.46) En estos supuestos, el obligado tributario tiene plena capacidad de obrar en el orden tributario y, conforme con esa capacidad, decide actuar por medio de representante. Sin embargo, la actuación a través de representante voluntario no excluye la **responsabilidad del obligado tributario**, pues sobre él recae el deber de observar la diligencia debida tanto en la elección de la persona que le va a representar, como en la supervisión de su forma de actuar en el cumplimiento del mandato (TSJ Madrid 16-4-03, EDJ 233378; TEAC 26-6-97; 29-1-98). En cuanto al representante, puede resultar **responsable solidario** de las deudas tributarias liquidadas y de las sanciones impuestas siempre que se acredite su participación directa en la comisión de la infracción por el obligado tributario (nº 5718 s.). **5690**

5692 **Representación de personas jurídicas y entidades** En lo que concierne a la representación de personas jurídicas y de herencias yacentes, comunidades de bienes y demás entidades que, carentes de personalidad jurídica, constituyan una unidad económica o un patrimonio separado susceptible de imposición, la ley ha optado por sancionar directamente a ellas y no a sus representantes. Los representantes de las personas jurídicas y de las entidades aludidas pueden **responder solidaria o subsidiariamente** de las deudas liquidadas y las sanciones impuestas a la persona jurídica y a la entidad en determinados supuestos (nº 5696 s., nº 5718 s. y nº 5738 s.).

5694 **Asesores fiscales** El asesor fiscal puede actuar como **simple consejero** del obligado tributario o como **consejero y representante** del mismo, siendo necesario distinguir la responsabilidad de orden penal de la responsabilidad de orden administrativo en que puede incurrir el asesor en el ejercicio de sus funciones:

a) Responsabilidad penal: la mayor parte de la doctrina y la jurisprudencia (TS 30-4-03, EDJ 25275) califica el delito contra la Hacienda Pública como un delito especial, de forma que solo puede ser autor el sujeto pasivo del impuesto cuyo pago se elude. No obstante, si el asesor reúne al mismo tiempo la condición de representante, el CP art.31 permitiría considerarle autor del delito contra la Hacienda Pública que haga cometer a su representado. Este precepto del CP establece la responsabilidad personal del representante, no solo legal sino también voluntario, aunque no concurran en él las cualidades exigidas para ser sujeto activo del delito siempre que las mismas concurran en la persona en cuyo nombre se actúa. En todo caso, ha de resultar claramente acreditada la intervención directa del asesor en la conducta tipificada como delito, así como la concurrencia del elemento subjetivo necesario para calificarla como tal.

Si el asesor fiscal no actúa como representante, pero resulta probada su participación en la comisión del delito de defraudación tributaria de su cliente, existiría la posibilidad de condenar al mismo como **inductor o como cooperador** necesario de este último de acuerdo con lo dispuesto en el CP art.28 (AP Madrid núm 14 6-4-00, EDJ 11353; AP Burgos 27-9-00, EDJ 8074).

b) Responsabilidad administrativa: si bien la enumeración de los sujetos infractores prevista en la LGT art.181.1 no es cerrada, la doctrina administrativa únicamente considera sujeto infractor al representante legal de los sujetos obligados que carezcan de capacidad de obrar en el orden tributario. La ausencia de regulación en el orden administrativo de las distintas formas de autoría y participación en las infracciones tributarias determina que en aquellos supuestos en los que resulte acreditada la intervención del asesor, sea como simple consejero o como consejero y representante del obligado tributario, solo quepa exigir a este el pago de la deuda liquidada y de la sanción impuesta como **responsable solidario** (LGT art.42.1.a).

De esta forma, es sujeto infractor únicamente el obligado tributario, pero el asesor puede ser responsable del pago de la deuda tributaria que resulte de la regularización practicada al obligado, así como de la sanción que se imponga, siempre que resulte acreditado que ha sido el causante o colaborador activo en la realización de la infracción.

5696 Precisiones Con el actual sistema de firma electrónica y presentación telemática de las declaraciones obligatoria para las personas jurídicas, es difícil que la infracción consistente en **dejar de ingresar** la totalidad o parte de la deuda tributaria pueda atribuirse a un representante voluntario de la entidad.

5698 Ejemplo Una sociedad limitada deja de ingresar parte de la cuota del IS correspondiente al ejercicio N. En la fecha en la que se presenta la declaración correspondiente a ese ejercicio era representante legal de la entidad A. La sociedad tenía encomendado la confección de la declaración a B, asesor externo de la entidad.

La sociedad limitada es el sujeto infractor por la comisión de la infracción consistente en dejar de ingresar la totalidad o parte de la deuda tributaria. El **representante legal** puede responder del pago de la sanción en determinados supuestos, pero para ello, la Administración Tributaria debe instruir el procedimiento en el que se declare su responsabilidad y se determine el alcance de la misma. Este es un procedimiento de aplicación de los tributos y no un procedimiento sancionador.

De la misma forma, si se demuestra que la actuación del **asesor fiscal** externo de la empresa fue determinante para la comisión de la infracción, puede ser declarado responsable del pago de la sanción impuesta a la entidad.

---

7. Obligados tributarios por normativa de asistencia mutua

(LGT art.181.1.g)

5699 También son sujetos infractores los obligados tributarios conforme a la normativa sobre asistencia mutua.

Las sanciones establecidas en la LGT art.203 (nº 6977) para la infracción tributaria por resistencia, obstrucción, excusa o negativa a las actuaciones de la Administración Tributaria son de aplicación cuando la resistencia, obstrucción, excusa o negativa se refiera a actuaciones en España de **funcionarios extranjeros** realizadas en el marco de la asistencia mutua (LGT art.177 bis a 177 quaterdecies).

B. Concurrencia de sujetos infractores

(LGT art.35.7 y 181.3)

La concurrencia de varios sujetos infractores en la realización de una infracción tributaria determina que queden **solidariamente obligados** al pago de la sanción. Para que concurran varios sujetos infractores en la realización de una infracción es necesario que, a su vez, concurran **varios obligados tributarios** en el mismo presupuesto de una obligación, de forma que todos ellos resulten solidariamente obligados frente a la Administración Tributaria en el cumplimiento de todas las prestaciones. **5700**

Un supuesto en el que concurren varios titulares en el hecho imponible es la **tributación familiar** en el IRPF (LIRPF art.82 a 84). En este régimen, todos los miembros de la unidad familiar quedan conjunta y solidariamente sometidos al impuesto. **5702**

No obstante, la existencia de varios obligados tributarios en un mismo presupuesto de la obligación no supone necesariamente, en el caso de incumplimiento de esa obligación, que todos ellos sean sujetos infractores. El **principio de personalidad de la pena** impide sancionar o exigir el pago de la sanción a aquellos que no hayan cometido ni colaborado en la realización de las conductas tipificadas como infracciones (TCo 146/1994). Así, en el régimen de tributación conjunta, si bien todos los miembros de la unidad familiar quedan sometidos al impuesto por la totalidad de las rentas obtenidas por cada uno de ellos, cuando parte de estas rentas se ocultan o se declaran de forma incorrecta, únicamente responde de la infracción tributaria cometida aquel en el que concurra el elemento subjetivo o culpabilidad.

Pueden, por tanto, plantearse dos **supuestos**, según se trate de rentas ocultadas o declaradas incorrectamente: **5705**

- **obtenidas individualmente** por los miembros de la unidad familiar. La sanción se impone y se exige a aquel que haya obtenido los rendimientos ocultados o declarados incorrectamente, salvo si se acredita la participación directa de otros en esa ocultación o declaración incorrecta (TSJ Asturias 18-1-02, EDJ 130211; TSJ Murcia 30-7-03, EDJ 117672; TEAC 31-10-02).
- **obtenidas conjuntamente** por varios miembros de la unidad familiar. El procedimiento sancionador se instruye frente a los distintos miembros de la unidad familiar que hayan participado en la comisión de la infracción, pudiéndose exigir el importe íntegro de la sanción impuesta a cualquiera de ellos al estar solidariamente obligados a su pago.

Precisiones **1)** Si bien en el supuesto de **tributación conjunta en el IRPF** la ley establece la responsabilidad solidaria de ambos cónyuges en las obligaciones tributarias derivadas de la declaración del impuesto, no cabe la imposición de sanción de manera solidaria, sino que habrá de determinarse individualmente la responsabilidad de cada uno de ellos (TSJ Galicia 28-4-06, EDJ 461132). **5706**

2) El carácter solidario de la obligación de los cónyuges frente a la Hacienda Pública supone una solidaridad global de la obligación y no exclusivamente referido al pago de la misma. No obstante, el principio de personalidad de la pena implica que la sanción no puede exigirse sino de aquella **persona que haya cometido la infracción**, sin que pueda dirigirse la Administración para el cumplimiento de la sanción a otros miembros de la unidad familiar distintos del sujeto infractor (TEAF Navarra 4-10-06).

II. Responsables de las sanciones tributarias

(LGT art.41.1 y 4, 181.2 y 182)

Junto con el sujeto **infractor**, que tiene la consideración de deudor principal, pueden existir otras personas o entidades a quienes corresponda el pago de la sanción impuesta a aquel. Los **responsables** del pago de las sanciones tributarias pueden ser solidarios o subsidiarios. **5710**

Es necesaria una norma de rango legal para que el alcance de la responsabilidad se extienda a las sanciones.

En los supuestos en que la responsabilidad alcance a las sanciones, cuando el deudor principal haya tenido derecho a la **reducción por conformidad** (LGT art.188.1.b), la deuda derivada ha de ser el importe que proceda sin aplicar la reducción correspondiente, en su caso, al deudor principal y se debe dar trámite de conformidad al responsable en la propuesta de declaración de

responsabilidad. La reducción obtenida por el responsable se le exige sin más trámite en el caso de que presente cualquier recurso o reclamación frente al acuerdo de declaración de responsabilidad, fundado en la procedencia de la derivación o en las liquidaciones derivadas.
A los responsables de la deuda tributaria les es de aplicación la reducción prevista en la LGT art.188.3 (ingreso y no recurso, nº 6025 s.). Las reducciones previstas en este apartado no son aplicables a los supuestos de responsabilidad por el pago de deudas de la LGT art.42.2.
La extensión de la responsabilidad a las sanciones, desde un punto de vista teórico, puede resultar contraria al **principio de personalidad** de las sanciones. No obstante, los distintos supuestos previstos en la LGT en los que la responsabilidad se extiende a las sanciones impuestas al deudor principal exigen como **presupuesto habilitante** de la citada responsabilidad una participación activa en la comisión de la infracción que se sanciona o una omisión del deber de cuidado exigible, bien en el momento de la comisión de la infracción, bien en un momento posterior. En este sentido, la doctrina ha criticado la no regulación en el ámbito sancionador tributario de los distintos supuestos de autoría o participación en la comisión de las infracciones y su consideración como supuestos de responsabilidad, pues con ello, además de utilizar la responsabilidad con una finalidad que no le es propia, se plantean problemas en la práctica como el relativo al derecho o no del responsable a la aplicación del régimen sancionador más favorable en el acto de declaración de responsabilidad.

Precisiones La **reducción** de la LGT art.188.1.b) que resulte aplicable en virtud de lo dispuesto en LGT art.41.4 y su aplicación retroactiva a las declaraciones de responsabilidad que no han alcanzado firmeza, ha de hacerse sobre el importe de la sanción que originariamente se haya exigido al obligado tributario sin minorar su importe por los ingresos a cuenta que haya podido realizar el declarado responsable o cualquier otro obligado que concurra, de manera solidaria, en el mismo presupuesto de hecho (TEAC 31-3-16).

1. Responsables solidarios

(LGT art.174 -redacc L 13/2023-, 175 y 182.1)

5715 La **derivación de la acción administrativa** a los responsables solidarios no requiere la previa declaración de fallido del sujeto infractor, por lo que, una vez finalizado el plazo original de pago en voluntaria, si no se ha ingresado el importe de la sanción impuesta o no se ha solicitado su aplazamiento o fraccionamiento, la Administración puede dirigirse frente a los responsables solidarios.
El requerimiento del pago de la sanción al responsable exige un **acto previo de declaración de responsabilidad** en el que se señale el presupuesto de hecho habilitante (colaboración en la comisión de la infracción o sucesión en la actividad económica u obstrucción a las actuaciones recaudatorias de la Administración Tributaria) y las sanciones a las que se extiende la responsabilidad.
Los **supuestos** de responsabilidad solidaria contemplados en la LGT cuyo alcance puede extenderse a las sanciones son los siguientes:
- responsabilidad de quienes sean causantes o colaboren activamente en la realización de la infracción tributaria (nº 5718);
- responsabilidad de los que sucedan por cualquier concepto en la titularidad o ejercicio de explotaciones o actividades económicas (nº 5723 s.);
- responsabilidad de quienes obstruyan determinadas actuaciones recaudatorias de la Administración (nº 5728).

Asimismo, existen otros supuestos de responsabilidad solidaria del pago de la sanción no regulados en la LGT (nº 5732).

5718 **Causantes o colaboradores activos** (LGT art.42.1.a) No existe en la LGT, ni en las normas que regulan con carácter general las infracciones administrativas, un desarrollo de los distintos **grados de autoría y participación** en las infracciones tributarias. Únicamente, la LGT contempla el supuesto de concurrencia de sujetos infractores (nº 5700 s.), sin hacer referencia alguna a la posible participación de otras personas y entidades distintas de los propios sujetos infractores en la comisión de las infracciones (autores mediatos, inductores, cooperadores necesarios, cómplices). Sí existe, sin embargo, referencia a esta participación al regular los obligados tributarios, configurando como responsables solidarios de la deuda tributaria y de la sanción que pudiera proceder a las personas o entidades que sean causantes o que colaboren activamente en la realización de una infracción tributaria. En el supuesto en que la sanción impuesta no derive de una deuda tributaria, como ocurre en las sanciones impuestas por incumplimiento de obligaciones formales, la responsabilidad se limita al pago de la sanción.
Este supuesto de responsabilidad, junto con el fin de aseguramiento del cobro propio de esta institución, persigue una finalidad sancionadora. Se trata no solo de **garantizar el cobro** de la

deuda tributaria liquidada y de la sanción impuesta al deudor principal sino, también, de desincentivar la conducta tipificada consistente en causar o colaborar activamente en la realización de la infracción.

Debe tratarse de personas o entidades que, no siendo sujetos infractores, hayan **participado de forma directa y activa** en la acción u omisión del obligado tributario calificada como infracción, sin que quepa extender esta responsabilidad a cualquier persona que pueda haber influido de forma tangencial en la conducta del sujeto infractor.

Entre estos responsables solidarios podrían incluirse los **partícipes o cotitulares** de las **herencias yacentes, comunidades de bienes** y demás entidades que, carentes de personalidad jurídica, constituyan una unidad económica o un patrimonio separado susceptible de imposición. Estas últimas son sujetos infractores cuando, teniendo la consideración de sujetos pasivos o de obligados al cumplimiento de obligaciones formales de acuerdo con lo dispuesto en la ley propia de cada tributo, incumplen las obligaciones a las que están sujetas. En este caso, las actuaciones propias del procedimiento sancionador se desarrollan con la entidad y es a ella a quien se impone, en su caso, la oportuna sanción. Aquellos socios, comuneros o partícipes que sean los causantes (por las específicas tareas que tengan encomendadas en el seno de la entidad) o que hayan colaborado activamente en el incumplimiento por la entidad de sus obligaciones tributarias, responden solidariamente del pago de la sanción impuesta a la misma. Si no se aprecia la existencia de infracción o ninguno de los miembros de la entidad puede considerarse causante o colaborador activo en la comisión de la infracción, resulta aplicable el supuesto de responsabilidad solidaria de los partícipes o cotitulares de la entidad respecto a las obligaciones tributarias de esta, responsabilidad que limita su alcance a la deuda tributaria liquidada, por lo que no se extiende a las posibles sanciones impuestas a la entidad, y que solo puede exigirse a cada partícipe o cotitular en proporción a sus respectivas participaciones (LGT art.42.1.b).

Precisiones 1) La naturaleza sancionadora encubierta del supuesto regulado en la LGT art.42.1.a, se pone de manifiesto por la simple comparación de este supuesto con el regulado en la LGT art.42.1.b. Así, tratándose de una **entidad de la LGT art.35.4**, sus miembros o partícipes responden, en todo caso, de forma solidaria de la cuota no ingresada por esta entidad. Si esta falta de ingreso es sancionable, la sanción se impone a la entidad y solo se puede exigir el pago de la misma a los miembros o partícipes que hayan colaborado activamente en la realización de la infracción. **5720**

2) No procede la derivación de responsabilidad solidaria en el pago de la sanción impuesta al emisor de una **factura falsa** o con datos falseados a quien ya ha sido sancionado por utilizarla en el cumplimiento de sus obligaciones tributarias, por dejar de ingresar, en todo o en parte, la deuda tributaria u obtener indebidamente devoluciones (TS 6-7-15, EDJ 130363).

3) En el caso de administradores, a efectos de diferenciar qué tipo de responsabilidad les es exigible, la solidaria lo sería a aquellos que desempeñen una **conducta activa** en la comisión de la infracción, concurriendo además dolo; la subsidiaria cuando exista culpa (TEAC 24-9-19).

Ejemplo Dos personas físicas (A y B) explotan un negocio en régimen de **comunidad de bienes**. A es el comunero responsable de la gestión administrativa y fiscal de la comunidad, mientras que B se limita a desarrollar la actividad objeto del negocio en común. **5721**

Si la Administración Tributaria comprueba que la comunidad ha dejado de ingresar parte del IVA devengado en su actividad, impone la sanción que corresponda a la entidad como sujeto pasivo del impuesto. Si llegado el plazo de ingreso en voluntaria no se ingresa la cuota liquidada, la Administración inicia dos procedimientos de declaración de responsabilidad frente a A y B para lograr el cobro de la cuota. En estos procedimientos, la Administración únicamente tiene que acreditar que A y B son los dos partícipes de la comunidad de bienes.

Si la sanción tampoco es ingresada en período voluntario de ingreso, se han de iniciar también los oportunos procedimientos de declaración de responsabilidad frente a A y B, pero el instruido con relación a este último debe finalizar mediante un acuerdo en el que se declare la inexistencia de responsabilidad, ya que la Administración no puede acreditar su participación activa en la comisión de la infracción.

Sucesores en la titularidad o ejercicio de explotaciones o actividades económicas (LGT art.42.1.c y 175.2) No se está ante un supuesto de sucesión en la obligación tributaria sino de responsabilidad del pago de la deuda tributaria y de las sanciones impuestas o que pudieran imponerse. El **cedente** no queda liberado de las obligaciones tributarias contraídas antes de la transmisión de la explotación o actividad económica, pero, junto a él (deudor principal), responde solidariamente el sucesor en la titularidad o ejercicio de la explotación o actividad. **5723**

El **alcance de esta responsabilidad** se extiende no solo a las obligaciones tributarias liquidadas y a las sanciones ya impuestas, sino también a aquellas que puedan derivarse de procedimientos de inspección o sancionadores instruidos una vez producida la sucesión por ejercicios previos a esta que, en todo caso, se desarrollan frente al cedente como obligado tributario y sujeto infractor.

5725 La responsabilidad del sucesor del pago de las sanciones impuestas o que puedan imponerse al cedente solo opera cuando no se haya solicitado de la Administración **certificación** detallada de las deudas, sanciones y responsabilidades tributarias derivadas del ejercicio de la explotación económica objeto de la cesión.

Si la certificación se solicita con carácter previo a la adquisición de la titularidad de la explotación económica puede ocurrir que:

- sea **expedida en** el **plazo** de 3 meses desde la solicitud: la responsabilidad solidaria del adquirente queda limitada a las sanciones, deudas y demás responsabilidades contenidas en la misma, sin que, por tanto, quepa extenderla a las sanciones que puedan imponerse con posterioridad o que, impuestas, no aparezcan reflejadas en la certificación;
- la certificación **no sea expedida en el plazo señalado**: el adquirente queda exento de cualquier responsabilidad.

La responsabilidad que surge por la sucesión en la empresa o actividad es **independiente** de que existiera o no **intención defraudatoria** en la adquisición. Puede, por tanto, hacerse responder a un tercero de las sanciones impuestas o que pudieran imponerse al transmitente por un hecho lícito como es la simple transmisión de la explotación o actividad. Para evitar esta consecuencia contraria al principio de personalidad de la sanción se regula la limitación que acaba de señalarse, de forma que solo el adquirente que no actúa diligentemente y solicita la certificación mencionada puede responder de las sanciones que no aparezcan recogidas en la misma.

Precisiones 1) La LGT excluye expresamente de este supuesto de responsabilidad solidaria a los **sucesores por causa de muerte** del previo titular de la explotación o actividad económica. Esta exclusión es innecesaria porque no se está ante un supuesto de responsabilidad sino de sucesión en la obligación tributaria. No puede imponerse la sanción al obligado tributario que cometió la infracción porque este ya ha fallecido, por lo que, si no es posible exigir el pago de la sanción al sujeto infractor, no puede ser declarado otra persona responsable en el supuesto de falta de pago de la misma.

2) Al no quedar acreditada la continuidad en el ejercicio de la explotación por parte de la supuesta sucesora, lo que implicaría la asunción de elementos personales o materiales significativos que permitan constituir un **soporte económico** bastante para mantener en vida la actividad empresarial precedente, se deja sin efecto la derivación de responsabilidad (TS 7-3-14, EDJ 38929).

5728 Obstructores de actuaciones recaudatorias de la Administración Tributaria

(LGT art.42.2) Responden solidariamente del pago de la deuda tributaria pendiente y, en su caso, de las sanciones tributarias impuestas:

- los que sean causantes o colaboren en la **ocultación o transmisión** de bienes o derechos del obligado al pago con la finalidad de impedir la actuación de la Administración Tributaria;
- los que, por culpa o negligencia, incumplan las **órdenes de embargo**;
- los que, conociendo el embargo, la medida cautelar o la constitución de la garantía, colaboren o consientan el **levantamiento de los bienes** embargados, o de aquellos bienes o derechos sobre los que se hubiera constituido la medida cautelar o la garantía;
- los **depositarios** de bienes del deudor que, una vez recibida la notificación del embargo, colaboren o consientan el levantamiento de aquellos.

En estos casos, la responsabilidad de quienes impidan o dificulten las actuaciones recaudatorias de la Administración Tributaria alcanza también a las sanciones impuestas al deudor principal.

Precisiones 1) Para la exigencia de responsabilidad de quienes causen o colaboren en la ocultación maliciosa de bienes o derechos con la finalidad de impedir su traba, es necesario que se acredite el **carácter malicioso de la ocultación** y esa finalidad, pero no es necesario acreditar el incumplimiento por el presunto responsable de un requerimiento de información realizado a este previamente por la Administración (TEAC unif. criterio 27-1-09).

2) La modificación del régimen económico-matrimonial de los cónyuges a través de unas **capitulaciones matrimoniales** otorgadas en fraude de acreedores constituye uno de los presupuestos de hecho de la responsabilidad del LGT art.42.2. a. La Hacienda Pública puede resarcir el crédito tributario ejercitando su potestad de autotutela a través de la declaración de la responsabilidad solidaria del cónyuge causante o colaborador en la ocultación o transmisión de los bienes originariamente gananciales que le fueron adjudicados a través de la disolución de la sociedad ganancial con la finalidad de impedir su traba. De esta forma, se salva la eventual oposición del Registrador por la modificación formal de las titularidades registrales y no es necesario acudir a un procedimiento judicial para declarar la ganancialidad de las deudas y la responsabilidad de los bienes ex-gananciales (TEAC 16-4-12).

3) Para que la Administración pueda exigir la responsabilidad establecida el LGT art.42.2.b, el primer requisito que debe cumplirse es la existencia de un **bien o derecho** del deudor que sea **susceptible de ser embargado**. La Administración no ha acreditado la existencia de un derecho de crédito del deudor frente a la declarada responsable. En consecuencia, al faltar el requisito de existencia de un bien o derecho de titularidad del deudor, no puede producirse incumplimiento de la orden de embargo (TEAC 20-12-16).

4) La **suspensión automática** de la ejecutividad de las sanciones (LGT art.212.1) no es aplicable a las sanciones objeto de una derivación de responsabilidad en virtud de la LGT art.42.2 (TS 15-3-22, EDJ 524703).
5) No cabe exigir la **responsabilidad solidaria,** prevista en la LGT art.42.2.a, a un menor de edad, ya que la actuación que se le imputa comprende actividades, conductas e intenciones dolosas de las que un menor es, siempre, ininputable por ministerio de Ley, aun cuando se hayan realizado por su representante legal (TS 25-3-21, EDJ 520167; 18-6-21, EDJ 615656). El TEAC asume esa jurisprudencia sentada por el TS y cambia su doctrina (TEAC 21-6-22).
6) Aun cuando la **sanción** haya sido impugnada y **no** sea **firme** en vía administrativa, no existe obstáculo legal para derivar la misma al declarado responsable solidario (LGT art.42.2.a), sin perjuicio de que la sanción no pueda ser exigida y deba continuar suspendida hasta que sea firme en vía administrativa (TS 8-4-21, EDJ 535830; 5-10-21, EDJ 722426).
7) La derivación de responsabilidad puede alcanzar a las **deudas que se devenguen con posterioridad** a la ocultación o transmisión de los bienes o derechos del obligado al pago cuando resulta acreditado por la Administración Tributaria que se ha actuado de forma intencionada con la finalidad de impedir su actuación (TS 11-3-21, EDJ 527183).

Otros supuestos (LIVA art.87.Uno y 163 nonies.Siete) Junto con los supuestos de responsabilidad solidaria del pago de la sanción regulados en la LGT, destacan dos supuestos establecidos en la normativa del **IVA**: 5732
a) Los destinatarios de operaciones que eludan la correcta **repercusión del IVA** mediante acción u omisión culposa o dolosa son responsables solidarios tanto de la deuda tributaria que corresponda satisfacer como de la sanción que proceda.
b) En el régimen especial del **grupo de entidades** se establecen unas obligaciones específicas que han de ser cumplidas por la entidad dominante (ver nº 4975 s. Memento IVA 2024). La entidad dominante es, por tanto, el sujeto infractor en los en los incumplimientos materiales y formales de estas obligaciones específicas, respondiendo solidariamente del pago de las sanciones que procedan por estas infracciones las demás entidades del grupo que apliquen el régimen especial (nº 5646).

Precisiones **1)** El régimen especial del grupo de entidades en el IVA se separa en este punto de lo previsto en el **régimen de consolidación** del IS, pues en este último es sujeto infractor la entidad representante, sin que las dependientes respondan del pago de las sanciones que procedan.
2) Se designa como sujeto infractor la entidad dominante del grupo de entidades del IVA (LGT art.181.1.h).
Con anterioridad a la modificación apuntada, en el caso de declaraciones del IVA por el **régimen especial del grupo de entidades,** únicamente se considera sancionable la conducta consistente en haber deducido improcedentemente cuotas soportadas por parte de una de las entidades dependientes. El procedimiento sancionador se inició con la entidad dominante del grupo y la sanción se impuso a la misma entidad dominante, por el hecho de ser ella la obligada a presentar las autoliquidaciones agregadas y a efectuar el ingreso de la deuda tributaria resultante o determinar el saldo pendiente de compensación. Este acuerdo sancionador atenta contra el **principio de responsabilidad personal** que rige en el Derecho sancionador, por el que las consecuencias de la infracción y, singularmente, la sanción, solo pueden exigirse a quienes con su comportamiento han causado la lesión constitutiva de la infracción (TEAC 15-7-16).

2. Responsables subsidiarios

(LGT art.174 -redacc L 13/2023-, 176 y 182.2)

Como regla general, la responsabilidad, salvo precepto legal expreso, es siempre subsidiaria. 5735
La exigencia de la sanción al responsable subsidiario requiere un **acto previo de declaración de responsabilidad** con indicación del presupuesto de hecho habilitante y los actos de imposición de sanción a los que alcanza la citada responsabilidad. Este acto de declaración de responsabilidad solo puede dictarse una vez que hayan sido declarados fallidos el sujeto infractor y los responsables subsidiarios que puedan concurrir.
Los **supuestos** de responsabilidad subsidiaria que alcanzan a las sanciones impuestas son los siguientes:
- responsabilidad de los administradores de hecho o de derecho de las personas jurídicas;
- responsabilidad de las personas o entidades que tengan el control efectivo o una voluntad rectora común con las personas jurídicas que tengan la condición de obligado tributario, así como las personas o entidades sobre las que se tenga el control efectivo o que tengan una voluntad rectora común con el obligado tributario (nº 5742).

Precisiones Para determinar qué **criterio de responsabilidad** entre los responsables subsidiarios ha de aplicarse, ha de atenderse a la norma aplicable en el momento en que se dicta el acuerdo de derivación de responsabilidad, porque es precisamente en virtud del mismo por el que se establece esa responsabilidad y resulta exigible el pago de la deuda tributaria (TEAC 27-2-08).

5738 **Administradores de personas jurídicas** (LGT art.43.1.a) Se considera a las personas jurídicas como sujetos infractores, por lo que, si el contribuyente, retenedor u obligado tributario, en general, que incurre en alguna de las acciones u omisiones tipificadas como infracción tributaria es una persona jurídica, es esta y no sus administradores la que es sancionada.

Los **administradores** de hecho o de derecho de la persona jurídica únicamente responden subsidiariamente del pago de la sanción impuesta a la entidad, además del pago de la deuda tributaria, en su caso, liquidada, cuando:

- no hayan realizado los actos necesarios que sean de su incumbencia para el cumplimiento de las obligaciones o deberes tributarios; o
- hayan consentido el incumplimiento por quienes de ellos dependan; o
- hayan adoptado acuerdos que posibilitan las infracciones.

Esta responsabilidad se configura sin perjuicio del supuesto de responsabilidad solidaria de las personas o entidades que sean causantes o colaboren activamente en la realización de una infracción tributaria (ver nº 5718), de forma que hay que distinguir el **grado de participación** del administrador en la comisión de la infracción. Así, si se trata de una participación directa e inmediata en la infracción, el administrador responde solidariamente del pago de la sanción. Por el contrario, si la actuación del administrador se ha limitado a omitir los actos necesarios para el cumplimiento de la obligación o a consentir el incumplimiento, la responsabilidad es subsidiaria.

El problema se plantea en el caso de los administradores de hecho o de derecho que hayan adoptado acuerdos que posibilitan las infracciones, en el que el tipo de responsabilidad (solidaria o subsidiaria) depende del nexo de causalidad existente entre el acuerdo adoptado y la infracción cometida.

5740 Precisiones 1) La existencia en la empresa de **consejeros delegados** no exime de responsabilidad a los administradores, que son los representantes de la sociedad que responden frente a terceros de los daños que causen por actos contrarios a la Ley o a los estatutos o por los realizados sin la diligencia con la que deben desempeñar el cargo; mientras que los consejeros delegados son simplemente administradores a los que se delega alguna facultad concreta, sin que la Ley vincule la delegación a la exigencia de una responsabilidad especial frente a terceros (TEAC 13-5-08).

2) La pertenencia al **consejo de administración** (aunque quede probada la no participación en la gestión ordinaria de la mercantil) es suficiente para declarar a los administradores responsables subsidiarios de las deudas de la entidad mercantil, pues la comisión de infracciones tributarias por la sociedad administrada es suficiente para denotar una falta de diligencia, en forma de culpa in eligendo o in vigilando del administrador nominal, en el cumplimiento de las funciones propias de su cargo (TS 25-6-10, EDJ 153090).

5742 **Control efectivo o voluntad rectora común** (LGT art.43.1.g y h) En supuestos concretos el legislador ha decidido «levantar el velo» de determinadas personas jurídicas o entidades declarando responsables de las deudas de esa persona jurídica o entidad a los obligados tributarios que tengan el control de las mismas o en los que concurra una voluntad rectora común, así como declarando responsables a estas de las deudas tributarias de los obligados.

Los **requisitos** exigibles para que concurran estos supuestos de responsabilidad son:

- resultar acreditado que las personas jurídicas han sido creadas o utilizadas de **forma abusiva o fraudulenta** para eludir la responsabilidad patrimonial universal frente a la Hacienda Pública;
- existir **unicidad** de personas o esferas económicas o **confusión o desviación patrimonial**.

5743 Ejemplo El esquema del que parten estos dos supuestos de responsabilidad subsidiaria es el siguiente:

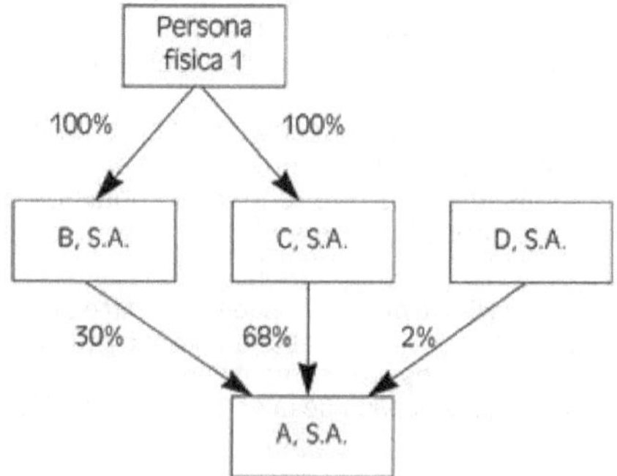

Responden subsidiariamente de las obligaciones tributarias de A, S.A. y de las sanciones que la Administración Tributaria le haya impuesto por el incumplimiento de las obligaciones: B, S.A., C, S.A. y Persona física 1, al tener las mismas el control efectivo sobre A, S.A. (directo en el caso de C, S.A. e indirecto en el caso de Persona física 1) o concurrir una voluntad rectora común (B, S.A.).
Para que esta responsabilidad sea exigible, la Administración Tributaria debe acreditar que:
- A, S.A. ha sido creada o utilizada de forma abusiva o fraudulenta para eludir la responsabilidad patrimonial universal frente a la Hacienda Pública (traslado de los requisitos jurisprudenciales de abuso de derecho y daño a terceros propios de la teoría del levantamiento del velo);
- existe unicidad de personas o esferas económicas o, alternativamente, confusión o desviación patrimonial entre el deudor principal (A, S.A.), y los posibles responsables.
Asimismo, al tratarse de un supuesto de responsabilidad subsidiaria, se exige la **previa declaración de fallido** del deudor principal (A, S.A.).
Además, A, S.A. podría ser declarada responsable de las deudas tributarias y sanciones correspondientes a B, S.A., C, S.A. y Persona física 1.

III. Sucesores

(LGT art.182.3)

En los supuestos de responsabilidad existen dos obligados al pago de la sanción: el sujeto infractor como deudor principal y los responsables en el caso de que el primero incumpla su obligación. En los supuestos de sucesión, el **único obligado al pago** de la sanción es el sucesor, que se coloca en el lugar que ocupaba hasta su desaparición el sujeto infractor. **5745**
Los sucesores en las sanciones tributarias pueden ser:
- sucesores de personas físicas;
- sucesores de sociedades y entidades sin personalidad jurídica (nº 5750 s.).

Sucesión de personas físicas (LGT art.182.3) La **muerte** del sujeto infractor determina tanto la extinción de la responsabilidad derivada de las infracciones tributarias, como la extinción de las sanciones, al no ser estas transmisibles a los herederos y legatarios. **5748**
Pueden plantearse distintos **supuestos** en función del momento en que se produzca el fallecimiento del sujeto infractor:
- sanciones en **período voluntario** de pago o en **período ejecutivo**. Al fallecer el sujeto obligado al pago de la sanción, esta se extingue (nº 6089);
- **procedimientos** sancionadores iniciados y **no concluidos**. El fallecimiento del sujeto infractor determina la extinción de la responsabilidad derivada de la comisión de la infracción tributaria (nº 6048), por lo que el procedimiento debe finalizar mediante el acuerdo del órgano competente que declare la extinción de la responsabilidad;
- **procedimientos** sancionadores **aún no iniciados**. Incluso cuando conste a la Administración Tributaria la existencia de una acción u omisión constitutiva de infracción, no puede iniciarse procedimiento sancionador alguno al no existir en ese momento sujeto infractor frente al que dirigir la acción.

Precisiones Estos supuestos no deben confundirse con el **incumplimiento de las obligaciones específicas** que recaen sobre los sucesores. Así, a título de ejemplo, a la muerte del obligado tributario son los sucesores los que deben presentar la última declaración del IRPF correspondiente al mismo. La no presentación de esta declaración o la declaración incorrecta o inexacta, siempre que concurra la culpabilidad necesaria en esta acción u omisión, es calificada como infracción tributaria imputable al sucesor (TSJ Cataluña 17-9-96, Rec 1664/93; 22-3-01, EDJ 102366; TEAC 6-6-03).

Sucesión de sociedades y entidades sin personalidad jurídica (LGT art.40 y 182.3) A diferencia de lo que ocurre con el fallecimiento de los sujetos infractores personas físicas, la **extinción** de las personas jurídicas y demás entidades que tengan la condición de sujeto infractor no determina la extinción de su responsabilidad por infracciones ni la de las sanciones que hubieran podido imponerse antes de producirse su desaparición, pues tanto una como otras se transmiten a sus sucesores. **5750**
Cabe distinguir los siguientes **supuestos**:
- sociedades y entidades con personalidad jurídica disueltas y liquidadas;
- sociedades y entidades con personalidad jurídica disueltas y no liquidadas (nº 5758);
- entidades sin personalidad jurídica (nº 5761).

Entidades con personalidad jurídica disueltas y liquidadas (LGT art.40.1 y 5) Hasta el momento en que se produce la **extinción de la sociedad** o entidad infractora, es esta la única obligada al pago de las sanciones impuestas y la única obligada a atender a la Inspección como posible sujeto infractor en los procedimientos sancionadores que se instruyan. Estas obligaciones de la entidad se mantienen incluso, una vez acordada la disolución, durante el período de **5753**

liquidación, siendo en este caso los liquidadores, como representantes de la entidad, los que deben atender a la Inspección.
Una vez extinguida la personalidad jurídica de la entidad, desaparece el sujeto infractor y ocupan su lugar los **socios, partícipes o cotitulares** como sucesores en sus derechos y obligaciones. Al estar todos ellos solidariamente obligados frente a la Administración, puede exigirse el importe total de las sanciones impuestas o de las que proceda imponer a cualquiera de los sucesores, pero con el **límite del valor de la cuota de liquidación** que haya correspondido a cada uno de ellos y demás percepciones patrimoniales recibidas por los mismos en los 2 años anteriores a la fecha de disolución que minoren el patrimonio social que debiera responder de tales obligaciones sin perjuicio de lo dispuesto en LGT art.42.2.a. Este límite opera independientemente de que en la sociedad extinguida la ley limite (sociedad anónima, sociedad de responsabilidad limitada) o no (sociedad colectiva), la responsabilidad patrimonial de sus socios o partícipes.

5755 Ejemplo Como resultado de la liquidación de una sociedad anónima corresponden a cada socio las siguientes **cuotas de liquidación**:
- Socio A: 5.000 €;
- Socio B: 3.000 €;
- Socio C: 2.000 €.

Una vez disuelta y liquidada la entidad, se inicia un procedimiento de inspección y se comprueba que la entidad dejó de ingresar en uno de los ejercicios parte de la deuda tributaria por el IS. En el expediente sancionador derivado del procedimiento se impone una sanción de 5.000 €. Esta sanción es exigible a cualquiera de los socios con el límite de la cuota de liquidación que les corresponda. Así, puede exigirse íntegramente al socio A, o bien exigir al socio B 3.000 € y los 2.000 € restantes a los socios A o C o, por último, exigir 2.000 € al socio C y los 3.000 € restantes a A.

5758 **Entidades extinguidas, disueltas y no liquidadas** (LGT art.40.3 y 5) Los supuestos de **fusión**, sea por absorción o por creación, y de **escisión total** determinan la extinción de las sociedades y entidades con personalidad jurídica fusionadas, absorbidas o escindidas, por lo que desaparece el sujeto infractor obligado a atender a la Inspección o a ingresar el importe de las sanciones impuestas. No obstante, esta desaparición no implica la extinción de las sanciones o de la responsabilidad por las infracciones que puedan haber cometido estas entidades, pues se colocan en su lugar las personas o entidades que sucedan o sean beneficiarias de estas operaciones, esto es, la nueva sociedad o entidad surgida de la fusión por creación, la sociedad o entidad absorbente o las sociedades o entidades destinatarias del patrimonio de la entidad escindida.
En estos supuestos se plantea el **límite de la responsabilidad** de los sucesores al no existir cuota de liquidación. Una posible solución es referir ese límite al valor del patrimonio transmitido en cada caso.

Precisiones Se considera correcta la actuación inspectora citando únicamente a la **entidad escindida**, en relación con un ejercicio en el que la misma existía. Las sociedades beneficiarias son los sujetos con quienes se deben entender las actuaciones inspectoras y deben asumir la obligación del pago de la deuda de la escindida que se derive de la incoación del acta por la regularización tributaria de la misma, siendo su responsabilidad solidaria salvo, que del proyecto de escisión pueda derivarse lo contrario (TEAC 14-5-08).

5761 **Entidades sin personalidad jurídica** (LGT art.40.4 y 5) Tanto las fundaciones como las herencias yacentes, comunidades de bienes y demás entidades que, carentes de personalidad jurídica, constituyan una unidad económica o un patrimonio separado susceptible de imposición pueden ser obligados tributarios y, en consecuencia, sujetos infractores. La extinción de estas entidades no excluye la posibilidad de sancionar las infracciones que pudieran haber cometido, pues tales sanciones son exigibles a los **destinatarios** de los bienes y derechos de las fundaciones o a los **partícipes o cotitulares** de las entidades.
Las sanciones que procedan son exigibles hasta el **límite** del valor de los bienes y derechos recibidos por los destinatarios del patrimonio de la entidad o fundación, de acuerdo con lo previsto en LGT art.40.1.

SECCIÓN 4

Régimen sancionador

(LGT art.181 a 190)

5765

Las **disposiciones generales** sobre infracciones y sanciones tributarias están recogidas en la LGT art.181 a 190. Junto a los sujetos responsables de las infracciones y sanciones tributarias (ver nº 5615 s.), estas disposiciones generales se refieren a aspectos relativos a la **tipificación** de las infracciones y a la determinación de las **sanciones** cuya aplicación se concreta en los distintos artículos en los que se tipifica cada infracción en particular. 5766

I. Infracciones tributarias

(LGT art.183 a 186)

5770

A. Concepto

(LGT art.183)

Son infracciones tributarias las acciones u omisiones tipificadas como tales en la LGT u otra ley, siempre que sean dolosas o culposas con cualquier grado de negligencia. Dos son, por tanto, los **elementos constitutivos** de la infracción tributaria: 5775
- elemento **objetivo**: acción u omisión tipificada como tal en una norma con rango de ley; y
- elemento **subjetivo** o culpabilidad. Sobre este último, ver nº 5535 s., y sobre las acciones u omisiones tipificadas en la LGT, ver nº 6100 s.

No obstante, la normativa propia de los distintos impuestos contempla infracciones específicas entre las que pueden destacarse las señaladas en nº 7030 s.

B. Calificación

(LGT art.183 y 184)

5778

1. Consideraciones generales

(LGT art.184 y 189)

Las infracciones tributarias se clasifican en **leves, graves y muy graves**. 5780

Las únicas consecuencias que derivan de la calificación de una infracción tributaria como leve, grave o muy grave son:
- la posibilidad de sancionar determinadas conductas calificadas como infracciones graves o muy graves con **sanciones no pecuniarias** (nº 5940 s.);
- permitir un mayor incremento de la sanción que proceda por las infracciones que se cometan con posterioridad por la aplicación del criterio de graduación de **comisión repetida** de infracciones tributarias (nº 5955 s.).

A diferencia de lo establecido en el ámbito administrativo general, en el tributario no se señalan distintos **plazos de prescripción** de las infracciones y de las sanciones en función de la clase de infracción cometida.
En el ámbito sancionador **tributario**, prescriben a los 4 años la acción para sancionar las infracciones cometidas y el derecho a exigir las sanciones impuestas, independientemente de que esas infracciones se califiquen como muy graves, graves o leves.
En el ámbito **administrativo general**, salvo que la ley establezca otra cosa, las infracciones muy graves prescriben a los 3 años, las graves a los 2 años y las leves a los 6 meses. Las sanciones impuestas por faltas muy graves prescriben a los 3 años, las impuestas por faltas graves a los 2 años y las impuestas por faltas leves al año (LRJSP art.30).

5785 No existen, tampoco, unos criterios de calificación únicos para todas las **infracciones tipificadas** en la LGT. Así, entre las infracciones tipificadas cabe distinguir:
a) Infracciones consideradas de **forma unitaria** como leves, graves o muy graves. El precepto que tipifica cada una de estas infracciones determina la calificación que merecen las mismas, independientemente de que en el mismo tipo infractor se incluyan conductas distintas.
Por ejemplo, es grave la infracción por determinar o acreditar improcedentemente partidas positivas o negativas o créditos tributarios aparentes (LGT art.195), no solo cuando se determinan o acreditan improcedentemente partidas positivas o negativas a compensar en ejercicios futuros, sino también cuando se declara incorrectamente la renta neta sin que se produzca falta de ingreso por compensarse en un procedimiento de inspección cantidades pendientes de compensación.
Asimismo, es infracción grave ofrecer resistencia, obstrucción, excusa o negativa a la Inspección de los Tributos, independientemente de que esa resistencia consista en no comparecer en el lugar y tiempo que se le hubiese señalado o en coaccionar a los funcionarios de la Inspección (LGT art.203).
b) Infracciones consideradas como leves, graves o muy graves en función de la **conducta específicamente prevista** en cada apartado del precepto en el que se tipifica.
Así, por ejemplo, la infracción consistente en incumplir la obligación de comunicar correctamente datos al pagador de rentas sometidas a retención o ingreso a cuenta es leve cuando el obligado tributario tenga obligación de presentar una autoliquidación que incluya las rentas sujetas a retención o ingreso a cuenta, y muy grave cuando no exista la obligación (LGT art.205).
c) Infracciones consideradas como leves, graves o muy graves en función de la **concurrencia o no de determinadas circunstancias** en la conducta tipificada como tal infracción.
Como ejemplo puede señalarse la infracción consistente en dejar de ingresar la totalidad o parte de la deuda tributaria que debiera resultar de una autoliquidación (LGT art.191).
En relación con este tercer grupo de infracciones hay que tener en cuenta el principio de calificación unitaria (nº 5790 s.) y analizar los criterios de calificación (nº 5840 s.).

2. Principio de calificación unitaria

(LGT art.184.1; RSAN art.3)

5790 El principio de calificación unitaria resulta aplicable en todas aquellas infracciones en las que la conducta sancionable se pone de manifiesto como consecuencia de la **liquidación** practicada por la Administración en la que se regulariza la situación tributaria del obligado. Hay que tener en cuenta que, en las principales figuras impositivas, la autoliquidación es el resultado de la integración de distintos rendimientos o cuotas obtenidos, a su vez, de **diferentes fuentes de renta** o derivados de operaciones realizadas **durante todo el período impositivo**. Por ello, aun cuando la conducta tipificada como infracción sea única (dejar de ingresar, solicitar u obtener indebidamente devoluciones, acreditar improcedentemente partidas a compensar o deducir en periodos posteriores etc.), la infracción puede derivar de omisiones o inexactitudes en la declaración que obedezcan a circunstancias muy distintas.
En aquellos supuestos en que estas circunstancias operen como elementos determinantes de la calificación de la infracción (ocultación de datos, anomalías sustanciales en la contabilidad etc.) la LGT podría haber optado por distinguir en qué parte de la infracción cometida incidían cada una de las citadas circunstancias. Sin embargo, el principio por el que se ha optado es calificar de forma unitaria la infracción, aunque las circunstancias determinantes de la calificación solo afecten a parte de la misma. Esta solución puede ser menos respetuosa con el principio de proporcionalidad (nº 5580), pero simplifica enormemente el cálculo de la sanción.
Con relación al principio de calificación unitaria, se va a analizar su contenido (nº 5792), la excepción al mismo (nº 5800) y su aplicación (nº 5805 s.).

a. Contenido

(LGT art.184.1; RSAN art.3.1)

De acuerdo con el principio de calificación unitaria, una infracción solo puede ser o leve o grave o muy grave sin que quepa, por tanto, distinguir en la base de la sanción una parte que merezca una calificación y otra u otras que merezcan una calificación distinta en función de las circunstancias concurrentes en cada una de ellas. Este principio implica que el **porcentaje de la sanción** que proceda atendiendo a la calificación unitaria de la infracción se aplica a la **totalidad de la base de la sanción**, independientemente de la incidencia que hayan tenido las distintas circunstancias calificadoras en ella. 5792
Si concurriesen varias circunstancias determinantes de una distinta calificación de la infracción, se toma en consideración la que determine una mayor gravedad de la conducta.

Ejemplo Una entidad dejó de ingresar 2.500 € en relación con el IS del ejercicio N. Esta cuota dejada de ingresar fue consecuencia de la amortización en exceso de determinados inmovilizados por importe de 8.000 € y de la no declaración de ventas por importe de 2.000 € que se han declarado por otra entidad vinculada que tiene pérdidas. 5794
La comisión de la infracción mediante personas o entidades interpuestas supone la utilización de **medios fraudulentos**. La existencia de medios fraudulentos en la comisión de la infracción consistente en **dejar de ingresar la deuda tributaria** que debiera resultar de una autoliquidación, determina que esta se califique como infracción muy grave sancionable con multa pecuniaria proporcional del 100% al 150% de la cantidad dejada de ingresar (LGT art.191).
Al haber consagrado la LGT el **principio de calificación unitaria**, la infracción por dejar de ingresar parte de la deuda tributaria correspondiente al IS del ejercicio N se califica como muy grave sin distinguir el importe no ingresado en la que se aprecian medios fraudulentos (2.000 × 0,25 = 500 €) del resto de la deuda no ingresada (8.000 × 0,25 = 2.000 €). De esta forma, la multa que proceda (por ejemplo 100%, si no resulta aplicable ningún criterio de graduación) se aplica a la totalidad de la base de la sanción, 2.500 €, aunque parte de la misma se deba a incrementos en la base imponible en los que no concurran medios fraudulentos: 2.500 × 100% = 2.500 €.
Si la LGT no contuviera la aclaración relativa al principio de calificación unitaria, la interpretación más favorable para el sujeto infractor sería agravar la calificación solo parcialmente, de forma que se aplicaría la sanción mínima del 50% a la parte de la base de la sanción en la que no concurrieran las circunstancias que determinan la calificación de la infracción como grave o muy grave. Esta atomización o división de la infracción, a efectos de su calificación, determinaría en el ejemplo analizado la siguiente sanción:

Circunstancias determinantes de la calificación	Cuota por exceso amortización: 2.000 €	Cuota por no declarar ventas atribuidas a otras entidades: 500 €	Total sanción
Medios fraudulentos	No	Sí	
Calificación infracción	Leve	Muy grave	
Porcentaje sanción	50%	100%	
Importe sanción	1.000 €	500 €	1.500

b. Excepción

(LGT art.191.6; RSAN art.3.1)

La LGT prevé una excepción a este principio que afecta a la infracción consistente en **dejar de ingresar** la totalidad o parte de la deuda tributaria que resulte de la autoliquidación. Se trata de la falta de ingreso en plazo de tributos o pagos a cuenta que hubieran sido incluidos o regularizados por el mismo obligado tributario en una autoliquidación presentada, con posterioridad, sin cumplir los **requisitos** para la aplicación de los recargos por declaración extemporánea sin requerimiento previo, que son los siguientes: 5800
- identificación expresa del período de liquidación al que la misma se refiere;
- extensión de su contenido únicamente a los datos relativos a ese período de liquidación.

En este caso, la infracción es siempre leve y sancionable con multa pecuniaria del 50% de la cuota no ingresada en plazo, independientemente de las circunstancias que concurran en la conducta del sujeto infractor (nº 6235).
Cuando se haya dejado de ingresar en el plazo establecido por la normativa de cada tributo y posteriormente **parte** de esta deuda haya sido **regularizada** en los términos expuestos, puede producirse una doble calificación de la infracción por dejar de ingresar:
- las **cantidades** no ingresadas en plazo, pero **regularizadas** posteriormente, que se sancionan necesariamente con multa del 50% al considerarse infracción leve;

- el **resto de la deuda no ingresada**, que se sanciona con multa del 50% al 150% en función de las circunstancias determinantes de la calificación y los criterios de graduación que concurran (ver nº 6155 s.).

5801 No siempre que exista una regularización posterior es aplicable lo señalado. Así, es necesario tener en cuenta que:

a) Cuando la regularización se efectúe respetando los requisitos establecidos en la LGT art.27.4 (presentación de una autoliquidación extemporánea que identifique expresamente el período impositivo de liquidación al que se refiere y que contenga únicamente los datos relativos a ese período), la cantidad dejada de ingresar en plazo y posteriormente regularizada no es sancionable, procediendo en su caso, únicamente la liquidación de los correspondientes **recargos**.

b) Cuando la regularización de las cantidades dejadas de ingresar por un determinado concepto impositivo y ejercicio se produzca una vez notificado un **requerimiento** de la Administración Tributaria relativo al mismo, no se aplica la excepción señalada en la LGT art.191.6, debiéndose calificar la infracción cometida de forma unitaria.

Para evitar conductas elusivas mediante la transferencia de bienes hacia el extranjero, como consecuencia de la globalización, existe la obligación de informar sobre **bienes y derechos situados en el extranjero** -modelo 720- (LGT disp.adic.18ª). En caso de incumplimiento de esa obligación, se establece una sanción específica (nº 7043.6 s.) que no resulta afectada por los criterios de calificación generales.

Precisiones La infracción para los supuestos de **conflicto en la aplicación de la norma** tiene la consideración de grave. En el caso de que haya otros motivos de regularización, además del resultante de la declaración de conflicto, respecto a los que pueda derivarse una sanción, esta se ha de calificar de acuerdo con las circunstancias concurrentes en ella (LGT art.206 bis).

5803 Ejemplo Una entidad dejó de ingresar 2.500 € en relación con el IS del ejercicio N. Esta cuota dejada de ingresar fue consecuencia de la no declaración del beneficio procedente de la venta de una maquinaria por importe de 8.000 € y de la no declaración de ventas por importe de 2.000 € que se han declarado por otra entidad vinculada que tiene pérdidas. La venta del activo se declaró en la autoliquidación del ejercicio N+1.

La aplicación del principio de calificación unitaria determina que la infracción consistente en **dejar de ingresar** 2.500 € en la autoliquidación correspondiente al IS del ejercicio N se califique como muy grave, sin distinguir la parte del importe no ingresado en la que se aprecian **medios fraudulentos** (2.000 × 0,25 = 500 €), del resto de la deuda no ingresada (8.000 × 0,25 = 2.000 €). De esta forma, la multa que procede (por ejemplo, del 100%, si no resulta aplicable ningún criterio de graduación) se aplica a la totalidad de la base de la sanción: 2.500 × 100% = 2.500 €.

No obstante, al haber sido declarada la venta del inmovilizado en una **autoliquidación presentada con posterioridad** correspondiente al IS del N+1, concurre el supuesto que rompe el principio de calificación unitaria, de forma que la sanción que debe imponerse es la siguiente:

	Cuota por venta maquinaria: 2.000 €	Cuota por no declarar ventas atribuidas a otras entidades: 500 €	Total sanción
Calificación de la infracción	Leve (LGT art.191.6)	Medios fraudulentos Muy grave	
Porcentaje sanción	50%	100%	
Importe sanción	1.000 €	500 €	1.500 €

c. Aplicación

(RSAN art.3.2 y 3.3)

5805 En la aplicación del principio de calificación unitaria hay que tener en cuenta, por un lado, que en el seno de un procedimiento inspector pueden comprobarse distintos tributos y obligaciones formales (nº 5808 s.) y, por otro, que, en relación con una misma obligación tributaria puede incoarse más de un procedimiento de comprobación o investigación (nº 5825 s.). Adicionalmente, es posible que, en un mismo procedimiento de inspección relativo al mismo tributo y período impositivo, se incoen varias actas (nº 5835).

Comprobación de varios tributos u obligaciones formales (RSAN art.3.2) El análisis global de la conducta del sujeto infractor que supone el principio de calificación unitaria se realiza de distinta forma según que la obligación tributaria comprobada afecte a: 5808

a) Tributos con período impositivo o de liquidación (IRPF, IS, IVA). Se califica de forma independiente cada supuesto de infracción tipificado por la ley, por cada tributo y período objeto del procedimiento.

b) Tributos sin período impositivo ni de liquidación o cuya declaración no sea periódica (ITP y AJD). Se califica de forma independiente cada infracción consistente en el incumplimiento de la obligación tributaria que derive de cada uno de los hechos u operaciones sujetos al tributo.

c) Obligaciones formales. Se considera, a efectos de su calificación, que existe una infracción por cada incumplimiento.

Precisiones La aplicación del principio de calificación unitaria **no** es una cuestión meramente **formal**, sino que puede afectar a la propia existencia de la infracción, a su calificación y a la cuantificación de las correspondientes sanciones.

Ejemplos **1)** Calificación incorrecta de forma anual que afecta a la propia **existencia de la infracción**. 5812
El obligado tributario inicia sus actividades en el tercer trimestre del año X y presenta las siguientes autoliquidaciones del IVA:

DECLARADO	3T	4T	Resumen anual
Cuota repercutida	200.000	200.000	400.000
Cuota soportada	210.000	300.000	510.000
Compensación de períodos anteriores		10.000	
A compensar	10.000	110.000	110.000

En el curso de las actuaciones inspectoras, se descubren cuotas no declaradas por 60.000 € en el 3T.

REGULARIZADO	3T	4T	Resumen anual
Cuota repercutida	260.000	200.000	460.000
Cuota soportada	210.000	300.000	510.000
A compensar		100.000	50.000
A ingresar	50.000		

a) Si la **calificación** se efectúa correctamente, de forma **trimestral**, hay dos infracciones en el 3T:
- dejar de ingresar 50.000 €;
- acreditar incorrectamente partidas por 10.000 €.

b) En cambio, si la **calificación** se efectúa incorrectamente, de forma **anual**, no hay infracción por falta de ingreso, sino solo una infracción por acreditar incorrectamente partidas por 60.000 €.

2) Calificación incorrecta de forma anual que afecta a la **calificación de la infracción** y, con ello, a la cuantía de la sanción. 5815
El obligado tributario inicia sus actividades en el tercer trimestre del año X y presenta las siguientes autoliquidaciones del IVA:

DECLARADO	3T	4T	Resumen anual
Cuota repercutida	200.000	200.000	400.000
Cuota soportada	150.000	150.000	300.000
A ingresar	50.000	50.000	100.000

En el curso de las actuaciones inspectoras, se descubren cuotas soportadas indebidas por facturas falsas por 10.000 € y cuotas repercutidas contabilizadas, pero no declaradas por 40.000 € en el 3T, así como cuotas no deducibles por 20.000 € y ventas no declaradas ni contabilizadas por 30.000 € en el 4T.

a) Si la **calificación** se efectúa correctamente de forma **trimestral**, hay dos infracciones por dejar de ingresar:
- infracción muy grave en el 3T por utilización de medios fraudulentos (LGT art.184) al ser la incidencia de las facturas falsas superior al 10% de la base de la sanción (10.000/50.000 = 20%);

- infracción muy grave en el 4T por utilización de medios fraudulentos, al ser la incidencia de la incorrecta llevanza de libros y registros superior al 50% de la base de la sanción (30.000/50.000 = 60%).
b) En cambio, si la **calificación** se efectúa incorrectamente de forma **anual**, se considera la conducta globalmente como infracción grave, puesto que anualmente no se superan los porcentajes para entender que se han utilizado medios fraudulentos, al ser la incidencia de las facturas falsas un 10% (10.000/100.000 = 10%) y la incidencia de la incorrecta llevanza de libros y registros inferior al 50% (30.000/100.000 = 30%).
En este ejemplo, la incorrecta calificación de forma anual ha supuesto la reducción de la gravedad de la infracción, pero en otros casos la puede aumentar.

5820 **3)** Calificación incorrecta de forma anual que afecta a la **cuantía de la sanción** al incidir en el porcentaje de perjuicio económico.
El obligado tributario inicia sus actividades en el tercer trimestre del año X y presenta las siguientes autoliquidaciones del IVA:

DECLARADO	3T	4T	Resumen anual
Cuota repercutida	200.000	200.000	400.000
Cuota soportada	150.000	120.000	270.000
A ingresar	50.000	80.000	130.000

En el curso de las actuaciones inspectoras, se descubren cuotas soportadas indebidas por facturas falsas por 50.000 € en el 3T, y en el 4T se eliminan cuotas soportadas que no son sancionables por 20.000 € y se incluyen ventas no declaradas ni contabilizadas por 30.000 €.
La calificación de la infracción es muy grave en ambos trimestres:
- en el 3T, por ser la incidencia de las facturas falsas del 100% (50.000/50.000 = 100%);
- en el 4T, por ser la incidencia de la incorrecta llevanza de los libros o registros superior al 50% (30.000/30.000 = 100%).
En este caso, la infracción también se califica como muy grave si se califica anualmente, pero la determinación del perjuicio económico es diferente.
a) Si la **calificación** se realiza correctamente de forma **trimestral**, el porcentaje del **perjuicio económico** es (LGT art.187.1.b):
- del 50% en el 3T -es decir, 50.000/[200.000 - (150.000 - 50.000)]-, lo que supone un aumento de la sanción en 15 puntos porcentuales;
- del 23,08% en el 4T -esto es, 30.000/[(200.000 + 30.000) - (120.000 - 20.000)]-, lo que supone un aumento de la sanción en 10 puntos porcentuales.
b) En cambio, si la **calificación** se realiza incorrectamente de forma **anual**, el porcentaje global del perjuicio económico es del 34,78% -es decir, (50.000 + 30.000)/[200.000 - (150.000 - 50.000) + (200.000 + 30.000) - (120.000 - 20.000)]-, lo que supondría un aumento de la sanción en 15 puntos porcentuales.
La calificación correcta de la infracción de forma trimestral supone que la sanción es del 115% en el 3T y del 110% en el 4T, siendo el importe de la suma de ambas sanciones de 90.500 € (50.000 × 115% + 30.000 × 110%). En cambio, la calificación incorrecta de la infracción de forma anual implica una sanción del 115% cuyo importe asciende a 92.000 € (80.000 × 115%).

5822 **4)** En el curso de un procedimiento inspector se está comprobando la situación tributaria de la entidad A en relación con las siguientes obligaciones:
- **IS** ejercicios N y N+1;
- **IVA** trimestral años N y N+1;
- **declaración de operaciones con terceros** años N y N+1.
Como resultado de estas actuaciones se pone de manifiesto que la entidad:
a) IS ejercicio N: declaró una base imponible negativa de 1.000 €, siendo la base imponible comprobada 2.000 € al descubrirse ventas no declaradas.
b) IVA 4T ejercicio N: obtuvo una devolución de 2.500 €, resultando la cantidad a devolver comprobada 1.000 € como consecuencia de la no deducción de determinadas cuotas.
c) IVA 1T ejercicio N+1: dejó de ingresar 300 € por entregas no declaradas.
d) IVA 2T ejercicio N+1: declaró un saldo a compensar en declaraciones futuras de 700 €, resultando de la comprobación que debía haber ingresado 100 € al no considerar la Inspección deducibles las cuotas soportadas en determinadas adquisiciones.
e) Declaración de operaciones con terceros año N: omitió las entregas efectuadas a cinco clientes.
f) Declaración de operaciones con terceros año N+1: no presentó la declaración.
g) No anotó en el libro registro de facturas emitidas del IVA tres operaciones realizadas el 15, 22 y 23 de diciembre de N+2.

El **principio de calificación unitaria** se debe aplicar de forma **independiente** en relación con cada una de las siguientes infracciones:

Tributo/Obligación formal	Ejercicio/período de liquidación	Calificación unitaria e independiente de cada una de las infracciones
IS	N	Acreditar improcedentemente bases imponibles negativas (LGT art.195) Dejar de ingresar la totalidad de la deuda tributaria (LGT art.191)
IVA	4T N	Obtener indebidamente devoluciones (LGT art.193)
	1T N+1	Dejar de ingresar la deuda tributaria (LGT art.191)
	2T N+1	Acreditar improcedentemente partidas a compensar (LGT art.195) Dejar de ingresar la deuda tributaria (LGT art.191)
Declaración de operaciones con terceros	N	Presentar incorrectamente la declaración (LGT art.199)
	N+1	No presentar la declaración (LGT art.198)
Obligaciones contables y registrales		Omitir la operación de 15 de diciembre (LGT art.200) Omitir la operación de 22 de diciembre (LGT art.200) Omitir la operación de 23 de diciembre (LGT art.200)

Varios procedimientos relativos a un mismo tributo y período impositivo o de liquidación (RSAN art.3.3) El principio de calificación unitaria exige considerar, a efectos de su **calificación y cuantificación**, que se ha cometido una única infracción tributaria, aunque existan varios actos de imposición de sanción, tantos como procedimientos de aplicación de los tributos se hayan instruido. 5825

Para ello, en el procedimiento sancionador que derive de cada procedimiento de aplicación de los tributos se impone la sanción que hubiera correspondido de haberse incoado un único procedimiento de aplicación de los tributos y de esta sanción se deducen las sanciones impuestas en procedimientos sancionadores anteriores.

Es necesario, en consecuencia, tener en cuenta en el **último procedimiento sancionador** incoado todos los elementos de la obligación tributaria que hayan sido objeto de regularización, así como todas las circunstancias concurrentes en la conducta del sujeto infractor que se hayan puesto de manifiesto tanto en el procedimiento de inspección del que derive ese último procedimiento sancionador, como en cualquier otro procedimiento de inspección de alcance más limitado, comprobación limitada o verificación de datos que se haya instruido con anterioridad en relación con la misma obligación tributaria.

No es posible, por tanto, una **calificación parcial e independiente** de la infracción que se sancione como consecuencia de cada uno de los procedimientos de aplicación de los tributos instruidos, sino que los incoados con posterioridad deben integrar la calificación de la infracción y las sanciones impuestas en procedimientos anteriores. En este sentido, puede afirmarse que las sanciones impuestas en cualquier procedimiento de verificación, comprobación limitada o inspección de alcance parcial son **sanciones «a cuenta»** de las que finalmente puedan imponerse cuando se compruebe definitivamente la situación tributaria del obligado. 5828

Ejemplo En una **comprobación limitada** realizada por los órganos de gestión relativa al **IRPF del ejercicio N+1** de un profesional, se dicta liquidación provisional de la que resulta a ingresar 1.000 €, por no haber declarado el obligado tributario determinados ingresos financieros. Como consecuencia de este procedimiento de comprobación limitada se inicia un expediente sancionador en el que se le impone al obligado tributario una sanción de 500 € por haber dejado de ingresar en plazo parte de la deuda tributaria que debiera haber resultado de la autoliquidación. 5830
Posteriormente, se inicia, en relación con el mismo obligado tributario, un **procedimiento de inspección** con objeto de comprobar el **IRPF** y el **IVA** de los años **N y N+1**. En la comprobación del IRPF del N+1, se niega la deducibilidad de determinados gastos, resultando una cuota a ingresar de 2.600 € e iniciándose el oportuno expediente sancionador.

En este último procedimiento sancionador, deben tenerse en cuenta no solo las cantidades regularizadas en el procedimiento de inspección del que deriva, sino también la cuota dejada de ingresar que resultó del procedimiento de comprobación limitada. Asimismo, en la calificación de esta infracción deben considerarse las circunstancias concurrentes en la regularización llevada a cabo por los órganos de gestión (ocultación de datos, medios fraudulentos, etc.), así como las puestas de manifiesto en el procedimiento de inspección. La **sanción** que proceda teniendo en cuenta todos estos datos en el **segundo procedimiento sancionador** (por ejemplo, 60%) se aplica al total dejado de ingresar (3.600 €), y el resultado se minora en la sanción impuesta previamente:

Base sanción	3.600
Porcentaje sanción	60%
Total sanción	2.160
Sanción impuesta por Gestión	(500)
Sanción impuesta por Inspección	**1.660**

5833 La norma solo indica que la **minoración de la sanción** impuesta en el último procedimiento sancionador se efectúa en el importe de las sanciones impuestas en los procedimientos sancionadores anteriores, pero no especifica si ha de atenderse al importe de esas sanciones **antes o después de practicar las reducciones** de las mismas por conformidad o acuerdo y por pronto pago sin interposición de recurso o reclamación (ver nº 6000 s.). Si lo que se deduce son los importes de las sanciones anteriores reducidas, se estarían exigiendo indirectamente tales reducciones, lo que no parece lógico y desincentiva la conformidad y el pronto pago. Por ello, ha de entenderse que el importe a minorar es el de la sanción previa que resulte antes de aplicar las reducciones.

Por otra parte, la consideración en el expediente sancionador de **nuevos datos** desconocidos en los procedimientos instruidos con anterioridad podría dar lugar en situaciones excepcionales a una sanción de cuantía inferior a la impuesta inicialmente. En este caso, dado que la sanción impuesta con anterioridad opera como una sanción «a cuenta» de la que pueda proceder considerados todos los hechos que finalmente conozca la Administración, puede resultar que el posterior expediente sancionador instruido arroje una cantidad a devolver a favor del obligado tributario.

La **devolución** no se hace efectiva en tanto no se ingrese o compense la sanción impuesta en el procedimiento sancionador anterior, por lo que, si el primer acto de imposición de sanción es recurrido, la devolución que se reconozca en el segundo queda pendiente de la resolución del recurso o reposición.

5834 Ejemplo En un procedimiento de comprobación limitada se descubren unas **cuotas no deducibles** del IVA por 2.000 €. El sujeto pasivo ingresa la sanción en plazo voluntario y no impugna la liquidación ni la sanción. En un posterior procedimiento de inspección se descubren nuevas cuotas no deducibles por 100 €, suscribiéndose el acta en disconformidad. Ambas sanciones se califican como leves.

Conceptos	Procedimiento 1	Procedimiento 2
Base sanción	2.000	2.100
Calificación infracción	Leve (50%)	Leve (50%)
Sanción	1.000	1.050
Reducción conformidad (30%)	(300)	-
Reducción pago sin impugnación (40%)	(280)	-
Sanción reducida	420	1.050

Se examinan las alternativas posibles:

a) Deducción del importe de la sanción reducida: la nueva cuota sancionable descubierta en el segundo procedimiento sancionador es de 100, sancionable al tipo del 50%. Pero si la cantidad que se minora es el importe de la sanción reducida en el segundo procedimiento se exigiría una sanción de 630 (1.050 - 420). Por tanto, junto con el aumento de la sanción, como consecuencia del descubrimiento de nuevas cuotas sancionables (100 × 50% = 50) se estaría exigiendo los importes de las reducciones que se disfrutaron en el primer procedimiento sancionador (300 + 280 = 580).

Esto no parece lógico, dado que el obligado tributario cumplió los requisitos establecidos (no impugnó e ingresó), y lo normal es que la liquidación y la sanción iniciales hayan adquirido firmeza, no siendo ya recurribles.
Además, con esta interpretación el resultado global sería el mismo tanto si presta su conformidad al primer procedimiento e ingresa la sanción correspondiente, como si impugna y no ingresa la sanción del primer procedimiento. Así, si el contribuyente prestara su conformidad al primer procedimiento, pero no al segundo, le resulta una sanción total de 1.050 (420 en el primer procedimiento y 630 en el segundo procedimiento), y si prestara su disconformidad en ambos procedimientos le resultaría el mismo importe global (1.000 en el primer procedimiento y 50 en el segundo procedimiento). Por tanto, esta interpretación desincentivaría la prestación de la conformidad y el pago de la sanción.
b) Deducción de la sanción antes de las reducciones: en este caso, el importe de la sanción a ingresar resultante en el segundo procedimiento sería:
Sanción = Sanción - Minoración importe de la sanción anterior = 1.050 - 1.000 = 50.

Varias actas relativas a un mismo tributo y período impositivo o de liquidación (RSAN art.3.3) El principio de calificación unitaria de la infracción es igualmente aplicable cuando en el mismo procedimiento de inspección se extienden distintas actas por el mismo concepto tributario y período. Así, si se extiende un **acta de conformidad** y **otra de disconformidad** por el mismo tributo y período, debe analizarse de forma global la conducta del obligado tributario en el expediente sancionador derivado del acta de disconformidad, y minorar la sanción que en él se imponga en la cuantía de la sanción impuesta en el expediente sancionador derivado del acta de conformidad. **5835**
Si en el expediente sancionador derivado del acta de disconformidad resulta una **cantidad a devolver**, esta devolución no se hace efectiva en tanto no se ingrese o compense la sanción impuesta en el expediente sancionador derivado del acta de conformidad.

Ejemplo En un procedimiento de inspección dirigido a la comprobación del IS del ejercicio N de una entidad se comprueba que: **5837**
- consignó determinados gastos que la Inspección considera como no deducibles; la cuota derivada de este concepto asciende a 4.000 €;
- ocultó ventas que no contabilizó siendo la cuota derivada de este concepto de 5.000 €;
- dedujo determinadas cantidades en concepto de amortización que la Inspección considera no justificadas; la cuota derivada de este concepto asciende a 1.500 €.
La sociedad presta su conformidad a la regularización derivada de los dos primeros conceptos, pero no admite la regularización de las dotaciones a la amortización deducidas. Deben formalizarse dos actas, una de conformidad y otra de disconformidad, de las que, a su vez, derivan dos procedimientos sancionadores:
1. Procedimiento sancionador derivado del **acta de conformidad**: la calificación de la infracción consistente en dejar de ingresar 9.000 € es de infracción muy grave, ya que la incidencia de la llevanza incorrecta de los libros contables (5.000 €) representa más del 50% de la base de la sanción (4.000 + 5.000), por lo que se aprecia la existencia de medios fraudulentos (LGT art.184 y 191). La sanción a imponer en este procedimiento (suponiendo que no concurren criterios de graduación) asciende a 100% × 9.000 = 9.000 €. A ello se le aplicaría la reducción por conformidad del 30% (LGT art.188.1.b) y, en su caso, la reducción por ingreso y no recurso (LGT art.188.3).
2. Procedimiento sancionador derivado del **acta de disconformidad**: debe analizarse de forma global la conducta del obligado tributario, teniendo en cuenta también los conceptos regularizados en el acta de conformidad. En este procedimiento la infracción se califica como grave, pues la incidencia de la llevanza incorrecta de los libros contables (5.000 €) representa más del 10%, pero menos del 50% de la base de la sanción (4.000 + 5.000 + 1.500). La sanción a imponer en este procedimiento (suponiendo que no concurren criterios de graduación) es la siguiente: 50% × (4.000 + 5.000 + 1.500) = 5.250 €. De este importe debe deducirse la sanción impuesta en el procedimiento sancionador derivado del acta de conformidad, por lo que resulta una cantidad a devolver 5.250 - 9.000 = -3.750 €.
Si la sociedad recurre la sanción derivada del acta de conformidad, se suspende automáticamente su ingreso, no procediendo la devolución reconocida en el segundo procedimiento sancionador, en tanto no se efectúe el ingreso.

3. Criterios de calificación

(LGT art.184; RSAN art.4)

En principio, dos son las **circunstancias determinantes** de la calificación de las infracciones consistentes en dejar de ingresar en plazo la totalidad o parte de la deuda tributaria derivada de una autoliquidación (nº 6120 s.), incumplir la obligación de presentar de forma completa y correcta las declaraciones o documentos necesarios para que la Administración practique liquidaciones (nº 6290 s.) y obtener indebidamente devoluciones (nº 6345 s.): **5840**
a) La **ocultación** de datos a la Administración Tributaria (nº 5850 s.).

b) La utilización de **medios fraudulentos** (nº 5870 s.).
No obstante, del análisis de las infracciones citadas se desprende la existencia de **otras circunstancias** determinantes de su calificación (nº 5915):
- la propia base de la sanción;
- la utilización de facturas, justificantes o documentos falsos o falseados;
- la llevanza incorrecta de los libros o registros, aunque no constituyan medios fraudulentos;
- el importe de las retenciones practicadas y no ingresadas y de los ingresos a cuenta repercutidos y no ingresados.

5845

CRITERIOS DE CALIFICACIÓN	INFRACCONES AFECTADAS
Ocultación (nº 5850 s.) Utilización medios fraudulentos (nº 5870 s.) Utilización facturas falsas (nº 5915) Llevanza incorrecta de libros y registros (nº 5915)	Dejar de ingresar en autoliquidación (nº 6120 s.) No presentar de forma completa y correcta declaración (nº 6290 s.) Obtener indebidamente devoluciones (nº 6345 s.)
No ingreso de retenciones practicadas o de ingresos a cuenta repercutidos	Dejar de ingresar en autoliquidación (nº 6120 s.)

a. Ocultación de datos

(LGT art.184.2; RSAN art.4.1)

5850 Se entiende que existe ocultación de datos a la Administración Tributaria cuando:
- **no** se presenten **declaraciones**;
- se presenten **declaraciones** en las que se incluyan hechos u operaciones inexistentes, o con importes falsos, o en las que se omitan total o parcialmente operaciones, ingresos, rentas, productos, bienes o cualquier otro **dato que incida en la determinación de la deuda tributaria**.
Para que pueda apreciarse la existencia de ocultación, la LGT exige que la incidencia de la deuda derivada de la ocultación en relación con la **base de la sanción** sea superior al 10%. Si la incidencia es menor no se debe apreciar la concurrencia de ocultación en la conducta del sujeto infractor.
El fundamento de esta circunstancia determinante de la calificación de la infracción es la mayor gravedad en la conducta del que oculta datos a la Administración, así como el coste que supone para esta la investigación o averiguación de los datos no declarados.
No impide apreciar que existe ocultación el hecho de que la Administración Tributaria pueda conocer las operaciones o datos omitidos por declaraciones de terceros, por requerimientos de información o por el examen de la contabilidad, libros o registros y demás documentación del sujeto infractor.

5855 En cuanto a la necesidad de que concurra un **elemento intencional específico** en la conducta del obligado tributario para poder apreciar si existe o no ocultación como circunstancia determinante de la calificación de la infracción, es preciso destacar que la LGT, al definir la ocultación como criterio de calificación de las infracciones, no hace referencia al ánimo o intención del obligado tributario al ocultar datos a la Administración Tributaria. No obstante, hay que tener en cuenta que solo son infracciones tributarias las acciones u omisiones dolosas o culposas con cualquier grado de negligencia tipificadas como tales en la ley (nº 5535 s.). En consecuencia, debe concurrir, al menos, **simple negligencia** en los actos del sujeto infractor que suponen ocultación de datos a la Administración, al igual que en los demás elementos que configuren el tipo de cada infracción. No se exige, sin embargo, acreditar la concurrencia de un **grado específico de culpabilidad** en la ocultación de los datos para poder calificar como graves las infracciones consistentes en dejar de ingresar en plazo la totalidad o parte de la deuda tributaria derivada de una autoliquidación (nº 6120 s.), incumplir la obligación de presentar de forma completa y correcta las declaraciones o documentos necesarios para que la Administración practique liquidaciones (nº 6290 s.) y obtener indebidamente devoluciones (nº 6345 s.).

5858 Precisiones 1) Sin perjuicio de las circunstancias que puedan concurrir en cada caso concreto, normalmente:
a) No se aprecia **ocultación** cuando la infracción se haya producido como consecuencia de:
- deducir como gasto participaciones en ventas de los socios que son calificadas como retribución de capital no deducible;
- declarar incorrectamente una ganancia patrimonial por no tener en cuenta la amortización del activo enajenado;
- declarar como rendimientos de actividades profesionales lo que son rendimientos del trabajo;
- deducir amortizaciones en cantidades superiores a las derivadas de la aplicación de los métodos de amortización establecidos en la normativa;

- anticipar gastos o declarar ingresos en ejercicios posteriores. En este último supuesto, si la declaración relativa al ejercicio al que se imputan los ingresos ya se ha presentado, se entiende que la Administración puede conocer los datos omitidos por declaraciones presentadas por el propio obligado tributario;
- aplicar deducciones por encima del límite establecido en la norma;
- declarar incorrectamente como exentas determinadas transmisiones a efectos del ITP y AJD;
- aplicar indebidamente algún régimen especial sin reunir los requisitos exigidos o no regularizar los beneficios aplicados cuando se incumplen los requisitos.

b) Sí se aprecia **ocultación** cuando la infracción se haya producido como consecuencia de:
- deducir gastos inexistentes;
- amortizar bienes que no se encuentran en funcionamiento o bienes no amortizables;
- ganancias de patrimonio no justificadas;
- declarar una ganancia patrimonial con un valor de adquisición superior al de mercado;
- ocultar rendimientos de capital mobiliario, aunque la Administración pueda conocer los citados datos por las declaraciones del retenedor;
- ocultar ingresos, aunque figuren contabilizados;
- imputar operaciones a un sujeto pasivo distinto del que realmente las ha realizado y ha obtenido los rendimientos.

2) La ocultación se configura, no como un criterio de graduación de la sanción, sino como una circunstancia determinante de la calificación de las infracciones tipificadas en la LGT art.191, 192 y 193. La ocultación es, por tanto, un **elemento** más **del tipo** de determinadas infracciones cuya concurrencia o no permite calificar la concreta infracción cometida como leve o grave. **5860**

3) No cabe apreciar ocultación cuando las operaciones ocultadas pueden conocerse por otras declaraciones presentadas por el propio **obligado tributario**. Sí se puede, sin embargo, apreciar ocultación cuando los datos hayan sido incluidos en declaraciones relativas a tributos gestionados por **otras Administraciones Tributarias** (ISD, IAE, etc.).

4) Existe ocultación en caso de falta de presentación de **autoliquidación del ITP** correspondiente a la compraventa de una vivienda, aunque la compraventa se declarara a efectos de otros impuestos ante otras Administraciones Tributarias (TSJ Castilla y León 16-12-13, EDJ 271367).

5) En los acuerdos de imposición de sanción en los que se aprecie la ocultación de datos a la Administración debe quedar claramente **motivado** que se dan las siguientes circunstancias (AN 15-7-99, EDJ 84270):
- la **sustracción al conocimiento de la Administración** Tributaria por parte del sujeto pasivo de todos o parte de los elementos constitutivos del hecho imponible o del mismo hecho imponible;
- que se ha realizado mediante la **falta de presentación** de declaraciones o la presentación de **declaraciones inexactas** (declaraciones en las que se incluyan hechos u operaciones inexistentes o con importes falsos o en las que se omita cualquier dato que incida en la determinación de la deuda tributaria);
- que produce un **perjuicio** a la Administración Tributaria al no percibir el importe exacto de la deuda tributaria.

6) La ocultación ha de referirse al **momento de presentación de la autoliquidación** y no al desarrollo de la actuación inspectora, de forma que, si se presentaron declaraciones incompletas o inexactas, la colaboración del obligado tributario durante el procedimiento inspector no impide apreciar ocultación de datos a la Administración (TEAC 10-4-02). En términos similares, TSJ Galicia 7-7-11, EDJ 209829.

7) No se aprecia ocultación en un expediente en el que el contribuyente hizo constar en su declaración todos los datos necesarios para determinar la deuda tributaria. La disminución de esta deriva de la exclusión de partidas de **gastos** declaradas por el mismo debido a la falta de justificación de la relación con la actividad profesional que ejercita (TSJ Asturias 21-10-04, EDJ 167649). **5862**

8) No excluye la existencia de ocultación el reflejo en la contabilidad de las **operaciones regularizadas**, ya que la ocultación se describe en la LGT art.184.2 en atención a los datos incorporados, o no, en las declaraciones tributarias, mientras que las anomalías contables se tratan en la LGT art.184.3 (TEAC 8-1-15).

9) La **colaboración** con los actuarios en el procedimiento y la **suscripción** del **acta en conformidad**, no afectan a la existencia de ocultación, como acto previo a la actividad administrativa de inspección (TSJ Galicia 7-7-11, EDJ 209829).

10) En el caso analizado regularizado mediante una **simulación relativa** no se puede aplicar el criterio de graduación de ocultación porque forma parte de la conducta típica (AN 16-10-13, EDJ 194019). No obstante, el Tribunal Supremo ha estimado parcialmente el recurso interpuesto contra la anterior sentencia considerando que, conforme a LGT, la **ocultación** no es criterio de graduación o si se quiere agravante de la sanción, sino que es determinante de la calificación de la infracción, pues la Ley atribuye el carácter de leve, grave o muy grave a la infracción de dejar de ingresar en función de las distintas circunstancias concurrentes, por lo que debe apreciarse la existencia de ocultación y calificar la conducta como infracción grave (TS 24-2-16, EDJ 10896).

b. Utilización de medios fraudulentos

(LGT art.184.3; RSAN art.4.2 y 3)

5870 Se consideran medios fraudulentos:

a) La existencia de **anomalías sustanciales en la contabilidad** y en los libros o registros establecidos por la normativa tributaria (nº 5872 s.).

b) El empleo de facturas, justificantes u otros **documentos falsos o falseados** (nº 5892 s.).

c) La utilización de personas o **entidades interpuestas** en la comisión de la infracción (nº 5905 s.).

5872 **Anomalías sustanciales** (LGT art.184.3.a; RSAN art.4.2 y 16.4) Se consideran anomalías sustanciales en la contabilidad o en los libros registros, a efectos de calificar la infracción que haya podido cometerse, las siguientes:

a) El **incumplimiento absoluto** de la obligación de **llevanza de la contabilidad** o de los libros o registros establecidos por la normativa tributaria. Este sería el caso de la no llevanza de los libros de contabilidad exigidos por el Código de Comercio por un empresario que tributa por el IRPF en la modalidad normal del método de estimación directa, o la no llevanza de los libros registros de ventas e ingresos, de compras y gastos y de bienes de inversión por un obligado tributario que desarrolle actividades empresariales cuyo rendimiento se determine en la modalidad simplificada del método de estimación directa (RIRPF art.68).

Ha de tratarse de un incumplimiento absoluto, esto es, no llevar ninguno de los libros o registros, pues si estos existen y en ellos se realiza alguna anotación no se está en este supuesto sino en el de llevanza incorrecta (ver nº 5875).

b) La **llevanza de contabilidades distintas** referidas a una misma actividad y ejercicio económico que no permitan conocer la verdadera situación de la empresa.

5875 **c)** La **llevanza incorrecta** de los libros de contabilidad o de los libros o registros establecidos por la normativa tributaria, mediante la falsedad de asientos, registros o importes, la omisión de operaciones realizadas o la contabilización en cuentas incorrectas de forma que se altere su consideración fiscal, siempre que la incidencia de esa llevanza incorrecta de libros o registros represente un porcentaje superior al 50% del importe de la base de la sanción. Si la incidencia es inferior al 50%, la anomalía contable detectada no es una anomalía sustancial y, en consecuencia, no constituye medio fraudulento. No obstante, si supera el 10% de la base de la sanción, la incorrecta llevanza de los libros o registros puede operar como circunstancia determinante de la calificación de ciertas infracciones.

Se considera que existen **asientos, registros o importes falsos** si se anotan en los libros o registros hechos u operaciones inexistentes o con magnitudes dinerarias o de otra naturaleza superiores a las reales (consignación de gastos o cuotas soportadas inexistentes, contabilización de un activo por importe superior a su valor de adquisición, etc.).

5878 Por **omisión de operaciones** se entiende no solo la ausencia de contabilización o registro de operaciones realizadas, sino también su contabilización o registro parciales, por magnitudes dinerarias o de otra naturaleza inferiores a las de mercado (no contabilizar o registrar ventas realizadas, registrar la venta de un inmovilizado por un importe inferior al de mercado, aplicar una provisión parcialmente de forma indebida, etc.).

Se considera que existe **contabilización en cuentas incorrectas** cuando se anotan operaciones incumpliendo la normativa que regula la llevanza de la contabilidad o de los libros o registros, siempre que se altere su consideración fiscal y ello haya originado la comisión de la infracción tributaria. En este supuesto, la operación se anota en el correspondiente libro o registro por su importe real, pero se altera su naturaleza o se registra incumpliendo los principios que establece el Código de Comercio o el Plan General Contable o las normas tributarias que imponen la llevanza de libros específicos en distintos impuestos (contabilizar como préstamo una venta, anotar en el libro registro de bienes de inversión la adquisición de accesorios o piezas de recambio adquiridos para la reparación de estos bienes, etc.).

5880 En relación con esta circunstancia determinante de la calificación de determinadas infracciones tributarias hay que tener en cuenta que la LGT tipifica como **infracción tributaria grave** el incumplimiento de obligaciones contables y registrales (nº 7005 s.).

En cuanto a la consideración de un incumplimiento contable como infracción tributaria autónoma o como criterio de calificación de otras infracciones distintas se ha de señalar que **no todo incumplimiento contable** supone una **anomalía sustancial** de la contabilidad, sino únicamente los expresamente señalados al efecto por la LGT (ver nº 5872 s.). Así, por ejemplo, la llevanza de contabilidades distintas referidas a una misma actividad u ejercicio económico sólo es medio fraudulento cuando no permita conocer la verdadera situación de la empresa y no cuando solo dificulte su conocimiento (LGT art.184.3.a.2º y 200.1.d).

Cuando el incumplimiento contable sí se considere circunstancia determinante de la calificación de las infracciones consistentes en dejar de ingresar en plazo la totalidad o parte de la deuda tributaria derivada de una autoliquidación (nº 6120 s.), incumplir la obligación de presentar de forma completa y correcta las declaraciones o documentos necesarios para que la Administración practique liquidaciones (nº 6290 s.) y obtener indebidamente devoluciones (nº 6345 s.), el **principio de no concurrencia** de sanciones tributarias impide sancionar como infracción independiente la acción u omisión que determine la calificación de otra infracción (ver nº 5590). De esta forma, si el incumplimiento contable no está previsto como criterio de calificación en el precepto en que se tipifique la infracción determinante de perjuicio económico que se haya cometido, sí puede, en principio, ser sancionado como infracción independiente (nº 7005 s.).

Sin embargo, el RSAN limita esta posibilidad al establecer que no se incurre en responsabilidad administrativa por la infracción tributaria consistente en el incumplimiento de obligaciones contables y registrales (nº 7005 s.) cuando deba imponerse al mismo sujeto infractor una sanción por alguna de las infracciones previstas en la LGT art.191 a 197, como consecuencia de la **incorrecta declaración o autoliquidación** de las operaciones a las que se refiera el incumplimiento contable o registral. No cabe, por tanto, sancionar autónomamente el incumplimiento contable cuando esté vinculado al incumplimiento de las obligaciones tributarias señaladas en los citados preceptos, aun cuando no opere o ni siquiera esté previsto en los mismos como criterio de calificación de la infracción principal. **5883**

Precisiones 1) Es necesario tener en cuenta, asimismo, la similitud entre los hechos calificados como anomalía sustancial en la contabilidad (LGT art.184.3) y los tipificados como **delito contra la Hacienda Pública** (CP art.310). Son conductas constitutivas de delito: **5885**
- incumplir absolutamente la obligación establecida por ley tributaria de llevar contabilidad mercantil, libros o registros fiscales siendo de aplicación el método de determinación directa de bases tributarias;
- llevar contabilidades distintas que, referidas a una misma actividad y ejercicio económico, oculten o simulen la verdadera situación de la empresa;
- no anotar en los libros obligatorios negocios, actos u operaciones o anotarlos con cifras distintas a las verdaderas y realizar anotaciones contables ficticias, siempre que se hayan omitido las declaraciones tributarias o que las presentadas sean reflejo de la falsa contabilidad y que la cuantía de los cargos o abonos falseados u omitidos exceda de 240.000 euros por cada ejercicio económico (nº 7785 s.).

Si en el curso del procedimiento de inspección se pusieran de manifiesto hechos que pudieran ser constitutivos de este delito contra la Hacienda Pública, se debe actuar conforme a lo dispuesto en RSAN respecto al delito de defraudación (RSAN art.32). No se puede iniciar o continuar el procedimiento para sancionar por los mismos hechos, y estos no pueden ser tenidos en cuenta para la calificación de las infracciones cometidas. Cuando el Ministerio Fiscal acuerde la devolución del expediente o la autoridad judicial acuerde el sobreseimiento o archivo de las actuaciones o dicte sentencia firme en la que no se aprecie la existencia de delito, se puede iniciar el procedimiento sancionador por las anomalías contables de acuerdo con los hechos que los tribunales hayan considerado probados (RSAN art.33).

2) La inexistencia de libros oficiales permite apreciar la concurrencia de anomalías sustanciales en la contabilidad aun cuando la Inspección pueda determinar la base imponible en el régimen de estimación directa utilizando **otros documentos que obren en poder del obligado** tributario o de terceros (TEAC 8-2-02).

3) Se consideran anomalías contables sustanciales la **falta de inventario** en algún ejercicio o expresión global del importe de las existencias sin desglosar los conceptos de estas, la no elaboración de los balances, la no aportación de **facturas de venta** en uno de los ejercicios comprobados, la imposibilidad de individualizar el coste de las existencias vendidas y los materiales consumidos, la no aportación de **auxiliares** de tesorería, fichas o detalles de inventarios de saldos deudores con proveedores o clientes que permitan un seguimiento de la tesorería de la entidad inspeccionada, etc. (AN 30-1-03, EDJ 266080). **5888**

4) Para que proceda el incremento de la sanción mínima como consecuencia de la existencia de anomalías sustanciales en la contabilidad ha de expresarse y detallarse con claridad en la resolución sancionadora correspondiente en qué consisten las anomalías y en qué medida han podido influir en el incumplimiento de la obligación tributaria principal, pues estas irregularidades contables no se sancionan en sí mismas sino en la medida en que constituyan **medios elusivos** de responsabilidades fiscales (AN 22-7-04, EDJ 100803).

No siempre que se deba acudir a una estimación indirecta por anomalías sustanciales en contabilidad debe, automáticamente, considerarse la infracción como muy grave por entenderla cometida mediante la utilización de medios fraudulentos, ya que solo las anomalías contables, especialmente buscadas con el **propósito de eludir el pago** de los impuestos, pueden tener el aludido carácter de circunstancia de agravación (TEAC 30-4-09).

5) No puede apreciarse la existencia de anomalías sustanciales en la contabilidad en la regularización de una operación de **lease-back** pues, con independencia de que el **precio** de los contratos se estime o no **excesivo**, la contabilidad refleja la realidad de los contratos que, a su vez, no pueden calificarse como documentos falsos o falseados (TS 28-6-02, EDJ 28508).
6) Para calificar una infracción como muy grave por la utilización de medios fraudulentos hay que atender a las circunstancias de la conducta de la que deriva la misma, independientemente de que debido a la propia mecánica liquidatoria del impuesto las circunstancias se hayan producido en un momento anterior al de comisión de la infracción. En este caso, de la falta de registro de una factura en un ejercicio supone la comisión de **dos infracciones en dos momentos distintos**, por dejar de ingresar (LGT art.191.1) y la obtención indebida de devoluciones (LGT art.193.1) siendo calificadas por la Inspección, ambas infracciones, como muy graves por la utilización de medios fraudulentos -anomalías sustanciales en la contabilidad o libros registros- (TEAC 21-1-16).

5890 Ejemplo Un profesional dejó de ingresar, en relación con el IVA 1T del ejercicio N, 500 € y en el 2T del mismo ejercicio acreditó improcedentemente a compensar en declaraciones futuras 10.000 €.
En el 1T se comprueba, asimismo, que no registró en el libro de facturas emitidas una factura correspondiente a un servicio por el que repercutió 16 € de IVA.
En el 2T se comprueba que no se registraron tres facturas, ascendiendo el IVA repercutido en las mismas a 2.500 €.
a) Primer trimestre:
La conducta del obligado tributario se encuentra tipificada como infracción tributaria (LGT art.191), si bien la llevanza incorrecta de los libros o registros únicamente se considera circunstancia determinante de la calificación de la infracción cuando su incidencia en la base de la sanción supera el 10%. En este ejemplo, la incidencia es 16/500 = 3,2%, por lo que la no anotación en el libro de facturas de la factura emitida en el 1T en la que repercutió 16 € de IVA no incide en la calificación de la infracción consistente en **dejar de ingresar** en plazo la totalidad o parte de la deuda tributaria que debiera resultar de la autoliquidación.
Al no aplicarse el incumplimiento registral descrito como circunstancia determinante de otra infracción, podría, en principio, ser sancionado autónomamente. No obstante, el haberse sancionado la conducta consistente en dejar de ingresar en plazo parte de la deuda tributaria que debiera resultar de una autoliquidación, incluso con una sanción en su grado mínimo, como consecuencia de la incorrecta autoliquidación de la operación a la que se refiere el incumplimiento registral, impide la sanción autónoma de este incumplimiento (RSAN art.16.4).
b) Segundo trimestre:
La conducta del obligado tributario se encuentra tipificada como infracción (LGT art.195), calificándose en todo caso como grave, independientemente de que concurra o no ocultación de datos a la Administración Tributaria o utilización de medios fraudulentos. La no anotación en el libro de facturas de las tres facturas mencionadas no influye, por tanto, en la calificación de la infracción consistente en **acreditar improcedentemente partidas a compensar** en declaraciones futuras.
Al no aplicarse el incumplimiento registral mencionado como circunstancia determinante de otra infracción, podría, en principio, ser sancionado autónomamente. No obstante, al haberse sancionado la conducta consistente en acreditar improcedentemente partidas a compensar en declaraciones futuras, como consecuencia de la incorrecta autoliquidación de las operaciones documentadas en las facturas no registradas, no cabe la sanción autónoma de esas omisiones de registro (RSAN art.16.4).

5892 **Documentos falsos o falseados** (LGT art.184.3.b; RSAN art.4.3 y 17.3) Son documentos o soportes falsos o falseados a efectos de la calificación de determinadas infracciones aquellos que reflejen operaciones inexistentes o magnitudes dinerarias o de otra naturaleza distintas de las reales y hayan sido el instrumento para la comisión de la infracción.
Se considera medio fraudulento el empleo de facturas, justificantes u otros documentos falsos o falseados, siempre que la **incidencia de los documentos o soportes** falsos o falseados represente más del 10% de la base de la sanción.
Cuando la incidencia en la base de la sanción es inferior o igual al 10%, el empleo de facturas, justificantes u otros documentos falsos o falseados no se considera medio fraudulento. No obstante, aunque la utilización de estos documentos falsos o falseados no constituya medio fraudulento por no superar ese porcentaje, es una circunstancia determinante de la **calificación de las infracciones** consistentes en dejar de ingresar en plazo la totalidad o parte de la deuda tributaria derivada de una autoliquidación (nº 6120 s.), incumplir la obligación de presentar de forma completa y correcta las declaraciones o documentos necesarios para que la Administración practique liquidaciones (nº 6290 s.) y obtener indebidamente devoluciones (nº 6345 s.). Así, si se utiliza cualquier factura o documento falso o falseado en la comisión de estas infracciones, en ningún caso procede su calificación como leves.

Pueden suscitarse dudas en cuanto a la compatibilidad de esta circunstancia determinante de la calificación de las tres infracciones mencionadas y la **infracción** grave consistente en el **incumplimiento de obligaciones de facturación o documentación**, entre las que se encuentran las relativas a la conservación de facturas y documentos justificativos, y la infracción muy grave consistente en la expedición de facturas o documentos sustitutivos con datos falsos o falseados (nº 7018 s.). 5895

La aplicación del **principio de no concurrencia** de sanciones tributarias, o principio de non bis in ídem, prohíbe sancionar doblemente una misma conducta cuando exista identidad de sujeto, hecho y fundamento (ver nº 5584 s.). En el supuesto analizado, esta triple identidad únicamente puede darse en relación con el incumplimiento relativo al **deber de conservar las facturas o documentos** observando los requisitos exigidos en la normativa reguladora de la obligación de facturación. Así, si un obligado tributario se deduce una cuota de IVA que no ha soportado realmente pero que aparece reflejada en una factura y esta deducción da lugar a que se deje de ingresar parte de la deuda tributaria que debiera resultar de la autoliquidación, el principio de no concurrencia impide imponer una nueva sanción por el incumplimiento relativo a la obligación de conservar adecuadamente las facturas o justificantes cuando esta circunstancia ha influido en la calificación consistente en dejar de ingresar parte de la deuda tributaria que debiera resultar de la autoliquidación.

No obstante, el Reglamento General del Régimen Sancionador amplía esa **incompatibilidad** de forma que no solo se prohíbe la doble sanción cuando el incumplimiento formal influye en la calificación de otra infracción (infracciones de la LGT art.191 a 193), sino también en aquellos casos en los que el incumplimiento formal constituye un instrumento en la comisión de una infracción distinta, aunque no determine su calificación (infracciones de la LGT art.194 a 197). Así, no procede la sanción prevista para la infracción consistente en el incumplimiento de la obligación de conservar facturas, justificantes o documentos (nº 7018 s.) cuando deba imponerse al mismo sujeto infractor una sanción por alguna de las infracciones previstas en la LGT art.191 a 197 en relación con las operaciones afectadas por aquel incumplimiento. 5896

No se aprecia la triple identidad que fundamenta la aplicación del principio de no concurrencia en aquellos casos en los que la infracción tributaria por incumplir obligaciones de facturación o documentación que pretende sancionarse consiste en concreto en la **expedición de facturas** o documentos sustitutivos **con datos falsos** o falseados (nº 7018 s.). En este caso, el sujeto responsable del incumplimiento formal es el que expide los documentos, mientras que el sujeto responsable del incumplimiento material en cuya calificación influye la existencia de las facturas o documentos falsos o falseados es el destinatario de los mismos. 5897

Al **no** existir **identidad en el sujeto**, el principio de no concurrencia no impide sancionar la conducta del emisor de las facturas con una sanción del 75% del importe de la operación que haya originado la infracción y sancionar la falta de ingreso o la obtención indebida de devoluciones por el destinatario del documento, aun cuando su conducta se califique como infracción grave o muy grave precisamente por la utilización de las facturas o documentos falsos o falseados.

Precisiones 1) No procede la **derivación de responsabilidad solidaria** en el pago de la sanción impuesta al emisor de una factura falsa o con datos falseados a quien ya ha sido sancionado por utilizarla en el cumplimiento de sus obligaciones tributarias, por dejar de ingresar, en todo o en parte, la deuda tributaria u obtener indebidamente devoluciones. La naturaleza sancionadora del supuesto previsto en la LGT art.42.1.a y el principio de non bis in idem lo impiden (TS 6-7-15, EDJ 130363).

2) Una misma acción u omisión que deba aplicarse como **criterio de graduación** de una infracción o como circunstancia que determine la calificación de una infracción como grave o muy grave no puede ser sancionada como infracción independiente (TS 5-11-20, EDJ 715499).

Delito de falsedad documental En relación con la aplicación de este criterio de calificación de las infracciones consistentes en dejar de ingresar en plazo la totalidad o parte de la deuda tributaria derivada de una autoliquidación (nº 6120 s.), incumplir la obligación de presentar de forma completa y correcta las declaraciones o documentos necesarios para que la Administración practique liquidaciones (nº 6290 s.) y obtener indebidamente devoluciones (nº 6345 s.), es necesario analizar, asimismo, la posibilidad de que se estime la existencia de delito de falsedad documental (CP art.392). Así, se tipifica como delito la **comisión en documento mercantil por un particular** de falsedad (CP art.390.1.1º a 3º): 5898

- alterando un documento en alguno de sus elementos o requisitos de carácter esencial;
- simulando un documento en todo o en parte, de manera que induzca a error sobre su autenticidad;

- suponiendo en un acto la intervención de personas que no la han tenido, o atribuyendo a las que han intervenido en él declaraciones o manifestaciones diferentes de las que hubieran hecho.

5899 No se encuentra tipificada como delito la falsedad cometida por particulares en un documento mercantil cuando esta falsedad consista en **faltar a la verdad** en la narración de los hechos. Por ello, cuando se empleen facturas, justificantes u otros documentos cuyo contenido no responda a la realidad (se falta a la verdad en la identificación del destinatario, en la descripción de la operación, en su importe, en la fecha en la que se realizó...), se está ante un supuesto de **falsedad ideológica** despenalizado en el Código Penal.

El problema, sin embargo, se plantea cuando la falta a la verdad en la narración de los hechos afecta a la **totalidad** de la operación documentada en la factura, de forma que el documento en su totalidad constituye una falsedad. En estos casos, tras una primera postura vacilante que aún mantiene un sector de la doctrina, de las últimas sentencias del TS parece deducirse que se trata de un supuesto de **simulación de la factura** tipificado como delito de falsedad.

5900 Cuando la regularización administrativa se base en la presunta falsedad del documento que justifica un **gasto** o una **cuota deducible**, y se trate de un supuesto claro de **falsedad ideológica** (por ejemplo, alteración del precio o del número de unidades del producto cuya compra documenta la factura), al estar esta conducta despenalizada, no se plantea ningún problema de posible prejudicialidad penal, por lo que el procedimiento sancionador en el que se tengan en cuenta estos documentos va a continuar conforme a la normativa administrativa aplicable.

Por el contrario, cuando la **falsedad afecte a la totalidad del documento**, surge la cuestión de si el procedimiento de inspección y, en su caso, el sancionador deben paralizarse en tanto no exista pronunciamiento judicial sobre la existencia o no de un delito de falsedad.

La LGT únicamente contempla la **paralización de las actuaciones administrativas** cuando la conducta del obligado tributario pueda ser constitutiva de delito contra la Hacienda Pública y no se pueda practicar liquidación de acuerdo con lo previsto en LGT art.251 (nº 5586 s.). En este supuesto no existiría una obligación de suspensión impuesta por la normativa tributaria.

En el procedimiento sancionador, el principio del **non bis in idem** sí impediría tener en cuenta los hechos denunciados como posible falsedad tipificada en el CP art.392 como circunstancia determinante de la calificación de las infracciones que hayan podido cometerse, así como sancionar autónomamente esta conducta como infracción tributaria (nº 7018 s.).

5902 Precisiones 1) Aunque no existe una obligación de suspensión automática, la norma prevé la posibilidad de **suspender** el cómputo del **plazo del procedimiento inspector** cuando se reciba una comunicación de un órgano jurisdiccional en la que se ordene la suspensión o paralización respecto de determinadas obligaciones tributarias o elementos de las mismas. En este caso, la Inspección no puede realizar ninguna actuación en relación con el procedimiento suspendido, sin perjuicio de que las solicitudes previamente efectuadas al obligado tributario o a terceros deban ser contestadas (LGT art.150.3.b).

2) Son **facturas falsas** las que responden a un pago cierto y a la voluntad real del emisor y del receptor, refiriéndose sin embargo a un negocio jurídico ficticio. Hay que distinguir entre una factura cierta, algunas de cuyas cuantías no se ajustan a la realidad, y la factura que es **incierta en su totalidad**, que se emite sin que ninguno de sus conceptos corresponda a una operación mercantil real, supuesto tipificado como delito (TS 28-10-97, EDJ 8154).

3) Cuando se realiza una **alteración del contenido total** de un documento, de forma que se confeccionan y firman documentos que son íntegramente falsos, se está ante un supuesto de falsedad tipificado penalmente (TS 11-3-04, EDJ 13196).

4) Entre las **modalidades de falsedad** que subsisten como delito se encuentra la consistente en simular un documento en todo o en parte, de manera que induzca a error sobre su autenticidad. Es claro que esa modalidad debe tener un contenido autónomo, por lo que no puede referirse únicamente a casos en los que se supone en un acto la intervención de personas que no la han tenido, es decir, en los que se hace figurar como firmante del documento a otra persona diferente de su autor real, pues, en tal caso, la conducta típica ya está cubierta por la modalidad falsaria prevenida en el CP art.390.1.3º. En consecuencia, los supuestos específicos en que resulta típica esta modalidad falsaria son los de **simulación de un documento** por el propio autor del mismo, aunque no se haga figurar a personas que no hayan tenido intervención, es decir, aunque el firmante del documento sea el propio autor de la falsedad (TS 22-4-02, EDJ 12206).

5905 **Utilización de personas o entidades interpuestas** (LGT art.184.3.c) A efectos de la calificación de determinadas infracciones, se entiende que existen medios fraudulentos cuando se utilicen personas o entidades interpuestas y el sujeto infractor, con el objeto de ocultar su identidad, haya **atribuido a un tercero** la titularidad de bienes o derechos, la obtención de rentas o ganancias patrimoniales o la realización de las operaciones de las que se derive la obligación tributaria cuyo incumplimiento constituye la infracción que se sanciona.

La apreciación de esta circunstancia determinante de la calificación de la infracción es independiente de que la **persona o entidad interpuesta** haya participado o no en la comisión de la infracción. En aquellos casos en los que resulte acreditada su participación directa, puede ser declarada responsable solidario de la deuda liquidada, así como de la sanción impuesta de acuerdo con lo expuesto en el nº 5718 s.
Aun cuando la **incidencia** en la base de la sanción de la utilización de personas o entidades interpuestas sea mínima, siempre que concurra esta circunstancia, la infracción se califica como muy grave.

Ejemplo En el curso de un procedimiento inspector se comprueba que el obligado tributario dejó de ingresar 6.000 €, de los que 2.500 € corresponden a servicios profesionales no declarados, 3.400 € a gastos no relacionados con su actividad profesional y 100 € a gastos por una conferencia que fueron imputados a su mujer. 5908
En este caso, aunque la incidencia de la utilización de persona interpuesta en la base de la sanción no llega al 2% (100/6000 = 1,67%), se aprecia la existencia de medios fraudulentos, por lo que la infracción consistente en dejar de ingresar los 6.000 € se califica como muy grave.

c. Incidencia de la ocultación, llevanza incorrecta de libros o registros y la utilización de facturas, justificantes o documentos falsos o falseados

(RSAN art.10, 11 y 12)

La incidencia de la ocultación, de la llevanza incorrecta de libros o registros y de la utilización de facturas, justificantes o documentos falsos o falseados sobre la base de la sanción se calcula mediante la aplicación de determinados coeficientes. 5915
Estos **coeficientes**, que se expresan redondeando con dos decimales, comprenden:
a) En el **numerador**, la suma del resultado de multiplicar los incrementos realizados en la base imponible o liquidable cuya regularización esté originada por la apreciación de ocultación (ΔsB^{O}) o por la llevanza incorrecta de los libros o registros (ΔsB^{IR}) o por la utilización de facturas, justificantes u otros documentos o soportes falsos o falseados (ΔsB^{DF}) por el tipo de gravamen del tributo, si estos incrementos se producen en la parte de la base gravada por un tipo proporcional o, si se producen en la parte de la base gravada por una tarifa, por el tipo medio de gravamen resultante de su aplicación, más los incrementos realizados directamente en la cuota del tributo o en la cantidad a ingresar cuya regularización esté originada por la apreciación de ocultación (ΔsC^{O}) o por la llevanza incorrecta de los libros o registros (ΔsC^{IR}) o por la utilización de facturas, justificantes u otros documentos o soportes falsos o falseados (ΔsC^{DF}).
b) En el **denominador**, la suma del resultado de multiplicar todos los incrementos sancionables que se hayan regularizado en la base imponible o liquidable por el tipo de gravamen del tributo (t), si los incrementos se producen en la parte de la base gravada por un tipo proporcional o, si se producen en la parte de la base gravada por una tarifa, por el tipo medio de gravamen resultante de su aplicación, más los incrementos sancionables realizados directamente en la cuota del tributo o en la cantidad a ingresar.

Por tanto: 5918

Incidencia de la ocultación:	$\frac{\Delta sB^{O} \times t + \Delta sC^{O}}{\Delta sB \times t + \Delta sC}$
Incidencia de la llevanza incorrecta de libros o registros:	$\frac{\Delta sB^{IR} \times t + \Delta sC^{IR}}{\Delta sB \times t + \Delta sC}$
Incidencia utilización de documentos falsos o falseados:	$\frac{\Delta sB^{DF} \times t + \Delta sC^{DF}}{\Delta sB \times t + \Delta sC}$

En caso de falta de presentación de la declaración o autoliquidación, si existe **ocultación**, el coeficiente es del 100%.
En el cálculo de los coeficientes anteriores **no se tienen en cuenta** las cuantías de los ajustes en la base, en la cuota o en la cantidad a ingresar que minoran la deuda tributaria. Si se incluyeran tales minoraciones, deberían imputarse proporcionalmente entre el numerador y el denominador, con lo que no alterarían el resultado, pero harían más complejos los cálculos.

Precisiones Para evitar conductas elusivas mediante la transferencia de bienes hacia el extranjero, como consecuencia de la globalización, existe la obligación de información sobre **bienes y derechos situados en el extranjero** -modelo 720- (nº 7043 s.). En caso de incumplimiento de la obligación se establece una sanción específica (nº 7043.6 s.) que no resulta afectada por los criterios de calificación generales

5920 Ejemplo En la comprobación del IRPF de A del ejercicio N se pone de manifiesto que:
- ha declarado como precio de venta de un inmueble un importe inferior al real en 10.000 € (se aprecia ocultación);
- ha ocultado ingresos derivados de su actividad profesional por importe de 30.000 € (se aprecia ocultación);
- el importe declarado de la deducción por adquisición de vivienda supera el límite establecido en la LIRPF en 500 € (no se aprecia ocultación);
- no ha declarado el rendimiento imputable a uno de los inmuebles de su propiedad que sí ha identificado correctamente en su autoliquidación. El rendimiento imputable asciende a 3.000 € (no se aprecia ocultación);
- no ha incluido rendimientos derivados de su actividad profesional por importe de 2.500 € que sí ha declarado correctamente en su declaración de operaciones con terceras personas (no se aprecia ocultación).

El tipo medio resultante de la regularización practicada asciende al 35%. El tipo aplicable a la base del ahorro es del 21%.

La incidencia de la deuda derivada de la ocultación sobre la base de la sanción se determina en función del siguiente cociente:
- Numerador: (10.000 × 0,21) + (30.000 × 0,35) = 12.600
- Denominador: (10.000 × 0,21) + (30.000 × 0,35) + 500 + (3.000 × 0,35) + (2.500 × 0,35) = 15.025
- Incidencia de la ocultación: 83,86%

II. Sanciones

5925 Las sanciones tributarias constituyen la reacción en el orden administrativo a los incumplimientos de las distintas obligaciones y deberes que integran la relación jurídico tributaria. Aun cuando normalmente son de carácter pecuniario, el **objetivo** que persigue la imposición de una sanción tributaria es desincentivar la conducta que se sanciona y en ningún caso recaudar o indemnizar el perjuicio ocasionado a la Hacienda Pública por no haber dispuesto de unos determinados fondos durante un plazo de tiempo. En este sentido, se excluye claramente del concepto de deuda tributaria a las sanciones, de forma que la aplicación a las mismas de las normas contenidas en otros títulos de la LGT distintos del de la potestad sancionadora exige una remisión expresa.

A. Clases

(LGT art.185 y 186)

5928 Se distinguen dos tipos de sanciones tributarias, las pecuniarias y las no pecuniarias (nº 5940 s.). A su vez, dentro de las primeras cabe diferenciar las multas fijas de las multas proporcionales.

5930 **Sanciones pecuniarias** (LGT art.185) Las infracciones tributarias siempre se sancionan mediante la imposición de una multa fija o proporcional sin perjuicio de que, además, pueda proceder la imposición de otras sanciones no pecuniarias de carácter accesorio.

5932 **Multas fijas** (LGT art.185) El **importe** de la sanción viene determinado en la ley, mediante el señalamiento de:
- una cuantía fija. Por ejemplo, 100 euros por el incumplimiento de la obligación de comunicar el domicilio fiscal o el cambio del mismo (nº 6930);
- una cuantía por datos omitidos, inexactos o falsos (nº 6915);
- una cuantía por documento incorrectamente expedido o utilizado (nº 7018);
- una cuantía por dato o conjunto de datos comunicados incorrectamente (LGT art.204.2).

5935 **Multas proporcionales** (LGT art.185) El importe de la sanción se determina multiplicando el porcentaje establecido en cada precepto en el que se tipifica la infracción tributaria por la base de la sanción asimismo definida en ese precepto. La **base de la sanción** se define en relación con magnitudes muy variadas en función del tipo de infracción de que se trate:
- cuantía no ingresada en la autoliquidación (nº 6205 s.);
- cantidad devuelta indebidamente (nº 6371);
- valor de las mercancías por las que no se presentan en plazo las declaraciones o los documentos relacionados con las formalidades aduaneras (nº 6915);

- importe de las operaciones no declaradas o declaradas incorrectamente (nº 6963 s.);
- importe de los cargos, abonos o anotaciones omitidos o inexactos (nº 7005 s.), etc.

Sanciones no pecuniarias de carácter accesorio (LGT art.186; RSAN art.30) Las sanciones no pecuniarias previstas (nº 5943 s.) se imponen **además de la multa pecuniaria** que corresponda a la infracción cometida, reservándose para aquellas conductas que causen un especial perjuicio a la Hacienda Pública y para obligados que reincidan en el incumplimiento de sus obligaciones tributarias. 5940

Se condiciona la imposición de estas sanciones a que la multa pecuniaria que corresponda a la infracción cometida haya superado determinado importe, por lo que el **expediente sancionador** para la imposición de una sanción no pecuniaria no puede iniciarse hasta que no haya finalizado el procedimiento sancionador para la imposición de la multa.

Por otra parte, a diferencia de lo señalado en los preceptos en los que se tipifican las distintas infracciones y sanciones pecuniarias, la LGT, al tipificar estas sanciones, utiliza la expresión «se podrán imponer», lo que parece otorgar a la Administración cierto **ámbito de decisión en la imposición** de las mismas, sin que la norma de desarrollo haya concretado nada al respecto.

Precisiones Existen **otras sanciones** no pecuniarias de carácter accesorio reguladas en la normativa propia de cada impuesto. Por ejemplo, el cierre temporal de los establecimientos de los que sean titulares los infractores por un período de 6 meses o el precintado por el mismo período o la incautación definitiva de los aparatos de venta automática previstos para infracciones tributarias graves en los **impuestos especiales de fabricación** (L 38/1992 art.19.4).

Pérdida de subvenciones, beneficios fiscales y prohibición de contratar (LGT art.186.1, 2 y 4; RSAN art.30) Estas sanciones consisten en la pérdida de la posibilidad de obtener subvenciones o ayudas públicas y del derecho a aplicar beneficios e incentivos fiscales de carácter rogado, así como en la prohibición para contratar con la Administración Pública que hubiera impuesto la sanción, por un **plazo** de entre uno y 5 años, dependiendo del importe de la multa impuesta, así como de la calificación de la infracción, tal y como se muestra en el cuadro siguiente: 5943

Requisitos			Duración sanción accesoria
Multa impuesta (€)	Criterio graduación utilizado	Calificación infracción	
30.000 ≤ multa < 60.000	Comisión repetida	Grave	1 año
30.000 ≤ multa < 60.000		Muy grave	2 años
60.000 ≤ multa < 150.000		Muy grave	3 años
150.000 ≤ multa < 300.000		Muy grave	4 años
300.000 ≤		Muy grave	5 años

La sanción consistente en la **pérdida** del derecho a aplicar exenciones, reducciones, deducciones, bonificaciones u otros beneficios e **incentivos fiscales de carácter rogado** no es de aplicación con relación a los beneficios:
- previstos en los **impuestos indirectos** que deban repercutirse obligatoriamente a los adquirentes de bienes o servicios. En el caso de IVA, la no aplicación de esta sanción se señala expresamente en su normativa (LIVA art.171.Cuatro);
- derivados de los **tratados o convenios internacionales** que formen parte del ordenamiento interno;
- concedidos en virtud de la aplicación del **principio de reciprocidad internacional**.

La infracción consistente en comunicar datos falsos o falseados en las solicitudes de número de identificación fiscal (LGT art.202.3) también puede ser sancionada con las anteriores sanciones accesorias durante un plazo de hasta 2 años.

Suspensión del ejercicio de profesiones oficiales (LGT art.186.3) Cuando las autoridades o las personas que ejerzan profesiones oficiales cometan infracciones derivadas de la vulneración de los **deberes de colaboración**, y siempre que, en relación con ese deber, hayan desatendido tres requerimientos, se puede imponer como sanción accesoria la suspensión del ejercicio de profesiones oficiales, empleo o cargo público por un plazo de 3 meses. 5945

Si ya se hubiera sancionado previamente al sujeto infractor con esta sanción accesoria en virtud de **resolución firme** en vía administrativa dentro de los 4 años anteriores a la comisión de la infracción, la suspensión es por un plazo de 12 meses.

Suspensión del ejercicio de profesiones oficiales, empleo o cargo público		
Infracción cometida	**Sanción accesoria previa de la misma naturaleza**	**Duración sanción accesoria**
Vulneración deberes colaboración LGT art.93 y 94 con desatención de, al menos, tres requerimientos	No	3 meses
	Sí	12 meses

Precisiones Se consideran **profesiones oficiales** las desempeñadas por registradores de la propiedad y mercantiles, notarios y todos aquellos que, ejerciendo funciones públicas, no perciban directamente haberes del Estado, CCAA, entidades locales u otras entidades de Derecho público.

B. Criterios de graduación

(LGT art.187; RSAN art.5 a 7)

5950 En la cuantificación tanto de las multas fijas como de las proporcionales hay que tener en cuenta los criterios de graduación y las reducciones aplicables (ver nº 6000 s.).
Los criterios de graduación son aplicables **simultáneamente** y permiten concretar el importe de la sanción a imponer en cada caso cuando dicha sanción se define como un **intervalo entre un mínimo y un máximo**, así como incrementar la sanción prevista con carácter general cuando concurran determinadas circunstancias.

CRITERIOS GRADUACIÓN	INFRACCIONES AFECTADAS
Comisión repetida (nº 5955 s.)	Dejar de ingresar en autoliquidación (nº 6120 s.) No presentar de forma completa y correcta la declaración (nº 6290 s.) Obtener indebidamente devoluciones (nº 6345) Incumplimiento de obligaciones de obtención de información (nº 6937 s.) Incumplimiento por retenedores del deber de sigilo (LGT art.204)
Perjuicio económico (nº 5975 s.)	Dejar de ingresar en autoliquidación (nº 6120 s.) No presentar de forma completa y correcta la declaración (nº 6290 s.) Obtener indebidamente devoluciones (nº 6345 s.)
Incumplimiento sustancial de obligaciones de facturación y documentación (nº 5990)	Incumplimiento de obligaciones de facturación o documentación (nº 7018 s.)
Acuerdo o conformidad del interesado (nº 5995)	Dejar de ingresar en autoliquidación (nº 6120 s.) No presentar de forma completa y correcta la declaración (nº 6290 s.) Obtener indebidamente devoluciones (nº 6345 s.) Solicitar indebidamente devoluciones o beneficios fiscales (nº 6410 s.) Determinar o acreditar improcedentemente partidas (nº 6455 s.) Imputación incorrecta de bases, rentas o resultados (nº 6675 s.) Imputación incorrecta de deducciones, bonificaciones, etc. (nº 6690 s.) Infracción en supuestos de conflicto en la aplicación de la norma tributaria (ver nº 6703 s.)

1. Comisión repetida

(LGT art.187.1.a; RSAN art.5)

5955 **Requisitos de aplicación** (LGT art.187.1.a; RSAN art.5.1) Existe comisión repetida de infracciones tributarias cuando:

a) El sujeto infractor haya sido sancionado por una **infracción de la misma naturaleza**. Son infracciones de la misma naturaleza las tipificadas en el mismo artículo de la LGT. No obstante, las infracciones consistentes en dejar de ingresar en plazo la totalidad o parte de la deuda tributaria derivada de una autoliquidación (nº 6120 s.), incumplir la obligación de presentar de forma completa y correcta las declaraciones o documentos necesarios para que la Administración practique liquidaciones (nº 6290 s.) y obtener indebidamente devoluciones (nº 6345 s.), se consideran todas ellas de la misma naturaleza.

b) La sanción se haya impuesto por resolución que hubiese adquirido **firmeza en vía administrativa** dentro de los 4 años anteriores a la comisión de la infracción que ahora se sanciona. La LGT no aclara si el **requisito temporal** de los 4 años se refiere a la imposición de la sanción, a su firmeza en vía administrativa o a ambas. Del desarrollo reglamentario se deduce claramente que ese requisito se refiere únicamente a la fecha de la adquisición de firmeza de la resolución sancionadora anterior, por lo que cabe apreciar comisión repetida de infracciones tributarias aun cuando la sanción que se considera como posible antecedente hubiera sido impuesta más de 4 años antes a la comisión de la infracción que ahora se sanciona, siempre que hubiera adquirido firmeza en vía administrativa dentro de esos 4 años.

Precisiones 1) Cuando se realicen actuaciones relativas a una determinada obligación tributaria, no constituye un antecedente la imposición de sanciones por infracciones de la misma naturaleza derivadas de **liquidaciones provisionales** referidas a la misma obligación (RSAN art.5.2). Esta aclaración del RSAN es innecesaria, ya que solo se consideran como **antecedentes** las sanciones que hayan adquirido firmeza antes de la comisión de la nueva infracción que se sanciona y en este caso las dos sanciones se refieren a una misma infracción (nº 5965).
2) Es imprescindible que los **acuerdos sancionadores previos** causantes de la comisión repetida sean incorporados al expediente administrativo (LGT art.210.2), al constituir la base fáctica del coeficiente de graduación aplicado (TEAC 8-3-18).
3) Una sanción tributaria debe considerarse firme en vía administrativa a efectos de aplicar el criterio de comisión repetida en una infracción posterior, cuando haya transcurrido el plazo establecido para considerarla desestimada por **silencio administrativo** -LGT art.240- (TS 4-10-22, EDJ 702665).

Ejemplo Un obligado tributario **dejó de ingresar** 3.000 € por el **IRPF** del **20x10**. Se plantean las siguientes posibilidades: 5958
a) En la misma actuación inspectora se descubre que el obligado tributario también dejó de ingresar 2.000 € por el **IRPF** del **20x9**. No cabe apreciar comisión repetida de infracciones tributarias porque, aunque la comisión de esta infracción es anterior a la comisión de la infracción por el IRPF del 20x10, se sanciona en una fecha posterior.
b) El obligado tributario fue sancionado el 1-5-20x11 por dejar de ingresar parte de la deuda tributaria correspondiente al **IRPF** de **20x7**. Esta sanción fue recurrida en reposición, desestimándose el recurso el 3-8-20x11 mediante resolución que no fue objeto de reclamación económico-administrativa. No cabe apreciar comisión repetida de infracciones tributarias porque en el momento de la comisión de la infracción que ahora se sanciona (fin del plazo voluntario de declaración e ingreso del IRPF del 20x10), la resolución sancionadora correspondiente al IRPF de 20x7 aún no era firme en vía administrativa.
c) El obligado tributario fue sancionado el 5-5-20x4 por dejar de ingresar parte de la deuda tributaria correspondiente al **IRPF** de **20x0**. Esta sanción fue objeto de recurso de reposición, reclamación ante el TEAR y recurso de alzada ante el TEAC, quien, finalmente, dictó resolución desestimatoria en enero de 20x8. Sí procede graduar la sanción por comisión repetida de infracciones tributarias ya que el obligado tributario fue sancionado por una infracción de la misma naturaleza en virtud de resolución que ha adquirido firmeza en la vía administrativa 3 años y medio antes de la comisión de la infracción que ahora se sanciona.

Efectos en la cuantificación de la sanción (LGT art.187.1.a; RSAN art.5) Salvo que se establezca expresamente otra cosa, el **incremento** de la sanción mínima por la concurrencia de esta circunstancia cuando se trate de sanciones fijadas entre un límite mínimo y máximo es de: 5960
a) 5 puntos porcentuales si el sujeto infractor hubiera sido sancionado por una infracción calificada como leve.
b) 15 puntos porcentuales si ha sido sancionado por una infracción grave.
c) 25 puntos porcentuales si ha sido sancionado por una infracción muy grave.
Cuando el sujeto infractor hubiera sido sancionado por **varias infracciones de la misma naturaleza**, de todas ellas se computa como un único antecedente la infracción cuya calificación hubiera resultado más grave.
Tratándose de **multas pecuniarias fijas**, la existencia de comisión repetida de infracciones tributarias determina un incremento del 100% de la sanción establecida con carácter general (LGT art.199.6 y 204.2).

Ejemplos 1) Dentro de los 4 años anteriores a la comisión de la infracción que ahora se sanciona han adquirido firmeza tres sanciones correspondientes a dos infracciones leves y una grave de la misma naturaleza. 5963
La graduación por la comisión repetida no se calcula sumando los incrementos porcentuales correspondientes a cada una de las tres **sanciones anteriores** (5 + 5 + 15 = 25 puntos porcentuales), sino teniendo en cuenta únicamente el incremento porcentual que corresponde a la infracción ha resultado más grave (15 puntos porcentuales, por la infracción grave).
2) Un obligado tributario dejó de ingresar parte de la deuda tributaria que hubiera debido resultar de su autoliquidación del **IRPF ejercicio 20x6**. En el expediente sancionador que se inicia el 1 de julio de 20x8 para sancionar esta infracción tributaria calificada como grave, se pone de manifiesto que, este obligado tributario fue sancionado:
a) El 1 de enero de 20x6 por obtener indebidamente una devolución correspondiente al IRPF 20x3, calificándose dicha infracción como leve. Esta sanción no fue recurrida.
b) El 1 de enero de 20x6 por acreditar improcedentemente partidas a compensar en su declaración del cuarto trimestre del IVA 20x3, calificándose la infracción como grave. Esta sanción no fue recurrida.

c) El 1 de enero de 20x7 por obtener indebidamente una devolución correspondiente al cuarto trimestre del IVA, calificándose la infracción como leve. Esta sanción no fue recurrida.
d) El 1 de abril de 20x7 por dejar de ingresar parte de la deuda tributaria que debiera resultar de su declaración por retenciones e ingresos a cuenta. Esta infracción se calificó como muy grave y fue recurrida, desestimándose el recurso de reposición el 1 de diciembre de 20x7.
e) El 1 de agosto de 20x6 por dejar de ingresar parte de la deuda tributaria que debiera resultar de su autoliquidación del cuarto trimestre del IVA, calificándose dicha infracción como grave. Esta sanción fue recurrida desestimándose la reclamación por el TEA el 15 de mayo de 20x7.

Infracción	Antecedente	Calificación	Incremento sanción
a	Sí	Leve	5%
b	No. Son infracciones de distinta naturaleza		
c	Sí	Leve	5%
d	No. La sanción no era firme antes de cometerse la infracción que ahora se sanciona		
e	Sí	Grave	15%

La sanción que procede imponer en el expediente iniciado el 1 de julio de 20x8 es 50% más 15% por comisión repetida de infracciones tributarias. Solo procede aplicar el incremento que corresponde a la infracción más grave, al computarse un único antecedente (RSAN art.7.1).

5965 Cuando, en relación con una misma obligación tributaria, se inicie **más de un procedimiento de aplicación de los tributos**, no constituye antecedente la imposición de sanciones por infracciones de la misma naturaleza derivadas de **liquidaciones provisionales** referidas a la misma obligación, considerándose, a efectos de su calificación y cuantificación, que se ha cometido una única infracción. En cada procedimiento sancionador que se incoe se impone la sanción que hubiese procedido de mediar un solo procedimiento de aplicación de los tributos, de la que se deduce el importe de las sanciones impuestas anteriormente (RSAN art.5.2). Esta previsión deriva directamente tanto de la aplicación del principio de calificación unitaria como de la propia definición del criterio de graduación de comisión repetida contenida en la LGT, pues al ser única la conducta del obligado tributario (dejar de ingresar la deuda tributaria que debiera resultar de una autoliquidación, obtener indebidamente devoluciones, etc.), difícilmente la resolución por la que se sanciona parcialmente esta conducta va a ser previa a la comisión de la misma infracción.

2. Perjuicio económico para la Hacienda Pública

(LGT art.187.1.b)

5975 **Cálculo** (LGT art.187.1.b) El perjuicio económico para la Hacienda Pública **se determina** por la **relación** existente entre la base de la sanción y la cuantía total que hubiera debido ingresarse en la autoliquidación o por la adecuada declaración del tributo o el importe de la devolución inicialmente obtenida.

PERJUICIO ECONÓMICO PARA LA HACIENDA PÚBLICA
Base sanción
Cantidad que debió ingresar en autoliquidación o importe devolución inicialmente obtenida

5977 Precisiones 1) En el caso de **falta de ingreso**, el denominador es la cantidad que se debió ingresar correctamente, pero en el caso de **obtención indebida de devolución**, el denominador no es el importe que se debió devolver correctamente, sino el importe de la devolución inicialmente obtenida, ya que de otro modo podría obtenerse un porcentaje de perjuicio económico superior al 100%.
2) Al imponer una sanción por no presentar liquidaciones de **pagos a cuenta**, la Administración debe tener en cuenta el resultado final de la liquidación del ejercicio para concretar la base de cálculo de la sanción y, en definitiva, lo que para ella ha supuesto de perjuicio la falta de realización de los pagos fraccionados (TSJ Murcia 23-11-09, EDJ 367634).
3) A efectos de calcular el perjuicio económico, en el **denominador** debe utilizarse el concepto de cuota líquida en lugar del de cuota diferencial, es decir, el que se tenga en cuenta, como parte de la deuda satisfecha el importe de los pagos a cuenta, retenciones y pagos fraccionados. El fallo cuenta con un **voto particular** discrepante que, entre otros argumentos, considera que la sentencia

parece evocar la idea de un «**perjuicio neto**», que se encuentra en franca contradicción con principios del derecho sancionador desde el momento en que la sentencia hace depender su graduación de otras obligaciones tributarias, exigibles de forma automática al mismo contribuyente, como por ejemplo, los pagos fraccionados, llegando a admitir, incluso la modulación de su responsabilidad sobre la base de los actos de terceros, al hacer referencia a las retenciones (TS 11-4-23, EDJ 551555).

Ámbito de aplicación (LGT art.187.1.b) Este criterio de graduación solo resulta de aplicación a las sanciones correspondientes a las infracciones consistentes en dejar de ingresar en plazo la totalidad o parte de la deuda tributaria derivada de una autoliquidación (nº 6120 s.), incumplir la obligación de presentar de forma completa y correcta las declaraciones o documentos necesarios para que la Administración practique liquidaciones (nº 6290 s.) y obtener indebidamente devoluciones (nº 6345 s.). **5978**

Efectos en la cuantificación de la sanción El **incremento** de la **sanción mínima** en función del perjuicio económico para la Hacienda Pública derivado de la comisión de la infracción es el siguiente: **5980**

Perjuicio económico × %	Incremento
x% ≤ 10%	0
10% < x% ≤ 25%	10%
25% < x% ≤ 50%	15%
50% < x% ≤ 75%	20%
75% < x% ≤ 100%	25%

Pero si concurren las conductas de obtener indebidamente devoluciones y dejar de ingresar en autoliquidación, el perjuicio económico es del 100% (nº 6259).

Ejemplos 1) En el curso de un procedimiento de inspección relativo al **IRPF del ejercicio N** se comprueba que el obligado tributario no declaró parte de los rendimientos de su actividad profesional. De la liquidación practicada por el inspector jefe resulta una cuota líquida de 5.000 € y una cuota a ingresar, una vez deducida la cuota ingresada en la autoliquidación, de 3.500 €. La conducta del obligado tributario se considera sancionable, calificándose la infracción cometida como grave, por lo que procede imponer una multa del 50% al 100%. Al no existir ningún antecedente que permita apreciar el criterio de graduación de comisión repetida, el importe de la sanción a imponer es el resultado de incrementar la sanción mínima en el porcentaje que proceda por la aplicación del criterio de graduación de perjuicio económico: **5983**

Perjuicio económico = Base de la sanción/Cuantía total que hubiera debido ingresarse en la autoliquidación
Perjuicio económico = 3.500/5.000 = 70% → Incremento 20%
Sanción = (50% + 20%) × 3.500 = 2.450 €

2) Se solicita y obtiene una **devolución del IVA** por importe de 2.000 € cuando correspondía una devolución de 500 €. **5985**
El porcentaje del perjuicio económico es del 75% (1.500/2.000).
Obsérvese que, en el denominador, se incluye el importe de la devolución inicialmente obtenida y no el importe correcto que se debió obtener. Si se hubiera considerado en el denominador la cantidad que se debió devolver resultaría un porcentaje del 300% (1.500/500).

3. Incumplimiento sustancial de la obligación de facturación o documentación

(LGT art.187.1.c y 201; RSAN art.6)

El legislador ha tipificado como **infracción tributaria** el incumplimiento de las obligaciones de facturación o documentación incluyendo, entre otras, las relativas a la expedición, remisión, rectificación y conservación de facturas, justificantes o documentos sustitutivos (nº 7018 s.). **5990**
A su vez, configura el incumplimiento sustancial de estas obligaciones de facturación o documentación como **criterio de graduación** de la sanción cuando:
- el incumplimiento afecta a más del 20% del importe de las operaciones sujetas al deber de facturación en relación con cada tributo y período objeto de comprobación o investigación; o
- como consecuencia del citado incumplimiento, la Administración Tributaria no puede conocer el importe de las operaciones sujetas al deber de facturación.

Tratándose del incumplimiento de las obligaciones relativas a la correcta expedición o utilización de los documentos de circulación exigidos por la normativa de los **IIEE**, es sustancial cuando afecte a más del 20% de los documentos expedidos o utilizados en el período objeto de comprobación o investigación.
Cuando en un procedimiento de inspección se comprueben tributos con **distintos períodos** impositivos o de liquidación, la apreciación de este criterio de graduación se realiza atendiendo a cada uno de los períodos de menor duración.
Las **sanciones** impuestas por la infracción consistente en incumplir obligaciones formales de facturación o documentación (ver nº 7018 s.) se incrementan en un 100% si se produce el incumplimiento sustancial de las obligaciones anteriores.

Precisiones No resulta aplicable el criterio de graduación de las sanciones de incumplimiento sustancial de la obligación de facturación o documentación cuando las facturas falsas que son objeto de sanción, en virtud de la LGT art.201, se emiten en relación con una **actividad económica simulada** (TS 18-3-24, EDJ 524034).

5993 Ejemplo En el curso de un procedimiento inspector relativo al IVA del primer al cuarto trimestre del ejercicio N y al IS del mismo ejercicio, se comprueba que una entidad declaró correctamente las operaciones realizadas, pero no emitió las siguientes facturas:

Período	Importe operaciones realizadas	Importe operaciones no documentadas	Porcentaje
1 T	5.000	700	14,00%
2 T	3.500	600	17,14%
3 T	4.700	1.500	31,91%
4 T	5.300	1.000	18,86%
TOTAL	18.500	3.800	20,54%

Solo procede incrementar la sanción por incumplimiento de las obligaciones de facturación en el tercer trimestre, pese a que, considerando el total de las operaciones del ejercicio, los incumplimientos se refieran a más del 20% del importe de las operaciones sujetas al deber de facturación.
La sanción que debe imponerse es la siguiente:

Período	Importe operaciones no documentadas	Sanción en porcentaje	Sanción
1 T	700	1%	7
2 T	600	1%	6
3 T	1.500	2%	30
4 T	1.000	1%	10
TOTAL			53

4. Acuerdo o conformidad del interesado

(LGT art.187.1.d; RSAN art.7)

5995 Entre los criterios de graduación de las sanciones se incluye la conformidad y el acuerdo del obligado tributario. No obstante, a diferencia de lo señalado con relación a los criterios de graduación anteriores, la conformidad y el acuerdo del obligado tributario no operan incrementando la sanción mínima o la sanción prevista con carácter general para una infracción determinada, sino **minorando la sanción** que resulte de la calificación de cada infracción y de la aplicación de los demás criterios de graduación. El análisis de estas reducciones se realiza a continuación junto con el de la reducción por ingreso de la sanción sin impugnación de la misma ni de la liquidación de la que deriva (nº 6025 s.).

C. Reducciones

(LGT art.187.1.d y 188)

Las reducciones aplicables a las sanciones son las recogidas en el siguiente cuadro: 6000

	IMPORTE	CONDICIONES	EXIGENCIA DE LA REDUCCIÓN
CONFORMIDAD	30%	**a)** Infracciones LGT art.191 a 197 y 206 bis. **b)** Acta suscrita en conformidad, conformidad con la nueva propuesta formulada por el Inspector Jefe, conformidad expresa antes del acto de liquidación.	Recurso o reclamación contra la liquidación.
ACUERDO	65%	**a)** Infracciones LGT art.191 a 197 y 206 bis. **b)** Acta con acuerdo.	- recurso contencioso-administrativo contra liquidación o sanción; - no ingreso de la deuda o sanción en período voluntario o en plazos fijados para aplazamiento o fraccionamiento concedidos.
PAGO Y NO RECURSO	40%	**a)** Cualquier infracción salvo la propuesta en acta con acuerdo. **b)** Ingreso de la sanción en período voluntario o en plazos fijados para aplazamiento o fraccionamiento concedidos. **c)** No recurso o reclamación contra la liquidación o la sanción.	Incumplimiento de las condiciones b) y c).

Están previstos tres **supuestos** de reducción de las sanciones: 6002
a) Reducción por **conformidad** del interesado (nº 6005 s.).
b) Reducción por **acuerdo** del interesado (nº 6015 s.).
c) Reducción en los supuestos en los que el interesado **ingrese** el importe de la sanción y, además, no interponga recurso o reclamación contra la liquidación o la sanción (nº 6025 s.).

Conformidad del interesado (LGT art.187.1.d y 188; RSAN art.7) El estudio de esta reducción comprende el del supuesto y las sanciones a los que se aplica, su importe, su compatibilidad con otras reducciones y la exigencia de su importe: 6005
a) Supuesto de aplicación. Esta reducción se aplica cuando el obligado tributario esté conforme con la **propuesta de regularización** de su situación tributaria formulada por la Inspección. No se exige que la conformidad se extienda también a la liquidación de los **intereses de demora**, bastando con que el obligado tributario haya suscrito un acta de conformidad (AEAT Nota 1-2-11).
No hace falta que el obligado tributario:
- preste su conformidad a la propuesta sancionadora, solo se exige que se preste conformidad a la propuesta de regularización de su situación tributaria;
- ingrese la deuda liquidada en el período voluntario de ingreso o que solicite en este período un aplazamiento o fraccionamiento. Aun cuando la cuota y los intereses liquidados fueran exigibles en la vía de apremio, se aplica la reducción siempre que no se recurra la liquidación.
b) Sanciones sobre las que se aplica. Se aplica únicamente a las sanciones derivadas de infracciones que generan un perjuicio económico tipificadas en la LGT, incluida la infracción prevista en LGT art.206 bis (nº 6110 s.), así como en determinadas sanciones previstas en la normativa propia de cada impuesto como es la infracción tipificada en el IS por el incumplimiento de las obligaciones de información propias de las entidades vinculadas (LIS art.18.13).
c) Importe de la reducción. Es del 30% de la sanción pecuniaria impuesta.
d) Compatibilidad con otras reducciones. Esta reducción es compatible con la reducción del 40% por ingreso de la sanción y no interposición de recurso o reclamación contra la liquidación o sanción (nº 6025 s.).
e) Exigencia del importe de la reducción. El importe de la reducción por conformidad se exige sin más requisito que la notificación al interesado cuando se haya interpuesto recurso o reclamación contra la liquidación derivada del acta de conformidad.
El recurso o la reclamación contra el acuerdo de imposición de sanción no afecta a esta reducción.

6010 Precisiones 1) En el **procedimiento de inspección**, la manifestación expresa de la conformidad es requisito ineludible para la aplicación de esta reducción. Concretamente, se entiende otorgada si:
- el obligado tributario suscribe un acta de conformidad;
- una vez el inspector-jefe haya rectificado la propuesta de regularización contenida en un acta, el obligado tributario manifiesta su conformidad con la nueva propuesta contenida en el acuerdo de rectificación en el plazo concedido al efecto;
- el obligado tributario ha suscrito un acta de disconformidad, pero manifiesta expresamente su conformidad antes de que se dicte el acto administrativo de liquidación.

2) En los procedimientos de **verificación de datos** y **comprobación limitada** que suelen instruir los órganos de gestión, normalmente no se requiere la conformidad expresa, de forma que se entiende otorgada la citada conformidad cuando el obligado tributario no interponga recurso o reclamación económico-administrativa contra la liquidación.

3) Al determinar la exigencia de la reducción por conformidad, solo se alude a la interposición de recurso o reclamación contra la regularización, sin mención a que ese recurso o reclamación debe haber sido promovido en plazo, como ocurre con la reducción por pronto pago de la sanción sin impugnación de la liquidación o de la sanción (nº 6025 s.). Esta redacción puede suscitar la duda de si, en el caso de la reducción por conformidad, incluso cuando el **recurso** se hubiera interpuesto **fuera de plazo**, lo que comporta su inadmisión, se debe exigir el importe de la reducción.

4) En el procedimiento de **declaración de responsabilidad** (RGR art.124.1 redacc RD 117/2024) para aplicar la reducción se debe dar la conformidad expresa en el trámite de audiencia (RSAN art.7.3; RGGI art.196.2 redacc RD 117/2024).

6011 **5)** La reducción por conformidad no se ve alterada por la interposición de un **recurso extraordinario de revisión** contra la liquidación derivada de las actuaciones de comprobación e investigación. La reducción por conformidad se aplica aunque el interesado manifieste su disconformidad con la sanción, siempre que la conformidad inicial con la liquidación no se vea afectada por la interposición posterior de un recurso de reposición o una reclamación económico-administrativa (TEAC 30-5-07).

6) Tramitado el procedimiento inspector, el obligado tributario firma en disconformidad el acta y presenta alegaciones que, al ser admitidas en parte, obligan a la **modificación de la propuesta de regularización** y, por tanto, de la liquidación asociada. En aplicación de la norma reglamentaria, la Inspección no otorga nuevo trámite de audiencia al contribuyente, que no puede formular alegaciones a la nueva propuesta de liquidación antes de que adquiera firmeza. Posteriormente, al vencimiento del plazo de recurso contra la liquidación, se inició el procedimiento sancionador.

A pesar de haberse firmado el **acta en disconformidad**, procede la aplicación de la reducción por conformidad a la sanción, ya que no debió negarse el trámite de audiencia al obligado tributario, quien emitió su conformidad con la nueva liquidación en el primer momento procesal en que tuvo oportunidad, es decir, en el plazo para interponer la reclamación contra la liquidación (TEAC 8-6-17).

7) Deben aplicarse las reducciones por conformidad sobre la nueva sanción a imponer, en tanto el contribuyente no presente recurso o reclamación frente a la **resolución o sentencia parcialmente estimatoria**, y no impugne, por considerarla improcedente o errónea, la liquidación dictada en ejecución de la resolución o sentencia parcialmente estimatoria, y además cumpla lo dispuesto en LGT art.188.3.a, respecto del importe de la nueva sanción liquidada fruto de la estimación parcial (TEAC 25-2-22).

8) La **pérdida de las reducciones**, de acuerdo con la LGT art.188.2.b y 3, requiere la interposición de recursos o reclamaciones ordinarias. El procedimiento de rectificación de errores (LGT art.220) es un procedimiento especial de revisión cuya promoción, por el obligado, no conlleva la pérdida de las reducciones sobre sanciones por conformidad y pago voluntario no litigioso (TEAR Cataluña 9-2-23; C.Valenciana 24-4-18).

9) La LGT no prevé **plazo especial de prescripción** de la acción para reclamar la reducción indebidamente disfrutada, al no tratarse de un acto de imposición de sanción ni la exigencia de una deuda tributaria. Ha de regir para la prescripción de este derecho administrativo el plazo de prescripción de 4 años establecido para los derechos de la Hacienda Pública estatal en la LGP art.15.1.a. El dies a quo del plazo de prescripción del derecho de la AEAT para exigir la reducción por pronto pago, indebidamente disfrutada, se sitúa en el día en que «el derecho pudo ejercitarse», es decir, el día en que se conoce el incumplimiento de los requisitos a los que estaba supeditada normativamente la reducción de la sanción y, que en el presente caso, es el día de interposición de la reclamación económico-administrativa frente al acto de resolución del procedimiento sancionador (TEAC 22-2-24; 14-3-24).

6013 Ejemplo Un obligado tributario presta su conformidad a la propuesta de liquidación formulada por la Inspección. En ella figura una deuda tributaria que asciende a 1.000 € (900 € de cuota y 100 € de intereses de demora). Al estimarse por la Inspección que existen indicios de comisión de infracciones tributarias, se inicia el correspondiente procedimiento sancionador. La propuesta de sanción asciende a 450 €.

Tanto si el obligado tributario está o no de **acuerdo con la propuesta de sanción,** al haber prestado conformidad a la propuesta de liquidación, tiene derecho a la reducción de la sanción del 30% (450 - 30% × 450 = 450 - 135 = 315). Además, tiene derecho a la aplicación de la reducción del 40%, si cumple las condiciones establecidas al efecto (nº 6025 s.).
Tras la notificación de la liquidación tributaria derivada del acta de conformidad, el obligado tributario decide **interponer reclamación** económico-administrativa contra la liquidación. Al impugnar la liquidación, se le exige el importe en el que en su día se redujo la sanción al dictar el acuerdo de imposición de la misma, esto es, se le exigen 135 € (30% × 450).

Acuerdo del interesado (LGT art.187.1.d y 188.1.a) El estudio de esta reducción comprende el del supuesto y las sanciones a los que se aplica, su importe, su compatibilidad con otras reducciones y la exigencia de su importe: 6015

a) Supuesto de aplicación. Esta reducción se aplica cuando el obligado tributario suscribe un acta con acuerdo. En el acta con acuerdo se recoge la **propuesta de regularización** de la situación tributaria del obligado tributario en los términos acordados entre el obligado y la Inspección. Para la aplicación de esta reducción, hace falta que el obligado tributario esté, además, de acuerdo con la **propuesta sancionadora** que se le formule, dado que el acta con acuerdo incluye no solo los elementos de la deuda tributaria (cuota e intereses y recargos, en su caso) sino, además, el importe de la sanción. Si no se está conforme con la sanción no cabe extender acta con acuerdo (ver nº 4265 s.).

b) Sanciones sobre las que se aplica. Se aplica únicamente a las sanciones derivadas de infracciones que generan un perjuicio económico tipificadas en la LGT (nº 6110 s.), así como en determinadas sanciones previstas en la normativa específica de cada impuesto, como es el caso de las obligaciones de información establecidas para personas y entidades vinculadas en el IS (LIS art.18.13).

c) Importe de la reducción, 65% de la sanción pecuniaria impuesta.

d) Compatibilidad con otras reducciones. Esta reducción es incompatible con la reducción del 40% por ingreso de la sanción y no interposición de recurso o reclamación contra la liquidación o sanción (nº 6025 s.). Esta incompatibilidad deriva de la propia naturaleza del acta con acuerdo, uno de cuyos requisitos esenciales es que se pague o se garantice el pago del importe total que pueda derivarse del acta con acuerdo, en el que se incluye el de la sanción (nº 4265 s.). 6018

e) Exigencia del importe de la reducción. El importe de la reducción por suscripción de acta con acuerdo se exige sin más requisito que la notificación al interesado si se:
- interpone recurso contencioso-administrativo contra la regularización de la situación tributaria o la sanción derivadas del acta con acuerdo. En este caso, el recurso contra la sanción sí afecta a la reducción por suscripción de acta con acuerdo, a diferencia de lo que sucede con la reducción por conformidad del interesado (ver nº 6005);
- ha garantizado el pago de las cantidades derivadas de un acta con acuerdo mediante aval o certificado de seguro de caución y no se ingresan, en período voluntario o en los plazos fijados en el acuerdo de aplazamiento o fraccionamiento que se hubiera concedido por la Administración Tributaria, las cantidades derivadas de la misma.

Ejemplo Un obligado tributario firma el 1-6-N un acta con acuerdo. En ella figura una deuda tributaria que asciende a 1.000 € (900 € de cuota y 100 € de intereses de demora) y una propuesta de sanción por importe de 450 €. La Inspección estima que se ha cometido la infracción consistente en dejar de ingresar en plazo una cuota tributaria de 900 € que debió haber resultado de una autoliquidación, que procede calificarla como **leve** y que le corresponde una **sanción** por importe de 450 € (900 × 50% = 450). 6020
Por la firma de un acta con acuerdo, el obligado tributario tiene derecho a que se le aplique una reducción sobre la sanción del 65%. El importe de la sanción resultante es, por tanto:
450 - 65% × 450 = 450 - 292,5 = 157,5 €
El importe total que puede derivar del acta con acuerdo se garantiza mediante aval y asciende a:
1.000 + 157,5 = 1.157,5 €
Exigencia del importe de la reducción aplicada:
1. El 21-7-N, el obligado tributario, tras entenderse producida y notificada la liquidación tributaria e impuesta y notificada la sanción derivadas del acta con acuerdo, decide presentar **recurso contencioso-administrativo** contra:
a) La liquidación.
b) La sanción.
c) La liquidación y la sanción.
En los tres casos, se le exige el importe en el que se redujo la sanción cuando suscribió el acta con acuerdo, esto es, 292,5 € (65% × 450).

2. El obligado tributario solicita dentro del período voluntario de pago un **fraccionamiento del pago** de las cantidades derivadas del acta con acuerdo ofreciendo como garantía un aval. La Administración concede el fraccionamiento solicitado. Llegado el tercer plazo, el obligado tributario no atiende el mismo.
Se le exige el importe en el que se redujo la sanción cuando suscribió el acta con acuerdo, esto es, 292,5 € (65% × 450), independientemente del importe que no haya sido ingresado.

6025 **Ingreso y no recurso o reclamación** (LGT art.188.3) El estudio de esta reducción comprende el del supuesto y las sanciones a los que se aplica, su importe, su compatibilidad con otras reducciones y la exigencia de su importe:

a) Supuesto de aplicación. Esta reducción se aplica cuando se cumplen los siguientes requisitos:

1. El obligado tributario ha de **ingresar**, en período voluntario o en los plazos fijados en el acuerdo de aplazamiento o fraccionamiento que se hubiera concedido por la Administración Tributaria, el importe de la sanción. Para que exista acuerdo de aplazamiento o fraccionamiento concedido por la Administración Tributaria debe aportarse garantía de aval o certificado de seguro de caución y el aplazamiento o fraccionamiento de pago debe solicitarse por el obligado al pago con anterioridad a la finalización del plazo de ingreso en período voluntario.

2. El obligado tributario ha de estar está **conforme** tanto con la liquidación por la que se regulariza su situación tributaria, como con el acuerdo de imposición de sanción dictados por la Inspección, dado que no se admite para su aplicación recurso o reclamación contra ninguno de ambos actos.

b) Sanciones sobre las que se aplica. Se aplica sobre cualquier sanción, corresponda o no a una infracción que genere un perjuicio económico.

c) Importe de la reducción. Es del 40% de la sanción impuesta, una vez aplicada, en su caso, la reducción por conformidad.

d) Compatibilidad con otras reducciones. Esta reducción es compatible con la reducción del 30% por conformidad del interesado (ver nº 6005).

e) Exigencia del importe de la reducción. El importe de esta reducción se exige sin más requisito que la notificación al interesado cuando se haya interpuesto recurso o reclamación en plazo contra la liquidación o la sanción o cuando no se realice el ingreso total del importe restante en período voluntario de pago o en el plazo o plazos fijados en el acuerdo de aplazamiento o fraccionamiento concedido por la Administración.

6028 Precisiones 1) La **exigencia** del importe de esta reducción se prevé sin más requisito que la notificación al interesado, pero solo se refiere al supuesto de que se interponga recurso o reclamación en plazo contra la liquidación o sanción. Nada se dice, sin embargo, si no se ingresa la sanción en período voluntario. La norma de desarrollo tampoco contiene ninguna disposición sobre este punto. En consecuencia, se puede plantear la duda de si sería suficiente la notificación al interesado de la exigencia del importe de la reducción o si sería necesario realizar alguna actuación más.
Se entiende que el que la LGT no contemple este supuesto parece responder más a un olvido del legislador que a otras causas, dado que, en el contexto del precepto, el no ingreso del importe de la sanción en el plazo voluntario de pago es un incumplimiento de una condición igual al resto de circunstancias establecidas para la exigencia de las reducciones.

2) La reducción se aplica cuando el obligado tributario ingresa en período voluntario o en los plazos fijados en el acuerdo de aplazamiento o fraccionamiento que se hubiera concedido por la Administración Tributaria, si bien el aplazamiento o fraccionamiento debe solicitarse por el obligado al pago con anterioridad a la finalización del plazo de ingreso en período voluntario.
Sin embargo, la LGT no prevé el supuesto en que el obligado tributario solicita la **compensación de las deudas tributarias** con créditos reconocidos a su favor. Parece que la solución debería ser admitir la aplicación de la reducción del 25%, siempre que la solicitud de compensación se realice en período voluntario.
El TEAC ha señalado al respecto que resulta posible la aplicación de la reducción del 25% (actualmente, 40%) cuando el ingreso del importe restante de la sanción se realice (TEAC 28-4-17):
- mediante compensación;
- en el plazo de la LGT art.62.2 abierto con la notificación de los acuerdos denegatorios de solicitudes de compensación o de aplazamiento y/o fraccionamiento.

3) Procede el mantenimiento de la reducción del 25% (actualmente, 40%) practicada en las sanciones impuestas cuando los interesados soliciten y obtengan el aplazamiento o fraccionamiento de su pago, en aquellos casos en que tales aplazamientos o fraccionamientos, por razón de la cuantía, están por expresa disposición legal dispensados de la obligación de **constitución de garantía** (TEAC 29-11-12).
El **límite exento** de la obligación de aportar garantías para solicitudes de aplazamiento y fraccionamiento de pago de las deudas de derecho público gestionadas por la AEAT, y por los órganos u organismos de la Hacienda Pública Estatal, con efectos **desde el 15-4-2023**, es de 50.000 euros (OM HFP/311/2023). Con anterioridad, el límite era de 30.000 euros (OM HAP/2178/2015). No obstante, el

límite continúa siendo de 30.000 euros para determinadas **deudas aduaneras** y las deudas y sanciones tributarias estatales en situación preconcursal a las que se refiere la L 16/2022 disp.adic.11ª redacc L 31/2022.
Para deudas derivadas de **tributos cedidos** cuya gestión recaudatoria corresponda a las CCAA el límite exento es, con efectos **desde el 11-6-2023**, de 50.000 euros (OM HFP/583/2023). Con anterioridad, el límite era de 30.000 euros (OM HAP/347/2016).

4) La reducción de LGT art.188.1.b que resulte aplicable, en virtud de lo dispuesto en LGT art.41.4, y su aplicación retroactiva a las **declaraciones de responsabilidad** que no han alcanzado firmeza, ha de hacerse sobre el importe de la sanción que originariamente se haya exigido al obligado tributario sin minorar su importe por los ingresos a cuenta que haya podido realizar el declarado responsable o cualquier otro obligado que concurra, de manera solidaria, en el mismo presupuesto de hecho (TEAC 31-3-16). **6029**
5) En los supuestos en los que el contribuyente presente **recurso o reclamación frente a la sanción**, y el recurso o reclamación sea parcialmente estimado, debe aplicarse la reducción objeto de controversia sobre la nueva sanción a imponer en tanto que el contribuyente no presente recurso o reclamación frente a la resolución parcialmente estimatoria, no impugne, por considerar improcedente o errónea la sanción dictada en ejecución de la resolución parcialmente estimatoria y, además, cumpla lo dispuesto en la LGT art.188.3.a, respecto del importe de la nueva sanción liquidada fruto de la estimación parcial (TEAC 2-12-15; 25-2-22). De igual forma con la anulación y emisión de **nueva liquidación** de la sanción (TS 8-7-20, EDJ 599779).
6) No procede la aplicación de la reducción de las sanciones del 25% (actualmente, 40%) cuando en el período de ingreso concedido tras la denegación de una solicitud de un aplazamiento o fraccionamiento sin garantía, se procede a efectuar un **ingreso** solo **parcial** del importe inicial de la sanción y a solicitar de nuevo un aplazamiento/fraccionamiento sin garantía, que es concedido (TEAC 30-11-17).
En este caso procede la reducción del 25% (actualmente, 40%) cuando se ingrese la sanción en los plazos otorgados en el aplazamiento concedido con **hipoteca inmobiliaria**. Y ello, porque se creó una apariencia bajo la que el contribuyente entendió, en virtud de los principios de buena fe y confianza legítima, que la Administración aceptaba la reducción de la sanción con ese tipo de garantía (TS 14-12-20, EDJ 747494).
7) La exigencia de la reducción de una sanción es una simple actuación administrativa que carece de naturaleza sancionadora y, por lo tanto, no le es aplicable la regla relativa a la **caducidad del procedimiento** sancionador prevista por la LGT art.209 (TEAC 20-12-21).
8) El inicio de un **procedimiento especial de revisión**, en particular un procedimiento especial de nulidad de pleno derecho, no conlleva la pérdida del derecho a la reducción practicada en la sanción, al no tener tal procedimiento la consideración de recurso o reclamación a los efectos previstos por la normativa específica sobre reducción de sanciones (DGT CV 16-11-20).

Ejemplo Un obligado tributario presta su conformidad a la propuesta de liquidación formulada por la Inspección el 1-6-N. En ella figura una deuda tributaria por importe de 900 € (800 € de cuota y 100 € de intereses de demora). Al estimarse por la Inspección que existen indicios de comisión de infracciones tributarias, se inicia el correspondiente procedimiento sancionador. En la propuesta sancionadora formulada por el instructor consta la posible comisión de la infracción consistente en dejar de ingresar en plazo una cuota tributaria de 800 € que debió haber resultado de una autoliquidación, con la calificación de **leve** y la correspondiente **propuesta de sanción** por importe de 400 € (800 × 50%). **6030**
El obligado tributario está de acuerdo con la propuesta de sanción. Como ha prestado **conformidad** a la propuesta de liquidación, tiene derecho a la reducción de la sanción. El importe de la sanción resultante, en principio, es de:
400 - 30% × 400 = 400 - 120 = 280 €
Ahora bien, dado que el obligado tributario presta conformidad también a la propuesta de sanción, si ingresa el importe de la sanción resultante y no interpone recurso o reclamación en vía administrativa ni contra la liquidación ni contra la sanción, tiene derecho a la aplicación de la reducción del 40%. Esta reducción se aplica sobre el importe de la sanción ya reducida por la aplicación de la reducción por conformidad. Así, el importe de la sanción resultante que debe ingresar el obligado tributario es de:
280 - 40% × 280 = 280 - 112 = 168 €
La cantidad de 168 € es la cifra que consta en el acuerdo de imposición de sanción dictado por el inspector-jefe.
Exigencia del importe de las reducciones aplicadas:
a) Exigencia de ambas reducciones (30% y 40%). El 6-7-N, el obligado tributario, tras entenderse producida y notificada la liquidación tributaria derivada del acta de conformidad, decide interponer reclamación económico-administrativa contra la liquidación. Ello implica que se le exigen los importes de las reducciones aplicadas cuando se dictó el acuerdo de imposición de sanción tanto por conformidad, esto es, 120 € (30% × 400), como por pronto pago de la sanción sin recurso o reclamación ni contra la sanción ni contra la liquidación, es decir, 112 € (40% × 280).

b) Exigencia de la reducción del 40%:
- el obligado tributario, tras haberse dictado el acuerdo de imposición de sanción, decide interponer reclamación económico-administrativa contra el mismo. Ello supone que se le exige el importe de la reducción practicada por ingreso de la sanción sin recurso o reclamación ni contra la sanción ni contra la liquidación, es decir, 112 € (40% × 280). No se exige, en este caso, el importe de la reducción del 30% aplicada por conformidad, puesto que no se ha impugnado la liquidación, sino únicamente la sanción;
- el obligado tributario, tras haberse dictado el acuerdo de imposición de sanción, solicita un aplazamiento de 3 meses para su pago, ofreciendo como garantía un certificado de seguro de caución. La Administración Tributaria concede el aplazamiento. Finalizado el plazo de ingreso fijado en este acuerdo, el obligado tributario no ingresa la sanción. Ello supone que se le exige el importe de la reducción practicada por ingreso de la sanción sin recurso o reclamación ni contra la sanción ni contra la liquidación, es decir, 112 € (40% × 280). No se exige, en este caso, el importe de la reducción del 30% aplicada por conformidad.

SECCIÓN 5

Extinción de infracciones y sanciones

(LGT art.189 y 190)

6040

6042 La LGT regula entre las disposiciones generales sobre infracciones y sanciones tributarias la extinción de la **responsabilidad de las infracciones** distinguiéndola de la extinción de las **sanciones** derivadas de estas infracciones.

1. Extinción de las infracciones

(LGT art.189)

6045 La **responsabilidad** derivada de la comisión de las infracciones tributarias y, en consecuencia, la acción de la Administración para exigir la responsabilidad en el oportuno procedimiento sancionador, se extingue por fallecimiento del sujeto infractor (nº 6048) o por prescripción de la acción administrativa (nº 6050 s.).

6048 **Fallecimiento del sujeto infractor** (LGT art.189.1) Al contrario de lo dispuesto para la deuda tributaria, la muerte del sujeto infractor no determina la transmisión de la responsabilidad derivada de las infracciones tributarias a sus **sucesores**. Esta responsabilidad se extingue con el fallecimiento del sujeto infractor. Por el contrario, la **extinción de una persona jurídica** no impide exigir la responsabilidad que proceda por las infracciones cometidas a sus sucesores (ver nº 5745 s.).

6050 **Prescripción** (LGT art.189.2 a 4) El **plazo** de prescripción de la acción de la Administración para exigir la responsabilidad derivada de la comisión de una infracción tributaria o, lo que es igual, la acción para imponer sanciones tributarias, es de 4 años y comienza a computarse desde el momento en que se cometieron las correspondientes infracciones.
La **interrupción** de este plazo de prescripción se produce por:
- cualquier acción de la Administración Tributaria, realizada con conocimiento formal del sujeto infractor, conducente a la imposición de la sanción tributaria; las acciones administrativas conducentes a la regularización de la situación tributaria del obligado interrumpen el plazo de prescripción para imponer las sanciones tributarias que puedan derivarse de esa regularización;
- la interposición de recursos o reclamaciones de cualquier clase;
- la remisión del tanto de culpa a la jurisdicción penal;
- las actuaciones realizadas con conocimiento formal del obligado tributario en el curso de estos procedimientos.

6053 La prescripción de la acción para imponer sanciones tributarias se regula de **forma separada** de la prescripción del derecho de la Administración a determinar la deuda tributaria mediante la oportuna liquidación, incluso tratándose de las infracciones causantes de perjuicio económico tipificadas en la LGT (nº 6110 s.). No obstante, el plazo de prescripción en ambos casos es de 4 años y el **inicio del cómputo** del plazo coincide, dado que la infracción se considera

cometida no cuando se presenta la autoliquidación o declaración incorrecta, sino cuando finaliza el plazo de declaración y, en su caso, ingreso, pues hasta este momento el obligado tributario puede rectificar la declaración presentada evitando incurrir en los tipos definidos en la LGT.
Asimismo, al determinarse las mencionadas conductas tipificadas como infracción en el seno de los procedimientos de aplicación de los tributos dirigidos a la regularización de la situación tributaria del obligado, el inicio y desarrollo de estos procedimientos interrumpen la prescripción de la acción de la Administración para imponer las sanciones tributarias que puedan derivarse de la citada regularización.

Precisiones 1) Solo en el supuesto de **obtención indebida de devoluciones** (nº 6345 s.), no se inician en el mismo momento el plazo de prescripción del derecho de la Administración a determinar la deuda tributaria y el de su derecho a sancionar la infracción cometida pues, normalmente, no coincide el momento en que se obtiene la devolución con la finalización del plazo voluntario de declaración.
2) El dies a quo del plazo de prescripción para imponer sanciones tributarias por la comisión de la infracción por emisión de **facturas falsas o falseadas** prevista en la LGT art.201.3, en aquellos casos en que las operaciones que originan la infracción tengan lugar a lo largo de diversos periodos impositivos o de liquidación se sitúa de forma autónoma para cada tributo y periodo impositivo o de liquidación (TS 13-11-23, EDJ 745249).

Tratándose de infracciones puestas de manifiesto como resultado del desarrollo de un **procedimiento inspector**, junto el plazo de prescripción de la acción de la Administración Tributaria para imponer las sanciones tributarias, hay que tener en cuenta que existe un **plazo** de 3 meses computado desde que se notifique o se entienda notificada la correspondiente liquidación para el **inicio del procedimiento sancionador** (nº 7112 s.). Una vez transcurrido ese plazo ya no es posible iniciar el procedimiento sancionador aun cuando no haya prescrito la acción de la Administración para sancionar las conductas puestas de manifiesto como consecuencia de la regularización practicada en el procedimiento de inspección. **6056**

Precisiones 1) La aplicación del **principio de retroactividad** de la norma posterior más favorable al inculpado se refiere no solo a la tipificación de la infracción y sanción, sino también al nuevo plazo de prescripción, si resulta ser inferior (TS 27-5-08, EDJ 90740). **6057**
2) El procedimiento de regularización es un procedimiento que no tiene carácter sancionador; a través del mismo la Administración Tributaria no puede imponer al contribuyente sanción alguna. Por eso, no resulta admisible que unas actuaciones ajenas al expediente sancionador puedan interrumpir la prescripción de unas ulteriores sanciones. Únicamente una actuación dirigida a sancionar posee capacidad interruptiva del cómputo del plazo de prescripción de la acción sancionadora, no pudiendo otorgarse tal capacidad a cualquier actuación administrativa. De acuerdo con la distinta naturaleza de la **prescripción tributaria** en sentido técnico y de la **prescripción de las infracciones y sanciones**, ningún impedimento existe para que las causas de interrupción de uno y otro sean distintas (AN 4-2-10, EDJ 10525).
3) La solicitud de **rectificación de una autoliquidación,** o el acuerdo que la resuelve no interrumpe el plazo de prescripción del derecho a imponer sanciones. Entre los supuestos de interrupción de la prescripción no se contempla el que debiera ser correlativo al contemplado por LGT art.68.1.c (actuación fehaciente del obligado tributario conducente a la liquidación o autoliquidación de la deuda tributaria), donde sí cabría situar tal solicitud de rectificación. En cuanto a las posteriores actuaciones administrativas, para que las conducentes a la regularización de la situación tributaria del obligado interrumpan el plazo de prescripción para imponer sanciones, es necesario que las infracciones tributarias deriven de la citada regularización. En este caso, los ajustes realizados en el acuerdo que resolvió la solicitud, no están relacionados con los que dieron lugar a la **infracción sancionada** consistente en la obtención indebida de una devolución. Por tanto, se declara prescrito el derecho a imponer sanciones pues, ni la solicitud ni la liquidación posterior, interrumpieron el plazo (TEAC 2-7-15).
4) Si se lleva a cabo un **procedimiento de inspección de alcance general** respecto de determinado concepto tributario, en el alcance del procedimiento está incluida no solo la comprobación e investigación de las obligaciones materiales sino también de las obligaciones formales que imponga ese concepto tributario, por lo que las **previas actuaciones de regularización** de la situación tributaria del obligado interrumpirán el plazo de prescripción para sancionar, en su caso, tanto los incumplimientos de obligaciones materiales como los eventuales incumplimientos de obligaciones formales (TEAC unif. criterio 19-2-15).
5) La iniciación de un **procedimiento de comprobación de alcance parcial** respecto del IVA que tenga por objeto la comprobación de la veracidad de determinadas operaciones, supone una actuación que tiene efectos interruptivos del plazo de prescripción (LGT art.189.3.a párrafo 2º) de la acción para sancionar la emisión de facturas falsas (TEAC 21-9-17).
6) En un procedimiento inspector, el **acuerdo de liquidación** dictado dentro del plazo máximo establecido, o fuera del plazo pero dentro del periodo de prescripción de la infracción, sí posee virtualidad para interrumpir la prescripción para imponer sanciones (TS 10-6-20, EDJ 575387).

6059 Ejemplo En el curso de un **procedimiento inspector** iniciado el 2-7-20x8 para comprobar el IRPF de los ejercicios 20x4 y 20x5, el obligado tributario desatiende reiteradamente los requerimientos realizados por la Inspección. Finalmente, se comprueba que, en el año 20x4, el obligado tributario dejó de ingresar 3.000 € y, en el año 20x5, dejó de ingresar 1.700 €, y el 2-3-20x9 se notifican las correspondientes liquidaciones. El 4-9-20x9 pretenden iniciarse los **procedimientos sancionadores** para exigir la responsabilidad por las infracciones puestas de manifiesto en el curso de las actuaciones de comprobación e investigación.
El **plazo de prescripción** para sancionar las infracciones tributarias consistentes en dejar de ingresar en plazo parte de la deuda tributaria que debiera resultar de las autoliquidaciones del IRPF de 20x4 y 20x5 comienza a computarse el 1-7-20x5 y el 1-7-20x6, respectivamente, esto es, al día siguiente de la finalización del plazo de declaración e ingreso. El 4-9-20x9 no ha prescrito la acción de la Administración para sancionar estas infracciones, dado que el inicio del procedimiento inspector, las actuaciones realizadas en el curso del mismo, así como la propia liquidación por la que se regulariza la situación del obligado tributario han interrumpido el citado plazo de prescripción. No obstante, junto al plazo de prescripción de 4 años hay que tener en cuenta el plazo de 6 meses, de que dispone la Inspección para iniciar los **procedimientos sancionadores** en cuestión, contados desde el 2-3-20x9. Al haber superado el plazo, la Administración no puede iniciar los procedimientos sancionadores para exigir al obligado tributario la responsabilidad por la comisión de estas infracciones.
En cuanto a la posible infracción por **resistencia, excusa o negativa**, el plazo de prescripción comienza a computarse desde la última desatención a los requerimientos de la Inspección, sin que, en este caso, al no derivarse esta infracción de la regularización finalmente practicada, pueda entenderse que el desarrollo de las actuaciones de comprobación e investigación y la notificación de las liquidaciones interrumpan la prescripción. No obstante, teniendo en cuenta que el incumplimiento del obligado tributario se ha producido entre las fechas de 2-7-20x8 y 2-3-20x9, el 4-9-20x9 no ha transcurrido el plazo de prescripción de 4 años. Pese a ello, en este supuesto también resulta aplicable lo dispuesto en la LGT con relación al plazo de 6 meses con el que cuenta la Inspección para iniciar el procedimiento sancionador. Así, aun no habiendo transcurrido el plazo de prescripción de 4 años, tampoco puede iniciarse el procedimiento sancionador para exigir al obligado tributario la responsabilidad por la comisión de la infracción consistente en resistencia a la actuación inspectora, al haber finalizado el plazo de 6 meses contados desde la notificación de la liquidación sin que se hubiese iniciado el procedimiento sancionador.

2. Extinción de las sanciones

(LGT art.190)

6065 Las sanciones tributarias se extinguen por:

a) Pago de la multa o cumplimiento de la sanción no pecuniaria (nº 6068 s.).
b) Prescripción del derecho a exigir su pago (nº 6080).
c) Compensación con cantidades a devolver a favor del sujeto infractor (nº 6083).
d) Condonación (nº 6086).
e) Fallecimiento de todos los obligados a satisfacerlas (nº 6089).

Precisiones **1)** Resultan aplicables las disposiciones relativas a la **deuda tributaria** (LGT art.58 a 82) y las relativas a las actuaciones y procedimientos de recaudación de la deuda tributaria (LGT art.160 a 177). Por tanto, en el cobro no espontáneo en período ejecutivo de las sanciones tributarias, la Administración se ajusta al **procedimiento de apremio** previsto para la recaudación de las deudas tributarias y puede ejercer las distintas facultades reconocidas al efecto (LGT art.162).
2) Si se determina que las sanciones ingresadas en período voluntario de pago o en período ejecutivo lo han sido de forma **indebida**, procede su devolución en los mismos términos previstos para la devolución de la deuda tributaria (ver nº 14660 s. Memento Fiscal 2024).

6068 **Pago** (LGT art.60 a 65) El pago de las sanciones debe realizarse en **efectivo** y solo se admite en especie cuando una ley lo disponga expresamente. Existe, asimismo, la posibilidad de efectuar el pago utilizando técnicas y medios electrónicos, informáticos o telemáticos.
El **plazo** para el pago depende de si el mismo se efectúa en el período voluntario (nº 6071), en el período ejecutivo (nº 6074) o de si se solicita un aplazamiento o fraccionamiento (nº 6077).

6071 **Período voluntario** (LGT art.62.2, 63.1 y 2) El plazo voluntario de pago depende de la **fecha de notificación** del acto de imposición de sanción:
a) Si la notificación del acto de imposición de sanción se realiza entre los días 1 y 15 de cada mes, la sanción debe ingresarse desde la fecha de la notificación hasta el 20 del mes posterior o, si este no fuera hábil, hasta el inmediato hábil siguiente.
b) Si la notificación del acto de imposición de sanción se realiza entre los días 16 y último de cada mes, la sanción debe ingresarse desde la fecha de la notificación hasta el día 5 del segundo mes posterior o, si este no fuera hábil, hasta el inmediato hábil siguiente.

Cuando se hayan impuesto **distintas sanciones pecuniarias**, las obligaciones de ingresar su importe son autónomas, de forma que el sujeto infractor puede imputar cada pago a la sanción que libremente determine. De la misma forma, el cobro de una sanción cuyo plazo voluntario de pago sea posterior al de otras sanciones previamente impuestas no extingue el derecho de la Administración a cobrar estas últimas.

Precisiones Para los **obligados tributarios** cuyo volumen de operaciones en 2023 no hubiera superado los 6.010.121,04 euros, así como aquellos que no desarrollen actividades económicas cuando, a 29-10-2024, tuvieran bien su domicilio fiscal ubicado en cualquiera de los municipios o áreas afectadas por la **DANA** (RDL 6/2024 Anexo), bien su establecimiento de explotación o bienes inmuebles afectados a su actividad en esas áreas, siempre que hubieran tenido que ser objeto de realojamiento o se hubieran producido daños que obliguen al cierre temporal de la actividad, se establecen una serie de medidas para facilitar el pago de las deudas tributarias (RDL 6/2024 art.8).
Entre ellas, se extienden hasta el 5-2-2025 los **vencimientos de los plazos de pago** en período voluntario (LGT art.62.2) y ejecutivo (LGT art.62.5), así como los vencimientos de los plazos de ingreso y de las fracciones de los acuerdos de aplazamiento y fraccionamiento concedidos, que no hayan concluido a fecha 7-11-2024. Si el plazo otorgado por la norma general es mayor, se aplica este.
Los obligados tributarios que se hayan beneficiado de la ampliación del plazo de pago en período voluntario se consideran al **corriente de pago** de sus obligaciones tributarias a efectos de la obtención del correspondiente certificado.
Estas medidas también son aplicables, en las mismas condiciones, a los **grupos de entidades** en el IVA y a grupos de declaración consolidada en el IS cuya entidad dominante o representante, o cualquiera de sus dependientes esté domiciliada en un municipio afectado por la DANA.

Período ejecutivo (LGT art.62.5 y 63.3) Transcurrido el período voluntario de pago sin haber efectuado el mismo, solicitado el aplazamiento o fraccionamiento de la sanción o impugnado el acto de imposición de sanción, se inicia el período ejecutivo. Una vez iniciado este período y notificada la **providencia de apremio**, el pago de la sanción debe efectuarse en los siguientes **plazos**: **6074**

a) Si la notificación de la providencia de apremio se realiza entre los días uno y 15 de cada mes, la sanción debe ingresarse desde la fecha de la notificación hasta el 20 del citado mes o, si este no fuera hábil, hasta el inmediato hábil siguiente.

b) Si la notificación de la providencia de apremio se realiza entre los días 16 y último de cada mes, la sanción debe ingresarse desde la fecha de la notificación hasta el día 5 del mes siguiente o, si este no fuera hábil, hasta el inmediato hábil siguiente.

En los supuestos de **ejecución forzosa**, cuando se hayan acumulado varias deudas y sanciones tributarias y no puedan extinguirse totalmente, el ingreso se aplica al pago de la deuda o sanción más antigua en función de la fecha en que cada una de ellas fue exigible.

Precisiones Para los **obligados tributarios** cuyo volumen de operaciones en 2023 no hubiera superado los 6.010.121,04 euros, así como aquellos que no desarrollen actividades económicas cuando, a 29-10-2024, tuvieran bien su domicilio fiscal ubicado en cualquiera de los municipios o áreas afectadas por la **DANA** (RDL 6/2024 Anexo), bien su establecimiento de explotación o bienes inmuebles afectados a su actividad en esas áreas, siempre que hubieran tenido que ser objeto de realojamiento o se hubieran producido daños que obliguen al cierre temporal de la actividad, se establecen una serie de medidas para facilitar el pago de las deudas tributarias (RDL 6/2024 art.8).
Entre ellas, se extienden hasta el 5-2-2025 los **vencimientos de los plazos de pago** en período voluntario (LGT art.62.2) y ejecutivo (LGT art.62.5), así como los vencimientos de los plazos de ingreso y de las fracciones de los acuerdos de aplazamiento y fraccionamiento concedidos, que no hayan concluido a fecha 7-11-2024. Si el plazo otorgado por la norma general es mayor, se aplica este.
Los obligados tributarios que se hayan beneficiado de la ampliación del plazo de pago en período voluntario se consideran al **corriente de pago** de sus obligaciones tributarias a efectos de la obtención del correspondiente certificado.
Estas medidas también son aplicables, en las mismas condiciones, a los **grupos de entidades** en el IVA y a grupos de declaración consolidada en el IS cuya entidad dominante o representante, o cualquiera de sus dependientes esté domiciliada en un municipio afectado por la DANA.

Aplazamiento y fraccionamiento (LGT art.65) La obligación de satisfacer el importe de las sanciones tributarias impuestas puede aplazarse o fraccionarse cuando la **situación económico-financiera** del sujeto infractor le impida transitoriamente efectuar el pago en los plazos establecidos. **6077**

La **solicitud** de aplazamiento o fraccionamiento puede realizarse tanto en período voluntario de pago como en período ejecutivo:
- si se presenta en **período voluntario**, impide el inicio del período ejecutivo, pero no el devengo del interés de demora (ver nº 13622 s. Memento Fiscal 2024);
- la presentación en **período ejecutivo** puede realizarse hasta el momento en que se notifique el acuerdo de enajenación de los bienes embargados.

Las sanciones cuyo pago se aplaza o se fracciona deben garantizarse mediante la aportación de **aval** solidario de entidad de crédito o sociedad de garantía recíproca o certificado de seguro

de caución, sin perjuicio de que la Administración, en determinados casos, pueda admitir otras garantías o la adopción de medidas cautelares distintas de la aportación de garantía (LGT art.82).
Si el pago de la sanción se garantiza mediante aval solidario de entidad de crédito o sociedad de garantía recíproca o certificado de seguro de caución, solo es exigible el **interés legal** que proceda hasta la fecha de su ingreso.

Precisiones Para los **obligados tributarios** cuyo volumen de operaciones en 2023 no hubiera superado los 6.010.121,04 euros, así como aquellos que no desarrollen actividades económicas cuando, a 29-10-2024, tuvieran bien su domicilio fiscal ubicado en cualquiera de los municipios o áreas afectadas por la **DANA** (RDL 6/2024 Anexo), bien su establecimiento de explotación o bienes inmuebles afectados a su actividad en esas áreas, siempre que hubieran tenido que ser objeto de realojamiento o se hubieran producido daños que obliguen al cierre temporal de la actividad, se establecen una serie de medidas para facilitar el pago de las deudas tributarias (RDL 6/2024 art.8).
Entre ellas, se extienden hasta el 5-2-2025 los **vencimientos de los plazos de pago** en período voluntario (LGT art.62.2) y ejecutivo (LGT art.62.5), así como los vencimientos de los plazos de ingreso y de las fracciones de los acuerdos de aplazamiento y fraccionamiento concedidos, que no hayan concluido a fecha 7-11-2024. Si el plazo otorgado por la norma general es mayor, se aplica este.
Los obligados tributarios que se hayan beneficiado de la ampliación del plazo de pago en período voluntario se consideran al **corriente de pago** de sus obligaciones tributarias a efectos de la obtención del correspondiente certificado.
Estas medidas también son aplicables, en las mismas condiciones, a los **grupos de entidades** en el IVA y a grupos de declaración consolidada en el IS cuya entidad dominante o representante, o cualquiera de sus dependientes esté domiciliada en un municipio afectado por la DANA.

6080 **Prescripción** (LGT art.66 a 70) El derecho de la Administración a exigir el pago de las sanciones prescribe en el **plazo** de los 4 años contados desde el día siguiente a aquel en que finalice el plazo de pago en período voluntario de la sanción impuesta (nº 6071).
El plazo de prescripción del derecho de la Administración a exigir el pago de las sanciones tributarias **se interrumpe**:
a) Por cualquier acción de la Administración Tributaria, realizada con conocimiento formal del obligado tributario, dirigida de forma efectiva a la recaudación de la sanción impuesta.
b) Por la interposición de recursos o reclamaciones de cualquier clase y por las actuaciones realizadas con conocimiento formal del obligado en el curso de estos procedimientos.
c) Por la declaración del concurso del sujeto infractor.
d) Por el ejercicio de acciones civiles o penales dirigidas al cobro de la sanción.
e) Por la recepción de una comunicación de un órgano jurisdiccional en la que se ordene la paralización del procedimiento administrativo en curso.
f) Por cualquier actuación fehaciente del sujeto infractor conducente al pago o extinción de la sanción.

Precisiones Interpuesto **recurso de alzada** contra una resolución sancionadora, el transcurso del plazo de 3 meses para su resolución no supone que la sanción gane firmeza ni que se convierta en ejecutiva, de modo que no puede iniciarse el cómputo del plazo de prescripción de la sanción (TS 22-9-08, EDJ 178534).

6083 **Compensación** (LGT art.71 a 73) Las sanciones tributarias pueden extinguirse total o parcialmente mediante compensación con **créditos reconocidos** por acto administrativo a favor del propio sujeto infractor como pueden ser devoluciones derivadas de la normativa propia de cada tributo o de la existencia de un ingreso indebido.
La compensación puede realizarse de oficio o a solicitud del sujeto infractor.
a) La compensación **de oficio** de las sanciones con créditos reconocidos a favor del sujeto infractor tiene lugar, normalmente, cuando aquellas se encuentren en período ejecutivo. No obstante, la LGT prevé también la compensación de oficio de sanciones durante el período voluntario de pago cuando deba imponerse una nueva sanción por haber sido anulada la anterior.
La extinción de la sanción se produce en el momento de inicio del período ejecutivo o en el momento en que la sanción sea exigible y el crédito esté reconocido, si este es posterior. El acuerdo de compensación declara la extinción.
En el supuesto de compensación en plazo voluntario, la extinción se produce en el momento de concurrencia de las deudas y los créditos.
b) La **solicitud** de compensación puede referirse tanto a sanciones que se encuentren en período voluntario de pago como en período ejecutivo. La extinción de la sanción se produce en el momento de la presentación de la solicitud o en el momento en que la sanción sea exigible y el crédito esté reconocido, si este es posterior.

Precisiones Los **créditos** a favor del obligado tributario frente a organismos dependientes de la Administración Central-Estatal son susceptibles de compensación respecto a las deudas que se tengan con la Hacienda Pública estatal, pero los créditos **frente a Organismos dependientes de las CCAA** no son susceptibles de compensación con deudas que se tengan con la Hacienda Pública estatal (DGT CV 26-3-09).

Condonación (LGT art.75) La condonación de las sanciones, al igual que la condonación de las deudas tributarias, solo procede en virtud de **ley**, en la cuantía y con los requisitos que en ella se determinen. Por tanto, debe aprobarse por las Cortes una ley específica que contemple las sanciones concretas que, en cada caso, se pretendan condonar por los motivos que en la misma se especifiquen. **6086**

Fallecimiento (LGT art.40, 182.3 y 190.1) La muerte del sujeto infractor no solo determina la extinción de la responsabilidad por las infracciones tributarias que hubiera cometido, sino también la extinción de la obligación de pago de las sanciones impuestas. **6089**

Si existen **varios obligados solidarios** al pago de la sanción, por tratarse de un supuesto de concurrencia de infracciones tributarias, la sanción solo se extingue si fallecen todos los obligados a satisfacerlas.

De la misma forma, tratándose de **personas jurídicas** extinguidas, las sanciones impuestas solo se extinguen cuando fallezcan todos los sucesores de la entidad si se trata de personas físicas.

Precisiones El fallecimiento del sujeto infractor producido después del acuerdo de imposición de sanción, pero antes de su firmeza, impide cuestionar la **legalidad del acto administrativo** de imposición de sanción, al haberse producido la extinción de la sanción por el ministerio de la ley (TS 3-6-20, EDJ 570721; TEAC 22-9-21).

CAPÍTULO 7

Estudio individualizado de las distintas infracciones y sanciones

6100

6102 Las infracciones tributarias se definen como las acciones u omisiones dolosas o culposas con cualquier grado de negligencia tipificadas y sancionadas como tales en la LGT o en otra Ley (LGT art.183.1). Pueden distinguirse, por tanto, dos grandes **grupos de infracciones** tributarias:

a) Las **contenidas en la LGT**. Dentro de estas a su vez pueden distinguirse:

- conductas infractoras que producen perjuicio económico a la Hacienda Pública (nº 6110 s.); y
- conductas infractoras que no producen perjuicio económico al derivar de incumplimientos de obligaciones formales (nº 6910 s.).

b) Las contenidas en **otras Leyes**. Comprenden las infracciones específicas tipificadas en las leyes que regulan las distintas figuras tributarias (nº 7030 s.).

La propia LGT recoge una actualización de las infracciones específicas del IP, del ISD, del IVA y de los IIEE (LGT disp.final 3ª a 6ª).

Además de las infracciones tributarias, corresponde a la AEAT la **competencia** en todo el territorio español para la tramitación y resolución de los procedimientos sancionadores iniciados como consecuencia de la comisión de la infracción administrativa por incumplimiento de las **limitaciones a los pagos en efectivo** (ver nº 7900 s.).

6105 Precisiones **1)** Para que exista una infracción tributaria, no basta con que se produzca una acción u omisión que infrinja determinadas obligaciones tributarias. Es imprescindible que la **conducta** que vulnera el ordenamiento tributario se encuentre prevista como tal infracción por el legislador. Por lo tanto, es preciso que la conducta se encuentre correctamente **tipificada**, mediante la clara y taxativa determinación de los comportamientos constitutivos de la infracción. Esta tipificación y la **cuantificación de las sanciones** correspondientes es lo que examinaremos en este capítulo.

La **técnica legislativa** utilizada por la vigente LGT consiste en regular cada infracción distinta en un artículo, estableciendo el supuesto de hecho de la infracción, su calificación como leve, grave o muy grave y los criterios de graduación aplicables que determinan la sanción exigible.

2) El régimen de las **reducciones aplicables a las sanciones** aumentó los porcentajes de reducción para las actas con acuerdo a un 65%, y para los supuestos de pronto pago a un 40% (LGT art.188). En relación con el **régimen transitorio**, ver nº 6000 s.

SECCIÓN 1

Infracciones causantes de perjuicio económico

6110

6112 La formulación del cálculo de las bases de sanción y de las cuantías de las infracciones que causan perjuicio económico hace conveniente el empleo de ciertas abreviaturas. En lo sucesivo se utiliza la siguiente **terminología**:

GLOSARIO	
BS:	Base de la sanción.
IR:	Ingreso resultante de la regularización practicada por la Administración tributaria.
CI decl.:	Cuota íntegra declarada.
CI regul.:	Cuota íntegra regularizada.
t:	Tipo de gravamen si gravado por tipo proporcional, y tipo medio si gravado por tarifa.
BINEA:	Bases imponibles negativas de ejercicios anteriores.
ΔBINEA:	Compensación con bases imponibles negativas de ejercicios anteriores. Se corresponde con el aumento de renta neta objeto de compensación en base.
DEA:	Deducciones de ejercicios anteriores.
ΔDEA:	Compensación con deducciones de ejercicios anteriores. Se corresponde con la aplicación de cantidades pendientes de compensación en cuota.
ΔB:	Incremento de la base (sancionable y no sancionable).
ΔsB:	Incremento sancionable de la base.
ΔsB_o:	Incrementos sancionables realizados en la base imponible o liquidable cuya regularización esté originada por la apreciación de ocultación.
ΔsB_{IR}:	Incrementos sancionables realizados en la base imponible o liquidable cuya regularización esté originada por la llevanza incorrecta de los libros o registros.
ΔsB_{DF}:	Incrementos sancionables realizados en la base imponible o liquidable cuya regularización esté originada por la utilización de facturas, justificantes u otros documentos o soportes falsos o falseados.
ΔC:	Incremento de la cuota (sancionable y no sancionable).
ΔsC:	Incremento sancionable de la cuota.
ΔsC_o:	Incrementos sancionables realizados directamente en la cuota del tributo o en la cantidad a ingresar cuya regularización esté originada por la apreciación de ocultación.
$\Delta]sC_{IR}$:	Incrementos sancionables realizados directamente en la cuota del tributo o en la cantidad a ingresar cuya regularización esté originada por la llevanza incorrecta de los libros o registros.
ΔsC_{DF}:	Incrementos sancionables realizados directamente en la cuota del tributo o en la cantidad a ingresar cuya regularización esté originada por la utilización de facturas, justificantes u otros documentos o soportes falsos o falseados.

6115 Las conductas infractoras que se caracterizan por producir un **perjuicio económico** a la Hacienda Pública se recogen en la LGT art.191 a 197 y 206 bis. Este perjuicio económico puede producirse:

a) Directamente: por dejar de ingresar en autoliquidación (nº 6120 s.), por no presentar o presentar incorrectamente la declaración necesaria para que la Administración practique liquidación (nº 6290 s.), o por obtener indebidamente devoluciones (nº 6345 s.).

b) Indirectamente: por determinar o acreditar improcedentemente partidas positivas o negativas o créditos tributarios aparentes (nº 6455 s.) o por imputar incorrectamente o no imputar bases imponibles, rentas o resultados e imputar incorrectamente deducciones, bonificaciones y pagos a cuenta por las entidades sometidas a un régimen de imputación de rentas (nº 6665 s.).

c) Potencialmente: por solicitar indebidamente devoluciones, beneficios o incentivos fiscales, sin llegar a obtenerlas (nº 6395 s.).

I. Dejar de ingresar la deuda tributaria

(LGT art.191)

6122

INFRACCIÓN LGT art.191		
Tipo	Dejar de ingresar la **totalidad o parte de la deuda tributaria** que debiera resultar de la correcta autoliquidación del tributo, salvo que se regularice mediante la presentación de declaración extemporánea sin requerimiento previo de la Administración Tributaria (LGT art.27) o proceda el inicio del período ejecutivo por haberse presentado autoliquidación en plazo sin haber realizado el ingreso (LGT art.161.1.b). En este concepto se incluye la falta de ingreso total o parcial de la deuda tributaria de los socios, herederos, comuneros o partícipes derivada de las cantidades no atribuidas o atribuidas incorrectamente por las entidades en atribución de rentas. También constituye esta infracción el **obtener indebidamente devoluciones** y dejar de ingresar la totalidad o parte de la deuda tributaria que debiera resultar de la correcta autoliquidación del tributo.	
Calificación	**Infracción muy grave**	Cuando concurra alguna de las siguientes **circunstancias**: **a) Utilización de medios fraudulentos**. Se produce esta utilización en los siguientes casos (LGT art.184.3): - anomalías sustanciales en la contabilidad y en los libros o registros fiscales; - empleo de facturas, justificantes u otros documentos falsos o falseados si su incidencia es > 10% de la base de la sanción (en adelante, BS); - utilización de personas o entidades interpuestas. **b) No ingreso de las retenciones practicadas y los ingresos a cuenta** repercutidos cuando representen un porcentaje > 50% de la BS (que incluye tanto las practicadas como las que se debieron practicar).
	Infracción grave	Cuando, **sin utilizar personas interpuestas**, se produzca alguna de las siguientes circunstancias: **a)** Empleo de **facturas**, justificantes u otros documentos falsos o falseados si su incidencia es ≤ 10% de la BS. **b)** Llevanza incorrecta de **libros o registros** con incidencia > 10% y ≤ 50% de la BS. **c)** No ingreso de las **retenciones** practicadas y los ingresos a cuenta repercutidos cuando representen un porcentaje ≤ 50% de la BS (que incluye tanto las practicadas como las que se debieron practicar). **d)** Cuando exista **ocultación** y la BS > 3.000 **€**.
	Infracción leve	Cuando concurran **simultáneamente** las siguientes circunstancias: - no haya ocultación o (aunque exista ocultación) BS ≤ 3.000 **€**; y - la infracción no se califique como grave o muy grave.
Base de la sanción	La cuantía no ingresada en la autoliquidación como consecuencia de la comisión de la infracción, con las especialidades previstas en el RSAN.	
Sanción	Por infracción **muy grave**	Multa proporcional entre el 100% y el 150% de la BS. **Criterios de graduación**: Comisión repetida (entre el 0% y el 25%) y perjuicio económico (entre el 0% y el 25%).
	Por infracción **grave**	Multa proporcional entre el 50% y el 100% de la BS. **Criterios de graduación**: Comisión repetida (entre el 0% y el 25%) y perjuicio económico (entre el 0% y el 25%).
	Por infracción **leve**	Multa proporcional del 50% de la BS.
Reducciones	Las reducciones aplicables en su caso a la sanción pueden ser (LGT art.188): **a)** Del 65% y del 30%, respectivamente, por **acuerdo o por conformidad**. **b)** Del 40%, por **ingreso** de la sanción sin impugnación de la liquidación ni la sanción.	

1. Configuración del tipo

(LGT art.191.1)

6125 El **sistema de autoliquidación** se ha extendido a casi todos los impuestos. Este sistema no solo impone al obligado tributario el deber de presentar una declaración, sino que también debe cuantificar el importe de la deuda tributaria y proceder a su ingreso, lo que se conoce como autoliquidación del tributo. La falta o incorrecta autoliquidación por parte del sujeto pasivo o retenedor determina la comisión de esta infracción, cuyo tipo consiste básicamente en **dejar de ingresar en plazo** la deuda tributaria que debiera haber resultado de una autoliquidación. Dada la generalización del sistema de autoliquidación, esta infracción se constituye como la más general y fundamental de nuestro sistema tributario.

A continuación se analiza la configuración legal de este tipo infractor atendiendo al siguiente detalle:

- contenido de la deuda tributaria dejada de ingresar por el sistema de autoliquidación (nº 6128 s.);
- delimitación negativa del tipo de la infracción (nº 6133 s.);
- precisión legal relativa a los miembros de las entidades en régimen de atribución de rentas (nº 6145 s.); y
- concurrencia de las conductas consistentes en obtención indebida de devolución y falta de ingreso (nº 6148).

Precisiones Este tipo infractor es similar al **delito de defraudación** por elusión del pago de tributos, cantidades retenidas o que se hubieran debido retener o ingresos a cuenta de retribuciones en especie (CP art.305).

Pero para que exista delito contra la Hacienda Pública, la conducta del obligado tributario debe ser dolosa, y el importe no ingresado, superar los 120.000 euros.

6128 **Contenido de la deuda tributaria dejada de ingresar por el sistema de autoliquidación** (LGT art.37 y 58.1 y 2.d) La deuda tributaria dejada de ingresar por el sistema de autoliquidación engloba el **incumplimiento de**:

a) La obligación tributaria **principal**, consistente en el pago de la cuota tributaria o cantidad a ingresar.

b) La obligación tributaria de realizar **pagos a cuenta** (pagos fraccionados, retenciones e ingresos a cuenta) de la obligación tributaria principal.

c) La obligación tributaria **accesoria** consistente en el pago de los recargos que, en su caso, sean legalmente exigibles sobre las bases o sobre las cuotas, a favor del Tesoro o de otros entes públicos.

6130 Precisiones **1)** Los **pagos fraccionados** forman parte de la deuda tributaria, pero presentan ciertas peculiaridades. Puede ocurrir que el obligado tributario no efectúe los pagos fraccionados dentro de los plazos reglamentariamente establecidos pero que **regularice voluntariamente** en la autoliquidación correspondiente a la obligación tributaria principal, al no deducirse los importes de los pagos fraccionados no realizados. En estos casos, el obligado tributario no identifica expresamente el período y el concepto impositivo al que se refiere la autoliquidación e incluye en ella importes relativos a un período de liquidación distinto. Esta conducta no cumpliría, pues, los requisitos exigidos en los casos de regularización voluntaria para disfrutar de la exoneración de responsabilidad por la infracción y constituye una infracción leve sancionable con una multa proporcional del 50% de las cantidades no ingresadas en plazo (ver nº 5565 s. y nº 6265 s.).

2) No es procedente que la Administración practique liquidación por pago fraccionado cuando el sujeto ya ha presentado la autoliquidación anual en la que se podría haber deducido ese pago fraccionado de haberlo declarado. Son exigibles **intereses de demora**, pero solo hasta la presentación de la autoliquidación anual. Se exige la sanción en cuanto que los pagos a cuenta se consideran deuda tributaria y resulta clara la normativa que obliga a los sujetos pasivos a efectuar el pago fraccionado (TEAC 17-3-10; 10-3-10).

6133 **Delimitación negativa del tipo de la infracción** (LGT art.191.1) En principio, la comisión de esta infracción se produce en caso de **falta de ingreso** de la totalidad o parte de la deuda tributaria que debería resultar de una autoliquidación dentro de los plazos establecidos.

No obstante, esta falta de ingreso **no** supone la **comisión de la infracción** en dos supuestos:

- cuando se regularice mediante la presentación de declaración extemporánea sin requerimiento previo de la Administración Tributaria (ver nº 6136); y
- cuando se presenta la correspondiente autoliquidación en plazo sin realizar el ingreso que de la misma resulta (ver nº 6139 s.).

6136 **Autoliquidación extemporánea sin requerimiento previo** (LGT art.27 y 191.1) Se excluye del tipo de esta infracción la presentación extemporánea de autoliquidación de forma voluntaria (sin requerimiento previo de la Administración) que cumpla los dos **requisitos** siguientes:

- que identifique expresamente el período de liquidación al que se refiere; y
- que contenga únicamente los datos relativos a ese período.

Todo ello sin perjuicio de que la Administración liquide el **recargo** que proceda por la presentación extemporánea de la autoliquidación (ver nº 13640 s. Memento Fiscal 2024).
Con ello se pretende distinguir dos conductas diferentes y de diversa gravedad, así como incentivar la **regularización voluntaria** por parte de los obligados tributarios que no presentaron su autoliquidación en plazo. Si no existiera esta salvedad, los obligados tributarios que no hubieran presentado puntualmente su autoliquidación, no tendrían ningún incentivo en hacerlo voluntariamente fuera de plazo, puesto que la sanción sería la misma y, en caso de no presentarla se podrían ahorrar tanto la cuota como la sanción si la Administración no llegara a comprobar su situación tributaria.
La LGT y el RSAN prevén ciertas **especialidades** en lo supuestos de regularización extemporánea voluntaria que no cumplen tales requisitos (ver nº 6265 s.).

Presentación de autoliquidación con resultado a ingresar sin realizar el ingreso (LGT art.28, 161.1.b y 191.1) No se comete la infracción consistente en dejar de ingresar en plazo la totalidad o parte de la deuda tributaria que debiera resultar de una autoliquidación cuando se presenta una autoliquidación con un resultado a ingresar y no se realiza el ingreso. **6139**
En estos casos, el obligado tributario deja de ingresar la deuda tributaria, pero **declara correctamente**, por lo que no concurren los requisitos para considerar que existe una infracción tributaria. De considerar que tal conducta constituye una infracción tributaria, se estaría sancionando la mera falta de solvencia o de liquidez, y no la presentación de una declaración incorrecta.
En estos casos, los órganos de recaudación de la Administración pasan a exigir la deuda en **período ejecutivo** (ver nº 14075 s. Memento Fiscal 2024) y liquidan el **recargo** correspondiente por los costes que les origina el procedimiento ejecutivo (ver nº 13648 s. Memento Fiscal 2024), pero no se impone sanción.

Precisiones En caso de que en período voluntario de ingreso el obligado tributario presente una autoliquidación extemporánea sin ingreso, pero con solicitud de **aplazamiento o fraccionamiento**, se consigue impedir el inicio del período ejecutivo y, consecuentemente, el devengo del recargo del período ejecutivo, salvo que anteriormente se hubiera denegado, respecto de la misma deuda tributaria, otra solicitud previa de aplazamiento o fraccionamiento en período voluntario, habiéndose abierto plazo de ingreso y sin que este se produzca (LGT art.28 y 161.2).
Para que el recargo del período ejecutivo no sea exigible definitivamente es necesario el pago íntegro de la deuda en el plazo correspondiente. Así si la resolución de la **solicitud del aplazamiento o fraccionamiento** es (DGT CV 1-3-10):
a) **Denegatoria**, debe efectuarse el pago dentro del plazo establecido por la LGT para el pago de deudas tributarias resultantes de liquidaciones practicadas por la Administración en período voluntario, teniendo en cuenta la fecha de notificación del acuerdo denegatorio (LGT art.62.2; RGR art.52.4.a redacc RD 249/2023).
b) **Estimatoria**, debe ingresarse la deuda en el o en los vencimientos del plazo o de los plazos concedidos ya que, en caso contrario, al día siguiente se iniciaría automáticamente el período ejecutivo y se devengaría el recargo (RGR art.54.1.a).
Para poder entender que la solicitud de aplazamiento o fraccionamiento se presenta en **periodo voluntario** de ingreso, debe presentarse junto con la autoliquidación extemporánea (RGR art.46.1.a).

Ejemplo El obligado tributario presenta una autoliquidación del IRPF de la que resulta una cuota a ingresar de 10.000 €, ingresando 6.000 € y fraccionando el pago del 40% restante. El obligado tributario no ingresa ese 40% restante en el plazo reglamentariamente establecido. **6142**
En este caso, el obligado tributario no comete la infracción consistente en dejar de ingresar en plazo los 4.000 € que restan de la deuda del IRPF, pero la Administración le reclama en período ejecutivo ese importe junto con el recargo de apremio.

Miembros de entidades en régimen de atribución de rentas (LGT art.191.1 párrafo segundo) **6145**

También se incluye en el tipo de esta infracción la falta de ingreso por los socios, herederos, comuneros o partícipes de las entidades en régimen de atribución de rentas, de las cantidades no atribuidas o atribuidas incorrectamente. El objetivo de esta precisión legal es diferenciar claramente las **consecuencias sancionadoras** de las infracciones cometidas por entidades sometidas a los regímenes de:
a) **Atribución de rentas**, donde las rentas son obtenidas directamente por los socios, comuneros o partícipes, y ellos son los responsables de su correcta declaración.
b) **Imputación de rentas**, donde las rentas son obtenidas por la entidad, que es la que tiene la obligación de declararlas e imputarlas a los socios o partícipes y la que incurre en una conducta infractora en caso de no hacerlo (ver nº 6665 s.).

Las sanciones a las entidades de la LGT art.35.4 y a sus miembros presentan algunas **peculiaridades** que conviene precisar: **6146**
a) **Sanciones a la entidad**. Las infracciones que producen perjuicio económico y, en especial, la infracción por dejar de ingresar, se refieren fundamentalmente a las retenciones y al IVA.

En el caso del **IVA**, se tienen en cuenta para calificar la infracción, entre otros criterios, la incidencia de las anomalías en la llevanza de los libros y registros de la entidad y la incidencia del empleo de facturas o documentos falsos o falseados. Por ello, estas conductas no pueden sancionarse como infracciones independientes (LGT art.180.2; RSAN art.16.4 y 17.3).
En relación con la **culpabilidad**, no existen especialidades, por lo que la sanción se condiciona a que la Inspección justifique que el incumplimiento no se fundamenta en ninguna interpretación razonable de la norma, sino que se aprecia culpabilidad en la conducta de los gestores de la entidad, al menos en el grado de simple negligencia. La **sanción** se impone, pues, a estas entidades sin personalidad jurídica pero, en caso de impago de esta se puede tramitar la **responsabilidad solidaria** de quienes hayan causado o colaborado activamente en la realización de la infracción tributaria (LGT art.42.1.a).
b) Sanciones a los miembros de la entidad por la incorrecta atribución de renta. Se trata de las infracciones por la falta de ingreso en la imposición directa de los miembros de la entidad de la LGT art.35.4, como consecuencia de las rentas ocultadas (ventas no contabilizadas, gastos no deducibles, etc.) de esta y que deben atribuirse a sus miembros (LGT art.191.1).
Las sanciones requieren la concurrencia de **culpabilidad**, aunque sea en su grado de simple negligencia, que debe apreciarse en cada uno de los posibles sujetos infractores. Por ello, procede examinar la concurrencia de la culpabilidad de forma individualizada en cada uno de los miembros de la entidad. Así, por ejemplo, si la Inspección descubre que se han ocultado ventas a través de una entidad en régimen de atribución de rentas, la concurrencia de la culpabilidad resulta clara en relación con los miembros que ejerzan las funciones de dirección o de gestión de la entidad en régimen de atribución de rentas. En cambio, en aquellos miembros que no tuvieran ninguna relación con la gestión de la entidad, se requiere un análisis más detallado de los indicios y pruebas que reflejen que, en su caso, conocían o debieron conocer que la entidad estaba ocultando ventas.
Las **infracciones** por dejar de ingresar de los miembros de las entidades en régimen de atribución de rentas derivadas de las cantidades no atribuidas o atribuidas incorrectamente en las que se aprecie culpabilidad, deben **calificarse** teniendo en cuenta los criterios de la incidencia de la llevanza de la contabilidad o registros de la entidad y de la utilización de facturas o documentos falsos o falseados. No plantea ningún problema el que la contabilidad o las facturas correspondan a la entidad de la LGT art.35.4 (que, por otra parte, es una entidad sin personalidad jurídica cuyas consecuencias se atribuyen directamente a sus miembros), dado que estas conductas no las refiere la norma exclusivamente al sujeto infractor. Así, la LGT art.191 se refiere de forma impersonal a «cuando se hayan utilizado facturas, justificantes o documentos falsos o falseados» y no dice «cuando el sujeto infractor haya utilizado...»; y en la misma línea, la LGT art.184.3.b se refiere de forma impersonal a «el empleo de facturas, justificantes o documentos falsos o falseados». Asimismo, la LGT art.184.3.a.3º y 191 se refieren impersonalmente a la incidencia de la llevanza incorrecta de los libros de contabilidad y de los libros y registros establecidos por las normas tributarias, sin referirse en ningún momento a la contabilidad o registros del sujeto infractor. Estas **expresiones impersonales** se entienden para que estos criterios de calificación resulten aplicables a los casos como grupos fiscales o a las entidades en régimen de atribución de rentas.

6148 **Obtención indebida de devolución y falta de ingreso** (LGT art.191.5) Con el sistema de autoliquidación puede ocurrir que el obligado tributario presente una autoliquidación en la que solicite indebidamente una devolución y la obtenga, cuando en realidad debería haber efectuado un ingreso.
En este caso, concurren **dos conductas**: dejar de ingresar y obtener indebidamente devoluciones. No obstante, el legislador ha optado por subsumir la infracción consistente en obtener indebidamente devoluciones en la infracción consistente en dejar de ingresar en plazo la deuda que debiera haber resultado de la autoliquidación, dándoles un **tratamiento único**. Para el análisis del tratamiento de las especialidades que se establecen a este respecto, ver nº 6253 s.

2. Calificación de la infracción

(LGT art.184.3 y 191)

6155 La calificación de la infracción consistente en dejar de ingresar en plazo la deuda que debiera resultar de una autoliquidación depende de que concurran determinadas circunstancias y, en su caso, de que se superen determinados porcentajes.
Tales **circunstancias** son:
- el importe de las retenciones practicadas y no ingresadas y de los ingresos a cuenta repercutidos y no ingresados (nº 6167 s.);
- empleo de personas o entidades interpuestas (nº 6176);

- utilización de documentos o de facturas falsas o falseadas (nº 6179);
- llevanza incorrecta de la contabilidad (nº 6182);
- ocultación de datos a la Administración tributaria (nº 6188);
- la propia base de la sanción (nº 6205), si supera o no los 3.000 euros (nº 6194).

En función de la existencia de estas circunstancias, la infracción puede ser leve, grave o muy grave.

A. La infracción es **muy grave** cuando: **6158**

a) Se utilicen **medios fraudulentos**, es decir, si:

1. Existen **anomalías sustanciales en la contabilidad**, esto es, cuando:
- haya incumplimiento absoluto de la obligación de llevanza de la contabilidad o de los libros o registros establecidos por la normativa tributaria;
- se lleven contabilidades distintas que, referidas a una misma actividad y ejercicio económico, no permitan conocer la verdadera situación de la empresa;
- se lleven incorrectamente los libros de contabilidad o los libros o registros establecidos por la normativa tributaria. Para que esta circunstancia se considere un medio fraudulento se requiere que su incidencia represente un porcentaje superior al 50% del importe de la base de la sanción.

2. Se emplean facturas, justificantes u otros **documentos falsos o falseados** cuya incidencia en la base de la sanción sea superior al 10%.

3. Se utiliza **persona interpuesta**.

b) **No se ingresen las retenciones** practicadas y los ingresos a cuenta repercutidos y esa falta de ingreso represente un porcentaje superior al 50% del total de retenciones e ingresos a cuenta dejados de ingresar.

B. La infracción es **grave** cuando: **6161**

a) Haya **ocultación** y la base de la sanción sea superior a 3.000 euros.

b) Se hayan utilizado facturas, justificantes o **documentos falsos o falseados**, sin que ello sea constitutivo de medio fraudulento, es decir, sin que su incidencia en la base de la sanción sea superior al 10%.

c) Se lleven incorrectamente los libros de **contabilidad** o los libros o registros establecidos por la normativa tributaria, y la incidencia de esa **llevanza incorrecta** en la base de la sanción sea superior al 10% y menor o igual al 50%.

d) **No se ingresen las retenciones** practicadas y los ingresos a cuenta repercutidos y esa falta de ingreso no represente un porcentaje superior al 50% del total de retenciones e ingresos a cuenta dejados de ingresar.

C. La infracción es **leve** cuando:

a) No haya ocultación, aunque la **base de la sanción** sea mayor de 3.000 euros.

b) La base de la sanción no supere los 3.000 euros, aunque exista **ocultación**.

c) Se haya **regularizado voluntariamente**, pero de forma «encubierta» (nº 6265).

Por otra parte, la única excepción a la regla de la **calificación unitaria de las infracciones** (nº 5792 s.) se contiene en esta infracción leve consistente en dejar de ingresar en plazo la deuda que debiera haber resultado de una autoliquidación cuando se regulariza voluntariamente sin cumplir los requisitos legales (ver nº 5800). En ese supuesto, puede producirse una **doble calificación** de la infracción: **6164**
- como leve, por dejar de ingresar la parte regularizada de forma «encubierta» (nº 6265 s.); y
- de acuerdo con las reglas generales, por el resto de la deuda dejada de ingresar en plazo.

Importe de las retenciones practicadas y no ingresadas y de los ingresos a cuenta repercutidos y no ingresados (LGT art.191.3.c y 4) La falta de ingreso de las retenciones practicadas y de los ingresos a cuenta repercutidos se califica como infracción **muy grave o grave** según esa falta de ingreso represente un porcentaje superior o no al 50% del **importe total** de retenciones e ingresos a cuenta dejados de ingresar (importe total que incluye tanto las retenciones practicadas y los ingresos a cuenta repercutidos como las retenciones que se debieron practicar y los ingresos a cuenta que se debieron repercutir). **6167**

Es decir, la infracción es grave o muy grave según la siguiente fracción arroje un porcentaje menor o igual al 50% o superior al 50%, respectivamente:

$$\frac{\text{Ret. practicadas y no ingresadas + Ingresos a cuenta repercutidos y no ingresados}}{\text{Ret. no ingresadas + Ingresos a cuenta no ingresados}}$$

Por tanto, la falta de ingreso de cantidades que hubieran debido retenerse o ingresarse a cuenta no puede calificarse como infracción **leve**, salvo que se trate del supuesto excepcional de declaración voluntaria fuera de plazo sin cumplir los requisitos legales.

6173 Precisiones 1) En relación con las **retenciones incorrectamente practicadas**, la jurisprudencia y la doctrina administrativa señalan la improcedencia de la liquidación al retenedor cuando la deuda tributaria principal ya ha sido pagada por el retenido, ya que en otro caso se produciría una doble imposición y un enriquecimiento sin causa para la Administración (TS 27-2-07, EDJ 21031; 5-3-08, EDJ 48949; 16-7-08, EDJ 128111; TEAC 3-4-08).Esto no impide que la Administración Tributaria pueda exigir al retenedor los **efectos perjudiciales** (los intereses y las sanciones que el retenedor pueda merecer) que para ella se hayan producido por el hecho de no haberse practicado la retención o haberse practicado de modo cuantitativamente insuficiente (TS 5-3-08, EDJ 48949).
En el mismo sentido, el TS concluye expresamente que no procede liquidar la cuota de retención al recurrente, para evitar un **enriquecimiento injusto** de la Administración, pero que procede la sanción porque sobre la renta pagada era claro que la normativa establecía la obligación de practicar retención (TS 21-5-09, EDJ 134717; TEAC 12-2-09).
2) Sancionada una persona o entidad por incumplir su obligación de practicar retención sobre las rentas que ha satisfecho, las retenciones objeto de sanción en sede de la pagadora no deben **minorarse de la base de la sanción** a imponer, en su caso, al perceptor de las rentas u obligado a soportar la retención (TEAC 7-5-15). En el mismo sentido, TS 11-4-14, EDJ 65189.
3) Regularizada por la Administración la situación tributaria de un obligado a retener, que no ha practicado las retenciones a las que estaba obligado, o las ha practicado por un importe inferior al debido, y no resultando exigible el pago de la liquidación, pues la exigencia de este pago da lugar o puede dar lugar a un **enriquecimiento injusto** de la Administración, no procede anular automáticamente la sanción que deriva de esa regularización al retenedor sino que, por el contrario, puede mantenerse esa sanción, siempre que concurran los demás elementos para ello (TEAC unif. criterio 26-6-12).

6174 Ejemplo La Administración descubre que un retenedor ha practicado y no ha ingresado retenciones por importe de 5.000 € en su autoliquidación del cuarto trimestre, y que ha aplicado negligentemente porcentajes de retención inferiores a los reglamentariamente establecidos, dejando de retener e ingresar un importe de 10.000 €.

$$\frac{\text{Retenciones practicadas y no ingresadas}}{\text{Retenciones no ingresadas}} = \frac{5.000}{15.000} = 33\%$$

Al no superarse el porcentaje del 50%, la infracción se califica como grave.

6176 **Empleo de personas o entidades interpuestas** (LGT art.184.3.c) El empleo de personas o entidades interpuestas comporta la utilización de **medios fraudulentos** (nº 5905 s.) y califica siempre la infracción consistente en dejar de ingresar en plazo la deuda que debiera resultar de una autoliquidación como **muy grave**.

Ejemplo En el curso de las actuaciones, la Inspección descubre que la entidad comprobada ha dejado de ingresar cuotas de IVA al no incluir determinadas ventas que ha puesto a nombre de un empresario acogido al régimen simplificado del impuesto que es familiar del administrador de la sociedad.
Como la entidad ha utilizado medios fraudulentos, puesto que se ha valido de una persona interpuesta, la infracción se califica como muy grave.

6179 **Utilización de documentos, justificantes o facturas falsas o falseadas** (LGT art.184.3.b) La infracción se califica como **muy grave** si la incidencia de esta circunstancia en la base de la sanción (nº 6205 s.) es superior al 10%, en cuyo caso implica el empleo de medios fraudulentos, o como **grave** si esa incidencia es igual o inferior al 10% de la base de la sanción. Por tanto, la utilización de facturas falsas, independientemente de su número o importe, determina que la infracción no pueda calificarse como leve.

Precisiones En la emisión y utilización de facturas falsas, la Inspección impuso al destinatario de las facturas una sanción por dejar de ingresar (LGT art.191) calificada como muy grave por utilización de medios fraudulentos, y al mismo tiempo le consideró **responsable solidario** de la infracción formal cometida por el emisor de las facturas (LGT art.201.3) por resultar causante o colaborador activo en la comisión de una infracción tributaria. El TS entendió que la LGT impide sancionar de forma independiente una acción u omisión que constituye un **medio instrumental** para cometer una infracción que también sea objeto de sanción y en la que se tome tal conducta instrumental como criterio de graduación o calificación (TS 6-7-15, EDJ 130363; 5-11-20, EDJ 715499).

Ejemplo Un empresario que tributa por el IRPF en régimen de estimación directa no incluye en su contabilidad ni en la autoliquidación del impuesto ventas por 10.000 € y se deduce facturas falsas por 1.000 €. Se supone que el tipo medio de gravamen que resulta de la regularización es el 40%.

Ingreso resultante de la regularización = 11.000 × 40% = 4.400 €.

$$\text{Incidencia de las facturas falsas} = \frac{1.000 \times 0{,}40}{4.400} = 0{,}09$$

La incidencia de las facturas falsas no supera el 10% de la base de la sanción, luego no se considera que se han utilizado medios fraudulentos y la infracción no puede calificarse como muy grave por este concepto. No obstante, la mera existencia de una factura falsa ya permite concluir que la infracción no es leve (nº 6179).

El importe de los asientos o registros falsos es de 11.000 €, de los cuales 1.000 € corresponden al reflejo de hechos u operaciones inexistentes o con importes superiores a los reales y 10.000 € a la omisión de operaciones, luego:

$$\text{Incidencia de la incorrecta contabilización} = \frac{11.000 \times 0{,}40}{4.400} = 1{,}00$$

La incidencia de la incorrecta contabilidad es del 100%, lo que sí supone la utilización de medios fraudulentos (nº 5875) y la calificación de la infracción como muy grave.

Así, la infracción en conjunto debe calificarse como muy grave.

Llevanza incorrecta de contabilidad (LGT art.184.3.a) Las anomalías sustanciales en la contabilidad o en los libros registros se consideran **medios fraudulentos**. Se aprecia la existencia de tales anomalías cuando concurra alguna de las siguientes **circunstancias**: 6182

a) El **incumplimiento absoluto** de la obligación de llevanza de la contabilidad o de los libros o registros establecidos por la normativa tributaria (ver nº 5872).

b) La llevanza de **contabilidades distintas** que, referidas a una misma actividad y ejercicio económico, no permitan conocer la verdadera situación de la empresa.

c) La **llevanza incorrecta** de los libros de contabilidad o de los libros o registros establecidos por la normativa tributaria (ver nº 5875), siempre que su incidencia represente un porcentaje superior al 50% del importe de la base de la sanción (nº 6205 s.).

En caso de **anomalías sustanciales** se considera que se han utilizado medios fraudulentos, y la infracción se califica como **muy grave**.

Si la incidencia de la incorrecta llevanza de los libros de contabilidad o de los libros o registros establecidos por la normativa tributaria no supera el 50% pero sí el 10% de la base de la sanción (nº 6205 s.), la infracción es **grave**, y si esa incidencia no es superior al 10%, la infracción es **leve**.

Ocultación de datos a la Administración Tributaria (LGT art.184.2) Se entiende que existe ocultación de datos a la Administración Tributaria cuando no se presenten declaraciones o se presenten declaraciones en las que se incluyan hechos u operaciones inexistentes o con importes falsos, o en las que se omitan total o parcialmente operaciones, ingresos, rentas, productos, bienes o cualquier otro dato que incida en la determinación de la deuda tributaria, siempre que la **incidencia de la deuda derivada de la ocultación** en relación con la base de la sanción sea superior al 10% (ver nº 5850 s.). 6188

Si en este caso, además, la base de la sanción supera los 3.000 euros, la infracción se califica como **grave**, salvo si concurre otra circunstancia que determine su calificación como muy grave.

Base de la sanción como límite cuantitativo cuando existe ocultación (LGT art.191.2 y 3) Aunque exista ocultación, la infracción se califica como leve si la base de la sanción no supera los 3.000 euros. Este límite cuantitativo solo se aplica al criterio de calificación de **ocultación**. Si concurren otras circunstancias determinantes de la calificación de la infracción (llevanza incorrecta de contabilidad con incidencia superior al 10%, empleo de documentos o facturas falsas o falseadas, etc.), la infracción se califica como leve, grave o muy grave, según corresponda, aunque la cuantía dejada de ingresar sea menor de 3.000 euros. 6194

Ejemplos 1) Un empresario que tributa por el IRPF en régimen de estimación directa no declara ventas por importe de 11.000 €, de las cuales hay ventas por importe de 9.000 € que están contabilizadas y ventas por importe de 2.000 € que no lo están, y se deduce gastos que no son fiscalmente deducibles por 10.000 €. Se supone que el tipo medio de gravamen que resulta de la regularización es el 40%. 6197

Ingreso resultante de la regularización = 21.000 × 40% = 8.400 €.

$$\text{Incidencia de la incorrecta contabilización} = \frac{2.000 \times 0{,}40}{8.400} = 0{,}095$$

La incidencia de la incorrecta contabilización no supera el 10% de la base de la sanción, luego por este criterio de calificación la infracción sería leve.

$$\text{Incidencia de la omisión de determinadas ventas en la autoliquidación} = \frac{11.000 \times 0{,}40}{8.400} = 0{,}52$$

Al ser esta incidencia superior al 10% de la base de la sanción se considera que existe ocultación. Como, adicionalmente, la base de la sanción es superior a 3.000 €, la infracción se debe calificar como grave (nº 6194).
Como conclusión, la infracción es grave.
2) El obligado tributario deja de ingresar 3.000 € en la declaración del IVA del tercer trimestre como consecuencia de la ocultación de ventas, y 2.500 € en el cuarto trimestre por utilización de facturas falsas.
En el tercer trimestre comete una infracción leve, dado que la incidencia de la ocultación de las ventas en la base de la sanción es superior al 10% (en concreto el 100%), pero la base de la sanción no supera los 3.000 €.
En el cuarto trimestre comete una infracción muy grave, puesto que ha utilizado medios fraudulentos por la utilización de facturas falsas con una incidencia en la base de la sanción superior al 10% (en concreto del 100%). En este caso es intrascendente que la base de la sanción no supere los 3.000 €.

6200 **Cuadro resumen de la calificación de la infracción** Lo anterior se puede reflejar en el siguiente cuadro resumen:

Circunstancias calificadoras	CALIFICACIÓN INFRACCIÓN LGT art.191		
	Muy grave	**Grave**	**Leve**
Retenciones e ingresos a cuenta practicados y no ingresados (nº 6167 s.)	> 50%	≤ 50%	
Documentos falsos o falseados (nº 6179)	> 10% (M.F.)	≤ 10%	
Interposición de personas (nº 6176)	SI (M.F.)		
Diversas contabilidades o no llevanza de contabilidad	SI (M.F.)		
Incorrecta contabilización o registro (nº 6182)	> 50% (M.F.)	Entre 50% y 10%	≤ 10%
Ocultación (> 10%) (nº 6188 s.)		BS > 3.000 €	BS ≤ 3.000 €
No ocultación u ocultación ≤ 10%			SI

Nota: M.F. significa utilización de medios fraudulentos y los porcentajes se calculan sobre el importe de la base de la sanción (BS).

La regularización voluntaria «encubierta» se califica como infracción leve (nº 6265 s.).

3. Base de la sanción

(LGT art.191.1; RSAN art.8)

6205 **Concepto de base de sanción** (LGT art.191.1) Los porcentajes de las multas pecuniarias proporcionales se aplican sobre la base de la sanción que, en el caso de la infracción consistente en dejar de ingresar en plazo la totalidad o parte de la deuda que debiera haber resultado de una autoliquidación, es precisamente la parte de **deuda dejada de ingresar** en la autoliquidación como consecuencia de la comisión de la infracción.
En cualquier regularización efectuada por la Administración Tributaria puede haber, pues, una cantidad dejada de ingresar que sea consecuencia de la comisión de la infracción y otra que no lo sea. Ello se debe a que la cantidad dejada de ingresar que ha sido objeto de la regularización puede provenir de diversos **ajustes**, algunos de los cuales pueden **no** ser **sancionables**. Esto ocurre cuando **no** se aprecia la existencia de **culpabilidad**. Por ejemplo, cuando la autoliquidación presentada no es correcta pero se encuentra amparada por una interpretación razonable de la norma.
La base de la sanción tiene los siguientes **usos**:
a) Es la magnitud sobre la que se debe aplicar el **porcentaje de la sanción**.
b) Se emplea para determinar la incidencia de determinadas circunstancias que influyen en la **calificación** de la infracción:
- ocultación de datos a la Administración Tributaria (nº 6188 s.);

- llevanza incorrecta de los libros de contabilidad o de los libros o registros establecidos por la normativa tributaria (nº 6182);
- empleo de facturas, justificantes u otros documentos falsos o falseados (nº 6179).

c) Se utiliza para determinar el porcentaje del **criterio de graduación** consistente en la existencia de perjuicio económico para la Hacienda Pública (nº 5975 s.).

Precisiones **1)** La Administración tiene derecho a resarcirse de los **efectos perjudiciales** que se hubieran podido ocasionar. Por ello, sí es posible sancionar al retenedor que no ha ingresado las retenciones a cuenta del IRPF cuando la cuota de la liquidación girada por la Administración en concepto de retenciones es cero, siendo la base de la sanción, a los efectos punitivos de la LGT art.191, las retenciones no practicadas que debieran haberse realizado (TS 1-10-20, EDJ 672015).
2) En supuestos de **operaciones vinculadas** en las que, por diferencias de valoración de tales operaciones, por un lado, se regulariza en el IS a las sociedad, devolviéndole las cantidades que procedan y, por otro lado, se regulariza a su socio en el IRPF, imputándole las rentas que fueron declaradas por la sociedad vinculada, la base de cálculo de la sanción tributaria debe ser la cuantía no ingresada en la autoliquidación de la persona física como consecuencia de la infracción. No puede considerarse como base de la sanción, el neto resultante de la regularización íntegra (TS 6-6-23, EDJ 588664). No obstante, cuando se aprecie **simulación** en la prestación de servicios profesionales a través de la sociedad, tratándose en realidad de servicios prestados directamente por la persona física a terceros, la base de la sanción es la diferencia entre la cantidad dejada de ingresar por la persona física y la ingresada por la sociedad instrumental interpuesta, simulada, respecto de las mismas rentas (TS 8-6-23, EDJ 597166).
3) En el caso de un **profesional que interpone una sociedad** para, a través de ella, desviar la facturación por los servicios que presta, se cuestiona si la base de la sanción en el IRPF del socio profesional debe reducirse en el importe de las cuotas que resultaron a devolver en la misma regularización, por lo que hace a la sociedad interpuesta. El TEAC entiende que no es posible tal interpretación a la luz de la LGT art.191, que tipifica la infracción y cuantifica la sanción sin contemplar tal posibilidad (TEAC 7-5-15).
4) Aunque la regularización no consista en la valoración de la operación vinculada entre la sociedad y el socio, sí parte de la existencia de dos sujetos distintos (pues no aprecia simulación, TS 8-6-23, EDJ 597166), y no ha quedado acreditada la **cesión de los derechos de imagen** por parte del socio a la sociedad, la cantidad dejada de ingresar por el socio es la cuantía que le hubiera correspondido tributar por las rentas procedentes de la cesión de derechos de imagen, siendo esa cantidad la que resulta sancionable en su totalidad (LGT art.191.1º último párrafo), y más teniendo en cuenta que se había reconocido a la sociedad el derecho a la devolución por su tributación anterior de tales rentas (AN 31-1-24, EDJ 515079).
5) Cuando las retenciones omitidas sean exigidas al retenedor en un **procedimiento inspector previo**, y por tanto en la regularización inspectora del IRPF del perceptor se haya admitido su deducción, la base de sanción coincide con la cuantía dejada de ingresar resultante de la liquidación, es decir tras la deducción de las retenciones, sin que resulte aplicable el criterio TEAC unif. criterio 7-5-15 (TEAC 11-6-20).
6) La **base de la sanción** de la infracción por dejar de ingresar es, en todo caso, la cuantía no ingresada en la autoliquidación como consecuencia de la comisión de la infracción (LGT art.191). Ello incluso en los supuestos que se corresponden con las conductas descritas en la LGT art.191.6.primer párrafo, sin perjuicio de que esas conductas queden tipificadas como infracción tributaria leve (TEAC 8-9-16).

Ejemplo Un empresario, que tributa en el IVA en régimen de estimación directa, oculta ventas que corresponden a cuotas por importe de 6.000 € y consigna cuotas por importe de 2.000 € que no son deducibles, pero que no resultan sancionables por estar fundadas en una interpretación razonable de la norma. En este caso, la cuota a ingresar resultante de la regularización es de 8.000 €, pero la base de la sanción es solo de 6.000 €. Es decir, la base de la sanción no tiene por qué coincidir con el importe de la cuota regularizada, sino que es la parte de la cuota dejada de ingresar como consecuencia de la comisión de la infracción. Aunque se dejó de ingresar también esos 2.000 €, esa parte de falta de ingreso no resultaba sancionable, por lo que no puede incluirse en la cuantía de la base de la sanción.

Cálculo de la base de la sanción (RSAN art.8) A estos efectos, se pueden distinguir dos **situaciones**: **6208**
- que toda la cantidad regularizada sea sancionable; o
- que la cantidad regularizada sea sancionable solo parcialmente (nº 6214 s.).

El cálculo de la base de la sanción de esta infracción cuenta con algunas **especialidades** que se examinan en el nº 6271 s.

Toda la cantidad regularizada es sancionable (RSAN art.8.1) La base de la sanción (en adelante, BS) coincide con el importe del ingreso resultante de la regularización practicada (en adelante, IR). Así, **6211**

$$BS = IR$$

Ejemplo Determinar la base de la sanción si se descubren ventas ocultas por 10.000 € y deducciones del ejercicio incorrectas y sancionables por 3.000 € en la declaración del IS. Se supone un tipo de gravamen del 25%.
Como en este caso toda la cantidad regularizada es sancionable, tendremos:

$$BS = IR = 10.000 \times 25\% + 3.000 = 5.500\ €$$

6214 **La cantidad regularizada es parcialmente sancionable** (RSAN art.8.2 y 8.3) Debemos distinguir en la cantidad global regularizada, la parte sancionable y la parte no sancionable. Para ello, el RSAN recoge el criterio de **reparto proporcional** que ya se venía utilizando en la práctica con anterioridad.
En algunos supuestos (IVA, retenciones e ingresos a cuenta, por ejemplo), los **incrementos sancionables** se producen directamente en la **cuota** del tributo o en la cantidad a ingresar, en cuyo caso el reparto es inmediato, aunque también puede obtenerse mediante la aplicación de la siguiente fórmula:

$$BS = IR ¥ \frac{\text{Incremento sancionable en términos de cuota}}{\text{Incremento total en términos de cuota}}$$

6217 Ejemplo La Administración Tributaria descubre que un obligado tributario ha declarado en el cuarto trimestre cuotas de IVA no deducibles por 3.000 €, de las que son sancionables 2.000 €.
Este caso es de tal sencillez que la base de la sanción se deduce inmediatamente sin necesidad de cálculo alguno. Se indica directamente que de los 3.000 € dejados de ingresar solo son sancionables 2000 €, que constituyen la base de la sanción.
Pero el mismo resultado se obtiene multiplicando IR por el porcentaje sancionable:

$$BS = IR \times \frac{\text{Incremento sancionable en términos de cuota}}{\text{Incremento total en términos de cuota}} = \frac{3.000 \times 2.000}{3.000} = 2.000$$

6220 La fórmula anterior es imprescindible en casos más complejos en los que se pueden producir **incrementos sancionables** tanto en la **base** como en la **cuota** (IS, IRPF e IRNR). En estos casos se requiere además homogeneizar los importes, transformando las magnitudes en términos de base a magnitudes en términos de cuota por medio de la aplicación de los correspondientes tipos impositivos.
Utilizando la terminología recogida en el nº 6112, y dado que:
Incremento sancionable en términos de cuota = $\Delta sB \times t + \Delta sC$
Incremento total en términos de cuota = $\Delta B \times t + \Delta C$
tendremos que:

$$BS = IR \times \frac{\text{Incremento sancionable en términos de cuota}}{\text{Incremento total en términos de cuota}} = IR \times \frac{\Delta sB \times t + \Delta sC}{\Delta B \times t + \Delta C}$$

Veamos cómo esta es la misma expresión que utiliza el RSAN.

6223 El RSAN dispone que, cuando resultan cantidades sancionables y no sancionables en la regularización practicada por la Administración Tributaria, la base de la sanción es el resultado de multiplicar la cantidad a ingresar (IR) por un **coeficiente** (RSAN art.8.2), que se expresa redondeando con dos decimales, y que comprende (RSAN art.8.3):
a) En el **numerador**, la suma del resultado de multiplicar los incrementos sancionables regularizados en la base imponible o liquidable por el tipo de gravamen del tributo, si esos incrementos se producen en la parte de la base gravada por un tipo proporcional o, si se producen en la parte de la base gravada por una tarifa, por el tipo medio de gravamen resultante de su aplicación, más los incrementos sancionables realizados directamente en la cuota del tributo o en la cantidad a ingresar.
b) En el **denominador**, la suma del resultado de multiplicar todos los incrementos que se hayan regularizado en la base imponible o liquidable por el tipo de gravamen del tributo, si esos incrementos se producen en la parte de la base gravada por un tipo proporcional o, si se producen en la parte de la base gravada por una tarifa, por el tipo medio de gravamen resultante de su aplicación, más los incrementos realizados directamente en la cuota del tributo o en la cantidad a ingresar.

Luego, el RSAN recoge el tradicional criterio de reparto proporcional:

BASE SANCIÓN DE INFRACCIÓN POR DEJAR DE INGRESAR (LGT art.191)
Base Sanción = IR × Coeficiente (RSAN art.8.3)
Coeficiente (RSAN art.8.3) = $\frac{\Delta sB \times t + \Delta sC}{\Delta B \times t + \Delta C}$

Ejemplo En la regularización del IS de una entidad, la Inspección descubre ventas ocultas por 8.000 €, gastos no deducibles pero amparados en una interpretación razonable de la norma por 2.000 € y deducciones incorrectas del ejercicio en 3.000 €, de los que son sancionables 2.000 €. Se supone un tipo de gravamen del 25%. **6225**
La cuota regularizada sería: IR = (8.000 + 2.000) × 25% + 3.000 = 5.500 €

$$\text{Coeficiente (RSAN art.8.3)} = \frac{\Delta sB \times t + \Delta sC}{\Delta B \times t + \Delta C} = \frac{8.000 \times 0{,}25 + 2.000}{10.000 \times 0{,}25 + 3.000} = 0{,}7272$$

Base Sanción = IR × Coeficiente = 5.500 × 0,7272 = 3.999,6 €.
Ver caso completo 1 en nº 6710.

Exclusión de los ajustes que minoran la deuda tributaria (RSAN art.8.4) En el cálculo del «coeficiente» no se tienen en cuenta los ajustes que minoran la deuda tributaria. Por ello, la fórmula anterior solo se refiere a los ajustes que suponen un incremento (Δ) de la deuda tributaria. **6228**
Aunque pudiera parecer a primera vista que la exclusión de los ajustes que minoran la deuda agrava la sanción, realmente no tienen ningún efecto. La consideración de estos **ajustes negativos** solo conseguiría dificultar los cálculos sin modificar el resultado final, dado que el RSAN sigue el sistema tradicional de reparto proporcional, de forma que en la misma proporción en que se reduciría el numerador del coeficiente se minoraría también su denominador.
En efecto, supongamos que partimos de una fórmula alternativa que considera los ajustes que minoran la deuda:

$$\frac{\text{Incremento sancionable (en ter.cuota) - Minoración imputable a la parte sancionable}}{\text{Incremento total (en ter.cuota) - Minoración total}}$$

En este caso debemos calcular el importe de la «minoración imputable a la parte sancionable» por medio de un reparto proporcional:
Minoración imputable a la parte sancionable = Minoración total × Coeficiente
donde:

$$\text{Coeficiente} = \frac{\text{Incremento sancionable (en términos de cuota)}}{\text{Incremento total (en términos de cuota)}}$$

Luego la fórmula alternativa se transformaría en la siguiente:

$$\frac{\text{Incremento total ¥ Coeficiente - Minoración total ¥ Coeficiente}}{\text{Incremento total - Minoración total}} = \text{Coeficiente}$$

Llegamos, pues, a un «coeficiente» que se calcula por el cociente entre el incremento sancionable y el incremento total, sin tener en cuenta los ajustes que minoran la deuda, y que no es otro que la expresión utilizada por el RSAN.
Ver caso completo 2 en nº 6720 s.

Respecto al cálculo del **tipo de gravamen** aplicable (t) se plantean dos situaciones en función de que el incremento se produzca en la parte de la base gravada por: **6230**
a) Un **tipo proporcional**. En este caso no se plantean problemas:

Tipo (parte base sometida a tipo fijo) = tipo de gravamen (proporcional) del tributo

b) Una **tarifa**. Este caso es más problemático y resulta aplicable al IRPF respecto a la parte de la base sometida a escala general.
Los **incrementos sancionables** regularizados en base se multiplican por el tipo medio de gravamen resultante de su aplicación (nº 6223, letra a). Resulta claro que no se aplica el tipo marginal de gravamen, pero debemos precisar cuál es el importe del citado tipo medio.

Existen dos **clases**:

a) El tipo medio **general** (resulta de dividir la totalidad de la cuota regularizada sometida a tarifa resultante de la regularización por la totalidad de la base sometida a tarifa resultante de la regularización).

b) El tipo medio correspondiente a un determinado **incremento de base** que resulta de dividir el incremento de cuota regularizada sometida a tarifa resultante de la regularización por el incremento de la base sometida a tarifa resultante de la regularización.

La **liberalidad** del citado precepto no se refiere al tipo medio de gravamen general, sino al tipo medio de gravamen resultante de su aplicación, es decir, resultante del incremento de base sometida a tarifa. Luego:

$$\text{Tipo (parte base sometida a tarifa)} = \frac{\text{CI regularizada - CI declarada}}{\text{BI regularizada - BI declarada}}$$

Además, esta interpretación es la que resulta lógica, al resultar neutral.

6232 Ejemplo Un obligado tributario presenta la declaración del IRPF con una base de 10.000 €; aplica las deducciones del ejercicio por 1.500 € e ingresa 679,31 €. La Inspección descubre un incremento de base de 10.000 € de las que resultan sancionables 6.000 €. Se pide calcular la sanción resultante en este caso y también la que resultaría si además se comprueba que las deducciones del ejercicio son incorrectas, pero no sancionables, por importe de 1.000 €.

1) En el primer caso, obtenemos la siguiente regularización:

IRPF	Declarado	Δ	Δ s	IRegulariz.
Base (a escala general)	10.000	10.000	6.000	20.000
CI (a escala general)	2.179,31			4.885,74
Deduc. ejercicio	1.500			1.500
Ingreso autoliq.	679,31			679,31
Ingreso regularización (IR)				2.706,43

$$\text{Coeficiente (nº 6223)} = \frac{\Delta sB \times t + \Delta sC}{\Delta B \times t + \Delta C} = \frac{6.000 \times t + 0}{10.000 \times t + 0} = 0{,}60$$

BS = IR × Coeficiente = 2.706,43 × 0,60 = 1.623,86 €

6233 2) En el segundo caso, además, se minora el importe de la deducción del ejercicio en 1.000 € y resulta una cantidad a ingresar de 3.706,43 €. Veamos cómo afecta a la sanción la aplicación del tipo medio general y del tipo medio del incremento aplicado.

a) Caso de **aplicación del tipo medio general**. Resulta:

$$\text{Tipo medio general} = \frac{\text{CI comprobada}}{\text{BI comprobada}} = \frac{4.885{,}74}{20.000} = 0{,}2443$$

$$\text{Coeficiente (nº 6223)} = \frac{\Delta sB \times t + \Delta sC}{\Delta B \times t + \Delta C} = \frac{6.000 \times 0{,}2443 + 0}{10.000 \times 0{,}2443 + 1.000} = 0{,}4257$$

BS = IR × Coeficiente = 3.706,43 × 0,4257 = 1.577,83 €

Pero este resultado es incoherente, ya que del hecho de minorar unas deducciones no sancionables no parece razonable que suponga la reducción del importe de la sanción respecto del caso 1) anterior, en la que se da la misma conducta sancionable.

b) Caso de **aplicación del tipo medio del incremento aplicado**. Resulta:

$$\text{Tipo medio del incremento} = \frac{\text{CI regul. - CI decl.}}{\text{BI regul - BI decl.}} = \frac{4.885{,}74 - 2.179{,}31}{20.000 - 10.000} = 0{,}2706$$

$$\text{Coeficiente (nº 6223)} = \frac{\Delta sB \times t + \Delta sC}{\Delta B \times t + \Delta C} = \frac{6.000 \times 0{,}2706 + 0}{10.000 \times 0{,}2706 + 1.000} = 0{,}4381$$

BS = IR × Coeficiente = 3.706,43 × 0,4381 = 1.623,80 €

En este caso, la sanción resulta idéntica a la contemplada en el caso 1) anterior, como resulta lógico. Por ello, resulta coherente que el tipo medio aplicado sea el correspondiente al incremento de la base, y no el tipo medio general.

4. Sanción

(LGT art.186, 187.1.a y b, 188 y 191)

Sanciones pecuniarias (LGT art.191) La infracción que estamos considerando se sanciona con una **multa pecuniaria proporcional**. Su cuantía se determina multiplicando la base de la sanción (ver nº 6205) por los siguientes **porcentajes**: 6235
- el 50%, si la infracción es **leve**;
- entre el 50% y el 100%, si la infracción es **grave**;
- entre el 100% y el 150%, si la infracción es **muy grave**.

Para concretar estos porcentajes se deben tener en cuenta los criterios de graduación (nº 6238) y las reducciones que resulten aplicables (nº 6241).

Criterios de graduación (LGT art.187.1 a y b) Cuando la infracción es **grave o muy grave**, es necesario graduar la sanción. Para ello se utilizan dos criterios: 6238

a) La **comisión repetida** de infracciones tributarias (ver nº 5955 s.), que determina un incremento de la sanción mínima de 5, 15, o 25 puntos porcentuales.

b) El **perjuicio económico** para la Hacienda Pública (ver nº 5975 s.), que comporta un incremento de la sanción mínima de 10, 15, 20 o 25 puntos porcentuales.

Si la infracción es **leve** no opera ningún criterio de graduación por resultar aplicable una sanción de porcentaje fijo, aunque sí pueden operan las reducciones (ver nº 6241).

Precisiones A efectos de **calcular el perjuicio económico**, en el denominador debe utilizarse el concepto de cuota líquida en lugar del de cuota diferencial, es decir, el que tome en consideración, como parte de la deuda satisfecha el importe de los pagos a cuenta, retenciones y pagos fraccionados (TS 11-4-23, EDJ 551555).

Reducciones de la sanción (LGT art.188) Las reducciones aplicables a las sanciones que se impongan por esta infracción pueden ser: 6241

a) Del 30%, por **conformidad** del interesado (ver nº 6005 s.).

b) Del 65%, por **acuerdo** del interesado (ver nº 6015 s.).

c) Del 40%, por **ingreso** de la sanción en período voluntario o en los plazos del acuerdo de aplazamiento o fraccionamiento concedido por la Administración con garantía de aval o de seguro de crédito de caución, **sin impugnación** de la liquidación ni de la sanción (ver nº 6025 s.). Esta reducción no es aplicable en el caso de actas con acuerdo. Este porcentaje del 40% opera sobre el importe de la sanción ya reducido por conformidad, en caso de que concurran ambos motivos de reducción.

Por consiguiente, la concurrencia de ambas reducciones supone una **minoración total del importe** de la sanción del 58% [30% + 40% (100% - 30%)].

Sanciones accesorias no pecuniarias (LGT art.186) Además de las sanciones pecuniarias, se pueden imponer sanciones accesorias no pecuniarias cuando la sanción pecuniaria impuesta lo sea por infracción **grave** o **muy grave**, sea igual o superior a 30.000 euros y se hubiera utilizado el criterio de graduación de comisión repetida de infracciones tributarias (ver nº 5940 s.). 6244

5. Especialidades legales relativas a esta infracción

(LGT art.191.5 y 6; RSAN art.8.5)

La LGT contempla dos **casos** especiales en relación con la infracción de dejar de ingresar en autoliquidación: 6250
- la concurrencia de las infracciones consistentes en dejar de ingresar en plazo la totalidad o parte de la deuda que hubiera resultado de una autoliquidación y en obtener indebidamente devoluciones; y
- la regularización voluntaria «encubierta» (nº 6265 s.).

Concurrencia de la infracción dejar de ingresar la deuda tributaria con la obtención indebida de devoluciones (LGT art.191.5) Esta especialidad se plantea cuando el obligado tributario solicita y obtiene una devolución en vez de realizar el ingreso que realmente le hubiera correspondido. 6253

La LGT ha optado por subsumir la infracción consistente en obtener indebidamente una devolución en la infracción consistente en dejar de ingresar en plazo la totalidad o parte de la deuda que debería haber resultado de la autoliquidación, dándoles un **tratamiento unitario**. Este tratamiento responde a que la conducta del sujeto infractor es única. Además, con ello se evitan ciertas incoherencias que se producirían en otro caso como consecuencia de los límites cuantitativos. Por otra parte, se simplifica el procedimiento sancionador, al calcularse y tramitarse una única sanción en vez de dos.

6256 Ejemplo Una sociedad no incluyó en su declaración del IS unas ventas que tiene contabilizadas, obteniendo una devolución de 5.000 €, en vez de ingresar las 2.500 € que correspondían.
De no existir la regla especial de la LGT art.191.5, se apreciaría la existencia de dos infracciones:
- una, por dejar de ingresar 2.500 €, que sería leve (ocultación con una base de sanción no superior a 3.000 €);
- otra, por obtener indebidamente una devolución de 5.000 € que sería grave.
Esta calificación carece de lógica, ya que una única y misma conducta se calificaría en parte como leve y en parte como grave.
La vigente regla especial evita estas incoherencias, considerando que se ha cometido una **única infracción** consistente en dejar de ingresar 7.500 €, que se califica como grave.

6259 Este tratamiento unitario obliga a realizar las siguientes precisiones legales:
a) No es sancionable la infracción consistente en obtener indebidamente una devolución.
b) La **cantidad no ingresada** se entiende que es la suma de los importes de la devolución obtenida indebidamente y de la cantidad que hubiera debido ingresarse en autoliquidación.
c) El porcentaje del **perjuicio económico** causado a la Hacienda Pública es del 100%.
En este caso se hace necesario definir específicamente el perjuicio económico, puesto que el denominador de la fracción que define el cálculo del porcentaje del perjuicio económico (ver nº 5975 s.) solo se refiere a los casos en los que la regularización arroje un mayor ingreso o una menor devolución. En el caso de devolución convertida a ingresar se podría haber definido el denominador del porcentaje del perjuicio económico como la suma del importe de la devolución inicialmente obtenida y la cantidad que debió ingresarse, lo que coincidiría con el numerador y daría un perjuicio del 100%. La norma ha optado, por simplicidad, en determinar directamente que, en estos casos, el perjuicio económico es del 100%.

Resumen de especialidades
No se sanciona la infracción por obtener indebidamente una devolución.
IR = Devolución obtenida + Cantidad que debió ingresar en autoliquidación.
Perjuicio económico = 100%

6262 Ejemplo Una entidad solicita y obtiene una devolución de 20.000 € en el IS. La Administración descubre ventas no declaradas ni contabilizadas por 70.000 € y ajustes no sancionables en base por 30.000 €, por lo que la entidad debió autoliquidar e ingresar 10.000 €. Se supone un tipo de gravamen del 25%.
En este caso no se sanciona la obtención indebida de la devolución, sino solo la infracción por dejar de ingresar.

IR = Devolución obtenida + Cantidad que debió ingresar = 20.000 + 10.000 = 30.000 €

$$\text{Coeficiente (nº 6223)} = \frac{\Delta sB \times t + \Delta sC}{\Delta B \times t + \Delta C} = \frac{70.000 \times 0,25}{100.000 \times 0,25} = 0,70$$

BS = IR × Coeficiente = 30.000 × 0,70 = 21.000 €

La infracción se califica como muy grave, por lo que el porcentaje de sanción estaría entre el 100% y el 150%. El perjuicio económico es del 100%, lo que supone un incremento de la sanción en 25 puntos porcentuales. Luego la sanción incrementada sería del 125%.

Sanción (previa a las reducciones) = 21.000 × 125% = 26.250 €

6265 **Regularización voluntaria «encubierta»** (LGT art.27.4 y 191.6; RSAN art.8.5) Con la normativa anterior se llegó a plantear si se consideraba infracción por falta de ingreso en plazo la conducta del obligado tributario que incluía, de forma encubierta en las declaraciones del último trimestre anual del IVA y de retenciones, cantidades correspondientes a los trimestres anteriores. Además, al quedar enmascarada la regularización podía pasar inadvertida a la Administración, y el efecto práctico era similar a si el obligado tributario se hubiera concedido a sí mismo un aplazamiento de pago sin haberlo solicitado a los Órganos de Recaudación, sin aportar garantías ni pagar intereses.
Para evitar estos problemas, la LGT condiciona expresamente la aplicación del **régimen de recargos** por declaración o autoliquidación extemporánea sin requerimiento previo, que excluyen la imposición de sanciones, al cumplimiento de dos **requisitos**:
- que identifique expresamente el período impositivo de liquidación al que se refiere; y
- que contenga únicamente los datos relativos a ese período.

Por tanto, denominaremos regularización voluntaria «**encubierta**» a aquellos casos en que no se cumplen los requisitos anteriores, es decir, cuando se incluyen negligentemente en una autoliquidación datos que se dejaron de autoliquidar e ingresar en algún período anterior.
La regularización voluntaria encubierta es constitutiva de **infracción**, pero se califica como **leve**, por su menor gravedad en comparación con otras faltas de ingreso en plazo (LGT art.191.6). Se trata de la única excepción al principio de calificación unitaria de la infracción (ver nº 5800).

Esta conducta se puede producir también en el caso de falta de ingreso de los **pagos fraccionados**. Los pagos fraccionados constituyen anticipos de cantidades a cuenta efectuadas por empresarios y profesionales en el IRPF y de entidades en el IS. Cuando el obligado tributario no ha realizado pagos fraccionados, pero tampoco se deduce ninguna cantidad a cuenta en la autoliquidación del impuesto definitivo, efectúa una regularización voluntaria extemporánea. En ese caso se trata de una regularización voluntaria encubierta, puesto que no se cumplen los requisitos exigidos para disfrutar de la exoneración de responsabilidad, al no identificarse el concepto impositivo ni los períodos objeto de regularización. **6268**

Precisiones **1)** No procede la aplicación del recargo por ingreso fuera de plazo sin requerimiento cuando no ha habido **identificación del período impositivo** objeto de liquidación ni se han expresado los datos relativos a dicho período (TS unif. doctrina 9-5-11, EDJ 79210; 23-5-16, EDJ 68736).
2) En una operación de venta de terrenos el obligado tributario declara e ingresa la correspondiente cuota en la declaración correspondiente al trimestre siguiente (se declara en el 3T cuando correspondía hacerlo en el 2T). La Inspección impone una sanción por infracción leve en el período 2T (LGT art.191.6), al no resultar aplicable el recargo por **presentación extemporánea** (LGT art.27.4).
El obligado tributario recurre alegando que la sanción resulta desproporcionada. La AN establece procedente la sanción al entender que no son posibles las regularizaciones voluntarias tácitas. Para determinar el **importe sobre el que aplicar la sanción**, y con el fin de no incurrir en una desproporción entre lo dejado de ingresar y la cuantía de la sanción, se establece que solo puede aplicarse dicha cantidad efectiva, que se limita a los intereses por el retraso en efectuar el ingreso, a lo que debe añadirse el recargo por la extemporaneidad de la declaración, y sobre la suma de estos dos importes, aplicar el tipo sancionador correspondiente (AN 17-12-13, EDJ 255658).
3) La imposición de la sanción tipificada en la LGT art.191.6, en un caso por diferimiento de la declaración de la cuota del IVA, devengada y repercutida a un trimestre posterior, con **inobservancia** de los requisitos relativos a la identificación del periodo impositivo de liquidación (LGT art.27.4), no vulnera ni el derecho de la UE (en particular, la normativa del IVA y los principios de neutralidad y proporcionalidad) ni los principios constitucionales que rigen el ejercicio de la **potestad sancionadora** en el ámbito tributario.Y ello, aunque el efecto de la aplicación de la norma sancionadora suponga una multa por importe superior a lo que debería abonar el contribuyente por el recargo por declaración extemporánea sin requerimiento previo cuando, por voluntad propia del sujeto pasivo, que no se ha ceñido a las exigencias legales, no resulta posible su aplicación (TS 13-10-21, EDJ 722535).

Ejemplo Una sociedad presenta la declaración del IS con una base de 10.000 €, y sin ninguna deducción ni retención, e ingresa 2.500 € (se supone un tipo de gravamen del 25%). La sociedad no presentó ninguno de los tres pagos fraccionados del ejercicio, que ascendían a 600 €, 700 € y 700 €.
Las cantidades a cuenta que deberían declararse como pagos fraccionados en los meses de abril, octubre y diciembre del ejercicio, se incluyen en la declaración del IS que se presenta en julio del año siguiente, por lo que no se identifica expresamente el concepto impositivo ni los períodos objeto de regularización. Nos encontramos, pues, ante una regularización voluntaria «encubierta», que constituye una infracción leve sancionable con una multa proporcional del 50% de las cantidades no ingresadas en plazo.

Especialidades del cálculo de la base de la sanción (RSAN art.8.5) El cálculo de la base de la sanción presenta ciertas especialidades cuando se produce una regularización voluntaria «encubierta» junto con alguna otra infracción que suponga falta de ingreso en la misma autoliquidación. En estos casos la falta de ingreso quedaría total o parcialmente enmascarada al efectuarse el ajuste consistente en eliminar las operaciones encubiertas que son de un período anterior. Por ello, las **cantidades indebidamente declaradas** en un período no deben disminuir la base de sanción que proceda en su regularización. Así, la base de la sanción por la falta de ingreso correspondiente al período en el que se incluyan incorrectamente cantidades que debían haber sido declaradas en períodos anteriores es el importe resultante de la cuota regularizada sin disminución en esas cantidades. Por tanto, en estos casos: **6271**
BS = Ingreso/devolución regularizado + Cantidad indebidamente declarada

6274 Ejemplo En las declaraciones de IVA del ejercicio el obligado tributario ocultó ventas en el 3T por 2.000 € e incluyó facturas falseadas por otros 2.000 € en el 4T, declarando e ingresando una cuota diferencial de 5.000 € en cada uno de estos trimestres. Posteriormente decide declarar las ventas ocultas no incluidas en el 3T.
Comparar las infracciones cometidas dependiendo de que:
- el sujeto pasivo regularice correctamente la omisión del 3T presentando una declaración complementaria de ese período; o
- incluya sus importes de forma encubierta en el 4T.

6277 **a) Caso de regularización correcta del 3T presentando declaración complementaria.**
En el **3T** no comete ninguna infracción, pero la Administración liquida el correspondiente recargo por autoliquidación voluntaria extemporánea (LGT art.27).
En el **4T** comete **una infracción** por dejar de ingresar 2.000 € por las facturas falseadas (LGT art.191.1).

6280 **b) Caso de regularización encubierta en el 4T.** Las regularizaciones serían:

IVA 3T	DECLARADO	REGULARIZADO
Cuota diferencial declarada 3T	5.000	5.000
Δ Cuota 3T declarado en 4T	-	2.000
Ingresado en autoliquidación	5.000	5.000
IR		2.000

IVA 4T	DECLARADO	REGULARIZADO
Cuota diferencial declarada 4T	5.000	5.000
Eliminación facturas falseadas	-	2.000
Cuota 3T declarado en 4T	2.000	-
Ingresado en autoliquidación	7.000	7.000
IR		0

En el **3T** se comete una infracción por dejar de ingresar en plazo por la regularización encubierta con una base de sanción de 2.000 €, que se califica de leve.
En el **4T** la utilización de la regla general para el cálculo de la base de la sanción (BS = IR) daría cero (o, en otros casos, podría dar negativo), con lo que no se podría sancionar esa conducta.
Esto sería incoherente, cometiendo dos infracciones (declaración encubierta de ventas ocultas y falta de ingreso utilizando facturas falsas) se sancionaría solo una de ellas, y además la de menor sanción.
Para evitar este efecto no debe restarse la cantidad regularizada encubiertamente. Como esta cantidad ya estará deducida en la regularización se debe incluir nuevamente:

BS (4T) = Ingreso regularizado + Cantidad regularizada encubierta = 0 + 2.000 = 2.000 €

6. Régimen transitorio

(LGT art.10.2 y disp.trans.4ª; RD 2063/2004 disp.trans.1ª)

6285 El régimen de infracciones y sanciones tributarias tiene **efectos retroactivos** respecto a los actos que no sean firmes cuando su aplicación resulte más favorable para el interesado (ver nº 5610 s.).
Por ello, cuando resulte aplicable el régimen transitorio se deben **comparar los regímenes sancionadores** de las infracciones tipificadas en la LGT/1963 art.79.a y la LGT art.191, para aplicar el más favorable al contribuyente.

II. Presentación incorrecta o incompleta de declaraciones

(LGT art.192)

6290

6293

INFRACCIÓN LGT art.192		
Tipo	Incumplir la obligación de presentar de forma completa y correcta las declaraciones o documentos necesarios, incluidos los relacionados con las obligaciones aduaneras, para que la Administración tributaria pueda practicar la adecuada liquidación de aquellos tributos que no se exigen por el procedimiento de autoliquidación, salvo que se regularice mediante la presentación de declaración extemporánea sin requerimiento previo de la Administración tributaria con arreglo a la LGT art.27.	
Calificación	**Infracción muy grave**	En caso de utilización de **medios fraudulentos** (ver nº 5870 s.), es decir, cuando concurra cualquiera de las siguientes **circunstancias**: - anomalías sustanciales en la contabilidad y en los libros o registros fiscales; - empleo de facturas, justificantes u otros documentos falsos o falseados si su incidencia es > 10% de la BS; - utilización de personas o entidades interpuestas.
	Infracción grave	Cuando, sin utilizarse personas interpuestas, se produzca alguna de las siguientes **circunstancias**: **a) Empleo** de facturas, justificantes u otros documentos falsos o falseados si su incidencia es ≤ 10% de la BS. **b) Llevanza** incorrecta de libros o registros con una incidencia > 10% y ≤ 50% de la BS. **c) Ocultación** de datos a la Administración tributaria y BS > 3.000 €.
	Infracción leve	Cuando concurran simultáneamente las siguientes **circunstancias**: **a) No** hay **ocultación** o (aunque exista ocultación) BS ≤ 3.000 €, y **b)** La infracción **no** se califica como **grave o muy grave**. Esto supone que no hay: - empleo de facturas, justificantes u otros documentos falsos o falseados; - llevanza incorrecta de libros o registros; y - utilización de personas interpuestas.
Base de la sanción	La cuantía de la liquidación cuando no se hubiera presentado declaración, o la diferencia entre la cuantía que resulte de la adecuada liquidación del tributo y la que hubiera procedido de acuerdo con los datos declarados.	
Sanción	Por infracción muy grave	Multa pecuniaria proporcional del 100 al 150% de la BS. Criterios de **graduación**: Comisión repetida (entre el 0% y el 25%) y perjuicio económico (entre el 0% y el 25%).
	Por infracción grave	Multa pecuniaria proporcional del 50 al 100% de la BS. Criterios de **graduación**: Comisión repetida (entre el 0% y el 25%) y perjuicio económico (entre el 0% y el 25%).
	Por infracción leve	Multa pecuniaria proporcional del 50% de la BS.
Reducciones	Las reducciones aplicables a la sanción pueden ser (LGT art.188): - del 65% y del 30%, respectivamente, por acuerdo o conformidad; - del 40%, por ingreso de la sanción sin impugnación de la liquidación ni de la sanción.	

Configuración del tipo (LGT art.192.1) Esta infracción se comete cuando no se presenta o se presenta de forma incorrecta la declaración en un tributo gestionado por el **sistema de declaración**. 6295
Conforme a este sistema, el sujeto pasivo debe presentar la declaración o los documentos necesarios para que la Administración Tributaria pueda practicar la adecuada liquidación del tributo.

Dada la generalización que ha adquirido el sistema de autoliquidación en nuestro sistema tributario, este sistema de declaración ha pasado a ser residual. Actualmente el sistema de declaración se aplica fundamentalmente:

a) En algunos supuestos de **obligaciones aduaneras**.

b) En el **ISD**, salvo cuando el obligado tributario opte o esté obligado a liquidar el Impuesto por el régimen de autoliquidación.
c) En el **IAE**, cuando se recauda mediante recibo y deben presentarse declaraciones de alta o variación para que la Administración Tributaria pueda practicar la liquidación.

6298 El incumplimiento de la obligación de declarar que origine la falta de liquidación o una liquidación defectuosa, con la consiguiente **omisión del ingreso** de la deuda tributaria, es merecedor del mismo reproche que la infracción por dejar de ingresar en el sistema de autoliquidación (ver nº 6120 s.).
El **tipo** de esta infracción consiste en incumplir la obligación de presentar de forma completa y correcta las declaraciones o documentos necesarios para que la Administración Tributaria pueda practicar la adecuada liquidación de aquellos tributos que no se exigen por el procedimiento de autoliquidación, salvo que se regularice mediante la presentación de declaración extemporánea sin requerimiento previo de la Administración Tributaria (LGT art.27).
Por lo tanto, esta infracción comprende las siguientes **conductas**:
a) No presentar las declaraciones o documentos dentro de los plazos reglamentariamente establecidos.
b) Presentar las declaraciones o documentos **fuera de plazo previo requerimiento** por parte de la Administración tributaria.
c) Presentar las declaraciones o documentos **de forma incompleta o incorrecta**, ya sea dentro o fuera de plazo.

Precisiones Dada la importancia que el sistema tradicional de declaración tiene en el **ámbito aduanero**, en la definición del tipo se hace referencia específicamente a las obligaciones aduaneras.

6301 **Delimitación negativa** (LGT art.27 y 192.1) No se comete esta infracción en aquellos casos en los se presenta **declaración extemporánea sin requerimiento previo** de la Administración, sin perjuicio de que esta liquide el recargo por presentación extemporánea de la declaración.
La finalidad de esta excepción es incentivar la presentación voluntaria de estas declaraciones extemporáneas, como sucedía en el caso de la infracción por dejar de ingresar en autoliquidación (nº 6136 s.).

Precisiones Este tipo infractor es similar al **delito de defraudación** por elusión del pago de tributos (CP art.305). Pero para que exista delito contra la Hacienda Pública la conducta del obligado tributario debe ser dolosa y el importe no ingresado superar los 120.000 euros.

6304 **Calificación de la infracción** (LGT art.192.2 a 4) La calificación de esta infracción, que puede ser **leve, grave o muy grave**, depende de que concurran determinadas circunstancias y, en su caso, de que estas superen determinados porcentajes.
Las **circunstancias calificadoras** de esta infracción son las siguientes:
- la propia base de la sanción, si supera o no los 3.000 euros;
- la ocultación de datos a la Administración Tributaria;
- la llevanza incorrecta de la contabilidad o de los libros registros;
- la utilización de facturas o documentos falsos o falseados;
- el empleo de personas o entidades interpuestas.

Precisiones Tales **circunstancias** son las mismas que las examinadas en el caso de la infracción por dejar de ingresar en plazo la totalidad o parte de la deuda que debía haber resultado de una autoliquidación (nº 6155 s.), **salvo** los casos de falta de ingreso de pagos a cuenta (pagos fraccionados, retenciones e ingresos a cuenta, conceptos tributarios que siempre se declaran por medio de autoliquidación), y el supuesto de regularización voluntaria encubierta, que solo pueden producirse en caso de autoliquidación.

6310 La infracción puede calificarse como leve, grave o muy grave de acuerdo con las siguientes circunstancias:
a) Infracción **muy grave** cuando se utilicen **medios fraudulentos**, es decir, si:
1. Existen **anomalías sustanciales en la contabilidad**, esto es, cuando:
- hay incumplimiento absoluto de la obligación de llevanza de la contabilidad o de los libros o registros establecidos por la normativa tributaria (nº 5872 s.);
- se llevan contabilidades distintas que, referidas a una misma actividad y ejercicio económico, no permiten conocer la verdadera situación de la empresa;
- se llevan incorrectamente los libros de contabilidad o los libros o registros establecidos por la normativa tributaria (nº 5875), siempre que la incidencia de esta circunstancia represente un porcentaje superior al 50% del importe de la base de la sanción (nº 6320).
2. Se emplean facturas, justificantes u otros **documentos falsos o falseados** cuya incidencia en la base de la sanción es superior al 10%.
3. Se utiliza **persona interpuesta**.

b) Infracción **grave** cuando: 6313
1. Hay **ocultación** y la base de la sanción es superior a 3.000 euros (nº 5850 s. y nº 6320, respectivamente).
2. Se han utilizado facturas, justificantes o **documentos falsos o falseados**, sin que ello sea constitutivo de medio fraudulento, es decir, sin que su incidencia en la base de la sanción sea superior al 10%.
3. Se llevan incorrectamente los libros de **contabilidad** o los libros o registros establecidos por la normativa tributaria, y la incidencia de esa **llevanza incorrecta** en la base de la sanción es superior al 10% y menor o igual al 50%.
c) Infracción **leve** cuando:
1. No hay ocultación y la **base de la sanción** es mayor de 3.000 euros.
2. La base de la sanción no supera los 3.000 euros, aunque exista **ocultación**.

Lo anterior se puede reflejar en el siguiente **cuadro resumen**: 6314

Circunstancias calificadoras	CALIFICACIÓN INFRACCIÓN LGT art.192		
	Muy grave	Grave	Leve
Documentos falsos o falseados (nº 6179 s.)	> 10% (M.F.)	≤ 10%	
Interposición de personas (nº 6176)	SI (M.F.)		
Diversas contabilidades o no llevanza de contabilidad	SI (M.F.)		
Incorrecta contabilización o registro (nº 6182)	> 50% (M.F.)	Entre 50% y 10%	≤ 10%
Ocultación (> 10%) (nº 6188 s.)		BS > 3.000 €	BS ≤ 3.000 €
No ocultación u ocultación ≤ 10%			SI

Nota: M.F. significa utilización de medios fraudulentos y los porcentajes se calculan sobre el importe de la base de la sanción.

Cuando concurren varios criterios de calificación aplicables a una misma infracción, en estos casos, rige el principio de **calificación unitaria de la infracción**, en virtud del cual, cada infracción tributaria se califica unitariamente como leve, grave o muy grave, y la multa proporcional que, en su caso, proceda imponer, se aplica sobre toda la base de la sanción (nº 5790 s.). 6317
Si concurren varias circunstancias determinantes de una distinta calificación de la infracción, se toma en consideración la que determine una mayor gravedad de la conducta (RSAN art.8.1).

Base de la sanción (LGT art.192.1; RSAN art.8) La base de la sanción correspondiente a la infracción consistente en incumplir la obligación de presentar de forma completa y correcta las declaraciones o documentos necesarios para que la Administración Tributaria pueda practicar la adecuada liquidación de tributos que no se exigen por el sistema de autoliquidación, es: 6320
a) La cuantía de la liquidación, cuando **no** se hubiese presentado **declaración**.
b) La diferencia entre la cuantía resultante de la adecuada liquidación y la cuantía de la liquidación que hubiera procedido de acuerdo con los datos declarados, cuando se hubiese presentado **declaración incorrecta**.
Es decir, ese importe es la **cuantía de la liquidación** correspondiente a los datos no declarados.
La base de la sanción **se calcula** de acuerdo con las mismas reglas que en el caso de la infracción por dejar de ingresar en plazo la totalidad o parte de la deuda tributaria que debería haber resultado de una autoliquidación (nº 6208 s.), pero entendiendo que las menciones a las cantidades dejadas de ingresar se realizan a las cantidades anteriormente señaladas.

Por tanto, se distinguen **dos situaciones** en el cálculo de la base de la sanción:
a) Cuando toda la **cantidad regularizada** es **sancionable**:

BS = Cuantía liquidación por los datos no declarados.

b) Cuando la cantidad regularizada es **parcialmente sancionable**:

BS = Cuantía liquidación por datos no declarados × Coeficiente (nº 6223).

6323 **Sanción** (LGT art.192) La infracción se sanciona con una **multa pecuniaria proporcional**, cuya cuantía se determina multiplicando la base de la sanción (nº 6320) por los siguientes **porcentajes**:
- el 50%, si la infracción es leve;
- entre el 50% y el 100%, si la infracción es grave;
- entre el 100% y el 150%, si la infracción es muy grave.

Para cuantificar la sanción se deben tener en cuenta, además, los criterios de graduación (nº 6326) y las reducciones (nº 6329) que resulten aplicables.

6326 **Criterios de graduación** (LGT art.187.1.a y b) Si la infracción es **grave** o **muy grave**, es necesario graduar la sanción. Para ello se utilizan dos criterios:
a) La **comisión repetida** de infracciones tributarias (nº 5955 s.), determina un incremento de la sanción mínima de 5, 15, o 25 puntos porcentuales.
b) El **perjuicio económico** para la Hacienda Pública (nº 5975 s.), comporta un incremento de la sanción mínima de 10, 15, 20 o 25 puntos porcentuales.
En cambio, si la infracción es leve no opera ningún criterio de graduación por resultar aplicable una sanción de porcentaje fijo, aunque sí pueden operar las reducciones.

6329 **Reducciones** (LGT art.188) Las reducciones aplicables a las sanciones que se impongan por esta infracción pueden ser:
a) Del 30%, por **conformidad** del interesado (nº 6005 s.).
b) Del 65%, por **acuerdo** del interesado (nº 6015 s.).
c) Del 40%, por **ingreso** de la sanción en período voluntario o en los plazos previstos en el acuerdo de aplazamiento o fraccionamiento que conceda la Administración con garantía de aval o certificado de seguro de caución, **sin impugnación** de la liquidación ni de la sanción (nº 6025 s.). Este porcentaje del 40% opera sobre el importe de la sanción ya reducido por conformidad, en caso de que concurran ambos motivos de reducción.

6332 **Sanciones accesorias no pecuniarias** Además de las sanciones pecuniarias, se pueden imponer sanciones accesorias no pecuniarias cuando la sanción pecuniaria impuesta (nº 5940 s.):
- sea por infracción grave o muy grave;
- sea igual o superior a 30.000 euros; y
- se haya utilizado el criterio de graduación de comisión repetida de infracciones tributarias.

6335 **Régimen transitorio** (LGT art.10.2 y disp.trans.4ª; RD 2063/2004 disp.trans.1ª) El régimen de infracciones y sanciones tributarias tiene **efectos retroactivos** respecto a los actos que no sean firmes cuando su aplicación resulte más favorable para el interesado (nº 5610 s.). Por ello, cuando resulte aplicable el régimen transitorio se deben comparar los regímenes sancionadores de las infracciones tipificadas en la LGT/1963 art.79.b y la LGT art.192, para aplicar el más favorable al contribuyente.

III. Obtención indebida de devoluciones

(LGT art.193)

6345

6347

INFRACCIÓN LGT art.193		
Tipo	Obtener indebidamente devoluciones derivadas de la normativa de cada tributo.	
Calificación	**Infracción muy grave**	Cuando se hubieran utilizado **medios fraudulentos** (nº 6359), es decir, cuando concurra cualquiera de las siguientes **circunstancias**: - anomalías sustanciales en la contabilidad y en los libros o registros fiscales; - empleo de facturas, justificantes u otros documentos falsos o falseados si su incidencia es > 10% de la BS; - utilización de personas o entidades interpuestas.
	Infracción grave	Cuando, sin utilizarse personas interpuestas, se produzca alguna de las siguientes **circunstancias**: **a) Empleo** de facturas, justificantes u otros documentos falsos o falseados si su incidencia es ≤ 10% de la BS. **b) Llevanza** incorrecta de libros o registros con una incidencia > 10% y ≤ 50% de la BS. **c) Ocultación** de datos a la Administración tributaria y BS > 3.000 €.
	Infracción leve	Cuando concurran simultáneamente las siguientes **circunstancias**: **a) No** hay **ocultación** o (aunque exista ocultación) BS ≤ 3.000 €, y **b)** La infracción **no** se califica como **grave o muy grave**. Esto supone que: - no hay empleo de facturas, justificantes u otros documentos falsos o falseados; - no hay llevanza incorrecta de libros o registros; y - no hay utilización de personas interpuestas.
Base de la sanción	La cantidad indebidamente devuelta como consecuencia de la comisión de la infracción.	
Sanción	Por infracción **muy grave**	Multa pecuniaria proporcional del 100 al 150% de la BS. Criterios de **graduación**: Comisión repetida (entre el 0% y el 25%) y perjuicio económico (entre el 0% y el 25%).
	Por infracción **grave**	Multa pecuniaria proporcional del 50 al 100% de la BS. Criterios de **graduación**: Comisión repetida (entre el 0% y el 25%) y perjuicio económico (entre el 0% y el 25%).
	Por infracción **leve**	Multa pecuniaria proporcional del 50% de la BS.
Reducciones	Las reducciones aplicables pueden ser (LGT art.188): - del 65% y 30%, respectivamente, por acuerdo o por conformidad; - del 40%, por ingreso de la sanción sin impugnación de la liquidación ni de la sanción.	

Configuración del tipo (LGT art.193.1) La conducta infractora consiste en obtener indebidamente **devoluciones derivadas de la normativa de cada tributo**. 6350

La comisión de esta infracción requiere que el obligado tributario **obtenga la devolución** indebidamente solicitada. Si no llega a obtener la devolución solicitada como consecuencia de las comprobaciones efectuadas por la Administración Tributaria, resulta de aplicación el tipo infractor consistente en solicitar indebidamente devoluciones (nº 6410 s.).

No obstante, la obtención indebida de devoluciones no es objeto de sanción por esta infracción cuando concurra con la falta de ingreso. En tales casos, ambas conductas se sancionan unitariamente por la infracción consistente en **dejar de ingresar** la deuda tributaria que debería haber resultado de la autoliquidación (nº 6253 s.).

Precisiones 1) Si el obligado tributario obtiene una devolución indebida, puede **regularizar voluntariamente** su situación tributaria reintegrando su importe antes de ser requerido por la Administración Tributaria. Aunque el tipo de esta infracción no menciona la regularización voluntaria extemporánea como un supuesto de exclusión de la sanción, una interpretación sistemática permite entender aplicable esa exoneración también para esta infracción (LGT art.27 y 179.3). 6353

2) Este tipo infractor es similar al **delito de defraudación** por obtener indebidamente devoluciones tributarias (CP art.305). Pero para que exista delito contra la Hacienda Pública la conducta del obligado tributario debe ser dolosa y el importe no ingresado superar los 120.000 euros.

6356 **Calificación de la infracción** (LGT art.193) La infracción por obtener indebidamente devoluciones derivadas de cada tributo puede ser **leve, grave o muy grave**. Esta calificación depende de que concurran determinadas circunstancias y, en su caso, en que estas superen determinados porcentajes.

Las **circunstancias calificadoras** de esta infracción son las siguientes:
- la propia base de la sanción (si supera o no los 3.000 euros);
- la ocultación de datos a la Administración Tributaria;
- la llevanza incorrecta de la contabilidad o de los libros registros;
- la utilización de facturas o documentos falsos o falseados;
- el empleo de personas o entidades interpuestas.

Precisiones Tales **circunstancias** son las mismas que las examinadas en el caso de la infracción por dejar de ingresar en plazo la totalidad o parte de la deuda que debía haber resultado de una autoliquidación (nº 6155 s.), con la excepción de la relativa a la falta de ingreso de retenciones y pagos a cuenta, conceptos tributarios que nunca pueden dar un resultado a devolver.

6359 En concreto, esta infracción puede calificarse como leve, grave o muy grave de acuerdo con las siguientes **circunstancias**:

a) Infracción **muy grave** cuando se utilicen medios fraudulentos, es decir, si:

1. Existen **anomalías sustanciales** en la contabilidad, esto es, cuando:
- haya incumplimiento absoluto de la obligación de llevanza de la contabilidad o de los libros o registros establecidos por la normativa tributaria (nº 5872);
- se lleven contabilidades distintas que, referidas a una misma actividad y ejercicio económico, no permitan conocer la verdadera situación de la empresa;
- se lleven incorrectamente los libros de contabilidad o los libros o registros establecidos por la normativa tributaria (nº 5875), siempre que la incidencia de esta circunstancia represente un porcentaje superior al 50% del importe de la base de la sanción (nº 6371).

2. Se emplean facturas, justificantes u otros **documentos falsos o falseados** cuya incidencia en la base de la sanción sea superior al 10%.

3. Se utiliza **persona interpuesta**.

6362 **b)** Infracción **grave** cuando:

1. Haya **ocultación** (nº 5850 s.) y la base de la sanción (nº 6371) sea superior a 3.000 euros.

2. Se hayan utilizado facturas, justificantes o **documentos falsos o falseados**, sin que ello sea constitutivo de medio fraudulento, es decir, sin que su incidencia en la base de la sanción sea superior al 10%.

3. Se lleven incorrectamente los libros de **contabilidad** o los libros o registros establecidos por la normativa tributaria, y la incidencia de esa **llevanza incorrecta** en la base de la sanción sea superior al 10% y menor o igual al 50%.

c) Infracción **leve** cuando:

1. No haya **ocultación** y la base de la sanción sea mayor de 3.000 euros.

2. La base de la sanción no supere los 3.000 euros, aunque exista **ocultación**.

6365 Lo anterior se puede reflejar en el siguiente **cuadro resumen**:

Circunstancias calificadoras	CALIFICACIÓN INFRACCIÓN LGT art.193		
	Muy grave	Grave	Leve
Documentos falsos o falseados (nº 6179)	> 10% (M.F.)	≤ 10%	
Interposición de personas (nº 6176)	SI (M.F.)		
Diversas contabilidades o no llevanza	SI (M.F.)		
Incorrecta contabilización o registro (nº 6182)	> 50% (M.F.)	Entre 50% y 10%	≤ 10%
Ocultación (> 10%) (nº 6188 s.)		BS > 3.000 €	BS ≤ 3.000 €
No ocultación u ocultación ≤ 10%			SÍ

Nota: M.F. significa utilización de medios fraudulentos y los porcentajes se calculan sobre el importe de la base de la sanción.

Con frecuencia concurren varios criterios de calificación aplicables a una misma infracción. En tales supuestos, rige el principio de **calificación unitaria de la infracción**, en virtud del cual, cada infracción tributaria se califica unitariamente como leve, grave o muy grave, y la multa proporcional que, en su caso, proceda imponer, se aplica sobre toda la base de la sanción (nº 5790 s.). 6368

Si concurren **varias circunstancias** determinantes de una distinta calificación de la infracción, se toma en consideración la que determine una mayor gravedad de la conducta (RSAN art.8.1).

Base de la sanción (LGT art.193.1; RSAN art.8) La base de la sanción correspondiente a la infracción consistente en obtener indebidamente devoluciones derivadas de la normativa de cada tributo está constituida por las **cantidades indebidamente devueltas** como consecuencia de la comisión de la infracción. 6371

La base de la sanción **se calcula** de acuerdo con las mismas reglas que en el caso de la infracción por dejar de ingresar en plazo la totalidad o parte de la deuda tributaria que debería haber resultado de una autoliquidación (nº 6208 s.), pero entendiendo que las menciones a las cantidades dejadas de ingresar se realizan a las cantidades indebidamente devueltas como consecuencia de la comisión de esta infracción.

Se distinguen dos **situaciones** en el cálculo de la base de la sanción:

a) Cuando toda la **cantidad regularizada** es **sancionable**:

BS = Cantidades indebidamente devueltas.

b) Cuando la cantidad regularizada es **parcialmente sancionable**:

BS = Cantidades indebidamente devueltas × Coeficiente (nº 6223).

Sanción (LGT art.193.2 a 4) La infracción que nos ocupa se sanciona con una **multa pecuniaria proporcional**, cuya cuantía se determina multiplicando la base de la sanción (nº 6371) por los siguientes **porcentajes**: 6374

- el 50%, si la infracción es leve;
- entre el 50% y el 100%, si la infracción es grave;
- entre el 100% y el 150%, si la infracción es muy grave.

Para cuantificar la sanción se deben tener en cuenta, además, los criterios de graduación y las reducciones que resulten aplicables (nº 6377 y nº 6380, respectivamente).

Ejemplo Una entidad solicita y obtiene una devolución por el IS por importe de 20.000 €. Posteriormente la Administración Tributaria comprueba que la devolución procedente era de 12.000 €, al no considerar fiscalmente deducibles determinados gastos, apreciándose negligencia.
Se trata de una infracción **leve** por obtener una devolución indebidamente (nº 6362).
BS = Cantidad indebidamente devuelta = 8.000 €.
Sanción (previa a las reducciones) = 8.000 × 50% = 4.000 €.

Criterios de graduación (LGT art.187.1 a y b) Si la infracción es **grave** o **muy grave**, es necesario graduar la sanción. Para ello se utilizan dos criterios: 6377

a) La **comisión repetida** de infracciones tributarias (nº 5955 s.), determina un incremento de la sanción mínima de 5, 15, o 25 puntos porcentuales.

b) El **perjuicio económico** para la Hacienda Pública (nº 5975 s.), comporta un incremento de la sanción mínima de 10, 15, 20 o 25 puntos porcentuales.

Si la infracción es **leve** no opera ningún criterio de graduación por resultar aplicable una sanción de porcentaje fijo, aunque sí pueden operar las reducciones.

Reducciones (LGT art.188) Las reducciones aplicables a las sanciones que se impongan por esta infracción pueden ser: 6380

a) Del 30%, por **conformidad** del interesado (nº 6005 s.).

b) Del 65%, por **acuerdo** del interesado (nº 6015 s.).

c) Del 40%, por **ingreso** de la sanción en período voluntario o en los plazos fijados en el acuerdo de aplazamiento o fraccionamiento concedido por la Administración con garantía de aval o certificado de seguro de caución **sin impugnación** de la liquidación ni de la sanción (nº 6025 s.). Este porcentaje del 40% opera sobre el importe de la sanción ya reducido por conformidad, en caso de que concurran ambos motivos de reducción.

Sanciones accesorias no pecuniarias Además de las sanciones pecuniarias, se pueden imponer sanciones accesorias no pecuniarias cuando la sanción pecuniaria impuesta lo sea por infracción **grave** o **muy grave**, sea igual o superior a 30.000 euros y se haya utilizado el criterio de graduación de comisión repetida de infracciones tributarias (nº 5940 s.). 6383

Ver caso completo 4 en nº 6745.

6386 **Régimen transitorio** (LGT art.10.2 y disp.trans.4ª; RD 2063/2004 disp.trans.1ª) El régimen de infracciones y sanciones tributarias tiene **efectos retroactivos** respecto a los actos que no sean firmes cuando su aplicación resulte más favorable para el interesado (nº 5610 s.). Por ello, cuando resulte aplicable el régimen transitorio se deben comparar los regímenes sancionadores de las infracciones tipificadas en la LGT/1963 art.79.c) y la LGT art.193, para aplicar el más favorable al contribuyente.

IV. Solicitud indebida de devoluciones, beneficios o incentivos fiscales

(LGT art.194)

6395

6398

INFRACCIÓN LGT art.194	
A. Solicitud indebida de devoluciones (LGT art.194.1)	
Tipo	Solicitar indebidamente devoluciones derivadas de la normativa de cada tributo (LGT art.31) mediante la omisión de datos relevantes o la inclusión de datos falsos en autoliquidaciones, comunicaciones de datos o solicitudes, sin que las devoluciones se hayan obtenido.
Calificación	La infracción tributaria es grave.
Base de la sanción	La cantidad indebidamente solicitada.
Sanción	La sanción consiste en una multa pecuniaria proporcional del 15%.
Reducciones	Las reducciones pueden ser (LGT art.188): - del 65% y del 30% respectivamente, por acuerdo o por conformidad; - del 40%, por ingreso de la sanción sin impugnación de la liquidación ni de la sanción.
B. Solicitud indebida de beneficios o incentivos fiscales (LGT art.194.2)	
Tipo	Solicitar indebidamente beneficios o incentivos fiscales mediante la omisión de datos relevantes o la inclusión de datos falsos siempre que, como consecuencia de esaconducta, no proceda imponer al mismo sujeto sanción por alguna de las infracciones previstas en el nº 6120 s., nº 6290 s., nº 6410 s. o nº 6455 s.
Calificación	La infracción tributaria es grave.
Sanción	La sanción consiste en una multa pecuniaria fija de 300 euros.
Reducciones	Las reducciones aplicables pueden ser (LGT art.188): - del 65% y del 30%, respectivamente, por acuerdo o por conformidad; - del 40%, por ingreso de la sanción sin impugnación de la liquidación ni de la sanción.

6400 La infracción por solicitar indebidamente devoluciones, beneficios o incentivos fiscales regula dos **conductas** infractoras distintas:

a) Solicitar indebidamente **devoluciones** derivadas de la normativa de cada tributo.

b) Solicitar indebidamente **beneficios** o **incentivos fiscales** (nº 6435 s.).

A. Solicitud indebida de devoluciones

(LGT art.194.1)

Configuración del tipo (LGT art.194.1) El tipo de la infracción consiste en solicitar indebidamente devoluciones derivadas de la normativa de cada tributo mediante la **omisión** de datos relevantes o la inclusión de **datos falsos** en autoliquidaciones, comunicaciones de datos o solicitudes, sin que las devoluciones se hayan obtenido. 6412
El tipo de esta infracción requiere expresamente que medie bien la omisión de datos relevantes o bien la inclusión de datos falsos en autoliquidaciones, comunicaciones de datos o solicitudes. Por ello, la **ocultación** de datos se incluye dentro del tipo.
Ni la LGT ni el RSAN precisan el concepto de «datos relevantes». Es, por tanto, un concepto jurídico indeterminado cuya concurrencia debe apreciarse motivadamente en cada caso concreto por el órgano instructor.

Precisiones Solo concurre el elemento objetivo de esta infracción cuando la devolución se acompaña de la omisión de datos relevantes o la inclusión de datos falsos en la autoliquidación. Por tanto, la **ocultación** no es un criterio de graduación en el tipo infractor de la solicitud indebida de devolución, sino un requisito necesario para que procede la imposición de la sanción (TEAC 21-5-21). No puede equipararse el concepto de dato falso con el de **dato no suficientemente justificado** (TEAC 23-10-08).

Incompatibilidad Esta infracción es incompatible con la infracción consistente en **obtener indebidamente devoluciones** (LGT art.193). Si se llega a obtener la devolución, la previa solicitud indebida de la misma se considera un acto preparatorio de la infracción consistente en obtener indebidamente la devolución. En tal caso, el tipo de la infracción por solicitar indebidamente la devolución queda absorbido en el tipo de la infracción por obtener esa devolución. 6418
Las solicitudes de devolución, de acuerdo con la normativa propia del tributo de que se trate, se efectúan en autoliquidaciones, comunicaciones de datos o solicitudes. En estos casos, no se impone sanción alguna por la infracción consistente en **presentar incorrectamente declaraciones** o autoliquidaciones **sin** que se produzca **perjuicio económico** (nº 6936 s.), sino solo por la infracción consistente en solicitar indebidamente devoluciones.
Si el obligado tributario presenta una declaración complementaria o sustitutiva correcta fuera de plazo sin requerimiento previo de la Administración, no se produce la infracción consistente en solicitar indebidamente devoluciones, sino la infracción consistente en **no presentar en plazo declaraciones** o autoliquidaciones **sin** que se produzca **perjuicio económico** (nº 6917 s.). Este supuesto se trata como si no se hubiera llegado a presentar la declaración o autoliquidación inicial.

Calificación de la infracción (LGT art.194.1) Esta infracción tributaria es **grave**. 6421

Precisiones La calificación resulta paradójica, ya que supone que cualquier solicitud indebida de una devolución que no se llega a obtener constituye siempre una infracción grave, mientras que la infracción consistente en obtener indebidamente la devolución solicitada podría ser leve. Es decir, la **mera tentativa de devolución** se podría calificar como más grave que la obtención de la devolución indebida.

Base de la sanción (LGT art.194.1) La base de la sanción es la **cantidad** indebidamente solicitada. 6424

Precisiones La base de la sanción relativa a la infracción tributaria por solicitar indebidamente devoluciones o beneficios y a la infracción tributaria por determinar o acreditar improcedentemente partidas falsas o créditos aparentes, en aquellos supuestos en los que, a pesar de producirse las **conductas típicas**, concurre en favor del infractor un derecho a obtener una devolución de ingresos indebidos, debe cuantificarse, respectivamente, por el importe de la cantidad indebidamente determinada o acreditada, independientemente de esa devolución (TS 20-11-23, EDJ 753807).

Sanción (LGT art.194.1) Esta infracción se sanciona con una **multa pecuniaria** proporcional del 15%. 6427
Al ser una sanción de porcentaje fijo, **no** opera ningún **criterio de graduación**.
Las **reducciones** de la sanción que pueden resultar aplicables son las siguientes (LGT art.188):
a) Del 30%, por **conformidad** del interesado (nº 6005 s.).
b) Del 65%, por **acuerdo** del interesado (nº 6015 s.).
c) Del 40%, por **ingreso** de la sanción en período voluntario o en los plazos del acuerdo de aplazamiento o fraccionamiento concedido por la Administración con garantía de aval o certificado de seguro de caución, **sin impugnación** de la liquidación ni de la sanción (nº 6025 s.).

Este porcentaje del 40% opera sobre el importe de la sanción ya reducido por conformidad, en caso de que concurran ambos motivos de reducción.
En este caso **no** pueden imponerse **sanciones accesorias no pecuniarias** porque ello requeriría que se hubiese empleado el criterio de graduación de comisión repetida de infracciones tributarias y la sanción por la infracción consistente en la solicitud indebida de devoluciones es una multa pecuniaria proporcional de porcentaje fijo no susceptible de graduación.
Ver caso completo 4 en nº 6745.

6430 **Régimen transitorio** (LGT art.10.2 y disp.trans.4ª; RD 2063/2004 disp.trans.1ª) El régimen de infracciones y sanciones tributarias tiene **efectos retroactivos** respecto a los actos que no sean firmes cuando su aplicación resulte más favorable para el interesado (ver nº 5610 s.). Por ello, cuando resulte aplicable el régimen transitorio se deben **comparar los regímenes sancionadores** de las infracciones tipificadas en la LGT/1963 art.78.1.a y la LGT art.194, para aplicar el más favorable al contribuyente.

B. Solicitud indebida de beneficios o incentivos fiscales

(LGT art.194.2)

6435

6438 **Configuración del tipo** (LGT art.194.2) El tipo de la infracción consiste en **solicitar** indebidamente beneficios o incentivos fiscales mediante la omisión de datos relevantes o la inclusión de datos falsos siempre que, como consecuencia de esa conducta, **no** proceda imponer al mismo sujeto sanción por alguna de las **siguientes infracciones**:
- dejar de ingresar en plazo la totalidad o parte de la deuda tributaria que debiera resultar de una autoliquidación (nº 6120 s.);
- incumplir la obligación de presentar de forma completa y correcta las declaraciones o documentos necesarios para que la Administración Tributaria practique liquidaciones (nº 6290 s.);
- solicitar indebidamente devoluciones derivadas de la normativa de cada tributo (nº 6410 s.);
- determinar o acreditar improcedentemente partidas positivas o negativas o créditos tributarios aparentes (nº 6455 s.).

6441 La **aplicación indebida de beneficios** o incentivos fiscales normalmente da lugar para el propio obligado tributario a un menor ingreso, ya sea en la misma declaración o en otra futura, lo que ya está tipificado como otras infracciones que causan perjuicio económico a la Hacienda Pública. Por eso se **excluyen** expresamente de la configuración del tipo infractor consistente en solicitar indebidamente beneficios o incentivos fiscales los supuestos en los que el mismo obligado tributario puede ser sancionado como consecuencia de esa conducta por alguna de las infracciones indicadas en el nº 6438. En estos casos, la solicitud indebida de beneficios fiscales es un acto preparatorio de estas otras infracciones, y queda subsumido en ellas. Ello implica que el ámbito de aplicación de esta infracción quede muy limitado por cuanto solo resulta aplicable en aquellos supuestos residuales en los que la solicitud de beneficios o incentivos fiscales se presenta por persona diferente de quien los vaya a disfrutar.

6444 La presentación de una declaración o autoliquidación extemporánea sin requerimiento previo de la Administración en la que se rectifiquen las inexactitudes, omisiones o falsedades determina que no pueda imponerse sanción por la infracción consistente en solicitar indebidamente beneficios o incentivos fiscales, pero aquella conducta es constitutiva de la infracción consistente en presentar extemporáneamente declaraciones sin causar **perjuicio económico** (nº 6917 s.).
El tipo de esta infracción requiere expresamente que medie bien la omisión de datos relevantes o bien la inclusión de datos falsos en autoliquidaciones, comunicaciones de datos o solicitudes. Por ello, la **ocultación** de datos se incluye dentro del tipo.

Precisiones 1) Ni la LGT ni el RSAN precisan el concepto de «**datos relevantes**». Es, por tanto, un concepto jurídico indeterminado cuya concurrencia debe apreciarse motivadamente en cada caso concreto por el órgano instructor.
2) El concepto de «beneficios e incentivos fiscales» es más amplio que el de «exenciones y desgravaciones» que utilizaba la LGT/1963. La doctrina que se ha ocupado de analizar la noción de «**beneficio fiscal**», en especial en relación con el ámbito penal, ha concluido que se trata de un término muy amplio que incluye todos los regímenes de reducción, deducción, bonificación, exención y desgravación tributaria.

3) Cuando un contribuyente es sancionado por la solicitud indebida de devoluciones, beneficios o incentivos fiscales o por determinar o acreditar improcedentemente partidas positivas o negativas o créditos tributarios aparentes (LGT art.194 y 195), puede ser declarado **responsable solidario** respecto de la sanción impuesta a otro contribuyentes, como autor de una infracción muy grave por incumplimiento de sus obligaciones de facturación o documentación agravada por la expedición de facturas o documentos sustitutivos con datos falsos o falseados, cuando el tipo de la infracción cometida por el primer contribuyentes implique el uso de las facturas o documentos sustitutivos con datos falseados emitidas por el segundo de los contribuyentes citados, cuya responsabilidad solidaria se deriva (TS 17-9-20, EDJ 660999).

Calificación de la infracción (LGT art.194.2) Esta infracción tributaria es **grave**. 6447

Sanción (LGT art.194.2) Es una **multa pecuniaria fija** de 300 euros. 6450
Las **reducciones** de la sanción que pueden resultar aplicables son las siguientes (LGT art.188):
- del 30%, por conformidad del interesado (nº 6005 s.);
- del 65% por acuerdo del interesado (nº 6015 s.);
- del 40% por ingreso de la sanción en período voluntario o en los plazos fijados en el acuerdo de aplazamiento o fraccionamiento concedido por la Administración con garantía de aval o certificado de seguro de caución, siempre que no se impugnen ni la sanción ni la liquidación de la que aquella deriva (nº 6025 s.).

Este porcentaje del 40% opera sobre el importe de la sanción ya reducido por conformidad, en caso de que concurran ambos motivos de reducción.

V. Determinación o acreditación improcedente de partidas positivas o negativas o créditos tributarios aparentes

(LGT art.195)

6455

6457

INFRACCIÓN LGT art.195	
Tipo	Comprende dos **modalidades**: **a)** Determinar o acreditar improcedentemente partidas positivas o negativas o créditos tributarios a compensar o deducir en la base o en la cuota de declaraciones futuras, propias o de terceros. **b)** Declarar incorrectamente la renta neta, las cuotas repercutidas, las cantidades o cuotas a deducir o los incentivos fiscales de un período impositivo sin que se produzca falta de ingreso u obtención indebida de devoluciones por haberse compensado en un procedimiento de comprobación o investigación cantidades pendientes de compensación, deducción o aplicación.
Calificación	La infracción es grave.
Base de la sanción	El importe de las cantidades indebidamente acreditadas o determinadas. En la modalidad b), se entiende que esa cantidad es el incremento de la renta neta o de las cuotas repercutidas, o la minoración de las cantidades o cuotas a deducir o de los incentivos fiscales del período impositivo.
Sanción	Multa pecuniaria proporcional: - del 15%, si se trata de partidas a compensar o deducir en la base imponible; - del 50%, si se trata de partidas a deducir en la cuota o de créditos tributarios aparentes.
Reducciones	Las reducciones aplicables en su caso a las sanciones por la infracción de dejar de ingresar pueden ser (LGT art.188): - del 65% y del 30%, respectivamente, por acuerdo o por conformidad; - del 40%, por ingreso de la sanción sin impugnación de la liquidación ni la sanción.

6460 **Modalidades de la infracción** (LGT art.195) La infracción por determinar o acreditar improcedentemente partidas positivas o negativas o créditos tributarios aparentes comprende dos modalidades:

a) Determinación o **acreditación improcedente** de partidas o créditos tributarios a compensar o deducir en declaraciones futuras (nº 6465 s.).

b) Declaración incorrecta de renta neta, cuotas, cantidades a deducir o incentivos fiscales sin que se produzca falta de ingreso u obtención de devoluciones por haberse compensado en un procedimiento de comprobación con cantidades pendientes (nº 6485 s.).

Precisiones Las **infracciones** anteriores no son alternativas sino **independientes**, pues tipifican conductas del obligados distintas. Cuando se aprecie concurrencia de ambas con ocasión de una única declaración o autoliquidación, el obligado comete dos infracciones distintas, que dan lugar a dos sanciones diferentes (TEAC 30-10-23).

A. Determinación o acreditación improcedente de partidas o créditos tributarios a compensar o deducir en declaraciones futuras

(LGT art.195.1 párrafo primero)

6465

6467 **Configuración del tipo** (LGT art.195.1 párrafo primero) El tipo de esta infracción consiste en determinar o acreditar improcedentemente partidas positivas o negativas o créditos tributarios a compensar o deducir en la base o en la cuota de declaraciones futuras, propias o de terceros.

La conducta típica se encamina a la **preparación de una elusión posterior** que se materializa en una declaración futura. Con el establecimiento de esta infracción se adelanta la sanción de esa elusión posterior al momento en que se realizan los actos preparatorios de esta.

Este tipo infractor permite a la Administración Tributaria sancionar la incorrecta determinación o acreditación de partidas o créditos tributarios en un momento en el que todavía no se ha producido materialmente un perjuicio económico. Cuando tengan lugar la falta de ingreso o la obtención indebida de la devolución, la sanción correspondiente a esta infracción preparatoria es deducible, con ciertos requisitos, de las sanciones que se impongan por las infracciones consistentes en dejar de ingresar o en obtener indebidamente devoluciones (TEAC unif. criterio 19-10-12; 23-5-03). Ver nº 6580 s.

La infracción que nos ocupa se comete, aunque el **perjuicio económico** para la Hacienda Pública que de ella puede derivarse en un futuro **no llegue efectivamente a realizarse**, ya que la norma no condiciona la imposición de la correspondiente sanción al aprovechamiento efectivo de estas conductas. Se trata, pues, de una infracción de peligro, ya que no supone un perjuicio económico inmediato para la Hacienda Pública, pero posibilita ese perjuicio económico futuro.

6470 La norma utiliza **dos términos** distintos:

a) Acreditar. Se refiere a la aportación de justificantes o documentos falsos. Es decir, a la aportación de **pruebas falsas**.

b) Determinar. Alude a la presentación de declaraciones falseadas sin que se produzca ninguna manipulación de ningún soporte documental probatorio. Es decir, **declaraciones falsas**.

El tipo de esta infracción emplea la expresión **crédito de impuesto**, traducción literal del término anglosajón «tax credit», que se aplica normalmente a la deducción por dividendos. Se ha criticado la utilización de esta expresión ajena a nuestro derecho tributario para alcanzar una mayor amplitud en la descripción del tipo, renunciando con ello a la precisión que debe exigirse de cualquier norma sancionadora.

Las **compensaciones** o **deducciones** a las que alude el tipo pueden afectar a la **base** o a la **cuota**, pero el porcentaje de sanción es muy distinto en ambos casos (15% y 50%, respectivamente), dada la diferente importancia cuantitativa de estas conductas.

Los **supuestos** en los que el sujeto pasivo se puede encontrar al consignar erróneamente en su autoliquidación el saldo pendiente de aplicación en ejercicios futuros, son los siguientes:

a) Cuando el error en el saldo pendiente de aplicación en ejercicios futuros se debe a que la **base imponible negativa se autoliquidó incorrectamente** en el ejercicio origen de esta. En este caso, la determinación incorrecta de la base negativa a trasladar a ejercicios siguientes, se debe sancionar en el ejercicio origen en que se autoliquidó incorrectamente la base imponible negativa.

b) Cuando se produce la consignación de saldos erróneos de bases imponibles negativas pendientes de aplicación en ejercicios futuros, habiéndose **autoliquidado correctamente la base imponible negativa** en el ejercicio origen de la misma. Este supuesto podría ser sancionado al amparo de la LGT art.195, al ser una infracción consistente en la declaración improcedente de una cantidad a compensar en la base de una declaración futura.

Precisiones **1)** Puede constituir infracción tributaria la consignación de **cuotas a compensar** procedentes de períodos anteriores que no se ajustan a las inicialmente declaradas, en las declaraciones que medien entre la inicial y aquella en que esas cuotas efectivamente se compensen, siempre que no hubiera sido sancionado en la declaración originaria de las mismas. En cambio, en el caso de que el importe falseado o inexacto del saldo pendiente de aplicación en ejercicios futuros se deba a que la cuota a compensar se autoliquidó incorrectamente en el ejercicio origen de la misma, la infracción tributaria por determinar de modo incorrecto esa cuota a trasladar a ejercicios siguientes se debe sancionar en el ejercicio origen en que se autoliquidó de modo improcedente esa cuota. Si bien este criterio hace referencia a las bases imponibles negativas en el IS, es plenamente trasladable al IVA en relación con las cuotas a compensar (TEAC 22-4-15; 14-12-17). 6471

2) No vulnera el principio de legalidad penal, sino que es razonable aplicar el RSAN art.18, para determinar el **incremento de renta neta sancionable**, dado que hay incrementos sancionables y no sancionables, sin que sea inconveniente para ello el que la dicción literal del citado artículo se refiera solo a las infracciones previstas en la LGT art.191 a 193 (TEAC 8-10-15).

3) Si con anterioridad a la fecha de una liquidación practicada por la Administración, el contribuyente había **compensado el IVA pendiente** de acuerdo con sus cálculos, y estos son considerados posteriormente como **improcedentes** por razón de unos hechos que se califican en el expediente de regularización como no constitutivos de infracción tributaria, no procede la apreciación de negligencia en los períodos posteriores que queden afectados por la regularización, porque son los hechos regularizados en el período de origen (calificados como no negligentes) los que han motivado la improcedente cuantificación del saldo a compensar en los períodos posteriores y las consecuentes erróneas autoliquidaciones (TEAC 26-4-11).

4) La conducta de un obligado tributario que acreditó en la declaración de determinados ejercicios unas **bases imponibles negativas** a compensar en ejercicios futuros que se determinaron improcedentes en un procedimiento de comprobación sobre esos ejercicios y por la que fue sancionado, es susceptible de ser **nuevamente sancionada**, partiendo de la concurrencia del elemento subjetivo de la culpabilidad, cuando con posterioridad a ese procedimiento el obligado tributario las vuelve a incorporar como pendientes de compensación en la declaración de un ejercicio posterior, sin que la nueva sanción deba minorarse en el importe de la primera. No resulta de aplicación el principio de «non bis in ídem» porque no se trata de sancionar dos veces por la misma conducta sino de que realizada dos veces la conducta tipificada como infracción, sancionarla dos veces (TEAC 8-3-18).

5) Cuando un contribuyente es sancionado por la solicitud indebida de devoluciones, beneficios o incentivos fiscales o por determinar o acreditar improcedentemente partidas positivas o negativas o créditos tributarios aparentes (LGT art.194 y 195), puede ser declarado **responsable solidario** respecto de la sanción impuesta a otro contribuyentes, como autor de una infracción muy grave por incumplimiento de sus obligaciones de facturación o documentación agravada por la expedición de facturas o documentos sustitutivos con datos falsos o falseados, cuando el tipo de la infracción cometida por el primer contribuyentes implique el uso de las facturas o documentos sustitutivos con datos falseados emitidas por el segundo de los contribuyentes citados, cuya responsabilidad solidaria se deriva (TS 17-9-20, EDJ 660999).

Calificación de la infracción (LGT art.195) Esta infracción tributaria es **grave**. 6473

Precisiones Esta calificación ha sido criticada, ya que la calificación de una **infracción preparatoria** no debería ser nunca más grave que la de la infracción posterior en la que se integra (falta de ingreso u obtención indebida de devolución), que en algunos casos podría calificarse como leve.

Base de la sanción (LGT art.195.1) La base de la sanción correspondiente a esta infracción asciende al importe de las **cantidades indebidamente determinadas** o acreditadas. Aunque la norma no lo especifique, deben ser las cantidades indebidamente determinadas o acreditadas **sancionables**. Ver caso completo 3 en nº 6732. 6476

Conviene advertir que la acreditación incorrecta de partidas o créditos a deducir o compensar en declaraciones futuras no debe tenerse en cuenta en los cálculos de la base de la sanción correspondiente a las infracciones por **dejar de ingresar** en plazo la deuda que debiera resultar de la autoliquidación o por **obtener indebidamente devoluciones** (nº 6223) ni en el cálculo de la incidencia de las circunstancias determinantes de la calificación de tales infracciones (nº 5915 s.). Ello se debe a que las disminuciones de partidas o créditos a deducir o compensar en ejercicios futuros no afectan a la deuda tributaria del período en el que se declaran tales partidas o créditos, sino a la deuda del período futuro en el que se apliquen. Ver caso completo 10 en nº 6830.

Precisiones La base de la sanción relativa a la infracción tributaria por solicitar indebidamente devoluciones o beneficios y a la infracción tributaria por determinar o acreditar improcedentemente partidas falsas o créditos aparentes, en aquellos supuestos en los que, a pesar de producirse las **conductas típicas**, concurre en favor del infractor un derecho a obtener una devolución de ingresos indebidos, debe cuantificarse, respectivamente, por el importe de la cantidad indebidamente determinada o acreditada, independientemente de esa devolución (TS 20-11-23, EDJ 753807).

6479 **Sanción** (LGT art.195.1 y 2) La infracción que nos ocupa se sanciona con una **multa pecuniaria proporcional**, cuya cuantía se determina multiplicando la base de la sanción (nº 6476) por el porcentaje sancionador. Este puede ser:
- del **15%**, si se trata de partidas a compensar o deducir en la base imponible;
- del **50%**, si se trata de partidas a deducir en la cuota o de créditos tributarios aparentes.

Estos porcentajes suponen el mismo importe de sanción cuando se aplica un tipo de gravamen del 30% (que se ha considerado implícitamente como referencia en estas normas). Ello se debe a que la cuota íntegra de un tributo es el resultado de multiplicar la base imponible por el tipo de gravamen. Luego una sanción del 15% en cuota se corresponde con una sanción del 50% en la base a un tipo de gravamen del 30% (50% × 0,30 = 15%).
Al ser las sanciones de porcentaje fijo, no opera ningún **criterio de graduación**.

6482 Ejemplo Una entidad declara en el IS una base imponible negativa a compensar en ejercicios futuros de 10.000 €, y la Administración descubre gastos no deducibles por 8.000 €, por lo que solo corresponde una base imponible negativa por 2.000 €.
En este caso, la entidad ha determinado improcedentemente partidas por importe de 8.000 € a compensar en declaraciones futuras, por lo que esta conducta se incluye dentro del tipo del nº 6467 s.
La infracción se califica como grave (nº 6473).
La base de la sanción es el importe de las cantidades indebidamente determinadas, es decir, 8.000 €.
El porcentaje de la sanción es del 15%, al tratarse de partidas a compensar o deducir de la base imponible.
El importe de la sanción (antes de reducciones) es de 1.200 € (8.000 × 15%).

6483 Las **reducciones** de la sanción que pueden resultar aplicables son las siguientes (LGT art.188):
a) Del 30%, por **conformidad** del interesado (nº 6005 s.).
b) Del 65%, por **acuerdo** del interesado (nº 6015 s.).
c) Del 40%, por **ingreso** de la sanción en período voluntario o en los plazos fijados en el acuerdo de aplazamiento o fraccionamiento concedido por la Administración con garantía de aval o certificado de seguro de caución, **sin impugnación** de la liquidación ni de la sanción (nº 6025 s.) Este porcentaje del 40% opera sobre el importe de la sanción ya reducido por conformidad, en caso de que concurran ambos motivos de reducción.
En este caso **no** pueden imponerse **sanciones accesorias no pecuniarias** porque ello requeriría que se hubiese empleado el criterio de graduación de comisión repetida de infracciones tributarias y las sanciones por esta infracción son multas pecuniarias proporcionales de porcentaje fijo no susceptibles de graduación.

B. Declaración incorrecta de bases o cuotas sin que se produzca falta de ingreso u obtención indebida de devolución por haberse compensado en un procedimiento de comprobación con cantidades pendientes

(LGT art.195.1 párrafo segundo)

6485

1. Configuración del tipo

(LGT art.195.1 párrafo segundo)

6487 El tipo de esta infracción consiste en **declarar incorrectamente** la renta neta, las cuotas repercutidas, las cantidades o cuotas a deducir o los incentivos fiscales de un período impositivo **sin** que se produzca **falta de ingreso u obtención indebida de devoluciones** por haberse compensado en un procedimiento de comprobación o investigación cantidades pendientes de compensación, deducción o aplicación.

Ejemplo Una entidad declara en el IS unos beneficios de 6.000 €, que compensa con BINEA pendientes que ascendían a 10.000 €. La Administración descubre ventas ocultas por 3.000 €.
La regularización sería la siguiente:

IMPUESTO SOCIEDADES	Declarado	Δ	Δs	Regularizado
B.I. previa	6.000	3.000	3.000	9.000
BINEA aplicadas (10.000)	6.000	3.000		9.000
B.I.	0			0
Cuota Integra	0			0
Ingreso Regularización				0

Luego, se ha dejado de declarar una renta neta de 3.000 €, sin que se haya producido falta de ingreso (ni obtención indebida de devoluciones), al haberse compensado las partidas descubiertas con bases imponibles negativas pendientes de compensación generadas en ejercicios anteriores. Por tanto, se trata de la infracción contemplada en este apartado.

2. Calificación de la infracción

(LGT art.195.1 párrafo tercero)

Esta infracción tributaria es **grave**. 6490

3. Base de la sanción

(LGT art.195.1 párrafo cuarto; RSAN art.13)

En las dos modalidades de infracción tributaria por determinar o acreditar improcedentemente partidas positivas o negativas o créditos tributarios aparentes, la base de la sanción es el importe de las cantidades indebidamente determinadas o acreditadas. 6493
Pero en la modalidad que ahora estamos considerando se precisa que la cantidad indebidamente determinada o acreditada es el **incremento** de la renta neta o de las cuotas repercutidas, o la **minoración** de las cantidades o cuotas a deducir o de los incentivos fiscales del período impositivo. Esta definición de la base de la sanción contempla el supuesto en que toda la cantidad incorrectamente declarada en base y/o cuota se compensa con cantidades pendientes de aplicación.

Precisiones **1)** Para que exista el tipo infractor tipificado en la LGT art.195.1 párrafo segundo es necesario que **se declare incorrectamente**. Por tanto, cuando no se declara los dos últimos trimestres, y la Administración liquida los cuatro trimestres del año considerando infracciones las cantidades indebidamente acreditadas por los cuatro, la actuación de esta no es correcta, ya que solo hubo infracción respecto de los dos primeros trimestres que se declararon cantidades indebidas, pero no respecto de los dos últimos (TEAC 15-12-16).
2) Existiendo **regularizaciones sancionables y no sancionables**, la base de la sanción debe aplicarse sobre el incremento de renta neta que se corresponda con regularizaciones sancionables (TEAC 8-10-15).

Ejemplo Una entidad no presentó la declaración del IS del ejercicio. La Administración descubre ventas por 15.000 €, que se compensan con BINEA pendientes por importe de 5.000 €. Se supone que el tipo de gravamen es del 25%. 6496
La regularización sería la siguiente:

IMPUESTO SOCIEDADES	Declarado	Δ	Δs	Regularizado
B.I. previa	-	15.000	15.000	15.000
BINEA aplicadas (5.000)	-	5.000		5.000
B.I.	-			10.000
Cuota Íntegra (25%)	-			2.500
Ingreso Regularización				2.500

Se puede observar que en este caso la base de la sanción por declaración incorrecta de bases no puede ser el importe del **incremento de renta neta** que asciende a 15.000 €, ya que parte de este importe (ΔBI de 10.000 €) determina una infracción de la LGT art.191 (por falta de ingreso de 2.500 €), lo que supondría una duplicidad de sanción contraria al principio «non bis in idem». Por ello, la base de la sanción ha de ser la **parte del incremento de la renta neta que se ha compensado** con las bases imponibles negativas pendientes (5.000 €).

6499 La forma de **determinación de la base de la sanción** cuando esta infracción concurre con alguna de las siguientes infracciones: dejar de ingresar en plazo la deuda tributaria que debiera resultar de una autoliquidación (nº 6120 s.); incumplir la obligación de presentar de forma completa y correcta las declaraciones o documentos necesarios para que la Administración practique liquidaciones (nº 6290 s.); u obtener indebidamente devoluciones (nº 6345 s.), no se especifica en la LGT sino que se precisa en el RSAN art.13. En estos casos, es preciso repartir las cantidades pendientes de aplicación en base o en cuota entre las cantidades incorrectamente declaradas en base o en cuota conforme a las reglas que reglamentariamente se establecen.

Las **diversas posibilidades** se contemplan en el siguiente cuadro:

DECLARACIÓN INCORRECTA DE:	APLICACIÓN DE CANTIDADES PENDIENTES:		
	Solo en base	Solo en cuota	En base y cuota
Renta neta	RSAN art.13.2.a	RSAN art.13.2.b	RSAN art.13.2.c
Cuota		RSAN art.13.3	
Renta neta y cuota		RSAN art.13.4.a	RSAN art.13.4.b

La diversidad de casos posibles y la dificultad originada por la necesidad de efectuar diversos repartos en algunos de ellos hacen del RSAN art.13 un precepto especialmente complejo. Esta **complejidad** ha sido criticada señalando que no es razonable semejante nivel de dificultad en una norma sancionadora. Pero, por otra parte, esa dificultad parece derivar fundamentalmente de la propia complejidad de los impuestos sobre la renta (IS, IRPF e IRNR) y de las peculiaridades de este tipo infractor.

Los **supuestos** que pueden plantearse son los siguientes:

- declaración incorrecta únicamente de renta neta;
- declaración incorrecta únicamente de cuota repercutida, cantidad o cuota a deducir o incentivos fiscales (nº 6535 s.);
- declaración incorrecta tanto de la renta neta como de la cuota repercutida, cantidad o cuota a deducir o incentivos fiscales (nº 6541 s.).

a. Declaración incorrecta de renta neta

(RSAN art.13.2)

6502 La renta neta incorrectamente declarada puede no dar lugar a una cantidad dejada de ingresar (o a la obtención indebida de una devolución) como consecuencia de la **aplicación de cantidades** pendientes, ya sea **en base** (nº 6505 s.), en **cuota** (nº 6511 s.) o en **base y cuota** (nº 6523 s.).

Este supuesto solo puede darse en aquellos impuestos que gravan la renta (IS, IRPF e IRNR). El porcentaje de sanción aplicable es del 15%, al corresponder a cantidades deducidas de la base imponible (renta neta).

6505 **Declaración incorrecta de renta neta compensada en parte con cantidades pendientes en la base** (RSAN art.13.2.a) En los casos de declaración incorrecta de la renta neta en los que la aplicación de cantidades pendientes solo se ha llevado a cabo en la base del tributo, la base de sanción es el incremento de renta neta sancionable que haya sido objeto de compensación. Es decir, la base de la sanción es la parte sancionable del incremento de renta neta objeto de compensación.

Esta situación solo se puede producir en los impuestos que gravan la renta (IS, IRPF e IRNR), por lo que tomaremos como referencia el IS.

En el IS, el **incremento de renta neta** objeto de compensación viene constituido por la aplicación de las bases imponibles negativas de ejercicios anteriores (ΔBINEA), y la **parte sancionable** de esa renta neta declarada incorrectamente es la proporción entre el incremento de base sancionable respecto del incremento de base total.

Por tanto, la base de sanción de este caso (que denominamos X) se puede representar utilizando la terminología contemplada en el nº 6112 de la siguiente forma:

BS CORRESPONDIENTE AL RN SANCIONABLE COMPENSADO CON BINEA
Base Sanción (RSAN art.13.2.a) = X = ΔBINEA × $\frac{\Delta sB}{\Delta B}$

Ejemplo Una entidad declara en el IS un beneficio de 20.000 €, que compensa con BINEA que ascienden a 25.000 €. La Inspección descubre rentas no declaradas por 10.000 €, de las cuales 6.000 € son sancionables. Se supone un tipo de gravamen del 25%. 6508
La regularización sería la siguiente:

Impuesto sociedades	Declarado	Δ	Δs	Regularizado
B.I. previa	20.000	10.000	6.000	30.000
BINEA aplicadas (25.000)	20.000	5.000		25.000
B.I.	0			5.000
Cuota Íntegra (25%)	0			1.250
Ingreso Regularización				1.250

Aquí concurre la infracción del nº 6120 s. con la del nº 6487, donde un ΔRN (de 10.000 €) se compensa parcialmente con cantidades pendientes de compensación en la base (por 5.000 €). El cálculo de la base de la sanción de esta última infracción es:

$$\text{Base Sanción (LGT art.195)} = \Delta\text{BINEA} \times \frac{\Delta sB}{\Delta B} = 5.000 \times \frac{6.000}{10.000} = 3.000\ €$$

El porcentaje de sanción aplicable es del 15%.
Ver caso completo 4 en nº 6745 s.

Declaración incorrecta de renta neta compensada en parte con cantidades pendientes en la cuota (RSAN art.13.2.b) En los casos de declaración incorrecta de la renta neta en los que la aplicación de cantidades pendientes solo se ha llevado a cabo en la cuota del tributo o en la cantidad a ingresar, la base de la sanción se determina multiplicando las cantidades que hubiesen sido objeto de compensación o deducción en la cuota o cantidad a ingresar por el resultado, redondeado en dos decimales, de un cociente en el que figuren: 6511

a) En el **numerador**, la renta neta sancionable declarada incorrectamente (es decir, ΔsB).
b) En el **denominador**, la diferencia entre la cuota íntegra regularizada y la declarada inicialmente.

Esta situación solo se puede producir en los impuestos que gravan la renta (IS, IRPF e IRNR), por lo que tomaremos como referencia el IS.

En el IS, la cantidad que hubiese sido objeto de compensación o deducción en la cuota o cantidad a ingresar viene constituida por la aplicación de deducciones de ejercicios anteriores (ΔDEA).

Por tanto, la base de sanción de este caso se puede representar utilizando la terminología contemplada en el nº 6112 de la siguiente forma:

BS CORRESPONDIENTE AL RN SANCIONABLE COMPENSADO CON DEA
Base Sanción (RSAN art.13.2.b) = ΔDEA × $\frac{\Delta sB}{\text{CI regularizada - CI declarada}}$

Ejemplo Una sociedad que tiene DEA (sin límite) pendientes de aplicar por 2.000 €, declara que no ha obtenido beneficios. La Inspección descubre rentas no declaradas por 20.000 €, de las cuales 12.000 € son sancionables. Se supone que se aplican la totalidad de las DEA pendientes y que el tipo de gravamen es del 25%. 6514
La regularización sería la siguiente:

Impuesto sociedades	Declarado	Δ	Δs	Regularizado
B.I.	0	20.000	**12.000**	20.000
Cuota Íntegra (25%)	0			**5.000**
DEA aplicadas (2.000)	0	**2.000**		2.000
Ingreso Regularización				3.000

Aquí concurre la infracción del nº 6120 s. con la del nº 6485 s., donde un ΔRN se compensa parcialmente con cantidades pendientes de compensación en la cuota. El cálculo de la base de la sanción de esta última infracción es:

$$\text{Base sanc. (LGT art.195)} = \Delta DEA \times \frac{\Delta sB}{\text{CI regul. - CI decl.}} = 2.000 \times \frac{12.000}{5.000 - 0} = 4.800\ €$$

6517 La finalidad del cociente que figura en la fórmula de la base de la sanción persigue sancionar solo la parte de la compensación de renta que corresponde a una conducta sancionable, una vez homogeneizados los importes de cuotas a los de base. Como la diferencia entre la cuota íntegra regularizada y declarada es el aumento de cuota íntegra (CI regul. - CI decl. = ΔCI), y el tipo marginal de gravamen es el cociente entre el aumento de la cuota íntegra y el aumento de la base (t' = ΔCI/ΔB), el cociente definido en el nº 6511, puede expresarse del siguiente modo:

$$\text{Cociente (RSAN art.13.2.b)} = \frac{\Delta sB}{\text{CI regul. - CI decl.}} = \frac{\Delta sB}{\Delta CI} = \frac{\Delta sB}{\Delta B} \times \frac{\Delta B}{\Delta CI} = \frac{\Delta sB}{\Delta B} \times \frac{1}{t'}$$

Por consiguiente, la **finalidad de este cociente** es doble:

a) Incluir en la base de la sanción únicamente la **parte sancionable**, para lo que multiplica por el porcentaje del incremento de renta neta sancionable respecto del incremento de renta neta total = ΔsB/ΔB.

b) Homogeneizar las cantidades para que sean comparables. La base de esta sanción se calcula sobre un concepto de la cuota (el ΔDEA), pero se aplica sobre la base del tributo (sobre el incremento de renta neta). Estos conceptos no son homogéneos, sino que difieren en el porcentaje del tipo de gravamen. La homogeneización se consigue aplicando el inverso del tipo marginal de gravamen. En el caso del IS, el efecto de esta homogeneización supone multiplicar la cuantía de la deducción de ejercicios anteriores aplicada (ΔDEA) por 4 (= 1/0,25).

Ver caso completo 5 en nº 6760 s.

6523 **Declaración incorrecta de renta neta compensada en parte con cantidades pendientes en la base y en la cuota** (RSAN art.13.2.c) Esta situación solo se puede producir en los impuestos que gravan la renta (IS, IRPF e IRNR), por lo que tomaremos como referencia el IS.

En los casos de declaración incorrecta de la renta neta en los que la aplicación de cantidades pendientes se ha llevado a cabo tanto en la base como en la cuota del tributo o en la cantidad a ingresar, la base de la sanción se determina sumando las cantidades que resulten de lo dispuesto en nº 6505 y nº 6511, calculadas en ese orden.

La norma puntualiza, además, que para determinar el **incremento de renta sancionable** es preciso restar de la totalidad del incremento de renta neta sancionable la parte que haya sido compensada en la base del tributo con cantidades pendientes de compensación.

Es decir, al numerador del cociente que se examinó en el nº 6511 (que es el incremento de renta neta sancionable: ΔsB), se le resta la parte de la renta neta sancionable que haya sido compensada en la base con cantidades pendientes (que en el nº 6505 llamamos X).

Por tanto, la base de sanción de este caso se puede representar utilizando la terminología contemplada en el nº 6112 de la siguiente forma:

BS POR RN SANCIONABLE COMPENSADA CON BINEA Y DEA

$$\text{Base Sanción (RSAN art.13.2.c)} = X + \Delta DEA \times \frac{\Delta sB - X}{\text{CI regul. - CI decl.}}$$

$$\text{donde, } X = \Delta BINEA \times \frac{\Delta sB}{\Delta B}$$

6526 Ejemplo Una sociedad declara en el IS un beneficio de 20.000 € que compensa con BINEA que ascienden a 25.000 €, y tiene DEA pendientes (sin límite) por 3.500 €. La Inspección descubre rentas no declaradas por 20.000 €, de las cuales 12.000 € son sancionables. Se supone que se aplican la totalidad de las DEA pendientes y que el tipo de gravamen es del 25%.

La regularización sería la siguiente:

Impuesto sociedades	Declarado	Δ	Δs	Regularizado
B.I. previa	20.000	20.000	12.000	40.000
BINEA aplicadas (25.000)	20.000	5.000		25.000

Impuesto sociedades	Declarado	Δ	Δs	Regularizado
B.I.	0			15.000
Cuota íntegra (25%)	0			3.750
DEA aplicadas (3.500)	0	3.500		3.500
Ingreso Regularización				250

Aquí concurre la infracción del nº 6120 s. con la del nº 6485 s., donde un ΔRN se compensa parcialmente con cantidades pendientes de compensación en base y cuota. El cálculo de la base de la sanción de esta última infracción es:

$$\text{BS por comp. con BINEA} = X = \Delta\text{BINEA} \times \frac{\Delta sB}{\Delta B} = 5.000 \times \frac{12.000}{20.000} = 3.000$$

$$\text{BS por comp. con DEA} = \Delta\text{DEA} \times \frac{\Delta sB - X}{\text{CI regul.} - \text{CI decl.}} = 3.500 \times \frac{12.000 - 3.000}{3.750 - 0} = 8.400$$

Luego, la base total de la sanción es: 3.000 + 8.400 = 11.400 €.
El porcentaje de sanción aplicable es del 15%.

La **minoración** de la parte de la **renta neta sancionable** que haya sido compensada en la base con cantidades pendientes (X) tiene por objeto homogeneizar los importes del numerador y del denominador, para hacerlos comparables. Así, en el cociente anterior, el denominador es el aumento de cuota íntegra (ΔCI), y la cuota del IS se calcula sobre la base del impuesto una vez deducidas las bases imponibles negativas de ejercicios anteriores. Por tanto, para que el numerador del cociente anterior sea homogéneo con el denominador, es preciso que se reste el porcentaje de BINEA aplicado a la parte sancionable (X). La homogeneización es necesaria para no comparar conceptos heterogéneos, lo que conduciría a resultados incoherentes. **6529**

b. Declaración incorrecta de cuota repercutida, cantidad o cuota a deducir o incentivos fiscales

(RSAN art.13.3)

Las cantidades declaradas incorrectamente en cuota solo pueden compensarse, en su caso, con cantidades pendientes de aplicación en cuota. **6535**
En los casos de declaración incorrecta de la cuota repercutida, cantidad o cuota a deducir o incentivos fiscales de un período que se compensen parcialmente por **aplicación de cantidades pendientes** en la cuota del tributo o en la cantidad a ingresar, la base de la sanción es el incremento de cuota sancionable que hubiese sido objeto de compensación.
Este caso puede producirse en cualquier tributo que cuente con la posibilidad de cantidades o cuotas a deducir o incentivos fiscales (IVA, IS, IRPF, etc.).
El porcentaje de sanción aplicable es del 50%, al corresponder a cantidades aplicadas sobre la cuota del tributo.
En el IS, el **incremento de cuota** objeto de compensación está constituido por la aplicación de las deducciones de ejercicios anteriores (ΔDEA), y la **parte sancionable de este incremento** de cuota es la proporción entre el incremento de cuota sancionable respecto del incremento de cuota total.
Por tanto, la base de sanción de este caso se puede representar utilizando la terminología contemplada en el nº 6112 de la siguiente forma:

BS POR CUOTAS INCORRECTAS COMPENSADAS CON DEA
$\text{Base Sanción (RSAN art.13.3)} = \Delta\text{DEA} \times \frac{\Delta sC}{\Delta C}$

Ejemplo Una entidad declara en el IS una base imponible de 20.000 €, y unas deducciones del ejercicio de 1.000 € que aplica íntegramente, además de aplicar 1.000 € de las DEA pendientes (sin límite) que ascienden a 1.500 €. La Inspección constata que la totalidad de las deducciones del ejercicio son incorrectas, siendo sancionables en el 60%. Se supone que se aplican la totalidad de las DEA pendientes y que el tipo de gravamen es del 25%. **6538**

La regularización sería la siguiente:

Impuesto sociedades	Declarado	Δ	Δs	Regularizado
B.I.	20.000	-	-	20.000
Cuota Íntegra (25%)	5.000			5.000
Deduc. del ejercicio (1.000)	1.000	-1.000	-600	0
DEA aplicadas (1.500)	1.000	+500		1.500
Ingresado en autoliquidación	3.000			3.000
Ingreso Regularización				500

Aquí concurre la infracción del nº 6120 s. con la del nº 6485 s., donde la cantidad incorrectamente declarada en cuota (deducciones incorrectas del ejercicio) por importe de 1.000 € se compensa parcialmente con DEA pendientes de aplicar en la cuota por importe de 500 €. El cálculo de la base de la sanción de esta última infracción es:

$$\text{Base Sanción} = \Delta\text{DEA} \times \frac{\Delta sC}{\Delta C} = 500 \times \frac{600}{1.000} = 300\ €$$

Ver caso completo 7 en nº 6790 s.

c. Declaración incorrecta tanto de la renta neta como de la cuota repercutida, cantidad o cuota a deducir o incentivos fiscales

(RSAN art.13.4)

6541 Este supuesto solo puede darse en aquellos impuestos que gravan la renta (IS, IRPF e IRNR), por lo que tomaremos como referencia el IS.
El **porcentaje de sanción** aplicable es del 15% cuando se refiere a la regularización de renta neta, y del 50% cuando se refiere a la regularización de cuotas o deducciones.
Los **supuestos** que pueden plantearse son los siguientes:
- declaración incorrecta de la renta neta y de deducciones compensadas con cantidades pendientes en cuota;
- declaración incorrecta de la renta neta y de deducciones compensadas con cantidades pendientes en base y en cuota (nº 6568 s.).

6544 **Declaración incorrecta de la renta neta y de deducciones compensadas con cantidades pendientes en cuota** (RSAN art.13.4.a) En los casos de declaración incorrecta tanto de la renta neta como de cantidades de cuota repercutida, cantidad o cuota a deducir o incentivos fiscales de un período que se compensen parcialmente por aplicación solo de cantidades pendientes en la cuota del tributo o en la cantidad a ingresar, esa compensación debe imputarse **proporcionalmente** tanto al incremento de renta neta sancionable como a las cantidades o incentivos fiscales declarados incorrectamente en la cuota, a efectos de determinar la parte de la base de la sanción que corresponde a cada una de ellas.
Así, las **cantidades pendientes de compensación** en cuota han de aplicarse tanto a la **renta neta** incorrectamente declarada como a las **cuotas incorrectas**. Por lo tanto, se necesita una regla que permita distribuir o imputar aquellas cantidades pendientes de compensación entre estos dos conceptos.

6547 Esa imputación o distribución se realiza por medio de un **coeficiente**, que se expresa redondeando con dos decimales, en el que figuran:
a) En el **numerador**, según los casos:
- el resultado de multiplicar el incremento de renta neta sancionable por el tipo de gravamen del impuesto, si ese incremento se produce en la parte de la base gravada por un tipo proporcional;
- el resultado de multiplicar el incremento de renta neta sancionable por el tipo medio de gravamen resultante de la aplicación de la tarifa, si ese incremento se produce en la parte de la base gravada por una tarifa;
- los incrementos sancionables realizados directamente en la cuota del impuesto.
b) En el **denominador**, la suma del resultado de multiplicar todos los incrementos que se hayan regularizado en la base imponible o liquidable por el tipo de gravamen del tributo, si esos incrementos se producen en la parte de la base gravada por un tipo proporcional o, si se producen en la parte de la base gravada por una tarifa, por el tipo medio de gravamen resultante de su aplicación, más los incrementos realizados directamente en la cuota del tributo.

Por consiguiente, estos coeficientes de imputación se pueden representar por las siguientes **expresiones**: 6550

a) Coeficiente de imputación correspondiente al **incremento** de renta neta sancionable:

$$\frac{\Delta sB \times t}{\Delta B \times t + \Delta C}$$

b) Coeficiente de imputación correspondiente a las **cantidades incorrectamente declaradas** en cuota:

$$\frac{\Delta sC}{\Delta B \times t + \Delta C}$$

Una vez distribuida la cantidad pendiente de compensación entre la renta neta y la cuota incorrectamente declaradas, procede aplicar a cada una de ellas su **tratamiento específico**. 6552

A este respecto el RSAN establece que esas partes se sancionan, respectivamente, de acuerdo con lo establecido en el nº 6511 y nº 6535.

De ello parece deducirse que procedería multiplicar directamente los coeficientes de imputación anteriores por las expresiones obtenidas. Pero esta operación da lugar a incoherencias y no se acomoda a la finalidad de la norma. Por ejemplo, la citada multiplicación conduce a la siguiente expresión:

$$\Delta DEA \times \frac{\Delta sC}{\Delta C} \times \frac{\Delta sC}{\Delta B \times t + \Delta C}$$

En ella se multiplica el ΔDEA por dos coeficientes, y cada uno de los cuales considera la parte sancionable respecto del total (sancionable y no sancionable), con la finalidad de eliminar la parte no sancionable. Por tanto, se duplicaría la eliminación de la parte no sancionable.

Ejemplo La Inspección descubre que una entidad ha dejado de declarar rentas en el IS por importe de 10.000 €, de las cuales la mitad son sancionables, y se minoran las deducciones en 2.500 €, de los cuales la mitad son sancionables, compensándose parcialmente esos ajustes con la aplicación de deducciones pendientes de ejercicios anteriores (DEA) por 2.000 €. Se supone que el tipo de gravamen es del 25%. 6554

Se debe distribuir el ΔDEA (2.000 €) entre los incrementos de base y cuota.

En este sencillo ejemplo, los importes regularizados por el incremento de base (10.000 × 25% = 2.500) y del incremento de cuota (2.500) coinciden, por lo que la aplicación del ΔDEA a la base y a la cuota es del 50%. Además, en cada una de ellas la parte sancionable es el 50%. Por tanto, el importe del ΔDEA (2.000 €) se debe distribuir en cuartas partes entre los incrementos sancionables y no sancionables de base y de cuota: 500 al ΔsB, 500 al ΔnsB, 500 al ΔsC y 500 al ΔnsC.

Es decir, la base de sanción correspondiente al incremento sancionable de cuota debería ser de 500 €, pero de la expresión anterior resulta:

$$\Delta DEA \times \frac{\Delta sC}{\Delta C} \times \frac{\Delta sC}{\Delta B \times t + \Delta C} = 2.000 \times \frac{1.250}{2.500} \times \frac{1.250}{10.000 \times 0{,}25 + 2.500} = 250$$

La diferencia entre el resultado obtenido (250 €) y la cantidad que debería resultar (500 €) se debe a que en la expresión utilizada se aplica dos veces la proporción entre la cuota sancionable y la cuota total. Como en este ejemplo esa proporción es del 50%, la consecuencia de aplicarlo dos veces es la obtención de un resultado final equivalente a la mitad de la cuantía correcta.

El RSAN art.13.4.a se refiere a las **imputaciones** que correspondan al incremento de renta neta (no al incremento de renta neta sancionable) y a las imputaciones que correspondan a las cantidades o incentivos fiscales declarados incorrectamente en la cuota o cantidad a ingresar (no a la cuota incorrectamente declarada que sea sancionable). Es decir, la remisión que se realiza al tratamiento descrito en el nº 6511 y nº 6535 no pretende que se aplique sobre la parte sancionable del incremento de renta neta y de la cuota declarada incorrectamente. Ese tratamiento se aplica respecto del **incremento de renta neta total** y de las **cuotas totales incorrectamente declaradas**. 6557

Por tanto, lo que pretende esa norma es simplemente que se aplique el régimen expuesto en el nº 6511 (homogeneización de importes a través del inverso del tipo marginal) y el nº 6535 (en caso de compensación de las cuotas declaradas incorrectamente con DEA, corresponde una multa proporcional del 50%). Entendemos que esta interpretación, manteniéndose dentro de los límites permitidos por el texto de la norma, resulta **coherente** y adecuada a su finalidad.

6560 Según esto, la base de sanción se puede representar, utilizando la terminología contemplada en el nº 6112, de la siguiente forma:

a) BS correspondiente al ΔRN sancionable compensado con DEA (se sanciona con multa proporcional del 15%):

ΔDEA × Imputación compensación (nº 6544) × Cociente (nº 6511)

Donde:

$$\text{Imputación compensación} = \frac{\Delta sB \times t}{\Delta B \times t + \Delta C}$$

$$\text{Cociente} = \frac{\Delta B}{\text{CI regul. - CI decl.}}$$

b) BS correspondiente a cuotas incorrectas compensadas con DEA (se sanciona con multa proporcional del 50%):

ΔDEA × Imputación compens. (nº 6535) × Cociente (nº 6544)

Donde:

$$\text{Imputación compensación} = \frac{\Delta sC}{\Delta C}$$

$$\text{Cociente} = \frac{\Delta C}{\Delta B \times t + \Delta C}$$

6563 Ejemplo Una entidad presenta una declaración del IS con un resultado a ingresar de 500 €, en la que consigna una base imponible de 10.000 € y aplica la totalidad de las deducciones (sin límite) del ejercicio por 1.000 €, así como DEA pendientes (sin límite) por otros 1.000 €, de un importe total de 3.000 €. La Inspección descubre un aumento de base de 10.000 €, de los cuales 8.000 € son sancionables, y que la totalidad de las deducciones del ejercicio son incorrectas, siendo sancionables en el 60%. Se supone que se aplican la totalidad de las DEA pendientes y que el tipo de gravamen es del 25%.

La regularización sería la siguiente:

Impuesto sociedades	Declarado	Δ	Δs	Regularizado
B.I.	10.000	10.000	8.000	20.000
Cuota Íntegra (25%)	2.500			5.000
Deducciones del ejercicio	1.000	-1.000	-600	0
DEA aplicadas (3.000)	1.000	+2.000		3.000
Ingresado en autoliquidación	500			500
Ingreso Regularización				1.500

Aquí concurre la infracción del nº 6120 s. con la del nº 6485 s., donde se han declarado incorrectamente cantidades en base y en cuota que se compensan con deducciones pendientes en cuota. El cálculo de la base de la sanción de esta última infracción es:

a) BS correspondiente al ΔRN sancionable compensado con DEA (se sanciona con multa proporcional del 15%):

$$\Delta DEA \times \frac{\Delta sB \times t}{\Delta B \times t + \Delta C} \times \frac{\Delta B}{\text{CI regul. - CI decl.}} =$$

$$= 2.000 \times \frac{8.000 \times 0{,}25}{10.000 \times 0{,}25 + 1.000} \times \frac{10.000}{5.000 - 2.500} = 4.571{,}43\ €$$

b) BS correspondiente a cuotas incorrectas compensadas con DEA (se sanciona con multa proporcional del 50%):

$$\Delta DEA \times \frac{\Delta sC}{\Delta C} \times \frac{\Delta C}{\Delta B \times t + \Delta C} = 2.000 \times \frac{600}{10.000 \times 0{,}25 + 1.000} = 342{,}86\ €$$

Ver caso completo 8 en nº 6800.

Declaración incorrecta de la renta neta y de deducciones compensadas con cantidades pendientes en base y en cuota (RSAN art.13.4.b) En los casos de declaración incorrecta tanto de renta neta como de cantidades de cuota repercutida, cantidad o cuota a deducir o incentivos fiscales de un período que se compensen parcialmente por aplicación de cantidades pendientes de compensación o reducción en la base del tributo y de cantidades pendientes de compensación o deducción en la cuota del tributo o en la cantidad a ingresar, para el cálculo de la **base** de la sanción se aplica en primer lugar lo dispuesto en el nº 6505 y después lo establecido en el nº 6544. **6568**

Así, en primer lugar, aplicamos la siguiente expresión que determina la BS correspondiente al ΔRN sancionable compensada con BINEA:

$$BS = X = \Delta BINEA \times \frac{\Delta sB}{\Delta B}$$

Después de aplicar esta expresión, tendremos que:

a) La cuantía del **incremento total** de renta neta se ha minorado en el importe resultante de la aplicación de la base imponible negativa de ejercicios anteriores, quedando en:

$$\Delta B - \Delta BINEA$$

b) La cuantía del **incremento sancionable** de renta neta se ha reducido en el importe del incremento de renta neta sancionable objeto de compensación, quedando en:

$$\Delta sB - X$$

Después de aplicar lo dispuesto en el nº 6505, se debe aplicar lo establecido en el nº 6544, luego: **6570**

a) BS correspondiente al ΔRN sancionable compensada con DEA (se sanciona con multa proporcional del 15%):

$$DEA \times \text{Imputación compensación (nº 6544)} \times \text{Cociente (nº 6511)} =$$

$$= \Delta DEA \times \frac{(\Delta sB - X) \times t}{(\Delta B - \Delta BINEA) \times t + \Delta C} \times \frac{\Delta B - \Delta BINEA}{\text{CI regul.} - \text{CI decl.}}$$

b) BS correspondiente a cuotas incorrectas compensadas con DEA (se sanciona con multa proporcional del 50%): **6573**

$$DEA \times \text{Imputación compensación (nº 6544)} \times \text{Cociente (nº 6535)} =$$

$$= \Delta DEA \times \frac{\Delta C}{(\Delta B - \Delta BINEA) \times t + \Delta C} \times \frac{\Delta sC}{\Delta C}$$

La finalidad de esas minoraciones es que el reparto del ΔDEA se haga en proporción a las cantidades que realmente quedan una vez aplicada la BINEA. De lo contrario, se podría llegar al absurdo de imputar como base de la sanción por incorrecta declaración de renta neta más importe que la propia renta neta.

Ver caso completo 9 en nº 6815.

4. Sanción

(LGT art.195.2)

La infracción que nos ocupa se sanciona con una **multa pecuniaria proporcional**, cuya cuantía se determina multiplicando la base de la sanción (nº 6493) por el porcentaje sancionador. **6575**

Ese **porcentaje** puede ser:

- el **15%**, si se trata de partidas a compensar o deducir en la base imponible;
- el **50%**, si se trata de partidas a deducir en la cuota o de créditos tributarios aparentes.

Al ser las sanciones de porcentaje fijo, no opera ningún **criterio de graduación**.

Las **reducciones** de la sanción que pueden resultar aplicables son las siguientes (LGT art.188):

- del 30%, por **conformidad** del interesado (nº 6005 s.);
- del 65%, por **acuerdo** del interesado (nº 6015 s.);
- del 40%, por **ingreso** de la sanción en período voluntario o en los plazos fijados por la Administración en el acuerdo de aplazamiento o fraccionamiento concedido con garantía de aval o certificado de seguro de caución, **sin impugnación** de la liquidación ni de la sanción (nº 6025 s.). Este porcentaje del 40% opera sobre el importe de la sanción ya reducido por conformidad, en caso de que concurran ambos motivos de reducción.

C. Deducción de la parte proporcional de la sanción por determinar o acreditar improcedentemente partidas positivas o negativas o créditos tributarios aparentes de la sanción correspondiente por la ulterior infracción derivada de aquella

(LGT art.195.3)

6580 Las sanciones impuestas por la infracción consistente en determinar o acreditar improcedentemente partidas positivas o negativas o créditos tributarios aparentes, en cualquiera de sus dos modalidades (ver nº 6460), son deducibles en la parte proporcional correspondiente de las que pudieran proceder por las **infracciones cometidas ulteriormente** por el mismo sujeto infractor como consecuencia de la compensación o deducción de los conceptos aludidos, sin que el importe a deducir pueda exceder de la sanción correspondiente a dichas infracciones.
Cuando la Administración descubre **cuotas incorrectas** en un período de liquidación que determina una infracción por determinar improcedentemente partidas a compensar en declaraciones futuras, esa misma cuota afecta al período siguiente, pudiendo originar una infracción por dejar de ingresar, como consecuencia de los arrastres de las cantidades a compensar. Es decir, la misma minoración de cuotas deducibles incorrectas origina una doble sanción. Por ello, la finalidad de la deducción de la parte proporcional de la sanción de las infracciones de la LGT art.195 es evitar supuestos de **duplicidad de sanción** como consecuencia de la misma conducta.

6583 Ejemplo Una entidad inicia sus actividades en el 3T, y presenta las siguientes autoliquidaciones del IVA:

IVA declarado	3T	4T	Resumen anual
Cuota repercutida	10.000	20.000	30.000
Cuota soportada	20.000	10.000	30.000
Comp. de períodos anteriores	-	10.000	
A compensar	10.000	0	0

Posteriormente, la Inspección descubre una disminución sancionable de cuotas deducibles de 10.000 € en el 3T, de lo que resulta la siguiente regularización:

IVA regularizado	3T	4T	Resumen anual
Cuota repercutida	10.000	20.000	30.000
Cuota soportada	10.000	10.000	20.000
A ingresar	0	10.000	10.000

6585 **Infracción del 3T**:
Infracción grave (nº 6465 s.)
Base de la sanción: 10.000 €.
Sanción: 10.000 × 50% = 5.000 €.
Infracción del 4T:
Infracción leve (nº 6161).
Base de la sanción: 10.000 €.
Sanción previa a la deducción: 10.000 × 50% = 5.000 €.
Deducción (LGT art.195.3): 5.000 × 100% = 5.000 €
La entidad tenía en el 3T una cantidad pendiente de compensación de 10.000 € y en el 4T no quedaba ningún importe. Luego ha aplicado el 100% de la cantidad pendiente.
Sanción: Sanción previa a la deducción - Deducción = 5.000 € - 5.000 € = 0 €.

6588 Solo se deduce la **parte proporcional** de la sanción precedente que **corresponde a la deducción** o compensación **efectuada**. Esta parte proporcional se calcula multiplicando el importe de la sanción precedente por la parte proporcional de la deducción o compensación aplicada por el obligado tributario en ese período.
Además, se establece la **limitación** de que el importe a deducir no puede exceder de la sanción correspondiente a las infracciones cometidas ulteriormente.
La deducción de sanciones aludida solo procede cuando las cantidades indebidas han sido aplicadas en **declaraciones futuras propias**, pero no cuando lo hayan sido en declaraciones de terceros.

Ejemplo Una entidad inicia sus actividades en el 3T, y presenta las siguientes autoliquidaciones del IVA: 6590

IVA declarado	3T	4T	Resumen anual
Cuota repercutida	10.000	20.000	30.000
Cuota soportada	20.000	16.000	36.000
Compensación de período anterior	-	10.000	
A compensar	10.000	6.000	6.000

Posteriormente, la Inspección descubre una disminución sancionable de cuotas deducibles de 10.000 € en el 3T, de lo que resulta la siguiente regularización:

IVA regularizado	3T	4T	Resumen anual
Cuota repercutida	10.000	20.000	30.000
Cuota soportada	10.000	16.000	26.000
A compensar	0	-	-
A ingresar	-	4.000	4.000

Infracción del 3T:
Infracción grave (nº 6465 s.)
Base de la sanción: 10.000 €.
Sanción: 10.000 × 50% = 5.000 €.
Infracción del 4T:
Infracción leve (nº 6161).
Base de la sanción: 4.000 €.
Sanción previa a la deducción: 4.000 × 50% = 2.000 €.
Deducción (LGT art.195.3): 5.000 × 40% = 2.000 €.
La entidad tenía en el 3T una cantidad pendiente de compensación de 10.000 € y en el 4T solo quedaban 6.000 €. Luego de la cantidad pendiente de 10.000 €, ha declarado una aplicación de 4.000 €, que supone un 40%.
Sanción: Sanción previa a la deducción - Deducción = 2.000 € - 2.000 € = 0 €.
Ver caso completo 10 en nº 6830.

Para determinar si se ha cometido una infracción debe partirse de una **conducta culposa** del sujeto infractor. En los casos de compensación de cantidades pendientes de **períodos anteriores** deben examinarse los períodos en los que se generaron esas cantidades a compensar para apreciar si ha habido en ellos o no una conducta negligente del obligado tributario. Si esa conducta no fue negligente, no procede imponer ulteriormente sanción por la infracción consistente en dejar de ingresar en plazo la deuda que debería resultar de una correcta autoliquidación (nº 6125 s.), y si solo fuese sancionable en un determinado porcentaje, la sanción posterior correspondiente a esta última infracción tendría que limitarse a ese porcentaje. 6593

Es decir, la conducta del obligado tributario en los períodos de los que proceden las cantidades a compensar tiene incidencia en la determinación de la existencia y calificación de las infracciones posteriores, aunque conviene señalar que esta cuestión no está tratada en el RSAN.

Ejemplo Una entidad declara en el 3T del IVA una cantidad a compensar de 10.000 €, que compensa totalmente en el 4T resultando una cantidad a ingresar de 0. 6595
La Inspección descubre en el 3T una disminución de cuotas deducibles de 10.000 €, de los que 2.000 € no son sancionables y 8.000 € corresponden al empleo de facturas falsas.
Infracción del 3T:
Infracción grave (nº 6465 s.)
Base de la sanción: 8.000 €.
Sanción: 8.000 × 50% = 4.000 €.
Infracción del 4T:
Infracción muy grave (nº 6158).
La falta de ingreso del 4T deriva de una utilización de facturas falsas en el 3T. Aunque la entidad deduce las facturas falsas en el 3T, estas producen su efecto en la falta de ingreso del 4T, por lo que resulta procedente su consideración en este trimestre. De este modo, se aprecia la concurrencia de la circunstancia consistente en el empleo de facturas falsas con una incidencia en la base de la sanción del 100%, con lo que la infracción por dejar de ingresar en el 4T es muy grave, dada la utilización de medios fraudulentos.
Base de la sanción: 8.000 €.

La conducta del obligado tributario del 3T es sancionable en el 80%. Así pues, la base de la sanción correspondiente a la infracción por dejar de ingresar del 4T no es de 10.000 €, sino solo de 8.000 €.
El perjuicio económico es del 100%, luego el porcentaje de sanción será de 125%.
Sanción previa a la deducción: 8.000 × 125% = 10.000 €
Deducción (nº 6580): 4.000 × 100% = 4.000 €
Sanción: Sanción previa a la deducción - Deducción = 10.000 - 4.000 = 6.000 €

6598 En los ejemplos anteriores hemos supuesto que las cantidades a compensar procedían de un solo período anterior. Pero puede ocurrir que la cantidad global a compensar proceda de **varios períodos precedentes**, lo que plantea algunas dificultades adicionales de cálculo. Esta cuestión tampoco ha sido tratada por el RSAN.

6600 Ejemplo Una entidad compensa en la autoliquidación del 4T del IVA una cantidad de 50.000 € del total de la cantidad pendiente de compensación que ascendía a 100.000 € (de ellas 40.000 € proceden del 2T y 60.000 € del 3T). La Inspección regularizó esos períodos eliminando las cantidades pendientes de compensación como consecuencia de la acreditación improcedente de créditos tributarios por 20.000 € en el 2T y por 30.000 € en el 3T, e imponiendo sanciones (LGT art.195.1 párrafo segundo) por 10.000 € en el 2T y 15.000 € en el 3T.
Para determinar de qué trimestre proceden los 50.000 € compensados por el obligado tributario en el 4T y, por ende, si la conducta del 4T es sancionable y, en caso afirmativo, cuál debe ser la calificación de la infracción cometida en ese trimestre, existen varias alternativas, como pueden ser:
a) Distribuir proporcionalmente la cantidad a compensar aplicada en el 4T (50.000 €) entre los ejercicios de los que procede. En este caso se imputarían 20.000 € al 2T (40%) y 30.000 € al 3T (60%).
b) Utilizar un criterio FIFO (primera entrada, primera salida). En este caso se imputarían 40.000 € al 2T y 10.000 € al 3T.
La LIVA art.99.Cinco establece que el plazo máximo para compensar el exceso de las deducciones sobre las cuotas devengadas es de 4 años contados desde la presentación de la declaración-liquidación en que se origine el mismo. Considerando que se van aplicando las compensaciones más antiguas para evitar que prescriba ese derecho, la segunda alternativa señalada parece más correcta. Además, es de más fácil aplicación práctica tanto para el obligado tributario como para la Administración.
Así, la parte proporcional correspondiente de las infracciones por acreditar improcedentemente créditos tributarios será la totalidad (100%) del importe de la sanción del 2T y el 16,17% (10.000/60.000) de la sanción del 3T.
- Deducción en el 2T: 10.000 × 100% = 10.000 €
- Deducción en el 3T: 15.000 × 16,67% = 2.500 €

D. Régimen transitorio

(LGT art.10.2 y disp.trans.4ª; RD 2063/2004 disp.trans.1ª)

6605 El régimen de infracciones y sanciones tributarias tiene **efectos retroactivos** respecto a los actos que no sean firmes cuando su aplicación resulte más favorable para el interesado (ver nº 5610 s.). Por ello, cuando resulte aplicable el régimen transitorio se deben **comparar los regímenes sancionadores** de las infracciones tipificadas en la LGT/1963 art.79.d y la LGT art.195, para aplicar el más favorable al contribuyente.

VI. Imputaciones incorrectas por entidades en régimen de imputación de rentas

(LGT art.196 y 197)

6665

6667

INFRACCIÓN LGT art.196 y 197	
Tipo	**a)** Imputar incorrectamente o no imputar bases imponibles o resultados a los socios o miembros por las entidades sometidas a un régimen de imputación de rentas (nº 6675 s.). **b)** Imputar incorrectamente deducciones, bonificaciones y pagos a cuenta a los socios o miembros por las entidades sometidas al régimen de imputación de rentas (nº 6690 s.). En ambos casos, estas acciones u omisiones no constituirán infracción por la parte de las bases o resultados o cantidades incorrectamente imputadas a los socios o partícipes que hubiese dado lugar a la imposición de una sanción a la entidad sometida al régimen de imputación de rentas por la comisión de las infracciones del nº 6120 s., nº 6290 s. y nº 6345 s.
Calificación	Ambas infracciones son graves.
Base de la sanción	El importe de la cantidad no imputada o, en caso de imputación incorrecta, el importe que resulte de sumar las diferencias con signo positivo, sin compensar con las diferencias negativas, entre las cantidades que debieron imputarse a cada socio o miembro y las que se imputaron a cada uno de ellos.
Sanción	Multa pecuniaria proporcional del: - 40%; - 75%
Reducciones	Las reducciones aplicables en su caso a las sanciones por la infracción de dejar de ingresar pueden ser (LGT art.188): - del 65% y 30%, respectivamente, por acuerdo o por conformidad; - del 40%, por ingreso de la sanción sin impugnación de la liquidación ni de la sanción.

Estas infracciones se refieren a la falta o incorrecta imputación de bases o a la incorrecta imputación de cuotas por entidades en régimen de imputación de rentas. 6670

No hay que confundir el **régimen** de imputación de rentas con el régimen de atribución de rentas.

a) En el régimen **de atribución de rentas**, estas se obtienen directamente por los propios socios, partícipes, herederos o comuneros, que son quienes cometen la infracción si dejan de ingresar (LGT art.191.1).

b) En el régimen **de imputación de rentas**, la renta se obtiene por la entidad, que tiene que imputarla a los socios o partícipes, cometiendo una infracción si no las imputa o si lo hace incorrectamente.

Precisiones Las **entidades obligadas a efectuar imputaciones** de bases imponibles, rentas o resultados son (LIS art.43 a 45):
- las AIE españolas (L 12/1991);
- las agrupaciones europeas de interés económico (L 12/1991 art.30); y
- las UTE (L 18/1982).

a. Imputación incorrecta o no imputación de bases imponibles, rentas o resultados por entidades en imputación de rentas

(LGT art.196)

6677 **Configuración del tipo** (LGT art.196.1) El tipo de la infracción consiste en imputar incorrectamente o no imputar bases imponibles o resultados a los socios o miembros por las entidades sometidas a un régimen de imputación de rentas.

Estas conductas pueden ser cometidas por **acción** (imputación incorrecta de bases imponibles, rentas o resultados) o por **omisión** (falta de imputación de bases imponibles, rentas o resultados) y pueden **concurrir con otras infracciones**, tanto de la propia entidad como de sus partícipes o miembros.

El legislador precisa que la ausencia de imputación o imputación incorrecta de bases imponibles, rentas o resultados, no constituyen infracción por la parte de las bases o resultados que hubiese dado lugar a la imposición de una sanción a la entidad sometida al régimen de imputación de rentas por la comisión de las infracciones de la LGT art.191, 192 o 193. Se trata de la aplicación del principio «**non bis in idem**». Pero en la práctica la concurrencia de las infracciones de la LGT art.191 a 193 con las infracciones de la LGT art.196 y 197 es meramente hipotética.

Las UTES y AIES no tributan por la parte de la base imponible correspondiente a sus miembros o socios **residentes**, por lo que cuando existe imputación de bases imponibles (con lo que podría darse la infracción de la LGT art.196) no existe tributación de estas entidades en el IS (por lo que no podría darse la infracción de la LGT art.191). Las UTEs y AIEs sí tributan en el IS por la parte de la base imponible correspondiente a sus miembros o socios **no residentes**, pero en este caso (en el que podría darse la infracción de la LGT art.191) no existe imputación de bases imponibles (por lo que no podría darse la infracción de la LGT art.196).

Si el socio o partícipe no declara las bases imponibles de las entidades en régimen de imputación de rentas puede resultar una falta de ingreso o una devolución indebida que puede regularizar la Administración. Otra cuestión distinta es si procede o no imponer sanciones a los socios o partícipes que han dejado de ingresar o han obtenido indebidamente devoluciones como consecuencia de la falta o incorrecta imputación de rentas efectuadas por la entidad. La LGT no contempla expresamente esta cuestión, pero de la evolución legislativa parece deducirse la intención del legislador de sancionar únicamente a la entidad. En concreto, la LGT art.191.1 precisa específicamente que la infracción por dejar de ingresar se aplica también a los socios o partícipes de las entidades en atribución de renta, por lo que el silencio de la norma respecto de los socios o miembros de las entidades en régimen de imputación de renta se interpreta como que este supuesto no es sancionable.

Precisiones La acepción «**incorrectamente imputadas**» comprende todos los supuestos en los que la UTE ha imputado incorrectamente una base imponible, tanto por imputar un porcentaje incorrectamente como por imputar una base imponible inferior (AN 26-4-23, EDJ 576359; TEAC 30-10-23).

6680 **Calificación de la infracción** (LGT art.196) Esta infracción tributaria es **grave**.

6682 **Base de la sanción** (LGT art.196.1) Deben distinguirse los supuestos de falta de imputación y de una incorrecta imputación de bases imponibles, rentas o resultados. Así la base de la sanción en el caso de:

a) Falta de imputación, es la cantidad no imputada.

b) Incorrecta imputación, es el importe que resulte de sumar las diferencias con signo positivo, sin compensación con las diferencias negativas, entre las cantidades que debían imputarse a cada socio o miembro y las que se imputan a cada uno de ellos.

6685 **Sanción** (LGT art.196.2) Esta infracción se sanciona con una **multa pecuniaria proporcional** del 40%. Al ser una sanción de porcentaje fijo, **no** opera ningún **criterio de graduación**.

Las **reducciones** de la sanción que pueden resultar aplicables son las siguientes (LGT art.188):

- del 30%, por **conformidad** del interesado (nº 6005 s.);
- del 65%, por **acuerdo** del interesado (nº 6015 s.);

- del 40%, por **ingreso** de la sanción en período voluntario o en los plazos fijados por la Administración en el acuerdo de aplazamiento o fraccionamiento concedido con garantía de aval o certificado de seguro de caución, **sin impugnación** de la liquidación ni de la sanción (nº 6025 s.). Este porcentaje del 40% opera sobre el importe de la sanción ya reducido por conformidad, en caso de que concurran ambos motivos de reducción.
Ver caso completo 11 en el nº 6850 s.

b. Imputación incorrecta de deducciones, bonificaciones y pagos a cuenta por entidades en imputación de rentas

(LGT art.197)

6690

Configuración del tipo (LGT art.197) El tipo de la infracción consiste en imputar incorrectamente, deducciones bonificaciones y pagos a cuenta a los socios o miembros por las entidades sometidas al régimen de imputación de rentas. 6692
Esas conductas solo pueden ser cometidas por **acción**, por imputación incorrecta a los partícipes o miembros de deducciones, bonificaciones o pagos a cuenta.
Las conductas tipificadas en la LGT art.197 pueden **concurrir con** las mismas **infracciones** que la conducta tipificada en el nº 6675 s.

Calificación de la infracción (LGT art.197.1) Esta infracción tributaria es **grave**. 6695

Base de la sanción (LGT art.197.1) La base de la sanción está constituida por el importe que resulte de **sumar** las diferencias con signo positivo, **sin compensación** con las diferencias negativas, entre las cantidades que debieron imputarse a cada socio o miembro y las que se imputaron a cada uno de ellos. 6698

Sanción y reducción (LGT art.188 y 197.2) Esta infracción se sanciona con una **multa pecuniaria proporcional** del 75%. Al ser una sanción de porcentaje fijo, no opera ningún **criterio de graduación**. 6700
Las **reducciones** de la sanción que pueden resultar aplicables son las siguientes (LGT art.188):
- del 30%, por **conformidad** del interesado (nº 6005 s.);
- del 65%, por **acuerdo** del interesado (nº 6015 s.);
- del 40%, por **ingreso** de la sanción en período voluntario o en los plazos fijados por la Administración en el acuerdo de aplazamiento o fraccionamiento concedido con garantía de aval o certificado de seguro de caución, **sin impugnación** de la liquidación ni de la sanción (nº 6025 s.)
Este porcentaje del 40% opera sobre el importe de la sanción ya reducido por conformidad, en caso de que concurran ambos motivos de reducción.
Ver caso completo 11 en nº 6850 s.

c. Régimen transitorio

(LGT art.10.2 y disp.trans.4ª; RD 2063/2004 disp.trans.1ª)

El régimen de infracciones y sanciones tributarias tiene **efectos retroactivos** respecto a los actos que no sean firmes cuando su aplicación resulte más favorable para el interesado (ver nº 5610 s.). Por ello, cuando resulte aplicable el régimen transitorio se deben comparar los regímenes sancionadores de las infracciones tipificadas en la LGT/1963 art.79.e) y la LGT art.196 y 197, para aplicar el más favorable al contribuyente. 6702

VII. Infracción en supuestos de conflicto en la aplicación de la norma tributaria

(LGT art.15.3,179.2.d y 206 bis)

6703

6703.1

INFRACCIÓN LGT art.206 bis	
Tipo	El incumplimiento de obligaciones tributarias mediante la realización de actos o negocios cuya regularización se hubiese efectuado mediante la figura del conflicto en la aplicación de la norma, siempre que hayan resultado acreditadas alguna de las siguientes situaciones: **a)** Falta de ingreso de la totalidad o parte de la deuda tributaria dentro del plazo establecido para cada tributo en su normativa reguladora. **b)** Obtención indebida de una devolución derivada de la normativa del tributo. **c)** Solicitud indebida de una devolución, beneficio o incentivo fiscal. **d)** Determinación o acreditación improcedente de partidas positivas o negativas o créditos tributarios a compensar o deducir en la base o en la cuota de declaraciones futuras, propias o de terceros.
Calificación	Infracción grave
Sanción	En función de las diferentes situaciones (nº 6703.4), **multa pecuniaria proporcional** del: - 50% de la cantidad no ingresada; - 50% la cantidad devuelta indebidamente; - 15% de la cantidad indebidamente solicitada; - 15% del importe de las cantidades indebidamente determinadas o acreditadas, si se trata de partidas a compensar o deducir en la base imponible, o, 50% si se trata de partidas a deducir en la cuota o de créditos tributarios aparentes.
Reducciones	Pueden ser (LGT art.188): - del 65% y 30%, respectivamente, por acuerdo o por conformidad; - del 40%, por ingreso de la sanción sin impugnación de la liquidación ni de la sanción.

6703.2 Con esta figura se pretende combatir y evitar ciertas modalidades especialmente sofisticadas de elusión fiscal, fundamentalmente aquellas basadas en el empleo de **medios aparentemente lícitos** pero utilizados de modo artificioso, con la única **finalidad** de lograr un ahorro fiscal.
La consecuencia de la declaración de conflicto en la aplicación de la norma tributaria es que, en las liquidaciones que se practiquen, se exige el tributo aplicando la norma que hubiera correspondido a los actos o negocios usuales o propios o eliminando las ventajas fiscales obtenidas, y se liquidan intereses de demora.
La norma configura un tipo infractor que cumple con la doctrina jurisprudencial sobre la materia, ya que no se vincula la existencia de la infracción únicamente por mera referencia a la existencia de conflicto en aplicación de la norma. De esta manera, se permite la sancionabilidad de **determinadas conductas** vinculadas a esta cláusula antiabuso de carácter general, en consonancia con lo que ocurre en otros países de nuestro entorno.

Precisiones Respecto de la **declaración de conflicto** en la aplicación de la norma tributaria, ver nº 4870 s.

6703.3 **Tipo infractor** (LGT art.206 bis.1 y 2) Constituye infracción tributaria el incumplimiento de las obligaciones tributarias mediante la **realización de actos o negocios** cuya regularización se hubiese efectuado mediante la aplicación del conflicto en la aplicación de la norma tributaria (LGT art.15) cuando resulte la falta de ingreso dentro de plazo, la obtención indebida de una devolución tributaria, la solicitud indebida de una devolución, beneficio o incentivo fiscal, o la determinación o acreditación improcedente de partidas positivas o negativas o créditos tributarios a compensar o deducir en la base o en la cuota de declaraciones futuras.
El tipo infractor viene a asumir las diversas **conductas** que causan perjuicio económico, pero circunscribiéndolas al supuesto de que se aprecie conflicto en la aplicación de la norma.
Esos **incumplimientos** constituyen infracción tributaria exclusivamente cuando se acredite la existencia de igualdad sustancial entre el caso objeto de regularización y otro (u otros) supuestos en el que se hubiera establecido criterio administrativo que hubiera sido hecho

público para general conocimiento antes del inicio del plazo para la presentación de la correspondiente declaración o autoliquidación.
En cuanto a la **culpabilidad**, se establece que en los supuestos a que se refiere esta infracción no puede considerarse, salvo prueba en contrario, que existe concurrencia ni de la diligencia debida en el cumplimiento de las obligaciones tributarias ni de la interpretación razonable de la norma (LGT art.179.2.d).

Precisiones 1) Se entiende como **criterio administrativo** los informes preceptivos y favorables de la Comisión consultiva para la declaración de conflicto en la aplicación de la norma (LGT art.15.2 y 159).
2) En relación con la **forma de publicación**, trimestralmente se publican los informes de la Comisión consultiva en los que se haya apreciado la existencia de conflicto en la aplicación de la norma. En el ámbito de las competencias del Estado se publican en la Sede Electrónica de la AEAT. Cuando se trate de tributos cuyo órgano competente para la emisión de las consultas se integre en otras Administraciones Tributarias, se han de publicar por el medio que las mismas señalen (RGGI art.194.6).

Calificacion y sanción (LGT art.206 bis.3 y 4) En todo caso la conducta se califica como infracción **grave**. 6703.4
La sanción consiste en **multa pecuniaria proporcional** del:
a) 50%, de la cuantía no ingresada en el caso de la **falta de ingreso** dentro de plazo.
b) 50%, de la cantidad devuelta indebidamente en el caso de **obtención indebida** de una devolución tributaria.
c) 15%, de la cantidad indebidamente solicitada en el caso de **solicitud indebida** de una devolución, beneficio o incentivo fiscal.
d) 15%, del importe de las **cantidades indebidamente determinadas o acreditadas**, si se trata de partidas a compensar o deducir en la base imponible, o del 50% si se trata de partidas a deducir en la cuota o de créditos tributarios aparentes, en el caso de determinación o acreditación improcedente de partidas positivas o negativas o créditos tributarios a compensar o deducir en la base o en la cuota de declaraciones futuras.
Las sanciones se establecen de acuerdo con las determinadas con carácter general para el mismo tipo de situación. No obstante, en el caso de **falta de ingreso y obtención indebida de devoluciones**, se aplica la sanción mínima sin posibilidad de agravación.

Reducciones (LGT art.188 y 206 bis.6) Las reducciones aplicables pueden ser del: 6703.5
- 30%, por **conformidad** del interesado (nº 6005 s.);
- 65%, por **acuerdo** del interesado (nº 6015 s.);
- 40%, por **ingreso** de la sanción en período voluntario o en los plazos fijados por la Administración en el acuerdo de aplazamiento o fraccionamiento concedido con garantía de aval o certificado de seguro de caución, sin impugnación de la liquidación ni de la sanción (nº 6025 s.)
Este porcentaje del 40% opera sobre el importe de la sanción ya reducido por conformidad, en caso de que concurran ambos motivos de reducción.

Incompatibilidad (LGT art.206 bis.5) Estas infracciones y sanciones son incompatibles con las que corresponderían por la LGT art.191, 193, 194 y 195. Ello es lógico, dado que como se ha indicado, esta infracción viene a asumir las mismas conductas, pero limitadas al caso específico en el que se aprecia conflicto en la aplicación de la norma tributaria. 6703.6

VIII. Casos completos de infracciones que causan perjuicio económico

1. Falta de ingreso. Aumento de base parcialmente sancionable

(LGT art.191; RSAN art.8)

6710 Ejemplo El obligado tributario declara por el IS una base de 10.000 € y unas deducciones de 2.000 €, ingresando 500 €.

La Inspección regulariza un aumento de base de 10.000 €, de los cuales son sancionables 5.100 € por gastos no deducibles y 900 € por facturas falseadas.

Se suscribe acta de conformidad, se ingresa la sanción en plazo voluntario y no se impugnan ni la liquidación ni la sanción.

La regularización practicada es:

impuesto sociedades	Declarado	Δ	Δs	Acta A01
B.I.	10.000	+10.000	+6.000	20.000
Cuota Íntegra (25%)	2.500			5.000
Deducciones ejercicio (2.000)	2.000	-	-	2.000
Cuota líquida	500			3.000
Ingresado en autoliquidación	500			500
Ingreso Regularización (IR)				2.500

6713 **a) Infracción** por dejar de ingresar dentro del plazo establecido en la normativa de cada tributo la totalidad o parte de la deuda tributaria que debiera resultar de la correcta autoliquidación del tributo (nº 6125 s.).

b) Base de la sanción (nº 6208 s.)

$$\text{Coeficiente (nº 6223)} = \frac{\Delta sB \times t + \Delta sC}{\Delta B \times t + \Delta C} = \frac{6.000 \times 0,25 + 0}{10.000 \times 0,25 + 0} = 0,60$$

BS = IR × Coeficiente = 2.500 × 0,60 = 1.500 €.

c) Calificación de la infracción:

La incidencia en la base de la sanción de la utilización de documentos falsos o falseados es (nº 5918, nº 6158 y nº 6179):

$$\frac{\Delta sB_{DF} \times t + \Delta sC_{DF}}{\Delta sB \times t + \Delta sC} = \frac{900 \times 0,25 + 0}{6.000 \times 0,25 + 0} = 0,15$$

La incidencia de las facturas falseadas empleadas supera el 10%, lo que supone la utilización de medios fraudulentos. En consecuencia, la infracción es muy grave.

d) Graduación y reducciones de la sanción: 6716

$$\text{Perj. Ec.} = \frac{\text{Base sanción}}{\text{Cantidad que debió ingresar en autoliq.}} = \frac{1.500}{3.000} = 50\%$$

SANCIÓN MÍNIMA (nº 6235)	100%
Perjuicio económico: 50% (nº 6238)	Δ 15 pp
SANCIÓN INCREMENTADA	115%
Sanción reducida con el 30% por conformidad (nº 6241)	80,5%
Sanción reducida con el 40% por pago sanción y no impugnación (nº 6241)	48,3%

e) Sanción reducida:

1.500 × 48,3% = 724,5 €.

2. Falta de ingreso. Aumento de base parcialmente sancionable, disminución de base y disminución de deducciones parcialmente sancionable

(LGT art.191; RSAN art.8)

Ejemplo El obligado tributario declara por el IS una base de 10.000 € y unas deducciones de 2.000 €, ingresando 500 €. 6720

La Inspección regulariza un aumento de base de 10.000 €, de los cuales son sancionables 6.000 € que corresponden a ventas netas no declaradas ni contabilizadas; una disminución de base de 1.000 €; y una disminución de deducciones de 1.500 €, de las cuales son sancionables 600 € por empleo de documentos falsos no registrados contablemente.

El obligado tributario suscribe acta de disconformidad e impugna la liquidación y la sanción.

La regularización practicada es:

Impuesto sociedades	Declarado	Δ	Δs	Acta A02
B.I.	10.000	+10.000 -1.000	+6.000	19.000
Cuota Íntegra (25%)	2.500			4.750
Deducciones ejercicio (2.000)	2.000	-1.500	-600	500
Cuota líquida	500			4.250
Ingresado en autoliquidación	500			500
Ingreso Regularización (IR)				3.750

a) Infracción por dejar de ingresar dentro del plazo establecido en la normativa de cada tributo la totalidad o parte de la deuda tributaria que debiera resultar de la correcta autoliquidación del tributo (nº 6125 s.). 6723

b) Base de la sanción (nº 6208 s.).

$$\text{Coeficiente (nº 6223)} = \frac{\Delta sB \times t + \Delta sC}{\Delta B \times t + \Delta C} = \frac{6.000 \times 0{,}25 + 600}{10.000 \times 0{,}25 + 1.500} = 0{,}525$$

$$BS = IR \times \text{Coeficiente} = 3.750 \times 0{,}525 = 1.968{,}75\ €$$

c) Calificación de la infracción: 6726

• La incidencia en la base de la sanción de la utilización de documentos falsos o falseados es (nº 5918, nº 6158 y nº 6179):

$$\frac{\Delta sB_{DF} \times t + \Delta sC_{DF}}{\Delta sB \times t + \Delta sC} = \frac{0 \times 0{,}25 + 600}{6.000 \times 0{,}25 + 600} = 0{,}28$$

La incidencia de las facturas falseadas empleadas supera el 10%, lo que supone la utilización de medios fraudulentos).

• La incidencia en la base de la sanción de la incorrecta llevanza de libros y registros es (nº 5918 y nº 6182):

$$\frac{\Delta sB_{IR} \times t + \Delta sC_{IR}}{\Delta sB \times t + \Delta sC} = \frac{6.000 \times 0{,}25 + 0}{6.000 \times 0{,}25 + 600} = 0{,}71$$

La incidencia de la incorrecta llevanza de libros y registros supera el 50%, lo que supone la utilización de medios fraudulentos).
• No es necesario examinar la ocultación.
Dada la utilización de medios fraudulentos, la infracción se califica como muy grave (nº 6158).

6729 **d) Graduación de la sanción**:

$$\text{Perj. Ec.} = \frac{\text{Base sanción}}{\text{Cantidad que debió ingresar en autoliq.}} = \frac{1.968{,}75}{4.250} = 46{,}32\%$$

MÍNIMA (nº 6235)	100%
Perjuicio económico: 46,32% (nº 6238)	Δ 15 pp
SANCIÓN INCREMENTADA	115%

e) Importe de la sanción:

1.968,75 × 115% = 2.264,06 €

3. Acreditación o determinación improcedente de partidas a deducir o compensar en declaraciones futuras

(LGT art.195.1 párrafo primero)

6732 Ejemplo El obligado tributario declara por el IS una base imponible negativa de 10.000 € y deducciones del ejercicio por 3.000 €.
La Inspección regulariza un aumento de base de 8.000 €, de los cuales 6.000 € son sancionables, y una disminución de las deducciones declaradas en el ejercicio para deducir en ejercicios futuros de 2.000 €, de los cuales 1.500 € son sancionables.
Se suscribe acta de conformidad, se ingresa la sanción en plazo voluntario y no se impugnan ni la liquidación ni la sanción.
La regularización practicada es:

Impuesto Sociedades	Declarado	Δ	Δs	Acta A01
B.I.	- 10.000	+8.000	+6.000	- 2.000
Cuota íntegra	0			0
Deducciones ejercicio (3.000)	0	-	-	0
	Pte.: 3.000	-2.000	-1.500	Pte.: 1.000
Cuota diferencial	0			

6735 **a) Infracción** consistente en determinar o acreditar improcedentemente partidas positivas o negativas o créditos tributarios a compensar o deducir en la base o en la cuota de declaraciones futuras, propias o de terceros (nº 6465 s.).
b) Calificación de la infracción:
La infracción es grave (nº 6473).
c) Base de la sanción:
La base de la sanción está constituida por las cantidades indebidamente determinadas o acreditadas. Aunque la norma no lo especifique, deben ser las cantidades indebidamente determinadas o acreditadas sancionables (nº 6476):
- Base sanción por determinación improcedente en la base: 6.000 €.
- Base sanción por determinación improcedente en la cuota: 1.500 €.

6738 **d) Porcentaje de sanción**:
1. Determinación improcedente de **partidas en la base**:
Sanción mínima: 15% (nº 6479).
Reducción 30% por conformidad (nº 6483): 10,5%.
Reducción 40% por pago en voluntaria de la sanción y sin impugnación de la sanción ni de la liquidación (nº 6483): 6,3%.
2. Determinación improcedente de **partidas en la cuota**:
Sanción mínima: 50% (nº 6479).
Reducción 30% por conformidad (nº 6483): 35%.
Reducción 40% por pago en voluntaria de la sanción y sin impugnación de la sanción ni de la liquidación (nº 6483): 21%.
e) Sanción reducida:

6.000 × 6,3% + 1.500 × 21% = 693 €.

4. Obtención indebida de devolución y declaración incorrecta de renta neta compensada con cantidades pendientes en base. Solicitud indebida de devoluciones

(LGT art.193, 194 y 195.1 párrafo segundo; RSAN art.13.2.a)

Ejemplo El obligado tributario declara por el IS una base previa de 20.000 €, que compensa con bases imponibles negativas de ejercicios anteriores que ascendían a 25.000 €, y unas retenciones y pagos a cuenta de 4.000 €, solicitando y obteniendo una devolución de 4.000 €. 6745
La Inspección regulariza un aumento de base de 10.000 €, de las cuales son sancionables 6.000 € por empleo de documentos falseados. A solicitud del obligado tributario, este aumento se compensa en parte con la aplicación de las bases imponibles negativas de ejercicios anteriores pendientes de aplicar.
Se suscribe acta de conformidad, se ingresa la sanción en plazo voluntario y no se impugnan ni la liquidación ni la sanción.
Examínese también la infracción cometida en el caso de que el obligado tributario no obtenga la devolución solicitada.
La regularización practicada es:

Impuesto Sociedades	Declarado	Δ	Δs	Acta A01
B.I. previa	20.000	+10.000	+6.000	30.000
BINEA (25.000)	20.000	5.000		25.000
B.I.	0			5.000
Cuota íntegra (25%)	0			1.250
Ret. y pagos a cuenta	4.000	-	-	4.000
Cuota diferencial	-4.000			-2.750
Devolución obtenida	4.000			4.000
Ingreso Regularización (IR)				1.250

A. Infracción: 6748
a) Infracción consistente en declarar incorrectamente la renta neta, cantidades o cuotas a deducir o los incentivos fiscales de un período impositivo sin que se produzca falta de ingreso u obtención indebida de devoluciones por haberse compensado en un procedimiento de comprobación o investigación cantidades pendientes de deducción o aplicación (nº 6485 s.).
b) Calificación de la infracción:
La infracción es grave (nº 6473).

c) Base de la sanción (nº 6505): 6750

$$BS = \Delta BINEA \times \frac{\Delta sB}{\Delta B} = 5.000 \times \frac{6.000}{10.000} = 3.000 \text{ €}$$

d) Porcentaje de la sanción:
Sanción mínima: 15% (nº 6479).
Reducción 30% por conformidad (nº 6483): 10,5%.
Reducción 40% por pago en voluntaria de la sanción y sin impugnación de la sanción ni de la liquidación (nº 6483): 6,3%.
e) Sanción reducida:

$$3.000 \times 6{,}3\% = 189 \text{ €}$$

B. Cuando el obligado tributario obtiene la devolución solicitada. 6752
a) Infracción (nº 6345 s.): consistente en obtener indebidamente una devolución por importe de 1.250 €, que deben reintegrarse. En efecto, el obligado tributario obtuvo una devolución de 4.000 €, cuando solo le correspondían 2.750 €.
b) Base de la sanción (nº 6371):

$$\text{Coeficiente (nº 6223)} = \frac{\Delta sB \times t + \Delta sC}{\Delta B \times t + \Delta C} = \frac{6.000 \times 0{,}25 + 0}{10.000 \times 0{,}25 + 0} = 0{,}60$$

$$BS = IR \times \text{Coeficiente} = 1.250 \times 0{,}60 = 750 \text{ €}.$$

6754 **c) Calificación de la infracción**:
La incidencia en la base de la sanción de la utilización de documentos falsos o falseados es (nº 5918 y nº 6359):

$$\frac{\Delta sB_{DF} \times t + \Delta sC_{DF}}{\Delta sB \times t + \Delta sC} = \frac{6.000 \times 0{,}25 + 0}{6.000 \times 0{,}25 + 0} = 1$$

La incidencia de las facturas falseadas empleadas supera el 10%, lo que supone la utilización de medios fraudulentos. En consecuencia, la infracción es muy grave.
d) Graduación y reducciones de la sanción:

$$\text{Perj. Ec.} = \frac{\text{Base sanción}}{\text{Importe devolución inicialmente obtenida}} = \frac{750}{4.000} = 18{,}75\%$$

MÍNIMA (nº 6374)	100%
Perjuicio económico: 18,75% (nº 6377)	Δ 10 pp
SANCIÓN INCREMENTADA	110%
Sanción reducida con el 30% por conformidad (nº 6380)	77%
Sanción reducida con el 40% por pago sanción y no impugnación (nº 6380)	46,2%

e) Sanción reducida:

750 × 46,2% = 346,5 €.

6756 **C.** Cuando el obligado tributario no obtiene la devolución solicitada.
En este caso, en vez de la infracción de la LGT art.193, se aprecia la comisión de la infracción de la LGT art.194. La infracción de la LGT art.195 no cambia.
a) Infracción: consistente en solicitar indebidamente una devolución derivada de la normativa del IS sin llegar a obtenerla (nº 6410 s.).
b) Base de la sanción:
Es la cantidad indebidamente solicitada (nº 6424). Aunque la norma no lo señale expresamente, la base de la sanción coincide con la parte sancionable de esa cantidad indebidamente solicitada:

BS = 1.250 × 0,60 = 750 €.

6758 **c) Calificación de la infracción**:
La infracción es grave (nº 6421).
d) Porcentaje de la sanción (nº 6427):
Sanción mínima: 15%.
Reducción 30% por conformidad: 10,5%.
Reducción 40% por pago en voluntaria de la sanción y sin impugnación de la sanción ni de la liquidación: 6,3%
e) Sanción reducida:

7750 × 6,3% = 47,25 €

5. Falta de ingreso y declaración incorrecta de renta neta compensada con cantidades pendientes en cuota

(LGT art.191 y 195.1 párrafo segundo; RSAN art.13.2.b)

6760 Ejemplo El obligado tributario declara por el IS una base de 240.000 € y aplica las deducciones de ejercicios anteriores (sin límite) que ascendían a 70.000 €.
La Inspección regulariza un aumento de base de 48.000 €, de los cuales son sancionables 15.000 € por ventas netas no declaradas ni contabilizadas, 15.000 € por gastos no deducibles y 5.000 € por criterios de imputación no amparados en ninguna interpretación razonable de las normas. A solicitud del obligado tributario, estos aumentos se compensan en parte con la aplicación de deducciones de ejercicios anteriores pendientes aún de aplicación.
El obligado tributario suscribe acta de disconformidad e impugna la liquidación y la sanción.

La regularización practicada es:

Impuesto Sociedades	Declarado	Δ	Δs	Acta A02
B.I.	240.000	+48.000	+35.000	288.000
Cuota íntegra (25%)	60.000			72.000
-DEA (70.000)	60.000	10.000	-	70.000
Cuota líquida	0			2.000
Ingreso Regularización (IR)				2.000

a) Infracción. 6762
1. Infracción consistente en declarar incorrectamente la renta neta, sin que se produzca falta de ingreso u obtención indebida de devoluciones por haberse compensado en un procedimiento de comprobación o investigación cantidades pendientes de deducción o aplicación en la cuota (nº 6485 s.).
2. Calificación de la infracción:
La infracción es grave (nº 6490).

c) Base de la sanción (nº 6511): 6764

$$\text{Cociente} = \frac{\Delta sB}{\text{CI regul. - CI decl.}} = \frac{35.000}{72.000 - 60.000} = 2,92$$

$$BS = \Delta DEA \times \text{Cociente} = 10.000 \times 2,92 = 29.200\ €$$

d) Porcentaje de sanción (nº 6575): 15%.
e) Importe de la sanción:

$$29.200 \times 15\% = 4.380\ €$$

B. Infracción. 6766
a) Infracción por dejar de ingresar dentro del plazo establecido en la normativa de cada tributo la totalidad o parte de la deuda tributaria que debiera resultar de la correcta autoliquidación del tributo (nº 6125 s.).
b) Base de la sanción (nº 6208 s.):

$$\text{Cociente (nº 6223)} = \frac{\Delta sB \times t + \Delta sC}{\Delta B \times t + \Delta C} = \frac{35.000 \times 0,25 + 0}{48.000 \times 0,25 + 0} = 0,73$$

$$BS = IR \times \text{Cociente} = 2.000 \times 0,73 = 1.460\ €$$

c) Calificación de la infracción: 6768
• La incidencia en la base de la sanción de la incorrecta llevanza de libros y registros es (nº 5918, nº 6161 y nº 6182):

$$\frac{\Delta sB_{IR} \times t + \Delta sC_{IR}}{\Delta sB \times t + \Delta sC} = \frac{15.000 \times 0,25 + 0}{35.000 \times 0,25 + 0} = 0,43$$

La incidencia de la incorrecta llevanza de libros y registros supera el 10% y es inferior al 50%, lo que no supone la utilización de medios fraudulentos, pero sí que la infracción se califique como grave.
• La incidencia de la ocultación es (nº 5918 y nº 6188):

$$\frac{\Delta sB_0 \times t + \Delta sC_0}{\Delta sB \times t + \Delta sC} = \frac{15.000 \times 0,25 + 0}{35.000 \times 0,25 + 0} = 0,43$$

Esa incidencia es superior al 10%, luego cabe apreciar concurrencia de ocultación de datos a la Administración tributaria. Ello, unido al hecho de que la base de la sanción es superior a 3.000 €, implica que la infracción se calificaría como grave.
Por tanto, la infracción se califica como grave, tanto por la incorrecta llevanza de libros y registros como por la ocultación.

6770 **d) Graduación de la sanción**:

$$\text{Perj. Ec.} = \frac{\text{Base sanción}}{\text{Cantidad que debió ingresar en autoliq.}} = \frac{1.460}{2.000} = 73\%$$

MÍNIMA (nº 6235)	50%
Perjuicio económico: 73% (nº 6238)	Δ 20 pp
SANCIÓN INCREMENTADA	70%

e) Importe de la sanción:

1.460 × 70% = 1.022 €.

6. Falta de ingreso y declaración incorrecta de renta neta compensada con cantidades pendientes en base y cuota

(LGT art.191 y 195.1 párrafo segundo; RSAN art.13.2.c)

6775 Ejemplo El obligado tributario declara por el IS una base previa de 18.000 € que compensa con las bases imponibles negativas de ejercicios anteriores que ascienden a 30.000 €. Asimismo, tenía pendientes deducciones de ejercicios anteriores (sin límite) por 1.500 €.

La Inspección regulariza un aumento de base de 25.000 €, de los cuales son sancionables 18.200 € por ventas netas no declaradas pero contabilizadas y 1.800 € por documentos falseados. A solicitud del obligado tributario, estos aumentos se compensan en parte con la aplicación de las bases imponibles negativas de ejercicios anteriores y de las deducciones de ejercicios anteriores pendientes de aplicar.

El obligado tributario suscribe acta de disconformidad e impugna la liquidación y la sanción.

La regularización practicada es:

Impuesto Sociedades	Declarado	Δ	Δs	Acta A02
B.I. previa	18.000	+25.000	+20.000	43.000
BINEA (30.000)	18.000	12.000		30.000
B.I.	0			13.000
Cuota íntegra (25%)	0			3.250
DEA (1.500)	0	1.500		1.500
Cuota líquida	0			1.750
Ingreso Regularización (IR)				1.750

6778 **a)** Infracción.

1. Infracción consistente en declarar incorrectamente la renta neta, sin que se produzca falta de ingreso u obtención indebida de devoluciones por haberse compensado en un procedimiento de comprobación o investigación cantidades pendientes de compensación (nº 6485 s.).

2. Calificación de la infracción:

La infracción es grave (nº 6490).

6780 **3. Base de la sanción** (nº 6511 y nº 6523):

El incremento sancionable de renta neta se compensa en parte con bases imponibles negativas de ejercicios anteriores y en parte con deducciones pendientes de ejercicios anteriores, por lo que hay que diferenciar ambas partes:

- Incremento sancionable de renta neta compensada con BINEA:

$$X = \Delta \text{BINEA} \times \frac{\Delta s B}{\Delta B} = 12.000 \times \frac{20.000}{25.000} = 9.600$$

- Incremento sancionable de renta neta compensada con DEA:

$$\text{Cociente} = \frac{\Delta s B - X}{\text{CI regul. - CI decl.}} = \frac{20.000 - 9.600}{3.250 - 0} = 3{,}2$$

$$BS = \Delta \text{DEA} \times \text{Cociente} = 1.500 \times 3{,}2 = 4.800 \text{ €}$$

Luego, la base de la sanción es:

BS = 9.600 + 4.800 = 14.400 €.

4. Porcentaje de sanción: 15% (nº 6575). 6782

5. Importe de la sanción:

$$14.400 \times 15\% = 2.160 €$$

b) Infracción.

1. Infracción por dejar de ingresar dentro del plazo establecido en la normativa de cada tributo la totalidad o parte de la deuda tributaria que debiera resultar de la correcta autoliquidación del tributo (nº 6125 s.).

2. Base de la sanción (nº 6208 s.):

$$\text{Coeficiente (nº 6223)} = \frac{\Delta sB \times t + \Delta sC}{\Delta B \times t + \Delta C} = \frac{20.000 \times 0,25 + 0}{25.000 \times 0,25 + 0} = 0,80$$

$$BS = IR \times \text{Cociente} = 1.750 \times 0,80 = 1.400 €$$

3. Calificación de la infracción: 6784

• La incidencia en la base de la sanción de la utilización de documentos falsos o falseados es (nº 5918, nº 6161 y nº 6179):

$$\frac{\Delta sB_{DF} \times t + \Delta sC_{DF}}{\Delta sB \times t + \Delta sC} = \frac{1.800 \times 0,25 + 0}{20.000 \times 0,25 + 0} = 0,09$$

La incidencia de las facturas falseadas empleadas es inferior al 10%, lo que no supone la utilización de medios fraudulentos. Por tanto, la infracción se calificaría como grave). Nótese que la aplicación de este criterio de calificación no resulta afectada por el hecho de que la base de la sanción sea mayor o menor de 3.000 €.

• Como la base de la sanción es inferior a 3.000 €, aunque hubiese ocultación de datos a la Administración tributaria, la infracción se calificaría de acuerdo con el criterio de ocultación como leve (nº 6161).

Como conclusión, la infracción se califica como grave.

4. Graduación de la sanción: 6786

$$\text{Perj. Ec.} = \frac{\text{Base sanción}}{\text{Cantidad que debió ingresar en autoliq.}} = \frac{1.400}{1.750} = 80\%$$

MÍNIMA (nº 6235)	50%
Perjuicio económico: 80% (nº 6238)	Δ 25 pp
SANCIÓN INCREMENTADA	75%

5. Sanción reducida:

$$1.400 \times 75\% = 1.050 €$$

7. Falta de ingreso y declaración incorrecta de deducciones compensadas con cantidades pendientes en cuota

(LGT art.191 y 195.1 párrafo segundo; RSAN art.13.3)

Ejemplo El obligado tributario declara por el IS una base de 100.000 €, aplica las deducciones del ejercicio (sin límite) por importe de 14.000 €, e ingresa 11.000 €. Tenía deducciones pendientes de ejercicios anteriores (sin límite) por 5.000 € que no aplica en este ejercicio. 6790

La Inspección regulariza una disminución de deducciones de 7.000 €, de los cuales solo son sancionables 5.000 € que, a solicitud del obligado tributario, se compensan con las deducciones de ejercicios anteriores pendientes.

Se suscribe acta de conformidad, se ingresa la sanción en plazo voluntario y no se impugnan ni la liquidación ni la sanción.

La regularización practicada es:

Impuesto Sociedades	Declarado	Δ	Δs	Acta A01
B.I.	100.000	-	-	100.000
Cuota íntegra (25%)	25.000			25.000
Deducciones ejerc. (14.000)	14.000	-7.000	-5.000	7.000
DEA (5.000)	0	5.000		5.000
Cuota líquida	11.000			13.000
Ingresado en autoliquidación	11.000			11.000
Ingreso Regularización (IR)				2.000

6792 **a)** Infracción.
1. Infracción consistente en acreditar incorrectamente deducciones o incentivos fiscales del período impositivo sin que se produzca falta de ingreso u obtención indebida de devoluciones por haberse compensado en un procedimiento de comprobación o investigación cantidades pendientes de deducción o aplicación (nº 6485 s.).
2. Calificación de la infracción:
La infracción es grave (nº 6490).

6794 **3. Base de la sanción** (nº 6535):

$$\Delta DEA \times \frac{\Delta sC}{\Delta C} = \frac{5.000 \times 5.000}{7.000} = 3.571{,}43\ €$$

4. Porcentaje de sanción (nº 6575)**:**
Sanción mínima: 50%.
Reducción 30% por conformidad: 35%.
Reducción 40% por pago en voluntaria de la sanción y sin impugnación de la sanción ni de la liquidación: 21%
5. Sanción reducida:

$$3.571{,}43 \times 21\% = 750\ €.$$

6796 **b)** Infracción
1. Infracción por dejar de ingresar dentro del plazo establecido en la normativa de cada tributo la totalidad o parte de la deuda tributaria que debiera resultar de la correcta autoliquidación del tributo (nº 6125 s.).
2. Base de la sanción (nº 6208 s.).

$$\text{Coeficiente (nº 6223)} = \frac{\Delta sB \times t + \Delta sC}{\Delta B \times t + \Delta C} = \frac{0 \times 0{,}25 + 5.000}{0 \times 0{,}25 + 7.000} = 0{,}71$$

$$BS = IR \times \text{Coeficiente} = 2.000 \times 0{,}71 = 1.420\ €$$

6798 **3. Calificación de la infracción**:
La infracción se califica como **leve**, al no existir circunstancias calificadoras (LGT art.191.2).
4. Porcentaje de sanción:
Sanción mínima: 50% (nº 6161)
Reducción 30% por conformidad (nº 6241): 35%.
Reducción 40% por pago en voluntaria de la sanción y sin impugnación de la sanción ni de la liquidación (nº 6241): 21%
5. Sanción reducida:

$$1.420 \times 21\% = 298{,}20\ €.$$

8. Falta de ingreso y declaración incorrecta de renta neta y de deducciones compensadas con cantidades pendientes en cuota

(LGT art.191 y 195.1 párrafo segundo; RSAN art.13.4.a)

6800 Ejemplo El obligado tributario declara por el IS una base de 30.000 €, aplica las deducciones del ejercicio (sin límite) que ascienden a 3.000 €, y 2.000 € de las deducciones de ejercicios anteriores pendientes que ascendían a 6.000 €, ingresando 2.500 €.
La Inspección regulariza un aumento de base de 10.000 €, sancionables por utilizar persona interpuesta, y una disminución de las deducciones determinadas en el ejercicio de 2.000 €, de los cuales solo 1.500 € son sancionables. A solicitud del obligado tributario, se aplican deducciones de ejercicios anteriores por 2.000 €.
El obligado tributario suscribe acta de disconformidad e impugna la liquidación y la sanción.
La regularización practicada es:

Impuesto Sociedades	Declarado	Δ	Δs	Acta A02
B.I.	30.000	+10.000	10.000	40.000
Cuota íntegra (25%)	7.500			10.000
Deducciones del ejercicio	3.000	-2.000	-1.500	1.000
DEA (6.000)	2.000	2.000		4.000
Cuota líquida	2.500			5.000
Ingresado en autoliquidación	2.500			2.500
Ingreso Regularización (IR)				2.500

A. Infracción. 6802

a) Infracción consistente en declarar incorrectamente la renta neta, cantidades o cuotas a deducir o incentivos fiscales de un período impositivo sin que se produzca falta de ingreso u obtención indebida de devoluciones por haberse compensado en un procedimiento de comprobación o investigación cantidades pendientes de deducción o aplicación (nº 6485 s.).

b) Calificación de la infracción:

La infracción es grave (nº 6490).

c) Base de la sanción (nº 6560): 6804

1. Incremento de renta neta sancionable compensada con DEA:

$$\text{Imputación compensaciones} = \frac{\Delta sB \times t}{\Delta B \times t + \Delta C} = \frac{10.000 \times 0{,}25}{10.000 \times 0{,}25 + 2.000} = 0{,}55$$

$$\text{Cociente} = \frac{\Delta B}{\text{CI regul.} - \text{CI decl.}} = \frac{10.000}{10.000 - 7.500} = 4$$

$$\Delta\text{DEA} \times \text{Imputación} \times \text{Cociente} = 2.000 \times 0{,}55 \times 4 = 4.400\ €$$

2. Declaración incorrecta de cantidades a deducir compensadas con DEA:

$$\Delta\text{DEA} \times \frac{\Delta sC}{\Delta B \times t + \Delta C} = 2.000 \times \frac{1.500}{10.000 \times 0{,}25 + 2.000} = 666.67\ €$$

d) Porcentaje de sanción (nº 6575):

- declaración incorrecta de renta neta sancionable compensada con DEA: 15%;
- declaración incorrecta de deducciones del ejercicio compensada con DEA: 50%.

e) Importe de la sanción:

$$4.400 \times 15\% + 666{,}67 \times 50\% = 993{,}33\ €$$

B. Infracción. 6806

a) Infracción por dejar de ingresar dentro del plazo establecido en la normativa de cada tributo la totalidad o parte de la deuda tributaria que debiera resultar de la correcta autoliquidación del tributo (nº 6125 s.).

b) Base de la sanción (nº 6208 s.):

$$\text{Coeficiente (nº 6223 s.)} = \frac{\Delta sB \times t + \Delta sC}{\Delta B \times t + \Delta C} = \frac{10.000 \times 0{,}25 + 1.500}{10.000 \times 0{,}25 + 2.000} = 0{,}89$$

$$\text{BS} = \text{IR} \times \text{Coeficiente} = 2.500 \times 0{,}89 = 2.225\ €$$

c) Calificación de la infracción: 6808

La infracción es muy grave, al haberse empleado personas interpuestas, lo que supone la utilización de medios fraudulentos (nº 5905 s. y nº 6176).

d) Graduación de la sanción:

$$\text{Perj. Ec.} = \frac{\text{Base sanción}}{\text{Cantidad que debió ingresar en autoliq.}} = \frac{2.225}{5.000} = 44{,}5\%$$

MÍNIMA (nº 6235)	100%
Perjuicio económico: 44,5% (nº 6238)	Δ 15 pp
SANCIÓN INCREMENTADA	115%

e) Importe de la sanción:

$$2.225 \times 115\% = 2558{,}75\ €.$$

9. Falta de ingreso y declaración incorrecta de renta neta y de deducciones compensadas con cantidades pendientes en base y en cuota

(LGT art.195.1 párrafo segundo; RSAN art.13.4.b)

Ejemplo El obligado tributario declara por el IS una base previa de 50.000 €, que compensa con 20.000 € de bases imponibles negativas de ejercicios anteriores que ascienden a 30.000 €. Asimismo, aplica las deducciones del ejercicio por 3.000 € y 1.000 € de deducciones de ejercicios anteriores (sin límite) que ascienden a 4.000 €, ingresando 3.500 €. 6815

La Inspección regulariza un aumento de base de 30.000 € de los cuales son sancionables 25.000 € por gastos no deducibles. Se constata que las deducciones determinadas en el ejercicio son incorrectas en 2.000 €, de los cuales 1.500 € son sancionables. A solicitud del obligado tributario, estos

aumentos se compensan en parte con la aplicación de las bases imponibles negativas de ejercicios anteriores y deducciones de ejercicios anteriores pendientes.
El obligado tributario suscribe acta de disconformidad e impugna la liquidación y la sanción.
La regularización practicada es:

Impuesto Sociedades	Declarado	Δ	Δs	Acta A02
B.I. previa	50.000	+30.000	25.000	80.000
BINEA (30.000)	20.000	10.000		30.000
B.I.	30.000			50.000
Cuota íntegra (25%)	7.500			12.500
Deducciones del ejercicio	3.000	-2.000	-1.500	1.000
DEA (4.000)	1.000	3.000		4.000
Cuota líquida	3.500			7.500
Ingresado en autoliquidación	3.500			3.500
Ingreso Regularización (IR)				4.000

6818 **A.** Infracción.
a) Infracción consistente en declarar incorrectamente la renta neta, cantidades o cuotas a deducir o incentivos fiscales de un período impositivo sin que se produzca falta de ingreso u obtención indebida de devoluciones por haberse compensado en un procedimiento de comprobación o investigación cantidades pendientes de deducción o aplicación (nº 6485 s.).
b) Calificación de la infracción:
La infracción es grave (nº 6490).

6820 **c) Base de la sanción**:
1. Incremento de renta neta sancionable compensada con BINEA (nº 6568):

$$X = \Delta BINEA \times \frac{\Delta sB}{\Delta B} = 10.000 \times \frac{25.000}{30.000} = \mathbf{8.333,33\ €}$$

2. Incremento de renta neta sancionable compensada con DEA (nº 6570):

$$\text{Imput. compensaciones} = \frac{(\Delta sB - X) \times t}{(\Delta B - \Delta BINEA) \times t + \Delta C} =$$

$$= \frac{(25.000 - 8.333,33) \times 0,25}{(30.000 - 10.000) \times 0,25 + 2.000} = 0,60$$

$$\text{Cociente} = \frac{\Delta B - \Delta BINEA}{\text{CI regul.} - \text{CI decl.}} = \frac{30.000 - 10.000}{12.500 - 7.500} = 4$$

$\Delta DEA \times \text{Imputación} \times \text{Cociente} = 3.000 \times 0,60 \times 4 = 7.200$ €.

3. Declaración incorrecta de cantidades a deducir compensadas con DEA (nº 6570):

$$\Delta DEA \times \frac{\Delta sC}{(\Delta B - \Delta BINEA) \times t + \Delta C} = 3.000 \times \frac{1.500}{(30.000 - 10.000) \times 0,25 + 2.000} = \mathbf{642,86}$$

6822 **d) Porcentaje de sanción** (nº 6575).
- declaración incorrecta de renta neta sancionable compensada con BINEA (caso a) anterior): 15%;
- declaración incorrecta de renta neta sancionable compensada con DEA (caso b) anterior): 15%;
- declaración incorrecta de deducciones del ejercicio compensada con DEA (caso c) anterior): 50%.

e) Importe de la sanción:

(8.333,33 + 7.200) × 15% + 642,86 × 50% = 2.651,42 €.

6824 **B.** Infracción.
a) Infracción por dejar de ingresar dentro del plazo establecido en la normativa de cada tributo la totalidad o parte de la deuda tributaria que debiera resultar de la correcta autoliquidación del tributo (nº 6125 s.).

b) Base de la sanción (nº 6208 s.).

$$\text{Coeficiente (nº 6223)} = \frac{\Delta sB \times t + \Delta sC}{\Delta B \times t + \Delta C} = \frac{25.000 \times 0,25 + 1.500}{30.000 \times 0,25 + 2.000} = 0,82$$

BS = IR × Coeficiente = 4.000 × 0,82 = 3.280 €

c) Calificación de la infracción:
La infracción se califica como leve.
d) Porcentaje de sanción: 50% (nº 6235).
e) Importe de la sanción:

3.280 × 50% = 1.640 €.

10. Acreditación o determinación improcedente de partidas en base y cuota. Deducción parte proporcional de la sanción precedente

(LGT art.191, 193, 195.1 párrafo primero y 195.3)

6830 Ejemplo El obligado tributario declara por el IS del ejercicio X una base imponible negativa de 10.000 € y deducciones del ejercicio (sin límite) de 3.000 €, solicitando y obteniendo la devolución de las retenciones y pagos a cuenta que ascienden a 5.000 €.
En el ejercicio X+1 declara una base de 50.000 €, aplica las deducciones del ejercicio anterior y, tras restar las retenciones e ingresos a cuenta por 7.500 €, ingresa 2.000 €. En este ejercicio no aplica bases imponibles negativas de ejercicios anteriores.
La Inspección comprueba estos ejercicios y regulariza en el ejercicio X un aumento de base de 20.000 €, de los cuales son sancionables 10.000 € por gastos no deducibles, 5.000 € por ventas netas no declaradas ni contabilizadas y el resto por regularizaciones no sancionables. Además, en ese ejercicio se comprueba que las deducciones declaradas en ese ejercicio X, que quedaron pendientes para deducir de ejercicios futuros, son incorrectas, siendo solo sancionables 2.000 € por empleo de documentos falseados.
Se suscribe acta de conformidad, se ingresa la sanción en plazo voluntario y no se impugnan ni la liquidación ni la sanción.

6832 Las regularizaciones practicadas son:

Imp. Sociedades Ej. X	Declarado	Δ	Δs	Acta A01
B.I.	-10.000	20.000	15.000	10.000
Cuota íntegra (25%)	0			2.500
Deduc. del ejerc. (3.000)	0	-	-	0
	Pte.: 3.000	-3.000	-2.000	Pte.: 0
Cuota líquida	0			2.500
Ret. y pagos a cuenta	5.000	-	-	5.000
Cuota diferencial	-5.000			-2.500
Devolución obtenida	5.000			5.000
Ingreso Regularización (IR)				2.500

Imp. Sociedades X+1	Declarado	Δ	Δs	Acta A01
B.I.	50.000	-	-	50.000
Cuota íntegra (25%)	12.500			12.500
DEA	3.000	-3.000	-2.000	0
Cuota líquida	9.500			12.500
Ret. y pagos a cuenta	7.500	-	-	7.500
Cuota diferencial	2.000			5.000
Ingresado en autoliq.	2.000			2.000
Ingreso Regularización (IR)				3.000

6834 1. EJERCICIO X

A. Infracción:

a) Infracción consistente en determinar o acreditar improcedentemente partidas positivas o negativas o créditos tributarios a compensar o deducir en la base o en la cuota de declaraciones futuras, propias o de terceros (nº 6465 s.).

b) Calificación de la infracción:
La infracción es grave (nº 6473).

c) Base de la sanción:
La base de la sanción está constituida por las cantidades indebidamente determinadas o acreditadas. Aunque la norma no lo especifique, deben ser las cantidades indebidamente determinadas o acreditadas sancionables (nº 6476):

• Base sanción por determinación improcedente en la base:

$$10.000 \times \frac{15.000}{20.000} = 7.500\ €$$

• Base sanción por determinación improcedente en la cuota: 2.000 €.

6836 **d) Porcentaje de sanción**:

1. Determinación improcedente de partidas en la base:
Sanción mínima: 15% (nº 6479).
Reducción 30% por conformidad (nº 6483): 10,5%.
Reducción 40% por pago en período voluntario de la sanción y sin impugnación de la sanción ni de la liquidación (nº 6483): 6,3%.

2. Determinación improcedente de partidas en la cuota:
Sanción mínima: 50% (nº 6479).
Reducción 30% por conformidad (nº 6483): 35%.
Reducción 40% por pago en período voluntario de la sanción y sin impugnación de la sanción ni de la liquidación (nº 6483): 21%.

e) Sanción reducida:
• Sanción por determinación improcedente en la base:
7.500 × 6,3% = 472,5 €.
• Sanción por determinación improcedente en la cuota:
2.000 × 21% = 420 €.
Como posteriormente se ve (nº 6848), esta sanción de 420 € se «arrastra» al período siguiente, y para evitar la duplicidad de sanción (principio «non bis in idem») se deduce de la posterior sanción.
Sanción total reducida (nº 6479 s.) = 892,5 €.

6838 B. Infracción:

• **Infracción** consistente en obtener indebidamente devoluciones (nº 6345 s.).
• **Base de la sanción** (nº 6223 y nº 6371):

$$\text{Coeficiente} = \frac{\Delta sB \times t + \Delta sC}{\Delta B \times t + \Delta C} = \frac{15.000 \times 0,25 + 0}{20.000 \times 0,25 + 0} = 0,75$$

Nota: Se ha considerado $\Delta C = 0$ y $\Delta sC = 0$, y no por importes de 3.000 y 2.000, respectivamente. Ello se debe a que las disminuciones de las deducciones pendientes para ejercicios futuros no afectan a la deuda tributaria del ejercicio X, sino a la deuda del período posterior en el que se apliquen. Además, el RSAN art.8.3 se refiere a los incrementos regularizados en la base o realizados en la cuota, y estas deducciones no afectan a la base ni a la cuota del ejercicio.

$$BS = IR \times \text{Coeficiente} = 2.500 \times 0,75 = 1.875\ €$$

6840 **c) Calificación de la infracción**:

- La incidencia en la base de la sanción de la incorrecta llevanza de libros y registros es (nº 5918 y nº 6362):

$$\frac{\Delta sB_{IR} \times t + \Delta sC_{IR}}{\Delta sB \times t + \Delta sC} = \frac{5.000 \times 0,25 + 0}{15.000 \times 0,25 + 0} = 0,33$$

La incidencia de la incorrecta llevanza de libros y registros supera el 10% y es inferior al 50%, lo que no supone la utilización de medios fraudulentos, pero sí que la infracción se califique como grave.

Nota: Se ha considerado $\Delta sC = 0$ y no por importe de 2.000 €. Tampoco se ha considerado el criterio de documentos falsos que supondría considerar la sanción como muy grave por utilización de medios fraudulentos (incidencia > 10%). Ello se debe a que las disminuciones de deducciones pendientes para ejercicios futuros no afectan a la deuda tributaria del ejercicio X, sino a la del período posterior en el que se apliquen. De hecho, este criterio será utilizado en el ejercicio siguiente y no parecería lógico aplicarlo íntegramente en los dos períodos.

d) Graduación y reducciones de la sanción: 6842

$$\text{Perj. Ec.} = \frac{\text{Base sanción}}{\text{Importe devolución inicialmente obtenida}} = \frac{1.875}{5.000} = 37{,}5\%$$

MÍNIMA (nº 6374)	50%
Perjuicio económico: 37,5% (nº 6380)	Δ 15 pp
SANCIÓN INCREMENTADA	65%
Sanción reducida con el 30% por conformidad (nº 6380)	45,5%
Sanción reducida con el 40% por pago sanción y no impugnación (nº 6380)	27,3%

e) Sanción reducida:

$$1.875 \times 27{,}3\% = 511{,}87\ €$$

2. EJERCICIO X + 1 6844

A. Infracción:

a) Infracción por dejar de ingresar dentro del plazo establecido en la normativa de cada tributo la totalidad o parte de la deuda tributaria que debiera resultar de la correcta autoliquidación del tributo (nº 6125 s.).

b) Base de la sanción (nº 6208 s.):

$$\text{Coeficiente (nº 6223)} = \frac{\Delta sB \times t + \Delta sC}{\Delta B \times t + \Delta C} = \frac{0 \times 0{,}25 + 2.000}{0 \times 0{,}25 + 3.000} = 0{,}67$$

$$BS = IR \times \text{Coeficiente} = 3.000 \times 0{,}67 = 2.000\ €$$

b) Calificación de la infracción: 6846

La incidencia en la base de la sanción de la utilización de documentos falsos o falseados es (nº 5915 s.):

$$\frac{\Delta sB_{DF} \times t + \Delta sC_{DF}}{\Delta sB \times t + \Delta sC} = \frac{0 \times 0{,}25 + 2.000}{0 \times 0{,}25 + 2.000} = 1{,}00$$

La falta de ingreso de 3.000 € deriva de la aplicación incorrecta de DEA por ese mismo importe. En el ejercicio anterior se comprobó que esas deducciones eran improcedentes, siendo sancionables 2.000 € por utilización de documentos falsos.
La incidencia de las facturas falseadas empleadas supera el 10%, lo que supone la utilización de medios fraudulentos (nº 6179). En consecuencia, la infracción es muy grave (nº 6158).

d) Graduación y reducciones de la sanción: 6848

$$\text{Perj. Ec.} = \frac{\text{Base sanción}}{\text{Cantidad que debió ingresar en autoliq.}} = \frac{2.000}{5.000} = 40\%$$

A efectos de calcular el perjuicio económico, en el denominador debe utilizarse el concepto de cuota líquida en lugar del de cuota diferencial, es decir, el que tome en consideración, como parte de la deuda satisfecha el importe de los pagos a cuenta, retenciones y pagos fraccionados. En consecuencia, en el denominador figura la cuota líquida, en este caso, 12.500 €.

MÍNIMA (nº 6235)	100%
Perjuicio económico: 16% (nº 6238)	Δ 10 pp
SANCIÓN INCREMENTADA	110%
Sanción reducida con el 30% por conformidad (nº 6241)	77%
Sanción reducida con el 40% por pago sanción y no impugnación (nº 6241)	46,2%

e) Importe de la sanción:

- Importe de la sanción previo a la deducción:
2.000 × 46,2% = 924 €
- Deducción (nº 6580): 420 €
- Importe de la sanción después de la deducción:
924 - 420 = 504 €

11. Incorrecta imputación de bases y cuotas en el régimen de imputación de rentas

(LGT art.196 y 197)

6850 Ejemplo Una UTE declara por el IS una base de 100.000 € y deducciones en la cuota de 10.000 €, imputando el 50% al socio A, el 30% al socio B y el 20% al socio C, todos ellos residentes en territorio español.
La Inspección comprueba que la entidad no ha declarado ni contabilizado ventas por 40.000 € y que los porcentajes correctos de imputación a los socios A, B y C son del 30, 40 y 30%, respectivamente.

6852 **A.** Infracción (por omisión o incorrección de imputación de bases):
a) Infracción por imputar incorrectamente o no imputar bases imponibles, rentas o resultados por las entidades sometidas a un régimen de imputación de rentas (nº 6675 s.).
b) Calificación de la infracción:
La infracción se califica como grave (nº 6680).

6854 **b) Base de la sanción** (nº 6682):
1. La correspondiente a la infracción por no imputar bases imponibles a los socios: 40.000 €.
2. La correspondiente a la infracción por imputar incorrectamente bases imponibles a los socios: es el importe que resulta de sumar las diferencias positivas «entre las cantidades que debieron imputarse los socios o miembros y las que se imputaron a cada uno de ellos».

Socios	Debió imputarse	Se imputó	Diferencias	Dif. positivas
A	30.000	50.000	-20.000	-
B	40.000	30.000	+10.000	10.000
C	30.000	20.000	+10.000	10.000
Base Sanción = Suma de diferencias positivas:			0	20.000

Luego, la base total de la sanción es:

40.000 + 20.000 = 60.000 €

c) Porcentaje de sanción (nº 6685): 40%.
d) Sanción:

60.000 × 40% = 24.000 €

6856 **B.** Infracción (por incorrección de imputación de deducciones, bonificaciones o pagos a cuenta):
a) Infracción tributaria por imputar incorrectamente deducciones, bonificaciones y pagos a cuenta por las entidades sometidas a un régimen de imputación de rentas (nº 6690 s.).
b) Calificación de la infracción:
La infracción se califica como grave (nº 6695).
c) Base de la sanción (nº 6698):

Socios	Debió imputarse	Se imputó	Diferencias	Dif. positivas
A	3.000	5.000	+ 2.000	2.000
B	4.000	3.000	- 1.000	-
C	3.000	2.000	- 1.000	-
Base Sanción = Suma de diferencias positivas:			0	**2.000**

La base imponible es el importe que resulta de sumar las «diferencias con signo positivo» entre las cantidades que debieron imputarse los socios o miembros y las que se imputaron a cada uno de ellos. Las diferencias «positivas», en lo que se refiere a la regularización tributaria, es cuando resulta una mayor base imponible o unas menores deducciones, ya que son las que originan una falta de ingreso o una devolución indebida, y son las conductas que pueden ser sancionables. En este caso, el aumento de bases se produce en los partícipes B y C, mientras que la minoración de deducciones se produce en el partícipe A.
En la mayor parte de los casos el importe de las diferencias positivas coincide con el de las diferencias negativas (ya que entre ambas normalmente suponen el 100%). Pero, en el caso de que existan socios o miembros no residentes, el importe de las diferencias positivas de los partícipes residentes podría no coincidir con el importe de las diferencias negativas del resto de los partícipes residentes.
Luego, la base de la sanción es 2.000 €.
d) Porcentaje de sanción (nº 6700): 75%.
e) Sanción:

2.000 × 75% = 1.500 €.

SECCIÓN 2

Infracciones que no causen o puedan causar perjuicio económico

6910

6912 En el ejercicio de funciones inspectoras pueden ponerse de manifiesto la mayor parte de las conductas tipificadas como infracciones en la LGT art.198 a 206. Así:

a) Incorrecciones en declaraciones sin producir perjuicio económico. Comprende la falta de presentación de declaraciones, la presentación tardía y la presentación con datos incompletos, inexactos o falsos cuando no causen perjuicio económico a la Hacienda Pública (nº 6914 s.) Ejemplos de estas declaraciones que no causan perjuicio económico son las declaraciones informativas (modelo 347, 190, etc.) y las declaraciones censales.

b) Falta de colaboración del obligado tributario con la Administración tributaria. Así, la falta de atención de los requerimientos individualizados de obtención de información y las conductas que pueden suponer resistencia, excusa o negativa a la actuación de la Administración tributaria (nº 6977 s.).

c) Incumplimientos contables y registrales (nº 7005 s.).

d) Incumplimiento de las obligaciones de facturación y documentación (nº 7018 s.).

I. Falta de presentación en plazo de autoliquidaciones o declaraciones sin perjuicio económico, incumplimientos censales y determinadas autorizaciones

(LGT art.198)

6914

6915

ESQUEMA	
A. Tipo general	
Tipo	No presentar en plazo autoliquidaciones o declaraciones sin perjuicio económico (LGT art.198.1, párrafo primero).
Calificación	La infracción tributaria es leve (LGT art.198.1, párrafo segundo).
Sanción	200 €. En caso de presentación fuera de plazo sin requerimiento previo: 100 €. La sanción y los límites mínimo y máximo se reducen a la mitad en aquellos casos en los que las declaraciones se presenten fuera de plazo sin requerimiento previo de la Administración (LGT art.198.1 y 2).
Reducción	Por ingreso y no impugnación de la sanción: reducción 40% (LGT art.188.3).

6915 (sigue)

ESQUEMA	
B. Tipos específicos	
1) Declaraciones censales	
Tipo	No presentar en plazo declaraciones censales o la relativa a la comunicación de la designación del representante de personas o entidades cuando así lo establezca la normativa (LGT art.198.1, párrafo tercero).
Calificación	La infracción tributaria es leve (LGT art.198.1, párrafo segundo).
Sanción	400 €. En caso de presentación fuera de plazo sin requerimiento previo: 200 € (LGT art.198.1 y 2).
Reducción	Por ingreso y no impugnación de la sanción: reducción 40% (LGT art.188.3).
2) Obligaciones de suministro de información	
Tipo	No presentación en plazo de declaraciones informativas, es decir, de las declaraciones exigidas con carácter general en cumplimiento de la obligación de suministro de información recogida en la LGT art.93 -redacc L 13/2023- y 94 (LGT art.198.1, párrafo cuarto y 198.2).
Calificación	La infracción tributaria es leve (LGT art.198.1, párrafo segundo).
Sanción	Con carácter general: 20 € por dato o conjunto de datos referidos a una misma persona o entidad, con mínimo de 300 € y máximo de 20.000 € (LGT art.198.1, párrafo cuarto). En caso de presentación fuera de plazo sin requerimiento previo: 10 € por dato o conjunto de datos, con mínimo de 150 € y máximo de 10.000 € (LGT art.198.2).
Reducción	Por ingreso y no impugnación de la sanción: reducción 40% (LGT art.188.3).
3) Formalidades de aduanas	
Tipo	No presentar en plazo declaraciones y documentos relacionados con las formalidades aduaneras, cuando no determinen el nacimiento de una deuda aduanera (LGT art.198.1 y 4).
Calificación	La infracción tributaria es leve (LGT art.198.1, párrafo segundo).
Sanción	1 por 1000 del valor de las mercancías, con un mínimo de 100 € y un máximo de 6.000 €. No obstante, el importe mínimo se eleva a 600 euros en el caso de que las conductas infractoras se produzcan en relación con la declaración sumaria de entrada prevista en el Código Aduanero de la Unión (LGT art.198.4). En caso de presentación fuera de plazo sin requerimiento previo: 0,5 por 1000 del valor de las mercancías, con un mínimo de 50 € y un máximo de 3.000 € (LGT art.198.2).
Reducción	Por ingreso y no impugnación de la sanción: reducción 40% (LGT art.188.3).
4) No comunicación por particular del domicilio fiscal o sus cambios	
Tipo	No comunicar el domicilio fiscal o el cambio del mismo por las personas físicas que no realicen actividades económicas (LGT art.198.5).
Calificación	La infracción tributaria es leve (LGT art.198.5).
Sanción	100 € (LGT art.198.5).
Reducción	Por ingreso y no impugnación de la sanción: reducción 40% (LGT art.188.3).
5) Incumplimiento de autorizaciones aduaneras	
Tipo	Incumplir las condiciones establecidas en las autorizaciones que puede conceder una autoridad aduanera o las condiciones a que quedan sujetas las mercancías, siempre que este incumplimiento no constituya otra infracción tipificada en la LGT (LGT art.198.6).
Calificación	La infracción tributaria es leve (LGT art.198.6).
Sanción	200 € (LGT art.198.6).
Reducción	Por ingreso y no impugnación de la sanción: reducción 40% (LGT art.188.3).

A. Tipo general: no presentar en plazo autoliquidaciones o declaraciones sin perjuicio económico

(LGT art.198.1 y 2)

Constituye infracción tributaria no presentar en plazo autoliquidaciones o declaraciones distintas de las señaladas en nº 6920 s., siempre que no se haya producido o no se pueda producir perjuicio económico para la Hacienda Pública. Dado que la LGT regula los principales casos de esta clase de infracciones como supuestos específicos, este tipo general, recogido en la LGT art.198.1, tiene realmente un carácter meramente residual. **6917**
El legislador tipifica de forma claramente diferenciada la **no presentación en plazo** de declaraciones o autoliquidaciones sin que se produzca un perjuicio económico y la presentación de declaraciones de forma incompleta, inexacta o con datos falsos (nº 6937 s.) cuando, en ambos casos, de ello no se derive un perjuicio económico para la Hacienda Pública. Ambas infracciones pueden ser compatibles en el caso de que la declaración se presente fuera de plazo y de forma incorrecta.
Tipo infractor. El tipo de esta infracción es básicamente la no presentación en plazo de las declaraciones sin perjuicio económico. Esta falta de presentación en plazo se puede producir porque el obligado a declarar no presente nunca la declaración o porque la presente fuera de plazo. Como ambas conductas son de distinta gravedad, se sancionan con distinta cuantía.

La infracción no afecta a todas las declaraciones presentadas fuera de plazo, sino solo a las declaraciones y autoliquidaciones que no han producido o no pueden producir **perjuicio económico** para la Hacienda Pública. **6918**

Precisiones 1) Se considera que una declaración o autoliquidación produce un **perjuicio económico para la Hacienda Pública** si esa declaración tiene un efecto monetario, inmediato o en el futuro, sobre la misma. Ello se produce cuando supone dejar de ingresar, solicitar u obtener indebidamente una devolución, o consignar una cantidad a compensar o deducir en el futuro (crédito de impuesto).
2) No produce **perjuicio económico** la falta de presentación de las declaraciones informativas (modelo 347, modelo 190, etc.) y censales; y la falta de presentación de autoliquidaciones sin actividad, o a devolver o compensar.

Calificación La infracción se califica como leve. **6918.1**
Sanción. Consiste en multa pecuniaria fija de 200 euros. No obstante, en caso de presentación fuera de plazo sin requerimiento previo, la sanción **se reduce** a la mitad (nº 6933).

Ejemplo En el curso de una actuación inspectora del IVA del año X se comprueba que el obligado tributario no presentó la declaración por el 3T IVA, que resultaba a compensar.
Tipo infractor: no presentar en plazo autoliquidaciones sin que se haya producido perjuicio económico para la Hacienda Pública (LGT art.198.1).
Calificación: infracción leve.
Sanción: 200 €.

Compatibilidad (LGT art.198.3) En aquellos casos en los que no se presente la declaración y posteriormente medie un **requerimiento de la Administración** que sea **desatendido**, la sanción por falta de presentación de autoliquidaciones o declaraciones, así como los documentos relacionados con las obligaciones aduaneras, siempre que no se haya producido o no se pueda producir perjuicio económico a la Hacienda Pública es compatible con la que proceda por resistencia, obstrucción, excusa o negativa a las actuaciones de la Administración tributaria (nº 6977 s.). **6919**

Ejemplo Un obligado tributario no presentó en plazo la declaración anual de operaciones con terceros (modelo 347), siendo sancionado por ello por los órganos de Gestión tributaria. Posteriormente, los órganos de Inspección le requieren formalmente para que presente dicha información, pero el obligado tributario desatiende el primer requerimiento y contesta en plazo al segundo requerimiento. ¿Puede sancionarse esa desatención del primer requerimiento?
En este caso se producen dos incumplimientos distintos e independientes:
a) Infracción por no presentar en plazo una declaración exigida con carácter general en cumplimiento de la obligación de suministro de información (LGT art.198.1). Esta infracción se sanciona con multa de 20 € por cada dato o conjunto de datos que hubiera debido incluirse en la declaración con un mínimo de 300 € y un máximo de 20.000€.
b) Infracción por no atender el requerimiento de la Administración (LGT art.203.5). Esta infracción se puede sancionar con multa de 300 €.

B. Tipos específicos

(LGT art.198)

6920

1. Declaraciones censales

(LGT art.198.1, párrafo tercero y 2)

6922 **Tipo infractor**. Constituye infracción tributaria no presentar en plazo declaraciones censales o la relativa a la comunicación de la designación del representante de personas o entidades cuando así lo establezca la normativa.
Infracción. Se califica como leve.
Sanción. Consiste en multa pecuniaria fija de 400 euros. No obstante, en caso de presentación fuera de plazo sin requerimiento previo, la sanción se reduce a la mitad (nº 6933).
La sanción es **compatible** con la que proceda por resistencia, obstrucción, excusa o negativa a las actuaciones de la Administración tributaria, si se desatiende el requerimiento (nº 6977 s.).

Ejemplos **1)** Un obligado tributario desarrolló durante los ejercicios X0 y X1 su actividad como profesional independiente, cumplimentando debidamente su obligación de presentar la declaración censal (modelo 036) al inicio de su actividad, así como las declaraciones trimestrales de IVA. En el ejercicio X2 comienza a trabajar como empleado de una sociedad, recibiendo en septiembre de ese ejercicio un requerimiento de la Administración para que presente las autoliquidaciones de IVA de los dos primeros trimestres, dado que sigue de alta en el censo como obligado a presentar las autoliquidaciones del IVA y no consta que las haya presentado.
En este caso, el obligado tributario no ha incumplido ninguna obligación por no presentar las declaraciones de IVA del ejercicio X2, pues en dicho ejercicio ya había dejado de actuar como profesional. Pero debió haber presentado la declaración censal de baja en la actividad, en el momento del cese. Por este incumplimiento, podría ser sancionado de acuerdo con los siguientes elementos:
Tipo infractor: no presentación de la declaración sin perjuicio económico, en concreto, la declaración censal de baja en la actividad (LGT art.198.1).
Calificación: infracción leve.
Sanción: 400 €.
2) En el curso de una actuación inspectora se comprueba que el obligado tributario presentó la declaración censal consignando un domicilio incorrecto de la actividad.
No es una conducta tipificada como infracción en la LGT art.198 sino en la LGT art.199 (presentación incorrecta de autoliquidaciones o declaraciones sin que se produzca perjuicio económico).

2. Obligaciones de suministro de información

(LGT art.198.1, párrafo cuarto y 2)

6924 **Tipo infractor**. Constituye infracción tributaria la no presentación en plazo de declaraciones informativas nº 5022, es decir, de las declaraciones exigidas con carácter general en cumplimiento de la obligación de suministro de información recogida en la LGT art.93 -redacc L 13/2023- y 94.
Calificación. La infracción se califica como leve.
Sanción. Consiste en multa pecuniaria fija de 20 euros por dato o conjunto de datos referidos a una misma persona o entidad que hubiera debido incluirse en la declaración, con un mínimo de 300 euros y un máximo de 20.000 euros. No obstante, en caso de presentación fuera de plazo sin requerimiento previo, la sanción y sus límites se **reducen** a la mitad (nº 6933).
La sanción es **compatible** con la que proceda por resistencia, obstrucción, excusa o negativa a las actuaciones de la Administración tributaria, si se desatiende el requerimiento (nº 6977 s.).

6925 **Dato o conjunto de datos** En las infracciones de la LGT art.198 y 199 se menciona que la sanción consiste en una multa por cada «dato o conjunto de datos referidos a una misma persona o entidad». Ello se debe a que, en algunos casos, los datos se presentan en grupos, por lo que deben considerarse en conjunto y no de forma individual. Por ejemplo, si se pide una información sobre una cuenta bancaria en el modelo 720, esa información contiene el país en el que se encuentra la institución financiera, el banco con el que se contrató la cuenta, la sucursal a la que pertenece y el número de cuenta, y basta un error en cualquiera de los datos

para que la información total sea incorrecta. Por ello, resulta indiferente que sean uno o varios los datos incorrectos, y solo procede considerarla como una única incorrección de un conjunto de **datos relacionados**.
Normalmente, se considera:
- **conjunto de datos**, los relativos a la identificación de los obligados tributarios (NIF, nombre y apellidos o razón social y, en su caso, domicilio) y la identificación de las cuentas y valores; y
- **datos** los correspondientes a rentas, saldos, fechas, etc.

Precisiones 1) Es frecuente que las normas determinen expresamente qué se entiende por «dato» y por «conjunto de datos». Por ejemplo, en relación con el **modelo 720,** en el RGGI art.42 bis.6, 42 ter.7 y 54 bis.8, en relación con la documentación específica de las **operaciones vinculadas**, en el RIS art.15.3 y 16.6.
2) La falta de presentación en plazo de la declaración informativa prevista en el **modelo 720** se sancionará de acuerdo con lo establecido en la LGT art.198, tras la derogación, por L 5/2022, de su régimen sancionador específico. Las sanciones se aplicarán de forma independiente para cada una las obligaciones de información contenidas en la declaración informativa, al constituir cada una de ellas una obligación distinta.

Ejemplos 1) En el curso de una actuación inspectora del IVA del año X de un obligado tributario se constata que no presentó la declaración de operaciones con terceros (modelo 347) del año X, comprobándose que efectuó 50 operaciones, todas ellas por importes superiores a 3.000 €. **6926**
Tipo infractor: no presentar en plazo declaraciones informativas (LGT art.198.1).
Calificación: infracción leve.
Sanción: 50 x 20 € = 1.000 €, que se encuentra dentro de los límites máximo y mínimo (LGT art.198.1).
2) Antes de recibir la comunicación de inicio del procedimiento inspector, el obligado tributario del ejemplo anterior presenta la declaración anual de operaciones con terceros del año X incluyendo la totalidad de las operaciones que debían declarase.
Tipo infractor: no presentar en plazo declaraciones informativas (LGT art.198.1).
Calificación: infracción leve.
Sanción: 50 x 10 € = 500 €, que se encuentra dentro de los límites máximo y mínimo (LGT art.198.2).

3. Formalidades de aduanas

(LGT art.198.1 y 4)

Tipo infractor. Constituye infracción tributaria no presentar en plazo declaraciones y documentos relacionados con las formalidades aduaneras, cuando no determinen el nacimiento de una deuda aduanera. **6928**
Calificación. La infracción se califica como leve.
Sanción. Consiste en multa pecuniaria proporcional del 1 por 1000 del valor de las mercancías, con un mínimo de 100 euros y un máximo de 6.000 euros.
No obstante, el importe mínimo se eleva a 600 euros en el caso de que las conductas infractoras se produzcan en relación con la **declaración sumaria de entrada** prevista en el Código Aduanero de la Unión.
No obstante, en caso de presentación fuera de plazo sin previo requerimiento, la sanción y sus límites se **reducen** a la mitad, es decir, el 0,5 por 1000 del valor de las mercancías, con un mínimo de 50 euros y un máximo de 3.000 euros (nº 6933).
La sanción es **compatible** con la que proceda por resistencia, obstrucción, excusa o negativa a las actuaciones de la Administración tributaria, si se desatiende el requerimiento (nº 6977 s.).

4. No comunicación por particular del domicilio fiscal o sus cambios

(LGT art.198.5)

Tipo infractor. Constituye infracción tributaria no comunicar el domicilio fiscal o el cambio del mismo por las personas físicas que no realicen actividades económicas. **6930**
Calificación. La infracción se califica como leve.
Sanción. Consiste en multa pecuniaria fija de 100 euros.

Precisiones Las personas jurídicas y las personas físicas que desarrollen **actividades empresariales o profesionales** deben comunicar a la Administración tributaria el cambio de domicilio fiscal mediante la presentación de la declaración censal (modelo 036) y su incumplimiento constituye la infracción señalada en nº 6922 por no presentar en plazo dicha declaración.

5. Incumplimiento de autorizaciones aduaneras

(LGT art.198.6)

6932 **Tipo infractor**. Constituye infracción tributaria incumplir las condiciones establecidas en las autorizaciones que puede conceder una autoridad aduanera o las condiciones a que quedan sujetas las mercancías, siempre que este incumplimiento no constituya otra infracción tipificada en la LGT.
Calificación. La infracción se califica como leve.
Sanción. Consiste en multa pecuniaria fija de 200 euros.

C. Subsanación voluntaria fuera de plazo

(LGT art.198.2; RSAN art.14)

6933 La sanción y los límites mínimos y máximos **se reducen a la mitad** en aquellos casos en los que las declaraciones se presenten fuera de plazo **sin requerimiento previo** de la Administración.
En estos casos, se plantea si pueden imponerse simultáneamente las sanciones por no presentar en plazo autoliquidaciones o declaraciones sin que se produzca perjuicio económico y por presentar incorrectamente autoliquidaciones o declaraciones sin que se produzca perjuicio económico (LGT art.198 y 199 respectivamente). A estos efectos, podemos distinguir los siguientes supuestos:
1. No presentación de declaración en plazo, subsanándose la omisión voluntariamente fuera de plazo. La sanción aplicable se reduce a la mitad (LGT art.198.2) pero, si siguen existiendo datos sin declarar o declarados incorrectamente, por ellos se puede imponer la sanción de la LGT art.199 (nº 6937 s.).
2. Presentación en plazo de una declaración incompleta o inexacta. Los casos que pueden plantearse son distintos en función de si la declaración complementaria o sustitutiva presentada voluntariamente fuera de plazo corrige la declaración inicialmente presentada:
a) Íntegramente, en cuyo caso, la declaración inicial incorrecta no se sanciona por la infracción de la LGT art.199, imponiéndose solo la sanción más favorable prevista en la LGT art.198.2 por la declaración presentada fuera de plazo, únicamente respecto de los datos que no hubieran sido correctamente declarados en plazo.
b) Parcialmente, habiendo datos incompletos o inexactos, en cuyo caso:
- por los datos que se corrigen correctamente, se impone la infracción de la LGT art.198.2;
- por los datos que siguen siendo incorrectos o inexactos, se puede imponer la infracción de la LGT art.199 (RSAN art.14).

Precisiones Cuando en la misma fecha concurre la presentación fuera de plazo de varias declaraciones sin perjuicio económico correspondientes a **distintas obligaciones tributarias**, cabe la posibilidad de en su caso, apreciar varias infracciones tributarias (TEAC unif criterio 27-9-12).

6934 Ejemplos **1)** Un obligado tributario presenta la declaración anual de operaciones con terceros (modelo 347) en plazo, consignando incorrectamente el NIF de 40 de las personas o entidades de las 50 declaradas. Ya fuera de plazo, pero antes de recibir ningún requerimiento de la Administración, presenta una declaración complementaria corrigiendo los datos incorrectamente declarados.
En principio, el obligado tributario, al presentar la primera declaración, comete la infracción tipificada en la LGT art.199 (presentar de forma inexacta declaraciones) que es sancionada con multa de hasta el 2% del importe de cada una de las operaciones no declaradas o declaradas incorrectamente (LGT art.199.5; RSAN art.15.3.a). No obstante, al haber rectificado los datos declarados incorrectamente mediante la presentación de una declaración sustitutiva antes de recibir ningún requerimiento de la Administración, no se sancionará la presentación incorrecta de la declaración inicial, sin perjuicio de la sanción que proceda por la presentación fuera de plazo de la segunda declaración.
Por tanto:
- tipo infractor: no presentación en plazo de declaraciones informativas (es decir, declaraciones exigidas con carácter general en cumplimiento de la obligación de suministro de información recogida en la LGT art.93 -redacc L 13/2023- y 94) (LGT art.198.1);
- calificación: infracción leve;
- sanción (LGT art.198.2): al tratarse de una subsanación voluntaria, se sanciona con 10 € por dato o conjunto de datos, en vez de la multa normal de 20 € por dato o conjunto de datos. La sanción se impone solo por los 40 datos subsanados fuera de plazo, no por los 10 datos que habían sido correctamente declarados en plazo (RSAN art.14). Por tanto, la sanción asciende a 10 € × 40 = 400 €.
2) Un obligado tributario presenta la declaración anual de operaciones con terceros (modelo 347) en plazo, consignando incorrectamente el NIF de 30 de las 50 personas o entidades

declaradas. Ya fuera de plazo, pero antes de recibir ningún requerimiento de la Administración, presenta una declaración complementaria corrigiendo solo 10 de los 30 datos incorrectamente declarados inicialmente.
Como en el caso anterior, no procede sancionar la presentación incorrecta de la primera declaración al haber presentado una declaración complementaria sin requerimiento previo de la Administración. Ha de aplicarse lo dispuesto en la LGT art.198.2 -reducción a la mitad de la sanción correspondiente y de los límites máximo y mínimo-, pero únicamente en relación con los 10 datos que son corregidos mediante la presentación de la segunda declaración.
Por tanto, tendremos dos infracciones:
a) Infracción de la LGT art.198 por los 10 datos corregidos voluntariamente fuera de plazo:
- tipo infractor: no presentación en plazo de declaraciones informativas (es decir, declaraciones exigidas con carácter general en cumplimiento de la obligación de suministro de información recogida en la LGT art.93 -redacc L 13/2023- y 94);
- calificación: infracción leve;
- sanción (LGT art.198.2): al tratarse de una subsanación voluntaria, se sanciona con 10 € por dato o conjunto de datos, en vez de la multa normal de 20 € por dato o conjunto de datos. La sanción se impone solo por los 10 datos subsanados fuera de plazo, no por los 20 datos que habían sido correctamente declarados en plazo. Por tanto, 10 € × 10 = 100 €. Como esta cantidad es inferior a la sanción mínima, procede imponer esta, cuya cuantía es de 150 €.
b) Infracción de la LGT art.199 por los 20 datos no corregidos (ver nº 6937 s. en relación a la sanción a imponer en este caso).

II. Presentación incorrecta de autoliquidaciones o declaraciones sin que se produzca perjuicio económico o contestaciones a requerimientos individualizados de información

(LGT art.199; RSAN art.15)

6936

6937

ESQUEMA	
A. Tipo general	
1) Presentación incorrecta de autoliquidaciones o declaraciones	
Tipo	Presentar de forma incompleta, inexacta o con datos falsos autoliquidaciones o declaraciones sin perjuicio económico (LGT art.199.1, párrafo primero).
Calificación	La infracción tributaria es grave (LGT art.199.1).
Sanción	150 euros (LGT art.199.2).
Reducción	Por ingreso y no impugnación de la sanción: reducción 40% (LGT art.188.3)
2) Incumplimiento de presentación por medios electrónicos, cuando existe obligación	
Tipo	Presentación por medios distintos a los electrónicos, informáticos y telemáticos cuando esté obligado a utilizar esos medios (LGT art.199.1, párrafo segundo).
Calificación	La infracción tributaria es grave (LGT art.199.1).
Sanción	250 euros (LGT art.199.2).
Reducción	Por ingreso y no impugnación de la sanción: reducción 40% (LGT art.188.3)
B. Tipos específicos	
1) Presentación incorrecta de declaración censal	
Tipo	Presentar de forma incompleta, inexacta o con datos falsos declaraciones censales (LGT art.199.3).
Calificación	La infracción tributaria es grave (LGT art.199.1).
Sanción	250 € (LGT art.199.3).

ESQUEMA	
Reducción	Por ingreso y no impugnación de la sanción: reducción 40% (LGT art.188.3)
2) Presentación incorrecta de declaraciones informativas y requerimientos sin magnitudes monetarias	
Tipo	Presentar las declaraciones informativas o contestar los requerimientos individualizados de información, de forma incompleta, inexacta o con datos falsos, cuando no tengan por objeto datos expresados en magnitudes monetarias (LGT art.199.4).
Calificación	La infracción tributaria es grave (LGT art.199.1).
Sanción	200 euros por cada dato o conjunto de datos referidos a una misma persona o entidad incorrectos (LGT art.199.4). La presentación por medios distintos a los electrónicos, informáticos y telemáticos cuando esté obligado a utilizar esos medios, se sanciona con multa de 100 euros por cada dato o conjunto de datos incorrectos, con un mínimo de 250 euros (LGT art.199.4). Si existe comisión repetida, la sanción se incrementa un 100% (LGT art.199.6).
Reducción	Por ingreso y no impugnación de la sanción: reducción 40% (LGT art.188.3).
3) Presentación incorrecta de declaraciones informativas y requerimientos con magnitudes monetarias	
Tipo	Presentar las declaraciones informativas o contestar los requerimientos individualizados de información, de forma incompleta, inexacta o con datos falsos, cuando tengan por objeto datos expresados en magnitudes monetarias (LGT art.199.5).
Calificación	La infracción tributaria es grave (LGT art.199.1).
Sanción	Hasta el 2% del importe de las operaciones no declaradas o declaradas incorrectamente, en función del porcentaje de estas respecto del importe total, con un mínimo de 500 euros (LGT art.199.5). La presentación por medios distintos a los electrónicos, informáticos y telemáticos cuando esté obligado a utilizar esos medios, se sanciona con multa del 1% de las operaciones declaradas, con un mínimo de 250 euros (LGT art.199.5). Si existe comisión repetida, la sanción se incrementa un 100% (LGT art.199.6).
Reducción	Por ingreso y no impugnación de la sanción: reducción 40% (LGT art.188.3).
4) Formalidades aduaneras	
Tipo	Presentar de forma incompleta, inexacta o con datos falsos declaraciones y documentos relacionados con las formalidades aduaneras cuando no determinen el nacimiento de una deuda aduanera (LGT art.199.1).
Calificación	La infracción tributaria es grave (LGT art.199.1).
Sanción	1 por mil del valor de las mercancías, con un mínimo de 100 euros y un máximo de 6.000 euros. No obstante, el importe mínimo se eleva a 600 euros en el caso de que las conductas infractoras se produzcan en relación con la declaración sumaria de entrada prevista en el Código Aduanero de la Unión La presentación por medios distintos a los electrónicos, informáticos y telemáticos cuando esté obligado a utilizar esos medios, se sanciona con multa de 250 euros (LGT art.199.7).
Reducción	Por ingreso y no impugnación de la sanción: reducción 40% (LGT art.188.3).

A. Tipo general

(LGT art.199.1 y 2)

6938

1. Presentación incorrecta de autoliquidaciones o declaraciones

(LGT art.199.1, párrafo primero y 2)

6940 Constituye infracción tributaria presentar de forma incompleta, inexacta o con datos falsos autoliquidaciones o declaraciones siempre que no se haya producido o no se pueda producir perjuicio económico a la Hacienda Pública. Dado que seguidamente la norma regula distintos supuestos específicos de esta clase de infracción (nº 6947 s.), este tipo general realmente tiene un carácter meramente residual.

Tipo infractor. La presentación incorrecta de declaraciones sin perjuicio económico, que puede ser debido a una presentación incompleta, inexacta o con datos falsos. Como ejemplos, una declaración de operaciones con terceros (modelo 347) que omita algunos NIF de los clientes o proveedores es incompleta; si consigna los NIF trasponiendo números (por ejemplo, en vez de 12345 transcribe 13245) la declaración es inexacta; y si atribuye las operaciones a clientes o proveedores inexistentes o distintos de los reales, se trata de una declaración con datos falsos.
Calificación. La conducta se califica como grave.
Sanción. Consiste en multa pecuniaria fija de 150 euros.

Precisiones 1) La LGT considera que la conducta de presentar declaraciones incorrectas (con datos incompletos, inexactos o falsos) es más grave que la de no presentar declaración (nº 6915 s.). Por ello, esta última infracción se califica como leve mientras que la primera se considera una infracción grave. Esta mayor **gravedad** es evidente en el caso de presentación de declaraciones falsas o intencionadamente inexactas, pero no siempre es así en el caso de meras declaraciones con datos incompletos, dado que, por ejemplo, normalmente es peor no declarar nada de una operación en el modelo 347 que declararla consignando el nombre y apellidos del cliente o proveedor y el importe de la operación, pero omitiendo el NIF.
2) En determinados supuestos la sanción por la comisión de esta infracción grave puede ser de **menor importe** que la que corresponde por la comisión de la infracción leve por no presentar declaración sin perjuicio económico (LGT art.198). Por ejemplo, la no presentación en plazo de declaraciones censales se sanciona con multa pecuniaria fija de 400 euros (nº 6922), mientras que la sanción que corresponde por presentar estas mismas declaraciones de forma incompleta, inexacta o con datos falsos es de 250 euros (nº 6950).
3) La presentación incorrecta de la declaración informativa prevista en el **modelo 720** se sancionará de acuerdo con lo establecido en la LGT art.199, tras la derogación, por L 5/2022, de su régimen sancionador específico. Las sanciones se aplicarán de forma independiente para cada una las obligaciones de información contenidas en la declaración informativa, al constituir cada una de ellas una obligación distinta.

Ejemplo En el curso de una actuación inspectora del IVA del año X de un profesional se comprueba que este presentó incorrectamente la declaración del tercer trimestre del Impuesto, al consignar mayores cuotas deducibles de las efectivamente soportadas. La liquidación practicada por la Inspección reduce el IVA declarado a compensar en 1.000 €. **6941**
En este caso se produce una acreditación improcedente de partidas positivas o negativas o créditos tributarios aparentes (LGT art.195). La presentación de forma incorrecta de la declaración relativa al 3T de IVA, aunque no se derive de la misma una cuota a ingresar, puede producir un perjuicio a la Hacienda Pública en el momento en que el saldo a compensar declarado en exceso se compense. Por ello, esta conducta no se sanciona conforme a lo dispuesto en la LGT art.199 sino por lo establecido en la LGT art.195 (nº 6455 s.).

2. Incumplimiento de presentación por medios electrónicos, cuando existe obligación

(LGT art.199.1, párrafo segundo y 2)

Tipo infractor. Constituye infracción tributaria la presentación de autoliquidaciones, declaraciones y documentos con trascendencia tributaria por medios distintos a los electrónicos, informáticos y telemáticos, en aquellos supuestos en que haya obligación de hacerlo por dichos medios. Se trata de un supuesto específico de presentación de declaración incorrecta, al no ajustarse a los medios electrónicos exigidos por la norma. **6943**
Calificación. La infracción se califica como grave.
Sanción. Consiste en multa pecuniaria fija de 250 euros.
En relación a la sanción aplicable en el supuesto de **presentación de declaraciones informativas** por medios distintos a los electrónicos, informáticos y telemáticos, cuando exista obligación de hacerlo por dichos medios, ver nº 6952 y nº 6956 s.

B. Tipos específicos

(LGT art.199)

6947

1. Presentación incorrecta de la declaración censal

(LGT art.199.1 y 3)

6950 **Tipo infractor**. Constituye infracción tributaria presentar de forma incompleta, inexacta o con datos falsos declaraciones censales.
Calificación. La conducta se califica como grave.
Sanción. Consiste en multa pecuniaria fija de 250 euros.

Ejemplo En el curso de una actuación inspectora se comprueba que el obligado tributario presentó la declaración censal consignando un domicilio de la actividad distinto del real.
- Tipo infractor: presentación de forma incompleta, inexacta o con datos falsos declaraciones censales (LGT art.199.3).
- Calificación: infracción grave.
- Sanción: 250 €.

2. Presentación incorrecta de declaraciones informativas y requerimientos referentes a magnitudes no monetarias

(LGT art.199.1, 4 y 6)

6952 **Tipo infractor**. Constituye infracción tributaria presentar las declaraciones informativas o contestar los requerimientos individualizados de información, de forma incompleta, inexacta o con datos falsos, cuando no tengan por objeto datos expresados en magnitudes monetarias.
Calificación. La conducta se califica como grave.
Sanción:
a) Con **carácter general**: multa pecuniaria fija de 200 euros por dato o conjunto de datos omitidos, inexactos o falsos referidos a una misma persona o entidad (nº 6925).
b) En caso de presentación por **medios distintos a los electrónicos**, informáticos y telemáticos cuando exista obligación de hacerlo por dichos medios: 100 euros por cada dato o conjunto de datos referidos a la misma persona o entidad, con un mínimo de 250 euros. Esta sanción mínima se aplica desde el 12-10-2015, pero al resultar más favorable para el interesado que la existente con anterioridad (1.500 euros), tiene efectos retroactivos respecto de los actos que no sean firmes (LGT art.10.2).
En todos los casos, si existe **comisión repetida**, la sanción se incrementa en un 100% (nº 5955 s.).

Precisiones **1)** Son **declaraciones informativas** las exigidas con carácter general en cumplimiento de los deberes de información establecidos en la LGT art.93 -redacc L 13/2023- y 94.
2) Se contempla como infracción no solo presentar de forma incorrecta las declaraciones informativas sino también el contestar de forma incorrecta los **requerimientos individualizados** de información. Por ello, esta infracción se encuentra muy relacionada con la infracción por **resistencia, obstrucción, excusa o negativa** a las actuaciones de la Administración tributaria, por falta de atención de los requerimientos individualizados de información (ver nº 6992).

6954 **Magnitudes monetarias y no monetarias** La LGT art.199.4 y 5 distingue dos grandes grupos de declaraciones informativas o requerimientos de información según que tengan o no por objeto datos expresados en magnitudes monetarias. El RSAN art.15.1 precisa:
a) El subtipo de la LGT art.199.4 se refiere a las declaraciones informativas/requerimientos que tengan por objeto únicamente datos expresados en **magnitudes no monetarias**, es decir, los casos de declaraciones informativas y requerimientos individualizados de información incorrectos referentes a datos no monetarios.
Esta infracción no se refiere a todos los datos no monetarios, dado que se **excluyen** las incorrecciones de datos no monetarios cuando se encuentran «vinculados» a datos monetarios (ver nº 6960).

b) El subtipo de la LGT art.199.5 (nº 6956 s.) se refiere a las declaraciones informativas/requerimientos referidos tanto únicamente a datos expresados en magnitudes monetarias como a aquellas que se refieren a datos expresados en magnitudes tanto monetarias como no monetarias, es decir, datos **monetarios o mixtos**.
Las declaraciones/requerimientos con **magnitudes monetarias o mixtas** son los más habituales: por ejemplo, la declaración informativa del modelo 347 y la del modelo 190; o cuando se requiere una factura, un contrato de préstamo o de compraventa, etc.

Ejemplo Se efectúa un requerimiento individualizado a un obligado tributario para que identifique la gestoría que ha realizado los trámites correspondientes a la compra de su vivienda incluida en una promoción de grandes dimensiones. La persona requerida contesta el requerimiento señalando una entidad que, según se comprueba finalmente, no es la que ha intervenido en la operación.
- tipo infractor: contestar de forma incompleta, inexacta o con datos falsos un requerimiento individualizado de información referente a magnitudes no monetarias (LGT art.199.4);
- calificación: infracción grave;
- sanción: esta conducta se sanciona con multa de 200 euros.

3. Presentación incorrecta de declaraciones informativas y requerimientos referentes a magnitudes monetarias

(LGT art.199.1, 5 y 6)

Tipo infractor. Constituye infracción tributaria contestar o presentar de forma incompleta, inexacta o con datos falsos requerimientos individualizados de información o declaraciones exigidas con carácter general en cumplimiento de los deberes de información establecidos en la LGT art.93 -redacc L 13/2023- y 94, que tengan por objeto datos expresados en magnitudes monetarias. Como se ha indicado en nº 6954, esta infracción contempla los supuestos en los que las declaraciones informativas o los requerimientos individualizados con datos incorrectos se refieren a datos monetarios o a datos mixtos, tanto monetarios como no monetarios (RSAN art.15.2 y 3). **6956**
Calificación. La infracción se califica como grave.

Precisiones Se contempla como infracción no solo presentar de forma incorrecta las declaraciones informativas sino también el contestar de forma incorrecta los **requerimientos individualizados** de información. Por ello, esta infracción se encuentra muy relacionada con la infracción por **resistencia, obstrucción, excusa o negativa** a las actuaciones de la Administración tributaria, por falta de atención de los requerimientos individualizados de información (ver nº 6992).

Sanción En relación con la sanción de esta infracción: **6957**
a) Con **carácter general**: multa pecuniaria proporcional de hasta el 2% del importe de las **operaciones no declaradas o declaradas incorrectamente,** en función del porcentaje que represente el importe de las operaciones no declaradas o declaradas incorrectamente sobre el importe total de las operaciones que debieron declararse, con un mínimo de 500 euros.
El **importe de la multa** se fija en función de la relación existente entre el importe de las operaciones no declaradas o declaradas incorrectamente y el importe total de las operaciones que debieron declararse, según el siguiente cuadro:

TRAMOS	% SANCIÓN
Hasta 10%	Multa fija 500 €
Mayor 10% hasta 25%	0,5% (*)
Mayor 25% hasta 50%	1% (*)
Mayor 50% hasta 75%	1,5% (*)
Mayor 75% hasta 100%	2% (*)

(*) Del importe de las operaciones no declaradas o declaradas incorrectamente

b) En el caso de operaciones declaradas por **medios distintos a los electrónicos**, informáticos y telemáticos, cuando exista obligación de hacerlo por dichos medios: multa pecuniaria proporcional del 1% del importe de las operaciones declaradas por medios distintos a los anteriores, con un mínimo de 250 euros.
En todos los casos, si existe **comisión repetida** (nº 5955 s.), la sanción se incrementa en un 100%.

6959 **Base de la sanción** (RSAN art.15.2 y 3) A efectos del cálculo de la base de la sanción, podemos diferenciar los siguientes supuestos:

a) Datos no monetarios incorrectos vinculados a los datos monetarios.

b) Datos monetarios o mixtos incorrectos (nº 6963).

c) Datos monetarios incorrectos relacionados entre sí (por porcentajes o tipos de gravamen) referentes a un mismo sujeto pasivo (nº 6965).

6960 **Datos no monetarios incorrectos vinculados a los datos monetarios** (RSAN art.15.3.a) En caso de declaraciones/requerimientos con datos monetarios y no monetarios, puede ocurrir que algunos datos no monetarios se encuentren «vinculados» con los datos monetarios y otros no.

a) Datos no monetarios vinculados a los monetarios. Un dato no monetario se encuentra **vinculado** con otro dato monetario, si la falta de consignación o la consignación incorrecta del dato no monetario impide atribuir la magnitud monetaria a la persona a quien corresponde la información, ya sea porque no se atribuye a nadie o porque se atribuye a otra persona a quien no le corresponde. Esto, en la práctica, es lo mismo que si no se hubiese declarado ninguna cantidad en absoluto a la persona a quien corresponde la información.

En este caso la **incorrección del dato** no monetario afecta al dato monetario.

b) Datos no monetarios no vinculados con datos monetarios. Un dato no monetario se encuentran no **vinculado** a los datos monetarios, cuando la incorrección del dato no monetario no impide la imputación de la información al sujeto al que la misma se refiere. Por ejemplo, si en el modelo 190 se declaran incorrectamente unos rendimientos y retenciones a un NIF que no existe, realmente no se está aportando ninguna información, sin embargo, si se declara correctamente la identificación y los importes de los rendimientos y retenciones, pero se consigna que el perceptor es casado, siendo soltero, esa incorrección no impide que la información sobre los rendimientos y retenciones se vincule a su correcto perceptor.

En este caso, la **incorrección del dato** es una incorrección no monetaria.

En cuanto a la **sanción**:

En el supuesto de datos no monetarios **no vinculados** a datos monetarios se sanciona por la LGT art.199.4, referente a datos no monetarios (nº 6952 s.); mientras que en el caso de datos no monetarios **vinculados** con datos monetarios, procede su tratamiento como si fuesen datos monetarios, sancionándose conforme a la LGT art.199.5 (nº 6957) Por ello, el RSAN art.15.3.a precisa que, en estos casos, la **base de la sanción** es el importe total del dato monetario vinculado al dato no monetario, y si los datos monetarios fueran varios, se toma el mayor valor, es decir:

Base sanción = Importe dato monetario vinculado de mayor cuantía.

6961 Ejemplo En la declaración de retenciones del trabajo (modelo 190) se declara incorrectamente la identificación del trabajador (NIF y nombre) de manera que no resulta posible su imputación al trabajador, y se consigna las retribuciones brutas y retenciones correctas de 30.000 € y 3.000 €. Los rendimientos totales de todos los perceptores declarados en el modelo 190 de ese ejercicio ascendió a 150.000 €.

Se trata de una declaración informativa con magnitudes monetarias y no monetarias en la que se declaran incorrectamente las magnitudes no monetarias, que están vinculadas a las monetarias. Se comete la infracción de la LGT art.199.5.

- tipo infractor: presentación de la declaración informativa con datos incorrectos. En concreto, se declara incorrectamente un dato no monetario vinculado a datos monetarios (LGT art.199.5; RSAN art.15.3.a);
- calificación: infracción grave;
- base de la sanción: 30.000 €, que es la mayor de las cantidades declaradas incorrectamente (RSAN art.15.3.a). Ello se debe a que no ha podido atribuirse nada de ese importe de 30.000 € de rendimientos al trabajador al que corresponde;
- porcentaje de sanción: el porcentaje de incumplimiento (relación entre el importe de la operación declarada incorrectamente y las operaciones que debieron declararse) es 30.000/150.000 = 20%. Ese importe corresponde a un porcentaje de sanción de 0,5% (ver nº 6957);
- sanción: 30.000 € x 0,5% = 150 €. Luego, procede imponer la sanción mínima de 500 €.

6963 **Datos monetarios o mixtos incorrectos** (RSAN art.15.2 y 3.b) Mientras que, en el caso anterior, los datos incorrectos eran solo los no monetarios, en este supuesto los datos incorrectos pueden ser o bien los monetarios (RSAN art.15.2) o bien mixtos, tanto monetarios como no monetarios (RSAN art.15.3.b). Podemos distinguir los siguientes supuestos:

1) Datos (monetarios o mixtos) incorrectos referentes a distintos sujetos (RSAN art.15.2 y 3.b, primera parte). En este caso, la **base de la sanción** por cada persona o entidad a la que se refiere el dato incorrectamente declarado es la diferencia, expresada en valores absolutos, entre el importe contestado o declarado y el importe correcto del dato requerido o que hubiera debido declararse.

En estos casos predomina el dato monetario, de forma que la sanción es la misma, independientemente de que el dato no monetario sea correcto o incorrecto.
Base sanción = Suma de |importe contestado o declarado - importe correcto|.

Ejemplo El obligado tributario declara en el modelo 347 unos gastos del proveedor A por 20.000 euros, cuando las cuantías correctas fueron de 10.000 euros, y unas ventas al cliente B por 10.000 euros, cuando las cuantías correctas fueron de 20.000 euros. Asimismo, omitió señalar la casilla de que la primera de esas operaciones era de arrendamiento de local de negocios. Los importes totales que debieron declarase en el modelo 347 del ejercicio por todas las operaciones ascendió a 190.000 €.
- tipo infractor: presentación de declaración informativa con datos incorrectos. En concreto, se declaran incorrectamente datos monetarios o mixtos (LGT art.199.5; RSAN art.15.3.b). En esa declaración informativa se declaran incorrectamente magnitudes monetarias (importe de compras y ventas) y no monetarias (tipo de operación). El dato no monetario no impide la imputación del dato monetario al sujeto al que se refiere, por lo que no se encuentra vinculado al dato monetario;
- calificación: infracción grave;
- base de la sanción (RSAN art.15.3.b): es la suma de las diferencias, en valores absolutos, entre el importe declarado y lo que debió declararse.
Luego, base de la sanción = |20.000 - 10.000| + |10.000 - 20.000| = 20.000 euros. Como la base de la sanción es la diferencia en valores absolutos entre los importes declarados y los que debieron declararse, la sanción se impone independientemente de que se haya declarado un importe menor o un importe mayor al que correspondía.
- porcentaje de sanción: el porcentaje de incumplimiento (relación entre el importe de la operación declarada incorrectamente y las operaciones que debieron declararse) es 20.000/190.000 = 10,52%. Ese importe corresponde a un porcentaje de sanción de 0,5% (ver nº 6957);
- sanción: 20.000 € x 0,5% = 100 €. Luego, procede imponer la sanción mínima de 500 €.

2) Datos (monetarios o mixtos) incorrectos no relacionados entre sí (por porcentajes o tipos de gravamen) referentes a un mismo sujeto (RSAN art.15.2 y 3.b, segunda parte). En caso de declaraciones/requerimientos con datos mixtos, cuando se declaran incorrectamente dos o más datos monetarios referidos a una misma persona o entidad, pero estos datos monetarios no están relacionados entre sí por un porcentaje o tipo de gravamen, la **base de la sanción** por cada persona o entidad a la que se refieren los datos es la suma de las diferencias de todos ellos expresada en valores absolutos. **6964**
Base sanción = Suma de |importe contestado o declarado - importe correcto|.

Ejemplo Se requiere a un empresario para que desglose por trimestres el importe total declarado de las compras realizadas a uno de sus proveedores que está siendo objeto de comprobación. El obligado tributario contesta al requerimiento, pero posteriormente se comprueba que los importes reales son distintos, de acuerdo con los siguientes datos:

TRIMESTRE	DECLARADO	COMPROBADO
1º	10.000	100.000
2º	25.000	40.000
3º	40.000	25.000
4º	100.000	10.000

- tipo infractor: contestación de requerimiento de información con datos monetarios incorrectos. En concreto, se declara incorrectamente varios datos monetarios, no relacionados entre sí con porcentajes o tipos de gravamen, referentes a un mismo sujeto (LGT art.199.5; RSAN art.15.3.b);
- calificación: infracción grave;
- base sanción: |10.000 - 100.000| + |25.000 - 40.000| + |40.000 - 25.000| + |100.000 - 10.000| = 90.000 + 15.000 + 15.000 + 90.000 = 210.000 euros;
- porcentaje de sanción: se determina en función de la relación entre la base de la sanción y los importes correctos de todos los datos requeridos: 210.000/175.000 > 75%, que corresponde al porcentaje de sanción del 2% (ver nº 6957);
- sanción: 210.000 x 2% = 4.200 €.

Datos monetarios incorrectos relacionados entre sí (por porcentajes o tipos de gravamen) referentes a un mismo sujeto pasivo (RSAN art.15.2 y 3.c) Este supuesto se refiere solo al caso de datos monetarios, dado que solo estos pueden estar relacionados entre sí por medio de un porcentaje o tipo de gravamen. **6965**

En el caso de datos monetarios incorrectos referidos a una misma persona o entidad y relacionados entre sí por la aplicación de un porcentaje o tipo de gravamen, la base de sanción para este conjunto de datos se calcula como sigue:

1) Incorrección de la magnitud base (RSAN art.15.3.c.1ª). Si el dato incorrecto es el importe sobre el que se aplica el porcentaje o tipo de gravamen, la **base de la sanción** es la diferencia, expresada en valores absolutos, entre el importe contestado o declarado y el importe correcto de los datos requeridos o que hubieran debido declararse. Cuando sean dos o más las magnitudes incompletas, inexactas o falsas, referidas a una misma persona o entidad, se toma como base de la sanción la suma de las diferencias de todos ellos.

Base sanción = Suma de |importe contestado o declarado de la magnitud base - importe correcto de la magnitud base|.

Ejemplo Se requiere a un empresario para que, en relación con el primer trimestre del ejercicio, desglose para un determinado proveedor el importe de las adquisiciones realizadas al tipo general, reducido y superreducido del IVA. El obligado tributario contesta al requerimiento, pero posteriormente se comprueba que los importes reales son distintos, de acuerdo con los siguientes datos:

DECLARADO			COMPROBADO		
Base IVA	Tipo gravamen	Cuota	Base IVA	Tipo gravamen	Cuota
1.000	21%	210	100.000	21%	21.000
4.000	10%	400	5.000	10%	500
5.000	4%	200	5.000	4%	200

- tipo infractor: contestación de requerimiento de información que tiene por objeto únicamente datos expresados en magnitudes monetarias. En concreto, los datos inexactos están relacionados entre sí por la aplicación de un tipo de gravamen, siendo el dato incorrecto el importe sobre el que se aplica el porcentaje o tipo de gravamen (la base imponible del IVA). Por ello, solo se sanciona la cuantía de las bases del IVA declaradas incorrectamente, no las de las cuotas que resultan de la aplicación de los tipos de gravamen correspondientes (LGT art.199.5; RSAN art.15.3.c.1ª);
- calificación: infracción grave;
- base de la sanción: |1.000 - 100.000| + |4.000 - 5.000| = 100.000;
- porcentaje de sanción: el porcentaje de la multa proporcional a imponer se determina en función de la relación entre la base de la sanción y los importes correctos de las magnitudes sobre las que se aplica el tipo de gravamen: 100.000/110.000 > 75%, que corresponde al porcentaje de sanción del 2% (ver nº 6957);
- sanción = 100.000 x 2% = 2.000 €.

6967 2) **Incorrección del porcentaje** (RSAN art.15.3.c.2ª). Si el dato incorrecto es el porcentaje o tipo de gravamen, la **base de la sanción** es la diferencia, expresada en valores absolutos, entre el importe declarado como resultante de la aplicación del porcentaje o tipo de gravamen y el importe resultante de la aplicación del porcentaje o tipo de gravamen correcto. Cuando sean **dos o más** los porcentajes o tipos de gravamen incompletos, inexactos o falsos, referidos a una misma persona o entidad, se toma como base de la sanción la suma de las diferencias de todos ellos. Base sanción = Suma de |(t% declarado - t% correcto) × importe sobre el que se aplica|.

Ejemplo En el modelo 190 se declaran correctamente 90.000 € de retribuciones a cada uno de los perceptores A y B, pero se declara incorrectamente un porcentaje de retención del 20% cuando el porcentaje real fue el 40%. El importe total de retenciones que debió declararse en el modelo 190 del ejercicio por todos los perceptores ascendió a 120.000 €.
- tipo infractor: presentación de declaración informativa con datos incorrectos referentes a magnitudes monetarias. En concreto, las incorrecciones se refieren a magnitudes monetarias de los mismos sujetos que se encuentran relacionadas con porcentajes, siendo inexacto el porcentaje de retención declarado (LGT art.199.5; RSAN art.15.3.c.2ª);
- calificación: infracción grave;
- base de la sanción: es la suma de las diferencias, en valores absolutos, entre el importe declarado como resultante de la aplicación del porcentaje y el importe resultante de la aplicación del porcentaje correcto |(20% - 40%) x 90.000| + |(20% - 40%) x 90.000| = 36.000 €;
- porcentaje de sanción: el porcentaje de incumplimiento (relación entre el importe de la operación declarada incorrectamente y las operaciones que debieron declararse) es 36.000/120.000 = 30%. Ese importe corresponde a un porcentaje de sanción del 1% (ver nº 6957);
- sanción = 36.000 x 1% = 360 €. Luego, procede imponer la sanción mínima de 500 €.

3) Incorrección de la magnitud base y del porcentaje (RSAN art.15.3.c.3ª). Si los datos incorrectos son tanto el porcentaje o tipo de gravamen como el importe sobre el que se aplica el porcentaje o tipo de gravamen, la **base de la sanción** es la suma de las diferencias de todos ellos, expresada en valores absolutos, entre los importes contestados o declarados y los que hubieran debido contestarse o declararse. 6969

Base sanción = |importe contestado o declarado - importe correcto| + |(t% declarado - t% correcto) × importe sobre el que debe aplicarse|.

Ejemplo En el modelo 190 se declaran 40.000 euros de retribuciones del perceptor A, cuando la cuantía correcta de su retribución era de 80.000 euros. Además, se declara incorrectamente un porcentaje de retención del 20% cuando el porcentaje real fue el 40%. El importe total de los rendimientos y retenciones que debió declararse en el modelo 190 del ejercicio por todos los perceptores es de 120.000 € y 45.000 €, respectivamente.

- tipo infractor: presentación de declaración informativa con datos incorrectos referentes a magnitudes monetarias. En concreto, las incorrecciones se refieren a magnitudes monetarias de los mismos sujetos que se encuentran relacionadas con porcentajes, siendo inexacto tanto el importe de la retribución sobre la que se aplica el tipo de retención como el porcentaje de retención (LGT art.199.5; RSAN art.15.3.c.3ª);
- calificación: infracción grave;
- base de la sanción = |40.000 - 80.000| + |(20% - 40%) x 80.000| = 40.000 + 16.000 = 56.000 €. Ello se debe a que ha informado incorrectamente tanto sobre las retribuciones de A como sobre sus retenciones;
- porcentaje de sanción: el porcentaje de incumplimiento (relación entre el importe de la operación declarada incorrectamente y las operaciones que debieron declararse) es: 56.000/(120.000+45.000) = 33,93%. Ese importe corresponde a un porcentaje de sanción del 1% (ver nº 6957);
- sanción = 56.000 x 1% = 560 €.

Ejemplo recapitulativo Las diversas situaciones contempladas hasta ahora pueden concurrir en la misma declaración informativa o requerimiento individualizado de información, por lo que a continuación se presenta un ejemplo completo. 6971

Ejemplo Un empresario presenta el resumen anual de retenciones e ingresos a cuenta (modelo 190) incluyendo los siguientes datos inexactos:

CONCEPTOS	Perceptor 1		Perceptor 2	
	Declarado	Comprobado	Declarado	Comprobado
Nombre	Ángel M. V.	Ángel M. V.	María L.R.	María L.R.
NIF	000003A	000001A	000002A	000002A
Rendimiento	50.000 €	50.000 €	60.000 €	80.500 €
Reducción	0 €	0 €	0 €	0 €
Gastos deducibles	10.000 €	10.000 €	20.000 €	30.500 €
Circunstancias personales	Soltero	Soltero	Soltera	Soltera
Tipo de retención	24%	24%	30%	30%
Retención practicada	12.000 €	12.000 €	18.000 €	24.150 €

CONCEPTOS	Perceptor 3		Perceptor 4	
	Declarado	Comprobado	Declarado	Comprobado
Nombre	Rosa R. V.	Rosa R. V.	Pedro L.S.	Pedro L.S.
NIF	000003A	000003A	000004A	000004A
Rendimiento	50.000 €	80.000 €	50.000 €	80.500 €
Reducción	100 €	100 €	100 €	100 €
Gastos deducibles	20.000 €	20.000 €	20.000 €	20.000 €
Circunstancias personales	Soltera	Soltera	Soltero, 2 hijos	Soltero, 0 hijos
Tipo de retención	20%	28%	20%	28%
Retención practicada	10.000 €	22.400 €	10.000 €	22.400 €

El modelo 190 es una declaración informativa (es decir, una declaración exigida con carácter general en cumplimiento de las obligaciones de suministro de información) que tiene por objeto datos expresados en magnitudes monetarias y no monetarias, por lo que se sanciona de acuerdo con la LGT art.199.4 y 5.
Examinamos cada uno de los incumplimientos:
Perceptor 1.
El dato incorrecto es el NIF, que es un dato no monetario. La base de la sanción es el importe total del dato monetario vinculado al mismo o, de ser varios, el de mayor importe (RSAN art.15.3.a).
Luego, base sanción = 50.000 €.
Perceptor 2.
Existen tres datos incorrectos referidos a una misma persona (renta obtenida, gastos deducibles y retención practicada), pero la retención practicada está relacionada con la renta obtenida por la aplicación de un porcentaje que ha sido correctamente declarado, por lo que la base de la sanción es la suma de las diferencias de los importes de la renta obtenida y los gastos deducibles declarados y los importes que debían haber sido declarados (RSAN art.15.3.b y 15.3.c.1ª).
Base sanción = |60.000 - 80.500| + |20.000 - 30.500| = 31.000 €.
Perceptor 3.
Existen tres datos incorrectos referidos a una misma persona (renta obtenida, tipo de retención y retención practicada), que están relacionados entre sí por la aplicación de un porcentaje y se ha declarado incorrectamente tanto este último como el importe sobre el que se aplica. La base de la sanción es la suma de las diferencias de todos ellos, expresadas en valores absolutos, entre los importes contestados o declarados y los que hubieran debido contestarse o declararse.
Base sanción = |50.000 - 80.000| + |(20% - 28%) × 80.000| = 36.400 €.
Perceptor 4.
Existen cuatro datos incorrectos, uno no monetario (número de hijos) y los otros tres monetarios (renta obtenida, tipo de retención y retención practicada), estando la retención practicada relacionada con la renta obtenida por la aplicación del tipo de retención. La base de la sanción es la suma de las diferencias de todos ellos, expresadas en valores absolutos, entre los importes contestados o declarados y los que hubieran debido contestarse o declararse (RSAN art.15.3.c.3ª).
Base sanción = |50.000 - 80.000| + |(20% - 28%) × 80.000| = 36.400 €.

4. Formalidades aduaneras

(LGT art.199.7)

6973 **Tipo infractor**. Constituye infracción tributaria presentar de forma incompleta, inexacta o con datos falsos declaraciones y documentos relacionados con las formalidades aduaneras cuando no determinen el nacimiento de una deuda aduanera.
Calificación. La infracción se califica como grave.
Sanción:
a) Con **carácter general**: multa pecuniaria proporcional del 1 por 1000 del valor de las mercancías a las que se refieren las declaraciones y documentos, con un mínimo de 100 euros y un máximo de 6.000 euros.
No obstante, el importe mínimo se eleva a 600 euros en el caso de que las conductas infractoras se produzcan en relación con la **declaración sumaria de entrada** prevista en el Código Aduanero de la Unión (LGT art.199.7).
b) En el caso de presentación por **medios distintos a los electrónicos**, informáticos y telemáticos, cuando exista obligación de hacerlo por dichos medios: 250 euros.

C. Subsanación voluntaria

(LGT art.198.2; RSAN art.14 y 15.5 y 6)

6975 Puede suceder que la declaración inicial o la contestación al requerimiento incorrectas se subsanen posteriormente de forma voluntaria, antes de recibir un previo requerimiento al respecto.
a) Subsanación voluntaria de **declaraciones o autoliquidaciones** incorrectas sin perjuicio económico. Cuando se presenten voluntariamente sin requerimiento previo declaraciones o autoliquidaciones que subsanen las presentadas con anterioridad de forma incorrecta, por los datos corregidos se impone una sanción reducida por no presentar en plazo. Si, además, subsisten datos incompletos, inexactos o falsos en esa nueva declaración o autoliquidación, exclusivamente esos datos incorrectos se sancionan conforme a la LGT art.199.
b) Subsanación voluntaria de **requerimientos** incorrectamente contestados. En el caso de requerimientos individualizados de información, la LGT no prevé expresamente los efectos de

la subsanación voluntaria, es decir, la efectuada antes de mediar otro requerimiento administrativo sobre la contestación presentada inicialmente de forma incorrecta. Pero el RSAN art.15.6 ha regulado este supuesto estableciendo que no se incurre en responsabilidad por la primera contestación incorrecta, es decir, no procede la aplicación de la LGT art.199 cuando los datos no contestados o contestados de forma incompleta, inexacta o falsa se aporten a la Administración de forma correcta antes de recibir un nuevo requerimiento en este sentido. No obstante, cuando la nueva contestación se presente, a su vez, de forma incompleta, inexacta o con datos falsos, se aplicará lo dispuesto en la LGT art.199 exclusivamente en relación con los datos incorrectamente declarados en la misma.

Ejemplo Se requiere a un empresario para que desglose por trimestres el importe total declarado de las compras realizadas a uno de sus proveedores que está siendo objeto de comprobación. El obligado tributario contesta al requerimiento, y posteriormente, sin mediar requerimiento previo presenta una nueva contestación, que sustituye a la inicialmente presentada. Seguidamente se comprueban los importes reales, de acuerdo con los siguientes datos: 6976

TRIMESTRE	CONTESTACIÓN 1ª	CONTESTACIÓN 2ª	COMPROBADO
1º	10.000	100.000	100.000
2º	25.000	40.000	40.000
3º	40.000	10.000	25.000
4º	100.000	10.000	10.000

- tipo infractor: contestación incorrecta a requerimiento individualizado de información referente a magnitudes monetarias (LGT art.199.5). El único dato incorrectamente declarado en esta segunda contestación es el relativo al 3T. Solo procede la aplicación de la LGT art.199 en relación con este dato;
- base de la sanción: al tratarse de un requerimiento individualizado que tiene por objeto únicamente datos expresados en magnitudes monetarias, la base de la sanción es la diferencia, expresada en valores absolutos, entre el importe contestado o declarado y el importe correcto del dato requerido o que hubiera debido declararse (RSAN art.15.3.b).
Luego, base sanción: |10.000 - 25.000| = 15.000 €.
- porcentaje de sanción: el porcentaje de la multa proporcional a imponer se determina en función de la relación entre la base de la sanción y los importes correctos de todos los datos requeridos: 15.000/175.000 = 8,5% < 10%;
- sanción: procede la sanción mínima de 500 € (ver nº 6957).

III. Resistencia, obstrucción, excusa o negativa a las actuaciones de la Administración tributaria

(LGT art.203; RSAN art.18)

6977

ESQUEMA	
A. Tipo general	
Tipo	Realizar, existiendo previa notificación al efecto, actuaciones tendentes a dilatar, entorpecer o impedir las actuaciones de la Administración tributaria, tales como (LGT art.203.1): **a)** No facilitar el examen de datos con trascendencia tributaria. **b)** No atender requerimientos debidamente notificados. **c)** Negar o impedir indebidamente la entrada o el reconocimiento en fincas o locales. **d)** No comparecer injustificadamente en el lugar y tiempo señalados. **e)** Coacciones a los funcionarios.
Calificación	La infracción tributaria es grave (LGT art.203.2).
Sanción	- con carácter general, salvo requerimientos de información: 150 € (LGT art.203.3); - en caso de desatención de requerimientos por quienes no realicen actividades económicas: 150 €, 300 € o 600 €, según se incumpla el 1º, 2º o 3º requerimiento, respectivamente (LGT art.203.4).
Reducción	Por ingreso y no impugnación de la sanción: reducción 40% (LGT art.188.3).

6977 (sigue)

ESQUEMA	
B. Tipos específicos	
1) Incumplimientos cualificados al margen de un procedimiento inspector	
Tipo	Este tipo específico se refiere a determinados incumplimientos que se pueden considerar cualificados (LGT art.203.5): **a)** No aportar o facilitar el examen de documentos, libros, ficheros, programas u otros justificantes. **b)** La incomparecencia injustificada en el lugar y tiempo señalado. **c)** No facilitar la entrada o permanencia en fincas y locales o el reconocimiento de elementos o instalaciones. **d)** No aportar datos, informes o antecedentes con trascendencia tributaria.
Calificación	La infracción tributaria es grave (LGT art.203.2).
Sanción	Normativa aplicable: LGT art.203.5; RSAN art.18.3. **1)** Primer incumplimiento: 300 €. **2)** Segundo incumplimiento: 1.500 €. **3)** Tercer incumplimiento: se deben distinguir dos situaciones: **a) Requerimientos monetarios en los que se conoce el importe de las operaciones requeridas:** - caso general: del 0,5% al 2% del importe de la cifra de negocios en el año natural anterior a aquel en que se produjo la infracción, con mínimo de 10.000 € y máximo de 400.000 €; - caso de información de declaraciones informativas: del 1% al 3% del importe de la cifra de negocios en el año natural anterior a aquel en que se produjo la infracción, con mínimo de 15.000 € y máximo de 600.000 €. **b) Requerimientos monetarios en los que no se conoce el importe de las operaciones requeridas**: La sanción mínima es de 10.000 € o 15.000 €, respectivamente. Si con anterioridad a la terminación del procedimiento sancionador se diese total cumplimiento al requerimiento administrativo, la sanción será de 6.000 €.
Reducción	Por ingreso y no impugnación de la sanción: reducción 40% (LGT art.188.3).
2) Incumplimientos en el seno de un procedimiento inspector	
Tipo	Los incumplimientos señalados en el apartado 1) anterior, cuando el obligado tributario esté siendo objeto de un procedimiento de inspección (LGT art.203.6).
Calificación	La infracción tributaria es grave (LGT art.203.2).
Sanción	Se distinguen dos situaciones: **a) El inspeccionado no realiza actividades económicas**. Se sanciona (LGT art.203.6.a): **1)** Primer incumplimiento: 1.000 €. **2)** Segundo incumplimiento: 5.000 €. **3)** Tercer incumplimiento: se distinguen, a su vez, dos situaciones: • Supuesto de magnitudes monetarias conocidas: la mitad del importe de la operación requerida y no contestada, con un mínimo de 10.000 € y un máximo de 100.000 €. • Supuesto de magnitudes no monetarias o monetarias no conocidas: 0,5% del importe de la base imponible del Impuesto personal que grava la renta del sujeto infractor que corresponda al último ejercicio cuyo plazo de declaración hubiese finalizado en el momento de comisión de la infracción, con un mínimo de 10.000 € y un máximo de 100.000 €. **b) El inspeccionado realiza actividades económicas**. Se sanciona (LGT art.203.6.b): **1)** Obstrucción al examen o reconocimiento «in situ». Cuando la infracción se refiere al examen de libros de contabilidad, ficheros y programas, o a no facilitar la entrada en fincas y locales o el reconocimiento de elementos o instalaciones: 2% de la cifra de negocios correspondiente al último ejercicio cuyo plazo de declaración hubiese finalizado en el momento de comisión de la infracción, con un mínimo de 20.000 € y un máximo de 600.000 €. **2)** Falta de aportación de documentación. Se sanciona: • Primer incumplimiento: 3.000 €. • Segundo incumplimiento: 15.000 €. • Tercer incumplimiento: se distinguen, a su vez, dos situaciones: - supuesto de magnitudes monetarias conocidas: la mitad del importe de la operación requerida y no contestada, con un mínimo de 20.000 € y un máximo de 600.000 €; - supuesto de magnitudes no monetarias o monetarias no conocidas: 1% de la cifra de negocios correspondiente al último ejercicio cuyo plazo de declaración hubiese finalizado en el momento de la comisión de la infracción, con un mínimo de 20.000 € y un máximo de 600.000 €. No obstante, en cualquiera de los casos contemplados en este apartado, si el obligado tributario diese total cumplimiento al requerimiento administrativo antes de la finalización del procedimiento sancionador o, si es anterior, al de la finalización del trámite de audiencia del procedimiento de inspección, el importe de la sanción será de la mitad de las cuantías señaladas.
Reducción	Por ingreso y no impugnación de la sanción: reducción 40% (LGT art.188.3).

ESQUEMA	
NOTA: lo señalado en los apartados anteriores también resulta aplicable cuando se refiera a actuaciones en España de funcionarios extranjeros realizadas en el marco de la asistencia mutua (LGT art.203.7).	
3) Quebrantamiento de medidas cautelares	
Tipo	El quebrantamiento de las medidas cautelares adoptadas conforme a lo dispuesto en la LGT art.146 (medidas cautelares en el procedimiento de inspección), LGT art.162 (medidas cautelares adoptadas por los órganos de recaudación) y LGT art.210 (medidas cautelares adoptadas en la instrucción de los procedimientos sancionadores tributarios) (LGT art.203.8).
Calificación	La infracción tributaria es grave (LGT art.203.2).
Sanción	2% de la cifra de negocios del ejercicio anterior, con un mínimo de 3.000 € (LGT art.203.8).
Reducción	Por ingreso y no impugnación de la sanción: reducción 40% (LGT art.188.3).

A. Tipo general: resistencia, obstrucción, excusa o negativa a las actuaciones de la Administración tributaria

(LGT art.203; RSAN art.18.2)

Tipo infractor. Constituye infracción tributaria la resistencia, obstrucción, excusa o negativa a las actuaciones de la Administración tributaria. **6978**

Se entiende producida esa circunstancia cuando el sujeto infractor, debidamente notificado al efecto, se comporta de manera tendente a dilatar, entorpecer o impedir las actuaciones de la Administración tributaria. Entre estas **conductas** se encuentran las siguientes (se trata de una **lista abierta**, que contempla los supuestos más frecuentes):

a) No facilitar el examen de cualquier dato con trascendencia tributaria.

b) No atender algún requerimiento debidamente notificado.

c) Negar o impedir indebidamente la entrada o el reconocimiento a los funcionarios de la Inspección en fincas o locales.

d) No comparecer, salvo causa justificada, en el lugar y tiempo señalado por la Inspección.

e) Las coacciones a los funcionarios de la Inspección.

La nota distintiva de esta infracción es **dilatar, entorpecer o impedir** las actuaciones administrativas. Pero no toda actuación que dilate el procedimiento puede ser calificada como resistencia, obstrucción, excusa o negativa a las actuaciones inspectoras.

Es necesario que concurra el elemento subjetivo de **culpabilidad** para que una actuación que produzca la **dilación del procedimiento** pueda ser calificada en estos casos de infracción tributaria, ya que en caso contrario no procede imponer la sanción.

Calificación. Esta infracción se califica como grave.

Precisiones **1)** La **no atención íntegra** del requerimiento debidamente notificado al responsable solidario determina la concurrencia del elemento objetivo de la infracción tributaria sancionada de acuerdo con la LGT art.203.1 (TEAC 22-9-22).

2) Cuando no se atiende a un requerimiento de la Inspección debidamente notificado, sólo por ello el obligado de que se trate ya está dilatando, entorpeciendo o impidiendo las actuaciones inspectoras, con lo que si en su conducta concurre «culpabilidad», el elemento subjetivo de la LGT art.183.1, la misma será constitutiva de una infracción de la LGT art.203.1.b, y ello sin necesidad de que haya que acreditar de que específico modo o manera la desatención de tal requerimiento, ha dilatado, entorpecido o impedido las actuaciones inspectoras (TEAC 19-11-24).

Sanción (LGT art.203.3 y 4; RSAN art.18.1 y 2) Se distinguen dos supuestos: **6979**

a) Con **carácter general, salvo la desatención de requerimientos,** la infracción se sanciona con multa pecuniaria fija de 150 euros.

Precisiones **1)** Dado que la LGT establece sanciones aplicables a determinadas **conductas específicas** constitutivas de resistencia, obstrucción, excusa o negativa a las actuaciones de la Administración tributaria (nº 6982 s.), la sanción aquí señalada tiene un carácter meramente residual.

2) Uno de los supuestos que comprende el tipo general son las **coacciones a los funcionarios** de la Administración tributaria (LGT art.203.1.e), que se sanciona con 150 euros. Pero en los casos en que esta conducta revista cierta gravedad, la misma podría ser constitutiva de un delito de amenazas (CP art.169) o coacciones (CP art.172).

b) En caso de **desatención en plazo de requerimientos**. La sanción consiste en multa pecuniaria fija en función del **número de requerimientos** desatendidos en plazo:

Primer incumplimiento (requerimiento inicial)	**Segundo incumplimiento** (primera reiteración)	**Tercer incumplimiento** (segunda reiteración)
150 euros	300 euros	600 euros

No obstante, la aplicación de la sanción mencionada también resulta limitada, dado que la LGT regula a continuación **otros supuestos específicos** de desatención de requerimientos que, en la práctica, resultan más usuales (nº 6982 s.).
Las multas previstas en función del número de requerimientos desatendidos (tanto en este caso como en los señalados en nº 6982 s.) no son acumulables. Por tanto, en caso de **reiteración de la desatención** de los requerimientos se impone una única sanción que se determina en función del número de veces que se haya desatendido cada requerimiento. Ello se debe a que la acumulación supondría sancionar varias veces al sujeto infractor por el mismo objeto y fundamento, lo que vulneraría el principio «non bis in ídem».
Para considerar que se trata de una reiteración del **requerimiento inicial**, lo solicitado en el requerimiento posterior debe ser exactamente lo mismo que lo pedido en el requerimiento inicial. Lo normal es que el segundo y tercer requerimiento señalen expresamente que se trata de reiteraciones del requerimiento inicial, indicando la fecha de este último y reproduciendo literalmente su contenido, en la parte no contestada. Por ello, si el segundo o tercer requerimiento lo que hacen es precisar, especificar o aclarar el sentido o contenido del requerimiento inicial, no se trata realmente de una reiteración sino de un requerimiento distinto, entendiéndose que el texto del requerimiento inicial que se aclara no era preciso o daba lugar a confusión. En ese caso, no se podría aplicar la sanción agravada por la desatención de varios requerimientos sucesivos.
Las sanciones anteriores resultan aplicables cuando la resistencia, obstrucción, excusa o negativa consista en la desatención de requerimientos que no se efectúen a personas o entidades que realizan actividades económicas o que, referidos a actividades económicas, sean distintos de los señalados en nº 6984. Dado que estos últimos incumplimientos constituyen la mayor parte de los supuestos de resistencia por parte de quienes realizan actividades económicas, la sanción aquí expuesta se aplica en la práctica básicamente a los **particulares**. Además, esta sanción tampoco se aplica en el caso de que el obligado tributario -con independencia de que realice o no una actividad económica- esté siendo objeto de un **procedimiento inspector**, que cuenta con una regulación específica (ver nº 6994 s.).

6980 Ejemplos 1) En el curso de una comprobación limitada a un obligado tributario que no realiza actividades económicas se ponen de manifiesto los siguientes hechos:
a) El 4-7-X2, se requiere al obligado tributario para que comparezca en las oficinas públicas el 20-7-X2. El obligado tributario no comparece hasta el 27-7-X2, alegando que esa semana había estado de vacaciones.
b) El 27-7-X2, se le requiere para que aporte, el 3-8-X2, la documentación relativa a la deducción por adquisición de vivienda. El obligado tributario no comparece hasta el 5-8-X2, alegando haberle surgido un viaje de trabajo, personándose acompañado de su asesor y manifiesta que, desde ese momento, su asesor actuará como su representante, otorgándole el correspondiente poder «apud acta».
c) El 22-8-X2 se remite comunicación al representante para que aporte, el 5-9-X2, la documentación relativa a la ganancia patrimonial declarada como consecuencia de la enajenación de determinados valores mobiliarios. El 5-9-X2, el representante comunica que el obligado tributario le ha revocado el poder ese mismo día. Ese mismo día se requiere la documentación al obligado, quien comparece el 20-9-X2 con un nuevo asesor para que le represente ante la Administración tributaria. En la misma comparecencia, se fija la próxima visita para el 22-9-X2 y se le requiere determinada documentación. De nuevo, el 22-9-X2, el representante comunica que el obligado tributario le ha revocado el poder el día anterior. Se requiere al obligado tributario para que comparezca personalmente el 26-9-X2.
Las actuaciones del obligado tributario en el desarrollo del procedimiento de comprobación serán sancionadas del siguiente modo:
- 150 € por incumplir por primera vez el requerimiento de comparecencia (LGT art.203.4.a);
- 150 € por incumplir por primera vez un requerimiento que no coincide con el anterior (LGT art.203.4.a);
- 150 € por realizar actuaciones que tienden claramente a dilatar o entorpecer el desarrollo del procedimiento (otorgar y revocar la representación), dado que no existe ninguna circunstancia que justifique este ejercicio abusivo del derecho del obligado tributario de actuar por medio de representante (LGT art.203.3).

2) Se requiere a un particular la aportación de un contrato de compraventa y la justificación de los medios de pago utilizados. El particular desatiende el primer requerimiento; en el plazo del segundo requerimiento señala que el pago se realizó en efectivo; y desatiende el tercer requerimiento. 6981
- tipo infractor: infracción por resistencia, obstrucción, excusa o negativa a la actuación de la Administración tributaria (LGT art.203.4);
- calificación: infracción grave;
- sanción: 600 €. No procede acumular los 150 € del primer requerimiento y los 300 € del segundo requerimiento, sino que solo se sanciona por el importe de los 600 € del tercer requerimiento (RSAN art.18.2).

B. Tipos específicos

6982

1. Incumplimientos cualificados al margen de un procedimiento inspector

(LGT art.203.2 y 5; RSAN art.18)

Tipo infractor. Este tipo de incumplimientos se refiere a los supuestos en que la resistencia, obstrucción, excusa o negativa a las actuaciones de la Administración tributaria consiste en: 6984
a) No aportar o facilitar el **examen de documentos**, libros, ficheros, facturas, justificantes y asientos de contabilidad principal o auxiliar, **programas, sistemas operativos y de control**.
b) No **comparecer**, salvo causa justificada, en el lugar y tiempo señalado por la Inspección, cuando se trate de personas o entidades que realizan actividades económicas.
c) No facilitar la **entrada o permanencia en fincas** y locales o el reconocimiento de elementos o instalaciones, cuando se trate de personas o entidades que realizan actividades económicas.
d) No aportar **datos, informes o antecedentes con trascendencia tributaria** de acuerdo con lo dispuesto en la LGT art.93 -redacc L 13/2023- y 94, cuando se trate de personas o entidades que realizan actividades económicas.
Calificación. La infracción se califica como grave.

Precisiones **1)** Puesto que el examen de los libros, ficheros y programas informáticos se refiere básicamente a **actividades económicas**, y dado que el resto de los supuestos anteriormente enunciados se limitan a quienes realizan actividades económicas, podemos concluir que los supuestos de resistencia, obstrucción, excusa o negativa a las actuaciones de la Administración tributaria se sancionan por la LGT art.203.5 (nº 6985) cuando estas conductas se realicen en el ejercicio de una actividad económica, mientras que se sancionarán conforme a lo señalado nº 6979 en los casos excepcionales en que no se trate de las conductas aquí expuestas.
2) Por otra parte, para que las anteriores conductas sean constitutivas de esta infracción, se exige que el obligado tributario no esté siendo objeto de un **procedimiento inspector** (en cuyo caso se aplicaría lo establecido en la LGT art.203.6; nº 6994 s.).
3) Cuando es rechazada una **notificación electrónica** realizada conforme a derecho como consecuencia de no acceder a su contenido en los términos legalmente previstos, puede imponerse sanción por obstrucción si se aprecia que concurre el elemento subjetivo necesario para la sanción por la infracción tributaria (TEAC unif criterio 21-5-21; TEAC 21-6-23; 21-6-23).

Sanción (LGT art.203.5; RSAN art.18.3) La sanción consiste en multa establecida en función del **número de requerimientos desatendidos** en plazo. Así, si no se comparece o no se facilita la actuación administrativa o la información requerida en el plazo concedido en el primer requerimiento notificado al efecto, en el: 6985
1. **Primer incumplimiento** (requerimiento inicial): multa pecuniaria fija de 300 euros.
2. **Segundo incumplimiento** (primera reiteración): multa pecuniaria fija de 1.500 euros.
3. **Tercer incumplimiento** (segunda reiteración): se distinguen, a su vez, **dos supuestos**:
- si se conoce el importe de las operaciones cuya información se requiere y el requerimiento se refiere a magnitudes monetarias (nº 6985.1 s.); y
- si no se conoce el importe de las operaciones cuya información se requiere o el requerimiento no se refiere a magnitudes monetarias (nº 6990).

Se conoce el importe de las operaciones y el requerimiento se refiere a magnitudes monetarias En este caso las sanciones que procede aplicar son: 6985.1
1. **Con carácter general**: el tercer incumplimiento se sanciona con multa pecuniaria proporcional de hasta el 2% del importe de la cifra de negocios en el año natural anterior a aquel en que se produjo la infracción, en función del porcentaje que represente el importe de las operaciones

cuya información no se facilita respecto del importe total de las operaciones objeto del requerimiento, con un **mínimo** de 10.000 € y un **máximo** de 400.000 €.

TRAMOS	% SANCIÓN (*)
Hasta 10%	10.000 €
Mayor 10% hasta 25%	0,5%
Mayor 25% hasta 50%	1%
Mayor 50% hasta 75%	1,5%
Mayor 75% hasta 100%	2% (máximo 400.000 euros)

(*) Del importe de la cifra de negocios

En cualquier caso, si con anterioridad a la terminación del procedimiento sancionador se diese **total cumplimiento** al requerimiento administrativo, la sanción será de 6.000 euros. El objetivo de esta sanción es conseguir que se atiendan los requerimientos, por lo que permite reducir la sanción si se aporta la información requerida cuando todavía resulta útil.

6986 Precisiones **1)** Las multas previstas en función del número de requerimientos desatendidos **no** son **acumulables**, imponiéndose una única sanción que se determina en función del número de veces que se haya desatendido cada requerimiento (RSAN art.18.2).

2) La **cifra de negocios** comprende los importes de la venta de los productos y de la prestación de servicios u otros ingresos correspondientes a las actividades ordinarias de la empresa, deducidas las bonificaciones y demás reducciones sobre las ventas, así como el IVA y otros impuestos directamente relacionados con la mencionada cifra de negocios, que deban ser objeto de repercusión (CCom art.35.2).

3) El PGC señala que el importe neto de la **cifra anual de negocios** se determina deduciendo del importe de las ventas de los productos y de las prestaciones de servicios u otros ingresos correspondientes a las actividades ordinarias de la empresa, el importe de cualquier descuento (bonificaciones y demás reducciones sobre las ventas) y el del IVA y otros impuestos directamente relacionados con las mismas, que deban ser objeto de repercusión PGC NECA 11ª.

4) Los modelos (normal y abreviado) de las **cuentas anuales** que deben depositarse en el Registro Mercantil suministran, entre otras informaciones, el importe neto de la cifra de negocios de los comerciantes. Por su parte, la **declaración del IS** (modelo 200) incluye una casilla que consigna el importe neto de la cifra de negocios declarado por la sociedad. En el caso de personas físicas que desarrollen actividades económicas y que no lleven contabilidad, el importe de la cifra de negocios deberá calcularse con la información disponible.

5) En un caso en el que se impuso la sanción correspondiente a la infracción de la LGT art.203.5º.c) hasta el máximo tras haberse desatendido los **tres requerimientos**, el TS la anuló señalando que procedía la aplicación del mínimo de la sanción dado que la Administración no había justificado la aplicación del grado máximo o superior al mínimo (TS 8-3-22, EDJ 525100). Gran parte de las argumentaciones del TS fueron trascripción de su TS auto 12-2-21 en el que se planteaba una cuestión de inconstitucionalidad sobre la infracción de la LGT art.203.6.b).1º, que no fueron acogidos por el Tribunal Constitucional, que desestimó la cuestión de inconstitucionalidad presentada (TCo 74/2022). La AN 28-10-22, EDJ 727926, referida a la infracción del LGT art.203.5.c), con base en el pronunciamiento del TS ha concluido que procede la aplicación del mínimo de la sanción dado que la Administración no había **justificado** la aplicación del grado máximo.

6) En caso de concurrencia de los elementos del tipo y la culpabilidad de la infracción de la LGT art.203.5.c), por la **tercera desatención** de un requerimiento de información con trascendencia tributaria, si la aplicación del porcentaje correspondiente sobre la cifra de negocios resulta inferior al límite mínimo de 10.000 euros, la sanción a imponer es de 10.000 euros (TS 16-3-22, EDJ 525101).

7) No cabe vincular la **transcendencia tributaria** prevista en la infracción tipificada en la LGT 203.5.c, en todo caso, a que la no ratificación o aportación de los datos por el obligado tributario dilate, entorpezca o impida la actuación administrativa. De acuerdo con los criterios jurisprudenciales, basta con que afecte a la aplicación estricta de los tributos, en su expresión general, no circunscrita a determinados procedimientos de gestión o de inspección, y que aporten, al menos, una utilidad potencial, indirecta o hipotética, en los términos antes concretados (TS 16-3-22, EDJ 525101).

6987 Ejemplos **1)** A un obligado tributario que desarrolla actividades económicas y que no es objeto de inspección, se le requiere durante el año X+4 para que aporte la factura, el contrato, los justificantes de medios de pago y la justificación del transporte de la mercancía de una operación de compraventa por importe de 100.000 € del ejercicio X realizada con otro contribuyente que está siendo objeto de comprobación. El sujeto requerido aporta copia de la factura en el plazo del primer requerimiento. En el plazo del segundo requerimiento manifiesta que los pagos fueron en efectivo. No atiende el tercer requerimiento. La cifra de negocios del sujeto requerido en los ejercicios X a X+4 son las siguientes:

AÑO	X	X+1	X+2	X+3	X+4
Cifra de negocios	1.000.000 €	1.100.000 €	1.200.000 €	1.300.000 €	1.400.000 €

- tipo infractor: infracción por resistencia, obstrucción, excusa o negativa a la actuación de la Administración tributaria, por desatención de tres requerimientos de obtención de información, no referente a información de declaraciones informativas (LGT art.203.5.c);
- calificación: infracción grave;
- porcentaje de sanción: el porcentaje de incumplimiento (importe de las operaciones cuya información no se facilita respecto de los importes de las operaciones que debieron declararse) es: 100.000/100.000 = 100%.

Aunque se ha atendido algunos aspectos del requerimiento, al tratarse de una única operación el porcentaje de incumplimiento sigue siendo el 100%. Ello determina que el porcentaje de sanción sea del 2%.
- base de la sanción: la cifra de negocios del sujeto infractor en el año natural anterior a aquel en el que se produjo la infracción. El año en el que se produjo la infracción por la desatención del tercer requerimiento fue el X+4, luego la cifra de negocios a considerar es la del año anterior, es decir, la del ejercicio X+3 (1.300.000 euros);
- sanción: 1.300.000 x 2% = 26.000 €.

2) A un obligado tributario que desarrolla actividades económicas y que no es objeto de inspección, se le requiere durante el año X+4 para que aporte contratos de las operaciones con sus clientes A, B, C y D del ejercicio X por importe de 10.000, 20.000, 30.000 y 10.000 €, respectivamente. En el plazo del primer requerimiento aporta el contrato del cliente A; en el plazo del segundo requerimiento aporta el contrato del cliente B; y en el plazo del tercer requerimiento aporta el contrato con el cliente C. Nunca llega a aportar el contrato con el cliente D. La cifra de negocios del sujeto requerido es de 1.000.000 € en el año X+3. **6988**
- tipo infractor: infracción por resistencia, obstrucción, excusa o negativa a la actuación de la administración tributaria, por desatención de tres requerimientos de obtención de información, no referente a información de declaraciones informativas (LGT art.203.5.c);
- calificación: infracción grave;
- porcentaje de sanción: el porcentaje de incumplimiento (importe de las operaciones cuya información no se facilita respecto de los importes de las operaciones que debieron declararse) es: 10.000/70.000 = 14,28%. Ello determina que el porcentaje de sanción sea del 0,5%;
- base de la sanción: la cifra de negocios del sujeto infractor en el año natural anterior a aquel en el que se produjo la infracción, es decir, la cifra de negocios del año X+3 (1.000.000 €);
- sanción: 1.000.000 x 0,5% = 5.000 €. Como esta cantidad es inferior a la sanción mínima, procede aplicar esta última. Es decir, se aplica una sanción de 10.000 euros (ver nº 6985).

2. Requerimientos de información de declaraciones informativas. Cuando la actuación se refiera a la información que deben contener las declaraciones exigidas con carácter general en cumplimiento de la obligación de información de la LGT art.93 -redacc L 13/2023- y 94, el tercer incumplimiento se sanciona con multa pecuniaria proporcional de hasta el 3% del importe de la cifra de negocios en el año natural anterior a aquel en que se produjo la infracción, en función del porcentaje que represente el importe de las operaciones cuya información no se facilita respecto del importe total de las operaciones que debieron declararse, con un mínimo de 15.000 euros y un máximo de 600.000 euros. **6989**

En concreto, si el importe de las operaciones cuya información no se facilita representa un determinado porcentaje del importe de las operaciones que debieron declararse, la sanción consiste en multa pecuniaria del importe de la cifra de negocios según el siguiente cuadro:

TRAMOS	% SANCIÓN
Hasta 10%	Multa fija 15.000 €
Mayor 10% hasta 25%	1% (*)
Mayor 25% hasta 50%	1,5% (*)
Mayor 50% hasta 75%	2% (*)
Mayor 75% hasta 100%	3% (*)

(*) Multa proporcional.

Cuando el porcentaje sea inferior al 10%, se impondrá la **sanción mínima** de 15.000 euros.

En cualquier caso, si con anterioridad a la terminación del procedimiento sancionador se diese **total cumplimiento** al requerimiento administrativo, la sanción será de 6.000 euros. El objetivo de esta sanción es conseguir que se atiendan los requerimientos, por lo que permite reducir la sanción si se aporta la información requerida cuando todavía resulta útil.

Precisiones 1) En ambos casos, el **numerador de la relación** es el importe de las operaciones «cuya información no se facilita» (RSAN art.18.3).
2) Las **multas** previstas en función del número de requerimientos desatendidos **no son acumulables**, por lo que se impone una única sanción que se determina en función del número de veces que se haya desatendido cada requerimiento (RSAN art.18.2).

6990 **Si no se conoce el importe de las operaciones o el requerimiento no se refiere a magnitudes monetarias** En este caso, las sanciones que procede aplicar son:
- con **carácter general**: 10.000 euros;
- en el caso de **requerimientos de información de declaraciones informativas** (LGT art.93 -redacc L 13/2023- y 94): 15.000 euros.

En cualquier caso, si con anterioridad a la terminación del procedimiento sancionador se diese **total cumplimiento** al requerimiento administrativo, la sanción será de 6.000 euros. El objetivo de esta sanción es conseguir que se atiendan los requerimientos, por lo que permite reducir la sanción si se aporta la información requerida cuando todavía resulta útil.

Precisiones 1) Cuando ni el acuerdo sancionador ni el expediente administrativo refleja la **magnitud económica de las operaciones** que fueron objeto de los requerimientos, debe aplicarse la regla que indica que, en caso de que no se conozca el importe de las operaciones o el requerimiento no se refiera a magnitudes monetarias, se impondrá el mínimo de 10.000 euros -LGT art.203.5 penúltimo párrafo- (TS 3-4-14, EDJ 65199; 8-10-12, EDJ 221483).
2) Cuando se desconoce la magnitud económica de las operaciones que fueron objeto de los requerimientos, tras el **tercer requerimiento no atendido** solo se puede sancionar con la multa mínima prevista en la LGT art.203.5. Para la aplicación de los **criterios de graduación** de la LGT art.203.5.c), primer párrafo, debe motivarse suficientemente en el acuerdo de imposición de sanción el importe o cuantificación de las operaciones respecto de las que versaban los requerimientos desatendidos (TEAC 5-6-14).

6991 Ejemplo En el curso de un procedimiento de comprobación limitada se ponen de manifiesto los siguientes hechos:
1. Se requiere al representante de la entidad para que en la próxima visita aporte el contrato del que derivan los gastos de administración deducidos. El representante aporta un contrato distinto del requerido. Se reitera el requerimiento y, al no poner dicha documentación en poder de la Administración, se vuelve a reiterar el requerimiento una tercera vez, manifestando el representante que no tienen el contrato, pero que el mismo puede conseguirse requiriendo al proveedor del servicio.
2. Se requieren el contrato, las facturas y los medios de pago. Ante la desatención del primer requerimiento se reitera el mismo dos veces más y finalmente se inicia el oportuno expediente sancionador. Una vez recibida la propuesta de imposición de sanción la empresa requerida aporta toda la documentación solicitada.
3. En una de las visitas inspectoras, el actuario manifiesta su voluntad de acceder a los almacenes de la empresa situados en una nave industrial en frente de las oficinas de la entidad. El representante se niega a facilitarle la entrada, pese a que el actuario ha obtenido ya la correspondiente autorización del Delegado Especial de la AEAT.
Los hechos anteriores **se sancionan** conforme a lo dispuesto en la LGT art.203 de la siguiente forma:
a) 10.000 €. Se requiere la aportación de un contrato, por lo que no puede entenderse que el requerimiento se refiera a magnitudes monetarias. La sanción a imponer en este caso es el mínimo establecido en la LGT art.203.5.c).primer párrafo.
b) 6.000 €. La sanción a imponer a la empresa a la que se efectúa el requerimiento de obtención de información coincidiría con la señalada en la letra a) anterior, pues se están requiriendo únicamente justificantes, no información expresada en magnitudes monetarias referida a una determinada operación. No obstante, dado que finalmente el tercero requerido aporta la documentación con anterioridad a la terminación del procedimiento sancionador, la sanción se ve reducida a 6.000 €.
c) 300 €. Si la Inspección reitera el requerimiento y este es desatendido de nuevo, procedería una sanción de 1.500 €, y si tampoco se facilita la entrada a la Inspección tras un tercer requerimiento, la multa ascendería a 10.000 € al tratarse de un requerimiento no referido a magnitudes monetarias. En este caso, las sanciones no serían acumulables.

Compatibilidad de las sanciones por falta o incorrecta presentación de declaraciones informativas y por resistencia debido a la desatención de requerimientos (LGT art.198.3) Se establece expresamente la compatibilidad entre la sanción por falta de presentación de declaración informativa (nº 6917 s.), y por resistencia debida a la desatención de requerimientos de información referente a esa misma información. 6992

Sin embargo, la norma no se refiere expresamente a la compatibilidad o no entre la sanción por **incorrecta presentación de declaración informativa** (LGT art.199), y por resistencia debida a la desatención de requerimientos de información referente a esa misma información. No obstante, parece que se trata de sanciones compatibles, dado que, como en el caso anterior, se trata de infracciones distintas, aunque se refieran a la misma información: presentación incorrecta de declaraciones informativas, y resistencia, obstrucción, excusa o negativa a la actuación de la Administración tributaria como consecuencia de la desatención de requerimientos individualizados de información.

Cuestión distinta es el de la compatibilidad de la sanción por contestar o atender de forma incorrecta un **requerimiento individualizado de información** (LGT art.199 y 203.1.b). En este caso, no pueden imponerse simultáneamente ambas sanciones dado que se refieren al mismo sujeto (el obligado tributario requerido), objeto (unos requerimientos de información) y fundamento (la desatención o contestación incorrecta del requerimiento).

Las sanciones de la LGT art 199.4 y 5 y 203.1.b, comprenden los casos de contestación incompleta o incorrecta de requerimientos individualizados de información, ya que se calcula el porcentaje de sanción en función de lo contestado incorrectamente respecto del total. Por ello, no se puede sancionar simultáneamente por ambas infracciones que se refieren a la misma conducta.

En los casos en los que se haya procedido a la **reiteración de los requerimientos**, corresponde la sanción de la LGT art.203, que es la única de ambas infracciones que contempla esta circunstancia. Por ello, la cuestión de la infracción que procede solo se plantea en los casos en los que solo se haya efectuado un único requerimiento. Si ese **único requerimiento** ha solicitado justificantes o tanto datos como justificantes, procedería la infracción de la LGT art.203, dado que esta infracción contempla ambas posibilidades, mientas que la infracción de la LGT art.199 se refiere exclusivamente a datos, ya sean monetarios o no monetarios. En cambio, si ese único requerimiento solo solicita datos, sí procedería esta infracción.

Ejemplo Una sociedad presenta la declaración resumen anual de retenciones e ingresos a cuenta (modelo 190) consignando como retribuciones satisfechas a dos de sus empleados 18.000 €. Al comprobar a uno de los trabajadores, la Administración advierte que recibe pagos del empresario por importe superior al declarado. Se requiere a la sociedad detalle de las retribuciones efectivamente satisfechas, así como copia de los contratos y nóminas de los empleados, sin que la sociedad atienda el requerimiento inicial ni sus dos reiteraciones. Finalmente se comprueba que las retribuciones satisfechas a cada uno de los empleados ascienden a 36.000 €, siendo el importe total de las retribuciones que debían haber sido declaradas 300.000 € y el importe de la cifra de negocios de la sociedad en el ejercicio anterior de 1.000.000 €. 6993

En este caso, la sociedad comete dos infracciones distintas:

a) Infracción por presentar incorrectamente la declaración informativa (LGT art.199.5). La base de la sanción en este caso asciende a 36.000 €. El porcentaje que supone la base de la sanción sobre el importe total de las operaciones que debían haber sido declaradas es 36.000 /300.000 = 12%. El importe de la sanción a imponer ascendería a 36.000 x 0,5% = 180 €, por lo que es aplicable el mínimo de 500 €.

b) Infracción de resistencia por desatender tres requerimientos (LGT art.203.5.c,segundo párrafo). El importe de las operaciones cuya información no se facilita asciende a 36.000 € y el importe total que debía haber sido declarado es 300.000 €, por lo que el porcentaje de incumplimiento es 36.000 / 300.000 = 12%, que se corresponde con un porcentaje de sanción del 1% sobre la cifra de negocios del ejercicio anterior (1.000.000 € x 1% = 10.000 €), por lo que procede aplicar el mínimo de 15.000 €.

---

2. Incumplimientos en el seno de un procedimiento inspector

(LGT art.203.6)

Tipo infracción. Se establece una sanción agravada en el caso de que la resistencia, obstrucción, excusa o negativa a las actuaciones de la Administración tributaria provenga de un obligado tributario que está siendo objeto de un procedimiento de inspección. La agravación se limita al procedimiento inspector, no extendiéndose a otros procedimientos, como los de comprobación limitada, verificación de datos, etc. 6994

Calificación. La infracción se califica como grave (LGT art.203.2).

Sanción. A efectos de la aplicación de la sanción, podemos distinguir dos situaciones:

- el inspeccionado no realiza actividades económicas (nº 6996);
- el inspeccionado realiza actividades económicas (nº 6997).

6996 **El inspeccionado no realiza actividades económicas** (LGT art.203.6.a) Procede aplicar la siguiente sanción, en función del número de requerimientos desatendidos en plazo:

INFRACCIÓN Si no comparece o no facilita la actuación administrativa o la información exigida en el plazo concedido en el requerimiento. En función de si se trata del 1º, 2º o 3º requerimiento:		SANCIÓN (multa pecuniaria)
1º Requerimiento		Multa fija 1.000 €
2º Requerimiento		Multa fija 5.000 €
3º Requerimiento	Magnitudes monetarias conocidas	Multa proporcional de la mitad del importe de la operación requerida y no contestada, con mínimo de 10.000 € y máximo de 100.000 €.
	Magnitudes no monetarias o monetarias no conocidas	Multa proporcional del 0,5% del importe de la base imponible del impuesto personal que grava la renta del sujeto infractor correspondiente al último ejercicio cuyo plazo de declaración haya finalizado en el momento de la comisión de la infracción, con mínimo de 10.000 € y máximo de 100.000 €.

Precisiones Uno de los supuestos que puede sancionarse es el no facilitar la **entrada o permanencia en los locales**. Pero para que la conducta sea indebida y constituya una infracción tributaria, debe tratarse de una negativa indebida, dado que la sanción no procede si la negativa no es indebida (LGT art.203.1.d).

6997 **El inspeccionado realiza actividades económicas** (LGT art.203.6.b) En este caso, se distinguen dos situaciones:
- obstrucción al examen o reconocimiento «in situ» (nº 6998); y.
- falta de aportación de información (nº 6999).

6998 **Obstrucción al examen o reconocimiento «in situ»** (LGT art.203.6.b.1º) Este supuesto recoge los casos en los que la infracción se refiere a:
a) La aportación o el examen de **libros de contabilidad**, registros fiscales, ficheros, programas, sistemas operativos y de control; o
b) Al incumplimiento del deber de facilitar la entrada o permanencia en **fincas y locales** o el reconocimiento de elementos o instalaciones.
Dado que los libros de contabilidad y sus ficheros y programas se deben examinar, en principio, en los locales del interesado y en su presencia o de la persona que designe, todas esas situaciones tienen como nota común que se refieren a exámenes o reconocimiento «in situ».
Estos incumplimientos se sancionan con **multa pecuniaria proporcional** del 2% de la cifra de negocios correspondiente al último ejercicio cuyo plazo de declaración haya finalizado en el momento de la comisión de la infracción, con un mínimo de 20.000 € y un máximo de 600.000 €.

Precisiones **1)** En este supuesto la sanción no se agrava en función del **número de requerimientos**, considerándose que la obstrucción se produce totalmente desde el inicio, ya que si en un primer momento no se permite a la Inspección la entrada a los locales para examinar la documentación que obligatoriamente debe encontrarse en los mismos, cuando posteriormente se permita el acceso pueden haberse alterado las pruebas (modificado los libros, borrado los archivos, desplazado los elementos a reconocer, etc.).
2) La negativa no es indebida si se trata de un **domicilio constitucionalmente protegido** y la inspección no dispone del consentimiento del titular o de autorización judicial; y en caso de domicilios no constitucionalmente protegidos, si la Inspección no cuenta con el consentimiento del titular o la autorización del Delegado.
3) El TCo desestima la **cuestión de inconstitucionalidad** en relación con la LGT art.203.6.b).1º, interpuesta por el Tribunal Supremo, señalando que a pesar de la severidad de la sanción legalmente prevista, no se observa la concurrencia de un desequilibrio patente y excesivo o irrazonable entre la sanción y la finalidad de la norma, ni cabe apreciar tampoco incoherencia o exceso en relación con la sistemática de la propia LGT. Además, sostiene que la forma de cálculo de la **sanción** no puede calificarse como irrazonable. Entiende que, en principio, no cabe deducir de la Const art.25 una exigencia de que el legislador reserve en todo caso márgenes de **graduación** de la sanción a los órganos encargados de aplicar las sanciones administrativas -ya sea la propia administración o bien el juez de lo contencioso-administrativo que revisa su actuación-» (TCo 74/2022).
4) La infracción tributaria prevista en la LGT art.203.6.b.1º se sanciona con una multa pecuniaria proporcional de hasta el 2% de la **cifra de negocios** del sujeto infractor, sin que pueda ser inferior a una cantidad mínima ni superar un importe máximo delimitado en la propia Ley, no pudiendo graduarse proporcionalmente la sanción dentro de estos límites máximo y mínimo, atendiendo al examen de la conducta y de la culpabilidad del sujeto infractor (TS 29-11-22, EDJ 756647).

Falta de aportación de información (LGT art.203.6.b.2º) Se trata de la falta de aportación de **datos, informes, antecedentes, documentos, facturas** u otros justificantes concretos. 6999

En este caso no se trata necesariamente de comprobaciones «in situ», sino que las mismas pueden desarrollarse en diversos momentos, debiendo normalmente conceder un plazo al obligado tributario para su cumplimiento. Además, puede ocurrir que el obligado tributario no pueda aportar el dato o justificante en un momento determinado, pero sí posteriormente. Por ello, en estos supuestos la sanción sí se gradúa en función del número de requerimientos efectuados.

Procede, por tanto, aplicar la siguiente sanción, en función del número de requerimientos desatendidos en plazo:

INFRACCIÓN. Falta de aportación de datos, informes, antecedentes, documentos, facturas u otros justificantes concretos en el plazo concedido en el requerimiento. En función de si se trata del 1º, 2º o 3º requerimiento:		SANCIÓN (multa pecuniaria)
1º Requerimiento		3.000 €
2º Requerimiento		15.000 €
3º Requerimiento	Magnitudes monetarias conocidas	Multa proporcional de la mitad del importe de la operación requerida y no contestada, con mínimo de 20.000 € y máximo de 600.000 €.
	Magnitudes no monetarias o monetarias no conocidas	Multa proporcional del 1% de la cifra de negocios correspondiente al último ejercicio cuyo plazo de declaración haya finalizado en el momento de la comisión de la infracción, con mínimo de 20.000 € y máximo de 600.000 €.
Total cumplimiento del requerimiento administrativo antes de la finalización del procedimiento sancionador o, en su caso, del trámite de audiencia del procedimiento inspector		Las sanciones anteriores se reducen a la mitad.

Precisiones A estos supuestos les resulta también aplicable la regla de la **no acumulación** para evitar vulnerar el principio «non bis in ídem». Por tanto, las multas previstas en función del número de **requerimientos desatendidos** no son acumulables. Se impone una única sanción que se determina en función del número de veces que se haya desatendido cada requerimiento.

Ejemplo Determinar la sanción correspondiente por la desatención de un requerimiento de información y su primera reiteración, que se contesta antes del tercer requerimiento, en el que se le solicita copia de un contrato, distinguiendo según que el obligado tributario desarrolle o no actividades económicas y esté siendo objeto o no de un procedimiento inspector. 7000

Las sanciones que procederían por la desatención del segundo requerimiento son:

a) Si el requerido no desarrolla actividades económicas y no está siendo objeto de un procedimiento inspector: esa conducta constituye una infracción por resistencia, obstrucción, excusa o negativa a las actuaciones de la Administración tributaria regulada en la LGT art.203.4.b, por desatender dos requerimientos de información (nº 6979), que se sanciona con multa de 300 euros.

b) Si el requerido desarrolla actividades económicas y no está siendo objeto de un procedimiento inspector: esa conducta constituye una infracción por resistencia, obstrucción, excusa o negativa a las actuaciones de la Administración tributaria regulada en la LGT art.203.5.b, por desatender dos requerimientos de información (nº 6985), que se sanciona con multa de 1.500 euros.

c) Si el requerido no desarrolla actividades económicas y está siendo objeto de un procedimiento inspector: esa conducta constituye una infracción por resistencia, obstrucción, excusa o negativa a las actuaciones de la Administración tributaria regulada en la LGT art.203.6.a.2º, por desatender dos requerimientos de información (nº 6996), que se sanciona con multa de 5.000 euros

d) Si el requerido desarrolla actividades económicas y está siendo objeto de un procedimiento inspector: esa conducta constituye una infracción por resistencia, obstrucción, excusa o negativa a las actuaciones de la Administración tributaria regulada en la LGT art.203.6.b.2º.b (nº 6999), que se sanciona con multa de 15.000 euros.

3. Quebrantamiento de medidas cautelares

(LGT art.203.8)

7002 **Tipo infractor**. Se considera resistencia, obstrucción, excusa o negativa a la actuación de la Administración tributaria, el quebrantamiento de las medidas cautelares adoptadas conforme a lo dispuesto en la LGT:
- medidas cautelares en el procedimiento de inspección (LGT art.146);
- medidas cautelares adoptadas por los órganos de recaudación (LGT art.162); y
- medidas cautelares adoptadas en la instrucción de los procedimientos sancionadores tributarios (LGT art.210).

Sanción. En este caso, se impone una sanción del 2% de la cifra de negocios del sujeto infractor en el año natural anterior a aquel en el que se produjo la infracción, con un mínimo de 3.000 euros.

Precisiones 1) En los casos de **violación de precinto**, la sanción se impone a quien quebrante el precinto. Pero si el precinto se encuentra en los propios locales del obligado tributario y se le ha advertido de las consecuencias de su quebrantamiento y que debe advertir a sus empleados al respecto, puede atribuirse la autoría al obligado tributario.
2) El quebrantamiento de medidas cautelares puede constituir un **delito de resistencia o desobediencia** grave a la autoridad o a sus agentes en el ejercicio de sus funciones (CP art.556). Para ello se requiere que la conducta sea dolosa, la desobediencia grave y que se incumpla una orden o mandato específico habiendo advertido al obligado tributario de las consecuencias legales de su quebrantamiento (TS 19-11-90, EDJ 10477).

IV. Incumplimiento de obligaciones contables y registrales

(LGT art.200; RSAN art.16)

7005

ESQUEMA	
Tipo	El incumplimiento de obligaciones contables y registrales (LGT art.200.1).
Calificación	La infracción tributaria es grave (LGT art.200.2).
Sanción	Normativa aplicable: LGT art.200.3. - con carácter general: 150 €; - inexactitudes u omisiones en la contabilidad y registros fiscales: multa del 1% de los cargos, abonos o anotaciones incorrectos, con mínimo de 150 € y máximo de 6.000 €; - utilización de cuentas con significado distinto al que corresponda: multa del 1% de los cargos, abonos o anotaciones correspondientes, con un mínimo de 150 € y un máximo de 6.000 €; - no llevanza o conservación de la contabilidad y sus soportes: multa del 1% de la cifra de negocios del sujeto infractor en el ejercicio al que se refiere la infracción, con un mínimo de 600 €; - llevanza de contabilidades distintas: 600 € por cada uno de los ejercicios económicos a los que alcance dicha llevanza; - retraso en la llevanza superior a 4 meses: 300 €; - libros y registros no diligenciados debiendo estarlo: 300 €; - retraso en la llevanza del SII (Suministro Inmediato de Información): multa del 0,5% del importe de la factura objeto del registro, con un mínimo trimestral de 300 € y un máximo de 6.000 €.
Reducción	Por ingreso y no impugnación de la sanción: reducción 40% (LGT art.188.3).

7007 **Tipo infractor**. La conducta tipificada como infracción consiste en el incumplimiento de las obligaciones contables y registrales del obligado tributario. Por tanto, afecta a quienes realicen una actividad económica sujeta a estas obligaciones. Este incumplimiento puede tener su origen en **conductas diversas** y de distinta importancia.

Calificación. La infracción se califica como grave.

Sanción. Con **carácter general**, el incumplimiento de obligaciones contables y registrales se sanciona con multa pecuniaria fija de 150 euros, salvo que resulte aplicable otra sanción de las que a continuación se señalan. Es este, por tanto, un supuesto residual, dado que los principales incumplimientos se sancionan con cuantías específicas.

La LGT establece **sanciones específicas** según la clase de incumplimiento (nº 7009 s.).

Precisiones 1) El Código Penal tipifica el **delito contable** para quién, estando obligado por Ley tributaria a llevar contabilidad mercantil, libros o registros fiscales (CP art.310):
a) Incumpla absolutamente dicha obligación en régimen de estimación directa de bases tributarias.
b) Lleve contabilidades distintas que, referidas a una misma actividad y ejercicio económico, oculten o simulen la verdadera situación de la empresa.
c) No hubiere anotado en los libros obligatorios negocios, actos, operaciones o, en general, transacciones económicas, o los hubiese anotado con cifras distintas a las verdaderas.
d) Hubiere practicado en los libros obligatorios anotaciones contables ficticias.
En los dos últimos casos se requiere que se hayan omitido las declaraciones tributarias o que las presentadas fueren reflejo de su falsa contabilidad y que la cuantía, en más o menos, de los cargos o abonos omitidos o falseados exceda, sin compensación aritmética entre ellos, de 240.000 euros por cada ejercicio económico.
2) Algunas de las conductas tipificadas en el delito contable coinciden con las **infracciones administrativas** LGT art.200. No obstante, existen algunas **diferencias** importantes:
- en la comisión del delito relativa al incumplimiento de la obligación de **llevanza de contabilidad** y de los libros registro obligatorios, a diferencia de lo previsto para la infracción tributaria, se exige que el sujeto tribute en régimen de estimación directa y que el incumplimiento sea absoluto;
- en los casos en los que no se hayan **anotado** operaciones, se hayan anotado con **cifras distintas** a las reales o se hayan practicado anotaciones ficticias, el CP exige que concurra esta conducta con la falta de presentación de declaraciones o la presentación de declaraciones reflejo de la falsa contabilidad y que la cuantía, en más o menos, de los cargos o abonos omitidos o falseados exceda, sin compensación aritmética entre ellos, de 240.000 euros por cada ejercicio económico.
Por el contrario, la coincidencia es total en el caso de la modalidad delictiva relativa a la llevanza de **contabilidades distintas**, salvo en lo que se refiere al elemento subjetivo, ya que el delito será siempre exclusivamente doloso y la infracción parte de la simple negligencia.

Sanción aplicable con carácter general (LGT art.200.3) Con carácter general, el incumplimiento de obligaciones contables y registrales se sanciona con **multa pecuniaria fija** de 150 euros, salvo que resulte aplicable otra sanción de las que a continuación se señalan. Es este, por tanto, un supuesto residual, dado que los principales incumplimientos se sancionan con cuantías específicas. 7008

Inexactitudes u omisiones en la contabilidad y registros fiscales (LGT art.200.1.a) y 3) 7009
Constituye **infracción** tributaria la inexactitud u omisión de operaciones en la contabilidad o en los libros y registros exigidos por las normas tributarias.
La **sanción** de esta conducta consiste en multa pecuniaria proporcional del 1% de los cargos, abonos o anotaciones omitidos, inexactos o falseados, con un mínimo de 150 euros y un máximo de 6.000 euros.

Utilización de cuentas con significado distinto al que corresponda (LGT art.200.1.b) y 7010
3) Constituye **infracción** tributaria la utilización de cuentas con significado distinto al que corresponda, según su naturaleza, que dificulte la comprobación de la situación tributaria del obligado.
La **sanción** de esta conducta consiste en multa pecuniaria proporcional del 1% de los cargos, abonos o anotaciones recogidos en cuentas con significado distinto del que les corresponda, con un mínimo de 150 euros y un máximo de 6.000 euros.

No llevanza o conservación de la contabilidad o registros y sus soportes (LGT 7011
art.200.1.c) y 3; RSAN art.16.1 y 2) Constituye **infracción** tributaria el incumplimiento de la obligación de llevar o conservar la contabilidad, los libros y registros establecidos por las normas tributarias, los programas y archivos informáticos que les sirvan de soporte y los sistemas de codificación utilizados.
La **sanción** de esta conducta consiste en multa pecuniaria proporcional del 1% de la cifra de negocios del sujeto infractor en el ejercicio al que se refiere la infracción, con un mínimo de 600 euros.
A efectos de determinar la **cifra de negocios** que corresponde, si se trata de un **incumplimiento:**
a) Contable. Se atiende a la cifra de negocios del sujeto infractor en el ejercicio económico (anual) en el que se cometió la infracción (ejercicio en el que no se hubiera llevado o conservado la contabilidad y sus soportes).
b) Relacionado con los libros o registros exigidos por las normas tributarias. Se atiende a la cifra de negocios del sujeto infractor en el período impositivo o de liquidación (que puede ser anual, trimestral o mensual) en el que se produjo el incumplimiento (periodo en el que no se hayan llevado o conservado los libros o registros y sus soportes).
c) Que afecta a los libros exigidos por la normativa de los IIEE. La cifra de negocios es únicamente la que corresponda a los productos que guarden relación con la no llevanza o conservación de dichos libros o registros.

Precisiones Con carácter general, los obligados al **IVA** deben llevar cuatro libros registros (de facturas expedidas, de facturas recibidas, de bienes de inversión y de determinadas operaciones intracomunitarias), pero la **sanción** del 1% no es por cada libro; es decir, si un contribuyente no lleva ninguno de los libros registros exigidos, no se le puede sancionar con un 4% de la cifra de negocios. En este caso, aunque se produzcan varios incumplimientos, la sanción sería del 1% de la cifra de negocios.

Ejemplo En un procedimiento de inspección relativo a los cuatro trimestres del IVA del ejercicio X0 de un empresario acogido al REAGP (Régimen Especial de la Agricultura, Ganadería y Pesca) se comprueba que el obligado tributario no lleva ningún libro a efectos de este Impuesto, no realizando ninguna actividad distinta de la amparada por este régimen. La cifra de negocios comprobada en los cuatro trimestres asciende a 50.000 € en el 1T, 60.000 € en el 2T, 40.000 € en el 3T y 50.000 € en el 4T.
Los obligados tributarios acogidos al REAGP están exonerados de las obligaciones de registro exigidas con carácter general en el IVA, con la salvedad de la anotación de las operaciones que se realizan al amparo de este régimen en el correspondiente libro registro.
La no llevanza o conservación de este libro, siempre que la cuota del impuesto haya sido correctamente declarada, será sancionada con una multa del 1% de la cifra de negocios del sujeto infractor (LGT art.200.1.c).
Sanción a imponer: (50.000 + 60.000 + 40.000 + 50.000) x 1% = 2.000 €.

7012 **Llevanza de contabilidades distintas** (LGT art.200.1.d) y 3) Constituye **infracción** tributaria la llevanza de contabilidades distintas referidas a una misma actividad y ejercicio económico que dificulten el conocimiento de la verdadera situación del obligado tributario.
La **sanción** de esta conducta consiste en multa pecuniaria fija de 600 euros por cada uno de los ejercicios económicos a los que alcance dicha llevanza.

7013 **Retraso en la llevanza superior a 4 meses** (LGT art.200.1.e) y 3) Constituye **infracción** tributaria el retraso en más de cuatro meses en la llevanza de la contabilidad o de los libros y registros establecidos por las normas tributarias.
La **sanción** de esta conducta consiste en multa pecuniaria fija de 300 euros.

Ejemplo En una comprobación formal de una sociedad, se constata que las operaciones realizadas no se anotan en la contabilidad ni en los libros registros de IVA hasta seis meses después de finalizado el período de declaración e ingreso de este último impuesto.
Por el retraso en más de cuatro meses en la llevanza de la contabilidad (hay que tener en cuenta que las operaciones han de anotarse en el libro diario día a día, o conjuntamente, siempre que no se supere el período del mes; y en los libros registros de IVA antes del momento en que tenga lugar la autoliquidación e ingreso del impuesto de las operaciones correspondientes), multa de 300 €.

7014 **Libros y registros no diligenciados debiendo estarlo** (LGT art.200.1.f) y 3) Constituye **infracción** tributaria la utilización de libros y registros sin haber sido diligenciados o habilitados por la Administración cuando la normativa tributaria o aduanera exija dicho requisito.
La **sanción** de esta conducta consiste en multa pecuniaria fija de 300 euros.

7015 **Retraso en la llevanza del SII (Suministro Inmediato de Información)** (LGT art.200.1.g) y 3; RSAN art.16.3) Constituye **infracción** tributaria el retraso en la obligación de llevar los libros registro a través de la Sede electrónica de la AEAT mediante el suministro de los registros de facturación en los términos establecidos reglamentariamente.
La **sanción** de esta conducta consiste en **multa pecuniaria proporcional** del 0,5% del importe de la factura objeto del registro, con un mínimo trimestral de 300 euros y un máximo de 6.000 euros.

Precisiones **1)** Se produce el **retraso** cuando el suministro de registros se realiza con posterioridad a la finalización del plazo previsto en la normativa que regula la obligación.
2) Se entiende por **importe de la factura** aquel que se corresponde con las magnitudes monetarias.

7017 **Supuestos en los que no se incurre en responsabilidad** (RSAN art.16.4) Las conductas tipificadas como infracción en la LGT art.200 por incumplimiento de obligaciones contables y registrales únicamente se sancionan conforme a lo señalado en los apartados anteriores cuando no deba imponerse al sujeto infractor una sanción por alguna de las infracciones previstas en la LGT art.191 a 197 como consecuencia de la **incorrecta declaración o autoliquidación** de las operaciones a las que se refiera el incumplimiento contable o registral (nº 5870 s.), y ello con independencia de que en las infracciones tipificadas en la LGT art.191 a 197 incida, como elemento determinante de su calificación, el incumplimiento contable que se deja de sancionar conforme a la LGT art.200.

Por ello, en la mayor parte de los casos, cuando se detectan esos incumplimientos, son objeto de otro tipo de sanciones (administrativas o penales). No obstante, la sanción por **retraso** (nº 7013) y, en especial, la sanción por retraso en la llevanza del SII (nº 7015) no se ve afectada por esta limitación.

Ejemplo En el curso de un procedimiento de inspección relativo al IS del ejercicio X0 de una entidad se pone de manifiesto que no se declararon ventas por importe de 10.000 € realizadas al cliente A. Del examen de la contabilidad resulta que estas ventas no fueron contabilizadas y tampoco lo fueron las demás ventas del mismo producto realizadas a otros clientes por importe de 40.000 €, aunque estas últimas sí fueron incluidas en la declaración del Impuesto.
Existen dos conductas tipificadas como infracción:
1) Dejar de ingresar dentro del plazo establecido en la normativa del IS parte de la deuda tributaria que debiera resultar de la correcta autoliquidación del tributo (LGT art.191), como consecuencia de la no declaración de las ventas por importe de 10.000 €.
2) La omisión de operaciones en la contabilidad por el importe total de las ventas no contabilizadas (LGT art.200).
En principio, esta conducta sería sancionable con multa proporcional del 1% del total de los abonos omitidos que asciende a 50.000 € (10.000 € + 40.000 €). No obstante, al proceder la imposición de la sanción prevista en la LGT art.191 por la cuota no ingresada como consecuencia de la no declaración de parte de las ventas no contabilizadas, la sanción a imponer por el incumplimiento de obligaciones contables y registrales (LGT art.200) ascenderá a: 1% × 40.000 € = 400 €.
Lo anterior es independiente de que en la infracción tipificada en la LGT art.191 a 197 incida, como elemento determinante de su calificación, el incumplimiento contable que se deja de sancionar (RSAN art.16.4). Así, en el caso de que la base de la sanción de la LGT art.191 fuese de 2.500 € y, al ser inferior a 3.000 € la infracción se calificara como leve y no se graduara por la incidencia de la incorrecta contabilización, no se podría sancionar la falta de contabilización de las ventas al cliente A.

V. Incumplimiento de obligaciones de facturación o documentación

(LGT art.201; RSAN art.17)

7018

ESQUEMA	
1) Incumplimiento de las obligaciones de facturación (LGT art.201.1a 3 y 5). La LGT contempla diversas clases de incumplimiento:	
a) Caso general	
Tipo	El incumplimiento de los requisitos exigidos por la normativa reguladora de la obligación de facturación, salvo los señalados en las letras siguientes. Entre otros, los incumplimientos relativos a la expedición, remisión, rectificación y conservación de facturas o documentos sustitutivos (LGT art.201.2.a).
Calificación	La infracción tributaria es grave.
Sanción	1% del importe del conjunto de las operaciones que han originado la infracción.
Graduación	La sanción anterior se incrementa en un 100% si se produce un incumplimiento sustancial de las obligaciones de documentación (nº 5990).
Reducción	Por ingreso y no impugnación de la sanción: reducción 40% (LGT art.188.3)
b) No expedición o conservación de facturas	
Tipo	La falta de expedición o la falta de conservación de facturas, justificantes o documentos sustitutivos (LGT art.201.2.b).
Calificación	La infracción tributaria es grave.
Sanción	- con carácter general: 2% del importe del conjunto de las operaciones que han originado la infracción; - cuando no sea posible conocer el importe de la operación: 300 € por cada operación respecto de la que no se ha emitido o conservado la correspondiente factura o documento.
Graduación	La sanción anterior se incrementa en un 100% si se produce un incumplimiento sustancial de las obligaciones de documentación (nº 5990), excepto cuando deba imponerse la multa de 300 € por desconocerse el importe de la operación a que se refiere la infracción (RSAN art.17.2).
Reducción	Por ingreso y no impugnación de la sanción: reducción 40% (LGT art.188.3)

ESQUEMA	
c) Expedición de facturas con datos falsos o falseados	
Tipo	La expedición de facturas o documentos sustitutivos con datos falsos o falseados (LGT art.201.3).
Calificación	La infracción tributaria es muy grave.
Sanción	75% del importe del conjunto de las operaciones que han originado la infracción.
Graduación	La sanción anterior se incrementa en un 100% si se produce un incumplimiento sustancial de las obligaciones de documentación (nº 5990).
Reducción	Por ingreso y no impugnación de la sanción: reducción 40% (LGT art.188.3)
2) Incumplimiento de las obligaciones de documentación exigidas por los IIEE	
Tipo	Incumplir las obligaciones relativas a la correcta expedición o utilización de los documentos de circulación exigidos por la normativa de los IIEE, salvo que constituya infracción tipificada en la normativa reguladora de dichos impuestos (LGT art.201.4).
Calificación	La infracción tributaria es leve.
Sanción	150 € por cada documento incorrectamente expedido o utilizado.
Graduación	Se incrementa la cuantía resultante en un 100% si se produce un incumplimiento sustancial de las obligaciones de documentación (nº 5990).
Reducción	Por ingreso y no impugnación de la sanción: reducción 40% (LGT art.188.3)

1. Incumplimiento de las obligaciones de facturación

(LGT art.201.1 a 3 y 5)

7020 Constituye infracción tributaria el incumplimiento de las obligaciones de facturación, entre otras, las de expedición, remisión, rectificación y conservación de facturas, justificantes o documentos sustitutivos. Estas obligaciones de facturación se regulan en el RD 1619/2012.
La LGT contempla diversas **clases de incumplimientos**, que se analizan a continuación:
- caso general nº 7021;
- no expedición o conservación de facturas nº 7022;
- expedición de facturas con datos falsos o falseados nº 7023.

No obstante, **no se sanciona** el incumplimiento de la obligación de conservar facturas, justificantes o documentos sustitutivos cuando deba imponerse al mismo sujeto infractor una sanción por alguna de las infracciones previstas en la LGT art.191 a 197 en relación con las operaciones afectadas por dichos incumplimientos (nº 5870 s.) (RSAN art.17.3).

7021 **Caso general** (LGT art.201.1, 2.a y 5) Constituye infracción tributaria el **incumplimiento de los requisitos** exigidos por la normativa reguladora de la obligación de facturación, salvo los señalados en nº 7022 y nº 7023. Entre otros, los incumplimientos relativos a la expedición, remisión, rectificación y conservación de facturas o documentos sustitutivos.
Calificación. Esta infracción se califica como grave.
Sanción. 1% del importe del conjunto de las operaciones que hayan originado la infracción. La sanción **se gradúa** incrementando la cuantía resultante en un 100% si se produce un incumplimiento sustancial de las obligaciones anteriores (nº 5990).

Precisiones 1) Se entiende por **importe de la operación** que ha originado el incumplimiento la base imponible determinada a efectos del IVA (o, en su caso, del IGIC).
2) Cuando el incumplimiento de la obligación de facturación se produzca en la **rectificación de una factura** o documento sustitutivo, se atiende a la base imponible del IVA (o IGIC) que grave la operación documentada en la factura o documento sustitutivo (RSAN art.17.1).
3) Si se están comprobando varios tributos con períodos impositivos distintos, la aplicación del **criterio de graduación** de incumplimiento sustancial de la obligación de facturación se realizará tomando en consideración cada uno de los períodos de menor duración (RSAN art.6).
4) En las infracciones de la LGT art.201, para determinar la **cuantía** de las **reclamaciones económico-administrativas** a los efectos de interponer el recurso de alzada ordinario ante el TEAC, ha de estarse a los distintos periodos de liquidación del impuesto respecto de los que se aprecia la conducta sancionada (TS 19-1-22, EDJ 502535; TEAC 23-2-23).

Ejemplo Se comprueba que la situación tributaria del IS del ejercicio X de una entidad es correcta, pero que emitió 3 facturas consignando indebidamente el NIF del cliente. El importe de las ventas documentadas en cada una de estas facturas asciende a 10.000 €, 5.000 € y 7.500 €. El importe total de las operaciones sujetas al deber de facturación o documentación ascendió en el ejercicio a 800.000 €.
- tipo infractor: incumplimiento de las obligaciones de facturación (LGT art.201.1);
- calificación: infracción grave (LGT art.201.2.a);
- base de la sanción: importe del conjunto de las operaciones que han originado la infracción: 10.000 + 5.000 + 7.500 = 22.500 €;
- sanción: 22.500 € x 1% = 225 € (LGT art.201.2.a).
No procede incrementar las sanciones en un 100% dado que el porcentaje de incumplimiento (relación del importe de las operaciones en las que se aprecian los incumplimientos relativos a la obligación de facturación respecto del importe total de las operaciones sujetas al deber de facturación) asciende a: 22.500/800.000 = 2,81%, que no supera el 20% (LGT art.201.5).

No expedición o conservación de facturas (LGT art.201.1, 2.b y 5) Constituye infracción tributaria la falta de expedición o la falta de conservación de facturas, justificantes o documentos sustitutivos. **7022**
Esta **infracción** se califica como grave.
Sanción. Varía en función de que sea posible o no conocer el importe de la operación a que refiere la infracción:
a) Cuando sea posible **conocer el importe**: multa pecuniaria proporcional del 2% del importe del conjunto de las operaciones que han originado la infracción. Esta sanción **se gradúa** incrementando la cuantía resultante en un 100% si se produce un incumplimiento sustancial de las obligaciones de documentación (nº 5990).
b) Cuando **no sea posible conocer el importe**: multa de 300 € por cada operación respecto de la que no se haya emitido o conservado la correspondiente factura o documento. Esta multa **no se gradúa** incrementando la cuantía resultante en un 100% por incumplimiento sustancial de las obligaciones de documentación (RSAN art.17.2).

Ejemplo Se comprueba que la situación tributaria del IS del ejercicio X de una entidad es correcta, pero:
a) No conserva copia de las facturas emitidas en las ventas realizadas a uno de sus clientes por importe total de 10.000 €, aunque registró adecuadamente esas operaciones;
b) No emitió ni facturas ni tickets en las ventas realizadas durante las visitas organizadas a la fábrica y demás instalaciones, por ventas al por menor que ascendieron a 5.000 €; y
c) No emitió factura rectificativa tras detectar que existió un error en la cuota repercutida en una de sus facturas por importe de 8.000 €, pero que se había registrado correctamente.
El importe total de las operaciones sujetas al deber de facturación o documentación ascendió en el ejercicio a 4.000.000 €.
- tipo infractor: incumplimiento de las obligaciones de facturación, por la falta de expedición o de conservación de facturas, justificantes o documentos sustitutivos (LGT art.201.1 y 2.b);
- calificación: infracción grave (LGT art.201.2.b);
- base de la sanción: importe del conjunto de las operaciones que han originado la infracción: 10.000 + 5.000 + 8.000 = 23.000 €;
- sanción: 23.000 € x 2% = 460 € (LGT art.201.2.b).
No procede incrementar la sanción en un 100% dado que el porcentaje de incumplimiento (relación del importe de las operaciones en las que se aprecian los incumplimientos relativos a la obligación de facturación respecto del importe total de las operaciones sujetas al deber de facturación) asciende a: 23.000/4.000.000 = 0,57%, que no supera el 20% (LGT art.201.5).

Expedición de facturas con datos falsos o falseados (LGT art.201.1, 3 y 5) Constituye infracción tributaria la expedición de facturas o documentos sustitutivos con datos falsos o falseados. **7023**
Calificación. Se califica como muy grave.
Sanción. Multa pecuniaria proporcional del 75% del importe del conjunto de las operaciones que han originado la infracción. La sanción **se gradúa** incrementando la cuantía resultante en un 100% si se produce el incumplimiento sustancial de las obligaciones de documentación (nº 5990 s.).

Precisiones 1) En la **emisión y utilización de facturas falsas**, la Inspección impuso al destinatario de las facturas una sanción por dejar de ingresar (LGT art.191) calificada como muy grave por utilización de medios fraudulentos, y al mismo tiempo le consideró responsable solidario de la infracción formal cometida por el emisor de las facturas (LGT art.201.3) por resultar causante o colaborador activo en la comisión de una infracción tributaria (LGT art.42.1.a). El TS entendió que la LGT impide sancionar de forma independiente una acción u omisión que constituye un **medio instrumental** para cometer una infracción que también sea objeto de sanción y en la que se tome tal conducta

7023 (sigue) instrumental como criterio de graduación o calificación (TS unif doctrina 6-7-15, EDJ 130363). Sin embargo, y en el marco de la misma línea jurisprudencial, cuando un contribuyente es sancionado por **solicitar indebidamente devoluciones**, beneficios o incentivos fiscales o por determinar o acreditar improcedentemente partidas positivas o negativas o créditos tributarios aparentes (LGT art.194 y 195), puede ser declarado responsable solidario respecto de la sanción impuesta a otro contribuyente, como autor de una infracción muy grave por incumplimiento de sus obligaciones de facturación o documentación agravada por la expedición de facturas o documentos sustitutivos con datos falsos o falseados, cuando el tipo de la infracción cometida por el primer contribuyente implique el uso de las facturas o documentos sustitutivos con datos falseados emitidas por el segundo de los contribuyentes citados, cuya responsabilidad solidaria se deriva (TS 17-9-20, EDJ 660900).

2) El tipo de la LGT art.201.3 no solo resulta aplicable a los incumplimientos de obligaciones de facturación y documentación cometidas por los empresarios y profesionales, sino también a la emisión de facturas falsas por **empresarios falsos o simulados**. Así, en el caso de un obligado tributario que declaraba trabajos de albañilería en módulos y que carecía de la estructura propia de una empresa, la Inspección concluyó que se trataba de una simulación que suponía la emisión de facturas falsas por servicios inexistentes, imponiéndole la sanción citada. Incumple la obligación de facturación tanto quien, estando obligado a facturar, no expide la correspondiente factura o la expide con datos falsos o falseados, como quien no estando obligado a facturar por no haber realizado operaciones respecto de las cuales surgiría esta obligación, expide un documento falso pretendiendo acreditar una realidad inexistente en el tráfico mercantil (TCo 146/2015; 150/2015).

El tipo infractor de la LGT art.201 abarca la infracción que pueden cometer los empresarios o profesionales por emitir **facturas falsas** en el ejercicio de su actividad y también la misma infracción que pueden cometer quienes no son empresarios o profesionales, pero expiden facturas pretendiendo serlo, sin realizar actividad alguna más allá de su simulación, siendo estas facturas falsas, pues ambas actuaciones vulneran los deberes de facturación que aquella norma impone a los sujetos pasivos, sean o no estos empresarios o profesionales (TEAC 25-1-18). En el mismo sentido, TEAC 20-7-17.

3) El incumplimiento de las obligaciones de facturación, en el caso de emisión de facturas por operaciones que no se han realizado por un empresario en **régimen especial simplificado** de IVA, consiste en la expedición de esas facturas con datos falsos o falseados, lo que determina su calificación como muy grave (LGT art.201.3). Es posible apreciar dicha infracción en base a presunciones sustentadas en hechos constatados que permiten llegar a la convicción de la existencia del hecho constitutivo de la infracción y de la participación del obligado tributario en el mismo. La subsunción en el tipo infractor de la LGT art.201 de la conducta consistente en aparentar, mediante la expedición de facturas falsas, unas **transacciones económicas irreales**, no puede considerarse que quede fuera del campo semántico del precepto aplicado. La interpretación realizada por la Administración tributaria no es, pues, incoherente con la finalidad perseguida por la infracción prevista y con la defensa del bien jurídico protegido (TEAC 20-7-17).

4) El criterio de graduación de las sanciones por incumplimiento sustancial de las obligaciones de facturación no es aplicable cuando la conducta sancionada trae su causa de la **simulación de una actividad económica** de la que se derivan obligaciones de facturación (TS 18-3-24, EDJ 524034).

5) En un caso de **facturación irregular**, ya que las operaciones contenidas en las facturas que se relacionan no han podido ser llevadas a cabo con los medios materiales y humanos declarados por el obligado tributario y/o conocidos en el transcurso de las actuaciones, al ser los mismos insuficientes, la Inspección impuso la sanción por la totalidad de las facturas y por sus importes completos, aplicando la graduación de la LGT art.201.5. El TEAC señala que, si se acepta la **realización parcial de las operaciones**, no cabe imponer sanción por todas ellas. No puede darse el mismo trato si se emiten todas las facturas con datos falsos, o bien solo algunas de ellas por ser las restantes verdaderas. La labor de la Inspección ha sido escasa a la hora de aplicar el tipo infractor pretendido, pues para aplicar la sanción máxima por infracción muy grave, cuando además se da validez a parte de las obras facturadas, exige una prueba mayor en orden a acreditar en qué facturas se ha cometido la infracción, o si es en todas ellas, por qué (TEAC 17-11-15; 4-2-16).

6) La iniciación de un procedimiento de comprobación de alcance parcial respecto del IVA que tenga por objeto la comprobación de la veracidad de determinadas operaciones, supone, en los términos de la LGT art.189.3.a), una actuación que tiene **efectos interruptivos del plazo de prescripción** de la acción para sancionar por la emisión de facturas falsas tipificada en la LGT art.201 (TEAC 21-9-17).

7) El comienzo del cómputo (dies a quo) del **plazo de prescripción** para imponer sanciones tributarias por la comisión de la infracción de la LGT art.201.3, ha de seguir el mismo parámetro temporal que contempla la LGT art.187.1.c) para la aplicación del criterio de graduación por el incumplimiento sustancial de las obligaciones de facturación o documentación, esto es, considerar de forma autónoma cada uno de los tributos y periodos impositivos o de liquidación (TS 13-11-23, EDJ 745249).

Ejemplo En el curso de un procedimiento inspector de IVA e IS del ejercicio X de una entidad dedicada a la comercialización de productos informáticos, se comprueba que ha reflejado en todas las facturas que documentaban las ventas de ordenadores, entregas de software incluidos en los mismos que no se corresponden con la realidad, con el siguiente detalle: 7024

VENTAS	1T	2T	3T	4T	TOTAL
Entregas de ordenadores	50.000 €	60.000 €	45.000 €	30.000 €	185.000 €
Entregas de software incluidas en las anteriores	15.000 €	18.000 €	13.500 €	9.000 €	55.500 €
Entregas de componentes y prestaciones de servicios	26.000 €	1.000 €	500 €	19.000 €	46.500 €

- tipo infractor: expedición de facturas con datos falsos o falseados (LGT art.201.3);
- calificación: infracción muy grave;
- sanción: multa proporcional del 75% del importe del conjunto de las operaciones que han originado la infracción;
- graduación de la sanción: procede incrementar la sanción en un 100% si los incumplimientos afectan al más del 20% del importe de las operaciones sujetas al deber de colaboración en relación con el tributo y período objeto de comprobación. Cuando se estén comprobando varios tributos con períodos impositivos distintos, como ocurre en este caso, la aplicación del criterio de graduación de incumplimiento sustancial de la obligación de facturación se realiza tomando en consideración cada uno de los períodos de menor duración (RSAN art.6).

En el supuesto analizado, el importe de las entregas indebidamente facturadas en relación con el importe total de las operaciones efectivamente realizadas asciende a:

ENTREGAS	1T	2T	3T	4T	TOTAL
Entregas software facturadas incorrectamente/total entregas efectivamente realizadas (ordenadores + componentes)	19,73%	29,5%	29,67%	18,36%	23,97%

Puesto que el porcentaje de incumplimiento supera el 20% en los trimestres 2T y 3T, procede incrementar la sanción en estos trimestres en un 100% (porcentaje total de sanción: 150%).
- sanción total:

CONCEPTOS	1T	2T	3T	4T
Base de la sanción	15.000 €	18.000 €	13.500 €	9.000 €
Porcentaje de la sanción	75%	150%	150%	75%
Sanción	11.250 €	27.000 €	20.250 €	6.750 €

2. Incumplimiento de las obligaciones de documentación exigidas por los IIEE

(LGT art.201.4 y 5)

Constituye infracción tributaria el incumplimiento de las obligaciones relativas a la correcta expedición o utilización de los documentos de circulación exigidos por la normativa de los IIEE, salvo que constituya infracción tipificada en la normativa reguladora de dichos impuestos. 7027

Calificación. La infracción se califica como leve.

Sanción. Se sanciona con multa pecuniaria fija de 150 euros por cada documento incorrectamente expedido o utilizado. La sanción **se gradúa** incrementando la cuantía resultante en un 100% si se produce un incumplimiento sustancial de las obligaciones de documentación anteriores (nº 5990 s.).

Precisiones En la infracción por **cumplimentar incorrectamente los albaranes de circulación** que contienen mezclas con el biocarburante denominado HVO, el elemento objetivo del tipo infractor consiste en el incumplimiento de las obligaciones fijadas en la normativa de IIEE para la expedición y la utilización de los documentos de circulación (LGT art.201.4). En este caso, se considera que concurre el elemento objetivo necesario para la imposición de la sanción en la medida en que se constató, una vez que la mercancía llegó a destino, la existencia de inexactitudes en los documentos que amparaban la circulación de la misma, de acuerdo con el RD 1165/1995 art.28.3 (TEAC 22-2-18; 22-2-18).

VI. Infracción de la prohibición de fabricación o tenencia de software de doble uso

(LGT art.201 bis)

7028

ESQUEMA	
Incumplimiento de las especificaciones exigidas por la normativa aplicable de los sistemas y programas informáticos o electrónicos que soporten los procesos contables, de facturación o de gestión (LGT art.201 bis).	
1) Incumplimientos de los fabricantes, productores o comercializadores:	
Tipo	La fabricación, producción y comercialización de sistemas y programas informáticos o electrónicos que soporten los procesos contables, de facturación o de gestión por parte de las personas o entidades que desarrollen actividades económicas, cuando permitan: **a)** Llevar contabilidades distintas. **b)** No reflejar total o parcialmente la anotación de transacciones realizadas. **c)** Registrar transacciones distintas a las anotaciones realizadas. **d)** Alterar transacciones ya registradas. **e)** No cumplir con las especificaciones técnicas que garanticen la integridad, conservación, accesibilidad, legibilidad, trazabilidad e inalterabilidad. **f)** No certificar los sistemas estando reglamentariamente obligados a ello.
Calificación	La infracción tributaria es grave.
Sanción	- en el caso de falta de certificación de los sistemas estando reglamentariamente obligados a ello: se sanciona con multa pecuniaria fija de 1.000 € por cada sistema o programa comercializado en el que se produzca la falta del certificado; - resto de casos: Se sanciona con multa pecuniaria fija de 150.000 € por cada ejercicio económico en el que se hayan producido ventas y por cada tipo distinto de sistema o programa informático o electrónico que sea objeto de la infracción.
Reducción	Por ingreso y no impugnación de la sanción: reducción 40% (LGT art.188.3).
2) Incumplimientos de los tenedores o usuarios:	
Tipo	La tenencia de los sistemas o programas informáticos o electrónicos que no se ajusten a lo establecido en la normativa (LGT art.29.2.j), cuando los mismos no estén debidamente certificados teniendo que estarlo por disposición reglamentaria o cuando se hayan alterado o modificado los dispositivos certificados.
Calificación	La infracción tributaria es grave.
Sanción	Multa pecuniaria fija de 50.000 € por cada ejercicio.
Reducción	Por ingreso y no impugnación de la sanción: reducción 40% (LGT art.188.3).
Incompatibilidad	No puede sancionarse por este subtipo (tenencia) quien haya sido sancionado conforme al subtipo anterior (fabricación).

7028.1 Se establece la obligación por parte de los productores, comercializadores y usuarios de que los **sistemas y programas informáticos** o electrónicos que soporten los procesos contables, de facturación o de gestión de quienes desarrollen actividades económicas, garanticen la integridad, conservación, accesibilidad, legibilidad, trazabilidad e inalterabilidad de los registros, sin interpolaciones, omisiones o alteraciones de las que no quede la debida anotación en los sistemas mismos (LGT art.29.2.j). Con esta medida se trata de prohibir el denominado «**softaware de doble uso**» o programas de supresión y manipulación de ventas y otras operaciones (nº 1612). Como complemento a esta obligación, desde entonces, constituye **infracción tributaria** las infracciones derivadas de los incumplimientos por parte de los fabricantes, productores o comercializadores (nº 7028.3 s.); y los incumplimientos de los tenedores o usuarios (nº 7029).

Precisiones Los requisitos que deben cumplir los **sistemas informáticos** de facturación utilizados por empresarios y profesionales en el ejercicio de su actividad, con el propósito de garantizar la integridad, conservación, accesibilidad, legibilidad, trazabilidad e inalterabilidad de los registros de facturación se regulan en el RD 1007/2023.

7028.2 **Incumplimientos de los fabricantes, productores y comercializadores** (LGT art.201 bis.1) Constituye infracción tributaria la fabricación, producción y comercialización de sistemas y programas informáticos o electrónicos que soporten los procesos contables, de facturación o de gestión por parte de las personas o entidades que desarrollen actividades económicas, cuando concurra cualquiera de las siguientes **circunstancias**:

- permitan llevar contabilidades distintas a las previstas en la LGT art.200.1.d) (nº 7012);

- permitan no reflejar, total o parcialmente, la anotación de transacciones realizadas;
- permitan registrar transacciones distintas a las anotaciones realizadas;
- permitan alterar transacciones ya registradas incumpliendo la normativa aplicable;
- no cumplan con las especificaciones técnicas que garanticen la integridad, conservación, accesibilidad, legibilidad, trazabilidad e inalterabilidad de los registros, así como su legibilidad por parte de los órganos competentes de la Administración Tributaria (LGT art.29.2.j);
- no se certifiquen, estando obligado a ello por disposición reglamentaria, los sistemas fabricados, producidos o comercializados.

Se consideran **sujeto infractor**:

1. Fabricantes y productores. Esta infracción afecta tanto a la fabricación de «sistemas» informáticos o electrónicos como pueden ser las cajas registradoras (hardware), como a la producción de «programas» informáticos o electrónicos que soporten los procesos contables, de facturación o de gestión de las actividades económicas.

2. Comercializadores. En este caso, se puede sancionar a quien comercializa los sistemas o programas que permiten alterar los procesos contables, de facturación o gestión. Ello supone que quienes comercialicen estos productos en España se deben informar previamente de que cumplen la normativa tributaria respecto de la prohibición del llamado «software de doble uso».

Calificación y sanción (LGT art.201 bis.3 y 4.1º) La infracción se califica como **grave**. **7028.3**

En cuanto a la **sanción**, se distinguen dos supuestos:

a) Falta de certificación por parte de los fabricantes, productores o comercializadores de los sistemas estando reglamentariamente obligados a ello (LGT art.201 bis.1.f). Esta infracción se sanciona con multa pecuniaria fija de 1.000 euros por cada sistema o programa comercializado en el que se produzca la falta del certificado.

b) Resto de los casos. Esta infracción se sanciona con multa pecuniaria fija de 150.000 euros, por cada ejercicio económico en el que se hayan producido ventas y por cada tipo distinto de sistema o programa informático o electrónico que sea objeto de la infracción.

Incumplimiento de los tenedores o usuarios (LGT art.201 bis.2) Constituye infracción **7029**

tributaria la tenencia de los sistemas o programas informáticos o electrónicos que no se ajusten a lo establecido en la LGT art.29.2.j (nº 886), cuando los mismos no estén debidamente certificados teniendo que estarlo por disposición reglamentaria o cuando se hayan alterado o modificado los dispositivos certificados.

Se establece como **sujeto infractor** a los tenedores de estos sistemas y programas. La finalidad de la norma es prohibir tanto la fabricación como su uso, pero la norma no tipifica como infracción el uso, sino la mera tenencia. Si se hubiera tipificado como infracción el uso de estos sistemas o programas, una vez descubierto que una persona que desarrolla una actividad económica tiene este sistema o programa, debería demostrarse que lo está utilizando efectivamente, lo que puede resultar complejo en muchos casos. En cualquier caso, la Administración debe probar que la conducta del presunto infractor es una conducta culpable.

Calificación y sanción (LGT art.201 bis.3 y 4) La infracción se califica como grave y es sancionable **7029.1**
con multa pecuniaria fija de 50.000 euros por cada ejercicio, cuando se trate de la infracción por la tenencia de sistemas o programas informáticos o electrónicos que no estén debidamente certificados, teniendo que estarlo por disposición reglamentaria, o se hayan alterado o modificado los dispositivos certificados.

Incompatibilidades (LGT art.201 bis.2.2º) La misma persona o entidad que haya sido sanciona- **7029.2**

da conforme al primer tipo, es decir, por la fabricación, producción y comercialización, no puede ser sancionada también por la tenencia de estos sistemas o programas.

Por tanto, si se **fabrica para su propio uso** se está incurriendo en los dos subtipos infractores, pero realmente la conducta sería única, dado que en este caso la fabricación es requisito para su uso. Asimismo, si se fabrica un sistema o programa que no se certifica y seguidamente se utiliza sin solicitar la certificación, se está sancionando dos veces la falta de certificación.

SECCIÓN 3

Otras infracciones tributarias

7030

Son infracciones tributarias las acciones u omisiones dolosas o culposas con cualquier grado de negligencia tipificadas y sancionadas como tales en la propia LGT o en cualquier otra Ley (LGT art.183.1).
El articulado de la LGT contiene la tipificación y el régimen sancionador de las infracciones tributarias. Pero algunas infracciones específicas se han regulado en las leyes propias de los tributos o en las disposiciones adicionales de la propia LGT.
Las leyes propias de los **distintos impuestos** tipifican como infracciones:
a) Incumplimientos que no están previstos como tales infracciones en la LGT. Por ejemplo, el incumplimiento de la obligación de nombrar representante, la obtención de una incorrecta repercusión del IVA, o la repercusión improcedente en factura por personas que no sean sujetos pasivos del IVA.
b) Conductas que pueden incluirse en alguno de los tipos recogidos en la LGT art.191 a 206 bis, pero que el legislador ha querido sancionar de forma específica. Por ejemplo, la no consignación en las autoliquidaciones de las cantidades de las que sea sujeto pasivo el destinatario de las operaciones conforme a la LIVA art.84.uno.2º redacc L 31/2022 y 3º y 85 que, si no estuviera tipificada como infracción en la LIVA, podría ser sancionada conforme lo establecido en la LGT art.191.

I. Infracciones previstas en la LIS

7035

a. Incumplimiento de las obligaciones de documentación de las operaciones vinculadas

(LIS art.18.13)

7036 Las operaciones efectuadas entre personas o entidades vinculadas han de **valorarse** por su valor normal de mercado, entendiéndose por tal aquel que se habría acordado por personas o entidades independientes en condiciones de libre competencia.
Con el objeto de la **comprobación de si el valor declarado** por las personas o entidades vinculadas corresponde o no al valor normal de mercado, estas deben mantener a disposición de la Administración tributaria la documentación establecida reglamentariamente.

La normativa del IS contempla unas infracciones y sanciones **específicas** por incumplimiento de las obligaciones de documentación de las operaciones vinculadas, diferenciando según que la Administración realice o no correcciones valorativas, que se recogen en el siguiente cuadro:

Circunstancias	Tipo	Calificación	Sanción	Observaciones
La Administración no realiza correcciones valorativas	Falta de aportación o de forma incompleta o con datos falsos, de la documentación específica	Infracción grave	Multa pecuniaria fija de 1.000 € por cada dato y 10.000 € por conjunto de datos, omitidos o falsos, referidos a cada una de las obligaciones de documentación para el grupo o para cada persona o entidad en su condición de contribuyente.	El límite máximo de la sanción es la menor de las dos cuantías siguientes: a) El 10% del importe conjunto de las operaciones sujetas al IS, IRPF o IRNR realizadas en el período impositivo. b) El 1% del importe neto de la cifra de negocios.
La Administración realiza correcciones valorativas	Falta de aportación o de forma incompleta o con datos falsos de la documentación específica El valor declarado a efectos del impuesto no coincide con el valor de mercado que se deriva de la documentación específica.	Infracción grave	Multa pecuniaria proporcional del 15% sobre el importe de las cantidades que resulten de las correcciones que correspondan a cada operación.	Es incompatible por la parte de bases que hayan dado lugar a esta infracción con la que proceda por: - dejar de ingresar la deuda tributaria que resulta de una liquidación (nº 6120 s.); - presentar de forma incompleta e incorrecta declaraciones o documentos necesarios para practicar liquidaciones (nº 6290 s.); - obtener indebidamente devoluciones (nº 6345 s.); y - determinar o acreditar improcedentemente partidas positivas o negativas o créditos tributarios aparentes (nº 6455 s.).

Las infracciones específicas por el incumplimiento de las obligaciones de documentación de las operaciones vinculadas pueden ser:
- por los incumplimientos del obligado tributario cuando la Administración tributaria no realiza correcciones valorativas (nº 7036.1); y
- por los incumplimientos del obligado tributario cuando la Administración tributaria realiza correcciones valorativas (nº 7036.2).

Incumplimientos cuando la Administración tributaria no realiza correcciones valorativas (LIS art.18.13.1º) Constituye infracción tributaria la falta de aportación o la aportación de forma incompleta, o con datos falsos, de la documentación específica que debe tener las personas o entidades vinculadas a disposición de la Administración tributaria, cuando esta no realice correcciones de las operaciones vinculadas. **7036.1**

Calificación. La conducta se califica como infracción grave.

Sanción. El incumplimiento se sanciona con multa pecuniaria fija de 1.000 euros por cada dato y 10.000 euros por conjunto de datos, omitido, o falso, referidos a cada una de las obligaciones de documentación que se establezcan reglamentariamente para el grupo o para cada persona o entidad en su condición de contribuyente; y tiene como **límite máximo** la menor de las dos cuantías siguientes:
- el 10% del importe conjunto de las operaciones sujetas al IS, IRPF o IRNR realizadas en el período impositivo; y

- el 1% del importe neto de la cifra de negocios.

Reducciones. Resulta de aplicación, en su caso, las reducciones de la sanción del 30% por conformidad (nº 6005 s.), y la reducción del 40% por ingreso y no impugnación de la sanción (LGT art.188.3) (nº 6025 s.).

Compatibilidades. Esta infracción específica es compatible con la infracción por resistencia, obstrucción, excusa o negativa a las actuaciones de la Administración tributaria (nº 6977 s.), debida a la desatención de los requerimientos realizados.

Precisiones 1) En relación con la **documentación específica del grupo** al que pertenezca el contribuyente, tienen consideración:
- de distintos **conjuntos de datos**, las informaciones a que se refieren el RIS art.15.1 en sus letras a.1º; b.1º, 2º, 3º y 5º; c.1º; y d.1º y 3º.
- de **dato**, cada una de las informaciones a que se refiere el RIS art.15.1 en sus letras a.2º; b.4º; c.2º, 3º, 4º y 5º; d.2º; y e.1º y 2º (RIS art.15.3).

2) En relación con la **documentación específica del contribuyente**, tienen la consideración:
- de distintos **conjuntos de datos** las informaciones a que se refieren el RIS art.16.1 en sus letras a.1º, 2º y 3º; b.3º, 4º y 7º; c.1º, 2º y 3º, así como la información a que se refiere el RIS art.16.2.
- de **dato**, cada una de las informaciones a que se refiere el RIS art.16.1 en sus letras b.1º, 2º, 5º y 6º, y el RIS art.16.4 en sus letras a), b), c) y d).

7036.2 **Incumplimientos cuando la Administración tributaria realiza correcciones valorativas** (LIS art.18.13.2º) Constituyen infracción tributaria los siguientes supuestos, siempre que conlleven la realización de correcciones de las operaciones vinculadas por la Administración tributaria respecto de las operaciones sujetas al IS, IRPF o IRNR:
- la falta de aportación o la aportación incompleta, o con datos falsos de la documentación específica que debe tener las personas o entidades vinculadas a disposición de la Administración tributaria;
- que el valor de mercado que se derive de la documentación específica que deben tener las personas o entidades vinculadas a disposición de la Administración tributaria no sea el declarado en el IS, IRPF o IRNR.

Calificación. La infracción se califica de infracción grave.

Sanción. Se sanciona con multa pecuniaria proporcional del 15% sobre el importe de las cantidades que resulten de las correcciones que correspondan a cada operación.

Reducciones. Resulta de aplicación, en su caso, las reducciones de la sanción del 30% por conformidad (nº 6005 s.), y la reducción del 40% por ingreso de la sanción sin impugnación de la liquidación ni la sanción (LGT art.188.3) (nº 6025 s.).

Incompatibilidad: Esta sanción es incompatible con la que proceda, en su caso, por la aplicación de las infracciones ordinarias que causan perjuicio económico (LGT art.191, 192, 193 o 195), por la parte de bases que hubiesen dado lugar a la imposición de esta infracción.

Compatibilidad. Esta infracción específica es compatible con la infracción por resistencia, obstrucción, excusa o negativa a las actuaciones de la Administración tributaria (nº 6977 s.), debida a la desatención de los requerimientos realizados.

7036.3 **Supuestos de regularizaciones no sancionables** (LIS art.18.13.3º) Si el contribuyente estaba obligado a cumplir las obligaciones específicas de documentación y la Administración tributaria efectúa una corrección valorativa de las operaciones vinculadas (que determinen falta de ingreso, obtención indebida de devoluciones tributarias o determinación o acreditación improcedente de partidas a compensar en declaraciones futuras o se declare incorrectamente la renta neta sin que produzca falta de ingreso u obtención de devoluciones por haberse compensado en un procedimiento de comprobación o investigación cantidades pendientes de compensación), pero se ha cumplido correctamente esa obligación específica y se ha **declarado el valor** que derive de la misma, entonces no procede ni la infracción específica ni las infracciones ordinarias que causan perjuicio económico (LGT art.191, 192, 193 o 195) por la parte de bases que hubiesen dado lugar a la referidas correcciones.

En estos casos la actuación del contribuyente ha sido diligente, y el que la Administración tributaria finalmente llegue a una **valoración diferente** en una materia en la que puede existir un amplio margen de apreciación, no supone ninguna culpabilidad del obligado tributario.

7036.4 Precisiones 1) Las **obligaciones de documentación** específica se imponen a todas las partes vinculadas afectadas por una operación. Y, aunque se podría sancionar por ese incumplimiento a ambas partes vinculadas, sin infringir el principio «non bis in idem», dado que los sujetos son distintos, por lo que no se cumple la triple identidad de sujeto, objeto y fundamento, si se realizan actuaciones inspectoras para ambas partes y resulta un ajuste valorativo, parece que lo razonable es imponer la sanción del 15% de la corrección exclusivamente al **obligado tributario** al que proceda realizar el ajuste positivo como consecuencia de la regularización. Esto resulta coherente con que dicha infracción sea incompatible con las de dejar de ingresar la deuda tributaria resultante de una liquidación (nº 6120 s.); presentar de forma incompleta e incorrecta declaraciones o documentos necesarios para practicar liquidaciones (nº 6290 s.); obtener indebidamente devoluciones (nº 6345 s.); y determinar o acreditar improcedentemente partidas positivas o negativas o créditos tributarios aparentes (nº 6455 s.).

2) Si el valor normal de mercado que se deriva de la documentación de operaciones vinculadas fue el declarado, la conducta no encaja en ninguna de las sanciones. Las meras **discrepancias valorativas** entre el obligado tributario y la Administración no permiten la imposición de una sanción al amparo del régimen sancionador de las operaciones vinculadas (TEAC 10-9-19).

3) Las personas o entidades vinculadas **exoneradas de las obligaciones específicas de documentación** se sitúan fuera del ámbito sancionador de la LIS/04 art.16.10 (actualmente LIS art.18.13), por lo que no les resulta aplicable la exención de responsabilidad prevista en esa norma. Por ello, en ese caso es posible la infracción por falta de ingreso de la LGT art.191 en relación con operaciones vinculadas por sujetos exonerados de las obligaciones específicas de documentación (TS 15-10-18, EDJ 618115; 18-5-20, EDJ 556141; 6-6-22, EDJ 599915).

4) La regulación del régimen sancionador de las operaciones vinculadas no vulnera los principios de **legalidad sancionadora** y proporcionalidad (TCo 145/2013). Pero se señaló que la legalidad o no de su desarrollo reglamentario era una cuestión cuya competencia correspondía al TS. Este Tribunal se pronunció posteriormente estableciendo la conformidad a Derecho de la obligación de documentación de las operaciones vinculadas y su régimen sancionador (TS 27-5-14, EDJ 117639).

5) No se puede considerar la **documentación incompleta** porque no figure en ella el comparable que la Inspección considere más adecuado, sino porque no figure comparable alguno. Por tanto, el carácter incompleto debe ir referido a la ausencia de alguno de los elementos esenciales de la documentación previstos reglamentariamente (TEAC 25-4-23).

b. Régimen especial de consolidación fiscal

(LIS art.61)

En este régimen especial, cada entidad integrante del grupo es responsable del cumplimiento de sus propias **obligaciones formales**. La entidad representante del grupo fiscal, además de sus obligaciones propias, es responsable del cumplimiento de las obligaciones materiales y formales específicas del grupo fiscal y, en especial, de la presentación de la declaración consolidada del grupo fiscal y del ingreso de la deuda tributaria resultante. Estas infracciones se tipifican y regulan en la normativa general de la LGT. Además, existen la obligación específica de adoptar los **acuerdos de integración** en el grupo fiscal que cuentan con un régimen sancionador específico, regulado en la LIS. **7037**

El régimen de consolidación fiscal es de aplicación cuando así lo acuerden todas y cada una de las entidades que deban integrar el grupo fiscal.

Estos **acuerdos** deben adoptarse por el Consejo de Administración u órgano equivalente, en cualquier fecha del período impositivo inmediato anterior al que sea de aplicación el régimen de consolidación fiscal.

La falta de dichos acuerdos determina la imposibilidad de aplicar este régimen especial.

La **entidad representante** del grupo fiscal comunicará los acuerdos mencionados a la Administración tributaria con anterioridad al inicio del período impositivo en que sea de aplicación este régimen.

Las entidades que en lo sucesivo se integren en el grupo fiscal deben cumplir dicha obligación dentro de un **plazo** que finaliza el día en que concluya el primer período impositivo en el que deban tributar en el régimen de consolidación fiscal.

Cuando se produzcan variaciones en la composición del grupo fiscal, la entidad representante lo comunicará a la Administración tributaria.

El incumplimiento de esta obligación de comunicación constituye una infracción específica, que presenta las siguientes características:

Tipo infractor. La falta de los acuerdos correspondientes a las entidades que en lo sucesivo deban integrarse en el grupo fiscal.

Calificación. La infracción es grave.

Sujeto infractor. La entidad representante.

Sanción. Consiste en multa pecuniaria fija de 20.000 euros por el primer período impositivo en que se haya aplicado el régimen sin cumplir este requisito y de 50.000 euros por el segundo y siguientes, y no impide la efectiva integración en el grupo de las entidades afectadas.

Reducciones. La sanción impuesta puede aplicar, en su caso, la reducción por pronto pago a que se refiere la LGT art.188.3 (nº 6025).

c. Régimen especial de fusiones, escisiones, aportaciones de activos y canje de valores

Bajo este régimen se contemplan dos infracciones específicas: **7038**

- el incumplimiento de las **obligaciones contables** específicas del régimen (nº 7038.2); y
- el incumplimiento en relación con la **aplicación** del régimen especial (nº 7038.5).

7038.1 **Obligaciones contables específicas del régimen de fusiones** (LIS art.86) La **entidad adquirente** de las acciones o participaciones que determinan la aplicación de este régimen debe incluir en la **memoria anual** la siguiente información:
- período impositivo en el que la entidad transmitente adquirió los bienes transmitidos;
- último balance cerrado por la entidad transmitente;
- relación de bienes adquiridos que se hayan incorporado a los libros de contabilidad por un valor diferente a aquel por el que figuraban en los de la entidad transmitente con anterioridad a la realización de la operación, expresando ambos valores, así como las correcciones valorativas constituidas en los libros de contabilidad de las dos entidades; y
- relación de beneficios fiscales disfrutados por la entidad transmitente, respecto de los que la entidad deba asumir el cumplimiento de determinados requisitos de acuerdo con lo establecido en la LIS art.84.1.

No obstante, si la entidad transmitente ha **renunciado al régimen** mediante la integración en la base imponible de las rentas derivadas de la transmisión de todo o parte de los elementos patrimoniales (LIS art.77.2), únicamente debe cumplimentar la información indicada en el último guion anterior.

Los **socios personas jurídicas** deben mencionar en la memoria anual los siguientes datos:
- valor contable y fiscal de los valores entregados; y
- valor por el que se hayan contabilizado los valores recibidos.

Las citadas menciones deben realizarse mientras permanezcan en el **inventario** los valores o elementos patrimoniales adquiridos o deban cumplirse los **requisitos** derivados de los incentivos fiscales disfrutados por la entidad transmitente.

La entidad adquirente puede optar, con referencia a la **segunda y posteriores memorias** anuales, por incluir la mera indicación de que dichas menciones figuran en la primera memoria anual aprobada tras la operación, que debe ser conservada mientras concurra la circunstancia a la que se refiere el párrafo anterior.

7038.2 **Infracciones por incumplimiento de las obligaciones contables** (LIS art.86.4) Las características de esta infracción son las siguientes:

Tipo infractor. El incumplimiento de las obligaciones contables de este régimen referentes a la inclusión de determinada información en la memoria anual.

Calificación. La conducta se califica como grave.

Sujeto infractor. La entidad adquirente.

Sanción. Consiste en multa pecuniaria fija de 1.000 euros por cada dato omitido, en cada uno de los primeros 4 años en que no se incluya la información; y de 5.000 euros por cada dato omitido, en cada uno de los años siguientes, con el límite del 5% del valor por el que la entidad adquirente haya reflejado los bienes y derechos transmitidos en su contabilidad.

Se plantean dudas sobre o que se entiende por «**dato omitido**».

Reducciones. La sanción impuesta podrá aplicar, en su caso, la reducción por pronto pago a que se refiere la LGT art.188.3 (nº 6025).

Precisiones 1) El contribuyente debe identificar el bien en la memoria, incluyendo su precio de adquisición, y mencionar el ejercicio de adquisición; pero toda esta información forma parte del mismo único **dato omitido**, ya que es lógico que la expresión del ejercicio de adquisición deba ir acompañada de la identificación del bien. Para considerar el **dato suministrado** se necesita que se haya identificado perfectamente el bien y se acompañe del año de adquisición (TSJ Canarias 29-9-06, EDJ 327863).

2) Aunque la norma sólo exige «**expresis verbis**» la inclusión en la memoria anual del ejercicio en el que la entidad transmitente adquirió los bienes transmitidos susceptibles de amortización, se considera que la referida obligación contable sólo puede entenderse correctamente cumplida, pues de otro modo no cumpliría su finalidad, si se suministra información individualizada de todos y cada uno de los bienes transmitidos (TSJ Murcia 22-2-12, EDJ 43418).

3) Hay que estar a cada elemento patrimonial individualmente considerado junto con el ejercicio y precio de adquisición y su criterio de amortización, pues, aunque esta se haya llevado a cabo sobre un **conjunto de elementos** patrimoniales de naturaleza análoga entendiendo a un similar grado de utilización, siempre debe poder conocerse la parte de amortización correspondiente a cada elemento patrimonial (TSJ Asturias 22-12-06, EDJ 396306; 29-12-06, EDJ 396292).

7038.4 **Obligaciones específicas respecto de la aplicación de este régimen** (LIS art.89.1) Las **operaciones** de fusiones, escisiones, aportaciones de activos y canje de valores se entiende que aplican este régimen especial, salvo que expresamente se indique lo contrario a través de la comunicación correspondiente.

La realización de las operaciones debe ser objeto de **comunicación** a la Administración tributaria, por la entidad adquirente, salvo que la misma no sea residente en territorio español, en cuyo caso dicha comunicación se realiza por la entidad transmitente. Debe indicar el tipo de operación que se realiza y si se opta por no aplicar el régimen fiscal especial. Tratándose de operaciones en las cuales ni la entidad adquirente ni la transmitente son residentes en territorio español, la citada comunicación debe ser presentada por los socios, que deben indicar que la operación se ha acogido a un régimen fiscal similar a este. Dicha comunicación se presentará en la forma y plazos que se determinen reglamentariamente.

Infracciones por incumplimiento en la aplicación de este régimen (LIS art.89.1) Las características de esta infracción son las siguientes: **7038.5**
Tipo infractor. La falta de presentación en plazo de esta comunicación referente a las operaciones de fusiones, escisiones, aportaciones de activos y canje de valores.
Calificación. La conducta se califica como grave.
Sujeto infractor. La entidad adquirente, si es residente en territorio español; en otro caso, por la entidad transmitente; y si ésta también es no residente en territorio español, por los socios.
Sanción. Consiste en multa pecuniaria fija de 10.000 euros por cada operación respecto de la que hubiese de suministrarse información.
Reducciones. La sanción impuesta puede aplicar, en su caso, la reducción por pronto pago a que se refiere la LGT art.188.3 (nº 6025).

d. Revalorizaciones contables voluntarias

(LIS art.122)

Los contribuyentes que hayan realizado revalorizaciones contables cuyo importe no se haya incluido en la base imponible deben mencionar en la **memoria** el importe de aquellas, los elementos afectados y el período o períodos impositivos en que se practicaron. Las citadas menciones deben realizarse en todas y cada una de las memorias correspondientes a los ejercicios en que los elementos revalorizados se hallen en el patrimonio del contribuyente. El **incumplimiento** de esta obligación constituye una infracción específica, que presenta estas características: **7039**
Tipo infractor. Constituye infracción tributaria el incumplimiento de la obligación citada anteriormente.
Calificación. Se califica como infracción grave.
Sanción. Se sanciona, por una sola vez, con una multa pecuniaria proporcional del 5% del importe de la revalorización, cuyo pago no determinará que el citado importe se incorpore, a efectos fiscales, al valor del elemento patrimonial objeto de la revalorización.
Reducciones. La sanción impuesta puede aplicar, en su caso, la reducción por pronto pago a que se refiere la LGT art.188.3 (nº 6025).

II. Infracciones previstas en la LIVA

7040

Las infracciones tributarias del IVA se califican y sancionan conforme a lo establecido en la LGT y demás normas de general aplicación, sin perjuicio de las disposiciones especiales previstas en la LIVA (LIVA art.163 nonies y 170.uno).

a. Régimen especial del grupo de entidades

(LIVA art.163 nonies)

Se analizan brevemente las obligaciones específicas que establece este régimen especial, y seguidamente las infracciones en caso de su incumplimiento (nº 7041.4 s.). **7041**

Obligaciones del régimen especial del grupo de entidades (LIVA art.163 nonies.dos y seis) **7041.1**
Las entidades que se acogen al REGE (régimen especial del grupo de entidades) tienen unas obligaciones tributarias específicas. La **entidad dominante** ostenta la representación del grupo de entidades ante la Administración tributaria y debe cumplir las obligaciones tributarias materiales y formales específicas que se derivan del REGE.
Por otra parte, las entidades que apliquen el REGE responden solidariamente del **pago de la deuda tributaria** derivada de este régimen especial.

7041.2 **Obligaciones de las entidades del grupo** (LIVA art.163 nonies.tres) Tanto la entidad dominante como cada una de las entidades dependientes deben cumplir las obligaciones generales del IVA, **salvo** el pago de la deuda tributaria o la solicitud de compensación o devolución.

7041.3 **Obligaciones específicas de la entidad dominante** (LIVA art.163 nonies.cuatro) La entidad dominante, sin perjuicio del cumplimiento de sus obligaciones propias, es **responsable** del cumplimiento de las siguientes obligaciones:

1) Comunicar a la Administración tributaria la siguiente **información**:

- el cumplimiento de los requisitos exigidos, la adopción de los acuerdos correspondientes y la opción por la aplicación del régimen especial;
- la relación de entidades del grupo que apliquen el régimen especial, identificando, en su caso, las entidades que motiven cualquier alteración en su composición respecto a la del año anterior;
- la renuncia al régimen especial, tanto en lo relativo a la renuncia del total de entidades que apliquen el régimen especial como en cuanto a las renuncias individuales; y
- la opción por la aplicación del régimen avanzado.

2) Presentar las **autoliquidaciones periódicas agregadas** del grupo de entidades (que integran los resultados de las autoliquidaciones individuales de las entidades que apliquen el REGE), procediendo, en su caso, al ingreso de la deuda tributaria o a la solicitud de compensación o devolución que proceda.

Las autoliquidaciones periódicas agregadas del grupo de entidades deben presentarse una vez presentadas las autoliquidaciones periódicas individuales de cada una de las entidades que apliquen el REGE. El **período de liquidación** de las entidades que apliquen el REGE coincide con el mes natural, con independencia de su volumen de operaciones.

3) En el caso de haber optado por el **sistema avanzado**, la entidad dominante debe disponer de un sistema de información analítica basado en criterios razonables de imputación de los bienes y servicios utilizados directa o indirectamente, total o parcialmente, en la realización de entregas de bienes y prestaciones de servicios en el territorio de aplicación del impuesto entre las entidades del grupo que apliquen el régimen especial. Este sistema debe reflejar la utilización sucesiva de dichos bienes y servicios hasta su aplicación final fuera del grupo. El sistema de información deberá incluir una **memoria justificativa de los criterios de imputación** utilizados, que deben ser homogéneos para todas las entidades del grupo y mantenerse durante todos los períodos en los que sea de aplicación el régimen especial, salvo que se modifiquen por causas razonables, que deben justificarse en la propia memoria. Este sistema de información debe conservarse durante el plazo de prescripción del Impuesto.

7041.4 **Infracciones específicas por incorrecciones en el sistema de información** (LIVA art.163 nonies.Cuatro.3ª) Se establecen dos infracciones específicas en relación con la no llevanza o llevanza incorrecta del sistema de información avanzada:

- la infracción por no llevanza del sistema de información avanzada; y
- la infracción por inexactitudes u omisiones en el sistema de información avanzada.

7041.5 **No llevanza del sistema de información avanzada** (LIVA art.163.nonies.siete) Las características de esta infracción específica son las siguientes:

Tipo infractor. Constituye infracción tributaria la no llevanza o conservación del citado sistema de información.

Sujeto infractor. La entidad dominante.

Calificación. Se califica como infracción grave.

Sanción. Consiste en multa pecuniaria proporcional del 2% del volumen de operaciones del grupo.

Reducciones. La sanción impuesta puede aplicar, en su caso, la reducción por pronto pago a que se refiere la LGT art.188.3 (nº 6025).

Compatibilidades Esta sanción es compatible con las que procedan por la aplicación de la infracción por no ingreso de la deuda (LGT art.191), obtención indebida de devoluciones (LGT art.193), o solicitud indebida de beneficios y determinación improcedente de créditos tributarios (LGT art.195), pero impide la calificación como grave o muy grave de las infracciones tipificadas en la LGT art.191 y 193, aunque se produzca la no llevanza, la llevanza incorrecta o la no conservación del sistema de información analítica del REGE (LIVA art.163 nonies.siete).

7041.6 **Inexactitudes u omisiones en el sistema de información avanzada** (LIVA art.163.nonies.siete) Las características de esta infracción específica son las siguientes:

Tipo infractor. Constituye infracción tributaria las inexactitudes u omisiones en el citado sistema de información.

Sujeto infractor. La entidad dominante.

Calificación. Se califica como grave por los incumplimientos de las obligaciones específicas del régimen especial del grupo de entidades, incluidas las obligaciones derivadas del ingreso de la deuda tributaria, de la solicitud de compensación o de la devolución resultante de la declaración-liquidación agregada correspondiente al grupo de entidades, siendo responsable de la veracidad y exactitud de los importes y calificaciones consignadas por las entidades dependientes que se integran en la declaración-liquidación agregada (LIVA art.163 nonies.siete).
Sanción. Consiste en multa pecuniaria proporcional del 10% del importe de los bienes y servicios adquiridos a terceros a los que se refiera la información inexacta u omitida.
Reducciones. La sanción impuesta puede aplicar, en su caso, la reducción por pronto pago a que se refiere la LGT art.188.3 (nº 6025).
Compatibilidades. La sanción anterior es compatible con las que procedan por la aplicación de la LGT art.191, 193 a 195 (no ingreso de la deuda, obtención indebida de devoluciones, solicitud indebida de beneficios y determinación improcedente de créditos tributarios, respectivamente), pero impide la calificación como grave o muy grave de las infracciones tipificadas en la LGT art.191 y 193, aunque se produzca la no llevanza, la llevanza incorrecta o la no conservación del sistema de información analítica del REGE (LIVA art.163 nonies.siete).

Sujetos infractores en relación con el REGE (LGT art.181.1.h; LIVA art.163 nonies.siete) Se contempla como un nuevo supuesto de sujeto infractor a la **entidad dominante** en el régimen especial de grupo de entidades del IVA (LGT art.181.1.h). **7041.7**
La **normativa del IVA** además ha precisado que la entidad dominante será sujeto infractor por los incumplimientos de las obligaciones específicas del régimen especial del grupo de entidades, incluidas las obligaciones derivadas del ingreso de la deuda tributaria, de la solicitud de compensación o de la devolución resultante de la declaración-liquidación agregada correspondiente al grupo de entidades, siendo responsable de la veracidad y exactitud de los importes y calificaciones consignadas por las entidades dependientes que se integran en la declaración-liquidación agregada (LIVA art.163.nonies.siete).
Por su parte, las **entidades** que apliquen el REGE responden de las infracciones derivadas de los incumplimientos de sus propias obligaciones tributarias.

Responsabilidad solidaria del pago de las sanciones Todas las entidades miembros de un grupo que apliquen el REGE son responsables solidarios del pago de las sanciones que les llegasen a ser impuestas a la entidad dominante por el incumplimiento de las obligaciones específicas derivadas de la aplicación del REGE tipificado como infracción, a diferencia de lo establecido en el régimen de consolidación fiscal del IS. **7041.8**

Ejemplo Las entidades A (dominante), B y C optan por la aplicación del régimen especial durante el año X0 y los dos siguientes. El volumen de operaciones del grupo en el año X0 ascendió a 24 millones de euros. **7041.9**
a) Iniciadas actuaciones de comprobación e investigación relativas a los doce periodos impositivos del año X0 del IVA se comprueba que la entidad dominante no conserva el sistema de información analítica regulado en la LIVA art.163 nonies.cuatro.3º.
Esta conducta constituye infracción tributaria conforme a lo establecido en la LIVA art.163 nonies.siete, pudiendo ser sancionada con una multa pecuniaria proporcional de:
2% × 24.000.000 € = 480.000 €.
La sanción se impondrá a la entidad dominante, A, respondiendo solidariamente B y C del pago de la misma.
b) Iniciadas actuaciones de comprobación e investigación relativas a los doce periodos impositivos del año X0 del IVA se comprueba que el sistema de información analítica que pone a disposición la entidad A a la Inspección no permite determinar en qué operaciones han sido utilizadas determinadas adquisiciones de bienes efectuadas por la entidad B por importe total de 100.000 €.
Esta conducta constituye infracción tributaria conforme a lo establecido en la LIVA art.163 nonies.siete, pudiendo ser sancionada con una multa pecuniaria proporcional de:
10% × 100.000 € = 10.000 €.
La sanción se impondrá a la entidad dominante, A, respondiendo solidariamente B y C del pago de la misma.
Si de la actuación inspectora resulta que la entidad dominante dejó de ingresar 250.000 € en las autoliquidaciones agregadas del grupo de entidades, la imposición de las sanciones anteriores no impedirá sancionar esta conducta de acuerdo con lo dispuesto en la LGT art.191, si bien la no llevanza o llevanza incorrecta del sistema de información no podrá utilizarse como criterio determinante de la calificación de la infracción por dejar de ingresar parte de la deuda tributaria.
La sanción en este caso también se impondrá a la entidad dominante, A, respondiendo solidariamente B y C del pago de la misma.

b. Otras infracciones

(LIVA art.170)

7042 A continuación se analizan otras infracciones específicas previstas en la LIVA.

7042.1 **Régimen especial del recargo de equivalencia** (LIVA art.170.Dos.1 y 171.Uno.1) Las características de esta infracción son las siguientes:

Tipo infractor. Constituye infracción tributaria la adquisición de bienes en el régimen especial del recargo de equivalencia sin que en las correspondientes facturas figure expresamente consignado el recargo de equivalencia, salvo los casos en que el adquirente hubiera dado cuenta de ello a la Administración en la forma que se determine reglamentariamente.

Calificación. La infracción se califica como grave.

Sujeto infractor. Los sujetos pasivos acogidos al régimen especial del recargo de equivalencia.

Sanción. Multa pecuniaria proporcional del 50% del importe del recargo de equivalencia que hubiera debido repercutirse, con un importe mínimo de 30 euros por cada una de las adquisiciones efectuadas sin la correspondiente repercusión del recargo de equivalencia.

Reducciones. A esta sanción le resulta aplicable, en su caso, la reducción por pronto pago del (nº 6025 s.).

7042.2 **Obtención de una incorrecta repercusión** (LIVA art.170.Dos.2 y 171.Uno.2) Las características de esta infracción son las siguientes:

Tipo infractor. Constituye infracción tributaria la obtención, mediante acción u omisión culposa o dolosa, de una incorrecta repercusión del IVA, siempre y cuando el destinatario de la misma no tenga derecho a la deducción total de las cuotas soportadas.

Sujeto infractor. Las personas o entidades destinatarias de las referidas operaciones que sean responsables de la acción u omisión a que se refiere el párrafo anterior.

Calificación. La infracción se califica como grave.

Sanción. Multa pecuniaria proporcional del 50% del beneficio indebidamente obtenido.

Reducciones. A esta sanción le resulta aplicable, en su caso, la reducción por pronto pago (nº 6025 s.).

7042.3 **Repercusión improcedente por quienes no son sujeto pasivo del IVA** (LIVA art.170.Dos.3 y 171.Uno.3) Las características de esta infracción son las siguientes:

Tipo infractor. Constituye infracción tributaria la repercusión improcedente en factura, por personas que no sean sujetos pasivos del IVA, de cuotas impositivas sin que se haya procedido al ingreso de las mismas.

Sujeto infractor. La persona que repercute improcedentemente sin ser sujeto pasivo del IVA.

Calificación. La infracción se califica como grave.

Sanción. Multa pecuniaria proporcional del 100% de las cuotas indebidamente repercutidas, con un mínimo de 300 euros por cada factura en que se produzca la infracción.

Reducciones. A esta sanción le resulta aplicable, en su caso, la reducción por pronto pago del nº 6025 s.

Precisiones La **emisión de facturas falsas** se tipifica como un incumplimiento de las obligaciones de facturación en la LGT art.201.1.

Pero el tipo de infracción regulado en este apartado contempla la repercusión improcedente en factura por personas que no sean sujetos pasivos del impuesto, siempre que no se haya procedido al ingreso de tales cuotas. La emisión de facturas falsas por empresarios o profesionales, que documentan operaciones ficticias no tiene encaje en el tipo infractor estudiado en este apartado (TEAC 25-1-11; 21-4-10).

7042.4 **Falta de autorrepercusión en caso de inversión del sujeto pasivo** (LIVA art.170.Dos.4 y 171.Uno.4) Las características de esta infracción son las siguientes:

Tipo infractor. Constituye infracción tributaria la no consignación en la autoliquidación que se debe presentar por el período correspondiente de las cantidades de las que sea sujeto pasivo el destinatario de las operaciones conforme a la LIVA art.84.uno.2º a 4º, 85 y 140 quinque.

Sujeto infractor. Quien debió efectuar la autorrepercusión por inversión del sujeto pasivo.

Calificación. La infracción se califica como grave.

Sanción. Multa pecuniaria proporcional del 10% de la cuota correspondiente a las operaciones no consignadas en la autoliquidación.

Reducciones. A esta sanción le resulta aplicable, en su caso, la reducción por conformidad y la reducción por pronto pago (nº 6005 s. y nº 6025 s. respectivamente).

Precisiones 1) La confirmación de la sanción por no incluir en las autoliquidaciones de IVA las operaciones con inversión del sujeto pasivo (LIVA art.170.dos.4º), fundamentada en la comisión de un **error negligente**, al apreciar descuido o falta de diligencia en el cumplimiento de dicha obligación, no impide la consideración de las cuotas como deducibles en el período del devengo, al no justificar

la existencia de una actuación de mala fe o fraudulenta. El principio de neutralidad exige que se conceda la **deducción del IVA** soportado si se cumplen los requisitos materiales, aun cuando los sujetos pasivos hayan omitido determinados requisitos formales.
2) Debe analizarse cada supuesto teniendo en cuenta la conducta seguida por el sujeto pasivo de la que se pueda o no inferir un comportamiento tendente a evitar ingresos fiscales o incurra en fraude. No es exigible siquiera que el obligado tributario actúe de buena fe, ya que la buena fe solo es pertinente en la medida en que exista un riesgo de pérdida de ingresos fiscales.
3) La vulneración del cumplimiento de las obligaciones formales y contables no supone que el sujeto pasivo incurra en fraude ni en un uso abusivo de las normas comunitarias, ni en un riesgo de pérdida de ingresos fiscales para el Estado. Ello es así en cuanto el sujeto pasivo no efectuó las operaciones para obtener una ventaja fiscal indebida. Esta puntualización lleva a tener que distinguir entre las actuaciones tendentes a obtener ventajas fiscales no permitidas y realizadas en fraude, o con abuso de las normas, en cuyo caso las medidas adoptadas para no permitir la deducción de las cuotas serán aplicables, de aquellas otras **conductas sin ánimo de fraude o de abuso de las normas** (TEAC 23-2-10; 14-2-12; 20-10-16).
4) En atención al **principio de proporcionalidad**, un órgano jurisdiccional puede anular una sanción impuesta bajo la LIVA art.170.Dos.4ª, consistente en no consignar en la autoliquidación que se debe presentar las cantidades de las que sea sujeto pasivo el destinatario de las operaciones, que cuantifica la sanción en un porcentaje fijo del 10% de la cuota dejada de consignar sin posibilidad de ponderar la inexistencia de perjuicio económico para modular la sanción, en una conducta omisiva en que no se ocasiona tal perjuicio a la Hacienda pública y es ajena a toda idea de fraude fiscal (TS 25-7-23, EDJ 666250).

Exenciones relativas a zonas y depósitos francos, regímenes especiales aduaneros y adquisiciones intracomunitarias de bienes (LIVA art.170.Dos.5 y 171.Uno.5) 7042.5

Las características de esta infracción son las siguientes:
Tipo infractor. Constituye infracción tributaria la falta de presentación o la presentación incorrecta o incompleta de las declaraciones-liquidaciones relativas a las operaciones reguladas en la LIVA art.19.5 redacc L 31/2022.
Sujeto infractor. Quien no presente o presente de forma incorrecta dichas declaraciones-liquidaciones.
Calificación. La infracción se califica como grave.
Sanción. Multa pecuniaria proporcional del 10% de las cuotas devengadas correspondientes a las operaciones no consignadas o consignadas incorrectamente o de forma incompleta en las declaraciones-liquidaciones.
No obstante, cuando se trate de declaraciones-liquidaciones relativas al **abandono del régimen de depósito** distinto del aduanero, se sanciona con multa pecuniaria proporcional del 10% de las cuotas devengadas correspondientes a las operaciones no consignadas o consignadas incorrectamente o de forma incompleta, siempre que la suma total de cuotas declaradas en la declaración-liquidación sea inferior al de las efectivamente devengadas en el período.
Reducciones. A esta sanción esta sanción le resulta aplicable, en su caso, la reducción por conformidad del nº 6005 s. y la reducción por pronto pago del nº 6025 s.

Precisiones En atención al **principio de proporcionalidad**, un órgano jurisdiccional puede anular una sanción impuesta bajo la LIVA art.170.Dos.5ª, consistente en la falta de presentación o la presentación incorrecta o incompleta de las declaraciones- liquidaciones relativas a las operaciones asimiladas a las importaciones de bienes -por el cese de las situaciones de depósito temporal de la LIVA art.23 o la ultimación de los regímenes aduaneros y fiscales de exención comprendidos en la LIVA art.24-, que cuantifica la sanción en un porcentaje fijo de la cuota dejada de consignar sin posibilidad de ponderar la inexistencia de perjuicio económico para modular la sanción, en una conducta omisiva en que no se ocasiona tal perjuicio a la Hacienda pública y es ajena a toda idea de fraude fiscal (TS 31-10-24, EDJ 729677).

Falta de comunicación o incorrecta comunicación en caso de entregas de inmuebles efectuadas en ejecución de la garantía constituida sobre los bienes inmuebles (LIVA art.170.Dos.6 y 171.Uno.6) 7042.6

Las características de esta infracción son las siguientes:
Tipo infractor. Constituye infracción tributaria la falta de comunicación en plazo o la comunicación incorrecta, por parte de los destinatarios de las operaciones a que se refiere la LIVA art.84.uno.2º.e tercer guión, a los empresarios o profesionales que realicen las correspondientes operaciones, de la circunstancia de estar actuando, con respecto a dichas operaciones, en su condición de empresarios o profesionales, en los términos que se regulan reglamentariamente.
Sujeto infractor. El destinatario de la operación que no realiza o realiza de forma incorrecta la correspondiente comunicación.
Calificación. La infracción se califica como grave.

Sanción. Multa pecuniaria proporcional del 1% de las cuotas devengadas correspondientes a las entregas y operaciones respecto de las que se ha incumplido la obligación de comunicación, con un mínimo de 300 euros y un máximo de 10.000 euros.
Reducciones. A esta sanción le resulta aplicable, en su caso, la reducción por pronto pago del nº 6025 s.

7042.7 **Falta de comunicación o incorrecta comunicación en caso de ejecuciones de obra y cesiones de personal para su realización, consecuencia de contratos entre el promotor y el contratista para la urbanización de terrenos o la construcción o rehabilitación de edificaciones** (LIVA art.170.Dos.7 y 171.Uno.6) Las características de esta infracción son las siguientes:
Tipo infractor. Constituye infracción tributaria la falta de comunicación en plazo o la comunicación incorrecta, por parte de los destinatarios de las operaciones a que se refiere la LIVA art.84.uno.2º.f, a los empresarios o profesionales que realicen las correspondientes operaciones, de las siguientes circunstancias, en los términos que se regulan reglamentariamente:
- que están actuando, con respecto a dichas operaciones, en su condición de empresarios o profesionales; y
- que tales operaciones se realizan en el marco de un proceso de urbanización de terrenos o de construcción o rehabilitación de edificaciones.

Sujeto infractor. El destinatario de la operación que no realiza o realiza de forma incorrecta la correspondiente comunicación.
Calificación. La infracción se califica como grave.
Sanción. Multa pecuniaria proporcional del 1% de las cuotas devengadas correspondientes a las entregas y operaciones respecto de las que se ha incumplido la obligación de comunicación, con un mínimo de 300 euros y un máximo de 10.000 euros.
Reducciones. A esta sanción le resulta aplicable, en su caso, la reducción por pronto pago del nº 6025 s.

7042.8 **Falta de autoliquidación o incorrecta autoliquidación del IVA de las cuotas correspondientes a las importaciones liquidadas por la Administración** (LIVA art.170.Dos.8 y 171.Uno.7) Las características de esta infracción son las siguientes:
Tipo infractor. Constituye infracción tributaria la no consignación o la consignación incorrecta o incompleta en la autoliquidación, de las cuotas tributarias correspondientes a operaciones de importación liquidadas por la Administración por los sujetos pasivos a que se refiere la LIVA art.167.dos.segundo párrafo.
Sujeto infractor. Quien no incluya en su declaración del IVA las cuotas liquidadas por la Administración correspondientes a las importaciones.
Calificación. La infracción se califica como grave.
Sanción. Multa pecuniaria proporcional del 10% de las cuotas devengadas correspondientes a las liquidaciones efectuadas por las Aduanas correspondientes a las operaciones no consignadas en la autoliquidación.
Reducciones. A esta sanción le resulta aplicable, en su caso, la reducción por conformidad del nº 6005 s. y la reducción por pronto pago del nº 6025 s.

III. Bienes y derechos situados en el extranjero

(LGT disp.adic.18ª)

7043

a. Obligaciones de información

(LGT disp.adic.18ª; RGGI art.42 bis, 42 ter -redacc RD 249/2023-, 42 quater -redacc RD 249/2023- y 54 bis)

7043.1 Los titulares, representantes, autorizados y beneficiarios de bienes y derechos situados en el extranjero están obligados a informar sobre:
a) **Cuentas** en entidades financieras extranjeras.
b) **Valores, derechos, seguros y rentas** depositadas, gestionadas u obtenidas en el extranjero.
c) Bienes **inmuebles** y derechos sobre bienes inmuebles situados en el extranjero.

d) Monedas virtuales situadas en el extranjero de las que se sea titular, o respecto de las cuales se tenga la condición de beneficiario o autorizado o de alguna otra forma se ostente poder de disposición, custodiadas por personas o entidades que proporcionan servicios para salvaguardar claves criptográficas privadas en nombre de terceros, para mantener, almacenar y transferir monedas virtuales.

Precisiones **1)** La declaración informativa sobre bienes y derechos situados en el extranjero se presenta en el **modelo 720** (OM HAP/72/2013 redacc OM HFP/1180/2023), salvo la información referente a las monedas virtuales situadas en el extranjero, que se presenta a través del **modelo 721** (OM HFP/886/2023).
2) Las primeras **declaraciones** relativas a las obligaciones de información sobre **monedas virtuales** situadas en el extranjero, se deben presentar a partir de 1-1-2024 respecto de la información correspondiente al año inmediato anterior (RD 249/2023 disp.trans.1ª.1).

Cuentas en entidades financieras situadas en el extranjero (RGGI art.42 bis) Establece que las personas físicas y jurídicas residentes en territorio español, los establecimientos permanentes en dicho territorio de personas o entidades no residentes y las entidades a que se refiere la LGT art.35.4 están obligados a presentar una declaración informativa anual referente a la totalidad de las cuentas situadas en el extranjero, abiertas en entidades que se dediquen al tráfico bancario o crediticio, a 31 de diciembre de cada año, que sean de su **titularidad**, o en las que figuren como **representantes, autorizados o beneficiarios**, o sobre las que tengan poderes de disposición o sean titulares reales. 7043.2
La **información a suministrar** se referirá a cuentas corrientes, de ahorro, imposiciones a plazo, cuentas de crédito y cualesquiera otras cuentas o depósitos dinerarios con independencia de la modalidad o denominación que adopten, aunque no exista retribución. Esta obligación de información no resulta de aplicación en los supuestos regulados en el RGGI art.42 bis.4.
En especial, **no existe obligación** de informar cuando los saldos de las cuentas a final de año y los saldos medios correspondientes al último trimestre del año no superen, conjuntamente, los 50.000 euros. La **presentación de la declaración** en los años sucesivos solo será obligatoria cuando cualquiera de esos saldos conjuntos hubiese experimentado un incremento superior a 20.000 euros respecto de los que determinaron la presentación de la última declaración.

Valores, derechos, seguros y rentas depositados, gestionados u obtenidas en el extranjero (RGGI art.42 ter redacc RD 249/2023) Establece que las personas físicas y jurídicas residentes en territorio español, los establecimientos permanentes en dicho territorio de personas o entidades no residentes y las entidades a que se refiere la LGT art.35.4, están obligadas a presentar una declaración anual, a 31 de diciembre de cada año, de los siguientes bienes y derechos situados en el extranjero de los que resulten **titulares** o respecto de los que tengan la consideración de titular real: 7043.3
a) Valores. Comprenden:
- los valores o derechos representativos de la participación en cualquier tipo de entidad jurídica;
- los valores representativos de la cesión a terceros de capitales propios; y
- los valores aportados para su gestión o administración a cualquier instrumento jurídico, incluyendo fideicomisos y «trusts» o masas patrimoniales que, no obstante carecer de personalidad jurídica, puedan actuar en el tráfico económico.

b) Acciones o participaciones y fondos patrimoniales: las acciones y participaciones en el capital social o fondo patrimonial de instituciones de inversión colectiva situadas en el extranjero de las que sean titulares o respecto de las que tengan la consideración de titular real.
c) Seguros y rentas. Comprenden:
1. Seguros de vida o invalidez de los que resulten tomadores a 31 de diciembre de cada año cuando la entidad aseguradora se encuentre situada en el extranjero, con indicación de su valor de rescate a dicha fecha.
No obstante, desde el 25-4-2023, cuando el **tomador** no tenga la facultad de ejercer el derecho de rescate total a 31 de diciembre, se indicará el valor de la provisión matemática a dicha fecha. Esto **no se aplica** a los seguros temporales que únicamente incluyan prestaciones en caso de fallecimiento o invalidez u otras garantías complementarias de riesgo.
2. Rentas temporales o vitalicias de las que sean beneficiarios a 31 de diciembre, como consecuencia de la entrega de un capital en dinero, de derechos de contenido económico o de bienes muebles o inmuebles, a entidades situadas en el extranjero, con indicación de su valor de capitalización a dicha fecha. No obstante, desde el 25-4-2023, cuando las citadas rentas procedan de un seguro de vida, se indicará el valor establecido en el número 1 anterior.
En caso de que el **tomador** del seguro sea **persona distinta del beneficiario** de la renta y conserve el derecho de rescate, será el tomador quien deba suministrar dicha información a la Administración tributaria.

Esta obligación de información **no resulta de aplicación** en los supuestos regulados en el RGGI art.42 ter.4.
En especial, no existe obligación de informar cuando el **valor de esos bienes o derechos** no superen, conjuntamente, el importe de 50.000 euros. La presentación de la declaración en los años sucesivos solo será obligatoria cuando el valor conjunto para todos los valores hubiese experimentado un incremento superior a 20.000 euros respecto del que determinó la presentación de la última declaración. Las valoraciones deberán calcularse conforme a las **reglas** establecidas en la L 19/1991 del IP.

7043.4 **Bienes inmuebles y derechos sobre bienes inmuebles situados en el extranjero** (RGGI art.54 bis) Las personas físicas y jurídicas residentes en territorio español, los establecimientos permanentes en dicho territorio de personas o entidades no residentes y las entidades a que se refiere la LGT art.35.4, están obligadas a presentar una declaración informativa anual referente a los bienes inmuebles o a derechos sobre bienes inmuebles, situados en el extranjero, de los que sean **titulares** o respecto de los que tengan la consideración de titular real, a 31 de diciembre de cada año.
Esta obligación de información **no resulta de aplicación** en los supuestos regulados en el RGGI art.54 bis.6.
En especial, no existe obligación de informar cuando el **valor** de esos bienes o derechos no superen, conjuntamente, el importe de 50.000 euros. La **presentación de la declaración** en los años sucesivos solo será obligatoria cuando el valor conjunto para todos los inmuebles hubiese experimentado un incremento superior a 20.000 euros respecto del que determinó la presentación de la última declaración.

7043.5 **Monedas virtuales situadas en el extranjero** (RGGI art.42 quater redacc 249/2023) Las personas físicas y jurídicas residentes en territorio español, los establecimientos permanentes en dicho territorio de personas o entidades no residentes y las entidades a que se refiere la LGT art.35.4, están obligadas a presentar una declaración informativa anual referente a la totalidad de las monedas virtuales situadas en el extranjero de las que se sea titular, o respecto de las cuales se tenga la condición de beneficiario, autorizado o de alguna otra forma se ostente poder de disposición, o de las que se sea titular real, custodiadas por personas o entidades que proporcionan servicios para salvaguardar claves criptográficas privadas en nombre de terceros, para mantener, almacenar y transferir monedas virtuales, a 31 de diciembre de cada año.
Esta obligación de información **no resulta de aplicación** en los supuestos regulados en el RGGI art.42 quater.5.
En especial, no existe obligación de informar sobre ninguna moneda virtual cuando los saldos a 31 de diciembre valoradas en euros no superen, conjuntamente, los 50.000 euros. En caso de superarse este límite conjunto deberá informarse sobre todas las monedas virtuales. La presentación de la declaración en los años sucesivos solo será obligatoria cuando el saldo conjunto hubiese experimentado un incremento superior a 20.000 euros respecto del que determinó la presentación de la última declaración.

Precisiones **1)** Con independencia del tipo de **monedero** (hot o cold), las monedas virtuales situadas en el extranjero solo son objeto de declaración cuando están custodiadas por un tercero, es decir, personas o entidades que proporcionan servicios para salvaguardar el control de los criptoactivos o sus claves en nombre del propio usuario (DGT CV 28-7-23).
2) El consultante posee dinero fiat (dinero fiduciario de curso legal, por ejemplo, dólar, euros, libras, etc.) en un **exchange de monedas virtuales** situado en el extranjero. Se incluye dentro de la obligación de declaración de bienes y derechos en el extranjero, y el consultante ha de informar cuando se supere el umbral de los 50.000 euros, la cuenta que en moneda fiduciaria de curso legal se mantiene con un Exchange en el extranjero (DGT CV 25-7-23).

b. Régimen sancionador

7043.6 El TJUE ha considerado que el régimen jurídico establecido por España para regular esta obligación informativa es incompatible con el **Derecho de la UE**; vulnera los principios de seguridad jurídica, proporcionalidad y, en particular, el principio general de libre circulación de capitales (TJUE 27-1-22, asunto C-788/19). En este contexto y con la finalidad de adaptar la legislación interna a la legalidad europea, **desde el 11-3-2022,** se elimina el régimen de infracciones y sanciones asociado a esta obligación de información (LGT disp.adic.18ª.2 derog L 5/2022). Para un estudio detallado ver nº 7043.5 s. Memento Inspección de Hacienda 2019-2020.
En consonancia con lo anterior, desde este momento, la **AEAT** considera que los incumplimientos materiales y formales derivados de la falta o incorrecta declaración de bienes y derechos en el extranjero ya no cuentan con ninguna especialidad, siendo de aplicación por tanto el **régimen sancionador general** de la LGT (LGT art.198 y 199) (nº 6915 s.).

Precisiones Como las sentencias del TJUE dictadas tanto en recursos de incumplimiento como en resoluciones de cuestiones prejudiciales tienen eficacia «ex tunc» (TJUE 15-12-2009, asunto C-239/06; 27-02-2014, asunto C-82/12), este **efecto retroactivo** determina que los obligados tributarios hayan solicitado la nulidad de los actos firmes de liquidación y sanción relativas al modelo 720 derivados de esas normas declaradas contrarias al Derecho de la Unión.

IV. Infracciones de las obligaciones de información y de diligencia debida relativas a las cuentas financieras en el ámbito de la asistencia mutua

(LGT disp.adic.22ª redacc L 13/2023)

La asistencia mutua de las instituciones financieras en materia fiscal tiene una gran relevancia, por lo que ha sido necesaria su regulación específica. Por ello, se ha establecido la obligación de **identificación de la residencia fiscal** de las personas que sean titulares u ostenten la titularidad de cuentas financieras (nº 5256.4). Dicha obligación afecta tanto a las entidades financieras como a las personas que ostenten la titularidad o el control de determinadas cuentas financieras: **7044**

1) Obligaciones de las instituciones financieras (LGT disp.adic.22ª.1.1º) Se establecen dos clases de obligaciones:

a) Identificar la **residencia** de las personas que ostentan la titularidad o control de determinadas cuentas financieras.

El **incumplimiento** de esta obligación (LGT disp.adic.22ª.3.1º) constituye una infracción tributaria específica (nº 7044.2).

b) Comunicar la **información** de esas cuentas a la Administración tributaria (LGT disp.adic.22ª.2).

El **incumplimiento** de la obligación de suministro de información se rige por el régimen de infracciones y sanciones tributarias general (LGT Título IV).

2) Obligaciones de los titulares (LGT disp.adic.22ª.1.2º) Se establece la obligación de identificar su residencia fiscal ante las instituciones financieras en las que se encuentren abiertas las citadas cuentas.

El **incumplimiento** de esta obligación, comunicando a la institución financiera datos falsos, incompletos o inexactos respecto a la identificación de la residencia fiscal de quien ostenta la titularidad o el control de las cuentas financieras (LGT disp.adic.22ª.3.2º), constituye una infracción tributaria específica (nº 7044.3).

Precisiones **1)** Las obligaciones de información y de diligencia debida relativas a cuentas financieras derivan del Acuerdo entre el Reino de España y los Estados Unidos de América para la mejora del cumplimiento fiscal internacional y la implementación de la Ley de cumplimiento fiscal de cuentas en el extranjero (Foreing Acount Tax Compliance Act, conocida como **FATCA**).

Dicho acuerdo es directamente vinculante y de obligado cumplimiento.

2) Como complemento al mismo se aprobó la OM HAP/1136/2014, por la que se regulan determinadas cuestiones relacionadas con las obligaciones de información y diligencia debida establecidas en tal Acuerdo y se aprueba la declaración informativa anual de cuentas financieras de determinadas personas estadounidenses (**modelo 290**).

3) Asimismo, la Dir 2011/16/UE, modificada por la Dir 2018/822/UE, establece normas y procedimientos de cooperación entre los países de la Unión Europea con vistas al intercambio de información, que es relevante para la Administración y la ejecución de las leyes nacionales en el ámbito de la fiscalidad. En cumplimiento de la obligación de adoptar medidas para exigir que las instituciones financieras apliquen de forma efectiva las normas de comunicación de información y diligencia debida incluidas en la mencionada Directiva y las derivadas del estándar común de comunicación de información (estándar CRS) elaborado por la OCDE aplicable en España, como consecuencia de la firma del **Acuerdo Multilateral entre Autoridades Competentes** sobre Intercambio Automático de Información de cuentas financieras, se incorporó la LGT disp.adic.22ª.

4) Por su parte, el RGGI art.37 bis desarrolla las obligaciones de información de las instituciones financieras sobre cuentas financieras en el ámbito de la asistencia mutua.

5) En relación con las **personas físicas,** además de la obligación de comunicar a cada una que esté sujeta a comunicación de información que la misma va a ser comunicada a la Administración tributaria y trasferida al Estado miembro correspondiente, **desde el 1-1-2023**, se les ha de facilitar, con antelación suficiente, toda la información que esta tenga derecho a recibir para que pueda ejercer su derecho a la protección de sus datos personales y, en cualquier caso, antes de que la información por ella recopilada sea suministrada a la Administración tributaria.

7044.1 **Régimen sancionador específico** El incumplimiento de la obligación de suministro de información de las instituciones financieras a la Administración tributaria se rige por el régimen sancionador tributario general, sin especialidades. Por ello, aquí solo nos referiremos al régimen sancionador específico del incumplimiento de las obligaciones de identificación de la residencia por parte de los titulares a las entidades financieras y por parte de estas a la Administración tributaria.

7044.2 **Instituciones financieras que incumplen la obligación de identificar la residencia de quienes son los titulares o tienen control sobre sus cuentas financieras** El régimen de infracciones y sanciones por incumplimiento de esta obligación se detalla a continuación:

Tipo infractor. Constituye infracción tributaria el incumplimiento de la obligación de identificar la residencia de las personas que ostenten la titularidad o el control de las cuentas financieras conforme a las normas de diligencia debida, siempre que tal incumplimiento no determine el incumplimiento de la obligación de suministro de información respecto de las citadas cuentas (LGT disp.adic.22ª.3 párrafo primero).

A las entidades financieras se les imponía dos **obligaciones**:

- identificar la residencia; y
- comunicar la información de esas cuentas a la Administración tributaria.

El tipo infractor considerado solo se refiere al incumplimiento de la primera de dichas obligaciones. Ello se debe a que el incumplimiento de la segunda de esas obligaciones, la falta de presentación o la presentación incorrecta de la declaración informativa correspondiente, ya se encuentra expresamente tipificada y regulada con carácter general (ver nº 6937 s.).

Sujeto infractor. Las instituciones financieras que incumplen sus obligaciones de identificación de la residencia de las personas que ostenten la titularidad o el control de las cuentas financieras afectadas por las normas de diligencia debida.

Calificación. La infracción se califica como grave.

Sanción. Multa fija de 200 euros por cada persona respecto de la que se haya producido el incumplimiento.

Incompatibilidad. Esta infracción específica no se aplica si el incumplimiento determina respecto de las citadas cuentas, el incumplimiento de la obligación de suministro de información (LGT disp.adic.22ª.2), dado que ambas conductas están íntimamente relacionadas y podría suponer una doble sanción.

7044.3 **Personas titulares o que ostenten el control de cuentas financieras por comunicar datos falsos, incompletos o inexactos a la entidad financiera** El régimen de infracciones y sanciones por incumplimiento de esta obligación se detalla a continuación:

Tipo infractor. Constituye infracción tributaria comunicar a la institución financiera datos falsos, incompletos o inexactos en relación con las declaraciones que resulten exigibles a las personas que ostenten la titularidad o el control de las cuentas financieras en orden a la identificación de su residencia fiscal, cuando se derive de ello la incorrecta identificación de la residencia fiscal de las citadas personas (LGT disp.adic.22ª.3 párrafo segundo).

Este tipo infractor específico regula la declaración incorrecta (con datos falsos, incompletos o inexactos), pero no la **falta de declaración de la residencia** a la entidad financiera. La falta de aportación de la identificación de su residencia fiscal a la entidad financiera no implica una sanción, sino que determina, tratándose de cuentas abiertas a partir del 1-1-2016, que la entidad financiera no realice cargos, abonos, ni cualesquiera otras operaciones en la cuenta, si trascurre el plazo de 90 días desde que se hubiese solicitado la apertura de la cuenta sin aportar la información, manteniéndose esta consecuencia hasta el momento de su aportación (LGT disp.adic.22ª.5).

Esta consecuencia también resulta de aplicación respecto de las obligaciones de información y de diligencia debida relativas a cuentas financieras conforme a lo dispuesto en el Acuerdo entre los Estados Unidos de América y el Reino de España para la mejora del cumplimiento fiscal internacional y la implementación de la Foreign Account Tax Compliance Act - **FATCA** (LGT disp.adic.22ª.8).

Sujeto infractor. La persona que ostenta la titularidad o el control de la cuenta financiera que ha comunicado los datos falsos, incompletos o inexactos.

Calificación. La infracción se califica como grave.

Sanción. Multa fija de 300 euros.

Precisiones 1) Respecto a la **conservación de la documentación** relativa a obligaciones de información y de diligencia debida, las pruebas documentales, las declaraciones que resulten exigibles a las personas que ostenten la titularidad o el control de las cuentas financieras y demás información utilizada en cumplimiento de las obligaciones de información y de diligencia debida, deben estar a disposición de la Administración tributaria hasta la finalización del quinto año siguiente a aquel en el que se deba suministrar la información respecto de las citadas cuentas (LGT disp.adic.22ª.6).

2) Lo anterior también se aplica respecto de las obligaciones de información y de diligencia debida relativas a cuentas financieras conforme a lo dispuesto en el Acuerdo entre España y los EEUU para la mejora del cumplimiento fiscal internacional y la implementación de la **FATCA** (LGT disp.adic.22ª.8).

V. Infracciones de las obligaciones de información sobre mecanismos transfronterizos de planificación fiscal

(LGT disp.adic.23ª y 24ª redacc L 13/2023; RGGI art.45 a 49 bis)

La Dir (UE) 2018/822 (DAC 6), que modifica la Dir 2011/16/UE por lo que se refiere al intercambio automático y obligatorio de información en el ámbito de la fiscalidad en relación con los mecanismos transfronterizos sujetos a comunicación de información, establece la obligación de comunicación de determinados mecanismos transfronterizos de planificación fiscal. La trasposición de dicha normativa se ha llevado a cabo mediante la introducción de diferentes disposiciones en la LGT (LGT disp.adic.23ª y 24ª), y su posterior desarrollo a través de la inclusión en el RGGI de la subsección «Obligaciones de información de los mecanismos transfronterizos de planificación fiscal» (RGGI art.45 a 49 bis). Las obligaciones de información de los mecanismos transfronterizos potencialmente agresivos son: **7045**

- obligación de información sobre mecanismos transfronterizos de planificación fiscal;
- obligaciones entre particulares derivadas de la obligación de información de los mecanismos transfronterizos de planificación fiscal (nº 7046 s.).

1. Obligación de información sobre mecanismos transfronterizos de planificación fiscal

(LGT disp.adic.23ª redacc L 13/2023)

Las siguientes **obligaciones** de información se incorporan a la LGT con el objeto de trasponer al ordenamiento interno la DAC 6: **7045.1**

a) Obligaciones generales de declarar los mecanismos transfronterizos definidos en la Dir 2011/16/UE y, desde el 26-5-2023, en el Acuerdo Multilateral entre Autoridades Competentes sobre intercambio automático de información relativa a los mecanismos de elusión del Estándar común de comunicación de información y las estructuras extraterritoriales opacas en el seno de la OCDE, y en otros acuerdos internacionales suscritos con el mismo objetivo.
b) Obligación de informar sobre la actualización de los mecanismos transfronterizos comercializables.
c) Obligación de informar sobre la utilización en España de los mecanismos transfronterizos sujetos a declaración.
El incumplimiento de las obligaciones de declaración de los mecanismos transfronterizos constituyen infracciones tributarias específicas. Se distinguen tres **infracciones**:

- la falta de presentación en plazo de las declaraciones informativas;
- la presentación incompleta, inexacta o con datos falsos de las declaraciones informativas (nº 7045.3); y
- la presentación de las declaraciones informativas por medios distintos a los electrónicos, informáticos y telemáticos cuando este medio sea obligatorio (nº 7045.4).

Falta de presentación en plazo de declaraciones informativas (LGT disp.adic.23ª.4.a) **7045.2**

Las características de esta infracción son las siguientes:
Tipo infractor. Constituyen infracciones tributarias la falta de presentación de las declaraciones informativas de mecanismos de planificación fiscal.
Sujeto infractor. El intermediario o el obligado tributario interesado que incumpla la obligación de presentar la declaración informativa.
Calificación. La infracción se califica como grave.
Sanción. Consiste en multa pecuniaria fija de 2.000 euros por cada dato o conjunto de datos referidos a un mismo mecanismo que hubiera debido incluirse en la declaración, con un mínimo de 4.000 euros y un máximo equivalente al importe de los honorarios percibidos o a percibir por cada mecanismo o al valor del efecto fiscal derivado de cada mecanismo calculado en los términos reglamentariamente establecidos, dependiendo de que el infractor sea el intermediario o el obligado tributario interesado, respectivamente. El límite máximo no se aplica cuando el mismo sea inferior a 4.000 euros.

A los efectos de esta sanción, constituyen distintos conjuntos de datos las informaciones a que se refieren cada una de las distintas declaraciones informativas en relación con, según la declaración informativa que se trate en cada caso, cada uno de los mecanismos que deban ser objeto de declaración, cada una de las actualizaciones relativas a un mecanismo que deban ser objeto de declaración o en relación a cada utilización del mecanismo que deba ser objeto de declaración.

Por otra parte, cuando un mecanismo transfronterizo carezca de valor y el infractor lo sea en su condición de obligado tributario interesado, se computa como límite máximo el equivalente a los honorarios percibidos o a percibir por el intermediario.

En caso de inexistencia de honorarios, el límite se debe referir al valor de mercado de la actividad cuya concurrencia hubiera dado lugar a la consideración de intermediario calculada de acuerdo con lo dispuesto en la LIS art.18.1.

La sanción y los límites mínimo y máximo previstos se reducirán a la mitad cuando la información haya sido presentada fuera de plazo sin requerimiento previo de la Administración tributaria.

Incompatibilidad. Si se han presentado en plazo declaraciones incompletas, inexactas o con datos falsos, y posteriormente se presenta fuera de plazo sin requerimiento previo una declaración complementaria o sustitutiva de las anteriores, no se sanciona por la presentación incompleta, inexacta o con datos falsos de las declaraciones informativas en relación con las declaraciones presentadas en plazo, y se ha de imponer la sanción que resulte de la falta de presentación en plazo de esta declaración respecto de lo declarado fuera de plazo.

Esta sanción es incompatible con las establecidas en la LGT art.198 y 199.

7045.3 **Presentación incompleta, inexacta o con datos falsos de las declaraciones informativas** (LGT disp.adic.23ª.4.b) Las características de esta infracción son las siguientes:

Tipo infractor. Constituye infracción tributaria presentar de forma incompleta, inexacta o con datos falsos las declaraciones informativas de mecanismos de planificación fiscal.

Sujeto infractor. El intermediario o el obligado tributario interesado obligado a presentar la declaración informativa.

Calificación. La infracción se califica como grave.

Sanción. Consiste en multa pecuniaria fija de 2.000 euros por cada dato o conjunto de datos omitido, inexacto o falso referidos a un mismo mecanismo que haya debido incluirse en la declaración con un mínimo de 4.000 euros y un máximo equivalente al importe de los honorarios percibidos o a percibir por cada mecanismo o al valor del efecto fiscal derivado de cada mecanismo calculado en los términos reglamentariamente establecidos, dependiendo de que el infractor sea el intermediario o el obligado tributario interesado, respectivamente. El límite máximo no se aplica cuando el mismo fuera inferior a 4.000 euros.

A los efectos de esta sanción, constituyen distintos conjuntos de datos las informaciones a que se refieren cada una de las distintas declaraciones informativas en relación con, según la declaración informativa que se trate en cada caso, cada uno de los mecanismos que deban ser objeto de declaración, cada una de las actualizaciones relativas a un mecanismo que deban ser objeto de declaración o en relación a cada utilización del mecanismo que deba ser objeto de declaración.

Se establecen las mismas cautelas si el mecanismo transfronterizo carece de valor y el infractor lo es en su condición de obligado tributario interesado, computándose como límite máximo el equivalente a los honorarios percibidos o a percibir por el intermediario, así como en el caso de no existencia de honorarios, donde el límite se referirá al valor de mercado de la actividad cuya concurrencia hubiera dado lugar a la consideración de intermediario calculada de acuerdo con lo dispuesto en la LIS art.18.1.

A efectos de la aplicación de los límites máximos, el sujeto infractor deberá acreditar la concurrencia y magnitud de los mismos.

Incompatibilidad. Esta sanción es incompatible con las establecidas en la LGT art.198 y 199.

7045.4 **Incumplimiento de presentación por medios electrónicos, telemáticos e informáticos cuando existe obligación** (LGT disp.adic.23ª.4.c) Las características de esta infracción son las siguientes:

Tipo infractor. Constituye infracción tributaria la presentación de las declaraciones informativas de mecanismos de planificación fiscal por medios distintos a los electrónicos, telemáticos e informáticos en aquellos supuestos que haya obligación de hacerlo por dichos medios.

Sujeto infractor. El intermediario o el obligado tributario interesado obligado a presentar la declaración informativa.

Calificación. La infracción se califica como grave.

Sanción. Consiste en multa pecuniaria fija de 250 euros por dato o conjunto de datos referidos a un mismo mecanismo que hubiera debido incluirse en la declaración con un mínimo de 750 euros y un máximo de 1.500 euros.
A los efectos de esta sanción, constituyen distintos conjuntos de datos las informaciones a que se refieren cada una de las distintas declaraciones informativas en relación con, según la declaración informativa que se trate en cada caso, cada uno de los mecanismos que deban ser objeto de declaración, cada una de las actualizaciones relativas a un mecanismo que deban ser objeto de declaración o en relación a cada utilización del mecanismo que deba ser objeto de declaración.
Incompatibilidad. Esta sanción es incompatible con las establecidas en la LGT art.198 y 199.

2. Obligaciones entre particulares derivadas de la obligación de información de los mecanismos transfronterizos de planificación fiscal

(LGT disp.adic.24º redacc L 13/2023)

La LGT, además de regular la obligación de información de determinados mecanismos de planificación fiscal, regula las obligaciones de comunicación entre los **intervinientes y partícipes en los mecanismos transfronterizos** de planificación fiscal objeto de declaración distinguiendo entre: **7046**
- obligaciones de los intermediarios eximidos por el deber de secreto profesional de la presentación de la declaración de los mecanismos transfronterizos de planificación fiscal; y
- obligaciones de las personas o entidades obligados a declarar y que hubieran presentado la declaración de los mecanismos transfronterizos de planificación fiscal (nº 7046.2).

Intermediarios eximidos por el deber de secreto profesional de la presentación de la declaración de los mecanismos transfronterizos de planificación fiscal (LGT disp.adic.24ª.3.a) **Desde el 26-5-2023**, los intermediarios eximidos por el deber de secreto profesional de la presentación de la declaración de los mecanismos transfronterizos de planificación fiscal deben comunicar fehacientemente dicha exención a quienes sean sus clientes, ya sean otros intermediarios o los obligados tributarios interesados que participen en los mecanismos transfronterizos de planificación fiscal. Se elimina así, desde la fecha indicada, la obligación que existía hasta entonces de comunicación al resto de intermediarios que no son clientes. **7046.1**
Tipo infractor. Constituye infracción tributaria el incumplimiento de la obligación de comunicar la exención de presentar la declaración de los mecanismos transfronterizos de planificación fiscal en el plazo establecido o la realización de la comunicación omitiendo datos o incluyendo datos falsos, incompletos o inexactos.
Sujeto infractor. El intermediario eximido por el deber de secreto profesional de la presentación de la declaración de los mecanismos transfronterizos de planificación fiscal.
Calificación. La infracción se califica como leve.
No obstante, la infracción se califica como grave cuando la ausencia de comunicación en plazo concurra con la falta de declaración del correspondiente mecanismo transfronterizo de planificación fiscal por el obligado tributario interesado que hubiera debido presentar la declaración si se hubiera realizado dicha comunicación.
Sanción. Multa fija de 600 euros cuando la infracción se califique como leve.
Cuando la infracción se califica como grave la sanción será la que hubiera correspondido a la infracción por la falta de presentación de la declaración del correspondiente mecanismo de planificación fiscal.

Personas o entidades obligados a declarar y que hubieran presentado la declaración de los mecanismos transfronterizos de planificación fiscal (LGT disp.adic.24ª.3.b) Las personas o entidades obligadas a declarar y que hubieran presentado la declaración de los mecanismos transfronterizos de planificación fiscal deben comunicar fehacientemente su presentación al resto de intermediarios o, en su caso, al resto de obligados tributarios interesados, quienes, en virtud de aquella, quedarán eximidos de la obligación de declarar. **7046.2**
Tipo infractor. Constituye infracción tributaria la falta de comunicación de la presentación de la declaración de los mecanismos transfronterizos de planificación fiscal en el plazo establecido o la realización de la comunicación omitiendo datos o incluyendo datos falsos, incompletos o inexactos.
Sujeto infractor. Las personas o entidades obligadas a declarar y que hubieran presentado la declaración de los mecanismos transfronterizos de planificación fiscal.
Calificación. La infracción se califica como leve.
Sanción. Multa fija de 600 euros.

VI. Infracciones de las obligaciones de información y de diligencia debida relativas a la declaración informativa de los operadores de plataforma obligados en el ámbito de la asistencia mutua

(LGT disp.adic.25º redacc L 13/2023)

7047 **Desde el 1-1-2023**, se establece una nueva obligación de información y de diligencia debida relativa a la declaración informativa de los operadores de plataforma obligados en el ámbito de la asistencia mutua, trasponiendo la Dir (UE) 2021/514 (DAC 7) e incorporando las disposiciones que a este respecto se contienen en el Acuerdo Multilateral entre Autoridades Competentes para el intercambio automático de información sobre la renta obtenida a través de plataformas digitales en el ámbito de la OCDE, así como otros acuerdos internacionales suscritos con el mismo objetivo.

Asimismo, las personas o entidades considerados vendedores de acuerdo con la normativa deberán cumplir las obligaciones derivadas de la aplicación de las normas y procedimientos de diligencia debida.

Esta nueva declaración informativa permite obtener información sobre los ingresos que obtienen los vendedores que utilicen plataformas digitales para realizar sus ventas. Los operadores de plataforma obligados a comunicar información deben cumplir tres tipos de **obligaciones**:

- estar registrados en el censo, en los términos recogidos reglamentariamente;
- cumplir las normas y procedimientos de diligencia debida que deben aplicar sobre los vendedores para obtener y verificar información sobre los mismos;
- suministrar la información obtenida a la Administración.

El incumplimiento de las anteriores obligaciones constituyen infracciones tributarias específicas.

7047.1 **Régimen sancionador específico** (LGT disp.adic.25ª.2) El incumplimiento de las obligaciones de suministro de la información y registro relativas a la declaración informativa de los operadores de plataforma obligados en el ámbito de la asistencia mutua se rige por el régimen sancionador tributario general (LGT art.178 a 212) con las especialidades recogidas en nº 7047.2 s..

7047.2 **Ausencia absoluta de registro en la UE de un operador de plataforma obligado a comunicar información** (LGT disp.adic.25ª.2) **Tipo infractor.** Constituye infracción tributaria la ausencia absoluta de registro en la UE de un operador de plataforma obligado a comunicar información (Dir 2011/16/UE Anexo V Sección I.A.4.b), siempre que de ello se derive la falta de recepción por la Administración tributaria española de la información que hubiera debido recibir en plazo relativa a vendedores sujetos a comunicación de información residentes en territorio español o bienes inmuebles situados en dicho territorio.

Sujeto infractor. Los operadores de plataforma obligados a comunicar información.

Calificación. La infracción se califica como muy grave.

Sanción. Multa del triple de la que hubiera correspondido por la falta de suministro de dicha información conforme a lo dispuesto en la LGT art.178 a 212.

Precisiones A efectos de esta sanción, constituyen distintos **conjuntos de datos** las informaciones recogidas en el RGGI art.54 ter.4, en relación con cada uno de los correspondientes «operadores de plataforma obligado a comunicar información» y «vendedores sujetos a comunicación de información» a que se refiere la información.

No obstante lo anterior, en el caso de la información recogida en la RGGI art.54 ter.4.b.1º tendrá la consideración de conjunto de datos cada uno de los números ordinales a que se refieren el RD 117/2024 art. 5.1 (RGGI art.54 ter).

7047.3 **Incumplimiento de las normas y procedimientos de diligencia debida por los operadores de plataforma obligados a comunicar información** (LGT disp.adic.25ª.3) **Tipo infractor.** Constituye infracción tributaria el incumplimiento de las normas y procedimientos de diligencia debida por los operadores de plataforma obligados a comunicar información. En particular, tienen la consideración de infracción tributaria a estos efectos, el incumplimiento o cumplimiento incorrecto o fuera de plazo de las obligaciones derivadas de los procedimientos de diligencia debida relativos a:

- la determinación de los vendedores no sujetos a revisión;
- la recopilación de información sobre el vendedor;
- la verificación de la información sobre el vendedor;
- la determinación del Estado o Estados de residencia del vendedor;
- la recopilación de información sobre bienes inmuebles alquilados.

Sujeto infractor. Los operadores de plataforma obligados a comunicar información. Cuando un operador de plataforma obligado a comunicar información se sirva de un prestador de servicios externo para cumplir las obligaciones de diligencia debida, estas siguen siendo responsabilidad de tal operador.
Calificación. La infracción se califica como grave.
Sanción. Multa fija de 200 euros por cada vendedor respecto del que se incumplieron las obligaciones derivadas de la aplicación de las normas y procedimientos de diligencia debida.

No comunicar la información obligatoria en plazo o comunicar información falsa, incompleta o inexacta a los operadores de plataforma obligados a comunicar información por los vendedores (LGT disp.adic.25ª.4) **Tipo infractor**. Constituye infracción tributaria no comunicar la información obligatoria en plazo o comunicar información falsa, incompleta o inexacta a los operadores de plataforma obligados a comunicar información por los vendedores, en cumplimiento de las obligaciones derivadas de la aplicación por el operador de los procedimientos de diligencia debida establecidas en la norma. 7047.4
Sujeto infractor. Las personas o entidades que tuvieran la consideración de vendedores.
Calificación. La infracción tributaria se califica como grave.
Sanción. Multa fija de 300 euros.

Medidas en caso de irregularidades en relación con la diligencia debida (LGT disp.adic.25ª.5 y 6) En caso de acreditación de determinadas irregularidades en los procedimientos de diligencia debida, se reconocen ciertas medidas eventualmente aplicables: 7047.5
a) Cierre de la cuenta del vendedor. Cuando un vendedor no facilite al operador de plataforma obligado a comunicar información la información exigida con arreglo a las normas y procedimientos de diligencia debida, habiendo recibido dos recordatorios relativos a la solicitud inicial del operador y transcurrido un plazo de 60 días naturales desde la solicitud inicial, dicho operador cerrará la cuenta del vendedor e impedirá que vuelva a registrarse en la plataforma, o bien le retendrá el pago de la contraprestación hasta que facilite la información que se solicitó.
b) Baja cautelar en el censo. La Administración tributaria acordará la baja cautelar en el censo correspondiente del operador de plataforma obligado a comunicar información (Dir 2011/16/UE Anexo V Sección I.A.4.b), cuando no cumpla la obligación de información y diligencia debida para los operadores de plataforma obligados, después de dos requerimientos. La baja se ha de efectuar en un plazo máximo de 90 días naturales desde el segundo requerimiento, pero nunca antes de que transcurran 30 días naturales desde el mismo. Una vez acordada la baja, el operador solo puede tramitar el alta de nuevo, si ofrece a la Administración tributaria garantías adecuadas de que se compromete a cumplir la obligación de información, incluidos aquellos suministros de información pendientes de cumplir. La Administración tributaria puede considerar como garantía adecuada una declaración responsable, o cualquier otra garantía prevista en la normativa tributaria. La Administración tributaria puede acordar la adecuación de dichas garantías previa verificación, en su caso, de su situación censal a través de las actuaciones y procedimientos de comprobación censal.

VII. Otras infracciones específicas

Existen otras infracciones tributarias que se regulan en las normas propias de los distintos tributos, entre las que se pueden destacar las siguientes: 7048

IMPUESTO	INFRACCIÓN	SANCIÓN
IRPF	Incumplir la obligación de comunicar al empleador las disposiciones de patrimonios protegidos Se califica como leve (LIRPF art.54.5).	400 €
IRNR	Incumplimiento de la obligación de nombrar representante Se califica como grave (LIRNR art.10.3).	2.000 € 6.000 €, en el caso de residentes en países o territorios con los que no exista un efectivo intercambio de información tributaria.
ISD	Incumplimiento de la obligación de consignar el valor de los bienes y derechos en la declaración del Impuesto sobre Sucesiones y Donaciones. Se califica como grave (LISD art.40.2).	500 € La sanción se incrementa en un 100% si se produce la comisión repetida de infracciones tributarias.

7048
(sigue)

IMPUESTO	INFRACCIÓN	SANCIÓN
Impuestos especiales (IIEE):		
Impuestos especiales de fabricación	Fabricación, importación, circulación y tenencia con fines comerciales de productos objeto de IIEE con incumplimiento de las condiciones y requisitos establecidos en su normativa reguladora. Se califica como grave (L 38/1992 art.19.2 a 4).	Multas fijas y multas proporcionales de hasta el 100% de las cuotas que corresponderían a estos productos, con un mínimo de 1.200 € Existe la posibilidad de aplicar sanciones accesorias.
	Circulación de productos objeto del Impuesto con fines comerciales cuando existan omisiones o inadecuaciones en los datos esenciales de los documentos de circulación. Se califica como leve (L 38/1992 art.19.5).	Multa pecuniaria proporcional del 10% de la cuota que correspondería a los productos, con un mínimo de 600 €
	La tenencia con fines comerciales de bebidas alcohólicas o de labores del tabaco que no ostenten las marcas fiscales exigibles. Se califica como leve (L 38/1992 art.19.6).	Multa de 150 € por cada 1.000 cigarrillos, con un mínimo de 600 € Multa de 10 € por cada litro de bebidas, con un mínimo de 600 €
	Tenencia de marcas fiscales falsas, regeneradas o recuperadas. Se califica como leve (L 38/1992 art.19.7).	Multa pecuniaria fija de 10 € por cada marca.
Impuesto sobre Productos Intermedios	Existencia de diferencias en el grado alcohólico volumétrico adquirido y en primeras materias distintas del alcohol y las bebidas derivadas. Se califica como grave (L 38/1992 art.35).	Multa pecuniaria proporcional del 100% de la cuota que correspondería a estas diferencias.
Impuesto sobre el Alcohol y las Bebidas Derivadas	Incumplimientos relativos a las condiciones de producción e identificación de estos productos. Se califica como grave (L 38/1992 art.45).	Multas proporcionales de hasta el 150% de las cuotas que pudieran resultar por estos incumplimientos
Impuesto sobre Hidrocarburos	Inobservancia de las prohibiciones y limitaciones de uso. Se califica como grave (L 38/1992 art.55).	Multas pecuniarias fijas de 1.200 a 12.000 €
Impuesto sobre los envases de plástico no reutilizables	Falta de inscripción en el Registro territorial del impuesto. Se califica como grave (L 7/2022 art.83.2.a).	Multa pecuniaria fija: 1000 €.
	Falta de nombramiento de representante por los contribuyentes no establecidos en el TAI. Se califica como grave (L 7/2022 art.83.2.b).	Multa pecuniaria fija: 1000 €.
	Falsa o incorrecta certificación por la entidad acreditada, de la cantidad de plástico reciclado. Se califica como grave (L 7/2022 art.83.2.c).	Multa pecuniaria proporcional del 50% del importe de las cuotas del Impuesto que se hubiesen dejado de ingresar, con un mínimo de 1000 €, e incremento del 25% en caso de comisión repetida.
	Disfrute indebido de las exenciones recogidas en las letras a) y g) del art.75 de la Ley. Se califica como grave (L 7/2022 art.83.2.d).	Multa pecuniaria proporcional del 150% del beneficio fiscal indebidamente disfrutado, con mínimo de 1000 €.
	Incorrecta consignación en las facturas o el certificado de los datos del art.82.9 de la Ley. Se califica como grave (L 7/2022 art.83.2.e).	Multa pecuniaria fija de 75 € por cada factura o certificado emitido con datos incorrectos.

Precisiones **1)** En el ámbito de la **Inspección de Aduanas** hay que tener en cuenta la normativa específica (LO 12/1995; RD 1649/1998), en la que se tipifican las infracciones administrativas de contrabando junto con sus sanciones, de acuerdo con la normativa comunitaria (LGT art.183.3).
2) El **Impuesto General Indirecto Canario** (L 20/1991), contiene sanciones específicas similares a las correspondientes al IVA (nº 7040 s.).

CAPÍTULO 8

Procedimiento sancionador

En materia sancionadora, se establecen una serie de **especialidades** cuando se regula el procedimiento sancionador iniciado como consecuencia de un procedimiento de inspección, frente al resto de procedimientos sancionadores. 7052

En este sentido, la normativa reguladora del procedimiento sancionador en materia tributaria distingue, en cuanto a la **Inspección de los Tributos**, entre los siguientes procedimientos sancionadores: 7055
- los iniciados como consecuencia de un procedimiento de inspección; y
- aquellos que tienen su origen en otras actuaciones inspectoras.

A su vez, se contempla la posibilidad de que la **tramitación** de dichos procedimientos sancionadores se haga bien de forma separada respecto del procedimiento inspector o derivado de otras actuaciones inspectoras, o bien de forma conjunta con estos. Asimismo, la normativa regula las especialidades en la tramitación de los procedimientos sancionadores para la imposición de sanciones no pecuniarias (nº 7540 s.).

Precisiones Los procedimientos sancionadores garantizan los siguientes **derechos** (LGT art.208.4):

a) A ser **notificado** de los hechos que se le imputen, de las infracciones y de las sanciones que se le impongan, así como de la identidad del instructor, de la autoridad competente para imponer la sanción y de la norma que atribuye la competencia.

b) A formular **alegaciones** y utilizar medios de defensa admitidos por el ordenamiento jurídico.

c) Los **demás derechos** reconocidos con carácter general a los obligados tributarios (LGT art.34).

d) Asimismo, la **presunción de inocencia**, consagrada en la Const art.24, está contemplada en el ámbito administrativo, al señalar que los procedimientos sancionadores deben respetar la presunción de no existencia de responsabilidad administrativa mientras no se demuestre lo contrario (LPAC art.53.2.b).

Esta **presunción** implica que el investigado no puede ser tenido por culpable en tanto su culpabilidad no haya sido legalmente declarada; exige que toda condena debe ir precedida de una actividad probatoria, sin que nadie pueda ser obligado a probar su inocencia; y que cualquier insuficiencia en el resultado probatorio debe conllevar un pronunciamiento absolutorio.

SECCIÓN 1

Aspectos generales

En materia de atribución de **competencias** en el procedimiento sancionador se establece, como principio general, que el órgano administrativo que ha desarrollado el procedimiento de aplicación de los tributos es el competente para llevar a cabo las actuaciones pertinentes en el procedimiento sancionador. Tratándose de procedimientos sancionadores iniciados como consecuencia de un procedimiento de inspección, la atribución de competencias a dicho órgano se mantiene, aunque el obligado tributario cambie de domicilio una vez iniciadas las actuaciones inspectoras y antes de haberse iniciado el propio procedimiento sancionador. 7060

La **tramitación** del procedimiento sancionador puede realizarse, bien de forma separada respecto del correspondiente a las actuaciones inspectoras, bien de forma conjunta si así lo desea el obligado tributario, previa renuncia a dicha tramitación separada, es decir, la renuncia es voluntaria para el obligado tributario, salvo en el caso de actas con acuerdo (nº 7360 s.).

A. Atribución de competencias

(RSAN art.20)

7063

7065 Para la determinación del órgano competente en materia sancionadora, la **regla general** es que el órgano que haya desarrollado las actuaciones inspectoras es el competente para iniciar e instruir el correspondiente procedimiento sancionador.

Se establecen **reglas específicas** cuando hay un cambio de adscripción del obligado tributario a otra Dependencia de Inspección o dicho obligado ha cambiado de domicilio, habiendo sido este cambio debidamente comunicado a la Administración tributaria.

Se atribuyen distintas **consecuencias** en función de que el procedimiento sancionador tenga su origen en un procedimiento de inspección o en otro tipo de actuaciones (nº 7074 s.).

7068 Procedimiento iniciado como consecuencia de un procedimiento inspector

(RSAN art.20.3) En este caso, si se produce un **cambio de domicilio o adscripción**, dicho cambio, con independencia de que se produzca con posterioridad al inicio del procedimiento inspector y antes del inicio del propio procedimiento sancionador, o con posterioridad al inicio de este último, no supone «per se» ninguna variación en cuanto al órgano competente para iniciar e instruir el procedimiento sancionador correspondiente.

En cualquier caso, es **competente** el órgano administrativo correspondiente al domicilio que el obligado tributario tuviera al inicio del procedimiento inspector.

La única **salvedad** al mantenimiento de la competencia, a pesar de los cambios expuestos, viene dada por un motivo ajeno al propio cambio de adscripción o de domicilio, y es que el Director del Departamento competente altere dicha competencia mediante acuerdo expreso.

7070 Ejemplos 1) Un obligado tributario tiene su domicilio fiscal en Burgos y el 1-3-X2 se traslada a Sevilla, siendo este cambio debidamente comunicado a la Administración tributaria. Con anterioridad, el 1-10-X1, se iniciaron actuaciones de comprobación e investigación para revisar el adecuado cumplimiento de sus obligaciones tributarias, que concluyeron el 1-2-X2. Con esta misma fecha, de 1 de febrero, se inició el correspondiente procedimiento sancionador al estimar el inspector actuario que, como consecuencia de la regularización tributaria, existen indicios de la comisión de infracciones tributarias.

La Inspección competente para iniciar e instruir el procedimiento sancionador es la de Burgos, dado que era competente para realizar las actuaciones de comprobación e investigación, competencia que se traslada al procedimiento sancionador, aunque una vez iniciado este, se produzca un cambio de domicilio.

2) Si en el caso del ejemplo 1 el cambio de domicilio se efectuara el 1-2-X2, sigue siendo competente para iniciar e instruir el inspector de Burgos, aunque el cambio de domicilio del obligado tributario se produjo con anterioridad al inicio del procedimiento sancionador, puesto que la competencia para llevar a cabo las actuaciones del procedimiento inspector se extiende también al sancionador.

7074 Procedimiento iniciado como consecuencia de otras actuaciones inspectoras

(RSAN art.20.2) Se trata de supuestos de actuaciones realizadas por la Inspección en el ejercicio de sus funciones (LGT art.141), como es el caso de las actuaciones de comprobación limitada.

El procedimiento de **comprobación limitada** es un procedimiento encuadrado entre los procedimientos de gestión tributaria, que se rige por las normas propias de dicho procedimiento con independencia de que la comprobación se lleve a cabo por órganos de inspección o de gestión. Aunque la comprobación la lleve a cabo un órgano inspector no constituye un procedimiento inspector, no resultando de aplicación, en consecuencia, la regla de atribución de competencias establecida para el mismo (nº 7068).

En este caso el cambio de domicilio o adscripción una vez **finalizada** la comprobación y antes del inicio del procedimiento sancionador sí afecta al órgano competente para iniciar dicho procedimiento sancionador, ya que es el correspondiente al nuevo domicilio.

7077 Cuando se produce **cambio de adscripción** del obligado tributario a otra dependencia o unidad, la competencia para el inicio o continuación del procedimiento sancionador corresponde al órgano competente según la nueva adscripción, desde la fecha en que se dicta el acuerdo de cambio de adscripción.

El **cambio del domicilio fiscal** del obligado tributario también afecta al órgano competente para iniciar o continuar el correspondiente procedimiento sancionador, dado que dicho procedimiento se ha de realizar por el órgano competente correspondiente al nuevo domicilio. Se establece el **plazo** de un mes, desde la comunicación por el obligado tributario, para que dicho cambio produzca el efecto señalado.

Solo se establece una **excepción** a la situación de que el cambio de domicilio afecte al órgano competente que va a iniciar o continuar el procedimiento sancionador, que es que en el plazo de un mes desde la comunicación del cambio de domicilio, la Administración tributaria inicie un procedimiento de comprobación de la procedencia del cambio de domicilio. En este caso, la competencia del órgano no cambia en tanto no se resuelva dicho procedimiento.

Ejemplos 1) Por la Dependencia de Inspección de Cantabria se lleva a cabo un procedimiento de comprobación limitada respecto de un obligado tributario, que finaliza el 30-5-X1. Por la Inspección se considera que existen indicios de la comisión de infracciones tributarias y se inicia, en la fecha señalada, el correspondiente procedimiento sancionador. El 10-6-X1 el obligado tributario comunica a la Administración tributaria el cambio de domicilio fiscal a Madrid. A partir del 10-7-X1, si no se hubiese concluido el procedimiento sancionador, la Dependencia de Inspección de Cantabria deja de ser competente para tramitar el procedimiento sancionador y este debe pasar a tramitarse por la Dependencia de Inspección de Madrid. **7080**

2) Por la Dependencia de Inspección de Galicia se lleva a cabo un procedimiento de comprobación limitada respecto de un obligado tributario que finaliza el 30-5-X1. Por la Inspección se considera que existen indicios de la comisión de infracciones tributarias y se inicia, en la fecha señalada, el correspondiente procedimiento sancionador. El 10-6-X1 el obligado tributario comunica a la Administración tributaria el cambio de domicilio fiscal a Valencia. Acto seguido la Administración inicia el correspondiente procedimiento de comprobación del cambio de domicilio. El 18-7-X1 se dicta el acto de imposición de sanción sin que en tal fecha haya finalizado el procedimiento relativo al cambio de domicilio.

La Dependencia de Inspección de Galicia no ha dejado de ser competente para la tramitación y resolución del procedimiento sancionador, a pesar de haber transcurrido más de un mes desde la presentación de la comunicación del cambio de domicilio, al no haberse resuelto a la fecha del acto de liquidación el procedimiento de comprobación de dicho cambio.

B. Tramitación

(LGT art.155 y 208; RSAN art.21)

La **regla general** es que el procedimiento sancionador debe tramitarse de forma separada respecto de cualquier procedimiento de aplicación de los tributos, entre los que se encuentra el procedimiento inspector. **7084**

Esta separación tiene dos **excepciones**:

a) Cuando el obligado tributario **renuncia** a la tramitación separada, lo cual afecta a todos los procedimientos de aplicación de tributos. En caso de renuncia, el procedimiento de aplicación de los tributos y el procedimiento sancionador se tramitan conjuntamente (ver nº 7295 s. y nº 7495 s.). Esta renuncia es voluntaria para el obligado tributario y únicamente se realiza la tramitación conjunta de ambos procedimientos si hay una manifestación expresa del obligado en este sentido.

b) Cuando existan **actas con acuerdo** entre el obligado tributario y la Administración sobre la propuesta de regularización de la situación tributaria del obligado, lo cual solo puede producirse en el procedimiento inspector. Entre las menciones que debe contener el acta con acuerdo está la renuncia por parte del obligado tributario a la tramitación separada del procedimiento sancionador. En este caso la renuncia es obligatoria, de modo que la misma es un elemento más de dichas actas y sin ella no se puede llegar a la firma de un acta de esta naturaleza (nº 7360).

Precisiones 1) Tanto en el caso de renuncia voluntaria a que se tramite de forma separada el procedimiento de inspección y el correspondiente a la imposición de sanciones, como en el supuesto de las actas con acuerdo, todas las cuestiones relativas a las **infracciones** se examinan en el seno del procedimiento de inspección (nº 2575 s.). **7086**

2) En caso de renuncia, entre otras consecuencias, no resulta de aplicación el **plazo máximo** de duración del procedimiento sancionador fijado en seis meses (LGT art.211.2) dado que, al producirse la integración en el procedimiento de inspección, debe subsumirse en el plazo máximo de duración de este procedimiento (nº 3320 s.).

3) El acuerdo de exigencia de la **reducción de una sanción** no es un acuerdo sancionador -limitado al importe de tal reducción- sino un simple acto administrativo por el que se reclama al interesado el importe de la reducción de la única sanción previamente acordada, razón por la cual por vía de su impugnación no puede examinarse la conformidad a derecho de la sanción misma (TEAC unif criterio 21-6-22).

4) Resulta procedente la incoación de un procedimiento sancionador por el incumplimiento de las **obligaciones formales** exigibles, cuando tales obligaciones se refieran a unos conceptos y ejercicios tributarios que han sido objeto de un único procedimiento de inspección tributaria que finalizó mediante un acta de conformidad relativa al cumplimiento de **obligaciones materiales**, sin regularización del inspeccionado y un informe sobre las obligaciones formales incumplidas (TS 15-2-23, EDJ 513149).

7088 **Normativa** (LGT art.207) En materia de procedimiento sancionador en el ámbito tributario, deben aplicarse las disposiciones contenidas en la propia **LGT** sobre la materia (LGT art.207 a 212), así como lo previsto en su **normativa de desarrollo** (RSAN art.20 a 33), que contiene disposiciones de carácter general, así como otras especiales (como las relativas a sanciones tributarias no pecuniarias, o las que tratan de las actuaciones en materia de delitos contra la Hacienda pública). En su defecto, se debe acudir a las normas reguladoras del procedimiento sancionador en materia administrativa (LGT art.7.2 y 207).

7091 **Interrupción de la prescripción para la imposición de sanciones** (LGT art.68.2.c, 179.3 y 189) El **plazo** de que dispone la Administración para imponer sanciones tributarias es de cuatro años. La interrupción del plazo legal de prescripción para imponer dichas sanciones se produce por cualquier acción de la Administración tributaria encaminada a su imposición, con conocimiento formal del interesado.

Además, el inicio del procedimiento de comprobación e investigación, como actuación administrativa realizada con el conocimiento formal del sujeto pasivo, conducente a la **regularización** de la situación del obligado tributario, tiene eficacia interruptiva del plazo de prescripción de la acción para imponer las sanciones tributarias que pudieran derivarse de dichas actuaciones.

Si el obligado tributario presenta una **declaración complementaria** una vez vencido el período voluntario de declaración del impuesto, y sin que exista requerimiento previo de la Administración tributaria, tiene los siguientes **efectos**:

- Interrumpe el derecho de la Administración para determinar la deuda tributaria mediante la oportuna liquidación.
- Impide la imposición de sanciones sobre las cantidades declaradas, siempre que se cumplan con los requisitos establecidos para la imposición del correspondiente recargo.

7092 Precisiones 1) El hecho de que no se hubiera admitido la eficacia interruptiva de las actuaciones del procedimiento inspector, a efectos del plazo de prescripción de la acción para imponer sanciones tributarias, hubiera supuesto una limitación del plazo en el que la Administración podía ejercitar su potestad sancionadora, pues las **acciones de investigación y comprobación** que permiten acreditar la conducta que puede ser constitutiva de infracción, se extienden durante el plazo que sea necesario dentro del límite de los 18 meses, pudiendo en ese plazo prescribir la acción para sancionarlas. Asimismo, la falta de eficacia interruptiva hubiera obligado a la Administración a incoar simultáneamente ambos procedimientos, desarrollando en el sancionador una labor instructora propia del de comprobación e investigación, quedando el plazo de prescripción de la acción para sancionar, en cierta medida, al arbitrio del sujeto infractor.

2) Las **actuaciones inspectoras en el expediente de comprobación** interrumpen la prescripción de la acción para sancionar (AN 13-7-09, EDJ 159605).

Ejemplo Un obligado tributario presenta en marzo del ejercicio X4 una declaración complementaria por el IRPF correspondiente al ejercicio X1 (cuyo plazo de declaración finalizó el 30 de junio de X2), incrementando la cuota declarada en 100.000, y en abril de X7 se inicia un procedimiento inspector para comprobar el IRPF del ejercicio X1, respecto del que no estaría prescrita la acción de la Administración para su comprobación, dado el efecto interruptivo de la declaración complementaria presentada en X4. En dicho procedimiento inspector se incrementa la cuota en 80.000, adicionales a los declarados inicialmente y a los 100.000 consignados en la declaración complementaria.

La cuestión que se plantea es si resulta posible iniciar un procedimiento sancionador respecto de los 80.000 resultantes de la comprobación inspectora o si, por el contrario, la acción para imponer sanciones sobre dicho importe estaría ya prescrita en X7, cuando se inicia el procedimiento inspector, por lo que la interrupción de la prescripción para sancionar por el inicio de un procedimiento inspector ya no resultaría aplicable a este caso.

Cualquier acción fehaciente del obligado tributario conducente a la liquidación o autoliquidación de la deuda tributaria interrumpe el derecho de la Administración para determinar la deuda tributaria mediante la oportuna liquidación. No obstante lo anterior, esta situación no está prevista en el caso de la interrupción de la acción para sancionar, dado que en este caso se mencionan acciones de la Administración tributaria, pero no del obligado tributario.

Por tanto, al iniciarse el procedimiento inspector en X7, ya estaría prescrita la posibilidad de sancionar por la mayor cuota descubierta relativa al IRPF del ejercicio X1, habiendo quedado extinguida la responsabilidad del sujeto infractor antes del inicio del procedimiento inspector.

7093 **Relación entre el procedimiento inspector y el sancionador** (LGT art.210.2 y 212.1) La **acreditación** de que un obligado tributario ha incurrido en alguna de las acciones u omisiones constitutivas de infracciones tributarias exige una labor de comprobación e investigación por parte de la Administración. Es en el seno del procedimiento inspector donde la Administración tributaria procede a regularizar la situación tributaria del sujeto pasivo, o declara correcta la

misma. Esta regularización trae como consecuencia la puesta de manifiesto de que el obligado tributario ha incurrido en alguna de las conductas tipificadas como infracción tributaria.
Si bien se contempla, como **regla general**, que la tramitación del procedimiento sancionador se haga de forma separada respecto del procedimiento inspector, queda patente la necesaria relación entre ambos procedimientos, al prever expresamente la posibilidad de tener en cuenta datos, pruebas o circunstancias que obrasen o hubieran sido obtenidos en el procedimiento de comprobación dentro del procedimiento sancionador, y exigiendo como único requisito para proceder a la incorporación de estos datos que esta se haga formalmente y con anterioridad al trámite de audiencia.
Esta **interconexión** entre ambos procedimientos también está presente en otras disposiciones. Como consecuencia lógica de la existencia de un expediente sancionador separado, existe la posibilidad de presentar un recurso independiente del acto de imposición de la sanción de la liquidación, si bien en el supuesto de que el contribuyente impugne también la cuota tributaria, se han de acumular ambos recursos o reclamaciones.
Asimismo, esta íntima relación entre ambos procedimientos -inspector y sancionador- supone que el inicio e instrucción del primero es un presupuesto o requisito previo al inicio del segundo.

SECCIÓN 2

Procedimientos sancionadores iniciados como consecuencia de un procedimiento inspector

 7095

7098 En los procedimientos sancionadores iniciados como consecuencia de un procedimiento de inspección, como procedimiento de aplicación de los tributos que es, la **regla general** es que ambos procedimientos han de ser objeto de tramitación separada, salvo que se renuncie a la misma, ya sea de forma voluntaria u obligatoria (nº 7084 s.).
La normativa distingue tres **fases** en el procedimiento sancionador: el inicio, la instrucción y la terminación, contemplándose una serie de peculiaridades para el caso de que el contribuyente renuncie a la tramitación separada y cuando la propuesta de regularización de la situación tributaria del obligado se concrete en un acta con acuerdo.

I. Tramitación separada

 7105

7107 La tramitación separada del procedimiento sancionador respecto del procedimiento inspector constituye la **regla general** en la tramitación de aquel procedimiento. Se distinguen tres fases:
a) **Iniciación** mediante un acuerdo, que se lleva a cabo generalmente por el equipo o unidad inspectora que ha desarrollado la actuación de comprobación e investigación, previa autorización concedida por el Inspector-Jefe.
b) **Instrucción**, que se realiza por el mismo que ha iniciado el procedimiento, salvo que el Inspector-Jefe lo encomiende a otro equipo o unidad. Esta fase concluye con la propuesta de resolución y las alegaciones del obligado tributario a la misma.
c) **Terminación**, en la que el Inspector-Jefe dicta el acto resolutorio del procedimiento sancionador.

A. Inicio

(LGT art.209)

7110 En el procedimiento sancionador únicamente está prevista su iniciación de oficio por la Administración tributaria sin que quepa, a diferencia de lo que ocurre con otros procedimientos, el inicio a instancia del obligado tributario.

La **formalización** del inicio del procedimiento sancionador derivado de un procedimiento inspector se efectúa mediante el acuerdo del equipo o unidad inspectora competente, que debe ser objeto de la correspondiente notificación al obligado tributario (nº 2435).

7112 **Plazo** (LGT art.209.2) Para iniciar el procedimiento sancionador se establece un **plazo máximo** tras el cual la Administración tributaria no puede iniciar dicho procedimiento aunque existan, en opinión del actuario, indicios de la comisión de infracciones tributarias como consecuencia de determinadas conductas que sí podrían ser sancionadas.

Concretamente, los procedimientos sancionadores que se incoen como consecuencia de un procedimiento de inspección, no pueden iniciarse respecto del obligado tributario una vez que ha transcurrido el plazo de seis meses desde la **notificación de la liquidación**, o, en su caso, desde que esta se entienda notificada.

No obstante, tratándose de procedimientos sancionadores derivados de **requerimientos de información a terceros**, distintos del obligado tributario objeto de la comprobación, pero realizados en el seno de dicho procedimiento inspector, no rige el mencionado plazo, ya que estos procedimientos sancionadores iniciados por la comisión de posibles infracciones, aunque estén relacionados con un procedimiento inspector iniciado respecto de otro obligado tributario, no existe liquidación vinculada y, por tanto, no tienen fijado un plazo expreso de inicio. En cualquier caso, resulta aplicable el plazo de cuatro años de prescripción para imponer sanciones a contar desde que se cometió la infracción.

7113 Precisiones **1)** La LGT solo establece una **fecha final** tras la cual ya no se puede iniciar el procedimiento sancionador, pero no una fecha inicial de cómputo, siempre que se inicie antes de dictarse el acuerdo de liquidación (TSJ Burgos 2-3-15, EDJ 22873).

No obstante, la posibilidad de la incoación de un procedimiento sancionador no puede estar permanentemente abierta y su único marco posible es el **plazo** de la LGT art.209.2 (AN 15-6-09, EDJ 138180).

2) El plazo máximo para iniciar el procedimiento sancionador desde la liquidación o resolución, no se aplica a supuestos de **falta de contestación a un requerimiento** de información tributaria (AN 16-2-12, EDJ 20103).

En el caso de no atender un requerimiento dirigido al interesado para la presentación de la **autoliquidación del IRPF**, el cómputo del plazo de inicio se produce desde la notificación del requerimiento (TSJ País Vasco 7-10-15, EDJ 229882).

3) El **plazo máximo** para que, en cualquier caso, la Inspección tributaria inicie el expediente sancionador resulta aplicable tanto cuando el actuario hace constar en el acta la improcedencia de incoar el procedimiento sancionador, como cuando propone su inicio o guarda silencio sobre el particular (TS 22-12-10, EDJ 279641).

4) Existen **pronunciamientos jurisprudenciales** que entienden aplicable el plazo de la LGT art.209.2 también a los siguientes procedimientos sancionadores:

- los derivados de **requerimientos de información a terceros**, distintos del obligado tributario objeto de la comprobación, pero realizados en el seno de dicho procedimiento inspector.

A estos efectos, el inicio de un procedimiento sancionador por **resistencia, obstrucción, excusa o negativa** a las actuaciones de la Administración tributaria relacionado con dicho requerimiento, debe tener lugar dentro del citado desde la notificación del requerimiento o el último de ellos;

- los derivados de la **comisión de una infracción tributaria**, que traen causa de un procedimiento previo, iniciado mediante declaración o de un procedimiento de verificación de datos, comprobación o inspección y no en caso de incumplimiento de un deber formal de presentación en plazo de declaración tributaria; en particular, no es de aplicación en caso de presentación extemporánea de la declaración informativa de bienes y derechos en el extranjero (TS 12-5-22, EDJ 566229; 9-6-22, EDJ 600082), o de la declaración resumen anual del IVA (TS 9-7-20, EDJ 605337).

5) En caso de un acuerdo de exigencia de la **reducción de la sanción** impuesta en un procedimiento sancionador que trae causa de un procedimiento previo, iniciado mediante declaración o de un procedimiento de verificación de datos, comprobación o inspección no resulta de aplicación el plazo máximo para iniciar el procedimiento sancionador (TEAC 20-12-21).

6) El TEAC fija como **nuevo criterio** que la anulación de un primer acuerdo sancionador tras la anulación, por motivos formales, de la liquidación de la que traía causa la sanción, determina, según el reciente criterio del Tribunal Supremo (TS 15-1-24, EDJ 501976) y en aplicación del principio non bis in ídem, la imposibilidad de inicio de un nuevo procedimiento sancionador y de imposición de una nueva sanción con relación al mismo obligado tributario y por los mismos hechos (TEAC 20-3-24; 20-3-24).

Ejemplo El 7-3-X1 se inicia el correspondiente procedimiento de comprobación e investigación respecto del obligado tributario Sr. A. Una vez iniciadas las actuaciones inspectoras, el 7-6-X1 se solicitan determinados datos de ventas al Sr. B, proveedor del Sr. A. 7114
La no contestación por parte del Sr. B al requerimiento individualizado de información efectuado por la Inspección, constituye una conducta susceptible de ser sancionada, al estar prevista la infracción tributaria por no contestar a dichos requerimientos.
El procedimiento sancionador que se inicie respecto del Sr. B no está condicionado con el que pueda resultar de la comprobación inspectora respecto del Sr. A.
El procedimiento para sancionar la infracción de no atender el requerimiento de información respecto del Sr. B, no tiene fijado un plazo de inicio. Hasta los 4 años desde que se cometió la infracción se podría iniciar el procedimiento sancionador correspondiente. Únicamente tendría plazo de inicio el procedimiento sancionador directamente relacionado con la comprobación del Sr. A, de tres meses desde que se hubiese notificado o entendiese notificada la correspondiente liquidación.

Momento de inicio (LGT art.209; RSAN art.25.2) Esta regulación permite que el procedimiento sancionador se inicie en distintos momentos: 7116
a) Inicio **anterior a la firma de la correspondiente acta de inspección**. En este caso se respeta el plazo de inicio fijado en la LGT, si bien existe otro plazo de duración máxima del procedimiento, cuyo cumplimiento puede verse afectado si el momento de inicio de dicho procedimiento es muy anterior a la firma del acta. Al establecerse que se inician tantos procedimientos sancionadores como actas de inspección se hayan incoado, de alguna forma se está limitando esta posibilidad de inicio antes de la firma de las actas, pero no se imposibilita. En este caso, se debe efectuar un cálculo previo de las actas que se van a firmar y, tras dicho trámite, ajustar los procedimientos a las actas realmente firmadas.
b) Inicio **tras la firma del acta**, una vez que ya existe una propuesta de regularización de la situación del obligado tributario. Este es, en la práctica, el supuesto más habitual.
c) Inicio **tras la práctica de la liquidación** que supone la finalización del procedimiento inspector. En este caso, el inicio del procedimiento sancionador no puede realizarse más allá de los seis meses desde que la liquidación se notifica o se entiende notificada.

Precisiones **1)** Para obligados tributarios afectados por la **DANA**, ver nº 3337. 7117
2) La solicitud de un procedimiento de **tasación pericial contradictoria** contra la valoración contenida en la liquidación puede tener incidencia en la tramitación del procedimiento sancionador (nº 7280).
3) El procedimiento sancionador se inicia con la **notificación del acuerdo** del órgano competente. Así, aunque dicho acuerdo sea dicta dentro del plazo de los tres meses (actualmente, seis meses) desde la notificación de la liquidación fijado por la norma, si se notifica una vez transcurrido dicho plazo, procede anular la sanción impuesta (TEAC 30-1-08).
No obstante, puede ser iniciado antes de que sea notificado el acuerdo de liquidación desde el momento de que existan **indicios suficientes** para ello (TEAC 19-2-14), o bien porque el expediente no deriva directamente de una **regularización** (TSJ Murcia 17-3-16, EDJ 35666).
4) No puede confundirse la **autorización expedida por el Inspector-Jefe** con la notificación del inicio del expediente sancionador. Dicha autorización constituye un acto puramente interno, no notificado, por lo que no puede aceptarse la eficacia jurídica de esta comunicación interna a efectos de cómputo del plazo de inicio del procedimiento sancionador (TEAC 26-1-10).
Una vez iniciado un procedimiento sancionador y realizado un **inicio-propuesta de resolución** del mismo al Inspector-Jefe y ordenado por este la realización de **actuaciones complementarias**, la fecha a tener en cuenta como inicio del procedimiento sancionador es la fecha de notificación de la comunicación de inicio-propuesta de resolución del mismo (la de la notificación de la propuesta dejada sin efecto) y no la de la notificación de la nueva propuesta de sanción derivada de la nueva propuesta de liquidación que surja fruto de las actuaciones complementarias realizadas por el instructor (TEAC 12-1-17).
5) El momento a partir del cual un procedimiento sancionador puede comenzar el despliegue de sus **efectos** en relación con el administrado es el de la notificación del acuerdo de inicio al sujeto pasivo (AN 26-11-09, EDJ 272808).
6) El expediente sancionador puede ser iniciado antes de que sea notificado el acuerdo de liquidación, es decir, desde el momento de que existan **indicios suficientes** para ello (TEAC 19-2-14).
Al no existir ninguna norma que establezca la obligatoriedad de tener que iniciar el procedimiento sancionador tras la notificación de la liquidación (TS 23-7-20, EDJ 729287), no queda excluida la posibilidad de iniciar un procedimiento sancionador tributario antes de haberse dictado y notificado el acto administrativo de liquidación. Por tanto, la **notificación de la liquidación** no constituye el límite mínimo para iniciar el procedimiento sancionador. Va a suponer una tramitación conjunta en el tiempo de los procedimientos de comprobación e investigación y del procedimiento sancionador (TS 23-7-20, EDJ 618863; 5-11-20, EDJ 715777).
7) El cómputo del plazo de inicio del procedimiento sancionador no resulta aplicable en los actos de **ejecución de una resolución del TEAC** relativa a una sanción, al no constituir el inicio de un nuevo procedimiento sancionador (TSJ Granada 26-1-15, EDJ 75733).

8) Se produce la **caducidad** del expediente sancionador cuando no puede ser probado que se intentó notificar el acuerdo de iniciación del procedimiento sancionador ni, por tanto, si ha transcurrido el plazo máximo de tres meses (actualmente seis meses) (TSJ Castilla-La Mancha 11-5-15, EDJ 87671).

7118 **9)** Cuando procedía haber llevado a cabo la notificación mediante la publicación del anuncio correspondiente en el Boletín Oficial pertinente y no se hizo, así como cuando las **notificaciones a los interesados** se han producido una vez transcurrido el plazo de los tres meses (actualmente, seis meses) desde la notificación de la liquidación, no procede incoar el procedimiento sancionador (TS 9-3-16, EDJ 21513).

10) La **anulación de la liquidación** conlleva la anulación de sanción, dependiendo la posibilidad de que pueda ser dictada una nueva sanción de la naturaleza del defecto que haya causado la anulación de la liquidación (TEAC 5-11-15):

- defecto material en la liquidación que implique su anulación total: no es posible la tramitación de un nuevo procedimiento sancionador;
- defecto material en la liquidación, pero con confirmación parcial de la regularización: puede ser dictado un acto reduciendo la cuantía de la sanción, sin necesidad de tramitar un nuevo procedimiento sancionador. No obstante, si el tribunal anula la sanción sin enjuiciarla, no se podría imponer nuevamente una sanción;
- defecto de procedimiento, que es causa de la anulación de la liquidación, y no se puede realizar ningún pronunciamiento: puede ser iniciado y tramitado un nuevo procedimiento sancionador, pero no notificado directamente al contribuyente el acuerdo sancionador (TEAC 8-3-18).

11) En los supuestos en los que los procedimientos sancionadores se inician como consecuencia de la **falta de atención a requerimientos de información**, no opera la limitación de tres meses (actualmente, seis meses) para iniciar el procedimiento sancionador desde la notificación o resolución, al no existir acto de notificación de liquidación o resolución alguno (TEAC 2-3-17).

12) El acuerdo de liquidación dictado en un procedimiento inspector concluido dentro del plazo legalmente instituido al efecto, o de haberse finalizado excediéndose del plazo para su finalización pero dentro del período de prescripción, produce la **interrupción del plazo de prescripción** para imponer sanciones, a diferencia de lo que ocurre si el acuerdo de liquidación es dictado fuera de plazo legalmente dispuesto para la finalización del procedimiento y una vez transcurrido el plazo de prescripción (TS 10-6-20, EDJ 575387).

13) Anulada una sanción, la Administración tributaria puede, en ejecución de la resolución anulatoria, dictar una **nueva resolución** que sustituya a la anulada en el plazo de un mes (RGRV art.66.2), sin que resulte de aplicación el plazo de tres meses (actualmente, seis meses), no existiendo un nuevo procedimiento sancionador (TS 21-9-20, EDJ 672014).

14) La infracción por expedir facturas falsas en distintos periodos impositivos o de liquidación no constituye una infracción continuada, de modo que el dies a quo del **plazo de prescripción** para sancionar se sitúa de forma autónoma para cada tributo y periodo impositivo o de liquidación, y no en el momento de expedición de la última factura o documento censurado (TS 13-11-23, EDJ 745249).

7119 Ejemplo Tras la comprobación de la situación tributaria de un obligado tributario la Inspección incoa un acta de conformidad el 1-6-X1. El Inspector-Jefe estima adecuada la propuesta de regularización formulada en el acta y el 2-7-X1 se entiende dictada la liquidación derivada de la misma. El inspector que realizó la comprobación hizo constar en el cuerpo del acta que a su juicio existían indicios de la comisión de infracciones tributarias.

El Inspector puede iniciar el correspondiente procedimiento sancionador hasta el día 2-1-X2. Tras esa fecha sin haberse notificado dicho inicio, ya no se puede iniciar ningún procedimiento sancionador derivado del procedimiento inspector que finalizó el 2-7-X1.

7120 **Contenido del acuerdo** (LGT art.208.3; RSAN art.22.1) El acuerdo de inicio es el documento extendido por el equipo o unidad competente para comenzar el procedimiento sancionador, tras cuya notificación se entiende iniciado el mismo. Este acuerdo ha de contener necesariamente las siguientes **menciones**:

• **Identificación** de la persona o entidad presuntamente responsable.
• **Conducta** que motiva la incoación del procedimiento, su posible calificación y las sanciones que pudieran corresponder.
• **Órgano competente** para la resolución del procedimiento e identificación del instructor.
• Indicación del derecho a formular **alegaciones** y a la **audiencia** en el procedimiento, así como del momento y plazos para su ejercicio.

7121 Precisiones **1)** Estas menciones están contenidas a **nivel reglamentario**, si bien la LGT señala que el procedimiento sancionador debe garantizar el derecho del afectado a ser notificado de los hechos que se le imputan, de las infracciones que tales hechos puedan constituir y de las sanciones que, en su caso, se le pudieran imponer, así como de la identidad del instructor, de la autoridad competente para imponer la sanción y de la norma que le atribuye tal competencia.

2) El acuerdo de inicio del procedimiento inspector dispone de un **encabezamiento** en el que consta un número de referencia del expediente, seguido de un cajetín en el que constan los datos del presunto infractor, así como los datos del expediente.
En un **primer apartado** se señalan los conceptos tributarios que han sido objeto de la comprobación, así como los hechos y circunstancias que se han puesto de manifiesto en el procedimiento inspector.
En un **segundo apartado** se recogen las conductas, las posibles infracciones tributarias cometidas y sus posibles sanciones. Se recoge asimismo la iniciación, al disponer de la preceptiva autorización del Inspector-Jefe, del procedimiento sancionador, la normativa aplicable (LGT y RSAN), a quién se encomienda la instrucción de dicho procedimiento y el órgano competente para resolver dicho procedimiento, que es el Inspector-Jefe.
En un **tercer apartado** se recoge la posibilidad de presentar alegaciones ante el instructor, a través de la Secretaría Administrativa de la Inspección, dentro de los quince días siguientes a la notificación de la propuesta, previa puesta de manifiesto del expediente en el mismo lugar.
3) Aunque en el acuerdo de iniciación del procedimiento sancionador no haya identificación del **órgano competente** para resolver, la mención a la norma (LGT art.211) se estima suficiente dado que el esfuerzo que se exige al contribuyente para identificar a dicho órgano no es excesivo (TSJ Sevilla 25-3-10, EDJ 131467).

Órgano competente (LGT art.153.g; RSAN art.25.1) El órgano competente para iniciar el procedimiento sancionador derivado del procedimiento inspector es, como **regla general**, el equipo o unidad que ha desarrollado la actuación de comprobación e investigación. Esta es la práctica habitual por cuanto se considera que quien está en mejor condición de calificar, en el ámbito sancionador, las posibles infracciones en que ha incurrido el obligado tributario es el equipo o unidad que ha desarrollado el procedimiento inspector, dada la íntima ligazón que hay entre los dos procedimientos. **7122**
Esta conexión es reconocida en la propia LGT, al señalar como elemento que debe incorporarse al **acta de inspección** la existencia o inexistencia, en opinión del actuario, de indicios de la comisión de infracciones tributarias.
No obstante lo expuesto, el **Inspector-Jefe** puede considerar oportuno que el procedimiento sancionador lo inicie un equipo o unidad distinto del que realizó el procedimiento inspector. Esta posibilidad puede responder a diversas **causas**: posible creación de equipos o unidades especializadas, imposibilidad del equipo o unidad que desarrolló el procedimiento inspector de llevar a cabo el procedimiento sancionador por enfermedad, traslados, etc.

Precisiones **1)** En cuanto a quién debe firmar el acuerdo de inicio del procedimiento sancionador, en principio dicha **firma** corresponde al jefe del equipo o unidad que ha desarrollado el procedimiento inspector, salvo que el Inspector-Jefe determine que esta firma corresponde a otro jefe de equipo o unidad o a otro funcionario. No obstante, cuando el inicio y la tramitación del procedimiento correspondan al mismo equipo o unidad que ha desarrollado las actuaciones de comprobación e investigación, dicho acuerdo puede ser suscrito por el funcionario que firme o vaya a firmar las actas. **7123**
En las **Unidades de Gestión de Grandes Empresas** de las Dependencias Regionales de Inspección, la firma de los acuerdos de inicio de los procedimientos sancionadores corresponde al Jefe de dicha Unidad, al funcionario que haya desarrollado las actuaciones de las que trae causa la infracción o a aquel que haya sido designado por el Inspector-Jefe (AEAT Resol 24-3-92 aptdo.ocho.4).
2) La circunstancia de que la **incoación** del procedimiento sancionador fuese acordada por el jefe del Equipo o Unidad que ha desarrollado las actuaciones de comprobación e investigación no afecta a la separación del procedimiento sancionador respecto del de comprobación (TSJ Madrid 5-6-07, EDJ 132124).
3) La **falta de competencia** del actuario (subinspector) para la realización de actuaciones de comprobación e investigación que sirvieron para la incoación del expediente sancionador, al excederse en la competencia que la normativa atribuía al escalafón funcional al que pertenece, supone una mera incompetencia de orden funcional que es susceptible de convalidación (TSJ Galicia 28-3-07, EDJ 72669).
4) La misma actuaria que instruyó el procedimiento de comprobación es competente para iniciar el procedimiento sancionador derivado del mismo y, en cualquier caso, como quiera que la **resolución sancionadora** ha sido adoptada por el Inspector-Jefe, en caso de que se apreciara el vicio denunciado (que no se aprecia), entraría en juego para la convalidación del acto administrativo lo previsto al respecto en la L 30/1992 -actualmente regulado en la LPAC- (AN 20-11-08, EDJ 218701).
5) El que una misma persona realice la propuesta de liquidación y lleve la instrucción del expediente sancionador, o que, también la misma persona sea la que confirme la propuesta de liquidación y la que ratifique la propuesta de sanción, no supone ninguna **vulneración de las garantías constitucionales**. La pretendida vulneración se produciría si concurriera en una misma persona la condición de instructor y autoridad competente para dictar la resolución (TSJ Asturias 7-7-10, EDJ 161908).

7124 **Autorización previa** (RSAN art.25.1) Antes de que se inicie cualquier procedimiento sancionador derivado de un procedimiento inspector, es preciso que el equipo o unidad que lo va a llevar cabo disponga de la **preceptiva** autorización del Inspector-Jefe en la que se señala que este autoriza a un determinado equipo o unidad para iniciar los procedimientos sancionadores que procedan, por los hechos o actuaciones que se pongan de manifiesto en el curso de las actuaciones de comprobación e investigación, en caso de apreciarse la existencia de indicios de infracciones tributarias.

La autorización puede concederla el Inspector-Jefe en cualquier **momento** del procedimiento de comprobación e investigación, o también tras su finalización, siempre que en este último caso se conceda antes de que haya transcurrido el plazo de seis meses desde que se hubiese notificado o se entienda notificada la correspondiente liquidación que pone fin al procedimiento inspector.

7127 Precisiones 1) Esta autorización constituye una **especialidad** del procedimiento sancionador derivado de un procedimiento inspector, dado que en los procedimientos sancionadores derivados de otros procedimientos de aplicación de los tributos no se exige. Así, en aquel tipo de procedimientos es un requisito necesario para que se puedan iniciar, hasta tal punto que, si el Inspector-Jefe no la ha concedido, el procedimiento sancionador se considera viciado.

2) No debe confundirse la **autorización previa** del Inspector-Jefe para proceder, en su caso, al inicio de un procedimiento sancionador, con el inicio mismo del procedimiento sancionador.

3) La autorización por resolución del Inspector-Jefe al mismo **Equipo o Unidad** de Inspección encargado del desarrollo de las actuaciones de comprobación e investigación, de iniciar los procedimientos sancionadores que procedan, no vulnera derechos fundamentales por el hecho de que no se motive las razones por las que se encomienda al mismo Equipo o Unidad y no a otro distinto (TSJ Aragón 25-3-08, EDJ 117555).

4) La **inexistencia del documento habilitador** de la iniciación de cualquier tipo de expediente tributario, sin perjuicio de otros efectos que pueda tener, no es causa que legalmente determine la nulidad del expediente de que se trate (TSJ C.Valenciana 3-4-08, EDJ 116809).

5) La **ausencia de autorización** del Inspector-Jefe para iniciar el procedimiento sancionador constituye una irregularidad no invalidante siempre que no origine la indefensión del afectado (TSJ Madrid 28-4-08, EDJ 77983; TSJ C.Valenciana 3-4-08, EDJ 116809), no exigiéndose legalmente que sea notificada, a diferencia de lo que ocurre con el inicio del expediente y la propuesta de imposición de sanción (TSJ Cataluña 19-2-15, EDJ 45232; TSJ Valladolid 5-10-15, EDJ 205053).

6) La autorización del Inspector-Jefe para iniciar el procedimiento sancionador no conlleva la **interrupción de la prescripción** al tratarse de una cuestión interna de la Administración (AN 4-2-08, EDJ 51470).

7130 **Número de procedimientos** (RSAN art.25.2) Se debe iniciar un procedimiento sancionador para **cada acta de inspección** que se haya incoado y respecto de las que la Inspección estime que existen indicios de la comisión de infracciones tributarias.

A continuación, se van a analizar las especialidades cuando la regularización de la situación tributaria no se realiza a través de una liquidación (nº 7134), cuando la regularización se efectúa en una única acta (nº 7137) y cuando se produce la acumulación de procedimientos (nº 7140).

7131 Ejemplos 1) La Inspección procede a la regularización de la situación tributaria de una entidad por IS correspondiente a los ejercicios X1, X2 y X3. Pueden darse, entre otros, los siguientes casos:

a) Se considera que en la regularización de los tres ejercicios concurren indicios de la comisión de infracciones tributarias:

- Si cada uno de los tres ejercicios se regulariza en un acta, se inician tres procedimientos sancionadores.
- Si los tres ejercicios se regularizan en una única acta de inspección, se debe iniciar un único procedimiento sancionador.

b) Se considera que únicamente concurren indicios de la comisión de infracciones tributarias en la regularización correspondiente a los ejercicios X1 y X2:

- Si cada uno de los tres ejercicios se regulariza en un acta, se inician dos procedimientos sancionadores.
- Si los tres ejercicios se regularizan en una única acta de inspección, se debe iniciar un único procedimiento sancionador.

c) Se considera que únicamente concurren indicios de la comisión de infracciones tributarias en la regularización correspondiente al ejercicio X1 y el obligado tributario presta conformidad parcial a la propuesta de regularización de dicho ejercicio X1. Por el ejercicio X1 se habrán incoado dos actas:

- una de conformidad, por la parte a la que el obligado tributario presta su conformidad con la propuesta formulada por la Inspección de los Tributos; y
- otra de disconformidad, en la que se recoge la propuesta de regularización correspondiente al ejercicio X1 y de la que se ha de deducir la parte regularizada en acta de conformidad.

En este caso se deben iniciar dos procedimientos sancionadores, aunque se refieran a la regularización de un solo ejercicio, uno por las conductas sancionables derivadas del acta de conformidad y otra por las conductas sancionables derivadas del acta de disconformidad.
2) Durante la comprobación de la situación tributaria de un obligado tributario se efectúan requerimientos individualizados de obtención de información a cuatro clientes y a cinco proveedores del obligado tributario. Dichos requerimientos son atendidos por los clientes, pero no por los proveedores.
En este caso se iniciarían cinco procedimientos sancionadores, uno por cada conducta susceptible de ser sancionada, por ser constitutiva de infracción tributaria.

Ausencia de liquidación tributaria (RSAN art.25.2) Puede ocurrir que durante el procedimiento inspector se detecte la existencia de conductas constitutivas de **infracción**, respecto de situaciones que no van a ser objeto de regularización mediante la liquidación tributaria que se dicte. En este caso también debe iniciarse el correspondiente procedimiento sancionador por cada conducta, con independencia de los procedimientos sancionadores relacionados con las actas de inspección que se dicten. 7134

Ejemplo La Inspección regulariza la situación tributaria de una entidad respecto al IVA correspondiente a los ejercicios X1 y X2. Durante el curso de la comprobación e investigación inspectora se requirió a un proveedor de la entidad comprobada para que aportara determinados datos de las ventas efectuadas a esta.
Si el proveedor no atendiera debidamente la solicitud formulada por la Inspección, dicha conducta sería sancionable, debiéndose iniciar el correspondiente procedimiento sancionador, con independencia del que corresponda por la incoación de las actas de inspección.

Acta única (RSAN art.25.2) Si la Inspección cuando regulariza la situación tributaria del obligado procede a la **agrupación** en una única acta de inspección del resultado de la comprobación de todos los períodos correspondientes a cada concepto impositivo, se inicia un procedimiento sancionador por cada acta, aunque esta abarque varios períodos del mismo concepto impositivo. En estos casos, en la propuesta que se formule deben aparecer debidamente individualizadas las infracciones sancionables correspondientes a cada procedimiento. 7137

Ejemplo La Inspección regulariza la situación tributaria de una entidad respecto del IS correspondiente a los ejercicios X1, X2 y X3 mediante una única acta de inspección.
Al existir una única acta se debe iniciar un único procedimiento sancionador en el que se examinen las conductas constitutivas de infracción de los tres ejercicios regularizados, para lo cual deben aparecer tanto en la propuesta de regularización de la situación tributaria, como en la propuesta correspondiente al procedimiento sancionador, perfectamente separados cada uno de los tres ejercicios (X1, X2 y X3), aunque la cifra final sea única, resultante de la suma de los tres ejercicios.

Acumulación (RSAN art.25.2) Se establece la posibilidad de acumular la iniciación de varios procedimientos cuando exista **identidad en los motivos o circunstancias** que determinan la apreciación de varias infracciones. 7140
Este sería el caso, por ejemplo, de un mismo gasto que por la Inspección se considera como no deducible fiscalmente y que el obligado tributario ha incorporado a las declaraciones por un impuesto de varios ejercicios.

Precisiones **1)** Es poco utilizada en la práctica la posibilidad de acumulación reconocida en la normativa sancionadora. Se debe a que la posible **agilidad** producida al acumularse en un solo acto el inicio de varios procedimientos sancionadores, acumulación que puede extenderse a la fase de instrucción, pierde interés por cuanto que al final se debe acabar separando cada procedimiento sancionador, ya que se exige una resolución individualizada para cada uno de ellos.
2) La acumulación constituye un **defecto invalidante** solo cuando la Administración no pueda subsanarlo antes de agotar la vía revisora económico-administrativa, como ocurre en el caso de la no acumulación de la reclamación contra la liquidación y la reclamación contra la sanción. Ante la alteración competencial y, a efectos de evitar el carácter invalidante, se ha de atribuir la competencia al órgano que conoció de la liquidación (TEAC 12-12-18).

B. Instrucción

7147 Una vez iniciado el procedimiento sancionador, en la fase de instrucción se llevan a cabo todas aquellas **actuaciones** precisas que permitan al instructor determinar si existen conductas susceptibles de ser sancionadas.
No obstante, se prevé la posibilidad de que esta fase tenga una **duración mínima** en el caso de la tramitación abreviada (ver nº 7200 s.).

1. Órgano instructor

(RSAN art.25.1 y 3)

7150 El órgano **competente** para instruir el procedimiento sancionador es, generalmente, el equipo o unidad que lo hubiera iniciado, que a su vez suele ser el que ha desarrollado la actuación de comprobación e investigación.
No obstante, el **Inspector-Jefe** puede considerar oportuno que el procedimiento sancionador lo instruya un equipo o unidad distinto de aquel que lo inició (que a su vez puede ser distinto al que desarrolló la actuación de comprobación e investigación). Ver nº 7122.

7155 Precisiones 1) La imposición de **sanciones** se debe realizar mediante un expediente distinto del instruido para la comprobación e investigación de la situación tributaria del obligado, no exigiéndose que sean distintos los funcionarios que instruyan ambos procedimientos (TSJ Aragón 31-3-04, EDJ 141662).
Si el **mismo funcionario** desarrolla las actuaciones inspectoras e instruye el expediente sancionador no se vulnera no el principio legal de separación de procedimientos (TEAC 7-2-03), ni el principio constitucional de imparcialidad (TSJ Madrid 28-4-08, EDJ 77983; TSJ Cataluña 20-4-07, EDJ 136563), ya que lo que garantiza la ley es la separación de procedimientos, pero no la imposibilidad de que el inspector actuario instruya el procedimiento sancionador (AN 3-11-15, EDJ 228387).
2) La Inspección puede iniciar una **nueva comprobación** del mismo ejercicio y concepto tributario, máxime cuando la comprobación realizada por Gestión Tributaria es limitada, a diferencia de lo que ocurre con la iniciada por aquella, la cual tiene carácter general. No obstante, a efectos sancionadores solo pueden ser incluidos en la instrucción del procedimiento sancionador relacionado con el procedimiento inspector aquellos hechos o infracciones que se pongan de manifiesto en este último, ya que es de este procedimiento del que debe derivarse el correspondiente expediente sancionador, quedando excluidos los que ya hubieran sido puestos de manifiesto en otro procedimiento de comprobación (TEAC 1-12-09).

2. Actuaciones

(LGT art.210.2; RSAN art.23.2 y 3)

7160 En la fase de instrucción el actuario debe desarrollar todas las actuaciones precisas para llegar a determinar si de la regularización tributaria derivada del procedimiento inspector resulta alguna **conducta** del obligado tributario susceptible de ser sancionada.
En el expediente sancionador debe efectuarse la incorporación formalmente de todos los datos, pruebas, declaraciones, informes y demás documentos obtenidos en el procedimiento inspector y que van a ser tenidos en cuenta en el procedimiento sancionador. La referencia a la incorporación de **elementos del procedimiento inspector** al sancionador supone que todos los documentos que se obtuvieron en el procedimiento inspector y que van a servir para fundamentar la propuesta de resolución del procedimiento sancionador puedan incorporarse a este, lo cual evita el tener que duplicar actuaciones tendentes a conseguir la misma documentación, aunque con finalidades distintas.
La incorporación de la documentación de un procedimiento a otro se realiza mediante una **diligencia** extendida por el equipo o la unidad encargado de la instrucción, dejándose constancia de los datos y demás documentos que se incorporan al procedimiento sancionador, adjuntándose copia, debidamente cotejada, de los mismos.

7163 Precisiones 1) El **traslado de documentación** de forma automática del procedimiento inspector al sancionador relacionado con él ha sido objeto de no pocas polémicas en el ámbito doctrinal, lo cual no cabe desde el punto de vista estrictamente legal.
2) La incorporación al procedimiento sancionador, para calificar los hechos y formular la propuesta de sanción, de datos, pruebas o circunstancias obtenidos en el **procedimiento de comprobación** no supone la existencia de vicios en aquel procedimiento ni da lugar a ninguna indefensión para el contribuyente (TEAC 4-6-03; 24-9-03).

3) La incorporación al expediente sancionador de los datos y documentos que han servido para realizar la **propuesta de regularización** no supone la autoinculpación del interesado, puesto que la posible responsabilidad y culpabilidad del obligado tributario debe ser analizada de forma independiente (TEAC 7-2-03). **7164**

Aunque exista un **acta de conformidad**, donde los hechos consignados y aceptados por la interesada son resultado de la actuación de la comprobación realizada por la Inspección, esto no implica que la sanción se aplique automáticamente a tales hechos, sino que es el resultado de la valoración de la conducta del contribuyente a la luz de los principios que rigen el régimen sancionador (AN 28-1-08, EDJ 21387).

4) Los datos constatados y recogidos por la Inspección que son incorporados al **expediente sancionador** no suplen la actividad que marca el iter procedimental sancionador, y de forma categórica la motivación del acuerdo sancionador. A la hora de la imputación de una conducta infractora al contribuyente lo determinante es que los hechos que se le atribuyen sean imputados, como mínimo, a título de simple negligencia, recayendo en la Administración la carga de dicha imputación (AN 21-1-10, EDJ 3707).

5) Cuando en un procedimiento sancionador se dispone de los datos o pruebas necesarios para la fijación de los **elementos determinantes de la infracción y la sanción**, se puede aplicar el régimen sancionador tributario sin necesidad de que sea tramitado con carácter previo un procedimiento de aplicación de los tributos destinado a comprobar esas obligaciones materiales, siempre que los datos o pruebas hayan sido obtenidos en todo caso en el seno de un previo procedimiento de aplicación de los tributos que, pese a no estar destinado necesariamente a la comprobación de obligaciones tributarias formales, es adecuado para esta. En este sentido, el previo procedimiento de comprobación del cumplimiento de la obligación de presentar declaraciones, que finaliza con la **regularización por el obligado tributario** presentando las correspondientes autoliquidaciones complementarias, se considera adecuado para el inicio del ulterior procedimiento sancionador por una infracción tipificada como dejar de ingresar el importe que hubiera debido resultar de la correcta autoliquidación del impuesto (TEAC 3-7-14).

Medidas cautelares (LGT art.142.4, 146 y 210.3) Durante la instrucción del procedimiento sancionador se pueden adoptar medidas cautelares, rigiéndose por lo dispuesto a estos efectos en el procedimiento inspector (nº 3865 s.). La adopción de dichas medidas es **independiente** del procedimiento de aplicación de los tributos del que el procedimiento sancionador derive, sea o no un procedimiento de inspección. **7166**

El **objeto** de las medidas cautelares en el seno de un procedimiento sancionador es impedir que desaparezcan, se destruyan o alteren las pruebas determinantes de la existencia de indicios de la comisión de infracciones tributarias, o que se niegue posteriormente su existencia o exhibición. Se trata, por tanto, de medidas dirigidas a asegurar las pruebas en las que la Inspección va a fundamentar su propuesta de resolución en materia sancionadora.

En la **adopción** de las medidas cautelares la Inspección puede solicitar la protección y auxilio necesario de las autoridades públicas.

El **quebrantamiento** de las medidas cautelares en el orden administrativo sancionador se encuentra tipificado como infracción tributaria de resistencia, obstrucción, excusa o negativa (nº 6977 s.).

Audiencia (LGT art.99.8 y 210.4; RSAN art.23.5) a) En el **procedimiento inspector** se concede al obligado tributario la posibilidad de tener acceso al expediente en el trámite de audiencia, con carácter previo a que se formule la propuesta de regularización a través de las actas, con la salvedad de las actas con acuerdo. **7173**

El trámite de audiencia constituye el momento del procedimiento en el que el **obligado tributario** puede hacer efectivo el derecho a ser oído y a obtener, si así lo desea, copia de los documentos que constan en el expediente; de modo que, una vez conocido su contenido, puede valorar si la propuesta de la Administración tributaria está lo suficientemente fundamentada a efectos de decidir si está o no de acuerdo con la misma.

b) En el **procedimiento sancionador** este trámite no existe. El acceso del obligado tributario al expediente en el procedimiento sancionador se da en el trámite de alegaciones posterior a la formulación de la propuesta de resolución de dicho procedimiento. Su fundamento está en la posibilidad contemplada en la LGT de prescindir de dicho trámite, cuando en las normas que regulan un determinado procedimiento esté previsto un trámite de alegaciones posterior a la propuesta. En este sentido, la propia LGT establece que, en el procedimiento sancionador, tras la notificación de propuesta de resolución, se debe conceder al interesado un **plazo de alegaciones** por quince días, para que alegue cuanto considere oportuno y presente los documentos, justificantes y pruebas que estime convenientes.

7178 **Propuesta de resolución** (LGT art.210.4; RSAN art.25.3) Una vez concluidas las actuaciones de instrucción del procedimiento sancionador, el **órgano instructor** formula la correspondiente propuesta de resolución de dicho procedimiento.

Dicha propuesta en principio se firma por el jefe del equipo o unidad que ha instruido el procedimiento, salvo que el Inspector-Jefe determine que dicha **firma** corresponde a otro jefe de equipo o unidad o a otro funcionario. No obstante, cuando el inicio y la tramitación del procedimiento sancionador correspondan al mismo equipo o unidad que ha llevado a cabo el procedimiento inspector, la propuesta de resolución puede suscribirse por el funcionario que firme o vaya a firmar las actas del procedimiento inspector.

Precisiones 1) La propuesta de resolución del procedimiento sancionador es el equivalente a la **propuesta de regularización** de la situación tributaria del obligado contenida en al acta de inspección del procedimiento inspector.

2) En las **Unidades de Gestión de Grandes Empresas** de las Dependencias Regionales de Inspección, la firma de las propuestas de resolución de los procedimientos sancionadores corresponde al Jefe de dicha Unidad, al funcionario que haya desarrollado las actuaciones de las que trae causa la infracción o a aquel que haya sido designado por el Inspector-Jefe (AEAT Resol 24-3-92 aptdo 8.cuatro).

3) No se vulnera el principio no bis in ídem en un supuesto en el que lo que se ha acordado por la Administración es la **nulidad de la propuesta de sanción** que no alcanzó el carácter de definitiva, al haber sido anulada antes de que transcurriera el plazo de un mes a contar desde la fecha en el que interesado había prestado su conformidad con la propuesta de sanción, no tratándose por tanto de un supuesto de nulidad de una sanción previamente impuesta (AN 3-12-15, EDJ 239336).

4) Cuando se produce la regularización de la propuesta de liquidación, es necesario que se emita una **nueva propuesta de sanción rectificada** y se conceda el correspondiente periodo de alegaciones. En caso contrario, se estaría prescindiendo de un trámite esencial, que no puede ser subsanado, y que lesiona un derecho fundamental de defensa (TS 27-11-23, EDJ 771635; 13-5-24, EDJ 566138).

7183 **Contenido** La propuesta de resolución tiene el siguiente contenido específico:

• **Encabezamiento**, en el que se contiene la identificación del sujeto presunto infractor, así como los datos que permitan la identificación del correspondiente expediente.

• La mención al **inicio del expediente sancionador**, señalando su fecha y el órgano al que se encomendó su instrucción, y relación de los hechos que se consideran probados.

• De haber incurrido el sujeto en una conducta constitutiva de **infracción tributaria**, en base a los hechos descritos en el punto anterior, se indica específicamente cuál es la infracción que se estima cometida, o bien, en su caso, que tales hechos no suponen la comisión de infracción tributaria alguna.

• La **voluntariedad de la conducta** del obligado tributario, resultando procedente la imposición de sanción, en caso de considerar la existencia de infracción tributaria.

• El carácter **leve, grave o muy grave** de la infracción cometida, así como la **sanción** correspondiente a la misma, y el concreto cálculo de la sanción propuesta que se eleva al órgano competente para resolver (Inspector-Jefe).

El **cálculo** se resume en un cuadro en el que se contiene:

- la identificación del acta de inspección relacionada con el expediente sancionador, tratándose de infracciones que derivan de un procedimiento inspector (referencia del acta, conceptos impositivos y ejercicios);
- la referencia de la propuesta de sanción;
- el importe de la sanción resultante;
- el importe de la reducción del 40% que, en su caso, procediera por ingreso (nº 6025 s.); y
- el importe total a ingresar.

• Información del derecho a formular **alegaciones**, previa puesta de manifiesto del expediente, y sobre la posibilidad de prestar o no conformidad a la propuesta.

• **Recursos y reclamaciones** contra el acto de imposición de sanción.

7188 **Alegaciones** (LGT art.208.3 y 210.4; RSAN art.23.5) El procedimiento sancionador debe garantizar el derecho del afectado a formular alegaciones y utilizar los medios de defensa admitidos por el ordenamiento jurídico. Así, en la propuesta de resolución que se notifica al interesado, debe comunicársele la posibilidad de formular alegaciones en el **plazo** de quince días.

El **cómputo** de este plazo se realiza por días hábiles, no naturales.

El trámite de alegaciones supone la **puesta de manifiesto** del expediente al interesado, con el fin de que pueda alegar lo que estime conveniente y pueda, asimismo, presentar los documentos, justificantes y pruebas que estime oportunos.

Precisiones Para obligados tributarios afectados por la **DANA**, ver nº 3337.

Formas de realización (LPAC art.53) En el trámite de alegaciones, la puesta de manifiesto del expediente se puede efectuar mediante la **visualización física** del expediente en las oficinas de la Inspección, obteniendo copias en papel de los documentos que se soliciten y presentando las alegaciones a través del Registro, o por medios electrónicos, que suponen la entrega al interesado de la documentación en soporte electrónico y la presentación de alegaciones a través de un registro telemático. 7191

Precisiones Este trámite de alegaciones no debe confundirse con el derecho que tiene el obligado tributario a presentar alegaciones y aportar documentos que deban ser tenidos en cuenta por la Inspección a la hora de redactar la correspondiente **propuesta de resolución** (LGT art.34.1.l; RSAN art.23.4).
Se trata de distintas posibilidades, una es la de alegar en cualquier momento antes de la propuesta que formule la Inspección y otra el trámite de alegaciones, objeto de examen, que es posterior a la propuesta de resolución.

Situaciones (RSAN art.23.5) El trámite de alegaciones es un derecho que tiene el obligado tributario, pero si este no lo estima necesario, puede prescindir de formularlas. Así, deben distinguirse dos situaciones: 7194
1. El obligado tributario **no formula alegaciones**. En este caso, el órgano inspector que ha instruido el expediente sancionador y formulado la propuesta de resolución, eleva dicha propuesta al órgano competente para resolver (Inspector-Jefe).
2. El obligado tributario **formula alegaciones**. Las alegaciones se presentan ante el propio órgano instructor, si bien a través de la Secretaría Administrativa de la Inspección. El órgano instructor debe valorar las alegaciones presentadas por el obligado tributario. De dicha valoración puede resultar:
• El inspector estima que las alegaciones no aportan nada nuevo al expediente y remite al Inspector-Jefe la **propuesta ya formulada** al obligado tributario, junto con la documentación que obra en el expediente.
• El inspector estima que, tras las alegaciones del obligado tributario, resulta procedente la elaboración de una **nueva propuesta**. En este caso, se procede a redactar una nueva propuesta, que a su vez debe ser puesta de manifiesto al obligado tributario por un plazo de quince días para que formule nuevas alegaciones si así lo considera oportuno. La nueva propuesta de resolución con la valoración de las alegaciones practicadas se eleva, junto con la documentación que obre en el expediente, al Inspector-Jefe para que este resuelva.

Contenido En el trámite de alegaciones el interesado puede manifestar, de forma expresa, si está conforme o no con la propuesta de resolución del expediente sancionador formulada por la Inspección. 7197
La manifestación de la **conformidad** debe ser expresa, dado que si el obligado tributario no dice nada en el trámite de alegaciones sobre esta cuestión se presume su disconformidad con la propuesta.
Dicha **manifestación** se puede recoger, por el actuario, en diligencia que se incorpora al expediente sancionador, o bien se puede plasmar en el escrito que presente el obligado tributario durante el trámite de alegaciones. De esta forma, cuando el actuario remite al Inspector-Jefe la propuesta de resolución, ya se sabe si dicho obligado está de acuerdo o no con la propuesta, bien por existir una manifestación del obligado tributario de forma expresa, o por la vía de presunción de la disconformidad.

Precisiones **1)** La **falta del acuerdo de incoación** del procedimiento sancionador y, en cualquier caso, de la **audiencia** al interesado, supone que se han infringido trámites esenciales del procedimiento, lo que determina su nulidad (TSJ Extremadura 28-2-05, EDJ 30817). 7198
La **falta del trámite de alegaciones** en el procedimiento sancionador supone la nulidad de pleno derecho de la resolución sancionadora, dado que la omisión de este trámite esencial en todo expediente sancionador infringe manifiestamente lo establecido en la Constitución, al quedar privado este de cualquier posibilidad de defensa (TS 21-10-10, EDJ 241771).
2) La **no constancia de la notificación de los trámites** del procedimiento sancionador (a salvo de la resolución sancionadora) ni del preceptivo trámite de audiencia, representan una evidente conculcación del derecho a la defensa, siendo nula de pleno derecho la resolución sancionadora (TSJ C.Valenciana 11-4-05, EDJ 94589).
3) No constan en el proceso judicial las **actuaciones** que documenten el procedimiento sancionador que concluye con la imposición de una resolución sancionadora, por lo que procede su anulación (TSJ C.Valenciana 1-6-10, EDJ 167649).

4) La **representación** que no fue otorgada de manera expresa se entiende ratificada cuando se haya impugnado el acto administrativo sin alegar la eventual inexistencia o insuficiencia de la representación de quien actuó como representante en el procedimiento sancionador. Por tanto, no se exige que se otorguen poderes individualizados en el procedimiento de inspección y sancionatorio, pese a ser procedimientos diferentes (TS 3-10-19, EDJ 702260).
5) En el procedimiento sancionador tributario las actuaciones concluyen con la **notificación del acuerdo de imposición de sanción** dictado prescindiendo de las alegaciones formuladas por el obligado tributario dentro del plazo legalmente conferido para ello, y no con la notificación del posterior acto administrativo en el que se da respuesta a tales alegatos. En consecuencia, ante la ausencia del trámite de audiencia en los procedimientos sancionadores, dado que supone la vulneración del derecho de defensa, va a implicar la declaración de nulidad de las sanciones impuestas (TS 18-5-20, EDJ 559670).

3. Tramitación abreviada

(LGT art.210.5; RSAN art.23.6)

7200 La tramitación abreviada se produce si al **inicio** del expediente sancionador el inspector que lo va a tramitar estima que ya dispone en ese momento de todos los elementos que le van a permitir formular la propuesta de imposición de la sanción, incorporándola al acuerdo de iniciación. Dentro de las características que presenta, destacan:
a) **No** existe una fase de **instrucción** para recabar datos, pruebas u otra documentación, pues el inspector ya dispone de los elementos para formular la propuesta de resolución.
b) La **incorporación de la propuesta** al acuerdo de iniciación del procedimiento sancionador, supone que se va a documentar en un solo documento el inicio más la propuesta.
c) En el **modelo,** tras el encabezamiento y acuerdo del inicio del procedimiento sancionador, se incorpora la propuesta de imposición de sanciones, además del contenido que debe incluir el inicio del procedimiento sancionador (nº 7120 s.).
Tras la formulación de la propuesta, no existe ninguna diferencia con respecto a la tramitación no abreviada, procediendo:
- la **notificación** al interesado de la propuesta, indicándole la puesta de manifiesto del expediente y concediéndole un plazo de quince días para que alegue cuanto considere conveniente y presente los documentos, justificantes y pruebas que estime oportunos;
- la advertencia al interesado que, de **no** formular **alegaciones** ni aportar nuevos documentos o elementos de prueba, el Inspector-Jefe puede dictar la resolución que estime procedente en base a lo dispuesto en la propuesta remitida por el actuario.

7205 Precisiones **1)** Con la aplicación de la tramitación abreviada no se vulnera la exigencia de que la imposición de sanciones tributarias se realice mediante un **expediente distinto** o independiente del instruido para la comprobación de la situación tributaria del sujeto infractor. La aplicación de dicha tramitación abreviada por sí misma no incurre en vulneración legal o constitucional (TSJ Aragón 25-3-08, EDJ 117555). En el mismo sentido, TSJ Madrid 5-7-06, EDJ 348808; TSJ Cataluña 12-4-07, EDJ 105175, y matizando que es independiente del hecho de que la prueba pueda resultar o no suficiente a la hora de imponer la sanción, AN 3-11-15, EDJ 228387.
2) La **concurrencia entre el inicio y propuesta** de resolución constituye un trámite previsto legalmente en la tramitación abreviada, sin que pueda conceptuarse como defecto procedimental, salvo que se acredite que el órgano competente no disponía de los elementos necesarios para formular la propuesta (TSJ Galicia 4-6-08, EDJ 83845).
3) La **notificación simultánea** del acuerdo de inicio del procedimiento sancionador y de la propuesta de resolución no conculca el derecho de los interesados a ser oídos en el trámite de audiencia, dado que en el trámite de alegaciones posterior a la propuesta, el interesado puede alegar lo que estime oportuno en defensa de sus intereses (TSJ Madrid 12-11-09, EDJ 317551).
4) No es obstáculo ni motivo de **nulidad** el hecho de que se haya aplicado el procedimiento abreviado y la resolución sancionadora se base, para imponer la sanción, en los datos que ya constaban en el expediente de Inspección al tener cobertura legal para tal proceder (TSJ Murcia 25-9-09, EDJ 268753).

C. Terminación

(LGT art.211)

 7210

El procedimiento sancionador en materia tributaria puede terminar mediante resolución o por caducidad. 7212

1. Duración del procedimiento

(LGT art.104.2 y 211.2)

El procedimiento sancionador en materia tributaria debe concluir en el **plazo** de seis meses contados desde la notificación de la comunicación de inicio del procedimiento. 7215
El procedimiento concluye en la fecha en que se notifique el acto administrativo de **resolución** del mismo, esto es, el acuerdo de imposición de sanción dictado por el Inspector-Jefe.
A los efectos de entender cumplida la **obligación de la notificación** dentro del mencionado plazo máximo de seis meses, es suficiente acreditar que se ha realizado un intento de notificación que contenga el texto íntegro de la resolución.
No obstante, en el caso de sujetos pasivos obligados o acogidos voluntariamente a recibir notificaciones practicadas a través de **medios electrónicos**, a efectos de entender cumplida la obligación de notificar dentro del plazo máximo de duración del procedimiento, basta con la puesta a disposición de la notificación en la Sede Electrónica de la Administración Tributaria o en la dirección electrónica.

Precisiones **1)** Con el sistema de notificación a través de **medios electrónicos**, a efectos de entender cumplido el plazo de notificación, ya no es necesario esperar a que transcurra el plazo de 10 días desde su puesta a disposición si no se accediese al contenido del acto modificado, como ocurría con anterioridad. 7216
2) A las personas o entidad obligadas a recibir de la AEAT notificaciones y comunicaciones administrativas por medios electrónicos (nº 2496), una vez que se les comunique la inclusión en el **sistema de dirección electrónica**, están obligadas a recibir aquellas por medios electrónicos.
3) La **fecha** en que se cometió la **infracción** es relevante a efectos del cómputo del plazo de prescripción, pero no para la caducidad del procedimiento sancionador. No puede considerarse la fecha de la comisión de la infracción como fecha inicial para el cómputo del plazo de duración del procedimiento sancionador (TSJ Murcia 23-2-00, EDJ 117369).
4) A efectos de entender cumplida la obligación de notificación en plazo es necesario el **intento de notificación** que contenga el texto íntegro del acto, sin que sea necesario además que se hayan iniciado los trámites para efectuar la notificación por comparecencia (TEAC 24-4-14). Dichos intentos para que puedan ser considerados válidos es necesario que hayan sido practicados cumpliendo las formalidades previstas en las normas reguladoras de esta materia (TSJ Madrid 1-10-15, EDJ 190512).

Cómputo del plazo (LGT art.104.2 y 211.2) En relación con el plazo máximo de duración del procedimiento sancionador se establece para el **momento de inicio** la notificación de inicio del procedimiento. En cuanto al **momento final** del cómputo, se señala la fecha en que se notifique el acto administrativo de resolución del procedimiento sancionador. Se aplica, en definitiva, la regla general en el ámbito administrativo. 7218
En el procedimiento sancionador, a efectos del cómputo del plazo máximo de duración del mismo, no se incluyen los períodos de interrupción justificada que se especifiquen reglamentariamente ni las dilaciones en el procedimiento por causa no imputable a la Administración tributaria, al resultar de aplicación las reglas previstas para el cómputo del plazo de resolución del procedimiento.

Precisiones 1) Para obligados tributarios afectados por la **DANA**, ver nº 3337.
2) El **plazo máximo** de duración del procedimiento sancionador (seis meses) comprende desde la notificación de la comunicación de inicio (día que queda excluido del cómputo) hasta el mismo día del mes final, o en el último día de dicho mes si en éste no hubiera día equivalente al de la notificación de la comunicación de inicio (TS 17-6-19, EDJ 636556). A efectos de dicho cómputo:
- el día de **inicio** no es desde la autorización del Inspector-Jefe para el inicio del expediente sancionador, sino desde la notificación del inicio del expediente sancionador al contribuyente (AN 24-4-08, EDJ 69657);
- el día **final** es el momento en que se notifica la resolución sancionadora que pone fin al procedimiento y no la fecha en que se dicta dicha resolución (TSJ Madrid 28-4-08, EDJ 78103; TSJ Canarias 18-4-08, EDJ 94589);
- se debe excluir el período en que el procedimiento se vio **interrumpido** por la necesidad de acudir a la notificación edictal (TSJ Asturias 31-1-08, EDJ 177020).
3) Si una vez iniciado el procedimiento sancionador se solicita un procedimiento de **tasación pericial contradictoria** contra la valoración contenida en la liquidación, puede tener incidencia en la tramitación del procedimiento sancionador (nº 7280 s.).

7221 **Extensión del plazo** (LGT art.150.5 y 211.2) Se recoge la posibilidad de extender el plazo máximo del procedimiento inspector cuando se den las siguientes **circunstancias**:
a) Que durante el desarrollo del procedimiento inspector el obligado tributario haya manifestado que no tiene o que no va a **aportar la información** o documentación solicitada o no se haya aportado en el plazo concedido en el tercer requerimiento y la aporte posteriormente. La extensión del plazo máximo de terminación del procedimiento es la siguiente:
- Regla **general**: tres meses, siempre que la aportación se produzca una vez transcurrido al menos nueve meses desde su inicio.
- Regla **especial**: seis meses, cuando la aportación se produzca tras la formalización del acta y se acuerde por parte del órgano competente para liquidar la práctica de actuaciones complementarias. Además, al igual que en el caso anterior, se requiere que la aportación de la mencionada documentación se realice una vez transcurrido al menos nueve meses desde el inicio del procedimiento.
b) Cuando tras dejar constancia de la apreciación de las circunstancias determinantes de la aplicación del **método de estimación indirecta**, se aporten datos, documentos o pruebas relacionados con dichas circunstancias, en cuyo caso el plazo máximo de terminación se ha de extender por un período de seis meses.
Si dichas circunstancias se producen en el **procedimiento de inspección** habiéndose iniciado el procedimiento sancionador la extensión de aquel puede suponer la imposibilidad de terminar el procedimiento sancionador en plazo. En consecuencia, se permite extender el procedimiento sancionador por el mismo período que resulte procedente extender el procedimiento de inspección según las circunstancias.

7227 **Incidencia del delito contra la Hacienda Pública en el procedimiento sancionador** (LGT art.250 y 251; RSAN art.32 y 33) En el supuesto de que la Administración tributaria aprecie la existencia de **indicios de delito** de defraudación tributaria, el pase del tanto de culpa a la jurisdicción competente o la remisión del expediente al Ministerio Fiscal tiene las siguientes **consecuencias** en el procedimiento sancionador:
- Si **no se ha iniciado** un procedimiento sancionador por los mismos hechos, la Administración tributaria se abstiene de iniciarlo.
- Si **se ha iniciado**, se entiende concluido.
- Si se ha **impuesto sanción tributaria** por los mismos hechos, se suspende su ejecución.
Estos mismos efectos resultan de aplicación cuando la Administración tenga conocimiento de la existencia de un proceso penal sobre los mismos hechos o en el caso específico del delito contable (nº 7785 s.).
El **resultado del proceso penal** tiene las siguientes consecuencias en cuanto al procedimiento sancionador:
- La **sentencia condenatoria** de la autoridad judicial impide la imposición de sanción administrativa por los mismos hechos, por aplicación del principio de non bis in ídem.
- Si **no se aprecia la existencia de delito**, teniendo en cuenta los hechos que hayan sido considerados probados por los Tribunales, la Administración inicia, en caso de que proceda, el correspondiente procedimiento sancionador administrativo o reanuda la ejecución de la sanción previamente suspendida.

2. Resolución

 7230

La resolución con la que concluye el procedimiento sancionador iniciado como consecuencia de un procedimiento inspector puede ser expresa o entenderse dictada por el transcurso del tiempo. 7231

Órgano competente (LGT art.211.5.d; RSAN art.25.8) El órgano competente para dictar el acto resolutorio de imposición de **sanciones** derivadas de un procedimiento inspector es el órgano competente para liquidar, esto es, el Inspector-Jefe. 7232

Precisiones 1) Procede la **anulación de la sanción** cuando sea el mismo funcionario el que, en un primer momento, firmó la propuesta del expediente sancionador y posteriormente, tras haber sido nombrado Inspector-Jefe, dicta la resolución por la que se impone la misma (TSJ Extremadura 20-5-04, EDJ 68141).

2) Cuando en un procedimiento sancionador derivado de un procedimiento inspector el Inspector-Jefe haya modificado la propuesta de resolución, sin llevar a cabo **ningún acto de instrucción**, corresponde al Instructor- Jefe dictar y notificar la resolución del expediente sancionador (TEAC 16-9-14).

Contenido (LGT art.211.3; RSAN art.24.3) La **resolución expresa** que dicte el Inspector-Jefe debe incluir, como contenido mínimo, las siguientes menciones: 7233

- Fijación de los **hechos**.
- Valoración de las **pruebas** practicadas.
- Determinación de la **infracción** cometida (nº 5775 s.).
- Identificación de la **persona o entidad** infractora.
- Cuantificación de la **sanción** que se impone con indicación de los criterios de graduación y de las reducciones que, en su caso, procedan (nº 5925 s.).
- Declaración de inexistencia de infracción o **responsabilidad**, en caso de que proceda.
- **Medios de impugnación** que puedan ser ejercitados, plazos y órganos ante los que han de interponerse.
- Lugar, plazo y forma en que debe ser realizado el **pago** del importe de la sanción impuesta (nº 7278).
- Circunstancias cuya concurrencia determina la exigencia del importe de las **reducciones** practicadas en las sanciones.
- No exigencia de **intereses de demora** en los casos de suspensión de la ejecución de sanciones por la interposición en tiempo y forma de un recurso o reclamación administrativa contra ellas.
- Cuando la resolución sancionadora es susceptible de impugnación en vía contencioso-administrativa, información de que, en caso de solicitarse la **suspensión**, esta se ha de mantener hasta que el órgano judicial se pronuncie sobre la solicitud, siempre que el interesado comunique a la Administración la circunstancia de la interposición del recurso con petición de suspensión.

Precisiones 1) La exigencia de la **motivación suficiente** del acuerdo sancionador no se cumple con la simple cita de preceptos legales que fundamente la imposición de la sanción y del porcentaje correspondiente. A estos efectos, se entiende suficientemente motivado el acuerdo sancionador cuando: 7234

- remite al **acta de inspección** en que sí está descrita con nitidez la conducta infractora (TSJ Madrid 30-9-99, EDJ 54856),
- cuando conste expresamente el **motivo o causa** de la sanción, así como los **criterios de graduación** aplicables y la correspondiente valoración a efectos de la aplicación del principio de proporcionalidad (AN 24-10-02, EDJ 130082).

2) La exigencia de motivación no es meramente formal al resultar aplicable en el ámbito del procedimiento sancionador el derecho fundamental a la **tutela judicial efectiva**. Se trata de una forma sustancial de garantizar el derecho a la defensa del sancionado, siendo precisa la exigencia de una motivación propia y suficiente (TS 19-11-01, EDJ 45239).

3) El requisito de la motivación tiene por finalidad dar a conocer al administrado las **razones** de la decisión adoptada, de modo que no solo asegure la seriedad en la formación de la voluntad de la Administración, sino que también permita a aquel impugnar el acto administrativo, pudiendo criticar las bases en que se funda (TSJ Madrid 12-6-02, EDJ 130328). No resulta suficiente que por la Inspección se haga una referencia genérica a las **incorrecciones** cometidas por el contribuyente para que, sin más, resulte procedente la sanción (TS 16-7-02, EDJ 32969).

4) No se puede imponer una sanción solo porque concurre el elemento objetivo del tipo, sino que también hay que acreditar que concurre el elemento subjetivo, esto es, que al menos existe un grado de simple **negligencia**, para lo cual es necesario examinar las circunstancias del caso concreto (AN 16-10-03, EDJ 229338). Solo se cumple la exigencia de motivación cuando se realiza un **análisis preciso**, puntual y concreto de la conducta del infractor que demuestre la concurrencia de culpa, al menos a título de simple negligencia (TS 21-12-17, EDJ 264781), así como las pruebas de las que esta se deriva (TSJ Cataluña 14-7-14, EDJ 164895).
Es imprescindible una motivación específica en torno a la culpabilidad o negligencia y las pruebas de las que esta se infiere, debiendo ser recogidas en el propio **acuerdo sancionador** (TSJ Cataluña 14-7-14, EDJ 164895).
5) La **ausencia** en el expediente del **acuerdo de imposición de la sanción** provoca una clara indefensión material al sujeto pasivo e impide efectuar el examen de la legalidad de la actuación administrativa, procediendo la anulación del acuerdo sancionador (TSJ Madrid 27-2-08, EDJ 84870).
6) La **ausencia de motivación** de la culpabilidad del acuerdo sancionador no puede suplirse en vía revisora administrativa, ya sea en recurso de reposición o en reclamación económico- administrativa (TEAC 23-1-14).
7) Si, ante la falta de información del actuario, el Inspector-Jefe solicitase **actuaciones complementarias** para determinar si procedió la sanción esto no supone que el Inspector-Jefe prejuzgue el resultado (TS 24-11-15, EDJ 253780).

7237 **Conformidad con la propuesta** (LGT art.211.1; RSAN art.25.5 y 7) Si el interesado está conforme con la propuesta de resolución del expediente sancionador, no hay un acto expreso de resolución dictado por el Inspector-Jefe. En este caso, la resolución se entiende **dictada y notificada** por el Inspector-Jefe, de acuerdo con el contenido de la propuesta, por el transcurso del plazo de un mes desde que se presta la conformidad.
Por tanto, no resulta preciso que se practique una nueva **notificación expresa** del acto resolutorio del procedimiento sancionador, salvo que el Inspector-Jefe, en el plazo del mes mencionado, dicte resolución expresa confirmando el contenido de la propuesta de sanción o modificando el contenido de la propuesta a la que el interesado prestó su conformidad.

Precisiones El RSAN matiza el **cómputo del plazo** al hacer referencia al transcurso del plazo de un mes a contar desde el día siguiente a la fecha en que el interesado prestó su conformidad, recogiendo lo establecido en la LPAC, sobre cómputo de los plazos en meses o años, según la cual el cómputo se inicia a partir del día siguiente a aquel en que tiene lugar la notificación o publicación del acto de que se trate, o desde el día siguiente a aquel en que se produzca la estimación o desestimación por silencio administrativo (LPAC art.30.4).

7238 Ejemplo El 27-6-X1 el inspector que ha instruido el procedimiento sancionador iniciado como consecuencia de un procedimiento inspector, formula la correspondiente propuesta de resolución del procedimiento sancionador, propuesta a la que el obligado tributario presta su conformidad el mismo día 27-6-X1. El 28-7-X1 se entiende dictada la resolución por el mero transcurso del plazo de un mes, sin necesidad de que se notifique ningún nuevo acto. Si el Inspector-Jefe lo estima oportuno puede, por ejemplo el 11-7-X1, dictar un acto expreso de resolución, simplemente confirmando el contenido de la propuesta de resolución. Este acto expreso sí debe ser objeto de notificación al interesado, aunque tenga el mismo contenido que el de la propuesta a la que este prestó su conformidad.

7240 **Resolución expresa confirmatoria** (LGT art.156.3 y 211.1) En cuanto a la resolución expresa confirmando el contenido de la propuesta de sanción, puede parecer que no tiene mucho sentido que el Inspector-Jefe dicte un acto expreso, que se debe notificar al obligado tributario, en el que se limita a confirmar el contenido de la propuesta que se le formuló a este, pues por el mero transcurso del tiempo, un mes, se llegaría al mismo resultado.
Sin embargo, esta posibilidad adquiere su importancia si se observa desde la perspectiva de que el **plazo máximo del procedimiento sancionador** es de seis meses, siendo además un plazo de caducidad.
Así, si el instructor del procedimiento sancionador ha precisado de más de cinco meses desde que se inició hasta el momento de formular la propuesta sancionadora, y para entender dictado el acto resolutorio sancionador se tuviera que esperar al transcurso del plazo de un mes, sin que el Inspector-Jefe pudiera dictar un acto expreso confirmando la propuesta, dicha propuesta no podría ser confirmada de forma tácita, dado que la fecha en que se entendería dictada la resolución estaría más allá del plazo de los seis meses y el procedimiento sancionador ya estaría caducado.

7243 **Modificación de la propuesta** (LGT art.156.3 y 211.1; RSAN art.25.7) En el procedimiento sancionador cabe la posibilidad que el **Inspector-Jefe** no esté de acuerdo con la propuesta elaborada por el instructor de dicho procedimiento, aunque medie la conformidad del interesado.
En cualquiera de las situaciones previstas el Inspector-Jefe puede cambiar las propuestas formuladas por el instructor, siempre que la **notificación** del cambio al obligado tributario se

produzca dentro del plazo del mes, tras el que se entiende dictado el acto resolutorio, puesto que si se supera el mes a contar desde el día siguiente a la fecha en que se presta la conformidad, la actuación carece de efectos frente al obligado tributario.
Concretamente están previstas las siguientes **posibilidades** de modificación de la propuesta:
a) Notificación de un nuevo acuerdo rectificando **errores materiales**. En este supuesto no hace falta que se formule nueva propuesta al interesado, sino que el Inspector-Jefe dicta el acuerdo procedente rectificando los errores materiales, que se notifica al interesado.
Al dictarse directamente el acuerdo correspondiente y no formularse nueva propuesta al obligado tributario, este puede manifestar su posible **desacuerdo** planteando el correspondiente recurso o reclamación en vía administrativa.
La **justificación** de que se dicte directamente el acuerdo por el Inspector-Jefe, aun en el caso de que la cifra resultante de la sanción impuesta sea superior a la que el obligado tributario prestó su conformidad, se debe a que, en este caso, se trata de errores puramente numéricos de cálculo, que no implican ningún cambio sobre los distintos elementos ni conductas imputadas al obligado.
Sería el caso, por ejemplo, si el porcentaje de la sanción resultante fuera de un 50% sobre una base de cálculo de 1.000 y en el importe resultante de la propuesta se hubiera hecho constar 400 en vez de 500.

b) Ordenar **completar actuaciones dentro del plazo máximo** de duración del procedimiento sancionador (seis meses). En este caso el instructor, tras realizar las actuaciones **complementarias** que le ha encomendado el Inspector-Jefe, formula una nueva propuesta dándole la misma tramitación que a cualquier otra propuesta, esto es, trámite de alegaciones y posibilidad de que el obligado tributario manifieste de nuevo su conformidad a la nueva propuesta o su disconformidad expresa o tácita a la misma. **7245**
Esta situación se da, por ejemplo, si el Inspector-Jefe estima que la consideración de medios fraudulentos, por la concurrencia de **anomalías sustanciales en la contabilidad**, estimada por el instructor para calificar la infracción impuesta al obligado tributario como muy grave, no está suficientemente justificada ni motivada.
c) Rectificar la propuesta por considerarla **incorrecta**. Si el Inspector-Jefe considera que la propuesta del instructor no es correcta, se formula **nueva propuesta** de resolución que se comunica al interesado. En este caso no hace falta ninguna actuación complementaria, sino que con base en la **documentación** que obra en el expediente se puede realizar directamente la nueva propuesta.
El interesado, tras la notificación de la nueva propuesta, dispone de un **plazo** de quince días, contados desde el día siguiente a la notificación, para formular las alegaciones que estime pertinentes. A la nueva propuesta el interesado puede prestar su conformidad o manifestar su disconformidad.
Si el interesado presta su **conformidad** a la rectificación realizada, la resolución se considera dictada en los términos del acuerdo de rectificación, y se entiende notificada, al igual que en la anterior propuesta a la que prestó conformidad, por el transcurso del plazo de un mes, salvo que durante dicho plazo el Inspector-Jefe notifique resolución expresa confirmando la propuesta.
Si el interesado manifiesta su **disconformidad**, ver nº 7254.

Precisiones El TS establece que la falta de notificación de una **nueva propuesta de sanción**, tras la rectificación de la liquidación, impide que el procedimiento sancionador se considere conforme a derecho. Se reafirma la importancia de garantizar el **derecho de defensa** en los procedimientos sancionadores tributarios, estableciendo que cualquier modificación en la propuesta de liquidación que afecte a la sanción debe ser comunicada adecuadamente al contribuyente, permitiéndole así ejercer su derecho a alegar (TS 13-5-24, EDJ 566138).

Disconformidad con la propuesta (RSAN art.25.5 y 6) La disconformidad con la propuesta de resolución del expediente sancionador puede ser manifestada de forma expresa o tácita. **7254**
En la manifestación **expresa** de la disconformidad, el interesado deja constancia de que no está conforme con la misma cuando se le formula, bien ante el instructor o bien por escrito, durante el trámite de alegaciones.
La disconformidad **tácita** del interesado con la propuesta se basa en que esta se presume cuando no hay un pronunciamiento expreso de conformidad.
Cuando el interesado no está de acuerdo con dicha propuesta sancionadora, el Inspector-Jefe debe dictar resolución expresa debidamente motivada.
El Inspector-Jefe, antes de dictar el acto resolutorio, si considera que hace falta completar el expediente sancionador puede ordenar al instructor la **ampliación de las actuaciones** realizadas.

El instructor, una vez que ha llevado a cabo las actuaciones encomendadas, da debido traslado al Inspector-Jefe de su resultado, mediante la formulación, en su caso, de una nueva propuesta. No se fija el **plazo** máximo que tiene el instructor para completar las actuaciones practicadas, pero en cualquier caso estas deben desarrollarse de tal forma que se respete el plazo máximo de duración del procedimiento sancionador (ver nº 7215), computado desde su inicio hasta la notificación del acto de imposición de sanción.

7257 Precisiones El RSAN no regula de forma expresa el supuesto de **rectificación** por el Inspector-Jefe de la propuesta sancionadora respecto de la que el interesado está disconforme, tratándose de procedimientos sancionadores iniciados como consecuencia de un procedimiento inspector, a diferencia de lo que sucede con la propuesta de conformidad. Solo contempla la posibilidad de ordenar ampliar actuaciones. Nada se dice sobre si debe haber una nueva propuesta concediendo al interesado plazo de alegaciones, o si se puede notificar directamente el acto de imposición correspondiente relacionado con la propuesta con la que el interesado no estaba conforme y que el inspector rectifica.

7260 **Disconformidad sobrevenida** Se puede hablar de una disconformidad sobrevenida en el caso de que, tras prestar conformidad el interesado a la propuesta sancionadora formulada por el instructor, el Inspector-Jefe considera que esta no es correcta y la rectifica, formulando una **nueva propuesta** de resolución que se comunica al interesado.
El interesado, tras la notificación de la nueva propuesta, dispone de un **plazo** de quince días, contados desde el día siguiente a la notificación, para formular las alegaciones que estime pertinentes. Si transcurre el plazo de alegaciones sin que el interesado alegue nada, o si manifiesta su disconformidad, el Inspector-Jefe debe dictar acto expreso de resolución en materia sancionadora y notificarlo al interesado.
No hay obligación de dictar acto expreso de resolución cuando el interesado presta su conformidad.

7261 **Agravamiento de la sanción propuesta** (RSAN art.24.2 y 25) Aunque no resultan aplicables a los procedimientos sancionadores derivados de un procedimiento inspector, sí se regulan tres **supuestos** en los que el órgano competente para sancionar considera que debe agravarse la sanción propuesta por el actuario, debiendo notificarse la rectificación de la propuesta al interesado y concederle un plazo de alegaciones de diez días. Estos supuestos son:
- cuando se consideren **conductas sancionables** que en el procedimiento sancionador se han considerado como no sancionables;
- cuando haya una **modificación de la tipificación** de la conducta sancionable; y
- cuando se cambia la **calificación de una infracción** de leve a grave o muy grave, o de grave a muy grave.

En el procedimiento inspector puede ocurrir:
- si el interesado manifiesta su **conformidad** con la propuesta y el Inspector-Jefe considera que la misma incurre en error que no puede ser calificado como error de hecho, debe notificarse al sujeto infractor la rectificación de la propuesta (resulte o no una sanción de cuantía más elevada) para que este alegue lo que estime oportuno;
- si el sujeto infractor **no** presta su **conformidad** a la propuesta formulada por el instructor, solo se contemplan dos posibilidades: la resolución del órgano competente y la orden para que se amplíen las actuaciones practicadas.

7262 Precisiones 1) La falta de simetría en la **regulación de la disconformidad** cuando el Inspector-Jefe considera que debe rectificarse la **sanción propuesta** por el instructor, en función de que el procedimiento sancionador proceda o no de un procedimiento de inspección, plantea la duda de si cuando la propuesta formulada en un procedimiento sancionador deriva de un procedimiento de inspección, se puede dictar el oportuno acto de imposición de sanción que contenga dicha rectificación sin necesidad de dar un previo trámite de alegaciones (RSAN art.25), o si resulta preceptivo conceder el mencionado trámite ante determinados cambios a la propuesta formulada por el instructor (RSAN art.24.2).

a) Como argumentos para apoyar la tesis de que **no** es necesario dar un **previo trámite de alegaciones**, se pueden señalar, entre otros:
- El RSAN art.25 contiene especialidades en la tramitación separada del procedimiento sancionador respecto del régimen general (donde se incluye el RSAN art.24).
- No puede afirmarse que lo establecido en la regulación de las especialidades en la tramitación separada del procedimiento sancionador deba ser completado con lo dispuesto en el régimen general, pues en el supuesto de la conformidad se regulan detalladamente las posibles actuaciones a realizar por el Inspector-Jefe en el plazo del mes y en el supuesto de la posterior disconformidad se recoge expresamente la posibilidad de que se ordene completar actuaciones. Así, si se hubiera pretendido que en los supuestos de disconformidad no existiera especialidad respecto al procedimiento general, debería haberse hecho una remisión expresa a este artículo y no recoger solo parte de su contenido.

- Si ya no estuvo de acuerdo con la propuesta sancionadora que le formuló el instructor, si se agrava la sanción contenida en la propuesta, difícilmente el interesado estará conforme con la sanción resultante. No supone ningún menoscabo para las garantías del obligado tributario dado que contra el acto resolutorio puede interponer el recurso o reclamación en vía administrativa que estime oportuno.

b) Como argumentos para apoyar la tesis de que, ante determinados cambios a la propuesta formulada por el instructor, es **preceptivo** conceder el **trámite de alegaciones** (RSAN art.24.2), se pueden señalar:

- Lo dispuesto en la regulación de las especialidades en la tramitación separada del procedimiento sancionador debe ser completado con lo dispuesto en el régimen general y, en defecto de regulación de norma especial, se debe aplicar la regla general.
- Otorga mayor garantía al interesado el poder alegar en cualquier momento en que se produce una modificación sobre el contenido de la propuesta sancionadora.
- El Tribunal Constitucional tiene señalado que el derecho fundamental a ser informado de la acusación impide una modificación de la calificación jurídica de la falta (de grave a muy grave) efectuada en fase de resolución del expediente y sin brindar al afectado la posibilidad de ejercer su derecho de defensa (TCo 29/1989). La imputación de una infracción puramente formal no puede transformarse sorpresivamente en otra de carácter sustantivo (TCo 160/1994; 169/1998).

2) Si el obligado tributario presta conformidad a la propuesta de regularización de su situación tributaria, mediante la firma de un **acta de conformidad**, a su vez puede prestar o no conformidad a la propuesta de resolución del procedimiento sancionador. Aunque ninguna norma lo impide, lo que no parece lógico es que habiendo manifestado la disconformidad a la propuesta de regularización de su situación tributaria mediante la firma de un acta de disconformidad, el obligado tributario preste su conformidad a la propuesta de sanción, sino que lo habitual, en este caso, es que también se esté en desacuerdo con la propuesta sancionadora.

3) El requisito de la motivación tiene por finalidad dar a conocer al administrado las **razones** de la decisión adoptada, de modo que no solo asegure la seriedad en la formación de la voluntad de la Administración, sino que también permita a aquel impugnar el acto administrativo, pudiendo criticar las bases en que se funda (TSJ Madrid 12-6-02, EDJ 130328). **7270**

4) No se puede imponer una sanción solo porque concurre el elemento objetivo del tipo, sino que también hay que acreditar que concurre el elemento subjetivo, esto es, que al menos existe un grado de simple **negligencia**, para lo cual es necesario examinar las circunstancias del caso concreto (AN 16-10-03, EDJ 229338). Solo se cumple la exigencia de motivación cuando se realiza un **análisis preciso**, puntual y concreto de la conducta del infractor que demuestre la concurrencia de culpa, al menos a título de simple negligencia (TS 21-12-17, EDJ 264781).

5) En materia de Derecho tributario sancionador es preciso que se especifiquen los motivos o causas de las incorrecciones cometidas por el contribuyente a efectos de una posterior valoración de la conducta calificada de infractora. No resulta suficiente que por la Inspección se haga una referencia genérica a las **incorrecciones** cometidas por el contribuyente para que, sin más, resulte procedente la sanción (TS 16-7-02, EDJ 32969).

6) La utilización de un sello en **sustitución de la firma autógrafa** en el acuerdo sancionador no equivale a la ausencia de dicha firma. La firma autógrafa no es la única manera de signar, pues hay otros mecanismos que, sin ser firma autógrafa, constituyen trazados gráficos, que asimismo conceden autoría y obligan (TSJ Galicia 28-10-03, EDJ 266174).

7) La **ausencia** en el expediente del **acuerdo de imposición de la sanción** provoca una clara indefensión material al sujeto pasivo e impide efectuar el examen de la legalidad de la actuación administrativa, procediendo la anulación del acuerdo sancionador (TSJ Madrid 27-2-08, EDJ 84870).

8) No consta en el proceso judicial las **actuaciones** que documentan el comienzo y la prosecución del procedimiento sancionador, siendo carga de la Administración probar en el proceso judicial todos los hechos que motivan el acto impugnado (TSJ C.Valenciana 22-6-10, EDJ 167587). **7271**

En este sentido, son nulas de pleno derecho las sanciones impuestas sin haberse respetado el **trámite de inicio del expediente** sancionador y dación de audiencia en la propuesta de resolución (TSJ Valladolid 5-10-15, EDJ 205053).

9) La **ausencia de motivación** de la culpabilidad del acuerdo sancionador no puede suplirse en vía revisora administrativa, ya sea en recurso de reposición o en reclamación económico- administrativa (TEAC 23-1-14).

10) Si, ante la falta de información del actuario, el Inspector-Jefe solicitase **actuaciones complementarias** para determinar si procedió la sanción esto no supone que el Inspector-Jefe prejuzgue el resultado (TS 24-11-15, EDJ 253780).

11) No se puede sancionar por el mero resultado y mediante razonamientos apodícticos, siendo imprescindible una **motivación específica** en torno a la culpabilidad o negligencia y las pruebas de las que esta se infiere, debiendo ser recogidas en el propio acuerdo sancionador (TSJ Cataluña 14-7-14, EDJ 164895).

12) Frente a un **acuerdo sancionador** pueden oponerse, administrativa y judicialmente, cualesquiera motivos jurídicos determinantes de su nulidad, no sólo los directamente imputables a tal acto, sino incluidos aquellos que forman parte del presupuesto de hecho de otros actos anteriores, como el de liquidación, que han quedado firmes por no haber sido recurridos por el interesado. (TS 20-11-23, EDJ 753821).

3. Caducidad

(LGT art.211.4)

7275 El procedimiento sancionador debe concluir en el **plazo** de seis meses contados desde la notificación de la comunicación de inicio del procedimiento. Transcurrido dicho plazo sin que se haya notificado resolución expresa se produce la caducidad del procedimiento.
Una vez que el procedimiento ha caducado, la caducidad puede dictarse:
- de **oficio**; o
- a solicitud del **interesado**.

Caducado el procedimiento se debe proceder al **archivo de las actuaciones**, sin que la Administración tributaria pueda volver a iniciar un nuevo procedimiento sancionador, aunque no hubiera transcurrido el plazo de prescripción para imponer sanciones.
Así, no solo se establece un supuesto de caducidad del procedimiento, sino que se recoge un supuesto de caducidad de la acción para sancionar si se incumple el plazo de seis meses indicado.

7276 Precisiones 1) Se supera el plazo de seis meses para tramitar el procedimiento sancionador al no existir **paralización o dilación imputable al contribuyente**, pues el escrito presentado por este no contiene una solicitud de suspensión, sino la petición de sobreseimiento del expediente sancionador iniciado, solicitud que en modo alguno puede considerarse de suspensión y en el acuerdo de reanudación del expediente sancionador no se expone razonamiento alguno sobre la causa de la paralización que ha podido determinar la ulterior reanudación (TSJ Madrid 24-6-09, EDJ 160382).
2) Cuando existan **indicios** suficientes de que ha caducado el procedimiento sancionador, el tribunal sentenciador puede y debe proceder de oficio a su análisis y resolución, sin necesidad de que haya sido alegada por alguna de las partes, previo trámite de audiencia (TS 18-12-23, EDJ 780994).

Ejemplo El procedimiento inspector para la comprobación e investigación del IS de un obligado tributario correspondiente al ejercicio X1 finaliza el 10-1-X3, mediante la notificación del correspondiente acuerdo de liquidación dictado por el Inspector-Jefe. Al estimarse que existen indicios de la comisión de infracciones tributarias, el 12-1-X3 se notifica al interesado el inicio de correspondiente procedimiento sancionador. Con fecha 1-7-X3 el instructor del procedimiento sancionador formula al interesado la correspondiente propuesta de resolución. Tras el trámite de alegaciones, el Inspector-Jefe dicta el 10-7-X3 el acuerdo de imposición de sanción que se notifica al interesado el 15-7-X3.
El 15-7, fecha de notificación del acuerdo sancionador, ya habían transcurrido más de seis meses desde el inicio del procedimiento, y el procedimiento ha caducado, por lo que se debe declarar por la Administración, bien de oficio, bien a instancia del obligado tributario, la caducidad del procedimiento y anular el acto de imposición de sanciones y archivar las actuaciones.
Aunque en julio del X3 no ha transcurrido el plazo de prescripción para imponer las sanciones correspondientes a las infracciones cometidas respecto del IS correspondiente al ejercicio X1, la Inspección no puede volver a iniciar un nuevo procedimiento para sancionar las infracciones que fueron objeto del anterior procedimiento caducado.
Si en el ejemplo expuesto, el acuerdo del Inspector-Jefe dictado el 10 de julio y notificado el 15 de julio, hubiera existido el 11 de julio un intento válido de notificación, el procedimiento no habría caducado, dado que a los solos efectos de entender cumplida la obligación de notificar dentro del plazo de los seis meses, el intento de notificación señalado hubiera sido suficiente.

4. Pago

(LGT art.62.2 y 190)

7278 En el acuerdo se debe hacer mención al pago del **importe de la sanción**.
El pago es, entre las distintas formas previstas en la LGT, la forma habitual de extinción de la sanción tributaria.
Para atender dicha obligación, a los acuerdos de imposición de sanción se adjunta **talón de cargo** que contiene el importe de la sanción a ingresar para que el interesado pueda hacerlo efectivo dentro de los plazos establecidos.
El pago en **período voluntario** debe hacerse:
a) Si los acuerdos de imposición de sanción se han notificado entre los días **1 y 15 del mes**, el ingreso debe hacerse desde la fecha de recepción de la notificación hasta el día 20 del mes posterior o, si este no es hábil, hasta el inmediato hábil posterior.
b) Si los acuerdos de imposición de sanción se han notificado entre los días **16 y último del mes**, el ingreso debe hacerse desde la fecha de recepción de la notificación hasta el día 5 del segundo mes posterior o, si este no es hábil, hasta el inmediato hábil posterior.

5. Tasación pericial contradictoria

(LGT art.135; RGGI art.161 y 162)

El procedimiento de tasación pericial contradictoria puede ser promovida por los interesados para corregir los **medios de comprobación fiscal de valores** (LGT art.57). Este procedimiento puede ser solicitado una vez dictada la liquidación en la que se tengan en consideración los valores y dentro del plazo del primer recurso o reclamación que proceda contra la misma. La presentación de esta solicitud supone la suspensión de la ejecución de la liquidación, así como la suspensión del plazo para interponer el recurso o reclamación procedente. Una vez que se haya terminado el procedimiento se debe **notificar** por la Administración tributaria la liquidación que corresponda con la valoración que deba tenerse en cuenta en el plazo de un mes. **7280**
Como consecuencia de la tasación pericial contradictoria, se va a anular la liquidación originaria y se debe dictar una **nueva liquidación**, con la incidencia que respecto del procedimiento sancionador pueda tener dicha situación.
Se permite la coexistencia del derecho del obligado tributario de promover la tasación pericial contradictoria para corregir los medios de comprobación fiscal de valores y la potestad sancionadora de la administración. El objetivo es poder acompasar la imposición de las correspondientes sanciones con la emisión de las nuevas liquidaciones derivadas del planteamiento de la tasación pericial contradictoria. En concreto, la **solicitud** de la tasación pericial contradictoria, puede producirse en tres posibles momentos:
a) Si **no se ha iniciado el procedimiento sancionador**, la presentación de la solicitud va a suspender el plazo para iniciar el procedimiento sancionador que pueda derivarse de la liquidación. En estos casos, tras la terminación del procedimiento de tasación pericial, se ha de dictar la correspondiente liquidación y desde su notificación se ha de computar de nuevo el plazo del nº 7112 para iniciar el procedimiento sancionador.
b) Si **se ha iniciado el procedimiento sancionador**, la presentación de la solicitud ha de suspender el plazo máximo para la terminación del procedimiento. Cuando se notifique la correspondiente liquidación derivada del procedimiento de tasación se ha de reanudar el cómputo del plazo restante para la terminación del procedimiento (nº 7215).
c) Si ya se hubiera **impuesto la sanción** en el momento de solicitar la tasación y, como consecuencia de esta, se deriva una nueva liquidación, se ha de proceder a anular la sanción y a imponer otra teniendo en cuenta la cuantificación de la nueva liquidación.

Precisiones Se permite la **adaptación** de la sanción al resultado de la tasación pericial contradictoria, sin que sea necesario acudir a un procedimiento de revocación.

Ejemplo En un procedimiento inspector se incoa un acta el día 20-6-X2. Ese mismo día se inicia el procedimiento sancionador. La liquidación que se deriva de la propuesta contiene una corrección de un valor mediante uno de los medios establecidos en la normativa general tributaria (LGT art.57). La misma se notifica el 20-9-X2. El interesado interpone el día 10-10-X2 tasación pericial contradictoria contra la valoración contenida en la liquidación. Tras los trámites precisos, la tasación pericial contradictoria concluye con una valoración de la que se deriva liquidación que se notifica el 2-1-X3. **7281**
El inicio del procedimiento sancionador se produce el 20-6-X2. El mismo debería finalizar, en principio, en el plazo de seis meses, es decir, el 1-12-X2. No obstante, la solicitud de tasación pericial contradictoria el día 10-10-X2 suspende este plazo. El cómputo del plazo de este procedimiento se ha de reanudar de nuevo desde la notificación de la liquidación derivada de la tasación pericial contradictoria. Por tanto, el 2-1-X3 se reanuda el cómputo del plazo del procedimiento sancionador.

II. Tramitación conjunta

(LGT art.208.2)

7285

La **separación** entre procedimiento inspector y el sancionador, frente a las indudables ventajas que supone, tiene el inconveniente de introducir un cierto retraso en cuanto al conocimiento por el obligado tributario del resultado final de las actuaciones realizadas por la Inspección. Para paliar esta cuestión se incorpora, en la regulación de los procedimientos sancionadores iniciados como consecuencia de un procedimiento de aplicación de los tributos, la posibilidad de que el obligado tributario renuncie a la tramitación separada del procedimiento sancionador. De este modo el obligado tributario va a tener, de forma simultánea, un conocimiento de las propuestas formuladas por la Inspección que resulten de ambos procedimientos. **7287**

Al igual que en el la tramitación separada, se distinguen tres **fases** (inicio, instrucción y terminación), si bien se establecen una serie de peculiaridades, centradas básicamente en la fase de instrucción y en el ejercicio, con carácter previo al inicio, del derecho a la renuncia al procedimiento sancionador separado.

A. Renuncia a la tramitación separada

(LGT art.208.2; RSAN art.26)

7295 La normativa se limita a recoger la posibilidad de la renuncia a la tramitación separada del procedimiento sancionador, remitiéndose a su **desarrollo reglamentario** para todo lo referente a la regulación de la forma y el plazo de ejercicio del derecho a dicha renuncia.

7296 **Plazo** (LGT art.208.2; LPAC art.30; RSAN art.26 y 27) El interesado puede renunciar a la tramitación separada del procedimiento sancionador durante los seis primeros meses desde el inicio del **procedimiento inspector**. Si antes de agotarse dicho plazo, se produce la **finalización del trámite de audiencia** del procedimiento inspector, la renuncia va a poder formularse hasta el momento de la finalización de dicho trámite.

Fuera de dichos plazos, el derecho a la renuncia a la tramitación separada no puede ejercitarse.

El **cómputo** de los plazos se realiza por meses, sin que a esos efectos se deduzcan del cómputo los períodos de interrupción justificada ni las dilaciones no imputables a la Administración tributaria, así como tampoco los periodos de suspensión o de extensión del plazo del procedimiento inspector.

En cuanto al **cómputo del plazo**, resultan aplicables las reglas contenidas en la normativa administrativa común:

- **día inicial**: el cómputo se inicia a partir del día siguiente a aquel en que tiene lugar la notificación o publicación del acto de que se trate, es decir, el de la notificación del inicio del procedimiento inspector;
- **día final**: se produce el mismo día en que tiene lugar la notificación, publicación o silencio administrativo en el mes o año de vencimiento; si en el mes de vencimiento no hay día equivalente al del comienzo del cómputo, se entiende que el plazo finaliza el último día del mes. Si el último día del plazo es inhábil, se entiende prorrogado al primer día hábil siguiente.

7300 Precisiones La previsión reglamentaria de que, a efectos del **cómputo del plazo** de los seis meses, no se deducen los períodos de suspensión o extensión del plazo del procedimiento inspector supone que se debe prescindir de tales períodos, ya que durante la tramitación del procedimiento inspector el obligado tributario desconoce la existencia o duración exacta de un período de suspensión o de extensión, de los cuales sí tendrá un pleno conocimiento en el trámite de audiencia previo a las actas. Ello con independencia del posible desacuerdo entre el obligado tributario y la Inspección sobre la existencia o no de alguna de dichas circunstancias. Al considerarse un plazo de fecha a fecha, evita cualquier posible duda o discusión.

7301 Ejemplo A un obligado tributario se le notifica el 25-1-X1 el inicio de actuaciones de comprobación e investigación por la Inspección para comprobar su situación tributaria. El obligado tributario tiene hasta el 25-7-X1 para renunciar a la tramitación separada del procedimiento sancionador.

Si en el caso expuesto, el 16 de junio se concede al obligado tributario trámite de audiencia previo a la firma de las actas de inspección, para que alegue lo que estime oportuno, el plazo que tiene para ejercitar la renuncia a la tramitación separada del procedimiento sancionador se extiende hasta la finalización de dicho trámite -entre 10 y 15 días (LPAC art.82)-, siendo en este caso el plazo inferior a los seis meses.

7303 **Forma de ejercicio** (LGT art.46; RSAN art.26.1) La renuncia debe formularse por escrito. En este sentido el obligado tributario puede:

- presentar un **escrito** al inspector con el que se están desarrollando las actuaciones de comprobación e investigación; o
- manifestar dicha voluntad mediante **comparecencia personal** ante dicho inspector, quien la ha de recoger en diligencia.

Aunque no existe previsión legal sobre **quién debe formular la renuncia**, se ha de considerar que si la renuncia se realiza mediante escrito, lo más razonable es que este vaya firmado por el obligado tributario.

Si la renuncia se manifiesta mediante comparecencia, no parece que haya ningún obstáculo para que la renuncia se formule por el **representante**, máxime cuando en los documentos normalizados para acreditar la representación en determinados procedimientos previstos, entre las facultades que concede el obligado tributario al representante al otorgar la representación, se prevé expresamente la de renunciar a la tramitación separada del procedimiento sancionador respecto del procedimiento de inspección.

Carácter no revocable (RSAN art.26.3 y 28.5) Una vez que el interesado ha optado de forma expresa por la renuncia a la tramitación separada del procedimiento sancionador, dicha opción no puede rectificarse con posterioridad. La única **salvedad** a esta regla está en un supuesto muy concreto relacionado con las actas con acuerdo. 7306

Así, si antes de la formalización de un **acta con acuerdo** se ha iniciado el procedimiento sancionador, la suscripción de un acta con acuerdo supone la aceptación por el obligado tributario de la propuesta de sanción contenida en la misma, y su tramitación de forma conjunta, aunque con anterioridad no se hubiera renunciado a la tramitación separada del procedimiento sancionador.

Precisiones En la tramitación de los procedimientos sancionadores la **regla general** es la separación respecto del procedimiento de aplicación de los tributos, y de entre ellos del procedimiento inspector. La renuncia a la tramitación separada constituye la **excepción** a dicha regla general, de tal modo que cualquier renuncia que no se desarrolle en los términos expuestos (nº 7296 s.) se debe entender por no realizada, resultando de aplicación, en consecuencia, la separación de procedimientos.

B. Fases del procedimiento

7310

En el examen de las distintas fases del procedimiento sancionador, si el interesado renuncia a la tramitación separada de dicho procedimiento, se dan por reproducidos los comentarios para cada una de las fases ya expuestos para el caso de la tramitación separada (nº 7105 s.). En este apartado solo se va a examinar la **regulación específica** referente a la renuncia a dicha tramitación. 7312

1. Inicio

(RSAN art.27)

La renuncia a la tramitación separada no supone que deje de haber un inicio del procedimiento sancionador debidamente notificado. 7315

El inicio del procedimiento sancionador derivado de un procedimiento inspector, en el caso de que el obligado tributario renuncie a la tramitación separada, se formaliza mediante **acuerdo del equipo o unidad inspectora** competente, que debe ser objeto de la correspondiente notificación al obligado tributario.

Plazo (LGT art.209.2; RSAN art.27.3) El plazo **general** previsto para iniciar el procedimiento sancionador, de hasta seis meses desde que se haya notificado o entienda notificada la correspondiente liquidación, no resulta de aplicación en el caso de la renuncia a la tramitación separada, dado que las propuestas derivadas del procedimiento sancionador y del procedimiento inspector deben notificarse de forma simultánea (nº 7343). Implica que el procedimiento sancionador necesariamente debe iniciarse en un momento que permita que puedan notificarse ambas propuestas de forma simultánea. 7318

Por eso, cabe la posibilidad de que en estos casos la **notificación del inicio** se produzca incluso con anterioridad a que la Inspección formule las correspondientes actas de regularización de la situación tributaria del obligado.

Así, en el caso de **renuncia**, el procedimiento sancionador no puede iniciarse ni tras la firma del acta de inspección ni tras el acuerdo de liquidación dictado por el Inspector-Jefe. Por tanto, el inicio puede llevarse a cabo desde el mismo momento en que el interesado manifiesta su renuncia hasta la incoación de las actas de inspección.

Dicho inicio puede ser simultáneo a la firma de las actas en caso de resultar aplicable la **tramitación abreviada**.

Órgano competente (RSAN art.25.1 y 27.1 y 3) El órgano competente para iniciar el procedimiento sancionador derivado del procedimiento inspector es el **equipo o unidad** que ha desarrollado la actuación de comprobación e investigación. 7321

No tiene sentido aquí la posibilidad, prevista para la tramitación separada, de que el Inspector-Jefe designe un equipo o unidad distinto del que realizó el procedimiento inspector para iniciar el procedimiento sancionador. La **justificación** de esta circunstancia hay que buscarla en el hecho de no poderse iniciar el procedimiento sancionador con posterioridad a que, por el equipo o unidad actuante, se formulen las propuestas de regularización de la situación tributaria del obligado, pero sobre todo en que al deberse analizar las cuestiones relativas al procedimiento sancionador conjuntamente con las del procedimiento inspector, esto solo es posible si ambos expedientes se tramitan por el mismo equipo o unidad. La designación de cualquiera otro equipo o unidad ajeno al procedimiento inspector supondría un incumplimiento de la normativa.

7324 **Autorización previa** (RSAN art.25.1 y 27.3) Antes de que se inicie cualquier procedimiento sancionador derivado de un procedimiento inspector, es preciso que el equipo o unidad que lo va a llevar a cabo disponga de la **preceptiva** autorización del Inspector-Jefe, en la que se señale que autoriza a un determinado equipo o unidad para iniciar, en su caso, el correspondiente procedimiento.

En el supuesto de renuncia a la tramitación separada, el Inspector-Jefe puede concederla en cualquier **momento** del procedimiento de comprobación e investigación, pero no tras su finalización.

No cabe aquí la posibilidad, prevista para la tramitación separada, de conceder la autorización después de formular la **propuesta de regularización**, pero siempre antes de que haya transcurrido el plazo de seis meses desde que se haya notificado o entienda notificada la correspondiente liquidación que pone fin al procedimiento inspector. El motivo de dicha imposibilidad radica en que en el caso de la renuncia, las propuestas derivadas del procedimiento sancionador y del procedimiento inspector deben notificarse de forma simultánea, con lo cual no resultaría posible una autorización para iniciar el procedimiento sancionador después de haber formulado la propuesta de resolución del mismo.

7327 **Número de procedimientos** (RSAN art.25.2) El **supuesto general** de que deben iniciarse tantos procedimientos sancionadores como actas de inspección se hayan incoado, aplicable en el caso de la tramitación separada, no es trasladable al caso de que se renuncie a la misma.

En el caso de la **renuncia a la tramitación separada**, al no poder ser el inicio posterior a la incoación de las actas, no van a poderse iniciar tantos procedimientos sancionadores como actas de inspección, dado que estas todavía no se han incoado.

Se deben iniciar tantos procedimientos sancionadores como **actas previsibles** se vayan a incoar.

La salvedad está en el supuesto de la **tramitación abreviada** en que, de forma simultánea, se pueden formular las propuestas de regularización e inicio del procedimiento sancionador y sus correspondientes propuestas (nº 7349).

La necesidad de hacer un **cálculo aproximado** obliga a que se inicien el máximo de procedimientos que se crea van a ser necesarios, dado que después de las actas ya no se puede iniciar ningún procedimiento sancionador aunque resultaran necesarios. Si el equipo o unidad actuante inicia algún procedimiento con el fin de sancionar, en su caso, alguna conducta y después se concluye que no existe ninguna conducta susceptible de ser sancionada, dicho procedimiento debe concluir mediante **resolución** que recoja la inexistencia de infracción o responsabilidad.

Sí cabe en el supuesto de renuncia a la tramitación separada la posibilidad de acumular la iniciación de varios procedimientos cuando exista identidad en los motivos o circunstancias que determinan la apreciación de varias infracciones. En el caso de que se haga uso de esta **acumulación**, al final debe dictarse una resolución individualizada para cada procedimiento.

Precisiones En relación con el defecto de forma por la **no acumulación** como invalidante, ver TEAC 12-12-18 en nº 7140.

2. Instrucción

(RSAN art.27)

7330 Cuando el obligado tributario renuncia a la tramitación separada del procedimiento inspector, en la fase de instrucción, una vez ya iniciado el procedimiento sancionador, se llevan a cabo todas aquellas **actuaciones** precisas que permiten al instructor determinar si existen conductas susceptibles de ser sancionadas. La peculiaridad en el caso de renuncia es que ambos procedimientos, de inspección y sancionador, se van a tramitar de forma conjunta.

La tramitación conjunta no obsta para que se haga uso de la **tramitación abreviada** cuando el órgano competente para sancionar disponga ya de todos los elementos que le van a permitir formular una propuesta de imposición de sanción (nº 7349).

7333 **Plazo** (LGT art.150 y 210; RSAN art.27.1) La renuncia del obligado tributario a la tramitación separada del procedimiento sancionador respecto del inspector produce una serie de **efectos** en cuanto a la regulación aplicable en la tramitación de dicho procedimiento sancionador.

Al tramitarse de forma conjunta el procedimiento sancionador y el inspector, a ambos les deben resultar de aplicación determinadas normas para que en su tramitación no colisionen.

En este sentido, se establece que es de aplicación la regulación establecida en la LGT y en su normativa de desarrollo para el correspondiente procedimiento de aplicación de los tributos -**procedimiento inspector**, en este caso-, incluida la relativa a los plazos y efectos de su incumplimiento.

La aplicación al procedimiento sancionador de esta regulación propia del procedimiento inspector trae consigo las siguientes **consecuencias**: **7335**
a) El plazo máximo de **duración** del procedimiento sancionador, de seis meses, deja de operar y pasa a computarse el específico del procedimiento inspector (nº 3322 s.). Se trata de una consecuencia lógica de la tramitación conjunta de dos procedimientos, puesto que no resultaría posible tramitar de forma conjunta procedimientos con plazos distintos.
b) El **vencimiento** del plazo del procedimiento sancionador no produce la caducidad del procedimiento. Al resultar aplicable lo dispuesto en la regulación específica del procedimiento inspector, este no caduca, sino que debe continuar hasta su terminación.
También se produce un efecto a la inversa, esto es, de traslación del procedimiento sancionador al procedimiento inspector, como es el hecho de que no se tiene en cuenta, a efectos del procedimiento inspector, el tiempo que va desde el primer intento de notificación del inicio del procedimiento sancionador hasta que dicha notificación se entienda producida.
Como se observa, se trata de efectos que no son especialmente beneficiosos para el obligado tributario que renuncie a la tramitación separada.

Órgano instructor (RSAN art.25.1 y 3) El órgano competente para instruir el procedimiento sancionador es el **equipo o unidad** que lo ha iniciado, que a su vez, es aquel que está desarrollando la actuación de comprobación e investigación. **7340**
En el supuesto de **renuncia**, al igual que acontece con el inicio, para realizar la instrucción del procedimiento sancionador no tiene sentido la posibilidad de que el Inspector-Jefe pueda considerar oportuno que el procedimiento sancionador lo instruya un equipo o unidad distinto de aquel que lo inició, bien por necesidades del servicio, bien por las circunstancias del caso.
Al tener que realizarse la tramitación de forma conjunta y formularse las propuestas de ambos procedimientos de forma simultánea, la labor instructora que desemboca en las propuestas se realiza por el mismo equipo o unidad.

Actuaciones (RSAN art.27.1 y 3) Las cuestiones relativas al procedimiento sancionador se analizan conjuntamente con las del procedimiento inspector. **7343**
La **documentación y pruebas** obtenidas durante la tramitación conjunta se consideran integrantes de ambos expedientes y deben incorporarse a los mismos, con vistas a los recursos que pudieran interponerse contra la resolución dictada en cada procedimiento.
La incorporación formal de la documentación obtenida a ambos expedientes, al derivado del procedimiento sancionador y al inspector, es necesaria ya que la tramitación conjunta solo abarca hasta la formulación de las **propuestas** correspondientes a cada procedimiento, que si bien deben ser notificadas de forma simultánea, son independientes.
A partir de las propuestas de resolución cada expediente sigue su curso por separado.
En la tramitación del procedimiento sancionador hay un **trámite de audiencia** previo a la propuesta, tal y como sucede en el procedimiento de inspección. Asimismo, el interesado tiene acceso al expediente sancionador en el trámite de alegaciones posterior a la propuesta, en el que la tramitación ya no es conjunta con el procedimiento inspector.

Precisiones: Esta última cuestión puede ser discutida ya que al regular la tramitación de las **propuestas de sanción** en caso de renuncia, relacionadas con el procedimiento inspector (RSAN art.27.3), se remite a la regulación de la prestación de conformidad o disconformidad con la propuesta de sanción (actualmente, RSAN art.25.6 y 7), y el trámite de **alegaciones** está regulado en otro apartado (actualmente, RSAN art.25.5).

Tramitación abreviada (LGT art.210.5; RSAN art.23.6) La renuncia a la tramitación separada del procedimiento sancionador no impide que si el inspector que va a tramitar el expediente sancionador estima, **al inicio** del mismo, que ya dispone de todos los elementos que le van a permitir formular la propuesta de imposición de la sanción, esta se incorpore al acuerdo de iniciación, dando lugar a la denominada tramitación abreviada. **7349**
En cuanto a la tramitación abreviada no hay ninguna **especialidad** respecto a la tramitación separada entre procedimiento sancionador e inspector (nº 7200 s.), salvo la cuestión de la notificación simultánea de las propuestas (nº 7343).

3. Terminación

(RSAN art.27.1 y 2)

7355 En el caso de renuncia a la tramitación separada del procedimiento sancionador, aunque las cuestiones relativas a dicho procedimiento se analizan conjuntamente con las del procedimiento inspector, cada procedimiento debe finalizar con un **acto resolutorio** distinto, acuerdo de imposición de sanción para el procedimiento sancionador y acuerdo de liquidación para el procedimiento inspector.

La única **forma** de terminación del procedimiento sancionador en el caso de renuncia es por resolución, no cabe aquí la terminación por caducidad.

El RSAN remite a la regulación específica del procedimiento de aplicación de los tributos correspondiente, procedimiento inspector en este caso, y el procedimiento inspector no caduca, sino que debe continuar hasta su terminación.

C. Actas con acuerdo

(LGT art.155 y 208; RSAN art.28)

7360 La tramitación del procedimiento sancionador en el caso de las actas con acuerdo tiene una serie de **características específicas**.

La **renuncia a la tramitación separada** del procedimiento sancionador respecto del inspector del que aquel deriva tiene para el obligado tributario, en general, carácter voluntario. La excepción la constituye el supuesto de actas con acuerdo. En dichas actas la renuncia viene establecida como requisito necesario para poder concluir las actuaciones de comprobación e investigación. La renuncia supone que en el caso de actas con acuerdo el procedimiento sancionador se tramita de forma conjunta con el inspector.

La normativa exige como **contenido** necesario del acta con acuerdo la incorporación de la propuesta de sanción, en caso de proceder esta. El **acuerdo** afecta no solo a los elementos de la deuda tributaria, sino también a la sanción. El acuerdo debe abarcar la deuda tributaria ligada a los elementos de la obligación tributaria afectados por dicho acuerdo, y la sanción que pudiera derivarse de los mismos, pues la sanción forma parte de la cifra final del acta con acuerdo.

Precisiones No resulta posible llegar a un acuerdo sobre **todos o parte de los elementos** de la deuda tributaria y no sobre la sanción ligada a los mismos, si bien se puede llegar a un acuerdo sobre determinados elementos de la obligación tributaria, sin que resulte necesario alcanzar un acuerdo sobre todos los que son objeto de regularización. Ver estudio detallado de las actas con acuerdo en el nº 4265 s.

7363 **Inicio** (LGT art.155; RSAN art.28.3) En el caso de actas con acuerdo no existe, como sucede en el resto de procedimientos sancionadores, un inicio del mismo que se notifica al obligado tributario. El procedimiento sancionador se entiende iniciado con la extensión del acta con acuerdo.

Así, con **carácter previo a la firma** del acta con acuerdo debe haberse alcanzado un acuerdo entre la Inspección de los tributos y el obligado tributario y, cumplidos los requisitos señalados, dicho acuerdo se perfecciona con la suscripción del acta por ambos. El **contenido** del acta con acuerdo se entiende íntegramente aceptado por el obligado y por la Administración tributaria.

En el procedimiento para la **imposición de sanciones** en el supuesto de actas con acuerdo no resulta exigible la autorización del Inspector-Jefe antes del inicio del procedimiento, para iniciar los procedimientos sancionadores que procedan por los hechos o actuaciones que se pongan de manifiesto en el curso de las actuaciones de comprobación e investigación, en caso de apreciarse la existencia de indicios de infracciones tributarias. La **justificación** de esta falta de exigencia de autorización está motivada por:

- Frente a las disposiciones de aplicación general en el supuesto de tramitación separada de procedimientos sancionadores iniciados como consecuencia de un procedimiento de inspección, entre las cuales está la autorización, las normas especiales para la imposición de sanciones en el supuesto de actas con acuerdo no hacen ninguna referencia a dicha autorización.
- La autorización previa para iniciar un procedimiento sancionador consecuencia del procedimiento inspector no tiene sentido en el supuesto de actas con acuerdo en que no existe un inicio del procedimiento sancionador, sino que este se entiende iniciado con la extensión del acta con acuerdo.
- La propuesta de sanción constituye, cuando existe, uno de los componentes necesarios del acta con acuerdo. Para que se pueda suscribir un acta con acuerdo debe existir una **autorización del Inspector-Jefe**, que puede ser previa o simultánea a la suscripción de dicha acta (LGT art.155). Al existir una autorización del Inspector-Jefe antes de la firma del acta con acuerdo, en la que está incorporada la propuesta de sanción, no tiene sentido la exigencia de otra autorización adicional para iniciar el procedimiento tendente a la imposición de sanciones.

Instrucción (LGT art.188; RSAN art.28.1, 2 y 5) Con respecto al **órgano** instructor, dado que la sanción es un componente más del acta con acuerdo, el único órgano competente para instruir el procedimiento sancionador es el equipo o unidad que ha desarrollado las actuaciones de comprobación e investigación que culminan en el acta con acuerdo. **7369**
Las cuestiones relativas a las infracciones se analizan teniendo en cuenta los **elementos y pruebas** obtenidos en el procedimiento inspector.
En este caso no hay prácticamente una labor instructora, ya que el procedimiento sancionador se entiende iniciado con la suscripción del acta. Se trata en definitiva de un supuesto de **tramitación abreviada** derivado de la propia regulación de las actas con acuerdo.
En el acta con acuerdo, la unión de los procedimientos alcanza a la propia **propuesta y acto de liquidación** posterior, a diferencia del supuesto de renuncia a la tramitación separada del procedimiento sancionador, donde la tramitación conjunta solo abarca hasta la formulación de las propuestas correspondientes a cada procedimiento que son independientes y a partir de las propuestas de resolución cada expediente sigue su curso por separado.

Hay una específica **remisión** a la normativa reguladora del procedimiento inspector, en cuanto a los elementos y pruebas obtenidos en el mismo a la hora de analizar las cuestiones relativas a las infracciones, remisión que se extiende a los plazos y efectos de su incumplimiento. **7372**
La incardinación del procedimiento sancionador en el de inspección supone que el plazo máximo de duración de aquel, que la LGT fija en seis meses, no resulta de aplicación en el caso de actas con acuerdo, dado que al producirse la integración en el de inspección, debe subsumirse en el **plazo máximo** de duración de este procedimiento (ver nº 3322 s.).
Cabe la posibilidad de que antes de la firma de un acta con acuerdo se hubiese iniciado un **procedimiento sancionador**. En este caso, la suscripción de un acta con acuerdo supone que el obligado tributario acepta la propuesta de sanción que consta en dicha acta. En este caso sí existiría una labor instructora del procedimiento sancionador desarrollada con anterioridad a la firma del acta con acuerdo.
En las actas con acuerdo, tratándose de **sanciones pecuniarias**, se prevé una reducción del 65%, sin que para este tipo de actas esté prevista la reducción adicional del 40% aplicable a las actas de conformidad, si el importe de la sanción se ingresa en período voluntario o en los plazos fijados en el acuerdo de aplazamiento o fraccionamiento que se hubiera concedido por la Administración tributaria, y no se plantea recurso contra la liquidación o la sanción (nº 6000 s.).

Trámite de audiencia y alegaciones (LGT art.99.8) En los procedimientos de inspección que concluyen mediante actas con acuerdo se establece expresamente la **exclusión** del trámite de audiencia, de modo que con carácter previo a la firma del acta con acuerdo no se pone de manifiesto el expediente al obligado tributario para que alegue lo que estime oportuno. **7375**
La **justificación** de excepcionar el derecho del obligado tributario a ser oído en el trámite de audiencia en estos procedimientos de inspección reside en que si se alcanza un acuerdo entre la Administración y el obligado, este no precisa aportar ningún documento ni realizar alegación alguna inmediatamente antes de la firma del acta.
Al existir la conformidad del obligado tributario tampoco se da en este caso el **trámite de alegaciones posterior** a la firma del acta respecto de los elementos de la deuda tributaria ni respecto de la sanción, componentes todos integrados en el importe final del acta con acuerdo.

Liquidación (LGT art.155.5; RSAN art.28.4 y 5) Una vez firmada el acta con acuerdo, la liquidación se entiende producida y notificada, y, en su caso, impuesta la sanción por el **transcurso** de diez días, salvo rectificación de errores materiales por el órgano competente para liquidar. Así, la sanción se entiende impuesta por el mero transcurso del tiempo, sin que sea preciso dictar acto resolutorio específico de imposición de sanción. **7378**
En este tipo de actas la **revisión** por parte del Inspector-Jefe, que en las actas de conformidad o disconformidad es posterior a la firma, va a ser previa a la suscripción de las mismas, dado que la concesión de su autorización con carácter previo o simultáneo para que pueda existir acuerdo, implica un control previo.
Por ese motivo, tras la **firma del acta**, únicamente se puede hacer un cambio de su contenido por incurrir en errores materiales. La Ley persigue que el obligado tributario, como contrapartida al depósito o garantía que debe efectuar con carácter previo a la firma del acta, tenga la certeza de que, salvo por error material, la cifra depositada o garantizada no se va a modificar por el Inspector-Jefe con posterioridad.
Transcurridos diez días sin que el Inspector-Jefe haya rectificado la propuesta contenida en el acta con acuerdo, se entiende producida y notificada la liquidación y, en su caso, impuesta y notificada la sanción. El procedimiento sancionador tiene su **finalización** con dicha notificación.

7384 Con carácter general, la **renuncia a la tramitación separada** del procedimiento sancionador respecto del inspector no puede ejercitarse una vez transcurridos seis meses desde el inicio del procedimiento inspector. La excepción está en el caso de las actas con acuerdo en que se establece la tramitación conjunta de ambos procedimientos, aunque no se hubiera renunciado en el mencionado plazo.

El acuerdo que alcancen las partes, obligado tributario y Administración, que debe incorporar la renuncia, prevalece sobre la cuestión procedimental del momento en que debe manifestarse esta renuncia. Así, si el obligado tributario no hubiera renunciado a la tramitación separada del procedimiento sancionador y se alcanza un **acuerdo sobre unos determinados elementos** de la obligación tributaria y no sobre otros, el procedimiento sancionador relacionado con la parte en que exista acuerdo finaliza con el transcurso de los diez días tras el acta con acuerdo, sin que le afecte el hecho de que con anterioridad se hubiera renunciado o no a la tramitación separada. Ahora bien, este hecho sí afecta a la tramitación del procedimiento sancionador relacionado con el **resto de los elementos** de la obligación tributaria no incluidos en el acta con acuerdo, que siguen la tramitación según la opción ejercitada.

7388 Precisiones El **error material** se caracteriza por ser ostensible, manifiesto e indiscutible, debiendo implicar por sí solo la evidencia del mismo sin necesidad de mayores razonamientos. En este sentido, se señalan una serie de características del error cuya concurrencia resulta precisa para poder aplicar el mecanismo procedimental de la **rectificación** de errores materiales (TS 20-12-89, EDJ 11514; 26-2-96, EDJ 2520; 23-10-01, EDJ 49740):

- que se trate de simples equivocaciones elementales: nombres, fechas, operaciones aritméticas o transcripción de documentos;
- que se aprecie teniendo en cuenta únicamente los datos del expediente;
- que sea patente y claro, sin necesidad de acudir a interpretaciones;
- que no se produzca ninguna alteración fundamental en el sentido del acto: no implicación de juicio valorativo o de calificación jurídica; y
- aplicación de forma restrictiva.

7390 **Pago** (LGT art.62.2, 155.5 y 188.2.a) Una vez que la propuesta contenida en el acta se confirma por el transcurso de los diez días, existe ya liquidación y el **depósito** se aplica al pago.

En caso de haberse prestado **aval o certificado de seguro** de caución, el pago debe efectuarse en los plazos habituales de pago en función de que la notificación de la liquidación se realice entre los días 1 y 15 del mes, o entre el 16 y el último día del mes, tratándose de pago en período voluntario (nº 7278).

Se permite que el pago de actas con acuerdo se pueda realizar no solo mediante ingreso en período voluntario sino también mediante la figura del **aplazamiento o fraccionamiento**, que en todo caso debe quedar garantizado, de forma tasada, mediante aval o certificado de seguro de caución. Para este caso, se ha de atender a los plazos fijados en el acuerdo de aplazamiento o fraccionamiento y concedidos por la Administración tributaria con garantía de aval o certificado de seguro de caución (nº 6077).

7392 **Recursos** Sobre los recursos susceptibles de interposición en materia de actas con acuerdo, ver el nº 4355 s.

SECCIÓN 3

Procedimientos sancionadores iniciados como consecuencia de otras actuaciones inspectoras

7400

7402 En la presente sección se van a examinar los procedimientos sancionadores iniciados como consecuencia de **actuaciones inspectoras distintas** de las que integran el procedimiento de inspección. Este supuesto acontece cuando se trata de procedimientos sancionadores derivados de un procedimiento de comprobación limitada realizado por la Inspección, de actuaciones inspectoras realizadas por órganos de la Inspección que no llevan a cabo actuaciones de comprobación e investigación, o de actuaciones de obtención de información efectuadas al margen del procedimiento inspector.

En estos procedimientos sancionadores, la **regla general**, al igual que sucede en los iniciados como consecuencia de actuaciones inspectoras, es que la tramitación de ambos procedimientos, el de aplicación de los tributos y el sancionador, se hace de forma separada, si bien se establece la posibilidad de que el obligado tributario renuncie a dicha tramitación separada, en cuyo caso todas las cuestiones relativas a las infracciones se analizan en el procedimiento de aplicación de los tributos correspondiente.
La **renuncia** a la tramitación separada únicamente resulta aplicable en los casos en que el procedimiento sancionador deriva de un procedimiento de aplicación de los tributos en que existe una propuesta de regularización.
En el procedimiento sancionador se distinguen tres **fases**: la de inicio, la de instrucción y la de terminación, contemplándose una serie de peculiaridades para el caso de que el contribuyente renuncie a la tramitación separada.

I. Tramitación separada

 7405

La tramitación separada del procedimiento sancionador respecto del procedimiento de aplicación de los tributos constituye la **regla general** en la tramitación de este procedimiento. 7410
En los casos en que el procedimiento sancionador no derive de un procedimiento de aplicación de los tributos, o no exista propuesta de regularización aun siendo consecuencia de un procedimiento de aplicación de los tributos, únicamente resulta posible la tramitación separada (por ejemplo, las infracciones por presentar incorrectamente autoliquidaciones o declaraciones sin que se produzca perjuicio económico o contestaciones a requerimientos individualizados de información).
En el procedimiento sancionador se pueden distinguir tres **fases**:
- la de **iniciación**, mediante un acuerdo que se lleva a cabo, generalmente, por el equipo o unidad inspector que ha desarrollado la actuación inspectora;
- la de **instrucción**, que se realiza, generalmente, por el mismo equipo o unidad que ha iniciado el procedimiento, concluyendo esta fase con la propuesta de resolución y las alegaciones del obligado tributario a la misma; y
- la de **terminación**, en la que el Inspector-Jefe dicta el acto resolutorio del procedimiento sancionador.

A la hora de analizar las distintas fases del procedimiento sancionador se va a prestar una especial atención a las diferencias que hay respecto del procedimiento sancionador cuando es consecuencia de un procedimiento inspector.

A. Inicio

(LGT art.141, 189.2 y 209; RSAN art.22 y 25)

El procedimiento sancionador se inicia mediante un acuerdo que se lleva a cabo, generalmente, por el **equipo o unidad inspector** que ha desarrollado la actuación inspectora. 7415

Plazo (LGT art.189.2 y 209.2) El inicio del procedimiento sancionador se formaliza mediante **acuerdo** del equipo o unidad inspectora competente, que debe ser objeto de la correspondiente notificación al obligado tributario (nº 2400 s.). 7420
Cuando el procedimiento sancionador es consecuencia de un procedimiento de aplicación de los tributos en el que existe una **propuesta de regularización**, se establece el plazo de seis meses desde que se ha notificado o se entiende notificada la correspondiente liquidación, transcurrido el cual no puede iniciarse dicho procedimiento. Este plazo resulta aplicable, por ejemplo, a los procedimientos sancionadores relacionados con los procedimientos de comprobación limitada que se realicen por la Inspección.
Sin embargo, este plazo no tiene virtualidad alguna cuando el procedimiento sancionador iniciado por la comisión de posibles infracciones tributarias no deriva de otro procedimiento que concluye con liquidación o resolución, sino que únicamente está relacionado con un **comportamiento o conducta** del obligado tributario, en cuyo caso dicho procedimiento sancionador no tiene fijado un plazo expreso de inicio, aunque en cualquier caso resulta aplicable el plazo de los cuatro años de prescripción para imponer sanciones a contar desde que se cometió la infracción.

No obstante lo indicado, existen pronunciamientos jurisprudenciales que entienden aplicable el plazo de seis meses también a procedimientos sancionadores derivados de **requerimientos de información a terceros**, distintos del obligado tributario objeto de la comprobación, pero realizados en el seno de dicho procedimiento inspector.
Cuando en el seno de un procedimiento de comprobación se requiere determinada información con trascendencia tributaria a un tercero, el inicio de un procedimiento sancionador por **resistencia, obstrucción, excusa o negativa** a las actuaciones de la Administración tributaria relacionado con dicho requerimiento, debe iniciarse en el plazo de seis meses desde la notificación del requerimiento o el último de ellos. La posibilidad de incoar un procedimiento sancionador no puede estar permanentemente abierta.

7423 Precisiones Si bien en los supuestos de procedimientos sancionadores no relacionados con un procedimiento de aplicación de los tributos que concluye con **liquidación o resolución**, se puede iniciar dicho procedimiento sancionador mientras no ha prescrito la acción para sancionar, en la práctica, lo habitual es que se inicie en una fecha cercana a la comisión de la infracción que se va a sancionar.

Ejemplo El 17-4-X1 se formula, al margen de cualquier procedimiento inspector, un requerimiento individualizado de información a un obligado tributario relacionado con el cumplimiento de sus propias obligaciones tributarias. La no contestación por el obligado tributario del requerimiento efectuado por la Inspección, constituye una conducta susceptible de ser sancionada, al estar prevista la infracción tributaria por no contestar a dichos requerimientos.
El procedimiento para sancionar la infracción de no atender el requerimiento de información no tiene fijado un plazo de inicio. Hasta cuatro años desde que se cometió la infracción se puede iniciar el procedimiento sancionador correspondiente.

7426 **Acuerdo** En relación al **contenido** del acuerdo de inicio del procedimiento sancionador derivado de otras actuaciones inspectoras, ver el nº 7120 s.

7429 **Órgano competente** (LGT art.141; RSAN art.22.3) El órgano competente para iniciar el procedimiento sancionador, tratándose de **actuaciones inspectoras distintas** de las que integran el procedimiento de inspección, es el equipo o unidad que haya desarrollado las actuaciones de las que trae causa la infracción. En este caso estarían:
a) Los procedimientos sancionadores derivados de un procedimiento de **comprobación limitada** que realiza la Inspección, que es un procedimiento distinto del inspector pero que también puede realizar la Inspección.
b) Los procedimientos sancionadores derivados de las actuaciones inspectoras realizadas por órganos de la Inspección que **no** realizan **actuaciones de comprobación** e investigación. En esta situación estaría, por ejemplo, el Equipo Central de Información (ECI) integrado en la Oficina Nacional de Investigación del Fraude (ONIF), entre cuyas funciones está la captación de datos de obligados tributarios a través de requerimientos individualizados, cuyo incumplimiento puede ser susceptible de sanción.
c) Los procedimientos sancionadores derivados de actuaciones de **obtención de información** realizadas al margen de un procedimiento inspector.

7432 **Autorización previa** (RSAN art.22 y 25) A diferencia de lo que sucede en el procedimiento sancionador que se inicia como consecuencia de un procedimiento inspector, en que es necesaria la autorización previa del Inspector-Jefe para poder iniciarlo, si se trata de **actuaciones inspectoras distintas** de las que integran el procedimiento de inspección, no resulta precisa la mencionada autorización, dado que su exigencia es una de las especialidades previstas exclusivamente para los procedimientos sancionadores iniciados como consecuencia de un procedimiento de inspección.

7435 **Número de procedimientos** (RSAN art.22.4) En el caso de procedimientos sancionadores por la comisión de posibles infracciones tributarias que tienen relación con otro procedimiento que concluye con **liquidación o resolución**, se inician tantos procedimientos sancionadores como propuestas de liquidación se han dictado (por ejemplo, el procedimiento de comprobación limitada).
En el caso de procedimientos sancionadores por las conductas constitutivas de **infracciones tributarias** que no impliquen liquidación tributaria, por cada conducta debe iniciarse el correspondiente procedimiento sancionador.

Ejemplo Durante la comprobación de la situación tributaria de un obligado tributario se efectúan requerimientos individualizados de obtención de información a cuatro clientes y a cinco proveedores del obligado tributario. Dichos requerimientos son atendidos por los clientes, pero no por los proveedores. En este caso se iniciarían cinco procedimientos sancionadores, uno por cada conducta susceptible de ser sancionada, por ser constitutiva de infracción tributaria.

Acumulación (RSAN art.22.4) Se prevé la posibilidad de acumular la iniciación de varios procedimientos cuando existe **identidad** en los motivos o circunstancias que determinan la apreciación de varias infracciones. 7438
Este sería el caso, por ejemplo, de un obligado tributario que comete la infracción de no presentar una determinada declaración informativa (nº 6915 s.) y desatiende el requerimiento de información efectuado por la Inspección (nº 6977 s.).
En este caso pueden acumularse la **iniciación e instrucción** de los distintos procedimientos, aunque debe dictarse una resolución individualizada para cada uno de ellos.

B. Instrucción

(LGT art.187.1.d, 208.3 y 210; RSAN art.23)

Una vez iniciado el procedimiento sancionador, en la fase de instrucción se realizan de oficio cuantas **actuaciones** resultan necesarias para determinar, en su caso, la existencia de infracciones susceptibles de ser sancionadas. 7445
Para estos procedimientos sancionadores, la LGT contempla la posibilidad de que esta fase tenga una **duración** mínima cuando el órgano competente para sancionar dispone ya de todos los elementos que le van a permitir formular una propuesta de imposición de sanción; es lo que se conoce como tramitación abreviada (nº 7463).

Órgano instructor (RSAN art.23.1) El órgano competente para instruir el procedimiento sancionador en el caso de **actuaciones inspectoras distintas** de las que integran el procedimiento de inspección es el que se determine en la normativa de organización aplicable. En defecto de dicha normativa de organización aplicable, parece que lo más razonable es que el órgano competente sea el mismo equipo o unidad que haya iniciado el procedimiento sancionador. 7448
En este caso se hallan:
- los procedimientos sancionadores derivados de un procedimiento de **comprobación limitada** que realiza la Inspección; y
- los procedimientos sancionadores derivados de las actuaciones inspectoras realizadas por **órganos de la Inspección ajenos** a un procedimiento de inspección.

Actuaciones (RSAN art.23.3, 4 y 5) Se deben incorporar al **expediente sancionador** todos los datos, pruebas, declaraciones, informes y demás documentos que sean precisos para fundamentar la propuesta de resolución que se va a formular. 7451
El **interesado**, en cualquier momento anterior al de formulación de la propuesta de resolución del procedimiento sancionador por la Administración, puede formular las alegaciones y aportar los documentos, justificaciones y pruebas que considere oportunas.
Una vez concluidas las actuaciones de instrucción del procedimiento sancionador, el **órgano instructor** formula la correspondiente propuesta de resolución de dicho procedimiento.

Trámite de alegaciones (LGT art.187.1.d, 208.3 y 210.4; RSAN art.23.5) La LGT señala que el procedimiento sancionador debe garantizar el derecho del afectado a formular alegaciones y utilizar los medios de defensa admitidos por el ordenamiento jurídico. Así, en la **propuesta de resolución** que se notifica al interesado, se le comunica la posibilidad de formular alegaciones en el **plazo** de 15 días. 7454
El trámite de alegaciones supone que al interesado se produce la **puesta de manifiesto del expediente** (ver nº 7191), con el fin de que pueda alegar lo que estime conveniente y pueda, asimismo, en dicho trámite presentar los documentos, justificantes y pruebas que estime oportunos.
El trámite de alegaciones es un derecho que tiene el obligado tributario, pero si este no lo estima necesario puede prescindir del mismo. Así, deben distinguirse dos **situaciones**:
a) No formula alegaciones. En este caso el órgano inspector que ha instruido el expediente sancionador y formulado la propuesta de resolución, eleva dicha propuesta al órgano competente para resolver (el Inspector-Jefe).
b) Formula alegaciones. El órgano instructor (equipo o unidad de inspección) remite al Inspector-Jefe la propuesta de resolución que estime procedente a la vista de las alegaciones presentadas, junto con la documentación que obre en el expediente. La referencia «a la vista de las alegaciones» supone que el órgano instructor debe valorar las alegaciones presentadas por el obligado tributario.

7460 En el caso de procedimientos sancionadores derivados de actuaciones inspectoras distintas de las que integran el procedimiento de inspección no está prevista la posibilidad de que el interesado manifieste, de forma expresa, su **conformidad o disconformidad** a la propuesta sancionadora, salvo que se requiera por la Inspección la conformidad expresa.

En la **práctica**, esta ausencia de previsión legal no tiene trascendencia, dado que:

- si **no está de acuerdo**: lo lógico es que se plasme en el escrito de alegaciones presentado a raíz de la propuesta;
- si **está de acuerdo** con la propuesta: la conformidad se va a poner de manifiesto en que no se van a formular alegaciones a la propuesta y no se va a plantear recurso o reclamación contra el acto de imposición de sanción que en su día se dicte.

En cualquier caso, los posibles beneficios para el interesado en los procedimientos sancionadores, en cuanto a la **reducción del importe de la sanción**, con independencia de que se inicien o no como consecuencia de un procedimiento inspector, vienen dados no por prestar conformidad a la propuesta sancionadora, sino por el cumplimiento de los requisitos establecidos para poder acogerse a la reducción del 40% del importe de la sanción (nº 6025 s.).

Precisiones Este trámite de alegaciones no debe confundirse con las alegaciones efectuadas por el interesado en la **fase de instrucción**, antes de formular la correspondiente propuesta de resolución (LGT art.34.1.l; RSAN art.23.4). Se trata de distintas posibilidades, una es la del trámite de alegaciones, objeto de examen, que es posterior a la propuesta de resolución, y la otra es la de alegar en cualquier momento anterior a la propuesta que formule la Inspección.

7463 **Tramitación abreviada** (LGT art.210.5; RSAN art.23.6) Si **al inicio del expediente sancionador** el inspector que lo va a tramitar estima que ya dispone de todos los elementos que le van a permitir formular la propuesta de imposición de la sanción, esta se incorpora al acuerdo de iniciación.

La tramitación abreviada se caracteriza porque en la misma no existe una fase de instrucción de recabar datos, pruebas u otra documentación, pues el inspector ya dispone de los elementos para formular la propuesta de resolución.

En la propuesta que se formula al interesado se le advierte, de forma expresa, que de no formular **alegaciones** ni aportar nuevos documentos o elementos de prueba, el Inspector-Jefe puede dictar la resolución que estime procedente con base en lo dispuesto en la propuesta remitida por el actuario.

C. Terminación

(LGT art.211; RSAN art.24)

7465 El procedimiento sancionador en materia tributaria puede terminar mediante resolución o por caducidad (nº 7485).

En cuanto a la **duración** del procedimiento, no existe ninguna especialidad en el caso del procedimiento sancionador iniciado como consecuencia de un procedimiento inspector (ver nº 7215 s.).

1. Resolución

7470 Si el procedimiento sancionador se inicia por una **actuación inspectora distinta** de las que integran el procedimiento de inspección, a diferencia de lo que sucede en el caso de una actuación inspectora realizada como consecuencia de un procedimiento inspector en que la resolución puede ser expresa o entenderse dictada por el transcurso del tiempo (un mes), aquí únicamente puede ser expresa.

Al no resultar posible que el interesado manifieste que está conforme con la propuesta de resolución del expediente sancionador, solo cabe el **acto** expreso de resolución dictado por el Inspector-Jefe.

7473 **Órgano competente** (LGT art.211.5.d; RSAN art.24.1 y 2) El órgano competente para dictar el acto resolutorio de imposición de sanciones derivadas de actuaciones inspectoras distintas de las que integran el procedimiento de inspección es el órgano competente para liquidar, esto es, el Inspector-Jefe.

A la hora de dictar la resolución, a la vista de la **propuesta formulada** por el órgano instructor, el Inspector-Jefe puede:

a) Dictar **resolución motivada** a la vista de la propuesta y de los documentos, pruebas y alegaciones que obren en el expediente. No puede tener en cuenta en la resolución hechos distintos de los que obran en el expediente, determinados en el curso del procedimiento, o que se han aportado a dicho procedimiento por haberse acreditado previamente.

b) Ordenar **completar las actuaciones** al equipo o unidad instructor. Una vez que el equipo o unidad ha desarrollado las actuaciones pertinentes, se debe formular una nueva propuesta de resolución, tras la que se deben cumplimentar los mismos trámites que con cualquier otra propuesta. La ampliación de las actuaciones encomendadas por el Inspector-Jefe debe llevarse a cabo respetando, en cualquier caso, el plazo máximo de duración del procedimiento sancionador de seis meses.
c) Rectificación de la propuesta, si considera que esta, remitida por el instructor, no es correcta, cuando concurra alguna de las siguientes circunstancias:
- consideración como sancionables de las conductas que en el procedimiento sancionador se han considerado como no sancionables. Aunque el instructor del procedimiento sancionador llegue a la conclusión de que en la conducta del obligado tributario no ha existido infracción o responsabilidad alguna, debe formular la correspondiente propuesta de resolución en la que se recoge una declaración en tal sentido;
- modificación de la tipificación de la conducta sancionable. Es el caso, por ejemplo, en que el Inspector-Jefe entiende que tras el requerimiento individualizado de información formulado al interesado, la conducta de este es susceptible de ser calificada de resistencia a la actuación inspectora, frente a la opinión del instructor que entiende que se trata de un supuesto de contestación al requerimiento de forma incorrecta;
- cambio de la calificación de una infracción de leve a grave o muy grave, o de grave a muy grave. Por ejemplo, si a raíz de una comprobación limitada realizada por la Inspección el Inspector-Jefe entiende que la sanción procedente es del 100%, en vez del 50% consignado por el instructor en la propuesta, al considerar que la infracción cometida por dejar de ingresar unas retenciones no es grave sino muy grave, ya que se trata, en su totalidad, de retenciones practicadas y no ingresadas.

Precisiones **1)** En el procedimiento sancionador consecuencia de un procedimiento inspector, no se establece, como ocurre aquí, una **lista tasada** de circunstancias respecto a las que el Inspector-Jefe puede ordenar la **rectificación de la propuesta** sancionadora; allí simplemente se establece la posibilidad de dicha rectificación si la propuesta se considera incorrecta cuando hay conformidad (nº 7243 s.). **7478**
2) Las circunstancias en las que el Inspector-Jefe puede rectificar la propuesta de resolución, en general, van a suponer un empeoramiento desde la perspectiva del obligado tributario, por eso en este caso la rectificación se debe notificar al interesado, quien puede formular las **alegaciones** que estime oportunas en el plazo de 10 días, contados desde el día siguiente a la notificación. En el procedimiento sancionador consecuencia de un procedimiento inspector, en que se rectifica una propuesta a la que se había prestado previa conformidad, el plazo de alegaciones se extiende hasta 15 días (nº 7260).
3) Al resultar preciso en este procedimiento sancionador la **resolución expresa**, a partir de la propuesta sancionadora formulada por la Inspección, el Inspector-Jefe no tiene la limitación temporal prevista en el caso del procedimiento sancionador consecuencia del procedimiento inspector, consistente en que la nueva propuesta rectificada debe formularse en el plazo del mes. Dado que, en caso de conformidad, tras este plazo, se entiende dictado el acto de imposición de sanción, es necesario que el Inspector-Jefe, si quiere rectificar, lo haga antes de que transcurra el mes. En cualquier caso sí debe respetarse el plazo máximo de duración del procedimiento sancionador.

Contenido No hay ninguna **especialidad** respecto del contenido de la resolución en el caso del procedimiento sancionador iniciado como consecuencia de un procedimiento inspector (nº 7233 s.). **7480**

2. Caducidad

No existe ninguna **especialidad** respecto de la terminación por caducidad en el caso del procedimiento sancionador iniciado como consecuencia de un procedimiento inspector (nº 7275 s.). **7485**

II. Tramitación conjunta

7490

En caso de **renuncia** voluntaria del obligado tributario a la tramitación separada del procedimiento sancionador, todas las cuestiones relativas a las infracciones se analizan en el procedimiento de aplicación de los tributos correspondiente. **7492**
En los procedimientos sancionadores iniciados como consecuencia de actuaciones inspectoras distintas de las que integran un procedimiento de inspección, la **posibilidad** que tiene el

obligado tributario de renunciar a la tramitación separada únicamente resulta aplicable en aquellos casos en que el procedimiento sancionador deriva de un procedimiento de aplicación de los tributos en el que exista una propuesta de regularización. Es el caso del procedimiento de comprobación limitada realizado por la Inspección.

A. Renuncia a la tramitación separada

(LGT art.208.2; RSAN art.26; LPAC art.82.2)

7495 La LGT, tras regular la posibilidad de la renuncia a la tramitación separada del procedimiento sancionador, remite al desarrollo reglamentario en cuanto a la regulación de la forma y el plazo de ejercicio del derecho a dicha renuncia.

7498 **Plazo** (RSAN art.26.1; LPAC art.82.2) El interesado puede renunciar a la tramitación separada del procedimiento sancionador durante los dos primeros meses desde el **inicio del procedimiento** de aplicación de los tributos (procedimiento de comprobación limitada). Si antes de los dos meses se produce la **notificación de la propuesta** de resolución, la renuncia puede formularse hasta la finalización del trámite de alegaciones posterior.

El **trámite de alegaciones** no puede tener una duración inferior a 10 días, ni superior a 15.

El derecho a la renuncia a la tramitación separada no puede ejercitarse fuera de los plazos antes citados. El **cómputo del plazo** de los dos meses se realiza de fecha a fecha, no teniéndose en cuenta los períodos de interrupción justificada y las dilaciones no imputables a la Administración tributaria. A efectos de cómputo del plazo de alegaciones, se toman en consideración los días hábiles.

7501 **Forma** (RSAN art.26.1) La renuncia debe formularse por **escrito**. En este sentido cabe la posibilidad de que el obligado tributario presente un escrito al inspector con el que se están desarrollando las actuaciones de comprobación limitada, o que manifieste dicha voluntad mediante comparecencia personal ante dicho inspector, quien la ha de recoger en diligencia.

7504 **Irrevocabilidad** (RSAN art.26.3) Una vez el interesado ha optado de forma expresa por la renuncia a la tramitación separada del procedimiento sancionador, dicha **opción** no puede rectificarse.

En la tramitación de los procedimientos sancionadores, la regla general es la separación respecto del procedimiento de aplicación de los tributos. La renuncia a la tramitación separada constituye la excepción a dicha regla general, de tal modo que cualquier renuncia que no se desarrolle en los términos expuestos se debe entender por no realizada (nº 7498 s.), debiéndose tramitar de forma separada (nº 7405 s.).

B. Especialidades del procedimiento

(RSAN art.27)

7510 A efectos del examen de las distintas **fases** del procedimiento sancionador en el supuesto de que el interesado renuncie a la tramitación separada de dicho procedimiento para cada una de las fases, ver nº 7105 s.

En este apartado solo se examina la **regulación específica** referente a la renuncia de cada una de las fases:

- inicio;
- instrucción (nº 7520 s.); y
- terminación (nº 7535).

1. Inicio

(LGT art.209.2; RSAN art.22.3 y 27)

7512 El inicio del procedimiento sancionador derivado de un procedimiento de aplicación de los tributos, en el caso de que el obligado tributario renuncie a la tramitación separada, se formaliza mediante **acuerdo** del equipo o unidad inspectora competente, que debe ser objeto de la correspondiente notificación al obligado tributario.

7513 **Plazo** (LGT art.209.2; RSAN art.27.3) El **plazo general** previsto en la LGT para iniciar el procedimiento sancionador, de hasta seis meses desde que se hubiese notificado o entendiese notificada la correspondiente liquidación, no resulta de aplicación en el caso de la renuncia a la tramitación separada, dado que las propuestas derivadas del procedimiento sancionador y del procedimiento de aplicación de los tributos deben notificarse de forma simultánea.

No obstante, en el supuesto de que la **notificación** de la propuesta de resolución del procedimiento de aplicación de los tributos se produzca antes de los dos meses desde su inicio, en el ámbito del procedimiento sancionador, el inicio de este último junto con la propuesta sancionadora, debe realizarse con carácter previo o de forma simultánea a la notificación de la resolución del procedimiento de aplicación de los tributos.

Órgano competente (RSAN art.22.3) El órgano competente para iniciar el procedimiento sancionador derivado del procedimiento de aplicación de los tributos es el **equipo o unidad** que ha desarrollado la actuación inspectora (procedimiento de comprobación limitada). 7515

2. Instrucción

Cuando el obligado tributario renuncia a la tramitación separada del procedimiento de aplicación de los tributos, en la **fase** de instrucción, una vez ya iniciado el procedimiento sancionador, ambos procedimientos se tramitan de forma conjunta. 7520
La tramitación conjunta no obsta para que se haga uso de la **tramitación abreviada** cuando el órgano competente para sancionar disponga ya de todos los elementos que le van a permitir formular una propuesta de imposición de sanción (nº 7532).

Plazo (RSAN art.27.1) A ambos procedimientos se les aplica la **regulación** establecida en la LGT y en su normativa de desarrollo para el correspondiente procedimiento de aplicación de los tributos, incluida la relativa a los plazos y efectos de su incumplimiento. 7523
Se considera período de **interrupción justificada**, a efectos del procedimiento de aplicación de los tributos, el tiempo que va desde el primer intento de notificación del inicio del procedimiento sancionador, hasta que dicha notificación se entiende producida.

Órgano instructor (RSAN art.23.1) El órgano **competente** para instruir el procedimiento sancionador es el equipo o unidad que lo ha iniciado, que a su vez, es aquel que está desarrollando la actuación. 7526

Actuaciones (RSAN art.27.1) Las cuestiones relativas al procedimiento sancionador se analizan conjuntamente con las del procedimiento de aplicación de los tributos. 7529
La **documentación y pruebas** obtenidos durante la tramitación conjunta se consideran integrantes de ambos expedientes y deben incorporarse a los mismos.
La **incorporación formal** de la documentación obtenida a ambos expedientes es necesaria ya que la tramitación conjunta solo abarca hasta la formulación de las propuestas de resolución correspondientes a cada procedimiento, dado que son independientes.
A partir de las propuestas de resolución, cada expediente sigue su curso por separado. Al ser independientes las propuestas de cada procedimiento, los **recursos y reclamaciones** que pudieran interponerse contra los actos de resolución correspondientes a cada uno de ellos, es preciso que contengan toda la documentación que ampara y justifica el acto resolutorio dictado por el Inspector-Jefe.

Tramitación abreviada (LGT art.210.5; RSAN art.23.6) La renuncia a la tramitación separada del procedimiento sancionador no impide que, si el inspector que va a tramitar el expediente sancionador estima **al inicio** del mismo que ya dispone de todos los elementos que le van a permitir formular la propuesta de imposición de la sanción, esta se incorpore al acuerdo de iniciación, dando lugar a la denominada tramitación abreviada. 7532

3. Terminación

(LGT art.139, 150.6, 208.2 y 211.4; RSAN art.27)

En el caso de renuncia a la tramitación separada del procedimiento sancionador, aunque las cuestiones relativas al procedimiento sancionador se analizan conjuntamente con las del procedimiento de aplicación de los tributos, cada procedimiento debe finalizar con un **acto resolutorio** distinto, acuerdo de imposición de sanción para el procedimiento sancionador y acuerdo de liquidación para el procedimiento de aplicación de los tributos correspondiente. 7535
A diferencia de lo que sucede en el caso de renuncia a la tramitación separada en el procedimiento inspector, en el que no cabe la caducidad, en el supuesto del **procedimiento de comprobación limitada** sí cabe dicha caducidad, con lo que el procedimiento sancionador consecuencia de este puede finalizar por caducidad, a pesar de la renuncia (nº 7275 s.).

Ahora bien, la duda que puede plantearse aquí es si esta caducidad impide o no la iniciación de un nuevo procedimiento sancionador en tanto no haya prescrito la acción de la Administración tributaria para imponer la correspondiente sanción.
Al procedimiento sancionador le es de aplicación la **regulación** establecida en la LGT y en su normativa de desarrollo para el procedimiento de aplicación de los tributos (procedimiento de comprobación limitada), incluida la relativa a los **plazos y efectos** de su incumplimiento.
La terminación por **caducidad** del procedimiento de comprobación limitada no impide que la Administración tributaria pueda iniciar de nuevo este procedimiento dentro del plazo de prescripción.
Si la regulación de la terminación del procedimiento de comprobación limitada resulta aplicable al procedimiento sancionador, parece que nada impediría el inicio de uno nuevo tras haber caducado el anterior, salvo que se considere que debe prevalecer la regulación específica de la LGT en relación a la caducidad del procedimiento sancionador, que impide la iniciación de uno nuevo tras haber caducado el anterior.

SECCIÓN 4

Imposición de sanciones no pecuniarias

7540

7542 Si las infracciones cometidas son calificadas como **graves o muy graves** y concurren determinadas circunstancias, se prevé la posibilidad de sancionar al obligado tributario no solo con la correspondiente multa pecuniaria, sino además con otras sanciones de carácter no pecuniario. Estas sanciones tienen **carácter accesorio** respecto de las pecuniarias.
Se establece una serie de **especialidades** en la tramitación de los procedimientos sancionadores para la imposición de estas sanciones.
En cuanto al examen de las distintas sanciones no pecuniarias, ver el nº 5940 s.

1. Órganos competentes

7545 Cuando a raíz de una actuación inspectora resultan acreditados hechos o circunstancias que pueden determinar la imposición de sanciones no pecuniarias por infracciones tributarias graves o muy graves, se inicia, en su caso, el correspondiente procedimiento sancionador.

7548 **Propuesta de inicio del procedimiento** (LGT art.211.5; RSAN art.31.2) La **competencia** para proponer el inicio del procedimiento sancionador se atribuye al órgano que ha impuesto la sanción de carácter pecuniario, esto es, el Inspector-Jefe.
El Inspector-Jefe ha de dirigir **escrito** al órgano competente para iniciar el procedimiento sancionador con los antecedentes de las actuaciones realizadas. En este sentido se cita expresamente la diligencia donde constan los hechos o el acta extendida por la Inspección.
En cuanto al contenido del acuerdo de inicio de las actuaciones, ver el nº 7120 s.

7551 **Inicio del procedimiento** (LGT art.211.5; RSAN art.22 y 31.2; OM PRE/3581/2007 art.4.2.e, 5.2.b y 6.2.l) Con carácter general, para iniciar el procedimiento sancionador es competente el órgano que se determine en la norma de organización aplicable a los órganos con competencia sancionadora. En este sentido, en el ámbito de la AEAT mediante Orden Ministerial se atribuyen las **funciones y competencias** correspondientes a los directores de cada uno de los Departamentos, entre las que se contempla la iniciación del procedimiento sancionador para la imposición de sanciones no pecuniarias derivado de actuaciones realizadas en el ámbito de sus competencias.
A falta de dicha regulación, es órgano competente el que tiene atribuida la competencia para su resolución.
Se establece la especialidad de que, si el órgano competente para sancionar es el Consejo de Ministros, la competencia para iniciar el procedimiento se atribuye al Ministro de Hacienda.

7554 **Imposición de sanciones** (LGT art.211.5) Los órganos competentes para imponer sanciones de carácter no pecuniario son:
a) Consejo de Ministros, en el caso de que la sanción consista en la suspensión del ejercicio de profesiones oficiales (por ejemplo, registradores o notarios), empleo o cargo público.

b) Ministro de Hacienda, el órgano equivalente de las CCAA (Consejero), el órgano competente de las entidades locales u órganos en quienes deleguen cuando la sanción consiste en:
- la pérdida del derecho a aplicar beneficios o incentivos fiscales cuya concesión le corresponde o que son de directa aplicación por los obligados tributarios;
- pérdida de la posibilidad de obtener subvenciones o ayudas públicas;
- prohibición de contratar con la Administración pública correspondiente.

c) Órgano competente para el **reconocimiento del beneficio o incentivo fiscal**, cuando consiste en la pérdida del derecho a su aplicación.

2. Procedimiento

(LGT art.186 y 209.2; RSAN art.31)

Salvo las peculiaridades relativas al órgano competente para tramitar e imponer las sanciones y las que a continuación se exponen, en el procedimiento sancionador para la imposición de sanciones no pecuniarias se siguen las **reglas** del procedimiento para la imposición de sanciones de carácter pecuniario. **7560**

Para poder iniciar un procedimiento sancionador para la imposición de sanciones no pecuniarias es preciso que, con **carácter previo**, se haya impuesto una sanción de carácter pecuniario. En función de que la multa pecuniaria impuesta haya sido por infracción grave o muy grave y que el importe de esta última sea igual o superior a 30.000 o 60.000 euros, además de la concurrencia del criterio de graduación de las sanciones por comisión repetida de infracciones tributarias, la sanción no pecuniaria que se puede imponer varía. Por eso es preciso que exista la sanción pecuniaria con carácter previo a la no pecuniaria.

El **plazo máximo** para iniciar el procedimiento sancionador se establece en tres meses desde que se hubiese notificado o se entendiese notificada la sanción pecuniaria.

En la **tramitación** del procedimiento sancionador para la imposición de sanciones no pecuniarias no pueden plantearse cuestiones relacionadas con el acuerdo de imposición de la sanción de carácter pecuniario.

Precisiones Para obligados tributarios afectados por la **DANA**, ver nº 3337.

CAPÍTULO 9

Delitos contra la Hacienda Pública

7591 Son delitos las acciones u omisiones dolosas o imprudentes penadas por la ley penal.
El **delito** se identifica con aquella conducta (consistente en una acción u omisión) típica, antijurídica, culpable y punible.
En el ordenamiento jurídico, las **infracciones tributarias** pueden estar tipificadas y sancionadas en el CP o en la legislación tributaria (LGT y leyes reguladoras de cada tributo). El Derecho Penal se rige por el principio de intervención mínima, por lo que únicamente reciben reproche penal aquellas infracciones más graves que lesionan los bienes jurídicos más importantes.
El presente capítulo, relativo a los delitos contra la Hacienda Pública, va a centrarse en el **delito de defraudación tributaria y el delito contable**, regulados en el CP dentro del Título XIV del Libro II denominado «De los delitos contra la Hacienda Pública y contra la Seguridad Social», por ser delitos que afectan directamente al sistema tributario.
Los delitos contra la Hacienda Pública se configuran como normas penales en blanco, en cuanto la ley penal se remite a otras normas a fin de completar el tipo. Es necesario acudir a la normativa tributaria que actúa de complemento necesario de la ley penal.

I. Delito de defraudación tributaria

(CP art.305)

A. Tipo penal

1. Tipo básico

(CP art.305.1)

7614 Incurre en delito de defraudación tributaria aquel que, por **acción u omisión** defrauda a la Hacienda Pública estatal, autonómica, foral o local:
- eludiendo el pago de tributos, cantidades retenidas o que se hubieran debido retener o ingresos a cuenta (nº 7630 s.);
- obteniendo indebidamente devoluciones (nº 7633); o
- disfrutando de beneficios fiscales de la misma forma (nº 7635).

La **cuantía defraudada**, el importe no ingresado de las retenciones o ingresos a cuenta o el de las devoluciones o beneficios fiscales indebidamente obtenidos o disfrutados debe exceder de 120.000 euros. Por debajo de dicha cuantía no existe delito de defraudación, aunque puede en su caso existir infracción tributaria (nº 5500 s.).
El delito de defraudación es un delito de resultado, no de peligro, por lo que el tipo exige un específico **perjuicio para la Hacienda Pública** (al menos 120.000 euros).
El **bien jurídico protegido** en el delito de defraudación tributaria, al igual que en el delito contable, son los intereses económicos del Estado, CCAA y entidades locales, los ingresos procedentes del sistema tributario, teniendo en cuenta no solo la función recaudatoria que cumplen.

Precisiones 1) No se incurre en delito cuando se hubiera producido la **regularización** de la situación tributaria (nº 7680 s.).
2) La mera **presentación de declaraciones o autoliquidaciones** no excluye la defraudación, cuando se pueda acreditar por otros hechos.
3) La regulación del delito de defraudación tributaria es una ley penal en blanco, que requiere ser completada con la ley fiscal vigente en el momento de la comisión del hecho, en tanto esta impone un determinado **deber fiscal**, cuya defraudación es constitutiva de delito. Este deber está contemplado en la respectiva ley fiscal que establece el impuesto y que requiere, en general, que el sujeto pasivo del impuesto ponga en conocimiento de la Administración, con corrección, en forma completa y sin falsedad, los respectivos hechos imponibles ocurridos dentro del ejercicio fiscal correspondiente (TS Penal 20-1-06, EDJ 2843).
4) Lo que da fundamento a la imposición de las obligaciones fiscales es el **principio de solidaridad** en la contribución al sostenimiento de las cargas públicas de acuerdo con la capacidad económica y dentro de un sistema tributario justo (Const art.31.1), estrechamente conectado a los principios de igualdad y justicia (TCo 27/1981; 19/1987; 46/2000), de cuya efectividad depende la dimensión social del Estado que proclama la Constitución, es decir, todo el conjunto de prestaciones necesarias para hacer frente a las necesidades sociales (TS Penal 15-7-02, EDJ 29076).

7620 **Ánimo de defraudar** (CP art.305.1) La regulación penal alude expresamente al que defraude, lo que plantea la cuestión de la exigencia de un ánimo defraudatorio y su significado en el delito de defraudación fiscal.
El ánimo de defraudar no es algo distinto del **dolo** propio de este delito.
La **jurisprudencia del TS** ha ido evolucionando en cuanto a la interpretación del ánimo defraudatorio, entendiéndose en la actualidad que basta con el incumplimiento consciente del deber de tributar, sin que sea necesario el inducir a error a la Administración tributaria. Se considera que engaña, a efectos del delito de defraudación, el que no declara o declara mal conscientemente con independencia de que busque producir error en la Administración.
El ánimo de defraudar permite diferenciar el delito fiscal del mero impago del impuesto, pero no exige la concurrencia del engaño propio del delito de estafa: basta el incumplimiento consciente de los deberes tributarios. El **engaño** se refiere a la falta al deber de veracidad ocultando hechos a la Administración referidos a la obligación de declarar.

7625 Precisiones 1) No impide la apreciación de este delito el hecho de que la **contabilidad sea correcta** o que en el balance presentado a efectos de otro impuesto figure el saldo global de la cuenta Hacienda Pública acreedora (TS Penal 26-11-90, EDJ 10726; 3-12-91, EDJ 11453).
2) La jurisprudencia del TS ha definido repetidamente el **concepto de engaño** como la afirmación de lo falso como si fuera verdadero o el ocultamiento de lo verdadero. Por tanto, engaña el que no declara o declara mal (TS Penal 2-3-88, EDJ 16948).
En el caso del **delito fiscal**, las declaraciones incompletas, incorrectas o falsas resultan típicas, pues en ellas se afirma como correcto lo que en realidad no es así. Afirmar un hecho como ocurrido en un determinado tiempo que no es el legalmente establecido es, por lo tanto, una acción que se subsume bajo el tipo del delito fiscal (TS Penal 20-1-06, EDJ 2843).
3) El **ánimo defraudatorio** consiste en la conciencia clara y precisa del deber de pagar y la voluntad de infringir ese deber, resultando evidente en:
- quien **declara mal** o torticeramente los datos que han de servir para la liquidación del impuesto;
- quien no declara porque, siendo consciente del deber de hacerlo, omite una actuación esperada por la Administración tributaria y la **omisión** es susceptible de ser tomada como expresión inveraz de que no existe el hecho imponible (TS Penal 26-11-08, EDJ 239996).

7628 **Acción u omisión** (CP art.305.1) El delito de defraudación puede cometerse por acción o por omisión. Sin embargo, este delito fiscal tiene un elemento omisivo importante, aludiendo el tipo penal a la **elusión del pago de tributos**. Se perfila como un delito de infracción de un deber, en concreto, el deber de contribuir al sostenimiento de los gastos públicos mediante el pago de tributos.
El **deudor tributario** se encuentra en una posición peculiar respecto a la Hacienda Pública que le convierte en garante del bien jurídico protegido, adquiriendo por eso el comportamiento omisivo del sujeto pasivo una trascendencia especial.

No obstante, no toda conducta omisiva permite la apreciación de delito si se supera determinada cuantía, sino que es preciso la **concurrencia del dolo**, de la defraudación, debiendo quedar el mismo probado por la Administración tributaria o el Ministerio Fiscal, atendiendo a las circunstancias concretas que concurran en cada caso.

Precisiones El delito fiscal tiene la **naturaleza** de tipo de omisión que consiste sencillamente en el incumplimiento del deber de pagar los tributos a los que se está obligado (TS Penal 3-10-03, EDJ 110638).

Elusión del pago (CP art.305.1) Es preciso realizar la **distinción** entre la elusión del pago a que se refiere el delito de defraudación fiscal del mero impago del tributo. **7630**
La elusión del pago prevista en el tipo penal de defraudación tributaria engloba aquellas conductas en que por acción u omisión se busca eludir la correcta **cuantificación de la deuda tributaria**, refiriéndose en concreto a la elusión de:
a) Tributos: se refiere a la cuota tributaria y, en su caso, a los recargos que sean objeto de declaración conjunta por el obligado tributario, pero no a los elementos accesorios a la deuda (intereses de demora, recargos por presentación extemporánea de declaraciones, etc.).
b) Cantidades retenidas o que se hubieran debido retener o ingresos a cuenta de retribuciones en especie: a estos efectos se ha de distinguir:
- retenciones e ingresos a cuenta de **retribuciones en especie**: las obligaciones de retener e ingresar a cuenta constituyen obligaciones tributarias autónomas y son independientes del hecho de que las mismas hayan sido efectivamente practicadas. Salvo para el cálculo de las posibles consecuencias derivadas del delito, en nada afecta la conducta seguida por el perceptor de las rentas sujetas a retención o ingreso a cuenta, esto es, si ha deducido dichas cantidades o no, dado que tiene derecho a dicha deducción, con independencia de que le hayan sido o no practicadas por el pagador de los rendimientos, siempre y cuando las cuotas o retenciones no soportadas no lo hayan sido por causa imputable a él mismo;
- retenciones efectivamente **no practicadas**: la acreditación del dolo requiere un mayor esfuerzo probatorio;
- retenciones o ingresos a cuenta **practicados** pero que, en virtud del principio de especialidad penal, no cabría aplicar el delito de apropiación indebida.
Se trata de un delito que encuentra su **localización temporal** en la fase de determinación del crédito tributario, no en la fase de recaudación o ejecución. Por tanto, no incurren en delito de defraudación tributaria los que declaran correctamente pero no ingresan, sin perjuicio de que en ocasiones dichas conductas puedan dar lugar a algún tipo de insolvencia punible.

Precisiones 1) En los casos de **falta de declaración dolosa de retenciones** por importe superior a 120.000 euros, constitutivos de delito fiscal, la actuación del perceptor de la renta ha de ser analizada para determinar la consecuencia de dicha conducta: **7631**
a) Si la falta de ingreso de la retención es imputable únicamente al **obligado a soportarla**, esto es, al perceptor de la renta, no puede practicarse deducción alguna por dicha retención. En este supuesto, el obligado a retener no puede ser sancionado. El incumplimiento por el perceptor de la renta de su obligación de pagar la cuota tributaria correspondiente a dicha renta bruta, puede ser sancionado en vía administrativa o penal, según proceda.
b) Cuando la falta de retención sea consecuencia de un artificio defraudatorio ideado conjuntamente por **el pagador y el perceptor** de las rentas:
- los obligados a soportar la retención no pueden deducirse aquello que no fue retenido;
- sobre un mismo importe defraudado podrían concurrir dos conductas susceptibles de ser calificadas como delito fiscal: por un lado, el posible delito relacionado con la retención no practicada por el pagador de la renta; por otro, el posible delito del perceptor de la renta por la cuota defraudada.
2) El TS matiza el **carácter autónomo** de la obligación tributaria de realizar pagos a cuenta, pudiendo ser sancionada la conducta del obligado tributario que no ha cumplido debidamente su obligación de retener, aunque no pueda exigirse el ingreso de la retención no practicada cuando ya se ha satisfecho la obligación tributaria principal (TS 27-2-07, EDJ 21031; 5-3-08, EDJ 48949).
3) La **declaración tributaria especial** es una declaración tributaria, con efectos limitativos, entre los que se encuentra la imposibilidad de rectificar la declaración presentada. A efectos de poder modificar su contenido dentro del plazo de presentación, se ha considerado que no es viable un procedimiento de rectificación de autoliquidación, que el ingreso realizado no es indebido al derivar del legítimo ejercicio de una opción y que se trata de una declaración cuya presentación y contenido son voluntarios, pudiendo ser modificado su contenido dentro del plazo de declaración (TEAC 6-11-18).

Obtención indebida de devoluciones Con carácter general, la conducta tipificada parece referirse a las devoluciones derivadas de la normativa de cada tributo, que puede concurrir con la conducta de elusión del pago de tributos. Solo cabe su comisión por **acción**. **7633**

A efectos de la obtención de la devolución, se requiere que se produzca la **presentación** de una autoliquidación de la que resulta una cantidad a devolver; una solicitud de devolución; o una comunicación de datos.

Precisiones 1) Cabe la comisión del delito en **grado de tentativa** cuando se solicita una devolución superior a 120.000 euros y no se reconoce la misma o bien se reconoce una devolución inferior en más de 120.000 euros a la solicitada. Es preciso, en todo caso, que concurran las demás circunstancias (antijuridicidad, culpabilidad y punibilidad) del delito de defraudación.

2) Esta modalidad de defraudación tributaria guarda una gran **similitud con la estafa**, pero mientras en el primero la obtención indebida de devoluciones puede lesionar el interés en la recaudación tributaria (se ha producido un ingreso de la deuda tributaria pero mediante mecanismo fraudulento se obtiene su devolución), en el caso de la estafa se lesiona el patrimonio del Estado (no ha existido un ingreso previo pero mediante mecanismo fraudulento se obtiene una devolución).

El delito de defraudación es un **delito especial propio**, que solo puede ser cometido por quien reúna una determinada cualidad personal, es decir, el autor solo puede ser el obligado tributario. Si el sujeto que obtiene indebidamente una devolución no reúne la cualidad personal que exige el delito de defraudación y falsea la documentación para aparentar que lo es, los hechos han de ser calificados como constitutivos de delito de estafa.

3) En la **obtención indebida de devoluciones por IVA**, el delito fiscal solamente puede ser cometido por quien sea contribuyente por este tributo. Si, no siéndolo, falsea la documentación para aparentar que lo es, obteniendo así una devolución, los hechos deben ser calificados como constitutivos de un delito de estafa. El principio de especialidad penal, que conduce a considerar los hechos como delito fiscal o infracción administrativa en caso de no superar las cuantías establecidas por la ley, solo opera cuando el sujeto activo es el requerido por el tipo como autor (TS Penal 8-4-08, EDJ 35299).

7635 **Disfrute indebido de beneficios fiscales** No existe un **concepto legal** de beneficio fiscal, si bien puede definirse como aquella medida fiscal que minora o difiere el gravamen fiscal. En general, este término abarca todo tipo de bonificaciones, deducciones, reducciones y exenciones tributarias. El disfrute indebido de beneficios fiscales da lugar a una elusión en el pago de tributos (nº 7630 s.) o a una obtención indebida de devoluciones tributarias (nº 7633), por lo que esta modalidad se reconduce a una de dichas conductas.

Los beneficios fiscales se aplican o solicitan por los obligados tributarios, por lo que **no** parece factible la **comisión por omisión** de este tipo penal.

2. Tipos agravados

(CP art.305 bis, 570 bis, 570 ter y 570 quater)

7640 Se recoge un tipo agravado para tipificar las **conductas de mayor gravedad** o de mayor complejidad en su descubrimiento, que se sancionan con una pena máxima de 6 años, lo que lleva aparejado el aumento del plazo de prescripción a 10 años para dificultar la impunidad de estas conductas graves por el paso del tiempo.

El delito contra la Hacienda Pública es castigado con la pena de prisión de 2 a 6 años y multa del doble al séxtuplo de la cuota defraudada cuando la defraudación se cometa concurriendo alguna de las **circunstancias** siguientes:

a) Que la **cuantía** de la cuota defraudada exceda de 600.000 euros.

b) Que la defraudación se haya cometido en el seno de una **organización o de un grupo criminal**.

c) Que la utilización de personas físicas o jurídicas o entes sin personalidad jurídica **interpuestos**, negocios o instrumentos fiduciarios o jurisdicciones no cooperativas o territorios de nula tributación oculte o dificulte la determinación de la identidad del obligado tributario o del responsable del delito, la determinación de la cuantía defraudada o del patrimonio del obligado tributario o del responsable del delito.

A estos supuestos les son de aplicación todas las restantes previsiones contenidas para el delito de defraudación tributaria (nº 7610 s.). En estos casos, además de las penas señaladas, se impone al responsable la **pérdida de la posibilidad de obtener subvenciones** o ayudas públicas y del derecho a gozar de los beneficios o incentivos fiscales o de la Seguridad Social durante un período de 4 a 8 años.

7643 **Organizaciones y grupos criminales** (CP art.570 bis, 570 ter y 570 quater) A efectos del CP se entiende por **organización criminal** la agrupación formada por más de dos personas con carácter estable o por tiempo indefinido, que de manera concertada y coordinada se reparten diversas tareas o funciones con el fin de cometer delitos.

Se tipifica las **conductas básicas** de promoción, constitución, organización y dirección, distinguiendo según se trate de cometer delitos graves u otras infracciones penales. En un segundo nivel punitivo se contemplan las actuaciones de participación y cooperación, con una sanción penal menor. También se contemplan **agravantes** específicas en función de las características de la organización y el tipo de delitos que tiene por objeto.

Se entiende por **grupo criminal** la unión de más de dos personas que, sin reunir alguna o algunas de las características de una organización criminal, tenga por finalidad o por objeto la perpetración concertada de delitos.
Se tipifican las **conductas** de constitución, financiación o integración en un grupo criminal, modulándose la respuesta punitiva a la gravedad de las infracciones penales en términos análogos a los previstos para las organizaciones, regulándose las **agravantes** en razón de las características del grupo.
Cuando las conductas descritas tanto para las organizaciones como para los grupos criminales estén **comprendidas en otro precepto** del CP, se aplica el que imponga la pena más grave.
De lo expuesto puede deducirse que, en aquellos casos (p.e., en las tramas de IVA) en que estas organizaciones o grupos tengan por finalidad la comisión de delitos contra la Hacienda Pública, en la medida que está tipificada y sancionada la constitución, concertación y dotación de estructura para delinquir podrían, si resulta procedente, ser objeto de castigo con carácter adicional a los delitos contra la Hacienda Pública que finalmente se consuman o intenten, pues la pertenencia a una organización criminal es una conducta distinta a la comisión de un delito contra la Hacienda Pública.

Precisiones 1) En relación con la utilización de persona interpuesta, la jurisprudencia ha admitido en el ámbito penal la aplicación de la teoría del **levantamiento del velo** societario, que permite atender a la titularidad real de una actividad frente a la titularidad formal o aparente, que trata de enmascarar la identidad de dicho titular real de la actividad, bienes, derechos o deberes. **7644**
2) La especial trascendencia, gravedad o el importe de lo defraudado son circunstancias que quedan a la valoración del juez penal. La **estructura organizada** puede apreciarse por el órgano judicial en los supuestos de tramas de fraude.

3. Cuantía defraudada

(CP art.305.1)

El **importe** de la cuantía defraudada debe exceder de 120.000 euros. Por debajo de dicho importe no hay delito y solo puede apreciarse, en su caso, la existencia de una infracción tributaria (nº 5500 s.). **7645**
Una cuestión respecto a la cual no existe un criterio doctrinal y jurisprudencial único es la relativa a si la cuantía defraudada es una condición objetiva de punibilidad o un elemento del tipo.
Si se interpreta que es una **condición objetiva de punibilidad**, hay delito desde el primer euro defraudado, si bien no es punible hasta que no se alcancen los 120.000 euros. En consecuencia, no toda la cuota eludida ha de estar cubierta por el dolo.
Si se interpreta que es un **elemento del tipo**, hay que estar a la cuota dolosamente defraudada, de forma que la cuota devengada, la cuota eludida y la cuota defraudada pueden no coincidir y se ha de estar al perjuicio dolosamente producido.
La mayor parte de la doctrina y jurisprudencia consideran que la existencia de una cuota defraudada de cuantía superior a 120.000 euros no debe considerarse como parte del elemento objetivo del tipo, sino como una condición objetiva de punibilidad. No obstante lo anterior, existen autores y sentencias con distinto criterio a este respecto.

Precisiones El delito fiscal exige, entre los requisitos o presupuestos para su estimación, un determinado **resultado lesivo para el fisco** que ha de superar una determinada cifra, y que opera como condición objetiva de punibilidad (TS Penal 27-12-90, EDJ 12038; 19-5-06, EDJ 102996; 29-5-09, EDJ 111460).

a. Reglas generales

(CP art.305.2)

El delito fiscal se configura como una norma penal en blanco, en la medida en que se debe acudir a otra norma, en este caso, al Derecho Tributario, a fin de determinar uno de los elementos del tipo penal como es el **importe** de la cuota defraudada. **7648**
Corresponde al juez penal la determinación de la cuota defraudada. La **cuantificación** de este elemento del tipo constituye una cuestión prejudicial de naturaleza administrativo-tributaria, para cuya resolución el juez penal se ha de atener a las normas del Derecho Tributario. En esta tarea, el órgano judicial puede contar con el auxilio de **peritos** (frecuentemente en este delito, inspectores de Hacienda) cuyo dictamen no vincula al mismo.
Si bien en las cuestiones de derecho sustantivo la norma penal remite al Derecho Tributario, en lo que se refiere a las **cuestiones de hecho** o probatorias, el órgano judicial penal debe atenerse al sistema probatorio propio del proceso penal.

7651 Cuando en la fijación de la cuota devengada y no declarada se aprecie la existencia de actos o negocios realizados en **conflicto en aplicación de la norma** tributaria, se plantea su sancionabilidad penal. El problema reside en el plano práctico, a la hora de distinguir con nitidez cuándo nos encontramos ante una economía de opción, un acto o negocio simulado o actos realizados en conflicto en la aplicación de la norma tributaria:

a) La **economía de opción**, en cuanto posibilidad de elegir entre varias alternativas legalmente válidas dirigidas a la consecución de un mismo fin, pero generadoras de alguna ventaja patrimonial frente a otras, no es sancionable por su atipicidad, ni administrativa ni penalmente (TCo 46/2000).

b) La **simulación**, en cuanto que conlleva un componente de ocultación, lleva asociada la ilicitud administrativa o la penal según las circunstancias del caso.

c) En relación al conflicto en la aplicación de la norma tributaria (LGT art.15), se permite su **sancionabilidad**. Así, se configura un tipo infractor vinculado al incumplimiento de obligaciones tributarias regularizadas por medio de esta figura cuando se acredite igualdad sustancial entre el caso objeto de regularización y otros supuestos para los que hubiera un criterio administrativo público antes del inicio del plazo de presentación. La infracción es grave. Además, se presume en estos casos que, salvo prueba en contrario, no se puede apreciar la diligencia debida en el cumplimiento de las obligaciones tributarias ni interpretación razonable de la norma (nº 6703 s.).

7652 Precisiones 1) Los **Informes de la Comisión consultiva** se han de publicar trimestralmente en la sede electrónica de la AEAT, salvo que se trate de tributos cuyo órgano competente para la emisión de las consultas escritas se integre en otras Administraciones tributarías, en cuyo caso deben publicarse a través del medio que las mismas señalen. Únicamente serán objeto de publicación aquellos informes en los que se haya apreciado la existencia de conflicto, guardando la debida reserva respecto a los datos de los sujetos implicados (RGGI art.194.6).

2) Se quiebra el derecho a la legalidad penal cuando la conducta enjuiciada, la ya delimitada como probada, es subsumida de un modo irrazonable en el tipo penal que resulta aplicado, bien por la interpretación que se realiza de la norma, bien por la operación de subsunción en sí. El **fraude de ley** no puede utilizarse legítimamente para afirmar la tipicidad de una conducta que formalmente se sitúa fuera de las fronteras del tipo aplicado (TCo 129/2008).

3) La argumentación utilizada para calificar la conducta desarrollada por los condenados como un **negocio simulado** y subsumirlo dentro del delito contra la Hacienda Pública no es ni irrazonable ni imprevisible para los destinatarios de la norma penal, quienes adquirieron una sociedad con pérdidas sometida al régimen de transparencia fiscal (TCo 145/2008).

7654 **Determinación de la cuantía defraudada** (CP art.305.2) Atendiendo a este aspecto, se distingue entre tributos periódicos o de declaración periódica y tributos instantáneos (nº 7656). Asimismo, se va analizar el cálculo del importe cuando concurran distintas modalidades de comisión del delito (nº 7657).

Precisiones Para la aplicación del delito de defraudación tributaria se requiere acudir a la normativa fiscal **vigente** en el momento de la comisión del hecho, en tanto esta impone un determinado deber fiscal, cuya defraudación es constitutiva de delito. Este deber está contemplado en la respectiva ley fiscal que establece cada impuesto y requiere, en general, que el sujeto pasivo ponga en conocimiento de la Administración, con corrección, de forma completa y sin falsedades, los respectivos hechos imponibles ocurridos dentro del ejercicio fiscal correspondiente (TS Penal 20-1-06, EDJ 2843).

7655 **Tributos periódicos** (CP art.305.2.a) En los tributos, retenciones, ingresos a cuenta y devoluciones periódicos o de **declaración periódica** se debe estar a lo defraudado en cada período impositivo o de declaración, y si estos son inferiores a 12 meses, se está a lo defraudado en el año natural.

En los casos en los que la defraudación se lleve a cabo en el seno de una **organización o grupo criminal**, o por personas o entidades que actúen bajo la apariencia de una actividad económica real sin desarrollarla de forma efectiva, el delito es perseguible desde el mismo momento en que se alcance la cantidad de 120.000 euros. Esta modificación se ha introducido para adelantar el momento en que puedan denunciarse los hechos. Por tanto, si se alcanza la cuantía de 120.000 euros, por ejemplo, en el primer trimestre del año, no es necesario esperar a determinar la cuantía anual, pudiendo perseguir el delito desde el momento en el que la defraudación supere la cuantía mínima determinante del delito.

Precisiones 1) En el caso de tributos con períodos de declaración **mensuales o trimestrales**, como el IVA, hay que estar a lo defraudado en todo el año natural y no meramente a lo defraudado en cada período de declaración.

2) En el caso del IS de una **entidad con ejercicio partido** hay que verificar si dicho período es inferior a 12 meses, pues si así fuese se está a lo defraudado en el año natural.

3) En las facturas por **ventas no declaradas**, para la determinación de la base imponible del IRPF debe tomarse como referencia el importe íntegro de lo cobrado, sin deducción en su caso de la

cantidad por la retención del IVA, ya que en este caso nunca pensó en pagarse y, en consecuencia, hasta ese momento estaba engrosando el patrimonio de la persona que defrauda (TS Penal 30-6-20, EDJ 593865).
4) En un supuesto de **simulación de localización de los servicios** de telefonía en Canarias, a través de varias compañías situadas en dicho territorio introducidas artificialmente, con ánimo defraudatorio ya que el objetivo era no repercutir IVA, constituye un delito sobre la Hacienda pública, proyectándose el fraude no solo sobre el IVA que debió haber sido ingresado, sino también sobre el IVA que debió ser soportado y no se devengó, no pudiendo por tanto dicho importe ser deducible (TS Penal 11-2-21, EDJ 506199).

Tributos de devengo instantáneo (CP art.305.2.b) Con respecto a los tributos de devengo instantáneo, la **cuantía** se entiende referida a cada uno de los distintos conceptos por los que un hecho imponible es susceptible de liquidación. 7656
En el supuesto de **tributación a varias Administraciones** (p.e., regímenes de Concierto y Convenio económico con el País Vasco y Navarra), siempre que exista unidad de conducta o acción y tratándose del mismo tributo y período impositivo, se entiende que existe un único delito cuya cuantía viene determinada por la suma de las cuotas defraudadas a las distintas Administraciones acreedoras del tributo.

Concurrencia de modalidades de delitos (CP art.305.2) También en los casos en que exista **unidad de acción** e identidad de tributo y período y concurran distintas modalidades de comisión del delito (p.e., obtención indebida de una devolución cuando proceda una cantidad a ingresar), procede acumular las cuantías defraudadas en cada conducta, al haber un único delito. 7657
No cabe la acumulación de cuantías defraudadas inferiores a 120.000 euros para la constitución de un **delito continuado**. Estas cuantías son en su caso infracciones administrativas, sin que quepa su adición para alcanzar el tipo penal.

Ejemplo Si un contribuyente en el ejercicio X tiene una cuota defraudada por IRPF de 90.000 € y en el año X+1 tiene una cuota defraudada de 35.000 €, no cabe adicionar las cuotas defraudadas en los dos ejercicios para apreciar delito fiscal.

b. Presunciones legales

Otra de las cuestiones que se ha suscitado en la práctica es la posible aplicación de presunciones legales de renta para la **determinación de la cuota** tributaria defraudada y su compatibilidad con el principio penal de presunción de inocencia. Esta problemática se ha planteado en relación con: 7660
- las ganancias no justificadas de patrimonio; y
- la estimación indirecta (nº 7668).

Ganancias no justificadas de patrimonio A efectos de evitar la falta de gravamen de ganancias patrimoniales cuyo origen se desconocía y que afloraban en un momento determinado, se estableció la obligación de suministrar **información sobre bienes y derechos situados en el extranjero** (modelo 720) (LGT disp.adic.18ª). Asimismo, se regularon las consecuencias en caso de incumplimiento, estableciéndose además de un régimen sancionador, la posibilidad de que las leyes propias de cada tributo estableciesen consecuencias específicas. 7663
No obstante, tras haber sido recurrido ante el TJUE, recientemente ha establecido que el régimen jurídico español que regula la obligación informativa de declaración de bienes y derechos situados en el extranjero es **incompatible** con el Derecho de la UE, al vulnerarse los principios de seguridad jurídica, proporcionalidad y, especialmente, el de libre circulación de capitales (TJUE 27-1-22, asunto C-788/19). En consecuencia, desde el 11-3-2022, se ha suprimido esta regulación que afecta al régimen sancionador ligado al incumplimiento de la declaración informativa sobre bienes y derechos en el extranjero, entendiéndose por tanto aplicable el régimen sancionador general, la imputación temporal de estas ganancias, así como el régimen de infracciones y sanciones por no presentar en plazo o presentar de forma incompleta, inexacta o con datos falsos la declaración informativa sobre bienes y derechos en el extranjero.

Precisiones **1)** Ha de ser el **contribuyente** quien justifique ese incremento de patrimonio, pues sería absurdo eliminar las presunciones iuris tantum a favor de la Administración simplemente declarando el contribuyente la existencia de un incremento de patrimonio, sin justificarlo en absoluto (TS 25-2-03, EDJ 3721). 7665
2) La **presunción de inocencia** (Const art.24), dado su carácter de presunción iuris tantum, puede ser desvirtuada mediante una actividad probatoria con fuerza suficiente, como puede ser una actividad comprobadora de la Inspección de la que se desprenda que determinadas adquisiciones onerosas, no pudieron ser financiadas con el volumen de ingresos y patrimonio declarados, sin que la recurrente haya ofrecido justificación alguna, lo que evidencia una renta por la que no se había tributado (TS 13-10-92, EDJ 9873; 19-10-92, EDJ 10189; 1-12-93, EDJ 10963).

7668 **Estimación indirecta** (LGT art.53 y 158) La estimación indirecta constituye un **método subsidiario** de determinación de bases imponibles aplicable por la Administración tributaria cuando no pueda disponer de los datos necesarios para la determinación completa de la base imponible, como consecuencia de la concurrencia de algunas de las circunstancias citadas por la LGT (nº 4688 s.).

La aplicación de este método supone la utilización de un procedimiento fundamentalmente indiciario, lo que plantea la cuestión de su **admisibilidad en el ámbito penal** y en qué medida puede destruir el principio de presunción de inocencia. La jurisprudencia ha admitido la prueba indiciaria, así como la determinación de la base imponible por estimación indirecta en el proceso penal, si bien ha exigido ciertos **requisitos** (la aportación de los indicios utilizados en el cálculo de la base, así como hechos ciertos y objetivos).

Precisiones La **admisibilidad** del método de estimación indirecta en el proceso penal se reconoce por el TS en numerosas sentencias (TS Penal 26-4-93, EDJ 3866; 21-2-03, EDJ 3235).

4. Consumación del delito

7675 El delito de defraudación tributaria es un **delito de resultado**; la consumación supone la consecución de ese resultado como consecuencia de la realización de la conducta tipificada penalmente, por eso la comisión del delito no se produce en el momento en que se ejecuta la acción o se omite el acto que el sujeto estaba obligado a realizar, sino en el momento en que se perfecciona el delito a través de la producción del resultado.

La consumación del delito determina cuándo tiene lugar el inicio del cómputo del **plazo de prescripción** de la acción penal y la legislación penal aplicable, que es la vigente en dicho momento, sin perjuicio de la aplicación de la normativa posterior más favorable.

Precisiones En los casos en que concurran **dos modalidades de comisión** del delito (p.e., obtención indebida de devolución y elusión del pago), el plazo de prescripción penal inicia su cómputo a partir de la consumación de la última de ellas.

7676 **Elusión del pago** Se ha de distinguir según sean gestionados los tributos mediante autoliquidación o declaración:

a) Autoliquidación: la consumación se produce al vencimiento del plazo de presentación de la autoliquidación. Si estos tributos son de declaración periódica y su período es inferior a 12 meses, la consumación hay que entenderla producida al vencimiento del último período de declaración del año, siendo este momento el que inicia el cómputo de prescripción penal, conforme se deduce de la regla de determinación de la cuota defraudada punible (TS Penal 3-4-03, EDJ 25335).

b) Declaración: la consumación se produce al vencimiento del plazo de ingreso de la liquidación notificada.

En el caso de delitos cometidos por **omisión**, parte de la doctrina entiende que la consumación se produce al vencimiento del plazo de declaración.

Precisiones **1)** En los tributos gestionados mediante autoliquidación no cabe la **tentativa**, sí en los gestionados mediante declaración, si la Administración detecta la falta o incorrecta declaración antes de dictar liquidación.

2) Se haya formulado o no declaración, el delito se entiende consumado en el momento en el que expira el plazo voluntario para realizar el pago. Por tanto, la consumación se produce el **último día del plazo voluntario** para la presentación y pago de la declaración-liquidación (TS Penal 6-11-00, EDJ 32433; 3-1-03, EDJ 966).

7677 **Obtención indebida de devoluciones** En el supuesto de obtención indebida de devoluciones, la consumación de este delito se produce en el momento en que obtiene y se puede hacer uso de la devolución.

En el caso de devoluciones **periódicas** de un tributo, trimestrales o mensuales, esto es, correspondientes a períodos inferiores a 12 meses (p.e., devoluciones mensuales o trimestrales de IVA), habrá que estar al importe correspondiente al año natural. No obstante, en los casos en los que la defraudación se lleve a cabo en el seno de una organización o grupo criminal, o por personas o entidades que actúen bajo la apariencia de una actividad económica real sin desarrollarla de forma efectiva, el delito es perseguible desde el mismo momento en que se alcance la cantidad de 120.000 euros.

Cabe la comisión en grado de **tentativa**, que se da cuando el contribuyente solicite la devolución y la Administración acuerde una devolución inferior o su improcedencia.

Disfrute indebido de beneficios fiscales La consumación del delito se produce en el momento en que se hace uso de dicho beneficio fiscal, lo que da lugar bien a una elusión en el pago o a la obtención indebida de una devolución. 7678
Sin embargo, en los casos en que el disfrute de un beneficio fiscal está sometido a una **condición**, como es el cumplimiento de ciertos requisitos en ejercicios futuros, el incumplimiento de estos sin una regularización voluntaria por el obligado tributario determina que sea en dicho ejercicio o período en que se incumplen cuando se consuma el delito y no en el ejercicio anterior en que se aplicó dicho beneficio (p.e., en el caso de una sociedad que se acoge en el IS a la deducción por producciones cinematográficas y antes de que transcurran 3 años se disuelve, la comisión del delito fiscal, de darse todas las circunstancias del tipo penal, se produciría cuando se disuelve, ya que no ha cumplido el plazo de mantenimiento previsto en la normativa del IS, debiendo regularizar su situación).
El beneficio ha de entenderse que se concedió de forma provisional y condicionada, y el **incumplimiento** de las condiciones determina la pérdida del beneficio pero sin efecto retroactivo, aunque la **regularización** exija el abono de intereses de demora desde el período en que se disfrutó del beneficio, pues dichos intereses tienen un carácter indemnizatorio.
Cabe la comisión en grado de **tentativa** en aquellos casos de solicitud del beneficio y su denegación por la Administración.

5. Regularización voluntaria

Regulación penal (CP art.131 y 305.4) Se considera regularizada la situación tributaria cuando se haya procedido por el obligado tributario al **completo reconocimiento y pago** de la deuda tributaria antes de que: 7680
- se le haya notificado por la Administración tributaria el **inicio de actuaciones** de comprobación o investigación tendentes a la determinación de las deudas tributarias objeto de la regularización;
- el Ministerio Fiscal, el Abogado del Estado o el representante procesal de la Administración autonómica, foral o local de que se trate, interponga **querella o denuncia** dirigida contra el obligado tributario;
- el Ministerio Fiscal o el juez de instrucción realicen **actuaciones** que le permitan tener conocimiento formal de la iniciación de diligencias, si no se hubieran producido actuaciones de comprobación o investigación.

Asimismo, se producen los efectos de la regularización voluntaria cuando se satisfagan deudas tributarias una vez **prescrito el derecho de la Administración** a su determinación en vía administrativa. La prescripción de derecho de la Administración para determinar la deuda tributaria mediante la oportuna liquidación se produce a los 4 años (LGT art.66). En cambio, la prescripción del delito contra la Hacienda Pública se produce a los 5 años, y el tipo agravado (nº 7640 s.) a los 10 años.
Los **efectos** de la regularización por el obligado tributario de su situación tributaria se extienden a las posibles irregularidades contables u otras falsedades instrumentales que, exclusivamente en relación a la deuda tributaria objeto de regularización, el mismo pudiera haber cometido con carácter previo a la regularización de su situación tributaria.

Precisiones 1) La regularización de la situación tributaria se configura como el verdadero **reverso del delito**, de manera que con la regularización resulta neutralizado no solo el desvalor de la acción, con una declaración completa y veraz, sino también el desvalor del resultado, mediante el pago completo de la deuda tributaria, y no solamente de la cuota tributaria. 7681
Se considera que la regularización de la situación tributaria hace desaparecer el injusto derivado del inicial incumplimiento de la obligación tributaria. Por tanto, esta circunstancia deja de ser considerada como una **excusa absolutoria** pudiendo ser apreciada por la Administración tributaria sin necesidad de remisión al juez penal.
2) Cabe aplicar la excusa absolutoria de la regularización espontánea en los supuestos de **obligaciones tributarias prescritas** administrativamente por el transcurso de 4 años, pero no prescritas penalmente al no haberse cumplido el plazo penal de 5 años de prescripción (TS Penal 6-11-00, EDJ 32433; 30-10-01, EDJ 37191; 15-7-02, EDJ 29076).
3) La regularización prevista como excusa absolutoria tiene por finalidad el favorecimiento o promoción del **pago voluntario**, inserto en razones de utilidad que subyacen en toda excusa absolutoria, lo que no concurre cuando la extinción del crédito tributario se produce por causas ajenas al contribuyente (TS Penal 6-11-00, EDJ 32433).
4) Existe una perfecta **compatibilidad**, desde la perspectiva del bien jurídico, entre la opción representada por la renuncia estatal a investigar y perseguir los incumplimientos de índole tributaria una vez transcurridos 4 años, y la decisión de mantener operativa la respuesta penal más allá de este plazo (TS Penal 15-7-02, EDJ 29076).

7682 **Regulación tributaria** (LGT art.58, 66.a, 221.1.c y 252; L 34/2015 disp.final 10ª) La Administración solo remite aquellos expedientes en los que conste que no se ha regularizado mediante el completo reconocimiento y pago de la deuda tributaria. La **falta de certeza** en cuanto a la existencia de dicha regularización determina que se pase el tanto de culpa a la jurisdicción competente o la remisión del expediente al Ministerio Fiscal.
La **deuda tributaria** está integrada por la cuota o cantidad a ingresar derivada de la obligación principal, los intereses de demora y los recargos por declaración extemporánea, del período ejecutivo y los exigibles legalmente sobre las bases o las cuotas, a favor del Tesoro o de otros entes públicos, siendo el obligado tributario el que debe proceder a la autoliquidación e ingreso simultáneo de dichas cantidades devengadas hasta la fecha del ingreso.
Cuando los tributos que sean objeto de regularización voluntaria no se exijan mediante autoliquidación, el obligado tributario debe presentar una **declaración** para que la Administración le practique la correspondiente liquidación. Una vez practicada, se debe ingresar íntegramente la deuda tributaria liquidada en el plazo establecido en la norma tributaria.
Estas previsiones son de aplicación también cuando la misma se hubiese producido una vez **prescrito el derecho de la Administración** para determinar la deuda tributaria.
La Administración tributaria puede desarrollar las **actuaciones de comprobación o investigación** que resulten procedentes para verificar que se ha producido el completo reconocimiento y pago. Estas facultades se pueden ejercitar aunque afecten a períodos en los que se hubiera producido la prescripción del derecho de la Administración a determinar la deuda tributaria mediante la oportuna liquidación.
Las cantidades pagadas que hayan servido para obtener la exoneración de responsabilidad en ningún caso son objeto de **devolución**. Así se evita que, tras producirse el pago de deudas tributarias prescritas en el ámbito administrativo, pero no en el penal, con el objeto de acogerse a los efectos de la regularización voluntaria, se solicite una devolución de ingresos indebidos.

Precisiones 1) Los **modelos** para proceder a la regularización voluntaria de la deuda son los siguientes:
- 770. Autoliquidación de intereses de demora y recargos para la regularización voluntaria; y
- 771. Autoliquidación de cuotas de conceptos y ejercicios sin modelo disponible en la Sede electrónica de la AEAT para la regularización voluntaria.

Estos modelos son de utilización exclusiva para aquellos tributos cuya exigencia se somete al procedimiento de **autoliquidación** (IRPF, IRNR, IVA, IS o impuestos especiales de fabricación), quedando sujetos al régimen general los tributos que se exigen mediante la presentación de declaraciones (p.e. deuda aduanera a la importación) (OM HAC/530/2020).
A estos efectos, si el interesado no puede cumplir con la obligación de ingreso de la deuda tributaria ante la **falta de aprobación de los modelos** correspondientes para hacerlo, se considera que ha concurrido una causa de fuerza mayor que permite la consignación de la deuda con carácter liberatorio (TEAC 17-5-22).
2) Aunque se ha entendido declaradas dentro del plazo establecido en la normativa de cada tributo respecto de cada período impositivo en el que deban imputarse, las rentas inicialmente no declaradas regularizadas a través de la **declaración tributaria especial** (RDL 12/2012 disp.adic.1ª), no obstante el Tribunal Constitucional ha declarado la **inconstitucionalidad** y nulidad de la norma por la que se estableció dicha declaración, dado que con esta medida normativa se está afectando a la esencia misma del deber de contribuir al sostenimiento de los gastos públicos que enuncia la Const art.31.1, al haberse alterado el modo de reparto de la carga tributaria que debe levantar la generalidad de los contribuyentes, lo cual no puede realizarse mediante Real Decreto-Ley.
No obstante, declaró no susceptibles de ser revisadas, como consecuencia de la nulidad de la citada disposición, las situaciones jurídico-tributarias firmes producidas bajo la misma, por exigencia del principio constitucional de seguridad jurídica de la Const art.9.3 (TCo 73/2017).

6. Atenuación de la pena

(CP art.305.6)

7683 Existe la posibilidad de que los **jueces y tribunales** apliquen una minoración de la pena en uno o dos grados, siempre que, antes de que transcurran 2 meses desde la citación judicial como imputado, satisfaga la deuda tributaria y reconozca judicialmente los hechos.
También es aplicable a **otros partícipes** en el delito distintos del obligado tributario o del autor del delito, cuando colaboren activamente para la obtención de pruebas decisivas para la identificación o captura de otros responsables, para el completo esclarecimiento de los hechos delictivos o para la averiguación del patrimonio del obligado tributario o de otros responsables del delito.

B. Sujetos infractores

(CP art.28, 29 y 31 a 31 quinquies)

En todo delito existen al menos dos sujetos: 7685
a) El **sujeto pasivo** del delito, que es el titular del bien jurídico lesionado. En el delito de defraudación tributaria es la Hacienda Pública estatal, autonómica, foral o local acreedoras.
b) El **sujeto activo** del delito, que es quien realiza la acción típica, antijurídica, culpable y punible, y, en consecuencia, resulta responsable penal.
El delito de defraudación es un delito especial propio lo que exige una **cualidad especial** en el sujeto activo (TS Penal 15-7-02, EDJ 29076; 30-4-03, EDJ 25275). Por tanto, hay que distinguir:
a) Autor: pueden tener esa consideración las siguientes personas, pudiendo realizar el hecho por sí solos, conjuntamente o por medio de otro del que se sirven como instrumento:
- el **retenedor y el obligado a ingresar a cuenta**, al ser los obligados al pago y, por tanto, los que realizan la conducta típica de defraudación;
- el **inductor**, ya que pese a que no quiere cometer el delito, busca la participación de otro, haciendo surgir en otra persona la voluntad de cometer el delito que llega a ejecutarse. A estos efectos, no hay que confundir la inducción con la proposición de la ejecución del delito (CP art.17);
- al **cooperador necesario**, esto es, aquel que coopera a la ejecución del delito con un acto sin el cual no se habría efectuado. El cooperador necesario aporta medios imprescindibles para la comisión del delito, de forma que sin su intervención este no se hubiera cometido.
b) Partícipes: son considerados como tales los inductores, los cooperadores necesarios y los cómplices (nº 7693 s.).

Precisiones **1)** Se puede condenar a un **cooperador necesario** aunque el autor no resulte responsable penal por falta de culpabilidad y a pesar de tratarse de un delito especial propio (TS Penal 30-4-03, EDJ 25275). 7686
2) La participación en los delitos especiales propios no requiere que el **partícipe** tenga la cualificación típica requerida para la autoría. La jurisprudencia ha establecido como principio que el partícipe no puede ser condenado con la misma pena que el autor, dado que no ha infringido el deber que solo incumbe a este. Pero este criterio solo es de aplicación en el caso de la cooperación necesaria y la inducción, que el CP sanciona con la pena prevista para el autor. Por el contrario, carece de aplicación respecto del **cómplice**, al que la pena ya le ha sido atenuada en un grado, pues se considera que su conducta no es equivalente a la del autor (TS Penal 20-1-06, EDJ 2843).
3) Tan voluntario es el **representante** de derecho como el de hecho, mientras este último no sea un usurpador (TS Penal 20-1-06, EDJ 2843).
4) Se condena a un **deportista y a su padre** por delito contra la Hacienda Pública al entender que se han omitido en las declaraciones de IRPF de aquel los ingresos obtenidos por la cesión a sociedades radicadas en paraísos fiscales (actualmente, jurisdicciones no cooperativas) de los derechos de imagen. Es irrelevante que se delegaran las cuestiones fiscales en los asesores fiscales (TS Penal 24-5-17, EDJ 71054).

Persona jurídica (CP art.31, 31 bis, 31 ter y 31 quinquies) Se reconoce que la responsabilidad penal de las personas jurídicas es **compatible** con la responsabilidad penal de los autores materiales en los supuestos que prevé el CP, entre los que se encuentran los delitos contra la Hacienda Pública. La responsabilidad penal de la persona jurídica es exigible aunque la concreta persona física responsable no haya sido individualizada o no se haya podido dirigir el procedimiento contra ella (por fallecimiento u otra causa). Cabe condenar a una sociedad por delito de defraudación sin que exista condena a ninguna persona física. La responsabilidad penal de las personas jurídicas no excluye la de las personas físicas, y viceversa. 7687

En concreto, las personas jurídicas son **penalmente responsables**: 7688
a) De los delitos cometidos **en nombre o por cuenta de las mismas**, y en su beneficio directo o indirecto, por sus representantes legales o por aquellos que actuando individualmente o como integrantes de un órgano de la persona jurídica, están autorizados para tomar decisiones en nombre de la persona jurídica u ostentan facultades de organización y control dentro de la misma.
b) De los delitos cometidos en el **ejercicio de actividades sociales** y por cuenta y en beneficio directo o indirecto de las mismas por quienes, estando sometidos a la autoridad de las personas físicas mencionadas en la letra a) anterior, han podido realizar los hechos por haberse incumplido gravemente por aquellos los deberes de supervisión, vigilancia y control de su actividad atendidas las concretas circunstancias del caso.
La responsabilidad penal de las personas jurídicas es exigible siempre que se constate la comisión de un delito que haya tenido que cometerse por quien ostente los **cargos o funciones** aludidas, aunque la concreta persona física responsable no haya sido individualizada o no haya

sido posible dirigir el procedimiento contra ella. Cuando como consecuencia de los mismos hechos se impusiese a ambas la pena de multa, los **jueces o tribunales** deben modular las respectivas cuantías, de modo que la suma resultante no sea desproporcionada en relación con la gravedad de aquellos.

7689 La concurrencia, en las personas que materialmente hayan realizado los hechos o en las que los hubiesen hecho posibles por no haber ejercido el debido control, de **circunstancias que afecten a la culpabilidad** del acusado o agraven su responsabilidad, o el hecho de que dichas personas hayan fallecido o se hayan sustraído a la acción de la justicia, no excluye ni modifica la responsabilidad penal de las personas jurídicas, sin perjuicio de lo que se dispone en relación con las circunstancias atenuantes (nº 7691).

Precisiones 1) Las disposiciones relativas a la responsabilidad penal de las personas jurídicas **no son aplicables** al Estado, a las Administraciones públicas territoriales e institucionales, a los organismos reguladores, las agencias y entidades públicas empresariales, a las organizaciones internacionales de derecho público, ni a aquellas otras que ejerzan potestades públicas de soberanía o administrativas.
Sí son responsables penales las **sociedades mercantiles estatales** que ejecuten políticas públicas o presten servicios de interés económico general, a las que solo se pueden imponer las sanciones de multa por cuotas o proporcional e intervención judicial para salvaguardar los derechos de los trabajadores o de los acreedores por el tiempo que se estime necesario, que no puede exceder de 5 años (CP art.33.7.a y g). Esta limitación no es aplicable cuando el juez o tribunal aprecie que se trata de una forma jurídica creada por sus promotores, fundadores, administradores o representantes con el propósito de eludir una eventual responsabilidad penal.
2) La **determinación del actuar de la persona jurídica**, relevante a efectos de la afirmación de su responsabilidad penal, ha de establecerse a partir del análisis acerca de si el delito cometido por la persona física en el seno de aquella ha sido posible, o facilitado, por la ausencia de una cultura de respeto al Derecho, como fuente de inspiración de la actuación de su estructura organizativa e independiente de la de cada una de las personas físicas que la integran, que habría de manifestarse en alguna clase de formas concretas de vigilancia y control del comportamiento de sus directivos y subordinados jerárquicos, tendentes a la evitación de la comisión por estos de los delitos. La acreditación le corresponde a la acusación (TS Penal 29-2-16, EDJ 10795).

7690 **Exclusión de la responsabilidad penal** (CP art.31 bis.2 a 4) **a)** Si el delito fuese cometido por **personas con facultades de dirección** (nº 7688, letra a), la persona jurídica queda exenta de responsabilidad si se cumplen las siguientes condiciones:
- que el órgano de administración ha adoptado y ejecutado con eficacia, antes de la comisión del delito, **modelos de organización y gestión** que incluyen las medidas de vigilancia y control idóneas para prevenir delitos de la misma naturaleza o para reducir de forma significativa el riesgo de su comisión;
- que la **supervisión del funcionamiento y del cumplimiento** del modelo de prevención implantado ha sido confiada a un órgano de la persona jurídica con poderes autónomos de iniciativa y de control o que tenga encomendada legalmente la función de supervisar la eficacia de los controles internos de la persona jurídica. En las personas jurídicas de **pequeñas dimensiones** (aquellas autorizadas a presentar cuenta de pérdidas y ganancias abreviada), las funciones de supervisión pueden ser asumidas directamente por el órgano de administración;
- que **no se ha producido una omisión** o un ejercicio insuficiente de sus funciones de supervisión, vigilancia y control por parte del órgano al que se refiere el guion anterior;
- que los **autores individuales** hayan cometido el delito eludiendo fraudulentamente los modelos de organización y de prevención.

En los casos en los que las anteriores circunstancias solo puedan ser objeto de **acreditación parcial**, esta circunstancia se valora a los efectos de atenuación de la pena.

b) Si el delito fuese cometido por las **personas sometidas a la autoridad** de las personas con facultades de dirección (nº 7688, letra b), la persona jurídica queda exenta de responsabilidad si, **antes de la comisión** del delito, ha adoptado y ejecutado eficazmente un modelo de organización y gestión que resulte adecuado para prevenir delitos de la naturaleza del que fue cometido o para reducir de forma significativa el riesgo de su comisión.

En este caso resulta igualmente aplicable la atenuación comentada para la comisión del delito por personas con facultades de dirección. Si la responsabilidad de la persona jurídica deriva de un incumplimiento de los **deberes de supervisión, vigilancia y control** que no tenga carácter grave, las penas de suspensión de actividades, clausura de locales y establecimientos, prohibición de realizar en el futuro las actividades en cuyo ejercicio se haya cometido, favorecido o encubierto el delito, inhabilitación para obtener subvenciones y ayudas públicas, para contratar con el sector público y para gozar de beneficios e incentivos fiscales o de la Seguridad Social e intervención judicial para salvaguardar los derechos de los trabajadores o de los acreedores tienen en todo caso una duración máxima de 2 años.

Precisiones 1) La normativa no establece una **responsabilidad penal genérica** de las personas jurídicas, pues no todas las personas jurídicas son penalmente responsables, ni tampoco se establece la responsabilidad penal de las personas jurídicas respecto de todos los delitos. Los delitos de los que puede ser responsable una persona jurídica son los relativos a: trata de seres humanos, delitos relativos a la prostitución y corrupción de menores, delitos informáticos, estafas, insolvencias punibles, corrupción entre particulares, blanqueo de capitales, delitos contra la Hacienda Pública y la Seguridad Social, delitos contra la ordenación del territorio y el urbanismo, delitos contra los recursos naturales y el medio ambiente, tráfico de drogas, falsificación de tarjetas, cohecho, tráfico de influencias y corrupción en transacciones internacionales. **7690.1**
2) Se han incluido a los **partidos políticos y sindicatos** dentro del régimen general de responsabilidad penal, extendiéndoles la responsabilidad por las actuaciones ilícitas desarrolladas por su cuenta y en su beneficio, por sus representantes legales y administradores, o por los sometidos a la autoridad de los anteriores cuando no haya existido un control adecuado sobre los mismos.

Atenuación de la responsabilidad penal (CP art.31 quater) Solo pueden considerarse circunstancias atenuantes de la responsabilidad penal de las personas jurídicas haber realizado, con posterioridad a la comisión del delito y a través de sus representantes legales, las siguientes actividades: **7691**
a) La **confesión** de la infracción a las autoridades antes de conocer que el procedimiento judicial se dirige contra ella.
b) Haber **colaborado** en la investigación del hecho aportando pruebas, en cualquier momento del proceso, que sean nuevas y decisivas para esclarecer las responsabilidades penales dimanantes de los hechos.
c) Haber procedido en cualquier momento del procedimiento y con anterioridad al juicio oral a **reparar o disminuir el daño** causado por el delito.
d) Haber establecido, antes del comienzo del juicio oral, **medidas eficaces** para prevenir y descubrir los delitos que en el futuro pudieran cometerse con los medios o bajo la cobertura de la persona jurídica.

Transformación, fusión, absorción, escisión y disolución encubierta (CP art.31 ter.1 y 130.2) **7692**
Como consecuencia de estas transacciones, no se extingue la responsabilidad penal de la persona jurídica, que se traspasa a la entidad o entidades en que se transforme, quede fusionada o absorbida, o resulte de la escisión. El juez o tribunal puede moderar dicha traslación en función de la proporción que la persona jurídica originariamente responsable del delito guarde con la entidad a la que traslada la responsabilidad.
No extingue la responsabilidad penal la **disolución encubierta** o meramente aparente de la persona jurídica. Se considera que se da esta situación cuando aquella continúe su actividad económica y se mantenga la identidad sustancial de clientes, proveedores y empleados, o de la parte más relevante de todos ellos.
Cuando como consecuencia de unos mismos hechos se impongan penas de multa tanto a las personas físicas autoras materiales del delito, como a las personas jurídicas en cuyo provecho se haya cometido, los jueces y tribunales deben hacer una **modulación de las respectivas cuantías**, de modo que la suma resultante no sea desproporcionada en relación a la gravedad de los hechos.

Partícipes en el delito de defraudación tributaria (CP art.28 y 29) Son partícipes los inductores, cooperadores necesarios y los cómplices. En ocasiones resulta difícil distinguir entre estos dos últimos, teniéndose en cuenta que merecen diferente penalidad: **7693**
a) El **cooperador necesario** es considerado autor, teniendo esta condición aquellos que cooperan en la ejecución con un acto sin el cual no se habría efectuado (entre otros, se encuentran los casos de intervención de determinados profesionales que facilitan a los obligados tributarios sus conocimientos o estructuras fiduciarias, determinando eficazmente la comisión del delito que sin su aportación no se hubiera realizado, así como los emisores de facturas falsas y los administradores de entidades instrumentales utilizadas en la defraudación).
b) Son **cómplices** aquellos que, sin ser autores, cooperan en la ejecución del hecho con actos anteriores o simultáneos. Son partícipes en el delito de otro.

Precisiones 1) El **expedidor de facturas falsas**, en cuanto colabora con su conducta en la comisión del delito de defraudación tributaria imputable al receptor de dichas facturas, puede ser partícipe en dicho delito. Se le considera cooperador necesario del delito (TS Penal 16-2-01, EDJ 2746; 30-3-04, EDJ 31442; 3-2-05, EDJ 68337). **7693.1**
2) Es procedente el **levantamiento del velo** de la sociedad fachada, imputándose los ingresos al profesional que los obtiene. No es cooperador necesario quien se limita a abrir una cuenta bancaria de la que el autor es autorizado, sin tener mayor intervención en los hechos (TS Penal 6-10-06, EDJ 275418).

3) Se consideran cooperadores necesarios los **directivos de un banco** que crearon un producto financiero opaco (TS Penal 2-6-05, EDJ 188308).
4) En el **IVA**, el sujeto pasivo tributario es autor del delito, siendo irrelevante que la carga tributaria deba ser soportada (TS Penal 2-3-05, EDJ 90184).
5) Es responsable como cooperador necesario el **asesor fiscal** que diseña una compleja operación para la omisión del pago de un impuesto (TS Penal 26-7-99, EDJ 19391).

7694 **Responsables del delito de defraudación tributaria en el caso de tributación conjunta en el IRPF** La aplicación del delito de defraudación tributaria plantea dos cuestiones:
a) Si la **cuota defraudada** es la cuota conjunta o la cuota resultante del prorrateo o individualización entre los miembros de la unidad familiar (ver nº 7800 s. Memento IRPF 2024).
Esto es, si hay un único delito o pueden llegar a existir tantos delitos como miembros de la unidad familiar que puedan resultar penalmente responsables, si la cuota correspondiente a cada uno de ellos supera la cuantía punible y han intervenido con dolo en la conducta.
Conforme a la postura judicial mayoritaria, en los casos de tributación conjunta la **base imponible** es única, consecuencia de la acumulación de las rentas. También son únicas la cuota tributaria, la declaración y la obligación tributaria que nace de ella y de la que resultan conjunta y solidariamente obligados los miembros de la unidad familiar que han optado por esta modalidad.
Todos los miembros de la unidad familiar tienen la obligación de declarar verazmente, determinar la deuda tributaria e ingresarla. Si la cuota que se debe declarar e ingresar es única, la cuota defraudada es también única. En consecuencia, solo puede cometerse un delito fiscal por cada declaración conjunta.
b) Respecto a la **identificación** de los responsables del delito es preciso tener en cuenta que:
- si se considera que la cuota defraudada es la **cuota conjunta** y por tanto solo puede haber un delito, aunque en principio los presuntos autores del delito son los miembros de la unidad familiar responsables de la declaración, los que la firman o asumen, es preciso analizar la responsabilidad penal de cada uno de los miembros de la unidad familiar a fin de estudiar si concurre en ellos el elemento subjetivo del tipo, el dolo;
- si se considera que la cuota defraudada es la **cuota resultante del prorrateo** o individualización entre los miembros de la unidad familiar, salvo en los casos de representación legal de menores, nadie actúa en representación de ningún miembro de la unidad familiar, por lo que el autor del delito es el propio contribuyente en atención a su cuota atribuible.

7694.1 Precisiones **1)** La **jurisprudencia** mayoritaria considera la cuota defraudada como una condición objetiva de punibilidad y no como un elemento del tipo penal. Así, no es necesario que toda la cuota defraudada tenga que estar cubierta con el dolo.
2) No cabe el prorrateo de la cuota defraudada en función de la conducta dolosa de los miembros de la unidad familiar. No obstante, existen también sentencias que consideran que en la tributación conjunta se produce una mera **acumulación de hechos imponibles** y contribuyentes, por lo que puede haber tantos delitos como miembros de la unidad familiar con cuota defraudada superior a 120.000 euros. Por tanto, desde esta postura, no cabría apreciar delito fiscal en aquellos supuestos en que, aunque la cuota defraudada conjunta supere los 120.000 euros, sea posible efectuar el prorrateo entre los miembros de la unidad familiar, sin que ninguno de ellos alcance individualmente dicha cuota defraudada.
3) Se estima autor criminalmente responsable a **uno de los cónyuges** que han declarado en tributación conjunta. No se reputa autor del delito imputado al otro cónyuge, pues se limitó a firmar las declaraciones por indicación del primero. La jurisprudencia del TS entiende que para apreciar la existencia de delito resulta necesario la concurrencia de los elementos objetivo y subjetivo (AP Burgos 5-2-01, EDJ 4045).
4) Si bien el Ministerio Fiscal prorratea la cuota entre los dos cónyuges que han tributado conjuntamente atribuyendo a cada uno de ellos un delito fiscal, el tribunal considera que la cuota defraudada es la resultante de la declaración conjunta y condena exclusivamente al **esposo** ya que la cuota dejada de ingresar procedía de **rendimientos e incrementos** imputables a él y por él ocultados en la declaración (AP Barcelona 25-7-02, EDJ 115063).
5) Si bien inicialmente se acusa al marido de un delito fiscal y a la mujer de otro, del que el **marido** era acusado como cooperador necesario, finalmente se condena solo al marido por un solo delito fiscal considerando toda la cuota defraudada en tributación conjunta, sin prorrateos (TS Penal 13-5-10, EDJ 78769).

C. Culpabilidad

(CP art.305.1)

El delito de defraudación es un delito doloso, nunca culposo, siendo suficiente el dolo eventual. La **comisión culposa** o negligente de la conducta típica constituye un ilícito administrativo, una infracción tributaria, pero nunca un delito. 7695

El **dolo** supone una consciencia y una voluntad de infringir la norma. El dolo eventual, suficiente para poder apreciar la culpabilidad penal, no exige que el sujeto persiga directamente el resultado prohibido por la ley, pues basta que dicho sujeto sea consciente de que tal resultado puede producirse si actúa de una manera y, pese a ello, lo hace.

La **prueba** de la culpabilidad se ha de inferir de los elementos y comportamientos externos anteriores, coetáneos y posteriores.

Precisiones 1) Existen fundamentalmente dos posturas sobre el **elemento doloso**:

a) Los que consideran preciso la **concurrencia de engaño**, que a su vez se subdivide en dos corrientes, los que exigen el engaño propio del delito de estafa, y los que consideran bastante la existencia de un artificio o mecanismo engañoso sin la entidad de los elementos exigidos en la estafa.

b) Aquellos que consideran preciso exclusivamente el **incumplimiento consciente** de los deberes tributarios.

2) No es excusa absolutoria la **regularización voluntaria** presentada por el obligado tributario antes de que se realicen actuaciones (nº 7680 s.).

3) Solo excluye el dolo el **error** y no la transparencia y publicidad de las operaciones realizadas (TS Penal 20-1-06, EDJ 2843).

4) El mero **impago de las cuotas tributarias** no da lugar a delito, ya que debe ir acompañado de una maniobra mendaz. La responsabilidad tributaria surge por la ocultación del hecho imponible o de las bases tributarias, así como por la minoración falsaria de aquel (TS Penal 26-11-08, EDJ 239996).

5) No se vulneran los derechos y garantías penales relativos a la presunción de inocencia y el derecho de defensa en una **investigación a lo largo de 2 años** realizada por la Oficina Nacional para la Investigación del Fraude. No se aprecia una conducta fraudulenta de los funcionarios ni una forma de actuar que permita hablar de ilegalidades por el mero de hecho de no dar cuenta con anterioridad, ya sea a la acusación pública o ya a un juzgado, del estado en que se hallaba la investigación que llevaban a cabo (TS Penal 14-6-18, EDJ 105754).

6) El control por el TS en casación de la **presunción de inocencia**, se extiende a la constatación de la existencia de una actividad probatoria sobre todos los elementos del tipo penal. Además, debe controlarse el proceso racional, a través del cual de la prueba practicada resulta acreditado un hecho y la participación en el mismo de la persona a la que se le imputa la comisión de un hecho delictivo. En el caso de resultar aplicable la **doctrina de la ignorancia deliberada**, quien se pone en situación sin querer saber aquello que puede y debe saber, está asumiendo y aceptando todas las consecuencias de la actuación ilícita en que voluntariamente participa (TS Penal 10-6-20, EDJ 649143).

7) Para que la **prueba de indicios** pueda ser considerada una prueba de cargo que permita enervar el derecho a la presunción de inocencia es necesario que exista una pluralidad de indicios, los cuales han de estar demostrados mediante prueba directa, que el hecho demostrado o indicio y el que se trate de deducir tengan un enlace directo, concreto y directo, que el órgano judicial motive su sentencia, que en el proceso deductivo se apliquen máximas de experiencia y que la sentencia motive el razonamiento lógico, teniendo el tribunal que valorar la validez y suficiencia de la prueba por indicios (TS Penal 4-11-19, EDJ 724112). Sin embargo, resulta **insuficiente** para enervar la presunción de inocencia cuando la suma de los indicios tenga como resultado una versión judicial de los hechos más improbables que probables (TS Penal 14-10-21, EDJ 720935).

D. Prueba en el proceso penal

Corresponde al juez penal la **determinación de la cuantía** de la cuota defraudada como elemento del delito fiscal, para lo que debe acudir a la norma tributaria, de forma que la determinación de dicha cuantía constituye una cuestión prejudicial de naturaleza administrativa-tributaria. 7698

Sin embargo, en lo que se refiere a las **cuestiones de hecho o probatorias**, el tribunal penal debe atenerse al sistema probatorio del proceso penal. En el proceso penal, la prueba de la culpabilidad del acusado corresponde a la acusación. Son objeto de prueba los hechos, no el derecho.

Derecho a no declarar contra sí mismo Entre las garantías constitucionales aplicables a los procesos penales plantea problemas la relativa al derecho a no declarar contra sí mismo, en la medida en que en un proceso penal se incorporen como **pruebas** las obtenidas 7699

en un procedimiento de comprobación, donde el inculpado está obligado a aportar documentos y a colaborar.
El TCo ha señalado que las garantías frente a la autoincriminación se refieren solamente a las contribuciones del imputado o de quien pueda razonablemente acabar siéndolo y únicamente a las contribuciones que tienen un contenido directamente incriminatorio. Queda, en consecuencia, excluida la facultad de sustraerse a las **diligencias de prevención, de indagación o prueba** que proponga la acusación o disponga la autoridad judicial o administrativa, pues la configuración genérica de un derecho a no soportar ninguna diligencia de este tipo dejaría inermes a los poderes públicos en el desempeño de sus legítimas funciones de protección de la libertad y la convivencia, dañaría el valor de la justicia y las garantías de una tutela judicial efectiva.

7700 **Valor de las diligencias y actas extendidas por la Inspección** El valor probatorio que tienen las actas y diligencias en vía administrativa, en cuanto a su presunción de veracidad, no se extiende al proceso penal y no pueden servir para destruir la presunción de inocencia. Pueden servir a efectos de fundamentar la denuncia, como notitia criminis, y en la medida en que se reproduzcan en el **juicio oral** constituyen una prueba a valorar por el órgano judicial.

Precisiones No es admisible que el proceso penal pueda resultar condicionado por una **presunción previa** derivada de un procedimiento administrativo de inspección, pues significaría que la documentación de la Inspección tendría a efectos penales un valor de certeza de los hechos que recoge, viniendo obligado el presunto infractor a destruir aquella certeza mediante la prueba en contrario de su inocencia. Esta interpretación de la LGT sería inconstitucional (TCo 76/1990; TS Penal 3-1-03, EDJ 966).

7701 **Actuación de los inspectores de Hacienda en el proceso penal** Una de las cuestiones más debatidas en los procesos penales por delitos contra la Hacienda Pública es la relativa a la **valoración** de las actuaciones realizadas por los inspectores de Hacienda en el proceso penal y su **calificación** entre los medios probatorios.
Se discute si actúan como peritos o como testigos, si bien alguna sentencia les ha reconocido la condición de testigo-perito de forma simultánea. Como **peritos**, aportan sus conocimientos técnicos al proceso; como **testigos**, aportarían su testimonio sobre los hechos percibidos personalmente. La distinta calificación tiene efectos en el proceso (posibilidad de recusación, aportación insustituible al proceso, posibilidad de recurrir en casación, etc.).
La jurisprudencia del TS de forma casi unánime otorga el carácter de **prueba pericial** al informe y ratificación de los inspectores de Hacienda (TS Penal 29-7-02, EDJ 28164; 11-3-04, EDJ 13196; 15-7-04, EDJ 126881), aunque de manera aislada también se ha denominado **prueba testifical** a la actuación de los inspectores de Hacienda en el proceso penal (TS Penal 28-1-05, EDJ 6990).

Precisiones La **admisión como perito** de un inspector de Hacienda en un delito fiscal no vulnera los derechos fundamentales del acusado, ni le causa indefensión, atendiendo precisamente a que como funcionario público debe servir con objetividad a los intereses generales, sin perjuicio, obviamente, del derecho de la parte a proponer una prueba pericial alternativa a la ofrecida por el Ministerio Público (TS Penal 28-3-01, EDJ 1439).

7702 **Prueba de presunciones** La jurisprudencia ha admitido que, en el juego de las presunciones, la **prueba indiciaria** puede llegar a destruir la presunción de inocencia. En el ámbito del delito de defraudación son numerosos los pronunciamientos al respecto, destacando dos categorías: las ganancias no justificadas de patrimonio y la estimación indirecta (nº 7660 s.).

E. Penalidad

(CP art.305.1, 305 bis y 310 bis)

7703 Para los delitos cometidos por **personas físicas** la pena de prisión se fija de uno a 5 años y multa del tanto al séxtuplo de la cuota para el tipo penal básico.
Además, se impone al responsable la **pérdida de la posibilidad de obtener subvenciones** o ayudas públicas y del derecho a gozar de los beneficios o incentivos fiscales o de la Seguridad Social durante un período de 3 a 6 años.
Para los **tipos agravados** (nº 7640 s.), la pena de prisión es de 2 a 6 años y la de multa del doble al séxtuplo de la cuota defraudada. Además, la pena de la pérdida de la posibilidad de obtener subvenciones o ayudas públicas y del derecho a gozar de los beneficios o incentivos fiscales o de la Seguridad Social es de 4 a 8 años.

Personas jurídicas (CP art.31 bis, 53.5 y 310 bis) Cuando resulten penalmente responsables de un delito contra la Hacienda Pública se les pueden imponer las siguientes penas de **multa**: 7704
- del tanto al doble de la cantidad defraudada o indebidamente obtenida, si el delito cometido por la persona física tiene prevista una pena de prisión de más de 2 años;
- del doble al cuádruple de la cantidad defraudada o indebidamente obtenida, si el delito cometido por la persona física tiene prevista una pena de prisión de más de 5 años;
- de 6 meses a un año, en los supuestos relativos al delito contable.

Además de las señaladas, se impone a la persona jurídica responsable la **pérdida de la posibilidad de obtener subvenciones** o ayudas públicas y del derecho a gozar de los beneficios o incentivos fiscales o de la Seguridad Social durante el período de 3 a 6 años. También puede imponerse la prohibición para contratar con las Administraciones Públicas.

El **pago de la multa** impuesta a una persona jurídica puede ser fraccionado, durante un período de hasta 5 años, cuando exista peligro para su supervivencia o el mantenimiento de los puestos de trabajo o cuando lo aconseje el interés general. En caso de **impago** por la persona jurídica de la multa en los plazos fijados, el Tribunal puede acordar su intervención hasta el pago total de la misma.

Otras penas no pecuniarias (CP art.33.7.b, c, d, e y g y 310 bis) También los jueces y tribunales pueden imponer a las personas jurídicas responsables de los delitos contra la Hacienda Pública, que en todos los casos tienen la consideración de **delitos graves**, las siguientes penas: 7705

a) Disolución de la persona jurídica.

b) Suspensión de sus actividades por un plazo de hasta 5 años.

c) Clausura de sus locales o establecimientos por el plazo máximo del punto anterior.

d) Prohibición de realizar en el futuro las actividades en cuyo ejercicio se haya cometido, favorecido o encubierto el delito. La prohibición puede ser temporal (hasta un máximo de 15 años) o definitiva.

e) Intervención judicial para salvaguardar los derechos de los trabajadores o de los acreedores por el tiempo que se estime necesario, sin que pueda exceder de 5 años. Esta intervención puede afectar a la totalidad de la organización o limitarse a alguna de sus instalaciones, secciones o unidades de negocio. El juez o tribunal determinará su contenido, quién se hará cargo de la misma, y los plazos en que han de realizarse los informes de seguimiento para el órgano judicial. Esta intervención puede modificarse o suspenderse en todo momento, previo informe del interventor y del Ministerio Fiscal.

> Precisiones El juez instructor, como **medida cautelar** durante la instrucción de la causa, puede acordar la clausura temporal de locales o establecimientos, la suspensión de las actividades sociales y la intervención judicial.

Criterios de imposición de penas (CP art.66.1.1ª a 4ª, 6ª, 7ª y 8ª y 66 bis) Las penas (nº 7704 s.) pueden ser impuestas por el órgano jurisdiccional de acuerdo con las siguientes **reglas**: 7706

a) En primer lugar se atiende a la graduación de las penas según haya circunstancias **agravantes o atenuantes**:
- si concurre solo una circunstancia atenuante, se aplica la pena en la mitad inferior de la fijada por ley para el delito;
- si concurren dos o más circunstancias atenuantes, o una o varias muy cualificadas, y no concurre agravante alguna, se aplica la pena inferior en uno o dos grados a la establecida por la ley, atendidos el número y la entidad de dichas circunstancias atenuantes;
- si concurre solo una o dos circunstancias agravantes, se aplica la pena en la mitad superior de la fijada por ley para el delito;
- si concurren más de dos circunstancias agravantes y no concurre atenuante alguna, se puede aplicar la pena superior en grado a la establecida por ley, en su mitad inferior;
- si no concurren atenuantes ni agravantes se aplica la pena establecida por la ley para el delito cometido, en la extensión que se estime adecuada en atención a las circunstancias personales del delincuente y a la mayor o menor gravedad del hecho;
- si concurren atenuantes y agravantes, se valoran y compensan racionalmente para la individualización de la pena. En el caso de persistir un fundamento cualificado de atenuación se aplica la pena inferior en grado. Si se mantiene un fundamento cualificado de agravación, se aplica la pena en su mitad superior;
- si los jueces o tribunales aplican la pena inferior en más de un grado, pueden hacerlo en toda su extensión.

b) Para las **penas enumeradas** en el nº 7705, se ha de tener en cuenta lo siguiente:
- la necesidad de prevenir la continuidad de la actividad delictiva o de sus efectos;
- las consecuencias económicas y sociales, y especialmente, los efectos para sus trabajadores;
- el puesto que en la estructura de la persona jurídica ocupa la persona física u órgano que incumplió el deber de control.

c) Cuando las **penas de las letras b) a e)** del nº 7705 se impongan con una **duración limitada**, esta no puede exceder de la duración máxima de la pena privativa de libertad que se impusiera en el caso de que el delito fuera cometido por una persona física.

7707 **d)** Para la imposición de las penas de las letras b) a e) del nº 7705, por **plazo superior a 2 años**, es preciso que se dé alguna de las dos circunstancias siguientes:
- que la persona jurídica sea reincidente;
- que se utilice instrumentalmente a la persona jurídica para la comisión de ilícitos penales. Se entiende que se está ante este supuesto siempre que la actividad legal de la persona jurídica sea menos relevante que su actividad ilegal.

Cuando la responsabilidad de la persona jurídica, en los casos de delitos cometidos por **personas sometidas a la autoridad** de las personas con facultades de dirección (nº 7688, letra b), derive de un incumplimiento de los deberes de supervisión, vigilancia y control que no tenga carácter grave, estas penas tienen en todo caso una duración máxima de 2 años.

e) Para la imposición con carácter **permanente** de las sanciones previstas en las letras a) y d) del nº 7705, y para la imposición por un plazo superior a 5 años de las previstas en la letra d) del nº 7705, es necesario:
- que concurra la circunstancia agravante de reincidencia con la cualificación de que el culpable al delinquir hubiera sido condenado ejecutoriamente, al menos, por tres delitos comprendidos en el mismo Título del CP, siempre que sean de la misma naturaleza, sin que se computen los antecedentes penales cancelados o que debieran serlo;
- que se utilice instrumentalmente a la persona jurídica para la comisión de ilícitos penales. Se entiende que se está ante este supuesto siempre que la actividad legal de la persona jurídica sea menos relevante que su actividad ilegal.

Precisiones Cuando resulte penalmente responsable una persona jurídica por el delito de defraudación tributaria, la persona jurídica solo puede ser condenada a la **pérdida de beneficios e incentivos fiscales** por un período superior a los 2 años cuando se trate de una entidad reincidente o cuando su actividad legal sea menos relevante que la ilegal. Puede darse la paradoja de que el **administrador** de una sociedad se vea privado de beneficios fiscales por 6 años por una defraudación cometida en nombre de la sociedad y que esta no se vea privada de tales beneficios (CP art.305).

7708 **Responsabilidad civil derivada del delito** (LGT disp.adic.10ª; CP art.109, 116.3, 125, 305.7; RGR art.128 y 129) La responsabilidad civil se regula en el CP de forma común para todos los delitos.

La ejecución de un hecho descrito por la ley como delito obliga a reparar en los términos previstos por las leyes, los **daños y perjuicios** por él causados.

Por tanto, toda persona criminalmente responsable de un delito lo es también civilmente si del hecho se derivan dichos daños y perjuicios.

La responsabilidad penal de la **persona jurídica** determina que responda solidariamente de la cuota defraudada en concepto de responsabilidad civil junto a las **personas físicas** condenadas por los mismos hechos.

La sentencia condenatoria penal debe contener, además de las penas impuestas, la **declaración** de la responsabilidad civil derivada del delito, produciéndose una mutación del título de ejecución, convirtiéndose la obligación tributaria ex lege en una obligación ex damno.

La jurisprudencia sostiene que debe entenderse comprendida en la responsabilidad civil derivada del delito la **indemnización** correspondiente al perjuicio causado a la Hacienda Pública, cuya integridad constituye el bien jurídico tutelado, y la sentencia que la determina es título de ejecución único para hacer efectiva la deuda tributaria.

La responsabilidad civil comprende la cuota defraudada y los intereses de demora desde la realización del delito hasta la fecha de la sentencia.

Como **regla general**, la Administración procede a practicar liquidación vinculada al delito y no se paraliza el procedimiento de recaudación (nº 7738.1 s.). Excepcionalmente, en supuestos tasados no se practica liquidación y se abstiene de continuar el procedimiento (nº 7768.1 s.).

La responsabilidad civil únicamente comprende el importe de la deuda tributaria, incluidos los intereses de demora, que la Administración tributaria no haya liquidado por prescripción u otra causa legal en los términos previstos en la LGT.

7709 **Exacción de la responsabilidad civil y de la multa** (CP art.305.7; LGT disp.adic.10ª; RGR art.128) Se prevé que los jueces y tribunales recaben el auxilio de los servicios de la Administración tributaria en la exacción de la multa y la responsabilidad civil por delito contra la Hacienda Pública.

Una vez alcanzada la **firmeza de la sentencia**, el juez o tribunal al que competa la ejecución debe remitir testimonio a los órganos de la Administración tributaria, ordenando que se proceda a su exacción. También se debe actuar de la misma forma cuando el juez o tribunal acuerden la **ejecución provisional** de una sentencia recurrida. Para este caso, se establece que la responsabilidad civil y la multa es exigible por el procedimiento administrativo de apremio.

La Administración acumula al procedimiento de apremio la cuantía de la responsabilidad civil y la multa como una deuda más (como ocurre con otras deudas no tributarias cuya gestión recaudatoria en período ejecutivo asumen las Administraciones tributarias) a los efectos de la práctica de diligencias de embargo, trabas y enajenación de bienes, si bien ha de tenerse en cuenta lo siguiente:

a) La **cuantía** de la responsabilidad civil no se puede incrementar en el recargo de apremio, pues no se trata de una deuda tributaria sino de una obligación ex damno, que surge de la obligación de indemnizar el daño del delito. Tampoco hay **recargo de apremio** cuando se incumplan los plazos de fraccionamiento que haya concedido el juez (único competente para conceder aplazamiento o fraccionamiento de la deuda).

b) La Hacienda Pública exige los **intereses** que se devenguen sobre el importe de la responsabilidad civil desde la fecha de la firmeza de la resolución judicial hasta la fecha de ingreso. También exige las **costas** del procedimiento de apremio salvo que el juez o tribunal acuerden otra decisión.

c) Cabe **recurso de reposición** o **reclamación económico-administrativa** contra los actos del procedimiento de apremio, salvo que el motivo de impugnación se refiera a la adecuación o conformidad de los actos de ejecución impugnados con la sentencia, en cuyo caso corresponde conocer la cuestión al juez o tribunal competente para la ejecución.

Si se ha acordado el **fraccionamiento de pago** de la responsabilidad civil o de la multa (CP art.125), el juez o tribunal deben comunicarlo a la Administración tributaria. En este caso el procedimiento de apremio se inicia si se incumplen los términos del fraccionamiento, exigiéndose la totalidad del importe pendiente. No se devenga recargo de apremio, pero sí se exigen los intereses que correspondan.

La Administración tributaria debe informar al juez o tribunal sentenciador de la **tramitación e incidentes** relativos a la ejecución encomendada (Const art.117.3).

En todo caso, la Administración tributaria debe informar al órgano jurisdiccional de los ingresos que se efectúen en el procedimiento de apremio y, en particular, que se ha producido el ingreso íntegro de las deudas, las declaraciones de fallidos de los responsables civiles y la declaración de incobrable de los créditos.

Precisiones 1) Cuando se haya presentado denuncia o querella contra los **administradores de hecho o de derecho** o quienes actúen en nombre de personas jurídicas o entidades por defraudaciones de tributos o retenciones de estas, se puede acordar la retención de devoluciones tributarias y otros pagos que correspondan tanto a favor de estos administradores o representantes, en calidad de responsables civiles directos, como a favor de la persona jurídica o entidad, en calidad de responsable civil subsidiario (CP art.120.4º). **7710**

2) Se prevé la posibilidad de que se puedan adoptar **medidas cautelares** en sede administrativa para cubrir la eventual responsabilidad civil. Pueden consistir en la retención del pago de devoluciones tributarias o de otros pagos que se deban realizar a personas contra las que se haya presentado denuncia o querella por delito contra la Hacienda Pública o se dirija un proceso judicial por dicho delito. La medida cautelar debe notificarse al interesado, al Ministerio Fiscal y al órgano judicial competente, y se mantiene hasta que este último adopte la decisión procedente.

Aunque con carácter general las medidas cautelares cesan en el plazo de 6 meses, si se continúa con el procedimiento administrativo de cobro de la deuda tributaria pese a la existencia del proceso penal, el plazo de cese es de 24 meses, ampliable en determinados casos por otros 18 meses más (LGT art.81.7).

Estas medidas se adoptan cuando se hubiera formalizado denuncia o querella sin liquidación vinculada a delito y se mantiene hasta que el órgano judicial se pronuncie.

3) Para la exacción por vía de apremio de las **cantidades adeudadas por responsabilidad civil**, no es preciso requerimiento de pago alguno ni providencia de apremio, puesto que el propio título ejecutivo constituye la sentencia firme que condena por delito contra la Hacienda Pública (TEAC 29-6-17).

F. Prescripción

Plazo (CP art.131) El plazo de prescripción del delito de defraudación tributaria es de 5 años. En el caso del tipo agravado (nº 7640 s.), el plazo de prescripción es de 10 años. **7715**

No obstante, en los supuestos de **delitos conexos**, el plazo de prescripción es el que corresponda al delito más grave.

Se ha planteado la incidencia de la reducción de 5 a 4 años del **plazo de prescripción administrativa** en el plazo de prescripción del delito, en cuanto que el delito penal tiene el carácter de norma penal en blanco. Esta secundariedad de la norma penal sirvió de base para que se cuestionara si la prescripción de la deuda tributaria suponía la del delito de defraudación transcurridos 4 años y no alcanzados los 5 años (nº 7680).

La **jurisprudencia del TS** ha mantenido la independencia de los dos plazos de prescripción, el tributario y el penal. La **extinción de la obligación tributaria** por prescripción administrativa no causa la atipicidad sobrevenida de la conducta delictiva; nada obsta a que el delito se someta a plazos de prescripción más largos que la infracción administrativa, en razón de su mayor gravedad. La convivencia de ambas regulaciones no plantea ninguna antinomia legal ni una contradicción de principios, obedeciendo el plazo de 4 años a la necesidad de optimizar los limitados recursos de la Administración en el tiempo, en tanto que el plazo de 5 años para el delito obedecería a la necesidad de otorgar mayor protección a los más importantes valores constitucionales en juego. Por tanto, subsiste la responsabilidad civil derivada del delito a pesar de haberse producido la prescripción administrativa (TS Penal 21-3-03, EDJ 6674; 30-4-03, EDJ 25275).

Precisiones Se consideran **delitos conexos** (LECr art.17.2):
- los cometidos por dos o más personas reunidas;
- los cometidos por dos o más personas en distintos lugares o tiempos si hubiera precedido concierto para ello;
- los cometidos como medio para perpetrar otros o facilitar su ejecución;
- los cometidos para procurar la impunidad de otros delitos;
- los delitos de favorecimiento real y personal y el blanqueo de capitales respecto al delito antecedente; y
- los cometidos por diversas personas cuando se ocasionen lesiones o daños recíprocos.

7718 **Cómputo del plazo** (CP art.132 redacc LO 4/2023) El cómputo del plazo de prescripción penal se inicia en el momento de la comisión del delito, es decir, cuando vence el plazo legal voluntario para el pago (TS Penal 15-7-08, EDJ 147636). El **inicio** del cómputo del plazo de prescripción penal y administrativo no siempre coincide. Así, por ejemplo, en los **tributos periódicos** con período de declaración inferior al año natural, el plazo de prescripción penal se inicia el día que finaliza el plazo de presentación de la última autoliquidación del año, aunque toda la cuota defraudada corresponda a la primera autoliquidación anual.

Hay que tener en cuenta que el **plazo de prescripción tributaria** no tiene incidencia sobre el plazo de prescripción penal (TCo 129/2008).

La **interrupción** del plazo de prescripción del delito se produce cuando el procedimiento se dirige contra el culpable. En ocasiones, la identificación del culpable resulta compleja, habiéndose flexibilizado en determinadas circunstancias por la jurisprudencia.

El problema está en determinar cuándo se entiende dirigido el procedimiento contra el culpable, si en el momento de la presentación de denuncia o querella (TS Penal 28-11-03, EDJ 186744), o en el momento de la admisión a trámite de las mismas.

El TCo niega que la simple presentación de denuncia o querella interrumpa la prescripción penal (TCo 63/2005; 29/2008; 147/2009).

Sin embargo, en sentencias posteriores el TS reitera su criterio en contra del TCo, ya que entiende que la presentación de la querella interrumpe el plazo de prescripción, pues el condicionar la interrupción de la prescripción a la admisión de la querella sería aleatorio e inseguro jurídicamente (en este sentido, TS Penal 25-4-06, EDJ 109317).

Se ha clarificado cuándo se entiende dirigido el **procedimiento contra el culpable**, y cuándo se produce la interrupción del plazo de prescripción penal:

a) Se entiende dirigido el procedimiento contra una **persona determinada** cuando se dicte resolución judicial motivada en la que se le atribuya su presunta participación en un hecho que pudiera ser constitutivo de delito. Se recoge por tanto, el criterio del TCo al requerirse una actuación material del juez penal.

b) No obstante lo anterior, se **suspende el cómputo** de la prescripción por un máximo de 6 meses, desde la presentación de denuncia o querella contra persona determinada ante un órgano judicial.

c) Si el órgano judicial acuerda **no admitir a trámite** la denuncia o querella o no dirigir el procedimiento contra la persona denunciada o querellada, continua el cómputo del plazo de prescripción desde la fecha de presentación de la querella o denuncia. También continúa el cómputo si dentro de dicho plazo el juez no adopta ninguna resolución.

d) Si el juez dicta **resolución motivada** en la que atribuye a una persona determinada su presunta participación en un hecho que pudiera ser constitutivo de delito, la interrupción de la prescripción se retrotrae a la fecha de presentación de la querella o denuncia. En caso contrario se entiende que no existe interrupción de la prescripción.

7720 Precisiones Un procedimiento se entiende dirigido **contra una persona determinada** desde el momento en que, al incoar la causa o con posterioridad, se dicte resolución judicial motivada en la que se le atribuya su presunta participación en un hecho que pueda ser constitutivo de delito o falta (TS 31-3-17, EDJ 32808).

G. Actuación de la Administración tributaria

(CP art.305.5; LGT art.250 a 259; RGGI art.197 bis a 197 sexies; RSAN art.32)

 7725

En cuanto a las consecuencias administrativas de que concurran hechos que puedan ser constitutivos de delito contra la Hacienda Pública como **regla general**, se establece que la Administración ha de liquidar, con carácter provisional, las cuotas que puedan verse afectadas por el delito y continuar con el procedimiento recaudatorio. La decisión final sobre la cantidad defraudada y sobre la existencia de delito le corresponde al orden penal. La Administración debe, en su caso, corregir o anular la liquidación que se haya practicado conforme a lo determinado en el orden penal (nº 7738.1 s.). 7736

La **excepción** es que no se practique esta liquidación en determinados supuestos tasados en la norma. En este caso, la Administración se abstiene de iniciar o continuar el procedimiento y pasa el tanto de culpa a la jurisdicción competente. El procedimiento queda suspendido (nº 7768.1 s.).

Precisiones Para ver la actuación de la Administración tributaria **anterior a la reforma** de la L 34/2015 (hasta el 12-10-2015), ver nº 7726 s. Memento Inspección de Hacienda 2023-2024.

La normativa penal prevé que cuando la Administración tributaria aprecie **indicios** de haberse cometido un delito contra la Hacienda Pública puede dictar liquidación que tenga en cuenta los mismos. 7736.1

Cuando los indicios de delito únicamente se aprecian sobre **parte de los elementos regularizados**, la Administración puede liquidar de forma separada:
- por una parte, los conceptos y cuantías que **no se encuentren vinculados** con el posible delito contra la Hacienda Pública. Esta liquidación sigue la tramitación ordinaria y se sujeta al régimen de recursos propios de las liquidaciones tributarias; y
- por otra, los que se encuentren **vinculados** con el posible delito contra la Hacienda Pública. La liquidación que se dicte sigue la tramitación que al efecto establezca la normativa tributaria, sin perjuicio de que finalmente se ajuste a lo que se decida en el proceso penal.

Además, la existencia de un proceso penal no va a paralizar la **acción de cobro**. Así, la Administración tributaria puede iniciar las actuaciones dirigidas al cobro, salvo que el juez, de oficio o a instancia de parte, haya acordado la suspensión de las actuaciones de ejecución, previa prestación de garantía. En el caso de no poder prestarse garantía en todo o en parte, excepcionalmente el juez puede acordar la suspensión con dispensa total o parcial de garantías si aprecia que la ejecución pudiese ocasionar daños irreparables o de muy difícil reparación.

Por tanto:
a) Regla general (nº 7738 s.): la continuación del procedimiento hasta la liquidación y la continuación del procedimiento recaudatorio.
b) Regla especial (nº 7768 s.): la suspensión del procedimiento, en casos de que se dé uno de los supuestos que permiten abstenerse de practicar liquidación.

Como **régimen transitorio** se establece que esta regulación también es de aplicación a procedimientos iniciados con anterioridad al 12-10-2015 en los que, concurriendo indicios de delito, en ese momento aún no se hubiera producido el paso del tanto de culpa a la jurisdicción competente o la remisión del expediente al Ministerio Fiscal (L 34/2015 disp.trans.única.8).

Precisiones 1) En los procesos por delito contra la Hacienda Pública los **órganos de recaudación de la AEAT** tienen competencia para realizar investigaciones patrimoniales de aquellos bienes que puedan resultar afectos al pago de cuantías pecuniarias asociadas al delito, bajo la supervisión de la autoridad judicial, sin perjuicio de las facultades que corresponden a las unidades de la Policía Judicial. 7737

Así, de las actuaciones, sus incidencias y resultados se da cuenta inmediata a la autoridad judicial, que resuelve acerca de las medidas adoptadas, para confirmarlas, modificarlas o levantarlas.

En particular pueden realizar **actuaciones** de obtención de información (LGT art.93 -redacc L 13/2023- y 94), ejercitar las facultades de recaudación previstas (LGT art.162), realizar informes sobre la situación patrimonial y adoptar medidas cautelares (LGT art.81.9). Las actuaciones desarrolladas se someten a lo previsto en la LGT y su normativa de desarrollo, sin perjuicio de la posibilidad de que el juez decida la realización de otras actuaciones (LGT disp.adic.19ª).

2) Los actos que se dicten por los **órganos de recaudación** de la AEAT en el ejercicio de estas funciones de investigación patrimonial en los procesos por delito contra la Hacienda Pública serán **impugnables** mediante recurso de reposición o reclamación económico-administrativa. No obstante, si los motivos de impugnación se refieren a la adecuación de los actos impugnados con el objeto del proceso penal, esta cuestión deberá plantearse ante el órgano judicial penal correspondiente (RGR art.129).
3) La Administración tributaria puede indagar **hechos y períodos prescritos** (se incluyen actos, elementos, actividades, explotaciones, negocios, valores y demás circunstancias determinantes de la obligación tributaria) para la investigación sobre impuestos no prescritos, a efectos de verificar el correcto cumplimiento de las normas aplicables. No obstante, no basta con la mera expresión de la justificación del hecho que habilita la investigación, sino que debe ser relevante en la indagación del impuesto que se investiga para el que existe una expresa autorización legal (TS Penal 5-11-20, EDJ 711574).
4) No cabe imponer una sanción administrativa cuando se ha producido la extinción de la responsabilidad penal por prescripción. Dada la naturaleza sustancialmente penal de la sanción impuesta, la existencia de una **injustificada y extraordinariamente larga dilación** en el ejercicio de la potestad sancionadora comporta la vulneración del principio non bis in ídem, garantizado constitucionalmente, al no resultar efectivas las medidas de coordinación entre el procedimiento administrativo y la actuación de la jurisdicción penal, y someter al interesado a actuaciones sucesivas excesivamente gravosas, debidas a la suspensión del plazo de prescripción del ejercicio de la potestad sancionadora carente de fundamento por haber quedado extinguida la eventual responsabilidad penal para cuya determinación se suspendió aquella (TS 27-7-23, EDJ 666256).

1. Regla general

(LGT art.250 y 253 a 258; RGGI art.197 bis y 197 quater a sexies; RSAN art.32)

7738

7738.1 Cuando la Administración aprecie indicios de delito contra la Hacienda Pública, debe pasar el tanto de culpa a la jurisdicción competente o remitir el expediente al Ministerio Fiscal. En el caso de que la apreciación se produzca durante la tramitación del procedimiento inspector, se debe, como regla general, continuar con el procedimiento hasta la práctica de la liquidación, de acuerdo con la LGT Título VI y por el RGGI art.197 bis s. Por tanto, a diferencia de lo que ocurría con la regulación previa al 12-10-2015 (ver nº 7726 s. Memento Inspección de Hacienda 2023-2024), la **remisión del expediente al Ministerio Fiscal** o el pase del tanto de culpa a la jurisdicción competente no supone, salvo excepciones, la paralización del procedimiento.
Cuando en el procedimiento de comprobación se determine que hay elementos de la obligación tributaria que se encuentren vinculados con el posible delito y otros que no lo sean, se deben practicar **liquidaciones** separando dichos elementos. Así, se distinguen:
a) Las liquidaciones que contengan los **elementos vinculados** con el posible delito, que siguen una tramitación específica (nº 7740 s.). En todo caso las liquidaciones que se encuentren vinculadas con el posible delito tienen la consideración de provisionales.
b) Las liquidaciones que contengan el **resto de elementos** no afectados por la conducta delictiva, que siguen la tramitación prevista para las actuaciones y procedimiento de inspección (nº 2800 s.) y son objeto de revisión mediante los medios previstos con carácter general para cualquier liquidación (nº 8000 s.).
Si finalmente no se aprecia la existencia de delito, la Administración iniciará o continuará si procede las actuaciones o procedimientos correspondientes, de acuerdo con los hechos que los tribunales hubieran considerado probados.
Las liquidaciones que se dicten o aquellas cuya ejecución proceda reanudar, van a ser objeto de revisión de acuerdo con lo previsto en el LGT Título V, sin que puedan impugnarse los hechos que se hayan considerados probados por la resolución judicial.

Precisiones La regulación normativa (LGT art.250 s.) en ningún caso habilita a la Administración para que pueda pasar el **tanto de culpa** a la jurisdicción penal o remitir actuaciones al Ministerio Fiscal cuando, existiendo indicios de delito contra la Hacienda Pública, ya se haya dictado liquidación administrativa o impuesto sanción. En esta línea, el TS **anula** el RGGI art.197 bis.2 redacc RD 1070/2017 (TS 25-9-19, EDJ 704446).

No se inicia el **procedimiento sancionador** que pudiera corresponder por los hechos respecto a los cuales se aprecien indicios de delito. Si se hubiera iniciado dicho procedimiento se entiende concluido cuando se pase el tanto de culpa a la jurisdicción competente o se remita el expediente al Ministerio Fiscal, de no haber concluido con anterioridad, sin perjuicio de la posibilidad de iniciar un nuevo expediente sancionador, si finalmente no se hubiera apreciado la existencia de delito. Si se hubiera impuesto una sanción tributaria por los mismos hechos, se ha de suspender la ejecución. Estas mismas consecuencias se aplican cuando la Administración tributaria tenga conocimiento de que se está desarrollando un proceso penal que afecte a los mismos hechos. 7739

En caso de que finalmente **no** se aprecie la **existencia de delito**, se va a poder iniciar un nuevo procedimiento sancionador o reanudar la ejecución de la sanción administrativa que se encontrara suspendida.

En este caso, han de tenerse en cuenta los hechos que hayan sido considerados probados. Las sanciones impuestas o aquellas cuya ejecución proceda reanudar serán objeto de revisión de acuerdo con lo previsto en el LGT Título V, sin que puedan impugnarse los hechos que se hayan considerado probados por la resolución judicial.

La **sentencia condenatoria** de la autoridad judicial impide la imposición de sanción administrativa por los mismos hechos, por aplicación del principio de non bis in ídem.

Precisiones No se produce en este caso la vulneración del **principio de non bis in ídem** en su vertiente procesal o procedimental.

Procedimiento para la práctica de la liquidación (LGT art.253; RGGI art.197 quater y 197 quinquies) Los trámites a seguir para practicar la liquidación en los casos en que la Administración tributaria aprecie la existencia de delito contra la Hacienda Pública se diferencian de los que proceden en caso de una liquidación administrativa no afectada por el posible delito. Así, el procedimiento sigue las siguientes **fases**: 7740

- propuesta de liquidación;
- liquidación (nº 7744 s.);
- remisión del expediente o pase del tanto de culpa (nº 7746); y
- notificación de la liquidación (nº 7748).

Asimismo, se va analizar el supuesto en el que la denuncia o la querella no se admite (nº 7750).

Propuesta de liquidación (LGT art.253.1 y 3; RGGI art.197 quater y 197 quinquies) Cuando la Administración tributaria aprecie indicios de delito, realiza una propuesta de liquidación vinculada al mismo, teniendo en cuenta los **hechos** que se desprendan del expediente y los fundamentos de derecho en los que se basa la misma, que se han de recoger con el detalle que sea preciso. 7741

Esta propuesta debe ser objeto de **notificación** al obligado tributario o al representante autorizado por él en el procedimiento de inspección. A partir del día siguiente de la notificación, se abre un plazo de 15 días naturales para que pueda formular las **alegaciones** que a su derecho convengan en el correspondiente trámite de audiencia, circunstancia que se hace constar en la propuesta de liquidación.

Los **defectos procedimentales** en que se hubiese podido incurrir durante la tramitación administrativa no suponen, en ningún caso, la extinción total o parcial de la obligación tributaria ni producen los efectos derivados del incumplimiento del plazo del procedimiento inspector (nº 3430 s.). No obstante, los defectos pueden tener consecuencias cuando deba volver a la vía administrativa por no haberse apreciado la existencia de delito, por motivo diferente a la inexistencia de obligación.

Cuando por un **mismo concepto impositivo y período** quepa distinguir elementos en los que se aprecie una conducta dolosa que pueda ser constitutiva de delito contra la Hacienda Pública, junto con otros en los que no se aprecia conducta dolosa, se efectúan dos liquidaciones provisionales de manera separada, en los términos que se exponen en nº 7745.

Precisiones **1)** No está prevista la concesión de un **trámite de audiencia** previo a la propuesta de liquidación vinculada a delito.

2) La propuesta vinculada a delito se **firma** únicamente por el representante de la Administración y no se firma por el obligado tributario, a diferencia de lo que ocurre en el acta. El obligado tributario recibe la notificación.

3) La **competencia para firmar** las propuestas de liquidación de los elementos de la obligación tributaria vinculados con un posible delito contra la Hacienda Pública le corresponde a:

- en las Dependencias Regionales de Inspección, al jefe de equipo o de unidad;
- en las Unidades de Inspección, al inspector de Hacienda al que corresponda su supervisión; y
- en la Delegación Central de Grandes Contribuyentes, a los jefes de equipo coordinadores y jefes de equipo (AEAT Resol 24-3-92 aptdo cinco.2.j y aptdo ocho.4; 3-1-21 aptdo sexto.2.h y aptdo sexto.3).

7742 Una vez que haya transcurrido el trámite de audiencia y examinadas las alegaciones que se hayan podido presentar, el órgano competente para dictar la liquidación vinculada a delito puede adoptar las siguientes **medidas**:

a) Rectificación de la propuesta de liquidación vinculada a delito (RGGI art.197 quater.3.b): cuando el inspector jefe considere que existe en dicha propuesta error en la apreciación de los hechos o indebida aplicación de las normas jurídicas, ha de proceder a rectificar aquella de la siguiente forma:

- si la rectificación afecta a cuestiones no alegadas y agrava la situación del obligado tributario, se debe notificar la propuesta al mismo otorgándole un plazo de 15 días naturales a contar a partir del día siguiente al de la notificación para que pueda efectuar alegaciones. Una vez finalizado dicho plazo, se ha de dictar el acuerdo que corresponda siguiéndose la tramitación que sea procedente en función del sentido del acuerdo;
- si no se dan las circunstancias del párrafo anterior, es decir, se trata de cuestiones alegadas o que no agravan la situación, directamente se ha de notificar la liquidación vinculada a delito con la rectificación realizada por el Inspector Jefe.

7743 **b) Devolución del expediente a la vía administrativa** (RGGI art.197 quater.3.c): cuando el inspector jefe aprecie que la conducta del obligado tributario no es constitutiva de delito, ha de devolver el expediente al órgano que hubiera tramitado el expediente para su continuación en vía administrativa. Dicho expediente ha de finalizar en dicha vía previa formalización, en su caso, del acta que corresponda.

c) Acuerdo de completar el expediente (RGGI art.197 quater.3.d): cuando considere que el expediente no está completo, el Inspector jefe ha de ordenar que se complete en cualquiera de sus extremos, teniendo que ser notificado al obligado tributario. Una vez que hayan finalizado las actuaciones complementarias por el órgano instructor:

- si, con los nuevos datos, no se aprecian indicios de delito, ha de continuar el expediente en vía administrativa hasta su terminación, previa formalización, en su caso, del acta que corresponda;
- si se considera que persisten los indicios de delito, pero se debe rectificar la propuesta, se ha de notificar dicha modificación al obligado tributario advirtiéndole de la apertura de un nuevo trámite de alegaciones de 15 días naturales a contar desde el día siguiente al de la notificación. La tramitación ha de continuar según corresponda;
- si, persistiendo los indicios de delito, se considera que la propuesta no debe ser modificada, esta va a mantener su vigencia. Se ha de otorgar un trámite de alegaciones al obligado tributario de 15 días naturales a contar desde el día siguiente a su notificación; tras el mismo, el inspector jefe ha de dictar el acuerdo que corresponda.

7744 **Liquidación** (LGT art.253.1; RGGI art.197 quater.3.a y 197 quinquies) Tras la propuesta y el examen de las alegaciones que, en su caso, se hayan presentado, el órgano competente dicta liquidación administrativa, si entiende que no procede realizar alguna de las actuaciones anteriores. Se precisa previa o simultánea **autorización** del órgano de la Administración tributaria competente para interponer la denuncia o querella, cuando considere que la regularización pone de manifiesto la existencia de un posible delito contra la Hacienda Pública, exigiéndose previo informe del órgano con funciones de asesoramiento jurídico.

Si el órgano competente para interponer denuncia o querella entendiera que **no existen indicios de delito** contra la Hacienda Pública, ha de devolver el expediente para su continuación y terminación en vía administrativa, previa formalización en su caso del acta que corresponda.

Precisiones 1) La liquidación incluye también los correspondientes **intereses de demora** (LGT art.253.2 y 257.2 c).

2) En todo caso, la liquidación tiene **carácter de provisional** (LGT art.101.4.c).

3) El **órgano competente** para practicar la **liquidación** es el inspector jefe (AEAT Resol 24-3-92 aptdo cinco.2.j; 13-1-21 aptdo sexto.2.h).

4) El TS ha admitido diversos recursos de casación para resolver la cuestión de **interés casacional objetivo para la formación de jurisprudencia** consistente en determinar la naturaleza y efectos del acto administrativo que finaliza el procedimiento ordinario de inspección y acuerda la liquidación vinculada a delito de acuerdo con la LGT art.254 (TS auto 12-1-23, EDJ 503228; 12-6-24, EDJ 590834; 10-7-24, EDJ 619861).

7745 **Liquidación cuando concurran cuota vinculada y no vinculada a delito contra la Hacienda Pública** (LGT art.253.3; RGGI art.197 quinquies) Cabe la posibilidad de que por un mismo concepto impositivo y periodo haya elementos vinculados a un posible delito contra la Hacienda Pública y otros que no lo estén. En ese caso se deben elaborar **dos liquidaciones provisionales** de forma separada que van a derivar a su vez de una propuesta de liquidación vinculada a delito y un acta de inspección. A efectos del cálculo de las mismas, se han de aplicar las **reglas** siguientes:

a) En la **propuesta de liquidación** vinculada a delito se ha de partir de los elementos declarados. Se suman los elementos descubiertos en los que se aprecien indicios de delito y se restan los ajustes a favor del obligado tributario a los que pueda tener derecho en el periodo del que se trate. También se aplican las partidas a deducir o compensar a las que pueda tener derecho, salvo que el obligado tributario opte por la aplicación proporcional de dichas partidas. Si en la declaración presentada por el obligado tributario en su momento hubiera resultado una cantidad a ingresar, esta se resta a efectos del cálculo de la liquidación vinculada a delito.

b) En el **acta**, la propuesta de liquidación contiene todos los elementos comprobados, incluidos los que están contenidos en la propuesta de liquidación vinculada a delito. La cantidad resultante de esta última se minora de la cuota resultante en el acta.

Si el obligado tributario optara por la **aplicación proporcional** de las partidas a compensar o deducir en la base o en la cuota, el importe a minorar en la liquidación vinculada a delito se calcula aplicando un **coeficiente** al importe total de las mismas. Dicho coeficiente se calcula prescindiendo de las partidas a deducir o compensar en la base o en la cuota y teniendo en cuenta la fracción que resulte del siguiente cálculo:

- en el **numerador**, las partidas vinculadas a delito contra la Hacienda Pública: suma de incrementos y disminuciones en la base imponible multiplicados por el tipo de gravamen más los incrementos y disminuciones en la cuota;
- en el **denominador**, la totalidad de las partidas comprobadas con independencia de que estén o no vinculadas al posible delito contra la Hacienda Pública: suma de la totalidad de incrementos y disminuciones en la base imponible multiplicados por el tipo de gravamen más la totalidad de los incrementos y disminuciones en la cuota.

Se entiende por **tipo medio de gravamen** el resultado de dividir la cuota íntegra entre la base liquidable.

Remisión del expediente (LGT art.68.1, 189.3 y 253.1; RGGI art.197 quater.4) Una vez dictada la liquidación, la Administración tributaria pasa el tanto de culpa a la jurisdicción competente o remite el expediente al Ministerio Fiscal. **7746**

El **plazo de prescripción** del derecho a determinar la deuda tributaria y a imponer sanciones tributarias queda interrumpido por el pase del tanto de culpa a la jurisdicción o la remisión del expediente.

Precisiones La **competencia para la remisión del expediente** a la jurisdicción competente o al Ministerio Fiscal corresponde al Director de Departamento, Delegado Central de Grandes Contribuyentes o Delegado, según de quien dependa el órgano actuante (OM PRE/3581/2007 art.5.2; AEAT Resol 13-1-21 aptdo quinto.2.m).

Notificación de la liquidación (LGT art.253.1 y 255; RGGI art.197 bis) El procedimiento de comprobación respecto de los elementos contenidos en la liquidación administrativa vinculada a delito finaliza con la notificación al obligado tributario de la misma, con advertencia de que el **período voluntario de ingreso** comienza a computarse cuando se admita a trámite la querella o denuncia. **7748**

Inadmisión de denuncia o querella (LGT art.26.2, 68.7 y 253.2) Si el Ministerio Fiscal o la jurisdicción competente no aprecian la existencia de delito, la Administración tributaria debe iniciar o, en su caso, continuar las actuaciones y procedimientos de acuerdo con los hechos que se hayan considerado probados. **7750**

En particular, si se produce la inadmisión de la denuncia o querella, se deben retrotraer las actuaciones inspectoras hasta el momento anterior al que se haya dictado propuesta de liquidación vinculada al delito. El **procedimiento inspector** continúa y se formalizan las actas que correspondan conforme a las reglas generales (nº 4132 s.).

El procedimiento debe finalizar en el plazo que restaba desde el momento de la retroacción, es decir, la propuesta de liquidación vinculada a delito o 6 meses, si este plazo fuera superior. El **plazo** se computa desde que el órgano competente que deba continuar el procedimiento reciba la resolución judicial o el expediente devuelto por el Ministerio Fiscal.

La **nueva liquidación** que ponga fin al procedimiento incluye los correspondientes intereses de demora teniendo computando de la siguiente manera:

- la fecha de inicio es la misma que hubiera correspondido a la liquidación vinculada a delito que resulta anulada;
- la fecha final del cómputo es la fecha de la nueva liquidación.

Se inicia de nuevo el cómputo de los **plazos de prescripción** del derecho a determinar la deuda y a imponer la sanción con la recepción de la notificación de la resolución firme que ponga fin al proceso judicial o la notificación del Ministerio Fiscal devolviendo el expediente.

Las liquidaciones y sanciones administrativas que se dicten tras esta retroacción, así como aquellas cuya ejecución deba continuar por haber estado previamente suspendidas, serán objeto de revisión de acuerdo con lo previsto en el LGT Título V.

7752 **Impugnación de liquidaciones** (LGT art.254; LJCA disp.adic.10ª) Contra la **liquidación vinculada a delito** no procede recurso o reclamación en vía administrativa. El **juez penal** determina en sentencia la cuota defraudada vinculada a delito contra la Hacienda Pública que haya sido liquidada, por lo que dicha liquidación vinculada a delito se debe ajustar a lo finalmente determinado en el proceso penal (nº 7761 s.).

En ningún caso los **defectos procedimentales** en que se hubiese podido incurrir durante la tramitación administrativa producen el efecto de extinguir total o parcialmente la obligación tributaria vinculada al delito ni los efectos derivados del incumplimiento del plazo del procedimiento inspector en relación con las actuaciones tendentes a la liquidación de la deuda tributaria, esto es, que decaiga el efecto interruptivo de la prescripción y que los ingresos realizados desde el inicio del procedimiento hasta la primera actuación tras el incumplimiento del plazo tengan la consideración de espontáneos.

En cambio, no se exigen intereses de demora desde que se produzca el incumplimiento del plazo máximo hasta la finalización del mismo (nº 3440).

La liquidación derivada de la propuesta **no vinculada a delito** es objeto de reclamación o recurso de acuerdo con lo previsto en las reglas generales (nº 8000 s.).

Precisiones No corresponde al **orden jurisdiccional contencioso-administrativo** conocer las pretensiones que se deduzcan respecto de actuaciones tributarias vinculadas a delito contra la Hacienda Pública, salvo los actos dictados en el procedimiento de recaudación y los acuerdos de derivación de responsabilidad (LJCA disp.adic.10ª).

7754 **Suspensión de la ejecución del acto de liquidación** (LGT art.255 y 256; LECr art.621 bis y 621 ter; RGR art.73.3) La existencia del procedimiento penal por delito contra la Hacienda Pública no paraliza la **acción de cobro** de la deuda tributaria, si bien el juez, de oficio o a instancia de parte, puede acordar la suspensión de las actuaciones de ejecución.

Una vez **presentada la solicitud** de suspensión, el juez o tribunal previa audiencia por plazo de 10 días al Ministerio Fiscal y a la Administración perjudicada, resuelve mediante auto, en el plazo de 10 días. Si accede a la suspensión en el auto fija el alcance de la garantía y el plazo para prestarla (nº 7756), que en ningún caso deben exceder de 2 meses, salvo que se acuerde la dispensa de garantías.

La suspensión afecta al procedimiento seguido frente al encausado respecto al que se haya acordado. Las actuaciones de cobro dirigidas frente al **resto de los encausados** no se paralizan hasta que la deuda resulte pagada o garantizada en su totalidad por el obligado tributario.

Contra los autos que resuelvan sobre la suspensión de acto cabe recurso de apelación, en un solo efecto.

La suspensión produce **efectos** desde el momento en que se haya constituido debidamente la garantía que se haya fijado en el auto dictado y los mismos, con carácter general, se entienden retrotraídos al momento de la solicitud.

Acordada la suspensión, con o sin garantía, puede ser **modificada o revocada** durante el proceso si cambian las circunstancias en virtud de las cuales se hubiera adoptado.

7755 Fuera de los casos de suspensión acordada por el juez, la existencia del procedimiento penal no paraliza las actuaciones administrativas dirigidas al cobro de la deuda tributaria liquidada.

Las **actuaciones recaudatorias** se rigen por las normas generales (LGT art.160 a 177), salvo las especialidades expresamente previstas para los supuestos de indicios de delito sobre causas de oposición frente a las actuaciones de recaudación y un supuesto específico de responsabilidad solidaria (nº 7759).

Los actos de recaudación que se produzcan pueden ser impugnables conforme a lo previsto con carácter general (nº 8000 s.), si bien solo son **oponibles** los siguientes motivos:

- extinción total de la deuda o prescripción del derecho a exigir el pago;
- solicitud de aplazamiento, fraccionamiento o compensación en período voluntario y otras causas de suspensión del procedimiento de recaudación;
- falta de notificación de la liquidación o providencia de apremio;
- anulación de la liquidación;
- error u omisión en el contenido de la providencia de apremio que impida la identificación del deudor o de la deuda apremiada;
- suspensión del procedimiento de recaudación;
- incumplimiento de las normas reguladoras del embargo;
- el acuerdo de enajenación puede impugnarse si las diligencias de embargo se han tenido por notificadas por no haber comparecido el obligado tributario o su representante.

Garantías La garantía prestada debe **cubrir** el importe de la liquidación vinculada a delito, los intereses que genere la suspensión y los recargos que procederían en caso de tener que ejecutarla. En caso de **incumplimiento del plazo** concedido para formalizar la garantía, el auto queda sin efecto de forma automática y sin necesidad de pronunciamiento judicial ulterior. **7756**

Si no se pudiera prestar garantía en todo o en parte, el juez puede acordar la **suspensión con dispensa total o parcial** de garantías si considera que la ejecución pudiese ejercitar daños irreparables o de muy difícil reparación. En este caso mantienen su eficacia los ingresos que hayan minorado las cuantías adeudadas, y los mismos se ven afectados por la retroacción de los efectos de la suspensión al momento de la solicitud de suspensión.

Embargo Si, como consecuencia de las actuaciones desarrolladas por la Administración, hubiesen resultado embargados bienes o derechos del encausado con **anterioridad a la fecha del auto**, dichos embargos mantienen su eficacia durante el plazo concedido para la formalización de garantías. Si se considera que estos bienes embargados pueden garantizar el cobro de manera más adecuada que las garantías ofrecidas, la Administración o el Ministerio Fiscal puede solicitar al tribunal que los embargos realizados o derechos reales que puedan constituirse sobre los bienes afectados se constituyan como garantía. En particular, esta petición puede hacerse cuando se haya solicitado la dispensa total o parcial de garantías. **7757**

La Administración no puede proceder a la **enajenación** de los bienes embargados hasta que la sentencia condenatoria firme confirme total o parcialmente la liquidación. No obstante, en los siguientes casos, puede procederse a la enajenación, con autorización por el Tribunal:
- cuando sean perecederos;
- si el propietario hiciera abandono de ellos o si, debidamente requerido sobre el destino del efecto judicial, no se hubiera manifestado;
- de ser los gastos de conservación y depósito superiores al valor del objeto embargado;
- cuando la conservación pueda ser peligrosa para la salud o la seguridad pública;
- si el transcurso del tiempo produce la depreciación de los bienes, aunque no sufran deterioro.

Las piezas de convicción y los que deban quedar a expensas del procedimiento no son susceptibles de enajenación salvo que se trate de bienes perecederos o con gastos de conservación y depósito superiores al valor del bien.

Precisiones **1)** El vigente régimen de **suspensión del procedimiento de apremio** en caso de liquidaciones vinculadas a delito (LGT art.255, 256 y 258.3) no regula el régimen aplicable en caso de denegación de solicitud de aplazamiento de dicha liquidación. El TEAC considera aplicable el régimen general de recursos y suspensiones previsto en LGT y en el Reglamento general de desarrollo de la LGT en materia de revisión en vía administrativa (RD 520/2005). Por ello, se entiende que el acto debe entenderse suspendido cautelarmente. Al haber una solicitud de suspensión con dispensa total de garantías pendiente de resolución, no procedía la emisión de la providencia de apremio (TEAC 19-5-21; 28-2-18). **7758**

2) La mera **solicitud de suspensión** ante la jurisdicción penal de la liquidación vinculada a delito no produce cautelarmente efectos suspensivos. Estos efectos se producen cuando, una vez dictado el auto de concesión por el juez penal, resulte constituida debidamente la garantía correspondiente, en cuyo caso se entenderán retrotraídos sus efectos al momento de su solicitud. Por lo tanto, la solicitud de suspensión no impide a la Administración continuar con el procedimiento ejecutivo para el cobro de la liquidación vinculada a delito (TEAC 17-2-22; 17-7-23; 14-9-23).

3) Las liquidaciones vinculadas a delito dictadas de acuerdo con lo previsto en la LGT art.250 no cumplen los requisitos legales para que proceda la inclusión del deudor, en caso de impago, en el **listado de morosos**, dada la instrumentalidad de tales liquidaciones a las resultas de la causa penal. Solo la sentencia penal condenatoria por delito contra la Hacienda Pública permitiría la inclusión del deudor sometido a esa clase de liquidaciones, con independencia de que la deuda estuviera o no suspendida (TS 2-2-23, EDJ 505754).

Responsables (LGT art.258; RGR art.73.3 y 124 bis -redacc RD 117/2024-) Son responsables **solidarios** de la deuda tributaria vinculada al posible delito los causantes o colaboradores activos en la realización de los actos que den lugar a dicha liquidación y se encuentren imputados en el proceso penal o hayan sido condenados como consecuencia del citado proceso. También tienen la consideración de responsables las personas que realicen actuaciones para impedir o dificultar el embargo (LGT art.42.2). **7759**

Cuando el órgano inspector en el seno de un procedimiento en el que proceda dictar una liquidación vinculada a delito conozca hechos o circunstancias que puedan determinar la existencia de responsabilidad tributaria, debe trasladar dicha información al órgano de recaudación para iniciar el correspondiente **procedimiento de declaración de responsabilidad**.

Los **datos, pruebas o circunstancias** que obren o hayan sido obtenidos en el procedimiento de liquidación y que vayan a ser tenidos en cuenta en el procedimiento para exigir la responsabilidad deben incorporarse formalmente al mismo antes de la propuesta de resolución.

Una vez realizada la propuesta de liquidación vinculada a delito del deudor principal, se otorga trámite de **audiencia** al responsable por un periodo de 15 días, contados a partir del día siguiente al de la notificación de la apertura de dicho plazo. Durante ese trámite el responsable podrá formular alegaciones y aportar documentación respecto a las cuestiones determinantes de su responsabilidad y su alcance que sean susceptibles de recurso en vía administrativa.

El **acuerdo de declaración de responsabilidad** ha de dictarse con posterioridad al momento en que conste como admitida la denuncia o querella por delito contra la Hacienda Pública. En los casos de responsables como causantes o colaboradores activos en la realización de los actos que hayan dado lugar a la liquidación vinculada a delito (LGT art.258.1), **desde el 1-2-2024**, debe constar igualmente la condición formal de investigado en el proceso penal del responsable (anteriormente, era necesario que se hubiera efectuado la citación al responsable en el proceso penal para declarar en concepto de investigado). La notificación del acuerdo de declaración de responsabilidad debe incluir el requerimiento para que se realice el ingreso de la deuda en los plazos de ingreso en voluntaria previstos en el LGT art.62.2.

Precisiones 1) No se recoge expresamente que los días del trámite de audiencia sean **días naturales**.

2) El responsable no es **interesado en el procedimiento** de inspección del que se va a derivar la liquidación vinculada a delito. Las alegaciones que este pueda presentar en dicho procedimiento se tendrán por no presentadas.

3) A diferencia de lo que ocurre con la declaración de responsabilidad cuando existe una liquidación administrativa, en el caso de la liquidación vinculada a delito se precisa, además, que haya sido **admitida la denuncia** o querella en vía penal.

4) Para la **recaudación** por la Administración tributaria de las deudas en concepto de responsabilidad civil y pena de multa, derivadas de un delito contra la Hacienda Pública, no resulta aplicable la LGT art.42.2 (TEAC 17-2-22).

5) La **competencia** para determinar la participación del responsable en los hechos defraudatorios corresponde a la Administración de Justicia. Ello no obsta que en la comunicación de inicio del procedimiento, se ofrezca al obligado tributario la posibilidad de efectuar cuantas alegaciones estime pertinentes, así como la de presentar cuantos documentos puedan servir para la defensa de sus intereses. Esta es una fórmula que utiliza la Administración para que los derechos del interesado puedan ser ejercidos con la mayor de las amplitudes, evitando causar una posible indefensión. Esta cuestión no es incompatible con la aplicación de la LGT art.258.3 que establece que, en este procedimiento en concreto, solo puede impugnarse el alcance global de la responsabilidad (TEAC 19-6-23).

6) Es posible realizar un acuerdo de derivación de responsabilidad en virtud de la LGT art.258, aun cuando los hechos se produjeran con anterioridad a la vigencia de la L 34/2015, en virtud de lo establecido en la L 34/2015 disp.trans.única.8 y 9. Así, el supuesto de responsabilidad establecido puede ser de aplicación a **infracciones cometidas con anterioridad** a la entrada en vigor de la L 34/2015 y a las personas causantes o colaboradoras en su comisión, cuando haya sido ya de aplicación la nueva tramitación del delito fiscal establecida en la L 34/2015 y, en consecuencia, se haya practicado liquidación de acuerdo con la LGT art.250 (TEAC 19-1-24; 19-1-24).

7) Los **requisitos** que deben apreciarse para poder declarar la responsabilidad solidaria son los siguientes:

- **material**: debe dictarse una liquidación administrativa vinculada a delito contra la Hacienda Pública;
- **subjetivo**: el declarado responsable debe participar como causante o colaborador en los hechos que motivan la liquidación; y
- de **imputabilidad**: el declarado responsable debe estar formalmente imputado en un proceso penal iniciado por delito contra la Hacienda Pública o condenado como consecuencia del mismo.

Estos requisitos se entienden **cumplidos** cuando, tras dictarse la liquidación vinculada a delito contra la Hacienda Pública, se presenta ante la Fiscalía **denuncia** de los hechos relativos al obligado tributario que pueden ser constitutivos de delito a los efectos de que se pueda interponer la oportuna querella ante el juzgado correspondiente (TEAC 19-1-24).

7760 Si en el proceso penal se acordara el **sobreseimiento o absolución** respecto de cualquiera de los responsables, la declaración de su responsabilidad se anula, siendo de aplicación las normas generales sobre devoluciones y reembolso del coste de garantías previstas en la LGT.

Interrumpido el **plazo de prescripción** para un obligado tributario, se extienden sus efectos a todos los demás obligados, incluidos los responsables. No obstante, si la obligación es mancomunada y solo se reclama a uno de los obligados tributarios la parte que le corresponde, el plazo no se interrumpe para los demás. Si existen varias deudas liquidadas a cargo de un mismo obligado al pago, la interrupción de la prescripción solo afecta a la deuda a la que se refiera.

El plazo del procedimiento de declaración de responsabilidad se entiende **suspendido** durante el período de tiempo que transcurra desde la presentación de la denuncia o querella ante el Ministerio Fiscal o el órgano judicial hasta la imputación formal de los encausados.

Durante la tramitación de dicho procedimiento pueden adoptarse **medidas cautelares**. En estos casos los efectos cesan en el plazo de 24 meses desde su adopción. Si se hubieran adoptado antes del inicio de la tramitación (nº 7740 s.), una vez dictada la liquidación vinculada al supuesto delito se puede ampliar el plazo mediante acuerdo motivado, sin que pueda exceder la ampliación total de 18 meses. Estas medidas pueden convertirse en embargos del procedimiento de apremio iniciado para el cobro de la liquidación practicada. Si se solicita al órgano judicial la suspensión de las actuaciones de ejecución, las medidas adoptadas se notifican al Ministerio Fiscal y a dicho órgano y se mantienen hasta que este último decida sobre la conservación o levantamiento (LGT art.81.7.e).

Precisiones 1) La **competencia** para dictar los acuerdos de declaración de responsabilidad corresponde al órgano de recaudación.
2) En el **recurso o reclamación** contra el acuerdo que declare la responsabilidad solo puede impugnarse el alcance global de la citada responsabilidad.
3) Se puede declarar responsables a las personas que tuviesen la condición de **causante o colaborador** en la realización de una infracción tributaria cuya comisión no hubiese podido declararse formalmente el 12-10-2015 por estar tramitándose un proceso penal por delito (L 34/2015 disp.trans.única.9).
4) El responsable solidario por ser **causante o colaborador** en la realización de actos que dan lugar a una liquidación vinculada a delito únicamente tiene acción administrativa frente al alcance global de la responsabilidad que se le exige, ya que va a ser en el correspondiente procedimiento penal donde se va a determinar su responsabilidad en los hechos. En caso de **sobreseimiento o absolución**, la declaración de su responsabilidad va a ser anulada, siendo de aplicación las normas generales establecidas en la normativa tributaria en relación con las devoluciones y reembolso del coste de garantías (TEAC 18-7-22).

Efectos de la resolución judicial sobre la liquidación tributaria vinculada a delito (LGT art.257; RGGI art.197 sexies) La liquidación tributaria vinculada a delito debe ser finalmente ajustada en función de lo que se haya determinado en el proceso penal, en cuanto a la existencia y cuantía de la defraudación. El **ajuste** se realiza de manera diferente según lo que haya acaecido: 7761

a) Se dicta **sentencia condenatoria con una cuota defraudada idéntica** a la de la liquidación administrativa. La liquidación es confirmada por el juez y no debe modificarse, sin perjuicio de que se tengan que liquidar los correspondientes intereses de demora y recargos, que se pueden devengar (p.e., como consecuencia del procedimiento recaudatorio o la suspensión).

En particular, se han de liquidar los intereses devengados desde la fecha en que se dictó la liquidación vinculada a delito hasta la fecha en que se haya admitido a trámite la denuncia o querella.

El acuerdo que se adopte por la Administración se ha de trasladar al Tribunal competente para la ejecución, al obligado al pago y a las demás partes personadas, a los efectos de la posible impugnación de la ejecución (LECr art.999).

Precisiones A diferencia de lo que ocurre con las liquidaciones administrativas derivadas de las actas, el **periodo de ingreso en la liquidación** vinculada a delito no se inicia con su notificación, sino cuando se produce la admisión a trámite de la denuncia o querella. En la liquidación vinculada a delito se incluyen los intereses hasta la fecha en la que se dicta. Es posteriormente cuando se liquidan los intereses por el periodo que transcurre hasta que se inicia el periodo de voluntario de ingreso.

b) Se dicta **sentencia condenatoria con una cuota distinta** a la de la liquidación administrativa. 7762
La cuantía defraudada puede diferir en más o menos. El acuerdo de liquidación inicial subsiste, pero debe ser objeto de rectificación para ajustarse a la cuota que finalmente se haya fijado como defraudada. Esta modificación no afecta a la validez de las actuaciones recaudatorias realizadas por la cuantía que haya sido confirmada en el proceso penal.

Asimismo, se deben ajustar los **intereses de demora**. En particular, se deben exigir los intereses devengados desde la fecha en que se dictó la liquidación vinculada a delito hasta la fecha en que se haya admitido a trámite la denuncia o querella.

En cualquier caso, procede exigir en vía administrativa los importes que puedan adeudarse a la Hacienda Pública y que no forman parte de la cuota defraudada. Se deben tener en cuenta los hechos que hayan sido considerados probados en la resolución judicial. Cuando sea necesario, se ha de llevar a cabo la **retroacción** de actuaciones para la liquidación de estos importes adicionales de acuerdo con lo previsto en la letra d) del nº 7763.

El **acuerdo de modificación** se traslada al Tribunal competente para la ejecución, al obligado al pago y a otras partes personadas en el proceso penal, a los efectos de la posible impugnación de la ejecución (LECr art.999).

Si la cuantía defraudada finalmente es **inferior** que la que se tuvo en cuenta en la liquidación vinculada a delito, se aplican las normas generales relativas a las devoluciones de ingresos y reembolso de coste de garantías.
En caso de **disconformidad** del obligado al pago con las modificaciones que, en ejecución de la sentencia por delito contra la Hacienda Pública, se hayan realizado por la Administración pública en aplicación de lo recogido en los apartados a) y b) anteriores, se le pone de manifiesto al tribunal competente para la ejecución, en el plazo de 30 días desde su notificación. Este da audiencia a la Administración y al Ministerio Fiscal durante el mismo plazo y resuelve mediante auto si la modificación es conforme a lo indicado en la sentencia. De no ser así, debe señalar con claridad los términos en los que haya de modificarse la liquidación. Contra este auto cabe recurso de apelación en un solo efecto o, en su caso, el correspondiente de súplica (LECr art.999).

7763 **c)** Se dicta **resolución firme** y no se aprecia la existencia de delito por **inexistencia de la obligación tributaria**. La liquidación debe ser anulada y es de aplicación la normativa relativa a la devolución de ingresos y el reembolso del coste de las garantías.
d) Se dicta **resolución firme** en la que **no se aprecia delito por un motivo distinto** al de la inexistencia de la obligación tributaria. En este caso, se produce la **retroacción** de las actuaciones hasta el momento anterior al que se haya dictado la propuesta de liquidación vinculada al delito. A partir de ese momento, se formalizan las actas que correspondan y continúa el procedimiento inspector conforme a las reglas generales (nº 4132 s.). Se deben tener en cuenta los hechos que el órgano judicial haya considerado probados.

Precisiones Además de en el caso de resolución firme, se produce la **retroacción** de actuaciones en estos otros casos:
- devolución del expediente por el Ministerio Fiscal, salvo que dicha devolución vaya seguida de la interposición de querella por parte de la Administración tributaria;
- inadmisión de la denuncia o la querella;
- auto de sobreseimiento.

7764 El **plazo para finalizar el procedimiento** es el que restaba desde el momento de la retroacción o 6 meses, si este plazo fuera superior. El plazo se computa desde la recepción del expediente por el órgano competente para la reanudación de actuaciones.
Se exigen **intereses de demora** por la nueva liquidación que ponga fin al procedimiento desde la misma fecha de inicio que hubiera correspondido a la liquidación vinculada a delito que resulta anulada y hasta la fecha de la nueva liquidación.
La **impugnación** de esta liquidación se realiza de acuerdo con las reglas generales de revisión en vía administrativa (nº 8000 s.), si bien no pueden impugnarse los hechos declarados probados por sentencia judicial.
La **recepción de la notificación** de la resolución supone la iniciación del cómputo de los plazos de prescripción del derecho a determinar la deuda y a imponer la sanción (LGT art.68.7).

Esquema A continuación se incluye un resumen del procedimiento de liquidación vinculada a delito y la tramitación posterior: 7767

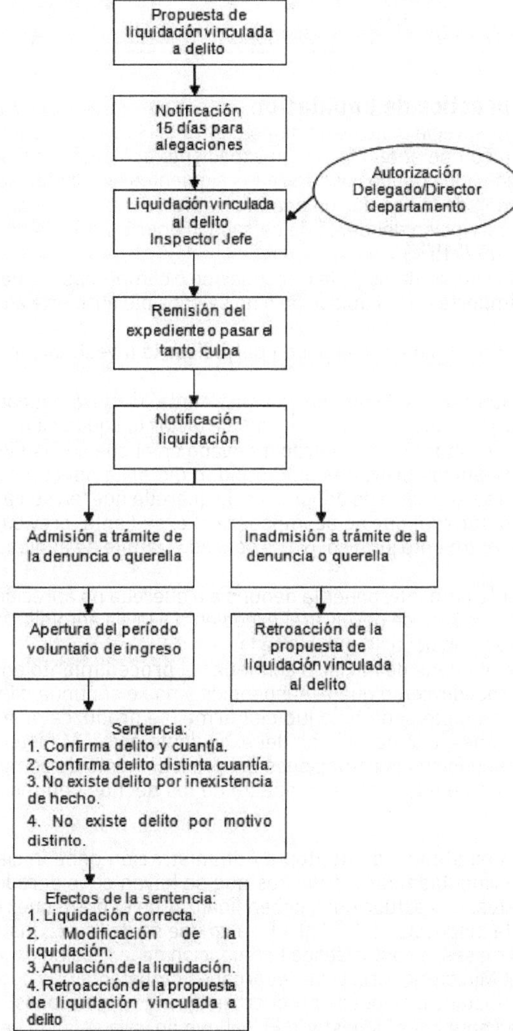

2. Regla especial

(LGT art.251 y 259; RGGI art.197 ter)

7768

7768.1 **Excepciones a la práctica de liquidación** (LGT art.150.3 y 251; RGGI art.197 ter) La Administración tributaria, cuando aprecie indicios de delito contra la Hacienda Pública, pasa el tanto de culpa a la jurisdicción competente o remite el expediente al Ministerio Fiscal, absteniéndose de la práctica de liquidación cuando concurran las siguientes circunstancias:

a) Cuando la tramitación de la liquidación administrativa pueda ocasionar la **prescripción del delito**. El plazo de prescripción del delito de defraudación tributaria es de 5 años, y del delito agravado de 10 años (nº 7715 s.).

b) Cuando, de acuerdo con los datos de la investigación o comprobación, **no** se pueda determinar con **exactitud el importe** de la liquidación o no sea posible atribuirla a un obligado tributario concreto.

c) Cuando la liquidación administrativa pueda **perjudicar la investigación o la comprobación** de la defraudación.

Estas excepciones a la práctica de liquidación solamente afectarán al concepto impositivo y periodo en que concurra la circunstancia que impide dictar la liquidación vinculada a delito.

En estos casos, se debe elaborar un **acuerdo motivado** en el que se justifique la existencia de alguna de las circunstancias previstas que impidan dictar la oportuna liquidación. Dicho acuerdo debe adjuntarse al escrito de denuncia o de querella que, en su caso, se presente por la Administración tributaria, al que se acompañará el expediente, previo informe del órgano con funciones de asesoramiento jurídico. No se concede trámite de audiencia o alegaciones al obligado tributario.

Si el órgano competente para interponer la denuncia o querella no apreciara indicios de delito contra la Hacienda Pública, ha de devolver el expediente a la vía administrativa para su terminación, previa formalización del acta que proceda.

La Administración se abstiene de iniciar o continuar el **procedimiento** en estos casos. Si se hubiera iniciado, el procedimiento queda suspendido y no se continúa con la tramitación del mismo, mientras no se dicte sentencia judicial firme, se produzca el sobreseimiento o el archivo de las actuaciones, o la devolución del expediente por el Ministerio Fiscal. Mientras dure el período de suspensión las actuaciones del procedimiento de comprobación e investigación que se hubieran podido realizar respecto de los hechos denunciados se tienen por inexistentes.

7769 Si **no se apreciara la existencia de delito**, la Administración debe iniciar o continuar sus actuaciones estando vinculada por los hechos que se hayan considerado probados por los órganos jurisdiccionales. Las actuaciones deben finalizar en el plazo que restara para la conclusión del plazo de la inspección (nº 3320 s.), salvo que se dé la circunstancia de que dicho plazo sea inferior a 6 meses, a contar desde la recepción de la resolución judicial -o del expediente devuelto por el Ministerio Fiscal- por el órgano competente que deba continuar el procedimiento. Esta circunstancia se puede producir en los siguientes casos:

- devolución del expediente por el Ministerio Fiscal que no vaya seguida de querella por parte de la Administración tributaria ante la jurisdicción competente;
- inadmisión de la denuncia o querella;
- resolución judicial firme en la que no se aprecie la existencia de delito.

Si en el momento de remitirse el expediente al Ministerio Fiscal o de pasarse el tanto de culpa a la jurisdicción competente se hubiera iniciado un **procedimiento sancionador**, este se entiende concluido. Si finalmente se dicta por la autoridad judicial sentencia condenatoria, impide la imposición de sanción administrativa por los mismos hechos. Si, por el contrario, no se apreciara delito, se puede iniciar un nuevo procedimiento sancionador con los hechos que hayan sido considerados probados por los tribunales.

El **plazo de prescripción** del derecho a determinar la deuda tributaria y a imponer sanciones tributarias se interrumpe por el pase del tanto de culpa a la jurisdicción o la remisión del expediente. El cómputo se inicia de nuevo en el momento en que se produzca la entrada de la resolución judicial en el registro de la Administración tributaria competente.

Precisiones **1)** El **órgano competente** para elaborar el acuerdo motivado que justifique la concurrencia de alguna de las circunstancias de la decisión de no practicar liquidación es el inspector jefe (AEAT Resol 24-3-92 aptdo cinco.2.j; 13-1-21 aptdo sexto.2.h).

2) La **remisión del expediente** al Ministerio Fiscal o a la jurisdicción competente es una causa de suspensión del cómputo del plazo del procedimiento de inspección (nº 3360 s.). La suspensión del cómputo del plazo se comunica al obligado tributario a efectos informativos, salvo que pueda perjudicar la realización de investigaciones judiciales o la comprobación de la defraudación. Dicha circunstancia debe motivarse en el expediente. La suspensión finaliza cuando tenga entrada en el registro de la Administración tributaria el documento del que se derive que ha cesado la causa de suspensión (nº 7768.1).
3) La remisión de las actuaciones al Ministerio Fiscal o a la jurisdicción penal realizada por la Administración tributaria en el seno de un procedimiento inspector tiene efecto autónomo de interrupción de la prescripción tributaria no consumada, por lo que producirá la **interrupción de la prescripción**, aunque se efectúe en el seno de unas actuaciones inspectoras en las que se superó el plazo de duración máximo de las actuaciones previsto legalmente. La **reanudación del cómputo** del plazo de prescripción de la acción tributaria para liquidar se produce con la comunicación de la firmeza del auto de sobreseimiento por parte de la autoridad judicial a la Abogacía del Estado, representante de la Administración tributaria en el procedimiento penal (TS 6-5-24, EDJ 556349).

Esquema A continuación se incluye un resumen del procedimiento en caso de no dictar liquidación vinculada a delito: **7770**

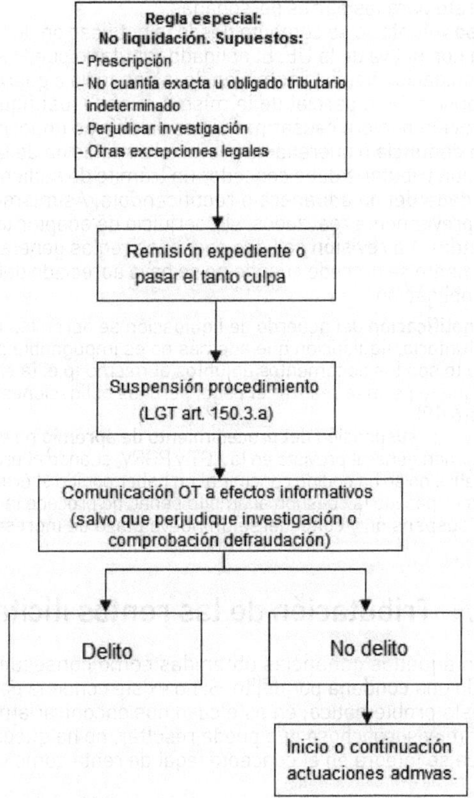

Liquidación de la deuda aduanera (LGT art.259) Se contemplan algunas **especialidades** en la liquidación de la deuda aduanera, en caso de que se aprecien circunstancias constitutivas de delito, con respecto a la regulación general, que impiden la práctica de liquidación respecto de los tributos que integran la deuda aduanera. Dichas circunstancias son: **7771**
- que de la investigación o comprobación **no se pueda determinar el importe** de la liquidación o no se pueda atribuir a un obligado tributario concreto;
- que pueda **perjudicar la investigación o comprobación** de la defraudación.

Por tanto, la Administración continúa el procedimiento aunque haya riesgo de prescripción del delito.

Cuando se pase el tanto de culpa a la jurisdicción competente o se **remita el expediente** al Ministerio Fiscal, el **plazo** para la liquidación y notificación de la deuda aduanera es:
- si se puede practicar la liquidación derivada del supuesto delito, se procede a su notificación en los plazos de 5 o 10 años previstos para la prescripción del delito contra la Hacienda de la UE, a contar desde el nacimiento de la deuda;
- si no es posible inicialmente la liquidación, o hay que adaptar la liquidación a la cuantía fijada en el proceso penal, en el plazo de 3 años desde que la autoridad judicial incoe la causa sin secreto para las partes o desde la firmeza de la resolución judicial que ponga fin al procedimiento penal. En estos casos no es aplicable lo previsto sobre interrupción de plazos de prescripción o procedimientos.

7772 Si procede dictar liquidación, el **procedimiento para la práctica de la liquidación** (nº 7740 s.) se efectúa conforme a las siguientes reglas:
a) Cuando la tramitación de la liquidación administrativa pueda ocasionar la **prescripción del delito**, la remisión del tanto de culpa a la jurisdicción competente o del expediente al Ministerio Fiscal puede realizarse con carácter previo a la práctica de la liquidación administrativa.
b) Si la Administración tributaria se ha **abstenido de practicar liquidación** para evitar que se perjudique de cualquier forma la investigación o comprobación de la defraudación, la tramitación del procedimiento administrativo se reanuda en el momento en que la autoridad judicial incoe la causa sin secreto para las partes personadas.
c) El **período de ingreso** voluntario se computa desde la notificación de la liquidación y se realiza en los plazos de la normativa de la UE. El obligado tributario puede solicitar la suspensión de la ejecución de la liquidación hasta la admisión de la denuncia o querella, prestando garantía o solicitando dispensa total o parcial de la misma cuando justifique la imposibilidad de aportarla y que la ejecución pudiera causar perjuicios de difícil o imposible reparación.
d) La **inadmisión de la denuncia** o querella no provoca la anulación de la liquidación administrativa. La Administración tributaria debe conceder un trámite de audiencia, y resolver manteniendo la liquidación de la deuda aduanera o rectificándola. Asimismo, debe mantener los actos de recaudación previamente realizados, sin perjuicio de adaptar las cuantías de las trabas y embargos realizados. La **revisión** se hace según las reglas generales establecidas en la LGT (nº 8000 s.). Igualmente se procede cuando no se haya apreciado delito por motivo distinto a la inexistencia de la obligación.

Precisiones **1)** Con la **notificación** del acuerdo de liquidación se abren los plazos de ingreso de la deuda en período voluntario, liquidación que además no es impugnable por expresa disposición legal, como tampoco lo son los documentos adjuntos al mismo (p.e, la carta de pago, que es un simple instrumento que le permite realizar el pago, pero las obligaciones derivan del acuerdo de liquidación) (TEAC 25-6-19).
2) Dado que el régimen de **suspensión del procedimiento de apremio** no es completo y, por tanto, se ha de acudir al régimen general previsto en la LGT y RGRV, cuando el procedimiento de suspensión en vía administrativa no se ha podido concluir al no haber podido el órgano de recaudación dictar resolución por haber pasado la cuestión al ámbito penal, no procede la vía de apremio sino que se ha de denegar la suspensión y concederse un nuevo plazo de ingreso en periodo voluntario (TEAC 19-4-22).

H. Tributación de las rentas ilícitas

7775 Las rentas ilícitas son aquellas ganancias obtenidas como consecuencia de unos hechos sobre los que ha habido una **condena** por delito. Si no existe condena por el delito fuente de la renta, no se plantea esta problemática; en este caso nos encontraríamos ante una ganancia de patrimonio que por muy sospechosa que pueda resultar, no ha quedado acreditado su origen delictivo, por lo que se integra en el concepto legal de renta como una ganancia de patrimonio no justificada.
En la tributación de las rentas ilícitas se plantea la **confrontación** entre los principios de generalidad, justicia, igualdad y capacidad de pago (Const art.31) y los derechos a no declarar contra sí mismo, a no confesarse culpable y la prohibición del principio non bis in idem (Const art.24 y 25).
El **principio non bis in ídem** prohíbe la aplicación de dos sanciones distintas por unos mismos hechos. En relación con las rentas ilícitas, se ha entendido que la sanción de alguna de las conductas delictivas imputadas (además de cinco delitos fiscales se imputan en este caso los delitos de malversación, cohecho y estafa que dieron lugar a renta no declarada), no absorbía todo el disvalor y reproche que la totalidad de la conducta merecía. Por tanto, al no existir identidad ni en los hechos -ya que los relativos al delito fuente de la renta son anteriores al momento de presentar u omitir las correspondientes declaraciones fiscales-, ni en los fundamentos de las sanciones penales -ya que difieren los bienes jurídicos protegidos por los tipos

penales-, no existe vulneración del principio non bis in ídem. La procedencia ilícita de los ingresos no excluye por sí misma la **obligación de declarar** fiscalmente los incrementos patrimoniales de ellos derivados (TS Penal 21-12-99, EDJ 35876).

Tras un **cambio de criterio** por el TS Penal 28-3-01, EDJ 1439, se concluye que el delito fuente directa de los ingresos absorbe el delito fiscal cuando concurren tres **requisitos**: **7776**
a) Que los ingresos que genere el delito fiscal procedan de modo directo e inmediato del delito anterior.
b) Que el delito inicial sea efectivamente objeto de condena.
c) Que la condena penal del delito fuente incluya el comiso de las ganancias obtenidas en el mismo o la condena a su devolución en concepto de responsabilidad civil.
Los dos primeros requisitos no son tales, pues responden más bien al planteamiento de la cuestión, sin ellos no nos encontraremos ante el problema de la tributación de las rentas ilícitas, que en último caso corresponde dirimir a la legislación de cada Estado.
El tercer requisito hace inaplicable la **sanción por delito fiscal de las rentas ilícitas**, pues las condenas penales del delito fuente incluirán siempre, bien el comiso de las ganancias obtenidas en el mismo, bien su exigencia como responsabilidad civil derivada del delito.
Existen pronunciamientos jurisprudenciales que reconocen que la justicia y equidad tributaria exigen la tributación de las rentas ilícitas en cuanto que las mismas evidencian una capacidad económica.

I. Aplicación del delito continuado al delito fiscal

Una cuestión debatida por la jurisprudencia y de trascendencia práctica es la posible aplicación de la figura del delito continuado a los delitos contra la Hacienda Pública. Esta aplicación del delito continuado parte en todo caso de la base de que cada una de las **cuotas defraudadas** en los períodos impositivos anuales de cada uno de los tributos de declaración periódica, o las cuotas defraudadas en los supuestos de tributos de declaración no periódica, supera la cuantía de 120.000 euros. **7780**
Para la determinación de la cuantía defraudada se aplican las reglas especificadas en el nº 7654 s.
Las cuantías determinadas conforme a dichas reglas, **inferiores a 120.000 euros**, pueden en su caso constituir ilícito administrativo sin que en ningún caso puedan acumularse para alcanzar la tipificación penal. El delito continuado requiere que los ilícitos infrinjan el mismo precepto penal o preceptos de igual o semejante naturaleza (CP art.74).
Los **requisitos** exigidos por el delito continuado son:
a) Existencia de un plan preconcebido o aprovechamiento de idéntica ocasión.
b) Pluralidad de acciones u omisiones homogéneas.
c) Homogeneidad del precepto penal violado.
En cuanto a la **incidencia práctica** de este delito, hay que tener en cuenta que afecta principalmente a las siguientes cuestiones:
a) Prescripción: en el delito continuado el cómputo del plazo de prescripción no empieza hasta la realización del último acto de la cadena de delitos. Por tanto, delitos que aisladamente podrían considerarse prescritos, de apreciarse la continuidad penal, podrían ser objeto de sanción penal.
b) Suspensión de la condena: la aplicación del delito continuado obliga a imponer la pena en su mitad superior, por lo que en virtud de las normas de aplicación de la suspensión de la condena, no se puede aplicar este beneficio.
c) Pena: se reducen las condenas en los casos de comisión de más de cuatro delitos.

Desde el punto de vista jurisprudencial, destaca la **inexistencia de una doctrina** clara sobre la aplicación del delito continuado a los delitos contra la Hacienda Pública. **7781**
En lo que se refiere a la **jurisprudencia del TS**, cabe señalar que, con carácter general, se ha mostrado contrario a la aplicación del delito continuado al delito fiscal (TS Penal 3-1-03, EDJ 966; 11-3-04, EDJ 13196; 22-3-04, EDJ 17474). No obstante, en algunas ocasiones ha considerado aplicable la continuidad delictiva al delito de defraudación (TS Penal 2-3-05, EDJ 90184).

II. Delito contable

(CP art.310 y 310 bis; RSAN art.33)

7785 El delito contable se configura como un **delito de peligro**, no de resultado, en la medida en que las conductas tipificadas ponen en peligro la efectividad del crédito tributario.

El delito contable y el de defraudación están en una **relación de consunción**, de manera que solo cabe delito contable cuando no existe delito de defraudación.

El **bien jurídico protegido** en ambos delitos coincide (nº 7614 s.), encontrando la diferencia en el distinto ámbito de protección, al adelantarse en el delito contable la barrera protectora a la puesta en peligro del objeto jurídico (AP Burgos 29-3-99, EDJ 8074).

7787 **Tipo** Incurre en este delito el que estando obligado por ley tributaria a llevar **contabilidad mercantil, libros o registros fiscales** realiza alguna de las cuatro conductas típicas siguientes:

a) Incumplimiento **absoluto** de la llevanza de contabilidad en estimación directa. Por incumplimiento absoluto se ha de entender la ausencia total de contabilidad (p.e., cuando hay ausencia total de libros y registros fiscales exigidos por ley tributaria, cuando dichos libros existen pero no se ha efectuado anotación alguna y cuando hay falta total de anotaciones de un ejercicio económico, aun cuando sí existan en los anteriores).

b) Llevanza de **contabilidades distintas** referidas a una misma actividad y ejercicio económico, de forma que oculten o simulen la verdadera situación de la empresa. Se trata de supuestos en los que se lleva una doble contabilidad.

Esta modalidad de **doble contabilidad** requiere que exista una realidad económica distinta a la reflejada en los libros o registros presentados a la Administración tributaria, y que esa realidad económica se recoja en otros libros o registros. No se comete este delito si se llevan dos contabilidades desde ópticas distintas que reflejen una misma realidad económica, se comete cuando la realidad económica reflejada en dichos libros o registros es diferente.

c) La omisión en los **libros obligatorios** de negocios, actos, operaciones o transacciones económicas, o su anotación con cifras distintas a las verdaderas.

d) Realización de **anotaciones contables ficticias**.

7788 Precisiones **1)** En los supuestos previstos en los apartados c) y d) anteriores, se deben haber omitido las **declaraciones tributarias** o en caso de que estas se hayan presentado, deben ser reflejo de la falsa contabilidad, y la cuantía, en más o en menos, de los cargos o abonos, omitidos o falseados ha de exceder, sin compensación aritmética entre ellos, de 240.000 euros por cada ejercicio económico.

2) El delito contable no afecta únicamente a los obligados a llevar contabilidad, afecta también a los obligados a llevar **libros o registros fiscales**. Así, pueden cometer este delito personas que no tienen la condición de comerciantes (p.e., los profesionales).

3) Es necesario que la obligación de llevanza de contabilidad o de libros o registros fiscales venga establecida por una **ley formal de naturaleza tributaria**. Se excluye las obligaciones contables establecidas exclusivamente en normas mercantiles u otras no tributarias.

4) El término **incumplimiento absoluto** viene referido a la falta de llevanza de libros de contabilidad mercantil, libros o registros fiscales de tal manera que impida su determinación en régimen de estimación directa (AP Ciudad Real 18-1-00, EDJ 13937).

7790 **Otros elementos** (CP art.310 y 310 bis) Se trata, al igual que el delito de defraudación, de un delito especial propio que solo puede cometer el que esté **obligado por ley tributaria** a llevar contabilidad mercantil, libros o registros fiscales. Quien no reúna los requisitos necesarios para ser sujeto pasivo del delito no puede ser autor, pero sí puede ser condenado como partícipe si resulta ser inductor, cooperador necesario, cómplice o encubridor.

En el caso de las **personas jurídicas**, la responsabilidad recae sobre el administrador de hecho o de derecho, si bien también pueden ser penalmente responsables las personas jurídicas con independencia de que se condene o no a las personas físicas como autoras materiales del delito (nº 7687 s.).

Al igual que en el delito de defraudación, el delito contable se configura como una norma penal en blanco y solo cabe su **comisión dolosa**, lo que exige la concurrencia de una actuación consciente y voluntaria por parte del responsable penal.

La **exención de la responsabilidad penal** en los supuestos de regularización tributaria espontánea alcanza también a las posibles irregularidades contables u otras falsedades instrumentales que, exclusivamente en relación a la deuda objeto de regularización, se hubieran cometido antes de dicha regularización (nº 7680 s.).

El delito contable se castiga con la **pena** de prisión de 5 a 7 meses, y para las personas jurídicas que resulten penalmente responsables multa de 6 meses a un año.

Con carácter general la **prescripción** se produce a los 5 años, salvo que concurra con otro delito conexo que lleve aparejado un plazo de prescripción mayor (nº 7715 s.).

Actuación de la Administración tributaria (RSAN art.33) Cuando la Administración tributaria estime que una conducta puede ser constitutiva de delito contable, resulta aplicable lo señalado para el delito de defraudación (nº 7725 s.) sin que sea posible iniciar o continuar el **procedimiento sancionador** por los mismos hechos y sin que estos puedan ser tenidos en cuenta para la calificación de las infracciones tributarias cometidas. En caso de apreciarse la inexistencia de delito, la Administración tributaria puede iniciar el procedimiento sancionador conforme a los hechos que los tribunales hayan considerado probados. 7792

CAPÍTULO 10

Blanqueo de capitales y fraude fiscal

7800

A. Cuestiones generales

7805 Calificamos como blanqueo de capitales los procedimientos y conductas dirigidas a introducir en el tráfico económico financiero legal, los beneficios obtenidos a partir de la realización de **actividades delictivas lucrativas**. Se trata de conductas que pretenden la legitimación de los capitales de procedencia delictiva mediante la ocultación o encubrimiento de su procedencia u origen o de su titularidad.

El blanqueo de los fondos procedentes de actividades ilícitas no es un fenómeno nuevo. Los autores de los delitos siempre han intentado ocultar los frutos de sus acciones delictivas, dado que el descubrimiento de esos fondos por parte de las autoridades normalmente conduce al descubrimiento de los delitos que los han generado. Los gobiernos de los distintos países llegaron a la conclusión de que tratándose de un fenómeno de **dimensiones internacionales**, solo se podía combatir eficazmente mediante acciones coordinadas a nivel internacional, y de que una forma especialmente eficaz de combatir el narcotráfico era atacar los circuitos a través de los cuales se legalizaban los ingresos procedentes del tráfico de drogas. La actividad de blanqueo se ha convertido en un «talón de Aquiles» de las organizaciones criminales, y de ahí los esfuerzos crecientes por penalizar el blanqueo y por dificultar su práctica.

Debido a lo anterior, los **organismos internacionales** han realizado una intensa actividad dirigida, por una parte, a conseguir que el blanqueo deje de ser una actividad impune y, por otra, a que se adopten medidas tendentes a prevenir ese tipo de conductas.

El blanqueo de capitales se ha visto facilitado por una serie de factores de la economía mundial: la globalización de la economía, la internacionalización del sistema financiero, los procesos de desregularización en materia financiera y bancaria y de liberalización de los movimientos de capitales, la aparición de nuevos productos e instrumentos financieros, la aparición de internet y de nuevas tecnologías, etc.

La lucha contra el blanqueo se desarrolla en dos **vertientes**:

a) La **administrativa o preventiva**. El ordenamiento jurídico trata, por un lado, de prevenir y dificultar el blanqueo de capitales adoptando medidas legislativas que fundamentalmente imponen obligaciones administrativas, de información y colaboración, que buscan impedir la utilización del sistema financiero y de otros sectores económicos para el blanqueo de capitales, al tiempo que permiten obtener información para la persecución de esas conductas (nº 7815 s.).

b) La **penal o represiva**. El blanqueo se configura como un delito contra el orden socio-económico. Se tipifica en el Código Penal con la denominación de «otras conductas afines a la receptación», dentro de los delitos contra el patrimonio y contra el orden socioeconómico. Su **tipo básico** consiste en la adquisición, conversión o trasformación de bienes a sabiendas de que tienen su origen en un delito grave o cualquier otro acto para ocultar o encubrir su origen ilícito (nº 7880 s.).

7806 **Normativa internacional** La preocupación por el blanqueo de capitales y el riesgo de penetración de las organizaciones criminales en el sistema financiero dio lugar a la creación en 1989, de una institución intergubernamental denominada **Grupo de Acción Financiera Internacional (GAFI)** o Financial Action Task Force (FATF). Este organismo dictó las denominadas 40 Recomendaciones del GAFI y sus notas interpretativas, que se completan con las 9 Recomendaciones en materia de terrorismo. Tales Recomendaciones se han convertido en el estándar internacional en la materia.

Destacan igualmente en este ámbito:

- el Convenio de las Naciones Unidas contra el tráfico ilícito de estupefacientes y sustancias psicotrópicas (Viena 19-12-1988);

- el Convenio del Consejo de Europa sobre blanqueo, identificación, embargo y comiso de los productos del delito (Estrasburgo 8-11-1990);
- la Convención de Naciones Unidas contra la delincuencia organizada transnacional (Nueva York 15-11-2000).

En el **ámbito de la Unión Europea** se han aprobado diversas normas:
- «Cuarta Directiva», relativa a la prevención de la utilización del sistema financiero para el blanqueo de capitales o la financiación del terrorismo (Dir (UE) 2015/849). Se complementa con las normas técnicas de regulación sobre las medidas mínimas y el tipo de medidas adicionales que han de adoptar las entidades de crédito y financieras (Rgto (UE) 2019/758);
- «Quinta Directiva» (Dir (UE) 2018/843), que modifica la Cuarta Directiva, destacando la incorporación de nuevos sujetos obligados;
- la DAC 5 (Dir (UE) 2016/2258), que modifica la regulación de la cooperación administrativa en el ámbito de la fiscalidad (Dir 2011/16/UE) para el acceso de las autoridades tributarias a la información contra el blanqueo de capitales;
- la directiva relativa a la lucha contra el blanqueo de capitales a través del Derecho Penal (Dir (UE) 2018/1673), que establece normas mínimas relativas a la definición de los delitos y las sanciones en el ámbito del blanqueo de capitales;
- la regulación de los controles de entrada y salida de efectivo de la Unión (Rgto (UE) 2018/1672).

7807 Asimismo, la Unión Europea ha aprobado un **nuevo paquete de normas** en materia de lucha contra el blanqueo de capitales y financiación del terrorismo que conformarán el marco jurídico que regulará los requisitos que han de cumplir las entidades obligadas, y sustentará el marco institucional de la Unión en dicha materia:
- la creación de una Autoridad Europea de Lucha contra el Blanqueo de Capitales y financiación del Terrorismo -AMLA- (Rgto (UE) 2024/1620), que con carácter general es de aplicación a partir del 1-7-2025 (nº 7824), aunque existen excepciones;
- la «Sexta Directiva» (Dir (UE) 2024/1640), relativa a los mecanismos que deben establecer los estados miembros a efectos de la prevención del sistema financiero para el blanqueo de capitales o la financiación del terrorismo, cuyo plazo de transposición finaliza el 10-7-2027. A partir de dicha fecha quedará derogada la «Cuarta Directiva» (nº 7806);
- la modificación del acceso de las autoridades competentes a los registros centralizados de cuentas bancarias a través del sistema de interconexión y a las medidas técnicas destinadas a facilitar el uso de los registros de operaciones (Rgto (UE) 2019/1153), cuyo plazo de transposición finaliza el 10-7-2027 (Dir (UE) 2024/1654);
- la prevención de la utilización del sistema financiero para el blanqueo de capitales o la financiación del terrorismo (Rgto (UE) 2024/1624), de aplicación con carácter general desde el 10-7-2027, salvo para algunas nuevas entidades obligadas, a las que será aplicable desde el 10-7-2029.

Precisiones El acceso del público en general a la información sobre la **titularidad real de las sociedades** y de otras entidades jurídicas (Dir 2015/849 art.30.5.1º.c redacc Dir 2018/843) se ha considerado que constituye una injerencia grave en los derechos fundamentales referentes a la intimidad y a la protección de datos personales, y se ha concluido que es una norma inválida (TJUE 22-11-22, asuntos acumulados C-37/20 y C-601/20). Debido a lo anterior, se ha modificado su redacción para limitar el acceso a dicha información. Esta misma regulación se ha previsto en la normativa nacional respecto al Registro Central de Titularidades Reales, creado con efectos 19-9-2023 (RD 609/2023 art.5).

7808 **Instrumento en la lucha contra el fraude fiscal** El blanqueo de capitales puede utilizar estructuras más o menos complejas para ocultar o encubrir el origen o la **titularidad real de los capitales**, como la utilización de testaferros o sociedades pantalla situadas en diversos países (frecuentemente en jurisdicciones no cooperativas), estructuras fiduciarias, etc. El fraude fiscal y el blanqueo de capitales, además de tener una influencia negativa en el tejido económico, comparten frecuentemente unas **estructuras de ocultación** comunes. Ello hace que sea usual la interrelación entre el fraude fiscal y el blanqueo de capitales.

Así, puede suceder que las actividades de blanqueo oculten el beneficio obtenido por la **defraudación fiscal**, y de los productos de otros delitos, como malversación de fondos públicos, cohecho, estafa e incluso con conexiones con el crimen organizado. Asimismo, puede suceder que en las investigaciones realizadas por unidades de vigilancia aduanera o policía especializadas en la investigación del blanqueo se detecten indicios de delito fiscal.

Los **Planes de Control Tributario de la AEAT** incluyen la investigación del blanqueo de capitales en relación con el fraude fiscal, y en especial del fraude efectuado con jurisdicciones no cooperativas, tramas de IVA, operaciones de ingeniería fiscal, interposición de sociedades, estructuras fiduciarias, comercio exterior, etc.

Técnicas de blanqueo de capitales Entre las más tradicionales se encuentran las siguientes: **7809**

a) La **compra de oro, joyas, piedras o metales preciosos, objetos de arte y antigüedades**. A menudo, estos bienes se exportan a otros países donde se revenden de forma legal. La obligación de declarar su exportación se pretende eludir fraccionando el volumen exportado en cantidades inferiores al umbral mínimo sujeto a declaración.

b) Los **procesos judiciales falsos**. Se da cuando un delincuente controla dos sociedades, y una emprende acciones jurídicas contra la otra solicitando una indemnización con base en un supuesto incumplimiento contractual. De esta forma, la transferencia de fondos a título de indemnización, sea como consecuencia de la sentencia o de un acuerdo entre las partes, tendrá una aparente legitimidad.

c) Las **falsas ganancias procedentes del juego**. Consiste en la conversión de dinero efectivo en fichas de casino y su posterior reconversión en dinero efectivo después de haber jugado poco o nada.

d) Las **falsas ventas en subasta**. Consiste en tramitar una venta por subasta de un objeto de arte de origen difícilmente identificable, para que lo adquiera un testaferro al que se le han transferido los fondos a blanquear.

e) Las **facturas falsas**. Consiste en la adquisición de facturas falsas, que corresponden a prestaciones ficticias o de valor inferior al declarado, pagando al emisor de la factura un pequeño porcentaje del valor consignado en la factura.

f) Las **operaciones inmobiliarias**. Consiste en comprar formalmente un bien inmueble por un importe inferior a su valor real y pagando la diferencia con dinero efectivo, procediendo seguidamente a revender el inmueble por su valor real, con lo que se obtiene una plusvalía ficticia que sirve para legitimar los propios ingresos ilícitos.

g) Hawala. Este término árabe denota un sistema informal de transferencia de valores típicos de determinadas comunidades. El interesado entrega a un mediador una cuantía para transferir a un beneficiario que reside en otro lugar, habitualmente en el extranjero. El mediador se pone en contacto con un homólogo suyo que opera en la ciudad de destino, pidiéndole que devuelva la cuantía en cuestión a su destinatario y comprometiéndose a saldar la deuda posteriormente. Entre dichos mediadores y entre estos y los respectivos clientes no se intercambian títulos ni recibos, dado que estas transacciones se basan principalmente en la confianza.

h) El **crédito documentario**. Es una práctica típica del comercio internacional, que tiene como fin reducir el riesgo vinculado al incumplimiento o al cumplimiento tardío de las obligaciones de las partes, por medio de la intervención de bancos. El comprador tiene la seguridad de que su propio banco solo pagará si se le presentan los documentos que atestiguan que la entrega se ha producido de la manera prevista y en los plazos previamente fijados, y el vendedor tienen la seguridad de que se cumplirán todas las condiciones del crédito, que será pagado por un banco. Como los bancos tienen la obligación de comprobar exclusivamente la conformidad de los documentos de entrega con las cláusulas del contrato, pero no que dichos documentos correspondan a una entrega efectiva, el crédito documentario se presta a abusos por parte de los blanqueadores, si se simula la entrega de productos.

i) El **blanqueo «a domicilio» o por mensajero**. Consiste en fundar una sociedad ficticia en otro país y abrir una cuenta en el banco a nombre de dicha sociedad. En esta técnica se requiere que el banco y el mensajero hayan accedido a colaborar en el blanqueo. El banco envía a uno de sus propios clientes (mensajero) al domicilio del blanqueador para recoger el dinero destinado al blanqueo, y cuando este recibe el dinero procede a informar al banco, el cual transfiere una cuantía equivalente (restada una comisión) a la cuenta de la sociedad ficticia. **7810**

j) Las **actividades comerciales de fachada**. Los fondos ilícitos se ingresan en el banco por medio de sociedades instrumentales (controladas por los delincuentes) que desarrollan actividades comerciales que manejan mucho efectivo (restaurantes, bares, cines, supermercados, salas de juego, etc.). De este modo, se mezclan y confunden los fondos lícitos y los ilícitos y resulta prácticamente imposible distinguir la procedencia de las cuantías depositadas.

k) Las **muñecas rusas**. Consiste en la creación por parte de la organización delictiva de un laberinto de sociedades con sede en diferentes países, para que se pierda el rastro sobre el origen del dinero sucio.

l) La **rescisión anticipada de un contrato de seguro de vida**. En muchos ordenamientos, el asegurado tiene el derecho de rescisión del contrato de seguro dentro de un determinado plazo estipulado, sin penalización y sin obligación de indicar el motivo. Por eso, es posible suscribir contratos de seguro pagando una prima única mediante giro bancario incluso desde el

extranjero y rescindirlos dentro del plazo establecido, con el consiguiente derecho al reembolso. El origen ilícito queda disimulado, al percibirse la cuantía de un seguro.
m) Las **criptomonedas y criptoactivos**. Una de las principales características de los activos cripto es su anonimato, lo que se presta a su utilización para el blanqueo de capitales y la elusión fiscal.

B. Prevención del blanqueo de capitales

(L 10/2010; RD 304/2014)

7815

7816 La normativa española reguladora de la prevención del blanqueo de capitales establece **medidas** para prevenir y detectar la realización de operaciones consideradas como sospechosas de encubrir el blanqueo de ganancias procedentes de actividades delictivas, imponiendo deberes de colaboración a los funcionarios y autoridades, así como obligaciones de diligencia debida, de información y de comunicación a las entidades financieras y otras actividades particularmente susceptibles de ser utilizadas para el blanqueo. El incumplimiento de estas obligaciones puede determinar la imposición de sanciones pecuniarias y de inhabilitación profesional, sin perjuicio de eventuales responsabilidades penales.
Los **desarrollos posteriores** de la normativa de blanqueo son:
- Secretaría de Estado de Economía y Apoyo a la Empresa Instr 19-12-14, que establece los datos de identificación adicionales que deben ser declarados por las entidades de crédito al Fichero de Titularidades Financieras, a fin de la adecuada identificación de intervinientes, cuentas y depósitos;
- Secretaría de Estado de Economía y Apoyo a la Empresa Instr 2-7-15, que establece los requisitos mínimos que deben cumplir las solicitudes de datos del Fichero de Titularidades Financieras, efectuadas a través de los puntos únicos de acceso;
- OM ECC/2402/2015, por la que se crea el Órgano Centralizado de Prevención del blanqueo de capitales y de la financiación del terrorismo del Colegio de Registradores de la Propiedad, Mercantiles y de Bienes Muebles.

1. Concepto de blanqueo de capitales

(L 10/2010 art.1.2)

7817 Se consideran blanqueo de capitales las siguientes actividades:
1. La conversión o la transferencia de bienes, a sabiendas de que dichos bienes proceden de una actividad delictiva o de la participación en una actividad delictiva, con el propósito de ocultar o **encubrir el origen ilícito** de los bienes o de ayudar a personas que estén implicadas a eludir las consecuencias jurídicas de sus actos.
2. La ocultación o el encubrimiento de la naturaleza, el origen, la localización, la disposición, el movimiento o la **propiedad real** de bienes o derechos sobre bienes, a sabiendas de que dichos bienes proceden de una actividad delictiva o de la participación en una actividad delictiva.
3. La adquisición, posesión o utilización de bienes, a sabiendas, en el momento de la recepción de los mismos, de que proceden de una **actividad delictiva** o de la participación en una actividad delictiva.
4. La **participación** en alguna de las actividades antes mencionadas, la asociación para cometer este tipo de actos, las tentativas de perpetrarlas y el hecho de ayudar, instigar o aconsejar a alguien para realizarlas o facilitar su ejecución.
En un sentido similar se pronuncia la Directiva de Blanqueo (Dir (UE) 2015/849 art.1.3).

7818 Precisiones **1)** Se entiende por **bienes procedentes de una actividad delictiva** todo tipo de activos, tanto materiales como inmateriales, muebles o inmuebles, tangibles o intangibles, así como los documentos o instrumentos jurídicos con independencia de su forma, incluidas la electrónica o la digital, que acrediten la propiedad de dichos activos o un derecho sobre los mismos, con inclusión de la cuota defraudada en el caso de los delitos contra la Hacienda Pública, cuya adquisición o posesión tenga su origen en un delito.

2) Se considera que hay blanqueo de capitales aunque las actividades que hayan generado los bienes se hubieran desarrollado en el territorio de **otro Estado**.
3) Los **delitos fiscales** relacionados con los impuestos directos e indirectos están incluidos en la definición de «actividad delictiva» en sentido amplio con arreglo a la Directiva de blanqueo (Dir 2015/849/UE), de conformidad con las Recomendaciones del GAFI. Las definiciones de delito fiscal en las legislaciones nacionales de los distintos Estados miembros pueden diferir.
4) En relación con el **fraccionamiento de las operaciones**, hay que tener en cuenta que los umbrales cuantitativos se aplican con independencia de que se alcancen en una única operación o en varias operaciones ligadas entre sí (RD 304/2014 art.2.1).
5) Las referencias a cuantías en euros comprenden su contravalor en **moneda** extranjera (RD 304/2014 art.2.2).

País tercero equivalente (L 10/2010 art.1.4) Se considera país tercero equivalente aquellos Estados, territorios o jurisdicciones que, por establecer **requisitos equivalentes** a los de la legislación española, se determinen por la Comisión de Prevención del Blanqueo de Capitales e Infracciones Monetarias a propuesta de su Secretaría. La calificación como país tercero equivalente no tiene efecto retroactivo. 7819
La Secretaría General del Tesoro y Financiación Internacional mantiene en su página web una **lista** actualizada de los Estados, territorios o jurisdicciones que gocen de la condición de país tercero equivalente.

Precisiones La lista no es aplicable a los Estados miembros de la **Unión Europea y el Espacio Económico Europeo**, que se benefician de iure de reconocimiento mutuo. La lista incluye, asimismo, a los territorios y jurisdicciones integrados en las delegaciones ante el Grupo de Acción Financiera de Francia (Mayotte, Nueva Caledonia, Polinesia Francesa, Saint Pierre-et-Miquelon y Walliset-Futuna) y del Reino de los Países Bajos (Aruba, Curasao, Sint Maarten, Bonaire, Sint Eustatius y Saba (SG del Tesoro y Política Financiera Resol Ministerio de Economía y Competitividad).

Moneda virtual (L 10/2010 art.1.5, 6 y 7) A efectos de la norma sobre blanqueo de capitales: 7820
- es moneda virtual aquella **representación digital** de valor no emitida ni garantizada por un banco central o autoridad pública, no necesariamente asociada a una moneda legalmente establecida y que no posee estatuto jurídico de moneda o dinero, pero que es aceptada como medio de cambio y puede ser transferida, almacenada o negociada electrónicamente;
- tiene la consideración de **cambio de moneda virtual** por moneda fiduciaria, la compra y venta de monedas virtuales mediante la entrega o recepción de cualquier moneda de curso legal o dinero electrónico aceptado como medio de pago en el país en el que haya sido emitido; y
- son **proveedores de servicios de custodia** de monederos electrónicos las personas físicas o entidades que prestan servicios de salvaguardia o custodia de claves criptográficas privadas en nombre de sus clientes para la tenencia, el almacenamiento y la transferencia de monedas virtuales.

Precisiones En relación con la **regulación europea**, ver el nº 7821.

Criptoactivo (Dir (UE) 2018/843 art.3.18 y 19 redacc Rgto (UE) 2023/1113; Rgto (UE) 2023/1114 art.2 y 3.1.5 y 15) A partir del **30-12-2024**, resulta de aplicación el Reglamento europeo sobre el mercado de criptoactivos, denominado **Reglamento MiCA** por sus siglas en inglés (Markets in Crypto Assets), que recoge de la manera más amplia posible el término criptoactivo, a fin de abarcar todos los tipos que actualmente quedan fuera del ámbito de aplicación de la legislación de la Unión en materia de servicios financieros. Se sustituyen las definiciones moneda virtual y proveedor de servicios de custodia de monederos electrónicos por la de criptoactivo y proveedor de servicios de criptoactivos. 7821
Se define criptoactivo como una **representación digital** de un valor o de un derecho que puede transferirse y almacenarse electrónicamente, mediante la tecnología de registro distribuido o una tecnología similar.
El **proveedor de servicios** de criptoactivos es la persona jurídica u otra empresa cuya actividad o negocio consiste en la prestación profesional de uno o varios servicios de criptoactivos a clientes y que está autorizada a prestar servicios de criptoactivos, con la excepción de la prestación de asesoramiento sobre criptoactivos.

Precisiones El Reglamento MiCA es la normativa europea que regula la emisión y prestación de servicios relacionados con criptoactivos. El mismo establece su **no aplicación** a determinados criptoactivos, como los que sean únicos y no fungibles con otros criptoactivos, los instrumentos financieros, depósitos, fondos, determinados seguros de vida y productos de pensiones y sistemas de seguridad social (Rgto (UE) 2023/1114 art.2.3 y 4).

2. Órganos administrativos competentes

(L 10/2010 art.44, 45 y 49; RD 304/2014 art.47, 62, 66, 67, 68 y 69; LGT art.94.4)

7822 La organización institucional que vela por la prevención del blanqueo de capitales es la **Comisión de Prevención del Blanqueo de Capitales e Infracciones Monetarias**, dependiente de la Secretaría de Estado de Economía y Apoyo a la Empresa.

Esta Comisión puede actuar en Pleno y a través de un Comité Permanente y un Comité de Inteligencia Financiera.

Los **órganos de apoyo** de la Comisión de Prevención del Blanqueo de Capitales e Infracciones Monetarias, a través de los cuales la Comisión lleva a cabo su cometido son:

- la **Secretaría de la Comisión** que, entre otras, tiene las funciones de incoar e instruir los procedimientos sancionadores por la comisión de las infracciones previstas en la Ley de blanqueo de capitales y formular las correspondientes propuestas de resolución para elevar a la Comisión;
- el **Servicio Ejecutivo de la Comisión (SEPBLAC)**, órgano dependiente, orgánica y funcionalmente, de la Comisión, si bien sus competencias relativas al régimen económico, presupuestario y de contratación se ejercen por el Banco de España. Es la **Unidad de Inteligencia Financiera** española, siendo único en todo el territorio nacional. Es, asimismo, autoridad supervisora en materia de prevención del blanqueo de capitales y de la financiación del terrorismo y ejecución de las sanciones y contramedidas financieras.

Le corresponde, entre otras funciones, prestar el necesario **auxilio** a los órganos judiciales, al Ministerio Fiscal, a la Policía Judicial y a otros órganos administrativos competentes; elevar a dichos órganos las actuaciones de las que se deriven indicios racionales de delito o infracción administrativa; recibir las comunicaciones e informaciones sobre posibles actuaciones de blanqueo y analizar la información recibida.

Las **unidades policiales** adscritas al SEPBLAC son la Brigada Central de Inteligencia Financiera del Cuerpo Nacional de Policía y la Unidad de Investigación de la Guardia Civil.

La **Unidad de la Agencia Estatal de Administración Tributaria**, que dicha Agencia, en el marco de sus normas de estructura orgánica, adscribe al SEPBLAC, colabora, bajo la dirección funcional de la Dirección del Servicio Ejecutivo, en el desarrollo de las funciones de análisis e inteligencia financiera.

7823 Dada la relación entre el blanqueo y las **transacciones exteriores**, el SEPBLAC realiza funciones de investigación y prevención de las infracciones administrativas del régimen jurídico de los movimientos de capitales y de las transacciones económicas con el exterior. Asimismo, el SEPBLAC debe facilitar información con trascendencia tributaria a la Administración tributaria.

La **acción supervisora** y los planes anuales aprobados se deben elaborar con un enfoque basado en el riesgo supervisor, que determinará el tipo, intensidad y periodicidad de la supervisión.

El **proceso supervisor** puede incluir la revisión de los análisis de riesgo realizados por los sujetos obligados y la adecuación de las políticas internas, controles y procedimientos a los resultados de este análisis. Los sujetos obligados, sus empleados, directivos y agentes, prestarán la máxima colaboración al personal del SEPBLAC, facilitando sin restricción alguna cuanta información o documentación se les requiera.

El SEPBLAC debe notificar al sujeto obligado las conclusiones de la inspección en el plazo máximo de un año contado desde la cumplimentación íntegra por parte del sujeto obligado del primer requerimiento de información. El plazo podrá ser ampliado en seis meses adicionales por acuerdo motivado del Director del SEPBLAC cuando la inspección revista particular complejidad o su prolongación resulte imputable al sujeto obligado.

Se establece el **deber de secreto** de todas las autoridades y personal al servicio de la Comisión o de cualquiera de sus órganos respecto de las informaciones de carácter reservado que hayan conocido en el desempeño de sus cargos. No obstante, la Secretaría de la Comisión puede facilitar a la Administración tributaria y a las Fuerzas y Cuerpos de Seguridad del Estado información con relevancia tributaria o policial. Quienes reciban información de carácter reservado procedente de la Comisión o sus órganos de apoyo quedan, asimismo, sujetos al deber de secreto, debiendo adoptar las medidas pertinentes para garantizar dicha reserva y sólo pueden utilizarla en el marco de las funciones que tengan legalmente atribuidas.

Precisiones A **nivel comunitario** se crea una nueva Autoridad de Lucha contra el Blanqueo de Capitales y la Financiación del Terrorismo, AMLA por sus siglas en inglés (Anti-Money Laundering Authority, Rgto (UE) 2024/1620). Se crea en el año 2024, aunque la mayoría de sus actividades comenzarán el 1-7-2025. 7824

Dado el carácter transfronterizo de la delincuencia financiera, esta Autoridad tiene por **objeto** mejorar la eficiencia en materia de prevención de blanqueo de capitales estableciendo un mecanismo integrado con los supervisores nacionales para garantizar que las entidades obligadas cumplan las obligaciones relacionadas con la prevención del blanqueo de capitales en el sector financiero. Entre otras, tiene como **funciones**:

- contribuir a la armonización y coordinación de las prácticas de supervisión en los sectores financiero y no financiero;
- supervisión directa de las entidades financieras transfronterizas y de alto riesgo;
- coordinación de las unidades de información financiera; y
- con el fin de garantizar el cumplimiento, en caso de incumplimiento grave, sistemático o reiterado de requisitos directamente aplicables, imponer sanciones pecuniarias a las entidades obligadas seleccionadas.

3. Sujetos obligados

(L 10/2010 art.2; Dir (UE) 2015/849 art.2)

Los sujetos obligados son 7825

- **entidades de crédito**;
- entidades **aseguradoras** autorizadas para operar en el ramo de vida y los corredores de seguros;
- empresas de **servicios de inversión**;
- sociedades gestoras de **instituciones de inversión colectiva** y sociedades de inversión cuya gestión no esté encomendada a una sociedad gestora;
- entidades gestoras de **fondos de pensiones**;
- sociedades gestoras de entidades de **capital-riesgo** y sociedades de capital-riesgo cuya gestión no esté encomendada a una sociedad gestora;
- **sociedades de garantía recíproca**;
- **entidades de dinero electrónico**, entidades de pago, las personas físicas y jurídicas que presten servicios de pago exentas del régimen de las entidades de pago y las entidades prestadoras del servicio de información sobre cuentas (RDL 19/2018 art.14 y 15);
- personas que ejerzan profesionalmente actividades de **cambio de moneda**;
- **servicios postales** respecto de las actividades de giro o transferencia;
- personas dedicadas profesionalmente a la **intermediación en la concesión de préstamos o créditos**, así como las que, sin haber obtenido la autorización como establecimientos financieros de crédito, desarrollen profesionalmente alguna actividad prevista para estos establecimientos, o desarrollen actividades de concesión de préstamos o se dediquen profesionalmente a la intermediación en la concesión de préstamos o créditos;
- **promotores inmobiliarios** y quienes ejerzan profesionalmente actividades de agencia, comisión o intermediación en la compraventa de bienes inmuebles o en arrendamientos de bienes inmuebles que impliquen una transacción por una renta total anual igual o superior a 120.000 euros o una renta mensual igual o superior a 10.000 euros;
- auditores de cuentas, contables externos o **asesores fiscales** y cualquier otra persona que se comprometa a prestar de manera directa o a través de otras personas relacionadas, ayuda material, asistencia o asesoramiento en cuestiones fiscales como actividad empresarial o profesional principal;
- **notarios y registradores** de la propiedad, mercantiles y de bienes muebles;
- **abogados, procuradores** u otros profesionales independientes cuando participen en la concepción, realización o asesoramiento de operaciones por cuenta de clientes relativas a la compraventa de bienes inmuebles o entidades comerciales, la gestión de fondos, valores u otros activos, la apertura o gestión de cuentas corrientes, cuentas de ahorros o cuentas de valores, la organización de las aportaciones necesarias para la creación, el funcionamiento o la gestión de empresas o la creación, el funcionamiento o la gestión de fideicomisos («trusts»), sociedades o estructuras análogas, o cuando actúen por cuenta de clientes en cualquier operación financiera o inmobiliaria;

- personas que con carácter profesional y con arreglo a la normativa específica que en cada caso sea aplicable presten **servicios por cuenta de terceros** de: (i) constitución de sociedades u otras personas jurídicas, (ii) ejercicio de determinadas funciones de dirección o de asesoría externa de una sociedad, socio de otras personas jurídicas, (iii) facilitar un domicilio social o una dirección comercial, postal, administrativa y otros servicios afines, (iv) funciones de fiduciario en un fideicomiso (trust) o instrumento jurídico similar o disponer que otra persona ejerza dichas funciones; o ejercer funciones de accionista por cuenta de otra persona, exceptuando sociedades que coticen en un mercado regulado de la Unión Europea (L 10/2010 art.2.1.o);
- **casinos** de juego;

7826 - personas que comercien profesionalmente con **joyas**, piedras o metales preciosos;
- personas que comercien profesionalmente con **objetos de arte o antigüedades** o actúen como intermediarios en el comercio de objetos de arte o antigüedades, y las personas que almacenen o comercien con objetos de arte o antigüedades o actúen como intermediarios en el comercio de objetos de arte o antigüedades cuando lo lleven a cabo en puertos francos;
- personas que ejerzan profesionalmente una actividad empresarial o profesional, no regulada por la legislación financiera, de comercialización de bienes, como **sellos**, obras de arte, antigüedades, joyas, árboles, etc., con oferta de restitución posterior del precio (L 43/2007 art.1);
- personas que ejerzan actividades de **depósito**, custodia o transporte profesional de fondos o medios de pago;
- personas responsables de la gestión, explotación y comercialización de loterías u otros **juegos de azar** presenciales o por medios electrónicos, informáticos, telemáticos e interactivos. En el caso de loterías, apuestas mutuas deportivo-benéficas, concursos, bingos y máquinas recreativas tipo «B» únicamente respecto de las operaciones de pago de premios;
- **personas físicas** que realicen movimientos de medios de pago por los que estén obligados a declarar (100.000 euros o más en ámbito nacional, o 10.000 euros o más por frontera, L 10/2010 art.34);
- personas que comercien profesionalmente con bienes respecto a las transacciones en las que los cobros o pagos en efectivo a personas físicas sea superior a 10.000 euros (L 10/2010 art.38);
- **fundaciones y asociaciones**, según se establece en la propia normativa de blanqueo (L 10/2010 art.39);
- gestores de sistemas de pago y de compensación y liquidación de **valores y productos financieros derivados**, así como los gestores de tarjetas de crédito o débito emitidas por otras entidades (L 10/2010 art.40); y
- proveedores de servicios de cambio de moneda virtual por moneda fiduciaria y de custodia de monederos electrónicos. A partir del 30-12-2024 la **normativa comunitaria** elimina la mención expresa a dichos proveedores y se incluyen dentro del ámbito de sujetos obligados a todas las categorías de proveedores de servicios de criptoactivos.

Se entienden sujetas a la presente Ley las personas o entidades **no residentes** que, a través de sucursales o agentes o mediante prestación de servicios sin establecimiento permanente, desarrollen en España actividades de igual naturaleza a las de las personas o entidades indicadas (nº 7825).

Cuando las personas físicas actúen en calidad de **empleados** de una persona jurídica, o le presten servicios permanentes o esporádicos, las obligaciones impuestas recaen sobre la persona jurídica.

Los sujetos obligados también quedan sometidos a las obligaciones cuando las operaciones se realicen a través de mediadores o intermediarios.

A estos sujetos se les impone el cumplimiento de determinadas obligaciones (nº 7829 s.), que son fundamentalmente obligaciones de **diligencia debida y de información**, cuyo incumplimiento supone la imposición de sanciones pecuniarias y de inhabilitación profesional, sin perjuicio de eventuales responsabilidades penales.

7827 Por lo tanto, en la **relación** de sujetos obligados se pueden distinguir dos grupos:

a) Las entidades **financieras**, que son los principales destinatarios de la norma de prevención: entidades de crédito, aseguradoras, de inversión, de dinero electrónico, servicios de cambio de moneda virtual (a partir del 30-12-2024 proveedores de servicios criptoactivos), etc.

b) Personas y entidades **no financieras**, que forman un conjunto muy heterogéneo y suele afectar a operaciones más concretas o específicas, entre las que se encuentran:
- profesionales que intervienen en las operaciones económicas (auditores, notarios, registradores, abogados, asesores fiscales, etc.);
- personas relacionadas con actividades inmobiliarias (promotores, intermediarios, etc.);

- personas con actividades relacionadas con el juego (incluidos los casinos);
- comercio de joyas, obras de arte y antigüedades;
- personas físicas que realicen movimientos de medios de pago; y
- otros sujetos obligados.

Los sujetos obligados son sujetos privados, sean personas físicas o jurídicas. Por su parte, los funcionarios, autoridades y entes públicos se rigen por un régimen de colaboración (nº 7866 s.).
La normativa permite la **exclusión** de aquellas personas que realicen actividades financieras con carácter ocasional o de manera muy limitada cuando exista escaso riesgo. Asimismo, pueden excluirse, total o parcialmente, aquellos juegos de azar y las personas dedicadas profesionalmente a la intermediación en la concesión de préstamos o créditos así como las que se dediquen profesionalmente aunque no hayan obtenido la autorización como establecimientos financieros de crédito (L 10/2010 art.2.1.h), que presenten un bajo riesgo de blanqueo.
Reglamentaria se consideran **actividades excluidas** (RD 304/2014 art.3):
- la actividad de cambio de moneda extranjera realizada con carácter accesorio a la actividad principal del titular, cuando concurran determinadas circunstancias; y
- los actos de notarios y registradores que carezcan de contenido económico y patrimonial, o no resulten relevantes a efectos de la prevención del blanqueo y financiación del terrorismo.

Precisiones 1) El blanqueo de capitales se desarrolla en gran medida a través del **sistema financiero** por diversas razones: el gran tamaño del mercado financiero, la complejidad de las operaciones financieras, la gran disparidad de normativas nacionales financieras y bancarias, la deficiente supervisión financiera en algunos países y territorios, la existencia de secreto bancario, etc. Debido a la constatación de la especial vulnerabilidad del sistema financiero ante el blanqueo, las medidas preventivas se han centrado en buena medida en este sector. **7828**

2) Puede acordarse la constitución de **órganos centralizados de prevención** de las profesiones colegiadas sujetas a la Ley de prevención del blanqueo (L 10/2010 art.27.1). La incorporación de los sujetos obligados a estos órganos es voluntaria, salvo los notarios y registradores de la propiedad, mercantiles y de bienes muebles, cuya incorporación es obligatoria. En este sentido se ha creado el Órgano Centralizado de Prevención en materia de blanqueo de capitales en el Consejo General del Notariado (OM EHA/2963/2005; RD 304/2014 disp.derog. única).

3) El objetivo de luchar contra la utilización del sistema financiero para el blanqueo de capitales y la financiación del terrorismo debe equilibrarse con la protección de otros intereses, incluida la **libre prestación de servicios**. Así, las restricciones a la libre prestación de servicios derivadas de una obligación de información son permisibles siempre que dicha normativa tenga como finalidad reforzar, respetando el Derecho de la Unión, la eficacia de la lucha contra el blanqueo de capitales y la financiación del terrorismo (TJUE 10-3-16, asunto C-235/14).

4) El Derecho de la UE se oponen a la normativa de un Estado miembro que somete al impuesto sobre la renta los premios de **juegos de azar** obtenidos en establecimientos ubicados en otros Estados miembros y exime de dicho impuesto los ingresos similares cuando proceden de establecimientos situados en su territorio nacional, con la argumentación de tener por objeto prevenir el blanqueo de capitales en el extranjero (TJUE 22-11-14, asunto C-367/13).

5) Con efectos **10-7-2027**, se aprueba una **nueva normativa comunitaria** (nº 7807) que amplía los sujetos obligados. Así, entre otros se incluyen a los proveedores de servicios de criptoactivos, a los abogados de forma expresa (antes se entendían incluidos de forma genérica), a los intermediarios en operaciones de bienes inmuebles distintos de los agentes inmobiliarios, a comercializadores de bienes de gran valor, a los intermediarios en créditos hipotecarios y al consumo, y a los agentes, clubes de fútbol y operaciones realizadas con jugadores de fútbol. También se establece obligaciones de evaluación del riesgo para los Estados miembros a la hora de eximir total o parcialmente a determinados sujetos para comprobar que presentan un riesgo bajo (Rgto (UE) 2024/1624 art.3 a 7).

4. Obligaciones

7829 Las personas que deben aplicar lo dispuesto en la normativa de prevención de blanqueo de capitales (nº 7825), deben cumplir una serie de obligaciones que se resumen en el siguiente cuadro:

PRINCIPALES OBLIGACIONES	
TIPO OBLIGACIÓN	**CONTENIDO DE LA OBLIGACIÓN**
Diligencia debida (nº 7830 s.)	- Identificación formal - Identificación del titular real - Propósito o índole de negocios - Seguimiento continuo de la relación de negocios - Otras
Información (nº 7846 s.)	- Examen especial - Comunicación de indicios - Abstención de ejecución de operaciones - Comunicación sistémica - Colaboración con el SEPBLAC - Prohibición de revelación - Conservación de documentación - Otras
Control interno (nº 7857 s.)	- Políticas y procedimientos de prevención - Evaluación, gestión y análisis de riesgos - Elaboración de un Manual de procedimiento - Procedimientos y políticas de admisión de clientes - Establecimiento de órganos de prevención - Realización de Exámenes externos - Formación de empleados - Protección e idoneidad de empleados, directivos y agentes - Otras

a. Obligaciones de diligencia debida

(L 10/2010 art.3 a 16; RD 304/2014 art.4 a 22)

7830 Estas obligaciones suponen la **vigilancia e investigación** de cualquier indicio que haga sospechar alguna práctica de blanqueo. La Ley, siguiendo el contenido de las Directivas de la UE, distingue tres **grupos de medidas** de diligencia debida respecto de sus clientes y negocios:
- normales (nº 7831 s.);
- simplificadas (nº 7837 s.); y
reforzadas (nº 7839 s.).

7831 **Medidas normales de diligencia debida** (L 10/2010 art.3 a 8; RD 304/2014 art.4 a 13) Dentro de las medidas normales de diligencia debida se establecen las siguientes obligaciones:
- identificación formal del cliente (nº 7832);
- identificación real del negocio u operación (nº 7833);
- información sobre el propósito e índole de la relación de negocios (nº 7835);
- seguimiento continuo de la relación de negocios (nº 7836).
Aunque se han de aplicar cada una de las medidas anteriores, los obligados pueden determinar el **grado de aplicación** de las mismas (salvo la identificación formal del cliente), en función del riesgo y del tipo de cliente, producto u operación. No obstante, deben estar en condiciones

de demostrar a las autoridades competentes que las medidas adoptadas tienen el alcance adecuado en vista del riesgo de blanqueo, mediante un previo análisis de dicho riesgo, que debe constar por escrito. En todo caso, deben aplicar las medidas de diligencia debida cuando concurran indicios de blanqueo, con independencia de cualquier excepción, exención o umbral, o cuando existan dudas sobre la veracidad o adecuación de los datos obtenidos con anterioridad.

En la aplicación de estas medidas se permite recurrir a **terceros** sometidos a la normativa sobre blanqueo de capitales (nº 7825), así como a las organizaciones o federaciones de estos sujetos, con excepción del seguimiento continuo de la relación de negocios (esta limitación no es aplicable en el caso de grupos). No obstante, los sujetos obligados mantienen la plena responsabilidad respecto de la relación de negocios u operación, aunque el incumplimiento sea imputable al tercero, sin perjuicio de la posible responsabilidad de este.

Asimismo, se puede recurrir a terceros sometidos a la legislación de prevención del blanqueo de capitales y de la financiación del terrorismo de **otros Estados miembros** de la Unión Europea o de países terceros equivalentes, así como a las organizaciones o federaciones de estas entidades obligadas, aunque los documentos o datos exigidos sean distintos de los previstos en la normativa española, y siempre que su cumplimiento sea objeto de supervisión por las autoridades competentes.

Queda prohibido el recurso a terceros domiciliados en países terceros con **deficiencias estratégicas** identificados mediante Decisión de la Comisión Europea, con excepción de las sucursales y filiales con participación mayoritaria de sujetos obligados establecidos en la UE, siempre que las mismas cumplan plenamente las políticas y procedimientos a nivel de grupo establecidos por la matriz.

La aplicación de las medidas de diligencia debida por terceros exige la previa conclusión de un **acuerdo escrito** entre el sujeto obligado y el tercero, en el que se formalicen las respectivas obligaciones.

Ante la **imposibilidad de aplicar las medidas** de diligencia debida, los sujetos obligados no deben establecer relaciones de negocio; y si esta imposibilidad se aprecia en el curso de la relación de negocios, los sujetos obligados deben poner fin a la misma.

Identificación formal del cliente (L 10/2010 art.3; RD 304/2014 art.4 a 7) Se debe identificar a cuantas **personas físicas o jurídicas** pretendan establecer relaciones de negocio o intervenir en cualesquiera operaciones ocasionales con importe igual o superior a 1.000 euros (o 2.500 euros si se trata de pagos de premios de loterías y otros juegos de azar). Asimismo, los sujetos obligados no pueden mantener relaciones de negocio ni realizar operaciones con personas físicas o jurídicas que no hayan sido debidamente identificadas (apertura o mantenimiento de cuentas, libretas de ahorro, cajas de seguridad, activos o instrumentos numerados). La identidad de los intervinientes debe ser comprobada mediante documentos fehacientes. **7832**

Como **excepción**, no es preceptiva la comprobación de la identidad cuando no concurran dudas sobre la misma, quede acreditada con firma manuscrita o electrónica de los intervinientes y la comprobación se hubiera practicado previamente en el establecimiento de la relación negocial.

Titularidad real (L 10/2010 art.4, 4 bis y 4 ter; RD 304/2014 art.8 y 9) Se debe identificar al titular real del **negocio u operación** y adoptar medidas adecuadas para comprobar su identidad con carácter previo al establecimiento de relaciones de negocio o a la ejecución de cualesquiera operaciones. A estos efectos se entiende por titular real: **7833**

a) La persona o **personas físicas** por cuya cuenta se pretenda establecer una relación de negocios o intervenir en cualesquiera operaciones.

b) La persona o personas físicas que en último término posean o controlen, directa o indirectamente, un porcentaje **superior al 25% del capital** o de los derechos de voto de una persona jurídica, o que por otros medios ejerzan el control, directo o indirecto, de una persona jurídica. A efectos de la determinación del control entre otros, son de aplicación los criterios establecidos en la normativa mercantil para formar grupo (CCom art.42). A efectos del control por otros medios se consideran indicadores los establecidos en la normativa comunitaria sobre preparación de estados financieros consolidados (Dir 2013/34/UE art.22.1 a 5).

Se exceptúan las sociedades que coticen en un **mercado regulado** y que estén sujetas a requisitos de información acordes con el Derecho de la Unión o a normas internacionales equivalentes que garanticen la adecuada transparencia de la información sobre la propiedad.

Si el porcentaje de participación es **igual o inferior al 25%**, se considera que el control es ejercido por el administrador o administradores. Si el administrador es una persona jurídica, se entiende que el control es ejercido por la persona física nombrada por el administrador persona jurídica.

c) En el caso de los **fideicomisos**, como el trust anglosajón, tienen la consideración de titulares reales: el fideicomitente, los fiduciarios, los protectores (si los hay), los beneficiarios o, cuando aún estén por designar, la categoría de personas en beneficio de la cual se ha creado o actúa la estructura jurídica, y cualquier otra persona física que ejerza en último término el control del fideicomiso a través de la propiedad directa o indirecta o a través de otros medios.
d) En los instrumentos jurídicos análogos al **trust** (fiducias o el treuhand), los sujetos obligados deben identificar y adoptar medidas adecuadas a fin de comprobar la identidad de las personas que ocupen posiciones equivalentes o similares a las señaladas para los fideicomisos (letra c).

7834 Se debe recabar **información de los clientes** para determinar si actúan por cuenta propia o de terceros, y adoptar las medidas adecuadas para determinar la estructura de propiedad y de control de las personas jurídicas, estructuras jurídicas sin personalidad, fideicomisos y cualquier otra estructura análoga. Los sujetos obligados no deben establecer o mantener **relaciones de negocio** con personas jurídicas o estructuras jurídicas sin personalidad, cuya estructura de propiedad y de control no haya podido determinarse.
La **identificación y comprobación** de la identidad puede realizarse, con carácter general, mediante una declaración responsable del cliente o de la persona que tenga atribuida la representación de la persona jurídica. A estos efectos, los administradores de las sociedades u otras personas jurídicas deben obtener y mantener información adecuada, precisa y actualizada sobre la titularidad real de las mismas. No obstante, es preceptiva la obtención de documentación adicional cuando el cliente, el negocio o la operación presente riesgos superiores al promedio.
Están obligadas a la obtención, **conservación y actualización** de la información del titular o los titulares reales:
- las **sociedades mercantiles**, fundaciones, asociaciones y cuantas personas jurídicas estén sujetas a la obligación de declarar su titularidad real, constituidas conforme a la legislación española o con domicilio social o sucursal en España;
- las personas físicas o jurídicas residentes o con establecimiento en España que actúen como **fiduciarios**, gestionando o administrando fideicomisos como el trust anglosajón y otros tipos de instrumentos jurídicos análogos con actividades en España.

La obligación de conservación es por un **plazo** de diez años a contar desde el cese de la condición de titular real.

Precisiones **1)** Para que se considere cumplida la obligación de identificación y comprobación de la titularidad real, los sujetos obligados deben consultarla en el **Registro Central de Titularidades Reales**, sin perjuicio de poder realizar consultas adicionales a la base de datos de titularidad real del Consejo General del Notariado o a otros registros que puedan recoger la información de titularidad real de las personas jurídicas o entidades inscritas (RD 304/2014 art.9.6 redacc RD 609/2023).
2) Con efectos **10-7-2027** se aprueba una nueva **normativa comunitaria** (nº 7807), que establece un planteamiento armonizado en relación con las normas para la determinación de la titularidad real, con reglas más detalladas para su identificación, al objeto de que se pueda identificar más fácilmente a los beneficiarios directos en los casos en los que la estructura empresarial sea compleja. En particular, se establecen normas para la determinación del titular real de las personas jurídicas respecto los supuestos de control y los fideicomisos (Rgto (UE) 2024/1624 art.51 s.).

7835 **Información sobre el propósito e índole de la relación de negocios** (L 10/2020 art.5; RD 304/2014 art.10) Los sujetos obligados deben recabar de sus clientes información a fin de conocer la naturaleza de su actividad profesional o empresarial y adoptarán medidas dirigidas a comprobar razonablemente la veracidad de dicha información. La actividad declarada por el cliente será registrada por el sujeto obligado con carácter **previo** al inicio de la relación negocial.

7836 **Seguimiento continuo de la relación de negocios** (L 10/2010 art.6; RD 304/2014 art.11) Los sujetos obligados deben realizar un **escrutinio** de las operaciones efectuadas a lo largo de la relación de negocio a fin de garantizar que coincidan con el conocimiento que tenga del cliente y de su perfil empresarial y de riesgo, incluido el origen de los fondos, y garantizar que los documentos, datos e información de que se disponga estén actualizados.
En la **aplicación de las medidas de diligencia debida**, los sujetos obligados han de incrementar el seguimiento cuando aprecien riesgos superiores al promedio. El escrutinio tiene carácter integral, incorpora todos los productos del cliente con el sujeto obligado y, en su caso, con otras sociedades del grupo. Los sujetos obligados deben realizar periódicamente procesos de revisión con objeto de asegurar que los documentos, datos e informaciones se encuentren actualizados y vigentes.

Medidas simplificadas de diligencia debida (L 10/2010 art.9 y 10; RD 304/2014 art.15 a 18) Los sujetos obligados pueden aplicar medidas simplificadas de diligencia debida respecto de los clientes, productos u operaciones que comporten un **riesgo reducido** de blanqueo de capitales o de financiación del terrorismo. 7837

La aplicación de medidas simplificadas de diligencia debida ha de ser **graduada en función del riesgo**, con arreglo a los siguientes criterios:

1. Con **carácter previo** a la aplicación de medidas simplificadas de diligencia debida respecto de un determinado cliente, producto u operación, los sujetos obligados han de comprobar que comporta efectivamente un riesgo reducido.

2. La aplicación de las medidas simplificadas de diligencia debida ha de ser en todo caso **congruente con el riesgo**. Los sujetos obligados no han de aplicar las medidas simplificadas tan pronto como aprecien que un cliente, producto u operación no comporta riesgos reducidos.

3. Los sujetos obligados han de mantener en todo caso un **seguimiento continuo** suficiente para detectar operaciones susceptibles de examen especial.

Los **clientes** susceptibles de aplicación de medidas simplificadas de diligencia debida son:

- las **entidades de derecho público** de los Estados miembros de la UE o de países terceros equivalentes y las personas jurídicas controladas o participadas mayoritariamente por ellas;
- las **entidades financieras** domiciliadas en la UE o en países terceros equivalentes que sean objeto de supervisión en materia de blanqueo, y sus sucursales o filiales cuando estén sometidas por la matriz a procedimientos de prevención del blanqueo; y
- las **sociedades cotizadas** cuyos valores se admitan a negociación en un mercado regulado de la UE o de países terceros equivalentes, así como sus sucursales y filiales participadas mayoritariamente.

Los **productos u operaciones** susceptibles de aplicación de medidas simplificadas de diligencia debida son: 7838

- las pólizas de **seguro de vida** cuya prima anual no exceda de 1.000 euros o cuya prima única no exceda de 2.500 euros;
- los instrumentos de **previsión social complementaria** cuando la liquidez se encuentre limitada a los supuestos contemplados en la normativa de planes y fondos de pensiones y no puedan servir de garantía para un préstamo;
- los **seguros colectivos** que instrumenten compromisos por pensiones siempre que cumplan ciertos requisitos;
- las **pólizas del ramo de vida** que garanticen exclusivamente el riesgo de fallecimiento;
- el **dinero electrónico** cuando no pueda recargarse y el importe almacenado no exceda de 250 euros o cuando, en caso de que pueda recargarse, el importe total disponible en un año natural esté limitado a 2.500 euros, con ciertas salvedades;
- los **giros postales**;
- los cobros o pagos derivados de **comisiones** generadas por reservas en el sector turístico que no superen los 1.000 euros;
- los contratos de **crédito al consumo** por importe inferior a 2.500 euros;
- los **préstamos sindicados** en los que el banco agente sea una entidad de crédito domiciliada en la UE o en países terceros equivalentes, respecto de las entidades participantes que no tengan la condición de banco agente; y
- los contratos de **tarjeta de crédito** cuyo límite no supere los 5.000 euros, cuando el reembolso del importe dispuesto únicamente pueda realizarse desde una cuenta abierta a nombre del cliente en una entidad de crédito domiciliada en la UE o país tercero equivalente.

Las **medidas** que los sujetos obligados pueden aplicar, en función del riesgo, pueden consistir en una o varias de las siguientes:

- comprobar la identidad del cliente y del titular real solo cuando se supere un umbral cuantitativo;
- reducir la periodicidad de la revisión documental;
- reducir el seguimiento de la relación de negocios; y
- no recabar información sobre la actividad profesional o empresarial del cliente, infiriendo el propósito y naturaleza por el tipo de operaciones o relación de negocios establecida.

Medidas reforzadas de diligencia debida (L 10/2010 art.11 a 16; RD 304/2014 art.19 a 22) Además de las medidas normales de diligencia debida, los sujetos obligados han de aplicar medidas reforzadas en relación con los países que presenten **deficiencias estratégicas** en sus sistemas de lucha contra el blanqueo de capitales y la financiación del terrorismo y figuren en la decisión de la Comisión Europea (Dir (UE) 2015/849 art.9). 7839

En los supuestos de riesgo superior al promedio (nº 7840 s.) o que se hubieran determinado por el sujeto obligado conforme a su análisis de riesgo (nº 7845), además de comprobar las actividades declaradas por sus clientes y la identidad del titular real, el sujeto obligado ha de aplicar, en función del riesgo, una o varias de las siguientes **medidas**:
- **actualización de los datos** obtenidos en el proceso de aceptación del cliente;
- obtener documentación o información adicional sobre el **propósito e índole** de la relación de negocios, el origen de los fondos, y sobre el origen del patrimonio del cliente;
- obtener documentación o información sobre el propósito de las **operaciones**;
- obtener **autorización directiva** para establecer o mantener la relación de negocios o ejecutar la operación;
- realizar un **seguimiento reforzado** de la relación de negocio, incrementando el número y frecuencia de los controles aplicados y seleccionando patrones de operaciones para examen;
- examinar y documentar la **congruencia** de la relación de negocios o de las operaciones con la documentación e información disponible sobre el cliente;
- examinar y documentar la **lógica económica** de las operaciones;
- exigir que los **pagos o ingresos** se realicen en una cuenta a nombre del cliente, abierta en una entidad de crédito domiciliada en la UE o en países terceros equivalentes;
- limitar la **naturaleza o cuantía** de las operaciones o los medios de pago empleados.

En las relaciones de negocios o transacciones que impliquen a **terceros países de alto riesgo** (Dir (UE) 2015/849 art.9.2), los sujetos obligados deben obtener información adicional del cliente, el titular real y el propósito e índole de la relación de negocios, así como información sobre la procedencia de los fondos, la fuente de ingresos del cliente y titular real y sobre los motivos de las transacciones. Estas relaciones de negocios requieren la aprobación de los órganos de dirección y una vigilancia reforzada en cuanto al número y frecuencia de los controles aplicados y la selección de patrones transaccionales.

7840 **Riesgo superior al promedio** (L 10/2010 art.12 a 16) Son los siguientes casos:

a) Relaciones de negocio y operaciones **no presenciales**. Si se establecen relaciones de negocio y operaciones a través de medios telefónicos, electrónicos o telemáticos con clientes que no se encuentren físicamente presentes, la identidad del cliente debe quedar acreditada mediante **firma electrónica** cualificada (Rgto (UE) 910/2014). En este caso no es necesaria la obtención de la copia del documento, si bien es preceptiva la conservación de los datos de identificación que justifiquen la validez del procedimiento.

Si la firma electrónica no reúne los requisitos para calificarse como cualificada, en el plazo de un mes desde el establecimiento de la relación de negocio, los sujetos obligados deben obtener de estos clientes una copia de los documentos necesarios para practicar la diligencia debida. Y si se apreciaran discrepancias entre los datos facilitados por el cliente y otra información accesible o en poder del sujeto obligado, es preceptivo proceder a la identificación presencial.

b) Corresponsalía **bancaria transfronteriza**. Tiene esta consideración la prestación de servicios bancarios de un banco en calidad de corresponsal a otro banco como cliente, incluidas la prestación de cuentas corrientes u otras cuentas de pasivo y servicios conexos, como gestión de efectivo, transferencias internacionales de fondos, compensación de cheques, y servicios de cambio de divisas. Incluye cualquier relación entre entidades de crédito y/o entidades financieras, con inclusión de las entidades de pago.

Cuando una entidad financiera tenga relaciones de corresponsalía bancaria con entidades clientes de terceros países deben aplicar las siguientes **medidas**:
- reunir sobre la entidad cliente **información** suficiente para comprender la naturaleza de las actividades de la entidad cliente;
- **evaluación de los controles** contra el blanqueo de capitales y la financiación del terrorismo de que disponga la entidad cliente;
- obtener **autorización de la dirección** antes de establecer nuevas relaciones de corresponsalía bancaria. El nivel directivo mínimo debe ser establecido en los procedimientos internos;
- documentar las **responsabilidades** respectivas de cada entidad; y
- realizar un **seguimiento reforzado** y permanente de las operaciones.

Las entidades de crédito no han de establecer o mantener relaciones de corresponsalía con bancos pantalla (nº 7843), y han de adoptar medidas adecuadas para asegurar que no mantienen relaciones de corresponsalía con un banco del que se conoce que permite el uso de sus cuentas por bancos pantalla.

7841 **c)** Personas con **responsabilidad pública** (nº 7843). En estos casos, además de las medidas normales de diligencia debida, los obligados deben:
- aplicar procedimientos adecuados de **gestión del riesgo** a fin de determinar si el cliente o el titular real, es una persona con responsabilidad pública;

- obtener la **autorización** al menos del inmediato nivel directivo para establecer o mantener relaciones de negocios, que debe ser determinado en los procedimientos internos de la entidad. En todo caso debe tener conocimiento suficiente del nivel de exposición del sujeto obligado al riesgo de blanqueo y contar con la jerarquía suficiente para tomar decisiones que afecten a esta exposición;
- adoptar medidas adecuadas a fin de determinar el **origen** del patrimonio y de los fondos; y
- realizar un **seguimiento reforzado** y permanente de la relación de negocios.

Asimismo, se aplican esas medidas a los **familiares y allegados** de las personas con responsabilidad pública (nº 7831).

Cuando las personas con responsabilidad pública **dejen de desempeñar sus funciones**, los sujetos obligados han de continuar aplicando las medidas previstas por un periodo de dos años. Una vez transcurrido ese plazo los obligados deben aplicar medidas de diligencia debida en función del riesgo que pueda seguir presentando el cliente y hasta cuando se determine que ya no supone un riesgo específico derivado de su antigua condición.

A fin de dar cumplimiento a estas medidas, los sujetos obligados pueden proceder a la creación de **ficheros** donde se contengan los datos identificativos de las personas con responsabilidad pública, aunque no mantuvieran con las mismas una relación de negocios. A tal efecto pueden recabar la información disponible acerca de las personas con responsabilidad pública sin contar con el consentimiento del interesado, aunque dicha información no se encuentre disponible en fuentes accesibles al público. Los datos contenidos en los ficheros creados por los sujetos obligados únicamente pueden ser utilizados para el cumplimiento de estas medidas reforzadas de diligencia debida.

El tratamiento y cesión de los datos a los que se refieren los dos apartados anteriores está sujeto a lo dispuesto en la normativa de **protección de datos** de carácter personal (Rgto (UE) 2016/679; LO 3/2018). No obstante, no es preciso informar a los afectados acerca de la inclusión de sus datos en estos ficheros.

d) Los **productos u operaciones propicias al anonimato y nuevos desarrollos tecnológicos**. **7842**
Los sujetos obligados han de prestar especial atención a los riesgos que puedan derivarse de productos u operaciones propicias al anonimato, o de nuevos desarrollos tecnológicos, y tomar medidas adecuadas a fin de impedir su uso para fines de blanqueo de capitales o de financiación del terrorismo. En estos casos, los sujetos obligados han de efectuar un análisis específico de los posibles riesgos, que debe documentarse y estar a disposición de las autoridades competentes.

e) Las **áreas de negocios o actividades concretadas**. Pueden concretarse las medidas reforzadas de diligencia debida exigibles en las áreas de negocio o actividades que presenten un riesgo más elevado de blanqueo de capitales o de financiación del terrorismo. Así, se dispone que, en todo caso, se han de aplicar medidas reforzadas de diligencia debida en los siguientes supuestos (RD 304/2014 art.19.2):
- servicios de banca privada;
- operaciones de envío de dinero cuyo importe, bien singular, bien acumulado por trimestre natural supere los 3.000 euros;
- operaciones de cambio de moneda extranjera cuyo importe, bien singular, bien acumulado por trimestre natural supere los 6.000 euros;
- relaciones de negocios y operaciones con sociedades con acciones al portador, que estén permitidas (L 10/2010 art.4.4);
- relaciones de negocio y operaciones con clientes de países, territorios o jurisdicciones de riesgo (nº 7844), o que supongan transferencia de fondos de o hacia tales países, territorios o jurisdicciones, incluyendo en todo caso, aquellos países para los que el GAFI exija la aplicación de medidas de diligencia reforzada;
- transmisión de acciones o participaciones de sociedades preconstituidas, es decir, las constituidas sin actividad económica real para su posterior transmisión a terceros.

Precisiones **1)** Se entiende por **banco pantalla** la entidad de crédito constituida en un país en el que no tenga una presencia física que permita ejercer una verdadera gestión y dirección, y que no sea filial de un grupo financiero regulado. **7843**

2) Tienen la condición de **personas con responsabilidad pública** aquellas que desempeñen o hayan desempeñado funciones públicas importantes. Entre otros, jefes de Estado, jefes de Gobierno, ministros, secretarios de Estado o subsecretarios; los parlamentarios; los magistrados de tribunales supremos, constitucionales u otras altas instancias judiciales cuyas decisiones no admitan normalmente recurso, los cargos de alta dirección de partidos políticos con representación parlamentaria y organizaciones sindicales o empresariales españolas, las personas que desempeñen funciones públicas importantes en las organizaciones internacionales acreditadas en España.

La Comisión de Prevención del Blanqueo de Capitales e Infracciones Monetarias debe elaborar y publicar una lista en la que se detallen qué tipo de funciones y puestos determinan la consideración de persona con responsabilidad pública española.
3) Se consideran **familiares** al cónyuge o la persona ligada de forma estable por análoga relación de afectividad, a los padres e hijos, y a los cónyuges o personas ligadas a los hijos de forma estable por análoga relación de afectividad.
4) Se considera **allegado** toda persona física de la que sea notorio que ostente la titularidad o el control de un instrumento o persona jurídicos conjuntamente con una persona con responsabilidad pública, o que mantenga otro tipo de relaciones empresariales estrechas con la misma, o que ostente la titularidad o el control de un instrumento o persona jurídicos que notoriamente se haya constituido en beneficio de la misma.

7844 **5)** Se consideran **países, territorios o jurisdicciones de riesgo**:
- los que no cuenten con sistemas adecuados de prevención del blanqueo de capitales y de la financiación del terrorismo;
- los sujetos a sanciones, embargos o medidas análogas aprobadas por la UE, las Naciones Unidas u otras organizaciones internacionales;
- los que presenten niveles significativos de corrupción u otras actividades criminales;
- aquellos en los que se facilite financiación u apoyo a actividades terroristas;
- los que presenten un sector financiero extraterritorial significativo (centros «off-shore»);
- los que tengan la consideración de jurisdicciones no cooperativas.

6) En la determinación de los países, territorios o jurisdicciones de riesgo los sujetos obligados han de recurrir a fuentes creíbles, tales como los **Informes** de Evaluación Mutua del GAFI o sus equivalentes regionales o los Informes de otros organismos internacionales. La Comisión ha de publicar orientaciones para asistir a los sujetos obligados en la determinación del riesgo geográfico.

7845 **Análisis de riesgo** (RD 304/2014 art.19.3) Los sujetos obligados han de determinar en los **procedimientos de control interno** otras situaciones que, conforme a su análisis de riesgo, requieren la aplicación de medidas reforzadas de diligencia debida. Para la determinación de esos supuestos de riesgo superior, se han de tener en consideración, entre otros, los siguientes factores:
• Características del cliente:
- clientes no residentes en España;
- sociedades cuya estructura accionarial y de control no sea transparente o resulte inusual o excesivamente compleja; y
- sociedades de mera tenencia de activos.

• Características de la operación, relación de negocios o canal de distribución. Son las realizadas:
- en circunstancias inusuales;
- con clientes que empleen habitualmente medios de pago al portador; y
- a través de intermediarios.

b. Obligaciones de información a las autoridades

(L 10/2010 art.17 a 25; RD 304/2014 art.23 a 30)

7846 La obligación de información sobre operaciones sospechosas constituye una de las finalidades principales de la normativa de prevención del blanqueo, dado que posibilita la **detección de actividades de lavado de dinero**. Esta obligación incluye tanto la obligación de comunicar a las autoridades competentes los negocios, operaciones sospechosas, como la de atender a los requerimientos de información que les efectúen dichas autoridades. Y como complemento de estas obligaciones de información, se establece determinadas obligaciones de conservación de la documentación (nº 7856).
La normativa establece las siguientes obligaciones de información al SEPBLAC por parte de los sujetos obligados:
a) Las **comunicaciones de indicio**: se debe informar, a iniciativa del sujeto obligado, si se aprecian operaciones sospechosas (nº 7850 s.).
b) Las **comunicaciones sistemáticas**: se debe informar de forma periódica de determinado tipo de operaciones (nº 7852).
c) La **contestación a requerimientos** de información del SEPBLAC (nº 7853).
Asimismo se van a analizar los mecanismos establecidos con carácter previo para poder efectuar las comunicaciones, como las alertas (nº 7847) y el examen especial de las operaciones (nº 7849), los supuestos de exención de responsabilidad (nº 7854) y la prohibición de revelación de las comunicaciones efectuadas (nº 7855).

Precisiones 1) Los **abogados** no están sometidos a las obligaciones de no ejecutar operaciones si no se pueden aplicar las medidas de diligencia debida, de comunicación por indicio y de atención de los requerimientos de las autoridades con respecto a la información que reciban de uno de sus clientes u obtengan sobre él al determinar la posición jurídica en favor de su cliente o desempeñar su misión de defender a dicho cliente en procesos judiciales o en relación con ellos, incluido el asesoramiento sobre la incoación o la forma de evitar un proceso, independientemente de si han recibido u obtenido dicha información antes, durante o después de tales procesos.
No obstante, el asesoramiento jurídico se encuentra sujeto al **secreto profesional**, salvo cuando el profesional del Derecho esté implicado en blanqueo de capitales o financiación del terrorismo, la finalidad del asesoramiento jurídico sea el blanqueo de capitales, o este sepa que el cliente solicita asesoramiento jurídico con fines de blanqueo (L 10/2010 art.2.1.ñ y 22; Dir 2015/849/UE art.2.3.b, 14.4, 34.2).
2) Los servicios que sean directamente comparables a los de los profesionales del Derecho deben ser objeto de idéntico tratamiento. Por lo que respecta a los **auditores, contables externos y asesores fiscales** que en determinados **Estados miembros** pueden defender o representar a sus clientes en el contexto de una acción judicial o determinar la situación jurídica de sus clientes, la información que aquellos obtengan en el ejercicio de esas funciones tampoco está sujeta a la obligación de comunicación (Dir 2015/849/UE art.2.3.a, 14.4 y 34.2).

Alertas (RD 304/2014 art.23 y 24) Los procedimientos de control interno determinan, en función del riesgo, alertas adecuadas por tipología, intervinientes y cuantía de las operaciones. Las alertas generadas han de ser revisadas a efectos de determinar si procede el examen especial de la operación. En el caso de sujetos obligados cuyo **número anual de operaciones** exceda de 10.000, es obligatorio la implantación de modelos automatizados de generación y priorización de alertas. El sistema de alertas debe ser objeto de **actualización** mediante revisiones periódicas. **7847**
Sin perjuicio del sistema de alertas, corresponde la **detección de operaciones de riesgo** a los directivos, empleados y agentes del sujeto obligado. A estos efectos, el sujeto obligado, como parte de los procedimientos de control interno debe:
- difundir internamente una relación de operaciones susceptibles de estar relacionadas con el blanqueo de capitales o la financiación del terrorismo;
- establecer un cauce de comunicación con los órganos de control interno con instrucciones precisas sobre cómo proceder en caso de detectar cualquier hecho u operación sospechosa;
- aprobar un formulario orientativo del contenido mínimo;
- garantizar la confidencialidad de las comunicaciones de operaciones de riesgo realizadas por los empleados, directivos o agentes; y
- proporcionar formación adecuada.

Precisiones En todo caso, en la relación de **operaciones susceptibles de estar relacionadas con el blanqueo** de capitales, se han de incluir los siguientes supuestos (incluso si se han intentado, pero no ejecutado): **7848**
- cuando la naturaleza o el volumen de las **operaciones** de los clientes no se corresponda con su actividad o antecedentes operativos;
- cuando una misma cuenta, sin causa que lo justifique, venga siendo abonada mediante **ingresos en efectivo** por un número elevado de personas o reciba múltiples ingresos en efectivo de la misma persona;
- pluralidad de **transferencias** realizadas por varios ordenantes a un mismo beneficiario en el exterior o por un único ordenante en el exterior a varios beneficiarios en España, sin que se aprecie relación de negocio entre los intervinientes;
- movimientos con origen o destino en territorios o **países de riesgo**;
- transferencias en las que no se contenga la **identidad** del ordenante o el número de la cuenta origen de la transferencia;
- operativa con **agentes** que, por su naturaleza, volumen, cuantía, zona geográfica u otras características de las operaciones, difieran significativamente de las usuales;
- los tipos de operaciones que establezca la Comisión de Prevención del Blanqueo de Capitales e Infracciones Monetarias.

Examen especial (L 10/2010 art.17; RD 304/2014 art.25) Los sujetos obligados deben realizar un examen especial en el que se ha de analizar con especial atención cualquier hecho u operación -con independencia de su cuantía- que pueda estar relacionada por su naturaleza con el blanqueo de capitales o la financiación del terrorismo, reseñando por escrito los resultados del examen. En particular, se somete a este examen especial toda operación o pauta de comportamiento compleja, inusual o sin un propósito económico o lícito aparente, o que presente indicios de simulación o fraude. **7849**
El **proceso** de examen especial se realiza de modo estructurado, documentándose las fases de análisis, las gestiones realizadas y las fuentes de información consultadas. Dicho proceso debe tener naturaleza integral, debiendo analizar toda la operativa relacionada, todos los intervinientes en la operación y toda la información relevante obrante en el sujeto obligado y, en su caso, en el grupo empresarial.

Concluido el análisis técnico, el representante ante el SEPBLAC ha de adoptar, motivadamente y sin demora, la decisión sobre si procede o no la **comunicación** al SEPBLAC, en función de la concurrencia en la operativa de indicios o certeza de relación con el blanqueo de capitales. No obstante, el procedimiento de control interno del sujeto obligado puede prever que la decisión sea previamente sometida a la consideración del órgano de control interno, en cuyo caso es dicho órgano quien adopta la decisión por mayoría, debiendo constar expresamente en el acta, el sentido y motivación del voto de cada uno de los miembros.

Las decisiones sobre comunicación deben responder, en todo caso, a criterios homogéneos, haciéndose constar la motivación en el expediente de examen especial.

Cuando la detección de la operación derive de la comunicación interna de un **empleado**, agente o directivo de la entidad, la decisión final adoptada debe ponerse en conocimiento del comunicante.

Los sujetos obligados han de mantener un **registro** en el que, por orden cronológico, se recojan para cada expediente de examen especial realizado, entre otros datos, sus fechas de apertura y cierre, el motivo que generó su realización, una descripción de la operativa analizada, la conclusión alcanzada tras el examen y las razones en que se basa. Asimismo, debe constar la decisión sobre su comunicación o no al SEPBLAC y su fecha, así como la fecha en que, en su caso, se realizó la comunicación.

La **conservación** de los expedientes de examen especial tiene un plazo de diez años.

7850 **Comunicación por indicio** (L 10/2010 art.18 y 19; RD 304/2014 art.26) Si en el examen especial de cualquier hecho u operación, incluso la mera tentativa, se determina que existen indicios o certeza de relación con el blanqueo de capitales, se han de comunicar sin dilación, por propia iniciativa, al SEPBLAC, en el soporte y formato establecido por este.

En particular, se consideran **operaciones por indicio** y deben ser comunicadas aquellas que, tras el examen especial, el sujeto obligado conozca, sospeche o tenga motivos razonables para sospechar que tengan relación con el blanqueo de capitales, o con sus delitos precedentes o con la financiación del terrorismo, incluyendo los casos que muestren una falta de correspondencia ostensible con la naturaleza, volumen de actividad o antecedentes operativos de los clientes, siempre que en el examen especial no se aprecie justificación económica, profesional o de negocio para su realización.

Sin perjuicio de lo anterior, el sujeto obligado debe adoptar inmediatamente medidas adicionales de gestión y mitigación del riesgo, que deben tomar en consideración el riesgo de revelación.

Si el SEPBLAC estima la **insuficiencia del examen especial** realizado, devuelve la comunicación al sujeto obligado a efectos de que este profundice en el examen de la operación, con expresión sucinta de los motivos de la devolución y el contenido a examinar.

Existe una **obligación de abstención** en la ejecución de las operaciones sospechosas. No obstante, cuando esto no sea posible o pueda dificultar la investigación, los sujetos obligados pueden ejecutarla, efectuando inmediatamente una comunicación al SEPBLAC, indicando, además, los motivos que justificaron la ejecución de la operación.

Se entiende por justa causa que motive la negativa a la autorización del **notario** o su deber de abstención la presencia en la operación bien de varios indicadores de riesgo de los señalados por el órgano centralizado de prevención o bien de indicio manifiesto de simulación o fraude de ley. Para ello, el notario ha de recabar del cliente los datos precisos para valorar la concurrencia de tales indicadores o circunstancias en la operación.

Respecto de los **registradores**, la obligación de abstención en ningún caso les impide la inscripción del acto o negocio jurídico en los registros de la propiedad, mercantil o de bienes muebles (DGRN Reso 26-1-12).

7851 Precisiones 1) Las comunicaciones al SEPBLAC deben tener el siguiente **contenido**:
- relación e identificación de las personas físicas o jurídicas que participan en la operación, y concepto de su participación;
- actividad conocida de las personas físicas o jurídicas que participan en la operación y correspondencia entre la actividad y la operación;
- relación de operaciones vinculadas y fechas a que se refieren con indicación de su naturaleza, moneda en que se realizan, cuantía, lugar o lugares de ejecución, finalidad e instrumentos de pago o cobro utilizados;
- gestiones realizadas por el sujeto obligado comunicante para investigar la operación comunicada;
- exposición de las circunstancias de toda índole de las que pueda inferirse el indicio o certeza de relación con el blanqueo de capitales o con la financiación del terrorismo o que pongan de manifiesto la falta de justificación económica, profesional o de negocio para la realización de la operación;
- cualesquiera otros datos relevantes para la prevención del blanqueo que se determinen reglamentariamente.

2) A efectos de la aplicación de la normativa sobre blanqueo, el término **indicio** debe interpretarse en el sentido de que basta la existencia de datos que permitan sospechar que las operaciones o transacciones financieras están relacionadas con el blanqueo de capitales, para que sea exigible el cumplimiento del deber de comunicación, sin que, por tanto, sea necesario acreditar que los fondos son con plena certeza producto de actividades delictivas (TS 27-5-21, EDJ 620094).

Comunicación sistemática (L 10/2010 art.20; RD 304/2014 art.27) Los sujetos obligados han de comunicar **mensualmente** al SEPBLAC en el soporte y formato establecido por este: 7852

a) Las operaciones que lleven aparejado **movimiento físico** de moneda metálica, papel moneda, cheques de viaje, cheques u otros documentos al portador librados por entidades de crédito, con excepción de las que sean objeto de abono o cargo en la cuenta de un cliente, por importe superior a 30.000 euros.

b) Cuando realicen **envíos de dinero**, las operaciones que lleven aparejado movimiento físico de moneda metálica, papel moneda, cheques de viaje, cheques u otros documentos al portador, por importe superior a 1.500 euros.

c) Las operaciones realizadas por o con personas físicas o jurídicas que sean residentes, o actúen por cuenta de estas, en **territorios o países** que al efecto se designen, así como las operaciones que impliquen transferencias de fondos a o desde dichos territorios o países, cualquiera que sea la residencia de las personas intervinientes, siempre que el importe de las referidas operaciones sea superior a 30.000 euros.

d) Las operaciones que supongan **movimientos de medios de pago** sujetos a declaración obligatoria (nº 7864 s.).

e) La información agregada sobre la **actividad de envíos de dinero**, desglosada por países de origen o destino y por agente o centro de actividad.

f) La información agregada sobre la **actividad de transferencias** con o al exterior de las entidades de crédito, desglosada por países de origen o destino.

g) Las operaciones que se determinen mediante Orden Ministerial.

De no existir operaciones susceptibles de comunicación sistemática, los sujetos obligados han de comunicar **semestralmente** esta circunstancia al SEPBLAC.

Requerimientos de las autoridades (L 10/2010 art.21; RD 304/2014 art.30 y disp.adic.3ª) La documentación e información obtenida o generada por los sujetos obligados puede ser requerida por la Comisión de Prevención del Blanqueo de Capitales e Infracciones Monetarias, por sus órganos de apoyo o por cualquier otra autoridad pública o agente de la Policía Judicial de los Cuerpos y Fuerzas de Seguridad del Estado legalmente habilitado. 7853

Los requerimientos han de precisar la **documentación** que haya de ser aportada o los extremos que hayan de ser informados y el **plazo** en que deban ser atendidos. Transcurrido el plazo para la remisión de la documentación o información requerida sin que haya sido aportada o cuando se aporte de forma incompleta, se entiende incumplida la obligación.

Los sujetos obligados han de establecer sistemas que les permitan responder de forma completa y diligente a las solicitudes de información que les curse.

Para el cumplimiento de las funciones que tiene legalmente atribuidas, la **AEAT** puede requerir y obtener la información que los sujetos obligados posean o gestionen como consecuencia de las obligaciones de diligencia debida (nº 7830 s.), en los términos previstos en la normativa tributaria sobre obligaciones de información (LGT art.93 redacc L 13/2023).

Exención de responsabilidad (L 10/2010 art.23) La comunicación de buena fe de información a las autoridades competentes con arreglo a la norma de prevención de blanqueo por los sujetos obligados o, excepcionalmente, por sus directivos o empleados, no constituye violación de las **restricciones sobre divulgación de información** impuestas por vía contractual o por cualquier disposición legal, reglamentaria o administrativa, y no implica para los sujetos obligados, sus directivos o empleados ningún tipo de responsabilidad. 7854

Precisiones La cancelación por la entidad bancaria demandada de las cuentas de Money Express como consecuencia de una medida de diligencia debida en un caso en el que existían **graves irregularidades** constitutivas de indicios de blanqueo de capitales, que concurrieron en una parte considerable de las operaciones de envío transfronterizo de fondos por parte de Money Express, excluye el carácter desleal de su actuación (TS 7-10-16, EDJ 171356).

Prohibición de revelación (L 10/2010 art.24) Los sujetos obligados y sus directivos o empleados no revelarán al cliente ni a terceros que se ha comunicado información al SEPBLAC, o que se está examinando o puede examinarse alguna operación por si pudiera estar relacionada con el blanqueo de capitales o con la financiación del terrorismo. 7855

Esta prohibición no impide la **comunicación de información**:

- a las **autoridades competentes**, incluidos los órganos centralizados de prevención, o la revelación por motivos policiales en el marco de una investigación penal;

- entre sujetos obligados que pertenezcan al mismo **grupo**;
- entre los **auditores de cuentas**, contables externos, asesores fiscales, etc. así como los abogados, procuradores u otros profesionales independientes que participen en la concepción, realización o asesoramiento de operaciones por cuenta de clientes (L 10/2010 art.2.1.m y ñ), cuando ejerzan sus actividades profesionales, ya sea como empleados o de otro modo, dentro de la misma entidad jurídica o en una red;
- referida a un mismo cliente y misma operación en la que intervengan **dos o más entidades o personas**, entre entidades financieras o entre los auditores de cuentas, contables externos, asesores fiscales, etc. así como los abogados, procuradores u otros profesionales independientes que participen en la concepción, realización o asesoramiento de operaciones por cuenta de clientes (L 10/2010 art.2.1.m y ñ), siempre que pertenezcan a la misma categoría profesional y estén sujetos a obligaciones equivalentes en lo relativo al secreto profesional y a la protección de datos personales.

Estas excepciones también son aplicables a la comunicación de información entre personas o entidades domiciliadas en la **UE** o en países terceros equivalentes.

7856 **Conservación de documentos** (L 10/2010 art.25; RD 304/2014 art.28 y 29) Los sujetos obligados deben conservar durante un **plazo** de diez años la documentación en que se formalice el cumplimiento de estas obligaciones, procediendo tras el mismo a su eliminación. En particular, se ha de conservar:

a) Copia de los documentos exigibles en aplicación de las **medidas de diligencia** debida, durante un período de diez años desde la terminación de la relación de negocios o la ejecución de la operación.

b) Original o copia con fuerza probatoria de los documentos o registros que acrediten adecuadamente las **operaciones**, los intervinientes en las mismas y las relaciones de negocio, durante un período de diez años desde la ejecución de la operación o la terminación de la relación de negocios.

Transcurridos cinco años desde la **terminación de la relación** de negocios o la ejecución de la operación ocasional, la documentación conservada únicamente debe ser accesible por los órganos de control interno del sujeto obligado, con inclusión de las unidades técnicas de prevención, y, en su caso, los encargados de su defensa legal.

Precisiones En el caso de la identificación realizada de conformidad con lo dispuesto en la normativa comunitaria sobre **identificación electrónica** (Rgto (UE) 910/2014), la obligación de conservación se extiende a los datos e información que acrediten la identificación por esos medios.

c. Obligaciones de control interno

(L 10/2010 art.26 a 33; RD 304/2014 art.31 a 44)

7857 Dentro de estas obligaciones se pueden distinguir los siguientes **tipos**:
- medidas de control interno, con políticas, procedimientos y órganos implantados por el sujeto obligado (nº 7858 s.);
- examen externo de las medidas y órganos (nº 7861);
- formación y protección de empleados (nº 7862).

Asimismo se va analizar la protección de datos de carácter personal (nº 7863).

7858 **Medidas de control interno** (L 10/2010 art.26 a 28; RD 304/2014 art.31 a 37) Para el cumplimiento de este tipo de obligaciones los sujetos obligados deben desarrollar las siguientes **actuaciones**:

a) Políticas y procedimientos. Los sujetos obligados deben:
- aprobar por escrito y aplicar las **políticas y procedimientos** adecuados en materia de diligencia debida, información, conservación de documentos, control interno, evaluación y gestión de riesgos, garantía del cumplimiento de las disposiciones pertinentes y comunicación, con objeto de prevenir e impedir operaciones relacionadas con el blanqueo. Estas políticas y procedimientos deben ser de aplicación a las sucursales y filiales del grupo situadas en terceros países, sin perjuicio de las adaptaciones necesarias para el cumplimiento de las normas específicas del país de acogida. En el caso de sucursales y filiales del grupo en otros Estados miembros de la UE, los sujetos obligados deben dar cumplimiento de las obligaciones contenidas en el país de acogida. A efectos de la definición de grupo se está a lo dispuesto en la normativa mercantil (CCom art.42);
- aprobar por escrito y aplicar una política expresa de **admisión de clientes**, incluyendo una descripción de los tipos de clientes que podrían presentar un riesgo superior al promedio;
- aprobar un **manual de prevención del blanqueo** de capitales y de la financiación del terrorismo adecuado, que se debe mantener actualizado, con información completa sobre las medidas de control interno. El manual debe estar a disposición del SEPBLAC y, en caso de convenio, de los órganos supervisores de las entidades financieras.

b) Procedimiento interno de **comunicación de potenciales incumplimientos**. Se deben establecer procedimientos internos para que los empleados, directivos o agentes puedan comunicar, incluso anónimamente, información relevante sobre posibles incumplimientos de esta ley, su normativa de desarrollo o las políticas y procedimientos implantados para darles cumplimiento, cometidos en el seno del sujeto obligado. 7859

Asimismo, se han de adoptar medidas para garantizar que los denunciantes sean protegidos frente a **represalias**, discriminaciones y cualquier otro tipo de trato injusto.

c) Órgano de **control interno y representante ante el SEPBLAC**. Es necesario designar un representante ante el SEPBLAC, el cual debe ser una persona residente en España que ejerza cargo de administración o dirección de la sociedad, y que es el responsable del cumplimiento de las obligaciones de información referentes al blanqueo de capitales.

En los **grupos** que integren varios sujetos obligados, el representante es único y debe ejercer cargo de administración o dirección de la sociedad dominante del grupo. En el caso de empresarios o profesionales **individuales** es representante ante el SEPBLAC el titular de la actividad.

La propuesta de nombramiento del representante, acompañada de una descripción detallada de su **trayectoria profesional**, debe comunicarse al SEPBLAC que, de forma razonada, puede formular reparos u observaciones.

Precisiones **1)** Los órganos de prevención del blanqueo de capitales deben operar con separación funcional del departamento o unidad de **auditoría interna** del sujeto obligado. 7860

2) Los procedimientos de control interno se han de fundamentar en un previo **análisis de riesgo** que ha de ser documentado por el sujeto obligado. El análisis debe identificar y evaluar los riesgos del sujeto obligado por tipos de clientes, países o áreas geográficas, productos, servicios, operaciones y canales de distribución. El análisis de riesgo debe ser revisado periódicamente y, en todo caso, cuando se verifique un cambio significativo que pudiera influir en el perfil de riesgo del sujeto obligado.

Asimismo, es preceptiva la realización y documentación de un análisis de riesgo específico con carácter previo al lanzamiento de un nuevo producto, la prestación de un nuevo servicio, el empleo de un nuevo canal de distribución o el uso de una nueva tecnología por parte del sujeto obligado.

3) Los procedimientos de control interno deben documentarse en un **manual de prevención** del blanqueo de capitales y de la financiación del terrorismo que comprenda entre otros aspectos la política de admisión de clientes del sujeto obligado, con una descripción precisa de los clientes que potencialmente puedan suponer un riesgo superior al promedio y de las medidas a adoptar para mitigarlo.

El SEPBLAC puede supervisar o inspeccionar la efectiva aplicación de las medidas de control interno previstas en el manual.

4) Como medidas de control interno de aplicación a los **agentes**, los sujetos obligados, sin perjuicio de su responsabilidad directa, se han de asegurar del efectivo cumplimiento por parte de sus agentes de las obligaciones de prevención del blanqueo de capitales y de la financiación del terrorismo. A estos efectos, los sujetos obligados deben incluir a los agentes en el ámbito de aplicación de sus procedimientos de control interno.

Los sujetos obligados han de mantener a disposición de la Comisión, de sus órganos de apoyo o de cualquier otra autoridad pública legalmente habilitada una relación completa y actualizada de sus agentes, incluyendo todos los datos necesarios para su adecuada identificación y localización.

Examen externo (L 10/2010 art.28; RD 304/2014 art.37) Los sujetos obligados que no sean empresarios o profesionales individuales tienen la obligación de que sus medidas y órganos de control interno sean objeto de **examen anual por un experto** externo. El mismo debe incluir todas las sucursales y filiales con participación mayoritaria del sujeto obligado. 7861

Quienes pretendan actuar como **expertos externos**, deben reunir las condiciones académicas y de experiencia profesional idóneas para ello, y deben comunicarlo al SEPBLAC antes de iniciar su actividad e informar a este semestralmente de la relación de sujetos obligados cuyas medidas de control interno hayan examinado.

El experto externo debe consignar sus resultados en un **informe** escrito que describa detalladamente las medidas de control interno existentes, valore su eficacia operativa y proponga, en su caso, eventuales rectificaciones o mejoras. El informe se ha de elevar en el plazo máximo de tres meses desde la fecha de emisión al órgano de administración del sujeto obligado para que adopte las medidas necesarias para solventar las deficiencias identificadas.

Los **órganos de administración** del sujeto obligado han de adoptar sin dilación las medidas necesarias para solventar las deficiencias identificadas en los informes de experto externo.

Formación y protección de empleados (L 10/2010 art.29; RD 304/2014 art.39 y 40) Los sujetos obligados deben adoptar las medidas oportunas para que sus empleados tengan conocimiento de las exigencias establecidas por la legislación de prevención del blanqueo. Las acciones formativas deben ser objeto de un **plan anual**, diseñado en función de los riesgos del sector de negocio del sujeto obligado, que se aprueba por el órgano de control interno. 7862

Anualmente, los sujetos obligados han de documentar el grado de cumplimiento del plan de formación. Los sujetos obligados para los que no resulte preceptiva la aprobación de un plan anual de formación, deben acreditar que el representante ante el SEPBLAC ha recibido formación externa adecuada para el ejercicio de sus funciones.
Los sujetos obligados han de adoptar las medidas adecuadas para mantener la **confidencialidad** sobre la identidad de los empleados, directivos o agentes que hayan realizado una comunicación a los órganos de control interno de operativa que presente indicios o certeza de estar relacionado con el blanqueo de capitales o la financiación del terrorismo. El representante ante el SEPBLAC es la persona que comparece en toda clase de procedimientos administrativos o judiciales en relación con los datos recogidos en las comunicaciones.
Los sujetos obligados han de establecer por escrito y aplicar políticas y procedimientos adecuados para asegurar altos **estándares éticos en la contratación** de empleados, directivos y agentes. No se considera que concurren altos estándares éticos cuando el empleado, directivo o agente cuente con antecedentes penales no cancelados ni susceptibles de cancelación por delitos dolosos contra el patrimonio, y contra el orden socioeconómico, contra la Hacienda Pública y Seguridad Social, delitos contra la Administración Pública y falsedades, o cuando haya sido sancionado mediante resolución administrativa firme con la suspensión o separación del cargo por infracción de la normativa de blanqueo de capitales (nº 7870 s.), apreciándose esta circunstancia durante el tiempo que se prolongue la sanción.
Toda **autoridad o funcionario** ha de tomar las medidas apropiadas a fin de proteger frente a cualquier amenaza o acción hostil a los empleados, directivos o agentes que lleven a cabo estas comunicaciones.

7863 **Protección de datos de carácter personal** (L 10/2010 art.32, 32 bis y 32 ter) De acuerdo con la normativa de protección de datos personales, tanto el tratamiento y cesión de datos para el cumplimiento de las **obligaciones información**, como el tratamiento de los datos para las **obligaciones de diligencias debida**, no precisa del consentimiento del interesado (LO 3/2018 art.8.1; Rgto (UE) 2016/679 art.6.1.c).
En el caso de las obligaciones de diligencia debida, con carácter previo al establecimiento de la relación de negocios o la realización de una transacción ocasional, se debe facilitar a los nuevos clientes información sobre las **obligaciones legales** de los sujetos obligados con respecto al tratamiento de datos personales. Asimismo, se debe realizar una evaluación de impacto en la protección de datos de los tratamientos a fin de adoptar medidas técnicas y organizativas reforzadas para garantizar la integridad, confidencialidad y disponibilidad de los datos personales. Dichas medidas deben en todo caso garantizar la trazabilidad de los accesos y comunicaciones de los datos.
Los sujetos obligados pertenecientes a una misma categoría de acuerdo con la norma de prevención de blanqueo, podrán crear **sistemas comunes de información**, almacenamiento y, en su caso, acceso a la información y documentación recopilada para el cumplimiento de las obligaciones de diligencia debida, con excepción de la relacionada con el seguimiento continuo de la relación de negocios. Los sujetos adheridos a ese sistema tienen la condición de corresponsables del tratamiento (Rgto (UE) 2016/679 art.26; LO 3/2018 art.29). El mantenimiento de estos sistemas puede encomendarse a un **tercero**, aunque no tenga la condición de sujeto obligado.
El **acceso a la información** facilitada por otro sujeto obligado solo se puede realizar en los supuestos en que la persona a la que se refieran los datos sea su cliente o el acceso a la información sea necesario para el cumplimiento de las obligaciones de identificación previas al establecimiento de la relación de negocios, en cuyo caso solo se puede acceder a los datos necesarios a tal efecto. Los datos obtenidos como consecuencia del acceso al sistema únicamente pueden ser empleados para el cumplimiento de las obligaciones de diligencia debida.
Corresponde al sujeto obligado que hubiera proporcionado los datos al sistema responder de su **exactitud y actualización** y en su caso, de comunicar las inexactitudes o actualizaciones.

5. Medios de pago

(L 10/2010 art.34 a 37; RD 304/2014 art.45 y 46)

7864 Las **personas físicas** que realicen movimientos de pago, actúen por cuenta propia o de tercero, deben presentar **declaración previa** sobre el origen, destino y tenencia de fondos en caso de los siguientes movimientos de dinero y demás medios de pago:
- **salida o entrada** en territorio nacional de medios de pago por importe igual o superior a 10.000 euros o su contravalor en moneda extranjera;
- **movimientos** por territorio nacional de medios de pago por importe igual o superior a 100.000 euros o su contravalor en moneda extranjera.

Cuando se produzca la entrada o salida del territorio nacional de **medios de pago no acompañados** por persona física que formen parte de un envío sin portador (como envíos postales, envíos por mensajería, equipaje no acompañado o carga en contenedores) por importe igual o superior a 10.000 euros o su contravalor en moneda extranjera, debe presentarse declaración dentro del plazo de 30 días anteriores al movimiento no acompañado, por parte del remitente o su representante legal en el caso de movimientos de salida, y del destinatario del efectivo, o su representante legal en caso de entrada.
Las declaraciones se deben ajustar a los **modelos** aprobados (OM ETD/1217/2022) y deben contener datos veraces relativos al portador, propietario, destinatario, remitente, importe, naturaleza, procedencia, uso previsto, itinerario y modo de transporte de los medios de pago.
El **control e inspección** de los movimientos de medios de pago se encomienda a los funcionarios aduaneros o policiales, y se verifica de acuerdo con lo establecido en la legislación aduanera.

Precisiones 1) Se entiende por **medios de pago** el papel moneda y la moneda metálica, nacionales o extranjeros; efectos negociables o medios de pago al portador, tarjetas prepago; materias primas utilizadas como depósitos de valor de gran liquidez, como el oro. **7865**
2) Están **exceptuados** de esta obligación de declaración las personas físicas que actúen por cuenta de empresas que, debidamente autorizadas e inscritas por el Ministerio del Interior, ejerzan actividades de transporte profesional de fondos o medios de pago, excepto cuando se trate de movimientos de entrada y salida de la Unión Europea.
3) La **declaración**, ha de ser firmada y presentada por la persona que transporte los medios de pago, que la ha de presentar ante las Dependencias Provinciales de Aduanas e Impuestos Especiales de la AEAT.
Durante todo el movimiento los medios de pago deben ir acompañados de la oportuna declaración debidamente diligenciada y ser transportados por la persona consignada como portador.
4) La Administración tributaria y las Fuerzas y **Cuerpos de Seguridad** tienen acceso a la información resultante de la obligación de declaración de los medios de pago para el ejercicio de sus competencias.
5) Cuando el medio de pago sea transportado por un **menor de edad** no acompañado, es responsable del cumplimiento de la obligación de declaración la persona que ejerza la patria potestad, tutela o curatela. Si el menor viaja acompañado, la cuantía de los medios de pago transportada por él se entiende portada por la persona mayor de edad que acompañe al menor.
6) Cuando en el curso de un **procedimiento judicial** se aprecie incumplimiento de la obligación de declaración de medios de pago, el juzgado o tribunal lo comunica a la Secretaría de la Comisión, poniendo a su disposición los medios de pago intervenidos no sujetos a responsabilidades penales.
7) El **incumplimiento** de alguno de los requisitos habilita a las autoridades a realizar una intervención provisional de los medios de pago objeto de movimiento, salvo el mínimo de supervivencia, que se ha establecido en 1.000 euros (OM ETD/1217/2022 art.12).

6. Régimen de colaboración de otros órganos y administraciones

(L 10/2010 art.48 y 48 bis)

La normativa de prevención de blanqueo contempla dos regímenes de colaboración: **7866**
a) Colaboración **interna**. Se establecen determinados deberes de **autoridades y funcionarios** y la colaboración de determinados órganos de supervisión. En concreto, se dispone que toda autoridad o funcionario que descubra hechos que puedan constituir indicio o prueba de blanqueo de capitales debe informar al SEPBLAC, y que el incumplimiento de esta obligación tiene la consideración de infracción muy grave. Asimismo, han de facilitar al SEPBLAC la información que este requiera en el ejercicio de sus competencias. Como funcionarios especialmente obligados a este deber de colaboración se consideran a los **registradores de la propiedad y mercantiles**.
Asimismo, los **órganos judiciales** deben remitir testimonio al SEPBLAC cuando en el curso del proceso aprecien indicios de incumplimiento de la normativa de prevención del blanqueo de capitales.
Se señala expresamente la colaboración de determinados **órganos de supervisión**, de forma que, en todo caso, el Banco de España, la CNMV, la Dirección General de Seguros y Fondos de Pensiones, la Dirección General de los Registros y del Notariado, el Instituto de Contabilidad y Auditoría de Cuentas, los colegios profesionales y los órganos estatales o autonómicos competentes han de informar razonadamente al SEPBLAC cuando en el ejercicio de su labor inspectora o supervisora aprecien posibles infracciones de las obligaciones establecidas en esta Ley.
b) Colaboración **internacional**. La Secretaría de la Comisión, el SEPBLAC o, en caso de convenio, el Banco de España, la CNMV y la Dirección General de Seguros y Fondos de Pensiones, deben cooperar por propia iniciativa o previa solicitud, con otras autoridades competentes de la **UE**. En el marco de esta cooperación se ha de facilitar a la Autoridad Bancaria Europea la

información necesaria para permitirles llevar a cabo sus obligaciones en materia de prevención del blanqueo de capitales y de la financiación del terrorismo. Este intercambio de información está sometido al deber de secreto profesional.
En el caso de autoridades competentes de terceros países **no miembros** de la UE, la cooperación e intercambio de información se condiciona a lo dispuesto en los Convenios y Tratados Internacionales o, en su caso, al principio general de reciprocidad, así como al sometimiento de dichas autoridades extranjeras a las mismas obligaciones de secreto profesional que rigen para las españolas.
El intercambio de información del SEPBLAC con las Unidades de Inteligencia Financiera de otros Estados de la UE, se realiza de conformidad con la normativa comunitaria sobre blanqueo de capitales (Dir (UE) 2015/849 art.51 a 57). En el caso de terceros países, se realiza de acuerdo con los principios del Grupo Egmont o en los términos del correspondiente memorando de entendimiento.
Únicamente se puede utilizar la información recibida para los fines para los que las autoridades cedentes hayan dado su consentimiento. Esta información no puede ser transmitida a otros organismos o personas físicas y jurídicas sin el **consentimiento expreso** de las autoridades competentes que la hayan divulgado.

7867 Precisiones 1) Los datos, informes o antecedentes obtenidos por la **Administración tributaria** en el desempeño de sus funciones, que en principio tienen carácter reservado y sólo pueden ser utilizados para la efectiva aplicación de los tributos o recursos cuya gestión tenga encomendada y para la imposición de las sanciones que procedan, pueden ser cedidos o comunicados al SEPBLAC, con la finalidad de colaborar en el ejercicio de sus funciones respectivas (LGT art.95.1.i).
2) Paralelamente, el **SEPBLAC** debe facilitar a la Administración tributaria cuantos datos con trascendencia tributaria obtenga en el ejercicio de sus funciones, de oficio, con carácter general o mediante requerimiento individualizado en los términos que reglamentariamente se establezcan. Asimismo, esos datos pueden utilizarse por los órganos de la Administración tributaria para la regularización de la situación tributaria de los obligados en el curso del procedimiento de comprobación o de inspección, sin que sea necesario efectuar un requerimiento individualizado (LGT art.94.4).
3) Al objeto de ampliar el **acceso a los registros** centralizados de cuentas bancarias y de pagos por parte de las autoridades de los Estados miembros, la UE ha adoptado un instrumento jurídico independiente y específico, que se sitúa en paralelo con las Directivas antiblanqueo, centrándose en reforzar la **cooperación policial y judicial penal** (Dir (UE) 2019/1153).
La directiva ha sido objeto de trasposición a nuestro ordenamiento mediante la LO 9/2022, que establece medidas destinadas a facilitar el **acceso a la información financiera** y a la información del Fichero de Titularidades Financieras (nº 7868), así como su uso por las autoridades competentes para la prevención, detección, investigación o enjuiciamiento de infracciones penales graves, y el acceso a la información de las autoridades competentes por parte del **SEPBLAC**, en su condición de Unidad de Inteligencia Financiera (UIF), para la prevención y la lucha contra el blanqueo de capitales, los delitos subyacentes conexos y la financiación del terrorismo.
4) A nivel comunitario en 2024 se crea la **Autoridad de Lucha contra el Blanqueo de Capitales** y la Financiación del Terrorismo -AMLA- (Rgto (UE) 2024/1620), que tiene por objeto mejorar la eficiencia en materia de prevención de blanqueo de capitales estableciendo un mecanismo integrado con los supervisores nacionales para garantizar que las entidades obligadas cumplan las obligaciones relacionadas con la prevención del blanqueo de capitales en el sector financiero. Entre otras, tiene como función la coordinación de las unidades de información financiera.

7868 **Fichero de titularidades financieras** (L 10/2010 art.43; RD 304/2014 art.50 a 57) Con la **finalidad** de prevenir, impedir y detectar el blanqueo de capitales y la financiación del terrorismo, así como para fines de prevención, detección, investigación o enjuiciamiento de delitos graves, las entidades de crédito, las entidades de dinero electrónico y las entidades de pago deben declarar al SEPBLAC, mensualmente y con el soporte y formato que determine esta, la apertura o cancelación de cuentas corrientes, cuentas de ahorro, depósitos y de cualquier otro tipo de cuentas de pago, así como los contratos de alquiler de cajas de seguridad y su periodo de arrendamiento.
Los datos declarados se incluyen en un fichero de titularidad pública (Fichero de titularidades financieras, FTF), del cual es responsable la Secretaría de Estado de Economía y Apoyo a la Empresa.
En la investigación de **delitos** relacionados con el blanqueo de capitales o la financiación del terrorismo, pueden acceder al FTF para el ejercicio de sus competencias: los órganos jurisdiccionales con competencias en la investigación de estos delitos; el Ministerio Fiscal y la Fiscalía Europea; las Fuerzas y Cuerpos de Seguridad del Estado y las Policías Autonómicas con competencias estatutariamente asumidas para la investigación de los delitos graves; los organismos de recuperación de activos, incluida la Oficina de Recuperación y Gestión de Activos; la

Secretaría de la Comisión de Vigilancia de Actividades de Financiación del Terrorismo; el Centro Nacional de Inteligencia; la AEAT y las Haciendas Forales para el ejercicio de sus competencias en materia de prevención y lucha contra el fraude.
En ningún caso puede requerirse el acceso al FTF para finalidades distintas de la prevención o represión del blanqueo de capitales o de la financiación del terrorismo.

Precisiones 1) Estas declaraciones no incluyen las **cajas de seguridad**, cuentas y depósitos de las sucursales o filiales de las entidades declarantes españolas en el extranjero.
2) El SEPBLAC es el órgano como encargado del **tratamiento de los datos**, y determina las características técnicas del FTF con arreglo a la normativa nacional y comunitaria (LO 3/2018; Rgto (UE) 2016/679), pudiendo aprobar las instrucciones pertinentes.
3) Los **accesos** al FTF quedan registrados y los datos de los registros se conservan por un plazo de cinco años.

7. Procedimiento sancionador

(L 10/2010 art.50 a 62)

Infracciones (L 10/2010 art.51, 52, 53, 56, 57 y 58) Las infracciones administrativas por el incumplimiento de las obligaciones de prevención del blanqueo se clasifican en: 7870
a) Infracciones **muy graves**. Son consideradas como tales:
- el incumplimiento del deber de **comunicación** de operaciones sospechosas identificadas por empleados o directivos;
- el incumplimiento de la obligación de **colaboración** con la Comisión cuando medie requerimiento escrito;
- el incumplimiento de la prohibición de **revelación** o del deber de reserva;
- la **resistencia u obstrucción** a la labor inspectora previo requerimiento escrito;
- el incumplimiento deliberado de la obligación de adoptar **medidas correctoras**;
- la **reincidencia** en la comisión de una infracción grave en los cinco años anteriores;
- el incumplimiento de las **medidas de suspensión** acordadas por el SEPBLAC;
- el incumplimiento doloso de la obligación de **congelar o bloquear** los fondos, activos financieros o recursos económicos de personas físicas o jurídicas, entidades o grupos designados;
- el incumplimiento doloso de la **prohibición de poner fondos**, activos financieros o recursos económicos a disposición de personas físicas o jurídicas, entidades o grupos designados.

Se sancionan con **multa** mínima de 150.000 euros y máxima hasta la mayor de las siguientes cifras: el 10% del volumen anual total de negocios, el duplo del contenido económico de la operación, el quíntuplo del importe de los beneficios derivados de la infracción, cuando dichos beneficios puedan determinarse o 10.000.000 euros. Esta sanción se puede acompañar de amonestación pública o, tratándose de entidades sujetas a autorización administrativa, la suspensión temporal o revocación de la autorización.
Asimismo, puede sancionarse a quienes ejerzan los cargos de administración o dirección y fueran responsables de la infracción.

b) Infracciones **graves**. Son consideradas como tales: 7871
- el incumplimiento de las **medidas normales** de diligencia debida (nº 7831 s.);
- el incumplimiento de la obligación de aplicar **medidas reforzadas** de diligencia debida (nº 7839 s.);
- el incumplimiento de las **obligaciones de información** a las autoridades, con excepción de la exención de responsabilidad y la prohibición de revelación (nº 7849 s.);
- el incumplimiento de las obligaciones de **control interno** (nº 7857 s.);
- el incumplimiento de la obligación de dotar al **representante** ante el SEPBLAC y al OCI de los recursos adecuados para ejercer sus funciones;
- el incumplimiento de la obligación de aplicar medidas de prevención de las **sucursales y filiales** situadas en terceros países;
- el incumplimiento de la obligación de aplicar sanciones o contramedidas financieras internacionales;
- el incumplimiento de la obligación de declarar la **apertura o cancelación de cuentas** y depósitos a plazo;
- el incumplimiento menos grave de la obligación de adoptar las **medidas correctoras** comunicadas por requerimiento del Comité Permanente;
- el establecimiento o mantenimiento de relaciones de negocio o ejecución de **operaciones prohibidas**;
- la **resistencia u obstrucción** a la labor inspectora;
- el incumplimiento de la obligación de declarar los **movimientos de medios de pago**;

- el incumplimiento por **fundaciones o asociaciones** de sus obligaciones como sujetos obligados;
- el incumplimiento de las obligaciones en las operaciones de **envío de dinero**;
- el incumplimiento no doloso de la obligación de **congelar o bloquear los fondos**, activos financieros o recursos económicos de personas físicas o jurídicas, entidades o grupos designados;
- el incumplimiento no doloso de la **prohibición de poner fondos**, activos financieros o recursos económicos a disposición de personas físicas o jurídicas, entidades o grupos designados;
- el incumplimiento de las obligaciones de **comunicación e información** a las autoridades europeas competentes;
- el incumplimiento de las obligaciones establecidas en el Reglamento europeo sobre la información que acompaña a las **transferencias de fondos**;
- el incumplimiento de las obligaciones de **identificación e información** al Registro Central de Titularidades Reales (nº 7868).

7872 Se sancionan con **multa** mínima de 60.000 euros y máxima de la mayor de las siguientes cifras: el 10% del volumen de negocios anual total del sujeto obligado, el tanto del contenido económico de la operación más un 50%, el triple del importe de los beneficios derivados de la infracción, cuando dichos beneficios puedan determinarse, o 5.000.000 €. Esta sanción se puede acompañar de amonestación pública, amonestación privada o, tratándose de entidades sujetas a autorización administrativa, la suspensión temporal de la autorización.

Asimismo, puede sancionarse a quienes ejerzan los cargos de administración o dirección y fueran responsables de la infracción.

c) Infracciones **leves**. Se consideran como tales los incumplimientos **ocasionales o aislados** de las medidas normales de diligencia debida (nº 7831 s.), de las medidas reforzadas de diligencia debida (nº 7839 s.) y de la conservación de documentación (nº 7856). También la **falta de inscripción** en el registro de prestadores de servicios a trusts.

Se pueden sancionar con amonestación privada y multa por importe de hasta 60.000 euros.

En todos los casos, las sanciones impuestas van acompañadas de un **requerimiento** al infractor para que ponga fin a su conducta y se abstenga de repetirla, salvo en las leves, que es optativo.

7873 Precisiones **1)** Al no sancionarse eventuales actividades fraudulentas o ilícitas, la **normativa sancionadora española** excede de lo que resulta necesario para garantizar el cumplimiento de la obligación de declaración, siendo contraria al derecho europeo la norma que habilita la imposición de sanciones de hasta el duplo del valor de los medios de pago empleados (TJUE 31-5-18, asunto C-190/17).

2) En el caso de unas operaciones de movimientos de fondos en las que existían deficiencias en la documentación aportada que, objetivamente, eran sospechosas de estar relacionadas con el blanqueo y no se cumplió el deber de comunicación al SEPBLAC, se aprecia el elemento subjetivo del tipo infractor, aunque la **omisión de la obligación** fuese imputable a los miembros del órgano de control interno de la entidad bancaria instituido para prevenir el blanqueo de capitales (TS 17-10-14, EDJ 180073).

3) El deber de control y de compromiso activo para corregir las deficiencias detectadas por los órganos de control interno de prevención del blanqueo de capitales se extiende a los **directivos y administradores**. Resulta sancionable la conducta del Director General que no evaluó correctamente las irregularidades cometidas en la gestión de la transferencia de remesas desarrollada por agentes chinos, aun conociéndolas a través del Órgano de Cumplimiento Interno de la Compañía (TS 10-4-14, EDJ 65210).

4) Se considera sancionable la conducta de una entidad de pago que actúa en España a través de una **red permanente de agentes** y desarrolla actividades de envío de dinero, cuyos servicios internos advirtieron la falta de comunicación de operaciones sospechosas de blanqueo de capitales y no cumplió su deber de información al SEPBLAC (TS 18-11-15, EDJ 209870).

7874 **Graduación de las sanciones** (L 10/2010 art.59) Las sanciones se gradúan atendiendo a:

a) La **cuantía** de las operaciones afectadas por el incumplimiento.

b) Los **beneficios** obtenidos como consecuencia de las omisiones o actos constitutivos de la infracción.

c) La circunstancia de haber procedido o no a la **subsanación** de la infracción por propia iniciativa.

d) Las **sanciones** firmes en vía administrativa por infracciones de distinto tipo impuestas al sujeto obligado en los últimos cinco años con arreglo a la Ley de prevención del blanqueo de capitales.

e) El grado de responsabilidad o **intencionalidad** en los hechos que concurra en el sujeto obligado.

f) La **gravedad** y duración de la infracción.

g) Las **pérdidas** para terceros causadas por el incumplimiento.

h) La **capacidad económica** del inculpado, cuando la sanción sea de multa.
i) El nivel de **cooperación** del inculpado con las autoridades competentes.
En todo caso, se gradúa la sanción de modo que la comisión de las infracciones no resulte más beneficiosa para el infractor que el cumplimiento de las normas infringidas.

Prescripción (L 10/2010 art.60) Las **infracciones** muy graves y graves prescriben a los cinco años, y las leves a los dos años, contados desde la fecha en que la infracción hubiera sido cometida. **7875**
En las infracciones derivadas de una **actividad continuada**, la fecha inicial del cómputo es la de la finalización de la actividad o la del último acto con el que la infracción se consume.
En el caso de incumplimiento de las obligaciones de **diligencia debida** el plazo de prescripción se cuenta desde la fecha de terminación de la relación de negocios, y en el de conservación de documentos, desde la expiración del plazo en que deben guardarlos.
Las **sanciones** que se impongan prescriben a los tres años en caso de infracciones muy graves, a los dos años en caso de infracciones graves, y al año en caso de infracciones leves, contados desde la fecha de notificación de la resolución sancionadora.

Procedimiento sancionador (L 10/2010 art.61) La incoación de estos procedimientos sancionadores corresponde al Comité Permanente, a propuesta de la Secretaría de la Comisión. **7876**
La instrucción de los procedimientos sancionadores a que hubiera lugar por la comisión de infracciones corresponde a la Secretaría de la Comisión.
El procedimiento sancionador aplicable al incumplimiento de las obligaciones previstas en la Ley de prevención de blanqueo es el previsto, con carácter general, para el ejercicio de la potestad sancionadora por las Administraciones Públicas.
Es **competente** para imponer las sanciones:
- por infracciones muy graves, el Consejo de Ministros, a propuesta del Ministro de Economía, Comercio y Empresa;
- por infracciones graves, el Ministro de Economía, Comercio y Empresa, a propuesta de la Comisión de Prevención del Blanqueo de Capitales e Infracciones Monetarias;
- por infracciones leves el Director General del Tesoro y Política Financiera, a propuesta del instructor.
El **plazo máximo** para resolver el procedimiento y notificar la resolución es de un año a contar desde la fecha de notificación del acuerdo de incoación, sin perjuicio de la posibilidad de suspensión de la LPAC, y de la ampliación en seis meses adicionales que puede acordar motivadamente por el Secretario de la Comisión, a propuesta del instructor. El transcurso de este plazo determina la caducidad del procedimiento administrativo sancionador, debiendo procederse a dictar nuevo acuerdo de incoación en tanto no haya prescrito la infracción.
La **ejecución** de las resoluciones sancionadoras firmes en vía administrativa corresponde a la Secretaría de la Comisión.

Precisiones **1)** En caso de sanción de **amonestación pública**, una vez sea firme en vía administrativa, se ejecuta en la forma que se establezca en la resolución, siendo en todo caso publicada en el BOE y en la página web de la Comisión, donde permanece disponible durante el plazo de cinco años. En el supuesto en que la sanción publicada haya sido recurrida en vía jurisdiccional, se publica, sin demora, información sobre el estado de tramitación del recurso y el resultado del mismo. **7877**
2) La Secretaría de la Comisión ha de informar a la **Autoridad Bancaria Europea** de todas las sanciones impuestas a las entidades de crédito y financieras, incluido cualquier recurso que se haya podido interponer contra las mismas y su resultado.

Concurrencia de sanciones y vinculación con el orden penal (L 10/2010 art.62) Las infracciones y sanciones establecidas en la normativa de blanqueo se entienden sin perjuicio de las previstas en otras leyes y de las acciones y omisiones tipificadas como **delito** y de las penas previstas en el Código Penal y leyes penales especiales. No pueden sancionarse con arreglo a la normativa por blanqueo las conductas que lo hubieran sido penal o administrativamente, cuando se aprecie identidad de sujeto, hecho y fundamento jurídico. **7878**
Si se estima que los hechos pudieran ser constitutivos de **ilícito penal**, la Secretaría de la Comisión debe dar traslado al Ministerio Fiscal, solicitándole testimonio sobre las actuaciones practicadas al efecto y acordar la suspensión hasta que se reciba la comunicación correspondiente o recaiga resolución judicial. Si el Ministerio Fiscal estimase que no procede actuar penalmente contra todos o alguno de los sujetos obligados, lo comunica a la Secretaría de la Comisión para que pueda continuar el procedimiento administrativo sancionador. Si interpusiera denuncia o querella, comunica dicha circunstancia a la Secretaría de la Comisión.
La **resolución** que se dicte en el procedimiento administrativo sancionador debe respetar, en todo caso, los hechos declarados probados en la sentencia.

C. Represión del delito de blanqueo de capitales

7880

7882 **Delito de blanqueo de capitales** (CP art.127, 131, 301 a 304) La regulación penal del blanqueo se recoge en el Código Penal, dentro del Capítulo XIV dedicado a la receptación y el blanqueo de capitales del Título XIII dedicado a los delitos contra el patrimonio y contra el orden socio-económico.

El delito de blanqueo de capitales sanciona aquellas conductas que tienden a incorporar al tráfico legal los bienes, dinero y ganancias obtenidas en la realización de **actividades delictivas**, de manera que, superado el proceso de lavado, se pueda disfrutar jurídicamente de ellos sin ser sancionado.

El **bien jurídico protegido** del delito de blanqueo es fundamentalmente el orden socio-económico, en la medida en que afecta a la solidez, transparencia y credibilidad sobre la que se asienta el sistema financiero y conlleva situaciones de competencia. Pero incide también sobre el normal funcionamiento de la Administración de justicia, al dificultar la averiguación de los delitos y de sus responsables. Se trata, pues, de un delito pluriofensivo, que pretende evitar la contaminación de todo el sistema socio-económico por la corrupción. Y es autónomo, de forma que no es necesario que exista una previa condena por el delito subyacente.

Su **consumación** o perfeccionamiento, al tratarse de un delito de actividad, se produce con la realización de cualquiera de las conductas típicas, sin que se exija ningún resultado. No es necesario que la persona que blanquee tenga un ánimo de lucro, puede hacerlo también por amistad o por otros motivos. Pero, si el culpable hubiera obtenido ganancias por esa actividad, corresponde decomisarla.

El proceso del blanqueo de capitales suele comprender **tres fases**:

- la introducción en el sistema económico del dinero en efectivo;
- el oscurecimiento de dicho dinero; y
- la integración de los capitales cuando los fondos ilícitos se han distanciado ya del delito previo y han adquirido finalmente una apariencia de legalidad.

La **prescripción** del delito de blanqueo se produce a los diez años.

Precisiones Para que unos hechos sean constitutivos del delito de blanqueo de capitales es necesario probar la relación entre las cuotas dejadas de ingresar y la adquisición de los bienes concretos que han servido para lavar los fondos de origen dudoso. Las operaciones de adquisición, conversión, transmisión, ocultación o encubrimiento de las concretas cuotas defraudadas de los distintos ejercicios fiscales no se detallan, por tanto, no existe **concreción factual** alguna lo que hace que la motivación fáctica sea claramente insuficiente para que se pueda efectuar la subsunción en el delito de blanqueo (TS Penal 11-3-14, EDJ 38793).

7884 **Distinción de figuras afines** El delito de blanqueo se regula como una figura afín a la receptación, por lo que conviene diferenciarlo de dicha figura, así como del encubrimiento:

a) La **receptación** (CP art.298) exige en el agente ánimo de lucro, a diferencia del delito de blanqueo de capitales, que ni lo exige ni lo excluye. Además, la receptación se castiga sólo respecto de delitos patrimoniales y socioeconómicos, mientras que el blanqueo puede referirse a cualquier delito. Asimismo, la receptación exige que el receptador no haya intervenido ni como autor ni como cómplice en el delito de procedencia de los efectos, sin que ese requisito se exija en la tipificación del delito de blanqueo.

b) El **encubrimiento** (CP art.451 s.) castiga al que, con conocimiento de la comisión de un delito y sin haber intervenido en el mismo como autor o cómplice, interviene con posterioridad a su ejecución, auxiliando a los autores o cómplices para que se beneficien del provecho, producto o precio del delito, sin ánimo de lucro propio. El delito de blanqueo no exige la falta de intervención en el delito antecedente en calidad de autor o cómplice. Por tanto, el blanqueo es un delito autónomo que por el principio de especialidad excluye el encubrimiento genérico.

La receptación y el encubrimiento no pueden suponer una **pena privativa de libertad** que exceda de la señalada al delito encubierto, pero en el blanqueo no se establece esa limitación.

Tanto el blanqueo como la receptación y el encubrimiento coinciden en que su **realización** trae causa en otro delito antecedente. En todos estos casos existen dos delitos: el primero de ellos es el llamado delito fuente, antecedente o subyacente, y el segundo se refiere a las actividades de receptación, encubrimiento o blanqueo de capitales.

Precisiones El **delito fiscal** no lleva aparejada necesariamente el delito de blanqueo, en la medida en que la mera utilización de las ganancias asociadas a la cuota defraudada no entraña de suyo la comisión del blanqueo (TS Penal 29-4-15, EDJ 73564).

Modalidades del delito de blanqueo de capitales (CP art.301) Se pueden distinguir dos grandes modalidades de delito de blanqueo: 7886
- dolosa (nº 7887); e
- imprudente (nº 7888).

Asimismo se va a analizar el autoblanqueo de capitales (nº 7890).

Modalidad dolosa (CP art.301.1 y 2) Dentro del mismo se distingue: 7887

a) Modalidad **general** de blanqueo. Su tipo comprende:
- adquirir, convertir o transmitir bienes sabiendo que tienen su origen en un delito. Se requiere que el autor sepa que los bienes tienen origen delictivo;
- realizar cualquier otro acto para ocultar o encubrir el origen ilícito de los bienes. Se requiere una finalidad concreta de ocultación o encubrimiento; y
- realizar cualquier otro acto para ayudar a la persona que haya participado en la infracción o infracciones a eludir las consecuencias legales de sus actos.

Esta modalidad constituye una forma de favorecimiento personal, de encubrimiento personal específico y cualificado, que prima sobre el encubrimiento general (CP art.451) en virtud del principio de especialidad.

b) Modalidad de **blanqueo «en cadena»**. Su tipo comprende la ocultación o encubrimiento de la verdadera naturaleza, origen, ubicación, destino, movimiento o derechos sobre los bienes o propiedad de los mismos, a sabiendas de que proceden de algunos de los delitos expresados en la letra a) anterior, o de un acto de participación en ellos.

Esta modalidad castiga la segunda fase del proceso legitimador de los capitales. Si en la primera fase la conducta castigada se refiere a los bienes ilícitamente obtenidos, aquí se castiga la ocultación que encubre la naturaleza, origen, ubicación, movimiento o destino que supone la transformación o sustitución de los bienes ilícitamente obtenidos. Por tanto, se persigue también el encubrimiento de un encubrimiento anterior, el que tuvo por objeto a los mismos bienes obtenidos ilícitamente.

Precisiones **1)** El blanqueo tiene un **carácter finalista**, ya que se fundamenta en la voluntad de ocultación o ayuda. La mera adquisición, posesión, utilización, conversión o transmisión de bienes si no se consigue demostrar la finalidad pretendida de ocultar, encubrir o ayudar se consideran actos neutros que no se pueden sancionar.

2) La jurisprudencia define el delito de blanqueo de acuerdo con la denominada **doctrina de la finalidad del acto**, señalando que el blanqueo de capitales es el proceso en virtud del cual los bienes de origen delictivo se integran en el sistema económico legal con apariencia de haber sido adquiridos de forma lícita, por lo que el delito tiende a conseguir que el sujeto obtenga un título jurídico, aparentemente legal, sobre bienes procedentes de una actividad delictiva previa (TS Penal 29-4-15, EDJ 73564).

3) El delito de blanqueo de capitales no se consuma con el **simple disfrute**, gasto o trasmisión de lo procedente del delito (lo que no es más que agotamiento del delito previo, es decir, un acto copenado), sino que requiere un elemento subjetivo: han de tratarse operaciones realizadas con la específica finalidad de ocultar o encubrir el origen delictivo (TS Penal 8-6-18, EDJ 93970).

Modalidad imprudente (CP art.301.3) Se contempla de forma la comisión por imprudencia grave. El Convenio de Estrasburgo de 1990 faculta a los países para tipificar el delito cuando el delincuente debiera haber presumido que los bienes eran producto de un delito. 7888

El tipo imprudente parece especialmente construido pensando en que respondan penalmente de las consecuencias de sus actos los sujetos obligados por la Ley de prevención del blanqueo de capitales a realizar determinadas actuaciones de **prevención** de blanqueo, en el caso de que incumplan las medidas exigidas por la normativa de prevención. En estos casos, la imprudencia viene determinada por el incumplimiento de la diligencia o cuidado que les era exigible. Actúa imprudentemente quien ignora el origen ilícito de los bienes por haber incumplido el **deber objetivo** de cuidado. La imprudencia supone que el sujeto no conocía el origen delictivo de los bienes, pero por las circunstancias del caso se encontraba en condiciones de sospechar de su procedencia ilícita y de evitar la conducta de blanqueo con solo haber observado la más elemental cautela.

Se trata de un delito común (lo puede cometer cualquier persona), pero los casos más habituales se dan en los sujetos obligados por la normativa de blanqueo de capitales (nº 7825 s.), como los bancos, y no cumplen adecuadamente sus obligaciones de diligencia debida.

La comisión imprudente del delito de blanqueo de capitales está relacionada con la responsabilidad civil asociada a este delito (CP art.120.3).

7889 Precisiones 1) En el tipo culposo no es exigible que el sujeto sepa la **procedencia de los bienes**, sino que por las circunstancias del caso esté en condiciones de conocerlas sólo con observar las cautelas propias de su actividad y, sin embargo, ha actuado al margen de tales cautelas o no observando los deberes de cuidado que le eran exigibles y los que, incluso, en ciertas formas de actuación, le imponían normativamente averiguar la procedencia de los bienes o abstenerse de operar sobre ellos, cuando su procedencia no estuviere claramente establecida (TS Penal 2-12-09, EDJ 299977).

2) Se condena a un **asesor fiscal y contable** que, sin participar en tráfico de drogas ni conocer sus pormenores, intuía el origen del dinero que recibía de otro acusado, ayudándole a ocultar la titularidad del patrimonio mediante entramado financiero y societario con entorno familiar del último, asesorando en inversiones financieras, dando así una apariencia de legalidad a los fondos con origen en el delito citado, sin cumplir con todas las obligaciones de información al SEPBLAC. El asesor fiscal había participado de forma activa en la formación de un entramado societario formado por mercantiles españolas, gibraltareñas y holandesas, contando con apoderamientos amplios para comprar y vender inmuebles en nombre de las mismas (TS Penal 23-9-10, EDJ 206786).

3) Se aprecia delito de blanqueo de capitales por imprudencia en el cuñado de la persona que le suministró el dinero que se ingresó en Andorra, al conocer sus **antecedentes penales** con el tráfico de drogas procedente de América, y dada la importante cuantía de los ingresos, su dispersión y la utilización de cuentas diferentes (TS Penal 26-12-08, EDJ 272920).

4) Existe comisión por imprudencia de blanqueo de capitales, en un caso de una red de oficinas de **cambio de divisas**, que logra blanquear grandes cantidades de dinero a lo largo de tres años, dado que estaba vinculada con narcotraficantes, se aprecia aumento desproporcionado del patrimonio, y no existen negocios lícitos que lo justifiquen (TS Penal 28-1-10, EDJ 11528).

5) En el delito de blanqueo por imprudencia grave no es exigible que el sujeto sepa la **procedencia de los bienes**, sino que por las circunstancias del caso esté en condiciones de conocerla sólo con observar las cautelas propias de su actividad y sin embargo no lo haya hecho. Se aprecia la existencia de este delito dado que, conociendo la actividad de tráfico de drogas de su marido, permitió que usara sus datos para realizar envíos de dinero procedente del narcotráfico a Colombia (TS Penal 23-9-20, EDJ 663686).

7890 **Autoblanqueo** Se define como tal al blanqueo de capitales realizado por la persona o personas que cometieron la actividad delictiva que haya generado los bienes, es decir, por el autor del delito subyacente. El **tipo penal** señala expresamente que puede ser cometida por él o por cualquiera tercera persona, con lo que contempla directamente el autoblanqueo.

En general, el **autoencubrimiento** queda absorbido por el delito principal y resulta impune, salvo que los actos practicados por el propio sujeto constituyan por sí mismo un nuevo delito. Esto es lo que sucede con el autoblanqueo.

Con la tipificación del autoblanqueo se pone fin al debate de las diferentes **opiniones doctrinales y jurisprudenciales** al respecto, acogiendo la doctrina puesta ya de manifiesto por algunas sentencias del Tribunal Supremo sobre la posibilidad de que el autor del delito precedente pueda responder también por blanqueo (TS Penal 28-7-01, EDJ 29155; Penal 17-4-06, EDJ 59554; Acuerdo TS Pleno no Jurisdiccional 18-7-06, EDJ 418188).

Pero, una cosa es que pueda sancionarse el autoblanqueo y otra distinta, en qué casos excepcionales debe aplicarse. Por eso, la posibilidad de condenar por autoblanqueo es uno de los problemas más discutidos por la doctrina y cuyos límites está intentando precisar la jurisprudencia.

Precisiones 1) Es posible el autoblanqueo, sin que su sanción separada del tráfico de drogas vulnere el principio ne bis in idem, pues no se trata de un mero disfrute de las ganancias derivadas de dicho delito, sino de una nueva **acción delictiva separada** que vulnera un bien jurídico diferente (TS Penal 29-4-15, EDJ 73564; Penal 8-7-15, EDJ 136434).

2) En las actividades típicas donde el autoblanqueo no conlleva un doble desvalor, la aplicación del criterio del **concurso real** no puede devenir automática, tanto más con la expansión del tipo de blanqueo tras la reforma de 2010, que puede conllevar en el sentir de la doctrina a «un resultado insatisfactorio», «desmedido», «cuestionable desde consideraciones dogmáticas y político-criminales» que produce «perplejidad», «extrañas consecuencias», «absurdas», así como «supuestos paradójicos» que nos colocan en los límites de lo punible y pueden rozar el «esperpento» o «alcanzar niveles ridículos». Resulta de suma dificultad aplicar determinadas actividades típicas del delito de blanqueo al propio autor del delito previo o determinante (TS Penal 26-11-14, EDJ 216384).

7891 **Prueba indiciaria de cargo** Generalmente, para demostrar las circunstancias exigidas por el blanqueo de capitales, se debe acudir a pruebas indiciarias.

En relación con esta prueba la **jurisprudencia** exige:

- una pluralidad de indicios o uno con gran potencia incriminatoria;
- que los hechos en los que se basan los indicios estén plenamente acreditados;
- que los indicios no queden desvirtuados por otras pruebas o contraindicios;
- que estos indicios estén interrelacionados entre sí y sean concomitantes al hecho a probar;
- que tengan naturaleza inequívocamente acusatoria; y

- que se haya explicitado el juicio de inferencia de un modo razonable quedando enlazado directamente con el hecho consecuencia según las reglas de la lógica, de la experiencia y del criterio humano (TS Penal 17-11-15, EDJ 230615; Penal 21-6-17, EDJ 124828).

La **valoración** de los indicios debe ser de forma conjunta y no aisladamente, ya que la fuerza probatoria de la prueba indiciaria procede precisamente de la interrelación y combinación de los mismos.

Como **elementos indiciarios** significativos destacar:

- el importe de la cantidad del dinero blanqueado;
- la vinculación de los autores con actividades ilícitas o con personas o grupos relacionados con ellas;
- lo inusual o desproporcionado del incremento de patrimonio del sujeto;
- la naturaleza y características de las operaciones llevadas a cabo (como el uso abundante de dinero en metálico);
- la inexistencia de justificación lícita de los ingresos que permiten la realización de esas operaciones;
- la debilidad de las explicaciones acerca del origen lícito de esos capitales;
- la existencia de sociedades «pantalla» o entramados financieros que no se apoyen en actividades económicas acreditadamente lícitas;
- las alteraciones documentales;
- la utilización de testaferros;
- el fraccionamiento de ingresos en bancos;
- las relaciones con jurisdicciones no cooperativas;
- los cambios sistemáticos o continuos de dinero;
- los medios anómalos de transporte de dinero (maletas, cajas, etc.);
- las importaciones que nunca llegan a producirse;
- la utilización de identidades supuestas;
- la existencia de negocios carentes de actividad comercial; y
- la carencia de clientes, trabajadores y gastos operativos habituales de los supuestos negocios; etc.

Precisiones **1)** Se aprecia como prueba a efectos del blanqueo de capitales, el que el acusado estuvo condenado con anterioridad por tráfico de drogas, que se dedica a la distribución de estupefacientes, que no consta **actividad laboral** y que es titular de diversas cuentas en las que efectúa ingresos en efectivo (TS Penal 8-4-10, EDJ 53523; Penal 4-6-07, EDJ 70160). **7892**

2) Los **elementos incriminatorios** que permiten alcanzar la certeza de estar en presencia de un delito de blanqueo de capitales productos del narcotráfico se fundamente en tres elementos que deben concurrir: a) incrementos patrimoniales injustificados u operaciones financieras anómalas o inusuales; b) inexistencia de actividad económica o comercial alguna o insuficiencia manifiesta de la existente que pudiera justificar tales incrementos, y c) vinculación de la persona concernida con un delito grave actividades de tráfico ilícito de estupefacientes, bien de una manera directa o a través de personas de su círculo más próximo (TS Penal 1-12-06, EDJ 358849; Penal 2-2-21, EDJ 503846).

3) Para el enjuiciamiento de delitos de blanqueo de bienes de procedencia ilegal, la **prueba indiciaria** aparece como el medio más idóneo y, en la mayor parte de las ocasiones, único posible para tener por acreditada su comisión. Esto no quiere decir que se produzca una relajación de las exigencias probatorias, sino el recurso a otra forma de probanza que puede conducir al siempre exigible grado de certeza objetiva preciso para un pronunciamiento penal condenatorio (TS 7-2-14, EDJ 11721).

4) No se desprenden del relato fáctico los elementos integrantes del delito de blanqueo, ya que en el mismo debería constar en todo caso que los **traspasos de dinero** tenían como finalidad ocultar o encubrir bienes para integrarlos en el sistema económico legal, con apariencia de haber sido adquiridos de forma lícita. En este caso, de la prueba practicada lo único que se desprende es que el traspaso de fondos tiende a esconder el producto del delito y a asegurar su disfrute, pero no implica el encubrimiento de su origen ilícito ni su desvinculación de la actividad delictiva de la que procedían, ni la integración en el sistema económico legal con apariencia de haber sido adquiridos de forma lícita (TS Penal 9-2-22, EDJ 506434).

5) La condena por delito de blanqueo exige la certeza más allá de toda duda basada en **parámetros objetivos y racionales**, de ese origen delictivo de los fondos manejados, con independencia de que el delito en cuestión quede perfectamente definido, sin necesidad de que exista una condena previa. Pero una cosa es que la existencia del previo delito pueda afirmarse sin previa condena, y otra que la prueba del mismo no sea tan exigible como lo es la relativa a cualquiera otros de los elementos del tipo (TS Penal 11-1-22, EDJ 503901). **7893**

6) La puesta en marcha de una estructura delictiva de transformación contamina, mientras se mantenga activa, todas las operaciones posteriores de diversificación o integración. El delito de blanqueo puede ser descrito como un proceso temporal y dinámico, lo que explica su singular estructura comisiva integrada por una **pluralidad de acciones**, cada una de las transformaciones

sucesivas sigue formado parte del delito unitario de blanqueo, lo que permite establecer como último momento consumativo el de la última acción de transformación (TS Penal 8-4-21, EDJ 527149).
7) Para el delito de blanqueo es suficiente con conocer la relevancia penal del hecho precedente que motiva el ocultamiento o transformación de los bienes, y la finalidad de incorporación de los bienes al tráfico económico legal. Se aprecia la existencia de delito de blanqueo en el caso de un **asesor fiscal y contable** que mediante la utilización de sociedades oculta el origen ilícito de dinero procedente del acusado, y del hombre de confianza que adquiere inmuebles, apertura cuentas, recibe dinero directamente o de sociedades extranjeras vinculadas a la actividad delictiva, con el fin de ocultar e introducir en el mercado el dinero recibido, conociendo por el gran volumen de actividad y cercanía con el acusado el origen delictivo de lo recibido (TS Penal 9-12-20, EDJ 762436).

7894 **Penalidad y subtipos agravados** (CP art.301.1, 2 y 3, 302, 303 y 304) Para los tipos básicos del **delito doloso** se prevé pena de prisión de seis meses a seis años y multa del tanto al triplo del valor de los bienes blanqueados, admitiendo la posibilidad de imponer pena de inhabilitación especial para el ejercicio de profesión o industria por tiempo de uno a tres años, y acordar la medida de clausura temporal o definitiva del establecimiento o local.
En caso de **delito culposo** se prevé pena de prisión de seis meses a dos años y multa del tanto al triplo del valor de los bienes blanqueados.
Se establecen los siguientes **supuestos de agravación** de las penas:
- cuando los bienes tengan su origen en alguno de los **delitos** relacionados con el tráfico de drogas, de trata, explotación sexual, corrupción, delitos contra los derechos de los ciudadanos extranjeros, delitos sobre ordenación del territorio y urbanismo, cohecho, tráfico de influencias, malversación, fraudes y exacciones ilegales o abuso de ejercicio de funciones públicas, se impone la pena en su mitad superior;
- cuando sean cometidos por quienes pertenezcan a las **organizaciones** dedicadas a los fines indicados en el guion anterior, se impone la pena en su mitad superior, y para quienes dirijan esas organizaciones, la pena en grado superior;
- cuando quien cometa la infracción sea un sujeto obligado conforme a la normativa de **prevención del blanqueo** (nº 7825 s.) y lo haga en el ejercicio de su actividad profesional, también se impone la pena en su mitad superior;
- cuando las conductas sean realizadas por **empresarios**, intermediarios en el sector financiero, facultativos, funcionarios públicos, trabajadores sociales, docentes o educadores, en el ejercicio de su cargo se impone, además, penas de inhabilitación.
Se castiga con **penas inferiores** en uno o dos grados la provocación, conspiración o proposición para cometer cualquiera de las modalidades de blanqueo de capitales.

7896 **Delitos subyacentes en el blanqueo de capitales** En el blanqueo de capitales se dan realmente dos delitos: un delito fuente, antecedente o subyacente, y el delito de blanqueo del dinero que persigue dar una apariencia lícita a los bienes y derechos procedentes de la actividad delictiva. Así, constituye un **presupuesto** de la existencia del delito de blanqueo de capitales la existencia de un delito previo, que sea el origen de los bienes objeto del blanqueo.
En el delito de blanqueo de capitales se exige la existencia de una **ganancia** procedente de una actividad delictiva, por lo que no todo delito puede ser delito fuente del de blanqueo de capitales.
Inicialmente, el delito de blanqueo de capitales se limitaba a los casos en los que el delito subyacente era el tráfico de estupefacientes. Pero, posteriormente, se fue ampliando la gama de posibles delitos subyacentes. Actualmente, se admite que **cualquier delito** puede ser precedente del delito de blanqueo, siempre y cuando se pueda obtener una ganancia o rendimiento económico del mismo.
Una de cuestiones más debatidas por la doctrina a este respecto ha sido si el delito fiscal puede generar unas ganancias delictivas que puedan constituir el delito subyacente del blanqueo de capitales.

Precisiones **1)** Puede existir un delito de blanqueo, aunque el autor o cómplice del delito subyacente sea una persona considerada **irresponsable penalmente** o que esté personalmente exenta de pena (CP art.300).
2) La jurisprudencia considera al blanqueo un **delito autónomo**, y ha llegado a considerar en algunos casos que no se exige la previa condena o la existencia de un procedimiento judicial sobre el delito precedente o subyacente, y que el delito precedente recaiga sobre un hecho o acto concreto sino sobre una actividad delictiva.
3) El delito de blanqueo puede perseguirse en España, aunque el delito del que provengan los bienes o lo actos de blanqueo se hayan cometido, total o parcialmente, en el **extranjero** (CP art.301.4).
4) No es necesaria una **condena previa** por el delito origen de los bienes que se blanquean, bastando con que el sujeto activo conozca que los bienes tengan como origen un hecho típico y antijurídico, lo que se puede acreditar por prueba indiciaria, no exigiéndose un conocimiento preciso o exacto del delito previo (TS Penal 17-4-06, EDJ 59554; Penal 4-6-07, EDJ 70160).

5) Para condenar por el delito de blanqueo de capitales no se requiere una condena por los **delitos anteriores**, pero es necesaria la constatación de que los bienes que se introducen en el mercado proceden de una actividad delictiva, sin que sea preciso probar las acciones concretas que conforman esa actividad previa al blanqueo (TS Penal 26-4-17, EDJ 58318).

Delito fiscal A efectos de analizar si los **delitos contra la Hacienda Pública** pueden constituir delitos antecedentes del delito de blanqueo de capitales, suelen distinguirse las siguientes modalidades del delito fiscal: **7897**
a) En el fraude por la **obtención indebida devoluciones** tributarias o de **subvenciones** y **ayudas** falseando las condiciones requeridas para su concesión u ocultando las que la hubiesen impedido, no se plantean normalmente problemas sobre la concurrencia con el delito de blanqueo.
Se produce la obtención de una ganancia o rendimiento económico claramente identificable que procede de estas modalidades del delito fiscal y que son susceptibles de blanqueo. No resulta coherente admitir que el delito de estafa pueda ser antecedente del de blanqueo (por ejemplo, TS Penal 19-12-03, EDJ 209407) y rechazar esa posibilidad para el delito fiscal, ya que esto supondría hacer de mejor condición al que defrauda a la Hacienda Pública que al que defrauda a un particular.
b) En la defraudación de cuotas por **elusión del pago del tributo**, la cuestión es más compleja y se han planteado algunas dudas. Así sucede cuando junto a los bienes provenientes de la actividad delictiva concurren otros de origen lícito. Los movimientos que se efectúen con fondos de fuente lícita por definición no pueden constituir delito de blanqueo, lo que no obsta a que la fungibilidad del dinero haya de ser tenida en cuenta para no llegar a simplistas e inadmisibles soluciones de impunidad en virtud de argumentos con visos de sofisma.
En este caso, no todo el dinero del defraudador fiscal proviene de un delito; solo cabe colgar esa etiqueta a una parte del mismo: la equivalente a la cuota defraudada. El blanqueo de capitales exige la concreción de un **objeto específico** o una pluralidad de bienes igualmente determinados que proceden de una actividad delictiva, lo que no resulta fácil cuando se trata de dinero, que es fungible por excelencia. Por eso, la posibilidad de que el fraude fiscal constituya delito previo del blanqueo requiere que durante la investigación se pueda identificar razonablemente la parte de los bienes del patrimonio del defraudador que constituyen la cuota tributaria (TS Penal 8-6-18, EDJ 93970).

Precisiones **1)** Se aprecia la **concurrencia** de delito fiscal y delito de blanqueo, sin vulneración del principio non bis in ídem. El blanqueo es un es un delito autónomo (TS Penal 5-12-12, EDJ 298612). **7898**
2) No se aprecia delito de blanqueo de capitales dado que se acusa de reinvertir lo obtenido mediante el delito fiscal, pero no existe concreción suficiente, hablándose genéricamente de una **reinversión** en bienes inmuebles o sociedades (TS Penal 11-3-14, EDJ 38793).

CAPÍTULO 11

Limitación a los pagos en efectivo

(L 7/2012 art.7)

En aquellas operaciones en las que una de las partes actúa en calidad de **empresario o profesional**, pueden existir limitaciones al pago en efectivo cuando estas son por importe igual o superior al límite legal. No obstante, existen pagos en efectivo excluidos de la prohibición, entre otros, los pagos e ingresos realizados en entidades de crédito. 7901
Ligado a esta limitación se establece un **régimen sancionador**, fijándose las reglas básicas del procedimiento y de la competencia para su tramitación (nº 7950 s.).
A continuación se va analizar el régimen vigente a partir del 11-7-2021. Para la regulación anterior, ver el nº 7900 s. Memento Inspección de Hacienda 2019-2020.

A. Ámbito de aplicación de la limitación de pagos en efectivo

(L 7/2012 art.7.Uno)

Como **regla general**, no pueden pagarse en efectivo las operaciones en las que alguna de las partes intervinientes actúe en calidad de empresario o profesional, con un importe igual o superior a 1.000 euros o su contravalor en moneda extranjera, salvo en el caso de algunos pagos e ingresos realizados en determinadas entidades (nº 7919). Por tanto, el objeto de la prohibición se refiere al pago en efectivo en las operaciones empresariales o profesionales, cuando supere determinado importe. 7902
Asimismo se va a analizar la obligación de conservar los justificantes (nº 7922).
En el **ámbito europeo** se ha aceptado la posibilidad de establecer limitaciones al pago en efectivo mediante billetes denominados en euros con las siguientes condiciones (TJUE 26-1-21, asuntos acumulados C-422/19 y C-423/19):
- la normativa no debe tener por objeto regular el curso legal de los billetes denominados en euros;
- no llevar de hecho o de Derecho a la supresión de dichos billetes;
- se haberse adoptado por motivos de interés público;
- la limitación debe ser idónea para la consecución de su objetivo; y
- no superar los límites de lo necesario para alcanzarlo, en función de los medios legales alternativos existentes para cumplir con la obligación pecuniaria.

Conceptos (L 7/2012 art.7) Para una mejor comprensión de la norma y ver si se exceden de los límites establecidos, resulta preciso analizar los siguientes conceptos: 7903
- operación (nº 7904 s.);
- pago (nº 7906 s.);
- efectivo (nº 7908); y
- empresario o profesional (nº 7909 s.).

Operación El concepto de operación es muy genérico y extenso, por lo que puede referirse a cualquier tipo de **negocio, trabajo, actuación o ejecución**. 7904
Este concepto amplio coincide con la finalidad de la norma, que es el control del posible dinero negro en cualquier acto o negocio jurídico en el que intervengan cobros/pagos de dinero, cualquiera que sea su naturaleza jurídica.
A este respecto, la **terminología** utilizada por la norma resulta algo ambigua y falta de precisión. Su ámbito de aplicación es amplio y al referirse a «operaciones» se hace alusión a aquellas en las que al menos una de las partes intervenga en calidad de empresario o profesional con sus clientes, proveedores, comisionistas, agentes, colaboradores, trabajadores, acreedores, deudores, prestamistas, etc. Por tanto, quedan **incluidas**, además de la entrega de bienes y prestaciones de servicios, las operaciones de préstamos (aunque la norma excluye expresamente las que realizan las entidades de crédito, así como las realizadas entre particulares),

las operaciones societarias (se incluirían las aportaciones dinerarias de capital y sus primas, las reducciones de capital con devolución de aportaciones dinerarias y los pagos de dividendos) y el reparto de dividendos.

7905 Ejemplo Se plantea si quedan sometidos a esta limitación los pagos de las nóminas por los empresarios y profesionales a sus trabajadores cuando su cuantía es igual o superior a 1.000 euros.
Se trata de una operación (prestación de servicios) en la que una de las partes intervinientes actúa en calidad de empresario o profesional, por lo que se encuentra sometido a la prohibición de pago en efectivo si el importe de la operación es igual o superior a 1.000 euros. El que la operación se pudiera encontrar no sujeta (LIVA art.7.5º) o exenta del IVA, no afecta a la limitación a los pagos en efectivo.

7906 **Pago** Los conceptos de operación y pago, que se completan a estos efectos, son los que delimitan la prohibición de los pagos en efectivo que superen determinado importe. A estos efectos:
- no resulta aplicable esta prohibición cuando las operaciones no supongan ningún tipo de pago **dinerario** (ejemplo, una permuta), ni cuando el pago no llegue a producirse (al resultar incobrable el crédito);
- dado que no se prohíbe el pago en efectivo con carácter general sino solo a partir de determinado importe, hay que tener en cuenta que la fijación de este **importe** se hace fundamentalmente en función del concepto de operación. Por ejemplo, en una operación de 2.700 euros que es satisfecha en tres pagos de 900 euros, si la prohibición se limitara a que no pueden hacerse pagos en efectivo superiores a 1.000 euros, los pagos anteriores no atentarían contra dicha prohibición. Por eso resulta imprescindible que la prohibición se establezca no solo en función del pago, sino también del concepto de operación. Si se trata de una operación única, se suman los importes de todos los pagos para determinar si se supera o no el importe de la prohibición.

Así, el **presupuesto de la prohibición** que hace referencia a que no pueden pagarse en efectivo las operaciones, incluye la acción de pagar, pero delimitada en relación con una operación (L 7/2012 art.7.Uno.1). En consecuencia, aunque la operación supere la cuantía de 1.000 euros, puede ocurrir que el pago dinerario no exista o no alcance el citado límite, no resultando de aplicación la prohibición. En estos casos, debe tenerse en cuenta si el importe del pago dinerario alcanza o no el límite de la prohibición.

7907 Ejemplo Entre dos sociedades que realizan actividades económicas, se acuerda la realización de una permuta de un vehículo industrial valorado en 10.000 euros por una maquinaria valorada en 7.000 euros, pagando el resto en metálico.
Se trata de una operación (entrega de bienes) en la que ambas partes intervinientes actúan en calidad de empresario o profesional (al tratarse de maquinaria y vehículos industriales) por lo que se encuentra sometido a la prohibición de pago en efectivo si el importe de los pagos dinerarios que corresponden a la operación es igual o superior a 1.000 euros. En este caso, el pago dinerario es de 3.000 euros, por lo que la operación se encuentra sometida a la prohibición en relación con dicha cuantía, pero no respecto de los 7.000 euros restantes.

7908 **Efectivo** (L 7/2012 art.7.Uno.3) Haciéndose referencia a un **concepto amplio** de efectivo, se hace remisión a los medios de pago definidos en la normativa de blanqueo de capitales (nº 7865, L 10/2010 art.34.3).

Debe tenerse en cuenta que en la norma se establece una serie de **exclusiones específicas** (nº 7919). Por ello, al quedar, por ejemplo, los pagos e ingreso en entidades de crédito fuera de la prohibición, existen medios de pago distintos al efectivo que pueden utilizarse para pagar cuantías superiores a 1.000 euros, entre ellos se pueden señalar, a título ilustrativo, las transferencias bancarias, las domiciliaciones de los recibos girados por proveedores o acreedores, los pagos a través de tarjetas de crédito o débito, los pagos por medio de cheques bancarios nominativos, los pagos a un proveedor o acreedor por medio de ingresos en una cuenta bancaria de estos, etc.

Además, en la actualidad han ido apareciendo **sistemas de pago electrónicos** que son utilizados como medio de pago al portador y que presentan una facilidad de uso y seguridad en las transacciones igual o superior al tradicional papel moneda, como ocurre con los pagos por Internet. Sin embargo, algunos de estos medios de pago podrían no resultar transparentes respecto de las partes intervinientes en la operación, pudiendo resultar opacos respecto de la identificación del pagador. Además, los servidores de las empresas que prestan estos servicios podrían encontrarse en países cuya legislación no admite que se informe sobre la identidad de los intervinientes en los pagos.

Empresario o profesional (CCom art.1 y 3; LIRPF art.27; LIVA art.5) Las limitaciones a los pagos en efectivo se refieren a las operaciones en las que al menos uno de los intervinientes participa en calidad de empresario profesional, excluyendo las operaciones entre **particulares**. No obstante, en caso de incumplimiento de la prohibición, son sujetos infractores tanto el empresario que cobra en efectivo como el particular que paga en efectivo (nº 7951). 7909
Para saber cuándo se entiende que una persona o entidad actúa en calidad de empresario o profesional, se debe acudir a otras normas:
a) La definición de **comerciante** comprende a las personas que se dedican a ejercer el comercio de forma habitual y a las compañías que se constituyan con arreglo al Código de Comercio. Se presume el ejercicio habitual del comercio desde que una persona que desarrolle actividades empresariales -no profesionales ni agrícolas- anuncie un establecimiento que tenga por objeto alguna operación mercantil por medio de periódicos, carteles, rótulos expuestos al público u otros medios.
b) La definición de **actividad económica**, en el ámbito de las personas físicas, hace referencia a la ordenación por cuenta propia de los medios de producción y de recursos humanos o de uno de ambos, con la finalidad de intervenir en la producción o distribución de bienes o servicios. En particular, se consideran las actividades extractivas, de fabricación, comercio o prestación de servicios, incluidas las de artesanía, agrícolas, forestales, ganaderas, pesqueras, de construcción, mineras, y el ejercicio de profesiones liberales, artísticas y deportivas.
c) La definición de **empresario o profesional** se refiere expresamente al concepto de empresario y profesional y no a otros conceptos relacionados (como los de comerciante o de actividad económica), incluyendo tanto a las personas físicas como a las jurídicas No obstante, esta definición de la LIVA indica que se refiere a los efectos de lo dispuesto en la propia LIVA, sin que la regulación de la limitación de los pagos en efectivo remita directamente a esta definición.

Por tanto, de conformidad con la LIVA, han de ser considerados empresarios o profesionales las siguientes personas y entidades: 7910
1. Las personas o entidades que realicen las actividades empresariales o profesionales, entendiéndose por tales las que impliquen la **ordenación por cuenta propia** de factores de producción materiales y humanos o de uno de ellos, con la finalidad de intervenir en la producción o distribución de bienes o servicios. En particular, tienen esta consideración las actividades extractivas, de fabricación, comercio y prestación de servicios, incluidas las de artesanía, agrícolas, forestales, ganaderas, pesqueras, de construcción, mineras y el ejercicio de profesiones liberales y artísticas.
2. Las **sociedades mercantiles**, salvo prueba en contrario.
3. Quienes realicen una o varias entregas de bienes o prestaciones de servicios que supongan la **explotación de un bien** corporal o incorporal con el fin de obtener ingresos continuados en el tiempo. En particular, los arrendadores de bienes.
4. Quienes efectúen la **urbanización de terrenos** o la promoción, construcción o rehabilitación de edificaciones destinadas, en todos los casos, a su venta, adjudicación o cesión por cualquier título, aunque sea ocasionalmente.
5. Quienes realicen a título ocasional las **entregas de medios de transporte** nuevos exentas del IVA.
Asimismo, esta norma establece que se presume el ejercicio de actividades empresariales o profesionales en los supuestos a que se refiere la normativa mercantil (letra a) del nº 7909), y cuando para la realización de las operaciones a que se refiere la LIVA se exija contribuir por el IAE.

Ejemplos **1)** Se vende una vivienda entre dos particulares por importe en efectivo de 270.000 euros. 7912
Esta operación no está sujeta a la prohibición, dado que se excluye de la limitación a los pagos en efectivo cuando ambos intervinientes son particulares.
2) Una persona, que es el titular de un restaurante, vende su vivienda a un particular.
En este caso, el vendedor no actúa en calidad de empresario o profesional, dado que transmite un bien que no se encuentra afecto a su actividad de restauración, sino que se trata de un bien particular no afecto, su vivienda. Por eso, si lo transmite a un particular, se trata de una operación en la que ninguno de los intervinientes actúa en calidad de empresario o profesional, y la operación puede ser pagada en efectivo, al no encontrarse sujeta a las limitaciones a los pagos en efectivo.

Importe límite de la prohibición (L 7/2012 art.7.Uno) La norma no prohíbe el pago en efectivo, sino el pago en efectivo de **cuantías significativas** por superar determinado importe. Por eso, no se trata de una prohibición del uso de efectivo, sino del establecimiento de limitaciones al uso del efectivo. No obstante, existen excepciones (nº 7919). 7915

Así, con **carácter general**, se impide pagar en efectivo, cuando intervenga alguien en calidad de empresario o profesional, las operaciones con un importe igual o superior a 1.000 euros o su contravalor en moneda extranjera.

Sin embargo, la norma diferencia los pagos efectuados por **no residentes** en territorio español dado que, por sus especialidades características de tránsito y de disponibilidad de cuentas bancarias en nuestro territorio, les puede resultar necesario utilizar un mayor importe de efectivo. Para estos casos se establece un importe límite de 10.000 euros o su contravalor en moneda extranjera cuando el pagador sea una persona física que justifique que no tiene su domicilio fiscal en España y no actúe en calidad de empresario o profesional.

Los **requisitos** para la aplicación de este límite ampliado son:

- que se trate de una persona física, por lo que se aplica el límite general en caso de que el pagador sea una entidad;
- que se trate de una persona sin domicilio fiscal en territorio español;
- que dicha persona sea el pagador, por lo que no se aplica cuando quien no tiene su domicilio en España es el cobrador. Si el pagador tiene domicilio es España, aunque quien perciba en territorio español el pago no sea residente, el límite es el general de 1.000 euros, siempre que alguno haya actuado en calidad de empresario o profesional;
- que dicha persona sea un particular, es decir, que no actúe en calidad de empresario o profesional.

7916 En síntesis, el límite ampliado se aplica a los pagadores personas físicas particulares sin domicilio fiscal en territorio español.

La justificación de no tener **domicilio fiscal en España** corresponde al pagador persona física. A efectos de prueba, no resulta suficiente la mera alegación por parte de la persona o entidad con domicilio fiscal en territorio español de que el pago se ha efectuado en el extranjero, sino que se ha de llevar a cabo mediante cualquier medio de prueba admisible en Derecho. Por ejemplo, con el pasaporte o cualquier otra prueba documental suficiente que le sea facilitada o exhibida por el no residente y del que quede constancia.

Como consecuencia de la **falta de justificación** por parte del pagador, si se supera el límite establecido por la norma, la persona que cobra debería recibirlo en un medio distinto del efectivo.

Precisiones **1)** Con efectos 11-7-2021 se redujeron los límites, siendo de aplicación a todos los pagos efectuados a partir de dicha fecha, aunque se refieran a **operaciones concertadas con anterioridad** (L 11/2021 disp.trans.1ª.3 y disp.final 7ª).

2) Con efectos **10-7-2027**, para atenuar los riesgos derivados del uso indebido de grandes cantidades de efectivo, la **normativa comunitaria** establece un límite para los pagos en efectivo superiores a 10.000 euros en toda la UE, excepto entre particulares en un contexto no profesional. Los pagos o depósitos realizados en los locales de las entidades de crédito, las entidades de pago o las entidades de dinero electrónico deben quedar exentos de la aplicación del límite (Rgto (UE) 2024/1624 art.80). Se permite que los Estados miembros adopten umbrales más bajos, previa consulta al Banco Central Europeo, y si a escala nacional ya existan límites por debajo del límite europeo, siguen aplicándose, pero se debieron notificar a la Comisión a más tardar el 10-10-2024.

7919 **Excepciones** (L 7/2012 art.7.Uno.5; L 10/2014 art.1 redacc L 11/2023; RD 2660/1998 art.2; RDL 19/2018 art.3 y 10) Se excluye de la prohibición a los pagos entre particulares y a los pagos inferiores a 1.000 euros, o 10.000 euros cuando el pagador sea un particular no residente.

Junto a estas dos exclusiones, que se deducen del propio ámbito de aplicación de la norma, se establecen varias exclusiones **específicas** dado que dicha limitación no se aplica a:

a) Los pagos en efectivo realizados en **entidades de crédito**. El concepto de entidad de crédito se recoge en la normativa financiera. En concreto, se entiende por entidades de crédito las empresas autorizadas cuya actividad consiste en recibir del público depósitos u otros fondos reembolsables y en conceder créditos por cuenta propia, así como las empresas autorizadas según la normativa comunitaria (Rgto UE/575/2013 art.4.1.1.b redacc Rgto (UE) 2024/1623).

En particular, se conceptúan entidades de crédito:

- el Instituto de Crédito Oficial;
- los bancos;
- las cajas de ahorros;
- las cooperativas de crédito.

7920 **b)** Las operaciones de cambio de moneda en efectivo realizadas por los **establecimientos de cambio de moneda**. Estos establecimientos de cambio de moneda están sujetos a la supervisión del Banco de España y tienen la condición de sujetos obligados a someterse a la normativa de blanqueo de capitales (nº 7825 s.). Su **actividad** comprende la compra o venta de billetes extranjeros y cheques de viajero.

c) Las operaciones de pagos en efectivo realizadas a través de las **entidades de pago**, es decir, las personas jurídicas a las cuales se ha otorgado autorización, para prestar y ejecutar servicios de pago en toda la UE. El principal rasgo distintivo de estas entidades de pago es la prohibición de captar depósitos u otros fondos reembolsables del público y de emitir dinero electrónico. Se encuentran sometidas a una regulación similar a la bancaria y bajo la supervisión del Banco de España. Asimismo, tienen la condición de sujetos obligados a someterse a la normativa de blanqueo de capitales, si bien pueden excluirse de la lista cuando presenten bajo riesgo (nº 7825 s.).

Precisiones La **finalidad de la prohibición de pagos** en efectivo es impedir que se utilicen cantidades importantes de efectivo en operaciones opacas. La forma alternativa más normal de pagos distintos del efectivo es el pago por medio de las entidades de crédito, las cuales dejan rastro de su utilización, y se encuentran sometidas a importantes medidas de control financiero y de blanqueo de capitales. 7921
En la medida en que los establecimientos de cambio de moneda y las entidades de pago están sometidas también a la supervisión del Banco de España y a normativa de blanqueo de capitales se justifica que, en la medida que estén efectivamente sujetos a dichos controles, también sus operaciones de efectivo estén excluidas de la aplicación del régimen de limitación de pagos en efectivo.

Obligación de conservar los justificantes (L 7/2012 art.7.Uno.4) Constituye una **obligación formal accesoria**, que consiste en la conservación de la documentación justificativa de la forma en la que se ha realizado el pago de las operaciones sujetas a la prohibición, quedando obligados los destinatarios a conservar y exhibir ante la Administración los justificantes que de los pagos hayan obtenido. 7922
Entre los **medios de prueba** acreditativos del respeto a la prohibición de pagos en efectivo, se encuentran los justificantes en poder de las partes intervinientes, los cuales han de ser conservados y aportados a la Administración.
La obligación de conservación se establece por un **período** de cinco años, que comienza a computarse desde la fecha del pago.
Además de la obligación de conservación, se recoge expresamente la obligación de aportar los justificantes a requerimiento de la Agencia Tributaria.

B. Cuantificación de las operaciones

(L 7/2012 art.7.Uno)

7925

1. Tipo de operaciones

En cada caso concreto, deben cuantificarse las operaciones y valorarlas para comprobar si se sobrepasan o no los límites de la prohibición. Cuando el pago se produce en **moneda extranjera** se debe recurrir al tipo de cambio de la operación en el momento de la entrega de las divisas. 7926
Aunque normalmente este proceso de cuantificación resulta fácil, al estar establecidos claramente los límites fijos, en ocasiones, dada la diversidad y la complejidad de los hechos económicos, la cuantificación puede plantear problemas, como ocurre con el pago parcial en efectivo (nº 7927), fraccionamiento artificial de las operaciones (nº 7928 s.), las facturas recapitulativas (nº 7935), las operaciones de tracto sucesivo (nº 7937 s.), las operaciones cuyo importe inicial varía (nº 7940 s.) y las operaciones conjuntas entre varios sujetos (nº 7943 s.).

Pago parcial en efectivo No es posible el pago parcial en efectivo cuando se supera el límite de la prohibición (nº 7915 s.), por lo que el pago de esa operación en efectivo, sea total o parcialmente (dado que la norma no distingue), supondría un **incumplimiento** de la prohibición. No puede interpretarse que el límite de los 1.000 euros se refiere exclusivamente a los pagos en efectivo, dado que la operación es única y, además, la normativa establece expresamente que, a efectos del cálculo de la cuantía de la operación, se han de sumar los importes de todos los pagos en que se haya podido fraccionar la entrega del bien o prestación del servicio. 7927
Por tanto, la prohibición para los pagos en efectivo se aplica cuando el importe de la operación sea igual o superior a 1.000 euros (10.000 euros si el pagador es no residente, nº 7915), aunque se pague parcialmente y el importe de pago no alcance ese límite.

Ejemplo Una operación entre empresarios por importe de 3.400 euros se paga parcialmente mediante transferencia 2.500 euros y los 900 restantes se pagan en efectivo.
En este caso se incumple la prohibición aunque el pago parcial en efectivo no alcance los 1.000 euros, pues la operación en su conjunto sí supera dicho importe y toda debe pagarse por medios distintos al efectivo.

7928 **Fraccionamiento de operaciones y pagos** (L 7/2012 art.7.Uno.2) Para evitar el fraude consistente en el fraccionamiento **artificioso** de la operación, con la finalidad de no superar el límite legalmente establecido, a efectos del cálculo de las cuantías límites se han de sumar los importes de todas las operaciones o pagos en que se haya podido fraccionar la entrega de bienes o la prestación de servicios.
Así, se pueden distinguir las siguientes **reglas**:
- se han de sumar los importes de todos los **pagos** en que se haya podido fraccionar una misma operación;
- se han de sumar los importes de todas las **operaciones** en que se haya podido fraccionar una misma entrega de bienes o prestación de servicios.

7929 **Operaciones a plazos** (L 7/2012 art.7.Uno.2) Si el límite se refiriese exclusivamente a los pagos de las operaciones, resultaría muy sencillo eludir la norma, fraccionándola en pagos inferiores al límite establecido por la norma.
Un caso especial de fraccionamiento de los pagos de una operación son los pagos de las operaciones a plazos. Como se trata de una **operación única**, se deben sumar todos los pagos en los que se desagrega la misma a efectos de calcular si se supera el límite de la prohibición.

Ejemplos **1)** Un empresario vende a otro un bien por importe de 2.700 euros y convienen que el pago se ha de efectuar ingresando tres pagos de 900 euros en efectivo en tres días sucesivos.
Se trata de una operación única efectuada entre partes que tienen la consideración de empresario o profesional, por lo que se ven sometidas a las limitaciones a los pagos en efectivo. En este caso, la cuantía de la operación es de 2.700 euros, por lo que se supera el límite de los 1.000 euros que exceptúa de la prohibición. No procede interpretar que se trata de tres límites de 900 euros, dado que la operación es única y, además, se establece expresamente que a efectos del cálculo de la cuantía de la operación se han de sumar los importes de todas las operaciones o pagos en que se haya podido fraccionar la entrega del bien o prestación del servicio. Por tanto, no se considera como tres operaciones de 900 euros, sino como una única operación de 2.700 euros, cuyo pago se ha fraccionado en tres partes. En consecuencia, esta operación no puede pagarse en efectivo.
2) Se compra a un concesionario un vehículo valorado en 9.000 euros que se paga en 10 plazos mensuales de 900 euros cada uno.
Se trata de una operación en la que una de las partes intervinientes actúa en calidad de empresario o profesional, por lo que se encuentra sometido a la prohibición de pago en efectivo.
La norma establece que a efectos del cálculo de la cuantía de la operación se suman los importes de todas las operaciones o pagos en que se haya podido fraccionar la entrega del bien o prestación del servicio. Por consiguiente, no se considera como diez operaciones de 900 euros, sino como una única operación de 9.000 euros, cuyo pago se ha fraccionado en doce mensualidades. Por tanto, esta operación no puede pagarse en efectivo.

7931 **Operaciones independientes** (L 7/2012 art.7.Uno.2) La prohibición de los pagos en efectivo no solo puede intentar burlarse fraccionando los pagos de una operación, sino también fraccionando la propia operación. Por eso se establece una cautela, de modo que una única operación o negocio jurídico no puede **fraccionarse artificiosamente** en varias operaciones con la intención de no sobrepasar el límite de los pagos en efectivo.
Se establece el principio general de que la cuantificación se debe efectuar en relación con la operación o negocio jurídico realizado, independientemente de cómo se produzcan los pagos o flujo financiero de las operaciones. Además, se impiden estos fraccionamientos arbitrarios de las operaciones, al ordenar que se sumen sus importes para cuantificar el límite de la prohibición.
A la hora de determinar si se trata de la **misma o distinta operación** para aplicar el límite de la prohibición, debe examinarse si se trata de operaciones distintas e independientes o no, es decir, si se trata de la misma operación por haber sido negociada de forma unitaria, global y simultánea, y solo formalmente se documenta como varias operaciones con la finalidad de eludir la prohibición. En ese último caso, se deben sumar todos los importes de las distintas operaciones en las que se ha fraccionado para determinar si se supera o no el límite de la prohibición.

Esta situación se puede producir respecto de las **prestaciones de servicios**. Es frecuente que un profesional (por ejemplo, médicos, odontólogos, abogados, asesores financieros y otros profesionales) presten varios servicios profesionales a un mismo cliente a lo largo del tiempo. En ocasiones se trata de operaciones independientes, ya que los servicios se refieren a enfermedades o problemas distintos; en otros casos, se trata de una única operación que requiere necesariamente varias actuaciones en el tiempo y que se van facturando y cobrando fraccionadamente a lo largo de la prestación o tratamiento. Por ejemplo, el supuesto de una prótesis dental que se implanta en varias sesiones a lo largo de varios meses, o el de un asunto jurídico que requiere diversas intervenciones del abogado a lo largo de varios meses. **7932**
Aunque en ocasiones la cuestión de hecho es clara, no ocurre lo mismo en otros casos en los que se pueden plantear dudas sobre si se trata de una única operación o de varias. Esto es importante, dado que en caso de duda sobre la unicidad de la operación, puede ocurrir que se entienda que no existe la **culpabilidad** necesaria para imponer la sanción.

Precisiones Aunque durante el tratamiento a un paciente se han ido emitiendo diferentes facturas, atendiendo a las diferentes actuaciones desarrolladas sobre el mismo y con una **continuidad lógica**, no puede admitirse la partición del servicio (JC Madrid núm 11, 20-10-17, EDJ 268379).

Ejemplos 1) Un particular compra a un empresario de forma unitaria mobiliario para su salón consistente en una mesa y seis sillas por importe de 3.000 euros. El empresario se plantea si puede pedir el pago en efectivo emitiendo una factura por la mesa valorada en 600 euros y por cada silla una factura valorada en 400 euros. **7933**
Se trata de una operación en la que al menos una de las partes intervinientes actúa en calidad de empresario o profesional, por lo que se encuentra sometida a la prohibición de pago en efectivo si el importe de la operación es igual o superior a 1.000 euros.
En este caso la operación consiste en la compra conjunta de una mesa y seis sillas a juego por importe de 3.000 euros compradas en el mismo momento y en un único negocio conjunto al empresario. La operación no solo es única, sino que el precio de cada elemento podría ser distinto si se adquiriese de forma independiente y no conjuntamente. Luego se trata de una única operación por importe de 3.000 euros.
No puede interpretarse que el límite de los 1.000 euros se refiere exclusivamente a cada bien o factura, dado que la operación es única y, además se establece expresamente que a efectos del cálculo de la cuantía de la operación se han de sumar los importes de todas las operaciones en que se haya podido fraccionar la entrega del bien o prestación del servicio.

2) Un asesor financiero presta un asesoramiento a una persona en relación con una determinada inversión facturándole por sus servicios 900 euros. Poco después ese mismo cliente le pide otro asesoramiento para otra inversión distinta y le factura 600 euros. El pago total de 1.500 euros se factura conjuntamente. **7934**
Se trata de dos inversiones distintas e independientes, que han sido contratadas de forma separada e individualizada. Por tanto, al tratarse de operaciones independientes, los diferentes importes no deben agregarse a efectos del límite de 1.000 euros de la prohibición de pagos en efectivo, siendo posible su pago en efectivo.
Otra cosa sería que los pagos correspondieran a un estudio sobre la misma inversión, y que se hubiera realizado por fases o en varios estudios pero referente a la misma materia y el servicio hubiera sido contratado de forma unitaria.

Facturas recapitulativas (Rgto Fac art.13) Para facilitar la gestión de las empresas, la normativa tributaria permite que, en ciertos supuestos, se emitan facturas recapitulativas. En concreto, se permite que en **una sola factura** pueden incluirse distintas operaciones realizadas en distintas fechas para un mismo destinatario, siempre que las mismas se hayan efectuado dentro de un mismo mes natural. **7935**
Aunque dicha factura pueda pagarse de forma global, eso no significa que se trate de la misma operación, sino que puede contener operaciones independientes. Se plantea, pues, si una factura recapitulativa que supone un pago superior a 1.000 euros puede pagarse en efectivo cuando documenta varias operaciones independientes, ninguna de las cuales supera el citado límite.
La regulación establece la prohibición en función de las **operaciones independientes**, y no de la forma en que se facturan o documentación. Por otra parte, las cautelas de la norma impiden el fraccionamiento de los pagos y de las operaciones, pero no se refieren a su agrupación en una factura recapitulativa. En consecuencia, si la factura recapitulativa comprende varias operaciones independientes ninguna de las cuales supera el límite de la prohibición, se puede pagar en efectivo, aunque el importe total supere el importe de 1.000 euros, de forma que solo va a existir obligación de pagar la factura por medios distintos del efectivo en las operaciones que superen individualmente los 1.000 euros.

Como **excepción**, dado que en una factura recapitulativa puede estar documentanda la facturación de varias entregas o prestaciones de una única operación continuada o de tracto sucesivo, en este caso, dado que se trata de una única operación, y la factura recapitulativa no incluye varias operaciones independientes, sino varias entregas o prestaciones dependientes de la misma operación, se ha de considerar que son operaciones continuadas o de tracto sucesivo en las que se deben sumar todos los importes liquidados en la misma factura (nº 7937).

Las partes intervinientes en la operación deberían poder justificar el carácter independiente de las operaciones a efectos de acreditar que la factura recapitulativa no estaba sujeta a las limitaciones a los pagos en efectivo.

7936 Ejemplo Durante el mes de abril, un empresario ha efectuado varias ventas independientes a otro empresario por importes de 900, 800, 600 y 400 euros. A principio del mes siguiente expide una factura recapitulativa por importe de 2.700 euros.

El reglamento de facturación establece la posibilidad de la emisión de una factura recapitulativa en la que se van a incluir distintas operaciones realizadas en distintas fechas para un mismo destinatario, siempre que las mismas se hayan efectuado dentro de un mismo mes natural.

Se trata de varias ventas separadas e independientes que se facturan globalmente en la misma factura recapitulativa, para facilitar su gestión. En este caso, si ninguna de las operaciones individuales supera el límite de 1.000 euros, el pago del importe global de 2.700 euros se puede realizar en efectivo.

7937 **Operaciones continuadas o de tracto sucesivo** En función de la influencia que desempeña el tiempo en la ejecución de la prestación, la doctrina distingue los siguientes tipos de contratos:

a) Contratos de **ejecución única o instantánea o de tracto único**, en los que la prestación se realiza en virtud de uno o varios actos aislados y que la obligación se extingue tan pronto como dichos actos han sido cumplidos. Por ejemplo, una compraventa.

b) Contratos de **ejecución continuada o de tracto sucesivo**, que imponen un comportamiento permanente o actos de ejecución reiterados durante cierto tiempo. Esta categoría admite dos variedades, según que la prestación se realice de forma repetida, sea en fechas establecidas de antemano o a solicitud de las partes (por ejemplo, una venta a plazos o una renta vitalicia), o cuando se realicen de modo continuado y sin interrupción (por ejemplo, arrendamientos, depósitos, suministros).

Una de las **cuestiones problemáticas** respecto de la cuantificación de las operaciones a efectos de determinar si se supera o no el límite de la prohibición son los contratos continuados o de tracto sucesivo (arrendamientos, préstamos, depósitos, suministros, nóminas, etc.). Dado que la regulación de las limitaciones a los pagos en efectivo no contiene ninguna referencia al respecto, a pesar de la importancia y frecuencia de este tipo de contratos, se ha de plantear si a efectos de la cuantificación del límite se debe considerar el importe global del único contrato o, en su caso, los pagos periódicos pactados. En este último caso ha de plantearse si la liquidación y pago de la obligación continuada la pueden determinar libremente las partes a efectos de las limitaciones a los pagos en efectivo, dado que según se fije esta se puede superar o no el importe de la prohibición.

A estos efectos, la Ley se refiere a operaciones o pagos, coincidiendo en la práctica, con carácter general, la cuantía de ambos conceptos. No obstante, en el caso de contratos de tracto sucesivo, dado que la operación se desarrolla de forma continua en un período más o menos largo al que se refiere el contrato, puede entenderse que no deben sumarse todas las operaciones facturadas en el año o durante la vigencia del contrato de suministro, ni tampoco se debe acudir a la materialidad de las entregas. La **determinación de la cuantía** se tendría que realizar en función de la facturación y cobro de estas operaciones. Por eso, en estos casos se acudiría a los períodos en los que se ha pactado la liquidación de los distintos pagos por las entregas o prestaciones periódicas. Así, la determinación de la cuantía a efectos del límite de los pagos en efectivo se realizaría en función de la facturación y cobros de estas operaciones, que debe coincidir con la establecida en el contrato.

7938 Ejemplos **1)** Un empresario firmó un contrato de arrendamiento del local por un período de un año, por el que abona 800 euros mensuales.

El importe global anual del contrato de arrendamiento va a ser de 9.600 euros, pero los pagos mensuales son de 800 euros. Para el cálculo del límite de la prohibición se debe atender a los pagos periódicos del arrendamiento en los plazos pactados. Como el importe del arrendamiento mensual no es igual o superior a 1.000 euros, no se encuentra sujeto a la prohibición y puede pagarse en efectivo. Si el pago hubiera sido pactado de forma trimestral, se superaría el límite en cualquier caso.

2) Un empresario recibe género semanalmente de un proveedor con el que tiene un contrato de suministro de material, en el que se ha convenido que la facturación, liquidación y pago de los suministros se debe efectuar mensualmente. El género recibido en las últimas cuatro semanas ha sido de 600, 700, 800 y 400 euros, y la liquidación mensual ha sido de 2.500 euros.
La periodicidad de la facturación, liquidación y pago de los suministros pagos debe coincidir con la establecida en el contrato. Teniendo en cuenta que se ha fijado en el contrato un período de liquidación mensual, no puede pagarse en efectivo la liquidación de la factura de suministro que asciende a 2.500 euros.

Modificación de la cuantía inicial En ocasiones, el **importe total de la operación** no se conoce con exactitud en el momento de la contratación y pago parcial. Por eso, puede ocurrir que inicialmente se prevea que la operación no va a superar el límite y se empiece a pagar en efectivo, y que a medida que se desarrolle se constate la modificación del presupuesto inicial y se compruebe que se va a superar la cuantía de la prohibición. **7940**
En estos supuestos se pueden realizar en efectivo los pagos que corresponden al momento en el que se estimaba que no se iba a superar los 1.000 euros, pero una vez se estime que se van a superar, todos los **pagos posteriores** ya no pueden efectuarse en efectivo, teniendo en cuenta que el límite de la prohibición se determina en función de la operación, para lo cual se han de sumar los importes de todas las operaciones o pagos en que se haya podido fraccionar la entrega o prestación.

Ejemplo Se contrata la realización de una obra con un empresario que se presupuesta en 900 euros, pagándose un anticipo de 400 euros. Posteriormente el cliente pide que se utilicen determinados materiales más resistentes y que requieran más mano de obra para su instalación, lo que supone la elevación del presupuesto a 1.200 euros, que finalmente coinciden con la liquidación final. **7941**
Se trata de una única operación que inicialmente se prevé que no va a alcanzar los 1.000 euros, pero en un momento posterior se constata que va a superar esa cantidad.
Como inicialmente se estimó, de acuerdo con el presupuesto efectuado, que la operación no alcanzaría el límite de la prohibición, esta cantidad no se encontraba sometida a la limitación a los pagos en efectivo, y el pago inicial por 400 euros pudo realizarse en efectivo.
Pero una vez constatado que esa operación superaría los 1.000 euros, los pagos posteriores no se van a poder efectuar en efectivo al encontrarse sometidos a la prohibición.

Operaciones conjuntas entre varios sujetos Aunque normalmente existe solo un comprador y un vendedor, en ocasiones una de las partes puede estar integrada por varias personas, como ocurre cuando el comprador o el vendedor son una entidad sin personalidad jurídica que actúa unitariamente (herencias yacentes, comunidades de bienes, sociedades de gananciales, comunidades de propietarios, etc.). En estos supuestos debe examinarse si el límite de la prohibición se mantiene o si debe multiplicarse por el número de miembros o partícipes de dicha entidad. **7943**
A este respecto, la regulación se refiere a que los obligados por la prohibición son las **partes intervinientes** en el contrato, y estas partes no son cada uno de los miembros o partícipes de la entidad, sino la entidad en sí misma que es la que interviene en la operación. Luego, el límite debe referirse a la entidad y no a sus partícipes.
Además, dado que se trata de una sola operación, y no de varias operaciones distintas e independientes, su importe debe ser considerado globalmente.

Ejemplos **1)** Una comunidad de bienes perteneciente por partes iguales a tres hermanos adquiere un bien a un empresario o profesional por importe de 2.400 euros. **7944**
La operación es única y de hecho el empresario que transmite el bien se ve sometido a la limitación por ser la venta de 2.400 euros. Como la operación es única, los comuneros no pueden pretender fraccionar la operación por sus cuotas ideales de participación en la comunidad (800 euros). Además, los sujetos afectados por la prohibición y que son los sujetos infractores son las partes intervinientes, que son el empresario que vende y la comunidad de bienes que compra, sin que se consideren partes independientes a los comuneros. Por consiguiente, la comunidad de bienes se encuentra sometida a la prohibición y no puede pagar la adquisición en efectivo.
Resulta aplicable la misma solución cuando, aunque no existe una entidad sin personalidad jurídica, de hecho el ingreso agrupa a varias personas distintas que pagan conjuntamente.
2) Una empresa reserva diez habitaciones en un hotel para la asistencia de algunos de sus empleados a un Congreso durante varios días. El hotel factura cada habitación independientemente por 300 euros.
Si la empresa paga todas las habitaciones en su propio nombre, se trata de una operación única de 3.000 euros, y debería pagarse por medios distintos al efectivo.
Por el contrario, si la empresa se limita a reservar las habitaciones en nombre y por cuenta de cada uno de las personas que van a ocupar las habitaciones, y después cada uno de los huéspedes obtiene su factura y paga su estancia directamente al hotel, va a haber una operación distinta por cada una de las facturas que se emitan, pudiendo pagarse en efectivo.

2. Determinación de la cuantía

7946 A la hora de cuantificar las operaciones y, en consecuencia, poder determinar si se excede o no el límite de la prohibición, hay que determinar qué conceptos pueden ser **incluidos** en dicha cuantificación y, por el contrario, cuáles quedan excluidos. A estos efectos, se han de tener en cuenta tanto los impuestos que gravan dichas operaciones, como las posibles comisiones que tengan que ser satisfechas como consecuencia según se actúe en nombre propio o ajeno (nº 7948).

7947 **Impuestos** En primer lugar, en relación con **ITP y AJD**, dado que se trata de un impuesto que es satisfecho directamente por el adquirente ante la Administración tributaria, no plantea ningún problema en la cuantificación del pago de la operación. Además, se trata normalmente de operaciones en la que ambas partes son particulares, por lo que no se encuentran sometidas a la prohibición.

En segundo lugar, en el caso del **IVA**, en él interviene siempre, al menos, una persona en calidad de empresario o profesional. Además, el impuesto se repercute por el vendedor o prestador del servicio al comprador, por lo que se incluye su cuantía directamente en la factura. La cuota repercutida es una cantidad más que cobra el expedidor de la factura al receptor de la misma. El hecho de que posteriormente se deba liquidar el impuesto agrupando todas las cuotas repercutidas una vez deducidas las cuotas soportadas deducibles del correspondiente período de liquidación, no afecta a la operación ni a su pago. Por eso, el importe de la cuota del IVA sí se debe incluir para determinar si se supera o no el límite de la prohibición de los pagos en efectivo.

La normativa fiscal no solo impone supuestos de repercusiones de impuestos, sino también casos de **retenciones de impuestos**. En este caso, en vez de agregar una cuota repercutida se deduce una cuota retenida. En los rendimientos de trabajo no solo se deducen retenciones, sino también cuotas de la Seguridad Social. Esas cantidades no se ingresan al perceptor, sino que se ingresan directamente a un tercero, la Administración tributaria o la Seguridad Social, por eso estas deducciones no se consideran para determinar el límite de la prohibición de los pagos en efectivo.

Ejemplos 1) Un empresario realiza una operación con una base imponible de 900 euros, que se factura con IVA (al 21%) y supone un pago de 1.089 euros.
Se trata de una operación en la que al menos una de las partes actúa en calidad de empresario o profesional y en la que el importe total de la operación supera los 1.000 euros. Por eso, se encuentra sometido a la prohibición de pagos en efectivo.

2) Un trabajador tiene una nómina de 1.700 euros que, tras descontar las retenciones y cuotas a la Seguridad Social, supone un pago de 950 euros.
Para determinar si se supera o no el límite de 1.000 euros, se tiene en cuenta el importe total de la operación. No obstante, en el presente caso, por disposición legal, parte de la cuantía de la operación no se ingresa al trabajador sino a terceros. Dado que debe interpretarse que el límite de la prohibición se determina por el importe neto satisfecho por el trabajador, una vez deducidas las cantidades que por disposición legal, retenciones y cargas sociales practicadas, deben satisfacerse a terceros, en este caso la nómina podría pagarse en efectivo.

7948 **Comisiones** El agente o comisionista, ya sea de compra o de venta, puede actuar en nombre propio o ajeno:

a) En nombre propio. En la comisión de **compra** en nombre propio, se le encomienda que adquiera alguna mercancía en su nombre y por su cuenta a algún tercero y posteriormente transmite dicha mercancía a la persona para la que actúa. En la comisión de **venta** por cuenta propia, adquiere el bien y posteriormente lo vende en su nombre y por su cuenta. En estos casos hay dos operaciones de compraventa y en cada una de ellas rigen las limitaciones a los pagos en efectivo si se supera el límite de la prohibición.

En comisión por cuenta propia, no puede pretenderse que la operación del comitente no se someta a la prohibición argumentando que en términos netos solo obtienen la diferencia entre la compra y la venta.

b) Por cuenta ajena. En la comisión de **compra** por cuenta ajena, el comisionista no adquiere el bien, sino que hace las gestiones necesarias para que su mandante lo adquiera, poniéndolo en contacto con un vendedor y negociando el precio según las instrucciones del comitente. En la comisión de **venta** por cuenta ajena, el comisionista tampoco adquiere el bien, haciendo las gestiones necesarias para la venta de su comitente. En estos casos no existen dos compraventas, sino una única compraventa junto con una prestación de servicios de comisión, que se suele haber negociado separadamente entre el comisionista y el comitente.

El importe de la compraventa suele ser muy superior al de la comisión, por lo que frecuentemente la compraventa va a estar sometida a la prohibición de pagos en efectivo, mientras que la comisión no lo va a estar si no supera el límite de la prohibición.

Ejemplos 1) Un empresario A encarga a un comisionista que adquiera un bien determinado por cuenta y en nombre del propio comisionista y que se lo transmita por 3.000 euros. El comisionista consigue comprar el bien al empresario B por importe de 2.900 euros. El comisionista obtiene un beneficio de 100 euros por la operación. **7949**
Se trata de dos operaciones de compraventa. El comisionista compra a B por 2.900 euros y lo vende a A por 3.000 euros. Cada una de esas operaciones se efectúa entre personas que actúan como empresario o profesional y superan los 1.000 euros, por lo que ninguna de ellas puede pagarse en efectivo.
2) Un empresario A encarga a un comisionista que le busque un vendedor de una determinada mercancía y calidad, y que negocie hasta un importe de 3.050 euros, por lo que recibirá una comisión de 100 euros. El comisionista le encuentra un vendedor que está dispuesto a transmitir la cantidad y calidad establecida de mercancía por 3.000 euros. Una vez que se efectúa la compra entre los empresarios A y B, el empresario A paga a la comisión a su agente.
Solo hay una compraventa entre A y B, teniendo en cuenta que el comisionista no adquiere nunca la titularidad de la mercancía ni sus riesgos, limitándose a buscar al vendedor y negociar el precio. En consecuencia, la operación entre A y B se encuentra sujeta a la prohibición de pagos en efectivo; por el contrario, el pago de la comisión, que solo asciende a 100 euros, puede pagarse en efectivo.

C. Régimen sancionador

(L 7/2012 art.7.Dos)

El régimen sancionador por los incumplimientos de las limitaciones a los pagos en efectivo, dado que no se trata de un incumplimiento tributario, sino de carácter financiero, se regula por la **normativa** administrativa sancionadora común, y no por la normativa tributaria. En concreto, por la LPAC y la LRJSP, sin perjuicio de las **especialidades** que, para los procedimientos iniciados a partir del 11-7-2021, se incorporan en la propia normativa reguladora de la limitación de pagos en efectivo (nº 7965). La competencia en todo el territorio español para la tramitación y resolución del correspondiente procedimiento sancionador, le corresponde a la AEAT (nº 7967 s.). **7950**

Sujetos infractores (L 7/2012 art.7.Dos.2) Son posibles sujetos infractores tanto las personas, físicas o jurídicas, o entidades que paguen como las que reciban cantidades en efectivo que superen los límites del nº 7915 s. **7951**
La concurrencia de **varios sujetos infractores** en la realización de una infracción determina que quedan solidariamente obligados al pago de la sanción, para lo cual es necesario que concurran varios obligados en el mismo presupuesto de una obligación. No obstante, dado que el principio de personalidad de la pena impide sancionar o exigir el pago de la sanción a los que no hayan cometido ni colaborado en la realización de las conductas tipificadas como infracciones, únicamente van a responder de la infracción tributaria cometida aquel o aquellos en los que concurra el **elemento subjetivo** o culpabilidad.
Cuando en operaciones con pagos en efectivo se incumplan las limitaciones establecidas y resulte aplicable el régimen de infracciones y sanciones, tanto el pagador como el receptor responden **de forma solidaria** de la infracción que se cometa y de la sanción que se imponga.

Precisiones Se anula sanción por incumplimiento de las limitaciones a pagos en efectivo realizados con ocasión de una **reducción de capital** social de una entidad. La sujeción de la operación, adoptada mediante acuerdo social, a la normativa sobre limitación de pagos en efectivo podía ser dudosa. Además, la operación fue elevada a público en escritura notarial, sin que el notario autorizante advirtiera nada sobre su posible ilegalidad. Lo anterior pone en cuestión la concurrencia del requisito de la **culpabilidad**, siempre exigible en el ámbito de los procedimientos sancionadores (JCA Málaga 24-2-23, Rec 34/20).

Ejemplo En una operación intervienen dos empresarios, los cuales pagan 16.000 euros en efectivo. **7952**
Se trata de una operación por importe igual o superior a 1.000 euros en la que, al intervenir las partes en calidad de empresarios, se encuentra sometida a la prohibición de pago en efectivo.
La sanción que correspondería por incumplir las limitaciones a pagos en efectivo sería de 4.000 euros (el 25% sobre el pago en efectivo de 16.000 euros).
No se trata de dos sanciones de 4.000 euros, sino de una única sanción por dicho importe, de la que ambos empresarios son sujetos infractores y de la cual responden solidariamente. La Administración tributaria puede dirigirse contra cualquiera de ellos para cobrar esa sanción.

7953 **Tipo infractor y calificación** (L 7/2012 art.7.Dos.1 y 3) Constituye el tipo infractor la realización de operaciones con pago en efectivo de importe igual o superior a 1.000 euros cuando alguna de las partes intervinientes actúe en calidad de **empresario o profesional** (nº 7909) o de 10.000 euros, o su contravalor en moneda extranjera, cuando el pagador sea un **particular no residente** (nº 7915 s.). A efectos del cálculo de las cuantías señaladas, se deben sumar los importes de todas las operaciones o pagos en que se haya podido fraccionar la entrega de bienes o la prestación de servicios (nº 7928).

La infracción se califica como grave.

Precisiones 1) Si no se cumplen los requisitos de **identificación** del perceptor y la operación se realiza a través de una entidad bancaria, por el principio de tipicidad puede incurrirse en las responsabilidades que corresponda, pero no en la infracción por incumplimiento de las limitaciones a los pagos en efectivo, dado que la literalidad de la norma establece que no resulta aplicable la limitación a los pagos e ingresos realizados en entidades de crédito (TSJ Sevilla 25-5-22, EDJ 642009).

2) Se anula la sanción por incumplimiento de las limitaciones a pagos en efectivo realizados en el caso de un pago efectuado por medio de **cheque al portador**, librado contra una cuenta del pagador en una entidad financiera. La normativa de prevención del blanqueo de capitales establece disposiciones para la supervisión y control de las operaciones realizadas a través de entidades financieras, las cuales están obligadas a identificar a todas las personas que intervengan en operaciones ante ellas. El control tendente a evitar el fraude fiscal, cuyo pago se produce mediante títulos bancarios al portador, está perfectamente garantizado por medio de la citada Ley (JCA Valencia 25-2-21, EDJ 506108).

3) Se considera hecho probado que las **facturas emitidas** por servicios y operaciones con importes superiores a 2.500 euros (actualmente 1.000 euros) se percibían mediante pagos al contado y no por otro medio, concurriendo todos los elementos objetivos y subjetivos del tipo infractor (JCA Gijón 11-9-23, Rec 310/23).

7954 **Base e importe de la sanción** (L 7/2012 art.7.Dos.4 y 5) Una vez acreditada la comisión de la infracción por realizar operaciones con pago en efectivo incumpliendo las limitaciones establecidas, a efectos del **cálculo de la sanción**, la base de la sanción va a ser la cuantía pagada en efectivo en las operaciones de importe igual o superior a 1.000 euros o 10.000 euros, o su contravalor en moneda extranjera.

A estos efectos, basta con que el importe de la operación sea igual o superior a 1.000 euros, aunque el **pago en efectivo** sea inferior a esta cuantía. Una vez superado el importe de 1.000 euros pagado por una operación, la base de la sanción es el importe pagado en efectivo cualquiera que sea este, es decir, no es el exceso pagado sobre 1.000 euros de una operación.

Una vez acreditada la comisión de la infracción, la sanción va a consistir en **multa pecuniaria** proporcional del 25% de la base de la sanción. Esta sanción puede ser objeto de reducción (nº 7965).

7955 Ejemplo Un empresario vende mobiliario a un particular por 4.000 euros, de los cuales 3.500 euros se pagan por transferencia bancaria y 500 euros en efectivo.

En este caso se trata de una operación efectuada en la que una de las partes intervinientes actúa en calidad de empresario o profesional, por lo que se encuentra sometido a la limitación de pago en efectivo al ser el importe de la operación igual o superior a 1.000 euros. El pago de esa operación en efectivo (4.000 euros), aunque sea parcialmente, supone un incumplimiento de la prohibición. Para la limitación al pago en efectivo basta con que el importe de la operación sea igual o superior a 1.000 euros, aunque el pago en efectivo sea inferior a esta cuantía.

La base de la sanción no es por el importe de los 4.000 euros de la operación, sino solo aquella parte pagada en efectivo. En este caso, la base de la sanción es de 500 euros.

7956 **Compatibilidad con otras sanciones** (L 7/2012 art.7.Dos.7) Se reconoce la compatibilidad entre la sanción derivada de la comisión de la infracción prevista por incumplimiento de dichos límites con las sanciones que, en su caso, van a resultar procedentes por la comisión de infracciones tributarias o por incumplimiento de la obligación de declaración de medios de pago establecida en la normativa de **blanqueo de capitales** (nº 7864).

Precisiones En relación con las **infracciones tributarias**, la principal conducta infractora que puede concurrir con los incumplimientos de las limitaciones a los pagos en efectivo es la infracción tributaria por **dejar de ingresar** la deuda tributaria (nº 6120 s.).

Asimismo, **otras conductas infractoras** en el ámbito tributario que resultan compatibles con el régimen sancionador derivado del incumplimiento de las limitaciones a los pagos en efectivo son:

a) Obtener indebidamente devoluciones derivadas de la normativa de cada tributo (nº 6345 s.).

b) Solicitar indebidamente devoluciones derivadas de la normativa de cada tributo mediante la omisión de datos relevantes o la inclusión de datos falsos en autoliquidaciones, comunicaciones de datos o solicitudes, sin que las devoluciones se hayan obtenido (nº 6395 s.).

c) Determinar o acreditar improcedentemente partidas positivas o negativas o créditos tributarios a compensar o deducir en la base o en la cuota de declaraciones futuras, propias o de terceros (nº 6467 s.).

d) Declarar incorrectamente la renta neta, las cuotas repercutidas, las cantidades o cuotas a deducir o los incentivos fiscales de un período impositivo sin que se produzca falta de ingreso u obtención indebida de devoluciones por haberse compensado en un procedimiento de comprobación o investigación cantidades pendientes de compensación, deducción o aplicación (nº 6485 s.).
e) Incumplir obligaciones contables y registrales (nº 7005 s.).
f) El incumplimiento de las obligaciones de facturación, entre otras, las de expedición, remisión, rectificación y conservación de facturas, justificantes o documentos sustitutivos (nº 7015 s.).

Extinción de las infracciones y sanciones (LRJSP art.30) Se regula, mediante una **remisión** a lo que dispongan las leyes que las establecen, la extinción de la responsabilidad de las infracciones (nº 7959 s.), distinguiéndola de la extinción de las sanciones derivadas de estas infracciones (nº 7962 s.). 7958

Extinción de la infracción (L 7/2012 art.7.Dos.8; LRJSP art.30.2) La responsabilidad derivada de la comisión de la infracción por incumplimiento de las limitaciones a los pagos en efectivo y, en consecuencia, la acción de la Administración para exigir dicha responsabilidad en el oportuno procedimiento sancionador, se extingue por **prescripción** de la acción administrativa. 7959
Dicho **plazo** de prescripción es de cinco años. El cómputo del plazo comienza desde el momento en que se cometió la correspondiente infracción, es decir, el pago en efectivo incumpliendo las limitaciones establecidas.
La **interrupción** del plazo de prescripción se produce por la iniciación, con conocimiento del interesado, del procedimiento sancionador (nº 7964 s.).
No obstante, el cómputo del plazo de prescripción puede ser **reiniciado** si el expediente sancionador estuviera paralizado durante más de un mes por causa no imputable al presunto responsable.

Ejemplo Un empresario vende mobiliario a un particular por importe de 5.000 euros, que paga en efectivo el 1-4-X1. 7960
Dado que una de las partes intervinientes actúa en calidad de empresario o profesional, se encuentra sometido a la limitación de pago en efectivo ya que el importe de la operación es igual o superior a 1.000 euros.
a) Plazo de prescripción. La Agencia Tributaria dispone de un plazo de cinco años para exigir la responsabilidad derivada de la comisión de una infracción por incumplimiento de las limitaciones a los pagos en efectivo. Dicho plazo comienza a computarse desde la fecha en que se efectúa el pago en efectivo incumpliendo las limitaciones establecidas. En este caso, por lo que al procedimiento sancionador se refiere, podría ser iniciado hasta el 31-3-X6.
b) Interrupción plazo de prescripción. La Agencia Tributaria notifica al empresario el 1-2-X6 el inicio del procedimiento sancionador por incumplimiento de las limitaciones a los pagos en efectivo, quedando interrumpido el cómputo del plazo de prescripción. Al no haber transcurrido cinco años desde que se efectuó el pago en efectivo, la Administración está dentro del plazo para exigir la responsabilidad derivada de la comisión de la infracción.
c) Reinicio cómputo plazo de prescripción. La Agencia Tributaria notifica al empresario el 1-2-X6 el inicio del procedimiento sancionador por incumplimiento de las limitaciones a los pagos en efectivo. Una vez iniciado el procedimiento, el interesado acude a la visita fijada para el 20-2-X6 aportando la documentación solicitada. Tras dicha visita la siguiente actuación del órgano instructor tiene lugar el 20-4-X6, sin que entre ambas actuaciones se haya realizado ninguna labor de instrucción del expediente. Al estar paralizado el procedimiento sancionador durante más de un mes por causa no imputable al presunto responsable, el 20-4-X6, al no haber caducado el procedimiento, se reinicia el cómputo del plazo de prescripción, empezando a computar de nuevo un plazo de cinco años.

Extinción de la sanción (L 7/2012 art.7.Dos.9; LRJSP art.30.3) La sanción derivada de la comisión de una infracción por incumplimiento de las limitaciones a los pagos en efectivo se extingue por: 7962
1) **Pago**. El plazo para el pago empieza a contar desde el día siguiente a aquel en el que adquiere firmeza la resolución por la que se impone la sanción (nº 14065 s. Memento Fiscal 2024), salvo que dicho pago se anticipe al efectuarse una vez notificada la propuesta de resolución y antes de la notificación de la resolución (nº 7965).
2) **Prescripción**. El derecho de la Administración a exigir el pago de la sanción derivada del incumplimiento de las limitaciones a los pagos en efectivo prescribe en el plazo de los cinco años contados desde el día siguiente a aquel en que adquiera firmeza la resolución por la que se impone la sanción.
La **interrupción** de este plazo de prescripción se produce por la iniciación, con conocimiento del interesado, del procedimiento de ejecución. No obstante, el plazo de prescripción vuelve a transcurrir si dicho procedimiento estuviera paralizado durante más de un mes por causa no imputable al infractor.

Precisiones La **sanción** derivada de un incumplimiento de las limitaciones a los pagos en efectivo el pago no está vinculada a que se dicte la correspondiente resolución por la que se impone la sanción, sino a la firmeza de dicha resolución.

7963 Ejemplo Un empresario vende mobiliario a un particular por importe de 5.000 euros, que paga en efectivo el 1-4-X1.
Como una de las partes intervinientes actúa en calidad de empresario o profesional, siendo el importe de la operación igual o superior a 1.000 euros, se encuentra sometido a la limitación de pago en efectivo.
a) Plazo de prescripción. La Agencia Tributaria notificó al empresario el 1-2-X2 el inicio del procedimiento sancionador por incumplimiento de las limitaciones a los pagos en efectivo. Tras la instrucción de procedimiento, el 1-6-X2 se notificó acuerdo de imposición, habiendo sido presentado recurso en alzada el 20-6-X2. El 25-7-X2 fue notificada la resolución del recurso, desestimando la pretensión del reclamante. El acuerdo sancionador adquirió firmeza el 25-9-X2, al no plantear el interesado recurso contencioso-administrativo contra dicho acuerdo.
La Agencia Tributaria dispone de un plazo de cinco años desde el 25-9-X2 para exigir la exigir el cobro de la sanción. En consecuencia, el procedimiento para exigir el pago de la sanción se podría iniciar hasta el 24-9-X7.
b) Interrupción plazo de prescripción. Una vez tramitado el procedimiento sancionador y, habiendo sido dictado el acuerdo de imposición de sanción, este adquiere firmeza el 25-9- X2, sin que el sujeto infractor ingrese el importe de la sanción en el período voluntario de pago concedido al efecto.
La Agencia Tributaria dispone de cinco años, a contar del 25-9-X2, para iniciar el procedimiento de ejecución, con la finalidad de cobrar la sanción impuesta derivada de la comisión de la infracción por incumplimiento de las limitaciones a los pagos en efectivo. La Agencia Tributaria notifica al empresario el 1-2-X7 el inicio del procedimiento de ejecución para el cobro de la sanción.
c) Nuevo cómputo plazo de prescripción. Una vez iniciado el procedimiento, el interesado acude a la visita fijada para el 20-2-X7 aportando la documentación solicitada. Tras dicha visita, la siguiente actuación del órgano instructor tiene lugar el 20-4-X7, sin que entre ambas actuaciones se haya realizado ninguna actuación relativa al expediente. Al estar paralizado el procedimiento sancionador durante más de un mes por causa no imputable al infractor, el 20-4-X7 se continúa el procedimiento, volviéndose a computar el plazo de prescripción por cinco años.

D. Procedimiento sancionador

(L 7/2012 art.7.Tres)

7964 El procedimiento sancionador por los incumplimientos de las limitaciones a los pagos en efectivo se regula por **normativa administrativa** sancionadora común, en vez de por la normativa tributaria, dado que no se trata de un incumplimiento tributario, sino financiero. En concreto, el procedimiento sancionador se rige por lo dispuesto en la LPAC y la LRJSP, así como las disposiciones reglamentarias que desarrollen estas leyes.
No obstante, con carácter general para los procedimientos sancionadores que se inicien a partir del 11-7-2021, se establecen una serie de **especialidades** (nº 7965).
En todo caso, el régimen de las **notificaciones** en dichos procedimientos es el previsto en la normativa general tributaria (nº 2400 s.).

7965 **Especialidades del procedimiento sancionador** (L 7/2012 art.7.Tres.5) En la tramitación del procedimiento por los **incumplimientos** de las limitaciones a los pagos en efectivo, han de aplicarse las siguientes especialidades:
a) En materia de **competencia** (nº 7967 s.), el inicio del procedimiento sancionador, al igual que sucede en el ámbito tributario, corresponde al órgano que instruye el procedimiento. De esta forma, se reproduce el esquema regulado en el procedimiento sancionador tributario:
- el órgano competente para iniciar y resolver el procedimiento no es el mismo, y se traslada la competencia para iniciar al instructor; y
- el órgano competente para nombrar al instructor es el órgano competente para resolver.

b) Con relación al **inicio** (nº 7970 s.), si se encontrasen en poder del órgano competente los elementos que permitan formular una propuesta de resolución, esta puede incorporarse al acuerdo de iniciación.
c) En relación con la **instrucción** (nº 7977 s.), se prescinde del trámite de audiencia previo a la propuesta de resolución prevista en el procedimiento administrativo común (LPAC art.82). En todo caso, cuando se notifique la propuesta al presunto infractor, se le pone de manifiesto el expediente y se le concede plazo para realizar alegaciones.
d) En relación con la **propuesta de resolución** (nº 7982), una vez notificada, el pago voluntario por el presunto responsable en cualquier momento anterior a la notificación de la resolución implica la terminación del procedimiento y la aplicación de una reducción del 50% del importe

de la sanción, sin que resulten aplicables las reducciones del 20% previstas por la LPAC. No obstante, la interposición de recurso contencioso-administrativo supone la pérdida de la reducción aplicada, que se exige sin más trámite que la notificación al interesado (nº 7984).
e) Respecto a la **terminación** del procedimiento (nº 7984 s.), el plazo máximo en el que debe notificarse resolución expresa es de seis meses, contados desde la fecha del acuerdo de iniciación.
f) Se permite el inicio de un **nuevo procedimiento** aunque no haya recaído resolución con carácter ejecutivo en un procedimiento anterior (circunstancia a la que se refiere la LPAC art.63.3).

Precisiones A pesar de las especialidades aplicables al procedimiento sancionador, se mantiene la separación entre las fases instructora y sancionadora, al ser los órganos competentes para instruir y resolver diferentes. De esta forma, el **esquema de tramitación** es: **7966**
i) nombramiento del órgano instructor por el órgano competente para resolver;
ii) inicio e instrucción a cargo de un mismo órgano, lo que facilita la tramitación y la incorporación de la propuesta al acuerdo de inicio; y
iii) resolución por órgano distinto al instructor.

Competencia (L 7/2012 art.7.Tres.2) La competencia para la tramitación y resolución del procedimiento para la imposición de sanciones por los incumplimientos de las limitaciones a los pagos en efectivo corresponden en **todo el territorio español** a la AEAT, incluidos País Vasco y Navarra al quedar este ámbito fuera del ámbito de aplicación del Concierto y el Convenio Económico. **7967**
El órgano competente se debe determinar por **disposición publicada en el BOE**, en el desarrollo de las facultades de organización.
En virtud de dichas facultades, la AEAT ha dictado algunas **Resoluciones** para atribuir la competencia de los expedientes sancionadores dentro de sus respectivos ámbitos de actuación, destacando las competencias atribuidas a las Dependencias Regionales de Inspección de las Delegaciones Especiales de AEAT (nº 7968) y a las Dependencia de Control Tributario y Aduanero de la Delegación Central de Grandes Contribuyentes (nº 7969).

Precisiones Asimismo, hay que tener en cuenta las siguientes competencias:
a. Dependencias Regionales de Gestión Tributaria. Les corresponde la tramitación y resolución de los procedimientos sancionadores derivados del incumplimiento de las limitaciones de pagos en efectivo respecto a las personas o entidades que tengan el domicilio fiscal al inicio del procedimiento sancionador en su ámbito territorial, siempre que la DCGC no ejerza su competencia sobre los mismos (AEAT Resol 13-1-21 aptdo.quinto.1.3.b).
b. Dependencias Regionales de Aduanas e Impuestos Especiales. Son competentes para la iniciación, la tramitación y resolución de los expedientes sancionadores derivados del incumplimiento de las limitaciones a los pagos en efectivo que se pongan de manifiesto como consecuencia de las actuaciones y procedimientos realizados por los órganos, equipos, unidades administrativas o funcionarios que integran los servicios territoriales de Aduanas e Impuestos Especiales en su ámbito territorial (AEAT Resol 13-1-21 aptdo.tercero.1.l).

Dependencias Regionales de Inspección (AEAT Resol 24-3-92 aptdo.cuarto.1 y 2.4) Corresponde a las Dependencias Regionales de Inspección de las **Delegaciones Especiales de AEAT**, las funciones de tramitar y resolver los procedimientos sancionadores derivados del incumplimiento de las limitaciones de pagos en efectivo respecto a las **personas o entidades** que tengan el domicilio fiscal al inicio del procedimiento sancionador en su ámbito territorial, siempre que la Delegación Central de Grandes Contribuyentes no ejerza su competencia sobre los mismos (nº 7969). **7968**
Además, dicha dependencia puede extender su competencia a **otras partes** intervinientes en la operación que sea objeto del procedimiento sancionador y que no tengan su domicilio fiscal en el ámbito de dicha Delegación Especial o estén adscritos a la Delegación Central de Grandes Contribuyentes.

Dependencia de Control Tributario y Aduanero (AEAT Resol 13-1-21 aptdo.tercero.8.a y sexto.2) **7969**
Corresponde a la Dependencia de Control Tributario y Aduanero de la **Delegación Central de Grandes Contribuyentes** el inicio, tramitación y resolución de los procedimientos sancionadores derivados del incumplimiento de las limitaciones de pagos en efectivo respecto de obligados tributarios adscritos a la Delegación Central de Grandes Contribuyentes.
Igualmente les corresponde la competencia de los procedimientos sancionadores incoados a personas o entidades no adscritas a la Delegación Central que hayan intervenido en una operación objeto de dicho procedimiento.

7970 **Inicio** (L 7/2012 art.7.Dos.6 y Tres.3) La utilización de efectivo se pone de manifiesto en transacciones económicas en las que intervienen al menos dos partes, una que entrega el bien o presta el servicio y otra que satisface la contraprestación. El **procedimiento** puede iniciarse respecto de cualquiera de los sujetos infractores (pagador y perceptor, nº 7951 s.).

Además de las **actuaciones previas** al inicio, como son la denuncia (nº 7971 s.) o los requerimientos (nº 7974), se analiza tanto el órgano competente para iniciar el procedimiento (nº 7975), como la forma de iniciación (nº 7976).

7971 **Denuncia** (L 7/2012 art.7.Dos.6; LPAC art.58 y 62) Al considerarse sujetos infractores tanto al pagador como al perceptor, estableciéndose la responsabilidad **solidaria** de ambos en la infracción y en la sanción que se pueda imponer (nº 7951 s.), la AEAT puede incoar el expediente sancionador indistintamente contra cualquiera de ellos o contra ambos. Sin embargo, la ley contempla una **eximente de responsabilidad** para la parte que ha intervenido en la operación que presente una denuncia ante la AEAT.

En el **régimen administrativo** la denuncia está prevista como una de las formas de las que se puede derivar la iniciación de oficio de un procedimiento, constituyendo el acto por el que cualquier persona, en cumplimiento o no de una obligación legal, pone en conocimiento de un órgano administrativo la existencia de un determinado hecho que pudiera justificar la iniciación de oficio de un procedimiento administrativo.

Para que la denuncia cumpla con los requisitos para la exención de responsabilidad, debe tener el siguiente **contenido mínimo**:
- operación realizada;
- importe; e
- identidad de la otra parte interviniente.

Asimismo, toda denuncia debe contener la siguiente **información**:
- identidad de la persona o personas que las presentan;
- relato de los hechos que pudieran constituir infracción;
- fecha de su comisión; e
- identificación de los presuntos responsables, cuando sea posible.

7972 A los efectos de la exoneración de responsabilidad, también es necesario que el denunciante colabore con la Administración aportando toda aquella **documentación** que posea que sea reflejo de la operación realizada (facturas, contratos, recibís, etc.).

El **plazo** para presentar la denuncia es en los tres meses siguientes a la fecha del pago efectuado que incumple la limitación de pagos en efectivo.

Las **formas de presentación** de la denuncia son las siguientes:
- mediante escrito en los registros de las Delegaciones de la AEAT;
- a través de la sede electrónica de la AEAT, en el apartado «Denuncia de pagos en efectivo».

Si la denuncia contiene la información exigida, la parte denunciante, aunque haya incumplido las limitaciones a los pagos en efectivo al realizar una operación sujeta a las mismas, queda exonerada de responsabilidad por infracción. Si tras haber presentado una denuncia una de las partes intervinientes en una operación, la **otra parte** presenta, a su vez, otra denuncia, esta última se va a entender por no formulada.

La **presentación simultánea** de denuncias por ambas partes intervinientes no exonera de responsabilidad a ninguna de ellas.

7973 Precisiones **1)** La Administración puede enviar solicitud para la **subsanación** de la denuncia (LPAC art.68). Si no fuese subsanada, el denunciante no va a eximirse de la responsabilidad.
2) La presentación de una denuncia no confiere, por sí sola, la condición de **interesado en el procedimiento**.

Ejemplo En una operación intervienen en calidad de empresarios dos partes, A y B. El importe de la operación es 50.000 euros y se paga en efectivo. La parte A denuncia ante la AEAT la operación, ajustándose a lo establecido en la norma: denuncia formulada dentro del plazo de los tres meses siguientes a la fecha del pago, identificando la operación realizada, su importe y la identidad de la otra parte interviniente.
Dicha denuncia permite que A quede exonerado de la posible responsabilidad por la infracción cometida, por los que la sanción únicamente se va a imponer a la parte B (25% x 50.000 = 12.500 euros).

7974 **Requerimientos** (L 7/2012 art.7.Tres.3; LPAC art.30.3, 55, 73 y 122) Con anterioridad a la iniciación del procedimiento, se pueden realizar actuaciones previas con objeto de determinar con carácter preliminar si concurren **circunstancias que justifiquen la iniciación**, en especial, a determinar, con la mayor precisión posible, los hechos susceptibles de motivar la incoación del procedimiento, la identificación de la persona o personas que pudieran resultar responsables y las circunstancias relevantes que concurran en unos y otros.

En particular, con **carácter previo** al inicio del procedimiento sancionador por incumplimiento de las limitaciones al pago en efectivo, se puede requerir a la persona o entidad que presuntamente ha incumplido la prohibición de pagos en efectivo o a terceros que hayan podido tener conocimiento de la operación para que, en el plazo máximo de diez días hábiles contados a partir del día siguiente al de la recepción del requerimiento, aporte ante el órgano que lo ha requerido la **documentación** que se considere necesaria para justificar si se ha producido dicho incumplimiento.
Ante este requerimiento, como acto administrativo independiente, se puede interponer **recurso de alzada** ordinario contra el mismo en el plazo de un mes desde el día siguiente al de la notificación del requerimiento.

Órgano competente La competencia para iniciar el procedimiento sancionador, con carácter general, va a corresponder al instructor designado por el titular del órgano competente para resolver (nº 7985). **7975**
Al ser sujetos infractores tanto las personas o entidades que paguen como las que reciban total o parcialmente cantidades en efectivo incumpliendo la limitación (nº 7951), puede darse la circunstancia de que tengan el **domicilio fiscal** en distintas Delegaciones Especiales o estar adscritos a la Delegación Central de Grandes Contribuyentes, en cuyo caso el procedimiento puede ser iniciado respecto de cualquiera de dichas personas o entidades.

Ejemplo En una operación de 20.000 euros efectuada entre dos empresarios, uno con domicilio fiscal en Galicia y otro en Murcia, son competentes para iniciar el procedimiento tanto la Dependencia Regional de Inspección de Galicia como la de Murcia.

Forma de iniciación (LPAC art.21.4, 25.1.b, 58, 63, 64 y 85; L 7/2012 art.7.Tres.5) Los procedimientos se inician siempre de oficio por acuerdo del órgano competente, por propia iniciativa o como consecuencia de orden superior, a petición razonada de otro órgano que no resulte competente para su inicio o por denuncia con la debida separación entre la fase instructora y la sancionadora. **7976**
El inicio se va a producir mediante **acuerdo del instructor** designado por el titular del órgano competente para resolver, en el que se ha de indicar:
- el **inicio** del procedimiento sancionador;
- el **nombramiento del instructor** del procedimiento, con indicación del régimen de recusación del mismo;
- la **identificación** del presunto responsable;
- los **hechos** que motivan la incoación del procedimiento;
- la posible **calificación** de los hechos y las sanciones que pudieran corresponder;
- el **órgano competente** para la resolución del procedimiento;
- el **derecho** que le asiste al presunto infractor a formular alegaciones y a la audiencia en el procedimiento y de los plazos para su ejercicio;
- la indicación de la posibilidad de no efectuar **alegaciones** en el plazo previsto sobre el contenido del acuerdo de iniciación, pudiendo en este caso dicho acuerdo de inicio, cuando contenga un pronunciamiento preciso acerca de la responsabilidad imputada, ser considerado como propuesta de resolución;
- la indicación de la posibilidad de que el interesado pueda proceder al **pago voluntario** de la sanción en cualquier momento anterior a la resolución, lo que conllevará una reducción del 50% del importe de la sanción;
- la información sobre el **plazo máximo** establecido para la resolución del procedimiento y para la notificación de los actos que pongan término, así como de los efectos del vencimiento de dicho plazo sin que se haya dictado y notificado resolución expresa.

Cuando al tiempo de iniciarse el procedimiento sancionador se encuentren en poder del órgano competente los elementos que permitan formular una **propuesta de resolución**, esta se incorpora al acuerdo de iniciación.
El acuerdo de iniciación se notifica al interesado y, al tratarse de un acto de mero trámite, no es susceptible de **reclamación o recurso** alguno.

Instrucción (LPAC art.53.1.a, 70 a 75) Durante la tramitación del procedimiento se han de realizar los actos de instrucción necesarios para la determinación, conocimiento y comprobación de los hechos, datos e informaciones relevantes para que pueda ser dictada la resolución. Todos los trámites se han de **impulsar de oficio** por el instructor del procedimiento. **7977**
La finalidad de la fase de instrucción es que se incorporen al procedimiento todas aquellas **pruebas** que sean necesarias para determinar, en su caso, la existencia de responsabilidad y la fijación de un responsable y su correspondiente sanción.

El procedimiento sancionador ha de desarrollarse de acuerdo con el **principio de acceso permanente** de forma que, en cualquier momento del procedimiento, los interesados tienen derecho a conocer su estado de tramitación y a acceder y obtener copias de los documentos contenidos en el mismo.
Con objeto de garantizar la transparencia en el procedimiento, la defensa del imputado y la de los intereses de otros posibles afectados, así como la eficacia de la propia Administración, cada procedimiento sancionador que se tramite se debe **formalizar sistemáticamente**, incorporando sucesiva y ordenadamente los documentos, testimonios, actuaciones, actos administrativos, notificaciones y demás diligencias que vayan apareciendo o se vayan realizando. La **custodia** del procedimiento así formalizado ha de realizarse bajo la responsabilidad del órgano competente en cada fase del procedimiento hasta el momento de la remisión de la propuesta de resolución al órgano correspondiente para resolver, quien se debe hacer cargo del mismo y de su continuación hasta el archivo definitivo de las actuaciones.
Expresamente se recoge la utilización de **medios electrónicos** en la tramitación del procedimiento.
Las principales **actuaciones** que se van a realizar en esta fase son:
- alegaciones (nº 7979);
- fase de prueba (nº 7980);
- formación del expediente (nº 7981); y
- propuesta de resolución (nº 7982).

Adicionalmente se va a analizar el órgano competente para la tramitación (nº 7978).

Precisiones Las autoridades o funcionarios, como pueden ser los **notarios** o los **registradores** de la Propiedad, tienen el deber de poner inmediatamente en conocimiento de los órganos de la AEAT los incumplimientos de la prohibición de los que tengan conocimiento en el ejercicio de sus competencias (L 7/2012 art.7.Cinco).

7978 **Órgano competente** (AEAT Resol 24-3-92 aptdo.cinco.2.h y ocho.4; 13-1-21 aptdo.tercero.1; 13-1-21 aptdo.octavo.2.3; 13-1-21 aptdo.sexto.2) La competencia para tramitar el expediente sancionador corresponde a:
- cuando resulte competente la Dependencia Regional de **Inspección**: el equipo de Inspección, unidad de Inspección o funcionario que se haya designado como instructor por parte del Inspector Jefe;
- cuando resulte competente la Dependencia Regional de **Gestión** Tributaria, la Dependencia Regional de **Aduanas e Impuestos Especiales** o la Dependencia de **Control Tributario y Aduanero**: el funcionario que se haya designado como instructor por el titular del órgano competente para resolver.

7979 **Alegaciones** (LPAC art.76) Los interesados tienen, **en cualquier momento** del procedimiento anterior a la propuesta de resolución, la posibilidad de efectuar alegaciones y aportar documentos, informaciones o pruebas que puedan considerar pertinentes.
En todo momento pueden los interesados alegar los **defectos de tramitación** y, en especial, los que supongan paralización, infracción de los plazos preceptivamente señalados o la omisión de trámites que pueden ser subsanados antes de la resolución definitiva del asunto.

7980 **Fase de prueba** (LPAC art.77, 78 y 80) El órgano instructor puede acordar la apertura de un período de prueba por un **plazo** de entre diez y treinta días hábiles a fin de que puedan practicarse cuantas juzgue conveniente. Asimismo, a petición de los interesados, se puede abrir un **período extraordinario** de prueba por un plazo no superior a diez días hábiles.
El acuerdo por el que se abra el período de prueba se debe notificar al presunto responsable.
Si el interesado propone la práctica de una prueba, se puede **rechazar** de forma motivada cuando sean manifiestamente improcedentes o innecesarias.
Una vez admitida la prueba, el órgano instructor ha de notificar a los interesados, con la suficiente antelación, el inicio de las actuaciones que resulten necesarias para la realización de las mismas, indicándose el lugar, fecha y hora en que se va a producir la práctica de la prueba, con la advertencia, en su caso, de que el interesado puede nombrar técnicos que le puedan asistir.
Cuando se trate de un **informe preceptivo** que deba emitir otro órgano, se puede suspender el transcurso del plazo máximo para resolver un procedimiento por un máximo de tres meses. Una vez transcurrido dicho plazo sin que se haya recibido el informe, el procedimiento debe proseguir.
Todo, sin perjuicio de los **documentos** que los interesados puedan aportar en cualquier momento anterior al trámite de audiencia.

Documentación que debe formar parte del expediente (L 7/2012 art.7.Tres.4; LPAC art.70) Se debe formar el **expediente** con los documentos y pruebas que se haya obtenido con carácter previo al inicio o durante la tramitación del procedimiento que vayan a fundamentar la propuesta de sanción. 7981

Concretamente, los datos y pruebas que obren o hayan sido obtenidos en alguna actuación o procedimiento de aplicación de los tributos y vayan a ser tenidos en cuenta en el procedimiento sancionador deben incorporarse al mismo **antes de formular la propuesta** de resolución.

Propuesta de resolución (LPAC art.73.1 y 89; L 7/2012 art.7.Tres.5) Concluida la instrucción del procedimiento, el órgano instructor ha de formular una propuesta de resolución, en la que se debe indicar la **puesta de manifiesto** del procedimiento, así como el plazo para formular **alegaciones** y presentar los **documentos** e informaciones pertinentes, el cual está fijado en diez días hábiles (LPAC art.73.1). 7982

Además, en la propuesta de resolución se deben fijar de forma motivada los **hechos**, especificándose los que se consideren probados y su exacta calificación jurídica, se ha de determinar la **infracción** que en su caso constituyan, y la persona o personas que resulten responsables, especificándose la sanción que propone que se imponga, la valoración de las pruebas practicadas y las medidas provisionales que se hubieran adoptado; o bien se debe proponer la declaración de no existencia de infracción o responsabilidad.

Una vez formalizada la propuesta de resolución se debe **notificar** al interesado.

El procedimiento finaliza con el **archivo de las actuaciones**, sin que sea necesaria la formulación de la propuesta de resolución cuando en la fase de instrucción se ponga de manifiesto que concurre alguna de las siguientes circunstancias:
- la inexistencia de los hechos que pudieran constituir la infracción;
- cuando los hechos no resulten acreditados;
- cuando los hechos probados no constituyan, de modo manifiesto, infracción administrativa;
- cuando no exista o no se haya podido identificar a la persona o personas responsables o bien aparezcan exentos de responsabilidad;
- cuando se concluya, en cualquier momento, que ha prescrito la infracción.

Precisiones **1)** Uno de los elementos fundamentales a valorar en la propuesta de resolución es la apreciación de la **culpabilidad** de la conducta del inculpado. Así, solo pueden ser sancionadas por hechos constitutivos de infracción administrativa las personas físicas y jurídicas, así como, cuando una Ley les reconozca capacidad para el ejercicio de sus derechos y obligaciones, los grupos de afectados, las uniones y entidades sin personalidad jurídica y los patrimonios independientes o autónomos, que resulten responsables de los mismos a título de dolo o culpa (LRJSP art.28.1). 7983

2) En relación con la **reducción de sanción por pago voluntario** (nº 7965), la propuesta de resolución debe contender una carta de pago que permita al obligado tributario abonar la sanción voluntariamente antes de la resolucón y beneficiarse, así, de esta reducción. La efectividad de la reducción está condicionada al desestimiento o renuncia de cualquier acción o recurso contra la sanción.

Terminación (LPAC art.85.1; L 7/2012 art.7.Tres.5.d) Una vez completado el expediente y, habiéndose cumplido el plazo de alegaciones, se inicia el proceso de cierre de dicho expediente. Si, iniciado el procedimiento sancionador, se produce el **reconocimiento de responsabilidad** por el infractor, se puede resolver el procedimiento con la imposición de la sanción que proceda. 7984

Una vez notificada la propuesta de resolución, el **pago voluntario** por el presunto responsable, en cualquier momento anterior a la notificación de la resolución implica la terminación del procedimiento con las siguientes consecuencias:
- se aplica la reducción del 50% de la sanción;
- no es necesario dictar resolución expresa de terminación;
- implica una renuncia al trámite de alegaciones;
- se agota la vía administrativa, de tal forma que solo cabe recurso en la vía contencioso-administrativa. En este caso el plazo para interponer dicho recurso se inicia al día siguiente al pago.

En todo caso, si el sujeto infractor interpone **recurso contencioso-administrativo** pierde la reducción, que se exige sin más trámite que la notificación al interesado.

Si el sujeto infractor **no efectúa el pago**, se dicta acuerdo de resolución, sin que pueda aplicarse la reducción. Contra la resolución cabe recurso de alzada en vía administrativa (nº 7992).

Precisiones Con **anterioridad al 11-7-2021** el pago voluntario conllevaba, en todo caso, la aplicación de las reducciones propias de la LPAC.

Órgano competente (AEAT Resol 24-3-92 aptdo.cinco.2.h; 13-1-21 aptdo.octavo.2.3; 13-1-21 aptdo.tercero.1.l y decimoquinto.2; 13-1-21 aptdo.sexto.2.f) La competencia para la **resolución** del procedimiento sancionador corresponde: 7985

a) En las Dependencias **Regionales de Inspección**, al Inspector Jefe.

b) En las Dependencias **Regionales de Gestión** Tributaria, al titular del órgano o sede, los Jefes de Área, los Jefes Adjuntos, los Inspectores Regionales Adjuntos, los Inspectores Coordinadores y los Técnicos Jefes de Gestión Tributaria.
c) En las Dependencias **Regionales de Aduanas e Impuestos Especiales**, al Inspector Jefe.
d) En la **Delegación Central de Grandes Contribuyentes**, al Inspector Jefe de la Dependencia de Control Tributario y Aduanero.

7986 **Actuaciones complementarias** (LPAC art.87) Si el órgano competente para resolver considera que resulta necesaria, antes de dictar resolución, la práctica de nuevas actuaciones de instrucción a la vista del expediente, puede acordar la práctica de las mismas mediante **acuerdo motivado**. Dicho acuerdo se debe notificar al interesado y se le ha de conceder un plazo de siete días para que formulen las alegaciones que se consideran pertinentes.
La **práctica de las actuaciones** complementarias debe efectuarse en un plazo no superior a quince días, quedando dicho período suspendido el procedimiento.

7987 **Resolución** (LPAC art.21, 22, 23, 25.1, 35.1.h, 88, 90 y 95.1; L 7/2012 art.7.Tres.1 y 5) El órgano competente ha de dictar resolución **motivada** y decidir todas las cuestiones planteadas por el interesado y aquellas otras derivadas del procedimiento.
En la resolución no se pueden aceptar hechos distintos de los determinados en la fase de instrucción del procedimiento o, en su caso, de las actuaciones complementarias, con independencia de su diferente valoración jurídica.
Si el órgano competente para resolver considera que la infracción reviste **mayor gravedad** que la determinada en la propuesta, se ha de notificar al inculpado para que pueda aportar las alegaciones que estime pertinentes, concediéndoles un plazo de 15 días. Como la infracción por el incumplimiento de las limitaciones de pago en efectivo es siempre grave, esta previsión se podría aplicar cuando la cuantía de la sanción se incremente respecto a la que consta en la propuesta.
El **contenido** de la resolución ha de incluir:
- los hechos que se consideren probados;
- la valoración de las pruebas practicadas, y especialmente de aquellas que constituyan los fundamentos básicos de la decisión;
- la persona o personas responsables, la infracción o infracciones cometidas y la sanción o sanciones que se imponen, o bien la declaración de no existencia de infracción o responsabilidad; y
- los recursos que quepan contra la resolución, órgano ante el que hubieran de presentarlo y plazo para interponerlos.

7988 La resolución debe recaer y notificarse en el **plazo** de seis meses desde la iniciación (no desde la notificación del inicio), teniendo en cuenta las posibles situaciones que pueden afectar a su cómputo.
Si bien el procedimiento sancionador por los incumplimientos de las limitaciones a los pagos en efectivo se regula, salvo sus especialidades propias (nº 7965), por normativa administrativa sancionadora común, dado que no se trata de un incumplimiento tributario, sino financiero, en materia de **notificaciones** se especifica que se le aplica el mismo régimen que a las notificaciones de los procedimientos tributarios (nº 2400 s.). De esta forma se evita que la AEAT tenga que utilizar, en materia de notificaciones, distinta normativa en función del tipo de acto a notificar. A estos efectos, se va a entender cumplida la obligación de notificar dentro del plazo máximo de duración de los procedimientos cuando la notificación contenga al menos el texto íntegro de la resolución, así como el intento de notificación debidamente acreditado (nº 2445).

7989 La **suspensión** del transcurso del plazo máximo legal para resolver un procedimiento y notificar la resolución puede tener lugar en los siguientes casos:
a) Cuando deba requerirse a cualquier interesado para la **subsanación** de deficiencias y la aportación de documentos y otros elementos de juicio necesarios, por el tiempo que medie entre la notificación del requerimiento y su efectivo cumplimiento por el destinatario o, en su defecto, el transcurso del plazo concedido.
b) Cuando deba obtenerse un **pronunciamiento** previo y preceptivo de un órgano de la **Unión Europea**, por el tiempo que medie entre la petición, que ha de comunicarse a los interesados, y la notificación del pronunciamiento a la Administración instructora, que también debe serles comunicada.
c) Cuando exista un **procedimiento no finalizado** en el ámbito de la **Unión Europea** que condicione directamente el contenido de la resolución de que se trate, desde que se tenga constancia de su existencia, que ha de comunicarse a los interesados, hasta que se resuelva, que también debe serles notificado.

d) Cuando deban solicitarse **informes preceptivos** a un órgano de la misma o distinta Administración, por el tiempo que medie entre la petición, que debe comunicarse a los interesados, y la recepción del informe, que igualmente debe ser comunicada a los mismos. Este plazo de suspensión no puede exceder en ningún caso de tres meses. En caso de no recibirse el informe en el plazo indicado, el procedimiento debe proseguir.
e) Cuando deban realizarse **pruebas técnicas o análisis** contradictorios o dirimentes propuestos por los interesados, durante el tiempo necesario para la incorporación de los resultados al expediente.
f) Cuando se inicien **negociaciones** con vistas a la conclusión de un pacto o convenio (LPAC art.86), desde la declaración formal al respecto y hasta la conclusión sin efecto, en su caso, de las referidas negociaciones que se constata mediante declaración formulada por la Administración o los interesados.
g) Cuando para la resolución del procedimiento sea indispensable la obtención de un previo **pronunciamiento** por parte de un **órgano jurisdiccional**, desde que se solicita hasta que la Administración tenga constancia del mismo. Ambas situaciones deben ser comunicadas al interesado.

Además, el transcurso del plazo máximo legal para resolver un procedimiento y notificar la resolución se suspende de forma **obligatoria** en los siguientes casos: **7990**
1. Cuando el órgano competente decida realizar **actuaciones complementarias** (nº 7986), desde la notificación del acuerdo de actuaciones hasta su terminación.
2. Cuando el interesado promueva la **recusación**, desde su planteamiento hasta su resolución por el superior jerárquico del recusado.
No obstante, en principio, al procedimiento sancionador por las limitaciones de pagos en efectivo solo resultan de aplicación los supuestos obligatorios, los de subsanación, y en menor medida, los de informes preceptivos y pruebas técnicas (letras a), d) y e) del nº 7989).
En caso de no producirse la notificación, o al menos el primer intento válido de la misma, dentro de los seis meses desde el inicio, se produce la **caducidad del procedimiento**. La resolución que declare la caducidad ha de ordenar el archivo de las actuaciones.
La caducidad no produce por sí sola la prescripción de las acciones del particular o de la Administración, pero los procedimientos caducados no interrumpen el **plazo de prescripción**. Supone que se va a poder iniciar un nuevo procedimiento sancionador cuando no se haya producido la prescripción, pudiendo ser incorporados a este los actos y trámites cuyo contenido se hubiera mantenido igual de no haberse producido la caducidad. En todo caso en el nuevo procedimiento deben darse los trámites de alegaciones proposición de prueba y audiencia al interesado.

Precisiones **1)** Al procedimiento sancionador por incumplimiento de pagos en efectivo no le resulta aplicable la **tramitación simplificada** del procedimiento al estar calificada como infracción grave (nº 7953; LPAC art.96.5).
2) La **prescripción** de la infracción por incumplimientos de pagos en efectivo se produce a los cinco años desde el día en que la infracción se haya cometido (nº 7959).

Recursos Finalizado el expediente es posible oponerse a sus resultados interponiendo los recursos que se enumeran a continuación: recurso de alzada (nº 7992); recurso contencioso-administrativo (nº 7993) y recurso extraordinario de revisión (nº 7994 s.). **7991**
Debe tenerse en cuenta que, como no se trata de la imposición de una **sanción tributaria**, no se encuentra incluida dentro de las materias reclamables en vía económico-administrativa (nº 8640 s.).

Recurso de alzada (LPAC art.30, 121 y 122) El acuerdo de imposición de sanción es susceptible de recurso de alzada ante el superior jerárquico del órgano que lo dictó (Delegado Especial o Central). **7992**
No obstante, el recurso puede interponerse ante el órgano competente que dictó el acto de imposición de sanción -que lo ha de remitir al Delegado competente en el plazo de diez días, junto con el expediente- o directamente ante el Delegado (Especial o Central) competente para resolverlo.
El **plazo** para interponer el recurso de alzada es de un mes, contado desde el día siguiente al de la notificación del acuerdo sancionador.
El plazo máximo para dictar y notificar la resolución es de tres meses; si transcurre dicho plazo sin que haya recaído resolución, se puede entender desestimado el recurso a los efectos de poder interponer el correspondiente **recurso contencioso-administrativo**, en su caso.
Contra la resolución de un recurso de alzada no cabe ningún otro recurso administrativo, salvo el recurso **extraordinario de revisión**, en los supuestos tasados señalados en el nº 7994.

Ejemplo Instruido un procedimiento sancionador contra una entidad que había recibido pagos en efectivo por encima del límite establecido en la norma, se acuerda la imposición de la correspondiente sanción. El acuerdo se notifica el 2-2-X3.
El plazo del mes para interponer el recurso de alzada empieza a computarse el día 3-2-X3 y finaliza el día 2-3-X3.

7993 **Recurso contencioso-administrativo** (L 29/1998 art.46) Una vez que se ha puesto fin a la vía administrativa, se puede recurrir ante la jurisdicción contencioso-administrativa. Es necesario, por tanto, haber interpuesto previamente el **recurso de alzada** ordinario ante el superior jerárquico.
El recurso contencioso-administrativo debe interponerse en los siguientes **plazos**:
- dos meses contados desde el día siguiente al de la notificación del acto expreso que ponga fin a la vía administrativa;
- seis meses contados a partir del día siguiente a aquel en que, de acuerdo con su normativa específica, se produzca el acto presunto.
Además, la normativa especial para este procedimiento sancionador prevé que si efectuado el **pago** no se dicta acto expreso de resolución, el plazo de interposición se inicia el día siguiente a aquel en que tenga lugar el pago (nº 7984).

Precisiones La sala aprecia su **incompetencia** para conocer del recurso frente a sanciones por infracción de las normas sobre pagos en efectivo. Considera que como actuación proveniente de un órgano periférico y de cuantía inferior a 60.000 €, la competencia es de los juzgados de lo contencioso administrativo (TSJ Cantabria auto 3-11-16, EDJ 303462).

7994 **Recurso extraordinario de revisión** (LPAC art.125 y 126) Cuando concurre alguno de los motivos tasados en la norma, puede interponerse recurso extraordinario de revisión contra los **actos firmes en vía administrativa**, ya sean acuerdos de imposición de sanción que no hayan sido recurridos en alzada ordinaria, o los propios acuerdos resolutorios de dichos recursos. El recurso debe interponerse ante el órgano administrativo que los dictó, que también es el competente para su resolución.
Las **circunstancias habilitantes** para su presentación son:
- que se haya incurrido al dictarlos en error de hecho, que pueda derivarse de los propios documentos incorporados al expediente;
- que aparezcan documentos de valor esencial para la resolución del asunto que, aunque sean posteriores, evidencien el error de la resolución recurrida;
- que hayan influido esencialmente en la resolución documentos o testimonios declarados falsos por sentencia judicial firme, anterior o posterior a la resolución;
- que la resolución se haya dictado como consecuencia de prevaricación, cohecho, violencia, maquinación fraudulenta u otra conducta punible y se haya declarado así en virtud de sentencia judicial firme.
El **plazo de interposición** del recurso varía según el motivo:
- interposición por error de hecho: cuatro años siguientes a la fecha de la notificación de la resolución impugnada;
- resto de los supuestos: tres meses a contar desde el conocimiento de los documentos o desde que la sentencia judicial quedó firme.

7995 La interposición de este recurso no perjudica el derecho de los interesados a solicitar la **nulidad de pleno derecho** del acuerdo (LPAC art.106), ni a instar la rectificación de errores materiales del acto dictado (LPAC art.109), ni tampoco el derecho a que esas solicitudes se sustancien y resuelvan.
El órgano competente para resolver el recurso puede acordar motivadamente la **inadmisión a trámite** del mismo, sin necesidad de recabar dictamen del Consejo de Estado, cuando el mismo no se funde en alguna de las causas descritas en el nº 7994 o en el supuesto de que se hubiesen desestimado en cuanto al fondo otros recursos sustancialmente iguales.
En la resolución, el órgano competente debe pronunciarse no solo sobre la procedencia del recurso, sino también, en su caso, sobre el fondo de la cuestión resuelta por el acto recurrido.
El **plazo para resolver** el recurso es de tres meses desde la interposición del mismo. Una vez transcurrido dicho plazo sin haberse dictado y notificado la resolución, se entiende desestimado el recurso, pudiendo acudir, en su caso, a la vía jurisdiccional contencioso-administrativa (nº 7993).

Recaudación (LPAC art.90.3; LGT art.62.2; L 7/2012 art.7.Cuatro) Las resoluciones del procedimiento sancionador por incumplimiento de las limitaciones a los pagos en efectivo **no son ejecutivas** en tanto que no pongan fin a la vía administrativa. Para eso es necesario que se haya resuelto el recurso de alzada ordinario (nº 7992), o que haya transcurrido el plazo de interposición sin haberse interpuesto dicho recurso. **7996**

El cómputo de los **plazos** de ingreso varía en función de que el interesado haya interpuesto o no recurso de alzada contra el acuerdo de imposición de sanción:

1) El interesado **no interpone recurso de alzada** en plazo. El ingreso en período voluntario puede efectuarse a partir del día siguiente al transcurso de dicho plazo, y hasta el siguiente momento:

a. Si el día siguiente al transcurso del plazo se encuentra entre los días 1 y 15 de cada mes, el ingreso puede realizarse hasta el día 20 del mes posterior o, si este no fuera hábil, hasta el inmediato hábil siguiente.

b. Si el día siguiente al transcurso del plazo se encuentra los días 16 y último de cada mes, el ingreso puede realizarse hasta el día 5 del segundo mes posterior o, si este no fuera hábil, hasta el inmediato hábil siguiente.

2) El interesado **ha interpuesto recurso de alzada** en plazo. La notificación del acuerdo de resolución es la que determina los plazos de ingreso en período voluntario:

a. Si el acuerdo de resolución del recurso de alzada se notifica entre los días 1 y 15 de cada mes, desde la fecha de recepción de la notificación hasta el día 20 del mes posterior o, si este no fuera hábil, hasta el inmediato hábil siguiente.

b. Los acuerdos de resolución notificados entre los días 16 y último de cada mes, desde la fecha de recepción de la notificación hasta el día 5 del segundo mes posterior o, si este no fuera hábil, hasta el inmediato hábil siguiente.

La **gestión** recaudatoria de las sanciones corresponde a la AEAT tanto en periodo voluntario como ejecutivo.

Precisiones En el **ámbito tributario** la situación es distinta, ya que el plazo voluntario de pago empieza en el momento de notificación del acuerdo de imposición de sanción.

Ejemplos **1)** Iniciado un procedimiento sancionador por el incumplimiento de los límites de pago en efectivo, se impone una sanción que se notifica el día 5-3-X3. No se interpone recurso de alzada contra dicha resolución. **7997**

En todo caso, hay que esperar a que transcurra el plazo de interposición del recurso de alzada ordinario. Al haberse notificado el día 5-3-X3, el recurso puede interponerse en el plazo de un mes contado desde el día siguiente, es decir, desde el 6-3-X3 al 5-4-X3. Como no se ha interpuesto recurso de alzada ordinario contra el acuerdo de imposición de sanción, los plazos de ingreso van a empezar a computarse a partir de la finalización del mes para interponer el recurso de alzada. Por tanto, y como el día siguiente al transcurso del plazo se encuentra entre los días 1 y 15, el plazo de ingreso de la sanción es desde el día 6-4-X3 hasta el día 20-5-X3, o si este fuera inhábil, hasta el inmediato hábil siguiente.

2) El día 19-11-X3 se interpone recurso de alzada contra un acuerdo de imposición de sanción por incumplimiento de las limitaciones de los pagos en efectivo notificado el día 29-10-X3. La notificación de la resolución se produce el día 17-1-X4.

Como se ha interpuesto recurso de alzada en plazo hay que esperar a la resolución y notificación del mismo para que pueda iniciarse el período voluntario de pago. Como la notificación se ha producido entre los días 16 y último del mes, el período voluntario de ingreso de la sanción se extiende desde el día 17-1-X4 hasta el día 5-3-X4, si es hábil, o el inmediato hábil posterior.

PARTE TERCERA

Revisión de actos dictados por la Inspección

CAPÍTULO 12

Revisión de los actos dictados por la Inspección

8000

Los **actos de aplicación de los tributos** y de imposición de sanciones tienen carácter reglado y son impugnables en vía administrativa y jurisdiccional en los términos establecidos en las leyes (LGT art.6). 8002

Estos actos gozan de **presunción de validez**, por lo que es necesario proceder a su impugnación si se quiere destruir su apariencia de validez y su eficacia.

En nuestro ordenamiento, para poder acudir a la vía contencioso-administrativa y que sean los Tribunales de Justicia quienes efectúen el control de la legalidad de los actos administrativos, es preciso agotar la **vía administrativa** previa.

En materia tributaria, y salvo las especialidades previstas en el ámbito de la Administración Local, la vía administrativa previa a la judicial está constituida por el recurso potestativo de reposición y las reclamaciones económico-administrativas. Existen también unos **procedimientos especiales** de revisión, que integran la revisión en vía administrativa, pero que no constituyen el cauce normal de revisión en esta vía; se trata de procedimientos especiales que solo pueden emplearse en supuestos tasados y circunstancias concretas (nº 8060 s.).

A diferencia de los actos de aplicación de los tributos, los acuerdos de imposición de **sanción** ven afectada siempre su ejecutividad cuando son impugnados en vía administrativa mediante la interposición de un recurso o reclamación administrativa, lo que supone una excepción a la autotutela ejecutiva de los actos administrativos (nº 8535 s.).

En el presente capítulo se exponen los distintos **medios** a través de los cuales pueden revisarse en vía administrativa los actos y actuaciones de aplicación de los tributos y los actos de imposición de las sanciones tributarias, tanto el cauce excepcional de los procedimientos especiales de revisión como los normales constituidos por el recurso de reposición y las reclamaciones económico-administrativas. 8005

Precisiones El Derecho de la Unión Europea se opone a la aplicación de una regla de un Estado miembro en virtud de la cual una reclamación de responsabilidad patrimonial del Estado basada en una infracción de dicho Derecho por una ley nacional declarada mediante sentencia del TJUE solo puede estimarse si el demandante ha **agotado previamente todas las vías de recurso internas** dirigidas a impugnar la validez del acto administrativo lesivo dictado sobre la base de dicha ley, mientras que tal regla no es de aplicación a una reclamación de responsabilidad patrimonial del Estado fundamentada en la infracción de la Constitución de la misma ley declarada por el órgano jurisdiccional competente (TJUE 26-1-10, asunto C-118/08).

I. Aspectos sustantivos de la revisión administrativa

8010

8011 Tanto la Ley General Tributaria como el Reglamento general de revisión en vía administrativa contienen normas generales aplicables a todos los procedimientos de revisión en vía administrativa (LGT art.213 a 215; RGRV art.1, 2 bis y 3).
No obstante, con **carácter previo** a su estudio se va a analizar la relación existente entre estas normas comunes y las normas comunes de aplicación a los tributos (nº 8015 s.), así como la relación existente entre estos procedimientos de revisión y los procedimientos amistosos (nº 8020).

8015 **Normas comunes de aplicación de los tributos** (LGT art.214) En base al **principio de especialidad**, cuando dos normas regulan una misma cuestión de dos formas distintas, la ley especial prevalece sobre la general, desplazando su eficacia. No obstante, la **norma general** resulta aplicable con carácter supletorio en aquellos aspectos no regulados en la norma especial.
La **aplicación de dicho principio** a la revisión administrativa conlleva que prevalezca su regulación específica frente a las normas comunes de aplicación de los tributos. Sin embargo, la LGT hace una **remisión expresa** a las normas generales de aplicación de los tributos en materia de:
- capacidad y representación (nº 890 s.);
- prueba (nº 3135 s.);
- notificaciones (nº 2400 s.);
- cómputo de plazos (nº 2445 s.).
Así, resultan aplicables a la revisión en vía administrativa, sin perjuicio de las especialidades propias previstas en la regulación de las reclamaciones económico-administrativas.

8018 **Motivación** (LGT art.215) Las **resoluciones** de los procedimientos especiales de revisión, recursos y reclamaciones deben ser motivadas, con sucinta referencia a hechos y fundamentos de derecho.
También deben motivarse en dichos procedimientos, aunque no sean resolutorios, los siguientes **actos de trámite cualificados**, en cuanto pueden provocar indefensión, limitan los derechos subjetivos de los obligados, o determinan la suspensión del procedimiento o la imposibilidad de continuarlo:
a) La **inadmisión** de escritos presentados por los interesados.
b) La **suspensión de la ejecución** de los actos impugnados, la denegación de la suspensión y la inadmisión a trámite de la solicitud de suspensión.
c) La **abstención** de oficio para conocer o seguir conociendo del asunto por razón de la materia.
d) La procedencia o improcedencia de la **recusación**, la denegación del recibimiento a prueba o de cualquier diligencia de ella y la caducidad de la instancia.
e) Las que **limiten derechos** subjetivos de los interesados en el procedimiento.
f) La **suspensión del procedimiento** o las causas que impidan su continuación.

8020 **Procedimientos amistosos** (LGT disp.adic.21ª; RGRV art.2 bis; LJCA disp.adic.9ª) Estos procedimientos se utilizan para resolver los conflictos que se deriven de la aplicación de los **tratados y convenios internacionales** (nº 5260 s.).
Si una **misma cuestión** se tramita de forma simultánea mediante un procedimiento de revisión administrativa y un procedimiento amistoso, se suspende el primero hasta la finalización de este último. También procede la suspensión del procedimiento contencioso-administrativo respecto de los elementos de la obligación tributaria que sean objeto del procedimiento amistoso, desde que se inicie el mismo hasta que finalice, aunque se prevén excepciones.

A. Competencia

(LO 8/1980; L 22/2009; LGT art.1, 213, 228.4, 229, 241, 242 y disp.adic.13ª; RGRV art.1 y 31)

8025 Desde el punto de vista de la Administración **autora del acto**, las normas contenidas en la LGT y en el RGRV son aplicables a todas las Administraciones tributarias en virtud y con el alcance que se deriva de la Constitución (Const art.149.1.1ª, 8ª, 14ª y 18ª), sin perjuicio de lo dispuesto

en las leyes que aprueban el Convenio Económico y el Concierto Económico en vigor en la Comunidad Foral de Navarra y en los Territorios Históricos del País Vasco, respectivamente.
A continuación se van a analizar las **especialidades** en esta materia de las Comunidades Autónomas (nº 8027 s.) y las Haciendas Locales (nº 8052).

1. Comunidades Autónomas

(LO 8/1980; L 22/2009; LGT art.1, 228.4, 229, 241, 242 y disp.adic.13ª; RGRV art.1 y 31)

8027 A los efectos de determinar la competencia en materia de revisión administrativa, a su vez debe diferenciarse si se trata de Comunidades Autónomas de régimen común (nº 8030 s.) o los territorios forales (nº 8050).

a. Comunidades Autónomas de régimen común

(LO 8/1980; L 22/2009; LGT art.228.4, 229, 241, 242 y disp.adic.13ª; RGRV art.31)

8030 Aunque resultan aplicables los procedimientos establecidos en la LGT, existe una **remisión** a las normas organizativas de cada Comunidad Autónoma, en función de la clase de tributo de que se trate, a fin de determinar el órgano competente para conocer de la revisión, pudiendo distinguirse entre tributos propios (nº 8032) y tributos estatales cedidos (nº 8034 s.).

8032 **Tributos propios** (LO 8/1980 art.6, 17, 19.1 y 20) En el ámbito de estos tributos, que engloba las sanciones derivadas de los mismos, la **revisión en vía administrativa** corresponde a las propias CCAA. Las reclamaciones económico-administrativas competen a los órganos económico-administrativos propios de las CCAA.

8034 **Tributos cedidos** (LO 8/1980 art.10, 11, 19.2, 20 y disp.adic.6ª; L 22/2009 art.54.1 y 59) En el ámbito de estos tributos, la **competencia revisora** en vía administrativa de los actos dictados por las CCAA y por las Ciudades con Estatuto de Autonomía puede corresponder a las mismas, sin perjuicio de la colaboración que pueda establecerse con la Administración tributaria del Estado.
En este sentido, la normativa de cesión de los tributos solo prevé la **delegación** de competencias en relación con la vía administrativa para algunos de los tributos cedidos, reservándose el Estado la aplicación de los tributos y la revisión de los actos dictados en el ejercicio de la misma del resto. En los impuestos en los que se produce la delegación, esta competencia se extiende a los procedimientos especiales de revisión (nulidad de pleno derecho, declaración de lesividad de sus propios actos declarativos de derecho, revocación, rectificación de errores y devolución de ingresos indebidos), a la resolución del recurso de reposición y a las reclamaciones económico-administrativas.
En el caso de **Canarias**, además de las opciones anteriores, se atribuye a sus órganos económico-administrativos la competencia para conocer de las reclamaciones que se susciten en materia de aplicación de los tributos y potestad sancionadora respecto del IGIC y del Arbitrio sobre Importación y Entrada de Mercancías en las Islas Canarias.
Asimismo se prevé que las CCAA y Ciudades con Estatuto de Autonomía pueden asumir esas competencias en **única instancia**, independientemente de la cuantía de la reclamación.
Por tanto, las situaciones que pueden producirse son:
- la CCAA no asume la competencia revisora (nº 8037 s.);
- la CCAA asume la competencia revisora en única instancia (nº 8041 s.);
- la CCAA asume por completo la competencia revisora (nº 8044 s.).

8035 En el siguiente **cuadro** se indican las CCAA que han ejercido el derecho a la atribución de competencias en materia revisora, su alcance, el órgano económico-administrativo y la normativa reguladora.

Comunidad Autónoma	Tipo de competencia	Órgano
Andalucía	En única instancia (L 18/2010 redacc L 32/2022)	Tribunal Económico-Administrativo de la Junta de Andalucía (D Andalucía 60/2020)
Aragón	En única instancia (L 24/2010)	Junta de Reclamaciones Económico-Administrativas de la Comunidad Autónoma de Aragón (L Aragón 1/1998)
Asturias	En única instancia (L 19/2010)	Consejero de Hacienda (D Asturias 38/1991)

Comunidad Autónoma	Tipo de competencia	Órgano
Canarias	En única instancia (L 26/2010 redacc L 33/2022)	Junta Económico-Administrativa de Canarias (L Canarias 9/2006 redacc L Canarias 7/2022)
Cantabria	En única instancia (L 20/2010)	Consejero de Economía y Hacienda y Junta Económico-administrativa (D Cantabria 143/2002)
Castilla-La Mancha	En primera y única instancia (L 25/2010)	Comisión Superior de Hacienda (D Castilla-La Mancha 135/2002)
Castilla y León	En única instancia (L 30/2010)	Comisión de Reclamaciones Económico-Administrativas (L Castilla y León 2/2006 redacc L Castilla y León 4/2024)
Cataluña	En única instancia (L 16/2010 redacc L 34/2022)	Junta de Tributos de Cataluña (L Cataluña 17/2017 redacc L Cataluña 3/2023; D Cataluña 58/2022 redacc D Cataluña 400/2024)
Comunidad Valenciana	En primera y única instancia (L 23/2010 redacc L 35/2022)	Instituto Valenciano de Administración Tributaria (L C.Valenciana 7/2014 redacc L C.Valenciana 7/2023)
Extremadura	En única instancia (L 27/2010)	Junta Económico-Administrativa de Extremadura (L Extremadura 1/2015)
Galicia	En única instancia (L 17/2010 redacc L 36/2022)	Junta Superior de Hacienda (D Galicia 34/1997)
Illes Balears	En única instancia (L 28/2010 redacc L 37/2022)	Junta Superior de Hacienda de las Illes Balears (D Baleares 20/2012)
La Rioja	En primera y única instancia (L 21/2010)	Tribunal Económico-Administrativo de La Rioja (L La Rioja 4/2005 redacc L La Rioja 17/2022)
Madrid	En primera y única instancia (L 29/2010)	Junta Superior de Hacienda (D Madrid 215/2023; D Madrid 230/2023 redacc D Madrid 101/2024)
Murcia	En primera y única instancia (L 22/2010)	Consejero de Economía, Hacienda y Administración Digital (L Murcia 7/2004 redacc L Murcia 1/2024)

8037 **No asunción de la competencia revisora** (L 22/2009 art.59) En este caso, con **carácter general**, le corresponde conocer al Tribunal Económico-Administrativo Regional de cada Comunidad Autónoma -TEAR- o Tribunal Económico-Administrativo Local en el ámbito de las Ciudades Autónomas de Ceuta y Melilla -TEAL- (nº 8615 s.) en primera o única instancia, sin perjuicio de la participación que pueden tener en los mismos las CCAA y las Ciudades con Estatuto de Autonomía.

Así, los TEAR o TEAL son competentes para conocer de las **reclamaciones** interpuestas contra los actos administrativos dictados por los órganos no superiores de la Administración de las CCAA y Ciudades con Estatuto de Autonomía:

a) En **única instancia**, cuando la cuantía de la reclamación sea igual o inferior a 150.000 euros, o 1.800.000 euros si se trata de reclamaciones contra bases o valoraciones.

b) En **primera instancia**, cuando la cuantía de la reclamación sea superior a 150.000 euros, o 1.800.000 euros si se trata de reclamaciones contra bases o valoraciones, o bien el acto o actuación es de cuantía indeterminada, salvo que los interesados decidan interponerlo directamente ante el TEAC, en cuyo caso resuelve este en única instancia (nº 8601 y nº 8654).

También son competentes para conocer de la **rectificación de errores** en los que incurran sus propias resoluciones y las reclamaciones interpuestas contra actuaciones de los **particulares** en materia tributaria susceptibles de reclamación económico-administrativa, en primera o única instancia según que la cuantía de la reclamación exceda o no de 150.000 euros, o 1.800.000 euros si se trata de reclamaciones contra bases o valoraciones, cuando el domicilio fiscal de la persona o entidad que interponga la reclamación esté en dicha Comunidad Autónoma o Ciudad con Estatuto de Autonomía. **8038**
El **TEAC** resuelve los recursos de alzada ordinarios o extraordinarios que se puedan plantear y las reclamaciones contra actos dictados por los órganos superiores de la Administración de las CCAA y Ciudades con Estatuto de Autonomía.

A continuación se desarrolla un **esquema** de la competencia de revisión de las reclamaciones contra actos de órganos no superiores de la Administración de la Comunidad Autónoma. **8039**

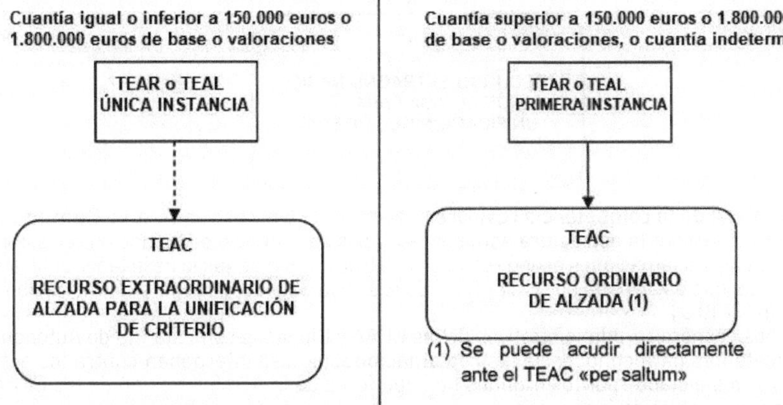

Asunción de la competencia revisora en única instancia (L 22/2009 art.59) Los órganos económico-administrativos de la Comunidad Autónoma realizan la revisión en única instancia, independientemente de la **cuantía**, dando paso directamente a la vía contencioso-administrativa, de las **reclamaciones** interpuestas contra: **8041**
a) Los **actos administrativos** dictados por los órganos de la Administración de las CCAA y Ciudades con Estatuto de Autonomía.
b) Actuaciones de los **particulares** en materia tributaria susceptibles de reclamación económico-administrativa, cuando el domicilio fiscal de la persona o entidad que interponga la reclamación esté en dicha Comunidad Autónoma o Ciudad con Estatuto de Autonomía.
Dichos órganos también son competentes para conocer la **rectificación de errores** en los que incurran sus propias resoluciones y la resolución del **recurso extraordinario de revisión** contra actos firmes de su Administración tributaria y contra sus resoluciones firmes.

8042 A continuación se desarrolla un **esquema** de la competencia de revisión de las reclamaciones:

8044 **Asunción plena de la competencia revisora** (L 22/2009 art.59) Corresponde a la Comunidad Autónoma determinar la **estructura** administrativa para el ejercicio de la función revisora en el ámbito de las reclamaciones económico-administrativas, sin perjuicio de la labor unificadora del Estado, que es ejercida por el TEAC (nº 8598 s.) y la Sala Especial para la Unificación de Doctrina (nº 8610 s.).

Los órganos económico-administrativos de las CCAA y Ciudades con Estatuto de Autonomía son competentes para conocer de las **reclamaciones** que se interponen contra los actos administrativos dictados por los órganos no superiores de la Administración de las CCAA y Ciudades con Estatuto de Autonomía:

a) En **única instancia**, cuando la cuantía de la reclamación sea igual o inferior a 150.000 euros, o 1.800.000 euros si se trata de reclamaciones contra bases o valoraciones.

b) En **primera instancia**, cuando la cuantía de la reclamación sea superior a 150.000 euros, o 1.800.000 euros si se trata de reclamaciones contra bases o valoraciones, o bien el acto o actuación es de cuantía indeterminada, salvo que los interesados decidan interponerlo directamente ante el TEAC, en cuyo caso resuelve este en única instancia (nº 8601 y nº 8654).

Dichos órganos también son competentes para conocer la **rectificación de errores** en los que incurran sus propias resoluciones y las reclamaciones que se interponen contra actuaciones de los **particulares** en materia tributaria susceptibles de reclamación económico-administrativa, en primera o única instancia según que la cuantía de la reclamación exceda o no de 150.000 euros, o 1.800.000 euros si se trata de reclamaciones contra bases o valoraciones, cuando el domicilio fiscal de la persona o entidad que interponga la reclamación esté en dicha Comunidad Autónoma o Ciudad con Estatuto de Autonomía.

El **TEAC** resuelve los recursos de alzada ordinarios y extraordinarios para unificación de criterio y las reclamaciones contra actos dictados por los órganos superiores de la Administración de las CCAA y Ciudades con Estatuto de Autonomía.

A continuación se desarrolla un **esquema** de la competencia de revisión de las reclamaciones contra actos de órganos no superiores de la Administración de la Comunidad Autónoma. 8045

Cuantía superior a 150.000 euros o 1.800.000 euros de base o valoraciones, o cuantía indeterminada

ORGANO ECONÓMICO-ADMINISTRATIVO CA

PRIMERA INSTANCIA

TEAC

RECURSO ORDINARIO DE ALZADA (1)

(1) Se puede acudir directamente ante el TEAC «per saltum»

Ejemplo La Administración tributaria de una Comunidad Autónoma dicta una liquidación por la modalidad TPO del **ITP y AJD**, al descubrir una transmisión no declarada y sujeta al impuesto. El contribuyente tiene las siguientes alternativas: 8047

a) Recurrir en reposición la liquidación. La competencia para resolverlo corresponde a la propia Administración autora del acto.

b) Impugnar la liquidación en vía económico-administrativa. Depende de si la Comunidad Autónoma ha asumido competencias en materia de revisión económico-administrativa:

- si no las ha asumido, la competencia para conocer dicha reclamación corresponde al TEAR de la Comunidad Autónoma en primera o única instancia;
- si la hubiera asumido de manera plena, dicha competencia le correspondería al órgano económico-administrativo de la Comunidad Autónoma en primera o única instancia en función de la cuantía;
- si la hubiera asumido en única instancia, independientemente de la cuantía, conoce en única instancia dicho órgano.

---

b. Territorios Forales

(LGT art.1; RGRV art.1)

En los casos de Navarra (L 28/1990) y el País Vasco (L 12/2002), corresponde al **Estado** la competencia exclusiva para la revisión de los derechos de importación y los gravámenes a la importación en el IVA y los Impuestos Especiales. 8050

En lo demás, en el caso del **País Vasco** la competencia para la revisión en vía administrativa de los actos dictados en el ámbito de los tributos que integran el sistema tributario de los Territorios Históricos corresponde a las Diputaciones Forales, a través de las correspondientes Normas Forales Generales Tributarias (nº 12904 s. Memento Fiscal Foral 2024).

En el caso de **Navarra** la competencia corresponde a la Comunidad Foral Navarra, habiéndose aprobado la Ley Foral General Tributaria, que contiene normas relativas a la revisión en vía administrativa (nº 12904 s. Memento Fiscal Foral 2024).

2. Haciendas Locales

(LGT art.213)

En el ámbito de las Haciendas Locales existen algunas **especialidades** tanto procedimentales (nº 8514 s.) como en los órganos competentes para llevar a cabo la revisión administrativa. 8052

En los **procedimientos especiales de revisión**, la especialidad reside en la concreción del órgano competente, que varía en función del procedimiento. Así, por ejemplo, en la declaración de nulidad de pleno derecho, la competencia se residencia en el Pleno de la Corporación Local.

B. Eficacia temporal de las normas

(LGT art.10)

8055 Con carácter general, la **entrada en vigor** de las normas tributarias es a los 20 días naturales de su completa publicación en el boletín oficial que corresponda, si en ellas no se dispone otra cosa, y se aplican por plazo indefinido, salvo que se fije un plazo determinado.

En los **tributos sin período impositivo** devengados, la aplicación se produce a partir de su entrada en vigor, y en **los demás tributos**, en el período impositivo que se inicie desde ese momento.

Aunque con carácter general las normas tributarias no tienen **efecto retroactivo**, se exceptúan las normas que regulan el régimen de infracciones y sanciones tributarias y el de los recargos respecto de los actos que no sean firmes cuando su aplicación resulte más favorable para el interesado.

C. Límites a la revisión

(LGT art.213.2 y 3)

8058 Se establecen los siguientes límites a la revisión en vía administrativa:

a) Los actos de **aplicación de los tributos y de imposición de sanciones** sobre los que haya recaído resolución económico-administrativa no pueden ser revisados en vía administrativa, salvo los supuestos de nulidad de pleno derecho, rectificación de errores y recurso extraordinario de revisión.

b) Las **resoluciones firmes** de los órganos económico-administrativos, tampoco pueden ser revisadas en vía administrativa, salvo los supuestos de nulidad de pleno derecho, rectificación de errores, recurso extraordinario de revisión y declaración de lesividad.

c) La existencia de una **sentencia judicial** firme. La cosa juzgada vincula a la Administración impidiéndole la revisión de lo acordado en la resolución judicial.

Precisiones En la **impugnación de** una **sanción** es posible realizar un análisis de la liquidación de la que deriva, aunque ésta sea firme, en la medida que la regularización que contiene sustenta la infracción que se sanciona y fija la base de la sanción impuesta, en aras a verificar la concurrencia del elemento objetivo de la sanción impuesta (TEAC 24-11-22; TS 23-9-20, EDJ 671986).

II. Procedimientos especiales de revisión

(LGT art.216 a 221)

8060

8062 Los procedimientos especiales de revisión constituyen un cauce excepcional para llevar a cabo la revisión en vía administrativa de los actos de aplicación de los tributos y de imposición de sanciones. Solo cabe su aplicación cuando concurren las circunstancias previstas en cada uno de ellos, y la **legitimación** para incoarlos en unos casos corresponde a la propia Administración y en otros la comparte con el interesado.

La LGT regula de manera expresa la **revocación** de los actos de aplicación de los tributos y de imposición de sanciones, dotando a este procedimiento especial de un perfil propio y diferenciado del que tiene en el Derecho Administrativo común (previsto en la LPAC); su campo de aplicación es más restringido.

8065 Son **procedimientos** especiales de revisión los siguientes:

a) Revisión de actos nulos de pleno derecho.

b) Declaración de lesividad de actos anulables.

c) Revocación.

d) Rectificación de errores.

e) Devolución de ingresos indebidos.

Precisiones A través de la **sede electrónica de la AEAT**, en el apartado de Todas las gestiones/Recursos, reclamaciones, otros procedimientos de revisión y suspensiones/Procedimientos especiales de revisión, se pueden realizar diversos trámites relativos a los anteriores procedimientos especiales de revisión.

A. Nulidad de pleno derecho

(LGT art.217; RGRV art.4 a 6; OM PRE/3581/2007 art.5)

La declaración de nulidad de pleno derecho se configura como: 8072
- una **potestad** de la Administración para revisar de oficio actos declarativos de derechos; y
- una especial acción de **recurso** a disposición de los particulares contra actos de gravamen firmes en vía administrativa.

1. Ámbito objetivo

(LGT art.217.1)

Este procedimiento especial únicamente es aplicable en el caso de actos dictados en materia 8075
tributaria y resoluciones de los **órganos económico-administrativos**, que hayan puesto fin a la vía administrativa o que no hayan sido recurridos en plazo, cuando concurra alguno de los motivos tasados previstos (nº 8080 s.).

Se exige, por tanto, una **firmeza** en vía administrativa, no en vía contencioso-administrativa; con ello se trata de evitar que se puedan producir resoluciones administrativas de signo contrario. Así:

a) Si el acto o resolución está pendiente de resolver en vía judicial, ello no impide que se pueda **simultanear** dicho recurso contencioso con este procedimiento especial de revisión. La declaración de nulidad de pleno derecho daría lugar a una satisfacción extraprocesal del interesado en el pleito judicial.

b) Si el acto o resolución está pendiente de resolución de **recurso de reposición** o reclamación económico-administrativa, no cabe declaración de nulidad de pleno derecho, debiéndose inadmitir la solicitud de nulidad.

c) Si el acto de aplicación de los tributos o de imposición de sanción, o la resolución de reclamación económico-administrativa han sido confirmados por **sentencia judicial** firme, no es revisable en ningún caso (LGT art.213.3).

En cuanto a la naturaleza del acto, puede tratarse tanto de **actos declarativos** de derechos como de **actos de gravamen**. Tratándose de actos declarativos de derechos, la Administración, si se dan los requisitos previstos, debe acudir a este procedimiento para declarar su nulidad, quedándole en otro caso la vía de la declaración de lesividad. Si la declaración de nulidad se produce en beneficio de los interesados, se podría plantear si además el supuesto permitiría también la revocación prevista en la LGT art.219 (nº 8145 s.).

Precisiones Es preciso determinar si la prohibición de revisar actos confirmados por **sentencia judicial firme** resulta aplicable a aquellos supuestos en los que existe una sentencia judicial firme que, sin entrar a examinar los motivos de fondo de la impugnación, desestimó un recurso previo por considerar ajustada a derecho la decisión del tribunal económico-administrativo de inadmitirlo por extemporáneo (TS auto 15-6-22, EDJ 602686).

2. Motivos

(LGT art.217.1)

Los motivos que permiten declarar la nulidad de pleno derecho de los actos o resoluciones fir- 8080
mes tienen **carácter tasado** y son los siguientes:

a) Que lesionen los derechos y libertades susceptibles de amparo constitucional.

b) Que hayan sido dictados por órgano manifiestamente incompetente por razón de la materia o del territorio.

c) Que tengan un contenido imposible.

d) Que sean constitutivos de infracción penal o se dicten como consecuencia de esta.

e) Que hayan sido dictados prescindiendo total y absolutamente del procedimiento legalmente establecido para ello o de las normas que contienen las reglas esenciales para la formación de la voluntad en los órganos colegiados.

f) Los actos expresos o presuntos contrarios al ordenamiento jurídico por los que se adquieren facultades o derechos cuando se carezca de los requisitos esenciales para su adquisición.

g) Cualquier otro que se establezca expresamente en una disposición de rango legal.

8082 Precisiones 1) Los derechos y libertades susceptibles de **amparo constitucional** son los recogidos en la Const art.14 a 29 y la objeción de conciencia (Const art.30). En la práctica habrá que ver la aplicación de este procedimiento por vulneración del derecho a la tutela judicial efectiva (Const art.24), cuando haya habido vicio de forma generador de indefensión, pues la misma ha de tener una relevancia constitucional, circunstancia que será difícil de valorar.

2) El motivo relativo a los actos expresos o presuntos contrarios al ordenamiento jurídico por los que se adquieren facultades o derechos cuando se carezca de los requisitos esenciales para su adquisición, no parece que pueda tratarse de un supuesto frecuente en el ámbito tributario; en todo caso, para que exista nulidad de pleno derecho no basta cualquier irregularidad, es preciso que se carezca de los **requisitos esenciales** para la adquisición de la facultad o el derecho.

3) Respecto a los **actos de contenido imposible**, la imposibilidad ha de ser física o material, no se refiere a una imposibilidad jurídica.

4) Los actos constitutivos de **infracción penal** comprenden tanto los delitos como las faltas penales. Debe de existir una previa resolución judicial firme referida al delito o falta. La extinción definitiva de la responsabilidad criminal y de la acción penal por muerte del reo, amnistía, indulto, perdón del ofendido, prescripción del delito o pena, no debe impedir la declaración de nulidad del acto. Quizás tampoco la concurrencia de eximentes de responsabilidad si se demuestra la ilegalidad de la acción.

8084 **5)** Los actos dictados prescindiendo total y absolutamente del procedimiento establecido, no exigen una ausencia total de procedimiento, basta con que se siga otro procedimiento distinto del legalmente previsto; también se incluyen aquellos casos en que se sigue el procedimiento pero en el mismo se han incumplido **trámites esenciales** o sustanciales.

Se entiende que se ha prescindido total y absolutamente del procedimiento en dos supuestos: cuando se prescinde de todo trámite, es decir, se produce el acto sin la instrucción previa de procedimiento alguno; y cuando se haya seguido un procedimiento legalmente previsto para un objeto distinto (AN 18-2-04, EDJ 155544).

La declaración de nulidad de pleno derecho por omisión total del procedimiento requiere una completa o muy grave **omisión del cauce procedimental**, pues no toda infracción u omisión del procedimiento conlleva la nulidad. Puede prescindirse de un informe técnico cuando, por la naturaleza de la disposición que afecta, no revista una especial trascendencia (AN 29-4-04, EDJ 28035).

En el mismo sentido, no tienen la condición de trámites esenciales los siguientes: a) la falta de notificación del inicio del procedimiento inspector, porque el desarrollo del mismo sí se realizó con presencia del recurrente; b) cuando se plantee la insuficiencia de poder del representante; c) la falta de motivación del acta; y d) la existencia de una interrupción injustificada de las actuaciones inspectoras (TS 5-5-08, EDJ 73175).

El contribuyente alega que se ha prescindido total y absolutamente del procedimiento porque se le ha impuesto una sanción sin tener en cuenta el **principio de culpabilidad**. Argumenta que cumplió sus obligaciones tributarias entregando las correspondientes cantidades al gestor, el incumplimiento de este ha sido ajeno a su conducta por lo que solicita la nulidad de las sanciones impuestas. Se desestima su petición al no concurrir motivo alguno de nulidad de pleno derecho; el interesado pudo y debió impugnar las sanciones, pues en la vía de revisión de oficio por nulidad de pleno derecho el tribunal no puede entrar a valorar cuáles fueron las relaciones entre el representante y el contribuyente, la acreditación de los ingresos tributarios, y otras cuestiones relevantes para valorar la responsabilidad del contribuyente en la comisión de las infracciones sancionadas (AN 20-11-00, EDJ 117323).

Son tres los **requisitos** para declarar la nulidad de un procedimiento por **ausencia de procedimiento:**

a) La omisión debe ser total y absoluta, así como manifiesta.

b) La omisión procedimental debe ser relevante.

c) La omisión debe conllevar el menoscabo o lesión de las garantías del interesado que fundamentalmente lesionan su derecho a la defensa, esto es, tiene que producir indefensión (TEAC 15-12-16).

8086 **6)** Por normas esenciales para la **formación de la voluntad** de los órganos colegiados, la jurisprudencia ha reconocido aquellas relativas a la convocatoria o el orden del día (TS 15-3-91, EDJ 2890), la composición del órgano (TS 1-7-93, EDJ 6536), el quórum o las reglas de asistencia o votación (TS 15-3-91, EDJ 2890) y las reglas de deliberación o votación.

7) La LGT precisa que la **incompetencia manifiesta** que origina la nulidad de pleno derecho solo es la que se produce por razón de la materia o por razón del territorio. La incompetencia jerárquica no determina la nulidad del acto, al ser subsanable. En todo caso la incompetencia debe ser ostensible, notoria y llamativa, susceptible de percibirse a primera vista sin esfuerzo dialéctico (TS 24-1-00, EDJ 242). La expresión «manifiestamente incompetente» significa evidencia y rotundidad, es decir, que de forma clara y notoria el órgano administrativo carezca de competencia alguna en esta materia. Tratándose de competencia funcional hay que fijarse en si la desviación de competencia es patente (AN 2-6-03, EDJ 252957). La incompetencia por falta de cuantía no es manifiesta desde el momento que para su determinación es necesaria una labor interpretativa del cómputo de la cuantía y las normas que la regulan (AN 14-12-10, EDJ 261407).

8) La declaración de nulidad de una disposición de carácter general no extiende sus **efectos** a los actos consentidos dictados al amparo de la misma, salvo que la anulación del precepto supusiera la exclusión o la reducción de las sanciones aún no ejecutadas completamente (TCo 45/1989).

9) No es correcto trasladar la nulidad de pleno derecho de un Decreto que regula la competencia de los órganos liquidadores, a los actos singulares de liquidación firmes argumentándose la supuesta incompetencia de los órganos que los dictaron (TS 15-7-04, EDJ 142074).

10) El contribuyente solicita la **nulidad de un acta**, cuando es evidente que la misma no es un acto definitivo sino un **acto de trámite** dictado dentro de un procedimiento tributario, y la nulidad de pleno derecho debe predicarse de las resoluciones dictadas en vía de gestión tributaria, las liquidaciones, pero no de los meros actos de trámite, y además exige que tales liquidaciones sean definitivas (AN 30-10-03, EDJ 153229).

11) La revisión de un acto firme dictado por un órgano administrativo debe seguir los cauces de los procedimientos especiales de revisión previstos en la LGT, sin que pueda ser anulado por **otro órgano distinto** de aquel que lo dictó al margen del procedimiento adecuado de revisión. Un órgano de la Inspección, al dictar liquidación derivada de actuaciones de comprobación e investigación, no puede anular sin más trámite el acuerdo de liquidación dictado por un órgano de gestión exigiendo el recargo por presentación extemporánea (TEAC 9-3-10).

12) Las autorizaciones previstas en el RD 939/1986 art.17 (antiguo reglamento de inspección, derogado por el RGGI) están referidas a la posibilidad de que el órgano que fuere el competente territorialmente (esto es, según el domicilio fiscal del obligado tributario al tiempo de iniciarse las actuaciones) pueda realizar actuaciones inspectoras fuera del ámbito territorial al que extienda su competencia. Ello no permite asumir competencias relativas a obligados tributarios con domicilio fiscal en el territorio de otra Delegación Especial de la AEAT. Se aprecia **incompetencia territorial** del órgano constitutiva de nulidad de pleno derecho (TEAC 30-4-14). Los actos nulos de pleno derecho por incompetencia territorial manifiesta no son convalidables (TS 30-5-13, EDJ 100547). **8087**

Resultando aplicables el RGGI y la OM PRE/3581/2007 art.5.2.e) en las actuaciones de comprobación e investigación llevadas a cabo por la Inspección de los tributos, el órgano competente para realizar esas actuaciones viene determinado con carácter general por el domicilio fiscal del contribuyente en el momento del inicio de las actuaciones inspectoras, pero la LGT art.84 y el RGGI art.59.5 permiten que las normas de organización específica puedan establecer que personal encargado de la aplicación de los tributos pueda realizar actuaciones fuera del ámbito competencial del órgano del que dependan. Por tanto, en procedimientos iniciados desde 1-1-2008, no concurre supuesto de nulidad radical por incompetencia territorial manifiesta cuando se autorice la realización de actuaciones inspectoras respecto de obligados domiciliados en el ámbito de otra Dependencia (TEAC 18-6-15).

13) Se aprecia nulidad de pleno de derecho en una **liquidación** dictada por la Administración que supone de hecho una **revocación de la anteriormente girada** en ejecución de una resolución del TEAC, sin que la Administración haya seguido el procedimiento preciso para la revisión de oficio de actos declarativos de derechos (AN 9-4-12, EDJ 67060).

14) No toda utilización indebida del **procedimiento de verificación de datos** comporta la nulidad de pleno derecho de aquel. Esto ocurrirá únicamente cuando exista un incumplimiento frontal, manifiesto, evidente y ostensible de las normas que regulan dicho procedimiento, esto es, cuando a priori, desde el inicio del procedimiento, se abordan por la Administración materias reservadas de modo claro y terminante para otros procedimientos. A título de ejemplo: cuando la Administración inicie un procedimiento de verificación de datos sin que exista previa declaración o autoliquidación presentada por el obligado tributario; cuando la Administración incluya dentro del objeto del procedimiento de verificación de datos la realización de actuaciones de comprobación de valor; o cuando la Administración incluya dentro del objeto del procedimiento de verificación de datos aclaraciones o solicite justificantes de datos que se refieran al desarrollo de actividades económicas. En el resto de casos solo será merecedora de la sanción de anulabilidad (TEAC unif criterio 5-7-16).

La utilización improcedente del procedimiento de verificación de datos en relación con el desarrollo de actividades económicas determina la nulidad radical o de pleno derecho del procedimiento, pues resulta claro, manifiesto y ostensible el incumplimiento de la limitación legalmente establecida a dicho procedimiento prevista en la LGT art.131.d) (TEAC 17-3-16).

En este mismo sentido se manifiesta el Tribunal Supremo al establecer que la utilización indebida «**ab initio**» de un procedimiento de verificación de datos constituye un supuesto de nulidad de pleno derecho (TS 2-7-18, EDJ 525497).

15) Se produce un vicio de nulidad absoluta o de pleno derecho cuando hay falta de pronunciamiento expreso respecto a la **solicitud de la práctica de prueba** en el procedimiento sancionador. Ello lesiona el derecho de defensa, que es susceptible de amparo constitucional (TEAC 28-3-19). **8088**

16) La nulidad de pleno derecho de las **disposiciones de carácter general** tiene efectos ex tunc. Pero en aplicación del principio de seguridad jurídica, la declaración de nulidad radical de una disposición de carácter general no conlleva automáticamente la nulidad o inexistencia de los actos dictados a su amparo (TS 1-4-19, EDJ 551418).

17) La solicitud de **devolución de ingresos indebidos** derivados de liquidaciones del **IIVTNU** firmes como consecuencia de la declaración de inconstitucionalidad contenida en la sentencia del TCo 59/2017, debe efectuarse a través de los procedimientos especiales de revisión previstos en la LGT,

si bien no cabe ni el procedimiento extraordinario de revisión previsto en la LGT art.244 ni se trata de un supuesto de nulidad de pleno derecho de la LGT art.217.1.a) (TS 18-5-20, EDJ 556180).
Sin embargo, el Tribunal Supremo ha revisado recientemente su postura, de forma que establece que las liquidaciones tributarias firmes por el IIVTNU que hayan gravado transmisiones en las que no haya existido incremento del valor del suelo son nulas, y pueden ser objeto de **revisión de oficio** a través del procedimiento previsto en la LGT art.217 (TS 28-2-24, EDJ 511314).
18) La declaración de inconstitucionalidad de la LHL art.107.1 y 2.a), «en la medida en que (pueden) someter a tributación situaciones inexpresivas de capacidad económica», y del art.110.4 no determina que las **liquidaciones firmes del IIVTNU** giradas con anterioridad y que hayan ganado firmeza en vía administrativa incurran en los supuestos de nulidad de pleno derecho previstos en la LGT art.217.1.a), e), f) y g), pues aquellos actos tributarios: a) no han lesionado derechos fundamentales susceptibles de amparo constitucional, toda vez que la Const art.31.1 (capacidad económica) -único que ha sido tenido en cuenta por el juez a quo para estimar el recurso y que ha provocado el debate procesal en esta casación- no es un derecho fundamental de esa naturaleza; b) no han prescindido por completo del procedimiento legalmente establecido; c) no han provocado que el solicitante adquiera facultades o derechos careciendo de los requisitos esenciales para esa adquisición; y d) no cabe identificar una norma con rango de ley que así establezca dicha nulidad radical (TS 28-5-20, EDJ 569303).

3. Procedimiento

(LGT art.217.2 a 7; RGRV art.4 a 6; OM PRE/3581/2007 art.5)

8090 Dentro del procedimiento de revisión de actos nulos de pleno derecho se distinguen tres **fases** diferenciadas:
- iniciación (nº 8092 s.);
- tramitación (nº 8097); y
- resolución (nº 8100 s.).

8092 **Iniciación** (LGT art.217.2 y 3; RGRV art.4) La iniciación puede producirse de oficio o a instancia del interesado.
La iniciación **de oficio** se produce por acuerdo del órgano que dictó el acto o de su superior jerárquico. El inicio de oficio ha de ser notificado al interesado, comenzando desde esta fecha el cómputo del plazo de un año del que dispone la Administración para notificar la resolución expresa del procedimiento.
En el inicio **a instancia del interesado**, este ha de dirigir su escrito al órgano que dictó el acto cuya revisión se pretende. Si el escrito no reúne los requisitos expuestos en el nº 8549, se requiere al interesado para que subsane la falta o acompañe los documentos preceptivos, en el plazo de 10 días, contados a partir del día siguiente al de la notificación del requerimiento, con indicación de que la falta de atención de dicho requerimiento determinará el archivo de las actuaciones, teniéndose por no presentado el escrito.

8094 El órgano competente para tramitar el procedimiento puede dictar acuerdo motivado de **inadmisión** a trámite de la solicitud de revisión, sin necesidad de recabar dictamen del órgano consultivo en los siguientes casos cuando:
- el acto no sea firme en vía administrativa;
- la solicitud no se base en alguno de los motivos de nulidad expuestos (nº 8080 s.) o carezca manifiestamente de fundamento;
- se han desestimado en cuanto al fondo otras solicitudes sustancialmente iguales.
Ni la ley ni el RGRV fijan un **plazo** para instar este procedimiento, no habiéndose incorporado un precepto equivalente a la LPAC art.110 que impide la revisión cuando por prescripción de acciones, por el tiempo transcurrido o por otras circunstancias, resulte contraria a la equidad, buena fe, al derecho de los particulares o a las leyes. Sin embargo, la doctrina y la jurisprudencia convienen en la necesidad de modular el principio tradicional de imprescriptibilidad de la acción de nulidad, en virtud del principio de seguridad jurídica.

Precisiones 1) La mayoritaria doctrina jurisprudencial sostiene que la **imprescriptibilidad** de la impugnación de actos o disposiciones administrativas viciadas de nulidad radical solo se produce en el ejercicio de la acción de revisión de disposiciones y actos nulos de la LRJPAC art.102 -desde el 2-10-2016, LPAC art.106-, cuando se ejercita ante la propia Administración. Por el contrario, en el caso de acciones jurisdiccionales el recurrente ha de someterse a los plazos procesales correspondientes, ya ejercite directamente la acción de nulidad ante los tribunales, ya acuda a ellos contra la resolución denegatoria de la Administración a quien se reclamó que declarara la nulidad (TS 13-6-03, EDJ 50007).

2) La imprescriptibilidad de la acción de impugnación de los actos nulos de pleno derecho no es predicable cuando la acción se ejercite a través del recurso de reposición. No ejercitándose la acción de nulidad, la declaración de **extemporaneidad del recurso de reposición** fue correcta, máxime si se tiene en cuenta que los motivos alegados son de simple anulabilidad (TSJ C.Valenciana 11-10-07, EDJ 240016).
3) Error al tratar la **solicitud** de revisión como un recurso de reposición. Si bien es cierto que el recurrente en su escrito no solicitaba expresamente el inicio de un procedimiento de revisión de actos nulos de pleno derecho, de los datos que se consignaban en el mismo se deducía su intención, pues se alegaba expresamente la concurrencia de causas de nulidad de pleno derecho. Por ello, la Administración debió tratar su escrito como una solicitud de inicio de dicho procedimiento y no como si fuera un recurso de reposición (TSJ Madrid 29-5-08, EDJ 145321).

Tramitación (LGT art.217.4; RGRV art.5) La tramitación se lleva a cabo por el órgano que esta- **8097**
blezca la norma de organización específica. Este órgano ha de solicitar al órgano que dictó el acto la remisión de una copia cotejada del **expediente** administrativo y de un informe sobre los antecedentes del procedimiento que sean relevantes para resolver, así como cualquier otro dato o **antecedente** que crea necesario para formular la propuesta de resolución.
Una vez recibida la citada documentación se debe dar un trámite de **audiencia** al interesado y a las restantes personas a las que reconoció derechos o cuyos intereses resultaron afectados por el acto, por un plazo de 15 días, para que puedan alegar y presentar los documentos y **justificantes** que estimen oportunos.
Concluido el trámite de audiencia, el órgano encargado de la tramitación del procedimiento formula **propuesta de resolución** al órgano encargado de resolver.

Precisiones **1)** Tratándose de **actos de aplicación de los tributos o de imposición de sanciones** dictados por los órganos dependientes de las Delegaciones Especiales de la AEAT y de la Delegación Central de Grandes Contribuyentes, se atribuye al titular del Departamento afectado en función del contenido del acto a revisar, la competencia para tramitar el procedimiento de revisión de actos nulos de pleno derecho.
2) El TEAC es incompetente para tramitar y resolver el procedimiento de nulidad. La **competencia** para resolver el procedimiento de revisión de actos nulos corresponde al ministro de Economía y Hacienda (actualmente ministro de Hacienda). La competencia para tramitar el procedimiento, cuando el acuerdo a revisar ha sido dictado por un órgano inspector del Departamento de Inspección Financiera y Tributaria, corresponde al director de dicho departamento (TEAC 10-2-09).
3) Para los obligados tributarios afectados por la **DANA**, ver nº 3337.

Resolución (LGT art.217.4 a 7; RGRV art.6) Una vez recibida la propuesta del órgano de tramita- **8100**
ción, se solicita dictamen del **Consejo de Estado** u órgano equivalente de la comunidad autónoma, si existe.
El dictamen tiene carácter **vinculante** y se considera un trámite indispensable, de forma que su omisión provoca normalmente la retroacción del expediente al momento de su solicitud (TS 4-6-98, EDJ 4142; 6-4-01, EDJ 9525).
En el **ámbito del Estado,** la competencia para resolver corresponde al ministro de Hacienda, si bien puede delegarla. En el **ámbito autonómico** -incluyendo también los tributos cedidos, al amparo de la L 22/2009 art.59.1-, hay que estar a lo que determine su propia normativa de organización. En la **Administración local** corresponde resolver al pleno de la corporación (L 7/1985 art.110).

Precisiones El **error en la calificación de un recurso**, como es el caso de un escrito presentado por el recurrente que no debió ser desestimado por extemporáneo, porque no se trataba realmente de un recurso de reposición, sino de una solicitud de revisión de un acto por incurrir en nulidad de pleno derecho, no puede justificar la actuación de la Administración que no inició el oportuno procedimiento de revisión. No procede, sin embargo, examinar en vía judicial si concurre o no la causa de nulidad, pues para la revisión por nulidad existe un procedimiento específico, en el que interviene el Consejo de Estado. Procede la **retroacción del procedimiento** para que se resuelva la revisión por nulidad solicitada (TSJ Burgos 30-11-07, EDJ 223476).

El **plazo máximo de notificación** de la resolución expresa es de un año desde que se presente **8102**
la solicitud por el interesado o desde que se le notifique el acuerdo de iniciación de oficio del procedimiento. El transcurso de dicho plazo sin que se hubiera notificado resolución expresa produce los siguientes **efectos**:
a) La **caducidad** del procedimiento iniciado de oficio, sin que ello impida que pueda posteriormente iniciarse otro procedimiento. Las actuaciones realizadas en el seno de un procedimiento caducado, y los documentos y otros elementos de prueba obtenidos en dicho procedimiento, conservan su validez y eficacia a efectos probatorios en otros procedimientos, conforme al principio de conservación de actos (LGT art.104.5).
b) La **desestimación** por silencio administrativo de la solicitud, si el procedimiento se inició a instancia del interesado.

A los solos efectos de entender cumplida la obligación de notificar dentro del plazo máximo de duración de un año, es suficiente acreditar que se ha realizado un intento de **notificación** que contenga el texto íntegro de la resolución. La obligación de notificar dentro del plazo máximo de duración de los procedimientos se entiende cumplida con la puesta a disposición de la notificación en la **sede electrónica** de la Administración tributaria o en la dirección electrónica habilitada, cuando se trate de sujetos obligados o acogidos voluntariamente a recibir notificaciones practicadas a través de medios electrónicos (LGT art.104.2).

La **resolución** expresa o presunta o el acuerdo de inadmisión a trámite de las solicitudes de los interesados ponen fin a la vía administrativa, pudiendo interponer contra los mismos **recurso** potestativo de reposición o recurso contencioso-administrativo.

Precisiones Para los obligados tributarios afectados por la **DANA**, ver nº 3337.

B. Declaración de lesividad de actos anulables

(LGT art.218; RGRV art.7 a 9; OM PRE/3581/2007 art.5; AEAT Resol 3-7-06)

8105

8107 Cuando la propia Administración autora de un acto pretende demandar su anulación ante la jurisdicción contencioso-administrativa debe, previamente, declararlo lesivo para el **interés público** (LJCA art.43).

La Administración tributaria puede declarar lesivos para el interés público sus actos y resoluciones favorables a los interesados que incurran en cualquier infracción del ordenamiento jurídico, con el fin de proceder a su posterior impugnación en vía contencioso-administrativa.

La declaración de lesividad se configura en nuestro Derecho como un acto administrativo que es un **requisito procesal** indispensable que habilita a la Administración para recurrir contra un acto propio.

Sus efectos se centran en legitimar activamente a la Administración que demanda la anulación de sus **propios actos**, todo ello sin perjuicio de las facultades del tribunal competente para declarar si el acto impugnado es o no conforme a derecho, y si produce los efectos perjudiciales alegados por la Administración recurrente.

8110 Precisiones **1)** Desaparecida la facultad de revisión de oficio de actos anulables (LGT/1963 art.154), la declaración de lesividad queda, junto con la declaración de nulidad de pleno derecho y la rectificación de errores, como **únicas vías** de la Administración tributaria para anular en perjuicio de los interesados sus propios actos y resoluciones, al margen del recurso de alzada ordinario (LGT art.241) y del recurso extraordinario de revisión (LGT art.244).

2) Resulta improcedente la declaración de lesividad respecto a un acto de liquidación tributaria que se reconoce en sí mismo válido en el momento en que se dictó y que por sí mismo no produce ningún **efecto gravoso** para la Administración, pero que se pretende tendría dicho carácter como consecuencia de otro posterior acto de liquidación (TS 22-11-07, EDJ 260327).

3) El TEAR decide la pieza de suspensión que previamente por error había declarado concluida. Dado que no se trata de un **acto declarativo de derechos** no fue preciso acudir al procedimiento de declaración de lesividad del acuerdo (TSJ Cataluña 23-10-07, EDJ 260717).

4) La declaración de lesividad constituye un mero **presupuesto procesal** para la interposición del recurso contencioso-administrativo por parte de la Administración contra sus propios actos favorables o declarativos de derechos. La declaración de lesividad basta que se acuerde por el órgano competente y dentro del plazo establecido de 4 años. La escasa o abundante motivación de dicho acto, es una cuestión que tan solo en el caso de que fueran los defectos formales tan graves que implicaran la virtual inexistencia del acto de declaración de lesividad, podrían ser enervados en la acción judicial (TSJ C.Valenciana 28-9-07, EDJ 250710).

1. Ámbito objetivo

(LGT art.218.1)

8115 Pueden ser **objeto** de declaración de lesividad:
- los actos de aplicación de los tributos;
- los actos de imposición de sanciones; y
- las resoluciones económico-administrativas.

Este procedimiento especial se utiliza para procurar una anulación en perjuicio de los interesados, razón por la cual no se exige que el acto sea firme o agote la vía administrativa, pues los interesados no van a recurrir actos que les favorecen.

Precisiones 1) El legislador cita expresamente las resoluciones de los **tribunales económico-administrativos** como susceptibles de ser declaradas lesivas, quedando zanjadas las dudas que ello planteaba a algún sector doctrinal.
2) Se abandona la terminología de actos favorables y actos de gravamen para el interesado, haciéndose hincapié en el efecto de la anulación pretendida, atendiéndose a si la misma amplía o restringe la **esfera patrimonial** del interesado.

2. Plazos

(LGT art.218.2 y 3)

La declaración de lesividad no puede adoptarse una vez transcurridos **4 años** desde que se notificó el acto administrativo. Éste plazo de 4 años es un plazo de caducidad, por lo que su cómputo no se interrumpe. **8120**
Una vez declarado lesivo el acto o resolución existe un plazo de **2 meses** para interponer recurso contencioso-administrativo (LJCA art.46.5).
El procedimiento de declaración de lesividad está además sujeto a un plazo de **caducidad** de 3 meses a contar desde su iniciación. La caducidad del procedimiento no impide que pueda tramitarse uno nuevo con el mismo fin dentro del plazo de los 4 años. Sin embargo, no parece pacífico que la falta de presentación de recurso contencioso-administrativo en el plazo de 2 meses permita una nueva declaración de lesividad.

Precisiones Para los obligados tributarios afectados por la **DANA**, ver nº 3337.

3. Órgano competente

(LGT art.218.4; RGRV art.9.2)

En el ámbito de la **Administración General del Estado**, la competencia para declarar la lesividad corresponde al ministro de Hacienda, que podrá delegarla. **8125**
En el **ámbito autonómico**, se debe estar a lo que dispongan sus propias normas de organización, si bien para las CCAA de régimen común debe recordarse que corresponde a las propias CCAA la declaración de lesividad de los actos de gestión en materia de tributos cedidos (L 22/2009 art.59.1).
En el ámbito de la **Administración local**, la competencia para declarar lesivos sus actos se residencia en el pleno del ayuntamiento, en la asamblea vecinal en caso de ayuntamientos en régimen de concejo abierto y en el pleno de la Diputación (L 7/1985 art.22.2.k, 33.2.j y 110.2).

4. Procedimiento

(LGT art.218; RGRV art.7 a 9; OM PRE/3581/2007 art.5; AEAT Resol 3-7-06)

La declaración de lesividad se configura como un procedimiento **administrativo previo** que va a permitir a la propia Administración impugnar ante los órganos judiciales sus propios actos, recayendo en estos últimos la facultad de examinar la legalidad del acto y, en su caso, proceder a su anulación. **8130**
El procedimiento de lesividad es un **requisito procesal** para el control judicial posterior.

Iniciación (RGRV art.7; OM PRE/3581/2007 art.5) El procedimiento de lesividad se inicia siempre **de oficio.** Pueden promover dicho inicio: **8133**
- el órgano que dictó el acto; o
- cualquier otro órgano de la misma Administración Pública.

El acuerdo de inicio es **notificado** al interesado. Junto con el acuerdo de inicio puede notificarse, si se dispone de los antecedentes, informes y datos que se consideren necesarios, la apertura del plazo de 15 días para la puesta de manifiesto del expediente y el trámite de audiencia.
El **órgano competente** para acordar el inicio es el que establezca la norma de organización específica. Tratándose de actos de la AEAT, el órgano competente para acordar el inicio es el Director del Departamento afectado en función de la materia del acto a revisar.
Cuando la propuesta de inicio del procedimiento que afecte a actos dictados por la AEAT proceda de órganos dependientes de las Delegaciones Especiales de la AEAT y de la Delegación Central de Grandes Contribuyentes, se cursará dicha propuesta a través del titular de la correspondiente Delegación.

Antes del acuerdo de inicio puede abrirse un período de información previa a fin de conocer las circunstancias del caso concreto y la conveniencia de iniciar la declaración de lesividad, pudiéndose solicitar informe a la **Dirección del Servicio Jurídico** de la AEAT.

Precisiones En el caso de las **resoluciones económico-administrativas**, en el vigente RGRV no existe una norma equivalente a la que se contenía en el derogado RD 391/1996 art.21.4 en virtud de la cual, en aquellos casos en que se formulaba un voto particular, se debía remitir el expediente al TEAC a fin de que este resolviera si procedía proponer la declaración de lesividad al ministro de Economía y Hacienda (actualmente ministro de Hacienda).

8136 **Tramitación** (RGRV art.8; AEAT Resol 3-7-06) El órgano competente para tramitar es el que establezca la norma de organización específica. Tratándose de **actos dictados por la AEAT** y en el ámbito de funciones de su respectivo Departamento, son órganos competentes para tramitar:
a) En el Departamento de Gestión Tributaria, la Subdirección General de Asistencia Jurídica y Coordinación Normativa.
b) En el Departamento de Inspección Financiera y Tributaria, la Subdirección General de Ordenación Legal y Asistencia Jurídica.
c) En el Departamento de Recaudación, la Subdirección General de Procedimientos Especiales.
d) En el Departamento de Aduanas e Impuestos Especiales, la Subdirección General de Gestión Aduanera.
Se **comunica** la adopción del acuerdo de inicio al órgano proponente, al competente para tramitar, y al que dictó el acto objeto del procedimiento. Este último, en el plazo de 10 días desde la recepción de la comunicación, debe remitir si no lo hubiera realizado antes, al órgano competente para tramitar, una copia cotejada del **expediente** junto con un informe sobre los antecedentes que fuesen relevantes para resolver, así como cualquier otro dato, antecedente o informe que se considere necesario.

8139 Recibidos los informes y la copia del expediente, se da a los interesados un trámite de **audiencia** por un plazo de 15 días, si no se hubiera dado al notificar el acuerdo de inicio del procedimiento, y, una vez concluido el mismo, el órgano encargado de la tramitación del procedimiento formula una **propuesta de resolución**, debiendo posteriormente solicitar informe sobre la procedencia de declarar lesivo el acto al órgano con funciones de asesoramiento jurídico. Tratándose de actos de la **Administración General del Estado**, de sus organismos autónomos o de los demás organismos y entidades públicas a los que asista jurídicamente, corresponde elaborar dicho informe a la Abogacía General del Estado-Dirección del Servicio Jurídico del Estado.
Recibido el informe jurídico, se remite una copia cotejada del expediente completo al órgano competente para resolver.

Precisiones Para los obligados tributarios afectados por la **DANA**, ver nº 3337.

8142 **Resolución** (RGRV art.9) El órgano competente para resolver conforme a lo expuesto en el nº 8125, ha de dictar la resolución que proceda.
En caso de acordarse la declaración de lesividad, se remite la misma junto con la copia cotejada del expediente administrativo al órgano encargado de la defensa y representación en juicio de la Administración autora del acto (la Abogacía General del Estado-Dirección del Servicio Jurídico del Estado en el caso de actos de la AEAT), a fin de que proceda a su posterior **impugnación** en vía contenciosa-administrativa.
La declaración de lesividad por sí misma no anula nada, ni obliga a la Administración a interponer recurso contencioso-administrativo (TS 18-7-00, EDJ 23458), es un presupuesto procesal que no es susceptible de recurso, siendo en la vía contencioso-administrativa donde el interesado puede oponerse a la anulación que persigue la Administración.
En cuanto a los plazos, ver nº 8120.

C. Revocación de los actos de aplicación de los tributos y de imposición de sanciones

(LGT art.219; RGRV art.10 a 12; AEAT Resol 3-7-06)

8145

8147 La LGT incorpora expresamente la revocación en el ámbito tributario, si bien le dota de un perfil propio, diferenciado del que dispone en el Derecho Administrativo.
La revocación en el ámbito tributario tiene actualmente un campo más restringido que en el Derecho Administrativo general (LPAC art.109).

Se trata, en todo caso, de una **facultad discrecional**, sujeta a unos límites precisos, que actúa como un mecanismo de garantía de la legalidad y que puede coadyuvar en la prevención de la litigiosidad.

Precisiones **1)** Se admite la revocación en el ámbito tributario antes de la entrada en vigor de la actual LGT. La existencia de procedimientos administrativos especializados por razón de la materia no impide acudir a las **normas del procedimiento administrativo común** (TS 5-2-07, EDJ 8561).
2) A través de la revocación no puede canalizarse cualquier infracción del ordenamiento jurídico que pueda imputarse a un acto tributario firme, sino solo aquellas que constituyan un **supuesto tasado** de revocación (infracción manifiesta de la ley, circunstancias sobrevenidas que afectan a una situación jurídica particular que indiquen la improcedencia del acto dictado, o cuando en la tramitación del procedimiento se produzca indefensión) (TS 9-2-22, EDJ 507496).

1. Ámbito objetivo

(LGT art.213.2 y 3, 219.1 y 2; RGRV art.10.3)

La Administración tributaria puede ejercitar la potestad de revocar sus actos **en beneficio de los interesados** cuando concurre alguno de los motivos tasados que fija la ley (nº 8160 s.) y sometida a las limitaciones que la misma impone. Por tanto, la revocación se ha de hacer siempre en beneficio del interesado. **8150**

La ley no restringe la revocación a los actos de gravamen para el interesado, sino que atiende al efecto de la revocación en la **esfera patrimonial** del interesado. Se podría, en consecuencia, revocar un acto favorable en beneficio del interesado (acordar una devolución superior a la inicialmente acordada).

La revisión en perjuicio del interesado queda sujeta a procedimientos más garantistas como son el de nulidad de pleno derecho (LGT art.217) o la declaración de lesividad (LGT art.218).

Los actos de aplicación de los tributos y de imposición de sanciones pueden ser revocados, aun cuando hayan sido impugnados en vía económico-administrativa, en tanto no se haya dictado una **resolución** o un acuerdo de terminación por el tribunal económico-administrativo.

No son revocables: **8153**

- las resoluciones de los tribunales económico-administrativos;
- los acuerdos de terminación de los tribunales económico-administrativos;
- los actos de aplicación de los tributos y de imposición de sanciones objeto de dichas resoluciones o acuerdos;
- los actos o resoluciones confirmados por sentencia judicial firme.

La potestad revocatoria está sujeta a un **límite temporal** explícito: solo puede ejercerse en tanto no haya transcurrido el plazo de prescripción.

La revocación **no** puede constituir **dispensa o exención** no permitida por las normas tributarias, ni ser contraria al principio de igualdad, al interés público o al ordenamiento jurídico.

Precisiones **1)** El límite a la revocación constituido por la prohibición de que la misma constituya una exención o dispensa no permitida por las normas tributarias tiene su campo específico en el ámbito tributario, por el papel que juega el **principio de reserva de ley**, en virtud del cual quedan sometidos al principio de legalidad el establecimiento, modificación, supresión y prórroga de las exenciones, reducciones, bonificaciones y demás beneficios o incentivos fiscales, así como la condonación de deudas y sanciones tributarias y la concesión de moratorias y quitas (LGT art.8.d y k). En la medida en que solo se admita la revocación por razones de legalidad y no de oportunidad, este límite parecería innecesario, impidiéndose la revocación de un acto válido. **8156**
La revisión de oficio de los actos administrativos se sitúa entre dos exigencias contrapuestas: el **principio de legalidad**, que postula la posibilidad de revocar actos cuando se constata su ilegalidad, y el **principio de seguridad jurídica**, que postula la conservación de los actos ya dictados y su irrevocabilidad administrativa cuando son declarativos de derechos. Si un acto administrativo no es favorable no se producirá la indicada tensión entre ambos principios en la forma en que se produce cuando se trata de actos declarativos de derechos, y la revocación de tales actos se sujeta a que no sea contraria al ordenamiento jurídico y a que no constituya dispensa o exención no permitida por las leyes o sea contraria al principio de igualdad o al interés público (TS 25-10-04, EDJ 174173).
2) La Constitución recoge el **principio de igualdad** con carácter general (Const art.14) y de forma específica en el ámbito tributario (Const art.31.1). Las diferencias de trato deben estar apoyadas en una fundamentación objetiva, suficiente y razonable. Se vulnera este principio cuando ante situaciones idénticas en unos casos se acuerda la revocación y en otros no.
La Administración tributaria debe seguir, en el ejercicio de las facultades de revocación, idénticos **criterios**, y cualquier variación de los mismos debe estar expresa y suficientemente motivada (TCo 49/1982; 63/1984; 125/1986).
3) No se puede revocar una liquidación confirmada por **sentencia judicial firme** que desestima el recurso contra la extemporaneidad de la reclamación económico-administrativa, aunque en dicha sentencia y por causa imputable al reclamante no se entrara en el fondo del asunto (TSJ Madrid 4-2-10, EDJ 33577).

2. Motivos de revocación

(LGT art.219.1)

8160 En relación con los motivos de revocación, la primera cuestión que se suscita es la de si los motivos o causas de revocación que recoge la LGT constituyen o no una **lista cerrada** o caben otros motivos de revocación.

De la exposición de motivos de la LGT se desprende que los motivos de revocación recogidos en la misma constituyen un numerus clausus, pues así como se anuncia la aproximación a la LRJPAC (actualmente LPAC) en la enumeración de las causas de nulidad y en la desaparición del procedimiento de revisión de actos anulables, sin embargo, al referirse a la revocación, nada se dice sobre su aproximación a la LRJPAC (actualmente LPAC), limitándose a resaltar su incorporación expresa al ámbito tributario, pero sin reproducir lo establecido en el Derecho Administrativo general como ocurre con los motivos de nulidad de pleno derecho, dotándose a la revocación en el ámbito tributario de un perfil propio y diferenciado.

8163 Se permite a la **Administración** revocar sus actos en beneficio de los interesados cuando:

a) Se estime que infringen manifiestamente la ley (nº 8166 s.).

b) Circunstancias sobrevenidas que afecten a una situación jurídica particular pongan de manifiesto la improcedencia del acto (nº 8172 s.).

c) En la tramitación del procedimiento se produzca indefensión a los interesados (nº 8181).

Cada uno de los tres motivos parecen referirse a tres realidades distintas que a su vez responden a las tres grandes causas de invalidez de los actos: infracción de normas sustantivas, error de hecho o vicio de forma.

8166 **Infracción manifiesta de ley** En la dificultad en delimitar qué se entiende por infracción manifiesta de ley, parece que con el término «ley» se está haciendo referencia, en consecuencia, a **normas escritas**.

La infracción, además de manifiesta, ha de ser **grave**, debiéndose entender por grave cuando afecte a normas sustantivas.

8169 Precisiones 1) La infracción manifiesta de ley debe concurrir al **tiempo de dictarse el acto administrativo** de que se trate. En este sentido no cabe apreciar una infracción manifiesta de la ley cuando en aplicación de una ley que traspone una Directiva comunitaria se han dictado unas liquidaciones tributarias sobre las que se pretende volver, cuando posteriormente varios preceptos de la ley se han considerado contrarios al Derecho comunitario.

2) La jurisprudencia ha entendido por infracción manifiesta aquella que supone un **quebranto claro y patente** de un precepto positivo, la califica de terminante, indudable, inequívoca, ostensible, notoria, evidente, en el sentido de resultar determinable sin necesidad de acudir a una especial labor interpretativa (TS 20-2-80, EDJ 15328; 13-10-88; 15-4-03, Rec 729/00).

3) No es manifiesta la infracción cuando se da una **duda racional** sobre la ilegalidad. Deben de quedar fuera de la revisión por este motivo los actos de gestión que adolezcan de ilegalidad ordinaria, concepto en el que tiene cabida cualquier infracción del ordenamiento jurídico llamada a perder eficacia anulatoria mediante la firmeza o consentimiento del acto (TS 16-3-04, EDJ 25626).

4) No constituye error material o de hecho que permita la devolución del ingreso realizado en virtud de una liquidación de ITP no impugnada el hecho de que en la escritura de compraventa del inmueble constara expresamente que la operación estaba sujeta a IVA y no a ITP, como consecuencia de la renuncia a efectos del IVA. No obstante, este error de la liquidación no impugnada de ITP puede calificarse de **infracción manifiesta de ley**, prevista como supuesto de revocación (TSJ Cataluña 6-3-07, EDJ 29294).

5) No cabe acudir al procedimiento de revocación en el caso de una **liquidación provisional firme** por la que se minora el IVA soportado deducible al haberse obtenido una subvención, conforme a lo dispuesto en LIVA art.104, con base al TJUE 6-10-05, asunto C-204/03. Esta sentencia se aplica a aquellos supuestos que estén pendientes de resolución, pero no a aquellas situaciones ya consolidadas y que han agotado sus efectos, precisamente, al no haber sido impugnadas por sus interesados (TSJ Extremadura 26-9-08, EDJ 244610). No se puede considerar que se haya producido una infracción manifiesta de ley porque la liquidación es anterior a la sentencia y por ello nunca puede ser «manifiesta», pues al producirse la liquidación existía una interpretación de la Sexta Directiva realizada por el legislador español en su transposición que, errónea o no, era posible desde el punto de vista de la lógica jurídica (AN 28-10-09, EDJ 247053).

6) No existe infracción manifiesta de ley cuando existe **discrepancia en la valoración** a efectos del ITP de la vivienda transmitida. No se puede revisar mediante el procedimiento especial porque se produciría vulneración del principio de igualdad inexistente en relación a otros supuestos en los que las liquidaciones fueron recurridas en tiempo y forma (TSJ Extremadura 27-10-11, EDJ 265731).

7) No cabe entender que sea revisable por infracción manifiesta de la ley los actos dictados con anterioridad a la fecha de una sentencia del TJUE que declara una **norma interna incompatible con el derecho comunitario** y que hubieran adquirido firmeza (AN 25-2-13, EDJ 19519).

8) No constituye motivo de revocación la declaración de infracción manifiesta de la ley sobre la base del TCo 59/2017, en materia de **IIVTNU**. Para que prospere este motivo de revocación, no basta con que se aprecie la infracción determinante de su invalidación, sino que, además, cumulativamente debe ser manifiesta, es decir, ostentosa, palmaria, evidente, clara, indiscutible, que no exija razonamiento alguno sino la simple exposición del precepto legal correspondiente y del acto de la Administración de que se trate.
Siendo que al tiempo en que se producen los hechos y recae la sentencia lo evidente era la incertidumbre, la oscuridad de la normativa y, en definitiva, un abanico de respuestas jurídicas y judiciales diferentes e incluso contradictorias, la infracción de la ley no puede considerarse manifiesta (TS 9-2-22, EDJ 507496).

Circunstancias sobrevenidas De los tres motivos de revocación recogidos en la ley, es el que presenta contornos más difusos. En una primera aproximación habría que delimitarlo negativamente, excluyendo aquellos supuestos que entran en los otros dos motivos de revocación. **8172**

La enmienda parlamentaria que dio origen a este supuesto de revocación precisaba como **supuestos** de circunstancias sobrevenidas los siguientes: sanciones firmes que han quedado sin causa (nº 8175) e irregularidades de especial gravedad (nº 8178).

Sanciones firmes que han quedado sin causa Engloba aquellos casos en que la **liquidación** ha sido recurrida pero no la sanción. Si se anula la liquidación, la sanción quedaría sin causa. **8175**
Este supuesto debería hacerse extensivo a todas aquellas **obligaciones tributarias accesorias** que dependan de la obligación principal que por la circunstancia que sea, desaparece y se ve privada de eficacia.
Piénsese en un **recargo de apremio** firme, si se anula la cuota apremiada o se acredita su ingreso en período voluntario. Otro ejemplo sería el de liquidaciones según padrón que alcanzan firmeza, cuando posteriormente los datos censales son anulados.

Precisiones En los casos de **anulación de un acto** por la resolución de un recurso o reclamación económico-administrativa, se prevé que en ejecución de dicha resolución se anulen todos los actos que traigan su causa en el anulado (RGRV art.66). Lo más común es que no se acuda al procedimiento de revocación, sino que se anulen los actos derivados del anulado en ejecución de la resolución administrativa.

Irregularidades de especial gravedad Para algunos autores podría referirse a **infracciones graves** del ordenamiento jurídico que afloran posteriormente y que no se incluyen en los supuestos de infracción manifiesta de ley. **8178**

Precisiones **1) Otros supuestos** planteados por la doctrina como posibles circunstancias sobrevenidas, si bien existen opiniones contrapuestas al respecto, son:
a) Sentencias o cambios jurisprudenciales. Parece claro en el caso de sentencias que afecten a los hechos. En el supuesto de sentencias que cambien de criterio, con carácter general, no parece admisible la revocación.
b) Cambios de criterio administrativo. Se trata de un supuesto igualmente dudoso, como el anterior.
c) Anulación de disposiciones reglamentarias. No parece posible la revocación por este motivo con carácter general. La LJCA art.72.2 otorga efectos generales a las sentencias firmes que anulen una disposición general desde el día en que sea publicado su fallo en el mismo periódico oficial en que lo hubiera sido la disposición anulada.
d) Conocimiento posterior de una circunstancia anterior. Dentro del concepto de circunstancias sobrevenidas pueden entenderse incluidas aquellas circunstancias existentes al tiempo de dictarse el acto, pero no conocidas ni por la Administración ni por el interesado hasta después de ese momento. Si el interesado las conocía pero no las alegó en su momento, no parece admisible la revocación.
2) La sentencia anulatoria de una disposición no se extiende a los **actos de aplicación**. La estimación de un recurso interpuesto contra una disposición de carácter general implicará la derogación o reforma de dicha disposición, sin perjuicio de que subsistan los actos firmes dictados en aplicación de la misma (TS 11-4-98; AN 18-9-03, EDJ 253048).

Indefensión Este motivo se refiere a situaciones en que se producen **defectos de forma o de procedimiento** que generan una indefensión material y no meramente formal. **8181**

3. Procedimiento

(LGT art.219.3 a 5; RGRV art.10 a 12; AEAT Resol 3-7-06)

Se distinguen tres **fases** en el procedimiento: **8190**
- iniciación (nº 8192 s.);
- tramitación (nº 8198 s.); y
- resolución (nº 8204 s.).

8192 **Iniciación** (LGT art.219.3; RGRV art.10) El procedimiento de revocación se inicia exclusivamente **de oficio**.
No obstante, pueden promover su iniciación:
- los **interesados**, mediante escrito dirigido al órgano que dictó el acto;
- el **órgano que dictó el acto** que se pretende revisar;
- cualquier **otro órgano** administrativo.
El órgano competente para acordar el inicio del procedimiento es el **superior jerárquico** del que dictó el acto.

8195 Precisiones **1)** Los **interesados** carecen de una acción de revocación, pero se les reconoce la posibilidad de promover su inicio. Con ello se pretende evitar que el sistema de recursos y reclamaciones quede desvirtuado, pues ello podría conducir, en muchos casos, a una forma de reabrir los plazos fenecidos de los recursos ordinarios, quedando sin sentido la voluntad del legislador de que, ante la disconformidad con un acto administrativo, el interesado interponga el recurso procedente dentro del plazo fijado.
La Administración queda exclusivamente obligada a **acusar recibo** del escrito del interesado promoviendo el inicio.
El procedimiento de revocación se inicia siempre de oficio. Los **particulares** no tienen legitimación para iniciar el procedimiento, atribuyéndoles únicamente la posibilidad de promover esa iniciación mediante la correspondiente solicitud, de la que la Administración acusará recibo. Dicha solicitud no es la consecuencia del ejercicio de un derecho de petición (TS 19-5-11, EDJ 103881).
2) El procedimiento de revocación solo se puede iniciar de oficio por la Administración, sin embargo, en este caso nunca debió comenzarse, porque sobre la liquidación que se pretendía revocar se había **pronunciado ya el TEAR** (TSJ Sevilla 28-9-07, EDJ 298136).
3) Interposición de una reclamación económico-administrativa en la que se insta se inicie un procedimiento de revocación de determinados actos. Los **tribunales económico-administrativos** no son competentes para la iniciación del procedimiento de revocación, por lo que se acuerda la devolución a la oficina gestora para que se tramite, de acuerdo con la pretensión formulada, como una solicitud de revocación (TEAC 14-3-07).
4) La comunicación en la que se informa a la entidad que no se va a iniciar un procedimiento de revocación no es susceptible de **reclamación económico-administrativa**. El escrito presentado por el interesado no debe equipararse con una solicitud de inicio a instancia del interesado, ya que el procedimiento se inicia siempre de oficio. Dicho escrito no forma parte de ningún procedimiento administrativo (TEAC 8-9-08).
5) No cabe la revocación por aportación de **nuevas pruebas**. El acuerdo de inadmisión dictado en este caso se equipara al acuse de recibo, única obligación que recae en la Administración ante la solicitud de revocación presentada por el obligado tributario (TSJ Cataluña 21-1-16, EDJ 32351).
6) Cuando la **solicitud de devolución de ingresos indebidos** presentada por el interesado, en los supuestos contemplados en la LGT art.221.3 insta o promueve, en este caso, la revocación, se debe iniciar el procedimiento a instancia de parte y la Administración viene obligada a resolver, sin que posea potestad de convertir el procedimiento de devolución de ingresos indebidos a instancia del interesado en un procedimiento que solo cabe iniciar de oficio (TS 9-2-22, EDJ 507496).

8198 **Tramitación** (LGT art.219.3; RGRV art.11; AEAT Resol 3-7-06) Esta fase abarca desde el acuerdo de inicio hasta la formulación de la propuesta de resolución, destacándose dos trámites fundamentales:
- el de **audiencia** a los interesados; y
- el **informe** del órgano con funciones de asesoramiento jurídico sobre la procedencia de la revocación.
El **órgano competente** para tramitar es el que establezca la norma de organización específica. Tratándose de actos de aplicación de los tributos o de imposición de sanciones acordados por órganos de la AEAT, y en el ámbito de las funciones de su respectivo Departamento, son órganos competentes para tramitar:
a) En el Departamento de Gestión Tributaria, la Subdirección General de Asistencia Jurídica y Coordinación Normativa.
b) En el Departamento de Inspección Financiera y Tributaria, la Subdirección General de Ordenación Legal y Asistencia Jurídica.
c) En el Departamento de Recaudación, la Subdirección General de Procedimientos Especiales.
d) En el Departamento de Aduanas e Impuestos Especiales, la Subdirección General de Gestión Aduanera.
Acordado el inicio del procedimiento, se **comunica** esta decisión a los siguientes **órganos**:
- al proponente;
- al competente para tramitar;
- al que dictó el acto objeto del procedimiento, que debe remitir al órgano competente para tramitar una copia cotejada del **expediente**, junto con un informe sobre los antecedentes que fuesen relevantes para resolver y sobre la procedencia de la revocación, y todo ello en el plazo de 10 días a partir de la recepción de la comunicación.

Una vez recibida la copia del expediente y emitidos, en su caso, los informes, se da un trámite de **audiencia** a los interesados por un **plazo** de 15 días para que puedan alegar y presentar los documentos y justificantes que consideren pertinentes. El plazo de 15 días se cuenta a partir del día siguiente al de la notificación de la apertura de dicho plazo. **8201**
Una vez cumplimentado el trámite de audiencia, el órgano competente para tramitar el procedimiento formula la **propuesta de resolución** al órgano competente para resolver. Formulada dicha propuesta, se solicita **informe** al órgano con funciones de asesoramiento jurídico (el Servicio Jurídico de la AEAT en el caso de actos de la misma) sobre la procedencia de la revocación.

Precisiones 1) El **trámite de audiencia** es previo al informe del órgano con funciones de asesoramiento jurídico, de forma que este último pueda valorar las mismas.
2) El **informe** del órgano con funciones de **asesoramiento jurídico** es preceptivo pero no vinculante.
3) Para los obligados tributarios afectados por la **DANA**, ver nº 3337.

Resolución (LGT art.219.4 y 5; RGRV art.12) El **plazo** máximo para notificar resolución expresa es de 6 meses desde la notificación del acuerdo de iniciación del procedimiento. **8204**
A efectos del **cómputo** de dicho plazo, se entiende cumplida la obligación de notificar desde la fecha en que resulte acreditado un intento de notificación que contenga el texto íntegro de la resolución. En el cómputo del plazo no se incluyen las dilaciones no imputables a la Administración tributaria.
El efecto del **incumplimiento** de dicho plazo es la caducidad del procedimiento, sin que ello impida que pueda iniciarse un nuevo procedimiento de revocación, siempre que no haya transcurrido el plazo de prescripción.

Precisiones Para los obligados tributarios afectados por la **DANA**, ver nº 3337.

Órgano competente (LGT art.219.3; RGRV art.12) El órgano competente para resolver es el que se determine reglamentariamente, que debe ser **distinto** del órgano que dictó el acto. **8207**
En el ámbito de **competencias del Estado**, se atribuye la competencia para resolver la revocación al director general competente o al director del departamento de la AEAT competente del que dependa el órgano que dictó el acto. Si la revocación tiene por objeto un acto dictado por un director general o un director de departamento de la AEAT, la competencia corresponde a su superior jerárquico inmediato.

Recursos (LGT art.219.5) Las resoluciones que se dictan en este procedimiento ponen fin a la vía administrativa. **8210**
Contra las mismas se puede interponer directamente recurso **contencioso-administrativo**.

Precisiones En un procedimiento de revocación iniciado de oficio, aunque la Administración haya decidido no revocar, el carácter discrecional de la potestad de revocación no impide la **revisión jurisdiccional** de la legalidad de la Administración en el ejercicio de la misma, ya que en la propia ley se establecen como supuestos de revocación de carácter reglado que el acto dictado infrinja de manera manifiesta la ley o que se haya producido indefensión por los interesados en el procedimiento, así como que hayan concurrido circunstancias sobrevenidas que afecten a una situación jurídica particular y que pongan de manifiesto la improcedencia del acto dictado (TS 19-2-14, EDJ 42856).

D. Rectificación de errores

(LGT art.220; RGRV art.13)

 8215

El procedimiento de rectificación de errores permite al órgano u organismo que ha dictado el acto o la resolución de una reclamación, corregir los errores **materiales, de hecho o aritméticos** en que ha incurrido al dictarlos, dentro del plazo de prescripción. En particular, se rectifican por este procedimiento los actos y las resoluciones de las reclamaciones económico-administrativas cuando se haya incurrido en un error de hecho que resulte de los propios documentos incorporados al expediente. **8217**
La resolución corrige el error en la **cuantía** o en cualquier otro elemento que se rectifica.
La LGT perfila la rectificación de errores como un auténtico **procedimiento revisorio**, capaz de anular un acto y sustituirlo por el correcto. Así se reconoce expresamente en la LGT cuando dispone que fuera de los casos previstos de nulidad de pleno derecho y rectificación de errores, la Administración tributaria no puede anular en perjuicio de los interesados sus propios actos y resoluciones (LGT art.218.1).

El **órgano competente** para acordar la rectificación de errores es el mismo órgano que ha dictado el acto o resolución.

Precisiones 1) Tradicionalmente el procedimiento de rectificación de errores materiales, aritméticos o de hecho no se configuraba como un **procedimiento de revisión** en sentido estricto, pues a través de él no podía llevarse a cabo la anulación del acto ni un juicio sobre su adecuación al ordenamiento jurídico.

2) El error de hecho que resulta de los **documentos incorporados al expediente** se refiere al error en la apreciación del contenido de los documentos utilizados y que han servido de base al dictar la resolución (AN 23-9-04, EDJ 142235).

1. Ámbito objetivo

(LGT art.220.1)

8220 Pueden ser objeto de rectificación tanto los actos de aplicación de los tributos y de imposición de sanciones, como las resoluciones económico-administrativas. Quedan al margen las autoliquidaciones, que no constituyen actos administrativos.

No se exige la **firmeza** del acto o resolución; se puede acordar la rectificación dentro del plazo de prescripción.

La rectificación puede llevarse a cabo tanto en **beneficio** como en **perjuicio del interesado**. Lógicamente si el procedimiento lo incoa el interesado lo hará siempre en su beneficio. Sin embargo, si la rectificación se inicia de oficio por la propia Administración puede ser tanto a favor como en detrimento del propio interesado.

8223 **Error de hecho** El concepto de error de hecho se contrapone al de error de derecho y, como señalan tanto el Tribunal Supremo (TS 30-4-92, EDJ 4153) como la Audiencia Nacional (AN 6-7-93, Rec 204116/89), ha sufrido una **evolución**, pues en un primer momento se refería al error numérico, aritmético o accidental, ampliándose posteriormente a los errores de procedimiento o informáticos, hasta llegar a una situación actual, en la que se considera como tal cualquier error en los elementos de hecho.

El error aritmético, material o de hecho, se caracteriza por ser ostensible, **manifiesto**, meridiano, indiscutible e independiente de cualquier opinión, criterio, calificación o interpretación de normas jurídicas (TCo 231/1991; TS 25-5-99, EDJ 17614). Se trata de un error cuya rectificación **no** exige un **juicio valorativo**, ni operaciones de calificación jurídica, ni resolver cuestiones discutibles y opinables, por evidenciarse directamente el error del propio texto.

El error de hecho o material se caracteriza por implicar, por sí solo, la evidencia del mismo, sin necesidad de mayores razonamientos, y exteriorizándose por su sola contemplación. Por ello, para poder aplicar la rectificación, de oficio o a instancia de parte, es preciso que (TS 30-4-98, EDJ 4393; AN 15-2-07, EDJ 11708):

- se hubiera tratado de simples equivocaciones elementales de nombres, fechas, operaciones aritméticas o transcripciones de documentos;
- el error se aprecie teniendo en cuenta exclusivamente los datos del expediente administrativo en que se advierte;
- sea patente y claro, sin necesidad de acudir a interpretaciones de las normas jurídicas aplicables, ni de sustituir en cierto modo el criterio resolutorio del órgano que ha adoptado la decisión en que se entienda cometido el error;
- no se produzca una alteración fundamental en el sentido del acto (pues no existe error material cuando su apreciación implique un juicio valorativo o exija una operación de calificación jurídica); y
- se aplique o se declare con un hondo criterio restrictivo.

Es por ello que no se admite la rectificación de errores cuando estamos ante un **error cualitativo**, cuya corrección exigiría actuaciones adicionales de comprobación (TSJ Sevilla 24-10-13, EDJ 286740).

8226 **No constituyen errores de hecho** la aplicación o inaplicación de exenciones, bonificaciones y otros beneficios fiscales (TS 15-12-93, EDJ 11493; 30-4-98, EDJ 4393); tampoco la aplicación indebida de tipos de gravamen (TS 25-10-93, EDJ 9500; 9-11-95, EDJ 8017); la comprobación del valor del bien y, en general, cuando existe una aplicación o interpretación incorrecta de la norma.

Tampoco la determinación de los días inicial y final del **plazo de cómputo de intereses** de demora, ya que la fijación de ambos términos está perfectamente regulada (TEAC 22-11-07).

Sí constituyen errores de hecho el aplicar una deducción por el Impuesto de Sucesiones y Donaciones inferior a la que correspondía a la edad (TEAC 27-3-96), o la determinación de una cuota de IRPF a ingresar como resultado de la diferencia entre dos cuotas negativas (TEAC 29-1-99).

Precisiones 1) La facultad de rectificación de errores materiales por la Administración es de improcedente aplicación para perturbar la eficacia sustancial del acto originario con declaraciones nuevas y distintas, alterando la **situación jurídica** creada, y menos cuando esta es declarativa de derechos (TSJ Cataluña 24-10-07, EDJ 260718). 8227

2) Se considera que no concurren los requisitos establecidos para la rectificación de errores materiales, de hecho o aritméticos, pues la Inspección no realizó una mera rectificación de los valores de mercado y contable del patrimonio transmitido fijados en la declaración inicial, sino que hace un análisis de cómo debe afectar la carga tributaria derivada de una escisión previa a tales valores, utilizando un **nuevo criterio jurídico**. Se anula el acuerdo de rectificación, pues la revocación e ineficacia sobrevenida de la liquidación originaria debió haberse arbitrado mediante la previa declaración de lesividad de la misma para el interés público y su posterior impugnación en vía contencioso-administrativa (TEAC 19-1-07).

3) Resulta procedente la rectificación de errores materiales, pues del examen de los documentos que obran en el expediente se aprecia la certeza de las alegaciones del sujeto pasivo sobre la **grabación duplicada** de unas retribuciones de trabajo personal (TSJ Cataluña 7-6-07, EDJ 153003).

4) No es posible mediante el procedimiento de rectificación de errores atacar la subsistencia del acto administrativo. Lo que sí es posible es solo **convalidarlo**, subsanando los vicios de que adolezca, que no es lo mismo que anularlo (TS 30-1-12, EDJ 11305).

5) No es posible tomar como «dies a quo» del plazo el de **averiguación** por la interesada **de la existencia del error**, pues tal solución no solo contraviene el tenor de la LGT art.220.1, sino que induciría a una inadmisible inseguridad jurídica (TSJ Madrid 13-5-15, EDJ 167088).

6) La falta de reconocimiento y liquidación de **intereses de demora** a favor del contribuyente no puede ser considerado como error aritmético. Tampoco se trata de un error material o de hecho pues sería necesario realizar una valoración jurídica de las normas a aplicar para determinar si concurren o no las circunstancias previstas para la liquidación a su favor de los intereses correspondientes, así como el cálculo de los mismos, valoración que excede de lo que la jurisprudencia ha calificado como error de hecho (TEAR Valencia 25-9-23).

2. Procedimiento

(LGT art.220; RGRV art.13)

El procedimiento de rectificación puede iniciarse de oficio o a instancia del interesado dentro del plazo de prescripción. 8230

Si el procedimiento se inicia **de oficio**, junto con el acuerdo de iniciación se notifica al interesado la propuesta de rectificación para que pueda formular alegaciones en un plazo de 15 días, a contar desde el siguiente al de la notificación de la propuesta. No obstante, en aquellos casos en que la rectificación se realice en beneficio del interesado, la Administración puede notificar directamente la resolución del procedimiento.

Si el procedimiento se inicia **a instancia del interesado**, la Administración puede resolver directamente siempre y cuando no figuren en el procedimiento ni sean tenidos en cuenta en la resolución otros hechos, alegaciones o pruebas que los presentados por el interesado. En otro caso, se debe notificar al interesado la propuesta de resolución dándole un trámite de audiencia de 15 días para alegaciones, a contar desde el siguiente al de la notificación de la propuesta.

Precisiones Para los obligados tributarios afectados por la **DANA**, ver nº 3337.

Se puede acordar la **suspensión de la ejecución** de los actos administrativos sin necesidad de aportar garantía, cuando se aprecie que al dictarlos se ha podido incurrir en error aritmético, material o de hecho. 8233

Se establece un **plazo máximo** de 6 meses para notificar la **resolución** expresa, desde que se presente la solicitud por el interesado o desde que se notifique el acuerdo de inicio de oficio del procedimiento. Se entiende cumplido este plazo si se acredita que dentro del mismo se ha realizado un intento de notificación que contenga el texto íntegro de la resolución.

Los efectos del **incumplimiento** de dicho plazo son distintos según que el procedimiento se haya iniciado de oficio o a instancia de parte:

a) Si el procedimiento se inició de oficio, el incumplimiento del plazo determina la **caducidad** del procedimiento, sin que ello impida que pueda iniciarse de nuevo otro procedimiento de rectificación con posterioridad, en tanto no haya transcurrido el plazo de prescripción. Hay que tener en cuenta, a efectos del cómputo del plazo de prescripción, que los procedimientos caducados no interrumpen la misma.

b) Si el procedimiento se inició a instancia del interesado, el incumplimiento del plazo produce la **desestimación** de la solicitud por silencio administrativo.

El **órgano competente** para acordar la rectificación es el mismo que dictó el acto o resolución objeto de la misma. En el caso de reclamaciones económico-administrativas, la competencia para la rectificación de errores de sus respectivas resoluciones corresponde al tribunal económico-administrativo que las hubiera acordado (LGT art.229.1.f y 2.c).

En todo caso, las resoluciones que se dicten en el procedimiento de rectificación son susceptibles de **recurso** de reposición y de reclamación económico-administrativa.

Precisiones Para los obligados tributarios afectados por la **DANA**, ver nº 3337.

E. Devolución de ingresos indebidos

(LGT art.32 y 221; RGRV art.14 a 20; RGGI art.126 a 132)

8235

8237 El sistema tributario conoce **dos grandes categorías de devoluciones** distintas:

a) Las denominadas devoluciones de ingresos indebidos (LGT art.32).

b) Las devoluciones derivadas de la normativa de cada tributo (LGT art.31). Estas devoluciones corresponden a cantidades ingresadas o soportadas debidamente como consecuencia de la aplicación del tributo.

Además de estos dos tipos de devolución, las **sanciones** tributarias dan lugar a dos supuestos de devolución no encuadrados en las dos categorías anteriores, que son:

- devoluciones como consecuencia de una condonación de una sanción ingresada previamente;
- devoluciones como consecuencia de la muerte del sujeto infractor tras el ingreso de la sanción, pero antes de haber ganado firmeza el acto de imposición de la misma.

8238 Se puede definir el **ingreso tributario indebido** como aquel ingreso que, de acuerdo con las normas vigentes, el interesado no tenía la obligación de efectuar, y por tanto no se debió ingresar.

Quedan fuera de este concepto las **retenciones, ingresos a cuenta y pagos fraccionados**, que actúan como anticipos del impuesto y que en la medida que superan la cuota debida, deben ser objeto de devolución.

Las devoluciones de ingresos tributarios en relación con los **derechos a la importación y a la exportación** se rigen por los Reglamentos comunitarios que le sean específicamente aplicables. Las disposiciones contenidas en el RGGI y RGRV tienen carácter supletorio cuando lo permita el ordenamiento jurídico comunitario (RGGI disp.adic.8ª.2; RGRV disp.adic.2ª).

8240 Precisiones **1)** En los casos de **modificación de la base imponible** del IVA (LIVA art.80), el procedimiento a seguir por los obligados es la inclusión de la diferencia correspondiente en la declaración-liquidación del período en que se deba efectuar la rectificación. Si la rectificación determina una **minoración** de las cuotas inicialmente repercutidas, se puede optar por:

- iniciar un procedimiento de rectificación de autoliquidaciones (LGT art.120.3 redacc L 13/2023; ver nº 8310 s.); o
- regularizar la situación tributaria en las autoliquidaciones del período en que deba efectuarse la rectificación o en las posteriores hasta el plazo de un año a contar desde el momento en que debió practicarse la correspondiente rectificación. En este caso, el sujeto pasivo está obligado a reintegrar al destinatario de la operación el importe de las cuotas repercutidas en exceso (LIVA art.89.Cinco).

2) La doctrina administrativa y la jurisprudencia no reconocen que existan ingresos indebidos en el supuesto de **solicitud de rectificación de una autoliquidación** en la que se pretenda la deducción de cuotas de IVA soportadas deducibles; el sujeto pasivo podrá deducir dichas cuotas de IVA soportadas en las autoliquidaciones que presente en el futuro, siempre que se reúnan los requisitos para ello y, en particular, que no haya caducado el derecho a dicha deducción por el trascurso del plazo de 4 años.

3) No cabe calificar como «indebido» el ingreso de las cuotas de IVA correctamente devengadas por la realización de una operación sujeta a dicho tributo, aunque posteriormente deban ser devueltas por haber quedado la **operación sin efecto**; por lo tanto, no cabe recurrir al procedimiento de devolución de ingresos indebidos (DGT CV 4-2-05).

4) La devolución de los **saldos favorables del IVA** a los contribuyentes a 31 de diciembre de cada año, consignados en sus declaraciones-liquidaciones, no constituye un caso de devolución de ingresos indebidos por el que deban abonarse intereses de demora desde el ingreso de la liquidación; se trata de un crédito a favor del contribuyente (TS 5-2-01, EDJ 29870).

1. Supuestos de devolución

(LGT art.221; RGRV art.15)

La devolución de ingresos indebidos puede acordarse en los siguientes casos: 8245
a) En cualquiera de los supuestos del procedimiento para el **reconocimiento del derecho** a la devolución de ingresos indebidos. Estos son los siguientes:
1. Duplicidad en el pago de deudas tributarias o sanciones.
2. Exceso de pago, esto es, cuando la cantidad pagada haya sido superior al importe a ingresar resultante de un acto administrativo o de una autoliquidación.
3. Ingreso de **deudas o sanciones tributarias prescritas**, tanto si lo que ha prescrito es el derecho a liquidar la deuda o a imponer la sanción, como si ha prescrito el derecho para exigir su pago. En ningún caso se devuelven las cantidades satisfechas en la regularización voluntaria para obtener la exoneración de responsabilidad penal (LGT art.252).
4. Aquellos otros casos que establezca la normativa tributaria.

b) En virtud de la **resolución de un recurso**, incluido el extraordinario de revisión contra actos firmes, o en virtud de la resolución de una reclamación económico-administrativa o sentencia judicial. 8246
c) En un procedimiento de **rectificación de errores** materiales, de hecho o aritméticos cuando el acto objeto de rectificación hubiera motivado un ingreso indebido (LGT art.216.d y 221.3).
d) En un procedimiento de **revocación**, así como en un procedimiento de declaración de nulidad de pleno derecho siempre que el acto objeto de revisión haya dado lugar a un ingreso indebido (LGT art.216.a, c y 221.3).
e) En un procedimiento de **rectificación de autoliquidación** a instancia del obligado tributario o de otros obligados cuando se hubiese soportado indebidamente la retención o el ingreso a cuenta o la repercusión del tributo (RGRV art.14.3).
f) La devolución de ingresos indebidos puede acordarse en un procedimiento de **aplicación de los tributos**.
g) En **cualquier otro** supuesto previsto en la normativa tributaria.

Precisiones **1)** Si el **acto** de aplicación de los tributos o de imposición de sanciones que ha originado un ingreso indebido es **firme**, únicamente se puede solicitar la devolución del mismo instando o promoviendo alguno de los siguientes procedimientos: nulidad de pleno derecho, revocación, rectificación de errores o recurso extraordinario de revisión (LGT art.221.3). 8248
2) Entre **otros supuestos** de devolución de ingresos indebidos previstos en la normativa tributaria están:
- supuestos de tributos que gravan una misma operación y son incompatibles entre sí (LGT art.62.9 y 67.1);
- en el ITP y AJD cuando en virtud de una resolución firme judicial o administrativa se declare o reconozca la nulidad, rescisión o resolución de un acto o contrato (LITP art.57.1).
3) El supuesto de devolución del ingreso de **deudas o sanciones prescritas** incluye aquellos casos en que el incumplimiento de los plazos del procedimiento inspector (nº 3310 s.) ocasiona la prescripción del derecho a liquidar por la Administración, habiéndose previamente efectuado el ingreso de las cuantías prescritas.
4) En relación a los ingresos efectuados en virtud de un **precepto legal o reglamentario posteriormente anulado**, es doctrina consolidada del TS y TCo que la anulación de un precepto legal o reglamentario no puede alterar las situaciones jurídicas que hayan adquirido firmeza; la firmeza del acto gestor determina la imposibilidad de revisión. En los casos en que no se haya dictado acto administrativo de liquidación, el obligado tributario puede instar la rectificación de su autoliquidación dentro del plazo de prescripción y solicitar la devolución del ingreso indebido. Si se hubiera dictado acto administrativo de liquidación, el interesado podrá instar la correspondiente devolución mediante la interposición de recurso o reclamación contra el acto de liquidación siempre que el mismo no sea firme, pues a falta de dicho recurso, se entiende que el contribuyente acepta y consiente el acto administrativo.

5) La solicitud de devolución de ingresos indebidos derivados de liquidaciones del **IIVTNU** firmes como consecuencia de la declaración de inconstitucionalidad contenida en la sentencia del TCo 59/2017, debe efectuarse a través de los procedimientos especiales de revisión previstos en la LGT, si bien no cabe ni el procedimiento extraordinario de revisión previsto en la LGT art.244 ni se trata de un supuesto de nulidad de pleno derecho de la LGT art.217.1.a) (TS 18-5-20, EDJ 556180). 8249
Sin embargo, el Tribunal Supremo ha revisado recientemente su postura, de forma que establece que las liquidaciones tributaras firmes por el IIVTNU que hayan gravado transmisiones en las que no haya existido incremento del valor del suelo son nulas, y pueden ser objeto de **revisión de oficio** a través del procedimiento previsto en la LGT art.217 (TS 28-2-24, EDJ 511314).
6) Es improcedente la devolución de ingresos indebidos que deriven de un **acta de conformidad** que adquirió carácter **definitivo** (AN 23-2-09, EDJ 17562).

7) No procede la devolución de ingresos indebidos derivada de una **solicitud de rectificación de autoliquidaciones**, ya que existen actos administrativos firmes (en concreto una resolución del TEAR que confirmó la liquidación y que no fue recurrida), y la solicitud de rectificación se basa en los mismos motivos que fueron alegados con anterioridad (TEAC 9-7-08).
8) Desestimada en vía administrativa una solicitud de rectificación de autoliquidación y devolución de ingresos indebidos, el obligado tributario puede, siempre dentro del plazo de prescripción, instar una **segunda solicitud** fundada en hechos sobrevenidos diferentes de los invocados en la primera solicitud (TS 4-2-21, EDJ 504792; TEAC 24-5-22). El TEAC considera que, aunque la desestimación de la primera solicitud sea confirmada por el TEAR y sea firme, no constituye **liquidación tributaria** -acto de aplicación de los tributos-, por lo que cabe una segunda solicitud si se cumplen los requisitos indicados anteriormente (TEAC 19-7-24).
La presentación de una segunda solicitud de rectificación, tras la estimación total o parcial de la primera solicitud con la práctica de una **liquidación provisional** , es admisible siempre que la **pretensión** en ambos procedimientos sea distinta (TEAC unif. criterio 19-7-24).
9) No se ha producido ningún ingreso indebido con ocasión del pago de las deudas tributarias correspondientes a las autoliquidaciones, pues **no** ha existido una **duplicidad en el pago** de las deudas tributarias, al no haber ingresado el obligado tributario la deuda tributaria derivada de las liquidaciones dictadas por la Inspección, y ello porque su ejecución se vio suspendida, primero en vía administrativa, y posteriormente en vía jurisdiccional, al haberse solicitado su suspensión, al amparo de garantía consistente en aval bancario (TEAC 20-11-08).
10) El ingreso de una liquidación tributaria sin aplicar la bonificación que supuestamente se refiere a un contribuyente, no da origen a un derecho a la devolución de lo que se ha ingresado en exceso, si, con carácter previo, no se reivindica el reconocimiento de dicha **bonificación fiscal** mediante la interposición del recurso correspondiente (TSJ Granada 27-4-09, EDJ 104407).
11) Las devoluciones derivadas de procedimientos de rectificación de autoliquidaciones, cuando la causa de la rectificación es haber aplicado una norma interna que ha sido declarada contraria a una directiva comunitaria (la Sexta Directiva IVA), lo que motivó la indebida aplicación de la regla de prorrata en dichas autoliquidaciones, debe calificarse como **ingresos indebidos**, aunque de las autoliquidaciones inicialmente presentadas no resultara cantidad alguna a ingresar.
El período de devengo de **intereses de demora** se inicia al día siguiente del vencimiento del plazo para presentar la primera autoliquidación en la que se pudo solicitar la mayor devolución (TS 3-11-11, EDJ 276327; 18-9-12, EDJ 210567; 20-6-13, EDJ 127487; TEAC 7-11-13).

2. Titularidad del derecho

(LGT art.32 y 35; RGRV art.14)

8250 La ley establece la obligación de la Administración tributaria de devolver los ingresos que indebidamente hubieran realizado en el Tesoro Público, con ocasión del cumplimiento de sus obligaciones tributarias, o del pago de sanciones, conforme al procedimiento especial de revisión previsto en la ley, a:
- los obligados tributarios;
- los sujetos infractores; o
- los sucesores de unos y otros.

Se define a los obligados tributarios como aquellas **personas físicas** o **jurídicas y** las **entidades** a las que la normativa tributaria impone el cumplimiento de obligaciones tributarias.

8252 Entre otros, son **obligados tributarios** los:
- contribuyentes y sustitutos del contribuyente;
- obligados a realizar pagos fraccionados;
- retenedores;
- obligados a practicar pagos a cuenta;
- obligados a repercutir;
- obligados a soportar la repercusión, la retención o los ingresos a cuenta;
- sucesores; y
- beneficiarios de supuestos de exención, devolución o bonificaciones tributarias, cuando no tienen la condición de sujetos pasivos.

8253 Precisiones **1)** Tienen la condición de obligados tributarios en las leyes en que así se establezca, las **herencias yacentes, comunidades de bienes** y demás entidades que, carentes de personalidad jurídica, constituyan una unidad económica o un patrimonio separado susceptible de imposición.
2) También son obligados tributarios los **responsables tributarios** a que refiere la LGT art.41.

Legitimados para instar el procedimiento (RGRV art.14.1) Tienen derecho a **solicitar** la devolución de ingresos indebidos las siguientes personas o entidades: 8255

a) Los **obligados tributarios y los sujetos infractores** que hubieran realizado ingresos indebidos en el Tesoro Público con ocasión del cumplimiento de sus obligaciones tributarias o del pago de sanciones, así como los **sucesores** de unos y otros.

b) Además de los anteriores, la persona o entidad que haya **soportado la retención o el ingreso a cuenta** repercutido si considera que la retención soportada o el ingreso a cuenta repercutido lo han sido indebidamente. Si el ingreso a cuenta no ha sido repercutido, la legitimación corresponde únicamente al obligado tributario que haya realizado dicho ingreso a cuenta.

c) Cuando el ingreso se refiera a tributos para los cuales exista una obligación legal de repercusión, además de las personas o entidades a que se refiere la letra a), la persona o entidad que haya **soportado la repercusión**.

Precisiones 1) Legitimado para instar la rectificación de declaraciones, liquidaciones o autoliquidaciones, lo es todo aquel que las formuló. Titulares del derecho a la devolución lo son los sujetos pasivos o responsables y todos los obligados tributarios; por ser titulares del derecho, tienen derecho a exigirlo. En los casos de **repercusión obligatoria** de cuotas, la devolución puede ser solicitada por quien repercutió, que está, por tanto, legitimado para instar dicha devolución, si bien como regla general, la efectiva devolución se realizará a quien repercutió, que habrá de resarcir al que soportó la repercusión. Existe una regla específica respecto del IVA para los casos en que la repercusión se realice en factura o documento -desde el 27-10-2013, solo repercusión en factura- y quienes soportaron la repercusión no hayan deducido la misma, en este supuesto las cuotas serán devueltas directamente a quien soportó la repercusión (TS 20-2-07, EDJ 36114). 8256

2) Está legitimado en el IVA el sujeto repercutido para solicitar y obtener la devolución del impuesto indebidamente repercutido e ingresado. Procede la devolución de las cuotas indebidamente repercutidas al sujeto que **soportó la repercusión** y no al sujeto pasivo (TS 9-1-08, EDJ 10914). El sujeto repercutido, que no tiene obligación de realizar declaraciones-liquidaciones de IVA, está legitimado para solicitar a Hacienda la devolución de la cuota que le fue repercutida (TS 28-2-22, EDJ 521550).

3) La Administración, al regularizar la situación tributaria del recurrente, declaró determinadas operaciones sujetas y exentas de IVA, por lo que denegó la deducción operada por la actora. La Administración solo procedió a devolver como IVA indebidamente ingresado el efectivamente ingresado, dado que la actora se dedujo el IVA. Se entiende que dicha actora tiene legitimidad para solicitar la devolución, que habrá de satisfacerse a quien soportó el impuesto indebidamente, debiendo la Administración proceder a la **regularización** íntegra de los sujetos pasivos (AN 16-7-08, EDJ 170909).

4) En el caso del **Impuesto sobre Hidrocarburos**, no puede reconocerse legitimación para solicitar la rectificación de autoliquidaciones presentadas por terceros a aquel que no ha soportado la repercusión legal de las cuotas del impuesto. La traslación económica, vía precio, de los impuestos soportados por un empresario o profesional a quien posteriormente adquiere dichos productos forma parte del normal funcionamiento de las relaciones empresariales entre quienes operan en el circuito económico, por lo que no puede aceptarse que esa hipotética traslación pueda servir de base para la impugnación en el ámbito tributario de las autoliquidaciones presentadas por un tercero ajeno a dicha relación empresarial (TEAC 15-12-20).

5) Actas de conformidad a los socios de una **sociedad transparente** en las que se les imputa en la base de IRPF los aumentos de la base de la transparente liquidados por acta de disconformidad. Las liquidaciones de los socios no se recurrieron y devinieron firmes. Las liquidaciones a la entidad transparente fueron recurridas y anuladas por el TEAR. Los socios solicitaron la devolución de ingresos indebidos derivadas de sus actas de conformidad, que fue denegada por el TEAR y TEAC porque los actos eran firmes. La AN estima sin embargo la devolución de ingresos indebidos, pues considera que desde el momento en que las actuaciones con la transparente son declaradas nulas, tal declaración debe tener su correlativo efecto sobre la liquidación a los socios (AN 25-6-08, EDJ 121495).

6) El obligado al pago de un **crédito** titularidad de otro deudor, como consecuencia de una diligencia de embargo, está legitimado para solicitar la devolución de los ingresos indebidos que entiende ha podido realizar con ocasión de ese pago a la Hacienda Pública (TEAC unif. criterio 29-9-16).

Beneficiarios (RGRV art.14.2 a 5) Tienen derecho a **obtener** la devolución de los ingresos indebidos las siguientes personas o entidades: 8260

a) Los **obligados tributarios y los sujetos infractores** que hubieran realizado el ingreso indebido, salvo en los supuestos de retenciones, pagos a cuenta y repercusiones a que se refieren las letras b) y c) siguientes, así como los **sucesores** de unos y otros.

b) La persona o entidad que haya **soportado la retención o el ingreso a cuenta**, si el ingreso indebido se refiere a retenciones soportadas o ingresos a cuenta repercutidos. No obstante, no procede devolución alguna cuando el importe de la retención o ingreso a cuenta declarado indebido ha sido:

- deducido en una autoliquidación; o
- tenido en cuenta por la Administración en una liquidación o en una devolución realizada como consecuencia de la presentación de una comunicación de datos.

Si el **ingreso a cuenta** declarado indebido **no** ha sido **repercutido**, corresponde la devolución a los obligados tributarios y los sujetos infractores que han realizado el ingreso indebido, así como los sucesores de unos y otros. No procederá restitución alguna en aquellos casos en que el importe del ingreso a cuenta hubiese sido deducido en una autoliquidación o hubiese sido tenido en cuenta por la Administración en una liquidación o en una devolución realizada a consecuencia de la presentación de una comunicación de datos, sin perjuicio de las actuaciones que deba desarrollar el perceptor de la renta para resarcir a la persona o entidad que realizó el ingreso a cuenta indebido.

8262 c) La persona o entidad que haya **soportado la repercusión**, si el ingreso indebido se refiere a tributos que deben ser legalmente repercutidos a otras personas o entidades y únicamente cuando se cumplan los siguientes **requisitos**:

1. La repercusión del tributo se debe haber efectuado mediante **factura** si así lo exige la normativa reguladora del tributo.

2. El **ingreso de las cuotas** indebidamente repercutidas. Cuando la persona o entidad que repercute indebidamente el tributo tenga derecho a la deducción total o parcial de las cuotas soportadas o satisfechas por la misma, se entenderá que las cuotas indebidamente repercutidas han sido ingresadas cuando dicha persona o entidad las hubiese consignado en su autoliquidación del tributo, con independencia del resultado de dicha autoliquidación. En los casos de autoliquidaciones a ingresar **sin ingreso efectivo** del resultado de la autoliquidación, solo procede devolver la cuota indebidamente repercutida que exceda del resultado de la autoliquidación que esté pendiente de ingreso, el cual no resultará exigible a quien repercutió en el importe concurrente con la cuota indebidamente repercutida que no ha sido objeto de devolución. La Administración tributaria condicionará la devolución al resultado de la comprobación que, en su caso, realice de la situación tributaria de la persona o entidad que repercuta indebidamente el tributo.

3. La **no devolución previa** por la Administración tributaria de las cuotas indebidamente repercutidas y cuya devolución se solicita.

4. Que el obligado tributario que haya soportado la repercusión **no** tenga **derecho a la deducción** de las cuotas soportadas. En caso de que dicho obligado tuviera derecho parcial a la deducción, la devolución se limita al importe no deducible. Se entiende que el obligado tributario no tiene derecho a la deducción de las cuotas soportadas, cuando en un procedimiento de comprobación o de inspección se declare que no procede la deducción de dichas cuotas por haber sido indebidamente repercutidas y el acto que hubiera puesto fin al procedimiento hubiera adquirido firmeza (RGGI art.129.2).

8264 En los casos previstos en los apartados b) y c) anteriores, el obligado tributario que haya **soportado indebidamente la retención o el ingreso a cuenta o la repercusión** del tributo puede solicitar la devolución del ingreso indebido instando la rectificación de la autoliquidación mediante la que se realizó el ingreso indebido (nº 8330 s.).

La devolución de ingresos indebidos se realizará directamente a la persona o entidad que haya soportado indebidamente la repercusión o retención, aun cuando el solicitante de la devolución haya sido el retenedor o el obligado tributario que repercutió las cuotas.

Si el derecho a la devolución corresponde a los **sucesores**, se ha de estar a la normativa específica para determinar los legitimados para solicitar la devolución y sus beneficiarios, así como la cuantía que corresponda a cada uno de ellos.

8266 Precisiones 1) En el caso de **cuotas indebidamente repercutidas del IVA**, el obligado tributario puede optar por (RGGI art.129.3):

- solicitar la rectificación de su autoliquidación; o
- regularizar la situación tributaria en los términos previstos en la LIVA art.89.Cinco.b. Este precepto permite al sujeto pasivo regularizar la situación tributaria en la declaración-liquidación correspondiente al período en que deba efectuarse la rectificación o en las posteriores hasta el plazo de un año a contar desde el momento en que debió efectuarse la rectificación. El sujeto pasivo está obligado a reintegrar al destinatario de la operación el importe de las cuotas repercutidas en exceso. Si el destinatario de la operación es un sujeto pasivo del IVA con derecho a deducción, deberá en su caso rectificar las deducciones practicadas conforme a la LIVA art.114.

2) Cuando la calificación de las cuotas como indebidamente repercutidas o soportadas tiene su origen en un **acto administrativo**, el «dies a quo» para el cómputo del plazo de prescripción se inicia desde que dicho acto adquirió firmeza, y no desde el día en que el ingreso se efectuó (TEAC 9-6-09).

3) Una vez que se ha considerado que las cuotas incluidas en las **autoliquidaciones del repercutidor** como cuotas devengadas han sido indebidamente repercutidas, se está reconociendo la existencia de ingresos indebidos. El único beneficiario designado por la norma para obtener la devolución de dichas cuotas es la persona que las haya soportado, lo que determina la improcedencia de modificar las cuotas devengadas declaradas por la reclamante en sus autoliquidaciones, pues si se

procediera a dicha modificación, lo que se estaría haciendo es efectuar la devolución de las cuotas controvertidas a favor de quien las repercutió, es decir, a favor de una persona distinta a la designada por la norma como beneficiario del derecho a obtener la devolución (TEAC 15-2-17).
En el **Impuesto sobre Ventas Minoristas de Determinados Hidrocarburos** (IVMDH) tienen derecho a la devolución de los tributos indebidamente repercutidos la persona o entidad que haya soportado la repercusión. En el caso de que exista un **intermediario** entre el sujeto pasivo del IVMDH y el consumidor final, igualmente son los consumidores los que soportan la carga del impuesto y, por lo tanto, los beneficiarios del derecho a obtener la devolución (TEAC 23-7-18).

4) El RGRV exige, para que la persona o entidad que haya soportado la repercusión pueda obtener **8267**
la devolución de ingresos indebidos, que las cuotas indebidamente repercutidas hayan sido ingresadas. Se trata de una norma de **carácter procedimental**, que no afecta a la liquidación del tributo sino a la regulación del procedimiento, por lo que debe regirse por la normativa en vigor en el momento en que se inicia (TEAC 22-4-22).
5) Habiéndole negado la Administración tributaria a un sujeto pasivo la deducibilidad de determinadas cuotas soportadas de IVA por no considerar probados ciertos servicios declarados, aún así, conforme al RGRV art.14 y al principio de **regularización íntegra**, la Administración tributaria debe, asimismo, efectuar las actuaciones de comprobación necesarias para determinar si el mismo sujeto tiene derecho a la devolución de las cuotas indebidamente repercutidas, regularizando de forma íntegra la situación del reclamante con respecto al IVA (TS 26-5-21, EDJ 588299; TEAC 20-10-21).

3. Contenido del derecho

(LGT art.32; RGRV art.16)

La cantidad a devolver como consecuencia de un ingreso indebido viene determinada por la **8270**
suma de las siguientes cantidades:
a) El importe del **ingreso** indebidamente efectuado. Cuando la persona o entidad que repercute indebidamente el tributo tenga derecho a la deducción total o parcial de las cuotas soportadas o satisfechas por la misma, se entenderá que las cuotas indebidamente repercutidas han sido ingresadas cuando dicha persona o entidad las hubiese consignado en su autoliquidación del tributo, con independencia del resultado de dicha autoliquidación.
No obstante lo anterior, en los casos de autoliquidaciones a ingresar **sin ingreso efectivo** del resultado de la autoliquidación, solo procede devolver la cuota indebidamente repercutida que exceda del resultado de la autoliquidación que esté pendiente de ingreso, el cual no resultará exigible a quien repercutió en el importe concurrente con la cuota indebidamente repercutida que no ha sido objeto de devolución.
La Administración tributaria condicionará la devolución al resultado de la comprobación que, en su caso, realice de la situación tributaria de la persona o entidad que repercuta indebidamente el tributo.
Lo anterior se debe tener en cuenta a efectos de determinar el contenido del derecho a la devolución de ingresos indebidos.
b) Las **costas** satisfechas cuando el ingreso se ha realizado durante el procedimiento de apremio.
c) El **interés de demora**, sin necesidad de que el obligado tributario lo solicite. El interés de demora se devenga desde la fecha en que se ha realizado el ingreso indebido hasta la fecha en que se ordena el pago de la devolución. No se computan, a estos efectos, las **dilaciones** en el procedimiento por causa no imputable a la Administración. Si la devolución se acuerda en un procedimiento de inspección, a efectos del cálculo de los intereses, no se computan los días en los que la Inspección no puede efectuar actuaciones con el obligado tributario por solicitud de este (LGT art.150.4), ni los periodos de extensión a los que se refiere la LGT art.150.5.
Por tanto, la liquidación derivada de un procedimiento inspector incorpora los intereses de demora correspondientes. Las actas y los actos de liquidación practicados deben especificar las bases de cálculo, los tipos de interés y las fechas de comienzo y finalización de los períodos de devengo (RGGI art.191).

Precisiones 1) Cuando se reconozca el derecho a la devolución de ingresos indebidos como conse- **8272**
cuencia de un procedimiento de **rectificación de una autoliquidación**, la base sobre la que se aplica el tipo de interés de demora tiene como **límite** el importe de la devolución reconocida (RGGI art.128.2).
2) Respecto a los **recargos de extemporaneidad** previstos en la LGT art.27 , dado que dichos recargos son liquidados por la Administración tributaria, el reconocimiento a la devolución del ingreso indebido que derive de este recargo generalmente se originará por la resolución de un recurso o reclamación contra la liquidación del recargo.

4. Prescripción

(LGT art.66 a 68)

8275 En coherencia con la estructura del procedimiento de devolución de ingresos indebidos en que se distinguen dos fases (nº 8290 s.), a efectos de prescripción se distinguen dos supuestos:
- el **derecho a solicitar** las devoluciones de ingresos indebidos; y
- el **derecho a obtener** las devoluciones de ingresos indebidos.
En ambos casos, se fija en 4 años el **plazo** de prescripción.

Precisiones Para los obligados tributarios afectados por la **DANA**, ver nº 3337.

8277 **Cómputo** (LGT art.67.1) El plazo de prescripción comienza a contar:
a) Para el **derecho a solicitar la devolución** de un ingreso indebido desde:
- el día siguiente a la finalización del plazo para presentar la **autoliquidación** si el ingreso indebido procede de una autoliquidación presentada dentro del plazo reglamentario;
- el día siguiente a aquel en que se realizó el **ingreso** indebido si procede de una autoliquidación presentada fuera de plazo, así como en los restantes casos que originan la devolución de ingresos indebidos;
- en el supuesto de tributos que gravan una misma operación y son incompatibles entre sí (p.e., IVA e ITP y AJD, modalidad TPO), el plazo de prescripción para solicitar la devolución del ingreso indebido del tributo improcedente comienza a computar desde la **resolución** del órgano específicamente previsto para dirimir cual es el tributo procedente.
b) Para el **derecho a obtener las devoluciones** de ingresos indebidos, desde el día siguiente a la fecha de **notificación** del acuerdo donde se reconozca el derecho a percibir la devolución.

Precisiones **1)** Suponiendo una duplicidad en el pago de las deudas tributarias, el **cómputo del plazo** de prescripción del derecho a obtener la devolución de ingresos indebidos solicitada por el interesado, se inicia desde el día siguiente a la fecha de notificación del acuerdo que reconozca el derecho a percibir la devolución (TEAC 20-11-08).
2) La prescripción del derecho a la devolución empieza a contar desde que pudo ejercitarse. En este caso no prescribió el derecho a solicitar la devolución de ingresos, pues mientras no se produjo una **sentencia judicial firme** no nació el derecho a tal devolución (TEAC 3-3-10; 1-6-10).
3) En el caso de **caducidad** del derecho a la compensación del saldo pendiente de compensar en el **IVA**, nace un derecho autónomo a obtener la devolución con un nuevo plazo de 4 años de prescripción, que podrá ser ejercitado mediante una petición expresa del interesado, sin que la Administración tenga el deber de practicarla de oficio (TEAC 22-9-15).
4) En la actuación inspectora se modificó la **imputación temporal de unos ingresos**, retrasando su inclusión a la base imponible del ejercicio 2007. Tales ingresos habían sido declarados por el sujeto pasivo en la autoliquidación correspondiente al ejercicio 2006. La duplicidad de pago de la deuda tributaria se produce tras el ingreso de la cuota derivada de la liquidación practicada por el IS del ejercicio 2007. En la fecha de ese ingreso nació el derecho a la devolución de ingresos indebidos, por lo que tal derecho no está prescrito si la solicitud se realizó antes de trascurridos los 4 años a contar desde la fecha indicada (TEAC 9-4-15).

8278 **5)** A los efectos de computar el plazo de prescripción del derecho a solicitar la devolución de ingresos indebidos con origen en una regularización practicada a un **obligado tributario distinto del titular del derecho** a la devolución, el dies a quo ha de ser la fecha en la que se constata por el contribuyente que el ingreso es indebido (TS 11-6-20, EDJ 580803).
6) La **inactividad de la Administración** no puede ser causa para declarar la prescripción del procedimiento. Solicitada una devolución del IVMDH, transcurren más de 4 años durante la tramitación del procedimiento. Si bien existe un período de más de 4 años de inactividad por ambas partes, la misma no puede perjudicar al obligado tributario en sus derechos legítimos. La máxima «nemo auditur propriam turpitudinem allegans», que preceptúa que no se puede invocar el dolo propio para obtener una ventaja, impide a la Administración beneficiarse por el incumplimiento de su obligación de resolver expresamente en plazo solicitudes de los ciudadanos (TEAC 20-2-19).

8280 **Interrupción del plazo de prescripción** (LGT art.68) Cabe distinguir:
a) El plazo de prescripción del **derecho a solicitar la devolución** de ingresos indebidos se interrumpe:
- por cualquier actuación fehaciente del obligado tributario que pretenda la devolución, el reembolso o la rectificación de su autoliquidación;
- por la interposición, tramitación o resolución de reclamaciones o recursos de cualquier clase.
Las circunstancias que interrumpen la prescripción del derecho de la Administración a determinar la deuda tributaria de una obligación tributaria también interrumpen la prescripción del derecho a solicitar las devoluciones de ingresos indebidos relativas a **obligaciones tributarias** del propio obligado tributario que sean **conexas** con aquella cuando en estas se produzca o haya de producirse una tributación distinta como consecuencia de la aplicación, ya sea por la

Administración tributaria o por los obligados tributarios, de los criterios o elementos en los que se fundamente la regularización de la obligación con la que estén relacionadas las obligaciones tributarias conexas.
Son obligaciones tributarias conexas aquellas en las que alguno de sus elementos resulten afectados o se determinen en función de los correspondientes a otra obligación o período distinto (nº 3097 s.).
b) El plazo de prescripción del **derecho a obtener la devolución** de un ingreso indebido se interrumpe:
- por cualquier acción de la Administración tributaria dirigida a efectuar la devolución o el reembolso;
- por cualquier actuación fehaciente del obligado tributario por la que exija el pago de la devolución o el reembolso;
- por la interposición, tramitación o resolución de reclamaciones o recursos de cualquier clase.
Una vez producida la interrupción de la prescripción de cualquiera de los dos derechos, se inicia de nuevo el cómputo del plazo de prescripción de 4 años.

Precisiones La liquidación provisional practicada en un procedimiento de inspección y los recursos interpuestos contra ella no interrumpen el **plazo de prescripción** para solicitar la rectificación de la autoliquidación y la devolución de ingresos indebidos (TEAC 2-11-17). **8285**

5. Procedimiento

(LGT art.221; RGRV art.17 a 20; RGGI art.126 a 132)

Dentro del procedimiento de devolución de ingresos indebidos podemos diferenciar dos **fases**: **8290**
a) Fase declarativa (nº 8295 s.), tendente al reconocimiento del derecho, que propiamente no existe en aquellos casos en que el derecho a obtener la devolución del ingreso indebido viene reconocido en una sentencia judicial, un recurso o reclamación económico-administrativa o un acto administrativo dictado bien en un procedimiento de aplicación de los tributos (p.e., una liquidación provisional o definitiva), o bien en un procedimiento de revisión en vía administrativa (p.e., un procedimiento de declaración de nulidad de pleno derecho, revocación o rectificación de errores).
b) Fase de **ejecución** de la devolución (nº 8350).

a. Fase declarativa

(RGRV art.17 a 19; RGGI art.126 a 130)

En la fase declarativa merecen especial mención los siguientes tres **procedimientos**: **8295**
a) Procedimiento general para el reconocimiento del derecho a la devolución de ingresos indebidos (nº 8297 s.).
b) Procedimiento de devolución de ingresos indebidos derivado de una solicitud de rectificación de una autoliquidación presentada por el obligado tributario (nº 8310 s.).
c) Procedimiento de devolución de ingresos indebidos derivado de actos de retención, ingresos a cuenta o cuotas repercutidas (nº 8330 s.).

Procedimiento general para el reconocimiento del derecho a la devolución de ingresos indebidos (LGT art.221.1; RGRV art.17 a 19) Este procedimiento se aplica a los supuestos en que se haya producido una duplicidad en el pago, un exceso de pago, cuando se hayan ingresado cantidades prescritas y en aquellos casos que así disponga la normativa tributaria. **8297**
Se distinguen tres **momentos** en la fase declarativa de este procedimiento:
- iniciación (nº 8298 s.);
- tramitación (nº 8302 s.); y
- terminación (nº 8305 s.).

Iniciación (RGRV art.17) El procedimiento puede iniciarse de oficio o a instancia del interesado: **8298**
a) Si el procedimiento se inicia **de oficio**, se debe notificar al interesado el acuerdo de iniciación. Si los datos en poder de la Administración tributaria son suficientes para formular la propuesta de resolución, el procedimiento puede iniciarse con la notificación de dicha propuesta.
b) Si el procedimiento se inicia **a instancia del interesado**, este debe dirigir su solicitud al órgano competente para resolver. Este **escrito**, además de las menciones que con carácter general se exigen a todo escrito de iniciación (nº 8549), debe contener los siguientes **datos**:
1. Justificantes del ingreso indebido. El interesado debe adjuntar los documentos que acrediten el derecho a la devolución, así como todos aquellos elementos de prueba que considere oportunos. Los justificantes de ingreso pueden sustituirse por la mención exacta de los datos identificativos del ingreso realizado, como son la fecha y el lugar del ingreso y su importe.

2. Declaración expresa del **medio elegido** para que se realice la devolución, de entre los señalados por la Administración competente. Si la Administración competente no hubiera señalado los posibles medios para efectuar la devolución, el beneficiario de la misma puede optar por:
- **transferencia bancaria**, indicando el número de código de cuenta y los datos identificativos de la entidad de crédito;
- **cheque** cruzado o nominativo.
Si el beneficiario no señala medio de pago, se efectúa mediante cheque.
3. En su caso, una solicitud de **compensación**, en los términos previstos en el RGR.
Si el escrito de iniciación no reúne estos requisitos, la Administración ha de requerir al interesado para que en el plazo de 10 días proceda a la **subsanación** de la falta o acompañe los documentos preceptivos, indicándole que si no lo hace se le tendrá desistido de su petición, previa resolución.

8300 Precisiones Al margen del procedimiento para el reconocimiento del derecho a la devolución de ingresos indebidos en los supuestos de la LGT art.221.1 (duplicidad, exceso en el pago, ingresos de cantidades prescritas o cuando así lo establezca la normativa tributaria), también procede **iniciar de oficio** un expediente de devolución (AEAT Resol 3/2002):
a) Cuando se haya reconocido el derecho a la devolución en la **resolución de un recurso** o reclamación económico-administrativa, en una sentencia o resolución judicial o en cualquier acuerdo o resolución que suponga la revisión o anulación de actos administrativos que hubieran dado lugar al ingreso de una deuda tributaria en cuantía superior a la que legalmente proceda.
b) Cuando el derecho a la devolución proceda de una **liquidación** tributaria.
c) Aunque técnicamente no se trate de un ingreso indebido, cuando se haya acordado la **condonación graciable** de una sanción pecuniaria previamente ingresada o se produzca, respecto a herederos o causahabientes, la extinción de responsabilidad derivada de las sanciones ingresadas, por fallecimiento del infractor, antes de haber ganado firmeza el acto de imposición de aquellas.

8302 **Tramitación** (RGRV art.18) En esta fase, el órgano competente de la Administración tributaria ha de **comprobar** las circunstancias que determinan el derecho a la devolución, tanto de hecho como de derecho, la realidad del ingreso y su no devolución posterior, la titularidad del derecho y el importe de la devolución.
En el caso de devoluciones de ingresos indebidos gestionadas por la Agencia Tributaria, se verifica que para ese ejercicio y concepto, no se han iniciado actuaciones de **comprobación e investigación** por la Inspección de los Tributos o han sido objeto de **regularización** por acta.
Asimismo, se pueden solicitar los **informes** que se consideren necesarios al fin perseguido.

8303 La Administración tributaria debe elaborar y notificar al obligado tributario la **propuesta de resolución**, concediéndole un plazo de 10 días a partir del día siguiente al de la notificación, para formular las **alegaciones** y presentar los documentos y justificantes que estime necesarios. No obstante, se puede prescindir de este trámite de audiencia cuando únicamente se tengan en cuenta los hechos o alegaciones realizadas por el obligado tributario, o cuando la cuantía propuesta a devolver sea igual a la solicitada, excluidos los intereses de demora.
Concluida la actividad instructora, el órgano competente para la tramitación eleva la propuesta de resolución al órgano competente para resolver.

Precisiones Para los obligados tributarios afectados por la **DANA**, ver nº 3337.

8305 **Terminación** (LGT art.220.2 y 221; RGRV art.19) En el ámbito de las competencias del Estado, la competencia para resolver en los supuestos de la LGT art.221.1 corresponde al **órgano de recaudación** que se determine en la norma de organización específica.
El órgano competente para resolver ha de dictar **resolución motivada**. En caso de acordarse el derecho a la devolución, la resolución debe determinar el titular del derecho y el importe de la devolución.
Las resoluciones que se dictan en este procedimiento son susceptibles de **recurso** de reposición y reclamación económico-administrativa.
Existe un **plazo máximo** de 6 meses para notificar resolución expresa, cuyo cómputo se inicia desde la presentación de la solicitud por el interesado si el procedimiento se inicia a instancia suya, o desde la notificación del acuerdo de iniciación en los procedimientos incoados de oficio.

Precisiones Para los obligados tributarios afectados por la **DANA**, ver nº 3337.

8307 El **incumplimiento** de este plazo produce los siguientes **efectos**:
a) Si el procedimiento se ha iniciado de oficio, se produce la **caducidad** del mismo. Ello no impide que dentro del plazo de prescripción pueda posteriormente iniciarse de nuevo otro procedimiento.
b) Si el procedimiento se ha iniciado a instancia del interesado, se entiende desestimada su solicitud por **silencio administrativo**. Por tanto, en este supuesto, el interesado puede optar

por entender denegada su solicitud y recurrir la denegación presunta, bien en reposición o directamente acudiendo a la vía económico-administrativa, o bien puede esperar a que se dicte resolución expresa y, en su caso, recurrir la misma.

Devolución de ingresos indebidos por solicitud de rectificación de una autoliquidación presentada por el obligado tributario (LGT art.120.3 -redacc L 13/2023- y 221.4; RGGI art.126 a 128 y 130) En los casos en que un obligado tributario considere que la presentación de una autoliquidación ha dado lugar a un ingreso indebido, puede instar la rectificación de dicha autoliquidación conforme al procedimiento reglamentariamente previsto. No obstante, **desde el 26-5-2023**, cuando lo establezca la normativa propia del tributo, la rectificación debe ser realizada por el obligado tributario mediante la presentación de una autoliquidación rectificativa. **8310**

En el procedimiento de rectificación de autoliquidaciones se pueden distinguir tres **momentos**:
- iniciación (nº 8312 s.);
- tramitación (nº 8318); y
- terminación (nº 8320).

Precisiones **1)** La LGT y el RGGI dan un **tratamiento unitario** al procedimiento de rectificación de autoliquidaciones.
2) El RGGI regula la aplicación de este procedimiento a los procedimientos iniciados mediante declaración, **comunicación de datos o solicitud** de devolución (RGGI art.130).
3) La devolución de los **importes** de una pensión **indebidamente percibidos** no tiene incidencia en la declaración o declaraciones del IRPF correspondientes a los ejercicios en que aquella se realice. La regularización de la situación tributaria puede efectuarse instando la rectificación de las autoliquidaciones (DGT CV 15-3-10).
4) El mecanismo adecuado para corregir una **omisión** producida en la declaración del IRPF del año pasado es la iniciación de un procedimiento para la rectificación de la autoliquidación de dicho año (DGT CV 28-7-09).
5) Una solicitud de rectificación de autoliquidación, en cuanto que se refiera a elementos determinantes de la **cuantificación de la obligación tributaria**, tiene virtualidad interruptiva de la prescripción del derecho de la Administración a determinar la deuda tributaria mediante la oportuna liquidación (TEAC unif. criterio 9-7-12).
6) Respecto a la posibilidad de modificar el contenido de la **declaración tributaria especial** (modelo 750) dentro del plazo para su presentación, el TEAC señala que:
- no es viable utilizar un procedimiento de rectificación de autoliquidación;
- el ingreso realizado no es indebido porque deriva del legítimo ejercicio de una opción;
- como declaración, y dado que su presentación y contenido son voluntarios, puede modificarse el contenido de la opción ejercitada dentro del plazo de declaración (TEAC unif. criterio 6-11-18).

Iniciación (RGGI art.126) La **solicitud de rectificación de una autoliquidación** se ha de dirigir al órgano competente conforme a la normativa de organización específica y solo puede efectuarse una vez presentada la correspondiente autoliquidación y antes de que la Administración tributaria practique liquidación definitiva, o en su defecto, antes de que prescriba el derecho de la Administración a determinar la deuda tributaria mediante la correspondiente liquidación o el derecho a solicitar la correspondiente devolución. **8312**

No cabe solicitar la rectificación de una autoliquidación:
a) Cuando haya prescrito el derecho de la Administración para determinar la deuda tributaria mediante la correspondiente liquidación o el derecho a solicitar la correspondiente devolución.
b) Cuando la Administración haya dictado liquidación definitiva en relación al mismo concepto y período.
c) Cuando se esté tramitando un procedimiento de comprobación o investigación cuyo objeto incluya la obligación tributaria a la que se refiere la autoliquidación presentada, sin perjuicio del derecho del obligado tributario a realizar las alegaciones y presentar los documentos que considere oportunos en el procedimiento que se esté tramitando, que deberán ser tenidos en cuenta por el órgano que lo tramite.
d) Cuando la Administración tributaria haya dictado liquidación provisional por un motivo no distinto del invocado por el obligado tributario en su solicitud. Se considera que existe motivo distinto entre la liquidación provisional y la solicitud de rectificación cuando la solicitud de rectificación afecta a elementos de la obligación tributaria que no han sido regularizados en la liquidación provisional.

La solicitud de rectificación, entre otros **datos**, debe contener aquellos que permitan identificar la autoliquidación que se quiere rectificar. También debe mencionar el medio a través del cual ha de hacerse efectiva la devolución de entre los previstos reglamentariamente. Si el beneficiario de la devolución no señala el medio de pago y este no pudiera realizarse mediante transferencia a una entidad de crédito, se efectuará mediante cheque cruzado. **8314**

La solicitud ha de ir acompañada de la **documentación** que le sirva de base así como de los justificantes del ingreso efectuado por el obligado tributario.

8318 **Tramitación** (RGGI art.127) En esta fase del procedimiento la Administración va a comprobar las circunstancias determinantes de la **procedencia de la rectificación** y en particular:

a) La realidad del ingreso y su falta de devolución.

b) El cumplimiento de los requisitos exigidos reglamentariamente (RGRV art.14) para la obtención de la devolución de ingresos indebidos por actos de retención, repercusión o ingresos a cuenta (nº 8260 s.).

c) La procedencia de la devolución, el titular del derecho a obtener la devolución y su cuantía.

La Administración puede:

a) Examinar la **documentación** presentada y contrastarla con los datos y antecedentes que obren en su poder.

b) Realizar **requerimientos** al propio obligado tributario en relación con la rectificación solicitada. Dentro de estos requerimientos se incluyen los relativos a los justificantes documentales de operaciones financieras.

c) Realizar requerimientos a terceros a fin de que aporten aquella información que estén obligados a suministrar con carácter general o para que la ratifiquen mediante la presentación de los correspondientes justificantes.

d) Solicitar los **informes** que estime necesarios.

Una vez finalizadas las actuaciones se notificará al interesado la **propuesta de resolución**, concediéndole un plazo de 15 días para **alegaciones**, salvo que la rectificación que se acuerde coincida con la solicitada por el interesado, en cuyo caso únicamente se notificará la liquidación que se practique.

Precisiones Para los obligados tributarios afectados por la **DANA**, ver nº 3337.

8320 **Terminación** (RGGI art.128) El procedimiento termina mediante **resolución** en la que se acordará o no la rectificación de la autoliquidación.

Cuando el obligado tributario inicie un procedimiento de rectificación de su autoliquidación, y se acuerde el inicio de un procedimiento de **comprobación o investigación** que incluya la obligación tributaria a la que se refiere el procedimiento de rectificación, este finaliza con la notificación de inicio del procedimiento de comprobación o investigación.

La resolución debe estar **motivada** cuando sea denegatoria o cuando la rectificación acordada no coincida con la solicitada por el interesado.

La resolución debe incluir una **liquidación provisional** si es estimatoria y afecta a algún elemento determinante de la cuantificación de la deuda tributaria realizada por el obligado tributario. En estos casos, los **efectos preclusivos** de esta liquidación provisional impiden a la Administración tributaria practicar una nueva liquidación en relación con el objeto de la rectificación de la autoliquidación, salvo que en un procedimiento de comprobación o investigación posterior se descubran nuevos hechos o circunstancias que resulten de actuaciones distintas de las realizadas y especificadas en la resolución del procedimiento de rectificación.

El acuerdo resolutorio que reconozca el derecho a obtener una devolución ha de precisar el titular del derecho y el **importe de la devolución** y los **intereses de demora** que correspondan. La base de cálculo de dichos intereses tiene como **límite** el importe de la devolución reconocida.

El **plazo máximo** para notificar la resolución del procedimiento es de 6 meses; transcurrido el mismo sin haberse practicado dicha notificación, se entenderá desestimada la solicitud de rectificación.

Precisiones Para los obligados tributarios afectados por la **DANA**, ver nº 3337.

8330 **Procedimiento de devolución de ingresos indebidos derivado de actos de retención, ingresos a cuenta o cuotas repercutidas** (RGGI art.129) Los obligados tributarios que hayan soportado indebidamente retenciones, ingresos a cuenta o cuotas repercutidas pueden solicitar y obtener la devolución siempre y cuando se cumplan los requisitos previstos para beneficiarse de la misma (nº 8260 s.). Para ello, pueden solicitar la **rectificación de la autoliquidación** en que se realizó el ingreso indebido.

En estos casos en que la rectificación de la autoliquidación se solicita por el obligado tributario que ha soportado indebidamente retenciones, ingresos a cuenta o cuotas repercutidas, se contemplan respecto al procedimiento de rectificación de autoliquidaciones las siguientes **especialidades**.

8335 **Iniciación** La **solicitud de rectificación** puede presentarse desde que la actuación de retención, ingreso a cuenta o repercusión se haya comunicado fehacientemente al solicitante o, en su defecto, desde que se tenga constancia de que este ha tenido conocimiento de ello.

Si la solicitud de rectificación se presenta antes de que finalice el plazo de presentación de la autoliquidación cuya rectificación se solicita, se considera período de interrupción justificada, a efectos del cómputo del plazo para resolver el procedimiento, el tiempo que trascurre desde la fecha de presentación de la solicitud hasta la fecha de finalización del plazo de presentación de la autoliquidación a rectificar.
En la solicitud de rectificación, entre otros **datos**, debe constar el nombre y apellidos o razón social o denominación completa y NIF del retenedor o persona o entidad que efectuó el ingreso a cuenta o la repercusión. Deben acompañarse a la solicitud, los documentos **justificantes** de la retención, ingreso a cuenta o repercusión indebidamente soportados.

Tramitación La solicitud de rectificación se notifica al retenedor o al obligado tributario que efectuó la retención, ingreso a cuenta o repercusión, debiendo comparecer este en el **plazo** de los 10 días siguientes a la notificación y aportar los documentos y antecedentes que se le requieran, así como cualquier otro que considere oportuno. **8338**
Posteriormente se concederá sucesivamente, al solicitante y al presentador de la autoliquidación, los trámites de audiencia para **alegaciones** por períodos de 15 días, contados a partir del día siguiente al de la notificación de la apertura de dichos plazos, a fin de que formulen las alegaciones y presenten las pruebas oportunas. A estos efectos, la Administración puede hacer extractos de los justificantes o documentos, o utilizar otro método que permita garantizar la confidencialidad de los datos que no les afecten.

Precisiones Para los obligados tributarios afectados por la **DANA**, ver nº 3337.

Terminación La **resolución** del procedimiento corresponde al mismo **órgano** que tenga la competencia respecto del obligado tributario que presentó la autoliquidación cuya rectificación se pide con dos excepciones: **8340**
a) En el ámbito de los **IIEE**, en el que la resolución corresponde al órgano competente respecto del establecimiento del obligado tributario que efectuó la repercusión, excepto en el caso de centralización autorizada de los ingresos, en que se aplica la regla general.
b) Cuando a la vista de la solicitud presentada y la documentación que la acompaña resulta acreditado la **ausencia de requisitos** para rectificar la autoliquidación. En estos casos, la resolución corresponde al órgano competente respecto del obligado tributario que haya iniciado el procedimiento. No se dará traslado de la solicitud de rectificación al obligado que efectuó la retención, el ingreso a cuenta o la repercusión; tampoco se dará trámite de audiencia para alegaciones a las partes.
La resolución del procedimiento, ya sea denegatoria o una liquidación provisional, se ha de **notificar** a todos los obligados tributarios.
Las **resoluciones estimatorias recurridas** por el obligado que efectuó la repercusión, la retención o el ingreso a cuenta, no son ejecutivas en tanto no adquieran firmeza.

b. Fase de ejecución

(RGRV art.20; RGGI art.131 y 132)

Una vez **reconocido el derecho** a la devolución, se debe proceder a su **inmediata ejecución**. **8350**
Cuando el derecho a la devolución se haya declarado en la resolución de un recurso o reclamación económico-administrativa, en sentencia u otra resolución judicial o en cualquier otro acuerdo que anule o revise liquidaciones u otros actos administrativos, se procederá de oficio a ejecutar los mismos por los órganos competentes. A estos efectos, y para que dichos órganos puedan cuantificar y efectuar la devolución, basta copia compulsada del acuerdo o resolución administrativa o el testimonio de la sentencia o resolución judicial.
El **pago de la devolución** puede realizarse mediante transferencia bancaria o mediante cheque cruzado a la cuenta bancaria que el obligado tributario o su representante legal autorizado indiquen como de su titularidad en la autoliquidación tributaria, comunicación de datos o en la solicitud correspondiente. El obligado tributario no podrá exigir responsabilidad alguna si la devolución se envía al número de cuenta bancaria por él designado.
Una vez reconocido el derecho a la devolución, puede acordarse su **compensación** bien a petición del obligado o de oficio de acuerdo con el procedimiento y los plazos previstos en el RGR y su normativa de desarrollo. Sobre el importe de la devolución que sea objeto de compensación se devenga el interés de demora hasta la fecha en que se extinga el crédito por la compensación.
Si en la ejecución de las devoluciones se produce **error material, aritmético o de hecho**, la entidad de crédito retrocederá el importe procedente a la Administración ordenante de la devolución, o bien se exigirá directamente su reintegro al perceptor.

Precisiones En los supuestos de **transmisión del derecho a la devolución** a los sucesores se estará a la normativa específica que determine los sucesores y la cuantía que les corresponde. Salvo en estos casos, no surte efectos ante la Administración la transmisión del derecho a la devolución por actos o negocios entre particulares.

III. Recurso de reposición

8500

8502 El recurso de reposición es uno de los medios de revisión de los actos y actuaciones de aplicación de los tributos y los actos de imposición de sanciones previstos en la normativa tributaria. A través del recurso de reposición el interesado solicita a la propia **Administración autora** del acto que vuelva sobre el mismo y enjuicie su validez, anulándolo o modificándolo en su caso, basándose en su inadecuación al ordenamiento jurídico.
Son aplicables las **normas comunes** a todos los procedimientos de revisión expuestas en el nº 8025 s.

8505 **Características** (LGT art.222; RGRV art.21) El recurso de reposición en materia tributaria se configura en la LGT como un recurso de carácter **potestativo**, que debe interponerse, en todo caso, con carácter **previo** a la reclamación económico-administrativa.
En nuestro ordenamiento jurídico, en el ámbito administrativo y por tanto el tributario, para poder acudir a la tutela judicial es preciso agotar la vía administrativa previa. En el ámbito tributario, la vía administrativa previa la integran el recurso potestativo de reposición y la vía económico-administrativa.
Ante un acto de aplicación de los tributos o de imposición de sanción que entienda no ajustado a Derecho, el **interesado** puede **optar** entre:
- interponer de manera potestativa recurso de reposición contra dicho acto, y posteriormente acudir a la vía económico-administrativa. Una vez ultimada esta, puede interponer recurso contencioso-administrativo ante el Juzgado o Tribunal competente;
- acudir directamente a la vía económico-administrativa y, agotada la misma, en su caso, a la judicial.

8508 Tanto la LGT como el RGRV regulan la imposibilidad de **simultanear** el recurso de reposición y la reclamación económico-administrativa.
El recurso de reposición debe en todo caso ser previo a la reclamación económico-administrativa. Al interponerse el recurso de reposición, el interesado debe hacer constar expresamente que no ha impugnado el mismo acto en la vía económico-administrativa. Si, a pesar de ello, se acredita que existe una reclamación anterior al recurso sobre el mismo asunto, se declara la **inadmisión** del recurso de reposición, debiéndose remitir el expediente que pudiera existir al tribunal económico-administrativo que esté tramitando la reclamación.
Una vez interpuesto el recurso de reposición, el interesado no puede **promover reclamación económico-administrativa** hasta que el recurso se resuelva de forma expresa o hasta que se considere desestimado por silencio administrativo.

8511 Los Tribunales económico-administrativos han de declarar **inadmisible** toda reclamación relativa a cualquier acto de la Administración, cuando conste que el mismo es objeto de un recurso de reposición pendiente de resolución expresa, sin que todavía pueda entenderse desestimado por silencio administrativo. En estos casos, el órgano administrativo que ha dictado el acto reclamable ha de remitir al Tribunal competente una copia del escrito de interposición del recurso de reposición y de la reclamación, acompañado de una diligencia en la que haga constar la existencia del recurso de reposición y, en consecuencia, la improcedencia de la remisión del expediente correspondiente. El Tribunal puede solicitar aquella documentación complementaria que considere necesaria a fin de determinar la procedencia de la inadmisión.

Haciendas Locales (RDLeg 2/2004 art.14) El recurso de reposición tiene **carácter preceptivo** y es el cauce para agotar la vía administrativa previa a la contencioso-administrativa, de manera que no cabe interponer reclamación económico-administrativa contra los actos de gestión tributaria de las Haciendas Locales. 8514

Los dos únicos supuestos en que cabe interponer reclamación económico-administrativa son:

a) Los actos dictados por la **Administración estatal** en la gestión de los tributos locales, como son los actos de gestión catastral y censal competencia del Estado.

b) En el caso de **municipios de gran población** (L 7/1985 art.121 y 137). Su conocimiento se atribuye a un órgano específico que agota la vía administrativa, quedando abierta la contencioso-administrativa. En estos casos se mantiene el recurso de reposición con carácter potestativo.

El recurso, que será resuelto por el órgano de la entidad local que haya dictado el acto administrativo impugnado, se interpondrá en el **plazo** de un mes contado desde el día siguiente al de la notificación expresa del acto cuya revisión se solicita o al de finalización del período de exposición pública de los correspondientes padrones o matrículas de contribuyentes u obligados al pago. Dentro de dicho plazo el interesado puede comparecer en la oficina gestora para que le sea puesto de manifiesto el expediente. El escrito se presenta en el registro electrónico de la Administración o del órgano que dictó el acto administrativo o en el resto de lugares señalados en la LPAC art.16.4 (oficinas de Correos; representaciones diplomáticas u oficinas consulares de España en el extranjero; oficinas de asistencia en materia de registros; y en cualquier otro lugar que establezcan las disposiciones vigentes).

Precisiones **1)** El TS ha admitido a trámite casación para aclarar si, la falta de creación en los **municipios de gran población** del órgano especializado para resolver las reclamaciones económico-administrativas (L 7/1985 art.137), determina la nulidad de los actos de aplicación de los tributos e ingresos de derecho público, que sean de competencia municipal, al privar al contribuyente del derecho a la resolución de su reclamación económico-administrativa por un órgano especializado antes de acudir a la vía judicial (TS auto 12-1-22, EDJ 500665).

2) En caso de **simultaneidad** del recurso de reposición y reclamación económico-administrativa, se tramita el presentado en primer lugar y se declara inadmisible el segundo.

3) Los actos de aplicación y efectividad de los tributos y restantes ingresos de derecho público de las entidades locales son impugnables mediante recurso de reposición, que es un recurso preceptivo salvo cuando se discute exclusivamente la **inconstitucionalidad** o ilegalidad de las disposiciones que dan cobertura al acto (TS 21-5-18, EDJ 91000).

Pueden **interponer el recurso** de reposición: 8515

- los sujetos pasivos y los responsables de los tributos, así como los obligados a efectuar el ingreso de derecho público de que se trate;
- cualquier otra persona cuyos intereses legítimos y directos resulten afectados por el acto administrativo de gestión.

Los recurrentes pueden comparecer por sí mismos o por medio de representante. No es necesaria la intervención de abogado ni procurador.

En el **escrito de interposición** del recurso se han de formular las alegaciones y hacer constar los siguientes datos:

- identificación del recurrente;
- órgano ante quien se formula el recurso;
- datos identificativos del acto administrativo que se recurre; entre otros, la fecha en que se dictó y número del expediente;
- domicilio que señale el recurrente a efectos de notificaciones;
- lugar y fecha de interposición del recurso.

Dicho escrito ha de acompañarse de los **documentos** que sustenten la pretensión. Además, si se solicita la suspensión del acto impugnado, al escrito de iniciación del recurso se han de acompañar los justificantes de las garantías constituidas.

La interposición del recurso de reposición no suspende la ejecución del acto impugnado, salvo los actos de imposición de sanciones tributarias, que quedan automáticamente suspendidos conforme a lo previsto en la LGT.

No obstante, y en los mismos términos que en el Estado, puede **suspenderse la ejecución** del acto impugnado mientras dure la sustanciación del recurso aplicando lo establecido en el RGRV, con las siguientes **especialidades**:

- en todo caso es competente para tramitar y resolver la solicitud el órgano de la entidad local que dictó el acto;
- las resoluciones desestimatorias de la suspensión solo son susceptibles de impugnación en vía contencioso-administrativa;

- cuando se interponga recurso contencioso-administrativo contra la resolución del recurso de reposición, la suspensión acordada en vía administrativa se mantiene, siempre que exista garantía suficiente, hasta que el órgano judicial competente adopte la decisión que corresponda en relación con esa suspensión.

8516 Si a lo largo de la tramitación del recurso resultan **otros interesados** distintos del recurrente, se les debe comunicar la interposición del recurso para que en el plazo de 5 días aleguen lo que a su derecho convenga.

La revisión somete a conocimiento del órgano competente, para su resolución, todas las cuestiones que ofrezca el expediente, hayan sido o no planteadas en el recurso.

Si el órgano estima pertinente examinar y resolver cuestiones no planteadas por los interesados, ha de exponerlas a los que estuviesen personados en el procedimiento, concediéndoles un plazo de 5 días para formular **alegaciones**.

El recurso ha de ser resuelto en el plazo de un mes a contar desde el día siguiente al de su presentación, o desde el día siguiente a que se formulen alegaciones o finalice el plazo concedido para presentarlas por otros interesados en el procedimiento o cuando se planteen cuestiones nuevas. De no resolverse en plazo se entiende desestimado, sin perjuicio de la obligación de resolver en todo caso.

La **resolución** del recurso, que ha de ser siempre motivada, debe contener una sucinta referencia a los hechos y a las alegaciones del recurrente, y expresar de forma clara las razones por las que se confirma o revoca total o parcialmente el acto impugnado, debiendo ser notificada al recurrente y a los demás interesados, si los hay, en el plazo máximo de 10 días desde que aquella se produzca.

Contra la resolución del recurso de reposición no puede interponerse de nuevo este recurso, pudiendo los interesados interponer directamente **recurso contencioso-administrativo**, todo ello sin perjuicio de los supuestos en los que la ley prevé la interposición de reclamaciones económico-administrativas contra actos dictados en vía de gestión de los tributos locales (nº 8514).

A. Actos recurribles

(LGT art.222.1 y 227)

8520 Pueden ser objeto de recurso de reposición los actos dictados por la Administración tributaria susceptibles de reclamación económico-administrativa.

La LGT admite la interposición de reclamación económico-administrativa contra los actos siguientes:

a) Aquellos que provisional o definitivamente **reconocen o deniegan** un derecho o declaren una obligación o un deber (ver nº 8642 s.).

b) Actos de trámite cualificados; esto es, los que deciden, directa o indirectamente, el fondo del asunto o ponen término al procedimiento.

8523 Precisiones **1)** No son susceptibles de recurso de reposición las **actuaciones u omisiones de los particulares** en materia tributaria susceptibles de reclamación económico-administrativa: actos de repercusión, retención o ingreso a cuenta, actuaciones relativas a la obligación de expedir, entregar y rectificar facturas, las derivadas de las relaciones entre el sustituto y el contribuyente.

2) No son actos dictados por la Administración tributaria las **autoliquidaciones** presentadas por el contribuyente. Si este entiende que su autoliquidación ha perjudicado sus intereses legítimos, puede instar su rectificación (LGT art.120.3). La resolución expresa o presunta de la solicitud de rectificación sí es un acto administrativo susceptible de recurso de reposición.

3) Contra la **resolución** del recurso de reposición no puede interponerse de nuevo este recurso (LGT art.225.6; TEAC 4-12-08).

4) En vía administrativa la liquidación y la sanción derivadas de un **acta con acuerdo** solo puede ser objeto de impugnación o revisión por el procedimiento de declaración de nulidad, y siempre que concurra alguno de los motivos tasados previstos para este procedimiento especial de revisión (nº 8080). Por tanto, no cabe recurso de reposición contra la liquidación y la sanción derivadas de un acta con acuerdo (LGT art.155).

5) No es admisible la impugnación autónoma de **actos de trámite**. Los defectos de que puedan adolecer podrán hacerse valer en la impugnación del acto definitivo. Son actos de trámite los que no deciden directa ni indirectamente el fondo del asunto. Las actas de la Inspección son actos de trámite dentro del procedimiento tributario (AN 30-10-03, EDJ 153229).

B. Interesados

(LGT art.214, 223.3 y 232; RGRV art.26.1)

A los legitimados e interesados le son aplicables las **normas comunes** a todos los procedimientos de revisión en materia de capacidad y representación. Asimismo les resultan aplicables las normas establecidas al efecto para las reclamaciones económico-administrativas. 8525
Acudiendo por remisión a dicha normativa, están **legitimados** para promover recurso de reposición:
- los obligados tributarios y los sujetos infractores;
- cualquier otra persona cuyos intereses legítimos resultan afectados por el acto tributario.

No están legitimados para interponer el recurso de reposición: 8528
- los funcionarios o empleados públicos, salvo en los casos en que inmediata y directamente se vulnere un derecho que en particular tengan reconocido o resulten afectados sus intereses legítimos;
- los particulares, cuando obran por delegación de la Administración o como agentes o mandatarios de ella;
- los denunciantes;
- los que asuman obligaciones en virtud de pacto o contrato;
- los organismos u órganos que han dictado el acto impugnado, así como cualquier otra entidad por el mero hecho de ser destinataria de los fondos gestionados mediante dicho acto.

Si durante la tramitación del procedimiento se advierte la existencia de **otros titulares** de derechos e intereses legítimos que no han comparecido en el mismo, se les ha de notificar la existencia del recurso para que puedan formular alegaciones en el plazo de 10 días contados a partir del día siguiente al de la notificación. 8531
Cuando se actúe por medio de **representante**, el documento que acredite la representación se debe acompañar al primer escrito que no aparezca firmado por el interesado, que no se cursa sin este requisito. No obstante, la falta o insuficiencia de poder no impide que se tenga por presentado el escrito, siempre que el compareciente acompañe el poder, subsane los defectos de que adolezca el presentado o ratifique las actuaciones realizadas en su nombre y representación sin poder suficiente.

Precisiones **1)** El escrito de interposición fue firmado por otra persona distinta del **representante**. La entidad presentó un escrito de subsanación del representante. La Administración inadmitió el recurso. La Sala entiende que el recurso nunca debió inadmitirse, pues cuando la entidad presenta el escrito de subsanación a través de otro representante está reconociendo expresamente que ha presentado dicho recurso, lo cual es una ratificación implícita de quien realmente lo firma (AN 3-11-08, EDJ 213185).
2) Solo se considera que se tiene **interés legítimo** cuando la resolución puede repercutir, directa o indirectamente, pero de un modo efectivo y acreditado, es decir, no meramente hipotético, potencial y futuro, en la correspondiente esfera jurídica de quien se persona en el procedimiento. No se considera que tenga interés legítimo por el mero hecho de ser socio de la sociedad a la que han practicado la liquidación impugnada, aunque pueda suponer una discrepancia en la valoración de sus acciones con motivo de la operación societaria realizada por la sociedad (TEAC 17-3-10).
3) No están legitimados para impugnar actos dictados por la Administración tributaria aquellos cuyos derechos o intereses legítimos no resulten afectados por los actos administrativos que se impugnan, incidiendo los mismos de forma individual en la esfera jurídica de cada ciudadano. En este caso, no resulta legitimada para interponer recurso de reposición contra el acuerdo de aprobación de la **ponencia de valores de un municipio**, una determinada entidad urbanística de conservación, quien dice actuar en nombre y representación de sus asociados (TEAC 23-2-12).

C. Efectos de la interposición del recurso

(LGT art.68, 212.3 y disp.trans.3ª.2.d; RGRV art.22 y 25 -redacc RD 249/2023-)

La interposición del recurso de reposición implica la **interrupción de los plazos** para iniciar otros recursos, que volverán a contarse desde su inicio a partir del día siguiente a aquel en que el recurso se entienda presuntamente desestimado o, en cualquier caso, a partir del día siguiente a la fecha en que se haya notificado la resolución expresa del recurso. 8535
La interposición del recurso de reposición interrumpe el plazo de prescripción tanto de los derechos de la Administración para determinar la deuda tributaria mediante la oportuna liquidación y exigir el pago de las deudas liquidadas o autoliquidadas, como de los derechos de los interesados a solicitar y obtener las devoluciones derivadas de la normativa de cada tributo, las devoluciones de ingresos indebidos y el reembolso del coste de las garantías.

Asimismo, interrumpe la prescripción del derecho a solicitar las devoluciones de ingresos indebidos relativas a **obligaciones tributarias** del propio obligado tributario que sean **conexas** con aquella que es objeto de impugnación mediante recurso cuando en estas se produzca o haya de producirse una tributación distinta como consecuencia de la aplicación, ya sea por la Administración tributaria o por los obligados tributarios, de los criterios o elementos en los que se fundamente la regularización de la obligación con la que estén relacionadas las obligaciones tributarias conexas.

Son obligaciones tributarias conexas aquellas en las que alguno de sus elementos resultan afectados o se determinan en función de los correspondientes a otra obligación o período distinto (nº 3097 s.).

Tratándose de recursos contra las **sanciones**, la LGT prevé específicamente los siguientes efectos:

a) La **ejecución** de la sanción queda automáticamente **suspendida** en período voluntario, sin necesidad de aportar garantías, hasta que sea firme en vía administrativa.

b) No se exigirán **intereses de demora** por el tiempo que transcurra hasta la finalización del plazo de pago en período voluntario abierto por la notificación de la resolución que ponga fin a la vía administrativa, exigiéndose intereses a partir de dicho plazo.

Estas consecuencias se aplican igualmente a aquellas sanciones que sean objeto de **derivación de responsabilidad** y que sean recurridas tanto por el deudor principal como por el responsable. Sin embargo, en los supuestos de responsabilidad solidaria recogidos en la LGT art.42.2, no se aplican las citadas medidas de suspensión de ejecución y no devengo de intereses, habida cuenta del presupuesto de derecho de dicha responsabilidad.

8538 Precisiones **1)** El acto de resolución del procedimiento sancionador puede ser objeto de recurso o reclamación independiente. En caso de que el contribuyente impugne también la **deuda tributaria**, se acumulan ambos recursos o reclamaciones, siendo competente el que conozca la impugnación contra la deuda.

2) Se puede recurrir la sanción sin perder la reducción del 30% por **conformidad** prevista en la LGT art.188, siempre que no se impugne la regularización.

8541 **3)** Cuando se exija el importe de cualquiera de las **reducciones** practicadas a una sanción, bien sea la reducción por conformidad (LGT art.188.2), o la reducción por pago en período voluntario sin recurso (LGT art.188.3), no es necesario interponer recurso independiente contra dicho acto, si previamente se ha interpuesto recurso o reclamación contra la sanción reducida.

Si se ha interpuesto recurso contra la sanción reducida se entiende que la cuantía a la que se refiere dicho recurso es el importe total de la sanción, y se extienden los efectos suspensivos derivados del recurso a la reducción practicada que se exija (LGT art.188.4).

4) El importe de las reducciones practicadas a las sanciones previstas en la LGT art.188 se exige sin más requisito que la notificación al interesado, cuando se ha interpuesto recurso o reclamación contra la **regularización** (reducción del 30% en los supuestos de actas de conformidad). Si se trata de la reducción adicional del 40%, esta se exige cuando se interponga recurso o reclamación contra la regularización, cuando se haya impugnado la sanción o cuando haya impago en período voluntario o en los plazos fijados en el aplazamiento o fraccionamiento concedidos por la Administración tributaria.

5) La resolución de un recurso de reposición o reclamación contra el **acuerdo de derivación de responsabilidad** únicamente permite revisar el importe de la obligación del responsable que haya interpuesto el recurso o la reclamación, sin que como consecuencia de la resolución del recurso o reclamación puedan revisarse las liquidaciones que hayan adquirido firmeza para otros obligados tributarios (LGT art.174.5).

6) La interposición del recurso de reposición interrumpe, no suspende, los plazos para otros recursos. El **desistimiento** del recurso de reposición no reabre los plazos para interponer la reclamación económico-administrativa (AN 28-1-99, EDJ 84001).

D. Procedimiento

8545 Se pueden distinguir tres **fases** diferenciadas del procedimiento:
- inicio (nº 8548);
- tramitación (nº 8560 s.);
- resolución (nº 8575 s.).

1. Inicio

(LGT art.223 y disp.trans.3ª.2.e; RGRV art.2, 23.1 y 24; LPAC art.14 y 16)

El recurso de reposición puede interponerse en el **plazo** de un mes, a contar desde el día siguiente al de la notificación del acto recurrible, o del siguiente a aquel en que se producen los efectos del silencio administrativo. **8548**

En el caso de deudas de vencimiento periódico y **notificación colectiva**, el plazo de interposición inicia su cómputo a partir del día siguiente al de la finalización del período voluntario de pago.

El plazo concluye el mismo día que se produzca la notificación en el mes de vencimiento, salvo que en el mes de vencimiento no exista día equivalente al inicial o que el último día del cómputo sea inhábil, en cuyo caso se ha de prorrogar al día siguiente hábil (LPAC art.30).

En el **escrito de interposición** del recurso se deben incluir por el interesado las alegaciones, las cuales pueden versar tanto sobre cuestiones de hecho como de derecho. Asimismo, a dicho escrito se han de acompañar los documentos que sirvan de base a la pretensión.

Precisiones **1)** A través de la **sede electrónica de la AEAT**, dentro del apartado de Recursos, reclamaciones, otros procedimientos de revisión y suspensiones, se encuentra el recurso de reposición contra actos de gestión tributaria, a través del cual se pueden realizar los siguientes trámites:
- presentación de recurso o solicitud;
- solicitud de ampliación de plazo para el cumplimiento de algún trámite;
- contestar requerimientos, efectuar alegaciones y/o aportar documentos o justificantes;
- aceptación o revocación de la representación voluntaria.

2) El recurso de reposición debe interponerse en el plazo de un mes contado a partir del día siguiente al de la **notificación** del acto que se impugna. Los plazos señalados por meses se computan **de fecha a fecha**, es decir, el plazo vence el día cuyo ordinal coincida con el que sirvió de punto de partida, que es el de la notificación o publicación (TEAC 17-12-08). Solo si en el mes de vencimiento no hay **día equivalente** al inicial o el mismo es inhábil se debe entender prorrogado el plazo al primer día hábil siguiente (TS 19-12-08, EDJ 305140).

3) El hecho de que el interesado no haya **calificado el escrito** como recurso de reposición no es obstáculo para su tramitación como tal siempre que de su contenido se deduzca su verdadero carácter (TEAC 10-9-08).

4) En el cómputo de los plazo que se efectúan por meses, únicamente se tiene en cuenta como **inhábil** el último día si el término del plazo coincide con uno de ellos. Es indiferente que el primer día de inicio del cómputo del plazo sea inhábil (TCo 32/1989).

5) Para obligados tributarios afectados por la **DANA**, ver nº 3337.

La solicitud o el escrito de iniciación de los procedimientos de revisión en vía administrativa incoados por los interesados deben contener las siguientes **menciones**: **8549**

a) Nombre y apellidos o razón social o denominación completa, NIF y domicilio del interesado, y la **identificación** completa del representante cuando se actúa por medio del mismo.

b) Órgano ante el que se formula el recurso o reclamación o se solicita el inicio del procedimiento.

c) Acto administrativo o actuación que se impugna o que es objeto del expediente, fecha en que se dictó, número de expediente o clave alfanumérica que identifique el citado acto y demás datos relativos a este que se consideren convenientes, así como la pretensión del interesado.

d) Domicilio que el interesado señala a los efectos de notificaciones.

e) Lugar, fecha y firma del escrito o la solicitud.

f) Cualquier otro establecido en la normativa aplicable.

Si el escrito o solicitud no reúne estas menciones, se requiere al interesado para que en el plazo de 10 días, a partir del siguiente al de la notificación del requerimiento, proceda a la **subsanación** de la falta o acompañe los documentos preceptivos con indicación de que la inatención del requerimiento determinará el archivo de las actuaciones, teniéndose por no presentada la solicitud o el escrito.

Precisiones Los siguientes sujetos están obligados a relacionarse a través de **medios electrónicos** con las Administraciones Públicas para la realización de cualquier trámite de un procedimiento administrativo (LPAC art.14.2):
- personas jurídicas y entidades sin personalidad jurídica;
- quienes ejerzan una actividad profesional para la que se requiera colegiación obligatoria, para los trámites y actuaciones que realicen con las Administraciones Públicas en ejercicio de dicha actividad profesional. Se entienden incluidos, en todo caso, los notarios y registradores de la propiedad y mercantiles;
- representantes de una persona o entidad obligada a relacionarse electrónicamente con la Administración;

- empleados de las Administraciones Públicas para los trámites y actuaciones que realicen con ellas por razón de su condición de empleado público, en la forma que se determine reglamentariamente por cada Administración.

Por vía reglamentaria, las Administraciones pueden establecer la obligación de relacionarse con ellas a través de medios electrónicos para determinados procedimientos y para ciertos colectivos de personas físicas que, por razón de su capacidad económica, técnica, dedicación profesional u otros motivos, quede acreditado que tienen acceso y disponibilidad de los medios electrónicos necesarios (LPAC art.14.3).

Si alguno de los sujetos obligados a relacionarse con la Administración de manera electrónica presenta su **solicitud presencialmente**, las Administraciones Públicas requerirán al interesado para que la subsane a través de su presentación electrónica. Como **fecha de presentación** de la solicitud se entiende aquella en la que haya sido realizada la subsanación (LPAC art.68.4).

No obstante, la LGT contempla una consecuencia distinta, que es la posibilidad de imponer una **sanción** por presentar las autoliquidaciones, declaraciones, documentos relacionados con las obligaciones aduaneras u otros documentos con trascendencia tributaria por medios distintos a los electrónicos, informáticos y telemáticos en aquellos supuestos en que hubiera obligación de hacerlo por dichos medios. Esta infracción es grave y se sanciona con una multa pecuniaria fija de 250 euros (LGT art.199.1 y 2).

El RD 203/2021 aprueba el Reglamento de actuación y funcionamiento del sector público por medios electrónicos y desarrolla en su art.3 lo previsto en la LPAC art.14. En relación a la LPAC art.14.3, el citado Reglamento establece que, en el **ámbito estatal**, la mencionada obligatoriedad de relacionarse por medios electrónicos podrá ser establecida por Real Decreto acordado en Consejo de Ministros o por Orden de la persona titular del Departamento competente, según los casos. Asimismo, establece la obligación de **publicación** en el Punto de Acceso General electrónico (PAGe) de la Administración General del Estado y en la sede electrónica o sede asociada que corresponda.

8551 **Puesta de manifiesto del expediente** (LGT art.223.2; RGRV art.24) Si el interesado precisa el expediente para formular sus alegaciones, debe comparecer a tal fin ante el órgano actuante, a partir del día siguiente al de la **notificación** del acto administrativo recurrido, y antes de que finalice el plazo de interposición del recurso.

En estos casos, el órgano competente tiene la **obligación** de poner de manifiesto el expediente estrictamente relacionado con el acto objeto de impugnación, o la documentación relativa a las actuaciones administrativas concretas que han sido expresamente solicitadas y guardan relación con el acto recurrido.

Una vez presentado el recurso ya no se puede ejercer el derecho a examinar el expediente a efectos de formular alegaciones.

Precisiones Siendo el acceso al expediente un **derecho** que puede ser o no ejercitado efectivamente por los reclamantes o recurrentes, no puede entenderse que ello obligue a la Administración autora del acto a acreditar que el expediente ha estado durante todo el plazo de interposición de la reclamación o recurso a disposición teórica del posible reclamante o recurrente. El trámite de puesta de manifiesto del expediente es una facultad de los recurrentes o reclamantes que precisa de su ejercicio activo para desplegar sus efectos, quedando obligada la Administración a permitir el acceso al citado expediente si el obligado tributario lo precisa, para lo que el recurrente tiene que dirigirse a la Administración autora del acto impugnado y manifestar expresamente esa voluntad (TEAC unif criterio 10-5-12).

8554 **Lugar de presentación del recurso** (LPAC art.14 y 16) Ni la LGT ni el RGRV contienen una norma sobre esta materia, por lo que se debe acudir a la normativa administrativa común, conforme a la cual el recurso se debe presentar en el **registro electrónico** de la Administración u organismo que dictó el acto impugnado.

Además, **también se admite** su presentación:

- en el registro electrónico de cualquier órgano administrativo del sector público, entendiendo por tal la Administración General del Estado, cualquier Administración de las CCAA, entidades que integran la Administración Local o el sector público institucional;
- en las oficinas de Correos, en la forma que reglamentariamente se establezca;
- en las representaciones diplomáticas u oficinas consulares de España en el extranjero;
- en las oficinas de asistencia en materia de registros;
- en cualquier otro lugar que establezcan las disposiciones vigentes.

A efectos de entender presentado el recurso en plazo, se atiende a la **fecha** en que conste presentado el escrito de impugnación en cualquiera de los lugares citados; esto es, se ha de atender a la fecha del registro correspondiente o la fecha del sello de correos.

8557 No obstante, hay que tener en cuenta que los siguientes **sujetos** están obligados a relacionarse a través de **medios electrónicos** con las Administraciones Públicas para la realización de cualquier trámite de un procedimiento administrativo:

- personas jurídicas y entidades sin personalidad jurídica;

- quienes ejerzan una actividad profesional para la que se requiera colegiación obligatoria, para los trámites y actuaciones que realicen con las Administraciones Públicas en ejercicio de dicha actividad profesional. Se entienden incluidos, en todo caso, los notarios y registradores de la propiedad y mercantiles;
- representantes de una persona o entidad obligada a relacionarse electrónicamente con la Administración;
- empleados de las Administraciones Públicas para los trámites y actuaciones que realicen con ellas por razón de su condición de empleado público, en la forma que se determine reglamentariamente por cada Administración.

Las Administraciones pueden establecer por vía reglamentaria la obligación de relacionarse con ellas a través de medios electrónicos para determinados procedimientos y para ciertos colectivos de personas físicas que, por razón de su capacidad económica, técnica, dedicación profesional u otros motivos quede acreditado que tienen acceso y disponibilidad de los medios electrónicos necesarios.

Por tanto, estos sujetos deberán presentar el recurso de reposición en formato electrónico a través de la Sede Electrónica.

Precisiones 1) Si alguno de los sujetos obligados a relacionarse con la Administración de manera electrónica presenta su solicitud presencialmente, las Administraciones Públicas requerirán al interesado para que la subsane a través de su presentación electrónica. Como **fecha de presentación** de la solicitud se entiende aquella en la que haya sido realizada la subsanación (LPAC art.68.4).

No obstante, la LGT contempla la posibilidad de imponer una **sanción** por presentar las autoliquidaciones, declaraciones, documentos relacionados con las obligaciones aduaneras u otros documentos con trascendencia tributaria por medios distintos a los electrónicos, informáticos y telemáticos en aquellos supuestos en que hubiera obligación de hacerlo por dichos medios. Esta infracción es grave y se sanciona con una multa pecuniaria fija de 250 euros (LGT art.199.1 y 2).

2) A efectos de entender presentado en plazo un recurso de reposición, no se admite la fecha en que el recurrente franquea el recurso en una **empresa privada de mensajería**, sino que se toma la fecha de entrada en el registro de la Delegación de la AEAT (TEAC 1-2-07).

3) Es admisible la presentación de un recurso en Correos en **sobre cerrado y sellado** siempre que se garantice la certeza de la fecha de presentación y la identidad de los escritos presentados (TS 9-12-04, EDJ 229474).

4) Cabe prescindir del estricto cumplimiento de la normativa interna española cuando se pueden entender razonablemente cumplidas las finalidades que dicha normativa trata de garantizar -fecha de presentación, identidad o identificación del escrito presentado ante una **oficina de correos no española** - (es el supuesto de un recurso de reposición presentado por un empresario no establecido ante el servicio de correos checo dentro del plazo previsto a tal efecto, que se recepciona por la Administración tributaria una vez vencido dicho plazo). Este criterio ha sido asumido por la AN 14-10-08, EDJ 218768 (TS 4-7-05, EDJ 113630; TEAC 18-7-13).

2. Tramitación

(LGT art.223.4 y 224; RGRV art.25 -redacc RD 249/2023- y 26)

El órgano competente para resolver puede entrar a conocer todas las cuestiones de hecho o de derecho que ofrezca el expediente, hayan sido o no planteadas en el recurso, sin que en ningún caso se pueda agravar la situación inicial del recurrente. La **reformatio in peius** opera como límite a la extensión de la revisión. **8560**

Si el órgano competente considera pertinente el entrar a examinar y resolver **cuestiones no planteadas** por los interesados, debe exponerlo a todos los que están personados en el procedimiento, concediéndoles un plazo de 10 días para que puedan formular alegaciones. Este plazo de 10 días se cuenta a partir del día siguiente al de la notificación de su apertura.

Si durante la tramitación del procedimiento se advierte que existen **otros titulares de derechos** e intereses legítimos que no han comparecido en el procedimiento, se les debe notificar la existencia del recurso para que formulen alegaciones en el plazo de 10 días contados a partir del día siguiente al de la notificación.

Precisiones 1) No se conculca el principio de prohibición de la reformatio in peius por el hecho de que, resueltos acumuladamente dos recursos de reposición (cada uno de ellos referido a un período impositivo) la liquidación resultante de un determinado período empeore al obligado tributario, cuando además, como sucede en el supuesto analizado, el **resultado global** le beneficia (TEAC 19-4-07).

2) Respecto a la **aportación de pruebas**, el TS ha señalado que sí cabe que en sede de revisión el tribunal admita documentación no aportada en sede de gestión (TS 20-4-17, EDJ 45074). Ello es aplicable tanto a la vía de reposición, como a la económico-administrativa y judicial. Y tiene como límite que la actitud del interesado haya de reputarse abusiva o maliciosa y así se constante debida y justificadamente en el expediente (TS 10-9-18, EDJ 556679).

A estos efectos, si **no** se acredita que la conducta del interesado ha sido **abusiva o maliciosa**, la AEAT y los Tribunales Económico-Administrativos deben valorar las pruebas presentadas extemporáneamente -pudiendo ser estimadas, desestimadas o solicitadas comprobaciones adicionales-; por el contrario, en caso de actuación abusiva o maliciosa, esos órganos no van a valorarla (TEAC unif criterio 30-10-23).

8563 **Suspensión del acto impugnado** (LGT art.224; RGRV art.25 redacc RD 249/2023) La regla general es la de la **ejecutividad** del acto, por lo que la mera interposición de un recurso de reposición no suspende la ejecución del acto impugnado.

No obstante, se suspenderá la ejecución del acto impugnado en los siguientes supuestos:

a) Sin necesidad de aportar garantía cuando se aprecie que al dictarlo se ha podido incurrir en **error aritmético, material o de hecho**.

b) De manera automática, en período voluntario y sin necesidad de aportar garantías hasta que sea firme en vía administrativa, cuando la impugnación afecte a una **sanción tributaria**. No obstante, no se suspenderán las responsabilidades por el pago de las sanciones tributarias en los supuestos de responsabilidad solidaria (LGT art.42.2). Además, si se hubieran realizado actuaciones recaudatorias con otros obligados tributarios con carácter previo a la impugnación del responsable que suponga la suspensión de la ejecución, las actuaciones previas no resultarán afectadas por dicha suspensión, como consecuencia de la doctrina de los actos firmes.

c) Cuando se presente la solicitud de **tasación pericial contradictoria**, o la reserva del derecho a promoverla en aquellos casos previstos en la norma, pues dicha presentación determina la suspensión de la ejecución de la liquidación y del plazo para interponer recurso o reclamación contra la misma (LGT art.135.1).

d) De forma automática y a solicitud del interesado cuando se aporte alguna de las **garantías** previstas en la LGT, en los términos previstos legal y reglamentariamente.

Las garantías necesarias para obtener la **suspensión automática** del acto recurrido en reposición **son**:

- depósito de dinero o valores públicos;
- aval o fianza de carácter solidario de entidad de crédito o sociedad de garantía recíproca o certificado de seguro de caución;
- fianza personal y solidaria de otros contribuyentes de reconocida solvencia para los supuestos que se establezcan en la normativa tributaria.

La garantía debe cubrir el importe del acto impugnado, los intereses de demora que genere la suspensión y los recargos que procederían en caso de ejecución de la garantía.

En los casos de las **obligaciones tributarias conexas** (nº 3097 s.), si el recurso afecta a una deuda tributaria que, a su vez, ha determinado el reconocimiento de una devolución a favor del obligado tributario, las garantías aportadas para suspender el acto con deuda a ingresar garantizarán asimismo las cantidades que, en su caso, deban reintegrarse como consecuencia de la estimación total o parcial del recurso.

8564 Precisiones **1)** Cuando la garantía consista en depósito de dinero o valores públicos, si solo cubre el recurso de reposición, los **intereses de demora** serán los correspondientes a un mes. Si la garantía extiende sus efectos a la vía económico-administrativa, deberá cubrir además los intereses correspondientes al plazo de 6 meses si el procedimiento de reclamación es el abreviado, de un año si el procedimiento de reclamación es el general y de 2 años si la resolución es susceptible de recurso de alzada ordinario.

2) Cuando como consecuencia de una **estimación parcial** de un recurso deba dictarse una **nueva liquidación**, la garantía aportada quedará afecta al pago de la nueva cuota o cantidad resultante y de los intereses de demora sobre el importe de la nueva liquidación, calculados de acuerdo con la LGT art.26.5. De este modo, la fecha de inicio del cómputo de intereses de demora será la misma que hubiera correspondido a la liquidación anulada y el interés se devengará hasta el momento en que se haya dictado la nueva liquidación, sin que el final del cómputo pueda ser posterior al plazo máximo para ejecutar la resolución.

3) Como criterio general, en materia tributaria no procede la suspensión de los actos de contenido negativo. Sin embargo, en las solicitudes de suspensión presentadas con ocasión de los recursos y reclamaciones interpuestos contra estos actos denegatorios -tales como las **denegaciones de las solicitudes de aplazamiento** - se debe analizar si concurren los requisitos y causas para acceder a la suspensión debido a la vertiente positiva (el ingreso) que deriva del acto de contenido negativo. Estas solicitudes serán inadmitidas cuando no reúnan los requisitos para la solicitud de la suspensión establecidos en el RGRV art.40.2. No resulta óbice que, en el caso de que no proceda la suspensión, la denegación otorgue nuevo plazo de ingreso produciéndose un aplazamiento «de facto», en la medida en que esto se produce en otras ocasiones como cuando se solicita un nuevo aplazamiento en el período voluntario otorgado en el acuerdo de denegación con modificación sustancial de las condiciones. El acto de contenido negativo -la denegación del aplazamiento, entre otros- solo puede ser revisado en vía administrativa mediante la interposición de recurso de reposición o

reclamación económico-administrativa que habrá de entrar a conocer si se cumplieron todos los trámites precisos exigidos reglamentariamente y si el acuerdo fue suficiente y correctamente motivado, máxime cuando se trata del ejercicio de una facultad discrecional de la Administración (TEAC unif criterio 27-2-14).
4) La garantía otorgada para suspender la ejecución de los actos impugnados ha de cubrir, además del importe del acto, los intereses de demora que genere la suspensión y los recargos que procederían en caso de ejecución de la garantía, siendo el momento a considerar en orden a la cuantificación del **recargo** a garantizar el determinado para la ejecución de las garantías (LGT art.168, en relación con el RGR art.74.1 redacc original), lo que implica la necesidad de garantizar en todo caso y con independencia del momento de presentación de la solicitud de suspensión, el recargo de apremio ordinario del 20% (TEAC unif criterio 30-9-14).

Solicitud de suspensión (LGT art.224; RGRV art.25 redacc RD 249/2023) La solicitud de suspensión con aportación de las garantías previstas legalmente determina la suspensión del procedimiento de recaudación del acto recurrido. **8566**
Se debe presentar ante el órgano que dictó el acto recurrido, que es el competente para tramitarla y resolverla, y debe ir acompañada necesariamente del documento en que se formalice la **garantía** aportada, constituida a disposición del órgano competente para resolver. Cuando a la solicitud no se acompañe una de las garantías legalmente previstas, se tendrá por no presentada a todos los efectos y no surtirá efectos suspensivos, procediéndose a su archivo y a su notificación al interesado.
Si el recurso no afecta a la totalidad de la deuda, la suspensión únicamente se referirá a la parte recurrida, quedando obligado el recurrente a ingresar el importe restante.

Precisiones **1)** Los casos de suspensión regulados en una **norma específica** se rigen por lo establecido en la misma.
2) El **documento en que se formalice la garantía** debe incorporar las firmas de los otorgantes legitimadas por un fedatario público, por comparecencia ante la Administración autora del acto o generadas a través de un mecanismo de autenticación electrónica. Este documento puede ser sustituido con su misma validez y eficacia por su imagen electrónica, siempre que el proceso de digitalización garantice su autenticidad e integridad.
3) A través de la **sede electrónica de la AEAT**, en el apartado de Recursos, reclamaciones, otros procedimientos de revisión y suspensiones, se puede acceder al procedimiento de suspensión del procedimiento de recaudación, a través del cual se pueden realizar los siguientes trámites relativos a la suspensión del acto impugnado:
- presentar solicitud o comunicación;
- efectuar alegaciones y/o aportar documentos o justificantes;
- contestar requerimientos o presentar documentación relacionada con una notificación recibida de la AEAT;
- incidente de suspensión.

4) La solicitud de suspensión no impedirá el inicio del período ejecutivo cuando anteriormente se hubiera denegado, respecto de la misma deuda tributaria, otra **solicitud previa de suspensión** en período voluntario habiéndose abierto otro plazo de ingreso sin que se hubiera producido el mismo (LGT art.161.2).

Efectos de la suspensión (RGRV art.25.2 y 5 a 8) Los efectos de la suspensión solicitada se limitan al recurso de reposición, si bien en el caso de que constituya una garantía que extienda su **eficacia a la vía económico-administrativa**, dicha garantía mantendrá sus efectos en el procedimiento económico-administrativo en todas sus instancias. **8569**
Además, si el interesado lo estima conveniente, y sin perjuicio de la decisión que adopte el órgano judicial, podrá solicitar la **extensión de la suspensión** a la vía contencioso-administrativa.
Si la resolución del recurso de reposición fuese objeto de **reclamación económico-administrativa** y la suspensión hubiese extendido sus efectos a dicha vía, el órgano que dictó el acto debe poner a disposición del órgano competente para la recaudación del acto reclamado el documento en que se formalice la garantía.
La suspensión se entiende acordada desde la fecha de su solicitud, si en la misma se acredita la existencia del recurso de reposición y se adjunta garantía bastante, debiéndose notificar esta circunstancia al interesado.
En caso de que sea necesaria la **subsanación de defectos** del documento en que se formalice la garantía, una vez subsanados, el órgano competente acordará la suspensión con efectos desde la solicitud de la suspensión, debiéndose notificar dicho acuerdo al interesado. Si el requerimiento de subsanación ha sido objeto de contestación por el interesado pero no se entienden subsanados los defectos observados, procederá la denegación de la suspensión.
Si la solicitud de la suspensión se presenta en un momento posterior a la interposición del recurso, en caso de acordarse la misma, sus efectos se producirán a partir de la fecha de presentación de dicha solicitud.

Precisiones Se reconoce la **responsabilidad patrimonial** de la Administración al ejecutar un acto que se encontraba suspendido. Resultan indemnizables los honorarios de los abogados, pues el administrado no ha de soportar los perjuicios de dicha actuación administrativa carente de racionalidad (AN 3-6-08, EDJ 187545).

8572 **Denegación de la suspensión** (RGRV art.25.10 -redacc RD 249/2023- y 11) La notificación del acuerdo de denegación de la suspensión produce los siguientes **efectos**, según la deuda se encuentre en período voluntario de pago o en período ejecutivo al tiempo de solicitarse la misma:

a) Si la deuda estaba en **período voluntario**, se distinguen dos supuestos (LGT art.62.2):

- si la notificación se realiza entre los días 1 y 15 de cada mes, se debe ingresar desde la fecha de recepción de la notificación hasta el día 20 del mes posterior o, si este no fuera hábil, hasta el inmediato hábil siguiente;
- si la notificación se realiza entre los días 16 y último de cada mes, se debe ingresar desde la fecha de recepción de la notificación hasta el día 5 del segundo mes posterior o, si este no fuera hábil, hasta el inmediato hábil siguiente.

b) Si la deuda estaba en **período ejecutivo**, la notificación de la denegación implica que debe iniciarse el procedimiento de apremio de no haberse iniciado antes de dicha notificación.

El acuerdo de denegación de la suspensión es susceptible de reclamación económico-administrativa ante el Tribunal al que correspondería resolver la impugnación del acto cuya suspensión se solicita.

Precisiones La **reiteración de solicitudes de suspensión** no impide el inicio del periodo ejecutivo; es decir, a pesar de encontrarse la deuda en periodo voluntario de ingreso en el momento de la solicitud de suspensión, la denegación ya no inicia el plazo de pago en periodo voluntario (LGT art.62.2), sino el plazo de pago en periodo ejecutivo, cuando anteriormente se hubiera denegado otra solicitud previa respecto de la misma deuda (LGT art.161.2).

3. Resolución

(LGT art.224.6 y 225; RGRV art.27)

8575 La **competencia** para conocer y resolver el recurso de reposición corresponde al órgano que dictó el acto recurrido. En el caso de actos dictados por delegación, y salvo que en esta se diga otra cosa, la resolución del recurso de reposición corresponde al órgano delegado.

El órgano competente para conocer el recurso no puede, en ningún caso, **abstenerse** de resolver, sin que pueda alegar duda racional o deficiencia de los preceptos legales.

La resolución ha de contener una exposición sucinta de los hechos y de los fundamentos de derecho adecuadamente **motivados**, en base a los cuales se haya acordado la misma.

En ejecución de una resolución que estime total o parcialmente el recurso contra la liquidación de una **obligación tributaria** que sea **conexa** a otra del mismo obligado tributario (nº 3097 s.), se debe regularizar la obligación conexa distinta de la recurrida en la que la Administración haya aplicado los criterios o elementos en que se fundamentó la liquidación de la obligación tributaria objeto de la reclamación. Si de la regularización de la obligación conexa no recurrida resulta la anulación de la liquidación que se hubiese dictado y la práctica de una nueva liquidación que se ajuste a lo resuelto en el recurso, se exigen intereses de demora sobre el importe de la nueva liquidación. La fecha de inicio es la misma que haya correspondido a la liquidación anulada y el interés se devenga hasta el momento en que se haya dictado la nueva liquidación, sin que el final del cómputo pueda ser posterior al plazo máximo para ejecutar (LGT art.26.5). En estos casos, se compensan de oficio durante el plazo de ingreso en período voluntario las cantidades a ingresar y a devolver que resulten de la ejecución de la resolución (LGT art.73.1).

Precisiones La Administración puede dictar la providencia de apremio a partir del momento en que haya cumplido la obligación de resolver expresamente el recurso de reposición, debiéndose entender cumplida esa obligación con el intento de **notificación o** con la **puesta a disposición** de la resolución (TEAC 15-10-24).

8578 Existe un **plazo** máximo de un mes para notificar la resolución, cuyo cómputo se inicia desde el día siguiente al de la presentación del recurso. En el cómputo de dicho plazo no se incluye el período concedido para formular alegaciones a los titulares de derechos afectados que comparezcan en el procedimiento ya iniciado, ni el empleado por otros órganos de la Administración para remitir los datos o informes que se les soliciten. Estos períodos no incluidos en el cómputo del plazo no pueden exceder de 2 meses.

La resolución expresa que se dicte debe ser **notificada** al recurrente y a los demás interesados, si los hubiese.

Ante la falta de resolución expresa, el interesado puede considerar desestimado el recurso por **silencio administrativo**.

Cuando a consecuencia de la resolución del recurso de reposición deba ingresarse total o parcialmente el importe del acto impugnado y este hubiese estado suspendido, se liquidan **intereses de demora** por todo el período de suspensión, salvo en el supuesto de incumplimiento del plazo para resolver, en que dejan de devengarse intereses desde la fecha en que se produzca el mismo. Con ello se impide el devengo de intereses de demora en supuestos donde la mora es imputable a la Administración. Tampoco se liquidan intereses de demora sobre las sanciones recurridas, las cuales se suspenden automáticamente sin garantía.
Contra la **resolución** del recurso de reposición no cabe interponer de nuevo este recurso, pero sí reclamación económico-administrativa, ya sea la resolución expresa o presunta.

Precisiones **1)** El órgano competente para conocer el recurso tiene en todo caso la **obligación de resolver**, aun cuando opere el silencio administrativo. Por tanto, una vez transcurrido el plazo para resolver, el interesado puede entender desestimado su recurso y acudir a la vía económico-administrativa, o bien esperar a que se resuelva de manera expresa, y una vez notificada dicha resolución, acudir en su caso a la vía económico-administrativa impugnando la misma. **8581**

2) Resulta incorrecto el archivo de un recurso de reposición por caducidad, como consecuencia de que el contribuyente no aportó cierta documentación que le fue solicitada. Ante dicha **inactividad** se debió desestimar el recurso de reposición, por motivos de fondo, pero no declarar la caducidad (TSJ Madrid 12-5-08, EDJ 106303).

3) El órgano de gestión puede acordar en la resolución de un recurso de reposición la **retroacción de actuaciones** (TEAC 18-1-18).

4) La **anulación de una resolución sancionadora**, acordada en un recurso de reposición, que ordena la retroacción de actuaciones al momento en el que se produjo un defecto de forma, no tiene un efecto suspensivo sobre el plazo máximo de tramitación del procedimiento sancionador. La retroacción adoptada en un recurso de reposición, siempre que esté justificada, no reviste especialidad respecto de la que se acuerde en la vía económico-administrativa. El plazo del que dispone la Administración para dictar una nueva resolución sancionadora es el periodo no consumido del plazo total legalmente previsto (TS 19-7-22, EDJ 645890).

5) La Administración tributaria no puede dictar **providencia de apremio** como consecuencia del impago en período voluntario de una liquidación que había sido recurrida en reposición sin solicitud de suspensión, habiendo transcurrido el plazo legal para la resolución de dicho recurso sin que hubiera resolución expresa. El silencio administrativo no es sino una mera ficción de acto a efectos de abrir frente a esa omisión las vías impugnatorias pertinentes en cada caso (TS 28-5-20, EDJ 570924; TEAC 16-3-21).

6) En el caso que se estime parcialmente un recurso de reposición por motivos sustantivos siendo procedente dictar una **nueva liquidación**, esta no se dicta en el seno de un procedimiento de aplicación de los tributos, sino que constituyen actos de ejecución que pueden incorporarse al propio acuerdo de resolución del recurso (TEAC 25-6-19).

7) Para obligados tributarios afectados por la **DANA**, ver nº 3337.

IV. Reclamaciones económico-administrativas

8585

Las funciones de aplicación de los tributos se ejercen de forma separada a la de resolución de las reclamaciones económico-administrativas que se interponen contra los actos dictados por la Administración tributaria (LGT art.83.2). **8587**
El régimen de las reclamaciones económico-administrativas se modificó por la L 22/2009, por la que se regula el sistema de financiación de las Comunidades Autónomas de régimen común y Ciudades con Estatuto de Autonomía. En dicha ley se preveía por primera vez la posibilidad de **delegar en las CCAA** la revisión en vía administrativa de los actos de gestión dictados por sus Administraciones tributarias, sin perjuicio de la labor unificadora del Estado, ejercida por el Tribunal Económico-Administrativo Central y por la Sala Especial para la Unificación de Doctrina establecida en la LGT (nº 8030 s.).
La regulación de las reclamaciones económico-administrativas fue también objeto de modificación por la L 34/2015 con dos objetivos básicos: la **agilización** de la **actuación** de los tribunales y la **reducción** de la **litigiosidad**. En este sentido, se promueve la utilización de los medios electrónicos, se amplía el sistema de unificación de doctrina al TEAC, se presume la representación voluntaria de quien la ostentó en el procedimiento de aplicación de los tributos, se reducen plazos de resolución y se legitima a los órganos económico-administrativos para promover

cuestiones prejudiciales, entre otras modificaciones. Esta reforma se completó por **vía reglamentaria** con la modificación del RGRV por el RD 1073/2017, con fecha de entrada en vigor el 1-1-2018, con carácter general.

A. Aspectos generales

8590

1. Órganos económico-administrativos del Estado

(LGT art.228 a 231, 243, disp.adic.12ª y 13ª; RGRV art.28 a 33 y 36; RD 206/2024)

8593

8595 El conocimiento de las reclamaciones económico-administrativas corresponde con **exclusividad** a los órganos económico-administrativos, que actúan con independencia funcional en el ejercicio de sus competencias.
En el ámbito de competencias del **Estado**, son órganos económico-administrativos:
- el Tribunal Económico-Administrativo Central;
- los Tribunales Económico-Administrativos Regionales y Locales.

Tiene la consideración de órgano económico-administrativo la Sala Especial para la Unificación de Doctrina.
La **competencia** de los órganos económico-administrativos es **irrenunciable** e improrrogable y no puede ser alterada por la voluntad de los interesados.

Precisiones La LGT cita los órganos económico-administrativos dentro del ámbito de las competencias del Estado. Con respecto al ámbito autonómico y local, ver nº 8025 s.

a. Tribunal Económico-Administrativo Central

(LGT art.229, 231 y disp.adic.12ª; RGRV art.28 y 29; RD 206/2024)

8598 El Tribunal Económico-Administrativo Central **(TEAC)** tiene su **sede** en Madrid y extiende su competencia a todo el territorio nacional.

8601 **Competencia** (LGT art.229.1 y 6) El TEAC conoce en **única instancia** de las reclamaciones económico-administrativas que se interpongan contra los actos administrativos dictados por:
a) Órganos centrales del Ministerio de Hacienda u otros departamentos ministeriales, de la AEAT y de las entidades de derecho público vinculadas o dependientes de la Administración General del Estado, así como, en su caso, contra los actos dictados por los órganos superiores de la Administración de las CCAA y de las Ciudades con Estatuto de Autonomía.
Asimismo conoce en única instancia de las reclamaciones en las que deba oírse o se haya oído como trámite previo al **Consejo de Estado**.

b) Órganos periféricos de la Administración General del Estado, de la AEAT y de las entidades de derecho público vinculadas o dependientes de la Administración General del Estado o, en su caso, por los órganos no superiores de las CCAA y Ciudades con Estatuto de Autonomía, así como contra las actuaciones de los **particulares** susceptibles de reclamación, cuando, aun pudiendo presentarse la reclamación en primera instancia ante el Tribunal Económico-Administrativo Regional o Local correspondiente o, en su caso, ante el Órgano económico-administrativo de las CCAA y de las Ciudades con Estatuto de Autonomía, la reclamación se interpone directamente ante el TEAC.
En caso de que la reclamación se interponga «per saltum» ante el TEAC, corresponde su **tramitación** a la Secretaría del TEAR, TEAL u órgano económico-administrativo de la Comunidad Autónoma o Ciudad con Estatuto de Autonomía que hubiera sido competente en primer lugar. Esta competencia se ejerce sin perjuicio de las actuaciones complementarias que pueda llevar a cabo el TEAC y dejando a salvo que el interesado solicite que la puesta de manifiesto se lleve a cabo en dicho Tribunal Central, en cuyo caso corresponde la tramitación a este órgano.

Precisiones 1) El TEAC no conoce de las reclamaciones contra los actos dictados por órganos superiores de la Administración de las **CCAA** y Ciudades con Estatuto de Autonomía, cuando estas hayan asumido por delegación las competencias de revisión en vía económico-administrativa en única instancia, de acuerdo con lo previsto en la L 22/2009 art.59.1.c.
2) En caso de reclamaciones que se interpongan contra actuaciones de los particulares en materia tributaria, si el **domicilio fiscal** de la persona o entidad que interpone la reclamación se halla **fuera de España**, la competencia corresponde al TEAC, cualquiera que sea su cuantía (LGT art.229.5).
3) La norma permite, en supuestos de actos dictados por órganos periféricos de la AEAT que por su cuantía puedan ser susceptibles de recurso de alzada ordinario ante el TEAC, se proceda a su **interposición directamente** «per saltum» ante el TEAC. No obstante, iniciado ya el procedimiento ante el TEAR, el mismo solo puede terminar ante dicho órgano. Elegido un procedimiento, este es indisponible para el interesado (TEAC 11-9-08).
4) El Tribunal Supremo tiene pendiente de resolver cuál es la consecuencia si, presentado un recurso «per saltum», este se resuelve por el **TEAR**. En particular, si debe ser nulidad de pleno derecho o anulabilidad (TS 2-2-22, EDJ 503041).

El TEAC conoce **en segunda instancia**, de los **recursos de alzada ordinarios** que se interponen contra las resoluciones dictadas en primera instancia por los Tribunales Económico-Administrativos Regionales y Locales y, en su caso, contra las resoluciones dictadas por los órganos económico-administrativos de las CCAA y de las Ciudades con Estatuto de Autonomía, como consecuencia de la labor unificadora de criterio que le corresponde al Estado. **8604**

El TEAC también conoce:
- de los **recursos extraordinarios de revisión** (nº 8855 s.), salvo en aquellos casos en que la Comunidad Autónoma o Ciudad con Estatuto de Autonomía haya optado por asumir la competencia para la resolución de reclamaciones económico-administrativas en única instancia;
- de los **recursos extraordinarios de alzada para la unificación de criterio** (nº 8835 s.), pudiendo resolver asimismo resoluciones en unificación de criterio (nº 8818);
- de la **rectificación de errores** en los que incurren sus propias resoluciones (nº 8215 s.).

Composición y funcionamiento (LGT art.231 y disp.adic.12ª; RGRV art.29; RD 206/2024) El TEAC funciona en pleno, en salas y de forma unipersonal (ver nº 8630). **8607**

El **pleno** está formado por el presidente, todos los vocales y el secretario general.
Las **salas** están formadas por el presidente del tribunal, uno o más vocales y el secretario general.
El **presidente**, con rango de Director General, es nombrado por real decreto del Consejo de Ministros, a propuesta del Ministro de Hacienda, entre funcionarios de reconocido prestigio en el ámbito tributario. Los **vocales**, con nivel de Subdirector General, también son nombrados por real decreto del Consejo de Ministros, a propuesta del Ministro de Hacienda, entre funcionarios de los cuerpos que se indiquen en la relación de puestos de trabajo. El **secretario general**, con nivel de Subdirector General, pertenece al cuerpo de abogados del Estado y es asistido o sustituido en el ejercicio de sus funciones por funcionarios pertenecientes también a dicho cuerpo.
Dentro de la estructura del TEAC se distinguen las siguientes **vocalías**:
- imposición directa de las personas físicas;
- imposición directa de las personas jurídicas;
- fiscalidad internacional;
- apoyo en materia de imposición directa;
- imposición sobre el consumo;
- impuestos patrimoniales y tasas;
- tributos sobre el comercio exterior, impuestos especiales e imposición medioambiental;
- apoyo en materia de imposición indirecta;
- recaudación;
- pensiones públicas, derechos pasivos y catastro;
- apoyo general;
- coordinadora.

Cuenta, también, con una **Subdirección General de Organización, Medios y Procedimientos** encargada de la realización de estudios funcionales y organizativos conducentes al mejor funcionamiento de los tribunales económico-administrativos, la programación de las dotaciones de medios personales y materiales, y el diseño, explotación y gestión de los sistemas de información y comunicaciones.

b. Sala Especial para la Unificación de Doctrina

(LGT art.243; RGRV art.33)

8610 Esta Sala es el órgano económico-administrativo competente para conocer del recurso extraordinario para la unificación de doctrina que puede interponer el **Director General de Tributos**, o el Director General de Tributos de las CCAA y Ciudades con Estatuto de Autonomía, cuando el recurso tenga su origen en una resolución de un órgano dependiente de estas, contra las resoluciones en materia tributaria dictadas por el TEAC, cuando esté en desacuerdo con el contenido de dichas resoluciones (ver nº 8845 s.).

8613 **Composición** (LGT art.243.2; RGRV art.33) La Sala Especial para la Unificación de Doctrina está compuesta por:

- el Presidente del TEAC, que la preside;
- 3 vocales del TEAC;
- el Director General de Tributos;
- el Director General de la AEAT u órgano asimilado de la Comunidad Autónoma o Ciudad con Estatuto de Autonomía cuando el origen del recurso sea una resolución de un órgano dependiente de estas;
- el Director General o el Director del Departamento de la AEAT del que dependa funcionalmente el órgano que ha dictado el acto a que se refiere la resolución objeto del recurso;
- el Presidente del Consejo para la Defensa del Contribuyente.

El **presidente** de esta Sala Especial, en el acuerdo en que convoca su celebración, ha de designar a los vocales del TEAC que deben integrar la Sala. También compete al presidente de la Sala designar al miembro de la misma al que corresponde proponer las resoluciones y demás acuerdos de terminación.

El **secretario general** del TEAC debe dirigir y coordinar la tramitación de este recurso extraordinario, dictar los actos de trámite y de notificación, impulsar de oficio el procedimiento y desempeñar la Secretaría de esta Sala Especial.

c. Tribunales Económico-Administrativos Regionales y Locales

(LGT art.229, 231, disp.adic.12ª y 13ª; RGRV art.28, 30 a 32 y 36)

8615 En cada **Comunidad Autónoma** existe un Tribunal Económico-Administrativo Regional. En cada **Ciudad con Estatuto de Autonomía** existe un Tribunal Económico-Administrativo Local. El ámbito de los Tribunales Económico-Administrativos Regionales y Locales coincide con el de su respectiva comunidad o ciudad con estatuto de autonomía, determinándose su **competencia territorial** en función de la sede del órgano que ha dictado el acto objeto de la reclamación. En el caso de actuaciones de los particulares susceptibles de reclamación económico-administrativa, la competencia territorial se atribuye en función del domicilio fiscal de la persona o entidad que interponga la reclamación. No obstante, si el domicilio fiscal se encuentra fuera de España, corresponde al TEAC resolver en todo caso.

Se prevé la posibilidad de que se creen **salas desconcentradas** en los Tribunales Económico-Administrativos Regionales.

8618 **Competencia** (LGT art.229; RGRV art.30 y 36) Los Tribunales Económico-Administrativos Regionales y Locales conocen:

a) En única instancia, de las reclamaciones que se interponen contra los actos administrativos dictados por los órganos periféricos de la Administración General del Estado, de la AEAT y de las entidades de derecho público vinculadas o dependientes de la Administración General del Estado y, en su caso, por los órganos no superiores de la Administración de las CCAA y Ciudades con Estatuto de Autonomía (nº 8030 s.), cuando la **cuantía** de la reclamación sea igual o inferior a 150.000 euros, o a 1.800.000 euros si se trata de reclamaciones contra bases o valoraciones.

b) En primera instancia, de las reclamaciones que se interponen contra los actos administrativos dictados por los órganos mencionados en el apartado anterior, cuando la **cuantía** de la reclamación sea superior a 150.000 euros, o a 1.800.000 euros si se trata de reclamaciones contra bases o valoraciones, o bien cuando el acto o actuación sea de cuantía indeterminada.

c) De la **rectificación de errores** en los que incurran sus propias resoluciones (nº 8215 s.).

d) De las reclamaciones que se interponen contra actuaciones de los **particulares** en materia tributaria susceptibles de reclamación económico-administrativa, en primera o única instancia según que la cuantía de la reclamación exceda o no de 150.000 euros, o 1.800.000 euros si se trata de reclamaciones contra bases o valoraciones.

e) De las **resoluciones de fijación de criterio** que se puedan plantear (nº 8820).

Composición y funcionamiento (RGRV art.28.5 y 30) Los Tribunales Económico-Administrativos Regionales y Locales funcionan en pleno, en salas y en salas desconcentradas (nº 8627), y en su caso, de forma unipersonal (nº 8630). Adicionalmente existe una Sala especial relativa a tributos cedidos a las CCAA (nº 8633). 8621

El **pleno** está formado por el presidente, los presidentes de sala y de sala desconcentrada, los vocales y el secretario del tribunal.

Las **salas** del tribunal están formadas por el presidente del tribunal, el de la sala competente, uno o más vocales, según proceda, y el secretario.

Las **salas desconcentradas** están integradas por su presidente, uno o más vocales, según proceda, y el secretario de la sala.

El presidente del TEAC, mediante resolución, puede atribuir a los miembros de un órgano económico-administrativo la **función de resolver** reclamaciones que sean competencia de otro órgano. Desde ese momento se constituye como órgano unipersonal o como Sala de este.

El **presidente**, los presidentes de sala desconcentrada y de sala, y los vocales son nombrados y separados por Orden del Ministro de Hacienda entre funcionarios de los cuerpos que se indiquen en la relación de puestos de trabajo. 8624

Los **funcionarios** procedentes de las CCAA que con tal carácter participan en los tribunales regionales del Estado son nombrados por Orden del Ministro de Hacienda, a propuesta de la respectiva Comunidad Autónoma en los puestos de vocales o ponentes que se determinen en las relaciones de puestos de trabajo.

Los **secretarios** de los tribunales proceden del cuerpo de abogados del Estado y son asistidos o sustituidos en el ejercicio de sus funciones por funcionarios pertenecientes también a dicho cuerpo.

Salas desconcentradas (LGT art.229; RGRV art.28) Las salas desconcentradas extienden su **competencia** sobre toda la materia económico-administrativa, incluida la relativa a suspensiones. 8627

Existen las siguientes salas desconcentradas de los Tribunales Económico-Administrativos Regionales: Sala de Granada, Sala de Málaga, Sala de Santa Cruz de Tenerife y Sala de Burgos.

Órganos unipersonales (LGT art.231; RGRV art.32) Los tribunales económico-administrativos pueden actuar de manera unipersonal a través del presidente, los presidentes de Sala, cualquiera de los vocales, el secretario o a través de otros órganos unipersonales reglamentariamente previstos. 8630

Tienen la consideración de órganos unipersonales los funcionarios destinados en cada tribunal y sala desconcentrada que sean designados como tales por acuerdo del presidente del TEAC, a propuesta de sus respectivos presidentes.

En cada tribunal o sala desconcentrada pueden existir **varios** órganos unipersonales. La distribución de materias y asuntos entre ellos viene fijada en su acuerdo de nombramiento.

Sala especial relativa a tributos cedidos a las CCAA (LGT disp.adic.13ª; RGRV art.31) En el seno del Tribunal Económico-Administrativo Regional o Local, y en virtud de un **convenio** entre el Ministerio de Hacienda y el órgano superior competente de la Comunidad Autónoma y de la Ciudad con Estatuto de Autonomía, puede crearse una Sala especial que actúa como sala del tribunal respecto de las reclamaciones relativas exclusivamente a tributos estatales, salvo que se trate exclusivamente sobre actos dictados en el procedimiento de recaudación (nº 8030 s.). 8633

Dicha Sala especial tendrá una composición paritaria entre miembros del TEAR o TEAL y de la Administración Tributaria de las CCAA y Ciudades con Estatuto de Autonomía y será presidida por el Presidente del TEAR, que tendrá voto de calidad. Las reclamaciones se tramitarán por el Secretario del tribunal, que será también el Secretario y formará parte de la Sala especial por el procedimiento general en única o primera instancia, sin que sea aplicable el procedimiento abreviado.

2. Objeto de las reclamaciones

(LGT art.89.4, 155.6, 212.1, 226, 227, 230, 237, 245 s. y disp.adic.11ª; RGRV art.35 a 37, 58 bis, 59 y 64)

8640

8642 **Materias susceptibles de reclamación** (LGT art.226 y disp.adic.11ª) Solo se puede acudir a la vía económico-administrativa cuando el acto o la actuación impugnada versa sobre las siguientes materias:

a) La aplicación de los **tributos del Estado** o de los **recargos** establecidos sobre ellos y la imposición de **sanciones** tributarias que realicen la Administración General del Estado y las entidades de derecho público vinculadas o dependientes de la misma y las Administraciones tributarias de las CCAA y de las Ciudades con Estatuto de Autonomía.

b) Cualquier otra que se establezca por precepto legal del Estado expreso.

Precisiones La propia LGT recoge como materias económico-administrativas:
- los **actos recaudatorios** de la AEAT relativos a ingresos de derecho público del Estado, de las entidades de derecho público vinculadas o dependientes de la Administración General del Estado o de otra Administración Pública;
- determinadas **obligaciones** del Tesoro Público.

8645 **Actos impugnables** (LGT art.89.4, 155.6, 226, 227 y disp.adic.11ª) En relación con las materias citadas en el nº 8642, puede interponerse reclamación económico-administrativa contra los siguientes actos:

a) Aquellos que provisional o definitivamente **reconocen o deniegan** un derecho o declaran una obligación o un deber.

b) Los de **trámite** que decidan, directa o indirectamente, el fondo del asunto o pongan término al procedimiento.

No cabe la impugnación de los actos de trámite **con carácter general**, salvo aquellos actos de trámite cualificados, que se han señalado. Por tanto no cabe reclamar contra un acta, al ser una propuesta de resolución, ni contra la propuesta de resolución de una sanción, pues los actos impugnables son los acuerdos de resolución que se dicten en los procedimientos.

Precisiones **1)** Las actuaciones de los **particulares** en materia tributaria son reclamables en vía económico-administrativa, pero no se encuentran entre los actos susceptibles de suspensión, que son los actos dictados por la Administración (TEAC 13-5-08).
2) No resulta ajustado a derecho acordar la **suspensión del acto de repercusión** tributaria realizado por un sujeto pasivo del IVA. La circunstancia de que estas actuaciones u omisiones entre particulares con trascendencia tributaria se sometan a la previa reclamación económico-administrativa no significa, ni mucho menos, que sean actos o actuaciones administrativas, ni tan siquiera que se las pueda equiparar. Resulta inviable hablar de suspensión de la ejecutividad de una actuación que no goza de la misma, como ocurre en el caso de las actuaciones entre particulares. Sencillamente, no son ni tienen carácter ejecutivo, nunca han gozado de esta prerrogativa. La circunstancia de que la ley les anude determinadas consecuencias tributarias no convierte la repercusión o la retención tributarias realizadas por un particular en un **acto o actividad administrativa** (TS 31-10-11, EDJ 249349).
3) Las **comunicaciones** que se hagan a los interesados por la AEAT en cumplimiento de **resoluciones judiciales**, en particular de las denegatorias de las medidas cautelares solicitadas, no son susceptibles ni de recurso de reposición, ni de reclamación económico-administrativa. En caso de disconformidad con el fondo o con la ejecución de la resolución judicial, los interesados pueden plantear recurso o incidente de ejecución en ambos casos ante el mismo tribunal que ha dictado la resolución, de acuerdo con lo dispuesto en LJCA art.109 (TEAC unif criterio 29-11-16).

8648 En materia de **aplicación de los tributos** son reclamables:
- las liquidaciones provisionales o definitivas;
- las resoluciones expresas o presuntas derivadas de una solicitud de rectificación de una autoliquidación o una comunicación de datos;
- las comprobaciones de valor de rentas, productos, bienes, derechos y gastos, así como los actos de fijación de valores, rendimientos y bases, cuando la normativa tributaria lo establezca;
- los actos que denieguen o reconozcan exenciones, beneficios o incentivos fiscales;
- los actos que aprueben o denieguen planes especiales de amortización;
- los actos que determinen el régimen tributario aplicable a un obligado tributario, en cuanto sean determinantes de futuras obligaciones, incluso formales, a su cargo;
- los actos dictados en el procedimiento de recaudación;
- los actos respecto a los que la normativa tributaria así lo establezca.

También son reclamables los actos de imposición de sanción.
Por último resultan impugnables determinadas actuaciones u omisiones de los **particulares** en materia tributaria en supuestos de retenciones, ingresos a cuenta, repercusión, obligaciones de facturación y relaciones entre el sustituto y el contribuyente.

Precisiones 1) Son aplicables los **límites** comunes a todos los procedimientos de revisión en vía administrativa (ver nº 8058).
2) En el procedimiento de reclamación económico-administrativa contra los actos de repercusión es obligada la existencia de **controversias entre las partes**, sujeto que efectúa la repercusión y sujeto repercutido. En el caso analizado, el sujeto pasivo emitió factura sin repercusión del IVA (operación exenta), mostrándose conforme el destinatario que recibe la factura. No consta tampoco disconformidad del emisor de la factura con la omisión de la repercusión pues no emitió factura rectificativa. No existe, por tanto, ninguna controversia entre ambos sujetos (TEAC 23-5-23).

No son admisibles reclamaciones económico-administrativas contra los actos: **8651**
- que dan lugar a reclamación en vía administrativa previa a la judicial civil o laboral o ponen fin a dicha vía;
- los dictados en procedimientos en los que está reservado al Ministro de Hacienda o al Secretario de Estado de Hacienda la resolución que ultima la vía administrativa;
- los dictados en virtud de una ley del Estado que los excluye de reclamación económico-administrativa.

Tampoco son reclamables las contestaciones a las **consultas tributarias** escritas. Las mismas tienen carácter informativo y el obligado tributario solo puede recurrir contra el acto o actos administrativos que se dicten conforme a los criterios manifestados en la contestación (LGT art.89.4).
Asimismo las liquidaciones y sanciones derivadas de **actas con acuerdo** no son reclamables, pues solo pueden revisarse en vía administrativa por el procedimiento especial de declaración de nulidad de pleno derecho (ver nº 8070 s.).

Precisiones 1) El acuerdo por el que se **remiten las actuaciones** inspectoras **al Ministerio Fiscal** es un acto de trámite que no decide cuestión alguna sobre el fondo del asunto ni impide la continuación del procedimiento. Tiene por objeto evitar la concurrencia de dos procedimientos (administrativo y penal) y confirma la preeminencia de la jurisdicción penal (TEAC 11-5-10).
2) La **comunicación del pago de una devolución** solicitada es una comunicación administrativa y no es un acto recurrible en vía económico-administrativa (TEAC 22-9-21; 17-5-22).
3) Los **acuerdos de archivo de las solicitudes de suspensión** formuladas con ocasión de la interposición de un recurso de reposición por falta de aportación de la garantía exigida son actos impugnables en vía económico-administrativa (TEAC 8-6-20).

Cuantía de la reclamación (RGRV art.35 y 36) La determinación de la cuantía de la reclamación tiene trascendencia ya que posibilita al interesado, en las reclamaciones económico-administrativas que superan una determinada cuantía, las dos **opciones** siguientes: **8654**
a) Acudir en **primera instancia** ante el Tribunal Económico-Administrativo Regional o Local competente, siendo su resolución susceptible de recurso ordinario de alzada ante el TEAC.
b) Acudir directamente en **única instancia** ante el TEAC, saltándose esta primera instancia potestativa ante el Tribunal Económico-Administrativo Regional o Local.
En ambos supuestos es la resolución dictada por el TEAC la que pone fin a la vía administrativa y permite acudir a la jurisdicción contencioso-administrativa.
A continuación se va a analizar su determinación con carácter general (nº 8656) y en supuestos especiales (nº 8658 s.), así como los supuestos en que la cuantía permite interponer recurso de alzada ordinario (nº 8660) o acceder al procedimiento abreviado (nº 8662).

Determinación (RGRV art.35) La cuantía de la reclamación se define como el importe del acto o actuación objeto de reclamación. Se consideran de **cuantía indeterminada**, además de los actos que no contengan o no se refieran a una cuantificación económica, las sanciones no pecuniarias. **8656**
Si lo impugnado es una **base imponible** o un **acto de valoración** y no se ha practicado la correspondiente liquidación, la cuantía de la reclamación es el importe de dicha base o acto de valoración.

Precisiones La reclamación interpuesta contra la denegación de una **solicitud de ampliación del plazo** para la construcción de la vivienda habitual no puede reputarse como de cuantía indeterminada. Se puede cuantificar si la cantidad a ingresar como consecuencia de la denegación está por debajo o por encima del límite que determina que la resolución sea en única o en primera instancia (TEAC 8-3-18).

8658 **Reglas especiales** (RGRV art.35) Se regulan los siguientes supuestos:

a) Si en el acto reclamado se minora o deniega una **devolución o compensación** solicitada, la cuantía de la reclamación es la diferencia entre la devolución o compensación solicitada y la reconocida por la Administración más, en su caso, el importe que resulte a ingresar.

b) En caso de reclamaciones contra minoraciones de **bases imponibles negativas** declaradas por el obligado tributario, hay que distinguir tres supuestos:

- si el acto administrativo únicamente disminuye la base imponible, la cuantía es la base imponible negativa que haya sido regularizada por la Administración;
- si, además de la disminución de la base imponible negativa, se exige una cantidad a ingresar, la cuantía es el mayor de los dos valores siguientes: la base imponible negativa declarada que haya sido regularizada o la deuda a ingresar;
- si, además de la disminución de la base imponible negativa, se solicitó una devolución, la cuantía se determina atendiendo al mayor de los importes siguientes: la base imponible negativa que haya sido suprimida o la diferencia entre la devolución solicitada y la reconocida por la Administración más, en su caso, el importe a ingresar.

c) Cuando se reclame contra una **diligencia de embargo**, la cuantía viene determinada por el importe por el que se sigue la ejecución.

d) En los acuerdos de **derivación de responsabilidad** que sean objeto de reclamación, la cuantía es el importe objeto de derivación.

e) En caso de que el acto reclamado sea una **sanción**, la cuantía es el importe de la misma con anterioridad a la aplicación de las posibles reducciones que puedan resultar procedentes.

f) Cuando se reclame contra una resolución de un procedimiento iniciado por una solicitud de **devolución de ingresos indebidos**, por una **rectificación de autoliquidación** o por una solicitud de **compensación**, la cuantía se determina por diferencia entre lo solicitado y lo reconocido por la Administración. No obstante, se considera de cuantía indeterminada si de la solicitud no se pudiera concretar la cantidad a la que se refiere.

g) En los supuestos de reclamaciones sobre **componentes** de la **deuda** tributaria (LGT art.58.2), la cuantía se forma por el componente o la suma de componentes que sean objeto de impugnación.

h) Si el acto administrativo objeto de impugnación se consigna en un documento que incluye **varias deudas, bases, valoraciones o actos** de otra naturaleza, la cuantía de la reclamación económico-administrativa es el importe de la deuda, base, valoración o acto de mayor importe que se impugne, sin que a estos efectos proceda la suma de todos los consignados en el documento. Cuando el acto reclamado contenga varios pronunciamientos y solo alguno de ellos contenga o se refiera a una cuantificación económica, la cuantía de la reclamación se considera indeterminada.

i) En reclamaciones sobre **actuaciones u omisiones** de los **particulares**, la cuantía viene determinada por la pretensión del reclamante.

8659 Precisiones **1)** Se considera de cuantía inestimable, una reclamación que tenga por objeto el reconocimiento de una **exención**, como por ejemplo las exenciones previstas en la LIVA para determinadas entidades de carácter social. Sin embargo, no son de cuantía inestimable aquellas reclamaciones en las que exista una liquidación o una sanción aunque lo que se discuta sea la aplicación de una exención tributaria, pues ya existe un acto cuantificado impugnado.

2) Para determinar la cuantía de las reclamaciones económico-administrativas a los efectos de interponer el recurso de alzada ordinario cuando se impugna un mismo acuerdo sancionador, en el que se sanciona el incumplimiento de las **obligaciones de facturación** (LGT art.201), debe estarse a los distintos períodos de liquidación del impuesto, respecto de los que se aprecia la conducta sancionada (TS 19-1-22, EDJ 502535). El TEAC cambia su doctrina para adecuarse a este criterio del TS (TEAC 23-2-23).

3) El acuerdo que comunica la exclusión del pago anticipado de la **deducción** por descendiente discapacitado no tiene cuantía indeterminada, porque es determinable de acuerdo con la LIRPF art.81 bis, por lo que el TEAR debió dictar la resolución en única instancia, dando acceso a su impugnación mediante recurso contencioso administrativo, en lugar de mediante recurso de alzada ordinario ante el TEAC (TEAC 25-1-22).

4) Cuando se reclame contra un acuerdo de resolución de solicitud de **rectificación de autoliquidación**, se ha de estar a la diferencia entre lo pedido por el interesado y lo reconocido por la Administración. En el caso en que el reclamante no fije cuantía en la solicitud de devolución y se refiera a una cantidad en la base imponible, se atenderá a la cuantía de la base que resulte omitida o que el reclamante pretenda modificar (TEAC 1-6-20).

5) Cuando un acuerdo de imposición de sanción contenga **sanciones por varias infracciones tributarias**, para determinar la cuantía de la reclamación habrá que estar a la cuantía de la sanción de mayor importe que se impugne, sin que a estos efectos proceda la suma de todas las sanciones contenidas en el acuerdo (TEAC 15-10-18).

Recurso de alzada ordinario (RGRV art.36) En aquellas reclamaciones económico-administrativas cuya cuantía es **superior** a 150.000 euros, o 1.800.000 euros en el caso de reclamaciones contra bases o valoraciones, puede interponerse recurso de alzada ordinario contra la resolución del Tribunal Económico-Administrativo Regional o Local competente si el reclamante no ha optado por interponer reclamación económico-administrativa directamente ante el TEAC. **8660**
Los actos o actuaciones de **cuantía indeterminada** son susceptibles de recurso de alzada ordinario en todo caso.

Precisiones El **objeto de la reclamación** debe ser un acto incluido dentro de las competencias del Tribunal Económico-Administrativo Regional o Local. En este sentido conviene recordar que los actos dictados por los órganos centrales de la AEAT (Director de Departamento, DCGC -Delegación Central de Grandes Contribuyentes-, ONIF -Oficina Nacional de Investigación del Fraude-, ONGT -Oficina Nacional de Gestión Tributaria-) son competencia del TEAC cualquiera que sea su cuantía.

Procedimiento abreviado (LGT art.245 s.; RGRV art.64) La cuantía también determina que la reclamación económico-administrativa se tramite por el procedimiento abreviado. Se tramitan por este procedimiento las reclamaciones económico-administrativas de cuantía inferior a 6.000 euros, o 72.000 euros si se trata de reclamaciones contra bases o valoraciones. **8662**

Acumulación de reclamaciones (LGT art.212.1 y 230; RGRV art.37) El **tribunal** en cualquier momento previo a la terminación del procedimiento económico-administrativo puede, de oficio o a solicitud del interesado, acordar la acumulación o dejar sin efecto la acumulación acordada de recursos o reclamaciones, sin que en ningún caso se retrotraigan las actuaciones ya producidas o iniciadas en la fecha del acuerdo o de la solicitud. **8665**
Se establece la acumulación de recursos y reclamaciones económico-administrativas a efectos de su tramitación y resolución en los siguientes **supuestos**:
a) Las interpuestas por un **mismo interesado** relativas al mismo tributo, que deriven del mismo procedimiento.
b) Las presentadas por varios interesados relativas al mismo tributo siempre que deriven de un **mismo expediente**, planteen idénticas cuestiones y deban ser resueltas por el mismo órgano económico-administrativo.
c) Las interpuestas por **varios interesados** contra un mismo acto administrativo o contra una misma actuación tributaria de los particulares (es el caso, por ejemplo, de reclamaciones presentadas por dos miembros de la unidad familiar contra una liquidación del IRPF en caso de tributación conjunta, o reclamaciones interpuestas por el sujeto pasivo que repercute y el obligado a soportar la repercusión).
d) La interpuesta contra una **sanción** si se ha presentado reclamación contra la deuda tributaria de la que deriva. El acto de resolución del procedimiento sancionador puede ser objeto de recurso o reclamación independiente, y en el caso de que el contribuyente impugne también la deuda tributaria, se acumulan ambos recursos o reclamaciones, siendo el competente para resolver el que conoce la impugnación contra la deuda.

Precisiones **1)** La LGT art.230 redacc original solo contempla la acumulación cuando las reclamaciones se refieren al **mismo tributo**. Si el TEAR acumula reclamaciones, está alterando la competencia del TEAC para resolver. Por tanto, deben retrotraerse las actuaciones al momento anterior a dictar la resolución, para que el TEAR desacumule las reclamaciones y acumule solo las que se refieran al mismo tributo, junto con sus sanciones respectivas, dictando diferentes resoluciones en única o primera instancia según corresponda (TEAC 10-2-20).
2) La **no acumulación obligatoria** supone un defecto de forma invalidante. El interesado interpuso dos reclamaciones económico-administrativas, la primera ante el TEAR contra la liquidación, y la segunda ante el TEAC contra la sanción. Cuando el TEAC resuelve la reclamación contra la sanción, el TEAR ya había fallado la reclamación (por lo que no cabía acumulación, obligatoria en sede del TEAR). No procede la acumulación por haber concluido la reclamación contra la liquidación, pero se debe mantener el mismo criterio atributivo de la competencia. El TEAC determina que la competencia la mantiene el TEAR y le remite el expediente para que resuelva (TEAC 12-12-18).
3) El obligado tributario presenta, para un **mismo período de liquidación**, solicitud de devolución de ingresos indebidos, por las cuotas soportadas en las facturas emitidas por su proveedor, y solicitud de rectificación de su autoliquidación. Si las pretensiones se efectúan en **reclamaciones diferentes**, no cabe su acumulación porque derivan de dos procedimientos diferentes (TEAC 20-11-18).

Acumulación potestativa (LGT art.230.2 y 3) Es posible acumular, por decisión motivada del tribunal, aquellas reclamaciones que deban ser objeto de resolución unitaria que afecten al **mismo o distintos tributos**, cuando exista conexión entre ellas. **8666**
Esta acumulación se puede acordar de oficio o a instancia de parte. Cuando existan **varios reclamantes** y no haya sido solicitada la acumulación por ellos mismos, se les concederá, antes de decidir sobre la acumulación, un plazo de 5 días para que puedan manifestar lo que estimen conveniente respecto de su procedencia.

El tribunal puede dejar sin **efecto** estas acumulaciones cuando considere que resulta más conveniente la resolución separada.
Los acuerdos sobre acumulación o por los que se deja sin efecto una acumulación son **actos de trámite** y no son recurribles.

Precisiones 1) Lo anterior permitiría, por ejemplo, la acumulación motivada de las reclamaciones contra **actuaciones recaudatorias** junto con las reclamaciones interpuestas contra el acto de liquidación del que deriven.
2) El **recurso de reposición** interpuesto contra una sanción no se puede remitir al TEAC para que se acumule con el previo recurso extraordinario de revisión interpuesto contra la deuda tributaria de la que deriva la sanción, sino que debe remitirse al órgano ante el que se interpuso recurso de reposición por el interesado para que resuelva sobre la liquidación derivada de la sanción, ya que el diferente tratamiento que la LGT otorga a la tramitación de ambos recursos hace inviable tal acumulación (TEAC 25-9-08).

8668 **Competencia para resolver** (LGT art.230.4; RGRV art.37.2) La acumulación debe atender al **ámbito territorial** de cada tribunal económico-administrativo o sala desconcentrada, sin que, como regla general, pueda alterar la competencia para resolver ni las vías de impugnación procedentes.
No obstante, se puede **alterar la competencia** cuando se trate de acumulación de reclamaciones interpuestas:
- por un mismo interesado relativas al mismo tributo, que deriven de un mismo procedimiento;
- por varios interesados contra un mismo acto administrativo o contra una misma actuación tributaria de los particulares;
- contra una sanción, si se ha presentado reclamación contra la deuda tributaria de la que deriva.
En los casos anteriores, si la competencia para resolver una de las reclamaciones corresponde al TEAC, este también es competente para conocer las reclamaciones acumuladas. Si la competencia para resolver corresponde a diversos tribunales distintos del TEAC, es competente el que lo sea para resolver la reclamación que se haya interpuesto en primer lugar, salvo que se trate de acumulación de deuda y sanción, en cuyo caso es competente el que lo sea para conocer de la deuda.
La **denegación** de la acumulación o el acuerdo por el que se deja sin efecto la acumulación, obliga a que cada reclamación prosiga su propia tramitación. Si el tribunal competente para conocer la reclamación cuya acumulación se deja sin efecto es otro distinto, se le envía dicha reclamación, sin que sea necesario un nuevo escrito de interposición, ratificación o convalidación. En cada uno de los nuevos expedientes se consigna una copia cotejada de todo lo actuado hasta ese momento.

Precisiones Si una de las **reclamaciones** que van a ser objeto de acumulación en virtud de los casos expuestos se interpone «**per saltum**» ante el TEAC y la otra es competencia de un TEAR, es competente para resolver el TEAC.

8670 **Extensión de la revisión** (LGT art.237; RGRV art.59) La extensión de la revisión del órgano económico-administrativo va a venir delimitada por el objeto del recurso o reclamación, esto es, el acto impugnado y el procedimiento en el que se incardina, y por las **pretensiones** de los interesados (principio de congruencia).
El órgano económico-administrativo que está conociendo de un recurso o reclamación económico-administrativa extiende su facultad de examen a **todas las cuestiones** de hecho o de derecho que ofrezca el expediente, sin que en ningún caso pueda empeorar la situación inicial del reclamante. Existe el límite de la **reformatio in peius** a la facultad revisora de los órganos económico-administrativos.
Cuando el órgano económico-administrativo competente para conocer de una reclamación o recurso considera conveniente examinar y resolver **cuestiones no planteadas** por los interesados, debe exponerlas a todos los que están personados en el procedimiento y les concede un plazo de 10 días, contados a partir del día siguiente al de la notificación de dicho trámite de audiencia, para que formulen alegaciones.
Otros límites a la extensión de la revisión vienen determinados por las propias competencias de los tribunales económico-administrativos:
- no pueden entrar a analizar la posible inconstitucionalidad de las leyes (Const art.163), ni plantear una cuestión de inconstitucionalidad (LJCA art.27);
- no pueden analizar la posible ilegalidad de disposiciones reglamentarias, ni inaplicarlas en base a una supuesta ilegalidad.
Respecto a la posibilidad de plantear una **cuestión prejudicial** ante el TJUE, aunque la norma interna lo permite, el TJUE ha limitado esta posibilidad (nº 8671).

Precisiones 1) La correcta aplicación del principio de **reformatio in peius** exige que esta prohibición sea apreciada respecto de todas las consecuencias (ajustes positivos y negativos) favorables y desfavorables para el obligado tributario que son objeto de la regularización administrativa y que procedan del mismo fundamento, pretensión o calificación jurídica, aunque las consecuencias surtan efectos en períodos impositivos o de liquidación distintos. Esto es, la interdicción de la reformatio in peius hay que apreciarla de forma global respectos de los diferentes ejercicios cuando la regularización de todos ellos tiene el mismo fundamento (TEAC unif criterio 7-5-15).
2) A la hora de resolver, el órgano económico-administrativo debe tener en cuenta aquellas **circunstancias** obrantes en el expediente, aunque sean **posteriores en el tiempo** a la fecha en que se dictó el acto administrativo impugnado, que sean esenciales para resolver la cuestión de fondo (TEAC 10-9-19).
3) Los tribunales económico-administrativos no pueden **extender su revisión** a la posibilidad, no alegada por el obligado tributario, de que pudiera resultar de aplicación la especialidad de las operaciones vinculadas (LIS art.18.6; RD 1774/2004 art.16.6) por el mero hecho de que el acuerdo de liquidación no contenga un análisis explícito de esta cuestión, cuando de la documentación obrante en el expediente se ponga de manifiesto como hecho indubitado que el obligado tributario no se acogió a la especialidad regulada en dichos preceptos (TEAC unif criterio 22-9-22).

Cuestión prejudicial (LGT art.237.3; RGRV art.58 bis) La LGT regula el planteamiento de cuestiones 8671
prejudiciales ante el TJUE, desarrollándose el procedimiento en el RGRV. Se establecen las siguientes **reglas**:

a) Alegaciones previas al planteamiento de la cuestión prejudicial:
La cuestión prejudicial se puede plantear de oficio por el tribunal que esté conociendo de la reclamación o a instancia del reclamante. Si el planteamiento de la cuestión prejudicial no ha sido solicitado por los **interesados** en el recurso o reclamación, se les concede a los mismos, con carácter previo al posible planteamiento, un plazo de 15 días para que formulen alegaciones sobre la oportunidad del planteamiento.
Tanto si la cuestión prejudicial se solicitó por el interesado como si se va a plantear por iniciativa del propio tribunal, este, antes del planteamiento, debe conceder un plazo de 15 días a la **Administración tributaria** autora del acto que es objeto de reclamación para que pueda formular alegaciones.

b) Consecuencias del **planteamiento** de la cuestión prejudicial:
El planteamiento de la cuestión prejudicial ante el TJUE **suspende el procedimiento** económico-administrativo hasta que se reciba la resolución que resuelva la cuestión prejudicial. El tribunal notifica al reclamante y al órgano competente de la Administración autora del acto, tanto el planteamiento de la cuestión como la suspensión del procedimiento revisor.
Asimismo puede proceder la suspensión del curso de otros procedimientos económico-administrativos para cuya resolución resulte necesario conocer el resultado de la cuestión prejudicial. A estos efectos, se notifica el planteamiento de la cuestión, así como la posible suspensión, al reclamante y al órgano competente de la Administración autora del acto, concediéndoles un trámite de alegaciones de 15 días. La suspensión puede acordarse tras dicho trámite y se notifica a los interesados en el procedimiento.
La suspensión del procedimiento supone la suspensión del cómputo del **plazo de prescripción** (LGT art.66).

c) Alegaciones tras el planteamiento de la cuestión prejudicial:
Si una vez planteada la cuestión prejudicial, el tribunal estima necesario presentar alegaciones complementarias, reformular la cuestión prejudicial o desistir de ella, concede un trámite de alegaciones al reclamante y a la Administración autora del acto por el plazo común de 10 días. El mismo se acompaña de una moción razonada al respecto.

d) Consecuencias de la **resolución** de la cuestión prejudicial:
Una vez que se reciba en el órgano económico-administrativo competente la resolución de la cuestión planteada, se reanuda el **cómputo del plazo** de prescripción suspendido. Se entiende que se ha recibido la resolución cuando se **publique** en el DOUE la versión en castellano de la sentencia. El levantamiento de la suspensión se notifica al reclamante y al órgano competente de la Administración autora del acto de cada uno de los procedimientos que hayan sido objeto de suspensión con el planteamiento de la cuestión prejudicial.

Precisiones 1) En el ámbito del Estado se consideran órganos competentes de la Administración tributaria autora del acto a los Directores de Departamento de la AEAT en las materias de su competencia.
2) Con anterioridad a su regulación por la LGT, la jurisprudencia ya había dejado claro que los tribunales económico-administrativos podían plantear una cuestión prejudicial ante el TJUE (TJUE 21-3-00, asuntos acumulados C-110/98 a C-147/98; TEAC 24-03-09). No obstante, el TJUE ha **modificado su criterio** y ha señalado que los tribunales económico-administrativos, al no reunir el requisito de independencia para ser calificados como órganos jurisdiccionales, no pueden, de acuerdo con la jurisprudencia comunitaria, ejercitar la petición de decisión prejudicial (TJUE 21-1-20, asunto C-274/14).

3) Si bien la reciente jurisprudencia comunitaria inhabilita a los tribunales económico-administrativos para elevar cuestión prejudicial ante el TJUE, la pérdida de esta no exime a dichos tribunales de la obligación de **garantizar la aplicación del derecho de la Unión** al adoptar sus resoluciones e inaplicar, en su caso, las disposiciones nacionales que resulten contrarias a las disposiciones del Derecho de la Unión dotadas de efecto directo (TEAC 26-2-20).

3. Interesados

(LGT art.232 y disp.adic.11ª; RGRV art.38)

8675 Se reconoce **legitimación** para promover las reclamaciones económico-administrativas a los siguientes sujetos:
- obligados tributarios y los sujetos infractores;
- cualquier persona cuyos intereses legítimos resultan afectados por el acto o la actuación tributaria.

No están legitimados para promover una reclamación económico-administrativa:
- los funcionarios y empleados públicos, salvo en los casos en que inmediata y directamente se vulnere un derecho que en particular tengan reconocido o resulten afectados sus intereses legítimos;
- los particulares, cuando obran por delegación de la Administración o como agentes o mandatarios de ella;
- los denunciantes;
- los que asumen obligaciones tributarias en virtud de pacto o contrato;
- los organismos u órganos que han dictado el acto impugnado, así como cualquier otra entidad por el mero hecho de ser destinataria de los fondos gestionados mediante dicho acto.

Si durante la tramitación del procedimiento se advierte la existencia de **otros titulares de derechos** e intereses legítimos que no han comparecido en el mismo, se les notifica la existencia del recurso para que puedan formular alegaciones. La resolución que se dicte tiene plena eficacia respecto a los mismos.

8678 En un procedimiento ya iniciado pueden comparecer los titulares de derechos o **intereses legítimos** que puedan resultar afectados por la resolución que pudiera dictarse, sin que la tramitación deba retrotraerse en ningún caso.

Si no resulta evidente el derecho, interés legítimo o que pudiera verse afectado por la resolución en el posible interesado, se abre una **pieza separada**, en la que se da un plazo de 10 días para alegaciones a todos los interesados y a aquel respecto del que no resulta evidente tal condición. Finalizado el mismo el tribunal ha de resolver lo que proceda en atención a lo alegado y a la documentación que obra en el expediente. La resolución que se dicte puede ser objeto de recurso contencioso-administrativo.

Si se actúa por medio de **representante**, el documento que acredite la representación se debe acompañar al primer escrito que no esté firmado por el interesado, el cual no se cursa sin este requisito. No obstante, la falta o insuficiencia de poder no impide que se tenga por presentado el escrito, siempre que el compareciente acompañe el poder, subsane los defectos de que adolezca el presentado o ratifique las actuaciones realizadas en su nombre y representación sin poder suficiente.

8680 Precisiones **1)** En materia de **capacidad y representación** de los interesados en los recursos y reclamaciones económico-administrativas, nos remitimos a las normas comunes (LGT art.214.1, ver nº 890 s.).

2) Solo se considera que se tiene interés legítimo cuando la resolución puede repercutir, directa o indirectamente, pero de un modo efectivo y acreditado, es decir, no meramente hipotético, potencial y futuro, en la correspondiente esfera jurídica de quien se persona en el procedimiento. No se considera que tenga interés legítimo por el mero hecho de ser **socio** de la sociedad a la que han practicado la liquidación impugnada, aunque pueda suponer una discrepancia en la valoración de sus acciones con motivo de la operación societaria realizada por la sociedad (TEAC 17-3-10).

3) No se causa **indefensión** si se inadmite una reclamación por falta de acreditación de la representación, si el propio interesado ha contribuido decisivamente, con su impericia o negligencia, a causar la situación de indefensión que denuncia, no subsanando esta falta de representación cuando se le concedió plazo para ello, siendo imputable al mismo el menoscabo de su posición procesal (TCo 14/2008).

4) Carecen de legitimación para promover las reclamaciones económico-administrativas los que asuman obligaciones tributarias en virtud de **pacto o contrato**, de tal forma que, con independencia de que la entidad recurrente se hubiese obligado en la escritura de compraventa a pagar el ITP que gravaba la transmisión, ello no la legitima para recurrir la liquidación girada por dicho concepto, con independencia de sus relaciones internas con los vendedores, sujetos pasivos del impuesto (TSJ Cantabria 24-11-08, EDJ 333212).

5) Requerido el reclamante para que acreditara la **representación**, realiza dentro de plazo el bastanteo de poder, no aportándolo sin embargo ante el órgano que lo requirió. Se entiende no atendido el requerimiento de subsanación de la representación, pues no acredita el mismo en el procedimiento (TSJ Canarias 18-12-08, EDJ 330889).

6) El hecho de que una sociedad tribute en el IS en el régimen especial de **consolidación fiscal**, no atribuye a la sociedad dominante del grupo legitimación activa para impugnar las actuaciones administrativas derivadas de la aplicación de otros tributos distintos al IS respecto a los que la sociedad dominada sea obligado tributario (TEAC 30-9-15). **8681**

7) No ostenta legitimación para interponer reclamación económico-administrativa quien no ha sido requerido para aportar la información en tanto esta no se incorpore a un procedimiento de gestión o inspección en la que sea el sujeto comprobado, siendo entonces un acto de trámite que podrá ser objeto de debate en la reclamación que se interponga contra el acto que finalice el procedimiento de comprobación. Hay que distinguir entre las **actuaciones para obtener información**, por una parte, y por otra, la incorporación de esta al expediente de gestión o inspección referido al sujeto pasivo, con la subsiguiente utilización de los datos a efectos de dictar el acto administrativo de liquidación tributaria que corresponda; en el primer caso, la obligación vincula a la persona o entidad requerida para entregar la información a la Administración tributaria, mientras que en el segundo la relación tributaria se establece con el sujeto pasivo. El conocimiento por parte de la Administración tributaria de los datos económicos de un contribuyente, no afecta a los intereses de otro sujeto pasivo hasta el momento en que dichos datos, incorporados a un expediente de gestión o inspección, sirvan de fundamento a una liquidación tributaria, liquidación de la que sí derivan derechos u obligaciones para el sujeto pasivo y que es susceptible de impugnación en vía económico-administrativa (TEAC 19-2-15).

8) Para la impugnación de una **diligencia de embargo**, la entidad financiera a quien se notifica para su cumplimiento o ejecución no goza de legitimación: de un lado, porque no es sujeto pasivo ni en ese momento responsable por el incumplimiento de la diligencia de embargo indicada; y, de otro, planteada la cuestión de si estaría legitimada por tener intereses legítimos y directos que pudieran resultar afectados por la diligencia de embargo emitida, se estima que dicha diligencia no es susceptible en ese momento procesal de vulnerar los derechos o intereses de la entidad financiera destinataria, la cual únicamente estaría legitimada para impugnar las actuaciones de derivación de responsabilidad que en su caso y posteriormente pudieran dirigirse contra la misma y que eventualmente pudieran afectar a sus intereses, si estimase que por culpa o negligencia ha incumplido dicha orden de embargo o ha colaborado o consentido el levantamiento de los bienes embargados (TEAC 28-4-14).

9) No están legitimados para impugnar actos dictados por la Administración tributaria, aquellos cuyos derechos e intereses legítimos no resulten afectados por los actos administrativos que se impugnan, incidiendo los mismos de forma individual en la esfera jurídica de cada ciudadano. En este caso, no resulta legitimado para interponer reclamación económico administrativa contra resolución del Director General del Catastro por la que se aprueba la **ponencia de valores** total de los inmuebles urbanos de un Municipio, quien dice actuar en nombre y representación del Grupo Municipal de una determinada formación política (TEAC 23-2-12).

10) Los **legatarios de parte alícuota** cuentan con un interés legítimo y, por consiguiente, están legitimados, en su calidad de sucesores, para comparecer en un procedimiento económico-administrativo suscitado originariamente por el causante, pendiente de resolución en el momento de su fallecimiento, cuando se han personado los herederos que han aceptado pura y simplemente la herencia y la deuda tributaria ya se encuentra abonada (TS 17-7-23, EDJ 632340).

4. Efectos de la interposición

El análisis de esta materia se aborda al tratar los efectos de la interposición del recurso de reposición (nº 8535 s.). **8682**

5. Suspensión de la ejecución del acto impugnado

(LGT art.233; RGRV art.39 a 47; AEAT Resol 21-12-05; OM EHA/3987/2005)

La simple **interposición** de una reclamación económico-administrativa no suspende la ejecución del acto reclamado. **8684**

No obstante lo anterior, se suspende la ejecución si se ha interpuesto previamente un **recurso de reposición** en el que se hubiera obtenido la suspensión automática con aportación de garantías cuyos efectos alcancen a la vía económico-administrativa.

Tratándose de **sanciones** tributarias impugnadas en tiempo y forma, su ejecución queda automáticamente suspendida en período voluntario, sin necesidad de solicitud del interesado ni de aportación de garantías. No obstante, no se suspenderán las responsabilidades por el pago de las sanciones tributarias en los supuestos de responsabilidad solidaria (LGT art.42.2). Además, si se hubieran realizado actuaciones recaudatorias con otros obligados tributarios con

carácter previo a la impugnación del responsable que supongan la suspensión de la ejecución, las actuaciones previas no resultaran afectadas por dicha suspensión, como consecuencia de la doctrina de los actos firmes.
No puede suspenderse en ningún caso la ejecución del acto o resolución impugnado mediante un **recurso extraordinario de revisión** (nº 8855 s.).
A continuación se va a analizar la solicitud (nº 8687), los supuestos (nº 8690 s.), las garantías a aportar (nº 8720) y los efectos (nº 8725 s.) de la suspensión.

8685 Precisiones 1) La Administración puede **continuar con su actuación** cuando se presenten solicitudes de suspensión con otras garantías distintas de las que permiten obtener la suspensión automática, o con dispensa total o parcial de garantías, o basada en la existencia de un error aritmético, material o de hecho, frente a la ejecución de **deudas en período ejecutivo**. No obstante, en caso de que finalmente se conceda la suspensión, se anularán las actuaciones efectuadas con posterioridad a la solicitud (LGT art.233.9).
Además, se pueden adoptar **medidas cautelares** cuando se solicite la suspensión con otras garantías distintas de las necesarias para obtener la suspensión automática, o con dispensa total o parcial de garantías, o basada en la existencia de error aritmético, material o de hecho. Está supeditado a que se observe que existen indicios racionales de que el cobro de las deudas cuya ejecutividad pretende suspenderse pueda verse frustrado o gravemente dificultado (LGT art.81.6).
2) Los supuestos de suspensión regulados en una **norma específica** se rigen por lo en ella dispuesto (RGRV art.39.4).
3) Las actuaciones de los **particulares** en materia tributaria son reclamables en vía económico-administrativa, pero no se encuentran entre los actos susceptibles de suspensión, que son los actos dictados por la Administración (TEAC 13-5-08).
4) No resulta ajustado a derecho acordar la suspensión del acto de **repercusión tributaria** realizado por un sujeto pasivo del IVA. La circunstancia de que estas actuaciones u omisiones entre particulares con transcendencia tributaria se sometan a la previa reclamación económico-administrativa no significa, ni muchos menos, que sean actos o actuaciones administrativas, ni tan siquiera que se las pueda equiparar. Resulta inviable hablar de suspensión de la ejecutividad de una actuación que no goza de la misma, como ocurre en el caso de las actuaciones entre particulares. Sencillamente, no son ni tienen carácter ejecutivo, nunca han gozado de esta prerrogativa. La circunstancia de que la ley les anude determinadas consecuencias tributarias no convierte la repercusión o la retención tributaria realizadas por un particular en un acto o actividad administrativa (TS 31-10-11, EDJ 249349).
5) La **medida cautelar** que se adopte una vez ha sido dictado el acto administrativo es un acto de ejecución del mismo, y estando suspendida la ejecución del acto consecuencia de la solicitud realizada en el seno de un procedimiento de revisión, ya sea cautelar o no, no es posible dicha adopción de medidas cautelares (TEAC 30-10-15).
6) Como criterio general, en materia tributaria no procede la suspensión de los actos de contenido negativo. Sin embargo, en las solicitudes de suspensión presentadas con ocasión de los recursos y reclamaciones interpuestos contra estos actos denegatorios -tales como las **denegaciones de las solicitudes de aplazamiento** - se debe analizar si concurren los requisitos y causas para acceder a la suspensión debido a la vertiente positiva (el ingreso) que deriva del acto de contenido negativo. Estas solicitudes serán inadmitidas cuando no reúnan los requisitos para la solicitud de la suspensión establecidos en el RGRV art.40.2. No resulta óbice que, en el caso de que no proceda la suspensión, la denegación otorgue nuevo plazo de ingreso produciéndose un aplazamiento «de facto», en la medida en que esto se produce en otras ocasiones como cuando se solicita un nuevo aplazamiento en el período voluntario otorgado en el acuerdo de denegación con modificación sustancial de las condiciones. El acto de contenido negativo -la denegación del aplazamiento, entre otros- solo puede ser revisado en vía administrativa mediante la interposición de recurso de reposición o reclamación económico-administrativa que habrá de entrar a conocer si se cumplieron todos los trámites precisos exigidos reglamentariamente y si el acuerdo fue suficiente y correctamente motivado, máxime cuando se trata del ejercicio de una facultad discrecional de la Administración (TEAC unif criterio 27-2-14).
7) La interposición de una reclamación económico-administrativa contra un **acuerdo de imposición de sanción**, ya sea con anterioridad o con posterioridad a la notificación de la providencia de apremio, determina la aplicabilidad de la suspensión automática de la ejecución de la sanción (LGT art.212.3), careciendo la Administración tributaria de la posibilidad de exigir el cobro de la sanción con anterioridad al pronunciamiento del tribunal (TEAC 24-4-19).
8) Tras haberse pronunciado un Tribunal Regional sobre el fondo de una **solicitud de suspensión**, no cabe replantear nuevamente idéntica petición en una segunda instancia al interponer un recurso de alzada ante el TEAC, sin acreditar la existencia de circunstancias sobrevenidas, al ser meramente la reiteración de una solicitud anterior. Se trata de una cuestión definitivamente resuelta y firme en vía económico-administrativa (TEAC 19-1-24).

a. Solicitud

(RGRV art.39.2 y 40)

Cuando no se haya acordado la suspensión en el **recurso de reposición** con efectos en la vía económico-administrativa o este no se haya interpuesto, la suspensión puede solicitarse al interponer la reclamación económico-administrativa o en un momento posterior ante el órgano que dictó el acto objeto de la reclamación, que la remitirá al órgano competente para resolver dicha solicitud. **8687**

A solicitud del interesado, se suspende la ejecución del acto reclamado en los siguientes **casos**:

- cuando se aporte el documento original en el que se formalice alguna de las garantías previstas en la normativa (ver nº 8693 s.);
- con aportación de garantías distintas de las anteriores que se consideren suficientes por el órgano de recaudación competente (nº 8700 s.);
- con dispensa total o parcial de garantía cuando la ejecución del acto pueda causar perjuicios de imposible o difícil reparación;
- sin necesidad de aportar garantía, cuando se aprecia que al dictarlo se ha podido incurrir en error material, aritmético o de hecho;
- sin necesidad de aportar garantía cuando se trate de actos que no determinan deuda tributaria o una cantidad líquida, cuando la ejecución pudiera causar perjuicios de imposible o difícil reparación.

Carecen de **eficacia**, sin necesidad de un acuerdo expreso de inadmisión, las solicitudes de suspensión que no estén vinculadas a una reclamación económico-administrativa anterior o simultánea a dicha solicitud.

La suspensión ha de solicitarse en **escrito independiente**, debiendo acompañarse de los documentos que el interesado considere justifican la concurrencia de los requisitos para su concesión y de una copia de la reclamación interpuesta. Según el supuesto de suspensión además se debe acompañar determinada documentación específica.

La solicitud de suspensión no impedirá el inicio del período ejecutivo cuando anteriormente se hubiera denegado, respecto de la misma deuda tributaria, otra **solicitud previa** de suspensión en período voluntario, habiéndose abierto otro plazo de ingreso sin que se hubiera producido el mismo (LGT art.161.2).

Precisiones 1) En el caso de **varios obligados al pago**, la suspensión de la ejecución del acto cuando solo lo ha solicitado uno de los coobligados únicamente se produce para el deudor que la solicita, y no surte efectos para otros codeudores solidarios (TEAC 6-10-10; AN 17-5-10, EDJ 88101).

2) La suspensión con garantías que se acuerda respecto de un responsable, no resulta de aplicación directa a los demás **responsables solidarios** de la misma deuda, que deben cursar las correspondientes solicitudes (TEAC unif criterio 23-3-18).

b. Supuestos

(LGT art.233; RGRV art.39 y 43 a 47)

La **ejecución** del acto impugnado puede suspenderse automáticamente si el importe de dicho acto se garantiza por alguno de los medios establecidos en la norma (nº 8693 s.), o bien mediante la prestación de otras garantías que se estimen suficientes (nº 8700 s.). Asimismo, el tribunal puede acordar la suspensión de la ejecución del acto si la misma puede causar perjuicios de difícil o imposible reparación (nº 8709 s.). **8690**

Suspensión automática (LGT art.233.1 y 2; RGRV art.40.2.a y 43) Se suspende automáticamente el procedimiento de recaudación relativo al acto recurrido desde el momento de la solicitud de suspensión con aportación de las siguientes **garantías legalmente establecidas**, que cubran el importe del acto, los intereses de demora que genere la suspensión y los recargos que pudieran ser exigibles en el momento de ejecución de la garantía del crédito público: **8693**

- depósito de dinero o valores públicos;
- aval o fianza de carácter solidario de entidad de crédito o sociedad de garantía recíproca o certificado de seguro de caución;
- fianza personal y solidaria de otros contribuyentes de reconocida solvencia para los supuestos que se establezcan en la normativa tributaria.

La **solicitud** de suspensión debe ir acompañada del documento en que se formalice la garantía, que debe incorporar las firmas de los otorgantes legitimadas por un fedatario público, por comparecencia ante la Administración autora del acto o generadas mediante un mecanismo de autenticación electrónica. Dicho documento puede ser sustituido por su imagen electrónica con su misma validez y eficacia, siempre que el proceso de digitalización garantice su autenticidad e integridad.

Si a la solicitud **no** se acompaña la **garantía**, no surte efectos suspensivos y se tiene por no presentada a todos los efectos. En este caso se produce el archivo de la solicitud notificándose el mismo al contribuyente.

Si la solicitud va acompañada de **garantía bastante**, la suspensión se entiende acordada desde la fecha de la solicitud debiéndose notificar dicha circunstancia al interesado.

Precisiones La garantía otorgada para suspender la ejecución de los actos impugnados ha de cubrir, además del importe del principal, los intereses de demora que genere la suspensión y los recargos que procederían en caso de ejecución de la garantía, siendo el momento a considerar en orden a la cuantificación del **recargo** a garantizar el determinado para la ejecución de las garantías en la LGT art.168, en relación con el RGR art.74.1, lo que implica la necesidad de garantizar en todo caso y con independencia del momento de presentación de la solicitud de suspensión, tras la modificación operada en la LGT por L 7/2012, el recargo de apremio ordinario del 20% (TEAC unif criterio 30-9-14).

8696 La **competencia** para tramitar y resolver la solicitud de suspensión corresponde a la Dependencia Regional de Recaudación en cuyo ámbito territorial se encuentre el tribunal económico-administrativo competente para la resolución de la reclamación (AEAT Resol 21-12-05 aptdo.cuarto.2).

Si es necesaria la **subsanación** de defectos del documento en que se formalice la garantía y son subsanados en plazo, el órgano competente acuerda la suspensión con efectos desde la solicitud. El acuerdo de suspensión ha de notificarse al interesado. Si el requerimiento de subsanación es atendido en plazo por el interesado pero no se entienden subsanados los defectos observados, procede la denegación de la suspensión.

Contra la **denegación** puede interponerse un incidente en la reclamación económico-administrativa relativa al acto cuya suspensión se solicita. La resolución del incidente no es susceptible de recurso.

8698 Precisiones **1)** Si la garantía aportada no es una de las previstas normativamente, se aplica lo dispuesto para la suspensión con prestación de otras garantías (nº 8700 s.) o la suspensión por el tribunal económico-administrativo (nº 8709 s.), según corresponda.

2) Los requisitos de suficiencia que deben concurrir en los **seguros de caución y en la fianza personal y solidaria** de otros contribuyentes, para poder ser aportados como garantía para obtener la suspensión de la ejecución de los actos impugnados, se regulan mediante la OM EHA/3987/2005. Las determinaciones de los seguros de caución coinciden con las previstas en materia de Contratos de las Administraciones Públicas. Respecto a la admisión de la fianza personal y solidaria, se concreta cuándo se entiende que los fiadores son contribuyentes de notoria solvencia; para ello, se acude a dos criterios: que la deuda no supere los 1.500 € y que los fiadores estén al corriente de sus obligaciones tributarias.

3) El desarrollo de la suspensión de la ejecución de los actos impugnados en vía administrativa, que detalla los requisitos de **suficiencia económica y jurídica** de las garantías, se ha llevado a cabo mediante la Resol 21-12-05 de la Secretaría de Estado de Hacienda y Presupuestos y Presidencia de la AEAT.

4) Es oportuno aceptar al **socio de una SRL** como fiador de la sociedad de la que es partícipe, siempre que su situación económica le permita asumir el pago de la deuda, apreciando esa situación por la existencia de otros bienes y derechos de su titularidad distintos de su cuota de participación en la sociedad deudora que pretende afianzar (AEAT 18-9-09).

8700 **Suspensión por aportación de otras garantías** (LGT art.233.3; RGRV art.40.2.b, 44 -redacc RD 249/2023- y 45) Si el interesado no puede aportar las garantías legalmente previstas necesarias para obtener la suspensión automática (nº 8693 s.), puede solicitar la suspensión con aportación de otras garantías.

En la **solicitud** de suspensión se debe justificar por el interesado la imposibilidad de aportar las garantías previstas para la suspensión automática. También ha de detallar la naturaleza y características de las garantías que ofrece, los bienes y derechos sobre los que se constituirán y su valoración realizada por perito con titulación suficiente. Si existe un registro de empresas o profesionales especializados en la valoración de un determinado tipo de bienes, la valoración ha de efectuarse, preferentemente, por una empresa o profesional inscrito en dicho registro.

La solicitud suspende cautelarmente el procedimiento de recaudación del acto recurrido, si la deuda está en **período voluntario** en el momento de la presentación de dicha solicitud. No obstante, la solicitud de suspensión no impedirá el inicio del período ejecutivo cuando anteriormente se hubiera denegado, respecto de la misma deuda tributaria, otra solicitud previa de suspensión en período voluntario, habiéndose abierto otro plazo de ingreso sin que se hubiera producido el mismo (LGT art.161.2).

Si la deuda está en período **ejecutivo**, la solicitud de suspensión no impide la continuación de las actuaciones de la Administración, sin perjuicio de que proceda la anulación de las efectuadas tras la solicitud, si esta es atendida.

Precisiones Con efectos **desde el 25-4-2023**, se modifica el RGRV por el RD 249/2023 para adaptar el contenido en materia de suspensión a la reforma que la L 11/2021 incorporó, con efectos generales desde el 11-7-2021, en la LGT.
En los casos de suspensión en vía administrativa con prestación de otras garantías o por el propio tribunal económico-administrativo, cesa la **suspensión cautelar** cuando anteriormente se hubiera denegado otra solicitud previa respecto de la misma deuda. La reiteración de solicitudes excluye la suspensión cautelar del procedimiento de recaudación, aun cuando la deuda se encuentre en periodo voluntario en el momento de la solicitud.

La **competencia** para tramitar y resolver la solicitud de suspensión corresponde a la Dependencia Regional de Recaudación en cuyo ámbito territorial se encuentre el tribunal económico-administrativo competente para la resolución de la reclamación (AEAT Resol 21-12-05 aptdo.cuarto.3). **8703**
Cuando proceda la **subsanación** de la solicitud, de llevarse a cabo la misma, la suspensión acordada produce efectos desde su solicitud. Si el requerimiento de subsanación ha sido contestado en plazo por el interesado pero no se entienden subsanados los defectos observados, procede la denegación de la suspensión.
La **resolución** que otorgue la suspensión debe detallar la garantía que ha de constituirse y el plazo para ello.
En caso de **denegación** de la suspensión, cabe interponer contra el acuerdo de denegación incidente en la reclamación económico-administrativa interpuesta contra el acto cuya suspensión se solicitó. La resolución del incidente no es susceptible de recurso.

Precisiones 1) En aquellos casos en que hubiera sido denegada la solicitud, no se levanta la **suspensión cautelar** del acto impugnado mientras no se resuelva el incidente de suspensión (TEAC 28-6-18).
2) La **garantía prestada por el deudor principal** es trasladable a los responsables solidarios, de forma que estos puedan obtener la suspensión del acuerdo de derivación de responsabilidad solidaria sin necesidad de prestar garantía en vía administrativa, con la sola invocación de que el deudor principal prestó la correspondiente garantía para responder del pago de la deuda tributaria, siempre que la garantía fuese suficiente. En otro caso, sí estaría justificado que para la suspensión se exigiera al responsable que garantizara la deuda pendiente no asegurada (TS 25-11-22, EDJ 751128; 23-12-22, EDJ 793831; 23-12-22, EDJ 793821).

Constitución de la garantía (RGRV art.45) La garantía ofrecida debe constituirse en el **plazo** de 2 meses contados a partir del día siguiente al de la notificación del acuerdo de concesión, cuya eficacia está condicionada a su formalización. Dicha garantía debe ser aceptada por el órgano de recaudación que dictó la resolución de concesión. **8706**
La **falta de formalización** de la garantía en el plazo de 2 meses tiene las siguientes consecuencias:
a) Si la solicitud de suspensión se produjo en **período voluntario** de ingreso, el período ejecutivo se inicia al día siguiente al de la finalización del plazo concedido para formalizar la garantía, debiéndose iniciar el procedimiento de apremio, exigiéndose el ingreso del principal de la deuda y el recargo del período ejecutivo. Adicionalmente se liquidan intereses de demora desde el día siguiente al vencimiento del plazo de ingreso en voluntaria hasta el último día del plazo para la formalización de la garantía, sin perjuicio de los que se devenguen posteriormente.
b) Si la solicitud de suspensión se produjo estando la deuda en **período ejecutivo**, debe iniciarse el período de apremio, si no se ha iniciado antes.

Precisiones 1) Se considera justificada la **imposibilidad de aportar las garantías** establecidas para la suspensión automática cuando se aporte la siguiente documentación (AEAT Resol 21-12-05 aptdo.cuarto.1.9):
- **certificado** de la imposibilidad de obtener aval o fianza solidaria expedido, dentro del mes anterior a la fecha de presentación de la solicitud, por dos entidades de crédito, y siempre que una de ellas sea aquella con la que el contribuyente opera habitualmente;
- copia certificada del **libro mayor de tesorería** en el que se refleje la insuficiencia del saldo disponible para constituir un depósito en efectivo, cuando el solicitante esté obligado a llevar contabilidad;
- **declaración** del solicitante de no ser titular de valores públicos.
2) A través de la **sede electrónica de la AEAT**, en el apartado de Recursos, reclamaciones, otros procedimientos de revisión y suspensiones, se puede acceder al procedimiento de suspensión del procedimiento de recaudación, a través del cual se pueden realizar los siguientes trámites relativos a la suspensión del acto impugnado:
- presentar solicitud o comunicación;
- efectuar alegaciones y/o aportar documentos o justificantes;

- contestar requerimientos o presentar documentación relacionada con una notificación recibida de la AEAT;
- incidente de suspensión.

3) Se debe tener en cuenta que determinados sujetos están obligados a relacionarse a través de **medios electrónicos** con las Administraciones Públicas para la realización de cualquier trámite de un procedimiento administrativo (nº 8549).

8709 **Suspensión por el tribunal económico-administrativo** (LGT art.233.4 a 6; RGRV art.40.2.c y d, 46 -redacc RD 249/2023- y 47) El tribunal económico-administrativo que conoce de la reclamación contra el acto cuya suspensión se solicita, es competente para tramitar y resolver las peticiones de suspensión de la ejecución de dicho acto con dispensa total o parcial de garantías si dicha ejecución puede causar **perjuicios de imposible o difícil reparación**, tanto para los supuestos de deuda tributaria o cantidad líquida como en aquellos otros supuestos de actos que no tengan por objeto una deuda tributaria o cantidad líquida. La solicitud de suspensión debe acreditar los perjuicios de difícil o imposible reparación que se invocan. Si se solicita la suspensión con dispensa parcial de garantías, se deben detallar las que se ofrezcan conforme a lo señalado para la suspensión con aportación de otras garantías (nº 8700 s.).

El tribunal económico-administrativo también es competente para tramitar y resolver la petición de suspensión fundamentada en **error aritmético, material o de hecho**. En estos supuestos, en la solicitud de suspensión sin garantía se debe justificar la concurrencia de dicho error.

Si la deuda cuya suspensión se solicita se encuentra en **período voluntario**, la presentación de la solicitud de suspensión suspende cautelarmente el procedimiento de recaudación mientras el tribunal económico-administrativo decide sobre su admisión a trámite. No obstante, la solicitud de suspensión no impedirá el inicio del período ejecutivo cuando anteriormente se hubiera denegado, respecto de la misma deuda tributaria, otra solicitud previa de suspensión en período voluntario, habiéndose abierto otro plazo de ingreso sin que se hubiera producido el mismo (LGT art.161.2). Si se encuentra en **período ejecutivo**, la solicitud de suspensión no impide la continuación de las actuaciones de la Administración, sin perjuicio de que proceda la anulación de las efectuadas con posterioridad a la fecha de la solicitud si, con efectos **desde el 25-4-2023**, finalmente se concede la suspensión. En todos estos casos se ha de remitir una copia de la solicitud de suspensión al órgano competente de recaudación a los efectos de su suspensión cautelar.

El tribunal económico-administrativo **inadmitirá las solicitudes de suspensión** con dispensa total o parcial de garantías cuando la ejecución puede causar perjuicios de difícil o imposible reparación, o en los casos de error aritmético, material o de hecho, cuando no pueda deducirse de la documentación aportada en la solicitud de suspensión o existente en el expediente administrativo, la existencia de indicios de los perjuicios de difícil o imposible reparación o la existencia de error aritmético, material o de hecho.

Precisiones La nueva regulación que, en materia de suspensión, incorporó la L 11/2021 en la LGT, faculta al tribunal económico-administrativo para inadmitir la solicitud de suspensión cuando el reclamante no aporta elementos, datos, documentos o pruebas dirigidos a probar los perjuicios de difícil o imposible reparación o la concurrencia de error, sin que, en ningún caso, este deba suplir las eventuales **deficiencias sustantivas** del escrito de solicitud o la **falta de material probatorio** (TEAC 18-10-21).

8712 Procede la petición de **subsanación** cuando la solicitud no reúne los requisitos exigidos. Si el requerimiento de subsanación es contestado en plazo por el interesado pero no se entienden subsanados los defectos observados, se inadmite a trámite la solicitud de suspensión.

Subsanados los defectos o cuando el trámite de subsanación no haya sido necesario, el tribunal económico-administrativo debe decidir sobre la admisión a trámite de la solicitud, y la va a inadmitir cuando no pueda deducirse de la documentación incorporada al expediente la existencia de indicios de los perjuicios de difícil o imposible reparación o la existencia de error aritmético, material o de hecho. La **inadmisión** supone que la solicitud de suspensión se tiene por no presentada a todos los efectos. Este acuerdo ha de notificarse al interesado y comunicarse al órgano de recaudación competente con indicación de la fecha de notificación al interesado. El acuerdo de inadmisión a trámite no es recurrible en vía administrativa.

No obstante, y a pesar de la regulación que sobre esta materia recoge el RGRV art.46, el **Tribunal Supremo** argumenta que para analizar la concurrencia de los requisitos necesarios para conceder la suspensión, en todo caso el tribunal debe admitir a trámite la solicitud y desestimarla si efectivamente considera que no han sido correctamente justificados los perjuicios irreparables o de difícil reparación que sufriría el contribuyente con la ejecución de la liquidación (TS 21-12-17, EDJ 262734). Esta interpretación tiene como consecuencia que al desestimarse la solicitud, en lugar de inadmitirse, obliga a la Administración a conceder un nuevo **periodo** voluntario de **pago**, sin recargos ni sanciones, al contribuyente.

La **admisión a trámite** de la solicitud de suspensión produce efectos suspensivos desde la presentación de la solicitud, con efectos **desde el 25-4-2023**, si la deuda se encuentra en periodo voluntario en el momento de su presentación, y ha de notificarse, en todo caso, al interesado y al órgano de recaudación competente. Una vez admitida a trámite, el tribunal económico-administrativo puede solicitar al órgano competente para la recaudación del acto reclamado, un **informe** sobre la suficiencia jurídica y económica de las garantías ofrecidas, así como sobre la existencia de otros bienes susceptibles de ser prestados como garantía, especialmente en los supuestos de solicitud de suspensión con dispensa total de garantías.
El **órgano competente**, además de pronunciarse expresamente sobre la suficiencia de los bienes ofrecidos y la existencia de otros bienes susceptibles de ser prestados en garantía, ha de pronunciarse sobre la existencia de medidas cautelares adoptadas en relación con el acto objeto de impugnación cuya ejecución se pretende suspender.

El tribunal debe dictar una **resolución expresa** que otorgue o deniegue la suspensión, que ha **8715**
de notificarse al interesado y al órgano de recaudación competente. El acuerdo de suspensión con **dispensa parcial** ha de especificar las garantías que deben constituirse ante el órgano competente para la recaudación del acto, que procederá, en su caso, a aceptarla. En estos supuestos se aplica lo señalado en relación a la constitución de garantías en los supuestos de suspensión con aportación de otras garantías (nº 8700 s.).
Contra la **denegación** de la suspensión el interesado puede interponer recurso contencioso-administrativo.

Precisiones 1) El concepto jurídico indeterminado «**daños o perjuicios de imposible o difícil reparación**» ha de valorarse en cada caso en muy directa relación con el interés público presente en la actuación administrativa, debiendo ponderarse el grado en que el interés público exija la ejecución (AN 10-5-01, EDJ 103061).
2) La concurrencia de perjuicios de difícil o imposible reparación debe acreditarse con una **actividad probatoria positiva** por quien lo alega. Las meras manifestaciones sobre el importe de la deuda son insuficientes si tropiezan con datos que a primera vista desvirtúan tal situación. La aplicación de esta suspensión sin fianza ha de ser instrumentada con prudencia en el ámbito tributario cuando de la impugnación de liquidaciones se trata, pues si la causa de la suspensión radica en la situación económica del sujeto pasivo, el otorgamiento de la suspensión puede hacer ilusorio el derecho del acreedor, que tampoco es una consecuencia querida por el ordenamiento (TS 10-3-10, EDJ 37633).
3) En un supuesto de suspensión con dispensa total o parcial de garantías, con imposibilidad de aportar garantías, no puede considerarse arbitrario que se denegara la **suspensión sin aportación de garantías** por el hecho de que la entidad recurrente alegara que de constituir algún gravamen sobre los bienes de su activo se produciría el vencimiento anticipado del préstamo sindicado suscrito con varias entidades financieras. Dicho vencimiento anticipado no puede operar en perjuicio de las garantías reguladas a favor de la Hacienda Pública (TS 6-11-08, EDJ 282556).
4) La enajenación de los bienes inmuebles, mediante subasta, y su adjudicación a un tercero tienen **carácter irreversible** y constituyen un procedimiento de último recurso, por lo que este hecho constituye **prueba**, por si sola, de los posibles perjuicios de difícil o imposible reparación que habilitan al tribunal económico-administrativo para suspender la ejecución del acto sin garantía (TEAC 17-6-24).

c. Garantías

(RGRV art.41)

Las garantías quedan, a efectos de su posible ejecución, a disposición del órgano competente **8720**
de recaudación del acto objeto de la reclamación.
Deben cubrir el **importe** de la obligación a que se refiere el acto impugnado, los intereses de demora que genere la suspensión y los recargos que procederían en caso de ejecución de la garantía.
Si la garantía consiste en el **depósito de dinero o valores públicos**, los intereses de demora son los correspondientes al plazo de 6 meses si el procedimiento de la reclamación es el abreviado, de un año si el procedimiento de la reclamación es el general y de 2 años si la resolución es susceptible de recurso de alzada ordinario.
En los casos de **estimación parcial** de un recurso o reclamación en que haya de dictarse nueva liquidación, la garantía queda afecta al pago de la nueva cuota o cantidad resultante y de los intereses de demora.
Cuando antes de la solicitud de suspensión se hubiera acordado alguna **medida cautelar** de las previstas para asegurar el cobro, adoptadas en un procedimiento de comprobación e investigación cuando la deuda tributaria no se encuentra aún liquidada, el órgano que dictó el

acto objeto de impugnación debe remitir de forma inmediata al órgano competente para decidir sobre la suspensión una comunicación sobre tal circunstancia, indicándole la fecha de caducidad de la medida cautelar.
En los casos de **obligaciones tributarias conexas** (nº 3097 s.), si la reclamación afecta a una deuda tributaria que, a su vez, ha determinado el reconocimiento de una devolución a favor del obligado tributario, las garantías aportadas para suspender el acto con deuda a ingresar garantizan asimismo las cantidades que deban reintegrarse como consecuencia de la estimación total o parcial de la reclamación.

d. Efectos y modificación

(LGT art.233.8 a 11; RGRV art.42.1)

8725 **Concesión de la suspensión** La suspensión de la ejecución del acto concedida tiene efectos desde la fecha de la solicitud y se mantiene durante la tramitación del procedimiento económico-administrativo en todas sus instancias.
Igualmente se mantiene la suspensión producida en vía administrativa cuando el interesado comunique a la Administración tributaria en el plazo de interposición del **recurso contencioso-administrativo**, que ha interpuesto el mismo con solicitud de suspensión. Dicha suspensión continuará, siempre que la garantía aportada conserve su vigencia y eficacia, hasta que el órgano judicial resuelva la suspensión.
Tratándose de **sanciones**, la suspensión se mantiene sin necesidad de garantía hasta que se adopte la decisión judicial.
En los casos de **obligaciones tributarias conexas** (nº 3097 s.), si la reclamación afecta a una deuda tributaria que, a su vez, ha determinado el reconocimiento de una devolución a favor del obligado tributario, las garantías aportadas para suspender el acto con deuda a ingresar garantizan asimismo las cantidades que deban reintegrarse como consecuencia de la estimación total o parcial de la reclamación.

Precisiones Hay que distinguir tres supuestos (TEAC 8-5-14):
a) Si la **liquidación en ejecución** se ha dictado habiendo comunicado el interesado a la Administración tributaria en el plazo de interposición del recurso contencioso-administrativo que ha interpuesto dicho recurso y ha solicitado la suspensión en el mismo, la liquidación es ilícita ya «ab initio».
b) Si la liquidación en ejecución se ha dictado sin que el interesado haya comunicado a la Administración la circunstancia señalada en el párrafo anterior y antes de haber solicitado al órgano judicial la suspensión, la liquidación no puede ser tachada de ilícita, sin perjuicio de los efectos que el hipotético auto del órgano judicial concediendo la suspensión pueda hacer recaer sobre la misma.
c) Si la liquidación en ejecución se ha dictado sin que el interesado haya efectuado la comunicación señalada pero después de haber solicitado dicha suspensión judicial, si bien la Administración obró correctamente dictando la liquidación en ejecución, la misma deviene improcedente de forma sobrevenida desde el momento en que se solicitó dicha suspensión, debiendo declarar dicha improcedencia desde el momento en que la AEAT tiene conocimiento de la referida solicitud de suspensión.

8728 **Denegación** (LGT art.233; RGRV art.42.2 redacc RD 249/2023) En relación a los efectos de la denegación, se ha de distinguir según la deuda esté en período voluntario de ingreso o en período ejecutivo al tiempo de solicitarse la suspensión:
a) Período voluntario de ingreso. Con la notificación de la denegación se inicia el plazo de ingreso en voluntario (LGT art.62.2). De realizarse el ingreso en dicho plazo se liquidan intereses de demora desde el día siguiente al del vencimiento del plazo de ingreso en período voluntario hasta la fecha del ingreso realizado durante el plazo abierto con la notificación de la denegación. De no realizarse dicho ingreso, los intereses se liquidan hasta la fecha de vencimiento de dicho plazo, sin perjuicio de los que puedan devengarse con posterioridad.
No obstante, cuando anteriormente se hubiera denegado otra solicitud previa respecto de la misma deuda, la reiteración de solicitudes de suspensión no impide el inicio del periodo ejecutivo. Es decir, a pesar de encontrarse la deuda en periodo voluntario de ingreso en el momento de la solicitud de suspensión, la denegación ya no inicia el plazo de pago en periodo voluntario, sino el plazo de pago en periodo ejecutivo.
b) Período ejecutivo. La notificación del acuerdo de denegación implica el inicio del procedimiento de apremio de no haberse iniciado con anterioridad a dicha notificación.

8731 **Modificación del acuerdo de suspensión** (RGRV art.42.1) Si el órgano competente o el tribunal que hubiesen acordado la suspensión con aportación de otras garantías o dispensa total o parcial de las mismas, entiende que debe modificarse la resolución de la suspensión, por no mantenerse las condiciones que motivaron la misma, por **pérdida de valor o efectividad de las**

garantías o por conocerse la existencia de otros bienes o derechos susceptibles de ser entregados en garantía con posterioridad al acuerdo de suspensión, debe notificar la propuesta de modificación del acuerdo de suspensión al interesado para que en el plazo de 10 días pueda alegar lo que convenga a su derecho.
Contra la resolución de modificación de la suspensión puede interponerse un **incidente** en la reclamación económico-administrativa relativa al acto cuya suspensión se solicita. La resolución del incidente no es susceptible de recurso.

B. Procedimiento económico-administrativo

(LGT art.234 a 248; RGRV art.48 a 65; RD 1073/2017)

1. Aspectos comunes

(LGT art.234; RGRV art.29.7, 30.9, 33.3, 48 a 51; OM EHA/2784/2009)

Las reclamaciones económico-administrativas se tramitan en única o primera instancia con los recursos previstos en la LGT. **8737**

Precisiones No se considera **extemporánea** la presentación de una demanda al día siguiente de la notificación del auto de caducidad (TCo 179/2007).

Presunción de representación (LGT art.46.7 y 234.2) En el procedimiento económico-administrativo se puede actuar mediante representante. El **documento** que acredite la representación se debe acompañar al primer escrito que no esté firmado por el interesado, no tramitándose en caso contrario. No obstante, dicha falta o insuficiencia de poder no supone automáticamente que se tenga por no presentado el escrito. Así, se considera **presentado el escrito** si el compareciente acompaña el poder, subsana los defectos que tuviera el documento acreditativo presentado o ratifica las actuaciones que se hayan realizado en su nombre y representación sin el poder suficiente. **8738**
La LGT presume la **representación voluntaria** a favor de aquellos que la tuvieron en el procedimiento de aplicación de los tributos del que deriva el acto impugnado. Así, se considera **acreditada** la representación voluntaria cuando la representación haya resultado acreditada y admitida por la Administración en el procedimiento en el que se dictó el acto impugnado.

Impulso de oficio (LGT art.234.3; RGRV art.29.7, 30.9 y 33.3) El procedimiento económico-administrativo se impulsa de oficio conforme a los **plazos** establecidos, los cuales no pueden ser prorrogados, ni es preciso que se declare su finalización. Corresponde al secretario general del **TEAC** el impulso de oficio, así como la dirección y coordinación de la tramitación de las reclamaciones económico-administrativas de dicho tribunal. **8740**
Igualmente corresponde a los secretarios de los **Tribunales Económico-Administrativos Regionales**, Locales o de sus salas desconcentradas el impulso de oficio del procedimiento y la dirección y coordinación de las reclamaciones económico-administrativas.

Notificación de actos y resoluciones (LGT art.234.4; RGRV art.50) Deben notificarse a los interesados todos aquellos actos y resoluciones que les afectan o pongan fin a una reclamación económico-administrativa en cualquier instancia. **8743**
También se notificarán las resoluciones a los órganos legitimados para interponer el recurso de alzada ordinario (LGT art.241), el recurso extraordinario de alzada para unificación de criterio (LGT art.242) y el recurso extraordinario para unificación de doctrina (LGT art.243).
El **contenido** indispensable que ha de tener la notificación es:
- si el acto o resolución es definitivo o no en vía económico-administrativa;
- los recursos que en su caso proceden, órgano ante el que han de presentarse y plazo para interponerlos, sin que ello impida que los interesados puedan ejercitar cualquier otro recurso que estimen pertinente.

Precisiones A los efectos de establecer el dies a quo para la interposición del **recurso de alzada** por los órganos de la Administración tributaria ante el TEAC, es suficiente con la comunicación recibida en la Oficina de Relación con los Tribunales (OIT) o en cualquier otro departamento, dependencia u oficina de la Administración, que la haya recibido a los efectos de su ejecución. La notificación y la legitimación atañen a las Administraciones Públicas en su conjunto, no a los órganos que las componen (TS 17-6-21, EDJ 618963).

8745 **Lugar** (LGT art.234.4; RGRV art.50) Las notificaciones se han de practicar a los interesados:

a) Por **medios electrónicos**.

La notificación debe realizarse **obligatoriamente** por medios electrónicos en los casos en los que la interposición de la reclamación deba realizarse asimismo de manera obligatoria por esta vía (ver nº 8549) y cuando exista obligación de relacionarse de esta forma con la Administración.

Sin embargo, fuera de los supuestos anteriores el reclamante puede elegir **voluntariamente** que la notificación se practique por dichos medios, aun cuando en el mismo escrito comunique un domicilio a efectos de notificaciones.

Si, con posterioridad a haber comunicado su voluntad de que la notificación se practique por medios electrónicos, el reclamante hace constar un domicilio a efectos de notificaciones sin manifestar expresamente su voluntad de dejar sin efecto la notificación electrónica, se le ha de requerir en dicho domicilio para que en el plazo de 10 días manifieste si pretende revocar o no su opción. Si no contesta, se entiende que mantiene la vía electrónica, lo cual se le advertirá en el requerimiento.

b) En el **domicilio** señalado a dicho efecto.

Si en el expediente de la reclamación existen varios domicilios designados por el interesado para la práctica de notificaciones, se toma en consideración el último señalado a estos efectos. Si no figura ningún domicilio a efectos de notificaciones, las mismas pueden practicarse en el domicilio fiscal del interesado, si el tribunal lo conoce.

c) Cuando no sea posible conocer ningún domicilio o cuando no haya sido posible la notificación presencial, esta se practica **por comparecencia**, de acuerdo con lo previsto en la LGT art.112.

8746 Precisiones 1) No surten efecto los **cambios de domicilio** notificados a la AEAT o en otros procedimientos económico-administrativos. La notificación del cambio de domicilio realizada a la AEAT no surte efectos ante los órganos económico-administrativos porque la AEAT y los tribunales económico-administrativos no se integran en el concepto de la misma Administración actuante, pues son órganos distintos tanto desde un punto de vista funcional como jurídico. El TEAR actuó correctamente al acudir a la notificación por edictos al resultar infructuosa la notificación en el domicilio designado a efectos de notificaciones en el correspondiente procedimiento económico-administrativo (TS 27-1-09, EDJ 13406).

2) Se considera válida la notificación realizada en el **domicilio social y fiscal** de la entidad recurrente, aun cuando no sea el señalado al efecto, al haber tenido conocimiento la entidad de otras notificaciones realizadas en este mismo domicilio (AN 29-9-08, EDJ 192674).

8748 **Medios** (RGRV art.50) La notificación en papel puede practicarse por **correo certificado** o por un **funcionario**. En este último caso, el funcionario hace constar los hechos y circunstancias de la notificación en diligencia, debiendo dejar una copia de la misma en el domicilio donde se realiza la actuación.

8751 **Gratuidad del procedimiento** (LGT art.234.5; RGRV art.51) El procedimiento económico-administrativo es gratuito. Sin embargo, en aquellos casos en los que la reclamación o el recurso resultan desestimados o inadmitidos, el órgano económico-administrativo puede exigir **costas** cuando aprecie temeridad o mala fe. Las costas se exigen a la persona a la que resulte imputable dicho comportamiento.

El órgano económico-administrativo puede apreciar **temeridad** cuando la reclamación o recurso carezca manifiestamente de fundamento.

Se puede apreciar la concurrencia de **mala fe** en los siguientes casos:

- cuando se producen peticiones o se promueven incidentes con manifiesto abuso de derecho o que entrañen fraude de ley procedimental;
- cuando se planteen recursos o reclamaciones económico-administrativas con una finalidad exclusivamente dilatoria.

El órgano económico-administrativo debe **motivar** cuáles son las circunstancias que le permiten apreciar la temeridad o mala fe. Así, la condena en costas se impondrá en la resolución que se dicte, con expresión de los motivos por los que se aprecia temeridad o mala fe. Además, también se han de cuantificar las costas.

El RGRV art.51.2 redacc RD 1073/2017 señalaba que el **importe** de las costas se determina atendiendo a las siguientes cuantías, que podrán actualizarse mediante orden ministerial:

- para las reclamaciones o recursos resueltos por un órgano unipersonal, un 2% de la cuantía de la reclamación, con un mínimo de 150 euros;
- para las reclamaciones o recursos resueltos por un órgano colegiado, un 2% de la cuantía de la reclamación, con un mínimo de 500 euros;
- para las reclamaciones o recursos de cuantía indeterminada, se aplican los mínimos de los apartados anteriores.

No obstante, dicho apartado ha sido declarado **nulo** por TS 3-6-19, EDJ 600167.
No se puede imponer las costas del procedimiento al reclamante cuando la reclamación hubiera sido **estimada** en primera instancia, total o parcialmente.
Cuando el órgano económico-administrativo acuerde exigir el pago de las costas del procedimiento, se otorga al reclamante plazo de ingreso en período voluntario (LGT art.62.2) para que abone las mismas. Transcurrido dicho plazo sin que las costas se hayan ingresado, procede su exigencia por el procedimiento de apremio.
En caso de que se haya interpuesto **recurso de alzada ordinario** contra la resolución en la que se hayan interpuesto las costas, la eficacia de la condena dictada en primera instancia estará condicionada a la confirmación de la condena en la resolución que se dicte para resolver dicho recurso.

Obtención de copias certificadas (RGRV art.48) Los interesados pueden solicitar por **escrito** la entrega de copia certificada de extremos concretos del expediente económico-administrativo. La solicitud debe hacerse de tal forma que no se vea afectada la eficacia del funcionamiento de los servicios públicos, mediante **petición individualizada** de las copias de los documentos que se soliciten. No caben solicitudes genéricas de todo el expediente en su conjunto, salvo para su consideración con carácter potestativo por el órgano económico-administrativo. 8754
La expedición de copias certificadas requiere acuerdo del tribunal económico-administrativo, que puede **denegarlas** si:
- afecta a información que debe permanecer reservada conforme a la normativa vigente;
- se ve afectada la eficacia del funcionamiento de los servicios públicos; o
- se trata de peticiones genéricas relativas al expediente en su conjunto.

La expedición de las certificaciones corresponde a la **secretaría** de los respectivos tribunales o salas desconcentradas.

Presentación, desglose y devolución de documentos (RGRV art.49) Los interesados, al presentar un documento, pueden acompañarlo de una **copia**, para que la secretaría proceda a su cotejo con el original, que es devuelto al interesado salvo que la naturaleza del documento aconseje que el mismo no se devuelva hasta que la reclamación sea resuelta definitivamente. 8756
Una vez **finalizada la reclamación** económico-administrativa en todas sus instancias, los interesados pueden pedir la devolución y el desglose de los documentos de prueba que han presentado. Este desglose y devolución de los documentos previamente aportados debe ser acordado por la secretaría de los respectivos tribunales o salas desconcentradas.
En el **expediente** de la reclamación se debe dejar constancia de la devolución de los documentos y copia cotejada del documento.

Utilización de medios electrónicos, informáticos y telemáticos en las reclamaciones económico-administrativas La LGT fue objeto de modificación por la L 34/2015 para promover una mayor y mejor utilización de los medios electrónicos en los procedimientos económico-administrativos. Así, se ha previsto la **interposición** de reclamaciones por medios electrónicos **de manera obligatoria** cuando los interesados estén obligados a recibir las notificaciones electrónicas; se ha introducido la notificación electrónica, que puede ser obligatoria en determinados supuestos (nº 8745); y se ha hecho expresa referencia al expediente electrónico, contemplando asimismo la puesta de manifiesto electrónica. 8757
Por tanto, y aunque previamente a la reforma, la OM EHA/2784/2009 reguló la interposición por medios electrónicos de las reclamaciones económico-administrativas, desarrollando la LGT disp.adic.16ª, que autoriza la utilización de medios electrónicos, informáticos y telemáticos en las reclamaciones económico-administrativas y el RGRV disp.adic.3ª, que prevé la remisión de los expedientes administrativos mediante la puesta a disposición del expediente electrónico, hay que tener en cuenta, **en primer lugar**, la regulación contenida en la LGT.

Precisiones 1) La interposición de reclamaciones económico-administrativas que no sean consecuencia de actuaciones entre particulares se realizará en la sede electrónica del órgano que dictó el acto. En el caso de que la reclamación se plantee contra **actos de inspección**, se realizará en la Sede Electrónica de la AEAT en el apartado de «Todas las gestiones, Recursos, reclamaciones, otros procedimientos de revisión y suspensiones, Reposición y vía económico-administrativa, Reclamación económico-administrativa contra actos de Inspección». Se podrán realizar, entre otros, los siguientes **trámites**:
- presentación de recurso o solicitud;
- solicitud de ampliación de plazo para el cumplimiento de algún trámite;
- contestar requerimientos, efectuar alegaciones y/o aportación de documentos o justificantes;
- aceptación o revocación de la representación voluntaria;
- solicitud de devolución de garantías.

2) Mediante la sede electrónica del Ministerio de Hacienda se pueden realizar los siguientes **trámites con los tribunales económico-administrativos**:
- interposición de reclamaciones económico-administrativas entre particulares. Reclamaciones relativas a retenciones, ingresos a cuenta, repercusiones, a la obligación de expedir y entregar factura y relaciones entre el sustituto y el contribuyente (LGT art.235.4);
- interposición de recursos, incidentes o solicitud de suspensión relativos a la tramitación de reclamación económico-administrativa. Mediante este apartado se pueden presentar recursos de alzada (LGT art.241.1), recursos de anulación (LGT art.241 bis), incidentes sobre suspensiones (RGRV art.43.5 y 44.5), incidentes de personación (LGT art.232.3), solicitudes de suspensión ante un TEA (LGT art.233.4 y 5) y extensión de las resoluciones (RGRV art.69);
- presentación de alegaciones correspondientes a una reclamación o recurso en la vía económico-administrativa;
- realización de solicitudes, comunicaciones o presentación de documentación para los tribunales económico-administrativos;
- consulta de las notificaciones enviadas por los tribunales económico-administrativos y comprobación de su autenticidad.

8758 **Interposición por vías o medios electrónicos de reclamaciones económico-administrativas** (OM EHA/2784/2009 art.2 a 5) Teniendo en cuenta lo señalado en nº 8757 en relación a la aplicación prioritaria de lo dispuesto en la LGT, la OM EHA/2784/2009 regula esta materia en los siguientes términos:

a) La **presentación** se realiza rellenando el formulario disponible en el registro electrónico del organismo autor del acto impugnado, pudiéndose incorporar ficheros anexos o documentos en los formatos que se especifiquen. No obstante, en tanto el organismo autor del acto impugnado no disponga de registro electrónico o en el mismo no se consigne el formulario, la presentación deberá realizarse en papel.

Tratándose de reclamaciones entre **particulares**, la presentación podrá realizarse rellenando el formulario que a estos efectos exista en el registro electrónico de los tribunales económico-administrativos.

b) El **formulario** contendrá las indicaciones del escrito de iniciación (nº 8549) así como espacio para formular alegaciones.

La identificación y autentificación del firmante puede realizarse por cualquiera de los sistemas de firma electrónico admitidos en el registro electrónico receptor.

El reclamante puede obtener una **copia digital** autenticada, susceptible de ser impresa en papel, que acredite el acto de presentación, el organismo ante el que se presenta, el contenido del formulario incluido las alegaciones si las hubiese, la fecha de presentación y el número de entrada de registro. El acuse de recibo de la presentación incluirá la enumeración de los documentos y ficheros adjuntos al formulario de presentación, con la huella digital de cada uno de ellos, salvo que se hubieran presentado ficheros con código malicioso, en cuyo caso el documento contendrá al menos el nombre pero no la huella de dichos ficheros.

Precisiones **1)** La L 11/2007 fue derogada por la LPAC a partir de su entrada en vigor el 2-10-2016, salvo las previsiones relativas al registro electrónico de apoderamientos, registro electrónico, punto de acceso general electrónico de la Administración y archivo único electrónico, que se mantuvieron en vigor hasta que dichas previsiones produjeron sus efectos a partir de 2-4-2021 (L 39/2015 disp.final 7ª redacc L 10/2021). Por tanto, las referencias que en la orden se contienen a la L 11/2007 deben entenderse efectuadas, en su caso, a la LPAC.

2) La OM EHA/2784/2009 aprueba los **modelos de formulario** siguientes que se incluyen en el anexo de la misma:
- Modelo REA 1: para la interposición de reclamación económico-administrativa contra acto dictado por órgano administrativo;
- Modelo REA 2: para la interposición de reclamación económico-administrativa contra actuaciones u omisiones de los particulares en materia tributaria.

8759 **Formación del expediente en origen en formato electrónico y remisión a los tribunales económico-administrativos** (OM EHA/2784/2009 art.6, 7 y disp.adic.única) Teniendo en cuenta lo señalado en nº 8757 en relación a la aplicación prioritaria de lo dispuesto en la LGT, la OM EHA/2784/2009 regula esta materia en los siguientes términos:

a) La remisión o puesta a disposición a los tribunales económico-administrativos del expediente administrativo puede efectuarse en formato electrónico si los medios técnicos lo permiten y de acuerdo con la LPAC. Este envío podrá realizarse por medios electrónicos automatizados basados en **servicios web**, pudiendo también emplear el correo electrónico cuando así lo acuerden las partes y se habilite un sistema de acuse de recibo. En otro caso, el expediente puede consignarse en soporte electrónico u óptico no susceptible de reescritura, cuya carátula identificará el expediente. Se acompañará al soporte un certificado en papel, indicativo de que el expediente figura íntegramente en dicho soporte.

El tribunal no expedirá copias en papel del expediente de origen. En cambio, dispondrá de sistemas de visionado para el examen del expediente, que garanticen la identidad entre lo mostrado y el expediente recibido telemáticamente o grabado en el soporte electrónico u óptico. El reclamante y los interesados personados en la reclamación pueden obtener a su costa **copia electrónica** del expediente, durante el trámite de puesta de manifiesto para alegaciones.

b) La **remisión de la reclamación** presentada por medios electrónicos se efectuará al Tribunal económico-administrativo al que vaya remitida preferentemente en formato electrónico, junto con el expediente de origen y demás documentación legalmente establecida en ese mismo formato. El envío se efectuará en la forma señalada anteriormente para la remisión del expediente. Cuando el expediente de origen y la documentación asociada no puedan enviarse en formato electrónico, se ha de utilizar un mecanismo de remisión que permita vincular la reclamación presentada electrónicamente con su expediente de origen en papel.

En el expediente de reclamación podrá consignarse una copia en papel del escrito de interposición presentado telemáticamente. Para ello, el tribunal dispondrá de sistemas que permitan obtener esa copia de forma que se garantice la identidad entre el formulario electrónico y la copia impresa.

Se permite también la remisión en formato electrónico de reclamaciones e incidentes de ejecución -actualmente recurso contra la ejecución- presentados **en papel**, si bien en estos casos se ha de remitir también el escrito en papel al Tribunal. No obstante, cuando el número de reclamaciones que un mismo órgano remita a los tribunales económico-administrativos sea muy elevado, se podrán aprobar por resolución de la presidencia del TEAC procedimientos sustitutorios de la remisión en papel del escrito de interposición.

Precisiones **1)** Al haber sido derogada la L 11/2007 por la LPAC, a partir de su entrada en vigor, el 2-10-2016, las referencias que en la OM EHA/2784/2009 art.2 a 5 se contienen a la misma deben entenderse efectuadas a la LPAC.

2) Las **restantes actuaciones** del procedimiento económico-administrativo y las actuaciones no incluidas en el ámbito de aplicación de la Orden (OM EHA/2784/2009 art.1) seguirán presentándose y documentándose en papel, salvo que en la LGT o en la LPAC se disponga lo contrario.

2. Procedimiento en única o primera instancia

(LGT art.235 a 240; L 34/2015 disp.trans.única.7.c; RGRV art.2, 21, 52 a 60)

La reclamación económico-administrativa en única o en primera instancia puede interponer- 8761
se en el **plazo** de un mes a contar desde el día siguiente al de la notificación del acto impugnado, o desde el día siguiente a aquel en que quede constancia de la realización u omisión de la retención o ingreso a cuenta, de la repercusión motivo de la reclamación o de la sustitución derivada de las relaciones entre el sustituto y el contribuyente.

En caso de **silencio administrativo**, el recurso se puede interponer en cualquier momento desde el día siguiente a aquel en que se produzca la desestimación por silencio. Además, si con posterioridad a la reclamación por silencio y antes de su resolución, se dicta **resolución expresa**, tras su notificación al interesado, aquella se remitirá al tribunal que estuviera conociendo la reclamación.

En la notificación de la resolución se deben advertir de las siguientes circunstancias, dependiendo del contenido de la misma:

- que la resolución se considera igualmente impugnada, en caso de que sea desestimatoria o parcialmente estimatoria;
- que la resolución expresa causa la terminación del procedimiento económico-administrativo por satisfacción extraprocesal, en caso de que el contenido de la resolución expresa sea totalmente estimatorio. La terminación del procedimiento debe ser declarada por el órgano económico-administrativo que esté conociendo el procedimiento.

Se concede al interesado un **plazo** de un mes, a contar desde el día siguiente al de la notificación, para que pueda formular ante el tribunal las **alegaciones** que considere oportunas. En esas alegaciones se puede pronunciar sobre las consecuencias anteriores, es decir, la impugnación de la resolución y la terminación del procedimiento por satisfacción extraprocesal. Si no se pronuncia sobre las mismas, se considera que está conforme con las mismas.

En caso de reclamaciones relativas a la **obligación de expedir y entregar facturas** que incumbe a empresarios y profesionales, el plazo para reclamar empieza a contar transcurrido un mes desde que se haya requerido formalmente el cumplimiento de dicha obligación.

Precisiones **1)** El **cómputo del plazo** de un mes se realiza de fecha a fecha, salvo que en el mes de 8762
vencimiento no exista día equivalente al inicial o que el último día del cómputo sea inhábil, en cuyo caso se ha de prorrogar al día siguiente hábil. La fecha inicial de cómputo del plazo para recurrir

comienza a contar el mismo día de la notificación o publicación del acto o disposición impugnados, de modo que, efectuada correctamente la notificación el día 20 de junio, el último día para interponer el recurso era el 20 de julio del mismo año y no el 21 de ese mes (TS 19-12-08, EDJ 305140).

2) La hipotética vigencia de una causa de **nulidad de pleno derecho** carece de valor suficiente como para posibilitar a quien ha presentado tardíamente una reclamación económico-administrativa que pueda lograr el examen de cuestiones de fondo (TSJ Baleares 9-12-08, EDJ 323281).

3) El «dies a quo» a tener en cuenta para el cómputo del plazo de interposición de reclamaciones contra actuaciones de **repercusión** es el día siguiente a aquél en que exista constancia del conocimiento por parte del reclamante de la controversia que se suscite en relación con la repercusión del impuesto (TEAC 9-6-09).

4) El análisis de la posible **extemporaneidad** es prioritario respecto del enjuiciamiento de los demás motivos de controversia, incluso aunque uno de ellos sea la prescripción (TEAC 19-1-12).

5) Los plazos para interponer recursos y reclamaciones son preclusivos y no son susceptibles de ampliación. La **ampliación de plazos** de la LRJPAC art.49 -desde el 2-10-16, LPAC art.32- se refiere, exclusivamente, a los trámites que se desarrollan dentro del procedimiento administrativo y no a los plazos para la interposición de los recursos (TEAC 14-11-13).

6) Cabe admitir un **recurso pretemporáneo** presentado contra una propuesta cuando, al resolver el recurso, ya se ha dictado el acto resolutorio (TEAC 28-6-22).

7) Tratándose de reclamaciones relativas a la obligación de expedir y entregar **factura** que incumbe a empresarios y profesionales, el plazo de un mes para la interposición de la reclamación económico-administrativa empieza a contar transcurrido un mes desde que se haya requerido formalmente el cumplimiento de dicha obligación. Si se requiere la emisión de la factura el 2-12-2016, el plazo para la interposición concluye el 2-1-2017, puesto que es el día en que finalizaba el plazo de un mes computado «de fecha a fecha» y no era un día inhábil (TEAC 21-10-20).

8) Los órganos económico-administrativos y los tribunales del orden contencioso-administrativo no pueden anular una liquidación tributaria, apreciando de oficio la **prescripción del derecho** de la Administración **a liquidar**, cuando la reclamación haya sido interpuesta de forma extemporánea (TS 7-3-24, EDJ 521989).

9) Para obligados tributarios afectados por la **DANA**, ver nº 3337.

a. Iniciación

(LGT art.235; RGRV art.2, 21 y 52 a 54)

8765 **Contenido** (LGT art.235; RGRV art.2 y 54) El procedimiento se inicia mediante **escrito** que puede limitarse a solicitar que se tenga por interpuesta la reclamación y en el que se debe hacer constar las siguientes **menciones**:
- identificación del reclamante;
- acto contra el que se reclama;
- domicilio a efectos de notificaciones;
- tribunal ante el que se interpone;
- el resto de las menciones previstas con carácter general para todos los escritos de iniciación de los procedimientos de revisión en vía administrativa (identificación del representante si actúa por medio del mismo, fecha en que dictó el acto impugnado, número de expediente o clave alfanumérica que le identifique, lugar fecha y firma del escrito de solicitud).

En los casos de reclamaciones relativas a **retenciones, ingresos a cuenta**, repercusiones, obligaciones de expedir y entregar factura y a las relaciones entre el sustituto y el contribuyente, el escrito debe identificar también a la persona recurrida y su domicilio, y adjuntar todos los antecedentes que obren a disposición del reclamante o en registros públicos.

Si el reclamante lo desea puede acompañar las **alegaciones** en que base su derecho, pero no está obligado a ello.

Si el escrito no reúne estos requisitos, se requiere al interesado para su **subsanación**, debiéndole dar un plazo de 10 días para ello, a partir del día siguiente de la notificación del requerimiento de subsanación. En el requerimiento se le indica que la falta de atención del mismo determina el archivo de las actuaciones y se tiene por no presentado el escrito de iniciación.

Si en el escrito, el reclamante no hubiera identificado el **domicilio para notificaciones**, el tribunal puede notificar al interesado en su domicilio fiscal, si tiene constancia de él y, en su defecto, la notificación se puede efectuar de acuerdo con lo expuesto en nº 8743 s.

La LGT establece la posibilidad de que las notificaciones se practiquen de forma electrónica. La **notificación electrónica** es obligatoria cuando el obligado tributario deba interponer la reclamación por esa vía.

8768 **Plazo y lugar** (LGT art.235.3 a 5; RGRV art.52) El escrito de interposición debe ir dirigido al **órgano administrativo** que ha dictado el acto reclamable, y este debe remitirlo al tribunal competente en el plazo de un mes junto con el expediente correspondiente, que podrá ser electrónico, al que puede acompañar un informe, si lo estima conveniente.

Si la interposición de la reclamación se realiza «per saltum» para que resuelva el TEAC, el escrito de interposición se debe remitir al órgano competente para tramitar (nº 8601).
En los casos de reclamaciones relativas a **retenciones, ingresos a cuenta**, repercusiones, a la obligación de expedir y entregar factura y relaciones entre el sustituto y el contribuyente, el escrito de interposición se dirige al tribunal competente para resolver la reclamación.
El **plazo** del mes para la **remisión del expediente** al tribunal competente se cuenta desde que la reclamación tuvo entrada en los registros del órgano administrativo que haya dictado el acto objeto de la reclamación.
Si el órgano administrativo no hubiese remitido al tribunal el escrito de interposición de la reclamación, basta que el reclamante presente al tribunal la copia sellada de dicho escrito para que la reclamación se pueda tramitar y resolver. Si en el plazo citado del mes el tribunal no ha recibido el expediente administrativo, ha de **reclamar** su envío, sin perjuicio de que pueda proseguir la tramitación de la reclamación con los antecedentes conocidos por el tribunal y los que, en su caso, aporte o haya aportado el interesado.
Cuando el órgano administrativo que ha dictado el acto observe la existencia de **extemporaneidad** en la reclamación económico-administrativa se debe abstener de realizar actuación alguna y debe dar traslado inmediato del escrito de presentación y del expediente al tribunal competente.
Respecto a la remisión de reclamaciones en formato electrónico o por medios electrónicos, ver nº 8759.

Precisiones **1)** El plazo para la interposición de la reclamación económico-administrativa contra la desestimación presunta de una solicitud de reembolso de coste de avales es de un mes contado desde el día siguiente a aquél en que se entiendan producidos los efectos del **silencio administrativo** que, en este caso concreto, se produjeron por el transcurso de 6 meses desde la formulación de la solicitud (TEAC 26-5-10).
2) La falta de inclusión en el expediente de los **documentos** en los que la Administración ha **fundamentado su regularización**, no constituye un mero defecto formal sino una falta de justificación de la realización del hecho imponible o de su dimensión económica, extremos cuya prueba recae sobre la Administración, lo que constituye un defecto material o sustantivo que da lugar a la anulación de la liquidación sin orden de retroacción (TEAC unif criterio 15-7-16).
3) Después de establecer que la opción del interesado por la única instancia ante el TEAC solo es posible en el momento de la interposición de la reclamación y que esta resulta indisponible para él y para la propia Administración, se considera que no obstante, en caso de resolver el TEAR, se trataría de una vulneración de la distribución funcional de la **competencia** por voluntad del interesado que no afecta a la competencia objetiva o a la territorial atribuida legalmente, por lo que, dada la interpretación restrictiva que debe hacerse de los supuestos de nulidad radical, no alcanzaría la nulidad de pleno derecho, sino la mera anulabilidad (TEAC 14-10-14).
4) Los pronunciamientos de los tribunales económico-administrativos tienen lugar en el ámbito de las impugnaciones sometidas a su consideración pero, para que puedan producirse, se ha de examinar, con carácter preferente a cualquier cuestión, si concurren los requisitos de **competencia, legitimación y plazo** que son presupuesto para la admisión a trámite de la reclamación, de suerte que la falta de cualquiera de ellos actúa de impedimento para plantear siquiera cualquier cuestión no procedimental (TEAC 24-4-13).
5) Para obligados tributarios afectados por la **DANA**, ver nº 3337.

Es obligatorio que la interposición de la reclamación se realice a través de la **sede electrónica** del órgano que haya dictado el acto reclamable cuando los reclamantes estén obligados a recibir por medios electrónicos las comunicaciones y notificaciones. **8769**
En el ámbito de la **AEAT**, están obligados a recibir por medios electrónicos las comunicaciones y notificaciones los siguientes **sujetos** (RD 1363/2010 art.4):
- sociedades anónimas;
- sociedades de responsabilidad limitada;
- personas jurídicas y entidades sin personalidad jurídica que carezcan de nacionalidad española;
- establecimientos permanentes y sucursales de entidades no residentes en territorio español;
- uniones temporales de empresas;
- entidades que se correspondan con uno de los siguientes tipos: agrupación de interés económico, agrupación de interés económico europea, fondo de pensiones, fondo de capital riesgo, fondo de inversiones, fondo de titulización de activos, fondo de regularización del mercado hipotecario, fondo de titulización hipotecaria o fondo de garantía de inversiones.

Además y con independencia de su personalidad o forma jurídica, también están obligados a recibir las comunicaciones y notificaciones de la AEAT por medios electrónicos las personas y entidades en las que concurra alguna de las siguientes **circunstancias**:
- que estén inscritas en el Registro de grandes empresas;
- que tributen en el IS en régimen de consolidación fiscal;

- que tributen en el IVA en régimen especial de grupo de entidades;
- que estén inscritas en el Registro de devolución mensual;
- que tengan la condición de representantes aduaneros o presenten declaraciones aduaneras por vía electrónica.

8770 Por otro lado, están obligados a relacionarse a través de medios electrónicos con las **Administraciones Públicas** para la realización de **cualquier trámite de un procedimiento administrativo** los siguientes sujetos (LPAC art.14.2):
- personas jurídicas y entidades sin personalidad jurídica;
- quienes ejerzan una actividad profesional para la que se requiera colegiación obligatoria, para los trámites y actuaciones que realicen con las Administraciones Públicas en ejercicio de dicha actividad profesional. Se entienden incluidos, en todo caso, los notarios y registradores de la propiedad y mercantiles;
- los representantes de una persona o entidad obligada a relacionarse electrónicamente con la Administración;
- los empleados de las Administraciones Públicas para los trámites y actuaciones que realicen con ellas por razón de su condición de empleado público, en la forma que se determine reglamentariamente por cada Administración.

Por último, se establece la posibilidad de que por vía reglamentaria las Administraciones establezcan la obligación de relacionarse con ellas a través de medios electrónicos para determinados procedimientos y para ciertos colectivos de personas físicas que, por razón de su capacidad económica, técnica, dedicación profesional u otros motivos, quede acreditado que tienen acceso y disponibilidad de los medios electrónicos necesarios (LPAC art.14.3).

Precisiones **1)** La interposición de reclamaciones a través de **vía electrónica** tiene carácter obligatorio para las reclamaciones y recursos interpuestos desde el 12-10-2015 y la utilización de esta vía se recoge en la LPAC desde su entrada en vigor el 2-10-2016.

2) Si alguno de los sujetos obligados a relacionarse con la Administración de manera electrónica presenta su solicitud presencialmente, las Administraciones Públicas requerirán al interesado para que la subsane a través de su presentación electrónica. Como **fecha de presentación** de la solicitud se entiende aquella en la que haya sido realizada la subsanación (LPAC art.68.4).

No obstante, la LGT contempla una consecuencia distinta, que es la posibilidad de imponer una **sanción** por presentar las autoliquidaciones, declaraciones, documentos relacionados con las obligaciones aduaneras u otros documentos con trascendencia tributaria por medios distintos a los electrónicos, informáticos y telemáticos en aquellos supuestos en que hubiera obligación de hacerlo por dichos medios. Esta infracción es grave y se sanciona con una multa pecuniaria fija de 250 euros (LGT art.199.1 y 2).

3) El RD 203/2021 aprueba el Reglamento de actuación y funcionamiento del sector público por medios electrónicos y desarrolla en su art.3 lo previsto en la LPAC art.14. En relación a la LPAC art.14.3, el citado Reglamento establece que, en el **ámbito estatal**, la mencionada obligatoriedad de relacionarse por medios electrónicos podrá ser establecida por Real Decreto acordado en Consejo de Ministros o por Orden de la persona titular del Departamento competente, según los casos. Asimismo, establece la obligación de **publicación** en el Punto de Acceso General electrónico (PAGe) de la Administración General del Estado y en la sede electrónica o sede asociada que corresponda.

8771 **Recurso de reposición previo** (RGRV art.21 y 52.1) Si se ha interpuesto previamente un recurso de reposición y el mismo **no ha sido resuelto**, ni puede entenderse desestimado por silencio administrativo al tiempo de presentarse la reclamación económico-administrativa, el órgano que dictó el acto impugnado debe remitir al tribunal competente una copia del escrito de interposición del recurso de reposición y de la reclamación con una diligencia en la que se ponga de manifiesto la existencia del recurso de reposición y, por tanto, la no procedencia de la remisión del expediente correspondiente, a fin de que el órgano económico-administrativo pueda determinar en su caso la procedencia de la inadmisión de la reclamación.

Precisiones Se declara inadmisible la reclamación económico-administrativa presentada contra la **desestimación presunta** del recurso de reposición, pues se formuló antes de finalizar el plazo para poder entender producida la desestimación, que es de un mes contado a partir de la interposición del recurso de reclamación. Se desestima también la reclamación económico-administrativa interpuesta contra la desestimación expresa del recurso de reposición, ya que dicho recurso fue presentado fuera del plazo de un mes contado a partir del día siguiente al de la notificación del acto recurrido (TEAC 28-3-07).

8774 **Anulación previa del acto impugnado** (RGRV art.52.3 y 4) Si el escrito de interposición incluye las alegaciones del reclamante, el órgano administrativo que dictó el acto puede anularlo total o parcialmente antes de la remisión del expediente al tribunal dentro del plazo del mes señalado anteriormente, siempre que no se hubiera presentado previamente recurso de reposición. En estos supuestos de anulación **parcial o total** del acto, el órgano administrativo debe remitir al tribunal distinta documentación.

Precisiones 1) La **cuantía** de la reclamación se determina en función de los actos anulados total o parcialmente.
2) El tribunal reconoce la posibilidad de que el órgano administrativo, tras recibir el escrito de interposición de la reclamación, si contiene alegaciones y no se ha interpuesto previamente recurso de reposición, pueda **anular** total o parcialmente el acto impugnado y remitir el **nuevo acto** junto con el citado escrito; no obstante señala dos limitaciones al ejercicio de esta potestad:
- la que impone la **prescripción** de los derechos de la Administración a liquidar la deuda tributaria;
- la que impone el principio que prohíbe la **reformatio in peius**.
En este ámbito, se considera que supone un **perjuicio** para la empresa recurrente que la Administración sustituya las liquidaciones anuales por liquidaciones trimestrales, al aumentar el importe de la cantidad a ingresar (AN 10-4-18, EDJ 60510).

Anulación total sin dictar otro acto (RGRV art.52.3) Si se anula el acto impugnado sin dictar otro en su lugar, dicho acuerdo de anulación debe notificarse al interesado y de todo ello el órgano debe dar traslado al tribunal. En la **notificación** al interesado se le indica que dispone de un plazo de 15 días, contados a partir del día siguiente a la notificación, para manifestar ante el tribunal competente su conformidad o disconformidad con la anulación acordada. También se le advierte que, de no formular manifestación alguna en dicho plazo, se le tiene por desistido de la reclamación económico-administrativa y se dicta acuerdo de archivo de actuaciones. 8777
Si el interesado manifiesta su **disconformidad** con el acuerdo de anulación, el tribunal competente prosigue la tramitación de la reclamación y se consideran impugnados tanto el acto originario como el de anulación dictado posteriormente, sin perjuicio de lo que resulte de las posteriores alegaciones del reclamante.

Anulación total dictando un nuevo acto (RGRV art.52.3 y 4) Si se anula el acto impugnado y se dicta un nuevo acto en **sustitución** del anterior, el órgano administrativo debe enviar al tribunal el acuerdo de anulación, el nuevo acto dictado, el escrito de interposición y el expediente administrativo dentro del plazo del mes previsto legalmente. El tribunal debe considerar que el objeto de la reclamación afecta tanto al acuerdo de anulación como al contenido del segundo acto, sin perjuicio de lo que resulte de las posteriores alegaciones del reclamante, y debe proseguir la tramitación a menos que el interesado desista de forma expresa. 8780
Si se hubiera acordado la **suspensión** de la ejecución del acto que se anula, la ejecución del nuevo acto dictado queda igualmente suspendida si se mantienen las circunstancias que permitieron acordarla, sin perjuicio del derecho a la reducción proporcional de las garantías aportadas para la suspensión del acto inicialmente impugnado.
Los **nuevos actos** administrativos dictados surten efecto desde su notificación al interesado, salvo que hubiese sido acordada la suspensión en relación con los dictados originariamente y esta mantenga su eficacia.

Precisiones Los **actos sustitutorios** no pueden ser objeto de recurso de reposición, ni de reclamación económica-administrativa independiente, debiendo ser resueltas las cuestiones relativas a los mismos en la reclamación económico-administrativa interpuesta contra el acto administrativo inicialmente recurrido.

Anulación parcial (RGRV art.52.3 y 4) Si se anula parcialmente el acto impugnado, se envía al tribunal el acuerdo de anulación junto con el escrito de interposición y el expediente administrativo. El tribunal debe considerar que el objeto de la reclamación económico-administrativa incluye tanto el acuerdo de anulación como el contenido del acto que queda subsistente, sin perjuicio de lo que resulte de las posteriores alegaciones del reclamante, por lo que prosigue la tramitación, salvo que el interesado desista de forma expresa. 8783
Si se hubiera acordado la **suspensión** de la ejecución del acto que se anula parcialmente, la ejecución del acto subsistente queda igualmente suspendida si se mantienen las circunstancias que permitieron acordarla, sin perjuicio del derecho a la reducción proporcional de las garantías aportadas para la suspensión del acto inicialmente impugnado.
El acto subsistente surte **efecto** desde su notificación al interesado, salvo que hubiese sido acordada la suspensión en relación con el dictado originariamente y esta mantenga su eficacia.

Precisiones Los **actos sustitutorios** no pueden ser objeto de recurso de reposición, ni de reclamación económica-administrativa independiente, debiendo ser resueltas las cuestiones relativas a los mismos en la reclamación económico-administrativa interpuesta contra el acto administrativo inicialmente recurrido.

Incompetencia territorial y jerárquica (RGRV art.53) Recibida la reclamación, cuando se considere que la competencia corresponde a otro tribunal económico-administrativo, se ha de **remitir**, de oficio y de forma motivada, al tribunal que se estime competente. 8786

Esta remisión debe notificarse al interesado. Si el acuerdo se ha adoptado por el TEAR, el interesado dispone de un plazo de 15 días, contados a partir del día siguiente al de la notificación, para presentar un escrito donde manifieste sus **alegaciones** ante el tribunal económico-administrativo destinatario. Si este último tribunal fuera también un TEAR y declina su competencia sobre el expediente, debe motivar su decisión y remitir lo actuado al TEAC, que es quien decide y envía las actuaciones al tribunal que deba continuar con la tramitación de la reclamación. El **órgano que dictó el acto** debe ser informado sobre tal extremo por el tribunal económico-administrativo que resulte competente para conocer de la reclamación.

b. Tramitación

(LGT art.236 y 237; RGRV art.55 a 59)

8790 **Contenido del expediente** (RGRV art.55) El tribunal puede solicitar que se proceda a completar el expediente **de oficio o a petición** de cualquier interesado.
La solicitud del **interesado** puede formularse una sola vez y debe presentarse dentro del plazo de alegaciones, mediante un escrito en el que se deben detallar los antecedentes que debiendo integrar el expediente no figuren en él.
Esta petición de completar el expediente provoca la **suspensión** del trámite de alegaciones.
Si el tribunal **deniega** la petición, se reanuda el plazo para alegaciones por el tiempo que quedase en el momento de la solicitud del interesado.
Por el contrario, si el tribunal **acoge** la petición, debe remitir el acuerdo con el que reclama los antecedentes al órgano que ha dictado el acto. Una vez recibidos los antecedentes, o la declaración de que estos no existen o no forman parte del expediente conforme a su normativa reguladora, el tribunal debe otorgar un nuevo plazo de alegaciones.

Precisiones **1)** El órgano de aplicación de los tributos debe **enviar** el expediente completo al órgano económico-administrativo y este debe **reclamarlo** cuando se incumpla absolutamente su obligación de remisión (TEAC 22-2-18).
2) El órgano administrativo que haya dictado el acto reclamable tiene la obligación de remitir al órgano económico-administrativo el **expediente administrativo completo** en el plazo del mes al que se refiere LGT art.235.3, plazo de remisión que tiene naturaleza preclusiva para la Administración tributaria, de modo que no resulta posible la remisión espontánea de complementos al expediente administrativo inicialmente remitido y que no hayan sido solicitados por el tribunal económico-administrativo, de oficio o a instancia de parte (TS 27-10-23, EDJ 729327; 24-11-23, EDJ 752563).

8793 **Alegaciones** (LGT art.236.1, 2 y 5; RGRV art.56) Una vez recibido y, en su caso, completado el expediente, el tribunal debe proceder a su **puesta de manifiesto** a los interesados que han comparecido en la reclamación y no hubiesen presentado alegaciones en el escrito de interposición, o las hubiesen formulado pero con la solicitud expresa de ese trámite, por un plazo de un mes en el que deben presentar escrito de alegaciones con aportación de las pruebas que consideren oportunas.
La puesta de manifiesto del expediente se podrá realizar por **medios electrónicos**, informáticos o telemáticos. Por este medio se podrán presentar también las alegaciones y pruebas que se estimen necesarias.
En el caso de obligados a interponer la reclamación de forma electrónica (nº 8768 s.), se establece la obligación de presentar **alegaciones**, pruebas y cualquier otro escrito por medios electrónicos, informáticos o telemáticos.
Si ocurriera una **deficiencia técnica** imputable a la Administración tributaria que imposibilite la realización del trámite por medios electrónicos, el tribunal tomará las medidas oportunas para que se eviten perjuicios al interesado. Entre otras medidas, se podrá conceder un nuevo plazo, prorrogar el anteriormente concedido o autorizar que la presentación se realice por una vía distinta.
En los casos de reclamaciones relativas a **retenciones, ingresos a cuenta, repercusiones**, obligación de expedir o entregar factura o las relaciones entre el sustituto y el contribuyente, el tribunal debe notificar la interposición de la reclamación a la persona recurrida para que se persone en el plazo de un mes a partir del día siguiente al de la notificación realizada al efecto, y adjunte todos los antecedentes que obren a su disposición. Su personación en un momento posterior del procedimiento no podrá perjudicar al recurrente ni reabrir trámites o plazos concluidos con anterioridad.

Precisiones 1) Si de las alegaciones formuladas en el escrito de interposición de la reclamación o de los documentos aportados por el interesado resultan **acreditados todos los datos** necesarios para resolver, o estos pueden tenerse por ciertos, como en aquellos supuestos en que resulte evidente un motivo de inadmisibilidad, el tribunal puede prescindir de la remisión de expediente y documentación por el órgano que dictó el acto, la puesta de manifiesto para alegaciones y la práctica de la prueba, pudiendo entrar directamente a resolver la reclamación. 8794

2) La falta de alegaciones en la vía económico-administrativa no impide el pronunciamiento sobre el fondo de un **recurso contencioso-administrativo** (TCo 75/2008).

3) La presentación de un nuevo escrito de alegaciones tiene **eficacia interruptiva de la prescripción** cuando dichas alegaciones se puedan considerar unas verdaderas alegaciones complementarias a las primeras presentadas. En este caso, se considera que tiene eficacia interruptiva ya que se ha aportado una resolución que por aplicación de la LGT art.239.7 -desde el 12-10-2015, LGT art.239.8- resulta vinculante para el tribunal (TEAC 16-6-10).

4) La AN fija posición sobre la admisibilidad de la **documentación** aportada en vía económico-administrativa, considerando que puede aceptarse esta documentación pese a no haberse propuesto la prueba durante el procedimiento inspector (AN 15-10-20, EDJ 725467).

A estos efectos, si **no** se acredita que la conducta del interesado ha sido **abusiva o maliciosa**, la AEAT y los tribunales económico-administrativos deben valorar las pruebas presentadas extemporáneamente -pudiendo ser estimadas, desestimadas o solicitadas comprobaciones adicionales-; por el contrario, en caso de actuación abusiva o maliciosa, dichos órganos no van a valorarla (TEAC unif criterio 30-10-23).

5) El mero hecho de que **no** se hayan presentado **alegaciones al acta de disconformidad** no permite rechazar por parte de los tribunales económico-administrativos las cuestiones planteadas ante los mismos. Solo es posible excluir la actividad probatoria en sede económico-administrativa en los casos de mala fe o abuso de derecho (TS 21-2-19, EDJ 516350).

6) La aportación de **pruebas** en vía revisora ha de atemperarse atendiendo a que la documentación que se aporte justifique materialmente lo pretendido, sin que sea preciso que el tribunal económico-administrativo despliegue una actividad de comprobación que le está vedada. La función del tribunal económico-administrativo es la de valorar la prueba, no la de llevar a cabo una actividad complementaria a la inspectora (TEAC 20-9-21).

7) Para obligados tributarios afectados por la **DANA**, ver nº 3337.

Pruebas (LGT art.236.4; RGRV art.57.1 y 3) El tribunal puede practicar las pruebas que estime relevantes de oficio o a instancia del interesado. En el caso de pruebas practicadas **de oficio**, se ha de poner de manifiesto el expediente de la reclamación a los interesados para que, en el plazo de 10 días contados a partir del día siguiente al de la notificación de la apertura de dicho plazo, aleguen lo que estimen conveniente. 8796

El tribunal no puede denegar la práctica de pruebas relativas a **hechos relevantes**, pero la resolución de la reclamación no examina aquellas pruebas que no son pertinentes para el conocimiento de las cuestiones debatidas, en cuyo caso basta con que la resolución incluya una mera enumeración de las mismas y decida sobre las no practicadas.

Puede denegar la práctica de las pruebas solicitadas o aportadas cuando se refieren a **hechos que no guardan relevancia** para la decisión de las pretensiones ejercitadas en la reclamación, sin perjuicio de la decisión que se adopte en la resolución de la reclamación, que puede ratificar su denegación o bien examinar las pruebas directamente si ya estuvieran practicadas e incorporadas al expediente. El tribunal puede posteriormente ordenar la práctica de pruebas previamente denegadas.

Las **resoluciones** del tribunal que acuerdan o deniegan la práctica de las pruebas tienen el carácter de meros actos de trámite.

Precisiones 1) Las pruebas **testificales, periciales** y las consistentes en declaración de parte se realizan mediante acta notarial o ante el secretario del tribunal o el funcionario en quien el mismo delegue, que extiende el acta correspondiente.

2) En relación con la **aportación** de pruebas en vía revisora, ver nº 8560, precisión 2.

Informes (LGT art.236.3; RGRV art.57.2 y 3) El tribunal puede requerir todos los **informes** que considere necesarios o convenientes para la resolución de la reclamación. En particular se prevé que pueda solicitar informe al órgano que dictó el acto impugnado, con el fin de aclarar las cuestiones que lo precisen. 8799

De dicho informe se debe dar **traslado** al reclamante para que pueda presentar alegaciones al mismo. Reglamentariamente se pueden recoger supuestos en los que la solicitud de informe tiene carácter preceptivo. Cuando los informes se soliciten de oficio por el tribunal, se debe poner de manifiesto el expediente de la reclamación a los interesados para que en un plazo de 10 días contados a partir del siguiente al de la notificación de la apertura de dicho plazo, puedan formular alegaciones.

A efectos del **plazo** máximo para notificar la resolución, no se incluye el período empleado por otros órganos de la Administración para remitir los informes requeridos por el tribunal, sin que dichos períodos no incluidos en el cómputo del plazo puedan ser superiores a 2 meses.

Precisiones Solicitado un informe, no se dio trámite de audiencia al interesado. Para que dicha omisión produzca **indefensión**, es necesario que cause perjuicio para los derechos de quien se ha visto privado del mismo. Dado que las cuestiones jurídicas a que alude el informe fueron debatidas en el proceso previo y las materias de orden técnico propiciaron una estimación parcial de la reclamación, no se produce la indefensión alegada (TS 17-7-07, EDJ 152436).

8802 **Cuestiones incidentales y extensión de la revisión** (LGT art.236.6 y 237; RGRV art.58 y 59) En la tramitación de la reclamación pueden plantearse como cuestiones incidentales aquellas que, sin constituir el fondo del asunto, estén **relacionadas** con el mismo o con la validez del procedimiento y cuya resolución sea requisito previo y necesario para la tramitación de la reclamación, sin que puedan aplazarse hasta que recaiga acuerdo sobre el fondo del asunto.
Las cuestiones incidentales pueden plantearse en el **plazo** de 15 días contados a partir del día siguiente a aquel en que se tiene constancia fehaciente del hecho o acto que las motiva.
El tribunal puede actuar de forma unipersonal para la resolución de las cuestiones incidentales.
La **resolución** que pone término al incidente no es recurrible. El interesado puede discutir nuevamente el objeto de la cuestión incidental mediante el recurso que proceda contra la resolución de la reclamación notificada.
Si el órgano económico-administrativo considera conveniente examinar y resolver **cuestiones no planteadas** por los interesados, debe exponerlas a quienes están personados en el procedimiento para que en el plazo de 10 días, contados a partir del siguiente al de la notificación de la apertura de dicho plazo, puedan formular alegaciones.

c. Terminación

(LGT art.238 a 240; RGRV art.60)

8805 El procedimiento económico-administrativo puede finalizar de alguna de las siguientes **formas**:
- renuncia al derecho en que se fundamenta la resolución;
- desistimiento de la petición o instancia;
- caducidad de la instancia;
- satisfacción extraprocesal;
- resolución.

En los casos de renuncia o desistimiento del reclamante, caducidad de la instancia o satisfacción extraprocesal, el tribunal ha de acordar motivadamente el **archivo de las actuaciones**.
Este acuerdo puede ser adoptado a través de órganos unipersonales.
Contra el acuerdo de archivo de actuaciones puede interponerse recurso de anulación en el plazo de 15 días (ver nº 8832).

8808 **Resolución** (LGT art.239 y 240) Los tribunales no pueden abstenerse de resolver ninguna reclamación sometida a su conocimiento sin que puedan alegar duda racional o deficiencia en los preceptos legales.
En todo caso, la resolución que se dicte ha de ser **motivada** y debe contener los antecedentes de hecho y los fundamentos de derecho en que se basa; y debe pronunciarse sobre todas las cuestiones que se suscitan en el expediente, hayan sido o no planteadas por los interesados.
La resolución del tribunal puede ser:
- estimatoria;
- desestimatoria; o
- declarar la inadmisibilidad de la reclamación (nº 8815).

Las resoluciones **estimatorias** pueden ser estimatorias totales o parciales, según que anulen total o parcialmente el acto impugnado. Dicha anulación puede venir determinada por razones de derecho sustantivo o por defectos formales.
Cuando la resolución aprecie **defectos formales** que han causado indefensión al reclamante, el tribunal debe anular la parte del acto afectada y ordenar la retroacción de actuaciones al momento en que se produjo el defecto formal.
La resolución que se dicte tiene plena **eficacia** respecto a los interesados a los que se hubiese notificado la existencia de reclamación.
Las resoluciones dictadas en las **reclamaciones entre particulares** son comunicadas a la Administración competente. Una vez que las mismas hayan adquirido firmeza, vinculan a la Administración tributaria en cuanto a la calificación jurídica de los hechos que hayan sido tenidos en cuenta para resolver la reclamación. La Administración tributaria conserva, no obstante, las potestades de comprobación e investigación.

La LGT regula expresamente un mecanismo para que el reclamante que ha obtenido una resolución de un tribunal imponiendo al reclamado la **obligación de expedir una factura**, pueda ver cumplido el fallo del tribunal de no cumplirse voluntariamente por el reclamado. Así, una vez dictada una resolución por un tribunal que establezca la obligación de expedir factura y transcurrido el plazo legalmente establecido sin que se haya realizado, el reclamante podrá expedir el mismo la factura. Para ello, el reclamante debe actuar de la siguiente forma:
- debe comunicar el ejercicio de esta facultad por escrito al tribunal económico-administrativo que haya resuelto el procedimiento, indicando que el fallo no se ha cumplido y que se va a proceder a emitir una factura;
- también debe comunicar al reclamado, por cualquier medio que deje constancia de su recepción, que va a ejercitar esta facultad.

Cumplidos estos trámites, el reclamante puede confeccionar la factura en la que se documente la operación. Como expedidor constará el reclamado que ha incumplido la obligación. El reclamante debe conservar el original de la factura y remitir **copia** de la misma al reclamado y a la AEAT, a la que también acompañará copia del escrito presentado en el que comunicaba el incumplimiento de la resolución.

Precisiones **1)** La extensión de la revisión en vía económico-administrativa, en el caso de **cuestiones** derivadas del expediente pero **no planteadas por los interesados**, tiene como límites la interdicción de la reformatio in peius y, como proyección de la figura anterior, el principio de congruencia, y tiene como fundamento el proteger los derechos de los administrados. Por aplicación del principio de eficacia y de limitación de costes indirectos en la actuación tributaria (LGT art.3.2), es cuestionable la oportunidad de que los órganos de revisión entren a conocer de oficio cuestiones no planteadas por los obligados cuando la situación del obligado tributario no experimentaría variación respecto de la inicialmente derivada de la actuación de la Administración tributaria objeto de impugnación. No obstante, el pronunciamiento de oficio será procedente cuando ello suponga una clara ventaja al interesado, como puede ser la prescripción de algún período (TEAC 24-11-10). 8809

2) Al amparo de los principios de seguridad jurídica y defensa de los derechos de los interesados, la **retroacción** no puede concebirse como una fórmula apta para corregir **defectos sustantivos** de una decisión, otorgando a la Administración la oportunidad de ajustarla desde ese momento al ordenamiento jurídico. La retroacción de actuaciones es procedente únicamente en los supuestos de quiebra formal o cuando la instrucción del expediente es incompleta (TSJ C.Valenciana 10-6-19, EDJ 669698).

3) Una resolución de órgano económico-administrativo no puede anular un acto tributario para ordenar la retroacción de las actuaciones con la finalidad de que la Administración tributaria proceda a la correcta calificación de unas determinadas rentas, cuando no existe vicio formal y dicha retroacción no fue solicitada ni directa ni subsidiariamente por el reclamante. La **insuficiencia probatoria** no es un defecto formal acaecido durante la tramitación del procedimiento, sino un vicio sustantivo (TS 22-7-21, EDJ 643614).

4) Las resoluciones que decidan **retrotraer las actuaciones** (lo que solo puede tener lugar por defectos de forma) anulan la liquidación impugnada, por lo que no realizarán ningún pronunciamiento sobre su contenido, que queda completamente imprejuzgado. Se tienen por no realizadas todas las valoraciones y análisis que vayan más allá de la retroacción decidida, de modo que el contribuyente no se vea obligado a seguir pleiteando por una liquidación que ya está anulada (TEAC 22-10-15).

5) Los tribunales económico-administrativos no pueden retrotraer actuaciones en el sentido de ordenar que se abra un procedimiento de **conflicto en la aplicación de la norma**, pues la falta de apreciación por la Inspección de la posible concurrencia de las circunstancias configuradoras de dicha figura (LGT art.15) no puede calificarse como un defecto formal generador de indefensión a los efectos de ordenar la anulación del acto en la parte afectada y la retroacción de las actuaciones al momento en que se produjo el defecto formal (TEAC 31-1-13).

6) Que el tribunal deje sin contestar alguna de las pretensiones puede responder a incongruencia omisiva o a una desestimación tácita, según la motivación contenida en el cuerpo jurídico de la resolución. Debe apreciarse **incongruencia omisiva** cuando el órgano resolutorio deje sin contestar alguna de las pretensiones sometidas a su consideración por las partes, siempre que no quepa interpretar razonablemente este silencio como una desestimación tácita cuya motivación pueda inducirse del conjunto de los razonamientos contenidos en la resolución (TEAC 18-6-15).

7) La ley concede a los tribunales económico-administrativos amplias competencias revisoras pudiendo entrar a analizar incluso cuestiones no planteadas -en cuyo caso se debe poner de manifiesto previamente al interesado-. No obstante, queda vedado a los tribunales económico-administrativos en el ejercicio de sus funciones revisoras, denegar las pretensiones de los reclamantes en virtud de hechos distintos a los considerados por el órgano de aplicación de los tributos (TEAC 9-3-17).

Plazo (LGT art.240) La **duración** del procedimiento económico-administrativo, en cualquiera de sus instancias, es de un año desde la interposición de la reclamación, trascurrido el cual el interesado puede entenderla desestimada por silencio administrativo negativo, a fin de poder interponer el recurso que estime procedente. 8810

Transcurrido un año desde la iniciación de la instancia correspondiente sin haberse notificado resolución expresa y siempre que se haya acordado la **suspensión** del acto reclamado, deja de devengarse el interés de demora.
El tribunal debe en todo caso dictar resolución **expresa**, computándose los plazos para recurrir la resolución expresa a partir del día siguiente al de su notificación.

Precisiones **1)** Inicialmente, el TEAC consideró que, transcurrido un año desde la iniciación de la reclamación económico-administrativa sin haberse notificado resolución expresa, deja de devengarse el interés de demora, siempre que se haya acordado la **suspensión** del acto reclamado (LGT art.240.2 y 26.4). Sin embargo, no debe exigirse el requisito de suspensión en aquellos casos en que el acto de liquidación inicial resulta favorable al contribuyente (TEAC 10-5-18; 14-2-19). Posteriormente, ha cambiado su criterio siguiendo lo señalado por la TSJ Madrid 2-2-22, EDJ 512322. Así, considera que el cese de devengo de interés de demora previsto en LGT art.240.2 por haberse excedido el plazo de duración del procedimiento económico administrativo es aplicable también a los supuestos en los que la deuda anulada no se encontrara suspendida por haber sido ingresada, resultando finalmente otra cuota tributaria distinta y surgiendo liquidaciones contrapuestas. Y ello, teniendo en cuenta que la norma, al contemplar el supuesto ordinario de liquidación, limita el supuesto a las liquidaciones suspendidas -pues no tendría sentido que el legislador limitase el devengo de intereses a una cuota ya ingresada- (TEAC 21-12-22; 23-1-23).
2) Para obligados tributarios afectados por la **DANA**, ver nº 3337.

8812 **Notificación y vinculación** (LGT art.239.8) La **doctrina** que de modo reiterado establece el **TEAC** vincula no solo a los Tribunales Económico-Administrativos regionales y locales y a los órganos económico-administrativos de las CCAA y Ciudades con Estatuto de Autonomía, sino también al resto de la Administración tributaria del Estado, de las CCAA y de las Ciudades con Estatuto de Autonomía. Además, el TEAC ha de recoger de forma expresa en sus resoluciones y acuerdos que se trata de doctrina reiterada y esta ha de publicarse de acuerdo con lo establecido en la LGT art.86.2. En cada tribunal económico-administrativo, la doctrina del pleno vincula a sus salas, y la de ambos a los órganos unipersonales.
Cuando la **Administración tributaria** fundamente sus actos o resoluciones en la doctrina establecida por los tribunales económico-administrativos lo ha de hacer constar de forma expresa.
En relación a la notificación de las resoluciones, ver nº 8743 s.

Precisiones **1)** Son tres los supuestos en los que la LGT atribuye a los criterios del TEAC **fuerza vinculante** para toda la Administración tributaria, estatal o autonómica (TEAC 5-7-16):
a) Las resoluciones que dicte el TEAC resolviendo los recursos extraordinarios de alzada para la unificación de criterio (LGT art.242).
b) Las resoluciones que dicte el TEAC resolviendo los procedimientos de adopción de resoluciones en unificación de criterio (LGT art.229.1.d) párrafo segundo).
c) La doctrina reiterada del TEAC (LGT art.239.8). En este sentido, y para que exista doctrina reiterada, será necesario que existan dos o más resoluciones que apliquen un mismo criterio, resolución o resoluciones anteriores cuya existencia se indicará en la resolución o resoluciones posteriores, a efectos de que por todos se pueda entender que es doctrina reiterada.
2) En la página web del Ministerio de Hacienda se encuentra la **Base de datos** Doctrina y Criterios de los Tribunales Económico-Administrativos (DYCTEA). En ella se publican la Doctrina vinculante del TEAC, así como aquellos criterios que, pese a no constituir doctrina, se consideran relevantes. También incorpora criterios extraídos de resoluciones de los Tribunales Económico-Administrativos Regionales y Locales que, aún sin tener carácter vinculante, son significativos por su trascendencia y repercusión.

8815 **Inadmisibilidad** (LGT art.239.4) Procede la declaración de inadmisibilidad en los siguientes **supuestos**:
- impugnación de **actos o resoluciones** no susceptibles de reclamación o recurso en vía económico-administrativa;
- interposición de la reclamación **fuera de plazo**;
- falta de **identificación** del acto o actuación contra el que se reclama;
- **petición** consignada en el escrito de interposición que no guarda relación con el acto o actuación recurrido;
- concurrencia de defectos de **legitimación o representación**;
- existencia de un **acto firme** y consentido que es el fundamento exclusivo del acto objeto de la reclamación;
- recurso contra actos que reproducen otros anteriores definitivos y firmes, o contra actos que son confirmatorios de otros consentidos, así como existencia de **cosa juzgada**.

Para la declaración de inadmisibilidad el tribunal puede actuar de forma unipersonal.

3. Resoluciones de criterio

Resoluciones en unificación de criterio (LGT art.229.1) La LGT ha ampliado el sistema de unificación de doctrina y potenciado la seguridad jurídica, ya que es posible que, como consecuencia de su labor unificadora de criterio, se puedan promover resoluciones en unificación de criterio por el propio **TEAC**, cuando existan resoluciones de los TEAR o TEAL en los que concurran alguna de las siguientes **circunstancias**: 8818
- que apliquen criterios distintos a los contenidos en resoluciones de otros tribunales económico-administrativos;
- que revistan especial trascendencia.

La **legitimación** para promover esta resolución le corresponde al Presidente del TEAC o a la Vocalía Coordinadora del TEAC, a instancia propia o a propuesta de cualquiera de los vocales del TEAC o de los presidentes de los TEAR o TEAL.
La resolución se adopta por el TEAC, ya sea en sala o en pleno.
Antes de dictar la resolución, se notificará el acuerdo de promoción a los Directores Generales del Ministerio de Hacienda, a los Directores de Departamento de la AEAT y a los órganos equivalentes o asimilados de las CCAA y de las Ciudades con Estatuto de Autonomía respecto a las materias de su competencia, y se les dará un trámite de **alegaciones** por plazo de un mes.
La resolución que se dicte ha de respetar la situación jurídica particular derivada de la resolución recurrida, fijando la doctrina aplicable.

Resoluciones de fijación de criterio (LGT art.229.3) La LGT recoge la posibilidad de promover resoluciones para fijación de criterio por los **TEAR**. Así, se puede promover la adopción de una resolución de fijación de criterio contra resoluciones de una Sala desconcentrada de un TEAR que: 8820
- no se adecúen a los criterios del tribunal;
- sean contrarios a los criterios de otra Sala desconcentrada del mismo tribunal;
- revistan especial trascendencia.

La **legitimación** para promover esta resolución le corresponde al Presidente del TEAR.
La competencia para adoptar la resolución le corresponde al Pleno del TEAR o a una Sala convocada a tal fin. Dicha sala está presidida por el Presidente del TEAR y la forman los miembros del tribunal que este decida atendiendo a su especialización en las cuestiones a tratar.
La resolución que se dicte respetará la situación jurídica particular derivada de la resolución recurrida. Los criterios que se adopten son **vinculantes** para las Salas y los órganos unipersonales del correspondiente tribunal.
Cabe impugnar las resoluciones dictadas de fijación de criterio mediante **recurso de alzada extraordinario** para la unificación de criterio.

4. Recursos en vía económico-administrativa

a. Recurso de alzada ordinario

(LGT art.241; RGRV art.61)

Son susceptibles del recurso de alzada ordinario las resoluciones de las reclamaciones económico-administrativas dictadas en **primera instancia** por los Tribunales Económico-Administrativos Regionales y Locales y por los órganos económico-administrativos de las Comunidades Autónomas y de las Ciudades con Estatuto de Autonomía. 8828
Este recurso puede interponerse en el **plazo** de un mes contado desde el día siguiente al de la notificación de las resoluciones.
El **órgano competente** para conocer de este recurso es el TEAC.

Están **legitimados** para interponer recurso de alzada ordinario los interesados, los directores generales del Ministerio de Hacienda, los directores de departamento de la AEAT, así como los órganos equivalentes o asimilados de las CCAA y Ciudades con Estatuto de Autonomía, cada uno en las materias de su competencia.

El recurso de alzada ordinario debe ir dirigido al tribunal que ha dictado la resolución recurrida que, en el plazo de un mes lo debe remitir al TEAC junto con el expediente originario y el de la reclamación.

Si el recurrente ha estado personado en el procedimiento en primera instancia, el **escrito de interposición** debe recoger las alegaciones y acompañar las pruebas oportunas, resultando admisibles únicamente las pruebas que no pudieron aportarse en primera instancia.

Si el legitimado para recurrir no ha estado personado en el procedimiento en primera instancia, el Tribunal Económico-Administrativo Regional o Local le ha de poner de manifiesto el expediente para que pueda formular **alegaciones** por un plazo de un mes, a contar desde el día siguiente a la notificación.

El tribunal posteriormente debe dar traslado de dichas alegaciones al reclamante en primera instancia y a los demás personados para que, en el plazo de otro mes, contado desde el día siguiente al de la notificación de la apertura de dicho plazo, puedan formular las alegaciones que consideren oportunas. Una vez cumplimentados estos trámites, los expedientes se remiten al TEAC.

La práctica de las **pruebas** se rige por lo dispuesto para el procedimiento en primera instancia, con la limitación señalada respecto a la admisión de la prueba en segunda instancia propuesta por el reclamante.

El **plazo de resolución** del recurso es de un año desde su interposición. Transcurrido este plazo, el interesado puede entenderlo desestimado por silencio administrativo. El tribunal debe resolver expresamente en todo caso.

8829 Precisiones 1) El **cómputo del plazo** de un mes para interponer recurso de alzada ordinario debe computarse a partir del día siguiente a aquel en que tenga lugar la notificación o publicación del acto de que se trate. Si en el mes de vencimiento no hubiera día equivalente a aquel en el que comenzó el cómputo, se entiende que el plazo expira el último día del mes (TEAC 26-10-05). Los plazos por meses se computan de fecha a fecha, entendiéndose que el plazo vence el mismo día de la notificación del mes siguiente (AN 16-2-09, EDJ 17549).

Los **plazos por meses** se computan de fecha a fecha, y aun cuando se inicie al día siguiente de la notificación, el plazo concluye el día correlativo a tal notificación del mes siguiente (TS 9-5-08, EDJ 73259).

2) En un recurso de alzada ordinario interpuesto por los Directores Generales del Ministerio de Hacienda y Función Pública o de la AEAT, el cómputo del plazo para interponer el mismo debe realizarse desde la **fecha de notificación** al Director del Departamento de Inspección Financiera y Tributaria, siendo esa fecha la de entrada de la notificación del TEAR en el Registro de la Delegación Regional de Madrid de la AEAT y no la fecha en que dicha notificación se hace llegar al Director de dicho Departamento. A ello no cabe oponer consideraciones tales como la complejidad de servicios, volumen de trabajo o cualquier otra similar, que no son propias de los principios que deben regir las comunicaciones entre órganos de un mismo Departamento y que no pueden perjudicar al contribuyente (TS 13-11-08, EDJ 227803).

3) En un recurso de alzada ordinario interpuesto por los Directores Generales del Ministerio de Hacienda y función Pública o de la AEAT, si la fecha de notificación es cuestionada y no hay en el expediente ninguna otra constancia adicional sobre la auténtica fecha de comunicación o recepción de la resolución del TEAR, no resulta admisible que baste con la **mera indicación de una fecha** realizada por el órgano administrativo que interpone el recurso para señalar el dies a quo del plazo de interposición de este recurso. Al no haber constancia alguna en el expediente de la fecha de comunicación de la resolución del TEAR, se debe declarar extemporáneo el recurso de alzada interpuesto por el Director General contra la resolución del TEAR (TS 18-12-08, EDJ 305144).

4) El escrito de interposición del **recurso de alzada**, cuando el recurrente haya estado personado en el procedimiento en primera instancia, debe contener las alegaciones y adjuntar las pruebas oportunas, resultando admisibles únicamente las pruebas que no hayan podido aportarse en primera instancia. En estos casos resulta improcedente la separación en el recurso de alzada de los escritos de interposición y alegaciones. En rigor, no puede hablarse de recurso de alzada cuando no se incorpora a la interposición pretensión fundada alguna, debiéndose en estos casos inadmitir el recurso (AN 18-11-08, EDJ 218692).

5) La **extemporaneidad** del recurso de alzada y su inadmisión determina la firmeza de la resolución del TEAR y los actos administrativos de los que la misma trae causa, firmeza que tiene como efecto la imposibilidad de revisión de su legalidad por vía del recurso, que impide entrar a examinar el fondo del asunto y que determina que el acto firme despliegue todos sus efectos. Todo ello sin perjuicio de que pueda ejercitarse la acción de nulidad en los casos que proceda y conforme a su procedimiento específico (AN 9-2-09, EDJ 17552).

6) No resulta admisible que el reclamante en el recurso de alzada reitere, reproduciendo literalmente, el **escrito de alegaciones** presentado previamente ante el tribunal de primera instancia, pues se desnaturaliza la función dicho recurso (TEAC 24-5-17). 8830
7) No concurre la nota de **interés legítimo** para interponer recurso de alzada en el destinatario y obligado a soportar la repercusión de una operación de venta de terrenos que la Inspección considera como sujeta y no exenta en el IVA, y que fue recurrida por el sujeto pasivo al que se le practicó la liquidación (TEAC 17-11-09).
8) La falta de presentación del escrito de alegaciones por parte del Director de Departamento recurrente no causa por sí misma la **caducidad del procedimiento**, ni puede interpretarse como desistimiento tácito. Con mayor motivo, puede afirmarse lo mismo en el caso de retraso en la presentación de las mismas (TEAC 30-6-10).
9) En caso de que el recurso de alzada ordinario sea interpuesto por quién **no estuvo personado** en el procedimiento en primera instancia, de acuerdo con el criterio establecido por el TS, aunque el recurso de alzada se interponga en el plazo legalmente establecido de un mes, si las alegaciones rectoras del mismo no se realizan dentro del plazo de un mes conferido para ello, debe declararse la extemporaneidad de tales alegaciones, e inadmitir, por extemporáneo, el recurso de alzada interpuesto (TEAC 17-11-15).
10) Estaría abierta, en este caso, por parte de la Dirección General recurrente, la aportación de **prueba en alzada**, al no haber estado personada en primera instancia. Ahora bien, tampoco debe admitirse toda o cualquier prueba, dado que el recurso de alzada no constituye una revisión «exnovo», sino una revisión de lo previamente acordado por un Tribunal Regional en primera instancia, por lo que para quienes no hayan estado personados en primera instancia, solo serán admisibles en el recurso de alzada las siguientes pruebas (TEAC 4-10-12):
- aquellas que no deban formar parte del expediente remitido en su día al tribunal de instancia;
- aquellas pruebas que forman parte de expedientes que ya no son administrativos, pero que a la postre resultan esenciales para adoptar la decisión que ultima la vía administrativa (por ejemplo, podrían encuadrarse aquí algunas solicitudes de suspensión formuladas ante órganos jurisdiccionales);
- finalmente, aquellas pruebas que, aun cuando debieron estar en el expediente inicialmente remitido, eran indudablemente conocidas por el obligado personado en primera instancia (por ejemplo, esas mismas solicitudes de suspensión por él formuladas y de cuya ausencia en el expediente se está beneficiando de forma improcedente).
11) No está legitimado para interponer el recurso el **Ayuntamiento** que giró la liquidación tributaria previa modificación del elemento censal (TEAC 21-6-12).
12) Cuando se trate de un recurso de alzada interpuesto por el Director de Departamento, se le debe poner de manifiesto el expediente a efectos de que presente **alegaciones** ya que, al no haber estado personado en la primera instancia, de lo contrario se le produciría indefensión y evidente discriminación respecto de los demás legitimados para recurrir en alzada (TEAC 15-3-12; TS 11-6-12, EDJ 125353).
13) Cuando, por concurrir circunstancias excepcionales, fuera admisible la presentación de **pruebas** en el procedimiento económico-administrativo, pruebas que como regla general deben ser aportadas en el procedimiento de aplicación de los tributos, no procede su admisión en segunda instancia ante el TEAC cuando hubieran podido ser aportadas en primera instancia ante el TEAR y tal aportación no se hizo (TEAC 28-9-11).
14) A los efectos de establecer el **dies a quo para la interposición del recurso** de alzada por los órganos de la Administración tributaria ante el TEAC, es suficiente con la comunicación recibida en la Oficina de Relación con los Tribunales (OIT) o en cualquier otro departamento, dependencia u oficina de la Administración, que la haya recibido a los efectos de su ejecución. La notificación y la legitimación atañen a las Administraciones Públicas en su conjunto, no a los órganos que las componen (TS 17-6-21, EDJ 618963).
15) El escrito de alegaciones del recurso de alzada formulado por un órgano administrativo legitimado para interponerlo contra resoluciones de los TEAR y TEAL podrá presentarse, no solo en el registro del TEAR o TEAL que dictó la resolución impugnada, sino también en cualquier registro de la Administración del Estado o de otra de las Administraciones Públicas, que lo remitirá al órgano competente para tramitar el recurso, siendo ésta la fecha de presentación a la que habrá estarse, con independencia de la fecha de recepción del escrito de alegaciones por el órgano encargado de resolver (TS 27-11-23, EDJ 763654). El TS ha fijado como doctrina que los Directores legitimados no están obligados a **incluir en el escrito de interposición** las alegaciones y pruebas oportunas, al serles de aplicación el desdoblamiento de las fases de interposición del recurso y de formulación de alegaciones, y sin que se considere que ha estado personado en primera instancia el Director recurrente (TS 25-10-23, EDJ 721184; 30-10-23, EDJ 735534).
16) Para obligados tributarios afectados por la **DANA**, ver nº 3337.

Suspensión en caso de recurso por los órganos de la administración (LGT art.241.3; RGRV art.61) 8831
Es posible solicitar y obtener la suspensión de la **ejecución de la resolución** económico-administrativa que sea objeto de recurso de alzada ordinario por parte de la Administración en determinados supuestos, para evitar que el cobro pueda verse frustrado o gravemente dificultado.
La suspensión de la ejecución de la resolución impugnada se insta mediante **solicitud** que puede acompañar al escrito de interposición del recurso. Los requisitos y condiciones de esa

solicitud se fijan reglamentariamente. En particular, el RGRV establece que para fundamentar la solicitud se debe aportar un **informe** en el que se justifique la existencia de indicios racionales de riesgo recaudatorio, es decir, que el cobro de la deuda que se pueda derivar de la resolución del recurso pueda verse frustrado o dificultado gravemente de no acordarse la suspensión.

La solicitud tiene como **efecto** la suspensión cautelar de la ejecución hasta en tanto el órgano competente no se pronuncie sobre la procedencia o no de la misma.

El **órgano competente** para decidir sobre la suspensión de la ejecución de la resolución recurrida es el TEAC.

La solicitud de suspensión debe ser motivada y estar fundamentada en la existencia de **indicios racionales** de que el cobro de la deuda que finalmente puede decretar el TEAC que resulta exigible puede verse gravemente dificultado o incluso frustrado. Para solicitar la suspensión no es necesario aportar ningún tipo de garantía por parte del órgano de la Administración recurrente.

La resolución del TEAC sobre la suspensión pone fin a la vía administrativa y se debe notificar al órgano de la Administración recurrente y a los demás interesados en el procedimiento, en particular, al que fue reclamante en primera instancia en la reclamación ante el TEAR que es objeto de recurso.

La suspensión cautelar o definitiva de la ejecución de la resolución económico-administrativa que haya sido recurrida en alzada tiene como efecto que la misma no se lleve a cumplimiento. De esta manera, se mantiene la **situación recaudatoria** del acto inicialmente impugnado como estaba. Así:

- si la deuda fue ingresada, no se devolverán las cantidades ingresadas;
- si se había suspendido la ejecución del acto inicialmente impugnado mediante la constitución de garantías, no se liberarán las mismas;
- si se habían realizado actos en el procedimiento recaudatorio para garantizar el pago de la deuda tributaria, dichos actos mantendrán su eficacia.

No obstante, en aquellos casos en los que la ejecución de la resolución pueda determinar el reconocimiento de una **devolución tributaria** se podrá ejecutar la resolución impugnada, siempre y cuando el obligado tributario preste con carácter previo alguna de las garantías reguladas para las suspensiones automáticas (depósito de dinero o valores públicos; aval o fianza de carácter solidario de entidad de crédito o sociedad de garantía recíproca o certificado de seguro de caución; o fianza personal y solidaria de otros contribuyentes de reconocida solvencia para los supuestos que se establezcan en la normativa tributaria).

Precisiones Los organismos públicos están exentos de la obligación de constituir los depósitos, cauciones, consignaciones o cualquier otro tipo de **garantía** previsto en las leyes (L 52/1997 art.12).

b. Recurso de anulación

(LGT art.241 bis; RGRV art.60)

8832 Contra las resoluciones de las reclamaciones económico-administrativas se puede interponer en el **plazo** de 15 días recurso de anulación. También cabe recurso de anulación contra el acuerdo de archivo de actuaciones a consecuencia de renuncia o desistimiento del reclamante, la caducidad de la instancia o la satisfacción extraprocesal. No obstante, no procede la interposición de este recurso contra la resolución del propio recurso de anulación y la resolución del recurso extraordinario de revisión.

Son **sujetos legitimados** para interponer el recurso:

- los interesados;
- los Directores Generales del Ministerio de Hacienda y los Directores de Departamento de la AEAT, así como los órganos equivalentes o asimilados de las CCAA y Ciudades con Estatuto de Autonomía en materia de su competencia.

El recurso se interpone ante el tribunal que haya dictado la resolución que se impugna y se puede fundar exclusivamente en los siguientes **supuestos**:

- se ha declarado incorrectamente la inadmisibilidad de la reclamación;
- se han declarado inexistentes alegaciones o pruebas oportunamente presentadas en la vía económico-administrativa;
- se alega la existencia de incongruencia completa y manifiesta de la resolución.

El escrito de interposición ha de incluir las **alegaciones** y acompañar las pruebas pertinentes.

El recurso ha de ser **resuelto** en el **plazo** de un mes, entendiéndose desestimado en caso contrario.

La **resolución expresa** del recurso de anulación solo puede ser impugnada en el mismo recurso que pudiera proceder contra el acuerdo o la resolución de la reclamación, salvo que la resolución se haya dictado fuera de plazo, en cuyo caso sí puede ser impugnada de manera independiente.

La interposición del recurso de anulación suspende el plazo para la interposición del recurso de alzada ordinario que pudiera proceder, salvo que se hubiera presentado fuera de plazo. El cómputo del plazo del mes para interponer la alzada ordinaria se inicia de nuevo el día siguiente al de la notificación de la resolución del recurso de anulación.
Si la resolución del recurso de anulación fuese **estimatoria**, el recurso de alzada que pueda proceder se interpondrá contra la citada resolución. En cambio, si la resolución del recurso de anulación fuese **desestimatoria**, el recurso que se interponga tras la misma va a servir para impugnar tanto esta resolución como la dictada antes por el tribunal económico-administrativo, pudiendo plantearse cuestiones relativas al recurso de anulación y a los motivos de fondo del acto administrativo inicialmente impugnado.

Precisiones 1) La incongruencia es la **falta de coherencia** o relación lógica de aquello a lo que se aplique. En Derecho es, además, la falta de conformidad de extensión, concepto y alcance entre el asunto planteado y la resolución que se adopta. No se aceptó un recurso de anulación por incongruencia completa y manifiesta de la resolución por cuanto dicha resolución era congruente tanto con el acto impugnado como con la propia reclamación contra él interpuesta (TEAC 9-10-07). **8833**
La incongruencia debe **interpretarse restrictivamente**, de tal forma que solo se debe apreciar en el caso de una completa falta de adecuación entre lo planteado en la reclamación y lo resuelto, que además ha de ser manifiesta, es decir, susceptible de ser apreciada de manera inmediata y sin necesidad de razonamiento jurídico alguno (TEAC 11-6-19).
2) El **contribuyente** sí está legitimado para interponer recurso de anulación ante la resolución de un recurso de alzada que fue interpuesto por el Director frente a la resolución de un TEAR que en todo o en parte estimó las pretensiones de tal contribuyente en primera instancia (TEAC 15-10-11).
3) Se encuentra legitimado para interponer recurso de anulación quien haya ostentado la condición de **reclamante** en la resolución recurrida. Consecuentemente, el Director no se encuentra legitimado para interponer recurso de anulación contra las resoluciones dictadas en única instancia por los Tribunales Regionales y, en cambio, sí se encuentra legitimado para ello cuando se trate de la resolución de un recurso de alzada deducido por el propio Director (TEAC 28-4-11).
4) En caso de **interposición simultánea** de los recursos de anulación y de alzada, se debe inadmitir este último. El recurso de alzada, en su caso, deberá interponerse una vez dictada resolución en el procedimiento abierto por la interposición del recurso de anulación (TEAC 21-3-18).
5) Con ocasión de la impugnación de una resolución económico-administrativa que **desestima un recurso de anulación**, la sentencia puede analizar, en todo caso, la primigenia resolución dictada por el tribunal económico-administrativo que fue objeto del recurso de anulación (TS 3-5-22, EDJ 557911).
6) La **omisión** del trámite relativo a la **puesta de manifiesto del expediente** para presentación de alegaciones (LGT art.236.1), tiene acomodo en el recurso de anulación (TEAC 22-9-22).
7) Para obligados tributarios afectados por la **DANA**, ver nº 3337.

c. Recurso contra la ejecución

(LGT art.241 ter)

El recurso contra la ejecución parte de la base de que las resoluciones económico-administrativas deben ser llevadas a **cumplimiento** mediante actos que se ajusten exactamente a los pronunciamientos de aquellas. En el caso de que el interesado esté **disconforme** con dichos actos podrá presentar el recurso contra la ejecución. **8834**
Es **competente** para conocer del recurso contra la ejecución el órgano del tribunal que haya dicta la resolución que se ejecuta. En la resolución dictada se puede establecer la manera en que se ha de proceder a dar cumplimiento al fallo.
El recurso se interpone en el **plazo** de un mes desde el día siguiente al de la notificación del acto de ejecución que se impugna, sin que quepa la interposición previa de recurso de reposición.
El recurso contra la ejecución se tramita a través del **procedimiento abreviado**. En el supuesto de que la resolución económico-administrativa haya ordenado la **retroacción de actuaciones** se seguirá el procedimiento abreviado o general que proceda en función de la cuantía de la reclamación inicial.
El **plazo para resolver** viene determinado por el procedimiento que resulte aplicable. Así, es de 6 meses en caso de tramitación por el procedimiento abreviado y de un año en caso de tramitación por el procedimiento general.
El tribunal puede **inadmitir** el recurso respecto a aquellas cuestiones que se refieran a materias ya decididas por la resolución o que pudieron haberse planteado en la reclamación cuya resolución se ejecuta, así como por cualquier otra causa de inadmisibilidad de las reclamaciones económico-administrativas (LGT art.239.4).
El acto de ejecución no puede ser en ningún caso **suspendido**, salvo que se planteen cuestiones nuevas respecto a la resolución económico-administrativa que se ejecuta.

Precisiones 1) El TEAC anuló la resolución que denegaba la **compensación**, señalando que la misma debería tener efectos a partir de una determinada fecha. Como el recurrente, al pronunciarse el TEAC, había ingresado la deuda cuya compensación se denegó, procede en ejecución de la resolución del TEAC devolver todas las cantidades ya ingresadas por el recurrente (no solo los intereses), pues no es admisible que pueda pagarse una deuda extinguida por compensación. Las diferencias han de plantearse como un incidente de ejecución (actual recurso contra la ejecución) de la resolución del TEAC (TS 11-2-09, EDJ 16854).

2) El acuerdo por el que se acuerda devolver el expediente a la oficina gestora «en ejecución de fallo» de la resolución en la que se ordenaba la **retroacción**, es un acto de mero trámite que no decide, directa o indirectamente, sobre el fondo del asunto, ni pone término al procedimiento, sino que remite el expediente para que, en cumplimiento de la orden de retroacción del tribunal económico-administrativo, otro órgano continúe las actuaciones del procedimiento; por tanto se trata de un acto no susceptible de reclamación (TEAC 17-11-15).

3) No cabe la interposición de un incidente de ejecución (actualmente recurso contra la ejecución) contra las actuaciones derivadas de una reclamación en la que se impugna una **actuación entre particulares**. Cuando el objeto de la resolución es una actuación entre particulares, su contenido es meramente declarativo y su finalidad es disciplinar la relación entre reclamante y reclamado, no existiendo acto alguno a dictar por parte de la Administración tributaria en ejecución de la resolución (TEAC 23-10-17).

4) La **competencia** para resolver un incidente de ejecución (actualmente recurso contra la ejecución) de una sentencia desestimatoria es del tribunal económico-administrativo que dictó la resolución parcialmente estimatoria, puesto que se está ejecutando esta última resolución (TEAC 2-2-17).

5) El órgano de aplicación de los tributos debe enviar el **expediente** completo al órgano económico-administrativo y este debe reclamarlo cuando se incumpla absolutamente su obligación de remisión. Esta previsión no está expresamente contemplada en los incidentes de ejecución (actual recurso contra la ejecución) pero se considera aplicable (TEAC 22-2-18).

6) Cuando un tribunal económico-administrativo aprecie la existencia de un vicio de forma que afecte a una liquidación tributaria y ordene la retroacción del procedimiento, la segunda liquidación que se dicte ha de tener la consideración de una nueva liquidación, que será susceptible de impugnación por los cauces ordinarios. Y ello, porque el órgano de revisión no ha analizado el fondo del asunto y lo ha dejado imprejuzgado (TS 22-12-20, EDJ 777315). En virtud de esta sentencia, el TEAC ha cambiado su criterio y señala que en las **liquidaciones derivadas de una retroacción** no resulta procedente el recurso contra la ejecución. Sí será de aplicación el recurso contra la ejecución contra el acto por el que se anula la liquidación y se ordena reponer las actuaciones (TEAC 27-5-21).

7) Para obligados tributarios afectados por la **DANA**, ver nº 3337.

d. Recurso extraordinario de alzada para la unificación de criterio

(LGT art.242; RGRV art.61)

8835 Este recurso puede ser interpuesto por los Directores Generales del Ministerio de Hacienda, por los Directores de Departamento de la AEAT y por los órganos equivalentes o asimilados de las CCAA y de las Ciudades con Estatuto de Autonomía respecto a las materias de su competencia, contra las resoluciones dictadas por los Tribunales Económico-Administrativos Regionales y Locales y por los órganos económico-administrativos de las CCAA y de las Ciudades con Estatuto de Autonomía que no sean susceptibles de recurso de alzada ordinario y, en su caso, las dictadas por los órganos económico-administrativos de las CCAA y de las Ciudades con Estatuto de Autonomía en única instancia, cuando estimen **gravemente dañosas o erróneas** dichas resoluciones, o cuando se hayan aplicado en la resolución criterios distintos a los expresados en otras resoluciones de otros tribunales económico-administrativos del Estado o de los órganos económico-administrativos de las CCAA y Ciudades con Estatuto de Autonomía.

El **plazo** para interponer este recurso extraordinario es de 3 meses, contados desde el día siguiente al de la notificación de la resolución.

Los tribunales económico-administrativos deben notificar las resoluciones que estimen total o parcialmente la reclamación interpuesta a los órganos legitimados para interponer este recurso extraordinario.

En el caso de que la resolución **no** haya sido **notificada** al órgano legitimado para recurrir, pero este haya tenido conocimiento por cualquier medio de su contenido esencial, el plazo de 3 meses comienza a computar desde este momento. Al escrito de interposición del recurso debe acompañarse el documento acreditativo de la notificación recibida o del conocimiento del contenido esencial de la resolución.

La **tramitación** es semejante a la del recurso de alzada ordinario (nº 8828), a diferencia del plazo de resolución, ya que el TEAC dispone de un plazo de 3 meses para resolver este recurso extraordinario. La **resolución** que se dicte ha de respetar la situación jurídica particular derivada de la resolución recurrida y fijará la doctrina aplicable.

Los criterios establecidos en las resoluciones de estos recursos son **vinculantes** para los tribunales económico-administrativos, para los órganos económico-administrativos de las CCAA y de las Ciudades con Estatuto de Autonomía y para el resto de la Administración tributaria del Estado y de las CCAA y Ciudades con Estatuto de Autonomía.

Precisiones **1)** La L 22/2009 introdujo la obligación de que los TEAR, TEAL y órganos económico-administrativos de las CCAA y Ciudades con Estatuto de Autonomía adviertan en sus resoluciones de los **cambios de criterio**. Esta mención, aunque contenida en el artículo referido al recurso extraordinario de alzada para la unificación de criterio, se establece con carácter general y tiene como objeto dar una mayor seguridad jurídica tanto a la Administración tributaria como a los administrados, al igual que la contenida actualmente en la LGT art.239.8 (nº 8812). No obstante, esta obligación de recoger expresamente los cambios de criterios no se establece para el **TEAC** que, en principio, vendrá obligado solo a mencionar expresamente que se trata de doctrina vinculante. **8838**

Cuando los tribunales económico-administrativos regionales, locales y órganos económico-administrativos de las CCAA o Ciudades con Estatuto de Autonomía dicten resoluciones adoptando un criterio distinto al seguido anteriormente, debe hacerse constar expresamente en las resoluciones.

2) Para que una resolución se considere gravemente **dañosa o errónea** a efectos de poder interponer el recurso extraordinario es necesario que, además de ser patente o manifiesto el error padecido por el TEAR vulnerando normas legales concretas, el error alegado deba ser susceptible de reiteración, esto es, que tenga carácter de generalidad (TEAC 24-9-08). También resulta necesario que exista un claro sentido con el que unificar criterio con el cual resolver una **duda interpretativa** de trascendencia (TEAC 9-4-15).

3) Se exige que la contradicción en los criterios se produzca entre resoluciones de **distintos TEAR/L**, pero no entre resoluciones de órganos de un mismo TEAR/L. Se precisa acreditar una sustancial o esencial identidad entre las resoluciones (situación personal, elementos fácticos, fundamentos jurídicos y pretensiones ejercitadas) y que se haya llegado a pronunciamientos diferentes por parte de la resolución impugnada y aquella o aquellas que son aportadas en calidad de contraste (TEAC 20-7-10).

4) No se aprecia que la resolución del TEAR que falla siguiendo el criterio de **consultas vinculantes** de la DGT sea contraria a Derecho. El acto de liquidación que es recurrido ante el TEAR nunca debió dictarse, pues en el momento de dictarse la liquidación existían contestaciones a consultas vinculantes (TEAC unif criterio 15-12-15).

5) El TEAC inadmite un recurso extraordinario de alzada para unificación de criterio interpuesto por un Director de la AEAT porque entiende que no es la **vía procesal** idónea para que dichos Directores discutan la doctrina del TEAC, que tiene carácter vinculante (TEAC unif criterio 4-12-17).

6) No es admisible a trámite un recurso extraordinario de alzada para la unificación de criterio si se aprecia **incongruencia** entre lo solicitado por el Director recurrente en el recurso extraordinario de alzada para la unificación de criterio y los criterios aplicados en la resolución del TEAR impugnada (TEAC 22-9-15).

7) La no formulación de **alegaciones** de la Directora recurrente, tras la puesta de manifiesto que le fue formulada por el TEAR impide entrar a analizar su pretensión, que se limita a la afirmación, efectuada en el escrito de interposición del recurso, del carácter dañoso y erróneo de la resolución recurrida. Consecuentemente, el recurso extraordinario de alzada para la unificación de criterio resulta inadmisible (TEAC 16-9-14). **8839**

8) El recurso extraordinario de alzada para la unificación de criterio, dada su naturaleza y función, no es la vía procesal que permita revisar el juicio de culpabilidad realizado por un **tribunal regional**, juicio siempre individual y concreto (TEAC 20-9-12).

9) El recurso extraordinario de alzada en unificación de criterio resulta inadmisible pues, aunque formalmente se deduce frente a una resolución de un TEAR, la misma se limitaba a invocar y asumir un criterio del TEAC. Por lo tanto, el criterio que se está poniendo en entredicho es el sentado por el propio TEAC, y frente a las **resoluciones del TEAC** no puede deducirse recurso extraordinario en unificación de criterio (TEAC 26-4-12).

10) El recurso extraordinario de alzada en unificación de criterio resulta inadmisible por falta de **legitimación**. Fue interpuesto por el Director del Departamento de Inspección Financiera y Tributaria; sin embargo, el acto de aplicación de los tributos y la resolución desestimatoria del recurso de reposición deducido frente a aquél, fueron dictados por una Administración de la AEAT en el curso de un procedimiento de comprobación limitada llevado en el ámbito de competencias de gestión tributaria. Por lo tanto, en este caso la competencia por razón de la materia la ostentaba bien el Departamento de Gestión de la AEAT, bien la DGT del Ministerio de Hacienda y Función Pública (TEAC 16-11-11).

11) A los efectos de establecer el **dies a quo para la interposición del recurso** de alzada por los órganos de la Administración tributaria ante el TEAC, es suficiente con la comunicación recibida en la Oficina de Relación con los Tribunales (ORT) o en cualquier otro departamento, dependencia u oficina de la Administración, que la haya recibido a los efectos de su ejecución. La notificación y la legitimación atañen a las Administraciones Públicas en su conjunto, no a los órganos que las componen (TS 17-6-21, EDJ 618963).

12) Los recursos extraordinarios en unificación de criterio **no son admisibles si** ya hay doctrina vinculante del TEAC (TEAC 25-9-23). Igualmente, son inadmisibles esos recursos en supuestos idénticos a aquellos en los que el Tribunal Supremo ha fijado ya doctrina, en tanto que dicho Tribunal no la matice o rectifique (TEAC 24-7-23).

e. Recurso extraordinario para la unificación de doctrina

(LGT art.243; RGRV art.61.4)

8845 El Director General de Tributos del Ministerio de Hacienda puede **interponer este recurso** extraordinario para la unificación de doctrina, contra las resoluciones en materia tributaria dictadas por el TEAC, cuando esté en desacuerdo con el contenido de esas resoluciones. También puede interponerse por los Directores Generales de Tributos de las CCAA y Ciudades con Estatuto de Autonomía, u órganos equivalentes, cuando el recurso tenga su origen en una resolución de un órgano dependiente de la respectiva Comunidad Autónoma o Ciudad con Estatuto de Autonomía.

Este recurso puede interponerse en el **plazo** de 3 meses, contados a partir del día siguiente al de la notificación de la resolución. A efectos de posibilitar la misma, el TEAC debe notificar la resolución al Director General de Tributos.

El **órgano competente** para resolver es la Sala Especial para la Unificación de Doctrina, compuesta por el presidente del TEAC, que la preside, tres vocales de dicho tribunal, el Director General de Tributos del Ministerio de Hacienda, el Director General de la AEAT, el Director General o el Director de Departamento de la AEAT del que depende funcionalmente el órgano que dictó el acto a que se refiera la resolución objeto del recurso y el presidente del Consejo para la Defensa del Contribuyente.

Cuando el recurso tenga su origen en una resolución de un órgano dependiente de una Comunidad Autónoma o Ciudad con Estatuto de Autonomía, las referencias al Director de la AEAT y al Director General o Director de Departamento de la AEAT deben entenderse realizadas a los órganos equivalentes o asimilados de la Comunidad Autónoma o ciudad con Estatuto de Autonomía.

La **resolución** ha de ser aprobada por mayoría de los integrantes de la Sala Especial. En caso de empate, el presidente tiene voto de calidad.

La resolución debe dictarse en un **plazo** de 6 meses, respetar la situación jurídica particular derivada de la resolución recurrida y establecer la doctrina aplicable. Esta doctrina es **vinculante** para los tribunales económico-administrativos, para los órganos económico-administrativos de las CCAA y de las Ciudades con Estatuto de Autonomía y para el resto de la Administración tributaria del Estado y de las CCAA y Ciudades con Estatuto de Autonomía.

8848 Precisiones **1)** A diferencia del recurso extraordinario para la unificación de criterio, únicamente se precisa que el órgano legitimado para interponer el recurso esté en **desacuerdo** con el contenido de la resolución que se impugna.

2) Cuando el recurso tenga su origen en una resolución de un **órgano dependiente de una Comunidad Autónoma** o Ciudad con Estatuto de Autonomía, el Director General de Tributos u órgano equivalente de la misma puede interponer este recurso, si bien parece que en la composición de la Sala especial no está prevista su participación, sino que en la misma se integraría el Director General de Tributos del Ministerio de Hacienda.

3) La finalidad del recurso extraordinario para la unificación de doctrina es la de fijar una doctrina o criterios uniformes, con carácter vinculante para toda la Administración tributaria, tanto órganos de aplicación de los tributos como aquellos que ejercen la función revisora. Esta consecuencia o efecto del recurso extraordinario para la unificación de doctrina no solo se ciñe a la situación jurídica particular derivada de la resolución en su día recurrida, sino que se extiende a todas aquellas resoluciones dictadas por los órganos económico-administrativos anteriores al mencionado recurso. En tanto no se dictó la resolución por la Sala para la Unificación de Doctrina, los órganos económico-administrativos quedaban vinculados por la doctrina que había sido fijada en resoluciones por este TEAC (TEAC 26-1-10 y 29-6-10). Si las **resoluciones** dictadas con análogo contenido **adquirieron firmeza**, no pueden los órganos encargados de la aplicación de los tributos, en base a la resolución dictada por la Sala Especial para la Unificación de Doctrina, proceder a revisar o dictar actos en ejecución de estas resoluciones firmes, sin adoptar previamente procedimiento alguno especial de revisión de los previstos en la propia LGT, pues ello atenta gravemente al principio de seguridad jurídica que supone la firmeza de los actos administrativos (TEAC 13-12-11).

f. Recurso extraordinario de revisión

(LGT art.213.2 y 3, 241.3 y 244; RGRV art.62; L 22/2009 art.59.1.c)

El recurso de revisión es un recurso extraordinario que únicamente cabe contra actos de la Administración tributaria y resoluciones de los órganos económico-administrativos firmes cuando se dan los motivos tasados previstos en la Ley. **8855**

En todo lo **no previsto específicamente** se aplican las normas del procedimiento económico-administrativo en única o primera instancia (nº 8761 s.), con una excepción relativa a la suspensión del acto o resolución impugnados: aún cuando el recurso extraordinario de revisión tenga por **objeto** una sanción o una resolución relativa a la misma, su interposición no suspende en ningún caso la ejecución del acto o resolución recurrida (LGT art.233.14). No se puede obviar que el objeto del recurso ha de ser una sanción o resolución ya firmes.

Ámbito objetivo (LGT art.213.2 y 3 y 244) Se puede interponer recurso extraordinario de revisión contra los **actos firmes** de la Administración tributaria y contra las resoluciones firmes de los órganos económico-administrativos. **8858**

Tratándose de reclamaciones económicas-administrativas se discutía ya con la anterior normativa si bastaba la firmeza en vía administrativa o si se requería una doble firmeza, esto es, que hubiera transcurrido el plazo para interponer recurso contencioso-administrativo sin que se hubiera interpuesto el mismo.

Si el interesado ha acudido a la jurisdicción contencioso-administrativa y esta ha dictado sentencia, no cabe interponer el recurso extraordinario de revisión. La **cosa juzgada** opera como límite a la revisión en vía administrativa (TS 26-4-88).

Precisiones **1)** El TEAC inadmite el recurso de revisión interpuesto por el interesado ya que este se ha presentado con anterioridad a la impugnación por este de la resolución del TEAR ante el **tribunal contencioso-administrativo** (TEAC 21-7-09).

2) Si el recurso extraordinario de revisión se interpone contra un **acto que aún no ha adquirido firmeza**, procede su admisión cuando durante su tramitación ha devenido firme en vía administrativa (TEAC 17-10-13).

3) No cabe simultanear el recurso extraordinario de revisión con el **recurso contencioso-administrativo**, puesto que el acto no es firme. La firmeza exige el agotamiento de todas las vías ordinarias de revisión, tanto administrativas como jurisdiccionales (LGT art.244). Por otra parte, una vez interpuesto recurso contencioso-administrativo, cuando recae sentencia y esta adquiere firmeza, tampoco cabe recurso extraordinario de revisión en aplicación de lo dispuesto en la LGT art.213.3 (TEAC 2-2-17).

4) En un supuesto de **transparencia fiscal** se anula la liquidación de la sociedad siendo firmes las liquidaciones de los socios, que podrán plantear recurso extraordinario de revisión aportando como documento de valor esencial que evidencia el error cometido el pronunciamiento que anula la regularización en sede de la sociedad «transparente» (TEAC 4-4-17).

5) Por «**actos firmes** de la Administración tributaria» y por «**resoluciones firmes** de los órganos económico-administrativos», debe entenderse la producida en vía administrativa. Si la resolución firme de un órgano económico-administrativo está siendo ya objeto de fiscalización en la vía judicial, los posibles motivos de recurso extraordinario de revisión deben ser alegados en la misma. Solo cuando ello no sea posible por la fase o estado en que se encuentre el proceso judicial, será posible que se hagan valer mediante un recurso extraordinario de revisión (TS 14-6-22, EDJ 611548).

6) La solicitud de devolución de ingresos indebidos derivados de **liquidaciones del IIVTNU firmes** como consecuencia de la declaración de inconstitucionalidad por TCo 59/2017, debe efectuarse a través de los procedimientos especiales de revisión previstos en la LGT, si bien no cabe ni el procedimiento extraordinario de revisión previsto en la LGT art.244 ni se trata de un supuesto de nulidad de pleno derecho (LGT art.217.1.a) (TS 18-5-20, EDJ 556180).

Sin embargo, el TS ha revisado recientemente su postura, de forma que establece que las liquidaciones tributaras firmes por el IIVTNU que hayan gravado transmisiones en las que no haya existido incremento del valor del suelo son nulas, y pueden ser objeto de **revisión de oficio** a través del procedimiento previsto en la LGT art.217 (TS 28-2-24, EDJ 511314).

Legitimación (LGT art.241.3 y 244.2) Están legitimados para interponer el recurso extraordinario de revisión: **8861**

- los interesados;
- los Directores Generales del Ministerio de Hacienda y los Directores de Departamento de la AEAT en las materias de su competencia;
- los órganos equivalentes o asimilados de las CCAA y de las Ciudades con Estatuto de Autonomía en materia de su competencia.

Precisiones Si la LGT art 244.1 contempla como actos susceptibles de ser objeto del recurso los actos administrativos y las resoluciones económico-administrativas y el apartado 2 del mismo precepto remite a la LGT art.241.3 para fijar la legitimación, y según este último precepto los Directores de los Departamentos estarían legitimados para recurrir en alzada una resolución de un tribunal económico regional o local, hay que concluir ponderando aquella legitimación para interponer el recurso extraordinario de revisión en el sentido de que los Directores de los Departamentos la tienen para interponerlos respecto a resoluciones económico-administrativas firmes pero no contra sus propios **actos administrativos firmes**. Otra interpretación supondría una tergiversación de las vías que la Administración tiene para revisar sus propios actos (TEAC 24-5-12).

8864 **Motivos del recurso** (LGT art.244.1) Dada la naturaleza excepcional y extraordinaria de este recurso, no puede ser eficazmente interpuesto más que por alguno de los motivos taxativamente señalados en las leyes, los cuales son materia de **interpretación estricta**, estando vedada su aplicación analógica y extensiva a supuestos no contemplados por el legislador, de acuerdo con el criterio reiterado por el TEAC y el TS (TS 4-10-93, EDJ 8683; 11-6-98, EDJ 8284; 28-7-95, EDJ 24498; TEAC 11-3-98). Estos motivos son los siguientes:

a) Que aparezcan **documentos** de valor esencial para la decisión del asunto que sean **posteriores** al acto o resolución recurridos o de imposible aportación al tiempo de dictarse los mismos y que evidencien el error cometido.

b) Que en el acto o resolución hayan influido esencialmente documentos o **testimonios** declarados **falsos** por sentencia judicial firme anterior o posterior a aquella resolución. Este motivo exige que exista una **sentencia penal** firme que declare dicha falsedad, y que la misma haya influido de forma decisiva en el acto o resolución.

c) Que el acto o la resolución se hubiese dictado como consecuencia de **prevaricación, cohecho, violencia**, maquinación fraudulenta u otra conducta punible y así se haya declarado en sentencia judicial firme.

Cuando se aleguen circunstancias o motivos distintos a los previstos legalmente, a diferencia de la normativa anterior, se debe declarar la **inadmisibilidad** del recurso. Esta declaración de inadmisibilidad puede acordarse por órganos unipersonales.

8866 Precisiones **1)** Por documentos de **valor esencial** que evidencian el error cometido hay que entender aquellos cuyo conocimiento previo hubiera determinado una resolución o acto distinto (TS 13-7-91, EDJ 7801). Así en la revisión contra un acto de imposición de sanción, se considera documento de valor esencial para la decisión del asunto una **resolución del TEAR** que anula la liquidación referida a la cuota de la que se deriva dicha sanción y que no pudo aportarse con anterioridad, al ser posterior al acto de imposición de sanción (TEAC 22-11-07; 26-1-10).

2) No tienen la consideración de documentos de valor esencial a estos efectos las **sentencias o resoluciones** posteriores (TS 19-9-91, EDJ 8750; TEAC 20-11-98; AN 23-9-04, EDJ 142235; 26-9-07, EDJ 197296; 9-12-08, EDJ 268110). Tampoco aquellos que pudieron y debieron aportarse en el procedimiento de gestión al estar en posesión del contribuyente o pudieron aportarse por él previa solicitud al órgano administrativo correspondiente (TEAC 26-5-09).

3) El TS, aplicando la LRJPAC art.118 -actualmente LPAC art.125-, de redacción sustancialmente idéntica a la LGT art.244, entiende que las sentencias judiciales que hagan aflorar un error en el presupuesto que sirvió de base para dictar la resolución pueden ser consideradas documentos de valor esencial, pero no así las **sentencias** que meramente **interpretan el ordenamiento jurídico** de modo distinto a como se hizo en la resolución, ya que eso supondría una extensión de efectos más allá de lo previsto en la norma (TS 24-6-08, EDJ 119062).

4) Un **acuerdo de ejecución** de una resolución económico-administrativa o sentencia judicial puede considerarse un documento esencial cuando incluya hechos o elementos fácticos nuevos respecto a los incluidos en la previa resolución o sentencia que manifiesten la improcedencia del acto impugnado en el recurso extraordinario de revisión (TEAC 13-12-19).

5) Las **facturas rectificativas** no son documentos «de valor esencial posteriores al acto de resolución o de imposible aportación al tiempo de dictarse el mismo». No constituyen documentos de valor esencial aquellos que pudieron y debieron presentarse en el procedimiento tributario correspondiente por encontrarse en posesión del contribuyente, ni aquellos que pudieron aportarse por él previa solicitud al órgano correspondiente (TEAC 18-12-19).

6) Solo procede interponer el recurso contra actos firmes de la Administración tributaria o contra resoluciones firmes de los órganos económico-administrativos. No procede admitir la interposición del recurso contra los informes por delito fiscal emitidos por los órganos de Inspección ni contra las actuaciones de remisión al Ministerio Fiscal, al encontrarnos ante **actos de trámite** que, ni resuelven el procedimiento ni producen indefensión (TEAC 19-9-13).

7) No constituye un **documento esencial** a efectos de un recurso extraordinario de revisión para anular el acto impugnado una resolución económico-administrativa que ha sido recurrida y no es firme, pues realmente no evidencia el error cometido, que es lo que expresa LGT art.244.1.a, pues únicamente evidenciaría el error del acto impugnado si fuera confirmada y adquiriera firmeza (TEAC 26-6-23).

8869 **Órgano competente para resolver** (LGT art.244.4; L 22/2009 art.59.1.c) La competencia para resolver el recurso extraordinario de revisión corresponde al **TEAC**. En el caso de que la Comunidad Autónoma o Ciudad con Estatuto de Autonomía haya asumido en única instancia la competencia para la resolución de reclamaciones económico-administrativas en los tributos cedidos susceptibles de esta delegación, el órgano competente de las CCAA o Ciudad con

Estatuto de Autonomía conocerá del recurso extraordinario de revisión contra actos firmes de su Administración tributaria y contra resoluciones firmes de sus propios órganos económico-administrativos (nº 8030 s.).
Para declarar la inadmisibilidad del recurso el tribunal puede actuar de manera unipersonal.

Plazos (LGT art.244.5 y 6) Se debe distinguir entre el plazo para interponer el recurso y el plazo para resolverlo. 8871
El plazo para la **interposición** del recurso extraordinario es de 3 meses a contar desde el conocimiento de los documentos o desde que quedó firme la sentencia judicial.
El plazo para la **resolución** del recurso es de 6 meses desde su interposición. Transcurrido ese plazo sin haberse notificado resolución expresa, el interesado puede entender desestimado el recurso.

5. Procedimiento abreviado

(LGT art.245 a 248; RGRV art.64 y 65)

El procedimiento abreviado ante órganos unipersonales pretende agilizar la vía económico-administrativa encomendando la resolución de determinadas reclamaciones de menor complejidad a órganos unipersonales, de forma que no se sustancian ni en el pleno ni en las salas del tribunal económico-administrativo. 8875
Su **plazo de resolución**, 6 meses, es más corto que el general de un año previsto para las reclamaciones económico-administrativas en primera o única instancia.

Precisiones Para obligados tributarios afectados por la **DANA**, ver nº 3337.

Ámbito de aplicación (LGT art.245; RGRV art.64) Las reclamaciones económico-administrativas se tramitan por el procedimiento abreviado cuando sean de **cuantía** inferior a 6.000 euros, o 72.000 euros si se trata de reclamaciones contra bases o valoraciones. 8878
Las reclamaciones tramitadas por este procedimiento se resuelven en **única instancia**, pudiendo actuar los tribunales de forma unipersonal.

Precisiones También se prevé que el tribunal pueda actuar de **forma unipersonal** en los siguientes supuestos:
- resolución de **cuestiones incidentales** (LGT art.236.6);
- para acordar el **archivo de actuaciones** cuando se produzca la renuncia o el desistimiento del reclamante, la caducidad de la instancia o la satisfacción extraprocesal (LGT art.238.2);
- resolución que declare la **inadmisibilidad** de la reclamación (LGT art.239.4);
- declaración de inadmisibilidad del **recurso extraordinario de revisión** (LGT art.244.4).

Procedimiento (LGT art.246 a 248; RGRV art.65) Se trata de un procedimiento **especial** que se regula por normas específicas y, en defecto de norma expresa, por lo dispuesto para el procedimiento económico-administrativo (nº 8761 s.). 8881

Inicio (LGT art.246; RGRV art.65.1) La reclamación económico-administrativa debe iniciarse mediante **escrito** en el que se ha de hacer constar: 8884
a) La **identificación** del reclamante y del acto o actuación contra el que se reclama, el domicilio a efectos de notificaciones y el tribunal ante el que se interpone.
En el caso de reclamaciones relativas a **retenciones**, ingresos a cuenta, **repercusiones**, obligación de expedir y entregar **factura** o relaciones entre el sustituto y el contribuyente, el escrito debe identificar también a la persona recurrida y su domicilio.
b) Las **alegaciones** que, en su caso, se formulan.
Si el reclamante considera necesario para la formulación de las alegaciones **examinar el expediente**, puede comparecer ante el órgano que dictó el acto para que se le ponga de manifiesto el mismo. De dicha circunstancia se dejará constancia en el expediente.
La puesta de manifiesto se puede solicitar antes de la interposición del recurso o con posterioridad al mismo, si bien en el propio plazo de un mes para interponer. Con posterioridad no está previsto un trámite de puesta de manifiesto en el tribunal.
Al escrito se debe acompañar copia del acto que se impugna y las **pruebas** que se estimen pertinentes.
El escrito ha de ir dirigido al órgano administrativo que ha dictado el acto reclamable, el cual debe remitirlo al tribunal competente en el plazo de un mes junto con el expediente, y un informe si lo estima oportuno. La interposición se debe realizar obligatoriamente a través de la **sede electrónica** del órgano que dictó el acto objeto de reclamación cuando los reclamantes estén obligados a recibir por medios electrónicos las comunicaciones y notificaciones.

Si no se ha presentado **recurso de reposición**, el órgano que dictó el acto puede anularlo, total o parcialmente, en el plazo del mes de que dispone para la remisión del expediente y el escrito de interposición. En este caso debe remitir al tribunal el nuevo acto dictado junto con el escrito de interposición.

Precisiones En el procedimiento abreviado, las **alegaciones** formuladas por el reclamante con posterioridad a la presentación del escrito de interposición de la reclamación deben ser examinadas por el órgano económico-administrativo siempre que no se haya dictado la resolución que pone fin al procedimiento (TEAC 22-1-21).

8886 En los supuestos de **falta de remisión del escrito** de la reclamación al tribunal por el órgano administrativo, basta que el reclamante presente ante el tribunal copia sellada de dicho escrito para que la reclamación se pueda tramitar y resolver.

Si el escrito de iniciación no reúne las menciones citadas relativas a la identificación del reclamante y del acto o actuación contra el que se reclama, el domicilio a efectos de notificaciones y el tribunal ante el que se interpone, se debe requerir al interesado para que en un plazo de 10 días, contados a partir de la notificación del requerimiento, **subsane** la falta e indicándole que la inatención del requerimiento determina el archivo de las actuaciones y se tiene por no presentado el escrito.

La **Orden Ministerial** por la que se regula la interposición por medios electrónicos de las reclamaciones económico-administrativas prevé la presentación por vías o medios telemáticos del escrito de interposición de la reclamación en el procedimiento abreviado (nº 8757 s.).

8891 **Tramitación y resolución** (LGT art.247 y 248; RGRV art.65) El órgano económico-administrativo pueda dictar resolución, incluso antes de recibir el expediente, siempre que de la documentación presentada por el reclamante se acrediten los datos necesarios para resolver.

El **plazo** máximo para notificar la resolución es de 6 meses contados desde la interposición de la reclamación. Transcurrido dicho plazo sin que el interesado haya recibido notificación de la resolución expresa, puede entender desestimada la reclamación a fin de interponer el recurso procedente.

El órgano económico-administrativo debe dictar **resolución expresa** en todo caso. El plazo para la presentación del recurso que proceda comienza a computarse desde el día siguiente a la notificación de la resolución expresa.

Transcurrido el plazo de 6 meses desde la interposición de la reclamación sin haberse notificado resolución expresa y siempre que se haya acordado la **suspensión** del acto reclamado, deja de devengarse el interés de demora.

8894 La resolución de **cuestiones incidentales**, los de **inadmisibilidad o archivo de actuaciones** pueden ser dictados también por el presidente o secretario del tribunal.

Corresponde a la **secretaría** del tribunal la tramitación del procedimiento.

Contra las resoluciones dictadas en el procedimiento abreviado no puede interponerse **recurso de alzada ordinario** (nº 8828 s.). Pueden interponerse los restantes recursos en vía administrativa, si concurren las circunstancias previstas para ello.

Precisiones El TEAR tramitó indebidamente la reclamación económico-administrativa por el **procedimiento abreviado**, pues la cuantía era superior a 6.000 euros. Esta situación ha provocado indefensión al recurrente, porque no ha podido presentar alegaciones ni ha podido aportar prueba alguna. Procede retrotraer las actuaciones al momento de la admisión de la reclamación económico-administrativa para que se tramite por el procedimiento ordinario (TSJ Madrid 23-1-09, EDJ 27318).

V. Recurso contencioso-administrativo

(LGT art.249)

8900 Son susceptibles de recurso contencioso-administrativo ante el órgano jurisdiccional competente las **resoluciones** que pongan fin a la vía económico-administrativa.

8902 **Resoluciones recurribles** Ponen **fin** a la vía económico-administrativa y, por tanto, son recurribles en vía contencioso-administrativa:

- las resoluciones dictadas en única instancia por los **Tribunales Económico-Administrativos Regionales y Locales** y órganos económico-administrativos de las CCAA y Ciudades con Estatuto de Autonomía;
- las resoluciones del **Tribunal Económico-Administrativo Central**.

Precisiones 1) Tras la **estimación parcial** de una reclamación económico-administrativa, las restantes pretensiones, rechazadas por los tribunales económico-administrativos, pueden ser objeto de revisión ante la jurisdicción contencioso-administrativa, sin que haya de esperar a que se practique una nueva liquidación por parte de los órganos de la Administración tributaria (TS 19-5-20, EDJ 563845).
2) Los órganos económico-administrativos y los tribunales del orden contencioso-administrativo no pueden anular una liquidación tributaria, apreciando **de oficio** la **prescripción del derecho de la Administración a liquidar**, cuando la reclamación haya sido interpuesta de forma extemporánea (TS 7-3-24, EDJ 521989).

Órgano competente (LJCA art.10.1.d y e, 11.1.d y 14) Corresponde a las salas de lo contencioso-administrativo de los **Tribunales Superiores de Justicia** conocer en única instancia de los recursos que se deduzcan en relación con los actos y resoluciones dictadas por los Tribunales Económico-Administrativos Regionales y Locales que pongan fin a la vía administrativa, así como las resoluciones dictadas por el TEAC en materia de tributos cedidos. 8905
Corresponde a la sala de lo contencioso-administrativo de la **Audiencia Nacional** conocer en única instancia de los actos de naturaleza económico-administrativa dictados por el TEAC, salvo los relativos a tributos cedidos.
En cuanto a la **competencia territorial** de los Tribunales Superiores de Justicia, la regla general atribuye la competencia al órgano jurisdiccional en cuya circunscripción tiene su sede el órgano que ha dictado la disposición o el acto originario impugnado.

Plazo y suspensión (LJCA art.46 y 129 s.; LGT art.233.11) El plazo para la **interposición** del recurso contencioso-administrativo es de dos meses en el caso de actos expresos, y de seis meses para los supuestos de silencio administrativo. 8908
Si bien la ejecución de las **sanciones** tributarias queda automáticamente suspendida en período voluntario por la interposición en tiempo y forma de un recurso o reclamación administrativa, sin necesidad de aportar garantía y hasta que sean firmes en vía administrativa, esta **suspensión** no se extiende a la vía contencioso-administrativa. No obstante, se mantiene la suspensión en la vía contenciosa y sin necesidad de aportar garantía hasta que se adopte la decisión judicial sobre la suspensión, siempre que el interesado comunique a la Administración tributaria en el plazo de interposición del recurso que ha interpuesto el mismo.
Cuando se recurre ante la vía contenciosa administrativa por **silencio administrativo**, la suspensión automática de la sanción se mantiene hasta que se dicte resolución expresa en vía administrativa (AN 25-9-18, EDJ 605451), momento a partir del cual se sigue el procedimiento general previsto en el párrafo anterior.
En relación con la **liquidación**, se mantiene la suspensión producida en vía administrativa cuando el interesado comunique a la Administración tributaria en el plazo de interposición del recurso contencioso-administrativo que ha interpuesto dicho recurso y ha solicitado la suspensión en el mismo. Dicha suspensión continuará siempre que la **garantía** que se hubiese aportado en vía administrativa conserve su vigencia y eficacia, hasta que el órgano judicial adopte la decisión que corresponda en relación con la suspensión solicitada.

Precisiones 1) Las **medidas de suspensión** de la ejecución de la sanción tributaria sin necesidad de previa garantía no prolongan su efectividad hasta la finalización de la vía contencioso-administrativa. Dicha suspensión se mantiene hasta que se adopte en la vía contencioso-administrativa la pertinente resolución sobre la suspensión que, concedida anteriormente, es instada *ex novo*, en la vía jurisdiccional (TS 7-3-05, EDJ 16358).
2) La suspensión, con o sin garantía, de los actos impugnados en vía contencioso-administrativa obtenida por un deudor no extiende sus efectos a los **restantes deudores**. La concesión a un interesado de la suspensión de la ejecución de un acto supone, evidentemente, la paralización de las actuaciones únicamente frente a ese interesado, que podrán iniciarse una vez levantada la misma, pero ello no impide a la Administración continuar los procedimientos que se encuentren en curso frente a otros posibles deudores sin suspensión, de manera que la inacción de la Administración frente al responsable que no obtuvo la suspensión podría suponer la prescripción de la acción de cobro por transcurso de un plazo superior a cuatro años (TEAC unif criterio 22-10-08).
3) La **ejecución anticipada** decretada por el órgano tributario sin respetar el plazo para interponer el recurso contencioso-administrativo estando suspendida la ejecución hasta dicho momento, constituye un supuesto de responsabilidad patrimonial de la Administración. Hubo un anormal funcionamiento de los órganos tributarios, que origina el deber de reparar los daños causados al interesado (TS 10-11-08, EDJ 217271).
4) Las **sanciones tributarias** no se suspenden de forma automática en la vía judicial. El órgano jurisdiccional ha de ponderar las circunstancias concretas y justificar la suspensión de la sanción así como la ausencia de garantía. La jurisprudencia emanada en el ámbito tributario aboga por el mantenimiento en sede judicial del mismo criterio que el legislador adopta en vía administrativa y económico-administrativa; pero este principio ha sido matizado por la propia jurisprudencia, y específicamente cuando el ámbito es el sancionador en materia tributaria (TS 15-12-11, EDJ 306628).

8909 **5)** Hay que distinguir tres supuestos (TEAC 8-5-14):

a) Si la **liquidación en ejecución** se ha dictado **habiendo comunicado el interesado** a la Administración tributaria en el plazo de interposición del recurso contencioso-administrativo que ha **interpuesto dicho recurso** y ha solicitado la suspensión en el mismo, la liquidación es ilícita ya «ab initio».

b) Si la liquidación en ejecución se ha dictado **sin que el interesado haya comunicado** a la Administración la circunstancia señalada en el párrafo anterior y **antes de haber solicitado al órgano judicial la suspensión**, la liquidación no puede ser tachada de ilícita, sin perjuicio de los efectos que el hipotético auto del órgano judicial concediendo la suspensión pueda hacer recaer sobre la misma.

c) Si la liquidación en ejecución se ha dictado **sin que el interesado haya efectuado la comunicación** señalada pero **después de haber solicitado dicha suspensión judicial**, si bien la Administración obró correctamente dictando la liquidación en ejecución, la misma deviene improcedente de forma sobrevenida desde el momento en que se solicitó dicha suspensión, debiendo declarar dicha improcedencia desde el momento en que la AEAT tiene conocimiento de la referida solicitud de suspensión.

6) Lo establecido en la LGT art.233.8 (actualmente, LGT art.233.11) constituye una carga para el litigante para obtener la seguridad de que no se va a ejecutar el concreto acto administrativo ya impugnado ante los órganos de la jurisdicción contencioso-administrativa, pero no constituye un requisito solemne, material o sustantivo sine qua non para paralizar la ejecución. Así, cuando la Administración conoce o puede conocer, a través de su representante procesal, la existencia de un proceso y la petición en él de la suspensión del acto, no cabe pretextar ignorancia de tales circunstancias para anudar a la sola inobservancia del citado precepto de la LGT la apertura del **período voluntario**, aun cuando se mantenga sub iudice la decisión cautelar sobre lo pedido. Ese **conocimiento de la Administración** se presume cuando conste el conocimiento de las vicisitudes del proceso y la pieza cautelar, mediante actos de comunicación realizados en legal forma, bajo fe pública judicial, por parte del Abogado del Estado, como representante en juicio de aquella. En tales circunstancias, el período voluntario da comienzo con la notificación del auto judicial que pone término al incidente cautelar, siempre que el sentido de la decisión no impida tal ejecución (TS 15-10-20, EDJ 685549).

7) Para obligados tributarios afectados por la **DANA**, ver nº 3337.

VI. Ejecución de resoluciones

8915

A. Resoluciones administrativas

(LGT art.26.5 y 239.3 y 7; RGGI art.197.8; RGRV art.66 a 69; AEAT Resol 21-12-05)

1. Normas generales

(LGT art.239.3 y 7; RGRV art.66 y 67)

8916 La regla general es que los **actos resolutorios** de los procedimientos de revisión son ejecutados en sus propios términos, salvo que los mismos hayan estado suspendidos y dicha suspensión se mantenga en otras instancias.

La interposición de un **recurso de alzada ordinario** por la Administración no impide la ejecución de las resoluciones, salvo en los supuestos de suspensión (nº 8831).

Los actos dictados en ejecución de una resolución administrativa deben **notificarse** en el plazo de un mes desde que dicha resolución tiene entrada en el registro del órgano competente para su ejecución, salvo que se trate de la ejecución de resoluciones que ordenen la retroacción. Y en el mismo plazo, de oficio o a instancia de parte, la Administración debe regularizar la **obligación conexa** correspondiente al mismo obligado tributario y vinculada con la resolución objeto del recurso o reclamación. Además, se produce la afectación de la **garantía** aportada para suspender la liquidación recurrida al cobro de las cantidades que deban integrarse en ejecución de la obligación conexa no recurrida (nº 8563).

En la ejecución de una resolución que estime total o parcialmente la reclamación contra la liquidación de una obligación tributaria conexa a otra del mismo obligado tributario, se **compensarán de oficio** durante el plazo de ingreso en período voluntario las cantidades a ingresar y a devolver que resulten de la ejecución de la resolución (LGT art.73).

El incumplimiento del plazo de un mes, cuando la ejecución consista en dictar una **liquidación**, determina el cese del devengo de intereses una vez transcurrido dicho plazo.

Si de la regularización de la obligación conexa no recurrida resulta la anulación de la liquidación que se ha dictado y la práctica de una nueva liquidación que se ajuste a lo resuelto en el

recurso, se exigen **intereses de demora** sobre el importe de la nueva liquidación. La fecha de inicio es la misma que corresponde a la liquidación anulada y el interés se devenga hasta el momento en que se haya dictado la nueva liquidación, sin que el final del cómputo pueda ser posterior al plazo máximo para ejecutar la resolución.
Los **actos de ejecución**, incluida la práctica de liquidaciones, salvo en los casos de retroacción, no forman parte del procedimiento del que procede el acto objeto de impugnación.

Precisiones 1) En la ejecución de las resoluciones resultan aplicables las normas sobre **transmisibilidad**, **conversión** de actos viciados, **conservación** de actos y trámites no viciados. **8917**
2) La **notificación del cese de la suspensión** la debe realizar el órgano de recaudación y, por tanto, no es suficiente con la notificación por el TEAR de su fallo desestimatorio. Dicho órgano debe notificar una resolución comunicando el cese de la suspensión y el señalamiento del plazo voluntario de pago (TS 11-2-09, EDJ 16856).
3) Si la resolución ordena la **retroacción de actuaciones** para realizar una tasación pericial contradictoria, una vez se comunica su resultado al órgano inspector y, en consecuencia, se puede practicar la correspondiente liquidación, es cuando comienza el cómputo del plazo de un mes para la ejecución de la resolución y, por tanto, para el cómputo final de los intereses de demora (TEAC 23-10-08).
4) Respecto a la **competencia** para ejecutar las resoluciones de los tribunales económico-administrativos, aunque el RGRV no lo regula expresamente, se puede inferir de su articulado y con mayor detalle de su normativa de desarrollo que dicha competencia corresponde al mismo órgano que dicta la liquidación o acto objeto de reclamación económico-administrativa (TEAC 28-2-08).
5) Las consecuencias de que el procedimiento de **tasación pericial contradictoria** haya excedido su plazo máximo son las que derivan de la naturaleza jurídica que, según la jurisprudencia (AN y TS) tiene dicho procedimiento: se trata de un «medio de impugnación» de la liquidación, que se ejerce a través de un procedimiento específico. Por tanto, no se aplica el plazo máximo para finalizar las actuaciones en caso de retroacción (LGT art.150.5 redacc original -actualmente, LGT art.150.7), ya que no se vuelve al procedimiento inspector. Se está en una fase posterior, en un procedimiento de revisión de la liquidación que puso fin a dicho procedimiento, alternativo y previo a los recursos ordinarios. La superación del plazo máximo tiene las consecuencias propias del silencio negativo (TEAC 4-2-16). No obstante, el TS y el TEAC han reconsiderado su postura respecto a las consecuencias que tiene el incumplimiento del plazo para resolver la tasación pericial contradictoria. Así, superado el plazo de seis meses previsto en la LGT art.104.1 para la tramitación y finalización de la tasación pericial contradictoria, siendo responsable del exceso la Administración tributaria, la consecuencia automática es considerar levantada la suspensión y reanudado el cómputo del plazo de duración del procedimiento principal, en este caso, del procedimiento inspector en el que se inserta la tasación pericial contradictoria. Se aplicarán los efectos que la LGT art.150.2 establece si ese plazo del procedimiento inspector resulta incumplido a la fecha en que se notifica la liquidación resultante del procedimiento de tasación pericial contradictoria (TS 17-3-21, EDJ 519437; TEAC 27-5-21).

6) La cuestión relativa al plazo para ejecutar resoluciones parcialmente estimatorias por motivos de fondo ha sido una cuestión controvertida en los últimos años. El TS entendió que se aplica el plazo máximo para finalizar las actuaciones inspectoras en caso de **retroacción** (LGT art.150.5 redacc original -desde el 12-10-2015, LGT art.150.7) y los efectos en caso de incumplimiento no solo cuando la liquidación se anula por **razones formales** sino también cuando se anula por razones de fondo. Las actuaciones deben finalizar en el período que reste desde el momento al que se retrotraigan hasta la conclusión del plazo general, si aquel período fuera inferior, computándose el plazo desde la recepción del expediente por el órgano competente para ejecutar la resolución. En caso de incumplimiento decae el efecto interruptivo de la prescripción del procedimiento inicial del que las actuaciones dimanan. Aunque el plazo máximo que señala la LGT solo ha sido previsto para los casos de anulación por razones formales que determinen la retroacción de las actuaciones, hay que reconocer que el legislador ha guardado el más absoluto silencio sobre el plazo que se ha de respetar cuando la anulación lo sea por **razones sustantivas o de fondo**. En estos casos, ninguna disposición de la LGT obliga a la Inspección de los tributos a practicar la liquidación en un plazo máximo, por lo que nos encontramos con una laguna legal que este Tribunal está llamado a integrar mediante una interpretación analógica del referido artículo (TS 30-1-15,EDJ 16331; 4-3-15, EDJ 31672; TEAC 10-9-15). **8918**
Desde el 12-10-2015, tras la modificación introducida en la LGT por la L 34/2015, aquella ya regula expresamente el plazo para la ejecución en supuestos distintos de retroacción y las consecuencias de su incumplimiento (nº 8916). El TS ha señalado que no se puede aplicar su jurisprudencia anterior tras la L 34/2015. De esta forma, cuando la resolución económico-administrativa a ejecutar consiste en la anulación por motivos de fondo de un acuerdo de liquidación en un procedimiento de inspección y el acuerdo sancionador que deriva del mismo, para dictar una nueva liquidación y sanción de acuerdo con lo señalado por el tribunal, el órgano debe **notificar los acuerdos** en el **plazo** de un mes previsto en la LGT art.239.3 a contar desde el día en que la resolución entró en el registro de la AEAT. El **incumplimiento** de dicho plazo, al tratarse de una irregularidad no invalidante sin efectos prescriptivos, es la no exigencia de intereses de demora desde que la Administración incumpla el referido plazo (TS 27-9-22, EDJ 695285). En el mismo sentido se había pronunciado el

8918 (sigue) TS respecto al plazo de ejecución de resoluciones parcialmente estimatorias por motivos de fondo derivada de actuaciones gestoras o de sanciones (TS 19-11-20, EDJ 725120; 5-5-21, EDJ 561917). El TEAC, que inicialmente entendió que la reforma de la L 34/2015 no había integrado la laguna legal (TEAC 21-5-19), cambia su criterio anterior adaptándolo a la jurisprudencia del TS, para considerar que el plazo de que dispone la AEAT para la ejecución de una resolución económico-administrativa que anula parcialmente por razones de fondo una liquidación dictada en un procedimiento de inspección es el de un mes de la LGT art.239.3, y la única consecuencia en caso de incumplimiento es el no devengo de intereses de demora (TEAC 20-10-22).

7) La LGT art.150 tiene un ámbito de aplicación claramente delimitado, pues se refiere a **procedimientos inspectores** en los que una resolución judicial o económico-administrativa decreta la retroacción de actuaciones inspectoras. El reclamante alega la prescripción del derecho de la Administración para sancionar por haber excedido el tiempo de ejecución de la resolución el plazo previsto en el artículo señalado. Sin embargo, no solo la resolución judicial que se ejecuta lo único que ordena es la exclusión de la base de la sanción de una de las causas de regularización, sino que, en cualquier caso, la actuación de ejecución de la resolución nunca podría considerarse una actuación inspectora, al ser el procedimiento sancionador un procedimiento distinto y separado del procedimiento inspector (TEAC 17-7-14).

8) No resulta procedente la desestimación de la solicitud de **rectificación** de la **autoliquidación** con el único argumento de la no firmeza de la liquidación, basándose la solicitud de rectificación en los mismos fundamentos sobre los que la Administración ha sustentado su liquidación. Si posteriormente el recurso o reclamación contra la liquidación primera es estimado en todo o en parte, la ulterior liquidación provisional que estimó la solicitud de rectificación ha de ser posteriormente revertida, debiendo dictar la Administración otra liquidación en ejecución de la propia sentencia o resolución, determinantes de circunstancias nuevas (TEAC 11-7-17).

9) El obligado tributario tiene el derecho a que, ordenada por resolución judicial o económico-administrativa la **retroacción**, las actuaciones se lleven a cabo en el período fijado en la LGT art.150, sin que sea facultad de la Administración ampliar los plazos mediante dilaciones voluntarias, ni sobrepasarlos cuando materialmente ha llevado a cabo actuaciones antes de recibir el expediente. No es aceptable que los órganos económico-administrativos queden solo sometidos al plazo prescriptorio para remitir el expediente al órgano ejecutor (TS 22-12-20, EDJ 777315).

10) El **inicio del plazo** de un mes **para ejecutar una resolución** económico-administrativa estimatoria por motivos sustantivos debe computarse desde que conste su registro en la AEAT, y no desde que se recibe por el órgano competente para ejecutar, por ser el que ofrece mayor transparencia y fiabilidad a los terceros (TS 19-11-20, EDJ 725120; 27-9-22, EDJ 695285; TEAC 24-10-22). No obstante lo anterior, el TEAC, con respecto al dies a quo del plazo para dar cumplimiento a resoluciones que ordenen la retroacción de actuaciones inspectoras por vicios formales, en tanto no exista un pronunciamiento en sentido contrario del Tribunal Supremo, no considera extensible la doctrina anterior. Por ello, el TEAC mantiene el criterio fijado en su resolución TEAC 23-4-19, dictada en unificación de criterio, de acuerdo con el cual el plazo previsto en LGT art.150.7 para la retroacción de actuaciones inspectoras en caso de vicios formales debe computarse desde que se recibe la resolución por la Dependencia de Inspección que resulta competente para continuar el procedimiento y no desde que se recibe por la Oficina de Relación con los Tribunales (TEAC 31-1-23).

11) Cuando se haya ordenado una retroacción con el objeto de **motivar el valor de determinados bienes** (o de cumplir otros deberes formales), la Administración tributaria no puede dictar una liquidación provisional -a cuenta de la que finalmente resulte-, ni antes ni después de realizar la valoración motivada o de cumplir lo ordenado en la retroacción. La Administración no puede apartarse de lo ordenado por el tribunal (TS 1-7-21, EDJ 625290).

12) El plazo previsto en la LGT art.150.7 es aplicable a procedimientos inspectores. Así, si la retroacción se ordena en el seno de un **procedimiento gestor**, el plazo aplicable es el previsto en la LGT art.104, debiendo tramitar el procedimiento retrotraído y notificar la resolución al interesado en el plazo que reste desde que se realizó la actuación procedimental causante de la indefensión del interesado (TS 13-11-20, EDJ 715446).

13) La Administración tributaria no puede ejecutar la resolución que resuelve una reclamación económico-administrativa que anula una liquidación y ordena la retroacción de actuaciones para que se dicte otra, mientras se tramita un recurso de alzada interpuesto por el contribuyente, estando **suspendida la ejecución** de la liquidación a instancia del propio contribuyente (TS 28-6-21, EDJ 618953).

14) La potestad que la jurisprudencia del Tribunal Supremo reconoce a la Administración tributaria para **reiterar una liquidación** tras una estimación total por razones sustantivas, permite rectificar los errores cometidos en la primera liquidación tramitando un nuevo procedimiento de comprobación e investigación para dictar un nuevo acto ajustado a derecho mientras su potestad esté viva. En el nuevo procedimiento que se inicie en aplicación de esa doctrina jurisprudencial, resulta de aplicación el principio de conservación de actos y trámites no afectados por la causa de anulación del acto anulado en el primer procedimiento, de acuerdo con el RGRV art.66.3, que concreta en el ámbito tributario las previsiones generales de la LPAC art.51. La excepción jurisprudencial al reconocimiento de efecto interruptivo a la interposición de reclamaciones o recursos de cualquier clase de la LGT art.68.1.b en relación a la caducidad, no es trasladable a los supuestos de prescripción, dada su distinta naturaleza (TS 3-4-24, EDJ 528877).

Tipo de resoluciones (LGT art.239.3; RGRV art.66) La resolución administrativa puede desestimar totalmente el recurso o estimarlo en parte. **8919**

Desestimación del recurso (LGT art.239.3; RGRV art.66) La desestimación del recurso supone la confirmación del acto impugnado. **8919.1**
Si el acto no hubiera sido objeto de suspensión y la deuda se encontrara en **período ejecutivo**, cuando adquiera firmeza, podrá continuarse, en su caso, con la enajenación de bienes y derechos embargados.
Si el acto estuviera suspendido en **período voluntario** de ingreso, como ocurre con las sanciones tributarias, la notificación de la resolución inicia el plazo de ingreso en período voluntario.
Si la suspensión se produjo en período ejecutivo, la notificación de la resolución determina la continuación o el inicio del procedimiento de apremio, según que la providencia de apremio hubiese sido notificada o no antes de la fecha en que surtió efectos la suspensión.
En caso de suspensión, además se liquidarán intereses de demora por el período que haya durado la misma (nº 8923 s.).

Estimación del recurso (LGT art.239.3; RGRV art.66) La estimación del recurso puede serlo por motivos de forma o motivos de fondo. **8919.2**
a) Cuando la resolución aprecie **defectos formales** que hayan disminuido las posibilidades de defensa del reclamante, no procederá resolver sobre el fondo y el tribunal anulará el acto en la parte afectada y ordenará la retroacción de las actuaciones. En este caso, se anulan todos los actos posteriores que traen causa del anulado, procediéndose a la devolución de las cantidades indebidamente ingresadas junto con los correspondientes intereses de demora.
La ejecución se limita en este caso a la anulación del acto correspondiente y a las actuaciones tendentes a la reposición de las actuaciones al momento procedimental oportuno, continuando el procedimiento inspector a partir de dicho momento.
Cuando una resolución judicial o económico-administrativa ordene la retroacción de las actuaciones inspectoras, estas deben **finalizar** en el período que reste desde el momento al que se retrotraigan las actuaciones hasta la conclusión del plazo máximo de duración o en seis meses, si aquel período fuera inferior. Este plazo se computa desde la recepción del expediente por el órgano competente para ejecutar la resolución (LGT art.150.7).
b) Cuando la resolución estime el recurso por **cuestiones de fondo**, se conservarán los actos y trámites no viciados con mantenimiento íntegro de su contenido, pudiendo darse las siguientes situaciones:
1. Estimación total del recurso, que puede suponer:
- la anulación del acto impugnado sin que sea necesario dictar un nuevo acto. En este caso, se procede a la ejecución mediante la anulación del acto administrativo y de todos los actos que traigan causa del anulado y, en su caso, la devolución de las garantías o las cantidades indebidamente ingresadas junto con sus intereses de demora;
- la anulación del acto impugnado que permita dictar un nuevo acto. En este caso se actuará conforme a lo previsto para las resoluciones parcialmente estimatorias;
- la reforma del acto dictado, para lo cual se actuará conforme a lo previsto para las resoluciones parcialmente estimatorias.
2. Cuando se **estime parcialmente** el recurso y ello suponga dictar una **nueva liquidación**, la ejecución de la resolución se llevará a cabo mediante la anulación del acto impugnado y la práctica de una nueva liquidación con sus correspondientes intereses de demora (nº 8924). Si el importe del acto recurrido se hubiera ingresado parcial o totalmente, se procede a su compensación de oficio con la nueva liquidación dictada en sustitución de la anulada (LGT art.73). Si no estuviera ingresado se deberán deshacer las trabas o embargos. En estos casos, si se hubiera suspendido la ejecución del acto inicialmente reclamado mediante la aportación de garantía, esta quedará afecta al pago de la nueva cuota o cantidad resultante y de los intereses de demora (RGRV art.41).
3. Cuando la resolución parcialmente estimatoria deje **inalterada la cuota tributaria**, la cantidad a ingresar o la sanción, la resolución se puede ejecutar reformando parcialmente el acto impugnado y los posteriores que deriven del parcialmente anulado. Así, subsiste el acto inicial, que se rectifica de acuerdo con el contenido de la resolución. Si la liquidación inicial fue ingresada, se devolverá el exceso de dichas cantidades, junto con los correspondientes intereses de demora si fueran procedentes. Si estuviera en periodo ejecutivo se mantienen los actos de recaudación realizados previamente, sin perjuicio de la adaptación de las cuantías de las trabas y embargos realizados, debiendo continuar con el procedimiento de recaudación. Si la liquidación impugnada fue objeto de suspensión con la notificación del acuerdo por el que se reforma la misma, se le concederán los plazos de ingreso en voluntaria o se le comunicará el

inicio o continuación del procedimiento de apremio, dependiendo de si la suspensión se concedió en periodo voluntario o ejecutivo. Además en estos casos procederá la liquidación de los intereses de demora devengados durante el periodo que haya durado la suspensión (nº 8923 s.). En estos casos, para la ejecución de las resoluciones administrativas los **órganos de inspección** podrán desarrollar las actuaciones que sean necesarias, pudiendo ejercer en su caso las facultades previstas en la LGT art.142 y realizar actuaciones de obtención de información.

8920 Precisiones 1) En la ejecución de acuerdos que resuelven **procedimientos especiales de revisión** resultan de aplicación tanto estas reglas como las relativas a los intereses de demora y la devolución de garantías (ver nº 8923 s.).

2) En la fase de ejecución, los órganos de inspección pueden ejercer sus facultades así como **actuaciones de obtención de información** (RGGI art.197.8). Dichas facultades se ejercen dentro del ámbito de la ejecución de la resolución y para poder dar cumplimiento al mandato contenido en el fallo.

3) La **modificación de sanciones** en ejecución de un fallo de un tribunal económico administrativo no constituye una actuación inspectora a los efectos del cumplimiento de los plazos del procedimiento inspector. Aquellas actuaciones de ejecución no incurrirán en caducidad, aunque transcurran más de seis meses desde el momento en que la Administración gestora tenga conocimiento del fallo del tribunal económico-administrativo, y el de la práctica de la nueva liquidación de la sanción (TS interés de ley 30-6-04, EDJ 142088).

4) Si el tribunal regional entendía que la Inspección no había probado los hechos en que fundamentó su regularización, lo que hubo de hacer simplemente era anular la liquidación girada pero no ordenar nuevas actuaciones comprobadoras como si la Inspección dependiera funcionalmente de él. La actuación del TEAR va en contra del **principio de seguridad jurídica**, puesto que si la Inspección no ha realizado de forma adecuada las actuaciones de comprobación e investigación para poder probar unos determinados hechos, los tribunales no pueden estar ordenando retrotraer las actuaciones «sine die» otorgando a los órganos de Inspección la posibilidad de pronunciarse de nuevo y calificar de otra forma los hechos controvertidos, y asímismo dando lugar a que esta nueva calificación fuera más perjudicial para el reclamante, vulnerando así la prohibición de la reformatio in peius. En efecto, la labor inspectora ha concluido, no se pueden retrotraer las actuaciones porque los órganos de inspección no hayan demostrado un determinado hecho, puesto que esto supondría reabrir un procedimiento ya concluso e iría contra los principios fundamentales de nuestro ordenamiento jurídico (TEAC 26-3-09).

8921 5) En el caso de que se hayan dictado **liquidaciones anuales de IVA**, procede anular las liquidaciones impugnadas, pero declarando el derecho de la Administración a la práctica de nuevas liquidaciones en relación con el tributo y periodos afectados, con dos limitaciones, la prescripción y la prohibición de la reformatio in peius (AN 12-4-11, EDJ 42376).

6) En el caso de que un tribunal económico-administrativo haya ordenado la **retroacción de las actuaciones inspectoras**, a los efectos del cómputo de plazo hay que sumar el plazo que consumió la Inspección en la realización de las nuevas actuaciones comprobadoras al inicialmente invertido en la primera actuación (ambas son un solo procedimiento). No obstante hay que tener en cuenta que aunque decaiga la eficacia interruptiva del procedimiento de inspección, la vía económico administrativa tiene su propia eficacia interruptora (TEAC 10-11-09; AN 19-1-11, EDJ 4378).

No obstante, esta postura de la AN sobre la **interrupción** de la prescripción en los supuestos de retroacción (que no en relación con el criterio relativo a la distinción de procedimientos: inspector y ejecutivo) ha sido superada y modificada en sentido contrario por el Tribunal Supremo (TS 4-4-13, EDJ 55380; 4-2-16, EDJ 4194).

En consonancia, el TEAC asume que en caso de un procedimiento en el que ha decaído el efecto interruptivo de la prescripción por haber transcurrido el plazo máximo para finalizar el mismo en un supuesto de retroacción, los recursos en la **vía económico-administrativa** tampoco interrumpen la prescripción (TEAC 13-6-13).

7) El **trámite de audiencia** no resulta preceptivo en las resoluciones administrativas dictadas en ejecución de sentencia. Se trata de una resolución tributaria que se dicta en ejecución de la sentencia, no siendo necesario iniciar el procedimiento como si se tratase de la primera liquidación (AN 13-4-11, EDJ 35006).

8) La resolución administrativa o judicial estimatoria relativa a una liquidación, en caso de que se dicte una **segunda liquidación**, origina distintos supuestos de cómputo de los **intereses de demora** (TEAC 28-10-13; TS 9-12-13, EDJ 256928):

a) Ejecución de resoluciones administrativas o judiciales estimatorias en parte por razones sustantivas que **anulan una liquidación** y que ordenan la práctica de otra en sustitución de aquella. Se exigen intereses de demora respecto a esta nueva liquidación (LGT art.26.5), de forma tal que la fecha de inicio del cómputo del interés de demora es la misma que, conforme a la LGT art.26.2 habría correspondido a la liquidación anulada, y la fecha final del cómputo es aquella en que se haya dictado la nueva liquidación.

En todo caso deben tenerse en cuenta las limitaciones que operan si se superan, por causas imputables a la Administración, los plazos establecidos para la ejecución de resoluciones y sentencias, excluyendo asimismo, en su caso, el tiempo en que se haya superado el plazo máximo legalmente previsto para resolver los recursos y reclamaciones en vía administrativa.

b) Estimación total de un recurso o reclamación, tanto por razones sustantivas como de procedimiento, subsistiendo la posibilidad de que la Administración vuelva a liquidar pero iniciando en todo caso un **nuevo procedimiento**. Entre otros supuestos, el de caducidad. Se exigen intereses de demora respecto a esta nueva liquidación, de tal forma que la fecha de inicio y la fecha final del cómputo del interés de demora son las mismas que habrían correspondido a la liquidación originaria anulada.

c) Estimación por razones formales sin ordenar la práctica de otra liquidación en sustitución de la que se anula pero acordando la **retroacción de actuaciones**. En estos casos, la ejecución de la sentencia o resolución se circunscribe a la anulación del acto inicialmente impugnado y a la orden de retroacción, debiendo además, si se trata de un procedimiento inspector, respetar el plazo máximo de las actuaciones (LGT art.150.5 redacc original -desde el 12-10-2015, LGT art.150.7). Se exigen intereses de demora respecto a esta nueva liquidación, de tal forma que la fecha de inicio y la fecha final del cómputo del interés de demora son las mismas que habrían correspondido a la liquidación originaria anulada. No obstante, se debe tener en cuenta que para las actuaciones inspectoras en las que la recepción del expediente por el órgano competente para la ejecución de la resolución como consecuencia de la retroacción que se haya ordenado se produzca a partir del 12-10-2015, la fecha final de cómputo es la fecha de la nueva liquidación (LGT art.150.7; L 34/2015 disp.trans.única.6).

9) La **falta de examen y valoración** por el Inspector Jefe de las alegaciones y documentos presen- **8922**
tados por el sujeto pasivo en plazo ante la previa propuesta de liquidación contenida en el acta (el contribuyente presentó las alegaciones el último día del plazo, en la Oficina de Correos, teniendo estas entrada en la Dependencia de Inspección con posterioridad a que se dictara el acuerdo de liquidación), impone retrotraer las actuaciones al momento en que se dictó aquel acuerdo de liquidación, para que tales alegaciones sean valoradas y examinadas, dictándose el nuevo acuerdo que corresponda. En el caso examinado se generó indefensión en la posición del sujeto pasivo, el cual no había formulado antes en el seno del procedimiento ningún escrito de alegaciones, pero sí un extenso escrito de alegaciones a la propuesta de liquidación, acompañado de multitud de documentos, ninguna de las cuales fueron valoradas y examinadas por la Inspección (TEAC 2-6-15).

10) El plazo para iniciar un **nuevo procedimiento** de inspección, tras una resolución o **sentencia totalmente estimatoria** de las pretensiones de los obligados tributarios por **razones sustantivas o de fondo** anulando totalmente el acto impugnado, es el de prescripción, teniendo en cuenta la doctrina del TS que permite el segundo tiro con el límite de la reiteración del vicio. No resulta aplicable el plazo de LGT art.150.5 redacc original -actual LGT art.150.7-, puesto que no se trata de un caso de retroacción (estimación en parte del previo recurso o reclamación por razones formales) ni un caso de ejecución (estimación en parte del previo recurso o reclamación por razones sustantivas, que confirma en parte el acto impugnado) (TEAC 13-7-17).

11) En los casos en que se acuerde la **retroacción** de actuaciones por **anulación formal** del acto impugnado, la jurisprudencia establece una serie de reglas generales aplicables a todos los procedimientos de gestión, que son las siguientes (TS 31-10-17, EDJ 243615):

- el nuevo acto se dicta aplicando el mismo procedimiento de gestión utilizado para dictar el acto anulado;
- el plazo para tramitar el procedimiento retrotraído y notificar la resolución al interesado es el que reste desde que se realizó la actuación procedimental causante de la anulación del acto hasta completar el plazo general de duración de los procedimientos tributarios, que con carácter general es de seis meses (LGT art.104);
- el cómputo del plazo se inicia el día siguiente a aquel en que se comunique la resolución por la que se anula el acto.

En los casos de **anulación** del acto **por motivos sustantivos, materiales o de fondo** la nueva decisión, ajustada a los términos indicados en la resolución anulatoria, constituye un acto de ejecución, que debe adoptarse en la forma y el plazo de un mes de la LGT art.239 (TS 19-1-18, EDJ 3310).

En ambos supuestos la jurisprudencia es clara al entender que no resultan de aplicación a los **procedimientos de gestión** las normas específicas del procedimiento inspector (LGT art.150.7, antiguo LGT 150.5) para los supuestos de anulación y retroacción de actuaciones (TEAC 5-7-17).

12) Tras la **estimación parcial de una reclamación** económico administrativa, las **restantes pretensiones**, rechazadas por los tribunales económico administrativos, pueden ser objeto de revisión ante la jurisdicción contencioso-administrativa, sin que haya que esperar a que se practique una nueva liquidación por parte de los órganos de la Administración tributaria (TS 19-5-20, EDJ 563845).

13) No es imprescindible que se haya ordenado expresamente la **retroacción** de actuaciones. Procederá la misma, si de la resolución se desprende que se trata de un **defecto formal** que ha originado indefensión a la obligada tributaria (TEAC 27-5-21). En el mismo sentido se pronuncia el TS para la ejecución de sentencias (ver nº 8940).

14) Cuando proceda la práctica de una nueva liquidación por haberse anulado otra anterior al haberse estimado las pretensiones respecto a los **intereses de demora**, cuyo importe ha sido ingresado, en el cálculo de los intereses de demora la Administración tributaria puede compensar de oficio los intereses resultantes de una y otra liquidación, devolviendo la cantidad que surja de la compensación junto con los intereses correspondientes (TS 18-7-19, EDJ 673046).

15) Cuando el **defecto formal causante de indefensión** que impide al Tribunal pronunciarse sobre la conformidad a Derecho del acto impugnado se aprecie por el TEAC en un recurso de alzada de la resolución dictada en primera instancia por un TEAR, el principio de prioridad lógica de las cuestiones formales determina que (TEAC 12-12-23):
- el TEAC debe anular el acto por dicho motivo, ordenando la retroacción de actuaciones al momento de comisión de dicho defecto formal para que, en su caso, si procede, se dicte otro nuevo acto subsanando dicho defecto;
- el TEAC debe abstenerse de realizar pronunciamientos sobre las cuestiones de fondo;
- deben tenerse por no realizados los pronunciamientos sobre el fondo del TEAR contenidos en su resolución dictada en primera instancia en todo aquello que niegan las pretensiones del reclamante y confirmen la actuación (ya anulada) del órgano gestor. Sin embargo, en lo que se refiere a los pronunciamientos de fondo realizado por el TEAR estimatorios de las pretensiones del reclamante, el límite de la prohibición de la reformatio in peius supone que los pronunciamientos que se contienen en la resolución del TEAR de reconocimiento de derechos a favor del interesado que no hayan sido cuestionados por el recurrente en el recurso de alzada deberán ser mantenidos en el nuevo acto que, en ejecución de la retroacción ordenada, pueda llegar a dictarse.

16) En caso de una **resolución parcialmente estimatoria** en el que la **deuda inicialmente liquidada estuviera ingresada**, será aplicable a la liquidación que deba dictarse en ejecución la limitación en cuanto al devengo de intereses de demora previsto en LGT art.240.2 por haberse excedido el plazo de duración del procedimiento económico administrativo. Y ello teniendo en cuenta que la norma al contemplar el supuesto ordinario de liquidación limita el supuesto a las liquidaciones suspendidas (pues no tendría sentido que el legislador limitase el devengo de intereses a una cuota ya ingresada) (TEAC 21-12-22 y 23-1-23).

17) Tras la **anulación total de una liquidación tributaria por vicio sustantivo**, cabe la práctica de una nueva liquidación iniciándose por la Administración un nuevo procedimiento de inspección, si lo considera necesario, dictándose el nuevo acuerdo de liquidación en el ejercicio de la potestad tributaria que le corresponde, teniendo como límites que su potestad no haya prescrito, la reformatio in peius y la reincidencia o contumacia en el mismo error. Las cuestiones que pueden suscitarse al girar las nuevas liquidaciones deben ser objeto de resolución fuera del cauce de ejecución de sentencia (TS 5-4-24, EDJ 528878). La potestad que la jurisprudencia del Tribunal Supremo reconoce a la Administración tributaria para reiterar una liquidación tras una estimación total por razones sustantivas, permite **rectificar los errores** cometidos en la primera liquidación tramitando un nuevo procedimiento de comprobación e investigación para dictar un nuevo acto ajustado a derecho mientras su potestad esté viva (TS 3-4-24, EDJ 528877).

18) En aquellos supuestos en los que el Tribunal económico-administrativo **estima parciamente una reclamación contra la liquidación** dictada y se desestiman las pretensiones respecto a la sanción, debe adecuarse el importe de la sanción a la nueva base determinada en la liquidación, pero ello no supone la anulación de la sanción, al no existir causa de invalidez que afecte a la sanción y que obligue a su anulación sino una mera modificación cuantitativa o reajuste de su cálculo (TS 25-10-23, EDJ 729424).

19) En aquellos supuestos en los que se anule un primer acuerdo sancionador como consecuencia exclusiva de la **anulación, por motivos formales, de la liquidación** de la que traía causa la sanción, sin hacer ningún pronunciamiento adicional con relación a la anulación de la sanción ni indicación alguna a la Administración sobre cómo proceder, la dimensión procedimental del principio non bis in idem se opone al inicio de un nuevo procedimiento sancionador y a una nueva sanción con relación al mismo obligado tributario y por los mismos hechos (TS 15-1-24, EDJ 501976). El TEAC, siguiendo la doctrina jurisprudencial anterior, entiende que la anulación de una liquidación con retroacción de actuaciones por haberse producido indefensión provoca, a su vez, que se vea afectada la instrucción del procedimiento sancionador que había incorporado formalmente datos, pruebas y circunstancias procedentes del procedimiento de liquidación. Por ello, debe anularse la sanción con retroacción de actuaciones al momento de incorporarse formalmente al procedimiento sancionador los citados datos, pruebas y circunstancias procedentes del procedimiento de liquidación. Esto no implica que deba iniciarse un nuevo procedimiento sancionador, vedado por la interpretación que el TS hace del principio de non bis in ídem, sino sólo su retroacción al momento de incorporación al mismo del resultado que, en su caso, se obtenga del procedimiento de liquidación retrotraído (TEAC 20-3-24).

8923 **Intereses de demora en las liquidaciones** (RGRV art.66.6) En la ejecución de la resolución de una reclamación económico-administrativa relativa a una liquidación cuya ejecución se encuentra suspendida, pueden plantearse dos supuestos:
- resolución desestimatoria o parcialmente estimatoria, cuando su ejecución no exija dictar una nueva liquidación en sustitución de la anterior;
- resolución que anula la liquidación impugnada y ordena dictar otra conforme a lo dispuesto en la misma (nº 8924).

Resolución desestimatoria o parcialmente estimatoria, cuando su ejecución no exija dictar una nueva liquidación en sustitución de la anterior (RGRV art.66.6) En este caso, se liquidan intereses de demora sobre la cantidad que deba ingresarse durante todo el tiempo que haya durado la suspensión (LGT art.233.12) ajustándose a las siguientes reglas: 8923.1

a) Si la suspensión se produjo en **período voluntario de pago**, el plazo de liquidación de intereses de demora abarca desde el día siguiente al del vencimiento del plazo de ingreso en período voluntario, hasta la finalización del plazo de pago en período voluntario abierto con la notificación de la resolución que pone fin a la vía administrativa o hasta el día en que se produzca el ingreso dentro de dicho plazo. En el caso de resoluciones dictadas fuera del plazo del año, no se liquidan intereses de demora por el tiempo transcurrido desde el momento en que se haya superado dicho plazo hasta que se dicte la resolución o se interponga recurso contra la resolución presunta (LGT art.26.4).

Si la suspensión solo ha producido efectos en el **recurso de reposición**, pero no se ha extendido a la vía económico-administrativa, los intereses de demora se liquidan desde el día siguiente al del vencimiento del plazo de ingreso en período voluntario hasta la fecha de la resolución del recurso de reposición.

En caso de suspensión **acordada por el tribunal**, la liquidación de intereses es competencia del órgano que dictó el acto impugnado.

b) Si la suspensión produjo efectos en **período ejecutivo**, el órgano de recaudación liquida los intereses de demora desde la fecha en que surtió efecto la suspensión y la fecha de resolución que ponga fin a la vía administrativa.

Cuando la suspensión haya limitado sus efectos al **recurso de reposición** no extendiéndose a la vía económico-administrativa, se liquidarán intereses de demora desde la fecha en que surtió efectos la suspensión hasta la fecha de la resolución del recurso de reposición.

Resolución que anula la liquidación impugnada y ordena dictar otra conforme a lo dispuesto en la misma (RGRV art.66.6) En estos casos, se exige el interés de demora sobre el importe de la nueva liquidación. La fecha de inicio del cómputo de intereses de demora es la misma que habría correspondido a la liquidación anulada, y el interés se devenga hasta el momento en que se haya dictado la nueva liquidación, sin que el final del cómputo pueda ser posterior al plazo máximo para ejecutar la resolución (para las resoluciones dictadas en vía administrativa, un mes desde la entrada en el órgano responsable de su ejecución). Ver jurisprudencia en nº 8917. 8924

Por otra parte, aunque este supuesto se regula por la LGT art.26.5 en un apartado distinto a aquél en el que se establece el no devengo de intereses a partir del momento en que se incumpla el plazo máximo para resolver la reclamación económico-administrativa (LGT art.26.4), nada impide la **aplicación simultánea** de ambos apartados, de manera que si la resolución no se ha dictado en el plazo de un año no se exigirán intereses por el tiempo transcurrido desde la finalización de este plazo hasta la fecha en que finalmente se haya dictado la resolución que se ejecuta.

En caso de que se anule la liquidación por vicios de forma y se ordene la **retroacción**, se exigirán intereses de demora por la nueva liquidación que se dicte tras la vuelta al procedimiento. La fecha de inicio del cómputo del interés de demora es la misma que habría correspondido a la liquidación anulada y el interés se devenga hasta el momento en que se haya dictado la nueva liquidación (LGT art.150.7).

Precisiones **1)** En este caso, los intereses que se devengan no son intereses derivados de la suspensión sino los intereses correspondientes a la **nueva liquidación** como consecuencia de haberse anulado la inicial. Por tanto, estos intereses se exigirán tanto si se ha solicitado la suspensión del acto inicial como si no ha mediado suspensión. La exigencia de estos intereses supone la no exigencia de intereses de demora por la suspensión (los denominados intereses suspensivos).

2) La práctica de una nueva liquidación como consecuencia de haberse anulado una anterior conlleva en ocasiones un **mayor devengo de intereses de demora** como consecuencia del nuevo «dies ad quem». La prohibición de la «reformatio in peius» en los intereses de demora tiene como **límite** que no se empeore las condiciones iniciales de cálculo (por ejemplo, que no se adelante la fecha inicial de cómputo ni se eleven los tipos utilizados inicialmente).

3) En el caso de **liquidaciones anuales de IVA** que hayan sido anuladas y deban ser sustituidas por otras nuevas de carácter trimestral, si resultara un mayor importe de intereses de demora como consecuencia del adelantamiento de la fecha de devengo y cómputo, no podrá exigirse una cuantía superior que la que resultara de haberse practicado la liquidación anual (TEAC 24-11-10).

4) Ver aptdo 8) de jurisprudencia en nº 8921.

5) La reclamación económico-administrativa estima en parte por razones de fondo, pero **confirmando la cuota** y modificando solamente el cálculo de intereses de demora realizado por la Inspección en la liquidación que se impugnó. La deuda estaba suspendida. Dado que se ha confirmado el importe de la cuota tributaria (que conforme a la LGT art.19 es la obligación tributaria principal) y solo se ha corregido el importe de los intereses de demora liquidados por la Inspección (que tan solo es una prestación accesoria a tenor de la LGT art.25.1) se procede como si estuviésemos ante una desestimación (con el matiz de la corrección de los intereses de demora inicialmente liquidados): se liquidan **intereses suspensivos** durante todo el tiempo que ha durado la revisión, aplicados sobre toda la cuota más los intereses de demora rectificados (TEAC 2-6-15).

6) La **estimación parcial de una reclamación** o recurso contra una liquidación que estaba suspendida supone que procede corregir la deuda tributaria suspendida, y por ello no se devengan intereses de demora suspensivos, aun cuando la corrección solo afecte a los intereses y no a la cuota (TS 7-10-20, EDJ 685496).

7) El TS ha admitido recurso de casación respecto a la exigencia de **intereses de demora** previstos en la LGT art.26.5 cuando resulte necesaria la práctica de una **nueva liquidación** como consecuencia de haber sido **anulada en parte por motivos sustantivos una liquidación previa** por una resolución administrativa o judicial. Se considera que tiene interés casacional objetivo determinar, a la luz de la naturaleza jurídica de los intereses de LGT, si son intereses compensatorios o remuneratorios, intereses moratorios, de demora o indemnizatorios o intereses sancionadores, aclarando, asimismo, si su devengo tiene un carácter objetivo, desvinculado de la conducta del contribuyente y de la administración o si, por el contrario, presentan un carácter subjetivo en el que deba valorarse la conducta del contribuyente y la administración. Además, se analizará la compatibilidad con la Const art.14, 24, 31 y 33 (TS auto 26-9-24, EDJ 695639).

8925 **Intereses de demora sobre sanciones** (LGT art.212.3.b) En los supuestos de interposición de recursos o reclamaciones contra una sanción, no se exigen intereses de demora por el tiempo que transcurra hasta la finalización del plazo de pago en período voluntario abierto por la notificación de la resolución que ponga fin a la vía administrativa, exigiéndose intereses de demora a partir del día siguiente a la finalización de dicho plazo.

La LGT ha asumido, por tanto, la doctrina mantenida por el TS 18-9-01, EDJ 34704 de no exigencia de intereses de demora durante la tramitación de los recursos o reclamaciones de la vía administrativa. No obstante, en aquellos casos en los que el recurrente decida interponer el oportuno **recurso jurisdiccional**, procede la liquidación de intereses de demora siempre que el tribunal acuerde mantener la suspensión de la sanción.

Dichos intereses son exigibles tanto si la sanción es confirmada íntegramente como si se confirma solo parcialmente, girándose en este último caso sobre el importe de la sanción subsistente como consecuencia de la estimación en parte del recurso. Así, en todos aquellos casos en los que el tribunal anule parcialmente las sanciones impuestas, deje sin efecto algún agravante de la misma o declare la inaplicación de algún criterio de calificación, se girarán intereses de demora sobre el importe de la sanción declarado conforme a derecho por todo el tiempo que haya durado la suspensión en la **vía contencioso-administrativa**, con excepción del tiempo transcurrido hasta la finalización del plazo de pago en período voluntario abierto por la notificación de la resolución que ponga fin a la vía administrativa (LGT art.26.2.c), período respecto del que no se liquidarán intereses. En este sentido, el TS 7-3-05, EDJ 16358 señala que el ordenamiento tributario no establece en relación con las sanciones un supuesto de inejecutividad, sino de **suspensión de la ejecutividad**, suspensión que conlleva el devengo de intereses de demora.

La **fecha de inicio** del devengo de los intereses será la fecha en la cual el órgano judicial concede la suspensión. En cuanto a la fecha de finalización del cómputo de intereses, será la fecha de ingreso o, en su defecto, la fecha de finalización del plazo para el pago en período voluntario, iniciado con la notificación al contribuyente del levantamiento de la suspensión (RGRV art.66.6), sin que se computen los intereses devengados una vez transcurrido el plazo fijado para el cumplimiento de la sentencia.

Precisiones En cuanto a la fecha de inicio del devengo de los intereses suspensivos de sanciones, la jurisprudencia ha mantenido un **criterio cambiante**, oscilando entre la fecha de finalización del pago en período voluntario abierto con la notificación de la resolución que ponga fin a la vía administrativa, y la fecha en la cual el órgano judicial concede la suspensión. Finalmente ha prevalecido esta última al entender que hasta que no se concede por el órgano jurisdiccional la suspensión de la sanción, esta no puede devengar intereses suspensivos (TS 26-11-09, EDJ 307343).

8926 **Garantías** (RGRV art.66.7 y 67) Cuando proceda la **devolución de la garantía** prestada, el órgano competente la efectúa de oficio sin necesidad de solicitud por parte del interesado.

En los casos de **estimación parcial** del recurso o reclamación interpuesto que no pueda ejecutarse por mantenerse la suspensión en otras instancias, el interesado tiene derecho, si así lo solicita, a la reducción proporcional de la garantía aportada. Sin embargo, no procede la reducción si la resolución de la reclamación no puede ser ejecutada al haberse interpuesto **recurso de alzada** por la Administración con solicitud de suspensión (LGT art.241.3).

A tal fin, cuando proceda la reducción de la garantía, en el **plazo** de 15 días desde la presentación de la solicitud del interesado, el órgano competente ha de cuantificar la obligación que resulte de la ejecución de la resolución parcialmente estimatoria, la cual sirve para determinar el importe de la reducción procedente y el de la garantía que debe quedar subsistente.

La garantía anterior sigue **afecta** al pago del importe del acto, deuda u obligación subsistente, y mantiene su vigencia hasta la formalización de la nueva garantía que cubra el importe del acto, deuda u obligación subsistente.
Los **órganos competentes** para proceder a la sustitución de la garantía son los que acordaron la suspensión.

Momento de ejecución de las resoluciones de los tribunales económico-administrativos susceptibles de recurso contencioso-administrativo (LGT art.233.11) El mantenimiento de la **suspensión** producida en vía administrativa se condiciona no ya a la simple interposición del recurso contencioso-administrativo, sino a la comunicación del interesado a la Administración tributaria en el plazo de interposición del mismo, que ha interpuesto dicho recurso solicitando la suspensión del acto recurrido. 8927
Se traslada al **obligado tributario** la carga de hacer llegar a la Administración la existencia del recurso con solicitud de suspensión, para que esta no ejecute la resolución del tribunal económico-administrativo recurrida, de forma que, si transcurrido el plazo de dos meses desde la notificación de la resolución al obligado tributario no consta esta comunicación, deberá procederse a la ejecución.

Precisiones 1) Ver precisión del nº 8725.
2) Lo establecido en la LGT art.233.8 (actualmente, LGT art.233.11) constituye una carga para el litigante para obtener la seguridad de que no se va a ejecutar el concreto acto administrativo ya impugnado ante los órganos de la jurisdicción contencioso-administrativa, pero no constituye un requisito solemne, material o sustantivo sine qua non para paralizar la ejecución. Así, cuando la Administración conoce o puede conocer, a través de su representante procesal, la existencia de un proceso y la petición en él de la suspensión del acto, no cabe pretextar ignorancia de tales circunstancias para anudar a la sola inobservancia de la LGT art.233.8 la apertura del **período voluntario**, aun cuando se mantenga sub iudice la decisión cautelar sobre lo pedido. Ese **conocimiento de la Administración** se presume cuando conste el conocimiento de las vicisitudes del proceso y la pieza cautelar, mediante actos de comunicación realizados en legal forma, bajo fe pública judicial, por parte del Abogado del Estado, como representante en juicio de aquella. En tales circunstancias, el período voluntario da comienzo con la notificación del auto judicial que pone término al incidente cautelar, siempre que el sentido de la decisión no impida tal ejecución (TS 15-10-20, EDJ 685549).

2. Normas especiales

(RGRV art.68 y 69)

En el ámbito de las **resoluciones económico-administrativas** se recogen normas especiales en relación con el cumplimiento de la resolución y con la extensión de los efectos de la resolución. 8929

Cumplimiento de la resolución (LGT art.241 ter; RGRV art.68) En los casos en que el interesado no está conforme con el acto de ejecución de la resolución administrativa, puede plantear **recurso contra la ejecución** que debe ser resuelto por el tribunal que dictó la resolución que se ejecuta (nº 8834). 8931
Además, los órganos que tienen que ejecutar las resoluciones de los órganos económico-administrativos pueden solicitar **aclaración** de la resolución al Tribunal.

Precisiones 1) Una liquidación dictada en ejecución de resolución económico-administrativa firme y consentida es inatacable tanto en vía administrativa como jurisdiccional, si la impugnación se fundamenta en **cuestiones resueltas en la resolución firme**. La cuestión ha de conectarse a la llamada cosa juzgada administrativa y a las exigencias de la seguridad jurídica, así como al derecho a la tutela judicial efectiva (TS 12-6-97, EDJ 4775). 8932
2) El concepto de **cosa juzgada** es propio y exclusivo de las resoluciones judiciales, por tanto, su extensión a los procedimientos administrativos es inapropiada (TS 10-1-01, EDJ 451; 26-4-04, EDJ 63732).
3) Cabe interponer reclamación económico-administrativa contra una liquidación dictada en ejecución de una resolución económico-administrativa que anula la liquidación anterior por **falta de motivación** y ordena dictar la nueva liquidación de forma motivada (TS 10-1-01, EDJ 451).
4) Únicamente el órgano que tenga que ejecutar la resolución puede formular **solicitud de aclaración** de la resolución, no siendo posible que lo soliciten los interesados (TEAC 25-6-08). En el mismo sentido, TEAC 11-5-10.
5) En ejecución de una resolución económico-administrativa no es necesaria la **audiencia previa** al interesado, sin que quepa apreciar por ello indefensión, pues todas las cuestiones fueron resueltas en la reclamación económico-administrativa (TSJ Castilla y León 2-3-07, EDJ 21200).
6) El órgano que dictó el acto impugnado no debió tratar el escrito del contribuyente, a pesar de su denominación, como un **recurso de reposición**, sino como un incidente de ejecución -actualmente, recurso contra la ejecución-, al discutir realmente el acto que ejecutaba la resolución del TEAR. Se

debió remitir dicho escrito al TEAR para que resolviera sobre la posible desviación en la ejecución del fallo. Tampoco el TEAR podía inadmitir el escrito al considerarlo un acto de trámite. Se retrotraen las actuaciones al TEAR para que resuelva el incidente de ejecución -desde 12-10-2015 recurso contra la ejecución -(TSJ Madrid 23-5-08, EDJ 106568).

7) Las **liquidaciones** derivadas de una **retroacción de actuaciones** por defecto formal ordenada por un tribunal económico-administrativo, no son susceptibles de impugnación mediante recurso contra la ejecución, sino a través de reclamación económico-administrativa ordinaria. Sí es susceptible de impugnación vía recurso contra la ejecución el propio acuerdo de ejecución en virtud del cual se anula la liquidación y se ordena la reposición de actuaciones (TEAC 27-5-21).

8933 **Extensión de las resoluciones** (RGRV art.69) La resolución de una reclamación económico-administrativa puede extender sus efectos a todos los **actos**, actuaciones u omisiones posteriores a la interposición de la reclamación que sean en todo **idénticos** al citado en el escrito de interposición de la reclamación y no sean firmes en vía administrativa.

La extensión de efectos requiere que el **reclamante** o interesado en la reclamación inicial presente, en el plazo de un mes contado a partir del día siguiente al de la notificación de la resolución, aquellos documentos en los que consten los citados actos, actuaciones u omisiones.

Corresponde al pleno, la sala o el órgano unipersonal que dictó la resolución, dictar un **nuevo acuerdo en ejecución** de esta en el que se relacionen todos los actos, actuaciones u omisiones a los que debe extender efectos la resolución, incluidos los relativos a los recursos procedentes.

Precisiones La extensión de las resoluciones económico-administrativas requiere que el acto, que no es firme en vía administrativa y que es idéntico al previamente reclamado, también sea **susceptible de reclamación** ante el tribunal económico-administrativo que dictó la previa resolución cuyos efectos se pretende extender (TEAC 25-10-07).

B. Resoluciones judiciales

(LJCA art.104 redacc RDL 6/2023 y 110; RGRV art.70 y 71)

8940 La ejecución de las resoluciones judiciales se ha de ajustar a lo previsto en la normativa reguladora de la jurisdicción contenciosa-administrativa, si bien en todo lo que no se oponga a la misma y a la resolución judicial que se va a ejecutar, se aplican las normas generales para la ejecución de resoluciones administrativas (nº 8916 s.).

Con efectos **desde el 20-3-2024**, una vez sea **firme** una sentencia, el letrado o letrada de la Administración de Justicia lo debe comunicar en el plazo de 10 días al órgano previamente identificado como responsable de su cumplimiento, a fin de que, recibida la comunicación, la lleve a efecto y practique lo que exija el cumplimiento de las declaraciones contenidas en el fallo.

Transcurridos dos meses a partir de la comunicación de la sentencia o el plazo fijado en esta para el cumplimiento del fallo, cualquiera de las partes y personas afectadas puede instar su **ejecución forzosa**.

Precisiones 1) El Tribunal Supremo ha fijado como doctrina legal que la estimación del recurso contencioso-administrativo frente a una liquidación tributaria por razón de una **infracción de carácter formal, o incluso de carácter material**, siempre que la estimación no descanse en la declaración de inexistencia o extinción sobrevenida de la obligación tributaria liquidada, no impide que la Administración dicte una nueva liquidación en los términos legalmente procedentes, salvo que haya prescrito su derecho a hacerlo, sin perjuicio de la debida subsanación de la correspondiente infracción de acuerdo con lo resuelto por la propia sentencia (TS 19-11-12, EDJ 270133).

2) Una vez acordada la suspensión como medida cautelar en el procedimiento contencioso, esta afecta a toda la deuda sin exclusión de ningún ejercicio. Por ello, aunque un ejercicio no sea objeto de recurso, si el tribunal no ha declarado de forma expresa la firmeza de la liquidación de ese ejercicio, la suspensión mantiene su vigencia hasta que se resuelva el recurso interpuesto en relación con el resto de ejercicios. Es decir, no cabe la **ejecución parcial** (TEAC 4-12-17).

3) Los actos dictados por la Administración tributaria en ejecución de una resolución judicial que se limita a anular una liquidación tributaria por falta de motivación, sin abordar el fondo del asunto, suponen una **retroacción de actuaciones** -al margen de que se ordene esta formalmente en el fallo-, formando parte del mismo procedimiento de gestión en el que tuvo su origen el acto administrativo anulado por aquella (TS 22-12-20, EDJ 752019).

4) El TS ha admitido casación para determinar si en la ejecución de una sentencia que acuerde anular una resolución sancionadora por haber estimado, total o parcialmente, la impugnación de la liquidación de la que trae causa, y ordene que se dicte otra ulterior con una **nueva cuantificación de la sanción**, la Administración debe tramitar un procedimiento con otorgamiento de trámite de audiencia y respeto de las garantías de contradicción o puede dictar la nueva resolución sin necesidad de incoar expediente alguno (TS auto 29-4-21, EDJ 546623).

5) Solo se admite, por vía judicial, una única oportunidad a la **Administración Tributaria** de **rectificar sus fallos**, sustantivos o formales. La posibilidad de retrotraer las actuaciones del procedimiento para ejecutar debidamente una sentencia no puede conferir a la misma un repetido derecho a equivocarse (TS 7-2-23, EDJ 507865).

Liquidación de intereses en ejecución de sentencias de los tribunales contencioso-administrativos (LGT art.26.5; LJCA art.104 redacc RDL 6/2023) Pueden plantearse dos supuestos en la ejecución de sentencias dictadas por los tribunales contencioso-administrativos relativas a una liquidación cuya ejecución se encuentra suspendida: 8941

a) Si la sentencia es **totalmente desestimatoria o parcialmente estimatoria** pero su ejecución no exige practicar una nueva liquidación en sustitución de la anulada por el tribunal, se debe girar intereses de demora durante todo el tiempo que haya durado la suspensión, es decir, desde la finalización del plazo voluntario de pago del acto impugnado hasta que exista sentencia firme. De este plazo hay que eliminar el tiempo transcurrido desde la finalización del plazo máximo para resolver la reclamación económico-administrativa hasta la fecha de la resolución o de la interposición del oportuno recurso del interesado, si es anterior.

b) Si es preciso dictar una **nueva liquidación** en sustitución de la liquidación impugnada, se exige el interés de demora sobre el importe de la nueva liquidación. En estos casos, la fecha de inicio del cómputo del interés de demora será la misma que hubiera correspondido a la liquidación anulada, y el interés se devenga hasta el momento en que se haya dictado la nueva liquidación, sin que el final del cómputo pueda ser posterior al plazo máximo para ejecutar la resolución.

Precisiones **1)** Siendo indemnizatoria la finalidad de los intereses de demora, hay que reconocer la improcedencia de los mismos por el **retraso** habido **en la ejecución**, si la Administración es la causante, al estar vinculados a la denominada mora debitoris o mora del deudor. Otra interpretación supondría devengar intereses no obstante el deficiente funcionamiento de la Administración, identificando la responsabilidad del deudor por la incorrecta declaración inicialmente presentada y por la posterior petición de suspensión de la liquidación con el retraso en la ejecución por parte de la Administración, una vez dictada la resolución. El dies ad quem para el devengo de intereses será la fecha que resulte de sumar dos meses al día en que la Administración recibió el oficio del órgano jurisdiccional declarando la firmeza (TS 30-6-09, EDJ 217474; 3-11-09, EDJ 349844).

2) La **fecha límite de devengo** de intereses de demora en ejecución de resoluciones judiciales es de dos meses desde la notificación de la sentencia a la Administración según lo previsto en la LGT art.26.5 último inciso y la LJCA art.104 redacc RDL 6/2023 (TEAC 25-6-09).

3) Una **liquidación tributaria** puede ser anulada por razones de forma o de fondo y, en este segundo caso, total o parcialmente.

a) La **anulación por motivos formales** afecta a la liquidación en su conjunto y la expulsa en cuanto tal del universo jurídico, para que, en su caso, si procede, se dicte otra nueva cumpliendo las garantías ignoradas al aprobarse la primera o reparando la falta procedimental que causó su anulación. La LGT art.150.5 redacc original, al regular el tiempo en el que debe dictarse nueva resolución en el caso de retroacción de actuaciones, nada decía sobre los intereses de demora. Sobre esta cuestión hay que tener en cuenta que, desde la reforma operada en la LGT por L 34/2015, la LGT art.150.7 recoge expresamente que los intereses se liquidarán hasta la fecha de la nueva liquidación. Esta reforma es aplicable a actuaciones inspectoras en las que la recepción del expediente por el órgano competente para la ejecución de la resolución como consecuencia de la retroacción que se haya ordenado se produzca tras el 12-10-2015.

b) En cuanto a la **anulación por razones de fondo**, debemos distinguir:

- si la anulación tiene lugar por razones de fondo pero es **total**, el criterio debe ser el mismo, pues tampoco hay en tal caso una deuda legítimamente liquidada. En dichos supuestos podrá fijarse la deuda de nuevo, si es que la potestad para hacerlo no ha prescrito, pero deberá serlo por conceptos distintos de los sustantivamente anulados;
- distinto es el escenario si la anulación por razones sustantivas es **parcial**, porque en tales tesituras sí que existe una deuda del contribuyente legítimamente liquidada desde la decisión inicial, en la parte no anulada, a la que lógicamente se contrae la exigencia de intereses de demora. A este supuesto es, por tanto, al que se refiere la LGT art.26.5 cuando dice que, en tales casos y siendo necesaria una nueva liquidación, los intereses se exigirán sobre el nuevo importe (TS 9-12-13, EDJ 256928).

4) Se anula una liquidación por un tribunal y posteriormente se inicia un **nuevo procedimiento** y se incoa por parte de la Inspección un expediente de fraude de ley. Los **intereses** se deben calcular hasta la fecha de la liquidación anulada (TS 14-6-12, EDJ 161214; EDJ 159221; EDJ 159223; EDJ 159224).

Incidente de ejecución (LJCA art.103 redacc RDL 6/2023 y 109) La potestad de hacer ejecutar las sentencias y con efectos **desde el 20-3-2024**, demás títulos ejecutivos adoptados en el proceso corresponde exclusivamente a los juzgados y tribunales de este orden jurisdiccional, y su ejercicio compete al que haya conocido del asunto en primera o única instancia. 8942

Las partes están obligadas a cumplir las sentencias en la forma y términos que en estas se consignen.

Todas las personas y entidades públicas y privadas están obligadas a prestar la colaboración requerida por los jueces y tribunales de lo contencioso-administrativo para la debida y completa ejecución de lo resuelto.

El órgano jurisdiccional a quien corresponda la ejecución de la sentencia declarará, a instancia de parte, la nulidad de los actos y disposiciones contrarios a los pronunciamientos de las sentencias que se dicten con la finalidad de eludir su cumplimiento.
La Administración pública, las demás partes procesales y las personas afectadas por el fallo, mientras no conste en autos la total ejecución de la sentencia, podrán promover incidente para decidir, sin contrariar el contenido del fallo, cuantas cuestiones se planteen en la ejecución.

Precisiones 1) Frente a los actos de ejecución de resoluciones judiciales solo cabe interponer incidente judicial, salvo que el interesado plantee **cuestiones nuevas** que no fueran objeto de la contienda judicial ni decididas en el fallo, en cuyo caso podrá interponer los recursos que sean pertinentes en vía económico administrativa, previo el potestativo recurso de reposición (TEAC 20-12-10).
2) Es posible que en incidente de ejecución de sentencia se traten las **cuestiones que se susciten por las partes** afectadas, en relación con la liquidación de intereses, a pesar de que no hayan sido objeto de consideración en la sentencia, porque se trata de una consecuencia derivada del fallo y por otorgar tutela judicial efectiva de forma inmediata y definitiva (TS 2-7-08, EDJ 128093).

8943 **Extensión de los efectos** (LJCA art.110.1) En materia tributaria los efectos de una **sentencia firme** que ha reconocido una situación jurídica individualizada a favor de una o varias personas, pueden extenderse a otras, en ejecución de la sentencia, cuando concurran las siguientes circunstancias:
a) Que los interesados se encuentren en **idéntica situación** jurídica que los favorecidos por el fallo.
b) Que el **juez o tribunal** sentenciador sea también competente, por razón del territorio, para conocer de sus pretensiones de reconocimiento de dicha situación individualizada.
c) Que soliciten la extensión de los efectos de la sentencia en el **plazo** de un año desde la última notificación de esta a quienes fueron parte en el proceso. Si se hubiese interpuesto recurso en interés de la ley o de revisión, este plazo se cuenta desde la última notificación de la resolución que ponga fin a este.

Precisiones La extensión de efectos del fallo de una sentencia firme en materia tributaria no requiere que el interesado, con carácter previo al escrito razonado que ha de dirigir al órgano jurisdiccional que ha dictado la sentencia cuya extensión de efectos se pretende, presente una **solicitud de rectificación** de la autoliquidación del tributo en cuestión ante la Administración tributaria (TS 18-6-20, EDJ 583142).

8946 **Procedimiento** (LJCA art.110; RGRV art.71) La **solicitud** debe dirigirse directamente al órgano jurisdiccional competente que hubiera dictado la resolución de la que se pretende que se extiendan los efectos, mediante escrito razonado al que debe acompañarse el documento o documentos que acreditan la identidad de situaciones, o la **no concurrencia** de alguna de las circunstancias siguientes, que determinarían la desestimación del incidente:
- existencia de **cosa juzgada**;
- que la doctrina determinante del fallo cuya extensión se solicita es **contraria** a la jurisprudencia del TS o a la doctrina sentada por los TSJ en el recurso de casación para la unificación de doctrina;
- que para el interesado se ha dictado resolución que, habiendo causado estado en vía administrativa, es **consentida y firme** por no haber promovido recurso contencioso-administrativo.

8948 Antes de resolver, en los 20 días siguientes, el secretario judicial ha de recabar de la Administración los antecedentes que estime oportunos y, en todo caso, un **informe** detallado sobre la viabilidad de la extensión solicitada, poniendo de manifiesto el resultado de esas actuaciones a las partes para que aleguen por plazo común de 5 días, con emplazamiento, en su caso, de los interesados directamente afectados por los efectos de la extensión.
Una vez evacuado el trámite, el juez o tribunal debe resolver sin más por medio de **auto**, en el que no puede reconocerse una situación jurídica distinta a la definida en la sentencia firme de que se trate.
La **Administración tributaria** debe atender estos requerimientos que se le formulen. Los tribunales económico-administrativos únicamente son competentes para atender dichos requerimientos cuando la sentencia firme cuya extensión se solicite haya anulado el acuerdo o la resolución dictada por razones de defecto en la tramitación del procedimiento económico-administrativo.

Precisiones Se desestima la reclamación económico-administrativa interpuesta por una entidad contra la inadmisión del recurso de reposición presentado contra una liquidación dictada en ejecución de un auto de la AN. La competencia para conocer de dicho **incidente de ejecución** corresponde a la AN (TEAC 14-9-07).

VII. Reembolso del coste de las garantías

8955

1. Alcance del reembolso

(LGT art.33; RGRV art.72 a 74)

8957 La Administración tributaria tiene **el deber** de reembolsar, previa acreditación de su importe, el coste de las garantías aportadas para suspender la ejecución de un acto si dicho acto es declarado improcedente por sentencia o resolución administrativa firme. Cuando el acto o la deuda se declare **parcialmente improcedente**, el reembolso alcanza a la parte correspondiente del coste de las garantías.

El reembolso de los costes de las garantías aportadas a fin de lograr la suspensión de la ejecución del acto abarca los **costes necesarios** para su formalización, mantenimiento y cancelación.

Precisiones 1) Concurren las dos notas para que se acuerde el **reintegro de los costes** de las garantías prestadas: la firmeza de la resolución anulatoria y que dicha resolución declara la improcedencia de la deuda garantizada y suspendida en su ejecución (TSJ Andalucía 17-11-08, EDJ 286369).

2) En materia de reembolso del coste de las garantías aportadas para **suspender la ejecución de un acto**, cuando el acto o la deuda se declare parcialmente improcedente por sentencia o resolución administrativa firme, el reembolso alcanzará únicamente a la parte correspondiente del coste de las garantías, con independencia de que, en ejecución de fallo, se dicte nuevo acto administrativo de liquidación por la cuantía o concepto regularizado no afectado por la anulación, al no alterarse en esa porción la obligación del interesado de hacer frente a dichos costes derivados de la garantía prestada (TEAC 6-10-10).

8960 **Garantías reembolsables** (RGRV art.73) Son objeto de reembolso las garantías que, prestadas conforme a la normativa aplicada, han sido aceptadas y que se indican a continuación:
- avales o fianzas de carácter solidario de entidades de crédito o sociedades de garantía recíproca o certificados de seguro de caución;
- hipotecas mobiliarias o inmobiliarias;
- prendas con o sin desplazamiento;
- cualquier otra que la Administración o los tribunales hayan aceptado.

8963 **Determinación del coste** (RGRV art.74) El coste de las garantías está integrado:

a) En los **avales o fianzas** de carácter solidario y certificados de seguro de caución, por las cantidades efectivamente satisfechas a la entidad de crédito, sociedad de garantía recíproca o entidad aseguradora en concepto de primas, comisiones y gastos por formalización, mantenimiento y cancelación del aval, fianza o certificado, devengados hasta la fecha en que se produzca la devolución de la garantía.

b) En las **hipotecas y prendas**, el coste incluye las cantidades satisfechas por los siguientes conceptos:
- gastos derivados de la intervención de un fedatario público;
- gastos registrales;
- tributos derivados directamente de la constitución de la garantía y, en su caso, de su cancelación; y
- gastos derivados de la tasación o valoración de los bienes ofrecidos en garantía a que se refiere la normativa reguladora de las reclamaciones económico-administrativas.

c) Si se han aceptado **otras garantías**, se admite el reembolso de sus costes, pero limitado, exclusivamente, a aquellos costes acreditados relacionados directamente con su formalización, mantenimiento y cancelación, y devengados hasta la fecha de devolución de la garantía.

Se abona el **interés legal** vigente desde la fecha debidamente acreditada en que se ha incurrido en dichos costes hasta la fecha en que se ordene el pago.

En caso de garantía consistente en **depósito de dinero**, y sin perjuicio de lo señalado anteriormente en relación con los costes de constitución del depósito, se abona el interés legal vigente hasta el día en que se produzca la devolución del depósito.

Precisiones El reembolso de costes de las garantías, cuando estas consistan en **aval de entidad de crédito**, únicamente alcanza a las cantidades efectivamente satisfechas a la entidad de crédito en concepto de primas, comisiones y gastos por formalización, mantenimiento y cancelación del aval, devengados hasta la fecha en que se produzca la devolución de la garantía, no alcanzando a otros gastos, como los de hipoteca de máximos constituida para obtener el aval, exigidos por la entidad de crédito y que corresponden a las relaciones entre dicha entidad y su cliente (TEAC 2-12-09).

2. Procedimiento

(RGRV art.75 a 79)

8966 Este procedimiento afecta al reembolso de los costes de las garantías aportadas (ver nº 8960 s.). En relación a otros costes o conceptos, el obligado al pago que lo estime procedente puede instar el procedimiento de responsabilidad patrimonial de la Administración, si se dan las circunstancias para ello.

Son **competentes** para acordar el reembolso del coste de las garantías el organismo, entidad o Administración que haya dictado el acto declarado improcedente.

Son competentes para la **tramitación** del procedimiento de reembolso del coste de las garantías aportadas para suspender la ejecución, bien la ejecución de actos recurridos en reposición pero no en vía económico-administrativa, bien en vía económico-administrativa, la Dependencia Regional de Recaudación en cuyo ámbito territorial se encuentre el órgano competente para resolver el recurso de reposición en el primer caso, o la Dependencia Regional de Recaudación en cuyo ámbito territorial se encuentre el Tribunal económico-administrativo competente para la resolución de la reclamación en el segundo supuesto (AEAT Resol 27-5-23 aptdo.quinto.2.3).

8969 **Inicio** (RGRV art.76) El procedimiento se inicia a instancia del **interesado** mediante escrito dirigido al órgano encargado de resolver.

La solicitud de reembolso debe ir acompañada de los siguientes datos o **documentos**:

- **copia** de la resolución administrativa o sentencia judicial firme que declare improcedente total o parcialmente el acto administrativo o deuda cuya ejecución se suspendió;
- acreditación del **importe del coste** de la garantía cuyo reembolso se solicita, con indicación de la fecha efectiva de pago;
- declaración expresa del **medio elegido para percibir el reembolso**, de entre los señalados por la Administración competente. Si no se han señalado, el interesado puede optar, bien por transferencia bancaria, indicando el número de cuenta y los datos identificativos de la entidad de crédito; bien por cheque cruzado nominativo. Si el interesado no señala medio de pago se efectúa mediante cheque;
- en su caso, la solicitud de **compensación** (RGR art.56 redacc RD 249/2023).

8972 **Tramitación** (RGRV art.2.2 y 77) El órgano encargado de la tramitación del procedimiento puede llevar a cabo las actuaciones necesarias para comprobar la procedencia del reembolso solicitado. Para ello puede solicitar los informes y actuaciones que considere necesarios.

Si el escrito de solicitud debe ser objeto de **subsanación** o no se acompaña la documentación exigida, se le da al interesado un plazo de 10 días para ello, con indicación de que la falta de atención determina el archivo de las actuaciones y se tiene por no presentada la solicitud. Este plazo puede ampliarse a petición del interesado cuando la aportación de los documentos requeridos presente dificultades especiales debidamente acreditadas.

Antes de dictarse propuesta de resolución se da **trámite de audiencia** para alegaciones al interesado. Se puede prescindir de este trámite cuando no figuren en el procedimiento ni sean tenidos en cuenta en la resolución otros hechos o alegaciones que las presentadas por el interesado.

8975 **Resolución** (RGRV art.78 y 79) El **plazo máximo** para resolver es de seis meses a contar desde la fecha en que el escrito de solicitud del interesado haya entrado en el registro del órgano competente para resolver. Transcurrido el plazo para efectuar la notificación sin que se haya producido, se puede entender desestimada a efectos de interponer contra la resolución presunta el correspondiente recurso o reclamación. La Administración puede resolver expresamente sin vinculación al silencio negativo.

La resolución puede ser objeto de **impugnación** en vía económico-administrativa, previo recurso potestativo de reposición.

Dictada la resolución que declare la procedencia del reembolso del coste de la garantía, se expide el **mandamiento de pago** a favor de la persona o entidad acreedora por el medio de pago señalado en la solicitud de entre los posibles, o en su defecto mediante cheque (nº 8969).

Precisiones El plazo para la interposición de la reclamación económico-administrativa contra la desestimación presunta de una solicitud de reembolso de coste de avales es de un mes contado desde el día siguiente a aquél en que se entiendan producidos los efectos del **silencio administrativo** (TEAC 26-5-10).

Anexos

Modelos de representación (https://sede.agenciatributaria.gob.es/) 9540

A continuación se reproducen los siguientes modelos de representación:

- Procedimientos iniciados a instancia de los obligados tributarios nº 9542
- Procedimientos iniciados de oficio por la Administración tributaria nº 9545
- Procedimiento de inspección y procedimiento sancionador nº 9547

MODELO DE REPRESENTACIÓN EN LOS PROCEDIMIENTOS INICIADOS A INSTANCIA DE LOS OBLIGADOS TRIBUTARIOS 9542

PERSONA REPRESENTADA

Nombre y apellidos.. NIF........................., con domicilio fiscal en (país)..................................municipio .... provincia .... CP .... vía pública.................................. número .... portal .... escalera .... piso .... puerta .....

Nombre y apellidos (cónyuge) (1) .... NIF........................., con domicilio fiscal en (país)..............................municipio .... provincia .... CP .... vía pública.................... número .... portal .... escalera .... piso .... puerta .....

La Entidad (razón social).. NIF........................., con domicilio fiscal en (país).............................municipio .... provincia .... CP .... vía pública.............................. número .... portal .... escalera .... piso .... puerta ..... y en su nombre el/la representante de la entidad, según documento justificativo que se adjunta: Nombre y apellidos .... NIF........................., con domicilio fiscal en (país).......... municipio .... provincia .... CP ..... vía pública.. número .... portal .... escalera .... piso .... puerta .....

OTORGA SU REPRESENTACIÓN A

Nombre y apellidos .... NIF........................., con domicilio fiscal en (país)...........................municipio .... provincia .... CP .... vía pública............................... número .... portal .... escalera .... piso .... puerta .....
Para que actúe como su representante ante la Agencia Tributaria en el procedimiento (2) .... iniciado a solicitud de la persona representada.

FACULTADES DEL REPRESENTANTE

Con relación a dicho procedimiento, el/la representante podrá realizar todas las actuaciones que correspondan a la persona representada y, entre otras, podrá ejercer las siguientes facultades: actuaciones para facilitar la instrucción del expediente; aportar documentación; realizar peticiones y solicitudes; recibir comunicaciones y notificaciones; presentar alegaciones; desistir de solicitudes y renunciar a derechos; y firmar diligencias y otros documentos.

FIRMA Y ACEPTACIÓN DE LA REPRESENTACIÓN

Con la firma del presente escrito, la persona representada otorga su representación y el/la representante acepta la representación conferida y responde de la autenticidad de la firma del otorgante, así como de la autenticidad de la copia del DNI (3) del mismo, que acompaña a este documento.

En.................. a...... de.................... de......... En.................. a...... de.................... de.........

EL/LOS OTORGANTE/S EL REPRESENTANTE

El texto de este documento normalizado no podrá ser modificado, sin perjuicio de la facultad de los interesados de otorgar su representación en términos diferentes, acreditándola por cualquier otro medio válido en Derecho.

Normas aplicables: Ley General Tributaria (Ley 58/2003) artículo 46, representación voluntaria.

(1) Si la representación es para IRPF y el matrimonio tributa conjuntamente, ambos cónyuges deben otorgar su representación.

(2) Indíquese el/los procedimiento/s en el/los que se otorga la representación.

(3) DNI o documento equivalente de identificación de extranjeros de la/s persona/s representada/s.

Los datos personales facilitados serán tratados por la Agencia Tributaria con la finalidad de la aplicación efectiva del sistema tributario estatal y aduanero. Podrá encontrar más información sobre la protección de datos personales y la posibilidad de ejercer los derechos establecidos en los artículos 15 a 22 del Reglamento (UE) 2016/679 en https://sede.agenciatributaria.gob.es/Sede/condiciones-uso-sede-electronica/datospersonales/informacion-sobre-proteccion-datos.html

9545 MODELO DE REPRESENTACIÓN EN LOS PROCEDIMIENTOS INICIADOS DE OFICIO POR LA ADMINISTRACIÓN TRIBUTARIA

PERSONA REPRESENTADA

Nombre y apellidos .... NIF........................., con domicilio fiscal en (país)..........................municipio .... provincia .... CP .... vía pública..................................... número .... portal .... escalera .... piso .... puerta ...

Nombre y apellidos (cónyuge) (1) .... NIF..............., con domicilio fiscal en (país)...............................municipio .... provincia .... CP .... vía pública............................. número .... portal ...... escalera .... piso ..... puerta .....

La Entidad (razón social).. NIF........................, con domicilio fiscal en (país)...............................municipio .... provincia .... CP .... vía pública................................ número .... portal .... escalera .... piso .... puerta ..... y en su nombre el/la representante de la entidad, según documento justificativo que se adjunta:
Nombre y apellidos .... NIF........................, con domicilio fiscal en (país).......... muncipio........... provincia .... CP .... vía pública.. número .... portal .... escalera .... piso .... puerta .....

OTORGA SU REPRESENTACIÓN A

Nombre y apellidos .... NIF........................, con domicilio fiscal en (país)...................................municipio .... provincia .... CP .... vía pública........................... número .... portal .... escalera .... piso .... puerta .....
(2) Para que actúe como su representante ante la Agencia Tributaria en el procedimiento (3) .... iniciado o ampliado su alcance mediante comunicación de fecha .... referencia ....
(2) Para que actúe como su representante ante los órganos de Recaudación de la Agencia Tributaria en el procedimiento de recaudación de las deudas de la persona representada, exigibles y pendientes de cobro desde la fecha (4)....................... y las posteriormente acumuladas, hasta la total extinción de las mismas.

FACULTADES DEL REPRESENTANTE

Con relación a dicho procedimiento, así como a los procedimientos sancionadores que puedan iniciarse posteriormente, el/la representante podrá realizar todas las actuaciones que correspondan a la persona representada y, entre otras, podrá ejercer las siguientes facultades: actuaciones para facilitar la instrucción del expediente; contestar requerimientos y aportar documentación; realizar peticiones y solicitudes; recibir comunicaciones y notificaciones; presentar alegaciones; desistir de solicitudes y renunciar a derechos; solicitar aplazamientos o fraccionamientos de pago; firmar diligencias, suscribir actas y propuestas de resolución del procedimiento; y renunciar a la tramitación separada del procedimiento sancionador respecto del procedimiento de aplicación de los tributos

FIRMA Y ACEPTACIÓN DE LA REPRESENTACIÓN

Con la firma del presente escrito, la persona representada otorga su representación y el/la representante acepta la representación conferida y responde de la autenticidad de la firma del otorgante, así como de la autenticidad de la copia del DNI (4) del mismo, que acompaña a este documento.

En................... a...... de................... de......... En................... a...... de................... de.........
EL/LOS OTORGANTE/S EL REPRESENTANTE

El texto de este documento normalizado no podrá ser modificado, sin perjuicio de la facultad de los interesados de otorgar su representación en términos diferentes, acreditándola por cualquier otro medio válido en Derecho.

Normas aplicables: Ley General Tributaria (Ley 58/2003) artículo 46, representación voluntaria.

(1) Si la representación es para IRPF y el matrimonio tributa conjuntamente, ambos cónyuges deben otorgar su representación.

(2) Rellénese exclusivamente uno de estos dos párrafos.

(3) Indíquese el/los procedimiento/s en el/los que se otorga la representación.

(4) Se consignará la fecha de la providencia de apremio correspondiente a la deuda pendiente más antigua.

(5) DNI o documento equivalente de identificación de extranjeros de la/s persona/s representada/s.

Los datos personales facilitados serán tratados por la Agencia Tributaria con la finalidad de la aplicación efectiva del sistema tributario estatal y aduanero. Podrá encontrar más información sobre la protección de datos personales y la posibilidad de ejercer los derechos establecidos en los artículos 15 a 22 del Reglamento (UE) 2016/679 en https://sede.agenciatributaria.gob.es/Sede/condiciones-uso-sede-electronica/ datospersonales/informacion- sobre-proteccion-datos.html

9547

Obligado tributario: (NIF).......... (APELLIDOS, NOMBRE O RAZÓN SOCIAL)..
Núm.
Referencia:..
La representación invocada sólo se considerará válidamente constituida cuando los datos de esta casilla coincidan con los datos de la comunicación de inicio de las actuaciones inspectoras

MODELO DE REPRESENTACIÓN EN EL PROCEDIMIENTO DE INSPECCIÓN Y EN EL PROCEDIMIENTO SANCIONADOR QUE PUEDA DERIVARSE DEL MISMO

OTORGAMIENTO DE LA REPRESENTACIÓN

D/Dña.. N.I.F......................., con domicilio fiscal en (municipio).................. (vía pública)... nº.........

D/Dña (cónyuge (1))... N.I.F......................., con domicilio fiscal en (municipio).................. (vía pública).. nº..........

La Entidad (razón social)... N.I.F........................, con domicilio fiscal en (municipio).................... (vía pública)... nº....... y en su nombre D/Dña... como representante legal según documento justificativo que se adjunta, con N.I.F.................., y domicilio fiscal en (municipio).................... (vía pública)....................................... nº.....

OTORGA/N LA REPRESENTACIÓN a D./Dña.. N.I.F..................., con domicilio a efectos de notificaciones en (municipio)...................................... (vía pública)... nº...... para que actúe ante la Inspección de los Tributos de la AEAT en el procedimiento de comprobación e investigación iniciado/ampliado su alcance mediante comunicación de fecha... /... /......, así como en los procedimientos sancionadores ulteriores que, en su caso, puedan iniciarse. Con relación a los conceptos y períodos objeto de dicho procedimiento podrá ejercitar las siguientes facultades: facilitar la práctica de la comprobación e investigación inspectora, aportar cuantos datos y documentos se soliciten o se interesen, recibir comunicaciones, formular peticiones, presentar toda clase de escritos o alegaciones relacionados con las actuaciones inspectoras y la instrucción de los procedimientos sancionadores que puedan iniciarse, manifestar su decisión de no efectuar alegaciones ni aportar nuevos documentos en el correspondiente trámite de audiencia o renunciar a otros derechos, así como firmar cuantas diligencias extienda la Inspección, suscribir las actas de conformidad, disconformidad o con acuerdo, en que se proponga la regularización de la situación tributaria del representado o se declare correcta la misma y las propuestas de resolución que resulten de los procedimientos sancionadores mencionados, renunciar a la tramitación separada del procedimiento sancionador respecto del procedimiento de inspección y, en general, realizar cuantas actuaciones correspondan al/a los representado/s en el curso de dicho/s procedimiento/s.

ACEPTACIÓN DE LA REPRESENTACIÓN

Con la firma del presente escrito el representante acepta la representación conferida y responde de la autenticidad de la firma del/de los otorgante/s, así como de la/s copia/s del DNI (2) del/de los mismo/s que acompaña/n a este/estos documento/s.

NORMAS APLICABLES

Ley General Tributaria (Ley 58/2003) Representación voluntaria: Artículo 46.

En.................. a...... de.................. de.........   En.................. a...... de.................. de.........

EL/LOS OTORGANTE/S (3)   EL REPRESENTANTE

El texto de este documento normalizado no podrá ser modificado, sin perjuicio de la facultad de los interesados de otorgar su representación en términos diferentes, acreditándola por cualquier otro medio válido en Derecho.

(1) En caso de matrimonios que tributen conjuntamente, ambos cónyuges deberán conferir su representación.
(2) DNI o documento equivalente de identificación de extranjeros.
(3) Si es persona jurídica deberá figurar también el sello de la entidad.

Tabla Alfabética

Los **números reenvían a los párrafos del texto**. La mención «s». significa que el estudio de la cuestión se prolonga en el o en los números siguientes
Para **orientar las búsquedas,** las referencias se acompañan, cuando es preciso, de una mención explícita o de una abreviatura que designa la materia de que se trata.

Abreviaturas

AEAT:	Agencia Estatal de la Administración Tributaria
CCAA:	Comunidades Autónomas
DCGC:	Delegación Central de Grandes Contribuyentes
DIFT:	Departamento de Inspección Financiera y Tributaria
est. conjunto:	estudio de conjunto
IGIC:	Impuesto General Indirecto Canario
IAE:	Impuesto sobre Actividades Económicas
IIEE:	Impuestos Especiales
infracc:	infracciones
Inspecc:	Inspección Tributaria
IP:	Impuesto sobre el Patrimonio
IRNR:	Impuesto sobre la Renta de no Residentes
IRPF:	Impuesto sobre la Renta de las Personas Físicas
IS:	Impuesto sobre Sociedades
IVA:	Impuesto sobre el Valor Añadido
proc:	procedimiento
REA:	Reclamación económico-administrativa
sanc:	sanciones
TEAC:	Tribunal Económico-Administrativo Central
TEAR:	Tribunal Económico-Administrativo Regional

A

B

C

D

E

F

G

H

I

J

L

M

N

O

P

Q

R

S

T

U

V

W

Z

Este libro se acabó de imprimir en España,
en Diciembre de 2024